Helmut Ebert

Lexikon der Bildenden und Gestaltenden Künstlerinnen und Künstler in Westfalen-Lippe

Ergänzungsband mit CD-ROM

Helmut Ebert

Lexikon
der Bildenden und Gestaltenden Künstlerinnen und Künstler in Westfalen-Lippe

Ergänzungsband

mit Gold- und Silberschmiedekünstlern
und Zinngießern

sowie
aktualisierter Gesamtausgabe
des Lexikons auf CD-ROM

ASCHENDORFF MÜNSTER

Den Künstlerinnen und Künstlern,
die in den letzten Jahren verstorben sind

Redaktionsschluss: 20.07.2006

Für das vorliegende Werk wurden ausschließlich die Daten des Verfassers verwendet. Eine redaktionelle Bearbeitung wurde nicht vorgenommen.

Gedruckt mit Unterstützung des
Landschaftsverbands Westfalen-Lippe

Landschaftsverband Westfalen-Lippe www.lwl.org

Druck: Druckhaus Aschendorff, Münster, 2006
Gedruckt auf säurefreiem, alterungsbeständigem Papier ♾

ISBN 3-402-00429-1

Vorwort

Der Vorläufer dieses Ergänzungsbandes erschien im Jahr 2001 mit ungefähr 8000 Künstlernamen vom Mittelalter bis 2001. In diesem Band kommen nun nochmals über 6500 Namen dazu. Die beigefügte CD-ROM enthält die *aktualisierte Gesamtausgabe* (ungefähr 14500 Namen), also alle von mir ermittelten Künstlerinnen und Künstler. Zu beachten ist, dass alle Biografien aus der ersten Ausgabe gekürzt wurden. Angaben zu Ausstellungen sowie Literaturangaben bis 2001 wurden aus Platz- und Kostengründen gelöscht. Die vollständige Biografie eines Künstlers ergibt sich also aus der Kombination von erster und zweiter Ausgabe. Neu hinzugekommen sind jetzt Goldschmiede und Zinngießer in den Nachträgen 1 und 2 sowie weitere Architekten/Designer. Die „nicht fett gedruckten" Namen (wie auch in der ersten Ausgabe) sind keine westfälisch-lippischen Künstler. Es sind Namen von Künstlern, die es doppelt oder mehrfach gibt. Um Irritationen zu vermeiden habe ich sie erwähnt. Das Ziel meines Lexikons ist, wie in der ersten Ausgabe, möglichst viele Informationen über Kunst und Künstler/innen, soweit es möglich war, seit dem Mittelalter bis 2006 in Westfalen-Lippe bekanntzumachen. Trotzdem arbeiten und zeigen die Künstlerinnen und Künstler viel mehr, als hier aufgeführt ist.
Lesen Sie bitte unbedingt die ersten Seiten durch, da die dort enthaltenen Hinweise die Nutzung des Lexikons erleichtern. Häufig wiederkehrende Abkürzungen befinden sich auf den Seiten 31–34, eine Liste der zitierten Kataloge, Nachschlagewerke und sonstiger Bücher finden Sie in der Bibliografie auf den Seiten 6–30.
Einige Nummern der Bibliografie zeigen mehrere Kataloge an, beispielsweise: **3**-83+86 usw.; **Nr. 3 = Kataloge der „BBK-Westf."**, dazu dann die Jahreaszahlen der Ausstellungskataloge = **3**-(19)**83**+(19)**86** usw. Beachten Sie auch bitte, dass mit dem Namen der Kunstakademie Münster (Akad.-MS), oder auch (Akad)-MS folgendes gemeint ist: Ab 1971 Institut für Kunsterzieher, ab 1976 Akademie Düsseldorf – Abt. Münster, ab 1987/88 Kunstakademie Münster.

Erklärungen zu den Künstlerbiografien sind am Beginn des lexikalischen Teils zu finden. Die Auflistung der Münsterischen Museen/Galerien finden Sie nur in der 1. Ausgabe. Zum Schluss möchte ich mich bei *allen Künstlerinnen, Künstlern, Vereinen, Galerien und Verlagen* bedanken, die mir Daten, Biografien und Kataloge zur Verfügung gestellt und grösstenteils sogar geschenkt haben.

Münster, Sommer 2006
Helmut Ebert

Bibliografie (*Lexika/Kataloge/Ausst.-kataloge*) – in numerierter Folge:

u. a. Bedeutung bei **Lit.:** u. a. = **Kataloge/Bücher, die in der 1. Ausgabe genannt wurden, werden hier in der 2. Ausgabe aus Platzgründen nicht mehr aufgeführt / Bitte in der 1. Ausgabe nachsehen!**

D.K. – Teil 1 + 2 = Dorothea Kluge: „Kurzinventariation der Kirchen u. Kapellen des 19. u. frühen 20. Jh.'s in Westf.-Lippe 1974-76" – Vorl. Werkverzeichnis der Baumeister **I** = Bd. 53 – 19**75** + Teil **II** = Bd. 56 – 19**78** – in: „Westfalen" – Hefte f. Geschichte, Kunst u. Volkskunde – Aschendorff-Verl.-MS

E.H. = Eberhard Henneböle: „Baumeister, Steinhauer, Bildschnitzer u. Maler in Rüthen nach dem 30 jährigen Krieg bis um 1750" – Hg.: Landkr. Lippstadt, **1974**

G.D. = Georg Dehio: „Handbuch der Deutschen Kunstdenkmäler" – Westfalen – **1969/1989**

G. Dethlefs = „Das Baubüro von Johann Conrad Schlaun" – Zu den Zeichnungen J. C. Schlauns u. seiner Mitarbeiter – in „Westfalen" – Bd. 74 – Aschendorff-Verl.-MS, **1996**

W.H. = Wilfried Hansmann: „Kunsthistorischer Wanderführer" – Westfalen – **1966**

1-1 **„Bildende Künstler im Land NRW"** – Verl. A. Bongers- Recklinghausen, 1966-70: Bd. **1** = Süd/Nord-Westf.

1-2-6 Bd. **2** = Köln-Aachen; **3** = Berg.-Land; **4** = Ruhr; **5** = Ost-Westf.-Lippe; **6** = Düsseldorf

1a **„Kunst und Kultur im Rheinland u. Westfalen 1945-52"** – Aus den Trümmern – Neubeginn und Kontinuität – Ausst. in Bonn/Düsseldorf/Bochum, Rheinl.-Verl.-Köln, **1985**

2 **„Künstlerkatalog Münster 1984"** – MS / Hg.: Westf.-Kv.-MS/BBK-MS-land, **1984**

3- **„Exponata"** – Ausst.-kataloge – „Kunst aus Westfalen in Münster" – Hg.: „BBK-Westf. Süd/Nord e.V." (dazu 1991 : Nordd. Bildh.-gruppe Münster e.V.) – 19**83**, 19**86**, 19**91**

3-98(1)+(2) **„Kunstlandschaft Westfalen"** – Elektrozentrale im Maximilianpark-Hamm, 1998 (1) // **„Wasserwege"** – Umweltzentrum Bergkamen – 19**98(2)** = 2 Ausst.-hefte des „BBK-Westf.-S/N e.V." – Dortmund, 1998

3-01 **„KUNST & UMWELT"** – global denken-lokal handeln – Ausst.-kat. – Technologiezentrum EcoTextil Bochum-Wattenscheid – Hg.: „BBK-Westfalen e.V."-Dortmund – 20**01**

3-02 **„Kunst & Sport – immer in Bewegung"** – Ausst.-kat. – Technologiezentr. EcoTextil Bo.-Wattenscheid = 7/20**02** + Rathausgal./Sparkasse Attendorn = 22. 6. 03 – 1. 8. 03 – „BBK-Westfalen e.V." – Dortmund

3-02/03 **„Menschenbilder, sichtbar – greifbar"** – Ausst.-kat. – Rathaus-Dortmund u. Advance Holding AG-Dortmund = 9/20**02** + Technologiezentrum EcoTextil Bochum = 6/20**03** – Hg.: „BBK-Westfalen e.V."-Dortmund – 7/2003 **= 02/03**

3-03(1)+(2) **„Quadra(r)tisten"** – Ausst.-kat. – „BBK-Westf. e.V." im Torhaus Rombergpark Dortmund, 20**03(1)** // **„50 JA Reflektionen – Reaktionen"** – Ausst.-kat. – 50 Jahre „BBK Westfalen e.V." – Museum für Kunst und Kulturgeschichte – Dortmund, 20**03(2)**

3-04(1)+(2) **„Wir im Revier"** – Kunst vor Ort – Katalog – „BBK-Westf. e.V." i. Rathausgalerie Castrop-Rauxel, 20**04(1)** // **„Alles im Lot(h)"** – Kunst + Wirtschaft – WechselBeziehungen – Katalog – „BBK"-Westf. e.V. im Kulturwerk Lothringen – Bochum, 20**04(2)**

3-05(1)+(2)+(3) **„Momente Fragmente"** – Kunst aus Westfalen – Ausst.-kat. – „BBK"-Westfalen e.V.-Dortmund im Westf.-LM für Archäologie – Herne, 20**05** // **„Begegnungen"** – Ausst.-kat. – „BBK"-Westf. e.V.-Dortmund im Technologiezentr. EcoTextil – Bochum, 20**05** // **„kur(z)zeit-ateliers bad sassendorf ´05"** – Dokumentation – Hg.: „BBK"-Westf. e.V.-Dortmund/Saline Bad Sassendorf, 2006

3-06(1) Ausst.-katalog geplant für Ausst. im Wissenschaftspark Gelsenkirchen, 20**06**

4 **„Kunstlandschaft BRD"** – MS/Westf./Ruhrgebiet – Ausst.-kat. – Kv.-Berlin-u. a., **1984**

4- Hannover/Nieders./Düsseldorf/Köln, usw. = 10 Bände! (Hg.: Deutsche Kunstvereine)

5- **„Westfälische Kunst"** – **1952/54/60/63-67**/(69) – ab 63 Jahresausst. westf. Künstler im Westf.-Kv. – WL/Kv.-MS (Jhg. 69 in MS nicht vorh.)

5a **„Westfälische Kunst im 20. Jahrhundert"** -Wanderausst.-kat.- Westf.-Kv.-Münster/ Stadtgal.-Bochum, **1961**

5b- **„Beiträge zur Kunstgeschichte Westfalens"** – Bd. 1 + 2 – v. Prof. Paul Pieper – Aschendorff-Verl. – Münster, **2000**

6- **„Westf. Grafik"** – 19**62** u. 19**73** – Ausst.-kataloge – W.-Kv.-Münster (1973 = Ausst.: Gustav-Lübcke-Mus.-Hamm)

6a **„graphik täglich"** – Ausst.-kat. – (1.) Ausst. BDG, Gruppe Münster/Bielefeld u. Ruhrgebiet/Dortmund, WL-MS, **1954**

6b **„Ex Bibliothecis Westfalicis"** – ... u. ihren Exlibris in einer Europäischen Kleinlandschaft – Hg.: Bernh. E. Köster – Verl.-Wittal – Wiesbaden, 1997

7a- **„Jung-Westfalen"** – Grafik – 19**66** u. 19**69** – Ausst.-kataloge – W.-Kv.-Münster

7b- **„Jung-Westfalen"** – Bildh.-19**65** – Plastik/Objekte -19**68** – Ausst.-kataloge – W.-Kv.-MS

7c- **„Jung-Westfalen"** – Malerei – 19**61** u. 19**64** – Ausst.-kataloge – W.-Kv.-Münster

7d **„Förderpreis 1970 des Westfälischen Kunstvereins"** – Ausst.-heft – MS, **1970**

8 **„Westfälische Kunst"** (m. 20 Jahre K. v. Soest-Preis) -Ausst.-kat.- WL-MS – **1972**/73

8a- **„Grosse Westfälische Kunstausstellung"** – Jhg. 1/2/3/4/5/6 – nach 1933 ohne Jhg. / Ausst.-gen: 19**26/28/29/30/31/32/35/36/37/38/39/41/42** = 1926+1931 in Dortmund, 1928 Hagen (Stadthalle), 1929+1932 MS (Stadthalle) u. 1930 Gelsenkirchen (Ausst.-halle) = Jhg. 1-6 = Hg.: Vereinigung Westf. Künstler u. Kunstfreunde e.V. – „VWKuK" – Gelsenkirchen/Dortmund // 1935-42 = Hg.: Städt.-Kulturamt Dortmund – Ausst.-gen im sog. „Haus der Kunst", früheres Katharinenkloster / Beachten Sie bitte, die Nr. 8a-35-42, 8b + 8c ist nationalsozialistische Literatur. Hier nur als Ausst.-kataloge erwähnt!

8a-46 **„1. Grosse Kunstausst. Rhein-Rhur"** – m. Sonderschau – Ausst.-kat. – Arnsberg, 19**46**

8b **„Westfalens Beitrag zur Deutschen Kunst der Gegenwart"** – Ausst.-kat. – LM-Prov.-Westf.-MS, **1937**

8b-39 **„Der Deutsche Westen"** – Malerei u. Plastik aus der Gegenwart – Ausst.-kat. – 1. Jahresschau – Kölner Kv., 1/19**39**

8b-40 **„Der Deutsche Westen"** – Malerei u. Plastik aus der Gegenwart – Ausst.-kat. – 2. Jahresschau – Westf.-Kv.-MS, 3-4/19**40**

8b-41 **„Westfaalsch-Nederrijnsche Kunst van den Hedendaagschen Tijd"** – Tentoon-stelling – Amsterdam, 19**41**

8c-41 **„Volk der Arbeit"** – Grosse Kunstausstellung Gau Westfalen-Nord – Ausst.-kat. – Gelsenkirchen, Münster (LM) u. Bielefeld (Kunsthaus), 19**41**

8c-43 **„Grosse Kunstausstellung Gau Westfalen-Nord"** – Ausst.-kat. – Schloss-MS, 19**43**

8d **„aktiva '71"** – Kunst d. j. Generation in Westdeutschland – Ausst.-kat. – WL-MS, **1971**

8e **„Moderne deutsche Kunst – Einhundert Bilder aus dem Landesmuseum Münster"** – Ausst.-kat. – Brügge-Belg./Orléans-Fr./Enschede-NL/Bielefeld, **1970** m. Beiblatt: „Kunst s. 1900 gesammelt im Landesmuseum Münster" – **1971**

9- **„Bundesverband Bildender Künstler Münsterland e.V."** – Mitgliederkatalog 19**85** + Ausst.-kataloge – Stadthausgal.-MS – 19**90/93/94** (s. auch Nr. 43/43a)

10- **„Bildhauergruppe MS"** – 1.) Ausst.-kat. 19**80** MS, 2.) Ausst. 19**82** MS (Info-blätter-Kulturamt), 3.) „Architektur u. Kunst" – Ausst.-kat. d. Polizei-Führungsakademie MS-Hiltrup, 19**86**, 4.) „Kunstwege in Ibbenbüren" – Ausst.-kat. vom 17.5. – 31.8.19**87**

11 **„12 Künstler aus MS und Osnabrück"** – Ausst.-kat. – um **1984/85** (MS/Osnabrück)

12 **„7 Malerinnen"** – Ausst.-katalog – Galerie Leisten & Thiesen-MS, **1987**

13 **„12 x Akademie"** – Ausst.-kat. – Kiffe-Zentrum + Halle Am Hawerkamp – Hg.: Kunstakad.-MS, **1993**

14 **„Fortsetzung"** – Ausst.-kat. – Ateliergemeinschaft Münster – Steinfurterstr. 107, **1993** (Ateliergemeinschaft s. 1983, ab 1996 Schulstr. 22 = siehe Lit.-Nr. 129)

15 **„Grafik und Objekt"** – Katalog – FHD-MS – 1878-1978 – Aschendorff-Verl.-MS, **1982**

15a **„Gestaltung"** – Katalog – Fachbereich Design FH-Münster, Cramer-Greven, **2002** // (FHD = siehe auch Ausst.-katalog-Nr. 142x-88)

16- **„KKM"** – **1991/93/96/**2002-03 / Kataloge der „Kultur-Kooperative Münster e. V."

17- **„Forum Liesborn"** – **1984/**19**86/**19**88/**19**90** – Junge Künstler in Westfalen – Ausst.-kataloge – Museum Abtei Liesborn (Wadersloh)

18- **„Wewerka Pavillon"** – Ausst.-kataloge – Schriften der Kunstakademie-MS, 19**90-20**0**6** (2004-06 noch nicht erschienen)

19- **„Kunstmarkt Lüdinghausen"** – Ausst.-kataloge – Hg.: Kr.-Coesfeld, 19**86-1999** + ab 2000: **„Forum 2000"**(usw.) – Aktuelle Kunst in der Burg Vischering – **2000...05**

20 **Grafiker-Handbuch**. Kürschner, 2. Aufl., Berlin **1967** – Verl. W. de Gruyter

21 **„Münster“ – Bilder aus fünf Jahrhunderten“** – Heft 6 – WL-MS, **1977** (2. Aufl. **81**)

22 **„... bis dass der Herbst uns scheidet“** – Ausst.-kat. – Landesgartenschau Rheda-Wiedenbrück, **1988**

23 **„Gemälde des 19. Jahrhunderts“** – Hg.: WL-MS – Aschendorff-Verl.-MS, **1975**

24- **„Allgemeines Lexikon der bildenden Künste“** – Bd. **1 – 37** – Verl.-**Thieme-Becker**, Leipzig, 1907 – 1950

25- **„Allgem. Lexikon der bild. Künste“** – Bd. **1 – 6** – Verl.-**Vollmer**, Leipzig, 1953-1962

26- **„Allgemeines Künstlerlexikon“** – Bd. **1 – 50** (z. Zt. = **A-G**) – Verl.-**Saur**, München/ Leipzig, **1992-2006** / desgl.: „Bio-Bibliografischer-**Index** A-Z“ = Bd. 1-10 – 1999/2001

26-N = **Nachtrag** Bd. 1 (**A**) – **2005**

26a- **„Kürschners Handbuch der Bildenden Künstler“** – Deutschland, Österrreich, Schweiz – 1. Jhg. 20**05** – Teil 1+2 – KG Saur-Verlag – Leipzig/München, 20**05**

27- **„Allgemeines Lexikon der Kunstschaffenden** in der Bild. u. Gest. Kunst des ausgehenden XX. Jh.'s“ – Bd. **1-4 + 5** (nur auf DVD) – Hg.: Axel-Alexander Ziese – Forschungsinstitut Bildender Künste – erst Nürnberg, jetzt Bad Schmiedeberg, **1990-2004** // Bände 1-5 = auf DVD u. im Internet (www.lex-art.de) – 11/**2004**

28 **„Les Artistes de Münster“** – Kunst für Orleans – Ausst.-kat. – Hg.: Stadt-MS, **1988**

28a **„Heute hier, morgen dort ...“** – Ausst.-kat. – Ausstellungshalle-Münster – Hg.: Stadt-Münster, **2004**

29 **„Moderne Kunst in MS“** – von Barbara Klössel – Hg.: Stadt-Münster, **1986**

30 **„Maler des Joh.-Conrad-Schlaun-Gynasiums MS“** – Hg.: Stadtsparkasse-MS, **1981**

31 **„Schanze 86“** – Mitgl.-verz./Ausst.-gen bis 1986 u. **57.** Jahresausst. der Gruppe-„Schanze“-Münster in der Stadthausgalerie Münster, **1986**

32 **„75 Jahre Schanze 1919-1994“** – Ausst.-kat. – Stadthausgalerie MS – 1.11.-16.11. **1994** / mit Mitgliederverzeichnis u. chronolog. Abriss über die „Freie Künstlergemeinschaft Schanze“ in Münster

Schanze-(19)**30/47/58/69/79/83/84/85/86/94** = Kataloge + Ersch.-jahr (m. Künstlerbiografien)

33 **„Landesmuseum Münster“** – Bestandskatalog des WL f. K. u. Kulturgesch.-MS – Eine Auswahl – MS, **1968** + Auswahlkatalog **– 1986**

33a **„Werke der Moderne bis 1945“** – Auswahlkatalog – WL-MS, **1999**

33b **„Werke nach 1945“** – Auswahlkatalog – WL-MS, **1999**

33c **„Gesicht Maske Farbe“** – Frauenbilder des frühen zwanzigsten Jahrhunderts – Ausst.-kat. – WL-MS, 2003

34- **„Dressler's Kunsthandbuch“** / Bände: 1907 + **7 =** 1913 + **8,2** = 1921 + **9,2** = 1930 / Verl.-K. Cortius, Berlin

35 **„Westflandern/Westfalen/Gotland“** – 10 Jahre Künstleraustausch – Ausst.-kat. – Hg.: LWL-Münster, **1987**

35a **„Design“** – Jonge Designers uit Westfalen (in Poperinge/Brügge/Sluis-Westflandern) – Ausst.-kat. – Hg.: LWL-Münster, **1994**

36 **„Avantgarden – retrospektiv“** – Kunst nach 1945 – Ausst.-kat. – Westf.-Kv.-Münster – 150 Jahre – 1831 – **1981**

37 **„IN MS – AUS MS – Junge Plastik ohne Heimweh“** – Ausst.-kat. – Hamelhalle – Hg.: Kunstakademie-Münster, **1987**

38 **„lento – Eigenzeit“** – Katalog – Ausstellungen/Konzerte/Symposien vom 9. 9. – 1. 10. **1994** in: „Mex“-Dortmund/“Kunsthaus“-Essen u. „c.u.b.a.“- Münster

38a **„Klanginstallationen“** – Ausst.-kat. – „c.u.b.a.-Cultur“ – Münster, **1989**

38b **„en passant“** – Ausst.-kat. – Dokumentiert die Ausstellungen von April 1997 bis Mai 1998 im Foyer des „cuba“ – MS, Hg.: „cuba-Cultur“ – Münster, **1998**

39- **„Spektrum 77 MS“** – Kataloge – Gruppe „Spektrum 77“-Münster, 19**87**/**1993**/**2005**

40 **„Verein Münsteraner Künstler zur gegenseitigen Unterstützung e. V. 1979-1982“** – Mitglieder/Ausst.-Verzeichnis der Gruppe – Münster, **1982**

41- Ausst.-hefte der (Neuen) **Gruppe „M 60“** – Münster / 1.) Mitgl.-Verzeichnis 19**61** / 2.) desgl.: 19**66** / 3.) Katalog der Ausstellungen in Jerusalem u. Tel Aviv/Israel Sept./Okt., 19**68** / 4.) Ausst.-kat. – Städt.-G.-Lübcke-Museum-Hamm u. in Maison de la Culture-Orléans-Fr., 1969 / 5.) Ausstellung: Stadtmuseum-MS v. 30.11.90-20.1.91. / 6.+7.) Ausstellung: Stadthaussaal-MS, 1993/95

42 **„96 Künstler in Westfalen“** – (mit **Anhang**) – Ausst.-kat. – WL-MS, **1982**

43- **„Jetzt“** – Ausst.-kat. – Hg.: „BBK-Münsterland“ – 19**84** + **„Kunststoff“** – Ausst.-kat. – Hg.: „BBK-Münsterland“ – 19**89** = 2x Ausst. in der Kolvenburg, Billerbeck

43a **„Museum Abtei Liesborn“** – Ausst.-kat. – Hg.: Kreis Warendorf, **1989** (Künstler des „BBK“-Münsterland)

44 **„5 mal Skulptur“** – Ausst.-kat. – Westf.-Kv.-MS, **1986**

45 **„Sprachen Jenseits von Dichtung“** – Ausst.-kat. – Westf.-Kv.-MS, **1979**

46- **„Kunstpreis junger Westen“** – 1951/56/58 (= mit 48/51/53/54/56/57)/59/62 usw. = Ausst.-kataloge ab 19**51** bis 19**83** – u.: **„junger Westen“** – 19**85-2001/03/05** – (auch: „junger Westen-Skulptur '85“) / Ausstellungen waren 1948 in Recklinghausen (Hotelsaal-Engelsburg), ab 51 (ab 63 fast im zweij. Rhythmus) Kunsthalle-Recklinghausen u. außerdem: Gruppe „junger westen“ = 50 Konstanz (Kv), 55 Amsterdam (Gal.-Le Canard) / (Kataloge nicht bekannt) + siehe auch:

46a **„junger westen“** – deutsche kunst nach baumeister – Verl.-Bongers-Recklingh., **1958**

47 **„Bomben auf Münster“** – Ausst.-kat. – Stadtmuseum Münster, **1983**

47a **„Münster 800 – 1800“** – Ausst.-kat. – Stadtmuseum Münster, **1984**

48- **„Werktreff '89, '91, '94“** – Ausst.-kataloge – „AdK-NRW“ – Bezirksgr.-Münster im WL-MS // **„Werkfotos '01“** – zur Ausst. der „AdK“-MS im Stadtmuseum-MS, **2001**

48a **„Kunsthandwerk in Westfalen 1957“** – Ausst.-kat. – AdK-Bez.-gr. Arnsberg/Bielefeld/Münster im WL-MS, **1957**

48b **„Altes und Neues Kunsthandwerk“** – Ausstellung des Landesmuseums f. K. u. K. und der Werkkunstschule Münster, **1960**

48c- **„Was ist Kunsthandwerk?“** – v. Prof. Dr. Claus Zoege v. Manteuffel – Katalog (Mitgl.-verzeichnis im Anhang) – Ausstellung der „Arbeitsgemeinschaft Gestaltendes Handwerk ***Südwestfalen*** e.V.“ in der Galerie SIGNAL Versicherungen – Dortmund, 198**7** // **„Handwerk . Kunst . Design“** – zwei Mitgl.-verzeichnisse der „Arbeitsgemeinschaft Handwerk Kunst Design ***Südwestfalen*** e.V.“ – Dortmund, um 1998/**99** + um 2002/**03**

48x- **„Geschenke und Ehrengaben vom Handwerk“** – 1. Bildkatalog – AdK-NRW – Düsseldorf – 19**50** // **„Meisterliches Handwerksgut aus NRW“** – 2. Bildk. – 19**51** // **„Lebendiges Handwerk aus NRW“** – 3. Bildk. – 19**53** // **„Das Handwerk im Dienste der Kirche“** – 4. Bildk. – 19**55** // **„Gestaltendes Handwerk in NRW“** – 5.-9. Bildk.-e. – 19**57/59/61/64/66** + 19**78** // dann Ausst.-kataloge des „AdK“-NRW: **„Kunsthandwerk in NRW“** – Düsseldorf – 19**63**, Städt.-Kunstgal.-Bochum – 19**65**+19**69**, Essen 19**67** // jetzt alles: **„manu factum“** – Kunsthandwerk in NRW – Duisburg, 19**71** // WL-Münster – 19**73** // Rhein.-LM in Bonn – 19**75** // Hagen – 19**77** // Wesel – 19**79/83/91** // Bielefeld – 19**81** // Selm = Schloss Cappenberg – 19**85** // 25 Jahre Staatspreis f. d. Kunsthandwerk in NRW = LM Volk u. Wirtschaft-Düsseldorf, 19**87** // Zons – 19**89** // Düsseldorf – 19**93** // Köln – 19**95** // 18. Landes-Ausst. = G.-Lübcke-Mus.-Hamm, 19**97** // 19. Landes-Ausst. = Deutsches Klingenmus.-Solingen, 19**99** // 20. L.-A. in Kevelaer, 20**01** // 21. Landes-Ausst. in „DASA“ – Dortmund, 20**03** // Kataloge des „AdK“-NRW von 63/67/71(72?)/77/79/81/83/85/89/91/93/95/01/**05**=Zons = in Münster nicht vorh.!

49 **„Maler u. Bildhauer aus Lüdinghausen“** – Ausst.-kat. zur 675-Jahrfeier d. Stadt Lüdinghausen v. 1.9.-23.10.19**83** – Hg.: Kreis Coesfeld/Münsterlandmuseum Burg Vischering/Lüdinghausen, **1983**

50- **„Künstlerinnen und Künstler im Kreiskunstverein Beckum-Warendorf“** = 1982 / 1992 / **2002** / Mitgliederverzeichnisse – Hg.: Kreiskunstverein Beckum-Warendorf e. V. // **„Synthesis“** – Ausst.-kat. – Hörstel, Kunsthaus Kloster Gravenhorst – Hg.: u. a. Kr. Steinfurt = „Kr.-Kv. Beckum-Warendorf“ u. „Welbergener Kreis“ – 20**04** + Ausstellung: „Kr.-Kv. Beckum-Warendorf“ in Galerie Münsterland – Emsdetten = 20**04**(erw.)

51 **„Künstler in Köln“** – Hg.: BBK-Köln, Kulturamt-Köln u. a. – Vl.-Wienand, Köln, **1990**

51a **„Kunstadressbuch Köln 1997“** – Hg.: Artothek-Stadtmus.-Köln u. Kulturamt Köln, Grupello-Verl., **1996**

52- **„Welbergener Kreis“** – Mitgliederverzeichnisse: **„10 Jahre Welbergener Kreis“** 19**80**, Verlag Lechte-Emsdetten // **„Welbergener Kreis“** – 19**86**, Verl. Cramer-Greven / **„20 Jahre Welbergener Kreis“** – 19**90** – Verl. Cramer-Greven // **„Welbergener Kreis '70___ '95 ___“** – Druckhaus-Tecklenborg, Steinfurt, 19**95** // Ausst.-kataloge: **„Atelier-besuche“** – Gal.-MS-land-Emsdetten, 19**98** // **„SCHWARZ-ROT-GOLD“** – Rheine (Falkenhofmus), Bernburg/Mettingen, 19**98/00** // **„Projekt 2000 : 50“** – Gal.-MS-land-Emsdetten, 20**00** // **„Medidationskunst“** – in fünf Kirchen des MS-landes, 20**01**/02 // **„FrabrikneuN“** – 9 Künstler in der Galerie Münsterland – Emsdetten – 20**02** // **„Meditationskunst II“** – 10 Künstler in vier Kirchen des MS-landes – o.Jhg.(20**03**) // **„Kunst im Jahr der Bibel“** – Acht Kunstwerke in der Wallfahrtskirche St. Mariä Geburt in Eggerode, 20**04** // **„Synthesis“** – Ausst.-kat. – Kunsthaus Kloster Gravenhorst – Hg.: u. a. Kr. Steinfurt = „Kr.-Kv. Beckum-Warendorf“ u. „Welbergener Kreis“ – 2004 = **04a** + Ausstellung: „Welbergener Kreis“ in Museum Abtei Liesborn – 2004 = **04a** (erw.) // **„Symbohlen“** – ein künstl. Beitrag des Welbergener Kreises zum Bistumsjubiläum – Hg.: St. Mariä Geburt – Eggerode, 20**05**

52a **„Texte“** – deutsch-belarussisches Kunstprojekt – Ausst.-kat. – (Weissrussische u. Welbergener Künstler) – Mus.-Minsk, **1997** u. **1998**: Rheine-Bentlage/Schöppingen/ Beckum

53 **„Who's Who in the Arts and Literature“** – Fine Arts – A-Z – Bd. 3,1,1 + 3,1,2, **1982**

54 **„Künstler des Altkreises Lüdinghausen stellen sich vor“** – Ausst. v. 22.12.**1991** – 19.1.1992, Burg Vischering – Lüdinghausen

55 **„Kunstkreis der Region“** – Dokumentation 1994/95 – Selbstverl.-Lüdinghausen, **1994**

56 **„Eröffnungen“** – Aspekte der Kunstszene Münster – v. Prof. Udo Scheel, um **1992** - Schriftenreihe der Kunstakademie MS – Nr. 11

56a **„Alles Malerei“** – Ausst.-kat. – Schülerinnen Klasse Prof. Scheel der Kunstakademie-MS im Rathaus Wismar, **1997**

56b **„unverblümt“** – Ausst.-kat. – Klasse Prof. Scheel der Kunstakademie-MS in Galerie der VHS Bad Oeynhausen, **1997**

56ba **„zugespitzt“** – Ausst.-kat. – (wie 1997) in Bad Oeynhausen – **2004**

56c **„Differenzen“** – Ausst.-kat. – Udo Scheel u. seine Schüler – Mus.-Abtei-Liesborn, **2000**

56d **„Alles in Allem“** – Klasse Udo Scheel – ***Jetzt*** – Ausst.-kat. – Mus.-Abtei-Liesborn, **2005**

57- **„In vier Westfälischen Schlössern“** – Meisterschüler der Kunstakademie-Münster – Ausst.-kat. – Haus Opherdicke-Unna, Kloster Rheine-Bentlage, Schloss Corvey-Höxter, Oberes Schloss Siegen – Hg.: Kunstakademie Münster – 19**92** / **„In Westfälischen Schlössern“** – Ausst.-kataloge = 19**93+94** Orte wie 92, ab **95** dazu Kloster Dalheim in Lichtenau, **96+98** = Rheine/Unna/Lichtenau u. Schloss Brake in Lemgo, **97** ohne Unna – **99** = Rheine+Unna – (2000/01= nicht erschienen) / **„Meisterschüler in Westfälischen Schlössern“** – Ausst.-kat. – Bergkamen-Heil + Kunsthaus Bocholt, 20**02**

58 **„9 Künstler aus Lüdinghausen“** – Ausst. v. 2. 12. **1990**-13. 1. 1991 – Burg Vischering – Hg.: Kreis Coesfeld

59 **„Künstler sehen Westfalen“** – Hg.: Ehrh. Heinold / Verl. Weidlich, Frankfurt/M., **1979**

60 **„Friedrich Hundt“** – Fotopionier in Münster 1840-1885 – Ausst.-kat. – Stadtmuseum - MS, **1990**

60a **„Lichtbilder auf Papier“** – Fotografien in Westfalen 1860-1960 – Ausst.-kat. – Hg.: Volker Jakob/LWL-MS – Stadtmuseum – MS, **1999**

60b **„Punctum“** – Bilder des Privaten – Ausst.-kat. – Stadtmuseum Münster, Hg.: Friedrich-Hundt-Gesellschaft e.V. – MS, **1992**

61- **„Deutsche Videokunst“** – Ausst.-kataloge zum 1.-11. Marler **Video-Kunst-Preis** – **1984/86/88/90/92/94/96/98/2000/02/04** (m. Anhang: **Trophäen**wettbewerb bis 1996) Ausst.-gen im Skulpturenmuseum Glaskasten Marl, danach Wanderausstellungen (s. Kataloge) – Hg.: Stadt Marl / Neu: 8.-11. Marler **Video-Kunst-Preis** mit 1.-4. Marler **Video-Installations-Preis** – 1998-2004 u. **MEDIEN Raum-Wettbewerb** 2002/2004

61a- **„Deutscher Klangkunst-Preis 2002“** – Ausstellung zum Deutschen Klangkunst-Preis – Skulpturenmuseum Glaskasten Marl, 20**02** / desgl.: **„... –Preis“** – 2004

62 **„259 o Kunst in der Kulturregion Osnabrück“** – Teil 1/2 – Hg.: LV-Osnabrück, **1988**

62a **„Osnabrück“** – Künstler und ihre Stadt – Hg.: Kulturamt Osnabrück, **1980**

62b **„Zeitgleich“** – von Klaus Honnef – Rasch-Verlag – Bramsche, **1996**

63 **„Ausstellung der münsterischen Kunstgenossenschaft“** – Ausst.-kat. – Verl.-Westf.-Vereinsdr.-Münster, **1909** (Ausst.-raum nicht bek.)

63a **„Münsters Bildner der Gegenwart“** – Verl. H. Buschmann – 2. Aufl. – Münster, **1920**

63b **„Münster eine Porzellanstadt!?“** – Roloff-Sammlung-Daum, Münster – v. Rainer-Ludwig Daum – Hg.: Die Stadtheimatpflegerin Münster – **2001**

64 **„10 Jahre Abteilung für Kunsterzieher Münster** der staatlichen Kunstakademie Düsseldorf“ – Jubiläumszeitung zum zehnjährigen Bestehen – MS, **1982**

64a **„Abteilung Münster“** – Katalog – Abt. f. Kunsterzieher Münster der staatl. Kunstakad.-Düsseldorf HfBK, um **1980**

64b **„klassen“** – hier entsteht die Kunst – Kunstakademie Münster, **2003**

64c **„zwischen tür und angel“** – Ausst.-kat. – Professorinnen und Professoren der Kunstakademie Münster im Dialog mit der Sammlung Westf. LM f. K. u. K., Münster, **2005**

64x- **„Klasse!“** – Ausst.-kat. – (Prof.) „Erben“ und Schüler – Kunstakad. Münster im Kunstverein Gelsenkirchen, 19**88** // **„Crawatzo Erben Formanek ...“** – Ausst.-kat. – (Prof.) „Erben“ und Schüler – Kunstakad. MS in der Galerie Münsterland – Emsdetten, 19**95** // **„Wanderpause“** – Ausst.-kat. – Klasse (Prof.) Erben der Kunstakademie Münster im Peschkenhaus-Moers, 20**05** // **„Ulrich Erben im Cubus mit ...“** – Ausst.-kat. – Cubus-Kunsthalle – Duisburg, 2005/20**06**

65- **Norddeutsche Bildhauergruppe** MS e.V. – 1.) Ausst.-kat. – „Skulpturenforum Rheine 1988“ – Rheine, 19**88** / 2.) „Begegnung mit der zeitgen. Kunst“ – Ausst.-kat. – Polizei-Führungsakad.-MS-Hiltrup, 19**89**

66 **„Haus Rüschhaus“** – von J. C. Schlaun erdacht u. von Künstlern ins Bild gebracht – Ausst.-kat. – Rathaus MS, **1995** – Hg.: Liselotte Folkerts – Verlag J. Burlage-MS

67 **„Künstler des Kreises Münster stellen aus“** – Ausst.-kat. – Sparkasse-MS, **1974**

67a **„Junge Kunst in der BWS“** – (Bestands-)Katalog – Hg.: Buchungszentrale der westf.-lippischen Sparkassen GmbH – Münster, **1997**

68 **„Schnittpunkt – Junge Kunst in Gronau“** – Ausst.-kat. – Gronau, **1994**

68a **„Die Kunst der Bewegung“** – Ausst.-kat. – Fahrradfest – Hg.: Stadt Gronau, **1993**

69- **„Kunst in unserer Region“** – Ausst.-kataloge – Hg.: Kreis Steinfurt – 5.-16. Ausst. zeitgenöss. Kunst – Kreisheimathaus-Tecklenburg, 19**91-2003** // **„Kunst in unserer Region“** – 17+18. Ausst. – ab 04 = Kunsthaus Kloster Gravenhorst – Hörstel, 20**04/05**

70 **„Höhe x Breite x Tiefe“** – Ku.-Akad.-MS, Kl. Timm Ulrichs, Villa Ochtrup, **1995**

70a **„irregal“** – Ausst. im Suermondt-Ludwig-Mus.-Aachen, **1993** und:

70b **„unterherzjesu“** – Ausstellung im Gewölbekeller der Herz-Jesu-Kirche in Köln, **1997** = (2x) Ausst.-kataloge der Klasse Prof. Bandau – Kunstakademie-Münster

70x **„Timm Ulrichs presents“** – Ausst.-kat. – Klasse Prof. Timm Ulrichs in der Städtischen Galerie „Sohle 1“ Bergkamen, **1976**

71- **„Kunst der Region“**- Nr. 1-5 – Ausst.-kataloge – Emsdettener Kv., 19**86/87/88/90/91**

72- **„Übersicht“** (1) / **„Übersicht 2“** / **„Übersicht 3“** – Ausst.-kataloge – 19**91/95/2000** – Wanderausstellungen in NRW haupts. Westf. / Hg.: Sekretariat f. kult. Zus.-arbeit nicht-theatertragender Städte u. Gemeinden in NRW, Gütersloh („Übersicht 4“ – 2003 = nicht ersch.!)

73 **„Ein Engel für Mexiko“** – Ausst.-kat. – Pfarrgemeinde Hl. Kreuz-MS, Klas-Selbstv., **1996** (Ausst./Versteigerung d. Werke, Erlös f. ein Krankenhaus in Mexiko)

74 **„Die Westfälische Galerie in Kloster Bentlage“** – Bildheft 34 – WL-MS/LWL, **1996**

75 **„Vom Barock zum Jugendstil in Schloss Cappenberg“** – v. U. Groos – Bildheft 35 – WL-MS/LWL, **1996**

76 **„Malerei der Neuzeit“** – v. H. Galen/A. Schollmeier – Stadtmus.-MS/Stadtarchiv-MS, **1996** / (Geschichte original – am Beispiel der Stadt Münster – Mappe Nr. 20)

77 **„Les Artistes exposent .../Die Künstler stellen aus ...“** – Ausst.-mappe – Stadtmus.-Beckum, **1996** / (Ausst.: 22.3.-14.4.1996 La Celle Saint-Cloud u. 28.4.-2.6.96 Beckum)

78 **„ungewohnt – bewohnt“** – Schriften der Kunst-Akademie Münster – Ausst.-kat. – MS, **1996** / Ausstellungsprojekt in der Siedlung Habichtshöhe/Grüner Grund in Münster

78a **„Kunstakademie Münster – Dialog – Kungliga Konsthögskolan Stockholm“** – Ausst.-kat. – Akad.-Stockholm – Schriften der Kunstakad.-Münster – MS, **1996**

78b **„Auf der Bildfläche“** – Ausst.-kat. – Kunstakademie-Münster zu Gast in der Univ. f. angew. Kunst – Wien, **1999**

78c **„Kunstwerke“** – Energie & Kommunikation – Ausst.-kat. – Kunstakademie Münster bei den Stadtwerken Münster, **1998**

78d **„Schnittstellen“** – Wissenschaft und Kunst im Dialog – Ausst.-kat. – Münster: Archäolog.-Mus./Bibelmuseum/Botanischer Garten/Geolog.-Paläontol.-Mus./Mineralog.-Mus. – Hg.: Kunstakademie-MS/Kü.-dorf-Schöppingen/Musikhochschule-MS, **1998**/99

78E **„Graphische Sammlung“** – Ausst.-kat. – Sammlung der Kunstakademie Münster (m. Gästen) in der Anadolu Üniversitesi Eskişekir/Türkei, **2005**

79 **„Künstlerleben in Düsseldorf“** – Künstlerhandbuch – Düsseldorf, **1991**

79a **„Bildende Künstler und Autoren Düsseldorf“** – Düsseldorf, **1983**

79b www.duesseldorf.de/kuenstlerleben – Künstlerbiografien im Internet – Düsseldorf, **2003**

80 **„Schicht“** – Ausst.-kat. der K.-Akad.-MS – Klasse Prof. Timm Ulrichs – „ARKA“-Kulturwerkstatt-Essen, **1996** / (15.6-6.7. – Galerie ARKA = Zeche Zollverein – Schacht XII – Halle 12 – Gelsenkirchener Strasse 181)

80a **„legen, setzen, stellen“** – K.-Akad.-MS – Kl. Prof. T. Ulrichs im Kv.-Landau/Pf., **1993**

(80b) „Kunst-T-Raum“ –Ausst.-kat. – Prof. Timm Ulrichs und Klasse im Bürgerzentrum Alter Schlachthof – Soest, 1992 = siehe Nr. **100a**

81 **„Spektakel '96“** – Programmbuch – Festival d. Kunst- u. Musikhochschulen in NRW – 5.-7. 7. 1996 – Münster, **1996**

82 **„Untitled“** – Ausst.-kat. – UniKunstTage – 8. 11.-27. 11. 96 – Westf. Wilhelms-Univ. MS, **1996** / Ausstellung der Univ.-angehörigen in der Univ.-Bibl. u. Univ.-Kliniken

82a **„Kunstraum Universität“** – Kunst an der Universität Münster – Ausstellung im Rahmen der UniKunstTage – mit Inventarverzeichnis – W.-W.-Univ. – MS, **2002**

82b **„uniart münster 2003“** – Ausst.-kat. – Hg.: Westf.-Wilh.-Univ. – Münster, **2003**

82c **„uniart münster 2004“** – Ausst.-kat. – Hg.: Westf.-Wilh.-Univ. – Münster, **2004**

83 **„Unterwegs“** – Ausst. der Studenten zum 25-jährigen Jubiläum der K.-Akad.-Münster / Ausst. v. 25.7.-1.9.**1996** in der Künstlerwerkstatt Lothringerstr. – München

84- **Auktionskataloge** – ab 15.5.1976 bis 2006 – Münstersches Kunst- u. Auktionshaus – Eric M. A. Wilbois / **1.** Auktion – 15.5.1976, **2.** – 27.11.76, **3.** – 77, **4.** – 78, **5./6.** – 79, **7./8.** – 80, **9./10.** – 81, **11./12.** – 82, **13.-15.** – 83, **16./17.** – 84, **19.-21.** – 85, **22.-24.** – 86, **25.+27.** – 87, **31.-34.** – 88, **36.-38.** – 89, **39.-41.** – 90, **42.-44.** – 91; **45.+47.** – 92, **48./49.** – 93, **50./51.** – 94, **52.** – 20.5.95, **53.** – 11.11.95, **54.** – 10.2.96, **55.** – 8.6.96; **56.** – 9.11.96, **59.** – 31.5.97, **60.** – 8.11.97, **61.** – 9.5.98, **62.** – 14.11.98, **64.** – 15.5.99; **65.** – 27.11.99, **66.** – 20.5.2000, **67.** – 30.9.00, **68.** – 4.11.00, **69.** – 12.5.01, **70.** – 24.6.01, **71.** = Ahlen, **72.** – 8.6.02, **73.** – 28.9.02, **74.** – 30.11.02, **75.** – 24.5.03, **76.** – 15.11.03, **77.** – 13.3.04, **78.** – 22.5.04, **79.** – 4.12.04, **80.** – 11.6.05, **81.** – 26.11.05, **82.** – 20.5.06 / (diese Kataloge sind in der Univ.-bibliothek-Münster ausleihbar bis 2004, danach nur noch in der Deutschen Bücherei-Leipzig)

85 **„Unterwegs“** – Vor-Bilder stellen aus – Ausst. der Prof./innen z. 25-jährigen Jubiläum d. K.-Akad.-MS, **1996** / Ausst. v. 17.10.-13.11.1996 – Hochsch. f. Bild. Kunst – Dresden

86- **„Westdeutscher Künstlerbund“** – alle Ausst.-kataloge = Hg.: „WKB“ // 1. – 24. (Gesamt)-Ausstellung im K.-E.-Osthaus-Mus.-Hagen, 19**47/49/50...85/87/89/91** // **„Dokumentation zum Ortstermin Münster“** – Ausst.-kat.: Ergebnisse Symposion „WKB“ Hamelhalle-MS, 19**86** // **„Figurationen“** – Sonderausst. – Städt.-Gal./Flottmann-Hallen-Herne, 19**88** // **„WKB“** – 25. Ausst. – Landesmus. f. Volk u. Wirtschaft-Düsseldorf, 19**92** // **„wir hier.“** – 26. Ausst. – Kunsthalle/Vest.-Mus./Kutscherhaus-Recklinghausen, 19**94** // **„Tragfläche“** – Ausst.-kat. – WKB im Mus.-Bochum, 19**95** // **„Lage der Dinge“** – 50 Jahre „Westdeutscher-KB“ – 27. Ausst. – G.-Lübke-Mus.-Hamm, 19**96** // **„Schauplätze“** – 28. Ausst. – Herne/Wanne-Eickel, 19**98** // **„Von Haus zu Haus“** – 29. Ausst. – Museen Stadt Lüdenscheid, **2000** // **„übersicht“** – 30. Ausst. – Museum-Bochum, 20**02** // **„in figura“** – Hg.: u. a. „WKB“-Bochum/Flottmann-Hallen-Herne, 2003 = Lit.: **184a** // **„klein aber ...*Miniatur als Konzept*“** – Ausst.-kat. – Mus.-Bochum/Kommunik.-zentr.-Steinfurt/Litauen = Hg.: Mus.-Bochum/“WKB“-Bochum, 2003/04 // **„Lohn der Arbeit“** – 31. Ausst. – Ausst.-kat. = Flottm.-Hallen Herne, Städtische Gal.-Herne, Städt.-Mus.-Gelsenkirchen, Kunstmuseum-Mülheim/Ruhr, Verein f. akt. Kunst-Ruhrgebiet = Zentrum-Altenberg Oberhausen, 20**05**

87 **„Unterwegs“** – Absprung – Ausst. d. ehemaligen Studenten z. 25-jährigen Jubiläum der K.-Akad.-MS – v. 8.12.**1996** – 2.2.1997 in der Kunsthalle Recklinghausen

88 **„Nachlassauktionskatalog – Hans Pape“** – v. 23. 4. **1988** – Auktionskatalog – Auktionshaus Eric M. A. Wilbois in Münster (s. wie Nr. 84), versteigert wurden Werke von: Bahn, Ernst / Bröker, Bernhard / Busch, Carl / Chastinet, Dr. Ludwig / Ehlers, Karl / Hase, Ernst / Liel, Friedrich Wilhelm / Pape, Hans / Schlick, Arnold

89 **„Annette von Droste-Hülshoff zum 200. Geburtstag“** – v. Liselotte Folkerts – Verl.-Burlage-MS, **1996** / Ausstellungen 1997 in Dülmen, Waltrop, Kreuztal und Münster

90 **„Unterwegs“** – Chronik-Album-Argumente – Zum 25-jährigen Jubiläum der Kunst-Akad.-MS 1971 – 1996 – Schriften der Kunstakademie Münster – **1997**

91 **„Kultur trifft Klasse“** – Schule und Kulturszene im Austausch – Hg.: Stadt MS, **1997**

92 **„Verein Münster Museum – 1978-1988“** – Hg.: Verein zur Förderung eines Museums für Münsterische Stadt- und Kulturgeschichte e.V. (Verein Münster Museum), **1988**

93 **„Outpost Münster“** – Juli **1997** / Sammelalbum zeitgenössischer Künstler u. a. aus Münster/Köln/MS-land/England / Organisation: Inga Beyer u. Seth Turner. (Künstler mit d. Nr. 93 haben an der Aktion teilgenommen und die Einnahmen dem „Kunsthaus Kannen“ gespendet (siehe: Gruppe „Haus Kannen“)

94 **„Künstlerinnen in NRW“** – Hg.: Frauenkulturbüro NRW e.V. – Krefeld – **1995**

95 **„Künstlerinnen in Münster“ – 1997** – Hg.: Stadt Münster – Frauenbüro, Presse- u. Informationsamt – 10/**1997**

95a **„31. 10. 99“ – Ein Geschenk für Münster** – Ausst.-kat. – Stadthaus II – 2. Frauenkulturwochen – Münster, **1999**

96 **„der eine macht dies, die andere macht das“** – Schüler u. Meisterschüler d. Kunstakademie-Münster, Klasse Timm Ulrichs – Ausst.-heft – Kv.-Gelsenkirchen im Städt.-Museum Gelsenkirchen v. 6. 12. **1996** – 19. 1. 1997

96a **„Rendezvous“** – Ausst.-kat. – Timm Ulrichs u. Meisterschüler (Kunstakad.-Münster) – in Museen Stadt-Lüdenscheid, **1990**

96b **„Pasticcio“** – Ausst.-kat. – Klasse Timm Ulrichs (K.-akad.-Münster) im Kv.-Celle, **1987**

96c **„Plastische Arbeiten aus der Klasse T. Ulrichs“** – Kunstakademie-Münster im Museum Abtei-Liesborn, **1986**

96d **„ein Tag aus“** – Postkartenset – Ausstellungen (Klasse Timm Ulrichs – Kunstakademie Münster) im Pavillon Gal. A. Brusten – Wuppertal, **1997/98**

97- **„Hagener Künstler“/“Hagener Künstlerinnen und Künstler“ u. „Bund Bildender Künstler Hagenring e.V.“** – Ausst.-kataloge Hagener Künstler – alle Ausst.-gen im K.-E.-Osthaus-Mus.-Hagen, u. Mitglieder-Kataloge von Gruppe-„Hagenring e.V.“-Hagen = insges.: 19**46/47/49/63/65/71/74/76/83/84/86/87/90/92/94/96/98/99/2000/02/03/04/05** // (***im Einzelnen:*** „Gr. Kunst-Ausstellung des Hagenrings u. anderer Hagener Künstler“ – Ausst.-kat. – 1946 / „Hagener Künstler“ – Ausst.-kataloge – 1963/71/98/2000/02/03/05 / „Junge Hagener Kunst“ – 1983 / „Hagenring Ausstellung“ – Ausst.-kataloge – 1947/49/ 65/76/86/92/96/99/04 „Hagenring e.V.-Hagen / „50/60/75/80 Jahre Hagenring“ – Ausst.- u. Mitgl.-kataloge = 1974/-84/99/2004 / Mitgliederkataloge – Hg.: „BBK-Hagenring e.V.“-Hagen, 1987/90/94/04 / (Kataloge v. 1949 u. 1974 in MS nicht bek.)

97a- **„Westfälische Sezession 1945“** – Kat.-ge – Hg.: K.-E.-Osthaus-Mus.-Hagen, 19**46/47**

97b- **„Grosse Sauerländische Frühjahrsausstellung“** – 1./2./3./4,1.+4,2. Ausst. – K.-E.-O.-Mus.-Hagen, 19**38/39/40/41,1** / **41,2** = Fritz-Harkort-Mus. (Haus der Heimat) – Hagen / 5./6./7. Ausstellung Mus.-Hagen = **„Gau-Ausstellung Westfalen-Süd“** – **1942/44** / (In Münster nicht vorh., daher nicht bearbeitet: Katalog der 6. Ausst. u. ebenfalls „Sauerländisches Kunstschaffen“ – Ausst.-kataloge – K.-E.-O.-Mus.-Hagen = 1936 + 1938)

97ba **„Das Sauerland in der bildenden Kunst“** – v. Dr. Gerhard Brüns – Eine Auswahl aus den „Grossen Sauerländischen Frühjahrsausstellungen 1938 u. 1939 in Hagen, o. Jhg.

97b-79 **„Sauerländer Künstler stellen aus“** – Ausst.-kat. – Sauerlandmus.-Arnsberg, 1979

97c **„Das Sauerland“** – Bd. 5 = „Künstlerschaffen im Sauerlande“ – Hg.: Dr. F. Wagener – Meschede, 2. Aufl., **1938** // Beachten Sie bitte, dass alle Kataloge mit der **Nr. 97b+c** (außer 1979) nationalsozialistische Literatur ist. Hier nur als Ausst.-kataloge erwähnt!

97d **„EigenArt“** – Kunst in Hagen – Katalog – Hg.: Kultur- u. Werbeamt, VHS, Hagen, **1994**

97x **„Architektenführer Hagen“** – von Petra Holtmann – Hg.: Stadt Hagen, **2005**

98- **„Dortmunder Künstlerbund“** – Neue Kunst in Werken des Dortmunder Künstlerbundes – Schwalvenberg-Verl.-Dortmund, 19**47** // **„Ausstellung des Dortmunder Künstlerbundes“** – Ausst.-kat. – Neues Stadthaus-Dortmund, 19**56** // **„Dortmunder Gruppe“** – Herbstausst.-Mus. am Ostwall-Dortmund, 19**62** – und: **„Dortmunder Gruppe“** – Ausst.-kat. – Gustav-Lübcke-Mus.-Hamm, 19**66** // **„25 Jahre Dortmunder Gruppe – Dortmunder Künstlerbund“** – Dortmund, 19**80** – Dokumentation über 52 Künstler aus Dortmund, im **Anhang** alle Mitgl. bis 1980 // **„Dortmunder Sezession“** – Die Sezession: Kunst in Dortmund – 19**82** // Bearb./Gestaltung: R. Altmann/H. G. Podehl = **„Dortmunder Gruppe ° Dortmunder Künstlerbund 84/85“** – Ausst.-kat. – Mus. am Ostwall-Dortmund, 19**84** // **„Rückblick – Ausblick“** – 30 Jahre Dortmunder Gruppe – Dortmunder Künstlerbund – Ausst.-kat. – Dortmund, 19**87** // **„35 Jahre Dortmunder Gruppe“** – Ausst.-kat. – Rathaus-Dortmund/Stadtgal.-Lünen/Städt.-Turmgal.-Coesfeld, 19**92** // (Dortmunder KB jetzt „Westf. KB“ ! = **„KUNSThafen“** – Ausst.-heft – Bochumer KB + Westfälischer KB-Dortmund im Speichergebäude Hafen-Dortmund, 2004 = **146-**04)

98a **„Einblicke“** – 45 Jahre Städtischer Kunstankauf – Ausst.-kat. – Rathaus-Dortmund, **1995**

98b **„Einblicke und Reflexionen“** – Roland Altmann – Selbstverlag-Dortmund, **1989**

99- **„künstlerbund bottrop“** – Mitgliedsverzeichnis u. Ausst.-gen – „Künstlerbund-Bottrop e.V.“ – 19**83** // **„Zeit-Punkte“** – Künstlerbund Bottrop 1979-1999 – Ausst.-kat. – Galerie Kulturzentr. August Everding – Bottrop, 19**99** // **„Das Beste aus 25 Jahren Künstlerbund Bottrop 1979-2004“** – Ausst. zum 25-jährigen Jubiläum KB-Bottrop e.V. – Sparkasse Bottrop, 20**04**

99a- **„Jahresausstellung Bottroper Künstler“** – Ausst.-kataloge – Josef Albers Museum-Bottrop – Hg.: Stadt Bottrop, 19**97/98/99/2000/01/02/03/04** (ab 05 eingestellt)

99b- **„Moderne Galerie – die Sammlung“** – Josef-Albers-Museum – Quadrat – Bottrop, Bestandskatalog – 19**96**

99c- **Jahresausstellung Bottroper Kunst-Handwerk“** – Ausst.-kataloge – Städtische Galerie im Kulturzentrum August Everding – Bottrop, **2000/01/02/03/04** (ab 05 eingestellt)

99d- **„kunstpfade im revier“** – Ausst.-kat. – Kulturzentrum Bottrop/Wanderausst.-Revier – Hg.: „Kunstgemeinschaft Bottrop e.V. 1969“ – Bottrop, 20**04**

100-45 **„Kunstausstellung der Gemeinschaft Soester Künstler“** – Ausst.-kat. – „Kunstring“-Soest, 19**45**

100-81 **„Künstler im Kreis Soest“** – Malerei – Grafik – Plastik – Hg.: Kreis Soest, 19**81**

100-88 **„Kunstverein Kreis Soest e. V.“** – Mus.-Abtei-Liesborn – Hg.: Kv.-Kr.-Soest, 19**88**

100-89 **„In der Tradition Wilhelm Morgners“** – Katalog – Haus NRW-Bonn – Hg.: Kv.-Kreis Soest, 19**89**

100-97 **„Künstler, Kenner & Konsorten“** – Katalog – Kreishaus-Soest – Hg.: Kr. Soest, 19**97**

100-98 **„Künstler im Kreis Soest“** – v. B. Naß/P. Dahm – V.-Westf. Anzeiger – Hamm, 19**98** (Werke v. Künstlerinnen aus Soest u. Umgebung – Ausst. in Soest 20**01** = s. Lit.: **190**)

100-05 **„Die Erben Wilhelm Morgners“** – Hommage an einen Westfalen – Ausst.-kat. – Hg.: „Kunstverein Kreis Soest“ u. Stadt Soest – 20**05**

100a **„Kunst – T – Raum“** – Aktionen, Installationen, Performances mit Prof. Timm Ulrichs und Schülern (Ku.-akad.-MS) – Ausst.-kat. – Schlachthof-Soest, **1992**

100b **„Kunst im Soester Privatbesitz“** – Ausst.-kat. – Wilhelm-Morgner-Haus – Soest, **1999**

100c **„Von der Kultur des Sichtbaren“** – eine Dokumentation – Kunst-Praxis Soest 1994-2004 – Hg.: Freunde u. Förderer der Kunst-Praxis Soest e.V., **2005**

101 **„Paderborner Künstlerlexikon“** – von Fr. Steinmann u. a. – Hg.: Verein f. Geschichte – Univ./GH-Paderborn, **1994**

101a **„Katalog der Kunst-Ausstellung Paderborn 1913“** – Ausst.-kat. – Paderborn, **1913**

101b- **„ateliers offene“ – Paderborn und Umgebung** – Kunstkoffer mit Informationen u. Kunstpostkarten – Off. Ateliers mit Begleitausstellung im Kv.-Paderborn, 20**02/03/04/05**

102- **„Westfälische Künstler“** – Sommerausstellungen – Dortmund-Westfalenpark – 19**75-88** / **75** = 1., **77** = 2., **79** = 3., 81 = 4. (in MS nicht vorh.), **83** = 5., **85** = 6. Ausst. = 4-5/85 Dortmund + 7/85 Hamm – Max.-park = Foyer Maximilianhalle

103- **„Visitenkarten“** – Künstlergruppe: „Kunstwerkstatt sohle 1 Bergkamen“ – Ausst.-kat. –

Kommunale (Städtische)-Galerie „sohle 1" Bergkamen, **1997** // **„30 Jahre – 30 Künstler"** – Kommunale Galerie „sohle 1" – Bergkamen 1970-2000 – Bönen, **2000** // **„Platzhalter"** – Beiträge zum Skulpturenwettbewerb für den Platz der Partnerstädte Bergkamen – Katalog – Bergkamen, 20**01**

104 **„Arbeitskreis Kunst Hamm e.V. – 1975-1985"** – Künstlerkatalog – Hamm, **1985**

105 **„Bildende Kunst in Hamm"** – Künstlerverzeichnis – Hg.: Oberstadtdirektor-Hamm u. Verkehrsverein-Hamm, **1991**

105a **„Künstler in Hamm"** – v. Gisbert Sander/Ulrich Niermann – Hg.: Verl.-Westf. Anzeiger-Hamm, **2000** (weitere Künstler aus Hamm = s. Nr. 139/139a)

105b **„Inszenierung Brücken + Licht"** – Die lichtkünstlerischen Entwürfe – v. Prof. Gerhard Auer – Hg.: Stadt Hamm, **2004**

106 **„werbe grafik"** – westfalen 1920-1960 – Wanderausst. 1997-99 – Hg.: LWL-MS, **1997** (Ausst. in Paderborn/Borken/Berleburg/Delhausen/Iserlohn/Herne/Gescher/Datteln)

107- **„Grosse Kunstausstellung Düsseldorf"** – Nordwestdeutsche Kunst innerhalb der Ausstellung Schaffendes Volk – Ausst.-kat. – Kunsthalle-Düsseldorf, 19**37** // **„Herbstausstellung Düsseldorfer Künstler"** – Ausst.-kat. – Kunsthalle-Düsseldorf, 19**40** (Hg.: Ges. zur Förderung der Düsseldorfer bildenden Künstler e.V.) // **„Winterausstellungen"** – Ausst.-kataloge – Kunstpalast-Düsseldorf – 19**51**-19**77** (Hg.: Verein Düsseldorfer Künstler = diese Kataloge sind fast alle in Münster nicht vorhanden) // **„Grosse Kunstausstellung NRW"** – Ausst.-kataloge des Vereins zur Veranstaltung v. Kunstausstellungen e.V. – Düsseldorf, 19**78**-20**05** – Kunstpalast – Ehrenhof 4 – Düsseldorf / (wegen Neubau 1998-2001 = Ausst.-gen in der Messehalle)

107a- **„Grosse Kunstausstellung München"** – Ausst.-kataloge s. 1937 – Haus der Kunst – München / Jahrg.-e bearbeitet 19**37**-19**99**/**04**/**05** (2000-03/05 in MS nicht vorh.) / 1999 = „Junge Kunst" – Malerei bis Multimedia – 50 Jahre Grosse Kunstausstellung München

107b **„Schnitt 2000"** – Ausst.-kat. – Kv. f. d. Rheinlande und Westfalen – Düsseldorf, **2000**

108- **„Gemälde in deutschen Museen"** – Reihe I, Bd. **1-4**, 3. Aufl., Hg.: H. F. Schweers – Verl.-Saur-KG – München, 19**94** (4. Aufl. – Bd. **1-3** – 20**05**)

109 **„Künstlerlexikon m. Registern zur documenta 1-8"** – v. Fl. Matzner – Kassel, **1987**

109-9 **„Künstlerindex zur documenta IX"** – 1992 – Kassel, **1995** (Erschienen sind Ausst.-kataloge zur „documenta" in Kassel: 1955/59/64/68/72/77/82/ 87 + (9.) = 1992 + (10.) = 1997 + (11.) = 2002)

110- **„Zwölf Künstler"** – Hg.: Willy Schommer, Verkehrsverein Siegen u. Verkehrsverband Siegerland, Siegen, 19**75** // **„EinBlick '86/'88/'91/'94"** – Kunstlandschaft Kr. Siegen-Wittgenstein – Kataloge – Wanderausst.-gen in Südwestfalen 19**86**/87, **88**/89, **91**/92, **94**/95 – Hg.: Kr. Siegen-Wittgenstein

110a **„Kulturhandbuch für den Kreis Siegen-Wittgenstein"** – 1. Aufl. – Siegen, **1991**

110b (Titel wie 110a) 3. Aufl. = Kultur-Büro – Siegen, **2001** / (2. Aufl. in MS nicht vorh.)

110c- (die weiteren Aufl.-n mit Jahrgangsangabe! Titel wie 110a) CD-ROM+Buch – 20**04**/05

110d- **„75 Jahre Arbeitsgemeinschaft Siegerländer Künstler"** – Geschichte des Vereins und Ausst.-katalog (Ausstellungen an mehreren Orten in Siegen) – Siegen, 19**98** // **„Arbeitsgemeinschaft Siegerländer Künstler"** – >A-Z< – Ausst.-kat. – Städtische Galerie Haus Seel und Ausst.-forum Haus Oranienstr. – Siegen, 20**03**

110E **„25 im Dialog"** – Die Künstler der IHK-Galerie – 25. Ausst. – Kat. – IHK-Siegen, **2005**

110x **„Zwischenzeit"** – Camera obscura im Dialog – Ausst.-kat. f. Siegen/Bielefeld/Saarbrücken – Hg.: Kulturbüro Kr.-Siegen/Wittgenstein, **1993**

110y **„50 Jahre NRW"** (August 1946 – August 1996) – Ausst. im Kreishaus-Siegen – Eine Mail-Art-Aktion der Univ.-Siegen – Neunkirchen, **1996**

111 **„Graphik des 20. Jh.s aus eigenem Bestand"** – Katalog – Kunsthalle-Bielefeld, **1978**

112 **„Westfälische Künstler im 19. Jahrhundert"** – Ausst.-kat. – Hg.: Westf.-Museumsamt-Münster, **1983**

112a **„Oberdeutsche Bauhandwerker in Westfalen"** – (17.-19. Jh.) – v. M. Pieper-Lippe u. O. Aschauer – in Westf. Forschungen – Bd. 20 – Verl.-Aschendorff-MS, **1967**

112b **„Kirchliche Kunst um 1600 in Westfalen"** – Ausst.-kat. – Hg.: Chr. Stiegemann – Erzb.-Diözesan-Mus.-Paderborn, **1991**

112c „Bauen in der Evangelischen Kirche von Westfalen" – Hg.: Ev. Landeskirchenamt – Baureferat – Bielefeld, **2003**

112ca „Evangelische Kirchen in Westfalen 1952-1962" – v. H. E. Nau/H. Molden – Luther-Verlag – Witten, **1963**

112d „Kirchenbau im Erzbistum Paderborn" – 1974 – 2000 – Hg.: Bruno Kresing/Erzbistum Paderborn, **2000**

113 „Altes und Neues Kunsthandwerk" – Ausst.-kat. – Hg.: WL u. Wksch Münster, **1960**

114 „Kunst in Bielefeld" – Malerei u. Graphik 1900-1933 – Kat. – Kunsth.-Bielefeld, **1983**

114a „Ausstellung aus Bielefelder Privatbesitz" – Städt.-Kunsthaus – Bielefeld, **1930**

114b „Industriearchitektur in Bielefeld" – Geschichte und Fotografie (u. Ausst.-kat.) – Bielefelder Kunstverein, **1986**

114c „Weltweit – Begegnungen mit der Fremde" – Ausst.-kat. – Bielefeld, **1992**/93 = Hg.: „Fotoforum Schwarzbunt e.V."-Bielefeld, 1993

114d „Mit der Absicht des Schöpfers hat es höchstens zufällig etwas zu tun" – Mozart in Tonspuren u. Bildräumen – Kat. – Verl. „Fotoforum Schwarzbunt e.V."-Bielefeld, **1991**

144E „Das Lächeln des Prometheus" – Hg.: Jörg Boström/Theodor Helmert-Corvey – Ausst.-kat. u. CD-Rom – Daniel-Pöppelmann-Haus – Herford, **1995**

114f „Mode, Fotografie, Körperkult" – Hg.: K. M. Holzhäuser/E. Hoenderken – FHD-Bielefeld, **1999**

114w „Lebensgross" – freie Studentenausstellung – FH Bielefeld – Fachbereich Gestaltung – Bielefeld – Lampingstr. 3 – **1982**

ohne Nr.: **„Erotik 84"** – Ausst.-kat. – FHD-MS/Bielefeld, 1984

114x „Kann Fotografie unsere Zeit in Bilder fassen?" – Hg./eds.: J. Boström/G. Jäger – 25 Jahre Bielefelder Symposien über Fotografie und Medien 1979-2004 – Bielefeld, **2004**

115 „Kunsthalle der Stadt Bielefeld" – Katalog der Gemälde und Skulpturen des 20. Jh.'s – Bielefeld, **1985**

115a „Kunsthalle Bielefeld" – Erläuterungen zur Sammlung – bearb. J. Hülsewig-Johnen – Bielefeld, **1989**

115b „Richard Kaselowsky Haus/Kunsthalle der Stadt Bielefeld" – Plastik – (Bestandskatalog) – Bielefeld, **1968** (u. Titel – Gemälde – 1968 = Werke s. in Lit.: 115)

115c „Wir sind aus eurem Glück gestanzt" – Autoren und bildende Künstler in der Stadtbibliothek Bielefeld – Hg.: Stadtbibliothek Bielefeld, **1981**

115d- „ZIF-Mitteilungen" – Zentrum Intern. Forschungen – Hefte 19**99**/**2000**/20**01**/20**02**/ 20**03**/**2004** – Univ.-Bielefeld

116 „Bildende Kunst und Kunsthandwerk in Sundern" – v. Hans-Georg Walther – **1984**

117- „Kunst und Künstler im Kreis Olpe" – v. Annette Domscheit-Preuß – Hg.: KB-Südsauerland e.V., 1991 // **„Künstlerbund Südsauerland e.V. im Kreis Olpe"** – Ausst.-verz. – Lennestadt, 199**3** // **„Künstlerbund Südsauerland 1989-1999"** – Mitgliederdokumentation – Hg.: „KB-Südsauerland", 19**99** // **„Kunst und Künstler im Kreis Olpe II"** – v. Ulrike Monreal u. a. – Hg.: Kunstverein Südsauerland e.V., 20**01**

118 „Kunst im Umkreis des Gymnasium Hammorense" – Ausst.-kat. – Gust.-Lübcke-Mus.-Hamm, **1982**

119 „Ausstellung Dortmunder Künstler" – Ausst.-kat. – Mus. am Ostwall-Dortmund – Hg.: Kulturamt der Stadt Dortmund, **1966**

119a „Kunstpfade durch die Nordstadt" – Ein Projekt zur Stadtteilkulturarbeit – Hg.: Kulturamt der Stadt Dortmund, **1987**

120 „Dortmunder Künstlerverzeichnis" – Hg.: BBK-Westf.-Süd/Nord e.V.-Dortm., **1998**

120a- „Biographien bedeutender Dortmunder: Menschen in, aus und für Dortmund" – Hg.: Hist. Ver. f. Dortmund u. d. Grafschaft Mark / Bd. **1** – 1994 / Bd. **2** – 1998 / Bd. **3** – 01

120b- „Grafik aus Dortmund" – 25 Jahre Dortmunder Kunstkalender – eine Retrospektive – (1977 – 20**01**) – Hg.: Kulturbüro-Dortmund, 2002

120c-„Nordstadtateliers" – Ein kreativer Stadtteilführer – (Offene Ateliers im Stadtteil Nord – Dortmund) – Ausst.-kat. – Hg.: Künstlerhaus Dortmund e.V., 20**04**

121 „Die Ökonomie von Kloster/Schloss Bentlage" – Workshops ° Symposien ° Projekte – Hg.: Stadt-Rheine, **1995**

121a „500 Jahre Bentlager Schädelschrein" – Tür zu einer weiten Welt? – Ausst.-kat. – Kloster Bentlage – Rheine, **1999**

122- „Jahrgangskatalog" zur „Frankfurter Buchmesse" – Hg.: FHD-MS, 19**92-97** / „Grafik u. Illustration 1998" – Fachbereich-Design – FH-Münster – Katalog – art multiple-Düsseldorf u. Buchmesse-Frankfurt-M., 19**98** / **„ilLust Ratio 1999"** – FHD-MS – Katalog – 8. Jahrg. – Buchmesse-Frankf.-M., 1999 / **„ilLust RatioN & mul Time dia"** – FHD-MS – Katalog – 9. Jahrg. – Buchmesse-Frankf.-M. – **2000** / **„Illustration & Multimedia"** – 10. Jhg. – Faltblätter zur Frankfurter Buchmesse – FHD-MS – **01** / **„Darwins Zimmer"** – 11./12. Jhg. – Illustration u. Buchgestaltung FHD-MS – 02/**03** (03 ersch.) / (ab 04 = 00)

122a-1+2 **„bianca 115"** – Ein Magazin vom Fachbereich Design der FH Münster – ohne Jhge. = **1**. Heft um 2001/02 + **2**. Heft um 2003/04

122b- „Rhizom" – Das Magazin für den Fachbereich Design der FH-Münster: **„heimat"** – Jhg. 1 – 20**05** // **„provinziell aber individuell"** – Jhg. 2 – Heft 1 – 20**06** // **„Jung. Kreativ. Unerfahren."** – Jhg. 2 – Heft 2 – 20**06** // **„RHIZOM III"** – Sommer 2006

ohne Nr.: **„Erotik 84"** – Ausst.-kat. – FHD-MS/Bielefeld, 1984

122x „Design um 20" – Junge Designer um 20 zeigen 189 Posterblätter für junge Leute – Ausst.-kat. – Studenten der FHD-MS in der LBS – MS, **1986**

122y „zeichnen zwischen Abbild und Erfindung" – Ausst.-kat. – StudentInnen der FHD-MS in der VHS-Dorsten, **1995**

122z „Von der Erschaffung der Nashörner" – Ausst.-kat. – Illustrationen von Studierenden der FHD-MS im Franz-Hitze-Haus – Münster, **1996**

123 „basis bauhaus ...westfalen" – u. a. Ausst.-kat. – Hg.: Westf.-Museumsamt-MS, **1995** (Ausstellungen 1995/96 in Ahlen/Paderborn/Bad Oeynhausen/Bocholt/Recklinghausen/Soest und Dessau (Bauhaus)

124- „BBK ´75" – Katalog – Kunsth.-Bielefeld – BBK-Bez.-verb. Ostwestfalen-Lippe, 19**75** // **„Handzeichnungen '77"** – Ausst.-kat. – Kunsthalle-Bielefeld – BBK-OWL, 19**77** // **„BBK ´80/81"** – Katalog – Kunsthalle u. Kulturhist.-Mus.-Bielefeld – BBK-OWL, 19**81** // **„Die 1. Generation nach 1945"** – Künstler aus OWL – Ausst.-kat. – BBK-OWL im Hist. Saal der Alten Ravensberger Spinnerei in Bielefeld, 19**86** // **„Gleichzeitig"** – Jahresausst.-BBK-OWL – Daniel-Pöppelmann-Haus-Herford, 19**97** // **„Figur und Landschaft"** – Jahresausst.-BBK-OWL – Städtische Gal. – Paderborn, 19**98** // **„Kunst ist kein Luxus, sie gehört zum Leben"** – Katalog – 50 Jahre BBK – Bezirksverband OWL 1955-2005 – (Historie/Mitgl.-verzeichnis) – Bielefeld, 20**05**

124a „Brackweder Kunstmeile '98" – 18. 5.-1. 6. 1998 – Ausstellungen in der Brackweder Hauptstr. – Bielefeld, **1998**

125 „Künstler in Lüdenscheid" – Hg.: Städt.-Galerie Lüdenscheid, **1987**

125a „Museum der Stadt Lüdenscheid" – Gemälde, Aquarelle, Grafiken – v. Helmut Pahl – Museum-Lüdenscheid, **1980**

125b „Lüdenscheider Künstlerporträts" – v. Helmut Pahl – Lüdenscheid, **1986**

125c „Standort Lüdenscheid" – 10 Jahre Märkisches Stipendium für Bildende Kunst – Ausst.-kat. – Städt.-Gal.-Lüdenscheid, **1988**

125d- „Märkisches Stipendium für Bildende Kunst" – Ausst.-kataloge – Städtische Galerie-Lüdenscheid, 19**78**-19**97** (z. Bsp.: Stip. = 1997 – Ausst. = 1996)

125e „Kein Strich zuviel" – Ausst.-kat. – Städt.-Gal. u. Museen d. Stadt Lüdenscheid, **2002** (dazu CD: „kein strich zuviel – kein ton zu wenig" – Gruppe „alien take over" – Edition Jörg Pasler – zur Ausst.-eröffnung am 12.10.02 in der Städt.-Gal.-Lüdenscheid)

125f- „Künstlerknöpfe" – Ausst.-kat. – Museen der Stadt Lüdenscheid, 19**89** // **„Noch MEHR Knöpfe für Lüdenscheid"** – Ausst.-kat. – Museen der Stadt Lüdenscheid, 20**02**(03 ersch.)

125g- „Lichtrouten" – Ausst.-kataloge – Projektltg. Bettina Pelz – Hg.: Lüdenscheider Stadtmarketing GmbH, 20**02**/**03**/**04**

125h „Loveletters vom Lennestrand" – Liebe im Sauerland – Ausst.-begleitband – Mus.-Lüdenscheid – Hg.: Verein der Museumsfreunde Lüdenscheid e.V., **2005**

126 „Dialog ° Toleranz ° Verständigung" – Hg.: Künstlergruppe-„T.U.N.-Arbeitskreis Kunst 83 e.V., MS – Ausst.-kat. – Stadthausgalerie-MS, **1998**

126a „Zusammenwachsen“ – (Hg. wie 126) – Ausst.-kat. – Volksbank-MS, **2002**

127- „Akademie – Gestaltung im Handwerk“ – Ausst.-kataloge – Hg.: Handwerkskammer-Münster, 19(92=)**93**/(93)=**94/95/96/97/98**

128- „Wilhelm-Zimolong-Förderpreis für junge Künstler aus dem Ruhrgebiet“ – Ausst.-kataloge – Bd. 1-8 – Städtische Galerie im Rathauspark-Gladbeck/Stadtbücherei, 19**82/ 84/86/89/92/98**/20**01**

128-93 **„Die Preiträger 1982-1992“** – Sonderausstellungskatalog – Gladbeck, 19**93**

129- Katalog zur Ausstellung „November“ – Ateliergemeinschaft-MS, Schulstr. 22, 19**96** (alle beteiligten Gastkünstler sind darin nicht enthalten) // **„Kunst im Kreuzviertel“** – Kataloge – Ateliergemeinschaft-MS, Schulstr. 22, 19**97**+19**98** // **„20 Jahre Ateliergemeinschaft“** – 1983-2003 – Postkartenset – Schulstr. 22 – MS – 20**03** // (Anfänge der Ateliergemeinschaft (Steinfurterstr. 107) = siehe **L**it.-Nr. **14**)

130- „Lippischer Künstlerbund“ – Dokumentation – Hg.: „LKB“-Detmold, 19**82**
„Lippischer Künstlerbund“ – Dokumentation – Hg.: „LKB“-Detmold, 19**91**

131- „Das Fachwerk“ – Künstler in Bad Salzuflen e.V. – Ausst.-kat. – Staatl.-Kunsthalle Weissrusslands-Minsk, 19**95** / **„Das Fachwerk“ – Künstler in Bad Salzuflen e.V.** – 25 Jahre Fachwerk – Bad Salzuflen-Schötmar, 20**03**

132 „Wir für Lippe“ – Lippische Künstlertage in Horn-Bad Meinberg – Ausst.-kat. – Hg.: Verein für Lippe e.V., **1998**

132a- „offene ateliers“ – Kunst erleben in Lippe – Hg.: Projektgruppe ... „Lippe Tourismus & Marketing AG“ – Detmold, **2000/01/02/03/04/05**

132b „Die lippischen Maler und Bildhauer“ – in A. W. Peter: „Lippe – Eine Heimat- u. Landeskunde“ – Detmold, **1982** / (1. Aufl. = 1970 + 2. Aufl. = 1982 / Hg.: Lippischer Heimatbund Detmold e.V.)

132c „Hauptsächlich ich“ – Ausst.-kat. – Austauschprojekt NRW/Brandenburg – Hg.: Gruppen „pickArt“-Detmold u. GEDOk-Brandenburg – Detmold, **1997**

133- *„40 Jahre Bielefelder Kunst“* – Ausst.-kat. – Oetkerhalle-Bielefeld, 1946 (in MS nicht vorh.) // *„Ausstellung Ostwestfälischer Künstler“* – Ausst.-kat. – Leopoldinum-Detmold, 1949 (in MS nicht vorh.) // **„Ost-Westfälische Künstler“** – Ausst.-heft – Städt. Kunsthaus-Bielefeld, 19**51** // **„Künstlerinnen u. Künstler in Ostwestfalen-Lippe“** – Hg.: Verein der Freunde und Förderer des Kulturwerkes des „BBK“-Bielefeld e.V., 19**94** // **„10.01 Kunst in Ostwestfalen-Lippe“** – Ausst.-kat. – Kunsthalle-Bielefeld, 19**98**

134- = Hg.: **Kunstmarkt Detmold** e.V. – Ausst.-kataloge – alle Ausst.-gen in Stadthalle Detmold s. 1973 / diese Kataloge s. in Münster vorhanden = **„Malerei ° Installationen ° Objekte“** – 19**86** // **„Ohne Titel“** – 19**87** // **„Dialoge“** – 19**88** // **„Kein Zufall“** – Künstlerinnen – 19**92** // „20 Jahre Kunstmarkt Detmold“ – 1993(ohne Künstlerdaten) // **„Zeiträume“** – 19**93** // **„bühnenlos“** – Malerei und Objekte – 19**94** // **„Lebenszeichen“** – 19**95** // „Doch die Bilder und Silben sind unsterblich“ – Ausst. d. „AuE-Kreativschule ... e.V.-Hannover“ – 1996 // **„Gewand“** – Die Kunst der Verhüllung – Leparello – 19**97** // **„Kunst aus Leidenschaft“** – 19**98** // „Spurensuche“ – Junges Afrika – 19**99** // **„GLEICHES ZU GLEICHEM“** – **2000** // **„Die Würde des Menschen ...“** – Zeitgenössische Kunst zum Thema Gewalt und Diskriminierung – 20**01**

134a- „FilmLichter05“ – Katalog – 1. Internationales KurzFilmFestival – Detmold – 20**05**

135- „Kunstsammlung der Stadt Witten“ – Malerei u. Graphik des 20. Jh.-s – Ausst.-kat. – Märk.-Mus.-Witten, 19**57** // **„Kunstsammlung der Stadt Witten“** – Malerei u. Graphik des 20. Jh.'s – A.-kat. – Märk.-Mus.-Witten, 19**61** // **„Kunstsammlung der Stadt Witten“** – deutsche malerei u. graphik seit 1900 – (1) – Märk.-Mus.-Witten, um 19**70**

135a „Wege zum deutschen Informel“ – Meisterwerke aus dem Märk.-Museum-Witten – Ausst.-kat. – The Huberte Goote Gallery – Zug/Schweiz, **1999**

136-1 **„Malerei, Plastik, Graphik“** – Bd. 1 – Besitz des Städt. Karl-Ernst-Osthaus-Museums Hagen, 1961

136-2 „Malerei, Plastik, Objekte, Grafik und Kunsthandwerk“ – Bd. 2 – Besitz d. St. K.-E.-O.-M.'s Hagen, um 1974

137 „Vierfalt – Kunst in Schwalenberg '94“ – Hg.: Landesverband-Lippe – Inst. f. Lippische Landeskunde und der Stadt Schieder-Schwalenberg, **1994**

137a „Die Künstlerklause in Schwalenberg" – Zur Geschichte der Schwalenberger Malerkolonie – v. Frank Jahnke – verbum – Verl.-ges.-mbH-Berlin, **1998**

137b- „Malerstadt Schwalenberg" – Ausstellungen – Schieder-Schwalenberg, 19**81/86/87**

138- „Graphik des 20. Jahrhunderts" – Die Sammlung Theo Hölscher – Ausst.-kat. – G.-Lübke-Mus.-Hamm, 1978 // **„Das Städtische Gustav-Lübcke-Museum in Hamm"** – v. Herbert Zink – Hg.: Stadt Hamm, 19**81** // **„Handzeichnung und Druckgraphik"** – Erwerbungen 1974 bis 1988 – Hg.: Hans Wille – G.-L.-Mus.-Hamm, 19**88** / + Ausst.-kat. für: 1988 Hamm, 89 Cuxhaven (Haus 44), Soest (Morgner-Haus), Arnsberg/Paderborn (Stadtgalerien)

139 „HIER und JETZT" – Aktuelle Kunst in Hamm und der Region – Ausst.-kat. – u. a. Gustav-Lübcke-Museum – Hamm, **1999**

139a „HIER und JETZT" – Aktuelle Kunst in Hamm und der Region Westfalen – Ausst.-kat. – Gustav-Lübcke-Museum – Hamm, **2004**

140- „Schüler von Paul Isenrath stellen aus" – Ausst.-kat. – Kunstakad.-MS im Rathaus Marl, 19**75** // **„Klasse Isenrath der Kunstakademie-MS"** – Ausst.-kat. – Hansesaal-Lünen, 19**92** // **„Appartement zu vermieten"** – Ausst.-kat. – Ku.-akad.-MS – Kl. Prof. Isenrath im Haus Kannen-MS, 19**96** // **„Ulf und die anderen"** – Ausst.-kat. – Kunstakad.-MS – Kl. Prof. Isenrath – Kunsthaus Rhenania-Köln, 19**97** // **„Sex mit Außerirdischen"** – Ausst.-blätter – Ku.-akad.-MS – Kl. Prof. Isenrath – Südbahnhof-Krefeld, **99**

140a- „Aufwärts oder hinab / Klasse Keusen" – Ausst.-kat. – Klasse Prof. Keusen d. Kunstakademie Münster im Museum Abtei Liesborn – Wadersloh, **1983** // **„Treib Gut!"** – Ausst.-kat. – Kl. Prof. Keusen d. Kunstakad.-MS im Museum f. Geschichte, ... – Minden u. im Kunstkreis Gronau, 19**87** // **„Lustrum I"** – Ausst.-kat. – Kl. Prof. Keusen d. Kunstakad.-MS in Galerie Münsterland – Emsdetten, (o. Jhg.)=**2000**

141- „Artline Borken" – Eine Stadt wird zur Galerie – Ausst.-kat. – Hg.: u. a. Kreis- u. Stadt Borken, 19**95/97** / **„Europa Artline"** – Grenzenlose Kunst in Borken & Bredevoort – Hg.: Kr./Stadt Borken u. Aalten-NL, 1999 / 2001 = keine Westf.-Lipp. Künstler!

141a „ K i m – Kunst ist mehr" – 15 Jahre Westfäl. Künstlergruppe „Kim" – Borken, **2005**

142 „Herner Künstler-Handbuch" – Hg.: Zukunft Herne e.V., Kulturamt-Herne, **1995**

142a „Herner Künstlerhandbuch 2002" – Hg.: Stadt-(Kulturamt)-Herne, **2002**

142x- ***Flottmann-Hallen in Herne*** = ältere Ausst.-kataloge: **„Skulpur Ruhr ´96" – 1986** // **„Förderpreis Junge Herner Künstler 1987" – 1987** // **„abteufen und fördern"** – Studenten aus Münster zeichnen im Bergbau – **1988** // **„Schichtwechsel"** – Der Bergbau im Spiegel der Bildenden Kunst – **1989** (eigentl. Hg. Stadt Ahlen = Wanderausst.-88/89: Ahlen/Mülheim-R./Kamen/Lünen/Herne/Dinslaken/Bergkamen) // **„Metallobjekte aus Privatbesitz"** – **1995** // **„Mit fliegenden Fahnen durch die Zeit"** – **1996** (weitere Kataloge siehe auch Nr. 143 + 184)

142y „Architektur im Ruhrgebiet – Herne" – Architekturführer – Stadt Herne, **1987**

143- „Jahresausstellung Herner Künstler" – Ausst.-kataloge – Flottmann-Hallen-Herne, **1989/90/92/94/96** // **„Herner Künstlerinnen und Künstler 2000"** – Ausst.-kat. – Flottmann-Hallen-Herne, **2000** // **„Auswahl 2004 – Herner Künstlerinnen und Künstler"** – Ausst.-kat. – Flottmann-Hallen – Herne, 20**05**

143a „Handzeichnungen und Arbeiten auf Papier" – Bestandskatalog – Bd. 44 – Das Emschertal-Museum-Herne, **1995**

143aa „Zeichnungen und Arbeiten auf Papier" – Bestandskatalog 2 – Bd. 77 – Das Emschertal-Museum-Herne, **2004**

143b „Herne in der Kunst" – Ausst.-kat. – Bd. 60 – Das Emschertal-Museum-Herne, **1999**

143c „Revierlandschaft ° Stadtlandschaft ° Kunstlandschaft" – Kultur vor Ort – Landeskulturtage NRW in Herne – Ausst.-kat. – Flottm.-Hallen/Städt.-Gal.-Herne, **1991**

143d „Hauptstadt Herne" – fotografische positionen – Ausst.-katalog – Flottmann-Hallen – VHS-Galerie – Zeche Unser Fritz 2/3 – Herne, **2002**

143e „Unsere Schätze" – Stiftungen 1983-2003 – Freunde des Emschertal-Museums Herne – 20 Jahre Förderverein – Das Emschertal-Mus.-Herne – Bd. 74 – Ausst.-kat. – Herne, **2003** (weitere Bände der Reihe „Das Emschertal-Museum" sind unnumeriert aufgeführt)

143f „Von der Kohle zur Kunst" – Die Chronik der Zeche Unser Fritz 2/3 in Herne – Katalog – Hg.: Förderverein „Unser Fritz e.V." – Herne, **2002**

144 **„Wittener Kulturhandbuch“** – Hg.: Kulturforum Stadt Witten, **1997**

144x- **„Kontraste“** – Wittener Künstlerbund e.V. – Ausst.-kat. – Bank für Gemeinwirtschaft – Witten, 19**87** // **„20 Jahre Wittener Künstlerbund 1985-2005“** – Katalog (Historie/ Mitgl.-verzeichnis) – Witten, 20**05**

145- **„Jahressschau Gelsenkirchener Künstler“** – Ausst.-kataloge – Städtisches Museum-Gelsenkirchen, 19**59/61/62/65/67/68/87/89/92/95/99/2003**

145a- **„25 Jahre Bund Gelsenkirchener Künstler e.V.“** – Ausst.-kat. – Städt.-Kunstsamml./ Stadtsparkasse-Gelsenkirchen, 19**75** // **„35 Jahre Bund Gelsenkirchener Künstler e.V.“** – Ausst.-kat. – Stadtsparkasse-Gelsenkirchen, 19**85** // **„45 Jahre Bund Gelsenkirchener Künstler e.V.“** – Ausst.-kat. – Sparkasse-Gelsenkirchen, 19**95** // **„50 Jahre Bund Gelsenkirchener Künstler e.V.“** – Profile 2000 – Ausst.-kat. – Sparkasse-Gelsenkirchen, **2000**

145b **„Spiegelungen – Bildende Kunst in und aus Gelsenkirchen“** – Katalog v. Hans-Rudolf Thiel – Pro City Medien-Verl. Gelsenkirchen-Buer, **1994**

145c- **„Karl-Schwesig-Preis“** – Ausst.-kataloge – Städt.-Mus.-Gelsenkirchen, 19**89/91/93/96/ 2000** // **„Zeitsprung“** – Karl-Schwesig-Preisträger heute – Mus.-Gelsenkirchen – 20**02**

145d **„Nachgelassene Werke“** – Erinnerungen an Künstlerfreunde – Ausst.-kat. – Kunstv.-Gelsenkirchen, **1998**

145E **„Anneliese Knorr“** – Wegbegleiter und Künstlerfreunde – Ausst.-kat. – Städt.-Museum Gelsenkirchen – Hg.: Kv.-Gelsenkirchen, **2004**

146- **„Bochumer Künstler“** – Ausst.-kataloge – u. a. „Bochumer KB“ in der Städt.-Kunstgalerie/Museum-Bochum – 19**60/64/66/67/69/71/73/77/79/81/84/87/88/90/92/94/**20**03**/20**06** // 1967/73/79/81 sind in Münster nicht vorh. / 1996 = siehe 147-1+2 + 1999 = **„Wahre Kunst“** – Ausst.-kat. – „Bochumer Künstlerbund“ im Museum-Bochum – 1999 + **„KUNSThafen“** – Ausst.-heft – „Bochumer KB“ + „Westfälischer KB“-Dortmund im Speichergebäude Hafen-Dortmund, 20**04** // **„Schwarz-Weiss“** – Druckgrafik – Fotografie – Ausst.-kat. – „Bochumer KB“ im Museum Bochum, 20**05**

146a- **„Bochumer Kunstbörse“** – Kataloge – Ruhrlandhalle – Hg.: Stadt Bochum, 19**86/90**

146b **„Architektur im Ruhrgebiet – Bochum“** – Bauen in Bochum – Architekturführer – Hg.: BDA – Kreisgruppe Bochum, **1986**

146c **„Sakrale Baukunst in Bochum“** – Autor Rüdiger Jordan – Hg.: Christel Darmstadt für die Kortum-Gesellschaft e.V. – Bochum, **2003**

147-1 **„50 Jahre Bochumer Künstlerbund“** – Eine Dokumentation u. Ausst.-kat. – Museum-Bochum – Hg.: BKB-Bochum, **1996**

147-2 **„50 Jahre Bochumer Künstlerbund“** – Ausst.-kat. – Hg.: Sparkassen-Bochum, **1996**

148- **„Forum junger Kunst“** – Ausst.-kat. – Mus.-Bochum/Recklinghausen/Wolfsburg (in jedem Ort wurden andere Künstler ausgestellt) = 19**73** / Ausst.-kat. – Mus.-Bochum/ Wolfsburg = 19**77**+**85** / Ausst.-kat. – Museen-Kiel/Wolfsburg/Bochum = 19**91**

148a- **„Imagination“** – Ausst.-kat. – Museum-Bochum, 19**78** // **„Das Prinzip Hoffnung“** – Aspekte der Utopie in der Kunst und Kultur des 20. Jh.'s – Ausst.-kat. – Mus.-Bochum, 1983 // **„Sammlung Helmut Klinker“** – Ausst.-kat. – Mus.-Bochum, 19**84** // **„Wo bleibst Du, Revolution?“** – Ausst.-kat. – Mus.-Bochum, 19**89**

148b **„Bochumer Bürger Bibel“** – dazu Ausstell. mit Werken des „Bochumer Kü.-Bundes“ in der Pauluskirche – Hg.: Ökumenischer Arbeitskreis in der Stadt – Bochum, **2003**

149- **„Künstlersiedlung Halfmannshof e. V. Gelsenkirchen“** – Informationshefte – Gelsenkirchen, 19**56**/19**77**+**9**/**06** (Katalog gepl. zum 75. Bestehen der Kü.-siedlung)

150- **„Das Haus Kannen Buch“** – Bilder aus der Psychiatrie – Hg.: Alexianer-Krankenhaus GmbH – Münster, 1993 // **„Künstler in Haus Kannen“** – Videofilm – **1995** // **„Gott und Teufel“** – Religiöse Elemente in den Bildern geistig behinderter u. psychich kranker Menschen – Ausst.-kat. – Fr.-Hitze-Haus-MS – Hg.: Alexianer-Krankenhaus GmbH – Münster, 1998 // **„The Haus Kannen Book / Le Livre Haus Kannen“** – Titel/Hg. wie 1993 = 1999 (mehr Biogr.) // **„Freies Atelier und Kunsttherapie in der Psychiatrie“** – Aktuelle Konzepte im Vergleich – Dokumentation der Int. Fachtagung in Münster u. Ausstellung Haus Kannen – MS, 20**01** // **„Wer sieht was?“** – Zeitgenössische Fotografien von Laienfotografen aus psychiatrischen Einrichtungen und professionellen Fotografen –

Ausst.-gen in Münster (Haus Kannen), Randers-DK/Glasgow-GB u. Adlershof (Kulturzentrum) – 20**03** // **„Dich kenn' ich doch"** – Begegnungen und künstlerisches Handeln im klinischen Kontext – Projekt-Dokumentation – Haus Kannen – MS, 20**04** // **„ÈCRITURES IMAGÈES"** – SCHREIBBILDER – LA SCRITTURA COME IMMAGINE – Ausst.-kat. – Art en Marge – Brüssel/Belgien (04) u. Kunsthaus Kannen – Münster, 20**05**

151 **„Kunst macht Spass"** – Katalog – „Kooperativer Kulturkreis e.V"-Münster (Gruppe „KKK") – Münster, **1999**

152- **„Offene Ateliers"** – Ausst.-kataloge – Hg.: „Offene Ateliers e.V." – Bielefeld, 19**92/93/94/95/96/97/98/99/2000/01/02/03/04/05**

152a- **„Offene Ateliers"** – Ausst.-kataloge – Hg.: Verein f. aktuelle Kunst im Kreis Minden-Lübbecke e.V., 19**99/2000/01/02/04**

152b- **„offene ateliers"** – Ausst.-kat. – Hg.: Stadt Halle-Westf., 20**02/03/04/05**

153 **„Kooperative K"** – Ausst.-kat. – Hg.: Gruppe „Kooperative K" – Hagen-Haspe, **1999**

154 **„Mitteilungen"** – Bilder und Zeichen aus Bethel – Hg.: Werner Pöschel – Bethel-Bielefeld, **1991**

154a **„Der Stift rennt über das Papier"** – Hg.: Sabine Feldwieser/Willi Kemper – Künstlerhaus Lydda Bethel – Bielefeld, **1999**

155 **„Vereinigung Rote Erde Bielefeld"** – Jahrbuch **1922** – (Künstlergruppe in Ostwestfalen = s. Gruppe) – Ausst.-heft: „1. Kunstausstellung – „Rote Erde" – Bielefeld, 1919 = ist leider in Münster nicht vorh.!

155a **„Westfalenbuch"** – Hg.: Fritz Mienert – Verl.-Temming-Bocholt, **1922**

156 **„Avantgarden in Westfalen?"** – Die Moderne in der Provinz 1902-1933 – Ausst.-kat. – Ahlen (Kunstmus), Bocholt (Stadtmus), Soest (W.-Morgner-Haus), Rheine (Falkenhof), Recklinghausen (Vestisches Mus) – Hg.: Westf.-Museumsamt im LWL-MS, **1999**/2000

157 **„Kunstausstellung"** – anlässlich der Tausendjahrfeier der Stadt Wiedenbrück – Ausst.-kat. – Hg.: „Der Kunstkreis" – Vereinigung der Bildenden Künstler in Wiedenbrück – Ausst. in der Aula des Gymnasiums-Wiedenbrück, **1952**

158 **„Semper Rotans"** – Animierte Skulpturen aus der Kunstakad.-MS zu Gast i. d. Akademie der bild. Künste – Wien – Ausst.-kat. – Atelierhaus-Semperdepot-Wien, **2000**

159- **„55 aus Dortmund"** – Portraits aus Kunst/Kultur/Medien – Text: R. Wanzelius, Photogr.: J. Wasmuth -Hg.: Stadtspark.-Dortmund u. Verl.-Harenberg Edition – 19**94/95/96/97** (spätere Bände in Münster nicht vorh.)

160 **„Künstler der jungen Generation"** – v. Gritta Hesse, u. a. – Hg.: Amerika-Gedenkbibl.-Berlin, **1974**

161 **„Bildende Kunst im Kreis Borken"** – Hg.: Kr. Borken, **1988** – (m. kl. Nachtr., **1991**)

161a **„Skulptur-Biennale Münsterland"** – Ausst.-kat. – Kreis Borken, **2005**

162 **„Der Unnaer Künstlerkreis"** – Werden und Weg – 1947-1967 – Bearb. von Willy Timm – Unna, **1967**

162a **„Skulpturen in Unna"** – Kunst im öffentl. Raum – Hg.: LWL-MS u. Stadt Unna, **1992**

163 **„Karikaturistenlexikon"** – v. Kurt Flemig – Verlag KG Saur – München u. a., **1993**

164 **„Künstlerinnen"** – v. Jörg Krichbaum/Rein A. Zondergeld – DuMont-Verl.-Köln, **1979**

164a **„Ruhm – Werke von Künstlerinnen in nordrhein-westf. Museen"** – Ausst.-kat. – Frauen-Museum Bonn, **1996** (Bonn 1997)

165 **„Deutsche Künstlerinnen des 20. Jahrhunderts"** – v. Ulrika Evers – Hamburg, **1983**

165a **„Malerinnen im 20. Jahrh."** – Jahrg.-e 1890-1910 – v. I. v. d. Dollen – München, **2000**

166- **„Kunst der jungen Generation"** – Bd. **1** = 1968, Bd. **2** = 1970, Bd. **3** = 1972 – Hg.: Amerika-Gedenkbibl. und Berliner Zentralbibliothek, 1968/70/72

167 **„Drei Museen in Recklinghausen"** – Bestandskatalog – Hg.: Anneliese Schröder – Recklinghausen, **1986** / – Künstler entnommen aus Abt.: Stadtansichten, Naive Kunst, Maler, Bildhauer, Grafik und Zeichnung

167a **„Zwei Verlage aus Recklinghausen"** – Kunstwerke u. Illustrationen – G. Bitter-Verl. ° Verl.-A. Bongers – Ausst.-kat. – Kunsthalle-Recklinghausen, **1978**

167b **„Die Sammlung Marianne Kühn"** – Naive Kunst – Hg.: u. a. Vestisches Museum Recklinghausen, **2003**

168-1 **„Deutsche Kunst der 60er Jahre“** – v. Juliane Roh, **Bd. 1**: Malerei/Collage/Op-Art/Graphik – München, 1971

168-2 **„Deutsche Kunst der 60er Jahre“** – v. Jürgen Morschel, **Bd. 2**: Plastik/Objekte/ Aktionen – München, 1972

168-3 **„Deutsche Kunst seit 1960“** – v. J. Roh, **Bd. 3**: Druckgraphik – Verl.-Bruckmann (wie Bd. 1/2/4) – München, 1974

168-4 **„Deutsche Kunst seit 1960“** – v. Paolo Nestler/Peter M. Bode, **Bd. 4**: Architektur – München, 1976

168a „Deutsche Kunst: eine neue Generation“ – v. R.-G. Dienst – DuMont-Köln, 1970

169 „Künstlerdorf Schöppingen“ – Projekte und Installationen – Ausst.-kat. zur Eröffnung – Schöppingen, **1990**

170 „Kunst im Gericht“ – Bilder und Räume – Ausst.-kat. – Klasse Prof. Zellmann der Kunstakademie Münster im Gericht in Werne, **1999**

170a „® klasse;“ – Ausst.-kat. – Klasse Prof. Ruthenbeck der Kunstakademie Münster im Künstlerhaus Sunderweg Dortmund, **2000**

170w „Jochen Zellmann und seine Schüler“ – (Kunstakad.-MS)- Ausst.-kat. – Städt.-Museum u. Ratsfoyer Hans Sachs-Haus, Gelsenkirchen, **1982**

170x „Gemalt“ – Ausst.-kat. – Klasse Prof. Zellmann der Kunstakademie Münster in Städt.-Galerie – Viersen, **1992**

170y „Vielfalt“ – Ausst.-kat. – Plastiken von Studierenden der Klassen Prof. Reiner Ruthenbeck u. Prof. Timm Ulrichs der Kunstakad. Münster im Falkenhofmuseum Rheine, **1990**

171- „Melitta Förderpreis Bildende Kunst 1994“ – Ausst.-kat. – Hg.: Unternehmensgruppe Melitta-Minden, 1994 / **„Melitta Förderpreis Bildende Kunst 1996“** – Ausst.-kat. – Hg.: Untern.-gruppe Melitta-Minden, 1996 / **„Melitta Förderpreis Bildende Kunst 1998“** – Stadt-Raum-Geschichte-Leben – Ausst.-kat. – Minden, 1998 / **„aquaplaning“** – Garten-Kunst im Kurpark Bad Oeynhausen – Ausst.-kat. – Hg.: Untern.-gr. Melitta-Minden, **2000** (Ende der Ausstellungen!)

172 „Direttissima“ – Ausst.-kat. – Projekte auf dem Weg von der alten zur neuen Kunstakademie – Kunstakad.-MS, **2001**

173 „Was Du ererbt von Deinen Vätern“ – Kunstinventarisation im Erzbistum Paderborn – Hg.: Diözesanmuseum-Paderborn, **1998**

173a „Farb-Räume“ – Malerische Konzeptionen für den Kirchenraum im 21. Jahrhundert – Ausst.-kat. – Diözesan-Museum Paderborn, **2000**

174- „Goldchmiedekunst in Rheinland-Westfalen“ – v. Wolfgang Scheffler – **1.** u. **2.** Halbband, Verl.-De Gruyter Berlin/New York, **1973**

175 „Münstersche Goldschmiedekunst von der Wiedertäuferzeit bis zum Klassizismus“ – Kristiane Mencke – Inaug.-Dissert. – Phil. Fakultät der W.-W.-Univ.-Münster, **1977**

176 „Goldschmiedekunst im Kurkölnischen Sauerland aus 8 Jahrhunderten“ – Ausst.-kat. – Rathaus-Arnsberg, **1977**

176a „Gold und Silber“ – Beschreibendes und kritisches Verzeichnis der Goldschmiedearbeiten des 12.-18. Jh.'s – Museum für Kunst u. Kulturgeschichte – Dortmund, **1965**

176b „Gold & Silber aus dem Münsterland“ – von der Renaissance bis zum Klassizismus – Ausst.-kat. – Ev. Stadtkirche-Unna – Hg.: Kreis Unna, **1981**

176c „In beiderley Gestalt“ – Evangelisches Altargerät von der Reformation bis zur Gegenwart – Ausst.-kat. – Ev. Stadtkirche Unna/Städt.-Museum Rheydt – Hg.: Kr. Unna, **1983**

176d „Kirchenschmuck und Tafelzier“ – Goldschmiedekunst des Historismus aus Rheinland und Westfalen – Ausst.-kat. – Ev. Stadtkirche-Unna, **1987**

177 „Sakrale Goldschmiedekunst im Kreise Coesfeld“ – Kurt Fischer – Beiträge zur Geschichte u. Volkskunde des Kreises Coesfeld – Bd. 13 – Coesfeld, **1973**

177a „Altes Silber aus der Stadt Hamm“ – Ausst.-kat. – Gustav-Lübcke-Mus. – Hamm, **1969**

178 „Die Goldschmiede-Gilde in Münster in Westfalen“ – Eine Studie v. Prof. Max Geisberg – aus „Zeitschrift f. Geschichte u. Altertumskunde Westfalens“ – Bd. 72 (u. Separat-Abdruck – Regensberg-MS, **1914)**

178a „Studien zur Geschichte der Maler in Münster, 1530 bis 1800“ – von Max Geisberg –

in „Westfalen“ – Bd. 26 – Aschendorff-Verl.-MS, **1941**

178b „Gold und Silber aus Münster“ – Meisterwerke münsterischer Goldschmiedekunst vom 14. – 20. Jh. – Ausst.-kat. – Stadtmuseum-Münster, **1993**

179 „Westfälische Goldschmiedekunst“ – v. Susanne Steffen – (Inaug.-Diss. Phil.-Fakult. Univ.-MS, **1993**) = Originalausg. CMZ-Verl.-Rheinbad, **1998**

180 „Ein Stück vom Himmel“ – Ausst.-kat. – Kreishaus Borken, Kolvenburg Billerbeck, Kreishaus Warendorf, Kreisheimathaus Tecklenburg u. Rathaus Münster, **2001** / Hg.: KBS Münster, Sparda-Bank Münster u. Siftung Künstlerdorf Schöppingen

181 „Essener Künstlerhandbuch“ – Hg.: Kunsthaus-Essen, **1994**

181x-1+2 **„Material und Raum“** – Bd. 1 – Installationen und Projekte – Kunst im öffentlichen Raum – Eine Dokumentation v. Uwe Rüth + **„Material und Raum“** – Skulpturen + Objekte – Bd. 2 – Bestandskatalog – Gal.-Heimeshoff – Jochen Krüper – Essen, **1991**

182- „Dokumentation“ – Kunstpreis **„Digitale Bildwelten“** – Beilage in: „Kreissparkasse Recklinghausen“ – Geschäftsjahr **1997/98/99/2000/01** = Nr. 143-147 (bis Nr. 142 (1996) nur jeweils eine fotografische Beilage, ab 2002 in Münster nicht vorh.)

183-1 **„Produkt-Art“** – Ausst.-gen der Kunstakad. Münster – Katalog – Erdgas-MS, **1999**

183-2+3 **„Produkt-Art 2“ – 2001** / **„Produkt-Art 3“ – 2003** (alle wie Bd. 1)

184 „handlungsanweisungen“ – Ausst.-kat. – Flottmann-Hallen-Herne, **2001**

184a „in figura“ – die menschliche Figur in der bildenden Kunst – Ausst.-kat. – Flottmann-Hallen Herne u. Herz- u. Diabeteszentrum Bad Oeynhausen – Hg.: u. a. „WKB“-Bochum /Flottmann-Hallen-Herne, **2003**

185- „(40.-65.) **Krippenausstellung“** – Ausst.-kataloge – Heimathaus u. Museum – Telgte, Kataloge ungef. ab 1975 / 19**75-91** u. 19**95-2000/02/04/05**(01+03 = nicht ersch.)

186 „DIN Art 4“ – 560 Künstler und 1 Formular – Sammlung Klaus Hömberg 1985-1997 – Ausst.-kat. – Museen f. Kommunikation Frankf.-M./Hamburg/Berlin – Hg.: Museumsstiftung Post u. Telekommunikation, **2001**

187 „Liebe an Unorten“ – Ein Kompendium – Ausst.-gen in Südwestfalen – Veranstalter: „FrauenKunstForum“-Südwestf., Kulturamt Hagen u. Städte: Gevelsberg/Iserlohn/Menden/Schwerte/Siegen/Wetter u. Witten, **2000** – m. Erg.-blättern zu den einzelnen Orten

187a „Zu unseren Füssen der Horizont“ – Ausst.-kat. – Veranstaltungsreihe v. „Frauen KunstForum“-Südwestfalen – Hagen, **1999**

187b „projekt. muse. 12“ – 12 positionen nach otto dix – Katalog – Hg.: „FrauenKunstForum“-Südwestf., o.Jg. **(2001)**

187c „Heimat Fremde Heimat“ – Neue Räume 2003 – Projekt des Frauen KunstForums Südwestfalen – Hagen, **2003** (Ausst.-gen in Hagen/Altena/Attendorn/Delinghofen/Bochum)

188- „Vestischer Künstlerbund Recklinghausen und Gäste aus Douai“ – Ausst.-kat. – Städt.-Kunsthalle-Recklinghausen, **1979** / **„ganz tief unten“** – Ausst.-kat. – Kreisspark.-Recklinghausen – Hg.: Vest.-KB – **1989** / **„DENK-MAL“** – Vest.-KB im Engelsburgpark Recklinghausen, 1991 – siehe Literaturnr.: **239-91** / **„Preis des Vestischen Künstlerbundes“** – (seit 1998) – Ausst.-kataloge – Kutscherhaus-Recklinghausen: **„kost'n groschen“** – 19**99** // **„geschmacksache 2|6|0|k“ – 2000** // **„ausgerollt“** – 20**01** // **„JACKEWIEHOSE“** – 20**02** // **„53¦03“** – 50 Jahre vestischer künstlerbund recklinghausen 20**03** // **„leporello“** 20**04** // (von 26 Katalogen des Künstlerbundes v. 1958 – 2003 = sind leider nur sieben in Münster vorh.!)

188a „Projekt: Meridian 8° / Południk 18°“ – Ausst.-kat. – Gal.-Kronika – Bytom/Polen, 2003 + Kutscherhaus-Recklinghausen, 2004 – Hg.: Bytomskie Centrum Kultury – Bytom/Polen + Vestischer Künstlerbund – Recklinghausen, **2004**

189- „1.(-6.) Internationale Fototage Herten“ – Ausstellungskataloge – Hg.: „Das BildForum“ – Herten, **1991/93/95/97/99/2001** (1. Katalog in MS nicht vorh.)

190 „Frauen-Ansichten“ – Ausst.-kat. – Wilh.-Morgner-Haus-Soest, **2001**

190a „Der weibliche Blick“ – Künstlerinnen und die Darstellung des nackten Körpers – Ausst.-kat. – Hg.: Stadtspielwerk Lindenbrauerei e.V.-Unna, **1990**

190b „Spiegelbilder“ – Künstlerinnen stellen aus – A.-kat. – Haus Opherdicke-Holzwickede, **1990**

191 „kunstSchaffen in Gütersloh“ – Hg.: Stadt Gütersloh u. Kv. Kreis Gütersloh, **2000**/01

191a „8 Künstlerinnen aus dem Kreis Gütersloh“ – Ausst.-kat. – Kv. Kreis Gütersloh, **1994**

191b- „Offene Ateliers im Kreis Gütersloh“ – Katalog – Hg.: Stadt u. Kreis Gütersloh, 20**04**

192-01 **„ein-seh-bar“** – Das sichtbare Künstlerinnen-Archiv OWL – s. 2000 Ausst. in Artothek – Stadtbibl.-Bielefeld vom „frauenkunstforum“-owl e.v.-Bielefeld (Ausst.: Infos/Lit. /Kleinkunst) / ab 02 Wanderausst.-gen in OWL = u. a. 10/**01** UB-Bielefeld, 02 Gütersloh /Paderborn usw. // 20**01**/02 dazu CD-Rom <ein-seh-bar> – Künstlerinnen-Archiv OWL

192-03 **„Q-Tour“** – Kultur on Tour – Katalog – Hg. : „frauenkunstforum“-owl e.v.-Bielefeld / Aktionen/Ausst.-gen in Bielefeld u. OWL, 20**03**

192-04 **„Denkzettel“** – Aktion v. „frauenkunstforum“-owl e.V.-Bielefeld – 1./2. Aufl. 20**04**/05

193 **„Room-Pieces“** – 75 Jahre GEDOK – Katalog – Zeiträume-Skizzen zur regionalen Geschichte der „GEDOK“ Ostwestfalen-Lippe, Detmold, **2001**

193-99 **„Brust – Lust – Frust“** – Ausst.-kat. – Frauenmus.-Bonn/Galeriehaus-Detmold – Hg.: GEDOK-OWL, Detmold, **1999**

193-2000 **„Zaunreiterinnen“** – Ausst.-kat. – Biolog.-Station-Schieder – Hg.: GEDOK-OWL – Detmold, **2000**

193a **„Kunst kompatibel“** – Ausst. im LLM-Detmold – Ein interdisziplinäres, multimediales Projekt von Künstlerinnen der GEDOK-OWL und Gastkünstlerinnen – Detmold, **2002**

193b **„Wasser-Werke“** – Ausst. im Parkbad-Gütersloh – Projekt (wie 193a) – Detmold, **2003**

193c **„Teufelsküche“** – paradiesische Rezepturen – Ausst.-kat. – Kloster Willebadessen – ART-Kochbuch von Künstlerinnen der GEDOK-OWL – Detmold, **2004**

194 **„Malerei und Grafik im Emsland 1860-1960“** – v. Dr. Chr. Kerrutt – Sögel, **2001**

194a **„200 Jahre Malerei im Oldenburger Land“** – v. Gerhard Wietek – Oldenburg, **1986**

194b **„Die Künstlerinnen und Künstler der Werkschule“** – 20 Jahre Werkst. f. Kunst- u. Kulturarbeit e.V. – Ausst.-kat. – Stadtmus.-Oldenburg, **2005**

195 **„Die Entwicklung der liturgischen Erneuerung und der sakralen Kunst“** – aufgezeigt am Werk des Künstlers W. F. Schlüter und seiner Schule (in Nienborg-Heek/ Münsterland) – v. Anne-Marie Krettler – Gelsenkirchen, **1998**

196- **„Filmzwerge“** – Kataloge des 1.-6. Filmfestivals in Münster = (1.) 19**81**, (2.) **85**, (3.) **88**, (4.) **90**, (5.) **92**, (6.) **94** = Hg.: Filmwerkstatt-MS // **„Filmfestival 97“** – 7. Katalog – Filmwerkstatt-MS // **„NL +“** – 8. Katalog – FilmFestivalMünster – Filmwerkstatt-MS, 19**99** // **„filmfestival münster“** – 9. Katalog – Filmwerkstatt-MS, 20**01** // (10.) **„filmfestival münster“** – Katalog – Filmwerkstatt-MS, 20**03** // (11.) **„filmfestival münster“** – Katalog – Filmwerkstatt-MS, 20**05**

197- **„Architekten in NRW“** – Bauten + Projekte – Verl.-Buch+Film, P. Diemer, Wiesbaden/Niedernhausen, 19**95**/19**97**/**2001**

197a- **„architekten almanach Ruhrgebiet“** – Verl.-Müller + Busmann-Wuppertal, 19**99**

197b- **„Architekturführer Dortmund“** – Hg.: Stadt Dortmund, 1982/**84** // **„Architekturführer Dortmund“** – 1983-2000 – Hg.: Stadt Dortmund, 19**99**

197c **„Das neue Dortmund nach 50 Jahren“** – 25 Architekturbeispiele – v. Kaja Fischer – Hg.: Lehrstuhl f. Denkmalpflege u. Bauforschung – Univ.-Dortmund u. BDA, **1999**

197d **„Fünf Jahrzehnte innovative Architektur in Ostwestfalen-Lippe“** – Hg.: Prof. Andreas Beaugrand – Bielefelder Kunstverein, **2001**

198 **„Der Paulus-Dom zu Münster in alten Ansichten“** – v. Géza Jászai – Aschendorff-Verlag – Münster, **2001**

199- **„Raumkonzepte 1“** – Ausst.-kat. – Hg.: „BBK“ Bez.-verb.-Westfalen-Süd e.V., Dortmund, 1999/2000 (der Katalog ist in MS nicht vorh.)

199-01(1) **„Raumkonzepte 2“** – Ausst.-kat.– Haus Opherdicke-Holzwickede – Hg.: „BBK“ Bez.-verb.-Westfalen-Süd e.V., Dortmund, **2001**

199-01(2) **„Die Neuen im BBK“** – Ausst.-kat. – Technologiezentrum Lüntec – Lünen – Hg.: „BBK“-Bez.-verb.-Westfalen-Süd e.V. Dortmund, **2001**

200-1+2 = **„Imagination des Unsichtbaren“** – 1200 Jahre Bildende Kunst im Bistum Münster – Teil **1** + **2** = Ausst.-kat. – WL-MS, **1993**

201- **„Museum Bochum Kunstsammlung 1960 – 1970“** – Besitzverzeichnis – 1970 + **„Erwerbungen 1970 – 1990“** – Museum Bochum – 19**90**

202 **„Dortmund forever“** – Bilder der Dortmunder Fotosammlung – Ausst.-kat. – Museum f. Kunst und Kulturgeschichte – Dortmund, **2001**

202a „Homeless People“ – (Foto-)Ausst.-kat. – Museum f. K. u. K.-g. – Dortmund, **1987**

203- „Focus“ – Ausstell.-reihe der FHD-Dortmund: **„Inszenierte Wirklichkeit“** – Focus ′89 – Ausst.-kat. – Mus. f. K. u. K.-Dortmund, 19**89** // **„Vom Umgang mit dem Mythos“** – Focus ′91 – 19**91** // **„Aneignung von Welten“** – Focus ′92 – Ausst.-kat. – Mus. f. K. u. K.-Dortmund, 19**92** // **„Haltbar“** – Focus ′93 – Mus. f. K. u. K.-Dortmund, 19**93** // **„Wunschmaschine“** – Focus ′96 – Symposion u. Ausstellung – 19**96** // **„Filterlos“** – Focus ′98 – CD-Rom – 19**98** // **„parallelwelten“** – focus 2tausend – **2000** // **„Bilderkriege“** – Focus Award 2003 – Ausst.-kat. u. CD-ROM – Dortmund, 20**03** // **„Der zweite Blick“** – Focus Award 2005 – Kommentarhefte, Karten, DVD – Dortmund, 20**05**

203a „Studenten der Dortmunder FH stellen sich vor“ – Ausst.-kat. – Mus.-Bochum, **1976**

203b-2 **„Zweite Dortmunder Banale“** – Ausst.-kat. – FHD-Dortmund, **1992** (1. = ohne Kat.)

203c „Kreuzungen“ – Ausst.-kat. – FHD-Dortmund, **1994**

203ca „14 Geschichten in fremden Zimmern“ – CD-Room (als Katalog) = Hotel Eden – Bochum – **2001** – Kunstprojekt des Kulturbüros Bochum u. der FHD-Dortmund, 2002

203cb „containments“ – Rauminstallationen – CD-Room – Ein gemeinsames Projekt des Fachbereichs Design der FH (Dortmund) mit den Partnern ... – Dortmund, **2000**

203d „Phoenix. Werke – Kunst in der Zwischenzeit“ – Ausst.-kat. – Phoenix-Gelände-Dortmund – Studenten der FHD-Dortmund, **2002**

203E „Mein Quartier Borsigplatz“ – Leben und Wohnen am Borsigplatz – Ausst.-kat. – Arbeiten von Studierenden der FHD-Dortmund, **2004**

203f „Grenzenlose Schönheit! Korrekturen an der Schöpfung?“ – Ausst.-kat. – St. Petri-Kirche in Dortmund – Hg.: Prof. Caroline Dlugos – FHD-Dortmund, **2004**

203g „gesehen – Ein Bild der Hellwegregion“ – Wanderausst.-katalog – Ein Projekt der FH-Dortmund, Fachbereich Design – **2005** (u. a. Ahlen/Geseke/Lippstadt/Selm/Soest/Unna)

203h-05 **„Affairen“** – Magazin des Fachber.-s Design der Fachhochschule-Dortmund – Nr. 0 – Sept. 2005 – Hg.: Fasta Design der FH Dortmund – 20**05**

204 „Schwarzweiss und Farbe“ – Das Ruhrgebiet in der ***Fotografie*** – Ausstellung des Ruhrlandmuseums in „Zeche Zollverein“-Essen, **2000**

204a „Industriefotografie ... Peter Keetman Preis“ – Ausst.-kat. – Museum der Arbeit – Hamburg, **2002**

205-94 „Design Zentrum NRW“ – Handbuch für Industriedesign. Fotodesign. Kommunikationsdesign in NRW 1993/94 – Hg.: Design Zentrum NRW-Essen – **1994**

205-97 **„Design in NRW 1996/97“** – Handbuch für Multimediadesign. Industriedesign. Fotodesign. Kommunikationsdesign in NRW 1996/97 – Hg.: Design Zentr. NRW-Essen – 1997

205a- „VDID Designer Porträts“ – 4. Aufl. – Hg.: „VDID“-Düsseldorf, 19**83** / **„Industrie-Designer“** – Portraits und Profile – Hg.: „VDID“-Düsseldorf, 19**89** / **„Who’s Who in German Design 2001/2002“** – Hg.: Design Zentr.-NRW, Essen, 20**01** / **„Who’s Who in Design“** – Bd. 2 – Verl. red dot Edition-Essen, 20**03**

205b „Industrial Design. Unikate. Serienerzeugnisse“ – Die neue Sanmmlung – Ein neuer Museumstyp des 20. Jh.’s – Prestel-Verl.-München, **1985**

205c „Die nützliche Moderne“ – Graphik & Produkt-Design in Deutschland 1935-1955 – Ausst.-kat. – Westf.-Landesmuseum f. K. u. K.-Münster, **2000**

205d „Design Lexikon Deutschland“ – v. M. Godau/B. Polster – DuMont-Verl.-Köln, **2000**

205w- „Internationales Jahrbuch Kommunikationsdesign“ – s. 1993 – Hg.: Peter Zec – Jhg.-e: 19**97**/1998 – 20**03**/04+20**04**/05 / (1993-1996 in Münster nicht vorh.)

205x- „Designbilanz“ – Designpreis des Landes NRW – Design-Zentrum-NRW – Essen – 19**93** / 19**95** / 19**99** / 20**01** (andere Jgg. sind in MS nicht vorh.)

205y- „Designerprofile“ – Kataloge – Verl. form Frankfurt/M., 19**98**/99,1+2 / **2000**/01,1+2 / 20**02**/03,1+2 / 20**04**/05,1+2

205z- „Design Innovationen Jahrbuch“ – red dot award – product design – Hg.: Prof. Dr. P. Zec – Verl. Design-Zentr.-NRW – Essen, 19**90-92/95**–20**01**+20**03** (diese in MS bek.)

206- „st art“ – Steinfurter Kunstmarkt = 1. + 2. Allgemeine Kunstausstellung Steinfurt – Ausst.-kataloge – Kommunikationszentrum der Kreissparkasse-Steinfurt, 20**01/04**

207 „Porzellanmalerlexikon 1840-1914“ – Bd. 1 + 2 – v. W. Neuwirth – Braunschw., **1977**

208 **„MarkenLexikon“** – Porzellan und Keramik – Bd. 1 = Europa – v. Dieter Zühlsdorff – Stuttgart, **1988**

209- **„Höhlenkunst“** – 2 Ausst.-kataloge: 19**97** = Kluterthöhle-Ennepetal – Hg.: Gr.-„Kunstraum“-Ennepetal + 19**99** = Kluterthöhle/Haus Ennepetal – Hg.: Ennepe-Ruhr-Kreis/ Stadt Ennepetal (Gruppe Kunstraum eigener Katalog s. Nr. 211-99 // **2000** = **„Höhlenkunst ° Hüttenkunst“** – Ausst.-kat. – Kluterthöhle-Ennepetal + Henrichshütte-Hattingen – Hg.: Ennepe-Ruhr-Kreis/Städte Ennepetal/Hattingen // **„EN-KUNST 2001“** – Ausst.-kat. – Zeche-Nachtigall-Witten – Henrichshütte-Hattingen – Kluterthöhle-Ennepetal – Hg.: Ennepe-Ruhr-Kreis/Städte: Ennepetal/Hattingen/Witten, 20**01** // **„EN KUNST 2002“** – Ausst.-kat. + 20**02** – Hg./Ausst. s. 01 + Gevelsberg (Stadtgarten) // **„EN KUNST 2004“** – Ausst.-kat. – 20**04** – Hg. siehe 01 – Ausst.: Kluterthöhle-Ennepetal, Stadtgarten-Gevelsberg, Henrichshütte-Hattingen, Kreishaus-Schwelm u. Zeche Nachtigall-Witten // **„EN-KUNST 2006“** – (geplant) – Ausst.-kat. – 20**06** / Ausst.-orte wie 2004

209a **„Strom Linie Form“** – Hattinger Künstler stellen aus – Stadtmuseum Hattingen, **2005**

210- **„Kunststudenten stellen aus“** – Bundeswettbewerb – Ausst.-kataloge – Bonn = u. a. Kunsthalle-Bonn – Hg.: Bundesminister f. Bildung u. Wissenschaft – Bonn, 19**83** – 20**03**

210a **„Kunststudenten stellen aus“** – Bilanz 1983-1991 – (Preise/Stipendien) – Bonn, **1992**

211- **„Kunstraum“** – Ausst.-kataloge – Hg.: Kunstinitiative Gruppe „Kunstraum“ in Ennepetal – (1997 = „Höhlenkunst“ – s. Nr. **209-97**) // 19**99** = **„Höhlenkunst“** – Kluterthöhle-Ennepetal // **2000** = Mitgliederverzeichnis // 20**02** = Haus Martfeld in Schwelm

212 **„25 Jahre Künstlergruppe werkstatt 1976-2001“** – Eine Dokumentation – Redaktion: Many Szejstecki – Gelsenkirchen-Buer, **2002** (m. Ausst.-gen 19**76-2001**)

213- **„Kunst und Bau 1967-1979“** – Hg.: Minist. f. Landes- u. Stadtentwicklung – NRW, Düsseldorf, 19**80** // **„Kunst und Bau 1986-1997“** – Hg.: Minist. f. Bauen u. Wohnen – NRW, Düsseldorf, 19**98**

213a- **„Baukultur in NRW“** – 1999 + 2002 – Architekturpreis NRW – Hg.: BDA-NRW – Verl.-Buchh. W. König – Köln, (1998)**99**+(2001)**02**

213b **„Das Archiv für Architektur und Ingenieurbaukunst NRW an der Fakultät Bauwesen der Universität Dortmund“** – Univ.-Dortmund, **1998**

214- **„ars viva“** – Ausst.-kataloge – wechselnde u. meist mehrere Ausst.-orte – Hg.: Kulturkreis im Bundesverb. d. Deutschen Industrie e.V. – 19**56**-20**01** (in MS mit Lücken vorh.)

215-6 **„Westfalia Picta“** – Bd. 6 – Münsterland – Ardey-Verl.-MS, 20**02** (in Bände 1-5 keine biografischen Angaben)

215a **„Westfalia Picta“** – Die westfälischen Ortsansichten vor 1900 – Ausst.-kat. – WL-MS – Hg.: LWL-MS, **1987** (Ausstellung zu den Bänden der Westfalia Picta)

216 **„Wuppertaler Künstlerverzeichnis“** – v. Udo Garweg – Hg.: V. d. Heydt-Mus., **2000**

217- **„Handbuch der Original-Graphik ... 1890-1933“** – Bd. **1-7** (7 m. Reg.) – 1989-98

218- **„Aus bei mit nach von zu seit“** – Ausst.-kat. – Klasse Prof. **Bijl** der Kunstakad.-MS im Kunsthaus Dortmund, 20**02**

218a- **„„„y“““** < die Fylmklasse > – Kunstakademie Münster / Klasse (Prof.) ***Köpnick*** / 20**03**

219-62 **„Neue deutsche Architektur 2“** – U. Conrads/W. Marschall – Stuttgart, 19**62**

219-93 **„Die neue Deutsche Architektur“** – Gerh. G. Feldmeyer – Verl.-Kohlhammer, 19**93**

219-02 **„Neue Deutsche Architektur – Eine Reflexive Moderne“** – Hg.: Ullrich Schwarz – anlässl. der Ausst. im Martin Gropius-Bau Berlin, Verlag Hatje-Cantz – Stuttgart, 20**02**

219a **„Der Kirchenbau des 20. Jahrhunderts in Deutschland“** – Dokumentation ° Darstellung ° Deutung – v. Hugo Schnell – Verl.-Schnell&Steiner – München/Zürich, **1973**

219b **„Handbuch zur Rheinischen Baukunst des 19. Jahrhunderts“** – von W. Weyres u. A. Mann – Köln, **1968**

219c **„Neue Kirchen im Erzbistum Köln 1945-1956“** – v. W. Weyres – Düsseldorf, **1957**

219d **„Neue Kirchen im Erzbistum Köln 1955-1995“** – Bd. 1/2 – Hg.: Erzbistum-Köln, **1995**

219x- **„Architekten Profile“** – Architekten stellen sich vor – Katalog – Verlag form GmbH – Frankf./M., 1999/2000 // (weitere Kataloge sind in Münster nicht vorhanden)

220 **„Bautechnik und Baukultur“** – 100 Jahre Fachbereiche Architektur und Bauingenieurwesen der Fachhochschule Münster = **Anhang** – Aschendorff-Verl. Münster, **1998**

221- **„Skulpturen aus dem Kunstbesitz der Stadt Marl“** – Hg.: Skulpturenmus.-Glaskasten - Marl u. Stadt Marl, o.J.(um 19**80**) // **„Ergänzung zum Bestandskatalog“** – **1983** // **„Bestandskatalog“** – Skulpturenmus.-Glaskasten-Marl, 1992/**93**

222- **„Transfer“** – Ausst.-kataloge – Hg.: Kultursekretariat NRW – Wuppertal // **„Transfer – Künstleraustausch“** – Ausst.: Stadtgal.-Oberhausen + Kunsthalle Rostock – **1991** // **„Transfer – Künstleraustausch“** – Belgien/NRW – Ausst.: Gent, Recklinghausen, Charleroi – 19**93**/94 // **„Transfer“** – Italien/NRW – Ausst.: Bologna/Bergamo/Torino/Düsseldorf/Münster/Aachen – 19**96** // **„Transfer – Polska-NRW“** – Ausst.: Warschau/ Danzig/Krakau/Wuppertal/Bochum/Bielefeld – 19**98** // **„Transfer – Galicien . Asturien . Baskenland . NRW“** – Ausst.: Santiago di Compostela/Gijón/Bilbao/ Leverkusen/Duisburg/Mönchengladbach/Essen – **2000**/01 // **„Chilufim“** – Israel/ NRW – Ausst.: Jerusalem/Herzlya/Bonn/Krefeld/Dortmund – 20**02**/03

223 **„Die Farbe hat mich“** – Positionen zur nicht-gegenständlichen Malerei – Symposion u. Ausst.-gen – Hg.: Michael Fehr/K.-E.-Osthaus-Mus.-Hagen, **2000**

224 **„Das Lexikon der Fotografen“** – v. H.-M. Koetzle – Verl.-Knaur, o.J.(**2002**)

225 **„More than a bank: Forum Junge Kunst“** – A.-kat. – Hg.: SEB-AG – Frankf.-M. **2001**

226 **„Innenarchitektur in Deutschland“** – Zwischen Tradition u. Vision – „BDIA“ – **2002**

227 **„Unschaerferelationen“** – Experiment Raum – v. Karin Damrau u. Anton Markus Pasing – Verlag Nelte – Wiesbaden, **2002**

228- **„Invitation“** – 75 Jahre Studentenwerk Münster – S. 27-41 = **„ART GOES MENSA“** – Ausst. = Klasse Prof. H. Kuhna u. Perform. Kl. Prof. Lili Fischer der Kunstakad.-MS, 1997 // **„Klasse Kuhna im Rathaus Telgte“** – Ausst.-kat. – Klasse der Kunstakademie-MS, 1999 // **„Klasse Kuhna im Finanzamt Münster-Innenstadt“** – Ausst.-kat. – Kunstakademie-MS, 20**03** // **„Klasse!“ –** Malerei von Meisterschülern der Klasse Kuhna – Kunstakademie Münster – Ausst.-kat. – Hg.: „WGZ-Bank“-Düsseldorf, 20**04**

229- **„Orte im Wandel *Radbod*“** – Ausst.-kat. – Zeche Radbod, Hamm Bockum-Hövel – Hg.: Kunstakademie Münster – 20**02** // **„kunstakademie münster x 4“** – Katalog – Ausst.-gen der Klassen: (Prof.-en) Maik u. Dirk Löbbert – Gal.-Münsterland e.V. – Emsdetten / (Prof.-in) Katharina Fritsch – Kulturforum Rheine (Kloster Bentlage in Rheine) / (Prof.) Andreas Köpnick – Kunstverein Münsterland e.V. – Coesfeld / (Prof.) Guillaume Bijl – Stiftung Künstlerdorf Schöppingen = alle 20**03** // **„Malerei 04“** – Zeitgenössische Positionen zur Malerei – Ausst.-kat. – Ku.-akad.-MS in der Kunsthalle Recklinghausen u. Barmenia-Versicherungen Wuppertal, 20**04** (weitere neue Kataloge siehe auch Nr. 231)

229a- **„LEEREXVISION – comming people“** – Ein Projekt der Gemeinschaft Radewig e.V., u. a. m. MARTa-Herford u. K.-akademie Münster – Ausst.-kat. – in Stadt Herford, 20**04**

230- **„Von Marl aus“** – Ausst.-kat. – Skulpturenmus.-Glaskasten Marl, (o.J.)=19**86** // **„Von Marl aus II“** – Ausst.-kat. – Skulpturenmus.-Glaskasten Marl, 20**02**

230a **„Mit Sinnen“** – Ausstellungs CD-ROM – Skulpturenmuseum Glaskasten Marl, **2003**

230b-1-6 **„Zwischenräume“** – Ausst.-hefte – Skulpt.-mus.-Glaskasten Marl / I-III in MS nicht vorh. / Heft **IV** = „Raum und Tanz“ – Marl, **1990** / Heft **V** = (u. a. Peter Vogel) Marl, **1991** / Heft **VI** = „Metarmophosen“ – Marl, **1992** / **„Zwischenräume“** – Marl, 20**03**

230c **„Körper – Leib – Raum“** – Der Raum im zeitgenössischen Tanz und in der zeitgenössischen Plastik – Tanz x Skulptur x Raum – Ausst.-kat. + Ein Lexikon von Nele Lipp – Skulpturenmuseum Glaskasten – Marl, **2005**

231 **„Kunst in die Sparkassenakademie“** – Ein Kunst am Bau-Wettbewerb der Westf.-Lipp.-en Sparkassenakademie (Münster) f. j. Künstler d. Kunstakademie Münster, **2002**

231a **„Im Wort“** – Sieben Künstlerinnen und Künstler in sieben Kirchen Münsters – Ausst.-kat. – Projekt des Evangel. Kirchenkreis-MS u. der Kunstakademie-MS, **2004**

231b **„Freundschaftsspiel : Dost luk Maçi“** – Ausst.-kat. – Hg.: Mimar Sinan Güzel Sanatlar Üniversites u. Kunstakademie Münster, **2004** (Ausstellung in Istanbul)

231c **„Freundschaftsspiel : Dost luk Maçi – Friendly Game“** – Ausstellungen/Symposion/ Workshop – Zeitgenössische Kunst im interkulturellen Dialog – Katalog + CD – Die Kunstakademie Münster in Instanbul / Sanat Akademisi Münster İstanbul´da, **2005**

232 **„Künstlerinnen und Künstler in der Stadt Meschede“** – Kulturamt Meschede, **2002**

233 **„Eine Hommage an den Kunsthändler Heinrich Clasing in Münster"** – Ausst.-kat. – v. S. Backmann/B. Gropp – Hg.: WL-MS+LWL-MS, **2003**

234- **„Frische Brise"** – Ausst.-kat. – Klasse Prof.-in **Frisch** der Kunstakademie-MS im Kv.-Schwerte, 20**03**

235- **„dasgrünetelefon"** – Postkartenedition zur Ausstellung im Kv.-Gelsenkirchen – Klasse Prof.-in ***Fritsch*** der Kunstakad.-MS, 20**03**

236- **„Krefelder Künstler und Künstler vom Niederrhein"** – Bestandskatalog 2 – Krefelder Künstler – angekauft/ausgestellt 1945 – 1961 – Kaiser Wilhelm Mus.-Krefeld, 19**61**

237 **„horizontal limits"** – Ausst.-kat. – beinhaltet Teil 1 + 2 – Intern. Kunstkontakte Ägypten – Künstlerinnen-Austausch Luxor-Münsterland 20**02**-2004 – Hg.: KünstlerinnenForum Münsterland e.V., 2003 (Ausst.-gen in Münster(2x), Luxor/Alexandria/Kairo-Ägypten, Essen/Steinfurt u. G.-L.-Museum Hamm) // **„Der Stoff, aus dem die Provinz ist"** – Ein spartenübergreifendes Projekt des KünstlerinnenForums Münsterland e.V., 20**03** // **„Frauen Gestalten"** – Kunst & Wirtschaft – Ausst.-kat. – Kunsthaus Kloster Gravenhorst – Hörstel – Hg.: KünstlerinnenForum Münsterland e.V., 20**05**

238- (1.) **„Niederrheinischer Kunstmarkt 2004"** – Ausst.-kat. – Kulturhalle Neukirchen-Vluyn, 20**04**

239- **Ruhrfestspiele Recklinghausen** – s. 1947 Kataloge/Hefte, (1.-5.) u. (6.) Ruhrfestspiele = „Kulturtage der Arbeit" – 1952 // (fehlende Hefte sind in Münster nicht vorhanden!) Ausst.-kataloge der Kunsthalle Recklinghausen (wenn nicht anderes genannt) ab 1953: **„Arbeit – Freizeit – Musse"** – (7). Ruhrfestspiele – 19**53** // **„Zeugnisse Europäischer Gemeinsamkeit"** – (8.) Rfsp. – 19**54** // **„Beginn und Reife"** – 10. Rfsp. – 19**56** // **„Verkannte Kunst"** – 11. Rfsp. – 19**57** // **„Die Handschrift des Künstlers"** – 13. Rfsp. – 19**59** // **„Polarität"** – das Apollinische und das Dionysische – 15. Rfsp. – 19**61** // **„Idee und Vollendung"** – 16. Rfsp. – 19**62** // **„Gesammelt im Ruhrgebiet"** – Kunstwerke aus drei Jahrtausenden – 17. Rfsp. – 19**63** // **„Torso – das Unvollendete als künstlerische Form"** – 18. Rfsp. – 19**64** // **„Signale ° Manifeste ° Proteste im 20. Jahrhundert"** – 19. Rfsp. – 19**65** // **„Variationen"** – 20. Rfsp. – 19**66** // **„Zauber des Lichts"** – 21. Rfsp. – 19**67** // **„Kunst als Spiel ° Spiel als Kunst ° Kunst zum Spiel"** – 23. Rfsp. – 19**69** // **„Zeitgenossen"** – 24. Rfsp. – 19**70** // **„Werke und Werkstatt naiver Kunst"** – 25. Rfsp. – 19**71** // **„Mit Kamera, Pinsel und Spitzpistole"** – Realistische Kunst in unserer Zeit – 27. Rfsp. – 19**73** // **„Was war – was ist"** – 25 Jahre Ausst.-gen der Ruhrfestspiele – 28. Rfsp. – 19**74** // 29. Rfsp. – 19**75** // **„Einblicke – Ausblicke"** – Fensterbilder von der Romantik bis heute – 30. Rfsp. – 19**76** // **„Fliegen ein Traum"** – Faszination ° Fortschritt ° Vernichtungswahn – 31. Rfsp. – 19**77** // **„Partei ergreifen"** – 32. Rfsp. – 19**78** // **„Fahrendes Volk"** – Spielleute ° Schausteller ° Artisten – 35. Rfsp. – 19**81** // **„Träume vom Frieden ° Begrabene Hoffnungen"** – 36. Rfsp. – 19**82** // **„Wer zeigt sein wahres Gesicht?"** – 37. Rfsp. – 19**83** // **„Dinge des Menschen"** – 39. Rfsp. – 19**85** // **„Weltkunst und Kunst der Welt"** – 40. Rfsp. – 19**86** // **„Arbeit und Rhythmus"** – 41. Rfsp. – 19**87** // **Magie des Buches"** – 42. Rfsp. – 19**88** // **„Freiheit ° Gleichheit ° Brüderlichkeit"** – Künstlergruppen in Deutschland 1918-23 – 43. Rfsp. – 19**89** // **„Das Revier"** – Ansichten – Einsichten – Aussichten – 44. Rfsp. – Ausst.-kat.(1.) – Vestisches Mus. – 19**90**a // **„Europäische Werkstatt Ruhrgebiet"** – 44. Rfsp. – Ausst.-kat.(2.) – 19**90b** // **„Europäische Werkstatt Ruhrgebiet '91"** – 45. Rfsp. – Kunsthalle, Ikonen-Museum, Vestisches Museum u. im Engelsburgpark, 19**91** // **„Kunst des Westens"** – deutsche Kunst 1945-1960 – 50. Rfsp. – 19**96**

239a- **„Wer hat dich, du schöner Wald"** – v. Bettina Tewes – Westfalen im Bild – Ruhrfestspiele Recklinghausen 1984 – Reihe: Kunst und Kulturgeschichte in Westfälischen Museen – Heft 14 – 19**84**

240 **„Haus Lütkenbeck"** – v. Lieselotte Folkerts – Ein Barockjuwel am Rande der Stadt Münster in Geschichte, Literatur und **K**unst – Ardey-Verlag – Münster, **2003**

241-1 **„Sakrale Baukunst im Bistum Münster"** – v. Guido Große Boymann – Architektur – Daten – Lexikon – Bistum Münster – **Bd. 1** = Oldenburgischer Teil – **2003**

242 **„Künstler sehen Hemer – Bilder unserer Stadt"** – Ausst.-kat. – Felsenmeer-Museum Hemer, Hg.: Bürger- u. Heimatverein Hemer e.V., **1994**

243 **„PhotoKunst – Münster“** – 10 Positionen künstlerischer Photographie – Ausst.-kat. – Stadtmuseum – Münster, **2004**

243a **„Totale“** – Fotografische Positionen – Ausst.-kat. – Kunstakademie Münster im Stadtmuseum Münster, **2004**

244- **„profundal, *das*“** – Postkartenset zur Ausstellung – Geol.-Paläontol.-Mus. Münster – Hg.: Künstlerinnengruppe „Innennetz e.V.“ – Münster, 20**04** (weitere Ausst.-gen siehe unter Gruppe „Innennetz“!

245- **„Bücherwerkstatt“** – Katalog – Klasse Lili Fischer – Kunstakademie Münster = WS 1995/1996 (auch im Katalog „Unterwegs“ – Ausst.-Lothringerstr.-München, 96 = Nr. 83) // **„Primäre Ideen I“** u. **„Primäre Ideen II“** – Lili Fischer – Schriftenreihe der Kunstakademie-MS, 19**96+2000** // **„Vom Bett zum Bild“** – Ausst.-kat. – Klasse Lili Fischer im Freilichtmus.-Detmold, 1999 // **„Weise Frauen – beflügelt“** – Feldforschung Kloster Gravenhorst – Ausst.-kat. – Lili Fischer und Klasse Lili Fischer – Kunstakademie Münster im Kloster Gravenhorst, 20**04**

246- **„giardino“** – Ausst.-kat. – Ein Projekt der Klasse Maik und Dirk Löbbert (Kunstakademie Münster) – Villa Romana Florenz 2003 + Kloster-Bentlage – Rheine, 20**04**(1.) // **„untendurch“** – eine skulptur der klasse maik und dirk löbbert – unterführung am hindenburgplatz (münster) eingang h1 – Katalog – Münster, 20**04**(2.) // **„abgefahren“** – Ausst.-kat. – klasse maik und dirk löbbert im kunstverein Lingen, 20**05**

247- **„Kunst für Toleranz und Frieden“** – Ausst.-kat. – 28. Kunstausstellung im Sozialgericht Münster – Hg.: Radio Kaktus e.V. – Münster, 20**04**

248- **„Kunst des 20. und 21. Jahrhunderts“** – Katalog zum fünfjährigen Bestehens des Kunstkontors Dr. Doris Möllers in Münster – 20**04** + Bestandskatalog (Titel ebenso) 20**05** // (Katalog „Berlin“ – 2005 = nicht nummeriert)

249 **„black-box“** – Katalog zur kooperativen Kunstprojektreihe am Flughafen Münster/ Osnabrück International Airport – Hg.: Stiftung Künstlerdorf Schöppingen, **2002**

250 **„upArt“** – Künstlerinnengruppe in OWL stellt sich vor – Selbstverl.-Lippstadt, **2005**

251- **„Architekturführer Münster.Münsterland seit 1980“** – Hg.: Chr. Ellermann/u. a. für den BDA Münster/Münsterland – Köln, 20**05**

251a- **„Ungebautes in Münster“** – 2. Bauforum Stadt Münster – Ausst.-kat. – WL-MS, 19**88** // **„Architektur im Städtebau“** – Bauen in Münster 1983-1995 ... – v. Franz Pieper/ Wilh. Walterscheid(Fotogr.) – Hg. BDA – Bez.-gr.-MS, 19**94** // **„50 Jahre Wiederaufbau und Stadtentwicklung 1945 – 1995 Münster“** – Dokumentationen vom VII. Bauforum – Hg.: Stadt Münster, 19**95** // **„Auszeichnung guter Bauten“** – Ausstellung in der Speicherstadt Münster-Coerde – Hg.: BDA-MS/MS-land, 20**04** (1998 erste Auszeichnungen in Münster = Lit. nicht bek.)

252-1+2 **„Kirchen Schätze“** – 1200 Jahre Bistum Münster – Hg.: Udo Grote u. Reinhard Karrenbrock – Bd 1 – Kirchen, Bd. 2 – Schätze, = Ausst. in der Domkammer Münster, **2005**

253 **„Exhibition**ist“ – Ausst.-heft – Ausst.-raum für aktuelle Kunst – Münster – Wolbeckerstr. 59 – Hg.: Stefanie Klingemann – Selbstverlag-MS, **2005**

254 **„blind date“** – ein deutschchinesisches Kunstprojekt – Ausst.-heft – Emsdetten (Gal.-Münsterland), Rheine (Kloster Bentlage), Hörstel (Kloster Gravenhorst) – Hg.: Kreis Steinfurt, **2005**

255 **„Die Brabender“** – Skulptur am Übergang vom Spätmittelalter zur Renaissance – Ausst.-kat. – WL-Münster – Aschendorff-Verlag – MS, **2005**

256 **„Wer war das!“** – Ein Bestimmungsbuch der Klasse Timm Ulrichs an der Kunstakademie Münster 1972-2005 + Ausst.-kat. – Kunsthalle-Recklinghausen u. Kunstverein Ingolstadt – Hg.: Prof.-en Timm Ulrichs/Ferdinand Ullrich – Bönen, **2005**

256a **„ganz schön schön“** – Edition der Kunstakademie Münster – Kl. Timm Ulrichs, **2004**

257 **„Künstler ° Werk ° Material“** – 77 Künstlerwege – Hg.: Wolfgang Boesner/Yvonne Schwarzer – ars momentum Kunstverlag GmbH – Witten, **2004**

258-1 **„Am Rande des Lichts – Inmitten des Lichts“** – Lichtkunst und Lichtprojekte im öffentlichen Raum Nordrhein-Westfalens – Ein Lichtatlas – Bd. **1** – Hg.: Söke Dinkla u. Zentrum für Internationale Lichtkunst Unna – Köln, 2004

259 **„Mehr als ein Nachhall"** – Künstler dokumentieren ihre Projekte – Reflexionen zur Kunstaktion „Auge Ohr Lippe" = Lünen 2004 – Dortmund, **2005**

260 **„(my private) Heroes"** – Ausst.-kat. – Museum Marta – Herford, **2005**

261 **„Das Folkwang – Atoll / Kunst und Energie"** – Ein Archipel der Künste und Wissenschaften auf der Ruhr in Essen-Werden im Sommer 2007 – Modellphase – Ausst.-kat. – (u. a. 05 Skulpturenmus. Glaskasten – Marl/06 Kultfabrik München) – Essen, 2005/**2006**

262 **„artists unlimited 20+"** – Katalog zum 20 jährigen Bestehen (Gruppe/Galerie/Atelierwohnhaus) – Hg.: „Artists Unlimited e.V." – Bielefeld, **2005**

263 **„Performances KUNST Ausstellungen 1993–2000"** – Katalog – Evangel. Akademie im Institut für Kirche und Gesellschaft – Iserlohn, um **2000**

264 **„Regionale 2004"** – Ein Prozess – (links und rechts der Ems) – Katalog – Hg.: Regionale 2004 GmbH – Steinfurt, **2005**

265 **„20 Jahre Forum Kunst ° Kunstverein Lünen 1984 – 2004"** – Georg Almus – Redaktion – mit integriertem Inventarverzeichnis vom Archiv des FORUM KUNST ° Kunstverein Lünen im Stadtarchiv Lünen, **2004** // Veröffentlichungen ohne Nr. gibt es noch: (Georg Almus – Redaktion: „Kunst-Raum-Lünen ..." – Kv.-Lünen, 1988/91/92)

266 **„Nordrhein-Westfalen ° Land und Leute 1946-2006"** – Ein biografisches Handbuch – von Bernd Haunfelder – Aschendorff-Verlag – Münster, **2006**

267 **„Farbjahr"** – Jahrbuch der Kunstakademien 2003 – Düsseldorf, **2004**

268 **„GeldKunst – KunstGeld"** – Deutsche Gedenkmünzen seit 1949 – Hg.: Gerd Dethlefs / Wolfgang Steguweit – Reihe: „Die Kunstmedaillen in Deutschland" – Bd. 22 – **2005**

Bedeutung von Buchstaben in den Künstlerbibliografien:

N/INT = Weitere nationale (N) u. internationale (INT) Ausstellungen/Literaturangaben /

NRW = Ausstellungen in Nordrh.-Westf. + **Westf.** = Westfalen, **Ns** = Niedersachsen

Die Daten der Künstler, die als Quellen nicht angegeben werden, stammen aus münsterischen Zeitungen, aus „MS-aktuell" (2005 eingestellt) oder von den Künstlern persönlich (per Telefon oder Post) / Neuerdings nun auch aus dem **Internet** / Ausst.-angaben sind u. a. aus: „Kulturkalender – Das Ruhrgebiet", „belser kunst quartal", usw.

Abkürzungen:

...	bis / z. Bsp.: 95...98 = 95+96+07+98
*	geboren
†	gestorben
(s. = A/E)	Zeichen am Ende der Biografie = Künstler/in nur erwähnt, da in Westfalen nur eine Zeitlang tätig oder seit längerer Zeit nicht mehr erreichbar / **A / E** / A = Anfang der Biografie ist aufgeführt, aber nicht beendet / E = Ende, Künstler/in wird nicht mehr oder kaum besprochen
A	Architekt(in)
AdK	Arbeitsgemeinschaft des Kunsthandwerks
AFC	Amateur-Film-Club
AFIAP	Artist d. „Fédération Int. de l'Art Photographie“
AGD	Allianz deutscher Designer e.V. – Braunschweig
AK	Architekten-Kammer
Akad.	Kunst-Akademie
Akt.-k.	Aktionskünstler(in)
Arb.g.d.K.	Arbeitsgemeinschaft des Kunsthandwerks – siehe AdK
ASK	Arbeitsgemeinschaft Siegerländer Künstler
Atel.	Atelier
Ausb.	Ausbildung
Ausst.	Ausstellung(en)
Ausst.-bet.	Ausstellungsbeteiligung
Ausz.	Auszeichnung(en)
B	Bildhauer(in)
BBK	Berufsverband Bildender Künstler oder: Bundesverb.-Bild.-K. = s. auch im Lex. bei: **G**ruppe „BBK“
BDA	Bund Deutscher Architekten
BDG	Bund Deutscher Grafik-Designer
BDIA	Bund Deutscher Innen-Architekten
Bet./Beteil.	Beteiligung
BFF	Bund Freischaffender Fotodesigner
BGK	Bund Gelsenkirchener Künstler e.V.
Bildh.-gr.	Bildhauergruppe
Boch.-KB/BKB	Bochumer Künstlerbund
Bottr.-KB	Bottroper Künstlerbund
Bühnenb.	Bühnenbildner(in)
Buch.-k.	Buchkünstler(in)/Buchbinder(in)
Coll.-k.	Collagekünstler(in)
Comp.-Gr.-K.	Computer-Grafik-Künstler(in)
D	Designer(in)
DASA	Deutsche Arbeitsschutzausstellung d. Bundesanstalt f. Arbeitsschutz u. Arbeitsmedizin in Dortmund-Dorstfeld
DDC	Deutscher Designer Club
DFA	Deutsche Fotogr. Akademie
DGPh	Deutsche Gesellschaft für Photographie
DVF	Deutscher Verband für Fotografie
DKB	Deutscher Künstler-Bund
DWB	Deutscher Werkbund
E	Einzelausstellung
Ed	Edition
ELDAF	Ehrenloge der deutschen Amateurfotografen
Env.	Enviromentskünstler(in)

erw.	erwähnt
ETN	European Textile Network
Ev. FaBS	Evangel. Familienbildungsstätte-Münster
F	Fotograf(in)
FBS	Fortbildungsseminare (schule)
FH	Fachhochschule
FHD	Fachhochschule Design
FhfA	Fachhochschule für Architektur
FhfVK	Fachhochschule für Visuelle Kunst
Filmk.	Filmkünstler(in)
FofG/FoSfG	Fachoberschule für Gestaltung
Fr.-H.-H.	Franz-Hitze-Haus in Münster
Freie Kü.-Gem.	Freie Künstlergemeinschaft Münster-Nienberge
G	Grafiker(in)
Gal.	Galerie
geb.:	geboren (auch: *)
GzFdWK	Gesellschaft zur Förderung der Westfälischen Kulturarbeit-e.V. - Münster
Gest.	Gestalter(in)
GH	Gesamthochschule
Glask.	Glaskünstler(in)/Glasgestalter(in)
Glasm.	Glasmaler(in)
Goldschm.	Goldschmied(in)
Goldschm. u. a.	Gold- und Silberschmied(in)
Gr.	Gruppe
Gymn.	Gymnasium
Handw.-k.	Handwerkskammer
HBZ	Handwerkskammer-Bildungszentrum
HdF	Haus der Familie (in Münster)
HdK/HfBK	Hochschule der Kunst/Hochsch. für Bildende Kunst
HfaK	Hochschule für angewandte Kunst
HfE/I	Hochschule für Entwerfen/Innenarchitektur (Wismar)
Hg.	Herausgeber
Hintergl.-m.	Hinterglasmaler(in)
HKB	Herner Künstlerbund
HWK	Handwerkskammer
I	Installationskünstler(in)
IAOAA	International Association of Airbrush Artists
IfAbKuK/IfBKK	Institut für Ausbildung in bildender Kunst u. Kunsttherapie
IHK	Industrie- u. Handelskammer
IKM	Integrative Kunst- u. Musikschule
Ill.	Illustrator(in)
Innenarch.	Innenarchitekt(in)
INT	International = u. a. internationale Ausstellungen
Intars.-k.	Intarsienkünstler(in)
jährl.	jährlich
K	Keramikkünstler(in)
(K)	Katalog (nur bei Ausstellungen gültig)
K. u. K.	Kunst und Kunstgeschichte (z.B.: Museum f. K. u. K.)
Kalligr.-k.	Kalligrafiekünstler(in)/Schriftkünstler(in)
Kat.	Katalog

KB	Künstler-Bund (siehe auch DKB/RKB/WBK/WKB)
KfM/KhfM	Kunsthochschule für Medien
Kgsch	Kunstgewerbeschule
Khw	Kunsthandwerker(in)
Kunstpr.	Kunstpreis
Kr.	Kreis
Kr.-Kv.-B.-W.	Kreiskunstverein Beckum – Warendorf
Kv.	Kunstverein
l.	lebt
L	Lithograf(in)
lim.	limitiert(e)
Lipp.-KB/LKB	Lippischer Künstlerbund e.V. (Detmold)
Lit.	Literatur
LKSch	Landes-Kunst-Schule
Lehrt.	Lehrtätigkeit
LLM	Lippisches Landes-Museum (Detmold)
LWL	Landschaftsverband-Westf.-Lippe (MS)
M	Maler(in)
Maskenb.	Maskenbildner(in)
Materialb.-k.	Materialbildkünstler(in)
Mitgl.	Mitglied
Mosaikk.	Mosaikkünstler(in)
MS	Münster
MS-land	Münsterland
Mus. f. K. u. K.	Museum für Kunst- u. Kulturgeschichte
MZ	Münstersche Zeitung
N	National = u. a. nationale Ausstellungen
Ns/Nieders.	Niedersachsen
Nordd.-B.-gr.	Norddeutsche Bildhauergruppe-MS e.V.
O	Objektkünstler(in)
OWL	Ostwestfalen-Lippe
Perf.-k.	Performancekünstler(in)
Plakatk.	Plakatkünstler(in)
Porz.-m.	Porzellanmaler(in)
Pr.	Preis
Prof.	Professor(in)
Proj.-Werkst.	Projekt – Werkstattausstellungen -(früher: MS – Hermannstadtweg 9)
Proj.-k.	Projektkünstler(in)
Projektionsk.	Projektionskünstler(in)
Rest.	Restaurator(in)
Rheda-W.	Rheda-Wiedenbrück
RKB	Ruhrländischer-Künstlerbund-Essen
RvbK	Reichsverband bildender Künstler (bis 1945)
s.	siehe/seit *(je nach Gebrauch)*
S.	Seite
selbst.	selbständig
SS	Sommersemester
Stadth.	Stadthausgalerie
Stadtth.	Stadttheater
Stip.	Stipendium

Stud.	Studium
T	Textilkünstler(in)/Textilgestalter(in)
TH	Technische Hochschule
u. a.	unter anderem (hier aber bes. Bedeutung) = Lit.: u. a. = Kataloge/Bücher, die in der 1. Ausgabe genannt wurden, werden hier in der 2. Ausgabe aus Platzgründen nicht mehr aufgeführt / Bitte in 1. Ausgabe nachsehen!
UB	Universitätsbibliothek
UdK	Universität der Künste (seit 2001 in Berlin, vorher HdK)
Univ.	Universität
VfDK	(Berufs-)Verband freier Deutscher Künstler
VHS	Volkshochschule
Videok.	Videokünstler(in)
VWKuK	Vereinigung Westfälischer Künstler und Kunstfreunde e.V.
WBK	Wirtschaftsverband-Bildender Künstler NRW e.V. – Essen
WKB	Westdeutscher Künstler-Bund (*siehe im Lexikon:* Gruppe „WKB“)
WN	Westfälische Nachrichten (Tageszeitung in Münster)
Wksch	Werkkunstschule
WL/WL-MS	Westfälisches Landesmuseum – (für Kunst u. Kulturgeschichte MS)
WprL	Westpreussisches Landesmuseum – (Münster-Wolbeck)
WS	Wintersemester
Z	Zeichner(in)

Lexikalischer Teil

Die Einträge sind nach folgenden Kriterien gegliedert:

Künstlername / Kunstgattung / Geburtsjahr- Ort u. gegebenenfalls Todesjahr- Ort / Wohnort / künstlerischer Werdegang, Studium, usw. / etwaige Auszeichnungen, Lehrtätigkeiten / öffentl. Werke / Ausstellungen: Jahr/Ort/Ausstellungsraum / Literaturangaben/Kataloge

Hinweis:
Dieser Band enthält nur **neue** Künstlerbiografien oder wichtige Änderungen der Biografien aus der 1. Ausgabe. Alle Biografien in der Beilage: CD-Ausgabe 2006.

Aatifi, Homayon (M/G/Kalligr) / 1965 Kandahar/Afghanistan- / lebt ab 95 in Radebeul, 2005 in Bielefeld / 89 = 1. Pr. Kulturministerium Afghanistan, 91 = 1. Pr. afgh. Kü.-bund u. 97/98 Gaststud. HfBK-Dresden / Mitgl. „BBK"-OWL / Ausst. u. a. 2001/03-05 Bielefeld (Off. Atelier), 05 Radebeul (Stadtgal) / **Lit.: 124**-05 + **152**-01+03...05

Abel, Roland (F) / 1946 Stendenbach- / lebt (2004) in Kreuztal / NEU: 78 Mitbegr. „Kreuztaler Kulturkreis" / **Lit.: 110**-94 + **110b** + **110c**-04 (Biografie in Beilage: CD-Ausgabe 2006)

Abeler – Goldschmiede- u. Uhrmacherfamilie in Münster u. Wuppertal im 20. Jh. / **Lit.: 216** // **Georg** / 1906 Münster – 1981 Wuppertal / 17/18 Ausb. b. s. Vater Heinrich A. / 24-28 Stud. Staatl. Zeichensch.-Hanau / 32 Goldschm.-meister in MS, s. 33 Wuppertal, ab 58 Uhrenmuseum / 72 Bundesv.-kreuz am Bande // **Heinrich** / 1871 Sterkrade – 1948 Münster / Vater des Georg A. / s. 1898 Uhrmachergechäft in MS, ab 33 Wuppertal // **Jürgen** / 1933 Wuppertal- / Sohn d. Georg A.

Abendroth, Barbara (Kunstschmiedin/B/I/O) / 1949 Dortmund- / lebt (2005) in Dortmund / Stud.-Dortmund 69-72 Wksch (Bildh) u. Ausb. zur Kunstschmiedin / s. 04 Mitgl. „BBK-Westf." Dortmund / Werke in Dortmund u. Zwickau / Ausst. u. a. 1995 Iserlohn (Parktheater), 97 Menden (Rathaus), 2004 Castrop-Rauxel (Rathaus), 04/05 Bochum (Kulturwerk Lothringen), + N/INT / **Lit.: 3**-04(1+2)

Abendroth, Heinz (Kunstschmied) / † 2002 Dortmund / lebte in Dortmund / war s. 52 Mitgl.-„AdK"-NRW / Werke in Westf. / **Lit.: 48**-52+64+78erw.

Aberle, Hanns (B/I) / 1957 Regensburg- / lebt s. 93 in Ennepetal / eig. Atelier m. Ehefrau Ruth Müller-Aberle / Ausst. u. a. 1999 Ennepetal (Kluterthöhle) / **Lit.: 209**-99

Abraham, Pater (OSB) s. Fischer, Abraham

Abthoff, Doris (M) / 1956 Nieheim- / lebt (2004) in Nieheim / Stud. Kunstforum-Brakel u. priv. Weiterb. / Ausst. u. a. 2002 Köln (Lions Club), 03 Paderborn (Haus d. ev. Kirche), 04 Blomberg (Aktion Kunstmauer) / **Lit.:** In: „Benefiz-Kunst-Auktion" – Katalog – Lions Club – Köln-Theophanu, 11/2002

Achenbach, Hanna (auch: Achenbach-**J**unemann (Jünemann), Hanna) (M/G) / NEU: 1892 Dortmund – 1982 Siegen / Gattin des Hans **A.** / war Mitgl. Gr.-„ASK"-Siegen / **Lit.:** u. a. **26**-1 + **110**-75 + **110d**-98 + **165a** (Biografie in Beilage: CD-Ausgabe 2006)

Achenbach, Hans (M/G) / 1891 Ohle/Westf. – 1972 Siegen / Ehegatte v. Hanna **A.** / NEU: war Mitgl. Gr.-„ASK"-Siegen / **Lit.:** u. a. **26**-1 + **110**-75 + **110d**-98 (Biografie in Beilage: CD-Ausgabe 2006)

Achenbach, Martina (M/G/O/I/Coll.-k) / 1964 Bochum- / lebt (2006) in MS / Stud.-Essen 94-2000 Univ./GH-Essen (Kunst/Germ) / 99-04 Atelier in Essen (Kunsthaus), ab 7/04 in MS – Hafen-Speicher II / Ausst. u. a. 1996-98 Essen (Univ), 99 Essen (Kunsthaus), 99-2001 Essen (Gal.-Lygnaß), 01/03/05 Essen (2xMus/ehem. Metzgerei), 04-06 MS (Off. Atelier), 04 Duisburg (Cubus-Kunsthalle), 05 Xanten (blauhaus), 05-08 Essen (Sutter-Verlag)

Achenbach, Valeska (F/D) / 1974 Bremen- / lebt (2005) in Dortmund / 94-97 Fotografinausb. in Bremen, 97 Praktikum in Dessau u. Stud.-Dortmund 97-03 FHD / Preise: 97 Land Bremen, 01 Kodak, 02 WAZ, 03 FHD-Dortmund, 04 „Fuji Euro Press" u. „Women European Photogr." / Ausst. u. a. in Bremen/Köln/Sao Paulo/Schömberg, 2000/03 Dortmund (FHD/Rathaus), 04 Rom/Prato-It./Köln/Berlin, Hamburg-Altona (Mus)

Achternkamp, Ursula (Uschi) (O/I) / 1975 Rheine- / lebt (2004) in MS / Stud.-MS ab 94 Univ. (Sport/Soz.-wiss) u. 97-04 Akad., 02 Meisterschülerin / 01 Förderer-Pr. Akad.-MS u. Stip. f. Kunstsch. in Genf / Ausst. u. a. 1999/2001 MS (Hamelhalle/Halle-Am Hawerkamp), 02 Hamm (Zeche Radbod), Bergkamen-Heil (Ökologiestation), 03 Schwerte (Kv), 04 MS (Wewerka Pav), Herford (MARTa Lounge) / **Lit.: 18**-04 + **57**-02 + **229**-02 + **229a**-04 + **234**-03

Ackermann, Claudia (M) / 1967 Lüdenscheid- / lebt (2005) in Kierspe / s. 85 künstl. tätig, 95 Weiterb.-Iserlohn, 04/05 Stud. IfBBK-Bo.-Wattenscheid / ab 99 Lehrt., s. 04 eig. Malschule „Palette" in Kierspe / 02 Mitbegr. Gr.-„Kultur pur" / Ausst. u. a. in Wipperfürth/Bochum/Frankf.-M./Klitmøller-Dänem., + Internet

Ackermann, Diana (M) / 1969 Hagen- / lebt (2004) in Gevelsberg / 86-88 FoSfG-Wuppertal, 89-92 Damenschneiderin Ausb./Tätigk., Stud.-Düsseldorf ab 96 FH (Vis.-Komm) / ab 96 Projektarbeit f. Kinder/Jugendl., u. a. in Düsseldorf/Dortmund / ab 99 Mitgl. Gr.-„Kunstraum"-Ennepetal / Ausst. u. a. 1993 Wuppertal, 97/01 Gevelsberg (Fan-Gruppe/Rathaus), 99 Herne

(Schollbrockhaus), 2000 Ennepetal, 02 Schwelm (Haus Martfeld), 04 Ennepetal (Aktion: Kunstraum) / **Lit.: 209**-04 + **211**-2000+02

Adachi, Tomomi (Perf.-k/F/Videok) (Musiker/Komponist/Kritiker) / 1972 Kanazawa/Japan- / lebt (2004) in Japan u. Dortmund / s. 9/04 Mitgl./Atelier im „Künstlerhaus"-Dortmund / Produkt.-en/Auff.-gen u. a. Japan/Schweiz/Polen/Österr./Frankr./Köln/Hamburg, 2003 Köln/Saarbrücken/Dortmund/Essen/MS/Paris, 05 Dortmund (Künstlerhaus), + N/INT / **Lit.**: Internet

Adam, Hubertus (G/D) / * 1957 – / lebt (2002) in Bielefeld / Stud.-Bielefeld 80-84 FHD (Vis. Komm) / ab 84 eig. Büro „Adam-Design" in Bielefeld / Mitgl.-„BDG" / Preise in N/INT / Ausst. u. a. in MS/Bielefeld, 2001 Bielefeld (Komm.-Gal) / **Lit.: 114w** + **205**-94(erw.)+97 + **205y**-98,2+2000,2 + In: „Erotik" – Ausst.-kat. – FHD-MS/Bielefeld, 1984

Adams, Carl (M?) / 1834/35 Detmold – † nach 1858 / war u. a. in Düsseldorf tätig / **Lit.**: Im Anhang: „Lexikon der Düsseldorfer Malerschule 1819-1918" – Bd. 1 – 1998

Adamski, Hans Peter (Prof) (M/G/O/F) / 1947 Kloster Oesede/Osnabrück- / lebt (2005) in Köln u. Dresden / NEU: s. 98 Prof. HfBK-Dresden / **Lit.**: u. a. **26**-Nachtr.-Bd. 1 + **26a**-05 + **142x**-96 + **214**-83 (Biografie in Beilage: CD-Ausgabe 2006)

Adamzyk, Johann (M/Z) / 1915 Dortmund- / andere Daten nicht bek. / Autodidakt / **Lit.: 98a**

Adelberger, Frank (M/Perf.-k) / 1957 Ochsenfurt- / lebt (2006) in Hagen/W. / Stud.-Witten bis 84 Inst. f. Waldorfpäd. / Lehrt. s. 90 in Heilbronn/Hagen/Witten u. Bonn / Ausst./Auff.-en u. a. in Heilbronn/München/Hagen/Herdecke, 2005/06 MS (Gal.-König)

Adelis, Schwester s. **L**ingemann, Adelis

Adler, Lothar (M) / lebte (um 1968) in Bielefeld / Ausst. u. a. 2001 Bielefeld (Hist. Museum) / **Lit.: 1**-5(nur erw.)

Adolf, Heinrich (Porzell.-m) / tätig um/vor 1900(?) als Porz.-maler in Münster / weitere Daten nicht bek. / erw. bei: B. Haunfelder: „Feines Porzellan aus Münster" – in: „Auf Roter Erde" – Nr. 3/2002 – „WN"-MS v. 22. 3. 2002

Adolfs, Michelle Miriam (M/Medienproj.-k) / 1972 Burgsteinfurt(jetzt Steinfurt)- / lebt (2005) in MS / Stud.-Bielefeld 91-96 Univ. (Erz.-wiss/Soz) u. 93-96 Kunst / 97+98 Deutscher Studien-Pr., 98 = 2x Proj.-förderung, 99 Stip. f. Prag, 2000 Förder-Pr. Herford, 03 Kunst-Pr. Herford / ab 96 mit Petra **M**üller (Paderborn) Atelier „KUNSTKOMM.T!"-MS, 01 Dipl.-Päd.-in, 02 Lehrt. (Gast) FH-MS-Steinfurt / s. 96 Internet-**P**rojekte / **A**usst. u. a. 1996 Bielefeld (Univ), 97 /01 Herford (Kunstwerk), 98 Leipzig (Hauptbahnhof), Freiburg (Telecom 98), 01/02 MS (Off. Atelier), 02 Paderborn (Kulturwerkstatt), 03 Herford (MARTa), 04 MS (uniArt) / **Lit.: 82c**

Adorf, Peter H. (auch: „Easy") (M/Digitalk) / * in Münster- / lebt (2006) in Münster / u. a. „actionpaiting/artconsulting/digitalkunst", war Galerist in MS, mit Martina **M**eyer-Heil s. 99 Atelier „Am Hawerkamp" / Ausst. u. a. 1999-06 MS (Off. Atelier), 02 MS (Kleingärten-Wienburg), s. 04 Internet (multimediarte.de)

Adunola, Toks (M/G/D) / * 1977 – / lebt (2004) in Dortmund / Stud.-Dortmund ab 99 FHD / Ausst. u. a. 2004 Dortmund (Off. Atelier) / **Lit.: 120c**-04

Affeldt, Arndt (Z/M) / 1957 Gelsenkirchen- / lebt (88) in Herne / Stud. Univ./GH-Essen (Kunst/ Geschichte) / Ausst. u. a. 1987 Herne (Flottmann-Hallen) / **Lit.: 142x**-87

Ahaus, Agnes s. Mathäa, Mater Maria

Ahlbrand (M) / 1775/78 in Münster bek. / **Lit.: 26**-1 + **178a**

Ahlers, Johann Berndt (M) / um 1748-54 in MS bek. / **Lit.: 26**-1 + **178a** (erw. b. J. H. Damelett)

Ahlert, Karin (geb. Gettkant) (früher Karin Schaeffer) (M/Materialb.-k) / 1955 Otterndorf b. Cuxhaven- / lebt (2006) in Marl / Autodidaktin, Einfluss durch Prof. Roland Tönne / Mitgl. Ateliergem. „Künstlerkeller"-Marl / Ausst. u. a. 1996-98 Marl (Iduna/Duddek/Zentr. f. Medienkompetenz/Insel-Café), 98 Essen (Iduna), 2001 Datteln (Praxis), 03 Marl (Rathaus), 04/ 05 Herne (Happel-Klimatechnik), 05/06 Marl (Gymnas/Friedenskirche/Marler Stern)

Ahlmer, Willi (F) / 1944 Osnabrück- / lebt (2006) in Rheine / nach Berufsausb.: Stud.-Dortmund Werbefachsch. Marquardt u. Meisterprüfung (Fotogr) / s. 70 selbst. in Rheine / Mitgl. Gr.-„Welbergener Kreis" / NEU: ab 2000 „BBK-Westf."-Dortmund / Ausst. u. a. in Portugal/Polen /Litauen, 1998 Rheine (Falkenhofmus), 2000 Bernburg/Mettingen/Vechta, 02 Rheine (Gymnasium), 03 Rheine-Bentlage (Kloster), 06 Emsdetten (Gal.-MS-land), + Westf. / **Lit.: 52**-80+ 86+90+95+98/00 + **69**-01 + „W. A." – Fotoserien 1984-94 – Rheine, 1994; In: „the day after – after the days" – Ausst.-kat. – Kopernikusgymnasium-Rheine, 2002

Ahmann, Jochem (M/O/I/Perf.-k) / 1957 Herten- / lebt (2006) in Bochum) / NEU: ab 2000 Mitgl. „WKB“ / (Biografie in Beilage: CD-Ausgabe 2006)

Ahn, Stephanie (M/O) / 1969 Bielefeld- / lebt (2005) in Bielefeld / 83-91 Weiterb.-kurse Bielefeld, ab 88 Bauzeichnerinausb. u. 93-94 FofG-Bielefeld / s. 94 Atelier im „Atelierhaus Chaco“ m. Olaf **H**ülsmann / Ausst. u. a. 1996-99/2004 Bielefeld (Off. Atelier) / **Lit.: 152-**96...99+04

Ahn, Thomas (F) / 1957 Schönebeck- / lebt (2005) in Hannover / Stud.-MS 91-94 Akad. / Ausst. u. a. in Hannover/Ahrenshoop, 2001 Essen (Kunsthaus), 02 Celle (Kv.: Schloss), 05 Recklinghausen (Kunsthalle), Ingolstadt (Kv), + N / **Lit.: 256** + In: „Wasserzeichen“ – Edition Hohes Ufer – Ahrenshoop, 2000

Ahrend, Maria (M) / lebt s. 1970 in Halle/Westf. / Mitgl. Ateliergem. „Lederfabrik“-Halle-W. / Weiterb.-Malerei u. Mal-Aufenthalte (Toskana/La Gomera) / Ausst. u. a. 2002 Halle/W. (Rathaus), 02-04 Halle/W. (Off. Atelier), 02-04 Halle/W. (Kunstnacht), 03 Bielefeld (Q-Tour) / **Lit.: 152b-**02...04 + **191b-**04 + **192-**03

Ahrens, Irmgard (B) / lebt (2004) in Minden / Stud. Wksch-München u. Weiterb.-seminare in N +INT / Atelier „Bildh.-werkst.-Bachstr.“-Minden, s. 94 Mitgl. „Verein f. akt. Kunst“-Kr. Minden-Lübbecke / Ausst. u. a. 2001/02/04 Minden (Off. Atelier), 04 Petershagen-Lahde (Fährstr. 30) / **Lit.: 152a-**01+02+04

Akker, Sebastian van den (F/D) / 1978 Moers- / lebt (2006) in Dortmund / Stud.-Dortmund 99-2/06 FHD (Foto-Des) / 03 = 1. Wettbew.-Pr. der „Medi@ Bild Imaging AG“ / Ausst. u. a. 2001-03 Dortmund (Künstlerhaus/Phoenix-Gelände/Mus. f. K. u. K), 03 Hamburg (PPS-Gal), 04 Essen (Lohnhalle-Zollverein), 05 Gelsenkirchen (Wissensch.-park), Mannheim (Fototage), Neunkirchen-Saar (Stadtgal), 05/06 Washington/Casablanca/Rabat/Brüssel (Goethe-Institute), 06 Berlin-Friedrichshain (Kommunale Fotogalerie) / **Lit.: 203d**

Aladov, Vadim von (M) / 1965 Minsk/Weissrussl.- / lebt (2006) in MS u. Minsk / seine Eltern sind Prof. Ninel v. A. u. Prof. Walmen v. A. (Minsk) / Stud.-Minsk 80-84 Kunstobersch. u. 86-91 Akad., MS 97-04 Akad., 2002 Meisterschüler / auch Freilichtmaler, um 04/06 Lehrt. Malschule-Gievenbeck / Ausst. u. a. 1991/99 Minsk (Kunstpalast), 92 Eschwege (Sparkasse), Celle/Garbsen, 95 Sievershausen (Antikriegshaus), 2000 Herne (Kunst–bombe), 01 Werl (Alte Kirche), 01/02 Ladbergen (Gal.-Strathwork), 02 Bocholt (Kunsthaus), 02/03 Nottuln (Alte Amtmannei), 03 MS (Finanzamt), Düsseldorf-Oberkassel (Kunsthaus), 04 Mogilew(Mogilov) /Russl. (Nat.-Mus), 05 Liesborn (Mus), MS (Arbeitsgericht/“Laguna“) / **Lit.: 56d** + **57-**02 + **228-**03 + „V. v. A.“ – Ausst.-kat. – Nationalmuseum-Mogilew/Russl., 2004

Albat-Schmidt, Brigitte (M/O) / 1949 Weidenau/Sieg- / lebt (2004) in Siegen u. Atelier in Netphen / Stud.-Siegen: 92-94 HfG, 94-98 Univ./GH (Soz.-päd) u. 96-99 Schule f. Bild.-Kunst / 4/2000-01 Atelier m. Buddy **B**arteit u. Renate **F**reitag im Kleinbahnhof Dreis-Tiefenbach = Atelier-Ausst.-gen / Ausst. s. 1998, u. a. in Siegen/Hilchenbach/Kreuztal, 2000 Hilchenbach (Alte Filzfabrik), 01 Freudenberg-Willhelmshöhe (Post AG), Netphen (Atelier), 02 Siegen (Pflanzenhof Ierardi) / **Lit.: 110b** (erw. b. Barteit, B.) + **110c-**04 + **187**

Albers, Anni s. Albers, Josef

Albers, Bernd (Prof) (A) / 1957 Coesfeld- / Stud.-Berlin 80-87 TU / 87-94 Lehrt. ETH-Zürich u. dort 88-93 Büro, ab 89 Berlin / Gastdoz.: 89 = Int. Sommerakad.-Ruhrgebiet, 90 = Sommerakad.-Karlsruhe, 95 Gastprof. Sommerakad.-Neapel, 96/98 Gastprof. u. s. 99 Prof. FH-Potsdam / Zahlr. Wettbew.-Preise, Werke u. a. in Zürich + N (u. a.-Konzerthaus-Bochum) (s. Lit.) / Ausst. = N/INT / **Lit.:** In: K.-D. Weiss: „Junge deutsche Architekten u. A.-innen – Young German Architects 1“ – Basel, 1998; In: Udo Hesse (Fotogr.) u. a.: „Berlin – Architekten – Portraits“ – Wasmuth-Verl.-Tübingen/Berlin, 2000

Albers, Bernhard (Bernard) (Prof) (M/Gest) / Bruder des Ferdinand **A**. / lebt (30) in Magdeburg / 1911-28 Lehrt. Kgsch.-Magdeburg / **Lit.: 34-**9,2 + **155a** (erw. b. Ferdinand A.) + In: „Die Kunstgewerbe- u. Handwerkerschule Magdeburg 1793-1963“ – S. 54 – Magdeburg, 1993

Albers, Ferdinand (M/G) / 28. 7. 1891 Coesfeld – 9. 8. 1918 gefallen b. Cajeux/Frankr. / Berufsausb., auf Wanderschaft in Deutschl./Österr./Schweiz, danach Malereiausb. in Stein am Rhein b. s. Bruder Bernhard **A**. / 1910-14 Stud. Kgsch-Düsseldorf, danach Kriegsdienst / **Lit.: 155a**

Albers, Josef (Prof/Dr. h.c.) (M/G/B/F/D) / 1888 Bottrop – 1976 Orange/Connec.-USA / Neu: Ehemann v. Prof. Anni A. (M/B/T) * 1899 Berlin – 1994 Connectitut/USA / (vollständige Biografie in Beilage: CD-Ausgabe 2006 u. dazu 1. Ausgabe!)

Albers, Kerstin (jetzt: Albers-Büker, K.) (M) / * 1962 – / lebt (2006) in Büren / Weiterbild. bei bek. Künstlern, Sommerakad.-n u. Univ.-Paderborn / ab 2000 Lehrt. VHS, u. a. in Soest u. Büren / Mitgl. „Kv.-Kr.-Soest" / Ausst. u. a. in Bad Driburg/Paderborn/Essen, 2001- Bielefeld/ OWL (Archiv), 01 Soest (Kv), Liesborn (Mus), Büren (Rathaus), 02 Bad Sassendorf (Kv), Hardehausen (Hochschule), 03 Lüdinghausen (Burg-Lüdingh), Hamburg (Notariat), 04 Emden (Stadtgal) / **Lit.: 192**-01

Albert, Björn (F/Filmk) / lebt (1990) in MS u. danach Berlin / Stud.-MS ab 87 Univ. (Physik) / s. 77 Fotogr., ab 82 Filme / Auff. u. a. 1990/92/94 in MS / **Lit.: 196**-90+92+94

Albinger s. Nachtrag 2: Zinngießer

Albrecht, Susanne s. Albrecht-Boer, Susanne

Albrecht, Thomas (Prof) (A) s. bei Hilmer Heinz

Albrecht-Boer, Susanne (Albrecht, S.) (B/O/I) / 1960 Kaufbeuren- / lebt (2006) in Herford / s. 89 verh. mit Paulo F. **B**oer / Stud.-Bielefeld 80-85 Univ. (Päd/Biol/Kunst) / 87 in Pietrasanta-Italien, 88 = 1. Wettbew.-Pr. Hellern/Osnabrück, 95 Förderung Land Sachsen u. 96/97 Kr. Herford, 98 Wettbew.-Pr. Bad Endbach, 99 Modellauftr. künstl. Gest. „Alter Markt" – Herford, ab 99 Ltg. des Herforder Recyclingpreises, 04 Wettbew.-Pr. Kunst am Bau – Düsseldorf / Lehrt. Kulturwerkst.-Hiddenhausen, 99-02 wiss. Mitarb.-in („IFF") Univ.-Bielefeld, dort 2000-05 Lehrt., 04 auch Univ.-Paderborn / Werke f. Bielefeld/Osnabrück/Espelkamp / Mitgl.- „BBK"-OWL / Symposien s. 87 in Italien/Steinsberg/Prösitz, 02 Beteil.-Sympos. Kr.-Minden-Lübecke(K), 03 Hereke/Istanbul-Türkei / Ausst. u. a. 2000- Bielefeld/OWL (Archiv), Melsungen/Cloppenburg, Gütersloh (Forum Kunst u. Schule), 01 Bielefeld (Ausst.-bahn), Lemgo, 02/03 Herford(2xK), 03 Darmstadt(K), 03/05 Herford (Kapelle=Mus/Atelier im Stadtraum) + N / **Lit.: 26**-Nachtr.(Bd.1) + **69**-2000 + **124**-05 + **133**-94 + **192**-01 + K = Katalog; In: „Ruth III" – Ausst.-kat. – 3. Sympos. m. Kindern – Prösitz, 1995; S. A./P. F. Boer: „eins und doppelt: paarweise" – Ausst.-kat. – Inst. f. Lipp. Landeskunde – Lemgo/Detmold, 2001; S. A./I. Below/A. Vahre: „Die Vorteile des Künstlerinnendaseins zur berufl. ... s. 1970" – Bielefeld, 01

Alerdinck, Everhard d. Ä. (Alerding, Evert) (M/G) / * um 1579 MS – 1633/35 ebd. / 1622-30 Gildemeister in MS / **Lit.: 26**-2 + **178a**

Alerdinck, Everhard d. J. (Alerding, Evert) (M/G) / * um 1598 MS – 1658 ebd. / **Lit.:** u. a. **21** + **178a** + **198** + **215**-6 + **215a** (S. 9)

Allary, Judith (M) / 1982 Lingen- / lebt (2005) in Lingen u. MS / Stud.-Düsseldorf 02/03 Akad. u. MS ab 03 Akad.+Univ. / Ausst. u. a. 2005 Liesborn (Mus) / **Lit.: 56d**

Allefeld, Maria (M) / 1974 Menden- / lebt (2005) in MS / 95-97 Malerin/Lackiererinausb., Stud.-Dortmund 97-99 Univ. (Päd) u. MS 99-05 Akad., 04 Meisterschülerin / Ausst. u. a. 2001/02/04 Herne (Kunstbombe), 03 Dortmund (Gal.-art isotope), 04 Bad Oeynhausen (VHS), 05 Liesborn (Mus), H.-Gravenhorst (Kloster) / **Lit.: 56ba**(* 1975 falsch!) + **56d** + **69**-05

Allenstein Olga (Olli) (vorher: Ute Machule) (M/O) / 1952 Lüdenscheid- / lebt s. 87 in Freiburg / NEU: **Lit.:** u. a. **26**-Nachtr.(Bd. 1) + **26a**-05 + **125d**-81 + **125e** + **125f**-89 (Biografie in Beilage: CD-Ausgabe 2006)

Allerkamp, Christofer (A/Dipl.-Ing) / 1964 Essen- / lebt (2002) in Essen / Stud.-TU-Berlin u. bis 92 TH-Darmstadt / tätig in London u. Frankf.-M., s. 98 freiberufl., Büro: „Architekten BDA Allerkamp", m. Rolf A. u. Jochen Niehaus in Brakel u. Essen / Werke in NRW/N (s. Lit.) / **Lit.: 197**-01 + **197a**-99

Allerkamp, Rolf (A/Dipl.-Ing) / 1933 Brakel- / lebt (2002) in Essen / Stud.-Hannover bis 60 TH / s. 60 freiberufl., Büro in Brakel u. Essen: „Architekten BDA Allerkamp", m. J. Niehaus, ab 98 auch Chr. A. / Preise/Wettbew.-erfolge/Werke in NRW + N (s. Lit.) / **Lit.: 197**-01 + **197a**-99

Allgaier, Judith (F/D) / 1973 Osterode/Harz- / lebt (2005) in Köln / bis 95 Fotogr.-ausb. in Köln, Stud.-Dortmund bis 02 FHD / s. 02 eig. Studio in Köln / Mitgl. „BFF"-junior / Ausst. u. a. 2000 Dortmund (Innenstadt), + Internet / **Lit.: 203cb**

Allinger, Gustav (Karl Gustav) (Prof) (Gartenarch.) / 1891 Lauffen/Neckar – 1974 Bonn / Stud. Kgsch/Univ.-Köln / tätig 1918-24 in Geisenheim/Rh., Köln, Dortmund, ab (um) 25-28 Berlin, 28-31 Hindenburg/Oberschl., ab 32 Berlin, 52-61 Prof. TU-Berlin / viele Preise, u. a. 1919 Wettbew.-sieger m. anderen Arch.-en = 19-24 Hauptfriedhof-Dortmund / Werke in N + Istambul (Westf.: Dortmund u. 60-66 Biggetalsperre) / **Lit.: 26**-2 + **34**-9,2 + In: „Tag des offenen Denkmals" – S. 45 – Stadt Dortmund, 2001

Allmer, Esther (M) / 1968 Gelsenkirchen-Horst- / lebt (99) in Bottrop-Kirchhellen / 91-94 Stud. IfbKuK-Bochum / 94 Mitbegr. „Gruppe 94"-Oberhausen / Ausst.-en u. a. 1991-93 ´s Heerenberg-NL, 94 Bochum-Wattenscheid, 95-98/01 Bottrop (Mus), 98 Gladbeck / **Lit.: 99a**-95...98 +01 + **128**-98

Almus, Georg (B/I) / 1941 Lünen- / lebt (2006) in Lünen / NEU: **Lit.:** u. a. **265**+Redaktion + = „Kunst-Raum-Lünen ..." – Kv.-Lünen, 1988/91/92; In: „Kunst Raum Lünen" – Kunstwerke in Lünen – Hg.: Kv.-Lünen, 1988 (Biografie in Beilage: CD-Ausgabe 2006)

Aloisi Galanini, Vito Andrea (vermutl. mit Andreas Alovisij identisch) (M) / * in Rom – ? / 1656-58 in Iburg tätig, wahrsch. 1679-83 in MS u. 1687 Amsterdam / Werke in Bad Iburg u. Osnabrück / **Lit.: 24**-1 + **26**-2 + **178a** (=A. Alovisij)

Alovisij, Andreas s. Aloisi Galanini, Vito Andrea

Alt, Otmar (M/G/Z/Ill/D/B/Coll.-k/Glasm) / 17. 7. 1940 Wernigerode/Harz- / lebt (2006) in Hamm / NEU: Öffentl.-Werke u. a. in Hamm/Kamen/MS / 05 Bühnenbilder Stadttheater-MS / (vollständige Biografie in Beilage: CD-Ausgabe 2006 u. dazu in 1. Ausgabe!)

Altenheiner, Hans Jürgen (A/Dipl.-Ing) / 1950 Gambach – 2000 / lebte in Lüdenscheid / Stud.-GH-Duisburg (Maschinenbau) u. Univ.-Dortmund (Archit) / 85-2000 Büro „Altenheiner + Wilde"-Lüdenscheid / Mitgl.-„BDA" / Werke in Westf. (s. Lit.) / **Lit.: 197**-95+97

Altenrichter-Dicke, Liesel (M/G/B/T/Glasm) / 1929 Ennepetal-Voerde / lebt (2006) in Ennepetal / NEU: Werke in N/INT (in 120 Kirchen) / **Lit.:** u. a. **3**-03(2) + **26**-2 + **26a**-05 + **146c** + **185**-97 + **216** + In: „Auf der Suche nach dem Licht" – Katalog z. Ausst. d. Glasmalerei Peters in Paderborn, 1997 (Biografie in Beilage: CD-Ausgabe 2006)

Altenstadt, Ulrich S. von (eig.: Ulrich Schmidt von A.) (A/Dipl.-Ing) / 1928 Insterburg/Ostpr.- / lebt (2005) in MS / Ausb.: Holzschnitzer/Zimmermann/Drucker, Stud.-Aachen 48-53 TH (Archit) / Wettbew.-Preise u. a. 55 Stuttgart u. Köln, nach 59 Leverkusen / tätig in Den Haag-NL, Bremen, Basel u. Karlsruhe, dort 55 Bürogem., 59-68 Büro in Essen, ab 68 Leverkusen, (um 98) Stadtplaner in Leipzig u. im Gest.-beirat Halle/S. / Mitgl. „BDA" / Werke u. a. in Neuss/Leverkusen/Kassel, + NRW / **Lit.: 26**-2 (m. Lit.) + **26a**-05 + **213b**

Altfeld, Maria (B) / 1941 Angelmodde b. Münster- / lebt (2005) in MS / Autodidaktin, Holzbildh.-in / Mitgl. Gr.-„Spektrum 77"-MS / Ausst. u. a. 1999 Sendenhorst (Atelier Doris Galla), 2000 MS-Angelmodde (Gallitzinhaus), 01/04/05 MS (Rathaus/Krameramtshaus), 02 Havixbeck (Sandsteinmus), 03 MS-Wolbeck (Drostenhof) / **Lit.: 39**-05

Altmann, Roland (M/G) (Autor) / 1925 Sprötau/Thür.- / lebt (2006) in Dortmund / NEU: **Lit.:** u. a. **3**-03 (2) + **26**-2 (m. Lit.) + **26a**-05 + R. A.: Bearbeitungen/Gestaltungen v. Katalogen/ Büchern, Veröffentl. in Zeitschriften, u. eig. Buchveröffentl.-gen, u. a.: „In fensterloser Zeit" – AT Edition – Münster, 2000 (Biografie in Beilage: CD-Ausgabe 2006)

Altrogge, Monika (K/B) / 1946 Ochtrup- / lebt (2005) in Bocholt / Ausbildung/Praktika / 89 Euro-Ehrennadel in Gold – Baden-Baden, 94 Euro-Kunstplakette, 95 Euro-Ehrenpreis / s. 81 Lehrt.-Bocholt, 96 eig. Gal.-„Profil" / Mitgl. Gr.-„Kim"-Borken / Ausst. u. a. in Monte Carlo/ Oldenzaal-NL/Salzburg-Öst., 2001/04 Bocholt (Textilmuseum/Kunsthaus), 05 Borken (Stadtmuseum), + NRW/N / **Lit.: 141a** + **161**

Alvarez, Gudrun Mon s. **M**on Alvarez, Gudrun

Alvarez, Isabel (Filmk) / 1968 Montevideo/Uruguay- / lebt (2006) in Dortmund / Stud.-Montevideo/Ur. 90-95 Sportpäd., 96/97 Sprachkurs in Münster, Stud.-Dortmund 98-2/06 FHD / 97-06 = 13 Kurz- u. Dokumentarfilme / Auff. u. a. 1999 MS (Filmfestival), + N / **Lit.: 196**-99 (S. 74)

Amantea, Rai L. (M/Z) / 1963 Catanzaro/Italien- / lebt (2004) in Telgte / 78-82 künstl. Ausb. in Catanzaro u. Kroton, Stud.-Mailand 83-86 Univ. (Phil) u. Weiterb. Akad.-Mailand / Mitbegr. Gr.-„Nuovo Realismo" / ab 91 in MS u. 01 Atelier in Telgte / Ausst. u. a. in Monza, 1984 Pavia, 84/85 Pavia/Mailand / **Lit.:** Internet

Amelung, Rosemarie (M/Z/B) / 1953 Borgholzhausen- / lebt (2004) in Halle/Westf. / Stud. FH-Dortmund (Kunst), PH-Bielefeld (Kunst) u. Ausb. am Inst. f. psychoanal. Kunsttherapie / Kunstpäd.-in/Kunsttherap.-in u. freie Mitarb.-in Kunsthalle-Bielefeld / Ausst. s. 1994, u. a. in Prissian-It./Potsdam/Versmold/Kassel, 2001- Bielefeld/OWL (Archiv), 02 Halle/W. (Off. Atelier/Rathaus), 03 Bielefeld/Rietberg (Q-Tour), + OWL / **Lit.: 152b**-02 + **192**-01+03+04

Amelung-Wendt, Lola von (M/Ill) (Lyrikerin) / 1915 Charkow/Ukraine- / lebt (2004) in Steinhagen / Privatstud. Riga-Lettl. b. bek. Künstlern u. Stip. f. Akad.-München (ein Semster) / Ill.-en in 3 Kinderbücher u. 2 Bücher m. Lyrik / Ausst. u. a. in Steinhagen/Halle-W./NL, Bielefeld-Bethel, 2000- Bielefeld/OWL (Archiv), + OWL / **Lit.: 192**-01 + In: Kuno Hagen: „Lexikon Deutsch-Baltischer Bildende Künstler" – Köln, 1983

Ammann, Maike (F) / 1980 Coesfeld- / lebt (2004) in MS / Stud.-Enschede-NL 2000-04 Akad. / 04 Mitbegr. Gr.-„Silo Artgroup“-Enschede / Ausst. u. a. 2002-04 Enschede-NL, 04 Gravenhorst (Kloster) / **Lit.: 69**-04

Ammenwerth, Astrid (M/Materialb.-k) / 29. 9. 1942 München – 29. 5. 2005 Lüdinghausen / Stud. PH-MS, Weiterb. Lüdinghausen/Senden = Kunstsch.-Noran / war Lehrt. / Ausst.: NRW

Anczykowski, Catinka (M/Z/Glasm) / 1940 Münster- / lebt (2005) in MS / Tochter v. H. **C**lasing u. Gattin v. Paul A. (* 1939) = Galerist/Nachfolger v. H. **C**lasing u. Kurzfilmer, 1968-87 = 13 Kurzfilme, 1 Spielfilm (Auff.-gen u. a. 03 Schlosstheater-MS) / Stud.-MS 58-61 Wksch / Ausst. u. a. 1969/84/90/2000/05 MS (Gal.-Clasing), 03 MS (WL) / **Lit.: 112ca + 233**

Anczykowski, Daniel (M/Z/Restaurator) (Galerist) / 1965 Münster- / lebt (2005) in MS / Sohn v. Catinka u. Paul **A**. (Gal.-Clasing/Etage – MS) / nach Ausb.-Kunsthandel u. a. s. 89 Galerist u. freisch. / Ausst. u. a. 1997 Lüdinghausen (Burg Vischering), 2002 MS (Gal.-Clasing) / **Lit.: 19-**97 + 233 (erw. S. 121)

Anczykowski, Paul s. Catinka Anczykowski

Andersen, Silke (G/D) / lebt (2005) in NRW / Stud.-MS bis 7/02 FHD / Ausst. u. a. 2000/01 Karlsruhe/Hannover/Hamm (Museen) / **Lit.: 122a-**1+2 + Ill.-en v. S. A. in Kochbücher

Andersson, Birgitta (M/G/A) (Dipl.-Ing) / 1943 Malmö/Schweden- / lebt (2005) in Bielefeld / Stud.-Kiel 64-69 HfK u. Grafik / 69-91 Architektin in Kiel/MS/Bielefeld / Weiterb.-Bielefeld 87-99 Kunsth./Univ. (Malerei/Grafik) / ab 95 freisch. / Mitgl. Gr.-„PAK ART“-OWL / Ausst. u. a. in Münster, 98 Bielefeld (VHS/WDR-Studio), 2000- Bielefeld/OWL (Archiv), 02 Bielefeld (Gal. 61), 04 Harsewinkel (Rathaus), Bielefeld (UB), + OWL / **Lit.: 191 + 192-**01 + B. A.: „Die Schönheit der Frau“ – Selbstverl., o.Jg. (1998/99)

Andrade-Niedermeier, Monika (K) / 1946 Witten- / lebt (2004) in Bochum / u. a. Brunnenobjekte/Objekte/Vasen f. Innen- u. Aussenbereiche, eig. „Galerie der feinen Art“ – Bochum / Mitgl. „AdK“-Südwestf. / Ausst. s. 1978, u. a. Dortmund, 79 Bochum (Mus), 81/83 Bielefeld/ Wesel (manu factum), 90/92 Dortmund (Signal-Vers) / **Lit.: 48c-**99+03(erw.) + **48x-**81+83

Andree, Sarah (M) / 1981 Hagen- / lebt (2004) in MS / Stud.-Enschede 2000 Akad. u. ab 01 Akad.-MS / Ausst. u. a. 2001/02 Nottuln (Alte Amtmannei), 03 MS (Finanzamt) / **Lit.: 228-**03

Andresen, Ulrike (M) / 1949 Iserlohn- / lebt (99) in Norddeutschl. / Stud.-Kiel 68-74 FH (Gest) u. Hamburg 77-83 HfBK / 83-84 DAAD-Stip. f. Frankr. / Ausst. = N/INT / **Lit.:** In: „KunstStreifzüge in Schleswig-Holstein“ – Ausst.-kat. – Hg.: Stadtgal./Kulturamt-Kiel, 1998

Angenendt – Westf. Fotografenfamilie aus Dortmund (siehe auch b.: **K**neer) / NEU: **Lit.: 26-**Nachtr.(Bd. 1) + **60a** (vollständige Familien-Biografie in Beilage: CD-Ausgabe 2006)

Angstenberger, Nandor (B/O) / 1970 Novi Sad/Jugosl.- / lebt (2004) in Lemgo / Stud.-Stuttgart 92 Freie Kunstsch. u. 92-99 Stud. FfBK-Hamburg / 2000 Jugendwerk-Stip. f. Frankr., 01 Stip. Hamburg, 02 Stip. Kü.-haus Schloss Plüschow, 03 Stip. Ahrenshoop, Kunst-Pr. Friedrichshafen, 03/04 Stip. Stadt-Lemgo, 04 Stip. Kü.-dorf-Schöppingen / Ausst. u. a. in Dänemark/Ustka-Polen(K)/Spanien/Rennes-Frankr.(K), 1999/01/02 Hamburg („FKK“/“FKKII+IV+V“), 2000 Agathenburg (Schloss), Hamburg (Ponton Group AG), 01 Hamburg (u. a.-Gal.-Bebensee/ Kunstmesse), Ahrenshoop(K)/Stuttgart, 02 Hamburg (Kunsthaus(K)/Kaispeicher), Zürich („Garage“), 03/04 Lemgo (Städt.-Gal), 03 Plüchow (Schloss(K), Friedrichshafen (Zeppelinmus) / **Lit.:** K = Katalog; In: „deutsch/franz. Jugendwerkstipendium“ – Ausst.-kat. – Rennes/ Frankr., 2000

AN-HARD s. Philipper, Anita

ANI s. Düllmann, Christiane

Anjo s. Johannpötter, Andreas

AN-MUT s. Berka, Helmut

anna s. Bergmann, Susanne Anna

Anna = Bernstorff, Anna Christa / (M) / lebt in Norddeutschl. / Lit.: u. a. „HÖR ZU“ v. 10.6.1983

Annus, Janis Augustus (John A.) (M/F/Bühnenb) / 1935 Riga/Lettl.- / NEU: Lebt (2000) in MS u. New York u. 2005 in Leipzig / **Lit.: 26a-**05 (Biografie in Beilage: CD-Ausgabe 2006)

Antek (eigentl. Christoph Schulz) (M) / 1962 Danzig- / lebt (2006) in Iserlohn / Stip. Hochsch.-Danzig, s. 81 in Iserlohn, Weiterbild. u. a. b. Joachim Stracke / s. 01 Lehrt.-Iserlohn / Mitgl. Gr.-„das netz“ / Ausst. u. a. 1998 Ennepetal (Stadthaus), 99 Ahaus (atg system), 99/2000 Bochum (Mus/Künstlerforum), 2000 Langenfeld (St. Martinus), 02/04/05 Iserlohn (2xParktheater/Alte Post/Garten Eden), 05 Lüdenscheid (Mus), Schwelm (Kreishaus), Barendorf (Mus) / **Lit.: 125h**

Anton, Philipp (B) / * 1927 – / lebt (98) in Aachen / 1946 Ausb.-Nienborg-Heek Wksch. f. christl. Kunst / tätig in Xanten/Nideggen u. Aachen / Werke in NRW (u. a.-Marienthal) / **Lit.: 26-4 + 195**

Anwaltzhaußer, Peter (Anwoltzhaußer/Amboltzhaußer) (Steinmetz) / wahrsch. aus Tirol (Tannheimertal?), um 1667/69 in Corvey tätig / **Lit.: 26-4 + 112a**

Apel, Hermann (M) / 16. 1. 1906 Hemer – 4. 3. 1993 Menden-Lendringsen / Stud. Kgsch-Wuppertal / Ausst. u. a. 1994 Hemer (Felsenmeer-Mus) / **Lit.: 242**

Aperdannier, Mario (Videofilmk) (Musiker) / 1976 Warendorf- / lebt s. 2005 in Berlin / 2000-05 Praktikum/Tätigk. – Filmhaus-Bielefeld u. Stud. Univ.-Bielefeld (Soz), FHD (Komm.-Des) / als Filmkünstler Autodidakt, Filme mit Adrian Scholz (* 1979 Prenzlau) / 04 Ausz. Filmfestival-Braunschweig / Auff.-en. u. a. 2004 Braunschweig (Festival), 05 Ankara-Türkei, Bielefeld (Filmhaus), 06 Bochum (Int. Filmfestival), Weimar (Festival), + N / **Lit.: 134a**-05

Aperdannier, Pascal (B/I) / 1978 Warendorf- / lebt (2006) in MS / Bruder v. Mario **A.** / Stud. (z.Zt.) Akad.-MS / Ausst. u. a. 2006 Essen (Kunsthaus)

Apitz, Heike Paula (D) / 1962 Brochterbeck b. Tecklenburg / lebt (2001) in MS / Stud. Univ./ FHD-MS / s. 89 Projekte f. Museumsdesign, Denkmalpflege u. Innenarch. / Ausst. u. a. 2000 Paderborn (Diözes.-Mus) / **Lit.: 173a**

Appelmann, Theodor (B) / 1858 – 1915 / war in Rheine tätig, Werke ebd. / **Lit.: 251**-1

Apportin-Kropp, Irene (geb. Kropp) (M/G/T) / 1920 Hameln- / lebt (2001) in Hameln / (Ehemann: Josef A. (M/G/O) / * 1922 München) / 37-39 Stud. Kunsth.-schule-Bremen u. 39-43 Akad.-München / 39 = 1. Pr. KH-Bremen, 60 Khw.-Pr. Nieders., 61 Pr. Hamm / 52 Mitbegr. Gr.-„arche"-Hameln u. Mitgl. „Kunstkr. Hameln", „AdK", „GEDOK"-Ostwestf.-Lippe / Ausst. u. a. 2002 Bielefeld (Univ), + N/INT / **Lit.: 26-4 + 53 + 193**

Arbeiter, Nadine (Gest/M/Z/O/I) / 1980 Stuttgart- / lebt (2006) in MS / Stud.-MS s. 2000 Akad., 01-04 Kl. Löbbert, ab 05 Kl. Fritsch / 04 Workshopbeteil. Villa Romana Florenz / Ausst. u. a. 2002 Liesborn (Mus), 03 Emsdetten (Gal.-MS-land), MS (Erdgas), 04 Nordhorn (Kloster Frenswegen), Rheine-Bentlage (Kloster), Herford (MARTa Lounge), MS (Ev.-Krankenhaus) / **Lit.: 183**-3 + **229**-03 + **229a**-04 + **231a** + **246**-04 (1)

Arendt, Erhard (M/G/D/K/B/O) (Lyriker) / 1941 Hemer- / lebt s. 69 in Iserlohn / Stud.-Dortmund 64-69 FHD (Bildh) u. Bochum 76-79 Univ. (Erz.-wiss) / s. 66 Lehrt.: VHS-Iserlohn/Dortmund u. FH-Hagen, 73-01 Lehrt.-Iserlohn / Werke u. a. in Iserlohn / **Lit.:** Internet

Arendt, Helena (auch: Fuest, Helena / Arendt-Woschek, H.) (M/K/B) / 1949 Oppole/Polen- / lebt (2006) in MS / NEU: Schwester v. Bernd. P. **W**oschek / **Lit.: 73** + **212**-(83=Fuest, H.) (Biografie in Beilage: CD-Ausgabe 2006)

Arendt, Thorsten (F/D) / 1969 Hagen/W.- / lebt (2006) in MS / Stud.-MS bis 2000 u. Dortmund bis 02 FHD / 02 Ausz. FHD-Dortmund (Dipl.-arbeit) / **Lit.: 122a**-1

Arens, Alexander (Glasgest/D) / 1959 Geseke- / lebt (98) in Geseke / Stud. Univ.-MS, 78 Magister Artium, 88 wiss. Mitarb. am Städt. Mus.-Geseke, ab 89 Glasgest./Design/Vertrieb / Ausst. u. a. 1996 Paderborn (Glasgest.-Peters), 97 Telgte (Mus), Schwerte (kath. Akademie) / **Lit.: 185**-97 + In: „Auf der Suche nach dem Licht" – Katalog z. Ausst. d. Glasmalerei Peters in Paderborn, 1997

Arens, Antje (M/G/D) / 1977 Bielefeld- / lebt (2005) in MS / Stud.-MS ab 2000 Akad. u. 01-05 FHD / Ausst. u. a. 2002 Herne (Kunstbombe), 05 Liesborn (Mus) / **Lit.: 56d**

Arens, Berta (später: Obertüschen, Berta) (T) / Weberin / 1932-43 Mitgl. „Künstlersiedlung-Halfmannshof" in Gelsenkirchen / **Lit.: 149**-77(erw.)

Arens, Uwe (F) / 1957 Arnsberg- / lebt (2001) in Berlin / 80-83 Fotogr.-ausb. in Berlin, 89-94 Lehrt. Europ. Akad.-Trier, s. 95 Bauhaus-Univ. Weimar / Ausst. u. a. 1990 Arnsberg, 2001 Frankf.-M./ Hamburg/Berlin (Museen f. Kommunik) / **(s.=A/E)** / **Lit.: 186**

Argüeso, Concha (M/Z) / 1962 Bilbao/Spanien- / lebt (um 90/93) in Bochum/Madrid, (98) in Köln / Stud.-Bilbao 81-85 Akad. u. 85-89 Industr.-Des. / 85 Stip. f. Mailand, 90/91 Stip. f. Folkwangsch.-Essen / Mitgl.-„Bo.-KB" / Ausst. = N/INT / **Lit.: 51a + 146**-90+94+99 + **147**-1 + **222**-93

Arias-Casen, Reinaldo (B/K) / 1973 Caracas/Venezuela- / lebt (2000) in MS / Stud. Univ.-Caracas (Psych) u. Maracay (Kunst), ab 97 Stud. Wksch-Caracas (Keramik) / s. 99 BRD / Ausst. u. a. in Maracay, 2000 Ennepetal (Kluterthöhle) / **Lit.: 209**-2000

Arinja s. Berges, Tina

Arlt, Gret s. Arlt-Diesner, Gret

Arlt-Diesner, Gret (Arlt/Artl-Diesner) (M/G/D) / 1909 Dortmund – ? / lebte s. 20 in Berlin-Spandau (noch 1982/92) / Stud.-Berlin 27-29 Hochsch. f. Buchgewerbe u. Grafik, 29 Meisterprüfung, ab 31 freisch. / 47 (Plakat)-Pr. B.-Spandau, Medaillen: 68 in Segnalazione/It., 69 Menzione/It. / war Mitgl. „BBK“ u. „VDBK“ / Ausst. u. a. in Berlin/Brüssel/Wiesbaden/Dortmund /Düsseldorf/Speyer/Siegen, + INT / **Lit.: 26**-5 + **27**-1 + **53** + **165a**

Armborst-Wimmershoff, Annette s. Wimmershoff, Annette

Arndt, Jutta (Goldschm/Schmuckgest/Juwelier) / 1945 Schwerte- / lebt (2002) in Hannover / 62-65 Goldschm.-ausb., Stud.-Köln/Wuppertal 67-72 Wksch.-en / 69 Award „Diamonds Intern.“ / ab 72 eig. Werkstatt / Ausst. u. a. 1982 Bremen (Gal.-Herget), 87 Schwäb. Gmünd / **Lit.: 216**

Arndt, Linde (M) / 1942 Laurahütte- / lebt (2006) in Gevelsberg / Weiterbild.-kurse / Ausst.-en in Gevelsberg (eig. Galerie), Wuppertal (Gal.-Kolibri), Ennepetal (Voerder Kunststübchen), u. a. auch Schwelm/Sprockhövel/Dortmund/Düsseldorf/Unna/Lünen/Duisburg u. Soest

Arndt, Ulrike (O/F/M/Z) / 1977 Münster- / lebt (2005) in MS / NEU: Stud. Akad.-MS 96-2000 Kl. Prof. Ulrichs, 2000-05 Kl. Prof. Erben u. FHD bis 7/04 (Ill) / Ausst. u. a. in Madrid, 2005 Duisburg (Cubus-Kunsthalle), Moers (Peschkenhaus), Recklinghausen (Kunsthalle), Ingolstadt (Kv), + NRW / **Lit.: 64x**-05+06 + **93** + **256**

Arndt, Wolfgang (F/u. a.) / 1953 Hannover- / lebt (80) in MS / Stud.-MS 75-80 Akad. / Ausst. u. a. 2005 Recklinghausen (Kunsthalle), Ingolstadt (Kv) / **Lit.: 256** + In: „Lebensläufe“ – Kl. Prof. Timm Ulrichs der Ku.-akademie Münster, 1978/79

Arning, Eberhard (M) (Dipl.-Ing) (Literat) / 1938 Lünen- / lebt (2004) in Lemgo / Stud.-Univ. (Chemie) / ab 72 autodidaktische Weiterb., 95-97 VHS-Neuss, 96-99 in Dormagen u. Kaarst, 01 Sommerakad.-Schwalenberg / 95 „Diotima“ Literatur-Pr. Neuss / Ausst. u. a. im Rheinl., St. André/Lille-Frankr. (Rathaus), Mallorca (Kloster Lluc), Gotha/Paderborn/Lemgo/Bielefeld

Arnold, Bernd (F/D) / 1961 Köln- / lebt (2005) in Köln / Stud. FHD-Dortmund (Foto-Des) / s. 04 Mitgl. „DGPh“ / Ausst. u. a. 1989 Dortmund (Mus), 2001 Herten (Fototage), 02 Tokio-J., 04 Prag-Tsch., 05 Mannheim (Fototage), + N/INT / **Lit.: 189**-01 + **203**-89 + B. A.: „Das Kölner Heil“ – Köln, 1997

Arnold, Friedrich (A) / um 1748 im Büro v. J. C. Schlaun in MS tätig / **Lit.: 198**

Arns, Michael (A) / 1947 Meggen-Sauerland- / lebt (98) in Freudenberg u. Siegen / Stud.-Siegen 70-73 Univ./GH, 81 Dipl. / s. 81 Büro in Freudenberg, ab 95 Siegen, 85 Mitgl.-„BDA“ / Ausz.: 83 Prix Int. d. Arch.-Brüssel, Plakette d. Zeitschr. „Schöner Wohnen“-Hamburg, 85 BDA-Pr. NRW-Düsseldorf / Werke = s. Lit. / **Lit.: 197**-95+97

Arns, Walter (A/Dipl.-Ing) / 13. 6. 1923 Remscheid- / lebt (2005) in Remscheid / Stud. TH-Karlsruhe / s. 53 Archit.-gemeinschaft m. Louis **B**uderus, sen. u. später jun., ab 75 m. Arnold **R**upprecht in Bochum, 88 Übernahme durch Rupprecht / Wettbew.-Preise, u. a. 53 = 1. Pr. (Schule) Hückeswagen, 64 Ausz. (Plakette) Stadt Bochum / Werke u. a. in Hückeswagen/Leverkusen/Hochdahl/Bochum (Häuser/Siedlungen/Schulen), Kirchen: 60/62 in Lennep, 61 in Bochum-Riemke, 64-68 Ev.-Michael-Kirche Bochum u. 66-69 Ev.-Friedenskirche Bochum, 79-83 m. A. Rupprecht = Mus. in Bochum (Ausführungshilfe) / **Lit.: 112ca** + **146b+c** + **219a**

Arnskötter, Anna (B) / 1961 Greven- / lebt (2004) in Berlin / Stud.-Nürtingen 80-84 Freie Akad., s. 84 freisch. / Beteil. Bildh.-Symposien, 2000 Förder-Pr. Darmstadt / Ausst. u. a. in Brüssel/Berlin, 2002 Greven (Kv), 03 Düsseldorf (Kunstpalast) / **Lit.: 107**-03 + In: „Ruth III“ – Ausst.-kat. – 3. Sympos. m. Kindern – Prösitz, 1995

Arnts, Sandra (B/O/I/Schmuckgest) / 1967 Minden- / lebt (2004) in Hille / Tischlerausb., dann Lehr- u. Wanderjahre in Griechenland / u. a. Schmuckobjekte/Wandbilder u. lebende Weidenskulpturen / Lehrt./Workshops, u. a. im Haus Reineberg u. ab 99 im Atelier in Hille, s. 02 in der „Weidenbaukunstgruppe“ um Marcel Kalberer tätig, Projekte in Hagen+Bremerhaven / Ausst. u. a. s. 2000 im Kr. Minden-Lübbecke (LandArt), 01 Hannover (Ligna), Burg Sternberg, s. 01 Brunkensen (Kulturtage), 02 Bad Zwischenahn (Landesg.-schau), Bad Oeynhausen (Museumshof), 02/04 Nettelstedt (Skulpturengarten), 03 Nieheim, 04 Nienburg/Gödringen, + OWL / **Lit.:** u. a. Internet + In: „LandArt Magazin“ – Kr. Minden-Lübbecke, 2004

Arseniew, Ludmilla von (Prof) (M/G) / 1939 Wilna/Litauen- / lebt (2005) in Düsseldorf / NEU: 69-71 Lehrt. PH-Neuss, 72-04 Prof. Akad.-MS / **Lit.:** u. a. **26**-5 (Biografie in Beilage: CD 06)

Artl-Diesner, Gret s. Arlt-Diesner, Gret

Artmann, Heinz-Günther (M/Z) / 1942 Münster- / lebt (2005) in MS / NEU: **Lit.:** u. a. **66** + **185**-05 + **240**(S. 81) + Vroni u. H.-G. A.: „Die Wandelkrippe in unserer St. Nikolaus-Kirche in Wolbeck“ – Warendorf, 1993; 2x H.-G. A.(Ill.): „Rund um das Rüschhaus“ – Verl.-Aschendorff-MS, 02 + „Der Drostenhof in Wolbeck“ – Schnell-Verl.-Warendorf, 04 (s. CD-Beilage)

Artmann, Vroni (M/Hintergl.-m) (Gartenarchitektin) / 1941 Dortmund- / lebt (98) in MS-Wolbeck / NEU: **Lit.:** u. a. V.A./H.-G. A.: „Die Wandelkrippe in unserer St. Nikolaus-Kirche in Wolbeck" – Warendorf, 1993

Artmeyer, Maria-Luise (M/Z/B/Schmuckdes) (Autorin) / 1950 Gelsenkirchen- / lebt (2003) in Reken / nach Steinmetzausb. 66-69 in Gelsenkirchen: Stud.-Essen-Werden 74-75 Folkwangschule / 73-um 83 Lehrt.-Gelsenkirchen (VHS u. a.) / 90 Gaststud. HfBK-Dresden, 93-95 Ausb. = Naturheilkunde u. Psychol. / ab 90 Mitgl. „Neuer Sächsischer Kv.", 99 „Gelsenk. KB" u. 01 Gr.-„KIM"-Borken / Ausst. u. a. 2000 Gelsenkirchen (Halfmannshof), 2001 Borken/ Billerbeck/Warendorf/Tecklenburg/Münster, Reken (Atelier-Artmeyer), + Westf. / **Lit.: 145a-**2000(erw.) + **180**

Arztmann, Julia (O/I) / 1983 Göttingen- / lebt (2006) in MS / Stud.-MS ab 02 Akad. / Ausst. u. a. 2004 MS (Tunnel-Hindenburgplatz), Rheine-Bentlage (Kloster), 05 Köln (Moltkerei), Lingen (Kunsthalle) / **Lit.: 246-**04(1+2)+05

Asbach, Dominik (F/Komm.-Des) / 1972 Essen- / lebt (2006) in Oberhausen / 93-96 Fotogr.-ausb.-Mülheim/Ruhr u. Stud.-Dortmund 96-02 FHD / 06 Ausz. „Pixelprojekt-Ruhrgebiet"-Gelsenkirchen / s. 2000 freiberufl. tätig, u. a. für Zeitschriften/Zeitungen/Magazine / Ausst. u. a. 2006 Gelsenkirchen (Wissensch.-park), Holzwickede (Emscherquellhof), + Internet

Asche, Günter (A) / 1936 Neuss- / lebt (98) in Lemgo / ab 84 Büro: Planen + Bauen Lemgo GmbH (8 Partner), 84-94 = 17 Wettbew.-Preise / Werke in Westf.-Lippe + N (s. Lit.) / **Lit.: 197-**95+97

Asensi Vivó, Monika (B) / 1955 Wickede- / lebt (81) in Kerpen / Ausst. u. a. 1980 München (Haus der Kunst) / **Lit.: 107a-**80

Asmuth, Dorit (M) / 1942 Paderborn- / lebt (2005) in Paderborn / Weiterb.-kurse ab 75 b. bek. Künstlern, 93-98 Sommerakad.-n Paderborn / 01 = 1. Pr. Kunstaktion Stadt Paderborn / 90-93 u. ab 2000 eig. Galerie in Paderborn, ab 94 Lehrt. VHS-Paderborn / Mitgl. Kü.-gr.-„Off. Atelier"-Paderborn / Ausst. u. a. in Paderborn (eig. Galerie/Nixdorf/Kulturwerkstatt), Düsseldorf/ Rheda-Wiedenbrück/Bad Lippsringe/Bad Waldliesborn/Delbrück/Schlangen, 83-89 Paderborn (Kunst- u. Heimathaus Sande), 2000 Oelde (Gal.-Der Reigen), 01 Gelsenkirchen (Atelier-Antenne), Paderborn (Arte Pietra), 02-05 Paderborn (Off. Atelier), 03 Lippstadt (Gal.-Pawlick), 05/06 Paderborn („IN VIA-Akad."-Meinwerk-Inst/Siemens-Nixdorf) / **Lit.: 101b-**02...05

Assenmacher, Hans-Peter (Industriedes) / * 1950 – / lebt (89/94) in Brakel u. (2002) in Bad Salzuflen / Maschinenschlosserausb., bis 77 Stud.-Paderborn (Maschinenbau) u. Bielefeld (Ind.-des) / Ausz.-gen u. a. in Stuttgart/Essen / **Lit.: 205-**94(erw.) + **205a-**89

Aßhoff, Birgit (Perf.-k/Tänzerin/Choreogr) / lebt (2002) in Berlin / Ausb.-Berlin/Paris u. Braunschweig HfBK / s. 88 freisch., ab 89 Workshops, 91 Tanztheater „B. A." / Lehrt. VHS-Hagen / **Lit.:** + In: C. Regelsberger: „KUNST/TRANS/PORT" – 10 Jahre Kunst i. d. VHS Hagen, 02

Asshoff, Bruno (K/D) / 15. 2. 1914 Essen- / lebt (2002) in Bochum-Querenburg / Töpferausb. 45-47 in Fredelsloh b. Helma Klett / ab 48 mit Ingeborg A. gemeisame Produktion / Ausz. u. a.: 55 Silbermed.-Faenza u. 2. Keramik-Pr. Düsseldorf, 58 Bayer. Staats-Pr., 62 Goldmed.-Prag, 63+69 Staats-Pr. NRW, 65 Staats-Pr. Hessen u. Prix d' honneur-Genf, Ernennung z. Mitgl. „Acad. Int. de la céramique", 88 Verdienstorden NRW, 95 Verd.-kreuz 1. Kl. BRD, 99 Ehrenring Bochum f. Bruno A. / Mitbegr. Gr.-„83" u. Mitgl. u. Ausst.-gen im „AdK"-NRW / Ausst. u. a. 2001 Bochum (Mus), + N/INT / **Lit.:** u. a. **26-**5 + **48a** + **48c-**87 + **48x-**50(Ingeborg)+52+57+59+61+64...66+69+73+75+78+87 + **53** + **146c** + „Asshoff – Keramik" – Retrospektive – 50 Jahre Töpferei in Bochum – Mus.-Bochum, 2001 (mit Werken/Ausst.-gen/u. a.)

Asshoff, Ingeborg (K) NEU: 15. 1. 1919 Bochum – 4. 1. 1998 Bochum / Stud.-Düsseldorf 38-40 Akad., Töpferausb. 45-47 in Fredesloh b. Helma Klett u. 47 Meisterprüfung in Hannover / Ausz./Ausst./Lit. ***alles*** bei Bruno Asshoff!

Assig, Martin (M/G/B/O/Scherenschn.-k) / 1959 Schwelm- / NEU: lebt (2006) in Berlin u. Brädiko / Stud.-Berlin 79-85 HfK, 85 Meisterschüler / 80 Kunst-Pr. Zweibrücken, 83 Stip. Bonn, 85 Stip. (Nafög), 86 Kunst-Pr. Zweibrücken, 88 Stip. Berlin, 92 Stip. G.-Peill-Stiftung u. 2. Pr. Saar-Ferngas, 93 K.-Kollwitz-Pr. Akad.-Berlin, 94 Stip. Kunstfonds-Bonn / 85 Lehrt. Europ.-Akad.-Trier, 88-92 HdK-Berlin, dort 2000 Gastprof. / Ausst. u. a. 2000 Nordhorn/Iserlohn, 02 Essen (Gal.-Fr. Schlag), 05 Bremen (Mus), Herford (MARTa), + N / **Lit.: 26-**Nachtr. (Bd. 1) + **26a-**05 + **46-**87 + **148-**91 + **181x-**2 + **260** + „M. A." – Ausst.-kat. – Städt.-Galerien Nordhorn/Iserlohn, 2000; In: „Sammelleidenschaften" – Ausst.-kat. – Neues Mus.-Weserburg Bremen, 2005

Atelier Regenturm (Pseudonym) s. Wallner, Hans

Atila, Erol (M/B) / 1935 Bursa/Türkei- / lebt (2006) in Herford / Stud.-Türkei u. TH-Aachen (Textiling) / war Lehrt. / Mitgl. Gr.-„Das Fachwerk"-Bad Salzuflen / Ausst. u. a. 20003 Bad Salzuflen (Sparkasse), 03/05/06 Bad Salzuflen (Das Fachwerk), + OWL / **Lit.: 131**-03

Augustin, Edgar (B/G/Z) / NEU: 1936 Recklinghausen – 23. 10. 199**6** / lebte bis 96 in Hamburg u. Jersbeck/Schl.-Holst. / **Lit.:** u. a. **221**-93 + **239**-87 + **268** + „E. A." – A.-kat. – Wenzel-Hablik Mus.-Itzehoe, 01; In: „Kunst aktuell" – Kunstmagazin – 9/01 – S. 11 – Bad Schmiedeberg; In: „Schleswig-Holst.-es Künstlerlexikon" – Niebüll, 05 (Biogr. in Beilage: CD-Ausgabe 06)

Auling, Franz (Z) / 1852 – 1935 / Sohn des Heinr. A., war Pfarrer der Gemeinde Herz-Jesu in MS / **Lit.: 198**

Auling, Heinrich (G/Z/Lithograph) / 1806 Münster – 1882 ebd. / ab 1833 eig. lithogr. Anstalt in Münster / Ausst. u. a. 1974/87 MS (WL), 84/90 MS (Stadtmuseum) / **Lit.:** u. a. **21** + **26**-5 + **47a** (S. 396) + **84**-79 + **198** + **215a** (S. 24)

Austermann, Max (M/Khw) (Autor) / 1872 Dorsten – ? / lebte um 1920/30 in Hagen / war Lehrt.-Hagen (Städt.-Malerfachschule) / war Mitgl. „DWB" / Ausst. u. a. 1928 Hagen (Stadthalle) / **Lit.: 8a**-28 + **26**-5 (m. Lit.) + **34**-8,2+9,2

Austin, Suzanne NEU: (M/Z/Bühnen- u. Kostümb) / 1964 Doncaster/GB- / lebt (2005) in Bielefeld / 83-86 Stud.-Leicester/GB (Malerei), 86-90 Kirby Road-Studies, Leicester 87-91 Ausb.-Galeristin, 90 Dipl.-Manchester/GB / s. 95 freiberufl. Bühnenbildnerin, ab 02 Musik- u. Kunstsch.-Bielefeld / Mitgl. Gr.-„PAK ART"-OWL u. um 05 Produz.-gal.-Bielefeld / Ausst. u. a. in Bielefeld (u. a. Off. Atelier), 2000- Bielefeld/OWL (Archiv), 02 Bielefeld (Gal. 61), 04 Harsewinkel (Rathaus), 04/05 Bielefeld (UB/Produz.-gal) / **Lit.: 152**-94+96+02+03 + **192**-01

Autering, Thomas (Z/Produkt-Des) / 1970 Lüdinghausen- / lebt (2006) in Menden / Stud. FHD-MS (Obj.-Des) / Des.-Preise m. „DZ-Licht GmbH&Co."-Fröndenberg: 97 Ehren-Pr. NRW, 98 „if"-Hannover, 99 red dot award Essen / Mitgl. „Kv. Mendener Bauhütte", 03 m. Sonja **H**eller Mitbegr./Mitgl. Gr.-„Freudenhaus" u. s. 05 Mitgl. „BBK-Westf." Dortmund / Ausst. u. a. 2002 /03 Menden (Kv), 03-05 Menden (Einzel- u. Gruppenausst), 04 Ennepetal (Kluterthöhle), Dortmund (IHK), Menden (Schauraum = Gr.-Freudenhaus), 05 Lüdinghausen (Burg-ART), Kamen (Rathaus), 06 Gelsenkirchen (Wissensch.-park), Dortmund (ART-isotope) / **Lit.: 209**-04 + „Th. A." – schwarz – Struktur – Selbstverl.-Menden, o. Jhg. (um 2005)

Averbeck, Christian (M/D) / * 1961 – / lebt (2006) in Rheine / Stud. FHD-MS / Büro in Rheine / Ausst. u. a. 1986 MS (LBS) / **Lit.: 122x** + K. Gebhardt(Hg.)/C. A.(Ill): „Der perfekte Mann – Die perfekte Frau" – Geschenkbuch für Erwachsene – Coppenrath-Verl. – MS, 2006

Averbeck, Edmund (M/Porzell.-m) / NEU: 15. 9. 1929 Münster – 2. 1. 2004 ebd. / Autodidakt, als Porzell.-maler in der Firma Roloff-MS (nach 45) tätig / Ausst. u. a. in MS/Ameland-NL, 2004 MS (Porzellanmus) / **Lit.:** u. a. **63b** (erw.) + **84**-66

Axmann Rezzori, Hanna (Hanne) (Axmann-Tierney, Hanne) (M/Ill/Glasm/Mosaik) (Schauspielerin) / 19**26** Bochum- / lebt (92) in München / Schauspielerinausb. in Bochum, Stud.-München 42-44 u. nach 53 Akad. / 46-53 USA / 68 Schwabinger Kunst-Pr. München / Ausst. u. a. in Berlin/Kampen, München (Haus der Kunst), 1980 Wuppertal (Mus) / **Lit.: 26**-6 + **107a**-57...59+65+67 + In: „Treffpunkt Parnass – Wuppertal 1949-65" – Katalog – Wuppertal, 1980

Ayzenberg, Yevhen (Jewgenij) (M) / 1976 Odessa/Ukraine- / lebt (2003) in Osnabrück / Stud. Odessa 91-96 Staatl. Kunstobersch., s. 96 BRD, Stud. MS ab 98 Akad., 02 Meisterschüler / s. 02 Mitgl. d. Museums- u. Kv.-s Osnabrück / Ausst. u. a. 2000 Herne (Kunstbombe), 01 Bad Neuenahr-Ahrweiler, 01/02 Ladbergen (Gal.-Strathwork), 02 Osnabrück (Int. Kunstmesse), Georgsmarienhütte (Villa Stahmer), Wallenhorst (Rathaus), Notttuln (Alte Amtmannei), 03 Senden b. MS (Friedenskapelle), MS (Finanzamt) / **Lit.: 228**-03

Baar, Markus (B/M/G) / 1967 Ibbenbüren- / lebt (2005) in Paderborn / Berufsausb./Tätigk., Stud.-Paderborn 94-06 Univ. (Kunst/Päd/Deutsch) / Ausst. u. a. 1996 Paderborn (Raum f. Kunst/VHS), 99/2000/05 Paderborn (Univ), 02/04 Paderborn (LWF), 03 Düsseldorf (Int.-Messe Cast Art4), 05 Paderborn (Rathaus)

Babic, Alexander (F/D) / 1974 Bielefeld- / lebt (2006) in Hamburg / Stud.-Bielefeld 98-2/05 FHD / 05 „BFF" Förder-Pr. / Mitgl. „BFF" / Ausst. u. a. 2005 Hamburg (Gruner&Jahr), Stuttgart/China, 06 Hamburg (Aplanat-Galerie) / **Lit.:** A. B.: „Roadshow" – Bildband – Daab-Verlag – Köln, 2006

Babić, Božića (F/D/Filmk) / * 1977 – / lebt (2006) in Dortmund / Stud. FHD-Dortmund / 02 = 2. Wettbew.-Pr. SBC-Hamburg u. Kodak Nachwuchs-Förder-Pr. / Ausst. u. a. 2004 (GTZ-Haus), 05 Dortmund (Gast Off. Atelier), Essen (Proj.-„PACT"-Zollverein), Dortmund (FHD) / **Lit.: 203**-05 + **203h**-05

Bach, Beate (M/G/Obj.-Des) / 1962 Herne- / lebt (2006) in Dortmund / Stud.-Oldenburg 85-88 Univ. (Ökon/Kunst) u. Dortmund 90-95 FHD (Obj.-Des) / 93 = 1. Wettbew.-Pr. Wandgest. Städt. Klinik-Dortmund u. 2000 Ausz. Wettbew.-Dortmund / s. 98 eig. Des.-Agentur, ab 04 Mitgl. „BBK-Westf." Dortmund / Ausst. u. a. in Bochum, 1990-97 Dortmund (Künstlerhaus), 92 Dortmund (FHD), 2005 Bochum (Technologiezentr), 06 Gelsenkirchen (Wissensch.-park), Dortmund (ART-isotope) / **Lit.: 3**-05 (2) + **203b**-2

Bachler, Thomas (F) / * 1961 – / lebt (2005) in Dresden / nach Jugend/Schulzeit in Detmold: Stud.-Hamburg 80-82 Univ. (Wirtsch.-gesch/Volkswirtsch) u. Kassel 83-89 HfBK / s. 85 zahlr. Workshops u. eig. Veröffentl.-en, 87 Gründung des Selbstverlages / 90 Rudi Baerwindt-Pr. Mannheim, 2000 Interartes Foto-Pr. Zürich / Lehrt.: s. 90 f. das Goethe-Institut, FHfG-Würzburg, Institut f. Lernsysteme Hamburg, u. HfBK Braunschweig, 2000-02 Gastprof. HfBK-Kassel, ab 10/02 Akad.-Dresden / Mitgl. im „DK" u. der „DFA" / Ausst. u. a. 2001 Altena (Stadtgal), Celle/Chicago-USA/Göttingen, 02 Kassel/Erfurt/Siena-It., 03 Marburg/Trier, 04 Saarbrücken, + N/INT / **Lit.: 225** + seit 1985 in vielen Ausst.-katalogen aufgeführt

Bachmann, Alfred (Porzell.-m/M) / 4. 3. 1923 Gross-Saabor- / lebt (2002) in Gescher / Porzellanmalerausb. um 46-49 Firma Roloff-MS, dort bis 53 tätig / s. Porzellanmus.-MS / **Lit.: 63b**

Bachmann, H. A. (M) / 1930 Münster- / lebt (80) in Düsseldorf / Ausst. u. a. 1980 München (Haus der Kunst) / **Lit.: 107a**-80

Bachmann, Marina (K) / * in Stettin/Pommern- / lebte in Berlin, ab 1971 in Detmold (noch 87) / autodidaktische Weiterb. u. Kurse / Ausst. in OWL / **Lit.: 137b**-86

Bachmann, Philipp (A) / * 1872 – ? / um 1903-20 in Dortmund tätig = um 1903 Mitarbeit im Bü ro Ernst J. Marx u. um 1911-15 Sozietät m. Karl **P**inno, später freisch. / **Lit.: 146c**

Backens, Gabriela (M) / 1956 Duisburg-Hamborn- / lebt (2006) in Dortmund / 02 Gründerin der Gr.-„eigenArt" – Dortmund, 04 „Atelier□" (m. Annette Becker) / Ausst. u. a. 2002- Dortmund (Atelier), 06 Dortmund (Torfhaus), + Internet

Backer, Petra (M/Materialb.-k) / 1960 Paderborn- / lebt (2005) in Borchen / 91-92 Lehrt. VHS-Borchen, bis 94 Fremdspr.-studium, ab 95 Webdes.-in / Ausst. u. a. 1999/2000 Georgsdorf, Borchen (Atelier/Bibliothek), 2000 Paderborn (Nixdorf/Technol.-Park), 2001- Bielefeld/OWL (Ein-seh-bar), 01/02 Dörendorf/Paderborn-Schloss Neuhaus / **Lit.: 192**-01

Backhaus, Marcel (M/Z) / 1976 Attendorn- / lebt (2002) in Dortmund / Stud.-Dortmund ab 96 Univ. (Kunst/Geschichte) / Mitgl. *(siehe)* **Gr.**-„Kunstknoten"-Dortmund / Ausst. u. a. 1997-99 Dortmund (Univ), 99 Dortmund (2xGal. Im „balou"/Café Max), Attendorn

Backhaus, Marlies (M/G/B/O) (Lyrikerin) / NEU: 1944 Abtsbach/Mittelfranken- / lebt (2006) in Attendorn, Atelier in Kreuztal / (Biografie in Beilage: CD-Ausgabe 2006)

Backmann, Juliane (F) / 1967 Münster- / lebt s. 91 in Los Angeles/USA / Jugendzeit in Augsburg, Fotogr. Ausb. in Augsburg u. München / Ausst. u. a. in Augsburg/Köln/USA, 2003 MS (Modehaus Schnitzler)

Bader – niederl./westf. Orgelbauerfamilie / um 1570-1745 in Unna tätig, danach bis Ende des 18. Jh.-s u. a. in Paderborn/NL(Flamen)/MS/Vreden u. Westf. / 10 Mitgl.: Arnold/Conrad/Daniel/ Ernst/Hans Henrich/Johann Gottfried/Joseph/Peter/Tobias I + II / **Lit.: 26**-6(m. Lit.)

Badura, Michael (Prof) (O/G/Aktionsk) / 1938 Oppeln/Oberschl.- / lebt (2002) in Ennepetal / Stud.-Krefeld 55-57 Textiling.-sch. (Malerei/Textildes) / 77 Beteil. 6. documenta-Kassel, 78 Kunst-Pr. Krefeld / 61/62 Lehrt. Wksch-Kassel, 63-71 wiss. Zeichner Univ.-Göttingen, 79 Gastdoz. Frankf./M. (Städel), 79-2000 Prof. Univ./GH-Wuppertal, danach w. Lehrt. / Ausst. = N / **Lit.: 4**-Düsseldorf + **26**-6 + **45** + **109** + **148**-73 + **148a**-83 + **216** + In: E. Billeter: „Malerei u. Photographie im Dialog" – Zürich/Bonn, 1977; In: „Partei ergreifen" – A.-kat. – Ruhrfestspiele-Recklinghausen, 1978; „M. B." – Werkverz. 1963-1988 – Ausst. = Mus.-Hagen, 92

Bae, Jung-Min (I/Video- u. Filmk) / 1971 Daego/Südkorea- / lebt (2003) in Münster / Stud.-Seoul/Südkorea 91-95 Univ. (Germ), u. MS 96-02 Akad. (Klasse Ulrichs/Köpnick) / 02 Förderer-Pr. Akad.-MS / Ausst. u. a. 1998 Madrid (Univ), 99 Bad Oeynhausen (VHS), Löhne (Werratalhalle), 2001 Köln/ Frankf.-M., 01/02 MS (Halle-Am Hawerkamp), 02 Essen (Sparkasse), Seoul-Korea (Univ), 02-04 Wanderausst.-Marl-usw., 05 Berlin (Gal.-Ochs), Turin-It. (Maison Musique) / **Lit.: 61**-02 + **218a**-03 + **256**

Bäcker, Edith (M/Z) / 1926 Weidenau- / lebt (2004) in Siegen / im Alter Weiterb.-VHS, Atelier Frihling u. in Wyk/Föhr / Mitgl. „Kunstkreis Siegerland" / Ausst. s. 1988 in Südwestf. / **Lit.: 110b + 110c**-04

Bärmann, Tobias (F/D) / 1978 Herne- / lebt (2005) in Herne / Stud. Univ./GH-Essen (Ökol) u. FHD-Dortmund (Fotodes) / Ausst. u. a. 2003/04 Herne (Kneipe: Flottm.-Hallen/Schwimmbad), 05 Herne (Flottm.-Hallen) / **Lit.: 143**-05

Baetzel, Hartmut (Glasm/Glasmalerei-Restaurator) / 1940 Wuppertal- / lebt (2004) in Unna / Kunstglaserausb.-Köln, 82 Übernahme v. Vater ***Bruno*** B., s. 51 = „Baetzel-Glaswerkstätten" – Unna / Ausführende Werkstatt bedeutender Glasmaler, eig. Werke u. a. in NRW / Ausst. u. a. 2004 Unna (Sparkasse) / **Lit.: 112c** (S. 11)

Bäuml, Martin (F) / 1959 Schwäbisch Gmünd- / lebt (2006) in Bielefeld / Stud. Univ.-München (Geogr) u. Bielefeld (Fotogr) / ab 01 Mitgl. „BBK-Westf." Dortmund / Ausst. u. a. 2002 Bielefeld (Off. Atelier), Dortmund (Rathaus), 03 Bo.-Wattenscheid (Techn.-Zentr), Dortmund (Mus. f. K. u. K.), 06 Gelsenkirchen (Wissensch.-park) / **Lit.: 3**-02/03+03 (2) + **152**-02

Bäune, Siegfried (Orgelbaumeister) s. bei **K**leuker, Detlef

Bahl, Hubert (A/Dipl.-Ing) / lebt (2003) in Hagen/W. / Daten nicht bek. / s. Jürgen **B**ahl

Bahl, Jürgen (A/Dipl.-Ing) / 1959 Duisburg- / lebt (2003) in Hagen/W. / Stud. TH-Aachen / s. 90 Büro in Hagen „Bahl & Partner" (Hubert **B**.), 99/2000 Zus.-arb. = Büro: „Bahl . **G**rüneke"-Hagen/Herdecke / Mitgl.-„BDA" / Fabriks- u. Werkbauten/Werke = Westf. + N (s. Lit.) / **Lit.: 197**-01 + **197b**-99 + **219x**-99

Bahr, Friederike Marianne (M) / 1968 Arnsberg- / lebt (2004) in Bad Berleburg / erst autodidaktische Malerei, 99 Weiterb.-VHS u. 2000 Stud. Neue Zürcher Kunstsch. / Lehrt. Bad Berleburg / Mitgl. „Wittgenst. Kunstges." / Ausst. u. a. 2000 Bad Laasphe (Heimathaus), Erndtebrück (Rathaus), Herten/Hilgen, 01/03 Bad Berleburg (Volksbank), 03 Schloss Schwarzenau, Siegen (Siegerlandhalle) / **Lit.: 110b + 110c**-04

Bahr, Hans-Eckehard (Prof) (M/Z) / * 1928 (in Pommern)- / lebt (2005) in Bochum / Stud.-Univ.-n Kiel/Heidelberg (Theol) / 66 Prof. Univ.-Chicago u. 67-? Univ.-Bochum / Ausst. u. a. 1989/93 Iserlohn (Evangel.-Akad) / **Lit.: 263**

Bahr, J.-Oliver (Oliver) (D/Holz- Metallgest) / 1966 Bremen- / lebt (2003) in Bielefeld / 87-90 Tischlerausb.-Bremen, Stud.-Hildesheim 91-96 FHD u. 97 Bielefeld Aufbaustud. Multimediades., ab 97 eig. Studio in Bielefeld / Ausz.-gen: 93 „raumobjekte"-Stuttgart/Hamburg, 98 Pr. Messe-Nancy/Metz, 2000 Anerkennung Messe-Zürich, 02 Goldmedaille „ifda"-Tokio/Asahikawa / Ausst. u. a. 1993 Frankf.-M./Stuttgart/Hamburg, 94-96 Hannover, 95-97 München, 95 Köln (manu factum), 97 Koblenz, Hamm (manu factum), 98 Deggendorf/Nancy/Metz-Frankr./ Kortrijk-NL, 99 Paris (Messe), Solingen (manu factum), 2000 Zürich (Messe/"Wohnbedarf"), 01 London (Designmesse), Kevelaer (manu factum), 02 Bielefeld/Tokio/Asahikawa-Japan, 03 Köln/Mailand (Messen), Dortmund (manu factum) / **Lit.: 48x**-95+97+99+01+03

Bahram s. Hajou, Bahram

Bahrinipour, Annette (Anne) (M/Z/B/I) / NEU: 1953 Hilchenbach- / lebt (2005) in Witten / 69-72 graf. Zeichnerinausb., Stud.-Köln 73-79 FH (Kunst) u. Dortmund 76-79 FHD (Obj.-Des) / ab 84 Lehrt.-Witten, Workshops/Projekte / s. 90 Mitgl. „Wittener-KB", ab 93 „Bahá'i-Art-Forum" – Europa / Ausst. s. 1984, u. a. in Bratislava/De Poort/New York/Berlin/Jena, jährl. Witten (WKB: Haus Herbede), 2000 Südafrika, 2000/02/03 Witten (Zeche Nachtigall/Stadtwerke/Sparkasse), 01 Essen (Zollverein), 03 Schwelm (Kreishaus), 04 Witten (E: Haus Herbede), + Westf. / **Lit.: 144 + 144x**-05 + **146a**-86 + **187 + 209**-99

Baiker, Ralph (F/D/Filmk) / 1966 Filderstadt- / lebt (97) in Dortmund / 81-83 Druckerausb., Stud.-Dortmund 89-nach 96 FHD / s. 87 Mitgl.-„Südd.-Fotografenliga", 90 Pr. f. j. Europ. Fotogr., 91 Focus-Pr. FHD-Dortm. / Ausst. u. a. 1991/93/95/96 Dortmund (FHD/3xMus. f. K. u. K.), 93 Helsinki-Finnl., 96 Rotterdam-NL / **Lit.: 203**-91+93+96

Bailer, Brigitte (M/G/O/Materialb.-k) / 1952 Lünen- / lebt (2006) in Dortmund / Weiterb. b. bek. Künstlern u. Metallbearb.-lehrgänge, Stud. IfBKK-Bo.-Wattenscheid, Meisterklasse / freisch. / ab 05 Mitgl. „BBK-Westf." Dortmund / Ausst.-en u. a. in Bochum/Essen, 2006 Gelsenkirchen (Wissensch.-park), + N/INT/Internet

Baingo, Katryn (Kathryn) (F/D) / 1973 Unna- / lebt (2004) in Dortmund / Stud.-Dortmund 92-97 Univ. (Kunst/Biol), 97/98 Fotopraktikum, Stud.-Dortmund 98-04 FHD (F/D) u. 2000/01 Univ.-

Nottingham-GB (Fotogr) / Ausst. u. a. 2002-04 Dortmund (Phoenix-Gelände/Rathaus/St.-Petri-Kirche), 03 Bergkamen (Stadtgal), Prag-Tsch. (Goethe-Inst) / **Lit.: 203d + 203f**

Bala, Michael (Industriedes) / 1957 Datteln- / lebt (2003) in Vreden / Ausb./Tätigk. b. „Colani" in Sassenberg / ab 84 selbst., 84-90 in MS u. ab 90 in Vreden „BALA Möbel + Objekte GmbH" / 95+03 Des.-Pr. NRW + INT / **Lit.: 205x**-95+03

Balbach, Eduard (Kunstschmied/Metallgest) / 1934 Moskau- / lebt (2006) in Iserlohn / Jugendzeit im Kaukasus, Huf- u. Wagenschmiedausbild. in Gemünden a. d. Wohra, s. 63 selbst. in Iserlohn (jetzt mit Sohn Markus B.) / Lehrt./Lehrgänge / Werke in Iserlohn u. Sauerland

Ballendat, Martin (Industriedes) / 1958 Bochum- / lebt (2002) in Simbach/Inn / bis 83 Stud.-Folkwangsch.-Essen / ab 93 selbst. = „Design Ballendat", s. 96 Lehrt.-Graz / viele Preise (s. Lit.) / **Lit.: 205a**-01 + Erw. als Fachjuror in: „Designbilanz" – Hg.: Design Zentrum NRW-Essen, 2001

Balmas, Moshe A. (O/I) / 1969 Jerusalem/Israel- / lebt (97) in MS u. Jerusalem / Stud. Akad.-MS / Ausst. u. a. 1997 Köln (Herz-Jesu-Kirche) / **Lit.: 70b**

Baltabol, Helga (M/Z) / 1913 Riga/Lettl.- / lebt (2001) in Herdecke / Stud.-Dresden 31-35 Kg.-Akad. / freisch. in Dresden, ab 45 in Friedberg/Hessen, 48-55 in Lingen, s. 55 in Herdecke/Ruhr / 64-82 Lehrt.-Bieberstein/Hohenwerda u. Herdecke / Ausst. u. a. in Lingen/Osnabrück, 1951 Bad Nauheim / **Lit.: 26-6 + 98a + 194**

Baltrusch, Lothar A. (M) / 1962 Heeren-Werve- / lebt (2005) in Schwerte / Ausb.-en: 79 Kunststoff-Formgeber, 83 Werkzeugmacher, 89 Industriemeister, 91 Journalist / s. 82 freisch. Künstler / Ausst. u. a. 1991 Hamm, 92 Buxtehude, 94 Hamburg, 95/96 Berlin, 2002/03 Kamen, Schwerte (u. a. Kunstgal/Ruhrtalmus) / **Lit.:** Internet

Baltschun, Silvia (M) / 1976 Herford- / lebt (2005) in Wien / Tochter v. Uta **B.** / Stud.-Braunschweig bis 04 HfBK / 03 Leonardo-Stip. HfBK-Braunschweig f. Wien / Ausst. u. a. in Braunschweig/Wien, 2004 Braunschweig (Gal.-HfBK) / **Lit.:** In: „Das Schreiben der Bilder" – Publikation zur Ausstellung Galerie der HfBK Braunschweig, 2004

Baltschun, Uta (M/G/D) / NEU: 1942 Bad Salzuflen- / lebt (2005) in Leopoldshöhe / Mutter v. Silvia **B.** / (Biografie in Beilage: CD-Ausgabe 2006)

Baltzer, Will (Wilhelm) (Prof) (A/Dipl.-Ing/M) / 1932 Tübingen- / lebt (2000) in Wuppertal / Stud.-Stuttgart/Berlin (Archit) / s. 64 Büro in Wuppertal / 76-97 Lehrt. FH f. Archit.-MS / Werke im Berg.-Land / **Lit.: 216** (m. Lit.) **+ 220**

Balzer-Kahl, Elke (Balzer, E.) (M/G/O) / NEU: 22. 8. 1954 Zinse/Kr. Siegen-Wittgenstein – 23. 3. 1992 Witten / war Gattin v. Harald Kahl / (Biografie in Beilage: CD-Ausgabe 2006)

BALX s. Balke, Harald

Bamberger, Walter (M/G) / 1903 Hagen/W. – 1997 Niebüll / Stud.-Berlin-Schönefeld 23-27 Kunstschule / lebte in Hagen u. ab 37 in Niebüll / **Lit.: 34**-9,2 + In: „Schleswig-Holsteinisches Künstlerlexikon" – Niebüll, 2005

Bandau, Joachim (Prof) (O/B/G/M/Z) / 1936 Köln- / lebt (2005) in Aachen / NEU: 1988-2001 Prof. Akad.-MS / (Biografie in Beilage: CD-Ausgabe 2006)

Bangert, Ulrich (F) / 1955 Dortmund- / lebt (2003) in Münster / Bruder v. Christoph **B.** / Stud.-Univ.-Dortmund (Maschinenbau/Physik/Sport/Päd) / Autodidakt / Ausst. u. a. 1999 Steinfurt (Ev. Jugendhilfe), 2000 MS (A.-Krückmann-Haus/Möbelhaus), Billerbeck (Kolvenburg), 01 MS (Tibus-Wohnpark/Büro-Zink-Studtstr. 50/Naturmöbelh.-Bald), 03 MS (Ärztehaus)

Banken, Silvia (M/Z/B) / 1970 Siegen- / lebt (2004) in Siegen / 87-89 Köln FofG, 90-92 Druckvorlagenherst.-ausb. Siegen u. Köln / 94-97 Mitgl. Gr.-„16"-Bensberg / Ausst. s. 1994, u. a. in Bensberg/Siegen, 2003 Netphen-Deuz (lfd.: OKNO-Kunstfenster) / **Lit.: 110b + 110c**-04

Bankmann, Arno (G/D/Karikaturist) / 1959 Delmenhorst- / lebt (2003) in Tecklenburg / ab 93 eig. Büro in Tecklenburg / Stud.-MS bis 2/03 FHD / 94 Karikatur-Sonder-Pr. Kulturforum-Rheine / Ausst. u. a. 1994 Rheine/Wanderausst.-MS-land / **Lit.:** In: „Karikaturwettbewerb Münsterland" – Katalog – Hg.: Münsterl.-Volkszeitung/Kulturforum Rheine, o.J. (um 1994)

Banz, Elke (A/Dipl.-Ing) / 12. 2. 1963 Bochum- / lebt (2004) in Bochum / Stud.-Braunschweig 82-90 TU / 90-92 Dortmund im Büro Prof. Gerber tätig u. 92-93 Hamburg b. Prof. Friedrich, m. Dietmar **R**iecks ab 94 Büro „Banz + Riecks Architekten" in Bochum / Ausz.-gen/Preise: 99 BDA-Bochum (gute Bauten) u. Archit.-Pr. Niedrig Energiebau, 01 Innovations-Sonder-Pr. Solvis, 02 Europ. Solar-Pr. Berlin u. Ausz. guter Bauten, 03 „archit.-technol.-award", Europ.-Archit.-Pr. Frankf.-M., „Energyglobe" (Weltpreis d. Nachhaltigkeit), 04 Ausz. guter Bauten / Werke u. a. in Shanghai, Mallorca, + NRW / Mitgl. „BDA" / Ausst.-gen u. a. 2003 Frankf.-M.

(Messe), 04 Barcelona (Gal.-AEDES) / **Lit.: 213a**-99+02 + Banz/Riecks: „SOLVIS – Auf dem Weg zur Nullemissionsfabrik" – Verl.-anstalt Koch, 2003

Bar, Nelli s. Wieghardt, Paul (Ehemann)

Barb., Toni (eig. Ostermann, Barbara-Maria) (M/G/B/O) / 1964 Wuppertal- / lebt (2000) in Wuppertal, Atelier in Witten / Stud.-Wuppertal 82-84 b. J. Störr u. 84-86 Rom Acad. Di belle Arti / Mitgl. „GEDOK" u. „BBK" / Ausst. u. a. in Italien + NRW / **Lit.: 209**-99 + **216**(m. Lit.)

Barckhaus (Barckhus/Barckhusen) (Familie) s. Nachtrag 2: Zinngießer

Barckhaus, Andreas (Barckhus/Barckhusen) (Kupferstecher+Zinngießer(= Nachtrag 2) / 1664 Beckum – † um 1714 Münster / Mitgl. einer westf. Zinngießerfamilie / **Lit.: 26**-7 + **215**-6

Baré, Marco (G/F/D/B) / 1967 Köln- / lebt s. 93 in Berlin / Stud.-Krefeld 85-86 FH (Gr.-Des), Bielefeld 86-93 FHD (Foto/Film-Des. u. 88-93 Bildh), Berlin 93-94 Univ. (Phil) / 87-93+97 m. Jens Jenson Prod./Beteil, an exp. Spiel- u. Kurzfilmen, s. 90 Beteil. an öffentl. Wettbew.-en (Preise), Projekte u. Intern. Symposien, 96 Stip. f. Ahrenshoop, 97-03 = 5x Förderung Senat Berlin, 98 Gründung m. Stella **V**lachopoulos Firma „Trust ART" / Mitgl. „BBK"-Berlin / Ausst. u. a. 1989 Wesel (Bühnenhaus), 90/98/02 Berg.-Gladbach, 91 Bielefeld (Gal.-Pan/ Gal.-David/Bibl.-Brake), 94/96 Darmstadt (Sezession), Herford (D.-Pöppelmann-Haus), 94/97/01 Berlin (Gal.-Messer-Ladwig/Gal.-Hofkunst/Gal.-Mani), 95 Pisa/Italien, 96 Köln (Gal. im Loft), 96/97 Bielefeld (ZIF/Werkstatt-Bethel = Johannistal), 98 Detmold (Kunstquartier), 99 Recklinghausen (Kreissparkasse), München (Patentgericht), 2000/01 Bielefeld (Block 1/Gal.-Redeker), 01 Buchet-Eifel, 02 Bielefeld (Gal.-61), Berlin (Skulpturraum), 03 Hamburg (Skulpturenpark), 04 Schloss Wiesenburg – Flämingen / **Lit.: 115d**-96 + **182**-98

Barfuss, Suzanne (G/D/Gest) / 1960 Bochum- / lebt (93) in Süddeutschl. / Stud.-Berlin 79-80 Univ. (Altamerik/Kunstg), Krefeld 80-83 FH (Grafik-Des/Vis. Komm) u. München (Modegrafik) / Ausst. u. a. 1984 Wasserburg, 87 Landsberg, 87/89 Mering (Kulturwoche(K), 90 München / **Lit.: 27**-3 + K = Katalog

Barna, Terezia (M) / 1958 Szekszard/Ungarn- / lebt (99) in Wetter / Autodaktische Ausb. / ab 91 Mitgl.-„BBK" u. Gr.-„KIM"-Borken / Ausst. u. a. in Ungarn, 1983/90/98 Schwerte, 86 Dangast, 87 Herdecke, 88 Hohenlimburg, 89 Opherdicke, 91 Dortmund (Bank), 92 Borken-Gemen, 99 Ennepetal (Kluterthöhle) / **Lit.: 209-99**

Baron, Josef (B) / 1920 St. Annaberg/Oberschl.- / lebt (92) in Unna-Hemmerde / Stud. HfBK-Hamburg, Flensburg (Kunstg) u. Akad.-Düsseldorf, Meisterschüler / s. 52 freisch. / Werke u. a. in Unna/Westf. + N/INT / **Lit.: 112d** (S. 56/84) + **162a** + **146c** + In: „Ars Sacra '75" – Köln, 1975

Barrel, Marc (M/B) / * 1968 (in Frankreich)- / lebt (97/98) in MS / bis 93 Stud.-Lyon u. Besancon-Frankr. (Kunst) / Ausst. u. a. 2004 MS (Landgericht/Internet)

Barros, Rodrigo (Install./Perf.-k.) / stammt aus Chile, lebt um 1998/2004 in Bielefeld / war Mitgl. „BBK"-OWL / Ausst. u. a. 1998-03 Bielefeld (WDR-Studio/Rav.-Spinnerei/Perf. = Schule)

Barsicke, Hans-Georg (F/M) / 1953 Hannover- / lebt (2002) in Herne u. Köln / Stud.-Hannover 77-81 Univ. (Kunst/Vis.-Komm) / Ausst. u. a. 2001 Herne (Gal.-Klecks) / **Lit.: 142a**

Bartecki, Frank (Metallgest) / lebt (2005) in Dortmund / 03 Staats-Pr. NRW (m. Michael **P**eres) / Ausst. u. a. 2001 Kevelaer (manu factum), 03 Dortmund (manu factum) / **Lit.: 48x**-01+03

Barteit, Buddy (M/B) / 1956 Hilchenbach- / lebt (2004) in Hilchenbach / Stud.-Siegen 82-85 Univ./GH (Archit) u. 96-2000 Schule f. Bild. Kunst / ab 4/2000 Atelier m. Brigitte **A**lbat-Schmidt u. Renate **F**reitag im Kleinbahnhof Dreis-Tiefenbach in Netphen = Atelier-Ausst.-gen / Ausst. s. 1984, u. a. in Siegen/Hilchenbach/Kreuztal, 2000 Hilchenbach (Alte Filzfabrik), 01 Freudenberg-Wilhelmshöhe (Post AG), 02 Siegen (Pflanzenhof Ierardi) / **Lit.: 110b** + **110c-04** + **187**

Bartels, Goswin Conrad (Art.-offiz./"Zeugwarter"/Z) / * um 1735 Osnabrück – 1. 6. 1813 Münster / Offizier im münsterr. Artillerieregiment u. im Baubüro Schlauns tätig / **Lit.:** s. G. Dethlefs

Bartenbach, Sandra (F/M?) / 1969 Halle/W.- / lebt (2003) in Enschede/NL / 94/95 Filmfestival-Organis.-Bielefeld, 99-? Stud. Akad.-Enschede/NL / Mitgl. „Filmmobil e.V." / Ausst. u. a. 1998/99 Bielefeld (Atelier), 2001/02 MS (Atelier-Hawerkamp), 02 Tecklenburg (Kreisheimathaus) / **Lit.: 69**-02 + **152**-99

Barth, Mechthild (M) / 1971 Lemgo- / lebt (2004) in Paderborn / Stud.-Paderborn bis 98 Univ./GH (Kunst/Spanisch/Deutsch/Päd) / 94 „Woldemar-Winkler"-Pr., 99 „Dr. K. Sander-Wietfeld"-Pr. / Ausst. u. a. Paderborn (Stadtbibl), 1998 Bielefeld (Gal.-artists unlimited), 99 Paderborn (Kv/Techno-Park/Studentenwerk)

Barth, Theodor (F/D) / * 1964 – / lebt (2005) in Stuttgart / Jugendzeit in Dingelke, Stud. FHD-Bielefeld (Film- Foto-Des) / s. 96 Mitgl. Fotoagentur „Zeitenspiegel“, 99 Foto-Pr. Art Dirctors Club / Ausst. u. a. in Bielefeld/Reims-Fr./Aaran-Schweiz, 1992 Herten (Fototage), 99 Bonn (Kunsthalle) / **Lit.:** Internet

Barthl, Hans-Jürgen (M/Z) / 1948 Gevelsberg- / lebt (2004) in Ennepetal / 64 Stud. „Famous Artist School“ (Malerei), sonst Autodidakt / s. 99 Mitgl. Gr.-„Kunstforum5“ / Ausst. u. a. in Saarbrücken/ Rosenheim/Altenkirchen/Dortmund, 1998/99 Schwelm (Kunstmarkt), 99 Sprockhövel (Rathaus), 2000 Gevelsberg/Schwelm/Hagen-Delstern + NRW

Bartkewitz, Klaus (M) / 1943 Bochum- / lebt s. 72 in Hattingen / autodid.-Studien u. Weiterb. b. Angelika Herker u. Cornelia Fichtner / Mitgl./Ausst.-gen in Gr.-„KünstlerBuntMultiColor“-Hattingen

Bartsch, Christian A. (M/F) / 1961 Bruchsal- / lebt (2004) in Hess. Oldendorf / ab 97 Malerei / s. 03 Mitgl. Gr.-„Kunstpunkt“-Blomberg / Ausst. s. 1998, u. a. Blomberg/Bad Pyrmont, + N

Bartsch, Hubertus (B/M) / * 1928 – / lebt (2004) in Bad Berleburg / Beruf: Jurist / 81-84 Weiterbild. Europ. Akad.-Trier / Ausst. s. 1989 in Südwestf. / **Lit.: 110b** + H. B.: „Skulpturen und Plastiken“ – Selbstverlag Bad Berleburg, 1996

Bartsch, Wiebke (O/I/K/Z) / 1968 Braunschweig- / lebt (2005) in MS / NEU: Stud.-MS 95-04 Akad., 99 Meisterschülerin / (Biografie in Beilage: CD-Ausgabe 2006)

Bartscherer, Wilfried (Wilhelm) (M) / 1936 Bottrop- / lebt (2005) in Bottrop / s. 65 künstl. tätig, s. 90 Weiterb.-kurse VHS-Bottrop / ab 95 Mitgl. Gr.-„Kunstgem.-Bottrop“ / Ausst. u. a. Gladbeck/Merseburg/Glottertal/Oberhausen/Gelsenkirchen/Westerland-Sylt, 1997/03/04 Bottrop (Mus/Sparkasse/Bürgerbüro), 2000/04 Bottrop (Kulturzentr), 04 Beteil.-Wanderausst.-Ruhrgebiet / **Lit.: 99a**-97 + **99c**-2000 + **99d**-04

Baruth, Marc (F/D) / 1974 Siegen- / lebt (2004) in Siegen u. Dortmund / Stud.-Siegen 94-99 Univ./GH u. Dortmund 99-? FHD (Komm.-Des) / 02 Wettbew.-Pr. SBL-Hamburg u. Kodak Förder-Pr. / Ausst. s. 1997, u. a. 1999 Kecskemét-Ungarn, 2000 Viernheim, 01/02 Siegen, 02 Dortmund (Phoenix-Gelände), 02 Hamburg/Köln, + Südwestf. / **Lit.: 110b** + **110c**-04 + **203d**

Bas, Gleb (M) / 1980 Kiew/Ukraine- / lebt (2006) in MS / Stud.-MS 2000-06 Akad., 03 Meisterschüler u. Stud.-Jerusalem/Israel 04/05 Acad. Of Fine Arts and Design / Ausst. u. a. 2001 Herne (Kunstbombe), 02 Nottuln (Alte Amtmannei), 02/03 MS (Finanzamt/Ausst.-halle), 02/03/ 05 Essen (Gal.-Klose), 03 Wittenberg, 04 Düsseldorf (WGZ-Bank), Palma de Mallorca (Gal.-Moya), 05 MS (Raum f. a. K.=Wolbeckerstr. 59), Recklinghausen (Kunsthalle), Düsseldorf (Kunstpalast) / **Lit.: 46**-05 + **107**-05 + **228**-03+04 + **253** + In: „Lucas-Cranach-Preis 2003“ – Ausst.-kat. – Wittenberg

Bascourleguy, Alfonsina (M/I) / 1973 Concordia/Entre Ríos-Argentinien- / lebt (2001) in MS u. 03 in Berlin / Stud.-Kunstschulen in Concordia, Entre Ríos u. Buenos Aires-Argentinien (Kunst/Kunstpäd), danach in Deutschl. / Lehrt. / Ausst. u. a. in Argentinien, 2003 MS (Westf. Klinik f. Psych) / **Lit.: 237**-03

Bashi, Tatsuro s. Niscino, Tazro (Nishino, Tatsuro)

Basse, Marion (M) / lebt (2005) in Bad Salzuflen / Stud.-Bielefeld 68-72+76-79 FHD/Univ. / s. 72 Lehrt. / Ausst. u. a. 1996 Rheda-Wiedenbrück (Bertelsmann), 96/2001/02 Detmold (Spieker /IHK/Lipp.-Landesbrand), 99 Wyrley-GB, 2000 Bad Salzuflen/Porta Westfalica (Rathäuser), 01 Lage (Bürgerhaus), 01/03-05 Bad Salzuflen (Off. Atelier), 02 Lemgo (Liberales Zentr), 02-05 Bielefeld („einsehbar“), 04 Bielefeld (Gal.-K&K), 05 Minden (Gal.-Akzente), + OWL / **Lit.: 132a**-01+03...05 + **192**-01

Basten, Britta (M) / 1935 Dortmund- / lebt (2003) in Dortmund / war Lehrt. / Ausst. u. a. 1995 Dortmund (Rathaus) / **Lit.: 98a**

Bathe, Karl (M) / 1930 Dortmund- / NEU: lebt (2006) in Dortmund / Autodidakt / um 86 Stud. Univ.-Altenakad. Dortmund / s. 84 Ltg. „Dortmunder Creativ-Gruppe ’68“, um 05/06 Lehrt. VHS-Dortmund / Ausst.-en in Westf. / **Lit.: 98a** + **239**-90a

Batziakas, Ulrike (M) / 1952 Osterhofen- / lebt (2004) in Griechenland, Atelier in Hilchenbach / 70 Ausb. b. R. Endres, ab 78 freisch. im Siegerland u. Griechenland / Ausst. u. a. in Griechenland, Siegen/Kreuztal/Hilchenbach / **Lit.: 110b** + **110c**-04

Bauer, Dunja Regina (Produkt-Des/M/K) / 1970 Regensburg- / lebt (2002) in MS / Stud.-MS 95-7/02 FHD / 02 = 2. Pr. Deutsches Design f. Holzspielzeug Nürnberg u. Des.-Wettbew.-Pr. „red dot award“ / Ausst. u. a. 1996 Rheine-Bentlage (Kloster), 2002 Nürnberg (Spielwarenmesse), Essen (Design-Mus) / **Lit.:** In: „Waterwasser“ – A.-kat. – Kloster-Rh.-Bentlage, 1996

Bauer, Ehrhard (A) / 1936 Weimar- / lebt (98) in Lemgo / ab 84 Büro: „Planen + Bauen Lemgo GmbH" (8 Partner), 84-94 = 17 Preise / Werke in Westf.-Lippe + N (s. Lit.) / **Lit.: 197**-95+97

Bauer, Johann (Baumeister) / um 1753-58 in München tätig / lt. Lit. 24-35(erw. bei Heinr. Werninck = um 1743/45 Werk in Meppen) / **Lit.**: 26-7

Bauer, Johannes (Baur/Bawr) (B) / Steinmetz a. d. Elsass / Laienbruder d. Observanten in Münster, 1687-98 in MS tätig / Werke u. a. in MS / **Lit.: 26**-7 + **112a** + erw. b. Th. Rensing in „Westfalen" – Bd. 29 – S. 133 – 1935

Bauer, Martin (A/Dipl.-Ing) / * 1955 – / lebt (2000) in Dortmund / Stud.-Dortmund 74-79 Univ. (Raumplanung) / 80-85 Mitarb. im Büro Wolters in Coesfeld, ab 84 Büro „Planquadrat"-Dortmund m. C. Heiermann-Bauer u. H. W. Bonny / Werke s. Lit. / **Lit.: 197**-97 + **197a**-99

Bauer, Martin (M/Medien-Des/Videok) / 1970 Bochum- / lebt (2006) in MS / Tischlerausb.-Dortmund, Stud. Univ.-MS (Kunstg/Phil/Soz) u. 99-7/06 FHD / u. a. bis 06 = 2 Filme (m. Alexander **B**este) / Ausst. u. a. 2001 MS (Schloss), + Internet / **Lit.:** In: „Grenzwerke" – Ausst.-kat. – Univ.-MS, 2001; In: „Ortsgespräch" – Diplomkatalog – 7/06 – FHD-Münster

Bauer, Michael (Metallgest) / 1954 Berlin-Lankwitz- / lebt (2002) in MS / Stud.-MS 73-79 Univ. (Erz.-wiss), 79-82 Schlosserausb., 87 Meisterprüfung u. 92-94 Werkstud. = Akad. Gest. im Handwerk-MS / s. 2000 Mitarb. u. Ltg. Metallwerkst. FHD-MS / **Lit.: 15a** (S. 106) + **127**-95

Bauer, Michael (M/F) / 1973 Erkelenz- / lebt (2000) in Braunschweig / **Lit.**: u. a. 146-2000

Bauer, Monika (jetzt: Presting, M.) (O/F) / 1958 Baden-Baden- / lebt (2005) in Baden-Baden / Stud.-MS 77/78-84 Akad. / Ausst. u. a. 1981 Düsseldorf (Kunstmus), 2005 Recklinghausen (Kunsthalle), Ingolstadt (Kv) / **Lit.: 64a + 256** + In: „Was Anne über Dirk denkt" – Kl. Prof. T. Ulrichs der Ku.-akad.-MS, 1981/82

Bauerschaper, Gabriele (Gabi/Gaby) (B) / * 1954 – / lebt (2004) in Minden / Techn. Zeichnerin-ausb. / s. 95 Atelier „Bildh.-werkst.-Bachstr."-Minden / Ausst. u. a. 2001/02/04 Minden (Off. Atelier), 04 Petershagen-Lahde (Fährstr. 30) / **Lit.: 152a**-01+02+04

Bauhaus, Elisabeth (T/Khw) / * 1948 – / lebt (2005) in Dingden / Lehrt. / Ausst. u. a. 1999-2005 Telgte (Mus) / **Lit.: 185**-99...05

Bauhus, Theodor (Z/Lithogr) / Mitte des 19. Jh.-s tätig / weitere Daten nicht bek. / **Lit.: 215**-6 + In: „Der Kreis Lüdinghausen in alten Ansichten" – 1974

Baule, Emil Werner (Ernst-Wilhelm = wohl falsch) (M) / 1870 Peine – 1953 Ahlem b. Hannover / bis 1895 Stud. Bauschule u. TH-Hannover (Archit), anschl. Malerei/Grafik-Ausb. in München / lebte in Peine u. Hannover, lf. Aufenthalte u. Werke in Schwalenberg / **Lit.: 25**-1 + **26**-7 + **34**-8,2+9,2 + **137a** + **137b**-81

Baumann, Carl (F) / lebte um 1886/1900 in Dortmund / „Königl. Hofphotogr." = Atelier am Ostenhellweg 18, Weiterführung: siehe Bondy Herrmann / Ausst. u. a. 2001 Dortmund (Mus. f. K. u. K.) / **Lit.: 202**

Baumewerd, Dieter Georg (Prof) (A/Entw.-z) / 13. 7. 1932 Braunsberg/Ostpr.- / lebt (2005) in MS / NEU: Preise u. a. 03 Komturkreuz des hl. Gregorius m. gr. Silberstern v. Papst Johannes Paul II., 2x Anerkennung „Ausz. guter Bauten 2004" – BDA u. 05 Ausz. „Vorbildl. Bauwerk in NRW" / (Biografie in Beilage: CD-Ausgabe 2006)

Baumgart, Cornelia (M) / 1963 Freckenhorst- / lebt (2004) in Herne / nach Schulzeit in MS: Stud. Sport/Technik f. d. Lehramt / Lehrt.-Herne / Mitgl. Gr.-„Offenes Kunstforum Hibernia"-Herne / Ausst. u. a. 1999 Eickel/Wattensch./Dortmund/Witten, 99/2000 Herne (Hibernia-Schule) / **Lit.: 142a**

Baumgart-Kanena, Fred (Kanena, Fred B.) (M/G/O/Kunst am Bau) / 1960 Halle/S.- / lebt (2006) in Paderborn / Stud. FH f. Kunst u. Design Hannover / s. 98 Mitgl. „BBK"-OWL Bielefeld / Ausst. u. a. 1997/98 Bielefeld (WDR-Studio/Rav.-Spinnerei), 2002 Paderborn (Off. Atelier), 03 Frankf.-M./Nürnberg / **Lit.: 101b**-02 + **124**-05

Baumgarten-Heppner, Ingeborg s. Heppner, Ingeborg

Baums, Carsten (M/G/D) / 1966 Lüdenscheid- / lebt (2006) in Iserlohn / NEU: Mitgl. Gr.-Freudenhaus"-Menden / (Biografie in Beilage: CD-Ausgabe 2006)

Baxpöhler, Johannes (M/G/D) / 1955 Ahlen- / lebt (2002) in Ahlen / 70-73 Raumausstatterausb., 73-76 FoSfG-MS, 77-82 Stud. FHD-MS / Grafikdesigner in Ahlen / Ausst. u. a. in Ahlen/MS, 1983 Lüdenscheid (Stadtmus) / **Lit.: 125d**-83

Bayer, Caroline (I) / 1973 Stolberg- / lebt (2006) in MS u. Aachen / Stud.-Maastricht-NL 96-2000 Akad. u. MS ab 03 Akad. / Ausst. u. a. 2002 Ennepe-Ruhr-Kreis (EN-Kunst), 04 MS (uniArt), 05 Lingen (Kunsthalle) / **Lit.: 82c** + **209**-02 + **246**-05

Bayer, Michael (Ill/G/D) / 1971 Friedrichshafen/Bodensee- / lebt (2005) in MS / Stud.-MS 94-2/ 2000 FHD (Ill/Vis.-Komm) / ab 01 freisch. / Ausst. u. a. 1996/99 Frankf.-M. (Buchmesse), 2003/05 MS (Off. Atelier-Am Hawerkamp) / **Lit.: 93 + 122**-96+99 + v. M. B. (Ill) im Verl.-Ravensburg: „Das grosse Ravensburger Buch vom Träumen" – 2002; Umschlagill.: „Onkel Kwesis Geist" – 2002; „Der Weg nach Norden" – 2003; „Das Lied der Delfine" – 2004; Verlag Grimm Press/Taiwan: „The Magical Circus" – 2003; Coppenrath-Verl.: „Die Schnabelpiraten" – Lino Piraten-Box 8 – 2004; Carlsen-Verl.: „Ich habe Schnupfen" – (Bd. 13) – 2004

Baytalla, Gustav (Khw=Tiffany) / 1928 Bottrop- / lebt (2005) in Bottrop / s. 84 künstl. tätig / ab 84 Mitgl. Gr.-„Kunstgem.-Bottrop" / Ausst. u. a. Bottrop/Kassel/Duisburg/Oberhausen/Herne

Becerra-Pinto, René Antonio (M) / 1964 Valparaiso/Chile- / lebt s. 2000 in Dortmund / 84-86 Ausb. Graph.-Werbung, Stud.-Upla/Chile 92-97 Univ. (Kunst) / ab 01 Mitgl. „BBK-Westf."-Dortmund / Ausst. in Dortmund, 1992-99 Chile, 2002 Dortmund (Rathaus/Advance Holding), 03 Bo.-Wattenscheid (Technol.-Zentr), 04 Castrop-Rauxel (Rathaus) / **Lit.: 3**-02/03+04 (1)

Bechtel, Georg (M/Coll.-k(?) / 1900 Kassel – 1991 Siegen / lebte um 24 in Düsseldorf u. war s. 52 Mitgl. Gr.-„ASK"-Siegen / Ausst. u. a. 1924 Siegen (Kv), 37 Düsseldorf (Kunsthalle), 98 Siegen (ASK) / **Lit.: 107**-37 + **110d**-98

Bechtloff, Ingrid (K-Des) / 1958 Unna- / lebt (2003) in Eversberg b. Meschede / 76/77 u. a. Praktikum b. Monika **G**ruchol, Stud.-Krefeld 78-84 FH (Keramikdes) / s. 84 eig. Werkst. in Braunschweig/Wendeburg/Marienheide, ab 98 Eversberg / Ausst. u. a. 2005 Arnsberg (Kunstsommer) / **Lit.: 232**

Beck, Heinz (M/Z) / lebt (1941) in Gütersloh / Ausst. u. a. 1941 Dortmund (Katharinenkloster), MS (WL) / **Lit.: 8a**-41 + **8c**-41

Becker, Andrea (M) / 1980 Dortmund- / lebt (2005) in MS / Stud.-Kassel 99-2000 Univ./GH (Kunst), MS 99-05 Akad. u. Univ. (Mathem/Päd), 04 Meisterschülerin / Ausst. u. a. 2004 Istanbul (Mus) / **Lit.: 231b+c**

Becker, Andreas (F) / lebt (87) in Essen / Lit.: 48x-87

Becker, Andreas (O/I/G/D/Aktions- u. Perf.-k) / lebt (2006) in Lünen / Büro „creative vision"-Lünen u. s. 2000 künstl. Zus.-arbeit m. Horst **E**ngel / Ausst./Aktionen u. a. 2000 Lünen (Stadtgalerie), Herne (Schollbrockhaus), 01-06 Lünen (Tobiaspark/Fussgängerzone/Innenstadt/Kunst am Strassenrand/Stadtgal/Alte Kaffeerösterei/Kunstmeile), 02 Moers (Gesundheitsforum), Minden (Rathaus), 04 Wiesbaden (Spreitzer Gebäude)

Becker, Andreas (G/Computergr/M/B) / 1952 Neubrandenburg- / lebt (2005) in Hagen / Stud.-Wuppertal 74-78 GH (Grafik-Des) u. Hagen 78-80 Fernuniv. / 79-81 Ausl.-reisen, 82-97 Grafiker, 98-99 Weiterb. Inform.-grafiker / Ausst. u. a. 2005 Hagen (Mus) / **Lit.: 97**-05

Becker, Annette (M) / lebt (2005) in Dortmund / s. bei **B**ackens, Gabriela

Becker, Eva-Maria (M/Materialb.-k/D/Raumk) / 1968 Altenhundem- / lebt (2005) in Lennestadt / in einem Archit.-büro tätig u. s. 03 freisch. / Ausst. u. a. 2003 Gernsheim/Neu Isenburg/ Darmstadt/Langenfeld/Düsseldorf, 04 Eschborn/Alzenau/Mannheim/Mainz, usw. / **Lit.:** s. 02 Internet-Galerie „Tala-art"

Becker, Gerhard (G) / lebt (1966) in Junkersdorf / **Lit.: 1**-2(erw.)

Becker, Gerhard (M) / * 1925 – / lebt (2003) in Meschede / Ausst. u. a. in Eslohe/Bestwig/Hallenberg/Meschede / **Lit.: 232** + 7 Bildbände s. 1980 über das Sauerland, u. a. Hubert Fliege (Text)/G. B.: „Bilder aus dem Mescheder Land" – 1995

Becker, Hans-Bernd (G) / * 1931 – / lebt um 75 in Siegen / Stud. Akad.-Stuttgart / **Lit.: 110**-75

Becker, Hans-Bernhard (M/Z/I) / 1952 Wiesbaden- / lebt (91) ebd. / Lit.: In: „Kultur in Wiesbaden" – Bild. Künstler – 1981; In: „Ballerina" – „Brest" – A.-kat. – Pfalzgal.-Kaiserslautern, 91

Becker, Heidrun (M/D) / 1948 Gütersloh- / lebt (2002) in Warburg / Stud. Wksch-Bielefeld / war Lehrt.-Kassel, lebte ab 84 in Bayern, dann Westf., für Werbeagenturen tätig / Ausst. u. a. 2002 MS (Apothekerkammer), + N/INT

Becker, Ingeborg (Emailleurin) / lebt (1947) in Lendringsen, Kr. Iserlohn u. (57/64) in Menden / war Mitgl. „AdK"-NRW / Ausst. u. a. 1947 Hagen (Mus), 57 MS (WL) / **Lit.: 48a + 48x**-50+ 51+52+57+59+64(erw.) + **97**-47

Becker, Ingrid (M/G) / NEU: 1943 Neumünster – 24. 4. 2004 / lebte in Ense-Waltringen / (Biografie in Beilage: CD-Ausgabe 2006)

Becker, Kathrin (M/B/O/F.-Inst.-k) / 1967 Meerane b. Leipzig- / lebt (2005) in Basel / Stud.-MS 95-98 Univ. (Soz) u. 99-2/05 Akad.-MS / Ausst. u. a. 2000 MS (Atelier-Dorstel), 01/04 Bergkamen (Stadtgal), 01-04 MS (Off. Atelier-Am Hawerkamp), 02+03 München (Domagkatelier), 02 MS (Alte Therme), 04 Bergkamen (Stadtgal), Bad Oeynhausen (VHS) / **Lit.: 103**-01 + **256+a**

Becker, Ludwig (Prof) (A) / 19. 11. 1855 Köln – 13. 7. 1940 Mainz / Ausb.-Köln (Dombauhütte), Stud.-Aachen ab 1874 TH / s. 1884 Dombaumeister in Mainz / Werke u. a. in Westf., Planung von ungef. 317 Kirchen / **Lit.:** D.K.-Teil 1+2 + **26-8** + **146b+c** + **200**-1 + **241**-1 + **252**-1 + s. Sunder-Plassmann, Wilhelm

Becker, Reinhard (F/G/D) / 1954 Gütersloh- / lebt (2001) in Bielefeld / Stud.-Bielefeld 76-82 FH (Fotogr/Grafik-Des) / 78-85 m. Jochen Mariss Gestaltung d. Wahlplakate u. Werbematerial u. a. f. d. „Grünen" (Entwurf der seitdem verwendeten „Sonnenblume") u. für Kommunal-, Landtags-, Bundestags- u. Europawahlen / s. 78 m. J. Mariss Ltg.: „Grafik Werkstatt"-Bielefeld / **Lit.:** J. Mariss(Text/Fotogr.) u. R. B.(Fotogr.): „In flagranti", „Fernweh", „Der Sprung", „Das blaue Wunder", „Wandlungen", „Menschenskinder" – alle Verl.-Grafik Werkstatt Bielefeld; seit 1978 u. a. Postkarten, Lesezeichen und Kalender

Becker, Renate (geb. Renate Geppert) (M/Plakatk) / 1952 Gelsenkirchen- / lebt (2005) in Neu-Isenburg / Stud.-Frankf./M. 74-79 Städelschule / 78-80 Lehrt. Neu-Isenburg / 82-95 Mitgl. „BBK"-Frankf./M. / Ausst.-gen = N / **Lit.: 26a**-05

Becker, Rolf (A/Stadtplaner) / * 1958 – / lebt (2002) in Köln / Stud.-Aachen 79-87 TH / 87-90 Mitarb.-Büros in London u. Dortmund, 90-95 wiss. Mitarb. TH-Darmstadt, s. 90 eig. Büro in Dortmund, 94 Köln / Mitgl. „BDA" / Werke in NRW (s. Lit.) / **Lit.: 197**-97+01 + **213a**-99

Becker, Rudolf (A) / 1951 Essen- / lebt (2003) in Paderborn / Stud. FH-Detmold, HfBK-Kassel u. Univ. (Archit) / s. 80 selbst., um 94-2000 Büro: „Becker . Just + Partner"-Paderborn, Partner: 95 Peter Völse-Borchen + 98 Roland Dorn-Paderborn / Mitgl. „BDA" / u. a. Werke in Paderborn / Ausz.-gen u. a. 98 BDA-Pr. OWL + 2000 Archit.-Pr. OWL / Ausst. u. a. 2001 Bielefeld (Kv) / **Lit.: 197d** (S. 122-125) + **213a-99**

Becker, Rosemarie (M/Z) (Musikerin) / 1963 Recklinghausen- / lebt (95) in Recklinghausen / Stud.-Essen bis 89 Univ./GH (Germ/Musik) / s. 90 Dipl.-Musiklehrerin / ab 90 Mitgl.-„VdS" / Ausst.-gen im Ruhrgebiet / **Lit.:** In: IN – IN – IN" – Künstlerinnen in Recklinghausen, 1994

Becker, Ute s. Becker-Kesseler, Ute

Becker, Ute (Uta) (K) / 1942 Wuppertal- / s. 80 eig. Werkstatt in Wuppertal / **L**it.: 216

Becker, Wolfram (Industrie-Des) / 2. 10. 1954 Herne- / lebt (2003) in Laer u. MS / Stud.-Essen 75-81 Univ./GH (Industr.- Produktdes) / 78-83 tätig in Essen u. Altenstadt , ab 83 freisch. u. für „OCO"-Des.-MS tätig / Produkt-Ausz.-gen: 88 = NL + Des.-Center-Stuttgart, 89/99 red dot Award-Essen, 90 Fachverb.-Düsseldorf, 93/95 „IF"-Hannover, 96 Annerkenn. zum Bundespr. Frankf.-M., 2000 Innov.-Pr. Thüringen / **Lit.: 205**-97 (erw.) + **205a**-89 + In: „IF Jahrbuch für Industriedesign" – Hannover, 1993 + 1995

Becker-Kesseler, Ute (Becker, Ute) (Prof) (A) / NEU: * 1958 – † 2000 (Unfalltod) / war Gattin von s.: Prof. Thomas **K**esseler / Lehrt.: 90-93 Akad.-Düsseldorf, 93-95 FH-Düsseldorf, 97 FH-Dortmund u. 98 Prof. FH f. Innenarch. / 01 Weiterführung des Archit.-büros

Becker-Mahlmann, Elisabeth (M) / lebt um 1930 in Dortmund u. 1938 in Bochum / Ausst. u. a. 1938 Dortmund (Katharinenkloster) / **Lit.: 8a**-38 + **34**-9,2

Beckers, Eva-Maria s. Okinishi, Eva-Maria

Beckers, Ria (M) / 1934 Aachen- / lebt (2001) in Borken / Weiterb. Fernstud.-Paris / Mitgl. u. Ausst.-gen in Gr.-„Hamalandkreis d. Künste" / Ausst. u. a. in Borken, 1993 Gronau / **Lit.: 68a**

Beckmann, Christine (M/G) / 1936 Gelsenkirchen- / lebt s. 85 in Siegen / s. 85 Weiterb. in Siegen/Bad Berleburg/Freudenberg/Bottrop u. Tegernsee / Ausst.-gen s. 1987, u. a. in Koblenz, + Südwestf. / **Lit.: 110b** + **110c**-04

Beckmann, Julius (A) / 29. 3. 1882 Amelunxen b. Höxter – 16. 9. 1950 Bad Lippspringe / später in Wuppertal-Barmen tätig / war Mitgl.-„BDA" / **Lit.: 34**-9,2 + **216** (m. Lit.-ang.)

Beckmann, Simone (M/Filmk/Perf.-k) / 1968 Gütersloh- / lebt (2005) in Harsewinkel / Tischlerausb./Tätigk., Gaststud. Univ.-Paderborn (Malerei) / ab 92 Performances u. s. 96 Kurzfilme / Ausst. s. 1991, u. a. in Lanzarote-Sp./Chateroux-Fr./Mailand-It., 1991/2000 Gütersloh (Gal.-Friedmann/Stadthalle/Medienfabrik), 94 MS (Bennohaus), 95 Bremen (Kunsthaus), 95/97/02 Bielefeld (Gal.-Zweichlingen/Falkendom/WDR-Studio/Gal.Pin), 96 Bonn/Berlin (Perf.-s), 97/98/2000 Berlin/Hannover (Ausst.-en/Perf.-s), 99/2000 Herford/Bonn/Schwerin (Perf.-s), 99-02 /05 Harsewinkel-Greffen (Bürgerhaus/Volvo/Off. Atelier), 01 Putlitz/Minden/Essen, 02 Kassel/Herzebrock/Harsewinkel (Perf.-s), 05 Warendorf (Theater am Wall) / **Lit.: 191b**-04

Beekman, Ben (A/G/Industriedes) / * 1947 – / lebt (89) in Detmold u. (2003) in Bad Salzuflen-Schötmar / Stud. HfBK-Braunschweig (Ind.-des) / s. 80 selbst. / Ausst. = OWL / **Lit.: 205a-**89

Beermann, Hans (M) / 2. 12. 1905 Mettingen – ? / lebte um 1945/50 in Mettingen, danach Essen, zuletzt wahrsch. in Schevenhütte b. Aachen / war Mitgl. Gr.-„Hellweg" / Ausst. u. a. in Essen

Beermann, Heinz (M) / 1885 Lüdinghausen – 1972 Haren/Ems / Stud. Schule f. kirchl. Kunst - Paderborn u. Akad.-n München u. Düsseldorf / lebte 36/37-47 in Oldenburg, ab 47 Rütenbrock, 71 Haren / freisch. in Oldenburg u. Osnabrück, u. a. Kirchenmaler / **Lit.: 194**

Beesten, Abraham Hendrik van (M) / * um 1696 Burgsteinfurt – † 1773 Amsterdam / ab (um) 1739 in Amsterdam / **Lit.: 24-**3 + **26-**8 + **178a** (erw.)

Begemann, Ute (G/D/I) / 1963 Lemgo- / lebt (2003) in Wuppertal / Stud.-Bielefeld 88-93 FHD / ab 94 Büro m. Holger Künemund in Wuppertal / Ausst. u. a. 1991 Herford (D.-Pöppelm.-Haus), 92 Bad Oeynhausen (Haus des Gastes), Marl (Mus), Wanderausst.-OWL, 93/95 Lemgo (Städt.-Mus) / **Lit.: 114d + 230b-**6 + U. B./H. Künemund (Hg./Gestaltung): „Malerschule Lemgo" – Lemgo, 1995

Behfeld, Helmut (F) / * 1946 – / lebt (2004) in Hückeswagen / Ausst. u. a. 2000-02 Bottrop (Mus) / **Lit.: 99a-**2000+01+02

Behfeld, Jürgen (M) / 1944 Bottrop- / lebt (2005) in Bottrop / Mitgl. Gr.-„Kunstgem. Bottrop" / Ausst. u. a. in Bottrop/Gladbeck/Oberhausen/Gelsenkirchen/Westerland-Sylt, 1997/99-2001/03 Bottrop (Mus/1xSparkasse), 2000/01/03/04 Bottrop (Kulturzentrum), 04 Ruhrgebiet (Beteil.-Wanderausst.) / **Lit.: 99a-**97+99...01 + **99c-**2000+01+03+04 + **99d-**04

Behler, Carsten (F) / * 1971 – / lebt (2005) in Münster / Fotogr.-ausb., bis 04 Stud. Univ.-Duisburg-Essen (Komm.-Des/Fotogr) / Ausst. u. a. 1996/97/2000/02 Essen (Zeche Zollverein), 01 Essen (RWE), 02/04/05 Essen (Gal.-Obrist)

Behler, Neele (M) / * 1982 – / lebt (2002) in Beverungen / ab 2000 Weiterb.-Bad Karlshafen b. d. Malerin (Kunstklasse) „Anaximander" (Berlin) / Ausst. u. a. 2001 Bad Karlshafen (Raiffeisenbank/Rathaus) / **Lit.:** In: „Karlshafener Kunstherbst" – Ausst.-kat. – Kv.-Bad Karlshafen, 2001

Behrend, Ute (F/D) / 1961 Berlin- / lebt (2005) in Köln / 79-82 Schreinerausb., 85-87 Stud. FH-Wiesbaden (Komm.-Des) u. 87-93 FHD-Dortmund (Foto-Des) / 90 DAAD-Stip., 96 Künstlerbuch-Propjekt Zürich / Ausst. u. a. in Amsterdam/Helsinki/Gent/London/New York/Southampten/Groningen-NL/Madrid, 1988/91/95/96/99 Köln, 90 Bielefeld (Fotoforum), 91/92 Dortmund (Torhaus/Mus. f. K. u. K.), 94 Pforzheim/Berlin, 95 Gera/Herten, 96 Berlin/Düsseldorf, 97 Nürnberg/Gera/München, 98 Koblenz/Hamburg, + N / **Lit.: 51a + 203-**92

Behrend, Waltraud (M/O/Khw=Batik) / 1937 Rheine- / lebt (2006) in Rheine / 77-02 Lehrt. VHS-Rheine, u. a. 95-02 Weiterb. Univ.-Osnabrück u. s. 01 Gaststud. / Mitgl. s. 94 Gr.-„Spektrum 88", 2000 Mitbegr./Mitgl. Atelier/Galerie „eigenart"-Rheine / Ausst. u. a. Rheine/Bentlage/Ibbenbüren/Lengerich, MS (Landgericht), Bernburg (Rathaus), Osnabrück (Botan.-Garten), Tecklenburg (Heimathaus), 2001-06 Rheine (Off. Atelier), 06 Ibbenbüren (Kunsthaus)

Behrendt, Kay (Produkt-Des) / lebt (2002) in Menden u. Delft/NL / Stud.-Univ.-n Berlin (Mathem), MS (Jura) u. FHD-MS (Prod.-Des) / s. 99 creatie director „EJOK by design for industry" / Ausst. u. a. 2002 MS (IHK)

Behrens, Christoph (M/I) / 1963 Emsdetten- / lebt (2002) in Emsdetten / Stud. FHD u. Akad. in Münster / Mitgl. Gr.-„Welbergener Kreis" / Ausst. u. a. in Ochtrup/Emsdetten/Mettingen, 2000 Emsdetten (Gal.-MS-land) / **Lit.: 52-**2000

Behrens, Ludwig (A) / um 1925-62 in Bochum tätig / war Mitgl. „BDA" / Werke in Bochum (u. a. Schulen) / **Lit.: 146b+c**

Behrens, Sonja (M/Glas- Hinterglasm) / Neu: Atelier ab 7/04 Hafen-Speicher II – MS / (Biografie in Beilage: CD-Ausgabe 2006)

Behring, Carola (K/B) / 1957 Herford- / lebt (2004) in Leopoldshöhe / Stud.-Bielefeld 76-80 PH (Mathem./Physik/Päd.), 88-97 Univ.-n Bielefeld u. Paderborn (Kunst/Keramik) u. 93-98 „AKT"-Siegen (Kunsttherapie) / 84-92 Lehrt., s. 93 eig. Werkst., dort Töpferkurse, 99-01 Lehrt.-Herford u. ab 2000 VHS u. Musik- u. Kunstschule-Bielefeld, Lehrt. Kulturwerkst.-Hiddenhausen / Ausst. u. a. 2001/03 Leopoldshöhe (Off. Atelier) / **Lit.: 132a-**01+03

Beielstein, Robert (M) / 1859 Bochum – 1933 / lebte in Berlin / Stud. Akad.-n in Düsseldorf u. München / war Mitgl. „Verein Berliner Kü." / **Lit.: 34-**8,2+9,2 + Im Anhang: „Lexikon der Düsseldorfer Malerschule 1819-1918" – Bd. 1 – 1998

Beier – Bielefelder Künstler- u. Designerfamilie / **s.** Vater = Prof. Heinz B. u. Söhne = Achim, Christoph und Hans Heinrich

Beier, Achim (M/Z/B/D) / 1961 Bielefeld- / lebt (2005) in Bielefeld / Autodidakt / Mitgl. „beierarbeit" – Büro f. Vis. Kommunik. in Bielefeld / 03/04 red dot award Essen / Ausst.-gen in Westf. / **Lit.:** u. a. **133**-94 + **152**-92 + **205**-94(erw.) + **205w**-03+04

Beier, Christoph (Kommunik.- Werbedes) / 1970 Bielefeld- / lebt (2004) in Bielefeld / Stud. FHD-Bielefeld / Mitgl. „beierarbeit" – Büro f. Vis. Kommunik. in Bielefeld / 03+04 red dot award Essen / Mitgl. „BDG" / **Lit.: 205a**-01 + **205w**-03+04 + In: „Kindheit ist kein Kinderspiel" – Aktion des D. Plakatmuseums u. des D. Kinderschutzbundes e.V., 1998; In: „CI Report 11" – Dokumentation vorbildl. Corporate Identity, Roman Antonoff, 2000

Beier, Hans Heinrich (Kommunik.- Werbedes) / 1957 Bielefeld- / lebt (2004) in Bielefeld / Stud. Univ./Akad.-Stuttgart / Mitgl. „beierarbeit" – Büro f. Vis. Kommunik. in Bielefeld / 03/ 04 red dot award Essen / **Lit.: 205w**-03+04

Beier, Heinz (Prof) (M/G/D/Typograf) / 1930 Bielefeld- / lebt (2004) in Bielefeld / 47-50 Ausb.-Schrift-Lithograph / Stud.-Bielefeld 50-55 Wksch / s. 55 Des.-Büro in Bielefeld, war 74-? Lehrt. FHD-MS / **Lit.:** u. a. **1**-5erw. + **15** + **20** + **26**-8 + **205**-94 (erw.)

Beilmann, Martin (A/Dipl.-Ing) / 1960 Bochum- / lebt (2004) in Bochum / Stud. HfBK-Hamburg u. Univ.-Wien / s. 91 in Bochum/Hamburg/Berlin u. Köln tätig / 96 selbst., ab 98 Büro „Beilmann + Seitz"-Bochum, Köln u. Shanghai/China / 2000 Archit.-Pr. „BDA" / Werke in NRW+N (u. a. Bochum) / **Lit.: 213a**-02

Beinhorn, Mali s. Mali & Werner

Beinling, Gertrud (B) / 20. 2. 1908 Bergkirchen b. Minden – 6. 12. 1988 Mannheim / Stud.-Mannheim 32-33 Abendakad., 34 Gast Akad.-München, Rom 40-42+54-55 Akad., ab 67 Sommerakad.-Salzburg / lebte in München, danach Mannheim / Ausst. u. a. 1968 München (Haus der Kunst) / **Lit.: 26**-8 + **107a**-39+41+68+69+71

Beisheim, Helga (M/G/F/I) / 1942 Schweidnitz/Schlesien- / lebte in Bochum-Langendreer, ab 82 in Krummhörn-Grimersum / Mutter v. Ingo **B.** / Ausb.: 69-72 am Mus.-Zentr. Bochum, 79-80 HdK-Berlin, ab 92 Weiterbild.-seminare bei bek. Künstlern u. 01 Int. Sommerakad. – Wolfenbüttel / 81-83 Stip. „Robert-Bosch-Stiftung" – Stuttgart, 01 Stip. Intern. Sommerakad.-Wolfenbüttel, 93-03 Ltg. Kunstsch.-Norden/Ostfriesl. / Werke in Bochum/Berlin/Oldenburg / 81-03 Mitgl. „BBK"-Ostfriesl., Mitgl.-„Boch.-KB" u. „IGBK" / Ausst. u. a. 1973/75/77/79/81 Bochum (Mus), 78/98/99/2000 Norden (Sparkasse/2xOLB/Kunstkreis), 80/81 Marienhafe, 80 Berlin (Gal. am Chamissoplatz), 88 Dornum (Kunsttage), 89-03 mit BBK-Ostfr., 93 Greetsiel (Gal.-Tritonis), 99-2001 Emden (2xVHS/Gal.-Weinstein), 99 Hannover (Kunsthalle Faust), 2000 Leer (Hospital), Perm-Russl./Ameland-NL, 01 Wolfenbüttel (Sommerakad), 02 Dornum/ Bagband, 03 Münkeboe (Kirche), Emden (Neue Kirche), 04 Hauenstein (Schuhmus), 04-06 Bochum (Stadtarchiv/2xMus), 05 Norden (Teemuseum), Pewsum (Mannigaburg), Paris (FIAP Jean Monnet), + N / **Lit.: 146**-77+05+06 + **147**-1 + **201**-90

Beisheim, Ingo (F) / 1970 Bochum- / lebt (2006) in Bochum / Sohn der Helga **B.** / Fotogr.-ausb. in Norden/Ostfriesl., s. 97 selbst. in Bochum / Ausst. u. a. 1993 Greetsiel (Gal.-Tritonis), 97 Nürnberg (Rathaus)

Beljawski, Anatol I. (M) / 1961 Dzenawischki b. Grodno/Weissrussl.- / lebt (2004) in Dortmund u. Minsk / Stud.-Minsk bis 84 Belorussisches Institut f. Kunst u. Theater / s. 94 Mitgl. „KB" / Ausst. s. 1983 u. a. in Minsk/Dortmund, 2004 Internet / **Lit.:** Internet

Bellenhaus, Marianne (M/G) (Autorin) / 1942 Dinslaken- / lebt (2005) in Borken / Stud.-MS PH/Wksch, Weiterb.-kurse in Trier/Hohenaschau u. Rotenburg / Mitgl. Gr.-„Kim"-Borken, s. 05 = 1. Vors.-e / Ausst. u. a. in Backemoor/Borken/Dierhagen-Darß/Dortmund/Leer/Lüdinghausen/Oeding/Soest/Stadtlohn, 04 MS (Eheber.-stelle), 05 Borken (Stadtmus) / **Lit.: 141a**

Bellmann, Götz (A) / 1957 Lippstadt- / lebt (2001) in Berlin / Stud.-Weimar 79-84 HfA u. Bauwesen / s. 91 Büro in Berlin m. Walter Böhm / zahlr. Wettbew.-Preise, Werke u. a. in Berlin (s. Lit.) / **Lit.:** In: Udo Hesse(Fotogr.) u. a.: „Berlin – Architekten – Portraits" – Wasmuth-Verl.-Tübingen/Berlin, 2000

Bellwinkel, Wolfgang (F/D) / 1959 Bochum- / lebt (2005) in Berlin / Stud.-Essen 84-88 Univ./GH (Komm.-Des/Bildjournalist) / ab 88 freisch. / 94 = 2. Pr. Sparkasse-Pforzheim, 95 Pr. „BFF" u. 96 DAAD-Stip. / 2000/01 Lehrt.-Singapur / s. 94 Mitgl.-„DHPh" u. ab 02 Fotografenagentur „Ostkreuz" / s. 92 Bücher/Kataloge u. tätig f. Magazine/Zeitschriften / **E.**-Ausst. u. a. 1997 Antwerpen (Mus. f. Fotogr), 2001 Berlin (Gal.-Fahnemann), 02 Bochum (Gal. m), 03 Coesfeld (Kv), München (Pinakothek), 04 Bochum (Gal.-m), Hamburg/Düsseldorf/Mexiko / Ausst.-**bet.**

= N + INT / **Lit.: 26a**-05 + W. B./P. M. Schäfer: „Bosnia: Krieg in Europa“ – Ex-pose-Verl. – Berlin, 94; In: „Contemporary German Photography“ – Taschen-Verl. – Köln, 97; In: „Die Welt als Ganzes: Fotografie aus Deutschland nach 1989“ – Verl.-Hatje Cantz, 2000

Belo, Fernando Vieira s. Vieira Belo, Fernando

Belo, Patrocinio (M) / * 1966 – / lebt (2004) in Dortmund / Stud.-Univ. (Philippinen) Landw./ Ökon., 90-93 im Büro f. Agrarwiss. tätig, 93-95 Meisterstud. Univ.-Neuseeland, ab 95 Deutschl., ab 03 eig. Werkst.-galerie / Ausst. u. a. 2003/04 Dortmund (Off. Atelier) / **Lit.: 120c**-04

Belter, Detlef (Produkt- u. Industrie-Des) / 1959 Gelsenkirchen- / lebt (2002) in Melle u. MS / Steinbildh.- u. Steinmetzausb., Stud.-MS bis 90 FHD / bis 96 in Utrecht u. MS tätig, 96/97 Lehrt. FHD-MS, ab 96 selbst., 97 m. T. Lucchese Firmengründ.: „Delta-Form“-MS, jetzt alleiniger Inhaber / Ausst. u. a. 2002 MS (IHK) / **Lit.: 15a** (S. 84-85) + **205z**-98

Bendlin, Claudia (F) / * 1965 – / lebt (2005) in Bottrop / 04 = 1. Fotowettbew.-Pr. „ELE“ Gelsenkirchen / Mitgl. Gr.-„Kunstgem. Bottrop“ / Ausst. u. a. Merseburg/Gelsenkirchen/Westerland-Sylt, 1996-2004 Bottrop (Kulturzentr), 97/98/2000 /03 Bottrop-Kirchhellen (Sparkasse), 97-2004 Bottrop (Sparkasse), 97-03/05 Bottrop (Mus), 04 Ruhrgebiet (Beteil.-Wanderausst.), Bottrop (Bürgerbüro) / **Lit.: 99a**-97+99+01+03 + **99c**-2000+01+03 + **99d**-04

Benemann, Aki E. (M/G) / 1939 Suhl/Thür.- / lebt (2005) in Hilchenbach / 65-94 Physikerin in Suhl / s. 85 künstl. tätig, Ausb. in Bergisch-Gladbach (Berg. Kunstsch), Vulkaneifel (Akad. f. BK) u. Hamburg (Int. Akad. f. K. u. Gest.) / s. 94 Lehrt. u. a. in Hilchenbach (eig. Atelier), Berg.-Gladbach u. Siegburg / ab 97 Mitgl. „ASK“-Siegen / Ausst. u. a. 2003 Siegen (ASK), Düsseldorf (Kunstpalast), + NRW/N / **Lit.: 107**-03 + **110b** + **110c**-04 + **110d**-03

Benkert, Josef Albert (M/G) / 1900 Kulmbach – 1960 Bamberg / Autodidakt, (angebl.) Ausb.-Hagen b. Chr. Rohlfs / lebte 21-24 in Soest u. Bochum, danach Essen, 30-43 Berlin, ab 46 Bamberg, hier Lehrt. / Ausst. u. a. 1922 Bochum, 59/69 Bamberg (Kv/Kl. Gal) / **Lit.: 25**-1 + **26**-9 + **34**-9,2 + **108**-1 + **201**-70

Benner, Manuel (F) / * 1972 – / lebt (2006) in MS / Amateurfotograf / Ausst. u. a. in MS-Wolbeck (Kulturzentr), MS (Fundus), 2003/04 MS (Haus Kannen), 06 MS (Bennohaus) / **Lit.: 150**-03 + In: „Bennohaus 2006“ – 1. Halbjahr – Veranst.-katalog – MS, 2006

Benner, Stephanie (I/Video- Film- u. Perf.-k) / 1979 Nagold/Baden.Württ.- / lebt (2006) in MS / Stud.-MS ab 02 Akad. / Ausst. u. a. 2004 Dortmund (Künstlerhaus), 05 MS (Innenstadt)

Bennert, Karl (Carl/Charles) (M) / 1815 Dortmund – 1894 Zürich / Stud.-Düsseldorf 1832-38 Akad. / 1838-48 u. a. in Paris/Berlin/Desden tätig, 1848-67 Frankf.-M., danach in Zürich / Ausst. = N/INT / **Lit.: 26**-9 + **108**-1 + **120a**-3(m. Lit.-ang)

Bensmann, Olaf (B/Gest) / * 1972 – / lebt (2005) in Bottrop / bis 96 Tischlerausb. = 1. Pr. „Gute Form 96“ / Stud.-Bochum 96/97 FH f. Archit. u. MS 97-98 Akad. f. Gest. im Handw. (Leder/ Glas/Holz- u. Metallgest) / 3/01 Workshop Kulturwerkst.-Bottrop m. Simone Hillebrand / 01-05 Mitgl. Gr.-„Kunstgem.-Bottrop“ / Ausst. u. a. 2000/01 Bottrop (Technikforum/Gal.-Ochs/ Kulturzentr/Technikforum/Sparkasse/Weihn.-markt), 01 Gladbeck (Stadtgal) / **Lit.: 128**-01

Benteler, Heinrich (A/Dipl.-Ing) (G/Khw) / NEU: 1892 Münster – 1975 ebd. / (Biografie in Beilage: CD-Ausgabe 2006)

Bentheim-Steinfurt – Westf. Laienzeichner- u. Malerfamilie – 19./20. Jh. in Bentheim/Burgsteinfurt (Burgsteinfurt, heute Steinfurt) / **Lit.: 215**-6 // Brüder: **Wilhelm Prinz zu** (Z) / 1814 – 1849 // **Julius Prinz zu** (Z) / 1815 – 1857 // **Carl Prinz zu** (Z) / 1816 – 1854

Bentheim, Elisabeth Prinzessin zu (M/Z) / 1886 Bentheim – 1959 Burgsteinfurt / nach Kindheit u. Schulzeit in Bentheim u. Burgsteinfurt: Stud.-Düsseldorf um 1910 Akad. u. Berlin / lebte in Berlin, Burgsteinfurt, MS *(Am Katthagen),* wieder Berlin, ab 45 Burgsteinfurt, dort stirbt sie 59 a. e. Krebsleiden / um 31 Mitgl. Gr.-„VWKuK“ / Ausst. u. a. in Münster, 2006 Gildehaus b. Bad Bentheim (Altes Rathaus) / **Lit.: 8a**-31 + **34**-9,2 + **84**-66(S. 89)/68

Bentheim-Tecklenburg, Agnes Fürstin zu (Z) / 1804 – 1866 / **Lit.: 215**-6(erw. S. 16)

Bentheim-Tecklenburg, Nicolaus Prinz zu (M/G/Z/D) / 1925 Rheda- / lebt s. 70 in Rom / Stud.-Düsseldorf 46-47 Akad., 48 Bühnenbildner-München, Köln 50-52 Wksch / ab 54 freisch. / Ausst. u. a. in Westf. / **Lit.:** u. a. **20**

Benub, Sylva (G/D/Ill/M) / 1974 Münster- / lebt (2005) in MS / Berufsausb. u. FoSfG-MS, Stud.-MS 95-2/01 FHD / Sammlerin/Restauratorin, Ausst.-Kuratorin von hist. Spielzeug = Ausst.-gen u. a. in MS/Syke/Dillingen + INT / Illustrationen in Kalender/Erzählungen/Postkarten = Ausst. u. a. 2004 MS (Classics), 20. 8. 04 Fernsehen (RTL/Vox), + Internet

Berendes, Ellen (O/I) / 1978 Reutlingen- / lebt (2005) in MS / Stud. Akad.-Stuttgart, Meisterschülerin / 7/04-05 Atelier am Hafen Speicher II – MS / Ausst. u. a. 2004 MS (Off. Atelier), Düsseldorf (Kunstraum)

Berendes, Linda (M) / 1962 Marl- / lebt s. 82 in Düsseldorf / s. 93 Weiterb.-kurse in Düsseldorf / Ausst. u. a. in Ratingen (Wasserburg), 2004 Hildesheim (Kv)

Berends, Irmhild (M/Z) / 1943 Bielefeld- / lebt (2005) in MS / ab 98 Besuch v. Weiterb.-Seminaren, s. 02 Stud. IfBKK-Bo.-Wattenscheid / ab 2000 Mitgl. Gr.-„T.U.N. Arb.-kr. Kunst 83"-MS, 03 Stellvertr.-Vors., später Mitgl. Gr.-„Spektrum 77"-MS / Ausst. u. a. 2000 MS (Sparkasse-Hüfferstr), 02 Rheine-Mesum, 02 MS (Volksbank) 03/05 MS (Krameramtshaus), 03 MS-Hiltrup (Autohaus), 04 MS (Café-Sentrup/Stadttheater/Raphaelsklinik), 05 MS (Krameramtshaus) / **Lit.: 39**-05 + **126a**

Berg, Peter Paul (M) / 1953 Nideggen-Embken/Rhl.- / lebt (2006) in MS / Atelier ab 7/04 Hafen-Speicher II – MS / (Biografie in Beilage: CD-Ausgabe 2006)

Berge, Helmut vor dem s. Vor dem Berge, Helmut

Bergedieck, Markus (A/Dipl.-Ing) / 1963 Sendenhorst- / lebt (2005) in Bielefeld u. Werther / Stud. FH-Detmold (Archit) / in Berlin tätig, ab 99 im Büro H. M. **B**runs – Bielefeld, s. 2000 Büro „**c**rayen – bergedieck Stadtplaner & Architekten" – Bielefeld / 2000 Archit.-Pr. OWL, 01 BDA-Pr. OWL, 04 = 2. Wettbew.-Pr. Bielefeld / Werke in Westf.-Lippe / **Lit.: 213a**-02

Bergemann, Marlies (Bild. Künstlerin) / * 1950 – / lebt (2006) in Südwestf. / Weiterbild./Kurse / 03 Gründerin der Gr.-„Artemisia" – (Hagen?) / Ausst. u. a. in Hagen/Dortmund/Chemnitz/Herdecke/Hof/Remscheid, 2006 Dortmund (Firma PRO DV)

Berger, Benedikt Anton (M) / 1856 – 1929 / war in Dortmund tätig / andere Daten nicht bek. / **Lit.: 120a**-3(Anh. = * 1756 wohl Fehler)

Berger, Erich (A) / 1933 Lemgo- / lebt (98) in Lemgo / ab 84 Büro: „Planen + Bauen Lemgo GmbH" (8 Partner), 84-94 = 17 Preise / Werke in Westf.-Lippe + N (s. Lit.) / **Lit.: 197**-95+97

Berger, Paul (M) / 1950 Münster- / lebt (2005) im Haus Kannen – Münster = s. **G**r.-„Haus Kannen"-MS / Ausst. u. a. 1997 Düsseldorf (Kunstpalast), 98 Hochheim (Turm-Gal), 98/2002/ 04-06 MS (Haus Kannen), 2000 Rotterdam (Gal. Atelier Heerenplats) / **Lit.: 93**

Berges, Heinrich (M/G/Glasm) / NEU: 1912 Valdorf b. Vlotho – 1984 Vlotho/Weser / (Biografie in Beilage: CD-Ausgabe 2006)

Bergkemper, Heinrich (Heinz) (B/Mosaikk) / NEU: 1925 Langenberg b. Wiedenbrück – 2001 Gütersloh / (Biografie in Beilage: CD-Ausgabe 2006)

Bergmann, Karin (B/Obj.-Des) / 1965 Verden/Aller- / lebt (2006) in Hamm / Stud.-Dortmund 88-93 FHD (Obj.-Des) / ab 2000 Lehrt. Jugendkunstsch.-Hamm / s. 2000 Mitgl. „Hammer-KB", 02 „BBK-Westf."-Dortmund u. 04 Gr.-„Reflex"-Kamen / Ausst. u. a. in Ergste, 2001 Hamm (Max.-Park), 03 Dortmund (Torhaus/Mus. f. K. u. K.), Witten (Boesner), 04 Castrop-Rauxel (Rathaus), 04/05 Kamen (Stadthalle/Gal. im Technopark), 05 Bad Sassendorf (Kongresszentr/Klinik Lindenplatz), + Westf. / **Lit.: 3**-03(1+2)+04(1)+05(3)

Bergmann, Margret (K) / 1970 Visbeck- / lebt (2005) in Borgloh / 91/92 Praktikum b. Volker J. Trieb, 92-95 Keramikerausb. / Tätigk.-en in Frankr. u. Deutschl., s. 98 „Atelier Tonwerk" m. Wolf **E**wert in Borgloh / Keramikausz.-gen: 01 = 2. + 03 = 1. Euregio-Wettbew.-Pr. Raeren-Belg., 03 = 1. Pr. Biennale in Steenwerck / Ausst. u. a. 1998 Alt Barenaue (Burg), 99 Ochtrup (Töpfermus), Hagstedt/Moormerland, 2000 Dötlingen (Die Galerie), 01 Oldenburg (Designerhouse), 02 Holperdorf (Atelier-Gräbener), 02/03 Raeren-Belg., 02/04 Eupen-Belg., 03 Steenwerck (Biennale), Bad Essen (Schafstall), Aachen (Gal.-Blaues Haus), 04 Berlin (Britzergarten), Lille-Belg. (Hospiz), Lemgo (Stadtgal), 05 Bad Rehberg (Markt)

Bergmann, Regine (B) / 1945 Brünn- / lebt (2005) in Bochum / 63-66 Päd.-ausb., 66-67 Stud.-Düsseldorf, 75-81 in Italien, s. 82 freisch. / Mitgl. Gr.-„Kunst im Zwischenraum"-Bochum / Lehrt./Kurse / Ausst. s. 1990, u. a. in Merzhausen, 1996/99/02 Bochum, 97 Bukarest-Rumän. (Kulturhaus), 98 Herne, 2000/01 Bochum (Gal.-Simplon/Brauerei Fiege), 01 Witten (Haus Herbede), 05 Herten (Zeche Ewald) / **Lit.: 257**

Bergmann, Susanne Anna („anna") (M) (Autorin) / 1938 Duisburg- / lebt (2001) in MS / Autodidaktin / um 80/88 Beteil. an münster. Kunstmärkten, dort 4x Preise = 2. Pr. 1983 u. 1. Pr. 87 / Ausst. u. a. 1984-90 MS (Hotel Krautkrämer), 86 Gütersloh (St. Elisabeth-Hospital), 88 MS (BfG), 89 Telgte (Mus), 2001 MS-Hiltrup (Sparkasse) / **Lit.: 185**-89(u. a.-S. 34-36) + S. A. B.: Gestaltung d. Kinderseite im Journal des Hotels Krautkrämer, 1985-90; s. 87 jährl. eine Weihnachtskarte m. Text; S. A. B.: „Die Geschichte vom

Stühlchen mit den kurzen Beinen" – Verl.-Dr. Chr. Klotz-MS, 12/2000 (zugunsten d. Stiftung „Deutsche Kinderkrebshilfe")

Bergmann, Uwe (M/Z/Khw) / 1949 Brunsbüttel- / lebt (2004) in Freudenberg / Beruf: Dreher u. Kunstmaler / s. 87 künstl. tätig, Zeichungen/Malerei auf Seide/Leinwand/Glas/Porzellan / eig. Galerie in der Altstadt Freudenberg / Ausst. in Südwestf. / **Lit.: 110b + 110c**-04

Bergstermann, Wolfgang (A/Dipl.-Ing) / 1944 Dortmund- / lebt (2005) in Dortmund / Stud.-Ing.-Schule f. Bauwesen-Essen / ab 68 selbst., eig. Büro bis 2000 „**S**chwill/Bergstermann"-Dortmund, ab 2000 „Bergstermann Architekten" m. Prof. M. **D**utczak u. E. **K**irchhoff (01) / Mitgl. „BDA" / Wettbew.-Preise/Werke = NRW+N (s. Lit.+Internet) / Ausst. u. a. 2004 MS-Coerde (Speicherstadt) / **Lit.: 197**-01 + **197b**-99 + **251a**-04

Berk, Maren (O/I) / 1977 Berlin- / lebt (2004) in Münster / Stud.MS s. 2000 Akad. / Ausst. u. a. 2002 MS (Gast-Atel.-Schulstr), 03 MS (CUBA), Rheine-Bentlage (Kloster), Schwerte (Kv), Gelsenkirchen (Kv) / **Lit.: 229**-03 + **235**-03

Berke, Sybille (O/B/M) / 1949 Ulm – 1998 / lebte in Düsseldorf / Stud.-Kiel 67-72 FH, Bremen 72-73 FH, Bremen 73-74 Univ. u. Düsseldorf 74-80 Akad., Meisterschülerin / 90-92 Lehrt.-MS Akad., 93-94 Gastprof. / 77 Pr. Poensgen-Stift. Düsseldorf, Stip.: 82 NRW u. 85 Bonn, 88 Skulpt.-Pr. Seestern Düsseldorf, 92 Pr. Villa-Romana, 95/96 Stip. Künstlerdorf-Schöppingen / Ausst. = N/INT / **(s. = A/E)** / **Lit.:** u. a. **4**-Düsseldorf + **46**-81 + **79/79a** + **94** + **107**-80+92+93+ 95...98 + **121** + **125d**-85 + **125f**-89 + **165**

Bernard, Maria (B/O/I/D) / 1960 Nirm b. Geilenkirchen- / lebt s. 91 in Bielefeld / Stud.-Aachen (Obj.-Des) / Werk in Bielefeld (Nicolaikirche) / Ausst. u. a. 1990 Aachen (PH), 91/93/01 Bielefeld (Off. Atelier), 92 Eschweiler/Aachen (Stadtmuseen), 94 Krefeld (v. d. Leyden-Platz), 2000 (u. a.-Ravensb.-Park), 01- Bielefeld/OWL (Archiv), 02 Bielefeld (Nicolaikirche/ Stadt-Artothek) / **Lit.: 152**-93+01 + **192**-01

Bernd, Monika (Z/I/F) / 1966 Gelsenkirchen- / lebt (2004) in MS / Stud.-MS 86-94 Univ. (Phil/ Deutsch/Kunst) u. 95-99 Akad. / ab 96 Lehrt.-MS / Ausst. s. 1995, u. a. MS (Atelier), 2001-03 Tecklenburg (Heimathaus), 03 MS (Westf. Kl. f. Psych), Welbergen (Alte Kirche) / **Lit.: 69**-01-03 + **237**-03

Berner, Manfred (F) / lebt (2005) in Halle/W. / Wettbew.-Ausz.-n = N/INT / s. 03 „FotoWerkstatt" Alte Lederfabrik – Halle/W. / Mitgl. „DVF" u. „Photogr. Ges."-Bielefeld / Ausst. u. a. in Herten/Gütersloh, Halle/W. (Gal.-Remise), 2002 Bielefeld-Brackwede (Bez.-amt), 03 Halle/W. (Bürgerzentr), 04/05 Halle/W. (Off. Atelier) / **Lit.: 152b**-04+05

Bernhöft, Michael (M) / 1950 Unna- / weitere Daten nicht bek. / **Lit.: 98a**

Berning, Anne (M/I) / 1958 Werl- / lebt (2006) in Hamburg u. Berlin / NEU: Stud.-Hamburg 81-87 HfBK / 88-90 DAAD-Stip. f. Wien, 91 Stip. Worpswede, 92 Stip. Künstlerdorf-Schöppingen (K), 93 Stip. Schloss Bleckede, 94 Kunst-Pr. Nordhorn, 2000 Förderung „Goldrausch"-Berlin (K) / (Biografie in Beilage: CD-Ausgabe 2006)

Berning-Tournier, Michaela (M/Z) / * 1949 – / lebt (2005) in Borgholzhausen / verh. mit Wolfg. **B**lockus / Stud. Univ.-Freiburg/Br. (Phil/Germ/Rom), Malerei b. Th. Zeller u. Gast Kunsth.-schule Madison/Wisc.-USA / 03 Lehrt. Sommerakad.-Borgholzhausen / Ausst. u. a. in Göttingen, 2002 Bad Salzuflen („Das Fachwerk"), 04 Borgholzhausen (Off. Atelier) / **Lit.: 191b**-04

Berswordt-Meister (Meister des Berswordt-Altares) s. **M**eister des Kreuzigungsaltares ...

Berteling, Johann Heinrich (Z) / 1738-1776 Landmesser in Münster (nicht im Baubüro Schlauns tätig) / **Lit.:** s. G. Dethlefs + **215**-6

Berthold, Jürgen (verh. J.-E. Meister) (M/G) / 1940 Gelsenkirchen- / lebt (2005) in Gelsenkirchen / Malerei s. 57 / Stud.-Bochum 94-97 IfbKuK, 97 Meisterschüler / s. 2000 Malkurse u. eig. „Kleine Galerie" in Gelsenkirchen / Ausst. s. 1970 in Süddeutschl., lfd. in eigener Galerie – Gelsenkirchen, + NRW/NL / **Lit.: 26a**-05 + J. B. – „Informell 2000-2001" – Selbstverl.-Gelsenkirchen, 2002

Berthold, Kay (F/D/Vis.-Komm) / 1974 Altena- / lebt (2005) in Dortmund / 95 Fotopraktikum, Stud.-Dortmund 96-05 FHD / 05 Ausz.: 2. Platz WAZ / Ausst. u. a. 2001/02 Dortmund (Künstlerhaus/Phoenixgelände), 03 Prag (Goethe-Inst), Nijmwegen-NL (Marienburgkapelle), 05 Frankf.-M. (Buchmesse), Dortmund (Heimatdesignmarkt), 06 Gelsenkirchen (Wissenschaftspark) / **Lit.: 203d**

Besner, Gert (Goldschm/Schmuckgest) / 1945 Gelsenkirchen- / lebt (88) in Bochum / Ausb. z. Uhrmacher/Gold- u. Kunstschmied, 71-73 Stud. Wksch.-Köln/FH-Wuppertal, 75 Goldschm.-Meisterprüfung / s. 80 Sommeraufenth. in Irland, 86 = 1. Schmuckdesign-Pr. Royal Dublin Society / war Mitgl. „AdK“-Südwestf. / Ausst. u. a. 1987 Dortmund (Signal-Gal), + N/INT / **Lit.: 48c**-87

Beste, Alexander (Medien-Des/Video- u. Filmk) / 1977 Lennestadt(Altenhundem)- / lebt (2006) in MS / Schauwerbegestalterausb., tätig im Messebau u. als Werbetechniker/Theatermaler/ Bühnentechniker, danach Stud.-MS bis 7/05 FHD / ab 05 freisch., u. a. bis 06 2 Filme mit Martin Bauer / **Lit.:** Internet

Bettenhausen, Helmut (O/I/F/G/D/Aktionsk) / 1935 Wanne-Eickel- / lebt (2006) in Herne / NEU: Gründer (s. 64) = Atelier-Gr. „Unser Fritz“ Künstlerzeche „Unser Fritz 2/3“-Herne-Wanne / (Biografie in Beilage: CD-Ausgabe 2006)

Bettermann, Hermann (M/G/O/Glasm/Innenarch) / NEU: 1908 Hagen – 1993 ebd. / (Biografie in Beilage: CD-Ausgabe 2006)

Bettges, Arnold (I/O/Gest/Innenarch) / 1956 Neukirchen-Vluyn- / lebt (2005) in Hagen / 79-81 Tischlerausb., Stud.-Detmold 85-91 FH (Innenarchit) / Ausst. u. a. 1999/2001-03/05 Hagen (u. a.-Mus) / **Lit.: 97**-03+05

Betz, Juliane Katharina (Konzeptk) / 1979 Gütersloh- / lebt (2005) in MS / Stud.-MS ab 2000 Akad. / Ausst. u. a. 2002 Bonn (Frauenmus), 03 Detmold (Freilichtmus), 04 Hörstel-Gravenhorst (Kloster) / **Lit.: 245**-04

Betz, Sebastian (B) / 25. 12. 1955 Achmühle/Starnberger See- / lebt (06) in Meschede / NEU: 02 Gründer/Vors.-er Gr.-„Villa Künstler-Bund“-Meschede / (Biogr. in Beilage: CD-Ausgabe 06)

Beucker, Ivo (B/Z) / NEU: 1909 Barmen – 1965 Düsseldorf-Oberkassel / lebte bis 1932 in Westf., u. a. in Hagen/Köln/Berlin u. Düsseldorf / (Biografie in Beilage: CD-Ausgabe 2006)

Beutz, Esther (F/D) (Autorin) / 1970 Wilhelmshaven- / lebt (2005) in Hannover / 91-92 Fotopraktikum in Oldenburg, Stud.-Dortmund 92-99 FHD / s. 98 freiberufl. tätig, ab 2000 Mitgl. Agentur „Joker“, 03-04 Lehrt. Univ.-Hildesheim / s. 99 Mitgl.-„BFF“ / Ausst. u. a. in Oslo-Norw./Wiesbaden, Hamburg (Mus. f. Völkerkunde), Frankf.-M. (Buchmesse), 1995 Herten (Fototage(K), 97 Essen (Kunstschacht(K), 99 Dortmund (Geschichtswerkst), 99/2000 Hagen (Blesel Fine Art), 2000 Bochum (Bahnhof-Langendreer), 2000/01 Köln/Düsseldorf, 01 Essen (VHS), 02 Dortmund (Phoenix-Gelände), 04 Köln (Photokina), Hildesheim (Kv), 05 Hildesheim (Kv(K), + N / **Lit.: 203d** + K = Katalog + E. B.: „Hagazussa“ – Bildband – 2000

Bewig, Georg (A/Dipl.-Ing/Dr. Ing) / 28. 3. 1875 Braunschweig – 3. 10. 1949 Quedlinburg / bis 1898 Stud. TH-Braunschweig / tätig in Straßburg/Mannheim/Essen/Berlin/Straßburg/Frankf.-M., Dipl.-Ing. 1907 TH-Darmstadt, 08 Kattowitz, Stadtbaurat 08-11 Marburg, 11-35 Witten, 24 Dr.-Ing. TH-Braunschweig / nach 35 in Dortmund/Berlin/Witten u. Quedlinburg wohnhaft / Werke u. a. in Marburg u. Witten (Rathaus) / **Lit.:** Internet (m. Lit.)

Beyer, Franz (Bayer/Bayrer) / Maurermeister aus Tirol, 1749 Bürger v. Hachenburg im Westerwald / baute mit s. Sohn Johannes Peter B. (Maurerpolier) 1749-53 die Kirche in Wenden, Kr. Olpe / **Lit.:** W.H./G.D. **+ 112a**

Beyer, Gottfried (M/G) / NEU: 3. 3. 1889 Coesfeld – 17. 4. Warburg / nach Schulzeit in Coesfeld: Stud.-MS ab 1909 Univ. (Kunstg) u. Kassel bis 15 HfK / war 16-19 Lehrt. Hannover u. Solingen, 20-36 in Warburg / Werke in Warburg (Museum) / Ausst. u. a. 1916-19 Hannover (Künstlerhaus), 17 MS (WL), 89 Warburg (zum 100. Geb.) / **Lit.: 63a**

Beyer, Renate (M/Khw = Batik) / 1941 Berlin- / lebt s. 81 in Bielefeld / 66-74 lebte sie in Nordsumatra u. Indien, dort s. 90 Batikkurse, Malkurse bei Antal Berecz / Lehrt.-Bielefeld (Sonderpädagogik) / Ausst. u. a. in Bielefeld/Hagen, 1996 MS (Evang. Perthes-Werk), 98 Iserlohn (Evangel.-Akad), 2000 Lünen (VHS), 05 Hagen (Hagenring-Gal), + Westf. / **Lit.: 263**

Bezjak, Roman (Prof) (F/D) / * 1962 Ptui/Slowenien- / lebt (2005) in Bielefeld u. Hamburg / nach Schulzeit in Hilden: Stud.-Dortmund 85-89 FHD / s. 86 Veröffentl.-en/Bild-Reportagen u. s. 89 freisch. tätig f. Firmen/Magazinen, 90-99 Mitarbeiter Magazin „Frankf. Allgemeine“, s. 93 vertreten in Agentur „FOCUS“-Hamburg, ab 2000 Prof. FHD-Bielefeld / 95 Deutscher Foto-Pr. / Beteil. Bielefelder Symposion / Ausst. u. a. 1987 Köln (DuMont-Haus), 93/95 Stutgart (Haus der Wirtschaft), Frankf.-M./Köln, 96 Hamburg (Deichtorhallen), Herten (Fototage), 98 Hamburg (Völkerk.-mus), Solms (Leica-Gal) / **Lit.: 114x** + In: „Deutscher Photopreis 93 + 95“ – Kataloge – Haus der Wirtschaft – Stuttgart, 1993/95; In: „Das deutsche Auge“ – Ausst.-kat. – Deichtor-Hallen-Hamburg, 1996

Bialach, Alice (Bialac) (M) / 1958 Preussisch Stargard/Polen- / lebt (2006) in Lippstadt / Stud.-Danzig 80-87 Akad. / 87-88 Stip. Poln. Kultusministerium u. Bühnenb.-in in Gdingen, 01

Wandmalproj. Lippstadt u. in Nicaragua / Mitgl.-„Hammer-KB“, s. 01 „BBK“-Westf. Dortmund / Ausst. u. a. in Polen/Landau-Pfalz/Annweiler/Danzig/Köln, 2001 Hamm (Max.-Park), 02 Dortmund (Rathaus/Advance Holding), 02/03/05 Bo.-Wattenscheid (Technol.-Zentr), 03 Dortmund (Torhaus/Mus. f. K.u.K.), Attendorn (Rathaus), Witten (Boesner), 04 Lippstadt (Gal.-Pawlick), 05 Herne (Archäol.-Mus), + NRW / **Lit.: 3**-02+02/03+03(1+2)+05(1+2)

Biallas, Ursula (M/B) / * in Essen- / lebt (2005) in Dortmund / s. der Jugendzeit in Dortmund, tätig in der Stadtbibliothek / s. 2000 Weiterb.-kurse in Dortmund u. Worpswede / Ausst. u. a. in Dortmund, 2005 Dortmund (Stadtbibliothek)

Biebersdorf, Gerald (F/D) / 1966 Münster- / lebt (2005) in Düsseldorf / Stud.-MS 89-95 Univ. (Kunstg) u. Dortmund 95-05 FHD / 01 Preis Marianne-Brandt-Wettbew. / Ausst. u. a. 2002/03 Düsseldorf (Kunstpalast), 05 Dortmund (FHD), + NRW / **Lit.: 107**-02+03 + **203**-05

Biebert, Eric (B/O/Khw) / 1965 Eschwege- / lebt (2004) in MS / Autodidakt / s. 2000 freisch. / Ausst. u. a. 2002 MS (Vitrine im Bahnhof), 02/03 MS-Handorf, 03 MS (Messe), Dortmund (Messe), Dresden (Gal.-„erotic art“), 04 Ahlen (Tanzschule), MS (ehem.-Höttehalle), Leipzig

Biederbick, Karlheinz s. bei **B**iederbick-Tewes, Christa / **Lit.:** u. a. **239**-75+77+87

Biederbick-Tewes, Christa (geb. Tewes/auch: Biederbick) NEU: (Prof) (B/G) / 1940 Balve/W.- / lebt (2004) in Mainz u. Hamburg / Gatte ist Prof. Karlheinz Biederbick (B) * 1934 (Magdeburg) / 88 Gastdoz.-Hamburg, 91 Prof. in Mainz / (Biografie in Beilage: CD-Ausgabe 2006)

Biedermann, Werner (F/D/Filmk) / 1953 Essen- / lebt (96) in Essen / Stud.-Essen 72-77 Univ./ GH (Vis.-Komm) / 84 Förder-Pr. NRW / Ltg. Filmseminare/Workshops u. Lehrt. Univ.-en MS/Essen / Filme s. 75, ab 85 Ltg. VHS-Kino in Essen / Ausst./Auff.-gen u. a. in Schweden, 1985/90/94 in MS, + N / **Lit.: 181** + **196**-85+90+94

Biegerl, Käthe (B) / 1925 Bielefeld- / lebt (2005) in Bielefeld / Werke s. 1941 / Ausst. u. a. 1980-87/2005 Telgte (Mus) / **Lit.: 185**-80...87+05

Bielefeld, Eckhard (Industr.-Des) / 1956 Hamm/Westf.- / lebt (89) in Pforzheim u. (2002) in Uslar b. Göttingen / Stud. FHfG-Pforzheim / war in Österr. u. danach freiberufl. tätig, jetzt Design: „ECTO“-Uslar / **Lit.: 205a**-89

Bielefeld, Friedrich Gerhard (M/D) / 1907 Mülheim/Ruhr- / lebt (83) in Espelkamp / Stud.-Essen Folkwangsch. u. Akad.-Düsseldorf / war Mitgl.-„BBK“-OWL / Ausst. u. a. 1981 Bielefeld (Kunsthalle), + OWL / **Lit.: 53** + **124**-81

Bielfeld, Dorothee (B/A) / 1973 Bochum- / lebt (2005) in Bochum / 92-94 Steinbildh.-inausb. in Pleidelsheim, Stud.-Darmstadt 94-97 TU u. London 97-99 Univ. (Archit), Master of Arts / ab 2000 in Bochum freiberufl. tätig, Zus.-arbeit/Arb.-gem.-en m. anderen Architekten / s. 01 Mitgl. „Boch.-KB“ / **A**rchitektur: s. 96 Werke/Wettbew.-Preise in Ahlen/2xBochum/Hamburg/ Gelsenkirchen/Herten/2xEssen/Wuppertal, weitere Projekte in N+INT / öff. **B**ildh.-Projekte: 97 London, 2000 Bochum (1. Pr.), 01 Salzburg/Lichtenfels, Bad Wimpfen (2. Pr.), 02 Bochum/Essen, 03 Bochum/Bad Wimpfen, 04 Bochum (Melanchtonkirche) / **A**usst. u. a. 2004 Bochum (Melanchthonkirche/Stadtarchiv), Dortmund (Stadthafen), + Internet / **Lit.: 146**-04 + D. B./Hartmut Schröter: „Atemwende“ – Installation in der Melanchtonkirche in Bochum“ – Bönen, 2004

Bielfeld, Klaus (B/Restaurator) / 1948 Bochum- / lebt (2004) in Bochum / Steinmetz u. Steinbildh.-ausb.-Erwitte, Meisterprüfung, s. 71 selbst. / 70/72/78 Preise „Junges Handwerk“ Köln/Aachen, 89 Staats-Pr. NRW / ab 74 Mitgl. „AdK”-Südwestf. / Ausst. u. a. 1969 Dortmund (Euroflor), 70/72 Köln, 73 Gelsenkirchen (BIV), 75/77/79/81/83/85/89/91 Bonn/Hagen/Wesel/Bielefeld/Wesel/Cappenberg/Zons/Wesel (alles „manu factum“), 76/78 Aachen, 91 Dortmund (BUGA), 91/93/95 Opherdicke (Schloss), 92 Bonn/Köln (ZDH), 96 Bochum-Stiepel (Kloster) / **Lit.: 48c**-87(Anh.) +99+03(erw.) + **48x**-75...89+91 + **146c** + „K. B.“ – Steinmetz u. Steinbildhauer – Hg.: Handwerkskammer-Arnsberg – Heft 3 – 1994

Bielitza, Michael (Prod.-Des) / 1966 Bochum- / lebt (2004) in MS / Maschinenschlosserausb., Stud.-MS bis 96 FHD / 93-99 Firma „Schorlemmer + Bielitza Produktgestaltung“ in MS, ab 99 Firma „PILOTprojekt“ m. Schorlemmer/Bielitza/Weitkemper u. Förster, (93-98 Mitinh. Firma „CINQ“ – Vertrieb f. Form GmbH) / Ausz. u. a. 96(2x)/99 red dot award Essen, 99 Design-Pr. NRW, 2000 Bundes-Pr. Prod.-Des. Berlin / Ausst. u. a. 2001 Essen (Des.-Zentrum-NRW) / **Lit.: 205x**-99 + **205z**-96(2x)+99 + In: „bundespreis produktdesign 2000/01“ – Vision 21 – Frankf./M, 2001

Biembacher, Erik (G/D/Ill) / 1973 Soest- / lebt (2006) in MS / Stud.-MS 93-2/2000 FHD / eig.

(Gestaltungs)-Büro „Sozialpalast“ – MS / Ausst. u. a. 1997/99 Frankf.-M. (Buchmesse), 2006 MS (Gast: Off. Atelier-Hafen Speicher II) / **Lit.: 122**-97+99

Bien, Fritz (M/Z) / 1909 Tsingtau/China – 2001 / lebte ab 74 in Gevelsberg / Nachfahre hugenottischer Einwanderer, ab 19 in Deutschl. / Ausst. u. a. Gevelsberg (Gal.-Janzen) / **Lit.:** Internet

Bienefeld, Martin H. (F) / 1932 Penzig/Schlesien- / lebt (90) in Lüdenscheid u. Werdohl / s. 44 Fotografie / Mitgl.-„VDAV“, „AFIAP“ u. „EFIAP“ / Ausst. = Westf. / **Lit.: 125 + 125f**-89

Bienen, Hildegard (B/M/G) / 17. 9. 1925 (Dinslaken)-Walsum – 20. 3. 1990 Marienthal / Autodidaktin, ab 55 in Brünen u. s. 67 Marienthal (zw. Borken u. Wesel) freisch. tätig / Werke in NRW / Ausst. u. a. 1978 Recklinghausen (Kunsthalle) / **Lit.: 26**-10 + **146c** + **167a** + In: „Ars Sacra ′75“ – Katalog – Köln, 1975; Leonhard Küppers: „H. B.“ – 1977

Bienhaus, Herbert (Glasm/Wandm/G/B) / 1906 Lüdenscheid – 1960 Köln / Stud.-Düsseldorf 25-26 Akad. u. Köln 26-32 Wksch, Meisterschüler / lebte in Köln / 34 Mitbegr.-„Westf. Werkstätte“ / Werke in NRW / **Lit.:** u. a. **26**-10 + **125a** + **125b**

Bierhoff, Tatjana (B/Goldschm) / 1954 Neheim-Hüsten- / lebt (2004) in Sundern / 71-75 Goldschm.-ausb., 91-94 Steinbildh.-ausb. u. 97-99 Denkmaltechn.-Assist.-ausb. / ab 89 Lehrt. in Südwestf. / Mitgl. Gr.-„Hagenring“-Hagen / Ausst. u. a. in Bremerhaven/Knechtsteden/B.-Württ./Portugal, + Südwestf. / **Lit.: 97**-04

Biermann, Leopold (M) / (?) * 1875 Sprenge/Kr. Herford – 1922 München / ? („Sprenge“ = Niedersachsen oder Schlesw.-Holstein! Im Kreis Herford gibt es nur „Spenge“!) ? / lebte um 1920 in Bremen / **Lit.: 26**-10 + **34**-8,2 + **108**-1

Bierwirth, H. G. (A) / war um 1963-84 im Staatshochbauamt Düsseldorf tätig / 63-84 Baultg. Ruhr-Univ. Bochum / **Lit.: 146b**

Bierwirth, Susanne (F/D) / 1968 Altena- / lebt (2005) in Eschwege / Stud. FHD-Dortmund / Ausst. u. a. in Mühltal, 1991 Dortmund (FHD), 97 Darmstadt / **Lit.: 203**-91

Bijl, Guillaume (Prof) (O/I/F.-Inst. u. Videok/M) / 1946 Antwerpen/Belgien- / lebt (2006) in MS u. Belgien / erst Malerei, 69-70 Film- u. Theaterstudium / 88 Pr. Niederösterr., 90 Staats-Pr. Flamen, 92 Beteil. 9. documenta-Kassel, 03 = 2. Wettbew.-sieger Recklinghausen (Hochlarmark) / 79-2000/01 Prof. Akad.-Maastricht, ab 01 Akad.-MS, Lehrt. Intern. Sommerakad.-Salzburg / Ausst. s. 1979, u. a. in Köln/Aachen, 87 Düsseldorf (Gal.-Schmela), 2x88 Dortmund (Mus. am Ostwall), 91 München (Lenbachhaus), 92 Kassel (documenta), 93 Venedig (Biennale), 94 Hannover (Sprengelmus), 98 Recklinghausen (Kunsthalle), 2000 Paris (Centre Pompidou), 01 Nordhorn/Bremerhaven/Brügge, 02 Essen (Mus.-Folkwang), Frankf./M. (Schirn-Kunsthalle), Recklingh.-Hochlamark, Antwerpen/Liverpool, 03 New York (D.-Zwirner-Gall), MS (Halle-Am Hawerkamp), 04 Esslingen (Villa Merkel), Paris (Jeu de Paume), Basel (Littmann-Kulturprojekte), Istanbul-T. (Mus), 05 Herford (MARTa), MS (WL), Kassel (Kunsthalle), 06 Essen (Kunsthaus), + INT / **Lit.: 26**-10 + **28a** + **64b+c** + **109**-9 + **231b+c** + „G. B.“ – Stellproben – Ausst.-kat. – Mus. am Ostwall-Dortmund, 1988(m. Lit.-ang.); In: „Materialien zur DOCUMENTA IX“ – 1992; In: A. u. Ch. Murken (Hg.): „Romantik in der Kunst der Gegenwart“ – Köln, 1993; „G. B.“ – 52. Ruhrfestspiele – Ausst.-kat. – Kunsthalle-Recklinghausen, 1998; In: „Shopping“ – Hatje-Cantz-Verl.-Ostfildern, 2002; In: „Kunst im Hochlarmark“ – Dokumentation ... – Recklinghausen, 2003

Bildheim, Cornelia (M) / 1950 Gevelsberg- / lebt (2006) in Gevelsberg / Mitgl. Gr.-„Gevelsberger Künstler“ / Ausst. u. a. jährl. Gevelsberg (Rathaus), 2004/06 Gevelsberg (VHS/Bürgerzentrum/Wasserschloss Werdringen), 05 Schwelm (Kreishaus)

Biller, Reinhold (B) / * 1922 – / lebt (90) in Gronau / Werke s. um 85 / 88 Bischof-Tenhumberg-Pr. Telgte / Ausst. u. a. 1988/89 Telgte (Mus) / **Lit.: 185**-88+89

Biller, Rudi (Industriedes) / * 1965 – / lebt (2002) in Iserlohn / 87-88 Stud.-aufenth. in England, 88-93 Stud.-Wuppertal Univ./GH / s. 93 m. Frank Haase Firma „Taurus design oHG“-Iserlohn / Ausz.-gen: 93 Design-Pr. NRW, 94 = 2. „Schöller“-Wettbew.-Pr., 95/96/99 Innov.-Des. Essen / **Lit.: 205**-97 + **205a**-01 + **205x**-93 + **205y**-98,1 + **205z**-95+96+99

Billerbeck, Hans (Steinhauer) / 1562 in Oelde/W. / erw. i. d. Bauakte v. Haus Geist / **Lit.: 26**-11

Billerbeck, Sundach von (Steinmetz) / lebte Mitte des 16. Jh.s / Mitarbeiter v. Arnd Johannssen, der 1558-67 Baumeister auf Schloss Horst in Gelsenkirchen war / **Lit.: 26**-11

Billig, Michael (F) / 1978 Weimar- / lebt (2005) in MS / Stud.-MS ab 99 Univ. (Kommunik.-wiss/Ethnol/Kunstg) / 03/04 studienbegl. Praktikum Haus Kannen / freier Autor u. Fotograf (u. a. Zeitungen) / Ausst. u. a. 2004 Weimar (Gal. am Markt), + Internet / **Lit.: 150**-04

Bilstein, Trude (Gertrud) (K) / NEU: 9. 5. 1914 (Ennepetal)-Voerde – 14. 9. 1998 Wuppertal / Stud.-Stuttgart 35-37 Kgsch u. Staatl. Keramikfachsch.-Landshut / Töpfermeisterin / Mitgl.-„AdK"-NRW / Ausst. u. a. in Westf. / **Lit.:** u. a. **1**-3 + **26**-11 + **48x**-64...66+69+78 + **216**

Binder, Rüdiger (Ritchy) (M) (Autor/Musiker) / 1956 Wanne-Eickel- / lebt (2002) in Herne / Weiterb. VHS-Herne/Wanne/Bochum / Ausst. u. a. 1996 Herne (GEA-Happel) / **Lit.: 142a**

Binke, Klaus (M/B) / 1948 Ahlen/W.- / lebt (99) in Hagen/W. / Stud.-Mainz 70-71 Kunsthochsch. (Kunst), MS 71-75 Univ. (Theol/Hist/Politik), Weiterb.-kurse in Hagen u. Stud.-Wuppertal/Dortmund 87-91 (Kunst) / ab 77 Lehrt.-Hagen / 89 Mitbegr./Mitgl. Gr.-„Kooperative K"-Hagen-Haspe / Ausst. = Westf. / **Lit.: 97d** + **153**

Binöder, Waltraut (B) / 1948 Cham/Oberpfalz- / lebt (2004) in Minden / Schreinerin- u. Holzbildh.-inausb. Fachsch. Garmisch-Partenkirchen u. Stud. Staatl. Kunstsch.-Ortisei/Südtirol / s. 94 Atelier „Bildh.-werkst.-Bachstr."-Minden, Mitgl. „Verein f. akt. Kunst"-Kr. Minden-Lübbecke / Ausst. u. a. 1997 Minden (Mus), 99/01/02/04 Minden (Off. Atelier), 04 Petershagen-Lahde (Fährstr. 30), + OWL / **Lit.: 152a**-99+01+02+04

Binzinger, Evelyn (Evi) (geb. End) (M/G/D/F/Origamik) / 1959 Oldenburg- / lebt (2005) in MS / Stud.-MS 79-80 PH u. 80-86 FHD / 93/94 Weiterb.-Essen (mdia-design) u. 98 MS (Freskomalerei) / s. 89 Lehrt.-MS (u. a. Kreativhaus), ab 04 u. a. VHS / Mitgl. Gr.-„Spektrum 77"-MS / Ausst. u. a. 1992 MS-Kinderhaus, 99 MS (Beteil. Mal-Aktion-Stadtwerke), 2001 MS (Off. Atelier), 04 MS (Café KSHB/VHS/DKV-Residenz), 05 MS (Krameramtshaus) / **Lit.: 39**-05

Bioly, Helmar (Holzgest/O/G/D) / 1970 Hagen/W.- / lebt (2006) in Ennepetal / Schreinerausb., Stud.-Dortmund 2000-2/06 FHD (Grafik u. Obj.-Des) / eig. Werkst. m. Bruder Thomas B. / Mitgl. Gr.-„Kunstraum"-Ennepetal / Ausst. u. a. in Dortmund/Schwelm/Ennepetal, 2002 Dortmund (Phoenix-Gelände), 04 Ennepetal (Kluterthöhle) / **Lit.: 203d** + **209**-04(=„Kunstraum")

Birckmann, Stephan (M) / lebt (1988) in Herne / lebte bis 63 in Namibia, s. 78 im Ruhrgebiet / Autodidakt / Ausst. u. a. 1986 Mülheim-R./Essen, Bochum (Univ), 87 Herne (Flottmann-Hallen) / **Lit.: 142x**-87

Birken, Rolf in den (M) / 1953 Gevelsberg- / lebt (2006) in Gevelsberg / Weiterbild. bei Werner Liebkies / Mitgl. Gr.-„Gevelsberger Künstler" / Ausst. u. a. jährl. Gevelsberg (Rathaus), 2003 Schwelm (Haus Martfeld), 2004/06 Gevelsberg (VHS/Bürgerzentrum/Wasserschloss Werdringen), 05 Schwelm (Kreishaus)

Birkle, Michael (F/D) / * 1958 – / lebt (94) in Minden / 79-82 tätig an Agenturen in Minden/Hannover, Stud.-Bielefeld 82-um88 FHD (Vis.-Komm/Fotodes) / ab 89 eig. Atelier / **Lit.: 205**-94

Birlo, Milli (M/Z/Coll.-k/F/T) / 1955 Münstermaifeld- / lebt (2005) in Bielefeld / Stud. FH-Trier Mode-Design u. Univ.-Trier/Bonn (Kunst/Kunstg/Ethnol.) / war techn. Zeichnerin Landesmus.-Trier, ab 80 freisch., s. 88 in Bielefeld eig. Atelier u. Textilkunstgeschäft, war Mitgl. Produz.-gal.-Bielefeld / Ausst. u. a. Bielefeld (Off. Atelier), 2000- Bielefeld/OWL (Archiv), + OWL / **Lit.: 152**-96...04 + **192**-01

Bisping, Ruth (Bisping-Gellermann, R.) (M/Ill//F/O/I) / 1953 Rietberg- / lebt (2005) in Bielefeld / NEU: Stud.-Hamburg 77-79 HWP (Soz), Bielefeld 79-87 FHD u. Braunschweig 90-92 HfBK / 95 Gast Villa-Romana-Florenz, 96 Förderung-NRW, 97 Stip. f. Toronto / ab 01 Mitgl.-„BBK"-OWL / Ausst. u. a. in Hildesheim, 1995-04 Bielefeld (Off. Atelier), 2000 Rietberg/Rébêrac b. Bordeaux, 2000- Bielefeld/OWL (Archiv), 01 Bielefeld (Ravensb. Spinnerei/Gal.-Baal), Bad Oeynhausen (Gal.-Artefakt), 02 Passau/Worms/Usingen b. Frankf.-M., Düsseldorf (Kunstpalast), 04 Oldenburg (BBK-Atelier), + NRW / **Lit.: 107**-02 + **124**-05 + **152**-95...2000 +01 (S. 20)+02...04 + **192**-01 + „R. B." – ZeitSpuren – Malerei – Ausst.-kat. – Rietberg – 2000

Bittner, Wolfgang (M/A/D) / * 1947 – / lebt (2006) in Fröndenberg / Stud. Wksch-Dortmund (Archit) / s. 75 selbst. / Mitgl. Gr.-„UN-art" (m. A. **K**oston/P. **T**rautner), ab 04 „BBK-Westf." Dortmund / Ausst. u. a. in Dortmund/Erwitte/Hagen/Lünen/Plauen/Bruay-Fr./Eindhoven-NL/Pisa-It./Rotterdam-NL, 2002 Karlsruhe (Sparkasse), 02/03 Kamen/Unna/Menden, 03 Frankf.-M. (Löwenhof), 04 Limburg, 05 Bochum (Technologiezentr) / **Lit.: 3**-05 (2) + Internet

Blanck, Günter (B/Metallgest) / 1949 Berlin- / lebt s. 59 in Hagen/W. / s. 75 künstl. tätig / Mitgl. Gr.-„das netz" / Ausst. u. a. 2000 Herrsching-Ammersee, 2000/02 Hagen (Pelmke Exhibition), 03 Soest (Kv), 05 Schwelm (Kreishaus), 06 Hagen (BEK) / **Lit.:** G. B.: „BLANCKer SCHROTT" – Jahreskalender – 1997

Blanke, Anja (Videok/Video-Inst.-k) / * 1967 – / lebt (2001) in MS / Stud. Univ.-MS (Ethnol) / Auff. u. a. 2001 MS (Atelierhaus-Schulstr.) / **Lit.: 196**-01

Blankenfeld, Rouven s. bei **K**remer, Jens Georg

Blankenstein, August (M) / 20. 9. 1876 Marmelshagen b. Bochum – 4. 10. 1931 Düsseldorf / Stud.-Düsseldorf 1890 Akad., 1891-94 Dekorationsmalerausb. u. Stud.-Düsseldorf 1897 Kgsch u. 1900-1910 Akad. / war in Düsseldorf tätig / **Lit.: 25**-1 + **26**-11 + **34**-8,2+9,2 + **146c**

Blase, Dieter (G/F/D) / 1953 Bremen- / lebt (2006) in Metelen / Stud.-Hannover 76-80 FHD (Grafik-Fotodes) / ab 86 eig. Atelier u. s. 91 Lehrt. / Mitgl. Gr.-„Oculus"-MS, „BDG", „Maximilian-Gesellschaft"-Hamburg, „Typogr.-Gesellsch."-München, „Fr.-Hundt Gesellsch."-MS u. 98 Gründer v. „Blende 22" in Steinfurt / eig. Buchwerke (s. auch Lit.!) bis 2003 = 18 Bücher (Grafik/Gestaltung/Fotografie) u. Mitarbeit an 31 Publikationen / Ausst. u. a. 1979 Hamburg (Kv), 80 Bremen (Gal.-Fedelhören), 98-01 Steinfurt (Huck-Beifang-Haus), 01 Nordwalde (Speicher), 01/02 Tecklenburg (Heimathaus), 02/04/05 MS (Landeshaus), 02/03 Potsdam (Bürgerhaus), 03 Ahaus (Rathaus/Villa van Delden), Steinfurt (Hohe Schule/Kreishaus), 04 Rheine-Bentlage (Kloster), MS (Projekt: „B 54"-Stadthaus I), 05/06 Rheine-Bentlage (Kloster = Workshop+Ausst), 05 MS (Stadthaus I/Raphaelsklinik) / **Lit.: 69**-01+02 + **205a**-01 (m. Lit.-ang.) + C. Nölting/D. Blase: „Menschen, Maschen u. Maschinen" – LWL, 1995; D. B.: „Designer über Design" – Deutscher Fachverlag, 1996; S. Zentek/D. Blase: „Handbuch Kommunikationsdesign" – Ludwigsburg, 2001; D. B.(Fotografie): „Erker" – Architektur-Bildbd.; „Deutschland" – Bildbd. – 1992; „Westfalen-Lippe" – Porträt – 1992; „Berlin" – Bildbd. – 1993; „Kulturatlas Westfalen-Lippe" – Hg.: Geogr. Kommission f. Westf. – Ardey-Verl.-MS, 2000; In: „Kosmos B 70" – Ausst.-kat. – Kulturforum-Rheine, 2004

Blattgerste, Tanja (M) / * 1970 (in Lippe)- / lebt (2004) in Kalletal / Stud.-Paderborn bis 2000 Univ./GH (Kunst/Päd) / Mitgl. Kulturwerkst., Atelier „Joker", dort Lehrt. / Ausst. u. a. 2001 Lage (Bürgerhaus), 02 Bielefeld (Ravensberger-Park), 02-04 Kalletal (Off. Atelier), 04 Detmold (Kreishaus) / **Lit.: 132a**-02…04

Bleeker, Andreas (M/G) / 1931 München- / lebt (99) in München / Sohn des Hermann **B**. / Stud. Akad.-München / Mitgl. Gr.-„Neue Secession".München / Ausst. = N (s. Lit.) / **Lit.: 26**-11 + **53** + **107**-84 + **107a**-57+63...98

Bleeker, Bernhard (Prof) (B/M/Z/Entw.-z) / 1881 Münster – 1968 München / NEU: Bruder v. Hermann **B**. / (Biografie in Beilage: CD-Ausgabe 2006)

Bleeker, Hermann (Bleeker-Kullmer) (Prof) (B/M) / 1889 Münster – 1975 München / Neu: Bruder v. Bernhard u. Vater v. Andreas **B**. / (Biografie in Beilage: CD-Ausgabe 2006)

Blendow, Bianca (Bianka) (O/I) / 1979 Demmin- / lebt (2005) in MS / Stud.-MS ab 01 Akad. / Ausst. 2003 Laer (Stadtmitte), 05 Wismar (Baumhaus), Recklinghausen (Kunsthalle), 05 Ingolstadt (Kv) / **Lit.: 256**

Bloch, August (M) / 1876 Dortmund – ? / lebte um 1930 in Köln-Münstereifel / Stud. in Köln u. Düsseldorf / war Lehrt.-Barmen (Weberschule) / war Mitgl. „Berg.-Kunstgen.-schaft" u. „Reichsverb.-BK" / **Lit.: 25**-1 + **26**-11 + **34**-8,2+9,2

Bloch, Dieter (M/Z) / 1952 Bottrop- / lebt (2005) in Bottrop-Kirchhellen / Stud.-Essen 71-74 Univ. (Deutsch/Kunst/Päd/Wirtsch.-wiss) u. Zeichenkurse b. Marco Altenhoff (Bielefeld) / Lehrt.-Gladbeck / Mitgl. Gr.-„Unikum" u. s. 95 Mitgl. Gr.-„Kunstgem.-Bottrop" / Ausst. s. 1995, u. a. in Bonn/Gladbeck/Gelsenkirchen/Freiburg/Westerland-Sylt, 2003/04 Bottrop (Sparkasse/ 3xKulturzentr), 04 Beteil.-Wanderausst.-Ruhrgebiet / **Lit.: 99c**-03+04 + **99d**-04

Bloch, Gabriela (T/O/M) / 1953 Bottrop- / lebt (2005) in Bottrop-Kirchhellen / Stud.-Essen 71-73 Univ. (Mathem/Kunst/Päd) / Lehrt. Bottrop-Kirchhellen / Mitgl. Gr.-Unikum" u. s. 95 Gr.-„Kunstgem.-Bottrop" / Ausst. u. a. in Bonn (Kunsth.-markt), Bottrop (Kulturzentr/Sparkasse/ St. Martinskirche), Bottrop-Kirchhellen (Hof Jünger)

Block, Friedrich W. (O/Konzeptk) / 1960 Berlin- / lebt ab 77 in Lüdenscheid, nach dem Studium in Kassel (2003) / Stud.-Lit./Kunst/Vis.-Komm., Promotion / in Kassel: Kurator der Lit.-stiftung Brückner/Kühner u. des Kunst- u. Lit.-vereins / Ausst. u. a. 1989/90/94/2000-02 Lüdenscheid (Mus), + N / **Lit.: 125e+f**

Block, Fritz (A) / 13. 1. 1889 Warburg – 23. 1. 1955 Hollywood/Kalif.-USA / bis 13 Stud.-TH: Karlsruhe/München/Darmstadt/Dresden, 15 Dipl.-Architekt, Stud.-Berlin 20 Kgsch (Innenarchitekt) / 18 Schinkel-Pr. Berlin, 19-20 Lehrt. Kgsch-Königsberg/Ostpr., 21-38 in Hamburg Partnerschaft m. Ernst **H**ochfeld (Block & Hochfeld), 38 Flucht in die USA / Werke in Norddeutschl. (Hamburg) / **Lit.: 25**-1 + **26**-11 + **34**-8,2+9,2 + In: Myra Warhaftig: „Deutsche jüdische Architekten vor und nach 1933 – Das Lexikon" – Berlin, 2005

Block, Jürgen H. (M/G) / 1957 Mülheim/Ruhr- / lebt (2004) in Mülheim/R. / ab 82 Weiterb.-Zeichnen in Berlin u. ab 98 Malerei bei Valentin Rusin, 2001 Meisterschüler bei Prof. Yang in Bo.-Wattenscheid / Ausst. u. a. 1998/99 Mülheim-R. (MK-Gal), 99 Essen (Gal. am Stern), Bochum (Gal.-Hebler/Gal.-Magic Art), 2000 Rhodos/Lingsfort-Arcen-NL, 01 Aachen (Gal.-Pietz), 02 Hefei-China, 03 Gelsenkirchen (Finanzamt), 04 Ennepetal (Kuterthöhle), Witten (Zeche Nachtigall) / **Lit.: 209**-04

Blockus, Wolfgang (M/Z/Materialb.-k) / 1944 Bromberg/Westpr.- / lebt s. 78 in Borgholzhausen / verh. mit Michaela **B**erning-Tournier / nach Jugendzeit in Hamburg u. Berufsausb.: 68 nach Berlin u. Beginn der Malerei, Autodidakt, ab 72 Mitgl. „BBK"-Berlin, Mitbegr. Gr.-„Futura"-Spandau, 78 Borgholzhausen, s. 99 freisch. u. Lehrt. Sommerakad.-Borgholzhausen / Mitgl. „BBK"-OWL / Ausst. u. a. in Berlin (Haus am Lützowplatz), Berlin/Bielefeld/Gütersloh, 2004 Borgholzhausen (Atelier), + N / **Lit.: 124**-05 + **191b**-04

Blömeke, Christel (B/I/Z) / 1967 Datteln- / lebt (2005) in Düsseldorf / Stud.-Siegen 86-92 Univ./GH (Angl/Kunst/Päd), 89-90 Teachin Assistant TU-Michigan/USA, Stud.-Düsseldorf 92-99 Akad. / 99 W.-Lehmbruck-Stip. Duisburg, 2000 DAAD-Stip. f. Südkorea (Lehrt.), 02 Förder-Pr. Stadt Monheim / war Lehrt. HdK-Saarbrücken u. School f. Art and Design Anyang/Seoul-Südkorea / Ausst.-en u. a. in Siegen/Düsseldorf/Duisburg/Lausanne-Schweiz, 1998 Saarbrücken (Mus), 2001 Bochum (gal.-januar), 03 Hamburg (Rathauspark), + N/INT / **Lit.:** „C. B." – Wilh. Lehmbruck-Stipendiatin 1999-2000 – Ausst.-kat. – W.-L.-Mus. – Duisburg, 2000

Blömeke, Sabine (O/D) / * 1962 – / lebt (2006) in Bochum / Stud.-Krefeld 88-99 HFD (Produktdes) / Wandgest.-en, u. a. 96-98 Krefeld / Ausst. u. a. 2000 Dortmund (Messe), 03/06 Bochum (Mus) / **Lit.: 146**-03+06

Bloemer-Dannert, Frauke (Bloemer, Frauke) (M/B/Konzeptk) / 1979 Herdecke- / Stud.-MS 01-04 Akad. u. Düsseldorf s. 04 Akad. / Ausst. u. a. 2001 Gevelsberg (Rathaus), 03 Wetter (Sparkasse), 04 Ennepetal (Kluterthöhle), Hattingen (Henrichshütte) / **Lit.: 209**-04

Blohm-Lahme, Sigrid (M) / 1942 Münster- / lebt (2006) in MS / Weiterb. Aschau/Chiemsee u. Sommerakad.-Ottersberg / Mitgl./Ausst.-gen in Gr.-„part 96" MS-Albachten / Ausst. u. a. MS-Albachten (Kunstfest), 1999 MS (Chir.-Univ.-kl), 01 Essen, MS (Büro-Zink-Studtstr. 50), 02/04 MS-Angelmodde (Gallitzinhaus), 03 MS-Wolbeck (2xDrostenhof), 03/05/06 MS (Raphaels-klinik/Univ.: Schloss/Stadtbücherei)

Blomeier, Kathrin-Anne (M/B/I) / 1965 Essen- / lebt (2005) in Mülheim/Ruhr / Stud. Univ./GH-Essen (Phil/Germ/Kunstpäd) u. FH-Ottersberg (Kunsttherapie) / 86-99 Mitgl. Kulturwerkstatt „ARKA"-Essen, Mitgl. Gr.-„KUNO"-Essen/Gelsenkirchen u. „BGK" / s. 2000 Kunsttherapeutin / Ausst. u. a. in Essen (Gal.-ARKA/Gruppe), Bremen/Gelsenkirchen, 2000 Netzeband-Brandenburg, 01 Essen (E: Zeche-Zollverein), 05 Gelsenkirchen (GKB/Sparkasse), Wesel (Wasserturm) / **Lit.:** In: „20 Jahre Kunst- und Kulturwerkstatt" – „ARKA" – Essen, 1997; In: „echt Kunst echt hier" – Katalog 1 + 2 – Gruppe-„KUNO" – Essen, um 1997

Bloos s. Nachtrag 1 = Goldschmiedekünstler

Blossey, Hans (F) / 1952 Essen- / lebt (2005) in Hamm/W. / 81 Pilot, Fotografie s. d. Jugendzeit, ab 83 Luftbildfotografie (Luftbildarchiv), 83 Volontär WAZ-Essen, s. 84 Fotoredakteur WAZ, 91 Fotoreportage, ab 2000 Lokalredaktion / Ausst. u. a. 2005 Gelsenkirchen (Wissensch.-park)

Bluhm, Conrad s. **F**ranz, Conrad

Bluhm, Klaus (M) / 1959 Bochum- / lebt (2003) in Düsseldorf / Stud.-Bochum/Dortmund (Architektur), Bühnenbilder im Schauspielhaus Bochum u. Stud. Akad.-Düsseldorf / Kunst-Pr. „Rhein. Post", Stip. f. St. Gallen u. Kunst-Pr. Stadtspark. Karlsruhe / Ausst. = N / **Lit.: 79b**

Blume, Anna (Prof) (F/M/Z/Ill/Aktionsk) / 1937 Bork/MS-land- / lebt (2006) in Köln u. Hamburg / ab 85 Ausst.-gen/Aktionen mit Bernhard **B**. / (Biografie in Beilage: CD-Ausgabe 2006)

Blume, Bernhard Johannes (Prof) (F/M/Z/G) (Kunsttheoretiker) / 1937 Dortmund- / lebt (2006) in Köln u. Hamburg / (Biografie in Beilage: CD-Ausgabe 2006)

Blume, Claudia (M/G/M/O) / 1955 Paderborn- / lebt (2005) in Kassel / 72-74 FoSfG-Dortmund, 74-76 Ausl.-reisen, 76-78 Stud.-Krefeld (Grafik) u. Kassel 78-82 Kunsthochsch. (Malerei) / 83/84 Stip. Fr.-Ebert-Stiftung f. Coll. of Art Edinburgh-Schottl., 84/85 Lehrt. Coll. of Art Chaltenham-GB, 85-87 freisch. in London / Ausst. u. a. 2000/01/05 Reutlingen (Mus), Mülheim-Ruhr (Mus), Herne (Mus), 03 Duisburg (Kunsthandl.-Kugel-u. a.) / **Lit.: 143aa** + „C. B." – Zwischen Feuer und Feuer – Ausst.-kat. – u. a. Kunstmus.-Reutlingen, 2000

Blume, Gustav (M) / 1916 Dortmund- / lebte um 93 in Rhl.-Pfalz / 37-50 Militärzeit, dann Stud.-

Med., ab 50 Arzt in Bingen / künstl. Ausb. in Dortmund/Wiesbaden/Pörtschach/Karlsruhe, Keramikkurse in Mainz / Ausst. u. a. in Solingen, + Rhl.-Pfalz / **Lit.: 27**-3

Blume, Martina (G/D/Ill) / 1958 Paderborn- / lebt (2001) in Hamburg / 78-80 Druckvorlagen-herst.-ausb., 80/81 Stud.-Göttingen Univ. (Kunstg/Ägyptol.), 81-86 Kassel Univ./GH (Grafik-Des.) / Ausst. u. a. 1990 Heidelberg (Kv), 2001 Frankf.-M./Hamburg/Berlin (Museen f. Kommunik) / **(s.=A/E)** / **Lit.: 186**

Bobeth, Christian (Mediendes/Filmk) / * 1979 – / lebt (2005) in MS / Stud.-MS bis 2/06 FHD / 05 Zus.-arbeit m. (siehe) Benjamin **Z**urek

Bock, Cornelia (F/D) / 1954 Karlsruhe- / lebt (2005) in Bielefeld / Fotografinausb.-Hannover, Stud. FH-Bielefeld (Fotodes), Univ.-Bielefeld (Frauenstudien), Weiterb.-Seminare u. Ausb.-Physiogn./Körpersprache / Mitgl. Gr.-„OCTA"-Bielefeld (dort Lit.!) / Ausst. u. a. 1999/01/04 Bielefeld (Off. Atelier/Gal.-Alte Vogtei), 2000- Bielefeld/OWL (Archiv), 01 Hannover, 03 Bielefeld (Kommunale Gal), 04/05 Bielefeld (WDR-Studio/Neues Rathaus/Altes Rathaus/ Stadtwerke), + OWL / **Lit.: 152**-99+01+04 + **192**-01+04

Bock, Katharina (B) / 1968 Dortmund- / lebt (2005) in Dortmund / 88-89 im Schauspielhaus Bochum tätig (Kaschierwerkst.), 91-94 Stud. Wksch.-Flensburg (Holzbildh.-in) / ab 96 eig. Werkst. in Dortmund / Werke: 2000 Westf.-park Dortmund, 01 Carlislepark-Flensburg / Ausst.-en s. 1989, u. a. in Thüringen, 1998 Bran-Rum. (Intern. Sympos), + NRW / **Lit.: 26a**-05

Bode, Christine (M/Z/O/Coll.-k) / 1948 Bünde- / lebt (2005) in Bielefeld / s. 80 Weiterb.-kurse, ab 96 b. Winfried **B**odemer / s. 98 Mitgl. Gr.-„CRE-ACHT-TIV" u. ab 2000 Ateliergem.-schaft „Bode/Jung/Noack" / Ausst. u. a. 1999/02 Bielefeld-Bethel (Lindenhof), 2000-02 Bielefeld (PC-Spezialist/2xPraxis), 01-05 Bielefeld (Off. Atelier) / **Lit.: 152**-01...03+05

Bode, Hanna (F) / * 1947 – / lebt (2001) in Bielefeld / Stud. FHD-Bielefeld (Grafik-Des) / Mitgl. Gr.-„OCTA"-Bielefeld (dort Lit.!)

Bode, Ina (G/D) / * 1965 – / lebt (98) in Ochtrup / Stud.-Enschede/NL 86-91 Akad. (Vis.-Komm) / s. 92 selbst. / Ausst. u. a. 1987 Koczalin-Polen, 91 Deventer-NL / **Lit.: 205**-97

Bode, Joachim (Filmk) / * 1959 – / lebt (93) in Vellmar/Hessen / nach Schulzeit in Bad Salzuflen: Stud.-Tübingen 80-84 Univ. u. Kassel ab 84 Vis.-Komm./Grafik-Des. / Filme s. 86 / Auff. u. a. 1988/90/92 in MS / **Lit.: 196**-88+90+92

Boden, Holger (M/B) / 1954 Bielefeld- / lebt (2005) in Bielefeld / Autodidakt, s. 85 freisch. / Mitgl. Produz.-gal.-Bielefeld / Ausst. u. a. 1999/2000/01 Bielefeld (Off. Atelier), 2000 Bad Salzuflen (Gal.-2000), 02 Herford (Vinothek), 03-05 Bielefeld (Univ/Kunsthalle/Lange Nacht der Museen-usw.), 03-05 Bielefeld (Produzentengal), 04 Werther-Häger (art&work) / **Lit.: 152**-99+2000+01

Bodenstein-Hof, Irmgard (Hof, Irmgard / geb. Hof, Karoline Elisabeth) (M/Z/Ill) / 1913 (Wuppertal)-Vohwinkel – 1992 Seppenrade b. Lüdinghausen / Stud. Kgsch-Wuppertal, Akad.-Düsseldorf u. Wksch-Leipzig, 38 Kunsterz.-examen in Berlin / lebte (39/44) in Düsseldorf, danach bis 55(68?) in Essen tätig / Ausst. u. a. 1939 Köln (Kv), 40 MS (Kv), Düsseldorf (Kunsthalle), 42/44 Hagen (Museum) / **Lit.: 1**-4 + **8b**-39+40(= Hof, Irmgard) + **97b**-42+44 + **107**-40 + **216**

Böckelmann, Gottfried (Prof) (Holz- u. Formgest) / 1930 Helmstedt- / lebt (2003) in Hildesheim / ab 46 Drechslerausb., Stud.-Bielefeld bis 54 Wksch, 55 Dr.-meisterpr. Dortmund / ab 57 Lehrt. Wksch-Hildesheim, s. 73 Prof. / Ausz.-gen u. a. 61 Bayerischer Staats-Pr., 64 Staats-Pr. Nieders., 80 Verdienstkreuz a. B. – Nieders., usw. / Mitgl. „AdK" / Ausst. s. 1952 = N + INT / **Lit.: 48x**-55 + **112<u>ca</u>** + In: „zeitgenössisches ... Kunsthandwerk" – triennale frankf.-m., 1981

Böckenfeld, Ulrich O. (Goldschm) / 1964 Warendorf- / lebt (2006) in MS / 81-84 Bauzeichner-ausb. u. 85-88 Goldschm.-ausb. in Warendorf, 93-94 Meisterschule u. 94 Lehrgang „Betriebswirt d. Handwerks"-Münster, Weiterb.-kurse (Goldschm.-technik) / s. 88 tätig als Goldschm. in Warendorf/Recklinghausen/Ulm u. ab 03 Designer in MS / 86 Wettbew.-bet. „Degussa", 86 Sonder-Wettbew.-Pr. Innung-MS, 89 Pr. Idar-Oberstein, 90 in Endausscheidung Pr. der Stadt Genf u. 92 Ehrenurkunde „Prix Arctica" Finnland / Werke: 3 Reliquiare f. **M**ünster (St. Ida/Anna Kathararina Emmerich/Graf Kardinal v. Galen), für Vatican **R**om: Zeremonienwerkzeuge f. das hl. Jahr 2000 u. 2 Reliquiare (Schwester Euthymia/Graf Kardinal v. Galen)

Böcker, Fritz (M) / um 1897/98 tätig / weitere Daten nicht bek. / Ausst. u. a. 1979 MS (WL) / **Lit.: 215**-6 + In: „Industriebilder aus Westfalen" – Ausst.-kat. – WL-MS, 1979

Böckmann, Norbert (F/M/O) / * 1942 – / lebt s. 77 in Bad Driburg / Autodidakt, s. 98 freisch. u. ab 2000 eig. Atelier „Neue Flügel für Ikarus" / Mitgl. Gr.- „ARTd-Driburg" / Ausst. u. a. 2001 /03/05 Paderborn (Power-Woche/Franziskanerkloster/ev. Gemeindezentr/Paderhalle), 02 Köln (Lions Club), 03-05 Bad Driburg (Off. Atelier), 04-06 Bad Driburg-Dringenberg (Hist. Rathaus/Burg Dringenberg), Rehlsdorf (Biennale), + OWL / **Lit.: 101b**-03...05 + In: „Benefiz-Kunst-Auktion" – Katalog – Lions Club – Köln-Theophanu, 11/2002

Böger, Mechthild (O/T) / 1960 Bochum- / lebt (2003) in Bremen / Mitgl. Gr.-„GEDOK" / Ausst. s. 1986, u. a. 2001 Sundern (Kunsthaus Knappstein), 02 Dresden/Güstrow, 03 Rambin-Rügen (Kv), Bremen (Gal. des Westens), Assen-NL (Künstlerhaus-Defla), + N / **Lit.: 193b**

Boehm, Armin (M) / 1972 Aachen- / lebt (2005) in Berlin / Stud.-MS 95-96 Akad. u. Düsseldorf 95-01 Akad., Meisterschüler / Ausst. u. a. in Köln/Düsseldorf/Berlin, 2005 MS (Kv.: Jahresgaben), + N / **Lit.:** In: „Jahresgaben 2005" – Westf.-Kv. – MS, 2005

Böhm, Udo (O/I) / 1962 Wanne-Eickel- / Ausst. u. a. 1987 Herne (Flottm.-Hallen) / **Lit.: 142x**-87

Böhmer, Bernhard A. (B/M) (Kunsthändler) / 1892 Ahlen/W. – 1945 Güstrow / Ernst Barlachs Kunstmäzen ab 1926, u. a. 38-45 dessen Nachlassverwalter in Güstrow / **Lit.: 26**-12(m. Biogr.)

Böhmer, Pia (M/F/O/Schmuckgest) / 1966 Meissen- / lebt (2005) in Wuppertal / Stud. IfBKK-Bo.-Wattenscheid / s. 97 Mitgl. „Verb. fr. d. Künstler" / Ausst. s. 1998 in Bochum/Wuppertal

Bökemeier, Dörte s. Damsen, Dörte van

Boekholt, Karin (M/Khw) / 1944 Massen b. Unna- / lebt (2005) in Schwerte / Gattin von Robert B. / Autodidaktin / s. um 72 lfd. Beteil. an Dortmunder Kunstmärkten / Ausst. u. a. 2002/05 Schwerte (Rathaus/Volksbank), + N / **Lit.:** u. a. Internet

Boekholt, Robert (M/D) / 1939 Dellwig b. Unna- / lebt (2005) in Schwerte / Werkzeugmacherausb., Stud. FH-München u. Univ.-Amsterdam (Grafik- u. Industriedes), s. 71 Industr.-designer, s. 80 Grafikdes.-er in Spezialdruckerei / ab um 72 lfd. Beteil. an Dortmunder Kunstmärkten / Ausst. u. a. 1976/89/2002/04/05 Schwerte (Gal.-Goerke/Sparkasse/Rathaus/Stadtbücherei /Volksbank), 85 Herten (Schloss), 94 Maaseik-Belg. (Kunstmarkt), Graz-Österr. (Bankhaus), 95 Dortmund (Rathaus), Lössel (Hotel-Neuhaus), 96/99 Castrop-Rauxel (Europahalle), Lochem-NL (Kunstgal), 2000 Horst-NL (Gal.-Deriks), 04 Kamen (Stadthalle) / **Lit.:** u. a. Internet

Böltken, Wilm (Z) (Autor/Lyriker/Musiker/Komponist) / 1908 – 1997 / lebte im Westmünsterland / **Lit.:** Heimatverein Gronau e.V.(Hg.): „W. B." – Ein Leben für Heimat und Musik – 2004; „Bilder seiner geliebten Heimat" – 2005

Bömke, Bernhard (M/G) (Autor) / Neu: 31. 7. 1921 Buer/W. – 4. 3. 2002 / lebte (94) in Herten-Westerholt / Autodidakt / sein „Mentor" war Prof. Baginski, nach 1945 Entwurf/Des. in Fa. „Melzer" u. Lehrt. (Malerei/Grafik/Khw) / Schriftsteller unter 11 Pseudonymnamen (300 Romane) / Ausst.-gen s. 1957 in NRW+N+INT / **Lit.: 145b**

Bönninghausen, Paul (O/D/Lichtinst.- u. Materialb.-k) / 1933 Holzwickede- / lebt (2005) in MS / Stud.-Dortmund 55-58 Wksch, 59 Meisterprüfung (Malerhandw) / Werke u. a. in MS-Hiltrup, Brauerei-Kassel, 58 Glasmosaik f. Liebfrauenkirche in Holzwickede / s. 01 Mitgl. Gr.- „Spektrum 77"-MS / Ausst. u. a. 2003 MS-Hiltrup (2xHeimatmus/Autohaus), 03-05 MS (Krameramtshaus/Sozialgericht) / **Lit.: 39**-05

Börger, Jutta (M/G/Coll.-k/O) / 1957 Haltern-Lavesum- / lebt s. 82 in Bielefeld / Lehramtsstud. in Köln u. Bielefeld / Weiterb. in Trier/Schieder-Schwalenberg/Bielefeld / Referendarzeit in Minden, ab 97 freisch. / z. Zt. Ltg. Verein „Offene Ateliers"-Bielefeld / **K**unstprojekte: 2000 Kongresss in Köln, 2000-04 in Bielefeld u. 01 Detmold / **A**usst. u. a. 1997/2003 Bielefeld (Ravensb.-Park/Stadtwerke/Kunsthalle), 99 Detmold (Tischlerei Ungehobelt), 99-05 Bielefeld (Off. Atelier), 2000- Bielefeld/OWL (Archiv), 02 Lübeck (Firma Colibri), 04 Bonn (Umweltministerium), 04/05 Bielefeld (Volksbank/Eckardskirche/Stadtwerke), + OWL / **Lit.: 152**-99 ...05 + **192**-01+04

Bös, Andreas (B) / 1973 Münster- / lebt (2004) in Everswinkel / nach FofG bis 92 = Steinmetz/ Steinbildh.-ausb. bis 96 / Stud.-MS 2000/01 Akad. Gest. im Handwerk / 01 Ltg. Bildh.-kurs in MS-Kinderhaus / Ausst. u. a. in Münster, 2003 Gronau (Landesg.-schau)

Boesten, Axel (F/Typogr) / 1968 Rochester/USA- / lebt (2003) in Bochum / Stud.-Essen 89-99 Univ./GH / 87 Wettbew.-Pr. NRW, 93-95 Proj.-Stip. Bauhaus Dessau, 94 Wettbew.-Pr. Sparkasse Pforzheim, 97 Ausz. zum R.-Wolf-Pr. Hamburg, 2000 Otto-Steinert-Pr. „DGfPh"-Köln / ab 91 freisch. / Ausst. s. 1987, u. a. 96 Krefeld, 96/99 Herten (Int.-Fototage), 97 Hamburg/Berlin/München/Köln/Dresden, 99 Essen (Zeche Zollverein), 2001 Köln (Gal.-Lichtblick)

Böttcher, Herbert (F/D) / 1962 Rietberg- / lebt (2003) in Bielefeld / Kaufm.-Berufsausb., Stud.-Bielefeld 88-93 FHD / ab 93 selbst., tätig f. Firmen u. a. in NRW / Ausst. u. a. 1993 Siegen/Bielefeld/Saarbrücken, 96 Paderborn (Kv), 2002 Bad Oeynhausen (Energieforum), + NL / **Lit.: 110x**

Böttcher, Martin (B/M/Z) / 5. 3. 1927 Münster – 6. 1. 2005 ebd. / 41-44 Holz- u. Steinbildh.-ausb. in MS b. Franz Rüther, 46-48 Stud. Wksch-MS (Prof. Guntermann) u. bis 50 Abendkurse (Zeichnen) b. E. Hermanns u. B. Bröker / 49-66 in MS tätig (Wiederaufbau der Stadt), 67-92 selbst., Bildh.- u. Restaurierwerkst. in MS (mit Lehrlingsausb. nach RP Genehmigung!) / war auch Plattd. Laienschauspieler in MS u. Hörspielsprecher (WDR) / Werke bis 66 in MS am Rathausgiebel (u. a.-Kaiserfigur), Stadtweinhaus (Balkon), Schloss/Erbdrostenhof/Lambertikirche, ab 67 u. a. in Hoch-Elten/Niederrh. (Altar/Orgelprospekt), Emsdetten (gr. Krippe), Bevern-Essen(-Oldenburg)/Neu-Scharrel/Ibbenbüren-Laggenbeck, MS (Brunnen am Brunnenplatz), Wegekreuze im Ems- u. MS-land, dazu 16 Orgelprospekte u. a. in Lübeck („Totentanzorgel"-Marienkirche) u. Washington-USA (New Church)

Böttcher, Rudolf (A) / 1938 Münster- / lebt (2000) in Berlin / Stud.-Düsseldorf bis 62 Akad. / 62-70 in versch. Büros tätig, s. 70 eig. Büro u. ab 79 m. Prof. Andreas Brandt in Berlin u. MS (bis um 2000) / Werke s. Lit. / **Lit.: 26-**13(erw. b. Brandt, Andreas) + **219-**93

Böwer, Niklas (B/I/D/Videok) / * 1972 – / lebt (2004) in Wettringen/MS-land / nach FofG-MS: Stud. bis 03 FHD-Dortmund (Kommunik.-Des) / Ausst. u. a. 2001 Dortmund (Clubbing Culture), Bochum (Hotel Eden), 04 Steinfurt (Kreisspark) / **Lit.: 203ca + 206-**04

Bofinger, Helge (Prof) (A/Dipl.-Ing) / 1940 Stettin- / lebt (2005) in Dortmund u. Berlin/Wiesbaden / Stud.-Braunschweig 60-68 TU, ebd. 68-69 wiss. Mitarb. / ab 69 Büro m. Frau Margret B. in Braunschweig, ab 81 auch in Wiesbaden u. Berlin, s. 86 Prof. Univ.-Dortmund, Büro „Prof. H. Bofinger u. Partner" in Dortmund u. Wiesbaden, 85 Honorar-Prof. in Buenos Aires, u. 95 Prof. h. c. Univ.-Tiflis/Georgien, Lehraufträge in N/INT / Zahlr. Ausz.-gen/Preise, Werke s. Lit.! / **Lit.: 26-**12 + **26a-**05 + **197b-**99 + **265**

Bogaert, Adriaen van den (Bogart, Adrian v. d. / wahrsch. identisch m. Adriaen Geurtse Boogaert = eigentl. Arian Gortson Bomgart) (M) / * 1587 Bergen/Norwegen – † nach 1631 ? / angeblich im 1. Viertel des 17. Jh.s in MS tätig (1604-22 vier Aufträge aus MS wurden aber in Amsterdam erledigt!) / 1593-1628 in Amsterdam wohnhaft, 1631 Mainz / Werke in Münster / **Lit.: 24-**4 + **26-**12 + **178a**(=A. Bomgart)

Bogatzki, Reinhold (M/G) / 1913 in Oberschlesien- / lebt s. 21 in MS (2004) / Stud. Kgsch-MS u. Plakatmalerausb. / u. a. Kinoplakat- Reklame- u. Dekorationsmaler / Ausst. u. a. 1997 MS-Handorf (Sparkasse), 2003 MS (Stadtwerke)

Bohnmann, Fabian (M) / 1975 Dortmund- / lebt (2003) in Dortmund u. Braunschweig / Stud.-Braunschweig ab 97 HfBK / Ausst. u. a. 2000 Bochum (Gal.-TZR), 02 Bayreuth (Mus), Eiuissa-Ibiza. 03 Bonn (Kunsthalle) / **Lit.: 210-**03

Boidol, Katrin (M/Khw) / 1952 Bielefeld- / lebt (2005) in Halle/W. / Stud.-Päd., Weiterb.-kurse in Bielefeld/Stuttgart/Rheda-Wiedenbrück / war Lehrt. / Mitgl. s. 01 „Kunstkr. Versmold", ab 03 „Gruppe 13"-Herzebrock-Clarholz / Ausst. u. a. in Steinhagen/Stuttgart/Werther/Versmold, 2001- Bielefeld/OWL (Archiv), 02 Halle/W. (Rathaus), 02-05 Halle/W. (Off. Atelier), Gütersloh (Kreishaus), 03 Bielefeld (Q-Tour), + OWL / **Lit.: 152b-**02...05 + **191b-**04 + **192-**01+03

Boisseau, Sylvie s. bei **W**estermeyer, Frank

Boklage, Alfons (A) / 30. 4. 1911 Dinklage/Oldenburg – 26. 2. 2003 Münster / lebte in MS / war Diözeanbaumeister in Münster / Werke u. a. Kirchen in Westf. u. Berlin / **Lit.: 219a + 241-**1 + In: „Die Edith-Stein-Kapelle in der Akademie Franz Hitze Haus in Münster" – 2004

Bolin, Peter (K/K.-Objekte) / * 1953 – / andere Daten nicht bek. / **Lit.: 98a**

Bolle, Claudia (A) / 1967 Dortmund- / lebt (2002) in Dortmund / Stud.-Dortmund 89-95 FH (Arch/Hochbau) / s. 97 Büro m. Aldo **L**icker in Dortmund / Werke u. a. in Berlin/Weimar, Bozen (Museum) u. Dortmund / **Lit.: 197-**01 + **219x-**99

Bolles-Wilson, Brigitte Julia (geb. Bolles) (Prof) (A/Dipl.-Ing) / 1948 Münster – / lebt (2006) in MS / 68-76 Stud. Univ.-Karlsruhe (Archit) u. postgrad. Stud.-London 87/79 Archit. Assoc. School / 80 Gründung „The Wilson Partnership" in London mit Peter L. Wilson, 82-86 Lehrt.-London, ab 89 Architekturbüro „Bolles + Wilson" in MS u. s. 95 Lehrt. FH-MS / Werke/Projekte u. a.: 1. Pr. 87 MS (Stadtbücherei), 1. Pr. 93 MS (WLV), Goldmed. 94 Tokio (Haus Suzuki), 1. Pr. 96 Rotterdam (Luxor-Theater), 1. Pr. 97 Borken (Volksbank), 1. Pr. 98 Magdeburg (Neubebauung Domplatz), 1. Platz 99 Hamburg-Falkenried (Masterplan), 01 Wettbew.-Pr. Mailand, 03 Masterplan f. Tirana/Albanien u. 1. Pr. Luxemburg (+ s. Lit.), 04 Pr. f. vorbildl. Handelsarchitektur in NRW u. „Deutscher Städtebaupreis“, 04/05 Auswahl f. Wettbew.-beteil. Venedig (Filmpalast), 06 = 1. Wettbew.-Pr. f. Überseequartier Hafen-City / Ausst. u. a. 1980 Venedig (Bienale), 90 New York, 94 Tokio, 2002 MS (Krameramtshaus), Berlin (Gropius-Bau + suitcasearchitecture), 04 Venedig (Archit.-Biennale) / **Lit.**: **26a**-05 + **197**-95+97+01 + **219**-02 + **220** + **251**-05 + **251a**-94 + „Bolles + Wilson Projekte 1994-1998“ – Birkhäuser-Zürich, 1996; Bolles/Wilson: „El Croquis, Special Issue“ – 2001; B./W.: „New Buidlings and Projects“ – Verl.-Birkhäuser, 2003; A. Germano(Hg.): „Opere e progetti Bolles+Wilson, Documenti di architettura“ – Electa-Verl.-Mailand, 2004; „Architekten Julia B.-W. und Peter W.“ – Literaturdokumentation – Stuttgart, 2006

Bolley, Inge (M/T) / 1959 Büren- / lebt (2005) in Büren / Stud.-MS 79-83 PH (Kunst/Textilgest), Hamburg 82-83 HfBK u. MS 84-89 Akad., 86 Meisterschülerin / 89-97 in Berlin tätig / 99-01 eig. Kunst- u. Musikschule in Büren / Ausst. u. a. 2004 Lippstadt (Gal.-Pawlak) / **Lit.**: Internet

Bolsmann, Eric (M) (Autor) / 1941 Ibbenbüren- / lebt (2005) in Hatfield/Pretoria – Südafrika / Ausst. u. a. in Pretoria/Johannesburg-Südafrika / **Lit.**: **26a**-05 + Zahlr. Buchveröffentl.-gen/ Kalender/Postkarten

Bomgart, Adrian s. Bogaert, Adriaen van den

Bondzio, Sascha („bondzio“) (Mediendes/Klangk) / 1974 Lünen- / lebt (2006) in MS / Radio- u. Fernsehtechnikerausb./Tätigk., 97 Mediendes.-ausb., Stud.-MS ab 2000/01 Akad. / s. 03 Mitgl. Gr.-„F+plus“-MS / Ausst./Auff.-en u. a. 2002/03 MS (Wewerka Pav/Mobile Ambient Unit (CD)/Stadtbücherei(CD), 03 Coesfeld (Kv), Enschede (ATAK(CD), Emsdetten (Gal.-MS-land (CD), 04 MS (Tunnel-Hindenburgpl./Lange Nacht der Museen(CD), Rheine-Bentlage (Kloster), Istanbul-Türk. (Kulturzentr), 05 Lingen (Kunsthalle), 06 Stuttgart (Radio-Feature) / **Lit.**: **18**-02 + **229**-03 + **231b+c** + **246**-04(1+2)+05 + CD = s. Ausst.-orte

Boner (Bonner, später Boner) – Rheinisch-Westf. Offiziers- u. Baumeisterfamilie aus Bonn im 18./19. Jh., fast alle Mitgl. gehörten dem Mitarb.-kreis J. C. Schlaun in MS an / **Lit.**: G.D. + s. G. Dethlefs = in „Westfalen“ – Bd. 74 – MS, 1996(m. Stammtafel) // **Franz** (Bonner) / 1666 – 1737 / Hofzimmermann in Bonn // **Johann** (Bonner) / (u. a. Hauptmann der Artillerie/Zimmermann) / * um 1700 Ulm – 30. 11. 1780 Münster / Halbbruder v. Franz A. M. Boner u. Vetter des Franz Bonner / ab 1729 in MS / Offizier im münsterr. Artillerieregiment u. im Baubüro Schlauns als Bauinspektor tätig u. a. in Rheine/Telgte/Osnabrück u. 1744-46 in Clemenswerth / **Lit.**: **215**-6 // **Franz Arnold Matthias** (Boner) (A/Bauinsp) (Hauptmann der Artillerie) / 25. 11. 1723 Bonn – 17. 2. 1813 Münster / Urgrossvater v. Max **G**eisberg u. Halbbruder v. Johann Bonner / lebte in MS u. Clemenswerth / Offizier im münsterr. Artillerieregiment u. im Baubüro Schlauns tätig / Werke: u. a. Schlos Münster, siehe: „Schlaun“! / **Lit.**: W.H. + **26**-12 + **198**(falsche Daten!) + „Das Kunstwerk des Monats“ – 1/1993 – WL-MS // **Johann Engelbert** (Oberbauinspektor) / 25. 11. 1735 – 20. 7. 1815 Münster / Sohn des Johann B., wahrsch. Vetter v. Franz Arnold Matthias B. / Offizier im münsterr. Artillerieregiment u. im Baubüro Schlauns tätig, auch eig. Bauten (s. *G. Dethlefs*) / **Lit.**: **26**-12 // **Johann Joseph Conrad** (Feldmesser/Artillerieleutnant) / 12. 4. 1781 Münster – 29. 7. 1840 ebd. / Sohn des Johann Engelbert B. / war Offizier im münsterr. Artillerieregiment, später Steuerrevisor / Werke s. Lit. / **Lit.**: G.D. + **26**-12

Bonk, Käthe (K/B) / 1909 Johannesburg/Ostpr.- / lebt (82) in Gelsenkirchen-Erle / Weiterbild.-kurse in Gelsenkirchen / Ausst.-gen in Westf. / **Lit.**: In: „Der Wegweiser“ – Zeitschr. f. d. Vertriebenen u. Flüchtlingswesen – Heft 4-5 – S. 1 + 12 – 33. Jhg. – 1981

Bonnefous, Rémi (A) / * 1959 – / s. Büro: „**R**auh ° Damm ° Stiller ° Partner“-Hattingen

Bonnemeier, Niels (G/D/F/Cartoonist) / NEU: 1960 Bremerhaven- / lebt (2004) in MS / Stud. FHD-MS (Vis.-Komm/Grafik-Des), danach freisch., Lehrt. FHD-MS / s. 03 Mitgl. (s.:) Gr.-„Zebra Orange“-MS / Ausst. s. 1986, u. a. in Polen, 2002 MS (Gal.-Artig/Kunsth.-Angelmodde), 03 MS (Krameramtshaus), 04 MS (Atelier Werk-Raum), 04 MS (Projekt: JVA), + N / **Lit.**: **122x** + Eve Povel/N. B.(Ill): „Mogelküche“ – Verl.-Coppenrath – MS, 2003

Bonner s. Boner

Bonnet, Marieta (M) / 1948 Herford- / lebt (2005) in Halle/W. / s. 74 Weiterb.-kurse b. versch. Künstlern, ab 80 bei Erika Stumpf, Schwalenberg / war Lehrt. / Mitgl. Galerie „et“-Versmold u. „Gruppe 13“-Herzebrock-Clarholz / Ausst. s. 1985, u. a. in Herzebrock-Cl., 2002 Bielefeld

(Gal.-Kokerbeck), 03/05 Halle/W. (Off. Atelier), 04/05 Halle/W. (Ev.-Kirche/Gal.-Remise/ Rathaus), 04 Gütersloh (Kreishaus), 05 Herzebrock (Sparkasse), + OWL / **Lit.: 152b**-03+05

Bonny, Hanns Werner (Dr) (A/Dipl-Ing) / * 1948 – / lebt (2000) in Dortmund / 68-71 Stud.-Essen (Bauing), 71-75 in Düsseldorf tätig, 75-79 Stud. Univ.-Dortmund (Raumplanung), dort 80-87 wiss. Assist., 84 Promotion Dr. rer. Pol. / ab 84 Büro „Planquadrat"-Dortmund m. C. Heiermann-Bauer u. M. Bauer / Werke s. Lit. / **Lit.: 197**-97 + **197a**-99

Bons, Susanne (M/G/Airbrush/Materialb.-k) / 1961 Ratingen- / lebt (2005) in Niederkrüchten / Stud.-Bo.-Wattenscheid 95-01 IfbKuK, 2000/01 Meisterklasse / s. 01 Mitgl. „BBK"-Düsseldorf, 04 m. Dorothe **K**röger (Dortmund) Gr.-„Ohne Titel" / Ausst. u. a. in s'Heerenberg-NL/ Palada-Frankr./Hefei/Anhui-China/Bad Münster-Stein/Leipzig, + NRW / **Lit.:** Internet

Bonstein, Gudrun (M/F) / 1944 Siegen- / lebt (2004) in Siegen / Autodidaktin, Malerei s. 83 / Mitgl. Gr.-„Cultura Frauenforum"-Siegen / Ausst. u. a. 2000 Finnentrop (Firma Freiburg), Kassel (Hellwig&König), 01 Arnsberg (Handw.-kammer), 01-03 Siegen (u. a.-Kunstpassage/Kunstkabinett-Hespert/Siegerl.-mus), 03 Attendorn (Polit.-Akad.), + Südwestf. / **Lit.: 110a + 110b + 110c**-04 + **187**

Book, Christa (M/F) / 1956 Handrup/Nieders.- / lebt (2005) in MS / Stud.-Enschede/NL 97-02 Akad. (M/F) u. 02-03 Phil. / Ausst. u. a. 2002 Hengelo-NL (Kunstzentr), 03 Enschede-NL/ Essen, 04/05 Gal.-Mallorca, 05 H.-Gravenhorst (Kloster) / **Lit.: 69**-05

Book, Dieter (M) / 1935 Witten- / lebt (86) in Oldenburg u. Vechta / Stud. Akad.-Düsseldorf u. Univ.-MS / war s. 61 Lehrt. in Oldenburg u. Vechta / **Lit.: 194a**

Boos, Monika (Moni) / lebt (2005) in Blomberg / Mitgl. Gr.-„Kunstpunkt"-Blomberg / Ausst.-en u. a. mit Gruppe „Kunstpunkt" in Blomberg, 2003 Bad Pyrmont (Fitness-Center), + Internet

Borch, Hinryk (Steinmetz) / † 1519 / aus Münster stammend, s. 1515 in Reval (Tallinn/Estland) tätig / **Lit.: 26**-12

Borchers, Gisa (Ill/G/D) / 1972 Hannover- / lebt (2006) in Düsseldorf / Stud.-MS 93-98 FHD / Agentur „D. F. Karnath & Gisa Borchers" = „bunte-bilder-düsseldorf", Lehrt./Kurse / Ausst. u. a. 1997/98 Frankf./M. (Buchmesse) / **Lit.: 122**-97+98

Borchers, Patrick Oliver (M/G/I) / 1975 Witten-Herdecke- / lebt (2006) in Hattingen / Stud.-Dortmund 98-02 Univ. (Kunst) u. 04-05 Gast-Stud. Akad.-MS / 05 = 1. Pr. Stadtmus.-Hattingen / Mitgl. Gr.-„Hagenring"-Hagen / Ausst. u. a. 2000 Paris (Gal. A Part), 2000-02/04 Dortmund (Foyer-KH/Univ/2xKünstlerhaus/Zeche Zollern/Telev.-Center), 01/02 Bochum (u. a.: Gal. im Luisenhof), 02/04 Hagen (Hagenring-Gal/Mus), 03 Hattingen (Stadtgal), Gelsenkirchen (IKT), 04 Soest (Technikmus), Düsseldorf (Landtag), Köln (Lichthof), 05 Wismar (Baumhaus), Bochum (Gal. am Rathaus), Lüdenscheid (Stadtgal), Hattingen (Stadtmus), Recklinghausen (Kunsthalle), Ingolstadt (Kv), Düsseldorf (Kunstpalast) / **Lit.: 26a**-05 + **97**-04 + **107**-05 + **209a** + **256**

Borghoff, Bernd (Prof) (A) / 1946 Schwelm- / lebt (98) in Aachen / Stud.-Aachen FH u. RWTH / ab 76 Lehrt.-Aachen u. Büro-Mitinh. v. „a f a"-Aachen, s. 92 Vertr.-Prof. Univ/GH-Siegen / Werke u. a. in Duisburg (Mus) + NRW/N (s. Lit.) / **Lit.: 197**-95+97

Borken, Heinrich von s. Heinrich von Borken

Born, Christofer (Schmuckdes) / lebt (2002) in Nürnberg / 2000/01 f. „Niessing"-Vreden tätig, s. „Niessing" / 2000+01 red dot Award-Essen / **Lit.: 205z**-2000+01

Bornemann, Stefanie (M/G/D) / 1960 Dissen a. T. W.- / lebt s. 87 in Iserlohn / Stud.-Kassel 80-86 HfBK (Vis.-Komm/M/G) / Lehrt. ab 97 VHS u. s. 01 Jugendkunstschule Iserlohn / ab 04 Mitgl. „FrauenKunstforum Südwestf." / Ausst. u. a. 1987 Kassel (Gal.-Tempelchen), 96/02 Iserlohn (Theaterfoyer/Stadtgal), 99/2000 Iserlohn (Projekte/Ausst.-en der evang. Kirche)

Borschel, Hermann (F) / lebte um 1872/1900 in Dortmund / war in der „Photogr. Anstalt" tätig (Inh. Jakob Jordan) / Ausst. u. a. 2001 Dortmund (Mus. f. K. u. K.) / **Lit.: 202**

Boscarato, Marco E. (M/B/I/D/Glask) / lebt (2005) in Paderborn / Daten leider nicht bek. / Ausst. u. a. 1999 Solingen (manu factum), Paderborn (Technol.-Park), 02-05 Paderborn (Off. Atelier) / **Lit.: 48x**-99+02 + **101b**-02…05

Bosch, Hendrick s. Busch, Heinrich

Bostelmann, Bert (F/D) / * 1959 – / lebt (2005) in Frankfurt/Main / Stud. FHD-Bielefeld (Fotojournalismus) / 87-02 m. Thomas Einberger Agentur „argum-Fotojournalismus"-München, ab 02 Mitbegr. Fotoagentur „bildfolio"-Frankf./M. m. Ute Schmidt (* 1966) u. Fritz **S**tockmeier (Agentur in Bielefeld) / Ausst.+Lit. = Internet

Boström, Jörg (Prof) (M/Z/B/F/Filmk) / 1936 Duisburg- / lebt (2005) in Herford u. Bielefeld / NEU: 72-99 Prof. FHD-Bielefeld, s. 79 Co-Organisation/Beteil. Bielefelder Symposien / (Biografie in Beilage: CD-Ausgabe 2006)

Bothorn, Erika (M/Z) / 1943 Lodz/Polen- / lebt (2006) in Rheine u. MS / Autodidaktin / s. 96 Mitgl. Gr.-„Spektrum 88"-Rheine / s. 2000 Ltg. d. Ausst.-gen HNO-Klinik MS u. Mitgl./ Ausst.-en Galerie-„EIGEN-ART"-Rheine / Ausst. u. a. in Rheine (u. a. Atelier), 2000/04 MS (HNO-Klinik), 06 Ibbenbüren (Kunsthaus)

Botschen-Thombansen, Margret (D/M) / 1923 Paderborn- / lebt s. 45 am Niederrhein / **Lit.:** M. B.-Th.: „Bilder vom denkenden Kosmos" – Monografie – Bad Schmiedeberg, 2004(?)

Bowinkelmann, Gudula (Produkt-Des) / * 1966 – / lebt (2002) in MS / Stud.-MS 87-94 FHD / 91-94 tätig in MS b. „Akantus", 94-95 Mailand, 96-97 Greven, 98 Essen, danach selbst. in MS / Ausz.: 96 red dot Award / Ausst. u. a. 2002 MS (IHK) / **Lit.: 205z**-96

Braas, Sonja (Susann) (F/D/Filmk) / 1968 Siegen- / lebt (97) in Dortmund u. 2005 in New York u. Deutschl. / Stud. 91-nach 96 FHD-Dortmund / 94 Fullbright-Stip., 95-96 Stud.-New York, 96 Focus-Ausz. u. DAAD-Stip., 97 „R.-Wolf"-Ausz. u. Kodak-Förder-Pr., 98 Grand Prix de la Ville de Vevey, 99 Stip. DG-Bank / Ausst. u. a. 1992/96 Dortmund (FHD/Mus. f. K. u. K.), + N/INT / **Lit.: 26a**-05 + **203**-96 + **203b**-2

Braatz, Renetta (B) / lebt (2004) in Minden / ab 85 künstl. tätig, Weiterb.-kurse in Minden u. Verden / 92 Mitbegr. „Verein f. akt. Kunst"-Kr. Minden-Lübbecke u. Atelier = „Bildh.-werkst.-Bachstr."-Minden / Ausst. u. a. in Minden, 2001/02/04 Minden (Off. Atelier), 04 Petershagen-Lahde (Fährstr. 30), + OWL / **Lit.: 152a**-01+02+04

Brabender – genannt Beldensnyder – Bildhauerfamilie in Münster tätig um 1450 – um 1570 / NEU: **Lüdeke** – s.: „**M**eister der steinernen Kreuzwege" = vielleicht Lüdeke Brabender, gen. Beldensnyder ? (um 1519-44 in MS tätig, Verwandschaft m. d. Familie Brabender nicht bek.) // **Franz** – ab 1545 in Münster bek. – † 1557 / war in der Werkst. seines Bruders Johann tätig, Werke in MS/Westf. / (alle Biografien in Beilage: CD-Ausgabe 2006)

Bracher, Kai (D/Videok) / lebt (1999) in Dortmund / Stud. FHD-Dortmund (Vis.-Kommunik) / Preisträger Focus ´98 Dortmund / Ausst. u. a. in Dortmund / **Lit.: 203**-98

Brachmann, Christian (B) / 1948 Borsdorf- / lebt (2004) in Unna / Bildhauer u. Sozialwissensch.-ler (um 87/92) in Lünern b. Unna / Werke u. a. in Unna / **Lit.: 162a**

Brachum – Westf. Bauhandwerkerfamilie (Baumeister) im 16./17. Jahrh. / Werke in Westf. / **Lit.: 24**-22 + **26**-13 + In: Dr. A. Henze: „Westf. Kunstgeschichte" – Recklinghausen, 1957 // 1. = **Johannes von** (von Arnsberg/von Herford) (Baumeister) / stammt aus Herford, ab 1579 Wiedenbrück / Sohn von Nr. 2 u. Vater von Nr. 3 / um 1579-1604 tätig in Arnsberg/Herford/ Wiedenbrück/Soest u. Burgsteinfurt tätig / Werke u. a. in Herford u. Rheda-Wiedenbrück // 2. = **Laurenz von** (Laurentz) (von Brechum/von Broiche) (B/Baumeister) / ab 1554 bek. – † 1586 / lebte in Wesel / Vater von Nr. 1 / war u. a. tätig in Lippe/Gelsenkirchen-Horst (Wasserschloss)/Oelde-Kr. Berkum/Lippborg/Soest/Münster / **Lit.:** W.H. + In: Rich. Klapheck: „Die Meister von Schloss Horst" – E. Wasmuth-A.G.-Berlin, 1915; In: R. Klapheck: „Schlossbauten u. Herrensitze um Essen" – in „Rheinische Kunststätten" – Reihe XIII, Nr. 2 – Düsseldorf, 1936 // 3. = **Laurenz** (von) (Baumeister) / ab 1612 bek. – † 2. 6. 1648 Wiedenbrück / Sohn von Nr. 1 / tätig in Unna/Wiedenbrück/Hohenlimburg // 4. = **Rotger von** (Glaser) / um 1554-1605/19 in Wiedenbrück bek.

Brackmann, Tina (F/O/I) / 1976 Münster- / lebt (2005) in Warendorf / Stud.-MS 96-98 Univ. (Päd/Deutsch/Kunst), 98-05 Akad. (Päd) u. 98-04 Akad. (Kunst), 03 Meisterschülerin / 03 Stip. Akad. f. Rom / Ausst. u. a. 2001 MS (Halle Am Hawerkamp/JIB), 01/02 MS (Café Fundus), 02 Liesborn (Mus), 03 Laer (Stadtmitte), 04 Bergkamen (Stadtgal), Bad Oeynhausen (VHS), 05 Recklinghausen (Kunsthalle), Ingolstadt (Kv) / **Lit.: 256+a**

Braden, Wolfgang (M/Filmk) / * 1951 – / lebt (2001) in MS / Stud.-MS bis 81 (Akad), Meisterschüler i. der Filmklasse / s. 76 Filme, jetzt Filmproduzent in MS / **Lit.:** u. a. **2**

Brakelmann, Bettina (M) / * 1962 – / lebt (2006) in Bochum / Stud.-Essen 99-03 Freie Kunstakademie / s. 03 Mitgl. „Boch.-KB" / Ausst. u. a. 2002 Herne (Kunstbombe), 03/06 Bochum (Mus), 04 Bochum (Stadtarchiv), Dortmund (Stadthafen/Gal.-Fischer), 05 Emmerich (Kv) / **Lit.: 146**-03+04+06 + „B. B." – Ausst.-kat. – Kv.-Emmerich, 2005

Brambor, Britta (jetzt eig. Britta Linford) (M) / * 1970 – / lebt (2003) in Meschede / **Lit.: 232**

Brameier, Elke s. Willich-Brameier, Elke

Bramkamp, Robert (F/Filmk) / 1961 Münster- / lebte in MS, (90) in Hamburg, s. 98 in Potsdam / NEU: **Lit.: 87 + 196**-85+88+90+92+01 / (Biografie in Beilage: CD-Ausgabe 2006)

Brand, Christine (M/O/I/Coll.-k/F/Innenarchit) / 1948 Detmold- / lebt (2006) in Detmold / Stud.-Detmold 74-78 FHfI, Dipl.-Ing./Innenarch.-in, ab 97 auch Malerei, um 2000/03 Weiterb. Univ./GH-Paderborn (Malerei) / s. 04 Lehrt. VHS-Bielefeld / s. 03 Mitgl. Gr.-„upArt"-OWL / Ausst. u. a. 2001- Bielefeld/OWL (Archiv), 01-03 Schwalenberg (R.-Koepke-Haus), 01-04 Detmold (Off. Atelier), 02 Bochum/Paderborn (Univ.-n), 03 Pforzheim (Rathaus), Detmold (Art Kite Mus), Bonn (ehem. Postministerium), Herford (Wettbew.-bet.-MARTa), Bielefeld (2xQ-Tour), 04 Detmold (Kreishaus/IHK), Stuttgart (Kurpark), London (Olympic Hall), Bielefeld (Kunsth), Schieder (Rathaus), Paderborn (Raum f. Kunst), Bünde (Krankenhaus), Ulm/Bonn, 05 Bad Salzuflen (Das Fachwerk), 06 Ennepetal (Kluterthöhle) / **Lit.: 132a**-01...04+ **192**-01+03+04 + **209**-06 + **250**

Brand, Hartmut-Rüdiger (auch: Hart) (M) / 1945 Bad Seebruch – 1978 Obernkirchen / lebte um 65 in Dortmund, um 67/78 Recklinghausen / Ausst. = Westf. / **Lit.: 5**-65 + **46**-67 + **188**-79

Brand, Johann (M/Kunst am Bau) / 1910 Osnabrück- / lebt (2000) in Soest / Malerausb., 33 Meisterpr. / Stud.-Köln 34-36 Wksch, Düsseldorf 36-37 Akad. u. Bielefeld 37-38 Kgsch / während der Soldatenzeit 39-45 beurlaubt f. Stud.-München 42/43 Akad. / 46-75 Lehrt.-Osnabrück / war s. 46 Mitgl.-„BBK" u. um 79/90 im „Kr.-Kv.-Beckum-Warendorf" / Ausst. u. a. 1976/85/90 Osnabrück (Mus) / **Lit.: 25**-1 + **26**-7 + **50**-82 + **62a** + **194**

Brand, Karin (M) / 1948 Rheinhausen/Rhl.- / lebt (2001) in Telgte / Autodidaktin, Weiterbild. VHS-Telgte / Mitgl./Ausst. in Gr.-„Weibsbilder"-Telgte / Ausst. u. a. 2001 MS (Arbeitsgericht), MS (Kunstmarkt=1. Pr. der Fachjury), Telgte (Giebelhof)

Brand, Martin (M/G/B/I/Video- u. Filmk) / 1975 Bochum- / lebt (2006) in Bochum u. Dortmund / NEU: 95-02 Stud.-Bochum/Dortmund (Germ/Kunst), 99 Bildh./Grafik / ab 02 freisch. / 02-03 Förderung Europ. Sozialfonds, 04 Förder-Pr. Dortmund u. Kölner Filmhaus, Experimentalfilm-Pr. / s. 03 Lehrt. Univ.-Dortmund / Mitgl. Gr.-„no-budget-arts"-Dortmund / Ausst./ Auff.-en u. a. 2000 Gelsenkirchen (Mus), Dortmund (Inst. f. Journalistik/Beteil.-„Kunstknoten"/tcc-Center), 01/02/05 Dortmund (2xKü.-haus/Zeche Zollern), 02/04 Frankf.-M. (Ausw.-Kunstraum/Ev.-Stadtakad), 04 Bochum (BASTION/Rathaus/Videofestival), Paris/Berlin/Kassel, 05 Stuttgart/Essen, London/Ontario-Canada/Gyoer-Ungarn, Berlin (Zapp-Gal), MS („Stadt New York"), 05/06 Mülheim-R./Bochum (Museen), 06 Dortmund (Phoenix-Halle), Osnabrück (Europ. Media Art Festival), Berlin-Kreuzberg (Gal.-Neues Problem) / **Lit.: 26a**-05 + **86**-05 + **145c**-2000 + **146**-06 + **196**-05

Brand, Wolfram (M/G/F) (Intermediakunst/Videografie) 1947 Osnabrück- / lebt (2004) in Hilchenbach / 64-67 Grafikerausb., 68-71 Stud. HfBK-Berlin, 74-80 Stud. Univ.-Mainz (Kunsterz/Geschichte/Phil) / 77-88 Mitgl. „BBK"-Nieders. / Lehrt. / Ausst. u. Intermedia Art-Perf. = N / **Lit.: 110b + 110c**-04

Brandhauer, Ambrosius (Prantauer) (A/Mauermeister) / 1690 Stanz/Tirol – 1728 Büren / Neffe d. südd. Barockbaumeisters Jakob Prandtauer / ab 1717 Laienbruder d. Jesuiten in Trier / 1717(19)-28 errichtete er das Jesuitenkolleg in Büren, n. d. Plänen v. G. L. Pictorius / **Lit.:** G.D. + **112a**

Brands, Ludger (Prof) (A/Dipl.-Ing) / 3. 2. 1957 Münster- / lebt (2004) in Potsdam / Stud.-Dortmund 75-81 Univ. / 81-91 tätig b. Prof. Kleihues u. Sir J. Stirling, ab 91 selbst. in Berlin, s. 97 Neu Fahrland/Potsdam / 93/94 Gastprof. FH-Potsdam, ab 96 Prof. / viele Wettbew.-Preise / Werke: ab 82 in Paris/Berlin/Mecklenburg/Potsdam/Münster/Bremen/Siegerland/Brixen-It./ Thessaloniki-Gr., 98-04 u. a. Hochschulprojekte/Bundesg.-schau in Potsdam / **Lit.:** Internet

Brandt, Andreas (Prof) (A) / 1937 Bremen- / lebt (2000) in Berlin / Stud.-Bremen 59-62 Ing.-sch., Düsseldorf 62-66 Akad. / s. 64 freiberufl. tätig, 64-67 in Finnland, 67 Gastprof. Univ.-Berkeley-USA, 68-79 eig. Büro in Berlin, 72-um 2000 auch in MS, ab 79 m. Rudolf **B**öttcher / war Gastprof. in Berkeley-Calif./USA, Akad.-Düsseldorf, Univ./GH-Kassel u. HfK-Berlin, ab 91 Prof. TH-Darmstadt / 88 Mies v. d. Rohe-Pr. / Werke u. a. in Berlin/Kassel/Unna / Ausst. u. a. 1984/87 Berlin, 84/91 Venedig, 85 Frankf.-M. (Arch.-Mus), 86 Mailand, 87 Berlin / **Lit.: 26**-13 + **219**-93

Brandt, Helmut (M) / 1943 Porta Westfalica- / lebt (2006) in Köln / Stud. Univ.-Göttingen (Psych/Soz.-päd) / künstl. Ausb. 74-79 in Göttingen, Bonn u. Mexiko / 79-82 Aufenth. in Mittelamerika / Lehrt./Malkurse / Mitgl. „BBK"-Bonn / Ausst.-en lfd. v. Köln bis Dresden = N

Braschke, Jutta (M/B/K) / * 1946 – / lebt (2005) in Bad Salzuflen / Weiterb.-kurse VHS / 83-? Mitgl. Gr.-„Regenbogen" / Ausst. u. a. 1985 MS (Kunsth.-werkgal), 2005 Bad Salzuflen (Off. Atelier), + NRW / **Lit.: 132a**-05

Brato, Roswitha (M/Khw = Seidenm) / 1953 Herdorf- / lebt (2004) in Neunkirchen b. Siegen, Atelier in Herdorf / Autodidaktin / Ausst. s. 1990, u. a. 94/95 Worms, 96 Bad Kreuznach/Bürstadt, 97 Jugenheim/Bobenheim-Roxheim/Worms, ab 98 im Siegerland, Neunkirchen/Betzdorf /Niederfischbach/Herdorf, 99/2000 Siegen (Kö-Gal), 2000 Freudenberg (Art-Gal), Burbach (Gal.-Müller), 01 Baden-Baden (Gal.-Kl. Prinz), Konstanz (Konzilgebäude), 03 Koblenz (Gal. der Sinne), Daaden (Volksbank) / **Lit.: 110b + 110c-**04

Brauck, Wilhelm vom (B/Restaurator) / 1932 Münster – 1990 Havixbeck / Bildh.-ausb. b. Walter Grüntgens in MS / nach dem 2. Weltkrieg bis 59 am Wiederaufbau in MS tätig (Dom/ Rathaus), s. 59 selbst. in Havixbeck / Werke in Havixbeck + MS-land / Ausst.-gen u. a. in Telgte, 1981 Havixbeck (Rathaus), 99 Havixbeck (Sandsteinmus), + MS-land

Brauckhoff, Ludger (M/Z) / 1963 Recklinghausen- / lebt (89) in Wedemark, 2004 in Köln / Ausst. u. a. 1988 München (Haus der Kunst), 96 Siegen (Kreishaus), 2002 Berlin (W.-Brandt-Haus), u. Beteil.-Wanderausst., 03 Gera (Alte Schlosswache) / **Lit.: 107a-**88 **+ 110y**

Braumann, Beate (B/O) / 1955 Wattenscheid- / lebt (2006) in Bochum / s. 99 künstl. tätig, ab 03 freisch. / Mitgl. Gr.-„Kunst im Zwischenraum"-Bochum / Ausst. u. a. 2003 Bochum (Designermesse), 04 Jülich (Frauen-Khw.-markt), Düren (Papiermus), Meckenheim (Gr.-Regenbogen), Dortmund (Depot), Herten/Solingen, 04-06 Bochum (Gal.-Zwischenraum/Maschinenhalle/ Zeche Hannover/Off. Atelier)

Braun, Alexander (O/I/F/Videok) / 1966 Dortmund- / lebt (2005) in Dortmund / NEU: Lehrt., ab 01 FH-Krefeld u. 03 Univ.-Dortmund / (Biografie in Beilage: CD-Ausgabe 2006)

Braun, Esther (G/D) / 1976 Bielefeld- / lebt (2002) in MS / Stud.-MS 98-02 FHD / 2001 Plakat-Sonder-Pr. AGI (Alliance Graphique Intern.) / Ausst. = 2001 Essen (Deutsches Plakatmus.) + Beteil.-Wanderausst. = N / **Lit.: 15a** (S. 29/33) + In: „Anschläge gegen rechte Gewalt" – Ausst.-kat. – Verl.-H. Schmidt-Mainz, 2001

Braun, Ewald (M/D) / NEU: 1908 Dortmund – 1973 / (Biografie in Beilage: CD-Ausgabe 2006)

Braun, Gesine (F/I/Videok) / * 1965 – / lebt (2005) in München / Stud.-München 85-92 Akad., Hamburg 87-88 HfBK u. MS 88-89 Akad. / tätig 93/94 in New York-USA, 98 Edinburgh-GB, 02 Banff-Kanada / Ausst. = N+INT / **Lit.: 256** (* in Bensberg) + Internet (* in Freiburg)

Braun, Klaus-Dieter (Klaus.-D.) (G/D/Ill/F) / 1956 Dützen-Kr. Minden-Lübbecke- / lebt (2006) in Bielefeld / Stud.-Bielefeld 76-(um)82/83 FHD / Lehrt. Musik- u. Kunstschule-Bielefeld, Wiss. Zeichner am Westf. Mus. f. Archäologie, Aussenst.-Bielefeld u. freiberufl. tätig / 86 Gründungsmitgl. „artists unlimited"-Bielefeld / Ausst. u. a. in Minden/Münster/Düsseldorf/Braunschweig/ Eckernförde/Nürnberg, 1982/2001 Bielefeld (FHD/Gal.-artists unlimited) / **Lit.: 114w + 262**

Braun, Ursula (M/G/T/O/I) / 1943 Hameln- / lebt s. 71 in Bielefeld-Bethel, künstl. Weiterb. ebd. / Ausst. u. a. 2000/01 Bielefeld-Bethel (Künstlerhaus-Lydda), 01- Bielefeld/OWL (Archiv) / **Lit.: 192-**01 + In: „Gruss aus Bethel" – Kalender 2002+04-06 – B.-Bethel, 2001/03-05

Braune, Karl-Heinz (Filmk/M/B/Bühnenb) (Autor) / * 1951 – / lebt (2006) in MS u. ? / Stud.-Kommunik.-forschung/Phil/Kunstg/Malerei/Bildh. / s. 85 Bühnenbildner, danach Szenenbildner (TV- u. Kurzfilme), Autor (Drehbücher/Kindergesch.-n), Lehrt., u. a. Filmwerkst.-MS

Brechler, Monika (Goldschm.-u. a.) / NEU: 1935 Bielefeld- / lebt (2005) in MS / Stud. Wksch-MS, Meisterprüfung in Hildesheim, s. 60 selbst. / (Biografie in Beilage: CD-Ausgabe 2006)

Brechmann, Hedwig (M/Z) / 1953 Stuckenbrock- / lebt (2005) in Bielefeld / Autodidaktin / eig. Gal. – Bielefeld / Ausst. u. a. Bielefeld (Off. Atelier/eig.-Gal), + OWL / **Lit.: 26a-**05 **+ 152-**95

Brecklinghaus, Wolfgang (M/G/O/Coll.-k/Materialb.-k/A) / 1948 Leichlingen/Rhl.- / lebt (2005) in Gelsenkirchen / NEU: 03 Bürger-Pr. CDU-Gelsenkirchen / 90-95 Mitgl.-„BGK", Mitgl. „bbk-bergischland", ab 03 Gr.-„Zufällig" / (Biografie in Beilage: CD-Ausgabe 2006)

Breddermann, Karen (M) / 1958 Herne- / lebt 84-2001 in Hamburg, s. 3/01 Herne / **Lit.: 142a**

Breddermann, Karl-Heinz (F/D) / 1950 Hamm- / lebt (2002) in Hamm u. Herne / Chemielaborantausb., Stud. Famous School-Hamburg, Weiterb.-seminare in Duisburg/Köln/Vlotho u. Stud.-Bo.-Wattenscheid 97-01 IfABKuK / Ausst. s. 1990, u. a. 2000 Weimar, 05 Hamm (Revier-Radbod)

Bredow, Blanda (O/M/Coll.-k) / 1947 Berlin- / lebt (2005) in Drensteinfurt / Stud. PH-MS (Kunstpäd) / war Lehrt. / Ausst.-gen ab 2005 = 05 Drensteinfurt (Haus-Stadelmann)

Breer, Birgit (M) / 1964 Schwerte- / lebt (2005) in Schwerte / Theatermalerinausb. in Hagen u. Berlin, danach freiberufl. tätig in Schwerte / Mitgl./Atelier im Künstlerhaus „Rohrmeisterei e.V."-Schwerte / Ausst. u. a. in Schwerte (Atelier), 2003 Schwerte (Gal.-La Vie)

Brehm, Michaela (Mike) (G/Videok/O/I) (Autorin) / NEU: 1957 Bergneustadt/Berg.-land- / lebt (2006) in MS / Stud.-MS 76-78 Univ. (Germ/Publiz) u. 78-86 Deutsch/Kunst (Zeichnung) / s. 82 Videofilme (zahlr. Kurz- u. Dokumentarfilme), ab 86 freiberufl. tätig, 97 = Installationen / war Mitgl.-„BBK-MS-land e.V." / Ausst./Auff.-en u. a. 1983 MS (Kv), 85 Köln („Wie Deo"), 85 MS (BBK), 86 Tübingen (Videofestival), 97 Rustrel-Frankr. (Objekte), 98 Ascheberg (Station I), 99 Everswinkel, 02/06 MS (Off. Atelier), 03 Ahaus (Villa van Delden), 04 Gescher, MS (Cinema), 04/05 Legden (Altes Haus), 05 H.-Gravenhorst (Kloster) / **Lit.: 9-**85 + **16-**91+ 93 + **237-**03+05

Breil – Westf. Orgelbaumeister in Dorsten im 19. Jh. // **Joseph Anton** / 1801 – 1868 // **Franz Johann** / 1828 – 1903 // **Lit.: 146c**

Breil, Christian (A/Lichtdes) / 1955 Aachen- / lebt (2005) in Kierspe / Stud.-Hagen bis 86 FH (Archit) / ab 86 als Architekt tätig, s. 2000 eig. Büro „light-ing Lichtarchitektur Lighting-Design" in Lüdenscheid, dann Kierspe, 02 Förder-Pr. Initiativ Sauerland, ab 02 „Lichtplaner ELDA, European Lighting Designers Association" / Veranstaltungen/Workshops/Vorträge u. a. 2001 Gütersloh, 02-04 Lüdenscheid, 02 Völksen b. Springe, 03 Osnabrück, 04 Berlin, 05 Bochum/Potsdam / **Lit.: 125g-**02...04

Breitenstein, Oliver (Olli) (M/I/Aktionsk) / 1965 Waltrop- / lebt (2006) in MS / Stud. Akad.-Enschede-NL u. Univ.-Bochum (Geschichte/Germ/Soz) / s. 96 freisch. / Ausst./Aktionen u. a. 1997 Coesfeld (Kaffe Kutte), 2004/05 MS (Coerde: Begegnungszentr/Labor-Cinema), 05 Bonn (Kunstraum), 06 MS (Aktion „Kunstmönch" = vor WL)

Breitenkamp, Richard (A) / 25. 2. 1919 Dünne/Kr. Herford – 22. 12. 1983 Bünde/W. / Stud. FH f. Architektur Holzminden / Werke u. a. in OWL (Bünde), Kirche in Herford (m. Prof. Dipl.-Ing. Karl Wilhelm Ochs – Berlin) u. Bielefeld-Bethel (Haus der Stille) / **Lit.: 112ca + 219a**

Breitkopf, Peter (M/Z/F) / 1970 Heydebreck/Oberschl.- / lebt (2006) in Herne / Autodidakt, erst Zeichnungen u. ab 94 Malerei / s. 06 Initiator eines Ausst.-Projektes / Ausst. u. a. in Herne/Lüdenscheid, Herten (u. a. Zeche Ewald), + Internet

Breitwieser, Oliver (F/D) / 1969 Darmstadt- / lebt (2005) in Hamburg / Stud.-Mainz bis 97 Soz.-päd u. Bielefeld 97-04 FHD / s. 99 als Fotogr. tätig, ab 04 eig. Studio in Hamburg / **Lit.: 114f**

Brendel, Karl (eigtl. Carl Genzel) (B) / * 1871 – ? / lebte ab 1906 Anstalt Eickelborn / s. 1912 Holzplastiken / Ausst. 1980 Beteil.-Wanderausst.: Heidelberg/Hamburg/Stuttgart/Basel/Berlin/München (Kv.-e/Museen/Stadtgal) / **Lit.:** In: „Die Prinzhorn Sammlung" – Ausst.-kat. – Athenäum-Verl. Königstein/Taunus, 1980

Brenner, Thomas (F/D) / 1961 Wiedenbrück- / lebt (2004) in Kaiserslautern / Stud.-Essen 84-95 Univ./GH (Fotogr/Komm.-Des) / 92 R.-Wolf-Pr. Hamburg, 95 BFF-Pr. Stuttgart, 96+97 Stip.-Pfalz / 95 Lehrt. FH-Trier / Mitgl. „Arb.-gem. Pfälzer Künstler", „Dt. Fotogr. Akad." u. „BBK" / Ausst. u. a. 1991 Dortmund (Mus. f. K. u. K.), 02 Jesteburg (Kunstwoche), 05 Mannheim (Fototage), 06 Dortmund (ART-isotope), + N/INT / **Lit.: 27-**5(m. Lit.) + **203-**91 + In: „Kunstwoche Jesteburg" – Ausst.-kat. 2002

Brenner, Wolfgang (M/Coll.-k/I/F) / 1956 Oberwesel- / lebt (2006) in Borchen-Dörenhagen / Stud. Univ./GH 76-81 Paderborn (Informatik) / ab 98 freisch., s. 03 Lehrt. Univ.-Paderborn / s. 01 Mitgl. „BBK-Westf.-Süd" Dortmund u. Mitgl. Gr.-„ARTd-Driburg" / Ausst. u. a. 1984-2000 Südwestf., 99 Bielefeld (WDR-Studio), Altenbeken (Eggemus), 2000 Hamburg (Gal.-Unikat), Bonn (Rh.-LM), Halle-S./Beaumont-Frankr./Kranj-Slow., 01 Lünen (Lüntec (K), Winkhausen (Kulturgut), Leipzig (Gal.-Erata), Paderborn (Paderhalle), 01-06 Bad Driburg-Dringenberg (Burg Dringenberg/Hist. Rathaus), 02 Kielce/Przemysl-Polen (2xK), Brakel (Bökerhof(K), Versmold (Gal.-et), Seoul-Korea(K), 02-05 Borchen-Dörenhagen (Off. Atelier), 03 Bielefeld (ZIF), Warburg (Ev. Kirche), Schwalenberg (R.-Koepke-Haus), Dortmund (Stadtgal), Rüsselsheim (Stadtgal), Cluj-Napoca-Rum.(K), 03/04 Paderborn (Haus d. ev. Kirche), 04 Lemgo (Stadtgal), 05 Willebadessen (Skulpturenpark), Hämeenlinna-Finnl. / **Lit.: 26a-**05 + **101b-**02…05 + **199-**01 (2) + K = Katalog; In: „communicare" – Ausst.-kat. – Ev. Kirche-Warburg – Kv.-Paderborn, 2003

Breuer, Elfriede (M/Z) / * 1955 – / lebt (2006) in Haltern / Mitgl. Gr.-„wir" – Arbeitskr. Kunst 2000 – Dülmen / Ausst. u. a. in Telgte/Recklinghausen, 2002 Ladbergen (Strathwork-Gal), Dülmen (Alte Overbergschule), 04 Nordkirchen (Schloss), Dülmen (Kulturnacht/StattGalerie), 05 Dinslaken (Stadtbibliothek), Dülmen (Kv.: Caritashaus), Dortmund (Torhaus), 05/06 Haltern (Rathaus/Altes Rathaus), 06 MS (Eheber.-stelle/Orangerie)

Breuer, Karl (Carl) (A) / um 1914-31 in Dortmund tätig / weitere Daten nicht bek. / war Mitgl.-„BDA" / Werk u. a. 1904 Freie Evang. Erlöserkirche in Berlin-Mitte / **Lit.: 34**-9,2 + **146c**

Breuhaus de Groot, Fritz August (Prof) (A/D) / **Lit.: 205c** = s. bei **R**osskotten, Heinrich

Breustedt, Alfred (M/Z) / * 1951 – / lebt s. 93 in Petershagen-Großenheerse / Gatte v. Heidrun **B**. / Stud. Akad.-Düsseldorf u. FH f. Sozialwesen / seit 97 Mitgl. Gr.-„Gro(w)Art"-Petershagen-Großenheerse / Ausst.-en siehe **G**ruppe „Gro(w)Art"

Breustedt, Heidrun (M/D) / * 1955 – / lebt s. 93 in Petershagen-Großenheerse / Gattin v. Alfred B. / Stud. FHfG-Bielefeld / seit 97 Mitgl. Gr.-„Gro(w)Art"-Petershagen-Großenheerse / Ausst.-en siehe **G**ruppe „Gro(w)Art"

Breyer, Christa (K/B/M) / 1948 Gunzenhausen- / lebt (2005) in Oberhausen / Keramische Ausb. in Düsseldorf, Vulkaneifel u. b. Prof. Crumbiegel, Malereikurse in Oberhausen / s. 96 Mitgl. „Kunstgem.-Bottrop" / Ausst. u. a. 2000/03 Bottrop (Kulturzentr), + NRW / **Lit.: 99c**-2000+03

Briede-Westermeyer, Anamaria (M/Coll.-k) / 1971 Valparaiso/Chile- / lebt (2005) in MS / Stud. Univ.-Santiago/Chile (Malerei) u. Akad.-MS / Ausst. u. a. 2003 MS (Beteil.: Ausst.-halle-Hafen = Klangkunst), 05 Eskisehir-Tü. (Univ) / **Lit.: 78E**

BrindlArt (Brindl, Fred) (O/I) / * 1961 (in Österreich)- / lebt (2006) in Wuppertal / Mitgl. „BBK"-Berg.-land / siehe bei **K**ranemann, Eberhard / **Lit.: 209**-2000...02+04+06

Brinkhoff, Andrea (M) / * 1960 – / lebt (2002) in NRW / Stud. IfBKuK-Bo.-Wattenscheid b. Prof. **Y**ang / Ausst. u. a. in Bochum/Kleve/Hefei-China/Dierdorf-Rhl.-Pf., Bochum-Wattenscheid (IfKuK), 2002 Recklinghausen (SEB-AG) / **Lit.: 225**

Brinkmann, Eva (B) / lebt um 1942 in Wesel / **L**it.: 97b-41,1+42

Brinkmann, Eva (M/Khw=Seidenmalerin) / 1931 Berlin- / lebt (2006) in Soest / Weiterbild. s. 79 bei versch. Künstlern u. Gaststud. Univ.-Paderborn (Kunstg) / zeitweise Lehrt. VHS-Soest / Mitgl. „Kv.-Kr.-Soest" / Ausst. u. a. in Soest/Schwerte/Detmold/Stade/Warstein/Neh.-Hüsten

Brinkmann, Thorsten (F) / 1969 Herne- / lebt (2005) in Hamburg / 91-94 Fotoassistent in Stuttgart, New York/San Francisco u. Köln, 94-96 Stud. (VK)-Kassel u. 96-2000 HfBK-Hamburg / Ausst. u. a. Hamburg, 2000 Gütersloh (Kv), 02 Leverkusen, 03 Bonn (Gal.-Acht P), + Internet

Brinntrup, Michael s. Brynntrup, Michael

Britsche, Hans-Ulrich (M/Z/B) / 1945 Oranienbaum b. Dessau- / lebt (2005) in Herne / Stud.-München 68-74 Akad. / s. 75 Lehrt.-Herne / Mitgl. Gr.-„Offenes Kunstforum Hibernia"-Herne / öffentl. Werke u. a. in Herne u. Gelsenkirchen (Wandgemälde/Bildh.-arbeiten) / Ausst. u. a. in München (Gal.-Kunst & Handwerk/2xHerbstsalon/Haus der Kunst), Herne (Kunsthaus-Crange/Hibernia-Schule) / **Lit.: 142a** (S. 102) **+ 268**

Brock, Ernst (B) / 1924 Dülmen – 1983 ebd. / Ausb.: 46/47 Nienborg-Heek Wksch. f. christl. Kunst, danach b. Flüchter in Dülmen / war Möbelrestaurator u. Gesch.-führer im Kunsthandel / Werke u. a. für Telgte / **Lit.: 195**

Brockers, Roland (F/M) (Dipl. E.-Ing) / 1969 Mönchengladbach- / lebt (2005) in Paderborn / s. 97 Mitgl. „Raum für Kunst"-Paderborn / Lehrt. Univ.-Paderborn / Ausst. u. a. 2002-05 Paderborn (Off. Atelier) / **Lit.: 101b**-02...05 (=Raum f. Kunst)

Brockfeld, Ulla (K/O) / 1949 Menden- / lebt (2006) in Menden / 92 Mitbegr. Gr.-„Delta"-Menden u. Mitgl. „FrauenKunstForum e.V"-Südwestf., 2002/04 Mitorganisatorin / Ausst. u. a. in GB/Frankreich, 1999 Bonn, Iserlohn (Parktheater/Ev.-Kirche), Hagen (Kooperative K), Marbeck b. Borken (Gal-Erie), 2000 Litauen, Menden (Vincenzkirche), 01 Menden/Schwerte/Iserlohn/Dortmund (Projekt 47), 03 Wanderausst.-beteil. Hagen/Altena/Attendorn/Delinghofen/Bochum, Berlin (Kirchentag), 04 Plunge/Litauen, 05 Neuenrade (Park der Villa am Wall), 06 Rheine (Salzsiedehaus), + Westf. / **Lit.: 187 + 187a+b+c**

Brockhincke, Theodor (B/Kunsttischler/Altarbauer) / NEU: 1839 – 1890 / war Werkleiter bis 1866/68 b. Franz Goldkuhle in Wiedenbrück, dann eigene Werkstatt bis 1892, von Anton Becker übernommen / **Lit.:** s. **B**ecker, Anton + b. **G**oldkuhle **+ 146c + 173**(S. 113)

Brockhoff, Martin (F) / 1961 Altena- / lebt (2005) in Bielefeld / Journalist / Atelier mit Veit **M**ette / Ausst. u. a. 1998 Bielefeld (Bunker Ulmenwall/WDR-Studio), 2004-05 Bielefeld (Studio: Kunsthalle)

Brockmann, Elisabeth (Digitalk/F/I/O) / 1955 Unna- / lebt (2005) in Düsseldorf / Stud.-Düsseldorf 74-81 Akad. / Ausz. 79 New York, 81 Paris, Stip. 89+92 Kunstfonds Bonn, 2000 Lehrt. HSfG-Karlsruhe / Ausst. u. a. in Paris, 2001/03/05 München (Gal.-Wittenbrink/Olympiapark), 01/04 Düsseldorf (Gal.-Schuler), 02 Dresden (Albertinum), + N/INT / **Lit.: 26a**-05 **+ 79b**

Brockmeyer, Ursula (Ulla) (F/Videok) / NEU: 1956 Glandorf- / lebt (2005) in Bielefeld / Stud.-Bielefeld 82-88 FHD / 90-94 am „Bielefelder Stadtblatt", ab 94 freisch., 2000 Beteil.-Workshop Gruppe „Kunst u. Experiment"-Bielefeld / Ausst. u. a. Oldenburg/Hamburg/Köln, 2000 Bielefeld (Haus Sarepta), 2000- Bielefeld/OWL (Archiv), + OWL / **Lit.: 152**-99 + **192**-01

Brodnicki, Gregor (M/Z) / 1977 Gleiwitz/Oberschlesien- / lebt (2005) in MS / Stud.-Mainz 99-2000 Akad. (Kunst) u. s. 03 Akad.-MS / Ausst. u. a. 2001 Weiterstadt (Gal.-K), 03 Mainz (Haus am Dom), 04 Oberhausen (Kv), Herford (MARTa-Lounge), Istanbul (Mus), 05 MS (Hafen-Speicher II) / **Lit.: 229a**-04 + **231b+c** + In: „Die Erfindung der Zeichnung" – Ausst.-kat. – Haus am Dom – Mainz, 2003

Broerken, Egbert (B/O/D) / 1950 Hovestadt/Westf.- / lebt (2002) in Welver / Stud. Wksch-MS / 79-80 Lehrt. FHD-MS u. 82-2002 Lehrauftr. FHD-Dortmund / Werke in NRW, Stadtmodell-Projekte u. a. in MS/Dortmund/Osnabrück/Hameln/Soest/Bayreuth / Ausst. u. a. in Welver/Dortmund / **Lit.: 15** + In: „Vorlesungsverzeichnisse" – FHD-Dortmund

Brörken, Harald R. (B/I/O/G/Prod.-Des) / 1961 Soest- / lebt (2005) in Welver / 78-80 Schreinerprakt./FofG-Dortmund, Stud.-MS 80-89 FHD / s. 84 eig. Werkst., regelm. mobile Obj.-ausst.-gen in der Landschaft Südwestf.-s/Ruhrgebiet / Ausst. u. a. 1989 Welver (Rathaus), 91 Soest (Bürgerzentr), 91/95/97 Soest (Kreishaus) / **Lit.: 100**-97(erw.) + lt. Internet

Broermann, Ekkehard (K/B) (Fadenfigurenherst) / 1962 Krefeld- / lebt (2005) in Ostbevern / Dipl. Soz.-Päd., s. 85 freisch., Atelier „KUWECA" m. Beate Schmalstieg in Ostbevern (lfd. Off. Ateliers) u. Lehrt. (Kurse) / Ausst. u. a. in MS (Weihnachtsmärkte), 2004 Ostbevern (Install.=Ems), 05 Ostbevern (Atelierausst)

Brokmann, Pini (O/G/D) / 1956 Bielefeld- / lebt (2005) in Herford u. Bielefeld / Stud.-Bielefeld bis 88 FHD (Gr.-Des) / Mitbegr. der Werkst. „FABRICA" / Ausst. u. a. 2001 Kevelaer (manum factum), 04 Lemgo (Stadtgal), + N/INT / **Lit.: 48x**-01

Brombach, Hedi (M) / 1934 Siegen- / lebt (2004) in Kreuztal u. Siegen / 87-93 Stud. Alanus-Hochsch.-Alfter b. Bonn (Malerei/Kunst) / Ausst. u. a. 1993 Alfter (Schloss), Golf-Club Spessart, 95 Köln-Mülheim, 96/98 Siegen (Kreishaus/Haus Seel/Gal.-Kl. Wohnen), 99 Netphen (Volksbank), 2000 Köln-Porz (Bez.-amt) / **Lit.: 110b** + **110c**-04

Broschard, Franz Jakob (Brouchard) (Baumeister) / Maurermeister aus Zweibrücken, 1770-87 in Münster tätig, 1779 Baumeister, Werke in MS / **Lit.: 26**-14 + **112a**

Brosterhus, Elisabeth (M/K/O/I/Perf.-k) (Land-Art) / 1963 Steinheim- / lebt (2004) in Steinheim / Stud.-Paderborn 83-90 Univ. (Deutsch/Kunst=Malerei/Keramik) u. Würzburg 89-92 Inst. f. Integr. Gestalttherapie (Kunst- u. Gestaltther.-tin) / ab 90 freisch., 95 Stip. f. Mineapolis, s. 01 Mitgl. Gr.-„pickArt"-Detmold / Perf.: u. a. 1988 Paderborn (ESG), 2x93/94/96/99/2001 Wuppertal, 95 Rüthen, 97 Remscheid, 98 Stolberg / Landart-Projekte u. a. 88 Grundsteinheim (Steinbruch), 92 Dalheim (Kloster), 94 Wanderausst. Schottland, 95 Rüthen (Bibertal), weitere Projekte geplant! / Ausst. u. a. 1989 Paderborn (Stadtgal), 90 Arnsberg (eh. Parkhotel), 92 Mayet-Frankr. (Rathaus), 93 Dalheim (Kloster), 95 Wisconsin-USA, 96 Wuppertal (Färberei), 98 Stolberg (Stadtgal), 01- Bielefeld/OWL (Archiv), 02 Detmold (Off. Atelier), 03 Steinheim (Off. Atelier) / **Lit.: 101b**-03 + **132a**-02 + **192**-01 + **216**

Brown, Gordon Henry (B/I) / 1958 Iserlohn- / lebt (2006) in Hamm / NEU: 02 Wettbew.-Pr. Soest, 03 Kunst-Pr. Hamm, 04 Stip. Gemeinde Schluchsee u. Stip. „Aldegr.-Ges."-MS f. Südfrankr. / Werke in Westf. / (Biografie in Beilage: CD-Ausgabe 2006)

Bruch, Annette von (M) / 1957 Soest- / lebt (2004) in Gevelsberg / Stud.-Aachen u. Bonn 76-81 Kunstpäd. / 82-84 Referendarin Lehrt.-VHS, 89 Gründung Malschule „Maldumal" in Gevelsberg / Ausst.-gen in Frankreich + N / **Lit.:** Internet

Bruch, Doris (K/Khw=Batik) / 1944 Siegen- / lebt (2004) in Netpen / s. 75 autod. tätig, Weiterb.-VHS / Lehrt. im kath. Bildungswerk / Ausst.-gen in Südwestf. / **Lit.: 110a+b** + **110c**-04

Bruch, Hans (M/G) / 1887 Breslau (Berlin = wohl falsch) – 1913 Jena / Sohn des Komponisten Max Bruch / Stud.-Berlin ab 1904 HfBK / lf. Aufenthalt u. Werke (u. a.) in Schwalenberg / Ausst. u. a. 1908-13 Berlin, 81 Schwalenberg / **Lit.: 25**-1 + **26**-14 + **137/137a** + **137b**-81

Brüchner-Hüttemann, Kai (A) / 1960 Bielefeld- / lebt (2002) in Bielefeld / Stud. TU-Braunschweig u. Wien 81-89 / 89 Stip. Fr.-Wilh.-Laves-Stiftung / ab 96 Büro „bhp-architekten" m. Ursula Pasch in Bielefeld / s. 98 Mitgl.-„BDA" / viele Preise, u. a. 2000 BDA-Pr. OWL / Werke u. a. in NRW (s. Lit.) / **Lit.: 197**-01 + **197d** (S. 86)

Brück, Birgit (M) / 1956 Lünen- / Aufenthaltsort unbek. / Stud.-Bochum ab 75 Univ. (Kunstg) u. Düsseldorf 78 Akad. / Ausst. u. a. 1979 Ringenberg , 80 Castrop-Rauxel, 81 Herne / **Lit.: 143a**

Brück, Heinz (M/Z) / 1942 Dortmund- / lebt (2006) in Lünen / Beruf: Elektroing. / Weiterb.-kurse b. Künstlern u. an Sommerakad.-n in Bergkamen/Dortmund / Beteil. Workshops in Düsseldorf u. Lünen / Ausst. u. a. in Lüdinghausen/Nordkirchen, Dortmund (Rathaus), Bad Wörrishofen, 2004/06 Lünen (Lüntec/Stadtgal), 04 MS-Angelmodde (Kunsthaus), Selm (Rethmann)

Brück-Gleißner, Claudia (M/Z) / * 1964 – / lebt (2004) im Ruhrgebiet / nach Jugendzeit in Friesland: Weiterb.-kurse in Malerei/Zeichnen im Ruhrgebiet / Gündungsmitgl./Ausst.-gen in Gr.-„KünstlerBuntMultiColor"-Hattingen / Ausst-gen in Ratingen u. Hattingen

Brückner, Hartmut (Prof) (G/D/Typogr/Buchgest) / * 1950 – / lebt (2004) in Bremen u. MS / 66-69 Schriftsetzerausb., Stud.-Wuppertal 70-74 Wksch (Grafik-Des) / ab 76 Büro „Brückner u. Partner" – Visueller Gestalter – Bremen, 89-91 Gastprof. HfK-Bremen, s. 93 Prof. FHD-MS / s. 76 Ausz.-gen = N + INT / **Lit.: 15a** (S. 42/102)

Brückner, Manfred (M/Coll.-k) / 1955 Ahlen- / lebt (2005) in Ahlen / Autodidakt / s. 01 Mitgl. „Kr.-Kv.-B.-Warendorf" u. Mitgl. Gr.-„Reflex"-Kamen / Ausst. u. a. in Uelzen/Berlin/Luxemburg/USA/Australien, 1994 Neubeckum, 95/01 Ahlen, 96 Bad Salzuflen (Fachwerk), 98 Oerlinghausen (Stadthotel), 2000 Oelde (Gal.-Der Reigen), Liesborn/Telgte, 2000/02 Oelde (Atel. Pit Weber), 01 Kamen/Berlin/Oelde/Liesborn/Warendorf/Freckenhorst = Proj.-beteil., Sendenhorst (Kunsth. DiSa), Gelsenkirchen (Atelier-Antenne), 03 Hamm (Atelier-Billinger), 03/04 Warendorf (Hist.-Rathaus/Kreishaus), 04 Kamen (Technol.-zentr/Stadthalle), 04/05 Liesborn (Mus) / **Lit.: 50**-02 + M. B./Uwe Gehrmann: „no guru – no method – no teacher" – Ausst.-kat. – Atelier Billinger/Berger – Hamm, 2003

Brüggemeier, Claudia (M) / * 1969 – / lebt (2005) in Bottrop / Mitgl. „KB-Bottrop" / Ausst. u. a. 1997/99-2003/05 Bottrop (Mus) 04 Bottrop (Mus/Sparkasse) / **Lit.: 99**-04 + **99a**-97+99...03

Brüggemeier, Yvonne (M/B) / 1973 Paderborn- / lebt (2003) in Paderborn / 91 Weiterb. Sommerakad.-Paderborn, 94-2000 Stud. Univ./GH-Paderborn (Kunst) u. 96/97 Bildh.-stud. Mozarteum-Salzburg / 99 Lehrt.-VHS, ab 01 Lehrt. / Ausst. u. a. 1997 Salzburg-Österr., 98/99/01 Paderborn (Sonderausst.-Kunstsilo), 99 Civitella d'Agliano-It., Paderborn (Deutsche Bank/ Alizibar), 2000 Meschede, Paderborn (Schloss Neuhaus/Frauenhaus/Müttergenes.-werk/Studentenwerk), 01 Detmold (Arbeitsamt), 02 Paderborn (Studentenwerk/CDU-Gesch.-stelle)

Brügger, Janine (Filmk) / 1985 Everswinkel- / lebt (2005) in MS / 04/05 Praktikum Filmwerkst.-MS / bis 05 = 3 Filme / Auff.-en u. a. 2005 MS („Stadt New York") / **Lit.: 196**-05

Brügger, Susanne (Prof) (F/D/Videok) / 1960 Essen- / lebt (2006) in Essen / Stud.-Dortmund 80-85 FHD (Vis.-Komm), Köln 84-90 FH, Meisterschülerin u. 93-97 HfMedien-Köln / 85 Stip. Krupp-Stift.-Essen, 88 Stip. f. Paris, 90 Wettbew.-Pr. Siemens München, 92 Stip. Kunstfonds-Bonn, 97(98) = 1. Pr. Kreisspark.-Recklinghausen, 99 = 2. Pr. Kodak Stuttgart, 05 Beste Klasse = Epson art photo award / 94-96 Lehrt. FHD-Dortmund u. s. 02 Prof., 97-98 Univ.-Mainz / Ausst. u. a. 1997 Recklinghausen, 99/01 Bochum (TZR-Gal), 2000/01 Essen (Zeche Zollverein/Ruhrl.-mus/ Kunsthaus), 01 Basel (Pr.-raum M54), 03 Duisburg (Mus), Essen (Mus), Rotterdam (Fotobiennale/Goethe-Inst), 04 Arnsberg (Kv), 04+05 MS (Ausst.-halle Speicher II), 05 Gelsenkirchen (Wissensch.-park), Köln (Art Cologne), + N/INT / **Lit.: 28a + 51a + 182**-97 **+ 189**-01 **+ 204**

Brüning, Udo (O/I/Perf.-k) / 1950 Ihren/Leer-Ostfriesl.- / lebt (2005) in Oldenburg / Stud.-MS 69 - 72 Univ. u. 72-76 (Akad) / s. 75 Kunstprojekte, 94-98 Mitgl. Ateliergem. u. Produz.-gal. „karg"-Oldenburg, 99-2000 Mitarbeit im „Collaborative Arts Center Cell Space" u. „Reflecting Images" in San Francisco-USA, ab 01 Atelier „Stau 119"-Oldenburg / Ausst. u. a. 2004 Oldenburg (Off. Atelier), 05 Recklinghausen (Kunsthalle), 05 Ingolstadt (Kv) / **Lit.: 256**

Brüninghaus, Hanna (M) / lebt (1946) in Bigge/Ruhr / Ausst. u. a. 1946 Arnsberg / **Lit.: 8a**-46

Brüske, Ulla (M) / 1953 Münster- / lebt (2006) in MS / Autodidaktin, Weiterb.-MS b. M. Passmanns / Mitgl. Gr.-„pArt 96" MS-Albachten / Ausst. u. a. 1998 MS (Klarastift/2xAutohaus), 99/2001 MS-Albachten (Kunstfest), MS (Chir.-Univ.-kl), 01-? Telgte (Kunsttage), 03/06 MS (Raphaelsklinik/Stadtbücherei/Klarastift)

Bruhn, Matthias (Zeichentrickfilmk) / 1962 Bielefeld- / lebt s. 86 in Düsseldorf / Filme s. 86 / Auff.-gen u. a. 1988/90/92/94 MS / **Lit.: 196**-88+90+92+94

Brummack, Heinrich (Prof) (B/O/Z/Gartenarchitekt) / 1936 Treuhofen/Neumark- / lebt (2002) in Westerkappeln u. 2005 in Köln / NEU: Lehrt.-MS 76-2/2002 FHD, 82 Prof. / Ausst. u. a. 2007 (gepl.) Essen-Werden (Brehminsel) / (Biografie in Beilage: CD-Ausgabe 2006)

Brune, Helga (M) / 1955 Bottrop- / lebt (2005) in Oberhausen / Stud.-Bo.-Wattenscheid 94-99 IfBKuK / ab 03 Lehrt. Malschule / s. 03 Mitgl. Gr.-„Kunstgem.-Bottrop" / Ausst. u. a. in Bo.-Wattenscheid/Oer-Erkenschwick/Bad Harzburg/Hefei-China/Oberhausen/Gelsenkirchen/Westerland-Sylt, 2000/02 Essen (Gal.-Arka), 03/04 Bottrop (Sparkasse3xKulturzentr), 03 Mülheim-Ruhr (Ev.-Akad), 04 Beteil.-Wanderausst.-Ruhrgebiet, Oberhausen (Schloss), 05 Bottrop (Mus) / **Lit.: 99c**-03+04 + **99d**-04

Brune, Inge (I/Z/Coll.-k) / * 1947- / lebt (2006) in Bochum / NEU: 01 = Bronze-Pr. Int. Kalenderschau Tokio / s. 97 Mitgl.-„Boch.-KB" / (Biografie in Beilage: CD-Ausgabe 2006)

Brungs, Bernhard (F) / 1974 Bielefeld- / lebt (2001) in Düsseldorf / Stud.-MS 95-96 Akad. u. Düsseldorf ab 96 Akad., 2000 Meisterschüler / **E**.-Ausst. in Düsseldorf/Aachen/Kassel, 2001 Köln (Gal.-Fiebach u. Minninger), 02 Witten (G.-Drebusch-Preis = Museum) / Ausst.-**bet**. u. a. in Düsseldorf/Hilden/Christchurch-Neuseel./Tokio-J./Moers/Minden/Maastricht/Frankfurt-M., 2000 Aachen (Bet.-Jahresgaben), Recklinghausen (Kreisspark), 01 Mülheim-Ruhr (Bismarckturm), 02 Düsseldorf (Kunstraum) / **Lit.: 182**-2000

Bruns, Heinrich Martin (A) / 1943 Münster- / lebt (2004) in Bielefeld / Stud. FH-Höxter / bis 80 Mitarb. in Arch.-büros u. a. in Bielefeld u. BUTAC Baghdad Univ. of Techn. Ass. Of Consultans, s. 80 selbst. in Bielefeld / Mitgl. „BDA" / Preise u. a.: 96 D.-Pöppelmann-Medaille Herford, 97+2000 Archit.-Pr. OWL, 98+01 BDA-Pr. OWL / Werke s. Lit. (Berlin + Westf.) / **Lit.: 197**-95+97+01 + **197d** (S. 50/80/82/84) + **213a**-99+02

Brunstering, Hubertus (M) / * 1955 – / lebt (2002) in Horstmar / Weiterb. VHS-Kurse / Ausst. u. a. in Horstmar, 2001 Steinfurt (Sparkasse) / **Lit.: 206**-01

Brunzema, Imke (M/G/D/Multimedia- u. Konzeptk) / 1962 Oldenburg- / lebt (2004) in Bielefeld / Stud.-Bielefeld 91-96 FHD (Grafik-Des) / s. 94 freiberufl. tätig u. 2000-04 im Projekt „VINGS" Univ.-Bielef. (Medienkonzeption/Gestaltung), 02-04 Vors. m. S. Ehlers „FrauenKunstForum"-OWL / Ausst. u. a. 2001- Bielefeld/OWL (Archiv), 01 Bielefeld (Ausst.-bahn), 03 Bielefeld (Q-Tour), Gütersloh (Gymnasium), 04 Minden (Preuss.-Mus) / **Lit.: 192**-01+03

Brusberg, Antje (M/G/B) / 1977 Dresden- / lebt (2005) in Dortmund / Stud.-Dortmund ab 01 Univ. (Kunst/Grafik/Päd) / 04 = 2. Pr. Univ.-Dortmund / Ausst. s. 2001, u. a. 03 Dortmund (Univ), 05 Dortmund (Off. Atelier = Künstlerhaus)

Bruse, Goddert (auch Meiler/Meyler, Goddert) / um 1479-1510 in Münster bek. / war Gildemeister / Werke unbek. / **Lit.: 178a** (=Goddert) + Prinz: „Der Maler G. B. in Münster" = in „Westfalen" – Bd. 27 – S. 63 – MS, 1948

Brysch, Stephanie (O/I/Z/Filmk) / 1976 Wipperfürth- / lebt (2006) in MS / Stud.-MS 97-06 Akad., 05 Meisterschülerin, Stud.-MS 97-03 Univ. (Phil) / Ausst. u. a. 2001 Herford (Stadtmus), 02 Dortmund (Künstlerhaus), 03 Schöppingen (Akad), 05 Bremen (Gal.-Gr. Grün), Düren (Schloss Burgau), 05/06 MS (CUBA) / **Lit.: 218**-02 + **229**-03 + In: „Art up!" – Junge Kunst aus deutschen Akademien – Ausst.-kat. – Düren, 2005

Buccellato, Rosario (M/Z) / 1967 Lippstadt- / lebt (2005) in Erwitte / Ausst. u. a. 2001 Paderborn, Gelsenkirchen (Atelier-Antenne), 04 Lippstadt (Gal.-Pawlick) / **Lit.:** Internet

Buch, Claudia (G/D/M) / 1968 Oberhausen- / lebt (2005) in Oberhausen / Stud.-Düsseldorf 91-97 FHD (Grafikdes) u. 97-05 Akad.-MS, 04 Meisterschülerin / 03 Stip. Akad.-MS f. Rom u. Timm&Struppi-Pr. Kl. Prof. Ulrichs, 04 = 2. Wettbew.-Pr. Landesg.-schau Nordhausen/Thür. / Ausst. u. a. 1999 Löhne (Werratalhalle), Bad Oeynhausen (VHS), 2000 Bonn (Haus Rohrbach u. Pauke), 03 München (Domagkatelier+"GEDOK"), Laer (Stadtmitte), 04 Bergkamen (Stadtgal), Nordhausen (L.-G.-Schau), Essen (Zollverein), Bad Oeynhausen (VHS), Oberhausen (Kv), Istanbul-Türkei (Mus), 05 Wismar (Baumhaus), Recklinghausen (Kunsthalle), Ingolstadt (Kv) / **Lit.: 231b+c + 256 + 256a**

Buch, Rolf (M) / 1938 Siegen- / lebt (2004) in Wilnsdorf / Beruf: Detektiv / Autodidakt / Ausst. s. 1970 in Südwestf. / **Lit.: 110b + 110c**-04

Buchholz s. Schöngarth, Ludwig

Buchholz, Hildegard (Hilde) (T) (Stickerin) / † 1960 / lebte in Rönsahl/Westf. / Werke in NRW / **Lit.: 219a** + In: „Ars Sacra" – Köln, 1964 + 1975

Buchholz, Susanne (M/F) / 1974 Münster- / lebt (2004) in Rheda-Wiedenbrück / Industriekaufm.-ausb. u. Weiterb.: autodidaktisch u. Zeichen- u. Malkurse in Bielefeld/Sendenhorst u. Warendorf, als Fotografin = Autodidaktin / ab 02 selbst. u. Feng-Shui-Beraterin / s. 03 Stud. FH-Detmold (Innenarchit) / Ausst. u. a. 2003/04 Harsewinkel (Restaurant/"Akzente")

Buchholz-Schöngarth, Ludwig s. Schöngarth, Ludwig

Buchwald, Hella s. Buchwald-Feyerabend, Hella

Buchwald, Peter (F/F.-Inst.-k) / 1958 Berlin- / lebt (2006) in Gelsenkirchen / NEU: Mitgl. Gr.- „Unser Fritz“ in Künstlerzeche „Unser Fritz 2/3“-Herne-Wanne, u. a.: 99 „RKB“ u. ab 02 = 2. Vors., s. 2000 „Vest.-KB“-Recklinghausen / (Biografie in Beilage: CD-Ausgabe 2006)

Buckendahl, Gerhard (M/Z) / um 1930/40 in Münster bek. / **Lit.: 84**-78 + **198**

Bucker, Johannes (M/Z/Geometer) / Anfang 18. Jh. tätig / weitere Daten nicht bek. / **Lit.: 215**-6 + In: „Der Kreis Lüdinghausen in alten Ansichten“ – 1974

Bucker, Peter (M/G/Ill) / * 1948 – / lebt (2006) in Kamen / Stud. FHD-MS / „art-director“ in einem Schallplattenverl., ab 87 freisch., u. a. Plakatgest. für Dortmund: Stadt/Theater/Kirchen/ Vereine/Zeitschr.- „Tanzforum“, s. 97 „grafit-verlag“-Dortmund / ab 97 Mitgl. „KB-Schieferturm“-Kamen u. 98 „BBK-Westf.“-Dortmund / Ausst. u. a. Bergkamen/Dortmund/Bochum/ Wuppertal, Kamen (KB), 2002 Bo.-Wattenscheid (Technol.-Zentr), 03 Krefeld, Dortmund (Torhaus/Mus. f. K. u. K.), Attendorn (Rathaus), Witten (Boesner), 05 Kamen (Stadthalle) / **Lit.: 3**-02+03 (1+2)

Buckstegen, Christoph (F/D) / 1964 Isselburg/Niederrh.- / lebt (2005) in Berlin / 85-86 Keramikausb. FoSfG-Essen, Stud.-Bielefeld 89-95 FHD (Foto- Filmdes) / 91 Kodak-Förder-Pr., 93 Förder-Pr. Herten, 94 Anerkennung zum „A.-Biermannpreis“, 95 = 1. Pr. Herten / Ausst. u. a. in Enschede-NL/Gent-Belg.Barcelona-Sp., 1993 Bielefeld (Off. Atelier), 93 Siegen/Bielefeld/ Saarbrücken, 93/95 Herten (Schloss), 98 Bielefeld (WDR-Studio), 99 Oberhausen, 05 Gelsenkirchen (Wissensch.-park), + N / **Lit.: 110x** + **152**-93 + **189**-95

Budavei, Michail (M/Ill) / 1949 in Weissrussl.- / lebte in Minsk, s. 2001 in Deutschl. / Stud.-Minsk 70-74 Kunstsch. u. 76-82 Akad. / 85 = Wettbew.-Ausz.-gen als Ill.-tor / 82-89 Lehrt. Akad.-Minsk / Mitgl. s. 85 „Bund Weissruss. Künstler“ u. ab 02 Gr.-„Das Fachwerk“-Bad Salzuflen / Werke in Minsk u. INT / Ausst. u. a. 2002 Leopoldshöhe (Rathaus), 02/03 Bad Salzuflen („Das Fachwerk“/Sparkasse), 03 Herford (Kunst-Werk) / **Lit.: 131**-03

Budde, Bernard (M) / 14. 1. 1828 Warendorf – 2. 2. 1899 Düsseldorf / Stud. Akad.-Düsseldorf, Meisterschüler / 1859-98 Mitgl. „Kü.-vereinig.-Malkasten“-Düsseldorf / Werke u. a. in Liesborn / **Lit.: 24**-5 (falsche Daten) + **26**-15

Budde, Paul (Industriedes) / * 1951 – / lebt (2004) in MS / nach Techn.-ausb.: Stud.-Krefeld 72-78 FHfG / ab 78 selbst., 81-98 Studio „Budde & Piltz GmbH“-Nottuln/MS, ab 98 „Budde Industrie Design GmbH“-MS / 89 Staats-Pr. NRW, Ausz.: 6x 82-94 Design-Auswahl Stuttgart, 86-88/90/92/95 „IF“ Hannover, 87/88 Haus Industrie Form Essen, 91-95/97/01/02 Design-Innovation Essen / Ausst. u. a. in Hannover, 1998 MS (IHK) / **Lit.: 205**-94+97 + **205a**-83+89 (b. Piltz, H.) + **205y**-2000,1+02,1+04,1 + **205z**-91+95+97+98+01 + In: „IF design award 2003“ – Hannover

Budde-Engelke, Helga s. **E**ngelke, Rainer

Buddenberg, Wilhelm (Tier- u. Jagdmaler) / 16. 7. 1890 Trier – 1967 Neuss († lt. Kunsthandel) / Stud. Akad.-Berlin / lebte noch 1930 in Trier, später dann um 40/45 in Düsseldorf u. danach einige Zeit evakuiert in Lengerich (wohnte in einem Haus der Osnabrücker Verwandschaft), danach wieder in Düsseldorf / war um 46/58 Mitgl. **G**r. „Legge“ – Tecklenburg / Ausst. u. a. in Ibbenbüren/Tecklenburg u. Düsseldorf (?) / **Lit.: 25**-1 + **26**-15 + **34**-9,2

Budeit, Hans Joachim (A/F) / 1927 Kassel- / lebt (99) in Dortmund / Jugendzeit in Magdeburg u. 45-47 Schreinerausb., Stud.-Weimar ab 49 Hochsch. f. Baukunst u. Bild. Kunst, danach TH-Dresden u. bis 53 TU-Berlin / tätig in Düsseldorf u. Mönchengladbach, s. 58 eig. Büro in Dortmund / Werke u. a. in Siegen/Solingen/Würzburg/Hamm / ab 90 Archit.-fotogr. = Bildbände / **Lit.: 213b**

Buderath, Barbara (F/D) / * 1963 – / lebt (2002) in Bottrop / Stud. FHD-Hildesheim (Grafikdes) / Fotoass.-tin b. O. Kasper u. M. Rave, s. 96 in Bottrop freiberuflich tätig / **Lit.: 205a**-01

Buderath, Sibylle (M) (Lyrikerin) / 1948 Herford- / lebt (2002) in Bermatingen / Ausb. b. Oskar Koller u. Rudolph Hradil / 92 Kunst-Pr. Herrenberg / Ausst. = N / **Lit.:** s. 1990 v. S. B. = Kalender- u. Kunstkarten, ab 96 Lyrikbildbände; In: „Intern. Bodenseeclub ° Regionalclub Überlingen nördlicher Bodensee“ – Sektion BK – Katalog – Überlingen, 2002

Buderus – Architektenfamilie s. 1950 in Bochum bek. / **Louis** sen. (A) / 25. 4. 1908 Bochum-Langendreer – ? / 53-75 Archit.-gemeinschaft mit Walter **A**rns u. L. **B**. jun. in Bochum / 64 Ausz.

m. Walter Arns (Plakette) Stadt Bochum f. Kirche in B.-Riemke u. Plakette f. Haus in Altenbochum / Werke u. a. in Bochum (61 Kirche in Bochum-Riemke) / **Lit.: 146b+c** // **Louis** jun. (A) / lebte in Bochum / Archit.-gemeinschaft m. Walter **A**rns/Arnold **R**uprecht u. L. **B**. sen. bis 75, danach alleiniges Büro / Werke u. a. Schulen/Siedlungen, 72-78 Hochhaus-Langendreer, Kirchen: 61 Bochum-Riemke, 64-68 Ev.-Michael-Kirche Bochum-Langendreer, 66-69 Ev.-Friedenskirche Bochum / **Lit.: 112ca + 146b+c + 219a**

Büchel, Bruno (M/Ill) / 1947 im St. Galler Rheintal/Schweiz- / lebt (2005) in Bielefeld / 67 Primarlehrerpatent, Illustrator u. Lehrt., ab 93 in St. Gallen, 89 Stud.-Berufsschullehrer (Gestalten), ab 04 Lehrt. VHS-Bielefeld, u. a. Kurse in Oelde/Borgholzhausen / Ausst. u. a. 2005 Bielefeld (Off. Atelier) / **Lit.: 152**-05

Bücker, Dominique (M/B) / 1979 Bottrop-Kirchhellen- / lebt (2002) in Dorsten / 99-2001 Bauzeichnerinausb., ab 2001 Dortmund Univ. (Archit) / Ausst. u. a. 2001 Gladbeck / **Lit.: 128**-01

Bücker, Jutta (G/D/Ill) / 1970 Burgsteinfurt- / lebt s. 98 in Hamburg / Stud.MS bis 05 FHD (Grafik- u. Produkt-Des) / Ausst. u. a. 1994-96 Frankf.-M. (Buchmesse), 95 Rheine-Bentlage (Kloster), 2004 MS (Landeshaus), Oelde (Haus Nottbeck) / **Lit.: 121 + 122**-94...96 + J. B. (Ill) = versch. Verlage: „Eine kleine Dickmadamm" – 1998; „Dafür kann doch Willy nichts" – 1998 + 1999; „Willy schafft sie alle" – 1999; „Der Mondhund" – 2000; „Brunos grosse Liebe" – 2002; „Günter und die Sache mit der Zahnspange" – 2002; „Du bist mein bester Freund" – 2003; „Wo die Schaluppen glitzern" – 2003; „Rosalie und Trüffel" – 2004; „Herr Jasper sucht das Glück / Frau Kührlein sucht das Glück" – 2005; „Zorilla" – Bajazzo-Verl. Zürich, 2006; **In**: „Kinder.Buch.Kunst" – Ausst.-kat. – Hg.: LWL-MS, 2004

Bücker, Michael (F) / 1965 Horstmar- / lebt (2005) in Steinfurt / 90-2000 Foto-Weiterb.-kurse u. Workshops / 1.+3. Pr. VHS-Fotowettbew. u. 1. Pr. LWL / Ausst. u. a. in Steinfurt/Nordwalde/Tecklenburg, Düsseldorf (Kö-Gal), Potsdam (Haus am Schlaatz), 2004/05 H.-Gravenhorst (Kloster) / **Lit.: 69**-04+05

Bücker, Norbert (M/O) / 1953 Recklinghausen – / lebt in Recklinghausen u. s. 85 in Nieholte/Kr. Cloppenburg / 71 Schriftenmalerausb., 76 Studium, ab 86 freisch. / 98 Pr. „Vest.-KB"-Recklinghausen / 03 Herausg. der „Nieholter Hefte" / Mitgl. „BBK-Westf.-Süd" – Dortmund u. s. 85 „Vest.-KB"-Recklinghausen / Ausst. u. a. in Dordrecht-NL/Oldenburg/Haselünne/Hannover/Osnabrück, 1985/89 Recklinghausen (Sparkasse), 97 Herne (Gal.-Lygnaß), 96-04 Recklinghausen (VKB: Kutscherhaus), 99 Recklinghausen (Phillip-Nicolai-Kirche), 2001 Marl (Gal.-Schomburg), Cloppenburg, 03 Bytom-Polen (Gal.-Kronika), 06 Recklinghausen (Gal.-Anbau) + N / **Lit.: 188**-99...04 + **188a**

Bücker, Thomas (Grafik- Mediendes.) / 1975 Glandorf- / lebt (2005) in MS / Stud.-MS 95-2/02 FHD / 2000 Musikveröffentl./Remixarbeiten m. Projektnamen „jean-michel", 02 Förder-Pr. FHD-MS (f. Dipl.-arbeit) / 02 Mitarb. in Osnabrück, ab 03 m. Kitty **H**eider Büro „EINS_A – büro f. gestaltung in MS, u. 04/05 Hafen-MS, Speicher II, s. 05 Atelier allein Am Hawerkamp / Ausst. u. a. 2004/05 MS (Off. Atelier: Hafen-Speicher II + Am Hawerkamp) / **Lit.: 15a** (S. 36-37+75) + Internet (m. eig. Projekten)

Büker, Dorothea (Khw) / * 1947 – / lebt (2005) in MS / 2000 Bischof-Tenhumberg-Pr. Telgte (Batik) / Ausst. u. a. 2000/01/05 Telgte (Mus) / **Lit.: 185**-2000+05

Büker-Haber, Werner Lorenz (Büker, Lorenz) (M/G/D/Coll.-k/Glasm/Materialb.-k) / 1951 Paderborn- / lebt (2006) in Paderborn / Glasm.-ausb., war selbst. / als Maler Autodidakt, Wandgest.-en in Malerei/Glasmalerei = N / Ausst. u. a. in Mainz/Leer-Ostfr./Paderborn, 2000/01 Bielefeld (WDR-Studio/Technol.-zentr)

Bülow, Susanne von (M/G) / 1969 Balingen/B.-W.- / lebt (2005) in MS / Stud.-MS 91-? Akad. / NEU: ab 2000 Mitgl. Gr.-„Innennetz"-MS / Ausst. u. a. 1997 MS (Atelier-Schulstr.), 2001 Rheda-W. (Orangerie), 02 MS (Container/CUBA), 03 Coesfeld (Stadtgal), 04 MS (Geol.-Paläontol.-Mus), 05 Billerbeck (Kolvenburg) / **Lit.: 244**-04

Bülow-Böll, Bettina (G/D/M/B) / 1962 Gelsenkirchen- / NEU: lebt (2006) in Sprockhövel / s. 03 Mitgl. „Boch.-KB" / (Biografie in Beilage: CD-Ausgabe 2006)

Bültmann, Annette (F.- Film- u. Vis.-Komm.-Des) / 1961 Hamm- / lebt (2003) in Berlin / nach Schulzeit in Hamm: Stud.-MS/Berlin 85-93 Univ.-n (Publiz), Bielefeld 93-99 FHD u. MS/Berlin 2000-03 Univ.-n (Kunstg) / s. 99 Beteil. an Internetproj.-en / Ausst. u. a. 1988 Berlin (Schokofabrik), 95 MS (Gleis 22), 96 Minden (ehem. Gefängnis), 97-99 Bielefeld (Univ/FHD/WDR-Studio), 2002 Herford (Steinstr.), 05 Berlin (AnyWay-Gal) / **Lit.:** Internet

Bültmann, Hans Friedrich (A) / * 1946 – / lebt (98) in Bielefeld / nach Zimmererausb.: Stud.-Holzminden 66-69 Staatl. Ing.-Schule u. Aachen 69-73 TH (Archit/Städtebau/Landschaftsökologien) / ab 75 eig. Büro in Bielefeld / Werke in Westf.-Lippe (s. Lit.) / **Lit.: 197**-95+97

Büning, Christian (D/Inform.-gest/Typogr) / 1978 Osterwick b. Coesfeld- / lebt (2005) in MS / Stud.-MS bis 2/05 FHD / ab 03 freisch., Gest./Zeichnung, Veröffentl.-en in Büchern/Heften = Büro „Büning&Schwarz / 05 red dot design award Essen, m. Elisabeth **S**chwarz / Ausst. u. a. 2002-05 MS (Off. Atelier)

Bürger, Petra (F/D) / * 1953 – / lebt (2006) in Lünen / Stud.-Dortmund 84-89 FHD / 83-88 Fotojournalistin, ab 89 freisch., 2000 Gründung/Ltg. „Knotenpunkt-Netzwerk f. Kunst- u. Medienschaffende" / ab 03 Mitgl. „BBK-Westf."-Dortmund / Ausst. u. a. in Manchester-GB, 1990 Holzwickede (Haus Opherdicke), 97 Velbert-Langenberg (Kunsthaus), 2004 Castrop-Rauxel (Rathaus), 05 Bochum (Technologiezentr) / **Lit.: 3**-04(1)+05(2) + **190b**

Büro für Bildangelegenheiten s. **N**eudörfl, Elisabeth (u. Bettina Lockemann)

Büsch, Benjamin u. **Werner** s. **M**ali & Werner

Büsch-Beinhorn, Marie-Luise s. **M**ali & Werner

Büscher-Eilert, Gertrud (B/M/Entwurfz) / NEU: 1914 Legden/Kr.-Borken – 2004 Horstmar / (Biografie in Beilage: CD-Ausgabe 2006)

Büschleb, Johannes (Holzgest) / 1956 Unna- / lebt (2006) in Schwerte / 70-73 Tischlerausb. im Kr. Unna, 91 Meisterprüfung, 82-01 in Schwerte selbst., 99-01 Stud. Akad. f. Gest. im Handwerk – MS / Mitgl. „AdK"-NRW u. Bundesverb. des Kunsthandw.-s / s. 03 Lehrt. Jugend-Kunstschule Iserlohn / Ausst. u. a. in Dortmund, 1997 Hamm (manu factum), 97/98 Bochum (FormArt), 98 Witten/Opherdicke/Köln, 99 Solingen (manu factum), 01 MS (HBZ), 03 Dortmund (manu factum), + N/INT / **Lit.: 48c**-99+03 + **48x**-97+99+03

Büssemeier, Anika (F/D) / 1972 Lüdenscheid- / lebt s. 02 in Berlin / 92-95 Fotogr.-ausb., 96-02 Stud. FHD-Bielefeld / 98 Wettbew.-Ausz. Noblex-Panorama-Fotogr., 99 Ausz. z. Europ. Archit.-fotogr.-Preis u. 3. Wettbew.-Pr. „Scharf auf Sonntag" / Ausst. in Gera, 1998 Köln (Photokina), 99 Bonn (Ausst.-halle), 2000 Bielefeld (Hochbunker), 03 Hamburg (Mus. f. K. u. G.)

Buetti, Daniele (F/O/I/Video- u. Konzeptk) / 1956 Fribourg/Schweiz- / lebt (2006) in MS u. Zürich / Stud.-Zürich 78-83 HfG u. Berlin 84-88 HdK / 93/94 Stip. Künstlerdorf Schöppingen / s. 04 Prof. Akad.-MS / Ausst. u. a. in New York/Mailand/Brüssel/Wien/usw., 1993 Schöppingen (Feuerstiege 6), 11/93-1/94 MS-land (Aktion Wochenmarkt), 94 MS (Gal.-Weber), 96 Lüdenscheid (Gal.-Friebe), 2004 Winterthur-Schweiz (Fotomus), Baden-Baden (Kunsthalle), Marseille-Fr./Oslo/Paris/Salzburg/Graz/Bozen/New York/Høvikodden-Norw., Zürich (Mus. f. Gegenwartskunst), London (Hayward-Gall), Istanbul (Mus), 05 Stuttgart (Gal.-Hauff), MS (WL), 06 Duisburg (Mus), + N/INT / **Lit.: 26**-15 + **26a**-05 + **64c** + **231b+c** + **u. a.** In: „Bauernopfer" – A.-heft – Hg.: Künstlerdorf Schöppingen, 1994; „D. B." – Verl.-Hatje-Cantz, 2003

Büttner, Martin (F/D) / 1959 Datteln- / lebt (2005) in Dinslaken / Stud.-Bielefeld 81-85/86 FHD / 86-? Theaterfotogr. in Oberhausen / Ausst. u. a. 1987 Recklinghausen (Kunsth), 2000 Köln (VHS-Forum), 04 Dinslaken (Mus.-Voswinckelshof) / **Lit.: 239**-87

Bufé, Bernhard (Porzellan- Maler/Restaurator) / 28. 4. 1907 Münster – 21. 11. 1990 ebd. / ab 21 Porzell.-malerausb. Firma Aug. Roloff-MS u. dort, außer Kriegszeit, bis 55 beschäftigt, danach allein tätig / Werke in MS (s. auch Porzellanmuseum) / **Lit.: 63b** + In: B. Haunfelder: „Feines Porzellan aus Münster" – in: „Auf Roter Erde" – Nr. 3/2002 – „WN"-MS v. 22. 3. 02

Bufé, Eduard (NEU:) (M/G/A/Porzell.-m) / 1898 Münster – 1982 Lippstadt / Stud. Akad.-Kassel u. Univ.-MS (Kunstg) / 1923 Stip. f. Venedig / 21-28 Lehrt.-MS / lebte s. 41 in Rüthen/Brilon / Ausst. + Werke in MS u. Westf. (Wandmalereien) / **Lit.: 24**-1 + **30** + **100**-81

Buhlke = Büro: „Buhlke . Kuhn Architekten" – Dortmund, s. 1994 / Werke u. a. in Epfenbach/Leipzig/Heidelberg/Heilbronn/Wiesloch u. Westf. (s. Lit.) / **Lit.: 197a**-99

Buhre, Jürgen (M/G/B) / 1963 Gelsenkirchen- / NEU: lebt (2006) in Westerholt b. Herten / s. 85 Malerei / Mitgl. Gr.-„Unser Fritz" = Atelier Künstlerzeche „Unser Fritz 2/3"-Herne-Wanne / Ausst. u. a. in Santa Ponsa/Palma de Mallorca, Frankf.-M. (Messe), jährl. Herne-Wanne-Eickel (Off. Atelier), 1997/98 Herten (Kreissparkasse/Schloss), 98/99/02/03/04 Gelsenkirchen (Stadtgal/Halfmannshof/Volksbank/4xMus/Eon), 2000 Düsseldorf (Flughafen), Ludwigshafen (H.-Pesch-Haus), Recklinghausen (Vest.-KB), 2000/02 Herne (Zeche Unser Fritz 2/3), 01/03 Düsseldorf, 01/02 Krefeld (Gal.-L'Unico/Gal.-Peerlings), 03 Berlin (Gal.-Schneider), 04 Neukirchen-Vluyn (Kulturhalle), Düsseldorf (Gal.-Conzen) / **Lit.: 143aa** + **143f** + **145**-99+03 + **145E**

+ **238**-04 + 3x J. B.: „Überblick über Arbeiten der neunziger Jahre" – 1998; „Die Spur des Menschen" – 1999; „Randerscheinungen" – 2001; „Neue Arbeiten" – Verl. Gal.-Peerlings – Krefeld, o.Jhg.(2003/04)

Buhre, Wolfgang (G/D) / * 1945 – / lebt (94) in Unna / Stud.-Alsterdamm bis 72 Kunstsch. (Grafik-Des) / s. 92 selbst. / Ausz.-gen u. a. in Darmstadt/Hamburg / **Lit.: 205**-94

Bukowski, Jo (Bukowsky=falsch) (M/G) / 1956 Bielefeld- / lebt um 2000 in Dinslaken, 2005 in Aulendorf, Dresden u. München / Stud.-Bonn 82-86 Kunsthochsch. f. Musik u. Bild. Künste, 87-88 Aufbaustud. Kulturpäd. / ab 88 freisch. / 91 Kunst-Pr. Oberschwaben, 99 Kunst-Pr. AKB-Bank, 02 Stip. „Aldegr.-Ges."-MS / Lehrt.: 89/94/95 Ravensburg, ab 96 Alanus-Hochsch.-Alfter, dazu um 05 Akad.-Reichenhall / Ausst. u. a. Berlin (Gal.-Gaertner), 1990 Hattingen (Gal.-Pertsch), 97 Bonn/Ludwigsburg, 99/2000 Düsseldorf (Kunstpalast), 01 Dortmund (Gal-Möller), 02 Erfurt/Radolfzell/Schwetzingen, MS (WL=Jahresgaben: Aldegr.-Ges), 03 Zürich (Gal. -Joy), Bad Saulgau/Albstadt, + N/INT / **Lit.: 107**-99+2000 + In: „Junger Süden" – 50 Jahre Oberschwäbischer Kunstpreis der Jugend – Ulm, 2003(m. Lit.)

Bukowski, Manfred (A/Dipl.-Ing) / 1951 Essen- / lebt (2005) in Münster / 72-80 Stud. TU Braunschweig u. 75-76 TH Delft-NL / 81 Stip. J. Ponto-Stiftung Frankf.-M., 98 BDA-Pr. = Ausz. f. Werk in MS / 81-83 Mitarb. Atelier Hans Hollein in Wien, 84-89 dort freisch., s. 89 eig. Büro in MS, 91-94 wiss. Mitarb. Univ.-Dortmund, s. 95 nebanamtl. Tätigkeiten, u. a. s. 97 im „Beirat f. Stadtgest." in MS / Mitgl.-„BDA", s. 99 Mitgl. Arb.-kr. „Bildung, Ausbildung, Lehre" im BDA / Werke u. a. in MS/MS-land (s. Lit.) / Ausst. u. a. 2004 MS-Coerde (Speicherstadt) / **Lit.: 197**-01 + **213a**-99 + **251**-05 + **251a**-04

Bullermann, Rudolf (M) / 1934 Beckum- / lebt (2003) in Münster / Stud.-MS 54-55 Univ. (Kunstg), MS/Freiburg 55-58 Univ.-en (Jura) / künstl. Weiterb. ab 87, u. a. „Freie Schule f. künstl. Gestalten" in Badenweiler, 92 b. Xiao Bin, ab 93 im Atelier G. Wintgens in Freckenhorst / Ausst. u. a. 1993-98 Freckenhorst (Atelier-Wintgens), 95 MS (Stadtwerke), 97 MS (Kreativhaus), 98 MS (Tanzschule Driese), 99 Havixbeck (Rathaus), 2000 MS (Landgericht), 01/04 MS-Sudmühle (Gut Havichhorst), 03 MS (Kv.-Sentmaring/Landgericht)

Buneckeman (2x) = **Bernd** (B) / um 1491/1522 in Münster bek. + **Johann** (B) / um 1538/44 in Münster bek., † 1544 / Werke in Fritzlar u. Westf. / Ausst. u. a. 2005 MS (WL) / **Lit.: 255**

Bunge, Lars (Materialb.- u. Coll.-k/Cartoonz) / 1968 Dortmund- / lebt (97) in Madison/Wisc.-USA / Ausst. seiner Cartoons (2004) im Internet

Burandt, Anne (M) / 1945 Olpe- / lebt (2004) in Siegen / Autodidaktin, Malen s. 82 / freisch. / Ausst. s. 1970, u. a. 1995 Olpe-Eickhagen, 96 Kreuztal, 97 Zuidzande-NL, 99 Düsseldorf, + Südwestf. / **Lit.: 110b** + **110c**-04

Burbank, Annika (Anne) (M/O/F) / 1979 Werne- / lebt (2006) in Lünen u. MS / Jugend- u. Schulzeit in Olfen b. Selm / Stud.-MS 2000-? Univ. (Ethnologie) u. 01-06 Akad., 05 Meisterschülerin / 05 Tim&Struppi-Pr. Kl. Prof. Ulrichs, 05 Ausl.-Stip. = Schweiz / Ausst. u. a. 2000-02 Lünen (Atelier-Cymontkowski), 02 Liesborn (Mus), 03 Essen (kunst-raum), München (Domagkatelier), Laer (Stadtmitte), 04 Bergkamen (Stadtgal), Bad Oeynhausen (VHS), Herford (MARTa Lounge), Soest (Technikmus), 05 Wismar (Baumhaus), MS (Wewerka Pav), Recklinghausen (Kunsthalle), Ingolstadt (Kv), Istanbul (Mus), 06 Bergkamen (Stadtmus) / **Lit.: 18**-05 + **100c** (S. 159) + **229a**-04 + **231c** + **256+a**

Burbaum, Claudia (Medien- u. Projektk.-in) / 1973 Bielefeld- / lebt (2005) in Berlin / Stud.-Kunstg. u. Medienwiss. / s. 2000 Projekte in Berlin, ab 03 „Selbstbedienungszentrale" im Pavillon der Volksbühne Berlin (m. Martin **K**altwasser u. Architekt Folke Köbberling = * 1969 Kassel) / Ausst. u. a. s. 2003 in Berlin, 03 Wien (Kunsthalle-Exnergasse)

Burda, Robert (M/Z) / 1942 Neuburg/Donau- / lebt s. 68 im Haus Kannen – Münster = s. **Gr**.-„Haus Kannen"-MS / NEU: 04 = 2. Pr. Augustinum-Stiftung „Euward" München / (Biografie in Beilage: CD-Ausgabe 2006)

Burg, Barbara (F/D) / * 1962 – / lebt (2006) in Köln / Stud.-Dortmund 84-90 FHD (Vis.-Komm) / s. 88 freiberufl. tätig, ab 92 Büro m. Oliver **S**chuh: „Palladium Photodesign" in Köln u. Berlin, u. a. Projekte in Lyon-Fr./Wohlen/Würenlingen-Schweiz/Teneriffa-Sp.+Lissabon-Port. / 91 Reinhart-Wolf-Pr. / Mitgl. „BFF" / Ausst. u. a. in Paris/Amsterdam/Mailand/Florenz, Berlin (M.-Gropius-Bau), Köln (Gal.-Sander), 2004 Hildesheim (Kv) / **Lit.: 205**-97 (m. Lit.-ang.)

Burger, Esther (M/O/I/F/Coll.-k) / 1967 Velbert- / lebt (2006) in Gütersloh / NEU: 02 Stip. 2x „Haus Rissen"-Hamburg / (Biografie in Beilage: CD-Ausgabe 2006)

Burger, Hans(-Jürgen) (Z/M?) / 1942 Hackelsdorf/Hohenelbe- / lebt (72) in Cloppenburg / Stud.-Frankf.-M. 58/59 am Städel, MS 63-67 Wksch u. Stuttgart/Frankfurt 68-71 Akad.-en, danach Lehrt.-Cloppenburg / Ausst. u. a. in MS/Oldenburg/Cloppenburg/Stuttgart / **Lit.: 7a-66 + 194a**

Burger, Jürgen (M/G/Z) / 1943 Hackelsdorf- / lebt (70) in MS / Stud.-MS Wksch u. Stuttgart Akad. / Ausst. u. a. in Münster / **Lit.: 7a-**66+69

Burkard, Hans-Jürgen (F) / NEU: 1952 Lahnstein- (oder Koblenz?) / lebt (2001) in Dortmund/ Hamburg / Stud. FHD-Dortmund b. Pan Walther / 94 „Infinity Award" / war m. Fr. Stark in d. Agentur „PLATA" tätig, Veröff.-gen in Zeitschriften / Ausst. u. a. in Paris, 2000 Essen (Zeche Zollv), 01 Herten (Fototage), Dortmund (Mus. f. K. u. K.), + N/INT / **Lit.: 189-**2001 **+ 202 + 204 +** In: „Zeit Blicke" – Ausst.-kat. – Mus. f. Ku. u. Gew.-Hamburg, 1999 + Städt.-Gal.-Stuttgart, 2000 = Hg.: BFF-Des. e.V.-Stuttgart, 1999

Burkart, Manuela (F/D) / 1966 München- / lebt (2001) in Essen / Stud. FHD-Dortmund / Ausst. 89/91/01 Dortmund (M. f. K. u. K.), 99 Düdelingen (Gal.-Nei Liicht) / **Lit.: 202 + 203-**89+91

Burkhard, Karl (M/Z) / 1927 Iserlohn – 2001 Lippstadt / lebte ab (um) 87 in der Westf. Klinik f. Psych. – Lippstadt-Benninghausen / Beteil. 94-01 „Kunst-Praxis"-Soest / Ausst. u. a. 93/96-98 Soest (2xAlter Schlachthof/Landesinst.-NRW/Amtsgericht), 95 Düsseldorf (Kunstpalast), 95-03 Soest (Kunst-Praxis), 98/01 Köln (Gal.-Schnitt/Messe), 99 Hamburg (Gal.-Survival Art/ Akad), Aschaffenburg (Kv), 2000-02 Köln (Gal.-Zander), 01 MS (Haus Kannen), 03 New York, 04 Lippstadt (Kunst im Turm), Berlin (Jüd.-Museum(Katalog) / **Lit.: 100c + 150-**01 + In: „Ans Licht geholt" – Ausst.-kat. – Kunstpalast-Düsseldorf, 1995

Burmeier, Hardy (F/D) / 1971 Detmold- / lebt (2005) in Frankf./M. / 89-92 Ausb. Gestalt.-techn.-Assist. in Bielefeld, 93-98 Stud. FH-Bielefeld (Grafikdes/Vis. Komm) u. ab 98 Offenbach HfG (Vis. Komm/freie Gest) / 2000 = 1. Pr. Kreisspark. Recklinghausen, 01 = Förder-Pr. Minist. f. Bild. u. Forschung / Ausst. u. a. in Augustdorf/Bielefeld, 1999/02 Frankf.-M. (Gal.-Digital-Art), 2000 Frankf.-M. (Int. Fotogr.-Forum), Offenbach (Messehallen), Recklinghausen (Kutscherhaus), 01 Bonn (Kunsthalle), Frankf.-M. (Künstlerhaus/Kunstadapter), Rüsselsheim (SEAB-AG), + N / **Lit.: 182-**2000 **+ 210-**01 **+ 225**

Burre, Carmen (O/I/F) / 1964 Lage/Lippe- / lebt (2005) in Vlotho / 02 Ausz. Fotomagazin / Mitgl. Gr.-„Kunstpunkt"-Blomberg / Ausst. u. a. in Bremen/Pforzheim, Blomberg (Kunstpunkt), 2001 Kalletal, 03 Porta Westfalica (Projekttage), 04 Bonn (Umweltministerium), 05 Lemgo (VHS) / **Lit.:** C. B.: „Baumwesen" – Ungewöhnliche Begegnungen in der Natur – 2005

Burrichter, Marlies (M/Z/K) / 1945 Recklinghausen- / lebt (2005) in Recklinghausen / Autodidaktin / s. 80 Beschäftigung m. Ton, ab 89 Weiterb.-kurse im Malen/Modellieren / Ausst. u. a. 2004 Neukirchen-Vluyn (Kulturhalle), 05 Herten (Zeche Ewald), + Westf. / **Lit.: 238-**04 + In: „IN – IN – IN –Künstlerinnen in Recklinghausen" – Katalog – Recklinghausen, 1994

Busch, Heinrich (auch: Bosch, Hendrick) (M) / 19. 5. 1614 (getauft) Dortmund – ? / wahrsch. Ausb.-Amsterdam, heiratet hier 1644, vor (um) 1650 wieder in Dortmund / **Lit.: 24-**4(Bosch) + **24-**5(Busch) **+ 26-**15 + W. Feldmann: „Dortmunder Maler des 17. Jahrh.-s" – in „Westfalen" – Bd. 22 – S. 194/95 – Aschendorff-Verl.-MS, 1937

Busch, Heinrich (M/B) / 1941 Hülshof- / lebt (2004) in Dautphetal, Atelier in Bad Laasphe / Autodidakt / Ausst. u. a. 1979-99 Marburg (Univ.-mus), 90/91 Marburg (Kv), 92 Biedenkopf, 2000 Beteil.-Skulpturenweg Wittgenstein-Sauerl. / **Lit.: 110b + 110c-**04

Busch, Karl (G) / 1920 Dortmund- / lebt (2000) in Wuppertal / Stud.-Wuppertal 46-50 Wksch / war freiberufl. tätig / (Ehefrau (G/Ill): Lilo B. * 1928 Wuppertal = Lit.: 20) / **Lit.: 216**

Busch, Marie-Luise (B) / 26. 12. 1922 Gladbeck- / lebt (2001) in Gelsenkirchen-Buer / 47/48 Ausb.-Nienborg-Heek Wksch. f. christl. Kunst u. b. Prof. Guntermann in MS / s. 75 Bau-Unternehmerin / Werke in NRW (Marienthal) / **Lit.: 195**

Busch-Holitschke, Elisabeth (Lissy) (K/O/I/B/Land-Art) / * 1951 (im Ruhrgebiet) – / lebt (2004) in Jüchen / Stud.-Krefeld 82-84 FH f. Keramikdes. / 01 Otzenrath-Stip. / s. 85 eig. Werkst., ab 87 Lehrt. / Mitgl. Gr.-„GEDOK" / Ausst. s. 1986 im Rheinl., u. a. in Riggisburg-Schweiz/Asbach/Brandenburg, 1997/2000 Velbert-Langenberg (Kunsthaus), 01- Grevenbroich (Gal.-Dielämmer), + NRW / **Lit.:** Internet

Buschkühle, Carl-Peter (M/F) / 1957 Langenberg(Velbert)- / lebt (2000) in Olsberg / Stud.-Wuppertal/Köln (Erz.-wiss) / 96 Promotion / Lehrt. Meschede u. Univ./GH-Wuppertal / Ausst. u. a. in Wuppertal / **Lit.: 216** + In: „Künstler im Wuppertal" – 1983

Buskamp, Sabine (M/G/D/Gest) / 1962 Borghorst- / lebt (2006) im Ruhrgebiet / Stud.-MS 82-87 FHD / Ausst. u. a. 1988 Herne (Flottmann-Hallen), 2003 Berlin (Gal.-Vieten), + Internet / **Lit.: 142x-**88

Busold, Karl Heinrich (G/M/A) / NEU: 14. 4. 1907 Dortmund – 22. 9. 1975 ebd. / lebte in Hagen / (Biografie in Beilage: CD-Ausgabe 2006)

Busse, Björn (Metallgest/Schmied) / 1968 Hagen- / lebt (2005) in Meschede / Schmiedausb. u. Meisterprüfung, Stud. Akad. f. Gest. im Handw.-Aachen / tätig in Köln/Amsterdam/San Francisco, s. 99 selbst. u. Werkstatt „Hof Visbeck" in Meschede, ab 01 mit Ehefrau Stefanie Schenk, s. 03 dort Galerie u. Dauerausst. Skulpturenpark / Ausst. u. a. 2003 Dortmund (manu factum) / **Lit.: 48x**-03

Busse, Christian (M/Z/Coll.- u. Materialb.-k/D) / * 1980 – / lebt (2006) in Petershagen u. Berlin / Stud. FH-Berlin (Kommunik.-Des) / seit 98 Mitgl. Gr.-„Gro(w)Art"-Petershagen-Großenheerse / Ausst.-en siehe **G**ruppe „Gro(w)Art"

Busse, Hans-Busso von (Prof) (A) / 7. 5. 1930 Oppeln/Schlesien- / lebt (2005) in München / nach Zimmermannsausb.: Stud.-München 50-54 TH / 54-55 Graduate-Stud. Cambr.-Mass. USA, ab 56 freisch. in München, Mitgl.-„DWB" u. „BDA" (71-75 Präsident), war s. 75 Prof. u. Lehrt. Univ.-Dortmund u. 80 Büro: „H.-B. v. B. u. E. C. Klapp" in Essen / s. 52 Mitgl. Studienstift. d. deutschen Volkes, ab 80 Direktor d. Int. Sommerakad.-Venedig, 59/73 BDA-Pr. München, 92 Archit.-Pr. München, 93 Fr.-Schumacher-Pr. Hamburg durch TH-Hannover, 94 Mitgl. d. Akad. d. Künste-Berlin, 95 ord. Mitgl. d. Bayr. Akad. d. Schönen Künste, 04 Auswahl f. Archit.-Pr. NRW / Werke u. a. in München/Stein b. Nürnberg + N (s. Lit.) / Ausst. u. a. 1996 München (Bayr. Akad.) / **Lit.: 26**-15(m. Lit.-ang) + **26a**-05 + **197**-95+97 + **219a** + In: „Architektenzeichnungen" – Wege zum Bau – Ausst.-kat. – München, 1996

Busse, Simon (F/D/Filmk) / 1978 Freiburg – / lebt (2006) in Dortmund / Stud.-Dortmund 99-2/05 FHD / Mitgl. Designerbüro „Labor b" – Dortmund / Ausz.: 03 Kodak Nachw.-förder-Pr., 03 + 04 „100 Beste Plakate 2003+2004", 04 Förder-Pr. Stadt Dortmund, 05 Epson art photo award (Beste Einzelarbeit), Focus Award FHD-Dortmund u. red dot communic.-s junior award Essen / Ausst. u. a. 2002/03/05 Dortmund (Phoenix-Gelände/2xFHD), 05 Darmstadt (Fototage), Essen (Proj.-„PACT"-Zollverein), 05 Köln (Art Cologne) / **Lit.: 203**-03+05 + **203d** + **203h**-05

Busse, Volker (A) / 1961 Lengerich – / lebt (98) in Düsseldorf / Stud.-MS 82-86 FH f. Archit. u. Düsseldorf 86-90 Akad., 91 Meisterschüler / ab 91 eig. Büro: „Busse & Geitner" in Düsseldorf / Werke u. a. in Magdeburg u. NRW (s. Lit.) / **Lit.: 197**-95+97

Bussemeier, Elke (G/D) / * 1963 – / lebt (98) in Dortmund / Stud.-Dortmund 84-92 FHD (Kommunik.-Des) / s. 88 Büro m. Jörg. B. in Dortmund / 92 Ausz. Stiftung Buchkunst: „Die schönsten Bücher Deutschlands" / Ausst. = N / **Lit.: 205**-94+97 (m. Lit.-ang.)

Bussemeier, Jörg (G/F/D) / lebt (1998) in Dortmund (s. Elke **B.**) / **Lit.: 205**-94+97(m. Lit.-ang.)

Bussenius, Ekkehard (F/D) / 1962 Flensburg – / lebt (2006) in Dortmund / Stud.-Dortmund 88-93 FHD (Komm.-Des) / 01 „R.-Wolf"-Pr. Hamburg, 05 Pr. „Kontraste der Architektur" / s. 90 selbst., ab 2000 Firma „Stand Out **B**ussenius & (Tanja) **R**einicke" – Dortmund mit Galerie-„Freiraum" / s. 04 Mitgl. „BFF" / Ausst. u. a. 2000 Hamburg (Mus. f. K. u. G.), 01 Berlin (Willy-Brandt-Haus), 02 Köln (Photokina), 04 Arles-Fr., 05 Stuttgart (Fotosommer), Dortmund (Gal.-Freiraum), 06 Gelsenkirchen (Wissensch.-park)

Bussmann, Elisabeth (auch Bußmann) (B/Khw) / * 1941 – / lebt (2005) in Datteln / Ausst. u. a. 1987-89/98/2002/05 Telgte (Mus) / **Lit.: 185**-87...89+98+02+05

Bussmann, Ruth (M/G) / 1962 Kirchhellen – / lebt (2003) in Velbert-Langenberg / 81-85 Grafikausb. u. 85-92 freiberufl. tätig / Stud.-MS 92-94 Akad. u. Düsseldorf 94-97 Akad., 96 Meisterschülerin / 98 Beteil. Festival ARTE VITA Senigalla-It., 01 Kunst-Pr. Sparkasse Bayreuth / Ausst. u. a. 1996-98 Düsseldorf (Data-Becker/Gal.-Citadellchen/HWL-Gal), 97 Essen (Art-Consulting Nelius), 99 Solingen-Remscheid (Volksbank), 99/2000-02 Bottrop (Mus), 2000 Köln (Gal. am Buttermarkt), Fulda-Burghaun (Gal.-Liebau), Hilden (Künstlerhaus), 01 MS (Gal.-König), 01/02 Ahrenshoop/Düsseld./Essen/Krefeld, Hollfeld (Mus), 02 Berlin/Lörrach, 03 Düsseldorf (Produz.-gal.-plan.d.) / **Lit.: 99a**-99+2000+02

Buttermann, Waltraud (Khw/Glask) / * 1939 – / lebt (2005) in Dingden / 2000 Bischof-Tenhumberg-Pr. Telgte / Ausst. u. a. 1985-2005 Telgte (Mus) / **Lit.: 185**-85...2000+02+04+05

Butterweck, Hansgert (Khw) / 1967 Höxter – / lebt (2004) in Beverungen-Dalhausen / Ehemann v. Ursula **B.** / Korbmacherausb., Meisterprüfung u. Stud.-Aachen 96-99 Akad. f. Gest. im Handwerk / s. 91 selbst. m. Ursula B. / Lehrt.-Dalhausen u. im Mus.-Dalhausen / Ausst. u. a. in Köln (3xMesse), 1997 Hamm (manu factum), 99 Aachen, 2003 MS (HBZ) / **Lit.: 48x**-97

Butterweck, Ursula (Khw) / 1966 Hamm – / lebt (2004) in Beverungen-Dalhausen / Ehefrau v. Hansgert **B.** / Korbmacherausb., Meisterprüfung / s. 91 selbst. m. Hansgert B. / Ausst. u. a. in Köln (3xMesse), 1997 Hamm (manu factum), 2003 MS (HBZ) / **Lit.: 48x**-97

Buttgereit, Michael (Kommunik.-Des) / * 1961 – / lebt (2004) in Haltern / NEU: Stud. Univ./ GH-Wuppertal (Komm.-Des) / ab 88 eig. Büro in Haltern, s. 92 Büro: „Buttgereit u. Heidenreich" / Ausz.-gen: u. a. 5x USA, 86 = 1. Signetwettbew.-Pr. Frankf./M., 02 v. CI-Agentur-Ranking unter den „TOP 30" in Deutschl., 03 Horizont Ranking: „Member of Top 25 Design Ag. Germany", 03+04 Wettbew.-Gewinner f. Projekte: „ProChrist 2003" + „kickoff 2006" / Mitgl. d. „CrossOverGroup Germany/NL/USA" / **Lit.:** u. a. **205**-94(m. Lit.)+97(Lit.) + **205a**-01(m. Lit.)+03 + **205y**-98,2+2000,2+02,2

Buttler, Friedhelm (M) / 1934 Gelsenkirchen-Resse- / lebt (2005) in Bottrop / Textildes.-ausb., Modedesigner, Malereikurse VHS-Bottrop / s. 95 Mitgl. Gr.-„Kunstgem. Bottrop" / Ausst. u. a. in Gladbeck/Freiburg/Gelsenkirchen/Westerland-Sylt, 1997-99/2001-05 Bottrop (Mus), 2000-04 Bottrop (Kulturzentr), 02 Bottrop-Kirchhellen (Hof Jünger), 04 Ruhrgebiet (Beteil.-Wanderausst), 04 Bottrop (Bürgerbüro) / **Lit.: 99a**-97...99+01-04 + **99c**-2000…03 + **99d**-04

Butzek, Günter (M) / 1925 Bottrop- / lebt (2005) in Bottrop / Weiterb.-kurse u. a. VHS-Bottrop, auf Sylt u. Ruhrakad.-Essen / Mitgl. Gr.-„Kunstgem. Bottrop" / Ausst. u. a. in Bottrop/Bottrop-Kirchhellen/Gladbeck/Oberhausen/Merseburg/Gelsenkirchen/Keitum+Westerland-Sylt, 1997/ 2001 Bottrop (Mus), 2000-04 Bottrop (Kulturzentr), 04 Ruhrgebiet (Beteil.-Wanderausst.) / **Lit.: 99a**-97+01 + **99c**-2000...04 + **99d**-04

Buysscher-Möller, Béatrice de (M) / 1953 Renaix/Belgien- / lebt (2004) in Lippstadt / Stud.-Oudenaarde/Belg. 72-78 Akad. u. Mouscron/Belg. 80-82 (Päd) / war kurze Zeit Mitgl. Gr.-„Septimus"-Kr. Soest / Ausst. u. a. 2004 Liesborn (Mus. = Kr.-Kv.-Beckum-Warendorf), + N/INT / **Lit.: 100**-98 (=Gr.-Septimus)

Byen, Ung-Pil (Ungpil/Yung-Pil) (M/Z/F/B/I/Videoinst.-k) / 1970 Sang-Hyung/Südkorea- / lebt (2006) in MS / Stud.-Seoul/Korea 89-96 Univ. (Kunst) u. 97-05 Akad.-MS, 02 Meisterschüler / 01 Förderer-Pr. Akad.-MS, 03 = 2. Pr. „Kunstbombe"-Herne u. DAAD-Stip., 04 Förder-Pr. „Kunstaspekte" / s. 99 Mitgl. Gr.-„0082" / Ausst. u. a. in Seoul-Korea, 2000/01 MS (Triptychon/2xHalle-Am Hawerkamp/Filmfestival), 01 Düsseldorf (Schadowplatz), Herford (Stadtmus), 02 Ochtrup (Villa Weiner), Dortmund (Künstlerhaus), MS (Benno-Haus), 03/04 MS (Wewerka Pav/Oberverw.-gericht), 03 Schöppingen (Gal.-F6), Reken (Praxis), Herne (Flottm.-Hallen), Weldebrau/Plankstadt/Schwetzingen, 04 Borken (Gal.-Open Art), Warendorf (Gal.-Zap-art), Recklinghausen (Kunsthalle) Wuppertal (Barmenia-Vers), Köln (Palladiun), St. Augustin-Hangelar (Kunsthalle), Herford (MARTa Lounge), Istanbul-Türkei (Mus), 04/05 MS (Oberverw.-gericht/Raum f. a. K.=Wolbeckerstr. 59), 05 Dortmund (Gal.-art isotope), Düsseldorf (Kunstpalast) / **Lit.: 18**-03 + **26a**-05 + **107**-05 + **218**-02 + **229**-03+04 + **229a**-04 + **231b+c** + **253** + s. Gruppe „0082" – Katalog 2003

Campani, Joseph (auch: Pater Pirmin Campani) (Baumeister/A) / 1856 – 1931 / ab 1877 Benediktiner in Beuron, dort ab 1879 Goldschm. oder Bildh.-ausb., 1884 Priester, 1900 konvertiert zur ev. Kirche / ab 1. 11. 1900 in Bielefeld-Bethel tätig (Bauamt), s. 07 selbst. mit eig. Atelier, 5/31 nach Beuron u. konv. wieder zur kath. Kirche / Werke u. a. in OWL (u. a. vier Kirchen) / **Lit.:** D. K.-Teil 1 + **146c**

Camps, Wolfgang (M) / 1958 Köln- / lebt (2005) in Dortm.-Wickede / Stud. FH f. Kunsttherapie-Ottersberg (Kunst/Psychoth) / Beruf: Psychotherapeut / 02-04 Mitgl. „BBK"-Westf.-Süd Dortm. / Ausst. u. a. in Wasserburg/Mühldorf-Inn/Köln, 2002-04 Dortmund (BBK), + Westf.

Camus Fuentevilla, Arturo Eduardo (I/Film- Video-Inst.-k/Perf.-k) / 1965 Santiago de Chile- / lebt (2005) in MS / Stud. Univ.-Chile 84-85 (Ing) u. 85-90 (Archit) / s. 92 in Deutschl. / Stud.-Enschede/NL 96-98 Akad. (Medien) u. ab 98 Akad.-MS (Filmkl. Köpnick), Meisterschüler / 99-03 Beteil. Tanztheater-Perf.-s in MS/Essen/Düsseldorf / Ausst. s. 1996, u. a. in NL, 98/99 MS (Bahnhofscafé/Gast Atelierhaus-Schulstr), 2000 Werl (Kolping-Bild.-zentr), 01 Köln (Art-Cologne), MS (Proj.-Hörsterstr), 02 Bocholt (Kunsthaus), MS (Bennohaus), Seoul-Korea (Univ), 03/05 MS (Stadtbücherei/Kunst-Container Domplatz), 04 Dortmund (Künstlerhaus) / **Lit.: 57**-02 + **196**-99 + **218a**-03

Cano Pinedo, Jesus s. Pinedo, Jesus Cano

Cansiz, Leyla (M/Z/B/Glasgest) / 1958 Bayburt/Türkei – / lebt s. 2002 in Haselünne / s. 72 in

Deutschl., 81 eig. Kunst- u. Modeatelier in Lingen, 99-01 Kunst- u. Modegeschäft in MS, s. 01 Atelier in MS (Am Hawerkamp), ab 02 selbst. Glasgest. in Haselünne / 96-2000 Beteil.-Sommerakad.-n in Meppen / Ausst. u. a. 1995 Lingen, 2004 MS (UB=mediz. Bibl. Univ.-kl)

Capitaine, Wilhelm (Capitän, W.) (F/M) / * 1950 – / lebt (2006) in MS / gehört zur Kü.-Gruppe „Haus Kannen"-MS / Ausst. u. a. 2003-06 MS (Haus Kannen) / **Lit.: 150**-03

Cappel, Curt (Filmk) / 1944 Obersarten/Westpr.- / lebt (2006) in Minden / Stud.-Melbourne/ Australien u. FH-Köln, Ausb. b. Heinz Sielmann / Tier- u. Dokumentarfilmer, Kurzfilme, viele Minikurzfilme für Unterricht/Schule/Fernsehen / Ausst./Auff.-en u. a. 2000 Bielefeld (WDR-Studio), + N

Carlmeyer, Frank (Industriedes) / * 1960 – / lebt (89) in Schwelm, (94/97) Bochum u. (2002) in Iserlohn / bis 86 Stud. Univ./GH-Wuppertal (Ind.-des) / war in Wuppertal/Berlin/Dortmund tätig / **Lit.: 205**-94+97 (2x erw.) + **205a**-89

Carranceja, Cherryl-Anne (G/D/O) / 1975 Lünen – / lebt (2005) in Hamburg / NEU: Stud.-MS bis 7/2000 FHD u. 98-05 Akad.-MS (Kl. Prof. Timm Ulrichs) / Ausst. u. a. 1999 Löhne (Werratalhalle), 2000 Frankf./M. (Buchmesse), 03 München (Domagkatelier), Laer (Stadtmitte), 04 Bergkamen (Stadtgal), Bad Oeynhausen (VHS), Soest (FH), MS (Volksbank), 05 Wismar (Baumhaus), Recklinghausen (Kunsthalle), Ingolstadt (Kv) / **Lit.: 82c + 122**-2000 + **256+a**

Cassau Gold- u. Silberschmiedekünstler, s. Nachtrag 1

Caßau, Janine (G/F?) / 1970 Berlin – / lebt (2004) in MS / Stud. Akad.-MS / Ausst. u. a. 2003 Schwerte (Kv) / **Lit.: 234**-03

Cazin, Alexander (A) / 1857 – 1944 / ab 1894 freisch. in Denver/Color.-USA, s. um 1901 freisch. in Münster, Spezialist für Krankenhausbauten / war Mitgl. „BDA" / Werke in Westf., u. a. MS (Hüfferstiftung) / **Lit.: 34**-9,2 + **146c**

Cerikcioglu, Ayse Öykü (M) / 1980 Istanbul/Türkei – / lebt (2005) in MS / Stud.-Istanbul-T. 98-03 Univ. (Kunst), Braunschweig 04 HfBK u. MS ab 04 Akad. / Ausst. u. a. 2001-02 Wettbew.-ausst.-gen Türkei, 02 Istanbul (Kv), 05 Liesborn (Mus) / **Lit.: 56d**

Chen, Dai-Goang (M/G/B/I) / 1970 Seoul/Südkorea – / lebt s. 97 in MS / Gatte v. So-Yeun Lee / Stud.-Seoul 89-96 Univ. (Malerei), 94-96 Druckgrafiker im Grafikstudio „Go-Do"-Seoul, 99-2/06 Stud. Akad.-MS, 01 Meisterschüler / 03 Europa-Stip. Akad.-MS, 04 DAAD-Stip. u. Cité des Arts Paris, Atelier-Stip. MS u. Workshopbeteil. Villa Romana Florenz, 05 = 1. Förderer-Pr. Akad.-MS / ab 2000 Mitgl. Gr.-„0082"-MS u. s. 7/04 Atelier Hafen-Speicher II – MS / Ausst. u. a. 2002 Bergkamen-Heil (Ökologiestation), 03 MS (Wewerka Pav), Emsdetten (Gal.-MS-land), Florenz-It. (Villa Romana(K), 04 Rheine-Bentlage (Kloster), Bad Aibling (Kurpark(K), Oberhausen (2x Kv(K), MS (Tunnel-Hindenburgplatz/Apostelkirche), Istanbul-Türkei (Akad), 04-06 MS (Off. Atelier-Speicher II), 05 Su-Won/Anyang-Südkorea, MS (Halle-Hafen-Speicher II), Hamburg (Ausst.-halle), Dülmen (Kv.: Wildpark), Lingen (Kunsthalle), 06 Eppstein/Taunus (Beteil.-Symposion), Hofheim (Stadtmus) / **Lit.: 18**-03 + **57**-02 + **229**-03 + **231a+b+c + 246**-04 (1+2) +05 + K = Katalog

Cherouny, Inge (M) / 1942 Bad Hersfeld – / lebt (2006) in Dülmen / s. 88 künstl. tätig, Weiterb.-kurse / Mitgl. Gr.-„wir" – Arbeitskr. Kunst 2000 – Dülmen / Ausst. u. a. 2002 Ladbergen (Strathwork-Gal), Dülmen (Alte Overbergschule), 04 Nordkirchen (Schloss), Dülmen (Kulturnacht/StattGalerie), 05 Dinslaken (Stadtbibliothek)

Chi, Immanuel (Industrie-Des) / 1965 Münster – / lebt in Krefeld/Essen (?) / Stud. Univ.-MS (Ur- u. Frühgesch/Skand. Philol), 86-? Univ./GH-Essen (Industr.-Des) u. Gast Univ. Pittsburgh/ USA / viele Ausz.-gen, u. a. 91 Design Plus, 93 Staats-Pr. NRW f. Des.-konzepte (m. Bernh. Geisen – Essen), 98 Audi Des.-Pr. / Ausbilder in Nara/Japan, ab 95 wiss. Mitarb. Univ./GH-Essen u. im Des.-Studio „Stotz" in Wuppertal tätig, s. 98 Lehrt. FH-Niederrh. Krefeld, 2000/ 01 Vertr.-prof. FHD-Aachen / Ausst. = N/INT / **Lit.: 205x**-93 + In: „Haltbar bis ... immer schneller" – Design auf Zeit – Ausst.-kat. – Kunsthalle-Krems, 1999

Chi-Sing Yuen, Andrè NEU! (F/G/D/Comp.-Gr.-k) / 1971 Recklinghausen – / lebt (2006) in Düsseldorf / Stud.-Dortmund 90-91 (Gast) Univ. (Archit/Phil), 91-92 Stip. Freie Akad.-Schwerte u. Essen 94-? Univ./GH (Komm.-Des./Kunst/Fotogr) / 2000 Proj./Aktion in Dortmund (Depot) u. Mülheim/Ruhr (Ringlokschuppen), 05 Pr. „Euroforum"-Köln, „Teba-Art" Award, Pr. Kulturzentr. „Tripple Z 1"-Essen u. „Henkel"-Pr. / Ausst. u. a. in Essen/Düsseldorf/Weimar, St. Petersburg-Russl./Arhuis-Dänem., 2000 Köln, 02 Berlin/Düsseldorf, 02 Liverpool-GB, 03 Frankfurt/M. (ART), 04 Köln (Kunsthaus-Rhenania), 05 Essen (Kunstquadrate/Atelier Schirmer),

Neuss (Langen Foundation), 05/06 Düsseldorf (Kunstpunkte/Reinraum e.V./Glashaus), 06 Ratingen (Gal. des Wahnsinns) / **Lit.:** u. a. **120**

Cho, Yi-Kyung (Filmk) / * 1976 – / lebt (2006) in MS / Stud.-MS ab 02 Akad. / Auff. u. a. 2004 Dortmund (Künstlerhaus), 05 Augsburg (Filmtage)

Choi, Je-Hun (O/I) / 1977 Kangnung/Südkorea – / lebt (2006) in MS / Stud.-Seoul/Südkorea 96-2000 Univ. (Kunst), 2000-02 dort Assistentin, s. 02 Stud. Akad.-MS / 05 DAAD-Stip. Akad.-MS / Ausst. u. a. 2000/01 Seoul (2x Mus/Hanseo-Gall/Dongduk Art-Gall), 04 MS (Hindenb.-platz), Istanbul (Univ), 05 Köln (Moltkerei), Lingen (Kunsthalle) / **Lit.: 231b+c + 246-**05

Chou, Min-Hung (auch: Jo Min-Hyung) (M/Ill) / 1970 Taipeh/Taiwan – / lebt (2005) in Detmold / Stud. Artschool-Taipeh u. Akad. f. Kunst in Lage/Lippe / Kunstlehrerin / Atelier „triArtlon"-Detmold / Ausst. u. a. 1997 Detmold („dbb"), 99 Bielefeld (Vogteigebäude), 2001-05 Detmold (Off. Atelier), 03/04 Detmold (Klinik/Kreishaus) / **Lit.: 132a-**01...05

Chris, Xenia (G/Bühnenb) / 1937 Hagen – / lebt (2000) in Wuppertal-Elberfeld / Stud.-Wuppertal 55-60 Wksch (Gebr.-grafik), 59-75 Kostümbildn. Wuppertal/Düsseldorf, 75-80 Stud. Univ./ GH-Wuppertal (Lehramt), s. 76 Lehrt. u. a. VHS-Wuppertal / Ausst./Mitgl.-„BBK" / **Lit.: 216**

Christ, Heinz (B) / 1948 Sendenhorst- / lebt (2005) in Sendenhorst / Autodidakt / Werke im eig. Garten u. Atelier „Stein-Reich" / Ausst. u. a. 2005 Drensteinfurt (Stadelmann), + MS-land

Christ, Klaus (M/G) / 1945 Gevelsberg- / lebt s. 79 in Breckerfeld / ab 68 künstl. tätig / Ausst. u. a. in Arzignano-It./Braunschweig/Herzlahr-Emsl., + NRW

Christin, Barbara (Prof) (M/Z/Ill/F/D/O/Videok) / 1967 Siegen- / lebt (2005) in Siegen/Kaiserslautern u. Atelier in S.-Mudersbach / NEU: 02 Vertret.-Prof. FH-Flensburg, 03 Prof. FH-Kaiserslautern / (Biografie in Beilage: CD-Ausgabe 2006)

Christochowitz, Carsten (G/Medien-Des/Filmk) / 1977 Hamm- / lebt (2006) in MS / 98 Druckereipraktikum, Stud.-MS 98-04 FHD / 05 „Bernard-Rincklake"-Pr. / ab 05 Büro „Gucc – Christochowitz, **H**und, **W**ältring GbR" in MS / Werke: 01-05 = 6 Kurzfilme, 06 Film-Planung / Auff. u. a. 2000/01 im Münsterland (Schulfilm), 02 Bremen, 04 MS (2xCinema), 04/05 Berlin (Filmfestival/Popcom) / **Lit.: 15a** (S. 80)

Christoffels, Alfred (M) / 1923 Köln- / lebt (2005) in Bottrop / Glasmalerausb. u. Weiterb.-Folkwangsch.-Essen / s. 94 Mitgl. Gr.-„Kunstgem. Bottrop" / Ausst. u. a. in Bottrop/Gladbeck/ Dorsten/ Friedrichshafen/ Freiburg/ Merseburg/ Oberhausen/Gelsenkirchen/Kressborn/ Langenargen/Westerland-Sylt, 1999-2001 Bottrop (Mus), 01/04 Bottrop (3x Kulturzentr), 04 Ruhrgebiet (Beteil.-Wanderausst.) / **Lit.: 99a-**99...01 + **99c-**01+04 + **99d-**04

Christoph, Karla (M) / * 1957 – / lebt (2006) in Dortmund / bis 79 Tischlerinausb., 79-83 Kunstglaserin, 83-86 Malerei am Mus.-Zentr. Univ.-Bochum u. Stud.-Romanistik, 86-88 FHD Dortmund (Grafik), 88-93 HfBK-Utrecht (Malerei/Bildh), ab 99 freisch. in Dortmund / Ausst. u. a. in Dortmund, 2004 Dortmund (Off. Atelier) / **Lit.: 120c-**04

Chtowna, Rrenia (Filmk) / * 1961 – / lebt (89) in Bielefeld / Stud.-Modedes., um 88 Mitgl. Filmwerkst. Univ.-Bielefeld / Auff. u. a. 1988 in MS / **Lit.: 196-**88

Cieplak, Jarek (M/G) (Autor) / 1969 Zbroslawice (füher Oberschlesien)/Polen- / lebt (2006) in Gelsenkirchen / Jugendzeit in Beuthen, in Polen Stud.-Fachsch. (Kunst/Malerei/Metallgest) u. Univ. (Kunstpäd), 98-2000 in BRD techn. Zeichner, ab 2000 selbst. / Ausst. u. a. in Gelsenkirchen, 2003-05 Galerien in Polen: Bielska-Biala/Szozyrk/Kattowitz/Beuthen/Radzionkow/Piekary Sl./Wisla, 03 Paris (Gal.-Art Présent), 04 Innsbruck (Ars Nova/Kunstkeller), 05/06 Stuttgart (Olga Theater/Haus der Heimat/Bischof Moser Haus)

Cierpiszewski, Monika (M/B) / 1954 Bottrop- / lebt (84) in Düsseldorf / Stud.-Düsseldorf 73-81 Akad. / Ausst.-en = s. Lit. / **Lit.: 79a**

Cierpiszewski, Tim (O/I/Z) / * 1978 – / lebt (2006) in MS / Stud.-Essen 01 Univ. (Phil) u. MS ab 02 Akad. / Ausst. u. a. 2003 Essen (Kunsthaus), 04 MS (Tunnel-Hindenburgplatz), 05 Köln (Moltkerei), Lingen (Kunsthalle) / **Lit.: 246-**04 (2) +05

Ciolek, Michael (F) / 1946 Hindenburg/Oberschl. – / lebt (2005) in Kamen / Mitgl. „KB-Schieferturm"-Kamen / Ausst. u. a. 1998 Bönen (Kulturzentrum), 98-2004 Kamen (u. a.: Rathaus/Musikschule/Haus der Geschichte), 04 Krefeld (Artothek)

Cirkel, Susanne (M) / 1965 Witten – / lebt (2005) in Dortmund / Stud.-Dortmund FHD u. MS bis 2/03 Akad., Meisterschülerin / Ausst. u. a. in Witten/Dortmund, 1992 Dortmund (FHD), 2002 Gelsenkirchen (Gal.-Kunstg. & Kul.-Projekte), 03 Schwerte (Kv), 04 Oberhausen (Kv), 05 Gelsenkirchen (Mus) / **Lit.: 86-**05 + **203b-**2 + **234-**03

Ciupka, Anja (B/Z/F) / 1975 Zwickau – / lebt (2001) in Siegen / Stud.-Siegen 95-2000 Univ./GH (Kunst) u. 97-98 Tulsa-USA Univ. (Art Departm.) / Ausst. u. a. 1996-2000 Siegen (Brauhaus), 2000 Siegen (Stadtgal) / **Lit.: 110b**

Cizmowski, Kerstin (M/O/G/Gest) / 1965 Dortmund – / lebt (2003) in Dortmund, Atelier (99-2000 Herne) in Gelsenkirchen / Schauwerbegest.-ausb., Weiterb.-Grafik, Stud.-Dortmund 87-90 Medienpäd. / ab 88 in Dortmund selbst., s. 96 Zus.-arbeit m. Almut Rybarsch / Werke in Westf. (Betonplastiken) / Ausst.-gen s. 1996 in Berlin/Paris/Düsseldorf/Kassel + NRW

Claes-Schaefers, Manfred (M/I/G/D/Ill) / 1950 Paderborn – / lebt (2005) in Paderborn / Ausst. u. a. 2004/05 Paderborn (Off. Atelier), 04 Bad Lippspringe (Planetenweg) / **Lit.: 101b**-04+05

Classen, Olga Maria (auch Klassen, O. M.) (M/G) / * in Solikamsk/Russl. – / lebt (2005) in MS / Stud. PH-Nishnij Tagil, Akad.-St. Petersburg u. MS ab 01 Akad. (DAAD-Stip) / Mitgl. Künstler-Union Russl. u. der Intern. Assoc. d. darst. Kunst der UNESCO / Ausst. u. a. 2005 Liesborn (Mus), Eskisehir-T. (Univ), MS (Mus. f. Archäol) / **Lit.: 56d + 78E**

Clausen, Heike (M) / 1962 Gütersloh – / lebt (2003) in Gütersloh u. Berlin / Stud.-Bielefeld 88-91 FH (Gr.-Des) / Ausst. u. a. Berlin, 01- Bielefeld/OWL (Archiv), 02 Gütersloh (Kreishaus), + OWL / **Lit.: 191 + 192**-01

Cleff, Michael (K/B) / NEU: 1961 Bochum – / lebt (2003) in Essen, Atelier in Hattingen / 80-82 Keramikausb. in Garm.-Partenkirchen, Stud.-Düsseldorf 90-96 Akad. (Bildh) / 99 Staats-Pr. NRW / Werke in N+INT / Ausst. u. a. 2002 MS (Orangerie), 04 Hattingen (Stadtmus), 05 Bochum (Gal.-Januar) + NRW / **Lit.: 48x**-97+99 + **146a**-90

Clemens, Ingrid (A/M/G/Coll.-k) / 1942 Bernburg – / lebt (2004) in Oerlinghausen / Stud.-München 64-69 TH (Archit), danach freich. in München/Mülheim-R./MS/Bielefeld / s. 90 Malerei, ab 99 Weiterb.-Lage/Lippe b. Inge König-Gausepohl / s. 2000 Mitgl. Gr.-„Mal vier"-Oerlinghausen / Ausst. u. a. in Kirchlengern/Bielefeld, Augustdorf (Bürgerhaus), Bad Salzuflen (Kurgastzentr), Lage (Technikum), 1998 Detmold (Neues Kunstquartier), 99/02 Bad Salzuflen („Das Fachwerk"/Sparkasse-Schötmar), 2000 Herford (KunstWerk), Horn-Bad-Meinberg (Hornitex-Center), 01/02 Oerlinghausen (Off. Atelier), 02 Oerlinghausen (Bürgerhaus) / **Lit.: 132a**-01+02

Cleve, Gregor (M) / NEU: 1953 Greven – / lebt (2003) in MS / Stud.-MS 74-81 (Akad), 79 Meisterschüler / war um 79-82 Mitgl. „Verein z. geg. Unterst. münst. Künstler"-MS / Ausst.-gen in MS + Westf. / **Lit.: 40 + 64a**

Clöer, Nicole (geb. Pawlowski) (M) / 1969 Bremen – / lebt (2005) in MS / Stud.-MS 92-99 Akad., 96 Meisterschülerin, 03 = 2. Staatsex. / 7/04-05 Atelier am Hafen Speicher II – MS / Ausst. u. a. 1999 Telgte (Rathaus), 2001 MS (Direttissima), Ladbergen (Strathwork-Gal), 02 London (Gulbenhian-Ga), 04 MS (Off. Atelier), Düsseldorf (WGZ-Bank) / **Lit.: 172 + 228**-99+04

Coers, Christian (christian.bimm.coers) (Vis. Kommunik.-Des/Filmk) / 1971 Freiburg/Br. – / lebt s. 03 in Berlin / Stud.-Freiburg 94/95 Evang.-FH f. Sozialwesen u. Dortmund 95-2000/01 FHD / s. 99 als Designer tätig, ab 03 selbst. in Berlin / 01 red dot award Essen m. H. Gathmann u. S. Schelberg (= Ausstellung 01/02), 01 Des.-Pr. Schlesw.-Holst. u. Finalist = Europrix top talent award, 03 red dot a-ward Essen / Filmzus.-arbeit 01-05 m. Hellmut S. Schlingensiepen u. später mit Mirja Engelhardt / Ausst. u. a. Paderborn (Nixdorf-Mus), 2000/03 Dortmund (FHD), 01 Berlin/Wien/Dresden/Basel-Schw., 02 Karlsruhe, Hagen (Multimediawerkstatt), Berlin (Haus der Kulturen) / Auff.-en u. a. im Rheinland/Potsdam/Berlin / **Lit.: 203**-2000+03 + **205w**-01(m. Thomas Armborst(?) + Internet

Colani, Luigi (Lutz) (Prof. h. c./Dr.e.h.) (Prod.-Des/G) / 1928 Berlin – / lebt (2000) in Toulouse/ Frankr. u. Köln, 2002/05 in Karlsruhe / NEU: 95 Prof. Univ.-Shanghai-China / (Biografie in Beilage: CD-Ausgabe 2006)

Commandeur, Ursula (K/Porzell.-k) / 1958 Dortmund – / lebt (2005) Castrop-Rauxel / Stud. FH-Krefeld (K/Produktdes) / s. 92 selbst. in Castrop-Rauxel / ab 03 Mitgl. „Herner-KB" u. „BBK-Westf.-Süd" Dortmund / Ausst. s. 1992, u. a. 2003 Dortmund (manu factum), Hannover (HWK), Castrop-Rauxel (Rochus-Gal), 03-05 MS (HBZ), 05 Herne (Flottmann-Hallen), Keve-laer (Mus), + N/INT / **Lit.: 48x**-03 + **143**-05

Conrad von Soest s. Soest, Konrad von

Conradi – Architektenfamilie aus dem Wittgensteiner Land (Laasphe) u. Berg.-Land (Barmen) im 19./20. Jh. / Werke in NRW / **Lit.: 216** // nach Jhg. aufgeführt: **Ludwig** d. Ä. / 30. 11. 1836 Laasphe – 10. 3. 1900 Barmen / s. (um) 1865 in Barmen tätig // **Wilhelm** / * wahrsch. 3. 4. 1843 Laasphe – † in Barmen / Bruder des Ludwig d. Ä. // **Ludwig** d. J. / 25. 9. 1864 Barmen –

4/1942 ebd. / Sohn des Ludwig d. Ä. / Archit.-stud. in Aachen/München/Berlin // **Carl** / 30. 12. 1874 Barmen – 17. 11. 1959 Baden/Kanton Aargau-Schweiz / Sohn des Ludwig d. Ä. / Stud. TH-Aachen / nach Beteil. im Büro Conradi = Reg.-baumeister in Elberfeld / Mitgl. „DWB" /

Cooper, Anna Karina (B) / 1968 Westerbork/NL – / lebt (2005) in Dortmund / bis 90 FoSfG-Bremen, Stud.-Flensburg 90-93 Wksch (Holzbildh.-in) / ab 2000 selbst. in Kirchhatten/Hatten/Oldenburg, 01-02 Lehrt.-Oldenburg, ab Ende 03 „Schnitzwerkatelier" in Dortmund, s. 05 im „Atelier 21" (Bildh.-in/Perform.- u. Lichtobj.-künstlerin) / Ausst.-gen/Wettbew.-e/Projekte s. 01, u. a. in Oldenburg/Hamburg-Reinbek, 2003 Leer (Villa Basse), 03/04 Hamburg (Schloss Reinbek), 04 Dortmund („Laskowsky's"), Bochum (Multi-Kulti-Gal), 04/05 Selm/Witten (Bestattungshäuser), 05 Westerstede/Rostrup (2xEisskulpturenevent), Heerlen-NL (Kunstmesse)

Corbic, Nezir (M) / 1943 Tuzla/Bosnien – / lebt (2005) in Lüdenscheid / Stud.-Belgrad 63-68 Akad. / ab 68 freisch., 91 BRD, s. 01 Mitgl. „BBK-Westf.-Süd" in Dortmund / Ausst. u. a. 2001 Lünen (Lüntec), + Westf. / **Lit.: 199**-01(2)

Cordes, Heinz (M/G/B) / 1930 Hemer – / lebt (95) in Hemer / 48-50 Weiterb.-kurse b. bek. Künstlern, 51/53 Fernstud. Akad.-Karlsruhe u. 60/61 Fernstud.-Paris (Prof. Chambrin) / Ausst. u. a. 1994 Hemer (Felsenmeer-Mus) / bis 94 über 30 Ausst.-gen / **Lit.: 242**

Cordes, Josef (Kunstschmied) / Bau- u. Kunstschlosserei Josef Cordes, ab 1851 Werkstatt in Altenhundem, wurde bis 1970 weitergeführt / Ausst. u. a. 1981 Attendorn (Kreisheimatmus) / **Lit.:** In: „Schmiedekunst u. Schmiedehandwerk im Kreis Olpe" – Ausst.-kat. – S. 25/29+44-54 – Kreisheimatmus.-Attendorn, 1981

Corneliussen, Andreas (A/Dipl.-Ing) / 1962 Mülheim/Ruhr- / lebt (2004) in Waltrop / Stud.-Dortmund Univ.+FH f. Archit. / s. 96 Büro „Andreas Corneliussen Architekt BDA" in Waltrop (Architektur/Städtebau/Design/Kommunikation) / 96 Archit.-Pr. „Zukunft Wohnen" u. 98 BDA-Pr. Ausz. guter Bauten / Werke in Westf. / **Lit.: 197a**-99 + **213a**-99

Corns, Anthony (F) / 1964 Yorkshire/GB – / lebt s. 93 in Menden / Collegeausb. in Yorkshire, 84 zur „British Forces", sportl. Laufbahn u. Fotogr.-ausb. in London, Presse-Offizier der Rheinarmee u. Pressefotogr., usw. / ab 93 in Menden freiberufl. Pressefotogr., s. 03 eig. Agentur „image corner" u. Mitgl. Gr.-„Freudenhaus"-Menden / Ausst. u. a. 2003 Iserlohn (Autohaus/ Theater), Menden (Rathaus), 04 Menden (Künstler-Schauraum) / **Lit.:** A. C.: „eine Stadt – all seasons" – Bildband aus Menden, 2004

Corvey, Elisabeth (eigentl. Busche-Robrecht, E.) (M/G/B/Coll.-k) / 1936 Höxter – / lebt (2005) in Düsseldorf / Stud.-Essen 62-67 Folkwangsch., 65 Meisterschülerin u. Düsseldorf 70-72 Akad. / war Lehrt. Folkw.-sch.-Essen / Ausst. u. a. 1987/88 Düsseldorf (Kunstpalast), 91 Bonn (LM), 2004 Kevelaer (Konzert- u. Bühnenhaus), 04/05 Essen (Zeche Zollv/Gal.-162), 05 Minden (Gal.-culture&economics), 06 Bedburg-Hau (Schloß Moyland), + Rhl./N / **Lit.: 26**-21 + **107**-87+88 + „E. C." – Kopfbilder – Ausst.-kat. – Rhein.-Landesmus. – Bonn, 1991; „E. C." – Collagen – Kerber-Verl. – Bielefeld, 2005

Court, Jost de la (Joist de la Court / Joest de la Coer / Jost de Lacourt) (M/B/Baumeister/Innenarchitekt) / Schüler v. Jean Goujon / tätig um 1563 auf Schloss Hugenpoet/Rheinl., 1563-78 auf Schloss Horst (jetzt Gelsenkirchen), 1567-78 baute er dort die Ecktürme aus, weitere Arbeiten auf den Schlössern in Jülich, Rheydt u. Bedburg / 1586 im Dienst des Grafen v. Vaudémont/Lothringen, 1608 Mitgl. der Malergilde in Dordrecht (lt. Lit. 24-7) / **Lit.:** G.D. + **24**-7 + In: „Die Meister von Schloss Horst" – Hg.: Rich. Klapheck – Berlin, 1915; In: R. Klapheck: „Schlossbauten u. Herrensitze um Essen" – in „Rheinische Kunststätten" – Reihe XIII, Nr. 2 – Düsseldorf, 1936; In: E. Benezit: „Dictionnaire ..." Editions Gründ, Paris, 1999

Cox, Daniel (engl. Industriedes) / lebt (2003) im Ausland / s. „Oco-Design"-MS / **Lit.: 205z**-99

Cox, Richard A. (Alan) (M/G/Z/B/I) / 1950 Holmfirth/Yorkshire-GB- / lebt s. 72 in Soest / Lehrt. = NEU: ab 03 FH-Soest / (Biografie in Beilage: CD-Ausgabe 2006)

Cozens, Pip (B/O/Perf.-k) / 1962 Chelmsford/Essex-GB – / lebt (2006) in Bielefeld / NEU: Mitgl. „artists unlimited"-Bielefeld u. 97 m. Jane **S**omerville (†) Gründung Gr.-„ART at WORK" in Bielefeld, u. a. 2001 „Das Blau Hand Projekt" in Bielefeld/MS/Bad Lippsringe/Salzwedel/ Hamburg/Detmold/Vlotho/Neuss / (Biografie in Beilage: CD-Ausgabe 2006)

Craanen, Bianka (M) / 1961 Herford – / lebt (2005) in Berlin / Ausb.: 81-83 Gärtnerin, 83-88 Theatermalerin / 88-93 freisch., u. a. Theatermalerin/Dekorateurin / 93-98 Stud. HdK-Berlin, 99 Meisterschülerin / 99-01 Stip. „K.-Hofer-Ges." Berlin, 02 DAAD-Stip. f. New York / Ausst. u. a. 1996 Berlin (Gal.-Nothelfer), Dresden (HfBK), 97 Gelsenkirchen (Kv), 98 Landshut (Neue

Gal), Berlin (Orangerie-Schloss Charlottenburg), 2000 Berlin (Köpenicker Malsalon), 2000/01 Berlin (K.-Hofer-Ges), 01 Berlin (Staatsbank), 03 Bielefeld (Gal.-61), + Internet

Crailsheim, Liselotte von (M) / 1926 Bielefeld – / lebt (2005) in Rödelsee/Unterfranken / Keramikmalerinausb., Stud. Wksch-Bielefeld (Textildes), Akad.-München u. Seminare in Salzburg / war Lehrt. / Mitgl. „BBK"-Bayern / Ausst. s. 1968, u. a. 2000 Hamm (Stadtgal), + N

Cramer, Daniel Gustav (F/D/F-I) / 1972 Neuss – / lebt (2005) in Berlin u. London / Stud.-MS 98-01 FHD (Vis.-Komm) u. 01-03 Royal Coll. of Art London (Fine Art) / 02 Stip. Cité Int. des Arts Paris, 05 Stip. f. Akureyri-Island u. Jerwood-Award London / Ausst. u. a. 2001 Bielefeld (Kv), 01 MS (Sentmaringer Weg 113), 02 MS (Kv/Gast Atelier-Schulstr), 03 Recklinghausen (Kunsthalle), Manchester-GB, 03/04 Paris-Fr., 03-05 London-GB, 04 Köln (Büro f. Fotos), Trottenham-GB/Amarante-Fr., 05 Lissabon-Port. (u. a. Castelo de S. Jorge/Goethe-Inst), MS (Kv.: Jahresgaben) / **Lit.: 15a** (S. 58) + In: „Jahresgaben 2005" – Westf.-Kv. – MS, 2005

Cramer, Helene (M/Z) / 1940 Duisburg – / lebt (99) in Bad Sassendorf / Stud.-Duisburg 59-61 Musik, lebt ab 67 in Soest, ab 72 Weiterb.-kurse, 85 in Wien / Ausst. u. a. in Soest, Dortmund, Bad Sassendorf, Liesborn, Lippstadt (Beteil.-Jahresgaben-Kv) / **Lit.: 100-**98

Cramer, Marie-Therese (F/D) / 1978 Schleswig – / lebt (2006) in Dortmund / Jugendzeit in Münster / Stud.-MS 97-2000 Univ. (Germ/Musikwiss) u. Dortmund 2000-2/06 FHD (Kommunik.- u. Foto-Des) / Ausst. u. a. 2004 Dortmund (FHD), 04 Essen (Zolverein), 05 Lüdenscheid (Stadtgal), Hamburg (Kunsthaus), Mannheim (Fototage), Neunkirchen (Stadtgal), Washington-USA (Goethe-Inst), 06 Casablanca/Rabat/Brüssel (Goethe-Institute), Berlin-Friedrichshain (Kommunale Fotogal) / **Lit.: 203h-**05

Crayen, Volker (A/Dipl.-Ing) / lebt (2005) in Bielefeld / Architektenbüro in Bielefeld 1950 gegr. v. Rudolf Crayen, 79 weitergeführt v. Volker Cr. u. s. 2000 Büro „crayen + **b**ergedieck Architekten Stadtplaner" / s. 79 viele Preise u. a. in OWL/Grevesmühlen/Ratzeburg/ Lüneburg/Berlin/Dortmund/Düsseldorf/Bochum, 04 = 2. Wettbew.-Pr. Bielefeld / Werke u. a. in OWL/Bielefeld/Südwestf./Wolfsburg/Lübeck/Delmenhorst/Dresden/Leipzig / **Lit.:** Internet

Crazy Man (CRAZY MAN) (M/O/Aktionsk) / 1973 Wanne-Eickel – / lebt (2002) in Herne / Autodidakt / Ausst. u. a. Müngersdorf/B.-Wannsee/Essen/Herne/usw. / **Lit.: 142a + 143-**2000

Creischer, Alice s. bei **Siekmann**, Andreas

Croissier, Dorit (B/K/O/I) / 1944 Belzig/Brandenburg – / lebt (2006) in Warburg / lebte in USA/ Schweiz u. Frankr., ab 84 OWL / s. 80 autodidaktische Arbeiten in eig. Werkst., dann Gast GH-Kassel (Baukeramik) u. Weiterb.-Seminare / Mitgl. „Frauenkunstforum"-OWL, „Off. Ateliers"-Paderborn u. Gr.-„ARTd-Driburg" / Ausst. u. a. 1997 München (Unering), 99 Bielefeld (WDR-Studio), Warburg (Ziegelei), 2000 Lage (Westf. Industriemus), 01- Bielefeld/OWL (Ein-sehbar), 01 Lage (Ev.-Kirche), 02 Paderborn/Hardehausen/Varazdin-Kroatien, 03 Paderborn (Haus d. ev. Kirche), Rheda-Wiedenbrück (Q-Tour), Kassel/Gütersloh/Hannover, 03-05 Warburg (Off. Atelier), 04 Gütersloh (Stadtkirche), Bonn/Nicosia-Zypern, Steinhagen (Skulpturen-Park), Willebadessen (Schloss), Werther-Häger (art&work), 05/06 Bad Driburg-Dringenberg (Burg Dringenberg/Hist. Rathaus) / **Lit.: 101b-**03...05 **+ 192-**01+03+04

Cron, Beatrice (M/O) / 1961 Basel/Schweiz – / lebt (2004) in Hagen / 82-87 Ausb. Kgsch-Basel u. b. Beppe Assenza/Paul Pollock / s. 88 Deutschl., 12/90 Brasilien u. 98 Europa / Ausst. u. a. 1993-98 in Brasilien, 2000 Florianópolis, 01 Arlesheim-Schweiz, Essen (Zeche Zollverein), 01/03 Hagen (Druckkammer/Mus), 02 Bahia-Salvador, 03 Herdecke (Kirche) / **Lit.: 97-**03+04

Crone, Franz (G/K) / NEU: 2. 4. 1922 Emsdetten – 4. 6. 2002 / lebte in Telgte / Autodidakt / (Biografie in Beilage: CD-Ausgabe 2006)

Crossier, Dorit s. Croissier, Dorit

Cruse, Christoph (Z) / 6. 4. 1779 Münster – 21. 5. 1831 ebd. / Ausb. Zeichenschule-MS / war ab 1806 städt. Bauaufseher u. später Bauinspektor in MS / Werke im WL-MS / **Lit.:** „Das Kunstwerk des Monats" – Faltblatt 10/04 – WL-MS (m. Lit.-angaben)

Cruse, Gisela (M/I) / 1941 Rheine – / lebt (2006) in Rheine / Stud.-MS 74-76 FHD, 96-99 Weiterb. Univ.-Osnabrück (Malerei/Kunstgesch) u. 02 Sommerakad.-Nordhorn / ab 96 Mitgl. „Spektrum 88"-Rheine u. 2000 Mitbegr./Mitgl. v. Galerie „eigen-art"-Rheine / Ausst. u. a. in Bonn/Osnabrück, 2000-06 Rheine (Off. Atelier), 03 Rheine (Fabrik-Strotbaum), 06 Ibbenbüren (Kunsthaus) + MS-land / **Lit.: 237-**03

Csaba, Péter Miklós (Filmk) / 1947 Budapest – / lebt (2006) in Münster / Stud. Filmhochsch.-Paris / Filmpreise, u. a. „Grimme"-Pr. / s. 86 Lehrt.-Filmwerkst.-MS u. ARD-Kameramann, tätig = N/INT / Auff.-gen u. a. 2003 MS (Tibusstift/Filmfestival) / **Lit.: 196**-99+03

Csaba Hajzer, Jozsef (M) (Ballett-Tänzer) / 1974 Debrecen/Ungarn – / lebt (2005) in Hagen / Autodidakt / s. 01 Tänzer in Hagen / Ausst. u. a. 2003/05 Hagen (Mus) / **Lit.: 97**-03+05

Cuevas, Paula (M) / * 1961 – / lebt (2004) in Dortmund / Stud.-Santiago de Chile 83-85 Univ. (Päd) u. Madrid 85-89 Univ. (Span.-Philolog) / Malerei = Autodidaktin / 99-03 Lehrt. u. a. VHS-Dortmund/Lünen / Ausst. u. a. 2004 Dortmund (Off. Atelier) / **Lit.: 120c**-04

Cunningham, David (M/Wandm) / 1964 Baltimore/USA- / lebt (2003) in Baltimore/USA / Stud.-New York 82-86 School of Design / 88 Stip. f. Japan, ab 93 Mitgl. „Vereinig. D. Kunst – Wandmaler der USA / Bühnengest.-en u. Lehrt., u. a. s. 2002 in MS / Ausst. = INT / **Lit.:** In: „Zwischenzeitraum" – Veranstalt.-gsprogramme der Werkstatt für Kunst – MS, 2002+03

Cuntz, Claude (Claudia) (M) / 1949 Paris – / lebt (2006) in MS / Stud. Univ.-Heidelberg (Kunst/ Mathem) u. Univ.-n Bielefeld/Berlin (Linguistik), ab 88 Weiterbild.-Kunst in Heidelberg u. Paris / in Kanada/USA u. Marseille-Fr. tätig, s. 99 in MS, Kunstlehrerin / Ausst. u. a. 2001 MS (Stadthaus I), 02/03 MS (Off. Atelier), 03 MS-Coerde (Begegnungszentr), 05/06 MS (Bürgerh. in Kinderhaus/Raphaelsklinik), 06 Steinfurt (Kunsthalle+Workshop) / **Lit.: 237**-03

Curtis, Derek (O/I) / 1967 Slough/GB – / lebt (2005) in Egham/GB / Stud.-Farnham/GB 97-2000 Univ. (Art/Des), 99 Projektassistent in Lancashire u. Ambleside/GB, 2000-02 Gast-Stud. Akad.-MS (Prof. Ulrichs) / 03 Stip. Bursary / Ausst. u. a. 2000 Farnham/London-GB, 01 MS (Akad), Bergkamen (Stadtgal), Torquay/Reading-GB, 02 Bocholt (Kunsthaus), München (Domagkatelier), London-GB, 03 MS (Wewerka Pav), Essen (kunst-raum), New York (Gal.-402), 05 Recklinghausen (Kunsthalle), Ingolstadt (Kv) / **Lit.: 18**-03 + **57**-02 + **103**-01 + **256**

Cyclos-design GmbH – Münster s. **S**chnieder, Jutta + **S**eepe, Frank

Cymontkowski, Heinz (M/Z/I/O/Konzeptk) / 1954 Selm- / lebt (2006) in Selm u. Lünen / NEU: 06 „Heinrich-Bußmann"-Pr. Lünen / (Biografie in Beilage: CD-Ausgabe 2006)

Czaplinski, Frank (M/O) / 1960 Gelsenkirchen- / lebt (2005) in Düsseldorf / Stud.-Bochum 81-84? Univ. (Kunstg/Phil) u. Düsseldorf 85-92 Akad., 91 Meisterschüler / 82-93 Atelier in Bochum, ab 93 Düsseldorf / 83-88 Assistent am Mus.-Zentr.-Bochum, 97 Lehrt. Akad.-Düsseldorf, 98 Gründung der Internet-Galerie www.artic.de / Ausst. s. 1981, u. a. in Killorglin/Irland, Berlin/Frankf.-M., Reno/Cumberland-USA, 1992 Kaarst (Stadtgal), 2000 Steinfurt (Sparkasse), + NRW

Czaplinsky, Christa-Ruth s. Fischer, Christa

Dabeck, Ida (M/Khw: Porzell.- u. Kachelm) / 9. 3. 1922 Münster – 14. 7. 2005 ebd. / Stud.-MS 38-39 Kgsch u. Berlin 42 Kgsch / war s. 77 Mitgl. Gr.-„Spektrum 77"-MS + **s**. Gr.-„Farbklecks" / Ausst. u. a. in MS (u. a.: Rathaus/Univ/Kunstmärkte/Sparkasse/Gal.-Bilderwände/ Theatercafé) / **Lit.:** In: „WN"-MS – 1. 3. 1978 + „MZ"-MS – 14. 2. 1979

Dachrodt, Heinz-G. (O/I) / * 1944 – / lebt (2005) in Witten u. Nachrodt-Wiblingwerde / Handwerkl.-ausb./2. Bildungsweg/Inspektor/Politiker/Redakteur/Lehrt./Autor (Hg. v. über 130 Büchern) / Ausst. in Atlanta-USA/Maidenhead-GB/Rom-It./Mallorca-Sp./Lesbos-Gr., + NRW/N

Däche, Friedrich (A) / 1884-87 Bautechniker der Stadt Witten, ab 1887 freisch. in Witten / Werke u. a. in Witten bek. (1919) / **Lit.: 146c**

Dagger, Christine (M) / 1981 Thuine – / lebt (2005) in MS / Stud.-MS ab 02 Akad. u. Univ. (Lehramt) / Ausst. u. a. 2005 Liesborn (Mus) / **Lit.: 56d**

Dago s. Koblenzer, Dagobert

Dahlmann, Claudia (Schmuckgest/Goldschm) / lebt (02) in Ochtrup, 03 in Steinfurt / Ausst. u. a. 2001/02 Ochtrup (Off. Atelier), 03 Dortmund (manu factum), Steinfurt (Bagno) / **Lit.: 48x**-03

Dahm, Karin (M) / 1959 Wuppertal- / lebt (2000) in Sprockhövel-Haßlinghausen / Autodidaktin / Ausst. u. a. 1996 Sprockhövel (Sparkasse) / **Lit.: 216**

Dahm, Peter (F) / * 1965 – / lebt (99) in Soest / Jugendzeit am Möhnesee / Autodidakt / s. 87 Bildredakteur am Soester Anzeiger / **Lit.: 100**-98(=Fotogr.) + u. a. Fotografien v. P. D. in 5 Büchern über Soest v. 1989-95; P. D.: „Der Kreis in seinen Türmen" – Kalender – 1996

Dahmen, Ludolf (F/D) / 1973 Köln – / lebt (2006) in Köln / Stud.-Dortmund bis 03 FHD / Förderung: 01 Gotland-Stip. LWL-MS, 02 DAAD-Stip. f. Japan, 04 NRW u. EU, 04 „photo fair cologne", 05 Stip. VG Bild-Kunst / Ausst. u. a. 2001/02 Visby-Gotland, 02 MS (Landeshaus),

04 Düsseldorf (Nikon), Köln (Gal.-Wong), Quedlinburg (Kaffeehaus-Gal) / **Lit.:** L. D.: „Pusteblume-Theaterfestival" – Carl Richard Montag Stiftung – Bonn, 2002

Dalg, Eva (Vis.-Komm) / * 1978 – / lebt (2005) in MS / Stud.-MS 01-05 FHD / 02/03 = 1. Wettbew.-Pr. FHD-MS / Ausst. u. a. 2003 Frankf.-M. (Buchmesse), 05 Essen (Kunsthaus), 06 Berlin (Kunstbuch), Rheine-Bentlage (Kloster) / **Lit.: 15a** (S. 19) + **122**-03

Dall-Twiehaus, Margot Karoline (M/F) / 1947 Lingen/Ems- / lebt (2002) in Tecklenburg / Mitgl. Gr.-„Weibsbilder"-Telgte / Ausst. u. a. 1999 Telgte-Lauheide (Friedhofsgärtner), 2001/ 02 Tecklenburg (Off. Atelier)

Dalwigk, Anna von (M) / 1830 – 1895 / weitere Daten nicht bek. / Laienmalerin (Legden?) / **Lit.: 215**-6

Damasko, Dagmar (M) / * 1954 – / lebt (2005) in MS / Lehrt.-MS / Ausst. u. a. 2004/05 Telgte (Mus), 04 MS (Café-Filou), 04 Telgte (Kornbrennereimus) / **Lit.: 185**-04+05

Damelet, Gerhard Nikolaus (M) / * wahrsch. in MS / als Maler um 1711 in Wesel / **Lit.: 178a**

Damelett (Damaleth/Damelett/Damlet/Damlitt/Dammelet/Dammelette) = Münsterische Malerfamilie um 1711-1782 tätig / **Lit.: 24**-8 + **26**-24 + **178a** // **Johann Henrich** (Joh. Heinrich) (M) / † 31. 10. 1782 Münster / Vater des Joh. Henr. Joseph D. / ab 1711 Ausb.-MS b. Adolph Henr. Schmock, 1720 eister / Werk in MS (auch Zuschreib.-gen), Werk in Billerbeck neuerdings dem Sohn zugeschrieben // **Johann Henrich Joseph** (auch Joh. Henrich d. Jüngere) (M) / * um 1720 Münster – † vor (?) 24. 12. 1779 Münster / Sohn des Joh. Henrich D. / 1745 Meister in MS

Dameris, Franz (Dr.-phil) (M/Glasm) (Kirchenraumgest) / 14. 11. 1902 Schmallenberg – 7. 3. 1991 Menden / war in Menden tätig / 77 Umweltschutz-Medaille, 82 Kunst-Pr. Stadt Menden / Werke in Westf. (u. a. Menden) u. im Magdeburger Raum / **Lit.: 146c**

Damke, Bernd (Prof) (M/G/F/Kunst am Bau) / 1939 Gräfendorf/Kr. Torgau- / lebt (2005) in MS / NEU: Lehrt. 72-04 FHD-MS, 74-04 Prof. / (Biografie in Beilage: CD-Ausgabe 2006)

Damm, Josef (Kunstschlosser) / 17. 10. 1860 Attendorn – 16. 8. 1906 (Velbert?) / wahrsch. Ausbild. b. „König" in Attendorn, danach auf Wanderschaft u. gründete 1880 (mit Kunstschlosser Franz Ladwig, aus Pommern u. † 2. 8. 1905) eine Schlossfabrik, 1886 eingetragen als „Damm&Ladwig", s. 1933 dann „BKS m.b.H" (Zus.-schluss mehrerer Firmen), bek. wurde auch Willi Ladwig (Sohn v. Franz) durch Schloss-Weiterentwicklung / **Lit.:** In: „Schmiedekunst u. Schmiedehandwerk im Kreis Olpe" – S. 11/12 – Attendorn, 1981

Damm, Peter M. H. (A/Dipl.-Ing) / * 1952 – / lebt (2004) in Hattingen / Stud.-Essen 71-74 Univ. /GH u. Aachen 75-79 TH / s. 74 im Büro u. s. 89 Mitinh. von „**R**auh ° Damm ° **S**tiller ° Partner(A. **K**rug)"-Hattingen, ab 95 Gechäftsf. Gesellschafter / Ausz.-gen/Werke s. „**R**auh" / **Lit.: 197a**-99 + **219x**-99

Dammasch, Willy (Willi) (M/G) / 1887 Berlin – 1983 Worpswede / lebte um 1920/30 in Buxtehude, war 22-46 in Worpswede, 46-56 in Bad Salzuflen u. ab 56 wieder Worpswede / Stud. HfBK Berlin-Charlottenburg / hatte i. d. Nazizeit Ausst.-verbot / war Mitgl. „BBK"-OWL / Ausst. = N + INT / **Lit.: 5**-54 + **24**-8 + **25**-1 + **26**-24 + **34**-8,2+9,2 + **108**-1 + **124**-86Anhang + In: „Künstler im Landkreis Osterholz" – Worpsweder-Verl., 1981

Damovsky, Regina (M/Z) / 1966 Fladungen/Rhön – / lebt (2004) in MS / Stud.-MS 88-91 Akad. / s. 03 Mitgl. (s.:) Gr.-„Zebra Orange"-MS / Ausst. u. a. 1999/2000 Beckum (Deutsche Bank/ Opelhaus), 01 MS (Krameramtshaus/"Reblaus"), 02 Beteil.: Wanderausst.-MS-land, 03 MS (Westf. Kl. f. Psych/Halle MS-land), Osnabrück (La Vie), 03/04 MS (Off. Atelier), 04 MS (Projekt: JVA) / **Lit.: 237**-03

Dams, Brigitte (B/O/I/Z) / 1965 Rhede – / lebt (2006) in Düsseldorf / nach Schulzeit in Kleve: Stud.-Düsseldorf 89-97 Akad., 96 Meisterschülerin / 88 DAAD-Stip. f. Zimbabwe, 90 Stip. d. „Krämer-Stiftung", 97 Stip. Kv.-Düsseldorf f. New York, 2000 Förder-Pr. Ferngas-Saar, DAAD-Stip. f. Korea, Euregio-Kunst-Pr., 01 Emprise Art Award / Ausst. u. a. in Tengenenge-Zimbabwe, 2002 Emmerich (Kv), 04 Xanten (Mus), Dortmund (Gal.-Art isotope), 05 Düsseldorf (Kunstpalast), 06 Dortmund (ART-isotope), + N / **Lit.: 79b** (m. Lit.) + **107**-05

Damschke, Norbert (B/Gest) / lebt (2005) in Bottrop / bis 96 Tischlerausb. = 2. Pr. „Gute Form 96" (Leder/Glas/Holz- u. Metallgest) / s. 01 Mitgl. Gr.-„Kunstgem.-Bottrop" / Ausst. u. a. in Bottrop (Kappelhoff/Sparkassen/Gal.-Ochs/Kulturzentr. u. eig. Ausst.-halle)

Damsen, Dörte van (Bökemeier, Dörte) (Z/O) / * 1973 – / lebt (2000) in MS / Stud. Akad.-MS / Lehrt. / Ausst. s. Lit. / **Lit.: 245**-95+96+2000

Danberg, Matthias (M/F) / 1981 Bochum- / lebt (2005) in Bochum u. MS / Stud.-Dortmund 02/ 03

Univ. (Kunstpäd/Phil) u. MS ab 03 Akad. / Mitgl. „Boch.-KB“ / Ausst. u. a. 2003 Bochum (Mus) / **Lit.: 146**-03

Daniel, Jörg (M/O) / * 1961 – / lebt (2005) in Dortmund / ab 03 Mitgl. Künstlerhaus-Dortmund u. im „Artists Space“ New York/USA / Ausst. u. a. 2004/05 Dortmund (Off. Atelier), + N / **Lit.: 120c**-04

Dannenmann, Michael (F) / * 1958(59) – / lebt (2002) in Düsseldorf / Stud.-Dortmund bis 86 FHD / ab 89 eig. Studio / 93-? Lehrt. FHD-Dortmund / Ausst. u. a. 1990 Düsseldorf (Stadtmus), 99 Hamburg (Mus. f. K. u. G.), 2000 Stuttgart (Stadtgal) / **Lit.: 205**-94 (m. Lit.) + In: M. Schmalriede: „Zeit Blicke“ – Hatje-Cantz-Verl., 1999

Darda, Alfred (M/G) / NEU: 1937 Marl-Sickingmühle (Hamm = falsch)- / lebt (87) in München / (Biografie in Beilage: CD-Ausgabe 2006)

Dauber, Ulrich (M/F) / 1956 Lünen – / lebt (2005) in Lengerich / Stud.-Osnabrück 95-02 Univ. (Malerei) / Ausst. u. a. in Osnabrück 1996-2001/03/05 Lengerich (Stadtbücherei/Kulturfest/Verkehrsamt/VHS), 04 Ibbenbüren (Verkehrsamt), 05 H.-Gravenhorst (Kloster) / **Lit.: 69**-05

Daum, Thomas (A/Dipl.-Ing) / 1958 Bielefeld- / lebt (2002) in Bielefeld / Stud.-Köln 77-82 FH f. Archit. / s. 91 Büro „Daum Architekten BDA“-Bielefeld / Preise, Wettbew.-erfolge u. Werke u. a. in Dresden, OWL u. Westf. (s. Lit.) / **Lit.: 197**-01

Dauven, Klaus (O/I/Z) / 1966 Düren – / lebt (2006) im Rheinland(?) / Stud.-Düsseldorf 87-90 Akad. u. MS 90-98 Akad., 93 Meisterschüler / 93 Gast Ecole des Beaux-Arts – Aix-en-Provence, 94 Förderer-Pr. Akad.-MS, 95 Fassbender-Pr. Brühl, 98 Kunst-Pr. Düren, 01 Stip. f. Kasterlee/Belgien / Ausst. u. a. 1997 Köln (Herz-Jesu-Kirche), 99 Villach-Österr., 2000 Paris (Gal.-Ortillés-Fourcat), 01 Kleve/Düsseldorf, 02 München/Büchen, 03 New York-USA (Clark-Gall), Bern-Schweiz (Kunstforum-Kirchberg), 04 Amsterdam / Düsseldorf / **Lit.: 70b**

David, Gudula (G/D) / 1964 Dülmen – / lebt (2004) in Dülmen / Stud. Univ./GH-Wuppertal (Industriedes) u. MS ab 83 FHD / Ausst. u. a. 1988 Herne (Flottmann-Hallen) / **Lit.: 142x**-88

Davids, Karin (M/Materialb.-k/Z) / 1959 Sanderbusch/Friesl. – / lebt s. 86 in Gütersloh / 78-83 Stud.-Paderborn u. Poitiers-Frankr. / 83-84 in Hawick-Schottl., s. 86 Lehrt. / Ausst. u. a. in Greetsiel/Hinte b. Emden/Wiesmor/Leer/Schottl./Frankr., 2000- Bielefeld/OWL (Archiv), 2000-02 Gütersloh (Trinitatiskirche/2xKv/Kreishaus), 02 Bielefeld (WDR-Studio), 03 Detmold (Arbeitsamt), + OWL / **Lit.: 191 + 192**-01

Davis, Barbara (M/G/Coll.-k) / 1953 Lansing-Michigan/USA – / lebt (2005) in Herzebrock-Clarholz / Stud.-Claremont-Calif./USA 71-75 Scripps-Coll. (Kunst) u. Long Beach-Calif./USA 75-78 Univ. (Master of Fine Arts), 78 Univ.-Tours-Fr. / NEU: 75 Esterly-Stip., 78 = 1. Pr. „All California Arts“, 78/79 Stip.-Paris, 97 = 2. Grafik-Pr. Oelde (Holterdorf), 99 Recycling-Kunst-Pr. Herford, 2000 Fotogr.-Pr. Kr. Gütersloh / 80-82 Lehrt. Univ.-Riverside/Calif., ab 84 freisch. in Deutschl., 97 Lehrt.-Riga, ab 97 Gütersloh u. Umgebung / Mitgl. „Kv.-Kr.-B.-Warendorf“, „BBK“-OWL, 97 Mitbegr./Ltg. Gr.-„13“-Herzebrock-Clarholz u. Gr.-„PAK ART“-OWL / Ausst. u. a. 2000 Warendorf (Kreishaus), 2000-Bielefeld/OWL (Archiv), 01 Löhne (Werratalhalle), 02 Gütersloh (Kreishaus), 02/04 Bielefeld (WDR-Studio/Gal. 61/UB), 03 Bielefeld (Q-Tour), 04 Harsewinkel (Rathaus), 05 Bielefeld (Rav.-Spinnerei), Neubeckum (St. Joseph), + N/INT / **Lit.: 50**-02 + **124**-05 + **133**-94Anh. + **139** + **192**-01+03

DAVO s. Vogt, Dagmar

Daweke, Vlasta (T) / 1952 Prag – / lebt (2005) in Detmold / 68-71 Industriekaufm.-ausb. u. 72-74 Redakteurinausb., s. 80 Autodidaktin (Klöppeltechn.), 94-96 Gaststud. „Freie Kunstsch.-Nürtingen u. Weiterb. b. bek. Kü.-innen / s. 96 freisch., Lehrt. / Mitgl. „AdK“-OWL / Ausst. u. a. 1996 VHS-Lemgo, 97 Winnenden (Rathaus), 99 Detmold (Winothek), 2001 Bielefeld (AdK/Off. Atelier), 03 Detmold (Off. Atelier), 04 Lemgo (Stadtgal) / **Lit.: 132a**-03 + **152**-01

D´Costa, Martin (Filmk) / * 1974 – / lebt (2001) in Dortmund / Stud.-Dortmund FH (Film- u. Fernsehkamera) / Produzent u. freiberufl. Kamerassist. / 3. Pr. Shortcuts Mainz 2000 / Aufführ.: 2001 New York, Ebersee, Bayreuth, Münster / **Lit.: 196**-01

Decressin, Birgit (M/F) / 1966 Bocholt- / NEU: lebt (90) in Bocholt, 2002/03 Grevenbroich / Stud. FH-Krefeld (Vis.-Komm) u. 90-98 Akad.-Düsseldorf, Meisterschülerin / 98 Stip. Akad.-Düsseld. f. Paris / Ausst. u. a. 1994 Dortmund (Mus), 96 Düsseldorf (Tonhalle), 98/99 Paris, 2002 Bergkamen (Stadtgal), Frankf.-M. (Airportgal) / **Lit.: 79b + 161**

Deeg, Georg (M/G/B) / NEU: 1932 München – / lebt s. 64 in Bielefeld u. später (nach 75) in

Wuppertal / Stukkateur/Kirchenmalerausb., Stud. Akad.-München / Mitgl.-„BBK“ u. Gr.-„5 + 1“ / Ausst.-gen u. a. in Bielefeld u. Wuppertal / **Lit.:** u. a. **124**-75 + **216**

Deetz, Ursula (Ulla) (M/G) / 1953 Bünde/W.- / lebt (2005) in Bremen / Stud.: 72-74 Berlin (Rom /Kunst), 75-77 Bonn (Kunstw/Franz), 86-90 FH-Ottersberg / bis 98 Mitgl. in Ateliergem.-en u. Ausst.-ltg.-en, ab 99 Atelier „Eigen-Arthaus“-Bremen, 01 Stip. f. Vallauris/Südfrankr. / Mitgl. „IAPMA“ u. „BBK“-Bremen / Ausst. u. a. in Bremen/Bremerhaven/Buxtehude/Duszniki-Polen, 2003 Bad Salzuflen („Das Fachwerk“)

Defort, Linda (M/Z/F) / 1968 Bielefeld- / lebt (2005) in Holland / nach Jugend- u. Schulzeit in Bielefeld = Stud.-Den Haag/NL: 88-89 freie Akad., 89-93 KABK (Königl. Akad. f. bild. Künste) u. dort 93-95 Fotografie / s. 96 freisch. / Ausst. u. a. in Den Haag-NL (Gal.-„Sweet four You“), Bielefeld (Gal.-61/Gal.-„artists unlimited“), + NL

Degener, Frank (A) / lebt (2002) in Dortmund / Büro in Dortmund: „Degener Architekten“, s. 2000/01 Büro: „RDP“, m. Diego Rodriguez / 1. Preise/Ausz.-gen u. Werke in Dortmund/Köln/ Hamburg/Düsseldorf u. Westf. (s. Lit.) / **Lit.: 197**-2001 + **197b**-99

Degenhardt, Friedhelm (Z) (Autor/Lyriker) / * in Wanne-Eickel – / lebt s. 75 in Herne-W.-E. / Stud.-Hannover / alles weitere s. Lit. / **Lit.: 142a**

Deilmann, Andreas (A/Dipl.-Ing) / 1951 Münster – / lebt (2006) in MS / Sohn v. Harald **D.** / Stud.-Braunschweig/München 70-74 TU (Archit) / ab 75 in MS tätig, ab 77 freiberufl., s. 90 Büro in MS („Deilmann-Hof“) u. Leipzig: „Deilmann Planungsgesellschaft“ / 84 Ausz. Ministerium f. Städtebau NRW u. BDA-Pr. MS, 02 Wettbew.-Ausz. WestHyp-Stift.-Dortmund / Mitgl. d. Archit.-kammern in NRW u. Sachsen / Werke: u. a. MS/Altenburg/Oschatz/Bad Lausick/Glauchau, Leipzig = u. a. Neurol.-Reha-Zentr./Brockhauszentr. / Ausst. u. a. 1985 Frankf./M. (Deutsches Archit.-mus), 2004/06 MS-Coerde (Speicherstadt/Inst. f. Medienrecht) / **Lit.: 197**-01 + **251**-05 + **251a**-94+04

Deilmann, Harald (Prof) (M/Z/A/Dipl.-Ing) (Archit.-Autor) / 30. 8. 1920 Gladbeck- / lebt (2006) in MS / NEU: Lehrt. 69-85 Univ.-Dortmund / 62 Baukunst-Pr. NRW, allein 46x 1. Preise v. 55-01 / (Biografie in Beilage: CD-Ausgabe 2006)

Deilmann, Thomas (A/Stadtplaner) / lebt (2002) in Düsseldorf / Sohn v. Harald D. / s. 78 im Büro v. Harald D. in MS tätig, mit Jürgen Koch s. 92, ab 99 Büro in Düsseldorf: „Deilmann Koch Architekten Stadtplaner“ / Mitgl.-„BDA“ / Werke in NRW/N (s. Lit.) / **Lit.: 197**-01

Deimel, Angelika (Angela) (M/Z/B) / 1965 München – / lebt (2004) in Kreuztal / Beruf: Bürokauffrau / Stud.-Port Hueneme/Caleforn.-USA 92 Oxnardcollege (Kunst), 95-96 HfG-Siegen u. ab 97 Schule f. Bild. Kunst-Siegen-Weidenau / Ausst. u. a. 1998/02 Kreuztal (Gelbe Villa), 99/2000/02 Siegen (Rathaus/Haus Seel/Haus Oranienstr.) / **Lit.: 110b** + **110c**-04

Deimel, Ulrich (F) / 1952 Medebach – / lebt (2005) in Essen / Gattin (s.:) Petra **W**ittmar / Stud. Univ./GH-Essen (Germ/Phil) / ab 2000 „Deimel + Wittmar – Architekturfotografie“-Essen / Ausst. u. a. 2000 Essen (Zeche-Zollverein), 02 Hamburg (Mus. der Arbeit), 05 Gelsenkirchen (Wissensch.-park) / **Lit.: 204** + **204a**

Deines, Werner (M/G/Karikaturist) / 1931 Falkenburg/Schlesien – / lebt (2004) in Siegen / Stud.-Akad.-Darmstadt u. Siegen Gewerbl.-FH (Gebr.-grafik) / Ausst.-gen s. 1967 in Südwestf. / **Lit.: 110a+b** + **110c**-04

Deininger, Svenja (O/M/F/Videok) / 1974 Wien – / NEU: lebt (2005) in Wien / Stud.-MS 96-01 Akad. u. Düsseldorf 2000-03 Akad. / (Biografie in Beilage: CD-Ausgabe 2006)

Deister, Nikolaus (M/Materialb.-k) / 1951 Hannover- / lebt (2005) in Lippstadt / Stud.-MS 73-78 Akad. / Ausst. u. a. 1977 MS (Restaurant „L 'Aiglon“), 2005 Recklinghausen (Kunsthalle), Ingolstadt (Kv) / **Lit.: 256**

Deisting, Sylvie (G/D/Kommunik.-des) / 1975 Karlsruhe- / lebt (2004) in Herne / Stud.-MS 97-2/ 03 FHD / Kommunik.-des.-in in Ahlen/W. / 02 red dot award Essen / **Lit.: 205w**-02

Deiters, Hans (M/Z) / 1868 Düsseldorf – 1922 München / ältester Sohn des Heinrich **D**. / Stud.-Düsseldorf Akad. / Lit.: 24-8 + 26-25 + 198

Deiters, Heinrich (M/Z) / 1840 Münster – 1916 Düsseldorf / (Biogr. in Beilage: CD-Ausgabe 06)

Delarocque, Stephan Laurent (französ. Z/Dekorationsentwerfer) / lebte s. 1717 in Bonn / † 1742 / f. d. Baubüro Schlauns tätig, u. a. Schlösser Arnsberg/Clemenswerth / **Lit.:** G. Dethlefs

Deleré, Heinrich (O/M/D/Wand- u. Raumgest) / 1946 Dinslaken/Niederrh.- / lebt (2004) in Castrop-Rauxel u. 06 in Dortmund / Stud.-FHD ab 69 Dortmund (Des) u. s. 76 PH (Kunst/ Deutsch) / Erwachsenenbildungtätigkeit / s. 83 Werke (Wandgest.) u. a. in Hagen/Dortmund / ab 01 Mitgl. „BBK-Westf.“ Dortmund / Ausst. u. a. in Finnland/Frankr., 2002 Bo.-Wattenscheid (Technol.-Zentr), 02/03 Dortmund (Advance Holding/Torhaus/Mus. f. K. u. K.), 03 Attendorn (Rathaus), Witten (Boesner), 04 Castrop-Rauxel (Rathaus), Bochum (Kulturwerk Lothringen), + NRW / **Lit.: 3**-02+03(1+2)+04(1+2) **+ 98a**

Delfs, Friedrich Wilhelm (A/Dipl.-Ing) / 1885 Basthorst/Kr. Lauenburg – 1958 Dortmund / 1905 – 1910 Stud. TH-Karlsruhe/Braunschweig / 11-14+19-21 in Lübeck tätig, 21-22 Krefeld, ab 22 Dortmund, 20 Promotion TH-Braunschw. u. 22 Staatsprüf. THBerlin-Charl.-burg / 25-37+45-52 Baudezernent in Dortmund, Stadtrat / Werke in Dortmund / **Lit.: 120a**-2(m. Lit.-ang)

Delius, Friedmund (M/Z/A/Stadtplaner) / * 1931- / lebt (2004) in Siegen / Ausst. u. a. 1991 Freiburg, Weidenau (Krankenhaus), Siegen (Schule/Krankenhaus) / **Lit.: 110a+b + 110c**-04

Delker, Annely (M) / 1947 Lemgo – / lebt (2005) in Lemgo / Stud.-PH in MS u. Bielefeld (Malerei/Kunsterz), Stud. Europ.-Kunstakad.-Trier / war Lehrt. VHS-Lemgo, Beteil.-Workshops in Schwalenberg / 03 Mitbegr. Gr.-„divola"-Lippe / Ausst. u. a. bis 2004 Kalletal-Lüdenhausen (lfd.-wöchentl.: Off. Atelier), 1999 Kalletal-Hohenhausen (VHS), 2000-04 Kalletal (Off. Atelier-Lippe), 04 Berlin (Deutsche Parlamentar.-Ges), Detmold (Kreishaus), 05 Lemgo (Off. Atelier) / **Lit.: 132a**-2000...05

Delkeskamp, Friedrich Wilhelm (M/G/Z) (Kupferstecher) / 1794 Bielefeld – 1872 Bockenheim b. Frankf./M. / Buchbinderausb. u. Zeichenunterricht in Bielefeld, 1813/14 Kriegsdienst, lernt Porzell.-malerei in Gross-Breitenbach/Thür., Porz.-maler 1816 in Hanau, ab (um) 1817 Kgl. Preuss. Porz.-manuf.-Berlin, lernt hier d. Kupferst.-technik, s. 1823 Zeichenlehrer in Frankf./ M. / **Lit.: 26**-25 (m. Lit.) + In: „Breslau" – Ansichten aus sechs Jahrhunderten – Ausst.-kat. – Ostd. Gal.-Regensburg, 1983; In: „Potsdamer Veduten" – Sanssouci-Potsdam, 3. Aufl. – 1984

Demand, Oliver (I/Klang- Video- u. Perf.-k) / NEU: 1967 Lippstadt- / lebt (2005) in Gütersloh / Stud.-MS 91-2000 Akad. u. Univ. (Päd/Musik) / Lehrt.-Gütersloh / 04 Gründung „Kulturinitiative Gütersloh" mit Ausst.-gen im „büro für alleskönnerei" / Ausst. u. a. in Mainz, 2005 Recklinghausen (Perf.: Kunsthalle), + NRW / **Lit.: 80 + 80a + 245**-96 **+ 256**

Demandewitz, Markus (M/Z/Comicz) / 1973 Lünen – / lebt (2004) in MS / Stud. Univ.-MS (Phil /Mathem) / Autodidakt / Ausst. u. a. 2003/04 MS (Wolter-Kronenburg/JIB = Gleis 22)

Demirel, Molla (F) (Autor+Lyriker) / 1948 Akcadag/Türkei – / lebt (2006) in MS / Stud.-Diyabakir/Türkei (Lit.-wiss) u. Lüneburg (Sozialpäd) / s. 72 BRD, tätig in MS als Medienpädagoge/ Sozialarbeiter, Fotograf u. Schriftsteller / Lit.-Preise in der Türkei u. Deutschl. / Ausst. u. a. 1999 MS („Brücke"), 2004 MS (Sozialgericht), 05 Erwitte-Horn (Gal.-Ocón) / **Lit.: 247**-04

Demleitner, Heike (O/I) / 1967 Ingelheim/Rhein – / lebt (2005) in Hagen / 90-93 Schmiedinausb., 94/95 Weiterb. b. Falk Nordmann (Zeichnen), Stud.-Hildesheim 95-99 FHD (Metallgest), London-GB 99-01 Royal Coll. of Art (Silberschmied/Metallg) u. Surrey-GB 01/02 Inst. of Art and Des. (Artist in Residence), s. 02 freisch. in Hagen / 93-96/05 Mitgl. Gr.-„Kooperative K"-Hagen / Ausst. u. a. 1993-2000/05 Hagen-Haspe (Kooperative K), 98 Hannover (Designa), 01 Belgien/GB/NL, 02 Ciclitira-It./London-GB/Nijmegen-NL, 05 Hagen (Mus) / **Lit.: 97**-05

Denninghoff, Rainer (M) / 1957 Kamen- / lebt (2005) in Kamen / 86-89 Fernstud.-Zürich (Kunst /Kunstg) / s. 99 Mitgl. „KB-Schieferturm"-Kamen / Ausst. u. a. 1982/83/85/86 Kamen (u. a. Rathaus/Altstadtfest), s. 2000 u. a. Kamen (KB: Rathaus/Stadthalle)

Dentel, Niclas (Dendel/Thendel/Tentelen) (Nicolaus/Nikolaus) (Maurer- u. Baumeister) / * in Süddeutschl., ab 1667 Bürger in Volkmarsen/Hessen / 1652-71 beteiligt am Schloss Iburg, 63-69 in Hövel, Kr. Arnsberg, 67-68 Haus Melschede, 67 Schloss Hirschberg, (67)68ff. Höxter, Kirche in Corvey, (63/64)71 MS (Galensche Kapelle) / **Lit.:** W.H./G.D. **+ 26**-26 **+ 112a**

Denzer, Andrea (Innenarchitektin) / 1964 Trier – / lebt (2004) in Köln / Stud.-Trier 84-89 FH (Innenarchit), 87 Lehmbaukurs GH-Kassel u. 89 Stud.-Istanbul (Arch.-büro Cengiz Bektas) / 90-99 Köln, in versch. Büros tätig, ab 99 Büro „Denzer u. Poensgen" – Köln / 01 Lehrt. FH-Bochum / Wettbew.-preise, 01 Archit.-Pr. Bonn/Siegkreis / Werke in NRW+N / **Lit.: 213a**-02

Deppe, Gustav (Prof) (M/G) / NEU: 12. 9. 1913 Essen – 1. 9. 1999 Witten (Bochum wohl falsch?) / (Biografie in Beilage: CD-Ausgabe 2006)

Derda, Benno (G/M/B/I) / NEU: 1968 Köln – / lebt (2005) in Siegen / Stud.-Siegen 90-95 Univ./ GH (Grafik/Bildh), ab 95 freisch. / 96 Stip. „Aldegr.-Ges."-MS / ab 02 Mitgl. „ASK"-Siegen / Ausst. u. a. in Siegen/Mainz/Emmerich/Düsseldorf, 1995- Borken (Grafikbörse), 97-99 MS (Bet.: Jahresgabe Aldegr.-Ges.-MS), 2xKöln/Kronach/Möhnesee-Wamel/Lochem-Barchem/ Hagen/Essen/Enschede-NL/Hochstadt-Maintal, Siegen (Art-Gal), 02 Bielefeld (Gal.-Bechauf), 03 Siegen (ASK), 04 Siegen (IHK) / **Lit.: 110b + 110c**-04 **+ 110d**-03 **+ 110E**

Derpmann, Michael (F/Vis.-Medienk) / 1952 Münster- / lebt (2005) in Senden b. MS / Stud.-MS 72-80 (Akad) u. Univ. (Philolog) / 82-91 Lehrt.-MS, s. 89 „Atelier für visuelle Medien" in Senden, 91-94 Regie u. künstl. Ltg. des Kaltenberger Ritterturniers / **Lit.:** Gertrud Derpmann/ M. D.(Fotogr): „Gefühle gehen auf Reisen" – Senden, 2000; Manfred Derpmann(Lyrik)/M. D.: „Fotografiken von M. D." – Senden, 2000; M. D.: „Liebesbriefe" – Senden, 2003

Dessin, Anke (M/G/O/I) / 1965 Osnabrück- / lebt s. 2000 in Berlin / 84-85 Kunstgrundstud.-Bielefeld, 85-88 Buchdruckerinausb.-Bielefeld, 88-93 Stud. FHD-Düsseldorf (Vis.-Komm) u. 93-95 Goldsmith´s Coll.-London / 93-94 DAAD-Stip. f. London / lebte 93-2000 in London / Ausst. u. a. 1999 München (Kunstpalast), 99/04 Sapporo/Japan (Mus), 2000/04 Rotterdam-NL (u. a.-Duendestudios/Handelshaus-Parklann 28), 01 Hamburg (Glaspavillon-Projekt), 02 Hereford-GB (Univ), 04 Berlin (Gal.-Weisser Elefant) / **Lit.: 107a**-99

Detering, Monika (M/Khw(*Puppen*) (Autorin) / 1942 Bielefeld – / lebt (2003) in Bielefeld / Ausst. u. a. 1993 New York/Philadelphia-USA, 2000- Bielefeld/OWL (Archiv), + N / **Lit.: 192**-01

Determann, Thomas Paul (O/Materialb.-k) / 1954 Rheine- / lebt (93) in Heilbronn / Stud.-Ludwigsburg 77-84 PH / Lehrt. Jugendkunstsch.-Heilbronn / Ausst. = Baden-Württ. / **Lit.: 27**-3

Dettloff, Andreas (B/Klangobj.-k) / 26. 10. 1963 Iserlohn- / lebt s. 89 auf Tahiti/Südpazifik / Stud.-Düsseldorf 82-88 Akad., 88 Meisterschüler / 84 Reise Nordaustralien, 86 vom Kv.-Düsseldorf zur Osterinsel, 96 Förderung „Air"-New Zealand f. Neuseeland / Ausst. u. a. in Kalkar/Neuss/Düsseldorf/Kalkar/Aachen, 1989 Tahiti (Mus), 90 Marl (Mus), ab 90 in Papeete/Tahiti/Auckland-Neuseel./Apia-West-Samoa + Frankr. / **Lit.: 230b**-4

Dettmer, Bettina (I/O) / 1953 Hannover – / lebt (2006) in MS / NEU: Atelier ab 7/04 Hafen-Speicher II – MS / (Biografie in Beilage: CD-Ausgabe 2006)

Dettweiler, Sven Andreas (Graffitik) / 1977 Siegen – / lebt (2004) in Netpen / Beruf Schreiner / s. 97 Graffiti / Stud.-Kaiserslautern ab 01 FH (Innenarchit) / Ausst. u. a. 1997/98 Neunkirchen (Heimatmus), 98 Siegen (Schaufenster), 99 Siegen (Musikkneipen/Frisör/Stadtgal), 2000/01 Siegen (Frisörsalon/Gal.-D'Art/Kö-Gal/IHK) / **Lit.: 110b + 110c**-04

Deventer, Eduard (M/G) / 1864 Hamm/W. – ? / lebte um 1920/30 in Berlin / Stud. Kgsch.-en Düsseldorf + München, 1886-90 Staatsstip. f. die Königl. Ku.-gewerbemus.-schule Berlin / einige (Mal)-Ausz.-gen / **Lit.: 24**-9 + **26**-26 + **34**-8,2+9,2

Dewitz, Carl (Z) / * 1852 – ? / war um 1880/86 Lehrt. (Z) in Lemgo / **Lit.: 132b + 215a** (S. 36)

Deyrieux, Jan (O/M) / 1977 Paris- / lebt (2006) in MS / nach Schulzeit in Lyon: Stud. (z.Zt.) Akad.-MS / Ausst. u. a. 2002 Dortmund (Kunsthaus), 03 Warendorf (Theater am Wall), 06 Essen (Kunsthaus) / **Lit.: 218**-02

d' Hauterive, Ignaz Joseph s. Hauterive, I. J. d'

Dicke, Nicola (Nikola) (M/G/I) / 1971 Witten – / lebt (2006) in Köln / NEU: Stud.-MS 90-96/2000 Univ. (kath. Theol/Päd) u. (92)2000-06 Akad., 04 Meisterschülerin / Ausst. u. a. in London/Jerusalem, 2004 Recklinghausen (Kunsth) Wuppertal (Barmenia-Vers), 05/06 MS (Gast: Atelier-Schulstr/37°=Rilkeweg), + NRW / **Lit.: 93 + 229**-04

Dicken, Josi (M/T/Perf.-k) / 1952 Bijeljina/Bosnien – / lebt (2001) in Altena (Atelier (99-01) in Bochum), 2004 in Dortmund / ab 70 in Deutschl. / Stud.-Altena 87-88 Märk. Kunstakad. (Bild. Kunst) u. 89-97 Dortmund FH (Kunst/Textilgest/Deutsch) / 94-2001 Mitgl. Gr.-„Ultramarin"-Bochum / Ausst./Perf. s. 89, u. a. 95 Dortmund/Giessen/Kamen, 96 Witten/Altena/ 2xHagen, 97 Bochum/Köln, 98 Hattingen/Witten, 99 Menden/Landau-Pfalz/Bergkamen, 2000 Menden/Bochum, Hagen (Strassenbahn -Depot), 01 Marburg (Kv), 02 Hattingen (Henrichshütte) / **Lit.: 187 + 209**-02 + In drei Ausst.-katalogen d. Gruppe „Ultramarin": „clair-obscur" – Städt.-Gal-Hattingen, 1998; „Espaces trouvés" – Kv.-Landau-Pfalz, 1999; „herzschläge" – Marburger Kv. u. FrauenKunst Geschichte e.V.-Marburg, 2001

Dickerhoff – Kunsthandwerkerfamilie (Tischler/Holzgestalter) 19.-21. Jh. in Westfalen (Münsterland/Bochum), ab 1880 „Werkstätten Dickerhoff" – Bochum, 1925-42 u. ab 77 eig. Khw.-geschäft in Bochum / Werke u. a. in Essen (Dom), Duisburg/Braunschweig/München + NRW / Ausst.-gen u. a. 1914 Köln (DWB), 27/28 Duisbug/Düsseldorf (Museen), s. 1968 in der eig. Werkstatt u. m. dem „AdK"-NRW / **Lit.:** (2x) „Festschrift zum 50 + 100 jähr. Jubiläum" – 1930 + 1980; „Werkstätten Dickerhoff" – Innenausbau Möbel aus Massivholz Kunsthandwerk – Bochum, o.Jhg.; In: „100 Jahre Tischlerinnung Bochum" – 1999 // **Johann** d. Ä. (Schreiner/ Zimmermann) / 1822 – 1906 / stammt aus Natrop u. war in Flaesheim tätig / Vater v. Johann d. J. u. Heinrich // **Johann** d. J. / 1851 – 1918 / Vater des Josef / 1880 Gründung der Firma

(Tischlerwerkst.) in Altenbochum // **Heinrich** / 1855 – 1939 / Bruder v. Johann d. J. / sein eig. Betrieb erlosch 1939 // **Josef** / 11. 3. 1888 Bochum – 5. 12. 1958 ebd. / Sohn des Joh. d. J. u. Vater v. Udo / Ausb.-Geseke u. Stud. Kgsch-Düsseldorf / Tischlermeister / 1913 Übernahme der Firma / war Mitgl. „DWB" u. Vors. der „AdK"-NRW, 24-57 Obermeister d. Tischlerinnung Bochum, war Landes- u. Bundesinnungsmeister u. 55 Präsident des Europ. Tischlerkongresses / Ausst. = Westf. / **Lit.: 48a + 48x**-50...52+59+61 + **146c** // **Udo** / 19. 3. 1931 Bochum- / lebt (2004) in Bochum / Sohn des Josef u. Vater v. Bernward / Tischlerausb.-Detmold, tätig in Stuttgart u. Stud. Wksch-Hildesheim, 55 Tischlermeister, ab 55 im Betrieb u. Weiterführung der Firma 58 n. d. Tode s. Vaters, ab 94 GmbH m. Bernward D. / Ehefrau Gertrud leitete ab 77 das Khw.-geschäft in Bochum / Mitgl. „AdK"-Südwestf., 68-77 Vors. Bez.-Südwestf., 70-94 Obermeister d. Tischlerinnung-Bochum u. 94-2000 Vors. Ausschuss „Kultur u. Gest." im Bundesinnungsverb. des Tischlerhandw.-s / 81 Staats-Pr. NRW / Ausst. = NRW (s. Lit.) / **Lit.: 48c**-87+03 + **48x**-57+63...67+69+71+73+77...79+81+83+85+87 // **Bernward** / 11. 1. 1963 Bochum- / lebt (2003) in Bochum / Sohn des Udo / Ausb.-Wuppertal u. Stud.-Meisterschule Ebern, ab 89 als Tischlermeister im Betrieb s. Vaters u. s. 94 GmbH m. Udo D.

Dickhage, Marcel (F/D) / 1977 Herdecke – / lebt (2005) in Dortmund / Stud.-Schwerte 99-03 Ruhrakad. u. Dortmund ab 03 FHD / Ausst. u. a. 2002 Schwerte (Alte Rohrmeisterei), 03 Bochum (TZR-Gal), 03/04 Wismar (Baumhaus), 04 Rostock (H.-Böll-Stiftung), 05 Gelsenkirchen (Wissensch.-park) / **Lit.:** In: „clashed" – young german photography – 2003

Dickschat-Lorenz, Ingrid (K/M/Z) / 1959 Rhede/Westmünsterl. – / lebt (2005) in Rhede / NEU: Ausb.-Schermbeck 83-88 Töpferschule, ab 99 freisch. / Werke u. a. in Emmerich-Elten/Bocholt / Ausst. s. 1988, u. a. in Enschede-NL, 2001 Coesfeld (Gal.-Terbeck), Bocholt (Atelier-Tekaat/Flender), 02/03 Rhede (Off. Atelier), 02 Rhede (Mus), 03 Nürnberg (Intern. Skulpt.-ausst), Bocholt (Foyer Boch.-Report), 04 Marienthal (Remise), Südlohn (Atelier-Templin-Kirz), + NRW / **Lit.: 161**

Dieckmann, Ben (A/Dipl.-Ing) / 1968 Münster – / lebt (2003) in Düsseldorf / 88-94 Stud. TU-München, TH-Aachen u. 94-96 Akad.-Düsseldorf (Archit) / s. 97 Partner b. „Ingenhoven ° Overdiek u. Partner"-Düsseld. / **Lit.:** In: Ingenhoven/Overdiek/Partner: „energies" – Berlin, 02

Dieckmann, Elisabeth (K) / 1953 Ascheberg- / lebt (2002) in Olfen / Werke s. 81 / Ausst. u. a. 1985-91 Telgte (Mus) / **Lit.: 185**-85...91

Dieckmann, Heinrich M. (Prof) (M/G/Entw.-z. f. Glasm/Mosaik) / NEU: 7. 3. 1890 Kempen – 11. 4. 1963 Mönchengladbach (auch 64 Kassel) / Stud. Kgsch-Krefeld u. in München/Bonn / um 1920 freisch., lebte in Kempen/Köln/Honnef-Rhein/Trier / 30-34+47-54 Prof./Direktor Kgsch-Trier / Werke in NRW+N (u. a. Kloster Marienthal) / Ausst. u. a. 1999 Ahlen (Mus), Würzburg (Stadtgal), + N / **Lit.:** u. a. **25**-1 + **26**-27 + **34**-9,2 + **200**-1 + **236**-61 + **252**-1 + „H. M. D." – Bilder u. Glasfenster – Ausst.-kat. – Mus.-Abtei-Liesborn, 1982; In: „Reformzwang" – Ausst.-kat. – Kunst-Mus.-Ahlen/Städt.-Gal.-Würzburg, 1999

Dieckmann, Klaas (B/Metallobj.-k/Klanginst.-k) / 1973 Menden – / lebt in Westf. / Bau- u. Möbeltischlerausb., danach Restaurator u. am Theater in Dortmund tätig u. Stud. HAW Hamburg (Archit) / Ausst. u. a. Dortmund (Gal.-Möller), + Internet

Dieckmann, Regina (M/G) / * in Veltheim/Oke – ? / lebt (1928/30) in Braunschweig / Stud.-Braunschweig + Berlin / war Mitgl. Gr.-„RvbK" u. „VWKuK"(-Westfalen) / Ausst. u. a. 1928 Hagen (Stadthalle), 30 Gelsenkirchen (Ausst.-halle) / **Lit.: 8a**-28+30 + **34**-9,2

Diedrich, Friedrich (G) / 1825 Arnsberg – 1854 Düsseldorf / Stud. Akad.-Düsseldorf / alle Angaben/Daten nur in: **Lit.: 84**-78

Diedrich, Wilhelm (M/Z) / 6. 10. 1925 Wethen/Kr. Waldeck – 22. 2. 1986 Diemelstadt b. Wethen / 47-50 Ausb. b. Hugo A. Edelhoff (Köln) in Warburg, 54/55 b. Freiherr A. v. Schorlemmer in Willebadessen u. W. Tillmanns in Kleinern b. Bad Wildungen / Ausst. u. a. in Waldeck, Schlangen, Bad Meinberg u. Arolsen / **Lit.: 26**-27

Diefenbach, Yvonne (F/D/I) / 1969 Wiesbaden – / lebt (2003) in Dortmund / Stud.-Dortmund 97-03 FHD (Foto-Des) / Ausst. s. 1999, u. a. Biberach/Castrop-Rauxel, 2000 Dortmund (Akamedia), Hagen (Straßenbahn-Depot), Gevelsberg (VHS), 01 Renns-Frankr., 03 Dortmund (Stadtbibliothek) / **Lit.: 187 + 203cb**

Diehl, Christian (F/D) / 1970 Kassel – / lebt (2005) in Dortmund / Gaststud.-Hamburg 94-95 HfBK, Stud.-Dortmund 95-02 FHD / 01 = 1. Int.-Wettbew.-Pr. Chemnitz, 02 Ausz. Hamburg, 03 = 1. Aenne-Biermann-Pr. Gera / Ausst. u. a. 1999 Herten (Fototage), 2000 Leverkusen (Bayer

AG), 2000/02 Hamburg (Kampnagel/Mus. d. Arbeit), 01 Chemnitz (Gal.-Rosenkranz), 01/03/05 Dortmund (Mus. f. K. u. K./FHD/Westf. Ind.-mus/Künstlerhaus), 02 Nürnberg/ Hamburg, 03 Gera (Mus), 05 Gelsenkirchen (Wissensch.-park) / **Lit.: 202 + 203-03 + 204a**

Dieker, Bea (auch: Beate/Beatrix) (F/D/Z/M) / 1960 Ahaus- / lebt (2004) in Frankf./M. / Stud.-MS 80-82 Univ. u. 82-87 FHD (Vis.-Komm) / ab 94 freiberufl. tätig, 01 Lehrt. FH-Mainz / Ausst. u. a. 1984/86 MS (FHD/LBS), 2003/04 Frankf.-M. („art"-Messe/Gal.-Poller), 03 Düsseldorf (Art-Expo), Feldkirch (Kv), 04 Berlin (Hess.-Landesvertr), Goch (Mus), 05 Ahaus (Villa van Delden) / **Lit.: 122x** + In: „Erotik 84" – Ausst.-kat. – FHD-MS/Bielefeld, 1984; „B. D." – (künstl. Tätigk.-en s. 1980) – 2003

Diekmann, Fritz (M) / 1888 Potsdam – 1958 Berlin / Lit.: 27-5

Diekmann, Fritz (M/G) / 1929 Recklinghausen – / lebt (2004) in Recklinghausen / Stud.-Folkw.-schule Essen-Werden (Grafik-Des) / hatte eig. Büro f. Werbegrafik u. war Mitgl. „Vest.-KB"-Recklinghausen / Ausst. u. a. in Herten/Marl u. Recklinghausen / **Lit.: 188**-79

Diekmann, Willi (M/Z) / 1956 Haltern – / lebt (80) in Recklinghausen / weitere Daten unbek. / Ausst. u. a. 1979 Recklinghausen (Vest.-KB: Kunsthalle) / **Lit.: 188**-79

Dierker, Maria (M) / 1950 Karlstadt-Stetten – / lebt (2002) in Bonn / 91-96 Weiterb.-Bochum Kunstforum, 96-99 Stud. IfbKuK-Bochum, ab 2000 Meisterschülerin / Mitgl.-„VfDK" / Ausst. u. a. in China/Dänem., 1999/2001 Bochum (Zentr.-IfbKuK), 02 MS (alte DB-Direktion) / **(s. = A/E)** / **Lit.:** In: „Freie Malerei" – Ausst.-kat. – Hg.: IfbKuK-Bochum, 2001

Diestelhorst, Heinz-Ulrich (Industriedes) / 1965 Bünde – / lebt (2004) in Bünde / Stud. FH-Osnabrück (Maschienenbau) / Ltg. Firma „Vario Pac®GmbH" in Bünde (um 98-01 m. Klaus Gloger) / 99 red dot award Essen, 2000 Anerkennung zum Bundes-Pr. Design / Ausst. u. a. in Hannover/Stuttgart, 2001 Essen (Des.-Zentrum) / **Lit.: 205x**-99 + **205z**-99 + In: „bundespreis – produktdesign 2000/01" – Frankfurt/M., 2001

Dietberg, Gabi (M) / 1953 Dortmund – / lebt (2005) in Dortmund / Dipl. Soz.-päd.-in / Ausst. u. a. 2003 Dortmund-Mengede (Stadtbibl), 04 Bochum (Univ.-Center), + Westf. / **Lit.: 26a**-05

Dietrich, Aloys (A) / 4. 4. 1902 Wolmirsleben/Kr. Magdeburg- / lebte in Paderborn / um 33 öffentl. Bauten, u. a. (um 67/68) Kirche in Meschede / **Lit.: 219a**

Dietrich, Dieter (A) / um 1964/84 in Bochum bek. / Büro „Hennig u. Dietrich"-Bochum / 79 = 3. Wettbew.-Pr. m. Gerhard **G**uggenberger für „Gerber-Viertel"-Bochum / Werke in Ratingen/ Wattenscheid, in Bochum u. a. 64/84 Univ.-Verwaltung, ab 65 Wohnsiedlungen, 69-73 Hochhaus / **Lit.: 146b**

Dietrich, Günter (M/Z) / 1928 Landeshut/Schlesien – / lebt (2004) in Raddestorf b. Petershagen / Mitgl. „BBK"-Hannover / Ausst. u. a. in Hannover, 1999-02/04 Raddestorf (Off. Atelier), 2000-04 Nienburg (Künstlertreff), 04 Mrowetz, + OWL / **Lit.: 152a**-99...02+04

Dietrich, Inge (B/O) / 1933 Osnabrück – / lebt (2004) in Raddestorf b. Petershagen / Weiterb. Univ.-Bielefeld b. Prof. Sommer / Mitgl. „BBK"-Hannover / Ausst. u. a. 1999-02 Raddestorf (Off. Atelier), 2000-04 Nienburg (Künstlertreff), 04 Nienburg (Quaetfaslemhaus), Minden (Mus), Waren-Meckl., + OWL / **Lit.: 152a**-99...02+04

Dietrich, Jochen NEU: (Prof) (F) / 1965 Siegen-Weidenau – / lebt (2005) in Mudersbach u. Atelier in Siegen u. Leiria/Portugal / Stud.-Univ.-en 84-85 MS (Phil/Deutsch), 86-93 Siegen (Kunst/Deutsch), 93/94 Aveiro-Portugal (Kunst/Germ/Phil), 96/97 Gast Kunstsch.-Lissabon, 96-98 Univ./GH-Siegen (Stip), 2000 Promotion Dr. phil. (Erz.-wiss) Univ./GH-Siegen / 83 Stip. f. Levico Terme/Ital., 90 = 1. Kunstwettbew.-Pr. Firma Planert-Siegen, 93/94 Erasmus-Stip. f. Univ.-Aveiro-Port., 94 Fotogr.-Pr. Loulé-Port., 96-97 Artist-in-Residence Stip. Lissabon, 97 Stip.-DAAD, 98 Kultur-Pr. Radio Clube de Leiria, 99 Stip. Goethe-Inst. Porto Alegre, 01 Studien-Pr. Kr. Siegen-Wittgenstein / Lehrt.-Univ.-n 94/95 Siegen, 97/98 Giessen, 99 Porto Alegre, 2000 Rio de Janeiro, 01-03 Prof. PH-Coimbra-Portugal, dazu in Siegen Sommerkurse m. Th. Kellner, s. 05 Lehrt. Gymn.-Bendorf / Mitgl. „ASK"-Siegen u. ab 98 Ateliergem.-schaft Friedrichstr. (jährl. Off. Atelierausst.-gen) / Ausst. u. a. 2002 Ambient Arte/Portugal (Biennale), 03 Siegen (ASK), 04 Werdohl (Gal.-Allehof), 05 Siegen (IHK), + NRW/ N/INT / **Lit.: 110**-91+94 + **110a+b** (m. Lit.) + **110c**-04 (m. Lit.) + **110d**-03 + **110x** + v. J. D. Zeitschr.-beiträge u. Kataloge u. a. „Cine-Teatros de Portugal" – Ausst.-kat. – Kloster-Bentlage – Rheine, 2000; J. D./Th. Kellner: „Vom Ansehen der Dinge" – Athena-Verl.-Oberhausen, 01

Dietrich, Katharina (M/F) / 1962 Bottrop- / lebt (2003) in Bielefeld / Stud.-Bielefeld 88-93 FHD / 94 Malerei-Stip. f. Regensburg / Ausst. u. a. 1993 Bielefeld (Zeitgal.-Schomeier/Gal.-Lampingstr), 94 Leipzig (Art Ambiente), Bielefeld (Gal. im ISZ), 95 Herford (Gal. a. Kunstmarkt), 2000/01 Bielefeld (Gal. im SOBI/Naturk.-mus), 01- Bielefeld/OWL (Archiv) / **Lit.: 192**-01

Dietz, Frank (F/D) / 1977 Frankfurt/M.- / lebt (2005) in Düsseldorf / Stud.-Bochum 97-2000 Univ. (Germ/Angl/Kunstg) u. Bielefeld 2000-05 FHD / 04 Aufenth. in Argentinien (für Dipl.-arbeit) / Ausst. u. a. 2003 Bielefeld (24. Bielefelder Sympos), 05 Gelsenkirchen (Wissensch.-park), Bielefeld (FHD)

Dietze, Volker (I/F/D) / * 1974 – / lebt (2005) in Dortmund / Stud. FHD-Dortmund / Ausst. u. a. 2003 Dortmund (FHD), 05 Essen (Proj. „PACT"-Zollcverein) / **Lit.: 203**-03 + **203h**-05

Dinnendahl = rhein.-westf. Künstlerfamilie = Heinrich/Trude/Erika/Franz/Hans/Anne/Ludwig **D**. / (Biografien in Beilage: CD-Ausgabe 2006)

Dinnendahl-Benning, Trude (auch: Dinnendahl, Trude) (T/M/Glasm/Mosaik) / NEU: 1907 Rheinhausen – 2004 / lebte in Düsseldorf / (Biografie in Beilage: CD-Ausgabe 2006)

Dinsing, Daniel (G/D/F/Ill/Graffitik) / 1974 Essen – / lebt (2003) in Gladbeck / Stud.-MS 97-01 FHD / 91-03 Ltg. Bildredaktion v. „Raveline", ab 03 freiberufl. tätig / 3x96+98 Graffiti-wettbew.-Ausz.-gen NRW u. Telekom / Ausst. u. a. s. 1989 in Gelsenkirchen (öffentl. Graffitis), 97/03 Gelsenkirchen-Buer („Zutz"/Mus), 2000 Nordhorn (Fotoausst) / **Lit.: 145**-03

Dirich von Münster (Diedrich/Diderick v. M.) (Glockengießer) / stammt wahrsch. aus MS / schuf um 1384 die ältesten Glocken der St. Petri-Kirche in Hamburg / **Lit.: 26**-27

Dirkhoff, Carola (Khw=Seidenmalerin) / 1937 Bottrop- / lebt (2005) in Bottrop / Gattin v. Willi D. / s. 82 künstl. tätig, 84 Weiterb. b. Jutta Gattermann / s. 90 Lehrt., ab 92 VHS-Bottrop / s. 91 Mitgl. Gr.-„Kunstgem.-Bottrop" / Ausst. u. a. in Bottrop/Gladbeck/Merseburg/Freiburg/ Gelsenkirchen/Westerland-Sylt, 2000/01/02/04 Bottrop (Kulturzentr), 04 Beteil.-Wanderausst.-Ruhrgebiet / **Lit.: 99c**-2000+01+02 + **99d**-04

Dirkhoff, Willi (Intarsienk) / 1934 Bottrop- / lebt (2005) in Bottrop / Bauschreinerausb., Autodidakt / s. 86 Mitgl. „Kunstgem. Bottrop", 86-01 = 2. Vors. / Ausst. u. a. 1986-2005 Bottrop (u. a. Stadtsparkasse/Museum/Kulturzentr/Hof Jünger), 88 Herne (Park-Giesenberg), 90 Oberhausen (Revierpark), 92/99 Gladbeck (Volksbank), 95 Merseburg (Gal.-Gittel/Bildungszentr), 97 Freiburg-Glottertal, 2002 (E.-Ausst.: Kulturzentr.-Everding), Telgte (Mus), 03 Gelsenkirchen (Wissensch.-park), 04 Westland-Sylt/Veszprem-Ungarn, Ruhrgebiet (Beteil.-Wanderausst.) / **Lit.: 99a**-95...04 + **99c**-95...04 + **99d**-04 + **185**-02

Dirx, Willi (G/M/B/Glasm) / NEU: 24. 9. 1917 Recklinghausen – 9. 10. 2002 Wuppertal / (Biografie in Beilage: CD-Ausgabe 2006)

Disse, Rainer (A/Dipl.-Ing) / 5. 5. 1928 Gütersloh – / lebt (2000) in Karlsruhe / Stud.-Karlsruhe 48-52 TH / 77 Ausz. „hervoragende Bauten"-BDA + „Weinbrennerplakette", 87 Silver Castle Award, 88 World Award / Werke u. a. Kirchen in Bad Oeynhausen/Karlsruhe/Durlach/Bad.-Württ. / **Lit.: 26**-28 + **112d** (S. 102) + **219a** + R. D.: „Kirchliche Zentren" – München, 1974

Distelmeyer, Christa (B/O) / NEU: 1936 Gelsenkirchen – / lebt (2001) in Bielefeld-Brake / 57-60 Kunststud. b. Prof. Pramann / war Lehrt.-Bielefeld / Stud.-Bielefeld 87-94 Univ. (Kunst) / Ausst. u. a. in Bielefeld / **Lit.: 152**-95+96+98+2000+01

Ditteney, Michael (M/G) / 1965 Freiburg/Br. – / NEU: lebt s. 94 in Herne, ab 2001 in Kirchzarten u. Freiburg / Stud.-Karlsruhe 89-95 HfBK, 95 Meisterschüler / 95 C.-v.-Zumbusch-Pr. Herzebrock-Clarholz, 96-97 DAAD-Stip. f. Duplin-Irland / Ausst. u. a. in Herne, 2002/03 Kirchzarten (Kv), 02 MS (Fr.-Hitze-Haus) / **Lit.: 26a**-05 + **142** + „m. d." – vater – mutter – kind – Ausst.-kat. – MS, 2002

Dittmann, Sabine (B) / 1957 Haiger – / lebt (2005) in Burbach / Sozialpäd.-in / s. 89 künstl. tätig, Ausb. b. Ruth Fey u. Rosw. Stein-Rauscher / Lehrt. in Volkshochschulen / Ausst. in Südwestf. / **Lit.: 110a+b** + **110c**-04

Dittrich, Susanne (F/D) / 1965 Hagen – / lebt s. 96 in Hamburg, 05 in Asendorf / 81-84 Fotogr.-ausb., 89 Meisterprüfung, 90-95 in Europa/USA / Ausst. u. a. im Internet

Dobmeier, Christian (Bild.-Künstler) / 1969 München – / lebt (2005) in München / Stud.-MS um 95/96 Akad. / Lehrt.-Ottobrunn / Ausst. u. a. 2001 München (VHS) / **Lit.: 256**

Döbler, Oliver (F/D) / 1974 Krefeld – / lebt (2006) in Dortmund / Stud.-Dortmund ab 01 FHD / Ausst. u. a. 2003 Hildesheim (Kv), 03/04 Dortmund (FHD), 03 Dortmund (Mus. f. K. u. K), 04 Essen (Lohnhalle-Zollverein), 05 Mannheim (Fototage), Neunkirchen-Saar (Stadtgal), Beteil.-Wanderausst.-Hellweg-Region 05/06 Washington/Casablanca/Rabat/Brüssel (Goethe-Institute), 06 Berlin-Friedrichshain (Kommunale Fotogalerie), Gelsenkirchen (Wissenschaftspark) / **Lit.: 203**-03 + **203E** + **203g**

Döbner, Daniel Nicos (Ill/M/Wandgest) / 1974 Aachen – / lebt (2005) in MS / Stud.-MS 01-05 FHD / Werke in MS (Wandmalerei) / Ausst. s. 1996, u. a. 1997/99 Augsburg (Säulenhalle/ VHS), 98 Hohenems-Österr., 99 Dargast-Rügen (Kunsthof), 2000 München/Hamburg/Bernried, 01 Mailand/Castello di Meleto-It./Hamburg/Gera, 01/02 Friedberg (Projektbeteil), 02 Augsburg/Bad Birnbach, 02-04 MS (Off. Atelier), 03 Frankf.-M. (Buchmesse), 04 MS (Graffiti – Am Hawerkamp) / **Lit.: 122-**03 + alles D. D.: „Vincent der Frosch" – Verl.-haus Monsenstein u. Vannerdat – MS, 2004; „Das Sandmännchen u. der Mann im Mond" – Pixiheft – Coppenrath-Verl.- MS, 2004; „Lilly die Hummel" – noch Selbstverl.-MS, 2005; „Emily u. die Luftmaschenschnur" – Examensarbeit – MS, 2005

Döhl, Reinhard (G/Mail-Art) (Autor/Medienkunst/Wissenschaftler) / 1934 Wattenscheid – / lebt (2005) in Stuttgart / Stud. in Hamburg/Göttingen/Stuttgart (Dr.) / Ausz.-n: 67 Pr. Straßburg, 87 Felloship Japan, 90 Stip. f. Paris, 92 Gast Villa Massimo Rom / war Lehrt.: Dresden/Graz/ O-saka/Jerusalem / Ausst. u. a. 2003 Oelde (Mus. f. Westf. Lit.), + N / **Lit.: 26-**28 + Internet (2x ausf. Biographien)

Doempke, Boris (M/O/I) / 1955 Münster- / lebt (2006) in MS u. Rheinberg / NEU: Ltg. „Förderverein akt. Kunst" – Münster / (Biografie in Beilage: CD-Ausgabe 2006)

Dönges, Georg (B) / 1901 Kassel – 8. 3. 1999 Borchen/Westf. / Stud. Akad.-Kassel / ab 36 Lehrt.-Wuppertal / ab 78 in Borchen / war Mitgl. Gr.-„VWKuK" / Ausst. u. a. 1928 Hagen (Stadthalle), 30 Gelsenkirchen (Ausst.-halle), 31 Dortmund (VWKuK), 41 Magdeburg (Mus), 40 Hagen (Mus), 42 Wuppertal (Mus/Kv) / **Lit.: 8a-**28+30+31 **+ 97b-**40 **+ 216**

Dörfler, Pîmes (Filmk) / 1953 Bielefeld – / lebt (86) in Berlin / Stud.-MS 72-80 Univ. (Publiz) / Filme s. 78 / 81 = 1. Film-Pr. Filmwerkst.-MS / Auff. u. a. 1981/85 MS / **Lit.: 196-**81+85

Dörfler-Neurath, Martina (Dörfler, M.) (D) / lebt (2005) in Werl / Stud.-Dortmund 80-83 Univ. (Kunst) u. 86-nach 90 FHD-Dortmund (Vis.-Komm) / Mitgl. „BBK-Westf.-Süd" Dortmund / Ausst. u. a. in Westf. / **Lit.: 190a**

Döring, Sigrid (M) / 1954 Wanne-Eickel – / lebt (2002) in Herne / Stud.-Ottersberg (Malerei/Kunst-päd/Kunsttherapeutin) / s. 81 Lehrt.-Dortmund / Mitgl. Gr.-„Off. Kunstforum Hibernia"-Herne / Dauerausst. s. 99 Großostheim (Therapeutikum), ab 2000 Dortmund (Kassenärztl.-Ver.-Westf.-Lippe) / Ausst. u. a. 1992 Frankf.-M./Tübingen, 98-2002 Herne, 2000 Dortmund / **Lit.: 142a**

Dörner, Alfred (Goldschm.-u. a./Metallgest) / NEU: 1906 Hagen/W. – 1971 ebd. / Goldschm.-ausb. in Hagen u. Stud.-Kgsch.-n Pforzheim+Zürich / sechs Jahre in der Schweiz tätig, ab 34 in Hagen eig. Atelier / Werke u. a. in Hagen / Ausst. = Westf. / **Lit.:** u. a. **48a + 97-**46+47

Dörr, Eckhard (M) / 1946 Rünthe/Kr. Unna – / lebt s. 83 in Oldenburg / Stud.-Düsseldorf 70-76 Akad., Meisterschüler / 87-97 in Ateliergem. u. 89 Mitbegr. Produzentengal. „Atelierhaus"- Oldenburg (u. a. m. Etta **U**nland), ab 99 eig. Atelier / Ausst. u. a. Poznan-Polen, 1980/82 Düsseldorf (Kunstpalast), 2001 Bergkamen (Stadtgal), Neustadtgödens (Gal.-Schlieper), 02/04 Ameland/Tilburg-NL, 02/05 Oldenburg (Treuhand/Stadtmus), + N / **Lit.: 107-**80+82 **+ 194b**

Dörries, Elke (Goldschm/M/B) / 1940 Lüben/Schlesien – / lebt s. 2000 in Nottuln u. ab 11/04 in Havixbeck / Schwester v. Prof. Ulrich **M**artini / 58-61 Metallbildh.- u. Goldschm.-ausb. b. A. Dörner in Hagen u. Stud.-MS 64-68 Wksch, 68 Goldschm.-meisterin / 65-66 Malunterr. B. E. B. Hartwig – MS, später tätig in Köln-Porz u. 72-2000 Düsseldorf / s. 91 Mitgl. Gr.-„GEDOK"-Wuppertal / **E**.-Ausst. u. a. 92 Allrode (AOK), 92/95 Düsseld.-Gerresheim (Stadtbücherei/St. Margareta), 94/96/98/99/02/03 Düsseldorf (Tersteegenhaus/Haus Flehe/2xStadtbücherei-Eller+1xUnterrath/Hotel-Rolandsburg), 94/97 MS (Suzuki-Violinschule), 2004 Nottuln (Alte Amtmannei) / Ausst.-**bet**. u. a. in Köln/Düsseldorf/Wuppertal/Hilden/Düren/Bonn, 1966 Pforzheim (4. Wettbew.-Preis), 67 Essen (Folkw.-mus), 69 Bochum (Stadtgal), 71 Duisburg (Lehmbruck-Mus), 73 MS (WL) / **Lit.: 48x-**67+69+71+73

Dohmann, Karl-Heinz (G/M?) / lebt (2005) in MS / gehört zur Gruppe „Haus Kannen", Werke haupts. in Holzdruck / Ausst. u. a. 2000-05 MS (Kunsthaus-Kannen)

Dohna, Isabell zu (Produkt-Des) / * 1961 – / lebt (2002) in MS / Stud.-MS 81-87 FHD / 87-88 Praktik. in Nottuln, ab 92 freiberufl. in MS/Hamm/Osnabrück tätig, s. 99 im Coppenrath-Verl.-MS / Wettbew.-erfolge u. a. in Greven, 2x 1. Preise Gescher u. Firma „Westfleisch", Buchmarkt-Award in Silber / Ausst. u. a. 2002 MS (IHK)

Dohrmann, Helmut (M/G) / 1950 Gyhum b. Bremen – / lebt (2005) in Meiborssen/Ns. (b. Schwalenberg) / Stud. Folkwangsch.-Essen (Grafik) / 80/81 Pr. „Martha-Johannpeter-Stiftung" in Unna / s. 03 Lehrt. Sommerakad. Schieder-Schwalenberg / Mitgl. Gr.-„arche"-Hameln / Ausst. u. a. Koblenz (Gal.-Rube), Oldenburg (Gal.-Kunstück), 1979 Recklinghausen (Kunsthalle), 98 Warendorf (Rathaus), 99/02 Baltrum, 2003 MS (Bet. Jahresg. „Aldegrever-Ges."), 05 Kamen (Messe), Minden (Stadtwerke), + N / **Lit.: 46**-79 + H. D.: „Eine private Geologie" – 1999

Dolan, Hilde (geb. Neumann, Hildeg. Katarina) (M/G/B/T) / NEU: 1. 12. 1908 Deuben b. Dresden – 9. 4. 1984 / lebte in Herford, ab 68 in Bad Salzuflen / (Biogr. = Beil.: CD-Ausgabe 06)

Doll, Sabine (M) / * 1968 – / lebt (2005) in Oberhausen / Stud.-Bochum-Wattenscheid 97-2000 IfBKuK / Lehrt.-Oberhausen / Mitgl. Gr.-„Kunstgem.-Bottrop" u. Künstlergem.-„Ruhrgalerie" / Ausst. u. a. in Hefei-China, 2000/01/03/04 Bottrop (Kulturzentr), 04 Beteil.-Wanderausst.-Ruhrgebiet, + NRW / **Lit.: 99c**-2000+01+03+04 + **99d**-04

Doll, Tatjana (M/O/I) / 1970 Burgsteinfurt – / lebt (2005) in Berlin / NEU: Stud.-MS/Düsseldorf 91-98 Akad.-n / Stip. Bonn, Akad.-Düsseldorf f. China, Stip. + Proj.-förderung NRW, DAAD-Stip. f. New York u. 2000 Stip. Kunstfonds-Bonn / Ausst. u. a. 2001 MS (Förderv. f. a. Kunst/Wewerka Pav), 02/03 Gladbeck, + N/INT / **Lit.: 18**-01 + **26a**-05 + **46**-99 + **107b** + In: „urgent painting" – Ausst.-kat. – Mus. d'Art Moderne-Paris, 2001; In: „Kreuzbergbuch" – Hg.: Verbrecherverl.-Berlin, 2002

Dollmann, Arnold (M/Glasm/Kunstglaser) / 1879 Soest – 1953 Wuppertal-Barmen / 1919-1953 Glasm.-werkst. in Wuppertal-Barmen / war Lehrt.-Wuppertal / **Lit.: 216**

Dolski, Ursula (M/Z/Scherenschn.-k) / 1945 Meinerzhagen – / lebt (2005) in Siegen-Wilnsdorf / Beruf: Lehrerin / künstl. Ausb. b. Sigmar Polke / Mitgl. „Kunstkr. Siegerland" / Ausst. u. a. 1997/99/01/03 Wilnsdorf (Bürgerhaus), 99 Düsseldorf, 99-01 Baden-Baden (Gal.-Kl. Prinz), 2000 Konstanz/Rottach-Schweiz, 02 Engelberg (Kursaal), Straßburg/Neunkirchen/Netphen/ Niederdielfen, Siegen (Haus Seel), 03 Dillenburg (Sparkasse) / **Lit.: 110c**-04

Dombrowski, Barbara (F) / 1964 Stuttgart – / lebt s. 92 in Paris / Stud.-Dortmund 1986-92 FH (Vis.-Komm) / 92 BFF-Nachwuchsförder-Pr. / Ausst. u. a. in Köln/Augsburg / **Lit.: 26**-28

Dombrowski, Tom (M/F) / 1953 Bielefeld- / lebt (2005) in Bielefeld / Ausb. zum Schaufenstergest./Plakatmaler, Fachabitur u. Stud.-Bielefeld bis 82 FHD (Fotogr) / Gründungsmitgl. v. „Artists Unlimited" u. Mitgl. Produz.-gal.-Bielefeld / Ausst. u. a. in Bielefeld (Kunsthalle/ Kommunale-Gal/Theaterlabor/Produzentengal), Kassel (Orangerie), Bielefeld-Herpen

Domidian, Karl Rudi (Pseudon.: „Hundefänger") (O/I/Perf.-k) / 1954 Bad Kreuznach – / lebte in Wuppertal-Barmen, ab 97 in Bochum / Autodidakt / 94 Lions-Club Förder-Pr. / Mitgl.-„BBK" / Sympos./Ausst.-gen u. a. 2002/04 Gevelsberg (Stadtgarten), + N/INT / **Lit.: 209**-02+04 + **216**

Domke-Goschütz, Bernarda (M) / 1963 Rumia/Polen – / lebt (2005) in Bochum / Stud.-Gdingen/ Polen 78-82 Kunstsch. (Fotogr), Aachen 86-88 Univ. (Kunstg) u. Bo.-Wattenscheid 96-97 IfAbKuK, ab 97 dort Lehrt. / Ausst.-gen s. 1994 = N / **Lit.: 26a**-05

Dommes, Peter (M) / 26. 1. 1903 Halberbracht – 8. 6. 1971 Siegen / Autodidakt / 19-22 Malerhdw.-ausb., bis 31 Wanderschaft, 31 Meisterprüfung u. in Altenhundem selbst., 54-66 Obermeister der Malerinnung Kr. Olpe / **Lit.:** „P. D. 1903-1971" – Sauerland – Ein Künstler und seine Heimat – Ausst.-kat. – Mus.-Lennestadt, 2004

Domnik, Barbara (M/B) / 1957 Rheda-Wiedenbrück – / lebt (2000) in Dortmund / Ausb.: Ergo- u. Kunsttherapie Bielefeld / s. 1989 Ausst., 99 Ennepetal (Kluterthöhle), + NRW / **Lit.: 209**-99

Donat, Hannes (A) / 1935 Würzburg- / lebt (2002) in Lemgo / ab 84 Büro: „Planen + Bauen Lemgo GmbH" (8 Partner), 2001 Büro „p+b" m. P.-A. Stüker / 84-94 = 17 Preise / Werke in Westf.-Lippe + N (s. Lit.) / **Lit.: 197**-95+97+01

Donsbach, Sascha (M) / 1978 Frechen b. Köln – / lebt (2003) in MS / 87-89 Weiterb.-Königsdorf b. A. Nobis, 90/91 VHS, 92 Köln, 94-96 FofG-Köln / Stud.-Alfter 99 Alanus-Hochsch., s. 2000 Akad.-MS / Akad.-MS = 03 i. d. Studienstiftung d. deutschen Volkes vertreten / Ausst. u. a. 2002 MS (Inst. f. Untern.-gründung), Bielefeld (Kv), 03 MS (IHK) / **Lit.:** In: „wirtschaftsspiegel" – Heft 4/2003 – S. 37 – IHK-MS

Dorgeist, Käthe (Khw) / 1948 Hoetmar – / lebt (92) in Warendorf-Hoetmar / Werke s. 84 / 86 Bischof-Tenhumberg-Pr. Telgte / Ausst. u. a. 1986/90/91 Telgte (Mus) / **Lit.: 185**-86+90+91

Dorl, Philipp (F/D) / * 1978 – / lebt (2005) in Bielefeld / Stud. FHD-Bielefeld / 05 Beste Einzelarbeit = Epson art photo award / Ausst. u. a. 2004 Berlin-Friedrichshain (Kunstkabine), 05 Köln (Art Cologne)

Dorn, Roland (A) / * 1953 – / lebt (2002) in Köln u. Paderborn / bis 86 Stud. FH-Hannover u. TU-

Braunschweig / Stip.-dien f. Schweiz/Italien / s. 90 Büro „Dorn + Partner“ – Köln u. Paderborn / 83-87 wiss. Mitarb. TU-Braunschweig, 2001 Lehrt. FH-Detmold / Preise u. a. 2000 OWL-Archit.-Pr. / Werke in NRW (s. Lit.) / **Lit.: 197**-97+01 + **197d** (S. 124)

Dornbach, Hans (M) / 1885 Düsseldorf – 1952 Lippstadt / Stud.-Paris 1908-10 Acad. Rancon / 13 Stip. f. Frascati-Italien / ab 19 in Koblenz / war Mitgl. Gr.-„Das junge Rheinland“, 47 Präsident „BBK“-Rhl.-Pfalz u. 49 Mitbegr. „ABK“-Mittelrhein / Ausst. u. a. in Koblenz u. Düsseldorf / **Lit.: 25**-1 + **26**-29 + **108**-1

Dornberg, Friedel (NEU: Dornberg-Gerigk, Friedel) (B) / NEU: 1910 Dortmund – 1989 ebd. / (Biografie in Beilage: CD-Ausgabe 2006)

Dornhege, Hermann NEU: (Prof) (F/D) / 1955 Herne – / lebt (2006) in MS / Stud.-Dortmund 77-81 FHD (Vis. Komm) u. Univ./GH-Wuppertal (Zeitschr.-gest) / Ausz.: 86 Premio Roma Fotografia, 87+90 = 2x Award New York, 88 „Kodak“ European Photogr.-Award / 82-86 freisch. Bildjournalist (u. a. f. GEO/Focus/Stern/Merian/New York Times), 86-90 FAZ-Magazin, 90-03 freisch., ab 03 Prof. FHD-MS / Ausst. u. a. in Bochum/Amsterdam-NL/Rom-It., 1985 Hamburg, 88-90/93 München, 87/90 New York (The Art Dirctors Club), 92/95 Zürich-Schweiz, 2004 MS (Stadtmus), 05 Hörstel-Gravenhorst (Kloster), 06 Gelsenkirchen (Wissenschaftspark) / **Lit.: 69**-05 + **146**-77 + **243** + v. H. D.: „Auf Tucholskys Spuren – Ein Pyrenäenbuch“ – 1985; „Türkei“ – 1988; „China“ – 1989; „Indien“ – 1990; „Jerusalem“ – 1992; „Igor Sacharow-Ross“ – Monographie – 1993; „Istanbul“ – 1995

Dorra, Manfred (Bühnenb) / * in Bochum – / lebt (2006) in Gelsenkirchen / Theatermalerausb.-Bochum, danach (s. über 40 Jahren) am Theater in Gelsenkirchen engagiert / Ausst. u. a. 1997 Velbert-Langenhagen (Kunsthaus), 2006 Gelsenkirchen (Musiktheater)

Dorwarth, Rainer (M/G/Glasm/Mosaik/Wandm) / 1924 Welver/Westf. – / lebt (2005) in Freiburg / (Vater v. Julia D. (B) * 1957 Freiburg) / Stud.-Freiburg 49-52 Akad. u. Paris 53 Akad.-Lhote / Werke in Bad.-Württ. / Ausst.-gen = N / **Lit.: 26**-29 + **26a**-05 + **53**

Doßmann, Alwin (A/Reg.-baumeister) / lebt um 1930/36 in Iserlohn / Ausst. u. a. 1936 Dortmund (früh. Katherinenkloster) / **Lit.: 8a**-36 + **34**-9,2

Dossmann, Ernst (A) (Autor) / 28. 4. 1926 Iserlohn – / lebt (2002) in Iserlohn / 69 Kreisheimatpfleger Iserlohn, 71 Heimatsgebietsleiter Sauerland, 76-02 Kreisheimatpfl. nördl. Märk. Kreis / bez. als „Baumeister der Region Mark“ / Werke, u. a. Kirche in Iserlohn / **Lit.: 112ca** + **219a**

Dost, Hans (M/G/Ill/B/Mosaik/Wandm/Buchgest) / NEU: 3. 1. 1909 (Wuppertal)-Barmen – 20. 11. 1999 Schwelm / (Biografie in Beilage: CD-Ausgabe 2006)

Doucet, Claudia (M/G/D) / 1965 Diepholz- / lebt (2005) in Münster / Stud.-MS 93-2000 FHD / Ausst. u. a. 2000 Münster (Königspassage), 01 MS (Hotel Krautkrämer), 01/02/05 MS (Orangerie), 03-05 MS (Kunst im Glashaus/Orangerie/Kl.-Bühnenboden) / **Lit.:** In: „Sichtbar“ – Examenskatalog – FHD-MS, 7/2000

Doulis, Dionysios (A/Dipl.-Ing) / * 1956 – / lebt (2002) in Dortmund / Stud.-Dortmund 79-85 Univ. / in Dortmund s. 82 eig. Büro, 85 Lehrt., ab 90 „D. Doulis & Partner“ mit F. Feislachen, 99 eig. Büro / Werke in Dortmund + NRW (s. Lit.) / **Lit.: 197**-95+97 + **197b**-99

Dräger, Wilfried (G) / * 1924 – / lebte u. a. in Berlin/Wien/Düsseldorf/Tübingen, 2001 in Ahaus / 46-48 Ausb.-Nienborg-Heek Wksch. f. christl. Kunst, danach Stud. HfBK-Berlin u. Akad.-Wien / tätig in Ahaus/Düsseldorf/Tübingen / war Major d. Reserve (Bundeswehr) / **Lit.: 195**

Dransfeld, Ludwig (Lutz) (M/Z/O/I) / NEU: 1955 Siegen – / lebt (2005) in Siegen u. Atelier in Berlin / Stud.-Siegen 81 Univ/GH (Archit) / 2000 Arb.-auf.-halte in Moskau/New York / Werke in Siegen / Ausst. u. a. in London/Moskau, 2002 Attendorn (Krankenhaus), 03 Siegen (Kv), 04 Siegen (IHK), + N / **Lit.: 110**-86+91 + **110a+b** + **110c**-04 + **110E** + In: „Zimmer_frei“ – Ausst.-kat. – Attendorn, 2002

Drathler, Ulrich (A) / lebt (2000) in Dortmund / Büro: „Planungsgruppe Ulrich Drathler“-Dortmund / Werke u. a. in Dortmund / **Lit.: 197b**-99

Drebber, Magdalena (G/B/O/I) / 1956 Soest- / NEU: lebt (2005) in Rackwitz b. Leipzig / 2000-02 Gastdoz. Akad.-MS, 02 Lehrt. HfGr. u. Buchkunst Leipzig / (Biografie s. CD-Ausgabe 06)

Drecker, Peter (A) / * 1952 – / lebt (2002) u. a. in Bottrop / Stud.-Berlin 74-76 TU u. Hannover 76.82 TU / in Hannover ab 82 Ing.-, Grün- u. Landschaftsplanungsbüro, s. 85 Büro in Bottrop-Kirchhellen, 91 Potsdam u. Halle/S. / Werke in NRW/N / **Lit.: 197**-01

Drees (M) / um 1536 in Coesfeld bek., war in MS (Dom) tätig / **Lit.: 24**-9 + **26**-29

Drees, Holger (A/F) / lebt (2000) in Düsseldorf / Stud. TH-Aachen / 80 = Pr. des Deutschen Stahlbaus u. 89 Pr. des japan. Premierministers / **Lit.**: In: „Sehstörungen“ – Ausst.-kat. – Stadt Mönchengladbach, 2000

Drees, Holger (M/B/Obj.-Des) / 1968 Hagen/W.- / lebt (99) in Hagen / Stud.-Dortmund 89-? FHD (Obj.-Des) / Mitgl. Gr.-„Kooperative K“-Hagen-Haspe / Ausst. s. 1989, u. a. in Hagen-Haspe (Kooperative K) / **Lit.: 97d + 153** (erw.)

Drees, Klaus-Dieter (M) / 1955 Lemgo – / lebt (2006) in Lemgo / Malerei s. um 85 / Lehrt./Kurse VHS-Lemgo / Ausst. u. a. in Lemgo/Wallnau-Fehmarn

Drees, Reinhard (A/Dipl.-Ing/Stadtplaner) / 1950 Lüdinghausen – / lebt (2002) in Bielefeld / Stud.-MS Ing.-Sch. f. Bauwesen u. Aachen TH / ab 85 freisch. m. Joh. Berief, dazu s. 93 J.-P. Huesmann, s. 99 nur m. J.-P. Huesmann in Bielefeld-Sennestadt / Mitgl.-„BDA“ / Werke u. a. in OWL u. MS-land / **Lit.: 197**-01

Drees, Werner (M/Z/Bühnenb) / 1910 Recklinghausen – 1997 Bad Homburg v. d. H. / Stud.-Berlin 1930-33 Verein. Staatssch. f. Kunst / 39-45 Kriegsdienst/Gefangensch., danach tätig in Stuttgart u. München, ab 54 Homburg / **Lit.: 26**-29

Dreisbach, Barbara Anna Maria (M/Z) / 1950 Bad Berleburg – / lebt (2005) in Bad Berleburg / Weiterb.: Europ. Akad. Trier, Meisterschülerin, Kunstsch.-Hollersbach u. bei bek. Künstlern / Mitgl. Kv.-„Der Bogen“ u. „Wittgenst.-Kunstgesellschaft“ / 02 Ausz.: Ehrennadel in Gold v. Kulturkr. Baden-Baden / Ausst. u. a. in Trier/Lörrach/Berlin/Düsseldorf/Hamburg/Dortmund/Straßburg/Baden-Baden/Guaryaqil-Peru/New Hampshire, 2001 Baden-Baden/Bad Berleburg/Wesel/Fredensborg-Dänem., + Südwestf. / **Lit.: 110b + 110c**-04

Dreisbach, Heinz W. (M/G) / 1937 Schwelm – / lebt (2004) in Schwelm / 52-56 Graveurausb., Stud.-Wuppertal 56-57 Kgsch u. Solingen 58-61 Kunstwerk- u. Gewerbeschule, 61 Weiterb. Fernakad.-Karlsruhe (Zeichnen) / 74-80 Mitgl. Gr.-„GdF“-Schwelm, ab 80 Mitbegr. Gr.-„Gemeinsch. Schwelmer Künstler“ / Ausst. u. a. in Dortmund, 1963 Solingen (Gal.-Kirschbaum), 64/80-90/98/99 Schwelm (u. a.-Kunstmärkte/Haus Martfeld/Rathaus), 80 Lüdenscheid (Kunstforum), 83 Gevelsberg (Sparkasse), 85 Heide (Kulturwoche) / **Lit.**: Internet

Drengwitz, Egbert (A/Dipl.-Ing) / lebt (2000) in Gelsenkirchen / „Architekturbüro **G**lasmeier + Drengwitz“-Gelsenkirchen / Mitgl.-„BDA“ / Werke in Westf. (s. Lit.) / **Lit.: 197a**-99

Drerup, Karl (Karl Joseph Maria) (Prof) (M/G/Ill/K/Emailk) / NEU: 26. 8. 1904 Münster – 22. 11. 2000 Newton/Mass.-USA / (Biografie in Beilage: CD-Ausgabe 2006)

Dresemann, Antje (M/Z) / 1960 Münster- / lebt (2006) in Dülmen / s. 04 Mitgl. Gr.-„wir“ – Arbeitskr. Kunst 2000 – Dülmen / Ausst. u. a. 2004 Nordkirchen (Schloss), Dülmen (Kulturnacht/StattGalerie), 05 Dinslaken (Stadtbibliothek)

Dresen, Heinz s. bei Dresen, Jenny

Dresen, Jenny (F/Filmamateurin) / 1922 Posen/Westpr. – / lebt (2005) in MS / Gattin v. Heinz Dresen = (M) Autodidakt, 1907 (bei Düsseldorf) – 1995 Münster / ab 95 Filmkurse im Bennohaus-MS, seitdem über 40 Kurzfilme gedreht / Auff.-en lfd. im Sender Münster, Ausst.: 2002/05 MS (Bennohaus) / **Lit.**: In: „Benno“ – 1/02 + „Bennohaus“ – 1/05 – Veranst.-hefte – MS

Dresing, Uschi (F) / NEU: 1950 Bad Salzuflen – / lebt (2002) in Bielefeld / Stud.-Bielefeld 74-78 FH (Vis.-Komm), 78-83 wiss. Assistentin / 83-90 Fotografin am Bielefelder „StadtBlatt“, ab 90 freiberufl. / Ausst. u. a. Berlin/München/Dachau/Bonn/Köln/Frankf.-M./Rzeszow-Pol./Salford-GB/Arles-Fr./Novosibirsk-Russl., 96 Bielefeld (Kunsthalle), + NRW / **Lit.: 26**-29 + **133**-94Anh. + **152**-93

Dresler, Emy (Emmy/Emmi) = Emilie Clementine Dorothea Anna (M/Ill/Khw/Bühnenb) / 1880 Siegen – 1962 ebd. / Schwester v. Paul **D**. / Ausb. b. Maria Strakosch-Giesler (Siegen), mit ihr um 1902 erste Schülerinnen b. Kandinsky in München (Phalanx-Schule) / 1910-13 Bühnenbilder in München, 1913 in Dornach tätig u. anschl. Gründung einer anthroposoph. Malschule in Siegen, ab 45 lebte sie in Horn am Bodensee, danach Hilchenbach/Sauerl. u. später Siegen / war Mitgl. Gr.-„ASK“-Siegen / wenige Ausst.-gen: u. a. 1. Beteil.: 1909 München (Neue Kü.-vereinigung), 1922/98 Siegen (Kv/ASK) / **Lit.: 26**-29 + **108**-1 + **136**-1 + **110d**-98

Dresler, Paul (M/K) / 16. 9. 1879 Siegen – 22. 3. 1950 Krefeld / NEU: Bruder v. Emy (Emmi) **D**. / Stud.-Leipzig/Berlin (Med.) u. Debschitzschule-München (Malerei), ab 1912 Landshut Fachsch. f. Keramik / Ausz.: 37 Grand-Prix u. Goldmedaille-Paris, 38 Medaille Int.-Handw.-ausst. Berlin, 2x 1. Preise in Krefeld u. Düsseldorf, 49 Thorn-Prikker Ehrenplakette Krefeld / lebte in

Krefeld u. Diessen-Ammersee / 14 Gründung d. Töpferei „Grootenburg – P. D. GmbH“ in Krefeld / 47-49 Lehrt. Wksch-Wiesbaden u. 49-50 Wksch-Krefeld / war s. 12 Mitgl.-„Deutscher Werkbund“ / Ausst. u. a. in Siegen/Krefeld/Köln/Wuppertal, + N/INT / **Lit.:** u. a. **25**-1 + **26**-29 + **34**-8,2+9,2 + **136**-2 + **208** + **236**-61

Dressel, Manja (M) / lebt (2000) in Hattingen / 94-97 Ausb. am IfBKK Bo.-Wattenscheid / Mitgl.-„Int. Assoc. of Airbrush-Artists“ / Ausst. u. a. 1995 Wiesbaden, 97-99 Hattingen (Henrichshütte), 99 Ennepetal (Kluterthöhle) / **Lit.: 209**-99

Dreßen, Markus (G/D/Ill) / (* um 1961) / lebt (2004) in Leipzig / Jugend- u. Schulzeit in Münster, Druckvorl.-herst.-ausb.-MS, Stud. FHD-MS u. Stud. HfGuB.-Leipzig / freiberufl. Grafiker / Ausz.-gen 03: m. Kristina Bruse (Schweiz): „Goldene Letter“ f. d. „Schönste Buch aus aller Welt“ u. Stip. Kulturstift.-Sachsen / Ausst. u. a. 2004 Leipzig (Buchmesse), + in Sachsen

Drever, Heide (B/K/O/Z/M/Materialb.-k/Tondruck u. Video/Perf.-k) / 1941 Münster – / lebt (06) in Hamm/W. / NEU: 95-06 Mus.-pädagogin am G.-L.-Mus.-Hamm, ab (?) künstl. Ltg. Sommerakad.-Hamm / Mitgl.-„Hammer-KB“, s. 98 = 1. Vors., ab 01 Mitgl. „BBK-Westf.“ Dortmund / (vollst. Biografie in Beilage: CD-Ausgabe 2006)

Drewer, Jürgen (Drewer-Reininger, J.) (M/B/Glask) / 1952 Gladbeck – / lebt (2003) in Niederkrüchten / Autodidakt / Mitgl. „Gemeinschaft Krefelder Kü.“ / Werke in NRW / Ausst. u. a. in München, Nettetal, Detmold, Krefeld, Hilden, 1987 Düsseldorf (manu factum), 2000 Velb.-Langenberg (Kunsthaus) / **Lit.: 26**-29 + **48x**-87 + In: „artist-window“ – 1997

Drewes, Frank F. (Prof) (A) / 1963 Herzebrock – / lebt (2004) in Herzebrock-Clarholz/Berlin/Darmstadt u. San Francisco / Stud.-Aachen bis 91 TH u. bis 94 Berkeley/Kalif.-USA Master of Architecture, Mitarbeit u. Studium b. Argutectonia Mark Mach u. Stanley Satowitz in San Francisco / s. 91 freisch. u. Archit.-korrespondent, 96-98 Assistent/Lehrt. TU-Darmstadt, ab 99 Büro „drewes + strenge architecture“ (Martin Strenge), s. 2000 Prof. FH-Darmstadt / u. a. 2000 Archit.-Pr. OWL / Werke in Westf. + N (s. Lit.) / Ausst. u. a. 1991 Maastricht (Baumesse), 92 Berkeley/USA / **Lit.: 197d** (S. 60) + Veröffentl.-gen in Fachzeitschr.-en; In: K.-D. Weiss: „Junge deutsche Architekten u. A.-innen – Young German Architects 2“ – Basel, 2000

Driver, Alexander Gottfried (Z/Bauing.?) / 1713 Vechta – 1780 ebd. / Infanterieoffizier, wahrsch. nicht im Baubüro Schlauns, aber wohl f. (Reg.-bez.)-Münster tätig / **Lit.:** s. G. Dethlefs

Drössler, Graziella (Drößler) (M) / 1953 Niedermarsberg/Sauerl. – / lebt s. 81 in Wuppertal / Ehefrau v. Prof. Wolfg. Schmitz / Stud.-Düsseldorf 73-81 Akad., 80 Meisterschülerin / 82/83 Lehrt. Univ.-Dortmund, 85 Förder-Pr. Wuppertal, 89/90 Gastprof. Bremen u. Lehrt. Univ.-Herdecke, 92/93 Lehrt. FH-Düsseldorf / Ausst. = NRW + N / **Lit.: 107**-88 + **216** (m. Lit.-ang.)

Drolshagen, Peter (G) / 1952 Bochum – / lebt (2006) in Bochum, Atelier in Essen / Ausst. u. a. in Essen (Off. Atelier), 1999 Gelsenkirchen-Buer (Gal.-werkstatt), 2006 Essen (Gal.-Arka) / **Lit.: 212**- (99)

Droop, Constanza (Ill/G/D) / 1965 Gütersloh – / lebt (2006) in MS / 86/87 Stud. FHD-Nürnberg u. 87-92 FHD-MS / freiberufl. tätig / bis 2006 über 70 Kinderbücher (in 22 Sprachen) u. Kalender illustriert, von ihrem Hasen „Felix“ gibt es „Felix-Accessoires“ u. Film = 2/05 Urauff. in MS, ab 5/05 „Felix“ auf Schweizer Briefmarken / Ausst. u. a. 2005 Hamm (Max.-park) / **Lit.:** Internet = Coppenrath-Verl. – MS + Ravensberger + Lahn – Verlage

Droste, Anja (M) / 1965 Dortmund- / lebt (2006) in Kamen / 88 Friseurmeisterin, 03 Weiterbild. b. Petra Klein / s. 05 freisch., Lehrt./Kurse Malschule „Malkids“ / Ausst. in Kamen/Schwerte

Droste, Bernt = NEU (Z/A) / 1927 Münster- / lebt (2001) in MS / Architekt in MS / Werke u. a. Kirchen, u. a. 1969 m. Hans Ostermann Michaeliskirche in Lingen, 2001 zum Denkmal erklärt / **Lit.: 89** + **219a** (erw. b. H. Ostermann)

Droste, Reinhard (M/B/I) / 1954 Unna – / lebt (2006) in Nottuln-Schapdetten / Stud.-MS 73-79 (Akad) u. Univ. (Germ/Phil/Päd) / Lehrt. in Hamm u. Arnsberg / Ausst. u. a. 2005 Notuln (Alte Amtmannei), 06 Nottuln (Ehem. Atombunker)

Droste, Sabine (T) / * 1943 – / lebt (89) in Steinfurt / 87 Bischof-Tenhumberg-Pr. Telgte / Ausst. u. a. 1987/88 Telgte (Mus) / **Lit.: 185**-87+88

Droste zu Vischering – Westf. Maler/Zeichnerfamilie im 19./20. Jh. / **Lit.: 215**-6 // **Johanna Gräfin** (Z) / 1805 – 1830 / Schwester v. Sophia / **Lit.:** In: „Der Kreis Lüdinghausen in alten Ansichten“ – 1974 // **Maria Theresia Gräfin D. zu V. von Nesselrode-Reichenstein** (M) / 1876 – 1962 // **Sophia Gräfin** (M) / 1798 – 1826 / Schwester v. Johanna // Johanna u. Sophia bekamen (auf Schloss Darfeld) Zeichenunterricht, u. a. vom Jesuitenpater Evelt = **Lit.: 215**-6 (S. 16)

Drüge, Renate (M) / 1940 Vlotho/Weser- / lebt (2005) in Nottuln / s. 90 künstl. tätig / Mitgl. Gr.-„5.73.99"-Nottuln / Ausst. u. a. 1998/2001/02 Coesfeld (2xSparkasse/WBK), 02/03 MS (Neues Forum f. Kunst/Landgericht) / **Lit.:** In: „5" – Eigenverlag-Nottuln, 2004

Drüen, Hermann (A) / um 1912-30 in Bochum tätig / 29/30 m. F. **R**evermann u. a. „Paul Gerhardt"-Gemeindehaus in Bochum / **Lit.: 146c**

Dubiel, Marianne (T/G/D) / 1951 Herne – / lebt s. 80 in Bippen/Nieders. / Berufsausb., Gast FH/PH/Univ.-n Dortmund u. Osnabrück (Kunst/Design/Kunstg/Phil/Soz) / Designerin u. Lehrt. / Werke u. a. in Kirchen von Börstel/Fürstenau/Bippen/Quakenbrück/Dortmund-Nette / s. 05 Mitgl. „BBK-Westf." Dortmund / Ausst. u. a. in Osnabrück/Bramsche/Haren-Ems/Bersenbrück /Fürstenau/Georgsmarienhütte/Haarlem-NL + Internet

Dubielzig, Jeannette (M/G/D) / 1973 Halle/Saale – / lebt s. 04 in Bodolz/Bayern, Atelier in Hard-Österr. / Stud.-Halle/S. 91-97 Univ. (Biol), 92-96 Grafikerin in Jena (Verlag) u. Stud.-Univ. Halle-Wittenberg, 97-02 FHD-Dortmund / 01 Pr. FH-Dortmund (Fachber. Wirtschaft) u. Covergest. ARD-Jahrbuch, 02 Proj. in Südwestf. / ab 02 Mitgl. „BBK-Westf." Dortmund / Ausst. u. a. 2000/02 Dortmund (FH/Rathaus), 02/03 Bo.-Wattenscheid (Techn.-Zentr), 03 Dortmund (Torhaus), Witten (Boesner), 05 Herne (Arch.-Mus) / **Lit.: 3**-02+02/03+03 (1) + 05 (1) **+ 203cb**

Duch, Manfred (A/M) / * 1941 – / lebt (2004) in Datteln / Stud.-Berlin (Malerei/Archit/Städtebau) / s. 2000 Mitgl.-„Vest.-KB"-Recklingh. / Ausst. u. a. 2002/03 Recklinghausen (V.-KB) / **Lit.: 188**-02+03

Duda, Fritz (M/G) / NEU: 30. 1. 1904 Horst/Emscher (jetzt Gelsenkirchen) – 13. 7. 1991 Berlin / Stud.-Essen 22-24 Folkwangsch. u. 24-33 HfBK-Berlin, Meisterschüler / 44 Vernichtung der Werke durch Bomben in Berlin / 65 K.-Kollwitz-Pr. Akad.-Ostberlin, 69 Verdienstorden- u. 74 Kunst-Pr. DDR / 29 Mitgl. „KPD" u. um 31/33 Gr.-„VWKuK" / Ausst. s. um 1928, u. a. 2004 Gelsenkirchen (Sparkasse-Neumarkt), + N/INT / **Lit.:** u. a. **8a**-31+32 **+ 25**-5 **+ 26**-30 **+ 108**-1 + In: „Ateliergemeinschaft Klosterstrasse Berlin 1933-1945" – Ausst.-kat. – Akademie der Künste – Berlin, 1994

Dudde, Günter (F) / 1935 Gelsenkirchen – / lebt (2002) in Gelsenkirchen / Mitgl. „Foto-Film-Club"-Wanne-Eickel u. „Fotoclub Handelsminist.-Wien" / 88 Ausz.-GDT Fotogr. des Jahres / Wettbew.-Beteil.-gen u. Ausz.-gen im DVF / **Lit.: 142a**

Dudeck, Lutz (Kommunik.-Des) / 1961 Bielefeld – / lebt (2003) in Bielefeld u. Lage/Lippe / Stud.-Bielefeld 85-93 FHD / s. 89 selbst., später Büro „werkzwei" in Bielefeld u. Lage, Projekte u. a. s. 01 „portfolio: medien kompetenz" / Ausst. u. a. 1991 Herford (D.-Pöppelm.-Haus) / **Lit.: 114d**

Dudee s. Nachtrag 2: Zinngießer

Dudler, Karl (A) / lebt (2005) in Frankf./M. u. Zürich / von 82-92 = 17 Projekte u. Preise m. Bruder Max D. u. Pete Welberger, s. 92 eig. Büros in Frankf.-M./Zürich / s. Max **D**udler!

Dudler, Max (A) / 1949 Altenrhein/Schweiz- / lebt (2005) in Berlin / Stud.-Frankf.-M. 75-80 Städel / 82-03 in N+INT = 17x 1. Wettbew.-Pr., u. a. 10x 2. Pr. u. 6x 3. Pr. / 81-86 Ltg. Büro O. M. Ungers, 82-92 Bürogem. m. Karl Dudler (Bruder) u. Pete Welberger, s. 92 eig. Büros in Berlin/Zürich/Frankf.-M. / Werke in N+INT / Lehrt.: 89-90 Venedig, 89 Sommerakad.-Herne, 90 Sommerakad.-Mantova, 96-99 Gastprof. Univ.-Dortmund / Ausst. u. a. 1996/2002 Berlin (u. a.: Gal.-Hetzler/IFA-Gal/Berlinische-Gal) / **Lit.: 26**-30 **+ 26a**-05 **+ 219**-02 + Internetliste!

Düchting – Bildhauerfamilie in Soest (20/21. Jh.) // **Alfons** / 1925 Kreiensen/Harz- / lebt s. 50 in Soest / Vater v. Johannes u. Michael D. / Mitgl. „Kv.-Kr.-Soest" / Werke u. a. in Soest / **Johannes** / 1964 Soest- / lebt (2006) in Soest / 2000 Übernahme des Betriebes seines Vaters // **Michael** / 1956 Soest- / lebt (2006) in Soest / nach Ausb./Tätigk.-Steinmetz 77-81 in Essen: Stud.-Kassel 81-86 GH (Kunst) / 87-92 in Werkst. s. Vaters tätig, ab 93 eig. Atelier / 87 Bet.-Workshop Stahl-Berlin b. A. Caro, Wettbew.-preise in Soest u. Geseke / ab 97 Lehrt.-Bad Berleburg / Mitgl. „Kv.-Kr.-Soest" / Werke u. a. in Westf. / Ausst. u. a. 2004 Hamm (Mus), + N / **Lit.:** u. a. **3**-91 **+ 26**-30 **+ 61**-84Anh. **+ 100**-88+89+98 **+ 139a**

Düking, Norbert (A) / lebt (2005) in Meschede / 72-03 Zus.-arbeit m. Peter Iseken – Meschede / Werke u. a. Schulzentren in Südwestf. u. in Meschede = u. a. Kirche/Gemeindezentrum / Mitgl.-„BDA" / **Lit.: 112d** (S. 40)

Düll, Frauke Lara (alles neu:) (T/M/Modesignerin) / 1957 Berlin – / lebt (2006) in Bielefeld / ab 78 Schneiderinausbild. in Wald bei Sigmaringen, Stud.-Bielefeld 82-87 Univ. (Linguistik/Phil/Kunstpäd) u. FH-Trier (Modedesign) / 92-97 „Atelier 97"-Bielefeld m. G. Illers u. A. Dürr

/ Ausst. u. a. 1993-2004 Bielefeld (Off. Atelier), 99/05 Bielefeld (Bürgerwache/Bürgerzentr/Lutherstift) / **Lit.: 152**-93...04 + „F. L. D." – CD-Rom – Selbstverlag, 2006

Düllberg, Heinz (M/G) / 1909 Unna – ? / lebt (74) in Hamburg / nach Archit.-ausb.: Stud.-Dortmund Landes-Kunstsch. (Malerei), Akad.-München u. Wksch.-MS / ab 57 in Hamburg / Ausst. u. a. in Essen/Hamburg/Belgien / **Lit.: 26**-30

Düllmann, Christiane („ANI") (M/G) / * 1957 – / lebt (2006) in Soest / Stud. Univ.-MS (Germ/Geogr/Päd), bis 96 Lehrt., Stud.-Dortmund 96-01 Univ. (Kunst/Kunstg) / Mitgl.: Ateliergem. „Block 4"-Soest, „Kv.-Kr.-Soest", Kv.-„Sentmaring"-MS, s. 03 „BBK"-Westf. Dortmund / Ausst. u. a. 2001 Dortmund (Univ), Möhnesee (Gal.-Kuckuck), 02 Hemer/Lössel, Soest (Landesinst.-Schule), 03 Altena (Krankenhaus), Warstein (Büro), Soest (W.-Morgner-Haus), Dortmund (Mus. f. K. u. K.), 03-04 Erwitte (Westf. Förderakademie), 04 MS (Foyer-Bahnhofstr. 1), Bochum (Kulturwerk Lothringen), 05 Bad Sassendorf (Kongresszentr/Klinik Lindenplatz/St. Bonifatius), Bo.-Wattenscheid (Technol.-zentr) / **Lit.: 3**-03 (2) + 04 (2) + 05 (2+3)

Dünnwald, Arnold (M/G/Wandgest) / 12. 6. 1917 Moselweiß/Mosel- / lebt (2006) in Tecklenburg / um 40/45 Kriegsdienst, Verwundung, dadurch ein Semester Studium Akad.-Dresden, sonst Autodidakt / ab 45 in Tecklenburg / Mitbegr./Mitgl. 46-58 Gr.-„Legge" in Tecklenburg / Ausst. u. a. 1946-58 in Tecklenburg u. Ibbenbüren, 2004 Tecklenburg (Kulturzentr.-Legge)

Duenwege, Victor (auch) u. **Heinrich** (Dünwege/Dünwegge/Dünnwegge) (M) / um 1521-1553 in Dortmund tätig / **Lit.: 24**-10 + **26**-30 (ausf. Biogr. u. Lit.!)

Düren, Susan van (Susann) (O/u. a.) / * 1966 – / lebt (2005) in Lage / Stud. Akad.-MS (Kunst) u. Univ. (Sport) / Lehrt.-Lage u. Ateliergem. „e7" / Ausst. u. a. 2003/05 Lage (Off. Atelier) / **Lit.: 132a**-03 (S. 13) +05 + **245**-96+2000

Dürfeldt, Egon Georg (M/Z/Wandm/Restaurator) / 1930 Wanne-Eickel- / lebt (93) in Hessen / Autodidakt / 50-62 Förderung-„DB", 66 Kunst-Pr. in Köln, 90 Ehrenplakette Kirchhain / Lehrt. VHS-Landkr. Marburg (Kalligr) / Werke in Hessen (u. a. Kirchhain/Wiesbaden/Frankf.) / Ausst. u. a. in Wetter/Keitum-Sylt, + Hessen/INT / **Lit.: 27**-3

Düringer (Dierringer/Dörringer/Düring/Thüringer/Thuringer/Turringer) // **Johann Nikolaus** (Nikolaus) (B) / 1700 Großwenkheim b. Neustadt/Saale – 29. 12. (begraben) 1756 Olpe / mit s. Bruder Joh. Theodor D. in Hadamar b. Limburg-Lahn tätig, ab 1730 Rüblinghausen, Kr. Olpe / Werke in Hadamar/Siegen/Olpe/Römershagen/Silberg u. Drolshagen / **Lit.:** siehe b. Joh. Theodor // **Johann Theodor** (Theodor) (B) / 1696 Großwenkheim b. Neustadt/Saale – 7/1761 Hadamar / Bruder v. Johann Nikol. D. / tätig Hadamar, um 1750 tätig in Olpe u. Kr. Olpe / Werke in Hadamar/Limburg/Erbach/Haintchen/Hünschen/Niederzeuzheim / **Lit.:** W.H./G.D. + **26**-30

Dürselen, Carlo (B/Medaillenk/Khw) / NEU: 1926 Münster – 2006 / lebte in MS / (Biografie in Beilage: CD-Ausgabe 2006)

Düsterhus, Ferdi (A) / 1921 Hoevelhof/Kr. Paderborn- / lebt (2004) in Bielefeld / Stud. TH-Hannover / Werke in OWL (u. a. Bielefeld) / **Lit.: 197d** (S. 28)

Düwel, Wilhelm (Dübel/Düvel/Teufel) (K/Töpfer) / um 1741-51 in Dörentrup tätig, übernahm 1780-89 als Meister die Klostertöpferei in Lemgo, ab 1789 in Halle/W. / **Lit.: 26**-30

Duic, Vladimir (Vlado) (F/D/Ill) / 1938 Zagreb/Kroatien- / lebt (2004) in Gevelsberg / Ausb./Stud. Akad.-Zagreb (Kunst/Des/Fotogr) / war Fotoreporter v. Zeitschriften in Zagreb / mehrere Foto-Preise, u. a. „Goldene Feder" des Jahres 78 / s. 83 BRD, 83-92 Bildjournalist f. 18 Zeitungen/Zeitschr.-en u. 90 Chefredakteur Zeitung „Blaue Glocke" (f. kroatische Bürger), ab 92 Foto/Ill.-Des.-ner u. ab 99 Website-Gestalter / Ausst. u. a. in Kroatien/NRW + im Internet

Dumke, Jörg (M) (Autor) / 1966 Siegen- / lebt (2005) in Siegen / malt haupts. zu seinen Romanen u. Kurzgeschichten, Veröffentl.-gen s. 92 / Ausst. u. a. 1996 Herborn, 97 Weidenau (Stadtbibl) / **Lit.: 110b + 110c**-04

Dunikowski, Kinga Wanda (I/Videok) / 1974 Krakau/Polen- / lebt (2002) in MS / NEU: Stud.-Bonn 74 Univ. u. MS 95-01 Akad., 2000 Meisterschülerin / 01 Stip. Akad.-MS / (Biografie in Beilage: CD-Ausgabe 2006)

Dunk, Eva von der (I/Klanginst.-k) (Lyrikerin/Autorin) / 1957 Nürnberg- / lebt (2005) in Nordkirchen / Dipl. Soz.-wiss. / Autodidaktin / Mitgl. „Verein f. Lit. e.V."-Dortmund u. Mitbegr. Förderverein f. Künstlerinnen „arachne e.V." / 1. Lyrik-Wettbew.-Pr. Saarbrücken 01, 02 = 2. Platz „poetry slam"-Hannover / Ausst. u. a. 2001/02 Bedburg-Hau (crossing borders), Nordkirchen (Off. Atelier), 02/03 MS (Akad/Krameramtshaus), 02 Essen (Maschinenhaus), 02-04 Luxor/Alexandria/Kairo-Ägypt., 03 Steinfurt (Sparkasse), 04 Hamm (Mus), Plunge/Litauen /

Lit.: 237-02 + E. v. d. D. = u. a. Lyrik/Prosaveröffent.-gen s. 1990 in Zeitschriften u. in drei Büchern; E. v. d. D.(Texte): „Ackerrain“ – Ausst.-kat. – Selm, 1996

Dunse, Ulrich (M) / 1928 Drigelsdorf- / lebt s. 69 in (Bethel)-Homborn / **Lit.**: In: „Ein bunter Strauss“ – Breckerfeld-Zurstrasse, 1999

Duran, Elton Monroy (M/Materialb.-k) / 1978 Sahagun/Mexiko- / lebt um 2000/02 in Paderborn / Stud.-Querétaro/Mexiko 98 Univ. (Kunst), um 2000/02 Gast Univ./GH-Paderborn / Ausst. u. a. 1992-95+99/2000 in Mexiko, 2000-02 Paderborn (Studentenwerk/2x CDU-Gesch.-stelle)

Durth, Merten (M/G/D/Ill) / 1967 Siegen- / lebt (2002) in Wuppertal / Stud.-Stuttgart 87/88 Freie Kunstsch. (Graf.-Des), Wuppertal 88-93 Univ./GH (Komm.-Des) / s. 93 Büro „Disegno“ m. A. Tegethoff-Sommerfeld in Wuppertal / Ausst. = NRW / **Lit.: 216**

Duschberg, Andreas (M) / 1955 Sichelberg – / lebt (2005) in Lünen / u. a. 65-68 Stud.-Warschau/ Polen (Kunst/Lit) / s. 80 BRD / Ausst. u. a. 2004 Kamen (Stadthalle), + im Internet

Dusil, Bert (Goldschm/Medailleur/B) / 1947 Wallhausen/Thür. – / lebt (2002) in Marsberg-Westheim / Gatte von Irmingard **D**. / 63-70 Goldschm.-ausb. u. Tätigkeit, 70-72 FH f. Metallgest. Solingen, Meisterprüfung, 73-78 Stud.-Essen Univ./GH (Kunstpäd), Meisterschüler / 81-85 Lehrt. Quito/Ekuador, danach freisch. bis 90 in Enger, dann Essen / **Lit.: 26**-31 + **268**

Dusil, Irmingard (Goldschm/Medailleurin) / 1954 Bad Schussenried – / lebt (2002) in Marsberg-Westheim / Gattin von Bert **D**. / 73-82 Stud.-Physik, 76-82 Essen Univ/GH / 82-86 Lehrt. Quito/Ekuador, 86-88 Goldschm.-ausb. / ab 88 freisch. m. Ehemann Bert D. bis 90 in Enger, dann Essen / **Lit.: 26**-31 + **268**

Dustmann, Hanns (A) / 25. 5. 1902 Diebrock b. Herford – 26. 4. 1979 Düsseldorf / Stud.-TH: 22-24 Hannover, 24 München u. 24-28 Hannover / tätig in Hannover u. Berlin (b. Walter Gropius), 35-45 f. die NSDAP tätig, 42 v. Hitler zum Prof. ernannt, 43-45 Lehrt. TH-Berlin, s. 45 in Bielefeld u. ab 53 in Düsseldorf tätig / 48 = 1. Wettbew.-Pr. MS (Bahnhofsviertel) / Werke in NRW (Bielefeld/Rheda/Essen/Köln/Düsseldorf) + N / **Lit.: 26**-31 + **216**

Dustmann, Rudolf (A/Dipl.-Ing) / * 1905 – / Vetter des Hanns **D**. / tätig in Vlotho u. Minden / Werke u. a. Kirchen in der Region Herford / **Lit.: 146c**

Dutczak, Marian (Prof) (A/Dipl.-Ing/Stadtplaner) / 1958 Katscher- / lebt (2004) in Dortmund / Stud.-Braunschweig 80-88 TU / 90-98 Büro m. D. **H**orsthemke in Dortmund, 92-95 = 13 Preise/Werke in Westf. u. Berlin, ab 2000 Büro: „**B**ergstermann Architekten“ in Dortmund = Wettbew.-Preise/Werke in NRW+N (s. Lit.+Internet) / 98-2000 Lehrt.-Würzburg, ab 01 Prof. FH-Köln / Mitgl.-„BDA“ / **Lit.: 197**-95+97+01 + **197b**-99

Duttenhofer, Christian Friedrich Traugott (G) = Kupferstecher / 1778 Gronau – 1846 Heilbronn / Ausb.-Wien/Dresden Akademien / in Rom u. Paris tätig, ab 1809 Prof. Kunstsch.-Stuttgart / Sohn **Anton** D.: 1812 Stuttgart – 1843 ebd. (Kupferstecher) / **Lit.: 24**-10 + **26**-31

Dwertmann, Clemens (Industriedes) s. „Oco-Design“-Münster

Dworak, Günter (Günther Dvorak) (M/G/B/Kunst am Bau) / NEU: 25. 11. 1928 Wanne-Eickel – 5/2000 / lebte in Herne / (Biografie in Beilage: CD-Ausgabe 2006)

Dworschak, Alois (Industriedes) / * 1948 – / lebt (2002) in Lüdenscheid / Elektronik- u. Elektromech.-ausb., Stud.-Wuppertal bis 76 Univ./GH / s. 77 in Lüdenscheid / 77 Braun-Pr. / NEU: **Lit.: 205**-94+97(2x erw.) + **205a**-83+89 + **205b**

Dyck, Gertrud van (F) / NEU: 10. 9. 1913 Essen-Altenessen – 31. 8. 1991 / lebte in Detmold(?) / nach Fotolaborantin-Ausb. in Duisburg: 35-40 Fotogr.-ausb.-Duisburg, Meisterprüfung / ab 43 freisch. u. Atelier m. (s.:) Gisela **W**ölbing, 43/44 Karlsruhe, 44 bei Eisenach, ab 45 in Herleshausen u. Detmold, ab 50er Jahre dann in Bielefeld, Wohnung in Detmold / 90 kamen die Werke i. das Hist.-Mus.-Bielefeld / war Mitgl. „AdK“-NRW / Ausst. u. a. in Bielefeld (Kunstsalon Fischer), 1990/96 Bielefeld (FH/Hist.-Mus), + Westf. / **Lit.: 48a** + **48x**-65 + **192**-01(bei: Wölbing, Gisela) + „G. Wölbing / G. v. D.“ – Fotografinnen in Bielefeld 1954-75 – Ausst.-kat. – Hist.-Mus.-Bielefeld, 1996

Dziersk, Udo NEU: (Prof) (M) / 1961 Gelsenkirchen-Horst- / lebt (2005) in Wuppertal u. Düsseldorf / Stud.-Düsseldorf 83-88 Akad., 88 Meisterschüler, 85 HfBK-Berlin/Gast-Akad.-Karlsruhe / 85 Stip. Gelsenkirchen, 89 Förder-Pr. „Gr. Kunstausst.-NRW“-Düsseldorf, 93 New York-Stip. Düsseldorf, 01 Stip. WLB f. Peking/China, 03 Pr. Springmann-Stiftung Wuppertal / ab 02 Prof. Akad.-Düsseldorf / Ausst. u. a. in Warschau-Polen/Rom-It./Seoul-Korea, 2001 Alphen-NL, Peking-China (Goethe-Inst), 02 München (Kunstpav), 03 Krefeld (Gal.-Fellner v. Feldegg),

03/04 Gelsenkirchen (Mus/Sparkasse), + N / **Lit.: 26**-31 + **79** + **79b** + **107**-88...02 + **128**-84+86+89 + **145**-95+03 + **145b** + **145c**-89 + **216** + „U. D." – Bilder für alle Fälle" – Malerei und Zeichung – Ausst.-kat. – Städt.-Mus.-Gelsenkirchen, 2004

Eameri, Ali (M) / * 1950 (im Iran) – / lebt (2006) in MS / s. 76 in Deutschl. / Stud. Univ.-MS (Soz/Psych/Phil), ab 80 autodidaktische Malerei / Ausst. u. a. in Holland, 1999-2002 MS („Die Brücke"/Arbeitsgericht/3xTibus-Wohnpark/Polizeipräsidium), 04 MS (Institut Transfus.-med/ Kath.-Eheberat.-stelle), 05 Erwitte-Horn (Gal.-Ocón)

Easy s. Adorf, Peter H.

Ebbinghaus, Angelika (M/Z/B/Seidenm) / 1956 Hagen/W.- / lebt (2004) in Hagen / ab 2000 Weiterb.-kurse b. Uwe Nickel/Helwig Pütter – Hagen / Ausst. u. a. 2001-03 Hagen (Gesundh.-zentr/Coiffeur Schirmer/Krankenhaus/Möbelhaus/Telekom), 02/03 Dortmund-Huckarde (Alte Schmiede), 02 Wachtendonk (Gal.-Sonneneck), Wengern (Landhaus), 03 Moers (Diskothek), Hohenlimburg (Casa-Immobilien/Sozietät), 04 Dortmund (Klinik), Minden (Kulturwerkstatt)

Ebbinghaus, Kurt (M/G/D) / 1951 Hemer- / lebt (2006) in Iserlohn / Stud.-Dortmund 71-75 FHD / 80-? Galerie „205" in Hemer, 80/81 Lehrt. VHS-Hemer, s. 96 Lehrt. Jugend-Kunstschule Iserlohn / (war) ab 81 Mitgl. „BBK" / Ausst. u. a. 1994 Hemer (Felsenmeer-Mus) / bis 94 über 55 Ausst.-gen / **Lit.: 242**

Ebel, Alexandra (M/F) / 1971 Liesborn- / lebt (2002) in Dortmund, 2004 Paderborn / Stud.-Paderborn 92-2000 Univ./GH (Kunst/Sport) / s. 97 Mitgl. im „Kr.-Kv.-B.-Warendorf / Ausst. u. a. 1998/99/01/02/04 Liesborn (Mus), 98/01 Soest (W.-Morgner-Haus/Kreishaus), 99 Paderborn (Univ), 2000 Ahlen (Stadtgal), 01 Lippstadt (Rathaus) / **Lit.: 50**-02

Ebel, Hans-Peter (F) / 1941 Hannover- / lebt (2006) in Rheine / Autodidakt / Ausst. u. a. 2003 MS/Osnabrück (Flughafen), 04 Düsseldorf (Flughafen), 06 Hörstel-Gravenhorst (Kloster), Rheine (VHS) / **Lit.:** H.-P. E.: „Hasselblad – Das Fotoerlebnis" – MV-Verlag – MS, 2005

Ebel, Martin (B) / 1962 Münster- / lebt (2002) in Rosendahl-Darfeld / Bildh.-ausb. b. Heinrich Sievers in Münster / haupts. Steinbildhauer / Werke u. a. in Berlin/Leipzig, MS-land (u. a.-Schloss Lembeck) + Westf. = u. a. Wesel (Berliner Tor)

Ebeling, Rago Torre (auch Torre Ebeling, Rago) (Prof. h.c.) (M/G/B/O) / 1926 Dessau- / lebt (2005) in Leopoldshöhe / Jugendzeit in Weimar / nach Kriegsdienst/Gefangensch.: Stud.-Weimar 47-48 HfBK, Rostock (Kunstg) u. Berlin-Charlottenburg 51-57 HfBK, 56 Meisterschüler / 56-57 Stip. f. Paris / nach Tätigkeiten (u. a. Reporter/Kritiker/Redakteur) in Berlin/Nürnberg /Bielefefeld: 78-95 Lehrt. Univ./GH-Paderborn, 86 Prof. h.c., 92 Gast Univ.-New York / Mitgl.-„Das Fachwerk"-Bad Salzuflen, „Lipp.-KB" Detmold u. s. 93 Initiative „Künstler für Europa" / Ausst. s. 1948, u. a. Sao Paulo/USA, 49 (Bet.-„Blevin-Davis-Preis"), 95 Minsk-Weissrussl., 2003/05 Bad Salzuflen (Sparkasse/Das Fachwerk), 04 Detmold (Kreishaus), + OWL/N / **Lit.:** u. a. **131**-95+03

Eberhard (Baumeister) / tätig in Höxter, dort 1814-1839 Bauinspektor, 1839 pensioniert / weitere Daten unbek. / Werke, u. a. Kirchen in Großeneder, Amelunxen u. Löhne / **Lit.:** D.K.-Teil 2

Eberhard, August (M) / * 1900 – ? / w. Daten nicht bek. / war ev. Lehrt.-Dortmund / **Lit.: 98a**

Eberhard, Ernst A. (fälchl.-w. auch Eberhardt) (M/G) / NEU: 1914 Brackwede b. Bielefeld – 1993 Herford / war Mitbegr. u. Mitgl. „Das Fachwerk"-Bad Salzuflen / Ausst. u. a. 2004 Bad Salzuflen (Das Fachwerk), + OWL / **Lit.:** In: „Lippischer Kalender" – 1991

Eberhardt, Gerd (M) / 1927 Hannover – / lebt (2004) in Bad Driburg / war Ltd. Arzt (Prof. Dr. med.) / Weiterb.: ab 91 kunsttheor. Ausb. Univ./GH-Paderborn, Malerei b. J. Noltensmeier, Erol Arslan u. Dieter Laue / s. 98 freisch. u. Mitgl.-„Associazione Artist Ascona" / Ausst. u. a. 1998 Bielefeld/Bad Driburg, 99 Göttingen, 2001 Neuenheerse, 02 Hameln, Köln (Lions Club), 03 Paderborn (Haus d. ev. Kirche), + OWL / **Lit.:** In: „Benefiz-Kunst-Auktion" – Katalog – Lions Club – Köln-Theophanu, 11/2002

Eberstein, Carl (Porzell.-m) / um 1853 – 1879 in Münster tätig (s. auch Porzellanmuseum-MS) / **Lit.: 63b** + erw. in: B. Haunfelder: „Feines Porzellan aus Münster" – in: „Auf Roter Erde" – Nr. 3/2002 – „WN"-MS v. 22. 3. 2002

Ebert, Anne (Annegret) (G/D/Ill/M) / 1963 Moers/Niederrhein – / lebt (2001) in Münster / nach Abitur in Borken: Stud.-MS 84-89 FHD (Ill/Grafik-Des) / 92 u. 94 Mittelmeer-Stud.-reise m. „Kirche u. Leben" / Bis 2001 sind 44 Bücher m. Illustrationen v. A. B. erschienen, u. a. = **Lit.:** Ill. u. Kunstdrucke v. A. E. für Behinderten-Projekt, veröffentl. in: „Kirche u. Leben" – 1994 –

Diözesan **K**irchenzeitung – Münster; Ill. v. A. E. in Arbeits- u. Lehrerhefte u. in „Pusteblume u. Kleeblatt" – Bd. 1-4 – **S**chroedel Schulbuchverl., 1999-2001; Ill. v. A. E. in Büchern, hier nach Verlagen sortiert: **A**rena-Verlag: „Tannenduft und Lichterglanz" – 1994; „Das bunte Frühlings- u. Osterbuch", „Noch 24 Tage bis Weihnachten", „Von Weihnachtsengeln u. Kinderträumen" – 95; „Pony- u. Pferdegeschichten", „Die Bibel", „Ihr Kinderlein kommet", „Billi Bär und der Weihnachtsmann" – 96; „Cowboys u. Indianer", „Als der Osterhase verschlafen hatte", „Von drauss' vom Walde komm ich her", „Alles streng geheim" – 97; „40 Hasensprünge bis Ostern", „Achtung Monster", „Turboschnelle Kinderspiele", „Lichterglanz in allen Herzen" – 98; „Hier kommt der Osterhase", „Weisst du wieviel Sternlein stehen", „Weihnacht auf Erden" – 99; „Bandolino", „Dixie heisst mein Pony", „Das Geheimnis der verschwundenen Katzen", „Ein filmreifer Bankraub" – 2000; „Der Fluch der gestohlenen Masken", „Die schönsten Geschichten aus der Bibel", „Kommt, wir folgen dem Stern" – 01; „Allererste Geschichten vom Bauernhof" – 02; **A**rs-Edition: „Kleine Ponygeschichten" – 98; **C**hristopherus-Verl.: „Förderspass ZOO" – 01; Verl.-**C**oppenrath: „Folget dem Stern" – 90; „Weihnacht wird es wieder" – 93; „Wilhelm Buschs klitzekleine Hausapotheke", „Der Ball der Tiere" – 94; „Tiergeschichten" – 01; Verl.-**E**sslinger im ÖBV: „Was macht ein Nilpferd in Paris?" – 91; **H**erder-Verl.: „Scheewittchen" – 95; Verl.-**K**erle: „Bei Familie Bär ist was los" – 01; Verl.-**L**oewe: „Schlüsselquiz Natur", „Schlüsselquiz Indianer" – 01; **P**estalozzi-Verl.: „Sven und sein Bauernhof" – 01; **R**avensburger-Buchverl.: „Tiere in der Nacht" – 99; „Kleine Tiere haben Hunger", „Kleine Tiere spielen gern", „Tiere u. ihre Kinder", „Wo schlafen die kleinen Tiere" – 2000; „Welche Tiere siehst du hier?", „Unsere Tiere auf dem Bauernhof" – 2002; Franz **S**chneider-Verl.: „Überraschung im Klassenzimmer" – 2002

Ebert, Evelyn (O/I) / 1979 Essen – / lebt (2006) in MS / Stud.-MS ab 2000 Akad., s. 01 Univ (Ethnol) u. 03/04 Inst. for Arts and Design Vancouver-Kanada, 05-06 Erasmus-Stip. f. Avignon / Ausst. u. a. 2003 Emsdetten (Gal.-MS-land), MS (Erdgas), 04/05 MS (Tunnel-Hindenb.-platz/Kunst-Container/Wewerka Pav/Stadthausplatz), 05 Lingen (Kunsthalle) / **Lit.: 18-**05 + **183-**3 + **229-**03 + **246-**05

Ebert, Helmut (M/Z) / 1932 Gross Ottersleben b. Magdeburg/jetzt Mageburg – / lebt s. 55 in MS / NEU: Ausst.-gen 2001 Gelsenkirchen (Atelier-Antenne), 02 (Buchhandl.-Poertgen-Herder/ Phil.-Theol.-Hochschule), 03 Gelsenkirchen (Kleine Galerie), MS (Unicef/Zweigbibl.-Medizin=Univ.-kl), ab 04 im Internet (artgalerie-deutschland+lex-art) / NEU: **Lit.: 26-**32 + **26a-**05 + **27-**5 + **73** + **82** + **91** + **Autor** von: „Künstlerlexikon für Münster und Umgebung" – 1. Aufl. – Verl.-Nodus-Publikationen-MS, 3/1996 u. „Ergänzungsheft" zum Künstlerlexikon-MS, 3/ 1997; 2. erw. Aufl. – Selbstverl.-MS, 8/1997; H. E.: „Lexikon der Bildenden und Gestaltenden Künstlerinnen u. Künstler in Westf.-Lippe" – Verl.-Aschendorff-MS, 2001 + Ergänzungsbd. 2006, in Beilage: CD-Neuausgabe „Künstlerlexikon Westfalen-Lippe", Münster, 2006

Ebert, Klaus (M) / NEU: 13. 2. 1949 Münster – 3. 12. 2003 ebd. / (s.: Beilage: CD-Ausgabe 06)

Ebert, Larisa (Lara) (L. Syomina / L. Semina) (M) / 20. 11. 1962 Skopin b. Rjasan/Russland- / lebt (2003) in Glandorf / Stud.-Rjasan-Russl. (Bühnen- u. Kostümbildnerin) / s. 2000 verh. m. Martin **E.**, ab 01 in Deutschl. / Ausst. u. a. 1995-98 Rjasan (Kü.-verein-Rjasan), 99 MS (Rathaus/Chir.-Univ.-kl), Senden (Rathaus), 99/01 MS-Albachten (Kunstfestival), 2000 Zareisk-Russl. (Mus/Kulturzentr), 2000-02 MS (Brücke/Rathaus/Passage-Alter Fischmarkt), 02 Lengerich (Akad.-Talaue), 03 Osnabrück (Stadthalle), MS (Autohaus), Sassenberg (Mühle), Ostbevern (Rathaus)

Ebert, Martin (M/G/Z) / 25. 8. 1955 Brilon-Wald- / lebt (2006) in Glandorf / NEU: 2000 verh. m. Larisa **E.** / (Biografie in Beilage: CD-Ausgabe 2006)

Ebert, Thomas (F/D) / 1964 Vaihingen/Enz- / lebt (88) in Dortmund / nach fotogr. Tätigk. 84-85: Stud.-Dortmund ab 85 FHD / Ausst. u. a. 1987 Dortmund (Mus. f. K. u. K.) / **Lit.: 202a**

Ebertz, Hiltrud (M/Coll.-k/Khw) / 1937 Essen- / lebt (2004) in Netphen / s. 82 Bauernmalerei u. ab 85 Malerei, 92 Collagen / Ausst. in Südwestfalen / **Lit.: 110b** + **110c-**04

Echtermeyer, Bernd (Prof) (A) / lebt (2000) in Dortmund / eig. Büro in Dortmund / Werke u. a. in Dortmund (s. Lit.) / **Lit.: 197b-**99

Eck, Heinz (Industriedes) / * 1940 – / lebt (2002) in MS / Stud. FHD-Wuppertal / s. 82 „Eck-Design"-Münster, Mitgl.-„VDID" / Ausst. u. a. 1998 MS (IHK) / **Lit.: 205-**94+97(2x erw.) + **205a-**89 + „Eck-Design" – Werbefaltblätter, 1998

Eckardstein, Friederike von (M/Materialb.-k) / 1961 Lemgo- / lebt (2001) in Recklinghausen / Stud.-Kassel 77-80 Akad., Bochum 80-82 Univ. (Kunstg), Bochum/Göttingen/Wuppertal 81-87 Univ.-n (ev. Theol), Berlin 84-93 Kunsthochsch. (Kunst) u. Düsseldorf ab 94 Fritz Perls-Inst.

(Kunstpsychotherapie) / ab 91 Pfarrerin in Recklinghausen / Ausst. u. a. in Schwerte, 1981 Göttingen (Univ), 91/94 Recklinghausen (Sammlung Dreibholz/Kutscherhaus), 98 Schmalkalden (Schloss Willhelmsburg), 99 Iserlohn (Evangel.-Akad) / **Lit.: 263**

Eckardt, Petra (M) / 1955 Iserlohn – / lebt (2006) in Kamen / Stud. Univ.-en Siegen/MS (Kunst/ Textilgest) u. Seminar-Lüdenscheid (f. Sekundarstufe I) / 81-87 Lehrt.-Krefeld u. Bergkamen / ab 99 Mitgl. „KB-Schieferturm"-Kamen, 01 Vors.-e, s. 02 „BBK-Westf." Dortmund / Ausst. u. a. 1998-2000 Dortmund/Iserlohn/Bönen/Beeskow/Hamminkeln/Selm/Wuppertal, 2001/02 Kamen (u. a. Musikschule), 01 Menden, 02 Hamm, 03 Krefeld, Dortmund (Torhaus/Mus. f. K. u. K.), Attendorn (Rathaus), Witten (Boesner), 03/05 Bo.-Wattenscheid (Technol.-zentr), 04 Castrop-Rauxel (Rathaus), 05 Kamen (Stadthalle/Gal-Zurr), Herne (Archäol.-Mus), 06 Gelsenkirchen (Wissensch.-park) / **Lit.: 3-**02/03+03(1+2)+04(1)+05(1+2) + „P. E." – Katalog – Selbstverl.-Kamen, 2003

Eckartz, Peter (B) / * 1959 – / lebt (2004) in Dortmund / Autodidakt / Ausst. s. 2000, u. a. in Bochum, Dortmund (IHK), 2004 Dortmund (Off. Atelier) / **Lit.: 120c-04**

Ecker, Helga (M/Khw) / * 1947 – / lebt (2002) in Rheine / Weiterb.-Kurse: Rheine/MS/Selb(Porz.-malschule)/Hamm, Schermbeck(Marionetten), NL(Puppen), Greven (Seidenmalerei) / Ausst.-gen in London, 2001 Steinfurt (Off. Atelier/Sparkasse), 02 Rheine (Off. Atelier), + MS-land / **Lit.: 206-**01

Eckersdorff, Fred (M/B/Kunst im Bau) / 1909 Essen – / lebt (2002) in Meschede / Ausb. Folkw.-schule Essen / ab 32 freisch. / war mit **E**lisabeth E. (M / † / Ausst.-gen in Südwestf.) Mitgl. Gr.-„Der Bogen"-Arnsberg-Neheim-H. / Werke in Westf. / **Lit.: 213-80**

Eckert, Karl-Heinz (Z/F/O/Konzeptk) / 1950 Halle/Westf.- / lebt s. 70 in Berlin / Stud.-Berlin 70-77 HfBK / Stip.: 1988/91/93/96 / Ausst. = N / **(s.=A/E)** / **Lit.: 26-**32

Eckert, Ursula (M/Z) / 13. 1. 1916 Thorn/Westpr.- / lebt (95) in Hemer / Stud. FH-Berlin (Grafik) / Ausst. u. a. 1994 Hemer (Felsenmeer-Mus) / **Lit.: 242**

Eckey, Ulrich (A/Dipl.-Ing) / 1960 Münster – / lebt (2002) in Esslingen u. Stuttgart / Stud.-Berlin/ Darmstadt 81-89 TH / 89-94 tätig in Köln u. Stuttgart, ab 92 Büro m. Andrea Melchior (* 1961 Heilbronn) in Stuttgart, 95-2000 wiss. Mitarb. Univ./TH-Karlsruhe / Werke = N / **Lit.: 219-**02

Eckstein, Alfred (A/M/Z) / 1897 Neidenburg – 1950 in Laudenbach oder Hagen / Vater v. Ruth u. Hans **E.** / **Lit.: 26-**32(erw. b. Ruth E.)

Eckstein, Hans (M) / * 1918 – / lebt (1995) bei Montreal/Que. / Sohn des Alfred E. u. Bruder v. Ruth **E.** / **Lit.: 26-**32(erw. b. Ruth E.)

Eckstein, Ruth (M/G) / 1916 Nürnberg – / lebt (2002) in Great Neck/N. Y. – USA / Lit.: 26-32

Eckstein, Ruth (M/G/Coll.-k/B) / NEU: 1920 Wetter/Ruhr – 1997 Hagen / Tochter des Alfred **E.** u. Schwester v. Hans **E.** / (Biografie in Beilage: CD-Ausgabe 2006)

Ecu, Wyny (Wyny, Ecu = falsch!) (M/B) / 1931 Bochum – / lebt (2005) in Berlin / Stud. Akad.-Düsseldorf u. an Werkseminaren / Werke in N / Ausst. u. a. 1983/2003 Berlin (Gal.-Plintke) / **Lit.: 26a-**05 + W. E.: 2x im Verlag Books and Demond – Norderstedt: „Kunstbiografisches" – Mit Form- u. Farbanalysen – 2004; „Lächelnde Mona Lisa enträtselt" – 2005

ED (Pseudonym) s. Lück, Edgar

Edelbrock, Bernard (Glockengießer), in Brilon tätig = s. Junker, Albert

Edelbrock, Joseph/Wilhelm/Rudolph/Carl s. **P**etit&Edelbrock – Glockengießer in Gescher

Edelmann, Ulrich (M/B/I) / 1952 München – / lebt (2006) in Bielefeld / Autodidakt / Stud. Univ.-Göttingen u. PH-Bielefeld (Päd/Deutsch/Engl/Sport) / s. 78 Lehrt.-Bielefeld / Ausst. in Bielefeld: 1999 Am Wiesenbach, 2001 Kunsthallenpark, 02 Botan. Garten, 03 Burg Sparrenburg

Edischerow, Alexander (M/I/O/Konzeptk) / 1973 Tbilissi/Georgien – / lebt (2006) in MS / Stud.-Tbilissi 89-95 FH (Malerei) u. 95-98 Akad. (Malerei), Stud.-MS 98-06 Akad., 05 Meisterschüler / 04 Workshopbeteil. Villa Romana Florenz / Ausst. u. a. 2003 Emsdetten (Gal.-MS-land), 04 Rheine-Bentlage (Kloster), MS (Tunnel-Hindenburgplatz/Adventskirche), Krakow-Polen (Int.-Biennale), 05 Billerbeck (Bahnhof), MS (Halle-Speicher II), Tbilissi-Georgien, Lingen (Kunsthalle), 06 MS (Radstation) / **Lit.: 229-03 + 231a + 246-**04(1+2)+05

Egger, Johann **Georg** (Ögger) (Baumeister) / stammt aus Elbigenalp am Lech, um 1737-44 in Oelde bek. / Werk in Dinker (Kirche) b. Hamm / **Lit.:** W.H. **+ 112a**

Eggert, Franz (Orgelbaumeister) / 1849 – 1911 / lebte in Paderborn / Sohn des **K**arl Joseph E., der 1840 eine Holzbearb.-werkst. v. s. Vater übernahm, später Handel m. Klavieren/Wanduhren u. betrieb den Orgelbau (u. a. Orgel in Berge b. Lippstadt) / **F**ranz E.: 1874-1902 selbst. / Werke u. a. in Paderborn, Höntrop u. Westf. (Bochum) / 1903 übernahm Anton **F**eith sen. +

jun.(Veith) den Betrieb (Firma Veith-Eggert), Nachfolger wurde 1972 die Orgelbauanstalt Siegfried Sauer, Höxter-Ottbergen / **Lit.: 146c** + Internet (b. Siegfried Sauer)

Ehlers, Margarete (T = Seidenmalerin) / lebt (2004) in Gütersloh / langjähr. Tätigkeit / Mitgl. „AdK"-OWL / Ausst. = OWL / **Lit.:** In: „Seidenmalerei" – Handbuch IV – Gal.-Smend-Köln

Ehlers, Sabine (M/Z/I) / 1950 Hannov.-Münden- / lebt (2006) in Bielefeld, Atelier in Halle/W. / nach Schulzeit in Lippstadt: Stud.-Düsseldorf 70-76 Akad. (Kunsterz), 76 Univ.-Bielefeld (Phil) / s. 80 Lehrt.-Halle/W. / 02-04 Vors. m. Imke Brunzema „FrauenKunstForum"-OWL / Ausst. s. 74, u. a. in Kraneburg/Woerden/NL/Prissian-It., 2000- Bielefeld/OWL (Archiv), 01 Bielefeld (Bethel/Ausst.-bahn), 02 Halle-W. (Rathaus), 02-05 Halle/W. (Off. Atelier/Kunstnacht), 03 Bielefeld (2xQ-Tour), 05 Gütersloh (Kv), + OWL / **Lit.: 124-**05 + **152b-**02...05 + **191b-**04 + **192-**01+03+04 + In: „Stilleben" – Ausst.-kat. – Hist.-Mus.-Steinhagen, 2000

Ehmann, Antje (Film- u. Videok) (Autorin) / 1968 Gelsenkirchen – / lebt (2006) in Berlin / Filmwiss.-in/Filmkuaratorin, 95-99 Mitarb.-in Duisburger Filmwochen, 99-03 wiss. Mitarb.-in „DFG"-Projekt, ab 04 Film-Recherchen- Arbeiten- u. Literatur / Auff.-en u. a. 2004 Halle-S./ Montevideo/Toronto, Berlin (Kunst-Werke e.V.), 04/05 Berlin (Hebbel am Ufer), 06 Wien (Generali-Foundation)

Ehrenberg, Rita (F/G/M) / 1961 Duisburg – / lebt (2006) in Oberhausen / 91-92 Beteil.-Fotoworkshops, 93-96 Werbe- u. Gebrauchgrafik-Fernstud., 97-2000 Abendstud. IfBKuK Bo.-Wattenscheid (Fotogr/Ill) u. Weiterb.-kurse (Malerei) b. Katja Fliß u. Helga Wilmsen, 02-03 Werbetexterausb. in Bonn / Mitgl.: „Arbeitskreis Oberhausener Künstler", 01 Mitbegr. Gr.-„Ruhrgalerie", ab 05 Gr.-„Kunstgemeinschaft"-Bottrop / Ausst. u. a. 1998-2003 Oberhausen-Vonderort (Landesgartenschau), Oberhausen (CC-Bank/Gal. auf Zeit), 04/05 Oberhausen (Aktion: Freibad Alsbachtal/Ebertbad), 05 Bottrop (RWW/Kulturzentrum), Merseburg (Studienkreisgal)

Ehrhardt, Ingeburg (M/Coll.-k) / 1920 Chemnitz – / lebt (99) in MS / Weiterb.: VHS Bielefeld/ Wuppertal/Aachen / Mitgl. u. Ausst.-gen in Gr.-„Spektrum 77"-MS s. 87 / **Lit.: 39-**87+93

Ehringhausen, Wilhelm (Willy) (Prof) (M/G/Ill/Exlibrik) / NEU: 28. 3. 1868 Münster – † nach 1940 München (?) / Ausb.-München b. J. Huber-Feldkirch u. H. Knirr, dann Stud.-Akad. b. J. C. Herterich, lebte s. 1890 in München / **Lit.: 6b** + **24-**10 + **26-**32 + **34-7**+8,2+9,2 + **84-**14/ 20=Ehringhaus(en) + **215-**6 + In: „Das Kunstwerk des Monats" – 12/2002 – S. 2-3 – WL-MS; In: A. Rittmann: „Buch- und Lesekultur um 1900" – Blüte des Exlibris – WL-MS, 2004

Eiber, Simon Peter (Schmuckgest) / Daten nicht bek. / 87/88 für (s.:) „Niessing"-Vreden tätig / 88 = 1. Wettbew.-Pr. Oberursel / s. „Niessing"

Eiberger, Sabine (F) / 1974 Frankfurt/M.- / lebt (2002) in Dortmund / Stud.-Kassel 95 Univ/GH u. 96-2001 Dortmund Univ. (Fotogr) / ab 3/2001 Mitgl. *(siehe)* Gr.-„Kunstknoten"-Dortmund / Ausst. u. a. 2001 Dortmund (Harenb.-City-Center/Beteil.-Aktion-„Kunstknoten")

Eichardt, Andrea (F/D/Filmk) / * 1978 – / lebt (2006) in Dortmund / Stud. FHD-Dortmund, 05/06 Ausl.-Stip. / 06 = 2. Design-Pr. NRW f. Beteil.: Magazin „Affairen" – FHD / Ausst. u. a. 2005 Essen (Proj.: PACT-Zollverein) / **Lit.: 203h-**05

Eichner, Edith (M/Ill/B) / Neu: 1928 Bärenstein/Sachsen- / lebt (2002) in Edmonton/Alta (Kanada) / Ehefrau v. Heinrich E. / (Biografie in Beilage: CD-Ausgabe 2006)

Eichner, Heinrich (Heinr. Richard) (B) / NEU: 1922 Schweidnitz/Schlesien – 1974 Edmonton/ Alta in Kanada / Ehemann v. Edith E. / (Biografie in Beilage: CD-Ausgabe 2006)

Eick, J. (Ill) / Lebensdaten nicht bek. / Werke v. J. E. wurden 1837/40 b. P. Herle & Co.-Paderborn gedruckt / **Lit.: 215-**6 + In: A. Kracht: „Die Rittergüter der Provinz Westfalen" – Herle & Co.-Paderborn, 1837-40 + Frankf.-M. – Neuaufl. – 1972

Eick, Sarah (F) / 1974 Emsdetten- / lebt s. 2001 in Berlin / Stud.-MS 94-98 Univ. (Kunstg/Phil/ angew. Kulturwiss) u. Fachber. freie Malerei, 98-2000 fotogr. Ausb. / Ausst. u. a. 2001/02 Berlin/Hamburg/Essen, 04 MS (Café-WL) / **Lit.:** Michael Detto/S. E. m. Jörg Klaus (Fotogr.): „Los Angeles" – 2001

Eickel s. Eikel

Eicken, Paul in den (M/G/B) / 1945 Bielefeld- / lebt s. 93 Mallorca, 93 Palma u. 2005 Maria de la Salut / Stud.-Mannheim 62-68 Wksch (Gr.-Des) / 75 Grafik-Des.-Pr. Deutscher Presseverb., 77/78/81 Preise in Darmstadt u. Speyer, 82 H.-Purrmann-Pr., 95 Mención de Honor – Palma de Mallorca / Lehrt. 68-74 FHfG + 80-85 Akad.-Karlsruhe, 80-93 Atelier in Speyer / Ausst. = N/Mallorca / **Lit.: 26-**32 + **26a-**05 + **107a-**78…80+82…84 + **108-**2 (= **In** den Eicken)

Eickmann, Christa (M) / 1935 Gleiwitz(Gliwice)- / lebt (2002) in Dortmund / Stud.-Dortmund 56-60 Wksch / Ausst. u. a. 1977/85 Dortmund (Mus/Bank), 90 Paderborn (Kv) / **Lit.: 26**-32

Eikel (Eickel) = Kunstschlossermeisterfamilie in Paderborn im 19./20. Jh. / Kunstgewerbl. Werkstätten f. kirchliche u. profane Metallarbeiten usw. / Werke u. a. in Südostwestf. / **Lit.: 101**(m. w. Lit.-ang.) // *chronol. Aufstellung*: **Peter** / 1853 Paderborn – 1927 ebd. / war auch Ratsherr // **Heinrich Peter** / 1857 Paderborn – 1928 ebd. // **Konrad** / 1863 Paderborn – 1930 ebd. / außerdem Beruf: Wirt // **Franz** / 1890 Paderborn – 1939 ebd. // **Joseph** / 1891 Paderborn – 1941 ebd. // **Heinrich** / 1900 Paderborn – 1936 ebd. // **Bruno Anton Josef** / 7. 8. 1927 Paderborn – 1984 ebd. // **Bruno** (Metallgest/Kunstschmied) / 1968 Paderborn- / lebt (2006) in Paderborn / nach Ausb. = Stud.-MS 94-95 Akad. Gest. im Handwerk / Mitgl. „BBK"-OWL / Ausst. u. a. 1995 MS (HBZ), 2001 Kevelaer (manu factum) / **Lit.: 48x**-01 + **124**-05 + **127**-95

Eikel, Werner (auch: Eickel, W.) (Prof) (G/D/Kalligr) / NEU: 1929 Hagen/W. – 1998 Aachen / (Biografie in Beilage: CD-Ausgabe 2006)

Eikenberg, Andreas (F) / 1968 Hannoversch Münden- / lebt (2005) in Paderborn / 1. Vors. s. 05 „Raum für Kunst" Paderborn / Ausst. u. a. 1999 Paderborn (Technopark), 02-05 Paderborn (Off. Atelier) / **Lit.: 101b**-02…05

Eiler, Maria (M/G/Ill/T) / lebt (2006) in Steinfurt / * um 1917 in Emsdetten / Stud.-MS um 42 Kgsch / Ausst. u. a. 2003 Burgsteinfurt (Pfarrzentr. = Stiftung f. Mission) / **Lit.:** J. Barschewitz/M. E.(Ill.): „Michels Traumreisen" – Aschendorff-Verlag – MS, 2004

Eilert, Yvonne (M/Z) / 1973 Wuppertal- / lebt (2002) in Ennepetal / Bauzeichnerinausb., Weiterb.-Malerei / 99 Mitgl. Gr.-„Kunstraum"-Ennepetal u. „Künstlergilde"-Hagen / Ausst. u. a. 96 Wuppertal, 97 Ennepetal, 98 Dortmund, 99 Schwelm/Hagen, 2000 England, 01 Gevelsberg (Rathaus), 02 Schwelm (Haus Martfeld), Hattingen (Henrichshütte) / **Lit.: 211**-2000+02

Eimermacher, Cäsar (M/Z) / NEU: 11. 10. 1875 Wien – 8. 2. 1958 Bad Ems / Stud. Akad.-Kassel u. Univ.-Göttingen, danach Lehrt. Kgsch/Akad.-Kassel / wurde Hofmaler am königl. preuss. Hof, ab 1904 in MS, 06 Gründer u. bis 22 Direktor/Lehrt. an der „Akad. f. Zeichnen u. Malen" in MS / danach tätig in Rom/Oberhausen, s. 39 Bad Ems / bek. Werk ist d. Porträt v. Papst Pius XI. (22) / Ausst. u. a. 1950/75 Bad Ems (Kurhaus/Stadtmus) / **Lit.: 25**-2 + **26**-33 + **63** + **84**-52/68/71/72

Einberger, Thomas (F/D) / 1960 Penzberg – / lebt (2005) in München / Stud.-Bielefeld 81-86 FHD (Foto-Des) / ab 87 m. Bert **B**ostelmann (87-02) Fotoagentur „argum-Fotojournalismus" in München / Ausst. u. a. 1988-2000 München, + Internet / **Lit.:** Internet

Einsele, Martin (A) / 11. 4. 1928 Kirchheim/Teck – / lebt (70) in Gladbeck u. Stuttgart / Stud.-Stuttgart 48-55 TH / 55-57 tätig in Stuttgart u. London, 59-65 Ltg. Planungsamt Gladbeck, 65-? Eig. Büro in Gladbeck u. Stuttgart / Werke u. a. in Westf. (Beteil. Univ.-Dortmund)

Eise, Mona (F/Film/D) / 1965 Lich- / lebt (2003) in Köln / Stud. Univ.-Giessen (Kunst) u. Bielefeld s. 87 FHD (Foto- Filmdes) / Ausst. u. a. 1991 Herford (D.-Pöppelm.-Haus), 92 Marl (Mus) / **Lit.: 114d** + **230b**-6

Eisenegger, Renate (jetzt: Eisenegger-Worgull, R.) (F/Aktions- u. Videok) / 1949 Gelsenkirchen-Horst- / NEU: lebt (73) in Gelsenkirchen-Buer, 2005 in Schaffhausen/Schweiz / (Gattin v. René E. (B/M/G/F/Videok) * 1940 Schaffhausen/Schweiz) / Stud.-Düsseldorf 68-71 Akad., Hamburg 73-74 HfBK, Düsseldorf 74-77 Univ. (Kunstw) u. Zürich ab 79 Univ. (Germ/Angl) / 72 Stip. Kiefer-Habitzel-Stiftung, 73 Eidgenöss. Kunst-Stip. / Ausst. u. a. in Gelsenkirchen, 2000 Mexiko-City/Istanbul-T., 04/05 Beteil.-Wanderausst.-Zürich/Schaffhausen/Duisburg/Saarbrücken/Stuttgart/Wien, 05 Schaffhausen-Schweiz (Kulturzentr), + N/INT / **Lit.: 26**-33 + **145**-73 + In: „Lexikon der zeitg. Schweizer Künstler" – Frauenfeld/St., 1981; In: „Kunstpostkarte NRW" – 100 Jahre Bildpostkarte – Katalog f. Wanderausst. – Bramsche, 2004/05

Eisermann, Fred (M/Z) / 1909 Dortmund – 1965 / Ausb. b. Const. Hölscher in naturw.- u. techn. Studien / naturwiss. Tätigk., ab 44 Schweiz, s. 51 Malerei / Ausst. u. a. in München/Zürich / **Lit.: 26**-33

Eitzen, Meino von („Meino") (M) / 1963 Niebüll – / lebt s. 92 in Wuppertal / Stud.-Düsseldorf 84-92 Akad., 89 Meisterschüler / Stip. Cité Int. des Arts Paris u. Chicago Art Inst. / ab 97 Lehrt. IfBKuK-Bo.-Wattenscheid / Mitgl. Int. Gr.-„Die Werft" / Ausst. = NRW / **Lit.: 216**

El Grube, Nils (B/O) / * 1970 – / lebt (2004) in Detmold / Stud.-Ipswich-GB 94-96 Suffolk Coll. u. Norwich-GB 96-2000 School of Art&Des. / 96 1. Pr. The Deben Decorative and Fine Arts Annual Award u. 01 Stip./Mitgl. Royal Soc. of British Sculptors / Ausst. s. 1998, u. a. in Norwich/Norfolk/NSDA/Ipswich/Suffolk/Millfield-GB, 2002/03 Detmold (Off. Atelier), 03 Blomberg,

Frankf./M. (Kunstforum-Loewenhof), 04 Bad Salzuflen (Das Fachwerk), Lemgo (Stadtgal) / **Lit.: 132a**-02+03

Elben, Georg (F) / * 1963 – / Ausst. u. a. 1986 Hagen (Mus) / **Lit.: 97**-86

Elbers, Michael (F/F-I/Kommunik.-des) / 1962 Rheine – / lebt (2003) in Bielefeld / 77-80 Kfz.-mech.-ausb., 86/87 Fotoass. b. Prof. Pan Walther, danach Stud. FHD-Bielefeld (Vis.-Komm), ab 02 im „Ev. Johanneswerk e.V." tätig / Ausst. u. a. 1991 Herford (D.-Pöppelm.-Haus), Beteil.-Wanderausst.-OWL / **Lit.: 114d**

Elbin, Ursula (M/G) / 1923 Gelsenkirchen – / lebt (2002) in Goch / Stud.-Essen ab 39 Folkw.-sch. u. Berlin ab 42 Textil- u. Modeschule / Mitgl. „Niederrh.-KB"-Kleve / Ausst. u. a. = Ndrrh. / **Lit.: 26**-33

Eleutherius s. Ellinger, Seraphim

Elfert, Mirko Stefan (B/O/I) / 1971 Wickede/Ruhr – / lebt (2006) in Menden / Berufsausb./Meisterprüfung / autodidaktische Ausb. u. Holzgest.-kurse in Neckarsteinach, s. 04 freisch. / Ausst. u. a. 2004/06 Unna (Katharinenhospital), 04 Menden (Marienkirche/Schauraum), 05 Kamen (St. Paulikirche), Bad Oeynhausen (Auferstehungskirche), Iserlohn (Gertrudiskirche), 06 Osnabrück (Katharinenkirche), 07 MS (Lamberti-Foyer)

Eling, Paul (A) / 1931 Münster – / lebt (60) in MS / Bautischlerausb., Stud.-MS Staatl.-Ing.-schule (Hochbauing) u. Akad.-Düsseldorf / 60 BDI-Stip. (m. L. Tiepelmann) / **Lit.: 214**-60

Elitez, Marion (G/D/Ill) / 1977 Mönchengladbach – / lebt (2005) in MS / Grafik-Des./Ill.-Studium in Krefeld/Paris u. bis 7/04 FHD-MS / Ausst. u. a. 2001/03 Frankf.-M. (Buchmesse), 03-05 MS (Off. Atelier-Am Hawerkamp) / **Lit.:** alle Ill. von M. E.: „Lolle und die furchtlosen Zwillinge" – Loewe-Verl. – Bindlach, 2004; „Die fürchterliche hübsche Hexe" – Verl.-Coppenrath-MS, Jhg.?; „Hans im Glück" – Pixibuch Nr. 1310 – 04; „Von Räubern, Piraten und mutigen Indianern" – Ars-Edition-GmbH, 04; H. Schulze: „Jule, Jakob und der Weihnachtsmann" – Thienemann-Verl., 04; H. Stellmacher: „Von Schluckzauber, fliegenden Besen und Hexenkindern" – Ravensberg-Verl., 04; „Zwei Freunde für Anna" – Verl.-Oetinger-Hamburg, 2005

Elkart, Karl (A/Stadt- u. Regierungsbaumeister) / 15. 9. 1880 Altshausen – 12. 6. 1959 Hannover / Reg.-Baumeister in Wolfenbüttel, 1905-11 in Altona, 12-18 Stadtbaumeister in Bochum, 18-22 Berlin-Spandau, ab 25 Hannover, dort 27 Honorar-Prof., 45-46 Berater der Stadt Bochum / Werke in Bochum: um 1910/11 Stadtpark-Restaurant (1. Preis), 13-16 Drusenbergschule u. 13-15 VEW Hauptverw.-geb. / **Lit.: 146b** + Internet

Elle, Klaus (F) / 1954 Leipzig – / lebt (93) in Bielefeld / Stud.-Leipzig 76-81 HfGrafik u. Buchkunst (Fotogr) 81-83 Malerei / ab 88 Hamburg, s. 92-? Lehrt. FH-Bielefeld / Ausst. = N / **Lit.: 203**-92

Ellenbeck, Gerd (G/Baukeramiker/Innengest) / 1924 Bochum – / lebt (67) in Brügge-Lösenbach b. Lüdenscheid / Stud. Wksch-Wuppertal / war Mitgl. Gr.-„Der Bogen"-Lüdenscheid / Ausst. u. a. in Basel/Stuttgart / **Lit.: 20**

Ellerbrock, Katharina (Filmk. = Regie/Drehbuch/Kamera) / lebt (2006) in Bielefeld / weitere Daten nicht bek. / Filmauff.-en u. a. in Bielefeld/Berlin, 2006 MS (Cinema), + N

Ellermann, Christoph (A/Dipl.-Ing) / 1954 Walchum – / lebt (2006) in Lüdinghausen / nach Stud.-Werne bis 76 FofT: Stud.-MS bis 83 FH / 83-86 tätig im Büro v. Prof. H. Pfeiffer in Lüdinghausen, ab 86 Partner u. s. 96 dazu m. J. Preckel / 89-94 Lehrt. FH-MS, ab 92 Büro in Berlin / Mitgl.-„BDA" / viele Preise, Ausz.-gen, Wettbew.-Preise, Werke im MS-land (u. a. Landesg.-schau Oelde) + NRW/N / Ausst. u. a. 2000 Rheine-Bentlage (Kloster), 02 Lüdinghausen (Burg Lüdinghausen), 04 MS-Coerde (Speicherstadt) / **Lit.: 197**-95+97+01 + **213a**-99 + **251**-05(Hg.) + **251a**-04 + **264** (S. 162-165)

Ellert, Petra (B/O/I/Papierk/Goldschm) / 1949 Düsseldorf – / lebt (2006) in Düsseldorf / Stud.-Krefeld 68-73 Wksch (Produktdes), Goldschm.-ausb. b. H. Wimmer/B. Pilar v. Pichau u. Stud.-Florenz 73-76 Akad. (Bildh) / u. a. Lehrt. 92/96/97/02 Sommerakad.-Paderborn / 02+03 Bühnenbild/Kostüme f. „Weill"-Festival Dessau / bis 2001 über 40 E.-Ausst.-en u. Ausst.-bet.-en, 01 Bottrop (ev.-Kirche), Lechenich (St. Kilian), Duisburg (Cubus-Kunsthalle/ev. Kirche), 02 Assenede-Belg. (Gal.-de Rudder), Düsseldorf (Atelier P. Royen), 05 Marl (Mus), 06 München (Kultfabrik), 07 (gepl.) Essen-Werden (Brehminsel) / **Lit.: 26**-33 + **261** + In: „Papier und Figuration" – Ausst.-kat. – Flottm.-Hallen-Herne, 1993; In: „Sehstörungen" – Ausst.-kat. – Museum-Mönchengladbach, 2000

Ellertmann, Berthold (A) / lebt (2005) in MS / tätig im Büro: „Knoche Partner Architekten"-MS / Werke u. a. in MS (s. Lit.) / **Lit.: 197**-01 + **251a**-04

Ellinger, Seraphim (Seraphinus) (A) / * in Süddeutschl., Laienbruder d. Minoriten, um 1772/82 in Brilon m. Minoritenbruder Eleutherius Bau d. Minoritenkirche St. Nikolaus / **Lit.:** G.D. + **26**-33 + **112a** + Eleutherius/Seraphinus = in: W. Hansmann: „Ku.-hist. Wanderführer" – Westfalen – 1966

Ellinghaus, Friedrich (Baumeister) / † um 1886/87 / war Baumeister in Witten/Ruhr / **Lit.: 146c**

Elmer, Marc (M/G/B) / 1971 Warendorf – / lebt (2005) in Sassenberg / Schule = Warendorf/Ostbevern/Sylt, 98-02 Ausb.-Ostbevern „Freie Kunstschule" b. Theo Schäfer, Weiterb.-Steinmetz / Galerieleiter / Ausst. u. a. MS/Füchtorf, 2001 Ostbevern (Rathaus), 05 Warendorf (Stadtmus)

Elpel, Rudolf (B/Z) / NEU: 1905 Ziegenhals/Schlesien – 1997 / lebte in Oelde / nach Ausb.: Stud. Kgsch-MS / Mitgl. u. Ausst.-gen im „Kr.-Kv.-Beckum-Warendorf" / Ausst. u. a. in Liesborn / **Lit.: 50**-92+02

Elpers, Ute (Z/Porzellanm.-in) / 1935 Münster – / lebt (2006) in MS / Porz.-malerinausbildung/Tätigk. in der „**R**ohloff-Manufaktur" – MS / im Vorstand, Geschäftsleiterin des Porzellanmuseums in MS, Werke ebd. / Ausst. u. a. 2005 MS-Wolbeck (AVO), 06 MS (Hotel Mercure /Stadtwerke), Altenberge (Rathaus), + Wanderausst.-Berlin/Düsseldorf/Pakistan

Elsbeck, Jan (B) / um 1700/1730 in Vreden tätig / Werke in Vreden (Stiftskirche) / Ausst. u. a. 1993 MS (WL) / **Lit.: 200**-2(S. 634)

Emmaneel, Helge (F) / 1969 Essen – / lebt s. 96 in Hamburg / 89-91 Assistent b. Ernst **O**ldenburg in Unna, 91 b. Ralf Steinhoff – Kamen, 92-95 Stud. Univ.-Bochum (Kunstg) / Ausst. u. a. 2002 Köln (Gal.-Jansen), 02-04 Hamburg (Kunsthaus/Gal.-Xprssns/Vorberg/Creen/Roschlaub-Gal), 03 Herne (Kunstbombe), 04 Harburg (Bank), 05 Gelsenkirchen (Wissenschaftspark)

Emmanouilidis, Ulrike (M) / * in Gifhorn – / lebt (2005) in Bünde / Stud.-Marburg 62-71 Univ. (Germ/Angl) u. 80 Weiterb. (Kunst), s. 97 Seminare b. Pavel Richtr / 83-96 Lehrt. (Erw.-bildung) / Mitgl. „Lipp.-KB", „Frauenkunstforum"-OWL, s. 03 Gr.-„upArt"-OWL / Ausst. u. a. 1986/88-90 Bünde (Krankenhaus/2xStadtmus/Volksbank), 91 Herford (Kulturmarkt), 2001 Hiddenhausen (Rathaus), Amberg-Ob.-pf. (Klinik), 02 Osnabrück, 03/04 Schwalenberg (Köpke-Haus), 03 Bielefeld (Q-Tour), 04 Schieder (Rathaus), Bonn/Taiz/Aden-Jemen, Bünde (Krankenhaus), Lemgo (Stadtgal), 05 Bad Salzuflen (Das Fachwerk) / **Lit.: 192**-03 + **250**

Emme, Renate (Ill/M) / 1968 (in OWL) – / lebt (2005) in Hamburg / Glas- u. Porzell.-malerinausb. u. Tätigk. in Taunusstein, Stud.-Hamburg Hochsch. f. angew. Wiss., Abt. Gestaltung / Kinderbuchill.-en, Veröffentl.-gen in Verlagen: Cornelsen/Cecilie Dressler/Weltbild/Springer

Emmerich, Maria (M/Z) / * 1945 – / lebt (2005) in Coesfeld / Ausst. u. a. 1999-05 Telgte (Mus), 2000 Coesfeld (Stadtgal) / **Lit.: 185**-99+2000+02+04+05

Emundts, Horst (Industriedes/Dipl.-Ing) / * 1939 – / lebt (83/2002) in Bochum / Stud. HfG-Ulm (Masch.-bau/Ind.-des/Ing) / war im Maschinenbau (-design) tätig (u. a. Köln) / **Lit.: 205**-94(erw.) + **205a**-83+89

Encke, Charlotte (M) / NEU: 1933 Bochum – 1988 Göppingen / lebte bis 75 in Wuppertal / Beruf: Sekretärin / ab um 70 Malerei, Autodidaktin / Ausst. u. a. in Wuppertal / **Lit.:** u. a. **26**-33 + **216**

End, Evelyn s. Binzinger, Evelyn

Endemann, Britta (M) / 1962 Witten – / lebt (2004) in Witten / Stud.-Bochum 83-86 Univ. (Soz/Germ) u. 86-87 Tierheilpraktikerinausb. / s. 84 freisch. / Ausst. u. a. 1985 Witten (Café Anette), 96 Dortmund (Woy's ARTelier)

Engberding, Reinhold (K/B/F/Landsch.-archit) / 1954 Herten – / lebt (2002) in Hamburg, 2005 in Telgte / Stud.-Kassel 76-82 GH (Landsch.-archit) u. Kiel 88-92 FHfG, 92 Erasmus-Stip. f. Stud. Akad.-Den Haag / 92 Westerwald-Pr. Höhr-Grenzhausen, 94/95 Stip. f. Künstlerhaus-Lauenburg, 01 Stip. Stadt Hamburg / Ausst. = N / **Lit.: 26**-33 + **26a**-05 + In: „Kunst aktuell" – S. 18/19 – Heft 9-10/2002 – Bad Schmiedeberg

Engel, Christoph (F/D) / 1975 Karlsruhe – / lebt (2006) in Köln u. Dortmund / 95-98 Berufsausb., 99-01 Foto-Praktikum in Karlsruhe, Stud.-Dortmund 01-2/06 FHD (Foto-Des), ab 04 Assist. b. Lukas Roth – Köln / 03 Anerkennung 3. Rheinischer Wettbew. / Ausst. u. a. 2002 Frankfurt (Buchmesse), 04/05 Dortmund (FHD), Karlsruhe (Emmauskirche), 04 Essen (Lohnhalle-Zollverein), 05 Mannheim (Fototage), Neunkirchen-Saar (Stadtgal), Pforzheim (Gal.-Brötzinger Art), 05/06 Washington/Casablanca/Rabat/Brüssel (Goethe-Institute), 06 Berlin-Friedrichshain (Kommunale Fotogalerie) / **Lit.: 203**-05 + **203E** + **203h**-05

Engel, Detlev (A) / 1955 Senden b. Münster – / lebt (98) in Senden/W. u. Braunschweig / Stud.-Bielefeld 74-76 Univ. (Phil/Soz), MS 76-81 FH (Arch), 81-84 Mitarb. Büros in MS/Berlin, Stud.-Delft-NL 84-88 TU (Arch) / 85-89 Lehrt. FH-MS, ab 88 freier Archit. in Senden (2001 nicht mehr!) + Braunschweig, Lehrt.-Braunschw. / **Lit.: 197**-97

Engel, Horst (O/I/Aktions- u. Perf.-k) / 1950 Duisburg – / lebt bis 93 in Minden, danach in Lünen / Autodidakt, s. 2000 künstl. Zus.-arbeit m. Andreas **B**ecker / Ausst./Aktionen u. a. 1998 Herne (Zeche Unser Fritz 2/3), 2000 Lünen (Stadtgal), Herne (Schollbrockhaus), 01-06 Lünen (Tobiaspark/Fussgängerzone/Innenstadt/Kunst am Strassenrand/Stadtgal/Alte Kaffeerösterei/Kunstmeile), 02 Moers (Gesundheitsforum), Minden (Rathaus), 04 Wiesbaden (Spreitzer Gebäude) / **Lit.: 143f** (S. 119)

Engel, Olaf (M) / 1967 Versmold – / lebt (2000) in Wuppertal / Stud.-u. a.Phil/Ontol. bis 97 / Autodidakt / Ausst. u. a. 1996 Radochow-Polen (Schloss), 97/98 Wuppertal (BBK/Produzentengal), 99/2000 Wuppertal (Backstubengal), 2000 Köln (2xKöln-Salon-e.V.), Wuppertal-Barmen (Kunsthalle), 02 Köln (SEB-AG) / **Lit.: 216 + 225**

Engel, Petra Katharina (M/G) / 1956 Herne – / lebt (2002) in Herne / Dipl.-Heilpädagogin / s. 94 Mitarb. Mus.-Zentr. Univ.-Bochum (Grafik) / Ausst. u. a. in Altenberg/Bochum / **Lit.: 142a**

Engelage, Jutta (F) / 1960 Nürnberg – / lebt (2006) in MS / 80-83 Buchhändlerin-Ausb., 83-2000 Buchhändlerin, Buchhandel-Asisstentin/Verlagslektorin, ab 01 freiberufl. (Foto/Kunst/Text) / Mitgl. Gr.-„Oculus"-MS, „KünstlerinnenForum-MS-land", „Fr. Hundt-Ges.", s. 01 Gr.-Schanze"-MS u. 05 „BBK"-Westf. Dortmund / Ausst. u. a. 1992 Marburg (Stadttheater), 97/99/02/05 MS (Landeshaus), 98 (R + V-Vers), 2000/01 MS (Jodocus), 01 Tecklenburg (Heimathaus), Schöppingen, MS (Atelier), 02 MS (Gr.-„Schanze"/Akad/Westf. Prov.-Vers), Holle-Nieders. (Glashaus), Essen (Maschinenhaus), 02-04 Luxor/Alexandria/Kairo-Ägypt., 03 Steinfurt (Sparkasse), MS (Chir.-Univ.-kl/Krameramtshaus), Telgte (Rathaus), 04 Hamm (Mus), MS (Fr.-Hitze-Haus/Landeshaus), 05 Coesfeld (Kolpinghaus), 05 MS (Lamberti-Kirchenfoyer), 06 Gelsenkirchen (Wissensch.-park) / **Lit.: 237**-02+03

Engelen, Karl (M/Restaurator) / 3. 2. 1921 Düren – 5. 3. 2002 Bad Sassendorf / Stud.-Krefeld 38-39 Wksch, (39-45 Kriegsdienst), Dortmund 47-51 Wksch / ab 54 selbst. Restaurator in Bad Sassendorf / Ausst. u. a. in Aachen/Düren/Oldenburg/Frankr., + Westf. / **Lit.: 26**-34 + **100**-98

Engelhard, Gottleb (A/M/G) / 18. 12. 1812 Kassel – 13. 4. 1876 Münster / Sohn des Daniel E. (A) 1788 Kassel – 1856 ebd. / Stud. Akad.-Kassel (Archit/Malerei) / tätig in Italien, ab 1841 Kassel / Werke u. a. in Hessen / **Lit.: 24**-10 + **26**-34

Engels, Uwe (F) / 1962 Viersen – / lebt (2006) in Bochum / 84-87 Fotogr.-ausb., 91 Meisterprüfung, s. 88 selbst. u. Atelier in Bochum m. Jaqueline Kraemer / 95 Ausz. Graph.-Club Stuttgart, 99 Ausz.-en beim Deutschen Fundraising-Pr. u. dem Ruhr-Award / s. 03 Mitgl. „Boch.-KB" / Ausst. u. a. 1999/01/02 Oberhausen (Adiamo), 2000 Nettetal (Gal. im Haubenhof), 01/ 03 Bochum (Schneiders&Behrendt), 01/02 Bad Oeynhausen (Adiamo), 2003/05/06 Bochum (Mus), 04 Bochum (Stadtarchiv), Dortmund (Stadthafen), 05 Wiebaden (Fototage) / **Lit.: 146**-03...06

Engineer, Shapoor (B) (Kettensägekünstler) / lebt (2005) in Arnsberg u. USA / Schauschnitzen in USA (u. a. Washington/Oregon) u. in Westf., u. a. 2005 Arnsberg (Kunstsommer)

Englberger, Ilse (M/G) / 11. 4. 1906 Dortmund – 31. 6. 1991 Berlin / Ehemann = Otto E. (A) 1805 Erlangen – 1977 Weimar / Stud.-Dortmund 25-29 Kgsch u. Essen Folkwangsch. / ab 45 freisch., s. 52 in Weimar / 69 Kunst-Pr. Weimar / **Lit.: 26**-34

Engler, Otto (A) / 1861 Kossebade – 1940 Düsseldorf / Bruder des Paul E. / Stud.-Holzminden 1886-88 Baugew.-schule / 1888-1902 in Dortmund tätig, s. um 1900 eig. Büro, ab 1902/03 in Düsseldorf / Werke u. a. in NRW / **Lit.: 24**-10 + **26**-34 + **34**-8,2+9,2

Engler, Otto (Dipl.-Ing/Reg.-Baumeister) / um 1920/30 in Allenstein/Ostpr. tätig / Lit.: 34-8+9

Engler, Paul (A) / 1875 Bütow/Pommern – ? († nach 1932) / Bruder des Otto E. / tätig in Düsseldorf u. Bochum, ab 1914 in Berlin / Werke u. a. in Bochum u. Berlin / **Lit.: 24**-10 + **26**-34

Enste, Jan Andreas (F/Film- Perf.- u. Klanginst.-k) / 1980 Münster – / lebt (2005) in MS / 96/97 in Frankr., 99/2000 Regiehospitanz am Landestheater Tübingen, Stud.-MS ab 02 Akad. / Ausst./Auff.-gen u. a. 2003 MS (Cinema), Freiburg, 04 Dortmund (Künstlerhaus), 05 MS (Innenstadt)

Entsberger, Jochen (A/Dipl.-Ing) / 1963 Witten – / lebt (2004) in Witten / nach Tischlerausb.: Stud.-Bochum bis 95 FH / 96-01 Mitarbeit in Archit.-büros Witten, ab 01 freisch. / s. 02 Mitgl. „BDB" / Werke in NRW / **Lit.:** Internet

Epe, Hans-Paul (B) / * 1960 (im Sauerland) – / lebt (2005) in Kirchhundem-Varste / s. 87 künstl. tätig, erst in Australien, später im Sauerland zus. mit Thomas **M**oess / Ausst. u. a. 2004 Lennestadt (Schaufenster), Hilchenbach (Wilhelmsburg), 05 Arnsberg (Kunstsommer)

Eppendorf, Margareta (eigentl.: Eppinger) (M/Z/I/Videok) / 1944 in Rumänien – / lebt (2005) in Herdecke, Atelier s. 96 in Witten / 94 Wettbew.-Pr. Dokumentarfilm Ruhrgebiet / Mitgl. „FrauenKunstForum"-Südwestf. / Ausst. u. a. 1998/2001 Herne (Treppenhausgal./Gal.-Klecks), 99 Bochum (Zeche-Lothringen), 99/2000 Gelsenkirchen (Wiss.-park/Kunst in der City), 01 Witten (Rathaus), Dresden (Gal.-risa efau), Essen (VHS), 02 Bochum (Wirtsch.-akad), Wetter (Hist.-Bahnhof), 02/03 Havanna-Cuba, 03 Wanderausst.-bet. Hagen/Altena/Attendorn/Delinghofen/Bochum, 04 Gelsenkirchen (Wissensch.-park), 04/06 Hattingen (Henrichshütte), 05 Witten (Saalbau), 05 Neuenrade (Park der Villa am Wall) / **Lit.**: **187c** + **209**-04+06(2xEppinger) + In: „Kunstausstellungen 1997-2000" – Wissensch.-zentr.-NRW – Gelsenkirchen, 2000; In: „auf-GE-zäumt Kunst in der City" – Ausst.-kat. – Innenstadt-Gelsenkirchen – 2000

Epping, M. Laurentius SR. (M. Laurentine) (M) / 1894 Ochtrup – 1983 Vechta / Stud.-Hamburg b. 1920 Kunsterz. / war Lehrt. in NRW/Brasilien, ab 50 Vechta / **Lit.**: **26**-Index-Bd. 3 + **194a**

Eppinger, Margareta s. Eppendorf, Margareta

Erben, Ulrich (Prof) (M/O) / 1940 Düsseldorf – / lebt (2006) in Düsseldorf / NEU: 80-05 Prof. Akad.-MS / (Biografie in Beilage: CD-Ausgabe 2006)

Erdmann, Doris (T) / lebt (2002) in Dortmund / Ehefrau v. Siegfried E. / Kunststickerin / war um 1960-62 Mitgl. „Dortm.-KB" / **Lit.**: **98**-80(Anh.) + **26**-34(erw. b. Siegfried E.)

Erdmann, Gerd s. Erdmann-Wittmaack, Gerd

Erdmann, Ludwig (M/Z) / 1820 Böddeken b. Paderborn – † um 1888 / Stud.-Düsseldorf 1841-46 Akad. / freisch., 1852-56 in Gr.-„Malkasten"-Düsseldorf / **Lit.**: **24**-10 + **26**-34(ausf. Biogr.)

Erdmann, Simone (M) / 1977 Moers – / lebt (2005) in MS / Stud.-MS ab 02 Akad. / Ausst. u. a. 2005 Liesborn (Mus) / **Lit.**: **56d**

Erftemeier, Frank (Filmk) / 1960 Wanne-Eickel – / lebt (95) in Kassel / Stud.-Bielefeld 88/89 Univ. (Soz) u. Kassel ab 89 Univ./GH (Film) / s. 89 eig. Filme / Auff. u. a. 1994 in MS / **Lit.**: **196**-94

Erhard, Volker s. Voré

Erhart, Walter (M/G/O) / 1947 Ankum – / lebt (2002) in Osnabrück / Stud.-MS 68-74 Univ. (Kunst/Germ, u. a. b. K. **G**onschior) / 75 Pablo-Peruda-Pr. Prag / 72-76 in MS tätig, Lehrt. 77-96 / Mitgl. Gr.-„Zeitgleich"-Osnabrück / Ausst. = N + INT / **Lit.**: **26**-34(ausf. Biogr.) + **62b**

Erlbruch, Egon (M/G) / 2. 7. 1911 Sprockhövel – 4. 7. 1934 Paris (ertrunken) / Stud.-Elberfeld 25-28 Kgsch, 28-30 Verlagsvolontär in Bochum, 30-34 Stud. Akad.-München / Ausst. u. a. 1988 Sprockhövel (Sparkasse) / **Lit.**: **26**-34 + **216**

Erlemann, Heinrich (Baumeister/Schreiner) / 1852 Wadersloh – 1917 / Schüler im Kloster Steyl b. Techelen/NL, Stud.-Theol., 1884 Priester / tätig u. Werke in Steyl u. China / **Lit.**: **26**-34

Erlenkötter, Bernward M. (B) / NEU: 1954 Rheda-Wiedenbrück – / lebt s. 98 in Nottuln / (Biografie in Beilage: CD-Ausgabe 2006)

Erler, Detlef (F/D/Video- u. Filmk) / 1961 Schwelm – / lebt (2001) in Ennepetal / Stud.-Essen 82-89 Univ./GH (Komm.-Des) / lebte in Wuppertal/Frankreich, ab 99 Ennepetal / u. a. tätig als Kameramann, Mitarb. im „WDR", „Arte", „BBC" / Ausst.: 1993 Tokio (Design-Center), 95/ 96 Paris (Centre Pompidou), 99 Ennepetal (Kluterthöhle), + N / **Lit.**: **26**-34 + **209**-99 + **216**

Ermschel, Frank (M) / 1957 Bochum – / lebt s. 91 in Kerkrade/NL / Stud.-Aachen 83-89 FH / 95 Stip. Kü.-austausch Togo/BRD / Ausst. u. a. 1988/92/94/96 Düsseldorf (Kunstpalast), + NRW/ NL / **Lit.**: **26**-34 + **107**-88+92+94+96

Ern, Rainer (B/O/I) / 1957 Fröndenberg – / Jugendzeit in Düsseldorf, ab 86 in Lübbecke (Atelier im Glashaus), Werkstatt s. 92 in Alswede / Autodidakt / Ausst. s. 1984, u. a. in Hamburg/Andreasberg, 2000 Lübbecke (Offene Ateliers), 2000/02 Kreis Minden-Lübbecke (LandArt-Festival), 02 Bielefeld (WDR-Studio), 04 Rahden-Tonnenheide (LandArt), + N / **Lit.**: **152a**-2000

Ernst, Liesel s. Metten, Liesel

Ernsting, Brigitte (M) / * 1940 – / lebt (2002) in Neuenkirchen/Westmünsterland- / Weiterb.-kurse b. Sigrid Netthorn / Ausst. u. a. in Wettringen/Rheine, 2001 Steinfurt (Sparkasse) / **Lit.**: **206**-01

Escherich, Oskar (M/Z) / 25. 2. 1913 Iserlohn- / lebt (95) in Iserlohn / Ausst. u. a. 1994 Hemer (Felsenmeer-Mus) / **Lit.**: **242**

Ess, Ellen van (M/B) / 1954 Münster – / lebt (2002) in Berlin u. Dorla b. Kassel / Stud.-MS 73-77 Archit. u. Kassel 78-84 Univ./GH (Malerei) / 89-91 Stip. f. Kleinsassen/Kr. Fulda, Gastprof.: 90-91 Univ.-Mainz u. 98-99 Univ.-Kassel / Ausst. = N / **Lit.: 26-**35 + **107-**86

Esselbrügge – Graphische Werkstatt 1. Hälfte des 19. Jh.'s in Burgsteinfurt / **Lit.: 215-**6 // **Adolph** (Lithogr) / 1813 – 1856 // **Friedrich** (Lithogr) / 1817 – 1887 / nach 1848 in Vlotho tätig / Ausst. u. a. 1987 MS (WL) / **Lit.: 215a** (S. 22)

Esselmann, Heinrich (Heinz) (A) / 17. 11. 1890 Bielefeld – 7. 9. 1942 (im 2. Weltkrieg gefallen) / ab (um) 1920 in Altona tätig, 25-32 Büro „Esselmann & Gerntke", ab 39 Soldat / Werke u. Lit.-angaben siehe in: **Lit.: 26-**35

Esser, Rudolf August (M/G) / NEU: 30. 8. 1900 Bocholt – 2. 7. 1970 Schermbeck / (Biografie in Beilage: CD-Ausgabe 2006)

Estorff, Otto von (A) / 18. 11. 1896 Berlin – 15. 3. 1974 Gelsenkirchen-Horst / Stud.-Berlin-Charl.-burg 1920-23 TH, 23-25 Ausb. im Baubüro „Heinr. Wolff"-Berlin / 26 Reg.-Baumeister, ab 27 Büro m. Gerh. Winkler (1895-1975), Partner wird s. Bruder Hans von E., nach 45 in Potsdam tätig u. ab 48 in Menden/Sauerl. / Werke/Ausst.-gen siehe in: **Lit.: 25-**2 + **26-**35

Esveld, Adriaan van (M/G) / 5. 7. 1947 Soest – / Stud. HfBK-Arnhem/NL / tätig in Arnhem/ Sloter u. Velp-NL / **Lit.: 26-**35

Ettmann, Gundula (Ettmann-Kassens) (M/G/D/F) / 1956 Lüdinghausen – / lebt (2001) in MS / 73-76 Fotogr.-ausb.-Lüdinghausen, 76-77 FofG-MS u. 77-81 Stud. FHD-MS (Grafikdes.) / s. 96 Lehrt. FofG-MS / Ausst. u. a. in Dortmund (Gruppe-Farbraum), 2000 MS (HBZ/Hof Hesselmann/Knubel-Pavillon), 01 Ahlen (Atelier-„blickfenster")

Eturiám (Ute Tobschall, geb. Werly) (M/B) / 1948 Nordheim/Kr. Bergstr. – / lebt (2002) in Lüdinghausen / 84-86 Weiterb. (Malerei) b. D. Prütting in Göbelsbach/Bayern, ab 92 Bildhauerei b. N. Ahlmann in Lüdinghausen / ab 87 therapeut. Weiterb., 92 Praktik. im WL-MS / Ausst. u. a. 1985-88 3xPfaffenhofen/Petershausen/Freising/Schloss Ratzenhofen, 89 Haltern (Sparkasse), 90/91 Senden (Rathaus), 91 Coesfeld (Stadtbüch./Sparkasse), 91/93 Lüdinghausen (Buchh.-Reminghorst), 96 Recklinghausen (Gal. im Drübbelken), 97/98 Borken (Gal. Open Art), 98 Fröndenberg (Rathaus), 98/99 Frankf.-M. (Behring), 2000 Menden (Rathaus/Gal.-Mendener Bauhütte), 01 Senden (Dauerausst.: Gal.-Kleinfein), 02 MS (Ärztehaus), 02 Lüdinghausen (Off. Atelier)

Etzemüller, Emil (M) / 1887 – 1965 / lebte in Dortmund u. Schwalenberg/L. / **Lit.: 137a** (erw.)

Eusterschulte, Bernhard Maria (I/Perf.-k) / 1962 Beckum- / lebt (2002) in Stuttgart / Stud.-München 80-93 (Theaterwiss/Phil/Germ) / s. 89 Theaterprojekte, 2001 Stip.-Bad.-Württ. f. Darst.-Kunst / Ausst./Auff. = N / **Lit.: 26-**35

Euteneuer, Thomas (M/Z/Ill/Cartoonz) / 1962 Kirchen/Sieg – / lebt (2005) in Siegen / künstl. Ausb. ab 78 in Kursen, Malfachsch.-Siegen u. b. E. Rickert u. G. Hähner, 82- Werbekaufm.-ausb. (Grafik-Des) / 80 = 3. Pr . „Gregor-Wolf"-Pr. / Werbegrafiker (Firma: „Conception/ Werbung & Marketing GmbH"), 88-91 Lehrt. FofG-Siegen / Cartoons/Zeichn.-gen in Zeitschr.-en/Prospekten u. Trickfilmproduktion auf Super 8 / Ausst. u. a. 1980 Betzdorf (Gymnasium), 85 Birken-Honigessen, Siegen (Gal.-Momen) / **Lit.: 110b + 110c-**04

Evens, Matthias (M) / 1799 Ostbevern – 1843 MS(?) / 1814 Feldprediger der preuss. Landwehr / Minoritenpater in MS / Werk in MS / **Lit.: 24-**11(=Evens) **+ 26-**35 **+ 178a**

Everhard von Münster (Everhard von Monster/Evert van Monster) (Bildschnitzer) / um 1492/93 bek. / wahrsch. ist er der „Meister der Predella des Altares der Sieben Freuden Mariens" in der St. Nikolaikirche zu Kalkar / **Lit.: 24-**11 + **26-**35

Ewald, Axel (B/Z/Landsch.-gest) / 1955 Dortmund – / lebt s. 94 im Kibuz in Harduf/Israel / Stud.-Bonn 77-80+81-83 Alanus-Kunstsch. u. 80-81 b. G. Mancke u. W. Ogilrie / Lehrt. in Sussex/ Gifford/East Lothian, s. 94 in Israel / Werke/Lit. siehe in: **Lit.: 26-**35

Ewald, Karin (M/Coll.-k) / 1953 Berlin- / lebt (2005) in MS / Lehrt. / s. 01 Mitgl. Gr.-„T.U.N. Arbeitskr. Kunst 83"-MS / Ausst.-gen ab 2001 s. Gruppe „T.U.N" = u. a. u. a. 2003/05 MS (Krameramtshaus), 04 MS (Stadttheater/Raphaelsklinik) / **Lit.: 126a**

Ewald, Wolfgang (M/Z/O) / 1959 Dortmund – / andere Daten nicht bek. / **Lit.: 98a**

Ewerbeck, August (M) / NEU: 7. 4. 1875 Brake – 21. 5. 1961 ebd. / Familie stammte aus (jetzt) Lemgo-Brake / Bruder von Marie **E.** / war Landwirt in Falkenhagen Lippe, dann Stud.-Karlsruhe 1904-06 Akad., London 09-10 Slade School u. Berlin 1911 b. Lovis Corinth / ab 1915 in Hannover tätig, s. 32 in Brake-Lippe / war Mitgl.-„LKB"-Detmold / Ausst. u. a. 1996

Lemgo/Bad Oeynhausen, 97 Bad Salzuflen / **Lit.:** u. a. **24**-11 + **26**-35 + **130**-82 + **132b** + „Der Maler A. E. und Hoffmann's Stärkefabriken" – Ausst.-kat. – Lemgo/Bad Oeynhausen/Bad Salzuflen, 1996/97

Ewerbeck, Marie (M) / 1877 – 1960 / Schwester des August **E**. / Ausst. u. a. 1996 Lemgo/Bad Oeynhausen, 97 Bad Salzuflen / **Lit.:** In: „Der Maler August Ewerbeck und Hoffmann's Stärkefabriken" – Ausst.-kat. – Lemgo/Bad Oeynhausen/Bad Salzuflen, 1996/97

Ewers zum Rode, Ernst (G/D/F/Kunst am Bau) / 1941 Lippstadt – / lebt (2002) in Lippstadt / nach Berufsausb.: Stud.-Dortmund 59-64 Wksch / s. 65 freisch., Mode- u. Fotodes., s. 80 auch Ausst.-Des. f. Museen in NRW / 1. Wettbew.-Pr. Mahnmal-Lippstadt / Mitgl. Gr.-„Septimus"-Kr. Soest / Ausst.-gen in Süd-Westf. / **Lit.: 100**-81+98(bei Gruppe) + **205**-94(erw.)

Ewerszumrode, Ernst (Gestalter) / * 1962 – / Wohnort unbekannt / s. 81 industr. Maschinenschlosser / Stud.-MS 91-94 Akad. f. Gest. im Handwerk / Ausst. u. a. in MS / **Lit.: 127**-94

Ewert, Wolf (K) / 1965 Meschede – / lebt (2005) in Borgloh / bis 92 Stud., 92-95 Keramikerausb. / Tätigk.-en in Frankr. u. Deutschl., s. 98 „Atelier Tonwerk" m. Margret **B**ergmann in Borgloh / Keramikausz.-gen: 01 = 2. + 03 = 1. Euregio-Wettbew.-Pr. Raeren-Belg., 03 = 1. Pr. Biennale in Steenwerck / Ausst. u. a. 1998 Alt Barenaue (Burg), 99 Ochtrup (Töpfermus), Hagstedt/ Moormerland, 2000 Dötlingen (Die Galerie), 01 Oldenburg (Designerhouse), 02 Holperdorf (Atelier-Gräbener), 02/03 Raeren-Belg., 02/04 Eupen-Belg., 03 Steenwerck (Biennale), Bad Essen (Schafstall), Aachen (Gal.-Blaues Haus), 04 Berlin (Britzergarten), Lille-Belg. (Hospiz), Lemgo (Stadtgal), 05 Bad Rehberg (Markt)

Exner, Ursula (Schmuckgest) s. „Niessing" – Vreden

Exsternbrink, Helmuth (Hellmuth/Hellmut) (Externbrink/Externbrick/Exsternbrick) (A) / 7. 6. 1908 Iserlohn – 30. 10. 1969 Hamburg / nach Bankausb.: Stud. Folkwangsch.-Essen u. 29/30 Bauhaus Dessau / tätig in Iserlohn u. ab 39 in Hamburg / **Lit.: 26-35 + 123**

Exter, Karl (M/Wand- u. Glasm/Bühnenb) / 22. 10. 1902 Feldwies/Chiemsee – ? / lebte in Metz u. Hagen/W. / Sohn u. Schüler v. Julius E. (M/Z/B) (1863 – 1939) / **Lit.: 25**-2 + **26**-35

Exter-Zebrink, Birgit (M) / 1962 Recklinghausen – / lebt (2005) in Herten / Lehrt./Kurse-Herten, Bet. an Kunstmärkten / Druck v. Kunstkarten / Ausst. u. a. 2004 Herten (Wasserschloss/Gloria-Center/Hoffnungskirche), Daun/Rhl.-Pfalz (Forum), 04/05 Herten (Studio B/Gal.-Nordhof)

Externbrink, Helmuth s. Exsternbrink, Helmuth

Faahsen, Marcus (F) / 1967 Nettetal/Niederrh.- / lebt (2002) in Hagen / Stud.-Köln 86-91 FH (Foto-Ing) u. Dortmund 91-98 FH (Vis.-Kommuik) / ab 95 selbst. / Ausst. u. a. in Nettetal/ Dortmund, 2002 Hagen (Mus) / **Lit.: 97**-02

Faber, Rolf (M/G/Bühnenb) (Autor) / 17. 8. 1908 Münster- / lebt (2002) in Berlin / Stud.-MS/ München 28/29 Univ. (Germ/Phil/Theaterw), München/Kassel 30-32 Akad.-n, 32 Acad.-Julian Paris u. 32-37 HfBK-Berlin / 40-45 Kriegsdienst, 48-52 Maler/Bühnenbildner in Berlin u. Iserlohn, 50-60 Lehrt.-Eschweiler, ab 60 in Berlin / Ausst. = N / **Lit.: 26**-36

Faber, Susanne (M/G/F/I) / 1955 Bochum- / lebt (2006) in Essen / NEU: s. 92 Mitbegr./Mitgl. „KUNO" Kunstgruppe-Nord (Essen/Gelsenkirchen), ab 2000 „Boch.-KB", Mitgl. „Frauen-KunstForum"-Südwestf. / (Biografie in Beilage: CD-Ausgabe 2006)

Faber, Susanne (T) / 1973 Bonn- / lebt (97) in MS / nach Abitur in Recklinghausen: Stud.-MS ab 1993 Univ. (Textilgest) / Ausst. = Westf. / **Lit.: 69**-97

Fabricius, Karl (Fabritius / Carel) (M) / stammt wahrsch. aus Paderborn, 1664-67 in Westf. erw. / war Hofmaler des Fürstbischofs Ferd. II. von Fürstenberg / Werke in Paderborn / **Lit.: 24**-11 + **26**-36(m. Lit.-ang.) + **215a** (S. 15)

Fabritius, Carel (M) / 27. 2. (getauft) 1622 Middenbeemster-NL – 1654 Delft/NL / Schüler u. Nachfolger Rembrandts / Lit.: 24-11 + 26-36

Falger – Maurer/Maurer- u. Baumeister/Steinhauer (teilw. Familien) aus dem Lechtal in Tirol (Elbigenalp/Griessau/Reutte), um 1728-1807 in Westf. bek. / **Lit.:** W.H./G.D. + **26**-36 + **112a** + M. Pieper-Lippe: in „Westf. Forschungen" – Bd. 20 // **Christian** (ohne Daten) / b. Münster wohnhaft // **Johann** / um (1728/29?)-1736 in Paderborn tätig // **(Johann) Anton** / ab 1769 in Münster bek., † 19. 12. 1807 Münster / 1771 Mitgl. u. 1790 Gildemeister d. Steinhauerzunft / Werke in MS + MS-land (Darfeld) // **Johann Georg** / wahrsch. Bruder des Joh. Anton u. Joh. Stephan / stammt aus Griessau/Tirol, 1766-84 als Lehrling/Geselle/Meister bek., ab 1772 lebte er in Rinkerode, war in Münster u. Darfeld tätig // **Johann Stefan** / um 1761-70 Geselle u.

Meister in Griessau/Tirol, ab 1772 in Rinkerode, tätig in MS // **Johann Ludwig** / * 18. 5. 1773 / war Steinhauermeister in Münster // die beiden folgenden Namen/Werke sind viell. von „Johann Ludwig“ ? // **(Ludwig)** ? / Stukkateur aus Tirol / baute mit Joseph Rief bis 1821 Haus Stapel in Havixbeck // **Falger,** ? / Baumeister aus Münster / erbaute 1811 in Warendorf das Gesellsch.-haus „Harmonie“ (früher Heimatmuseum)

Falk, Joseph (Baumeister) / * im Stanzertal/Tirol – 18. 1. 1712 Corvey / Fürstl. Corveyischer Baumeister / unter Ambrosius v. Oelde ab 1699 Baultg. des Konventsgebäudes in Corvey u. 1710-12 ehem. Konventsgeb. in Dalheim, Kr. Büren, Nordflügel 1710-12 u. Südflügel (b. 1727) / **Lit.:** G.D. + **26**-36 + **112a**

Falke, Gerda (M/B) / * 1964 – / lebt (2004) in Altenberge / s. 80 künstl. tätig, Weiterb.: 98 bei Klaus-Dieter Berg, ab 99 in Workshops, s. 01 Kunstsch.-Senden u. bei B. Reihs, ab 02 bei Bahram Hajou (MS) / Ausst. u. a. 2001 Senden/Dülmen/Jessen, 03 Altenberge/Senden/Rinkerode/Dülmen, 04 Steinfurt (Kreisspark) / **Lit.: 206**-04

Falke, Gudrun (Filmk) / 1969 Lippstadt – / lebt (2003) in Hamburg / Stud.-Univ.-en MS/Lausanne/München (Jura/Phil), ab 97 Regieassistenz, s. 2000 Stud.-Hamburg (Film) / Auff.-gen u. a. 2002 in Tschechien/Polen, 03 Griechenland/Taiwan, MS (Filmfestival) / **Lit.: 196**-03

Falkenberg, Sibylle (B/O/Goldschm) / 1968 Hagen – / lebt (99) in Velbert, (2003/05) Schwelm / 88-92 Goldschm.-ausb., 95-97 Metallstud., 97 Meisterprüfung / Ausz.: Intern. Stahl-Pr. Solingen u. 2. Designer-Pr.Bochum / ab 98 Atelier in Schwelm / Werke u. a. in Gevelsberg / Ausst. s. 1994, u. a. s. 99 Schwelm (Atelier), 2001 Bochum/Hannover, Kevelaer (manu factum), Bochum (HWK), 01/02/04 Ennepetal (Kluterthöhle), 02/04 Gevelsberg (Stadtgarten), 02 Hildesheim (Gal.-Obornik), Wuppertal (Mus), 03 Dortmund (manu factum), Schwelm (Haus Martfeld), Hannover (Gal.-Machart), + N / **Lit.: 48x**-01+03 + **209**-01+02+04 + **216**

Falkenroth, Andrea (M) / 1957 Dortmund- / lebt (2003) in Mönchengladbach u. Kaarst / Stud.-Aachen 77-81 PH (Kunst) / s. 98 Mitgl. Gr.-„MAVIS“ / Ausst. = NRW / **Lit.: 79b**

Fark, Ilse (M/G/O/Restauratorin) / 1. 5. 1927 Dortmund – / lebt (2003) in Sipplingen / Stud. Wksch-Dortmund, Akad./Dörner-Inst. u. Univ.-München (Theol./Psych./Kunstg.) u. Akad.-Stuttgart (u. a. Werklehrerexamen), in Stuttgart Atelier bei Willi Baumeister u. in Paris b. Friedländer tätig / 55 = Kunst-Preise Baden-Baden u. Oberschwäb. Saulgau, 65-69 Stip. Citée des Arts-Paris / Lehrt. um 70-88 u. 89-93 Kr.-Überlingen / ab 50 Mitgl. „IBC“, s. 54 „SOB“, „BBK“-B.-Württ. u. d. „Int. Ges. Polyaisthetik“-Univ.-Salzburg / Werke in Ludwigshafen (Ev. Christuskirche), Dortmund/Heidelberg/Freiburg/Tübingen/Schw.-Hall / Ausst. u. a. in Albstadt, Ludwigshafen (Zollhaus), Schloss Maurach, Schloss Salem, Dortmund (Mus/Rathaus), 2002 Überlingen/Konstanz, 03 Sipplingen, Waiblingen (Landratsamt), Albstadt (Stadtmus), + N / **Lit.: 98a** + In: „Intern. Bodenseeclub ° Regionalclub Überlingen nördlicher Bodensee“ – Sektion BK – Katalog – Überlingen, 2002; In: „Junger Süden“ – 50 Jahre Oberschwäbischer Kunstpreis d. Jugend – Ulm, 2003

Farys, Achim (M/Ill/O/Bühnenb) / * 1953 (in Polen) – / lebt s. 85 in Dortmund / nach Berufsausb.: Stud.-Mainz FII u. Wiesbaden freie Kunstsch. / mehrere Wettbew.-Preise, u. a. 4. int. Syrlin-Kunst-Pr.-Stuttgart / Mitgl.-„BBK“ u. Gr.-„Depot“ / Ausst. u. a. in Polen, + N / **Lit.: 98a + 120**

Farys, Engelbert (B) / 1930 Dortmund – / lebt (2000) in Herten / Beruf war Steiger / Werke s. 76 / Ausst. 1980/88-2000 Telgte (Mus), 03 Wattenscheid (Rath) / **Lit.: 185**-80+88...91+95...2000

Fast, Eva-Lotta (O/I/M/Z) / 1973 Bielefeld – / lebt (2006) in MS / Stud.-Ottersberg 96-2000 FH-Kunstst.-stätte (Kunsttherapie/Kunstpäd) u. ab 03 Akad.-MS / 01 Kunsttherapeutin in Bremen u. 02-03 Hamburg (Abschluss: Kreativitätstrainerin), s. 04 Lehrt. Kreativhaus-MS u. Mus.-päd.-in am Picasso-Mus. in MS / Ausst. u. a. in Ahlen, 2000/02 Bremen (u. a. Stadtgal), 04 Soest (FH), 05 MS (Melchersstr), Wismar (Baumhaus) Recklinghausen (Kunsthalle), Ingolstadt (Kv), 06 Essen (Kunsthaus) / **Lit.: 256**

Faulhaber, Julian (F/D) / 1975 Würzburg – / lebt (2006) in Dortmund / 97-99 in Frankf./M. tätig, Stud.-Dortmund 99-2/06 FHD (Foto-Des) / 05 Beste Einzelarbeit u. in Beste Klasse (Dortmund) = Epson art photo award / s. 05 Mitgl. „Künstlerhaus“-Dortmund (Atelier) / Ausst. u. a. in Frankf.-M. (Gal.-Neff), 2002/05 Köln (Art Cologne), 03/05 Dortmund (2xFHD/Off. Atelier), 04 Hamburg (Photokina), 05 Essen („pact“=Zollverein), Oberhausen (Zentrum-Altenberg) / **Lit.: 86**-05 + **203**-03+05 + **203h**-05

Faust, Anke (Ill) / 1971 Brilon – / lebt (2005) in Nieder-Olm b. Mainz / Stud. FHD-Mainz / Ausz.

Stiftung Buchkunst u. 04 Kinderbuch-Pr. NRW / s. 96 tätig f. Kinder- u. Schulbuchverlage / **Lit.:** u. a. Ill. in: „Von Mäusen und Moneten" / Mein kl. Buch vom Geld" / „Bühne frei!" / „Lustige Kindersketsche für Schulfeste, Familienfeiern & Co." – alle im Coppenrath-Verl.-MS; M. Matter/A. F.(Ill.): „Ein Schaf fürs Leben" – 2004

Faust, Paul (Orgelbaumeister) / 1872 Schwelm – 1953 (ebd. ?) / 1888-92 Orgelbauausb. in Rostock, 1894-96 in England tätig, 1904 eig. Werkst. in (W.)-Barmen, um 1918 dann Orgelbauanstalt in Schwelm, m. Nachfolger bis 1982 / Werke in NRW / **Lit.: 146c** + Internet

Faustmann, Olaf (F) / 1954 Schwelm – / lebt s. 90 in Wuppertal-Elberfeld / 78-84 Stud.-Sport/ Kunsterz. u. Stud.-Dortmund um 86-90 FHD (Fotogr/Film) / ab 90 freiberufl. / **Lit.: 216**

Fay, Ruth (B) / 1923 Siegen- / lebt (98) in Siegen / war früher Mitgl. Gr.-„ASK"-Siegen / Ausst. u. a. in Siegen, 1998 Siegen (ASK) / **Lit.: 110d**-98

Fechner, Tommi (Filmk) / lebt (1985) in Bielefeld / Stud. Univ.-Bielefeld (Kunst) / war Mitgl. Filmwerkst. Univ.-Bielef. / 85 Film-Mitarb. = s. Rettig. M.-L. in **L**it. 196-85

Feder, Christoph (Produkt- u. Grafik-Des) / 1966 Münster – / lebt (2004) in MS / Stud.-MS 89-95 FHD / bis 98 als Industr.-Des. tätig, danach eig. Büro: „Feder-Design"-MS / Ausst.: 2002 MS (IHK) / **Lit.:** In: „WN" – Tageszeitung – MS – v. 3. 9. 2004

Feder, Peter (Z/Karikturist/Materialb.-k) (Schauspieler/Pantomime/Clown) / lebt (2006) in Soest / 78-2000 eig. Theater / Ill.-en/Karikaturen/Metallbilder / Mitgl. „Kv.-Kr.-Soest" / Ausst.-en s. 2000, u. a. in Soest, 2004 Wuppertal-Barmen (Kunsthalle)

Feer-Ladér, Elisabeth Emilie (Else) **van der** (Sign.: Feerlader) = s. Lohmann, Else

Fehige, Lorenz (A) / NEU: 4. 8. 1914 Münster – 2. 5. 2003 ebd. / nach Berufsausb.: Stud. Ing.-schule-MS / ab 46 selbst. in MS / war s. 49 Mitgl./Ausst.-gen in Gr.-„Schanze"-MS / Werke in MS u. Westf. / **Lit.: 31 + 32 + Schanze-**58/69

Fehige-Lutz, Thomas = NEU! (Fehige, Thomas) (O/I) / 1958 Münster- / lebt (2006) in Hamminkeln / Stud.-Essen 82-87 Univ., MS 90-98 Akad., 94 Meisterschüler / 93 Tim&Struppi-Pr. Kl. Prof. T. Ulrichs / Ausst. u. a. in Wien, 2005 Recklinghausen (Kunsthalle), Ingolstadt (Kv), 05/06 Marl (Mus), + N / **Lit.:** u. a. **70 + 80a + 96 + 158 + 230c** (S. 16/115) **+ 256**

Fehlberg, Annemarie (M/G/D) / 1956 Polno b. Stettin- / lebt (2006) in Barntrup / bis 02 Stud. FHD-Bielefeld (G/D/M), ab 02 freisch. / Ausst. u. a. Detmold, 1994/97 Bielefeld (Gal.-Lampingstr), 96 Minden (Gefängnis), 2001- Bielefeld/OWL (Archiv), 03 Bielefeld (Q-Tour), 05 Barntrup (Off. Atelier) / **Lit.: 132a-**05 **+ 152b-**05 **+ 192-**01+03+04

Fehmer, Paul Friedrich Theodor (A/Dipl.-Ing) / 28. 4. 1891 Berlin-Charlottenburg – ? / Stud.-Berlin/München 1911-14 TH (Ing./Hochbau) / in Berlin Reg.-Bauleiter, ab 21 in Westpr. tätig, 24/25 Mühlhausen-Thür./Berlin, 4/25 Regierung-Münster, Ltg. Neubauamt, 28 Reg.-Baurat, 29 Berlin, 35 Essen, 38 Katowitz/Frankf.-Oder, 49-53 Dortmund, ab 53 in Nußdorf/ Bodensee / Werke u. a. f. Gelsenkirchen/Dortmund / **Lit.: 34-**8,2 **+ 120a-**3 **+ 197b-**84

Fehst, Hermann (M/G) / 1931 Gladbeck – / lebt (2006) in Schwelm / 50-62 autodidaktische Weiterb. u. VHS, 75-80 künstl. in Jugoslawien tätig, 80-82 Stud. Akad.-Darmstadt / ab 73 eig. Gal. „Zum Hallenbad" in Schwelm / Ausst. s. 1950, u. a. in Schwelm, 1974 Wuppertal (Gal.-Pöngel), 75 Schwelm (Bank), 73-97 Schwelm (eig. Galerie), 77 Jugoslawien, 06 Schwelm (Haus Martfeld) / **Lit.:** Internet

Feigl, Jakob (F/D) / 1961 Neustadt/Donau- / lebt (93) in Bielefeld / Stud.-München 82-86 Univ. (Kommunik.-wiss) u. ab 86 FHD-Bielefeld (Foto/Film-Design) / Ausst. u. a. 1989/91 Bielefeld 92 Berlin, Dortmund (Mus. f. K. u. K.) / **Lit.: 203-**92

Feill, Joseph Ignatius (Feil/Pfeil) (B) / NEU: 12. 3. (getauft) 1733 Mannheim – 1794 / Ausb. b. Paul Egell in Mannheim, um 1752-65 in versch. Städten tätig, tätig 1767-73 b. J. C. Schlaun (Schloss), 1773 in St. Petersburg, 1774-76(85) in Osnabrück, 1794 Versteigerung der Werkstatt in MS / Werke u. a. in MS/Osnabrück / **Lit.:** u. a. **24-**11 **+ 26-**37(m. Lit.) **+ 84-**82(S. 76) + In: „Westfalen" – Bd 52 – S. 153 + S. 213 – MS, 1974 + Bd. 62 – S. 198-215 – MS, 1984; In: W. F. Cordes: „Die angekettete Eule" – Aschendorff-Verl.-MS, 2003

Feith (Veith) – (Firma „Veith-Eggert") (Orgelbaumeister) / 1902-1972 Werkstatt in Paderborn = Werke u. a. in Westf. (u. a. Paderborner Dom – 1926) = ca. 800 Orgeln // **Anton** sen. / 1872 – 1929 / in Würzburg u. Luzern tätig u. selbst. in Köln, übernahm 1902 den Betrieb v. Franz Eggert in Paderborn = „Veith-Eggert", ab 29 Anton jun., 72 wird Nachfolger „Orgelbau Siegfried Sauer" – Höxter-Ottbergen / **Lit.: 146c** // **Anton** jun. / 1902 – 1979(?) / **Lit.** Internet (u. a. bei Siegfried Sauer)

Feja, Franz-Jörg (A/Stadtplaner) / 1954 Recklinghausen- / lebt (2003) in Recklinghausen / Stud.-Aachen bis 83 TH / ab 86 eig. Büro, s. 93 = „Feja + Kemper Architekten"-Recklinghausen / 91-95 Ass. Univ.-Dortmund u. 96 Lehrt. FH-Bochum / Mitgl.-„BDA" / Werke (s. Lit.) u. a. Recklinghausen (u. a. Neugest. St. Antonius) / **Lit.: 197**-97+01 + **197a**-99 + **213a**-02

Felbert, Peter von (F/D) / 1966 Bonn- / lebt (94) in Bielefeld / Stud.-Bielefeld 88-nach 93 FHD / Ausst. u. a. 1993 Dortmund (Mus. f. K. u. K.), Bielefeld (Atelier) / **Lit.: 152**-93 + **203**-93

Feld, Erich (B/K/I?) / lebt (1967) in Rheine / Werk in MS (Univ.) / **Lit.: 82a** + **213**-80

Felden, Reinhard (F) / * 1955 – / lebt (2001) in Bochum / Ausst. u. a. 1999 Duisburg (Zentralbibl), 2000 Essen (Zeche Zollverein) / **Lit.: 204**

Feldkamp, Dorothea (Schmuckgest) / lebt (97) in Dülmen u. 99 in Unna / weitere Daten nicht bek. / Ausst. u. a. 1997 Hamm (manu factum), 99 Solingen (manu factum) / **Lit.: 48x**-97+99

Feldmann, Friederike (M/D/Bühnenb/T=Teppichk) / 1962 Bielefeld- / lebt (2005) in Berlin / Stud.-Berlin 83-92 HdK (Bühnenbild/Vis.-Komm), Meisterschülerin / 91 Kritiker-Pr. Berlin (Bühnenbild-Hebbeltheater), 93+97 Stip. Senat-Berlin, 96 „Goldrausch"-Förderung, 98 Stip. Kunstfonds-Bonn, 2000 NUR-Stip. f. Mali, 03 Förderung Bonn / 03 Gastprof. HfBK-Braunschweig / Ausst. u. a. 1988 Berlin (Gal.-365), 94 München (Haus der Kunst), 95 Berlin/Reykjavik, 96(K)/98/99 Berlin, 99 Hannover (Mus(K), Rotterdam, 2000 Leipzig (Kv), Berlin (M.-Gropius-Bau(K), Malmö/Mexiko-City/Stockholm, 01 Frankf.-M./Karlsruhe, Wien (Kunsthalle (K), Berlin (Haus am Waldsee(K), 02 Amsterdam/Berlin/Brixen/Wien, 03 Berlin (Gal.-Weiss), Manciano/Maremma(K), 04 Rotterdam (MK-Gal), 05 Bielefeld (Studio-Kunsthalle), Kassel (Kunsthalle) / **Lit.:** Internet + K = Katalog + „F. F." – Neue Teppiche – Ausst.-kat. – Kunsth.-Bielefeld, 2005

Feldmann, Johannes (Veltmann) (Baumeister) / 25. 10. (getauft) 1654 Dortmund – 19. 12. (begraben) ebd. / Werke in Dortmund / **Lit.: 24**-11 + **26**-38

Feldmann, Josef s. bei: **P**etit & Edelbrock

Feldmann, Louis (Ludwig) (Feltmann) (M) / 1856 Itzehoe – 1928 Düsseldorf / Abitur in MS, Stud.-Düsseldorf 1877-91 Akad. (1878-80 Militärdienst) / Werke = N / **Lit.: 24**-11 + **25-**5 + **26**-38 + **108**-1

Feldmann, Rita (G/D/M) / 1956 Emsdetten – / lebt (2005) in Bielefeld / NEU: ab 99 in Bielefeld-Bethel (Kunsttherap.-in), hier auch Ltg. Atelier B.-Eckardtsheim u. Lehrt.-Sommerakad. „Kü.-haus-Lydda"-Bethel u. s. 01 im eig. Atelier / (Biografie in Beilage: CD-Ausgabe 2006)

Feldmann, Wilhelm (B) / 13. 9. 1864 Münster – † nach 1930 / tätig 1899/1900 in Bremen u. 1901-16 in Düsseldorf / Werke in Bremen u. Düsseldorf / **Lit.: 26**-38

Feldmeier, Helmut (A) / 1957 Ibbenbüren/Teckl. – / lebt (2002) in Hagen/W. / Stud. FH-Hagen u. TU-Berlin / 80-85 tätig in Dortmund u. Berlin, ab 85 Büro „PASD" – Feldmeier/Wrede, in Hagen m. Jürgen **W**rede / viele Preise, Werke in Mecklenburg u. NRW (u. a. Bundesg.-schau Gelsenkirchen = s. Lit.) / **Lit.: 97x** + **197**-01

Feldmeyer, Sabine (G/D) / lebt (2006) in MS / Stud.-MS bis 7/06 FHD / Ausst. u. a. 2006 Berlin (Kunstbuch), Rheine-Bentlage (Kloster) / **Lit.: 122b**-05+06 (2) + In: „Ortsgespräch" – Diplomkatalog – 7/06 – FHD-Münster

Feldwisch-Drentrup, Albert Maria Anton (F.-Dentrup) (A) / 1872 Greven – 1934 Müschen b. Bad Laer / Stud. Baugewerkesch.-Höxter / s. 1909 eig. Büro in Osnabrück / Werke in Rostock, Diözese Osnabrück u. Beckum / **Lit.: 26**-38 + **34**-9,2

Fellenberg, Anne (M/K/B/O/I) / 1941 Lennestadt – / lebt (2006) in Greven / ab 75 Bildhauerei/ Keramik u. 85 Malerei, 89-96 Weiterb. Univ.-MS b. H. Korhammer (Zeichnen), s. 95 b. Joh. Renzenbrink, 97-03 Univ.-Osnabrück u. 01-04 Sommerakad.-Nordhorn / ab 96 Mitgl. Gr.-„Spektrum 88"-Rheine u. 2000 Mitbegr./Mitgl. Atelier/Galerie „eigen-art"-Rheine / Ausst. s. 1993, u. a. Osnabrück/Montargis-Frankr./NL, 2001-06 Rheine (Off. Atelier), 02 Steinfurt (Kreishaus), Tecklenburg (Heimathaus), MS (Landgericht), 03 Rheine (Fabrik Strotbaum/ Kloster Bentlage), Schwelm (Haus Martfeld), 04 Lengerich (Altes Rathaus), Nordhorn/Borger-NL, Leipzig (Gerling-Gal), 05 Mettingen (Kunstspeicher), Rheine (Finanz-Centrum), 06 Ibbenbüren (Kv), MS (Off. Atelier) / **Lit.: 237**-03

Fellner, Renate (B) / 1945 Witten/Ruhr- / lebt (2004) in Jüchen / s. 85 freisch. / ab 88 Mitgl.-„BBK" / Werke in Mönchengladbach u. Rheinl., Jahresgabenbeteil. für Kv.-ne in Düsseldorf u. Jülich, sowie Kulturamt Dormagen / Ausst. u. a. in Duisburg (Gal.-Genner), + Rheinl.

Fendt, Sibylle (F/D) / 1974 Karlsruhe- / lebt s. 2002 in Berlin / Stud.-Karlsruhe 93-95 TU (Phil/ Soz/His) u. Bielefeld 96-02 FHD, 04 Gast Akad.-Frankf.-M. / 99 Europ. Architekturfotogr.-Pr.,

02 Kodak Nachwuchs-Förder-Pr., 03 Förder-Pr. Wüstenrot-Stiftung, 04 Commendation Otto-Steinert-Pr. / Ausst. u. a. 1998/2000 Bielefeld (Pollmeier/Kalmann), 06 Berlin (Kulturforum), Braunschweig (Mus. f. Photogr), + N

Fenstermacher, Frank (F/D/M/Video- u. Filmk) / 1955 Meinerzhagen – / lebt (2000) in Düsseldorf / Stud.-Düsseldorf 74-79 Univ. (Germ/Geschichte) u. 79-84 FHD (Vis.-Komm) / 77-79 Mitinh. d. Produz.-gal „Art Track“-Wuppertal / Ausst. = NRW / **Lit.: 216**

Ferber, Hilde (Hildegard Marianne Antonia) (M/Glasm) / NEU: 13. 10. 1901 Wetzlar – 21. 7. 1967 Rotenburg/Fulda / 20-22 Zeichen- u. Turnlehrerinausb.-Düsseldorf, priv. Weiterb.-Malerei / Lehrt.: 23-24 Wetzlar, 25-37 Bielefeld, 37-54 Treysa, ab 54 Bielefeld / Werke in über 70 Kirchen / **Lit.:** u. a. **1-5 + 26-38 + 112ca**

Ferber, Peter (M) / 1947 Dortmund- / andere Daten nicht bek. / Autodidakt / **Lit.: 98a**

Fernandes da Silva, Heide (F) / * 1960 – / lebt (2005) in Bielefeld / Stud.-Bielefeld bis 94 FH (Vis.-Komm) / Mitgl. Gr.-„OCTA“-Bielefeld (dort Lit.!) / Ausst. s. 1984, u. a. 96/98 Neapel, 99 Pisa-It., 2000- Bielefeld/OWL (Archiv), 01 Bielefeld (Off. Atel.-Schillerstr), 04/05 Bielefeld (WDR-Studio/Neues Rathaus), + OWL / **Lit.: 152**-2001 (S. 22 erw.) + **192**-01

Fernandez del Campo, Birgit (M/G) / 1953 Siegen – / lebt (2005) in Siegen-Wilnsdorf / Beruf: Werbegrafikerin, ab 93 freisch. / war Mitgl. Kü.-kreis-„Rent-Art-Galerie“ / Beteil.-Workshop am Lago Maggiore-It. / Ausst. s. 1994 in Südwestf., u. a. 98 Giller, L'Estardid-Span., 2003- lfd. in Rudersdorf / **Lit.: 110b + 110c**-04

Fersen, Manuela (M) / 1969 Bünde – / lebt (2005) in Herford / NEU: Stud.-Bielefeld 93-2000 FHD (Vis.-Komm) u. 2000-05 HfBK Braunschweig, 04 Meisterschülerin / 05 Stip. Kü.-dorf Schöppingen / Zus.-arbeit m. Michael Weissköppel = „Fersenweissköppel“ / Ausst. u. a. Ahrensburg/München/Düsseldorf//Braunschweig/Uelzen/Hannover/Helmstedt/Wolfenbüttel/Gifhorn, 2000/06 Bielefeld (Gal.-David/Gal.-61), 01 Melle (Kv), Magdeburg (Dom), 04 Meppen (Kv), 04/05 Wilhelmshaven (Kunsthalle), 05 Köln (Gal.-Schüppenhauer) / **Lit.:** u. a. **171**-96

Fersenweissköppel s.: Fersen, Manuela und **W**eissköppel, Michael (auch Weißköppel)

Feser, Ulrike (F/D/Filmk) / 1970 Bonn – / lebt (97) in Berlin u. Bielefeld / Stud.-Bielefeld 92-nach 96 FHD / 93 Mitbegr. Gr.-„CAMP“ (94 Organ. des 15. Bielefelder Fotogr./Medien-Symp., 95 Fotogr.-Festival) / Ausz. u. a. 93/95 Fujifilm-Award, 95 Reinh.-Wolf-Pr. / Ausst. u. a. in Bielefeld, 1996 Dortmund (Mus. f. K. u. K.) / **Lit.: 203**-96

Fesseler, Ernst (F) / 1957 Ravensburg – / lebt (84) in Bad Wurzbach / Stud.-Essen 78-81 Univ./ GH u. Dortmund 81-83 FH (Vis.-Kommunik) / Ausst. u. a. in Köln u. mit LWL-MS / **Lit.:** In: „Junge Fotografen aus Westfalen“ – Katalog – Hg.: LWL u. Westf.-Museumsamt-MS, 1983

Fetzer, Toscha-Alexandra (M) / * in Wuppertal- / lebt (2004) in Paderborn / Stud.-Paderborn 96-03 Univ. (Kunst/Deutsch/Franz) / 2x (Kunst)-Stip., u. a. f. Univ.-Toulouse/Frankr. / z. Zt. (04) Lehrt.-Kassel / Ausst. u. a. in Frankr., 2004 Paderborn (Wincor Nixdorf), + N

Feuchtinger-Klipstein, Gabriele s. Klipstein, Gabriele

Feuerstein, Stefan (F) / 1971 Karlsruhe – / lebt (2001) in Bielefeld / Stud.-Karlsruhe 94-98 PH, ab 99 FH-Bielefeld (Fotogr/Medien) / Ausst. u. a. 2000 Recklinghausen (Kreisspark) / **Lit.: 182**-2000

Fichna, Jörg (F/G/D/Videok) / 1970 Telgte – / lebt (2006) in Telgte / 89-92 Einzelhandelskaufmannausb., Stud.-Bielefeld 94-99 FHD u. 96/97 WDR-Bielefeld (Grafik-Des), ab 2000 selbst. / 97 Stip. f. Akad.-Gent-Belg. u. 3. int. Pr. „Graphisoft Award“ Milliways, 01/02 = 1.+2. Pr. „Animago Award“ / Ausst. u. a. 1999 Bielefeld (Apparative Kunst/WDR-Studio), Mailand (Videoinst. f. Sieger-Des), Oberhausen (Video für „TheatrO“), 2000 Frankf./M. (Ambiente)

Fichtner, Cornelia (Conny) (M/Z/T) / 1955 Dresden – / lebt (2004) in Hattingen u. Essen / Stud.-MS/Essen 75-85 Kunst/Phil/Kunstwiss/Textilgest. / 80-87 Mitgl./Lehrt. Kulturwerkst. „ARKA“-Essen, s. 85 Lehrt.-VHS u. ab 86 Betreuung geist. beh. Erwachsener in Hattingen/Gevelsberg / Ausst. u. a. in Hattingen (Atelier), 1992 Essen (ARKA), + NRW

Fieber, Viktor (M/Z) / 1950 Dreis-Tiefenbach – / lebt (2005) in Freudenberg u. Atelier in Niederfischbach / Stud.-Lehramt/Biol/Kunst / ab 84 Lehrt.-VHS / Mitgl. Gr.-„Sepia“ u. d. Produzentengalerie / Ausst. s. 1980, u. a. in Düsseldorf, + Südwestf. / **Lit.: 110b + 110c**-04

Fiege, Wilhelm (M) / 1925 Burgsteinfurt – / lebt (2005) in Steinfurt / Malerhandw.-ausb., 55 Meisterprüfung / s. 50 künstl. tätig, Weiterb.-kurse in Prisana/It., Europ. Akad.-Trier u. VHS-Bornheim / Ausst. u. a. in Prisana-It./Heinsberg/Steinfurt, 2001/05 Steinfurt (Sparkasse/Rathaus) / **Lit.: 206**-01

Fiegen, Anna (M) / 1981 Coesfeld – / lebt (2004) in MS / ab 02 Stud. Akad.-MS / Ausst. u. a. 2002 Nottuln (Alte Amtmannei), 03 MS (Finanzamt) / **Lit.: 228**-03

Figge, Ewald (A) / 19. 3. 1876 Voerde b. Hagen – 19. 2. 1949 / Stud.-Berlin (Archit) / 06-08 Stadtbaumeister, dann bis 29 Stadtbaurat in Hagen / Werke u. a. in Hagen / **Lit.: 26**-39(m. Lit.) + **97x**

Figgemeier, Bernd (M/G/F/Materialb.-k/Kunst am Bau) / 20. 6. 1940 Bochum – / lebt (2006) in Bochum / NEU: s. 79 „BBK-Westf." Dortmund, ab 80 Vors. der Bez.-Gruppe – Bochum, ab 01 = 1. Vors. in Dortmund / (Biografie in Beilage: CD-Ausgabe 2006)

Figgen, Julia (M/Ill) / 1970 Dortmund – / lebt (2004) in Dortmund / Stud.-Wuppertal 93-95 Univ./ GH (Komm.-Des), Amsterdam 95-99 Akad. (Malerei/Des) u. MS ab 99 FHD (Ill) / 02 Büro f. Gest. u. Malschule in Dortmund / Ausst. u. a. 2003/04 Dortmund (Torhaus/Off. Atelier) / **Lit.: 120c**-04

Filges, Ralf (F/D/O/I/Aktions- u. Perf.-k) / 1954 Bielefeld – / lebt (2005) in Bielefeld / NEU: war 88-90 Mitbegr.+Mitgl. Gr.-„**M**WER", ab 90 Gr.-„**K**unstCOOP", s. 97 Perf.-gr.-„**O**ralapostel" = 3x Bielefeld / (Biografie in Beilage: CD-Ausgabe 2006)

Filla, Günter (O/I/B/G) / 1952 Wattenscheid – / lebt (2006) in Bochum / NEU: Ausb. zum Schriftsetzer u. Medizin. Präparator / 82-2000 Weiterb. am Mus.-Zentrum Univ.-Bochum, s. 86 Lehrt.- Präparatorenschule Bochum / s. 04 Mitgl. „Boch.-KB" / Ausst. u. a. in Witten, 1997 Bochum (Mus.-Zentr.), 98 Essen (Gal.-Unikat), 98/2000 Witten, 99/03/05/06 Bochum (Mus), 02 Hamminkeln (Gal.-Isshorst), 03 Bochum (Werkst.-gal), 04 Düsseldorf (Forum), Recklinghausen (Gal.-Nie-na-nuck), 04/05 Bochum (Stadtarchiv/VWA) / **Lit.: 146**-99+03+05+06

Fincks, Heidrun (M/G/D) / 1965 Netphen – / lebt (2005) in Netphen / s. 83 künstl. tätig / 86-87 Mitgl. Gr.-„Direktkunst" / 87-91 Grafikausb.- u. Tätigkeit, ab 99 eig. Atelier (Dauerausst.) / Ausst. u. a. 1985/98 Netphen (SparkasseMöbelhaus), Hilchenbach (Gal.-Forschepiepe), 99 Neunkirchen (Diakonie), 2000 Siegen (Diakonie) 01 Weidenau (Fliednerheim) / **Lit.: 110c**-04

Finke, Andreas Jürgen (M/B/Glas- Wand- u. Mosaikgest) / 1954 Bochum – / lebt (2004) in Rheinbach-Hardt / Stud. Wksch-Köln / Mitgl. „Künstler-Union"-Köln / Werke u. Ausst.-gen = N / **Lit.: 26**-40

Finke, Ludger (B/O) / NEU: 1958 Waltrop – / lebt (2002) in Viersen / Stud.-MS 81-89 Akad., 88 Meisterschüler / Lehrt.-Kempen/Ndrh. / Ausst. u. a. in Dortmund, 1988 Gelsenkirchen (Kv), 88/89 Münster (Gal.-MS) **Lit.: 64x**-88

Finke, Norbert (B/Metallgest) / 1964 Arnsberg – / lebt (2006) in Arnsberg / 81-84 Kunstschmiedausb., 87 Übernahme des elterl. Betriebes, 90 Meisterprüfung, 91-94 Stud.-Aachen u. MS „Akad. Gest. im Handwerk", 2000 Kursus in Venedig u. Beteil.-Weltkongress Cloppenburg (Kunstschmiede), 2000-02 Werkstud. Restauration im Metallhandwerk / Werke in Arnsberg / Mitgl. Gr.-„Sepia"-Arnsberg / Ausst. u. a. 1994 MS (Handw.-k), u. a. 2005 Arnsberg (Kunstsommer) / **Lit.: 127**-94

Finkeldey, Ulli (Industriedes) / 1954 Bielefeld – / lebt (2005) in Bielefeld / bis 88 Stud. Univ./ GH-Wuppertal / s. 87 selbst., Firma „Nexus Product Design"-Bielefeld, weitere Mitarb. s. „**N**exus Prod.-Des." / Ausz.-gen s. 87 u. a. in Stuttgart/Hannover/Essen/Glasgow-GB, s. „**N**exus Prod.-Des.," / Ausst.-gen u. a. in Hannover/München/Essen/Glasgow-GB/Frankf.-M. / **Lit.: 205**-97 + **205a**-01+03 + **205y**-2000,1+02,1 + **205z**-96+97+2000+03+04 + In: „IF design award 2003" – Hannover

Finkes, Rudolf (F) / lebt (2002) in Herne / Industriefotograf-Ausb., Stud.-Essen 59-62 Folkwangschule / ab 66 selbst., bis 98 eig. Studio, s. 98 freisch. f. Theater u. Industrie / Veröffentl.-gen in Magazinen, Zeitungen u. Büchern / **Lit.: 142a** + u. a. R. F.(Fotogr.): „Szenen ° Bilder ° Augenblicke" – 40 Jahre Musiktheater im Revier – 2001/02(?)

Fioroni, Pio (Prof/Dr.-phil) (MZ/B) / NEU: 18. 5. 1933 Salm/Tessin-Schweiz – 5. 10. 2003 / lebte in MS / Stud.-Basel 52-61 Univ., 61 Dr. + 66 Prof. (Zoologie), 71-98 Lehrt./Prof. Univ.-MS / Autodidakt / Ausst. u. a. in MS / **Lit.:** u. a. **82** + **82a** (Anh.)

Firley, Bernhard Bori (O/I/Aktionsk) / 1964 Dortmund – / lebt (2000) in Wuppertal u. Essen / Stud.-Wuppertal 91 Univ./GH Kunst/Engl., Dublin 92-93 Univ. u. Essen 97 Univ./GH / 96 Mitbegr. Produz.-gal.-„OW"-Wuppertal / Ausst. u. a. in Wuppertal/Solingen / **Lit.: 216**

Fischbach, Heinrich (M/Restaurator) / 1833 Unna – ? / Stud.-Düsseldorf 1849-54 Akad. / war in Lüneburg tätig / **Lit.: 24**-12 + Im Anhang: „Lex. d. Düsseldorfer Malerschule ..." – Bd. 1 – 1998

Fischer – Architektenfamilie, waren tätig in Westf. u. im Berg.-Land // **August** Eduard **Gerhard** Heinrich (auch **Gerhard August** oder **Gustav Adolf**) (A) / 29. 11. 1833 Schüren b. Aplerbeck (Dortmund) – 11. 11. 1906 Barmen / Vater v. Richard F. / Stud. Handw./Zeichensch.-Dortmund, Maurerausb. u. Stud. Gewerbesch.-Hagen u. Unterr. b. G. G. Ungewitter (Archit), Maurermeisterprüfung / ab 1858 im Raum Paderborn tätig, s. 1866 in Barmen / Werke (u. a. über 40

Kirchen) in Westf./Rhl./Berg.-L. (Schloss Burg) / **Lit.:** D.K.-Teil 2(=Gustav Adolf) + **97x** + **146b+c** + **216**(Gerh. August) + In: „Rheinische Lebensbilder" – Bd. 13 – ab S. 183 – Köln, 1993 // Jacob **Richard** – später: **Richard Fischer-Ludvigsen** / (A) / 10. 6. 1870 Barmen – 2. 10. 1928 Wuppertal / Sohn des August E. G. H. Fischer / Stud. TH-Hannover / ab 02 Mitarb. b. s. Vater, ab 06 freisch. in Barmen / Werke u. a. 1903-08 = 2 Kirchen in Bochum/Wanne-Eickel / **Lit.:** D.K.-Teil 2 + **34**-9,2 + **146c** + **216**(Biogr./Lit.)

Fischer, Abraham Pater (OSB) (B/O) / 1966 Klein Eschede b. Hildesheim- / lebt (2004) in Meschede / Stud. Hochsch. der Jesuiten in Frankf.-M. u. München (Theol), s. 88 Benediktinerabtei Königsmünster Meschede / 89-91 Mönchsprof., 93 Dipl. (kath. Theol) in MS, 94 Priesterweihe / 94-97 Metallgest.-ausb. im Kloster / Werke u. a. in Meschede/Dortmund, 03 f. Bistum-MS (Skulptur f. „Dialog-Preis") / **Lit.: 232**

Fischer, Anne (M/G/Coll.-k) / 1937 – 9. 1. 2001 / lebte in Dortmund / nach Berufsausb./Tätigk.-Augsburg: Stud.-Dortmund 67-70 Kunst / 76-94 Mitarbeiterin (Creativtherapie) im Landeskr.-haus, ab 94 Mitbegr. des Kulturbiotops „DEPOT" u. 2000 Gründung „DEPOT"-Stiftung, jetzt „Anne-Fischer-Stiftung" / Ausst. u. a. 2001 Esslingen, 02 Dortmund (Artothek-Stadtbibl), ab 02 Dortmund (Gal.-Dieter Fischer im „DEPOT"), 03 Berlin (Rathaus-Lichterfelde/VHS-Steglitz-Zehlendorf) / **Lit.: 120c**-04 + In: „Dortmunder Grafikkalender" – 2002

Fischer, Arno (Prof) (F) / 1927 Berlin- / lebt (2002) in Brandenburg / Stud. KH-Berlin-Weißensee / 2000 „Salomon"-Pr. der „DGfPh" / ab 56 Lehrt.-Berlin H. f. Bild. u. Angew. Kunst, 83-93 Leipzig H. f. Grafik u. Buchkunst u. 85 Prof., 93-? FH-Dortmund / war 67 Mitgl. Gr.-„Direkt" / Hg. v. Bildbänden u. Veröffentl.-gen in Zeitschriften / Ausst. = N/INT / **Lit.: 189**-97+01 + **202** + In: P. Tausk: „Die Geschichte der Fotografie im 20. Jh." – 2. Aufl. – 1980; In: „Alltag und Epoche" – Ausst.-kat. – Ostberlin, 1984; In: „Bildende Kunst" – Zeitschr. des VBK d. DDR – Bd. 35 (ab S. 68) + Bd. 38 (H. 12 – S. 42); In: „Photographie des 20. Jh.-s" – Hg.: Mus.-Ludwig-Köln, 1996

Fischer, August E. G. H. s. Fischer – Architektenfamilie ...

Fischer, Christa (Fischer-Czaplinsky) (geb. Czaplinsky, Christa-Ruth) (M/Z/O) / 1940 Heiligenbeil/Ostpr.- / lebt (86) in Lübeck / Stud.-Mainz 61-65 Univ. (Kunstg/Kunst- u. Werkerz) / 66-73 Lehrt.-MS, 81-85 Düsseldorf u. Lübeck / Ausst. u. a. in Kiel u. Lübeck / **Lit.: 26**-40

Fischer, Dagmar (O/I/Perf.-k) (Musikerin/Sängerin) / 1963 Starnberg/Obb.- / lebt (2005) in Benhausen b. Paderborn / 84-87 musikal. – plastische Ausb. b. Manfr. Bleffert (Bodensee), dann elf Jahre in Schweden, hier Gesangsstudien / ab 8. 6. 02 Werkst. in Benhausen, nennt sich: „Singende Schmiedin" / Ausst. u. a. 2001- Bielefeld/OWL (Archiv), 02/03/05 Benhausen (Atelier), 03 Halle/W. (Q-Tour), 04 Hiddenhausen (Rathaus) / **Lit.: 101b**-02+03+05 + **192**-01+03

Fischer, Dirk (F/D) / 1963 Neuwied- / lebt (2005) in Köln / Bürokaufmannausb., Stud.-MS 87-92 FHfArchitektur u. Dortmund 92-99 FHD / Ausst. u. a. in Köln, MS (Cuba), 1999 Köln (Kulturverein K30), 99/2001 Köln (Photoszene)

Fischer, Gerhard August/Gustav Adolf s. **F**ischer – Architektenfamilie ...

Fischer, Hildegard (Fischer-Brohm/Brom-Fischer) (Hildeg. Maria Margarete) (T) / 16. 7. 1908 Coesfeld – 22. 4. 2001 Utrecht/NL / lebte in Bunnik/NL / Stud. Kgsch-MS / Werke in Coesfeld/Amsterdam/Den Haag/Utrecht / Ausst. u. a. in Amsterdam / **Lit.: 25**-01 + **26**-40

Fischer, Iris (M/F/O) / 1974 Salzkotten- / lebt (2003) in Paderborn / Stud.-Paderborn 95-? Univ./GH (Kunst/Deutsch/Päd) / Ausst. u. a. 1996-2000 Paderborn (Blende 78), 96 Paderborn (DBG), 2001 Detmold, 01/02 Paderborn (Studentenwerk)

Fischer, Lili (Prof/Dr) (O/I/M/Z/F/Perf.-k) / 1947 Priwall b. Travemünde- / lebt (2006) in Hamburg u. MS / (Biografie in Beilage: CD-Ausgabe 2006)

Fischer, Manfred (M/G) / 1950 Nordwalde- / lebt (2005) in Braunschweig / nach Schulzeit in Iserlohn: Stud.-Marburg bis 74 Univ. (Jura) u. Berlin 74-81 HdK, 80 Meisterschüler / Lehrt.: ab 87 TU-Braunschweig, 91-93 HdK-Berlin / Ausst. u. a. 1979 Berlin (Elefanten Press-Gal), MS (Gal.-L'Hippopotame), 97-2000 Hamburg (Gal.-Borchardt), 98 Berlin (Gal.-Schultz), 99 Plön (Kv), 2000 Bremen (Gal. im Schillerhaus), Wendhausen (Schloss), 2001 Oldenburg (LM), Heidelberg (Schloss), 02 Berlin (Max Planck-Inst), + N / **Lit.:** In: „Schwarz auf Weiss" – Grafikladen u. Edition am Chamissoplatz – Berlin – Neuerscheinungsheft – 1/1982

Fischer, Nina (Komm.-D/Filmk) / 1965 Emden- / lebt s. 87 in Berlin / Stud.-MS 85-87 FHD (Grafik-Des), Berlin 87-92 HdK (Vis.-Komm), Amsterdam 89/90 Acad. (Audiovisuell) u. Berlin 94-04 D.-Film- u. Fernsehakad. (Regie) / s. 93 **Z**us.-arbeit mit Maroan el Sani, * 1966 in Duisburg, bis 04 =

16 Filme/Videos / 98 Karl-Hofer-Pr. Berlin, 99 Stip. Villa Massimo-Rom, 02 Beteil. Biennale Sydney / Ausst./Auff.-gen u. a. 1988 Herne (Flottmann-Hallen) u. s. 93 in N + INT + Internet / **Lit.:** u. a. **142x**-88 + N. F. and Maroan el Sani: „L' Avventura senza fine" – S/W Fotografie – 2000

Fischer, Noemi del Carmen Rivera de s. Rivera de Fischer, Noemi del Carmen

Fischer, Raphael (Goldschm) / * 1956 – / lebt (2001) in Ahlen/W. / Goldschm.-ausb., um 81 Meisterpr. / s. 83 i. d. Werkstatt s. Vaters Werner Fischer in Ahlen tätig = s. Lit. „W. Fischer"

Fischer, Richard (Jacob Richard) s. Fischer – Architektenfamilie ...

Fischer, Werner (Goldschm.-u. a.) / 1930 Freiburg/Br.- / lebt (2004) in Ahlen/W. / NEU: Ausz.-gen, u. a. 79 Bundesv.-kreuz am Bande, 80 Sonderstufe d. gold. Cellini-Medaille, 82 Ausz. in Noyon-Frankr. / (Biografie in Beilage: CD-Ausgabe 2006)

Fischer, Wolfgang (G) / 1944 Berlin- / lebt (2005) in Herne / Mitgl. „Kunstfreundekreis Herne" / Beteil. an Sommerakademien in Möhnesee-Wamel u. 02 = Soest / Ausst. u. a. in Herne, 1989 Beteil.-Wanderausst.-Westfalen / **Lit.: 142x**-89

Fischer-Czaplinsky, Christa s. Fischer, Christa

Fischer-Ludvigsen, Jacob Richard s. Fischer – Architektenfamilie ...

Fischer-Thies, Thomas (Fischer, Thomas – Pseudon. „Thies") (M/G/D/Innengest) / 1957 Iserlohn- / lebt (2003) in MS / Stud.-MS 81-87 FHD (Objekt-Des/Malerei), danach tätig als Innen-arch./Illustr. u. Grafik-Des., ab 97 in MS eig. Atelier / Ausst. u. a. MS (Atelier), 2000 Nottuln (Gal. of Art), 01 MS (Sparkasse-Melchersstr), 03 MS (Foyer alte DB-Direktion/ Atelier) / **Lit.: 205**-94(erw.=Fischer, Thomas)

Fix, Johann Bernhard (B/Z/Landmesser) / NEU: † 1773 / ab 1727 in MS, für das Bistum tätig, wahrsch. aber nicht im Büro Schlauns / Werke u. a. in Nordkirchen / Ausst. u. a. 1995 MS (Rathaus) / **Lit.:** W.H. + s. G. Dethlefs + **66**

Flacke, Jochen (Möbeldes/Innenarch) / * 1950 – / lebt (98) in Herzebrock-Clarholz / bis 71 Stud. FH-Detmold (Innenarch) / s. 76 freiberufl. tätig / Ausz.-gen s. 84 in Stuttgart/Hannover u. 88 „Top-Ten-Möbel" d. Zeitschr. „Zuhause" / **Lit.: 205**-94+97

Flacke, Karl (A) / 19. 4. 1861 Rinteln – 3. 9. 1935 Bad Oeynhausen / war Kreis-Baumeister im Landkr. Saarburg / Werke u. a. in Saarburg/Seerig/Beurig / **Lit.: 26**-41

Flashoff, Birgitt (K/Lichtobj..-k/D) / 1964 Hagen/W.- / lebt (2006) in Stolberg / Stud. FH-Krefeld (Prod.-Des/Keramik-Des) u. FH-Mönchengladbach (Textil-Des) / s. 91 freisch., 91-97 Atelier in Willich, ab 97 Stolberg / Ausst.-en s. 1987 in NRW + N

Fleige, Daria (G/F/D/Filmk) / lebt (2006) in Berlin / Stud. FHD-Dortmund / Ausst. u. a. 2002/03 Dortmund (Phoenixgelände/Mus. f. K. u. K.), 04 Essen (Lohnhalle-Zollverein), 05 Mannheim (Fototage), Neunkirchen-Saar (Stadtgal), 05/06 Washington/Casablanca/Rabat/Brüssel (Goethe-Institute), 06 Berlin-Friedrichshain (Kommunale Fotogalerie) / **Lit.: 203d**

Fleige, Heinrich (Flege) (B/Restaurator) / NEU: 21. 5. 1840 Rietberg – 21. 5. 1890 Münster / 1857 Bildh.-ausb. in MS, Stud. Akad.-München / ab 1864 Werkst. in MS (1882 = 16 Mitarbeiter) / 1878 Mitbegründer d. Kgsch-MS u. Lehrt. bis 1890(92?) / Werke u. a. in MS/Westf.+NRW / **Lit.: 15 + 24**-12 + **26**-41(mit Lit.) + **60 + 82a** (Anh.) + **106**-(S. 35) + **252**-1 + In: „Auf Roter Erde" – „WN"-MS 1991, 47. Jhg., Nr. 308; Im Anh: „Vom Central-Kirchhof 1887 zum Zentralfriedhof 1987" – Hg.: B. Müller-Cleve – MS, 1987; In: H. u. U. Lobbedey: „St. Mauritz" – Reihe: Westf. Kunststätten – H. 48 – 1987

Fleischmann, Klaus (Prof) (Industriedes/Ing) / * 1937 – / lebt (2003) in Krefeld / Handwerksausb., Stud.-Feinwerktechn/techn. Morphologie / tätig als Ing./Konstrukteur/Designer, ab 68 Lehrt. Wksch-Dortmund u. FH-Krefeld, s. 78 Prof. Univ./GH-Essen / **Lit.: 205a**-83

Fleiter – Orgelbaumeisterfamilie in Münster (19.-21. Jh.) / Werke vor allem in NRW (u. a. MS/ Rietberg/Essen/Emmerich/Hünxe/Dortmund/Coesfeld/Mülheim-Ruhr/Duisburg) u. in Berlin // **Friedrich** sen. / 1836 – 1924 / s. 1872 selbst. in Münster // **Ludwig** / 1880 – 1963 / er erweitert das Unternehmen // **Friedrich** jun. // 1911 – 1994 / Betrieb im 2. Weltkrieg zerstört, Wiederaufbau // **Friedhelm** // * 1944 – / Restaurator im Orgel- u. Harmoniumbauerhandw. (Zertifikat Handw.-kammer Stuttgart)

Flender, Rüdiger (A) / 1949 Siegen-Bürbach- / lebt (79) in Aachen / Stud.-Aachen 70-75 TH / ab 75 tätig Köln/Aachen, 78 Gründung Arch.-gruppe „F" in Aachen mit Brigitte Meier u. Michael Kanapin, Arch.-Gruppe-„F" = 79 Förder-Pr. NRW / Werke u. a. in NRW / **(s. = A/E)** / **Lit.:** In: „Förderpreis d. Landes NRW f. junge Künstler" – Hg.: Kultusm.-NRW – Düsseldorf, 1979

Flensberg, Hermann (A) / um 1740/70 in Münster tätig / **Lit.: 198 + 200**-2(S. 710-12)

Fliege, Gisela (M) / * 1965 – / lebt (2006) in Hagen/W. / 03 Mitbegr. Gr.-„Artemisia" / Ausst. u. a. in Hagen/Lüdenscheid/Schwelm/Witten, 2006 Dortmund (Firma PRO DV)

Fliegner, Joachim (M/F) / 1941 Koschmin/Westpr.- / lebt (2004) in Bremen / Stud. Wksch-Dortmund u. HfBK/Univ.-Bremen / ab 76 freisch. / Ausst. s. 1977, u. a. 1984 Düsseldorf (Kv), 85 Recklinghausen (Kunsthalle), + N / **(s.=A/E)** / **Lit.**: **4**-Hamburg + **239**-85

Flöthe, Richard (M/G/Ill) / NEU: 2. 9. 1901 Essen – 1988 / Stud.-Kgsch.-en Dortmund/München, Münchner Lehrwerkst.-en u. Bauhaus Weimar, danach freisch. / 26-29 Mitgl. Gr.-„VWKuK" / ab 28 = USA / **Lit.**: **8a**-26 + **26**-41(mit Lit.) + **34**-9,2 + In: „Enciclopedia del arte en Americas" – II – Buenos Aires, 68; In: P. H. Falk: „Who wa who in American art" – Madison/K., 85

Floßmann, Marc (O/F/Coll.-k) / 1975 Detmold- / lebt (2004) in Dresden und Berlin / Stud.-Bielefeld 96-97 Univ. (Phil/Rom) u. Gast Akad.-MS, 97-04 HfBK-Dresden / 98 Stip. f. Sommerakad. Irsee/Schwaben, 04 Stip. Sachsen / Ausst. u. a. 1998 Irsee/Dresden (Performance), 2000 Dresden (Proj.-raum 75 m²), 02 Halle/S. (Gal. im Volkspark), Dresden (Kunsthalle), 03 Berlin (Brotfabrik) / **Lit.**: **267**

Flu, Merlin s. Schirrmacher, Hartmut (Hartmut-Günther)

Flüchter, Norbert s. von **H**oetmar

Flügge, Jette (M/G/Coll.-k) / 1974 Wickede/Ruhr- / lebt (2006) in Hemer / Stud. Freie Akad.-Essen (Grafik) / s. 2000 Mitgl. „FrauenKunstForum"-Südwestf. / Ausst. u. a. 2001 Breckerfeld (Heimatmus), Herne (Gal.-Klecks), 02/04/05 Menden (Stadtmus/Schauraum-Gruppe Freudenhaus/Rathaus), 03 Wanderausst.-beteil. Hagen/Altena/Attendorn/Delinghofen/Bochum, 04 Düsseldorf (Gal.-Parduhn), 05 Neuenrade (Park der Villa am Wall), Lüdenscheid (Mus), 06 Schwelm (Kreishaus) / **Lit.**: **125h** + **187c** + **209**-06

Flüshöh, Michael (B/O/M) / * 1973 – / lebt (99) in Gevelsberg / Stud.-Univ. (Angl/Geschichte) / 95 Mitbegr. u. Mitgl. bis 2000 Gr.-„Kunstraum"-Ennepetal / Ausst. s. 1996, u. a. 97/99 Ennepetal (Kluterthöhle) / **Lit.**: **209**-97 + **211**-99

Focke, Barbara (F.- Film-Des) / * 1973 – / lebt (2002) in Bielefeld / 93-94 m. „Up with People" im Ausland, 94-95 Werbekauffrauausb., 96-2002 Stud. FHfG-Bielefeld / 97 Pr. Ministerium-Bonn, 98 Förder-Pr. Goslar, 2000 Kodak-Förder-Pr. Photokina-Köln u. 1. Pr. Fotowettbew. Firma André-Bünde / s. 98 Mitgl. „BBK"-Harz, Gründ.-mitgl. Gal.-Keller Goslar / Ausst./Auff. u. a. Goslar, 2000 Berlin/Köln/Bünde/Bielefeld, 01 Andreasberg-Harz, 02 Passau, Bielefeld (Kv), + N / **Lit.**: In: „Zeit" – Forum zeitgen. Kunst V – Ausst.-kat. – Bielefelder-Kv., 2002

Fockenberg, Agnes (M) / * 1943 – / lebt (2005) in Bottrop / Ausst. u. a. 1999-2005 Bottrop (Mus) / **Lit.**: **99a**-99...04

Fölling, Ralf (Perf.-k) / lebt (2005) in Harsewinkel / war Mitgl. Gr.-„KunstCOOP"-Bielefelde u. ist Mitgl. Gr.-„Oralapostel"-Bielefeld / Auff.-en siehe **G**ruppe „Oralapostel" = OWL/N/INT

Förster, Hubertus (Goldschm.-u. a.) / 1929 Elberfeld- / lebt s. 71 in Aachen / 49-51 Ausb.-Bielefeld b. Wolfg. Tümpel, 51-53 Stud. Fachsch.-Schw.-Gmünd, 58 Meisterpr. / tätig in Köln u. Bonn, s. 71 eig. Werkst. in Aachen / 65 Staats-Pr. NRW / Werke = **N** / Mitgl. „AdK"-NRW / Ausst. = NRW / **Lit.**: **48x**-64+69+73+87 + **216** + In: „Ars sacra 75" – Köln

Förster, Ingo (Prod.-Des) / 1966 Aachen- / lebt (2003) in MS / bis 90 Möbeltischlerausb., 91 FofG, Stud.-MS bis 97 FHD / ab 97 freiberufl. tätig, s. 99 Designer u. 2000 Mitgesellschafter Firma „PILOTprojekt" m. Schorlemmer/Bielitza/Weitkemper u. Förster = 2000 Des.-Pr. BRD / Ausst. u. a. 2001 Essen (Des. -Zentr.-NRW), 02 MS (Off. Atelier) / **Lit.**: In: „bundespreis produktdesign 2000/01" – Vision 21 – Frankf./M, 2001

Fonk, Bilgeham (O/D) / 1972 Polatli/Türkei- / lebt (2001) in Dortmund / 89-91 Stud. Univ.-Kirklareli/Türkei (Teppich-Design), ab 94 BRD, 96-98 Stud.-Dortmund Univ. (Textilgest/Geschichte), s. 98 Kunst/Türkisch, dazu ab 2001 FHD-Dortmund (Obj.- u. Raum-Design) / Ausst. u. a. 2001 Gladbeck / **Lit.**: **128**-01

Forck, Silja (B/O/Emaillek) / 1966 Münster- / lebt (2004) in MS / Stud.-Florenz 86-87 Univ. (Sprache/Kultur/Kunstg), Germersheim 87-88 (Ital/Franz/Soz/Interkulturelle Kommnunik) u. Mainz 89-96 Univ. (Kunst) / 97-98 Stud.aufenthalt in Madras, Südindien, ab 98 freisch. / **E**.-Ausst. u. a. 1996 Mainz (Univ), 97 Wiesbaden-Freudenberg (Kulturschmiede), 2000-03 MS (Ellens-Buchladen/Marienschule/Naturmöbel-Bald/3xOff. Atelier/Villa ten Hompel) / Ausst.-**bet**. u. a. 95 Mainz (Karmeliterkirche), 2000/01 Coburg (Kv), MS (Atelier-Hawerkamp) 02 MS (Gast Atelier-Schulstr) / **Lit.**: **237**-03

Formanek, Mark (Multimedia- Konzept- Inst.- u. Aktionsk) / 1967 Pinneberg- / lebt (2006) in Berlin u. MS / NEU: 01 Förder-Pr. „GfWK"-MS, 01-03 Wilh.-Lehmbruck-Stip. Duisburg, 02 – 04 Gastdoz. Akad.-MS, 03 Stip. NRW f. London / (Biografie in Beilage: CD-Ausgabe 2006)

Fornfeist, Thomas (M/G/Ill) / 1973 Osnabrück- / lebt (2005) in MS u. Bielefeld / Berufsausb., Stud.-MS 96-2/01 FHD u. 01-05 Akad., 04 Meisterschüler u. 01/02 Stud. HfBK-Braunschweig / 2000 „Aldegrever"-Stip. MS, 05 = 2. Förderer-Pr. Akad.-MS / s. 02 Lehrt. FH-Bielefeld / Ausst. u. a. 1999 MS (FHD: Buntgang), 2000/03 Bielefeld (Kv), 01 Gerleve (Kloster), Tréviers/Fr., 02 Bonn/Lengerich, 03 Detmold (Freil.-mus), 04 Hamm (Mus), Oberhausen (Kv), Hörstel-Gravenhorst (Kloster), Lübbecke (Kv), 05 MS (Hafen-Speicher II/Kv.: Jahresgaben), Eskisehir-Türkei (Univ), Citta (Biennale-Mus) / **Lit.: 78E + 139a + 245**-04 + In: „Jahresgaben 2005" – Westf.-Kv. – MS, 2005

Forst, von der – „Münsterische Künstlerfamilie" / (Biografie in Beilage: CD-Ausgabe 2006)

Forst, Harald (Dr. med.) (M/Materialb.-k) / 1945 Breslau- / lebt (2004) in MS / Stud.-Med., Arzt in MS / Autodidakt / Mitgl.-„Kv.-Sentmaring"-MS / Ausst. u. a. in Köthen/Hamburg, 1999/04 MS (Kv.-Sentmaring), 2003 MS-Angelmodde (Kunsthaus)

Forster, Frank (M) (Sänger) / 1931 Augsburg- / lebt (2004) in Steinhagen / Jugendzeit in Augsburg u. München / Ausb. b. Herdin Radtke / Ausst. u. a. 1986/89 München (Hertie/Bayr.-Hof), 87-94 Los Angeles/Kalifornien-USA, 2004 Internet, + OWL / **Lit.:** Internet

Forstmann, Anke (F/D) / 1979 Georgsmarienhütte- / lebt (2003) in Rheine / Stud.-Enschede-NL 98-2000 Akad., 02 Bachelor of visual Arts & Design / Ausst. u. a. in Lengerich/Arnheim-NL, 2003 Tecklenburg (Heimathaus) / **Lit.: 69**-03

Forstmann, Sylvia (F/I/Perf.-k) / NEU: 1967 Rheine- / lebt (2006) in MS / Stud.-MS 88-96 Akad. (Kunst/Deutsch/Päd), 95 Meisterschülerin u. 96-04 Akad. (freie Kunst) / 02 = 2. Pr. Landesg.-schau Gronau/Losser-NL, 03 Pr. Erdgas-MS / Lehrtätigk., u. a. 04 Sommerakad.-Schwalenberg, Atelier ab 7/04 Hafen-Speicher II – MS / Ausst. u. a. 2001/03/05 Detmold (Freilichtmus), Gronau (Atelierhaus), MS (Halle-Am Hawerkamp), Karsruhe (B.-verfass.-gericht), Herne (Kunstbombe), 02 Gronau (Landesg.-schau), Bonn (Frauenmus), MS (Erdgas), 02/03 Tecklenburg (Heimathaus), 03 Overdinkel (Landesg.-schau), Bielefeld/Gummersbach (Kv.-e), Hamm (Mus), 04 Petershagen (Forstamt), Lübbecke/Oberhausen (Kv.-e), Herford (MARTa Lounge), Istanbul-Türkei (Mus), 04/05 Hörstel-Gravenhorst (Kloster), 04-06 MS (Off. Atelier-Speicher II) 05 Berlin (AnyWay-Gal) / **Lit.: 69**-02 + **93** + **229a**-04 + **231b+c** + **245**-96+2000+04

Forth, Peter (A/M) / NEU: 7. 1. 1940 Bochum – 27. 5. 1987 Essen / Stud. TH-München (Archit) / als Maler Autodidakt / 60-86 Archit.-büro in Bochum, Mitarbeit b. Werner Lehmann (Univ.-Dortmund), Werke u. a. in Bochum (Gal.-„m" u. Wohnanlage u. Geschäftshäuser) / Ausst. u. a. 1960 Bochum (Mus) / **Lit.: 146**-60 + **146b**

Fortmann-Drühe (A/Dipl.-Ing) / lebt (1998) in Witten (2004 Potsdam?) / **s.** „Meissner . Fortmann-Drühe" – Witten

Foth, Detlev (M/Z/Coll.-k) / 1959 Münster- / lebt (2005) in Düsseldorf / Stud.-Düsseldorf 79-85 Akad., 85 Meisterschüler / Ausst. u. a. 1985-86 Düsseldorf (Kunstpalast), 97 u. a. Essen (Gal.-Fox), 99 Hattingen (Altes Rathaus), + N/INT / **Lit.: 26**-43 + **79b** + **107**-84...86

Fouad, Patric (F/D) / 1969 Düsseldorf- / lebt (2005) in Köln / Stud.-Dortmund 97-03 FHD / Ausst. u. a. 2001 Recklinghausen (Kreissparkasse), Dortmund (FH) / **Lit.: 182**-2000

Fräger, Marcus (M/Z) (Musiker) / 1959 Hamm- / lebt s. 94 in Köln / Stud.-MS 79-84 Univ. (Archäol) / nach 80 Mitbegr. Musikgr. „The Ace Cats", s. 87 Malerei / 93 Hans-Sprung-Förder-Pr. / Ausst. u. a. 1981 MS (Univ), 89 Gummersbach (Kv), 93/96/01-03 Koblenz (Haus Metternich/Gal.-Remy/2xKunsth/Mus), 95/2004 Köln (Gal.-Kunstwerk/Gal.-Melsheimer), 97 Essen (Gal.-Eickelmann), 99 Düsseldorf (Paravent-Projekt), 01 London, 05 Karlsruhe (Messe), Bergkamen (Stadtgal)

Francke, Clemens (B) / † 1968 / lebte in Münster-Roxel / Holzbildhauer / Werke u. a. in Havixbeck u. MS-Roxel / Ausst. u. a. 2003 Münster-Roxel (Schulzentrum)

Franik, Lothar (M/G) / 1941 Siegen- / lebt (2000) in Berlin / 12 Semester Stud./Ausb. (Malerei/Grafik) / Mitbegr.-„Verein Stieglitzer Bild. Künstler e.V." / Ausst. u. a. in Berlin, 1996 Baden-Baden (Gal.-Kl.-Prinz), Würzburg (Radlersaal) / **Lit.: 27**-4

Franitza-Wilhelms, Karin s. Franitza-Oberschelp, Karin

Franitza-Oberschelp, Karin NEU: (auch: Franitza / Franitza-Wilhelms) (B/K/Coll.-k) / 1937 Berlin- / lebt (2005) in Halle/W. / Ausbild. b. Werner Lehr, Keltum u. Silke Hagemann – Oldenburg, Gast-Stud.-Bielefeld 81-86 Univ. (Kunstpäd), ab 91 freisch. u. eig. Werkst. in Halle/

W. / Mitgl. Gr. „GEDOK“-OWL / Ausst. s. 1986, u. a. 2002 Halle/W. (Rathaus/Kunstnacht), 02-05 Halle/W. (Off. Atelier), 03 Gütersloh (Parkbad), 04 Willebadessen (Kloster), 05 Detmold (Parkhaus), + OWL / **Lit.: 133**-94Anh. + **152b**-02...05 + **193b+c** + „K. F.-O.“ – Ein Deutsches Requiem v. J. Brahms – Selbstverl.-Espelkamp, 2002

Franjo s. Wöstmann, Franz Josef

Frank, Gesine (I/F/Computergr/Konzeptk) / 1965 Stuttgart- / lebt (2004) in Porta Westfalica, Atelier in Minden / Stud. HfK-Berlin u. „Freie Kunstsch. Stuttgart“ / 93 Kultur-Pr. Kr. Minden-Lübbecke / Mitgl. „Verein f. akt. Kunst“ Kr. Minden-Lübbecke / Ausst.-gen/Projekte u. a. 1999/01 Minden (Off. Atelier), 2000/03 Lübbecke (Speicher), 01 Petershagen (Glashütte Gernheim(K), Minden (Schaufenster), 02 Detmold (Stadthalle(K), Bad Karlshafen (Schaufenster(K), 03 Minden (Innenstadt), Hamburg (Speicherstadt) / **Lit.: 152a**-99+01 + K = Katalog

Frank, Holle NEU: (B/Reliefk/Z/F/Videok) / 1944 Prag- / lebt (2006) in MS / **Lit.: 26**-44 / (Biografie in Beilage: CD-Ausgabe 2006)

Franke – Künstlerfamilie im 19.+20. Jh. in (Bochum)-Wattenscheid u. Gelsenkirchen / **Lit.: 146c** // **Johann** sen. (Maurermeister/Bauunternehmer) / 1837 – 1900 / Vater v. Johann junior u. Josef Fr. / s. 1855 Baugeschäft in Wattenscheid // **Johann** jun. (Baumeister/Bauunternehmer) / 1874 – 1952 / Sohn v. Johann sen. / übernahm 1900 das Baugeschäft // **Josef** (A) / 12. 3. 1876 Wattenscheid – 16. 1. 1944 Gelsenkirchen / Sohn v. Johann sen. u. Vater v. Margarete / 1893-96 Maurerausb. u. Stud. Baugewerkesch.-Höxter, 1898-1901 (Hospitant) TH-Berlin-Charlottenburg / 1901-02 in Freiburg/Br., ab 1903 freisch. in Gelsenkirchen / war Mitgl.-„DWB“ u. „BDA“ / Werke in NRW (bek. sind 173 Bauprojekte, davon 35 Kirchen) Werke u. a. in Gelsenkirchen/Bochum/Goch/Nordwalde, dazu 30 Kirchen, u. a. in Bochum/Wattenscheid/Gelsenkirchen/Herne/usw. / Ausst. u. a. 1999 Gelsenkirchen (Gal.-Arch. u. Arbeit), 2001 Rheine (Kulturforum) / **Lit.:** D.K.-Teil 1/2 + **26**-44 (u. Lit.) + **34**-8,2+9,2 + **145b** (S. 6) + **146b+c** + Maria Wegener: „Der Architekt J. F. aus Gelsenkirchen“ – Diss. Univ.-Bonn, 1989; J. F.: „163 Entwürfe f. d. 20. Jahrhundert“ – Hg.: Archit.-Kolloquium Bochum, Essen, 1999; In: „Inventarverz.-nis..Archiv..Forum Kunst..Kv. Lünen im Stadtarchiv Lünen“ – S. 42 – Lünen, 1999; In: „Margarete Franke“ – (s. unten) – Eitorf, 2005 // **Margarete** (Innenarch/ M/G/Glasm/Mosaik) / 27. 1. 1909 Gelsenkirchen- / lebt (2004) in Gelsenkirchen / Stud.-Hildesheim 28-30 Kgsch u. Essen 30 Folkwangsch., 30-33 Mitarb. im Büro ihres Vaters Josef F. – Gelsenkirchen, Stud.-Aachen 33-34 Kgsch / ab 35 selbst. Innenarch.-in u. eig. Atelier, 39-44 Krankenschwesterausb./Tätigk., 62/63 Weiterb. (Malerei/Grafik / 52 Kunst-Pr. Düsseldorf (m. J. Beuys), 53 Stip. LWL-MS / s. 50 Mitgl.-„BGK“ / Werke in Baltrum/Westf.+Italien / Ausst. u. a. in Gelsenkirchen/Mülheim-R./Wolfsburg/Kevelaer, + im Atelier / **Lit.:** u. a. **1**-4 + **53** + **145**-59...62+65+67+68 + **145a**-75+85+95+2000 + **145b** + **146c** + Dr. A. Jansen-Winkeln: „M. F.“ – Reihe: Künstler zwischen den Zeiten – Bd. 9 – Eitorf, 2005

Franke, Helga (M) / * 1924 – / lebt (82) in Aurich / Ausst. u. a. 1981 Carolinsiel

Franke, Helga (F) / 1949 Oldenburg/Schl.-Holstein- / lebt (2004) in Steinfurt / Autodidaktin / Stud.-MS 85-90 Univ. (Kunstg) u. Hagen 98-2000 Univ. (Kulturmanagement), ab 01 freisch. / 01 = 2. Pr. Kreisspark.-Steinfurt / Ausst. u. a. 2001/03/04 Steinfurt (4xKreissparkasse), 02 Hamburg (Kanzlei), MS (Poertgen-Herder), 03 Kroosgang (Filiale-Kreisspark.-Steinfurt) / **Lit.: 206**-01+04 + H. F.: „Kulturhauptstadt Europas – Brügge 2002“ u. „Graz 2003“ – Fotokunstkalender

Franke, Josef s. bei Franke – Künstlerfamilie

Franke, Margarete s. bei Franke – Künstlerfamilie

Franke, Mirko (Filmk) / lebt (2006) in MS / war in St. Augustin beim „Bundeswehr TV“ tätig, ab 03 Praktikant u. fr. Mitarbeiter TV-Münster, div. Filmbeiträge, siehe: **Grä**upel, Andreas

Frankowska, Eva Maria (Z/M) / * 1951 (in Polen)- / lebt (88) in Herne / Stud. FH-Dortmund / Ausst. u. a. in Polen/Italien, 1987 Herne (Flottmann-Hallen), 88 Gelsenkirchen (Kommunale Gal), + N / **Lit.: 142x**-87

Frantz, Ulrich (A/Dipl.-Ing) / 1957 Hiltrup b. Münster- / lebt (2000) in Wuppertal-Elberfeld / 75-77+80-84 Stud.-Wuppertal (Archit), 77-80 Bauzeichn.-ausb. in Borken / ab 85 in Wuppertal tätig, s. 96 selbst. / Werke u. a. in Wuppertal / **Lit.: 216**

Frantzen, Wilhelm (M/G) / NEU: 4. 6. 1900 Uelsen/Grafsch.-Bentheim – 7. 10. 1975 Braunschweig / Stud.-Dortmund 19-20 Kgsch u. Kassel 20-22 Akad. / Lehrt. 22-23 Dortmund, 23-27

Gronau, 27-39 Hannover, 32-45 Fach- u. Sachbearbeiter im Schuldienst, u. a. in Braunschweig, 45-50 amtsenthoben wegen Mitgl.-schaft der NSDAP/SA, 50-61 Lehrt.-Braunschweig / war Mitgl. Gr.-„VWKuK" / Ausst. = Westf./Ns. / **Lit.: 8a**-28+29+31 + **25**-2 + **26**-44

Franz, Conrad (eigentl. Conrad Bluhm) (M/Z) / 1950 Stockum/Westf.- / lebt (2005) in Bad Steben/Bayern / Stud.-Wiesbaden 68-72 Kgsch u. 73 Akad.-Paris / Werke = N + INT / Ausst. u. a. in USA, Heidelberg, + N / **Lit.: 27**-1

Franzius, Ludwig (A/Dipl.-Ing) / lebt (1930/36) in Dortmund / Werke u. a. in Dortmund / Ausst. u. a. 1936 Dortmund (ehem. Katharinenkloster) / **Lit.: 8a**-36 + **34**-9,2 + In: „Wohnen im Revier" – 99 Beispiele aus Dortmund – München, 1975

Franzmann, Andrea (G/D) / * 1963 – / lebt (2002) in Detmold / Stud.-Bielefeld 91-97 FHD (Vis.-Kommunik) / s. 97 „Grafik designbüro"-Detmold / **Lit.: 205a**-01

Fraune-Tillmanns, Maria (M) / 1954 Delbrück- / lebt (2006) in Soest-Röllingsen / Dipl.-Sozialarbeiterin, ab 90 künstl. tätig / Mitgl. „Kv.-Kr.-Soest" / Ausst.-en s. 1997, u. a. 2001/05 Soest (Wilh.-Morgner-Haus), 04 Wuppertal-Barmen (Kunsthalle), + NRW / **Lit.: 100**-05 + **190**

Frecksmeier, Günter NEU: (jetzt: Frecksmeier-Oberwüsten) (M/G) (Lyriker) / 1937 Bielefeld- / lebt (2005) in Bad Salzuflen-Wüsten / (Biografie in Beilage: CD-Ausgabe 2006)

Frede, Hermann (A) / 18. 10. 1883 Bochum – 20. 3. 1965 Halle/Saale / Stud. Baugewerkeschule in Münster / 1904-52 an 25 Wettbew.-en beteiligt, war tätig in in MS u. Halle/S., ab 1912 eig. Büro in Halle/S. / Werke in Sachsen-Anhalt / **Lit.: 26**-44(m. Lit.)

Freemann, Martha (M) / * 1920 – / lebt (90) in Warendorf-Hoetmar / Werke s. 75 / 89 Bischof-Tenhumberg-Pr. Telgte / Ausst. u. a. 1988/89 Telgte (Mus) / **Lit.: 185**-88+89

Freese, Andreas (Landsch.-archit/Dipl.-Ing) / * 1961 – / lebt (2002) in Marl u. Berlin / Stud.-Hannover TU (Landespfl) / ab 88 tätig im Büro Prof. Pridik, s. 92 Partner / Mitgl.-„AKNW/ BDLA" / Werke u. a. in Gelsenkirchen (97 Bundesg.-schau), Marl u. Bernburg-Sachsen-Anh. / **Lit.: 197**-01

Frei-Krämer, Anita (M/G/Materialb.-k) / * 1950 – / lebt (2003) in Kehl am Rhein / Stud.-Bielefeld 73-77 HFD (Vis. Komm/Grafik/Kunst) u. Akad.-Remscheid (Soziokult.-Gemeinwesenarbeit) / Ausz.-gen: 82 Renault AG-Brühl. 88 Einladung f. Rochdale-GB, 98 Pr. der SPD-Europa ... / Ausst. u. a. 2003 Bad Salzuflen-Schötmar (Das Fachwerk), + N

Freialdenhoven, Marie-Luise (M) / 1959 Bad Lippspringe- / lebt (2005) in Bielefeld / Stud.-Bielefeld 85-93 FHD (Grafik-Des/Fotomalerei) / s. 93 freiberufl. tätig / ab 99 Mitgl. Verein „Off. Ateliers"-Bielefeld / Ausst. u. a. 1999-2001 Bielefeld (Off. Atelier), 2000- Bielefeld (Praxis), 01- Bielefeld/OWL (Archiv) / **Lit.: 152**-99...01 + **192**-01

Freiberg, Andrea (M/Z/B/F) / 1965 Apolda/Thür.- / lebt (2006) in Siegen / 81-84 Pädagog.-ausb. Weimar, 84-99 Erzieherin in Apolda/Weiterstadt/Rüsselsheim, 98-99 Stud. Inst. f. Kulturarbeit u. Weiterb. (Kunstpäd) u. 99-03 Stud. Univ.-Siegen (Soz/Pschychol/Kunst) / 02 Förder-Pr. Univ.-Siegen, 02 Förder-Pr. Monheim u. 03 DAAD-Stip. f. Gdansk-Polen / 2000-03 Lehrt. Jugendkunstsch. Siegen-Wittgenstein / 03 Werk in Siegen-Gosenbach / Ausst. u. a. 1997/98 in Hessen, 99 Gross-Gerau, 2000 Mainz, 2000/02/03 Siegen (u. a.: Bank/Industriegebiet/Brauhaus/an d. Siegerl.-halle/Schlossplatz/Haus Seel/Gießerei), 02 Zakopane-Polen (Beteil.-Sympos), Monheim, 03 Köln (KunstWerk), 05 Düsseldorf (Kunstpalast) / **Lit.: 107**-05 + **110c**-04

Freidhoff, Johann Jakob (M/G) / 12. 2. 1768 Heggen/Westf. – 1818 Berlin / Ausb.-Klosterschule u. Stud. Univ.-Bonn / 1791 Schüler v. J. G. Huch in Düsseldorf / Maler u. Reprod.-Stecher / Werke in Berlin u. Dessau / **Lit.: 24**-12 + **26**-44(m. Lit.)

Freier, Felix (F) (Autor) / 1952 Dortmund- / lebt (2006) in Bochum / Stud. Univ.-Bochum (Erz.-wiss/Kunstg/Publiz) / Lehrt.: Erwachsenenbild./Schulen, ab 80 Fachbereichsltg. VHS-Iserlohn, s. 85 Lehrt./Ltg. Mus.-Zentrum-Univ.-Bochum, dort Ausst.-ltg. u. in NRW (u. a. Düsseldorf/Soest/Iserlohn/Herten), dazu prakt./künstl./theor. Beschäftigung mit Fotografie u. Siebdruck, journal. freiberufl. Tätigkeit b. Zeitungsverlagen, Fotoprojekte im Ruhrgebiet, Dokumentationen/Veröffentl.-en in Magazinen u. Fachzeitschr.-en / Mitgl. „DGPh" / Ausst. u. a. 1996/2000/02 Bochum (Mus.-Zentrum), 01 Cottbus (TU), 04/06 Bochum (Univ/Museum) / **Lit.: 146**-06 + F. F.: „Fotografieren lernen, Sehen lernen" – Verlag DuMont-Köln (13 Auflagen = 1981-2004); F. F./F. Sarrazin: „Fotos ° Selbst entwickeln – selbst vergrößern" – Verlag DuMont-Köln, 1985-2000 (5(?)Auflagen); In: „DuMonts Lexikon der Fotografie" – Köln, 1992/96 (2. Aufl.); In: „40 Jahre – 40 Menschen" – Bildband zum 40 jährigen Jubiläum der Ruhr-Univ.-Bochum, 2005; dazu v. F. F. = Kalender/Postkarten/Kunstmappen

Freinik, William (M) / NEU: 1905 Gelsenkirchen – (nach) 1994(?) / lebte s. 1928 in den USA / 24-26 Stud. Akad.-Stuttgart u. Kunstsch. Hans Hofmann in München / Ausst. u. a. 1967 Gelsenkirchen (Mus) / **Lit.: 26**-44 + **145**-67 + **145b**

Freislachen s. Feislachen

Freitag – Westfälische Familie mit künstl. Ambitionen in Bottrop // **Carl Ernst** (Khw) / * 1929 – / Dipl.-Chemiker / Ausst. u. a. 1989 Telgte (Mus) / **Lit.: 185**-89 // **Christoph** (M) / * 1964 – / Zahnarzt / Werke s. 87 / Ausst. u. a. 1989/91 Telgte (Mus), 99-03 Bottrop (Mus) / **Lit.: 99a**-99...03 + **185**-86 // **Ursula** (B) / * 1934 – / 88 Bischof-Tenhumberg-Pr. Telgte / Ausst. u. a. 1988/89/91 Telgte (Mus) / **Lit.: 185**-88+89+91

Freitag, Angelika (M/Z/B/O) / 1952 Düsseldorf- / lebt (2006) in Düsseldorf / nach Werklehrer-ausb. 71-73: Stud.-Düsseldorf 73-80 Akad., 79 Meisterschülerin, 78-80 Univ. (Kunstw) / 93 Förder-Pr. Klinik Flurstr. Düsseldorf / 94-96 Lehrt. Akad.-MS, 97+02 Aufenth. Cité des Arts-Paris / s. (um) 05 Mitgl. „WKB" / Skulpturen im öffentl. Raum: 93 Düsseldorf, 95 Kaarst / Ausst. u. a. 2001 Moers (Stadtgal), 02/05 Düsseldorf (Kunstpalast), 05 Herne (Stadtgal), + N/INT / **Lit.: 26**-44 + **79/79a+b** + **86**-02+05 + **107**-78...94+96...02+05 + **165**

Freitag, Ditmar (O/Glas- u. Lichtk) / 1956 Gelsenkirchen- / lebt (2005) in Aldersbach / Autodidakt / Werke u. a. i. Lingen/Nordhorn/Rheine / Ausst. u. a. i. Gelsenkirchen, + N / **Lit.: 26a**-05

Freitag, Jens Titus (F/B) / 1963 Dortmund- / lebt s. 93 in Ballweiler b. Saarbrücken / nach Berufstätigk.-en u. Ausb. als Autoschlosser: Stud.-Saarbrücken 89-99 HfBK / 99 Otto-Weil-Pr. Friedrichsthal, 01 Stip. Kv.-Aschersleben / 90-93 Mitarbeit am „Mahnmal gegen Rassismus" in Saarbrücken / Ausst. u. a. 2001 Friedrichsthal/Aschersleben, Halle/S. (Villa Kobe), Berlin (Gal.-Zeitweise), 02 Bitterfeld (Gal. am Ratswall), Limburg/Lahn (Kunstsammlungen), Schwedt/Oder (Kv), Blieskastel (Orangerie), 03 Luxemburg (Villa Vauban), Hamburg (Freie Akad), Bayreuth (Campus-Gal), 04 Frankfurt-M. (Art), 05 Saarbrücken (k4-Gal) / **Lit.: 26**-44

Freitag, Renate (M/O) / 1948 Weidenau/Sieg- / lebt (2003) in Siegen / Autodidaktin / ab 4/2000 Atelier m. Brigitte **A**lbat-Schmidt u. Buddy **B**arteit im Kleinbahnhof Dreis-Tiefenbach = Atelier-Ausst.-gen / Ausst. u. a. in Siegen, 2000 Hilchenbach (Alte Filzfabrik), + Südwestf. / **Lit.: 110b** (erw. b. Barteit, Buddy) + **187**

Freitag, Susanne (F/D) / 1970 Rheda-Wiedenbrück- / lebt (2005) in Bielefeld u. Oerlinghausen / Fotografinausb., Stud.-Bielefeld 92-99 FH (Vis.-Kommunik) / s. 95 selbst. u. eig. Studio in Oerlinghausen / Mitgl. Gr.-„OCTA"-Bielefeld (dort Lit.!) / Ausst. s. 1993, u. a. in Köln/Emden/Kr. Gütersloh, 1999 MS (Delphinarium), 04/05 Bielefeld (WDR-Studio/Neues Rathaus) / **Lit.: 114f**

Frerichmann, Alexander (B/Z) / NEU: 1887 Senden b. Münster – 1960 ebd. / Stud. HfBK-Berlin-Charlottenburg / Werke in MS/MS-land, u. a. Senden (lt. kath. Pfarrei Senden) u. Karthaus /Gerleve / Ausst. u. a. 1997 Senden (Rathaus), 98 Münster (Standortverwaltung) / **Lit.: 82a**

Frerichmann, Josef (Jupp) / 1932 Münster – † um 1976 (vor 77) Senden bei Münster / Holzbildhauerausb. b. s. Vater Alexander **F.** / Werke u. a. in Karthaus/Senden b. MS / **Lit.: 146c** (erw.)

Freudenberger, Christian (O/I/Z) / 1971 Dortmund- / lebt (2004) in Düsseldorf / Stud.-Düsseldorf 92-98 Akad., 97 Meisterschüler / 96 Stip. Akad.-Düsseldorf / Ausst. u. a. 1992 Dortmund (DEW), 98 Gladbeck, Düsseldorf (K.-Fischer-Gal), 03 MS (Hafenweg 22), Recklinghausen (Kunsthalle) / **Lit.: 46**-03 + **128**-98

Freund, Thomas (M) / 1949 Dortmund- / lebt (2005) in Friedrichstadt / Stud. Folkwangsch.-Essen (F/G/D), anschl. als Artdirector tätig, später selbst. / ab 97 in Nordfriesl., s. 99 Lehrt. (Malkurse) / Ausst. u. a. 1994/98 Essen (Org Consult/Gal.-QuadrArt), 99 Berlin (Hotel Maritim), 2000 Frankf.-M./Husum, 02/03 Kiel/Meldorf/Schleswig / **Lit.: 26a**-05

Freundner, Thomas (Filmk) / 1961 Dülmen- / lebt (95) in Hamburg / Stud.-Hamburg 82-92 HfBK u. 92 Univ. (Regie), 89 Meisterschüler / s. 82 Kurzfilme, u. a. m. Ralf Höpfner (* 1959) u. Kathrin Freundner / 90 Publik.-Pr. Filmfestival-MS / Auff. u. a. 1990-94 MS / **Lit.: 196**-90+92+94

Frey, Martin (M/G/B/Mosaik) / NEU: 23. 3. 1907 Menden – 26. 6. 1991 in Bad Godesberg / Stud. Wksch-Köln u. Akad.-München / Ausst. = NRW / **Lit.:** u. a. **1**-2 + **20** + **26**-44 + **107**-60+64...66+70

Frey, Saschko (Filmk/I) / * 1968 – / lebt (2005) in Dortmund / Stud.-Dortmund bis 2/06 FHD / 02 = 2. Pr. Filmfestival-Bochum / s. 98 = 9 Filme, davon 2 eigene / Ausst./Auff.-en u. a. 2001 Bochum (Hotel Eden), 02 Berlin (Festival), 03 MS (Festival), 03 Lodz-Polen, 05 Beteil.-„First Steps" / **Lit.: 203ca**

Freyer, Erika s. Freyer-Henkel, Erika

Freyer-Henkel, Erika (M/G) / NEU: 18. 8. 1910 Nidden/Kurische Nehrung – 7. 10. 1997 Gelsenkirchen / Gatte war Maler Fritz Freyer, † 1939 (gefallen) / 30-36 Stud.-Königsberg Akad./ Univ., Köln Wksch u. Berlin Kunstsch. / ab 45 Gelsenkirchen u. dort 50-72 Lehrt. / Werk (Glasfenster) in Gelsenkirchen / Mitbegr. Gr.-„Die Hütte“, war Mitgl.-„BGK“ u. Gr.-„VBK-Raum Essen“ / Ausst. = NRW / **Lit.:** u. a. **26**-45 + **145b**

Freygarten, Sandra (M/B/G = Holzschnitt) / 1965 Georgsmarienhütte- / lebt (2005) in Bochum / 85 Stud. Kunstsch.-Gerabron u. 86-89 Alanus Kunsthochsch.-Alfter / freisch. / Lehrt. (um 05) Sommerakad.-Essen / Ausst. u. a. 1993/96 Aachen (K-Gal/Gal.-Art Forum), 94 Bergheim/Wesseling, 95 Wien (Gal.-Curriculum), 97 Hunsrück/Sinzig, 2001 Schwetzingen (Palais Hirsch), Dortmund (Mus. am Ostwall), 03-05 Castrop-Rauxel (Gal.-Schwenk), + Internet

Freyse – Architektenfamilie im 19. Jh. in Essen u. Dortmund / **Lit.: 26**-45 // **Heinrich Theodor** (Baumeister) / 15. 5. 1774 Essen – 16. 2. 1851 ebd. / Vater des Carl Wilhelm Theodor / war Stadtbaumeister in Essen // **Heinrich Johann** (A) / 4. 2. 1809 Essen – 2. 10. 1850 Düsseldorf / Sohn des Heinr. Theodor u. Bruder v. Carl Wilh. Th. // **Carl Wilhelm Theodor** (A) / 1815 Essen – 1881 / Sohn des Heinrich Theodor, Bruder v. Heinrich Johann u. Vater von Karl / war in Essen tätig, ab 1851 Stadtbaumeister / **Lit.: 146c** // **Karl** (A) / 27. 3. 1846 Essen – 3. 9. 1902 Köln-Lindenthal / Sohn des Carl Wilh. Theodor / war königl. Baumeister in Dortmund

Frick-Kirchhoff, Waltraud (Ill/Seidenmalerin) / 1936 Iserlohn- / lebt s. 60 in Reutlingen / Gatte ist Ottmar Frick (G/D) * 1933 Reutlingen / Stud.-Dortmund 55-56 Wksch u. Düsseldorf 56-58 Akad. / Pr. „Die Schönsten deutschen Bücher 1960“, 95 = 2. Europ. Wettbew.-Ausz. / **Lit.: 26**-45 + In: „Reutlinger Künstlerlexikon“ – Reutlingen, 1999

Fricke, August (M) (Opernsänger) / 1829 Braunschweig – 1894 Berlin / Lit.: 24-12

Fricke, August (G/M) / 1875 Wattenscheid (auch: Grüningfeld) (?) – 1948 Bremen / Stud. Akad.-München / tätig u. Ausst.-gen in München / Werke u. a. in Wiesbaden u. Bremen / **Lit.: 24**-12 + **25**-2 + **34**-9,2 + **108**-1 + **217**-3

Fricke, Johann (Glockengießer) / um 1678-1704 in Gütersloh tätig / Werke in Westf. / **Lit.: 24**-12 + **26**-45

Fricke, Markus (M/I) / 1970 Bielefeld- / lebt (2003) in Paderborn / Stud.-Bielefeld 91-97 Univ. (Dipl.-Biol) u. Paderborn 98-02 Univ./GH (Kunst) / 02 = Pr. „Kl. Fest“-Paderborn / Ausst. u. a. 1999 Paderborn (Univ.-Gelände), 2000 Detmold/Paderborn/Bad Driburg, 01 Normandi-Fr. (Ohama Beach), 02 Paderborn (Kaiserpfalz/Studentenwerk/CDU-Gesch.-stelle)

Friederichsen, Anne (M) / 1957 Münster- / lebt (2001) in Essen / Stud. Univ.-Aachen (Kunstgesch) u. Univ./GH-Essen (Kunst/Päd) / Mitgl. Gr.-„GEDOK“-Niederrh./Ruhr u. „WBK“-Essen / Ausst. u. a. in Essen/Soest/Trier/Düsseldorf/Bonn/Wesel/Detmold / **Lit.: 193a**

Friedrich, Iris Diana (F/D) / 1974 Lahr/Schwarzwald- / lebt (2006) in Hamburg / Stud.-Bielefeld bis 02 FHD / 05 DAAD-Stip. f. Peking / Ausst. u. a. 1998 Dortmund/Würzburg, 2000/03 Bielefeld (WDR-Studio/Gal.-Bildwild), 01 Düsseldorf (Savoy), 02/04 Köln (Photokina), 05/06 Gent/Brüssel, 06 Hamburg (PPS-Gal)

Friedrich, Viola (F/D) / 1974 Werther- / lebt (2005) in Borgholzhausen / Stud.-Bielefeld 94-02 FHD (Vis.-Komm/Foto- Filmdes) / Ausst. u. a. 1997 Borgholzhausen (Rathaus), Amersfort/ Bredevoort-NL, 99 Chateau Aubenas-Fr., 2000 Versmold (Gal.-et), 01 Herford (Kunstwerk), Herten (Zeche-Ewald), 02 Bielefeld (FH), Köln (Fotokina), 03 London (Gal.-Luke&a), 04 Borgholzhausen (Off. Atelier) / **Lit.: 189**-01 + **191b**-04

Friedrich-Degner, Waltraud (jap. Mal- u. Tuschtechnik) / 1941 Marburg- / lebt (2005) in Bad Laasphe / 66-69 Stud.-Kunsterz. / ab 69 Lehrt. / 82-84 Weiterb.-kurse b. H. Grauenhorst u. 85/87/91/95 in Amagasaki-Japan, 88/91 Stud.-Kyoto Univ., 95 Privatkurs b. Prof. Hashida in Kyoto / Ausst. u. a. 1988 Amagasaki-Jap., 91 Kyoto-Jap., + Südwestf. / **Lit.: 110b** + **110c**-04

Friedrich-Oehley, Leonie s. Oehley-Friedrich, Leonie

Friemel, Johann Christoph (M) / geb. in Minden / Landmesser in Lippe, um 1722-36 bek. / **Lit.: 132b** (=S. 348+506) NEU =

Friemel, J. G. (Z/Kartenzeichner) / um 1750 tätig / weitere Daten nicht bek. / **Lit.: 215a** (S. 13)

Frigger, Vincenz (M) / lebt (1947) in Büderich, Kr. Soest / Ausst. u. a. 1946 Arnsberg, 47 Hagen (Mus) / **Lit.: 8a**-46 + **97**-47

Fritsch, Arwed NEU: (M/Z/Materialb.-k/B/I/Glask/Perf.-k) (Musiker/Autor) / 1943 Angerburg/ Ostpr.- / lebte in Herdecke/Hagen, s. 96 in Werdohl / Stud. HfBK-Wien (Kunst/Theaterwiss) / 02 Perf.-aktion Lüdenscheid / Mitgl. Gr.-„Hagenring“-Hagen / Werke in NRW (u. a. Hagen) /

Ausst. u. a. in Hagen, 2002 Hagen (Johanniskirche), Lüdenscheid (Lichtrouten), 04 Hagen (Mus), + Westf./INT / **Lit.: 97**-86+87+90+94+99+04 + **125g**-02

Fritsch, Katharina (Prof) (B/O/Proj.-k) / 1956 Essen- / lebt (2006) in Düsseldorf u. MS / NEU: 02 Konrad v. Soest-Pr. LWL-MS / s. 2000 Lehrt. Akad.-MS, 01 Prof. / **Lit.: 26**-45(m. Lit.) + **26a**-05 / (Biografie in Beilage: CD-Ausgabe 2006)

Fritsch, Renate (F/D) / 1953 Herten- / lebt s. 83 in Düsseldorf / Stud.-Dortmund 72-76 FHD / 74 Europhot-Stip. f. Chalon s/Saone, 75-77 b. Luigi Colani in Sassenberg tätig, 77-83 Studio in Bremen / Ausst. u. a. in Bremen/Ratingen, 2004 Hildesheim (Kv)

Fritsche, Burkhard (Pseudon.: „BURKH") (G/Z/Ill/Karikaturist/Trickfilmz) / 1952 Mölln- / lebt s. 96 in Köln / NEU: 2000 = 1. Pr. MEWA-Kunst-Pr. f. Karikatur, 02 = 2. Pr. „Goldener Dreschflegel", 03 = 3. Pr. BV Dt.-Zeitungsverleger, 04 Förder-Pr. Swiss Cartoon Award / **Lit.: 26**-45 + **256** / (Biografie in Beilage: CD-Ausgabe 2006)

Fritz, Ingeborg (M/B/Coll.-k) / 1937 Münster- / lebt (2005) in Haan / Stud.-MS bis 58 PH, ab 70 Bildh.-ausb. b. Leonie Alt in Solingen, Stud. Univ./GH-Wuppertal (Komm.-Des/Angl/Amerikan) u. Malerei b. Eva-Maris Schoofs / s. 80 in Haan, war Lehrt. / Ausst.-gen u. a. in Haan, 1995-98 Telgte (Mus), + NRW / **Lit.: 26**-45 + **185**-95…98 + **216**

Fritz, Petra (M) / * 1956 – / lebt (2005) in Steinhagen / freisch. u. eig. Atelier, gibt Malkurse / Ausst. u. a. 2004 Steinhagen (Off. Atelier), + OWL / **Lit.: 191b**-04

Fritz, Werner (B/O/M/G) / 1967 Haldern/Niederrh.- / lebt (2005) in Bonn / Stud. FHD-Bielefeld (Bildh/Zeichnen) / s. 02 Mitgl. „BBK"-OWL / Ausst. u. a. 1997/98 Bielefeld (FHD/Boge-Fabrik), 01/02 Bielefeld (Off. Atelier/Rav. Spinnerei) / **Lit.: 124**-05 + **152**-01

Fritzsche, Karl-Friedrich (B/O/Coll.-k/Perf.-k) / 1951 Zschoppau- / lebt s. 61 in Hagen / NEU: 84 Gründung Produz.-gal. „Kunstraum"-Hagen, ab 98 mit Barbara Wolff Atelier u. Malschule „MALEwicht&Co" in Hagen u. Lehrt. VHS-Hagen / (Biografie in Beilage: CD-Ausgabe 2006)

Fritzsche, Max (Bühnenbildner/Theaterregisseur) / 19. 7. 1906 – ? / lebte in Bochum (letzte Tätigkeit) / tätig an Theatern in Münster/Stettin/Darmstadt, ab 47 Stuttgart, 50-54 Kiel, ab 54 – ? am Schauspielhaus in Bochum (Ausstell.-ltg) / Ausst. = N / **Lit.: 26**-45(m. Lit.-ang.)

Frodermann, Eckhard (A/Dipl.-Ing) / * 1958 – / lebt (2002) in Dorsten / 83 Restauratorprakt. in Krakau-Polen, 85 Sommerakad.-Venedig, Stud.-Dortmund bis 88 Univ. / s. 92 Büro in Dorsten / Werke u. a. in Leipzig + Westf. / Mitgl.-„BDA" / **Lit.: 197**-2001(auch m. Lit.-ang.) + **197a**-99

Fröhlich, Elfie NEU: (Prof) (G/F/D/F.-Inst.-k/Videok) / 1951 Lünen- / lebt (2005) in Berlin u. Weimar / Stud.-Dortmund 68-71 Wksch u. Coll. of Arts Leeds-GB, Berlin 71-76 HdK u. 78-79 Studium u. Lehrt. im Modellversuch Kü.-Weiterb.-Berlin / ab 70 Arb.-aufenth.-e im Ausland, Stip.: u. a. 80/89/92 Senat-Berlin, 86 A.-Krupp-Stftung Essen, 88+89 Kunstfonds Bonn, 94 Kulturfonds-Berlin / Lehrt./Workshops 79-94 = N+INT, Lehrt.: 81-90 HdK-Berlin (90 Gastprof.), 91-92 Gastprof. GH/Univ.-Kassel, s. 94 Prof. Bauhaus-Univ. Weimar / Mitgl. „DKB" / Ausst. = N+INT / **Lit.:** u. a. **26**-45(m. Lit.) + **26a**-05(m. Lit.) + **86**-87

Frölich, Theresa (I/Z/T-I) / 1977 Göttingen- / lebt (2006) in MS / 93/94 Highschool Las Vegas-USA, Stud.-Bonn 97-99 u. MS ab 99 Univ.-en (Germ/Theol/Kunst) u. MS ab 99 Akad., 03 Meisterschülerin u. 03/04 Gaststud. Akad.-München / 03 Volontariat Kv.-München / Ausst. u. a. 2002 Bocholt (Kunsthaus), Dortmund (Künstlerhaus), 03 Schöppingen/München (Akad), 04 Oberhausen (Kv), MS (Evang. Univ.-kirche), Herford (MARTa Lounge), Istanbul-Türkei (Mus), 04/05 MS (Off. Atelier-Am Hawerkamp), 05 Dordrecht-NL, 05/06 MS (Ausst.-halle/ Raum f. K.=Wolbeckerstr. 59/"H 20"-Hüfferstr. 20), 06 Essen (Kunsthaus), MS (Wewerka-Pav) / **Lit.: 18**-06 + **57**-02 + **218**-02 + **229**-03 + **229a**-04 + **231a+b+c** + **253**

Frömmgen, Gertrud (M/Z) / * 1929 – / lebt (2003) Bottrop / Ausst. u. a. 1997/98/2002 Bottrop (Mus) / **Lit.: 99a**-97+98+02

Fröscher, Klaus (A/Dipl.-Ing) / 1939 Berlin- / lebt (98) in Detmold / nach Maurerausb.: Stud.-Berlin bis 62 HTL / 62-65 in Hamburg tätig, ab 65 Büro: „Niederleig & Fröscher, Architekten BDA"-Detmold / Mitgl.-„BDA" / Preise u. Werke in Nieders.+OWL (s. Lit.) / **Lit.: 112d** (S. 12) + **197**-95+97

Frohlof, Ulrich Peter (M/B) / 1956 Eisern- / lebt (2005) in Freudenberg / Autodidakt / 88 Mitbegr. Gr.-„Der Schlondes" in Ransbach-Baumbach / Ausst. s. 1988, u. a. in Bad Ems, Hamburg, Andernach, Koblenz, Aachen, + Südwestf. / **Lit.: 110b** + **110c**-04

Frowein, Carl-Herbert (A) / 30. 6. 1926 Hagen/Westf.- / lebt (72) in Stuttgart / Werke = N (u. a. Kirchen in Stuttgart) / **Lit.: 219a**

Frycz, Maria (F/Video- u. Filmk) / 1981 Zielona Gora/Polen- / lebt (2006) in MS / Stud.-MS ab 02 Akad. / 06 Förderer-Pr. Akad.-MS / Ausst./Auff. u. a. in Augsburg (Filmfestival), 2004 Dortmund (Künstlerhaus), 06 MS (Halle Speicher II)

Fuchs, Adrian (B/O/Materialb.-k) / 1955 Nienburg/Weser- / lebt (2006) in Dortmund / Stud.-Braunschweig 75-77 (Mathem/Informatik) u. 77 Gast HFBK, Dortmund 78-84 Univ. (Kunstdidaktik/Plastik) u. 85 Sommerakad. „Bauhütte" / 89-97 Lehrt. FH-Dortmund / Ausst. u. a. in Dortmund, 2006 Dortmund (Gal. ART-isotope)

Fuchs, Albrecht (F/D) / 1964 Bielefeld- / lebt (2005) in Köln / Stud.-Essen 86-93 Univ./GH / Ausst. u. a. in Zürich/Amsterdam/Basel, + N / **Lit.: 26a**-05

Fuchs, Josef (Goldschm) = s. in Nachtrag I

Fuchs, Nora (Prof) (B/Filmk) / 1964 Braunschweig- / lebt (2005) in Dortmund u. Berlin / 85-94 Stud.- HfBK-Braunschweig u. Akad.-Stuttgart (Bildh), 01 Weiterb.-Berlin (Video/Multimedia) / 95 Stip. Segeberg, 99 Atelierstip. Land Brandenburg / 95-03 Lehrt. TU-Cottbus, ab 03 Prof. FHD-Dortmund / bis 05 = 10 Videofilme / Ausst. u. a. in Cottbus/Bad Segeberg, 2000 Schloss Geissendorf, 2000/01 Baruth (Kv), 02-04 Berlin (Studio 63/Inst. f. Neue Medien)

Führer, Volker (Filmk) / 1959 Bottrop- / lebt (86) in Berlin / Praktikum am Südwestfunk-Mainz, s. 79 Filme / Auff. u. a. 1985 in MS / **Lit.: 196**-85

Füller-Teilhof, Elisabeth (Müller-Teilhof = falsch) (M) / 1920 – 1998 / war in Lippe (Delbrücker Land) Landwirtin / Ausst. u. a. 2004 Detmold (Fasanerie – Westf. Freilichtmus)

Fuentevilla, Arturo Eduardo Camus s. Camus Fuentevilla, Arturo

Fürneisen, Ulrich (Z/G) / 1947 Berlin- / lebt (2002) in Freiburg/Br., Atelier in Düsseldorf / nach Jugendzeit in MS/MS-land: Stud.-Düsseldorf 61-71 Akad. / 73-74 Stip. f. School of Art London / s. 67 Mitarb. Bildh.-Werkst. v. Bert Gerresheim, 75-83 Lehrt.-Düsseldorf, 91 Entwurf Rathausplatz/Brunnen in Kappel / Ausst. u. a. 1973 London (Gal.-House), 74-83 Düsseldorf (Kunstpalast), 81 Hagen (Mus), 84/85 Wanderausst.-Rheinl., 2002 Karlsruhe (Sparkasse), Köln (Maternus-Haus), 04 Everswinkel (Rathaus), + N / **Lit.: 79 + 86**-81 + **107**-74...83 + U. F. – „Rheinsichten" – Zeichnungen, Lithografien, Linolschnitte – Ausst.-kat. – Maternus-Haus, Köln, 2002

Fürstenau, Eduard Aug. Wilh. (Dr. theol. h.c.) (A) / 21. 1. 1862 Marburg/Lahn – 26. 5. 1938 Berlin / Stud. Bauakad.-Berlin / lebte haupts. in Berlin-Dahlem, geh. Oberbaurat u. Ministerialrat im Hochbauamt des preuss. Innenminist.-s / Werke: Synagogen in Dortmund/Bielefeld/ Siegen, Kirchen im Elsass, O.-verw.-gericht Berlin / **Lit.: 25**-2 + **34**-8,2+9,2 + **120a**-3(Anh.)

Fuest, Helena s. Arendt, Helena

Fütterer, Dirk (Prof) (Komm.-Des/Typograf) / 1967 Dinslaken- / lebt (2005) in Bielefeld u. Berlin / 86-89 Herrenschneiderausb., Praktika b. Verlagen in Hamburg/Düsseldorf, Stud.-Essen 86-96 Univ./GH (Komm.-Des) / selbst. bis 96 u. arbeitete f. Kunden/Agenturen in Zürich/München/Geldern/ Essen/Düsseldorf, 96-98 im „Büro Hamburg" u. 98-2003 in New York tätig, 03 Gründung „Büro für Identy Design" in Berlin / s. 3/04 Prof. f. Typografie FHD-Bielefeld / 94 = 1. Buch-Pr. ECON-Verl. Düsseldorf, 97 Ausz. „Schönste Bücher des Jahres 1996" Stiftung Buchkunst, Ausz. „Certificate of Design Excellence" – European Regional Design Annual, 2000 Merit Award – Dir.-s Club New York, 2x Ausz.-en vom „Critique Magazine" u. Bilderbuch-Pr. Troisdorf / **Lit.:** D. F.: „Cover Layout" – 1994; „Radio Legenden" – 1997; „Emile – Eine bunte Katzengeschichte" – 2000

Fuhlrott, Dietmar (M/G/Ill) / NEU: 1952 Dortmund- / lebt (99) in Dortmund, 2005 Essen / Ausst.: Dortmund (Gal.-Möller), 79 MS (Schanze), 95 Dortmund (Rathaus) / **Lit.: 98a + 120b**-83

Fuhrmann, Olaf (F) / * 1972 – / lebt (2005) in Bottrop / Ausst. u. a. 1997-99/2001-03/05 Bottrop (Mus) / **Lit.: 99a**-97...99+01...03

Fuhrmann, Roland NEU: (Pseudon.: „rofu") (M) / 1956 Bielefeld- / lebt (2005) in Bielefeld-Ubbedissen / (Biografie in Beilage: CD-Ausgabe 2006)

Fuhrmann, Roland (II) (F) / 2000 Kaiserring-Stip. Goslar, ebf. Ausst. Goslar (Mus. f. mod. Kunst)

Fuhrmann, Roland (III) (B) / 1966 Dresden- / Lit.: 26a-05

Fuhrmann, Udo (A) / 1999 Dortmund: Büro „FWP" = Fuhrmann . Winkler u. Partner (W. **M**einninghaus) – GbR Architekten u. Ingenieure" / Werke in NRW + N (s. Lit.) / **Lit.: 197a**-99

Fukuyama, Tetsu (M/Z) / * in Japan- / lebt (2005) in Münster / Stud.: 2000/02 Gast Akad.-MS u. ab 02 FHD-MS / Ausst. u. a. 2001/02 MS („Brücke"/Orangerie), Herne (Kunstbombe), 04/05 MS (Off. Atelier)

Fuldauer, Otto (Porzell.-m) / 8. 1. 1910 Bruch/Berg.-Land – 22. 7. 2004 Münster / tätig in Dieringhausen b. Wuppertal, ab 38 Porz.-maler in der Firma A. Roloff in MS, 43 Meister / Werke s. Porzellanmuseum-MS / **Lit.: 63b** (erw.) + **84**-82(S. 72) + In: B. Haunfelder: „Feines Porzellan aus Münster" – „Auf Roter Erde" – „WN"-MS – Nr. 3/2002 – 22. 3. 02

Funk von Rosainsky, Jutta (B) / 1940 Dortmund- / lebt (2005) in Hilden / 57-60 Dekorationsausb. / Autodidaktin / s. 80 Lehrt. VHS-Hilden, ab 93 Sommerakad.-Koblenz / Werke u. a. in Halver / Ausst. u. a. in Frankf.-M./Paris/London, + NRW / **Lit.: 26a**-05

Funke, Bernd (Pseudonym: „fube") (M) (Autor) / 17. 7. 1948 Hamm/W.- / lebt (2006) in Mainz / Beruf: Journalist / als Maler Autodidakt, Autor von Theaterstücken/Hörspiele / Ausst. s. 1991, u. a. in Haifa-Isr./Mainz/Schwäb.-Hall / **Lit.: 26**-46

Funke, Bernhard s. Künstlerfamilie Funke-Küpper

Funke, Bernhard (M/G) / 1902 Essen – 1988 Heide/Holstein / Lit.: 194

Funke, Cornelia (Ill) (Autorin) / 1958 Dorsten- / lebte in Hamburg, s. 2005 in Los Angeles / Stud. Pädagogik u. Buchill. / ca. 40 Buchill.-en / **Lit.: 26**-46(m. Lit.)

Funke, Helmut (M/G) / 5. 5. 1908 Herne – 25. 11. 1997 Hanau / Stud.: 31/32 Ksch-Flensburg, 33 Ulm u. 34-37 Akad.-Düsseldorf / 84 Kultur-Pr. Main-Kinzig-Pr., 88 August-Gaul-Plakette Hanau / Ausst.-en = N / **Lit.: 26**-46 + **108**-1(4. Aufl.)

Funke, Wolfram (A/Dipl.-Ing) / lebt (2004) in Dortmund / war selbst. / Werke in Westf., u. a. Kirche in Hagen (m. M. **K**rug/B. v. d. **M**inde) / **Lit.: 97x** (S. 126) + **112d** (S. 46)

Funke-Küpper – NEU: (auch Funke oder Funke-Küppers) Künstlerfamilie in den Niederlanden, stammt aus Ruhrort, jetzt Duisburg / **Lit.: 26**-46 + In: P. A. Scheen: „Lexicon Nederlandse Beeldende Kunstenaars 1750-1950" – Bd. 1 – s'Gravenhage, 1969; In: E. Bénézit: „Dictionnaire ...des Peintres ... et Graveurs" Bd. 5 – Gründ, 1999 // *chronologisch:* **Bernhard Anton** (auch: Annton oder Bernhard) (M) / 28. 2. 1869 Ruhrort (jetzt Duisburg) – 9. 11. 1955 Haarlem/NL / Vater der drei folgenden Söhnen / Stud. in Deutschl. u. ab 1895 in Rotterdam / lebte um 1924 in Recklinghausen, später dann Holland / war Mitgl.-„Essener Künstlervereinigung" / **Lit.:** In: „Ausstellung des Ruhr-Künstler-Bundes" – Reinoldushof-Dortmund, 1924 // **Albert Johann** (M/G/Karikaturist) / 24. 3. 1894 Ruhrort (jetzt Duisburg) – 23. 11. 1934 Ermelo/Nunspeet-NL / seit 1895 in Rotterdam, dort Lehrerausb., ab 1922 Lehrt., ab 31 in Amsterdam, 34 Zandvoort // **Theodorus Franciscus** Anton (Theo) (M/G/Comicz) / 16. 10. 1904 Rotterdam – 5. 7. 1977 / lebte in Haarlem // **Francicus Wilhelmus Aloysius** (Frans) (M/G/Ill) / 15. 12. 1908 Rotterdam – 28. 2. 1992 Haarlem

Furkert, Marlene (B/Khw = Glask/Tiffany) / * 1946 – / lebt (2005) in Dülmen-Buldern / Ausst.-en s. 1988, u. a. in Buldern/Dülmen/Lüdinghausen/Werne/Reken/Münster/Hiddingsel, 2005 Telgte (Mus) / **Lit.: 185**-05

Fuss, Hans-Günther (A) / 21. 5. 1931 Gelsenkirchen- / lebt (72) in Essen / Werke u. a. Kirchen in Essen / **Lit.: 219a**

Fuss, Henrik (F/D/Filmk) / * 1964 – / lebt (98) in Dortmund / Stud.-Dortmund 90-97 FHD (Foto/ Filmdes) / Auff./Ausst. u. a. 1993 Selm (Proj.-begleitend), 97 Weiterstadt/Köln/MS / **Lit.: 196**-97 + In: H. Cymontkowski: „Menschen – Zeiten – Zeichen" – Projektkatalog – Selm, 1993

Gabriel, Thomas NEU: (O/D/Produktdes) / 1953 Münster – / lebt (2006) in MS / Tischlerausb. u. bis 89 Stud. FHD-MS (Obj.-Des) / 89-92 freiberufl. Tätigk.-en, u. Mitbegr. Designergr.-„Helix", Lehrt.: 92/93 FHD-MS, ab 92 „Akad. Gest. im Handwerk" – MS u. s. 93 wiss. Mitarbeiter FHD-MS / 92-?(93) Firma „Gabriel u. **G**negel GbR" – Coesfeld / Ausst. u. a. 1989 Hagen (Mus), 94 Poperinge/Brügge/Sluis-Westflandern, 98 MS (Beteil.: Gal.-„Zwischen()raum"-Rotenburg) / **Lit.: 15a** (erw.) + **35a**

Gabrysch, Klemens (A/Stadtplaner) / lebt (2002) in Bielefeld / Büro in Bielefeld: „Gabrysch + Partner" / Mitgl.-„BDA" / Werke in Sachsen u. OWL (s. Lit.) / **Lit.: 197**-2001

Gahrmann, Friederike (O/I) / 1981 Münster – / lebt (2005) in MS / Stud.-MS 01 Univ. (Philologie) u. ab 10/01-06 Akad., 05 Meisterschülerin / 04 „Timm & Struppi"-Pr. Kl. Prof. T. Ulrichs-MS, 05 Wettbew.-beteil. „Stiftung des deutschen Volkes" u. Ausl.-Stip. = Schweiz / Ausst. u. a. 2002 Liesborn (Mus), 03 Laer (Stadtmitte), 04 Bergkamen (Stadtgal), Bad Oeynhausen (VHS), Oberhausen (Kv), Soest (Techn.-Mus), Herford (MARTa-Lounge), Istanbul-Türkei (Mus), 05 Wismar (Baumhaus), Recklinghausen (Kunsthalle), Ingolstadt (Kv) / **Lit.: 229a**-04 + **231b+c** + **256+a**

Gaidies, Britta Laura (M) / 1979 Coesfeld- / lebt (2005) in MS / Stud.-MS 98-05 Univ. (Phil/ Päd) u. s. 99 Akad., 04 Meisterschülerin / Ausst. u. a. 1996 Buldern, 2002 Herne (Kunstbombe), 04 Bad Oeynhausen (VHS), Istanbul-Türkei (Mus), 05 Liesborn (Mus) / **Lit.: 56ba** (* 1978 falsch!) + **56d** + **231b+c**

Gail, Wilhelm (M) / 1804 München – 1890 ebd. / Lit.: 24-13

Gail, Wilhelm (M) / 1931 Niederschelden – / lebt (2005) in Siegen / s. 88 künstl. tätig und Ausst.-gen s. 1995 / **Lit.: 110b** + **110c**-04

Galanini, Aloisi Vito Andrea s. Aloisi Galanini, Vito Andrea

Gallé, Alois (Bühnenb) / 1947 Wien – / lebt (96/97) in MS / Stud. Akad.-Wien / zwei Jahre Assistent u. tätig in Göttingen/Wiesbaden/Wuppertal, dann freier Bühnenbildner, um 96/97 in MS tätig / **Lit.:** In: „Theaterzeitung 9/96" – Städt.-Bühnen Münster

Gallhof, Wilhelm (M/G/B) / 24. 7. 1878 Iserlohn – † 6/1918 (gefallen) / Stud. Akad.-n München, Karlsruhe u. bei Lovis Corinth in Berlin / Ausst. = N / **Lit.: 24**-13 + **26**-48 + **34**-8,2

Galli (Anna G. Galli) (Prof) (M/G/Ill) / 1944 Heusweiler/Saar / lebt (2006) in Berlin / NEU: 92-05 Prof. FHD-MS / (Biografie in Beilage: CD-Ausgabe 2006)

Gallo, Gudrun (M) / 1958 Herten – / lebt (2006) in Herten u. Köln / s. 93 künstl. tätig, Weiterbild.-kurse VHS u. Kunstschule Bochum / Ausst. s. 1997, u. a. 2003/04 Köln (Corporate Express/Mal-Markt), 03-06 Köln („Die Leila"), 03-05 Herten (Stadtwerke/Optik-Gemsa/Bürgerhaus/Zeche Ewald), 04 Loano Riviera Ligure/Italien

Gamper, Maria (O/I) / 1982 Meran/Südtirol – / lebt (2006) in MS / Stud.-MS ab 02 Akad. / 04 Beteil. Workshop Villa Romana Florenz / Ausst. u. a. 2004 MS (Hindenburgplatz-Tunnel/CUBA), Rheine-Bentlage (Kloster), Istanbul (Kulturzentrum), MS (CUBA), 05 Meran (BaseCamp2), Lingen (Kunsthalle) / **Lit.: 231b+c** + **246**-04(1+2)+05

Gang Shi s. Shi, Gang

Ganikowskij, Igor (Ganikowsky/Ganikovskiy) (M/B) / 1950 Moskau – / lebt s. 2000 in Odenthal/ Berg.-Land / Stud.-Mathem/Physik, Dipl.-Ing. / Mitgl. „VBK"-UdSSR / s. 93 in Deutschl. / Ausst. u. a. Berlin/Hamburg/Bochum/Witten, 1991 Bielefeld (Gal.-Salustowicz), 95 Iserlohn (Ev.-Akad), 98/2000 Dortmund (Mus), 05 Jerusalem, Köln (Art-Cologne), + N/INT / **Lit.: 263** + „I. G." – Bildband – Verl.-Kettler – Bönen, 1996; „I. G." – Ausst.-kat. – Museum am Ostwall – Dortmund, 1998

Gante, Bertram (A/M/B) / 1965 Darmstadt – / lebt (2004) in Hamburg / künstl. Ausb.: 71-79 Kurse b. Nicole Ehlers, 85 b. Prof Schimek TH-Darmstadt, 87 Mitarb. b. Prof. Ohl (Archit/Des), 88 Chicago/USA (Modellbauer), 89 Mitarb. b. Prof Crosby (Bildh/Archit) u. 90-96 Stud. FH-Detmold (Archit/Bildh) / Werke = N / **Lit.:** Internet

Gantenbrink = Firma „BEGA Gantenbrink-Leuchten GmbH & Co." – ab 1945 in Menden / **Heinrich** Gantenbrink (Schmied/Werks-Des) / lebt (1945/60) in Menden / Beruf: Schmied / 45 Firmengründung, ab 50 Herstell. v. Gartenlampen, s. 60 „Lichtbaustein", 66 = Bausteinleuchte, 84 Firmengründung in USA / 62 Pr. „Gute Industr.-form", 90-99 lfd. Preise NRW, 94 Bundes-Pr. / **Lit.: 205d** + **205x**-93+95...97+99

Garaudel, Jeanne-Estelle (I/Perf.-k) / * 1979 – / lebt (2006) in MS / Stud.-MS ab 2000 Univ. (Franz) u. s. 03 Akad. / Ausst. u. a. 2004/05 MS (Tunnel-Hindenburgplatz/Perf.: Innenstadt), 05 Köln (Moltkerei), Lingen (Kunsthalle) / **Lit.: 246**-04 (2) +05

Garbert, Bernhard (M) / 1957 Vardingholt b. Bocholt – / lebt (2005) in Berlin / Stud.-Berlin 78-85 HdK, Meisterschüler / 89/90 Stip. f. New York, 90 Förder-Pr. „DKB", 94+98 Stip. Senat-Berlin, 96 Kunst-Pr. Grundkreditbank Berlin, 97 Stip. Kunstfonds Bonn / Ausst. = N+INT / **Lit.: 26a**-05

Garfias, Sandra Luz Moralez s. Moralez Garfias, Sandra Luz

Garg, Anja (M) / 1972 Köln / lebt 74-2000 in Witten, dann Düsseldorf / Stud.-Essen 95-05 Univ. /GH (Komm.-Des/Malerei), Stud. m. Unterbrechung wegen Ausl.-aufenth. / Ausst. u. a. in Essen (Fotogr.: Lichtwark), 2005 Essen (Gal.-ARKA)

Garofalo, Maria Isabella NEU! (M) / 1960 Agira/Sizilien – / lebt (2006) in Bielefeld / s. 72 in Deutschland / 74-82 Mitgl. ital. Theatergr., erste Malerei, 82-87 tätig als Sängerin u. Bühnenb.-nerin, s. 87 Malerei, Studienreisen/Praktika Musik- u. Kunstsch.-Bielefeld / Ausst. u. a. 1993/01/02 Bielefeld (Off. Atelier), 93/98/2000/01 Bielefeld (Kunstschule/Gal.-Zweichlingen/Graphic-Group/Ärztehaus/-Hotel), 95 Mailand (Gall.-Artestudio-Costas), 2000- Bielefeld/ OWL (Archiv), 03 Düsseldorf (Produz.-gal. plan.d.) / **Lit.: 26**-49 + **152**-93+01+02 + **192**-01

Garom, Luis (eigentl.: Graubaum, Renate) (M) / 1944 Minden- / lebt (2005) in Hamburg / 64-66 Stud.-Kalifornien-USA u. 86-87 Kunstsch.-Zürich / Ausst. u. a. in Buenos Aires-Argentinien, + N / **Lit.: 26a**-05

Garstka, Christoph (Z) (Autor) / 1968 Hamburg – / lebt (2005) in Münster u. Neckargerach / Ausst. u. a. in Hamburg/Dortmund/Münster/Bonn/Mannheim, + Internet

Gastreich, Ulrich (Hans Ulrich) (A/Dipl.-Ing) / 1922 bei Olpe – 1997 / lebte in Dortmund / Stud.-München 46-51 TH / Wettbew.-Preise u. a. in Dortmund / 51 tätig in Kaiserslautern, 52-55 Frankf./M., ab 55 Büro in Dortmund m. Mechtild **G**.-Moritz / war Lehrt. FH-Dortmund u. Vors. „BDA"-Dortmund / Werke: Kirchen/Museen/öffentl. Gebäude u. a. in Dortmund/Werdohl / **Lit.: 112d** (S. 20) + **120a**-3 (Anh.) + **146c** + **197b**-84 + **197c** (S. 30+110) + **213b**

Gastreich-Moritz, Mechtild (A/Dipl.-Ing) / 1924 Burgsteinfurt – 1998 / lebte in Dortmund / Stud.-München 44-51 TH / 51-52 tätig in Bad Kissingen, 53-55 Frankf./M., ab 55 Büro m. Ulrich **G**. in Dortmund / Werke: Kirchen/Museen/öffentl. Gebäude u. a. in Dortmund / **Lit.: 112d** (S. 20) + **146c** + **197b**-84 + **197c** (S. 30+110) + **213b**

Gathmann, Holger (F/D) / 1968 Essen – / lebt (2006) in Essen / Stud.-Dortmund 93/94 FH f. Architektur u. 96-01 FHD / 98 Firma „pop-design" Dortmund, ab 99 in Essen tätig, 01 red dot award Essen m. Ch. **C**oers u. S. **S**chelberg = Ausst. 01/02 / Ausst. u. a. Paderborn (Nixdorf-Mus), 2000 Dortmund (Focus-FHD), 01 Wien/Dresden/Basel, 02 Hagen (Multimediawerkst), Berlin (Haus der Kulturen), + Internet

Gatzke, Doris (G) / 1952 Lünen- / andere Daten nicht bek. / **Lit.: 98a**

Gauglitz, Helmut (/ Werke u. a. Kirchen in Altena/Iserlohn-Hennen/Dortmund, usw. / **Lit.: 112d** (S. 60 + S. 128 A/Dipl.-Ing) / 1930 Oppeln/Oberschl.- / lebt (2006) in Iserlohn / Stud. FH für Architektur in Bielefeld)

Gaul, Alexandra (G/D/F/O) / 1978 Halle/Westf. – / lebt (2006) in Leipzig / 94-97 Ausb. zur Gest.-techn. Assistentin in Bielefeld, Stud.: 97-99 FHD-Bielefeld (Fotogr), 99-04 HfGr. u. Buchkunst u. 02-03 Akad.-Düsseldorf / 98+2000 Deutscher Jugendfoto-Pr., 04 Pr. der Hochsch.-Leipzig, 05 Förder-Pr. B.-ministerium f. Bild./Forschung, 06 Ringenberg-Stip. Hamminkeln / Ausst. u. a. in Bielefeld/Leipzig, 1998 Bielefeld (Pollmeier)

Gauls, Johann Michael (O) / 1927 Bochum – 2000 / lebte s. 83 im Haus Kannen – Münster = s. Gr.-„Haus Kannen" / Ausst. u. a. 2001 MS (Haus Kannen) / **Lit.: 150**-01

Gaus, Frederike (Rike) (Ill/G/D) / 1978 Bünde- / lebt (2005) in MS / Stud.-MS 01-7/05 FHD / Ausst. u. a. 2005 Essen (Kunsthaus), 06 Berlin (Kunstbuch), Rheine-Bentlage (Kloster)

Gausebeck, Inge (Khw/Glasm) / 1922 Vogtareuth – / lebt (2005) in Telgte / Werke s. 55 / 84 Bischof-Tenhumberg-Pr. Telgte / Ausst. u. a. 1981-86/88-90/95/97/99/2001/05 Telgte (Mus) / **Lit.: 185**-81...86+88...90+95+97+99+05

Gausepohl-Kryszon, Martina (M/B) / 1960 Essen – / lebt (2003) in Nottuln / Autodidaktin / s. 02 Mitgl. Gr.-„Gesso"-Nottuln / Ausst. u. a. 2002/03 Nottul-Darup (Alte Diele), 03 Nottuln (Volksbank-Darup/Alte Amtmannei)

Gausmann, Angelika (F/G/Coll.-k) / 1962 Paderborn- / lebt (2003) in Borchen b. Paderborn / 97 Promotion Univ./GH-Paderborn / Lehrt. in Paderborn-Elsen / Ausst. u. a. 2001- Bielefeld/ OWL (Archiv) / **Lit.: 192**-01

Gauster, Stephanie (M/G/B/I/Aktionsk) (Lyrikerin) / * 1969 – / lebt (2005) in Bielefeld / Stud.- Univ.-n: Marburg (Ethnol./Religionswiss./Chinesisch) u. Bielefeld (Soz./Kunst) / Ausst. u. a. 2000 Bielefeld (Off. Atelier/Gummi-Kalmann), 2000- Bielefeld/OWL (Archiv) / **Lit.: 152**-2000 + **192**-01

Gawlista, Katharina (T) / * 1919 – / lebt (2000) in MS / Werke s. 83 (u. a.-Applikation/Stickerei/ Makramee) / 88 Bischof-Tenhumberg-Pr. Telgte / Ausst. u. a. 1988-90/95 Telgte (Mus) / **Lit.: 185**-88...90+95 + „Kunstfertigkeit u. den richtigen Blick" – in „WN" v. 25.11.98 – MS

Gebhardt, Arissa (M) / 1970 Kreuztal – / lebt (2004) in Hilchenbach / 90-94 Stud.-Siegen Univ./ GH (Kunst/Päd) / ab 94 Lehrt. / Ausst. u. a. in Avignon-Fr./Wetzlar/Köln, + Südwestf. / **Lit.: 110b** + **110c**-04

Gebhardt, Dirk (F/G/D) / 1969 Köln- / lebt (2005) in Köln / 93-95 Stud. Akad.-Amsterdam (Grafikdes/Fotogr) u. 95-01 FHD-Dortmund (Vis.-Komm) / 2000 Kodak Projektförderung, 01 AGFA-Förderung, 02 „Dr.-Otto-Steinert"-Pr. der „DGPh" / Ausst. = N+INT / **Lit.: 189**-01 + In: „Kunst aktuell" – 7-8/2002 – S. 51 – Bad Schmiedeberg

Gebhardt, Sabine (M/T) / 1951 Herne – / lebt (2005) in Herne / bis 91 Stud.-Kunst/Textilgest/ Päd. / Ausst. u. a. in Herne/Wanne-Eickel, 2005 Herne (Flottm.-Hallen) / **Lit.: 142a** + **143**-05

Gebhart, Herta (Textil- u. Ledergest/Goldschm/F) / NEU: 29. 1. 1919 Mamlitz/Kr. Posen – / lebt (2004) in MS / (Ehefrau v. Friedrich **G**. = Biogr. = Beilage: CD-Ausgabe 06) / NEU: Metallographinausb., ab 41 in Frankf./M. tätig u. Stud.-Frankf./M. bis 50 Inst. f. Modeschaffen, 50-56 Modeatelier in Frankf.-Sachsenhausen, 56-57 Lehrt. Wksch-Offenbach, 57-61 Goldschm.-ausb. b. Ehemann Fr. G., ab 63 Münster / 75 Staats-Pr. NRW / war Mitgl.-„AdK“-NRW / Ausst./Modenschauen u. a. 1961 Skandinavien, 58 Brüssel (Weltausst), 64 Mailand (Triennale), 65 Wanderausst.-Indien/USA, 67 Montreal (Weltausst), 2001/03 MS (Stadtmus), + Westf. (s. Lit.) / **Lit.: 26-**50 (erw. b. Friedrich G.) + **48x-**65+69+73+75+87 + „Eheleute Gebhart: Eleganz in Seide & Gold“ – Ausst.-kat. – Stadtmus.-MS, 2003

Geck, Astrid (M) / 1939(36 falsch?) Lüdinghausen – / lebt s. 84 in Delmenhorst, 2005 in Vancouver/Kanada / Stud. Akad.-Karlsruhe / Werke in Oldenburg u. Delmenhorst / Ausst. u. a. in Istanbul, + N / **Lit.: 26a-**05 **+ 108-**2 **+ 194a**

Geck, Brigitte (I/Papierkünstlerin) / * 1942 – / lebt (2001) in Iserlohn / Ausst. u. a. 2000 Iserlohn (Seiler See), + N/INT / **Lit.: 187**

Gedenk, Eckhard (M/Materialb.-k) / 1955 Leer/Ostfriesl. – / lebt (2005) in Leer / Stud.-MS 76/77-81 Akad. / Ausst. u. a. 1981 Düsseldorf (Kunstmus), + Ostfriesl. / **Lit.: 64a + 256 +** In: „Lebensläufe“ – Kl. Prof. Timm Ulrichs der Ku.-akademie Münster, 1978/79

Gedeon, Elisabeth (Dr.-med) (F/Coll.-k) (Lyrikerin/Musikerin) / 1945 Stolzenau/Weser- / lebt s. 73 in Gelsenkirchen / s. 88 Fotogr. / Mitgl. „BGK“ / Ausst. u. a. in Gelsenkirchen, 2003 Gelsenkirchen (Wissensch.-park), Ückendorf (Sparkasse), 04 Essen (Notkirche), 05 Gelsenkirchen (Sparkasse), Wesel (Wasserturm) / **Lit.:** Internet

Gegenmantel, Uwe (M/G/Wandm) / 1950 Perleberg/Brandenburg – / lebt (2006) in Lünen / NEU: 92-98 Wandmalerei u. 03 Lünen (Schule) / (Biografie in Beilage: CD-Ausgabe 2006)

Gegus, Hans-Peter (A/Dipl.-Ing/Stadtplaner) / lebt (2004) in Wetter/Westf. / bis 77 Stud.-Archit., 77-84 tätig in Stuttgart, ab 85 Büro „Gegus + **H**ellenkemper“ in Herdecke, s. 99 Wetter / viele Preise (92 BDA-Pr.), bis 01 u. a. 10x 1. Preise / Werke in NRW (s. Lit. + Internet) / Mitgl.-„BDA“ / **Lit.: 197-**01 **+ 197a-**99 **+ 219x-**99

Gehret, Albert (F/G/D) / 1973 Maisieres/Belgien – / lebt (2004) in St. Augustin b. Bonn / nach Schulzeit in St. Augustin: 94-96 Grafik-Des.-ausb. in Rheinbach / 96-99 Art Director/Ausbilder, 2000/01 Weiterbild.-Oberhausen (3D-Operator), ab 01 selbst. u. Lehrt., u. a. FH-Gelsenkirchen / Ausst. u. a. 2003 Bad Honnef/Siegburg/Troisdorf/Hennef, 04 Hangelar (Hotelgal)

Gehring, Wilfried Robert (M/F) / 1933 Essen – / lebt (2005) in Bochum / Stud. Folkwangsch.-Essen / Ausst. u. a. in Essen (Gal. von Geymüller), 1976 Recklinghausen (30. Ruhrfestspiele), 2004 Hildesheim (Kv), + N/INT / **Lit.: 239-**76

Gehrke, Eva-Maria (geb. Speck) (M/Z) / 1949 Oeventrup b. Arnsberg – / lebt (2005) in Baldham b. München / s. 74 künstl. tätig, Weiterb.-kurse/Workshops / 98 Pr. Kv.-Ebersberg / Mitgl. „Münchner Kunstgenossenschaft“ / Ausst. = N / **Lit.: 26a-**05

Gehrmann, Uwe (M/Z/Ill/Karikaturist) / 1961 Ennigerloh – / lebt (2005) in Ahlen / Stud.-MS 83-87 Univ. (Germ/Politologie/Ethnol) / s. 87 Journalist, erste Veröffentlichungen / 91 Karikaturen-Pr. Sendenhorst, 94 Sonder-Pr. NRW (Landessportbund), 98 Weiterb. b. Katharina Krszoska (Lasurmalerei), 02 Medaille Campanien/Italien / Mitgl. **G**r.-„Reflex“-Kamen / Ausst. u. a. in Magdeburg/Neapel-It., 1999 Oelde (Hotel Linnemann), Berlin-Teltow (Deutsche Bank), 99/2000 Ahlen (Stadtbibl/Heimatmus), 2000 Neubeckum (Fa. Polysius), 2x Oelde (Gal.-Der Reigen), 01 München (Forum der Technik), Sendenhorst (Kunsthaus-DiSa), Ennigerloh/Kamnik-Slow., Linz-Öst. (Casineum), 02 Pompeji-It. (Gal.-New Mythology), München (Gal.-Westpark), Ahlen (Sparkasse), 03 Ennigerloh (Brennerei Schwake), Hamm (Atelier-Billinger), 04 Kamen (Technol.-zentr/Stadthalle) / **Lit.:** M. Brückner/U. G.: „no guru – no method – no teacher“ – Ausst.-kat. – Atelier Billinger/Berger – Hamm, 2003

Gehse, Karl Friedrich (A) / 1938 Witten – / lebt (86) in Bochum / Stud.-Essen u. Stuttgart bis 66 Univ. (Archit) / tätig im Büro H. **D**eilmann-MS, 68-73 Assistent Univ.-Dortmund, 70-78 Bürogem. m. D. Grüneke, ab 75 Lehrt. Univ.-Dortmund, s. 78 eig. Büro / Werke u. a. Clemens-Sels-Museum, Wohnanlagen, in Bochum: u. a. 75-79 Evang. Gemeindezentr. Bo.-Werne, 80-82 Platzgest., 83 Gerberviertel / **Lit.: 146b+c**

Geiberger, Christoph (Industriedes) / 1963 München – / lebt (2000) in Herne u. Wuppertal / nach Schulzeit in MS/Troisdorf: Stud.-München 83-85 FH u. Wuppertal 85-89 Univ./GH / tätig in Wuppertal, s. 89 Herne im Studio „Halm & Partner“, ab 97 „DesignBureauGeiberger“-Herne / Ausst. u. a. 1989 Hagen (Mus) / **Lit.: 216**

Geidel, Heidi (B/K/M/Z/Emailk/Batikk) / 1923 Leipzig – / lebt (2001) in Oerlinghausen / Mutter s. Charlotte Geidel-Liebing / Stud.-Leipzig 42-43 Hochsch. f. angew. Kunst (Bildh./Keramik), 4.12.43 Zerstörung des Ateliers durch Luftangriff, priv. Weiterb. / 49-57 Lehrt., s. 57 BRD, 58 Stud.-Stuttgart PH, 59-63 Lehrt.-Süddeutschl., 63-81 Bielefeld-Sennestadt u. VHS, 74-94 eig. Werkst. / Werke in Eilenburg, Berlin-Friedrichsfelde (Zoo) u. Bielefeld-Sennestadt / Ausst. u. a. 1983 Bielefeld (Sennestadthaus), 84 Detmold (Stadtmus), 85-88 Telgte (Mus), 2001 Oerlinghausen (Bürgerh), 01- Bielefeld/OWL (Archiv), + OWL / **Lit.: 185-**85...88 + **192-**01 + „Die Weihnachtsgeschichte aus dem Neuen Testament" – Katalog – Plastiken v. H. G. – Sennestadt, (o.Jhg.)

Geidel-Liebing, Charlotte Marianne (Lotte) (auch: Liebing, Lotte) (M/G) / 1891 Leipzig – 1994 Bielefeld-Sennestadt / Vater war: Alfred Liebing (M/G), 1864 Leipzig – 1957 ebd. / Stud.-Leipzig Akad. u. Akad.-München Abendkurse / Preise u. a. 1914 Silbermedaille Bugra Leipzig / ab 63 in Bielefeld tätig / Ausst. u. a. Leipzig/Dresden/Halle-S./München / **Lit.: 24-**23 (b. A. Liebing) + **25-**2 + **34-**8,2 (Liebing)+9,2

Geiger, Karin (F/Videok) / 1966 Dortmund – / lebt (2006) in Leipzig / NEU: Lehrt.: 99/2000 Pasadena/Cail.-USA, s. 02 HGB-Leipzig / (Biografie in Beilage: CD-Ausgabe 2006)

Geigle, Klaus (M/G) / 1969 Orsoy/Niederrh. – / lebt (2005) in MS / NEU: Stud.-MS 95-03 Akad., 01 Meisterschüler / (Biografie in Beilage: CD-Ausgabe 2006)

Geilen, Jochen (Prof) (G/Z/Ill) / 1946 Olsberg/Sauerland – / lebt (2006) in Bielefeld / NEU: s. 84 Lehrt. (Prof) FHD-Bielefeld (um 05 = Dekan) / (Biografie in Beilage: CD-Ausgabe 2006)

Geimer, Marianne (T) / 1949 Münster – / lebt (2002) in Wadersloh, 04 W.-Freckenhorst / Stud.-MS 75-77 PH / ab 77 Lehrt. / s. 89 Quilt-Art / ab 96 Mitgl. „Kr.-Kv.-B.-Warendorf" / Ausst. u. a. jährl. Liesborn (Mus), 2000 Liesborn (Mus), 01 Oelde (Gal.-Pott), + N/INT / **Lit.: 50-**02

Geis, Helmut (M/G/O/I) / NEU: 1959 Siegen – / lebt (2005) in Wilnsdorf / Autodidakt, ab 90 freisch. / Mitgl. „BBK" u. s. 85 „ASK"-Siegen / (Biografie in Beilage: CD-Ausgabe 2006)

Geisbe, Heiner (Heinrich) (M/G/O) / 1958 Münster – / lebt ab 99 in Straelen/Niederrh. / NEU: 04 Stip. Aldegr.-Ges.-MS f. Südfrankr. / (Biografie in Beilage: CD-Ausgabe 2006)

Geismann, Hermann-Josef (M/Z/A/Dipl.-Ing) (Autor) / NEU: 1930 Hemer – / lebt (2004) in Hemer / Archit.-ausb./Stud. / 69-74 Bürgermeister in Hemer / Werke (Architektur) in Westf., u. a. Kirchen in Dortmund/Iserlohn u. Lünen / Ausst. u. a. in Bonn/Berlin/Bad Kreuznach/Garmisch/Bad Neuenahr/München, 1986 MS (Franz-Hitze-Haus), 94 Hemer (Felsenmeer-Mus), + Südwestf. / **Lit.: 112d** (S. 22/64) + **242**

Geissel, Franz (M/G) / NEU: 1. 3. 1891 Paderborn – ? / lebte um 1926/30 in Bocholt, ab (28)30 in Köln-Bensberg / Ausb. bis 1912 Kunstsch.-Elberfeld u. Düsseldorf b. L. v. Kunowski / war Mitgl. Gr.-„VWKuK" / Ausst. = Westf. / **Lit.: 8a-**26+28…32 + **25-**2 + **34-**9,2 + **155a**

Geissel, Mili (Milly) (Geissel-Hasenkamp, Milli) (M/G/T) / NEU: 22. 4. 1893 Düsseldorf – ? / lebte um 1926/30 in Bocholt, um 32 Bamberg, 28/30 u. a. Köln-Bensberg / Stud.-Düsseldorf u. Kgsch-Köln / war Mitgl. Gr.-„VWKuK" / Ausst. = Westf. / **Lit.: 8a-**26+28+30+32 + **25-**2 + **34-**9,2 + **84-**59(S.76)/61(S.76) + **155a**

Geissler, Christian (M/Ill/B/Bühnenb) / 1953 Münster – / lebt (2002) in MS / Sohn des Otto G. / Beruf: Kunsttechniker, Bühnenbilder u. a. in Düsseldorf, RTL-Plus u. München (Vulkano-Film) / Ausst. u. a. 2001 Rheda (Orangerie) / **Lit.: 16-**91+93

Geissler, Otto (M) / NEU: 1907 Bleicherode/Thür. – 10. 2. 2002 Münster / Vater des Christian G. / Stud.-Kassel 1928-32 Akad., Berlin 32-33 HfKunsterz. / war Lehrt., 49-78 in MS / war Mitgl. Gr.-„BBK-MS-land e.V." / Ausst. = N / **Lit.: 2** + **9-**85+93 + **43-**89

Geister, Gilbert (M/Z/Ill/D/Licht- u. kinet. Obj.-k) / 1973 Bochum – / lebt (2005) in Bochum / Stud.-Berlin 96-01 HdK / Ausst. u. a. in Rotterdam, 2001/03/04 Bochum (TZR-Gal/Kulturrat), 02-04 Bochum (Gal. am RH), 04 Essen (Zionskirche), + N / **Lit.: 26a-**05

Gellenbeck, Sandra (Khw) / * 1974 – / lebt (2003) in MS / Ausst. u. a. 1999-2002 Telgte (Mus) / **Lit.: 185-**99+2000+02

Gellrich, Maria (Khw) / * 1937 – / lebt (2005) in Bocholt / Werke s. 74 / 89 Bischof-Tenhumberg-Pr. Telgte / Ausst. u. a. 1989/2005 Telgte (Mus) / **Lit.: 185-**89+05

Gellrich, Walter (F) / * 1930 – / lebt (2006) in Dortmund / Mitgl. „Fotogem.-Westfalia"-Dortmund, „Verband Deutscher Amateurfotogr." u. „Foto-Film-Club"-Wanne-Eickel / Ausst.-gen mit den Vereinen u. im In- u. Ausland, s. 71 Ausst.-bet. bei „AFIAP" / **Lit.: 142a** + In: „Von Tür zu Tür" – Ausst.-kat. – Reihe: Das Emschertal-Museum-Herne – Bd. 83 – Herne, 2005

Gemke, Anni (auch Anni Gemke-Geimer) (T) / lebt (1950/88) in Hagen / Stud.-Wksch.-en Wuppertal u. Dortmund / eig. Werkst. u. war Lehrt. in Hagen, war Mitgl. „AdK"-Südwestf. u. „Bundesverb.-Khw e.V." / Ausst. u. a. in Bremen/DuisburgHagen/Köln/Olsberg/Apt-Villars-Fr., 1973 MS (manu factum), 87 Dortmund (Signal-Gal) / **Lit.: 48c**-87 + **48x**-50+73

Gems, Thomas (M) / 1977 Neu Kockendorf/Ostpr. – / lebt (2002) in Herne / ab 89 BRD, s. 93 Herne / Weiterb. VHS-Herne / Ausst. u. a. Herne (100 Jahre Herne), 1997/98 Wanderausst.-Bundeswettbew.-Kunst & Ökologie / **Lit.: 142a**

Gent, Michael von s. Michael von Gent

Genth, Ulrich (B/O/I) / 1971 Tübingen – / lebt (2005) in Köln / NEU: 01 Förder-Pr. „GzFdWK"-MS, Kunst-Pr. „junger Westen" – Recklinghausen, 04 Wilh.-Lehmbruck-Stip. Duisburg / (Biografie in Beilage: CD-Ausgabe 2006)

Gentile, Luis Octavio (G/Z/u. a.) / 1980 Buenos Aires/Argent. – / lebt (2005) in MS / Stud.-MS um 02/05 Akad. / Ausst. u. a. 2004 Soest (FH), 05 Recklinghausen (Kunsthalle), Ingolstadt (Kv) / **Lit.: 256+a**

Georg-Achenbach, Petra (Goldschm/D/Schmuckgest) / 1959 Siegen – / lebt (2005) in Wilnsdorf / 79-82 Goldschm.-ausb., 82-86 Stud. FfG-Schw.-Gmünd / ab 92 eig. Atelier / Ausst. u. a. in Schwäb.-Gmünd/Stuttgart/München/Heilbronn, 2000 London/Osnabrück, 01 Baden-Baden, 01-03 Wilnsdorf-Obersdorf, 02 Wiesloch (Kongresszentr), 03 Freudenberg, + Südwestf. / **Lit.: 110b** (m. Lit.) + **110c**-04 (m. Lit.)

Gephart, Felix (M/G/D) / 1976 Bochum – / lebt (2004) in Dortmund / Stud.-MS 96-98 FHD u. ab 98 FHD-Dortmund (Grafik-Des) / Ausst. u. a. Dortmund (Gal.-Möller), 1990/92/97 Bochum (Magic Art Gal/Novotel/Sparkasse), 96 Oberhausen (Zentr.-Altenberg), 2001 Ratzeburg (Weber-Mus), 01/02 Dortmund (Mus.-café/Rathaus/2xFHD), 02 Schwandorf (Gal.-Haberl), 03 Brühl (Rathaus), Hamm (Max.-Park) / **Lit.:** Internet

Geppert, Renate s. Becker, Renate

Gerber, Eckhard (Prof) (A/Dipl.-Ing) / NEU: 1938 Oberhain/Thüringen – / lebt (89) in Essen, 98/2006 Dortmund / 59 Stip. „Reemtsma" für: Stud.-Braunschweig 59-66 TH / 75 Förder-Pr. NRW, 82 Deutsch. Stahlbau-Pr., 83 D.-Arch.-Pr. u. BDA-Pr. OWL, 84 Ausz. 2xNRW, 85 = 1./3. Arch.-Pr., 85 BDA-Pr., 87 = 1. Poroton-Pr., 98 Ausz. BDA-Pr. u. 1. Pr. Bau-Pr. 98 / 66-73 Werkgemeinsch. in Meschede, 73-75 Assist. Univ.-Dortmund, 76-81 Lehrt. Univ.-Essen, 79 Prof. u. Werkgemeinsch.-Dortmund, 81-92 Prof. Univ./GH Essen, ab 90 Univ./GH Wuppertal, 95-99 Dekan, Fachber.-Archit., s. 98 Büro: „Generalplaner GmbH Gerber Architekten"-Dortmund-Kley – Tönnishof / Vors. Kv.-Dortmund, Mitgl. „BDA" u. „DWB" / viele 1. Preise, u. a. 04 „Salman Science Oasis"-Riad, 2. Pr. Univ.-Riad / Werke in Coventry/Magdeburg/Leipzig/Meißen/Soest, Göttingen (UB), NRW + N (s. Lit.) / Ausst. u. a. 2006 Dortmund (Mus. am Ostwall) / **Lit.:** u. a. **97x** + **112c** (S. 13) + **197**-95+97+01 + **197a**-99 + **197b**-84+99 + **197d** (S.64) + **213a**-99+02 + **251**-05 + **251a**-94+04 + **265**

Gerber-Albrecht, Jürgen (K) / * 1959 – / lebt (2005) in Dörentrup / 77-80 Töpferausb., 80-86 tätig als Keramiker, Stud.-Landshut 86-88 Keramikfachsch., 88 Meisterprüfung / s. 89 eig. Werkstatt in Dörentrup / s. 93 Mitgl. „AdK"-OWL / Ausst.-gen s. 1989, u. a. ab 96 jährl. eig. Galerie in Dörentrup, 2004 Lemgo (Stadtgal) / **Lit.: 132a**-01

Gerdes, Etta (F/D) / 1974 Krefeld – / lebt (2006) in Dortmund / 94-98 Stud. Duisburg/ Marburg/ Coventry/GB (Lit), 97 Univ.-Coventry (Des) u. 98-04 FHD-Dortmund (Foto-Des) / 2000/02/05 Silbermedaille f. Beitrag „BFF-Junioren"-Buch / Beteil.: Fotoprojekte „Vision-Ruhr", „Phönix.Werke ...", Pixelprojekt u. „Die Kunst Deutscher zu sein" (m. Jens Sundheim) / Ausst. u. a. 2002/03/06 Dortmund (Zeche Zollern/2xPhoenixhalle/Mus. f. K. u. K.), 04 Essen (Lohnhalle-Zollverein), 05 Mannheim (Fototage), Neunkirchen-Saar, Gelsenkirchen (Wissensch.-park), Kreuzlingen (Gal.-Rebhüüsli), 05/06 Washington/Casablanca/Rabat/Brüssel (Goethe-Institute), 06 Montréal/ Vancouver, Berlin-Friedrichshain (Komm.-Fotogalerie), Berlin (Architektur-Zentrum), Jüchen (Schloss Dyck) / **Lit.: 203d** + „Picturing Landscape Architecture" – Proj. of Cornelia Hahn Oberlander – as seen by E. Gerdes – Collwey-Verl. – München, 2006

Gerdes, Ludger NEU: (Prof) (B/O/I/M/Z) / 1954 Lastrup b. Lindern/Oldenb. – / lebt (2006) in Düsseldorf u. München / Prof. HfG-Karlsruhe / (Biografie in Beilage: CD-Ausgabe 2006)

Gerhard, Doris (T) / 1952 Düren- / lebt s. 82 in Dorsten / Stud.-Univ. (Romanistik/Textilgest) / Lehrt. VHS-Borken u. Bottrop / Ausst.+Lit. = Internet

Gerhards, Thomas (B/O/I) / 1961 Mönchengladbach – / lebt (2006) in Braunschweig u. MS / NEU: 02 Förder-Pr. Monheim/Rhein / 98-01 wiss. Mitarb. TH-Aachen, ab 04 TU-Braunschweig / Atelier ab 7/04 Hafen-Speicher II – MS / (Biografie in Beilage: CD-Ausgabe 2006)

Gerhards, Thomas (G/D) / lebt (94) in Wesseling, 2002 in Bergheim / Lit.: 205-94 (erw.)

Gerhardt, Gerd (F) / 1951 Neustadt – / lebt (2005) in Ibbenbüren / 71 Univ.-Stud., 77-80 Aufbaustud. (Phil), s. 80 u. a. Fotoworkshops, 95-96 Weiterb. Fernuniv.-Hagen / Ausst. u. a. 2001/02 Tecklenburg (Heimathaus), 03 Dörenthe (Kulturspeicher), 04/05 H.-Gravenhorst (Kloster), 05 Ibbenbüren (Alte Honigfabrik) / **Lit.: 69-**01+02+04+05

Gerhardt, Julia (G/D) / 1969 Düsseldorf – / lebt (2002) in Hagen / nach Besuch Gewerbl.-Schule in Wuppertal: Stud.-Schwerte (Grafik-Design) / Ausst. u. a. 2002 Hagen (Mus) / **Lit.: 79-**02

Gerhold, Karl (M/G) / lebt (1930) in Dortmund / war Mitgl.-„BDG" / Ausst. u. a. 1930 Gelsenkirchen (Ausst.-halle) / **Lit.: 8a-**30 + **34-**9,2

Gerken, Ingo (O/I/F/Z) / 1971 Lippetal – / lebt (2006) in Berlin / 04/05 Stip. Künstlerdorf Schöppingen / Ausst. u. a. 2004 MS (Förderverein f. akt. Kunst), Basel (Regionale: Schalterhalle), 05 Köln (Kunst-Klub), Schöppingen (Gal.-F6), 05/06 Berlin (Zentrum-Kreuzberg/Pavillon Gal.-Neues Problem), 05 MS (Gast: Atelier-Schulstr)

Gerlach, Marie (F) / 1982 Oberhausen – / lebt (2006) in MS / Stud.-MS ab 02 Akad. / 05 Ausl.-Stip. = Schweiz / Ausst. u. a. 2003 Laer (Stadtmitte), 04 Bergkamen (Stadtgal), Bad Oeynhausen (VHS), 05 Wismar (Baumhaus), Recklinghausen (Kunsth.), Ingolstadt (Kv) / **Lit.: 256+a**

Gerlach, Reinhard (A) / 1952 Winterberg – / lebt (98) in Aachen / Stud.-Dortmund 72-76 FH u. Aachen 76-80 TH / ab 80 im Arch.-büro Schmitz tätig, s. 92 Partner: „Planungsbüro Schmitz – Arch.-ten Gerlach Krings Böhning"-Aachen / Werke u. a. in NRW/N (s. Lit.) / **Lit.: 197-**95+97

Gerland, Gabriele (M) / * in Bad Salzuflen – / lebt (2004) in Oerlinghausen / Fernsehredakteurin WDR, Studio Bielefeld / s. 90 Malerei, Weiterb. ab 95 b. I. König-Gausepohl in Lage, Kunsthalle-Bielefeld u. Sommerakad. Sch.-Schwalenberg / Mitgl. Gr.-„Mal vier"-Oerlinghausen / Ausst. u. a. 1998/04 Detmold (Neues Kunstquartier/Kreishaus), 99 Bad Salzuflen (Das Fachwerk), 2001-04 Oerlinghausen (Off. Atelier) / **Lit.: 132a-**01…04

Gerle, Karl Hermann (A) / 13. 3. 1903 Buldern, Kr. Coesfeld – 25. 1. 1962 Münster / nach 45 in Recklinghausen selbst. / die Architekten Gerle u. Helmut Goldschmidt (* 1919 – 6. 8. 2005 Köln = u. a. 1960 Synagogen in Münster u. Bonn) bauten um 1950/63 die meisten Synagogen in Deutschl. (dazu noch Hermann Guttmann) / K. H. Gerle baute in Aachen/Dortmund/Minden/Paderborn/Mülheim-Ruhr/Hagen, Recklinghausen (Betsaal), u. a. in Bremen / **Lit.: 219a**

Gerner, Wolfgang (M/G/O) / 1942 Parsberg/Oberpfalz – / Atelier (2005) in München / Lit.: 26a-05

Gerner, Wolfgang (O) (Marionettenspieler) / 1954 Enger – / lebt (2005) in Versmold / Werke: Kinetische Objekte, Möbel, Marionettenbau / Marionettenspieler im kleinsten u. grössten (Marionetten-)Zirkus der Welt / Ausst.-gen in Westf. / **Lit.: 26a-**05

Gerstenberger, Norbert (G/D) / 1948 Iserlohn- / lebt (2004) in München / **Lit.:** In: „Künstler der jungen Generation" – Berlin, 1987

Gerstner, Tobias Gereon (B/K) / NEU: 1968 Schwabach/Franken – / lebt bis 99 in Bochum, ab 2000 Düsseldorf / 91-97 Stud.-Nürnberg u. Düsseldorf Akademien, 93 Meisterschüler / 94 Pr. Akad.-Nürnberg, 98 Kunst-Pr. „Nürnberger Nachrichten", 01 Förder-Pr. Gr. Kunstausst.-Düsseldorf / Ausst. u. a. 1998 Gladbeck, 99-2005 Düsseldorf (Messe/Kunstpalast), 2000 München Gal.-Lea), 02 Lüdenscheid (Mus), 03 Essen (kunst-raum), 05 Herne (Flottm.-Hallen), + N/**Lit.: 86-**05 + **107-**99...05 + **125e** + **128-**98

Gertler, Luise (O) / 1976 Hannover- / lebt (2005) in Gehrden / Stud.-London 96-97 Camberwell Coll. of Arts, MS 97-nach 2000 Akad. / 96/97: Studienreise New York, Projektmitarbeit in London u. Chartres-Frankr., 2000 Timm&Struppi-Pr. Kl. Prof. Ulrichs / Ausst. u. a. 1999 Bad Oeynhausen (VHS), MS (Erdgas), Löhne (Werratalhalle), 2005 Recklinghausen (Kunsthalle), Ingolstadt (Kv) / **Lit.: 183-**1 + **256**

Gesing, Hermann (M/Z/B) / NEU: 1913 Herne – 1997 ebd. / Stud.-Dortmund 32-36 Wksch u. Essen 36-40 Folkwangsch. (Bühnenb) / 70-80 Lehrt.-Bochum, ab 81 freisch. / Ausst. u. a. 1998/99 Herne (Rathaus/Stadtgal) / **Lit.:** u. a. **143a+b** + **143aa**

Gesing, Jupp (Josef) (M/Z/Mosaik/Glasm) / NEU: 1922 Herne – 1998 ebd. / (Biografie in Beilage: CD-Ausgabe 2006)

Gettkant, Karin s. Ahlert, Karin

Gevelmann, Andrea (G/D/Ill) / * 1961 – / lebt (98) in Bochum / Industriekauffrau, Stud.-Dortmund 81-87 FHD (Vis.-Komm) / s. 87 selbst., ab 89 „Studio Matteo“ m. Sus. Rozwalak / 87 Amiga-Wettbew.-Pr. Data-Becker, 96 Deutscher-Pr. f. Komm.-Des.-Essen / **Lit.: 205**-94+97

Geyer, Andrea (Prof) (F/D/Rauminst.- u. Videok) / 1971 Freiburg/Br.- / lebt (2006) in New York / Stud.-Stuttgart 91-92 Akad., Bielefeld 92-94 FHD, Braunschweig 94-98 HfBK u. 99-2000 New York „Whitney Intepedent Study Program“ / s. 05 Prof. Akad.-Malmö-Schweden / Ausst. u. a. 1995 Herford (D.-Pöppelmann-Haus), 97/98 Recklinghausen (Kreissparkasse), seit 99 = N + INT, u. a. 2002/03 Wien/Berlin/Luzern/St. Gallen, 04 Stockholm/New York/Esbjerg-Dänemark / **Lit.: 114E + 182**-97+98

Gibbins = Büro (99) „gibbins, european architects“ in Dortmund u. Potsdam / bek. ist John Georg G., 1843 – 1932 (engl. A/Z) / Werke u. a. in Dortmund / **Lit.: 197b**-99

Gibert, Maria (u. a./Filmk) / 1978 Prochladny/Russl.- / lebt (2005) in MS / Stud.-MS ab 01 Akad. u. 04 HfBK-Hamburg (Vis.-Komm) / 04 Förder-Pr. VG Bild-Kunst / Auff. u. a. 2004 Köln (Biennale), Istanbul (Mus) / **Lit.: 231c**

Gier, Rudolf (jetzt: Gier-Seibert) (Medienpädag/Autor/Videofilmer) (Autor) / 1957 Emsdetten – / lebt (2006) in MS / Stud. FH f. Sozialwiss.-MS / war bis 2000 Mithg. von „Erker“ in MS, s. 85 Videofilme, ab 02 m. Heike Schlüter „Mauritz_Filmteam“-MS, 06 Beteil.-Workshop Sarajevo/Serbien / Auff.-en u. a. 1990 in MS / **Lit.: 196**-90

Gieraths, Christian (M/F/I) / 1976 Köln – / lebt (2006) in Münster / 97 Fotoass. bei P. Wattendorf in MS, Stud.-MS 97-2000 Univ. (Phil/Kunstg/ang. Kulturwiss), 99-05 Akad., 02 Meisterschüler u. 01-? auch Akad.-Düsseldorf / 06 Förder-Pr. GzFdWK – MS / Ausst. u. a. 2001/03 MS (Unikunsttage), 02 Berlin (Gal.-Art & Henle), MS (Stadtmus), Karlsruhe (Gal.-Haus Schneider), Ettlingen (Kv), Bocholt (Kunsthaus), Ahlen (Marienplatz/Stadtgal), 03 Frankf.-M. („art“-Messe), Caserano/Salento-It., München (Gal.-Reygers), Recklinghausen (Kunsthalle), MS (Innenstadt), 04/05 Frankf./M. (Gal.-Poller), 05 Moers (Peschkenhaus) / **Lit.: 46**-03 + **57**-02 + **64x**-05 + **82b**

Giese, Gerhard van der (A/Z) / Mitte 18. Jh.-s tätig / Mitarb. v. „Schlaun“ in MS / **Lit.: 215**-6

Giese, Wilhelm (M/G/Z/Wandmaler) / NEU: 1883 Horn (Bad Meinberg)-Lippe – 1945 Wegeleben/Sachsen-Anhalt / (Biografie in Beilage: CD-Ausgabe 2006)

Giese-Assion, Katharina (M) / 1944 Rheda-Wiedenbrück- / lebt (2005) in Bielefeld / Stud.-MS 64-68 PH, danach Lehrt. / ab 96 Malerei, Weiterb. b. versch. Künstlern der Region u. Europ.-Akad. Trier / Ausst.-en u. a. 1996 Rheda (Bleichhäuschen), 97 Enger (Kunsthaus), 98-2002 Bielefeld (Möbelhaus/Arbeitsgericht/Alte Vogtei/Tor 6-Theater/Freizeitzentr.-Stieghorst), 04 Bielefeld (Beaugrand Kulturkonzepte)

Gieseler, Ulrike (F/Coll.-k) / 1941 Siegen – / lebt (2005) in Freudenberg / s. 96 künstl. tätig / Ausst. s. 1997 in Südwestf. / **Lit.: 110b + 110c**-04

Gieselmann, Reinhard (A) / 11. 6. 1925 Münster- / lebt (72) in Karlsruhe / Werke u. a. Kirchen in Stuttgart/Rülzheim/Sinsheim/Bernhausen / **Lit.: 219a + 240**(S. 23)

Giessler, Miriam s. bei **S**andmann, Hubert

Gigand, Genevieve (Z) / * in Frankreich- / lebt (2006) in Lienen / s. 33 Jahren in Deutschl. / Lehrt./Kurse VHS-Tecklenburg / Ausst. u. a. in Osnabrück, 2006 Lengerich (Westf. Klinik)

Gigas, Johann (M) / † um 1680/84 (Münster?) / 1637-44 Ausb.-MS b. Joh. Isak u. Did. Storp, 1646 Meister / Werke nicht bek. / **Lit.: 178a**

Gigas, Johannes (Kartograf/M/G) / NEU: 15(80)82 Lüdge/Kr. Höxter – um 1637/39 Münster / Werke in MS / lebte ab 1615/16 in MS, war 1620 in Köln / **Lit.: 215**-6 + In: J. J. Merlos: „Kölnische Künstler in alter u. neuer Zeit“ – Düsseldorf, 1895; Jost Prinz: „Westf. Lebensbilder“ – Bd. 8 – 1959; In: „Der Kreis Lüdinghausen in alten Ansichten“ – 1974

Gillet, Guillaume Marie-Paul (A/M) / 1912 Châalis/Oise – 1987 Paris / bis 37 Stud.-Paris Nat. Sup. Beaux Arts (Archit) / ab 39 Soldat, 25.6.40 Gefangenschaft, s. 31.7.40 in Soest, 20.4.45 wieder in Paris / malt in Soest u. macht Kostüm- u. Bühnenbilder, es ensteht dort die sog. „Französ. Kapelle“ / 46 Prix de Rome f. Archit., 56-58 Beteil.-Weltausst. Brüssel / Ausst. u. a. 2000 Soest, + Frankr. / **Lit.: 25**-2+5 + „G. G.“ – Ausst.-kat. – W.-Morgnerhaus-Soest, 2000

Gillhaus, Petra (M) / 1968 Soest- / lebt (2005) in Soest / 93/94 Weiterb.-kurse / Ausst. u. a. 1994 /2004 Soest (Marienkr.-haus/Kreishaus), + Internet

Gillich, Frank (B/O/I/M/Z) / 1963 München – / lebt (2005) in Osnabrück / Stud.-Osnabrück 86-96 Univ. (Phil/Fotogr/Bildh) / 91+96 Wettbew.-Preise Osnabrück, 97 = 1. „Reha-Kunstpreis“ Wilhelmshaven / s. 02 Mitgl. **Gr.**-„F+plus-MS / s. 87 Beteil. an Bildh.-symposien / Ausst. u. a.

1991/93 Osnabrück (Mus/Univ), 97 Holperdorp b. Lienen, 98 München (Haus der Kunst), Wilhelmshaven (Kunsth), 98-03 Osnabrück, 99 Hamburg, Bielefeld (Kv), 01 Paderborn (Kv), 02 Moers (Sparkasse), MS (Wewerka Pavillon), Frankf.-M. (Messe) / **Lit.: 18**-02 + **107a**-98 + In: „Artcheck" – Ausst.-kat. – Bielefelder-Kv., 1999; In: „Moerser Kunstpreis 2002" – Kunst mit Fotografie – Kulturstiftung Sparkassse-Moers, 2002

Gillwald, Wolfgang (M/B) / 31. 3. 1931 Witten – 7. 11. 2002 ebd. / Autodidakt / war Lehrt. in „Wittener Werkstatt" / war Mitgl. „Wittener-KB" / Ausst.-gen u. a. in Witten (KB) u. Umgebung, + N / **Lit.: 144x**-87+05(erw.)

Ginestet, Andrés (Andreas Michael G.) (K/B/G/M) / 1964 Dortmund- / lebt bis 82 in Barcelona, 82-96 Dortmund, 97 Wales, 98-03 Herdecke/Münster/Osnabrück/Calgary/Paris, s. 03 in Wuppertal u. Blanes/Spanien / Ausbild. zum keram. Bildhauer / 88-98 Skulptur f. Postbank-Dortmund, 92 Fassadengest. Eindhoven-NL, 93 = 1. Pr. Stadtwerke Dortmund, 96-02 Stud. Univ.-Bochum (Soz), ab 01 im Kulturbeirat Stadt Dortmund, 02 = 2x 1. Wettbew.-Pr. MS+Idstein, 2. Pr. Lübeck + Fresko Oper-Köln, ab 02 Bau des europ. Gartens auf dem Campus Univ.-Valencia u. dafür ab 03 Gross-Skulptur, 03 = 1. Archit.-Wettbew.-Pr. Shanghai, 04 Ausz. von „Mención especial del Jurado" + Skulptur f. Oberhausen (Sealife-Center) / ab 99 Lehrt., u. a. 2000 Lehrt. Univ.-Calgary-Kanada, 01/02 Univ.-Barcelona, 02/04 Univ.-Osnabrück u. ab 04 Keram.-Hochsch. in La Bisbal/Spanien / Mitgl. „BBK"-Westf.-Süd in Dortmund / Ausst. u. a. 1994-96 Dortmund (Postbank/Gal.-Archidamo/Rathaus), 96 Kassel (Documentahalle), 97 Castrop-Rauxel (Rathaus), 99 MS (Herz-Jesu-Kloster), 2000 Dorsten (Gal.-Heßbrügge), Paris (Gal. Collège d'Espagne), 05 Düsseldorf (Airporthotel) / **Lit.**: Internet + „WN"-MS – Tageszeitung v. 28.11.98 (mutw. Skulptur-Zerstörung – Atelier)

Girardet, Christoph (Video- Film- u. Video-Inst.-k) / 1966 Langenhagen/Nieders.- / lebt (2006) in Hannover / s. 99 Zus.-arbeit m. (**s.**:) Matthias **M**üller (Bielefeld/Köln) / Preise (s. Lit.) u. a. 04+06 Marler Videokunst-Pr. / Ausst./Auff.-gen s. Lit. / **Lit.: 61**-2000+02+04 + **134a**-05 + C. G./M. Müller: „Kristall" – Film & Video 1999-2006 – Ausst.-kat. – Skulpturenmuseum Glaskasten – Marl, 2006

Glajcar, Angela (B) / 1970 Mainz- / lebt (2005) in Nieder-Olm / Stud.-Nürnberg 91-98 Akad., 96 Meisterschülerin / s. 98 Lehrt. u. a. Akad.-Nürnberg, FH-Mainz u. Univ.-n Gießen u. Dortmund / Preise/Stip.-n ab 96, u. a. 04 Vordemberge-Gildewart-Stip., 05 Emy-Roeder-Pr. / Ausst.-en s. 1996, u. a. 2000 Darmstadt (Sezession(K), Koblenz (Haus Metternich(K), Lemgo (Stadtgal), 02 Grimma (Werkst.-Prösitz(K), Nieder-Olm (Schmiede Wettig(K), Speyer (Kv. (K), 03(K)/05 Ludwigshafen (E.-Röder-Preis), 04 Bonn (Frauenmus(K), Friedberg/Essenheim (Kv.-e), 05 Aschaffenburg (Kv), + N / **Lit.**: K = Katalog + vier eigene Kataloge!

Glasmeier, Ernst-Otto (A/Dipl.-Ing) / 1921 Wanne-Eickel- / NEU: lebt (2003) in Gelsenkirchen / „Archit.-büro Glasmeier + **D**rengwitz"-Gelsenkirchen / Werke in Westf. / **Lit.: 53** + **197a**-99

Glasmeier, Rolf (Prof) (B/O/I/F/Z/Coll.-k/Aktionsk) / NEU: 1945 Pewsum b. Emden – 30. 3. 2003 Gelsenkirchen / (Biografie in Beilage: CD-Ausgabe 2006)

Glebsattel, Reiner (M/G/B/F) / NEU: 1949 Herne- / lebt (2002) in Herne / Stud.-Dortmund bis 75 FH (Grafik-Des) / (Biografie in Beilage: CD-Ausgabe 2006)

Glienke, Astrid (M/G) / * 1970 – / lebt (2006) in Bielefeld / Stud.-Bielefeld bis 02 FHD / Stip. f. „Kätelhöhn" in Wamel-Möhnesee / s. 03 Mitgl. „BBK"-OWL / Ausst. u. a. 1997/98/2000 Bielefeld (FHD/Boge-Fabrik/Gummi-Kalmann), 03/05 Bielefeld (2xRav.-Spinnerei/Stadtwerke) / **Lit.: 124**-05

Gliese, Carsten (I/F) (Konzepteptuelle-Aktionen/Projektionen/Inst.) / 1965 Krefeld- / lebt (2006) in Köln u. MS / NEU: 02 = 1. Wettbew.-Pr. (realisiert) Spark.-akad.-MS, 03 Förder-Pr. Stadt Magdeburg, 06 „Karl Ernst Osthaus"-Pr. Hagen / 02-04 Gastdoz. Akad.-MS / Atelier in MS: bis 03 Schulstr., ab 7/04 Hafen-Speicher II / (Biografie in Beilage: CD-Ausgabe 2006)

Glingener, Edeltraut (B/I/K) / 1944 Hennersdorf/Schlesien – / lebt (2002) in Iserlohn / 80/85 Weiterb.-Seminare / ab 94 Mitgl. Gr.-„DELTA"-Menden / Ausst. u. a. in Witten/Iserlohn, 1999/2000 Menden (Rathaus/Schmelzwerk/Promenade), 01 Hattingen (Henrichshütte), + INT / **Lit.: 187** + **187a** + **209**-01

Glitsch, Helfried Günther NEU: (Prof/Dr) (M/G) / 1937 Berlin – / lebt (2003) in Bochum / Stud.-Heidelberg 57-63 Univ. (Dr. med.) / 73-2000 Prof. f. Physiol. Univ.-Bochum / künstl. Tätigk.: Ausb.+Arbeit 78-2000 Mus.-Zentrum Univ.-Bochum / Ausst. s. 1960, u. a. in Heidelberg/Bochum/Königsfeld/Münster/Villingen-Schw., 2001 Haslach (Kv), Bonndorf (Schloss), 02 Herne (Gal.-Kunstantin) / **Lit.: 3**-91

Glocker, Konrad (Dipl.-Gartenbauarchitekt) / 1900 München – 1977 Dortmund / bis 21 Hochsch.-studium / ab 21 in Dortmund/Karlsruhe/Berlin tätig, s. 38 Dortmund / 69 Silbermed. Deutsche Garten-Ges. / Werke u. a. in Dortmund (Zoo/BUGA 59) / **Lit.: 120a**-3

Gloger, Klaus (Produktdes) / * in Bayern / lebt s. 2002 in Australien / erst Bildhauer, Autodidakt / um 98-01 Ltg. der Firma „Vario Pac®GmbH" in Bünde (s. Diestelhorst, H.-U.) / 99 red dot Award Essen, 2000 Anerkennung zum Bundes-Pr. Design / Ausst. u. a. 2001 Essen (Des.-Zentrum) / **Lit.: 205x**-99 + **205z**-99 + In: „bundespreis – produktdes. 2000/01" – Frankfurt/M., 01

Glotzbach, Rüdiger (M/Z) / * 1947 – / lebt (2004) in Metelen / Autodidakt / Mitgl. „Kultur-Initiative-Metelen" / Ausst. u. a. Metelen/MS, 2001/04 Steinfurt (Kreisspark) / **Lit.: 206**-01+04

Gnegel, Andreas (F/G/D/Vis. Komm.-des) / 1955 Münster / lebt (2005) in MS / bis 80 Stud. FHD-MS / s. 86 Werbeagentur „Espendiller/Gnegel"-MS, 92/93(?) Firma „**G**abriel & Gnegel" – Coesfeld / Ausst. u. a. 1994 Poperinge/Brügge/Sluis-Westflandern / **Lit.: 35a**

Gockel (A) / um 1813-1846 Bauinspektor in Paderborn / weitere Daten nicht bek. / Werk u. a. Kirche in Borgentreich / **Lit.:** D.K.-Teil II

Gockel, Helmut (M/G/Glasm/Mosaik) / NEU: 4. 10. 1915 Münster – 28. 5. 2003 Münster / (Biografie in Beilage: CD-Ausgabe 2006)

Goddert s. Bruse, Goddert

Göbel, Annette (M) / 1966 Netphen-Deuz – / lebt (2005) in Netphen / s. 98 künstl. tätig, Weiterb.-kurse in Niederdilfen / Ausst. s. 2000 in Südwestf. / **Lit.: 110c**-04

Goebel, Christian (Glasm) / 1904 – 1964 / lebte in Werl / Ausst. u. a. 1946 Arnsberg (Johannes Kapelle), Ahlen (Kath.-Kulturring) / **Lit.: 8a**-46 + **146c**

Göbel, Friedrich (A) / lebt (1927/36) in Dortmund / Werke u. a. in Dortmund / Ausst. u. a. 1936 Dortmund (ehem. Katharinenkloster) / **Lit.: 197b**-84+99 + In: „Wohnen im Revier" – 99 Beispiele aus Dortmund – München, 1975

Göbel, Martin (A/Dipl.-Ing) / 1956 Siegen – / lebt (2004) in Siegen / Stud. GH-Siegen (Archit) / ab 83 im Büro: „**H**eld & Partner Architeckten BDA"-Siegen, Wettbew.-Preise u. a. 02 = 1. Pr. Riga/Lettl. u. 03 Anerkennung Bad Oeynhausen / Werke u. a. in Riga-Lettl./Ingelheim-Rhl.-Pfalz, + N (s. Lit.) // **Lit.: 197**-01 + **213a**-99

Göbel, Philipp Donald (M/G/B/O) / 1966 Hilden – / lebt (2006) in Bielefeld / nach Schulzeit in Solingen: Stud. 89 Univ.-Marburg (Angl/Kunstg/Keltolog), 90 HfBK-Braunschweig (Kunstpäd), 93-96 Turtorium f. Tiefdruck u. 94-99 HfBK-Braunschweig / s. 2000 Mitgl. „BBK"-OWL / Ausst. u. a. in Nieders., 1998 Bielefeld (Zentr.-Meinolfstr), 99 Herne (Gal.-Lygnaß), 99-01 Herne (Kunstbombe), 2000 Hannover/Wiesbaden/Brüssel, 2000-02 Bielefeld (Gal.-Bechauf), 01/02 Borken (Grafikmesse), 01 Bielefeld (Rav.-Spinnerei), 02/03/05/06 Bielefeld (Kv/2xAtelier/Stadtwerke/Rav.-Spinnerei/Kunsthalle), 04 Schneverdingen (Kunstwege) / **Lit.: 124**-05 + **152**-03 + In: „Zeit" – Forum zeitgen. Kunst V – Ausst.-kat. – Bielefelder-Kv., 2002

Göbel, Raimond (Filmk) / * 1957 – / lebt ab 96 in Köln / Stud.-Bielefeld Univ. (Lit/Deutsch/Phil/ Geschichte) / 86-91 Vorstand Filmhaus-Bielefeld, ab 92 im Vorst. Filmbüro NRW, 95-96 Ltg. hess. Filmförd.-Frankf., s. 96 in Köln tätig / ab 87 Filme u. 89 fr. Kameramann / **Lit.: 196**-97

Göbel, Thomas (Metalllgest/Kunstgießer/Dipl.-Wirt.-Ing) / * 1970 – / lebt (2006) in Erndtebrück / Dreherausbild.-Hilchenbach. u. Stud. FH-Giessen-Friedberg (Dipl. Wirt.-Ing) / Kunstgießerei „Köhler u. Göbel GbR" in Erndtebrück (Andreas **K**öhler) / **Lit.: 110c**-04

Göbel, Uwe (Prof) (G/D/Komm.-Des) / 1953 Essen – / lebt (2005) in Bielefeld / Stud. Folkwang-sch.-Essen / freiberufl. Art-Director u. Gestalter, tätig u. a. f. Firmen/Verlage/Messen/Museen / s. 89 Lehrt. u. Prof. FHD-Bielefeld / viele Preise/Ausz.-en / Ausst.-gen = N+INT / **Lit.:** U. G./u. a.: „Worte sehen – Worte lesen" – FHD-Bielefeld, o. Jhg.; U. G.: „Gedankenzeichen" – zur Ausst. im Stadtmus.-München – Verl.-Umschau/Braus, 2000

Göbel, Volker (B) / 1965 Hagen/W.- / lebt (96) in Hagen / Ausb.-Blechschlosser / lebt 88 in Paris u. 89 London / ab 90 eig. Atelier in Hagen, 92-? Gründung Proj.-gruppe „Volksparkbrunnen" u. war um 92 Mitgl. Gr. „Hagenring"-Hagen / **Lit.: 97**-92 + **97d**

Goecke, Edgar (M/Glasm) / 1939 Angelmodde b. Münster- / lebt (92) in Horstmar / Werke s. 85 / 85 Bischof-Tenhumberg-Pr. Telgte / Ausst. u. a. 1985-91 Telgte (Mus) / **Lit.: 185**-85...91

Gödde, Kristina (M/Perf.-k) / 1981 Balve- / lebt (2005) in MS / Stud.-Santa Barbara/Calif.-USA 2000-01 College (Kunst/Phil), ab 01 Akad.-MS / 04 Erasmus-Stip. f. Univ.-Istanbul/Türkei / Ausst. u. a. 2001 Santa Barbara-Calif. (College), 03 MS (Finanzamt), Nottuln (Amtmannei), 04 Hörstel-Gravenhorst (Kloster), Istanbul (Perf.: Univ) / **Lit.: 228**-03 + **231c** + **245**-04

Gödde, Matthias (F) / 1960 Beckum- / lebt (2005) in Beckum / NEU: 01 Intern.-Ehren-Pr. Nikon / s. 2000 Mitgl. „Kr.-Kv.-B.-Warendorf" / (Biografie in Beilage: CD-Ausgabe 2006)

Gödde, Regina (M) / 1938 Elbing/Ostpr.- / lebt (2005) in Havixbeck / Ausst. u. a. 1997 MS (HBZ), 2003 Billerbeck (Kolvenburg), 04 Lüdinghausen (Burg Vischering), Detmold (Freilichtmus) / **Lit.: 19-**04

Gödde, Ursula (M) / 1948 Fredeburg- / lebt (2006) in Arnsberg / Stud. PH/Univ.-Kiel u. Univ./ GH-Paderborn (Deutsch/Gesch/Kunst/Päd) / Lehrt. u. Kurse in Arnsberg / Mitgl. Gr.-„Sepia"-Arnsberg / Ausst. u. a. in Arnsberg (Kunsthaus-Sepia), 2002-06 Arnsberg (Kunstsommer-Alter Markt), 04 Arnsberg (Agentur Generali), + Südwestf.

Goedecke, Friedrich Heinrich Ludwig (Louis) (Baucondukteur/Salinendirektor) / 1810 Holtensen/Hannover – 1862 (Bad) Salzuflen / Werk: 1850-54 ev. Kirche Schötmar / **Lit.:** D. K.-T. 2

Goedecke, Heinrich (Glasm) / * 1917 – / lebt (2000) in Lüdenscheid / 46 Ausb.-Nienborg-Heek Wksch. f. christl. Kunst, danach Stud.-MS Univ. (Kunstg/Germ), Düsseldorf Akad. u. Essen PH / war Lehrt., u. a. in Lüdenscheid / Werke in NRW (u. a.-Nachrodt) / **Lit.: 195**

Gödersmann, Martin (K/B) / 1956 Lüdenscheid- / lebt (2004) in Meinerzhagen / 77-79 Steinmetz/Steinbildh.-ausb. u. 79-82 Stud. Keramikfachsch. Höhr-Grenzhausen / 82-2000 selbst., Unfall u. s. 01 Goldschm.-ausb. / 93/94 Lehrt. Univ.-Dortmund/FH-Bochum / Bildh.-werke in Freiburg/Kall-Scheven/Tuttlingen/Oldenburg, öffentl. Werke in Meinerzhagen/Lindern/Ilmenau/ Gauting / ab 84 Mitgl. „Bundesverb.-Khw", Mitgl. „AdK"-Südwestf. / Ausst. s. 1985, u. a. 85-99 Frankf.-M. (Messen), 85 Selm-Cappenberg (m. factum), Leverkusen (Forum), 85/87 Stuttgart, 86 Lausanne-Schweiz (Gal.-Cardas), 87 Bad Godesberg (Keramikgal), Dortmund (Signal-Gal), 89 Zons (manu factum), 91 St. Wendel (Gal.-Pfeifer), 93/95 Unna (AdK), 94 Liesborn (Mus), Paderborn (Stadtbibl), 97 Unna (Haus Opherdicke), 98 NL, Frechen (Keramion), 99 Gütersloh (Gal.-Fischer), Krefeld (Botan.-Garten), + N / **Lit.: 48c-**87+99+03 + **48x-**85+89

Gödtner, Thomas (G/D) / * 1954 – / lebt (98) in Gelsenkirchen / Stud.-Recklinghausen 78-80 FofG u. Essen 80-85 Univ./GH (Komm.-Des) / ab 92 selbst. / **Lit.: 205-**97

Göhre, Roland (F) / 1953 Solingen – / lebt (2006) in Bottrop / Stud.-Bochum/Bielefeld 71-78 Univ.-n (Jura) / 90 Wettbew.-Pr. NRW / Mitgl. „KB-Bottrop" / Ausst. u. a. 1992 Oberhausen (Stadtbücherei), 99/2003/04/05 Bottrop (Haus soz. Dienste/5xMus/Sparkasse), 03 Duisburg (Pumpwerk), 06 Gelsenkirchen (Wissenschaftspark), + NRW / **Lit.: 99-**04 **+ 99a-**99+03+04

Göke, Anette (M/Z) / * 1970 – / lebt (2005) in Dortmund / 90-91 Praktik.-Werbeagentur in Hattingen, 91-92 Werbeass.-ausb., ab 92 Mal- u. Kreativseminare/Workshops, 94-96 Ausb. Fachfrau f. Marketing, 03 selbst. u. Kunstmalerin, Mitgl. „Atelier 21" Dortmund / Ausst. u. a. 2004 Dortmund (Café Max), 04/05 Dortmund (Off. Atelier) / **Lit.: 120c-**04

Göllner, Wolfgang (M/O/I) / 1962 Gütersloh- / lebt (2002) in Höxter / Autodidakt / s. 95 freisch. / Ausst. u. a. in Lima/Arequipa-Peru/San Francisco-USA/Osnabrück/Hameln/Hildesheim/Holzminden, 2002 Köln (Lions Club), + OWL / **Lit.:** In: „Benefiz-Kunst-Auktion" – Katalog – Lions Club – Köln-Theophanu, 11/2002

Gönner, Gottfried (O) / 1952 Emsdetten – / lebt (2005) in Mainz / Stud.-MS 77-84 Akad.-MS / Lehrt.-Offenbach(?) / Ausst. u. a. 1981 Düsseldorf (Kunstmus), 98 Ochtrup (Villa Weiner), 2005 Recklinghausen (Kunsthalle), Ingolstadt (Kv) / **Lit.: 256** + In: „Was Anne über Dich denkt" – Kl. Prof. T. Ulrichs der Ku.-akad.-MS, 1981/82

Göpfert, Sabine (Perf.-k) / 1976 Frankfurt./M.- / lebt (2005) in MS / Stud.-Frankf.-M. 97-2000 Städelsch., 98-99 Theaterarbeit m. „Antagontheather"-Frankf., 02-05 Stud. Akad.-MS / Ausst. u. a. 2002 Bonn (Frauenmus), 03/05 Detmold (Freilichtmus), 04 Hörstel-Gravenhorst (Kloster), 05 MS (Triptychon/Off. Atelier-Am Hawerkamp) / **Lit.: 245-**04

Goer, Gerta (B/Khw) / * 1939 – / lebt (99) in Paderborn / Lehrt. / Werke s. 82 / 89 Bischof-Tenhumberg-Pr. Telgte / 90+91 Ausst. m. Johannes Goer in Telgte / Ausst. u. a. 1988-91+98 Telgte (Mus) / **Lit.: 185-**88...91+98

Görder, Herbert (B) / NEU: * 1943 – / lebt (2005) in Paderborn / Mitgl. „BBK"-OWL u. „AdK"-NRW / Ausst. u. a. 2002/04/05 Paderborn (Off. Atelier), 03 Paderborn (Haus d. ev. Kirche), 03 Bielefeld (Rav.-Spinnerei), + NRW / **Lit.: 48x-**87+97 **+ 101b-**02+04+05 **+ 124-**81+05

Gördes, Beate (jetzt: Gördes-Haasch, B.) (M) / 1961 Herten – / lebt (2005) in Köln / Stud.-Köln 87-92 FH / 88-97 Atelierstip. Köln / Ausst.-gen in NRW + N / **Lit.: 27-**5

Gördes, Dietmar (B) / 1960 Sundern – / lebt (2005) in Anröchte-Mellrich / Stud.-Flensburg 86-88

Wksch / Mitgl. Gr.-Hagenring"-Hagen u. Gr.-„Sepia"-Arnsberg / Ausst. u. a. 1988/96 Arnsberg (Sympos/Kv/Sauerl.-Mus), 89 Zons (manu faktum), 93 Meschede (Kreishaus), 2000 Drüggelter Kunststückschen, 01 u. a. Arnsberg (Kunstsommer) / **Lit.: 48x**-89 + **97**-04

Göring, Michael (O/I/M/G) / 1968 Vreden – / lebt (2006) in MS / NEU: Atelier ab 7/04 Hafen-Speicher II MS, 05/06 Lehrt. Akad.-MS / (Biografie in Beilage: CD-Ausgabe 2006)

Görke, Johanna (M/G) / 1942 Berlin – / NEU: lebt (2005) Woltersdorf b. Berlin / Stud. Berlin-Weißensee 61-66 HfBK / s. 67 freisch. in Woltersdorf, 84 Westberlin, 85-96 Blomberg, ab 96 wieder Woltersdorf / 67-84 Mitgl.-„VBK"-DDR / Ausst. u. a. 1978/82 Berlin (Club J. R. Becher/Gal.-Prater), 82 Bilbao (Arteder 82), 86 Bielefeld (Puppentheater), 87 Schwalenberg (Stadtgal), 90 Wunstorf (Gal.-P), Dresden (Staatl.-Kunstsammlungen), Hamburg (Deichtorhallen), Lemgo (Alte Abtei), 92 Detmold (Stadthalle), 93 Schieder (Kv), 94 Potsdam (Staudenhofgal), 95 Frankf.-O. (Gal.-Gallus), 98/2005 Berlin (Inselgal/Bi-Ber-GmbH), 01 Fürstenwalde (Altes Rathaus), 04 Woltersdorf (Kulturladen) / **Lit.: 26a**-05 + **134**-92 + **137b**-87

Goerz, Ludwig (A/Ill/M/Bühnenb/Dipl.-Ing) / 1895 Dietmannsried – ? / lebte um 1980 in Wiesbaden(?) / Stud.-München 1918-21 TH, 22 Dipl.-Ing., Regierungsbaumeister / 24 = 1. Wettbew.-Pr. Frankf.-/M., 26-28 Bühnenbildner am Stadtth.-Dortmund, 34 = 1. Wettbew.-Pr. Wiesbaden, 38/39 Ill.-en zu „Gottfr. Keller" / **Lit.: 27**-2(m. Lit.) + In: „Kultur in Wiesbaden" – Wiesbaden, 1981

Göttert, Bernd (Prof) (A/Dipl.-Ing) / lebt (2000) in Bochum / Büro: „Tor 5 Architekten"-Bochum, m. H. Langer u. M. Wüllner / Werke in NRW (s. Lit.) / **Lit.: 197a**-99

Göttl, Manfred (B) / 1943 Meerbusch- / lebt (89) in Paderborn / Ausst. u. a. 1988 München (Haus der Kunst) / **Lit.: 107a**-88

Göttlicher, Franz-Ullrich (Ulrich) (M) / 1977 Kassel- / lebt (2005) in MS / 98-99 soz. Volontariat in Jerusalem, Stud.-Essen 99 Freie Akad. u. MS 2000-06 Akad., 04 Meisterschüler / Ausst. u. a. 2002 Nottuln (Alte Amtmannei), MS (Akad.-Aktsaal), Jesteburg (Heimatmus), 03 MS (Finanzamt/Stadtbücherei), Dahlenburg (Kv), 03/04 Düsseldorf (Gal.-Leuchter/WGZ-Bank), 04 Grebenstein b. Kassel (Gal.-Deren) / **Lit.: 228**-03+04 + In: „Kunstwoche Jesteburg" – Ausst.-kat. – 2002

Götz (Porzellanmaler) / 1918-1927 Mitinhaber der Porzellanmalereifirma „Otto **G**rosse & Götz" in Münster / alles weitere noch unbek. / Werke im Porzellanmus.-MS / **Lit.: 63b**

Gohari, Hardy (M/O) / 1961 Essen – / lebt (2005) in Recklinghausen, Atelier in Haltern / Stud.-Rotterdam 90-92 Akad., Bo.-Wattenscheid 2000-02 IfAbKuK, 02 Meisterschüler / 02 Förder-Pr. Stadt Hamm / s. 02 Mitgl.-„Vest.-KB"-Recklinghausen u. 03 „BBK"-Westf.-Süd – Dortmund / 02 Förder-Pr. Hamm / Ausst. u. a. in Palma de Mallorca/Siniu-Mallorca, 2000/01/05 MS (Polizeipräsidium/Landgericht/Sparda-Bank), 03-05 Recklinghausen (Sparkasse/2xV.-KB), 03/05 Düsseldorf (Kunstpalast), 04 Bochum (GEA-Center), + NRW / **Lit.: 26a**-05 + **107**-03+05 + **188**-03 + „H. G." – ground zero – Katalog zum Förderpreis Junge Kunst d. Stadt Hamm, 2002

Gohla, Bernhard A. R. (M/B) / NEU: 1912 Göttingen/Schlesien – 1989 / lebte in Lippstadt / (Biografie in Beilage: CD-Ausgabe 2006)

Gokorsch, Joachim (Industriedes) / lebt (1995) in Soest / war (95) in „GMG" – Ges. f. modulare Greifensysteme mbH"-Soest tätig / 95 Ehren-Pr. NRW / **Lit.: 205x**-95

Goldbach, Clemens Botho (O/I/F) / 1979 Köln – / lebt (2006) in MS / Stud.-MS ab 2000 Akad. / Ausst. u. a. 2002 Bielefeld (3xKv), 03/04 MS (Triptychon/Osmohallen), 04 Istanbul-Türkei (Mus), 05 Düsseldorf (Kunstpalast) / **Lit.: 107**-05 + **231b+c** + In: „Zeit" – Forum zeitgen. Kunst V – Ausst.-kat. – Bielefelder-Kv., 2002

Goldbeck, Martina (M/Z) / 1965 Dortmund- / lebt (2002) in Berlin / 85-86 Gaststud. HfBK-Hamburg, Stud.-Berlin 86-88 HdK (Vis.-Komm) u. 89-96 Malerei, Gaststud. Kumasi-Ghana / ab 2002 Mitgl.-„GEDOK"-Berlin / Ausst. u. a. 2002 Jesteburg (Kunstwoche), Herne (Kunstbombe) / **(s.=A/E)** / **Lit.:** In: „Kunstwoche Jesteburg" – Ausst.-kat. – 2002

Goldkuhle = Künstlerfamilien in Wiedenbrück 2. Hälfte 19. Jh. – 1. Hälfte 20. Jh. / **Lit.: 173** (S. 113/124) + **146c** + In: Schmitz: „Das Kunstgewerbe in der Stadt Wiedenbrück", in: „Münsterland" – Monatsschrift – 8. Jhg. – ab S. 188 – Bocholt, 1921 // **Eduard** (M) / 1878 – 1953 / Sohn des Georg / übernahm 1900 die Werkst. des Vaters in Wiedenbrück, tätig in NRW(Köln), Erfurt u. Braunsberg, 29-42 Betrieb in Dortmund, ab 42 Oelde / Ausst. u. a. 1941 Dortmund (Katharinenkloster) / **Lit.: 8a**-41 // **Franz Anton** (B/Kunsttischler) / † um 1910 in Wiedenbrück / Vetter des Kunstglasers Joh. Herm. Josef G. / ab 1863 dort Werkstatt, als Begr. des Wiedenbrücker Kunsthandwerks bez. / Werke ebd. (um 1863/64, später Zusammenarb. (Altarbauer) m. Kirchenbaumeister Fischer – Barmen) / (s. auch Th. Brockhinke = er war bis 1866 Werkmeister b. Franz G., ab 1866 u. a. Bildh. „Brockmann" tätig, der später in Oelde selbst. wurde) // **Franz Georg** (auch: **Georg**) (M) / 1849 – 1900 Wiedenbrück / Sohn des Kunstglasers Joh. Herm. Josef G. u. Vater v. Eduard G. / 1863-66 Kirchenmalerausb, b. Wittkopp in Lippstadt / verlegte 1870 seinen Wohnsitz v. Herzebrock nach Wiedenbrück u. gründete eig. Kunstwerkstatt, 1877-1900 neuer Betrieb gegr. m. Maler/Bildh. Christof Siebe, ab 1900 = s. Eduard G. / Werke in NRW (siehe: Eduard G.) / Ausst. u. a. 1952 Wiedenbrück / **Lit.: 157** // **Friedrich** (Kunsttischler/Altarbauer) / aus Wiedenbrück / Daten unbekannt // **Gerhard** (M) / 1867 – 1934 / Malerausbild. b. Georg G. in Wiedenbrück / tätig in Werl/München/Österreich/Italien/Schweiz, ab 1891 in Wiedenbrück // **Johann Hermann Josef** (Kunstglaser) / Vater des Franz Georg u. Franz Anton G. in Wiedenbrück (um 1850) / Daten unbekannt

Goldschmidt, Helmut (A) / **Lit.: 197c** (S. 56) = Daten bei Gerle, Karl Hermann

Goll, Petra (F/D) / * 1959 – / lebt (94) in Dortmund / Stud. FHD-Dortmund / s. 90 selbst., „Foto Design Team Goll & Koch"-Dortmund, m. Dorothea Koch / **Lit.: 205**-94

Gollub, Anke (Z/M/B) / 1968 Altenburg/Thür.- / lebt (2005) in MS / Stud.-Leipzig 86-91 Univ. (Kunst- u. Kulturwiss) u. MS 94-98 Univ. (Phil) / Ausst. u. a. 1991 Leipzig (UB), 2002 MS (Kv), 03/04 MS (Uni-Art: Geschäft-Freisfeld/Innenstadt), 04 MS/Berlin (Gal.-Gresing), Regionalverkehr Münsterland (Plakate), 05 MS (Fr.-Hitze-Haus/Atelier-Fresnostr) / **Lit.: 82b+c** + J. W. Goethe/A. G. (Bilder): „Faust" – 1. Teil – Oktober-Verlag – MS, 2005; „A. G." – Himmel über Münster – Ausst.-kat. – Fr.-Hitze-Haus – MS, 2005

Golz, Markus (G/D/M) / 1979 Münster- / lebt (2005) in MS, ab 10/05 in Düsseldorf / Stud.-MS 01-2/05 FHD u. 04-05 Akad.-MS, ab 10/05 Akad.-Düsseldorf / Ausst. u. a. 2004 MS (Off. Atelier) / **Lit.: 122**-03

Gonschior, Kuno (Prof) (M/G) / 1935 Wanne-Eickel- / lebt (2006) in Bochum u. Berlin / NEU: 72-81 Lehrt.-MS PH u. 82-01 Prof. HfBK-Berlin / (Biografie in Beilage: CD-Ausgabe 2006)

Gonser, Klaus (A/Dipl.-Ing) / * 1926 – / lebt (2004) in MS / 73-? Lehrt. FHD-MS / Werke u. a. in MS (u. a. m. Günther Pollmann) u. Kirche in Neu-Andreasberg / **Lit.: 15 + 112ca + 219a + 251a**-95

Goppel, Christine (Ill/Filmk/Autorin) / 1979 Regensburg- / lebt (2005) in MS / Stud.-Weimar 99 - 04 Bauhaus-Univ. (Vis.-Komm) u. MS 04/05 FHD (Aufbaustud.-Ill) / 98 Ausz. Stadt Regensburg, 01 = 1. Pr. Bester Experimentalfilm Festival Unimovie – Pescara, 03 = 1. Wettbew.-Pr. Wandgest. Erfurt / 01-03 = 3 Kurzfilme / Ausst./Auff.-en u. a. 2002 Erfurt (Kv), Osnabrück (EMAF), 05 Frankf.-M. (Buchmesse), MS (Off. Atelier) / **Lit.:** C. G.: „Lisa und der Strudelmann" – Kern-Verl. Regensburg, 2000; C. D.: „Luis' Raumfahrt" – Nord-Süd-Verl., 2005

Goralsky, Andrea (M) / 1974 Mülheim/Ruhr- / lebt 2003 in Mülheim/Ruhr u. 2005/06 Bochum / Stud.-Essen 94-99 Univ./GH (Phil/Biol/Kunst) u. Amsterdam 99-03 Dr. G.-Rietveld-Akad. (free media) / ab 03 Mitgl. „BBK-Westf." Dortmund / Ausst. u. a. 2003 Amsterdam (Oude Kerk), 05 Bo.-Wattenscheid (Technol.-zentr) / **Lit.: 3**-05(2)

Górecka-Sonnewend, Ilona (Górecka, Ilona) (M/O/I/T/Schmuckgest) / 1954 Poznan(Posen)/Polen – / lebt (2004) in Legden / Gattin v. Piotr Sonnewend / Stud.-Poznan 76-80 Akad. (M/Z/ Innenarchit/Gobelinkunst) / ab 95 Lehrt. VHS-Schöppingen/Ahaus/Vreden/Legden, 01-02 Don Bosco-Schule Ahaus / s. 96 Beteil.-Sommerakad.-n, u. a. 2000 in Irland, 02 Provence/Fr. / Beteil.-Projekte: 97/98/01 in NL, 99 in Civitella d' Agliano/It., 2000 Stadtlohn, 01 Legden / Ausst. u. a. 1997 Enschede-NL, 98 Hengelo/Enschede-NL/Ahaus, 2001 Legden (Bahnhof), 01/02 Legden/Asbeck (Off. Atelier), 03 Ahaus (Villa van Delden) / **Lit.: 237**-03

Gorke, Andreas (G/Z/D) / 1963 Emsdetten – / lebt (2005) in Tecklenburg-Brochterbeck, Atelier in Saerbeck / NEU: 03 Kultur-Pr. Kr. Steinfurt / (Biografie in Beilage: CD-Ausgabe 2006)

Gorke, Karl (M/Z) / 1905 Frankenstein/Schlesien – 1994 Herne / 24-32 Weiterb.-Malerei, 34 Meisterprüfung im Malerhandw. / ab 49 in Herne / Werke im Mus.-Herne / **Lit.: 143a+b**

Gorschlüter, Lisa (O/F) / 1979 Warendorf-Freckenhorst- / lebt (2005) in Münster / Stud.-MS 99-06 Akad., 04 Meisterschülerin / Ausst. u. a. 2002+03 München (Domagkatelier), 03 Laer (Stadtmitte), 04 Bergkamen (Stadtgal), Bad Oeynhausen (VHS), Soest (FH), 05 Wismar (Baumhaus), Recklinghausen (Kunsthalle), Ingolstadt (Kv) / **Lit.: 256+a**

Gosny, Arnd (M/B) / 1964 Essen – / lebt s. 70 in Delbrück / s. 80 künstl. tätig, Stukkateurausb., FoSfG-Bielefeld, Stud.-Innenarchitektur, Weiterb.-sem.-e (Bildh) u. Meisterprüfung im Stukkateurhandw. /

s. 92 Mitgl. „ART-Atelier" – Paderborn / 97 wurden seine Werke durch einen Brand vernichtet, s. 03 wieder Malerei / Ausst. u. a. 2005 Delbrück (Off. Atelier), Paderborn (Hotel), + OWL / **Lit.: 101b**-05

Gostkowska, Agata (G/Video- u. Perf.-k) / * 1977 – / lebt (2004) in Dortmund / Stud.-Dortmund 97-03 Univ. (Kunst/Soz.-päd) u. MS ab 03 Akad. / 02 Stip. M.-Schmeißer-Stiftung / s. 04 Mitgl. Künstlerhaus-Dortmund / Ausst. u. a. 2004 Dortmund (Off. Atelier) / **Lit.: 120c**-04

Gottlob, Barbara (M) / 1956 Welver- / lebt (2002) in Hürth / Weiterb.: 99-2001 Malschule Margon, Südfrankr., 02 Michael Koch, Köln / Ausst. s. 2001 in Köln, 02 Köln (Lions Club) / **Lit.:** In: „Benefiz-Kunst-Auktion" – Katalog – Lions Club – Köln-Theophanu, 11/2002

Gottschick, Florian (Filmk) / * 1981 – / lebt (2005) in MS / an freien Theatergruppen in Frankf./ M. u. Münster Regie- u. Schauspieltätigkeit, Praktikum in d. Filmwerkstatt Münster, gründete m. Carsten Happe Firma „Netz | Werk | Film" – MS / Auff. u. a. 2003/05 MS (Filmfestival/ Cinema) / **Lit.: 196**-03

Gottschlich, Franz J. (A) / lebt (85) in Rottweil / Lit.: 205b + s.: Schraube, Max W.

Grab, Serapion s. Oertel, Willy Richard

Grabelus, Waldemar (M/Z/F) / * 1964 (Oberschlesien)- / lebt (2006) in Recklinghausen / 82-85 Schreinerausb., 85-88 FHfG u. ab 2000 Weiterb.-kurse IfBKuK Bo.-Wattenscheid / 03-05 Zeichner „WAZ"-Herten / Ausst. u. a. in Herten, 2002 Essen (Zeche-Zollverein), Bo.-Wattenscheid (IfBKuK), 04 Datteln (Rathaus), Haltern (Buchhandlung), 04/05 Recklinghausen (Kreishaus/Kenkmannshof), + Internet

Grabinski, Walter (M/G) / 1921 Holzen b. Schwerte – 17. 11. 2002 / lebte in Hagen / 85-90 Weiterbild. FH-Dortmund (Gast) / Ausst. u. a. in Hagen/Schwerte/Dortmund/Hohenlimburg, 2003 Hagen (Mus) / **Lit.: 97**-03

Grabowski, Sabine (M) / 1965 Wanne-Eickel- / lebt (2002) in Herne u. Geldern/Niederrh. / NEU: Stud.-Bochum 90-94 Inst. f. Ausb.-Kunst/Kunsttherapie, 95-97 Univ.-Marburg (Psych) u. Nijmegen-NL 97-99 Hogeschool (Kunsttherapie) / ab 7/2000 Kunsttherapeutin in Geldern / Ausst. u. a. 2001 Herne (Schollbrockhaus), Düsseldorf (SEAB-AG), + N/INT / **Lit.: 142 + 142a + 225**

Gräbener, Pascale (Pascale Ansu) (M/G/D/Ill/Perf.-k) / 1963 Münster- / lebt s. 80 in Bielefeld / NEU: Stud.-Bielefeld/Köln 85-93 FHD (Grafik-Des/Ill) / 89-93 = 1000 musikal. Zeich.-en (Jazz Club Bunker Ulmenwall), s. 89 „Eventzeichnerin", u. a. für Kv.+Univ.-Bielefeld u. Stadt Gütersloh, 93 zeichn. Begleitung des Orchesters „Intermission"-Köln, s. 93 Veröffentl.-en in Zeitungen/Zeitschriften u. Ltg. v. Proj.-en an Schulen/Kindergärten, 99 m. Behinderten, 99-2000 Stadtzeichnerin in Bielefeld, 2000 Lehrt.-Prag / Ausst./Projekte u. a. 1992-01/03-05 Bielefeld (Off. Atelier), 2000-04 Bielefeld (Hotel Mercure/Landeskirchenamt/SAL-GmbH/Stadtbibliot h/Botan.-Garten/Sparrenburg/Kesselbrinkbad/Amnesty-Int), 2000- Bielefeld/OWL (Archiv), 01 Lima-Peru/Aschaffenburg/Nafplion-Griech., 02 Borken (Grafikbörse), 03 Bielefeld (E.: Künstlerh.-Lydda), 05 Werther-Häger (art&work), + OWL / **Lit.: 152**-92...01+03+05 + **192**-01 + In: „Kann denn Liebe Sünde sein" – Bethel-Verl. – Bielefeld, 1999; 2xP. G.: „Take Surprise" – Tantric Memorie Spiel + „Symphonika Klangaria" – akust. Spiel – Bielefeld, 2000; S. Lichtenberger/P. A. G.(Ill): „Steinsprache" – SYM-Verl., 2000

Gräber, Regine (O/I) / 1978 Frankfurt/M.- / lebt (2005) in Altenberge u. MS / Stud.-MS s. um 01 Akad. / Ausst. u. a. 2003 Schwerte (Kv) / **Lit.: 234**-03

Grädler, Iris (M) / 1963 Halle/W.- / lebt (2005) in Steinhagen / s. (nach) 80 künstl. tätig / Ausst. u. a. 1998 Bielefeld (Café Parlando), 2004 Steinhagen (Off. Atelier), + OWL / **Lit.: 191b**-04

Gräf, Henner (B/O/Steingest) / 1963 Schwerte- / lebt (2006) in Sprockhövel / bis 90 Steinbildh.-ausb., 01 Steinbildh.-meister / s. 05 Mitgl. Gr.-„Kunstraum" / Werk u. a. in Tunesien (Auftragsarbeit) / Ausst. u. a. in Witten/Hamburg/Bad Honnef/Bonn/Mülheim-R./Würzburg, 1992-2003 Krefeld (Flachsmarkt), 03 Dortmund (manu factum), 06 Witten (Zeche Nachtigall) / **Lit.: 48x**-03 + **209**-06

Gräupel, Andreas (O/I/M/Video- Film- u. Multimediak) / 1963 Duisburg- / lebt (2006) in MS u. Köln / NEU: Stud.-MS 88-? Univ. (Kunstpäd), 94-2000 Akad., 99 Meisterschüler / 2000-02 EU-Stip. f. Stud. (Internet/Multimedia) / 02 Mitbegr. (freier Mitarbeiter) Agentur „Sozialpalast" v. E. Biembacher, 04 Mitbegr. Filmprod.-firma „die 2" – Köln/MS, Auff.-en u. a. 2004 MS (mit Mirko Franke = „Cinema") / Ausst. u. a. in München, 2006 MS (Off. Atelier-Hafen Speicher II), + NRW / **Lit.: 83 + 170**

Gräve, Sebastian (Film/Medienk) / 1980 Münster- / lebt (2005) in Enschede-NL / Stud.-Enschede ab 2000 Akad. / Mitgl. der Kunststiftung „SILO" / **Lit.: 150**-04

Graf, Johannes (Prof) (G/D/Ill/Plakatk) / * 1960 – / lebt (2004) in Dortmund / Stud. HfK-Berlin / ab 88 selbst. / 89-94 Lehrt. Berlin/Hildesheim/Potsdam, ab 94 Prof. FHD-Dortmund / Beteil./ Ausz.-gen int. Plakatbiennalen u. a. in Warschau/Mexiko/Toyama/Rzeszow/Helsinki/Zagreb/ Paris / tätig für Theater/Opernhäuser/Ministerien/Verlage/Magazine/Zeitschriften in Deutschl.

Graff-Lederer, Luise (Graff, L.) (M/G) / NEU: 17. 5. 1916 Donauwörth – 10. 10. 2005 Münster / (Biografie in Beilage: CD-Ausgabe 2006)

Grams, Anke (O/Video- u. Videoinst.-k) / 1974 Solingen – / lebt (2006) in Essen / 90-93 Masch.-baumechanikerinausb., Stud.-Alfter 95-97 Alanus Hochsch. (Malerei), Essen 98-03 Univ. (Kunst), 04 Promotion u. 03-05 Akad.-MS, 04 Meisterschülerin / ab 04 Lehrt. Univ.-Essen (Duisburg) / Ausst. u. a. 2000-05 Essen (2xZeche-Zollverein/3xKunsthaus/Folkwangmus/Gal.-Obrist), 03 Laer (Stadtmitte), 04 Berlin (m^3 Kunsthalle), Bergkamen (Stadtgal), Bad Oeynhausen (VHS), Soest (FH), 05 Wismar (Baumhaus), Plüchow (Schloss), Recklinghausen (Kunsthalle), Ingolstadt (Kv), 05/06 Essen (Kunsthaus/GAM) / **Lit.: 256+a**

Grams, Erich (M) / 1924 Altenfelde/Ostpr. – 1998 Neuerburg / lebte s. 28 in Kamen u. ab 66 in der Südeifel / bis 48 Bergmann, Autodidakt / Werke in Recklinghausen / **Lit.: 167b**

Gramse, Tom-Jürgen (Tom-J./Jügen) (Prof) (G/M) / 1940 Lüben/Schlesien – 1982 Soestdijk/NL / Stud. Wksch-Dortmund (Grafik), HfBK-Kassel (Malerei) u. in London / 76-81 Lehrt.-Kassel, 77 Beteil. 6. „documenta"-Kassel u. 81/82 Prof. FH-Dortmund / Ausst. u. a. um 1960/65 Kamen (Gr.-Schieferturm), 69 Wolfsburg (Schloss), Oberhausen (Stadtgal), 70 Wilhelmshaven, 74 Wroclaw-Polen, 76 Neuenkirchen, Düsseldorf (iki), 77 Kassel, Recklinghausen (Kunsthalle), 83 Wiesbaden (Kv), 84 München (Kv) / **Lit.: 4**-Frankfurt + **109** + **239**-77 + In: „Junge Stadt sieht Kunst" – Ausst.-kat. – Schloss Wolfsburg-u. a., 1969; „T. J. G." – Kassette mit 10 Projekten – Selbstverl.-Kassel, 1974; „T. J. G." – Zeichnungen 1965-1977 – Kassel, o.Jhg. (um 1977)

Grand, Sofie s. Höpken, Ulla (Ullah)

Gransow, Eckhard (Grafik-Des/Industr.-Des) / * 1949 – / lebt (97) in Fröndenberg-Langscheid / Grafik-Des.-ausb. u. Stud. Univ./GH-Wuppertal (Ind.-Des) / „Laakmann&Gransow"-Fröndenberg / Braun-Pr., 91 red dot Award Essen / **Lit.: 205**-94+97(2xerw.) + **205a**-83+89 + **205z**-91

Grasediek, Josef (B/M/Z) / NEU: 1922 Gladbeck-Zweckel- / lebt bis 99 in Bottrop, s. 99 in Raesfeld / (Biografie in Beilage: CD-Ausgabe 2006)

Gratafahrend, Leonhard (M) / 1889 – 1958 / lebte in Herford, Schwalenberg u. Detmold / weitere Daten nicht bek. / **Lit.: 137a** (erw.)

Gratenau, Gerd (Industriedes) / * 1957 – / lebt (2005) in Bielefeld / bis 85 Stud. Univ./GH-Wuppertal / s. 91 selbst., Firma „Nexus Product Design"-Bielefeld m. U. Finkeldey, St. Quenkert u. a. / Ausz.-gen/Ausst.-gen: s. „Nexus Pr..." / **Lit.: 205**-97 + **205a**-01+03 + **205y**-2000,1+02,1 + **205z**-96+97+2000+03+04 + In: „IF design award 2003" – Hannover

Graubaum, Renate s. Garom, Luis

Grauenhorst, Hinrich (M/Z) / 1919 Castrop-Rauxel – 1998 Jagdhaus/Sauerl. / 50-59 Stud. u. tätig in Paris / 84 Stip. K.-Adenauer-Stiftung / 78-96 Lehrt. in s. Atelier / Ausst. u. a. Dortmund (Gal.-Möller) / **Lit.:** Internet

Graumann-Wilms, Margarete (T = Quilt/Patchwork) / lebt (2004) in Warendorf-Freckenhorst / war 03 Mitgl. Gr.-„quilt 4" / Ausst. u. a. 2003 MS-Hiltrup (Kulturwoche), 04 MS (Gal.-König)

Graupenstein, Friedrich Wilhelm (M/Lithogr) / 1828 Minden – 1897 Hamburg / Stud. Akad.-Berlin / lebte 1851 in Bremen, ab 1853 Hamburg / tätig f. d. Hofadel / **Lit.: 24**-14 + **194a**

Grave, Egon (Dr. phil) (B) (Psychoanalytiker) / 1928 Münster – / lebt (2005) in Kastl/Obb. / u. a. Stud.-München 54-57 Akad. / Ausst. u. a. in Österr./Wien, + Bayern / **Lit.: 26a**-05

Grebe, Ulf (B(O/I) / * in Lüdenscheid- / lebt (2005) in Aachen / Mitgl. um 92-96 mit Lutz **K**rämer Gruppe „ULTZ" in Siegen / Ausst. u. a. in Südwestf. / **Lit.: 110c**-04(Gruppe)

Grebe, Tzveta (M/Khw = Seidenm/Weben) / 1961 Levski/Bulg. – / lebt (2004) in Kreuztal / Stud.-Sofia 76-81 Obersch. f. Schöne Künste u. 83-88 HfBK / 91-93 als Kunstmalerin am bulg. Fernsehen, 93-98 Lehrt.-Sofia, danach Mitgl. Kv.-Siegen / Ausst. u. a. in Sofia/Vrazo-Bulg./ Como-It./Baden-Baden, + Südwestf. / **Lit.: 110b** + **110c**-04

Greber, Benjamin (O/I) / 1979 Halle/Westf.- / lebt (2005) in MS / Stud.-MS ab 01 Akad. / Ausst. u. a. 2003 Rheine-Bentlage (Kloster), Gelsenkirchen (Kv), 04 Herford (MARTa Lounge), 05 MS (Förderv. f. akt. Kunst/Hafenweg 22) / **Lit.: 229**-03 + **229a**-04 + **235**-03

Greiser, Frank (Industrie-Des) / 1965 Rheda-Wiedenbrück – / lebt (2005) in Rheda-Wiedenbrück

/ Stud. Univ/GH-Wuppertal / s. 91 selbst., Büro „Design-AG" / 04+05 = 4x red dot award Essen (2x für Interstil Diedrichsen + Co.KG Steinhagen u. 2x Beckhoff Industrie Elektronik-Verl), 05 good award IF Hannover / Ausst. in Essen u. Hannover / **Lit.: 205z**-04+05

Gresch, Martin (Filmk) / 1957 Hamm/W. – / lebt (86) in Hamm / Stud. Univ.-MS (Publiz/Germ/ Kunstg) / s. 80 am WDR tätig / Auff. u. a. 1985 in MS / **Lit.: 196**-85

Greschik, Hubert (Hubertus) / 1938 Schmiedeberg/Riesengebirge- / lebt (2005) in Hamm / Gast-Stud. 81-01 Akad.-MS / Ausst. u. a. 1993 Bad Oeynhausen (Stadtgal), 99 Löhne (Werratalhalle), 2005 Recklinghausen (Kunsthalle), Ingolstadt (Kv) / **Lit.: 256**

Gressieker, Helmut (B/G) / 1910 Dortmund – ? / lebt (55/67) in Hannover u. (82) in Hildesheim / Stud.-MS 29 Univ., Hamburg 30-31 HfBK u. Berlin 31-34 HfKunsterz. / 46-48 Steinmetz-ausb. in Osnabrück / war Lehrt.-Hannover / war s. 61 Mitgl. „Deutscher Werkbund" / Ausst. = N / **Lit.: 20** + **25**-2 + **53**

Gretz, Susan (Z/u. a.) / 1972 Rheine – / lebt (2005) in Rheine u. MS / 93-96 Tischlerinausb., ab 02 Stud. Akad.-MS / Ausst. u. a. 2003 Laer (Stadtmitte), 04 Hörstel-Gravenhorst (Kloster), 05 Detmold (Freilichtmus) / **Lit.: 245**-04 + **256**

Greve, Caspar und **Jakob** (Grewe) (Glockengießer) siehe bei **J**unker, Albert

Grevel, Elke (F/F.-Inst.-k) / 1956 Essen – / lebt (98) in Essen / Stud.-Dortmund 77-81 FH (Foto/ Film) / ab 81 freisch. / Ausst. u. a. in Essen / **(s.=A/E)** / **Lit.: 181**

Grewe, Caspar u. Jakob (Greve) (Glockengießer) siehe bei **J**unker, Albert

Griemert, Hubert (K) / 26. 7. 1905 Keula/Thür. – 5. 12. 1990 Lauf/Pregnitz / lebte s. 71 in Lauf / 21-25 Ausb. u. Stud. Kgsch-Hildesheim, dann Keramikmaler/modelleur-Ausb. in Frohburg/ Sachsen, 27-29 Fachsch. f. Keramik Bunzlau u. 30-33 Stud. u. Töpferlehre / Lehrt.-Halle/S. / 47-54 eig. Werkst. in Schötmar/Lippe, 50-54 Ltg. Keramikkl. Wksch-Krefeld u. 54-70 Wksch f. Keramik in Höhr-Grenzhausen / Werke in N/INT / Ausst. u. a. 1977 Zürich / **Lit.: 25**-5 + **26**-(Index -Bd. 4) + **48x**-50...52+55 + In: „Deutschland 1930-39" – Ausst.-kat. – Kunsthaus-Zürich, 1977

Gries, Conrad (M) / 1920 Wanne-Eickel – / lebt (96) in Herne / Weiterb.-kurse b. Edm. Schuitz / Mitbegr. Gal.-„Rote Tür" / Ausst. u. a. in England, 1993 Alderney, + N / **Lit.: 143a**

Griesser, Paul (Prof) (A/Möbeldes/Innenarch) / NEU: 6. 9. 1894 Wasseralfingen/Württ. – 8. 6. 1964 Bielefeld / Stud.-Stuttgart / 1925-60 Lehrt./Prof. Wksch-Bielefeld / war Mitgl. Gr.-„Schanze"-MS / Werke u. a. in Detmold / Ausst. u. a. MS/Detmold / **Lit.: 8a**-32 + **25**-2 + **31** + **32** + **34**-9,2 + In: „Neue Sammlung Möbel u. Innenarchitektur ..." – Lipp.-LM – Detmold, 93

Grießmeyer, Hans (Griessmeyer) (B) / lebte um 1929/30 in Baierbrunn, 30-32 MS u. um 61 in Ebenhausen b. München / 30-32 Mitgl.-„VWKuK"-(Westf.) / Ausst. u. a. 1930 Gelsenkirchen (Ausst.-halle), 31 Dortmund, 32 MS (Stadthalle) / Werke in Bayern / **Lit.: 8a**-30...32 + **25**-5 + **34**-9,2

Grisar, Erich (F) (Autor) / 1898 Dortmund – 1955 ebd. / Ausb. techn. Vorzeichner, danach in Dortmund tätig, ab 1922 in Butzbach-Hessen/Leipzig u. Dortmund als Autor tätig / Ausst. u. a. 1999 MS (Stadtmus), 2000 Essen (Zeche Zollverein), 01 Dortmund (Mus. f. K. u. K.) / **Lit.: 60a** (Abb. Nr. 148-150) + **202** + **204** + E. G.: „Mit Kamera und Schreibmaschine" – 1932

Grobbel, Erika (M/K) / * 1938 – / lebt (95) in Bad Lippspringe / Autodidaktin, Werke s. 81 / Ausst. u. a. 1988-91 Telgte (Mus), + OWL / **Lit.: 133**-94(Anh) + **185**-88...91

Groen, F. (Z) / tätig 1. Hälfte 19. Jh. in Kleve u. um 1820/40 in Münster (Architektur- u. Grundrisszeichner) / Ausst. u. a. 1987 MS (WL) / **Lit.: 198** + **215**-6 + **215a** (S.35) + Corn. Schimmel, F. Groen(Zeichn.): „Westfalens Denkmäler deutscher Baukunst" – MS, 1825-33

Gröne, Gerhard (A) / 7. 5. 1920 Höxter- / lebt (72) in Höxter / Werke u. a. Kirche in Höxter (1960) / **Lit.: 219a**

Gröne, Sebastian (G/D) / 1978 Osnabrück- / lebt (2006) in Dortmund / Stud.-Dortmund 99-2/05 FHD / 03 Gründer Designbüro „labor b" – Dortmund (m. S. **B**usse, B. **R**üther u. Th. **W**ucherpfennig) / Ausz.: 03+04 „100 Beste Plakate 2003+2004" u. red dot communic.-s junior award – Essen / Ausst. u. a. 2001/02 Dortmund (FHD) / **Lit.: 203h**-05

Gröning, Julia (F/I) / 1980 Mönchengladbach- / lebt (2005) in MS / Stud.-MS 2000-? Akad. / Ausst. u. a. 2002 Havixbeck (Haus Stapel), 03 Laer/Mainz, 04 MS (CUBA/Stadtmus), Herford (MARTa-Lounge), 05 Dordrecht-NL, MS (Raum f. a. K.=Wolbeckerstr. 59/Spiekerhof 44/ Förderv. f. akt. Kunst), Recklinghausen (Kunsthalle), Ingolstadt (Kv), 06 Bremen (Stadtgal) / **Lit.: 229a**-04 + **243a** + **253** + **256**

Gröninger – Westf. Bildhauerfamilie um 1582 – 1723 in Münster/Paderborn / Werke in MS u. Westf. / **Lit.:** W.H. + **24**-15 / (Biografien in Beilage: CD-Ausgabe 2006)

Gröninger, Johann Leonhard Mauritz (B/A/Landmesser/Hauptmann) / * um 1710 – † 1773 / Bildh.-ausb., um 1731/32 in Wolfenbüttel, dann Ing.-ausb., ab 1735 in MS, Offizier im münsterr. Regiment u. im Baubüro Schlauns tätig / **Lit.:** G. Dethlefs + W.H. + In: „Der Kreis Lüdinghausen in alten Ansichten" – 1974

Gröting, Asta NEU: (Prof) (O/I/Glasobj.-k/F/Videok) / 1961 Herford- / lebt (2006) in Berlin u. München / s. 97 Prof. HfBK-München / (Biografie in Beilage: CD-Ausgabe 2006)

Grohé, Hans (Prof) (B/G/Ill/Karikaturist) / NEU: 18. 8. 1913 Mannheim – 18. 8. 2001 Bielefeld / (Biografie in Beilage: CD-Ausgabe 2006)

Grohé, Tomas (F/Dipl.-Ing) / 1949 Bielefeld- / lebt (2005) in Gelsenkirchen / Stud.-Hannover 71-78 Univ. (Landespflege/Regionalplanung), 79 Dipl.-Ing. / 79-90 in Berlin u. Bonn tätig, s. 90 in Gelsenkirchen: 90-99 Proj.-ltg. Int. Bauausst. Emscherpark, 2000-02 selbst., 02/03 Gesch.-ltg. „Städteregion Ruhr 2030" u. 04 Projektentwickler d. Emschergenossenschaft / u. a. Fotoserien „Emscherbruch" / Ausst. u. a. 2005 Gelsenkirchen (Wissensch.-park)

Groll, Tom (O/I/F) / NEU: 1964 Werdohl- / lebt (2005) in Düsseldorf u. Lüdenscheid / 85-88 Schreinerausb., Stud.-Düsseldorf 89-95 FHD (Vis.-Komm/F/Multim) u. Köln 96 HfMedien / 01 Märk.-Stip. Lüdenscheid u. 1. Pr. Theaterfestival Südwestf., 04 Innov.-Pr. Sauerland / Ausst. u. a. 2000 Wanne (Stadtgal), 2000/01 Lüdenscheid (2xStadtgal/Mus), Düsseldorf (Kunstpalast), 2000/01/03 Düsseldorf (Messe), 01 Hagen (E.-Richter-Turm), Köln (Gal.-Friebe), 02 Iserlohn (Stadtgal), Essen (Maschinenhaus), 02-04 Lüdenscheid (Mus/3xInnenstadt-Lichtrouten), 03 Remscheid (Stadtgal), 04 Siegen (Kv), Kierspe (Gal.-Wermekes-Design), 05 Dortmund (Stadtbibl), + NRW / **Lit.: 86**-2000 + **107**-2000+01 + **125e** + **125g**-02...04 + **153** (erw.)

Grolla, Ulrich W. (F/D) / 1959 Dortmund- / lebt (2004) in Dortmund / s. 80 Fotogr. m. eig. Fotolabor, Autodidakt / später eig. Studio, s. 01 Digitalfotogr. / Lehrt. „CD"-Dortmund / Ausst. u. a. 2001 Dortmund (Huper...), 04 Dortmund-Böminghausen (Bürgerhaus), + Internet

Grolman, Tassilo von (Industriedes) / 1942 Iserlohn – / lebt (2002) in Frankf./M. / Ausb./Stud.-Maschinenbau, 59 Schiffs-Ing., Stud.-Kassel bis 68 Ind.-Des. / ab 75 selbst., Studio in Frankf.-M., jetzt „Grolman Result GmbH" / 90 Mitbegr. u. 90-97 Präsident des „DDC" / Werke s. Lit. / Ausst. u. a. 1998 MS (IHK) / **Lit.: 205a**-83 + **205d**

Grond, Marianne (I) / * 1934 – / lebt (2001) in Hagen / Stud.-Kunstdidaktik / Therapeutin u. Lehrt. / Ausst. u. a. 2000 Hagen (Niestrath-Berger-Haus), + Südwestf. / **Lit.: 187**

Gros, Peter (M) / 1962 Bonn – / lebt (205) in Bochum / Stud.-MS 86-92 Akad., Meisterschüler / 94 Stip. f. Künstlerhaus Boswil-Schweiz / Ausst. u. a. 1991 Everswinkel (Rathaus), Heinsberg (Gal.-Pohl), 92 Teglgt (Aktion-Emswiesen), 93 Aachen (Mus), 95/97 Dortmund (Burgtorpassage/Kulturhaus Neu-Asseln), 98 Dormagen (im Tannenbusch), 2001/03 Bochum (Atelier), 04 Hamm (Mus) / **Lit.: 70a + 139a**

Grosche, Kersten (Goldschm/Schmuckgest) / 1964 Lauenburg/Elbe- / lebt (2005) in Castrop-Rauxel / 83-87 Goldschm.-ausb. Lübeck, 87-91 in Hamburg tätig, 91-93 Stud. Zeichenakad.-Hanau, 93 Goldschm.-meisterin, ab 93 in der Goldschmiede „Grosche" – Castrop-Rauxel, s. 95 Galerie „Grosche" / Ausst. u. a. 2001 Kevelaer (manu factum), 03 Dortmund (manu factum), 05 MS (HBZ), + N/INT / **Lit.: 48x**-01+03

Grosche, Matthias (Goldschm/Schmuckgest) / 1963 Castrop-Rauxel- / lebt (2005) in Castrop-Rauxel / (Biografie in Beilage: CD-Ausgabe 2006)

Grosche, Petra (M/G/D) / 1961 Haltern – / lebt (2005) in Dülmen / Stud. FHD-MS, s. 93 selbst. / ab 01 Mitgl. Gr.-„wir" – Arbeitskr. Kunst 2000 – Dülmen / Ausst. u. a. in Coesfeld, 2002 Ladbergen (Strathwork-Gal), Dülmen (Alte Overbergschule), 04 Nordkirchen (Schloss), Dülmen (Kulturnacht/StattGalerie), 05 Dinslaken (Stadtbibliothek)

Grosse, Florian (F) / * 1977 – / lebt (2002) in Dortmund / Stud.-Dortmund ab 98 FH (Fotogr) / Mitgl. u. Ausst.-gen in Gr.-„no-budget-arts"-Dortmund (Künstler/Musiker/Autoren-usw.)

Grosse, Gisela (Prof) (G/D/Typogr) / NEU: 1957 Gleiwitz- / lebt (2002) in MS u. Darmstadt / Stud.-Darmstadt 76-81 (Vis.-Komm) / ab 84 selbst., 85-89 ZDF (freiberufl.) u. 90-02 Büro: „Grosse Designer u. Partner"-Darmstadt / s. 94 Prof. FHD-MS, ab 10/03 Mitgl. Forschungsproj. NRW / Ausst. u. a. in MS / **Lit.: 15a** (S. 20-21/103) + **205a**-01 (m. Lit.)

Grosse, Otto (Porzell.-m/M) / 17. 12. 1900 Münster – 18. 10. 1972 ebd. / Techn.-Zeichnerausb., um 1918-27 eig. Fabrikation (Firma Otto Grosse & Götz) in MS, ab 28 bis zum Ende d. Firma 55 b. A. Roloff (außer Kriegsdienst/Gef.-schaft 39-48) tätig, danach noch allein weiter gemalt in MS (Werke s.: Porzellanmuseum-MS) / **Lit.: 63b** + In: B. Haunfelder: „Feines Porzellan aus Münster“ – in: „Auf Roter Erde“ – Nr. 3/2002 – „WN“-MS v. 22. 3. 2002; In: „Münster-Mosaik“ – ab S. 118 – Aschendorff-Verl.-MS, 2003

Große-Hündfeld, Hanni (K/B) / 1942 Essen – / lebt (2006) in Münster / Keramik: 77 Praktikum in Lejre-Dänem., 78/79 Kurse in Montabaur u. NL, ab 80 eig. Werkst. in MS, Weiterb.-kurse b. Prof. J. **H**eydemann u. Beteil. an Workshops/Seminare in Salzburg/Heidelberg/Trier/Gießen/Jena/St. Petersburg / war Lehrt.(Kurse) in MS / Ausst. u. a. in Billerbeck (Kolvenburg), MS (Kreativhaus/Landgericht), Darmstadt (Gal.-Charlotte Hennig), Heek-Nienborg (Hohes Haus), St. Petersburg (Gal.-Meistergilde), + Internet

Große-Schulte, Michael s. **M**igros

Großehagenbrock, Petra s. Schulte-Großehagenbrock, Petra

Großekatthöfer, Gert (G) / * 1936 – / lebt (2005) in Bottrop / Werke s. 87 / 94 Bischof-Tenhumberg-Pr. Telgte / Ausst. u. a. 1988-95/97 Telgte (Mus), 97-2004 Bottrop (Mus) / **Lit.: 99a**-97... 04 + **185**-88...91+95+97

Großekettler-Großkreutz, Ariane (M/D) / 1962 Würzburg – / lebt (2004) in Siegen / Stud.-Mainz 81-82 Univ. (Kunstg), Wiesbaden 82-84 Freie Kunstsch. u. Mainz 84-91 FH (Innenarch) / ab 91 freisch. u. Lehrt. m. Kursen/Seminaren, Mitgl. im „Zentralinstitut f. Farbe in Wiss. u. Gestaltung im Deutschen Farbenzentrum“ / Ausst. u. a. in Mainz/Düsseldorf/Essen-Katernberg/Köln, + Südwestf. / **Lit.: 110b + 110c**-04

Großerüschkamp, Renate (M/Z/B) / 1948 Paderborn – / lebt (2005) in Paderborn / ab 75 Weiterb.-kurse b. Carmen List, Gastsemester Univ./GH-Paderborn u. s. 95 Sommerakad.-Paderborn / Ausst. s. 1979, u. a. 96 Paderborn (Raun für Kunst/“Ambiente“), 97 Bad Lippsringe (Hotel Vital), 99 Paderborn (2xBit am Kamp), 2001 Dalheim (Kloster), 01 Paderborn (Kulturwerkstatt) 01/2x03/04 Paderborn (Raum für Kunst), 02- Bielefeld/OWL („Ein-seh-bar“), 02/05 Paderborn-Schloss Neuhaus (Schloss/Park), 03-05 Paderborn (Off. Atelier) / **Lit.: 101b**-03...05(= Atelier-Kunst 4) + **192**-01(ab 02) + In: „Paderborner Künstlerinnen-Kalender“ – 2004

Großkurth, Tim (Filmk) / 1975 Dortmund- / lebt (2003) in Baden-Württ. / s. 01 Stud. Filmakad. Baden-Württ. / Auff.-gen u. a. 2001 MS (Schloss-Univ), 02 Hof/Lünen, 03 Filmfeste in Saarbrücken/Dresden/Emden/MS / **Lit.: 196**-03 + In: „Grenzwerke“ – Ausst.-kat. – Univ.-MS, 01

Großmann, Angelika (Grossmann) (F/D) / * 1975 – / lebt (2006) in Dortmund / 92-95 Berufsausbild., 01/02 Fotopraktikum Stuttgart, Stud.-Bielefeld 02 FHD u. ab 03 FHD-Dortmund (Komm.-Des) / Arbeitsausz.-Ausst. 05 / Ausst. u. a. 2004 Dortmund (Beratungsstelle), 05 Beteil.-Wanderausst.: u. a. Ahlen/Geseke/Lippstadt/Selm/Soest/Unna, 06 Gelsenkirchen (Wissenschaftspark) / **Lit.: 203g**

Großmann, Georg NEU: (Gerhard = falsch!) (Croßmann/Crosmann/Crosman) (A/Steinmetz) / um 1587/1610 in Lemgo (1603/10) u. (Hannov.)-Münden tätig / Werke u. a. in Lemgo (am Rathaus/in St. Nicolai) / **Lit.: 24**-15 + In: „St. Nicolai in Lemgo“ – DKV-Kunstführer Nr. 396/2 – S. 10-13+20 – 3. Aufl. 2002

Grote, Helene (M) / NEU: 1. 5. 1907 Andrup/Ns. – 31. 8. 2001 / lebte in Attendorn / (Biografie in Beilage: CD-Ausgabe 2006)

Grotefendt, Claudia (G/D) / 1967 Bremen – / lebt (98) in Bielefeld / Stud.-Bielefeld 87-92 FHD (Vis.-Komm) / s. 92 selbst. / 92-95 = 5 Auszeich.-gen / Ausst. u. a. 1992 Hagen, 93 Leipzig/ Frankf-M. (Buchmessen) / **Lit.: 114d** (=Kataloggest.) + **205**-97 (m. Lit.-ang.)

Grotemeyer, Fritz (Prof) (M/Z/Ill) / 1864 Münster – 1947 ebd.**!** / Stud.-Berlin 1887-94 Akad., 1894 Meisterschüler / (Biografie in Beilage: CD-Ausgabe 2006)

Groten, Andreas H. (B/F/Metallgest) / 1958 Ahaus- / lebt (2005) in Ahaus / künstl. Weiterbild. u. Schüler v. Franz Josef van der Grinten / 02 Gründung „ARS SCULPTURAE“ (Vermietung v. Skulpturen) / Ausst. u. a. in Ahaus/Kranenburg, 2003 Gronau/Losser-NL (Landesg.-schau), Enschede-NL (Volkspark), 03/04 Köln-Stammheim (Schlosspark)

Groth, Otto-Heinz (Prof) (A) / * 1924 (in Mecklenburg) – † in Dortmund / (s. auch **L**ehmann, Werner) / bis 52 Stud. TH-Braunschweig / 52-55 in Karlsruhe tätig, ab 12/55 eig. Büro in Dortmund, tätig im engl. Bauministerium u. Lehrt. Univ.-Wuppertal, 58/61 in Archit.-gemeinschaft: O.-H. Groth, W. Lehmann u. W. Schlote / Werke u. a. in Westf. / **Lit.: 197b**-84 + **197c** (S. 76/84)

Grube, Eike (M) / 1977 Hamburg- / lebt (2005) in MS / Stud.-MS ab 01 Akad.-MS / Ausst. u. a. 2004 Isanbul (Mus), 05 Moers (Peschkenhaus) / **Lit.: 64x**-05 + **231b+c**

Grube, Nils El s. El Grube, Nils

Gruchol, Monika (K/Porz.-k) / 1948 Hennef/Sieg- / lebt (2004) in Fröndenberg-Langschede / Stud.-Köln 65-70 Wksch / Praktikum 70 in Evenlode Pottery-GB, 71+76 = 1.+3. Pr. „Junges Handwerk“-Aachen, 74-78 Lehrt., ab 74 eig. Werkst. in Fr.-Langschede / Mitgl. „AdK“-Südwestf. u. „BK“-Frankfurt (Bundesverb.-Kunsthandwerk) / Ausst. u. a. in Köln/Frechen/Aachen/Hannover/Dortmund/Unna/Osnabrück/Recklinghausen, 1977 Hagen (manu factum), 87 Dortmund (Signal-Gal) / **Lit.: 48c**-87+99+03 (erw.) + **48x**-77+78

Grüneke, Detlef (A/Stadtplaner) / 1936 Münster- / lebt (2002) in Herdecke / Berufsausb./Maurermeisterprüfung, Stud. Ing.-schule-Hagen (Archit), FH-Essen (Stadt- u. Landesplanung) u. Univ.-Dortmund (Raumplanung) / s. 70 Büro: „Grüneke . Architekten . Stadtplaner“-Herdecke u. später Zus.-arbeit: „**B**ahl . Grüneke“-Hagen/Herdecke / Werke (u. a. Siedlungen/Umbauten/Werksbauten) in Dortmund, NRW + N (Ostdeutschland) = (s. Lit.) / **Lit.: 97x** + **197a**-99 + **197b**-99

Grünke, Nickolas (M) / 1979 Reutlingen – / lebt (2006) in Emsdetten / Stud.-Enschede-NL 2000-04 Akad. / Ausst. u. a. 2002/03 Rheine-Bentlage (Kloster), 03 Rethymnon-Griechenl., 04 Enschede-NL (Kongsi), 04/06 Hörstel-Gravenhorst (Kloster) / **Lit.: 69**-04

Grulich-Wehldreyer, Karin (M) / 1947 Eckernförde/Kr. Rendsburg- / lebt (2003) in MS / ab 95 Weiterb.-Senden b. MS / Mitgl. „Kunstinitiative-Senden“ / Ausst.: 1995-02 Senden (Rathaus), 2000/01/03 MS (Apostelkirche/Polizeipräs/Unicef), 03 Senden (VHS), MS-Roxel (Schulzentr)

Gruna, Günter (M/Z/Materialbildk) / 1944 in Ostpreussen – / lebt (2005) in Bocholt / Techn.-Zeichnerausb., Stud.-Duisburg, Konstrukteur/Statiker / Weiterb.-Oberhausen / Lehrt.-Bocholt (Malerei Zeichnen) / Mitgl. Gr.-„Kim“-Borken / Ausst. u. a. in Bocholt/Rhede/Stadtlohn, 2005 Borken (Stadtmuseum) / **Lit.: 141a**

Grund, Peter (Prof) (A) / 15. 11. 1892 Pfungstadt b. Darmstadt – 26. 1. 1966 Darmstadt / Stud. Landesbaugew.-schule Darmstadt (Archit), 19-22 dort Lehrt. / 23-37(?) Büro „**Pinno** u. Grund“ in Dortmund / 33-38 Prof./Direktor Akad.-Düsseldorf, 37-43 freisch. in Düsseldorf, 43-47 Miltenberg/Main, s. 46 in Darmstadt (47-59 Oberbaudirektor) / Wettbew.-Preise, u. a. 1. Preise: 28 Dortmund, 29 Kirche (Dortmund-Brambauer m. Karl **Pinno**), 36 Königsberg, 38 Castrop-Rauxel, 46 Dortmund, 55 Ehrensenator TH-Darmstadt u. 57 Ehrenurkunde Stadt Darmstadt / Werke in NRW+N = u. a. Kirchen (29/30 Nikolaikirche-Dortmund), 30 IHK-Dortmund, nach 50 Neubau Westfalenhalle Dortmund (m. Walter **Höltje**) / war Mitgl. „BDA“ / **Lit.: 34**-9,2 + **120a**-3(Anh.) + **197b**-84 + **219a** + P. Girkon/P. Rudolf: „Der Architekt P. G.“ – Darmstadt, 1952; In: „Wohnen im Revier“ – 99 Beispiele aus Dortmund – München, 1975

Grunow, Heide (M) / * 1943 – / lebt (2005) in Bielefeld / Mitgl. „BBK“-OWL – Bielefeld / Ausst. u. a. in Bielefeld / **Lit.: 124**-05

Grunwald, Nora (M/Z) / 1971 Berlin – / lebt (2005) in MS / Stud.-MS 92-98 Univ. (u. a.-Germ) u. 98-2/04 Akad.-MS, Meisterschülerin / Lehrt. VHS-Warendorf/Selm / Ausst. u. a. in MS, 2001 Warendorf (VHS), 03/05 MS (Off. Atelier-Schulstr), 04 MS (CUBA) / **Lit.: 129**-03

Gruppe s. nach **„Guttermann“** = vor **„H“** / **Auflistung** aller **Künstlergruppen**

Gruse, Krzysztof = NEU (Christoph) (M) / 1957 Bydgoszcz/Polen – / lebt (2006) in Bochum / 85-2000 in Bydgoszcz/Polen künstl. tätig, ab 12/05 Mitgl. Ateliergem. Wiemelhauserstr. 292 – Bochum / Ausst. u. a. 1989/90 Bochum (Café Sachs/Museum), 2001 Köln (Kulturzentr), + N = in Polen u. Frankreich / **Lit.: 146**-90

Grygier, Elisabeth (M) / 1958 Lippstadt- / lebt (2002) in Lippstadt / Beruf: Schauwerbegestalterin / Mitgl. Gr.-„Septimus“-Kr. Soest / Ausst. u. a. in Lippstadt / **Lit.: 100**-98(Gr.-Septimus)

Grzanowski, Bianca (O/I) / 1969(70) Berlin-Ost- / lebt (2006) in MS / 86-90 Kirchenmusikausb. u. Elektonikerinausb., 90-92 tätig in der Kü.-ver.-gung „Art-IG“-Frankf.-Oder, 93 Berlin (Werkstätten = Malerei/Theater) / Stud.-Berlin 93-94 Humboldt-Univ. u. MS 94-98 Univ. (Rom/Päd), ab 98 Integr. Kunst- u. Musikschule-MS u. 99-2/05 Akad.-MS, 03 Meisterschülerin / 04 Workshopbeteil. Villa Romana Florenz / 04 Gründerin der Kunstschule „Olymp“ in MS (Lehrt.) / Ausst. u. a. 2002 Bergkamen-Heil (Ökologiestation), Liesborn (Mus), 03 Emsdetten (Gal.-MS-land), MS („plana“-Küchenland), 04 Rheine-Bentlage (Kloster), MS (Tunnel-Hindenburgplatz), Herford (MARTa Lounge), 05 Bonn (Kunsthalle), Lingen (Kunsthalle) / **Lit.: 57**-02 + **229**-03 + **229a**-04 + **246**-04(1+2)+05

Guardia, Christa (Khw = Puppen- u. Teddyherst.) / 1947 Erndtebrück- / lebt (2004) in Erndtebrück / Seminare in Limburg u. Neustadt/Coburg / s. 90 Puppen- u. Teddykünstlerin / viele

Preise / Ausst. s. 1992, u. a. in Wiesbaden/Sindelfingen/München/Bregenz/London/Bern/Henly-on-Thames, + Südwestf. / **Lit.: 110b + 110c**-04

Guddorf, Denise (M/G) / 1973 Bochum- / lebt (2006) in Bochum / Stud. Univ.-Dortmund (Kunst /Germ), 98 Ausl.-sem. in Siena-It. / ab 05 Mitgl. „BBK-Westf." Dortmund / Ausst. u. a. 2002 Dortmund (Univ), 05 Bo.-Wattenscheid (Technol.-zentr) / **Lit.: 3**-05(2)

Güding – Westf. Baumeisterfamilie aus Vechta (es gehörte damals zur westf. Verwaltung), einige waren im Baubüro des J. C. Schlaun in MS tätig / **Lit.:** s. G. Dethlefs = „Westfalen" – Bd. 74 – MS, 1996(m. Stammtafel) // **Johann Wilhelm Anton** (Artill.-leutnant) / 1711 Vechta – 20. 7. 1767 ebd. / ab 1627 im münsterr. Artillerieregiment, arbeitete auch im Baubüro Schlauns, tätig in MS u. Vechta // **Johann Mauritz** (Landmesser/Bauing.) / 1715 Vechta – 28. 9. 1784 ebd. / Offizier im münsterr. Artillerieregiment u. im Baubüro Schlauns tätig, ab 1744 in Vechta, eig. Werke im Landkr. Osnabrück (Vestrup/Vechta) (s. Lit.: G. Dethlefs) / **Lit.: 66 + 241**-1 // **Johann Conrad** (Bauing) / 1757 – 1823 / Offizier im münsterr. Regiment u. nach Schlauns Tod in MS tätig

Günter, Roland (Prof) (F) / * 1936 – / lebt (84) in Oberhausen / 78 Kultur-Pr. der „Kulturpolitischen Ges." / war (um 80) Prof. in Bielefeld / Ausst. u. a. 2000 Essen (Zeche Zollverein) / **Lit.: 204** + In: A. Wolf: „Kl. Kunst- u. Kulturführer Ruhrgebiet" – Bielefeld, 1983

Günther – Architektenfamilie um 1948 – 1980 in Gelsenkirchen-Buer / **Lit.: 146c** // **Paul** (A/Dr. Ing) / Vater von Gerd / um 1948-78 freisch. / u. a. zahlreiche Kirchenbauten // **Gerd** (A/Dr. Ing) / um 1970/80 Zus.-arbeit m. seinem Vater Paul

Günther, Franziska (M/G/I) / * 1968 – / lebt (2005) in Hamburg / Tischlerausb., Stud. Univ.-MS (Päd) u. FHD, danach Lehrt. „Offene Holzwerkst." u. Kunsttherap. tätig, u. a. in Jugendwerkstätten / ab 2000 Mitgl. Gr.-„Innennetz"-MS / Ausst. u. a. 2001/03 MS (Off. Atelier), 02 MS (JIB/Container), 03 Coesfeld (Stadtgal), 04 MS (Geol.-Paläontol.-Mus) / **Lit.: 244**-04

Günther, Gerd s. Günther – Architektenfamilie

Günther, Katharina (T) / 1957 Zürich – / lebt (88) in Bochum / Stud.-Kunstg/Ethnol/Japanisch / 81-84 Japan, Weiterb. Webschule Osaka u. Werkst.-mitarbeit in Kobe/Kyoto, s. 85 eig. Atelier in Bochum / war Mitgl. „AdK"-Südwestf. / Ausst. u. a. 1984 Osaka-Jap., 85/87 Dortmund (Signal-Gal), 86/87 Düsseldorf (Junges Handwerk/manu factum) / **Lit.: 48c**-87 + **48x**-87

Günther, Manfred (M/G) / 1954 Dortmund-Mengede – / lebt (98) in Dortmund u. Bochum / Stud.-Bochum bis 79 Univ., Dipl.-Chemiker / Autodidakt / s. 73 in Bochum / Ausst. = NRW

Günther, Paul s. Günther – Architektenfamilie

Gürowa, Albena (M) / 1981 Osnabrück – / lebt (2005) in MS / Stud.-Osnabrück 2000-01 Univ. (Kunstpäd) u. ab 01 Akad.-MS / Ausst. u. a. 2003 MS (Finanzamt), Nottuln (Alte Amtmannei), 04 Hörstel-Gravenhorst (Kloster) / **Lit.: 228**-03 + **245**-04

Güthenke, Detlef (F/D) / 1958 Dortmund – / lebt s. 62 in Gütersloh (2004) / Stud.-Bielefeld 82-95 FHD / Ausst. u. a. 1986/94/95 Bielefeld (FH-Gal), 88 Braunschweig (Mus. f. Fotogr), 96 Gütersloh (Gal.-Friedemann), 97/01 Gütersloh (Kv/2xStadtmus), 97/99/2000 Köln/Hamburg/ München, 02 Chateauroux (Rathaus)

Gugg, Alexander (F/D) / 1974 Göttingen – / lebt (2005) in Dortmund / Stud.-Kassel 96-97 GH/ Univ. (Vis. Komm) u. Dortmund 97-(04/05?) FHD (Foto-Des), Fotopraktikas in Bochum/ Dortmund/Oberhausen u. Düsseldorf / Ausst. u. a. 1997 Kassel (FH), 2001 Dortmund (FH), Bochum (Hotel Eden), 03 Dortmund (Mus. f. K. u. K), 04 Essen (Lohnhalle-Zollverein), Dortmund (Petrikirche), 05 Mannheim (Fototage), Neunkirchen-Saar (Stadtgal), 05/06 Washington/Casablanca/Rabat/Brüssel (Goethe-Institute), 06 Berlin-Friedrichshain (Kommunale Fotogalerie) / **Lit.: 203ca + 203f**

Guggenberger, Gerhard (A) / um 1969/79 in Bochum bek. / im Büro „Hennig u. Dietrich"-Bochum tätig / 79 = 3. Wettbew.-Pr. m. Dieter **D**ietrich für „Gerber-Viertel"-Bochum / Werke u. a. 73-76 Baultg. Univ.-Dortmund / **Lit.: 146b**

Gumpel, Mordechai (B/G/M/F/Coll.-k/Mosaik/Restaurator) / 14. 2. 1912 Lemgo – / lebt (2002) Maoz Zion bei Jerusalem/Israel / zuerst kaufm. Ausb., 35/36 künstl. Ausb. in Frankf./M., 39 Auswanderung nach Palästina / war Lehrt. u. Restaurator / 98 = 2x Preise in Jerusalem / Ausst. u. a. in Israel/Italien/Deutschl., 1988 Hamm (Mus), 93 Haifa (Mus), 98/2003 Lemgo (VHS/Stadtgal) / **Lit.:** In: „Fünfzig Jahre danach" – sechs israelische Künstler – Ausst.-kat. – G.-L.-Mus.-Hamm, 1988

Gumpert, Ina (Goldschm/Schmuckgest) / 1969 Wanne-Eickel – / lebt (2005) in Herne / 90-94 Essen Goldschm.-ausb. u. bis 98 Tätigk., Stud.-Essen 98-2000 FfG, Meisterprüfung in Düsseldorf

/ s. 01 freiberufl. tätig u. eig. Atelier / 05 Werk im Klingenmus.-Solingen / Mitgl. „Forum f. Schmuck u. Design" – Bonn / Ausst. u. a. in Köln/Dortmund/Düsseldorf/Schoonhoven-NL, 2001 Kevelaer (manum factum), 03 Dortmund (manum factum), 04 Hilden (Wilh.-Fabry-Mus), 04/05 Beteil.-Wanderausst. v. Deggendorf bis Aachen = N

Gundelach, Johann Henrich (Glasmeister) = war mit Abraham Joh. Chr. Wiegand bis 1728 Besitzer der „Emde"-Glashütte Altmünden/Hessen, ab 1728 = **s.** **I**hmsen, Johann Carl – Brakel, Kr. Höxter (auch Lit.!)

Gundermann, Andreas (M) / 1958 Münster- / lebt (85) in Braunschweig / nach Restauratorprakt.: Stud.-Braunschweig 79-nach 84 HfBK / Ausst. u. a. 1984 Nordhorn (Kloster Frenswegen) / **Lit.:** In: „1. Maler-Symposion 1984" – Nordhorn

Gutmann, Karl-Heinz (Holzgest/O) / 1960 Bochum- / lebt (2003) in Bochum / nach Ausb.: Stud.-MS 97-98 Akad. Gest. im Handwerk, Tischlermeister / Ausst. u. a. 1998 MS (HBZ), 99 Solingen (manu factum) / **Lit.: 48x**-99 + **127**-98

Gutt, Thomas (A/Dipl.-Ing/Videok) / * 1957 – / lebt (2002) in Düsseldorf / Stud.-Dortmund (Archit) u. Akad.-Düsseldorf / 87-93 Proj.-partner v. „Haus-Rucker-Co."-Düsseldorf, 95-200 wiss. Mitarb. TH-Aachen, ab 99 Büro mit Hilke Zielbauer in Düsseldorf / Videoauff. = Düsseldorf (Kunsthalle) / **Lit.: 227**

Guttermann, Heinrich NEU: (Z/Litho- u. Kartograph) / 24. 5. 1894 Lüdenscheid – 3. 11. 1984 Münster / Lithogr.-ausb. b. s. Vater, tätig in MS / Werke im Stadtmus.-MS / **Lit.: 47** + **84**-80 (S. 84)

Gruppen: Künstlergruppen, hier nur **neue** Gruppen u. Veränderungen / alle Gruppen siehe in Beilage: CD-Ausgabe 2006 // **„0082"** – (= telefon. Vorwahl von Korea) Künstlergr. s. 94 in Münster = 8 Mitgl., 02 = 11 Mitgl. / Ausst. = NEU: 6/2001 MS (Diaprojekt im"Triptychon"), 10/02 Ochtrup (Villa Weiner) / **Lit.:** Neu: „Nullnullachtzwei" – Ausst.-kat. – Tryptichon-MS +Villa Weiner-Ochtrup, (01/02) 2003 // **„3/55 e.V."** – Gruppe von Künstlern u. Architekten, s. um 1998 / Ausst.-gen/Projekte in Kunst/Film/Musik/Architektur/Tanz/Theater/Literatur / **Lit.: 110c**-04 + Kunstwechsel-Editionen: „Geldkisten" – 2000 + „Tütengeflüster" – 2001 // **„5. 73. 99"** – Künstlerinnengr. in Nottuln s. 1999 / 5 Mitgl. = R. **D**rüge, O. **L**ütteke de Carvajal, G. **S**arter, I. **S**tadtländer, M. **T**heßeling-Wirth / Ausst.-gen s. 99 im Münsterland / **Lit.:** „5" – Eigenverlag Nottuln, 2004 // **„Abanico"** – Künstlerinnengruppe s. 1991/92 – ? in Bielefeld (dem Autor Weiteres nicht bek.) // **„Albachtener Künstlerstammtisch"** – siehe „Künstlerstammtisch Albachten e.V." // Neues: **„Arbeitsgemeinschaft des Kunsthandwerks"„** = **„AdK"**-NRW – Sitz in Düsseldorf // Bezirksgr.-**Münster**, gegr. 1947 / Ausst.-en ab 95 jährl. im Foyer Bildungszentr. d. Handwerkskammer (HBZ), 2001 MS (Stadtmus) / **Lit.:** u. a. **48**-89+91+94+01 // Bez.-gruppe **Ostwestfen-Lippe** = OWL – Sitz in Bielefeld // Bezirksgr.-**Südwestfalen** = **„Arb.-gem. Handwerk Kunst Design"** – Ausst.-gen s. 1999 Dortmund (Handwerkskammer, s. 03 Depot) / **Lit.: 48c**-99+03 // **„Arbeitsgemeinschaft Siegerländer Künstler" („ASK")** – besteht s. (um) 1924/25 (48/49) in Siegen / Vors.-e sind z. Zt. (2003) Herr Peter Kenin u. Herr Ingo Schultze-Schnabl / Ausst. jährl. 2x in Siegen (u. a. Stadtgal. Haus Seel) / **Lit.: 110a+b** + **110c**-04 + **110d**-98+03 // **„Arbeitskreis Kunst 83"** siehe: **T**.U.N.-Arbeitskreis Kunst 83 e.V"-MS // **„Arbeitskreis Kunst 2000 e.V."** – siehe Gruppe „wir" Dülmen // **„Ars"** – Gruppe in Siegen s. 94 – Mitgl.: Christiane Gutbier, Susanne Krüger u. H.-J. Voihsel / **Lit.: 110b** + **110c**-04 // **„ART at WORK"** – eine Künstlerinitiative (Gruppe) s. 97 in Bielefeld, gegr. v. Janis Somerville u. Pip Cozens / s. 97 Perf./Aktionen/Ausst.-gen in OWL/NRW/N/INT // **„ARTd-Driburg"** = Kulturverein m. Künstlergruppe s. 02 in Bad Driburg-Dringenberg / 1. Vors. Frau Prof. H. **K**ämpf-Jansen, 2. Vors. Gabriele **S**prenger / Kurse/Workshops/Atelierbesuche u. Ausst.-en in Dringenberg (Hist. Rathaus/Burg Dringenberg) // **„ART e FACT"** – s. 02 in Münster, gegr. v. Ulrike **S**cholten / z.Zt. (04) 10 Mitgl. / monatl. Treffen u. Ausst.: 2004 MS (Arbeitsgericht), 05 MS (Landgericht/Kunsthaus-Angelmodde) // **„Artefakt"** – Gruppe s. um 2000 in Westf. / 3 Mitgl.: Sigrid **H**etheier – Herdecke / Rosemarie **L**iermann – Witten / Hiroko **T**öniges – Dortmund / Ausst. u. a. 2003 Meerbusch (Klinik), 04 Dortmund (Rathaus), 05 MS (Univ. = Schloss) // **„aRtelier"** – Künstlergr. s. 96 in Bochum / Ausst. u. a. 1996 Montague-USA (Art-Gal), 97 Essen (Kulturforum), 98/01 Bochum (Gal.-Pinx/Musikschule), 02 Gütersloh (Gal.-Isshorst) // **„Artemisia"** – Gruppe s. 03

in Hagen (?) / gegr. von Marlies **B**ergemann u. Gisela **F**liege (Hagen) / weitere Daten nicht bek. // **„ART´ig“** – Künstlergr. u. Kunstv. bis um 92 in Velen-Kreis Borken, danach in Dülmen, Kreis Coesfeld / Ltg. = z. Zt. (98/2003) Herr Peter Grzan / Ausst.-gen lfd. in Dülmen / **Lit.: 161** // **„ARTig Creativ Ennigerloh“** – Künstlergr. in Ennigerloh / Ausst. u. a. in Ennigerloh u. Umgebung, 2005 Bönen (Kulturzentrum) // **„Artists Unlimited e.V.“** – s. 86 in Bielefeld – Projektgruppe m. Atelierwohnhaus u. eig. Galerie m. lfd.-en Wechselausstellungen, am 6. 5. 2001 = 15 Jahresfeier + 2006 = **Lit.: 262** // **„Augapfel“** – Künstlergr. um 1985 in Dortmund / **Lit.:** In: „Dortmund kulturell“ – 1985 // **„AURA“** – Künstlergr. s. 1993 in Borken / Gründerin/Ltg. Uschi **R**awert / 04 = 14 Mitgl. / Ausst.-gen: Borken/Westmünsterl. // **„Baroper Künstlergruppe“** – in Dortmund bek. um 1985 / **Lit.:** In: „Dortmund kulturell“ – 1985 // **„Berufsverband Bildender Künstler Westfalen e.V.“** – siehe jetzt: „**B**undesverband Bildender Künster“ // **„Blende ’78“** – Paderborner Fotofreunde e.V. / Fotogruppe s. 78 / 05 = 31 Mitgl., 1. Vors. s. 99 ist Klaus **W**ehner / Gruppe beteil. sich an Ausst.-gen in Paderborn, s. Internet // **„Blende 84“** – Fotogr. in Castrop-Rauxel / Be teil. an Ausst.-gen des „DVF“ // **„Bochumer Künstlerbund“** = „Boch.-KB“ (BKB) – s. 1946 in Bochum / 1. Vors. ist z. Zt. ab 2000 Herr Klaus **N**ixdorf / Ausst./Projekte s. 1946 in Bochum (u. a.: Hotel Metropol/Stadtgal/Museum/Stadtarchiv), 48 Hamm (Mus), 72 Bochum (Bunkerbemalung), 98 Bedburg-Hau, 2000 Nordhausen, 02 Witten (Haus Herbede), 02/03 Bochum (Rathaus/Pauluskirche), 04 Dortmund (Stadthafen) / **Lit. 147**-1 (+Ausst.-Chronologie) + **138**-81 (S. 148) + **146**- (60) +64+66+69+71+77+94+99+03...06 (+ Chronik) + **147**-1+2 + **148a**-83 + s. 53 Grafikeditionen, „BKB“ -Kalender; In: „Bokult“ – Inform.-blatt Nr. 4 – 5/6-1977 – Mus.-Bochum; In: Alfred Wolf: „Kl. Kunst- u. Kulturführer Ruhrgebiet“ – S. 16 – Bielefeld, 1983; In: „Hochbunker in Bochum“ – Hg.: Bochumer Kulturrat, 1991 // **„Büro für Kunst“** s. „**K**unstCOOP“ // **„Bund Bildender Künstler Hagenring“** – s. **Hagenring e.V.** // **„Bund Gelsenkirchener Künstler e.V.“** – „BGK“ – in Gelsenkirchen gegr. am 9. 2. 1950 / 1. Vors.: 90-2000 Rita **T**heis, 2000-03 Frau H. **D**einet, ab 03 Bernd **M**auß / 99 = 31 Mitglieder / Ausst.-gen im Stadtmus./Sparkasse-Gelsenkirchen = s. Lit., u. a. auch in Künstlersiedlung Halfmannshof/BUGA-Gelsenkirchen u. 92 Truso (Baltic-Sympos), 95-99 Bet.-Tuchomie-Polen, 97-99 Bet.-Leba-Polen, 99 Bet.-Sztuki-Polen, 2003 Gelsenk. (Lichthof), 04 Mülheim/ Ruhr (Wolfsburg), Essen-Frohnhausen (Notkirche), 05 Gelsenkirchen (Wissensch.-park) / **Lit.: 145 + 145a + 145b** + In: A. Wolf: „Kl. Kunst- u. Kulturführer Ruhrgebiet“ – S. 76 – Bielefeld, 1983; „AT°TENT° ION“ – Ausst.-kat. – Ein Kunstproj. des Bundes Gelsenkirchener Künstler – „BUGA“-Gelsenkirchen, 1997; „Verknüpfungen / Powiazania 2“ – Ausst.-kat. – Hg.: Centrum Sztuki – Gal.-EL – Elblag-Polen/Bund Gelsenkirchener Künstler e. V., 1999; In: „Kunstführer Gelsenkirchen“ – S. 49 – Hg.: Stadt-Gelsenkirchen, 1999 // **„Bundesverband Bildender Künstler“** = „BBK“ // Bezirksverband Münsterland e.V. = **„BBK-MS-land“** / s. 1981 in Münster / Vors. z. Zt. (04) Herr Lorenz Müller-Morenius / Ausst. u. a. jährlich bis 96 Stadthausgal.-MS, 97-04 MS (Krameramtshaus) / **Lit.: 9**-85+90+93+94 + **43**-84+89 // Bezirksgruppe **„BBK-OWL“** (Ostwestfalen-Lippe) in Bielefeld / 2003 = 129 Mitgl. / Vorsitz = Vorstand: z.Zt. (06) Matthias **H**osenfeldt, Norbert **M**eier, Gerhard **S**pilgies, Tina **T**acke u. Wolfgang **W**äsch / s. 86 Ausst.-gen+Ateliers in der „Ravensburger Spinnerei“ – Bielefeld, 2004 Oldenburg (BBK-Atelier), 05 Gütersloh (Stadtmus), Bielefeld (WDR-Studio), weitere Ausst.-gen+Kataloge s. Lit. (2005) / **Lit.: 124**-75+77+81+86+97+98+05 + **133**-94 + **152**-02...05 // Bezirksverband: **„BBK“-Westfalen e.V.“** (Titel ab 2002) / Chronik: 1948 Gründung „Landesverband Bild. Künstler NRW e.V.“ / ab 53: „WBK-Westf.-Süd e.V.“-Dortmund = „Wirtsch.-verband BK“-Bez.-verband Westf.-Süd / 62-77: „WBK-Westf.-Süd/Nord e.V.“ / 77-02: „Berufsverband BK-Westf.-Süd/Nord e.V.“ / s. 02: „BBK-Westf. e.V.“ u. ab 06 „Bundesverband BK-Westf. e.V.“ / z. Zt. (06) über 200 Mitgl. / 1. Vors.: 53-76 = Will **S**chwarz, 76-84 = Theo **U**hlmann, 84-01 = Elisabeth **A**ltenrichter-Dicke / z. Zt. u. ab 01 = 1. Vors.: Bernd **F**iggemeier, 2. Vors.: K.-U. **P**eisker, Geschäftsltg.: Manfred **J**ockheck / Ausst.-gen = **s. Lit.!** u. a. in Arnsberg/Dortmund/Ennepetal(K)/Coesfeld(K)/Soest (K)/Werl(K)/Sauerland(K), 1977 Essen (Gruga(K), 83/86/88/89/91/94 Münster, 85 Neheim-Hüsten, 86 Bochum(K), 87 Lüdenscheid, 95 Arnsberg/Soest/Witten/Bergkamen, 96 Dortmund, 96-98 Bergkamen, 98 Hamm, 01/02 Bochum, 02 Bo.-Wattenscheid/Dortmund, Kamen (Technopark/ Rathaus), 03 Bo.-Wattenscheid/Attendorn/Dortmund/Kamen/Witten/Hannover, 04 Castrop-Rauxel/MS/Bochum/Dortmund, 05 Bad Sassendorf (u. a.-Kongresszentr), Bo.-Wattenscheid (Technol.-zentr),

Herne (Mus. f. Archäologie), 06 Gelsenkirchen (Wissenschaftspark) / **Lit.:** K = Katalog + **3-**83+86+91+98 (1+2) +01+02/03+03(1+2)+04(1+2)+05(1+2+3)+06 (geplant) + **98-**80+84 + **98b** (S. 244) **+120+** „BBK-Info“ – Zeitschrift des „BBK-Westf.-S/N.“ – 1982-87 (88-94 in MS nicht vorh.); In: „Dortmund kulturell“ – 1985 // Bezirksverband: **„BBK-Westfalen-Süd e.V.“** in Dortmund / z. Zt. (02/05) 1. Vors.: Michael Odenwäller, 2. Vors.: Petra Kook / 04 = 52 Mitgl. / Ausst. u. a. 2001 Dortmund, Holzwickede (Haus Opherdicke), 02 Lüdinghausen (Burg Vischering), 04/05 Lünen (Aktion Lippe/Stadtgal), 05 MS (Gal.-König) / **Lit.: 199-**99+01 (1+2) + In: „Dortmund kulturell“ – 1985 // **„Cultura Frauenforum“** – Kr. Siegen-Wittgenstein seit um 2000 / Ltg. (04) Anne Beel, 9 Mitgl. / Ausst.-gen/Aktionen u. a. in Zus.-arbeit mit „FrauenKunstForum“-Hagen / **Lit.: 110c-**04 // **„Das Fachwerk“** – Künstler in Bad Salzuflen e.V. / gegr. 1978 mit 19 Künstlern, 98 = 30 + 2003 = 34 u. 125 Fördermitgl. / Vors.-der war Benno **W**ienböker, 2/04-4/05 Irene **K**yeck, ab 05 Herr Hollmann / Treffpunkt ist seit 1980 ein altes Fachwerkhaus von 1618 und ist Ausst.-haus mit jährl.-er Gruppenausst. u lfd. Einzelausst.-en, 95 Ausst. in Minsk/Weissrussl. / **Lit.: 131-**95+03 // **„das netz“** – Kü.-gruppe in Westfalen (weitere Daten nicht bek.) / z. Zt. (06) um 10 Mitgl. / Ausst. u. a. 2005 Schwelm (Kreishaus) // **„Delta“** – Künstlerinnengruppe in Menden / Ausst. u. a. 1999 Menden (Rathaus) / **Lit.: 187a** // **„der regenbogen“** – Künstlergr. s. 75 in Minden / z.Zt. (04) = 13 Mitgl. u. Ltg. Helga **S**ieckmann / Ausst.-gen in Minden, u. a. „Offene Ateliers“, 2004 Minden (Mus) // **„Die Freien“** – (auch: „Künstlerbund – Die Freien e.V.“ – Künstlergr. s. 1961 bis nach 91 in Wanne-Eickel (Herne-W.-E.) / weitere Daten nicht bek. // **„Die Neue Kathedrale“** – Gruppe s. 98 in Soest / 4 Mitgl. / Ausst./Aktionen in Soest: 1999 Install.=Kunsttage/Luftschutzbunker, 2000 Soester Bördetag, 01 W.-Morgner-Haus, 02 Atelier/St. Petri (Illumination), 03 Kurzfilm, 04 Illumination=St. Petri u. Kattenturm, 05 Bonn (Künstlerforum) // **„Direktkunst“** – Kü.-gr. in Netphen s. März 1986 / am 22. 6. 86 eröffnete die Gruppe die Produzentengal. „Direktkunst“ in Netphen / 1991 Ltg.: Lutz Kringe, Gerold Groos u. Bruno Obermann / Außer in Netphen finden auch Ausst.-gen in NRW statt / **Lit.: 110a** // **„divola“** Kü.-lerinnengruppe in Lippe s. 2003 / 4 Mitgl. = A. **D**elker, U. **F**ischer, G. **H**arff u. Mechthild Kunkel (Beger) / Ausst.-gen in Lippe // **„Dortmunder Creativ-Gruppe ’68“** – in Dortmund s. 68 / 84-97 (?) Ltg. Karl **B**athe / Ausst.-en u. a. in Dortmund/Wischlingen/Winterberg/Willingen // **„Dortmunder Gruppe“** – Künstlergr. gegr. 56 in Dortmund / z. Zt. Vors.: Michael Odenwaeller / 04 = 21 Mitgl. / Ausst.-gen ab 1957: 57/62/80/84/87/92/ 93- usw. Dortmund (u. a.-Museum/Rathaus), 66 Hamm (Mus), 92 Lünen/Coesfeld, 97 Brasov-Rumänien, 98 Transsilvanien, 99 Leeds-GB, 2000 Vilnius/Kaunas-Litauen, 01 Bergen-NL, 02 Bedburg-Hau, 03 Le Havre-Frankr., 04 Schweiz / **Lit.: 98-**62+66+80+84+87 +92 + **120** + **138-**81 (S.148) + In: „hier“ – Dortmunder Kulturarbeit – Heft 28/1973 // **„Dortmunder Künstlerbund“** – gegr. 1947 in Dortmund, Neugr. 56, Name ab 88: **„Westf. Künstlerbund Dortmund“** / Vors.: ?-03 Rudolf **W**iemer, ab 03 Andreas (Andi) **K**nappe / Ausst.-gen lfd. in Dortmund = Mus/Torhaus/Rathaus, 2004 Stadthafen, 06 Mus. am Ostwall, + Westf. / **Lit.: 98-**47+56+80+84+87 + **120** + **146-**04 + In: „hier“ – Dortmunder Kulturarbeit – Heft 28/1973 // **„East-Art“** – Dortmunder Kü.-gruppe s. 99 / 4 Mitgl. = S. H. **J**ohr, U. **K**allert, R. **S**ablotny u. H. **W**illutzki / Ausst.-gen in Bochum/Dortmund/Unna // **„eigenArt“** – Kü.-gruppe s. 02 in Dortmund, gegr. v. Gabriela **B**ackens / 5-7 (?) Mitgl. / Ausst.-en in Dortmund // **„EigenART“** – Kü.-gruppe s. 94 in Borken / Gründerin/Ltg. Uschi **R**awert / 04 = 16 Mitgl. / Ausst.-gen lfd. in Borken u. im Münsterland // **„ephemer“** – Performancegruppe (s. 99) in MS, Mitgl./Ltg. u. a. Stephan US / Veranst.-gen in MS: u. a. 2001 (am Aasee/CUBA), 02 (am Aasee/Altstadt), 04 (Projekt: „Labor“) // **„F+plus“** – Film- Videokunstgruppe in Münster / s. um 02 gegr. von Kai „Taugenichts“ = Kai **K**raatz, weitere Mitgl.: Frank Gillich (Osnabrück), **mike@** (auch: Mik@) u. s. 03 „**b**ondzio“ / Ausst.-gen siehe **Lit.: 18-**02 + **229-**03 + In: „Moerser Kunstpreis 2002“ – Kunst mit Fotografie – Kulturstiftung Sparkassse-Moers, 2002 // **„Farbraum“** – Künstlergr. s. 94 in Dortmund-Hörde / Am 6./7. 5. 2000 Eröffnung ihrer Produzentengal. mit „Off. Ateliers“-Ausst.-gen u. Dauerausst. des sizilian. Malers Beppe Assenza (1905-1985) / Mitgl.: M. **D**imming (04 = nicht mehr erw.), Nora **L**öbe, Jutta **M**ewes, Hhelene **R**avn u. Ingo **R**oss / alle Mitgl. sind Lehrt. im Hörder Werkhof / Ausst. u. a. 1998 Dortmund (Westfalenhallen), ab 2000 jährl. Dortmund-Hörde (Produzentengal.-„Farbraum“), 02 Dinslaken (Mus) / **Lit.: 120** + „Spektrum Anthroposophie“ – CD-ROM – Künstlergr.-Farbraum – Udeis-Verl., 1999; Postkartenheft d. Gruppe – Dortmund, 2000; In: „Kunst aktuell“ – Heft 5/2000 – S. 43 – Nürnberg // **„Filmclub Lünen“** – 1952 – 1977 in Lünen, gegr. von Journalist Rolf Düdder

(† 1988) / **Lit.: 265**(S. 25/S. 163) // **„FORM-LOS"** – Bildhauergruppe s. 2001 in Havixbeck / kein Vors. / Ausst. u. a. 2003 Gronau (Landesg.-schau) // **„Foto-Amateur-Club Lüdenscheid"** – Ausst.-gen u. a. in Lüdenscheid u. Beteil. an Ausst.-gen des „DVF" // **„Foto-Club-Unna eV."** – Ausst.-gen u. a. in Unna u. Beteil. an Ausst.-gen des „DVF" // **„Foto-Film-Club Wanne-Eickel e.V."** – Gruppe s. 1952 / z. Zt. 2006 = 21 Mitgl. / Mitgl. „DVF" / Ausst.-gen = ördlich/überördlich, 2000 Herne-Wanne-E. (Haus am Grünen Ring), Recklinghausen (Sparkasse), 02/04/05 H.-Wanne-Eickel (Zeche Unser Fritz/Heimatmus), 06 Herne (Mus/Schloss Strünkede) / **Lit.: 142a** + „Von Tür zu Tür" – Fotos von Türen und Fenstern – Ausst.-kat. – Das Emschertal-Museum – Herne – Bd. 83 – 2005 // **„Foto-Filmfreunde Bochum-Langendreer von 1976 e.V."** – Ausst.-gen u. a. in Bochum u. Beteil. an Ausst.-gen des „DVF" // **„Fotogruppe '80-MS"** – gegr. 1980 in MS von Amateurfotografen / Gründungsort: MS-„Stapelkotten" – 1/81 / ab Dez. 83 Titel: „Fotogruppe '80-MS" / Vors. war J.-H. Knocke, 83 = 10 Mitgl., jetzt kein Vorsitz / Mitgl. u. a. Felix Agel (* 1957) aus Hagen, Fr. **A**ßhauer, Bernd Elvering (* 1950) – Warendorf, Horst Fatum (* 1950) – MS, Adolf Haves (* 1936) – Everswinkel, F. **J**endrejewski, H. **K**alab, W. **K**aminski, E. **P**otschien (†), Dieter Wolf (* 1938) – MS, Chr. **M**arks = 05 nicht aufgef., 06 neu: Manh Ngoc Nguyen / Ausst.-gen u. a. in MS/MS-land, 2006 MS (Handw.-kammer) // **„Fotokreis Siegen e.V."** – Künstlergr. in Siegen / 1991 = 22 / 2003 = 25 aktive Mitgl. / u. a. jährl. Ausst. in Siegen (Haus Seel) / **Lit.: 110a+b + 110c**-04 // **„FrauenKunstForum"** = 3 Künstlerinnenvereine s. 99 = Teil: ***Südwestfalen*** (Hagen) / um 2005 = 29 aktive Mitgl. / Ausst.-gen 99-03 s. Lit., u. a. 2002 Wetter, 02/03 Wanderausst.-Südwestf. = „Heimat-Fremde-Heimat", 03 Hemer-Becke (KEUCO-Center), 04 Plunge/Litauen, 05 Neuenrade (Park der Villa am Wall) / **Lit.: 187 + 187a+b+c** / ***OWL*** (Bielefeld) = ab 2000 Künstlerinnenarchiv, ausgestellt in Bielefeld u. bis 05 Wanderausst.-gen in OWL, weitere Ausst.-gen/Aktionen: 2001/04/05 Bielefeld (Ausst.-(Stadt)bahn/Stadtbibl/Aktion-Denkzettel/Kv), 02 Gütersloh (Kreishaus), Halle/W. (Rathaus), 03 OWL (Q-Tour = Aktionen/Ausst.-gen), 04 Minden (Preussen-Mus), 05 Soest (Kunst-Praxis) / **Lit.: 152**-05 + **192**-01+03+04 // ***MS-land*** (Münster) s.: **„KünstlerinnenForum Münsterland** e.V" // **„Freie Künstlergemeinschaft Münster-Nienberge"** – gegr. 1999 / z. Zt. Ltg.: Frau Ingeborg Resing / Ausst.-gen u. a. jährl. in MS-Nienberge (Pfarrzentrum/Ateliers) oder MS-Roxel, 2002 Hamm/W. (Finanzamt) // **„Freie Künstlergemeinschaft Schanze"** – s. Gruppe **„Schanze"** // **„Freudenhaus"** – Kü.-gruppe in Menden / 2003 gegr. von Thomas **A**utering u. Sonja **H**eller, weitere Mitgl.: Carsten **B**aums, Anthony **C**orns u. Robert **S**chumacher / Ausst.-gen in Menden u. Umgebung, v. 25. 6. 04 – 26. 3. 06 Künstler-„Schauraum" in Menden // **„GEDOK"** – Bez.-gr. OWL, Abt. Angew. u. Bild. Kunst – Künstlerinnengr. s. 98 mit Sitz in Detmold – Begründerin u. 1. Vors.: Frau Haide Haike, Stellvertr.-in: Frau Inga Rutzen („GEDOK" = u. a. in Köln/Berlin, 1926 gegr. v. Ida Dehmel in Hamburg, jetzt 23 zus.-geschlossene Gruppen in Deutschl. u. Österreich) / Ausst. in OWL u. a. 1999 Bonn (Frauenmus), 2000 Schieder (Biol.-Station), 02 Detmold (LM), 03 Gütersloh (Parkbad), Bielefeld (Univ), ab 05 lfd. in eig. Gal. in Detmold (Parkhaus) / **Lit.: 193 + 193**-99+2000 **+ 193a+b +** „Ich schreibe, weil ich schreibe" – Autorinnen der GEDOK – Dokumentation – Bild. Kunst = S. 281-83 – Stuttgart, 1990 // **„Gelsenkirchener Künstlerbund"** – gegr. 1922 u. bis 1930 nachweisbar / Ausst.: 1929 Gelsenkirchen (Hans-Sachs-Haus / **Lit.: 145b** / (jetzt s.: **„Bund Gelsenkirchener Künstler e.V."**) // **„GESSO"** – Künstlerinnengruppe in Nottuln s. 2/2002 / z. Zt. (03) um 10 Mitgl. / Ausst. u. a. 2002 Nottuln (Alte Amtmannei) // **„Gevelsberger Künstler"** – Gruppe s. (vor) 1970 gegr. / z. Zt. (06) = 10 Mitgl. / Ausst. u. a. jährl. Gevelsberg (Rathaus), 2004/06 Gevelsberg (VHS/Bürgerzentrum/ Wasserschloss Werdringen), 05 Schwelm (Kreishaus) // **„Gro(w)Art"** Kü.-gruppe s. 97 in Petershagen-Großenheerse / z. Zt. (06) = 9 Mitgl. / Ausst.-en 1998 Großenheerse (Windmühle), ab 99 Petershagen (Kunststall-Reelingehof), 2003 WDR (Ausst.-Vorbereitungen), 04 Beteil. „LandArt-Route" Kr. Minden-Lübbecke // **„Gruppe bildender Künstler"** (gbk) – in Rheda-Wiedenbrück / Organis./Ltg. bis 2002 Herward Tappe (†) / jährl. Ausst.-gen // **„Hagenring e.V."** – Bund Bildender Künstler „Hagenring e.V." – Hagen s. 1924 / ab 67 „Hagenring Galerie" u. später eine „Malschule im Hagenring" / 2004 = 35 Mitgl. / Ausst.-gen = lfd. in Hagen (u. a.-Museum/Galerie), 2006 MS (Landgericht) / **Lit.: 97**-46+47+65+66+76+84+86+87+90+92+94+99+04 + (94 = 1924 – 1994 – Geschichte/Aufsatzsammlung u. Ausst.-kat. – Hagen, 1994; Der Katalog von 1966 = Lit.: 97-66, ist in Münster nicht vorh.) **+ 166-2** // **„Halfmannshof-Gelsenkirchen"** – s. „Künstlersiedlung Halfmannshof" / **„Hamalandkreis der**

Künste" – Künstlergr. s. 1979 in Borken / Antonius Schoofs ist z. Zt. (02) 1. Vors. / Ausst.-gen im Kr. Borken / **Lit.: 161** // **„hammer künstlerbund e.V."** – ab 91 Zus.-schluss prof. arbeitender Künstler im Raum Hamm / 1. Vors.: Bernhard Conrad (†), ab 98 = Heide Drever, 99 = 14 Mitgl. / Ausst.-gen in Stadtgal.-Hamm u. „HKB"-Ausst.-räume im Glaselefanten – Maximilianpark Hamm, 5-11/2000 Hamm (Skulpturenpfad Max.-Park), 11/03 Hamm (Lichtinst. = Museum) / ab 94 Jahresmappen: 94 = „Edition Nr. 1" – Aufl.: 30 Exemplare, mit Arbeiten der Mitglieder / **Lit.: 105a** // **„Haus Kannen"** – Kunsttherapie-Abt. – Haus Kannen, Alexianer-Krankenhaus – Münster mit „Kunstarchiv", „Kunsthausgalerie" u. 15 Atelierplätzen, 10/2000 neues Kunsthaus eingeweiht / Gruppe besteht s. 83 / Ltg. z. Zt. Frau Lisa **I**nckmann / Zahlr. Gruppen- u. Einzelausst.-gen in MS u. Umgebung, jährl. Atelier- u. Galerieausst.-gen im Haus Kannen, als Gruppe u. a. 1995 MS (Rathaus), Billerbeck (Kolvenburg), 98 MS (Franz-Hitze-Haus), Wroclaw(Breslau)-Polen, 11/99-1/2000 Nordhorn (Kloster Frenswegen) / **Lit.: 93 + 150**-93+98+99 + „Religiöse Elemente in Bildern behinderter Menschen – Die Haus-Kannen-Künstler – Videofilm – 1998, außerdem: Plakate und Postkarten // **„Herner Künstlerbund e.V."** – „Herner-KB", s. 1990 / Ausst.-gen (jährl.) im Schollbrockhaus-Herne, u. a. in Hernes Partnerstädten, 1992/94 Herne (Zeche Unser Fritz 2/3), 05 Herne (Stadtgal) / **Lit.: 142 + 142a + 143f** (S. 88-89/95) // **„Innennetz e.V."** – Künstlerinnengrupe s. 2000 in Münster / Mitgl.: Holle **F**rank (Ltg.), S. v. **B**ülow, Fr. **G**ünther, E.-M. **K**ollischan, A. **K**reysing, P. **K**urze / Ausst.: 2002 MS (Container: Platz Archäol.-Mus), 03 Coesfeld (Stadtgal), 04 MS (Geol.-Paläontol.-Mus) / **Lit.: 244**-04 // **„K 237"** – Künstlergr. in Münster s. 1993 / Erste Mitgl.: Bieber, Barbara / Fischer, Thomas / Gibbat, N. (93/94) / Sutthausen, Friedloff / Neue Mitgl. s. 95: Ahmann, Stefan / Böcker, Hermann / Falke-Wessels, Bärbel / Fienert, Ralf, s. 99: Margott, Ralf / 2003/05 = 4 Mitgl. / Ausst.-gen in MS/MS-land, 2003 MS (HBZ), Velen (Schloss), 05 Oelde (Atelier „Pit Weber") // **„K i m"** – Westf. Künstlergr. s. 90 in Borken/Münsterland / Z. Zt. (99) 24 Mitgl. / 1. Vors. bis 2001 = Walter Köller, ab 01 = Michael Becker, s. 05 Marianne Bellenhaus / mehrere Ausst.-gen im In- u. Ausland u. Borken, 1999 MS (Landgericht), 2003 Soest, 05 Borken (Stadtmus) / **Lit.: 141a** // **„Kontraste"** – Fotogr. in MS s. 1991 / 10 Mitgl. v. Hobby- u. Profifotografen / Ausst. u. a. 2001 Münster-Coerde (Begegnungszentr.-Meerwiese) // **„Kreativa"** – Gruppe in Coesfeld (M/B) / Ausst.-gen u. a. 2002 Darup (Alte Diele), Rosendahl-Darfeld (Bahnhof), 05 Billerbeck (Hof Sprenker-Bockholt) // **„Kreis 52"** s. Gruppe-**„Kunstkreis 52"** // **„Kreiskunstverein Beckum – Warendorf e.V."** – Heimatverein (m. Unterstützung d. Künstlergruppe) 1952 gegr. in Neubeckum / 1. Vors. ist z. Zt. (02/04) Walter Tillmann, Ennigerloh / Ausst.-gen s. 54 u. a. in Beckum/Ahlen/Liesborn/Soest/Rheda-Wiedenbrück/Telgte (Stadtgalerien/Stadtmuseen), im Museum Abtei Wadersloh-Liesborn ständiger Ausst.-raum = Studio- Themen- u. Verkaufsausst.-gen, 2004 Emsdetten (Gal.-MS-land) / **Lit.: 50**-82+92+02 // **„Künstlerbund Bottrop e.V."** – gegr. 1979 in Bottrop / 79 = 14 + 1999 = 34 Mitgl. / 1. Vors.: Herr Eifler-Rossa, um 81-84 Manfred Lux, um 85-2000 = Rudolf Kemper, ab 2000 = Werner Jelinek / Ausst.: 1980-85 Bottrop = Pavillon am Kreuzkamp, ab 89 in NRW u. a. 2003 Wesel (Wasserturm), ab 91 Bottrop, u. a. 03/04 Bottrop (Mus), 04 Bottrop (Mus/Sparkasse) / alle Ausst.-gen siehe **Lit.: 99**-83+99+04 + In: A. Wolf: „Kl. Kunst- u. Kulturführer Ruhrgebiet" – S. 24 – Bielefeld, 1983 // **„Künstlerbund Castrop-Rauxel"** – Jahresausstell.-gen in Rathausgal. Castrop-Rauxel, 2002 Gera (Schlosswache) // **„Künstlerbund – Die Freien e.V."** – s. „Die Freien" // **„Künstlerbund Schieferturm"** – Künstlergr. in Kamen / 59 gegr. (s.: Gruppe „**S**chieferturm") von H. **K**emmer, U. **K**ett u. H. **M**eschonat, um 1990 v. R. **K**asper (war Vors.) neu formiert / Vors.-e ist s. 01 Petra Eckardt / Ausst.-gen u. a. jährl. in Kamen (Rathaus/Stadthalle), 2003 Krefeld (Artothek), 04 Kamen (Haus der Geschichte), Kamen-Methlar (Install. im Wald) // **„Künstlerbund Südsauerland"** – Künstlergr. 1989 in Olpe gegr. / 99 = 25 Mitglieder / 1. Vors. war Monika Rossow, 91-99 Anneliese Schmidt-Schöttler u. ab 99 Margret Berghoff / Ausst. lfd. u. a. im Sauerland und 2x in MS (Landeshaus) / **Lit.: 117**-91+93+99+01 // **„KünstlerBunt MultiColor"** – Gruppe s. 1997 in Hattingen tätig / 96 = 16 + 2004 = 18 Mitgl. / ab 99 jährl. Künstlertreffen im Bessemer Stahlwerk, s. 04 alle Künstler/Veranst.-gen im Internet / Ausst. u. a. 1997-2003 Hattingen (Henrichshütte), 2000 Ennepetal (Kluterthöhle), Hattingen (Altes Rathaus), 03 Schwelm (Haus Martfeld), 03/04 Hattingen (Kunstmarkt/ Kunst+Genuss) / **Lit.: 209**-2000 // **„Künstlergilde Hagen"** – Kü.-lergruppe in Hagen/W. s. 81 / z. Zt. (06) 60 Mitgl. / Vors.-e ist z. Zt. Frau Christel **K**rones / Ausst. u. a. 2000-02 Hagen (Hasper

Hammer/Stadthalle/Fernuniversität/Schloss Werdringen), + Südwestfalen // **„Künstlergruppe Direktkunst“**s. Gruppe **„Direktkunst“** // **„Künstlerhaus Lydda Bethel“** – ist keine Künstlergr. wie Gruppe „Haus Kannen“ in MS, wird hier jedoch aufgeführt, da die Künstler in Bielefeld-Bethel in Literatur u. Ausst.-gen gemeinsam auftreten / Ltg.: 1969-92 Petit Frére (Werner Pöschel), ab 92 Willi Kemper / Ausst. u. a. in Bethel, 2000/04 Bielefeld (ZIF = Univ) / **Lit.: 154 + 154a** // **„KünstlerinnenForum Münsterland e.V.“** – s. 2001 / e.V. ab 02, Sitz in MS / Organis. v. Ausst.-gen, u. a. 2001/02 Off. Ateliers, 02/03 Veranstaltungen in vielen Orten des Münsterlandes, 05 Hörstel (Kloster-Gravenhorst) / **Lit.: 237**-02+03+05 // **„Künstlerkeller“** – Ateliergemeinschaft s. um 2002 in Marl / 06 = 7 Mitgl. / Ausst.-en in Marl/Herne, + Westf. // **„Künstlersiedlung Halfmannshof e.V.“** – Gelsenkirchen – gegr. 1931 / Werkstätten/Ateliers = Lehrgänge/Ausst.-en/Atelierausst.-en/Führungen / von 1931-2006 arbeiteten hier 36 Künstler, davon 06 = 10 Mitgl. / **Lit.: 145b + 149**-56+77+06 (gepl.) + In: A. Wolf: „Kl. Kunst- u. Kulturführer Ruhrgebiet“ – S. 75/76 – Bielefeld, 1983; In: „Kunstführer Gelsenkirchen“ – S. 41 – Hg.: Stadt-Gelsenkirchen, 1999 // **„Künstlerstammtisch Albachten“** – s. um 1990 in MS-Albachten, ab 98: „Förderverein Kü.-stammtisch MS-Albachten e.V.“ u. ab 2001 = siehe: **„pArt 96“** // **„Künstlerstammtisch Münster u. Umgebung“** – siehe „**I**nteressengemeinsch. Freier Kü.-st. ...“ // **„Künstlertreff RE“** – lose Gruppe in Recklinghausen um 05/06 / z. Zt. 7 (?) Mitgl. / Ausst.-en in Recklinghausen, 2005 Herten (Zeche Ewald) // **„KUNO“** – ab 92 Kunstgruppe-Nord (Essen/Gelsenkirchen) / 7 Mitgl., 04 = 5 Mitgl., Ltg. z.Zt. Bernd **M**auß – Gelsenkirchen / Ausst.-gen in Essen (Marktplatz/Zeche Zollverein) / **Lit.:** „echt Kunst echt hier“ – Katalog 1 + 2 – Essen, um 1997 // **„Kunst im Zwischenraum“** – Kü.-gruppe (ab um 03/04) in Bochum / 4 Mitgl. / z.Zt. eig. Ladenlokal m. Ausst.-en // **„KunstCOOP“** – Kü.-gruppe 1990-9/96 in Bielefeld / entstand aus der Fusion d. Bielefelder Gruppen: „**M**WER“, „**M**EIER“ u. „**L**ichtklang“, 9/1996 wird „KunstCOOP“ in Reykjavik-Isl. aufgelöst u. als **„Büro für Kunst“** (s. 1993) in Bielefeld (Innenstadt) bis Ende 2000 weitergeführt / 78 Aktionen+Ausst.-gen von 1991-2000 in Bielefeld/OWL/NRW + N/INT // **„Kunstfreundekreis Herne“** – Gruppe s. 1951 / 04 = 24 Mitgl. / z.Zt. 1. Vors. Peter John / Ausst.-gen in Herne // **„Kunstgemeinschaft Bottrop e.V. 1969“** – Künstlergr. in Bottrop s. 1969, 2003/05 = 35 Mitgl. / Vors.-e ist Frau Bernhardine **L**ützenburg / Ausst. u. a. in Freiburg/Kassel/Herne/Oberhausen/Merseburg, 2004 Bottrop (Kulturzentr), Ruhrgebiet (Wanderausst), + Internet / **Lit.: 99d**-04 + In: A. Wolf: „Kl. Kunst- u. Kulturführer Ruhrgebiet“ – S. 24 – Bielefeld, 1983 // **„Kunstgemeinschaft Müsen“** – Künstlergruppe in Müsen/Hilchenbach s. 49 / Ausst.-gen in Müsen / **Lit.: 110a+b + 110c**-04 // **„Kunstknoten“** – Künstlergruppe s. 1997 in Dortmund, 2004 = 9 Mitgl., Ltg.: Volker Krieger / Ziel ist vielen lokalen Künstlern/innen ein „non-profit Internetforum“ zu geben / Projekte-Dortmund: 1999 Net-Art Aktion, 2000 Kunstaktion „Kunst in der U-Bahn“, 01 „Konsum des Fremden“, 02 „Kunst im Container“, 04 Friedensplatz / **Lit.:** Internet: www.kunstknoten.de // **„Kunstkreis 83 MS“** – s: „T.U.N.-Arbeitskreis-Kunst 83 e.V.“-MS // **„Kunstkreis Siegerland“** – Künstlergr. in Siegen s. 1983 / 91: 31 aktive Mitgl., 2001 = 45, 03 = 40 u. Ltg. Jochen **F**end / Ausst.-gen im Kr. Siegen-Wittgenstein (Sparkassen/Gal.-Momen) / **Lit.: 110a+b + 110c**-04 // **„KunstPunkt“** – Künstlergruppe in Blomberg s. 02 (entstanden aus der Gruppe „Motivation“) / z.Zt. (05) 12 Mitgl. / Begründer: Sigrid **H**alfpap, Gabriele Prasse u. Wolfgang Rose / 1x monatl. Treffpunkt (s. Internet) / Ausst./Projekte u. a. 2002 = 6xBlomberg (u. a.-Lipp.-Zeitung/Schaufensteraktion/Proj.-Kunstmauer/Kirchen), 03 Horn-Bad Meinberg/Blomberg (2x“Kunst im Wald“), Blomberg (Proj.-Kunstmauer/Nederlandpark/Schaufensteraktion), 04 Schwalenberg (2xWorkshop), Horn-Bad Meinberg (Aktion „Kunst im Wald“) // **„Kunstraum“** – Künstlerinitiative Ennepetal s. 95 / 2002 = 11 Mitgl. / Ausst. u. a. 1997/99 Ennepetal (Kluterthöhle), 2000 Nottingham-GB/Calvinet-Fr., 01 Gevelsberg (Rathaus), 02 Hattingen (Henrichshütte), Schwelm (Haus Martfeld), Coesfeld (Kolping-Bild.-stätte), 03 Schwelm (Kreishaus), 04 Ennepetal (Aktionen: Kunstraum) / **Lit.: 142a + 209**-97+99+04 **+ 211**-99+2000+02 // **„Kunstverein Kreis Soest e.V.“** – Künstlergr. s. 81 in Soest / z.Zt. (06) = 104 Mitgl. / Ausst. u. a. jährl. Soest (Morgner-Haus), Hamm, 1988/2001 Liesborn (Mus), 89 Bonn (Haus-NRW) / **Lit.: 100**-88+89 // **„Kunstverein Schollbrockhaus e.V.“** – Verein in Herne s. 81, z.Zt. (02) = 55 Mitgl. / Ausst.-gen im Schollbrockhaus – Herne / **Lit.: 142 + 142a** // **„Kunstwerkstatt 'sohle 1' Bergkamen“** – gegr. von 29 Künstlern am 28. 8. 97 im Stadtmuseum Bergkamen, verbunden mit einer Druckwerkstatt, 06 = 33 Mitgl. / 97 = 1. Vors.: Stephan Geisler, 2.: Gisela Schmidt, Leiter der

Druckwerkst.: Horst Bohnensack, 02 = 1. Vors.: Erwin Piepenbrink / Ausst. jährl. Bergkamen (Stadtgal) / **Lit.: 103**-97 // **„Legge“** – Kü.-gruppe 46-58 in Tecklenburg, um 61/70 bildete sich ein „Freundeskreis Legge“, ungef. 11/12 Mitgl. / 46-58 Mitgl.: u. a. W. **B**uddenberg, A. **D**ünnwald, Dr. F. **H**aase (Ltg.), J. **H**agedorn, G. **H**uizinga (Lengerich), Gerhard (S.)? Holzenburg (unbek.), M. **P**lange, H.-W. v. **P**onickau, Konrad **S**chmidt-Bevergern, Otto **W**inkelsträter / Ausst.-en in Tecklenburg u. Ibbenbüren // **„Leuchtstoff“** – s. 1982 in Witten / Perform.- Video-DIA-Inst.- u. Computerkunst: s. Ralf **F**riedrich/Wolfhard **L**ieber/Peter **M**äder / Ausst. u. a. 1993 San Paulo/Clermont/Tczew, 98 Dortmund, 99 Witten, 99/2000 Ennepetal, 01/02/04 Hattingen (Henrichshütte), Witten (Zeche Nachtigall), 02 Bochum (Kirchen), 03 Siegen (Kv), + **N / Lit.: 144 + 209**-99...02+04 + In: „Imteam '90“ – Ausst.-kat. – Märk.-Mus.-Witten, 1990; In: „Reservate der Sehnsucht“ – Bd. 1+2 – Ausst.-kataloge – Hg.: Kulturbüro Stadt Dortmund, 1998 // **„Lichtblick“** – s. „Fotomanufaktur Lichtblick“ // **„Lichtklang“** – Kü.-gr. 1988-90 in Bielefeld / Mitgl.: M. Jurasek u. Kl.-D. Michel / ab 90 s. „**K**unstCOOP“ // **„Lippischer Künstlerbund e.V.“** – gegr. 1917 in Detmold / eigener Ausst.-raum „Orbker Hof“ in Detmold / 1. Vors. z. Zt. (02/06) Herr Günter Schulz / 98 = 41 + 05 = 32 Mitgl. / Ausst. u. a. schon 1913**(!)** in Paderborn, 47 Hamm (Mus), u. a. in Detmold (u. a.: LM/Bank/Arbeitsamt/Kreishaus), Lemgo (Inst. f. Lipp.-Landeskunde), Lage (Kulturzentr) / **Lit.: 59** (S. 15) **+ 101a** (ab S. 43) + **130**-82+91 + **138**-81 (S.148) + „Fuchs + Feuerblatt – Kunst im Feuerofen“ – Ausst.-kat. – Lage, 1997; „Guckloch“ – Ausst.-kat. – „Lipp.-KB“ und Gäste – Detmold, 1997 // **„Meier“** – Kü.-gr. 1988-90 in Bielefeld / Mitgl.: F. **R**iepe, K. Naß, A. Lennartz u. Th. Stracke / ab 90 = s. „KunstCOOP“ // **„Mal vier“** – Künstl.-innengr. in Oerlinghausen m. eig. Atelier s. um 1996 / jährl. Atelierausst.-gen / Mitgl.: Clemens, Ingrid / Gerland, Gabriele / Herbarth, Ingrid / Knappert, Regina // **„Malkreis Palette“** – Telgte = s. Gruppe „Weibsbilder“ – Telgte // **„mittendrin“** – Gruppe s. 2002 / Mitbegr.: Gabriele **F**ichtner (MS), Irmhild Hartstein-Jäger (Neuenrade), Karin Planker (Krefeld), Monika Vos (Stadtfeld) / Ausst.: 2002 Bo.-Wattenscheid (Technol.-Zentrum) // **„MWER“** – Kü.-gruppe v. 1988-90 in Bielefeld / Mitgl.: M. **F**alkenstein, Wolfr. Meier, E. Werneburg u. R. **F**ilges / ab 90 = s. „**K**unstCOOP“ // **„N-E-S-T“**= Konzeptkunst – Kü.-gruppe s. 04 in Neuenrade u. Werdohl / 4 Mitgl. der Familie **V**olkmann / Ausst. u. a. 2005 Eschwege (Innenstadt), Augsburg (BBK-Gal/Zeughaus), Worms (Kv), Hagen (Mus), Berlin (Neue Ges. für bild. Kunst), Lüdenscheid (Mus) // **„no-budgets-arsts“** – Gruppe mit Bild.-Künstlern, Musiker/Autoren-usw. in Dortmund // **„Nula Horo“** – s. 1984 Gruppe v. drei Familien aus Steinfurt, Nordwalde u. Rheine, die Bilder zusammen malen u. ausstellen, u. a. 87 Warschau/Kassel, 90/2000 Berlin, 2001 Steinfurt (2x Sparkasse) / **Lit.:** + **206-01** // **„OCTA“** – Foto-Kü.-lerinnengruppe in Bielefeld / 2001 = 8 + 05 = 6 Mitgl. / Projekte/Ausst.-gen u. a. 2001- Bielefeld/OWL (ein-seh-bar), 04/05 Bielefeld (WDR-Studio/Neues Rathaus), + OWL / **Lit.: 192**-01 // **„Oculus“** – Amateurfotografengruppe in MS s. dem 1. 6. 1965 / Ausst.-gen im Landeshaus-MS s. 71 im zweij. Rhythmus, u. 3+5/98 MS (Foyer-R+V-Vers/Bank) / z.Zt. (05) 18 Mitgl. / s. 65 sind Dietmar Halemba und Berthold Socha als Organisatoren dabei / Ltg.: Dietmar Halemba // **„Offene Ateliers Bielefeld e.V.“** – Künstlervereinigung mit Galerie/Ateliers u. Atelierwohnungen / gegr. 1991 / E. V. s. 1994 / Ausst.-gen als Gruppe und s. 91 jährl. „Offene Ateliers“-Veranstaltungen in Bielefeld / **Lit.: 152**-92...02 + In: „Bielefelder Stadtblatt“ – jeweilige Augustausgaben – Bielefeld, 1991-99 // **„Offenes Atelier“** – Kü.-gruppe s. 1994 in Paderborn, Ateliers in der „Kulturwerkstatt“ / 2005 = 8 Mitgl. / Ausst.-gen lfd. in Paderborn (u. a. Off. Atelier), u. a. 2005 Paderborn („IN VIA-Akad.“-Meinwerk-Institut), 06 Paderborn (Siemens-Nixdorf) // **„Offenes Kunstforum Hibernia“**= „OKH“ – Kunstschaffende aus dem Umfeld der Hiberniaschule in Herne / 2002/04 = 6 Mitgl. (M/B) / Ausst.-gen auch als Gruppe / **Lit.: 142a** (S. 102) // **„Oralapostel ®“** – Performance-Art Kü.-Gruppe s. 11/1997 in Bielefeld / Mitgl.: Ralf Filges, Ralf Fölling, Eva Maria Lehr, Jürgen Josef Rebig u. Hans Joachim Wilh. Reichert / s. 98 Auff.-gen in Bremen, Köln, Schloss Bröllin, Nordhorn, Schotten/Hessen, 2xDetmold, Herford, OWL u. bis 2004 über 20x in Bielefeld, 04 = Museumsprojekt: Brakel, Bielefeld (u. a.: Hist.-Mus/Naturkundemus), Bad Oeynhausen/Paderborn/Herford, Szczecien-Polen, Viinusta-Estland, Vellano-Italien / **Lit.:** In: „Kunstforum“ – Bd. 159 – 4-5/02; In: „Junge Kunst“ – Ausg. 51 – 7/02; Christiane Volgmann: „Über das Flux-Sein der Oralapostel“ – in: „Unheimlich heimlich: Heimat“ – Ausst.-kat. – Kv.-Bielefeld, 2003 // **„PAK ART“** – Kü.-rinnengruppe s. um 2001 in OWL / Mitgl.: Brigitta **A**ndersson – Bielefeld (Schweden), Suzanne **A**ustin – Bielefeld (GB), Barbara **D**avis –

Herzebrock-Clarholz (USA) u. Sandra Luz **M**oralez Garfias – Harsewinkel (Mexiko) / Ausst. u. a. 2002 Bielefeld (Gal. 61), 04 Bielefeld (UB) // **„pArt 96“**= zuerst „Künstlerstammtisch Albachten“ – s. um 1990 in MS-Albachten, ab 98: „Förderverein Kü.-stammtisch MS-Albachten e.V.“ u. ab 2001 „pArt 96“ / Ltg. Michael Pasmanns / (erste Mitgl. s. in Beilage: CD-Ausgabe 2006) / Ausst.-gen zuerst jährl. auf d. Bauernhof „Schulze-Blasum“, in Ateliers der Künstler u. 6/97+8/99+9/01 intern. Kunst- u. Musikfestival in Albachten, 01-03 Projekt MS-Albachten = „Denk-mal“, 03/06 MS (Raphaelsklinik/Stadtbücherei) / weitere Ausst.-gen mit Künstlern aus MS u. Russland = 99 MS (Chirurg.-Univ.-kl), 2000 MS („Die Brücke“) + mit 15 Künstlern aus MS = 8/98+8/2000 in Rjasan-Russl., 04 Intern.-Workshop mit Ausst.-MS (Bezirksregierung), 05 MS (Krameramtshaus = Künstler aus Partnerstädten+“pArt“) // **„Photogilde Selm“** – Fotogruppe in Selm s. 1954 / weiterhin nichts bek. / Ausst. 50 Jahre „Photogilde Selm“ = 2004 Selm (Amtshaus Bork) // **„Photographische Gesellschaft von 1908 Bielefeld“** – Ausst.-gen u. a. in Bielefeld u. Beteil. an Ausst.-gen des „DVF“ // „Die **Photophilen“** – Frauenfotoclub s. 1999 in MS / Mitgl.: B. Bosse-Grube, R. Budell, V. Gerling-Scheibe, M. Kaczmarek, I. Morlo, M. Ziemann / Ausst. 2001 MS (TPZ) // **„pickArt“** – Künstlerinnengruppe s. 91 in Detmold / 94 = 12 Mitgl. / Aktionen/Ausst.-gen u. a. Plakataktion Detmold, 1992-95 Detmold (LM/Stadthalle/Kreishaus/Arbeitsamt/ Ämter=Post-usw.), 92/94/96/98/99 Schwalenberg (3x Werkhaus/Marktplatz/Kunstnacht/Köpke-Haus), 95 Lage (Marktkirche/H.-Hansen-Haus), Düsseldorf (Frauenmesse), 96 Düsseldorf (Kunstschleuse), 97 Detmold/Lemgo/Halle-W., Fürstenwalde-Berlin (Stadtgal), 98 Bonn/Bielefeld, 99 Herford/Detmold/Dalhausen, 2000 Bad Salzuflen/Berlin, 2000-03 Bielefeld (Archiv), 2000/01/04-06 Detmold (Christuskirche/Marktplatz/Klinikum-Lippe/2xPaulinenstr. 54), 05 Lemgo (Hexenbürgermeisterhaus), + OWL / **Lit.: 132c + 137 + 192-**01 // **„quilt 4“** – Quilterinnengruppe (Patchwork) s. 2003 in der Region Münster / Mitgl.: B. **K**umpf, M. **G**raumann-Wilms (Mitgl. bis Anfang 2004), M. **M**ettig, D. **T**rimborn-Vetter / Ausst. u. a. 2003 MS-Hiltrup (Kulturwoche), 04 MS (Gal.-König) // **„REFLEX“** – Kü.-gruppe in Kamen, gegr. 2000 von R. **K**asper / 04 = 19 Mitgl. / Ausst. u. a. jährl. Kamen (Stadthalle/Rathaus), 2004 Essen (Zeche Zollverein), Dortmund (Westf.-halle) // **„Regenbogen“** – s. „der regenbogen“ // **„Rietberger Künstlergruppe“** – s. 03 lose Kü.-gruppe in Rietberg / z. Zt. (06) = 7 aktive Mitgl., kein Vors. / Ausst. u. a. in Rietberg, 2006 Rheda-Wiedenbrück (Artothek) // **„Rote Tür“** – s. Gruppe „Eingang Rote Tür“ // **„Schanze“**= „Freie Künstlergemeinschaft Schanze“ e.V. – Münster / NEU: Kanzler ist z. Zt. (05/06) Klaus Tesching / Ausst.-gen ab 1922, u. a. 1999-2006 Krameramtshaus + 2000+02 Atelier-„Ü“, 01 Voßgasse 3 + 06 Haus Krukenkamp = Alter Fischmarkt 16-18 // **„Schieferturm“** – Gruppe von 58-68 / jetzt s. **K**ünstlerbund Schieferturm / gegr. von U. **K**ett, H. **K**emmer u. H. **M**eschonat / Ausst.-gen s. 60 in Kamen/Unna/ Luxemburg/Mailand/Hagen u. 67 Dallas-USA // **„Sepia“** – Kü.-gruppe s. 98 in Arnsberg / eig. Galerie = „Kunsthaus Sepia“ / z. Zt. 2005 = 8 Mitgl. / Dauer- u. Wechselausst.-gen im Kunsthaus // **„Septimus“** – Kü.-gruppe im Kreis Soest / 98 = 7 Mitgl. / **Lit.: 100-**98 // **„Sezession Gelsenkirchener Lichtbildner**“/ Ausst.-gen in Gelsenkirchen u. Beteil. an Ausst.-gen des „DVF“ // **„Skulptura 17“** – Kü.-lerinnengruppe s. 1992 / Ltg. (03) Elis. Marx, 12 Mitgl. / Bildh.-Atelier u. Versamml.-ort in Siegen-Weidenau / Ausst.-gen u. a. in Wiesbaden/München/Langeoog/Mainz/Meran/Frankr./Südwestf. / **Lit.: 110c-**04 // **„sohle 1“**s. Gruppe „Kunstwerkstatt 'sohle 1' Bergkamen“ // **„Spektrum 77 e.V.“** – in MS gegr. 1977 / NEU: Vors. ab 3/99 Herr W. **B**erndt / Ausst.-gen jährl. in MS (u. a.-Rathaus/Banken/Landgericht/Krameramtshaus), 10/1997 (Stadthaus) zum 20. u. 6/2002 (Gal.-Kessler) zum 25 jähr.-en Bestehen, 04/05 (Diakon.-Werk/2xKrameramtshaus) / **Lit.: 39-**87+93+05 // **„Spektrum 88 e.V.“** – Gr. in Rheine, gegr. 1988 / 98 Kultur-Pr. Stadt Rheine / NEU: Ausst. u. a. in Rheine, 1997(-jährl.) Rheine-Bentlage (Sommer-Workshops), 2001 MS (Landgericht) // **„Staffelei „**-Sendenhorst e.V. – Künstlergr. s. 1991 – Ausst. u. a. Sendenhorst 2001/02 (Haus Siekmann), 02 Warendorf (Dachtheater) // **„The Creatives“** – Kü.-gruppe in Siegen s. 1/2002 / 4 Mitgl., Ltg. (03) Dr. med, K.-E. Lubkowitz / **Lit.: 110c-**04 // **„Treibeis“** – Künstlerinnengr. in MS s. um 2003/04 / Mitgl.: J. **R**eich-Ziegenthaler, J. **S**tempkowski, K. **W**olkowicz / Ausst.-gen mit der Akad.-MS = 2004 Istanbul (Mus), MS (St. Johannes-Kapelle) + 06 Drensteinfurt (Kv) / **Lit.: 231b+c** // **„TrioArt“** – Kunst & Design – Gestaltungswerkstatt und Künstlergruppe s. 2/2000 in Lage/Lippe / Mitgl.: Helmut Jöcken, z.Zt. Maastricht-NL, Petra Niederdorf u. Wilhelm Wortberg / Atelierausst.-gen in Lage u. Gruppenausst.-gen, u. a. 2001 Essen (Zeche Zollverein) // **„Tür“** – Gruppe von 1982 – um 1990 an der FHD-Bielefeld / NEU = **Lit.**: „Gemischtes Doppel" – Ausst.-kat. – Städt. Galerie Eichenmüllerhaus – Lemgo, 2001 // **„T. U. N. – Arbeitskreis Kunst 83 e.V."** – in Münster / gegr. 16. 3. 1983 im Kolpinghaus von J.-B. Knocke = 1. Vors., 15 Mitglieder / NEU = Ausst.-MS: 2001 Landgericht, 02 Volksbank, 03 Krameramtshaus, 04 Stadttheater/Raphaelsklinik, 06 Stadthalle-Hiltrup / **Lit.: 126 + 126a** // **„Ultramarin"** – Künstlerinnengr. 1994-2001 in Bochum / Mitgl.: Josi Dicken, Hann. Nierhoff Winkel, Ann. Schulze Lohoff, H. R. Rey, Dagmar Vogt (bis 99) / Ausst./Perf. 95-01 in NRW, 99 Landau-Pfalz (Kv), 2001 Marburg (Kv) / **Lit.: 187** + W. Scheel/K. Bersing(Hg.): „Ästhetische Räume – Facetten der Gegenwartskunst heute" – Athena-Verl.-Oberhausen, 2000; Ausst.-kataloge: „clair-obscur" – Städt.-Gal-Hattingen, 1998; „Espaces trouvés" – Kv.-Landau-Pfalz, 1999; „herzschläge" – Marburger Kv. u. FrauenKunstGeschichte e.V.-Marburg, 2001 // **„UN-art"**Kü.-gruppe m. W. **B**ittner/K. **K**oston/P. **T**rautner in Dortmund (s. nach 2000) // **„Unser Fritz"** – Künstlergemeinsch. in Herne-Wanne = Ateliergruppe Zeche „Unser Fritz 2/3" / Helmut **B**ettenhausen holte um 1972 Künstler in die Zeche, s. um 78 öff. Gruppe / z. Zt. (04) = 11 Mitgl. / ab 93 Förderverein u. lfd. Atelier- Einzel- u. Gruppenausst.-gen / **Lit.: 143f** + In: A. Wolf: „Kl. Kunst- u. Kulturführer Ruhrgebiet" – S. 98 – Bielefeld, 1983 // **„upArt"** – Künstlergruppe s. 03 in OWL / 8 Mitgl., monatl. Treffpunkt: Schieder-Schwalenberg / Ausst. u. a. 2004 Schieder (Rathaus), Bünde (Krankenhaus), 05 Bad Salzuflen (Das Fachwerk) / **Lit.: 250** // **„Verein für aktuelle Kunst"** – Kreis Minden-Lübbecke e.V. / 2. 11. 1992 gegr. / Mitgl.-er sind Kunstschaffende u. Förderer, z. Zt. 1. Vors. Frau Rosita Oremek / Ausst.-gen s. 93 u. ab 99 Off. Ateliers, außerdem „Begegnungen" m. ausl. Künstlern / **Lit.: 152a**-99…02 + „Dokumentation" – Heft – 2002 // **„Vestischer Künstlerbund Recklinghausen"**= KB in Recklinghausen s. 1953, 62 = e.V. / Vors.-e ist s. 97 Danuta Karsten / ab 98 wird jährl. der „Preis des Vestischen Künstler Bundes" vergeben / Ausst.-gen s. 1958 in Recklinghausen (Kunsthalle/Sparkasse/Kutscherhaus) / **Lit.: 188**-79+89+99...03 (von 1958-2003 = 26 Kataloge!) // **„Villa Künstler-Bund"** – Gruppe s. 02 in Meschede / Gründer/ Vors. ist Sebastian **B**etz / über 50 Mitgl. (Künstler/Förderer) / Ausst.-gen in Meschede u. Bestwig-Nuttlar (geplant in Südwestf.) // **„Weibsbilder"** – Interesseng.-schaft s. 1998 in Telgte (30 Frauen), sie entstand a. d. vorherigen Gruppe „Malkreis Palette" / Ausst. u. a. 1998/2004 Telgte (Gal.-Kornbrennereimus), 99 MS (Friedrichsburg), 99/2000 Telgte-Lauheide (Gärtnerei), 2000 MS (Westf.-Studieninstitut), s. 2000 jährl. Telgte (Malermarkt), 05 MS (Stadtwerke) // **„WEISSZEIT"** – Gruppe in Herne // 02 = 6 + 06 = 3 Mitgl. die Gemeinsch.-produktionen er- und ausstellen / Ausst. u. a. in Oldenburg/Mansie/Salzkotten/Herne / **Lit.: 142** (S. 141) // **„Welbergener Kreis"** – gegr. am 18. 12. 1970 auf der Wasserburg Welbergen (zwischen Steinfurt u. Ochtrup) / Vors.-der war Joachim Lucas, Neuenkirchen, z. Zt. (02) Martin Rehkopp (Rheine) / Ausst.-en u. a. Rheine/Emsdetten/Steinfurt/London/Straßburg, Koszalin-Köslin-Polen/Rheine-Bentlage/Schöppingen/Beckum/Portugal/Litauen/ Minsk, 1974 MS (Stadttheater), 2003 MS-land (vier Kirchen), 04 Eggerode (St. Mariä-Geburt), Hörstel (Kloster Gravenhorst), Liesborn (Mus), MS (Krameramtshaus) / **Lit.: 52**-80+86+90+ 95+02...04+04a + **52a** // **„werkstatt"** – Künstlergr. s. 76 in Gelsenkirchen-Buer / NEU: **L**it.: „25 Jahre Künstlergruppe werkstatt" – 2002 // **„Westdeutscher Künstlerbund"** – Bochum = „WKB" / gegr. 30. 9. 1946 in Hagen / Neu: Ausst.: 2000 Lüdenscheid, 01 Bochum (Mus. = Drucksachen digital), 02/03 Bochum (Mus), 03 Herne (Flottmann Hallen), 04 Steinfurt (Kommunik.-zentr), Litauen, 05 Bo.-Wattenscheid (Holland-Park), Bad Sassendorf, Herne (Flottm.-Hallen/Stadtgal), Gelsenkirchen/Mülheim-R. (Museen), Oberhausen (Zentrum-Altenberg) / **Lit.: 86**-47...2005 + **184a** // **„Westfälischer Künstlerbund Dortmund"** – s. „**D**ortmunder Künstlerbund" // **„wir"** – auch: „wir künstler Dülmen" – Arbeitskreis Kunst 2000 e.V. – Kü.-gruppe s. 2000 in Dülmen / 05 = 10 Mitgl. / Ausst.-en u. a. 2002 Ladbergen (Strathwork-Gal), Dülmen (Alte Overbergschule), 04 Nordkirchen (Schloss), Dülmen (Kulturnacht/StattGalerie), 05 Dinslaken (Stadtbibliothek) // **„Wir sind ..."** – Kü.-lerinnengr. s. 95 in Rheda-Wiedenbrück / regelm. Treffen / um 6(?) Mitgl. / Ausst. u. a. 2001 Rheda-Wiedenbrück (Altstadt), 05 Düsseldorf (Ministerium f. Städtebau) // **„Wittener Künstlerbund"** – gegr. 1985 / Gruppenhistorie **s**. Lit. 144x-05 / s. 01 = 1. Vors.: Dr. Gert Buhren, ab 97 = 2. Vors.: L. A. **Q**uambusch / 05 = 17 Mitgl. / Ausst. u. a. jährl. in Witten (Haus Herbede), 2003 Schwelm (Kreishaus) / **Lit.: 144 + 144x**-87+05 + Kassette m. Orig.-grafiken – Wittener-KB – 1991; „G P Kalender" – Wittener-KB – 1994; „Künstlermappe-Wittener-KB", 1995 // **„Wittgensteiner Kunstgesellschaft '80 e.V."**(WKG) – Kunstverein s. 1980 / Gruppe mit Künstler u. Förderern aus dem Wittgensteiner Land / 03 = 53 Mitgl., Ltg. Wolfg. Völker / Ausst.-gen/Projekte s. Lit. / **Lit.: 110c**-04 //

„**Wolfsrudel**" – Intern. Kü.-Gruppe / 02 gegr. von Gina **L**a Femme (Wien) u. Wolfg. **R**ose (Blomberg) / 04 = 8 Mitgl. / jährl. Treffen u. Nat./Intern. Ausst.-gen // „**Zebra Orange**" – gegr. Ende 2003 in Münster / Mitgl.: **B**ecker, Ute-Eva / **B**onnemeier, Niels / **D**amovsky, Regina / **W**ichmann, Martina u. Wilhelmi, Elke / Ausst./Projekt: u. a. 12/2003 MS (Atelier Werk-Raum v. R. Damovsky), 04 MS (Projekt: JVA) // „**Zeitgleich**" – Kü.-gruppe in Osnabrück / 25. 4. 97 Eröffnung von „Kunstraum" (Produzentengalerie) in Osnabrück / 1996/97 Mitgl.: Joh. Busdiecker, Walter **E**rhart, Claus Gero Heitmann, Birgit Kannengießer, Klaus **K**ijak, Thomas Rohrmann u. Hendrik Spiess / Ausst.-gen u. a. in Osnabrück/Münster + N / **Lit.: 62b** // „**Zinnoberinnen**" – Kü.-lerinnen-Gruppe in Freudenberg s. um 1998 / Malerei u. Lyrik / Ausst.-gen s. 1998 in Kreuztal/ Siegen / **Lit.: 110b + 110c**-04 + Kunstkalender/Postkarten/CD-Rom (Gedichte)

Haage, Ortrud (T) (Quiltkunst) / * in Kassel – / lebt s. 59 in Wanne-Eickel, ab 2000 in Herne / Weiterb. an Seminaren b. bek. Quiltkünstlern / Mitgl. Gr.-„Quilt-Art"-Dortmund u. der deutschen „Patchwork Gilde e.V." / Ausst. u. a. in Leeds-GB, + Westf. / **Lit.: 142a** + In: „Tradition und Moderne" – Ausst.-kataloge – 1992/1994

Haagen, Thomas (Lichtobj.-k/M/Z/D) / 1960 Dortmund – / lebt (2005) in Dortmund / Autodidakt, Wandmalerei, Produktdes., s. 83 Lichtobjekte/Lichtdesign / **P**rojekte u. a. um 1983 Projekt „Theater im Zug" (DB), 83 Dortmund („Orpheum"), ab 86 Dortmund (Kreativfabrik „Outfit" m. Airbrush- u. Zeichenseminaren), 87 erstes öff. Lichtobj.-Dortmund, s. 91 Beteil. an Int. Designmessen, 95/98 Lichprojekte in Dortmund, 99 Dortmund (Lichtprojektionen: Brückstrassenviertel), ab 2000 Dortmund („AThierLier 2000" = ehem. Thier-Brauerei) / **Lit.: 258**-1

Haakshorst, Bernhard (M/Industriedes) / * 1962 – / lebt (2003) in Meschede / Stud. Univ./GH-Essen / Preise, u. a. 94 Bundes-Pr. Produktdes. u. Umwelt-Pr. Verb. d. d. Kunststoffindustrie / Ausst. u. a. in Meschede/Oberhausen, Hannover (Messe) / **Lit.: 232**

Haaren, Bettina van (Prof) (G/Z/M) / 1961 Krefeld – / lebt bis 2000 in Saarbrücken, danach Witten u. Dortmund / Stud.-Mainz 81-87 Univ. (Bild. Kunst) / 86 Stip. Univ.-Mainz u. Grafik-Pr. Ludwigshafen, 88 Förder-Pr. Saarbrücken, 91 „A.-Weisgerber"-Pr. Ingbert u. Kunst-Pr. Südwest-LB Stuttgart, 94 Stadtdrucker-Pr. Mainz, 03 „A.-Stuwe"-Pr. Ennigerloh / 99 Lehrt. Univ.-Mainz, s. 2000 Univ.-Dortmund / Ausst. u. a. in Eindhoven-NL, 1988-94/96-2002 Düsseldorf (Kunstpalast/Messe), 91/04 Recklinghausen (Kunsthalle/Kutscherhaus), 2003 Ennigerloh (Alte Brennerei), 04 Greven (Kv), 05 Mülheim/Ruhr (Mus), 05/06 Dortmund (2xMus. am Ostwall/Kv), 07 Niebüll (Haizmann-Mus), Koblenz (Ludwig-Mus), + N / **Lit.: 46**-91 + **107**-88...94+96...02 + **188**-04 + „B. v. H." – Ecke mit Findelkindern – Ausst.-kat. – Kv.-Greven, 2004; „B. v. H." – Tagebauten" – Ausst.-kat. – Mus. am Ostwall-Dortmund, 2005; „B. v. H." – Ausst.-kat. – Kv.-Dortmund, 2006

Haaren, Peter van (F) / 1959 Duisburg – / lebt (2006) in Gelsenkirchen / Mitgl. „Foto- Filmclub Wanne-Eickel" / Ausst. u. a. 2006 Recklinghausen (Umspannwerk), + Westf. / **Lit.: 142a**

Haarmann – Baumeister/Holzschnitzer/Holzgestalter – Familie aus dem Sauerland, tätig in Wuppertal – 18. Jh. bis Anfang 19. Jh. / **Lit.: 24**-15 + **216**(m. Lit.-ang.) // **Eberhard** d. Ä. / 1736 Holthausen b. Hagen – 1817 Barmen / Baumeister u. Holzschnitzer / Werke im Berg.-Land // **Friedrich** / 1745 Holthausen b. Hagen – 1790 / wahrsch. Bruder des Eberhard d. Ä. / Schreiner // **Eberhard** d. J. / 1774 Barmen – 1816 ebd. / Baumeister u. Schreiner / Sohn des Eberhard d. Ä. // **Friedrich Wilhelm** / 1786 – 1815 / Schreiner / Sohn des Friedrich

Haarmann, Theodor (Baumeister/Bauing) / * 1824 – ? / um 1860-92 Bauinspektor u. Kgl. Baurat in Bochum / u. a. Werk: 1866/68 Kirche in Bochum-Weitmar / **Lit.:** D.K.-Teil 2 + **146c**

Haas, Cornelia (G/D/Ill) / 1972 Ichenhausen b. Günzburg/Bayern – / lebt s. 94 in MS / Schilder- u. Lichtreklameherst.-ausb., Stud.-MS 96-2/03 FHD (Vis.-Komm/Gr.-D/Ill) / Ausst. u. a. 2000/ 03 Frankf.-M. (Buchmesse), 02/03 MS (Kunsth.-Angelmodde/Krameramtshaus), 03/05 MS (Off. Atelier-Am Hawerkamp) / **Lit.: 122**-2000+03 + Ill. v. C. H.: „Religion mit Kopf Herz und Hand" – Schulbuch – Neues Buch-Verl., 20**0**0; „Über den grossen Fluss" – Patmos-Verl., 20**0**1 / 20**0**3 = „Fang mich doch – du kriegst mich nicht" – Ravensberg-Verl.; „Weihnachten bei uns und anderswo" – Patmos-Verl.; „Holperstolper" – Spiel – Baba-Verl. / 20**0**4 = „Nikolaus und Nikolina" – Baumhaus-Verl.; „Emil – „Fussball" + „Mein Körper" – 2xCarlsen-Verl.; „Frische aus der Frühlingsküche" + „Weihnachtlicher Küchenzauber" – 2xHölker-Verl.-MS / 20**0**5 = „Die kleine Campingküche" – Hölker-Verl.-MS; „Mein Geburtstagsfest" – Carlsen-Verl.-Hamburg; „Das kleine Trara" – Baumhaus-Verl.-Frankf./M.; „Hundemüde Hunde" –

Thienemann-Verl. Stuttgart/Wien; „Die schönsten Märchen von gestern und heute“ – Hg.: E.-M. Kulka – Hamburg

Haase, Frank (Industriedes) / * 1968 – / lebt (2002) in Iserlohn / 88-93 Stud. Univ./GH-Wuppertal / 93 m. Rudi Biller Firma „Taurus design oHG“-Iserlohn / Ausz.-gen: 93 Design-Pr. NRW, 94 = 2. „Schöller“-Wettbew.-Pr., 95/96/99 Innov.-Des. Essen / **Lit.: 205**-97 + **205a**-01 + **205y**-98,1 + **205z**-95+96+99

Haase, Fritz (Dr. med) (M/G/Z) / 9. 9. 1889 Hoyerswerda/Kr. Liegnitz – 29. 7. 1959 Tecklenburg / Stud.-Halle-S./Heidelberg/München 1910-14 (Med), 14 Approbation in Halle/S., 19 Dr. med. / um 1912/14 Besuch der Abendmalschule v. Heinr. Knirr – München, um 1920-24 Stud. Akad.-München, 25-39 Arzt in Münster, ab 39 Tecklenburg / 46-58 Mitgl./Ltg. Gr.-„Legge“ Tecklenburg / Ausst. u. a. in Tecklenburg/Ibbenbüren, 1942 Dortmund (ehem. Katharinenkloster), Witten (Mus), 43 MS (Schloss), Bad Salzuflen, 55 Rheine-Bentlage (Kloster) / **Lit.: 8a**-42 + **8c**-43 + Wilfried Steinigeweg: „Dr. Fritz Haase – 1889 – 1959“ – Landschaften, Portraits, Stilleben – anl. seines 40. Todestages – Selbstverl. -Tecklenburg, 1999

Haase, Fritz (M/G) / 1937 Hamburg – / lebt (67/74) in Bremen / Lit.: 20 + 136-2

Haase, Helga (M) / lebt (2005) in Hagen / s. 92 Lehrt. Malschule-Hagen, 99-? Malschule „Haase u. Pütter“ / Ausst. u. a. 1997 Iserlohn (Evangel.-Akad), 98 Hagen (Gal.-Emilienplatz)

Haase, Tina (Prof) (O/I/Filmk) / 1957 Köln – / lebt (2005) in Köln u. Krefeld / Stud.-MS um 79 Akad. u. Düsseldorf 80-87 Akad., Meisterschülerin / Stip.-n/Ausz.-en, ab 05 Prof. FHD-Krefeld / Ausst. u. a. 2000 Tecklenburg, 01 Aalst-Belg., 05 Recklinghausen (Kunsthalle), Ingolstadt (Kv) / **Lit.: 51 + 51a + 256**

Haberland, Georg (M) / 1922 Breslau – / lebt (2003) in Meschede / Autodidakt / war Lehrt. VHS-Meschede u. Eslohe / 51 Zeitschrift 2x Wettbew.-Pr. / Ausst. u. a. in Meschede / **Lit.: 232**

Habich, Klaus-D. (Klaus-Dieter) (M/A) / 1947 Dinslaken – / lebt (2005) in Bottrop / s. 66 künstlerich tätig, ab 79 freisch. Architekt / s. 98 Mitgl. Gr.-„Kunstgem.-Bottrop“, 2. Vors. ab 01 / Ausst. u. a. in Gelsenkirchen/Westerland-Sylt, 1999 Bottrop (Haus Rogge), 98-2004 Bottrop (Sparkasse), 99-03 Bottrop-Kirchhellen (Sparkasse), 99 Gladbeck (Volksbank), 99-04 Bottrop (Kulturzentr), 04 Beteil.-Wanderausst.-Ruhrgebiet / **Lit.: 99c**-2000...04 + **99d**-04

Hachtmann-Pütz, Birgit (Prof) (Innenarchit/Dipl.-Ing) / 1944 Stralsund – / lebt (2002) in Hamburg / Stud.-Dortmund 61-65 Wksch / s. 72 selbst., ab 74 Büro m. Chr. Pütz in Hamburg / 87 Deutscher Innenarchit.-Pr. / ab 93 Prof. HfE/I-Wismar / Mitgl.-„BDIA“ / **Lit.: 226**(Autorin)

Hacke, Rudolf (M/G/Z) / 1881 Berlin – 1953 Stadtlohn / Stud.-Akad.-n Berlin u. Dresden, Meisterschüler, Weiterbild.-Berlin b. A. Hertel u. U. Hübner / Schlesischer Kunst-Pr. / lebte um 1920 in Alt-Schönau-Katzbach, danach (30) bis 45 in Seitendorf-Katzbach/Schlesien, Vertreibung, Verlust s. Werke, s. 51 in Stadtlohn / Ausst. u. a. 1951 Flensburg (Mus), 85 Regensburg/Ratingen / **Lit.: 24**-15 + **25**-2 + **34**-8,2+9,2 + In: „Breslau“ – Ansichten aus sechs Jahrhunderten – Ausst.-kat. – Ostdeutsche Gal.-Regensburg, 1983; In: „Kunst aus Schlesien – Künstler aus Schlesien“ – Regensburg, 1985

Hackenberg, Hediye (F/Multimedia) / * 1970 (Türkei) – / lebt (2004) in Dortmund / Stud. Univ.-Bochum (Jura) u. Ausb.-Hagen (Nachrichtendes.-in) / 03 Ausz.-„netd@ys“ f. Projekt m. Dietrich H. (Fotogr. + Gatte) = Multimediaprojekt: „Ein Familienleben 1888 bis 1999“ / Ausst. u. a. im Internet, 2004 Dortmund (Off. Atelier) / **Lit.: 120c**-04

Hackländer, Arnd (Industriedes) / 1962 Wermelskirchen – / lebt (2003) in Wuppertal u. Hagen / Stud.-Wuppertal 86-92 Univ./GH / ab 93 freiberufl. tätig, s. 93/94 m. Günter Hartmann-Hagen = „Hartmann & Partner“, 2001 = „h & h Design GmbH“ / Pr./Ausz.-gen/Ausst.-gen: Stuttgart/Hannover, Design-Zentr.-Essen / **Lit.: 205**-94(erw. b. G. Hartmann) + **205a**-01

Häder, Winfried (B) / NEU: 1958 Billerbeck- / lebt (2003) in Greven-Reckenfeld / (Biografie in Beilage: CD-Ausgabe 2006)

Hähn, Hans-Uwe (O/G) / 1955 Ferndorf b. Kreuztal – / lebt ab 89 in Tuttlingen / 86-89 freisch. in Hamburg, ab 89 Lehrt.-Tuttlingen / (Biografie in Beilage: CD-Ausgabe 2006)

Häkel, Marcel (M/B/F) / 1973 Soest- / lebt (2006) in Soest / s. ca. 94 künstl. tätig, Autodidakt / ab 01 Mitgl. Gr.-„Die Neue Kathedrale“-Soest / Ausst. u. a. 2001-04 Soest (W.-Morgner-Haus/Atelier/Gruppen-Aktionen), 05 Bonn (Künstlerforum)

Händler, Paul (M) / 1833 Altenweddingen, Kr. Wanzleben – 1903 Bethel b. Bielefeld / Stud. Akad.-n in Berlin/Düsseldorf/Dresden / war in Dresden u. Berlin tätig / Werke u. Ausst.-gen = N / **Lit.: 24**-15 + Anhang: „Lexikon der Düsseldorfer Malerschule 1819-1918“ – Bd. 2 – 1998

Hänke, Frauke (F/D) / 1964 Hildesheim – / lebt (2004) in Hamburg / 86-87 Praktikum b. Prof. Pan Walther in MS, Stud.-Bielefeld 87-93 FHD / Ausst. u. a. 1993 Dortmund (Mus. f. K. u. K.), 93-97/2000-02 Hamburg, 95 Berlin, 95/98/2000 Köln, 96 Braunschweig, 97 Wien, 99 Düdelingen-Lux., (Gal.-Nei Liicht), 2000 Bremen, 02 Brüssel/Paris, + N / **Lit.:** u. a. **203**-93

Hänscheid, Willi (F) / 1919 Mülheim/Ruhr – 1999 Münster / s. 55 Fotorepoter in MS, 55-63 „WN" u. 63-84 „MZ" / 85 Silberne Rathausgedenkmünze MS / hinterliess ein Fotoarchiv mit 300 000 Aufnahmen / Ausst. = 2004/06 MS (Stadtmuseum) / **Lit.:** B. Haunfelder/A. Schollmeier: „Die fetten Jahre" – 1957 bis 1968 in Fotos v. W. H. – Stadtmuseum Münster, 2004

Haf, Dieter (MG/D/I) / 1948 Pfronten/Allgäu – / lebt (2006) in Bottrop / Stud. Werbefachsch.-München (G/D) u. Seminare der Kunstakad. (M/Z), danach in München u. Dortmund tätig / Lehrt. VHS-Bottrop/Workshops, 05 Kunstproj. Gymnas.-Bottrop / Mitgl. „KB-Bottrop" / Ausst.-en u. a. 2004 Bottrop (Mus/Sparkasse), 06 Bottrop (Gal.-Passmanns) / **Lit.: 99**-04 + **99a**-04

Hafid, Larbi (F) / 1945 Fes/Marokko – / lebt s. 72 in MS / 82 Mitbegr. Fotogr. „L'Asadina" in MS / Ausst. u. a. 1999 MS-Angelmodde (Kunsthaus), 2003 MS (Caritas-Berat.-stelle)

Hage, Christian J. (M/B/A) / 1952 Paderborn – / lebt s. 78 in Berlin, ab 86 Berlin u. Paderborn / 02-03 Vertr.-Prof. Univ.-Kassel / (Biografie in Beilage: CD-Ausgabe 2006)

Hagedorn, Josef (M/G/Ill/D) / NEU: 14. 9. 1913 Gelmer b. Münster – 26. 5. 2004 Ibbenbüren / lebte in Mettingen-Recke / Stud.-MS 27-33 Kgsch / war Lehrt.-MS, um 40/43 Kriegsdienst bis zur Verwundung / war Mitgl. „BDG", s. 37 Mitgl. Gr.-„Schanze"-MS u. um 46/58 Gr.-„Legge"-Tecklenburg / Ausst. u. a. 1934-36 MS (WL), 38 Dortmund (ehem.-Katharinenkloster), 40/43 Telgte (Heimathaus), 41 MS (WL), Gelsenkirchen/Bielefeld, 47/48 Tecklenburg, 47/48/58/69/83/94 MS („Schanze"), 49 Soest, 55 Osnabrück, 72/76 Mettingen (Schule/ Sparkasse), 76 Ibbenbüren (Rathaus), 79 Rheine (Falkenhof), 93 MS (Gal.-Clasing), 2004 Mettingen (Rathaus) / **Lit.: 8a**-38 + **8c**-41 + **20** + **31** + **32** + **Schanze**-47/69/83/94 + **84**-33/ 50/51/52/56/59/66/71 + Bernhard Nonte: „J. H." – Leben und Werk – Ausst.-kat. – Heimatverein-Mettingen, 2004

Hagemann, Conrad (gen.: Karl) (M/Glasm/Porzell.-m) / NEU: 17. 12. 1815 Münster – um 1880/ 82 ebd.? / Werke in MS (s. auch Porzellanmuseum) / **Lit.: 63b** + **112** + **215a** (S. 47) + erw. in B. Haunfelder: „Feines Porzellan aus Münster" – in: „Auf Roter Erde" – 22. 3. 2002 – „WN"-MS; In: „Münster-Mosaik" – ab S. 118 – Aschendorff-Verl.-MS, 2003

Hagemann, Susanne (O) / NEU: 1963 Münster – / lebt (2005) in MS / Stud.-MS 84-89 Akad. / Ausst. = N / **Lit.: 96b** + **256**

Hagemeier, Christoph (A) / 1947 Neuhaus b. Paderborn – / lebt (2002) in Düsseldorf / Stud.-Höxter bis 72 FB u. 73-76 TH-Aachen / tätig: 72-73 Planungsgem. Univ.-Bielefeld, 77-78 im Büro v. Prof. Schneider-Esleben, s. 78 b. „Kiemle, Kreidt u. Partner"-Düsseldorf, ab 90 dort Partner / Werke in NRW + N (s. Lit.) / **Lit.: 197**-95+97+01

Hagenbäumer, Detlef (M/G/Ill) / NEU: 1963 Versmold – / lebt (2003) in Berlin / nach Lithogr.-ausb.: Stud.-Bielefeld 90-um 95/96 FHD / 96-01 Lehrt. FH-Bielefeld / 03 Stip.-Berlin f. Ahrenshoop / s. 98 Mitgl.-„BBK"-OWL / Ausst. u. a. in Bielefeld/Herford/München, 2001 Düsseldorf (Messe), 01/03 Bielefeld (Technolog.-zentr/Gal.-Baal im Atrium/C.-S.-Berufskolleg), + N / **Lit.: 114E** + **133**-94Anh. + **107**-01 + **152**-96+98+99

Hahmann, Michael (M/Wandm) / 1966 Bochum – / lebt (2002) in Herne / Autodidakt / Werke u. a. in Gysenberg/Peek/Cloppenburg / Ausst. u. a. in Bochum/Dortmund/Hattingen/Herne = NRW / **Lit.: 142a**

Hahn – Gold- u. Silberschmiedefamilie in Stade und Bielefeld = **Heinrich Christoph** / 7. 9. 1838 Selsingen/Kr. Bremervörde – 1. 10. 1910 Stade / heiratet am 10. 12. 1863 in Magdeburg Charlotte Sophie Caroline Schmidt aus Höxter / **Lit.: 174**-Mittel- u. Nordd. // **Otto** (I.) / 30. 5. 1873 Achim b. Bremen – 26. 3. 1953 Stade // **Otto** (II.) / 1899 Zeesen b. Königswusterhausen – 4. 11. 1984 Bielefeld / Meisterprüfung, um 1924 selbst. in Bielefeld / Ausz.: 37 Silbermedaille Weltausst.-Paris / war Mitgl. „AdK"-NRW / Ausst. u. a. in Paris, 1957 MS (WL), + OWL / **Lit.: 34**-9,2 + **48a** // **Otto** (III.) auch Bildh. / 1932 Bielefeld- / lebt (2003) in Bielefeld / Gold- u. Silberschm.-ausb. in Bielefeld b. s. Vater / Stud.-Köln 53-54 Wksch, 57 Meisterprüfung in Bielefeld / Werke u. a. in Bielefeld (Stadt: Bürgermeisterkette/Ev. Stiftskirche) / Mitgl. „AdK"-NRW / Ausst. u. a. in Paris/London/Den Haag, Mailand (X. Triennale), 1957/60 MS (LM), 64 Düsseldorf (AdK), 65/69 Bochum (AdK), 66 Bielefeld (Kunstsalon-Fischer), 68 Hanau/Hannover/MS / **Lit.: 48a** + **48x**-57+59+61+64...66+69+78 + Von „O. H." viele Propekte bis um 1996 (81-84 jährl. Heft); In: „Goldschmiedetag 1960" – Ausst.-kat. – WL-MS, 1960; „O. H." – Gerät im Kirchenraum – Ausst.-heft – Kunstsalon Otto Fischer – Bielefeld, 1966; In: „Europäisches Silber handgearbeitet" – Ausst.-kat. – Hanau/Hannover/MS, 1968

Hahn, Ernst (B) / 11. 11. 1892 Bochum – 22. 7. 1957 Wuppertal / n. Jugendz. in Gronau u. Gymn.-Oberbarmen, Ausb.-Speditionskaufm. / ab 25 bildh./autodid.-e Arbeiten / Mitgl. „Berg.-Ku. -gen."-Wupp. / Ausst. u. a. in Wuppertal, 1942 Hagen / **Lit.: 25**-2 + **97b**-42 + **216** (m. Lit.)

Hahn, Klaus (M/G) / 1932 Gelsenkirchen-Buer – / lebt (96) in Berlin / Stud.-Berlin 51-57(60) HfBK u. Univ. (Theaterwiss/Germ) / 60-61 Lehrt.-Cuxhaven u. 61-84 Berlin / s. 86 Atelier u. Galerie in Kampen/Sylt / Ausst.-gen s. 1963, u. a. in Le Grau du Roi/Frankr., Luzern/Schweiz, MS (Gal.-Clasing), + N / **Lit.:** C. Grützmacher: „K. H." – Druck-Verl.-Kettler – Bönen, 1995

Hahn, Otto s. **H**ahn – Gold- u. Silberschm.-familie

Hahn, Renate (B/K) / 1946 Norderney – / lebt (2004) in Bad Laasphe / Stud.-Univ. 68-80 (Roman/Germ) / 80-82 Praktikum u. Gaststud. FH-Kiel (Keramik), s. 82 eig. Werkstatt u. Gaststud. Univ./GH-Kassel, 89 Gesellenprüfung, 98-99 Stud. Univ.-Kyoto-Jap. / kurze Lehrt.-keiten: 96 Bratislava, 2000 Canberra-Austr. / Mitgl. „AdK"-Südwestf. u. „Ateliergem.-Bad Laasphe" / s. 90 Beteil./Ltg. v. Symposien/Workshops oder Wettbewerben / Ausz.-gen: 89 in Japan, 90 Zagreb, 95 Faenza-Ital., 98 Cesky Krumloh-Tschech. / Ausst. u. a. 1991 Wesel (manu factum), + N/INT / **Lit.: 48c**-99 + **48x**-91 + **110b** (m. Lit.) + **110c**-04

Haike, Heide (M/O/I/Video- u. Video-Inst.-k) (Autorin) / 1934 Berlin – / lebt (2005) in Detmold u. Berlin / NEU: 03 Förder-Pr. „ars et flora III" Rheda-Wiedenbrück / 91 Mitbegr. Gr.-„pickArt", 98 Gründerin u. 1. Vors. „GEDOK"-OWL, Mitgl. „IGBK", „GEDOK"-Berlin, „BBK"-OWL / (Biografie in Beilage: CD-Ausgabe 2006)

Hajotka, Hajo (M/Z) / * 1903 – ? / lebte in Dorsten / Autodidakt u. Weiterb.-Kunst / Ausst. u. a. 75 Habinghorst/Ickern/Castrop-Rauxel, 81 Castrop-Rauxel (Kulturamt), 82 Herne (Mus) / **Lit.: 143a** + „H. H." – Zeichnungen u. Ölbilder – Ausst.-kat. – Kulturamt-Castrop-Rauxel, 81

Hajou, Bahram („Bahram") (M/Z/Ill) / 1950 (in Kurdistan/Syrien) – / lebt (2006) in MS / NEU: Mitgl. Gr.-„Reflex"-Kamen / (Biografie in Beilage: CD-Ausgabe 2006)

Hajzer, Jozsef Csaba s. Csaba Hajzer, Jozsef

Hak, Thomas (M) / 1955 Deilingen/Württ. – / lebt (2006) in MS / NEU: ab 5/04 Ltg. „Atelier+" (Förderkr. Sozialpsych) / (Biografie in Beilage: CD-Ausgabe 2006)

Halfmeyer, Petra (M) / * 1961 (in Holland) – / lebt (2003) in MS / Ausst. u. a. 2001/02 MS (3x Tibus-Wohnpark), 03 MS (Ausländerbeirat)

Halfpap, Sigrid (Sigi) (M/G/D/F/Coll.-k) / 1961 Wallensen, Kr. Hameln – / lebt (2006) in Blomberg / 78 Schauwerbegest.-ausb., 91 Praktik. Kunstwerkst.-Stancke in Lage, Stud.-Bielefeld 92-98 FHD (Vis.-Komm) / ab 97 selbst., 97-02 Lehrt.-VHS, s. 03 FHDW-Gütersloh / 01 Gründung Gr.-„Motivation" = 02 Mitbegr. Gr.-„KunstPunkt"-Blomberg / Ausst. u. a. 1993 Blomberg, 97 Bad Meinberg, 97/01/03 Blomberg (Off. Atelier), 2001 Bad Salzuflen (Bethesda), 02/03 Blomberg (Proj.-Kunstmauer/Kulturfest/Schaufensteraktion), 03 Belle (Nordernteich), Blomberg (Ev.-Ref.-Kirche/Kreishaus) / **Lit.: 132a**-01+03

Haller, Uli (F/D) / 1976 Karlsruhe – / lebt (2004) in Dortmund / 96-98 in Fotoateliers München tätig u. Stud.-Dortmund 98-03 FHD (Komm.- u. Fotodes) / Ausst. u. a. 2004 Köln (Photokina), Witten/München, 05 Zlin (Stadtgal), Düsseldorf (Gal.-ARTS AREUS)

Haller, Ulli (M) / 1942 Gütersloh – / lebt (2003) in NRW / ab 92 Mitgl. Gr.-„Seltene Erden" / Ausst. u. a. in Island, 2001 Kaiserslautern (SEB-AG), + N / **Lit.: 225**

Hallmann-Retzki, Sabine (Hallmann, S.) (A) / 1921 Danzig – ? / lebte in Dortmund / Stud.-Danzig ab 40 TH u. Braunschweig nach 45-49 TH / 53-82 Büro m. Horst **R**etzki in Dortmund / Werke in Dortmund/Schmallenberg/Beckum, + Westf. / **Lit.: 197c** (S. 68) + **213b**

Halm, Hans (Prod./Industr.-des) / * 1939 – / lebt (98) in Herne / 54-57 Masch.-schl.-ausb., 60-64 Stud. Wksch-Dortmund u. Wksch-Wuppertal / ab 64 selbst. (Studio Halm) / 87 Österr.-Staats-Pr., 88 „Worldstar f. Packaging" u. 95 Ausz. „Produkt des Jahres" (Fachverb.) / **Lit.: 205**-97

Hamacher, Nikola (Hamacher Moseler, N.) (B/O/I) / 1959 Köln – / lebt (2005) in MS / Stud. Akad.-MS / war Lehrt. / Ausst. u. a. 1997 MS (Off. Atelier-Hawerkamp), 2002 MS (Gast-Off. Atelier-Schulstr), 05 Mülheim/R. (Mus) / **Lit.: 86**-05

Hamann, Elisabeth (M/O/Khw) / 1926 Pfarrkirchen/Bayern – / lebt (2005) in Siegen / 82-86 Weiterb.-kurse in Österrr./Schweiz/Siegen u. Gast an Akad.-n / Ausst.-gen s. 1992 u. a. in München/Köln, + Südwestf. / **Lit.: 110a+b** + **110c**-04

Hamann, Karin (M) / * in Hamburg / lebt (2005) in Hamburg / Stud.-FHfG (Mode), 83-91 Weiterb.-Hamburg u. b. Ausl.-kursen, s. 92 b. Pavel Richtr in Hamburg u. Schwalenberg / ab 03 Mitgl. Gr.-„upArt"-OWL / Ausst. u. a. in Hamburg u. OWL / **Lit.: 250**

Hamprecht, Maria (F/O/I/Prod.-Des) / 1975 Köln – / lebt (2006) in MS / NEU: Stud.-MS 95-01 Akad., 2000 Meisterschülerin, 99/2000 Gaststud.-London u. 03-7/06 FHD-MS / Ausst.-gen in MS/MS-land, u. a. 2000 Tecklenburg (Stadtraum), London/Mönchengladbach/Osaka-Japan/ Herford/Braunschweig, 2001 Holzwickede (Haus Opherdicke), MS (Hörsterstr), 02 Bergkamen-Heil (Ökologiestation), Dortmund (Künstlerhaus), 03 Essen (kunst-raum), 04/05 MS (Atelier-Fresnostr) / **Lit.: 57**-2000+01+02 + **93** + **218**-02 + **245**-95 + In: „Ortsgespräch" – Diplomkatalog – 7/06 – FHD-Münster

Han, Keum-Soo (Kuem-Soo) (Bild.-Kunst) / 1954 Seoul/Südkorea – / lebt (94) in MS, 2005 wahrsch. in Südkorea / Stud.-MS 88-94 Akad. / Ausst. u. a. 1992 Saarbrücken (Forschungszentr), + Südkorea / **Lit.: 256**

Hanebal, Wilhelm (Willi/Willy/Will) (B) / NEU: 29. 12. 1905 Steinheim/Ostwestf. – 3. 4. 1982 Meerbusch / Holzbildh.-ausb.-Steinheim, 28-29 Stud. Kgsch-Elberfeld u. 29-? Akad.-Düsseldorf / 37 = 2. Westf.-Bildh.-Pr. WL-MS / tätig haupts. in Büderich, außerdem in Höxter/Meschede/Hannover/Bremen/Düsseldorf / Werke in NRW / Ausst.-gen = NRW / **Lit.:** W.H. (s. W. Hansmann) + **1-6** + **8a**-38+39+41+42+46 + **8b** + **8b**-40+41 + **8c**-41 + **25**-2 + **97b**-40+41,1+42 + **107**-40 + **216** + J. Waldhoff: „Holz, Stein und Bronze" – W. H. zum 100. Geurtstag – Hg.: Förderverein Möbelmuseum – Steinheim, 2005

Hanebeck, Gerd (M/G/B/O) / 1939 Remscheid – / lebt (2001) in Wuppertal / Stud.-Wuppertal 62-67 Wksch / Stip.-dien/Preise, 80/81 Lehrt. FH-MS u. 80-(?) FH-Dortmund / war Mitgl.-„WKB" / Ausst. u. a. in Witten, Wuppertal, Düsseldorf, 1964/74/79 Hagen (WBK), 83 Bramsche, 91 Schwerin (Mus), 2001 Frankf.-M./Hamburg/Berlin (Museen f. Kommunik) / **Lit.: 1**-3 + **86**-64+74+79+94 + **107**-64+66+82-84+88 + **108**-2 + **135**-70 + **160** + **186** + **216** + In: „Künstler im Wuppertal" – Wuppertal, 1983; „G. H." – Ausgewählte Arbeiten 1962-82 – Bramsche, 1983; „G. H." – Berührungen – Staatl.-Mus.-Schwerin, 1991

Hanich, Bruno (M) / 1929-31 Ltg. der Malerschule in Lemgo (s. Spantig, Alfred) / weitere Daten nicht bek. / **Lit.:** Ute Begemann/Holger Künemund (Hg.): „Malerschule Lemgo" – Lemgo, 95

Hanke, Andreas (A/Dipl.-Ing) / 1962 Dortmund – / lebt (98) in Dortmund / Stud.-Hagen 84-86 FH, Düsseldorf 87-91 FH u. bis 92 Akad. (Meisterkl. L. Ortner) / ab 91 Büro: „Rodriguez + Hanke"-Dortmund, 94-95 Lehrt.-Wuppertal Univ., eig. Büro in Dortmund / Preise, u. a. 94 West-Hyp-Pr., 95 Arch.-Pr. Beton / Werke in Dortmund/NRW (s. Lit.) / **Lit.: 197**-95+97 + **197b**-99

Hanke, Christine (M) / 1958 Ludwigslust – / lebt (2006) in Lüdinghausen / künstl. Weiterb. in Rostock/Dortmund u. Lüdinghausen / Ausst. u. a. in Mettingen/Lüdinghausen, 2000/02 Lüdinghausen (Burg Lüdinghausen), 03/05 MS (Sozialgericht/Foyer-DRW)

Hannebauer, Gitta (M/B/Khw=Seidenmalerin) / 1954 Detmold – / lebt (2006) in Detmold / Jugendzeit in Blomberg, zwei Jahre Stuttgart, dann Detmold / um 78/79 Gast HfBK-Stuttgart, ab 95 Weiterbild.-Sommerakad. Schwalenberg / 87-95 Lehrt. VHS-Lippe-Ost / Mitgl. Gr.-„Furioso" u. „KunstPunkt"-Blomberg / Ausst. u. a. in Lemgo/Schwalenberg/Bad Salzuflen, 1997 Hameln, 98 Hamburg (Kulturforum), 2001/02 Blomberg (Off. Atelier), 04 Blomberg (Kunstmauer), Detmold (Klinikum) / **Lit.: 132a**-01+02

Hannich, Manfred (A/Dipl.-Ing) / 15. 1. 1932 Neisse/Schlesien – / lebt (2005) in Bochum / bis 61 Stud.: TH-Aachen (Bauing.), TH-Graz (Archit), Kunsthochsch.-Athen u. TH-Aachen (Dipl.) / ab 62 freisch. in Essen, 65-75 Sozietät m. Eller/Moser/Walter&Partner in Aachen/Düsseldorf/ Bochum, s. 75 in Bochum m. Bruno Braun u. Auguste Triet (Düsseldorf/Hamburg) / Werke u. a. in Bochum/Dortmund, s. Lit.! / Mitgl.-„BDA" / **Lit.: 146b**+**c** + **197b**-04

Hannig, Annette (M/Z) / 1976 Prag – / lebt (2005) in Paderborn / 93-96 Diplom f. Karikatur- u. Pressezeichnen in Darmstadt, 96-04 Stud. HfMusik-Detmold (Schulmusik) u. 96-04 Univ.-Paderborn (Kunst/Päd) / 99-02 Stip. Studienstiftung Deutsches Volk, 05 Förder-Pr. Kv.-Paderborn / 01-05 Tutorin Univ.-Paderborn / Ausst. u. a. 2002-05 Paderborn (Nixdorf/Univ/Adam u. Eva-Haus/Studentenwerk/Stadtgal), 04/05 Paderborn (Off. Atelier), 05 Brilon (Hotel Alte Post) / **Lit.: 101b**-04+05(s.: Atelier 2) + „Farbhaut" – Malerei Annette Hannig – Ausst.-kat. – Städtische-Galerie – Paderborn, 2005

Hannig, M. (Industriedes) s. „**O**co-Design“-Münster

Hannig, Matthias (M) / * in Hamburg-Altona – / lebt (2000) in Dortmund / Stud. FHD-Dortmund / Ausst. u. a. 2000 Nordkirchen (Schlossgal)

Hansel, Kurt (M) / 1943 Komotau/Sudenland – / lebt (2002) in Herne / um 58 Ausb./Stud. Porzell.-malerei in Tischenreuth (Hutschenreuther) / Mitgl. Gr.-„Herner Kunstfreundekreis“ / Dauerausst.-Herne Horsthauserstr. 15 / Ausst. u. a. in Straßburg/Baden-Baden/Essen/Bochum / **Lit.: 142a**

Hansen, Anne (T/M/Coll.-k) / * in Helmstedt – / lebt (2005) in Bielefeld / Damenschneiderinausb., Stud. Wksch-Braunschweig, Meisterprüfung / war in Braunschweig/Kiel/Stuttgart/Essen u. Bielefeld tätig: zehn Jahre Gewandmeisterin an Bühnen u. Fernsehen, dann 23 Jahre Lehrt. PH/Univ.-Bielefeld / Ausst. u. a. 2001- Bielefeld/OWL (Archiv), 02 Bielefeld (Gal.-Bechauf), 03 Bielefeld (Q-Tour), 04 Bielefeld (Graphic Group-Gal) / **Lit.: 192**-01+03

Hansen, Björn (F/M) / 1964 München – / lebt s. 98 in Datteln / Stud. Univ.-Köln 87-89 (Phil/ Geschichte) u. 89-94 (Kunsterz/Gesch) / 02 Anerkennungs-Pr. BBK-Karlsruhe / Lehrt.-Datteln / Mitgl. „BBK“-Aachen / Ausst. u. a. 1995 Wuppertal (Univ), 97 Eupen/Köln, Aachen (BBK(K), 98/2000/01 Aachen, 98 Brunssum (Kulturzentr(K), 2002 Karlsruhe (BBK), Kerkrade (Industrie-mus), Wuppertal (Liquid-Center), 04 Duisburg (Cubushalle(K), 05 Worms (Kv), + NRW / **Lit.:** K = Katalog

Hansen, Iver (F/D) / 1942 Bielefeld – / lebt (2005) in Düsseldorf / Stud.-Hamburg (Hochbau), s. 69 selbst. Foto-Designer / Mitgl. „BFF“ / Ausst. u. a. 1999 Hamburg (Mus. f. K. u. Gew), 2000 Stuttgart (Stadtgal), 04 Hildesheim (Kv) / **Lit.:** In: „Zeit Blicke“ – Ausst.-kat. – Stuttgart, 1999

Hansen, Jürgen (A/Dipl.-Ing) / 1959 Arnsberg – / lebt (2003) in Dortmund / Stud.-Dortmund 79-85 Univ. (Bauwesen) / s. 88 Büro: „Hansen + Petersen Architekten“-Dortmund / Arch.-Preise: 91+99 Deubau-Pr., 92+94+96 WestHyp-Stift., 94+2000 BDA-Ruhr, 2x95 NRW (1x Holzbau), 96 „Deutscher Stahlbau“ / Mitgl.-„BDA“ / Werke in Dortmund/Herne + NRW (s. Lit.) / **Lit.: 197**-01 + **197a**-99 + **197b**-99 + **213a**-02

Hansen, Manuela (M/Materialb.-k) / 1955 Lage/Lippe – / lebt (2005) in Lage / 74-79 Stud.-Päd/ Kunst/Deutsch u. 80-85 Sonderpäd. / Weiterb. Europ.-Kunstakad.-Trier / ab 80 Lehrt. / ab 2000 Mitgl. Atel.-gem. „e7“-Lage / Ausst. u. a. 2000-03/05 Lage (Off. Atelier), 03 Lage („Marktkauf“) / **Lit.: 132a**-2000...03+05

Hanses, Markus (O/D) / 1977 Lennestadt – / lebt (2006) in Bochum / Stud.-Dortmund 01-7/06 FHD / 06 = 2. Des.-Pr. NRW f. Bet.: Magazin „Affairen“ – FHD / eig. Büro in Bochum / Ausst. u. a. 2003 Wolfach (Firma Supina), 04 Arnsberg (Kunstsommer) / **Lit.: 203h**-05(Mithg.)

Hapetta, Sabine (M/Z) / 1972 Oppeln/Oberschlesien – / lebt (2005) in Bielefeld / Lehrt./Kurse / s. 03 Mitgl. Produzentengal.-Bielefeld / Ausst. u. a. 1999 Bielefeld (Atelier-Kunstetage), 2000-05 Bielefeld (Off. Atelier=Atelier Brüderpfad), 03/05 Bielefeld (Produz.-gal), 03/04 Bielefeld (Univ/Ravensberger Spinnerei) / **Lit.: 152**-2000...05

Happe, Carsten s. bei Gottschick, Florian

Harbach, Ulrike (M/F/Ill) / * 1975 – / lebt (2006) in Dortmund / 93-96 höh. Berufsfachsch. f. Gestalt.-Köln, 97-03 Stud. FHD-Dortmund (Fotodes) u. 99 Gast Akad.-Düsselsdorf / s. 02 Mitgl. Künstlerhaus-Dortmund / Ausst. u. a. 2004/05 Dortmund (Off. Atelier), 06 Dortmund (ART-isotope) / **Lit.: 120c**-04

Harde, Wilhelm (A) / lebte um 1960-90 in Dortmund / 60-78 Büro mit Peter **Sch**eele-Dortmund

Hardegen, Lucia Maria (B/Medailleurin) / 1951 Werl- / lebt (2006) in Bonn / Steinmetz- u. Bildh.-ausb., Stud.-Köln 70-76 FHD / s. 76 freisch., ab 82 Lehrt. / 15x Beteil. an Medaillen-Wettbew.-en, 03-05 = 3x 1. Pr. für Fussballweltmeisterschafts-Medaillen / **Lit.: 268**

Harder – Architektenfamilie in Hagen/Westf., Schwerpunkt Sanierung/Umbau/Denkmalschutz in u. an Häusern = Baudenkmäler u. a. in Herdecke/Wetter, Innenraumgest. = Kirchen u. a. in Bochum/Herdecke/Hagen-Dahl/Castrop/Hagen-Holthausen, Sanierung Kirchen (Aussen) u. a. in Bochum-Hiltrop/Hagen-Haspe/Hagen-Wehringhausen/Hagen/Herdecke / **Lit.: 97x + 146c** // **Arnold** / 28. 8. 1922 Neurode/Schlesien- / Vater von Anne-Beate P. u. Christoph H. / 1964-97 Architektenbüro Harder in Hagen // **Anne-Beate** (jetzt A.-B. Pöpsel) / 1955 Hagen – / lebt in Gevelsberg u. Hagen / Stud.-Paderborn/Höxter 75-78 GH (Archit/Dipl.-Ing), Weiterbild.: u. a. Akad. des Handwerks, Schloss Raesfeld (Restauratorin im Maurerhandwerk) / s. 78 Angestellte bei Vater Arnold H., ab 94 selbst. u. ab 97(99) m. Bruder Christoph H. in Bürogemeinschaft // **Christoph** / 1965 Hagen – / bis 95 Stud. FH-Dortmund (Archit/Dipl.-Ing) / erst Angestellter u. s. 97(99) Bürogemeinschaft m. Schwester Anne-Beate Pöpsel

Hardukiewicz, Ania (M) / 1973 Wroclaw(Breslau)/Polen – / lebt (2006) in Witten u. Düsseldorf /

s. 80 in BRD, Stud.-Düsseldorf 96-03 Akad., Meisterschülerin / Ausst. u. a. 1998 Bochum-Langendreer (Kulturzentr), 99 Witten (Zeche Nachtigall), 2002/03 Bonn (Univ), + NRW

Harlinghausen, Wilhelm (B) / lebte um 1896/1905 in Rheda-Wiedenbrück / zahlr. Aufträge für evangel. Kirchen durch den Architekten Karl Siebold – Bielefeld / **Lit.: 146c**

Harre, Ragna = NEU (T/I) / NEU: 1949 Bad Driburg – / lebt (2005) in Rastede / Stud.-Bielefeld 68-71, MS 78-86 Akad. / Mitgl. u. Ausst.-gen in Gr.-„AdK"-MS / von 85-92 eig. Werkstatt in MS / Ausst.: 2005 Recklinghausen (Kunsthalle), Ingolstadt (Kv), + NRW / **Lit.: 48**-91 + **256**

Hartfiel, Anne (M/F/O) / 1977 Mönchengladbach – / lebt (2004) in Paderborn / Stud.-Univ./GH Paderborn / bis 05 Ateliermitgl. „Raum für Kunst"-Paderborn / Ausst. u. a. 1999/2001 Paderborn (Technol.-Park/Aktion-bet.: Lebendes Kunstwerk), 02/03 Paderborn (Off. Atelier), + NRW / **Lit.: 101b**-02+03(=Raum f. Kunst)

Hartjens, Paul (F) / 1952 Twistringen b. Bremen – / lebt (2001) in Bielefeld / Stud. FH-Detmold (Innenarch) u. FHD-Bielefeld (Vis.-Komm) / Lehrt. / Ausst. u. a. 1982/84 MS/Bielefeld (Lampingstr), 96 Bielefeld (Kunsthalle), 2001 Detmold (Stadthalle) / **Lit.: 114w** + **134**-01 + In: „Erotik 84" – Ausst.-kat. – FHD-MS, 1984

Hartl, Wolfgang (M/B/O/D) / 1952 Bremen – / lebt (2005) in Blomberg / Schauwerbegest.-ausb. u. FHfG / s. 79 Messegest.-en u. ab 83 Leuchten- u. Möbeldes. / ab 92 Weiterb.-kurse bei bek. Künstlern / Mitgl. Gr.-„KunstPunkt"-Blomberg / Des.-Ausst.-gen in Zürich/Österr. + N / Kunstausst. u. a. 2002 Bielefeld (Kunstmesse), Blomberg (Innenstadt), 02/03 Blomberg (Kunstmauer), 03 Blomberg (Antikhaus/Schule), Paderborn (Kinderdorf), Horn-Bad Meinberg (Norderteich), 04 Lemgo (Stadtgal)

Hartlieb, Otto (G/Z) / 1898 – 1982 / war Lehrt. in Herne u. Wanne-Eickel / Ausst. u. a. 1978 Hamm (Mus) / **Lit.: 138**-78 + **143a**

Hartmann, Elisabeth (Else) (Khw/K) / 1924 Borghorst – / lebt (90) in MS / Werke s. 78 zus. mit Willi H. / Ausst. u. a. 1980/82/83/85/89 Telgte (Mus) / **Lit.: 185**-80+82+83+85+89

Hartmann, Friedrich (M/G/Wandm) / 1962 Lünen – / andere Daten nicht bek. / **Lit.: 98a**

Hartmann, Günter (Industrie- Komm.-Des) / lebt (2003) in Hagen / eig. Büro (89) in Hagen, 93/94 „Hartmann & Partner", 2001 = „h & h Design GmbH" mit Arnd Hackländer / Mitgl.-„VDID" / Preise/Ausz.-gen/Ausst.-gen: Stuttgart/Hannover, Design-Zentr.-Essen / **Lit.: 205**-94+97(erw.) + **205a**-89+01 + **205z**-91+96

Hartmann, Hildegard (M/Z) / 23. 5. 1912 Moers/Niederrh. – / lebt (95) in Stuttgart / Stud. Frauenfachsch. Krefeld u. Seminar in Duisburg / war Lehrt., lebte 37-85 in Hemer / Ausst. u. a. in Iserlohn/Hemer/Moers/Stuttgart, 1994 Hemer (Felsenmeer-Mus) / **Lit.: 242**

Hartmann, Ilse (M/Coll.-k) / 1941 Godulahütte – / lebt (2005) in Paderborn / 61-68 Schauspielerin in Nürnberg, 78-81 Mitarb.-in im Städt.-Atelier Erlangen, 83-95 Weiterb.-kurse in Paderborn b. bek. Künstlern / s. 94 Mitgl. Kü.-gr.-„Off. Atelier"-Paderborn / Ausst. u. a. 1989 Paderborn (Stadtgal), 92/02 Paderb.-Schloss Neuhaus (Schloss), 93/99 Kloster Dalheim, 94-05 Paderborn (Off. Atelier), 97 Dringenberg (Burg), 2000/01 Paderborn (Gast: Studentenwerk/ PESAG), 2001- Bielefeld/OWL (Ein-seh-bar), 03 Wewelsburg, 04-06 Paderborn (Stadtverw/ „IN VIA Akad."-Meinwerk-Inst/Nixdorf) / **Lit.: 101b**-02…05 + **192**-01

Hartmann, Petra (M/Coll.- u. Materialb.-k. = Bildkästen) / * 1955 – / lebt (2005) in Paderborn / Stud. GH/Univ.-Paderborn (Engl/Kunst) / s. 80 Lehrt. Paderborn-Schloss Neuhaus / Ausst. u. a. 1991/2000/03 Paderborn (u. a. Kunst im Park/Kv), 98 Altenbeken (Eggemuseum), 01- Bielefeld/OWL (Ein-seh-bar), 02/03/05 Paderborn (Off. Atelier), 03 Przemysl-Polen (Modern Art-Gal) / **Lit.: 101b**-02+03+05 + **192**-01

Hartmann, Petra (F) / 1959 Wuppertal – / lebt (97) in Köln / Lit.: 51a

Hartmann, Sabine (M/B/G/D/F) / 1975 Werdohl – / lebt (2006) in Möhnesee / ab 04 Mitgl. „Kv.-Kr.-Soest" / Ausst. u. a. 2002 Erwitte/Lippstadt, 03 Kierspe/Rüthen/Körbecke, 04 Warstein-Niederbergheim/Lippstadt/Soest, 05 Herzberg (Bibliothek)

Hartmann, Willi (Khw/K) / 1924 Münster – / lebt (90) in MS / Werke s. 78 / 84 Bischof-Tenhumberg-Pr. Telgte / Ausst. u. a. 1980/82-85/88/89 Telgte (Mus) / **Lit.: 185**-80+82...85+88+89

Hartmann, Winfried (M/G) / 1937 Münster – / lebt (2004) in Berlin / Stud.-Berlin 58-65 HfBK, 64 Meisterschüler / Ausst. u. a. 2003 Lüdinghausen (Burg Vischering), + N/INT / **Lit.: 5**-67 + **7a**-69 + **7c**-64 + **19**-97...99+03 + **27**-5

Hartstein-Jäger, Irmhild (M/G) / 1947 Werdohl – / lebt (2006) in Neuenrade / 95/96 Weiterb. Schleiden-Gmünd u. Bonn-Röttgen, 96-2000 Stud. IfbKuK-Bochum, 2000 Meisterschülerin /

Mitgl.-„VfDK", 02 „BBK-Westf." Dortmund, 02 Mitbegr. Gr.-„mittendrin" u. Mitgl. „Frauen-KunstForum"-Südwestf. / Ausst. u. a. 1993 Balve, 99/2000 China, 99/2001 Bo.-Wattenscheid (Gal.-IfbKuK), 2000 Menden (Rathaus), 01 Barsmark-Dänem., Lünen (Lüntec), 02 Bo-Wattenscheid (Technol.-zentr), 03 Dortmund (Torhaus/Mus. f. K. u. K.), Witten (Boesner), 05 Herne (Archäol.-Mus) / **Lit.: 3-**03 (1+2) +05 (1) + **199-**01 (2) + In: „Freie Malerei" – Ausst.-kat. – Hg.: IfbKuK-Bochum, 2001

Hartung, Harald (M) (Lyriker) / 1932 Herne – / NEU: lebt (2004) in Berlin / Stud. Univ.-n MS/München (Germ/Geschichte) / 6 Lit.-Preise, u. a. 87 Droste-Hülshoff-Preis, ü. 10 Buch-veröff.-gen / Lehrt.-Berlin, s. 80 Prof. TU-Berlin, 83-86 Ltg. d. Literar. Colloquims Berlin / Ausst. u. a. in Bochum, 2003 Oelde (Haus Nottbeck) / **Lit.: 146-**66

Haselbach, Marc (B/I/Z) / 1964 Berlin – / lebt (2005) in Berlin / Stud.-Bielefeld 91-97 FHD / 97-03 Lehrt. TH-Darmstadt / Ausst. u. a. in Darmstadt, 1995 Herford (D.-Pöppelmann-Haus), 97 Bielefeld (FHD/Gal.-Remise), Berlin (Gal. im Spreebogen), 2000 Bielefeld (Gal.-Redeker), 02 Attendorn (Krankenhaus) / **Lit.: 114E** + In: „Zimmer_frei" – Ausst.-kat. – Attendorn, 2002

Haselhoff, Alexander (F/D) / * 1952 – / lebt (2000) in Bielefeld / nach Berufstätigk.: Stud.-Bielefeld 78-90 FHD / 85 Gründung d. Ateliergem.-schaft „LOFT-Fotografie" in Bielefeld / Ausst.-gen u. a. in Bielefeld/MS/Hamburg/Stuttgart / **Lit.: 114w + 205-**94 (erw.) +97 + In: „Erotik" – Ausst.-kat. – FHD-MS/Bielefeld, 1984; In: „Zeit Blicke" – Ausst.-kat. – Mus. f. Ku. u. Gew.-Hamburg, 1999 + Städt.-Gal.-Stuttgart, 2000 = Hg.: BFF-Des. e.V.-Stuttgart, 1999

Haselhoff, Christoph (A) / 1959 Lünen – / lebt (2002) in Düsseldorf / Stud.-Düsseldorf bis 89 FH / Büro: „BM+P"-Düsseldorf (Beucker/Maschlanka u. Partner GbR) / viele Preise, Werke in N / **Lit.: 197-**01

Haselhoff, Johannes (M) / 24. 10. 1632 (getauft) Dortmund – 18. 5. 1694 (Begräbnis) ebd. / **Lit.:** W. Feldmann: „Dortmunder Maler des 17. Jahrh.-s" – in „Westfalen" – Bd. 22 – S. 194/95 – Aschendorff-Verl.-MS, 1937

Hasenberg, Arthur (M/Z) / 14. 9. 1910 Heydebreck/Oberschl. – 19. 11. 1990 Hemer / 47-57 Lehrt.-Bochum u. 57-76 in Hemer / Ausst. u. a. 1994 Hemer (Felsenmeer-Mus) / **Lit.: 242**

Hassel, Jan Christoph (Filmk) (Autor) / 1969 Münster – / lebt (2006) in MS / Stud.-Bochum 90-93 Univ. (Hist/Germ/Film- Fersehwiss) u. Ludwigsburg 93-98 Film-Akad. / s. 98 freisch., hatte Ltg. deutsch-niederl. Stiftung „filmspiegel" u. ist Mitgl./Organisator der Filmwerkst.-MS, Film-Festival-Ltg. 01 in Münster, eig. Filme s. 92 / Auff.-en u. a. 1997/-99/2003/05 MS (Schlosstheater/Cinema), 03/04 MS (Cinema) / **Lit.: 196-**97+99+01 (Ltg.) +03

Hasselbach, Udo s. Hesselbach, Udo

Hatting, Gabriele (I) / 1962 Oberhausen – / lebt (94) in Hamburg / Stud. Akad.-MS / 90 Förderer-Pr. Akad.-MS / Ausst. u. a. 1993 Aachen (Mus) / **Lit.: 70a**

Hattingen, Hermann von (M) / * in Hattingen / ab 1552 in Köln tätig, bis 1572 bek. / **Lit.: 26-**(Index-Bd. 4) + In: J. J. Merlos: „Kölnische Künstler in alter u. neuer Zeit" – Düsseldorf, 1895

Hauck, Helga (B/K/Khw) / NEU: 1939 Korbach- / lebt (2005) in Rüthen / Autodidakt.-Weiterbildung, Keramikpraktiken 56/60 in Thun u. Höhr-Grenzhausen / 80 u. 92 Bischof-Tenhumberg-Pr. Telgte / Ausst. u. a. 1979-2005 Telgte (Mus) / **Lit.:** u. a. **185-**79...91+95...2000+02+04+05

Hauck, Juliane (B/Khw) / * 1971 – / lebt (2001) in Oldenburg / Kinder- u. Schulzeit in Altenrüthen / Werke s. 81 / in Oldenburg Lehrt. / 84 Bischof-Tenhumberg-Pr. Telgte / Ausst. u. a. 1981-90/2000 Telgte (Mus) / **Lit.: 185-**81...90+2000

Haugrund, Bernd (Foto- Filmdes) / 1957 Hameln – / lebt (2003) in Düsseldorf / Stud. FH-Lemgo (Elektro- u. Nachrichtentechnik) u. FHD-Bielefeld = Vis.-Komm.-fotogr. u. Zusatzausb. Multimedia / Ausst. u. a. 1991 Herford (Pöppelm.-Haus), Beteil.-Wanderausst.-OWL, 2001 (Beteil.-Internet Kunst-Pr. IG-Metall+TU-Chemnitz) / **Lit.: 114d**

Hauke, Jörg (F) / 1960 Wolfsburg- / lebt (2006) in Oerlinghausen / Stud. Univ.-Marburg (Mathematik) / Lehrt.-Detmold / Ausst. u. a. 2003 Bielefeld (Naturkundemus) / **Lit.:** J. H.: „Landschaften einfach perfekt in Szene setzen!" – Data Becker, 2006

Hauke, Matthias (M/B/F/G/D) / 1962 Pforzheim – / lebt (2006) in Bielefeld / Stud. Privatsch.-Nürtingen (M/G) u. FHD-Pforzheim (G/D/M/B) / tätig in Werbeagenturen,

Überseereisen u. drei Jahre in Sevilla-Spanien, s. 2000 selbst. in Bielefeld / Ausst. u. a. in Stuttgart (Kunsthaus-Fischer), Mannheim (MLP), Bielefeld (Volksbank/Juwelier Böckelmann/Wohnstudio am Südring), 2003 Bielefeld (WDR-Studio/Bez.-amt-Brackwede), 03/04 Detmold (Klinikum), 04-06 Bielefeld (Arbeitsgericht/am Kesselbrink/Alte Vogtei) / **Lit.:** In: „Westfälische Galerie 2006" – Kalender – Volksbank-Bielefeld, 2005

Haupt, Bruno (A) / 18. 7. 1905 Dortmund – 28. 4. 1971 ebd. / 20-23 Fa. Both u. Tilmann = Ausbild. z. techn. Zeichner, 23-24 Volontär, 24-26 Stud. Ing.-Schule Lage/Lippe / 26-39 in versch. Büros in Dortmund tätig, 39-45 Kriegsdienst, 45-71 selbst. / Werke (u. a. Kirche) in Dortmund u. Lünen / **Lit.: 173** (S. 81)

Haupt, Vera (M) / 1977 Coesfeld – / lebt (2003) in MS / Stud.-MS ab 99 Akad. / Ausst. u. a. 2002 Nottuln (Alte Amtmannei), 03 MS (Finanzamt) / **Lit.: 228-**03

Hauptmann, Silvia (F/?) / 1957 Leipzig – / lebt (2003) in Leipzig / lebte 89-? in Bielefeld (= Stud./Lehrt.?) / 01 Proj.-förd.-Sachsen / Ausst. u. a. 1991 Herford (D.-Pöppelmann-Haus), Beteil.-Wanderausst.-OWL, 2001 Leipzig (Schauspiel), Rudolstadt / **Lit.: 114d** + S. H./Ina Gille: „Gesichter dahinter" – Ausst.-kat. – Schauspiel-Leipzig, 2001

Hauptmeier, Wolfgang (M/G) / 1922 Herne – 1986 (in Finnland) / Stud.-Essen 39-41 Folkwangsch. u. Düsseldorf 45-50 Akad. / ab 69 Lehrt.-Cloppenburg / Ausst. u. a. in Düsseldorf, 1984/99 Herne (Mus) / **Lit.: 143a+b + 146c + 194a**

Hauptner, Prosper (Landmesser/Baumeister) * 1811 – ? / tätig ab 1850 als Baumeister in Freiburg/Schlesien, s. 1856 Bauinspektor im Kr. Münster u. Warendorf / **Lit.: 216**(= P. Hauptner (A) / um 1846-53 Baumeister in Wuppertal u. Hagen / ob gemeint Prosper (?)

Hauschild, Markus (F/D) / * 1970 – / lebt (2005) in MS / Stud.-MS 94/95 FHD (Grafik-Des) u. Dortmund 95-01 FHD (Foto-Des) / tätig für Magazine/Firmen/Theater u. Musiker / Ausst. u. a. 2000 Dortmund (FHD), 01 Frankf.-M. (Buchmesse) / **Lit.: 203-**2000

Hausen, Max Clemens von (Prof) (B/M/A/Dipl.-Ing.) / NEU: 25. 10. 1919 Münster – 9. 3. 1995 auf Lanzarote / (Biografie in Beilage: CD-Ausgabe 2006)

Hauser, Kathrin (Katrin) (F/D) / 1974 Ehingen – / lebt (2006) in Dortmund / nach Fotogr.-ausb.: Stud.-Dortmund 98-2/06 FHD (Vis.-Komm) / Ausst. u. a. 2001/03 Dortmund (Mus. f. K. u. K./ FHD), 04 Dortmund (Workshop u. Ausst.: Phoenixhalle) / **Lit.: 202 + 203-**03

Hauterive, Ignaz Joseph d' (Bauing) / um 1725/26 – † 1802 / stammt aus Cambray/Flandern / 1744 kurkölnisches Fähnrichspatent, wurde kurze Zeit Ing. in Vechta, n. Kriegsfeldzügen in Bonn tätig, ev. auch im Baubüro Schlauns tätig / **Lit.:** G. Dethlefs

Havemann, P. B. (M/Z) / um 1910/20 in Münster tätig / **Lit.: 198**

Haver, Franz (A/Z/F) / NEU: 1929 Oelde – 1997 / (Biografie in Beilage: CD-Ausgabe 2006)

Haverkamp, Helmut (Industr.-Des) / * 1952 – / lebt (2002) in Hünxe / Elektrotechn.-ausb., Stud. FH-Krefeld (Industr.-Des) / s. 79 eig. Büro „Haverkamp Industrie-Design" in Hünxe / **Lit.: 205-**94+97 (2x erw.) **+ 205a-**83+89+01 **+ 205y-**98,1

Haverland, Ulrich (Z/G) / 1953 Soest – / lebt (2002) in Soest / Stud.-Stuttgart 73-79 HfBK u. 75-78 Univ. (Kunstg) / Lehrt.-Lippstadt / Ausst. u. a. in Soest u. Hagen (WKB) / **Lit.: 194a**

Hecht, Ingeborg (M) / * in Wernigerode – / lebt (2005) in Lippstadt / Jugendzeit in Hamburg, Stud.-Köln 72-80 Univ. (Deutsch/Chemie/Päd) / 80-87+ab 97 Lehrt., 80-2000 = 2 eig. Galerien in Lippstadt, 89-99 tätig an der Schlossbühne in Overhagen / s. 03 Mitgl. Gr.-„upArt"-OWL / Ausst. u. a. 2004 Schieder (Rathaus), Bad Waldliesborn (Haus des Gastes), Bünde (Krankenhaus) 05 Bad Salzuflen (Das Fachwerk) / **Lit.: 250**

Hecker, Helmut (B) / NEU: 1934 Heisterschoß b. Siegburg – / bis 85 in Beckum tätig, danach Olpe/Kirchhundem, s. 2002 in Beckum / (Biografie in Beilage: CD-Ausgabe 2006)

Heckert, Frank (M/G/D/O) / NEU: 1943 Hildesheim- / lebt (2005) in Gütersloh / Stud.-Hildesheim 60-64 Wksch / Mitgl.-„BBK"-OWL u. „BDG" / Ausst. u. a. 2005 Gütersloh (Stadtmus/ Kv), + OWL / **Lit.: 124-**81+05 **+ 133-**94Anh. **+ 191**

Heckmann, Adam Heinrich (M/F) / 1814 Natbergen b. Osnabrück – 1880 Osnabrück / NEU: 1836-40 in Wuppertal u. 1842-52 in MS tätig, s. 1860 Osnabrück / **Lit.: 216**

Hedwig, Manfred (F) / * 1940 – / lebt (2005) in Bottrop / eig. Fotostudio in Bottrop / Ausst. 2000/01/04 Bottrop (Mus), 2001/02 Bottrop (Kulturzentr) / **Lit.: 99a-**2000+01+04 **+ 99c-**01+02

Heeck, Christian (M/B/O) / 1951 Münster- / lebt (2006) in MS / NEU: 05 Workshopltg. Steinfurt (Kv) / ab 04 Mitgl. „BBK-Westf." Dortmund / (Biografie in Beilage: CD-Ausgabe 2006)

Heemann, Ulrich (M/G/F/D) / 1951 Melle – / lebt (2005) in Melle/Ns. / Stud.-Essen 69-71 Folkwangsch. (Malerei), Düsseldorf 71-75 Akad. (Grafik), 75 Meisterschüler u. Essen 77-80 Folkwangsch. (Fotogr) / 75-76 Stip. NRW f. Cité Int. des Arts-Paris / 85-89 Lehrt. FHD-Dortmund / Mitgl. „BBK"-OWL / Ausst. s. 1972, u. a. 1997/2000 Osnabrück (Gal.-Hörschelmann), 01 Papenburg (Alte Werft), Düsseldorf-Eller (Kulturbahnhof), 01/2x05 Bielefeld (Rav.-Spinnerei), 02 Passau (BBK), 03 Osnabrück (Stadtgal), 05 Bielefeld (WDR-Studio), + N / **Lit.: 124**-05 + Internet

Heer, Thomas (M/G/F) / 1953 Offenbach/Main – / lebt s. 86 in Witten / 72-76 Stud.-Frankf./M. (Malerei/Grafik) u. 77-81 Alfter b. Bonn (Malerei/Malpäd) / 81-85 Kunsttherapeut im Schwarzwald, s. 86 Lehrt.-Witten / ab 99 Mitgl. „KB"-Witten / Ausst. u. a. 1999-02 Witten (Haus Herbede), 2001 Witten (E: Haus Herbede), + NRW/N / **Lit.**: Internet

Heer, Vitold (Produkt-Des) / 1968 Karaganda/Kasachstan – / lebt (2003) in Soest / Stud.-MS 95-2/2000 FHD / ab 2000 freisch. tätig / 01 red dot Award / Ausst. u. a. 2001 Essen (Des.-Zentrum) / **Lit.: 15a** (S. 91+112) + **205z**-01

Heermann, Christel (F/G/Film- u. Videok) / * in Herford-Schwarzenmoor – / lebt (2003) in Bielefeld / Stud.-Bielefeld 72-77 FHD (Vis.-Komm) / 77-84 Theaterfotografin in Bielefeld, 85-89 u. a. Lehrt. Biel.-Bethel, Stud. Univ.-Bielefeld (Soz/Video/Film) u. Mitarb. „Filmhaus-Bielef. e.V.", 85-87 Mitarb. Kü.-innenprojekt „Frauen frei Räume" in Herford, 90/91 Fotogr.-Weiterb.-Dortmund (RBZ) / Ausst. u. a. 2001 Bielefeld (Bunker Ulmenwall), 01- Bielefeld/OWL (Archiv), 03 Bielefeld/Borgholzhausen (Q-Tour) / **Lit.: 192**-01+03+04

Hees, Ulle (M/B/Komm.-des) / 1941 Wuppertal – / lebt (95) in Wuppertal-Barmen / Stud.-Wuppertal 56-57 Wksch, München 58-61 Akad. u. Rom 62-64 Akad. / 79-84 Lehrt. Univ.-Dortmund / 93 Werk in Hemer / Ausst. u. a. 1994 Hemer (Felsenmeer-Mus), + N/INT / **Lit.: 242**

Heetmann, Christiane (M/G/B/Perf) / 1963 Altena/W. – / lebt (2005) in Dortmund / 83-91 Stud. Univ.-Dortmund (Math/Kunst), 88 Weiterb. Sommerakad.-Salzburg, 89 b. Prof. Kampmann – Kamen / ab 96 Lehrt. Gesamtsch.-Dortmund u. 96-99 Univ.-Dortmund / 90 Mitbegr. „Kunstwerkst.-Nord"-Dortmund, ab 95 Mitgl. Gr.-„Depot", s. 99 „BBK"-Westf.-Süd in Dortmund u. 2000 Gründung Frauenpercussionsgr. „Macadames" / 2000 Beteil. an einem Intern. Wandmalproj. / Ausst. s. 1989, u. a. in Österr., 91 Mecklenburg, 93 Herten, 96 Bonn, 99 „IBA", 2001 Lünen (Lüntec), 04 Dortmund (Off. Atelier), + Westf. / **Lit.: 98a + 199**-01(2) + **120c**-04

Hegemann, Ingeborg (K) / 1946 Gütersloh – / lebt (2005) in Gütersloh / Lehrt. an Weiterb.-seminaren u. Beteil. an Workshops in Minsk-Weissrussl./Tjerkwerd-NL/Borgholzhausen/Bielefeld/Billerbeck/Osnabrück / Mitgl. „Gruppe 13" – Herzebrock-Clarholz / Ausst. u. a. in Lippstadt (Gal. live-ART), Herzebrock-Clarholz (Haus Samson), 2004 Gütersloh (Off. Atelier) / **Lit.: 191b**-04

Heggemann, Frank (M) / NEU: 23. 9. 1958 Höxter – 20. 1. 2004 Bielefeld / Stud.-Bielefeld 83-90 Univ. (Kunst/Päd/Malerei) / 91/92 Lehramtsanwärter in Paderborn, 92 freisch., ab 93 Ltg. Kunstschule-Herford / war s. 95 Mitgl. „BBK"-OWL / Ausst. u. a. 03 Bielefeld (Rav.-Spinnerei), + N / **Lit.: 72**-95 + **124**-97 + **152**-95+96

Hegmann, Susanne (M/F/O/I) / 1957 Essen – / lebt (2006) in MS / Stud.-MS 77-84 Akad., 81 Meisterschülerin / NEU: 01/02 gr. Bühnenbildinstall. f. Theater im Haus d. Kunst – München, 04 Werk in Köln / (Biografie in Beilage: CD-Ausgabe 2006)

Heide, Hannelore H. (M/Z) / 1944 Treuburg – / lebt (2005) in Bad Laasphe / Mitgl. Ateliergem. Bad Laasphe / Ausst. = N + INT / **Lit.: 110b + 110c**-04 + H. H. H.: „Du machst mein Leben reich" – Onken-Verl. – Wuppertal/Kassel + Doppelkarten

Heidenreich, Bernd (M/Restaurator) * 1951 – / lebt (2005) in Warburg / Ausst. u. a. 2005 Bielefeld (WDR-Studio), + Westf.

Heidenreich, Wolfram S. C. (G/F/D) / * 1958 – / lebt (2004) in Haltern / Stud. Univ./GH-Wuppertal (Komm.-Des) / ab 87 Büro in Mainz, s. 92 „Buttgereit u. Heidenreich"-Haltern / Ausz.-gen b. 96 = s. Lit., 5x USA, 02 CI-Agentur-Ranking unter den „TOP 30" in Deutschl., 03 Horizont Ranking: „Member of Top 25 Design Ag. Germany", 03+04 Wettbew.-Gewinner f. Projekte: „ProChrist 2003" + „kickoff 2006" / Mitgl. „CrossOverGroup Germany/NL/USA" / **Lit.: 205**-94(Lit.)+97(Lit.) + **205a**-01(Lit.)+03 + **205y**-98,2+2000,2+02,2

Heider, Kitty (G/D/Mediendes) / 1975 Stollberg- / lebt (2005) in MS / Stud.-MS 98-2/03 FHD / s. 2000 fr. Mitarbeiterin, ab 03 Büro „EINS_A – büro f. gestaltung in MS u. 7/04-05 Hafen-MS, Speicher II / Arbeiten s. Internet

Heidrich, Gertraud (M) / 1942 Rahden – / lebt (2006) in Lüdge-Elbrinxen / Stud. PH-Bielefeld (Kunst/Päd), Weiterb.-Schwalenberg u. Höxter / Ausst. s. 1987, u. a. in Neuhaus-Sollig/Höxter

/Bad Driburg/Bad Pyrmont/Brenkhausen/Detmold-Hiddenhausen, 2001/03/05 Lüdge-Elbrinxen (Off. Atelier), 03 Detmold (Kreishaus), 05 Lüdge (Marktscheune) / **Lit.: 132a-**01+03+05

Heidt, Werner (F/M) / 1954 Essen – / lebt (2004) in Hattingen / Repofotogr.-ausb., Beruf: Mediengest.-er / 84 Weiterb.-Malerei FH-Essen, Mitgl. Gr.-„KünstlerBuntMultiColor"-Hattingen / Ausst. u. a. 1991/2000 Hatttingen (Sparkasse/Stadtgal), 97/98 Hattingen (Henrichshütte)

Heieck, Jörg (Dr. Physik) (F/Multimedia-Inst.-k) / 1964 Münster- / lebt (2006) in Kaiserslautern / Stud.-Physik in Frankf.-M./Schottland/USA / Mitgl. „DGPh" / 95 ITEK-Award – American Soc. for Imaging Science & Technology / Ausst. u. a. 2006 Kaiserslautern (Pfalzgalerie)

Heiermann-Bauer, Carmen (A/Dipl.-Ing) / * 1954 – / lebt (2000) in Dortmund / Stud.-Dortmund bis 87 Univ. (Archit) / ab 84 Büro „Planquadrat"-Dortmund m. M. Bauer u. H. W. Bonny, 87-89 Mitarb. Büro R. M. Kresing – MS / Mitgl.-„BDA" / Werke s. Lit. / **Lit.: 197**-97 + **197a**-99

Heikenfeld, Marita (M/Z) / 1942 Bottrop – / lebt (2006) in Bottrop / Stud.-Päd. / Lehrt., u. a. Sonderschule u. s. 2000 Lehrt./Kurse / Ausst. u. a. in Oberhausen/Castrop-Rauxel/Essen-Rüttenscheid, 2001/02/05 Bottrop (Mus), 01-04 Bottrop (Zeche K.-Elisabeth), 02/04 Essen (Rüttgers Carbo Tech), 04 Essen (Philharmonie) / **Lit.: 99a**-01+02

Heil, Gereon (M/Z/B/Fotomalerei) / 1957 Siegen – / lebt (2005) in Siegen u. Heinsberg/Rhl. / NEU: 95 Stip. für Israel, 2000 Aufenthalt in Pont-Aven, 01 Wettbew.-Pr. IHK-Siegen / (Biografie in Beilage: CD-Ausgabe 2006)

Heilig, Christian (O/I) / 1971 Mannheim – / lebt (2005) in Berlin / Stud.-MS um 94/96 Akad. u. Akad.-Düsseldorf / 05 DAAD-Stip. f. New York / Ausst. u. a. 2003 MS (Gast-Off. Atelier-Frenostr), 04 Hamminkeln (Schloss Ringenberg), 05 Schwetzingen (Kv), Recklinghausen (Kunsthalle), Ingolstadt (Kv) / **Lit.: 256**

Heiliger, Bärbel (B/O) (Lyrikerin) / 1937 Recklinghausen – / lebt (2003) in Nottuln-Darup / Autodidaktin / Ausst. u. a. 2003 Darup (Alte Diele), Nottuln (Alte Amtmannei)

Heimbach, Wolfgang (M) / * um 1615 Övelgönne/Unterweser – † 1678 / NEU: Ausb. in NL/ Italien/Wien/Prag, Hofmaler (taubstumm) in Kopenhagen, in MS tätig von 1670-1678 / Ausst. u. a. 1996/2004 MS (Stadtmus) / **Lit.: 24**-16 + **76** + **178a** + Gertrud Göttsche: „W. H." – Monogr. – Berlin, 1935; Th. Rensing: „W. H." = in „Westfalen" – Bd. 25 – S. 174 – MS, 1940

Heimermann, Erich (M/Wand- u. Raumgest) / NEU: 10. 10. 1913 Bochum-Dahlhausen – 30. 9. 1984 Reichshof-Bergerhof (Oberberg.-Land) / (Biografie in Beilage: CD-Ausgabe 2006)

Hein, Daniel (Film- u. Videok) / NEU: 1964 Castrop-Rauxel- / lebt (2003) in Dortmund / (Biografie in Beilage: CD-Ausgabe 2006)

Hein, Peter Ulrich (Dr) (G/D) / * 1950 – / lebt (2002) in Köln / Schriftsetzer/Grafikerausb., Stud. Univ.-ten in MS/Paderborn (Soz/Publiz/Kunstg), Promotion / s. 87 selbst. Grafik-Designer / Lehrt./Dekan Univ.-Köln / **Lit.: 205**-94(m. Lit.)+97(erw.)

Heine, Werner (M/G) / NEU: 9. 3. 1922 Münster – 17. 2. 2004 / lebte s. 46 in MS / bis 42 Stud. Kgsch -MS u. Akad.-Leipzig / war Mitgl. Gr.-„Schanze"-MS / Ausst. u. a. 1947/48/58 MS (Schanze), 95/97 MS (Rathaus), + NRW / **Lit.: 31** + **32** + **Schanze**-47/58 + **66** + **84**-76 + **89**

Heinemann, Anna (O) / 1982 Münster- / lebt (2005) in Havixbeck / Stud.-MS ab 02 Akad. / Ausst. u. a. 2004 Soest (FH), 05 Wismar (Baumhaus), Recklinghausen (Kunsthalle), Ingolstadt (Kv) / **Lit.: 256+a**

Heinemann, Erika (M) / 1951 Husum – / lebt (2005) in Bielefeld, Atelier in Halle/W. / lebte erst in München u. Mülheim/R. / Autodidaktin / Ausst. s. 1999, u. a. 1999/2002 Halle-W. (Hotel/Rathaus), 02-05 Halle/W. (Off. Atelier/Kunstnacht), 01 Ampuriabrava-Sp./Köln, 01/03 Bielefeld (Bez.-amt-Dornberg/Kanzlei), 02 Husum/Stuttgart/Reil-Mosel, Gütersloh (Stadthalle), 03 Lemgo (Schatzhaus), + N / **Lit.: 152b**-02...05 + **191b**-04

Heinevetter, Gabriele (O/Lichtinst.-k/Khw=Seidenmalerei) / 1955 Minden – / lebt (2001) in Witten / Ausst. u. a. 2000 Witten-Herbede (Brennerei-Sonnenschein) / **Lit.: 187**

Heinisch, Martina (M/Z) / 1960 Olsberg/Hochsauerl. – / lebt (2004) in Oelde / 99-02 Fernstud. A. Andersson Akad.-Hamburg, 2000 dort Förder-Pr. / Ausst. u. a. in Oelde, 2003 Diestedde

Heinrich von Borken (A) / Baultg. Wasserschloss Raesfeld nach 1602 (s. auch: Michael von Gent) / bis 1658 bek. / **Lit.:** In: Dr. Henze: „Westf. Kunstgeschichte" – 1957; In: G. Dehio: „Handbuch d. D. Ku.-denkmäler NRW" – Westfalen – 1986

Heinrich, Fritz (A/Dipl.-Ing) / 1940 Hamm/W. – / lebt (2002) in Dortmund / bis 68 Archit.-Stud. TH-Braunschweig u. Univ.-Stuttgart / 68-70 in Stuttgart tätig, ab 70 selbst., s. 72 Büro in

Dortmund: „Heinrich & Wörner & Partner" / 82-92 Lehrt. FH-Dortmund / Mitgl.-„BDA" u. s. 95 im Landesvorstand / 70-2001 über 100 Preise u. Ausz.-gen / Werke in NRW (u. a. Stadthalle-Soest, FH-Bocholt, Dortmund u. a. Postbank/Hörsaal-Univ./M.-Planck-Inst.) = s. Lit. / Werk-Ausst.: 1993 Dortmund / **Lit.: 97x + 197**-95+97+01 + **197b**-84+99 + **251**-05

Heinrich, Julia (T) / 1972 Münster- / lebt (2005) in MS / Stud. Folkwangsch.-Essen (Moderntänzerin) / ab 92 künstl. tätig, Stud.-Brest-Frankr. 92-99 Akad. / Ausst. u. a. in Brest-Fr./London-GB, 2002 MS (Kv/Stadttheater), 05 MS (Ausst.-halle-Hafen/Gast: Atelier-Fresnostr)

Heinrich, Michaela (M) / 1966 Wolfsburg- / lebt (2005) in Hagen/W. / s. 91 künstl. tätig / Ausst. u. a. 1994/95/97-99 Hannover/Umgebung, 95-98 Wolfsburg, 2001 Hagen (Jacques Weindepot)

Heinrichsdorff, Wilhelm K. (M/Z) / 1864 Stolp/Pommern – ? / Lit.: 24-16 + 34-8,2+9,2

Heinrichsdorff, Willi (auch: Heinrichsdorf, W.) (B/M) / NEU: 1893 Dortmund – 1955 / lebte (1930/55) in Düsseldorf / (Biografie in Beilage: CD-Ausgabe 2006)

Heins, Bernhard (A/Bauing/Khw) / 1904 Twistringen – 1995 Münster / nach Zimmermannausbild./Tätigkeit u. Bautechn.-ausb.: Stud.-Bremen bis 27 Staatsbauschule / tätig in Delmenhorst, ab 29 in MS Baultg. Firma Büscher, ab 47 Baultg. Dombauhütte / archit. Werke in NRW (u. a. Stadtsparkasse-MS/Wiederaufbau Dom-MS) u. Khw-Werke u. a. in MS-Roxel (Autobahnkapelle), im Mühlenhof-MS u. in Privatbes. / **Lit.: 185**-80 + „Sein ganzes Leben baut er für den Herrgott" – zum 85. Geburtstag – in „WN"-MS v. 4.5.1989

Heinz, Frieder J. (A/Stadtplaner/B) / 1949 Solingen – / lebt (2002) in Solingen / (lebte 67/68 in MS) / Stud. TH-Aachen / Ausz. u. a. 95 BDA-Pr. Berg.-Land u. 96 BDA-Pr. Niederrh. (f. gute Bauten) / Ausst. u. a. 1968 MS (Kv) / **Lit.: 7b**-68 + **197**-01

Heinz, Sandra (G/F/I) / 1962 Burbach b. Siegen – / lebt (87) in Siegen / Stud.-Siegen 81-87 Univ./ GH (Kunst/Theol) / 98 Kunst-Pr. Bühl f. Grafik u. 99 Katalogstip. Mainz / Ausst. u. a. 2001 Darmstadt (Kunsthalle/Kommun.-Gal), Volxheim (Kv), Münster (Kv), + N / **(s.=A/E)**

Heiringhoff, Nicolas (M/O) / 1969 Hannover- / lebt (2002) in Wadersloh, 04 Krefeld / Stud.-Berlin 91-92 Univ. (Geogr) u. Krefeld 93-2000 FH (Vis.-Komm) / s. 94 Mitgl. „Kr.-Kv.-B.-Warendorf" / Ausst. u. a. jährl. Liesborn (Mus), 1993 Lippstadt (Gal.-Orrú), 94 Soest (Kunstpav), 95/97/99 Liesborn (Mus), 96 Paderborn (Stadtbibl), 2000 Berlin (Gal.-Storkower Bogen), 02 Oelde (Gal.-Pott) / **Lit.: 50**-02

Heiringhoff, Ursula (jetzt Honerlage, U.) (M/B) / 1956 Rietberg- / lebt (2006) in Rietberg / Weiterb.-kurse 70-73 b. Frau Sandforth, ab 94 in Rietberg u. ab 99 in Worpswede / Mitgl. Gr.-„PARADOX" u. 03 Mitbegr. „Rietberger Kü.-gruppe" / Ausst. u. a. in Lemgo/Bielefeld, Rietberg (u. a. Sparkasse), 2004 Hannover (Gal.-Harrendorf), Schloss Rochlitz b. Leipzig, Schloss Schönfeld b. Dresden, 04/06 Helgoland, 05 Osterode/Harz, 06 Rheda-Wiedenbrück (Artothek) / **Lit.: 192**-03+04

Heising, Bernhard = NEU! (B) / 1865 Wiedenbrück – 1903 Berlin / Akad.-Ausb. in Berlin b. G. Janensch / 1896 Staats-Pr. Akad.-Berlin / Werke u. a. in Berlin/MS/Wiedenbrück / Ausst. u. a. in Berlin/Dresden / **Lit.: 24**-16 + **25**-6 + In: Schmitz: „Das Kunstgewerbe in der Stadt Wiedenbrück" in: „Münsterland" – Monatsschrift – 8. Jhg. – ab S. 188 – Bocholt, 1921

Heißen, Simone (F) / 1973 Meppen – / lebt (2004) in MS / Stud.-MS 95-02 Univ. (Kunst/Engl/ Päd) u. Akad., 02 Meisterschülerin / 2000 Stip. Akad.-MS (Prag), 02 Stip. Cité d. Arts-Paris / Ausst. u. a. 2000 MS (Gal.-Zwischen()raum-Gr. Gasse/HBZ), Kapstadt-Südafr./Zarajsk-Russl., 2000/01 MS (Halle-Am Hawerkamp), 02 Bielefeld (Kv), 03 Troisdorf (Burg Wissen), 04 Dortmund (Mus. am Ostwall) / **Lit.:** „S. H." – unterwegs nach überall – Ausst.-kat. – Troisdorf/Dortmund, 2003

Heithoff, Jörg (Komm.-Des) / 1965 Münster- / lebt (2004) in MS / Stud. Univ.-MS / s. 93 „heithoff identy GmbH" in MS / ab 02 Mitgl. „Rat für Formgebung/German Design Council"-Frankf. / Ausz.-gen s. Lit.! / **Lit.: 205a**-01+03(Lit.) + **205y**-2000,2+02,2

Heitjohann, Roswitha (F) / 1952 Hamm- / lebt (2005) in Hamm / Fotogr. s. 87, Autodidaktin / u. a. ab 93 Mitgl. „DVF" / Ausst. u. a. 1994/2005 Hamm (Mus), 95 Unna, 99 Ahlen, 02 Datteln (Mus), 03/04 Bergkamen (Umweltzentr) / **Lit.: 139a**

Heitkamp, Antonia (B) / 1931 Datteln/W.- / lebt (89) in Datteln / Werke s. 80 / 84 Bischof-Tenhumberg-Pr. Telgte / Ausst. u. a. 1984-88 Telgte (Mus) / **Lit.: 185**-84...88

Heitkemper, Sabine (M/B) / 1945 Jessen/Elster- / lebt (2006) in Unna u. Kroatien / Stud.-Dortmund um 66 PH (Kunst/Sport) / 99 Ausz.: Bronze f. Malerei / Mitgl. 99-03 Gr.-„Kunstwerkstatt Sohle 1"-Bergkamen u. ab 03 „BBK-Westf." Dortmund / Workshops: 98 Villa Palagione/

Italien, s. 99 in Korčula/Kroatien, 2000 Polen, 01 Deutschl. / Ausst. u. a. 1997-2002 Unna (Mus/Klostergal/Lindenbrauerei/2xStromag), 99 Bergkamen (Adener Höhe), 99/2000 Bergkamen (Stadtgal), Vittel-Frankr., 2000 Krakau-Polen, 01 Korcčula-Kroatien, 03 Dortmund (Torhaus), Möhnesee (Gall. Of Classic Art), 05 Bergkamen (Begegnungszentr) / **Lit.: 3**-03(1)

Heitmann, Raimund (A) / 1960 Harsewinkel- / lebt 2002 in Gütersloh / Stud.-MS 81-85 FhfA u. Stuttgart 86-89 Univ. / 89-91 tätig in Köln, ab 91 selbst., Büro „Heitmann-Architekten"-Gütersloh / Mitgl.-„BDA" / viele Wettbew.-gewinne, u. a. 91 Halle/W. + Ausz.-gen, u. a. 91-2002 = 6x 1. + 5x 2. Preise / Werke u. a. in Leipzig/Lycos/Duisburg/Rinteln/Euskirchen + Westf. (s. Lit. + Internet) / **Lit.: 197**-2001 + **197d** (S. 60)

Hekkel, Lilli (M/G) / * 1952 – / lebt s. 12/1992 in Dortmund / 74-97 Grafikerin in der Malschule in Omsk, 80-85 Stud. PH-Omsk, 85-92 Lehrt. Kindermalsch.-Omsk, 96-? Kindermalkurs in Dortmund / 2005 virtuelle Ausstellung Villa „veronese"

Held, Artur (A/Dipl.-Ing) / 23. 1. 1930 Siegen – / lebt (2004) in Siegen / Stud. Univ.-Siegen (Archit) / 83-95 im Büro: „Held & Partner Architekten BDA" Siegen (m. Martin **G**öbel), nach 95: Christian **H**eld u. Martin Göbel / Werke in N (s. Lit.) / **Lit.: 197**-01

Held, Christian (A/Dipl.-Ing) / 1965 Siegen – / lebt (2004) in Siegen / Stud. Univ.-Siegen (Archit) / 94/95 im Büro: „Held & Partner Architekten BDA"-Siegen (m. Artur **H**eld) u. ab 95 Christian Held u. Martin **G**öbel / Mitgl. „BDA" / Wettbew.-Preise u. a. 02 = 1. Pr. Riga/Lettl. u. 03 Anerkennung Bad Oeynhausen / Werke u. a. in Riga-Lettl./Ingelheim-Rhl.-Pfalz, + N (s. Lit.) / **Lit.: 197**-01 + **213a**-99

Held, Fritz-Wilhelm (M/G/Coll.-k) / 1937 Herford – / NEU: lebt um 61 in Wuppertal, 62-64 Spanien, 64 Altena/W., danach Rheda-Wiedenbrück / Ehemann v. Herlinde H. / Stud.-Kassel/ Wuppertal Wksch.-en / war Mitgl. Gr.-„ring-bk"-Wuppertal u. „Gbk"-Gütersloh / Ausst. u. a. in MS, 97 Gütersloh (Kv), + Westf. / **Lit.: 5**-64 + **7c**-61+64 + **216**

Held, Herlinde (Herlinde M.) (M/Z/Ill) / NEU: 30. 4. 1941 Altena/W. – 13. 9. 1991 Rheda-Wiedenbrück / Stud. Wksch-Wuppertal u. b. J. Hegemann / war Mitgl. Gr.-„ring-bk"-Wuppertal / Ausst. u. a. in Antalya/Türk., + N / **Lit.: 1**-3 + In: Ausst.-kataloge – „gruppe rbk" – Wuppertal

Held, Hermann Wilhelm Johannes (A) / 1854 – 1920 / lebte in Bielefeld / 1873 Baueleve in Berlin, Stud.Berlin 1874-78 Bauakad. (Bauführer/Baumeister) / ab 1884 in öffentl. Baubehörden tätig, 1887-91 Ltg. Bauverw.-Bethel b. Bielefeld, s. 1892 Staatsdienst / **Lit.: 146c**

Held, Karl Arthur (M/G) / 5. 1. 1884 Eisleben – ? / lebt (1930) in Höxter / Stud. Kunstsch.-Berlin u. bei Paul Bunke in Weimar, tätig in Höxter, Maler u. Holzschneider, Mappenwerke / **Lit.: 25**-2 + **34**-9,2 + **84**-82

Held, Oliver (I/Videok/Perf.-k) / 1970 Aachen – / lebt (2004) in Siegen / NEU: **02**: FilmArtPrize Ulm, 2. Publikums-Pr. short cuts-Köln, Publikums-Pr. Infernale-Berlin, Pr. Rottweiler, Förder-Pr. Verden, 3. Pr. Festival Marburg, 2. Preis Weimar, **03**: 3. Pr. Landshut, Pr. Deutsche Filmkritik, Pr. d. deutschen Filmhochsch. = Lobende Erwähnung / ab 2000 Lehrt. Univ./GH-Siegen / (Biografie in Beilage: CD-Ausgabe 2006)

Helix Akantus s. **B**ürger, Rolf / **H**övel, Cornelius van den / u. a.

Hell, ter (M) / 1954 Norden/Ostfriesl.- / lebt (90) in Berlin / Stud. ebd. / **L**it.: 4-Berlin + 107a-80

Hell, Willy ter (Ter Hell / Willi) (M) / 1883 Norden/Ostfriesl. – 1947 / lebte in Berlin / Stud.-Berlin u. Dresden / viele Auf.-halte im Sauerland u. in Lippe / Ausst. u. a. in Paderborn/ Hagen, 41 Amsterdam/Berlin, 86 Recklinghausen (Kunsth) / **Lit.: 8b**-41 + **97b**-39+40 + **97ba** + **97c** + **101a**-Nachtr. + **107a**-37+38+44 + **136**-1 + **137a** (erw.) + **239**-86

Hellenkemper, Reinhold (A/Stadtplaner) / lebt (2004) in Wetter/W. / bis 67 Stud.-Archit., 67-84 tätig in Hagen/Stuttgart/Dortmund u. wieder Stuttgart, ab 85 Büro „Gegus + Hellenkemper" in Herdecke, s. 99 Wetter / viele Preise (92 BDA-Pr.), bis 01 u. a. 10x 1. Preise / Werke in NRW (s. Lit. + Internet) / Mitgl.-„BDA" / **Lit.: 197**-01 + **197a**-99 + **219x**-99

Heller, Christiane (M/Z/I) / 1956 Gevelsberg – / lebt (2006) in Gevelsberg / Stud.-MS 76-80 Univ. (kath. Theol/Kunst/Kunstdidaktik/Päd) / s. 99 Mitgl. „FrauenKunstForum"-Südwestf. / 03 = 3. Pr. „KEUCO"-Hemer / Ausst. s. 1990 in Südwestf., 2000/01 Hagen (Niestrath-Berger-Haus/Freilichtmus), 2000 Gevelsberg (VHS), 01 Attendorn/Sprockhövel/Herne, Bonn (Frauenmus), 01-04 Hemer (Firma Keuco), 02 Gevelsberg (Drevermannstift), Iserlohn (Parktheater), Herne (Gal.-Klecks), 03 Herne (Firma GEA), Wanderausst.-beteil. Hagen/Altena/Attendorn/Delinghofen/Bochum, Hemer-Becke (KEUCO-Center), 04 Köln (Bunker), 05 Neuenrade (Park der Villa am Wall), 06 Schwelm (Kreishaus) / **Lit.: 187** + **187b+c** + **209**-06

Heller, Sonja (G/D/Ill/F) (Lyrikerin) / 1968 Hemer – / lebt (2006) in Menden / Stud. FHD-Dortmund (Obj.-Des) / 98-02 in Hamburg tätig, danach freiberufl. in Menden / Ausz.: 93 f. Lyrik Kulturinitiative Iserlohn, 03 Ubooks-Wettbew. (Literatur), Copy-light-Revival = Designbüro Klein&Moore + Sitzkunst-Projekt v. „Schöner Wohnen/imm cologne" / 03 Mitbegründerin Gr.-„Freudenhaus"-Menden / Ausst. u. a. 1994/96/2002-04 Menden (Kv), 04 Unna/Burghausen, 04-06 Menden (Schauraum = Gr.-Freudenhaus), 05 Lüdinghausen (Burg-ART)

Hellhake-Lüftner, Susanne s. Lüftner, Susanne

Hellmann, Fritz (Holzgest) / 1932 Lüdenscheid – / lebt (88) in Halver / 48-51 Tischlerausb., 56 Meisterprüfung, ab 57 eig. Betrieb in Halver / war ab 68 Mitgl. „AdK"-Südwestf. / Ausst. s. 1967, u. a. Fredeburg/Arnsberg/Kassel/Lüdenscheid, 87 Dortmund (Signal-Gal) / **Lit.: 48c**-87

Hellmann, Manfred (M/G) / NEU: 20. 7. 1928 Lüdenscheid – 18. 6. 1998 Oerlinghausen / (Biografie in Beilage: CD-Ausgabe 2006)

Hellrung – Architektenfamilie in Bochum, 20. Jh. / **Lit.: 146b+c** // **Karl** sen. / * 1882 Bickenriede/Eichsfeld – ? / erst Maurer und später Baumeister in Bochum / war noch zus. mit Karl jun. um 1942-62 in Bochum tätig / Werke in Bochum, u. a. Häuser/Heime u. nach 46 Wiederaufbau, u. a. St. Antonius – Bochum / **Lit.:** In: Bernh. Opfermann: „Gestalten des Eichsfeldes" – Heiligenstadt – 2. Aufl. – 1999 // **Karl** jun. = Daten nicht bek. // **Josef** (Stadtplaner) / 19. 3. 1909 Bochum-Ehrenfeld – ? / Stud.-Hannover 30-35 TH / 35-39 in Goslar tätig, dazwischen 36/37 war er Bauassessor in Bochum, 42-45 Kriegsdienst, ab 46 in der Bochumer Bauverwaltung tätig u. Ltg. 49-73 / hat sich besonders für den Wiederaufbau Bochums verdient gemacht = s. Lit.! Wiederaufbaultg./Organisation/Neugestaltung, u. a. Rathaus, Stadtwerkehaus, Schulen, Schulzentren, ab 54 Zusammenarbeit mit K. H. Schwarze, 66 entwickeln beide den „Bochumer Schultyp"

Hellström-Zimmermann, Magdalena (O/I) / 1948 Leksand/Schweden – / lebt (2006) in Witten, Dortmund u. Stora Skedvi-Schweden / Stud.-Ottersberg (Freie Kunst), Bad Boll (Kunsttherapie u. b. Prof. G. Wendland (Nürnberg) / Lehrt. u. a. in Witten/Dortmund, Atelier in Dortmund / Ausst. u. a. in Schweden, 1983/86/88/99 Herdecke (Fachwerkgal/Atelier/Krankenhaus/Raum III), 85 Düsseldorf/Loccum, 86 Berlin (Gal.-Kleber/Gal.-Natubs), 87 Köln (Haus Tobias /Gal.-Goyert), 90 Driebergen-NL, 91 Duisburg (Gal.-Juliet), 93 Witten (Haus Herbede), 97 Mülheim/R. (M.-Planck-Inst), 98 Nürnberg (Christuskirche), 99 Bochum (Johanneskirche), 99 /03 Dortmund (Kunsthaus am Tierpark), 2002 Dortmund (Gal.-Junge), 03 Hagen (Hagenring-Gal), 03/06 Hattingen (Stadtgal/Henrichshütte), 06 Dortmund (ART-isotope) / **Lit.: 209**-06

Hellweg, Doris (M/O) / 1951 Bielefeld – / lebt (2005) in Bielefeld / Sozialtherapeutin / 89-98 Autodidakt.-Weiterbildung, 98-2000 im Atelier v. Wolfg. Waesch u. Marek Biganik / Ausst. s. 1996, u. a. in Amsterdam (Gal.-Linka), Bielefeld (Gal.-Prisma/Kunstmarkt-Sennestadt), 1988/ 89 MS (Bet.: Symposien-Akad), 2001- Bielefeld/OWL (Archiv), 02-05 Bielefeld (3xOff. Atelier/Gal.-Bechauf/Gal.-61), 03 Bielefeld (Q-Tour) / **Lit.: 152**-02...05 + **192**-01+03+04

Hellweg, Jutta (M/G) / 1947 Bielefeld – / lebt (2005) in Unna / bis 81 Stud.-MS+Dortmund FHD (Malerei/Grafik) / Mitgl. „BBK"-Westf.-Süd in Dortmund / Ausst. u. a. in Dortmund/Unna/ Werl/Abano-It. / **Lit.: 190a**

Hellwig, Beate (M/G) / 1955 Siegen – / lebt (2005) in Hilchenbach, Atelier in Siegen / Weiterb.: 84-86 Schule f. Zeichnen u. Gest. in Siegen, 86-89 Ausb. b. Joh. Kotzi in Malerei/Grafik, s. 93 Gaststud. Univ./GH Siegen / s. 95 Mitgl. „Cultura Frauenforum"-Siegen u. s. 99 „FrauenKunstForum"-Hagen / Ausst. s. 1994, u. a. in Düsseldorf, 99 Hagen (Fr.-Ku.-Forum), 2000 Hagen (Strassenbahn-Depot), Finnentrop (Alte Filzfabrik), 01 Arnsberg (Handelskammer), + Südwestf. / **Lit.: 110b + 110c**-04 **+ 187 + 187a+b +** In: „Grenzenloses Europa" – Siegen, 1994; In: „Zu unseren Füssen der Horizont" – Hagen, 1999; B. H.: „Kontraste" – Selbstverl.-Hilchenbach, 2000

Hellwig, Karl (Heinz) (B/M/G/Glasm/Mosaik) / NEU: 2. 8. 1911 Rumburg/Böhmen – 24. 7. 1996 Sprockhövel / (Biografie in Beilage: CD-Ausgabe 2006)

Helm, Wolfgang (F) / 1965 Marl – / lebt (2003) in Gelsenkirchen / 92-95 Fotogr.-ausb./Praktikum / s. 96 freiberufl. tätig / Ausst. u. a. 2002/03 Gelsenkirchen (Atelier-Glasmeier/Mus) / **Lit.: 145**-03

Helmerdig, Silke (F/D) / 1965 Duisburg – / lebt (93) in Düsseldorf / Stud.-Dortmund 84-90 FHD u. London 90-91 Chelsea Coll. of Art / Ausst. u. a. in London/Arnheim-NL, 2000/01 Berlin (Kü.-bahnhof-Westend/SEB-AG), + N / **Lit.: 225**

Helsper, Walter (M/G/Z) / NEU: 1927 Herdorf/Sieg – 1992 Siegen / (Biogr. in Beilage: CD-Ausg. 06)

Helten, Günter (A) / 1957 Bocholt- / lebt (2002) in Aachen / Stud.-Aachen 78-85 TH / ab 86 als Architekt tätig, s. 93 Büro: „Hahn Helten Architekten"-Aachen / Werke in NRW + N (s. Lit.) / **Lit.: 197**-95+97+01

Heming, Karl-Heinz (B/O) / 1948 Gladbeck – / lebt (2005) in Mönchengladbach / Stud.-Düsseldorf 69-75 Akad. / Kunstpädagoge / Werke am Niederrh. / Ausst. u. a. in Roermond/Würzburg, 2005 Gelsenkirchen (Atelier), + NRW / **Lit.: 26a**-05

Hemkentokrax, Michael (Holzgest) / NEU: 1954 Gütersloh – / lebt (2005) in Bielefeld / Tischlermeister / (Biografie in Beilage: CD-Ausgabe 2006)

Hemming, Walter (M/Plakatmaler) / * 1894 – ? / lebte um 1946 in Brilon / war vor dem 2. Weltkrieg (um 29-40) in Düsseldorf als Plakatmaler tätig / Ausst. u. a. 1937/40 Düsseldorf (Kunsthalle), 46 Arnsberg, 2000 MS (WL) / **Lit.: 8a**-46 + **107**-37+40 + **108**-2 + **205c**

Hempel, Jörg (F/D) / * 1963 – / lebt (2002) in Aachen / Tischlerausb., Stud.-Dortmund 87-94 FHD / s. 93 freiberuflich tätig, 95-2000 Lehrt. FHD-Dortmund / Ausst.-gen s. 1994, u. a. in Dortmund, + N/INT / **Lit.: 205a**-01

Hempel, Klaus (Holz- u. Metallgest/D/Innenarchit) / 1930 Dessau – / lebt (2004) in Günne-Möhne / Leuchten- Möbel- u. Spielzeugdesign / Mitgl. „AdK"-Südwestf. / Ausst.-gen s. um 1952, u. a. in Hannover/Essen/Stuttgart, 1973/81/91 Münster/Bielefeld/Wesel (manu factum) / **Lit.: 48c**-99+03 (erw.) + **48x**-73+81+91

Hempel, Lena (Dr) (M) / NEU: 1. 7. 1925 Göttingen – 10. 11. 2001 Münster / (Biografie in Beilage: CD-Ausgabe 2006)

Hendricks, Peter (F) / 1955 Bochum – / lebt (2004) in Hamburg / Stud.-Essen 78-86 Univ./GH (Fotogr) / 87-96 freisch., ab 96 Bildreporter am „Spiegel" / Ausst. u. a. 2002 Bochum (Gal.-m), 03 Coesfeld (Kv), Groningen-NL, 04 Oviedo-Sp., + N / **Lit.:** P. H. = 2x im Steidl-Verl. Göttingen: „Sehsüchtig Sehnsüchtig" – 1998 + „good copy" – 2001

Hengsbach, Franz (M) / 1814 Werl – 1883 Düsseldorf / Stud.-Düsseldorf 1833-40 Akad. / Ausst. 1836-78 Berlin (Akad.-Ausst.-gen), Leipzig (Kv), + N / **Lit.: 24**-16 + **84**-69(S. 97) + **108**-2

Henke, Christa (F/D) / * 1967 – / lebt (2005) in Osnabrück / Stud. FHD-Bielefeld (Vis.-Komm) / Mitgl. Gr.-„OCTA"-Bielefeld (dort Lit.!) / Ausst.-gen s. 1994, u. a. 98 Bielefeld (WDR-Studio), 2004/05 Bielefeld (WDR-Studio/Neues Rathaus), + OWL

Henke, Johannes (G/B/Medailleur) / 27. 10. 1924 Berlin – / lebt s. 85 in Minden / 39-40 Bildh.-ausb. bei Prof. Max Esser in Berlin, Ausb. in Zeichnen/Grafik/Schriftgr. 40-42 an der Staatl. Porzellanmanufaktur Berlin u. 45-55 bei Karl Hofer / 46-78 a. d. Porz.-manufaktur tätig, 58-68 Ltg. des Weissbetriebes u. 68-78 künstl. Mitarbeiter, s. 78 freisch. / 6x Beteil. an Medaillenwettbew.-en, 75 (Medaillon)-„Schweitzer I"-Preis / **Lit.: 268**

Henke, Lore s. Henke-Bleikamp, Lore

Henke, Theodor (B) / 1922 Bessinghausen – 1980 Bad Oeynhausen / Stud.-Kgsch.-en Bielefeld u. Münster / Steinmetz- u. Holzbildhauermeister / war Mitgl. „AdK"-OWL / Werke u. a. in Hannover u. OWL, in Kirchen u. a. von Wittel b. Löhne (64) u. Wehrendorf (69) / Ausst. u. a. 1975 Bonn (LM), + Westf. / **Lit.: 48x**-64(erw.)+75

Henke, Thomas (M/G) / * 1950 – / lebt (2004) in Ennepetal / 68- Offset-Druckerausb. Düsseldorf u. Musikausb. 67-75 Köln (Klavier/Gesang), 76- Klavierbauausb., bis 91 Konzerttechniker in Schwelm / ab 91 freiberuflich. tätig, als Maler Autodidakt / Ausst. u. a. 1978 Haus Altenberg, 84 Nordhorn (Kloster Frenswegen), 86/94/02 Wuppertal (CASA-Zentr/ev. Gemeinde Dönberg/Immanuelskirche), 95 Alsfeld, 98 Bad Honnef, Schwelm (Ibach-Haus), 2000 Duisburg (Deutsche Bank), 01 Düsseldorf (Jugendhaus)

Henke, Thomas (O/I/Video-I/Autor) / 1972 Korbach/Kr. Waldeck- / lebt (99) in MS / (vollst. Biografie nur in der 1. Ausgabe!)

Henke-Bleikamp, Lore (Henke, Lore) (M/Z) / 1933 Werther- / lebt (2005) in Werther / Stud.-Bielefeld 51-54 Wksch (Modezeichnerin) u. Berlin 57-58 HfBK / s. 87 freisch. / Ausst. u. a. 1999 Bielefeld (Brackweder Kulisse), 2001-06 Bielefeld/OWL (Ein-Seh-Bar), 02 Gütersloh (Kreishaus), 04 Werther (Off. Atelier), + N / **Lit.: 191b**-04 + **192**-01

Henkenjohann, Marco (G/D/Ill) / * 1972 – / lebt (2006) in MS / Stud.-MS bis 2/2002 FHD / 03 Stip. „Aldegr.-Ges."-MS / Ltg. Druckwerkst. d. Ernsting-Stiftung in Coesfeld-Lette = „Letter-Presse", Lehrt., ab 02 Kunstschule „Zwischenzeitraum"-MS u. Ltg. Druckwerkst.-Bentlage, 06 Rheine-Bentlage (Kloster=Beteil.-Workshop) / Ausst. u. a. Bielefeld (Kv), Lengerich/Rheine/Miedzynarodowy-PL, 1999 Frankfurt (Buchmesse), 2001/03 Varna-Bulg.,

04 Bielefeld (Mercure-Hotel), Majdanek-Polen, Lüdinghausen (Burg Vischering) / **Lit.: 19**-04 + **122**-99

Hennecke, Georg (F) / 1958 Meschede- / lebt (2003) in Meschede / 79-81 Stud. Dipl.-Verw.-wirt / s. 81 Fotografie, ab 85 Lehrt. VHS-Meschede, s. 2000 Fotojournalist, Veröff.-gen in Büchern /Zeitschr.-en/Kalendern/Internet / Ausst.-gen u. a. in Meschede / **Lit.: 232** + G. H.: „Hochsauerland“ – Bildband – Brilon, 1999

Henning, Agathe (B) / 1928 Castrop-Rauxel- / Werke s. 56 / 84 Bischof-Tenhumberg-Pr. Telgte / Ausst. u. a. 1977-89 Telgte (Mus) / **Lit.: 185**-77...89

Henning, Rolf Peter (A) / 1947 Schwelm- / lebt s. 76 in Wuppertal-Cronenberg / Stud.-Aachen 67-73 TH / ab 76 selbst. / Werke u. a. in Wuppertal u. Mönchengladbach / **Lit.: 216**

Henning, Thomas (F) / * um 1966 / Stud.-Bielefeld FHD / Ausst. u. a. 2001 MS (Stadtmuseum)

Henninger, Thomas (F/D) / 1961 Bonn – / lebt (88) in Dortmund u. Mainz / 80-83 Fotogr.-ausb., Stud.-Dortmund 84-nach87 FHD / Ausst. u. a. 1987 Dortmund (Mus. f. K. u. K.) / **Lit.: 202a**

Henrich, Maria **Aminta** (M) / * in Lima/Peru- / lebt (2006) in Soest / Stud.-Lima/Peru (Biol) / Mitgl. „Kv.-Kr.-Soest“ / Ausst. s. 2001, u. a. in Soest (2xMusikschule/Cafés/Bank/Krankenhaus), + Internet

Henschel, Paul (M) / 1889 Hagen – 1982 (Wülfrath?) / Stud. Akad.-Düsseldorf / war Mitgl. Gr.-„Eiland“-Düsseldorf / **Lit.: 24**-16 + **34**-9,2 + **107**-37 + Im Anhang: „Lexikon der Düsseldorfer Malerschule 1819-1918“ – Bd. 2 – 1998

Hensel, Norbert (A) / 1958 Essen – / lebt (2005) in Dülmen / Stud.-MS 76-80 FH (Ing) u. 80-84 FH f. Archit. / 86 „Schlaun“-Award (für Diss.), 87 Förder-Pr. Archit.-Westf., viele Wettbew.-Preise m. Prof. Kleihues, u. a. 04 Ausz. BDA: Anerkennung f. gute Bauten / s. 84 im Büro Prof. Kleihues tätig, 94 Ltg. Büro in Berlin, ab 88 auch selbst. / Werke u. a. in MS/MS-land + N / Ausst. u. a. 2004 MS-Coerde (Speicherstadt) / **Lit.: 251**-05(Hg.) + **251a**-04

Henseler, Sonja (T/I/O/M) / 1959 Bremen – / lebt (2002) in Hattingen / 77-87 Ausb./Tätigk.: Textillaborantin in Grefrath, 87-92 FofTechnik u. Gest.-Mönchengladbach / s. 97 freisch. / Ausst. u. a. 2000 Gels.-Buer (Volksbank), 01 Hattingen (Henrichshütte), + NRW / **Lit.: 209**-01

Hensen, Alfred (A) / 1869 Osnabrück – 1931 Münster / Stud.-Hannover/Berlin TH / Regierungsbaumeister in MS / Werke u. a. in Bocholt u. MS = u. a. 1902-07 Neubau Stadtverw., erhalten nur der Stadthausturm / **Lit.: 34**-8,2+9,2 + **251**-05(erw.) + In: „Baudenkmale in Münster“ = Westf. Kunststätten – Bd. 27 – 4. Aufl. MS, 1998; In: Detlef Fischer: „Münster von A bis Z“ – Aschendorff-Verl.-MS, 2000

Hentschel, Martin (M) / 1951 Haltern – / lebt (84) in Düsseldorf / Stud.-Düsseldorf 70-76 Akad., 74 Meisterschüler / Ausst. u. a. 1974/76/82/83 Düsseldorf, 76 Frankf.-M. (Kv) / **Lit.: 79a**

Heppner, Ingeborg (geb. Seidel / auch: Baumgarten-Heppner, I.) (M/B/O/Mediengest) / 1954 Arnsberg- / lebt (2005) in Wensickendorf / Stud.-Braunschweig 88-89 Gast HfBK, 90-92 bei Georg Ystein u. 01-02 Weiterb. in Braunschweig / Lehrt.: Atelierkurse, s. 96 in Lage-Hörste u. Sommerakad.-Goslar / Ausst.-gen in Nieders. / **Lit.: 26a**-05

Herbarth, Ingrid (M) / * 1942 (in Schweden)- / lebt (2004) in Oerlinghausen / bis 63 Stud.-Päd. (Schweden) / ab 70 in Deutschl. / ab 2000 Mitgl. Gr.-„Mal vier“-Oerlinghausen / Ausst. u. a. 2001-04 Oerlinghausen (Off. Atelier), 04 Detmold (Kreishaus) / **Lit.: 132a**-01…04

Herber, Artemis (M/B/O/I) / 1961 Paderborn – / NEU: lebt 98-2002 in Ulm, ab 02 USA / (Biografie in Beilage: CD-Ausgabe 2006)

Herbort, Ursula (F) / * 1924 – / lebt (2006) in Bottrop / Ausst. u. a. 1998/2000/01 Bottrop (Mus), 05 Bottrop (Kulturzentr.-Everding) / **Lit.: 99a**-98+2000+01

Herbrand, Michael (M/Z) / 1937 Dortmund- / lebt (2005) in Nümbrecht / s. 67 in Köln freisch. / Ausst. u. a. in New York (Art Expo), Perigeux/Frankf.-M., + NRW/Internet / **Lit.: 26a**-05

Herding, Monika (M) / * 1957 – / lebt (2006) in MS / Ausst. u. a. 2000-05 Telgte (Mus) / **Lit.: 185**-2000+02+04+05

Herfeld, Ulrike (geb.: Clasen) (M) / 1945 Berlin – / lebt (2002) in Neuenrade/Sauerl. / Stud.-Karlsruhe 66-69 Univ. (Geogr.) u. 66-70 Akad. / 67-70 Lehrt.-Kindermalschule, ab 71 in Neuenrade, 71-74 Lehrt.-Menden / Mitgl. Gr.-„GEDOK“ u. war Mitgl. „Hagenring“-Hagen / Ausst. u. a. in Karlsruhe/Pforzheim/Mannheim/Freiburg/Calw/Neuenrade, 1961 Baden-Baden (Kv), 02 Gronau-Epe (Gal.-Soeten) / **Lit.: 165** + In: „Künstler aus dem Märk. Kreis, Iserlohn u. Dortmund“ – 1979; In: „Neuenrade“ – Gemälde u. Zeichnungen – Meinerzhagen, 1987

Hergarden, Bernhard (M/G) / 1880 Geldern – † um 1966 / Abendkurse Ateliers/Akad.-Antwerpen u. Stud. Akad.-Düsseldorf / ab 1919 freisch. in Düsseldorf, um 42/45 dort Zerstörung seines Hauses m. s. Werken, lebte dann um 45/46-? in Westf.+Bielefeld, war dort Mitgl. „BBK"-OWL, danach wieder Düsseldorf / Ausst.-gen u. a. 1941 Amsterdam, + NRW (s. Lit.) / **Lit.: 8a**-46 + **24**-16 + **25**-2 + **34**-9,2 + **97b**-40+41,1+42 + **107**-37+40+66 + **124**-86Anhang

Herget, Ilse (G/Buchk) / 21. 3. 1932 Schwelm – 26. 7. 1990 Essen / bis 53 Stud. Wksch-Wuppertal (Gebr.-grafik/Buchkunst) / (Ehemann: Gert H. (A/M/Z) * 1929 Wuppertal-Elberfeld – 1998 Wuppertal) / war Mitgl. Gr.-„Z"-Wuppertal / Ausst. u. a. in Wuppertal / **Lit.: 216**

Hergeth, Elisabeth (Z) (Autorin) / * in Österreich- / lebt s. 1955 in Westfalen / Stud.-Wien Kunst- u. Modeschule / Ausst. u. a. 1984/85 Lüdingh. (Burg Vischering) / **Lit.: 240** (S. 79) + E. H. (m. Ill.): „Burgen, Schlösser und Adelshöfe in Westfalen" – Waxmann-Verl.-MS, 1996

Herguth, Patricia (M) / 1973 Gevelsberg- / lebt (2000) in Wuppertal / nach Berufsausb./Ausl.-aufenthalte: Stud.-Bochum 97-98 Univ. (Jura), ab 98 Angest. d. Lufthansa / war um 95/99 Mitgl. Gr.-„Kunstraum"-Ennepetal / Ausst. u. a. 1999 Ennepetal (Kluterthöhle), + Südw. / **Lit.: 211**-99

Hering, August (M/G/B/O) / NEU: 1914 Hannover – 6. 3. 1999 Uslar / lebte in Uslar / (Biografie in Beilage: CD-Ausgabe 2006)

Heringhaus, Burkhard (F) / 1950 Bochum- / lebt (2005) in Bochum / Autodidakt / Stud. Univ.-Bochum (Germ/Gesch.-wiss) / s. 76 Lehrt. im Ruhrgebiet, ab 93 Weiterbild. in Foto-kursen u. Workshops / 2000 = 2. Pr. „Historama-Ruhrgebiet" / Ausst. u. a. 2001-03 Essen (GREND-Kulturzentrum/Zeche Zollverein/Zeche Helene), 02/03 Hattingen (Klinik Blankenstein), 03 Soest (Alter Schlachthof), Bochum (Verw.- u. Wirtsch.-akad), Gelsenkirchen (Revierpark Nienhausen), 04 Witten (Kaffeehaus)

Herle, Philipp (G/Lithogr) / 9. 7. 1800 Frankfurt-M. – 14. 7. 1859 Paderborn / NEU: wahrsch. Lithogr.-ausb. in Offenbach / 1830/31 Gründung einer Lithogr. Anstalt/Druckerei in Paderborn = „P. Herle & Co.", nach 1839 Teilh. Louis Sprückmann aus Frankf.-M., nach dem Tode v. Ph. Herle führte er das Unternehmen weiter / Werke in Westf. / Ausst. u. a. 1974/87 MS (WL) / **Lit.: 33** + **101** + **215**-6 + **215a** (S. 21/31/33) + A. Kracht(Text), Hg.: F. W. Freih. V. Schorlemmer-Heringhausen: „Die Rittergüter der Provinz Westfalen" – Buch- u. Steindruckerei Herle & Co. – Paderborn, 1837/40, Neuaufl. 1972; In: „Das malerische und romantische Westfalen" – Aspekte eines Buches – Ausst.-kat. – S. 25/26/31/32 – WL-MS, 1974; In: „Der Kreis Lüdinghausen in alten Ansichten" – 1974

Herman s. Reichold, Herman

Herman von Münster (Glasm) / † 25. 3. 1392 Metz / stammt aus Münster/Westf. / **Lit.: 24**-16

Hermann, Nira (M) / * 1984 – / lebt (2002) in Metelen / Weiterb.-kurse u. Besuch der FofG-Ibbenbüren / Ausst. u. a. 2001 Steinfurt (Sparkasse) / **Lit.: 206**-01

Hermann, Peter (M) / 1886 Gelsenkirchen – 1970 ebd. / Stud. Akad.-Düsseldorf, 1908 Meisterschüler / in Düsseldorf im Kreis „Mutter Ey" tätig / Ausst. u. a. 1912 Düsseldorf, 22/56 Gelsenkirchen (GKB/Heimatmus) / **Lit.: 201**-70(fehlt im Werkverz.)

Hermann, Ralph s. Herrmann, Ralph

Hermes, Michael (M/O) / 1950 Essen – / lebt (2006) in Essen u. Atelier in Duisburg / Stud.-Bochum/Kiel/Stuttgart Univ.-ten (Mathe/Physik/Phil/Päd) / war Lehrt.-Oberhausen/Essen, ab 95 freisch. / Ausst. u. a. 2000 Gelsenkirchen (Inst. f. Kanalas.-technik), Essen (Atelier), 01 Gladbeck (Waldorfschule), Meerbusch (Standesamt), Moers (Eurotec-Center), Velbert-Langenhorst (Atelier), 02 Oberhausen (K 14), 03 Essen (Augustinum), Krefeld (Therapeutikum), Ratingen (Gal.-Kunstturm), Gladbeck (Beteil.: Kunstauktion), 04 Neukirchen-Vluyn (Kulturhalle), 04/05 Duisburg (Off. Atelier), 06 Moers (Kunstmesse) / **Lit.: 238**-04

Hermsen, Herman (Prof) (Schmuckgest/Khw) / 1953 Nijmegen-NL- / Prof. in FH-Düsseldorf / 98 red dot Award-Essen / s. „**Niessing**" – Vreden + **Lit.** u. a. in: **205z**-98+03 + „zeitgenöss. deutsches u. niederländisches kunsthandwerk" – ausst.-kat. – triennale – frankfurt/m., 1981

Herold, Heike (G/D/Ill) / 1974 Münster- / lebt (2005) in Köln / Stud. FHD-MS (Vis.-Komm/Grafik-Des) / freisch. Ill.-in, u. a. tätig f. Verlage+Univ.-klinik-MS / Ausst. u. a. 2000 Frankf.-M. (Buchmesse), 02 MS-Angelmodde (Kunsthaus) 03 MS (Krameramtshaus) / **Lit.: 15a**-(S. 45) + **122**-2000 + H. H.(Ill.) (bis 2004: Verl.-Coppenrath-MS): „Ran an die Stäbchen – Essen wie in China"; „Katerfrühstück"; „Frühstück für Morgenmuffel"; „Hilfe, das Wasser brennt an!"

Herrero-Laffin, Cecilia s. Laffin (Künstlerfamilie)

Herrmann, Bondy (F) / lebte um 1900/14 in Elberfeld, ab 1910 in Dortmund / Fotoatelier

(Teilhaber) mit Max Klein um 1907-1914 in Elberfeld, übernahm nach 1900 das Atelier von Carl **B**aumann in Dortmund / Ausst. u. a. 2001 Dortmund (Mus. f. K. u. K.) / **Lit.: 202 + 216**

Herrmann, Ralph NEU: (Hermann, R.) (B/M) / 1949 Gelsenkirchen-Buer- / lebt s. 76 in Recklinghausen / 64-67 Schriftsetzer- u. Buchdruckerausb., Stud.-Essen 68-70 PH (Kunst/Werkerz) u. Düsseldorf 70-74 Akad. / ab 87 Atelier im „Kenkmannshof"-Recklinghausen / 74-77 Lehrt.-Gelsenkirchen, ab 77 freiberufl. tätig / Mitgl. „Berg. Ku.-genoss."-Wuppertal, 93-2000 Vors. „Genoss. BK"-Weimar / Werke in Westf. / Ausst. s. 1972, u. a. in Westerland-Sylt/Aachen/ Bad Münstereifel/Drachselried/Valencia/LaCopolaSp./Schmalkalden/Düsseldorf/Hamburg/Tübingen/Weimar/Rottenburg-Neckar, s. 1975 lfd. Recklinghausen (u. a. Atelier/Kenkmannshof), 99 Allenstein-Polen, 2001-03 Hamm (Gal.-Kley), 02 Bielefeld (Ev. Johanneskapelle), Schmalkalden (Mus), + Westf. / **Lit.:** u. a. **26a**-05 + **145b** + Internet = m. Lit.!

Herrmann, Reinhard (Prof) (G/Z/Ill) / NEU 7. 9. 1923 Münster – 21. 6. 2002 / lebte in MS / (Biografie in Beilage: CD-Ausgabe 2006)

Herrmann, Sabine (M) / * 1957 – / lebt (2002) in Herne / Autodidaktin / Ausst. u. a. in Herne / **Lit.: 142a** + K. Schröder/S. H.(Malerei): „Bildgedichte" – Frisch Texte-Verl.-Herne, 2000

Hertel – kölnisch-münsterische Künstlerfamilie – 19. Jh. – um 1850-1927 in Köln u. MS tätig / (Biografien in Beilage: CD-Ausgabe 2006)

Herting, Gabriele (G/D) / 1961 Münster- / lebt (89) in MS / Berufsausb., Stud.-MS ab 82 FHD / Ausst. u. a. 1988 Herne (Flottmann-Hallen) / **Lit.: 142x**-88

Hertmann, Karl (M) / NEU: 1918 Recklinghausen – 1995 ebd. / bis 66 Bergmann, s. 55 Malerei / (Biografie in Beilage: CD-Ausgabe 2006)

Herz, Andrea (F/O/Glasdesign) / 1956 Bielefeld- / lebt (2003) in Bielefeld / Stud.-Bielefeld 75-80 FH (Vis.-Komm) / Ausst. u. a. 2000- Bielefeld/OWL (Archiv), + OWL / **Lit.: 192**-01

Herz, Horst (F/Filmk/I) / NEU: 1947 (bei Heilbronn)- / lebt (2005) in Dortmund / (Biografie in Beilage: CD-Ausgabe 2006)

Herzog, Helmut (A) / lebt (1971) in Bielefeld / 69-71 Mitarbeit im Büro „Köpke ° Kulka ° Töpper"-Bielefeld (Neubau Univ. 69-76) / ab 71 Berlin (?) / **Lit.: 197d** (S. 42)

Herzog, Thomas (Prof/Dr) (A/Dipl.-Ing) / 1941 München- / lebt (2002) in München / Prof. in Darmstadt, s. 93 Büro: „Herzog + Partner" – München (m. Andrea Heigl) / 99 Archit.-Pr. NRW (Entwurf) mit Enno Schneider – Detmold / **Lit.: 197d + 213a**-99 + **219**-93+02

Hespe, Johanna (M/Z/O/I/Cool.-k) (Dipl.-Ing/Innenarch.-in/Musikerin) / 1956 Bünde- / lebt (06) in Preussisch Oldendorf / bis 77 Stud. FH f. Innenarch.-Detmold (Dipl.-Ing) u. 78 Staatl. Musiklehrerin-Prüfung – Hochsch. f. Musik-Detmold, 84-94 Fernstud. „Arkanschule"-Genf / ab 78 Lehrt. Musik- u. Kunstsch. Bielefeld, in Preuss. Oldendorf tätig: s. 95 Ltg. Musikschule u. in weiteren Kulturvereinen, s. 93 eig. Gal. „Novalis" (Schule f. Kunst, Musik, Psychologie u. Yoga), Lehrt./Kurse, Konzerte / Ausst.-en u. a. 1982 Schneverdingen (Kl.-Galerie), s. 93 lfd. Preuss. Oldendorf (Gal.-Novalis), 99-2001 Preuss. Oldendorf (Off. Atelier), 01 Preuss. Oldendorf (Skulpturenproj.-Grundschule), + Internet / **Lit.: 152a**-99…01

Hesper, Klaus (M/Materialb.-k) / 1945 Bochum- / lebt (2005) in Hattingen / Berufsausb., s. 91 Weiterb.-kurse/Seminare / Ausst. s. 1993, u. a. lfd. in Hattingen, 1999/2000 Bochum („ai"-Auktion-Kammerspiele/Ebel-Moden), 01 Sprockhövel (Volksbank), 02 Waltrop (Klinik), 02 Hattingen (Henrichshütte/Café am Museum), 02/03 Hilden (W.-Fabry-Mus), 03 Duisburg (Krankenhaus), 04 Castrop-Rauxel (Ev.-Krankenh), 04/05 Hattingen (Grosshandel/Heggerstr/ Klinik Blankenstein), 05 Bochum (Kelleratelier), Witten (Zollhaus-Verlag), + Internet

Hesse, Doris (M) / 1944 Bodenwerder- / lebt (2005) in Paderborn / Schulzeit in MS, danach in MS u. Köln tätig / s. 86 Weiterb. in Seminaren u. Sommerakad.-n, u. a. Univ.-Paderborn / seit 1988 (über 20 Ausst.-gen bis 2001), u. a. 2000- Bielefeld/OWL (Archiv), 03-05 Paderborn (Off. Atelier), + Südwestf. / **Lit.: 101b**-03...05(Atelier-Kunst 4) + **192**-01+04

Hesse, Kerstin (B/I/Z) / 1966 Hagen/W.- / lebt (2005) in Hagen / 92 Meisterprüfung im Friseurhandw. / 92-97 Weiterb. b. bek. Künstlern u. 98 Gaststud. HfBK-Dresden / 03 Werk in Hagen (Inst.) u. Workshopltg. Europ. Sommerakad.-Rumänien / Ausst. u. a. 2000 Hagen (Frauen-Kunstforum), 04 Hagen-Haspe (Off. Atelier), 05 Hagen (Mus) / **Lit.: 187 + 97**-05

Hesse, Klaus (Prof) (Kommunik.- u. Ausst.-Des/Plakatk/Typograph) / 12. 1. 1954 Elberfeld- / lebt (2005) in Düsseldorf u. Erkrath / 70-73 Berufsausb.-Wuppertal (Graph. Zeichner), Stud.-Wuppertal 76-80 Univ./GH (Vis. Komm) / von 88-04 über 100 Preise/Ausz.-gen, davon über 30 = INT (u. a. 03/04 red dot „best of the best" award Essen, 04 Ausz. „100 Beste Plakate 2004" /

79-88 tätig als Grafikdes/Art-dir. in Wuppertal/Hamburg/München u. Düsseldorf, ab 88 eig. Büro in Düsseldorf: „Hesse Design“ GmbH mit Christine Hesse, später in Erkrath (mit Sohn Tim H.), 01 Gründung „Hesse Design“-Berlin / 89-93 Lehrt. Fachh.-schulen Düsseldorf u. Univ./GH-Wuppertal, 93-98 Prof. (f. Konz. u. Entwurf im Kommunik.-Des) FHD-Dortmund, s. 99 FHfG-Offenbach/M. / s. 87 Ausführ. v. Design-Projekten in NRW/N/INT / s. 92 Mitgl.-„Art Dir.-s Club f. Deutschl., 95 „Type Dir.-s Club of New York“, 91 Hg. v. „design by doing“ u. s. 98 Chefredakteur v. „sushi“ (ADAC-Jahresheft) / Ausst. u. a. 1996 Kopenhagen (Mus. o. m. Art), 97 Berlin (Int. Des.-Zentr), + N/INT / **Lit.: 205**-94+97(Lit.) + **205a**-03(Lit.) + **205w**-97+98+01…03 + **205y**-98,2+2000,2+02,2+04,2 + s. 91 Beiträge/Veröff.-gen in Zeitungen/Zeitschr.-en/Jahrbücher u. Designkatalogen, u. a.: „IF design award 2003“ – Hannover

Hesse, Peter (A) / 1955 Lennestadt- / lebt (2002) in Düsseldorf / Stud. FH-Düsseldorf / Büro: „BM+P“-Düsseld. (Beucker/Maschlanka + Partner GbR) / Preise + Werke = N / **Lit.: 197**-01

Hessel, Hans (A) / 5.3.1932 Gelsenkirchen – / lebt (73) in München / Werk in Westf. / **Lit.: 219a**

Hesselbach, Udo (Industrie- Werksdes) / 1952 Neustadt a. Rbge- / lebt (2004) in Paderborn u. Büren / Berufsausb., Stud.-Kiel 78-83 FHfG + FH (Ind.-des) / 83-86 Lehrt. FH-Kiel / war tätig in Wolfsburg/Kiel/Villingen/Darmstadt, ab 86 Paderborn, Ltg. m. Bernd Kruse „Wincor Nixdorf“-GmbH & Co. KG / viele Preise, u. a. 01 Ehren-Pr.-Design NRW, 03 Design-Pr. NRW / Ausst. = N/INT / **Lit.: 205**-94+97(2x erw.) + **205a**-89 + **205x**-01+03 + **205z**-97+03

Hesselbarth, Cordula (Prof) (M/G/D/Ill) / 1965 Kassel- / lebt (2006) in MS / ab 01 Lehrt. FHD-MS, 03 Prof. (Mediendes) / (Biografie in Beilage: CD-Ausgabe 2006)

Hesselbarth, Hans-Ulrich (Holzgest/Innenarchit) / 1929 Szirgupönen/Ostpr.- / lebt (2005) in Bochum / 46-49 Tischlerausb.-Allgäu, Stud.-Düsseldorf 53-56 Wksch (Innenarchit), 54 Tischlermeisterprüfung / 56-63 Werkst.-ltg. Berchtesgaden, ab 63 in Bochum tätig / war Mitgl. „AdK“-Südwestf. / Ausst. u. a. in Herne (Haus Strünkede), Unna (Schloss Opherdicke), 1973/ 79/81/83 MS/2xWesel/Bielefeld (manu factum), 86 Moskau (Industrieausst), 87 u. a. Dortmund (Signal-Gal), 2004/05 Bochum (Gal.-Humpert) / **Lit.: 48c**-87+99 + **48x**-73+79+81+83

Hesselmann, Irmgard (M) / NEU: 11. 5. 1927 Dingden – 30. 8. 2005 Münster / 90/92/94 Weiterb.-kurse-MS u. Trier Europ.-Akad. / Ausst.-gen um 1995-99 in Münster

Hesselmann, Thomas (M/G/D) / lebt (2002) in MS / Stud. FHD-MS / s. 92 eig. Büro mit Katrin Liebert/Christoph Klümpel / Mitgl.-„AGD“ / Ausst.: 1990 MS (Stadtth) / **Lit.: 205**-94(erw.)

Heßler, Claudia (F/O) / 1974 Unna- / lebt (2004) in Werl/Unna (?) / Stud.-MS 94-03 Univ. (Biol /Päd) u. 95-04 Akad. / 03 Stip. Akad.-MS f. Lanzarote, ab 03 Lehrt. / Ausst. u. a. 1999 MS (2x Inst. f. Zoolog.), 99/01 MS (Akad), 2000 Werl (Arztpraxis), 03/04 Hamm/Arnsberg (8 Frauen)

Hetheier, Sigrid (M) / 1955 Dortmund- / lebt (2005) in Herdecke / Stud. PH-Dortmund (Kunst) u. Weiterb. Univ.-Dortmund (Malerei) / s. 2000 Mitgl. Gr.-„Artefakt“ / Ausst. u. a. 1999 Hagen-Haspe (Kooperative K), 2000 Herdecke (Golfclub), 03 Meerbusch (Klinik), 04 Dortmund (Rathaus), Herne (Hospital), 05 MS (Univ.: Schloss) / **Lit.: 187a** (erw.)

Hettenberger, Hans (B/Holzschnitzer/Maskenk) / 1926 Essen-Borbeck- / lebt (2005) in Bottrop / Weiterb. u. a. in Oberammergau, s. 89 Lehrt./Kurse / Werke u. a. in Ascheberg u. Bottrop / Mitgl. Gr.-„Kunstgem.-Bottrop“, 99 Ehrenmitgl. / Ausst. u. a. in Oberhausen/Duisburg/Herne/ Essen/Merseburg/Freiburg/Gladbeck/Westerland-Sylt, 2000-04 Bottrop (Kulturzentr), 04 Beteil.-Wanderausst.-Ruhrgebiet / **Lit.: 99c**-2000...04 + **99d**-04

Hettrich, Willi (M) / 1954 Herne- / lebt (2005) in Herne / Stud. Univ.-Bochum (Biol/Geowiss) / s. 85 Lehrt.-Herne / Mitgl. Gr.-„Off. Kunstforum Hibernia“ – Herne / Ausst. u. a. in Herne/ Wanne-Eickel/Zeist/Aschaffenburg / **Lit.: 142a** (S. 102)

Heuchel, Ingrid (M/G/Glask) (Kunstglaserin) / 1944 Lüdinghausen – / lebt (2006) in Brakel-Bellersen / Ausb./Tätigk. bei W. **R**engshausen in Lünen, ab 65 freisch. b. N. **A**hlmann in Lüdinghausen, s. 82 „Kreativhof e.V.“-Bellersen, Lehrt./Kurse / Mitgl. Gr.-„ARTd-Driburg“ / Ausst. u. a. in Finnland, 2003 Paderborn (Haus der Evangel. Kirche), 03-06 Bad Driburg-Dringenberg (Hist. Rathaus/Burg Dringenberg)

Heuer, Holger (O/I) / * 1964 – / lebt (2005) in Petershagen / seit 97 Mitgl. Gr.-„Gro(w)Art“-Petershagen-Großenheerse / Ausst.-en siehe **G**ruppe „Gro(w)Art“

Heuing, Werner (A/Dipl.-Ing) / * in Westf. / lebt (2002) in Düsseldorf / s. 89 Büro in Düsseldorf: „Triade Architekten“, mit Prof. Dierk v. d. Hövel, Prof. Ulf Profe-Bracht u. Christoph Schraffanek / Werke u. a. in Koblenz/Island/Luxemburg u. NRW (s. Lit.) / **Lit.: 197**-01

Heun, Walter (F) / 1921 Dortmund- / lebt (2001) in Bochum u. USA / 51 Fotogr.-ausb. Leicaschule-Wetzlar / tätig ab 57 u. a. in New York, s. 95 wieder im Ruhrgebiet / Ausst. u. a. 2001 Dortmund (Mus. f. K. u. K.) / **Lit.: 202**

Heupel, Karl (G/D/M=Air-Brush/Khw) / 1951 Niederdielfen – / lebt (2005) in Wilnsdorf u. Atelier in Siegen / nach Besuch d. Technikerschule in Dillenburg: Stud. Univ./GH-Siegen / Lehrt.-Siegen / Ausst. = Südwestf. / **Lit.: 110a+b**(m. Lit.-ang.) + **110c**-04

Heuser, Egon (G) / 1924 (Wuppertal)-Cronenberg – 12. 9. 1979 Meinerzhagen/Sauerland / war Mitgl. „BDG“ / **Lit.: 20 + 216**

Heuwinkel, Christiane (Filmk) / lebt (1989) in Bielefeld / tätig im „Filmhaus“-Bielefeld, 85 Zus.-arb. m. M.-L. Rettig u. 85/88 m. Matthias Müller / Auff.-gen u. a. 1985/88 MS / **Lit.: 196**-85+88

Heydecke, Elke (M/Ill/G/D) / 1964 Bergisch Gladbach- / lebt (2005) in Nieder-Olm / NEU: Stud.-MS 84-90 FHD (Vis.-Komm) u. Berlin 91-92 HdK / 90+92 Stip. Aldegr.-Ges.-MS f. Kätelhön, 04 = 2. Wettbew.-Pr. Stadt Mainz / Ausst. u. a. 2003/04 Berlin/Potsdam/Mainz/Bad Bergzabern/Gnadenthal, 04 Essenheim (Kv), Recklinghausen (Kutscherhaus), 05 Mainz (Medienhaus) / **Lit.:** u. a. **188**-04

Heyden, Christian (A) / 1803 Freck(en)hausen/Reg.-Bez.-Arnsberg – 1869 Unterbarmen / Werke in NRW / Ausst. u. a. 2003 Gütersloh (Stadtmus) / **Lit.:** D.K.-Teil 1/2 + **216**(m. Lit.-ang.) + Erw. in: „Ars Sacra 75“ – Köln, 1975

Heyden, Heinrich Wilhelm (A) / Baumeister aus Freckenhausen, tätig im 18. Jh. / wahrsch. Vater des Christian **H.** / Werk u. a. Kirche in Wuppertal-Ronsdorf / **Lit.: 216**

Heye, Walter (M) / 1883 Bad Oeynhausen – 1914 gefallen in St. Germain-en-Laye/Frankr. / bis 1907 Offizier, danach Stud.-Düsseldorf/München Akad.-en / ab 1911 in Gangast / **Lit.: 194a**

Heyne, Klaus (F) / 1959 Bottrop- / lebt (2004) in Bochum / Stud. Univ.-Bochum / Autodidakt / Ausst. u. a. 1996-03 Bottrop (Mus), 96 Bottrop (Sparkasse), 97 Nienhausen, 97/98 Bo.-Wattenscheid (Altes Rathaus), 97 Bo.-Weitmar/Essen (Sparkassen), 98 Wischlingen/Essen/Vonderort, 99 Essen/Dortmund, 99/2000 Essen (Gal.-identicom) / **Lit.: 99a**-96...03

Hibbeler, Annette (M/G/F/D) / 1960 Gütersloh / lebt (2001) in Gütersloh / 81-86 Stud.-Bielefeld FHD / Ausst. u. a. in Bonn/Braunschweig/Mülheim-Ruhr/Frankr/NL, + OWL / **Lit.: 191**

Hidding, Hermann (B) / NEU: 1863 Nottnen b. MS (ob gemeint Nottuln?) – 1925 / lebte in Berlin / (Biografie in Beilage: CD-Ausgabe 2006)

Hieber, Eleonore (M/B/I/Goldschm/Schmuckdes) / 1943 Höxter- / lebt (2002) in Hemer / Stud. FHfG-Schwäb.-Gmünd / Ausst. u. a. 2002 Ennepetal (Kluterhöhle), + Südwestf. / **Lit.: 209**-02

Hilburg, Lisa (M/O/I/Khw = Seidenmalerin) / 1950 Lengerich- / lebt (2006) in Lienen u. Osnabrück / Ausbild. Gymnastiklehrerin u. Bildn. Gestalten, Weiterb.-seminare, u. a. b. Prof. Kuhna – MS u. Univ.-Osnabrück / Mitgl. „Kv.-Seide e.V.“ / Ausst. u. a. s. 1992 Osnabrück (eig. Galerie), 2003 Marktheidenfeld (Kv), 06 Bochum (Zeche Hannover), Osnabrück (Stadthalle), Haldensleben (Kultufabrik), Bremen/Köln u. Neuwegen-NL (Textilmarkt)

Hild, Tina Isabella (O/Z) / NEU: 1977 Marburg- / lebt (2005) in MS / Stud.-MS 98-04 Akad., 02 Meisterschülerin / Ausst. u. a. 2000 Dortmund (Künstlerhaus), MS (Gast: Atelier-Am Hawerkamp), 01 Ratzeburg (Mus), 02 Bocholt (Kunsthaus), MS (Gast: Atelier-Schulstr), 03 Rheine-Bentlage (Kloster), Gelsenkirchen (Kv), 04 Bremerhaven (Gal.-149), Wuppertal (W.-Muthmannstr), 04/05 MS (Off. Atelier-Schulstr), Herford (MARTa Lounge), Istanbul-Türkei (Mus), 05 MS (Kunst-Container/Wewerka Pav) / **Lit.: 18**-05 + **57**-02 + **170a** + **229**-03 + **229a**-04 + **231b+c** + **235**-03

Hildebrand, Gerhard (A) / 1936 Lage/Lippe- / lebt (98) in Lemgo / ab 84 Büro: „Planen + Bauen Lemgo GmbH“ (8 Partner), 84-94 = 17 Preise / Werke: Westf.-Lippe + N (s. Lit.) / **Lit.: 197**-95+97

Hill, Hainer (Bühnenbildner) / * an der Bergstr.- / lebt (1974) in Dortmund / 1927-29 Berufsausb., Stud.-Darmstadt 27-30 Städt. Gewerbesch., Mainz 31-35 Kgsch u. (Stip.) Frankf.-M. 35-? Städelsch., Meisterschüler / Bühnenbildner bis 1950 in Frankf.-M./Darmstadt/Hamburg/Wien/Posen/Gera/Leipzig, 50-61 Berlin, 63-67 Karlsruhe, ab 67 in Dortmund, Chefbühnenb.-ner des Musiktheaters, Gastbühnenb.-ner in N+INT / **Lit.:** In: „hier“ – Dortmunder Kulturarbeit – Heft 32 – S. 22-33 – 1974

Hille, Marcus (A) / 1964 Arnsberg- / lebt (2004) in Mainz / bis 86 Tischlerausb., Stud.-Darmstadt 86-93 TH / ab 95 selbst. in Mainz, 98-03 Lehrt. TU-Darmstadt, 03 Gastprof. Univ.-Ankara/Türkei / Mitgl. im Städtebaubeirat Stadt Mainz / über 20 Wettbew.-Preise / **Lit.:** Internet

Hille, Werner H. (A/Dipl.-Ing/Gestalter) / 1933 Neheim-Hüsten – / lebt (84) in Arnsberg / Stud.-

Darmstadt 53-57 TH / 57-60 in Darmstadt u. Frankf./M. tätig, ab 61 selbst. in Arnsberg, nach 84 Zus.-arb. M. H. (Hannes) Knickenberg (Soest) / Mitgl. „BDA“ / Werke in Westf., u. a. Kirchen in Arnsberg(2x)/Herdecke/Wennigloh/Wickede / **Lit.: 112d** (S. 38/42/54/84/130)

Hillebrand, Jörg (F) / 1962 Göttingen – / lebt (94) in Bad Nenndorf / Stud.-Bielefeld 84-89 FHD / ist freiberufl. als Fotogr. tätig / Ausst. u. a. 1992 Bielefeld (Fotoforum) / **Lit.: 114c**

Hillebrand, Kai (F/D) / 1967 Hagen – / lebt (2005) in Hagen / Stud.-Dortmund 90-98 FHD (Vis.-Komm) / 93 Kalenderwettbew.-Pr. NRW, 94 = 3. Wettbew.-Pr. Zeitschr. „digit“ / s. 97 Mitgl.-„DGfPh“ / Ausst. u. a. 2001 Dortmund (FHD), 02 Hohenlimburg (Gymnas), 02/05 Hagen (Mus) / **Lit.: 97**-02+05

Hillebrand, Simone (B/Gest) / * 1972 – / lebt (2005) in Bottrop / bis 94 Tischlerinausb. = 1. Pr. „Gute Form 92“ u. 94-2000 Stud.-Düsseldorf (Innenarchitektur/Möbeldesign), 98 Wettbew.-Siegerin / 3/01 Workshop Kulturwerkst.-Bottrop m. Olaf Bensmann / s. 01 Mitgl. Gr.-„Kunstgem.-Bottrop“ / Ausst. u. a. 2000/01 Bottrop (Kulturzentrum/Technikforum/Gal.-Ochs/ Sparkasse/RWW/Weihn.-markt), 01 Gelsenkirchen/Gladbeck / **Lit.: 128**-01

Hillenbrand, Christoph (M/Z) (Musiker) / 1942 Borken – / lebt (2005) in MS / Beruf: Organist/ Chorleiter / Autodidakt / s. 2000 Mitgl. Gr.-„Spektrum 77“-MS / Ausst. s. 1997, u. a. in Hellersen (Sportkl), 99 MS-Albachten (Kunstfest), MS (Chir.-Univ.-kl), 99/2000 Lüdinghausen (Burg Lüdinghausen), 04-06 MS (2xKrameramtshaus/Ärztehaus/St. Antonius) / **Lit.: 39**-05

Hiller, Christian (F) (Medienwissenschaftler) / 1975 Gelsenkirchen – / lebt (2006) in Berlin / Stud.-Univ.-n MS/Bochum/Barcelona, 03 graduierte er in Film- u. Fernsehwiss.-en, z. Zt. 05/ 06 Kursbeteil. Univ.-Bochum (Medienwiss) / Ausst. u. a. 1996/2002 Bochum (Mus.-Zentrum)

Hiller, Hannes (M/G/Ill) / 1951 Dahlenburg- / lebt s. 80 in Emlichheim, Atelier um 99/01 in Bielefeld / Stud.-Hannover (Malerei) / s. 80 freisch. u. Lehrt., u. a. Grafschaft Bentheim, s. 86 Ltg. Sommerakad. „Heuerhaus Höcklenkamp“ / Ausst. u. a. 1999-01 Bielefeld (Off. Atelier), 01 Bielefeld (Gal. Alte Vogtei), + N/INT / **Lit.: 152**-99...01

Hiller, Marcel (M) / 1982 Potsdam-Babelsberg- / lebt (2006) in MS / Stud.-MS ab 03 Akad. / 2000 Förder-Pr. Minist. f. Bild. u. Forschung, 06 Erasmus-Stip. f. Genf-Schweiz / Ausst. u. a. in Potsdam, 2005 Moers (Peschkenhaus) / **Lit.: 64x**-05

Hilmar, Jiri (B/O/I/Z) / 1937 Hradec Kràlovè/CSSR- / lebt (2006) in Gelsenkirchen / NEU: Gatte v. Karin **H.** / (Biografie in Beilage: CD-Ausgabe 2006)

Hilmar, Karin (geb. Kohl) (B/O/I) / 1962 Wuppertal- / lebt (2006) in Gelsenkirchen / Gattin v. Jiri H. / Stud.-Mainz bis 90 Univ. (Kunst/Geschichte) u. ein Jahr Gast Ecole de Beaux Arts Montpellier/Fr. / 92-98 Lehrt. FHfG Rheinl.-Pfalz / s. 99 Mitgl. „Kü.-siedlung-Halfmannshof“ Gelsenkirchen u. (ab um 04/05) „WKB“ / **E.**-Ausst. u. a. 1988 Mainz (Atelier f. Kleinplastik), 91/95 Trier (Gal.-Kaleidoskop/Gal. f. j. Kunst), 93 Wuppertal (Bestatt.-inst.-Neusel), 94 Herne (Gal.-Lygnaß), 96 Essen (Kunsthaus), 98 Hagen (Kunstraum), 2001 Gelsenkirchen (Halfmannshof) / Ausst.-**bet.** u. a. 1987 Mainz (Stadtpark), 88 Wiesbaden (Sommerfestival), 91 Witten/Moskau, 93 Solingen, 93-95 Wuppertal (Kunsthalle/GEDOK/Sparkasse), 94 Herne (Flottm.-Hallen), 95 Gelsenkirchen (Mus), 96 Klatovy-CR (Stadtgal), Burg Klenova-CR (Sympos), 97 Essen (Aussenprojekt), 2001 Remscheid (Stadtgal), Lüdenscheid (Mus), Gelsenkirchen (Volksbank), 01/02 Düsseldorf (Messe/Kunstpalast), 02 Gelsenkirchen (Mus/Atelier-Halfmannshof), 03 Gera (Schlosswache), 05 Herne (Flottmann-Hallen), Oberhausen (Zentr.-Altenberg) / **Lit.: 86**-05 + **107**-01+02 + **143**-05 + **145**-95(= Kohl, K.) + **216**(=Kohl, K.)

Hilmer, Heinz (A/Dipl.-Ing) / 1936 Münster- / lebt (2005) in München u. Berlin / Stud.-München 57-63 TH / Büro: „Hilmer & Sattler u. Albrecht“ – Ges. f. Architektur in Berlin u. München, s. 68 Zus.-arb. m. Christoph Sattler (* 1938 München – Stud. TH-München u. IIT-Chicago) u. ab 86 u. s. 94 Partner: Thomas Albrecht (* 1960 München – Stud. TH-München u. IIT-Chicago, s. 2000 Visiting-Prof., Univ.-Newcastle) / Preise: 81/88/91 Wettbew.-Preise Stadt München, 83 Anerkennung BDA-Bayern u. 92 BDA-Berlin, 90 Kritiker-Pr. f. Architekten, 03 Archit.-Pr. Stadt München, 04 Ausz. Pforzheim, 05 Annerkennung u. Deutscher Naturstein-Pr. / Werke u. a. in Berlin + N/INT / Ausst. = N+INT / **Lit.: 26a**-05 + **219**-93 + **251**-05 + In: H. Hatje: „Lexikon der Architekten des 20. Jh.-s“ – 1998

Hilpert, Ilse (O/Konzeptk) / 1950 Recklinghausen- / lebt (2004) in Waltrop / 68-73 Stud.-Dortmund (Kunst/Päd) / 72-82 Lehrt.-Dortmund, 82-93 u. a. tätig in Hail/Saudi-Arabien, Kigali/ Ruanda u. Dhaka/Bangladesh, ab 94 freisch., 94/95 Indonesien, u. a. Batikausb., 96/97 Manila /Philippinen, um 96/99 Weiterb. Europ.-Akad. Trier (F/Siebdruck) u. Stud. Fernuniv.-Hagen

(Kulturmanag.), ab 98 Kunstmanagement f. Künstler in Südasien u. Indien, 98-2000 in Dhaka/ Bangladesh / 01 = 1. Pr. Kv.-Oldenburg / Ausst. u. a. 2001 St. Andreasberg, Klausdorf-Weism. (Studio-Gal), 01/04 Lünen (Stadtgal), 02 Jesteburg/Göttingen/Frechen/Fürstenwalde/Tàbor-Tschech., 03 Braunschweig (Gal. auf Zeit – Räume f. Kunst), Kalkutta-Indien, + N/INT / **Lit.:** In: „Kunstwoche Jesteburg“ – Ausst.-kat. – 2002

Himstedt, Renate (B) / 1943 Hannover- / lebt (2004) in Minden / Ausb.: Grafik-Des/Marketing u. Kürschner/Mode-Des., Meisterprüfung / Weiterbild.: Gast Univ.-Bielefeld, Haus der Kunst-Hannover (Kunstg) u. Kunstzentr. Bosener Mühle / Atelier „Bildh.-werkst.-Bachstr.“-Minden, s. 94 Mitgl. „Verein f. akt. Kunst“-Kr. Minden-Lübbecke / Ausst. u. a. 2001/02/04 Minden (Off. Atelier), 04 Minden (Mus), Petershagen-Lahde (Fährstr. 30), + OWL / **Lit.:** **152a**-01+ 02+04

Hinkeldey, Ernst Paul (Paul Ernst) (B) / 1893 Arnstadt/Thür. – ? / lebt (1930) in Rothenburg o. d. T. u. (46) in Herford / Stud. u. a. Akad.-Berlin / 1919/20 Preise in Berlin (Gr. Staats-Preis) / Werke u. a. in Herford, Lübbecke u. Dreyen/Ostwestfalen / war Mitgl. „BBK”-OWL / Ausst. u. a. 1946 Arnsberg, + OWL / **Lit.:** **8a**-46 + **34**-9,2

Hinricher, Annette (B/M) / 1958 Münster- / lebt (2006) in MS / Stud. HdK-Berlin / u. a. 05/06 Lehrt. Kulturwerkstatt-Altenberge / Werke in NRW

Hinse, Ludger (M/B/O) / NEU: 1948 Recklinghausen – / lebt (2004) in Recklinghausen u. Bochum / Autodidakt / Stud.-Bochum 68-72 Univ. (Soz.-päd) / nach Lehrt.-FH: ab 84 Vors. IG Metall in Bochum / Ausst. u. a. Valparaiso/Santiago-Chile, 2002 MS (Inforum-BASF), Borken (Volksbank), 03 Herten (Zeche Scherlebeck), + NRW/N / **Lit.:** **239**-90a + „L. H.“ – Transparenzen – Ausst.-kat. – Mus.-Bochum, 1998; „L. H.“ – die Farbe Weiss – bewegte Kunst – Ausst.-kat. – MS, 2002

Hintzer, Jörn (F/Video- u. Filmk/I) / 1966 Wolfenbüttel- / lebt (2005) in Köln / NEU: war Mitgl. „Filmwerkstatt“-MS / sein Mitarb./Compagnon ist Jakob Hüfner (* 1971 Heidelberg = lebt in Köln) / (Biografie in Beilage: CD-Ausgabe 2006)

Hinze, Reinhard (M/G) / * 1929 – / lebt s. 85 in Essen / Stud. Wksch-Bielefeld, Grafiker in Hamburg u. Stud. PH-Bielefeld / war Lehrt. / Ausst. u. a. in Essen/Wuppertal/Nordhorn/Ulm/Mülheim-Ruhr, 2003 Gladbeck (Beteil.-Kunstauktion), 04 Bochum (Kulturrat)

Hippenstiel, Gilda (M/Z/K/Hinterglasm) / 1931 Gevelsberg- / lebt (2006) in Gevelsberg / Mitgl. Gr.-„Gevelsberger Künstler“ / Ausst. u. a. Gevelsberg (Rathaus), 2004/06 Gevelsberg (VHS/ Bürgerzentrum/Wasserschloss Werdringen), 05 Schwelm (Kreishaus)

Hippenstiel, Karl-Wilhelm (M/G) / * 1937 – / lebt (2005) in Bielefeld-Bethel / **Lit.:** In: „Gruss aus Bethel“ – Kalender 2004 + 2005 – B.-Bethel, 2003/2004

Hippler, Eberhard (G/D) / lebt (1994) in Dorsten / Stud.-Essen bis 69 Folkwangsch. (Grafik) / s. 69 selbst., 94 = Des.-Büro „Eberhard u. Marie-Theres Hippler“ in Dorsten / **Lit.:** **145d** (erw. b. Knorr, Ernst) + **205**-94(m. Lit.)

Hippler, Marie-Theres (G/D) / lebt (1994) in Dorsten / 94 = Design-Büro „Eberhard u. Marie-Theres Hippler“ in Dorsten / **Lit.:** **205**-94(m. Lit.)

HIROKO s. Töniges, Hiroko

Hirsch, Ulrich (Prof) (Industrie- u. Grafikdes) / * 1945 – / lebt (2002) in Neuwittenbek / Stud.-Essen 63-69 Folkwangsch. u. London 73-74 Royal Coll. of Art = Stip. / 76-? Büro in Paderborn, 86 Gruppe „Design & Identität“ / Lehrt./Prof. FHD-Kiel / Ausz.-gen = N/INT, u. a. 88 Mia Seeger-Pr., 91/93 Ausz. IF-Hannover / Ausst.-gen = N/INT / **Lit.:** **205**-94 + **205a**-83+89 + **205x**-93

Hirzel, Matthias (G/D) (Musiker) / 1964 Karlsruhe- / lebt (2005) in MS / Stud.-MS um 88/90 Akad. / Ausst. u. a. 2005 Recklinghausen (Kunsthalle), Ingolstadt (Kv) / **Lit.:** **256**

Hitschler, Brigitte (M/B/Videok/Projektk) / 1954 Bochum- / lebt (99) in Dortmund u. (2001/05) in Bochum / Stud.-Bochum 72-78 Univ. (Erz.-wiss./Germ) u. Dortmund 91-96 Univ. (Kunst) / ab 97 Lehrt. Univ.-Dortmund / s. 01 Mitgl.-„BBK“-Westf.-Süd in Dortmund / Beteil. 97/98 Univ.-Dortmund (Kunst am Bau), s. 98 nat./intern. Projekte / Ausst. u. a. 1997/98 Dortmund (Reinoldikirche/City-Center), 99 Landau-Pfalz (Kv), Hannover/Marsberg, 2000 Dortmund (Torhaus), 01 Lünen (Lüntec) / **Lit.:** **199**-01(2) + In: „espaces trouvés“ – Ausst.-kat. – Kv.-Landau-Pfalz – Hg.: Gruppe Ultramarin-Bochum, 1999

H'loch, Karl (M/G) / NEU: 1883 Meedt b. Aussig/Sudetenland – 1947 Soest / lebte in Soest / zuerst Theatermaler, danach Stud. Kgsch u. Akad. in Wien / war Mitgl. Gr.-„VWKuK“ / Ausst. u. a. in Amsterdam, + Westf. / **Lit.:** **8a**-26+35...38+41+42 + **8b**-41 + **34**-9,2 + **97b**-38+41,1+42+44 + **100b** + **155a**

H'loch-Wiedey, Ursula (geb. Wiedey) (B/K) / 1920 Herford- / lebt (2002) in Hattingen / 2000 Kultur-Pr. Hattingen (CDU) / (Biografie in Beilage: CD-Ausgabe 2006)

Hochfeld, Ernst (Hochfeldt, E.) (A/Dipl.-Ing) / 9. 5. 1890 Lemgo – 18. 3. 1985 Los Angeles/USA / 1908-13 Stud.-TU: Hannover/München/Dresden / 21-38 in Hamburg Partnerschaft m. Fritz Block (Block & Hochfeld), 38 Flucht nach Los Angeles/USA / war Mitgl. „BDA", „DW" u. „RbKD" / Werke in Norddeutschl. (Hamburg) / **Lit.: 34**-9,2 + In: Myra Warhaftig: „Deutsche jüdische Architekten vor und nach 1933 – Das Lexikon" – Berlin, 2005

Hochrein, Sophie (M/G/K/O/I) / 1945 Hildburghausen/Thür.- / lebt (2006) in Lünen / Stud.-Kassel 65-69 HfBK / nach Refer.-zeit in Dortmund = Lehrt.-Lünen / Ausst. u. a. in Lünen/Paderborn/Selm, Lünen (lfd. Atelier), 1997-02 Bad Liebenstein (Malerei in Berghöhle) 2001 Herne (Zeche Unser Fritz/Schollbrockhaus), 04 Ennepetal (Kluterthöhle), 05 Lünen (Stadtgal), 06 Schwelm (Kreishaus) / **Lit.: 143f** (S. 135) + **209**-04+06

Hock, Katja Kerstin (F) / * 1971 – / lebt (2001) in Bielefeld / ab 90 Praktikantin u. Assistentin in Düsseld./Bielefeld, Stud. FHD-Bielefeld u. 96-98 Univ. of Derby (Kunst/Fotogr./Theorie) / Mitgl. Gr.-„OCTA"-Bielefeld (dort Lit.!) / Ausst.-gen s. 91 in OWL

Hodap, Beate (M) / * 1966 – / lebt (2003) in Bornheim/Rhl. / Ausb. Malschule-Freiburg b. Paul Pollok / ab 93 freisch., 94-2000 Lehrt.-Sao Paulo/Brasilien, danach Weiterb.-Alfter Alanus-Hochsch. u. Lehrt. u. a. in MS / **Lit.:** In: „Zwischenzeitraum" – Veranstalt.-gsprogramme der Werkstatt für Kunst – MS, 2002+03

Hodde, Johanna (Filmk) / 1975 Bonn – / lebt (2005) in MS / Stud.-MS ab 01 Akad. u. 04 HfBK-Hamburg (Vis.-Komm) / 04 VG Bild-Kunst Förder-Pr. Filmbiennale-Köln / Auff. u. a. 2004 Köln, Istanbul (Mus) / **Lit.: 231c**

Hoeck, Vollrath (Wilhelm) (M/G) / NEU: 17. 8. 1890 Hamburg – 8. 7. 1968 Soest / Jugend/Schulzeit in China u. Schwelm / Stud.-Düsseldorf 1906-12 Akad. / nach Kriegsdienst in Leer/Norderney, später Elberfeld, um 29/39 in Bochum, ab 39 Soest / war Mitgl.-„Kunstring"-Soest, um 30/33 Gr.-„VWKuK" / Ausst. = NRW / **Lit.: 8a**-30...32+36 + **216**

Hoedemacker, Gabriele (M/B) / 1953 Klafeld- / lebt (2005) in Kreuztal-Buschhütten / Stud. 72-75 Kunst, 75-92 Lehrt. / Ausst. u. a. 1998/2000 Siegen (u. a. Haus Seel) / **Lit.: 110b + 110c**-04

Hoedt, Axel (F/D) / * 1966 – / lebt (97) in Bielefeld u. (99) London / Stud.-Bielefeld 87-94 FHD / 89-94 freier Assist., s. 94 selbst. / Ausst. u. a. 1995 Herten (Fototage), 99 Hamburg, 2000 Stuttgart, + N/INT / **Lit.: 189**-95 + **205**-97 + In: „Zeit Blicke" – Ausst.-kat. – Mus. f. Ku. u. Gew.-Hamburg, 1999 + Städt.-Gal.-Stuttgart, 2000 = Hg.: BFF-Des. e.V.-Stuttgart, 1999

Hoefer, Antje (F) / 1976 Lüdenscheid- / lebt (2005) in Lüdenscheid / Stud.-Schwerte 97-01 Ruhrakad. / 03 „Kodak"-Förder-Pr. , 03/04 Projektbet. „Lichtrouten" Sparkasse-Lüdenscheid, 05 Beste Einzelarbeit = Epson art photo award / Ausst. u. a. 2002 Schwerte (Rohrmeisterei), 03 Bochum (TZR-Gal), 04 Wuppertal (Haus der Jugend), Köln (Photokina), 05 Gelsenkirchen (Wissensch.-park), Köln (Art Cologne)

Höfer, Heiko (Z/O/Videoproj.-k) / 1967 Augsburg- / lebt (2005) in Leipzig / Stud.-MS 90-96 Akad. / Videoprojektionen auf Gebäuden/Häuserfassaden, u. a. 2002 in Augsburg, 03 Frankfurt-M. / Ausst. u. a. 1992 Saarbrücken (Forsch.-zentrum), 93 Bad Oeynhausen (Stadtgal), 2005 Recklinghausen (Kunsthalle), Ingolstadt (Kv) / **Lit.: 256**

Höfig, Pea M. (Petra M.) (M) / 1955 Gevelsberg- / lebt (2003) in Hagen / Autodidaktin / Ausst.-gen u. a. in Frankf.-M. (Kunstraum-Enkheim), Geldern (Mühlenturm), Hagen (Schloss Werdringen), Köln (Gal. in der Mütze), Korbach (Gal.-Lifestyle), Krefeld (Schloss Greiffenhorst), St. Tönis (Atelierhaus) / **Lit.:** In: „artist window" – 9.-12. Ausgabe – Bremen, 1997/1998

Höfinghoff, Willy (Willi) (M) / lebt (1928/29) in Hagen / Ausst. u. a. 1928 Hagen (Stadthalle), 29 MS (Stadthalle) / **Lit.: 8a**-28+29

Höflich, Eike Carsten (Karsten) (O/I) / 1972 Berlin – / lebt (2005) in MS / Stud.-MS 2000-04 Akad. / Ausst. u. a. 2000 Wuppertal (Gal.-Brusten), 02 Herne (Kunstbombe), 03 Laer (Stadtmitte), 04 Berkamen (Stadtgal), Bad Oeynhausen (Kv), 05 Recklinghausen (Kunsthalle), Ingolstadt (Kv) / **Lit.: 256**

Höft, Roland (B/Z) / 1971 Warendorf-Freckenhorst- / NEU: lebt (2002) in Everswinkel, danach Lemgo, ab 2000 Atelier in Versmold / 88-91 Steinbildh.-ausb., 91-93 FofG, 95-98 tätig f. Kloster Eberbach, Schloss Ludwigsburg u. Zeughaus Berlin / Preise: 03+04 Int. Oberkirchner Bildh.-sympos. / s. 96 freisch. / Lehrt.: 02-03 VHS-Halle/W. u. s. 04 VHS-Lemgo / Mitgl. Gr.-„Reflex"-Kamen u. ab 05 „BBK-Westf." Dortmund / Werke in N / Ausst. u. a. 1997 Mülheim-

R. (Gal.-artefakt), 98/99 Sassenberg (Sassenb.-Mühle), 99 München (Schloss Blutenburg), Essen (Zeche-Kö.-Elisabeth), Oelde (Atel.-Pit Weber), Castrop-Rauxel (Rathaus/Gal.-Dielemann), 2001 Oelde (Landesg.-schau), Telgte (Kornbrennereimus), Versmold (Atelier), 02 Halle-W. (Gal. in der Remise), 02-04 'S-Hertogenbosch-NL/Kamen, 02/03 Versmold (gal.-„et"), Obernkirchen (Bildh.-Symposion), 04 Borkel en Schaft-NL (Bildh.-Symposion), 04/05 Kamen (Stadthalle/Gal. im Technopark), 05 Ahlen (Fr.-Winter-Haus), 06 Gelsenkirchen (Wissensch.-park) / **Lit.: 26a-**05

Höhmenz, Peter (M) / 1945 Lodz/Polen – / lebt (2005) in Oldenburg / Stud.-MS 72-78 (Akad) / Ausst. u. a. 2005 Recklinghausen (Kunsthalle), Ingolstadt (Kv) / **Lit.: 256**

Höhne, Stephan (Prof) (A/Dipl.-Ing) – s. **R**app, Christian

Höing, Beate (M) / 1966 Coesfeld- / lebt (2003) in Coesfeld / 87-90 Ausb.-Physioth.-tin, ab 90 Weiterb.-kurse (Malerei/Gest) u. bei bek. Künstlern, s. 98 Sommerakad.-Trier / ab 2000 Lehrt.-Coesfeld (f. Kinder) / Ausst. u. a. in Coesfeld, 1999 Bocholt (Gal.-Finkenbusch), 2000 Mangen-Schweden/De Bilt-NL, 01 Münster (Gut Havichhorst), 03 Warendorf (Hist.-Rathaus)

Hölbing, Christian (M) / 1980 Herne- / lebt (2005) in Essen / 2000-03 Herrenschneiderausb. Schauspielhaus Bochum, Stud.: 2000-04 IfBKK-Bo.-Wattenscheid (Zeichnen/Malerei), 03/04 Univ.-Dortmund (u. a. Deutsch/Kunst) u. 04 Fortbild. bei Angela Glajcar (Bildh) / Ausst. u. a. 2005 Bochum (Techn.-zentr.: Eco-Textil), Köln-Nickl (Ford-Werke), + Internet

Hölger, Angelika (I/G/D) / 1966 Freiburg/Breisgau- / lebt (2004) in Bielefeld / Ausb. 95-98 Techn.-Ass. f. Gest. in Herford u. Stud.-Bielefeld 95-98 FHD (Vis.-Komm/Grafik-Des) / ab 2000 Lehrt. / Ausst. u. a. 2000 Bedburg-Hau (ArToll), 01 Gütersloh (Kv), 03 Bielefeld (Kv), 04 Herford (MARTa-Kapelle), Watou-Belg. (Poeziezomer) / **Lit.:** Internet

Hölscher, Gerhard (M/G) / NEU: 3. 5. 1936 Hannover – 17. 1. 2004 Bielefeld / war Mitgl./ Vorst. im „BBK"-OWL / (Biografie in Beilage: CD-Ausgabe 2006)

Hölscher, Stefan NEU: (Dr. appl.) (M) / 1965 Münster- / lebt (2005) in MS / Stud.-Bochum 84-96 Univ. (Math) = Förderung „Studienstift. des Deutschen Volkes" u. 96-02 Akad.-MS, 01 Meisterschüler / 03 Gotland-Stip. LWL-MS / Ausst. u. a. in Madrid/Minsk/MS, 1998-2002 MS (Off. Atelier-Hawerkamp), 01 MS (Beteil.: Unikunsttage/Halle-Hawerkamp), Holzwickede (Haus Opherdicke), 2002 Berlin (HfBK) / **Lit.: 56c + 57-**01 **+ 231c**

Hölscher-Rode, Ute (B) / 1962 Hamm- / lebt (2004) in Reichshof / Bildh.-ausb. ab 95 bei Joh. **D**röge in Sundern / ab 2000 Lehrt. VHS-Werl u. auf Schloss Körtlinghausen, s. 01 Univ.-Dortmund u. 02 Sommerakad.-Cuxhaven / Mitgl. Gr.-„Hagenring"-Hagen / Ausst. u. a. 1998 Drüggelter Kunststückchen, 99 Langscheid, 2000 Bad Westernkotten, 01 Hamminkeln (Gal.-Isshorst), 01/02/06 Hagen (Hagenring-Gal), 03 Krammelheide (Skulpturenpark) / **Lit.: 97-**04

Höltje, Walter (Prof) (A/Dipl.-Ing) / 1920 Bevern/Weserbergl. – 5. 11. 2000 Holzminden / 36-38 Maurerausb., Stud.-Holzminden 38-39 Baugewerkesch., 39-41 Kriegsdienst, Stud.-Danzig 41 Baugewerkesch., 44-45 TH u. Braunschweig 46-48 TH / 48-50 am Stadtpl.-amt Dortmund, ab 51 freisch., Anfang 60er Jahre nach Holzminden, dort Prof. Baugewerkesch./FH-Holzminden / Werke u. a. in Hagen u. Dortmund (u. a. UB, 51/52 Neubau Westfalenhalle m. Peter Grund) / **Lit.: 97x** (erw.) **+ 197b-**84 **+ 197c** (S. 18/36/72/116) **+ 213b +** In: A. Henze: „Westf. Kunstgeschichte" – Recklinghausen, 1957

Hömme, Alois (F/D) / 1958 Werlte- / lebt (95) in Bielefeld / 75-78 Kaufmannausb., Stud.-Essen 81 Univ./GH (Wirtsch.-wiss) u. Bielefeld 83-90 FHD (Foto-Des) / s. 88 freiberufl. tätig / Ausst. u. a. 1988/89 Bielefeld (FH=Gal.-Lampingstr./Rav.-Spinnerei), 89 Basel (Mus. f. Gest), 90 Zürich (Mus. f. Gest), Hagen (Mus), 92 Berlin (Neue Ges. f. Bild. Kunst), 94 Poperinge/ Brügge/Sluis-Westflandern / **Lit.: 35a**

Höpner, Erika (K) / 1943 Bielefeld- / lebt (2002) in Bielefeld / 90+01 Bischof-Tenhumberg-Pr. Telgte / Ausst. u. a. 1980/81/89-95/97/98/2000/01 Telgte (Mus) / **Lit.: 185-**80+81+89...91+95 +97+98+2000+01

Hörbelt, Berthold (B/O/I) / 1958 Coesfeld- / lebt (2006) in Havixbeck u. Frankfurt/M. / NEU: Sohn des Paul **H.** / (Biografie in Beilage: CD-Ausgabe 2006)

Hörbelt, Paul (B/Restaurator) / 1929 Velen/Kr. Borken – / lebt (2001) in Coesfeld-Lette / Sohn des Bildhauers Heinrich H. u. Vater v. Berthold **H.** / Bildh.-ausb. in Dülmen u. MS, danach in NRW tätig, u. a. als Restaurator in MS u. Billerbeck, später selbst. in Coesfeld / Werke im MS-land u. in Taiwan/China (Kopie v. Coesfelder Kreuz) / Ausst. u. a. in Coesfeld (Stadtgal), 1989/90 Telgte (Mus) / **Lit.: 185-**89+90

Hörling, Angelika (M) / 1959 Herne- / lebt (2002) in Herne / Autodidaktin / Mitgl. Gr.-Farbspektrum"-Dortmund (Haus Wischlingen) / Ausst. u. a. in Herne u. Wanne-Eickel / **Lit.: 142a**

Hörstensmeyer, Kai Daniel (Aktionsk/O/I/F/M/Mail-Art) / 1972 Lippstadt- / lebt (2005) in Bad Kreuznach / NERU: nach Berufsausb.: Stud.-MS 96-2000 Akad., 2000 Meisterschüler, 2000-04 Filmkl., 03 Meisterschüler / (Biografie in Beilage: CD-Ausgabe 2006)

Hoeschen, Gisela s. Kemper-Hoeschen, Gisela

Hoeschler, Rainer (M/G/D) / 1949 Köln – / NEU: lebt um 77 in Bochum, um 78/82 MS u. 2004 Marienfeld b. Gütersloh / (Biografie in Beilage: CD-Ausgabe 2006)

Hoetmar, Norbert von (von Hoetmar / eigentl. Norbert Flüchter) (M/Lichtobj.-k) / 1955 Warendorf- / lebt (2006) in Berlin / Autodidakt / Ausst. u. a. 1984-90/97 in Berlin, 86 Amsterdam (Gal.-Procon), 93 Sydney-A., 95 Ibbenbüren (Kv), 99 Grenzach-Wyklen (Mus), 2000 Dresden (Art-Hotel), 02 Schenefeld/Hamburg, 02/04 Frankenthal, 03 Meppen (Kunstkr), 04 Hof (Kv), 06 MS (Stadtwerke) / **Lit.: 26a**-05

Hövel, Dierk van den (Prof) (A/Dipl.-Ing) / * in Wiedenbrück / lebt (2002) in Düsseldorf / s. 89 Büro in Düsseldorf: „Triade Architekten", m. Werner Heuing, Prof. Ulf Profe-Bracht u. Christoph Schraffanek / Mitgl.-„BDA" / Werke u. a. in Koblenz/Island/Luxemburg u. NRW / **Lit.: 197**-01 + In: „Architekten Almanach Düsseldorf" – Wuppertal, 1997

Hof, Irmgard s. Bodenstein -Hof, Irmgard

Hoff, Georg zum (M/u. a.) / 1956 Heilbronn – / lebt (2005) in Ratingen / Stud.-MS 77-84 Akad. / **Lit.: 64a + 256** + In: „Lebensläufe" – Kl. Prof. T. Ulrichs der Ku.-akad. – Münster, 1978/79

Hoffmann, Bernd (M/D) / 1953 Dortmund – 1992 / andere Daten nicht bek. / Ausst. u. a. Dortmund (Künstlerhaus) / **Lit.: 98a**

Hoffmann, Brigitte (M) / * 1947 – / lebt (2002) in Herne / Autodidaktin, Weiterb. b. Prof. Bruno Konrad / Mitgl. Kunstv.-„Schollbrockhaus"-Herne / Ausst.-gen u. a. in Herne / **Lit.: 142a**

Hoffmann, Carl Josef (Karl Josef) (B) / 1925 Attendorn – / lebt (2006) in Attendorn / nach Kriegsdienst/Gefangensch.: Stud.-Köln 49-51 Wksch / ab 52 freisch. / 59 A.-Macke-Förder-Pr. Meschede, 92 Kultur-Pr. Kreis-Olpe / Mitgl. „Künstler-Union-Köln", „AdK"-NRW, s. 58 „BBK-Westf." Dortmund, war 82-? Mitgl. Gr.-„ASK"-Siegen, 89 Mitbegr. „KB-Südsauerland" / Werke in NRW / Ausst. u. a. 2001-03 Bo.-Wattenscheid (Technol.-Zentr), Dortmund (Rathaus/Advance Holding), 02 Kamen (Stadthalle), 03 Dortmund (Torhaus/Mus. f. K. u. K.), Attendorn (Rathaus), Witten (Boesner), 05 Herne (Archäol.-Mus), 06 Gelsenkirchen (Wissensch.-park), + N/INT / **Lit.: 1**-1 + **3**-83+91+98+01+02+02/03+03(1+2)+05(1) + **5**-54+60 + **48x**-57 + **107**-65+70 + **110**-86+91 + **110d**-98 + **117**-91 (mit allen Ausst.-gen/Katalogen bis 1991) +93+99+01 (Anh.) + **213**-80

Hoffmann, Eberhard (M) / NEU: 1944 Flinsburg- / lebt (76) in Dortmund / ab 76 Mitgl.-„Dortmunder Gruppe" / Lehrt. / Ausst. = NRW / **Lit.: 98**-80Anh. + **98a** + **107**-75

Hoffmann, Hanns (A/Dipl.-Ing) / 4. 9. 1930 Lewe/Kr. Goslar- / lebt (72) in MS / Werke u. a. in MS (u. a. Gnadenkirche) / **Lit.: 112ca + 219a**

Hoffmann, Herbert (M) / NEU: 10. 5. 1923 Fellhammer/Schlesien – 5. 3. 2002 / lebte in Steinfurt / (Biografie in Beilage: CD-Ausgabe 2006)

Hoffmann, Jochen (Joachim) (Produkt- u. Industriedes) / * 1940 – / lebt (2002) in Bielefeld / Stud.- Braunschweig 61-66 HfBK (Des) / ab 70 eig. „Büro f. Produktgestaltung" in Bielefeld / Ausz.-gen s. 78 in Stuttgart/Essen/Hannover u. 87 „Int. DuPont"-Pr. / **Lit.: 205**-94+97(m. Lit.-ang) + **205a**-83+89

Hoffmann, Kai (Industriedes/Innenarchitekt/Dipl.-Ing/G=Computergr/Lichtobj.-k) / 1963 Braunschweig- / lebt (2003) in Detmold / Stud. FH f. Innenarchit.-Detmold bis 91 / s. 91 freisch., „büro t; Design á la card"-Detmold / Ausz.-gen u. a. 89 Theobald-Design Wettbew.-Pr., 93 Design-plus Ausz. Frankf.-M., 97 Bank & Olufsen-Pr. Dänemark, 99 red dot Award Essen (m. Gerh. Rempp) / Designausst.-gen u. a. in Mailand/Nürnberg/Frankf.-M./Hannover/Köln/Essen/ Detmold / Ausst.-gen (Bild.-Kunst) u. a. in Detmold, + OWL / **Lit.: 205x**-99

Hoffmann, Karin (Schmuckdes) / lebt (2001) in Jesteburg / 96+2000 f. „Niessing"-Vreden tätig / 96 Preis Tokio/Jap., 2000 red dot Award Essen / **Lit.: 205z**-2000

Hoffmann, Karl Josef s. Hoffmann, Carl Josef

Hoffmann, Pedro Alves Filho (M/Khw) / 1972 Coroata-Maranhãõ/Brasilien – / lebt (2001) in Einen/MS-land / Malereiausb. 90 in Coroata/Bras. u. 95-96 in Deutschl., 97 Prakt. in Sao Paulo b. Cl. Pastro u. Auftr. f. Kreuzweg, s. 99 Weiterb.-Ostbevern b. Theo Schäfer / Ausst. u. a. Everswinkel (Rathaus), MS (Kolpinghaus), 2001 Ostbevern (Rathaus)

Hoffmann, Réne (M/G) / 1963 Gera- / lebt s. 87 in Hagen / 83 im (polit.) Gefängnis der DDR / Mitgl. Gr.-„Kooperative K"-Hagen-Haspe (94) / Ausst. s. 1989, u. a. in Hagen, 1993-95 u. a. Hagen-Haspe (Produzentengal) / **Lit.: 97d + 153**

Hoffmann, Tanja (M) / 1970 Castrop-Rauxel- / lebt (2004) in Unna / Autodidaktin / Ausst. u. a. 2000 Unna (Hotel), 2000-03 Dortmund (VA/LEG/Revierpark-Wischlingen/2xGal.-Tijani/ Westf.-halle), 01/02 Castrop-Rauxel (Gal. unter'm Dach/Bürgerhaus) / **Lit.:** Internet

Hoffmann, Ulrike (Möbeldes) / 1957 Hamburg- / Tischlerausb., s. 95 in Herford selbst. / Projekte u. a. in Dorsten, Bielefeld, Berlin u. Hamburg

Hoffmann, Uta (M) / 1962 Attendorn – / lebt (2006) in Attendorn / Nichte des Carl Josef **H.** / Stud. FH-Krefeld (Komm.-Des) / s. 03 selbst. / ab 05 Mitgl. „BBK-Westf." Dortmund / Ausst. u. a. s. 2003 jährl. Attendorn (Off. Atelier), + Südwestf.

Hoffmann, Uta (G/D) / lebt (2006) in MS / z.Zt. Stud. FHD-MS / Ausst. u. a. 2005 Essen (Kunsthaus), 06 Berlin (Kunstbuch), Rheine-Bentlage (Kloster)

Hoffmann-Hut, Christel (M) / 1952 Münster- / lebt s. 98 in MS / Schauwerbegest.-inausb., Stud.-Berlin 76-? TU / 83 Gründung u. bis 92 Atelier/Galerie „Zwischen den Zeiten" – Berlin-Charlottenburg, dort Lehrt./Kurse/Ausstellungen / Ausst. u. a. in Bielefeld, 1992 Berlin/Brandenburg, 2003/06 MS (Gal.-Artig/Raphaelsklinik)

Hoffmann-Schoppmeier, Barbara s. Schoppmeier, Barbara

Hofius-Grunewald, Sibylle Henriette (Khw/Gobelink.-in/Webmeisterin) / 1957 Siegen – / lebt (2005) in Neunkirchen/Siegerl. / 76-78 Ausb.-Siegen Berufsfachsch. f. Handweber, 90 Meisterprüfung, ab 96 selbst. u. Lehrt. WfB-Eiserfeld (AWO) / Mitgl.-„AdK"-Südwestf. u. im Berufsverb. „Handw./Kunst/Design e.V." / Ausst. s. 1990, u. a. 94 Frankf.-M. (Ambiente), 2001 Bonn (AOK-Bundesverb.), + Südwestf. / **Lit.: 48c**-03 (erw.) **+ 110b + 110c**-04

Hofmann, Kerstin (M/Z) / 1965 Mettingen – / lebt (2005) in Borchen-Alfen / Stud.: 85-89 Nürtingen (Kunst/Kunsttherapie), 90 Perugia-It. (Kunst/Ital) / 91-93 in Heidelberg tätig, s. 93 Kunsttherapeutin u. freisch. in Borchen-Alfen / Ausst. s. 1988, u. a. Quimper-Fr./Perugia-It./Nürtingen/Kaiserslautern/Dossenheim/Göttingen-Rosdorf, 1999 Alfen (Volksbank), 2000/01/04 Paderborn (Siemens/Techn.-Park/Frauenkulturtage/Raum f. Kunst), 01/03 Bielefeld (Bild.-Zentr), 02 Dörenhagen/Schloss Hamborn/Borchen/Schloss Neuhaus, 03 Salzkoten, 03/05 Paderborn (Atelier), 04 Dahlheim (Klosterpforte), 05 Höxter (Beckhaus-Heim) / **Lit.: 101b**-03+05

Hofmann, Louis Heinrich Eduard (Baumeister) / 1862 Herborn – 1933 ebd. / lebte in Herborn / Werke u. a. zwei Kirchen im Sauerland / **Lit.:** D. K.-Teil 2

Hofmann, Max (M) / * 1915 (in Unterfranken) – ? / lebte u. a. in Essen u. Bochum / Stud.-Essen 65-70 Folkwangsch. u. Bochum 70-80 Univ. / 83/84 = 4 Malpreise u. 85 Förder-Pr. Stilamin / Ausst. u. a. in Karlsruhe/Düsseldorf/Bochum / **Lit.: 27-2**

Hofmann, Renate (B) / 1957 Würzburg- / lebt s. 86 in Meschede / um 94/96 Holzbildh.-ausb. b. Sebastian Betz in Meschede, nach 96 Weiterb.-Steinbildh. b. R. Steiner/U. Müller u. in Campiglia-Italien / ab 02 Mitgl. Gr.-„Villa Künstler-Bund"-Meschede / Ausst. u. a. 1999/01 Würzburg, 2000 B.-Nuttlar (Atelier-„freiRaum"), 01 Meschede (KiS) / **Lit.: 232**

Hofmann, Rico (F/D) / 1972 Reckwitz- / lebt (2006) in Leipzig u. Dortmund / s. 96 Fotograf an versch. Zeitungen, Stud.-Dortmund 01-06 FHD (Foto-Des) / Ausst. u. a. 1999/2001 Hoyerswerda (Kulturfabrik/Johanneum), 03/04 Dortmund (FHD), 03 Dortmund (Mus. f. K. u. K), 04 Essen (Lohnhalle-Zollverein), 05 Mannheim (Fototage), Neunkirchen-Saar (Stadtgal), 05/06 Washington/Casablanca/Rabat/Brüssel (Goethe-Institute), 06 Berlin-Friedrichshain (Kommunale Fotogalerie) / **Lit.: 203**-03

Hofmann, Ute (Khw = u. a. Patchwork/Marionetten) / 1957 Münster- / lebt (2005) in Siegen / 77-87 Stud.-Bonn (Kunst/Deutsch) / Ausst. = Südwestf. / **Lit.: 110b + 110c**-04

Hoge, Jürgen (M) / 1961 Münster- / lebt s. 88 in Wuppertal / Stud.-MS 82-87 FHD (Vis.-Komm) / Ausst. s. 1986 u. a. in Alpirsbach/Gronau/MS/Wuppertal / **Lit.: 216**

Hohe, Carl (Ill) / tätig Mitte 19. Jh. / Daten nicht bek. / seine Werke, u. a. aus Westf., wurden als Lithografien veröffentl., s. Lit. / **Lit.: 84**-74(S. 75-78/83) + **215**-4(S. 110/183)+6(s. Inhaltsverz.) + In: A. Duncker(Hg.): „Die ländlichen Wohnsitze, Schlösser u. ..." – Berlin, 1857-84

Hohenbrink, Ursula (M/B) / * 1954 – / lebt (2005) in MS / Beruf: Heilpädagogin / Ausst. u. a. in Lüdinghausen (Burg Lüdingh.), 2004/05 MS (kath. Eheberat.-stelle/Kirchenfoyer-Salzstr. 1)

Hohmann, Egbert (M/O/I/Projektk) / 1951 Berlin – / lebt (2005) in Siegen / Beruf: Arzt / 78 Weiterb. Sommerakad.-Salzburg u. ab 89 Schule f. Gest. im Kr. Siegen-Wittgenstein / Ausst.-gen s.

1990, u. a. in Baden-Baden, 2000/01 Siegen (Off. Atelier/Schlosspark), + Südwestf. / **Lit.: 110a+b + 110c**-04

Hohmeyer, Udo s. Homeyer, Udo

Hohrenk, Ernst (M) / 1883 – 1974 / lebte in Bad Salzuflen u. Heiligenkirchen / **Lit.: 137a** (erw.)

Hohrenk, Henrike (K) / 1959 Detmold- / weitere Daten nicht bek. / **Lit.: 26** (Index-Bd. 5)

Hoischen, Oliver Anton (M/Kirchenmaler) / * 1967 – / lebt (2006) in Soest, Atelier in Köln / 90-93 Ausb. zum Kirchenmaler u. Wandmalerrestaurator / ab 01 (Gründungs-)Mitgl. Künstlerhaus „BEM Adam" in Soest, s. 04 Mitgl. „BBK-Westf." Dortmund / Ausst. s. 1993, u. a. in Toyes-Fr., 2004 Soest (W.-Morgner-Haus), 05 Bo.-Wattenscheid (Technol.-zentr), + NRW / **Lit.: 3**-05 (2)

Holewik, Mischael (A/Dipl.-Ing) / * 1964 – / s. „**R**auh ° Damm ° Stiller ° Partner"-Hattingen

Holle, Sigrid (M/B) / NEU: 1939 Bielefeld- / lebt (2003) in Bielefeld / Stud.-Bielefeld 75-86 Gast-FHD u. Gast-Univ. 88-95 Keramik / s. 01 Mitgl. „GEDOK"-OWL u. „IGBK" (Int. Ges. Bild. Künste) / Ausst. u. a. 1981 Düsseldorf (Kultusminist), 93 Derneburg (Glashaus), Pau-Frankr., 94 Paderborn (Landesg.-schau), 96/97 Rheda (Orangerie), 97 Alpirsbach, 98 (Stip.) Freudenstadt-Musbach (Rathaus), 2000 Bielefeld (Univ/Alte Vogtei), 01 Schwalenberg (Werkhaus/Koepke-Haus), 02 Detmold (LM), 03 Gütersloh (Parkbad), Bielefeld (Gal.-Proj. Lichtbild), 04 Willebadessen (Kloster), 05 Detmold (Gal.-GEDOK), + OWL / **Lit.: 133**-94 Anh. + **193 + 193a+b+c**

Hollekamp, Stefan (I/F/Videok) (Musiker) / 1970 Metelen – / NEU: lebt (2006) in Ochtrup / 84-93 Berufsausb./Tätigk., Stud.-Enschede-NL 93-98 Akad. (Fotogr/Multimedia) / s. 98 freisch., Multimediaproduktion in Ochtrup / Lehrt.: 99-03 FH f. Medien-Mainz, s. 99 Filmwerkstatt-MS u. Gastdoz. an versch. Hochschulen / Musikvideos/Kurzfilme in MTV+VIVA u. freie Filmproduktion / Ausst. u. a. in Minsk/Ochtrup/Rheine/Schöppingen/Beckum/Enschede-NL/Grenoble-Fr., 1999/2001 Münster (u. a.-Filmfestival), 01 Minsk (National-Mus), 03 MS (Cineplex) / **Lit.: 52a + 196**-99+01 + In: „Illusion der Entfernung" – Ausst.-kat. – National.-Mus.-Minsk, 2001

Hollenbeck, Andreas (M) / 1961 Möhnesee-Körbecke- / lebt (2005) in Waldeck-Netze / Autodidakt / eig. Galerie / 5 Ausz.-gen f. LKW-Airbrush-Arbeiten / Ausst. u. a. Internet / **Lit.: 26a**-05

Hollenstein, Alexandra (M/F) / 1978 Bochum- / lebt (2004) in München / Stud.-Enschede-NL 98-02 Akad. (Malerei/Perf.-k), München 02-04 Akad. (Bild.-Gest/Therapie) u. Weiterb.-Kunsttherapie in München / s. 01 freisch. / Ausst. = N / **Lit.: 150**-04

Hollmérus-Beckers, Anna Katariina (M/O) (Sängerin) / * 1967 – / lebt (2005) in Bielefeld u. Halle/W. / 89 Assist.-in b. Rauni Livkko (Bildh) in Helsinki-Finnl., 90-93 Musicalausb.-Berlin, 91-93 Sängerin, 98-01 Stimmbildnerinausb., ab 01 Gesangslehrerin in Bielefeld, Atelier in Halle/W. / Ausst. u. a. in Berlin, 2004/05 Halle/W. (Off. Atelier) / **Lit.: 152b**-05 + **191b**-04

Holschbach, Frank (I/A/Dipl.-Ing) / 1973 Worsbach- / lebt (2005) in Siegen / 93-2000 Stud.-Siegen/Mailand (Archit) u. 01-? Dessau (Master of Art in Integrated Design) / Mitarb. b. Christophe Marchand, Zürich / ab 2000 Gr.-„Funkturm" m. Thomas Wagener, Münster / Ausst. u. a. 1996 Frankf.-M. (Mus. f. Post u. Kommunik), 99 Siegen, 2000 Mailand-It., 01 Rotterdam (Workshop), + Südwestf. / **Lit.: 110b + 110c**-04 + **227**

Holste, Carl (Prof) (Innenarchit/Dipl.-Des) / * 1942 – / lebt (2002) in Hannover-Isernhagen / Stud.-Detmold (Innenarchit) / s. 76 selbst. in Isernhagen / 84-92 Prof. FH-Detmold, 89-95 Präsident des „BDIA", ab 97 Lehrt. FH-Hannover / **Lit.: 226** (Autor)

Holstein, Joseph (Bauinspektor/Artillerieoffizier) / 1745 Warstein – 1797 Münster / Offizier im münsterr. Artillerieregiment u. im Baubüro Schlauns tätig (ebenfalls s. Bruder Christoph 1747 – 1782) / **Lit.:** G. Dethlefs

Holtappels, Martin (F) / 1953 Emmerich- / lebt (2005) in MS u. Dortmund / Stud. Univ.-Köln (Völkerkunde) u. Fotogr.-ausb. in Kamp-Lintfort, danach freiberufl. tätig, s. 90 Fotograf im Westf. Industriemus.-Dortmund / Dauerausst.: Industriemus.-Dortmund u. MS-Coerde (Norbertschule) / Ausst. u. a. 1995-97 Beteil.-Wanderausst. Deutschl./Brüssel, 96 Bochum-Hordel (Zeche Hannover), 97/03 Bocholt (Textilmus), 99 Forst-Lausitz (Museumsverein), 03 Lünen-Cappenberg (Mus) / **Lit.:** A. Hudemann/M. H. (Fotogr.): „Am Ende einer Zeit" – Ausst.-kat. – Forst/Lausitz – Hg.: Westf. Industriemus.-Dortmund, 1999; M. H./A. Hudemann/Jürgen Hoffmann: „Mit den Industriemuseen durchs Jahr 2002" – Hg.: LVR/LWL, 2003

Holtgreve, Alfons (G/D/Ill/M/Papierchneider) / 1955 Warburg- / lebt (2006) in Warburg / Sohn des Heinrich **H.** / Stud.-Bochum 75-77 Univ. (Kunstg) u. Kassel 77-82 Univ. (Vis.-Komm/

G/D) / freier Mitarbeiter der „FAZ", war fr. Mitarb. des Fischer-Verlags, 89-93 Lehrt. Univ.-Oldenburg, 90-91 Gastprof. HfG-Offenbach, 96-97+2000-04 Gastprof. Univ.-Kassel / Ausst. u. a. in Warburg, 1983-87 Weimar/Kassel/Hattingen/Lage, Göttingen (Kv), 90 Appenrade-Däne-m./Boston-USA, 91 Erfurt (Gal.-Krämerbrücke 17), 92 Köln (Feuerwache), Weimar (ACC), 93 Darmstadt (Gal.-Lattemann), 94/95 u. a. Götingen/Hannover/Stuttgart, 2000 Bad Vilbel (Stadtgal), Erfurt (Gal.-Johannesstr), 03 Bielefeld (WDR-Studio), 05 Kassel (Messinghof), + N / **Lit.: 268** + u. a. A. H.: „Ein Initialenaphalbet" – Hochsch. f. Gest. – Offenbach/Main, 1995; „A. H." – Kalender – Mercedes-Chrysler – 2000; „A. H." – Skiagramme – Ausst.-kat. – Saarländisches Künstlerhaus – Saarbrücken, 2001; Joh. Dohler/A. H.(Ill): „Klausener Geschichten" – 2003

Holtgreve, Heinrich (M/G) / 28. 10. 1913 Warburg – 4. 12. 1997 ebd. / Vater des Alfons **H.** / Stud.-Essen 36-39 Folkwangsch. (Grafik) u. Berlin 42/44 HfBK / Werke in Warburg (Mus) / war Lehrt. in Warburg/Borgentreich u. Niedermarsberg / Ausst. u. a. 1992 Warburg (Mus), + Internet / **Lit.: 146c**

Holthaus, Edwin (G) / lebte um 1954/67 in Bielefeld / war Mitgl. „BDG" u. „BBK"-OWL / Ausst. u. a. 1954 MS (WL), + OWL / **Lit.: 6a + 20 + 124**-86 Anhang

Holthaus, Heinrich (Khw) (Tischler) / 1927 Rodde b. Rheine- / lebt (85) in Rheine / Werke s. 80 / Ausst. u. a. 1982/85 Telgte (Mus) / **Lit.: 185**-82+85

Holthaus, Mechthild Maria (M) / 1951 Dohren/Emsland- / lebt (2005) in Hagen / s. 99 künstl. tätig / 2000 = 1. Pr. + 03 = 3. Pr. Kv.-Altena / Mitgl. „Autoren Ruhr-Mark" u. Gr.-„ausdemrahmen" / Ausst. u. a. 2001-03 Altena (2xBurg Holtzbrink/Stadtbücherei), 02 Hohenlimburg (Ottos andere Galerie), 02/04/05 Hagen (SIHK/2xTor 2/Mus), 03 Soest (Kv), 05 Halver (Kv) / **Lit.: 97**-05

Holthöfer, Tim (F/D/Filmk) / * 1978 – / lebt (2006) in Dortmund / Stud. FHD-Dortmund / Ausst. u. a. 2004/05 Essen (2xZollverein: Lohnhalle/Proj.-„PACT"), 04 Dortmund (Workshop u. Ausst.: Phoenixhalle), 05 Mannheim (Fototage), Neunkirchen-Saar (Stadtgal), Dortmund (Freizeitzentr.-West), 05/06 Washington/Casablanca/Rabat/Brüssel (Goethe-Institute), 06 Berlin-Friedrichshain (Kommunale Fotogalerie) / **Lit.: 203h**-05

Holtkamp, Klaus (M) / 1942 Bottrop- / lebt (2005) in Dorsten u. Bottrop / 57-60 Malerausb., Stud.-MS 68-70 Wksch, Meisterprüfung / Mitgl. „Kv.-Dorsten" u. s. 03 Gr.-„Kunstgem.-Bottrop" / Ausst. u. a. 1996 Dorsten (Stasdtbücherei), 96/99-2001 Bottrop (Mus), 02-04 Bottrop (Torhaus/2xKulturzentrum/RWW), 04 Westerland-Sylt, Ruhrgebiet (Beteil.-Wanderausst.), + Westf. / **Lit.: 99a**-99...01 + **99c**-03+04 + **99d**-04

Holtkamp, Klaus (M/Z) / 1943 Plettenberg(oder Essen?)- / lebt (71) in Brüssel / (Biografie in Beilage: CD-Ausgabe 2006)

Holtmeier, Albrecht (M/Z) / * 1939 – / lebt (2003) in Meschede / 69-71 Kunststud., 73-95 Weiterb./Kurse, u. a. im Atelier Grauenhorst / Ausst. u. a. in Formentera-Sp./Südwestf. / **Lit.: 232**

Holtschneider, Ursula (Ulla) (M/G/Coll.-k/I) / 1944 Halle/Westf.- / lebt (2005) in Radevormwald / Stud.-MS 63-68 Wksch (Grafik) u. Siegen/Wuppertal 72-75 Univ.-ten (Kunstdidaktik/Kunstpäd) / Lehrt. / Mitgl. „BBK"-Bergisches Land / Ausst. s. 1979, u. a. 80 MS (Akad. f. Jugendfragen), 92 Wanderausst.-Koblenz-u. a., 93/95/96 Remscheid, 94 Nümbrecht (Schloss), 95 Dortmund (Rathaus), Châteaubriant, 95/02 Düsseldorf, 96/99 Gummersbach, 97 Radevormwald, 99 Ennepetal (Kluterthöhle), Borgholzhausen, ab 2000 Internet, 01 Anduze-Frankr./ Kiel, 02 Witten (Zeche Nachtigall), 03 Osnabrück (Stadthalle), Luxemburg/Wuppertal/Berlin / **Lit.: 98a + 209**-99+02

Holtschulte, Michael (Karikaturist/Cartoonz) / 1979 Herne- / lebt (2006) in Herten / Ausbild. bei seiner Mutter Ingrid **H.**-U. / Stud.-Bochum 99-06 Univ. (Germ./Sozialpsych./Politikwiss.) / Wettbew.-beteil.-en u. einige Auszeichn.-en / Cartoons in Fachzeitschr.-en, s. 96 Karikaturist der „WAZ" in Herten/Gelsenkirchen/Duisburg/Recklinghausen, 2000-03 Stadtspiegel Recklinghausen u. 3x im Internet / s. 2000 für versch. Werbeagenturen tätig / **Lit.:** M. H.: „Tot aber lustig" – Toonster-Verl., 2004; In: „Geschmacklose Geschenke" – Toonster-Verl., 2004; In: „Ganz großes Kino" – Verlag Books and Demand, 2006; dazu von M. H. viele „Comic – Kunstpostkarten"

Holtschulte-Urginus, Ingrid (M/Z/Mode-Des/Khw=Seidenmalerin) / 1951 Wanne-Eickel- / lebt (2006) in Herten / Mutter des Michael **H.** / Stud. Univ.-Dortmund (Kunst/Päd) / zwei eigene Galerien (Galerie Holtschulte) mit ständigen Ausst.-en s. 81 in Herten u. ab 97 in Recklinghausen / Lehrt./Kunstseminare / Ausst.-en s. 1970, u. a. in Herten/Recklinghausen (lfd.Gal.-Holtschulte, u. a. Schloss/Rathaus/Kulturzentren/Banken), 1970-92 Magadino-Locarno/ Schweiz (eig. Atelier), ab 86 bis heute: De Haan/Belg. (eig. Atelier), 90/92/94/96/98/2000/02/ 04/06 Herten (Schloss), + N/INT / **Lit.:** v. I. H.-U.: jährliche Kalenderausgaben!

Holz, Christian (T/G) / 1963 Bremen- / lebt (94) in Bielefeld / Stud.-Bielefeld 87-94 FHD (T/ Grafikdes) / u. a. auch Mail-Art-Projekte / Ausst. s. 1987, u. a. 2000 Detmold / **Lit.: 134**-2000

Holzhäuser, Karl Martin (Prof) (Z/F/F-G) / 1944 Gardelegen – / lebt (2006) in Bielefeld / NEU: 79+99 Beteil. Bielefelder Symposien (Co-Organis.) / (Biogr. in Beilage: CD-Ausgabe 2006)

Holzenburg, S. siehe: (Künstler)-**Gruppe** bei „Legge" – Tecklenburg

Holzmeyer, Britta (B) / 1962 Hüllhorst- / lebt (2004) in Preussisch Oldendorf / 85-88 Steinbildh.-ausb. b. P. Medzech in Lübbecke / tätig in Herford, ab 91 eig. Werkst. / Ausst./Projekte u. a. Detmold (Kunstmarkt), 1989 Lübbecke (Symposion), 2002/04 Kr. Minden-Lübbecke (Land-Art-Festival), 03/04 Espelkamp (Naturgarten), 04 Stemwede-Niedermehnen (Hof Wasels)

Homann, Stephan (M/O/Video/Filmk) / 1970 Münster- / lebt (2006) in Berlin / NEU: 99 Stip. Cité des Arts Paris u. Prestel-Fotogr.-Pr. M. T. Gerberon, 02 Förder-Pr. „Ges.-FWK"-MS / bis 03 jährl. „Offene Atelierausst.-gen" in MS (Schulstr), 01/02 m. Frederick Foert u. Joh. Hainlein Inh. d. Gal.-Felixleiter in Berlin / (Biografie in Beilage: CD-Ausgabe 2006)

Homburg, Erhard (F/D/Coll.- u. Videok) / 1950 Allendorf/Eder- / lebt (84) in NRW/Hessen u. Italien / Stud.-Foto-Des. u. Vis.-Kommunik. 70-82 in Kassel u. 82-84 in Köln / 84 Mitgl. „BGK" (Gelsenkirchen) u. „Accad. Italia delle Arti e del Lavoro" in Salsomaggiore-Italien / Kunstakt.-beteil.-en in Kassel u. Bochum / Ausst. s. 1979 in N+INT / **Lit.: 27**-2

Homburg, Gerhard (G/D) / * 1940 – / lebt (98) in Löhne / 56-59 Schauwerbegestalterausb., Stud.-Hannover 60-64 Wksch / ab 66 selbst., s. 78 „Homburg + Woszek Verlags- u. Werbegesellschaft" / 71 Ausz. Verl.-Bertelsmann / Mitgl.-„BDG" / **Lit.: 205**-94 (erw.) +97

Homilius, Werner (M/G) / NEU: 29. 3. 1907 Leipzig – 8. 3. 1948 (51=falsch) Bielefeld / 21-27 Graveurausb./Tätigk., 27-33 Stud. Akad. f. graph. Künste u. Buchgew.-Leipzig, Meisterschüler / ab 33 freisch. in Worpswede, s. 38 Bielefeld / (Biografie in Beilage: CD-Ausg. 2006)

Hommes, Doris Maria (M/Z/O) / 1958 Hagen – / lebt (2004) in Schwelm / Beruf: Erzieherin, Weiterb.-Kunsttherapie 92-94 u. ab 96 Malen/Zeichnen, u. a. in Dortmund/Hagen, ab 98 Lehrt. VHS-Gevelsberg / 98-2000 Mitgl. „Frauenkunstforum"-Hagen, s. 98 Gr.-„Kunstraum"-Ennepetal, 01 „BBK"-Berg.-Land / Ausst. u. a. 1999 Herne (Schollbrockhaus), 99/2000/02/04 Ennepetal (Kluterthöhle), 2000 Hagen/Attendorn/Schwelm/Sprockhövel/Nottingham-GB, 01 Gevelsberg (Rathaus), Wuppertal/Solingen, 02 Schwelm (Haus Martfeld), Hattingen (Henrichshütte), Vilvoorde-Belg., 04 Ennepetal (2xAktionen: Kunstraum) / **Lit.: 209**-2000+02+04 + **211**-99+2000+02

Hommes, Helge (M) / 1964 Schwelm- / lebt (2005) in Aachen / s. 89 autodidaktische Ausb. / Ausst.-en s. 1991, u. a. 2004 Tilbourg-NL/Paris/Köln/Aachen/Dortmund/Waldesruh, 05 Saarbrücken (k4-gal), 06 Bochum (Gal.-Januar), + **N/INT** (s. Internet!)

Honekamp, Ludwig (B) / * 1944 – / lebt (2005) in Ahaus / Lehrt. / Werke s. 87 / 89+05 Bischof-Tenhumberg-Pr. Telgte / Ausst. u. a. 1989-97/2000/01/05 Telgte (Mus) / **Lit.: 185**-89...91+ 95...97+2000+05

Honerlage, Ursula s. Heiringhoff, Ursula

Honert, Martin (Prof) (B/O/I/M/F) / 1953 Bottrop- / lebt (2005) in Düsseldorf u. Dresden / Stud. Essen u. 81-88 Akad.-Düsseldorf / 91 P.-Mertes-Stip. Bonn, 04 Conrad-von-Soest-Pr. MS / s. 98 Prof. HfBK-Dresden / Mitgl. „KB-Bottrop" / Werke u. a. in New York, + N / Ausst. u. a. in Bottrop, 1990 Köln (Gal.-Schöttle), 91 München/Bonn, 94 u. a. MS/Stuttgart (Kv.-e), 95 Venedig (Biennale), Frankf.-M. (Mus. f. mod. Kunst), 96 Bristol, 97 Barcelona, 99 Nürnberg (Kunsth), New York, 2001 MS-land, 03 B.-Baden (Kunsth), 04 MS (WL), Bottrop (Mus/ Sparkasse), 05 Duisburg (Mus), + N/INT / **Lit.: 26a**-05 + **99**-83+04 + **108**-2 (4. Aufl.) + **214**-91/92 + In: M. Hentschel: „Menschenwelt (Interieur)" – Ausst.-kat. – Hg.-Portikus-Frankf./M., 1994; In: „Vergiss den Ball und spiel' weiter" – Ausst.-kat. – Kunsthalle-Nürnberg, 1999; In: „Skulptur-Biennale im Münsterland 2001" – Ausst.-kat. – Hg.: K.-forum MS-land; In: „Sammlung Ackermans" – Kunstsammlung NRW – HatjeCantz-Verl., 2002; In: „Spielräume" – Ausst.-kat. – W.-Lehmbruck-Mus. Duisburg, 2005

Honsalek, Walter (A/Bauing) / 1893 Schwerte – 1962 Dortmund / nach Bauhandw.-ausb.: Stud. Baugew.-schule Höxter / ab 1919 Bauing. am Dortmunder Wasserwerk (Stadtwerke), später Ltg. d. Hochbauabt. / Ausz.: Goldene Ehrennadel „BDB" u. 58 Bundesverd.-kreuz / Werke in Dortmund, u. a. Betriebshöfe/Wasserwerke/Siedlungen / **Lit.: 120a**-1

Hoppe, Frauke (A/Dipl.-Ing) / 1952 Essen – / lebt (2000) in Wuppertal / nach Schulzeit in Hagen: Stud.-Bonn 72/73 Univ. (Archäol.) u. Aachen 73-79 TH (Archit/Städtebau) / tätig 79/80 Köln/ Dortmund, ab 81 freiberufl., s. 85 selbst. tätig, Büro „Archista"-Wuppertal-Oberbarmen / war Lehrt. Univ.-Wuppertal/Dortmund / Mitgl. „BDA" u. „DWB" / Werke in NRW (s. Lit.) / Ausst. u. a. 1991 Wuppertal (Rathaus) / **Lit.: 197**-97 + **216** + In: „Architekten-Almanach – Wuppertal" – 1997

Hoppe, Dietmar (A) / 1935 Dresden – / lebt (98) in Düsseldorf / Stud.-Dresden bis 60 FH (Archit) u. 66 Promotion TH-Aachen / 78-90 Lehrt. Univ./GH-Siegen / ab 90 im Büro „KKP" (Kiemle – Kreidt u. Partner) in Düsseldorf / Werke s. Lit. / **Lit.: 197**-95+97

Hoppe, Dirk (F/D) / * 1960 – / lebt (2005) in Bochum / Stud. Vis.-Komm/Fotodesign / m. Frank Rogner Fotoagentur „Netzhaut" in Bochum, gr. Archiv! / **Lit.:** Internet (u. Ausstellung)

Hoppe, Sabine (B/G/D) / * 1961 – / lebt (2005) in Braunschweig / NEU: Stip: Fr.-Ebert-Stift. Bonn u. Freundeskr. BK-Braunschweig / u. a. 04 Lehrt. Sommerakad.-Schwalenberg / (Biografie in Beilage: CD-Ausgabe 2006)

Hoppe, Silke (I/O/T/Gestaltung) / 1943 Niederwenigern – / lebt (2004) in Hattingen / Stud.-Essen 62-66 Folkwangsch. (Textil-Gest) / ab 72 Lehrt.-Bochum-Dahlhausen / Ausst. u. a. 2001 Ennepetal (Kluterthöhle), 01/02/04 Hattingen (Henrichshütte) / **Lit.: 209**-01+02+04

Hoppe, Walter (B/Metallgest/Obj.-Des) / 25. 11. 1936 Ennepetal – 31. 8. 2003 / lebte in Gevelsberg / war s. 72 Mitgl. „BBK" u. Gr. „Aristes au Vendomois" / Werke in N+INT / Ausst. s. 1975, u. a. in Gevelsberg/Ennepetal/Wuppertal/Hagen/Essen/Vendome u. Schleswig-Hostein / **Lit.:** Internet

Hoppek, Boris (M=Graffiti/O/Multi-Mediak) / 1970 Kreuztal-Kredenbach- / lebt (2001) in Siegen / 88 Ausb. techn. Zeichner, ab 94 Atelier in Köln / Ausst. s. 92 in Südwestf., 99 Frankf.-M. (Gal.-Zoom), 2000 Köln (Gal. 6811), MS (Luna-Bar/Peppermint Lounge) / **Lit.: 110b** + Ill. v. B. H. in „Writer-Lexikon"; In: „Graffiti-Kalender" – 1994-96; In: „Graffiti-Lexikon" – alles im Verl. Moers-Edition-Aragon

Hoppen, Gertrud (M/Coll.-k) / * 1935 – / lebt (2005) in Halle/W. / s. 84 künstl. tätig, Weiterbild.-seminare in Halle/W./Köln/Oelde/Goldegg-Öst./Borgholzhausen/Schwalenberg/Bielefeld u. Vulkaneifel / Ausst. u. a. in Gütersloh/Rosbach-Sieg/Bielefeld/Detmold, Halle/W. (Remise/ Marienheim/Juweliergeschäft), 2004/05 Halle/W. (Off. Atelier) / **Lit.: 152b**-04+05

Hoppmann, Frank (G/D/Ill/Karikaturist) / 1975 Lingen- / lebt (2006) in MS / Stud.-MS 95-2/02 FHD / 05 Förder-Pr. Stadt Plauen u. Wettbew.-sieger „Vinum et Litterae" – Österreich, 06 = 2. Wettbew.-Pr. „Rückblende" – Rhl.-Pfalz / Karikaturen/Illustrationen f. Fernsehen/Zeitungen /Magazine u. Gerichtszeichn.-en f. WDR/ZDF / Ausst. u. a. in Berlin (Gal.-Kettcards), 1996 Rheine-Bentlage (Kloster), 99/2000 Frankf.-M. (Buchmesse), 06 Beteil.-Wanderausst.: u. a. Bonn (Haus der Geschichte) / **Lit.: 122**-99+2000 + In: „Waterwasser" – Ausst.-kat. – Hg.: Kulturforum-Rheine, 1996

Horchler, Wilhelm (M) / 18. 4. 1898 Berghofen b. Dortmund – 1967 La Jolla/Südkalifornien / nach Lithografenausb. = Stud. Akad.-Weimar / war Mitgl. der „Hannov. Sezession" / ab 53 in La Jolla/Südkalif.-USA / Ausst. u. a. 1976 Recklinghausen (Kunsthalle), + N / **Lit.: 25**-2 + **34**-9,2 + **108**-2 + **239**-76

Hormes, Ingrid (M) / 1952 Brilon-Wald – / lebt (2005) in Münster / Stud.-MS 72-79 PH (Kunst/ Franz), Weiterb. b. R. Papen in MS / Ausst. u. a. 1998/99 MS (Kreativhaus), 99 MS (Terrakotta/Maria Trost), 2000 Borken (Hotel-Lindenhof), 2000-02/05 MS (Orangerie), 2000 MS (Atelier-„Ü"/Siematic-Hörsterstr), 01 Münster (Off. Atelier), 02 MS (Kleingärten-Wienburg)

Horn, Hanne (F/I) / NEU: 1948 Düsseldorf- / lebt (2005) in Düsseldorf / 66 Fotogr.-ausb. u. in Presse/Werbestudios tätig, ab 71 Fotografin a. d. Univ.-Düsseldorf u. dort 94-97 Lehrt. / ab 96 Mitgl. Gr.-„GEDOK"-Ostwestf.-Lippe / Ausst. s. 1980, u. a. 98 Garzweiler, 2000 Hamburg, 04 Hattingen (Henrichshütte), Ourtal-Welchenhausen/Temesvar-Rumän., 04/05 Marokko, + NRW / **Lit.: 193**-99 + **209**-04

Horn, Hermy (M) / 1947 Horn/Niederösterr.- / lebt s. 94 in Nordwalde / Autodidaktin, Weiterb.-VHS in Greven u. MS / ab 01 Mitgl. Gr.-„T.U.N. – Arbeitskreis Kunst 83"-MS, s. 1.1.03 = 1. Vors.-e / Ausst. u. a. 2003/05 MS (Krameramtshaus), 04 MS (Raphaelsklinik)

Horneber, Thomas (M/Video- Filmk) / 1969 Bogen/Bayr. Wald- / lebt (2005) in MS / Kabelfacharbeiterausb., Stud.-Frankf.-M. 97-99 Akad. (Städelsch) u. 99-05 Akad.-MS / 01 Europa-Stip. Akad.-MS, 04 Workshopbeteil. Villa Romana Florenz / ab 05 Lehrt. „Olymp"-Institut MS / Ausst. u. a. 1999 Frankf.-M. (Naxoshalle), 2002 Alvarez del Valle (Galerie), Liesborn (Mus), 03 Emsdetten (Gal.-

MS-land), 04 Rheine-Bentlage (Kloster), Nürnberg (Yeched Mad), MS (Tunnel-Hindenburgplatz/Versöhnungskirche), 05 Lingen (Kunsthalle) / **Lit.: 229**-03 + **231a** + **246**-04 (1+2) +05

Horst, A. v. d. (Ill) / Lebensdaten nicht bek. / Werke v. Horst wurden 1837/40 b. P. Herle & Co.-Paderborn gedruckt / **Lit.:** In: A. Kracht: „Die Rittergüter der Provinz Westfalen" – Herle & Co. – Paderborn, 1837-40 + Frankf.-M. – Neuaufl. – 1972

Horst, Anton Heinrich (A/Baumeister) / 1675 Herford – 1743 Aurich/Ostfr.-land / Stud. Univ.-Halle/S. (Jura/Mathem) / 1710/13 Bauleiter in Arolsen, ab 1713 Hannover u. 1714 Aurich (Kammerrat u. Rentmeister) / **Lit.: 24**-17

Horst, Ernst (A) / 1888 – 1958 / Ausb.-Meschede (Hoch- Tiefbau/Talsperrenneubau) / ab 1913 tätig in Menden, ab 21 Münster, um 29 Zus.-arbeit m. Sträßle u. um 31-46 mit Hans Ostermann / war Mitgl. „BDA" / **Lit.: 146c**

Horsthemke, Dieter (A/M/Ill) / 1960 Ahlen – / lebt (2004) in Dortmund / Stud.-Braunschweig 80-88 TU / 90-98 m. M. Dutcak Büro in Dortmund, ab 98 freisch. Maler / 92-95 = 13 Archit.-Preise, s. 90 nat./intern. Preise, Buchgest.-gen / Archit.-Werke in Westf. + N (s. Lit.) + Malerei-Werke u. a. in öffentl. Besitz / (Malerei)Ausst.-gen u. a. 1999 Dortmund/Emsdetten, 2000 Lindau (Zeughaus), Worms (Franzisk.-kirche), Essen/Dortmund, 01 Bövinghausen (Zeche Zollern), Herdecke (Gut Schede), Essen/Dortmund/Bochum, 02 Lünen (Lüntec), Dortmund (u. a.-IHK), 03 München (Greenpeace/Prösler Managem), Lünen (Stadtkirche), Hamm (Gal.-Kley), 2003/04 Mülheim-R. (Die Wolfsburg), 04 New York/S. Fé/Chicago-USA / **Lit.: 197**-95+97 + **197b**-99 + Ausst.-bericht im WDR 3 – 12/2001

Horstick-Schmitt, Eva (F.-D./Komm.-Des/Filmk/Perf.-k) / 1958 Gescher- / lebt (2006) in Dortmund / 74-76 Fotogr.-ausb., 77-2000 Veranst.-gen v. Perf.-ces./Modensch.-en/Fotoausst.-gen, Stud.-Dortmund 2000-02/03 FHD / Studienreisen/Tätigkeiten in Süd-Afrika/New York/London/Moskau / Auftragsarbeiten, Veröffentl.-gen in Zeitschriften/Magazinen, 02 Film (Kosovo)/Mitgl. „BBK"-Köln, ab 05 „BBK-Westf." Dortmund / Ausst. s. 1996, u. a. in Köln, 95 Moskau (Puschkin-Mus), 97 Rolandseck/London, 99/03 Dortmund (Mus), Düsseldorf (Art Mobil), Wuppertal (Gal.-Schwarzbach), 2001 Essen (Zeche Zollverein), 02 Dortmund (Expert Consult), 03 Berlin (Gal.-Cukrowski), MS (Polizei-Akad), 04 Bensberg (Th.-Morris-Akad), Bochum (GEA-Center), Lüdenscheid (Mus), Düsseldorf (Landtag), 05/06 Dortmund (Gal.-Zimmermann&Heitmann/ART-isotope) / **Lit.:** Internet

Horstmann, Nina (G/D/F/I) / 1972 Detmold- / lebt (2001) in Hamburg / Stud.-MS 94-99 FHD (Vis.-Komm) / Ausst. u. a. 2000 Detmold (Stadthalle) / **Lit.: 134**-2000

Hosenfeldt, Matthias = NEU! (M/G/O/I/Coll.-k) / 1945 Wendlinghausen/Lemgo- / lebt (2006) in Lage / (Biografie in Beilage: CD-Ausgabe 2006)

Hottelmann, Barbara (M) / * 1963 – / lebt (2003) in Bottrop / Ausst. u. a. 2000-02 Bottrop (Mus), 02 Bottrop (Kulturzentr) / **Lit.: 99a**-2000...02 + **99c**-02

Huber, Sascha (M) / 1905 Gütersloh- / lebt (69) in Seeshaupt / Ausst. u. a. 1968 München (Haus der Kunst) / **Lit.: 107a**-68

Huber-Hildt, Julie (M/Khw) / 1871 Stuttgart – ? / lebte (1920/31) in Dortmund / Stud.-Stuttgart Akad. u. Lehr- u. Versuchswerkstätten / um 31-33 Mitgl. Gr.-„VWKuK" / Ausst. u. a. 1926 (Gast)/31 Dortmund (VWKuK) / **Lit.: 8a**-26(Gast)+31 + **34**-8,2+9,2

Hubert, Matthias (F/D) / * 1967 – / lebt (2004) in Dortmund / Fotogr.-ausb. u. Stud.-Dortmund bis 02 FHD / ab 02 freisch. / Ausst. im Internet, 2004 Dortmund (Off. Atelier) / **Lit.: 120c**-04

Huck, Wilfried (Dr) (M/I) / NEU: 1948 Bühl/Baden – / lebt (2006) in Soest / (Biografie in Beilage: CD-Ausgabe 2006)

Hudemann, Annette (F) / 1955 Heidelberg- / lebt s. 76 in Dortmund / Krankenschwesterausb./ Tätigk. u. Fotogr.-ausb. in Dortmund / ab 93 Fotografin am Westf.-Industriemus. Dortmund / Ausst. u. a. 1996 Bochum-Hordel (Zeche Hannover), 97 Bocholt (Textilmus), 99 Forst-Lausitz (Museumsverein) / **Lit.:** A. H./Martin Holtappels(Fotogr.): „Am Ende einer Zeit" – Ausst.-kat. – Forst/Lausitz – Hg.: Westf. Industriemus.-Dortmund, 1999; A. H./Martin Holtappels/Jürgen Hoffmann: „Mit den Industriemuseen durchs Jahr 2002" – Hg.: LVR/LWL, 2003

Hübel, Angela (Schmuckgest) / 1956 Bochum- / lebt (2001) in München / 78-80 Buchbinderin-ausb., 83-88 Stud. Akad.-München b. Prof. Herm. Jünger / s. 88 eig. Atelier in München, 90 Förder-Pr. Stadt München, 98 = 1. Pr. „Ebner Award" / Werke u. a. in Museen v. München/ Köln/Hamburg/Berlin / Ausst. s. 1987, u. a. in München/Bamberg/Passau/Frankf.-M., + **INT**

Hübl, Claudia (M) (Pianistin) / 1973 Rheine- / lebt (2006) in Neuenkirchen/Kr. Steinfurt / Musikausb. u. a. an Musikhochsch.-en bis 01 in Münster u. Würzburg, Meisterkl.-Dipl. / Musik-Stip. Stadt Rheine, 92 Josef-Winkler-Pr. Rheine, 2000 Stip. Vogel-Stiftung Würzburg, zahlr. Konzerte / als Malerin Autodidaktin / Ausst.-en u. a. in Rheine/Köln/Bonn, + NRW

Hübscher-Kee, Lee Sook (M/B) / * in Seoul/Korea- / lebt (2005) in Lünen / Stud. Märk.-Kunstakad. / u. a. s. 01 Mitgl. „BBK"-Westf.-Süd in Dortmund / Ausst. s. 1987 u. a. Seoul-Korea, 89 Dortmund (Rathaus), Wadersloh (Gal.-Kontraste), 96 Düsseldorf/Krasnojarsk-Sibirien, 98 Düren/Bochum/Erwitte, 99/2000 Soest (2xKreishaus/Morgner-Haus), Anhui-China/Bergkamen, 99/01 Lünen (Parkresidenz/Lüntec), 2000 Herne (Schollbrockhaus), Bonn/Bad Honnef / **Lit.: 199-**01(2)

Hueck, Eduard (Khw) / Gründete am 13. 12. 1864 Firma f. Messingwaren in Lüdenscheid, später Messingwalzwerk (1899), Inh. Eduard u. Richard H. / Werke im Kunstgew.-museum Berlin / **Lit.:** In: Wolfg. Scheffler: „Werke um 1900" – Kunstgewerbemuseum Berlin, 1966

Hüesker, Florence/Hans/Hans-Göran/Werner s. **P**etit&Edelbrock – Glockengießer in Gescher

Hüfner, Jakob (Filmk) s. Jörn **H**intzer

Hühnerschulte (A/Dipl.-Ing) / lebt (1950/60) in Paderborn / weitere Daten nicht bek. / Werk u. a. Kirche in Paderborn / **Lit.: 112d** (S. 104)

Hülsbömer, Frank (F) / 1968 Münster- / lebt (2006) in Berlin/Warschau/Paris / 89-92 Fotogr.-ausb. in Münster / Ausst. u. a. 2000 Warschau (Goethe-Inst), Hannover (EXPO), 01 Berlin (Gal.-Wieland), 02 Paris (Danysz-Gal), 06 Ahaus (Kv.: Schloss) / **Lit.: 26a-**05

Hülse, tom/zum (Hulse) s. Nachtrag 1: Gold- u. Silberschmiedekünstler (auch Johann (II) = außerdem Münzmeister)

Hülsmann, Astrid (geb. Glasmeyer) (B) / 1966 Hamm- / lebt (2005) in Kassel / Stud.-Osnabrück 87-88 Univ. (Päd) u. Braunschweig 92-94 HfBK / s. 01 Mitgl. „BBK"-Nordhessen / Ausst.-gen in Kassel u. Umgebung / **Lit.: 26a-**05

Hülsmann, Beate s. Hülsmann-Kirchhoff, Beate

Hülsmann, Olaf (B/O/Metallgest) / NEU: 1968 Bielefeld- / lebt (2005) in Bielefeld / 88-91 Berufsausb., s. 91 künstl. tätig / 94 Gründung Gr.-„CHACO"-Bielefeld u. ab 96 m. Stephanie **A**hn Atelier im „Atelierhaus CHACO", s. 97 selbst. / Ausst. s. 1995 Kunst- u. Handw.-märkte in N, 96-99/2004 Bielefeld (Off. Atelier), 04 Detmold (Schlosspark) / **Lit.: 152-**96...99+04

Hülsmann-Kirchhoff, Beate (Beate Hülsmann) (M) / * 1956 – / lebt (2005) in Bottrop / Mitgl. „KB-Bottrop" / Ausst. u. a. 2004 Bottrop (2xMus/Sparkasse) / **Lit.: 99-**04 + **99a-**04

Hülter, Angelika (M/Z) / 1970 Hemer- / lebt (95) in Hemer-Bredenbruch / Stud. FofG-Iserlohn / Ausst. u. a. 1994 Hemer (Felsenmeer-Mus) / **Lit.: 242**

Hüning, Rita (M/O) (Lyrikerin) / 1955 Heiden – / lebt (2005) in Heiden / Autodidaktin / Mitgl. Gr.-„Kim"-Borken / Ausst. u. a. Heiden/Gronau, 2001 Borken/Billerbeck/Warendorf/Tecklenburg/MS, Reken (Atel.-Artmeyer), 05 Borken (Stadtmuseum) / **Lit.: 141a + 180** (erw.-Anh.)

Hürfeld, Holger (Ill) / 1971 Lüdinghausen – / lebt (2005) in Hamburg / Stud.-Hamburg 91-99 FHD (Ill) / ab 93 erste Veröffentl.-en, ab 97 Ill.-nen u. a. f. Zeitschriften/Magazine, 97 Kunst-Pr. „Bernd-Rosenheim-Stiftung" Frankf./M., 98 Kunst-Pr. Volks- u. Raiffeisenbanken / Ausst. s. 1992, u. a. 1997/98/2000/02 Hamburg (Gal.-Raumklang/Inst.-Francais/Kunsttreppe/Gal. am Großneumarkt), 98 Ratzeburg (Weber-Mus), Frankf.-M. (Mousonturm), Brüssel-Belg., 98/99 Hannover (Inst.-Francais/Sprengelmus), 01 Berlin (Gal.-Hulsch), 02 Vasa-Finnl., 03 Henstedt-Ulzburg (Kulturkate) / **Lit.:** Internet

Hüsken, Andrea (M/G/T/D) / 1969 Hagen – / lebt (2005) in Ennepetal / 89-91 Ausb.-Wuppertal z. Gestalt.-techn. Ass.-tin, 93 Fortbild.-Essen DTP-Gest.-in u. 96/97 Europ.-Ku.-akad.-Trier / s. 97 Mitgl. Gr.-„Kunstraum"-Ennepetal / Ausst. u. a. in Wuppertal/Düsseldorf/Herne/Nottingh.-GB/Calvinet-Fr., 1990 Koice/Slow., 97/99 Ennepetal (Kluterthöhle), 2001 Gevelsberg (Rathaus), 02 Schwelm (Haus Martfeld), Hattingen (Henrichshütte), 03 Schwelm (Kreishaus), 04 Ennepetal (Aktion: Kunstraum) / **Lit.: 209-**97+99+04 + **211-**2000+02

Hüsken, Barbara s. Ring, Barbara

Hüsken, Margit (B/F) (Autorin) / 1958 Plettenberg- / lebt (2006) in Barsinghausen / 96-99 Fotogr.-inausb., freiberufl. tätig / Ausst. u. a. in Essen/Duisburg/Bad Pyrmont, 2002 Rinteln (Pagenburg), Bielefeld (Technologiezentr) / **Lit.:** M. H. = Gedichte/Kurzgeschichten/Fotografien – Caron-Verlag, 1997

Huesmann, Jens-Peter (Dipl.-Ing/Raum- u. Stadtplaner) / 1963 Bad Salzuflen / lebt (2002) in Bielefeld / Stud.-Dortmund Univ. / ab 93 freisch. m. Reinh. Drees in Bielefeld-Sennestadt / Werke u. a. in OWL u. MS-land / **Lit.: 197-**01

Hütt, Gerd (Gerhard) (Innenarchit) / 6. 8. 1911 Elberfeld – 24. 9. 1990 Soest / war Mitgl. Gr.-„ring-bk"-Wuppertal / lebte ab 86 in Soest / Ausst. u. a. in Wuppertal / **Lit.: 216**

Hüttenhain, Sascha (F) / 1973 Siegen – / lebt (2005) in Siegen / Beruf: Konditormeister / s. 99 Fotografie / Veröffentl.-gen in Magazinen / Ausst. u. a. 2004 Siegen, + im Internet

Hugo, Friedhelm (M/G) / 1935 Castrop-Rauxel- / lebt (2005) in Castrop-Rauxel / s. 60 künstl. tätig / Mitgl. Gr.-„Malerzeche"-Dortmund u. „Kü.-stammtisch"-Castrop-Rauxel / Ausst. u. a. 1998 Dortmund-Huckarde (Rathaus), 98/2000-04 Castrop-Rauxel (Benefiz Schülken/2xGal. unterm Dach/3xSalon Räth/Bürgerhaus/Krankenhausgal/Lutherhaus Ickern), 99 Dortmund (2x Revierpark-Wischlingen/Westfalencenter), 2000 Duisburg (Krankenhaus), ab 2000 Castrop-Rauxel (Dauerausst. Kanzleigalerie), 01 Schwerte (Mus), 03 Dortmund (Krankenhaus), 04 Dortmund (Sparkasse Kirchlinde/Stadtbibl.-Mengede), + im Internet

Huizinga, Gert (G/D) / 1927 Lengerich- / lebt (2006) in Lengerich / Stud. Wksch-Hamburg / bekanntgeworden (01) durch die Stiftung „Picasso-Museum" – MS / NEU: war um 46/58 Mitgl. Gr.-„Legge"-Tecklenburg / Ausst. = Westf. / **Lit.: 5**-54 + **233**(S. 49)

Hulse/Hulsse, tom/zum s. Hülse, tom/zum

Humbach, Josef (Jo) (M/G) / NEU: 19. 11. 1933 Münster – 2. 11. 2003 / lebte in Sendenhorst / (Biografie in Beilage: CD-Ausgabe 2006)

Humburg, Lorenz (M/G) / NEU: 19. 11. 1906 Herne – 27. 8. 1994 Warburg / (Biografie in Beilage: CD-Ausgabe 2006)

Humpert, Christel (K) / 1936 Münster- / lebt (2006) in Bochum / NEU: Mutter von Christian **H**. / (Biografie in Beilage: CD-Ausgabe 2006)

Humpert, Christian (K) / NEU: 1958 Münster- / lebt (2003) in Bochum / Ausb. b. s. Mutter Christel H. in Bochum / Ausst. u. a. 1984/87 Düsseldorf (Spark.-Hochhaus/manu factum), 2003 (u. a.) Bochum (Gal.-Humpert) / **Lit.: 48x**-87

Humpert, Franz und **Heinrich** (Glockengießer) s. **J**unker, Albert

Hund, Christian (Mediendes/Filmk) / 1976 Bocholt- / lebt (2006) in MS / 98 Druckereiprakt., Stud.-MS 98-04 FHD / 05 „Bernard-Rincklake"-Pr. / ab 05 Büro „Gucc – **C**hristochowitz, Hund, **W**ältring GbR" – MS / Werke: 01-05 = 6 Kurzfilme, 06 Film-Planung / Auff. u. a. 2000/ 01 MS-land (Schulfilm), 02 Bremen, 04 MS (Cinema), 04/05 Berlin (Filmfestival/Popcom)

Hundefänger s. Domidian, Karl Rudi

Hunke-Untiedt, Margarethe (Papierobj.-k) / 1958 Sende b. Gütersloh- / lebt (2006) in MS / Tischlerinausb. u. Stud.-MS 99-01 Akad. f. Gest. im Handw. / 02 Lehrt. Akad. f. Handwerksgest. im Design – Aachen / Mitgl. „AdK"-MS / Ausst. u. a. 2004 Dortmund (Gal. des Tischlerhandwerks), 05 Charmey-Schweiz (Mus), 05/06 MS (HBZ), Zons (manu factum/Mus), 06 Bonn (Messe), Deggendorf (Mus) / **Lit.: 48x**-05

Hupfeld, Birgit (F/D) / 1963 Bochum- / lebt (2002) in Bochum / nach Fotogr.-ausb.: Stud. FHD-Dortmund / 02 Lehrauftr. FHD-Dortmund / u. a. Fotogr. f. Schauspielhaus-Bochum / Ausst. u. a. 1989/2001 Dortmund (Mus. f. K. u. K.) / **Lit.: 202 + 203**-89

Hurst, Annette (B/Z/Coll.-k) / NEU: 1962 Stuttgart- / lebt s. 92 in Köln / Stud.-MS 83-90 Akad. / Stip. Else-Heiliger-Fonds, 2000 Stip. K.-Adenauer-Stiftung / ab 96 Lehrt.-Bochum / Ausst. u. a. 1988 Münster (Haus-Oskar), 2000 Köln (BBK), 05 Bochum (Gal.-Januar), Köln (Bürgerhaus Stollwerk), + N

Huster, Anne (Prod.-Des) / 1962 Oelde- / lebt (95) in MS / Stud.-Essen u. MS 82-85 Univ.-n (Geschichte/Soz.-wiss) u. MS 85-91 FHD (Prod.-Des) / s. 9/91 Designerin / Ausst. u. a. 1994 Poperinge/Brügge/Sluis-Westflandern / **Lit.: 35a**

Hutans-Pirsig, Susanne s. Pirsig, Susanne

Huthsteiner, Chris (M) / 1932 Siegen – / lebt (2005) in Siegen / Stud. Schule f. Bild.-Kunst in Siegen, Weiterb. b. Theo Meier-Lippe, G. Thibaut u. Sommerakad.-Schwalenberg (P. Richtr) / 79-02 im Vorst., Landes- u. Bundesschatzmeisterin „Deutscher Frauenring" u. Schatzmeisterin v. „Artemision"-Görlitz / Mitgl. Kv. u. „Cultura"-Frauenforum-Siegen / Ausst. u. a. 2000/03 Siegen (Kunstpassage/Krankenhaus/Siegener Zeitung/Haus Seel/Forum), 02 Görlitz (Peterskirche), 03 Kreuztal (Druckhaus Kay/Altes Feuerwehrhaus), Berlin (Siegfriedshöfe/Gal.-Bell´Arte), Kempten (Kunsthalle) / **Lit.: 110c**-04

Hutze, Heinrich (A/Baumeister) / 1853 Barkhausen – 1913 ebd. / Werke u. a. Kirchen im Sauerland u. in Bochum / **Lit.:** D. K. – Teil 1+2 + **146c**

Hutzenlaub, Ellen (M) / 1978 Reutlingen – / lebt ab 86 in Lüdinghausen, 2004/06 in MS / NEU: 02-05 Stip. Cusanuswerk, 04/05 Atelier-Stip. MS, 06 Stip. Schloss Ringenberg – Hamminkeln / (Biografie in Beilage: CD-Ausgabe 2006)

Huvermann, Antje (M) * 1964 – / lebt (2001) in Bottrop / Ausst. u. a. 1998/99 Bottrop (Mus), 2000 Bottrop (Kulturzentr) / **Lit.: 99a**-98+99 + **99c**-2000

Huvermann, Gregor (B/O/Metallgest) / 1968 Bottrop- / lebt (2005) in Bottrop / 84-87 Bauschlosser- Schmiedekunstausb., 91-95 Stud. TFH-Bochum, ab 96 als Schlosser/Kunstschmied tätig, Atelier i. d. familieneig. Schlosserei / s. 96 Mitgl. Gr.-„Kunstgem. Bottrop" / Ausst. u. a. 1995-05 Bottrop (u. a.: Bottroper Khw.-gal/Kulturzentr/Sparkassen/Hof Jünger/Krankenhaus/ RWW), 95/97-02 Bottrop (Mus), 98-04 Gladbeck/Merseburg/ Freiburg/Westerland-Sylt, 2004 Ruhrgebiet (Beteil.-Wanderausst.) / **Lit.: 99a**-95+97...02 + **99c**-2000...04 + **99d**-04 + **128**-98

Hwang, Ail (M/Z) / 1981 Seoul/Südkorea- / lebt (2006) in MS / Stud.-Seoul-Südkorea 2000-05 Univ. (Kunst) u. ab 05 Akad.-MS / Ausst. u. a. 2006 (Gast: Off. Atelier-Hafen Speicher II)

I.M.O. s. Zimmermann, Ingrid

Ibelings, Anne (Ill) / 1982 Bielefeld- / lebt (2005) in MS / Stud.-MS s. 03 FHD / Ausst. u. a. 2005 MS (Off. Atelier-Am Hawerkamp), Frankfurt/M. (Buchmesse)

Ihmsen, Johann Carl (Glasschneider) / † 1759 / er kam aus einer Glasunternehmerfamilie, die um 1737-1805 bek. war / ab 1728 Nachfolger der Glasmeister Abraham Wiegand u. Joh. Henrich Gundelach = „Emde"-Glashütte Altmünden/Hessen, 1751 kurfürstl. Privileg für das Hochstift Paderborn = „Emde"-Glashütte bei Brakel (bis 1878 bek. = s. Lit.) / Werke in MS (LM) u. Westf. / Ausst. u. a. 2000 Paderborn (Volksbank), Sögel (Emslandmus), MS (WL) / **Lit.:** Siegfried Kessemeier: „Die feine Glashütte Emde" – in: „Vivat Clemens August" – Paderborner Glaskunst des 18. Jh.s – Ausst.-kat. – Paderborn/Sögel/MS, 2000; „Das Kunstwerk des Monats" – Juni 2004 (m. Lit.-angaben)

Ikelle-Matiba-Kohlhausen, Anke („IMKA") (M/Coll.-k/Kunst am Bau) / 1946 Barkhausen/Porta Westfalica / lebt (93) in Königswinter-Uthweiler / Schwester des Autors Jean Ikelle-Matiba / als Malerin Autodidaktin / Lehrt.-Troisdorf / **Lit.:** In: „Fassadenmalertreffen Troisdorf 1992" – Katalog – Troisdorf, 1992

Ilios, Sonia (O/M/Coll.-k) / * 1957 – / lebt (2002) in Dülmen-Rorup / Lehrt. u. a. in Schulen, Workshops, ab 02 auch Kunstschule „Zwischenzeitraum"-MS / Ausst.-gen s. 1992, u. a. 2002 MS (Orangerie), Dülmen (Off. Atelier), + Westf.

Ilkova, Jana (F/D) / 1978 Topol'cany/Slowakei- / lebt (2005) in der Slowakei (?) / Stud.-Bratislava/Slowakei 98-04 VSVU (FHD), 03 = SS FHD-Dortmund u. WS 03 Univ. f. Angew. Kunst in Wien / Ausst.-gen ab 1997 in der Slowakei u. 2004 Dortmund (St. Petri-Kirche) / **Lit.: 203f**

Illburger, Heino „Charly" (G/D/F/Digital-k) / 1953 Wanne-Eickel- / lebt (2002) in Herne / Stud.-Dortmund FHD / Mitinh. = Werbeagentur/Druckerei / Ausst. = Bochum / **Lit.: 142a + 203a**

Ilten, Rosa von (M/O/Perf.-k) / lebt (2005) in Dortmund / Kunststud. b. Prof. L. Kampmann, Gesangs- u. Sprechausb. in Köln/New York/St. Petersburg / wiss. Mitarb.-in Univ.-Dortmund, Konzerte in N+INT / Mitgl. „Atelier 21" in Dortmund / Ausst./Auff.-gen u. a. 1991 MS (Akad), 92/94 Bonn (Frauenmus), 96 Essen (Stadtbibl), 98 Potsdam (Russenhalle), 2001 Gelsenkirchen (Zeche), 04 Dortmund (Off. Atelier) / **Lit.: 120c**-04

Im, Kwang-Sik (M) / 1968 Taegu/Südkorea- / lebt (2006) in MS / Stud.-Taegu/Korea 88-96 Univ. (Kunst) u. MS ab 2000 Akad., 04 Meisterschüler / 03 Lucas-Cranach-Pr. Wittenberg u. DAAD-Stip. Akad.-MS / Ausst. u. a. 1993/94 Taegu-Korea (Univ(2xK), 2000 MS (Off. Atelier-Am Hawerkamp), 02 Nottuln (Alte Amtmannei), 03 MS (Finanzamt), Nottuln (Alte Amtmannei), Wittenberg (Cranach-Haus(Wettbew.-Kat.), Herne (Kunstbombe), 04 Oberhausen (Kv), Düsseldorf (WGZ-Bank/Kunstpalast), Hamm (Mus), Istanbul-Türkei (Mus), 05 Aschendorf (Ado-Kunstpr.-Ausst.(K), Düsseldorf (Kunstpalast), Düren (Schloss Burgau) / **Lit.: 107**-04+05 + **139a** + **228**-03+04 + **231b+c** + K = Katalog; „K.-S. I." – Anatomische Psychogramme – Hg.: Cranach-Stiftung Wittenberg, 2004; In: „Art up!" – Junge Kunst aus deutschen Akademien – Ausst.-kat. – Düren, 2005

Imhof-König, Barbara (M) / 1938 Herne- / lebt s. 70 in Bensberg / Tochter des Wilhelm Imhof / Stud. FHD-Krefeld / Ausst. u. a. in NRW / **Lit.: 143a**

IMKA s. Ikelle-Matiba-Kohlhausen, Anke

Immand, Hans-Jürgen (B/M/G) / 1956 Gladbeck- / lebt (2002) in Steinheim / 75-78 Bildh.-ausb., Tätigkeiten 78-80 in Werkstätten in Paderborn, Münster, Göttingen u. München, 81-83 Tischlerausb., 87 Bildh.-Meisterprüfung, Stud. Univ./GH-Paderborn, Fachbereich Kunst, 91 Mitbegr. u. Lehrt. Zentrum f. Kunst u. Therapie-Detmold, 92 Stud. Bundesakad.-Wolfenbüttel (Maltechnik) u. s. 98 Lehrt.-VHS / **E**.-Ausst. u. a. 1989 Lemgo (VHS), 90/92 Steinheim (Sparkasse), 91 Horn (Sparkasse), 92 Holzhausen (Kurgastzentr), 93 Detmold (Dauerausst.: Zentrum f. Kunst u. Therapie), 94 Steinheim (Buchhandl.-Wedegärtner), 95 Steinheim (Denkmal-Aktion), Augustdorf (Rathaus), 96 Steinheim (Plakataktionen), 98 Steinheim (Install.-Projekt), 99 Nieheim (Rathaus), 2000/01 Horn-Bad Meinberg (Off. Atelier), 02 Detmold (Off. Atelier) / Ausst.-**bet**. u. a. 1988 Warburg/Paderborn/Schwalenberg, 92 Bonn, 99 Bielefeld (Projekt: Fussgängerzone), Nieheim (Projekt: Kunstpfad), Steinheim (Turnhalle), 2000 Steinheim (Rathaus), Wehrden (Schlosspark), Ottenhausen / **Lit.**: **132a**-2000...02

Immel, Manfred (Metallgest. = Kupfer) / 1953 Eiserfeld- / lebt (2005) in Neunkirchen/Siegerl. / Autodidakt / Ausst. u. a. 2000 Neuenkirchen (Atelier), Burbach (Alte Vogtei), 01 Siegen (u. a. Bergbau-Mus), 02 Burg Greifenstein / **Lit.**: **110c**-04

Immer, Susanne (M/O) / 1963 Bielefeld- / lebt (2005) in Reutlingen / Stud.-Braunschweig 84-90 HfBK, 90 Meisterschülerin / von 87-94 Stud.-aufenthalte in Frankr. / 85-90 Stip. Fr.-Ebert-Stiftung, 90 Pr. Stadt Wörth a. R., 91 = 1. Wettbew.-Pr. Baden-Württ., 93 Förder-Pr. „KB"-Tübingen u. 93/97 Herm.-Haake-Stiftung, 95 Stip. Schlesw.-Holstein / ab 96 Mitgl.-„Tübinger-KB" / Ausst. u. a. in Walldorf/Tuttlingen/Karlsruhe/Reutlingen/Ludwigsburg/Nürtingen/ Tübingen, 2004 Stuttgart (Gal.-Braun), Erlangen (Kv), Pforzheim (Gal.-Brötzinger Art)

In den Eicken, Paul s. Eicken, Paul in den

Ingenhoven, Christoph (A/Dipl.-Ing) (Autor) s. **O**verdiek, Jürgen

Int-Veen, Ulrike (M) / 1956 Bottrop- / lebt (2005) in Dinslaken / Stud.-Kamp-Lintfort 95-99 Malschule / s. 2000 Lehrt. Malschule Kamp-Lintfort / Ausst. u. a. in Köln/Kassel/Dinslaken/ Oberhausen, 2002/05 Bottrop (Hof Jünger/Gal.-Passmanns), 02-05 Bottrop (Mus), 03 Gladbeck (Beteil.-Kunstauktion), Kamp-Lintfort (Bergwerk-Aktion) / **Lit.**: **99a**-02...04

Irmer, Hans (M/Z) / 1921 Weidenau- / lebt (2004) in Neunkirchen/Siegerl. / Ausst. s. 1990, u. a. in Neunkirchen (Heimathaus/Bürgerhaus) / **Lit.**: **110b** + **110c**-04

Irouschek, Sonja (F/D) / 1972 Heidenheim a. d. Brenz- / lebt (2006) in Dortmund / 92-95 Fotogr.-ausb. in Ulm, 95-99 in Oberelchingen tätig u. Stud.-Dortmund 99-2/06 FHD / 03 = 1. „Supfina"-Wettbew.-Pr., 03 Kodak Nachwuchs-Förder-Pr., 04 = 1. Wettbew.-Pr. VCI (Verb. der chem. Industrie), 04 DAAD-Stip. f. Univ.-Peking-China, 05 Focus Award Dortmund u. 06 Euro-Press Photo Award Fuji-Film – Bratislava/Slowakei / Ausst. u. a. 2001-03/05 Dortmund (Künstlerhaus/Phoenix-Gelände/2x FHD), 04 Köln (Photokina(K), 05 Stuttgart (Fotosommer (K), 06 Dortmund (Mus. am Ostwall), Bratislava Castle/Slowakei (Europ.-Fotowettbew.) / **Lit.**: **203**-03+05 + **203d** + K = Katalog

Isaak, Gennadi (M/Ill/O/I/Wandgest) / 1968 (im Nordkaukasus)- / lebt (2005) in Paderborn / Stud.-Wladikawkas 85-(90?) FH (Energietechn) / 82 erste künstl. Wandgest., 93 Spätaussiedler / Ausst. u. a. 2003 Paderborn-Schloss Neuhaus (Artothek), 05 Paderborn (Off. Atelier/Adam & Eva-Haus), + Internet / **Lit.**: **101b**-05

Ischebeck, Christian (G/D/M) / 1968 Gevelsberg- / lebt (2001) in Gevelsberg / 89-98 Stud. FHD-Dortmund (Grafik-Des) / Ausst. u. a. in Wuppertal/Gevelsberg/Bochum/Brünn/Pilsen-Tsch./Svendborg/Odense-Dänem., 1992/94 Dortmund (FHD/Mus. f. K. u. K.), 2000 Ennepetal/Hattingen / **Lit.**: **203b**-2 + **203c** + **209**-2000

Iseken, Jos (M/Z) / NEU: 1901 Paderborn – 12. 11. 1979 Meschede / Stud.-Danzig/Königsberg Akad/FH / 31-70 selbst. Architekt und neun Jahre Lehrt.-Meschede / war Mitgl. Gr.-„Der Bogen" Arnsberg-Neheim-Hüsten / Ausst. u. a. 1979 Arnsberg (Mus) / **Lit.**: **59** + **97b**-79

Iseken, Peter (A/Dipl.-Ing) / 1940 Meschede- / lebt (2005) in Meschede / Stud. FH-Koblenz / ab 70 freisch., 72-04 Zus.-arbeit m. Norbert **D**üking – Meschede / Werke u. a. Schulzentren in Südwestf. u. in Meschede = u. a. Kirche/Gemeindezentrum/Univ.-zentr. / **Lit.**: **112d** (S. 40)

Isenrath, Paul (auch: Hans-Paul) (Prof) (B/O/I/Z/Videok) / 1936 Mönchengladbach- / lebt (2006) in Köln u. Le Nayrac/Frankr. / NEU: 72-01 Lehrt./Prof. Akad.-MS u. Rektor v. 85-93 / Werke in NRW / (Biografie in Beilage: CD-Ausgabe 2006)

Ising, Luise Henriette (M/Z/Porzell.-m) / * 1936 – / lebt (2005) in Siegen / Weiterb. bei bek.

Künstlern im Siegerland u. bei Ausl.-studienaufenth.-en / Lehrt. / Ausst. s. 1991, u. a. in Österr./Lenzkirch-Schwarzw./Bad Bergzabern/Konstanz, + Südwestf. / **Lit.: 110b + 110c**-04

Isken, Rolf (G) / 1955 Ennepetal – 1996 Wuppertal / 71-73 Schriftsetzerausb., 73-78 Stud. Univ./ GH-Wuppertal (Vis. Komm) / 78-86 eig. Werkst. in Wuppertal, 78-80 Lehrt., 90-92 Mitbegr. u. Ltg. eines Werkst.-Verlags in Düsseldorf / 87 Ausz. Art-Dir.-s Club New York / **Lit.: 216**

Issel, Gudrun (M) / 1938 Berlin – / lebt (2005) in Gescher / nach Abitur 58 in Düsseldorf: 60-62 Ausb.-Heidelberg zur Physiotherapeutin / künstl. Weiterb. 72-74 b. Rudolf Breilmann in MS u. Kurse VHS-Coesfeld u. Stadtlohn, 94 Seminar b. Prof. Andrzej Desperak aus Polen, 2000 Trier Europ. Sommerakad. / Mitgl. Gr.-„Kim"-Borken / Ausst. u. a. 1985/87 Coesfeld (Kreisbücherei/Stadtgal), 88 Raesfeld, 89 Anholt (Schloss), Pröbsting (Schloss), 91 Holtwick (Heimathaus), 93 Borken (Gal.-Gräfling), 95 MS (Stadtmus), Maria Veen (Benediktushof), 97 Lembeck (Schloss), 97/98 Schöppingen, 98 Borken (Kapitelshaus-St. Remigius), 99 MS (Landgericht), 2000/05 Borken (Stadtmuseum), 2001 Borken/Billerbeck/Warendorf/Tecklenburg/MS, Reken (Atel.-Artmeyer) / **Lit.: 141a + 180**

Ißmer, Ulrike (M/Z) / * 1945 – / lebt (2005) in Burbach / s. 85 künstl. tätig / Mitgl. „Malkreis Haiger" / Ausst. s. 1988, u. a. in Österr./Feldkirchen/Bielefeld/Eibelshausen/Hohenahr, + Südwestf. / **Lit.: 110a+b + 110c**-04

Ivlev, Kirill (B/O/I) / 1978 Kertsch/Ukraine- / lebt (2005) in Leipzig / 98-2000 Bauzeichnerausb., Stud.-MS 2000-01 Univ. (Kunstg/Volksk/Soz) u. 01-05 Akad. / Ausst. u. a. 2003 MS (Erdgas/ Innenstadt), München (Domagkatelier), Laer (Stadtmitte), 04 Bergkamen (Stadtgal), Bad Oeynhausen (VHS), Oberhausen (Kv), Soest (FH), 05 Wismar (Baumhaus), Recklinghausen (Kunsthalle), Ingolstadt (Kv) / **Lit.: 82b + 183**-3 **+ 256+a**

Jacenko, Pinchas (M/G) / 1965 Brest/Weissrussl.- / lebt (2002) in Hütschenhausen/Rhl.-Pf. / Stud.-Brest 75-80 Jugendkunst-Akad., Kobrin 82-84 Techn. Lehranst. (Kunst), Witebsk 88-91 Inst. f. Kunst u. Grafik u. Bochum 98-2001 Univ. (Malerei/Grafik) / **Lit.:** In: „Kunst aktuell" – Kunstmagazin – 12/2001 – S. 25 – Bad Schmiedeberg; In: „artist window" – 20. Ausg. – Heft 5/2002

Jacob, Dieter (Prof) (A/Innenarchit/Industr.-Des) / * 1935 – / lebt (83/2002) in Detmold / Stud. HfBK-Braunschweig / nach Tätigkeiten in Archit.-büros u. Lehrt. H. f. angew. Kunst-Istanbul = war Lehrt./Prof. FH-Detmold (Archit/Innenarchit) / **Lit.: 205**-94+97(2x erw.) + **205a**-83+89

Jacobs, Jacques (G) / 1958 Antwerpen/Belgien – / lebt (2005) in Anröchte / Stud.-Antwerpen (Innenarchitektur) / Ausst. u. a. 2005 Soest (W.-Morgner-Haus) / **Lit.: 100**-05

Jacobsen-Nolting, Dorothea s. Nolting, Dorothea B.

Jacoby, Holger (G/D/F/Film- u. Videok) / 1966 Kamen – / Stud.-Dortmund 91-99 FHD / Stip. „BildForum"-Herten / Ausst. u. a. 1999 Frankf.-M. (Buchmesse), 97 Herten (Fototage)

Jäckel s. Jäkel

Jaecker, Viola (F/D) / 1980 Köln – / lebt (2006) in Dortmund / Stud.-Dortmund ab 01 FHD / Ausst. u. a. 2004/05 Dortmund (St. Petri-Kirche/FHD) / **Lit.: 203**-05 + **203f**

Jäger, Gottfried (Prof) (F/G/D/F.-Inst.-k) / 1937 Burg b. Magdeburg- / lebt (2006) in Bielefeld / NEU: Lehrt. 73-02 Prof. FHD, 74 Dekan u. 99-02 Melbourne-Australien, Initiator u. s. 79 Bet. Bielefelder Symposien / (Biografie in Beilage: CD-Ausgabe 2006)

Jaeger, Judith (O/I) / 1975 Marl- / lebt (2004) in MS / Stud. Akad.-MS / Ausst. u. a. 2003 Schwerte (Kv) / **Lit.: 234**-03

Jäger, Ursel (June) (Pseudon.: „JUNE") (M/G/F) / 1936 Hamburg- / lebt (2005) in Bielefeld / 65 Studien Wksch-Bielefeld / 68-78 freisch. Bildjournalistin / s. 01 Mitgl. „BBK" OWL / Ausst. u. a. 2001 Bielefeld (Off. Atelier), Herford (Kunstwerk), 05 Bielefeld (Rav.-Spinnerei) / **Lit.: 1**-5(erw.) + **124**-05 + **152**-01(=JUNE) + In: „In Kontakt" – Künstler aus Nahayja u. Bielefeld – Ausst.-kat. – Hg.: BBK-OWL, 2005

Jähne, Hans (M/G/B/Glasm) / NEU: 1926 Dresden – 10. 9. 2002 Detmold / (Biografie in Beilage: CD-Ausgabe 2006)

Jähne, Robin (B/I/F/Filmk) / 1969 Detmold- / lebt (2006) in Detmold / Stud.-Univ. (Biol) / Autodidakt / Mitgl./Ausst.-en im „Lipp.-KB"-Detmold / Ausst. u. a. 2000-02 Detmold (Off. Atelier) / **Lit.: 132a**-2000...02

Jährig, Monika (B/M/Z) / 1948 Marl- / lebt (2006) in Marl, Atelier in Herten / 63-79 kaufm. Ausbild./Tätigk., 81 Abitur (2. Bild.-weg), 83-93 Stud. Univ.-Dortmund u. Univ./GH-Siegen (Kunst/Sport) / ab 93 freisch. / s. 03 Mitgl. „BBK-Westf." Dortmund / Ausst. u. a. 1988 Dortmund (Univ), 89 Dortmund („Wiewaldie"), Castrop-Rauxel (Bürgerhaus), 93 Beckum (Stadtmus), 99 Bielefeld (UB), 2002 Recklinghausen (3xKreishaus), 03 Dortmund (Mus. f. K. u. K.), Recklinghausen (2xKreishaus/2xSteuerberaterpraxis), 04 Recklinghausen (Kreishaus), Castrop-Rauxel (Rathaus), 05 Bo.-Wattenscheid (Technol.-zentr) / **Lit.: 3**-03(2)+04(1)+05(2) + In: „Dortmunder Kunststudenten" – Ausst.-kat. – Stadtmus.-Beckum, 1993

Jäkel, Enno (K) / 1967 Dortmund- / lebt (2005) in Köln / 91-94 Keramikausb.-Siegburg, 94-97 Stud.-Fachsch. f. Keramikgest. Höhr-Grenzhausen / ab 99 eig. Werkst. in Köln / Ausz.-gen 91/ 97/2x02, 01 Staats-Pr. NRW / Mitgl. „AKK"-Köln / Ausst. u. a. 2001 Faenza, Korea (1. World Kera.-Biennale), 01/03 Kevelaer/Dortmund (manu factum), + N/INT / **Lit.: 48x**-01+03 **+ 257**

Jaekel, Gerda (M) / * 1943 – / lebt (2004) in Bottrop / Ausst. u. a. 1997/98/03 Bottrop (Mus), 2000-04 Bottrop (Kulturzentr) / **Lit.: 99a**-97+98+03 **+ 99c**-2000...04

Jänke, Simone (G/Ill/D) / 1965 Zossen b. Berlin – / lebt (2006) in MS u. Steinfurt / NEU: Malerin u. Schauwerberbegest.-ausb., Tätigk. als Theatermalerin/Ausst.-gest., danach Stud.-MS 93-98 FHD / 02 Stip. „Aldegr.-Ges."-MS f. Südfrankreich, 06 Lehrt. Sommerakad.-Dresden / Ausst. u. a. in Dorsten/Frankf.-M./Solingen/Hamburg, Bremen/Düsseldorf/Dortmund/Mainz (Büchergilden), Tschenstochau-Polen, Krakow-P. (Buchdruckmus), Baden (Mus), Lahti-Finnl., Varna-Bulg., 2001 MS (Druckwerkstatt), 01-04 MS (Off. Atelier-Am Hawerkamp), 03 MS (Bet.-Jahresg. = Aldegr.-Ges), 05 MS (Gal.-Augenweide) / **Lit.: 93 + 122**-97+98 **+ 122y**

Jahn, Heinz (Goldschm.-meister) / lebt (1964/69) in Essen / Lit.: 48x-64+65+69

Jahn, Heinz (O/B) / 1953 Wolmirstedt- / NEU: lebt (85) in MS/Paris, (87) Amsterdam, (2000) in Hamburg u. in der Dordogne/Frankr. / Stud.-MS 75-81 (Akad) / Ausst. u. a. 2000 Gelsenkirchen (Kv.: Kunst am Baum), 04/05 Beteil.-Wanderausst.-Zürich/Schaffhausen/Duisburg/Saarbrücken/Stuttgart/Wien, + N / **Lit.: 37 + 46**-81 **+ 64a + 125d**-85 + In: „Kunst am Baum" – Postkartenset – Kv.-Gelsenkirchen, 2000; In: „Kunstpostkarte NRW" – 100 Jahre Bildpostkarte – Katalog f. Wanderausst. – Bramsche, 2004/05

Jahn, Jürgen (M/G) / 1947 Recklinghausen – / lebt (2002) in Herne / Autodidakt / s. 94 Mitgl.-„Herner-KB" / Ausst. u. a. in Herne/Altena/Dorsten/Marl, 1999/2000 Polen (Workshop), 01 Herne (Schollbrockhaus-Café), 03 Bochum (Stadtpark) / **Lit.: 142a**

Jahn, Leo Pater (B) / 1930 Laudert/Hunsrück- / lebt (98) in Lennestadt / 52-57 Stud. Hsch-Ravengiersberg (Phil/Theol) u. 62-65 (Päd/Kunst) / 52 Noviziat b. den Missionaren der hl. Familie, 57 Priesterweihe in Ravengiersburg, 57-61 Seelsorger in Düren, 61-62+65-98 Lehrt.-Lennestadt u. dort 65-98 Pfarreibetreuung / Werke in Westdeutschl. / **Lit.: 117**-01

Jakob, Harald (M) / 1937 Dresden – / Stud.-Frankf.-M. / Lit.: 225

Jakob, Harald (F) / 1952 Hagen – / lebt (2003) in Hagen u. Iserlohn / Autodidakt / Ausst. u. a. 2003 Hagen (Mus) / **Lit.: 97**-03

Jakobs, Günther (Ill/Mediendes) / 1978 Bad Neuenahr- / lebt (2005) in MS / Stud.-MS 97-2/03 FHD u. 99-05 Univ. (Phil/Kunstg/Alte Geschichte) / ab 03 freisch. / Ausst. u. a. 2001/03 Fankfurt-M. (Buchmesse), 03/05 MS (Off. Atelier-Am Hawerkamp) / **Lit.: 122**-01+03 + von G. J.(Ill) = 20**03**: Verl.-Stegemann: „Skal, Admiral von Schneider" – Chr. Hildebrandt(Hg.); „Mit den Füssen zuerst" – R. Palmgren(Text); „Das Werk des Staatsministers" – Bo Balderson (Autor) – Umschlaggest.; Einhard-Verl.: „Karolus Magnus. Karl der Grosse und seine Zeit"; 20**04**: Verl.-Coppenrath: „Gretchen Gänsefuss" – U. Hauswald(Text); Arena-Verl.: „Die Steinzeitmenschen" – F. S. Sklenitzka(Text); „Im Wald" / „Auf dem Bauernhof. Der Kinderbrockhaus" / 20**05**: „Verschollen im Regenwald" – Verl.-Loewe; „Leben auf der Ritterburg" – Verl.-Brockhaus / „Ein wildes Tier im Park" – Verl.-Carlsen; „Indianer" – das will ich wissen – Arena-Verl.; „Rudi Hasenfuss und der Riesendrache" – Coppenrath-Verl.; 4x Verl.-Groh: „Der kleine Engel ... und die Liebe" – ... und das Glück" – ... und die Freundschaft" – ... und die Wünsche" / In: „typisch" – kleine Geschichten für andere Zeiten – Hamburg /

Jamiri (Jan-Michael Richter) (D/Comiczeichner) / 1966 Hattingen- / lebt (2004) in Essen / Stud.-Bochum 85/86 Univ. (Germ/Lit/Phil) u. Essen 86-(90?) Univ./GH (Komm.-des) / Ausst. u. a. in Essen (Gal.-Obrist) / **Lit.:** Jamiri: „Bochum Lokal" – Bospekt-Verl. Bochum, 1990; „Kamikaze d' amour" – Eichborn-Frankf./M., 1999; In: „M. Feige: „Das Grosse Comic-Lexikon" – Berlin, 2001; in W. Ulrich: „Didaktik der deutschen Sprache" – Klett-Verl. Stuttgart, 2001; alles Verl.-Carlsen – Hamburg: „Carpe Noctem" + „Bohéme 29" + „Homepages" + „Dotcom Dummy" + „Hypercyber" = 2002

Janacek, Annette (M) / 1964 Dortmund- / lebt (2006) in Dortmund / 81-84 Bauzeichnerinausb.,

84-99 in Archit.-büros tätig / ab 89 Malerei, 99-03 Stud. Ruhrakad.-Schwerte, s. 04 freisch. / Ausst. u. a. 2003/05 Schwerte (Haus-Ruhr/Rohrmeisterei), 04 Duisburg (Cubus-Kunsthalle), 04-06 Dortmund (Sparkasse: Kunstkalender), 05 Bonn (Frauenmus), 06 Dortmund (Berswordthalle/Gal. ART-isotope), Büdelsdorf (Carlshütte) / **Lit.**: In: „Grafik aus Dortmund" – Kunstkalender 2005+2006; In: „Mythos Mutter" – Ausst.-kat. – Frauenmuseum – Bonn, 2005

Jander, Markus (M/Airbrush) / 1969 Dortmund- / lebt (2005) in Dortmund / 95-99 Abendstud. IfBKK-Bo.-Wattenscheid, 96/97 Beteil.-Workshop (Jurek) / Ausst. u. a. 1996 Passau (Airbrushmesse), 96-98 Dortmund (Creativ-Markt), 97 Castrop-Rauxel/Bochum / **Lit.**: In: „ArtScene Internatioal" – Nr. 6/96 + 4/97 + 4/98 + 3/01

Janicki, Julia (M) / * 1983 – / lebt (2005) in Bottrop / Ausst. u. a. 2001-03/05 Bottrop (Mus) / **Lit.**: **99a**-01...03

Janietz, Andrea (A/Proj.- Aktionsk) / 1971 Telgte- / lebt (2003) in MS / 93 in der Theaterwerkst. d. Städt. Bühnen in MS tätig, bis 2000 Stud. FH-MS (Archit), 01 Akad.-MS / s. 94 in versch. Archit.-büros u. ab 01 b. „Bolles+Wilson" tätig / Proj.-e/Akt.-nen m. Marco Piehl u. a. 2001 Berlin-Neukölln, + N / **Lit.**: **227**

Jankowska-Prus, Barbara s. Prus, Barbara

Jankowski, August (Z) / 1942 Bielitz- / lebt (74) in Wendlingen / Stud.-Mainz Wksch, Swansea-GB College of Art u. Dublin-Irland National-Coll. of Art / lebte um 69 in Bielefeld / Ausst. = N / **Lit.**: **7a**-69 + **148**-73 + In: G. K. Nagel: Schwäbisches Künstlerlexikon" – München, 1986

Janning, Nico (Nikolaus) (B/Steingest) / 1961 Münster- / lebt (2004) in Lüdinghausen / Ausst. u. a. 2003 Dortmund (manu factum) / **Lit.**: **48x**-03

Janowski, Fred (A) / 16. 2. 1929 Gelsenkirchen- / lebt (2004) in Gelsenkirchen / Stud. Ing.-schule f. Bauwesen in Essen (Archit) / im Büro G. **M**arschall (Marl) tätig, einige Jahre selbst. in Zus.-arbeit m. A. E. **W**ittig, danach wieder Zus.-arbeit m. Marschall+Wittig / Werke in Westf., u. a. Kirche (64/68) in (Gelsenkirchen)-Buer-Erle (denkmalgeschützt) / **Lit.**: **219a**

Jansen, Juri (Jürgen) (G/D/I/Video- u. Filmk) (Komponist) / 1962 Rietberg- / NEU: lebt (2005) in Siegen, Atelier in S.-Mudersbach / Stud.-MS 84-90 FHD u. Köln 92-95 KH f. Medien / Grafik-Stip. f. Norwegen / ab 95 freiberufl. tätig, Video/Film Zus.-arbeit m. Prof. Barbara **C**hristin, Kompositionen f. Klangkunstauff.-gen/Video- u. Filmmusiken, u. a. f. Festivals/Hochschulen/WDR / Ausst./Auff.-gen u. a. 1992 Oberhausen (Stadtgal), 93 Ahaus (A.-Zwischenlager), 94 Berlin (Akad), 95 Köln (KHM/Trinitatiskirche), 99 Bonn (Beethovensaal), 2000 Köln (KHM/WDR), 01 Wesel (Mus), Wissembourg-Frankr. (St. Jean), 01/02 Köln (Univ/Kunstwerke e.V.), 03 Tönisvorst, 03/04 Siegen (Kv) / **Lit.**: **110c**-04 + In: „Nachlese" – Hg. u. a. Berenbrinker – Grafiken: FHD-MS, Ltg. Prof. Troschke – Greven, 1990; „Schattenprojektionen" – Videokatalog – Werner Nekes – Mülheim/Ruhr, 1993; „ICON Ludwig van" – Beethoven-Haus – Bonn, Kunsth.-schule für Medien – Köln, 1999; „Kirchenträume" – Karlsruhe, 2001; „quartett – gesang der lichtgeister – zehn kurze Stücke" – CD – 2001

Jansen, Marcus (I/Medien- u. Projektk) / 1962 Köln- / lebt (2005) in Berlin u. Dresden / Jugend- u. Schulzeit in Köln u. Borken/MS-land, Stud. in Braunschweig u. Düsseldorf / 90/91 DAAD-Stip. f. London, 92 Stip. f. Paris / 94/96/97 Gastdoz. MA Fine Arts Course-Barcelona / Ausst. u. a. in Pusan-Südkorea/Barcelona-Sp., + N / **Lit.**: Internet

Jansen, Marcus Antonius (M) / 1968 New York/USA- / lebt (2005) in Florida/USA / Lit.: Internet

Jansen, Marlies (B/K) / 1940 Finnentrop-Weringhausen- / lebt (2005) in Siegen / Ausb.: FfG-Siegen, Europ. Akad.-Trier, Sommerakad.-Marburg, Gast Univ.-Siegen u. Sommerakad.-Hohenbusch / ab 80 Lehrt. VHS Kr.-Siegen-Wittgenstein / Mitgl. „Kunstkr. Siegerland" u. „Cultura"-Frauenforum / Ausst. = Südwestf. / **110c**-04

Jannssen, Sonnia (M/Z) / * in Flandern/Belgien- / lebt (2005) in Arnsberg / Stud.-Univ. (Chemie) u. Weiterbild. b. bek. Künstlern, u. a. in Arnsberg / s. 83 Lehrt. (Erw.-bildung) u. ab 97 Lehrt. Kunstsommer-Arnsberg / war Mitgl. Kü.-gruppen „913" u. „Sepia" / Ausst. s. 1986, u. a. in Arnsberg/Altena/Meschede/Hamburg/Lüdinghausen, u. Fos-sur-Mer-Frankr.

Janys, Susanne (M) / 1956 Hindenburg/Oberschl.-Polen / lebt (2005) in Kamen / Maschinenbau-Technikerin / Autodidaktin / s. 73 Mitgl. im Amateurverein-Hindenburg, ab 02 „KB-Schieferturm"-Kamen / Ausst.-gen s. 1970, u. a. in Oberschlesien-Polen, Kamen/Unna/Dortmund/ Holzwickede/Werne, ab 2002 Kamen (KB: Stadthalle/Haus der Geschichte/Waldaktion)

Jaquet, Claudia (F) / 1971 Recklinghausen- / lebt (2002) in Bochum / 90-93 Fotogr.-ausb. / Arbeiten für Zeitschriften/CD-Booklets usw. / Ausst. u. a. bei GEA-Happel / **Lit.: 142a**

Jarmann, Ulrike (M/Z) / 1959 Wanne-Eickel- / lebt (88) in Herne / Stud. Univ./GH-Essen u. Akad.-Düsseldorf / um 87 Lehrt. VHS-Herne u. Gelsenkirchen / Ausst. u. a. 1987 Herne (Flottmann-Hallen) / **Lit.: 142x**-87

Jaroni, Henry (eigentl. Helmut Jaroni) (M) / 1949 Marl-Hüls- / lebt (2006) in Recklinghausen / Stud. Folkwangsch.-Essen (Grafik-Des) / war bis 05 Mitgl. Gr.-„WEISSZEIT"-Herne / Ausst.-gen/Lit.: s. Gruppe-„WEISSZEIT" / Ausst. u. a. in Oldenburg/Mansie/Salzkotten/Herne / **Lit.: 142a** (Gruppe = S. 141)

Jaskolka, Dietmar (A) / 1959 Letmathe/W.- / lebt (2000) in Wuppertal / Stud.-Wuppertal 81-90 Univ./GH (Archit) u. Archit.-seminare in Karlsruhe u. Wien / in Wuppertal selbst. / Wettbew./Ausst.-beteil.-en / **Lit.: 216** + In: „Architekten-Almanach – Wuppertal", 1997

Jaskulewicz, Martha (geb. Schulz-Briesen) (M/G/Goldschm) / 1906 Gelsenkirchen-Buer – 1986 Bonn / Stud.-Berlin 25-26 Kgsch (Grafik), Halle-S. 26-29 Akad. (Burg Giebichenstein) u. Berlin 35-37 Kgsch (Gold- u. Silberschm) / lebte in Berlin, in der Neumark u. ab 45 in Bonn / **Lit.: 165a**

Jasper, Philippa (M) / 1979 Werne- / lebt (2005) in MS / Stud.-Liverpool-GB 98-99 Inst. for Performing Arts u. ab 99 Akad.-MS / Ausst. u. a. 2003 Schwerte (Kv), 04 Istanbul (Mus), 05 MS (Wewerka-Pav) / **Lit.: 18**-05 + **231b+c** + **234**-03

Jaspert, Thomas (B/Projektk) / 1963 Soest- / lebt (2004) in Bokel/Schlesw.-H. / 85-93 Stud.-Naturwiss. (Dipl.-Biologe) / 79-85 Natur- u. Landsch.-sprojekte, s. 88 freisch. / Werke/Ausst.-gen in Schlesw.-Holstein (Werk u. a. in Busdorf b. Schleswig) / **Lit.:** Internet

Jastro, Petra (M/G/D/Coll.-k) / * 1959 – / lebt (2006) in Oerlinghausen / Stud.-Bielefeld bis 2/83 FHD (G/D/Ill/Innenarchit) / war tätig in Bielefeld/Bad Oeynhausen/Berlin, ab 84 selbst. = Firma „Jastro Full Service Design" – Oerlinghausen, s. 99 Hg./Produktion der region. Zeitung „Oerlinghauser Meile" / Ausst. u. a. 1997 Bielefeld (WDR-Studio/Hotel Mercure), + Internet

Jászai, David (Jazai) (F/Filmk) / 1966 München- / lebt (2002) in München / NEU: Sohn v. M. J.-Kiss / Stud.-München 87-95 HfFilm-u.Fernsehen / lebte 73-87 in MS / Filme s. 88 m. Judith Klinger / Ausst. u. a. 86 MS (Fr.-Hitze-Haus), 94 MS (Filmfestival) / **Lit.: 196**-94

Jászai-Kiss, Maria s. Kiss, Dávid Mária

Jaunsudrabiņš, Jānis (M/Ill) (Schriftsteller) / 25. 8. 1877 Nereta (Nerft)/Lettland – 28. 8. 1962 Soest (beerdigt in Nereta/Lettl.) / nach Landwirtausb./Tätigk.: 1899-1903 Stud. priv. Kunstakad.-Riga, 05 Studienreise n. München, 08/09 Weiterb. b. L. Corinth in Berlin, 44 Exil, lebte 44/45 in Bünde/Werfen, 45-48 Greven (Lager), 46-48 dort Lehrt., 48-62 Körbecke/Möhnesee / Ausst. u. a. 1905 Riga, 2002 MS (Univ.-Bibl) / **Lit.: 25**-2 + Dr. Wolfh. Raub: „J. J." – Ausst.-heft – UB-MS/Jaunsudr.-Archiv-MS, 2002; Dr. W. Raub: „J. J." – Lettischer Dichter u. Maler im westf. Exil – in: „Jahrbuch Westfalen" – S. 48-59 – 2004 – Aschendorff-Verl.-MS

Javadi, Ali Reza (F.-M/M/B) / 1965 Aligudarz/Iran- / lebt (2005) in Bochum / Autodidakt / NEU: s. 90 in Deutschl., ab 97 Lehrt.-Bochum / s. 97 Mitgl. „BBK"-Westf.-Süd – Dortmund / Ausst. u. a. 1992/94/96/97/99/2000 Bochum (Mus.-Zentr/Stadtbücherei/2xMus/Sparkasse/Balance), 96/2000/03 Bochum (Atelier 13b), 96 Bexbach-Saar, 96/97/99/2000 München (Autoren-Gal. I), 97 Essen-Steele (VHS), 98 Bran-Rumän. (Int.-Symposion), Lippstadt (Gal-Orru), 2001 Lünen (Lüntec), 02 Bochum (Gal.-duo/Thealozzi), 02/04 Dortmund (Rathaus/Torhaus), 05 MS (Gal.-König), 06 Bochum (Gal.-Januar) / **Lit.: 26a**-05 + **146**-94+99 + **199**-01(2)

Jazai, David s. Jaszai, David

Jeckel, Irma (F/D) / 1962 Bochum- / lebt (93) in Essen / nach Fotoprakt. b. Prof. Pan Walther in Münster: Stud. GH-Essen / Ausst. s. 1989, u. a. 92 Dortmund (Mus. f. K. u. K.) / **Lit.: 203**-92

Jelich, Päule (Paula) / (Goldschm.-meisterin/Schmuckgest) / lebt (1951/64) in Iserlohn / war Mitgl. „AdK"-NRW / Ausst. u. a. 1957 MS (WL) / **Lit.: 48a** + **48x**-51+57+59+64

Jendretzky, Maren (M) / 1976 Bad Pyrmont- / lebt (2004) in Schwalenberg / Ausb. in e. Grafik-Atelier / Mitgl. Gr.-„KunstPunkt"-Blomberg / Ausst. u. a. in Bad Pyrmont u. Blomberg

Jenkner, Marina (Filmk) (Autorin) / 1980 Detmold- / lebt s. 99 in Wuppertal / Stud.-Wuppertal 99-04 Univ. (Germ/Archit/Kunst- u. Designwiss), 04 Magistra Artium / Mitgl. „Literaturkreis ERA e.V." u. im „BVjA" / Drehbücher + 01-05 = 20 Kurzfilme u. 1 Langspielfilm / Auff. u. a. 2005 Düsseldorf (Kurzfilmabend), Detmold (Kaiserhof), + N/INT / **Lit.: 134a**-05

Jensen, Anja (M/F/I) / 1966 Gehrden b. Hannover- / lebt (2006) in MS / NEU: 02 = 3. Wettbew.-Pr. (realisiert) Spark.-akad.-MS u. 03 Gotland-Stip. LWL-MS, 06 „Transfer"-Stip. NRW f. Türkei / Atelier ab 7/04 Hafen-Speicher II – MS / (Biografie in Beilage: CD-Ausgabe 2006)

Jesch, Falk (A) / lebt um 1968/69 in Bielefeld, 2005 Berlin (?) / um 68 Mitarbeit b. Jürgen **L**auster, Werk in Bielefeld / 69 BDA-Pr. OWL / **Lit.: 197d** (S. 36)

Jeschke, Rosemarie (M/Z) / 1937 Bottrop- / lebt (20045) in Bottrop / Weiterb. u. a. 81-86 VHS-Bottrop / s. 85 Mitgl. Gr.-„Kunstgem.-Bottrop" / Ausst. u. a. in Bottrop/Oberhausen/Duisburg/Herne/Essen/Westerland-Sylt, 2000/02-04 Bottrop (Kulturzentr), 03 Bottrop (Sparkasse), 04 Beteil.-Wanderausst.-Ruhrgebiet / **Lit.: 99c**-2000+02...04 + **99d**-04

Jessen, Karin (M/O) / 1944 Wendlinghausen/Kr. Lemgo- / lebt (2006) in Dortmund / Stud.-Dortmund 73-75 PH (Kunst/Päd) u. Weiterb.-kurse, u. a. Europ. Akad.-Trier, Sommerakad.-Weimar, Akad.-Bad Reichenhall u. „artefact"-Bonn / Mitgl. „FrauenKunstForum"-Südwestf. u. „Hammer-KB" / Ausst. u. a. in Dortmund-Brackel/Unna, 2003 Kamen (Rathaus), 04 Dortmund (IHK), Schwerte, 04/05 Dortmund (2xDepot/Balou), 05 Lüdinghausen (Burg-ART), Attendorn (Rathaus), Neuenrade/Hagen (FrauenKunstForum), Seppenrade (Bank), Bergkamen (Umweltzentr), Kamen (Stadthalle), Recklinghausen (Christuskirche), 06 Velbert-Langenberg, Bönen (Kulturzentr), Kamen (Rathaus), Hamm (Max.-Park), Dortmund (Stadtbücherei)

Jetter, Edgar (M/Z/Restaurator) / 1929 Ulm- / lebt (2002) in Vreden / 50 Weiterb. Kunstschule-Ulm b. Prof. W. Geyer u. Stud.-Stuttgart ab 52 HfBK / ab 58 selbst. akad. Restaurator, Arbeiten: u. a. Barockkirche Zwillbrock, Schlösser Nordkirchen u. Anholt, + N/INT / Ausst. u. a. 1977 Vreden (Hamalandmus), 2002 Vreden (Kunst + Natur)

Jhun, Sung-Sook (M/Z) / 1961 Seoul/Südkorea- / lebt (2004) in Köln u. MS / Stud.-Südkorea (Päd/Kunst), dort Lehrt. / s. um 98 in Deutschl., Kunsttherapeutinausb. z. Zt. (03/04) in MS u. Köln / Ausst.-gen s. 1986, u. a. in Südkorea, 2004 MS (Univ. = Schloss)

Jimenez Mora, Alex Marcelo s. Mora, Alex Marcelo Jimenez

Jindrich, Antonin (Dr) (Pseudon.: HENRI) (M) / NEU: 1921 Brno(Brünn)/CSSR – 2002 Bielefeld / (Biografie in Beilage: CD-Ausgabe 2006)

Joa, Sylke (I/Video- u. Perf.-k.-in) / 1970 Münster- / lebt in London, ab 04 in MS u. London / Stud.-Kanada 91-96 Alberta Coll. u. Emily Carr Coll., London 97-2000 St. Martins Art Central u. London 2000-02 Art Royal Coll. / 94 Erasmus-Stip. Berlin, 01 Stip. H.-Moore-Foundation, 02 „Pyramid Award for Fine Art"-Deutsche Bank / Atelier-MS ab 7/04 Hafen-Speicher II / Ausst. s. 2000 u. a. in London, 04 Berlin (Deutsche Bank), MS (Kunstraum Krüger), 04-06 MS (Off. Atelier)

Jobs, Eric (F) / * 1975 – / lebt (2006) in Bochum (?) / Fotogr.-ausb. in Hattingen u. Praktikum-Studienaufenth.-Madrid / Ausst. u. a. 2005 Hattingen (Klinik Blankenstein), 05/06 Bochum (Bastion/Bahnhof Langendreer)

Jochinke, Hiltrud (M/G/D) / 1952 Gladbeck- / lebt (2006) in Bottrop / Stud.-Essen bis 74 FH (Soz.-päd) u. bis 77 HfBK-Bremen (Grafik-Des) / 77-81 eig. Werbeagentur, ab 91 Lehrt. / s. 05 Mitgl. „BBK-Westf." Dortmund / Ausst. u. a. Oberhausen/Duisburg/Bottrop, 2004/05 Bottrop (Mus), 05 Herne (Archäol.-Mus), Bo.-Wattenscheid (Technol.-zentr) / **Lit.: 3**-05(1+2) + **99a**-04

Jockenhöfer, Kornelia (Konni) (G/B/K/Khw/Schmuckdes) / NEU: 1957 Gladbeck- / lebt (2005) in Bottrop / Stud. TU-Bonn (Chemie), Tischlerinausb. u. Stud. FH-Krefeld (Produktdes/Keramik/Porzellan), ab 92 freisch. / Lehrt. VHS Gladbeck/Marl u. Bottrop / s. 03 Mitgl. Gr.-„Kunstgem.-Bottrop" / Ausst. u. a. in Bottrop/Düsseldorf/Herten/Koblenz/Enschede-NL/Westerland-Sylt, 1997-99/2001/03/04 Bottrop (Mus), 04 Bottrop (Kulturzentr), Ruhrgebiet (Beteil.-Wanderausst.) / **Lit.: 99a**-97...99+01+03+04 + **99c**-04 + **99d**-04

Jodar, Christine (M/I/F) (Schauspielerin) / 1959 Braunschweig- / lebt (2005) in Bielefeld / 76-79 Portraitfotografinausb., 84-86 priv. Schauspielausb. Strasberg/Berlin / ab 87 freie Theaterproduktionen, Schauspielerin/Regisseurin, u. a. in Bielefeld / Mitgl. „BBK"-OWL / Ausst.-gen u. a. 1997/98/2000/01 Bielefeld (Off. Atelier), 98/2x03/04/05 Bielefeld (Rav.-Spinnerei), 03 Bielefeld (Gal. 61/Stadtwerke) / **Lit.: 124**-05 + **152**-97+98+2000+01

Jodefeld, Augustinus (M) / um 1596/1603 in Neuhaus b. Paderborn u. in der Burg Schnellenberg b. Attendorn tätig / Werke in Paderborn / Ausst. 1991 Paderborn (Diöz.-Mus) / **Lit.: 112b**

Jöcken, Helmut (M) / 1956 Willich- / lebt (2003) in Maastricht-NL / Techn.-Zeichnerausb. u. Stud. Akad.-Maastricht-NL, Weiterb. Univ./GH Essen b. Prof. Lakner / Förderung Prov.-Limburg / Lehrt. / Mitgl.: „BBK" u. Gr.-„ALUMNI"-Akad. Maastricht-NL, s. 2000 Werkst./Gr.-„TrioArt"-Lage/Lippe / Ausst. s. 1988, u. a. 88/89/92/94/97/2000 Maastricht, 89/2x97 Aachen,

89-99 lfd. in NL (u. a.-Zeist/Amsterdam/Gulpen/Schimmert/Born/Arkel/Nimwegen), 92 Maaseik-Belg., 97 Alsdorf, 98 Essen (Gal.-Kollmeier), 98/99 Essen (Gal.-No. 3), 99 Borken/Düsseldorf (Messen), 99 Erkelenz (Burg), Düsseldorf (u. a.-öffentl. Wandmalerei), 2000/01 Essen (Proj.-ausst/Kunsthaus), 01 Essen (Zeche Zollverein), 03 Bochum (Orlando)

Jöhren, Andrea (M) / 1980 Köln- / lebt (2005) in MS / Stud.-MS ab 2000 Akad. u. Univ. (Biol) / Ausst. u. a. 2003 Paderborn (Off. Atelier), 05 Liesborn (Mus) / **Lit.: 56d**

Jöker, Kurt (M) / stammte aus Dortmund, 1933-37 Ltg. der Malerschule (Werkschule) in Lemgo (s. **S**pantig, A.) / **Lit.:** U. Begemann/H. Künemund(Hg.): „Malerschule Lemgo" – Lemgo, 95

Jöker, Wilhelm (Prof) (A/M) / 17. 7. 1871 Hilden b. Düsseldorf – ? / lebte (1930) in Dortmund / Stud.-Düsseldorf (Kunstschule) / war Lehrt./Prof. Kgsch-Düsseldorf / Ehrenbürger von Ziegenrück (Wandgemälde entfernt) / war u. a. Mitgl.-„DWB" u. „RvbK" / **Lit.: 34-**9,2

Jörg, Sabine (Dr) (F) (Autorin) / 1948 Alsfeld/Hessen- / lebt (2005) in München / Stud.-Bochum 70-75 Univ. / Ausst. u. a. 2002 München, 03 Bad Tölz, 04 Burghausen/München/Haidhausen / **Lit.: 26a-**05 + S. J.: „Das Familientreffen der Bäume" – Jhg.(?)

Jörissen, Thomas (A/Dipl.-Ing) / 1952 Krefeld- / lebt (2000) in Dortmund u. Braunschweig / Stud.-Düsseldorf bis 77 FH (Ing.-grad) u. Braunschweig bis 83 TU (Dipl.-Ing) / 86-91 Büro: „Jörissen + Partner BDA", ab 92 Lehrt. FH-Hamburg, s. 94 Büro: „Jörissen . Stahm" / Werke in NRW (s. Lit.) / **Lit.: 197a-**99

Johänning, Peter (M/G/D/Ill/I/Aktionsk) / * 1973 – / 98-03 Stud.-Komm.-Des. / Mitgl. „Kv.-Kr.-Soest" u. 98 Gründungsmitgl. Gr.-„Die Neue Kathedrale"-Soest = Ausst./Aktionen siehe **G**ruppe! / Ausst. u. a. in Soest, 2005 Bonn (Künstlerforum)

Johannpeter, Martha (M/Coll.-k) / 18. 4. 1897 Bielefeld – 30. 6. 1974 Unna-Kessebüren / hatte Atelier in Kessebüren bei ihrem Freund Ernst **O**ldenburg / Ausst. u. a. in Unna-Kessebüren, 1972 München (Gal.-Seifert-Binder), Unna (Hellweg-Mus), Bergkamen (Stadtgal), Essen (Gal.-Schaumann), Dortmund (Westf.-park), 73 Hamburg/Paris/Frankf.-M./Bielefeld/USA, 86 Lünen (Gal.-Kiliansmühle), 95 Dortmund (Rathaus) / **Lit.: 98a** + „M. Johannpeter 1972" – Ausst.-kat. – Hg.: Kulturamt der Stadt Dortmund, 1972

Johanssen, Arndt (auch Jansen/Janszen) (A/Baumeister) / im 16. Jh. tätig / 1558-67 Bauarbeitenltg. Schloss Horst (jetzt Gelsenkirchen), s. 1567 wieder in Arnheim-NL, dort Stadtbaumeister / Werke in Arnheim, Gelsenkirchen (Schloss Horst) u. Düsseldorf (Schloss Hugenpoet) / **Lit.: 24-**19 + In: Richard Klapheck: „Die Meister von Schloss Horst" – E. Wasmuth-A.G.-Berlin, 1915; In: R. Klapheck: „Schlossbauten u. Herrensitze um Essen" – in „Rheinische Kunststätten" – Reihe XIII, Nr. 2 – Düsseldorf, 1936

John, Wilhelm (A) / 1953 Aachen- / lebt (2005) in MS / 73-81 Stud. TU-Aachen/Berlin / ab 87 eig. Büro in MS, 92-2000 m. Ralf Licht, danach m. Burkhard Röhm / Werke s. Lit. / **Lit.: 197-**97 + **251-**05

Johnen, Kurt (Prof) (F/D/Video- u.Filmk) / 1944 Wiesbaden- / lebt (2005) in Bielefeld / 61-64 Schaufenstergest.-ausb., Stud.: 64-67 PH-Wiesbaden (Kunsterz/Werken/Heilpäd), 67-72 HfBK/GH-Kassel (u. a.: F/D/G/D), 72-75 PH-Köln (Päd) u. 84-86 Univ.-Bielefeld (Phil) / 70-76 fr. Mitarbeiter als Autor/Reporter/Regisseur, ab 77 Lehrt. FH-Bielefeld u. s. 88 FHD-Bielefeld / s. 78 u. a. Kulturabeit f. Medien in NRW, Aufbau u. Ltg. 82-86 „Filmhaus"-Bielefeld, Ltg. von Filmfesten u. Mitgl. des lokalen Rundfunks in Bielefeld, u. a. Mitbegr. d. „Fr. Wilh. Murnau-Ges.", Vors. 89-99 / **F**ilme: 70 Stadt-Kassel, 71 Sportfilm, 72/74 für Schulfernsehen (7./8. Kl.), 73-75 „Wundertüte-Werbung", u. a.-Drehbuchautor (Schulfernsehreihe), 74 Buch/Regie: „Wie lernt man fernsehen" u. „Das kaputte Fernsehen" (ARD), 75 Modefilm, usw. bis 03 über 14 Filme/Videos / **A**usst./**A**uff.-gen u. a. 1970 Mannheim (Int.-Filmwoche), 71 Budapest (Filmfestspiele), 82-98 Bielefeld (u. a.: FH/Gaststätten/Kulturhäuser/Sparkasse/Histor.-Mus/Stadtbibl/Film- Musikfest/Boge-Fabrik), 85/86 Osnabrück/Erlangen/Braunschweig, 2000/02 Bielefeld („Licht für Bielefeld") / **Lit.:** K. J./J. Lohrmann: Film – Monographie – Hannover, 1979; K. J. (Hg.): „Bielefelder Hausgeschichten" – Bielefeld, 1998; K. J./D. Kerschbaumer: „FilmFinder" – RegionalArchiv Film u. Neue Medien – Bielefeld, 99; viele Beiträge in Medienliteratur/Zeitschriften u. Mithg. Schriftenreihe der „Murnau-Ges." – Bd. 1-6

Johnson, Robert (M) / 1963 Reutlingen- / lebt (2002) in Bielefeld / 81-85 Stud.-Grafik/Ill. u. Düsseldorf 87-92 Akad. / s. 92 freisch. / Ausst. s. 1984, u. a. in Stuttgart/Mettmann/Wuppertal/Bielefeld/Löhne/Petershagen/Laval-Frankr., 1995/98/2000 Bielefeld (Off. Atelier/WDR-Studio/Alte Vogtei), 2000 Bielefeld (Mediz. Forum) / **Lit.: 152-**95

Johr, Sabine HannaH (M/O/F/Coll.-k) / 1950 Minden- / lebt (2005) in Unna / s. 85 künstl. tätig, Weiterbild. b. S. Jegelka-Andersen u. **G**r.-„Farbraum" / Mitgl. Gr.-„East-Art"-Dortmund u. Gr.-„das netz" / Ausst. u. a. in Bochum/Dortmund, 2001 Unna (Ev. Stadtkirche), 05 Schwelm (Kreishaus)

Jokisch, Stefani Maria (M/G) / 1966 Wuppertal- / lebt (2000) in Bochum / 89-95 Stud.-Köln (Kunst/Religion/Päd) / s. 98 Lehrt.-Schwelm / Mitgl. Gr.-„Ring-BK"-Wuppertal / Ausst. u. a. in Ägypten/Slovenien/Japan, 1992/96 Solingen (Mus), 92 Wuppertal (Kunsth) / **Lit.: 216** + In: „Erklärungen" – Ausst.-kat. – Jahresschau Kunsth.-Barmen, 1992

Jones, Jutta / (B/M) / lebt s. 1984 in Porta Westfalica / Techn.-Zeichnerinausb. in Hamburg / s. 2000 Atelier „Bildh.-werkst.-Bachstr."-Minden / Ausst. s. 1996, u. a. 2001/02/04 Minden (Off. Atelier), 04 Petershagen-Lahde (Fährstr. 30) / **Lit.: 152a**-01+02+04

Jong, Jacques de (M/Z) / 1939 Wisch-Terborg/NL – 2002 / lebte 69-02 in Herten / Stud.-Arnheim-NL 58-62 Akad. u. Frankf./M. 67-69 HfBK / Ausst. u. a. 1974 Gladbeck, 78 San Diego-Calif./USA, 79 Herne (Mus), 96/2005 MS (VHS/Gut Havichhorst) / **Lit.: 143a**

Jonietz, Georg (George) (M/B/O/I) / 1948 Rain am Lech- / lebt (2005) in Recklinghausen / s. 77 künstl. tätig u. ab 90 im „Kenkmannshof"-Recklinghausen / Mitgl. „Genoss. BK"-Weimar / Ausst. s. 1978, u. a. 82 Tillburg-NL/Paris-Fr./Maulbronn, 85 Arras-Fr., s. 89 lfd. Recklinghausen (Kenkmannshof), 90/93/95/98 Schmalkalden, 91 „Art"-Hamburg, 96/97 Weimar (Cranach-Haus/Scenario), 99 Ludwigsburg (Medienzentr), 99/03 Datteln (Rathaus/Krankenhaus), 2000 Herten (Schloss), Marl/Kirchhellen, 01 Hamm (Gal.-Kley), + NRW / **Lit.:** Internet

Jonkmanns, Bernd (F) / 1966 Wesel- / lebt (2000) in Hamburg / Stud. FHD-Dortmund (Vis.-Kommunik) / Mitgl. „Bilderberg-Archiv d. Photographen" / Ausst. u. a. 1991 Dortmund (Mus. f. K. u. K.), 92/94 Dortmund (FHD), 99 MS (Stadtmus) / **Lit.: 203**-91 + **203b**-2 + **203c**

Jopp, Günter (M) / 1935 Friedenshof/Ostpr.- / lebt (2005) in Siegen / 55-56 Besuch der Fachsch. f. Malen u. Zeichnen, VHS u. Kurse b. Theo Meier-Lippe / haupts. Reproduktionen impress. Meister / Mitgl. Kv.-Siegen / **Lit.: 110b** + **110c**-04

Josephus (Maurermeister) / stammt aus Augsburg, 1742/44 Bau der Kirche (Kapuziner) in Brenschede/Endorf, Kr. Arnsberg / **Lit.:** G.D. + **112a**

Jost, H. E. Walter (Dr.-phil) (M) / 1865 Hagen – 1929 Düsseldorf / Stud. Akad.-n in Düsseldorf/ Berlin/Antwerpen / lebte in Düsseldorf u. war dort Mitgl. Verein „Malkasten" u. im „Reichsverb.-BK" / **Lit.: 34**-9,2 + **84**-71 + Im Anhang: „Lexikon der Düsseldorfer Malerschule 1819-1918" – Bd. 2 – 1998

Joung, Eun-Kyung (Young, E.) (O) / NEU: 1966 Tae-Ku/Korea- / lebt (2005) in Düsseldorf / Stud.-MS um 97/98 Akad. / Ausst.-bet. u. a. 1997 MS (Mensa I) / **Lit.: 256**

Ju, In-Sook (Insook) (M/Z/O/I/Videok) / 1966 Seoul/Korea- / lebt s. 2000 in Düsseldorf / NEU: 01 Atelier-Stip. Krems-Österr., 02 = 2. Pr. Kv.-Hürth, 2xStip. Schl.-Holstein f. Kloster Cismar u. Nieders. f. Worpswede, 03 Förder-Pr. Sparkasse-Mageburg, 04 Stip. f. Ahrenshoop / war Mitgl. Gr.-„0082"-MS / (Biografie in Beilage: CD-Ausgabe 2006)

Jüdes, Klaus (M/G/Drucker) / * 1949 – / lebt (2006) in Wamel/Möhnesee / NEU: Stud.-Braunschweig 69-74 HfBK / Gründung Kü.-werkst.-„Steinhaus Presse", Studienaufenh.-e in Paris u. London, Werkst.-ltg. Univ.-Hannover (Malerei/Grafik), Beteil. a. den „Kätelhönschen Druckwerkstätten" u. dann deren Ltg. „Kunsthaus Möhnesee" u. Lehrt. Sommerakad.-Soest / Mitgl. „Kv.-Kr.-Soest" / Ausst. s. 77, u. a. 2000/03 MS (Bet.-Jahresgaben=Aldegr.-Ges), 04 Voelksen (Hermannshof) / **Lit.:** In: „Aldegrever-Gesellschaft" – Jahresgaben – MS, 2000+2003

Jünemann, Kai (F/D) / 1973 Düsseldorf- / lebt s. 97 in Paris / Stud.-Dortmund 95-97 FHD / Ausst. u. a. 2005 Düsseldorf (Gal.-Arts Areus), + Internet

Jüngst, Walter (M/G/B) / 1903 Dresden- / lebt (55/82) in Berlin / Stud.-Hagen 19-23 Malerschule, Berlin 23-26 Akad. u. 31-32 Paris (Bildh) / war Mitgl.-„RvbK" u. „VWKuK" (Westfalen) / Ausst. u. a. 1924 Siegen (Kv), 28 Hagen (Stadthalle), + N / **Lit.: 8a**-28 + **25**-2 + **34**-9,2 + **53**

Jüptner, Jens (M/B/F/D/Aktionsk) / 1976 Soest- / lebt (2006) in Soest / Stud.-Dortmund 99-05 FHD (Vis.-Komm) / Mitgl. „Kv.-Kr.-Soest" u. 98 Gründungsmitgl. Gr.-„Die Neue Kathedrale"-Soest = Ausst./Aktionen siehe **G**ruppe! / Ausst. u. a. in Soest, 2005 Bonn (Künstlerforum)

Jürgens, Doris (M) / * 1944 – / lebt (2004) in Steinfurt / s. 72 künstl. tätig, Weiterb. VHS / Ausst. u. a. in Hamburg/Enschede-NL/Wettringen/Steinf.-Borghorst, Kroosgang (Filiale Kreisspark.-Steinfurt), 2004 Steinfurt (Kreisspark) / **Lit.: 206**-04

Jürgens, Elke (M/G/B) / 1969 Paderborn- / lebt (2005) in Paderborn / Stud.-Lüneburg 89-90 Univ.

(BWL/Kunstwiss) u. Köln 91-93 Univ. (Päd) / 93-99 Weiterb.-kurse b. bek. Künstlern, 2000/01 Lehrt. (Kurse), 2000-02 Stud. Univ.-Paderborn (Kunst/Deutsch/Päd), 2000/02 Beteil.-Bildh.-Workshops in Paderborn / Mitgl. „Frauenkunstforum"-OWL u. Gr.-„Druckwerkstatt BLAUgeschönt" / Ausst. u. a. 2001 Dahlheim (Kloster), 01/04 Paderborn (Paderhalle), 01- Bielefeld/OWL (Ein-seh-bar), 02 P.-Neuhaus (Schloss), 03 Steinhagen (Q-Tour), 03/04 Paderborn (Nixdorf/Raum f. Kunst), 04 Göttingen (Grone), Horn (Sparkasse) / **Lit.: 192**-01+03+04

Jürgens, Georg (B/M/Z) / 1973 Arnsberg- / lebt (2000) in Wuppertal-Elberfeld / 90-94 Kunstschmiedausb., ab 96 freisch. in Wuppertal / Ausst. u. a. 1998 Wuppertal / **Lit.: 216**

Jürgens, Martin (F/D) / lebt (1999) in Dortmund / Stud. FHD-Dortmund / 1. Preis = Focus ´98-Dortmund / Ausst. u. a. in Dortmund / **Lit.: 203**-98

Jürgensmeier, Peter (Filmk) / lebt (1991) in Hagen / Stud.-Dortmund FHD (Film-Des) / 89+90 Förderung NRW / Auff. u. a. 1990 in MS / **Lit.: 196**-90

JUNE s. Jäger, Ursel

Jung, Dorothee (K/O/I/Produktdes) / 1952 Gelsenkirchen- / lebt (2006) in Finnentrop / Jugendzeit in Dorsten / 73-80 Stud.-Univ.-n Göttingen u. Siegen / 81-85 in Frankr./Spanien, 82-84 im Atelier von F. Marquina (Berlin) tätig / 85-93 Stud. FH-Krefeld (Keramik-Des/Produktdes) / 94 Stip. Werkst.-Altena, 95 = 1. Kunst-Pr. Stadt Lohmar / Mitgl. „KB-Bottrop", „KB-Südsauerland" u. s. 05 „BBK-Westf." Dortmund / Ausst. u. a. in Zeltweg-Österr., 2003 Wanderausst.-beteil. Hagen/Altena/Attendorn/Delinghofen/Bochum, 05 Herne (Archäol.-Mus), 05 Neuenrade (Park der Villa am Wall), + NRW / **Lit.: 3**-05(1) + **187c**

Jung, Ernst-Willi (M) / 1949 Freudenberg- / lebt (2005) in Freudenberg / Beruf: Schauwerbegestalter / Weiterbild. Schule f. Bild. Kunst-Siegen / Ausst. s. 1997 in Südwestf. / **Lit.: 110c**-04

Jung, Helga (M) / * 1937 – / lebt (2006) in Bielefeld / Ausst. u. a. in Bielefeld (Univ), 2002 Bielefeld-Gadderbaum (Bez.-amt), 02/04/05 Telgte (Mus) / **Lit.: 185**-02+04+05

Jung, Markus (B) / 1961 Gütersloh- / lebt (2001) in Gütersloh / Holzbildh.-ausb. 79-82, Stud.-Bildhauerei in Hannover u. HfBK-Berlin 85-94, Meisterschüler / s. 98 freisch. / Ausst.-gen/ Symposien s. 86, u. a. 2001 Gütersloh (Kv), Seoul-Korea, + OWL/N/INT / **Lit.: 191**

Jung, Marlies (M/Z/A/Dipl.-Ing) (Ergotherapeutin) / lebt (2005) in Bielefeld / s. 90 in der Klinik „Mara" tätig, 96 Mitbegr. der Malgruppe „CREA-ACHT-TIV", Lehrt./Kurse / Ausst. u. a. 1999/02 Bielefeld (Bethel), 2000-05 Bielefeld (Off. Atelier), 01- Bielefeld/OWL (Archiv) / **152**-01...03+05 + **192**-01

Jung-Dörfler, Carl (Karl) (M) / 29. 1. 1879 Obersdorf/Siegerl. – ? / lebte (1920/30) in Düsseldorf / Stud. Akad.-Düsseldorf / Ausst. u. a. 1922/24 Siegen (Kv) / **Lit.: 25**-2 + **34**-8,2+9,2 + **110d**-98(erw. S. 7+8)

Junge, Andreas (Komm.-Des/F/Projektentwickl) / 1957 Hagen- / lebt (2004) in Witten / Stud.-Hildesheim (Komm.-Des) / s. 91 Büro „Junge & **K**leschnitzki-design GbR"-Witten / Mitgl.-„AGD" / Werk in Dortmund / **Lit.: 112c** (S. 24) + **205a**-01+03 + **205y**-04,2

Junge, Andreas (M) / 1959 Wuppertal- / lebt (2000) in Wuppertal / **Lit.: 216**

Junghans, Inge (M) / * 1945 – / lebt (2005) in Bottrop / Mitgl. „KB-Bottrop" / Ausst. u. a. 2002-04 Bottrop (3xMus/Sparkasse), + NRW / **Lit.: 99**-04 + **99a**-02…04

Junker, Albert sen. u. jun. / Glockengießerfirma in Brilon / Nachfolger der Glockengießer „Greve(Grewe)" u. „Humpert" / ab 1918 Firma „Junker & Edelbrock", 45-83 nur noch „Junker" / Werke im Stadtmuseum Brilon // **Lit.: 146c** (erw.) + Internet + Daten v. Stadtarchiv Brilon! // **Albert** sen. († 1952 Brilon) u. **jun**. – Lebensdaten nicht bek. / von 23-83 sind (lt. Internet (bis 90(?) ungef. 40 Glocken bek., u. a. in Balve/Keppel/Engelskirchen/Marienhagen/ Overath/Meerbusch/Marienheide/Kettwig/Schmachtenberg/Rhoden/Köln/Trier / ab 77 übernahm die „Olsberger Hütte" die Firma, 83 dann Abriss! // **Edelbrock, Bernard** / Sohn eines „Edelbrock" in Gescher, um 1919/30 tätig mit Albert J. sen. / 1929 von ihm noch Glocken im Dekanat Ratingen // ***frühere Gießer:*** **Greve**/Grewe, **Caspar** / * um 1742 – 1826 Brilon / stammt wahrsch. aus Grevenstein b. Meschede / Vater v. Jakob **G.** / 1779 Gründer der Gießerei in Brilon / **Jakob Greve**/Grewe / Sohn v. Caspar **G.** / 1777 Wesel – 1843 Brilon // Nachfolger wurde: **Humpert, Heinrich** / 1813 Brilon – 1888 ebd. / Neffe v. Jakob **G.** // **Franz Humpert** / 1851 Brilon – 1934 ebd. / Nachfolger s. Vaters Heinrich **H.** / 1919 sind von ihm Glocken in Meschede u. 1924 in Hilchenbach-Dahlbruch u. Rhoden bek. / er verkaufte aber 1918 die Firma an Albert Junker u. Bernard Edelbrock

Junker, Jürgen (F) / 1955 Hagen- / lebt (82) in Berlin / Stud.-Berlin 74-76 Univ. (Soz) / ab 76 freisch. / Ausst. u. a. 1981 Lüdenscheid (Mus) / **Lit.: 125d-**81

Jurasek, Manfred (Aktions- u. Perf.-k) / lebt (1996) in Bielefeld / weitere Daten nicht bek. / um 88-96 Beteil. an Aktionen u. Performances in Bielefeld mit Kü.-gruppen, 88-90 Mitgl. Gr.-„Lichtklang", 90-96 Gr.-„KunstCOOP" u. Filmbeteil. mit Inga Oberschilp – Bielefeld

Just, Wolfgang (A) / 1954 Höxter- / lebt (2002) in Paderborn / Büro: „Becker . Just + Parner"-Paderborn / u. a. Werke in Paderborn, 95 (Partner: Peter Völse-Borchen) + 98 (Partner Roland Dorn-Paderborn) / Ausz.-gen u. a. 98 BDA-Pr. OWL + 2000 Archit.-Pr. OWL / Ausst. = 2001 Bielefeld (Kv) / **Lit.: 197d-**(S. 122-125) **+ 213a-**99

Jux-Hiltrop, Elisabeth (M/Coll.-k) / 1961 Paderborn- / lebt (2005) in Paderborn / s. 96 künstl. tätig, Weiterbild.-kurse/Workshopbeteil./Privatunterricht / Ausst. u. a. 2001- Bielefeld/OWL (Archiv: ein-seh-bar), 04 Paderborn (Meinwerk-Institut), 05 Bielefeld (Archivraum-Stadtbibl) / **Lit.: 192-**01+04

Kabisch, Heike (F/O/I) / 1978 Münster- / lebt (2005) in MS / Stud.-MS ab 01 Akad. / 05 Förder-Pr. Cusanuswerk / Ausst. u. a. 2003 Rheine-Bentlage (Kloster), Gelsenkirchen (Kv), 04 Herford (MARTa Lounge), 05 Gelsenkirchen (Kv), 06 Bremen (Stadtgal) / **Lit.: 229-**03 + **229a-**04 + **235-**03

Kabus, Ortrud (M/G/B) / 1954 Treckinghausen b. Lüdenscheid- / lebt (2006) in Bochum / ab 83 Lehrt., u. a. Bochum/Essen/Irrsee, s. 03 Univ.-Bochum / (Biogr. in Beilage: CD-Ausgabe 2006)

Kaderhandt, Anita (M/B/I) / 1950 Zella-Mehlis- / lebt (2006) in Menden / Stud. Univ.-Dortmund (Päd/Psych/ev.Theol/Germ) / Lehrt.-Menden / 99 Beteil. Int.-Sommerakad. „Pentiment" Hamburg / Mitbegr./Mitgl. Gr.-„DELTA"-Menden u. Mitglied „FrauenKunstForum"-Südwestf. / Ausst. s. 1990 in Menden/Hagen/Hemer/Delyn-Wales/Aire-sur-la-Lys-Frankr., 99 Iserlohn (Gal.-Parktheater), Bonn (HdDPGes.), Hamburg/Flintshire-Wales, Iserlohn/Schwerte-u. a. (Engelprojekt ev. Kirche), 99/2000 Menden (Rathaus/vor dem Bahnhof), 2000/01 Attendorn/Szczecin = Stettin/Hemer/Bonn/Berlin, 02 Menden (10 Jahre „Delta"/Museum), Wetter/ Kassel, 03 Wanderausst.-bet. Hagen/Altena/Attendorn/Delinghofen/Bochum, 03 Hemer-Becke (KEUCO-Center) / **Lit.: 187 + 187a+c** + In: „Together" – Ausst.-kat. – Szczecin (Stettin)/Polen, 2000; In: „1. Benefiz Kunstauktion" – Rotary-Club – Wetter-Ruhrtal, 2002

Kadow, Elisabeth (geb. Jäger, auch Kadow-Jäger, E.) (Prof) (M/T) / NEU: 19. 3. 1906 Bremerhaven – 1979 / lebte in Krefeld / (Biografie in Beilage: CD-Ausgabe 2006)

Kämpf-Jansen, Helga (Prof/Dr) (G/F/O/I) / 1939 Kassel- / lebt (2006) in Paderborn u. Peckelsheim / s. 1960 künstl. tätig / war u. a. 5 Jahre Lehrerin in Frankf./M., 68-92 Mitarbeiterin Univ.-Giessen, s. 82 Gastprof. u. Lehrt. an versch. Hochsch.-en, 87 Promotion u. 92-? Prof. Univ.-Paderborn, auch später Lehrt. Sommerakad.-Paderborn / u. a. Kunst-Pr. „Hess. Rundfunk", 76-90 Mitherausg.-in v. „Kunst und Unterricht", 83-92 Projektltg. „Kunst im Strafvollzug" – Hessen / s. 02 = 1. Vors. Gr.-„ARTd-Driburg" / Ausst. u. a. in Frankfurt-M., Schloss Bergheim, Paderborn/Willebadessen (Skulpturenparks), Peckelsheim (Off. Atelier) / **Lit.: 101b-**02...05 + **192-**01(erw.) + Veröffentl.-en von Aufsätzen s. 1979 (s. Internet); H. K.-J.: „Ästhetische Forschung" – 2001

Kaempfer, Engelbert (Z) (Mediziner/Autor) / 16. 9. 1651 Lemgo – 2. 11. 1716 ebd. / 1674-81 Stud. Univ.-n in Krakau/Königsberg/Upsala-Schweden (Phil/Sprachen/Med/Naturgesch) / 1684-88 in Persien, 1688-90 Indien/Java, 1690 Siam, 90-92 Nagasaki-Japan, 92 Batavia, 93 Amsterdam, 94 wieder Lemgo, Leibarzt des Grafen zur Lippe in Detmold / umfangreiche Schriften u. Zeichnungen, Nachlass in der „Britisch Library" – London / Ausst. u. a. 1990/ 2001 Lemgo-Brakel (Schloss) / **Lit.:** „Sa-koku" – am 25. 9. 1690 betritt E. K. das verschlossene Japan – Ausst.-Führer – Mus.-Schloss-Brake – Lemgo, 1990; „E. K." – Sein Leben und seine Reise – CD-Rom – Hg.: Landesverb.-Lippe/Stadt Lemgo, 2001; E. K.: „Werke" – Kritische Ausgabe der Werke E. K.-s – Bd. 1-6 – (Neue Ausgabe) – Judicium-Verl.-München, 2001-03

Kaes, Iris (M) / 1956 Essen- / lebt (2005) in Brüssel/Belgien / Stud.-MS 78-85 Akad., 84 Meisterschülerin / Lehrt.-Brüssel / **Lit.: 64a + 256**

Kätsch, Holger (B/I/M/Z) / 1949 Münster- / lebt (2006) in Dortmund / NEU: 64-68 Berufsausb., Stud.-Düsseldorf 70-72 Akad. (Bildh.) u. Dortmund 73-77 FHD / Ausst. u. a. 1993 Dortmund (Mus (K), 94/97 Gelsenkirchen (Mus/Atel.-Glasmeier), 96 Witten (Mus(Ed), 97(K)/99 Essen-Kettwig (Gal.-Lekon), 98 Dortmund (Gal.-Henseleit), 99 Schwerte (Kath.-Akad), 2000 Liesborn (Mus), 01 Drensteinfurt (ehem.-Synagoge), 02 Essen (Kunstraum), 03 Unna (Kv), 05 Dortmund (Gal.-Brummel), 06 Dortmund/Beckum/Rheine, Herne (Stadtgal) / **Lit.**: K = Katalog, Ed = Edition; H. K.(Grafik-Design): „Grün in Dortmund" – Hg.: Stadt Dortmund, 1983; 2x = Dr. Klaus Dumke: „H. K." – Zwölf Siegelköpfe – Dortmund, 1995 u. Zwölf Tierkreiszeichen – Dortmund, 1996; „H. K." – Nimbus – Wanderausst.-kat. – Dortmund-usw., 2006

Kafka, Frauke (M/T/D) / 1943 Lüdenscheid- / lebt s. 72 in Wuppertal / Stud.-Wuppertal 62-66 Wksch (Textildes) / s. 92 eig. Produkt.-betrieb / Ausst. u. a. in Wuppertal / **Lit.: 216**

Kafka, Klaus (Prof) (A) / 1934 Brünn- / lebt (2000) in Dortmund / Stud.-Braunschweig bis 62 TH / ab 65 selbst., ab 67 Büro in Dortmund: „LTK Architekten" mit U. Roehder + Partner, außerdem Büros in Hannover u. Gevelsberg, um 70-90 Planungsgruppe „**L**askowski ° **T**henhaus ° Kafka" / 76-(99?) Prof. TU-Hannover / Werke u. a. in Hannover/Dortmund/MS/Gelsenkirchen/Düsseldorf/Bielefeld, + Westf., u. a. in Dortmund = Beteil.-Univ./Flughafen/FHD/ Büro-Gesch.-häuser/Center/erstklassige Stadtbahnhaltestellen / **Lit.: 197b**-84+99

Kahl, Dieter (M/Z/O) / NEU: 1950 Bochum – 29. 1. 1989 ebd. / (Biografie in Beilage: CD-Ausgabe 2006)

Kahl, Dieter (F) / 1952 Malmö/Schweden- / lebt (2000) in Düsseldorf u. 04 in Bremen / Ausst. = N / Lit.: u. a. In: „Zeit Blicke" – Ausst.-kat. – Mus. f. Ku. u. Gew.-Hamburg, 1999 + Städt.-Gal.-Stuttgart, 2000 = Hg.: BFF-Des. e.V.-Stuttgart, 1999

Kahl, Harald (B) / 1951 Herne- / lebt (2005) in Witten / NEU: war Gatte v. Elke **B**alzer-Kahl (†) / (Biografie in Beilage: CD-Ausgabe 2006)

Kahl, Nicola (M/Z) / 1964 Meschede- / lebt (2006) in Meschede / Stud.-Darmstadt bis 2000 Malerei/Zeichnen, Weiterbild. b. Prof. Yang (Düsseldorf) / ab 2000 Lehrt. u. a. VHS-Sundern/ Langscheid / ab 01 Mitgl. „BBK-Westf." Dortmund / Ausst. u. a. auf Sylt, 2002 Dortmund (Rathaus), 03 Bo.-Wattenscheid (Techn.-Zentr), Dortmund (Torhaus/Mus. f. K. u. K.), Attendorn (Rathaus), Witten (Boesner), + Westf. / **Lit.: 3**-02+02/03+03(1+2) + **232** + N. K.(Ill): „Auf den Spuren der Zeit" – Hg.: Chr.-Koch-Ges., 1999

Kahlen, Hans (Prof/Dr) (A/Ing) s. Overdiek, Jürgen

Kahmen, Detlef aus dem (M) / 1943 Lübbecke- / lebt (2005) in Berlin / Stud. Wksch-Bielefeld u. Berlin 71-77 HdK / Stipendien / Ausst. s. 1974, u. a. 1998 Berlin (Pinakothek), 99 Stuttgart, (AKAD), 2002-04 Pinneberg, 04 Bielefeld (ZIF), + N / **Lit.:** Internet

Kaiser, Andreas (B/O/I/G/Papierschnitt- u. Perf.-k) / 1967 Fürth- / lebt (2006) in Köln / NEU: 02 Stip. f. Los Angeles, 03 Kunst-Pr. Stadt Köln / Werke u. a. in Nordhorn/Recklinghausen / (Biografie in Beilage: CD-Ausgabe 2006)

Kaiser, Christian (F) / 1971 Leipzig- / lebt (2000) in Bielefeld / 88-90 Dreherausb., Stud.-Trier 93-95 Univ. (Pol/Geschichte) u. ab 97 FHD-Bielefeld / Ausst. u. a. 1998/99 Bielefeld (Rathaus/Am Stadtholz), 2000 Güterloh (Kv)

Kaiser, Delia (Khw/Computergr) / * 1965 – / lebt (2005) in Petershagen / Mitgl. Gr.-„Gro(w)Art"-Petershagen-Großenheerse / Ausst.-en siehe **G**ruppe „Gro(w)Art"

Kaiser, Kirsten (B/O/I/M) / 1961 Hamm/W.- / lebt (2006) in MS / NEU: 02 = 2. Wettbew.-Pr. (realisiert) Spark.-akad.-MS / 01 Lehrt.-Vechta, außerdem Sommerakad.-Hamm / mit Peter **K**. Atelier ab 7/04 Hafen-Speicher II – MS / (Biografie in Beilage: CD-Ausgabe 2006)

Kaiser, Marcus (F/D/Videok) / 1966 Stuttgart- / lebt (2006) in Greifswald / Stud.: 89-93 Bielefeld Univ. (Soz) u. FHD (Vis.-Komm), 93 Gast School of Visual Arts New York u. 93-97 HfG-Karlsruhe (Kunstw/Medien) / 90 Pr. j. Europ. Fotogr., 94 Max-Ernst-Stip. Brühl, 95 Pr. Bundesminister – Bonn, 98 Stip. Senat Berlin, 02 Proj.-Stip. f. Warschau u. 05 f. Mazedonien / s. 01 Lehrt. Univ.-Greifswald / Ausst. u. a. 1991 Herford (D.-Pöppelmann-Haus), 92 Dortmund (Mus. f. K. u. K), 2005 Marl (Mus), 06 München (Kultfabrik), 07 (gepl.) Essen-Werden (Brehminsel), + N/INT / **Lit.: 114d** + **203**-92 + **261**

Kaiser, Mathias (A/Dipl.-Ing) (Hochbau/Raumplanung) / 1963 Witten- / lebt (2002) in Dortmund u. München / Stud.-Hochbau b. 87 u. Raumplanung b. 91 / 88-91 in MS u. Essen tätig, s. 92 wiss. Mitarbeiter u. Lehrt. Univ.-Dortmund, ab 95 eig. Büro in Dortmund, dazu s. 99 München / Werke u. a. in NRW / **Lit.: 197**-01

Kaiser, Peter (Prod.-Des) / 1960 Neheim-Hüsten- / lebt (2006) in MS / Stud. FHD-MS / s. 92 künstl. Zus.-arbeit u. Projekte mit (siehe) Kirsten **K**aiser

Kalkhoff, Cornelia (M/Z/O/I/Khw) / 1962 Münster- / lebt (2004) in MS / 78-88 Zahntechn.-ausbild./Tätigk. / 89-93 eig. Geschäft f. Kunsthandw. / Beteil. an Kunstmärkten, 01 Fachjury-Pr. des Malfestivals-MS (Aegidiimarkt) / s. 02 im „Kü.-rinnenForum MS-land“ / Ausst. u. a. 2002 Telgte/Steinfurt/Ahaus/Lüdinghausen/MS, 02/03 MS (Off. Atelier), 03 MS (Westf.-Kl. f. Psych) / **Lit.: 237**-03

Kaller, Robert (M/B/D/Mosaikk/Kunst am u. im Bau) / 1958 Neuss/Rhein- / lebt (2006) in Dortmund / NEU: 78-79 Heilpäd.-ausb.-Saarbrücken u. Schreinerausb, Stud.-Bonn 80-85 Alanus-Hochsch. (Bildh/Malerei/Päd) u. Stuttgart 83-85 Pädagog.-ausb. / s. 83 freisch., Lehrt. 85-94 in Kiel/Graz/Dortmund, 94 Gründung Werkstatt „Atelier R. K.“ in Dortmund / **Lit.:** In: „Münsterland Anzeiger“ = Kunst im Bau – Ein Künstler arbeitet für Menschen – Ausg.: 4/5-1996; In: Ernst Bühler(Hg.): „Natursteinmosaike“ – Stuttgart, 2001

Kallert, Ulla (M/G/B) / 1950 Dortmund- / lebt (2006) in Dortmund / s. 84 künstl. tätig, 93-2000 private Weiterbild. / 99 Mitbegr. Gr.-„East-Art“-Dortmund, ab 01 Aktionsmalerei u. 02 Gründung (m. Eckhard Vasholz) Kunstraum „KavaDo“-Dortmund / Ausst. u. a. 2000 Dortmund (Uniongew.-hof/Depot), 01 Unna (Katharinenhof/Mus), Weimar (Gal.-Markt 21), Berlin/Dortmund, 02 Düsseldorf (Telekom), 02/03 Dortmund (Kunstraum-KavaDo), 06 Dortmund (ART-isotope), + Internet

Kalsow, Johannes (Hannes) (D/Typogr/Schriftsetzer) / 1956 Cuxhaven- / lebt (2006) in MS / Stud. FHD-MS / ab 89 m. Gregor (s.:) **D**roste „Atelier Matrix“ / Ausst. u. a. 1984 MS (FHD) / **Lit.:** In: „Erotik – '84“ – Ausst.-kat. – FHD-MS, 1984

Kaltwasser, Martin (I/Z/Archit.-Kunstprojektk) / 1965 Münster- / lebt (2006) in Berlin / ab 03 „Selbstbedienungszentrale“ im Pavillon der Volksbühne Berlin (m. Claudia **B**urbaum u. Architekt Folke Köbberling = * 1969 Kassel) / s. 2000 Projekte in Berlin u. Kassel/Detmold/ Istanbul, 05 Stip. Senat Berlin, 06 Proj.-Stip. m. F. Köbberling – Kr. Steinfurt / Ausst. u. a. seit 2003 in Berlin, 03 Wien (Kunsthalle-Exnergasse), 05 Berlin (Gal.-Weisser Elefant/M.-Gropius-Bau), 06 Hörstel-Gravenhorst (Kloster)

Kalverkamp, Valerie (Videok) / 1979 Troisdorf- / lebt (2005) in MS / Stud. Akad.-MS / Ausst. u. a. 2003 Schwerte (Kv), 05 MS (Wewerka-Pav) / **Lit.: 18**-05 + **234**-03

Kalwa, Angela (Perf.-k) (Musikerin/Tänzerin) / 1949 Wuppertal- / lebt (2005) in Witten / Stud. Musikhochsch.-en Wuppertal/Köln / s. 89 Mitarbeit an Tanztheatern/Filmprojekten u. Lehrt., ab 95 Weiterbild. u. a. „Butoh-Tanz“, 97 m. A. Ghiaee Gründung „TanZart-Theater“, s. 98 Mitgl. Gr.-„TAL TANZ Company“Wuppertal / zahlr. Solo-Perf. s. 1998, u. a. Hannover (EXPO), Lüdenscheid (Festival-Preisträgerin), 2000 Witten-Heven (Ölbachtal), Iserlohn (Westbhf.), Menden (Vincenzkirche), Mpumalanga-Südafrika, 03 Berlin (Kirchentag), 04 Plunge/ Litauen / **Lit.: 187**

Kalweit, Andreas (Industriedes) / 1968 Krefeld- / lebt (2004) in Bochum u. Krefeld / 87-90 Betriebsschlosserausb., Stud.-Krefeld 91-95 (Maschinenbau) u. Essen 95-2000 (Ind.-des) / ab 95 freiberufl. tätig, s. 97 im Büro Rainer **W**allbaum u. H. Jahns in Bochum, 02 = „United Design Workers“, m. R. **W**allbaum u. Christof **P**aul / 96 Senats-Pr. FH-Krefeld, 04 red dot award Essen m. R. Wallbaum / **Lit.: 205y**-04,1

Kampf, Arthur (von) (Prof./Dr. phil.) (M) / 1864 Aachen – 1950 Castrop-Rauxel / NEU: Vater von Herbert **K**. / (Biografie in Beilage: CD-Ausgabe 2006)

Kampf, Herbert (M/G) / 1. 7. 1896 Düsseldorf – ? / lebte um 1937/55 in Berlin, 1960 in Castrop-Rauxel / Sohn des Arthur (v.) **K**. / Ausst.-gen u. a. in München (Haus der Kunst), 1960 Düsseldorf (Kunstpalast) / **Lit.: 25**-3 + **107**-60 + **107a**-37+39...42

Kamphusmann, Barbara (M/G/O/I) / 1965 Beckum- / lebt (2004) in Sendenhorst-Albersloh / Stud.-MS 86-99 Univ. (Phil/Med/Ev.-Theol) / **E**.-Ausst. u. a. in Rinkerode (Dauerausst.-Hotel Lohmann), 1999 MS (Café Classique/Flaschengeist), 2000 Warendorf (Gal.-Jühe), MS (Ellens Buchhandl/Beratungsst.-„efl“), 02 MS (Univ.-klinik/Studieninst. f. kom. Verw.-Roxel/Arbeitsgericht) / Ausst.-**bet**. u. a. 2000 Kaisersesch (Kulturkreis), 2000/01 Prüm-Eifel (EVBK), 03 MS (Westf. Kl. f. Psych) / **Lit.: 237**-03

Kampmann, Christean (M/G) / NEU: 14. 5. 1950 Kamen – 17. 2. 1996 Bramsche / Sohn v. Prof. Lothar **K**. / Stud. Univ.-Dortmund (Kunsterz) / war Lehrt.-Dortmund / Ausst. u. a. 1979/83 Ochtrup (Gal.-Brinkwirth), + NRW

Kampmann, Leonie (B) / 1953 Kamen- / lebt (2005) in Rheinbach b. Bonn / Tochter v. Prof. Lothar **K**. / Steinbildh.-in s. 87, Autodidaktin / Ausst. u. a. in Bergkamen/Werl, 2004 Bonn (Mus.-A. König), 05 Bonn-Bad Godesberg (Wime-Arts-Club), Rheinbach (Holzkunst Mostert), + N

Kampmann, Lothar (Prof) (M/G/Z/B) (Autor) / 11. 7. 1925 Aachen – 20. 1. 1993 Kamen / NEU: Vater von Christean und Leonie **K**. / (Biografie in Beilage: CD-Ausgabe 2006)

Kampmann-Wilsker, Ralf (M/G/B/Materialb.-k/Restaurator) / NEU: 1953 Kamen- / lebt (2006)

in MS / NEU: 75-81 Ausb.-Restaurator (Malerei/Holzbildh/Wandm), ab 98 Weiterb. bei Laurence Fortheringham, 01 Malatelierausb. / ab 84 freiberufl. tätig / Gastdoz. Akad.-MS (Restauration) u. Lehrt., 05 Workshopltg.-MS (Zoo) / Ausst. s. 1984, u. a. 97 Coesfeld (Kolpingbild.-stätte), Hamm (Queens), 99 MS (Bennohaus/Benediktshof/PSD-Bank), 2001 Everswinkel (Rathaus), + MS/MS-land / **Lit.: 26a**-05 + In: „Benno" – Veranst.-heft – Bennohaus-MS, 1-8/1999

Kanena, Fred s. Baumgart-Kanena, Fred

Kannenberg, Claus (Filmk/D) / * 1947 – / lebt (2000) in Schwelm / Sohn des Willi **K.** / Ausb./ Stud. Dipl.-Des. / s. 69 eig. Filmstudio, ab 72 Lehrt. Univ/GH-Wuppertal / **Lit.: 216**

Kannengießer, Birgit (M/G/O/I) / 1964 Osnabrück- / lebt (2005) in Osnabrück / siehe **G**ruppe: „Zeitgleich" (Mitgl.) / Ausst.-gen s. Lit. / **Lit.: 19**-04 + **62b** + **69**-03

Kanning, Werner (M) / 1949 Bremen- / lebt (2005) in Detmold / Stud.-MS 72-78 Akad. / Ausst. u. a. 2005 Recklinghausen (Kunsthalle), Ingolstadt (Kv) / **Lit.: 64a** + **256**

Kapevski, Slobodan „Dane" (M) / 1957 Robovo/Jugoslawien- / lebt (2001) in Rheda-Wiedenbrück / Stud.-Belgrad 77-82 Akad. / ab 86 in Rheda-Wiedenbr. / Mitgl. Gr.-„Wir sind ..." / Ausst. u. a. in Jugoslawien/Mazedonien, 2001 Rheda-Wiedenbrück (Altstadt), + N / **Lit.: 17**-90

Kapica, Peter (M) / 1973 Kattowitz/Oberschl.- / lebt (2006) in Recklinghausen / künstl. tätig s. 97 / Mitgl. Ateliergem. „Künstlerkeller"-Marl / Ausst. u. a. 2005/06 Herne (Happel-Klimatechnik), 06 Marl (Marler Stern)

Kappenberg, Karl Heinz (B) / 1937 Bottrop- / lebt (2005) in Bottrop / Weiterb.-kurse u. a. VHS / s. 74 Mitgl. Gr.-„Kunstgem.-Bottrop" / Ausst.: Bottrop (Sparkasse/Kulturzentr/Hof Jünger), Wolfhagen (Sparkasse), Oberhausen/Herne/Duisburg (Revierparks), Gladbeck (Volksbank)

Kaprol, Michael (F) / * 1957 – / lebt (2005) in Bottrop / Mitgl. „KB-Bottrop" / Ausst. u. a. 2004 Bottrop (2xMus/Sparkasse) / **Lit.: 99**-04 + **99a**-04

Kapteina, Katharina (M) / 1980 Stralsund- / lebt (2004) in MS u. Hamm / Stud.-Bielefeld 95-01 Kunstschule u. ab 01 Akad.-MS / Ausst. u. a. 2002 Nottuln (Alte Amtmannei), 03 MS (Finanzamt) / **Lit.: 228**-03

Karacic, Ankica (M/Khw = Seidenm) / 1951 Indjija-Vojvodina/Kroatien- / lebt (2005) in Iserlohn / war Modezeichnerin u. 82-91 Lehrt. Sid/Kroatien, 92-95 Lehrt. u. a. Iserlohn/Hagen/Dortmund / Mitarbeit an versch. Modezeitschr.-en / Mitgl. „FrauenKunstForum"-Hagen u. „BBK"-Westf.-Süd Dortmund / Ausst. u. a. 2002 Seoul-Korea, + N/INT / **Lit.:** Internet

Karakaya, Hüseyin (O) / 1969 Sivas/Türkei- / lebt (2002) in Hagen u. Düsseldorf / ab 75 BRD / Stud.-Düsseldorf 97-01 Akad. / Ausst. u. a. 2002 Hagen (Mus) / **Lit.: 97**-02

Karbe, Winfried (A/Dipl.-Ing) / lebt (um 1950/80) in Arnsberg / Daten nicht bek. / Werk u. a. Kirche in Arnsberg / **Lit.: 112d** (S. 8)

Karla, Anne (D) / lebt (2002) in Dortmund / Stud. Wksch-Dortmund / s. 89 Partnerin Büro: „Karla Innenarchitektur + Design"-Dortmund / **Lit.: 197a**-99(b. Herbert K. d. J.)

Karla, Herbert d. Ä. (A) / lebt (1951) in Dortmund / um 50/51 Lehrt. Wksch-Dortmund / **Lit.:** In: „Werkkunstschule Dortmund" – Inform.-heft – 1950/51

Karla, Herbert d. J. (D/Innenarch/Dipl.-Ing) / * 1945 – / lebt (2002) in Dortmund / nach handwerkl. Ausb.: Stud. Wksch-Dortmund / nach zwanzigjähriger Berufserfahrung Gründung 89 eig. Büro in Dortmund mit Anne Karla / Werke in NRW (s. Lit.) / **Lit.: 197a**-99

Karliczek, Rainer (Dr.-Ing) (Karikaturist) / 1940 Braunau/Schlesien- / Stud. TU-Braunschweig/ Stuttgart (Archit/Städtebau) / s. 82 Ltg. Stadtplanungsamt-MS (Bauleit- u. Verkehrsplanung, Denkmalschutz, Archäölogie) / als Karikaturist Autodidakt / **Lit.:** R. K.: „5000 Jahre Archikatur" – Vom Lehm zum Beton – Beton-Verl.-Düsseldorf, 1997 + „Archikatur – Architektur x Karikatur" – Aschendorff-Verl.-MS + Verl. f. Bau u. Technik-Düsseldorf, 2002; „Radgeber" – Karikaturen für Radfahrer – MS, 2003/04

Karnath, Dirk Fried (G/Z/D) / NEU: * 1971 – / lebt (2006) in Düsseldorf / Stud.-MS 93-98 FHD / Agentur „D. F. Karnath & Gisa Borchers" = „bunte-bilder-düsseldorf", Lehrt./Kurse / Ausst. u. a. in 1995 Dorsten (VHS), 97 Frankf./M. (Buchmesse) / **Lit.: 122**-97 + **122y**

Karrasch, Gerhard (F/Computergr) (Fotojournalist) / 1931 Seegutten/Ostpr.- / lebt (2006) in Altena / Weiterbild. s. 98 Europ.-Akad. Trier u. Akad.-Bad Reichenhall / Ausz.: 81 Bronzemedaille, 82 „Colour-Art-Master" Jönköping-Schweden / Atelier m. Ehefrau Maria Theresia **K.** / Mitgl. „DFV"-Berlin / Ausst. u. a. 1980-90 Köln (Photokina), 82 Jönköping-Schweden, 85 Reykjavik-Isl., 87 Warzwawa-Polen (Gal.-Rynku), + N

Karrasch, Maria Theresia (M/G/F) / 1944 Olsberg b. Brilon- / lebt (2006) in Altena / 62-65 Foto-Des.- Malerei- Grafikausb., 73-77 Atelier in Düsseldorf, ab 77 Altena, 80 Fotografenmeisterin, 88-95 Stud. KH-Bremen, Weiterb.: Europ. Akad.-Trier, 01 Akad. Faber-Castell in Stein, 02 KH-Hefei/China, 03 Sommerakad. Bad Reichenhall u. Privatstud. b. Prof. Qi Yang, Meisterschülerin / Ausz.: 81 Silbermedaille, 85 = 4. Platz Helsinki, 85 „Colour Art Master" – Reykjavik/Island / Atelier m. Ehemann Gerhard **K.** / Ausst. u. a. in Voorschoten-NL, Ublik-Masuren (Schloss), 1987 Warschau (Gal.-Rynku), 2002 Bochum (Kunsthaus), Hefei-China (Art-Gall), Plettenberg (Gal.-Schumacher), 03 Langenberg (Kulturzentrum), 03/06 Lüdenscheid (Gal.-Bella Arte/Benefizausst.: Hotel Mercure), 05 Krakau-Polen (Akad.-Gal./Gal.-RAVEN), Mülheim-Ruhr (T-Systems), 06 Schwelm (Mus. Schloss Martfeld) / **Lit.: 26a**-05 + „M. Th. K." – Malerei – Ausst.-kat. – Hg.: Akademia Sztuk Pięknych w Krakowie, 2005

Karsten, Danuta (B/O/I/Z) / 1963 Mala Slonca(Danzig)/Polen- / lebt (2006) in Recklinghausen / NEU: 97 Stip. GzFdWK-MS, 98 „Lovis-Corinth" Sonder-Pr. Regensburg, 03 Ehrendipl. der „Jutta Franz Foundation"-Düsseldorf, 04 = 3. Platz „plan-d"-Kunst-Pr., Stip. Kü.-dorf-Schöppingen / s. 92 Mitgl. u. ab 97 Vors.-e im „Vest.-KB"-Recklinghausen, Mitgl. „WKB" / (Biografie in Beilage: CD-Ausgabe 2006)

Karstens, Mike (Michael) (M/G/D) / 1957 Marne/Schl.-Holstein- / lebt (2006) in MS / NEU: ab 2000 eig. Edition: „Mike Karstens Graphics", Atelier u. Galerie ab 7/04 Hafen-Speicher II – MS / (Biografie in Beilage: CD-Ausgabe 2006)

Kasper, Christoph (Kunstschmied/Metallgest) / 1962 Bielefeld- / lebt (2005) in Halle/W. u. Werther / Stud. FHD-Bielefeld u. 90-93 Metallbauerausb. b. H. Gradinger-Mainz, 96 Meisterprüfung Frankf.-M. / Ausst. u. a. 2002/03 Halle/W. (Kunstnacht), 02-05 Halle/W. (Off. Atelier), + OWL / **Lit.: 152b**-02...05 + **191b**-04

Kasper, Raimund Joseph (Reimund/Reim) (M/G/Ill/D/B/A) / 1947 Werne- / lebt (2006) in Kamen / NEU: Leiter der Städt.-Gal. (Rathaus) u. des Kulturamtes in Kamen / war Mitgl. „Arbeitskr.-Kunst"-Hamm, Mitgl. „BBK-Westf." Dortmund, „AG Kamener Maler", „Dortmunder Gruppe", war Mitgl./Vors. Gr.-„KB-Schieferturm"-Kamen, 2000 Gründung Gr.-„Reflex"-Kamen / (Biografie in Beilage: CD-Ausgabe 2006)

Kaßalik, Marco (F) / * 1981 – / lebt (2004) in Bottrop / Ausst. u. a. 2000-04 Bottrop (Kulturzentr), 01-04 Bottrop (Mus) / **Lit.: 99a**-01...04 + **99c**-2000...04

Kasseböhmer, Axel NEU: (Prof) (M) / 1952 Herne- / lebt (2001) in München / Stud. Akad.-Düsseldorf / s. 95 Prof. Akad.-München / (Biografie in Beilage: CD-Ausgabe 2006)

Kassner, Marco (M) / 1972 Itzehoe- / lebt (2006) in Lünen / Kinderzeit in Siegen, ab 81 Lünen / Stud.-Dortmund 91-93 Univ. (Archit) u. Regensburg 93-96 Univ. (Physik) / ab 96 freisch. Maler in Lünen, 99 Tischlerausb. / ab 2000 Mitgl. „BBK-Westf." Dortmund / Ausst. u. a. 1999 Hagen (Gal.-Emilienplatz), Zwolle (Museum), 2000 Lünen (Wohnungsbau-Genoss) 01 Bo.-Wattenscheid (BBK), Lünen (Sparkasse), 03 Dortmund (Mus. f. K. u. K.), 05 Kamen (Stadthalle) / **Lit.: 3**-01+03(2)

Kastner, Joachim Peter (Dr) (B/M/Z) / 1947 Dinslaken/Niederrh.- / lebt (2005) in Beckum u. Düsseldorf / NEU: Lehrt. ab 03 KH Berlin-Weißensee / 92-99 Visiting Artist am Edinburgh Coll. of Art/Schottl. / (Biografie in Beilage: CD-Ausgabe 2006)

Kastner, Renate (M/O/I/T/D/Coll.- u. Perf.-k) / NEU: 1944 Marienburg/Westpr.- / lebt s. 69 in Paderborn / nach Jugendzeit in Olsberg/Sauerl.: Stud. Univ./GH-Paderborn (Kunst) u. Bielefeld 88-94 FHD (Textildes), 92+95 Beteil. Sommerakad.-Paderborn / s. 92 Lehrt. VHS-Bielefeld-Sennestadt, 03 Beteil. Kunstsympos. in Przemysl/Polen / s. 76 zahlr. Ausst.-gen u. a. in Dörenhagen/Paderborn/Köln/Celle/Delbrück-Boke/Salzkotten/Petershagen/Brilon, 2001- Bielefeld/OWL (Archiv), 01 Bielefeld (ZIF-Univ), Brakel (Mus), Lichtenau (Kloster Dalheim), Olsberg (Rathaus), 02 Soest (Petrikirche), Gütersloh (DA-Akad), 02/03/05 Paderborn (Off. Atelier), 02/03 Paderborn (Kv/Haus d. ev. Kirche/Franzisk.-kirche), 03 Halle/W. (Q-Tour), Burg Dringenberg, 04 Schwerte (kath. Akad), Winkhausen (Kulturgut), Meschede (Abtei), Kielce/Przemsly-Polen, 05 Paderborn (Stadtbibl) / **Lit.: 101b**-02+03+05 + **115d**-01erw. + **192**-01+03

Kastner, Renate Luise (Dr) (auch: Bunk, oder Kastner-Bunk, R. L.) (M/G/Coll.-k) / NEU: 1959 Dortmund- / lebt (2005) in Beckum u. Hamm / (Biografie in Beilage: CD-Ausgabe 2006)

Kath, Stefanie (M) / * 1981 – / lebt (2006) in Dortmund / Ausst. u. a. 2005 Düsseldorf (Kunstpalast) / **Lit.: 107**-05

Katmann, Johann (I) (Johannes) (B) / stammt aus Münster, verzog am 28. 11. 1622 nach Bielefeld / Werke 1629 u. a. um 1640 in Bielefeld / Ausst. u. a. 1983 Rietberg (Klosterkirche) / **Lit.: 24-**19 + **173-**S. 102 + In: „Sakrale Kunst aus fünf Jahrhunderten" – A.-kat. – Rietberg, 1983

Katmann, Johann (II) (B) / in Münster um 1637/46 bek. / 1637 Meisterprüfung in MS / 1646 fünf Figuren für Rathaus MS (zerstört) / **Lit.: 24-**19

Katt, Olaf (G/O/D) / lebt (95) in Dortmund / Stud. FHD-Dortmund (Grafik/Obj.-Des) / Ausst. u. a. 1992/94 Dortmund (FHD/Mus. f. K. u. K.) / **Lit.: 203b-**2 + **203c**

Kattke, Gudrun (M/B/O/Materialbildk) / 1967 Recklinghausen- / lebt (2006) in Dortmund / 90 Mitbegr./Publizistin d. Zeitschr. „Kühlschrank" / Stud.-Dortmund 93-98 FHD (Vis.-Komm) / 98 f. Buch/Film = Rektoren-Pr. FH-Dortmund / 91-93 Gründ.-mitgl. Gr.-„91"-Bochum, ab 2000 Mitgl. „Dortmunder Gruppe", 03 „BBK-Westf." Dortmund u. Mitgl. „Vest.-KB"-Recklinghausen / Ausst. u. a. in Berlin, 1991 Dortmund (Atelier 56A), 91-93 Waltrop (Alte Zeche), 96 Hattingen (Henrichshütte), 98/99 Dortmund (FH/Gal.-Labor X/Gal.-energy/Videocafé), 99-04 Recklinghausen (Vest.-KB), 2000 Castrop-Rauxel/Berlin/Vilnius-Lit., 01 Leeds-GB/ Bergen-NL, Gelsenkirchen (Atelier Glasmeier), 01-04 Dortmund (Torhaus/Gal.-Fletch Bizzel/ Rathaus/Mus. f. K.u.K./Atelier/Depot e.V.), 02/03 Recklinghausen (Alte Lohnhalle/Gal.-Nie Na Nuck), 02 Bedburg-Hau (ArToll), 03 Lüdinghausen, Le Havre-Fr. (Hôtel de Ville), 04 Düsseldorf-Benrath (Schloss), 05 Dortmund (Sparkasse/Kulturbüro), 06 Dortmund (Torhaus/ART-isotope) / **Lit.: 3-**03(2) + **120c-**04 + **188-**99...04

Kattwinkel, Henriette s. Krämer, Henriette

Kaufhold, Ruth (M) / * 1953 – / lebt (2002) in MS / Weiterb. b. Hanne Kegel in MS u. Kurse in Alfter (Alanus-Hochsch.), Kamplintfort (Novalis-Hochsch.) u. b. Th. Heer in Witten / s. 2001 Mitgl. Gr.-„T.U.N. Arb.-kr. Kunst 83"-MS / Ausst. u. a. 2001/02 MS (Landgericht/Volksbank), + MS-land / **Lit.: 126a**

Kaufholdt, Ruth Irmgard (M/G/Ill) / 1924 Bochum- / lebt (68) in Bochum / Stud. HfBK-Weimar u. Akad.-Düsseldorf / war Lehrt.-Lüdinghausen / **Lit.: 20** + Ill./Buch-Umschläge u. a. für Schulbücher

Kaufmann, Martina (M) / 1958 Witten- / lebt (2000) in Wuppertal-Elberfeld / 79-83 Stud.-Ottersberg Freie Kunstsch. / ab 83 Lehrt. / Ausst. u. a. in Essen/Heidelberg/Wuppertal / **Lit.: 216**

Kaufmann-Kim, Yun-Oak (M) / 1948 Seoul/Korea- / lebt s. 86 in Dortmund / Stud.-Oakland/Califor. 72-73 Coll. of Arts and Craft's u. Brooklyn/New York 74-75 Pratt Inst. / 81-86 Lehrt. Univ.-Seoul/Korea / ab 02 Mitgl. „BBK-Westf." Dortmund / Ausst. u. a. 2002 Dortmund (Rathaus), 03 Bo.-Wattenscheid (Techn.-Zentr), 03 Dortmund (Torhaus/Mus. f. K. u. K.), Witten (Boesner), 04 Castrop-Rauxel (Rathaus) / **Lit.: 3-**02/03+03(1+2)+04(1)

Kaup, Bernhard s. Olscha, Bernhard

Kaup, Gretel (Kaup-Brummert) (K/B) / NEU: 1938 Billerbeck- / lebt (2005) in Coesfeld / 99 Bischof-Tenhumberg-Pr. Telgte / Ausst. 1980-2005 Telgte (Mus) / **Lit.: 185-**80...91+95...99+ 2000(ab S. 13)+02+04+05

Kawiecki, Marek Adam (B/M/T) / * 1954 (in Polen)- / lebt (2006) in Herford / arbeitet im Stil der poln. Volkskunst / 03 Bischof-Tenhumberg-Pr. Telgte / Ausst. u. a. 2003-005 Telgte (Mus) / **Lit.: 185-**04+05

Kegelmann, Barbara (M/G/D) / 1962 Luzern/Schweiz- / lebt (2002) in MS / Stud. FHD-Düsseldorf+MS / Ausst./Lehrt. m. Ehemann Klaus **K.** in MS, Lehrt. außerdem i. d. Schweiz/NL + N

Keggenhoff, Sabine (A/Innenarchit.-in/Dipl.-Ing) / * 1968 – / lebt (2005) in Arnsberg-Neheim / Bauzeichnerinausb., Lehrjahre in Amsterdam-NL u. Stud. FH f. Innenarchit/Archit. – Detmold / Stip. f. Univ.-Sydney/Austr., 95 = 1. Deutscher Massivholz-Pr., 02 Ausz. b. dem „Deutschen Innenarch.-Pr.", 04 red dot award Essen u. Innovations-Pr. „Architecture u. Office" / Mitarbeit in versch. Büros, ab 98 „Planungsbüro Keggenhoff Partner" in Arnsberg-Neheim (m. Michael Than) / s. 99 Mitgl. „BDIA" u. „AK"-NRW / Ausst. u. a. 1999 Luxemburg (BDIA-Forum), 2004 Essen (Des.-Mus) / **Lit.: 205z-**04 + In: „BDI-Handbuch" – 1999-2005; In: „IFI-Yearbook" – 2003 = Bd. 1 + 2004 = Bd. 2 – 2004/05; In: „Innovationspreis Architektur u. Office" – Hg. Orgatec – 2004

Kehne, Holger (A) / lebt (2002) in London / Stud. FH-MS (Archit) / war Gastdoz. FH-MS, s. 99 Büro „Plasmastudio" in London m. Eva Castro (Argentinien) / 2002 Young Architect-Pr. von „Building Design u. „Corus Group"-GB / **Lit.:** In: „WN"-MS – Tageszeitung v. 3. 4. 2002

Keidel, Hans (M/G) / NEU: 1911 Köln – 18. 4. 1980 Bochum / (Biografie in Beilage: CD-Ausgabe 2006)

Keidel, Werner (M/G/F) / NEU: 1922 Köln – 1987 Braž/Jugoslawien / (Biografie in Beilage: CD-Ausgabe 2006)

Keidis, Antje (G/D/Ill) / 1972 Hagen/W.- / lebt (2005) in MS / Stud.-MS bis 2/03 FHD / u. a. Illustrationen in Kinderbüchern / Ausst. u. a. 2002-05 MS (Off. Atelier-Am Hawerkamp) / **Lit.:** Chr. Baumanns/A. K.(Ill): „Franziska unter Strom" – Kalender 2005 – Hg.: Stadtwerke-MS, 2004; J. Brückner/A. K.(Ill): „Geheimbund Bisamratte" – Wien, 2005

Keinhorst, Petra s. Kleinhorst, Petra

Kellermann, Elisabeth (M/Z/Ill) / 3. 5. 1892 Witten –24. 3. 1979 Ülsby / Stud.-Kassel bis 1912 Akad. / 15-52 Lehrt.-Itzehoe / **Lit.: 165a** + In: U. Wolff-Thomsen: „Lexikon schleswig-holsteinischer Künstlerinnen" – Heide, 1994

Kellers, Willi (Klang-Inst.-k) (Musiker/Komponist) / 1950 Münster- / lebt (2003) in Berlin / NEU: Preise: WDR u. 99 Kultursekretariat NRW / Theater- u. Filmmusiken/Rockopern / Klanginst.-nen: u. a. in New York, usw. / (Biografie in Beilage: CD-Ausgabe 2006)

Kellner, Friedrich (A) / um 1919-1961 in Bochum tätig / Daten unbekannt / bis 1919 Stadtbaumeister in Lüttringhausen, ab 19 Amtsbaumeister in Bochum-Weitmar, 20 Amtsbaudirektor, 48 Ruhestand u. Ernennung (48-61) zum Kirchmeister der evangel. Kirchengemeinde Bo.-Weitmar / zahlr. Neu- u. Wiederaufbauten / **Lit.: 146c**

Kellner, Thomas (F) (Autor) / 1966 Bonn- / lebt (2006) in Siegen / NEU: Ausz.: 96 Kodak-Award (junior), 97 ART-Award Düren, 98 „BFF"-junior-Pr., Förder-Pr. Kodak / ab 97 freisch., Atelier m. J. Dietrich (s. 98 Mitgl. Ateliergem.-Friedrichstr) / Lehrt.: Sommerkurse Siegen, 02 Artist in Residence Cardiff/Wales, 03-04 Gastprof. Univ.- Giessen / ab 02 Mitgl. Gr.-„ASK" Siegen, 04 „BBK-Westf." Dortmund u. „DGfP" / (Biogr. in Beilage: CD-Ausgabe 06)

Kellnhofer, Ingeborg (M) / 1956 Haiger- / lebt (2005) in Burbach u. Atelier in Siegen / Sozialpäd.-in / Mitgl. „Cultura – Frauenforum"-Siegen / Ausst. u. a. 2003 Siegen (Kv/Kreishaus) / **Lit.: 110c**-04

Kelterbaum, Albert (M/G) / 1904 Duisburg-Hochfeld – 31. 3. 1972 / lebte s. 41 in Wanne-Eickel / Beruf: Gedingehauer / kurz v. s. Tod erwirbt v. ihm die Stadt Wanne-Eickel eine Sammlung / Ausst. u. a. 1999 Herne (Mus) / **Lit.: 143a+b + 143f** (S. 36)

Kemmerer, Uldarich (Bauing/Artill.-offizier) / * um 1733 in Bonn – ? / 1751-59 b. d. Artillerie in Münster, wahrsch. im Baubüro Schlauns tätig, 1759-79 Offizier in Bonn / **Lit.:** G. Dethlefs

Kemna, Ursula (M) / 1925 Lüdinghausen- / lebt s. 58 in Telgte / Mitgl. Gr.-„Weibsbilder"-Telgte / Ausst. u. a. 1998/99 Telgte (Rathaus/Kornbrennereimus), 99/2000 Telgte (Lauheide)

Kemper, Lutz (M/O/I/F/D) / 1968 Dortmund- / lebt (2006) in Dortmund / Stud.-Dortmund 89-91 FfG u. 91-98 FHD (Obj.-Des) / 96 Stip. FH-Dortmund f. Paris / 2000/01 Wandmalprojekte in Dortmund u. Holguin-Cuba, 2000 kinet. Wasserobj. Emscher-Depot / 96 Mitbegr. Kü.-gem. „DEPOT"-Dortmund / Ausst. u. a. 1996/98 Dortmund (Postbank/FH), 98/2001 Dortmund (Gr.-DEPOT), 98/99 Bochum (U-Bahn-Tunnel), 99 Paris, 04/05 Dortmund (Off. Atelier/Rombergpark) / **Lit.: 120c**-04

Kemper, Peter (A) / 1963 Borken- / lebt (2003) in Recklinghausen / Stud.-Dortmund bis 90 Univ. / ab 93 Büro: „Feja + Kemper Architekten"-Recklinghausen / Mitgl.-„BDA" / Werke (s. Lit.) u. a. Recklinghausen (u. a. Neugest. St. Antonius) / **Lit.: 197**-97+01 + **197a**-99 + **213a**-02

Kemper-Hoeschen, Gisela (Hoeschen, Gisela) (B) / 1929 Köln- / lebt (65/82) in Minden / Stud.-Bielefeld 57-63 Wksch / ab 63 freisch. in Minden / Ausst. u. a. 1964-66/69/71/73-76/79/80 München (Haus der Kunst), 71 Minden (Mus) / **Lit.: 53 + 107a**-64...66+69+71...76+79+80

Kemsa, Gudrun NEU: (Prof) (F/Videok) / 1961 Datteln/W.- / lebt (2006) in Düsseldorf / NEU: Lehrt. ab 2000 FH-Krefeld, 01 Prof. / (Biografie in Beilage: CD-Ausgabe 2006)

Kenter, Peter (M) / 1949 Detmold- / lebt (2004) in Lüdenscheid / Stud.-MS 72-77 Univ. (Sport/Mathem), Dortmund 84-87 Univ. (Kunstpäd) u. Weiterb.-Bremen 94/95 Univ. / s. 80 Lehrt. / Mitgl. „Bundesv.-BK" / Ausst. u. a. 1999 Lüdenscheid (Optiker/Citibank), 2000 Meinerzhagen (Haus Kessler), 03 Altena (Stadtgal), Halver (Kv), Lüdenscheid (Sparkasse) / **Lit.:** Internet 04

Kerak, Wolfgang (B) / 1942 Bergkamen-Rünthe- / lebt (2006) in Bergkamen / Steinmetz- u. Steinbildh.-meister / Gründungsmitgl. „Kunstwerkstatt sohle 1 Bergkamen" / Ausst.-en u. a. 2002/06 Bergkamen (Wasserkunst am Kuhbach/Stadtgal), + Westf.

Kerger, Aloys (M/Kalligr/Pozell.-m) / 21. 6. 1927 – 19. 8. 1998 / lebte in MS-Nienberge / 41-43 Porz.-malerausb. b. „A. Roloff"-MS, bis 52 tätig / s. Porzellanmus-MS / **Lit.: 63b** (erw. S. 28)

Kerkmann, Karin (F/I/Videok) / 1968 Bochum- / lebt (2006) in Berlin / nach Jugendzeit in Bochum:

88 Stud.-Ghana/Westafrika „Art and Craft-Association", 89 Gaststud.-New York, 93-01 Stud. HdK-Berlin, 2000 Meisterschülerin / 96 Erasmus-Stip. f. Akad. Barcelona-Sp., 99-01 Stip. Senat-Berlin, 01 Stip. f. Indonesien v. Senat-Berlin, 02 DAAD-Stip. f. USA, 04 Proj.-förderung K.-Dorsch-Stiftung Berlin / Ausst. u. a. 2006 Berlin-Kreuzberg (Gal.-Neues Problem), + N/INT + Internet

Kern, Oliver (F/D) / 1965 Saarbrücken- / lebt (2001) in Berlin / Stud. FHD-Dortmund / Ausst. u. a. 1991 Dortmund (Mus. f. K. u. K.), 99/2001 Herten (Fototage), 2000 Berlin (Gal.-le Manège), 05 Mannheim (Fototage) / **Lit.: 189**-99+01 + **203**-91 + In: „Photography now" – 4. Quartal – 2000

Kerstiens, Christa (M/G/K) / 1935 Dortmund- / lebt (87) in Oldenburg / Töpferausb. u. Stud.-Kunstg. / als Malerin Autodidaktin / Ausst. in Norddeutschl. / **Lit.: 194a**

Kersting, Christiane (M) / 1957 Essen- / lebt s. 70 in Meschede / ab 92 Weiterb.-VHS Meschede, Workshops in Lünen/Schwalenberg u. Sommerakad. FH-Krefeld / Ausst. = Südwestf. / **Lit.: 232**

Kersting, Marion (F/Videok/Textilinstall.-k) (Lyrikerin) / 1961 Gütersloh- / lebt (2006) in Bielefeld / Stud. Univ.-Bielefeld (Literat) u. Ausb. Reiseverkehrsfrau / Autodidaktin, s. 2000 frei-berufl. tätig / Ausst. u. a. 2001- Bielefeld/OWL, 02-05 Bielefeld (2xStadtbibl/Kunstmesse/Süsterkirche/Eckardskirche/Alte Vogtei), 02 Halle/W., 03/04 Gütersloh, 04 MS (Apothekenkammer), Minden (Preussen-Mus), 04/05 Werther-Häger (art&work), Bielefeld (Atelier), 05 Bozen-It., 05 Bielefeld (Alte Vogtei), 06 Oelde (Haus Nottbeck) / **Lit.: 152**-04+05 + **192**-01+04

Kerzdörfer, Peter (Glask) / 1948 Frauenau/Bayr. Wald- / lebt (2004) in Freudenberg / 62-65 Glasapperatebläserausb., 71-73 Stud.-Meister- u. Glasfachschule Hadamar zum Glasinstr.-tenmachermeister u. Techniker / Mitarbeiter u. Werkst.-Ltg. Univ./GH-Siegen / Mitgl. „AdK"-Südwestf. / Ausst. u. a. in Frauenau/Koblenz/Andernach/Polch/Zwiesel/Barsinghausen/Freudenberg, Immenhausen/Hanau/Ebeltoft-Dän., 1981/83/85/87/97 Bielefeld/Wesel/Cappenberg/Düsseldorf/Hamm (manu factum), 87 u. a. Dortmund (Signal-Gal), 95 Köln (LM) / **Lit.: 48c**-87+99+03 (erw.) + **48x**-81+83+85+87+97

Keskin, Ismail (M/G) / 1966 Osmancik/Türkei- / lebt s. 90 in Dortmund / Stud.-Ondokuzmayis/Türkei 84 Univ. (Kunst), Istanbul 85-89 Univ. (Kunsterzieher) u. Kassel 95-2000 Univ./GH (Vis.-Kommunik) / Ausst. u. a. in Dortmund, 1999/2001 MS („Die Brücke"), 2000 Uerdingen (Bayerwerk), 01 MS (Tibus-Wohnpark)

Kesper, Willy (Willi / Bill) (M/G/Coll.-k) / 1937 Büren- / lebt (2004) in Paderborn / Stud.-Köln 57-61 Wsch / Mitgl.: 67-72 Gr.-„Semikolon"-Bonn u. 80-82 „BBK"-OWL / Ausst. u. a. in Köln/Bonn/Düsseldorf/Wuppertal/Bielefeld/Paderborn, 1981 Bielefeld (Kunsthalle), 2003 Paderborn (Off. Atelier) / **Lit.: 101b**-03 + **124**-81

Kesseler, Thomas (Prof) (A/M/Z/B) (Dipl.-Ing) / 1956 Gelsenkirchen- / lebt (2005) in Düsseldorf / Gattin war (s.:) Ute **B**ecker-Kesseler / (Biografie in Beilage: CD-Ausgabe 2006)

Kesselheim, Rosmarie (Prof) (M) / 1926 Düsseldorf- / lebt (2003) in Düsseldorf / Stud.-Düsseldorf 45-51 Akad. / 53-81 Lehrt., 82-88 Prof. Univ.-Dortmund / s. 53 Mitgl. „Verein Düss. Kü.-inen", 88-89 Vors., ab 76 „BBK"-NRW / Ausst. = N / **Lit.: 79/79b**

Kessl, Ulrike (M/Z/B/O/I) / 1962 Rottweil- / lebt (2004) in Düsseldorf / Stud.-Düsseldorf 81-88 Akad., 86 Meisterschülerin u. 91 Paris / 89 Förder-Pr. Düsseldorf, Stip.-n: 89-93 W.-Lehmbruck Duisburg, 91 f. Paris, 96 Frankr.-Stip., 97 Bonn f. Marfa/Texas, 98/99 f. Künstlerdorf Schöppingen / Lehrt.: 92 Ass.-Prof. in Paris, 96-98 Univ.-Dortmund u. 99 FH-Bielefeld / Mitgl. „DK" / Ausst. u. a. in Taejon-Südkorea, Marfa-Texas, + N / **Lit.:** + **26a**-05 + **46**-89 + **79/79b** + **107**-97+01

Kessler, Dagmar (B/Steingest) / NEU: 1960 Neuss- / lebt (2004) in Schwelm / Gattin v. Hans-Walter **K.** / Bildh.-ausb. b. ihrem Vater Wolfgang Kuhn (Neuss) / 97 Staats-Pr. NRW / Mitgl. „AdK"-NRW / Ausst. u. a. in MS/Aachen, 1997 Hamm (manu factum) / **Lit.: 48x**-97

Kessler, Hans-Walter (B/Steingest) / 1948 Schwelm- / lebt (2004) in Schwelm / NEU: Gatte v. Dagmar **K.** / 65-68 Steinbildh.-ausb., ab 68 Schüler v. Bildh. R. Garner, Düsseldorf, 74 Meisterprüfung in Freiburg / (Biografie in Beilage: CD-Ausgabe 2006)

Keßler, Robert (M/G) / 1938 Iserlohn- / lebt (2006) in Dinslaken / Berufsausb., Stud.-Düsseldorf/Radevormwald/Duisburg (Päd) u. Weiterb.-kurse u. a. Europ.-Akad. Trier / 75-99 Lehrt., ab 99 freisch. / Mitgl. Gr.-„Kim"-Borken / Ausst. s. 97, u. a. Bochum/Dortmund/Hagen/Rhede/Leer/Wiesbaden/Worpswede, 2000/03 Xanten (Kunstpalette), 2000/03 Dinslaken (Sparkasse/Museumsmeile/Gesundh.-zentr), 03 Voerde (Rathaus), 01/04 Wesel (Kreishaus/Hotel), 02 Herten (Optiker), Recklinghausen (Krankenhaus), 03 Rees (Kunstkabinett), 04 Kirchhellen (Kulturzentr), Altena (Stadtgal), Koblenz (Antiquariat), 05 Borken (Stadtmus) / **Lit.: 141a**

Kessner, Klaus (Prof) (Videok/Projektk) / 1957 Hamm- / lebt (2005) in Köln / Stud.: Musik/Musikwiss/Germ. / Ausst./Projekte u. a. 2001 Düsseldorf (Gest. U-Bahnlinie Wehrhahn), Köln (Mus. f. angew. Kunst), 02 Solingen (Mus.-Baden), Bochum (Konzept „Kortumachse"), 03 Koblenz (Gal.-Steinacker), 04 Hamm (Mus) / **Lit.: 139a** + 3x (m. Prof. E.-M. **J**oerissen) Transmedia-CD – Köln/Solingen, 2001/02; „Scala" – DVD – Koblenz, 2003

Kesting, Björn (M/F) / * 1979 – / lebt (2005) in Duisburg / Stud. Univ.-Duisburg (Politik) / Dozent f. den Hochsauerlandkreis / Ausst. u. a. in Duisburg/Düsseldorf/Bestwig/Meschede/ Olsberg, 2004/05 Arnsberg (Kunstsommer)

Kestner, Anna (M/B) (Lyrikerin) / 1967 Hattingen- / lebt (2005) in Hattingen / selbst. s. 96 mit der Figurenwerkstatt „Sauterelle" / Ausst. u. a. 2005 Hattingen (Stadtmuseum/Altes Rathaus) / **Lit.: 209a**

Kestner, Michael (B/K) / * 1951 – / lebt (2005) in Soest / Stud.-Kunstpäd/Keramik / Ausst. u. a. 2005 Soest (W.-Morgner-Haus) / **Lit.: 100-**05

Kett, Ulrich (M/Z/Aktionsk) / 1942 Kamen- / lebt s. 69 in Kierspe / NEU: 68-69 Planung/Gründung eines Schulversuchs in Kierspe, ab 69 Aktionen/Projekte, u. a. im WDR u. mit Bildh. Waldemar **W**ien, 89 Ida-Gerhardi-Pr. Lüdenscheid / war 59 Mitbegr./Mitgl. Gr.-„KB-Schieferturm"-Kamen / (Biografie in Beilage: CD-Ausgabe 2006)

Ketteler, Engelbert (Münzmeister) / um 1631-1662 bek. / 1631/37 in Osnabrück, 1638/56 in Münster u. 1659/62 in Bentheim / er prägte u. a. die Gedenkmünzen zum westf. Frieden / **Lit.: 24-**20 + In: „Verein Münster Museum 1978-1988" – S. 104 – Hg.: Verein z. Förderung eines Museums f. Münsterische Stadt- u. Kulturgeschichte e.V., Münster, 1988

Ketteling, Anthony (M) / * um 1611 Münster – ? / lebte um 1671 in „Greuningen" = Groningen-NL (?) / **Lit.: 24-**20

Kettler, Werner (M/B) / 1951 Ense-Höingen- / lebt (2003) in Werl / Berufsausb., Weiterb.-Seminare, u. a. zum Techn. Illustr., ab 74 Weiterb.-kurse b. Carl Brodhun in Werl / Ausst. u. a. 1994-96 Unna (Kunst&Design), 96/97 Lünen (Antike Fundgrube/Gal.-Bröckelschen), 96-98 Dortmund (Café-Lüntee/IKK/Torfhaus/Florianhalle), 99 Werl (Mariannen-Hospital), 99/01/02 Soest (Alter Schlachthof), 2000 Unna (Katharinen-Hospital), 01 Brüssel-Halle/Belg. (Jesuitencollege)

Keuck, Gudrun (M/Khw) / 1957 Düsseldorf- / lebt (2005) in Freudenberg / 75-82 Batikausb. in Köln, 93 Seidenmalereikurse u. Malerei 97-98/01 b. bek. Künstlern / Ausst. u. a. 1996 Lindlar, 96/97/99+01-03 Freudenberg (Stadtmus/Möbelhaus/3xSparkasse) / **Lit.: 110c-**04

Keuck, Lena (F) / 1980 Kevelaer- / lebt (2005) in MS / Stud.-MS ab 2000 Univ. (Mathe/Deutsch /Päd) u. s. 01 Akad. / Ausst. u. a. 2003 Detmold (Freilichtmus), 04 Hörstel-Gravenhorst (Kloster), 05 Detmold (Freilichtmus) / **Lit.: 245-**04

Keusen, Gunther (Prof) (M/G/F) (Lyriker) / 1939 Düsseldorf- / lebt (2006) in Köln u. Chiddes/ Bourgogne / NEU: 72-04 Prof. Akad.-MS / (Biografie in Beilage: CD-Ausgabe 2006)

Keuterling, Ernst (Paul) (M/G) / 1932 Gladbeck- / lebt (94) in Wuppertal / 49-51 Abendkurse Wksch-Wuppertal, 62-69 Fernakad.-Darmstadt u. Famous Artists-School Amsterdam / Ausst. u. a. 1969 München (Int.-Handw.-messe), + in Wuppertal / **Lit.: 216**(m. Lit.-ang.)

Khalil, Dunia (B) / 1968 Münster- / lebt (2005) in Berlin / Stud. Akad.-Enschede (Monumentalkunst) / 03 DAAD-Aufenth. in Kairo / Ausst.-en s. 1997, u. a. in Düsseldorf (Produz.-gal.-plan.d.), 2003 Berlin u. Kairo-Ägypt.

Khaynach, Friedrich Freiherr von (M) (Autor) / 1867 Hamm/W. – 1920 Berlin / Stud. Akad.-n Düsseldorf/Berlin / lebte s. 1906 in München, ab 09 Berlin, um 20 in Zilenzig, Bez. Frankf.-Oder / Ausst. = N / **Lit.: 24-**20 **+ 34-**8,2 + Im Anhang: „Lexikon der Düsseldorfer Malerschule 1819-1918" – Bd. 2 – 1998

Kiel, Horst (M) / 1937 Herford- / lebt (84) in Düsseldorf / Autodidakt / Ausst. s. 1964 / **Lit.: 79a**

Kielinger, Tobias (O) / NEU: 1966 Karlsruhe- / lebt (2005) in Berlin / Stud.-MS um 95/99 Akad. / Ausst. u. a. 1997 MS (Mensa I), + N / **Lit.: 256**

Kienle, Claus (F/D) / 1965 Kempten- / lebt (2005) in Hamburg / Stud.-Bielefeld 87-93 FHD, 94 Habilitation / Ausst. u. a. in Innsbruck/Wien/Luxemburg/Paris, 1999 Düdelingen (Gal.-Nei Liicht), + N / **Lit.: 26a-**05 + In: „Photography now" – Heft 1/1999

Kiepe, Andreas (Z/O/u. a.) / 1981 Herford- / lebt (2005) in MS / Stud.-MS ab 02 Akad. / Ausst. u. a. 2003 Laer (Stadtmitte), 04 Bad Oeynhausen (VHS), 05 Wismar (Baumhaus), Recklinghausen (Kunsthalle), Ingolstadt (Kv) / **Lit.: 256+a**

Kieselbach, Jana (D) / 1969 Bochum- / lebt (2000) in Schwelm u. Wuppertal / Stud.-Wuppertal (Komm.-Des) / Ausst. u. a. in Düsseldorf/Wuppertal / **Lit.: 216**

Kiessling, Dieter NEU: (Prof) (O/I/F/Videok) / 1957 Münster- / lebt s. 92 in Düsseldorf / 97 Gastprof. HfK-Bremen, ab 97 Prof. HfG-Karlsruhe / (Biografie in Beilage: CD-Ausgabe 2006)

Kim, Eun-Kyoung (M) / 1974 Ul-Jin/Korea- / lebt (2005) in MS / Stud.-Seoul/Korea 92-95 Univ. (Malerei) u. MS ab 99 Akad. / Ausst. u. a. 1996/97 Seoul-Südkorea (Dukwon-Gal/Doll Art Town), 04 Oberhausen (Kv), 2005 Liesborn (Mus), Dülmen (Kv) / **Lit.: 56d**

Kim, Hyung-Young (Hyun Gyoung) (B/O/Z) / 1970 Jeon-Ju (Chun-Ju)/Korea- / lebt (2005) in MS / NEU: Stud.-Iksan/Korea 89-92 Univ. (Bildh) u. MS 95-03 Akad., 99 Meisterschülerin / (Biografie in Beilage: CD-Ausgabe 2006)

Kim, Mi-Ryeon (G/Videok) / * 1969 (in Südkorea)- / lebt (2006) in Düsseldorf / Stud. Akad.-MS / Ausst. u. a. 2005 Düsseldorf (Kulturbahnhof-Eller/Oberschl.-LM/Kunstpalast/Solaris 53 e.V.), MS (Nacht der Museen u. Gal.-n), 06 Dortmund (ART-isotope) / **Lit.: 107-**05

Kim, Min-Seon (Minseon) (M/K) / 1966 Seoul/Südkorea- / lebt (2006) in Düsseldorf / NEU: Stud.-Seoul 85-89 Hong-Ik-Univ. (Keramik/Kunst), MS 94-02 Akad., 98 Meisterschülerin / (Biografie in Beilage: CD-Ausgabe 2006)

Kim, Na Young (Nayoung) (Assemblag- u. Materialb.-k) / 1966 Seoul/Südkorea- / lebt (2005) in Hagen / Stud.: 84-87 Univ.-Seoul/Korea (fine arts colleg) u. 91-96 L'ecole nat. sup. des Beaux-arts Paris / 97 Sculptur-Pr. ENSBA Paris, 2000+02 The Korean Culture & Arts Promotion Fund, 04 Stip. f. Paris u. Künstlerhaus Boswil-Schweiz / Ausst. u. a. in Tokio-Jap./ Gwangju-/Gyungju/Seoul-Südkorea/Hongkong-China/Pougues-les-Eaux-Frankr., 2004 Baden-Schweiz (Kunstraum), 05 Hagen (Mus) / **Lit.: 97-**05

Kim, Young-Awan (M) / 1964 Dae-Go/Korea- / lebt (98) in Braunschweig / Lit.: 134-98

Kim, Young A (**J**ung A) (O/I/M/G) / 1972 Seoul/Korea- / lebt (2005) in MS / Stud.-Seoul 91-92 Art Center Inst. (G/Ill) u. s. 2002 Akad.-MS / 02 Emprise-Consulting Förder-Pr. Düsseldorf u. 04 Förder-Pr. Ulm / Ausst. u. a. 1998/2000 Seoul/Suwon-Südkorea, 2002 MS (Schaufenster-Hörsterstr), Düsseldorf (Forum), 03 Casarano-It., Lüdenscheid (Mus), 04 Ulm (item-gmbh), Hamm (Mus) / **Lit.: 139a**

Kimmina, Rudolf (M) / 1944 Freckenhorst- / lebt (2001) in Herzebrock / Stud. Wksch-MS / Lehrt.-Oelde (Kunsterz) / Mitgl. Kv.-Gütersloh / Ausst. u. a. 1994 Warburg (Mus. im Stern), Hoyerswerda (Schlossmus), Sovjetsk/Tilsit-Russl. (Mus), Kaliningrad/Königsberg (Mus), 95 Riga (Gal.-M6), Grudziaz/Graudenz (Mus), Schneeberg (Kulturzentr), 96 Lippstadt/Berlin/ Frankr./Lettland/Litauen/Estland, 97 Ellingen (Ostpr.-Kulturzentr), Blokzil-NL, 98 Gütersloh (Kreishaus), 99 Gütersloh (Gal.-Friedemann), Rujiena-Lettl., 2000 Riga-Lettl. (Goethe-Inst), Gütersloh (Musikschule), 01 Oelde (Atelier-Pit Weber)

Kimpel, Rainer (A/Dipl.-Ing/Stadtplaner) / lebt (2002) in Unna / bis 65 Studium / ab 71 eig. Büro u. 2001 Gründung: „Kimpel-Generalplaner GmbH & Co. KG" / Mitgl.-„BDA" u. Mitgl./Vorst. u. a. in Ausschüssen/Foren / viele Preise, Werke in Westf. (s. Lit.) / **Lit.: 197-**01

Kinay, Metin (A) / 1955 Istanbul/Türkei- / lebt (2002) in Lünen / Stud.-Dortmund 77-81 FH (Archit) / 81-90 Mitarb.-Büros in Lünen, ab 90 freisch. / Werke = Westf.(s. Lit.) / **Lit.: 197-**97+01

Kindler, Gabi (M/G/D) / 1953 Bochum- / lebt (2005) in Bochum / Stud.-Dortmund 72-77 FHD / s. 84 Lehrt. VHS-Bochum / s. 01 Mitgl. „BBK"-Westf.-Süd in Dortmund / Ausst. u. a. 2001 Lünen (Lüntec), + Westf. / **Lit.: 199-**01(2)

Kindler, Rita (M) / 1960 Münster- / lebt (2006) in Dülmen / 96-98 Fernstud. Akad.-Darmstadt u. ab 03 Ergo- u. Kunsttherapeutinausb. / s. 99 Lehrt./Kurse im Atelier „Spinnerei"-Dülmen / 2000 Gründung u. 1. Vors. der Gruppe „wir" – Arbeitskr. Kunst 2000 – Dülmen / Ausst. u. a. in Coesfeld/Nottuln/Schöppingen, 2002 Ladbergen (Strathwork-Gal), Dülmen (Alte Overberg-schule/Off. Atelier), 04 Nordkirchen (Schloss), Dülmen (Kulturnacht/StattGalerie), 05 Dinslaken (Stadtbibliothek)

Kindt, Otto (A) / 7. 5. 1909 Paderborn- / lebt (73) in Hamburg / Werke u. a. Kirche (53/57) in Rothenburgsort (?) / **Lit.: 219a**

Kingue, Christiane Koum s. Koum Kingue, Christiane

Kintrup, Daniel („GOMIX") (G/M/Ill/Cartoonz/D) / 1972 Coesfeld- / lebt (2004) in Coesfeld / Werbetechnikerausb. u. Weiterb. in DTP u. Webdes., ab 03 freisch. u. selbst. / 94 = 3. Pr. Karikaturwettbew. Rheine / Ausst. u. a. 1994 Rheine/MS-land, 2004 MS (Buchhandlung) / **Lit.:** v. D. K. = Cartoonzeichungen auf Postkarten; In: „Karikaturwettbewerb Münsterland" – Rheine, o.Jhg.(um 94); P. Fietzek/D. K.(Ill): „Immer nur Ekkehart" – GT-Verl., 2004

Kinzius, Eva (K) / 1955 Hagen- / lebt (2004) in Köln / bis 81 Keramikerinausb., Stud.-Aachen 88-91 Akad. f. Gest. im Handw. / 3. Pr. Aachen (Gest.) u. 2000 = 1. Pr. HWK-Köln / Mitgl. „AdK" / Ausst. u. a. in Heerlen-NL/Aachen/Offenburg, 91 Wesel, 95 Köln, 97 Hamm = 3x manu factum, 97 Vaals-NL (Mus), 99 Mönchengladb., 97/2000 Düsseldorf / **Lit.: 48x**-91+95+97

Kipp, Claudia (G/D/Typogr.-in) / 1965 Bielefeld- / lebt s. 99 in Berlin / Stud.-Bielefeld bis 92 FHD / 93-98 in Bamberg tätig / Ausst.-gen in Berlin

Kirch, Christa Maria (B/O/I) / 1950 Schmallenberg- / lebt (2005) in Legden / 95-2000 Stud. IfBKuK-Bo.-Wattenscheid (Bildh) / Mitgl. Gr.-„Welbergener Kreis" u. Gründerin Kv.-„Art-HAUS e.V." / Ausst. u. a. in Hengelo/Enschede/Bad Boekelo-NL/Gronau/Stadtlohn, 1999 A-haus, 2000 Emsdetten (Gal.-MS-land), 01 Mettingen (SkulpTour), 01/04/05 Legden (Atelier-Altes Haus), 02 MS (Akad), Essen (Maschinenhaus), 02-04 Luxor/Alexandria/Kairo-Ägypt., 03 Steinfurt (Sparkasse), MS (Krameramtshaus), Asbeck-Kr. Borken (An der Stiftskirche), 04 Hamm (Mus), 05 H.-Gravenhorst (Kloster) / **Lit.: 52**-2000 + **237**-02+03+05 + In: „Mettinger SkulpTour 2001" – Ausst.-kat. – Mettingen, 2001

Kirchberg, Helga (K/B) / 1940 Nordhorn- / lebt (2005) in Rheda-Wiedenbrück / s. 78 freisch. u. ab 87 eig. Atelier / Mitgl. s. 95 Gr.-„Wir sind .."-Rheda-Wiedenbrück / Ausst. u. a. 1986 Telgte (Mus), + Westf. / **Lit.: 185**-86

Kirchberger, Walter (F) / 1904 Berlin – 1982 Dortmund / Stud. HfBK-Berlin (2 Semester), ab 33 in Paris, s. 57 Dortmund, ab 59 Theaterfotogr. / Ausst. u. a. 1999 MS (Stadtmus), 2001 Dortmund (Mus. f. K. u. K.) / **Lit.: 60a** (Abb. Nr. 171/172) + **202**

Kirchgeorg, Gerhard (M/Z) / 1926 Chemnitz- / lebt (95) in Dortmund / Autodidakt, Beruf: Hochbauing. / Ausst. u. a. in Hemer (Sparkasse), 1991/95 Dortmund (Torhaus/Rathaus), 94 Hemer (Felsenmeer-Mus) / **Lit.: 98a + 242** + G. K.: „Gesehen in Dortmund" / „Prager Impressionen" / „Notizen aus Umbrien und der Toskana" / „Hemer in Skizzen" / alle Verlag A. v. Bonin – Albaum / G. K.: „Dortmunder Bäume" – Selbstverl.-Dortmund, 1985

Kirchhoff, Eva (A/Dipl.-Ing) / 1959 Essen- / lebt (2002) in Dortmund / Stud.-Aachen bis 89 TH / s. 89 tätig b. „Schwill + **B**ergstermann"-Dortmund, 2000/01 Partnerin v. „Bergstermann Architekten" / viele Preise, Werke = N / **Lit.: 197**-01

Kirchhoff, Ludwig (G/M) / NEU: 1913 Iserlohn – 1965 Siegen / lebte in Siegen / (Biografie in Beilage: CD-Ausgabe 2006)

Kirchner, Bernhard (Drechslermeister) / lebt (1965) in Bielefeld / war Lehrt. Wksch-Bielefeld / war Mitgl. „AdK"-NRW / Ausst. u. a. 1957 MS (WL) / **Lit.: 48a + 48x**-51+57+64=erw.

Kirchner, Laurenz (Dr) (M/G/B/D/Karikaturist) / 1957 Münster- / lebt (2005) in MS / NEU: Werke u. a. Dorfplatz Rosendahl-Darfeld, 96 Clemenshospital-MS, 01 Werk f. „Ungeborene" – Waldfriedhof-Lauheide-MS, 02 Feuerwache-MS / (Biografie in Beilage: CD-Ausgabe 2006)

Kirchner, Willy (A) / 20. 11. 1909 Plochingen/Neckar- / lebt (73) in Bielefeld / Werke u. a. Kirche in Bielefeld-West / **Lit.: 219a**

Kirk, Sabine (A) / 1962 Schwelm- / lebt s. 93 in Berlin / Stud.-Essen 84-89 Univ./GH (Landsch.-bau) / s. 93 in Berlin selbst. / zahlr. Wettbew.-Preise, u. a. 91 Lenné-Pr. Berlin, 92 Schinkel-Pr., 93 Landesg.-schau-Oberhausen, 95 Berlin-Mahlsdorf / **Lit.: 216**

Kirmaz, Sevilay (F/D) / 1979 Köln- / lebt (2006) in Dortmund / Stud.-Bonn 98-01 Univ. (u. a.-Kunstg/Franz) u. Dortmund 01-2/06 FHD / versch. Fotopraktiken u. 2000 Assist.-in b. d. Messe-GmbH-Köln (Bildredaktion) / Ausst. u. a. 2004 Dortmund (Atelierhaus-Westf.-hütte/St. Petri-Kirche), Essen (Lohnhalle-Zollverein), 05 Mannheim (Fototage), Neunkirchen-Saar (Stadtgal), Dortmund (FHD), 05/06 Washington/Casablanca/Rabat/Brüssel (Goethe-Institute), 06 Berlin-Friedrichshain (Kommunale Fotogalerie) / **Lit.: 203**-05 + **203f + 203E + 203h**-05

Kirsch, Monika (M) / 1950 (Lüneburger Heide)- / lebt (2005) in Bottrop-Kirchhellen / Modellschneiderinausb., Weiterbild.-Malerei, s. 97 freisch., ab 02 Lehrt.-VHS Bottrop / s. 01 Mitgl. Gr.-„Kunstgem. Bottrop" / Ausst. u. a. Dorsten/Telgte/Bad Driburg/Hattingen/Gelsenkirchen/ Borken/Westerland-Sylt, 2001-04 Bottrop (Kulturzentr), 2000/02/04 Bottrop (Mus), 01/03 Bottrop (Hof Jünger/Sparkassen), 02 Oberhausen (Rathaus), 04 Duisburg (Tausend-Fenster-Haus), Ruhrgebiet (Beteil.-Wanderausst.) / **Lit.: 99a**-2000+02+04 + **99c**-01...04 + **99d**-04

Kirsch, Simone (M) / * 1977 – / lebt (2006) in Dortmund / Stud. Univ.-Dortmund (Kunsttherapie/ Kunsterz) / an versch. Inst.-en als Kunstpäd.-in tätig u. Beteil. an Intern. Workshops / Ausst. u. a. 2005 Düsseldorf (Kunstpalast) / **Lit.: 107**-05

Kirsch, Sönke (D/Vis.-Kommunik) / * 1965 – / lebt (2002) in Dortmund / Stud.-Dortmund 89-94 FHD / s. 96 Büro: Kirsch Kürmann Design"-Dortmund / **Lit.: 205a**-01

Kirschbaum, Anton (Kunstschmiedemeister) / 1879 Münster – 1949 ebd. / Werke u. a. in MS / **Lit.**: In: Detlef Fischer: „Münster von A bis Z" – Aschendorff-Verl.-MS, 2000

Kirschke, Helene (M/G) / 2. 3. 1892 Werdohl – ? / lebte (1930) in Stuttgart / Stud.-München u. Stuttgart Akademien / **Lit.: 25**-3 + **34**-9,2 + **165a**

Kirschner, Aloys (Maurermeister/Steinhauer/Bauunternehmer) / 1800 Arzl/Pitztal in Tirol – 1879 Dülmen / Maurerausb.-München u. Steinh.-ausb. in Würzburg, danach Wanderschaft nach Wien, Ungarn/Bayern u. danach tätig in Havixbeck (Haus Stapel), 1826 = 1. Heirat in Havixbeck, 1834 Gründ. d. Baugeschäfts in Dülmen, welches b. 1954 v. Sohn u. Enkeln weitergeführt wurde, danach „Kirschner KG" / Werke (Baultg.-en) u. a.: 1819-28 Haus Stapel, 1834-44 Schloss Dülmen, Krankenhaus 1849, 1851 Rathaus Recklinghausen, 1863 kath. Kirche Marl / **Lit.**: G.D. + **112a**

Kirschner, Peter (M/G) / 1949 Weißenhorn/Bay.- / lebt (06) in MS / NEU: s. 94 Werkst. in MS u. 2000 eig. Tiefdruckpresse, 01 Stip. „Aldegr.-Ges."-MS / (Biogr. in Beilage: CD-Ausg. 06)

Kiss, Dávid Mária (Mária Jászai-Kiss) (G) / NEU: 4. 2. 1930 Székesfehérvár/Ungarn – 20. 5. 2002 Münster / (Biografie in Beilage: CD-Ausgabe 2006)

Kiyoung, Peik s. Peik, Ki-Young

Klabunde, Petra (F/D) / * 1972 – / lebt (2005) in Bonn / Stud.-Bielefeld 97-02 FHD / Ausst. u. a. 1998 Bielefeld (Pollmeier), 02 Köln (Art Cologne), 04 Bonn (Kv), Glückstadt (Gal.-Freiraum)

Klack-Sielmann, Katrin (Klack, Katrin) (Goldschm.-meisterin/Schmuckgest) / 1973 Wuppertal- / lebt (2005) in Halle/W. / s. 01 eig. Herstell. / Ausst. u. a. 2002/03 Halle/W. (Off. Atelier), 02-04 Halle/W. (Kunstnacht) / **Lit.: 152b**-02+03

Klaholz, Rainer (M/Filmk) / 1952 Werdohl- / lebt (2005) in MS / Stud. Akad.-MS (u. a.-Filmkl) / Auff.-gen u. a. 1990/92 in MS / Ausst. u. a. 2005 Recklinghausen (Kunsthalle), Ingolstadt (Kv) / **Lit.: 196**-90 + **256**

Klapproth, Uwe (Prof) (M) / 1937 Wismar- / lebt (um 60/68) in Gelsenkirchen u. 2003 in Korschenbroich / 56-68 private künstl. Ausb. / 84 Grand Prix Paris (FNdBA), 89 Kü.-austausch Düsseld./Ein Hod, 97 Bundesverd.-kreuz am Bande, ab 99 u. a. Prof./Korresp./Mitgl. d. Accad. Int. Greci Marino / Mitgl. in drei Franz. Institutionen u. 85 Ehrenmitgl. Art et Coleurs, ab 89 Mitg.-„BBK"-Düsseld., 90-93 im Vorst. / Ausst. = N + INT / **Lit.: 79/79b** + **145**-67

Klare, Jan (Perf.-k) (Musiker/Komponist) / 1961 Hagen-Hohenlimburg- / lebt 79-87 in Düsseldorf, ab 87 London, später (2004/06) in MS / s. 79 Musiker (WDR/London/Europa/USA), 91-95 Stip. Evangel. Studienwerk, s. 94 Musikpreise, Literatur- Tanz- u. Theaterprojekte, Stummfilmvertonungen, Konzertinitiator/Kurator, s. 2000 künstl. Ltg. des Real Book Zyklus im Dortmunder Domicil, ab 06 neue Band „1000" / lfd. Konzerte in N/NL + Rundfunk/ Fernsehen, Aktionsbeteil.-en u. a. 1999/2000 in Südwestf. (FrauenKunstForum), 02 Lüdenscheid (Lichtrouten) / **Lit.: 187**

Klare, Ursula (K/Khw) / 1941 Herne- / lebt (2002) in Herne-Wanne-Eickel / s. 85 Tonarbeiten, ab 88 Tonpuppen / Ausst.-bet. s. 1991 an Puppenkü.-Wettbewerben / **Lit.: 142** + **142a**

Klassen, Olga Maria s. Classen, Olga Maria

Klassen, Peter (F/D/O/Aktionsk) (Musiker) / 1951 Hagen- / lebt (2000) in Wuppertal-Elberfeld / Stud.-Wuppertal 68-73 Univ./GH (Vis.-Komm) / tätig als Grafik-Designer u. a. f. Verlage / Ausst. s. 1970, u. a. in Wuppertal / **Lit.: 216**(m. Lit.-ang.)

Klassmeier, Ernst (Orgelbaumeister) / * 1840 – † 1929 / Werkstatt in Kirchheide bei Lemgo / Werke in Lippe / **Lit.**: Internet

Klaus, Paul (M/O) / 1951 Lünen- / lebt (2006) in Düsseldorf / Stud.-Düsseldorf 72-80 Akad., Meisterschüler / s. 81 freisch. u. Lehrt. / Ausst. u. a. in Köln/Waltrop, 1980 MS (Liberales Bild.-werk), Duisburg (Gal.-Schmitz&Becker), 82 Düsseldorf (Kunstmus.-Malhaus), 97-99/ 2001-05 Düsseldorf (Messe/Kunstpalast), 01/05 Hilden (Biennale) / **Lit.: 107**-97...99+01...05

Kleffner-Dirxen, Christa (eigentl.: Kleffner, Christina Gesina Arnolda) (A/Dipl.-Ing) / 2. 1. 1910 Hamm – 16. 8. 2004 Münster / Stud. München+Stuttgart / s. 51 im Büro von Ehemann Eberhard M. **K**leffner in Essen / Werke/Ausst.-gen u. a. s. Ehemann / **Lit.: 219a** + **252**-1 + **251a**-95(S. 29/30) / (Familien-Biografie in Beilage: CD-Ausgabe 2006)

Klegin, Thomas NEU: (Prof) (I/O/D) / 1961 Bochum- / lebt (2005) in Schwerte / NEU: 2000 Stip. Schlesw.-Holst. u. Proj.-förd. NRW, 02 Stip. Künstlerdorf Schöppingen, 02 = 3. Wettbew.-Pr.

Spark.-akad.-MS / Lehrt.: 97-02 FHD-Dortmund, 99 California Inst. of the Arts, 02 Vertret.-prof. FHD-Krefeld, s. 03 dort Prof. / (Biografie in Beilage: CD-Ausgabe 2006)

Kleihues, Jan (A) / 1962 Berlin- / lebt (2002) in Berlin / 82-83 Praktikum im Büro s. Vaters J. P. Kleihues in Dülmen-Rorup, Stud.-Berlin 84-87 HfBK (Archit) / s. 96 in Berlin Büro m. J. P. Kleihues u. N. Hensel / Werke s. Lit. / **(s.=A/E)** / **Lit.**: In: Udo Hesse(Fotogr.) u. a.: „Berlin – Architekten – Portraits" – Wasmuth-Verl.-Tübingen/Berlin, 2000

Kleihues, Josef Paul (Prof) (A/D/Dipl.-Ing) / NEU: 11. 6. 1933 Rheine – 13. 8. 2004 Berlin / NEU: 01 Design-Pr. NRW-Essen, 03 Gold. Medaille Stadt Rheine u. „red dot award"-Essen, 04 Ausz.-BDA: Anerkennung guter Bauten / (Biografie in Beilage: CD-Ausgabe 2006)

Klein, Beatrice (F/D) / lebt (2006) in Dortmund / Stud. FHD-Dortmund / Ausst. u. a. 2003/04 Dortmund (Mus. f. K. u. K./FHD), 04 Essen (Lohnhalle-Zollverein), 05 Mannheim (Fototage), Neunkirchen-Saar (Stadtgal), 05/06 Washington/Casablanca/Rabat/Brüssel (Goethe-Institute), 06 Berlin-Friedrichshain (Kommunale Fotogalerie) / **Lit.: 203E**

Klein, Carmen (M/G) / NEU: 1890 Siegen – 1978 ebd. / war Mitgl. Gr.-„ASK"-Siegen / Ausst. u. a. 1922/24 Siegen (Kv), 28/41 Hagen, 29 MS, 30 Gelsenkirchen, 38 Dortmund (Katharinenkloster), 98 Siegen (ASK) / **Lit.: 8a**-28...30+38 + **34**-9,2 + **97b**-41,2 + **110d**-98

Klein, Dietmar (Buchk.- u. Restaurator) / 1943 Gelsenkirchen- / lebt (2006) in Gelsenkirchen / NEU: Sohn des Heinz **K.** / (Biografie in Beilage: CD-Ausgabe 2006)

Klein, Ernst (A) / * 1950 – / lebt (2003) in Bochum / Stud.-Essen 72-76 Univ/GH u. Dortmund 77-83 Univ. / 84-94 Lehrt. Univ.-Dortmund, ab 85 freiberufl., s. 93 Büro: „Klein + Neubürger"-Bochum / viele Preise, u. a. 88/92/2000/01 = BDA-Preise, Ausz.-ngen: 91 Kölner Arch.-Pr 90, 98 „Arch. + Wohnen" / Mitgl.-„BDA" / Werke u. a. in NRW/N (s. Lit.) / **Lit.: 197**-95+97+01 + **213a**-02

Klein, Heinz (Buchk) / 1906 Recklinghausen – 1975 Gelsenkirchen / NEU: Vater v. Dietmar K. / (Biografie in Beilage: CD-Ausgabe 2006)

Klein, Ludwig / Österr. Maler / * 1896 – ? / war s. 1952 Mitgl. d. Wiener Sezession

Klein, Ludwig (M/A) / NEU: 9. 1. 1905 Düsseldorf – 3. 8. 1974 Dorsten / Stud. Akad.-Düsseldorf (Archit) u. Folkwangsch.-Essen (Malerei) / lebte um 42 in MS u. 49 in Warendorf, später in Dorsten als Architekt tätig / Ausst. u. a. in Münster, 1942 Dortmund (Katharinenkloster), 49 Warendorf (3. MS-landausst), 74 Dorsten (Kreissparkasse), + Westf. / **Lit.: 8a**-42 + In: „3. Münsterländische Kunstausstellung" – Ausst.-blätter – Kreish.-mus.-Warendorf, 1949; „L. K." – Ausst.-kat. – Hg.: Kreissparkasse-Dorsten, 1974

Klein, Nadja Mascha (F/D) / 1979 Köln- / lebt (2004) in Dortmund / Stud.-Dortmund 2000-2/06 FHD / Ausst. u. a. 2004 Dortmund (St. Petri-Kirche) / **Lit.: 203f**

Klein, Petra (M/G/B) / 1957 Siegen- / lebt (2006) in Lünen / Stud. FH-Dortmund (Soz.-arbeit/Objektdes), Grafik-Prakt. b. R. Alff Dortmund u. Stud.-Bergkamen (Malerei/Holzbildh) / tätig Jugendkunstsch. „balou"-Dortmund / ab 02 Mitgl. „BBK-Westf." Dortmund / Ausst. u. a. 2002 Dortmund (Rathaus/Advance-Holding), 03 Bo.-Wattenscheid (Techn.-Zentr), Dortmund (Torhaus/Mus. f. K. u. K.), Attendorn (Rathaus), Witten (Boesner) / **Lit.: 3**-02/03+03(1+2)

Klein, Robert (Prod.-Des) / 1962 Berlin- / lebt (2002) in Lübbecke / 81-82 Bühnenb.-ass. in Hannover, dort 82-84 Tischlerausb., Stud.-MS 84-88 FHD / 89-99 tätig in Selb/Espelkamp/Herdecke/Lahnstein, ab 2000 eig. Büro f. Gest. in Lübbecke / Ausst. u. a. 2002 MS (IHK)

Klein, Volker (F) / 1962 Siegen-Weidenau- / lebt (2005) in Siegen / 79-83 Fotogr.-Ausb., Stud.-München 86 Meisterschule u. Frankfurt./M. 90 FHD (Komm.-wiss.) / ab 89 in Siegen selbst. / Veröffentl.-gen in Fachzeitschr.-ten/Kalendern u. Kultur-Prospekten / **Lit.: 110b + 110c**-04

Klein Altstedde, Gerd (M/O) / 1958 Marl- / lebt (87) in Köln / Stud.-Düsseldorf 82-86 Akad., 85 Meisterschüler / Ausst. u. a. 1986 Marl (Mus) / **Lit.: 230**-86

Kleine, Hans Ewald (M/Z/Bühnenb) / NEU: 15. 7. 1907 Lippstadt – 26. 12. 1935(4) Giessen / Jugendzeit in Barmen, Stud. Akad.-Ostpr. u. Akad.-Düsseldorf / Ausst. u. a. 1933 Kv.-Barmen / **Lit.: 108**-2 + **216**

Kleine, Ralf (B) / 1962 Enger- / lebt s. 83 in Berlin / Stud.-Bielefeld 83-93 FHD (Vis.-Komm/Bildh) / 92 = 1. Wettbew.-Pr. Spenger, 97 Förder-Pr. Herford / öffentl. Werke u. a. im Kr. Herford, in Spenge/Zürich/Wetzikon-Schweiz / Ausst. u. a. in Münster (Kunstkontor-Möllers), 2004/06 Eitorf (Gal.-Incontro)

Kleine Möllhoff, Alfons J. (M/B/Materialb.-k/Lichtinst.-k) / 1951 Gelsenkirchen- / lebt (2006) in MS / 89 erste Objekte, 92 Malerei, 95 Lichtarbeiten, s. 04 Erstellung von „Lichtskulpturen" /

Projekte in N/INT, u. a. Kr. Recklinghausen/Berlin/Österr./NL / Ausst. u. a. in Bottrop/Düsseldorf/Recklinghausen, 2005 MS (Hörsterstr.)

Kleinebrecht, Katja (G/D) / lebt (95) in Dortmund / Stud. FHD-Dortmund (Grafik-Des) / Ausst. u. a. 1992/94 Dortmund (FHD/Mus. f. K. u. K.) / **Lit.: 203b**-2 + **203c**

Kleinert, Hermann (M) / NEU: 1919 Dortmund – 1973 / lebte in Dortmund / Stud.-Dortmund Kgsch u. „Kunstsch.-Tombrock", Privatstudien in Paris / Ausst. in Westf. / **Lit.: 98a + 119**

Kleinewietfeld, Monika (B) / 1963 Rietberg- / lebt (93) in Konstanz / bis 84 Holzbildh.-ausb., u. a. 88 Werkaufenth. in Süddeutschl. u. d. Schweiz, 90 Assisstentin b. B. Kohlbrenner in Zürich, s. 11/91 eig. Atelier in Konstanz / Ausst. u. a. 1992 Konstanz (Rathaus)

Kleinhans, Basilius (B/M) / 1968 Beckum- / lebt (2005) in Sendenhorst u. Günzburg / Sohn des Bernhard **K.** / NEU: Stud.-Wien 92-93 HfaK, 95 Meisterkursus b. W. Weimer (Irrsee) / 94 Bet.-Sympos.-Salzburg, 97 Pr. Euregio-Enschede, 98 Pr. Gold Coast Int.-Sculpt.-Award Australien, später Off-Art Kunst-Pr. Günzburg / Mitgl.: „OFF-ART"-Günzburg, „BBK"-Schwaben-Nord, s. 96 „Kr.-Kv.-B.-Warendorf" / Werke in N (Westf.: u. a. Oelde/Ostbevern) + NL / (Biografie in Beilage: CD-Ausgabe 2006)

Kleinhans, Bernhard (B) / NEU: 17. 4. 1926 Sendenhorst – 22. 10. 2004 ebd. / Vater des Basilius K. / (Biografie in Beilage: CD-Ausgabe 2006)

Kleinhans, Gregor (B) / * 1970 – / lebt (2004) in Sendenhorst / Werke s. 74 / 87 Bischof-Tenhumberg-Pr. Telgte / Ausst.: 1981/83/86-89/91 Telgte (Mus) / **Lit.: 185**-81+83+86...89+91

Kleinjohann, Günter (A) / 13. 10. 1926 Dortmund- / lebt (74) in Trier / 56-59 Mitarb. St. Antonius-Kirche Essen, Werk u. a. Kirche (65/68) in Saarlouis-Roden / **Lit.: 219a**

Kleinschmidt, Rainer (M/Z/F/Plakatk) / 1938 Gelsenkirchen- / lebt (2004) in Gelsenkirchen / Stud. HfBK-Kassel u. Univ./GH (Kunstpäd/Kunstg/Päd/Soz) / 67-81 Lehrt.-Kassel/Rheinhausen/Gelsenkirchen/Dortmund, ab 81 Univ.-Dortmund / Ateliers u. a. in Bordeaux/Paris/New York, s. 96 Gelsenkirchen / ab 84 Mitgl.-„Vest.-KB"-Recklingh. / 87-96 Atelier im Ausland / Ausst. u. a. in Schweden, 2001 Dortmund (Univ), 01/03 Recklinghausen (V.-KB), 01/03/04 Gelsenkirchen (Gal.-Kunstg.-ten/Mus), 02 Ludwigshafen (Mus), + N / **Lit.:** u. a. **3**-91 + **143f** (S. 92) + **145**-60...62+87+89+95+99+03 + **145b + 145E + 188**-01+03 + **212**-(2x88+89)

Kleinsorge, Jutta (M/Z/Perf.-k) / 1963 Lippstadt- / lebt (2003) in MS / Stud.-MS 82-03 PH/ Univ. (Päd/Sport/Kunst) u. 85-03 Akad. / s. 92 Lehrt.-MS / Ausst. u. a. 2002 MS (HBZ), 03 MS (Paulushof/Unicef) / **Lit.: 245**-2000

Kleist, Reinhard NEU: (G/Ill/M/Comicz/Wandm/Filmk) / 1970 Hürth bei Köln- / lebt s. 97 in Berlin / NEU: 96 „Max u. Moritz"-Pr. Comicsalon Erlangen / Werke: Comicbücher, u. a. Cover-Ill.-en, Editionen, Wandmalerei/Bühnendekoration, 06 = Filmprojekt „Mondscheinkinder" / 04 Lehrt. Sommerakad.-Marburg / (Biografie in Beilage: CD-Ausgabe 2006)

Klekawka, Franz (Klewka) (M) / NEU: 1925 Dortmund – 2001 ebd. / lebte in Dortmund / (Biografie in Beilage: CD-Ausgabe 2006)

Klemme, Erika (G/Ill) / 1937 Dortmund- / lebt (2003) in Kamen / Stud. Wksch-Dortmund / Ill.-onen in Bücher/Zeitungen / Ausst. u. a. 1998 Dortmund (Rathaus) / **Lit.: 98a**

Klemp, Julius (A) / lebt (1930) in Dortmund / Büro um 1897-1912 (s.:) „**Schmidtmann** & Klemp" in Dortmund / **Lit.: 34**-9,2 + **146c**

Kleny (A) / um 1908/09 Werk mit (s.:) „**Schmidtmann**" in Herne (Flottmann-Hallen) / **Lit.: 142y**

Klepgen, Matthias (G/u. a.-Holzdruck) / lebt (2005) in MS / siehe **Gruppe**-„Haus Kannen" / Ausst. u. a. 2000/01/05 MS (Haus Kannen) / **Lit.: 93**

Kleschnitzki, Franz-Josef (Dr. phil) (Typograf/Schriftsetzermeister) / 1957 Witten- / lebt (2004) in Witten / Stud.-Bielefeld/Bochum/Frankf.-M. (Phil/Theol) / Presbyter u. Kreissynodalmitgl., ab 86 selbst., s. 91 Büro „Junge & Kleschnitzki – design GbR"-Witten / Mitgl.-„AGD" / **Lit.: 205a**-01+03 +**205y**-04,2

Kleuker, Detlef (Orgelbaumeister) / 4. 7. 1922 Flensburg – 15. 2. 1988 Minden / Jugendzeit in Flensburg, 41-45 Kriegsdienst / 45-47 Orgelbauausb. bei „Kemper&Sohn"-Lübeck, bis 53 dort tätig, 54 Gründung der eig. Orgelbaufirma in Bielefeld-Brackwede, 55 Orgelbaumeister, 86-92 übernahm Orgelbaumeister Siegfried Bäune die Werkstatt / ca. 400 Werke u. a. in Berlin-Schöneberg/Kiel/Saarbrücken/Hamburg/Bad Lippspringe u. Alpe d'Huez-Frankr., Brüssel-Belg., Hongkong-China = N+INT, restaurierte alte Orgeln u. a. in Venezuela / **Lit.: 146c** (erw.)

Klewka, Franz s. Klekawka, Franz

Klich, Ines (M/B/Fotocoll.-k) / 1961 Gelsenkirchen- / lebt (2006) in MS / Atelierausst.-gen m. T.

Kiesewalter 2000/01 in MS-Roxel, danach selbst. in MS + Galerie: Hoyastr. 21, ab 3/04 Gal.-„artig“ – Hörsterstr. 38 / Ausst. u. a. 2000/01 MS-Roxel (Off. Atelier), 01-03 MS (Hoyastr. 21), 02 MS (Büro-Zink: Studtstr. 50), 03 MS-Roxel (Schulzentr), ab 04- MS (Gal.-artig), 05 MS-Roxel (Haus Brock), 06 Telgte (Kornbrennerei-Museum)

Kling, Jürgen (G/F) / 1949 Petershagen- / lebt (84) in Neuss u. Düsseldorf / Autodidakt / ab 69 Fotografie / Ausst.-gen s. 1979 in NRW / **Lit.: 79a**

Kling, Ursula (K) / 1935 Attendorn- / lebt (2006) in Soest / 52-55 Tischlerausb., Stud.-Krefeld 55-58 Wksch, Abt. Bau u. Raum, Weiterbild. VHS-Soest / 94 Lehrt./Kurse, 96/97 Workshopbeteil. in Frankr. u. vor 03 Seminare in Giessen / 94 Gründungsmitgl. „Forum Keramik“ – Beckum / Ausst.-en s. 1996, u. a. in Soest/Wadersloh/Oelde

Klingemann, Stefanie (Steffi) (F/O/I) / 1977 Moers- / lebt (2006) in Köln / Stud.-MS 99-2/06 Akad., 04 Meisterschülerin / 02 Förder-Pr. Akad.-MS, 03 Erasmus-Stip. Genf/Schweiz, 04 Workshopbeteil. Villa Romana-Florenz, 05 = 1. Int. Kunst-Pr. Eupen-Belgien u. 2. Pr. „Muse heute“ – Bremen / Ausst. u. a. 2002 MS (Halle Am Hawerkamp), 03 Emsdetten (Gal.-MS-land), MS (Innenstadt), Leipzig (Kunstraum B2), Florenz (Villa Romana(K), Vevey/Schweiz, 04 Meran-It.(K), Rheine-Bentlage (Kloster), Oberhausen (Kv), MS (Tunnel-Hindenburgplatz/Stadtmus), Barcelona-Sp.(K), Herford (MARTa Lounge), Istanbul-Türkei (Akad), 05 Dordrecht-NL, Lleida/Tarragona/Girona-Spanien, Köln (Fuhrwerkswaage(K), Eupen-Belg.(K), MS (Raum f. akt. Kunst=Wolbeckerstr. 59), Lingen (Kunsthalle), 05/06 Bremen (Kunsthalle/Stadtgal(K) / **Lit.: 82b + 229-**03 + **229a-**04 + **231b+c + 243a + 246-**04(1+2)+05 + K = Katalog

Klingenberg / Firma „Gebrüder Klingenberg“ 1862 gegr. in Detmold / Herstellung u. a. von Lithos/ Illustr.-en/Sammelbildern/Postkarten/Plakaten/Etiketten/Kartonagen/Kalender/Kunstdrucke/Fototapeten / ab 1969 Übernahme durch die Firma „Gundlach KG“, ab 1992 weiterer Betrieb in Leipzig u. Ende der Produktion in Detmold, 2002 auch in Berlin(?) / zum 125 jähr. Jubiläum = Ausst. 1992 Detmold (Lipp.-LM) / **Lit.:** Vera Scheef/Imke Tappe: „125 Jahre Gebr. Klingenberg“ – Von der Zigarrenbanderole zur Fototapete – Ausst.-kat. – Lipp.-LM – Detmold, 1992 // **Wilhelm** (Buchbinder) / Lebensdaten nicht bek. / am 28. 12. 1865 Gründung einer Buch- Kunst- u. Musikalienhandlung in Detmold (später: Gebr. Klingenberg GmbH), ab 16. 5. 1871 eig. Geschäft, 1876-1883 Hofbuchhandlung, 1878 Erweiterung der Druckerei / s. 1886 mehrere Teilhaber u. Gesch.-führer, 1959 wurde Alex Hofmann (Gesch.-ltg.) das Bundesverd.-kreuz verliehen / **August** / * 26. 4. 1835 – ? / s. 1866 Prokurist in der Firma u. 1877-94 Gesellschafter.

Klinger, Judith (Filmk) / 1963 Münster- / lebt (95) in München / Stud.-Hamburg 82-87 Univ. (mitt.-alt-Lit) u. München 87-95 HfF u. Fernsehen / s. 88 Filme m. David Jaszai / **Lit.: 196-**94

Klinke, Susanne (T/O/I) / NEU: * 1960 – / lebt (2005) in MS / s. 99 Lehrerin u. ab 02 auch Lehrt.-Kunstschule „Zwischenzeitraum“-MS / (Biografie in Beilage: CD-Ausgabe 2006)

Klinkhammer, Hans (Goldschm.-u. a.) / lebt (2005) in Münster / ab 59 Ausb. bei Ursula **B**ach-Wild u. Tätigk. bis 72 bei „**O**sthues“ in MS, 72-05 eig. Werkst./Galerie / war 14 Jahre Obermeister der Goldschm.-Innung in MS, s. 87 Fachmitgl. der „DGG“, 10 Jahre Präsident der „Deutschen Goldschmiede“ u. Mitgl. des Meisterprüfungsausschusses / 97 Goldmedaille 10. Benvenuto-Cellini-Wettbew. Idar-Oberstein / Ausst.: 1997 Münster (Stadtmuseum)

Klipstein, Gabriele (auch: Feuchtinger-Klipstein odre Nafisa Klipstein) (M/K) / 1946 Heidenheim- / lebt bis 88 in Dortmund, danach Lüneburg / Ausb.-Töpferin, Stud. Wksch.-MS, FH für Keramik-Landshut, 68 Meisterprüfung u. Stud.-Karlsruhe 72-78 Akad. / 78-79 Stip.-DAAD f. London / Ausst. u. a. 1995 Dortmund (Rathaus), 2003 Lüneburg (H.-Heine-Haus), 04 Dortmund (Kunsthaus am Tierpark), + N / **Lit.: 98a + 102-**83(Feuchtinger-Klipstein) **+ 120b-**86

Klockenkämper, Irmgard (Khw/B/T) / NEU: 1928 Gelsenkirchen- / lebt (2006) in Steinf.-Borghorst / Werke s. um 60 / 05 Bischof-Tenhumberg-Pr. Telgte / Ausst. u. a. 1981-85/88-2002/05 Telgte (Mus), 04 Ochtrop (Töpfereimuseum) / **Lit.: 185-**81...85+88...91+95...2000+02+05

Klockenkämper, Michael (G/D/I/O/Wandgestaltung) / 1958 Steinfurt- / lebt (2002) in Langenfeld / Stud.-Bielefeld 76-84 FHD u. Wien 84-(86?) Akad., Meisterschüler / ab 86 freisch. / Werke in N/Belgien u. d. Schweiz / Ausst. u. a. 2001 Ennepetal (Kluterthöhle), 05 Bielefeld (CSB-Technik/Severin-Berufskolleg) / **Lit.: 209-**01

Klötzer, Gunter (F/D) / 1968 Naumburg/Saale- / lebt (2003) in Bielefeld / 85-91 Werkzeugmacherausbild./Tätigk., 91-93 Stud. Fachsch. f. Umweltschutztechn. u. 96-99 FHD-Bielefeld (F/D) / Lehrt. FHD-Bielefeld u. Mitbegr. Fotoagentur „Signum“ / Ausst. u. a. 1998/2000 Bielefeld (Pollmeier/Ferdis Pinte/Gummi-Kalmann), 2000 Herford (MARTa), 05 Mannheim (Fototage) + N

Kloiber, Jeeva Silvia (M/Z) (Lyrikerin) / 1963 München- / lebt (2004) in Bielefeld / Autodidaktin / Ausst. u. a. 1992 Bielefeld (Café-Rav.-Spinnerei), 2000- Bielefeld/OWL (Archiv), 03 Bielefeld (Q-Tour) / **Lit.: 192**-01+03+04

Kloidt, Josef (B) / 1931 Borgentreich- / lebt (2001) in Sassenberg / Beruf war Schreiner, Werke s. 65 / 88 Bischof-Tenhumberg-Pr. Telgte / Ausst. u. a. 1975-97/2000 Telgte (Mus) / **Lit.: 185**-75...91 +95...97+2000

Klomp, Johann Franz(iskus) (A/Dipl.-Ing) / 1865 Den Haag/NL – 1946 Kamp Bornhofen / Zimmermannsausb., Stud.-Hannover 1883-1888 TH / danach in Dresden/Hannover tätig, s. 1893 Büro in Hannover-Waldhausen, ab 1898(96) in Dortmund, dort s. 1903 eig. Büro / Werke in Dortmund = Kirchen u. a.: Dreifaltigkeits-, Franziskaner-, Liboriuskirche, St. Maria Heimsuchung, St. Barbara, St. Elisabeth in Bochum, Kirche in Rheine, ab 1920 Werke in N/NL/Luxemburg/Polen/Brasilien/Südafrika = über 200 Objekte bek., 3000 Zeichnungen s. im Archiv d. TU-Berlin, dazu in Dortmund/Paderborn / **Lit.:** D.K.-Teil 1+2 + **146b+c** + **173**(S. 76) + **120a**-3 + **252**-1 + Dorothea Kluge: „Die Parrkirche St. Ida ..." – ab S. 169 – in: „Heilige Ida von Herzfeld 980-1980" – Festschrift – MS, 1980

Klopietz, Franz (M/G/Z/B) / NEU: 1908 Wien – 30. 3. 2003 Emsdetten / (Biografie in Beilage)

Kloppenburg, Antonius (B/O/I/D) / 1957 Paderborn- / lebt (2005) in Paderborn / Metallhandwerkausb., Stud.-Kassel 83-90 Univ./GH (Industriedes) / Wettbew.-Preise: 93 Ministerium f. Bildung u. 97 = 1. Pr. Kunstv.-Höchstädt / freisch., s. 92 künstl. tätig / Projektbeteil.: 97 MS/ Hamm, 2000 „start-up"-Wettbew., 01 Konzept zur Grossskulptur „Läufer IV", 02 Einladung z. 4. Saarl.-Pfälz.-en Kunst-Pr., 03 Beteil. Wettbew. „Seetor" – Dresden u. „Paderbank" – Paderborn, 04/05 Beteil. an Schülerveranst.-gen – Paderborn u. Kurator von Kunstmessen in Herford/Lemgo / Ausst. u. a. 1992 Stuttgart/Frankf.-M. (Design), 97 München (Eigenart), 98-2000 Hamburg (Schloss Reinbeck), 02 Bielefeld (Hochbunker), 04 Herford/Lemgo (Messe) / **Lit.:** In: „artist-window" – 9.-12. Ausg. – Bremen, 1997/98

Klose, Karl-Franz (F) / 1897 Glatz/Schlesien – 1984 / lebte ab 1975 in Bad Driburg / s. 28 fr. Mitarbeiter an Illustrierten/Zeitungen, 40-44 in Breslau tätig, 49-70 in Münster, war 49-65 bei der Westf. Landesbildstelle tätig, viele Bildbände / Ausst. u. a. 2003 (Stadtmuseum)

Kloss, Maike (M/G/D) / 1971 Herne- / lebt (2006) in Berlin / NEU: Stud.-MS 92-99 FHD (Vis. Komm) u. Akad. 95-2/02, 99 Meisterschülerin / 99 Förderer-Pr. Akad.-MS u. 2000 Europa-Stip. Akad.-MS, 03 Stip. Wangerland (Künstlerhaus Hooksiel) / 04-05 Lehrt. UdK-Berlin / (Biografie in Beilage: CD-Ausgabe 2006)

Kloss, Mischa (D/B/Bühnenb) / 1962 Dortmund- / lebt (2006) in Dortmund / Designer u. Bühnenbildner, s. 90 freisch. Bildhauer / ab 04 Mitgl. „BBK-Westf." Dortmund / Ausst. u. a. in Dortmund/Jena/Bochum/Kiel/Hamburg/Hagen/Lüttich/Köln/Herne, 04 Castrop-Rauxel (Rathaus), 05 Bad Sassendorf (Gradierwerk), 05 Herne (Archäol.-Mus) / **Lit.: 3**-04(1)+05(1+3)

Kloster, Claudia (A/Dipl.-Ing) / lebt (2004) in Coesfeld) / Büro: „Wolters Partner Arch.-ten BDA . Stadtplaner"-Coesfeld / 99 Ausz.-BDA (IBA Emscher-Park) / Werke in NRW / **Lit.: 197**-01 + **251**-05

Klotz, Barbara (M/Z) / 1951 Schwelm- / lebt (2004) in Schwelm / s. um 72 künstl. tätig, Weiterb. Peter Opalka, Leif Skoglöf, Hiltr. Meusel u. Seminare im Kunstzentr. Bosener Mühle im Saarland / Ausst. u. a. in Wuppertal u. Südwestf. / **Lit.:** Internet

Klünder, Elisabeth (M/B/Khw) / * 1954 – / lebt (2002) in Steinfurt / Weiterb.-kurse in Steinfurt/ MS u. Steinmetzkurs in Havixbeck / Ausst. u. a. 1992 Gronau (Rathaus), 96-2001 Steinfurt (Altes Rathaus/Sparkasse/Leinenmarkt), 98-2001Telgte (Mus) / **Lit.: 185**-98...2000 + **206**-01

Kluge, Angelika (Khw) / 1921 Berlin- / lebt (90) in Greven / war bis 84 Lehrt.-Greven / Werke s. 70 / Ausst. u. a. 1980-83/85-90 Telgte (Mus) / **Lit.: 185**-80...83+85...90

Klumpp, Katharina Anna (M) / * 1984 – / lebt (2002) in Steinfurt / Weiterb.-kurse um 1993/ 2001 in Steinfurt u. MS / Ausst. u. a. 2001 Steinfurt (Sparkasse) / **Lit.: 206**-01

Klute, Lothar (B) / NEU: 1946 Schmallenberg- / lebt (um 72/76) in Niedermarpe/Oberkirchen-Sauerland u. (95/04) in Schmallenberg-Niedermarpe / (Biografie in Beilage: CD-Ausgabe 06)

Klute, Maximilian (Max) (Metallgest) / 1977 Schmallenberg- / lebt (98) in Schmallenberg / (Biografie in Beilage: CD-Ausgabe 2006)

Klute, Wolfgang (B/O/Glask/Khw) / 1950 Schmallenberg- / lebt (2004) in Niedersorpe bei Schmallenberg / Industriekaufm.-ausb., Stud. Wksch-Aachen (Industriedes) u. Praktiken in

Glashütten, danach freisch. / Werk u. a. in Wickede/Ruhr / Ausst.-gen u. a. in Wien/Nürnberg/ Ansbach/MS/Duisburg/Schmallenberg / **Lit.: 27**-1 + **112d** (S. 42)

Kluxen, Christoph (G/D/Filmk) / 1972 Leverkusen- / lebt (2005) in Dortmund / Stud.: 93-95 FoSfG-Köln, 96-03 FHD-Dortmund (Vis.-Komm) / 2000-03 Tutor FH-Dortmund, zahlr. Praktika, Entwürfe/Mitarbeit an versch. Projekten in Berlin/Kiel/Magdeburg u. NRW / Ausst. u. a. Wanderausst.-beteil: D.-Studentenwerk (Plakatwettbew), 2004 Frankf.-M. (Buchmesse)

Knaack, Selma (M/Z) / 1966 Carsamba b. Samson/Türkei- / lebt (2003) in Minden / Autodidaktin / Ausst. u. a. 2002 Minden (Off. Atelier), Bielefeld (Hotel Mercure), 03 Obernkirchen (Sparkasse) / **Lit.: 152a**-02

Knabe, Klaus-Peter (M/Z/Industriedes) / * 1941 – / lebt (2006) in Dortmund / Stud.-Kassel 64-68 Wksch/KH (Ind.-des) / 68-98 Designer in Konstanz/Siegen u. Dortmund, 87 Design-Pr. NRW / ab 98 freisch.-der Maler / Ausst. u. a. in Dortmund, 2004 Dortmund (Off. Atelier) / **Lit.: 120c**-04 + **205**-97erw.

Knäbel, Andreas (M/G) / 1961 Hagen/W.- / lebt s. 93 in Berlin / Stud.-MS 82-84 FHD (Vis.-Komm), Berlin 84-89 HdK (Vis.-Komm), Meisterschüler u. 93 Computergrafikausb. / s. 93 Mitgl. Ateliergem. „Milchhof e.V." – Berlin / Ausst. u. a. in Bovenden-Rodetal/Bremen/Maubeuge-Fr. u. s. 1992 lfd. in Berlin

Knapp, Christof (B/O/I) / 1973 Osnabrück- / lebt (2006) in Frechen / Stud.-Siegen 93-99 Univ.-GH (Päd./Kunst/Franz) / 97 Förder-Pr. des IHC-Südwestf. / Lehrt.: 2000-02 Siegen, 02-04 Köln, ab 04 in Wiehl u. KIK-Köln / Ausst. u. a. 1997-99 Siegen (IHK/Gal.-Kleine/Stadtgal/ ESG-Gal), 2003 Köln-Deutz (Kunstwerk e.V.), 04 Frechen (Kv), Köln-Mülheim, 04/05 Düsseldorf (Kunstpalast), 05 Brühl (Gal. am Schloss), Neuwied (Kreismus), Köln (art fair/Gal.-Benninger) / **Lit.: 107**-04+05 + **110b** + „C. K.: Plastische Arbeiten" – CD-Rom-Katalog

Knappert, Regina (M) / 1953 Bad Salzuflen- / lebt (2004) in Oerlinghausen / Stud.-Bielefeld 72-75 PH (Kunstpäd) / s. 76 Lehrt., ab 99 Weiterbild.-Lage/Lippe b. Inge König-Gausepohl / ab 2000 Mitgl. Gr.-„Mal vier"-Oerlinghausen, s. 01 eig. Atelier / Ausst. u. a. in Augustdorf (Bürgerhaus), Bad Salzuflen (Kurgastzentr/Sparkasse-Schötmar), Lage (Technikum), Herford (KunstWerk), Oerlinghausen (Bürgerhaus), 1998 Detmold (Neues Kunstquartier), 99 Bad Salzuflen („Das Fachwerk"), 2001-04 Oerlinghausen (Off. Atelier), 04 Detmold (Kreishaus) / **Lit.: 132a**-01...04

Knecht, Anja (F/Klang- u. Videok) / 1965 Hattingen- / lebt (2005) in Berlin / 84-86 Buchhändlerinausb., Assistenzen b. Fotografen, 87 Fotopraktikum Folkw.-Mus. Essen, ab 87 Tanzausbild. in Essen/Düsseldorf/Berlin, Stud.: 88 GH-Kassel (Fotogr/Vis.-Komm) u. 89-95 HdK-Berlin (Vis.-Komm/Bild.-Kunst/Musik), 95 Meisterschülerin / s. 90 viele Stip.-n, u. a. für Italien/Paris/China/Japan/Finnland/Berlin/Ahrenshoop/Schloss Plüschow u. Beteil.-en an Workshops / 95 Lehrt. Filmakad. Beijing-China, ab 2000 in Berlin tätig, dort s. 01 Lehrt. Jugendkunstsch.-Berlin-Mitte u. bei „DIE REHA e.V.", ab 03 beim Landesjugendamt-Mitte (u. a. Medienpädagog.-Ltg.) / Ausst.-en/Auff.-en in N+INT = siehe Internet

Kneer s. auch **A**ngenendt – Westf. Fotografenfamilie

Kneer, Agnes (F) / um 1900 in Hamm/W. tätig / Tochter v. Norbert **K.** / **Lit.: 60a** (S. 55)

Kneer, Christiane (F) / Tochter v. Norbert **K.**, siehe = **A**ngenendt, Christiane

Kneer, Norbert (F) / 1819 – 1896 / Beruf: Lithograf / ab 1845 Fotoatelier in Hamm/W. / Ausst. u. a. 1987/99 MS (WL/Stadtmus) / **Lit.: 26**-Nachtrag(Bd. 1 = s. **A**ngenendt) + **60a** (S. 54/213) + **215**-6 + **215a** (S. 51) + In: „Angenendt" – Eine Fotografenfamilie – S. 7 – Heidelberg, 1996

Kneffel, Karin NEU: (Prof) (M) / 1957 Marl- / lebt (2005) in Düsseldorf u. Bremen / 95 Lehrt.-Augsburg, 98 Gastprof. HfK-Bremen, 2000 Gastprof. Akad.-Reykjavik-Isl. u. Prof. HfK-Bremen / (Biografie in Beilage: CD-Ausgabe 2006)

Knehans, Brigitte (M/G) / 1954 Bad Rothenfelde- / lebt s. 82 in Bielefeld / 72 Erzieherin-Ausb. u. tätig in Bremen / 82 Stud.-Bielefeld FofG (Ill), 98 Weiterb.-Köln (Kunstpäd), s. 99 Lehrt. u. freisch. / Ausst. u. a. 2000-04 Bielefeld (Off. Atelier), 2000- Bielefeld/OWL (Archiv), 01 Detmold (Arbeitsamt), 01/05 Bielefeld (WDR-Studio/Bestattung-Noller&Ziebell), + OWL / **Lit.: 152**-2000...04 + **192**-01

Kneidl, Franziska (M) / 1967 Bochum- / lebt (2004) in Frankfurt/M. / 88-91 Theatermalerinausb. Kammerspiele München u. Stud.-Frankf./M. 92-98 HfBK (Städel) / Ausst. u. a. 2001/02 München (Gal.-Pfefferle) / **Lit.:** Internet

Knell, Ludwig (M/G) / NEU: 1913 Neftenbach/Schweiz – 1999 / lebte in Beckum / (Biografie in Beilage: CD-Ausgabe 2006)

Knes, Heinz Peter (F/D) / 1969 Gmünden/Main- / lebt (97) in Köln u. Dortmund / Stud. 93-nach 96 FHD-Dortmund / Ausst. u. a. 1996 Wuppertal, Dortmund (Mus. f. K. u. K.) / **Lit.: 203-**96

Knickenberg, Hannes (= M. H. Knickenberg) (A/Stadtplaner) / lebt (2005) in Soest / bis 71 Stud. Univ.-Stuttgart u. IIT-Chicago / 71-75+83-90 Lehrt.-Univ.-Stuttgart, ab 75 Übernahme des Büros s. Vaters in Soest, ab 84 Zus.-arbeit m. Werner H. **H**ille / erfolgr. Wettbew.-beteil.-n = N / Werke u. a. Stadthalle Kamen, Kirchen in Westf. u. St. Josef in Kiel / Mitgl. „BDA" / **Lit.: 213a-**99(Beteil.)

Knickenberg, Nicolaus (Ing/Geometer) / um 1633-1658 in Westf. tätig / **Lit.: 215-**6

Knickenberg, Ute (M/Z/Innenarchit.-in) / NEU: 1940 Suttgart- / lebt (2006) in Soest / Stud.-Krefeld 57-62 Wksch (Innenarch) / s. 83 freisch. in Soest, Studien- u. Arb.-aufenthalte = N + INT / Ausst. u. a. in Uden-NL, 2001/05 Soest (Wilh.-Morgner-Haus), 02 Dinker (Gal.-Pallas-Verlag), 04 Hamm (Mus), + Westf. / **Lit.: 100-**88+98+05 **+ 139a + 190**

Kniefeld, Relindis (Pseudon.: „Raglintha") (M/G) / 1951 Schwelm- / lebt s. 71 in Wuppertal u. ab 99 in Saarbrücken / Autodidaktin / Ausst. s. 1993, u. a. in Wuppertal / **Lit.: 216**

Kniehase, Hans-Friedrich (F) (Autor) / lebt (2004) in Wetter/Ruhr / Stud.-Univ. (Geogr) / 98 Autor = Buch über Wetter/Ruhr / Ausst. u. a. 2001 Wetter/R. (Stadtsparkasse) / **Lit.:** H.-F. K.: „Industrielle Entwicklung" – Ausst.-kat. – Stadtsparkasse Wetter, 2001

Kniel, Christoph (F/D) / 1976 Essen- / lebt (2006) in Dortmund / Stud.-Dortmund 99-2/06 FHD / Ausst. u. a. 2002/06 Dortmund (Phönixgelände/Mus. am Ostwall), 04 Chemnitz, 05 München (IHK) / **Lit.: 203d + 203h-**05

Knierim, Elisabeth (B/Khw) / 1937 Bad Hersfeld- / lebt (88) in Marsberg/W. / Werke s. 78 / 86 Bischof-Tenhumberg-Pr. Telgte / Ausst. u. a. 1986/87 Telgte (Mus) / **Lit.: 185-**86+87

Knies, Reginald = NEU (Ricky) (F/Konzeptk) / 1946 Würzburg- / lebt (2005) in Essen / NEU: Stud.-Kassel 86-88 GH (Kunst), MS 88-92 Akad. / Ausst. u. a. in Menden/Saarbrücken/Schöppingen/Lünen, 1993 Ahlen (Kv), 97 Mülheim-R., 2006 Essen („Deu Bau") / **Lit.: 140-**92 **+ 169 + 256**

Knobbe, Paul (A) / 2. 1. 1867 Ayssehnen/Ostpr. – 4. 4. 1956 Essen / Stud.-(Berlin)-Charlottenburg 1887-1890 TH / in Berlin tätig, ab 1896 freisch., 1901-06 Ltg. Büro der Gelsenkirchener Bergbau AG, ab 1906 Essen selbst., Zus.-arbeit m. Karl Nordmann / Werke = N, u. a. in Essen (u. a. 1899-1903 = 3 Bankhäuser+Kirche), 1898-1906 Dortmund (Zechenbauten: Zollern/Hansa/Westhausen), 01-03 Arbeitersiedlung Dortm.-Bövinghausen u. 1910/12 Fabrik in Duisburg / war Mitgl. „Archit.-Verein"-Berlin, „BDA" u. „Ruhrl. Archit.- u. Ing.-Verein"-Essen / **Lit: 34-**8,2+9,2 **+ 197b-**84 + „Architektur-Ausstellung der Ortsgruppe Essen des BDA" – Ausst.-kat. – Museum Stadt Essen, 1908; Karin Holthaus: „Architekturführer Zeche Zollern 2/4" – Verl.-Klartext – Essen, 2004

Knobling, Eve (M) / 1951 Münster- / lebt (2005) in Ellingen b. Koblenz / Stud.-Aachen 70-72 Wksch, 78-84 Mitarbeit Kunsttherap.-kum München, 84-86 Maltherapeutinausb., Weiterbild. 99-02 Gr. Artefact-Bonn u. Europ.-Akad.-Trier / s. 99 freisch., Lehrt. in eig. Werkst. / Ausst. u. a. 1998/99 Bochum, 2001 Ellingen (Aktionsmalerei), 02/03 Dortmund (Kunstraum-KavaDo)

Knoche = „Knoche Partner Architekten", Büro in Münster: Michael Knoche, Daniel Knoche u. Berthold Ellertmann / Werke u. a. in MS (s. Lit.) / Ausst. u. a. 1988 MS (WL), 2004 MS-Coerde (Speicherstadt) / **Lit.: 197-**01 **+ 251a-**88+94+04 // **Michael Knoche** (A) / 1936 Münster- / lebt (2005) in MS / Tischler/Maurerausb., danach Zeichner, s. 65 selbst. / viele Werke u. a. in MS / **Lit.:** M. K. = „Im Bau" – MS, 2001; „Im Stadtbild von Münster Akzente gesetzt" – Architekt M. K. wird 65 Jahre alt – „WN" v. 30. 4. 2001

Knollmann, Gerhard (F) / 1946 Spenge- / lebt (2005) in Enger / s. 98 Mitgl. Gr.-„Das Fachwerk"-Bad Salzuflen / Lehrt. (Workshops/Kurse) / Ausst. u. a. 1997/99/2000 Voiron-Frankr., 2000/05 Bad Salzuflen (Das Fachwerk), 01 Oerlinghausen/Bielefeld, 02 Bad Salzuflen (Sparkasse), Istanbul/Yalova-Türkei, 03 Bielefeld (Brackwede-Kunstpavillon/JAB Anstötz), + NRW/INT / **Lit.: 131-**03

Knop, Markus (F/D) / * 1969- / lebt (2005) in Köln / Fotodesignausb. IfBKK-Bo.-Wattenscheid / eig. Fotogalerie in Köln-Sülz / Ausst. u. a. 2005 Haltern (Altes Rathaus)

Knopf, Edith (M) / 1932 Krombach- / lebt (2005) in Kreuztal / Weiterb. VHS-Kreuztal/Olpe/Siegen, Sommerakad.-Lissingen u. Kurse b. bek. Künstlern in Siegen / Ausst. s. 1983 in Südwestf., u. a. 1992 Dortmund-Hohensyburg, 95 Meßkirch, 2000/01 Siegen (Fliednerheim), 2000-Neuhausen/Baden (Praxis-Seeger) / **Lit.: 110b + 110c-**04

Knorr, Inge (Ingeborg) (M) / * 1963 – / lebt (96) in Sprockhövel / Ausst. in Wuppertal / **Lit.: 216**

Knorr-Kleine, Annegret (M) / * 1947 – / lebt (2004) in Mönchengladbach / Stud.-MS 66-69 PH (Kunst/Päd) / 71-2000 Lehrt. / Atelier m. Hans W. Knorr (* 1951) / Ausst.-gen s. 1973

Knorr-Sehnert, Elisabeth (M) / 1949 Schwelm- / lebt (2004) in Schwelm / Stud.-Düsseldorf 73-80 Akad. / 01 Stip. Bundesakad.-Wolfenbüttel / Ausst. u. a. 1998-2000 Schwelm (Fabrikgal.-Knorr), 99 Sprockhövel (Rathaus), Wetter (Bürgerhaus), 2000/03 Schwelm (Haus Martfeld= Kv/Rathaus), 01 Menden (Bauhütte=Kv), Ennepetal (Haus Ennepetal), Wolfenbüttel (Kornspeicher=UB), 01/02 Wuppertal (Hist.-Stadthalle/BBK), 03 Herne (Gal.-Kunstantin), Hemer („Keuco"), Wuppertal-Barmen (Kunsthalle), Altena (Stadtgal) / **Lit.: 187**

Knott, Martin (Videok) / 1975 Telgte- / lebt (2004) in MS / Stud.-MS 96-03 Inst. f. Musikpäd. u. 99-05 Akad.-MS, 03 Meisterschüler / bis 04: 15 Videofilme u. über 10x Film- u. Theatermusik / Ausst. u. a. 1999/2001 MS (Halle Hawerkamp/Stadtmus), 01 Detmold (Freilichtmus), Karlsruhe (BDG), 02 Bonn (Frauenmus), 04 Osnabrück (Media Art Festival), Oberhausen (Kv), Enschede-NL, 04-05 Marl/Bremen/Lüdenscheid (Video-Kunstpr.-Ausst.) / **Lit.: 61**-04

Knüppel-Roennenberg, Adolf W. (Knüppel, Adolph) (B/O/I/M/G/F/A/Proj.-k) / 1933 Ehringen b. Kassel- / lebt (2006) in MS / NEU: Werke in MS / Aktionen/Inst.-en in MS: 1996 (Aktion-Schlaundenkmale), 96+97 (Install. f. Droste-Ges.-MS), 98-02 (**A**ktion: Hist.-Gehwegplatten/ Friedens-**P**roj.-Rathaus-Innenhof/**P**roj.-Weltfriedenshaus/**P**roj.-Gievenbeck/**A**ktion-Jahreswechsel/**P**roj.-Mühlenhof/Wiedertäufer-Installation-Prinzipalmarkt-Nr.29/41+St. Joseph-Kinderhaus), 02 (Stadtprojekte), + N/INT / (Biografie in Beilage: CD-Ausgabe 2006)

Koblenzer, Dagobert („Dago") (Dago Dagobert K.) (M/B/F) / * in Stubendorf- / lebt s. 90 in Siegen / Autodidakt / Ausst. u. a. 1998/2000 Siegen (Haus Seel), 2000 Siegen (Gal.-Mommen/ Kv.: Haus Oranienstr.) / **Lit.: 110c**-04

Koch, Andreas (A/Dipl.-Ing) / * 1963 – / s. Büro: „**R**auh ° Damm ° Stiller ° Partner"-Hattingen

Koch, Barbara (M) / 1951 Troisdorf- / lebt (84) in Braunschweig / **L**it.: 4-Hannover

Koch, Barbara (M/O/Materialb.-k) / 1967 Wuppertal- / lebte in Florenz u. s. 95 in Dortmund / ab 90 Weiterb. Künstlerhaus-Dortmund, Stud.-Dortmund 95-04 FHD (Grafik-Des/Malerei), 97 Gast Acc. di belle Arti Mailand / 2000 Förder-Pr. „Junge-Kunst"-Hamm / s. 2000 Mitgl. „Vest.-KB"-Recklinghausen / Ausst. u. a. 2000 Dortmund (DASA), Hamm (Mus), 01 Köln (Kulturbunker), Berlin (Bunker-Blochplatz), Dülmen (Kv), 01/03 Herne (Gal.-Kunstantin), Recklinghausen (KB), 02 Hattingen (Stadtgal), Lüneburg (Kv), Stuttgart (Atelierhaus-Filderstr), Doetinchen-NL (Int.-Messe), 03 Bytom-Polen (Gal.-Kronika), 04 Gelsenkirchen (Kv), Dortmund (Off. Atelier), 05 Düsseldorf (Kunstpalast), + NRW/N / **Lit.: 107**-05 + **120c**-04 + **188**-01+03 + **188a** + **216** + „B. K." – Die Farbe Rot – Ausst.-kat. – Hg.: Stadt-Hamm, 2000; In: „Eins von Hundert" – Edition – Nr. 53 – Verl.-Fabry-Köln, 2001

Koch, Beate (M/Z) / 1963 Schwelm- / lebt (2004) in Schwelm / Beruf: DTP-Operator/Multimedia-Des.-in / s. 85 künstl. tätig / Workshop-Ltg.-en u. Lehrt. VHS-Schwelm / s. 98 Mitgl. „FrauenKunstforum"-Hagen, ab 99 Gr.-„Kunstraum"-Ennepetal / Ausst. u. a. in Dortmund/Hagen/Wuppertal/Herne/Sprockhövel/England, 1989/94/97/02/03 Schwelm (2xAtelier/Produz.-gal/Haus Martfeld/Kreishaus), 2001 Gevelsberg (Rathaus), Hattingen (Henrichshütte), 04 Ennepetal (2xAktionen: Kunstraum) / **Lit.: 209**-04 + **211**-2000+02

Koch, Benita s. Koch-Otte, Benita

Koch, Christian (F/G/D) / 1969 Dortmund- / lebt (2005) in Dortmund / Stud. FHD-Dortmund u. Ausb.-Mediengest. / Mitgl. Agentur „Raumkunst"-Dortmund / Ausst. u. a. 2005 Dortmund (Kunst- u. Designtage), + In virtuelle Kunstgalerie „Raumkunst" – 2005

Koch, Dorothea (F/D) / * 1956 – / lebt (95) in Dortmund / Stud.-Würzburg 76-82 Univ. (Sport/ Rom) u. Dortmund 82-90 FHD / s. 90 freibrufl. tätig, „Foto Design Team Goll & Koch"-Dortmund, m. Petra Goll / **Lit.: 205**-94

Koch, Friedrich-Wilhelm (M/Z) / 1929 Arnsberg- / lebt s. 58 im Haus Kannen in Münster = s. Gr.-„Haus Kannen"-MS / NEU: Stud. Univ.-München (Jura) / s. 84 Malerei / (Biografie in Beilage: CD-Ausgabe 2006)

Koch, Gabriele (Gaby) (M/G) / NEU: 1959 Szczytno/Polen(Ortelsburg-Ostpr.)- / lebt (2003) in MS / Stud. PH-MS (Kunst/Deutsch) / Ausst. u. a. in MS (KKM), Bocholt/Dortmund, 2001-03 MS (Off. Atelier) / **Lit.: 16**-91+93

Koch, Heinrich (G/Z/B/M) / 1947 Mönchengladbach- / lebt (2002) in Mönchengl. u. Bochum / 64-67 Fotogravurzeichnerausb., 69-74 Stud. Akad.-Düsseldorf, 74 Meisterschüler / s. 89 künstl.

Ltg. (Bereich Bild. Kunst) Mus. Zentrum Univ.-Bochum / Ausst. u. a. 1993 Rottweil(Katalog), 94 Recklinghausen (WKB), 95 Mönchengladbach (St. Vitus), 2001 Bochum (Mus), Frankf.-M./Hamburg/Berlin (Museen f. Kommunik), + INT / **Lit.: 86**-94 + **186** + In: „Auf leerem Grund“ – Bochumer Profile – Mus.-Bochum, 2001

Koch, Jörg (O/I/M) / 1963 Bielefeld- / lebt (2003) in Remscheid / 84-93 Stud.-MS u. Düsseldorf Akad.-mien, Meisterschüler in Düsseldorf, 93-95 Univ.-Düsseld. (Phil/Medienwiss) / 93 Stip. Akad.-Düsseld. f. Paris / Ausst. u. a. in Köln/Hannover/Prag, 1988 Herne (Mus), 98/01 Solingen (Mus), 2000 Gevelsberg (Skulptur-Workshop), 2000/01 Düsseldorf (2xMesse/Gal.-CO 10), 02 Witten (Zeche Nachtigall), Wuppertal (Mus) / **Lit.: 79b** + **107**-2000+01 + **209**-02

Koch, Jürgen (A/Dipl.-Ing) / 1953 Münster- / lebt (98) in Düsseldorf / 74-80 Stud. TU-Berlin u. TH-Aachen / 77-90 Mitarb.-Büros in Coesfeld/MS/Köln u. s. 83 in Düsseldorf, ab 92 eig. Büro / s. 87 Mitgl./Mitarb. in Fördervereinen (s. Lit.) / Werke in N (S. Lit.) / **Lit.: 197**-97

Koch, M. (F/O/M/Materialb.-k) / 1956 Velbert- / lebt (2005) in Netphen / 91-96 Ausb. Fotogr./ Zeichnen/Malen in Siegen/Duisburg/Worpswede, 97-99 a. d. Europ. Akad.-Trier / Mitgl. in „Cultura – Frauenforum“-Siegen / Ausst. u. a. 1993 Herne (Klinik), 2000 Finnentrop (Firma Freiburg), 01 Arnsberg (Handw.-k), 02 Reichshof (Kunstkabinett Hespert), 02/03 Siegen (Projekt: Art-Baustelle/Atelier&Kunstforum), + Südwestf. / **Lit.: 110b** + **110c**-04 + **187** + In: „Positionen“ – Gal. im Uhrturm – Dierdorf, 1998

Koch, Petra (M) / 1956 Recklinghausen- / lebt (87) in Düsseldorf / Stud.-MS 76-80 Univ. (Span/Portug) u. Düsseldorf 81-86 Akad. / Ausst. u. a. 1986 Nordhorn (Kloster Frenswegen), + NRW / **Lit.:** In: „2. Maler-Symposion 1986“ – Nordhorn

Koch, Sigrid (A) / 1960 Gütersloh- / lebt (98) in Herford / Stud.-Berlin (Archit) / danach tätig in Berlin u. London, s. 96 Büro „Koch + Petrzika“-Herford / Werke s. Lit. / **Lit.: 197**-97

Koch, Thomas (B) / 1963 Brannenburg- / lebt (2004) in Lübbecke / Holzbildh.-ausb., tätig als Steinmetz, 99 Steinmetz- u. Steinbildh.-meisterprüfung / 99 Silbermedaille Buga-Magdeburg / Ausst./Projekte u. a. 2002/04 Kr. Minden-Lübbecke (LandArt-Festival), 03/04 Espelkamp (Naturgarten), 04 Stemwede-Niefermehnen (Hof Wasels)

Koch, Ulrich (M/G) / 1941 Rinteln- / lebt (82/2000) in Halle/W. / 63-66 Stud. / eig. Werkstatt, war Lehrt. u. Mitgl. „BBK“-OWL / Ausst. u. a. in Enkhuizen/Alkmaar/Haarlem-NL, Goslar, 1975/81 Bielefeld (Kunsthalle), 79-81 Bielefeld (Stadtbibl), + OWL / **Lit.: 115c** + **124**-75+81

Koch, Ulrich (M) / 1962 Reutlingen- / lebt (91) in Pfullingen / Lit.: 107a-90

Koch-Suwelack, Julia (M/G/Ill) (u. a. Lyrik) / 1921 Billerbeck- / lebt (2005) in Havixbeck / NEU: **Lit.:** 2x J. K.-S.: „Streusand auf alten Schriften“ – Roman – Agenda-Verl.-MS, 2002 + „Fluchtwege 1945“ – Agenda-Verl.-MS, 2004; Dr. A. Lorenczuk: „J. K.-S.“ – Übersicht über ihr Gesamtwerk – Ausst.-kat. – Sandsteinmus.-Havixbeck, 2004

Kock, Gerd de (M/Ill) / 1963 Bottrop- / lebt (2005) in Bottrop / Innenarchit.-stud. / s. 89 Illustrator u. Lehrt. (Airbrush) / s. 91 Mitgl. Gr.-„Kunstgem. Bottrop“, 93 Mitbegr. Interessengem. „Airheads“, s. 93 = 4x Wettbew.-Preise f. „Meister der Spritzpistole“ / s. 93 Verlag „Graffiti Art Promotion“ / Ausst. u. a. in Oberhausen/Castrop-Rauxel/Mülheim/Essen/Dortmund, Bottrop (Sparkasse/Hof Jünger/Finanzamt/St. Martinskirche/Kulturzentrum) / **Lit.: 99c**-2000

Kock, Ingrid (K/B/F) / 1932 Herten- / lebt (2002) in MS / Werke 75 bis um 90 / ab 80 mit Ehemann Weltreisen, dazu 2002 DIA-Vorträge in MS / Ausst. u. a. 1979-88 Telgte (Mus), 89 Havixbeck (Rathaus) / **Lit.: 185**-79...88 + in „WN“-MS v. 11. 1. 2002

Koczÿ, Rosemarie (Coll.-k/Z/M) / 1939 Recklinghausen- / lebt (2001) in New York u. i. d. Schweiz / Stud.-Genf 59-65 Kunsthochsch. / s. 84 in USA / Ausst. = N/INT / **(s.=A/E)** / **Lit.: 186** + In: „Künstlerverzeichnis der Schweiz 1980-1990“ – Frauenfeld, 1991

Köbberling, Folke (erw.) siehe **B**urbaum, Claudia u. **K**altwasser, Martin

Köchermann, Jan (O/I) / 1967 Lüdenscheid- / lebt (2001) in Hamburg / Ausst. u. a. 2000 Dortmund (Künstlerhaus), 2001 Recklinghausen (Kunsth) / **Lit.: 46**-01

Kögel, Annette (M/Z) / 1966 Letmathe b. Iserlohn- / lebt (2006) in Werdohl / bis 88 Stud.-Betriebswirtin, 99 Weiterb. bei bek. Künstlerinnen, Stud.-Bo.-Wattenscheid 2000-05 IfBKuK, Meisterschülerin, 03-06 Weiterbild. Europ. Akad.-Trier / Mitgl. „FrauenKunstForum“-Südwestf. / Ausst. u. a. 2001 Hemer, 02 Nachrodt-Wiblingwerde, 03 Altena (Krankenhaus), 04 Lüdenscheid (Gal.-bella Arte), Herne (Gal.-Kunstantin), 05 Neuenrade (Park d. Villa a. Wall)

Köhler, Andreas (Metalllgest/Kunstgießer/Dipl.-Ing) / * 1969 – / lebt (2006) in Erndtebrück /

Gießereimechanikerausb.-Buschhütte u. Stud. Fachsch. f. Technik-Siegen (Fertigungstechn) u. Ausb. zum Dipl.-Ing. (Gießereitechnik) FH Giessen-Friedberg / Kunstgießerei „Köhler u. Göbel GbR“ in Erndtebrück (Thomas **G**öbel) / **Lit.: 110c**-04

Koehler, Joachim (A) / 1959 Meinerzhagen/Sauerl.- / lebt s. 93 in Wuppertal-Barmen / Stud.-Wuppertal 80-88 Univ./GH (Archit) / s. 93 eig. Büro / Werke in NRW/Berlin/Brandenburg (s. Lit.) / **Lit.: 216** + In: „Architekten-Almanach Wuppertal“ – 1997

Köhling, Silke (M) / 1975 Paderborn- / lebt (2002) in Paderborn / 94-? Stud. Univ./GH-Paderborn (Kunst) u. Univ.-Bielefeld (Biol) / 98 Stip. f. Galway-Mayo-Inst. Irland, ab 99 Lehrt. VHS-Paderborn / Ausst. u. a. 1998/99 Paderborn (u. a.-Alibizar/Kunstsilo), 99 Civitella d' Angliano/It., 2000 Paderborn (Schloss/Auenpark), 2000/01 Paderborn (CDU-Kr.-Gesch.-stelle)

Köhn, Andrea (M/I) / 1959 Nienburg/Weser- / lebt s. 87 in Bielefeld / NEU: Stud.-Univ.-n Braunschweig/Kiel/MS (Kunstg/Phil/Germ), 89-91 Weiterb. in Sommerakad.-n / 91 Mitbegr./Mitgl. Gr.-„ABANICO“-Bielefeld, 92 Gr. „Verein Int.-Kü.“-Bielefeld u. ab 03 „BBK“-OWL + Mitbegr. Gr.-„FLAXX“-Bielefeld / ab 2000 Lehrt.-Bielefeld, 03 auch Rödinghausen / (Biografie in Beilage: CD-Ausgabe 2006)

Kölking, Birgit (Glask) / 1964 Raesfeld-Erle- / lebt (2006) in Raesfeld / Kunstglaserinausb. Glasfachsch.-Rheinbach / war tätig in Bocholt, s. 87 selbst. / Mitgl. Gr.-„Kim“-Borken / Ausst. u. a. in Borken/Raesfeld/Oeding/Soest/Stadtlohn, 2005 Borken (Stadtmus), 06 Südlohn (Atelier Templin-Kirz) / **Lit.: 141a**

Köller, Walter (M/B/O) / * 1934 im Münsterland- / lebt (2005) in Borken / Mitbegr. u. war Mitgl. Gr.-„Hamalandkreis“, Mitgl. u. NEU: bis 01 Vors. Gr.-„Kim“-Borken u. Mitgl. „Sektion Kunst“ Univ.-Dortmund e.V. / (Biografie in Beilage: CD-Ausgabe 2006)

Kölsche, Friedrich Wilhelm (F. W.) (A) / * 1922 – / Bauassessor um 60/64 in Dortmund / Werke u. a. Kirchen in Castrop-Rauxel/Lüdenscheid/Hamm b. Marl / **Lit.: 112ca + 146c + 219a**

Könemann, Ingrid (M/Materialb.-k) / 1935 Allenstein/Ostpr.- / lebt (2005) in Oerlinghausen / s. 88 künstl. tätig / Ausst. u. a. 2001/02/05 Oerlinghausen (Off. Atelier), 02 Detmold (Kreishaus) / **Lit.: 132a**-01+02+05

Köner, Thomas (I/Klang- Perf.- u. Medienk) (Electronicmusiker) / 1965 Bochum- / lebt (2005) in Dortmund / Stud. 86-91 CEM-Studio Arnhem-NL (elektr. Musik) u. 87-92 Musikhochsch.-Dortmund / 92-94 Filmton-Ing., danach Zus.-arb. u. a. m. Jürgen **R**eble, Yann Beauvis, Max Eastley, Andy Mellwig / 04 „Golden Nica“-Pr. Linz-Öst. u. „WDR Produktions-Pr.“ = Klangkunst-Pr.-Marl / Lehrt.: 98 Fujisawa-Japan, 99 Taipei, 2000 Univ.-Beijing, 02 Villa Arsin-Nice / Ausst./Auff.-gen u. a. 1992-95/98/01-03 Paris, 97 MS (Filmfestival), 99 Graz, 2000 Beijing (Workshop/Loft Club), 01 Rostock/Lissabon/Rotterdam, 02 Baden-Baden/Venedig/Amsterdam/Minneapolis, Frankf.-M. (Kunsthalle), 03 Montreal, 04 New Zealand, Stuttgart/Fribourg, Linz-Öst. (Ars Electronica), Marl (Mus), 04/05 Dortmund (Phönixhalle) / **Lit.: 61a**-04

König, Bernhard (Kunstschmied) / 1857 – 1906 / war in Attendorn als Schmiedemeister tätig / Ausst. u. a. 1981 Attendorn (Kreisheimatmus) / **Lit.:** In: „Schmiedekunst u. Schmiedehandwerk im Kreis Olpe“ – Ausst.-kat. – S. 42 – Kreisheimatmus.-Attendorn, 1981

König, G. (Z) / Ansichten v. Herne um 1875 im Mus.-Herne (dort Ausst. 1999) / **Lit.: 143a+b**

König, Helga (K/M/B/O) / 1937 Witten- / lebt (2006) in Witten u. Dortmund / NEU: s. 03 künstl. Ltg. Stadtgal.-Herdecke / (Biografie in Beilage: CD-Ausgabe 2006)

König, Johann (Kunstschlosser) / 23. 12. 1817 Dünschede – 11/1873 Attendorn / 1843 auf Wanderschaft, Schlossermeister, nach s. Tod übernahm Sohn Bernhard die Werkstatt / **Lit.:** J. K.: „Grundriss der Schlosserkunst“ – mit Bildatlas – Attendorn, 1. Aufl. – 1849, 4. Aufl. 1864; In: „Schmiedekunst u. Schmiedehandwerk im Kreis Olpe“ – S. 10 – Attendorn, 1981

König, Ralf (Ralph) (Cartoonist) / NEU: 8. 8. 1960 Soest- / lebt (2001) in Dortmund / Schreinerausb./Berufsaufbausch.-Dortmund u. Stud.-Düsseldorf 81-86 Akad. / 06 Max und Moritz-Spezial-Pr. Erlangen / Ausst. = N / **Lit.: 163 + 186** (Anh.) + v. R. K. bis 99 über 17 Bücher, u. a. „Lyisistrata“ = um 1990 ARD-Fernsehauff.-en

König, Sandra (M/G/D) / 1968 Kreuztal-Kredenbach- / lebt (2005) in Kreuztal / 88-92 Stud.-Rhein-Sieg Kunst-Akad., 99-2000 Schule f. Bild. Kunst in Siegen-Weidenau / Ausst. u. a. 2001 Kreuztal (Gelbe Villa), Siegen (Forum-Oranienstr), + Südwestf. / **Lit.: 110b + 110c**-04

Königs, Jürgen (Prof) (M/G/F) / 1943 Bergisch Gladbach- / lebt (2005) in Kreuztal u. in Frankr. / NEU: 72-76 Lehrt., 76-03 Prof. Univ./GH-Siegen / (Biografie in Beilage: CD-Ausgabe 2006)

Köntopp, Werner (F) / 1927 Gelsenkirchen- / lebt (2006) in Herne / NEU: Berufsausb./Tätigk., Weiterb. u. a. 52 b. Prof. W. Hege – Frankf.-M. (Assistent) u. 57 Ausb. bei „Agfa"-Leverkusen / 06 Ausz. „Emscherproj.-Ruhrgebiet" / Lehrt.-VHS: 63-83 Gelsenkirchen, 71-96 Herne u. 72-97 Herten / s. 92 Mitgl. Gr.-„Unser Fritz" in Künstlerzeche „Unser Fritz 2/3" – Herne-Wanne / Ausst. s. 1953, u. a. jährl. Herne-Wanne-Eickel (Off. Atelier), 1999/2002 Herne (Zeche Unser Fritz 2/3), 05 Herne (Haus am grünen Ring/Flottm.-Hallen), 06 Gelsenkirchen (Wissenschafts-park), Holzwickede (Emscherquellhof), + Westf. / **Lit.: 142+142a+143-05+143d+143f**

Koepcke, Klaus (Prof. e.h.) (Ing./Geheimrat) / 28. 10. 1831 Borstel/Hannover – 21. 11. 1911 Dresden / Eisenbahn- u. Brückenbau / tätig in Hannover/Berlin/Dresden / **Lit.:** Internet

Köpke, Klaus (Prof) (A) / 1939 Göttingen- / lebt (2004) in Bielefeld / Stud.-München 59-64 TU / 65-70 Berlin, danach in Bielefeld tätig (u. a. 69-76 Arch.-gem.-Univ.-Bielefeld, u. a. m. Prof. Peter Kulka, Köln, Wolf Siepmann-Berlin + 79-89 m. Prof. Katte Töpper-Bielefeld) / s. 83 Prof. FH-Bochum, ab 89 Büro: „Köpke"-Bielefeld / Wettbew.-Preise, u. a. 1. Pr. 69 Bielefeld, 79 BDA-Pr. OWL, 81 1. Rang – Poroton-Pr. 81 / Werke in OWL + N (s. Lit.) / **Lit.: 197-**95+97+01 + **197d** (S. 42+44)

Köppel, Brigitte (K) / 1949 Herne- / lebt (2004) in Pulheim-Braunweiler / Praktikum b. Chr. Humpert-Bochum u. Stud. Wksch-MS, Meisterprüfung / s. 71 selbst. / Mitgl. u. Ausst.-gen Gr.-„AKK"-Köln u. Gr.-„GEDOK" / Ausst. u. a. in Tasmanien/Australien, 1995 Köln (manu factum), + NRW / **Lit.: 48x**-95

Köppeler, Bettina (M) / 1963 Lünen- / lebt (2002) in Dortmund / 82-86 Stud.-MS (Kunst), 86-89 Goldschm.-ausb. u. Stud.-Bochum 91-95 Univ. (Kunstg/Musikwiss) / s. 96 Atelier in Dortmund / ab 01 Mitgl. „BBK"-Westf.-Süd Dortmund / Ausst. s. 1990, u. a. 2001 Lünen (Lüntec), + NRW / **Lit.: 199**-01 (2)

Körber, Ekkehard (Holzgest) / 1958 Wolfen- / lebt s. 97 in Berlin / nach Abitur in Berlin: 81-84 Drechslerausb.-Bielefeld, 88 Meisterschule, 90 Meisterkurs- Prüfung b. Prof. Böckelmann – Hildesheim / Mitgl. „AdK"-OWL / Ausst. u. a. 1987 Düsseldorf (manu factum), 2001 Kunsatsu-Jap. (Gal.-Kiraku), + OWL/N / **Lit.: 48x**-87

Koerdt, Christel (O/I) / 1955 Rünthe- / lebt (2005) in Dortmund / NEU: 2000 Kunst-Pr. „Vest.-KB"-Recklinghausen / Mitgl.-„WKB" / 02/03 Lehrt. FHD-Dortmund / (Biografie in Beilage)

Körner, Dietmar (M/Z) / 1940 Bocholt- / lebt (2003) in Meschede / Autodidaktische Weiterb. / Ausst. u. a. in Meschede u. Warstein / **Lit.: 232**

Körner, Gabriele (Gabriele-B.) (F) / 1954 Herne- / lebt (2006) in Düsseldorf / Ausb. FoSfG-Dortmund, Prakt. Städt. Bühnen-Dortmund (Malersaal), 2 Sem. Stud. Hochsch. f. Musik u. Darst. Kunst-Graz u. Akad.-Düsseldorf, Meisterschülerin (Nam June Paik) / Ausst. u. a. 2005 Düsseldorf (Kunstpalast), + N / **Lit.: 79b + 107**-05

Köster, Ernst (B/M/Z) / * 1959 – / lebt (2002) in Meschede / Steinmetz/Restaur.-ausb., Stud.-MS (Akad), danach freisch. / ab 02 Lehrt.-Kunstschule „Zwischenzeitraum"-MS / Ausst. = N/INT / In: „Zwischenzeitraum" – Veranstalt.-gsprogramme der Werkstatt für Kunst – MS, 2002+03

Köster, Matthias (M/G) / 1961 Detmold- / lebt (2002) in Düsseldorf / Stud.-Düsseldorf 82-88 Akad., 87 Meisterschüler / 88-89 DAAD-Stip. f. New York / 92-97 Lehrt. HfBK-Braunschweig / Ausst. u. a. in Santiago-Chile/Bassano del Grappa, Witten (Mus), 1997 Velb.-Langenberg (Kunsthaus), 99 Wesel (Stadtgal), 2000 Oberhausen (Transp.-halle), 02 Detmold (Lipp.-LM), 03 Gladbeck (Stadtgal), + N / **Lit.: 26a**-05 + „M. K." – Ausst.-kat. – Märk.-Mus.-Witten, 1998; „M. K." – Ausst.-kat. – LLM-Detmold, 2002

Köster, Vera (F) / 1970 Bochum- / lebt (2005) in Bielefeld / Stud. Univ.-Bielefeld, 03 Promotion (Chemie) / Autodidaktin / 97 Fotowettbew.-Pr. „Lichtwerk" Bielefeld / Ausst. u. a. 1999 Grafschaft Bentheim, 2000- Bielefeld/OWL (Archiv), 2000 Bielefeld („Gummi-Kalmann"/Tor 6), 2000-03 Bielefeld (Off. Atelier), 01 Bad.-Baden (Kunsthalle), 01-03 Bielefeld (Gal. 61), 02/03 Petershagen (Stadtgal), 03 Düsseldorf (Gal. plan.d.), Bielefeld (Gal.-n-Messe), Düsseldorf (Produz.-gal.-plan.d.), 05 Bielefeld (Gal.-61), + OWL / **Lit.: 152**-2000...03 + **192**-01

Köster, Volker (Filmk) / * 1966 – / lebt (91) in Oberhausen / Stud.-Dortmund ab 87 FHD / s. 89 eig. Filme / Auff. u. a. 1990 in MS / **Lit.: 196**-90

Kösters, Bernd (M/G/Z/Ill) (A/Dipl.-Ing) / NEU: 20. 7. 1911 Münster – 6. 4. 2003 / lebte in MS / (Biografie in Beilage: CD-Ausgabe 2006)

Kösters, Ludger (A) / 29. 4. 1914 Neuenkirchen/Westmünsterl.- / lebt (80) in Köln / Werke u. a.

Kirchen in Dortmund/Köln/Düsseldorf/Essen/Bedburg/Frechen-Buschbell/Mülh.-Ruhr/Rheine / **Lit.: 219a+c+d** + erw. in „Ars Sacra 64“ + „Ars Sacra 75“ – Köln, 1964+1975

Köthe, Jan (B/D/Kunstschlosser- schmied) / 1965 Bonn- / lebt (2006) in Dortmund / 91-92 Kunstschlosser/Schmiedausb.-MS, 92-93 FHfG-Dortmund u. Stud.-Dortmund 93-99 FHD (Produktdes) / s. 01 Mitgl. „BBK“-Westf.-Süd Dortmund / Ausst. u. a. 1993 München, 94-97/ 99 Dortmund (Industr.-halle/3xAtelier/Gal.-Uniewski), 2000 Wetter (Gut Schede), Remscheid (Thyssen-Krupp), 01 Lünen (Lüntec), 06 MS (Gal.-König), Dortmund (Gal. ART-isotope) / **Lit.: 199**-01(2)

Kötter, Horst (M) / 1930 Duisburg- / lebt (2006) in Ennepetal / Stud.-Köln 50-55 Univ. (Phil/ Germ/His/Kunstg) / 55-73 Lehrt., 73-92 Ltg.-Gymn.-Ennepetal / ab 97 Malerei m. Dresdner Philharmonie / ab 2000 Mitgl. „BBK-Westf.“ Dortmund / Ausst. u. a. 1998/99/01 Dresden (Kunsthalle/Leonardi-Mus), 99 Eisenach, 02/03/05 Bo.-Wattenscheid (Technol.-Zentr), 02 Dortmund (Rathaus), 03 Attendorn (Rathaus), + N / **Lit.: 3**-02+02/03+05(2)

Kötter, Nicole (M/Schmuckgest) / * 1971 – / lebt (2006) in Dortmund / 92-93 Schmuckgest.-Praktikum, Stud.-Idar-Oberstein 93-98 FH, Köln 99-01 Int. School of Design u. Dortmund ab 03 Univ. (Kunst/Päd/Gest) / Ausst. u. a. 2004 Dortmund (KwARTier)

Koger, Nathalie (O/I/Film- u. Klanginst.-k) / 1978 Oberkirch/Baden-Württ.- / lebt (2005) in MS / Stud.-MS ab 99 Akad. u. 01/02 Univ. of Brighton-GB / 01 Tim&Struppi-Pr. Kl. Timm Ulrichs / Ausst. u. a. 2002 Brighton-GB (Univ), Tecklenburg (Kreish.-haus), München (Domagkatelier), 03 Laer (Stadtmitte), MS (Akad), Warendorf (Theater am Wall), 03/04 Bergkamen (Zeche Haus Aden/Stadtgal), 04 Bad Oeynhausen (VHS), Dortmund (Künstlerhaus), 05 Recklinghausen (Kunsthalle), Ingolstadt (Kv), MS (Innenstadt) / **Lit.: 69**-02 + **256+a**

Kohl, Karin NEU: s. Hilmar, Karin

Kohlem, Horst (B) / NEU: 1945 Damme- / lebt (2002) in Karlsruhe / nach Schulzeit in Vechta: Stud.-Karlsruhe 68-73 HfBK / 73 Stip. Studienstiftung d. Volk / Lehrt. ab 78-? FHD-MS / Ausst. u. a. in Bochum / **Lit.: 15 + 148**-73 + **194a**

Kohler, Andreas (F/D) / * 1978 – / lebt (2006) in Dortmund / Stud. HfG-Zürich u. bis 2/06 FHD-Dortmund / 05 Bester Künstler u. in Beste Klasse (Dortmund) = Epson art photo award / Ausst. u. a. in Zürich (HGKZ), 2002/03 Dortmund (FHD/Phoenixhalle), 2005 Köln (Art Cologne) / **Lit.: 203**-03 + **203d**

Kohler, Bruno (M/Z/Bodypainting) (Lyriker) / 1962 Wil b. St. Gallen/Schweiz- / lebt (2005) in Dortmund / Stud.-Univ.-n 83-92 Chur-Schw. u. MS (ev. Theol) / ab 85 in Westf., s. 93 Lehrt.-Dortmund, u. a. Tanz/Körpertheater / Mitgl. „BBK“-Westf.-Süd Dortmund / Ausst. = Westf.

Kohlhaase, Ellen (M) / 1966 Münster- / lebt (2001) in Kassel/Wuppertal/Hofgeismar / Stud.-Stuttgart 86-87 Freie Kunstsch., Kassel 87-92 HfbK (Vis. Komm) u. 90-95 (Freie Kunst) / ab 95 freisch. / Ausst. u. a. in Kassel/Korbach, 2001 Hildesheim (SEB-AG), + N / **Lit.: 225**

Kohlmüller, Anne (M/Z/B) / 1949 Arnsberg- / lebt (93) in Hessen / Autodidaktin / Mitgl. „Kulturkreis Reinheim“ / Ausst. u. a. im Atelier, 1989 Brilon (Rathaus), + Hessen / **Lit.: 27**-3

Kohlschein, Edmund Anton (M) / NEU: 31. 5. 1900 Düsseldorf – 15. 5. 1996 Düsseldorf / s.: Joseph **K.** d. Ä. / Stud. Akad.-Düsseldorf / war u. a. Mitgl. u. Ehrenmitgl. im Düsseldorfer „Malkasten“ / Ausst. u. a. 1997 Warburg, + N / **Lit.: 1**-6+**34**-9,2+**53+ 97b**-41,2+**107**-37+40+60+66+88+92

Kohlschein, Hans (Prof) (M) / 5. 3. 1879 Düsseldorf – 28. 12. 1948 Warburg / s.: Joseph **K.** d. Ä. / NEU: Stud.-Düsseldorf 1893-1904 Akad. / 1903 = 1. Pr. Stiftung-Freskomalerei, 13 gold. Preuss.-Staatsmedaille / 15-18 Kriegsmaler, 17 Ernennung z. Prof., 18 außerord. Mitgl. der Akad.-Düsseldorf, dort 20-26 Lehrt. / Werke = N/INT (40-45 viele Werke zerstört) / Ausst. u. a. 1998 Warburg (Mus), + N / **Lit.:** u. a. **24**-21+**25**-3+**34**-8,2+9,2+**107**-37+40+**108**-2 (Todesort = falsch)

Kohlschein, Joseph d. Ä. (Prof) (M/G) / 17. 9. 1841 Warburg – 29. 3. 1915 Düsseldorf / Vater v. **H**ans, **J**osef d. J. u. **E**dmund Anton K. / Stud.-Düsseldorf 1865-70 Akad. / NEU: Lehrt. Akad.-Düsseldorf / Ausz.: 1883 Österr. Staatsmedaille u. Goldmedaille = Vatikan, 84 Ernennung zum Prof., 85 Goldmedaille Antwerpen / Ausst. u. a. 1991 Warburg (Mus), + N / **Lit.: 24**-21

Kohlschein, Josef d. J. (M) / 8. 4. 1884 Düsseldorf – 17. 10. 1958 Neuss / s.: Joseph **K.** d. Ä. / NEU: Goldschm.-ausb. u. Stud.-Kgsch+Akad. Düsseldorf / Ausst. u. a. 1989 Warburg (Mus), + N / **Lit.: 34**-8,2+9,2 + **107**-37+40+60(Sonderausst.) + **108**-2

Kohmanns, Birthe (F/D/Filmk) / lebt (2006) in Köln / Stud.-Dortmund bis 04 FHD / m. Markus Schmäing Büro „„Sehmoment“ in Köln / Ausst./Auff.-en u. a. 2002/04 Dortmund (Phönixgelände/FHD), 05 Bochum (Filmfestival), 06 Stuttgart (W.-Kv) / **Lit.: 203d + 203E**

Kohorst, Leo (Franziskanerbruder) (B/M/Khw) / 1929 Steinfeld/Oldenburg- / lebt (83) in Werl, später (90/2000) in Hamburg / Malermeister, malt künstl. s. 70 / Ausst. u. a. 1975/82/83/90-2001 Telgte (Mus) / **Lit.: 185**-75+82+83+90+91+95...2000

Kohring-Kieselbach, Anneliese (M/G/Ill) / lebt um 1968 in (Bielefeld)-Brackwede / viele Ill.-en in Büchern (lt. Internet) / war Mitgl. „BBK"-OWL / **Lit.: 1**-5Anhang(erw.) + **124**-86Anhang

Kohrs, H. Jürgen (M/Z/B/O/Materialb.-k) / 1964 Geseke- / lebt (2005) in Paderborn / Steinbildh.-ausb. in Paderborn u. Geseke, Stud. GH/Univ.-Paderborn (Kunst/Deutsch) / Ausst. u. a. 1998 Bielefeld (Gal.-Artists Unlimited), 99 Paderborn (Techno-Park), 2002-05 Paderborn (Off. Atelier) / **Lit.: 101b**-02+03(=Raum f. Kunst)+04+05

Kokot, Conny (Goldschm/Schmuckdes) / 1967 Hohenlimburg b. Hagen- / lebt (2004) in Hagen / Ausb. Goldschm.-schule Pforzheim u. Edelsteinausb. Idar-Oberstein / s. 95 eig. Atelier / Mitgl. „AdK"-Südwestf. / Ausst. u. a. 1992 Göttingen (Kunsthaus), 93 Düsseldorf (Art Prom.), 94 Raadhuys-NL, 99 Solingen (manu factum), 2000/01 Frankf.-M., 03 Bochum (Messe), 04 Köln (Gürzenich), Bielefeld (Atelier Cl. Höfer), + N / **Lit.: 48c**-99+03 + **48x**-99

Kolb, Rüdiger (Computergrafiker) / 1963 Siegen- / lebt (2005) in Siegen / s. 96 künstl. tätig / Ausst. u. a. Mainz (ZDF), 2003 Köln (Talent Network Media GmbH) / **Lit.: 110c**-04

Kolbus, Heike (M/B) / * 1971 – / lebt (2005) in Detmold / Steinbildh.-ausb., Stud.-Paderborn ab 94 Univ./GH (Kunst/Päd/Geschichte) / s. 97 Lehrt./Kurse / Ausst. u. a. in Brakel/Detmold/Paderborn, 2000 Bielefeld (Beteil.-Symposion), 2000/01 Detmold (Off. Atelier), 02/03 Paderborn (Atelier 2) / **Lit.: 101b**-02+03(Atelier 2) + **132a**-2000+01

Kolder, Sandra (M/K) / 1972 Aachen- / lebt (2003) in MS / Stud. Univ.-MS (Jura) / s. 01 Mitgl. Gr. „T.U.N. Arb.-kr. Kunst 83"-MS / Ausst. s. 1999, u. a. seit 01 s. Gr. „T.U.N" / **Lit.: 126a**

Kolendowicz, Georg (A) / * 1952 – / lebt (2002) in Dortmund / Stud. GH-Essen (Archit) / um 94-98 im Büro: „Prof. Gerber & Partner"-Dortmund, ab 98 eig. Büro (s. Lit.) / **Lit.: 197**-95+97

Kollhoff, Werner (M/G) / 1955 Essen- / lebt (2006) in Ennepetal / Stud.-Essen 74-79 Folkwangsch. (Kunstpäd), Weiterb.-Trier 96-98 Europ. Ku.-akad. / 79-89 Lehrt., s. 89 freisch., 95 Mitbegr. Gr.-Initiative „Kunstraum"-Ennepetal, 97/99 Mitorganis. „Höhlenkunst"-Ennepetal, Mitgl. Gr.-„das netz" u. s. 98 „bbk-bergischland" / Ausst. u. a. in Düsseldorf/Freiburg/Xanten, 1997/99-2001 Ennepetal (Kluterthöhle), 2000 Hagen (Schloss Werdringen), Attendorn (Rathaus), Herne (Lehmbruckhaus), Nottingham-GB, Calvinet-Fr., 2000/02 Hattingen (Henrichshütte), 01 Wuppertal (BBK-Gal/Schloss Lüntenbeck), Gevelsberg (Rathaus), 01-03 Schwelm (Martfeldkapelle/Haus Martfeld/Kreishaus), 02 Vilvoorde-Belg., 03 Hemer-Becke (KEUCO-Center), 04 Ennepetal (Aktion: Kunstraum), 05 Schwelm (Kreishaus) / **Lit.: 209**-97+2000+01+04 + **211**-99+2000+02

Kollischan, Eva-Maria (M/O/I) / 1966 Nürnberg- / lebt (2006) in Köln u. Frankfurt/M. / NEU: ab 01 Lehrt. Univ.-Frankf.-M. / (Biografie in Beilage: CD-Ausgabe 2006)

Kompalik, Siegmund (M) / * in Oberschlesien- / lebt (2006) in Marl / s. 95 künstl. tätig / Mitgl. Ateliergem. „Künstlerkeller"-Marl / Ausst. u. a. 2005 Herne (Happel-Klimatechnik), 06 Marl (Marler Stern)

Konietzny, Simon (Industrie-Des/Wirtsch.-Ing) / 1968 Arnsberg- / lebt (2004) in Sundern / Werkzeugmacherausb., Stud.-FH Wilhelmshaven (Wirtsch.-ing) / s. 96 eig. Lichtplanungs- u. Vertriebsbüro „kolibri" in Sundern / 03 red dot award Essen / **Lit.: 205z**-03

Konrad von Soest s. Soest, Konrad von

Konrad, Bruno (Prof) (M/G/D) / 1930 Kaunas/Litauen- / lebt (2002) in Dresden / Stud.-Dresden bis 54 Akad., ab 85 dort Prof., s. (um 96) Lehrt.-Bochum IfbKuK / Ausst. u. a. in Dresden/Rostock, 1999 Essen (Gal.-Regenbogen), 2001 MS (Sozialgericht), 03 Bochum (Kunst- u. Gal.-haus) / **Lit.:** In: „Holzschnitt in Dresden" – Ausst.-kat. – Kunsthalle-Rostock, 1982

Konrad-Bock, Astrid (M/Z/O/I) / 1956 Büren- / lebt (2005) in Bielefeld, Atelier in Werther / Stud.-Bielefeld 75-79 PH (Päd) u. Düsseldorf 79-80 Akad. / 80-82 Referendarin, 82/83 Lehrt., s. 93 freie Museumspäd.-in in Bielefeld, ab 03 Herford, 97-03 Kunstpäd.-in in Bad Salzuflen-Schötmar / Ausst. u. a. in Werther (Skulpturenpfad), 2001- Bielefeld (Archiv), 04 Werther (Off. Atelier) / **Lit.: 191b**-04 + **192**-01(erw.)

Kook, Petra (O/I/B/M/Materialb.-k) / NEU: 1945 Mariaschein/Tschechien- / lebt (2006) in Werl / Weiterb.: 83-86 Europ.-Akad. Trier, 96 Glas-Fusing b. Detlev Tanz, 97 Malen b. N. Quagliata u. 02 Glass-School in Seattle-USA / s. 89 Lehrt.: Werl (Malschule), 91-97 künstl. Ltg., 96-03 Lippstadt-Eickelborn (Westf. Kl. f. Psychol) u. Kindergruppe im Naturk.-mus. Dortmund / Mitgl. „BBK-

Westf.-Süd" Dortmund, s. 97 = 2. Vors. u. „Kv.-Kr.-Soest" / Ausst. u. a. in Bonn/Halle-Belgien, 1990/96 Jahresg.-Kr.-Kv.-Soest, 2001 Holzwickede (Haus Opherdicke), Soest (W.-Morgner-Haus), 02 Bedburg-Hau (ArToll), 04/05 Lünen (Aktion Lippe/ Stadtgal), 05 Soest (Kunst-Praxis), MS (Gal.-König), + Westf. / **Lit.: 100**-88+98 + **190** + **199**-01(1) + **209**-99 + **259**

Koop, Norbert (Industriedes) s. „**O**co-Design"-Münster

Koopmann, Otto (K/Khw) / * 1927 – / lebt (2002) in Warendorf / Autodidakt, Werke s. 49 / Ausst. u. a. 1976/89-2001 Telgte (Mus) / **Lit.: 185**-76+89...91+95...2000

Koppe, Jessica (G/O/Coll.k) / 1981 Dissen/Teutob.-Wald- / lebt (2005) in Versmold u. MS / Stud.-MS s. 02 Akad. / 04 Projektbeteil. Studentenhochschulgr. Giessen / Ausst. u. a. 2003 Laer (Stadtmitte), 04 Bergkamen (Stadtgal), Bad Oeynhausen (VHS), Soest (FH), 05 Wismar (Baumhaus), Recklinghausen (Kunsthalle), Ingolstadt (Kv) / **Lit.: 256+a**

Koppel, Uta (Lehr-Koppel) (M/G) (Autorin) / 1936 Altheide Bad/Schlesien- / lebt s. 67 in Paderborn / Stud.-Mainz/Saarbrücken/Wien Univ.-ten (Kunst/Lit/Theaterwiss), Examen in Phil/ Päd., danach bis 63 Schauspielausb. in Wien u. Wiesbaden / war Lehrt.-Paderborn, s. 78 VHS / u. a. Mitgl. „Verb. Deutscher Schriftst." u. „Kogge e.V." / 77/84 Stip. NRW, 79 Drehbuch-Stip. Hamburg, 80 = 3. Wettbew.-Pr., 84 Medaille Graphikum-Verl. / s. 73 Veröffentl.-gen in Rundfunk/Zeitschr.-en/Zeitungen u. in eig. Büchern (Kinderbücher/Lyrik/Hörspiel/Theater) / Ausst. s. 1996, u. a. 2001- Bielefeld/OWL (Archiv), + Westf. / **Lit.: 192**-01

Koppenborg, Hartmut (M) / * 1962 – / lebt (2004) in Bottrop / Ausst. u. a. 1997-2003 Bottrop (Mus) / **Lit.: 99a**-97...03

Kopylkow, Anja (F/D/I) / * 1978 – / lebt (2006) in Dortmund / Assist.-in in Fotostudios, danach Stud. FHD-Dortmund / Ausst.-en u. a. Frankf./M. (Fotostudio Th. Hahn), 2005 Essen (Proj.: PACT-Zollverein) / **Lit.: 203h**-05

Korbach, Ulrike (F/D/Filmk) / * Münster- / lebt (2003) in Dortmund / Stud. Univ.-Bielefeld (Lehramt) u. bis 91 FHD (Fotodes), danach 98-2000 Ausb.-Mediengest. / Auff.-gen u. a. in Gera/Bochum/Hamburg, 2003 MS (Filmfestival) / **Lit.: 196**-03

Kordel, Ortrud (Keramik- u. Porz.-m/Ill/T) / * 1964 – / lebt (2003) in Meschede / Keramikmaler-inAusb. u. Weiterb. VHS-Meschede / Ausst. u. a. in Freienohl / **Lit.: 232**

Kordt, Klemens (F/D) / 1966 Gelsenkirchen- / lebt (2002) in Arnsberg-Hüsten / Stud. FHD-Dortmund / 99 Kultur-Pr. Hochsauerland / Mitgl.-„BFF" / Ausst. u. a. 1992 Dortmund, 2002 Münster (Stadtmuseum) / **Lit.: 203b**-2

Kordus, Nadine (M) / 1976 Bünde- / lebt (2003) in Gütersloh / Stud.-Bielefeld 96-02 FHD / Ausst. u. a. 2002 Lemgo (Stadtgal) / **Lit.:** In: „Zeichnung und Malerei" – Ausst.-kat. – Städt.-Gal. Haus Eichenmüller – Lemgo-Brake, 2002

Korfmacher, Maika (K/D) / 1950 Willich/Niederrh.- / lebt (2005) in MS u. Neukirchen-Vluyn / NEU: 71-76 Stud.-Industr.-Des. u. 77 Krefeld FH (Keramik) / 78-80 b. Camille Virot in Frankr. tätig, 82 Förder-Pr. Frechen, 89 Staats-Pr. NRW, 96 in Ein-Hod-Israel, 98 Gastkuratorin am Hetjens-Mus. Düsseldorf / 94-2000 Lehrt. Akad.-MS, ab 01 dort künstl.-techn. Lehrerin / Ausst. u. a. 2001 San Lorenzo-It., 02 MS (Gal.-König), 04 MS (Geol.-Paläontol.-Mus), 04/05 Castrop-Rauxel (Gal.-Schwenk), + N/INT / **Lit.: 26-** (Index-Bd. 5) + **244**-04 (Gast)

Kork, Jenny (M/G) / 25. 10. 1872 Borgentreich – 11. 10. 1951 Warburg / 1888/89 Ausb. im Kloster „sur la fontaine" Lüttich, 1890/91 Malkurse in Kassel, 1896-1903 Stud.-München / um 05-08 u. a. Aufenthalte in Paris/Prag/Wien/Gratz / Ausst. u. a. 1994 Warburg (Mus), + N

Kornas, Hans (M) / * 1924 – / lebt (2004) in Bottrop / Ausst. u. a. 2000/02/03 Bottrop (Kulturzentr), 01 Bottrop (Mus) / **Lit.: 99a**-01 + **99c**-2000+02+03

Korpys, Andree (M/F/D/O/I) / 1966 Bremen- / lebt (2006) in Bremen u. Berlin / NEU: Stud.-Bielefeld 89-93 FHD (Foto-Des) u. Karlsruhe 93-96 HfG/ZKM / 96 Förder-Pr. Kv.-Bremerhaven, 97/98 Stip. Schloss Solitude, 04 Stip. Villa Massimo Rom / Zus.-arbeit m. Markus **L**öffler (Künstlerduo) / Ausst. = N (siehe: M. Löffler) / **Lit.:** u. a. **148**-91

Korte, Karl (M) aus Dorsten s. bei **K**reytenberg, Ingrid

Kortemeier, Siegfried (M/G) / NEU: 1906 Gütersloh – 1983 ebd. / (Biografie in Beilage = CD)

Kortländer, Michael (B/O/I) / 1953 Münster- / lebt (2006) in Neuss / NEU: Stud.-Düsseldorf 72-78 Akad., 78 Meisterschüler / 82-84 W.-Lehmbruck-Stip. Duisburg, s. 85 Stip. BDI für „Europa Carton AG"-Düsseldorf, 93-96 Lehrt. FH-Düsseldorf, 98 Stip. Cité Int. d. Arts Paris / Mitgl. „WKB" / Ausst. u. a. in Peru/Norwegen, 2002 Ibbenbüren (Kv), Remscheid (Gal.-Friege), Herzogenrath (Forum f. Kunst), 02/05 Düsseldorf (Kunstpalast), 03 Düsseldorf (Landtag), 04 Krefeld (Verseidag AG), 05 Herne (Zeche Unser Fritz), Gelsenkirchen (Mus), + N / **Lit.: 46**-81 + **86**-05 + **107**-80...83+92...97+2000+02+05 + **148**-85 + **181x**-2

Koschinski, Anke (B/O/Z) / 1970 Steinfurt- / lebt (2004) in Steinfurt / Stud.-Enschede 99-03 Akad. / Ausst. u. a. 2001 Borken/Billerbeck/Warendorf/Tecklenburg/MS, Tecklenburg (Heimathaus), 01/02 Steinfurt (Ausst.-halle Gervink/Off. Atelier), 03 Ahaus (Villa van Delden) / **Lit.: 69**-01 + **180** + **237**-03

Kosel, Franz-Josef (Dr) (M/G/D/Ill/Entw.-z) / 1951 Ahlen- / lebt (2006) in Ahlen / nach Berufsausb.: Stud.-MS 70-74 Wksch/FHD, 74-78 Lehrt.-Ahlen, Stud.-MS 78-86 Univ. (Volkskunde/ Päd/Kunstg), Promotion Dr. phil. / ab 87 wiss. Tätigk. f. Museen / s. 2000 Mitgl. „Kr.-Kv.-Beckum-Warendorf" u. ab 05 Gr.-„Schanze"-MS / Ausst. u. a. 1975 Neuhaus-Solling, 77 Köln-Ehrenfeld, 82/2002 Ahlen (Stadthalle/Sparkasse/Stadtbücherei), 87 /88/90 Budapest (Stadtgal/HfBK/Nationalgal), 89 MS (Stadthausgal), 91/92 Kommern (Atelier f. Glaskunst), 2001 Oelde (Rathaus), 02 Syke (Kreismus), Lippstadt (Stadtgal), 03 Telgte (Mus), Beckum (Stadtmus), 04 Emsdetten (Gal.-MS-land), 04/06 MS (Landeshaus/Krameramtshaus), 04/05 Hamm (Gal.-Gravemeier/Museum/Stadthausgal), Liesborn (Mus), 05/06 Ahlen (Stadtgal), 05 Vreden (Kv.-Berkelkraftwerk) / **Lit.: 50**-02 + **139a**

Kosel, Volker (A/Dipl.-Ing) / * 1944 – / lebt (2002) in Lüdenscheid u. Holzwickede / Büro: „Sager . Kosel . Sozietät"-Lüdenscheid, Werke u. a. ebd. / Mitgl.-„BDA" / **Lit.: 197**-01

Koselleck, Ruppe (Ruprecht) (O/I/M/Materialb.-k/Projekt- u.Videok) / 1967 Dossenheim b. Heidelberg- / lebt (2006) in MS / NEU: 2000 Stip. f. Osaka-Japan, 02 Förder-Pr. Kv.-MS / (Biografie in Beilage: CD-Ausgabe 2006)

Kosok, Anja (geb. Padzikowski) (Gestaltungs techn. Assistentin) / 1979 Bielefeld- / lebt (2005) in Bielefeld / s. 98 Mitarb.-in v. „Nexus Product Design"-Bielefeld / Ausz.-gen: s. „**N**exus Pr..." / **Lit.: 205a**-01+03 + **205y**-02,1 + **205z**-04 + In: „IF design award 2003" – Hannover, 02

Koß, Ehrhard (A/Industriedes) / 1947 Hildesheim- / lebt (2003) in Lemgo / Stud.-Hildesheim FH f. Design/Innenarch/Hochbau / s. 73 in Lemgo tätig, ab 86 bei „Möller-Design"-Lemgo, 96 Mitges.-er / Preise m. Friedr. Wilh. Möller: u. a. 93 Des.-Pr. NRW, 96 2x red dot Award-Essen / **Lit.: 205x**-93 + **205z**-96

Kossmann, Maria (M) / NEU: 1. 2. 1928 Emsbüren – 14. 7. 2004 Münster / (Biografie in Beilage: CD-Ausgabe 2006)

Koston, Andrzej (M/Ill) / * 1967 – / lebt s. 85 in Dortmund / Stud. 92-96 (Film/Fernsehen) / s. 98 freisch. / Mitgl. Gr.-„UN-art" (m. W. **B**ittner/P. **T**rautner) u. „KB-Schieferturm"-Kamen / Ausst. in Kamen (KB), u. a. in Krakau/Katowice/Bytom-Polen, Köln (Gal.-Ruine/Kunst-Keller), Menden (Rathaus), Dortmund (IHK/Gal.-Freiraum), Dresden (Kv), Kamen (Haus der Stadtgeschichte) / **Lit.:** Internet

Kotmann s. Katmann

Kott, Christian (B) / * 1930 – / lebt (91) in Bielefeld / Werke s. 46 / 88 Bischof-Tenhumberg-Pr. Telgte / Ausst. u. a. 1988/90 Telgte (Mus) / **Lit.: 185**-88+90

Kottsieper, Jürgen (M/G/Z) / 1954 Wuppertal- / lebt (2006) in MS / NEU: 01 Albert-Stuwe-Pr. Ennigerloh f. Zeichnung / s. 04 Lehrt. Akad.-MS / (Biografie in Beilage: CD-Ausgabe 2006)

Koum Kingue, Christiane (G/D/Ill/M) / 1962 Bad Oeynhausen- / lebt (2005) in Kalletal / 81-84 Bildh.-inausb. in Gütersloh, Ill.-in 84-86 für Kinderbuchverl., 86-91 Stud. FHD-Bielefeld, 93-95 Erzieherinausb., 99-02 Heil- u. Sonderpäd.-studium / s. 95 Erzieherin in Herford / Mitgl. Gr.-„Das Fachwerk"-Bad Salzuflen / Ausst. u. a. 2001/03/05 Bad Salzuflen („Das Fachwerk"), 03 Bad Salzuflen (Sparkasse), Bielefeld (Q-Tour) / **Lit.: 131**-03 + **192**-03

Kowalewski, Arno (Pseudonym: Don Arnoldo) (M) / 1955 Gevelsberg- / lebt (2005) in Ennepetal / Stud. Univ./GH-Wuppertal (Sicherh.-technik) / Autodidakt / Ausst. s. 1997 in Südwestf., + Internet: „Galerie Museo Don Arnoldo" – um 2004

Kowalewski, Waltraud (T) / 1936 Oberhausen- / lebt (2005) in Siegen / VHS-Weiterb.-kurse im Klöppeln / 84 = 1. Pr. Deutscher Klöppelverb. / Ausst. u. a. in Siegen/Butzbach/Burbach/ Schalksmühle/Vreden, 1984 St. Andreasberg, 88 Mainz, 90 Frankfurt-M., 95 Siegen / **Lit.: 110b** + **110c**-04

Kraatz, Kai (Kai **T**augenichts) (O/I/Film- u. Videok) / 1972 Duisburg- / lebt (2005) in MS u. Mülheim/R. / Stud.-MS 97-03 Akad. (u. a.-Filmkl), Meisterschüler / 2000 Stip. Akad.-MS f. Barcelona / Begründer/Mitgl. **Gr.**-„F+plus" / Ausst./Auff.-gen u. a. 2001 Antwerpen/Frankf.-

M./Berlin/Düsseldorf, Frankf.-M. (Altes Hauptzollamt), Köln (Art-Cologne), MS (Atelier-Schulstr), 02 Enschede-NL (Villa de Bank), Moers (Sparkasse), MS (Wewerka Pavillon), Seoul-Korea (Univ), 03 Coesfeld (Kv) / **Lit.**: **18**-02 + **196**-01 + **218**-03 + **229**-03 + In: „Moerser Kunstpreis 2002“ – Kunst mit Fotografie – Kulturstiftung Sparkassse-Moers, 2002

Krämer, Henriette (verh. Kattwinkel) (T) / 1898 (?) Elberfeld – 1953 Gelsenkirchen / tätig in Wuppertal/Bochum u. Gelsenkirchen / **Lit.**: **216**

Kraemer, Jaqueline (F) / 1960 Mülheim/Ruhr- / lebt (2006) in Bochum / Stud.-Bochum 79-83 Univ. (Kunstg), 84-87 Fotogr.-ausb., 91 Meisterprüfung, s. 88 selbst. u. Atelier in Bochum m. Uwe Engels / 95 Ausz. Graph.-Club Stuttgart, 99 Ausz.-en beim Deutschen Fundraising-Pr. u. dem Ruhr-Award / s. 03 Mitgl. „Boch.-KB“ / Ausst. u. a. 1999/01/02 Oberhausen (Adiamo), 2000 Nettetal (Gal. im Haubenhof), 01/03 Bochum (Schneiders&Behrendt), 01/02 Bad Oeynhausen (Adiamo), 2003/05/06 Bochum (Mus), 04 Bochum (Stadtarchiv), Dortmund (Stadthafen), 05 Wiebaden (Fototage) / **Lit.**: **146**-03...06

Krafft, Johann (Crafft) (M/Baumeister) / * in Süddeutschl., 1644-61 in Münster u. Osnabrück tätig / 1644-50 in MS als Kammerdiener u. Baudirektor des Osnabrücker Bischofs tätig, 1650 = vier Bauentwürfe f. Werke in MS (u. a. f. Wolbeck), 1652-58 Baultg. in (Bad) Iburg, 1654 Wandmalerei im Innenhof des Iburger Schlosses, 1661 Pläne f. Bistum Osnabrück / **Lit.**: **24**-21+**112a**

Kraft, Andrea (M/G/D/B/O) / 1965 Wuppertal- / lebt (2006) in Dortmund / 84 Siebdruckpraktikum u. bis 86 FoSfG, Stud.-Dortmund 87-88/95-98 FHD (Obj.-Des) / ab 88 freisch. / 04+05 Grafik-Kalender f. Dortmund / Lehrt. VHS Hagen u. Witten / Mitgl. „Westf.-KB“-Dortmund / Ausst. u. a. 1996/97/99 Dortmund, 98 Bad Reichenhall, 99/2000 Bochum (Gal.-Seider), 2000 Bad Godesberg (Gal.-Little v. Gogh), Euskirchen (Hospital), 01/02 Dortmund (Gal. ART-isotope/Hospital), München (Kunstkeller), Barcelona-Sp. (Taller-Gal), Winfield-GB (ART-Festival), 02 Frankf.-M. (Messe), Bages-Fr., 02/03 Cas Concos/Santanyí-Mallorca, 03 Rotterdam/Antwerpen (Messen), Göppingen (Gal.-Kränzl), 04 Hattingen (Stadtgal), Kattwijk-NL (Gal.-Mosa-Art), Duisburg (Kunsth), 04/05 Dortmund (Stadthafen/Torhaus), 05 Herten (Zeche Ewald), 06 Dortmund (ART-isotope) / **Lit.**: **26a**-05 + **146**-04 + In: „Grafik aus Dortmund 2005“ – Kunstkalender – Dortmund, 2004

Kraft, Joergen B. (B/Aktionsk) / Daten nicht bek. / Lehrt.: Sommerkurse in Hüllhorst-Reineberg, u. a. 2004 „Reineberger Kreativsommer“ / **Lit.**: u. a. Internet

Krah, Silke (M/B/O) / 1965 Kirchen/Sieg- / lebt (2005) in Siegen / Stud.-Siegen 84-90 Univ./GH (Kunst/ev. Theol/Päd) / 92-96 Lehrt.-Siegen (Musik u. Malschule „Villa Sauer“), ab 96 Jugendkunstsch. Siegen-Wittgenstein / 98 Mitbegr. Gr.-„3/55“ u. s. 2000 Mitgl. Gr.-„ASK“-Siegen / Ausst. s. 1986, u. a. in Berlin, 93 Hamburg, 94 Montpellier-Fr., 95 Wuppertal, 2000 Bad Berleburg (Kunsthalle), 2000-04 Siegen (3xHaus Seel/Hauptbahnhof/Kino/2xForum-Oranienstr/Alte Schule-Geisweid/IHK), 03 Seoul-Korea, 04 Netphen (Rathaus), + Westf. / **Lit.**: **110b** + **110d**-03(m. Lit.) + **110c**-04 + **110E** + **187**

Krahl, Ilse (Prof.) (G/Z) (Autorin/Herausgeberin) / 1923 Friemersheim- / lebt (2005) in Siegen / Stud.-Düsseldorf 52-57 Akad. / ab 57 Lehrt., s. 69 Univ./GH-Siegen, 72-74 Dekanin (Fachber. 4), bis 88 Prof. / **Lit.**: **110b** (m. gr. Lit.-angabe) + **110c**-04 + Herm. Schrey/I. K.(Ill.): Editionen des Kanndidaten-Jobs, Satirische Spiegelungen – Duisburg, 1985/87/88; D. Hees/G. Winter(Hg.): „Kreavität und Werkerfahrung“ – Festschrift zum 65. Geb. für I. K. – Duisburg, 1988

Kramer, Andreas (Prof) (Industriedes) / * 1966 – / lebt (2003) in Bremen / tätig um 91-01 bei „arche Design“, Studio f. Produktgest.-Nottuln/MS / ab 01 Prof. HfBK-Bremen / u. a. 93 Des.-Ehren-Pr. NRW m. H. Piltz u. 01 red dot Award Essen (s. Lit.) / **Lit.**: **205x**-93 + **205z**-01

Kramer, Joachim (O/I/D) / 1954 Dortmund- / lebt um 94 in Herdecke u. 2006 in Dortmund / Stud.-Essen 74-81 Univ./GH (Vis.-Komm) u. bis 82 (Geschichte/Kunst/Phil/Päd) / Ausst. u. a. 1993 Hagen-Hohenlimburg (Werkhof), 94 Dortmund (Creation), 96 Kassel (Odysse Love Hotel), Oberhausen (Filmothek), 99 Witten (Schloss Steinhausen), 2006 Gevelsberg (Stadtgarten) / **Lit.**: **209**-06

Kramme, Sybille (K) / * in Graudenz/Westpr.- / lebte in Göttingen, s. 59 Detmold (87) / Weiterb.-kurse / Ausst. in OWL / **Lit.**: **137b**-86

Kramp, Otto (M) / * 1940 – / lebt (2002) in Herne / Autodidakt, außerdem Autor u. Holzschnitzer / Ausst. u. a. 2001 Herne-Wanne (Rathaus/Heimatmuseum) / **Lit.**: **142a**

Krampe, Ulrich (A) / lebt (2006) in Bochum / 2x 84 Ausz.-NRW „Vorbildl. Bauten in NRW“, 86

Archit.-Pr. NRW / um 68-98 Büro „**S**chmiedeknecht (Wulf) ° Krampe ° Reiter (Peter)" in Bochum, danach Büro „Krampe ° Reiter" / Werke in Bochum + N / **Lit.: 146b**

Kranefeld, Heinz (M/G/D) / 1932 Schwerte- / lebt (2004) in Schwerte / Stud.-Darmstadt 60-64 (Grafik-Des) / 65-74 in Essen u. Dortmund tätig, s. 74 eig. Studio in Schwerte, 80-97 Werbeagentur / freisch. u. Lehrt. Malschule-Hagen / **Lit.:** Internet

Kranemann, Eberhard (M/G/B/I/Klang- Perf.- u. Multimediakünstler) / 1945 Wismar- / lebt (2006) in Wuppertal / Schul- u. Jugendzeit in Dortmund, Kontrabassausb. Konservatorium-Dortmund u. Stud.-Düsseldorf 66-72 Akad., 71 Meisterschüler / Zus.-arbeit J. Beuys/Fritz Müller u. s. 01 mit „**B**rindlArt" / Ausst.-gen/Aktionen/Projekte s. 1967, u. a. 1982-2005 in Wuppertal, 04 Gevelsberg (Stadtgarten), 06 Schwelm (Kreishaus), = von 67-04 über 160 Ausst.-gen/Veranstaltungen in NRW/N/INT / **Lit.: 107**-67+73+86+89 **+ 209**-04+06 + im Internet!

Kranz, Sabine (A/Stadtplanerin) / 1964 Detmold- / lebt (2002) in MS u. Bielefeld / Stud.-MS 84-90 FhfA / s. 90 freie Mitarbeiterin, ab 96 im Büro: „Pries & Pries" in MS/Bielefeld / Mitgl.-„BDA" / viele Preise, Werke in MS/Westf./N (u. a.: Justiz-Aachen, FH-Remagen, Generaldir.-Bonn, Akad. f. Manuelle Med.-MS) (s. Lit.) / **Lit.: 197**-97+01

Krass, Ursula (auch: **Kraß, Ulle**) (M/G/B/I) / 1958 Coesfeld- / lebt s. 93 in Mönchengladbach / Stud.-Aachen 77-85 TH / 83-85 in der Künstlerwerkstatt „Das Atelier" tätig, 92-98 Lehrt.-Aachen Akad. f. Gestaltung im Handwerk / Ausst. u. a. 2000 Mönchengladbach, 2001/05 Düsseldorf (BBK-Kunstforum/Kunstpalast) / **Lit.: 93 + 107**-05 + In: „Sehstörungen" – Ausst.-kat. – Mönchengladbach, 2000

Krasser, Stefan (F/D/Filmk) / 1978 Graz/Österr.- / lebt (2006) in Dortmund / Stud. FHD-Dortmund / 06 = 2. Design-Pr. NRW f. Beteil.: Magazin „Affairen" – FHD / Ausst. u. a. 2004/05 Essen (2xZollverein: Lohnhalle/Proj.-„PACT" = Film mit Tim **H**olthöfer), 05 Dortmund (Freizeitzentr.-West) / **Lit.: 203h**-05(Mithg.)

Kratzenstein, Beate (K) / 1959 Gelsenkirchen- / weitere Daten nicht bek. / **Lit.: 26**-Index-Bd. 5

Kratzenstein, Brigitte (Khw) / * 1925 – / lebt (88) in Herne / Werke s. 62 / Ausst. u. a. 1987 Telgte (Mus) / **Lit.: 185**-87

Kraus, Det (Detlef) (O/I/F) / NEU: 1966 Fürth- / lebt (2005) in Berlin / Stud.-MS 95-02 Akad., 2000 Meisterschüler / 97 Tim&Struppi-Pr. Kl. Prof. T. Ulrichs, 02 Fotowettbewerbs-Pr. Rhein-Sieg-Kreis / Ausst. s. 1996, u. a. in MS/Wuppertal, 96 Nürnberg (Gal. mit der blauen Tür), 99 Bad Oeynhausen (VHS), Löhne (Werretalhalle), 2001 Rheda-W. (Orangerie), Bergkamen, 05 Recklinghausen (Kunsthalle), Ingolstadt (Kv) / **Lit.: 96d + 103**-01 **+ 256**

Kraus, Max-Otto (F/D/Filmk) / 1964 Waldshut am Hochrhein- / lebt (93) in Dortmund / Stud.-Dortmund 86-nach 92 FHD / Ausst. u. a. 1992 Dortmund (FHD/Mus. f. K. u. K.) / **Lit.: 203**-2 + **203b**-92

Kraus, Michael (A) / 1958 Hagen- / lebt (98) in Köln / Büro m. J. P. Molestina in Köln / Werke s. Lit. / **Lit.: 197**-97

Krause, Christiane (M) / 1963 Darmstadt- / lebt (88) in Herne / Berufsausb. u. Stud. Univ.-Bochum (Germ/Kunstg) / 81-85 Mitgl. „Atelier f. künstl. u. soz. Gest."-Wanne-Eickel / Ausst. u. a. 1987 Herne (Flottmann-Hallen) / **Lit.: 142x**-87

Krause, Wolf-Dieter (Industriedes) s. „**O**co-Design"-Münster

Kraut, Gertrud (K) / 1883 Straßburg – 26. 12. (1977?) Marienwerder/Hannover (begraben: Kloster Wülfinghausen) / Keramikausb.-München Lehr- u. Versuchsateliers f. angew. u. freie Kunst / tätig ab 1914 in Hannover, 19 Duingen, 22 Hameln, 24/25 Berlin (Glasurstud), 26-30 Hameln, 31-33 Hannover / Gründungsmitgl. Gr.-„GEDOK" u. Mitgl. „DWB" u. „AdK"-Ns. (30 Jahre Ltg.) / Ausst. u. a. 1914 Köln (Werkbundausst), + N / **Lit.: 34**-9,2 **+ 193**

Krautheim, Marita (M) / 1959 Siegen- / lebt (2005) in Hilchenbach / s. 93 künstl. tätig u. Weiterb. VHS-Siegen / Lehrt. VHS-Siegen / Ausst. u. a. 1996 Hilchenbach (Stadtmus), 2000 Dahlbruch (Busch-Theater), 01 Siegen (DRK-Klinik) / **Lit.: 110c**-04

Krautwald, Josef (Joseph) (B) / NEU: 7. 3. 1914 Borkendorf/Schlesien – 13. 1. 2003 Rheine / (Biografie in Beilage: CD-Ausgabe 2006)

Krawiec, Georgia (F) / 1972 Kedzierzyn/Polen- / lebt (2005) in Siegen u. Warschau / 92-2000 Stud.-Univ.-en Krakau/Polen u. Siegen (Kunst) / s. 02 Lehrt. Europ. Fotoakad.-Warschau / Ausst. u. a. s. 1993 in Südwestf., 1999 Nürnberg (Krakauer Haus), 2001/04 Krakau-PL (Villa Decius/Mus), 01/02/04 Siegen (Gal.- im PNZ/IHK/Mus/Univ), 03 Warschau-PL (Gal.-Traffic/Dom-Fotogr), 04 Wrzenia-PL (Mus) / **Lit.: 110b + 110c**-04(m. Lit.)

Krawietz, Christian (M/G/Materialb.-k) (Musiker) / 1955 Oppeln- / lebt (2005) in Herne / 80-94 als Lead-Gittarrist in einigen Bands (MS/Bochum/Essen) / Stud.-Bo.-Wattenscheid 98-03 IfB-KK, 01 Meisterschüler / Mitgl. „Kv.-Sentmaring"-MS / Ausst. u. a. in NL/Hefei-China, 2000-02/04 Bochum (Gal. im Luisenhof), 01 Bochum (Mus), Soest (Institut), 02 Datteln (Stadtgal), Hattingen (Henrichshütte), 03 Mülheim-R./Castrop-Rauxel/MS, Bo.-Wattenscheid (IfBBK), 04 Schwelm (Kreishaus), 05 MS (Kv. Sentmaring) / **Lit.: 142a + 209-**02+04

Krawinkel, Hubert (Prof) (A/Dipl.-Ing) / 1934 Brakel- / lebt (2002) in Paderborn / nach Schulzeit in Höxter: Stud.-Hannover 55-61 TH / 61-78 tätig in Paderborn, 65-78 Büro: „Becker + Krawinkel", ab 75 Prof. Univ.-Paderborn, s. 78 Büro: „Prof. Krawinkel u. Partner" (99-200 m. Peter Sassenroth) / Mitgl.-„BDA" / viele Preise, zahlr. Wettbew.-erfolge, Werke u. a. in Westf. / **Lit.: 197-**01

Krebber, Gereon (B/O/I) / 1973 Oberhausen- / lebt (2005) in London / NEU: nach Jugend- u. Schulzeit in Bottrop: Stud.-Tübingen 93/94 Leibniz-Kolleg u. Düsseldorf 94–2000 Akad. u. 2000-02 Royal Coll. of Art London / 92/93 Atelier in Bottrop, Aktionen/Perform. (93/94 = M/G), ab 94 plast. Arbeiten / 97 Förder-Pr. Gladbeck, 98 Ausz. Biennale-Hilden, 2000 Pr. Viersen, 01 Serenella-Ciclitira Award-London, W.-Zimolong-Pr. Gladbeck, 02 Award „Deutsche Bank"-London u. Remet Art-Award London, 02+04 Förder-Pr. Gelsenkirchen, 03 = 2. Pr. Ogilvy & Mather Düsseldorf u. Sculpt.-Pr. London / (Biografie in Beilage: CD-Ausgabe 2006)

Krebber, Jürgen (M/O/I) / 1961 Schermbeck/NRW- / lebt s. 96 in Freiburg / 77-80 Tischlerausbild., 80-81 Bergbauarbeiter, Stud.-Berlin: 87-89 Gast HdK, 91-94 ETAGE (Malerei/Bühnenbild) u. Freiburg 94-96 Freie Hochsch. Bild. Kunst / Ausst. u. a. Berlin (Messehalle), 95 Weil am Rhein, 96/98 Saarbrücken, 96 Düsseldorf (LM), 98 Freiburg (Artgenossen-Gal), + N

Kreft, Evelyn (Kommunik.-des) / 1964 Neubeckum- / lebt (2004) in Bielefeld / Stud. FHD-Bielefeld / selbst.: Büro „ES fliegt – Kreft" in Bielefeld / 96+97 = 2x red dot award Essen (1x best of the best design) m. Stefanie **L**auruhn (bis 02) / **Lit.: 205w-**96+97

Kreidler, Volker (F/D) / 1962 Horb/Neckar- / lebt (92) in Dortmund / Stud. FHD-Dortmund / Ausst. u. a. 1989/91 Dortmund (Mus. f. K. u. K.) / **Lit.: 203-**89+91

Kreimeier, Birgit (G/Ill/Cartoonz) / 1966 Frankfurt/M.- / lebt (2004) in MS / Stud. Univ.-MS (Dipl.-Biologin) / Autodidaktin / Ausst. u. a. in 1988 Waltrop (Kreisspark), 88/97/98 Wetzlar (3xPhantastische Bibl), 94/97 MS (Zool.-Inst/Halle MS-land), 96 Los Angeles-USA (La Con II Art Show), 98/99 Köflach-Österr., 2004 MS (Gut Havichhorst), Bochum (GEA-Center) / **Lit.:** Cartoons s. 99 in Fachzeitschriften: „Reiter u. Pferde in Westfalen" + „Freizeit im Sattel" + „Pferdephysiotherapie" – Fachzeitschr. f. Physioth., ... u. Energet. Therapie am Pferd

Kremer, Dietmar (Zeichentrickfilmk) / * 1963 – / lebt (2002) in Herne / Stud. Univ./GH-Essen (Kommunik.-des) / 90-92 als Animator in London, ab 93 in Deutschl. Storyboardzeichner u. Regisseur, z. Zt. Köln, Filme s. Lit. / **Lit.: 142a**

Kremer, Elisabeth (K/B) / * 1942 – / lebt (2005) in Gelsenkirchen-Buer / Ausst. u. a. 1997-2005 Telgte (Mus) / **Lit.: 185-**97...2000+02+04+05

Kremer, Ingrid s. Leister, Ingrid

Kremer, Jens Georg (Filmk) / 1978 Berlin- / lebt (2004) in Dortmund / Stud.-Dortmund 99-04 FHD (Kamera) / viele Dokumentar- u. Kurzfilme, Zus.-arbeit m. Rouven Blankenfeld (* 1975 Berlin, lebt in Köln) / Auff.-en u. a. 2005 MS („Stadt New York") / **Lit.: 196-**05

Kremer, Kurt Peter (A) / 2. 6. 1922 Stiepel- / lebt (2002) in Bochum / Praktikum/Kriegsdienst, 44 in USA Gefangensch., dort Archit.-Stud., ab 46 Dipl.-Archit., 52-02 freisch. in Bochum / Mitgl. „BDA" / Werke u. a. Bergbaumus.-Bochum / Ausst. u. a. 1998 Bonn, 99 Liesborn (Mus) / **Lit.: 146b+c** + In: „gruppe konkret mit Gästen" – Ausst.-kat. – Bonn/Liesborn, 1998/99

Kremmer, Martin (A/Dipl.-Ing) / 1894 Posen – 1945 Berlin / 1915 Stud. TU-Karlsruhe, 18-21 Karlsruhe/Stutgart/Berlin / ab 21 Mitarbeit im Büro **S**chupp, 22-45 Arbeitsgem. „Schupp/ Kremmer" in Berlin u. Essen, ab 33 nur Berlin / hier erwähnt, da mit Fritz **S**chupp viele Werke in Westf. geschaffen, div. Industriebauten/Fabriken/Schachtanlagen im Ruhrgebiet, u. a. Werke in Berlin, Erzbergwerk in Rammelsberg b. Goslar, Hauptwerk: Zeche Zollverein Essen (Weltkulturerbe) / Ausst. u. a. 2002 Essen (Zeche Zollverein) / **Lit.: 34-**9,2 + **197c** (s. 96) + „Fritz Schupp, M. K" – Berlin, 1998

Kresing, Rainer M. (A) / 1952 Münster- / lebt (2005) in MS / Stud.-Delft-NL/München/Aachen 72-78 TH / NEU: 79-85 Büro m. G. Merckle, s. 80 eig. Büro „Kresing-Architekten"-MS / viele

Ausz.-gen, u. a. 1. Wettbew.-Preise / Werke in MS (u. a. Stadtmus/WMF-Haus/Bank-Zentrum), NRW + **N** (u. a. Timmendorf – Sea Life Centre/1. Pr. = 05 Havixbeck Stift Tilbeck) + s. Lit. / Ausst. u. a. 2004 MS-Coerde (Speicherstadt) / **Lit.:** u. a. **112d** (S. 132/146) + **197**-95+97+ 01 + **197d** (S. 52+126) + **213a**-99+02 + **251**-05 + **251a**-94+04

Kress, Marc-Daniel (F/O/F.-Inst.-k) / 1968 Bochum- / lebt s. 99 in Mönchengladbach / Stud.-Essen 91-99 Univ./GH (Komm.-wiss) / s. 94 m. Anna E. Link Künstlergemeinsch. / Ausst. u. a. 2000 Mönchengladbach (Geroweiher) / **Lit.: 93** + In: „Sehstörungen" – Ausst.-kat. – Mönchengladbach, 2000

Kretschmer, Anneliese (F) / NEU: 1903 Dortmund – 1986 ebd. / Stud.-Dresden, Meisterschülerin / lebte in Weimar/München/Essen, ab 29 Atelier in Dortmund / (Biografie in Beilage (CD)

Kretschmer, Peter (M/G) / NEU: 1954 Paderborn – 1999 / lebte in Paderborn / (Biografie in Beilage: CD-Ausgabe 2006)

Krettler, Anne-Marie (B) / 23. 12. 1929 Buer- / lebt (2002) in Gelsenkirchen-Buer / 46 Ausb.-Nienborg-Heek Wksch. f. christl. Kunst u. b. T. v. d. Schulenburg in Dorsten, danach Stud.-Essen Folkwangsch. u. Düsseldorf Werkl.-seminar / 60-90 Lehrt. Gelsenk.-Buer / Werke in NRW (Ohle b. Plettenberg/Recklingh.-Esselt u. Krefeld-Traar = Mosaik) / **Lit.: 185**-91 + **195**

Kreutter = Atelier Kreutter / 1964 Atelier v. **W**olfgang Kr. in Bad Berleburg erbaut, jetzt Atelier u. Ausstellungsraum der Familie Kreutter / ab 66 dort Ausst.-gen v. **A**ngelika K. (Malerei/Air-Brush), Annette K. (Schmuckdes.), Gesine K. (Keramik) u. Martin K. (Fotogr.), s. 88 auch von anderen Künstlern / **Lit.: 110b** (S. 422)

Kreutter, Angelika (Kreutter-Hogl, A.) (M/G/D/Coll.-k) / 1950 Bad Berleburg- / lebt (2005) in Bad Berleburg / (Biografie in Beilage: CD-Ausgabe 2006)

Kreutter, Wolfgang (B/M/G/Kunst am Bau) / 1924 Siegen – 1989 Stadtlohn (Grab in Siegen) / (Biografie in Beilage: CD-Ausgabe 2006)

Kreutter-Hogl, Angelika s. Kreutter, Angelika

Kreutzberger, Hans (M) / 1911 Dortmund – 1996 ebd. / Autodidakt / **Lit.: 120a**-3

Kreutzer, Herbert (B) / 1923 Köln- / lebt s. 53 in Köln / Gattin = Martha **K**reutzer-Temming / 46-49 Malereiausb. b. Heinz Elies in Darfeld u. 49-53 Stud.-Wksch.-en in MS u. Köln / 68-88 Lehrt. / Werke in NRW / Ausst. u. a. 1984 Paderborn (Kv), 87 München (Gall.-Casetta), 90 Unna (Kv), 95 Schwetzingen (Kv), 2005 Billerbeck (Kolvenburg) / **Lit.:** 2x in: „Ars Sacra" – Kataloge – Köln, 1964 + 1975

Kreutzer-Temming, Martha (T/M) / 1933 Beerlage b. Billerbeck- / lebt (2005) in Köln / NEU: Gatte = Herbert **K**reutzer / (Biografie in Beilage: CD-Ausgabe 2006)

Kreuzer, Martin (A) / 1923 Bochum- / lebt (86) in Bochum / Maurerausb., 47-50 in Archit.-büros tätig beim BDA Nachwuchslehrgang, 50-55 Stud. Akad.-Düsseldorf (Archit) / 53-56 in Düsseldorf/Bochum/Berlin tätig, 56-68 freisch. in Bochum u. ab 69 dort b. d. Bundesknappschaft, 70-86 Ltg. Bauplanungsdezernat, 80 Baudirektor / **Lit.: 146c**

Kreuzer, Walter (A) / * 1889 – / lebte in Bochum / s. den 20er Jahren freisch. in Bochum, später Stadtbaumeister u. 46-50 Ltg. Bauberatung in Bochum / **Lit.: 146c**

Kreuzer, Walter (O/I/M) / 1946 Hannover- / lebt s. 93 in Essel/Aller / **L**it.: 4-Hannover

Kreuzheck, Albert (A) / 31. 5. 1923 Münster- / lebt (73) in MS / Wettbew.-Preise / Werke u. a. Kirchen in Hamm/MS/Neubeckum u. 62/66 Bakum / **Lit.: 219a**

Krewitt, Gebhard (F/D) / * in Burgsteinfurt- / lebt (2005) in Hamburg / Stud.-Bielefeld um 78/ 83 FHD (Foto- u. Filmdes) u. Univ.-MS (Geschichte) / Veröffentl.-en in Zeitschriften u. Magazinen / Mitgl. Fotogr. „VISUM" / Ausst. u. a. in Bielefeld/Hamburg / **Lit.: 114w**

Kreymborg, Christina (M/G/B) / * 1960 – / lebt (2006) in Dortmund / Stud.-Dortmund 80-85 Univ. (Kunst/Päd/Sonderpäd) / Ausst. s. 1989 u. a. in Dortmund u. Hagen

Kreytenberg, Ingrid (M/T) / * 1941 – / lebt (2006) in Dorsten / Tochter v. Karl Korte (Maler/ Kunsterzieher in Dorsten) / Stud.-Kassel 60-64 HfBK / 64-? Lehrt.-Dorsten, 74-79 in Florenz, s. 94 wieder künstl. tätig / Ausst. u. a. 2000 Hagen, 01 Dorsten, 02 Panzano-It., 02/03 Billerbeck (Kloster Gerleve), 04 Essen (Nova Vita Residenz), 04/05 Dorsten (Gymnysium/Bürgermeisterbüro/WinDor), + Internet

Kribbe, Melchior (B) / * um 1588 – † 1635 / in Münster tätig ab 1603, Werke ebd. / **Lit.: 24**-21 + **252**-1 + In: Bildheft Nr. 8 – WL-MS, 1979; In: „Westfalen in Niedersachsen" – Hg.: Landkreise: Cloppenburg/Emsland/Osnabrück/Vechta u. Städte MS/Osnabrück, 1993

Krichbaum, Jörg (M/Z/F) (Autor) / NEU: 1945 Dortmund – 2002 Brüssel / (Biografie in Beilage: CD-Ausgabe 2006)

Krick, Marita (M) / 1954 Meschede- / lebt (2003) in Meschede / Autodidaktin, später Weiterb.-VHS, Workshops in Schwalenberg u. Neheim-Hüsten / Ausst. in Südwestf. / **Lit.: 232**

Krieg, Ilona (O/Coll.-k) / 1951 Hagen/W.- / lebt (02) in Rosengarten u. Pellworm / 90-93 Weiterb.-Hamburg (Kunst) / s. 96 Galerie auf Pellworm / In: „Kunstwoche Jesteburg" – Ausst.-kat. – Jesteburg, 2002

Krieg, Robert (Filmk) / * 1949 – / lebt (93) u. a. in MS / 79 Dr. phil. / 76-80 Lehrt. Univ.-Osnabrück u. FH-Dortmund, 90+92 Lehrt.-San Antonio de las Banos/Cuba / war im Vorst. Filmwerkst.-MS u. Filmbüro NRW / s. 81 eig. Filme / Auff. u. a. 1992 in MS / **Lit.: 196**-92

Krieg, Susanne (F/M/Wandgest) / 1962 Nürtingen- / lebt (2004) in Bielefeld / bis 85 autodid. Tätig u. 86-87 b. „Company Loyd" in San Francisco-USA / Stud.-Bielefeld 87-91 FofG u. 91-94 Univ. (Kunst/Musik) / 92-95 grösstenteils in USA, ab 95 freisch., s. 97 selbst. in Feng Shui-Beratung u. Garten/Innenraumgest. / Ausst. u. a. 1989 Bremen (Wandbild), 96 Hamburg (Bühnenbildproduktion/Filmausst.-Entwürfe), 96/97 Bielefeld (Privatausst.-gen), 2000 Malaga-Sp. (Projekte) 2000- Bielefeld/OWL (Archiv), 03 Bielefeld (Q-Tour), + USA / **Lit.: 192**-01+03

Krieger, Volker (M/G/B/I/Film- u. Videok) / 1964 Unna- / lebt (2002) in Lünen u. Dortmund / 87-92 autod. Tätigk.-n in Unna / Stud.-Dortmund 92-98 Univ. (Kunst/Deutsch) / 2. Pr. Filmwettbew.-Aachen u. 2. Pr. Kurzfilmfest Hamburg / 99-01 Lehrt.-Unna, ab 01 Lünen / 97 Mitbegr./Ltg. (s.:) **G**r.-„Kunstknoten"-Dortmund / Ausst./Auff.-n u. a. Aachen/Hamburg, 1995-01 Dortmund (Künstlerhaus/Pauluskirche/Gal. im balou/3xUniv/Land-Art/U-Bahn), 96/97 Unna (Land Art/Lindenbrauerei/Gymnas), 97-02 Bönen (Kulturzentr), 98 Bad Nauheim (Gal.-Mach-Art), Iowa-City-USA, Bergkamen (Schering-Gal), 05 Detmold (Kaiserhof) / **Lit.: 134a**-05

Krieger-Lückgen, Angela (M/G/B) / 1955 Gelsenkirchen- / lebt (2006) in Essen / 74 Förder-Pr. Gelsenkirchen, 76-80 Stud. Univ./GH-Essen (Grafik-Des) / s. 04 Mitgl. „IGBK" u. „BBK-Westf." Dortmund / Ausst. u. a. 2005 Bo.-Wattenscheid (Technol.-zentr), 06 Gelsenkirchen (Wissensch.-park) / **Lit.: 3**-05(2)+06(1=gepl.)

Krines (Krines, Rosemarie) (M/Bühnen- u. Kostümb) / 1953 im Siegkreis- / lebt (2003) in Friesenhagen / Schreinerausb./Tätigkeit, Stud. FH-Köln (Kunst/Design), Studienauf.-halte in Frankreich/Mexiko / war an Theatern tätig, u. a. in Berlin/Düsseldorf/Bochum/Wuppertal/Karlsruhe/Hamburg u. Ferns.: WDR/SDR/SWF/ZDF/RTL / war s. 97 Mitgl. Gr.-„ASK"-Siegen / Ausst. u. a. 1998 Siegen (ASK), + NRW / **Lit.: 94 + 110d**-98 + „Krines" – Faltblatt – Dresden, 1999

Krings, Randolf (F/D/Vis.-Komm.-Des) / 1961 Bonn- / lebt (2005) in Frankfurt/M., Studio in Offenbach / Stud. FHD-Dortmund / 84 Focus-Pr., 01 Wettbew.-Pr. „TZ" / Ausst. u. a. in Dortmund/Bonn u. Barcelona

Krisch-Wemper, Isabel (Krisch, Isabel) (F/D) / 1966 Bielefeld- / lebt s. 2002 in Herne / 88-91 Fotogr.-ausb. u. Stud.-Bielefeld 91-98 FH (Vis.-Komm/Foto-Des) / 96 Gründung u. Mitgl. Gr.-„OCTA"-Bielefeld (dort Lit.!) u. 2000 Gr.-„Kunst u. Experiment" / Ausst. u. a. 1996 Bremen (Schlachthof/Gal. im Turm), Bielefeld (Hallenbad), 98 Lemgo (VHS), 99 Wanne-Eikel (Heimatmus), 2000 Herne (VHS), 2000- Bielefeld/OWL (Archiv), 2000/01 Bielefeld (Ravensberger Park/Atelier-Schillerstr/Kesselbrink), 03/04 Herne (VHS), 04/05 Bielefeld (WDR-Studio/Neues Rathaus), + OWL / **Lit.: 152**-01(S. 22) + **192**-01

Kristen, Fritz (B) / 1. 3. 1924 Wölfelsdorf/Schlesien – 12. 6. 1991 Köln / 46-48 Ausb.-Nienborg-Heek Wksch. f. christl. Kunst u. Holzbildh.-ausb. in Glatz-Schlesien / tätig ab 49 u. a. Dombauhütte-Köln / **Lit.: 195**

Kröger, Dorothe (M/I/Materialb.-k) / 1953 Uthwerdum/Südbrookmerland-Nieders.- / lebt (2005) in Dortmund / Stud.-Bo.-Wattenscheid 95-01 IfBKuK / 04 m. Susanns **B**ons Gruppe „Ohne Titel" / Ausst. u. a. 1997 Palalda (Mus), Bochum (IfbKuK), 98 Hagen (Gal.-Nova), Veszprem-Ungarn, 99 Dorsten (VEW), 2000 Soest/Hilden/Hefei-China/Dortmund, 01 Leeds-GB, Dortmund (Gal.-Fletch Bizzel), Kiel (Gal.-Mende), 02 „Unicef", 02/03 Dortmund-Mengede (Atelier), 04 Dortmund (Kokerei-Hansa), 05 Herten / **Lit.:** Internet

Kröger, Martin (K) / 1966 Paderborn- / lebt s. 2004 in Hundsdorf/Rhl.-Pfalz / 85-88 Keramikausb.-Eberbach/Neckar, 88-89 in Irland tätig, 89-94 Stud. GH-Kassel (Kunst/Keramik) b. Prof. R. Busz u. ab 05 in Dortmund / 92-04 eig. Werkstatt mit Ehefrau Rita de **N**igris in Wünnenberg-Helmern u. 97-01 Galerie in Paderborn, Atelier ab 04 in Hundsdorf / war Mitgl. „AdK"-OWL / Ausst. u. a. in Baldham/Höhr-Grenzhausen/Schweinfurt/Spiez-Schweiz/Vallauris-

Fr./Krasnojarsk/Voronez -GUS/Lubljana-Slow., 2002 Bad Wünnenberg (Int. Töpfermarkt), 04 Lemgo (Stadtgal), + OWL/N

Krohnen, Mario (O/Lichtobj) / 1968 Detmold- / lebt (2005) in Bielefeld / Autodidakt / Ausst. u. a. 2002-04 Halle/W. (Kunstnacht), 04 Bielefeld (Beaugrand-Kulturkonzepte), + OWL

Krones, Christel (M/Khw) / 1943 Munster/Elsass- / lebt (2006) in Hagen/W. / s. um 85 künstl. tätig, Malerei, Encaustic, Seidenmalerei / war Lehrt. Akad.-Weilheim u. ist Leiterin Sektion NRW des Kunstvereins „Encaustik", Lehrt./Kurse im eig. Malstudio – Hagen, z. Zt. Vors. Gr.-„Künstlergilde Hagen" / Ausst. s. 85, u. a. 2000-02 Hagen (Hasper Hammer/Stadthalle/Fernuniversität/Schloss Werdringen), 06 Graz/Wien/Salzburg (Messen), + N/INT / **Lit.:** 2x C. K.: „Encaustic" – Malen mit heissen Wachsfarben – 2002; „Encaustic für Fortgeschrittene" – 2005

Kronsbein, Friedrich (A) / 1932 Dortmund- / lebt (60) in Hannover / Stud. TH-Hannover / 59 BDI-Stip. / **Lit.: 214**-59

Kropp, Torsten (M/Z/Ill/B) / 1966 Castrop-Rauxel- / lebt (2002) in Herne / NEU: Stud.-Bochum Univ. (Politik/Kunstg/Theaterw.-u. a.) / 93-97 Karikaturist „WAZ"-Herne, ab 98 freiberufl. u. Lehrt. Jugendk.-schule-Wanne-Eickel / 97 Mitbegr. Kunstv.-„XX+X" / Ausst. u. a. in Bochum/Herne, 2000 Ratingen (Gal.-Kunstturm), 2000/01 Duisburg (ev. Bildungswerk/Gleis 3) / **Lit.: 142/142a**

Krüger, Carl s. Karl Heinz

Krüger, Gertrud (K) / 1930 Osnabrück- / lebt (85) in Osnabrück / nach Töpferausb. u. Tätigk.: Stud.-MS Wksch (Keramik) u. Hamburg (Malerei/Wandrelief) / Ehemann: Rudolf Krüger-Ohrbeck (M/B) * 1930 Schneidemühl/Pommern (Pseudonym: Krüger Rudolf) / ab 72 Werkstatt in Osnabrück u. Lehrt. / Mitgl.-„AdK"-BRD / Ausst. s. 70 in N/INT, u. a. 76 MS (Gal.-Clasing-Kuhstr) / **(s.=A/E)** / **Lit.: 53 + 62a**

Krüger, Heinz s. Karl Heinz

Krüger, Inge (M/G) / 1938 Bochum- / lebt (2002) in Havixbeck / Stud. Univ.-en Hamburg/ Tübingen/Paris/MS (Deutsch/Franz/Kunstg) / war Lehrt.-MS (Paulinum) / Weiterb.-Kunst bei Flensburg, im Ausland, in MS = Univ. (Korhammer) / Ausst. u. a. 2000 Havixbeck (Atelier), 02 MS (Haus Angelmodde)

Krüger, Karl s. Karl Heinz

Krüger, Karl Heinz (Carl/Karl/Heinz = alles der Gleiche?) (M/Entwurfz) / 5. 8. 1910 Barmen – 13. 4. 1984 Hagen / Stud. Kgsch-Elberfeld / Entwürfe für Stoffdrucke / war Mitgl. Gr.-„Hagenring" / Ausst. u. a. 1941/42 Dortmund (Kathar.-kloster), 44/46/47 Hagen (Mus), + Westf. / **Lit.: 1**-1 (=**H**einz) + **8a**-41(=**C**arl)+22 + **97**-46+47(=**C**arl) + **97b**-44(=**H**einz+**K**arl) + **216**

Krüger, Karl-Heinz (M?) / lebte um 1950/70 in Fröndenberg (* um 1945/50) / Ausst.-Beteil. Gr.-„Schieferturm" in Kamen / alle Daten unbekannt!

Krüger, Rolf (Industrie- u. Glasdes) / * 1939 – / lebt (2002) in Arnsberg / Stud.-Berlin 60-64 Wksch / s. 83 selbst. / Preise/Ausz.-gen u. a. in Essen/Stuttgart/Hannover, Bundes-Pr. „Gute Form" u. 1. Rosenthal-Studio-Pr. / **Lit.: 205**-94+97 + **205a**-89

Krüger, Rolf (Industriedes) / * 1954 – / lebt (83) in Hannover / Lit.: 205a-83

Krüger, Rosemarie (M) / * 1953 – / lebt (2004) in Steinfurt / Weiterb. VHS / Ausst. u. a. 1989 Steinf.-Borghorst (Barmer-Kr), 91/96 Kroosgang (Filiale Kreisspark-Steinfurt), 97 Nordwalde (Altenheim), 2004 Steinfurt (Kreisspark) / **Lit.: 206**-04

Krüger, Siegfried (O/I/Glask) / 1954 Dortmund- / lebt (2006) in Lünen / Stud. Univ.-Bochum (KunstgSoz.-wiss/Psych) / Werke in Westf. / Ausst. s. 1993, u. a. 2004/05 Lünen (Aktion-Lippe/Stadtgal), 05 Dortmund (Künstlerhaus) / **Lit.: 259**

Krüger, Susanne (M/Z) / 1961 Siegen- / lebt (2005) in Wilnsdorf / Autodidaktin / Lehrt. u. a. VHS / Mitgl. Gr.-„ARS"-Kreuztal/Siegen u. Gr.-„Indigo" / Ausst. s. 1986, u. a. 2000-02 Siegen (Kv/Karstadt/Autohaus/KÖ-Gal), 2000 Baden-Baden (Gal. „Der kl. Prinz"), Deutz (Alter Bahnhof), 01/02 Obersdorf (Pfarrheim/Heimatverein), 02 St. Andreasberg (Naturpark), Olpe (Frauenberatungsstelle), + Südwestf. / **Lit.: 110b + 110c**-04(m. Lit.)

Krug, Arnd (A/Dipl.-Ing) / 1956 Hagen- / lebt (2004) in Hattingen u. Wetter / Sohn des Manfred **Krug** / Stud.-Hagen 80-85 FH (Archit) / s. 85 Mitarbeit im Büro u. s. 89 „**R**auh ° **D**amm ° **S**tiller ° **P**artner"-Hattingen, ab 95 Geschäftsführender Geselschafter / Ausz./Werke siehe „**R**auh" / **Lit.: 197a**-99 + **219x**-99

Krug, Bernhard NEU: (Prof) (M/G/Plakat-k) / 1949 Berlin-Weißensee- / lebt (2005) in Dülmen / ab 85 Lehrt.-Marl u. 88-92 Sommerakad.-Bad Rothenfels, 94 Prof. Univ.-Greifswald / (Biografie in Beilage: CD-Ausgabe 2006)

Krug, Manfred (A) / * 1930 – / lebt (2004) in Hagen / Vater des Arnd **K**rug / Stud.-Hagen / Büro in Hagen, um 70/80 bis 97 Bürogem. m. B. v. d. **M**inde / Werke in Westf., u. a. Kirche in Hagen mit W. **F**unke u. v. d. **M**inde, in Bochum mit v. d. **M**inde: Evang. Gemeindezentr.-en in Bochum-Weitmar u. Bochum-Eppendorf (1. Wettbew.-Pr.) u. Ev. FH / **Lit.: 97x + 112d** (S. 46) + **146b+c**

Krull, Heinz (Heinrich) (M/G) / NEU:: 4. 2. 1917 Ummeln b. Bielefeld – 30. 7. 1973 Wuppertal / Stud. Kgsch-Bielefeld u. München/Stuttgart Akad.-en / **Lit.: 1**-3 + **216**

Krupp, Brigitte (M/Z/B/I) / 1955 Essen- / lebt (2002) in Herne / Stud. Univ./GH-Essen (Kunst/Geschichte/Päd) / Ausst. u. a. 1987/90 Herne (Flottmann-Hallen/Haus am Grünen Ring) / **Lit.: 142a + 142x**-87

Kruse, Bernd (Industrie- u. Werksdes) / 1949 Brunsbüttel- / lebt (2003) in Paderborn u. Altenbeken / Stud. HfBK-Braunschweig (Ind.-Des) / Ltg. m. U. **H**esselbach: „Wincor Nixdorf GmbH u. Co. KG“-Paderborn / viele Preise, u. a. 01 Ehren-Pr. NRW, 03 Design-Pr. NRW / Ausst. = N/INT / **Lit.: 205x**-01+03 + **205z**-97+03

Kruse, Hans-Joachim (A/Dipl.-Ing/Stadtplaner) / 1947 Starnberg- / lebt (2002) in Bielefeld / Stud.-Darmstadt 69-77 TH / 78-80 in Stuttgart tätig, ab 80 Büro „Kruse + Kruse“ (=Karl-Heinz **K**.) in Bielefeld / 93-99 Lehrt. FH-Detmold / Ausz.-gen: 95 NRW, 97 Medaille-Herford, 98 BDA-Pr. OWL, v. 80-2000 u. a. 15x 1. Preise / Mitgl.-„BDA“ / Werke in OWL (Herford) u. im MS-land (s. Lit.) / **Lit.: 112c** (S. 21) + **197**-95+97+01 + **197d** (S. 62) + **213a**-99

Kruse, Karl-Heinz (A/Dipl.-Ing/Stadtpl) / 1915 Spenge- / lebt (2002) in Bielefeld / Stud.-Darmstadt/München 35-37 TH (Flugzeugbau) u. München 45-50 TH (Archit) / s. 53 Büro in Bielefeld, ab 80 Büro „Kruse + Kruse“ ebd. (Hans-Joachim **K**.) / Ausz.-gen: 95 NRW, 97 Medaille-Herford, 98 BDA-Pr. OWL, v. 80-2000 u. a. 15x 1. Preise / Mitgl.-„BDA“ / Werke in OWL (Herford) u. MS-land (s. Lit.) / **Lit.: 112c** (S. 21) + **197**-95+97+01 + **197d** (S. 62) + **213a**-99

Krusel, Manfred (B) / 1939 Bottrop- / lebt (92) in Bottrop / freisch., Werke s. 76 / Ausst. u. a. in Bottrop, 1980-85/87-91 Telgte (Mus) / **Lit.: 185**-80...85+87...91

Kruthoff, Heiner (B/O/Goldschm.-u. a.) / 1932 Essen- / NEU: lebt (2006) in Siegmaringen / 62-04 Mitgl. „Kü.-siedlung Halfmannshof“ – Gelsenkirchen / (Biogr. in Beilage: CD-Ausgabe 06)

Kube, Christine s. „**N**iessing“ – Vreden

Kube, Timo (O/I/M) / 1977 Harsewinkel- / lebt (2006) in Münster / Stud.-MS 98-01 Univ. (Päd) u. 98-05 Akad., 03 Meisterschüler, Stip.-Stud.: 02/03 Genf u. 04/05 Univ. of the Arts London / 02 Erasmus-Stip. Genf-Schweiz u. 04 DAAD-Stip. f. London / Ausst. u. a. 2002 MS (Hörsterstr.), 03 Genf (BH 9), 04 MS (CUBA/Halle Am Hawerkamp), Recklinghausen (Kunsthalle) Wuppertal (Barmenia-Vers), Oberhausen (Kv), MS (Off. Atelier=Gast Hafen Speicher II), 05 Duisburg (Cubushalle), Moers (Peschkenhaus), Krefeld (Kv), Dortmund (Künstlerhaus) / **Lit.: 64x**-05+06 + **229**-04

Kubisch, Christina (Prof) (O/I/Klang- u. Lichtk) / 1948 Bremen- / lebt (2006) in Dahlwitz-Hoppegarten / Stud.-Stuttgart 67-68 Akad., Zürich 72-74 u. a. Musikhochsch., Mailand 80-81 Techn. Inst. (Elektronik) / 74-80 Konzerte/Perf.-s in N/INT / 88 BDI-Pr. u. Stip. Worpswede, 94-95 Atelier-Stip. Berlin, Stip. DAAD f. Paris, 2000 Kompos.-Stip. Senat Berlin / Lehrt.: 89 Gastdoz. Akad.-Maastricht, 90/91 Akad.-MS, 91-94 Gastprof. HdK-Berlin, 94/95 Gastprof. in Paris, s. 94 Prof. HfBK-Saarbrücken / Werk im Lichtkunstzentr.-Unna / Ausst. u. a. 1987 Kassel (documenta(K), 89 München (Kunstraum), 90/03 Marl (Mus), 91 Essen (Gal.-Heimeshoff), 93 Karlsruhe (Mus), 94 Schwalenberg, 98 MS (Geol.-Mus), 2003 Unna (Zentr. f. Lichtkunst), 04 Hamm (Innenstadt), 06 Oberhausen (Gasometer), + N/INT / **Lit.: 26a**-05 + **105b** + **137** + **181x**-1 + **230a** + K = Katalog + In: „Zentrum für Internationale Lichtkunst Unna“ – Die Sammlung – Unna, 2004

Kubitza, Manuel (F/D) / 1966 Essen-Werden- / lebt (2001) in Köln / Stud.-Dortmund 89-99 FHD / 93 Focus-Pr. FHD-Dortmund / ab 95 selbst. in Köln / Ausst. u. a. 1993/2001 Dortmund (Mus. f. K. u. K.), 99 Dessau (Bauhaus), Recklinghausen (Kreisspark) / **Lit.: 182**-98 + **202**

Kubot, Karin (Khw = Porzellanpuppen) / 1942 Kassel- / lebt (2005) in Kreuztal / bis 94 Puppenmacherinausb. u. „Doll Product Teacher“, 96 Puppenmachermeisterin / Ausz.-gen = INT / Mitgl. „Doll Artisan Guild“ – USA / Ausst. u. a. in Bregenz/Weidenau/Braunfels, + INT / **Lit.: 110b + 110c**-04

Kuck, Roland (M/G) (Autor) / lebt (2005) u. a. in Bochum-Wattenscheid / Stud. Malerei/Grafik / s. 88 freisch. (Ill/Airbrush) / Lehrt. IfBKK-Bo.-Wattenscheid u. Gast Kunsthochsch.-Hefei in China / Mitgl. „VFDK“, „IAOAA“ (Int. Ass. of Airbrush-Artists) u. „AGD“ / Ausst. u. a. 2005 Bochum (Kunst- u. Galeriehaus), + N/INT

Kudszus, Ulrike (T/O/D) / 1944 Kaiserslautern- / lebt (2004) in Unna / NEU: Stud.-Mainz 63-67 FH f. Wiss./Design (Grafik-Des) / 67-80 Art-Direktorin in Werbeagenturen/Firmen, ab 80 Textildes.-in / Mitgl. „AdK"-Südwestf. / Ausst. u. a. in Frankf.-M./Hamburg/Dortmund, 83/85 Wesel/Cappenberg (manu factum), 1987 u. a. Dortmund (Signal-Vers), 2000 MS (Gast-AdK-MS: HBZ), + NRW / **Lit.: 48c**-87+99+03 + **48x**-83+85

Kübeck, Maria (Masken- u. Kostümb/Video- u. Perf.-k) (Schauspielerin/Kabarettistin) / * 1948 in Sachsen- / lebt s. 80 in Halle/W., 2003 in Borgholzhausen, Atelier in Halle/W. / Stud.-Hamburg (Kunst/Erz.-wiss/Vis. Komm) / Lehrt. (Medienpäd.- u. Weiterb.-pädagogisch) / Gründung v. Kabaretts, u. a. das Maskentheater „Gegenlicht" u. Frauenkabaretts in Halle/W. (selbst: alias „Frau Wachner") / Ausst. u. a. 2001- Bielefeld/OWL (Archiv), 01 Bielefeld (Stadtbibl), 02-05 Halle/W. (Off. Atelier/Kunstnacht), 03 Bielefeld(2x)/Paderborn-Borchen (Q-Tour) / **Lit.: 152b**-02...05 + **192**-01+03+04

Küchler, Timo (Dipl.-Schmuckgest/Produktdes) / 1960 Backnang- / lebt (2005) in Stuttgart / 80-89 Goldschm.-vorprakt./Stud. FH-Schwäb. Gmünd (Dipl.-Schmuckgest), 87 Praktikum in Köln u. b. W. Wittek in Vreden, 89-91 in Ulm tätig, ab 90 „Büro f. Gest. Küchler, Produkt- u. Schmuckgest.", s. 99 „beyond design" m. Udo Schill in Stuttgart / Gastdoz.: 93 HfK-Berlin, 98 HfG-Schw. Gmünd / u. a. 94-99 freisch. für „Niessing" in Vreden tätig (Schmuckgest) u. ab 2000 u. a. dort Des.-Management / Ausz.-gen: u. a. 91 Design-Plus, 94/95/96/97/2x98/01/04 8x red dot award Essen, 96 Preis Tokio/Jap., 97 Ehren-Pr. NRW, 98+2000 Deutscher Pr. f. Kommunik.-Des., 99 Award „IF"-Hannover / **Lit.: 205z**-94...98+01+04

Küchler-Mocny, Anetta (M/B/I/Perf.-k) / 1970 Bydgoszcz/Polen- / lebt (2006) in MS / NEU: Stud.-MS 98-06 Akad. / (Biografie in Beilage: CD-Ausgabe 2006)

Kückelhaus, Annette (Anne) (M/F/I) / 1977 Münster- / lebt (2005) in MS / NEU: Stud.-MS 96-05 Akad. (Kl. Fischer+Ulrichs), 04 Meisterschülerin / (Biografie in Beilage: CD-Ausgabe 06)

Kügler, Gerhard (O) / 1959 Belecke- / lebt (2005) in Warstein-Belecke / Stud.-MS um 81/82 Akad. / Ausst. u. a. 2005 Recklinghausen (Kunsthalle), Ingolstadt (Kv) / **Lit.: 256**

Kügler, Ubbo (M/Z/O/I) / 1964 Wilhelmshaven- / lebt (2005) in Düsseldorf / Stud.-MS 87/88 Akad., Berlin 89/90 HfBK u. Düsseldorf 91-93 Akad., 93 Meisterschüler / 91 = 1. AEG-Kunst-Pr. Nürnberg, Anerkennung „Jac-Collage-Pr."-Wuppertal, 94-95 Lehrt.-Neuss u. 98 Austausch Düsseldorf – Aufenth. En Hood-Israel / Ausst. u. a. in Düsseldorf/Nürnberg/Köln/ Völksen/Thun/Essen, 1991 Wuppertal (v.d.-Heydt-Mus), 98 En Hood-Isr./Basel, 2000 Bad Waldsee (Kl. Gal), 01 Osnabrück (Gal. im Dreikronenhaus), Lübbecke (Kv), 02 Frankf.-M. (Art-Frankf.), 05 Herne (Stadtgal) / **Lit.: 86**-05 + U. K.+E. Oellers: „Ebsco" – Ausst.-kat. – Düsseldorf, 1999

Kühn, Christine (M/I) / 1953 Osterbrock/Emsland- / lebt (2005) in Hilchenbach, Atelier in Berlin / NEU: ab 98 Lehrt. Fachsch. f. Soziale Berufe in Biesenthal/Lobethal u. s. 03 Kath.-Hochsch. / (Biografie in Beilage: CD-Ausgabe 2006)

Kühn, Erich (Prof) (A) / 1902 Lütgendortmund – 1981 / bis 26 Stud. in München/Berlin / war tätig in Lütgendortmund, Kassel/Merseburg/Berlin/Eberswalde und Minden, ab 53 Lehrt. (Prof) TH-Aachen u. im Planungsbüro „Kühn/Meurer/Cloeren/Danke" / Werke = N (Aachen, u. a. RWTH) / **Lit.:** Internet

Kühnholz, Erich (B) / * 1926 – / lebt (2005) in Hagen/W. / Autodidakt / Mitgl. „Bund der Kriegsblinden Deutschlands" / Werke in Westf., u. a. in Hagen/Brilon/Gelsenkirchen / Ausst. u. a. 1989/2004 MS (L.-versorgungsamt/Handwerkskammer), + NRW

Kündahl, Roland (M/Z) / 1942 Fulda- / lebt s. 52 in Bielefeld / Lithogr.-ausb. / 02-04/06 Lehrt. Sommerakad. Hohenaschau / Ausst. u. a. 2000 Hamburg (Hotel Maritim), 01 Bielefeld-Brackwede (Rathaus), 02 Hohenaschau, 03 Bielefeld (WDR-Studio)

Künemund, Holger (Kommunik.-Des/I) / 1966 Lippstadt- / lebt (2003) in Wuppertal / Stud.-Bielefeld 88-93 FHD (Vis.-Komm) / s. 94 Büro m. Ute **B**egemann i. Wuppertal / Ausst. u. a. 1991 Herford (D.-Pöppelm.-Haus), 92 Bad Oeynhausen (Haus des Gastes), Marl (Mus), Wanderausst.-OWL, 93 Bielefeld (Gal.-artists unlimited), 95 Lemgo (Städt.-Mus) / **Lit.: 114d** (+Umschlaggest.) + **230b-6** + U. Begemann/H. K.(Hg.) + in: „Malerschule Lemgo" – Lemgo, 1995

Künne s. Nachtrag 1: Gold- u. Silberschmiedekünstler

Künnemann, Gustav (M) / NEU: 1906 Metten/Westerkappeln – 19. 11. 1998 Velpe b. Westerkappeln / lebte in Westerkappeln-Velpe / (Biografie in Beilage: CD-Ausgabe 2006)

Künsch, Ingrid (M) / 1939 Düsseldorf- / lebt (2005) in Kamen / s. 68 Mitgl. „KB-Schieferturm"-

Kamen / Ausst. u. a. Kamen (KB: u. a. Rathaus/Stadthalle/Marktplatz), 2004 Kamen (Haus der Geschichte/Waldaktion-Methlar)

Künstlerei Moses s. Schumann, Markus Josef, geb. Eusterholz

Küper, Annette (Mode-Des) / 1965 Rietberg- / lebt (2006) in Köln / 81-84 Damenschneiderinausb. u. Stud.-Bielefeld 85-92 FHD (Mode-Des) / 92 Förder-Pr. IHK-Hagen / 90-93 Mitgl. „artists unlimited"-Bielefeld, ab 93 Atelier f. Mode-Design „Küper, Peters – Modemachen" – Düsseldorf/Bonn, ab 99 Köln / Ausst. u. a. in Bielefeld/Nancy -Fr./Düsseldorf, 1992 Hagen (Mus), 94 Poperinge/Brügge/Sluis-Westflandern / **Lit.: 35a + 262**

Kürmann, Eva (D/Vis.-Kommunik) / * 1968 – / lebt (2002 in Dortmund / Stud.-Dortmund 91-96 FHD / s. 96 Büro: Kirsch Kürmann Design"-Dortmund / **Lit.: 205a**-01

Kürten, Carlernst (B) / NEU: 1921 Waltrop – 2000 / lebte in Unna / (Biografie in Beilage: CD-Ausgabe 2006)

Kürten, Kurt (M/G) / 1920 Elberfeld – 1993 Schwelm / war Heimatforscher u. Freizeitmaler / viele Jahre Illustrator des „Langerfelder Kalenders" (Wuppertal) / **Lit.: 216**

Kürtz, Alexandra (O/I/Z/F/Perf.-k) / 1970 Köln- / lebt (2006) in Bonn / Stud.-Köln 89-94 Univ., 2000-05 Univ.-MS u. 99-05 Akad.-MS, 04 Meisterschülerin / 94 Design-Pr. NRW (Essen), 02 Kunstförderplatz Bonn(K), 02-04 Atelier-Stip. Bonn, 03 Stip. Nieders. / s. 93 Kuratorin an Museen u. ab 94 Lehrt. u. a. in Köln/Siegen/MS/Lohmar/Bonn/Osnabrück / Ausst. u. a. 1994-98 Aachen (5xForum Ludwig(K), 96 Bocholt (Industr.-mus), 97 Köln (Stollwerkhaus(K), Detmold (Freilichtmus), 01 Gronau (Atelierhaus), Stuttgart (Flughafen(K), Gelsenkirchen (Wissensch.-zentr), 02/03 Bonn (Kv(K)/Frauenmus(K), Tecklenburg (Kr.-Heimathaus), 02 Brakel (Stadtmus), MS (Geol.-Paläont.-mus/Halle Am Hawerkamp), 03 Osnabrück/Bonn/Detmold/ Brakel/Aachen, 03/04 Köln/Amsterdam/Chicago, 04 MS (Akad/Kv.+Aktion-Marktplatz/uniArt), Herford (MARTa-Lounge), Hörstel-Gravenhorst (Kloster), Istanbul/Türkei (Akad), 05 Detmold (Freilichtmus), Worms (Kv), Berlin (AnyWay-Gal), Bonn (Kv/Kü.-forum), MS (Wewerka Pav), 06 (Gast: Off. Atelier-Hafen Speicher II) / **Lit.: 18**-05 + **69**-02+03 + **82c** + **229a**-04 + **231b+c** + **245**-04 + K = Katalog

Kufus, Axel (Prof) (Möbeldes) / 1958 Essen- / lebt (2003) in Berlin u. Weimar / Stud.-Berlin / s. 93 Prof. in Weimar / Ausz. u. a. 03 red dot award Essen m. Günter Twellmann f. „Ninkaplast GmbH" – Bad Salzuflen / **Lit.: 205d + 205z**-03

Kufus, Thomas (Filmk) / * 1957 (Recklinghausen oder Essen?)- / lebt (93) in Berlin / s. 83 Mitarb. u. ab 90 eig. Filme / Auff. u. a. 1988/92 in MS / **Lit.: 196**-88+92

Kugel-Erbe, Ute (M/G/Ill/F/O/T) (Lyrikerin) / * 1929 – / lebt (2005) in Gütersloh / NEU: 47-52 Gebrauchsgrafikerinausb. u. Stud. Wksch-Wuppertal (Malerei/Grafik-Des) / s. 55 Ill.-en/Fotogr. für Kinderbuch/Gedichte/Kalender/Bildbände, Gobelins/Collagen/Objekte/Malerei / 88 = 1. Frauen-Fotowettbew.-Pr. / Ausst. u. a. in Freiburg/Hamburg/Graudenz-Polen/Köln/Berg.-Gladbach, 1987 Hagen (Mus), 92 Gronau (Kunstkr), 92/95/99/01 Gütersloh, 93 Halle-W./ Versmold, 94/03 Herzebrock-Clarholz, 95/96 Rheda-Wiedenbrück, 2001- Bielefeld/OWL, 02/ 04 Gütersloh (Mediothek/Kreishaus/Atelier) / **Lit.: 133**-94Anh. + **191** + **191b**-04 + **192**-01

Kuhl, André (Filmk) / 1964 Wuppertal- / lebt (2002) in Köln / Stud.-MS ab 85 Akad. (Filmkl) / 90 Zus.-arb. m. C. Gliese u. J. Hintzer / Auff. u. a. 1990/92 in MS / **Lit.: 196**-90+92

Kuhlbusch, Edmund (M) / 1922 Hamm- / lebt (2005) in Paderborn / Stud.-Meisterkl. f. Gebrauchsgrafik Darmstadt u. Akad. (Malerei), Beteil. 90-200 Sommerakad.-Paderborn / s. 95 Mitgl. Kü.-gr.-„Off. Atelier"-Paderborn / Ausst. u. a. in Borchen (Rathaus), Paderborn (Stadtg. /Bonifatius-Druckerei/Kulturwerkst/Gal.-Asmuth), Verl/Bad Lippspringe/Burg Dringenberg/ Kloster Dalheim, Lippstadt (Gal.-Pawlick), 1995-05 Paderborn (Off. Atelier), 03/05/06 Paderborn (Haus der Evang. Kirche/"IN VIA-Akad."-Meinwerk-Inst/Nixdorf) / **Lit.: 101b**-02…05

Kuhlmann, Christa (M/Z) / lebt (2001) in Vreden / s. (um) 81 Malerei / Ausst. u. a. 1994/2001 Gelsenkirchen (Benefizausst/Foyer-Marienhospital), + MS-land/Niederrhein

Kuhlmann, Karin (M/G/D/F) / * 1948 – / lebt (2004) in Verl / Grafik/Fotografie-Ausb./Tätigk., ab 76 tätig in versch. Agenturen, s. 96 auch Fotocollagen / Ausst. u. a. 1996 Ottawa-Kanada (Corel-Center), 2001 Juárez-Mexiko (Mus), Florenz (Biennale), 02 Westhausen/Heiningen, Hilo-Hawai (Intern.-Cyberart) / **Lit.:** Internet

Kuhlmann, Otto (Prof) (A) / 1873 Detmold – ? / lebt (1930) in Berlin-Charlottenburg / Stud. TH-B.-Charlottenburg / 1903 Gr. Staats-Pr. Akad. d. Künste / 08 Prof., 18 Geh. Hofbaurat / Werke in Detmold/Berlin/Mähren/Österr. + N / **Lit.: 24**-22 + **34**-8,2+9,2

Kuhn = s. Büro: „**B**uhlke . Kuhn Architekten" – Dortmund / **Lit.: 197a**-99

Kuhn, Sabine (Z) / 1964 Osnabrück- / lebt (2004) in Bielefeld / Stud.-Bielefeld ab 96 FHD / Ausst. u. a. 1997 Bielefeld (FHD), 2002 Lemgo (Stadtgal), 03/04 Bielefeld (KV/Beaugrand-Kulturkonzepte) / **Lit.:** In: „Zeichnung und Malerei" – Ausst.-kat. – Städt.-Gal. Haus Eichenmüller – Lemgo-Brake, 2002

Kuhnert, Walter (A) / 1899 Bielefeld – 1983 Berlin / Stud. Baugewerkesch.-Berlin / gemeins. Atelier m. Karl J. Pfeiffer in Berlin, 32-37 Werke in Berlin u. Potsdam / war Mitgl. „DW" / **Lit.:** In: Myra Warhaftig: „Deutsche jüdische Architekten vor und nach 1933 – Das Lexikon" – Berlin, 2005

Kuhnt Fischer, Iris („Kufi") (A/Bauing/M/Coll.-k/Wandm) / 1968 Calau b. Berlin- / lebt (2004) in Hagen-Hohenlimburg / Ausb.-Maschienbau u. Stud.-Bauwesen / Bauing.-in/Architektin, als Malerin Autodidaktin / Ausst. s. 1999 / **Lit.:** Internet

Kula, Raphaela (M) / 1964 Detmold- / lebt (2005) in Bielefeld / s. 03 Mitgl. „FrauenKunstforum"-OWL / Ausst. u. a. 2002 Pad Pyrmont (Rehaklinik), 03 Bielefeld (Q-Tour) 04/05 Bielefeld (Off. Atelier), + OWL / **Lit.: 152**-04+05 + **192**-01(=ab 03)+03+04

Kulka, Peter (Prof) (A) / 1937 Dresden- / lebt (2004) in Köln / bis 58 Ing.-stud. u. 58-64 HfBK Berlin-Weißensee (Architektur) / ab 69 freisch. ab 79 Büro in Köln u. s. 91 auch Dresden / 86-92 Prof. TH-Aachen / Mitgl. „BDA" / Wettbew.-Preise/Werke (s. Lit.+Internet) u. a. in Bielefeld/Köln/Dresden, Ausz.-gen in OWL = s. **K**öpke, Klaus (70-79 Zus.-arbeit), 79 BDA-Pr. NRW (Univ.-Bielefeld), 99+02 Archit.-Pr. NRW / Ausst. u. a. 1975/2001 Bielefeld (Kunsthalle/Kv), + N/INT / **Lit.: 197**-95+97 + **197d** (S. 42-45) + **213a**-99+02 + **219**-02 + Publik.-en siehe im Internet

Kumpf, Brigitte (T=Patchwork/Quilt) / 1950 Marl- / lebt (2005) in Warendorf / Lehrt.-Ahlen (Musik) / s. 90 Weiterb.-kurse bei In- u. Ausländ. Quiltkünstlerinnen (u. a. H. v. d. Mehden in MS) / ab 91 Mitgl.-„Patchworkgilde"-Deutschl. e.V. u. s. 03 Gr.-„quilt 4" / Beteil.-Symposien /Workshops: 01 Berlin, 01/02 jurierter Europ. Wettbew.-Breda/NL, 02 Stuttgart / Ausst. u. a. 1999 Warendorf (Autohaus Bunte), Dortmund (Atelierfest), 99/2000 Warendorf (Josephs-Hospital), 01 Warendorf/Ahlen/MS-Wolbeck, 01/02 Breda-NL, 02/05 Warendorf (Hist. Rathaus/ Innenstadt), 03 MS-Hiltrup (Kulturwoche), 04 MS (Gal.-König), Everswinkel (Gal.-Kunstraum)

Kunath, Tatjana (F/D/I) / 1978 Frechen bei Köln- / lebt (2005) in Köln / Stud.-Düsseldorf 97-2000 FHD (Grafik-Des), 99 Praktik./Assistenz in Köln (Werbefotogr), Stud.-Dortmund 99-04 FHD (Foto-Des) / Ausst. u. a. 1998 Düsseldorf (FH), 2001 Beteil.-Wanderausst.-„AGI" = von Köln bis Cottbus/Paris, 01-03 Dortmund (FH), 03 Dortmund (Mus. f. K. u. K.) Hildesheim (Kv), 03/04 Köln/Hamburg/Berlin/München, 04 Essen (Lohnhalle-Zollverein), 05 Mannheim (Fototage), Neunkirchen-Saar (Stadtgal), 05/06 Washington/Casablanca/Rabat/Brüssel (Goethe-Institute), 06 Berlin-Friedrichshain (Kommunale Fotogalerie) / **Lit.: 203**-03 + **203d** + In: „Anschläge gegen Rechte Gewalt" – Mainz, 2001; In: „Wo ist die Kunst?" – Bielefeld, 2004

Kunen, Alfons (M/B/O/Z) / 1923 Neheim-Hüsten- / lebt (2004) in Recklinghausen / Vater des Detlef **K**. / Stud.-Ing./Maschinenbau u. Tätigkeit 50-82 / Autodidakt, ab 83 freisch., 87-02 Beteil.-Projekte/Wettbewerbe/Symposien in Gladbeck/Selm+Polen / s. 98 Mitgl.-„Vest.-KB"-Recklingh. / **E**.-Ausst. u. a. 1990 Arnsberg/Herten, 92 Gladbeck, 92/96 Krakau-PL, 93/95 Berlin, 94 Arnsberg (Mus), 94/98 Recklinghausen (Kreisspark/Kutscherh), 96 Dorsten (Jüd.- Mus), 97 Remscheid/ Tschenstochau-PL, 99 Nordkirchen (Schlossgal), Chelm-PL, 2000 Breslau/Krakau/Radom-PL, Vechta (Kv), Selm-Cappenberg (Stiftskirche), 03 Chodziez/Lodz-PL /Dresden/Amersfoort-NL, Rehau (Archiv-Gomringer), MS (Hittorfgymn), Recklinghausen (Vest.-Mus) / Ausst.-**bet**. s. 1988, u. a. in Polen, 1997/2003 Recklinghausen (Vest.-Mus/V.-KB), 99 Liesborn (Gast Gr.-„konkret") = über 50 Beteiligungen in N + Polen / **Lit.: 188**-03 + „A. K. – Skulpturen" – Selbstverl., 1992; „A. K." – Konkrete Position – Ausst.-kat. – Mus. Stadt-Gladbeck, 1993; „A. K." – Ausst.-kat. – Mus.-Arnsberg, 1994; „A. K." – Ausst.-kat. – Jüdisches Mus.-Dorsten, 1996 // „A. K." – Ausst.-kataloge in Polen: Krakau = 1996+2000 (Faltblatt) / Tschenstochau = 1996 + Beteil. 1997 / Chelm = Beteil. 1998 / Breslau = 2000 // „A. K." – Geometrie u. Kunst – Ausst.-kat. – Schlossgal. Nordkirchen, 1998 // Vertreten in folg. Ausst.-katalogen: „Geometrisch – Konkret" – Produz.-gal.-Dülmen, 2001 – desgl. Teil II + IV – 2001+2002; „Den Enda Dimensionen" – Härnösand-Schweden, 1999; „gruppe konkret mit Gästen" – Hg.: u. a. „gruppe konkret" – Bonn, 1999

Kunen, Detlef (B/K/D) / 1958 Recklinghausen- / lebt (2005) in Dülmen / NEU: Sohn des Alfons **K**. / (Biografie in Beilage: CD-Ausgabe 2006)

Kunert, Andreas (F/D) / 1972 Marl- / lebt s. 05 in Köln u. Stuttgart / 94 Fotopraktikum in Köln, Stud.-Dortmund 95-01 FHD, 97-2000 Fotoassistentin / 02 Lehrt. FHD-Dortmund, 02-04 in Köln tätig, ab 05 selbst. / s. 01 Mitgl. „BFF" / Ausst. u. a. 1998 Peking (m. Workshop), 2002 Köln (Gal.-Sander Digital), 04 Köln (Photokina), 05 Düsseldorf, Stuttgart (Fotosommer)

Kunert, Horst (M/Coll.-k) / 1929 Tetschen-Bodenbach/Böhmen- / lebt s. 80 in Dülmen-Buldern / Stud. FH-Stuttgart (Grafikdes) u. Akad. (G/F/Public-Relations) / vollst. Biografie = s. Lit., u. a. Bild- u. Textjournalist in MS / Ausst. u. a. 2003 MS (Unicef), + MS-land/NRW / **Lit.:** H. K.: „Meine Documenta zweitausend" – Kleine-Druck – Dülmen, 1999

Kunkel, Thomas (K/O/D) / 1958 Bochum- / lebt (2005) in Bogen / 79-82 Keramikerausb. in Haindling, 86 Meisterprüfung / Werke in Süddeutschl. / Ausst.-gen in Bayern / **Lit.: 26a**-05

Kunze, Christa (M/Z/Glask) / 1948 Herne- / lebt s. 75 in Wuppertal / 84 Gründung Studiogal. in Wuppertal-Wichlinghausen, 85-92 Lehrt. kath. Fam.-bildung (Glaskunst), danach Malereiausb. „Famous Art.-School"-München u. Privatkurse / Mitgl. Gr.-„Kreis kreativer Frauen"-Wuppertal-Ronsdorf / Ausst. u. a. in Wuppertal u. Oer-Erkenschwick / **Lit.: 216**

Kunze, Friedrich (M) / lebt (1948/57) in Herne / Autodidakt / Ausst. u. a. 1999 Herne (Stadtgal) / **Lit.: 143aa+b**

Kunze, Michael (F/D) / 1980 Frankfurt/Oder- / lebt (2006) in Wien / Stud.-Dortmund 01-05 FHD u. ab 06 Stud.-Wien-Österr. / Ausst. u. a. 1998 Berlin (DGF), Magdeburg („Maritim"), 2002/ 04/05 Dortmund (FHD), 06 Gelsenkirchen (Wissenschaftspark) / **Lit.: 203E**

Kunze, Roswitha (M) / 1943 Schwanenstadt/Öst.- / lebt (2005) in Bad Berleburg / Mitgl. „Wittgensteiner Kunstges." / Ausst. u. a. in Bad Wildungen/Salzburg, Dauerausst.-Bad Berleburg (eig. Restaurant) / **Lit. : 110b + 110c**-04

Kupczyk, Michael (Filmk) / 1971 Lünen- / lebt (2003) in Dortmund / Stud. FH-Dortmund (Kamera) / Film-Auff.-gen u. a. 2003 MS (mit D. Schreiber = Filmfestival) / **Lit.: 196**-03

Kupfer, Barbara (M) / 1977 Filderstadt- / lebt (2006) in MS / Stud.-MS ab 01 Akad. / Ausst. u. a. 2003 Emsdetten (Gal.-MS-land), 05 Moers (Peschkenhaus) / **Lit.: 64x**-05 **+ 229**-03

Kupke, Kurt (B) / * 1904 – ? / lebte in Dortmund / weitere Daten nicht bek. / **Lit.: 98a**

Kuprianoff, Ria (M) / 1917 Paderborn – ? / lebt (2004) in Karlsruhe / Stud. Akad.-Karlsruhe / 60-75 eig. Kindermalschule / war Mitgl. „GEDOK"-Karlsruhe / Ausst. u. a. in Paris, + N / **Lit.: 26a**-05**+27**-2**+53**

Kuptz, Ursa (B) / 1937 Paderborn- / lebt (2005) in Nieheim-Himmighausen / um 59/60 Bildh.-ausb. bei Fr. Viegener, Aufenth. in Irland, Stud. PH-Paderborn (Kunst/Päd), Weiterbild.-kurse bei Erika Stumpf (Malerei), Wolfg. Schaumann (Bildh) u. Kunstakad.-Hohenaschau (Zeichnen) / war Lehrt., Werke in Ostwestf., 01 Denkmal in Nieheim / Ausst. u. a. 1996 Hannover (Messe), 97 Nieheim (Schloss Holzhausen), 2002/03 Brakel (Schloss Rheder), 03 Bad Meinberg (Kurpark), 04/05 Nienhausen (Off. Atelier), + OWL / **Lit.: 101b**-04+05

Kurth, Mirco (G/D) / * 1974 – / lebt (2006) in Gelsenkirchen / Stud. Ruhrakad.-Schwerte (G/D) / 05 = 3. Design-Pr. NRW / war als Designer in Düsseldorf/Wuppertal u. Dortmund tätig, danach „mircommedia"-Büro in Gelsenkirchen, Gründer/Hrsg./Gestalter/Verleger des Fachmagazins „CO & CO" / Ausst. u. a. 2005 Essen (Designmus)

Kurth, Ruth (M/Z) / 1932 Klafeld/Kr. Siegen- / lebt (2005) in Siegen / nach Arbeiten als Autodidaktin: Weiterb.-kurse in N/INT, ab 92 Siegen Univ./GH u. 94 Steffeln Akad. f. Bild. Kunst, 95-99 USA-Aufenth.-te, Stud. der indian. Kunst / Mitgl. Gr.-„Kunstkr. Siegerland" / Ausst. u. a. 1991 Bochum, 92 Hamburg, 93 Herne, 94 Marburg-Lahn, 96 St. Paul-Minnes./USA, 97 Millstatt-Österr., + Südwestf. / **Lit.: 110b** (m. Lit.) **+ 110c**-04

Kurtz (A) / lebt (2000) in Dortmund / Zus.-arb. der Büros: Kurtz/Saitner/Kleihues/Post/Wachten/ Zlonicky in Dortmund / Werke in Dortmund (Technologiepark) / **Lit.: 197b**-99

Kurtz, Gerhard (F/D) / * 1971 – / lebt (2006) in Dortmund / Stud.-Dortmund 95-03 FHD / s. 03 freisch. / 05 = 2. „Aenne-Biermann"-Pr. – Gera / Ausst. u. a. 2005 Gera (Mus), Bochum (Bastion/Widumerstr. 11)

Kurz, Hermann (M/G/O) / 1941 Siegen- / lebt (2006) in Duisburg / Stud. FH-Weidenau/Siegen, Wksch-Wuppertal u. Akad.-Düsseldorf, Meisterschüler / ab 69 Lehrt. / Mitgl. v. Vereinen in Essen/Mülheim u. Düsseldorf / Ausst. u. a. Neukirchen-Vluyn (Kulturhalle), 2001/02/05 Düsseldorf (Messe/Kunstpalast), + NRW / **Lit.: 107**-66+01+02+05 **+ 216 + 238**-04 + In: „kulturaktiv" – Mülheimer Kulturhandbuch – 1998

Kurze, Nicola (M/Des/Fassadengest) / 1965 Hagen/W.- / lebt (2005) in Hagen / Stud.-Dortmund

84-89 FHD (Obj.-Des/Bühnenbild/Filmausst) / 92 Mitbegr. Gr. „Kooperative K"-Hagen-Haspe / Ausst. s. 1989, u. a. i. Hagen/Hagen-Haspe, 2002/05 Hagen (Mus) / **Lit.: 97**-02+05 + **97d**

Kurzrock, Brigitte (M/Innenarchit) / 1957 Wuppertal – 2003 / lebte in Haan u. hatte Atelier in Wuppertal / Stud.-Wuppertal 78-84 Innenarchit. u. Bo.-Wattenscheid 95-99 IfBKuK, 98 Meisterkl. Prof. Yang / ab 2000 Mitgl. „GEDOK"-Wuppertal / Ausst. u. a. 1997-99 Bochum (Junge Kunst), 98 Essen (Zeche Zollverein), 99/2000 Frankf.-M. (Messe), Hefei-China/Krefeld/Essen, 2000 Ratingen (Kreiskunstausst), 01 Finnland/Ennepetal/Bad Honnef, Wuppertal-Barmen (Kunsthalle), 2001/03 Bocholt (SEB-AG/Kunsthaus), 02 Münster (Kv.-Sentmaring), Hilden/ Wuppertal, 03/04 Essen (Gal.-Obrist), + NRW / **Lit.: 216 + 225**

Kurzrock, Mathilde (K/Porzell.-k) / 1940 Dortmund- / lebt (2005) in Paderborn / 61-68 Stud. Univ.-Bonn (Angl) u. Düsseldorf (Werk- u. Kunsterz) / 68-76 Lehrt., 76-80 Keramik-Weiterb. in Montabaur u. Denbigh-GB, s. 82 eig. Studio in Paderborn / Ausst. s. 1980, u. a. in Paderborn/Bad Lippspringe/Brakel/Bad Waldliesborn/Bielefeld/Hamm u. Sinsheim (Messe), 2000 Oelde (Gal.-Der Reigen), 2003-05 Paderborn (Off. Atelier), + N / **Lit.: 101b**-03...05

Kuschel, Martin (F) / 1962 Bielefeld- / lebt (2001) in Berlin / Stud.-Bielefeld 85-90 FH (Fotogr) u. Leipzig 94-97 Hochsch. f. Grafik u. Buchkunst, Meisterschüler / Ausst. u. a. Frankf.-M./ Berlin, 2000 Recklinghausen (Kreissparkasse) / **(s.=A/E)** / **Lit.: 182**-2000

Kuschel, Walter (A/Dipl.-Ing) / 1902 – 1981 / lebte in Hagen/W. / Stud.-München 22-27 TH / ab 24 in Bamberg/Coburg u. Lüneburg tätig, 47-77 freisch. in Hagen / Werke u. a. Kirche in Wickede/Ruhr / **Lit.: 112ca + 146c**

Kuschel, Yvonne (M/G/Ill) / 1958 Danzig- / lebt (2006) in Leipzig / Stud. FHD-Bielefeld u. in Paderborn / 86 Mitbegr. „artists unlimited"-Bielefeld / lebte in Nürnberg/Hamburg/Berlin, jetzt Leipzig / 88 Kultur-Pr. Bielefeld u. Stadtzeichnerin in Nürnberg / Ausst. u. a. 1982/87/88/ 2001 Bielefeld (FHD/Kv/Kunsthalle/Gal.-artists unlimited), 04 Grimma-Kaditzsch (Studiogal), + N / **Lit.: 114w** (S. 83) + **262** + In: „Kunst aktuell" – 1/04 – S. 59; Y. K.: „Nie solo sein und andere Palindrome" – Büchergilde Gutenberg, 2005

Kuschke, W. (Walter?/Wilhelm?) (M/Khw) / * 1905 – ? / lebte in Dortmund / Autodidakt (Malerei/Batik/Intarsien), Maschinenschlosser / Ausst. in Dortmund u. Billerbeck (2xKolvenburg) / **Lit.: 98a** (Wilhelm) + Walter K. in: „Was wir besonders lieben" – A.-kat. – Billerbeck, 1978

Kutter, Susanne (O/I/F/Video- u. Videoinst.-k) / 1971 Wernigerode- / lebt (2004/06) in Berlin / NEU: 2000 Stip. f. Paris, 02 Stip. Worpswede u. New York, 04 Förder-Pr. „GzFdWK"-MS u. Förder-Pr. Kv.-MS / Mitgl. „BBK"-Köln / (Biografie in Beilage: CD-Ausgabe 2006)

Kuttler – Künstlerfamilie in Ostbevern/MS-land s. (um) 1970 // **Bernd** (B/G) / 1940 Göttingen- / Werbekaufmannausb. u. Stud. Wksch-Düsseldorf / Ausst. u. a. 1998 Ostbevern (Archit.-büro Wörmann), 2000 MS (Polizeipräsidium), 02/04/05 Ostbevern (Rathaus/Bever/Atelier), 05 MS (Gal.-Artig) // **Ilse** (M/G) / 1943 Langenoog- / Ehefrau v. Bernd K. / Schriftsetzerausb. u. Stud. Wksch-Düsseldorf / Ausst. u. a. 1998 Ostbevern (Archit.-büro Wörmann), 2000 MS (Polizeipräsidium), 02/04/05 Ostbevern (Rathaus/Bever/Atelier) / **Sibo** (B) / Sohn v. Bernd u. Ilse K. / Ausst. u. a. 2002/05 Ostbevern (Rathaus/Atelier), 05 MS (Gal.-Artig)

Kuznetcowa, Katerina (Kuznetkowa) (M/Z/I/O) / 1974 Smolensk/Russl.- / lebt (2006) in MS / Stud.-Witebsk/Weissrussl. 91-96 TU (Textilgest) u. MS ab 98 Akad., 05 Meisterschülerin / 03 Pr. „Produkt-Art 3", 04 Workshopbeteil. Villa Romana Florenz / Ausst. u. a. Witebsk-Russl., 2001 MS (Akad/Halle-Am Hawerkamp), 03 Emsdetten (Gal.-MS-land), MS (Erdgas), Florenz (Villa Romana), 04 Rheine-Bentlage (Kloster), MS (Tunnel-Hindenburgplatz), Krakau-Polen/ Tbilissi-Georgien, 05 Billerbeck (Bahnhof), Lingen (Kunsthalle) / **Lit.: 183**-3 + **229**-03 + **246**-04(1+2)+05

Kwiotek, Hans-J. (Foto u. Filmdes) / * 1966 – / lebt (95) in Berlin u. Kanada / Stud.-Bielefeld 89-91 FHD u. ab 91 Coll. of Art & Design Bournemouth/GB / 95 in San Francisco/USA tätig / Ausst. u. a. 1991 Herford (D.-Pöppelm.-Haus), Beteil.-Wanderausst.-OWL / **Lit.: 114d**

Kyeck, Irena (M/Coll.-k) / NEU: 1949 Lemgo- / lebt (2005) in Lemgo / ab 86 Weiterb. VHS-Lemgo, Sommerakad.-Schwalenberg u. Europ.-Akad. Trier / ab 91 freisch., s. 98 Mitgl. Gr.-„Das Fachwerk"-Bad Salzuflen, 04/05 Vors.-e u. dort Lehrt. / Ausst. u. a. 2000 Herford/Hannover/Minden/Lage, 2000-05 Lemgo (Off. Atelier), 2000- Bielefeld/OWL (Archiv), ab 2000 Bad Salzuflen (Das Fachwerk), 01 München (Gal. im Maxforum), Bielefeld (Boge-Fabrik), 02 Hamburg (Torhaus), Berlin (ICC), Wanderausst.-Lemgo+N, 03 Bad Salzuflen (Sparkasse), Bielefeld-Brackwede (Kunstpavillon), Bielefeld/Lemgo/Rietberg

(Q-Tour), 04 Detmold (Kreishaus), + OWL/N / **Lit.: 131**-03 + **132a**-2000...05 + **192**-01+03 + In: „So nah an Leib und Leben" – Ausst.-kat. – Hg.: u. a.-Klinikum-Lippe GmbH, 2002

La Rosa, Nick (M/B) / 1949 Melicucco/Ital.- / lebt s. 71 in Wuppertal / 64-65 Schauspielausb.-Messina / 66 Weiterb.-Nizza, 67-69 Stud. Grasse/Paris Akad.-en / Ausst. s. 1967, u. a. 97 Solingen, 99 Schwelm (Gr.-„BRAK"=Haus Martfeld), Ennepetal (Kluterthöhle), + INT / **Lit.: 209**-99 + **216**

Laake, Bodo (M/B) / * 1965 – / lebt (2004) in Gevelsberg / Beruf.: Maschinenbautechniker/ Techn. Betriebswirt u. Werbekaufmann / Ausst. u. a. in Gevelsberg/Szprotawa / **Lit.:** Internet

Labuch, Kristin (G/D/Ill) / 1969 Dortmund- / lebt s. 89 in MS / Stud. FHD-MS / 95 = 2. Pr. Plakatwettbew. Deutsches Studentenwerk / freisch., Aufträge f. Verlage/Werbeagenturen / Ausst. u. a. 2002/03 MS (Kunsth.-Angelmodde/Krameramtshaus), + Westf. / **Lit.:** u. a. Ill. v. K. L. = alles im Verl.-Coppenrath – MS: Sechs Kochbücher = vom Kochbuch für Verliebte bis zu Party Rezepten + „Spiel und Spass zum Osterfest"

Lach, Michael (M/D) / 1962 Dortmund- / lebt (96) in Dortmund u. 2006 in NRW(?) / Stud.-Dortmund 86-93 FHD (Obj.-Des) / s. 93 freisch. / Ausst. u. a. in Hamburg 1994 Dortmund (FHD), 2001 Hagen-Haspe (Kooperative K), 06 Dortmund (Stadtbibl), + Westf. / **Lit.: 203c**

Lachner, Rolf (Dr. med.) (M/Z) (Autor) / NEU: 1929 Bünde-Dünne – 2001 / lebte in Bielefeld / (Biografie in Beilage: CD-Ausgabe 2006)

Lachtrup, Hildegard (K/B) (Schriftgest/Schrifthauerin) / 1929 Isselhorst- / lebt (2005) in Oerlinghausen / Stud.-Bielefeld 49-52 Wksch / 78 = 3. Grabmalwettbew.-Pr. Bielefeld, ab 81 eig. Werkst. / 74-99 Lehrt., u. a. VHS / Ausst. s. 1982, u. a. in Isselhorst/Bad Salzuflen/ Lage/ Telgte, 92 Oerlinghausen (Bürgerhaus), 98-2001 Schwalenberg, 2000- Bielefeld/OWL (Archiv), 02 Oerlinghausen (Off. Atelier), 03 Herford (Innenstadt), Werther (Rathaus), Schwalenberg (Köpke-Haus), + OWL / **Lit.: 132a**-02 + **185**-87 + **192**-01

Ladusch, Roland (Dipl.-Ing) / * 1959 – / s. „**R**auh ° Damm ° Stiller ° Partner"-Hattingen

Ladwig, Eva-Maria (M) / * 1952 – / lebt (2003) in Halle/Westf. / Autodidaktin / Ausst. u. a. 2001 Bielefeld (Off. Atelier), 02 Halle/W. (Rathaus), 02/03 Halle/W. (Off. Atelier), 02 Gütersloh (Kreishaus) / **Lit.: 152**-01 + **152b**-02+03

Ladwig, Franz u. **Willi** s. Damm, Josef (Kunstschlosser)

LaFemme, Gina (M/G) / 1966 Wien- / lebt (2004) in Wien u. zeitw. in Blomberg / künstl. Tätigk.-bereich: Malerei/Grafik/Art-Deco/Bühnenbild/Requisite/Choreographie / ab 02 m. Wolfg. **R**ose (Blomberg) Gr.-„Alphawölfe" u. Gründung intern. Kü.-**G**ruppe „Wolfsrudel" / Ausst. s. 1997, u. a. in Wien, 2002-04 Blomberg (Kunstmauer), 03 Bad Dürkheim, 04 Bad Pyrmont (Schloss), + N/Österr. / **Lit.: 26a**-05 + Internet

Laffin – Künstlerfamilie in Bielefeld und Kalletal, Ateliers in Kalletal-Niedermeien // **Siegfried** (Siggi) (B/O/I) / 1954 Bielefeld- / lebt (2006) in Bielefeld u. Kalletal / Vater v. Dominik, Jorek u. Jona L. / 71-74 Ausb.-Schauwerbegestalter / Autodidakt / ab 82 „Wollwerkst.-Oerlinghausen, 85 Mitbegr. von „artists unlimited"-Bielefeld, 95 Gast Deutsche Schule Singapur u. 03 Nicaragua, 99 Proj.: „Niedermeiner Hof", Kunst u. erneuerbare Energie, 03 Kunst-Pr. Herford / Ausst. u. a. in Bamberg/Frankf.-M., 2001/02 Kalletal (Off. Atelier), + OWL/NRW/INT / **Lit.: 132a**-01/02 + **134**-2000 + **152**-92...96+98 + **262** // **Cecilia** = **H**errero-**L**affin, Cecilia (M/B) / 1960 Justo Daract S.L./Argentinien- / lebt (2006) in Kalletal u. Bielefeld / 2. Ehefrau des Siegfried L. / Stud.-San Luis/Arg. 77-82 Kunstsch., 86-88 Managa/Nicaragua (Schule f. Wandmalerei), 97-98 Stip. f. HfBK-Hamburg / öff. Werke in N/INT / s. 03 Mitgl. „artists unlimited"-Bielefeld / Ausst. u. a. 2002/03 Kalletal (Off. Atelier), 05 Bielefeld (Café Parlando), + N/INT / **Lit.: 132a**-02+03 + **262** // **Dominik** (G/D) / 1973 Bielefeld- / lebt (2004) in Bielefeld / Stud.-MS bis 7/01 FHD / Ausst. u. a. 2001/03 Kalletal (Off. Atelier) / **Lit.: 132a**-01 // **Jorek** (G/D) / 1977 Bielefeld- / lebt (2004) in Kalletal / 98-2000 Sport/Mathem.-stud., s. 2000 Stud. FHD-Dortmund, danach Bielefeld (Grafik/Komm.-des) / s. 01 Mitgl. „artists unlimited"-Bielefeld / Ausst. u. a. 2001 Bielefeld (Gal.-Artists unlimited), 01/03 Kalletal (Off. Atelier), 02 Bielefeld (Kunstmesse) / **Lit.: 132a**-01+03 + **262** // **Jona** (F) / 1980 Bielefeld- / lebt (2004) in Kalletal / Fotogr.-ausb. in Bielefeld / Ausst. u. a. 2001-03 Kalletal (Off. Atelier), 02 Bielefeld (Kunstmesse) / **Lit.: 132a**-01+02

Lafin, Bernd (F) / 1963 Lünen- / lebt (2005) in Kamen / Autodidakt / Mitgl. „BBK" u. Gr.-„Reflex"-Kamen / Ausst. u. a. 1999 Kamen (Gal.-Reisebaedeker), 2001/02 Kamen (Rathaus), 02

Kamen (Pianogal/Technopark), 03/04 Kamen (Musikschule/Stadthalle) / **Lit.:** B. L.: „Stadtansichten“ – Kalender 2001 – Stadt Kamen, 2000

Lagemann, Dieter (M/G/O) / 1938 Unna- / lebt (2005) in Dortmund / Stud.-Karsruhe 59-60 Akad. u. 72 b. Claude Schurr / Preise: 64 Witten, 71 Sondrio/Italien u. Böblingen, 75 Dipl. BAT-Hamburg / Ausst. s. 1959 = N/INT / **Lit.: 26a**-05

Lagher, Stefan s. Lütkoff, Alfons

Lahme, Heribert (F/Col.-k) / 1954 Gedeke b. Soest- / lebt s. 81 in Wuppertal / Stud.-Paderborn 74-80 Päd. / 80-81 Lehrt.-Lippstadt, ab 81 Wuppertal / Anltg.-Fotogr. b. Geerd Moritz / Mitgl. „BBK“ / Ausst. u. a. im Berg.-land u. Münster / **Lit.: 216**

Lakaszus, Wolfram (M/O/F.-Inst.- Medien- u. Projektk) / 1961 Hannover- / lebt (2005) in Bochum / nach Jugendzeit im Schwarzwald: Stud.-Soz.-wiss.-Informatik/Erz.-wiss. in Hagen/Koblenz/München / s. 89 „bureau of innovation“ in Koblenz, s. 95 in Bochum / Ausst. u. a. 2001 Herne (Flottm.-Hallen), 02 Schwerte (Rohrmeisterei), 02/03 Schwerte (Gal.-La Vie), 03 Solingen (atelier seeform-art), 04 Schwerte (Ruhrwiesen), Solingen (Güterhallen), 05 Essen (Forum-K.&A.), + im Internet

Lambert, ? (M) / aus Münster ? (20. Jh.), † um 1977 ? / **Lit.: 84**-3(S. 46)

Lambertz, Julie (M) / 1973 Höxter- / lebt (2000) in Paderborn / Stud.-Paderborn 93-99 Univ./ GH (Kunst/Deutsch/Päd) / Ausst. u. a. 1996-98 Paderborn (2xRathaus/2xDekanat), 98 Paderborn (Raum f. Kunst), Lippstadt (Aids-Hilfe), 99 Schloss Bergheim, Paderborn (Studentenwerk)

Lambusch, Doris (M) / 1961 Wolfsburg- / lebt (2001) in Telgte / nach Bürokauffrau Umschulung zur Werbetechnikerin, sonst Autodidaktin / Mitgl. Gr.-„Weibsbilder“-Telgte / Ausst. s. 91 u. a. in Tecklenburg, 1998-2000 Telgte, 01 MS (Arbeitsgericht), Telgte (Giebelhof), + Nieders.

Lammers, Egbert (Prof/Dr.-phil) (M/Z/Entwurfz. f. Glasm/Mosaik) (Kunsthistoriker) / NEU: 1908 Berlin – 1996 / bis 44 freisch. in Berlin, ***ab 45 Werl,*** s. 73 in Waakirchen-Piesenkam/Obb. / (Biografie in Beilage: CD-Ausgabe 2006)

Lammers, Marc (Filmk) / 1970 Münster- / lebt (93) in MS / Stud.-MS 89-91 Univ. (Germ/Soz/ Pol) / war s. 90 Mitgl. Filmwerkst.-MS, ab 91 Filmstud.-New York Univ. Film Scholl / **Lit.: 196**-92

Lammersdorf, U. (A) / um 1969 in Dortmund tätig / Werk u. a. 1969 St. Barbara-Kirche in Dortmund mit Stephan **L**egge / **Lit.: 142y**

Landes, Hans Jürgen (F/D) / 1963 Viersen- / lebt (2002) in Dortmund / Stud.-Aachen 84-85 FH (Grafikdes) u. Dortmund 86-93 FHD (Fotodes) / 93/94 Assist. FHD-Dortmund, ab 94 selbst. / 94 Reinhart-Wolf-Pr. u. Kodak-Fotobuch-Pr. / Ausst. u. a. in Dortmund/München/Rheydt / **Lit.: 205**-97 + **205a**-01(m. Lit.-gaben)

Landheer, Uwe (A) / 1964 Leer/Ostfr.- / lebt (2002) in MS / Stud.-MS bis 93 FH (Archit) / 91-93 Mitarb.-Büro „Schröder+Wilde“-MS, 93-95 „Landheer+Heusel“, ab 93 m. J. Schröder u. s. 95 Zus.-arb.: „Schröder . Mense . Landheer“-MS / Werke in MS + Westf.(s. Lit.) / **Lit.: 197**-97

Landsiedel, Renate (M) / 1955 Wanne-Eickel- / lebt (88/2004) in Herne / Stud.-Bochum 74-82 Univ. (Kunstwiss/Phil) u. Düsseldorf 75-81 Akad. / war Lehrt. / Ausst. u. a. 1979/81 Düsseldorf (E.-Ausst.: Akad), 87 Herne (Flottmann-Hallen) / **Lit.: 142x**-87

Landsknecht, Willi (M/G/I/Materialb.-k/Multim.-Projekte/Musiker) / NEU: 1955 Münster- / lebt (04) in MS / Musik: Sänger/Texter in Gr.-„Marilyn“, „W. L. Band“ u. Projekt „godo“ / ab 85 Bild. Kunst, s. 97 Mitgl. Gr.-„Schanze“-MS u. 10/01-7/03 Kanzler / Ausst. u. a. 1997-2002 MS (Gr.-„Schanze“), 97-99 MS (Stadttheater), 99 MS (Atel.-„Ü“), 2000 MS (Dental), 01 Gronau (Atelierhaus), 02/04/05 MS (Kleingarten-Wienburg/Osmohallen/Aktion-Sprickmannplatz)

Landwehr, Dominik (F/Proj.-k) / * 1958 – / lebt (2005) in Kollbrunn/Schweiz / Lit.: Internet

Landwehr, Dominik (O/I) / 1970 Bad Laer- / lebt (2005) in Frankfurt/M. / Stud.-MS um 92/94 Akad. / Ausst. u. a. 2005 Recklinghausen (Kunsthalle), Ingolstadt (Kv) / **Lit.: 256**

Landwehr, Maria (M) / 1958 Elte b. Rheine- / lebt (2003) in Düsseldorf / Stud.-Düsseldorf 91-99 Akad. / 03 Publikums-Pr. Mus.-Hilden / Ausst. u. a. 2002 München (Gal.-Leidel), Oelde (Atelier-Pit Weber), 03 Haan (Alte Pumpstation), Hilden (Mus) / **Lit.: 79b**

Lanfer, Mathias (B/O/I) / 1961 Südlohn/W.- / lebt (2005) in Heiligenhaus / 78-80 Konstruktionszeichnerausb., Stud.-Aachen 84-86 FHD, Maastricht 86-88 Akad., Amsterdam 88 Akad. u. Düsseldorf 89-91 Akad., 91 Meisterschüler / 88 Stip. f. Amsterdam, 91 Stip. Kv.-Düsseldorf f. Brüssel, 96 Stip. Kunstfonds-Bonn, 98 Skulptur f. FH-Rosenheim, 98/99 Stip. Akad.-Berlin, 01 Skulpt.-Pr. Firma Deichmann-Essen / 95-97 Lehrt. Akad.-Düsseldorf / Ausst. u. a. 1993 Gent, 94 Recklinghausen/Charleroi, 99 Beteil.: „NRW in Holland“, + N / **Lit.: 222**-93

Lanfermann, Hans-Jürgen (M/B) / NEU: 1943 Hagen/W.- / lebt (2005) in Hagen / Autodidakt / s. 81 Naive Malerei, später Hinterglasmalerei, ab 86 auch Bildhauerei / 84 Ausz. Dortmunder Malermarkt, 98 = 1. Pr. „Tor 2"-Hagen / Mitgl. Gr.-„Hagener Künstlergilde e.V." / Ausst. = NRW / **Lit.: 146a**-90

Lang, Monika (O/I) / 1974 Bottrop- / lebt (2004) in MS / NEU: 93-96 Steinbildh.-ausb. in Essen, Stud.-MS 97-04 Akad., 03 Meisterschülerin u. 98 Univ. (Kath. Theol) / 84 Bischof-Tenhumberg-Pr. Telgte u. 01 Stip. Akad.-MS f. Schweiz / Ausst. u. a. 1984-88 Telgte (Mus), 98/99 MS (WL/Reiterkaserne: Mädchen-Pferde-Abenteuer), Recklinghausen (Kv), 2000 MS (Schaufenster-Lignum/Halle Am Hawerkamp), Nürnberg (AEG), 2001 Holzwickede (Haus Opherdicke), MS (Hörsterstr/CUBA), 02 Bocholt (Kunsthaus), Bergkamen-Heil (Ökologiestation), MS (Atelier-Schulstr), 03 Rheine-Bentlage (Kloster), MS (Atelier-Fresnostr/Wewerka Pav), Gelsenkirchen (Kv) / **Lit.: 18**-03 + **57**-01+02 + **185**-84...88 + **229**-03 + **235**-03 + In: „Zum einmaligen Gebrauch" – Ausst.-kat. – Kv.-Recklinghausen, 1999

Lange, Andreas (Khw=Uhrmacher) / * um 1747/48 – 11. 4. 1802 Elberfeld / lebte in Soest, 1774 Altena, danach Elberfeld / von ihm bek. = Bodenstanduhren m. Sonderfunktionen / **Lit.: 216**

Lange, Christine (Schmuckgest) / lebt in Hannover / 1995-97 für „Niessing" in Vreden tätig, Ausz.: 95 red dot Award-Essen, 96 Preis Tokio/Jap. / s. „Niessing" – Vreden / **Lit.: 205z**-95

Lange, Harald (M/Ill) / 1955 Oberhausen- / lebt (2005) in Oberhausen / Stud.-Essen 77-83 Folkwangsch. / s. 83 freiberufl. tätig in Gelsenkirchen, später eig. Agentur „Augenblick", ab 03 in Oberhausen / Ausst. u. a. 2004 Lippstadt (Gal.-Pawlik) / **Lit.**: Internet

Lange, Herbert (G/D/Ill/Plakatk/D/Entw.-z. f. Glasm) / 1911 Bielefeld- / lebt (2002) in Bielefeld / NEU: Gatte v. Ilse **L.** / (Biografie in Beilage: CD-Ausgabe 2006)

Lange, Ilse s. Lange-Dickel, Ilse

Lange, Jörg (F) / 1957 Wuppertal- / lebt (2000) in Wuppertal / Stud.-Dortmund 84-89 FHD / s. 89 freiberufl. tätig, 89-95 Lehrt. VHS-Wuppertal, 94 Foto-Pr. Bobingen / **Lit.: 216**

Lange, Jörg (B/O/I) / 1961 Essen- / lebt (91) in Berlin, (99) in Hannover / 99 Stip.-Schöppingen

Lange, Karl-Ludwig (F) / 1949 Minden- / lebt s. 67 in Berlin / Stud.-Berlin 78-86 HdK, Meisterschüler / viele Stip.-en/Preise / 90-94 Lehrt. HdK-Berlin / Ausst.-gen s. 1975 = N / **Lit.: 26a**-05 + **224**(m. Lit.-ang.)

Lange, Konstantin (F/O/I) / 1962 Hilden- / lebt (2006) in Düsseldorf / Stud.-MS um 82/84 Akad. / 90/91 Stip. Schloss Solitude, 99 Stip. Kü.-lerdorf Schöppingen / Ausst. u. a. in Marl, 1996/2000 Frankf.-M. (Gal.-Schütz), 99 Schöppingen (Gal.-F6), 2000 V.-Langenberg (Kunsthaus), 2000/01/05 Düsseldorf (Messe/Kunstpalast), 01 Bochum (Mus), 05 Recklinghausen (Kunsthalle), Ingolstadt (Kv) / **Lit.: 61**-88 + **107**-01+02+05 + **256**

Lange, Matthias (F/D/Filmk) / 1964 Twistringen b. Bremen- / lebt (93) in Bielefeld / nach Fotogr.-Ausb. u. Tätigk.: Stud.-Bielefeld 88-bis nach 92 FHD / Mitbegr. Fotoforum „Schwarzbunt"-Bielefeld / Ausst. u. a. 1990/91 Wanderausst.-DIN-IKONEN = INT, 91 Bielefeld (Fotoforum), 92 Rotterdam, Dortmund (Mus. f. K. u. K.) / **Lit.: 203**-92

Lange, Paula (M/Z/B) / NEU: 1905 Wanne-Eickel – 1. 6. 2003 Münster / Stud. Univ.-MS (Kunstg) / Weiterb.-Kurse, u. a. Wksch-MS / s. 33 Lehrt., 49-67 in MS / Ausst. = NRW / **Lit.: 2** + **5**-52+54 + **30** + **107**-60

Lange-Dickel, Ilse (geb. Dickel) (G/Ill) / lebt (1954) in Bielefeld / NEU: Gattin v. Herbert **L.** – Bielefeld / Ausst. u. a. 1947 Bielefeld (Oetkerhalle), 54 MS (WL), 97-99 Bet.-Wanderausst.-Westf. / **Lit.: 6a** + **106**-(S. 53/57/60/66/99)

Langenbach, Ulrich (M/Z/O/I/F/Videok) (Musiker) / 1950 Siegen- / lebt (2006) in Siegen / NEU: Lehrt.: Reichenhaller Akad., 95-2000 Freie Kunstakad.-Basel, 99-02 Univ.-Weimar, 02-03 dort Gastprof., 04-05 Gastprof. Univ.-Siegen / (Biografie in Beilage: CD-Ausgabe 2006)

Langer, Herfried (A/Dipl.-Ing) / lebt (2000) in Bochum / Büro: „Tor 5 Architekten"-Bochum, m. Prof. B. Göttert u. M. Wüllner / Werke in NRW (s. Lit.) / **Lit.: 197a**-99

Langer, Katja (G/D/F) / 1974 Dresden- / lebt (2006) in Gelsenkirchen / Stud. Univ.-Dresden (Kunstg/Phil) u. HfGr. u. Buchkunst-Leipzig (Fotogr) / s. 05 Mitgl. „Künstlersiedlung Halfmannshof"-Gelsenkirchen / **Lit.:** K. L.(F/Ill)/Marco Backer(Ill): „Kinder von Kulturen" – 2006

Langer, Marcus (G/D/Ill/Computergrafik) / NEU: 1962 Paderborn- / lebt (2005) in Bielefeld / Stud. bis 88 FHD-Bielefeld (Grafik-Des/Ill) / Auszeichn.-en: ADAC, Business to Business Award u. red dot (communik.) award Essen / s. 89 selbst. / Mitgl.-„BDG" u. „AGD" / Ausst. u. a. in Bielefeld, 2004 Hildesheim (Kv) / **Lit.: 133**-94Anh. + **205**-94(erw.) + **205a**-03(Lit.)

Langhorst, Carl (Karl) (Prof) (M) / 22. 11. 1867 Rhaden/Westf. – 1950 Lübbecke / Stud. Kgsch-Hannover u. Akad.-München / tätig in Oldenburg/München/Mecklenburg/Altenburg-Sachsen u. Dessau / **Lit.: 24**-22 + **25**-3 + **34**-8,2+9,2 + **84**-59(S. 67) + **194a**

Langweg, Katja (jetzt: Langweg-Meyer, Katja) (G/D) / 1963 Münster- / lebt (2005) in Greven / Stud.-MS (Univ.=2 Sem. Kunstg/Germ) u. ab 83-um89 FHD / eig. Büro in Greven / Ausst. u. a. 1988 Herne (Flottmann-Hallen) / **Lit.: 142x**-88

Lantermann, Carola (B/O/I) / * 1959 – / lebt (2003) in Hattingen, 05 in Witzin/Schl.-Holstein / Bauzeichnerausb./HoSfG u. Stud.-FH 80-82 Mainz (Archit), Bildh.-ausb.: b. W. Hagebölling, 95-97 Sommerakad.-Soest, 98-03 Kunstwald-Hattingen / Mitgl. „Kv.-Kr.-Soest" / Ausst. u. a. 1998-2003 Hattingen (u. a. Stadtmus), 2000 Soest/Herzberg-Elster, 2000/01 Ennepetal (Klutert-höhle), 01 Strzelce Opolskie-Polen, Sarospatak-Ungarn, 02 Kampen-NL, 03 Parchim (Kreis-haus), Schwerte (Innenstadt), Soest (Kaserne), 04 Gross-Raden (Freilichtmus), Sprockhövel (Rathaus), 05 Langenberg/Gammelin/Wiesbaden, Hattingen (Stadtmus), Soest (W.-Morgner-Haus) / **Lit.: 100**-05 + **209**-2000+01 + **209a**

Lapke, Brigitte (M/B/Materialb.-k) / 1962 Hilden- / lebt (2006) in MS / 82-87 Stud. GH-Wuppertal u. Univ.-MS (Kunstpäd) / Lehrt./Kurse in MS, s. 92 Lehrerin / s. 03 Mitgl. Gr.-„Spektrum 77"-MS / Ausst. u. a. 1988/93/99 MS (Univ/Fr.-Hitze-Haus/Maria Trost), 2004/05 MS (Krameramtshaus/Off. Atelier) / **Lit.: 39**-05 + In: „Körper Fragmente Gewalt" – Ausst.-kat. – Univ.-MS, 1988; In: „Menschenrechte" – Ausst.-kat. – Hg.: Amnesty Intern., 1993

Lapp, Friedgund (M/O/I) (Autorin) / 1946 Bielefeld- / lebt (2005) in Lübbecke / Goldschm.-ausb. u. Stud.-Soz.-päd. / war in Jamaika/Botswana/Saudi Arabien tätig / Autodidaktin / 2000 Jahresgabe „Verein f. akt. Kunst"-Kr. Minden/Lübbecke / Ausst. u. a. 1992-96 Lübbecke (Kv), 94 Bad Salzuflen (Das Fachwerk), 94/97 Lübbecke (St. Andreaskirche), 96 Warmsen (Kv), Rahden (Kul-Tür), 97 Lübbecke (Volksbank), 97-99 Minden (Mus/Firma Sitag/Hansehaus), 98/02 Minden (Theatergal), 99/2000 Minden (Verein f. akt. Kunst), 99 Dahlhausen (Korbmachermus), 99-02/04 Lübbecke (Off. Ateliers), 2000 Bad Oeynhausen, 2000/01 Espelkamp (Stadtbücherei), 2000/02 Lübbecke (2xBürgerhaus/Speicher), 01 Melle (Alte Posth.-rei), Todtenhausen (Christuskirche), 04 Minden (Mus) / **Lit.: 152a**-99…02+04 + In: „Aus aller Frauen Länder" – Kalender 2003 – Hg.: Vernetzungsstelle f. Gleichberechtigung in Ns/NRW/Rhl.-Pf.

Larberg, Ernst (A/M/Z) / 1913 Gelsenkirchen-Schalke – 1992 / lebte im Ruhrgebiet / Stud.-Architektur / war freisch. Architekt, u. a. in Dortmund / ab 81 Mitgl. „Kunstfreundekr."-Herne / Ausst. u. a. 1989/99 Herne (Flottm.-Hallen/Stadtgal) / **Lit.: 142x**-89 + **143b**

Laruelle, Alexander (Larue = Kurzfassung / Larwell = engl. Fass.) (M) / um 1713-30 in Münster tätig / Werke u. a. in MS/Nordkirchen/Ahaus u. Oelinghausen/Kr. Arnsberg / **Lit.: 178a** + 2x erw.: Th. Rensing: „Zur Kunstgeschichte d. Observantenkirche in Münster", in „Westfalen" – Bd. 20 – ab S. 131 – 1935 u. in A. Dünnebacke: „Die Klosterkirche zu Oelinghausen" – S. 12-15 – 1907

Lascaux, P. S. (eigentl. Peter Suwalski) / (M/O) / 1957 Dortmund- / alle Daten unbek. / **Lit.: 98a**

Laskowski, Günter (A) / † nach 1990 (?) / vor 1970 Büro „Günter **L**askowski u. Wolfgang Thenhaus" in Gevelsberg u. um 1970/90 (Planungsgruppe) „**L**askowski ° **T**henhaus ° **K**afka" – Gevelsberg/Dortmund (siehe: **K**afka, Klaus) / Werke u. a. in Hannover, Dortmund/MS/Gelsenkirchen/Düsseldorf/Bielefeld, + Westf. / **Lit.: 197b**-84

Lassberg, Jenny s. Droste-Hülshoff, Jenny (Maria Anna) Freiin von

Laszczewski, Jacek (F/M/Z) / 1975 Poznan(Posen)/Polen- / lebt (2006) in MS u. London / Stud.-MS ab 02 Akad. / Ausst. u. a. 2000/01 Poznan-Polen (Bibliothek/Gal.-Kisielice), 04 MS (Triptichon), 05 Lingen (Kunsthalle) / **Lit.: 246**-05

Lattorf, Andrea (O/F/Z/M) / NEU: Goch/Niederrh.- / lebt (2003) in MS / Stud.-MS 96-03 Akad. u. ab 96 Univ. (Biol/Päd) / Ausst. u. a. 1999-01 MS (Univ), 2000 Dortmund (Künstlerhaus), 02 Herne (Kunstbombe), 03 Rheine-Bentlage (Kloster) / **Lit.: 170a** + **229**-03

Laukötter, Frank (O/I/Perf.-k) / NEU: 1970 Beelen- / lebt (2005) in Bremen / (Biografie in Beilage: CD-Ausgabe 2006)

Lauks, Thomas (Filmk) / 1962 Bielefeld- / lebt (91) in Bielefeld / Stud. FHD-Bielefeld (F/D/Film/Video) / s. 86 Mitgl. Filmgr.-„Alte Kinder" / Auff.: 85/87/90 MS / **Lit.: 196**-85+87+90

Laumann, Bärbel (M/O) / 1942 Elbing- / lebt (2005) in Borken / künstl. Weiterb.: Kurse bei Sie Badaoui in NL, in Fa. Schmincke Düsseldorf, Europ. Akad. Trier, Bundesakad. Wolfenbüttel, Pentiment FH-Hamburg, 96-? Intern. Akad. f. Kunst u. Gest. u. 03-05 Gast-Stud. Akad.-MS / Ausst.

u. a. 2001 Borken/Billerbeck/Warendorf/Tecklenburg/MS, 04 Soest (FH), 05 Wismar (Baumhaus), Recklinghausen (Kunsthalle), Ingolstadt (Kv) / **Lit.: 180 + 256**

Laun, Christiane (M) / 1961 Hamm/W.- / NEU: lebt ab 11/2001 in Jülich / (Biogr. in Beilage)

Laupus, Julia (B) / 1981 Frankfurt/Main- / lebt (2005) in MS / Stud.-MS ab 02 Akad. / Ausst. u. a. 2004 Bergkamen (Stadtgal), Bad Oeynhausen (Kv), 05 Wismar (Baumhaus), Recklinghausen (Kunsthalle), Ingolstadt (Kv) / **Lit.: 256+a**

Lauruhn, Stefanie (Kommunik.-des) / 1968 Herford- / lebt (2004) in Dörentrup / Stud. FHD-Hannover/Bielefeld / Büro m. Evelyn **K**reft „ES fliegt" in Bielefeld, ab 02 „ES – fliegt Lauruhn" in Dörentrup / 96+97 red dot award Essen (1x „best of the best"-NRW) / **Lit.: 205w**-96+97

Lauster, Jürgen (Prof) (A/Dipl.-Ing) / 1929 Berlin- / lebt (2004) in Berlin / Möbeltischlerausb., Stud.-Stuttgart bis 55 TH / wiss. Assist. u. fr. Mitarbeiter in Stuttgart, ab 61 Lehrt.-Bielefeld u. 73-? Prof. FH-Bielefeld / freiberufl. tätig, 68/69 m. Falk **J**esch, z. Zt. Arbeitsgem. „Architekten BDA" m. Hajo Kruse / Werke u. a. in OWL / **Lit.: 197d** (S. 36)

Lauweriks, J. L. M. (Johannes Ludovicus Mattheus) (Silberschm/Holzschnittk/Entw.-z. f. Design+ Architektur) / (25.)30. 8. 1864 Roermond/NL – 15. 4. 1932 Amsterdam/NL / Amsterdam: 1880-86 Ausb., 1886-91 Lehrt., 1887-95 im Arch.-büro Cuypers tätig, 1889-93 Abendkurse Akad., 1895-1900 m. Karel de Bazel Atelier f. Archit. u. Khw, 1897-1902 Lehrt. / Lehrt.: 1900-04 Haarlem, 04-09 Düsseldorf / 1909-16 in Hagen, Ltg. Staatl Seminar f. Handfertigk.-unterr., 1910 künstl. Direktor der neuen Hagener Silberschmiede / ab 16 in Amsterdam, ab 24 am Zentral-Inst. f. Kunstgewerbe, s. 30 Ltg. / war Mitgl. „DWB" / Werke u. a. in Hagen (Silber/Holzschn/Häuser) / Ausst.-gen u. a. in NL, 1906 Dresden, 07 Aachen, 09 Hagen/Düsseldorf, 13 Gent (Weltausst), 14 Köln (Werkbund), 1987 Rotterdam (Mus) / **Lit.: 24**-22 + **25**-3 + **34**-8,2+9,2 + **97x** + **136**-2 + In: P. Scheen: „Lexicon Nederlandse beeldende Kunstenaars" – Bd. 1 – s'Gravenhage, 1969; A. Sinzel: „Ein stiller Moderner – J.L.M. Lauweriks in Hagen" – Neuer Folkwang Verl. Hagen, 2003

Lawson, Stephen (M/B) / 1968 Louth/GB- / lebt (2006) in Soest / 88 Steinmetzausb. / Mitgl. „Kv.-Kr.-Soest" / Ausst. u. a. in Kassel/Berlin/Hamburg/Soest, 2001 Soest (Alter Schlachthof)

Lebjedzinski, Gerd (M/B/I/Aktionsk) / * 1946 (in Schlesw.-Holstein)- / lebt bis 89 in Bergkamen, ab 89 Brüssel u. s. 93 NL, 2005 = Vaals/NL / 64-68 Lithogr.-ausb., 68-70 Theatermaler in Dortmund, 70-73 Stud. „Freie Malerei" u. 73-77 PH-Dortmund (Kunst/Geschichte) / 78-88 Lehrt.-Bergkamen / 93 Werk in Lünen / war Mitgl. „BBK"-Westf.-Süd Dortmund / Projekte: u. a. 2x Aachen, Ruhrgebiet (Abraumhalde) u. am „Westwall" / Ausst. u. a. 1989 Herne (Flottmann-Hallen), + NRW/B/NL / **Lit.: 142x**-89

Lechleitner, Johann Georg (Lechleiter/Legleiter, Joan Georg) (M) / * in Tirol – † 1802 Münster / ab 1780 in MS tätig / u. a. nach Geisberg: Werke in MS (Haus Stapel) / **Lit.: 112a + 178a** (+Nachtr.!)

Lechner, Christel (B/K) / 1947 Iserlohn- / lebt (2004) in Witten / 78-81 Keramikerinausb.-Landshut, 82 Meisterprüfung Wksch.-MS, 86-87 Gast Akad.-Düsseldorf / 84-86 Lehrt. Univ.-Bochum / 96 Karstadt AG = 20 Werke / Ausst. u. a. 1996/97 Wanderausst.=N, 97/99 Waltrop (Gal.-Zeche Waltrop), 99 Aachen/Oberhausen, 2001/02 Ennepetal (Kluterthöhle), 01 Hattingen (Henrichshütte), Iserlohn (Innenstadt), 02 Witten (Mus/Innenstadt/Zeche Nachtigall), Gevelsberg (Stadtgarten), + N/INT / **Lit.: 209**-01+02

Lee, Chang Won (O/I) / 1972 Inchon/Korea- / lebt (2006) in Düsseldorf u. MS / Stud.-Seoul/K. 91-97 Univ. (Bildh), s. 99 Akad.-MS, 02 Meisterschülerin / Ausst. u. a. 1993 Seoul/K., 2001 Düsseldorf (Akad/Hotel Ufer), 02 Bocholt (Kunsthaus), 02/05 Dortmund (Künstlerhaus), 03 Schöppingen (Feuerstiege), Herford (MARTa-Lounge), 06 Essen Kunsthaus) / **Lit.: 57**-02 + **218**-02 + **229**-03 + **229a**-04

Lee, Eun-Young (Perf.-k/M/G/B/I) / 1967 Sang-ju/Korea- / lebt (2003) in MS / NEU: Stud.-Seoul/Korea 87-92 Univ. (Grafik) u. MS ab 99 Akad., 02 Meisterschüler / (Biografie in Beilage: CD-Ausgabe 2006)

Lee, Hean-Young (Hean-Jung) (B/O/I/F/Videok) / 1969 Suwon(Seoul)/Korea- / lebt (2006) in MS / Stud.-Seoul-Korea 89-94 Univ. (Bildh) u. ab 96 Akad.-MS (97 = Filmklasse) / Mitgl. Gr. „0082"-MS / Ausst. u. a. 2001 MS (Atelierhaus-Schulstr/Tryptichon), Frankf.-M. (Altes Hauptzollamt), Köln (Art-Cologne), 02 Ochtrup (Villa Weiner), MS (Bennohaus), Seoul-Korea (Univ), 06 MS (Gast: Off. Atelier-Hafen Speicher II) / **Lit.: 196**-01 + **218**-03 + s. Gruppe „0082" – Katalog 2003

Lee, Il-Woo (F/Videok) / 1973 Seoul/Korea- / lebt (2005) in MS / Stud.-Seoul/Korea 92-99 Univ. (Fotogr) u. ab 2000 Akad.-MS (Film) / s. 02 Mitgl. Gr.-„0082"-MS / Ausst. u. a. 1997/98/03 Seoul-Korea (Gal.-Samsung/Art-Design-Center/Univ), 2002 Ochtrup (Villa Weiner), 02/03 Coesfeld (Kolping-Bildungsst/Kv), 04 MS (Stadtmus), Herford (MARTa-Lounge), Dortmund (Künstlerhaus) / **Lit.: 218**-03 + **229**-03 + **229a**-04 + **243a** + s. Gruppe „0082" – Katalog 2003

Lee, Karl (M/G/O) / 1955 Herne- / lebt (2004) in Witten / s. 82 Ausb. u. Tätigk. als Beschäftigungstherapeut / 96 Mitbegr. Kv. „Kunterbuntes Atelier e.V."-Witten / Ausst. s. 1987, u. a. in Basel, Mailand, New York, 2003 Witten (Haus Herbede), + N/INT / **Lit.:** Internet

Lee, Mee-Wha (Meewha) (M/O/I) / 1970 Sowon(Seoul)/Korea- / lebt (2004) in MS / NEU: Stud.-Seoul 89-93 Frauen-Univ. (Malerei) u. MS 94-03 Akad., 02 Meisterschülerin / (Biografie in Beilage: CD-Ausgabe 2006)

Lee, Mikyung (B) / 1966 Seoul/Korea- / lebt (99) in Düsseldorf / Stud.-Braunschweig HfBK, 94 Meisterschüler / 96 Stip. Gemeinde Stuhr / Ausst. u. a. in Braunschweig u. Seoul

Lee, Mi-Kyung (M/O) / 1967 Chung-Ju/Südkorea- / lebt (2006) in MS / NEU: 03 Förder-Pr. Kreissparkasse Steinfurt / ab 7/04 Atelier am Hafen Speicher II – MS / Mitgl. „WKB" / (Biografie in Beilage: CD-Ausgabe 2006)

Lee, Moonho (F) / 1970 Seoul/Korea- / lebt (2006) in MS / Stud.-Seoul 92-98 Univ. (Kunst) u. MS ab 03 Akad. / 02 Farbfotokursus Akad.-MS / Ausst. u. a. 2004 Oberhausen (Kv), MS (Stadtmuseum), Düsseldorf (NRW-Forum),Solingen (Mus.-Baden), Herford (MARTa-Lounge), Istanbul-Türkei (Mus), 06 Bochum (gal.-januar), 06 Essen (Kunsthaus) / **Lit.: 229a**-04 + **231b+c** + **243a**

Lee, Na-Young (M) / 1975 Busan/Korea- / lebt (2005) in MS / Stud.-Korea 93-98 Dong-A Univ. (Kunst) u. MS ab 01 Akad. / Ausst. u. a. im Harz/Eifel, 2004 Löwenhof (Kunstforum), 05 Liesborn (Mus) / **Lit.: 56d**

Lee, Sekyung (O/I) / 1973 Seoul/Korea- / lebt (2006) in MS / Stud.-Seoul/Korea 92-96 Frauenuniv. (Keramik) u. s. 99 Akad.-MS, 02 Meisterschülerin / Ausst. u. a. 1992/93/96/97 Seoul-Korea, 2002 Bocholt (Kunsthaus), Dortmund (Künstlerhaus), 03 Schöppingen (Feuerstiege), 04 MS (Wewerka Pav/Jahresgabe-Kv), Herford (MARTa-Lounge), 06 Essen (Kunsthaus) / **Lit.: 18**-04 + **57**-02 + **218**-02 + **229**-03 + **229a**-04

Lee, So-Yeun (M/I/Projektk) / 1971 An-Song/Südkorea- / lebt (2006) in MS / Gattin v. Dai-Goang Chen / Stud.-Su-Won/Südkorea 91-95 Univ. u. ab 02 Akad.-MS / 05 Förderkonzept Columbus Art Foundation Ravensburg / Ausst. u. a. 1995 Su-Won-Südkorea (Gal.-Jang-Won/Universität), 2004/05 MS (Off. Atelier-Hafen Speicher II) 04 MS (Tunnel-Hindenburgplatz), Düsseldorf (NRW-Forum), Solingen (Mus.-Baden(K), 05 MS (Wohn+Stadtbau-GmbH/Raum f. a. K. = Wolbeckerstr. 59), Dülmen (Kv.: Rathaus), Lingen (Kunsthalle), 04/05 Ravensburg (CAF(K), 06 MS (Ausst.-halle Hafen-Speicher II) / **Lit.: 246**-04(2)+05 + **253** + K = Katalog

Leesker, Christiane (G/D) / 1965 Recklinghausen- / lebt (2005) in MS / Stud. FHD-MS (Grafik-Des/Vis.-Komm) / Studienaufenth.-Nancy/Frankr., 88 = 2. Plakatwettbew.-Pr. Deutsches Studentenwerk / freisch. Tätigk., ab 97 Lektorin, 02 Gründung v. „Illupool" – Agentur f. Illustration, Ausst.-Organisation u. freiberufl.-e Grafikerin/Lektorin / Ausst. u. a. 2005 (Off. Atelier-Am Hawerkamp)

Leeuw, Hans-Jörg (O/I) / 1966 Wesel- / lebt (2003) in Meschede / Ausst. u. a. 1997 Hilversum-NL (Boersma-Gal), Moers (Stadtgal), 98/99 Duisburg (u. a. Mus), 98/01 Krefeld, Viersen (Enoteca), Herne (Gal-Lygnaß), 2000 Meschede (Horst), Essen/Doetinchem-NL, 01 Düsseldorf / **Lit.: 232**

Leger, Hartmut (F) / * 1965 – / lebt (2004) in Bottrop / Ausst. u. a. 1997-99/2002/03 Bottrop (Mus) / **Lit.: 99a**-97...99+02+03

Legge, Stephan (A/Dipl.-Ing) / um 1969 in Simmerath b. Aachen wohnhaft / Werk u. a. 1969 St. Barbara-Kirche in Dortmund mit U. Lammersdorf / **Lit.: 112d** (S. 14) + **142y**

Lehmann, Birgit (Filmk) / * 1957 (in Hessen)- / lebt (2006) u. a. in Frankf.-M./MS / ab 87 Filmkünstlerin (Autorin/Regie/Kurzfilm), s. 95 zahlr. Filmpreise / Lehrt.: 98-01 HfM-Köln, s. 02 Filmwerkst.-MS, z. Zt. KH-Offenbach u. Univ.-Weimar / Auff.-en = MS + N / **Lit.: 196**-01

Lehmann, Gudrun (I/M/G) / 1954 Nieheim- / lebt (2003) in Düsseldorf / Stud.-MS 74-76 (Akad) u. Düsseldorf 76-80 Akad., Meisterschülerin / 79/80 Atelier in Melbourne, 80 Stip.-NRW f. Paris, 89/93/94 Atelier in St. Petersburg / Ausst.-en/Symposien = NRW/INT / **Lit.: 79** + **79a+b**(m. Lit.)

Lehmann, Hildegard (M/F) / 1944 Bischofsburg/Ostpr.- / lebt (2004) in Soest / Stud.

Univ./PH-MS / Lehrt. / künstl.-Weiterb. b. bek. Künstlern in Südwestf. / Ausst. u. a. in Soest u. Umgebung, 2002/03 MS (Akad/Chir.-Univ.-kl/Krameramtshaus), 02 Essen (Maschinenhaus), 02-04 Luxor/Alexandria/Kairo-Ägypt., 03 Steinfurt (Sparkasse), 04 Hamm (Mus) / **Lit.: 2+37**-02

Lehmann, Klaus Michael (F) / * 1937 – / lebt (2001) in Castrop-Rauxel / Ausst. u. a. 2000 Essen (Zeche Zollverein) / **Lit.: 204**

Lehmann, Werner (A = Raum- u. Bauplanung/Dipl.-Ing) / 1. 6. 1924 Beeskow/Mark Brandenburg- / lebt (2003) in Bonn u. Dortmund / Stud.-Braunschweig bis 51 TH, 51-55 Assistent b. Prof. Kraemer / s. 56 selbst., Büro „WLP“ in Dortmund, 2. Büro in Bonn, 58/61 Archit.-gemeinsch. mit O.-H. Groth+W. Schlote / Werke u. a. in Berlin/NRW (u. a. Beteil.: Univ.-en Dortmund/Bonn/Bochum), s. auch Lit. / **Lit.: 146b + 197b**-84+99(S. 45) + **197c** (S. 76/84)

Lehmkuhl, Michael (Filmk) / 1969 Wettringen/MS-land- / lebt (2001) in MS / Stud.-MS Univ. (Lit/Hist/Soz) / s. 97 Mitarbeit Filmwerkst.-MS / Auff. = 99/2001 MS / **Lit.: 196**-99+01

Lehnert, Martin (M) / 1970 Dortmund- / lebt (2003) in Cloppenburg / Stud. Univ.-Dortmund (Chemie) / Autodidakt / Ausst.-gen s. 1989, u. a. 89/93 Dortmund (Westf.-Rundschau/Westf.-park), 95 Hohensyburg (Spielhalle), 96/2003 MS (Stadthaus I/Arbeitsgericht)

Lehnert, Volker (Prof) (M/G/Coll.-k) / 1956 Saarbrücken- / lebte in Krefeld u. Witten, (2006) in Witten u. Stuttgart / Stud.-Mainz 76-81 Univ. (Kunst/Kunstg/Germ) / 81 Förder-Pr. Int. Senefelder Stiftung, 83+88 Kunst-Pr. f. Grafik+Malerei, 88 Ramboux-Pr., 91 Kunst-Pr. Mainz / Lehrt.: 96-01 Prof. Hochsch.-Krefeld u. ab 2000 Akad.-Stuttgart, außerdem Sommerakad.-Hamm / Ausst. u. a. 1983-2002/05 Düsseldorf (Kunstpalast/Messe), 98 Hamm (Max.-Park), 03 Radolfzell/Mainz, Beckum (Mus), 04 Recklinghausen (VKB) / **Lit.: 107**-83...02+05 + **188**-04 + „V. L.“ – Ausst.-kat. – Radolfzell/Mainz/Beckum, 2003

Lehr, Eva-Maria (Perf.-k) / lebt (2005) in OWL / Mitgl. Gr.-„Oralapostel“-Bielefeld / Auff.-gen siehe Gruppe „Oralapostel“ = in OWL/N/INT

Lehrig, Maria (Riele) (B) / * 1936 – / lebt (2005) in Emsdetten / war Lehrt.-Emsdetten / Bischof Tenhumberg-Pr. 01 Telgte / Ausst. u. a. 1999-2001/05 Telgte (Mus) / **Lit.: 185**-99...01+05

Leichtle, Beate (F/D) / 1974 Ebingen/B.-Württ.- / lebt (2003) in Dortmund / Stud.-Dortmund bis 03/04 FHD / Ausst. u. a. in Frankf./M., 2000/02 Dortmund (Mus. f. K. u. K./Phoenix-Gelände) / **Lit.: 203**-2000 + **203d**

Leiendecker, Jürgen (F/D) / 1956 Essen- / lebt (2005) in Essen / Stud.-Dortmund 78-83 FH (Foto-Des/Vis.-Komm) / ab 85 freisch. u. 85-89 Theaterfotogr., 02-04 Bildreportageproj. in Essen / Ausst. u. a. 2002 Essen (Ruhrl.-mus), 05 Gelsenkirchen (Wissensch.-park), + NRW / **Lit.: 181** + In: „Junge Fotografen aus Westfalen“ – Ausst.-kat. – Studiogal.-LWL u. Westf. Mus.-amt-MS, 1983

Leimann, Brigitte (M) / 1953 Delmenhorst- / lebt (2005) in Dortmund / Stud. PH-Göttingen u. Univ.-Dortmund (Kunst/Päd) / Mitgl. „BBK“-Westf.-Süd in Dortmund / Ausst.-gen im Emsland u. Westf. / **Lit.: 98a**

Leipoldt, Renate (M/Z) / 1952 Hamm- / lebt (2000) in Wuppertal / Stud.-Bremen 74-76 HfG, lebt danach in Wuppertal / Ausst. u. a. in Bremen/Hamm/Remscheid/Wuppertal / **Lit.: 216**

Leissl, Martin (F/D) / 1969 Wiesbaden- / lebt (2005) in Bielefeld / Stud.-Bielefeld 96-2000 FHD / 2000/01 Bildredakteur am Bielefelder Stadtblatt, war Lehrt. / s. 02 Mitgl. Fotogr.-„VISUM“ / Veröffentl.-en in Zeitschriften u. Magazinen

Leißmann, Jennifer (M/Z) / 1977 Brilon- / lebt (2005) in Bielefeld / Stud.-Bielefeld 99-03 FHD / Stip. Verb. BK-Sachsen u. Beteil. Int.-Symposion Halle-S. / Lehrt.: VHS-Bielefeld u. Kunst- u. Musikschule Gütersloh / Ausst. u. a. 2001-03 Bielefeld (u. a. 2xFH/Neues Bahnhofsviertel/TNS-Emnid), 03 Gütersloh/Salzkotten, Willebadessen (Schloss/Kloster), Bleiwäsche b. Marsberg (Off. Atelier), 04 Hamm (Mus) / **Lit.: 101b**-03 + **139a**

Leister, Ingrid (jetzt: Kremer, I.) (O) / 1957 Papenburg- / lebt (2005) in Papenburg / Stud.-MS um 77/81 Akad. / Ausst. u. a. 2005 Recklinghausen (Kunsth), Ingolstadt (Kv) / **Lit.: 64a + 256**

Leister, Wiebke (F/D) / 1972 Bielefeld- / lebt (2005) in Düsseldorf / Stud.-Essen 92-99 Univ./GH (Komm.-Des/Fotogr) u. 95/96 Coll. of Printing London-GB (Photogr) / 95+2000 DAAD-Stip., 99 Förd. Stadt Essen, 01 Förderung Sk-Stiftung Köln, Preise: 95 Essen, 98 „H.-Schober“-Pr. Kodak, DGPh u. Nourypharma-Wettbew., 2000 Prato-It. / 2000-? am Royal Coll. of Art London tätig / ab 2000 Mitgl. „DAF“ u. „DGPh“ / Ausst. s. 1995 = N+INT / **Lit.:** Internet(= m. Lit)

Leistner, Dieter (Prof) (F) / 1952 Steinlah/Nieders.- / lebt (2002) in Würzburg u. Mainz / nach

Tischlerausb.: bis 84 Stud.-Köln/Essen u. GH-Wuppertal (Dipl.) / s. 84 Lehrt. an Sommerakad.-en u. FH-Dortmund, ab 99 Prof. FH-Würzburg / Mitgl.-„BFF", „DGfPh" u. „Art Dir. Club" / Ausst. u. a. 1999 Hamburg, 2000 Stuttgart, 01 Dortmund (Mus. f. K. u. K.), 03 Siegen (Kv) / **Lit.: 202** + In: „Zeit Blicke" – Ausst.-kat. – Mus. f. Ku. u. Gew.-Hamburg, 1999 + Städt.-Gal.-Stuttgart, 2000 = Hg.: BFF-Des. e.V.-Stuttgart, 1999; v. D. L. = Architektur-Kunstpostkarten

Leixl, Gerhard (M/Z/F/Perf.-k) / 1961 Straß/Steiermark-Österr.- / lebt (2005) in Wien / Stud.-Graz-Österr. 82-84 (Malerei), Wien 84-92 Akad. f. Gestaltung, 91 MS bei Peter Greenaway u. 92-94 Akad. (Prof. T. Ulrichs) / Ausst. u. a. in Österr., 1992 Essen (Aalto-Theater), 2005 Recklinghausen (Kunsthalle), Ingolstadt (Kv), + N/INT / **Lit.: 256**

Lemcke, Patrick (M) / 1972 Montreal/Kanada- / lebt ab 76 in Fröndenberg, s. 96 Düsseldorf / 92-95 Stip. Bundesverb.-Raiffeisenbanken / Stud.-Berlin 94-96 HdK, ab 96 Akad.-Düsseldorf / 99 Sonder-Pr. Hypoth.-bank Essen, 2000 Reise-Stip. Akad.-Düsseldorf / Ausst. u. a. 1992 München, 93 Menden (Kulturamt), Hamburg, 94 Berlin (Art Works-Gal), 98/99 Berlin (Kunsthandel-J. Theiss), 2000 Bonn (Kreuzkirche), Gelsenkirchen (Mus), 02 Bochum (Dueart&design) / **Lit.: 145c**-2000

Lemke, André Philip (M/I) / NEU: 1970 Wiesbaden – 12. 2. 2006 Köln / (Biografie in Beilage: CD-Ausgabe 2006)

Lemke-Kalweit, Regine (M) / 1960 Coesfeld- / lebt (2006) in Dülmen / Mitgl. Gr.-„wir" – Arbeitskr. Kunst 2000" – Dülmen / Ausst. u. a. 2001 Einen (Heimathaus), MS-Albachten (Kunstfest), 02 Ladbergen (Gal.-Strathwork), Dülmen (alte Overbergschule/Kulturnacht/StattGalerie /Off. Atelier), 04 Nordkirchen (Schloss), 05 Dinslaken (Stadtbibliothek)

Lemke-Groenewolt, Marie-Theres (M/I) / 1960 Rhede- / lebt (2004) in Bocholt u. MS / Stud. Akad.-MS / Ausst. u. a. 2003 Schwerte (Kv) / **Lit.: 234**-03

Lemm, Gerda (O/G) / 1952 Recklinghausen- / lebt (84) in Düsseldorf / Stud. Akad.-Düsseldorf (Ku.-wiss/Kunst/Phil), 79+81 Staatsexamen / 78 Forberg-Stip., s. 80 Lehrt. FHD-Düsseldorf / Ausst. s. 1979, u. a. 1981 Düsseldorf (Kunstpalast) / **Lit.: 79a + 107**-81

Lenhardt, Ute (M) / 1957 Gelsenkirchen- / lebt (2006) in Dülmen / s. 91 künstl. tätig / Mitgl. Gr.-„wir" – Arbeitskr. Kunst 2000" – Dülmen / Ausst. u. a. 2002 Ladbergen (Gal.-Strathwork), Dülmen (Overbergschule/StattGalerie), 04 Nordkirchen (Schloss), 05 Dinslaken (Stadtbibl)

Lenkewitz, Stefanie (M/Bühnenb) / 1962 Gütersloh- / lebt (2006) in Düsseldorf / Stud.-Stuttgart 82-83 Freie Kunstsch. (Malerei/Bühnenbild), Salzburg 83-89 Morzateum (Bühnen- u. Kostümbild) u. 88/89 Sommerakad.-Salzburg / s. 89 tätig für Theaterproduktionen in Düsseldorf/ Berlin/Esslingen/Bruchsal u. Gelsenkirchen / Ausst. u. a. in Dormagen, Düsseldorf (Schauspielhaus), Knechtsteden (Kloster), Ratingen (Oberschl.-LM), 2004 Hildesheim (Kv)

Lennartz, Astrid (F) / lebt (2004) in Bielefeld / war erst Mitgl. Gr.-„Meier", danach Gr.-„Kunst-COOP"-Bielefeld / Ausst.-en u. a. mit den Kü.-gruppen, 2003 Bielefeld (Univ)

Lennep, (van) – Holl.-deutsche Künstlerfamilie um 1637 bis um 1800 in Westf. u. Hessen bek. =

Lennep, Elias van (Kupferstecher/Ing) / 1637/38 Borkeloh/NL – 5. 1. 1692 Wien / Bruder des Heinrich v. L. / ab 1663 in Lippe u. Münster (bis 1665 b. d. Bischof) tätig, s. 1670 im Land Brandenburg, 1674-89 b. d. kaiserl. Artillerie, 1686/89 Ungarn, 1689/90 Lehrt. Akad.-Wien / **Lit.: 24**-23(† 1694) + **215a** (S. 9) + B. Rinke/J. Kleinmanns: „E. u. H. v. L." – Kupferstecher und Ingenieure des 17. Jahrh.-s – Ausst.-kat. – Lipp.-LM-Detmold, 2001(m. Lit.-angaben)

Lennep, He(i)**nrich van** (G/Ill/Kupferstecher/Ing) / * ? – 1. 3. 1720 Kassel / Bruder des Elias v. L. u. Vater v. Joh. Melchior / ab (um) 1652-1665 in Münster, 1667 Wiedenbrück u. s. 1668 bis zum Tod Bauverwalter am Kasseler Hof / **Lit.: 24**-23(† 1710) + Lit. wie b. Elias

Lennep, Johann Melchior (Gold- u. Silberschmied) / 1683 – 1767 Kassel / Sohn des Heinr. / 1697-1702 Ausb.-Kassel b. David Corsten, 1714 Meister / **Lit.: 24**-23 + In: W. Scheffler: „Goldschmiede Hessens" – 1976

Lennep, Johann Hartmann (Kupferstecher/Goldschm?) / († 1755 Kassel?) / Bruder des Joh. Melchior(?) / um 1710-27 in Kassel bek. / soll angebl. 1710 die Stelle s. Vaters am Hofe übernommen haben / gemeint?: J. H. L.: Mechaniker/Uhrmacher, † 1755 in Kassel / **Lit.: 24**-23 + In: W. Scheffler: „Goldschmiede Hessens" – 1976

Lennep, Georg Henrich (Goldschm) / 1744 bis 1794 in Kassel bek. / ab 1744 Ausb. b. s. Vater Joh. Melchior L., 1769 Meister / **Lit.:** In: W. Scheffler: „Goldschmiede Hessens" – 1976

Lentze, Johann Carl Wilhelm Gottfried (A/M) (Brückenbauing) / 12. 7. 1801 Soest – 23. 6. 1883

Berlin / Stud. Bauakad.-Berlin / tätig u. a. 1832 in MS, 1844-66 Reg.-Oberbaurat in Berlin / Werke in Soest + N / **Lit.: 219b**

Leo, Maximilian (Dr) (M) / 1912 St. Petersburg/Russland – ? / lebte (46) in Altenhellefeld/Sauerland u. (86) in Oldenburg/Old.-burg / Schulzeit in Finnland, Stud.-Viipuri/Finnl. (heute Vyborg/Russl.) 34-36 Kunstschule, Berlin 36-45 HfBK / Ausst. u. a. 1946 Arnsberg, 54 Düren/Aachen/Dortmund/Bochum/Wuppertal, 55 Hamburg, 83 Oldenburg, 86 Luzern (Ècole Tamé), + INT / **Lit.: 8a**-46

Lepie, Markus (F/D) / 1968 Erlangen- / lebt (99) in Dortmund / Stud.-Dortmund 91-98(?) FHD u. 94/95 London Coll. of Printing / Ausst. u. a. 1996 Dortmund (Mus. f. K. u. K.) / **Lit.: 203**-96+98

Lepke, Gerda (M/Z) / 1939 Jena- / lebt (2001) in Dresden / 01 Lehrt.-Paderborn (Sommerakad)

Lepke, Gerda (M) / 1945 Werdohl- / lebt (87) in Neuenrade/W. / **Lit.:** In: Walter Schlick: „Neuenrade" – Gemälde und Zeichnungen – Meinerzhagen, 1987

Lepper, Gereon (B/O) / 1956 Ratingen- / lebt (2006) in Düsseldorf, Atelier in Hattingen / 73-75 Steinbildhauerausb. / Stud.-Düsseldorf 79-86 Akad., Meisterschüler / 88 Förder-Pr. NRW, 99 Staats-Pr.-NRW, 01 = 1. Pr. Stadtmus.-Hattingen / Werke in NRW / Ausst. u. a. 1995 Herne (Flottm.-Hallen), 99 Solingen (manu factum), 2001 Lingen (Kv), 02 Havixbeck (Haus Stapel), Duisburg (Gal.-Hellebrand), 03 Siegen (Kv), 04 München (Gal.-Albrecht), 05 Marl (Mus), Hattingen (Stadtmus), 06 München (Kultfabrik), Canal de la Thielle-Schweiz/Daejon-Südkorea, 07 (gepl.) Berlin, Essen-Werden (Brehminsel), + N/INT / **Lit.: 48x**-99 + **79** + **79a** + **209a** + **261** + In: „Metallskulpturen aus NRW" – Kat. – Flottmann-Hallen – Herne, 1995

Lerch, Matthias (M/Z/Medien-Design) / 1974 Chemnitz- / lebt (2001) in Nottuln / NEU: Stud.-MS 96-01 FHD (Medien-Design) / (Biografie in Beilage: CD-Ausgabe 2006)

Leson, Michael (B) / * 1960 – / lebt (2001) in Werth b. Isselburg / Steinbildh. / Ausst. u. a. 2001 Borken/Billerbeck/Warendorf/Tecklenburg/MS / **Lit.: 180**

Less, Doris (M/O) / 1945 Dortmund-Schüren- / lebt (90) in Tübingen / Stud.-Dortmund 64-66 Wksch u. Berlin 66-71 HfBK, 70 Meisterschülerin / 70 Stip.-Berlin f. Frankr. / u. a. 71-90 Lehrt.-Reutlingen / Ausst. = N / **(s.=A/E)** / **Lit.:** u. a. **8** + **107a**-90 + **119**

Lessing, Christian (O/G/D/Ill) / 1968 Mainz- / lebt (2003) in Düsseldorf / Jugend- u. Schulzeit in MS, 87-90 Tischlerausb.-MS, um 93-98 Stud. FHD-Düsseldorf, ab 98 selbst. / 94 Stip.-Villigst / s. 98 Mitherausg. v. „Herrensahne" (Comicmagazin) / Ausst. = N / **Lit.: 79b**

Leupold, Susanne (M) / 1963 Hagen-Hohenlimburg- / lebt s. 2004 in Hagen-Hohenlimburg / Stud. Univ.-Düsseldorf (Gest/Sport/Germ), Fernuniv.-Hagen (Kultur- u. Soz.-wiss), Art Institute of Chicago u. Hilton-College Pietermanitzburg / 93-2000 im Ausl. tätig / Weiterbild.-seminare in Chicago/Provo-Utah/Südafrika, Akad.-Düsseldorf, Jackson-Tennessee u. Vulkaneifel / Ausst. u. a. in Ratingen/H.-Hohenlimburg/Hagen/Schwelm, 2005/06 Dortmund (Firma PRO DV), 06 Hagen (Off. Atelier)

Levien, Marianne (M/Z) / 1965 Neuhausen/Ems- / lebt (2005) in Hilchenbach / 79-84 Weiterb.-kurse b. Willi Schütz (Tiermaler), 81-84 Bauzeichnerausb.-Siegen, 87-91 Stud.-Freiburg Freie Studienstätte f. Kunstmalerei / Ausst. u. a. in Freiburg, + Südwestf. / **Lit.: 110b** + **110c**-04

Lewandrowski, Rosemarie (M) / 1943 Dortmund- / lebt s. 79 in Erlensee / Ausb. b. Künstlern in der Region u. s. 96 Europ.-Akad. Trier / Mitgl. „BBK"-Frankf./M. / Ausst. u. a. 1997-2000 Offenbach (Rathaus), 02 Reinheim, 04 Frankf.-M., + Hessen / **Lit.:** Internet

Libor, Paul (B/Z) / 1919 Beuthen/Oberschl. – 1972 Wiedenbrück / Holzbildh.-ausb. in Oppeln/Oberschl., nach dem 2. Weltkrieg in Wiedenbrück tätig / Werke in Westf. (!) / **Lit.: 1**-5(erw.)

Licht, Ralf (A/Dipl.-Ing) / 1962 Münster- / lebt (2002) in MS / Stud.-MS 81-88 FH (Archit) / ab 88 Mitarb. in Büros, s. 92 eig. Büro in MS, 92-2000 Büro m. W. John / Werke s. Lit. / **Lit.: 197**-97 + **251**-05

Lichtenberger, Rose (B/I) / 1950 Kleve- / lebt (2005) in Steinhagen / Stud.-Düsseldorf 69-70 Wksch u. 70-75 Akad. / 75-77 Lehrt.-Düsseldorf, ab 77 Bielefeld, 87 Steinhagen / Ausst. u. a. am Niederrhein, 91 Borgholzhausen, 92 Lage, 93 Lübbecke, 94/97/98/2000/01 Steinhagen (Kr.-Sparkasse/Rathaus/Bet.-Skulpturenmeile/Bet.-Skulpturenpark), 95 Kleve, 2000- Bielefeld/OWL (Archiv), 02 Gütersloh (Kreishaus), 04 Steinhagen (Off. Atelier), Schneverdingen (Kunstwege), 05 Halle/W. (Rathaus) / **Lit.: 152b**-05 + **191b**-04 + **192**-01

Lichtenberger, Sascha (Karl-Peter) (M/G) / 1948 Kleve- / lebt (2001) in Steinhagen / 64-71 Schaufenstergest., Stud.-Düsseldorf 71-77 Akad., 76 Meisterschüler / 75 Stip. Akad.-Düsseldorf / ab 77 in Bielefeld, s. 87 Möbeltischlerei u. Siebdruckwerkst. in Steinhagen / Ausst. u. a. am Niederrh., 89 Bielefeld (Spinnerei-Café), 91 Borgholzhausen, 92 Lage, 93 Lübbecke, 94/97/98 Steinhagen (Kr.-Sparkasse/Rathaus/Alte Schmiede), 95 Kleve

Lichtenthäler, Wolfhard (Mikay) (M/Filmk) / 1932 Zeppenfeld- / lebt (2005) in Burbach / Autodidakt / war Vors./Mitbegr. „Filmclub Hellertal" / Ausst. s. 65 in Südwestf. / **Lit.: 110b + 110c**-04 + Filme v. W. L.: „Kampf um Hohenseelbach" u. „Streifzug durch das Buchhellertal" – 1964

Licker, Aldo (Dr) (A) / 1943 Saarbrücken- / lebt (2005) in Dortmund / Stud.-Hannover bis 72 TU (Arch/Städtebau) / 72-74 in Frankf.-M. tätig, 74-77 Lehrt. Univ.-Dortmund, 80 Promotion, 77-88 Obering. Fakultät Bauwesen Univ.-Dortmund / s. 85 Büro „Licker + Thelen"-Dortmund, ab 94 auch in Stendal, 98 erweitert m. Claudia **B**olle, 99 (lt. Lit.) m. Urban Thelen / Mitgl.-„BDA" / Werke u. a. in Berlin/Weimar/Stendal, Bozen (Museum) u. NRW (s. Lit.) / Ausst. u. a. in Dortmund (Mus. am Ostwall), 1994 Essen (DEUBAU) / **Lit.: 197**-95+97+01 + **197b**-99 + **219x**-99

Liczniersky, Helmut (G/F) (Holzdruck) / * 1957 – / lebt (2005) in MS / s. **G**ruppe „Haus Kannen"-MS / Ausst. u. a. 2000/03-05 MS (Haus Kannen), 04 Rander-DK/Glasgow-GB, 05 Adlershof (Kulturzentr) / **Lit.: 150**-03

Liebelt, Andreas (O/Metallgest) / 1960 Recklinghausen- / lebt (2004) in Kiel / Schlosserausb., ab 96 Gestaltung v. Kunst- u. Gebrauchsobjekten / Mitgl. Gr.-„K 34"-Kiel / **Lit.:** Internet

Liebelt, Lore (M) / 1952 Brakel- / lebt (99) in Lippstadt / Stud.-MS 71-74 Päd. / s. 74 Lehrt. / Mitgl. Gr.-„Septimus"-Kr. Soest / Ausst. u. a. 1998 Bünde (Lukas-Krankenhaus) / **Lit.: 100**-98

Liebers, Verena Iris Gisela = „VIGLI" (M) (Autorin) / 1961 Berlin- / lebt s. 90 in Bochum / Autodidaktin / Stud.-München 81-90 Univ. (Biol), Promotion / s. 90 wissenschaftl. (Allergologie/Immunologie) tätig / mehrere Lit.-Preise u. 2 Bücher bis 03 veröffentlicht, 05 Stip. Stadt Otterndorf / Ausst. u. a. 2001/03 Bochum (Sparkasse/BGFA/Bergwerk-Prosper-H./Tee-Kultur), 01 Herne (Schollbrockhaus), 03/04 Langenberg, 04 Bochum (runners-point/Wiesental) / **Lit.: 26a**-05 + Internet

Liebert, Sandra (M/Khw) / 1966 Wattenscheid- / lebt (2005) in Bochum-Dahlhausen / Stud.-Essen bis 02 GH/Univ. (Kunst) / eig. Atelier m. Susanne Dornbusch / Ausst. u. a. 2002 Essen (Kokerei-Zollv./Gal.-Wabinger), 03 Dortmund (Westf.-halle), Eindhoven-NL, Bochum (Alte Timmer Schule), 04 Herne (Ter Hell Art-Gall), 05 MS/Dortmund/Wittringen/Herten/Dülmen

Liebetanz, Jana (M) / 1957 Gütersloh- / lebt (2003) in Bielefeld / Autodidaktin / Ausst. u. a. 1991/92/98/99 Bielefeld, 92 Herford (Art-Gal), Lage (Kl. Schröder), 99-2001 Bielefeld (Off. Atelier), 2000- Bielefeld/OWL (Archiv), 01 Bielefeld (Stadtwerke/Daimler-AG), + OWL / **Lit.: 152**-99...01 + **192**-01

Liebkies, Werner (M/G/O) / 1926 Sielbeck/Ostholstein- / lebt s. 52 in Gevelsberg / Mitgl. „BBK"-Berg.-Land, Gr.-„Werkhaus"-Remscheid u. Gr.-„trois" / 90-? Lehrt. VHS-Ennepe-Ruhr-Süd / Ausst.-en s. 1955, u. a. 2000/02 Ennepetal (Kluterthöhle), 06 Gevelsberg (Rathaus), + N/INT / **Lit.: 209**-2000+02

Liedtke, Peter (F/D) / 1959 Gelsenkirchen- / lebt (2006) in Herne u. Atelier in Essen / NEU: ab 01 Kurator/Ltg.: „Pixelprojekt" – Wissensch.-park-Gelsenkirchen / (Biografie in Beilage: CD)

Lilienfeld, Fairy von (Perf.-k/u. a.) / 1977 Seesen/Harz- / lebt (2005) in MS / Stud.: 97 Univ.-MS (Kunstg), 98 Akad.-Enschede, ab 2000 Akad.-MS / s. 98 Theatertätigk.-en in MS / 01 Gründung „Artischocke", Forum f. Kunst u. Künstler / Perf./Ausst. u. a. 2001 MS (Tryptichon), 01-04 MS (Off. Atelier-Am Hawerkamp), 02/03 Daejon-Korea, 03 Bangkok-Thail., 04 Warschau-Polen, Hörstel-Gravenhorst (Kloster), 05 Detmold (Freilichtmus) / **Lit.: 245**-04

Liening, Gudrun (M/Ill) (Lyrikerin) / 1944 Stettin- / lebt (2006) in Dülmen / 90-02 Weiterbild.-seminare bei Dr. Gaby Lepper-Mainzer, VHS-Lüdinghausen/Freckenhorst, Famous Artists Schools Amsterdam u. 01-03 Univ.-MS b. H. Korhammer / in Dülmen tätig: s. 85 Jugendarb., ab 95 Erwachsenenbild., s. 99 Malaktionen f. Kinder in Dülmen/Buldern u. Ochtrup, ab 2002 Mitarb. Stadt Dülmen (Kreativbereich) / 3 Kinderbücher (62/82) nicht verlegt / Mitgl. Gr.-„wir künstler dülmen" / Ausst. u. a. 1993/95/97-2005 Dülmen, 2000 Nordkirchen (Schloss), 01 Warendorf-Einen (Heimathaus), MS-Albachten (Kunstfest), 02 Ladbergen (Gal.-Strathwork), Beelen (Rathaus), 03 Ochtrup (Spieker), Salzburg (Messe), Baden-Baden (Gal-Kl. Prinz), Straßburg (Messe), 04 Nordkirchen (Schloss), 05 MS (DKV-Residenz), Dinslaken (Stadtbibl) / **Lit.:** Dialog-Verl.-MS: In: „Aus heiterem Himmel!" –

2001; In: „Aus den Augen verlieren“ – 2002; In = Ausst.-kat. – „Galerie Böhner – Kunstmesse Salzburg 2003“

Liermann, Rosemarie (M) / * in Frankfurt/M.- / lebt (2005) in Witten / ab 74 Stud. Univ.-Frankf./M. (Kunst/Päd) u. ab 98 Weiterb. Univ.-Dortmund (Kunst) / s. 2000 Mitgl. Gr.-„Artefakt“ / Ausst. u. a. 2003 Meerbusch (Klinik), Herne (Kliniken), 04 Dortmund (Rathaus), 05 Dreieich (Praxis), MS (Univ.: Schloss)

Lilotte, Friedrich (M/Ill) / 1818 Menden – ? / Stud.-Düsseldorf 1834/38 Akad. / Ausst. u. a. 1839 Berlin (Akad), 1842 Mainz (Kv) / **Lit.: 24-**23

Limper, Franz-Josef (fälchl.-weise auch: Linper) / (M/Z) / 1958 Welschen-Ennest- / lebt (2005) in Meckenheim / Stud.-MS 80-um86/87 Akad. / Ausst. u. a. in Münster/Meckenheim, 2005 Recklinghausen (Kunsthalle), Ingolstadt (Kv) / **Lit.: 56 + 256**

Limpke, Julia Emmi (K/B/D) / 1936 Straßenberg- / lebte bis 99 in Bottrop, ab 2000 Bonn-Bad Godesberg / Werke s. 76 / Ausst. u. a. 1980-2005 Telgte (Mus) / **Lit.: 185-**80...91+95...2000+02+04+05

Linde, Sandra (M/Filmk/Bühnenb.- u. Kostümb.-in) / * 1971 – / lebt (2004) in Dortmund / Stud.-Dortmund 91-96 FH (Archit) u. 97 Städt. Bühnen-Dortmund, bis 2000 Stud. Filmhochsch.-München / 2000 Bühnenbildassist.-in in MS/Köln/München/Wien, ab 01 freiberufl. in Dortmund/Gotha/Erfurt/-Jena/München/Ingolstadt / Ausst. u. a. 2004 Dortmund (Off. Atelier) / **Lit.: 120c-**04

Lindener, Franz Arnold (Landmesser/Infanterieoffizier) / um 1759-1770 in Münster u. Warendorf tätig / Offizier im münsterr. Regiment u. im Baubüro Schlauns tätig / **Lit.:** s. G. Dethlefs

Lindner, Harald (A) / 1963 Kulmbach- / lebt (2002) in Dortmund / nach Baupraktikum: Stud.-Dortmund bis 91 Univ. (Architektur) / Mitarbeit im Büro H. Bruns Dortmund, ab 91 Büro „Peter Scheele BDA“, 94 Mitgesellsch. „SZP-GmbH“-Dortmund u. s. 98 Büro: „Lindner Lohse Architekten BDA“ / Werke in Johanngeorgenstadt, Mörfelden, Giessen-Friedberg (FH), + Westf. (s. auch Lit.) / **Lit.: 197-**01 **+ 197a-**99 **+ 197b-**99

Lindner, Ute (F/Projektk) / 1968 Arnsberg- / lebt (2005) in Berlin / Stud.-Kassel 89-95 Univ. (Phil./Kunst/Kunstg) / 90-95 Stip. Fr.-Ebert-Stiftung, 94 Robert-Völker-Pr. Kassel, 95 Stip. Nieders., 96 = 2x Stip. f. Paris u. Kunst-Pr. Kassel (Dr. W.-Zippel-Stiftung) / 98 Lehrt.-London u. Mitbegr.-in der „2yk“-Gal. Berlin, ab 99 „Copyright Projektbüro“ m. Patrick Huber u. Bernhard Thome, Hg.-in der Kü.-zeitschrift „©“ / Ausst. = N + Int / **Lit.: 26a-**05(m. Lit.)

Linford, Britta s. Brambor, Britta

Lingscheid, Anna (F.- u. Filmdes) / 1966 Köln- / lebt (2003) in Köln / Stud. FHD-Bielefeld / Ausst. u. a. 1991 Herford (Pöppelm.-Haus), Bet.-Wanderausst.-OWL, 2002 Berlin (Kirchentag) / **Lit.: 114d**

Link, Hildegard (M/G/D) / 1957 Coesfeld- / lebt (2005) in MS / Stud.-Bielefeld 78-87 Wksch/ FHD (Grafik-Des) u. FHD-MS / Zeichenstudien in Spanien/Portugal / freiberufl. tätig, Kursusltg.-en (M/Z/Tiefdruck), 2000 Gründung mit U. Jost-Westendorf „Mobile Off. Kunstschule“ (MOKS) in MS / Ausst. u. a. 2001 MS (Off. Atelier), + Internet

Link, Stephanie (B/Z) / 1964 Detmold- / lebt (98) in Delligsen/Kaierde-Nieders. / Stud.-Hildesheim 85-89 FH (Metallgest) u. Braunschweig 89-92 HfBK, 95 Gast Vancouver, College of Art & Design / Werke im öffentl. Raum / ab 93 Mitgl. Kunstkr.-Holzminden, 95 „BBK“-Göttingen / Ausst. s. 1990 u. a. in Ns/Sachsen-Anhalt u. OWL / **(s.=A/E)** / **Lit.: 69-**97 **+ 134-**98

Linkemann, Heide (B) / 1945 Hamburg- / lebt (2005) in Neunkirchen/Siegerland / (verh. m. Horst L. (Musiker/Organist/Instrumentenbauer), * 1942 Herten) / Stud. FH-Hamburg (techn. Zeichnen) u. 63-66 plast. Gestalten in München b. H. Neuhaus / ab 78 eig. Keramikwerkst. in Neunkirchen, 79-88 Lehrt. / 89/91/96-01 Oberhess. Kunst-Pr., 91 Kunst-Pr. Allendorf/Lumda / war Mitgl.: „Atel. Artist. Int. de Séguret“ / Ausst. s. 1984 Westf. / **Lit.: 110b + 110c-**04

Linne, Stefan (B) / 1932 Bad Waldliesborn- / lebte bis 84 in Oelde, ab 85 in Bad Waldliesborn / Werke s. 74 / 86+94+03 Bischof-Tenhumberg-Pr. Telgte / Ausst. u. a. 1980-2005 Telgte (Mus) / **Lit.: 185-**85...91+97...2000+02+04+05

Linnemann, Jan (F/D) / 1967 Oelde- / lebt (2005) in MS / Stud.-MS 97-2/03 FHD, 01-02 Gast Akad.-MS (Filmkl.) u. ab 10/2002 Akad.-MS (Filmkl.) / Ausst. u. a. 2000 Nordhorn, 2000/03 Frankf.-M. (Buchmesse), 01 Oelshausen/Hess., MS (Sentmaringer Weg 113), 02 Herne (Kunstbombe), 04 Hamm (Mus), Dortmund (Künstlerhaus), 05 Schwerte (Kv) / **Lit.: 122-**2000 **+ 139a**

Linnemeyer, Maik (Materialb.-k) / * 1977 – / lebt (2005) in Petershagen / seit 2000 Mitgl. Gr.-„Gro(w)Art“-Petershagen-Großenheerse / Ausst.-en siehe **G**ruppe „Gro(w)Art“

Linnenkamp, Ernst (Prof) (M) / NEU: 1885 Dortmund – 1966 / lebte in Dortmund / Stud.-Düsseldorf/München/Paris Akademien, danach in Berlin selbst. / 1919 Prof. HfBK-Wien, 22-38 in Übersee, ab 39 Dortmund / **Lit.: 24**-23 + **25**-3 + **98a**

Linnert, Monika (M) / * 1943 – / lebt (98) in Deinste / war Mitgl. „BBK"-OWL / Ausst. u. a. 1970/81 Bielefeld (Kunsthalle) / **Lit.: 124**-81 + In: „artist Window" – Katalog – Bremen, 97

Linnhoff, Jean (Ill/Z/M) / * 1978 – / lebt (2005) in Colmar/Elsass-Frankr. / Stud.-MS bis 7/03 FHD / Ausst. u. a. 2001/03 Frankf.-M. (Buchmesse), 03 Colmar-Fr. (Centre Alsace/Salon Esprit), 04 Ingersheim (Flech-Villa) / **Lit.:** J. L.: „Lepari de Till/Tills Wette" – 2003; In: „MIDGARD – Das Bestiarium" – Pegasus Spiele GmbH – 2003

Linper, Franz-Josef s. Limper, Franz-Josef

Lintelo, Jan van (Linteloo) (Z/Glasm) / * in Bocholt(?) – † 1631/32 in Holland / lebte 1595-1628 in Bocholt, danach in NL / Ausst. u. a. 1982 Bocholt (Rathaus) / **Lit.: 24**-23

Lipke, Damaris (O/F/M) / 1970 Sindelfingen- / lebt (2006) in MS / NEU: Stud.-MS 98-05 Akad., 02 Meisterschülerin / 03 Reise-Stip. Akad.-MS / Ausst. u. a. 2000 MS (Lignum-Steinfurter Str./Zwischen()raum-Grüne Gasse/Schloss), 02 Hamm (Zeche Radbod), 02/03 MS (Halle Am Hawerkamp/Produz.-gal.-Atelier"54"), Schöppingen (Feuerstiege), 04 MS (Osmohallen/Hafen), Herford (MARTa-Lounge), Istanbul-Türkei (Mus), 05 MS (CUBA/Spiekerhof 44), 06 Essen (Kunsthaus) / **Lit.: 229**-02+03 + **229a**-04 + **231b+c**

Lipp, Barbara (Khw/Emailk) / 1939 Bielefeld- / lebt (2005) in Karlsruhe / Werke s. 76 / 89 Bischof-Tenhumberg-Pr. Telgte / Ausst. u. a. 1980-87/89-96+98-2000/03-05 Telgte (Mus) / **Lit.: 185**-80...87+89...91+96+98...2000+04+05

Lippok, Dagmar (Lippok-Danielsmeyer, D.) (O/I/D) / 1963 Sokolov/Tschechien- / lebt (2004) in Hagen / Ausb.: Kunstglaserin/Glasmalerin, Stud.-Dortmund 97-03 FHD (Obj.- u. Raum-Des) / 01 = 1. Wettbew.-Pr. Continentale-Vers., 02 = 1. Pr. Inst. f. Wirtsch. u. Informatik FH-Dortmund / Ausst. u. a. 1999/2000 Hagen (Gal.-Kooperative K/Strassenbahn-Depot), 2000 Dortmund (u. a.-Audio-Perform), Köln (Art-Cologne), 2000/03 Dortmund (Akamedia/FHD), 01 Bochum (Hotel Eden/Kulturbüro), 02 Dortmund (Phoenix-Gelände), Essen (Einkaufspassage), 04 Hildesheim, München (Gal.-Kampl) / **Lit.: 187/187a** + **203**-03(Lippock) + **203ca+cb+d**

Lippsmeier = Paderborner Architektenfamilie / ***u. a.*** Werke der Familie v. 1950-72: 11 Kirchen im Bez. Magdeburg u. 78 Kirchen in der BRD (u. a.-Kronsberg/Bremen/Lübeck/NRW), davon 43 in Diözese Osnabrück / **Lit.: 219a** // **Bernhard** (A) / 10. 8. 1885 Lippstadt – 18. 8. 1958 Paderborn / Vater von Hermann u. Georg / Werke: Kirchen um 1928/33 u. 50-58 u. a. in Westf.-Lippe // **Hermann** / 2. 9. 1919 Magdeburg- / war tätig in Paderborn // **Georg** / 9. 9. 19(23)24 Magdeburg- / Stud.-Braunschweig 45-49 TH / 60 = 1. AIA Pr. Chicago f. deutschen Pavillon / s. 50 Büro in Düsseldorf, s. 53 Projekte in Übersee u. ab 60 Büro in München (bzw. Starnberg)

Lippsmeier, Peter (F/D) / 1956 Bochum- / lebt (2006) in Bochum / Stud.-Dortmund 85-90 FHD / s. 90 selbst. / Ausst. s. 1988, u. a. Bochum/Hamburg/Marl/Gera/Amiens-Fr., 2006 Gelsenkirchen (Wissensch.-park) / **Lit.: 146c** (Fotogr.)

Lischke, Carola (M) / * 1950 – / lebt (2002) in Krefeld / erst Autodidaktin, 97-02 Stud.-Bochum IfAKuK, 2001 Meisterschülerin / 99 = 1. Wettbew.-Pr. Krefeld / Mitgl. „VfDK" u. Mitbegr. Gr.-„Art...ig" / Ausst. u. a. in Bochum, 2002 Pinneberg (Kr.-kulturzentr) / **Lit.:** In: „Kunst aktuell" – S. 28/29 – Bad Schmiedeberg, 2/2002

Litsch, Birgit (M/G) / 1964 Wanne-Eickel- / lebt (2005) in Bochum / 95 Weiterb. b. I. Häusler (Italien), Stud.-Bo.-Wattenscheid 96-2000 IfBKK, 2000 Meisterschülerin b. Prof. Yang / Mitgl.-„VfDK", „Herner-KB", „GEDOK", „BBK"-Berg.-Land u. s. 02 Mitgl./Atelier Gr.-„Unser Fritz" in Künstlerzeche „Unser Fritz 2/3"-Herne-Wanne / Ausst. u. a. in NL/China/Finnl./Polen, 1999 Bochum (Commerzbank(K)/Gal.-Lygnas), 99/2001 Bochum (Zentr.-IfbKuK), 2000 Dortmund (K)/Wiesbaden, 2000-04 Wuppertal, 01 Bremen (SEB-AG), Bochum (Gal-Duo(K), Herne (Schollbrockhaus), Castro-Rauxel/Düsseldorf/Hollfeld/Schloss Lüntenbeck, 02 MS (Kv.-Sentmaring), Bochum (Kunsthaus Pinx), Herne (Opitz/Akad.-Mont-Cenis), Wuppertal (Gal.-Weisses Haus), Dierdorf, 02/04/05 Herne (Zeche Unser Fritz/Off. Atelier), 03 Bocholt (Kunsthaus), Buchet (Kv), Wesel (Altes Wasserwerk), 04 Herne (Stadtgal) / **Lit.: 142a** + **143aa** + **143f** + **216** + **225** + K = Katalog

Lob, Katharina (G/D) / 1968 Bochum- / lebt (2005) im Raum Hannover/Hamburg / 88 Restaurator-Praktikum b. Prof. L. Passeri – Florenz, Stud.-Bochum 89-90 Univ. (Kunstg/Ital/Geschichte) u. Hildesh./Holzminden 90-96 FH (Gr.-Des) / 92 DAAD-Stip. f. Menomonie/WI-USA / s. 04 Mitgl. „BBK“ / Ausst. s. 1997, u. a. in Hildesheim, 2005 MS (Univ.-kl) / **Lit.:** Internet

Lockemann, Bettina s. bei Neudörfl, Elisabeth

Löbach, Otty (G) / 1941 Haan b. Düsseldorf- / lebt (70) in Bielefeld / Ausst. u. a. 1968 Bradford-GB (Int.-Print-Biennale), + NRW / **Lit.: 7a**-69 + **46**-69

Löbbecke, Renate (B/I/M/F.-I.) / 1946 Herscheid/Sauerl.- / lebt s. 80 in Wuppertal / Stud.-MS/ München 66-70 (Germ/Biol/Chemie) / 70-81 Lehrt.-Plettenberg/Hagen / Mitbegr./Mitgl. 86-97 „Kunstraum“-Wuppertal, 89 Förder-Pr. Wuppertal, 91 Pr. Lüdenscheid, 94 Pr. Frauenmus.-Bonn, 2000 Kunst-Pr. Mainz / Ausst. u. a. in Tilburg-NL/Schwerin/Dresden, 2000 Velb.-Langenberg (Kunsthaus), Ennepetal (Kluterthöhle), 2000/04 Remscheid (Stadtgal), 02 Gevelsberg (Stadtgarten), 05 Gelsenkirchen (Mus), Düsseldorf (Kunstpalast), 06 Witten (Zeche Nachtigall), + NRW / **Lit.: 86**-05 + **107**-84+05 + **209**-2000+02+06 + **216** + In: „Künstler im Wuppertal“ – Wuppertal, 1983; In: „Ausst.-gen in der Galerie im Kunsthaus Essen 1996/97“ – Essen, 1997; „R. L.“ – Ausst.-kat. – Galerie d. Stadt Remscheid, 2004

Löbbert, Daniela (G/D/O) / 1979 Haltern- / lebt (2006) in MS / Stud.-MS 99-7/03 FHD u. s. 2000 Akad. / 01 B&H-Förder-Pr. / Ausst. u. a. 2003 MS (Erdgas), 05 Dortmund (Künstlerhaus), 06 Essen (Kunsthaus) / **Lit.: 122**-03 + **183**-3

Löbbert, Dirk (Prof) (O/I/F) / 1960 Wattenscheid- / lebt (2006) in Köln u. MS / Bruder des Maik **L.**, s. 85 Beginn der Zus.-arbeit m. Bruder Maik **L.** / NEU: 03 Wettbew.-sieger Recklinghausen (Hochlarmark) / 92-93 Lehrt. Akad.-MS, 2000 Gastprof.-Leipzig u. 2000-01 Akad.-München, ab 01 Prof. Akad.-MS / (Biografie in Beilage: CD-Ausgabe 2006)

Löbbert, Kerstin (G/D) / 1976 Südlohn- / lebt (2002) in MS / Stud.-MS 98-02 FHD / 01 Plakat-Wettbew. Sonder-Pr. AGI (Alliance Graphique Intern.) / Ausst. u. a. 2001 Essen (Deutsches Plakatmus) + Beteil.-Wanderausst. = N / **Lit.: 15a** (S. 29/33) + In: „Anschläge gegen rechte Gewalt“ – Ausst.-kat. – Verl.-H. Schmidt-Mainz, 2001

Löbbert, Maik (Prof) (M/F/O/I) / 1958 Gelsenkirchen- / lebt (2006) in Düsseldorf u. MS, Atelier in Köln / s. 85 Zus.-arbeit m. Bruder Dirk **L.** / NEU: Lehrt.: 92-93 Akad.-MS, Gastprof. 2000-01 Akad.-München, s. 01 Prof. Akad.-MS, ab 03 Prorektor u. s. 05 Rektor / **S**tipendien/**P**reise/**A**usst.-gen/**Lit.** wie bei **D**irk **L**öbbert! / (Biografie in Beilage: CD-Ausgabe 2006)

Löbke, Stefan (M) / 1966 Sassenberg- / lebt (2006) in Berlin / Autodidakt u. Weiterb. in MS u. Warendorf / Ausst. u. a. 1997/98 Ibbenbüren (VHS), 2000/02 Warendorf (Kreishaus/Theater am Wall), 01 Gelsenkirchen-Schalke (Atelier-Antenne), Berlin-Hermsdorf (Praxis-Galerie)

Löcherbach, Roger (B/I) / 1963 Kirchen/Westerwald- / lebt (2005) in Essen, Atelier in Duisburg / 84-92 Stud. Akad.-MS u. Univ.-Mainz (Kunst/Latein), 93-98 Kunstpäd.-ausb. Duisburg / Lehrt. Raum Düsseldorf, ab 98 freisch. / Ausst. u. a. 2001 Ennepetal (Kluterthöhle), 02 Herne (Kunstbombe), 04 Gelsenkirchen (Kv/Mus), Essen (Gal.-ARKA), 05 Duisburg (Off. Atelier), + N / **Lit.: 209**-01

Löffler, Roland (G/D) / * 1957 – / lebt (86/98) Minden / Drucker/Schriftsetzerausb., Stud.-Bielefeld b. 88 FHD (Vis.-Komm) / s. 86 Büro: „Löffler Grafik Design“ / Mitgl.-„BDG“ / **Lit.: 205**-94+97

Löhmann, Silke (Komm.-Des) (Musik-Autorin) / 1966 Bochum- / lebt (2005) in Bochum / Stud. FHD-Dortmund / ab 97 Büro „Oktober Kommunik.-design GmbH“-Bochum, m. René **W**ynands, ab 2000 GmbH / Ausz.-gen in Tokio-Japan, 6x = 97/98/02/03/2x04 „red dot award“ Essen, 99 Ausz. „European Design Annual“-GB u. 01 Deutscher PR-Pr. „Goldener Pfeiler“ / **Lit.: 205w**-97+98+02...04 + **205y**-02,2

Löhr, Alf (Alfred) (M/F/Videok) / 1957 Bochum- / lebt (2005) in London/GB / Stud.-MS 77-81 Akad., 80 Kyoto-Japan (Schoul of Fine Art), 79-82 Univ.-Düsseldorf u. 79-83 Akad. / Stip.: 83-85 Studienstiftung des deutschen Volkes, 85 Heinr.-Hertz-Stiftung, 86 British Council Felloship London, 87 DAAD, 89-91 Bonn, 92 Goslar, 96 Univ. of Wales Inst. of Cardiff, 03 Kunstfonds Bonn, 04 Colchester / Lehrtätigk.-en s. 86 u. a. in London/Dundee/Washington/ Glasgow/Barcelona / Mitgl. „DKB“ / Ausst. u. a. in Düsseldorf/London/Edinburgh/Glasgow-GB/Breda-NL, 1983 Freiburg (Kv), 88/99 Köln (Wartesaal/Mus.-DOKO), 92/96 Goslar, 99 Bochum (Mus), Berlin (Stilwerk), 2000 Gloucester-GB/Hamburg/Halle-S., 03 Bonn (Ausst.-halle), Rastatt (Kv), Cornwall-GB, 04 London (Galerien) / **Lit.: 256** + Lit. im Internet (alflohr.de)

Löhr, Gerhard (F/D/Ill) / lebt (2005) in Dortmund / Stud.-Dortmund z.Zt. 01/05 FHD / Ausst. u. a. 2001 Frankf.-M. (Buchmesse), 04 Dortmund (FHD), Essen (Lohnhalle-Zollverein), 05 Mannheim (Fototage), Neunkirchen-Saar (Stadtgal), 05/06 Washington/Casablanca/Rabat/Brüssel

(Goethe-Institute), 05 Wanderausst.-Hellwegregion, 06 Berlin-Friedrichshain (Kommunale Fotogalerie) / **Lit.: 203E+g** + G. L.: „Erstens und zweitens" – 2001

Löhr, Ulrike (jetzt: Voelker, Ulrike) (T) (Autorin) / 1957 Bielefeld- / lebt (2005) in Bochum / Autodidaktin / ab 78 Lehrt. = N + Dortmund, s. 94 auch = INT / Ausst. = N + INT / **Lit.: 27**-3 + Hg./Autorin von 10 Fachbüchern, u. a.: „Klöppelkurs für Selbststudien und Unterricht"

Loerwald, Dieter (Prod.-Des/M/Gr.-Des) / 1959 (Sauerland)- / lebt (2002) in Hamburg / Maschinenschl.-ausb., Stud.-MS um 82/85 FHD / tätig in Agenturen/Projektltg., 93 Gründung in Hamburg: „180°-GmbH" – Produkt- u. Kommunik.-Design, Corporate-Des., Manual- u. Interface-Des. / Ausst. u. a. 1984 MS/Bielefeld (FHD), 2002 MS (IHK)

Löser, Ricarda (G/D/Buchgest) / 1975 Tübingen- / lebt (2005) in Leipzig u. Frankf./M. / Stud.-MS bis 2/01 FHD u. danach HfG u. Buchkunst in Leipzig / 2000 Walter-Tiemann-Pr. Leipzig – Ehrendiplom f. Buchill.: „Magneton 1.0T" u. 04 Ausz. „100 Besten Plakate Deutschlands" / Ausst. u. a. 2000 Frankf./M. (Buchmesse), 05 Essen (Kunsthaus), 06 Berlin (Kunstbuch), Rheine-Bentlage (Kloster) / **Lit.: 15a** (S. 39/61) + **122**-2000 + R. L.: „Magneton 1.0T" – 1998; In: „Wegweiser" – Examenskatalog – FHD-MS, 2/01

Loewenthal, Paul (M) / 1936 Petrowka- / lebt s. 86 im Haus Kannen – MS = s. **Gr.**-„Haus Kannen" / Ausst. u. a. 1998/2002 MS (Haus Kannen) / **Lit.: 150**-04

Loge, Reinhold (M/Z) / 1946 – 1974 / lebte s. 70 in der Anstalt Bethel Abt.-„Homborn" – Breckerfeld-Zurstrasse / Ausst. u. a. 1998 Breckerfeld-Zurstrasse (Homborn) / **Lit.:** In: „Ein bunter Strauss" – Homborner Kü.-lerinnen und Künstler – Breckerfeld-Zurstrasse, 1999

Lohage, Eva (Goldschm/Schmuckgest) / 1961 Arnsberg- / lebt (2005) in Arnsberg / 81-84 Goldschm.-ausb. in MS u. Dülmen, Stud.-Hildesheim-Holzminden 89-93 FHD (Metallgest) / s. 93 selbst. / Gründ.-smitgl. Gr.-„Sepia"-Arnsberg / Ausst. s. 1991, u. a. in Hildesheim/Osnabrück /Düsseldorf/Husum/Köln, 1998/01/05 u. a. Arnsberg (Sauerl.-theater/Kunstheim-Sepia/Kunstsommer), 03 Erfurt (Gal.-Waldspeicher), + Internet

Lohaus, Jutta (G/D/Ill/M/O) / 1969 Rheine- / lebt (2001) in MS / Stud.-MS um 92-96 FHD, 97-01 Akad. u. Univ. (Päd/Geschichte) / Ausst. u. a. 1992 Dortmund-Bövinghausen (Zeche Zollern), Dorsten (VHS), MS (IHK), 93 Essen (VHS), 95 Frankf.-M. (Buchmesse) / **Lit.: 122**-95 + In: „Ruhrstätten" – Ausst.-kat. – FHD-MS, 1992/93

Lohe, Eilert (M/Z) / NEU: 1908 Werdohl – 1973 ebd., lebte ebd. / (Biografie in Beilage: CD)

Lohmann, Dirk (F/D) / 1969 Essen- / lebt (2006) in Bochum / 88-91 Ausb. z. Gross- u. Aussenh.-kaufmann, Stud.-Essen/Bremen 92-96 Univ.-en (Ökonomie) u. Dortmund 96-04 FHD / ab 03 Mitgl. Gr.-„Kunst im Zwischenraum"-Bochum / Ausst. u. a. 1999 Oberhausen (Krankenhaus), Essen (Atelier-Dimitrijevic), 2000 Recklinghausen (Gal. im Drübbelken), 02 Kiel (Künstlerhaus), 02/05 Gelsenkirchen (Wissensch.-park), 03/04 Bochum (u. a. Zeche-Hannover), 05 Herten (Zeche Ewald)

Lohmann-Gruber, Margarete (geb. Gruber) (Goldschm.-meisterin/Schmuckgest) / NEU: 1900 Saarbrücken – 1989 Münster / lebte in Bielefeld / (um 19) Stud. Kgsch-Bielefeld (Textilgest) u. 32 Goldschm.-ausb. in Bielefeld / war Mitgl. „AdK"-NRW / Ausst. u. a. in Chicago-USA, Mailand-It. (Triennale), + Westf./N / **Lit.: 48a + 48x**-50…52+59+65

Lohmeier, Martha s. Lohmeyer, Martha

Lohmeyer, Martha (T) / lebte (um 1913) in Detmold / war Mitgl. „Lipp.-KB" / Ausst. u. a. 1913 Paderborn (Lipp.-KB) / **Lit.: 101a + 130**-82/91Anh.(= Lohmeier)

Lohrberg, Eleonore (M/G) / * 1946 (in Oberbayern)- / lebt (2002) in Tecklenburg / Stud.-MS 66-69 PH / s. 69 Lehrt., ab 85 Weiterb. Sommerakademien u. VHS Osnabrück/Lengerich / Mitgl. Gr.-„Grüne Erde"-Tecklenb. / Ausst. u. a. in Tecklenburg u. Ibbenbüren / **Lit.: 69**-01

Lohse, Frank (A) / 1962 Lünen- / lebt (2002) in Dortmund / nach Baupraktik.: Stud.-Dortmund bis 90 Univ. (Archit) / tätig ab 91 Büro „Peter Scheele BDA"-Dortmund, 94 Mitgesellsch. „SZP"-GmbH u. Lehrt. Univ.-Dortmund, s. 98 Büro: „Lindner Lohse Architekten BDA" / Werke in Johanngeorgenstadt, Mörfelden, Giessen-Friedberg (FH), + Westf. (s. auch Lit.) / **Lit.: 197**-01 + **197a**-99 + **197b**-99(=SZP)

Lomberg, Erika J. (M/Z) / 1943 Fröndenberg- / lebt (2003) in Ratingen / Stud.-Engl. (Dolmetscherin) / Weiterb.-Zeichnen b. Prof. G. Blecks u. Stud.: IfBKuK-Bo.-Wattenscheid, Akad.-Steinfeld u. Gast Univ.-Duisburg (Kunstg/Psych) / Ausst. u. a. in Hefei/Anhui-China, + NRW / **Lit.: 79b**

Loos, Jürgen (K) / 1954 Olpe- / weitere Daten nicht bek. / **Lit.: 26**-Index-Bd. 6

Loos, Martina (M) / 1964 Morsbach/Sieg- / lebt (2005) in Freudenberg / Autodidaktin, Weiterb. u. a.

VHS / Mitgl. im Encaustic-Verein u. war Lehrt.-VHS / Ausst. u. a. 1999 Freudenberg (Stadthaus), 02 Burbach (Alte Vogtei), + Südwestf. / **Lit.: 110b + 110c**-04 + **187a** (S. 32)

Looze, Alexandra de (M/G/D) / 1969 Stolzenau- / lebt (2005) in Herford / 89-94 Berufsausb./ Tätigk., 94-95 FoSfG u. Stud.-Bielefeld 96-02 FHD (Vis.-Komm/Gr.-Des) / Ausst. u. a. 2002 Lemgo (Stadtgal), Bad Oeynhausen (Kaiserpalais), 02/03 Bielefeld (Entertainmentcenter/Emnid), 04 Hamm (Mus) / **Lit.: 139a** + In: „Zeichnung und Malerei" – Ausst.-kat. – Städt.-Gal. Haus Eichenmüller – Lemgo-Brake, 2002

Lopes, Jorge (M/I) / 1981 Tomar/Portugal- / lebt (2006) in Dortmund / Stud.-Caldas da Rainha/ Portugal 99-04 ESAD (FHD) / 05 EU-Stip. (Leonardo da Vinci-Programm), 05 (temporäres) Mitgl. „Künstlerhaus"-Dortmund / Ausst. u. a. 2004/05 Tomar-Port., 04 2xCaldas da Rainha-Port., 05/06 Dortmund (Off. Atelier/Künstlerhaus)

Lordan, Siniša (B/O/I) / 1959 Sibenik/Kroatien- / lebt (2006) in Soest u. Tisno / s. 96 freisch., Mitbegr. Künstlerhaus „BEM"-Soest / 01-05 Gast-Stud. Akad.-MS / Mitgl. „Kv.-Kr.-Soest" u. s. 04 „BBK-Westf." Dortmund / Ausst. u. a. ab 1996 Soest (u. a.: Bürgerzentr/Petrikirche/Adam-Kaserne/Inst.-NRW/W.-Morgner-Haus), 2001 Liesborn (Mus), 04 Hamm (Mus), Bochum (Kulturwerk Lothringen), Mainz (Kunstturm), 05 Recklinghausen (Kunsthalle), Ingolstadt (Kv), Herne (Archäol.-Mus), Bo.-Wattenscheid (Technol.-Zentr), 05 Bonn (Künstlerforum) / **Lit.: 3**-04(2)+05(1+2) + **100**-05 + **139a** + **256**

Lorencik, Renate (M/Z/B) / 1947 Bottrop- / lebt (2005) in Bottrop-Kirchhellen / Weiterb.-kurse u. a. VHS-Bottrop / s. 86 Mitgl. Atelier „Kunstkr. Revierpark Vonderort" Oberhausen u. 89 Gr.-„Kunstgem.-Bottrop" / Ausst. u. a. in Oberhausen/Duisburg/Herne/Merseburg/Gladbeck/ Gelsenkirchen/Westerland-Sylt, Bottrop (Stadtsparkasse/RWW), 2004 Bottrop (Kulturzentr), Beteil.-Wanderausst.-Ruhrgebiet / **Lit.: 99d**-04

Lorenz, Anja (M/G) / 1967 Essen- / lebt (2006) in Bochum / Ausb.-FoSfG, Text- u. Bildgestalterin, Stud.-Bo.-Wattenscheid 97-01 IfBKK, 2000 Meisterschülerin, 04 Europ. Akad.-Trier / Mitgl. „Kv.-Sentmaring"-MS u. „FrauenKunstForum"-Südwestf. / Ausst. u. a. 1998-01 Bo.-Wattenscheid (IfBKK), 99 Recklinghausen (Finanzamt), 2000 Hefei-China/Essen, 01/03/04 Castrop-Rauxel (2xGal.-haus/Krankenhaus), 02/03 Bochum (Kunst- u. Gal.-haus/Gal.-Reich), 03 Bonn (Frauenmus), 04 Duisburg (Cubus-Halle), Mülheim-R./St. Andreasberg, 04/05 MS (Kv.-Sentmaring), 05 Recklinghausen, Neuenrade (Park der Villa am Wall) / **Lit.:** Internet

Lorenz, Anna (Anne) (I/Perf.- u. Aktionsk) / 1971 Würzburg- / lebt (2005) in Ganderkesee u. Zürich/Schweiz / Stud.-MS um 92/95 Akad., danach in Edinburgh-GB u. London-GB / Lehrt. in Zürich u. Stuttgart / Ausst. u. a. 2005 Recklinghausen (Kunsthalle), Ingolstadt (Kv), + N/INT / **Lit.: 256**

Lorenz, Herbert (B/M/G/Glasm) / 12. 5. 1916 Chemnitz- / NEU: lebt bis 80 in Iserlohn, danach in Gleisweiler/Weinstr. / (Biografie in Beilage: CD-Ausgabe 2006)

Lorenz, Peter (Pseudonym: PIERRE) (M) / 1939 Breslau- / lebt (87) in Paderborn, ab 88 Atelier in Westfrankr. / 69-71 Stud. FH-Detmold (Dipl.-Ing) / 77 Lehrt.-Lippstadt / Stud.-Paderborn 80-83 Univ. (Päd) / s. 86 freisch. / Ausst. u. a. in Magdeburg/Paris/Kampen-Sylt, + Westf. / **Lit.: 27**-5

Lorenz, Peter (Coll.-k/u. a.) / 1946 Leverkusen- / lebt (80) in Leverkusen / **Lit.: 46**-79

Lorenz, Petra (M/Kalligr/Projektk/Dipl.-Ing.-Innenarch) / * in Wuppertal- / lebt (2005) in Bielefeld / 1. Pr. ital. Aussenhandelsinstitut / Lehrt.(Kurse) in Bielefeld / Ausst./Projekte u. a. 2004 Esens-Bensersiel, Löhne (Proj.-Ges.-schule) / **Lit.:** In: „Schule als Kunstort" – Eine Kooperation von Frauenkunstforum-OWL u. B.-Br.-Gesamtschule Löhne, 2004

Lorenz, Tamara (F/D) * 1972 – / lebt (2006) in Köln / Stud.-Dortmund 95-2000/01 FHD, 96 Univ.-Nottingham u. Köln 01-03 KHfM (Postgraduiert) / 2000/01 DAAD-Stip. f. New York / Mitgl. „BBK"-Köln / Ausst. u. a. 2000/03 Dortmund (FHD), 01 New York (Goethe-Inst/German Info-Zentr), 03 Köln (Art Cologne), 04 Wiesbaden (Kv), Chemnitz (Industrie-Mus), Stuttgart (ArtisForma), New Jersey (Art School), 04/05 Köln (BBK), 05 Hamburg (Deichtorhallen), Frankf./M. (Buchmesse), Eupen-Belg. (Mus), 06 Dortmund (Künstlerhaus), u. a. München/Frankf.-M. / **Lit.: 203**-2000+03

Lorenzen, Harald (B) / 1954 Löhne/Westf.- / lebt (88) in OWL / 76-78 Holzbildh.-ausb. / ab 80 eig. Atelier, freisch. / Ausst. u. a. Hamm/Wilhelmshaven/Willebadessen, + OWL / **Lit.: 27**-1

Lork, Barbara C. (M) / 1967 Bottrop- / lebt (2006) in Bottrop / nach Berufsausb./Tätigk. 89-92 Maskenbildnerinausb. Musiktheater-Gelsenkirchen, dort 92-93 tätig, 93-96 in Essen, 96 „Movie World"-Bottrop-Kirchhellen u. WDR-Köln, s. 96 Schauspielhaus-Bochum / Mitbegr. Gr.-„Chamäleon" u. s. 12/04 Mitgl. Gr.-„Kunstgemeinschaft"-Bottrop /Ausst. u. a. 1993/95 Bottrop

(Mühle/La Teverna), 95-98 Bottrop (Mus), 98/04 Essen (Cinemaxx), 99/2000/03/04 Bottrop (Kulturzentrum), 05 Bottrop-Kirchhellen (Sparkasse), Bottrop (RWW/Gal.-Roohnikan/ Café Florian) / **Lit.: 99a**-97+98 + **99c**-03+04

Losert, Barbara (O/I) / 1976 Schwäbisch Gmünd- / lebt (2005) in Karlsruhe / Stud.-MS bis 2/04 Akad. / 03 Timm&Struppi-Pr. Kl. Prof. T. Ulrichs / Ausst. u. a. 2005 Recklinghausen (Kunsthalle), Ingolstadt (Kv) / **Lit.: 256**

Loth, C. W. (Carl Walter) (B) / 1954 Freudingen/Westf.- / lebt s. 89 in Freiburg / 94 Stip. Baden-Württ., 96 Stip. Freiburg, 98 = 2. Wettbew.-Pr. Diözese Rottenburg-St. / Ausst. u. a. in Freiburg, 2003 MS (Gal.-König)

Lotsch, Friedemann (Industriedes) / * 1946 – / lebt (83/97) in Dortmund u. (2002) in Schwerte / bis 76 Stud. FH-Dortmund u. HfBK-Braunschweig (Dipl.-Des) / ab 76 Entwickl.-Büro „Lotsch Design GmbH", dann „Lotsch+Partner Design u. Modelltechnik GmbH"-Dortmund, jetzt „Lotsch Design+Technologie GmbH"-Schwerte / 91-95 Lehrt. FH-Hagen / Ausz.-gen u. a. in Hannover/Stuttgart, 87 Staats-Pr. NRW, 90+91 red dot Award Essen / **Lit.: 205**-94+97 + **205a**-83+89 + **205z**-90+91

Lott, Irmela (M/G/Z) / 1942 Gersfeld/Rhön- / lebt (2005) in Bielefeld / NEU: Jugendzeit in Reutlingen / Stud. Acad. de la Grande Chaumiér-Paris, Ausl.-aufenthalte u. Stud.-Textiling.-schule Krefeld / Mitgl. „BBK"-OWL / Ausst. s. 1975, u. a. in Bünde/Ahaus/Minden/Reutlingen/Berlin/Halle-W., Bielefeld (Rav.-Spinnerei), 1978 Hongkong (Goethe-Inst), Karlskrona-Schweden, 81 Bielefeld (ZIF), 86 New York/Zürich, 87 Gütersloh/München/Paris, 88 Düsseldorf/Wuppertal/Rapids-Michigan-USA, 89 Baden-Baden/Rottach-Egern/Bad Reichenhall, 90 Chicago (Art-Expo/Kenirworth-Gall), 91 München (Inter-Art-Gal), 91/93 Bielefeld (Bank/Gal.-Baumgarte), 92 Lindau/Garmisch-Part., 93 Dornbirn-Öst./Steinhagen, 94 Moers/ Frankf.-M./Fügen-Öst., 95 Reutlingen/Wien/Bad Gastein-Öst., 96 Pforzheim/Höxter, 97 Luzern-Schweiz/Donaueschingen/Saarbrücken, 98 Detmold (Landgericht), 98/2000 Wuppertal (Gal.-Hühn/Hotel), 99 Weimar/Bern-Schweiz, 01 Oberstdorf (Gal.-Allure) / **Lit.: 124**-05 + **133**-94Anh.

Lovischach – eigentl.: Loviscach – Künstlerfamilie u. a. in Lüdenscheid u. Wuppertal // **Franz** (M) / 1865 Prag – 1957 Lüdenscheid / Ausb.-Lithograf 1879-83 Prag / 1884-87 in Dresden tätig u. bis 1891 Schweiz/Italien / ab 1891 Druckerei in Lüdenscheid m. Wilh. Mack, 1910 Druckerei „Franz Lovischach" / Ausst. u. a. 1934 Lüdenscheid (Verkehrsamt) / **Lit.: 125a** + **125b** // **Max** (M) / 1911 Lüdenscheid – 1956 Düsseldorf / Sohn des Franz L. / Stud.-Dessau 27 Bauhaus, Berufsausb., 30-33 Kgsch-Wuppertal u. 52-53 Kassel HfK / 46-56 Lehrt.-Schloss Bieberstein/Rhön, 56 Gymn.-Düsseldorf / Ausst. = N / **Lit.: 1a** + **123**(erw.) + **216** // **Margarete** (M/Z) / 1913 Dublin/Irland- / lebt s. 1956 in Bonn / Ehemann war Max L. / Stud. Kgsch-Wuppertal / Lehrt./Ausst.-gen in Bonn / **Lit.: 216** // **Lisa** (Lisa Loviscach-Ambach) (M/Z) / 1939 Wuppertal- / lebt (2000) in Bremen / Tochter v. Max u. Margarete L. / kurzes Stud. HfBK-Kassel, Autodidaktin / **Lit.: 216**

Lowisch, Eckehard (B/O/Z) / 1966 Iserlohn- / lebt s. 76 in Wuppertal-Elberfeld / 86-89 Steinmetzausb., Stud.-Wuppertal 93-98 Univ./GH / 89-93 Steinbildh. bei Tony Cragg, 93 Gründ. Gr.-„Freirakete", 95 Montedoro-Stip. f. Sizilien, 98 Mitgl. Gr.-„DIE WERFT", ab 99 selbst. / Ausst. s. 1995, u. a. 2002 Ennepetal (Kluterthöhle), Gevelsberg (Stadtgarten), Velbert-Neviges /Hilden/Darmstadt/Wuppertal/Leichlingen, + NRW / **Lit.: 209**-02 + **216**

Lubkowitz, Karl-Eberhard (M/Z) / 1923 Weidenau- / lebt (2005) in Siegen / Beruf: Arzt / Weiterbildung ab 87 b. bek. Künstlern, Univ.-Bochum u. Univ./GH-Siegen / war bis 01 Mitgl. „Kunstkreis Siegerl.", ab 02 Gr.-„The Creatives" / Ausst. u. a. in Hamburg/Stuttgart/Marburg/Köln, u. in Südwestf. / **Lit.: 110a+b** + **110c**-04

Lucchese, Renate (M) / 1968 Edenkoben/Südwestdeutschl.- / lebt s. 10/2003 in Minden / Stud.-Landau/Pfalz (Deutsch/Biol/Päd/kath. Theol) / s. 05 Refendariat in Porta Westfalica / ab 92 künstl. Tätigk. / Ausst. u. a. 2003 Landau-Pfalz (Hotel/Finanzamt), + Internet

Ludes – Westf. Architektenfamilie (20. Jh.) in Dorsten/Recklinghausen/Berlin // **Manfred** (Prof) (A) / 24. 11. 1928 Hovest b. Dorsten- / lebt (92) in Dorsten) / 54-92 eig. Büro in Dorsten, 84-92 Partnersch. mit Michael L. u. 89-92 mit Stefan L. / Werke = öffentl. Gebäude in NRW, 9 Kirchen bis 71 im Bistum Münster / Ausst. u. a. 1975 Köln / **Lit.: 146b** + **219a** + In: „Ars Sacra 75" – Katalog – Köln, 1975 // **Michael** (A/Dipl.-Ing/Dr.-Ing) / 1955 Dorsten- / lebt (2005) in Recklinghausen / Stud. TU-München, 81 Promotion / s. 84 selbst. in Partnersch. m. Prof. Manfred L., ab 92 Büro „Ludes – Arch.-en/Ing.-e" Recklinghausen, m. U. Opalka/D. Scheiper/J.

Stubbs/A. Tucholski, 99 Filiale in Bochum / Wettbew.-Preise/Werke u. a. in NRW / Ausst. u. a. 2004 MS-Coerde (Speicherstadt) / **Lit.: 112d** (S. 134) + **219x**-99 + **251a**-04 // **Stefan** (A) / lebt (2005) in Berlin / ab 89 Mitarbeiter b. Prof. Manfred L., 90 Mitinhaber u. s. 92 Übernahme des Büros u. Gründungen in Berlin u. Halle/S., Hauptsitz Berlin / Werke s. Lit. / **Lit.:** „St. L. Architekten" – Bauten und Projekte von 1995 – 2003 – Hamburg, 2004

Ludwig, Gaby (M/G/O) / * in Lippstadt- / lebt s. 79 in Köln / Ausst. u. a. 2000 Köln (Gal.-68elf), 05 Lippstadt (Kunstturm), Soest (Wilh.-Morgner-Haus), 06 Dortmund (Gal. ART-isotope), + NRW / **Lit.: 100**-05

Ludwigs, Annemarie s. Rüberg-Ludwigs, Annemarie

Ludwigs, Heinrich (A) / * 1885 – ? / lebte (1964) in Hagen/W. / Bruder des Leopold **L.**, bis 1964 im Architektenbüro „Gebrüder Ludwigs" tätig / Ausst. 1996 Hagen (Fernuniv) / **Lit.: 97x** + F. J. Mattes: „Das Hagener Architektenbüro Gebrüder Ludwigs 1907-1964" – in „Heimatbuch Hagen u. Mark" – Jhg. 35 – S. 53-69 – 1993/94

Ludwigs, Leopold (A/M) / 1883 Hagen – ? / lebte (1920/31(64?) in Hagen/W. / Bruder des Heinrich L. / Stud. Kgsch/Univ.-Köln / war Mitgl.-„VWKuK", „BDA" u. „DWB", dort 2. Vors., 1907-64 Archit.-büro „Gebrüder Ludwigs" in Hagen / Ausst. u. a. 1928 Hagen (Stadthalle), 29 MS (Stadthalle), 30 Gelsenkirchen (Ausst.-halle), 96 Hagen (Fernuniv) / **Lit.: 8a**-28...30 + **34**-8,2+9,2 + **97x** + In: „Heimatbuch Hagen u. Mark" – Bd. 35 – S. 53-69 – 1993/94

Lübbe, John F. K. (Industriedes) / * 1932 – / lebt (2002) in Oerlinghausen / Stud.-Bielefeld/Kassel/Salzburg (Ind.-des) / 65-83 Industrietätigk., ab 84 freisch., Veröffentl.-gen / **Lit.: 205a**-89

Lübbehüsen, Frank (O/I/B) / NEU: 1966 Gummersbach- / lebt (96) in Düsseldorf u. 2002/05 in Bonn / Stud.-MS 92-99 Akad. / Ausst. u. a. in Wien/Hamburg/Baden-Baden, 1996 Essen (Gal. ARKA), 96/2001 Düsseldorf (Kunstpalast/Gal.-Kinderspielhaus), 98 Wuppertal (Gal.-Brusten), 05 Recklinghausen (Kunsthalle), Ingolstadt (Kv), + NRW / **Lit.: 79b + 80 + 96d + 107**-96 + **256**

Lübbert, David (G/D/Multimedia-Des) / 1976 Münster- / lebt (2006) in MS / 96-98 Tischlerausbild., Stud.-MS 2000-7/06 FHD / 05 = Publikums-Pr. + „MTV-iclip"-Award „Popkomm Berlin" + 05 Ausst.-gest./Organis. Westf. Mus. f. Naturkunde in MS / **Lit.:** Internet + In: „Ortsgespräch" – Diplomkatalog – 7/06 – FHD-Münster

Lübbert, Kurt (M) / 1937 Versmold- / lebt (2005) in Versmold / Weiterbild.-kurse VHS-Ravensberg im Zeichnen u. Malen / Mitgl. „Versmolder Kunstkreis" / Ausst. u. a. 2004 Versmold (Kleine Gal) / **Lit.: 191b**-04

Lübke, A. (Z) / um 1853 tätig (m. Wilh. Lübke) / **Lit.: 215**-6

Lübke, Wilhelm (Z) (Kunsthistoriker/Autor) / 1826 – 1893 / **Lit.: 198 + 215**-6 + W. L.: „Die mittelalterliche Kunst in Westfalen" – Text- u. Atlasband – Leipzig, 1853

Lück, Edgar (Pseudon.: „ED") (F/M/B) (Autor/Redakteur) / 1954 Gelsenkirchen- / lebt (2005) in Köln / Stud. Fotosch.-Hamburg u. FHD-Dortmund (Film/Foto-Des) / Ausst. u. a. 2003 Köln (Gal. Lichtblick), Gelksenkirchen (Atelier-Antenne), Bonn (Theater), + N/INT / **Lit.: 26a**-05(m. Lit.)

Lück-Flender, Gertrud s. Yegane, Farangis G.

Lücke, Gisela (K) / 1946 Ahrensfelde b. Hamburg- / lebt s. 71 in Unna / nach Keramikausb.: 92 Abschluss in MS, 95-2000 Weiterb. in Unna/Vulkaneifel/Trier/Rheinberg/Rheinheim / s. 85 eig. Atelier in Unna-Massen, ab 02 mit Galerie u. Skulpturengarten / Mitgl. „BBK"-Südhessen / 95-03 Workshops m. Kurt Spurey in Unna / Ausst. u. a. lfd. in Döbeln/Leipzig, Unna (Hellweg-Mus/Gal.-Strathoff), 1989 Neuss (Zeughaus), 89/94/95/97 Unna, 90 Dortmund (Kronen-Brauereimus), 94 Leisnig (Kreismus), 94/97 Leipzig (Gal. am Nikolaikirchhof), 99 Ennepetal (Kluterthöhle), Castrop-Rauxel (St. Rochus-Gal), 2000 Reinheim/Zweibrücken, 2000/02/04 Unna (2x Haus Opherdicke/Projekt Kunstroute), 01 Waalwijk-NL/Darmstadt, 01/03 Bergkamen (Ökostation/Schering AG), 02 Palaiseau-Fr./Halle-S./Frankenthal-Pfalz, 02/03 Gross-Umstadt (BBKS), 03 München/Wendland/Zweibrücken, 05 Waalwijk-NL (De Leest), Herkenrath (Peter Stühlen), Klagenfurt/Wien-Österr. / **Lit.: 209**-99

Lückel, Astrid (O) / 1963 Dortmund- / lebt (2000) in Berlin / Stud.-Wuppertal 84-91 Univ./GH u. Kassel 93-95 Univ./GH (Archit), s. 99 dort Lehrt. / Ausst. u. a. 1995 Wuppertal / **Lit.: 216**

Lückener, Martina (M/G/D/O/Scherenschn.-k) / 1975 Telgte- / lebt (2005) in MS / NEU: Stud.-MS 96-03 Akad., 02 Meisterschülerin, 2000-05 FHD (Grafik-Des) / 02 Reisestip. Akad.-MS, 05 Gest.-Entwurf Ortseingang MS-Roxel / Ausst. u. a. 1999 MS (Gal-Kalkmarkt), 2000/02 MS

(Halle-Am Hawerkamp), 2000 Emsdetten (Gal.-MS-land), 01 Halle-S. (Burg Giebichenstein), 02 Drensteinfurt (Alte Post), Bielefeld (Kv/KunstRaum Rampe), 03 Troisdorf (Burg Wissen), 04 Dortmund (Mus. am Ostwall), 04/05 MS (Fahrradgeschäft/Begegnungshaus 37 Grad) / **Lit.**: **140a**-2000 + „M. L." – Selbst u. Scherenschnitte – Ausst.-kat. – Kunst- u. Kulturverein-Drensteinfurt, 2002; „M. L." – Schattenschnitte – Ausst.-kat. – Troisdorf/Dortmund, 2003

Lüder, Gerty (M/Scherenschn.-k) / 1916 Minden- / lebt (2004) in Minden / Autodidaktin / Stud. Univ.-Bielefeld (Soz.-Päd) u. Examen in Berlin / war Lehrt. in Minden/Petershagen / Ausst. u. a. in Duisburg, 1998 Minden (Stadtbibl), 99-02/04 Minden (Off. Atelier), + OWL / **Lit.**: **152a**-99-02+04

Lüder, Roswitha (auch Vombek-Lüder, R.) (M/G/Glasm/Mosaik) / 1935 Langenberg/Rhl.- / lebt in Herdecke u. Langeland-DK (2005) / NEU: Ehefrau v. Rudolf Vombek / (Biogr.: Beil.-CD)

Lüfkens, Anja (M) / 1981 Geldern- / lebt (2005) in MS / Stud.-MS ab 02 Akad. u. Univ. (Mathem)/Ausst. u. a. 2005 Liesborn (Mus) / **Lit.**: **56d**

Lüftner, Susanne (Hellhake-Lüftner/Lüftner-Haude) (M/G) / 1953 Soest- / lebt (2006) in Soest / Stud.-MS 72-74 Akad., Univ.-MS 72-74, München 74-78 Gast Univ. (Phil/Germ/Gesch/Päd/ Denkmalpflege/Zeitungswiss) u. München 74-78 HfBK / 75 Förd. d. „F. Carliter-Stiftung", 76 Pr. Akad.-München / ab 78 freisch., 78-84 Atelier in Tullau b. Schwäb. Hall, 84-87 Lehrt.-Heilbronn, 87-90 Ltg. Kulturhaus Neckarsulm, 90 Soest = Gründ. „kü.-lerinnen initiative soest", 92-96 Kunsttherap.-ausb. Siegen, 92-93 tätig in Lippstadt (Westf.-Klinik f. Psych), s. 94 Ltg. Verein „KunstPraxis e.V." u. Galerie, 01-03 dazu als Kunsttherap.-in in MS tätig / Mitgl. „Kv.-Kr.-Soest" u. ab 04 „BBK-Westf." Dortmund / Proj.-e/Ausst.-organis.: 91-96 in Soest / Ausst. s. 1974, u. a. in München/Regensburg/Würzburg/Kampen-NL, 74/78 Soest (Haus Pilgrim/Stadtbücherei), 79-89 in Baden-Württemberg, 90-92 Soest (Schiefer Turm/ Kunstpavillon/Schlachthof), 93 Bad Oeynhausen (Stadtgal), Soest (St. Thomä-Kirche), 98-2000 Soest (Künstlerhaus/Kunst-Praxis/Petri-Kirche), 01/04 Soest (W.-Morgner-Haus/Technikmus), 04 Lippstadt (Kunst im Turm), 05 Recklinghausen (Kunsthalle), Ingolstadt (Kv), Soest (Kunst-Praxis) / **Lit.**: **64a** + **100**-98 + **100a+c** + **150**-01 (Autorin) + **190** + **256** + „S. L." – Werkchau 1973-2004 – Katalog – Soest, 2005

Lüke, Claudia (M/O/Materialb.-k/IProj.-k) / 1962 Gelsenkirchen- / lebt (2006) in Gelsenkirchen / NEU: Wettbew.-bet. 2000 für Kapelle: Arena „Auf Schalke", 02 = 1. Plakatwettbew.-Pr. Barcelona, 03 = 1. Pr. Solarkunstwettbew. Gelsenkirchen / u. a. 86-94 Lehrt. VHS-Gelsenkirchen, 01/03 Univ.-Essen, 03 Univ.-Düsseldorf / (Biografie in Beilage: CD-Ausgabe 2006)

Lüke, Katharina (M) / 1953 Paderborn- / lebt (2005) in Paderborn / Stud.-Siegen 71-76 GH (Soz/Bildn. Gestalten), Dortmund 76-82 Univ. (Kunst/Sondererz/Sprachtherapie/Erz.-wiss) u. 83-85 Vorber.-dienst u. 2. Staatsprüfung (Lehramt f. Sonderpäd.=Kunst) / 1. Gest.-wettbew.-Pr. BDK + Pelikan AG Hannover / ab 85 Lehrt.-Paderborn, Mitbegründerin u. s. 94 Mitgl. Atelier „Kulturwerkst.-Paderborn" / Mitgl. Kü.-gr. „Off. Atelier"-Paderborn / Ausst. u. a. 1985 /86 Beteil.-Wanderausst.-u. a. Hannover (Sprengel-Mus)/Hamburg (INSEA-Weltkongress), 97 Dringenberg (Burg), 98/2000/02 Paderborn (Kulturwerkstatt), 99/01 Lichtenau (Kloster Dalheim), 01-Bielefeld/OWL (Archiv), 01-03 Paderborn (PESAG/Stadtgal/Kv/Haus der ev. Kirche/Franziskanerkirche), 02 P.-Schloss Neuhaus (Schlosspark), 02-05 Paderborn (Off. Atelier), 03 Wewelsburg (Burgsaal), 03/04 Paderborn (Musikhaus-Schallenberg/Raum f. Kunst), 05 Paderborn (Kammerspiele/Tanzschule/"IN VIA-Akad."-Meinwerk-Institut), 06 Paderborn (Wincor-Nixdorf) / **Lit.**: **101b**-02...05 + **192**-01 + In: „Kunst und Unterricht" – Zeitschrift für Kunstpädagogik – 1986/1987

Luenig, Claudia-Maria (eigentl.: Luenig-Royal) (T/O/I/F) / 1957 Herbern/Westf.- / lebt s. 99 in Wien / Stud.-Münster 76-80 Univ. (Chemie), Canberra/Australien 92 Univ. (Skulptur) u. Melbourne/Australien 94-97 (Interior-Des) / 94-98 Lehrt.-Melbourne, 99 Artist in Residence Wien u. 01 Chengdu/Zongia, 02 Atelier-Stip. Krumau / Werke u. a. in Wien / Ausst.-gen u. a. 2003/04 Wien, 04 Sofia-Bulg. / **Lit.**: **26a**-05 + Internet

Lüns, Walter (Z) / lebt (1941/42) in Wiedenbrück / weit. Daten nicht bek. / Ausst. u. a. 1941 Gelsenkirchen, MS (WL), Bielefeld (Kunsthaus), 42 Dortmund (K.-kloster) / **Lit.**: **8a**-42 + **8c**-41

Lütgert, Margot (M/K) / 1929 Delbrück- / lebt (2005) in Delbrück / 47-50 Keramikerinausb., 75 - 80 Weiterb. Malschule Hoßfeld, 93-95 Sommerakad.-Paderborn / s. 91 Lehrt. VHS-Delbrück / Mitgl. Gr.-„Off. Atelier"-Paderborn / Ausst. u. a. 1985-89/91 Delbrück (Kl. Haus der Kunst), 91 Berlin (Hessenwinkel), 93/96/2000/02 Delbrück (Bistro/Johannes-Haus/Rathaus/Sparkasse), 94/95/2000-02/05/06 Paderborn (Gal.-Asmuth/Gal.-Art Pietra/PESAG/Schloss-Neuhaus/ IN

VIA-Akad.-Meinwerk-Inst/Nixdorf), 96-05 Paderborn (Off. Atelier-Kunstwerkst), 97 Dringenberg (Burg), 99/2000 Dalheim (Kloster), 03 Lippstadt (Gal.-Pawlik) / **Lit.: 101b**-02...05

Lütkenhaus, Erich (M/G/Z/O/I/Glasm/Mosaik) / 1924 Hiddingsel/Dülmen- / lebt (2006) in Hamm / NEU: 01 Verd.-kreuz BRD / (Biografie in Beilage: CD-Ausgabe 2006)

Lütkoff, Alfons (Lüttkoff, A.) (M/G) / NEU: 17. 10. 1905 Iserlohn – 16. 1. 1987 Kotzenbüll-Eiderstedt / 25-30 Stud. (Malerei/Grafik/Kunstg/Päd) Univ.-MS/Akad.-Kassel u. Staatl.-Kunstsch. Berlin / 30-45 Pseudonym „***Stefan Lagher***" (entartete Bilder) / 30-34 Lehrt.-Dortmund, 34-38 Lüdinghausen, lebt 45-48 in Iserlohn, 48-68 Lehrt. Gymn.-Herten u. tätig Erwachsenenbildung/Marionettenbühne, 69-87 freisch. in Kotzenbüll-Eiderstedt / war Mitgl. 45-50 Kü.-gruppe Ruhr-Lenne, 46-50 Gr.-„Hagenring"-Hagen, Mitbegr. u. 53-68 Mitgl. „Vest.-KB"-Recklinghausen / Werke in Westf.+Schlesw.-Holst. / **E**.-Ausst.: 1944 Recklinghausen (Vest.-Mus), 47/50 Iserlohn (Gal.-Hegemann-R.), 55 Marl („insel"), 66 Herten (Kr.-sparkasse), 68/69 Herten/Westerholt (Rathaus), 73/80 Kating (Ev. Gemeindezentr), 74/77 Tönning (Bank), 85 Herten (zum 80. Geb.), 86 Heide (Kv), 2004 Tetenbüll (Haus Peters), 05 Husum (Mus), 06 Iserlohn (Stadtgal) / **A**usst.-**bet**. 1932 Dortmund, 32/43/46 MS, 39/40/42-44/46/50/52/54/58-60/63/64/66/68 Recklinghausen, 41 Hagen (Harkort -Mus), 41/44/46 Gelsenkirchen, 42 Dortmund (ehem. Kathar.-kloster), Bielefeld (Volk der Arbeit), 43 Olpe, 43/45-48/3x49/50/51/66 Iserlohn, 43/44-49 Hagen (Osth.-Mus), 46 Hamm/Ahlen, 46/48 Schwerte, 47 Warendorf/München, 47/48 Menden, 48 Arnsberg/Lüdenscheid/Unna, 49/52 Düsseldorf, 50/58/60-62/64/66 Herten, 54/59/64 Soest, 58 Wanderausst.-Schweden, 59 Wanne-Eickel, 61 Marl/Oer-Erkenschwick, 74-87 Husum, 78-83 Büsum, 81 Karolinenhof, 84 Berlin (Grüne Woche), 85/86 Heide (Kv), 2005 Husum (Schloss), 06 Iserlohn (Stadtgal) / **Lit.: 8a**-32 (Lagher) +42+46 + **8c**-41 + **97**-46+47 + **97b**-41,2+44 + **221**-80+93 + „A. L.-Lagher" – Ausst.-heft – Rathaus-Herten, 1969; „A. L." – Gemälde und grafische Arbeiten – Ausst.-kat. – Husum/Iserlohn, 2005/06

Lütteke de Carvajal, Ortrun (geb. Lütteke, Ortrun) (M/G/B/O) / 1943 Liegnitz- / lebt (2005) in Nottuln / Stud.-Bonn 64-67 PH (Kunst/Bildh), Köln 68-72 Univ. u. MS 89-93 Univ. (Kunst/ Päd/Kunsttherapie) / ab 80 Kurse u. a. bei W. Dohmen u. Jochen Stücke / war Lehrt., u. a. Düsseldorf / Mitgl. Gr.-„5.73.99"-Nottuln / Ausst. s. 1965, u. a. in Köln, s. 89 im MS-land (Coesfeld/MS/Billerbeck/Nottuln), 2001 Radolfzell (Kulturamt), Coesfeld (Sparkasse), 02/03 Nottuln (Off. Atelier), 02/03 MS (Neues Forum f. Kunst/Landgericht/Arbeitsgericht), 03 Tecklenburg (Heimathaus) / **Lit.: 69**-03 + In: „5" – Eigenverlag-Nottuln, 2004

Lützau, Alan von (F/G/D) / 1979 Arnsberg- / lebt (2006) in Hamburg / 99 Praktikum b. Pellegrino Ritter – MS u. Stud.-Kiel ab 02 Muthesius-Hochsch. (Komm.-Des) / s. 01 freisch in Hamburg / 05 = 1. Verpackungs- u. Design-Pr. / Ausst. u. a. 2005 Mailand-It., Marburg (Univ), 06 MS (F.-Hitze-Haus/Lamberti-Kirchenfoyer)

Lützau, Hans von (M/Z) / 1950 Flensburg- / lebt (2006) in Nottuln / lebt 72-75 in Ecuador (Shuar-Indianer) / Ausst. u. a. 2002 Chodziez-Polen, 03 Ascheberg (Kurie), 04 Nottuln (Haus Harrier), 05 Mailand-It., Marburg (Univ), 06 MS (F.-Hitze-Haus/Lamberti-Kirchenfoyer)

Lützenburg, Bernhardine (K/O/M/B) / 1949 Bottrop-Kirchhellen- / lebt (2006) in Bottrop / Autodidaktin, Weiterbild. b. bek. Künstlern (Bildh./Keramik) u. 73-75 VHS-Bottrop, 75 VHS-Oberhausen u. 76 VHS-Essen / s. 78 Lehrt. VHS-Bottrop u. s. 93 Lehrt. Kulturwerkstatt-Bottrop, 94-2000 Beteil.-Workshops m. H. Epping, D. Hupe u. R. Wieczorek, 01 Stadtplakette Bottrop (für Engagement i. d. Kulturszene), 02 Workshop Veit J. Stratmann (Neue Kunstakad.-Essen) / Beteil. an Buchgestaltungen / ab 78 Mitgl. u. s. 92 = 1. Vors. „Kunstgemeinschaft-Bottrop" / Ausst. u. a. jährl. in Bottrop (Mus/Kulturzentr), Wolfshagen/Merseburg/Glottertal/Losheim-Eifel/Duisburg/Oberhausen/ Herne/Dorsten/Gladbeck/Gelsenkirchen, 2002 Bottrop (Kunstversteigerung), 04 Ruhrgebiet (Beteil.-Wanderausst), Westerland/Sylt (Stadtgal), Bottrop (Bürgerbüro), Merseburg (2. Malerpleinar), Veszprém-Ungarn (Stadtgal/Kulturzentr), 05 Bottrop (Medi Parc), 06 Gladbeck (Volksbank), Gleiwitz-Polen, + N / **Lit.: 99a**-97...99+01...03+**99c**-01...04+**99d**-04+B.L.: „Königliches" – Selbstverl.-Bottrop, o. Jhg.(2001); J. Kieber/B. L.: „Zwei Seiten" – 2003

Luhn, Usch (Filmk) (Autorin) / * 1959 (Steiermark/Österr.)- / lebt (2006) u. a. in Berlin / Stud. Univ.-Berlin / z. Zt. Lehrt. FHD-Dortmund u. Filmwerkst.-MS (Dramaturgie/Drehbuch)

Lukat, Achim (M/G/O) / 1953 Bielefeld- / lebt 77-85 in Wuppertal, s. 85 in München / Stud.-Düsseldorf 74-80 Akad. / Ausst. u. a. in Wuppertal / **Lit.: 216**

Lummer, Margarete (Margret) (M/G/D) / 1953 Paderborn- / lebt (2005) in Bielefeld / Stud.-MS

72-77 FHD / ab 77 tätig als Grafik- u. Textildesignerin, Innengest. / s. 99 Mitgl. „BBK"-OWL / Ausst. u. a. in Sch.-Schwalenberg/Gütersloh, 2000 Bünde (Lukas-Krankenhaus), 2000- Bielefeld/OWL (Archiv), 2000-03 Bielefeld (Rav. Spinnerei), 01 Bielefeld (WDR-Studio), 02/03 Bielefeld (Off. Atelier), + OWL / **Lit.: 124**-05 + **152**-02+03 + **192**-01

Lunghard, Rudolf (K) / 1902 Höxter- / lebt (67) in Selb/Bayern / Porzellanmalerausb. b. 20, 20-25 Stud. Kgsch-Stuttgart, Gast Akad.-Venedig, 26-28 Akad.-Stuttgart / 26-28 Assist. u. 28-39 Lehrt. Kgsch-Stuttgart, 30 Meisterprüfung im Töpferhandw., 39-67 Direktor Porz.-fachsch. Selb / **Lit.: 208**

Lupo s. Rottmann, Lupo

Lupo = Wolff, Wilfried Peter (M/B) / 1941 Berlin- / **Lit**.: 27-4

Luse-Gercken, Anna-Maria (Luse, A.-M.) (B/D/Gold- u. Kunstschmiedin) / 1957 Meschede-Eversberg- / lebt (2003) ebd. / 76-82 Stud. Akad.-Kassel (Bildh/Schmuckdes), Dipl.-Des.-in / s. 82 eig. Werkst., 94 Goldschm.-meisterin, s. 96 Schmuckwerkst. u. Geschäftsräume in Meschede-Eversberg, lfd. Goldschm.-kurse u. Sonderausst.-gen in Werkst. u. Geschäftsräumen / Ausst. u. a. in Meschede, + N/INT / **Lit.: 232**

Lutter, Paul (A) / lebte um 1901-24 in Dortmund u. um 1930 in Halle-Saale / nach 1901 bis 1916 Büro „Steinbach & Lutter" in Dortmund / Werke in Gelsenkirchen u. haupts. Dortmund (1912/13 „Löwenhof", (10)12-14 „Hoesch"- u. „Thyssen-Schulte"-Verwaltungsgeb., u. a. 16 Krügerpassage / **Lit.: 24**-31(erw. b. H. Steinbach) + **34**-9,2 + **197b**-84 + In: „Wohnen im Revier" – 99 Beispiele aus Dortmund – München, 1975; In: „Dortmund" – Tag des offenen Denkmals – 2001

Lutterbach, Magdalene (K/Khw) / 1925 Münster- / lebt (2005) in Telgte / war Lehrt.-Lippstadt / 99 Bischof-Tenhumberg-Pr. Telgte / Ausst. u. a. in Lippstadt, 1998-2001/04 Telgte (Museum) / **Lit.: 185**-98...2000(ab S. 13 + S. 30)+04

Lutterbeck, Stefan (B) / * 1959 – / lebt (2006) in Everswinkel / 03+05 Bischof-Tenhumberg-Pr. Telgte / (Biografie in Beilage: CD-Ausgabe 2006)

Lutz, Peter (F/D) / 1963 Reutlingen- / lebt (2005) in Dortmund / Stud.-Dortmund bis 92 FHD, „Ausz. beste Arbeit" f. Dipl.-arbeit / 92-? Studio m. Dirk **R**öhricht in Dortmund, danach eig. Studio / Ausst. u. a. 1994 Poperinge/Brügge/Sluis-Westflandern / **Lit.: 35a**

Lutzhöft, Amira (auch: Nannis-Lutzhöft, Amira) (M/G/Z) / 1938 Bagdad/Irak- / lebt (2006) in Ahlen / Stud. Univ.-Bagdad (Engl/Lit), Georgia-State-USA 66-69 Univ. (Kunst), lebte 70-73 Nashville/Tenn.-USA, Stud.-MS 73-74 Akad., 78-81 Lehrt.-Hamm u. 98-03 Weiterb.-Trier Sommerakad. / 82-84 Lehrt. FH-Dortmund / Mitgl. s. 95 Gr.-„94"-Ahlen u. ab 03 „Kr.-Kv.-B.-Warendorf" / Ausst. u. a. in Luxemburg/Atlanta-USA/Frankr., jährl. Liesborn (Mus), 2003 Telgte/Beckum, 04 Hamm (Mus), 06 Liesborn (Studio: Museum), + Westf. / **Lit.: 118 + 139a**

Lux, Christina (F/D) / 1979 Bonn- / lebt (2005) in Bielefeld / Stud.-Bielefeld ab 01 FHD / 04 Stip. „Studienstiftung des Deutschen Volkes", 05 Foto-Praktikum in Berlin / Ausst. u. a. 2005 Bielefeld (Rathaus)

Lux, Marianne (T/Khw) / 1936 Münster- / lebt (2001) in MS / Werke s. 75 / 86 Bischof-Tenhumberg-Pr. Telgte / war Lehrt.-MS / Ausst. u. a. 1981 MS-Wolbeck (Drostenhof), 81/82/85-89/91 Telgte (Mus) / **Lit.: 185**-81+82+85...89+91 + In: „Künstler aus Münster Süd-Ost stellen aus" – Ausst.-kat. – MS-Wolbeck, 1981

Lux, Olga (Filmk) / 1976 Saporoghe/Ukraine- / lebt (2005) in MS / Stud.-MS s. 01 Akad. u. 04 Akad.-Karlsruhe / 04 VG Bild-Kunst Förder-Pr. Filmbiennale Köln / Auff. u. a. 2004 Köln, Istanbul (Mus) / **Lit.: 231c**

Lux, Stefan (O/I/Videok) / * 1964 – / lebt (2004) in Düsseldorf / Stud.-MS 84-87(88) Akad. u. Düsseldorf 87-93 Akad., 90 Meisterschüler / 93 Stip. f. Paris / Ausst. u. a. in Völksen (Hermannshof), 1988 Gelsenkirchen (Kv), 2000 Düsseldorf (Kv/Gal.-Schlick), 01/03/04 Berlin (Flutgraben/Zelterstr. 8/Regal Lager), 03 Wien (Offspace/20er Haus) / **Lit: 64x**-88 + Internet

Luxemburger, Eduard (B) / † 1983 / lebte in MS-Handorf / Werk im Mus.-Telgte / **Lit.: 185**-76+84

Lwowski, Vera (geb. Caminneci) (B) / 1923 Dattenfeld(heute Windeck)- / lebt (99) in Südwestf.(?) / Stud.-Köln Wksch u. Bonn Univ. / 73-83 in Brüssel tätig / Ausst. u. a. 99 Wilnsdorf (Mus) / **Lit.: 187a** (S. 33) + In: „Abels" – Kataloge – Gemälde-Gal.-Köln, o.J.(um 1970); In: „Brockhaus – Die Enzyklopädie" – Bd. 13 – Leipzig/München, 1998

Lyhs, Kathrin (M/Z) / * 1969 – / lebt (2003) im Ruhrgebiet / Mitgl. „Herner-KB" / Ausst. u. a. 2003 Herne (Schollbrockhaus) / **Lit.: 142a**

Maack, Klaus Jürgen (Industrie-Des) / s. 1963 Mitarbeiter von „ERCO Leuchten GmbH“-Lüdenscheid, inzw. Gesch.-ltg. / siehe auch: **R**eininghaus, Arnold / **Lit.: 205d** + **205x**-95+99 (ERCO=Design-Preise)

Maas, Hermann (Dr) (M/G) / * 1921 – / lebt (2005) in Nottuln-Appelhülsen / Ausb.: 84/88 Grafik b. W. Ostermann (Bochum), 86/88 Kalligraphie b. Prof. W. Eikel (Aachen), 89/90 Zeichnen b. Prof. L. Kampmann (Dortmund) u. 90/91/95 Malerei b. Klaus Kegelmann (MS) / 04 Bundesverd.-kreuz am Bande / Gründer der Kinder- u. Jugendmalschule in Nottuln / Ausst. u. a. in Nottuln, 1982 Bochum (Alte Propstei), 83-88 Bochum (Altenzentr.-Kaiseraue), 90 Lüdinghausen (Gal.-Noran), 91 Appelhülsen (Hotel-Schriever), 92-05 Appelhülsen (Schulze Frenkings Hof), 94/96 Coesfeld (Stadtgal) / **Lit.:** Internet

Maas, Walter (M/Glasinst.-k) / 1952 Hannover- / lebt (2004) in Hannover / Stud.-Univ.-n Münster/Hannover u. Akad.-Düsseldorf, 78 Meisterschüler, 83 Promotion (Phil) / Lehrt., s. 94 freischaff. / Ausst. u. a. 1999 Hameln (Kunstkreis), 2002 Zürich (Gal.-Arte V), Beckum (Stadtmus), + Ns. / **Lit.:** „W. M.“ – Malerei auf Glas – Ausst.-kat. – Stadtmus.-Beckum, 2002

Maass, Gregory (O/I) / 1961 Hagen/Westf.- / lebt (2006) in Hagen/W. / Stud.: 91-92 Univ.-Paris (Phil), 91-95 École Nat. Sup. des Beaux-Arts Paris, 93-94 Inst. des Hautes Études en Arts Plastiques Paris u. 98-2000 Akad.-Maastricht-NL / Aufenth.-e 02-03 in Japan u. 04 Kanada / Ausst. u. a. in Paris-Fr./Seoul-Südkorea/Maastricht-NL/Tokio-Japan, 1989 Hagen (Kunstzentrum), 97 Köln-Deutz (Kunstraum), 2002 Pancevo-Jugosl., 03 Kitakyushu-Japan, 04 Baden-Schweiz (Kunstraum), 05 Hagen (Mus), 06 Bochum (Kulturrat) / **Lit.: 97**-05

Mac s. auch Mc

Machel, Mirka („MEWA“) (M/Z) / 1957 Wyszkow/Polen- / lebt (2002) in Lemgo / 72-76 Kunststud. B. Prof. Jablonski, 78-85 Stud. Univ.-Warschau (Engl), 88 Kunststud. „Funkkolleg u. Weiterb.-Kurse / s. 93 Lehrt. VHS-Lemgo / Ausst. u. a. 1994/96 Kirchlengern, 95 Detmold, 95/96 Lemgo, 99 Paderborn (Ihr Büro), Bielefeld (Gal.-Sternstunde), 2000 Lemgo (VHS), Detmold (IHK), 01 Bielefeld (Bez.-amt Jöllenbeck) / **Lit.: 27**-5(m. Lit.)

Machnik, Thomas (B/I) / 1964 Hildesheim- / lebt (99) in MS / Stud.-MS Akad., Meisterschüler / Ausst. u. a. 1992 Lünen (Hansesaal) / **Lit.: 140**-92+99erw.

Mack, Ulrich (Prof) (F) / 1934 Glasehausen/Thür.- / lebt (2006) u. a. in Boston -USA / Stud.-Hamburg 56-62 HfBK / Fotogr./Journalist u. a. am NDR, Lehrt.: 75-96(8) Prof. FH-Dortmund, ab 77 Sommerakad.-Abbaye, 88 Gastprof. Univ.-Boston-USA, 95/97 u. ab 99 Artist in Residence Univ.-Boston / Ausz.: Bundesverd.-kreuz / Ausst. u. a. 2001 Dortmund (Mus. f. K. u. K.), 02 Selm (Schloss Cappenberg), 05/06 MS (Picasso-Mus), + N/INT / **Lit.: 202** + In: „Die Kunst der Photographie“ – Venedig/Stuttgart, 1979; In: „Contemporary Photographers“ – 2. Aufl. – Chicago, 1988

Macke, August (M/G) / 3. 1. 1887 Meschede – 29. 9. 1914 Perthes/Champagne / (Biografie in Beilage: CD-Ausgabe 2006)

Mac Kiernan, Martin s. Mc Kiernan, Martin

Mae, Antonia (M/O/A) / 1969 Bocholt- / lebt s. 2002 Bocholt / Stud.-MS 89-91 FHD u. Osnabrück 92-96 FH (Landsch.-archit), ab 98 Weiterb. IfKuK-Bo.-Wattenscheid u. Sommerakad.-Bergkamen, lebte 98-02 in Dortmund / Ausst. u. a. in Köln/Neuss/Bergkamen/Enschede-NL, 1998/99 Bocholt, 2000 Dortmund (Gal.-UNART/Jacobs/AIR AFFAIR), 01 Mülheim-R. (SEB-AG), 03 Florenz (Biennale), 06 Glind (Kv) / **Lit.: 225**

Mäder, Peter (I/B/Videok) / NEU: * 1952 – / lebt (2006) in Witten / Mitgl. Gr.-„Leuchtstoff“-Witten / (Biografie in Beilage: CD-Ausgabe 2006)

Mänz, Hermann (M) / 1898 Herne – 1980 ebd. / war Betriebsmeister, s. 68 Malerei / Werke in Recklinghausen / **Lit.: 167b**

Märker, Andreas (I) / 1975 Böblingen- / lebt (2006) in MS / Stud.-Stuttgart 97 HDM (Druckereitechn), 99 freie Kunstsch. u. ab 2000 Akad.-MS, 04 Meisterschüler / Ausst. u. a. 2002 Dortmund (Künstlerhaus), 02/03 MS (Gast Atelier-Schulstr/CUBA), 03 MS (Beteil.: Klanginst.-Akad), Warendorf (Theater am Wall), Schöppingen (Feuerstiege), 04 Oberhausen (Kv), Herford (MARTa-Lounge), 05 Dordrecht-NL, MS (Förderv. f. akt. Kunst/Innenstadt), 06 Essen (Kunsthaus), Castrop-Rauxel (Gal.-Schwenk) / **Lit.: 218**-02(*Stuttgart= falsch) + **229**-03 + **229a**-04

Maesing, Birgit (M) / 1973 Borken- / lebt (2005) in MS / Stud.-MS bis 2/05 Akad. / Ausst. u. a. 2005 Moers (Peschkenhaus) / **Lit.: 64x**-05

Mätzig, Konrad (B/O/M/Z) / 1940 Würgsdorf/Schlesien- / NEU: lebt s. 46 in Nieheim/Lippe u. ab 77 in Einbeck-Avendshausen / Stud.-München 61-62 Mal- u. Zeichenschule, Kassel

62-63 Wksch, 63-67 HfBK / 79+79/80 2x Stip. Nieders., 84 Förder-Pr. Schlesien (Nieders.) / Lehrt. VHS Kr.-Northeim u. Einbeck (Atelier) / Mitgl. „BBK" / 91-94 Beteil.-Symposien in Nieders. / Werke u. a. in Nieders. / Ausst. u. a. 2004 Göttingen (Mus), Blomberg (Aktion Kunstmauer), + N/INT (bis 04 = über 100 Ausst.-en+Beteil.-en) / **Lit.: 7a**-69 + **46**-65+67+75 + **107**-84

Mager, Renate (G/M/Z) / 1937 Wickrath/Niers- / lebt (82 u. 2003?) in Köln / Stud. Wksch-Krefeld u. PH-Bielefeld / war Lehrt.-Enger u. VHS-Bielefeld / Ausst. u. a. in Tübingen/Bielefeld/ Trier, 1982 MS (Gal.-Clasing-Kuhstr)

Magnussen, Peter (Prof) (M) / 1919-30 in Lemgo tätig, 20 Eröffnung u. 20-29 Ltg. der „Lippischen Malerschule" in Lemgo (s. Spantig, Alfred) / **Lit.:** Ute Begemann/Holger Künemund(Hg.): „Malerschule Lemgo" – Lemgo, 1995

Magunski, Bärbel (K/Khw) / 1940 Rheda- / lebt (99) in Oelde / Werke s. 82 / Ausst. u. a. 1985-90/95-98 Telgte (Mus), 2000 Lippstadt (Kurgasthaus) / **Lit.: 185**-85...90+95...98

Magunski, Jan (Khw) / * 1970 – / lebt (95) in Oelde u. 96/97 Recklinghausen / Stud.-Theol. / Werke s. 87 / 94 Bischof-Tenhumberg-Pr. Telgte / Ausst. u. a. 1987-97 Telgte (Mus) / **Lit.: 185**-87...91+95...97

Mahla, Michael (O/Aktionsk/Typogr) / 1962 Dortmund- / lebt (2005) in Worms / Stud.-Berlin bis 93 HdK / s. 78 Wettbew.-bet.-en, u. a. in Hamburg/Bremen/Berlin/Oberhausen/ Würzburg/ Worms/Speyer / Ausst. u. a. 1981/87 Darmstadt (u. a. LM), 90/93 Berlin (Palais am Festungsgraben/HdK), 91 Witten (Mus), 92 Bonn/Wiesbaden, 93 Tarragona, 95/96 Frankf.-M. (Mus.-Uferfest/Flugh.-Terminal), 96 Worms (Schauraum), 96/99/2002 Mannheim (Herrnsheimer Schlosspark), + N/INT + Internet

Mahla, Ursula (M/G/Coll.-k) / 1943 Breslau- / lebt (80) in Worms / Jugend- u. Schulzeit im Münsterland / ab 61 Stud. Wksch-Bielefeld/Berlin u. HfbK-Berlin, 72 Meisterschülerin / Lehrt.-Frankenthal / Ausst. u. a. 1979 MS (Franz-Hitze-Haus), + N

Mahler, Gerhard (Mähler) (A) / stammt wahrsch. aus Süddeutschl., Franziskanerbruder, um 1651 bis um 1661 in Westf./Rheinl. u. Osnabrück tätig / **Lit.:** W.H./G.D. + **112a**

Mahlinger, Heinrich (F) / 1933 Recklinghausen- / lebt (2006) in Recklinghausen / Mitgl. Gr.-„Foto-Film-Club-Wanne-Eickel" / Ausst. u. a. in Herne, 2005 Wanne-Eickel (Heimathaus), Herne (Kasino-Unser Fritz) / **Lit.: 142a** + In: „Von Tür zu Tür" – Das Emschertal-Museum – Herne – Bd. 83 – Herne, 2005

Mahn, Inge (Prof) (O/I/B) / 1943 Teschen/Oberschl.- / lebt (2005) in Gerswalde / NEU: 87-93 Prof. HfBK-Stuttgart u. ab 93 Kunsthochsch. Berlin-Weißensee / (Biografie in Beilage: CD)

Mahnert-Lung, Jürgen (F) / * 1942 (im Ruhrgebiet)- / Jugend- u. Schulzeit im Ruhrgebiet, lebt ebd.(?) / Stud.-Univ. (Wirtsch.-w.) / Ausst. = N/INT / **Lit.:** J. M.-L. : „Der Weg ist das Ziel" / „Knoten I" / „Knoten II" / „Mittelmeer" / „J. M.-L." – Ausst.-kat. – Mus.-Bochum, 1997

Maier, Otto s. Meier, Otto

Maier, Uli (B) (Autor) / 1944 Versmold- / lebt (2005) in Bochum / Stud. Univ.-en Berlin/Kiel (Germ/Phil/Politikw) / s. 99 Skulpturen, Autodidakt / ab 03 Mitgl. „BGK" (Gelsenk.) / Ausst. u. a. 2001 Rheinberg (Wienberghof), Bochum (Gal.-Duo), 01/02 Düsseldorf (EP-Gal), 02/03 Ahlen (Fr.-Winter-Haus), 03 Gütersloh (Kv), Düsseldorf-Oberkasssel (Kunsthaus), Gelsenkirchen (Mus), + NRW / **Lit.: 145**-03

Maiwald, Werner (F/M) / 1957 Gelsenkirchen- / lebt (2005) in Essen / 75-77 Ausb. b. J. Stütgen, nach 80 Univ.-Essen, Kloster Möllenbeck, 83-85 b. Condrobs-München (Fotogr), 85-90 Univ.-Essen, u. a. kunsttherap.-e Arbeiten / s. 93 Atelier in Essen / 95-97 Workshopsbeteil. / Ausst.-en s. 1994, u. a. 2002 Essen (Ruhrkunst) / **Lit.:** Internet

Majewski, Julia (D) / lebt (2006) in Dortmund / Stud. FHD-Dortmund / 06 = 2. Design-Pr. NRW f. Beteil.: Magazin „Affairen" – FHD / **Lit.: 203h**-05(Mithg.)

Makowka, Hartmut (M) / 1959 Gelsenkirchen- / lebt (2003) in Düsseldorf / ab 81 Stud. in Salzburg/Essen u. Akad.-Düsseldorf, 87 Meisterschüler / Ausst. = NRW / **Lit.: 79b** + **107**-01

Malek, Kay (F/Film- u. Videok) / 1975 Essen- / lebt (2006) in Bochum / Stud.-Bochum 96-02 FH (Archit) / s. 03 Mitgl. „Boch.-KB" / Ausst. u. a. 2003/06 Bochum (2xMus/Bergbaumus), 04 Dortmund (Stadthafen), 05 Dortmund (Auff.: Freizeitzentr.-West) / **Lit.: 146**-03+04+06

Maleki, Ario (F/D) / 1962 Rasht/Iran- / lebt (2006) in Dortmund / s. 89 in Deutschl. / Stud. IfBKuK-Bochum (Fotogr) / freiberufl. tätig u. Mitgl. Fotoarchiv-Essen / Ausst. u. a. 2006 Dortmund (Ausl.-Ges.-NRW) / **Lit.:** In: „2:10:22" – Das Buch zum RuhrMarathon" – Essen, 2005

Mali & Werner = Comicwerkstatt in Greven-Reckenfeld = NEU: **Benjamin Büsch** (Medien-Des) / 1974 Hamm-Heessen- / lebt (2006) in Emsdetten / Stud.-MS 95-7/03 FHD / selbst. in Emsdetten, Mitarbeit u. a. an Comiczeitschr. „Mike" // **Mali Büsch-Beinhorn** (M/D/O/Comiczeich.nerin) / 1951 Northeim/Harz- + **Werner Büsch** (M/D/Comiczeichner) / 1949 Leipzig- / Stud.-MS 69-73 FHD u. 73-78 Akad. / Ausst. u. a. 1979-81 MS (Neuer Krug), 2000 MS (Atel.-„Ü"/Gran Café), + N / **Lit.:** u. a. **64/64a** + In: „Trau keinem über 30!" – Sammelbd. v. Andreas Knigge – Hamburg, 1998; Veröff.-gen in Comicmagazinen u. eigene Werke s. 1974; Comic**zeitschrift**: „Mike" – ab 1978 als Kundenheft für Genossensch.-banken (in Zus.-arbeit mit anderen Künstlern) u. ab 1990 bei „Comicplus+"

Malwitz, Hans (A) / 1891 bei Tilsit/Ostpr. – 1987 / Stud.-Univ.-n Königsberg/Berlin (Phil) später Archit. / Bundesv.-kreuz 1. Kl. u. Univ.-Medaille Münster / Assistent TH-München, 1924 Regier.-baumeister, tätig in Berlin (Werke u. a. TH-Berlin u. Handelshochsch.-Königsberg), 46-56 in MS im Staatsneubauamt f. Univ.-bauten (Wiederaufbau Schloss u. Univ.-MS) / **Lit.:** Jörg Niemer: „Wiederaufbau zwischen Historismus und Moderne" = „Auf Roter Erde" – in „WN"-Münster – 22. 5. 2006

Maly, Peter (Innenarchit/Möbeldes/Dipl.-Ing) / 1936 Trautenau(Trutnov)/Böhmen- / ab 70 Studio i. Hamburg / 54-57 Tischlerausb., 57-60 Stud. FH-Detmold (Innenarch) / 60-70 für „Schöner Wohnen" tätig, 84 Ausz. „Möbel des Jahres 84" v. „Schöner Wohnen", 95 red dot award Essen, Entwürfe u. a. für Firmen „COR" u. „interlübke" = 2x Rheda-Wiedenbrück / Werke u. a. in Detmold / Ausst. u. a. 1993 Hamburg, 2001 Essen (Design-Zentrum), Hamburg (Mus. f. K. u. Gew), 02 Berlin, Essen (Des.-Mus), 03 Clarholz (Schloss Möhler) / **Lit.: 205d + 205z**-95+03(S. 422) + **226**(Autor) + In: „Möbel die Geschichte machen" – 9. Aufl. – S. 155 – Hamburg, 1988; In: „Neue Sammlung Möbel u. Innenarchitektur ..." – Lipp.-LM-Detmold, 1993; „P. M." – Designermonographien 5 – Frankfurt, 1995+1998/99

Malyska, Klaus (M/Materialbildk) / 1958 Wuppertal- / lebt (2003) in Ibbenbüren / Schulzeit in MS, 79-84 Studienreisen, danach Galerie u. Atelier „Galerie Trend" in Ibbenbüren / Ausst. u. a. in Heroldstatt, 1995 MS (Stadtmus), 95/96 Prievidza-Slowakei, 99 Ibbenbüren (Förderkoje), ab 2000 Frankfurt (Messen), 02 Wien/Ludwigsburg, 03 MS (Unicef)

Man, Crazy s. Crazy Man

Manderbach, Anke (M/Z) / 1971 Siegen- / lebt bis 2001 in Siegen, ab 01 Leipzig / Stud.-Siegen 91-98 Univ./GH (Kunst/Soz.-wiss) / Lehrt., ab 01 Leipzig / Ausst. u. a. in Logstor-Dänemark, 1998-2000 Siegen/Plettenberg, 02/03 Leipzig / **Lit.: 110b**

Mandrysch, Annette (B/M/F) / 1970 Dortmund- / lebt (99) in Paderborn / Stud. Univ.-GH-Paderborn (Kunst/Chemie/Päd) / Wettbew.-beteil.-en, 98 = 2. Pr. Bildh.-Symposion Brakel / Ausst. u. a. 1999 Paderborn (2xStudentenwerk), + OWL

Mang, Anton (Maurer- u. Steinhauermeister) / * um 1708 Mannheim – 1787 Osnabrück / ab 1782 in Lüchtringen b. Corvey / (sein Sohn: **J**ohann **C**hristoph **Mang**, Maurermeister, ab 1775 Bürger in Osnabrück) / Werke in Osnabrück/Borgloh/Bramsche u. Westf. / **Lit.: 24**-24 + **112a**

Mangold, Thomas (F/D) / 1971 Frankfurt/M.- / lebt (2006) in Dortmund / Stud.-Dortmund 93-01 FHD / 96 AGFA-Award (for young), 99 Paraolympic Media-Award, 01 Kodak Nachwuchs Förder-Pr. u. Art Director's Club-Award, 05 Bronze = „Epica-Awards" Zeiss Camprone / Ausst. u. a. 1998 Dortmund (Zeche Zollern), 99 Herten (Zeche Scherlebeck), Essen (Kunsthaus), 2000 Dortmund (FHD), Hyères-Frankr., 2000/02 Köln (Messen), 01 Frankf.-M. (Buchmesse), Rio de Janeiro-Bras., 01/04 Hamburg (Mus. f. K. u. G.), 03 Bonn/Hamburg/Stuttgart/ usw. / **Lit.: 203**-98+2000 + In: „15. Festivalkatalog – Hyères/Frankreich, 2000

Mannebeck, Gisela (M) / 1944 Hildesheim- / lebt (2003) in Gronau / Autodidaktin, Weiterb.-Oldenzaal-NL / war Lehrt. / Ausst. u. a. in Rehberg-Loccum, Gronau (Sparkasse), s. 1988 lfd. (um 20x) Bielefeld (Werkst.-Johannistal)

Mansfeld, Diethelm (M/Z) / * 1963 – / lebt (2003) in Meschede / Ausst. = Südwestf. / **Lit.: 232**

Manskirch, Joseph Dominikus (B) / um 1754-62 in Münster bek. / **Lit.: 178a** (erw. b. J. C. **M.**)

Mante, Harald (Prof) (F/D/M/G) / 1936 Berlin- / lebt (2006) in Schwerte / NEU: 74-01 Prof. FHD-Dortmund, 94-01 Dekan, danach Europ.-Akad. Trier, 78 Gastprof. Univ.-Sascatchewan/ Kanada / (Biografie in Beilage: CD-Ausgabe 2006)

Mante, Karin (M/Z) / 1940 Wiesbaden- / lebt (2000) in Dortmund u. Schwerte / Autodidaktin / Ausst. u. a. in Aachen/Hamburg/Wiesbaden/Wuppertal / **Lit.: 216**

Manzur, Paola = NEU (M/B/O/I) / 1971 Santiago de Chile- / lebt (2005) in Dortmund / um 05 Mitgl. „Virtuelle Kunstgal. Raumkunst“-Dortmund / (Biografie in Beilage: CD-Ausgabe 06)

Marci, Nadine (Z/u. a.) / 1980 Wipperfürth- / lebt (2005) in MS / 99-01 Berufsausb., ab 02 Stud. Akad.-MS / Ausst. u. a. 2004 Hörstel-Gravenhorst (Kloster), 05 Detmold (Freilichtmus) / **Lit.: 245**-04

Marcin, Nadja Verena (Z/F/Video- u. Filmk) / 1980 Würzburg- / lebt (2005) in MS / ab 2000 Stud.-Bauhaus-Univ. Weimar, UdK-Berlin u. Akad.-MS (Film) / Stip.: 02 „DFJW“, Villa Arson, Nizza-Fr. u. 04 = 2. Pr. Young Media Deutschl. u. Sonder-Pr. Karownale Berlin / 95-05 über 10 Filme / Ausst./Auff.-gen u. a. 1998 Seattle-USA, 2001 Rostock, Weimar (Neues Mus), 02 Osnabrück, Tokio-Japan (Univ), 03 (2x)Weimar, 04 Dresden/Bochum/3xBerlin, Dortmund (Künstlerhaus), 05 Stuttgart (Filmfestival), Gütersloh (Büro f. Alleskönner), MS („Stadt New York“), Dortmund (Freizeitzentr.-West) / **Lit.: 196**-05

Marcques de Carvalho, Isabel M. (F) / 1963 in Portugal- / lebt (2003) in Meschede / s. 98 Fotografie / 01 Fotos f. Kataloge der Kü.-innen N. Kahl u. B. Hegener / Ausst. u. a. 2002 Wenholthausen / **Lit.: 232**

Marek, Karl (A/Dipl.-Ing) / 1939 Schönwald/Gleiwitz- / lebt (2000) in Lünen / 67 Bürogründung in Lünen m. J. Boche/G. Wech, ab 77 eig. Büro / Öffentl. Bauwerke in NRW (s. Lit.) / **Lit.: 146b + 197a**-99 + In: „Kunst Raum Lünen“ – Hg.: Kv.-Lünen, 1988

Mares, Nico (M/Z) / 1977 Düsseldorf- / lebt (2006) in Düsseldorf u. MS / Stud.-MS ab 2000 Akad. / Ausst. u. a. 2001 Münster, 02 Bielefeld (Kv), MS (Inst. f. Untern.-gründung), 03 MS (Beteil.-Klangkunstproj), Bergkamen (Zeche Haus Aden), 04/05 MS (Off. Atelier-Fresnostr), Herford (MARTa-Lounge), 05 MS (Raum f. a. K.=Wolbeckerstr. 59), Recklinghausen (Kunsthalle) / **Lit.: 46-05 + 229a**-04 **+ 253**

MARGO s. Margott, Ralf

Margott, Ralf (NEU: MARGO) (G/D/M) / 1969 Münster- / lebt (2005) in MS / (Biografie in Beilage: CD-Ausgabe 2006)

Marienfeld, Stephan (B/O) / 1966 Hattingen- / lebt (2005) in Hattingen / Steinbildh.-ausb. in Wuppertal, 90-99 Schüler u. Atelierltg. b. Prof. Anthony Cragg / 02 Förder-Pr. Korschenbroich + Hollfeld, 05 = 2. Pr. Stadtmus.-Hattingen / s. 95 freisch. / ab 03 Lehrt. Freie KH u. Sommerakad.-Essen / Ausst. u. a. 1997 Symposion Arte Moderna, 99 Brühl, 2000/02 Neuss, 01 Kalkar (Gal.-Kordes), Köln (Firma-Gecco), 01/02 Herne (Kunstbombe), 02 Worms/Korschenbroich/Hollfeld, 03/05 Hattingen (Stadtmus), 03 Zürich (Messe), Frankf.-M. (Gal.-Wild), Bremen (Gadewe), 04 Hamm (Mus), 05 Coesfeld (Beteil.-Jahresgaben) / **Lit.: 139a + 209a**

Mariß, Helmut (F) / NEU: 1923 Blomberg- / lebt (2001) in Horn-Bad Meinberg / 94 = 1. Fotowettbew.-Pr. Schwalenberg / **Lit.: 137** + Fotoillustr. v. H. M. in: „Stadtgeschichte Horn 1248-1998“ – Hütte-Verl., 1997

Mariss, Jochen (F/G/D) (Autor/Musiker) / 1955 Köln- / lebt (2001) in Bielefeld / Stud.-Bielefeld 76-82 FH (Fotogr/Grafik-Des) / 78-85 m. Reinhard Becker Gestaltung d. Wahlplakate u. Werbematerial u. a. f. d. „Grünen“ (Entwurf der seitdem verwendeten „Sonnenblume“) u. für Kommunal-, Landtags-, Bundestags- u. Europawahlen / s. 78 m. R. Becker Ltg.: „Grafik Werkstatt“-Bielefeld / **Lit.:** J. M.(Text/Fotogr.) u. Reinhard Becker(Fotogr.): „In flagranti“, „Fernweh“, „Der Sprung“, „Das blaue Wunder“, „Wandlungen“, „Menschenskinder“ – alle Verl.-Grafik Werkstatt Bielefeld; s. 1978 u. a. Postkarten, Lesezeichen und Kalender

Markova, Radoslava (M) / 1978 Montana/Bulgarien- / lebt (2006) in MS / Stud.-Sofia 97-99 Univ. u. 2000-2/06 Akad.-MS, 04 Meisterschülerin / 05 DAAD-Pr. / Ausst. u. a. 2002 Nottuln (Alte Amtmannei), 03 MS (Finanzamt), 05 Neuenkirchen (AWD), Havixbeck (Sandsteinmus), Hangelar (Kunsthalle), Düren (Schloss Burgau) / **Lit.: 228**-03 + In: „Art up!“ – Junge Kunst aus deutschen Akademien – Ausst.-kat. – Düren, 2005

Marks, Rita (M) / 1962 Heiden- / lebt (2005) in Heiden u. Lüdinghausen / Mitgl. Gr.-„Kim“-Borken / Stud. Axel Andersen-Akad.-Hamburg (Malerei/Zeichnen) u. Weiterb.-kurse, u. a. in Goslar / Lehrt. in Workshops / Ausst. u. a. in Borken/Heiden/Lembeck/Lüdinghausen/Nordkirchen/Oeding/Reken/Rhede/Soest/Senden/Stadtlohn, 2005 Borken (Stadtmuseum), 06 Senden (Gal.-Kleinfein) / **Lit.: 141a**

Marold, Diane (M/F) / 1977 Wuppertal- / lebt (99) in Ennepetal, 2001 Wuppertal / war Mitgl. Gr.-„Kunstraum“-Ennepetal / u. a. 97-98 Praktik.-Innenarch. u. 98-2001 Ausb.-Mediengest.-in / Ausst. u. a. in Königsfeld, 1997/99 Ennepetal (Kluterthöhle) / **Lit.: 209**-97 **+ 211**-99

Marquardt, Daniela (B/I/Bodypainting/Maskenbildn) / 1962 Siegen- / lebt (2005) in Siegen / Stud.-Päd. u. Visagistinausb. in Köln = Dipl. Visagistin u. Dipl. Päd.-in / ab 91 Lehrt. (Kurse),

s. 94 Maskenbildnerin an Theatern in Hilchenbach u. Siegen, ab 2000 freie Mitarb.-in am WDR/ZDF/DSF / Ausst. u. a. 1994 Siegen (Gal.-Am alten Garten), 2000 Siegen (PNZ/alte LZB), 2000/01 Köln (Praxis/Theater im Bauturm), 01 Siegen (Haus Seel/Dee2) / **Lit.: 110b + 110c**-04

Marré, Daniel (Z/Coll.-k/I) / 1970 Oberhausen- / lebt (2000) in Paderborn / nach Schul- u. Zivildienstzeit in Gladbeck: Stud.-Paderborn 91/92 Univ/GH (Kunst/Deutsch), Bochum 92/93 Univ. (Deutsch/Phil) u. Paderborn 93-98 Univ/GH (Kunst/Phil) / Ausst. u. a. 1995/97/98/99 Paderborn (Raum f. Kunst/2xForum/Technol.-Park), 97 Harsewinkel (Schulzentr), Brakel (Amtsgericht), Soest (Technik-Mus), 98 Gladbeck, Bielefeld (Gal.-Artists Unlimited) / **Lit.: 128**-98

Marreck, Manfred = NEU (B) / 1942 Essen- / lebt (69/2003) in Dorsten / Stud. Folkwangsch.-Essen / Ausst. u. a. Dorsten (Jüd.-Mus), 1968 Essen (Folkwangschule), MS (Kv) / **Lit.: 7b**-68

Marschall, Günter (A/Dr.-Ing) / * um 1905 im Land Brandenburg – ? / tätig in Marl, Hannover, Bremen u. Hamburg / war Lehrt.-Hannover / eig. Büro auch in Marl, dort Zus.-arbeit m. F. **J**anowski u. A. E. **W**ittig / Werke u. a. in Westf. (u. a. Kirchen in Midlich u. (61) in Gelsenkirchen-Buer) / **Lit.: 219a**

Marschall, Michael (G/D/Comicz/Typogr) / 1943 Winterberg- / lebt (2005) in Frankfurt/M. / Berufsausb./FoSfG, Stud.-Univ.-n 67-69 Frankf.-M./München (Kunstg) u. Frankfurt-(Offenbach) 70-75 FHD (Vis.-Komm) / Ausst. u. a. Berlin (Gal.-Kettcards), 2001 Frankf./M. (Buchmesse)

Marten, Norbert (Marten-Elferink, N.) (M/G/B) / NEU: 1953 Lingen- / lebt (87) in Oldenburg u. (99) in Westerstede/Ns. / 71-74 Handw.-ausb., 74-75 FofG-MS u. Stud.-Bremen 76-80 Hochschule f. gest. Kunst / Ausst. u. a. 1984 Burg Kniphausen, 97 MS (Jahresg.-Aldegr.-Ges), 98 Langenhagen (Gal.-Deppelmann), 98/03 Gütersloh (Gal.-Grabenheinrich), 04 Bielefeld (Seemann-Interieur) / **Lit.: 194a**

Martin, Katharina Dany (M/I/Perf.- u. Videok) / 1971 Braunschweig- / lebt (2005) in Rheine u. Enschede/NL / 98-02 freisch. in Oldenburg, Stud.-MS bis 03 FH (Sozialpäd) u. ab 03 Akad.-Enschede/NL / Ausst. u. a. 2000 Oldenburg (Gal.-14), 01 Essen (Mudia-Art), 02 Kamen (Art Festival), 03-05 Enschede/NL, 03/05 MS (Off. Atelier-Am Hawerkamp), 04 Osnabrück (Art Festival), Oberhausen (Kv), 05 H.-Gravenhorst (Kloster) / **Lit.: 69**-05

Martin, Marita (M) / 1942 Bochum- / lebt (2003) in Bochum / Ausst. u. a. 1990 Bochum (Ruhrlandhalle), 2003 Bo.-Wattenscheid (Rathaus), + NRW / **Lit.: 146a**-90

Martin, Sabine (A/Coll.+Khw = Textildruck) / 1967 Kreuztal- / lebt (2005) in Kreuztal u. Siegen / 88-95 Stud.-Siegen (Archit) / 89-95 Mitgl. Gr.-„Archimobile"-Siegen / als Architektin: 96-97 in Kiel, ab 97 Siegen / Ausst. in Manchester/Turin/Dortmund, + Südwestf. / **Lit.: 110b + 110c**-04

Martini, Ulrich (Prof/Dr) (M/O) / 1939 Lüben/Schlesien- / lebt (2004) in MS / NEU: Bruder v. Elke **D**örries / 72-04 Lehrt.-MS u. Prof. FHD / (Biografie in Beilage: CD-Ausgabe 2006)

Martinuzzi, Gian Paolo (Paolo M.) (Glask) / 1933 Venedig- / lebt (2004) in Soest / Ausst. u. a. 1999/2004 Soest (W.-Morgner-Haus/Artothek-Stadtbücherei) / **Lit.: 100b**

Martmann, Manuela (I) / * 1972 – / lebt (2002) in MS / Stud. Akad.-MS / Ausst. u. a. 2002 Dortmund (Künstlerhaus) / **Lit.: 218**-02

Marx, Bettina (M) / 1981 Bonn- / lebt (2006) in MS / Stud.-MS ab 02 Akad. u. Univ. (Geschichte/Päd) / Ausst. u. a. 2001 Bonn (BBK), 05 Liesborn (Mus), H.-Gravenhorst (Kloster), 06 Dülmen (Kv.: Rathaus) / **Lit.: 56d + 69**-05

Maschlanka, Rolf (A/Dipl.-Ing/Stadtplaner) / 1939 Bochum- / lebt (2002) in Düsseldorf / Stud.-Karlsruhe 61-67 TH / 76-82 Lehrt. FH-Düsseldorf / s. 72 selbst., ab 85 Büro: „BHLM Architekten/Stadtplaner" in Düsseldorf (85 = 4 Prtner + 95 = 3 Partner), s. 97 Büro: „BM+P"-Düsseldorf (Beucker/Maschlanka u. Partner GbR) / viele Preise, Werke in N (s. Lit.) / **Lit.: 197**-95+97+01

Masjoshusmann, Rita (Schmuck- u. Glasgest) / 1943 Dortmund- / lebt (2003) in Meschede / Autodidaktin / Ausst. u. a. in Elfershausen/Rhön, + NRW / **Lit.: 232**

Maskiewicz, Stefan (Prof) (M/G/F/D/Videok) / 1959 Hamburg- / lebt (2004) in Kiel / 79-81 Fotogr.-ausb., Stud.-Kiel 81-88 Univ. (Malerei/Kunsterz) / 92-93 Ausb.-Lernsystemlektor, 93-94 Mitarb. DTP-Akad.-Hamburg, 94-97 Aufbau/Ltg. Medienwerkst. FH-Kiel, 97-2000/03- Lehrt.-Kiel, 2000-03 Prof. FHD-MS / Preise/Publikationen/Ausst.-gen s. 1984 / **Lit.: 15a**

Massenberg, Clemens (A/Dipl.-Ing) / 25. 8. 1909 Dortmund – 6. 8.(10.) 1954 Bochum / Jugendzeit in Berlin u. bis 34 Stud. TH-Berlin / 34-36 Reg.-baureferendar in Cottbus, 36-45 in

Berlin/Dessau/Wanne-Eickel u. Brüx (heute CSFR) tätig, ab 13. 12. 45 in der Stadt Bochum tätig, 8. 1. 46 Stadtbaurat bis zu s. Tode 54 (Leiter der Bauverwaltung) / war in vielen Gesellsch.-en tätig und hat sich für den Wiederaufbau der Innenstadt Bochums verdient gemacht (= Internet) / **Lit.: 266**

Matern, Eva (A) / 1962 Paderborn- / lebt (2002) in Paderborn / Stud.-Braunschweig bis 88 TU / 88-90 in Köln tätig / 90 Übernahme des väterl. Büros in Paderborn, ab 96: „Matern u. Wäschle Architekten BDA", Paderborn u. Berlin / Werke u. a. in Gütersloh (1. Pr.) u. Paderborn / **Lit.: 197**-01

Matern, Kurt (M/G/A/Dipl.-Ing) (Regierungs- u. Diözesanbaumeister) / 23. 9. 1884 Rössel/ Ostpr. – 1968 Paderborn / NEU: Stud.-Braunsberg-Ermland u. 1905-09 TH Karlsruhe u. Danzig / 1910-12 Provinzialkonservator u. Baultg. Eisenbahndirektion in MS, 12/13 Lehrt. TH-Aachen, 13 Staatsprüfung-Berlin, 13/14 Danzig u. ab 15 Dombaumeister in Paderborn / Werke u. a. in Diözese Paderborn / Ausst. u. a. 1907-14 Danzig (Peinkammer), 82 Paderborn (Diözesanmus), + N / **Lit.: 34**-9,2 + **101** + **146c** + In: Hugo Schnell: „Der Kirchbau des 20. Jh.-s in Deutschland" – Schnell& Steiner-München; „Tendenzen kirchlichen Bauens im 20. Jh." – Die Pfarrkirche St. Bonifatius in Paderborn 1930-1981 und ihr Architekt Dom- u. Diözesanbaumeister K. M. – Ausst.-kat. – Erzbischöfl.-Diözesanmus. – Paderborn, 1982

Mathäa, Mater Maria (geb. Ahaus, Agnes) (M/G) / 1890 Nortrup – 1951 Haselünne / nach Schulzeit in Haselünne: 1914 Eintritt i. d. Ursulinerinnenkloster Haselünne, später (nach 1920) Stud.-Berlin (Kunst/Päd), danach in Haselünne Lehrt. / 41-45 im Kloster Attendorn, nach 45 wieder Haselünne / **Lit.: 194**

Mathea, Peter (Glasgest) / 1962 Böhringen/Baden-W.- / lebt (2004) in Dortmund / 84-87 Glaserausbild., ab 87 eig. Glasstudio / Mitgl. „AdK"-Südwestf. / Ausst. s. 1987, u. a. 91 Berlin (Umweltbundesamt), 94 Frankf.-M. („form"), 95 Köln (manu factum), 96 Dortmund/Bochum, 97/99-02 Hagen/Bochum/Hannover/Dortmund, 98 Opherdicke/Dülmen, 2003 Bochum (Messe), + N/NL / **Lit.: 48c**-99+03 + **48x**-95

Mather, Arvid (Richard) (M/G) / 6. 12. 1905 (Wuppertal)-Barmen – 9. 5. 1950 Düsseldorf / im 2. Weltkrieg in Mettingen u. danach in Düsseldorf u. Büderich tätig / Ausst. u. a. 1940 Köln/Münster (Kv), 40-42 Hagen (Mus), 41 Amsterdam (Mus), 46 Arnsberg, + NRW / **Lit.: 8a**-46 + **8b**-40+41 + **25**-3 + **84**-80 + **97b**-40+41,1+42 + **216** + In: „Maler des Mettinger Künstlerheims 1941-44" – Mettingen, 2000

Matkey, Beate (M/G) / 1959 Wanne-Eickel- / lebt (2005) in Herne / 79-86 Stud.-Univ.-n Essen u. Bochum (Kunst/Geogr) u. „Mus.-Zentrum" Univ.-Bochum (Malerei/Grafik) / 86-88 Refendarin, Lehrt. VHS-Herne / ab 01 Mitgl. Gr.-„Unser Fritz" in Künstlerzeche „Unser Fritz 2/3"-Herne-Wanne / Ausst. u. a. 1986 Bochum/Bonn, 88 Wanne (Gal.-Wurm), 89 Herne (Gründerzentr), 91/95 Eickel (Krankenhaus), 95-97 Wanne-Eickel (amnesty int), 97/01 Herne (VHS), 99 Eickel (Gymn.-Wandmalerei), 2000 Essen (CETECOM), 02-05 Herne (Zeche Unser Fritz 2/3/Off. Atelier), 02/03 Geseke (Zementwerk), 05 Herne (Flottm.-Hallen) / **Lit.: 143**-05 + **143aa** + **143f**

Mattern, Stefanie (O) / 1975 Verl- / lebt (2005) in MS / Stud. 2000-05 Akad. / Ausst. u. a. 2003 München (Domagkatelier), Laer (Stadtmitte), 04 Bergkamen (Stadtgal), Soest (FH), Bad Oeynhausen (Kv), Herford (MARTa-Lounge), 05 Wismar (Baumhaus) / **Lit.: 229a**-04 + **256+a**

Matthes, Bernhard NEU: (Prof) (M/G/Z/D/O/I) / 1947 Köthen/Sachsen-Anhalt- / lebt (2004) in Hattingen / Lehrt.: FH-Dortmund, Hochsch. La Cambre-Brüssel, HfBK-Arnheim-NL, Akad.-Kattowitz-P., FH-Krefeld, FHD-Halle/S. u. Prof. FH-Bielefeld / (Biogr. in Beilage: CD 2006)

Matzel, Markus (F) / 1967 Schwelm- / lebt (2003) in NRW(?) / Berufsausb./Zivildienst/Ltg. eines Alten- u. Krankenpflegedienstes, 92/93 „Freelance" Fotograf im Kosovo Krieg, danach Fotopraktikum, seitdem freisch., tätig u. a. für Magazine = 99 Kosovo u. 03 in Bagdad/Irak / Pr.-träger: „Bild der Wissenschaft" / Ausst. u. a. 1994 Univ. of Pennsylvania, 2000 Hannover (EXPO), Bottrop (Mus.-Quadrat), Hamburg (Kampnagel), 01 Berlin (Haus d. Deutschen Wirtschaft), Essen (Zollverein), 02 Pristina/Prizren-Kosovo / **Lit.:** M. M.: „Artificial Tribes" – Jugendkulte in Deutschland – o.Jhg.

Matzke, Robert (M/G) / 1979 Dresden- / lebt (2006) in Selm u. MS / bis 01 FofG-Dortmund u. Stud.-MS ab 02 FHD / Wandmalereiwerke u. a. in MS / Ausst. u. a. 2000 Selm-Bork (Etagengal), 01/02 Lünen (Atelier-Cymontkowski), 04/05 MS (Atelier-Am Hawerkamp), 04 Bielefeld (Bogefabrik), 05 MS („Kulturklu*p*"), Dortmund (Kingpin Classic)

Mauch, Elmar (F/D) / 1961 Spaichingen/B.-Württ.- / lebt (2006) in Dortmund u. Zürich / Stud.-Dortmund 86-92 FHD (Foto-Des) / s. 94 Lehrt. KhfM-Köln, s. 02 HfG u. Kunst in Zürich / Ausst. u. a.

1992/98 Dortmund (Künstlerhaus), 97 Essen (FBK), Marl (Mus), Duisburg (Mus), 97/98 Düsseldorf (Kunsth/Kv), 99 Düdelingen (Gal. Nei Liicht), 2002 Iserlohn (Stadtgal), 03 Dortmund (Mus. am Ostwall), 04 Krefeld (Fotogal.-Heeden), 04/06 Castrop-Rauxel (Gal.-Schwenk) / **Lit.:** In: „Verräumlichung – Verzeitlichung" – Ausst.-kat. – Künstlerhaus-Dortmund, 1998; In: „Photography now" – Heft 1/99 – Bild 26 – Stuttgart; E. M.: „Naturen" – Schaden-Verl., 2002

Maul, Gernot (F/D) / 1937 Halle/Saale- / lebt (2000) in Greven, danach in MS / 76-02 Mitarb. FhfArch.-MS / (Biografie in Beilage: CD-Ausgabe 2006)

Mauritz, Jürgen (F) / 1953 in der Eifel- / lebt s. 2000 in Herne / ab 74 Stud. Univ.-Bochum (Sport/Germ), 82-86 Lehrt.-Essen, 86-93 Wanne-Eickel, lebte 93/94 in Prag, 94-2000 Buenos Aires / Ausst. u. a. 1998/2000 Buenos Aires, 99 Mendoza-Argent., 2002 Herne / **Lit.: 143d**

Maus, Wolfgang (F) / 1947 Dortmund- / lebt (2005) in Neunkirchen-Seelscheid / Deutscher Jugendfoto-Pr. / u. a. Mitgl. „BBK"-Bonn-Rhein-Sieg u. Gr.-„Kontext" / Workshops, Ausst.-gen u. a. 1998 Paris (Photo-Expo), 99 Athen (Photovision), 2002 Potsdam (Altes Rathaus), + NRW / **Lit.:** Internet (m. Lit.-angaben)

Mause, August (Kirchenmaler) / * 1867 – † 1913 / lebte in Dortmund, ab 1913 in Ramsbeck bei Meschede / wahrsch. Stud. Akad.-Düsseldorf, dort um 1890/98 als Geselle tätig, ab etwa 1899 freisch. / malte Kirchen aus, um 1905 Zus.-arbeit mit Heinrich Rüter – Düsseldorf / **Lit.: 146c**

Mauß, Bernd (Bernard) (B/O/G) / * 1943 – / lebt (2005) in Gelsenkirchen / Gatte v. Marion M. / Stud.-Univ. (Erz.-wiss/Ev. Theol) / Mitgl. „KUNO" Kunstgr.-Nord Essen/Gelsenkirchen u. „BGK", 1. Vors. s. 2003 / Ausst. s. 1972, u. a. 1992 Lüdinghausen (Burg Vischering), 97 MS (Rathaus), 92-2001 Essen (Zeche-Zollverein/Katernberger-Markt/Ev.-Kirche/Off. Atelier/ Gal.-Indivisuell), 01/02 Gelsenkirchen (Kunststation-Rheinelbe/Wissensch.-park/St. Mariä Himmelfahrt), Herne/Mülheim/R. (BGK), 2003/04 Essen (Gal.-Arka/Zeche Zollverein), 04/05 Gelsenkirchen (Forum-Bergmannglück/Sparkasse), Wesel (Wasserturm), + NRW / **Lit.: 19**-92 + In: „Spotkania ° Begegnungen" – A.-kat. – Rathaus-MS, 1997; In: „echt kunst echt hier" – Katalog 1+2 – Hg.: Gr.-„KUNO" – Essen, 1997/98

Mauß, Marion (M/G/I) / 1946 Essen- / lebt (2005) in Gelsenkirchen / Gattin v. Bernd M. / Stud. PH-Dortmund / 70-01 Lehrt. / Mitgl. „KUNO" Kunstgr.-Nord Essen/Gelsenkirchen u. „BGK" / Ausst. u. a. 1991/96-2000 Essen (Ev.-Kirchentag/Apostelnotkirche/Katernberger-Markt/Ev.-Kirche/Off. Atelier), 92-03 Essen (Gal.-Arka/Zeche Zollverein), 92 Lüdinghausen (Burg Vischering), 97 MS (Rathaus), 99 Helsinki-Finnl., 2000 Palma de Mallorca/Zürich, 01-03 Gelsenkirchen (Kunststation-Rheinelbe/Wissensch.-park/St. Maria Himmelfahrt/Mus), 01/02 Brüssel/Paris, 02 Herne/Mülheim-R. (BGK), 04/05 Gelsenkirchen (Forum-Bergmannglück/ Sparkasse), Wesel (Wasserturm) / **Lit.: 19**-92 + **145**-03 + In: „Spotkania ° Begegnungen" – Ausst.-kat. – Rathaus-MS, 1997; In: „echt kunst echt hier" – Katalog 1+2 – Hg.: Gr.-„KUNO" – Essen, 1997/98

Mauß, Susanne (F/D) / 1966 Aachen- / lebt (um 85/93) in Siegen / Stud. in Aachen u. Univ./GH-Siegen / Ausst. u. a. 1993 Siegen/Bielefeld/Saarbrücken, 2004 Siegen (Univ) / **Lit.: 110x**

Maxisch, Ursel (F/G/D) / 1972 Hagen/W.- / lebt (2005) in Düsseldorf / Stud.-Düsseldorf 93-01 FHD / s. 01 selbst. / Ausst. u. a. 2002 Oberhausen (Gasometer), 05 München (Deutsches Museum), 06 Gelsenkirchen (Wissensch.-park) / **Lit.:** U. M.: 2x Postkartenset – 2003+2004

Maylandt, Inge (M) / * um 1947/48 – / lebt (2006) in Sprockhövel / 03 Kultur-Pr. CDU-Sprockhövel / Ausst.-en s. 1989, u. a. in Wuppertal/Dortmund, 2003 Schwelm (Kapelle – Haus Martfeld), + Westf.

Mayr-Pletschen, Heide (Z/Ill) / lebt (1989) in Hamm-Rhynern / Stud.-MS bis 62 Wksch / Ausst. u. a. 1989 Kamen (Gal.-Lewerentz) / **Lit.:** Ill. in Büchern v. Ilse Bintig, u. a. in: „Der Wiesenkönig" – 1989; In: H. Peukmann: „Robert der Verkehrtmacher" – 1988; In: „So ergeht es Robert ..." – o.Jhg.; Dazu in vielen andere Kinderbüchern u. in d. aufklappbaren „Zick-Zack" Büchern

Mc Carthy, Philipp (M/D) / 1980 Heidelberg- / lebt (2004) in Dortmund / Stud.-Dortmund ab 01 FHD (Vis.-Komm) / Ausst. u. a. 2003/04 Dortmund (FHD/Atelier) / **Lit.: 120c-04 + 203-03**

Mc Kiernan, Martin (M) / 1956 Catterick-Yorkshire/GB- / lebt s. 84 in Dülmen-Buldern / Mitgl. in Künstlergruppen in Dülmen+England / 82 Wandmalerei in Irland / Ausst. u. a. 1995 London/Dülmen, 96-2001 Dülmen (u. a.-Stadtbücherei), 96 Haltern, 97/01 Herford, 97/99/01 MS-Albachten (Kunstfest), 99 Osnabrück, 2000 Senden/Recklinghausen, 01 Telgte, Gelsenkirchen (Kanzlei), 02 Hiddingsel, 03 MS (Unicef)

Meckel, Dawin (F/D) / 1977 Lich/Hessen- / lebt (2005) in Bielefeld / 96-98 Bauzeichnerausb., Stud.-Bielefeld 98-04 FHD (Vis.-Komm/Foto-Des) / eig. Atelier / s. 04 Mitgl. in „Ostkreuz-Agenten der Fotografen" / Ausst. u. a. 2005 Hamburg (Mus. f. K. u. Gewerbe) / **Lit.:** D. M.: „Straigt Talk – Voices from the new South Africa" – Verl. Struik Publishers – Südafrika, 04

Mecklenbrauck, Susanne (F/O) / * 1971 – / lebt (2000) in MS / Stud.-MS Akad. u. Univ. (Päd/ Mathem) / Ausst. s. Lit. / **Lit.: 245**-96+2000

Medilanski, Alexandra (M) / 1979 Düsseldorf- / lebt (2005) in MS / Stud.-Düsseldorf 98/99 Univ. (Kunstg/Germ) u. MS 99-05 Akad., 02 Meisterschülerin / 02 Stip. Akad.-MS, 04 = 2. Platz Max-Ernst-Stip. Brühl, 05 Stip. Cité des Arts Paris / Ausst. u. a. 2001 MS (Halle-Am Hawerkamp), 02 Berlin (UdK), Liesborn (Mus), 03 Casarano-It., 04 Reken (Praxis), Brühl (Gal. am Schloss), Recklinghausen (Kunsthalle), Wuppertal (Barmenia-Vers), Oberhausen (Kv), Istanbul (Mus), 05 Dülmen (Kv), Liesborn (Mus), Recklinghausen (Kunsthalle) / **Lit.: 46**-05 + **56d** + **229**-04 + **231b+c**

Meding, Dieter (M/B/Materialb.-k) / lebt (2006) in Neuenrade-Affeln / Stud.-Malerei/Bildhauerei / 03 Innov.-Pr. Softwarehaus „SER" / Lehrt. Ruhrakad.-Schwerte / Werke in NRW / Ausst. = N

Medzech, Peter Paul (B/O) / 1946 Rudersdorf/Kr. Siegen- / lebt (2004) in Minden / s. 73 Bildhauer / 1. Pr. f. Kunst am Bau = NRW / eig. Atelier „Arthorst", dort Lehrt., u. a. Sommerkurse in Hüllhorst-Reineberg / Gründungsmitgl./Vors.-der vom Kv.-Lübbecke, Mitgl. Gr.-„der regenbogen"-Minden u. Gründung Gr.-„Arthorst" / Beteil. an Bildh.-symposien / Werke u. a. in Westf.-Lippe, Hüllhost/Tangermünde + INT (u. a. Frankr./Ungarn/Weissrussl./Österr.) / Ausst. u. a. in Tangermünde/Lünen/Pr. Oldendorf/Basinghausen/Hille, 1999/2001/02 Minden (Off. Atelier), 03 Gronau (Landesg.-schau), 04 Minden (Villa Meyer), + OWL/**INT** / **Lit.: 152a**-99+01+02

Meer, Holger (Industr.-Des) / 1954 Herten- / lebt (2000) in Meerbusch / Stud.-Düsseldorf 75-80 Akad., Meisterschüler, Stud.-Wuppertal 84-90 Univ./GH (Ind.-Des) / Wettbew.-bet.-en/Preise / **Lit.: 216**

Megier, Henryk (Bruder / OSB) (Metallgest) / 1964 Kolziglow/Pommern- / lebt (2003) in Meschede / ab 79 BRD / Betriebsschlosser/Schweisserausb., s. 85 in Benediktinerabtei Königsmünster-Meschede, 89 Mönch auf Lebenszeit, 87/88 Metallgest.-ausb. in Heiminghausen, 94 Meisterprüfung / Werke u. a. m. Pater A. Fischer in Meschede u. Dortmund / **Lit.: 232**

Mehboubi-Nejati, Golnar (Mediendes/Filmk) / 1978 Münster- / lebt (2006) in Berlin / Stud.-MS 98-04 FHD / 05 „Bernard-Rincklake"-Pr. / Werke: 01-04 = 3 Kurzfilme / Auff.-en u. a. 2004 MS (Cinema), Berlin (Filmfestival)

Mehlem, Kristina (F/D) / 1982 Bochum- / lebt (2005) in Bochum / Stud. IfBKK-Bo.-Wattenscheid (Fotodes) / Ausst. u. a. 2005 Haltern (Altes Rathaus)

Mehring, Fern (F/M/Aktionsk) / 1946 Petange/Luxemburg- / lebte 77-84 in Kamen, 84-91 Schwerte, danach in Dortmund / Stud.-Brüssel 66-67 Akad. u. Essen 72-76 Folkwangsch. / Ausst. u. a. in Luxemburg/Hamburg, 1978 Gelsenkirchen (Mus/Schloss Berge), 02/03 Bochum /Waltrup, + NRW / **Lit.:** In: „Künstler arbeiten im Kunstverein Gelsenkirchen" – Ausst.-kat. – Gelsenkirchen, 1978

Mehrtens, Hans (A/Dipl.-Ing) / 1892 Schwelm – 1976 / Stud. TH-Stuttgart, 1921 Dipl.-Ing. / in Oppeln u. Bochum tätig, 25-35 Stadtbaurat in Köln, 35-61 Lehrt. TH-Aachen, 57 Direktor des Inst.-s f. Schulbau / Werke in NRW / **Lit.:** Internet

Meier, Carsten (F/D/Filmk) / 1971 Braunschweig- / lebt bis 9/05 in Dortmund, danach in Athens/Ohio-USA / Stud.-Dortmund 98-02 FHD (Foto- Film-Des), ab 05 Univ.-Athens/Ohio-USA (Foto-Master) / Ausst. u. a. 2001 Bochum (Hotel Eden), 02 Athens-Ohio (Parkhaus), 02/03 Dortmund (Phoenix-Gelände/FHD), 04 Hildesheim (öff.-Raum: Am Hohensensee) / **Lit.: 203**-03 + **203ca+d** + C. M.: „Public Parking" – Kerber-Verl. – Bielefeld, 2005

Meier, Christof (Produktdes) aus Uttenreuth b. Erlangen / s. **N**ahrwold, Andreas

Meier, Norbert (F/D/B/I/Computergr) (Fotosculpteur) / 1960 Rahden/W.- / lebt (2006) in Bielefeld / NEU: Mitgl.-„BBK"-OWL, z.Zt. im Vorstand, 88-02 Mitgl.-„artists unlimited"-Bielefeld, danach Ehrenmitgl., 92-97 Kurator, Mitbegr.-„Offene Ateliers Bielefeld e.V.", 91-03 Gesch.-führer / (Biografie in Beilage: CD-Ausgabe 2006)

Meier, Siegfried (B) / 1943 Warstein- / lebt (99) in Warstein / Industriemeister u. freisch. Bildh. / Mitgl. Gr.-„Septimus"-Kr. Soest / Ausst. u. a. in Belgien/Italien, + Südwestf. / **Lit.: 100**-98

Meier, Wolfram (I/Aktionsk) / lebt (96) in Bielefeld / 88-90 Mitgl. Gr.-„MWER"-Bielefeld u. 90-96(?) Gr.-„KunstCOOP"-Bielefeld / Ausst./Aktionen u. a. 1996 Bielefeld (Installation „Blumenfeld") + siehe unter **G**ruppe „MWER" u. „KunstCOOP"

Meier-Warneboldt, Klaus (B/O/I) / 1954 Hannover- / lebt s. 2003 in Petershagen-Windheim / Stud.-Hannover 74-78 FH (Bildh/Vis.-Komm) / 81-90 Werkst. in Osterholz-Scharmbeck (Holzhandw/Des), ab 90 Skulptur/Objekt/Installation, 92-03 Atelier in Benthe b. Hannover, ab 03 in

Petershagen / 92 Stip. Nieders., 93 Umweltkunst-Pr. Nieders., 95 = 2x Projektunterst.-zung u. a. Nieders./Hannover u. 98 Büro Landmanagement New Mexiko-USA / **Projekte**/ **A**ussenarbeiten s. 1984 u. a. 1990 Empelder Kali-Halde, 94 Gehrdener Berg, 95 Stemmer Berg /Fichtenwald Diester/Gr. Garten Hannover/Spotted Raven im Südwesten-USA, 96 Nesselberg-Weserbergland/Meadow Park-USA, 97 Coppenbrügge/Latergator Südwest-USA, 98 Rio Grande-New Mexiko-USA (Pilar Visitor Center), Georgia-USA, 99 Táos Pueblo-New Mexiko-USA, Paschenburg/Schaumburg (Wesergebirge), 2000 Südheide Lachendorf/Kalibergbau Ronnenberg, 01 Stift Fischbeck, 02 Beteil.-Bielefeld („Transit") / **Ausst**. u. a. 1994/95 Colorado-USA (Colorado Springs), 95 Garbsen (Gal.-Kolbein), 96 Maiborssen (Gal.-Jüdes), 97 Taos-New Mexiko-USA (Cont.-Loyd-Gal), 99 Neustadt am Rübenberg (Schloss), 2002 Kr. Minden-Lübbecke (LandArt-Sympos), 04 Hüschroda (Nationalpark Hainich) / **Lit.**: Internet

Meiering – Bildhauerfamilie – 17. Jh. = s. Meyering

Meinders, Sandra (M) 1972 Bielefeld- / lebt (2005) in Bielefeld / Stud.-Hannover (Kunst) b. Ulrich Eller / Ausst. u. a. 2000/02/03 Bielefeld (Gummi-Kalmann/Off. Atelier/Gal.-61), 03 Düsseldorf (Produz.-gal. plan.d.) / **Lit.: 152-**02

Meininghaus,Wolfram (A) / 1999 im Büro: „FWP" = **F**uhrmann . Winkler u. Partner – GbR Architekten u. Ingenieure"-Dortmund / Werke in NRW/N (s. Lit.) / **Lit.: 197a-**99

Meino s. Eitzen, Meino von

Meinold, Monika (M/G/u. a.) / 1962 Warstein- / lebt (2004) in Bremen / 82-84 Malerei/Grafik-Ausb. b. K. R. Jauns, Stud.: 83-84 Gast FH-Dortmund u. 84-85 Obj.-Des., 85-92 HfBK-Bremen, 92 Meisterschülerin / 93 Förder-Pr. Bremen, 93-94 Stip. Schl.-Holstein, 95 Stip. Lübeck, 96 Förder-Pr. Bremen / Ausst. u. a. in Bremen, 03 Lüdinghausen (Burg Vischering), + NRW/Ns. / **Lit.: 19-**03 + **125d-**93

Meisel, Rudi (F/D) / 1949 Wilhelmshaven- / lebt (2005) in Berlin / Stud.-Essen 69-75 Folkwangschule / 71-86 = 8 Ausz.-n, 04 Stip. VG-Bild-Kunst Bonn / Mitbegr. Fotogr.-„VISUM"-Hamburg, für Magazine/Agenturen tätig, u. a. 78-89 f. ZEITmagazin u. 88-03 Workshops, Lehrt. FH-Dortmund/HfKuG-Zürich/Akad. f. Fotogr.-Hamburg, tätig für Herten (Fototage) u. Berlin / Ausst. s. 1972, u. a. 1979 Dortmund (Gal.-Lichtblick), 99 Hamburg (Mus. f. K. u. G.), 2000 Stuttgart (Stadtgal), Essen (Zeche Zollverein), 01 Dortmund (Mus. f. K. u. K.), 02 Kopenhagen (Acad), 05 Gelsenkirchen (Wissensch.-park), + N / **Lit.: 202** + **204** + In: „Zeit Blicke" – Ausst.-kat. – Mus. f. K. u. Gew.-Hamburg, 1999 + Städt.-Gal.-Stuttgart, 2000 = Hg.: BFF-Des. e.V.-Stuttgart, 1999

Meishner, Stefan (M) / 1963 Jever- / lebt (2006) in Münster / s. **G**ruppe „Haus Kannen"-MS / Ausst. u. a. 2003-06 MS (Haus Kannen)

Meisner, Barbara (F/I/Video- u. Aktionsk) / 1964 Marl- / lebt (2004) in Düsseldorf / bis 93 Stud.-Nice Centre Nat. d'Art Contemporain Villa Arson, Nice / 98 Förder-Pr. Düsseldorf / Aktionen/Ausst.-gen u. a. in Nice/Winnipeg/Kanada, 2002 Jesteburg, Marl (Mus), Düsseldorf (Gal.-MARGO), + N/INT / **Lit.: 79b** + **230-**02 + In: „Kunstwoche Jesteburg" – Ausst.-kat. – Jesteburg, 2002

Meissner (A/Dipl.-Ing) / (1998) Büro „Meissner . **F**ortmann-Drühe" – Witten / Mitgl.-„BDA" / Werke u. a. in Witten/Castrop-Rauxel/Dortmund/Oberhausen (s. Lit.) / **Lit.: 197-**95+97

Meissner, Hermann-Otto s. Meyer, Hermann-Otto

Meister = Familienname Meister **s.** nach Meister von/der/des ...

Meister von **1473** (B) / Werke in Soest / **Lit.**: G.D. + In: Dr. A. Henze: „Westf. Kunstgeschichte" – S. 293 – Recklinghausen, 1957

Meister des Berswordt-Altares – s. Meister des Kreuzigungsaltares in der Dortmunder Marienkirche

Meister des Brenkener Familienepitaphs (B) / in Paderborn um 1562-1583 nachweisbar / Werk in Paderborn / Ausst.: 1991 Paderborn (Diözesanmus) / **Lit.: 112b**

Meister des Chorgestühls der Franziskanerkirche in Rietberg (B) / tätig um 1729 in Rietberg / Ausst. 1983 Rietberg (Klosterkirche) / **Lit.**: „Sakrale Kunst aus fünf Jahrhunderten" – Ausst.-kat. – Klosterkirche Rietberg, 1983

Meister „I T"(M) / tätig um 1489, wahrsch. in Soest / Werk im WL-MS / **Lit.: 200-2**(S. 429) + „Das Kunstwerk des Monats" – Nr. 7/1993 – WL-MS

Meister des Kreuzigungsaltares in der Dortmunder Marienkirche (M) / NEU: auch gen.: „Meister des Bielefelder Altares" oder „Meister des Berswordt-Altares" in Dortmund / Westf. Meister im 1. Drittel des 15. Jh. / Ausst. u. a. 1954 Recklinghausen (Kunsthalle), 2003 MS (WL) / **Lit.**: G.D. + **24-**37 + **108-**3 + **239-**54 + F. Jacobs: „Der Meister des Berswordt Altares" – Göppinger Akad. Beiträge, Nr. 117 – 1983; In: „Ev. St. Marienkirche zu Dortmund" – Kirchenführer, nach 2000; Alfred Menzel: „Der Bielefelder Marienaltar, ein Retabel ..." – in „ZIF – Mitteilungen" – Univ.-Bielefeld, 1/2001; In: „Sammlerlust" – Ausst.-kat. – WL-MS, 2003

Meister der steinernen Kreuzwege (B) / im 1. Drittel des 16. Jh.-s (um 1519-1544) in Münster tätig / wahrsch. (s.:) Lüdeke **B**rabender, gen. Beldensnyder / Werke in MS + Westf. / Ausst. u. a. 2005 MS (WL) / **Lit.: 255**

Meister von Münster NEU: (siehe: Meister des Warendorfer Altares?) (M) / um 1420-40 in Münster tätig / **Lit.: 108**-3

Meister des Passionsaltares der Soester Paulikirche (M) / tätig um 1430/40 / **Lit.:** G.D.

Meister der „Pietá der Soester Nikolaikapelle" s. Meister der Soester Pietà

Meister des Sassenberger Altares NEU: (Sign.: JOHAN) (M) / auch: Meister des „**H**alberstädter Passionsaltares" / nieders. Maler um 1498-1517 bek. / Anfang des 16. Jh.'s in Westfalen tätig / Werke in Westf./Nieders. / Ausst. u. a. 2002 MS (WL) / **Lit.: 24**-37 + **33** + **108**-3 + **200**-2(S. 444) + E. Roskamp-Klein: „Der Sassenberg-Altar" – in „Westfalen" – Bd. 77 – Aschendorff-Verl.-MS, 1999

Meister des Schenking-Epitaphs (B) / um 1460/80 in Münster tätig / Werke in MS (St. Mauritz) / Ausst. u. a. 2005 MS (WL) / **Lit.: 255**

Meister Sigefridus (Zigefridus) (Goldschm) / um 1313 in Soest tätig / sein Werk, der „Patroklusschrein", wurde am 13. 7. 1313 f. d. Dom in Soest in Auftrag gegeben, s. 1848 war er im Deutschen Museum in Berlin, 45 verbrannt, gerettete Teile = Ausst.: 2003 Berlin (Commerzbank) / **Lit.: 24**-31(m. Lit.)

Meister der Soester Pietà (auch: Meister der „Pietá der Soester Nikolaikapelle) / NEU: Westf. Bildschnitzer Ende 14. Jh. (1380/90) / Werke: Pietá – Nikolaikapelle in Soest u. wahrsch. wietere Werke in Soest (Dom) u. Ostenfelde, Kr. Warendorf / **Lit.: 24**-37 + H. Eickel in „Westfalen" – Bd. 29 – S. 192-96 – 1951; In: „Gotische Skulpturen 1300-1450" – Bildheft 29 – WL-MS, 1990

Meister des Voet-Epitaphs in Münster (B) / lebte (um 1465) 2. Hälfte des 15. Jh.'s in Münster / Werk in MS / Ausst. 1993 MS (WL) / **Lit.: 200**-2(S. 534) + „Kunstwerk des Monats" – WL-MS, 12/1983 = Meister d. unbek. Marienepitaphs in MS, jetzt „Voet-Epitaph"

Meister des Warendorfer Altares NEU: (= Meister von Münster?) (M) / lebte im Anfang d. 15. Jh.'s in Münster / Werke für Warendorf, Isselhorst u. Darup / **Lit.: 24**-37 + **108**-3 + **200**-2(S. 407-410) + „Der Warendorfer Passionsaltar in St. Laurentius" – Warendorf, 1979 – (2. Aufl.)

Meister, Hildegard (M) / 1930 Höxter- / lebt (2005) in Borken / 90+94 Dipl. „Cercle Artistique de Cavignac" / Ausst.-gen in Hessen + NRW / **Lit.: 26a**-05

Meister, Marie-Luise (M/Innenarchit.-in) / 1944 Münster- / lebt (2005) in Paderborn / 63-64 Malereiausb. bei E. B. **H**artwig – MS u. Stud.-MS 64-67 Wksch (Innenarchit), Weiterb. 65-67 b. Prof. **D**rebusch, ab 68 in MS tätig (Arch.-büros), s. 75 selbst., 93-94 Stud. Univ./GH-Paderborn (Malerei), ab 94 Weiterb. Sommerakad.-Paderborn / Ausst. s. 1964, u. a. 1997-2001 Paderborn (Univ.: Silo), 02- Bielefeld/OWL (ein-seh-bar), 03-05 Paderborn (Off. Atelier), + Internet / **Lit.: 101b**-03...05(=Kunst 4) + **192**-01(=ab 02)

Meiswinkel, Carmen (M/G) / 1965 Frankfurt/M.- / lebt (2001) in Hattingen / Stud.-München Akad. / eig. Malschule in Hattingen / Ausst. u. a. in Hattingen/Bielefeld, + Südwestf.

Meiswinkel, Martin (M) / 1973 Tübingen- / NEU: lebt (2005) in Köln u. London / Stud.-MS 96-03 Akad., 02 Meisterschüler / 2000 Förderer-Pr. Akad.-MS / (Biografie in Beilage: CD-Ausg.)

Meitsch, Christian (M) / 1967 Bielefeld- / lebt (2005) in Steinhagen / s. 88 künstl. tätig / Ausst. s. 1992, u. a. 2000/01/03/04 Bielefeld (Café-Moritz/Graphic Group-Gal/Gal.-Zweichlingen/ Café Mellow Gold), 01 Bad Oeynhausen (Klinik), 04 Gütersloh (Musikschule), Steinhagen (Off. Atelier) / **Lit.: 191b**-04

Melles, Horst (G/D/M) / 1935 Essen- / lebt (2002) in Dorsten / Stud. Folkwangsch.-Essen (Grafik-Des) / s. 73 eig. Büro in Dorsten / Wettbew.-erfolge/preise u. a. 65 Bundesg.-schau Essen / Ausst. u. a. in Dorsten / **Lit.: 205**-94(erw.)

Meluhn, Wolfgang (M/F) / * 1947 – / lebt (2005) in Borgholzhausen / Kunststud.-München bei Daucher u. Strauch / Lehrt. (Fotogr.) u. Sommerakad. (in der Emila Romagna) / Ausst. u. a. 04 Borgholhausen (Off. Atelier), 04/05 Halle/W. (Off. Atelier) / **Lit.: 152b**-04+05 + **191b**-04

Melzer, Katrin (M/Z/F) / 1973 Hagen/W.- / lebt (2006) in Hagen / 97-03 Ausb. Hagener Malschule u. 01/02 Workshopbeteil. bei Uwe **N**ickel / Ausst. u. a. 2004 Iserlohn (Sparkasse)

Mendel, Brigitte (M) / 1960 Hagen/W.- / lebt (2005) in Wuppertal / erst autodidaktische Tätigkeit, später Weiterb. Europ.-Akad. Trier / Ausst. u. a. 2004 Stuttgart (Staatsgal), 04/05 Wuppertal (Off. Atelier), 05 Herne (Gal.-Kunstantin)

Meng, Wolfgang (M) (Lyriker) / 1920 Ratingen- / lebt (83) in Solingen / Stud.-Düsseldorf 39-40 Akad. / war Mitgl. Gr.-„Hellweg"-Bochum, s. 54 Organis./Gründung u. später Kustos am „Deutschen Klingenmus."-Solingen / Ausst. u. a. 1956 Bochum, + N / **Lit.: 53** + In: „hellweg 1956" – Städt. Kunstausst. Bochum – 1956

Mengeler, Markus (O/I) / 1974 Kranenburg- / lebt (2005) in MS / Stud.-MS ab 2000 Akad. / Ausst. u. a. 2003 Laer (Stadtmitte), 04 Bad Oeynhausen (Kv), 05 Wismar (Baumhaus), Recklinghausen (Kunsthalle), Ingolstadt (Kv), Havixbeck (Haus Stapel) / **Lit.: 256**

Menke, Martin NEU: (F/D/Videok) / 1967 Olsberg- / lebt (2006) in Köln / Stud.-Dortmund bis 99 FHD (Foto-Des) / ab 05 Mitgl. „BFF" / Ausst. u. a. 2000 MS (Stadtmus), 04 Düsseldorf (Hüttenstr), 05 Hamburg (Filmfest), 05/06 Köln (Gloria-Theater/Fotoschule/Tausendbar-Gal (K), 06 Madrid (PHoto-Espana), Xining-China (Int.-Photo-Festival) / **Lit.: 93** + K = Katalog

Menne, Peter (M/G/D/Ill/Karikaturist) / 1962 Delbrück- / lebt s. 95 in Potsdam, 2003 in Berlin / Stud.-Bielefeld 83-91 FHD (Grafikdes) u. Berlin-Weißensee 91-93 KH (Malerei) / 93-94 LWL-Stip. f. Sch.-Schwalenberg, 93-2000 Lehrt. Sommerakad.-Schwalenberg, ab 2000 Lehrt. FHD-Berlin / Ausst. u. a. 2003 Oelde (Mus. f. westf. Literatur), Telgte (Kornbrennereimus) / **Lit.:** von P. A. = 9 Publikationen v. 1993-02; M. Klaus/P. M.(Ill): „Heimatkunde – Ein Westfälisches Sittenbild" – Verl. Rehling-Rietberg, um 03/04; P. M./A. v. Droste-Hülshoff: „Bilder aus Westfalen" – Kalender 2005 – Verl.-Schnell – Warendorf, 2004

Mennemann, Gerhard (B/O) / 1933 Münster- / lebt (2005) in MS / Autodidakt / NEU: Sohn der Malerin Luise M. (1907 Münster – 1979 ebd.) / (Biografie in Beilage: CD-Ausgabe 2006)

Mennemann, Luise s. bei Mennemann Gerhard

Mennicke, Gustav August Hermann (M/G) / 1899 Petershagen – 1988 Göting/Föhr / Stud.-Bielefeld 1919-23 Kgsch u. Dresden 24-30 Akad. / s. 35 auf Insel Föhr tätig / Ausst. u. a. in Husum, 1928 Hagen (Stadthalle) / **Lit.: 8a**-28 + In: „Schleswig-Holst.-es Künstlerlexikon" – Niebüll, 2005(m. Lit.-angaben)

Mennigmann, Ulla (M/G/I) / * 1956 – / lebt (2001) in Iserlohn / Ausst. s. 89, u. a. 2000 Iserlohn (Justizvollz.-anstalt), + N / **Lit.: 187**

Menschner, Tina (M/Z/Bühnen- u. Kostümbildn) / 1964 Kierspe- / lebt (2003) in Düsseldorf / Stud.-Düsseldorf 83-89 Akad. / 90 m. S. Steimel Gründung des Pantomimen-Ensemble, später: „Steimel-Menschner-Projekte" / 01 Pr. des Reg.-präsidenten in Düsseldorf / Ausst.-en in NRW / **Lit.: 79b**

Mense, Heinz Josef (A) / * 1938 – / lebt (2002) in MS / Stud.-MS u. TU Hannover (Archit) / 63-82 Büro „Elkendorf + Mense"-MS, ab 83 eig. Büro, s. 87 projektbez. Zus.-arb. m. Jürgen Schröder u. ab 95 „Schröder . Mense . Landheer"-MS / Werke in MS + Westf. (s. Lit.) / **Lit.: 197**-97 + **251a**-94 (S. 87)

Mensing, Roman (F/D) / 1964 Bonn- / lebt s. 87 in MS / 86-93 Stud.-Bonn/MS (Kunstg/Design) / besitzt ein „Fotografen-Archiv" / s. 93 Fotografien für Dokumentationen/Bücher/Kataloge, für Museen/Biennalen u. Ausstellungen, u. a. 93+95+01+03 Fotodok.-tationen Biennale-Venedig u. in über 10 Kunstkatalogen / Ausst. u. a. 2002/04 MS (Gal.-artverwandtes/Stadtmus) / **Lit.: 243**

Menting, Bruni (M/Kalligr) (Mentorin) / 1946 Soest- / lebt (2006) in MS / Stud. Univ.-MS (Med/Sinologie), Weiterb.-gen b. Ni Hua-Ching (Taoismus), Tuschmalerei b. Naomi **O**kamoto, My-Kyung **L**ee u. Song-Sook Junh in MS, Chines. Kalligraphie b. in Peking b. Zhang Xiao-Tao u. MS b. Dr. Yü Hong u. Hu Peng-Zhou / 2000-04 Atelier in „Lederfabrik"-Halle/W., ab 04 Osmo-Hallen in MS / Ausst. u. a. in Soest/Koerbecke/Halle-W., 2003/04 Halle/Westf. (Kunstnacht), 04-06 MS (2xAtelier-Osmohallen/"Die Brücke"), 05 Langeoog

Menze, Lutz (G/D) / 1957 Langenberg/Kr. Gütersloh- / lebt (2000) in Wuppertal / 72-75 Schauwerbegest.-ausb. Rheda-Wiedenbrück, Stud.-Wuppertal 77-83 Univ./GH (Komm.-Des) / ab 90 selbst., ab 95 Lehrt. Univ.-Wuppertal / u. a. Ausz.-gen Design-Zentr. NRW-Essen / **Lit.: 216**

Menze, Simone (Z/Airbrush) / 1972 Hagen/W.- / lebt (2005) in Hagen / 92-96 Stud.-Märk.-Akad. / Ausst. u. a. im Internet

Menzel, Susi (Susanne) (M) (Autorin) / 1954 Minden- / lebt (2004) Minden / Autodidaktin / Stud.-Bielefeld 78-82 PH / lebte 82-98 in München / in Minden eig. Büro/Atelier: Marketingberatung/Webdes/PC-Schulungen / Mitgl. „Verein f. akt. Kunst" Kr. Minden-Lübbecke / Ausst. u. a. 1999-2002/04 Minden (Off. Atelier), 2000/01 Minden (Preuss.-Mus/Kl. Domhof), ab 01 Bad Oeynhausen (Dauerausst.-Klinik), 01 Todtenhausen (Christuskirche), 03 Minden (Kr.-Verwaltung), Bad Oeynhausen (Messe) / **Lit.: 152a**-99...02+04

Mere, Gleice (F/D) / 1972 Brasilia/Brasilien- / lebt (2004) in Leipzig u. Brasilien / Stud.-Brasilia 89-94 Univ. (Journalistik), Dortmund 95-99 FHD (Foto-Des) u. Leipzig 2000-04/05 Acad. of Visual Arts / 01 Fotoaward Körber-Hamburg, 02 Ausz. World Press Photo Foundation u. Special Mention – Unicef Picture of the Year – Germany / Ausst. u. a. 1999/2000 Köln (Univ/ Kulturhaus-Latein Amerika), 2000 Berlin (Gal. Le Manege), Werl (Mus), 01 Hamburg (Mus.. f. K. u. G.), 02 Amsterdam (Photogr.-Mus), 04 Oberhausen (Industriemus), + Internet

Merkord, Anna-D. (Dorothea) (M/G/Ill/I) / 1950 Lemgo- / lebt (2006) in Lemgo, Atelier Detmold / Stud.-MS+Düsseldorf 70-74 FHD (Ill) / 80-81 Stip. f. Berlin / 83-98 für VHS-Bielefeld tätig, ab 99 freisch. u. Mitgl. Gr.-„pickArt" / private Lehrt.-keit / Ausst. u. a. in Detmold/Schwalenberg/Bad Salzuflen, 99/2000 Lemgo + 01-03 Detmold (Off. Atelier), 05 Lemgo (Hexenbürgerm.-haus), 05/06 Detmold (Paulinenstr. 54) / **Lit.: 132a**-2000...03 + 2xA.-D. M.: „Alte Haustüren u. Portale in Schwalenberg" – Kunstmappe – Hg.: Inst. f. Lipp. Landeskunde; „Weiberwirtschaft! ... haben die Leute immer gesagt" – Rehberg-Druckerei GmbH (o.Jhg.)

Merkulova, Olga (G/D) / 1970 Novesibirsk/Russl.- / lebt (2005) in Witten / Stud.-Dortmund bis 05 FHD (Grafik-Des) / s. 05 Mitgl. „BBK"-Westf. Dortmund / Ausst. u. a. 2005 Bo.-Wattenscheid (Technol.-Zentr) / **Lit.: 3**-05(2) + **203h**-05

Mersch, Cordula (F/Videok) / 1976 Warendorf- / lebt (2005) in MS / Stud.-MS 96-01 FHD u. s. 96 Akad., 03 Meisterschülerin / 01 Stip. Akad.-MS f. Paris / Ausst. u. a. 2001 Wiesbaden (Filmfestival), 02 Bielefeld (Kv), 02-04 u. a. Marl (Video-Kunstpr.-Ausst), 04 Oberhausen (Kv) / **Lit.: 15a** (S. 78-79=Claudia falsch) + **61**-02

Mersmann (Neuaufstellung:) s. Falger: 1826 Gründung der Firma W. A. Falger in Münster als Kerzenzieherei, später eingetragen als Wachslichterfabrik m. Niederlage in Neusilberwaren und Kirchenparamenten. Werkstatt: Frauenstr. 58 (jetzt Nr. 42), dort war auch die älteste Kunsthandlung Münsters! / ab 1879 Übernahme der Firma von der Witwe W. A. Falgers durch Familie „Mersmann" u. Ausdehnung als Metallbauunternehmen mit Treppen- u. Lampenanlagen, später Türen- u. Fensterbau. 1919 Jüdefelderstr. 10, Ecke Frauenstr., 1934 Neugründung = „Kunsthandlung Falger". Nach Zerstörung 1945 = Werkstätten: Hammerstr. 226 u. ab 1950 Kunsthandlung: Salzstr. 37. Nach 1945 auch intern. bekannt geworden durch Metallgestaltung. Die Firma erlosch 1993 / Arbeiten/Werke: MS-Dom u. 1920 Stadthalle-MS, u. a. f. Kirchen/Schlösser/öffentl. u. private Gebäude/Hotels/Gaststätten in Westf. u. von Polen bis New York! / **Lit.:** s. Falger, Wilhelm Anton (=Biografie in Beilage: CD-Ausgabe 2006) + **84** s. Falger + Walter Werland: „150 Jahre W. A. Falger" – 1826-1976 – Metallwerkstätten – Kunsthandlung – Inh. Fr. W. Mersmann – Verl.-Aschendorff-MS, 1976 // **Joann B**ernard **A**nton / 1829 Münster – 1897 ebd. / 1879 Übernahme Firma W. A. Falger // **Paul B**ernhard **P**hilipp **F**riedrich (Metallgest/Kunstschmied) / 1872 Münster – 2. 5. 1950 ebd. / Ausb. b. seinen Eltern u. in Werkstätten im Rheinland/Württemberg u. Bayern / Übernahme v. seinem Vater Joann M. († 1897), Firma „W. A. Falger GmbH & Co. KG" in MS, 1934 Neugründung „Kunsthandlung-**F**alger" / Ausz. 1918: Titel „Päpstl. Hofkunstgießer" / Ausst. u. a. 1902 Düsseldorf (Industrie-Gewerbe- u. Kunstausst) / **Lit.: 34**-9,2 + W. Werland: „Gedenken an P. M. zum ..." – in „WN"-MS vom 12.2.1972 – MS – Vergangenheit und Gegenwart // **Bernhard W**ilhelm **K**arl **P**aul / 1900 Münster – 1969 ebd.? / ab 1950 Teilhaber der Firma W. A. Falger bis 1969 // **Friedrich W**ilhelm (Khw) / 1915 Münster – / nach Ausb. u. a. Wksch.-MS: ab 1930 in der Firma tätig / s. 50 Teilhaber der Firma W. A. Falger u. ab 69 Inhaber // **Ulf J**oann **B**ernard / Grosshandelskaufmann/Gürtler/Entwurfszeichner / 1949 Münster- / **Lit.:** In: „WN"-MS v. 10. 8. 1993 = Serie IHK

Mersmann, Anne (Goldschm/Schmuckgest) / 1971 Lüdinghausen- / lebt (2004) in Köln / 90-94 Goldschm.-ausb., Stud.-Düsseldorf 94-2000 FHD (Produktdes) / s. 2000 freisch. / 94 = 2. Wettbew.-Pr. Essen, 98 = 1. Wettbew.-Pr. Pforzheim, 99 Sonder-Pr. FH-Düsseld. f. beste Diplomarbeit, 2000 Sonder-Wettbew.-Pr. Leipzig / ab 2000 Mitgl. Gr.-„GEDOK"-Köln / Ausst. u. a. 1998/99 Düsseldorf (FH), 2000 Nijmegen-Norw. (Gal.-Marzee), Wien (Künstlerhaus(K), Giessen (amica), 01 Essen (Cube), Leipzig (Grassimesse), 02 Beteil.-Wanderausst.(FH-Düsseld), Berlin (Bauhaus-Archiv(K), 03 Frankf.-M. (MAK), New York (Mus. of Arts and Design), 04 Pforzheim (Schmuckmus) / **Lit.:** K = Katalog

Mersmann, Paul (2.) B/Khw/D) / 30. 10. 1903 Münster – 10. 3. 1975 Senden b. Münster / nach Ausb. b. s. Vater: Stud.-MS ab 18 Kgsch u. Volontär in Regensburg als Ziseleur/Bildh. bis 20 /

20-24 Tätigkeit in Budapest u. Faltsegelbootreise n. Griechenland u. Türkei / Stud.-Berlin 28 Akad. u. 31 in Berlin selbst. / ab 50 MS (Teilhaber d. Firma „Falger") u. wohnhaft s. 67 in Senden / Werke in MS/MS-land/Berlin/Frankf.-M. / Ausst. = Westf. + N / **Lit.:** u. a. **5**-54

Mersmann, Paul (3.) (M/G/Ill/B) / 18. 3. 1929 Berlin- / lebt (2005) in Creglingen / (Gatte v. Eleonore M. (geb. Möckel) (M) * 1928 Niederplanitz) / Stud.-MS 48-51 Wksch u. Dombauhütte-MS / 96 Pr. Stiftung Buchkunst / Werke in N / Ausst. = Süddeutschl. + Hessen / **Lit.: 26a**-05

Merten, Otto (B) / 1937 Tolksdorf/Kr. Braunsberg- / lebt 2005) in Mudersbach / Autodidakt / Ausst.-gen s. 1984 in Südwestf. / **Lit.: 110b + 110c**-04

Mertens, Birgit (M) (Lyrikerin) / 1955 Attendorn- / lebt (2000) in Kirchhundem / Autodidaktin / Ausst. u. a. 1999 Lennestadt (Rathaus), Kohlhagen/Olpe / **Lit.: 187**

Mertens, Christa (M/G) (Aurorin) / 1966 Meschede- / lebt (2004) in Paderborn / Stud. Univ./ GH-Paderborn (Lit/Geschichte/Medienwiss) u. Cork/Irland / tätig Univ.-GH-Paderborn / Autodidaktin / Ausst. u. a. 2000 Meschede („Tröte"), 01 Paderborn (Paderhalla), Kreis-Paderborn, 01- Bielefeld/OWL (Archiv), 03 Steinhagen (Q-Tour) / **Lit.: 192**-01+03+04 + **232**

Mertins, Hans-Christoph (M/F/Materialb.-k) / * 1963 – / lebt (2004) in Steinfurt / s. 81 künstl. tätig / Ausst. u. a. 1998-2001 Berlin (Mittelhof/3xZehlendorfer-Kunstmeile), 99 Jüterbog, 04 Steinfurt (Kreissparkasse) / **Lit.: 206**-04

Mertins, Jürgen (A/Dipl.-Ing/Stadtplaner) (Autor) / 1951 Otterndorf-Ns./Elbe- / lebt (2002) in Datteln u. Dortmund / Stud.-Dortmund bis 82 Univ. / ab 82 freiberufl. tätig, Büro: „Mertins Partner GbR" in Datteln u. Dortmund / 82-91 wiss. Mitarbeiter u. 92-98 Lehrt. Univ.-Dortmund, 95-2000 Lehrt. FH-Dessau / 82-98 u. a. 7x 1. Preise, 88 Ausz. BDA-NRW, 95 Holzbau-Pr. NRW, Arch.-Pr. Sachsen-Anhalt + NRW, 96 Ausz. West-Hyp-Stift., 97 Unipor Arch.-Pr., 98 BDA-Pr. Dortmund / Mitgl. „BDA" / Werke in Westf. + N (s. Lit.) / **Lit.: 197**-97+01 + **197a**-99 + **197b**-99 + **213a**-99 + **219x**-99

Mertz, Friedrich Christian (Landmesser/Artillerieoffizier) / 1730 Vechta – 22. 11. 1789 Münster / ab 1765 im münsterr. Regiment u. im Baubüro Schlauns tätig, nach dessen Tod Landmesser, ab 1774 Leutnant / **Lit.:** s. G. Dethlefs

Merveldt, Burchard Alexander (M) / 1714 Wolbeck b. Münster – 1775 Münster / Autodidakt / war Kanoniker im Dom zu Münster / **Lit.: 198**

Merz, Heinz-Jürgen (M) / 1944 Alzey/Rheinhessen- / lebt (2005) in Netphen / autodidaktische Ausb. u. b. Alfred Niedecken (Gau-Algesheim) / Ausst. u. a. 1995/98 Mainz (Unikl/ZDF), 97-99 Netphen (2xTelekom/2xHeimatmus/St. Elisabeth-Haus/Meyer), Kreuztal (Sängerheim-Westfalia), 98 Weidenau (Volksbank), 98/2000 Siegen (Gal.-Kl. Wohnen/Univ) / **Lit.: 110b + 110c**-04

Meschede, Andrea (F/Filmk) / 1976 Münster- / lebt (2005) in MS / Stud.-MS ab 97 Akad., 01 Meisterschülerin, ab 02 Filmklasse / Ausst. u. a. 2003 Coesfeld (Kv), 04 Oberhausen (Kv), Dortmund (Künstlerhaus) / **Lit.: 229**-03

Mescherowsky, Sabine (A) / 1962 Bottrop- / lebt (98) in Aachen u. Berlin / Stud.-Düsseldorf 82-89 FH (Innenarch) / 89-92 Mitarb.-Büros in Lüdinghausen u. Düsseldorf, ab 92 eig. Büro in Düsseldorf u. Biberach, s. 94 m. Gregor M. (* 1960 Aachen), dazu ab 96 in Berlin / Mitgl.-„BDA" / Werke in NRW + N (s. Lit.) / **Lit.: 197**-97

Meschonat, Helmut (M/G) / 1943 (Hamm)-Werries- / Jugendzeit in Kamen, lebt s. 69 in Bochum / NEU: war 59 Mitbegr./Mitgl. Gr.-„KB-Schieferturm"-Kamen, Mitgl.-„Boch.-KB" u. s. 04 „BBK-Westf." – Dortmund / (Biografie in Beilage: CD-Ausgabe 2006)

Meß, Ilja (F/D) / * 1974 – / lebt (2006) in Überlingen / Stud.-Dortmund bis 2/06 FHD / Ausst. u. a. 2002/06 Dortmund (Phönixgelände/Mus. am Ostwall) / **Lit.: 203d + 203h**-05

Messing, Adolf (M/G/Coll.-k/B/Glasm/Kunst am Bau) / 1930 Buldern b. Dülmen- / lebt (2005) in Dülmen-Buldern / nach Weiterbild.-Malerei: Stud. Folkwangsch.-Essen, FH-MS u. Fernstud. Akad.-Karlsruhe / Meisterprüfung als Baumaler / Lehrt.: (Maler)-Meisterschule-MS u. Berufscolleg-Werne / Ausst. u. a. in Essen/Marl, Buldern (Alte Kirche), New York (Corning-Mus), 1997/99/01 MS-Albachten (Kunstfest), 98-04 Bad Münder (Publikumspreis = 04), 2000 Düsseldorf („glas tek"), 03 MS (Unicef), 04/05 Telgte (Mus) / **Lit.: 185**-04+05

Meßling, Derick (G) / 1949 Dortmund- / lebt (2005) in Dortmund-Aplerbeck / Ausb. bei Dr. H. Schroeteler, Univ.-Bochum / s. 83 Kupferdrucker u. Radierer, ab 84 eig. Druckwerkst. u. 94 dazu Ausst.-raum, s. 96 Workshops/Kurse / Mitgl. „Fördergem. Junger Kunst e.V." / zahlr. Ausstellungen u. a. lfd. Dortmund (Artothek/eig. Galerie), + NRW

Meßmann, Gustav (A) / 20. 12. 1879 Lage/Lippe – ? / lebt (1915/1930) in Lage/Lippe / Stud.-TH

– Hannover/Berlin/München / war Stadtbaumeister in Lage/Lippe / Mitgl. „BDA" / u. a. Werk um 1915 i. Detmold / **Lit.: 34**-8,2+9,2 + In: Burkh. Meier: „Lippische Kirchen" – Detmold, 04

Messmer, Arwed (F/D) / 1964 Schopfheim- / lebt (92) in Dortmund / Stud. FHD-Dortmund / Ausst. u. a. 1989/91 Dortmund (Mus. f. K. u. K.) / **Lit.: 203**-89+91

Mette, Gotthard-Tilmann (Pseudonym: „TIL") (M/Cartoonz/Karikaturist) / 1956 Bielefeld- / lebt (2001) in New York / Bruder v. Veit **M.** / Stud. Univ.-Bremen (Kunstw/Geschichtsw), war danach in Bremen tätig / Veröffentl. d. Werke i. Zeitungen/Zeitschr.-en / Ausst. u. a. 1999 Bielefeld (WDR-Studio) / **Lit.: 163** + TIL: „Wie meinst du das: Die Chips sind alle" – 1991

Mette, Veit (F) / * 1961 – / lebt (2005) in Bielefeld / Bruder v. „TIL" M. / Journalist, Atelier m. Martin Brockhoff / Ausst. u. a. 1996/99 Bielefeld (Kunsth), 98/99 Bielefeld (2xWDR-Studio/ Strassenbahn), 2003 Bielefeld (Kv.-Mus.-Waldhof), MS (Haus Kannen), 04 Rander-DK/ Glasgow-GB, 05 Adlershof (Kulturzentr), 06 Herford (Workshop: MARTa) / **Lit.: 150**-03 + In: „k+m" – Kunst und Material – Heft 1/1999 – S. 6 – Witten; „Nackend Fotografien von V. M." – Ausst.-kat. – Bielefelder-Kv. 2003

Mettig, Mirjam (T = Quilt/Patchwork) / 1950 Mönchengladbach- / lebt (2004) in MS-Hiltrup / Stud. Univ.-MS (Kunst/Textilgest/Sport) / s. 75 Lehrt. / Mitgl. Gr.-„quilt 4" / Ausst. u. a. 2003 MS-Hiltrup (Kulturwoche), 04 MS (Gal.-König)

Metz (Mez/Mertz/Merz) – Neuaufstellung: Westf. Stukkateurfamilie um 1734-1832 in Attendorn tätig / Werke u. a. in MS (zerstört), Attendorn/Bökenförde-Kr. Lippstadt/Büren/Ratzeburg u. in Schlösser: Brühl/Rantzau(Lübeck)/Schwarzenraben / **Lit.:** W.H./G.D. + **24**-24 + **112a** + In: Matzner/Schulze: „Barock in Westfalen" – Reiseführer – MS, 1995 // **Johann Bernhard** d. Ä. (auch nur Bernhard) / * um 1720/24 (stammt aus Jungholz b. Bregenz) – † 28. 11. 1792 Attendorn / Bruder des Joh. Nepomuk / 1749 Heirat in Attendorn, dort 1780/84 Bürgermeister // **Johann Nepomuk** / * 1734 (stammt aus Jungholz b. Bregenz) – 8. 4. 1804 Attendorn / Bruder des Joh. Bernhard d. Ä. / auch 1771-92 für J. C. Schlaun in MS tätig (Lit. s.: G. Dethlefs) // **Johann Bernhard** d. J. (eig.: Josef Peter Bernh.) (M/Stukkateur) / (27. 1. getauft) 1759 Attendorn – 3. 10. 1810 Hagen/W. / Sohn des Joh. Bernhard d. Ä. / **Lit.:** In: „Ausstellung veranst. v. Verein f. Gesch. u. Altertumskunde Westfalens" – Ausst.-kat. – Paderborn, 1899 // **Ulrich** / † 5. 12. 1832 Attendorn / Sohn v. Joh. Bernhard d. Ä.

Metz, Josefa (M) (Autorin) / 1871 Minden – 1943 Theresienstadt / jüdische Lyrikerin u. Kinderbuchautorin / Ausst. u. a. 2000/01 Bielefeld (Archiv) / **Lit.: 192**-01

Meusel, Hiltrud (M/G/O) / 1934 Wuppertal- / lebt (2000) in Wuppertal / 50-53 Weiterb.-kurse, 54-56 Stud. Univ.-Tübingen (Germ/Phil/Kunstpäd), 70 Weiterb.-Grafik / ab 76 Lehrt.-Schwelm / s. 86 Mitgl.-„BBK", um 92 Vors. u. Mitgl.-„GEDOK"-Wuppertal / Ausst. u. a. in Österr., St. Etienne-Frankr., 1999 Ennepetal (Kluterthöhle), + NRW / **Lit.: 209**-99 + **216**

Meuthen, Verena (T/Quiltk) / 1950 Weidenhahn- / lebt (2006) in Münster / Kursleiterausb. in der Patchworkgilde-Deutschl. u. dort Mitgl. / Lehrt.-MS / Ausst. u. a. 2003-05 MS (Haus der Familie/Gallitzinhaus/Schaufenster-Sonnenstr.), 05 Einbeck / **Lit.:** V. M.: „Felix und seine Freunde" – Patchworkbilder zum Selbernähen – Coppenrath-Verl. – MS, 1998

MEWA s. Machel, Mirka

Meyer, Claus Heinrich (F) / 1931 Essen- / lebt (2001) in Süddeutschland / Jugend- u. Schulzeit in Gelsenkirchen / war bis 65 Korrespondent in Bonn, danach Kommentator/Kritiker an der „Süddeutschen Zeitung" / Theodor-Wolff-Pr. / Mitgl.-„DGPh" / Ausst. u. a. 2001 Gelsenkirchen (Stadtmus) / **Lit.:** „C. H. M." – Ausst.-kat. – Gelsenkirchen – Verl.-Kunstmann, 2001

Meyer, Gudrun (Goldschm/Schmuckgest) / 1962 Gelsenkirchen- / lebt (2004) in Bochum / 78-81 Goldschm.-ausb., Stud. 85-87 Zeichenakad.-Hanau, 87 Goldschm.-meisterin u. staatlich gepr. Schmuckgest.-in / s. 88 selbst. in Bochum / ab 90 Mitgl. „AdK"-NRW u. „Forum f. Schmuck u. Design" / Beteil.-Messen: s. 90 Frankf.-M., 99/2000 Essen (Des.-Zentr.), 2000/01 New York-USA, s. 03 „Inhorgenta" / Ausst. u. a. 1989 Barcelona-Sp. (Gal.-Hipotesi), 90 Florenz-It. (Gal.-Muller), 91 Wesel (manu factum), Berlin (Gal.-Khw), 92 Chemnitz (Gal.-D 19), 97 München (Gal.-Kiefer), 99 Solingen (manu factum), Essen (Gal.-Schmuckprodukt), 2001 Chicago-USA (Gal.-Pistachios), 02 Nürnberg (Gal.-Schmuck&Gerät), 03 Dortmund (manu factum), Nürnberg (Gal.-Gesamtmetall) / **Lit.: 48x**-91+99+03 + 2xG. M.: „Schmuck" + „Kristallschmuck" – Werbehefte – Selbstverl.-Bochum, o.Jhg.

Meyer, Hermann-Otto (u. a. auch: Meissner, H.-O.) (M/G/B) (Autor) / 1950 Hamburg- / lebt s. 73 in Bielefeld-Bethel / Stud. Wksch-Dortmund / Ausst. u. a. 1993 Bielefeld (Off. Atelier), 2000

Bielefeld-Bethel (Gal.-Lydda) 04 Bielefeld (ZIF) / **Lit.: 152**-93+2000(Nr. 25)2x= Meissner) + In: „Gruss aus Bethel“ – Kalender 2002(= Meissner)+2004+2005(= Meyer) – Bielefeld 01/03/04

Meyer, Jörg (F/D) / * 1962 – / weitere Daten nicht bek. / Stud. FHD-Bielefeld / Ausst. u. a. 1987 Bielefeld (Kv), 2000 Essen (Zeche Zollverein) / **Lit.: 114b + 204**

Meyer, Karin (A/Dipl.-Ing) / 1956 Prisser/Kr. Lüchow-Dannenberg – / lebt (2002) in Bochum / 74-81 Stud. FH-Mainz u. GH-Essen / 81-89 im Raum Dortmund/Düsseldorf tätig, ab 89 eig. Büro in Bochum / 93-98 Lehrt. GH-Wuppertal, 98-2000 FH-Bochum / 97 BDA-Pr. NRW, u. a. 6x 1. Preise / Mitgl.-„BDA“ / Workshops/Werke u. a. in NRW (Lit.) / **Lit.: 197**-97+01 + **197a**-99 + **197b**-99 + **213a**-99

Meyer, Karl (A) / NEU: lebt (1926/31) in Dortmund / Mitgl. Gr.-„VWKuK“ u. „BDA“ / Ausst. u. a. 1926/31 Dortmund (VWKuK) / **Lit.: 8a**-26+31 + **34**-9,2 + (197b-84=Meyer, Reg.-Baumeister, ob gemeint?) + In: „Wohnen im Revier“ – 99 Beispiele aus Dortmund – München, 1975

Meyer, Silvia (M) / * 1955 – / lebt (2002) in Herne / Weiterb. in Düsseldorf u. Kunstsch.-Essen / Ausst. u. a. in Herne/Düsseldorf/Rechklinghausen / **Lit.: 142a**

Meyer, Thomas (M) / 1953 Recklinghausen- / lebt (80) in Gelsenkirchen / Ausst. u. a. 1979 Recklinghausen (Vest.-KB: Kunsthalle) / **Lit.: 188**-79

Meyer, Thomas (G/Ill/D/M/O/Filmk) / 1964 Mainz- / lebt (96) in Bielefeld / Stud. FH-Bielefeld (Grafik-Design) / Ausst. u. a. in Bielefeld / **Lit.: 152**-92...95

Meyer, Ulf (M/G) / 1950 Bremen- / lebt (2002) in Bremen / Stud.-Ottersberg 80-84 Freie Kunstsch. (Kunsttherapie/Päd) u. Bremen 85-92 HfBK, Meisterschüler / 88 Kunst-Pr. Verden / s. 91 Ltg. Druckwerkst. Atel.-haus Barkenhofstift.-Worpswede, Lehrt.-Toscana u. VHS-Hagen / Ausst. = N/INT / **Lit.:** In: C. Regelsberger: „KUNST/TRANS/PORT“ – 10 Jahre Kunst VHS Hagen, 02

Meyer zu Altenschildesche, Christof(ph) (B/O/M/G) / 1963 Münster- / lebt (2002) in MS / Autodidakt, Weiterb. b. Edith Steinfeld-Mannefeld in Münster / Ausst. um 85/95 m. Christoph Kreuzer (Hamburg) Künstlergemeinsch. Gruppe-„CUT“ / Ausst. u. a. 1986 MS (Haus Oskar), 2001 MS (Klück-Keramik-Hafenweg 26A), 02 Bielefeld (Hotel-Mövenpick)

Meyer-Häckel, Ingrid (T/G/Z) / NEU: 1933 Soest- / lebt (90) in Bochum-Wattenscheid / war Mitgl. „AdK“-Südwestf. u. bis 03 Mitgl.-„Boch.-KB“ / Ausst. = NRW / **Lit.: 48c**-87(Anh.) + **48x**-73 + **107**-81 + **146**-84 + **147**-1erw. + **188**-79 + **201**-90

Meyer-Kahlen, Anna (F/D) / 1969 Düsseldorf- / lebt (2005) in Dortmund / Stud.-Dortmund 96-02/03 FHD / 99 Kodak-Nachwus Förder-Pr., 2000 Reinhart-Wolf-Pr. / Ausst. u. a. 2000 Dortmund (FHD), 01 Frankf.-M. (Buchmesse), 02 Biel/Schweiz, 03 Düsseldorf (Kunstraum) / **Lit.: 203**-2000

Meyer zu Küingdorf, Arthur (M/G) / 1920 Küingdorf-Melle- / lebt (2003) in Bad Oeynhausen / Ehemann v. Lisa **M.** z. K. / Stud. HfBK-Hamburg / s. 51 freisch., ab 55 in Bad Oeynhausen / Ausst.-gen u. a. in Bad Oeynhausen (jährl. Atelier), 2001 Bielefeld (Studio-WDR), + OWL/ Norddeutschl. / **Lit.:** In: „Westfalenspiegel“ – 7/1960; In: „Lippischer Kalender“ – u. a. 1991

Meyer zu Küingdorf, Lisa (T) / 1929 Gross Eicklingen b. Celle- / lebt (2003) in Bad Oeynhausen / Ehefrau v. Arthur **M.** z. K. / Stud. HfBK-Hamburg (Bildweberin) / ab 52 freisch. in Verden, s. 55 in Bad Oeynhausen / Ausst.-gen u. a. in Bad Oeynhausen (jährl. Atelier), 2001 Bielefeld (Studio-WDR), + OWL

Meyerratken, Gerhard (M) / NEU: 1939 Löningen/Oldenburg – 30. 10. 2005 (Münster?) / lebte in MS / (Biografie in Beilage: CD-Ausgabe 2006)

Micansky, Edith (Dr.-med) (I) / 1956 Wehbach/Sieg- / lebt (2006) in MS / Stud.-Bonn 74/76-81 Univ. (Biol/Med), 82 Assist.-ärztin u. Promotion, 85 prakt. Ärztin, 99 Facharztprüf. f. Allgem.-Med., ab 99 Stud. Akad.-MS, 03 Meisterschülerin / Ausst. u. a. 2000 Herford (D.-Pöppelmann-Haus), 02 Dortmund (Künstlerhaus), Bocholt (Kunsthaus), 03 MS (Erdgas), Schöppingen (Feuerstiege), 04 Oberhausen (Kv), 06 Essen (Kunsthaus) / **Lit.: 57**-02 + **183**-3 + **218**-02 + **229**-03

Michael von Gent (eigentl.: Jakob van Poucke) (A/Baumeister) / Kapuzinerbruder, um 1606-1658 im MS-land bek. / Werke: Wasserschloss Raesfeld (s. auch Heinrich von Borken), Entwurf u. Baultg. (am Anfang) des Westflügels 1643-47, Vorburg um 1643/48 u. Kapelle (Entwurf) / **Lit.:** G.D. + W.H. + In: Dr. A. Henze: „Westf. Kunstgeschichte“ – 1957

Michaelis, Adolf (M/Lithogr/Kalligr) / 30. 12. 1898 – † nach 1989 (bei Münster) / Lithogr.-Ausb.-Osnabrück / tätig in Amsterdam/Berlin u. 1940-68 in MS Kartograph / **Lit.:** u. a. **84**-61+62

Michaelis, Wilhelm (M) / 1901 Bochum – 1984 Oldenburg / Vors. 53-71 Oldenburger Kv. / Ausst. u. a. 1980 Oldenburg ? (NWZ) / **Lit.: 194a**

Michalski, Angelika (M/G) / 1953 Bayreuth/Oberfanken- / lebt (2004) in Essen / Stud.-Essen 80-90 Akad. „la boheme", 93-97 IfBKuK Bo.-Wattenscheid, 97-99 Meisterschülerin / Ausst. s. 1989, u. a. in Essen/Bad Harzburg/Bern/Barcelona/Hefei-China, 1999/2000 Essen (Off. Atelier/Gal.-Regenbogen), + NRW / **Lit.:** Internet

Micheel, Stefan (M/G/O/D/F/Videok) / NEU: 1955 Bochum- / lebt (2006) in Berlin / Stud.-Dortmund bis 84 (Vis.-Komm) u. Univ.-n Bochum/Westberlin (Kunstg/Phil/Astrophysik) / in Bochum (bis 88?) Atelier mit **G**eorg **G**lückman u. Suwan **L**aimanee, s. 85 in Berlin, 88-01 Künstlerduo m. Hs (Hans) Winkler (* 1955 Rott/Inn) = Gruppe „p.t.t.red" (paint the town red), 05 Institutsgründung „Raum f. Konzept/Aktion/Utopie" m. Tessa Verder (F) (lebt in Berlin) / Stip.: 95-96 New York, 97 Kunstfonds Bonn, 98 Berlin, 2000 Akad. Schloss Solitude Stuttgart, 03 Wettbew.-Sieger Berlin-Alexanderplatz (U2) / Ausst.-en s. um 1982, u. a. in Bochum/Dortmund/HammBerlin/Köln/Hannover/Kassel/New York/Chicago-USA, 1987 Rotterdam-NL (Goethe-Institut), 88 Budapest (Kunsthalle), 93 Berchtesgaden (Nationalpark), 96 Los Angeles-USA (Hollywod), 97 Brennerpass-Österr., 98 Meran-It., 99 Sattelalm-It., 2000 Stuttgart (Staatsgal), Rotterdam (Fotobiennale), 01 Hamburg (Kunsth), 02 Aachen (Ludwig Forum), 02-05 Berlin (Alexander- Potsdamer Platz/Pugh/(Micheel)-Institut/US-Botschaft), 05 Weimar/Berlin / **Lit.: 102**-85 + **146**-84

Michelmann, Annette (Goldschm/Schmuckdes) / 1958 Pforzheim- / lebt (2004) in Biebertal/Hessen / Mitgl. „AdK"-Südwestf. / Ausst. = N / **Lit.: 48c**-98+99+03

Michels, Janna (M/I) / 1979 Münster- / lebt (2006) in MS / Stud.-MS 98-04 Univ. (kath. Theol) u. ab 99 Akad. / 2. Förderer-Pr. Akad.-MS / Ausst. u. a. 2002 Bielefeld (Kv), 05 Lingen (Kunsthalle), 06 MS (Ausst.-halle Speicher II) / **Lit.: 246**-05

Micus, Eduard (NEU: Künstlername/Pseudonym/Monogr.: „Mix" oder „C. Höxter") (M/G/Ill/Materialb.-k) / 1925 Höxter/Weser – 2000 Jésus/Ibiza / (Biogr. in Beilage: CD-Ausgabe 2006)

Midasch, Henrike (M) / 1943 Wassenaar/NL- / lebt (2003) in Meschede / Stud.-Trier 85-87 Akad. / Ausst. s. 1985, u. a. in Castrop-Rauxel, + Südwestf. / **Lit.: 232**

Miermeister, Anna (M/B) / 1934 Dresden- / lebt s. 61 in Bückeburg / 55-58 Ausb. als Anatom. Zeichnerin/Malerin u. Weiterb. Kunstsch.-Dresden, 86-92 Gast Univ.-Osnabrück (Kunst/Malerei/Plastik) u. Exkurs.-beteil. der Univ.-n Vechta/Siegen/Flensburg, ab 97 Weiterb.-kurse in Schwalenberg / 1. u. 2. Pr. in Sablé-Frankr. / s. 03 Mitgl. Gr.-„upArt"-OWL / Ausst. s. 1981, u. a. i. Fülme/Hamburg/Bückeburg/Minden/Vechta/Mallorca/Flensburg/Gigonda-Frankr., Boffzen (Glasmus), 1986-95 Sablé-Fr., 2004 Schieder (Rathaus), Detmold (IHK), Bünde (Krankenhaus), 05 Bückeburg (Gal.-Germtrup), Bad Salzuflen (Das Fachwerk) / **Lit.: 250**

Mies, Fredy (F) / 1927 Gelsenkirchen- / lebt s. 39 in Wuppertal / Ausb./Stud.-Industrie- u. Werbefotogr. / Bildredakteur u. eig. Atelier, nach 80 eig. Verlag / **Lit.: 216**(m. Biogr. + Lit.)

Mieske, Ingrid (M) / 1949 Rheine- / lebt (2006) in Rheine / ab 85 künstl. tätig u. s. 92 Seminare/Workshops m. bek. Künstlern, 98/99/01 Sommerakad. Univ.-Osnabrück, 03/04 b. Pavel Richtr / Mitgl.: s. 91 Gr.-„Spektrum 88" u. 2000 Mitbegr. Galerie „Eigen-Art"-Rheine, ab 01 Kv.-„Strathwork"-Ladbergen / Ausst. u. a. in München/Bevergern/Rheine-Bentlage/Osnabrück/Ladbergen, Enschde/Borger/Den Haag-NL, MS (Landgericht), 2005 Osnabrück (Stadthalle), 06 Ibbenbüren (Kunsthaus)

Migros (Michael Große-Schulte) / 1958 Biedenkopf/Hessen- / lebt s. 60 in Marl / Autodidakt / Mitgl. Ateliergem. „Künstlerkeller"-Marl / Workshopbeteil.-Marl bei Helmut **S**chmidt / Ausst. u. a. 2002 Datteln (Praxis), 04 MS (Energy-Servies), 04/05 Herne (Happel-Klimatechnik), 05/06 Marl (Feierabendhaus/Marler Stern), 06 Herten (Vestische GmbH)

mik@ (Mik@) (Pseudonym = richtiger Name unbekannt) (Videok/Projektk) (Musiker) / 1965 Rheinhausen/Niederrh.- / lebt (2005) in MS(?) oder Duisburg(?) / 93-99 Stud. Univ.-Duisburg (Psych/Päd) / s. 86 elektr. Musik u. um 90 u. a. Videokunst / Mitgl. Gr.-„F+plus"-MS / Ausst./Auff. u. a. 2002 MS (Wewerka Pavillon), Moers (Sparkasse), 03 Coesfeld (Kv) / **Lit.: 18**-02 + **229**-03 + In: „Moerser Kunstpreis 2002" – Kunst mit Fotografie – Kulturstiftung Sparkasse-Moers, 2002

Mikus, Michael (M) / 1972 Wadersloh- / lebt (2004) in Wadersloh / Autodidakt, Malerei s. 98 / s. ein paar Jahren Org.-ion jährl. von Kunstprojekten/Ausst.-gen in Kamen / Ausst. u. a. 1998 Iserlohn/Sendenhorst/Lippstadt/Ahlen/Düsseldorf (fast for free Festivaltour), Scherfede-Hessen, 99 Hannover, 99-02 MS (u. a.2000 = CUBA), Hagen/Hannover, Rheine (Eddy's Pinte), Leipzig (Messe f. j. Kunst), Hamm (Kulturwerkst.-Hoppe Garden), 2000/01 Freren/Heilbronn, 02 Gelsenkirchen (Bleckkirche), Berlin (Alte Brotfabrik), Paderborn (kath.-FH), Bad Rappenau, MS (Gast-Off.

Atelier/Tryptychon), Rouen-Fr. (GlobArt), 02-04 Kamen (JFZ), 03/04 Wadersloh (Atelier/Sparkasse), 04 Dreiskau-Muckern (Sommerfest), Mülheim-R. (Krakfest) / **Lit.:** Internet

Milting, Wolfgang (M/G) / 1943 Bielefeld- / lebt (2005) in Steinhagen / 59-63 Zeichenkurse Kgsch.-Bielefeld, 62 Lithogr.-ausb., 67 Weiterb.-Kurse / Ausst. u. a. 1985-2000 Steinhagen (Rathaus/Volksbank/Mus), 89 Bielefeld-Brackwede, 94 Woerden-NL, 96/2001/03 Halle/W. (u. a. Gal. der Remise), 04 Steinhagen (Off. Atelier) / **Lit.: 191b**-04 + In: „Stilleben" – Ausst.-kat. – Hist.-Mus.-Steinhagen, 2000

Min, Seok-Won (B/O/I) / 1973 Seoul/Südkorea- / lebt (2005) in MS / Stud. Akad.-MS / Ausst. u. a. 2003 Schwerte (Kv), 05 MS (Wewerka Pav) / **Lit.: 18**-05 + **234**-03

Minde, Bernhard van der (M/G/B/A) / 1932 Soest- / lebt (2005) in Hagen/W. / Ingenieurausb. Hagen / NEU: 60-97 freisch. Architekt in Hagen, um 70/80 Zus.-arbeit m. Manfred Krug / als Maler Autodidakt / Architekt: Wettbew.-Preise, Werke in Westf. (u. a. Kirche in Hagen, Ev.-Gemeindezentren u. Ev. FH in Bochum) / (Biografie in Beilage: CD-Ausgabe 2006)

Misiak, Johannes (M/Z) / NEU: 3. 2. 1917 Berlin – 28. 4. 1990 Gütersloh / Jugendzeit in Schneidemühl, Kriegsdienst, danach Weiterb.-kurse in Berlin (Malerei), 55 Malermeister in Gütersloh, dort ab 64 Lehrt. u. 70-75 in Bielefeld / war Mitgl.-„BBK"-OWL / Ausst. u. a. in Gütersloh/Brackwede/München/Berlin/Bielefeld, 05 Gütersloh (Stadtmuseum) / **Lit.: 124**-75

Missfeld, Peter (M/G/D) / 1936 Altona b. Hamburg- / lebt um 63 in Schleswig, danach Detmold u. s. 64 in Gütersloh / Stud. Wksch-Kiel / war Mitgl. „BBK"-OWL / Ausst. u. a. in MS (Stadttheater), Westbevern, Göteborg, 1970 Bielefeld (Kunsthalle), + Westf. / **Lit.: 20**

Mitrenga, Hubertus (Khw) / * 1929 – / lebt (99) in Selm / Werke s. 48 / Ausst. u. a. 1988-96/98 Telgte (Mus) / **Lit.: 185**-88...91+95+96+98

Mittel-Lankes, Angelika (M/O) / lebt (2005) in Minden / Mitgl. Gr.-„der regenbogen"-Minden u. „Verein f. akt. Kunst"-Kr. Minden-Lübbecke / Ausst. u. a. 1999-02 Minden (Off. Atelier), 2000 Minden (Auferst.-kirche/Marienkirche/Theol.-Fest), 03 Bielefeld/Detmold (Q-Tour), 04 Minden (Mus/Beteil.: Holzfest) / **Lit.: 152a**-99...02 + **192**-03

Mittwoch, Satu Maarit Hannele (F/D) / 1977 Paderborn- / lebt (2006) in Bielefeld / deutsch-finnische Nationalität / 97-98 Fotoassistentin u. 98-04 Stud. FHD-Bielefeld / 2000-02 wiss. Assistentin FHD-Bielefeld (Prof. Jäger), ab 03 im „BBK-OWL" tätig / 01 = 2. Platz Polaroid-KreativWettbew., 05 künstl. Gest./Präsentation 1. Intern. Kurzfilmfestival in Detmold / 04 Gründung der Kü.-gruppe „Satu" m. Anja Wolf – Lemgo / Ausst. u. a. 2002 Bielefeld (Zurbrüggen), 02 Herford (Kunstwerk), 03 Wiesbaden (Kv), 04 Bielefeld (Gal.-61) / **Lit.: 134a**-05(Gest.) + In: „Bielefeld-Brückenstadt" – Zurbrüggen – Bielefeld, 2001

Miyamoto, Kenji (Produktdes) / 1973 Celle- / lebt (2003) in Herdecke u. Iserlohn / Stud.-Wuppertal 93-97 Univ./GH (Prod.-Des) / tätig Büro: „Taurus-design OH"-Iserlohn / 01 Produkt-Des. Ehren-Pr. vom Des.-Zentrum-NRW Essen / **Lit.: 205x**-01

Moadel, Nardin (M/I/F) / * 1970 – / lebt (2004) in Dortmund / Stud.-Dortmund 90-96 FHD (Obj.-Des), Gast 92-93 Akad.-Mailand u. 98 TV-Grafikerinausb. / 88-97 Referentin f. Malerei = Erwachsenenbildung u. 01 Lehrt. FHD-Dortmund (digitale Fotogr) / Ausst. u. a. 2004 Dortmund (Off. Atelier) / **Lit.: 120c**-04

Moche, Britta (B/M/G/D) / 1957 Amberg- / lebt (2005) in Siegen u. Aachen / nach Berufsausb.: Stud.-Aachen 79-84 FH (Vis.-Komm) / Ausst. u. a. 2001 Beteil.-Wanderausst.: Maas/Rhein, Köln (Klinik), Aachen (Institut), + NRW / **Lit.:** u. a. **107**-88 + **110**-86+88+91+94 + **110a+b** + **110c**-04(m. Lit.)

Moczala, Helmut (Prof. Dr./Ing.) (M) / * 1928 – / lebt (2003) in Meschede / Autodidakt / war Mitgl. Gr.-„Der Bogen"-Arnsberg-N.-H. / Ausst. = Südwestf. / **Lit.: 232**

Moder, Bernd (M/F) / 1971 Wanne-Eickel- / lebt (2002) in Herne / Stud.-Sonderpäd/Kunsttherapie, Dipl.-Pädagoge / **Lit.: 142 + 142a**

Moelle, Wilhelm (A) / 1828 Aschersleben b. Magdeburg – 1916 Minden / Werk u. a. in Ramsbeck (Kirche) / **Lit.:** D.K.

Möller, Christa (Khw) / * 1932 – / lebt (97) in Dortmund / Werke s. 62 / war Lehrt. / 89 Bischof-Tenhumberg-Pr. Telgte / Ausst. u. a. 1982/88-96 Telgte (Mus) / **Lit.: 185**-82+88...91+95+96

Möller, Friedrich-Wilhelm (A/D/Innenarch) / 14. 4. 1931 Lemgo – 26. 6. 1996 ebd. / Vater v. Cord Möller-Ewerbeck / ab 64 Büro: „Planen+Bauen Lemgo GmbH"(8 Partner), s. 96 Mitges.-schafter Ehrhard Koß / 84-94 = 17 Wettbew.-Preise u. 93 Ehren-Pr. Produktdes.-NRW, 92+(2x)96 red dot Award Essen / Werke in Westf.-Lippe + N (s. Lit.) / **Lit.: 197**-95+97 + **205x**-93 + **205z**-92+96 + In:

„Möbel die Geschichte machen“ – 9. Aufl. – S. 148 – Hamburg, 1988; In: „Neue Sammlung Möbel u. Innenarchitektur ...“ – Lipp.-LM-Detmold, 1993

Möller, Gunhild (M/B/F) / 1967 Detmold- / lebt (2006) in Osnabrück / Steinbildh.-ausb., Stud.-Paderborn 97-05 Univ./GH (Kunst/Deutsch/Päd) / 99 Woldemar Winkler-Stip. Univ./GH-Paderborn / s. 97 Lehrt./Kurse / Ausst. u. a. in Brakel/Detmold/Paderborn/Gütersloh, 2000 Bielefeld (Beteil.-Sympos), 2000/01 Detmold (Off. Atelier), 2000/01 Paderborn (Studentenwerk), 02/03 Paderborn (Atelier 2) / **Lit.: 101b**-02+03(Atelier 2) + **132a**-2000+01

Möller, Heide (M/T) / 1948 Dortmund- / lebt (2006) in Dortmund / NEU: Ehemann ist Heinrich **M.** / (Biografie in Beilage: CD-Ausgabe 2006)

Möller, Heinrich (B) (Dipl.-Ing.) / 1944 Minden- / lebt (2005) in Dortmund / Stud. Ing.-FH-Bielefeld / Autodidakt / Ehefrau: Heide **M.** / Ausst. u. a. 2001 Herne (Innov.-zentr), 02 Dortmund (Torhaus), 03 Herdecke (Gut Schede), Altena (Stadtgal), 04 Herdecke (Kulturhaus)

Möller, Marion (Bild.-Künst.-in) / * in Höxter- / lebt (2005) in Hamburg / Stud. HfBK-Hamburg / Stip. Stadt-Hamburg, DAAD-Stip. f. Griechenland u. Ägypten, 94 Stip. Schloss Solitude / Ausst. = N+INT (s. Internet)

Möller, Monika (B/O/I) / 1963 Rietberg- / lebt (2006) in Detmold / bis 84 FoSfG-Bielefeld u. Holzbildh.-ausb., 85-86 Beteil. Intern. Austauschprogr. f. Ebnat-Kappel-Schweiz, 87-91 Stud.-Zürich u. Tessin b. Beat Kohlbrenner / 91-92 Atelier in Konstanz, ab 93 Detmold / 94 öffentl. Werke u. a. in Lippe u. Rietberg-Mastholte / s. 2000 Mitgl. Gr.-„pickArt“-Detmold, 05/06 zwei Aktionen in Lage = Gr.-„ö ö ü – Spezialkunst“, m. Elis. **B**rügger u. Chr. **L**inkerhägner / Ausst. u. a. R.-Mastholte (Jakobuskirche), 1992 Konstanz (Rathaus), Ebnat-Kappel/Schweiz, 96 Holperdorf/Osnabrück, 2000/01/05 Detmold (Off. Atelier), 2000- Bielefeld/OWL (Archiv), 01 Detmold (Jubil.-ausst.-„pickArt“+Install.-Marktplatz), Schneverdingen (Kunstwege), 04/05 Lemgo (Stadtgal/Hexenbürgerm.-haus), Detmold (Klinikum-Lippe), Steinhagen (Skulpturenpark), 05/06 Detmold (Paulinenstr. 54) / **Lit.: 132a**-2000+01+05 + **192**-01

Möller, Rolf (Industriedes) / * 1952 – / lebt (98) in Kamen / Stud.-Krefeld 73-77 FHD / 78-93 in Designbüros tätig, ab 93 Firma „Design Works“ m. H. Thiele u. M. Wickel in Kamen / **Lit.: 205**-97

Möller, Peter (G/D/B) / 1965 Melle- / lebt (2006) in Berlin / 85-88 Lithografausb., Stud.-Bielefeld 90-99 FHD (Bildh/Typogr), 93-94 Gast FH-Hamburg (Ill), 94 Gast Acad.-Groningen-NL (B/Z) u. 99-02 KH-Berlin-Weißensee (Kommunik.-Des) / 99 Stip. Aldegr.-Ges.-MS, 02 Stip. Mart-Stam-Ges. Berlin, 03 Stip. Stadt-Berlin / 01 Gründungsmitgl. Gr.-„ZARGE“-Berlin / Ausst. u. a. München (Otto-Gal), 1995 Herford (D.-Pöppelmann-Haus), 95/96/2000 Bielefeld (Gal.-Kovalski/Gal.-Lampingstr(K)/Gummi-Kalmann), 99 Melle (Sparkasse), 2000 Halle/W. (Gal.-Remise), Kamp-Lintfort(K), 01 Berlin (Gal.-Zarge(K), Erfurt (Gal.-Vostry), 03 Paris (Centre Pompidou(K) / **Lit.: 114E** + K = Katalog; P. M.: „Möllerei“ – 2003

Möller-Ewerbeck, Cord (A/Industriedes) / 1963 Detmold- / lebt (2003) in Lemgo / Sohn des Friedr. Wilh. Möller / Stud.-Stuttgart 82-89 TU / s. 95 selbst. / Werke u. a. in OWL / Des.-ausz.: 98/2000/03 „red dot award“-Essen / Ausst.-gen u. a. i. Essen/Köln / **Lit.: 205z**-98+2000+03

Möllmann, Bärbel (F/D/Videok) / 1970 Bocholt- / lebt (2005) in Bielefeld / NEU: 91-92 FofG-MS u. 92-94 Tätigk.-Reprografin-MS, Stud.-Bielefeld 94-02 FHD (Foto-Des) / (Biografie in Beilage: CD-Ausgabe 2006)

Mönig, Torsten (Filmk) / 1972 Dortmund- / lebt (2005) in Dortmund / Stud.-Dortmund = Architekur u. s. 97 FHD (Kamera) / bis 05 = über 4 Filme / Auff.-en u. a. 2005 MS („Stadt New York“) / **Lit.: 196**-05

Mönnich, Matthias – München (Schmuckgest) / 1984+99 für (s.:) „**N**iessing“-Vreden tätig

Mönnig, Helmut (B) / 1934 Dortmund- / lebt (2006) in Gröbenzell / 49-53 Holzbildh.-ausbild., 53-55 Gast Fachsch. f. Holzschnitzerei Oberammergau, 55-61 Stud. HfBK-Frankf./M., 59 Meisterschüler, 61-62 Ècole Nation. Superieure des Beux Arts Paris / **Lit.: 268**

Mönnig, Peter (B) / 1955 Köln- / lebt (2003) in Köln / Stud.-Düsseldorf 73-78 Akad. / Lehrt.: 83-84 Akad.-Düsseldorf u. 87-88 Gastdoz. Akad.-MS, später Europ.-Akad. Trier / Werke in NRW + N / Ausst. u. a. 2002 Köln (Germ.-Mus), + N / **Lit.: 27**-3 + **51** + **51a**

Mönninghoff, Paul (M/G) / 1906 Schwelm – 1995 Wuppertal / war s. 1927 freiberufl. in Wuppertal tätig als Werbetechniker/Dekorationsmaler u. Grafiker / **Lit.: 216**

Möser, Johann Michael s. Moser, Johann Michael

Moess, Thomas (B) / * 1960 – / lebt (2005) in Kirchhundem-Varste / zusammen mit Hans-Paul **E**pe künstl. tätig / Ausst. u. a. 2004 Lennestadt (Schaufenster), Hilchenbach (Wilhelmsburg), 05 Arnsberg (Kunstsommer)

Mohme, Uta (O/I/F/M/Z/Coll.-k) / 1951 Betzdorf- / lebt (2005) in Mudersbach, Atelier in Kreuztal / s. 89 freisch., Stud. Freie Kunstsch.-Wiesbaden u. Weiterb. b. bek. Künstlern, u. a. bei Prof. Xiang, Naomi Okamoto, Dirk Farklas / Mitgl. Gr.-„Cultura"-Frauenkunstforum Südwestf. / Ausst.-gen u. a. in Italien/Polen/Schweiz, 1998 Wiesbaden (Kurhaus/Gal. 40), 2000 Finnentrop (Firma Freiburg), Kreuztal (Off. Atelier), Arnsberg/Kassel, 01/03 Berlin, Biggesee (Polit. Akad), 02/03 Siegen (Kv/Mus/Art-Gal/Kulturhaus-Lyz) / **Lit.: 110c**-04 + **187**

Mohné, Achim (F/I/Videok) / * 1964 – / lebt (2005) in Köln / Stud.-Essen 86-88+91-94 Univ. (Komm.-Des), 88-90 in New York tätig u. Stud.-Köln 95-97 HfM / 98-02 Stip./Preise, Artist in residence: 03 Los Angeles, 04 Prag / s. 98 Lehrt. Köln, 02/03 Akad.-MS / Ausst. s. 1992, 2004 Lüdenscheid (Lichtrouten), 05 Köln (Gal.-Schmidt Maczollek), + N/INT / **Lit.: 125g**-04

Mokroß, Annette (M/Coll.- u. Materialb.-k) (Musikerin) / 1962 Iserlohn- / lebt s. 95 in Hemer / Stud.-Dortmund 84-91 Univ. (Päd/Kunst/Musik) / s. 85 tätig als Musikerin, u. a. als Begleitung u. in Musikbands, Mitbegr. d. Salsaformation „Jazmines" u. des Dortm.-er Kultkarnevals „Geierabend", Lehrt. / Ausst. u. a. 1995 Recklinghausen (Theatergal.-„Fletch Bizzel"), Iserlohn (Parktheater), 96 Hemer/Letmathe (Sparkassen), 97 Unna (Kulturzentr.-Lindenbrauerei), 97/2002 Menden (Rathaus) / **Lit.: 187** + In: „IN – IN – IN" – Künstlerinnen in Recklinghausen, 94

Molan, Christiane (M) / 1961 Münster- / lebt (2006) in MS u. Berlin / 81/82 in d. Gal.-Clasing-MS tätig, Stud.-Berlin 82-87 HdK, Meisterschülerin / 89-91 Volontariat als Theatermalerin Schillertheater Berlin / Theatermalerin in Berlin / ab 7/04 Atelier am Hafen Speicher II – MS, ab 05 Lehrt. „Olymp"-Institut MS / Ausst. lfd. in Berlin, u. a. 1995 Stralsund (Gal.-D), 97 Kassel („Kunstbalkon"), 99 Berlin (Gal.-Fiebig), Kairo (Gal.-Berlin-Cairo), 2000 Berlin (GEHAG-Forum), Ahrenshoop (Kunsthaus), Hagen (Techn.-zentr), 01 Lissabon, 02 Berlin (Haus am Lützowplatz/Art Forum), 03 Lehnin (Klostersee), Berlin (Sensork.), 04 Leipzig, 04/05 Berlin (Gal.-Nord/Forum), 04-06 MS (Off. Atelier) / **Lit.:** 2x „C. M." – Kataloge = Gal./Edition-Lutz Fiebig – Berlin, 1998 + Haus am Lützowplatz – Berlin, 2002

Molhoek, Hendrik (M/O) (Dipl.-Ing) / 1949 Goes/NL- / lebt (2005) in Hagen/Hattingen/Essen / Dipl.-Ing. f. Hüttentechnik / Weiterb.-seminare f. Malerei/Zeichnung / Ausst. u. a. 2005 Hagen (Mus), + Westf. / **Lit.: 97**-05

Molitor, Heinrich (M/G) / 1885 Homburg v. d. H. – ? / Lit.: 34-8,2+9,2

Molitor, Heinrich (Heinz) (M/G) / Neu: 1914 Köln – 1979 Bergisch-Gladbach / lebte in Bendsberg-Refrath / Stud. Wksch-Köln (M/G) / 77 Ausz. Neapel / lebte (um 50/56) in Bielefeld u. war Mitgl. „BBK"-OWL / Ausst. u. a. in Neapel/New York, + NRW/INT / **Lit.: 25**-3 + **27**-1 + **53** + **107a**-51 + **133**-51

Moll, Dietrich d. Ä. (M) / † 20. 5. 1622 Kopenhagen / Vater des Dietrich d. J. / stammte aus Lübeck / ab 1602 Hofmaler in Kopenhagen / Lit.: 24-25

Moll, Dietrich d. J. (M) / um 1583-1612 in Münster bek. / Sohn des Dietrich d. Ä. / wahrsch. Ausb. in Venedig b. d. Bruder seines Vaters / um 1594/95 in Nürnberg tätig / **Lit.: 178a**

Moll, Johann (M) / um 1569-1574 in Münster bek. / ob Sohn v. Dietrich d. Ä. oder dessen Bruder ist nicht bekannt / Malerei in MS nicht erhalten geblieben / **Lit.: 178a**

Moll, Willy (F) / 1925 Hagen/W.- / lebt (2005) in Hagen / 39 Fotogr.-ausb., 54-58 Weiterb.-Abendsch., 54-88 Werksfotograf / 60/63/64/66 = 1. Dr.-Uhl Wettbew.-Pr., 65 Ausz. Europarat, Intern.-Preise: 82/83/89/91/93/95 / 59 Mitbegr. Fotogr. „gamma" u. Mitgl. „FIAP" / Ausst. u. a. in Schwerte, Hagen (Mus/Sparkasse/SIHK), 1962 Athen (Biennale), 64 Versailles/ Lausanne/Brüssel, 82/89 San Sebastian, 83 Singapur (Biennale), 90 Brüssel, 93 Hongkong, 2005 Hagen (Mus), + N/INT / **Lit.: 97**-05

Momen, Reza Ali Asna Ashari (NEU: auch: Momeni, Ali-Reza / Momen, Asna Ashai Ali Reza / Momen Asna Ashari, Reza Ali) (M/B/D) / 1951 Täbris/Iran- / lebt (2005) in Siegen / (Biografie in Beilage: CD-Ausgabe 2006)

Mommartz, Lutz (Prof) (F/Film- u. Videok/M) / 1934 Erkelenz- / lebt (2005) in Düsseldorf / NEU: 75-99 Lehrt. Akad.-MS, 78 Prof. / (Biografie in Beilage: CD-Ausgabe 2006)

Mon Alvarez, Gudrun (B/O/Khw) / 1961 Neuenkirchen bei Gütersloh- / lebt s. 97 in Dortmund / Tischlerinausb. / Mitgl. „Atelier 21" Dortmund, u. a. Workshops f. Schnitzen u. Wildholzmöbelbau / Ausst. u. a. in Dortmund/Hamm/Gütersloh/Recklinghausen/Krefeld/Lünen/Schwerte/ Waltrop, 2003/04 Dortmund (Off. Atelier), 04 Dortmund (Garten-Festival) / **Lit.: 120c**-04

Monik, Ursula (NEU: eig.: Zimmer, Ursula Monika) (M/G/O/F) (Lyrikerin) / 1950 Kamen- / lebt (2001) in Lage/Lippe, 05 in Marl-Hamm/London / (Biografie in Beilage: CD-Ausgabe 2006)

Monkenbusch, Heidrun (G/D/Ill/Entwurfsgest) / 1967 Rheda- / lebt (2006) in Rheda-Wiedenbrück / Stud.-Bielefeld 89-95 FHD / 95-2000 tätig Bertelsmann AG-Gütersloh, s. 2000 selbst. / Lehrt. 02/03 Lehrinstitut f. Design in Rheda-Wiedenbrück / Mitgl. „AGD" / **Lit.: 268** + H. M.: „Natur- u. Kulturkalender für 2006" – 2005; S. Miltsch/H. M.(Ill.): „Das Geheimnis der Kleinlinge" – 2006

Monogrammist s. **M**eister ...

Monster, Everhard von (Monster, Evert van) s. **E**verhard von Münster

Montag, Peter (M) / 1954 Unna- / lebt (2003) in Herne / Autodidakt / Ausst. u. a. in Herne, 2003 Bo.-Wattenscheid (Rathaus) / **Lit.: 142a**

Montreal, Heike (F/Körpermalerin) (Heilpädagogin) / * 1962 – / lebt (2001) in MS / 82 Praktikum, 82-87 Ausb./Tätigk. Kinderkr.-schwester, 88-89 Heilpäd.-Ausb., 91-94 Weiterb., 94-96 Heilpäd.-gin, 97-99 Heilpäd.-tätigk. Delphinarium-MS / Ausst. u. a. in Gomera, 01 MS (Frauenstr. 24), + N

Moog, Emil (A/Ing) / * vor 1880 – ? / lebte in Frankfurt/Main / selbst., um 1902-1930 in Dortmund tätig (haupts. Brauereibauten) / Werke von 1905-30 in Dortmund (u. a. Brauereien, m. Walter Moog (Frankf./M.?) = 26/27 Brauhaus-„Union"), u. in Hamm/Essen/Duisburg/Bochum/Burgsteinfurt/Rheinl., MS (Germania-Brauerei) / **Lit.: 197b**-84 + E. M.: „Bauten und maschinelle Anlagen in Brauereien, geplant u. ...." – Küthe&Co.-Düsseldorf, 1927

Moog, Peter (M/Z) / * 1871 – ? / lebte in der Anstalt Eickelborn / s. 1912 Zeichnungen, ab (um) 1918 Heiligenmalerei / Ausst. 1980 Beteil.-Wanderausst.: Heidelberg/Hamburg/Stuttgart/Basel/Berlin/München (Kv.-e/Museen/Stadtgal) / **Lit.:** In: „Die Prinzhorn Sammlung" – Ausst.-kat. – Athenäum-Verl. Königstein/Taunus, 1980

Moog, Walter s. bei Moog, Emil

Moormann s. Mormann

Moormann, Anke (F/Z/O/I) / 1978 Bielefeld- / lebt (2005) in MS, Atelier in Bielefeld / Stud.-Bielefeld 97-02 Univ. (Phil/Päd) u. MS 98-04 Akad., 02 Meisterschülerin u. Univ. 02-03 Montreal/Kanada (Arts Visuel) / 01 Stip. d. Intern. Schillertage – Nationalth.-Mannheim, 02-03 DAAD-Stip. f. Kanada, 04 Workshopbeteil. Villa Romana Florenz / Ausst. u. a. 2000 Wuppertal (Gal.-Brusten), 03 Emsdetten (Gal.-MS-land), Montreal-Kanada, 04 MS (Akad.-Förderkoje), Rheine-Bentlage (Kloster), Bochum (Gal.-Januar) / **Lit.: 229**-03 + **246**-04(1)

Mora, Alex Marcelo Jimenez (Mora, Alex) (O/I/F/Video-I/Perf.-k) / 1971 Concepción/Chile- / lebt (2004) in MS / Stud.-Valparaiso/Chile 93-95 Akad. u. MS 97-04 Akad., 02 Meisterschüler / 2000 Stip. Akad.-MS f. Bezalel/Israel / Ausst. u. a. 1992-2000 Chile, 2000/01 MS (Atelier-Hawerkamp/Schloss=Univ./Triptychon), 01 Herford (D.-Pöppelmann-Haus), 02 Bocholt (Kunsthaus), Dortmund (Künstlerhaus), Tel Aviv/Jerusalem (Akad), 03 Bergkamen (Zeche Haus Aden), MS (Erdgas), Schöppingen (Feuerstiege), + N / **Lit.:** u. a. **57**-02 + **140**-99 + **183**-3 + **218**-02 + **229**-03

Moralez Garfias, Sandra Luz (auch Morales G.) (M/Z) / stammt aus Mexiko / lebt (2004) in Harsewinkel / Gründerin d. Intern. Gruppe „Guenda" u. Mitgl. Gr.-„PAK-ART"-OWL u. Gr.-„13"-Clarholz / Ausst. u. a. in Mexiko, 2002 Gütersloh (Kreishaus), 02/03 Bielefeld (Gal. 61/Q-Tour), 04 Harsewinkel (Rathaus), Bielefeld (Univ) / **Lit.: 192**-03+04 + In: „Reise ohne Entfernung" – Ausst.-kat. – Harsewinkel, 2004

Moré, Ted (M/Z) / 1901 Gelsenkirchen – ? / weitere Daten nicht bek. / **Lit.: 143a**

Mori de Haufe, Dolores s. Haufe, Dolores Mori de

Morita, Satoshi (B/I) / 1974 Tokio/Japan- / lebt (2004) in Berlin / Stud.-Tokio 94-98 Univ. of Arts and Design u. MS 99-02 Akad. / 97 Int. Förder-Pr. „Takifuji", 98 Ausz.+Förder-Pr. Univ.-Tokio, 01 Univ.-Stip. f. Deutschl., 02 Pr. Delmenhorst / Ausst. u. a. in Japan(K), 2000 Emsdetten (Gal.-MS-land), 01 Bremen(Künstlerhaus(K), Oxfordshire (Workshop), Hamburg, 02 Berlin, Bielefeld (Kv), Detmold (Mus), London(K), 03 MS (Wewerka Pav) / **Lit.: 18**-03 + K = Katalog; In: „Lustrum I" – Ausst.-kat. – Gal.-MS-land-Emsdetten, 2000

Mormann (auch Moormann) – Neuaufstellung: Bildhauerfamilie in Wiedenbrück – Werke in NRW, u. a. Mus.-Abtei Liesborn/Wadersloh / Ausst. u. a. 1913 Paderborn, 12/99 Liesborn (Mus) / **Lit.: 24**-15 + **25**-3 + **101a** + In: Schmitz: „Das Kunstgewerbe in der Stadt Wiedenbrück" – in: „Münsterland" – Monatsschrift – 8. Jhg. – ab S. 188 – Bocholt, 1921 // **Anton** (B) / * 1851 Sünninghausen – † 1940 / ab 1882 in Wiedenbrück selbst. / Ausz.: „Bronzene u. Silberne Staatsmedaille / Werke in NRW, u. a. Kleve/Heinsberg/Xanten/Bingen, u. Nordamerika / **Lit.: 173**(S.106-109/113/117) // **Julius** (B) / * 1886 Wiedenbrück – † 1973 / Ausb. b. s. Vater Anton M., Stud. TH-München u. Akad.-Düsseldorf / war Mitgl.-„Kunstkreis"-Wiedenbrück / Werke in NRW / Ausst. u. a. 1952 Wiedenbrück, 2005 Liesborn (Mus) / **Lit.: 34**-9,2 + **157** + In: „St. Marien – Ahlen/Westf." – Kunstführer Nr. 2116 – Verl.-Schnell & Steiner-Regensburg, 1993 // **Wilhelm** (B) / 1882 Wiedenbrück – 1914 gefallen bei Dombrovice Schüler von Karl Janssen / Sohn des Anton M. / Ausst. u. a. 1952 Wiedenbrück / **Lit.: 157**

Moseke, Marlies (M) / 1942 Ennepetal- / lebt (2006) in Hagen / Ausb. b. Prof. B. Matthes – Hattingen u. Uwe Nickel – Hagen / Mitgl. Künstlergilde Hagen / Ausst. s. 1992, u. a. in Hagen (Bank/Schloss Werdringen/Altes Stadtbad), Olpe/Wuppertal/Hattingen/Remscheid/Hückeswagen, 2005 Hagen (Mus), 06 Ennepetal (Haus Ennepetal) / **Lit.: 97**-05

Moser, Henning (F/D) / 1970 Hameln- / lebt (2005) in Berlin / Stud.-Dortmund bis 01/02 FHD (Foto-Des), ab 02 freisch. / Ausst. u. a. 2000/01 Dortmund, + N / **Lit.: 203**-2000 + In: „hartware 2001" – Katalog – hartware medien kunst verein Dortmund, 2001

Moser, Johann Michael (Möser) (A/Kartograph) / stammt aus Hagenau (Bayern oder Elsass) – † 24. 6. 1747 Unna / um 1713 bis um 1739 in Südwestf. u. Rhl. tätig / zeichnete u. a. Stadtpläne u. baute u. a. 1718 Rathaus Schwelm u. 1734-39 Lutherkirche in Hamm / **Lit.:** W.H./G.D. + **112a**

Moser, Michael (G/D/Typograph) / 1977 Stuttgart- / lebt (2004) in München / Stud.-MS 98-2/04 FHD / 03 = 1. Wettbew.-Pr. „Type Director Club" – New York u. desgl. Ausz. Tokio / Ausst. u. a. 2003/04 Wanderausst.=INT (Type Dir. Club) / **Lit.: 122**-03

Moses s. Grumbach, Klaus (Biografie in Beilage: CD-Ausgabe 2006)

Moses (Künstlerei Moses) s. Schumann, Markus Josef (geb. Eusterholz)

Moshage, Heinrich (B/Medailleur) / NEU: 1896 Osnabrück – 1968 / lebte um 1956 in Stockum (NRW/Ns.?) (Biografie in Beilage: CD-Ausgabe 2006)

Moszyk, Tanja Melina (M/G/D) / 1972 Dortmund- / lebt (2006) in Dortmund / nach Ausb.-Wuppertal (Gest.-techn. Assist. f. Kommunik./Medien): Stud.-MS 95-2/2000 FHD / ab 98 Lehrt. u. a. in Dortmund/Witten/Wetter/Herne/Bad Sassendorf u. ab 01 Art Director (Materna GmbH) / s. 04 Mitgl. „BBK-Westf." Dortmund / Ausst. u. a. in Timisuara-Rum./München, 2000 Bochum (Kulturzentr.-Langendreer), 01 Laatzen (SEB-AG), 03 Gelsenkirchen (Atelier-Antenne), 05 Bad Sassendorf (Kongresszentr/Aktion/Workshops/Kurpark/Haus des Gastes), Herne (Archäol.-Mus), Bo.-Wattenscheid (Technol.-Zentr), 06 Gelsenkirchen (Wissenschaftspark), Dortmund (ART-isotope), + NRW / **Lit.:** u. a. **3**-05(1+2+3) + **225**

Mottyl, Heidrun (M/G) / 1958 Wanne-Eickel- / lebt (2002) in Herne / Autodidaktin / ab 97 Mitgl.-„Herner-KB" / Ausst. u. a. in Herne/Hattingen, 2002 Herten (Stadtwerke) / **Lit.: 142a**

Mourati, Katerina (M/Z) / 1962 Veria/Griechenl.- / lebt s. 99 in Bielefeld / ab 99 Mitgl. „Kammer der griech. Künste", ab 01 Mitgl.-„BBK"-OWL + „FrauenKunstForum"-OWL / Ausst. s. 1988 lfd. in Griechenl., 96/2000 Bielefeld (Gal.-Jesse/Puppenspiel-Zentrum), 99 Schwetzingen, 99-05 Bielefeld (7xOff. Atelier/3xRav.-Spinnerei/WDR-Studio/Gal.-Bechauf), 2000- Bielefeld/-OWL (Archiv), 01 Aschaffenburg (DPD) 02 Athen-Griech., Wanderausst.-Lemgo+N, 05 Bielefeld (WDR-Studio) / **Lit.: 124**-05 + **152**-99...05 + **192**-01+04 + In: „So nah an Leib und Leben" – Ausst.-kat. – Hg.: u. a.-Klinikum-Lippe GmbH, 2002

Mowe, Günter (M) / 1948 Herford- / lebt bis 2005 in Dortmund, dann Herford / 65-68 Farblithogr.-ausb., Stud.-Bielefeld 69-73 FHD (Grafik/Foto-Des) / ab 73 Volontariat u. bis 05 Redakteur an Tageszeitungen in Dortmund / Ausst. u. a. Dortmund (Gal.-Möller), + Internet (Reviergalerie) / **Lit.:** In: „Westf. Rundschau" – Rundschau-Wochenend v. 12. 3. 2005 – Dortmund

Mucchi-Wiegmann, Jenny (Genny) (Wiegmann, Jenny / Müller-Wiegmann, Jenny) (B/Z/Glasm) / 1895 (Berlin)-Spandau – 1969 Berlin-Buch (Ostberlin) / 1. Ehe m. Berthold Müller-Oerlinghausen (1893 – 1979), 2. Ehe m. Gabriele Mucchi (1899 – 2002) / Stud.-Berlin/München/Rom/Paris / lebte bis 34 in Berlin-Charlottenburg, ab 34 Mailand u. ab 56 in Berlin u. Mailand / war um 30/32 Mitgl. Gr.-„VWKuK" (Westfalen) / Werke u. a. in Westf. / Ausst. u. a. 1930-32 Gelsenkirchen/Dortmund/Münster (VWKuK), 1999 Magdeburg (Kloster unserer lieben Frauen), + N/INT / **Lit.: 8a**-30...32 + **24**-35 + **25**-5 + **34**-9,2 + **165** + u. a.: In: L. Lang: „Künstler in Berlin" – Berlin-Ost, 1979

Mühlenbeck, Holger (F) / 1945 Dortmund- / lebt s. 76 in Wuppertal / Stud.-Leiden/NL (Kunstg) / ab

79 Kunsthändler, s. 89 Fotogr. (Autodidakt) / Ausst. u. a. in Düsseldorf/Frankf.-M./Wuppertal / **Lit.: 216**

Mühlhause, Peter (M/Ill/Col.-k) / (M/Ill/Coll.-k) / 1964 Dortmund- / lebt (2006) in Marl / 83-86 Vermess.-technikerausb.-MS, 92-93 Illustratorausb.-Dortmund, tätig in Witten/Marl/Stadtlohn, 96-97 Weiterbild.-Essen (Medien-Colleg), Werbegrafiker in Coesfeld u. Reken, s. 99 freisch. in Verl, ab 03 Marl / Mitgl. Ateliergem. „Künstlerkeller"-Marl / Ausst. u. a. 2003 Bottrop (Saalbau), 04 Marl (Praxis), MS (Energy-Servies), 05 Herne (Happel-Klimatechnik), 05/06 Marl (Leuchtenhof/Friedenskirche/Marler Stern)

Mühlhoff, Martin (Muehlhoff) (F/D) / 1969 Bottrop- / lebt (2005) in Bielefeld / 86-89 Tischlerausb. u. bis 94 Tätigk., 95-96 Fotoprakt., Stud.-Bielefeld 96-05 FHD (Fotogr/Medien) u. 99 Austauschstud. in Melbourne-Austr. / s. 01 Zus.-arbeit m. Christian Vossiek in Bielefeld / Ausst. u. a. 1998 Bielefeld (Pollmeier), 99 Melbourne-Austr., 2000 Recklinghausen (Kreissparkasse), 01 Bielefeld (Gal. 61), 03 Dortmund (FHD), Frankf.-M. (Erop.-Archit.-fotopreis), 04/05 Berlin („missing synagoges"), 05 Mannheim (Fototage) / **Lit.: 182**-2000 + **203**-03

Müll, Herbert (Filmk) / * 1957 – / lebt (86) in MS / Stud.-Kunst / 85 Uraufführung in MS / **Lit.: 196**-85

Müllenmeister, Daniel (Industriedes) / 1965 Wermelskirchen- / lebt (2003) in Havixbeck / 83-89 Stud. Univ./GH-Wuppertal / s. 91 bei „OCO"-Design Münster / Ausz.-gen: 94+95 red dot Award Essen, 94+2x95 „IF"-Hannover / **Lit.: 205z**-94+95 + **216** + In: „IF Jahrbuch für Industrie-Design" – Industrie Forum Design Hannover – 1994 + 1995

Müller – Künstlerfamilie (2004) in Bad Essen / **Lit.:** Internet // **Torsten** (M/ZPlakatk) / 1941 Bochum- / Stud.-FHD u. Univ.-Dortmund (Päd) / Ausst. u. a. in Engelskirchen/Osnabrück/Datteln/Neuss/Lotte/Bad Essen/Lotte/Kempten/Belm, 1986 Dortmund (Gal.-Nawoki), 89 Ibbenbüren (Rathaus), 90 Bad Salzuflen (Stift), 92/93 Tecklenburg (Haus des Gastes/ Heimathaus), 95/98 Lengerich (Sparkasse/Plein Air Tage), 2000 Lienen (Haus des Gastes) // **Theresia Marie** (M) / 1949 Wetter- / Stud.-FHD-Dortmund / freisch. in Bad Essen // **Fabian** (Ill/Comicz) / 1973 Herdecke- / Stud. FHD-MS / Plakat-Illusstr., Zeichn.-en/Flyers u. Kurzgeschichten für Tageszeitung

Müller, Alexandra (O/I) / 1976 Adenau/Eifel- / lebt (2002) in Münster / Stud.-MS ab 96 Univ. (Roman/Phil) u. s. 97 Akad.-MS, 98-99 Stud. Ecole des Beaux-Arts in Clermont-Ferrand/ Frankr., 02 Meisterschülerin in MS / 02 Förderer-Pr. Akad.-MS / Ausst. u. a. 2002 Bocholt (Kunsthaus), MS (Halle-Am Hawerkamp) / **Lit.: 57**-02

Müller, Andine (Comiczeichnerin/I) / lebt (2002) in Münster / Stud. FHD-MS / Ausst. u. a. 2001 Frankf.-M. (Buchmesse), MS (FHD) / **Lit.: 15a** + A. M./Helmut Steinbach: „Camshots" – Comicbuch – Ehapa-Verl., 2001

Müller, Andra (Andrea) (M/Z) / 1953 Hattingen- / lebt (2005) in Hattingen, Atelier 95-98 in Essen, ab 98 in Velbert / 78-81 Stud. FHSS-Berlin (Soz.-päd) u. 87-93 Klasse G. Sponheuer am Kunsthaus Essen (Malerei), Weiterb. Europ.-Akad. Trier / ab 01 Mitgl. „WBK" / Ausst. u. a. in Essen/Hattingen/Hagen/Oberhausen, 2000-02 Essen (VHS/2xBK-Forum), 01 Budens/ Lagos/Aljezur-Portugal, Witten (Haus Herbede) / **Lit.:** Internet

Müller, Anneliese (T/Webmeisterin) / lebte (um 1950/65) in Dortmund u. Münster / war (um 50/ 51) Lehrt. Wksch-Dortmund / Ausst. = Westf. / **Lit.: 48x**-64 + In: „Werkkunstschule Dortmund" – Inform.-heft – Dortmund, 1950/51

Müller, Barbara (F/D) / 1967 Remscheid- / lebt (2005) in Berlin / Stud.-Bielefeld 89-95 FHD (Foto/Film) u. 92/93 Akad.-Barcelona / s. 94 freisch. f. Zeitschr.-en/Magazine usw. / Ausst. u. a. in Enschede/Gent, + N / **Lit.: 110x** + In: U. E. Ziegler: „Die Welt als Ganzes" – Fotografie aus Deutschland nach 1989 – Hatje-Cantz – Ostfildern, 2000

Müller, Bernd (B) / 1949 Regny/Frankr.- / lebt (81) in Bestenbostel-Wedemark / **Lit.:** In: „Elektrizität" – Ausst.-kat. – u. a.-Hannover usw., 1980

Müller, Bernd (F/D) / 1966 Siegen- / lebt (2005) in Siegen u. Schwerte / bis 96 Stud. Univ./GH-Siegen (Soz/Psych) / 96-99 wiss. Mitarbeiter Univ.-Siegen, 99-02 Multimediades.-ner, ab 02 Medienbeauftragter Fernuniv.-Hagen / Hg./Mith.-g. von Fotoprojekten, u. a. Online-Galerie „SHEDWORKS" / Ausst. u. a. s. 1998 Internetgalerie, 2001/02 Siegen (Gal.-Bilderfabrik/Villa Waldrich), 04 Issum (Rathaus) / **Lit.: 110c**-04

Müller, Börje (F/D) / * 1973 – / lebt (2005) in Maulberg u. Zürich / Stud.-Bielefeld bis 02 FHD / Anne-Biermann-Pr. / Ausst. u. a. in der Schweiz, 2003 Gera (Mus), + N

Müller, Dagmar (Goldschm.-u. a./Schmuckgest/O/I) / 1948 Hohenlimburg- / lebt (2005) in Iserlohn / 03 = 2. Pr. KEUCO-Hemer / eig. Studio in Iserlohn / Mitgl. „FrauenKunstForum"-Südwestf. / Ausst. u. a. 1987 Düsseldorf (manu factum), 99 Marbeck b. Borken (GalErie), 2000 Menden (Vincenckirche), Gevelsberg (VHS), 01 MS (Frauenmesse), 02 Hagen (Kulturzentr.-Werkhof), 03 Berlin (Kirchentag), Hemer-Becke (KEUCO-Center), 04 Plunge/Litauen, 05 Neuenrade (Park der Villa am Wall), 06 Rheine (Salzsiedehaus) / **Lit.: 48x**-87 + **187/187a**

Müller, Erika (M) / lebt (2005) in Oerlinghausen / 95-98 Ausb. (Malerei) Akad. f. Kunst u. Gest. in Lage / Mitgl. Gr.-„Das Fachwerk"-Bad Salzuflen / Ausst. s. 1998, u. a. 2003/05 Bad Salzuflen („Das Fachwerk"), + OWL / **Lit.: 131**-03

Müller, Fabian s. Müller – Künstlerfamilie

Müller, Gustav s. Müller-Blankenstein, Gustav (* 1905) / (Biogr. in Beilage: CD-Ausgabe 2006)

Müller, Gustav (I/G/D) / 1955 Leschkirch/Siebenbürgen- / lebt (2006) in Iserlohn / Stud.-Dortmund 85-92 FHD (Vis.-Komm) / s. 93 Lehrt.-Iserlohn (VHS/Jugendkunstschule) / Ausst. u. a. 1983 Kronach/Pescia-It., 88 Rom, 92/96-02 Iserlohn (Parktheater/Symp.-n/Villa Wessel/Stadtgal/Ev. Akad), 98 Lünen (Stadtgal), 2000 Wanderausst.: Iserlohn/Schwerte/Altena/Schloss Holte/Stuckenbrock/Arnsberg/Neheim-Hüsten / **Lit.:** Internet

Müller, Hartmut (F) / 1965 Ludwigshafen/Rhein- / lebt (93) in Bielefeld / Stud.-Bielefeld 86-93 FHD / 91 Mitbegr. Fotoagentur „Bildwerk"-Bielefeld / Ausst. u. a. in Semana Santa/Berlin/Genua, 1992 Bielefeld (Fotoforum) / **Lit.: 114c**

Müller, Henny (M) / lebt (2000) in Dortmund / bis 77 Päd.-Stud. / Autodidaktin / Ausst. u. a. in Dortmund/Ruhrgebiet/Kopenhagen / **Lit.: 27**-5 + In: „artist window" – 10.-12. Ausgabe – 1997/98

Müller, Hermann (M/G) / 1950 Münster- / lebt (2006) in MS / Autodidakt / s. um 73 künstl. Betätigung / Ausst. s. 1995, u. a. in Mühlhausen-Thür., 2002- MS-Kinderhaus (Arthothek-Bürgerhaus), 02-04/06 MS (Rathaus/Unicef/Polizeipräsidium/Raphaelsklinik), + MS/MS-land

Müller, Hildegard (geb.: Lambrecht) (Khw) / 1906 Hildesheim- / lebt (2001) in Detmold / Stud.-Hildesheim 24-27 Kgsch / tätig in Bad Nenndorf u. Eisenach, ab 30 in Hildesheim selbst., s. 38 Berlin u. ab 45/46 Lemgo, später Detmold / Ehrenmitgl. in „GEDOK"-OWL / **Lit.: 193**

Müller, Johann Christian (Maurer u. Steinhauer) / stammte aus Saalfeld/Saale / um 1754 Bau des hist. Rathauses in Bad Salzuflen / **Lit.:** In: A. Ochsenfarth(Hg.): „Aus der praktischen Denkmalpflege" – Bd. 1 – Paderborn, 1978

Müller, Karin (M/Marionetten- Maskenk/Theaterausstattung) / 1958 Ennigloh b. Bünde / lebt (2005) in Hüllhorst-Büttendorf / 98 Weiterb.-Theaterseminare in Bochum/Berlin/Bielefeld / s. 02 eig. Figurentheater in Hüllhorst / Ausst.-gen/Auff.-gen („Mill-Art") u. a. 2005 Melle-Riesloh (Skulpturengarten), + OWL + **N**

Müller, Karin (T) / lebt (2003) in Krefeld-Linn / Lit.: 48x-03

Müller, Karl (Carl) (M/G/Z/F/Khw) / 1. 6. 1909 Plauen/Vogtl. – 22. 12. 1996 / lebte in Attendorn / (Biografie in Beilage: CD-Ausgabe 2006)

Müller, Karl (M/F/Videok) / * 1952 – / lebt (88) in Gelsenkirchen-Buer / (Biogr. in Beilage: CD)

Müller, Karl (Prof) (G/F/D) / 1952 Frankfurt/Main- / lebt (2005) in Bielefeld / Stud. GH-Kassel (Grafik-Des/Fotogr) / „Fotoforum"-Mitarbeiter GH-Kassel, Ausst.-konzeptionen/Katalog- u. Plakatgest. / war in Frankf./M. tätig, Gründung Ateliers „Moderne Reklame", Prof.-enstellvertreter FHD-Bielefeld, Beiratsmitgl. Bauhaus-Univ. Weimar (Fakultät Gest.), Prof. FHD-Bielefeld / Ausst. = N+INT / **Lit.: 114x** + Beiträge u. a. in „Fotoforum" – Kassel, „Annual" – Graphis Press – Zürich; Publikationen u. a. in: „Hommage á Niécephore Niepce" – Fotoforum Kassel, 1978; „Fotografie als Kunst Kunst als Fotografie" – DuMont-Verl. Köln, 1979; „... das sind eben alles Bilder der Strasse" – Frankf./M., 1979; „Kursbuch 59" – Rotbuch-Verl., 1980; „Kick a Klick" – Fotoforum Kassel, 1980; „Feuerteich" – Unions-Verl. – Zürich, 1985; „Bilderschauen" – Photokina Köln, 1985; „Menschen auf Fotos" – Galerie der Künstler – München, 1989; „Fake 23 Bielefelder Bilderlügen" – FH-Bielefeld, 1989; „Kann denn Werbung witzig sein" – Hörnemann-Verl. Bielefeld, 1994; „Ein Pferd das kein Ende nimmt" – FH-Bielefeld, 1995; „Alchemie der Küche" – FH-Bielefeld, 1997; „Portikus Frankfurt am Main 1987-1997" – Frankf./M., 1997

Müller, Klaus-Peter (M/F/Videok) / 1949 Berlin- / lebt (90) in Hilden u. Köln / Lit.: 79

Müller, Klauspeter (Peter) (Kunstschmied) / * 1941 (in Pommern)- / lebt (2005) in Versmold / Kunstschmiedausb. / Mitgl. „Kunstkr. Versmold" u. Galerie „et" / Ausst. u. a. in Werther/Melle/Versmold/Berlin, 2004 Versmold (Off. Atelier) / **Lit.: 191b**-04

Müller, Lothar Johannes (M/Z) / 1944 Lennestadt-Maumke- / lebt (2005) in Hilchenbach / Stud.-Päd/Kunst / Lehrt. / Ausst. u. a. 1996 Jesteburg, 99 Siegen (Kö-Gal) / **Lit.: 110c**-04

Müller, Marco (Filmk) / 1969 Gütersloh- / lebt (94) in Erlangen / Stud. Univ.-Erlangen (Päd/Theaterw) / Auff. u. a. 1994 in MS / **Lit.: 196**-94

Müller, Matthias NEU: (Prof) (F/Video- u. Filmk) / 1961 Bielefeld- / lebt (2006) in Bielefeld u. Köln / NEU: 85 Mitbegr. Film-Coop „Alte Kinder" u. Zus.-arb. m. d. Komponisten Dirk Schaefer, Konzeption v. Filmreihen/Festivals, s. 99 Zus.-arbeit m. Christoph **G**irardet / über 40 nat./int. Filmpreise, u. a. 92 Stip. Ns, 93 Förder-Pr. NRW, 2000 Stip. Kunstfonds-Bonn, 04+06 Video-Kunst-Pr. Marl / 94-97 Lehrt. Univ.-Frankf.-M. u. 98-99 FH-Dortmund, ab 03 Prof. Kunsthochsch. f. Medien Köln / Bet.-Film/Medienfestivals u. Werkschauen in N/INT / (Biografie in Beilage: CD-Ausgabe 2006)

Müller, Paula (M/Z/G/D) / 1977 Trier- / lebt (2005) in MS u. Genf / Stud.-MS 98-02 FHD, s. 02 Akad. u. ab 2/05 HfBK-Genf / 02 Stip. Aldegr.-Ges.-MS / Ausst. u. a. 2002 Bielefeld (Kv), 03 Frankf.-M. (Buchmesse), 05 MS (CUBA/Gast: Atelier-Schulstr.), Moers (Peschkenhaus) / **Lit.: 15a** (S. 38/63) + **64x**-05(u. a. Titelseite) + **122**-03

Müller, Peter s. Müller, Klauspeter

Müller, Petra (M/I/Mediendes.-k) / 1969 Detmold- / lebt (2005) in Paderborn / Stud.-Bielefeld 91-96 Univ. (Erz.-wiss/Psych) u. 93-96 Kunst, 01 Dipl.-Päd.-in / 97 Deutscher Studien-Pr. Hamburg, 98 = 2x Proj.-förderung NRW/Kr. Herford, 2000 Förder-Pr. Herford, 03 Kunst-Pr. Herford u. Projektförd.-Bonn, 04 Award (im Websegment) 11. Biennale Pancevo-Jugosl. / s. 96 mit Michelle **A**dolfs (MS) Atelier „KUNSTKOMM.T!"-Herford / 98-99 Lehrt. Univ.-Bielefeld / s. 96 Internet-**P**rojekte / **A**usst. u. a. 1996 Bielefeld (Univ), 97/2001 Herford (Kunstwerk), 98 Leipzig (Hauptbahnhof), Freiburg (Telecom 98), 02 Paderborn (Kulturwerkstatt), 03 Herford (Mus.-MARTa), 04 Pancevo-Jugosl. (Biennale), MS (uiniArt) / **Lit.: 82c** + In: R. F. Nohr: „Von der Aufweichung des Dispositivs" – Online-Publikation – 1999; In: „Visuelle Zeitenwende?" – Deutscher Studienpreis 1996/97 – Dokumentation – 1998

Müller, Renate (M) / * 1935 – / lebt s. 1937 in Bielefeld-Bethel / **Lit.: 154a**

Müller, Renate (B/O/I) / * 1962 – / lebt (2005) in Dortmund / Ausb. als Tischlerin u. Korbflechterin / eig. Seminare f. Wildholzmöbelbau u. Flechten / Projekte u. a. bei Weimar (Wiedenpalast), 01 Rostock (Weidenkathedrale), 02 Hagen (Weidenschnecke), 03 Bremerhaven (Wiedeninstall) / Ausst. u. a. 2003 Krefeld (Botan.-Garten), 04 Dortmund (Off. Atelier/Christopherus- u. R.-Steiner-Schule) Herdecke (Krankenhaus), Herne (Hibernia-Schule), + Internet / **Lit.: 120c**-04

Müller, Rita (M) / 1928 Niederfischbach/Kr. Altenkirchen- / lebt s. 37 in Attendorn / (Biografie in Beilage: CD-Ausgabe 2006)

Müller, Rita (M) / lebt (2004) im Ruhrgebiet (Bottrop?) / weitere Daten unbek. / Ausst. u. a. 2000-04 Bottrop (Kulturzentr) / **Lit.: 99c**-2000...04

Müller, Stefan (M/G/Ill/D) / 1959 Ibbenbüren- / lebt (94) in Ibbenbüren / (Biogr, in Beilage: CD)

Müller, Stefan (M/Materialb.-k) / 1970 Münster- / lebt (2004) in Düsseldorf / Stud.-Düsseldorf 92-2000 Akad., 97 Meisterschüler / Ausst. u. a. 1994/95/97/2000 Düsseldorf, 97 Alpirsbach, MS (Gal.-Zwischen()raum), 98 Kaarst (Stadtgal), Venedig/South Beach-Miami/USA, 99 Burscheid (Rathaus), 2000 Rovigo-It., MS (GUVV), 01 München, Düsseldorf (ehem. Bauhaus/Leyer-Pritzkow/Kunstforum), 02 Bergheim (Rathaus), Goslar (Mönchehaus), 2003/04 MS (Unicef/Kv.-Sentmaring)

Müller, Stefan (M/G/O/I) / 1971 Frankfurt/M.- / lebt (2005) in Berlin / **L**it.: Internet

Müller, Theresia, Torsten u. Fabian s. Müller – Künstlerfamilie

Müller, Ulrich Johannes (B) / 1956 Bad Rothenfelde- / lebt (2005) in Morola/Ligurien-Italien u. im Hochsauerland / nach Jugendzeit in Westfalen: Steinbildh.-ausb. u. Stud. Accad. di Belle Arti Carrara-It. (Kunstg/Bildh) / Lehrtätigk.-en, u. a. in Arnsberg (Kunstsommer) / Ausst. u. a. in Arnsberg, 2005 Arnsberg (Auferstungskirche), + N/INT

Müller, Wolfgang (F/D/M) / 1958 Regensburg- / lebt (2006) in Berlin / Werkzeugmacherausb. in Frankf./M. / Stud.-Dortmund 97-02 FHD (Fotodes) / s. 03 freiberufl. tätig / Foto-Preise 2000, 02 u. 03/04 Förder-Pr. Stiftung Wüstenrot Ludwigsburg / Fotoprojekte in N/INT (u. a. Sibirien) / Veröffentl.-en in Magazinen = N/INT / Ausst. u. a. Köln/Essen, 2000 Dortmund (DASA), 01 Herten (Fototage), 03 Hamburg (Mus. f. K.u.G.), 06 Berlin (Kulturforum), Göttingen (UB) / **Lit.: 189**-01 + **203**-2000 + W. M.: „Karat ° Himmel über St. Petersburg" – Berlin, 2003

Müller-Aberle, Ruth (B/I) s. Aberle, Hanns (Ennepetal)

Müller-Teilhof, Elisabeth s. Füller-Teilhof, Elisabeth

Müller-Weege, Walter (M/Z) / * 1954 – / lebt (2005) in Hiddenhausen / Kunststud.-Osnabrück / ab 03 Mitgl. „BBK"-OWL / Ausst. u. a. 2003/04 (Atelier/2xRav.-Spinnerei) / **Lit.: 124-**05

Müller-Wiegmann, Jenny s. Mucchi-Wiegmann, Jenny

Müllmerstadt, Gertrud (B) / 1934 Darmstadt- / lebt (2005) in Siegen / Weiterb.-kurse, u. a. b. Ruth Fay / Ausst. s. 1977 in Südwestf. / **Lit.: 110b + 110c-**04

Münnig, Hilda (M/Khw) / 1924 Essen- / lebt (2002) in MS u. München / Autodidaktin (Naive Malerei/Khw, s. um 1990 nur Khw) / Ausst. u. a. 1981/82 u. a. MS (Kunstmarkt), 83-86 Telgte (Mus), um 90-2002 in Bayern (Khw) / **Lit.: 185-**83...86 + um 1990 wurden 3 Postkarten v. H. M. verlegt

Münster, Dirich von (Diedrich v.) s. **D**irich von Münster

Münster, Everhard von (Everhard von Monster/Evert van Monster) s. **E**verhard von Münster

Münster, Herman von s. **H**erman von Münster

Münzberg, Diether (Prof) (F/D) / 1946 Duisburg- / lebt (um 85) in Herne, 2001/05 in Spenge / s. 98 Prof. hon. FHD-Bielefeld, Direktor: Fachbereich-Design an der „Symmedia Acad."-Bielefeld, 05 Prof. Hochsch. f. Archit. in Dessau / Mitgl. „BBK"-OWL / Ausst.-gen u. a. 1985 Bet.-Proj.: „Ruhrgebietsfotografie", 2000 Essen (Zeche Zollverein) / **Lit.: 114x + 124-**05 **+ 204**

Mürhoff, Ursula (M) / s. **B**ohnensack, Horst

Muermann, Guido (M/G/Materialb.-k) / 1973 Unna- / lebt (2006) in Kamen / ab 96 Lehrt. / Mitbegr. Agentur „dipdesign" in Kamen u. ab 2000 Mitgl. „BBK-Westf." Dortmund / Ausst. u. a. 1998/99 Kamen/Werl, 99 Sendenhorst (Kunsth.-DiSa), 2001/03 Bo.-Wattenscheid (Technol.-Zentr), 02 Kamen (Technopark), Dortmund (Rathaus/Advance-Holding) / **Lit.: 3-**01+02/03 + **26a-**05

Müthel, Anni (Khw/Scherenschn) / * 1937 – / lebt (2005) in Lippetal-Hovestadt / Ausst. u. a. 1998 Telgte (Mus), 2005 Liesborn (Mus) / **Lit.: 185-**98 + A. M. = Adventskalender – 2005

Müther, Iris (F) / 1969 Witten- / lebt (2005) in Berlin / Zus.-arbeit mit Heinrich Müther-Scholz (F/Filmk), * 1967 in Berlin / Ausst. u. a. 2005 Herne (Westf. Mus. f. Archäologie)

Muhic, Nermin (F) / * 1962 – / lebt (2005) in Verl / Pressefotograf / Mitgl. „BBK"-OWL / Ausst. u. a. 1991-99 Berlin-Kreuzberg/Bethanien (u. a.-Kunstraum), 1998/2005 Bielefeld (WDR-Studio/2xRav.-Spinnerei), + Westf. / **Lit.: 124-**05

Mulch, Astrid (B) / * 1966 – / lebt (2005) in Bad Oeynhausen / Stud. FHD-Bielefeld (Bildh) / ab 03 Mitgl. „BBK"-OWL / Beteil. Bronze-Symposien in Csongrád/Ungarn / Ausst. u. a. 2001/02 Bad Oeynhausen (Off. Atelier), 03 Bielefeld (Rav.-Spinnerei), 04 Nettelstedt (Skulpturengarten), + OWL / **Lit.: 124-**05 + **152a-**01+02

Multhaup, Bernd (A) / 1952 Bochum- / lebt (2001) in Berlin / Stud.-Berlin 75-80 TU / s. 89 in Berlin Büro m. wechs. Partnern / Werke in N (s. Lit.) / **Lit.:** In: Udo Hesse(Fotogr.) u. a.: „Berlin – Architekten – Portraits" – Wasmuth-Verl.-Tübingen/Berlin, 2000

Multhaupt, Traute (T) / 1940 Baden-Baden- / lebt (2005) in Paderborn / nach Berufsausb.: Stud. Hochsch. f. Textilkunst / s. 78 „textile Bilder" / Ausst. u. a. in Niedertudorf, 1999 Dahlbruch (Busch-Theater), 2001- Bielefeld/OWL (Ein-seh-bar), 05 Gütersloh (Aposelkirche) / **Lit.: 187a** (S. 32) + **192-**01

Mund, Anita (M/Z) / lebt (2006) in Gütersloh-Isselhorst / Lithogr.-ausb., Weiterb. VHS-Kurse u. Sommerakad.-n / 93-95 eig. Ausst.-raum, s. 04 „Atelierhaus 2plus" – Isselhorst (ständige Ausst.-en) / Ausst. u. a. in Hamburg, 2004 Isselhorst (Off. Atelier/Studio-Zimmermann), 05 Halle/W. (Rathaus), + OWL / **Lit.: 191 + 191b-**04 + „A. M." – Katalog – Selbstverl.-Gütersloh, 98

Murdfield, Carl (M/Ill) / 9. 6. 1868 Rheine – 8. 5. 1944 Unterjoch/Allgäu / NEU: Stud.-Düsseldorf 1886-93 Akad., 1893/94 München u. Paris 1894/95 Acad. Julien / lebte 1895-1943 in Düsseldorf, 1920-24 Vors. d. Gr. Kunstausst.-Düsseldorf u. dort 25-34 Gesch.-führer d. Städt.-Kunsthalle / 1905-1944 Mitgl. Kü.-Verein „Malkasten"-Düsseldorf / Werke u. a. in MS/NRW / Ausst. u. a. 1903 Berlin, 13 Paderborn, ab 17 lfd. Düsseldorf, 61/62 MS (Kv), Wanderausst.-Bochum/Siegen-usw., 2001 Rheine (Falkenhof) / **Lit.:** u. a. **5a + 23 + 24-**25 + **34-**1907+7+ 8,2+9,2 + **101a** + **215-**6 + M. Beilmann-Schöner/Dr. Chr. Kerrutt: „Von Sehnsucht und Geborgenheit" – C. M. – Ein Maler aus Rheine – in: „Rheine" – gestern heute morgen – 47. Ausg., Heft 1 – Rheine, 2/01

Murnau, Friedrich Wilhelm (Film- u. Stummfilmkünstler) / 28. 12. 1888 Bielefeld – 11. 3. 1931 Hollywood/USA (Autounfall), am 13. 4. 1931 begraben in Berlin-Stahnsdorf / um 1910 Stud. Univ.-Berlin (Kunstg) u. später Schauspielausb., s. 31 Filmregisseur (weltbek.-e Filme, s. Lit.) / Auff.-gen weltweit, u. a. 1988 Bielefeld/Düsseldorf (Ausst), 2003 MS

(Filmfestival) / **Lit.: 196**-03 +"F. W. M. – 1888-1988" – Ausst.-kat. – Hg.: Stadt Bielefeld, 1988; Fritz Göttler: „F. W. M." – München, 1990; F. Gehler/U. Kasten: „F. W. M." – Henschelverl. – Berlin-DDR, 1990; H. H. Prinzler: „F. W. M." – Filmmuseum-Berlin, 2003

Musch, Karin (M) / 1978 Bonn- / lebt (2004) in MS / Stud. Akad.-MS / Ausst. u. a. 2003 Schwerte (Kv) / **Lit.: 234**-03

Musehold, Thomas (F/M?) / 1982 Mönchengladbach- / lebt (2005) in MS / Stud. Akad.-MS / Ausst. u. a. 2005 Schwerte (Kv), Moers (Peschkenhaus) / **Lit.: 64x**-05

Musolf, Johannes J. (M/Ill/B/O/I/Coll.-k) (Autor) / 18. 11. 1944 Steinheim/Westf.- / lebt s. 83 in Braunfels/Lahn / Jugendz. am Niederrhein u. in Holland / 66-68 Stud. PFI Jugenheim u. FH-Darmstadt / 68-95 Lehrt.-Frankf.-M. u. Mittelhessen / Ill. zu eig. Texten / öff. Werke in Wetzlar/Frankf-M./Kassel/Giessen / s. 02 schwere Erkrankung / Ausst. s. 1974, u. a. bis 2000 = N + 2000 Hannover/Ilmenau/Essen, 01 Korbach (Mus/Kilianskirche), 04 Hanau (Puppenmus) / **Lit.: 26a**-05 + Internet

Mußenbrock, Elke (M/Z) / 1968 Warendorf- / lebt (2004) in MS / Stud.-MS 95-01 Univ. (Lehramt) u. 95-02 Akad. / 02 Stip. f. Höfgen b. Grimma u. Grafinnova/Vaasa-Finnl. / Ausst. u. a. 2001 Düsseldorf (NRW-Forum), 02 Lüdinghausen/Tecklenburg, 04 Neukirchen-Vluyn (Kulturhalle), Telgte (Brennereimus) / **Lit.: 19**-02 + **69**-02 + **238**-04

Mußfeldt, Dorothea (M/Z) / 1979 Ludwigslust- / lebt (2005) in MS / Stud.-Alfter 98-99 Alanus-Hochsch. (Malerei) u. MS 99-2/06 Akad., 05 Meisterschülerin / Ausst. u. a. 2001 MS-Hiltrup, 02 Berlin (Univ. der Künste), 04 Bad Oeynhausen (VHS), 05 Liesborn (Mus), Eskisehir-T. (Univ), H.-Gravenhorst (Kloster) / **Lit.: 56ba+d** + **69**-05 + **78E**

Nachtmann, Andreas (O) / 1978 Stuttgart- / lebt (2005) in MS / 98-2000 Aufenth. in Schottland / Stud.-MS 2000-01 Univ. (Kunstg) u. ab 01 Akad., 05 Meisterschüler / Ausst. u. a. 2002 Liesborn (Mus), 03 Essen (kunst-raum), München (Domagkatelier), Laer (Stadtmitte), 04 Bergkamen (Stadtgal), Bad Oeynhausen (Kv), Soest (FH), 05 Wismar (Baumhaus), Recklinghausen (Kunsthalle), Ingolstadt (Kv) / **Lit.: 256+a**

Nachtmann, Till (I/Video- u. Filmk) / 1973 Reutlingen- / lebt (2005) in MS / NEU: Stud.-MS 96-04 Akad. (Film/Fotogr), Meisterschüler u. s. 97 Univ. (Romanistik) / 99 Stip. Akad.-MS f. Triest / Ausst./Auff. u. a. 1997-99 (5x)MS, 2000 Köln (Messe: Generation – m), 01 Frankf.-M (Art Frankfurt/Altes H.-zollamt), Rheda-W. (Orangerie), Köln (Art Cologne), Berlin (HdK), 02 Seoul-Korea (Univ), 03 MS (CUBA), Coesfeld (Kv), 04 MS („Labor"-Cinema), Dortmund (Künstlerhaus), 05 MS (Wewerka Pav), Dortmund (Kv) / **Lit.: 18**-05 + **196**-99 + **218**-03(m. Filmtitel) + **229**-03

Nadolle, Albert (M/Holzschnitzer) (Musiker) / NEU: 3. 1. 1913 Münster – 31. 3. 2003 ebd. / 31-76 im Orchester Stadttheater-MS, 47 Städt.-Kammermusiker / außer weiteren musikal. Tätigk.-en ab 65 u. a. künstl. Krippen-Arbeiten / 71+97 Bischof-Tenhumberg-Pr. Telgte / Werke u. a. in Bonn / Ausst. u. a. in Monschau/Losheim, 1965-2002 Telgte (Mus), 02 MS-Kinderhaus (Heimatmus) / **Lit.: 185**-75...91+95...97+2000+02 + In: „Münster-Mosaik" – S. 152 – Aschendorff-Verl.-MS, 2003

Nagai, Sumiyo (M/G) / 1979 Ehime/Japan- / lebt (2005) in MS / 98-02 Stud.-Tokio u. ab 03 Akad.-MS / Ausst. u. a. 2002 Tokio (Seika-Gal/Peppers-Gal/Sudou-Museum), 03 Nottuln (Alte Amtmannei), 03/05 MS (Finanzamt/Raum f. a. Kunst=Wolbeckerstr. 59), 05 Rheine (Gal.-Beckmann) / **Lit.: 253**

Nagel, Eike (B/Goldschm.-u. a./Schmuckgest) / * 1935 – / lebt (2004) in Bielefeld / NEU: Gold- u. Silberschmiedinausb., Emailleurin b. Käthe Ruckenbrock, Steinbildh.-in b. Pierre Weber in Vialot-Frankr. u. Stud.-Schwäb.-Gmünd (Staatl. Höhere Fachsch.) / Mitgl. „AdK"-OWL u. Mitgl.-„British Soc. of Enamellers" / Ausst. u. a. 1991 Aachen, 91/95 Coburg, 93 Cambridge-GB, 94/97/02 London, 97/2000 Morez-Fr., 98 Chicester-GB, 99 Abbaye de Noirlac-Fr., 2000 Fridek-Mistek-Tschech., 02 Sutton/Woodstock-GB, Bielefeld (AdK) / **Lit.: 133**-94Anh.

Nagel, Klaus-Dieter (G/D/Industriedes) / * 1948 – / lebt (2002) in Paderborn / Stud.-Braunschweig 70-76 HfBK (Industriedes) / 76-77 DAAD-Stip. f. Rio de Janeiro, 76-78 dort wiss. Assist. a. d. Univ. / 78-89 bei „Nixdorf Computer AG"-Paderborn, 82-88 Mitarb. Gr.-„Design & Identität", 83 Gastprof. f. Produktdes. Univ.-Columbus/Ohio-USA, ab 89 eig. Büro in Paderborn / Mitgl.-„AGD" / viele Preise/Ausz.-gen (s. Lit.) / **Lit.: 205**-94 + **205a**-83+89+01

Nagel, Peter (Hans-Peter N.) (G/B/O/I) / 1963 Soest- / lebt (2006) in Düsseldorf / NEU: 94-95 Lehrt. Akad.-Düsseldorf, 98-99 Gastdoz. in Kingston/Jamaika / 86 = 1. Pr. Samuel-Stiftung

Düsseld., 87+88 Stip. Akad.-Düsseld., 93 DAAD-Stip., 96 Publikums-Pr. Ausst.-Solingen, 2000 = 2. Pr. Emprise Art Award-Düsseld. / (Biografie in Beilage: CD-Ausgabe 2006)

Nagel, Wilhelm Friedrich (A/Dipl.-Ing/M/Entw.-z. f. Glasm/Mosaik) / NEU: 28. 5. 1888 Wülfrath – 12. 6. 1943 Münster (bei Bombenangriff getötet) / Stud. TH-Darmstadt (Archit) u. Akad.-München (Malerei) / Reg.-Baumeister, tätig 28-38 in Wuppertal, Hagen u. im 2. Weltkrieg am Luftgaukommando-MS / u. a. Mitgl./Mitbegr.-„Hagenring e.V."-Hagen / Ausst. u. a. 1932 MS (Stadthalle), 37 München (entartete Kunst), + N / **Lit.: 8a**-32 + **25**-3 + **34**-9,2 + **97**-94(S. 9+11) + **216**

Nahrstedt, Harald Dietmar Rudolf (M/Z/Dipl.-Ing) (Lyriker) / 1948 Osterburg/Sachsen-Anhalt- / lebt (2005) in Möhnesee / Techn.-Zeichnerausb., FHfG u. Stud.-Ingenieurwiss/Mathem/Informat. / außer Berufstätigk. Lehrt.-Berufsschulen, u. a. auch VHS-Werl / Ausst. u. a. im Internet

Nahrwold, Andreas (Produkt- Werksdes) / 1963 Petershagen- / lebt (2005) in Kalletal / techn. Zeichnerausb., Stud. FH-Dortmund (Maschinenbau) u. Fortbild. zum Techn. Betriebswirt / ab 99 tätig bei Firma „Meyra – Wilh. Meyer GmbH&Co. KG „-Kalletal / 04 red dot: „best of ste best" – Essen (mit Christof **M**eier (Produktdes) * 1966 – s. 03 selbst. in Uttenreuth b. Erlangen, 02+04 m. Firma Meyra = red dot award Essen) / **Lit.: 205z**-04

Nakagawa, Shu (F) / 1980 Kochi/Japan- / lebt (2005) in Japan / Stud.-Kube/Japan (Fotogr), 2004 /05 Gast Akad.-MS / Ausst. u. a. in Japan, 2004 MS (Beteil.-Akad.: Tunnel-Hinenburgplatz), 05 Rheine (Gal.-Beckmann)

Nana (Susanne) (Hauptname nicht bek.) (M) (Historikerin) / 1958 Dortmund- / lebt (2006) in Dortmund (?) / Stud. Univ.-Bochum u. Weiterb.-Kunst / Ausst. u. a. Dortmund/Bergkamen/ Freudenstadt, 2000/03/05 Dortmund (Gal.-Tijani), 01/04 Dortmund (2xTorhaus/Rathaus), 03 Mannheim (Gal.-Böhner), 03-05 Meisterschwanden (Kunstforum), 04 Ortona-It., 04/05 Klagenfurt-Öst. (Messe), 05 Salzburg-Öst., Eugendorf b. Salzburg / **Lit.: 26a**-05

Nannis-Lutzhöft, Amira s. Lutzhöft, Amira

Napp, Daniel (G/D/Ill) / 1974 Nastätten/Rhl.-Pfalz- / lebt (2005) in MS / Stud.-MS 96-2/02 FHD (Ill.) / 98 Stip. Aldegr.-Ges.-MS, sein Buch „Bauer Beck ..." war Bilderbuch d. Monats 7/01 d. Deutschen Akad. f. Kinder- u. Jugend-Lit. e.V. / Ausst. u. a. 1998-2001/03 Frankf.-M. (Buchmesse), 99 MS (FHD=Buntgang), 99/01/03 Bologna-It. (Buchmesse), 02 MS (Stadtbücherei), 02-05 (Off. Atelier-Am Hawerkamp) / **Lit.: 15a** (S. 54) + **122**-98...01+03 + D. N.(Ill.) in: „Die Geschichte v. d. drei kl. Schweinchen", „Rosina im Ofen", „Traumladen" – Gedichte; „Differix Sterne u. Planeten" – 4x Verl.-Cornelsen, 1999; In: „Lollipop" – Sprach- u. Sachbuch – Bd. 2-4 – Verl.-Cornelsen; In: „Experimente m. d. Elementen" – Sachbuch – Ravensburger, 2001; In: „Vom Schaf, das nicht über den Zaun springen wollte" – lino-buch – Coppenrath, 2001; In: „Die Geisterhandys" – Bd. 1/2 – ars edition, 2001/02; In: „Bauer Beck fährt weg" – Sauerländer-Verl.-Frankf.-M., deutsch/dänisch, 2001(1.-3.Aufl.); In der „Geschichte" v. A. Steinwart – Lesebuch – ars edition, 2002; 2x D. N./M. Spang(Ill) – im Sauerländer-Verl.: „Herr Jambus und der Elefant" – 2002(in 3 Sprachen) + „Herr Jambus und das Krokodil" – 2004; D. N.: „Dr. Brumm versteht das nicht" + „Pellepau" – Thienemann-Verl.-Stuttgart, 2004

Naß, Beate (M) (M/G) / 1953 Neuruppin- / lebt (99) im Kr. Soest / 71-73 Redaktionsvolontärin u. anschl. Redakteurin in Wolfenbüttel, Stud.-Kassel 78-81 Univ./GH (Kunst) / s. 96 Journalistin/Malerin im Kr. Soest / Ausst. u. a. in Madrid, + N / **Lit.: 100**-98(B. N. = Text u. P. Dahm = Fotogr.)

Nass, Thorsten (M/Z/Video- u. Filmk) / 1969 Haren/Ems- / lebt (2004) in MS / Stud.-Enschede-NL 98-02 Akad. / 03 Ringenberg-Stip. Hamminkeln / Ausst. u. a. 2000 Apeldoorn-NL, 2000/01 Gronau (Atelierhaus), 2000-04 (Off. Atelier-Am Hawerkamp), 01 Ostergetel-NL, 01/02 Schiermanikog-NL, 02 Kassel (Camp), 03 Tecklenburg (Heimathaus), Ringenberg (Schloss) / **Lit.: 69**-03

Nathusius, Susanne von (M) / 1850 Königsborn b. Unna – ? / lebte in Berlin / Ausb. b. Gottl. Biermann, J. J. Henner u. Carolus-Duran / **Lit.: 24**-25 + In: „PAN" – Heft 1/1984 – S. 70

Nau, Hans-Erwin (Baumeister) / 28. 4. 1909 Ennepetal-Milspe- / lebt (73) in Hagen / war Evangel. Landeskirchen-Oberbaurat in Westf. / Werke u. a. Kirchen in Bielefeld, Hagen u. Hagen-Haspe / **Lit.: 112ca** + **197d** (S. 30) + **219a** + H. E. Nau/H. Moldenhauer: „Evangelische Kirchen in Westfalen 1952-63" – Luther-Verlag – Witten, 1963 (= 112ca)

Nau, Peter (A) / 1943 Gevelsberg- / lebt s. 74 in Wuppertal / Stud.-Braunschweig 66-74 TU / 68-71 Baureferent Sutentenwerk-NRW / s. 74 selbst., 84-86 Lehrt. Univ./GH-Wuppertal / Werke in NRW+Ausland (Polen/Thailand) / **Lit.: 216** + In: „Architekten-Almanach Wuppertal" – 97

Nawrath, Johannes (M/G) / 1955 Neheim-Hüsten- / lebt s. 81 in Hamburg / 75-81 Stud.- Marburg u. Hamburg Univ.-n (Kunstg) / 92 = 6. Kunst-Pr. der Volks- u. Raiffeisenbanken / freisch. Grafiker, u. a. tätig für Verlage/Theater / Ausst. u. a. in Iserlohn, 1990 Hamburg (Messe), 91 Eutin (Hoffmann), 92/93 Beteil.-Wanderausst.-BRD, 2003 Duisburg (Gal.-Genner), 04 Bochum (GEA-Center), + N / **Lit.:** In: „Deutscher Kunstpreis" – Ausst.-kat. – Volks- u. Raiffeisenbanken – Bonn, 1992/93; J. N. – „Nebenschauplätze" – Werkkatalog – Verl.-Dölling u. Galitz-Hamburg, 1997; J. N.: „Was im Licht mit den Dingen geschieht" – Verl.-Dölling u. Galitz-Hamburg, 2002

Nebe, Gerhard (Dr.-Ing) (M/G) / 1932 (in Ostpreussen)- / lebt 54-56 in Iserlohn, 58/59 Hemer u. s. 68 in Dortmund / Stud. TH-Aachen, 65 Promotion / Ausst. u. a. 1987 Düsseldorf (Theater-Lueg-Allee), 94 Hemer (Felsenmeer-Mus) / **Lit.: 242**

Nebelung, Hans-Volker (G. V. Nebelung) (M) / lebt (1946) in Unna-Lenningsen / Ausst. u. a. 1946 Hagen/Arnsberg / **Lit.: 8a**-46 + **97**-46

Neffgen, Dagmar (G/D/Ill) (Gitarristin) / NEU: 1969 Kiel- / lebt (2006) in Münster / 88 Schulabschluss in Ralls-Texas/USA, Stud.-MS bis 96 FHD / sechs Jahre Gitarristin der Band „Massine" u. 97-01 Produktionsltg./Managerin der „Open Air Theatergruppe Titanick" in MS / Ausst. u. a. 1992/94-96 Frankf.-M. (Buchmesse), + NRW / **Lit.: 93 + 122**-94+95+96

Nehring, Andrea (F/M) / 1980 Wittenberg/S.-Anhalt- / lebt (2005) in Bielefeld / Stud.-Bielefeld ab 99 Univ. (Biol) u. s. 02 Weiterb.-VHS (Fotogr), 03-04 Gast FHD-Bielefeld / Ausst. u. a. 2004 Coswig-Anhalt, 04/05 Bielefeld (Univ/UB) / **Lit.:** Postkartenserie – Hg.: Univ.-Bielefeld, 2005

Nelles, Monika (M) / 1949 Gelsenkirchen- / lebt (2003) in Gelsenkirchen (?) / Stud.-Dortmund 67-70 (Kunsterz), 75-77 Gast HfBK-Berlin / 70-77 Lehrt.-Dorsten/Berlin / Ausst. u. a. 1984 Köln (Gal.-Smend), 86 Mechenheim, 87 Skelleftea-S., 93 Dorsten (Kv), 96 Roermond-NL, 97 Dortmund (Gal.-Malten), 2000 Leuven-B., 01 Mönchengladbach (Kunstraum no. 10), 02 Moers (Stadtgal), 03 Hamm (Gal.-Kley), Gelsenkirchen (Mus) / **Lit.: 145**-03

Nemeczek, Mechtild s. Frisch, Mechthild

Netkal, Anatolij (M/Z) / * in der Ukraine- / lebt (2006) in Detmold / s. 94 Lehrt. Malschule Hiddesen u. in Blomberg / Ausst. u. a. 2005 Blomberg (Kunstmauer), Detmold (Kreishaus)

Nettesheim, Gerda (G/F/B/O/I/Klanginst.- u. Perf.-k) (Musikerin) / 1947 Troisdorf/Sieg- / lebt (2006) in Köln / Stud.: bis 70 Musikhochsch.-Köln, bis 72 TH-Aachen/Univ.-Köln (Musikwiss/Päd) u. 72-80 Univ.-Siegen (Kunstg) / 98/99 Kunst-Pr. Kalker Kunstmeile / Ausst. u. a. 2004/05 Köln-Stammheim (Schlosspark), + N / **Lit.: 91 + 94 +** „G. N." – frau vor ort – Ausst.-kat. – GEDOK-Köln/Bonn, 2002

Neu, Holger s. Sauer, Holger

Neu, Mina (Wilhelmine) (M/Z) / NEU: 5. 2. 1919 Münster – 23. 1. 2004 ebd. / (Biografie in Beilage: CD-Ausgabe 2006)

Neubürger, Cornelia (A) / * 1961 – / lebt (2003) in Bochum / Stud.-Dortmund 81-89 Univ. / ab 90 Büro: „Klein + Neubürger"-Bochum, s. 2000 Lehrt. FH-Bochum / viele Preise, u. a. 92/ 2000/01 BDA, Ausz.-gen: 91 Kölner Arch.-Pr. 90, 98 „Architektur +Wohnen" / Werke u. a. in NRW (s. Lit.) / **Lit.: 197**-95+97+01 + **213a**-02

Neudörfl, Elisabeth (F/D) / 1968 Darmstadt- / lebt (2006) in Berlin / 87-89 Fotogr.-ausb., Stud.-Dortmund 89-94 FHD u. Leipzig 95-97 HfGuB, Meisterschülerin / 87/89/90 Deutscher Jugendfoto-Pr., 91-93 dort Jurymitgl., 95 m. Bettina Löckemann (F/Videok/Buchk. * 1971 Berlin, lebt in Köln u. Berlin) Gründung „Büro f. Bildangelegenheiten", 95-97 Meisterschüler-Stip. Land Sachsen, 98 DAAD-Stip. f. Tokio-Japan, 03/04 Dorothea-Erxleben-Stip. / Ausst. u. a. Leipzig/Berlin/Augsburg/Hamburg/Hannover/Rotterdam/Zagreb-Kroatien, 1992/93 Dortmund (FHD/Mus. f. K. u. K.), 2002/05 Dortmund (hARTware-Projekte/Phoenixhalle) / **Lit.: 203**-93 + **203b**-2 + In: „Verstreute Momente der Konzentration" – Urbane und Digitale Räume – Ausst.-kat. – Hg.: Hartware Medienkunstverein – Dortmund, 2005

Neuenhaus, Ferdinand (Nienhausen, Ferdinand von) (M/B) / ab 1645 in Münster bek. / † 18. 7. 1662 Münster / **Lit.: 178a** (s. auch Bernt Neuhaus)

Neufeind, Otto (Porzell.-m) / 20. 11. 1910 Vogelsangen/Much – 4. 8. 1990 Bonn / Ausb.-Dieringhausen, Manufaktur „Spitzer", 1938-45 in der Firma Roloff in MS tätig, 43 Porz.-malermeister, ab 46 in der Manufaktur „Rhenania" Duisdorf b. Bonn / **Lit.: 63b** (S. 21+26)

Neugebauer, Ursula NEU: (Prof) (O/I/Videok) / 1960 Hamm/W.- / lebt (2006) in Berlin / 01 Stip. Bundesminist.-Wien, 04 Bildh.-Pr. NRW / ab ? Prof. UDK-Berlin / (Biografie in Beilage: CD-Ausgabe 2006)

Neuhaus (F) / um 1897/1900 „Atelier Neuhaus" in Dortmund, Am Markt 6 / weitere Daten nicht bek. / Ausst. u. a. 2001 Dortmund (Mus. f. K. u. K.) / **Lit.: 202**

Neuhaus, Gertrud (Trude) (B/O/I) / 1966 Lemgo- / lebt (2006) in MS / NEU: Stud.-MS 85-91 Univ. (Kunsterz) u. 90-03 Akad., Meisterschülerin / (Biografie in Beilage: CD-Ausgabe 2006)

Neuhaus, Jutta (Aktionsk/O/I) / NEU: 1956 Neheim-Hüsten- / lebt (2005) in Arnsberg / Stud.-MS 75-82 Akad., 80 Meisterschülerin / Ausst. u. a. Lüdenscheid/Düsseldorf, 1993 Bad Oeynhausen (Stadtgal), 2005 Recklinghausen (Kunsthalle), Ingolstadt (Kv) / **Lit.:** u. a. **96a + 256**

Neuhaus, Lotte (M/G/Z) / NEU: 1922 Haan/Rheinl.- / lebt (2002) in Ahlen / Autodidaktin / ab 79 Mitgl. u. Ausst.-gen im „Kr.-Kv.-B.-Warendorf" / Ausst. u. a. Hannov.-Münden, + NRW / **Lit.: 50**-82+92+02

Neuhaus, Manfred (G/D) / 1936 Letmathe- / lebt (83) in Iserlohn / **Lit.: 53**

Neuhaus, Michael (F/D) / 1965 Duisburg- / lebt (2005) in Duisburg / Stud.-Dortmund 85-91 FHD (Vis.-Komm/Fotogr) / während des Studiums Ausl.-aufenth.-e in Amerika/Asien/Nordafrika/Russland/Ukraine, ab 91 freisch. f. Agenture/Konzerne = N/INT / Ausst. u. a. 2005 Gelsenkirchen (Wissenschaftspark)

Neuhaus, Rolf (M) / NEU: 1921 Buchen/Kr. Siegen – 4. 1. 2005 Bielefeld / lebte s. 53 in Bielefeld-Bethel / Stud.-Krefeld 39-40 u. 49-50 Textil-FH, 40-45 Kriegsdienst / Ausst. u. a. 2001 Bielefeld (Künstlerhaus-Lydda) / **Lit.:** u. a. **154**

Neuhaus, Susanne (T/D) / 1965 Dortmund- / lebt (95) in Bielefeld (2005 in OWL) / 84/85 Praktikum Siebdruckerei Dortmund, Stud.-Krefeld 85 FH (Textil-Des) u. Bielefeld 86-92 FHD (Textil-Des) / 88 Wettbew.-Ausz. u. 89 Ausz. Hagen (f. Abschlussarbeit) / Ausst. u. a. 1992 Hagen (Mus), 94 Poperinge/Brügge/Sluis-Westflandern / **Lit.: 35a**

Neuhaus, Ulla NEU: (jetzt: Neuhaus-Merz) (M) (Lyrikerin) / 1948 Dortmund- / lebte (bis 95) in Ulm, (Atelier um 2000/01) in Bad Salzuflen u. s. 2000 in List/Sylt / 74-78 Ausb./Stud.-Ulmer Schule (Kunst) / 04 Int. Syrlin-Kunst-Pr. 04 „media design-Pr. Stuttgart / (Biografie in Beilage: CD-Ausgabe 2006)

Neuhaus-Merz, Ulla s. Neuhaus, Ulla

Neumann, Andrea (M/F) / 1963 Bad Salzuflen- / lebt (2001) in Mühltal / Stud.-Berlin 83-85 TU (Vis.-Komm) u. 85-91 HfBK / 86-95 Atelier in New York / Ausz.-nungen: u. a. 89 Artist Space Grant (New York), 98 Welde-Kunst-Pr., 2001 ZF-Stip. Friedrichshafen AG / Ausst. u. a. in New York/Frankf.-M./Mannheim/Darmstadt/Hameln, 2002 Friedrichshafen / **Lit.:** In: „Kunst aktuell" – Kunstmagazin – 12/2001 – S. 38 – Bad Schmiedeberg

Neumann, Andreas (F) / 1951 Kiel- / lebt (2005) in Köln / s. 75 Mitgl. Gr. „Arbeiterfotografie" – Köln / Ausst. = N / Lit.: In: „Photographie now" – Heft 4/99

Neumann, Andreas (F) / * 1972 – / lebt (2005) in Bielefeld / Ausst. u. a. 2005 Bielefeld (Gal.-61)

Neumann, Dorothea (M) / 1950 Lüdinghausen- / lebt s. 92 in Potsdam (Geltow) / NEU: s. 92 Lehrt.-Potsdam / (Biografie in Beilage: CD-Ausgabe 2006)

Neumann, Ekkehard (B/O/I/M) / 1951 Oldenburg/Oldenb.- / lebt (2006) in MS / s. 85 Mitgl.-„WKB", ab 11/96 Vors. / (Biografie in Beilage: CD-Ausgabe 2006)

Neumann, Joseph (G) / 1860 Essen – ? / lebte (1920/30) in München / Stud. Akad.-München / war Mitgl.-„MKG", „RvbK" u. um 26-30 Gr.-„VWKuK" (Westfalen) / Ausst. u. a. 1926/28-30 Dortmund/Hagen/MS/Gelsenkirchen (VWKuK) / **Lit.: 8a**-26+28...30 + **24**-25 + **34**-8,2+9,2

Neumann, Leo (B) / NEU: 1928(9) Beckum – 1999 / lebte in Oelde / (Biografie in Beilage: CD)

Neumann, Werner R. = NEU (M/B) / NEU: 1954 Bergisch Gladbach- / lebt (2005) in Witten / (Biografie in Beilage: CD-Ausgabe 2006)

Neumann-St. George, Gottfried August (Prof) (M) / 1870 Witten – 1923 Küsnacht b. Zürich/ Schweiz) / Stud.-Berlin 1888-91 Kgl. Kunstsch. u. Düsseldorf 1891-93 Akad. / ab 1908 Prof in Küsnacht/Schweiz, lebte in Zürich / **Lit.: 24**-25 + **34**-8,2+9,2 + Im Anhang: „Lexikon der Düsseldorfer Malerschule 1819-1918" – Bd. 3 – 1998

Neuser, Irmgard (M) / NEU: 17. 5. 1938 Waldenburg/Schlesien – 1. 3. 2002 / lebte in Ostbevern / (Biografie in Beilage: CD-Ausgabe 2006)

Neuy, Heinrich (M/G/Z/Innenarch) / NEU: 27. 11. 1911 Kevelaer/Niederrh. – 24. 3. 2003 Steinfurt-Borghorst / Werke ab 05 in Gal.-Neuy = Steinfurt-Borghorst (Dauerausst.) / (Biografie in Beilage: CD-Ausgabe 2006)

Nexus Produkt Design – Firma seit 1987 in Bielefeld / Beteiligte: **F**inkeldey, Ulli / **G**ratenau, Gerd / **Q**uenkert, Stephan (später Landshut, weiterhin Zus.-arbeit) / dazu kamen: A. Padzikowski(98-?), jetzt Anja **K**osok, Kai **U**etrecht, Peter **W**ulfhorst, Andreas **W**urg / Ausz.-gen: u. a. 87/89/93/96/97/ 2000/01/03/04 red dot award Essen, 88 Design-Auswahl Stuttgart, Bayer. Staats-Pr. München, 89 Young-Des. Glasgow, 90 Top-Des. NRW, 94 Gold. Intrama Brno, 95/03 Rat f. Formgebung-Frankf.-M., 95/98/2000/03 „iF" Des.-Award Hannover, 97 Design Initiative d. D. Wirtschaft, Lighting Product-Award, Ehren-Pr. NRW / Ausst. u. a. in Stuttgart/Hannover/Essen, = N / **Lit.: 205**-97 + **205a**-01+03 + **205x+y+z**

Ngoc, Nguyen Manh (F) / 1961 Saigon/Vietnam- / lebt (2006) in MS / Sohn eines bek. Fotografen in Vietnam / Wettbew.-Ausz.-en: 94 Goldmed. Hongkong, 95 Jerry Woolridge-Medaille, 2x Goldmed.: 96 Society of Macau u. 97 Dänemark, 97 = 2. Foto-Pr. u. 01 = 3. Pr. in Lich, 02 Goldmed. „DVF" / Mitgl. „DVF" u. „Fotogr. 80"-MS / Ausst. u. a. 1995 Rostock (Literaturhaus), 95 Hamburg (Mus. f. Völkerkunde), 2000 Californien-USA (Cypress-Colleg), 03/06 MS (Raphaels-klinik/Handw.-kammer)

Nguyen Manh Ngoc s. Ngoc, Nguyen Manh

Nham-hee, Song s. Völkel-Song, Nham-hee

Nickel, Angelika (M) / 1957 Sendenhorst- / Lehrt. / weitere Daten nicht bek. / **Lit.: 98a**

Nickles, Reinhold (A) / 1955 Heilbronn- / lebt (2002) in Herford / Stud.-Stuttgart 75-81 Univ. (Archit) / tätig 81-84 im Büro: „Klipper & Partner"-Stuttgart, 84-87 Herford („Gemeinsch. f. ökol. Planen u. Bauen"), ab 87 eig. Büro / Ausz./Preise, u. a. 2000 D.-Pöppelmann-Medaille-Herford / Werke in Westf.-Lippe (s. Lit.) / **Lit.: 197**-95+97 + **197d** (S. 88)

Niederberghaus, Paul (A) / lebt (1998/2005) in Ibbenbüren / Büro: „Paul Niederberghaus & Partner GmbH"-Ibbenbüren = Paul u. Lothar N., K.-J. Bertmaring, Bernh. Busch, Bernd Jödden, Albert Sand, Annemarie Schüler-Niehus u. H. Raschdorf / viele Preise, Werke u. a. in Osnabrück/Ebern/Landsberg/Cottbus/Harkenberg u. Westf. (s. Lit.) / **Lit.: 197**-95+97 + **251**-05

Niederfeld, Renate (T/Khw) / * 1940 – / lebt (2005) in Hille b. Minden / Ausst. u. a. 1998-2005 Telgte (Mus) / **Lit.: 185**-98...2000+02+04+05

Niederdorf, Petra (M/Ill/Kommunik.-Des) / 1959 Düsseldorf- / lebt s. 4/2002 in Lage-Hörste / nach Schulzeit in Mülheim/R.: Stud.-Essen 79-86 Univ.-GH (Komm.-Des) / ab 86 selbst., 86 Plakatwettbew.-Pr. Bonn / 92-2002 Lehrt. IfBKuK-Bo.-Wattenscheid, 2/2000 Gründung der Gestaltungswerkst. + Gr.-„TrioArt" in Lage/Lippe, 4/02 Gastdoz. Akad.-Hefei-China / Ausst. u. a. 1993-2001 Bochum (IfBKuK), 95/2000/02 Mülheim-R. (2xSparkasse/kath.-Akad), 01 Hefei-China, Essen (Zeche Zollverein), 01/03 Essen (Beteil.-Gartenmesse), 02 Essen (Mittelhesperhof/Kunstspur), 02-05 Lage (Off. Atelier), 04 Detmold (Kreishaus) / **Lit.: 132a**-02…05

Niederleig, Georg (A/Dipl.-Ing) / 1934 Danzig- / lebt (98) in Detmold / 54-62 Stud.-Danzig/Hannover TH / 62-65 in Hamburg tätig, ab 65 Büro: „Niederleig & Fröscher, Architekten BDA"-Detmold / Mitgl.-„BDA" / Preise/Werke in Ns. + OWL (s. Lit.) / **Lit.: 197**-95+97 + **112d**

Niedermeier, Reinhard (M/G/B/Videok/Medienk) / 1959 Dortmund- / lebt (2002) in Jüchen / Stud.-Düsseldorf 79-84 Akad., Meisterschüler b. Gerh. Richter / Ausst. u. a. 1983 New York, 84 Düsseldorf (Akad), 88 Dülmen, Heerlen-NL (Schloss), 90 MS (Kunstmarkt = Verlosung v. 20 Siebdrucken), 91 Rotterdam (de With-Mus), + NRW/N

Niediek, Elfriede (Emailk/Khw) / 1910 Gelsenkirchen- / lebt (90) in Bielefeld, 99 in Rade / Werke s. 66 / 90 Bischof-Tenhumberg-Pr. Telgte / Ausst. u. a. 1980-87/90-95/99 Telgte (Mus) / **Lit.: 185**-80...87+90(S. 93)+91+95+99

Niehaus, Jochen (A/Dipl.-Ing) / 1935 Hannover- / lebt (2002) in Essen / Stud.-Hannover bis 62 TH / s. 62 freiberufl., Büro: „Architekten BDA Allerkamp", m. Rolf Allerkamp, ab 98 auch Chr. Allerkamp in Brakel u. Essen / Preise/Wettbew.-erfolge/Werke in NRW/N (s. Lit.) / **Lit.: 197**-01 + **197a**-99

Niehoff, Christine (M) / 1972 Rheine- / lebt (2002) in Hörstel / Stud.-Leipzig 95-97 Hochsch. f. Gr. u. Buchkunst u. Glasgow 97-2000 School of Art / 99 Stud.-aufenth. Art-Inst. San Francisko, 2001 Stip. Scottish Art Council / Ausst. u. a. in Glasgow/Southwold/Edinburgh-GB/San Francisko-USA, 2001 Halle-S. (Kunsthist.-Inst), Tecklenburg (Heimath) / **Lit.: 69**-01

Niehoff, Elmar (Dr.-vet.) (M/G) / 1952 Duisburg- / lebt (2006) in Warendorf / NEU: 01-03 Vors. „Kunstkreis Warendorf e.V." / (Biografie in Beilage: CD-Ausgabe 2006)

Niehoff, Wolfgang (O/Assemblagen) / 1959 Ibbenbüren- / lebt (95) in Gelsenkirchen / Stud.-Dortmund 80-87 Univ. (Päd/Kunst/Mathem) / Lehrt. s. 90 in Gelsenkirchen / 92-95 Mitgl. „Künstlerhaus"-Dortmund / Ausst. u. a. 1993/95 Dortmund (Künstlerhaus/Rathaus) / **Lit.: 98a**

Niehoff-Knappe, Barbara (M) / * 1960 – / tätig u. a. (2004) in Hiddenhausen / Tischlerinausb., Weiterb.-Malerei u. Ausst.-gen / Lehrt. Kulturwerkst.-Hiddenhausen

Niehues, Gerlinde (O) / * 1971 – / lebt (2000) in MS / Stud. Akad.-MS, Meisterschülerin / Ausst. s. Lit. / **Lit.: 245**-96+2000

Niehus, Annegret (G = Holzschnitt) / 1971 Lemgo- / lebt (98/99) in Paderborn, 2004 in Detmold / Stud.-Paderborn bis 98 Univ./GH (Kunst/ev.-Theol/Päd) / 97 „Woldemar-Winkler"-Pr. / ab 98 Lehrt. / Ausst. u. a. 1999 Paderborn (Studentenwerk)

Nielinger, Christian (F/D) / 1967 Dortmund- / lebt (2005) in Essen / Fotolaborantausb. u. Stud. Univ./GH-Essen (Komm.-des) / Ausz.: 96 Pr. European Des. Annual, 96 „Die schönsten deutschen Bücher" – Frankf./M., 97/98+2000 Deutscher Pr. f. Kommunik.-Des., 99+01 f. Gest. d. eig. Geschäftsausstattung, 99 Berliner Type/Corporate Des.-Pr. / s. 89 freiberufl. tätig, 93-99 Amerikaaufenthalte, ab 2000 Studio in Essen / Ausst. u. a. in Cumaná/Mérida/Hamburg/Berlin /Bonn, + NRW/N / **Lit.:** Fütterer/Nielinger(Fotogr.): „Radio-Legenden" – 1994

Niemann, Patrick (M/G/F) / 1976 Bad Godesberg b. Bonn- / lebt (2005) in MS / 93-95 FHfG Köln, 97 tätig Fotostudio Bonn, 97-2000 Workshop-Ltg. f. Jugendl.-e, 99/2000 fr. Mitarbeiter RTL, 99-01 Hg. Magazin „Bonnanza", 99/04 Atelier in Berlin, Stud.-MS ab 02 Akad. / Ausst. u. a. 2000/04 Bonn (Univ/Artefact), 02 Bet.-Wanderausst.-NRW, 05 Liesborn (Mus), MS (Ausst.-halle/Raum f.a.K.=Wolbeckerstr. 59), Eskisehir-Türkei (Univ), Citta di Monsummano Terme-Italien (Biennale) **/ Lit.: 56d + 78E + 253**

Niemeier, Johannes (B) / 1931 Rietberg- / lebt (2003) in Rietberg / Stud.-München 55-62 Akad. / ab 70 eig. Werkst. in Rietberg / viele Werke in Berlin/Osnabrück/Magdeburg, + NRW/N / **Lit.: 112d** (Seiten: 88/98/108/120/124/130/146) + In: „Die Apostolische Nuntiatur in Berlin" – Regensburg, 2002

Niemeyer, Luise (M/Z) / 1899 Lemke/Westf. – 1989 ebd. (lt. Lit. = Westf., wohl Niedersachsen gemeint!) / u. a. 25-32 Stud. TH-Hannover (Zeichnen) u. ab 29 Sommermalkurse in Berlin / 33-35 Lehrt.-Hannover / lebte in Hannover, Hildesheim, Bremen u. Lemke(Ns.?) / **Lit.: 165a**

Nienhaus, Christian (M/Materialb.-k/Kinetische Obj.) / 1976 Gelsenkirchen- / lebt (2005) in Gelsenkirchen-Buer / Stud. Ruhrakad.-Essen / ab 03 freisch. / Ausst. u. a. 2002/03 Gelsenkirchen (Dauerausst.-Westerholterstr. 28/Hochstr. 4a + Unicef/Nordsternpark), + im Internet

Nienhaus, Theresa (M/B/O/Khw) / 1955 Dorsten- / lebt (2004) in MS / Stud.-MS 75-78 FH f. Sozialwesen (Soz.-päd), 80-85 Akad.-MS u. 93-96 Ergotherap.-ausb. / s. 01 freisch. / Ausst.-gen s. 1984, u. a. in Frankreich/Polen, 2002/03 MS (Westf.-Kl. f. Psych), 03 MS (Unicef/Off. Atelier), + N / **Lit.: 237**-03

Nienheysen, Hans NEU! (G) / 1917 Köln – 26. 1. 2000 / lebt (67) in Bochum, 2000 in Essen (?) / nach Plakatmalerausbild. 33-35 in Duisburg: Stud.-Essen 35-38 Folkwangsch., Berlin 41-42 Akad., Düsseldorf 45-47 Akad. / war Mitarb. Verl.-Lüdenscheid u. 59-82 Lehrt. Wksch/Univ.-Essen / Ausst. = N / **Lit.: 20 + 268**

Nierhoff, Ansgar (Prof) (B/O/M/G) / 1941 Meschede- / lebt s. 65 in Köln / NEU: 04 Kunst-Pr. Rhl.-Pfalz / (Biografie in Beilage: CD-Ausgabe 2006)

Nieschlag, Lisa (G/D) / 1977 Düsseldorf- / lebt (2004) in MS / Stud.-MS 97-7/01 FHD / ab 01 mit Lars **W**entrup „Büro f. Gestaltung" in MS / 03 red dot award (Kommunik.-Des) / **Lit.: 205w**-03

Niesen, Josef (M/G) / 1963 Bonn- / lebt (2005) in Bonn / Stud. IfBKK-Bo-Wattenscheid u. Freie Ku.-akad.-Essen / Mitgl. „BBK"-Bonn u. Gr.-„Semikolon" / Ausst. s. 1991, u. a. in Blankenheim/Arnsberg/Koblenz/Bremerhaven/Antwerpen, + Rheinl. / **Lit.:** Internet

Niesen, Magda (M) / * 1956 – / lebt (99) in Bochum / Stud.-Bo.-Wattenscheid 96-99 IfKuK / Ausst. u. a. in Herren Berg-NL/Bochum/Bonn/Reezel-Polen/Essen/Bad Honnef/Hefei-China/ Königswinter/Turku-Finnl., 2001 Mannheim (SEB-AG) / **Lit.: 225**

Niessalla, Marie-Theres (Foto- Filmdes) / 1963 Recklinghausen- / lebt (2003) in Waltrop / 84-87 Fotografinausb., Stud.-Bielefeld 87-94 FHD (Vis.-Komm) / ab 94 freiberufl. tätig in Waltrop u. s. 97 Lehrt. IfABKuK Bo.-Wattenscheid / Ausst. u. a. 1991 Bielefeld (Alte Schwimmhalle), 91 Herford (D.-Pöppelm.-Haus), Beteil.-Wanderausst.-OWL, 94 Bielefeld (Gal.-Lampingstr), ab 97 Oberhausen (Rhein.-Industriemus), 98/99/01 Bo.-Wattenscheid (IfABKuK), 2001 Waltrop (Kunst in der Mühle) / **Lit.: 114d**

Niessing = Schmuckmanufaktur „Niessing" – Vreden / 1873 gegründet von Goldschm.-meister Hermann Niessing, die Schmuck u. Geräte für religiöse Zwecke herstellte, daraus entstand die Spezialisierung f. Trauringe u. entwickelte sich zu einer der führenden Trauringfabriken

Deutschlands, s. 1973 zeitgen. u. moderner Schmuck, ab 1993 auch Uhren / **Lit.: 205x**-93 + **205z**-90+95+96 + u. a. Firmen-Schmuckprospekte/Schmuckpostkartensets u. Kataloge: „Die neue Urform" + „Der Dialog zwischen Platin und Feingold" – Niessing-Vreden // **Niessing, Hermann** (Goldschm.-meister) / * in Vreden – ? / Goldschm./Juwelierausb. in Kempen, Pforzheim u. Wien, ab 1873 Gründung u. Ltg. der Manufaktur bis 1914 / **Lit.: 174**-2 // **Niessing, Franz** (Goldschm.-meister) / Ltg. der Manufaktur 1914-1950 / er erfindet die Trauring-Graviermaschine // Fritz **E**xner ist 1950-82 Geschäftsführer, ab 82 Dipl.-Kaufmann Jochen **E**xner // nach Hermann u. Franz Niessing arbeiteten f. d. Firma ***folgende*** Goldschm./ Designer/Gestalter (Westf. Künstler im Lexikon) = Ausführung Firma „Niessing": um 1974-82 Ursula **E**xner (Tochter v. Fritz E.) – Vreden = 74 Gestaltung Schmuckringsystem „Setario®", um 75/84 Norbert **M**uerrle, 79-heute Walter **W**ittek – Vreden = 79 Entwicklung des berühmten „Niessing-Spannrings", 80 Hermann **O**bermüller, 84/99 Matthias **M**önnich – München, 86 Christine **K**ube – Düsseldorf, 87/88 Simon Peter **E**iber, 88/89 Dorothea **S**chippel – jetzt München, 91 Sabine **B**öning, 93/94 Günter **W**ermekes – Kierspe, ab 93 Timo **K**üchler – Stuttgart, 95 Barbara **S**chmidt – Berlin, 95 Hubert **V**erstraten – Brüssel/Belg., 95-97 Christine **L**ange – Hannover, 96 Hans **U**fer – München, 96/2000 Karin **H**offmann – Jesteburg, 96-98 Pieter **S**tockmans – Genk/Belg., 97/98 Prof. Hermann **H**ermsen – Arnheim/NL, 99 Jürgen **B**räuer, 2000/01 Christofer **B**orn – Nürnberg // **W**erke in Museen (Leipzig/Oslo/München/ Tokio/Wien), **A**usz.-gen/**P**reise: 1956 Ausz. „IF"-Hannover, 88 = 1. Pr. Oberursel, 89 Ehren-Design-Pr. NRW, 90/95/2x 96/97/2x98/2000/02/2x05 red dot award Essen, 94-96 5x Preise in Tokio/Japan, 95/99 „IF"-Hannover, 3x 96/97 Award Ebner-Verl.-Ulm, 97 Goldmed.-Ljubljijana/Sl. + Ehren-Design-Pr. NRW, 98 + 2000 Deutscher Pr. f. Kommunik.-design-Essen, Belobigung Newport Beach/USA, 99 Award Busse-Design-Ulm // Ausst. u. a. 1956 Hannover (Messe), 90-2005 Essen (Design-Zentrum)

Niessing, Anton (M) / NEU: 2. 3. 1861 Emsdetten – 1939 / Stud. Akad.-München u. b. S. Hollósy / m. s. Ehefrau Cornelia N. (M), geb. Frick, lebte er ab 1903 in Baden-Baden / war Mitgl. im „Reichsverb.-BK", Gr.-„VWKuK" u. „Deutsche Ges. f. christl. Kunst" / Werke u. a. in Emsdetten/Mettingen, Süddeutschl. u. in Privatbesitz / Ausst. u. a. 1928 Hagen (Stadthalle) / **Lit.: 8a**-28 + **24**-25 + **34**-8,2+9,2 + B. Nonte: „Auf den Spuren eines begabten Malers in Emsdetten u. Mettingen" = in: „Unser Kreis 2000" – Jahrbuch – Kr. Steinfurt

Niestrath, Christa (M/G/B/O/I) / 1948 Detmold- / lebt (2006) in Detmold / NEU: 95 = 2. Kunst-Pr.-Kirn, 99 Mühlenturm-Stip. Geldern, 01 Kunst-Pr. Herford u. Kunst-Werkst.-Ltg. „Projekt Erinnerungskultur OWL" / 2000 m. Dr. Irene Below Aufbau des Kü.-innenarchivs (Bielefeld) / (Biografie in Beilage: CD-Ausgabe 2006)

Nieth, Jens (F/D) / 1973 Hagen- / lebt (2005) in Dortmund / 96 Industriekaufmannausb., Stud.-Dortmund 98-04 FHD (Fotodes), 98 Univ. (Journalistik/Soz) u. 02-03 Kapstadt-Südafrika / ab 04 freiberufl. tätig / 03 Proj. m. Arno Schidlowski: Dokumentarfilm über Roger Ballen, 05 1. Pr. = „Euro Press Photo Award" / Ausst. u. a. 2004 Dortmund (FHD/Berswordhalle), 05 Lissabon (Militärmus) Gelsenkirchen (Wissensch.-park) / **Lit.: 203E**

Nieweg, Simone (F) / 1962 Bielefeld- / lebt (2003) in Düsseldorf / NEU: Stud.-Düsseldorf 84-90 Akad., 89 Meisterschülerin / Ausst. u. a. 1996 MS (Kv), 2002/03 Amsterdam/Berlin/Siegen, + N/INT / **Lit.:** u. a. „S. N." – Landschafts u. Gartenstücke – Ausst.-kat. – Amsterdam/Berlin/ Siegen, 2002/03

Nigbur, Kerstin-Britta (M/Coll.-k) / 1962 Bielefeld- / lebt (2005) in Duisburg / Stud.-Univ.-en Bielefeld (Päd/Musik- u. Kunstpäd) u. Osnabrück (Phil/Kunstg/Kunstpäd) / Ausst. u. a. 1997/ 99/2001 Bielefeld (2xCafé Parlando/Ev.-Johanneswerk), ab 02 Bielefeld (FrauenKunstforum), 03-05 Duisburg (2xInstitut/Cubus-Kunsth./Praxis/Caritas) / **Lit.: 192**-01(=ab 02)+04

Nigris, Rita de (K) / 1964 (Süditalien)- / lebt (2006) in Hundsdorf/Rhl.-Pfalz / 82-84 Keramikausb., 85-89 Stud. Inst. d' Arte per la Ceramica-Faenza/It. u. 93-94 GH-Kassel (Keramik) b. Prof. R. Busz / 87 Pr. Faenza, 03 Gr.-Pr. Athen-Griech. / 92-03 eig. Werkstatt mit Ehemann Martin **K**röger in Wünnenberg-Helmern u. 97-01 Galerie in Paderborn, 97-03 Beratertätigk. (Industrie) u. ab 03 Lehrt. Höhr-Grenzhausen / war Mitgl. „AdK"-OWL / Ausst. u. a. Paderborn/Krefeld/Sindringen/Frechen/Diessen/Höhr-Grenzhausen/Bonn/Siegburg/Oldenburg/Köln, 02 Wünnenberg (Int. Töpfermarkt), 04 Lemgo (Stadtgal)

Nikdin, Hamid (M) / 1958 Teheran/Iran- / lebt (2006) in Bochum / s. 86 in BRD / NEU: 90-99 Weiterb. Mus.-Zentr. Univ.-Bochum u. Stud.-Düsseldorf 90-98 Akad., 98 Meisterschüler /

Ausst. u. a. in Bochum/Düsseldorf, 2003/06 Bochum (Mus) / **Lit.: 107**-94+96+98+99 + **146**-90+94+99+03+06

Nikutta, Barbara (M) / 1947 Gelsenkirchen- / lebt (2005) in Rheine / Autodidaktin / s. 01 Mitgl. Gr.-„T.U.N.-Arb.-kreis Kunst 83"-MS, 03 Stellvertr.-Vors. / Ausst. u. a. 2002 Rheine (Landhaus/Off. Atelier), + s. Gruppe „T. U. N." = u. a. 2003/05 MS (Krameramtshaus), 04 MS (Stadttheater) / **Lit.: 126a**

Nilling, Markus (F/D) / 1971 Bad Driburg- / lebt (2006) in Dortmund / 92-94 Physiotherapieausb. u. Tätigk. 94-98 Köln, ab 99 eig. Praxis / Stud.-Dortmund 98-2/05 FHD / Ausst. u. a. 2003/05 Dortmund (FHD), 05 Köln (Fotoschule) / **Lit.: 203**-03+05

Nippoldt, Astrid (M/G/Z/D) / 1973 Giessen- / lebt ab 8/97 in Bremen / NEU: Schwester v. Robert N. / 98 Langenberg Kunst-Pr. Mus.-Goch, 01+04 Förder-Pr. f. Bild.-Kunst Bremen, 02/03 Stip. Kunsthaus-Essen / (Biografie in Beilage: CD-Ausgabe 2006)

Nippoldt, Robert (G/D) / 1977 Kranenburg- / lebt (2005) in MS / Bruder v. Astrid N. / Stud.-MS 99-7/04 FHD / 2000+03 = 1. Plakatwettbew.-Pr. MS / Ausst. u. a. 2000 MS (Oerscher Hof/ Handwerkskammer), 01 Frankf.-M. (Buchmesse), 05 MS-Gievenbeck (Fachwerk) / **Lit.:** im Internet + **15a** + **122**-01 + R. N.: „Gangster-Bosse in Chicago" – Gerstenberg-Verl., 2005

Nißle, Reinhard (G/D) / 1943 Münster- / lebt (2005) in Frankfurt/M. / Stud.-Kassel 67-70 HfBK (Grafik-Des) / Mitgl. „BBK"-Frankfurt / Ausst. = N + INT / **Lit.: 27**-2 + In: „Die bildenden Künstler in Frankfurt a. M." – 1982

Nitsche, Marius (M/Coll.-k) / * 1980 – / lebt (2004) in Dortmund / Stud.-Dortmund ab 01 FHD (Vis.-Komm) / Ausst. u. a. 2004 Dortmund (Off. Atelier) / **Lit.: 120c**-04

Nitsche, Tanja (Schmuckdes.-in/Goldschm.-meisterin) / * 1973 – / lebt (2005) in Paderborn / Goldschm.-ausb.-MS 93-97 b. H. Klinkhammer, 97-01 in Paderborn tätig, 02 Meisterprüf. in MS, ab 1/04 selbst., Lehrt. (Kurse) / Ausst. u. a. 2004 Paderborn (Off. Atelier) / **Lit.: 101b**-04

Nixdorf, Klaus (M/G/Z/O) / 1942 Zillertal-Erdmannsdorf- / lebt (2006) in Bochum / NEU: 1. Vors. ab 2000 u. Mitgl.-„Boch.-KB", s. 03 Mitgl. „BBK-Westf." Dortmund / (Biografie in Beilage: CD-Ausgabe 2006)

Noack, Bettina (M/T/D) / 1957 Ludwigsburg- / lebt (2005) in Bielefeld / Stud. FH-Bielefeld (Dipl.-Modedes.-in), 86-99 freiberuflich tätig (Strickdes), ab 97 Weiterb.-Malerei bei Elis. Lasche / ab 2000 Mitgl. Ateliergem. im alten Pfarrhaus Schildesche / Lehrt./Kurse / Ausst. u. a. 1999/2001 Bielefeld-Bethel (Lindenhof), 2000 Bielefeld (PC-Spezialist), 2000/02/03/05 Bielefeld (Off. Atelier), 01 Worms (Praxis) / **Lit.: 152**-2000+02+03+05

Nobis-Wicherding, Heinrich (M/G) / 30. 8. 1883 Krommert b. Rhede – 1951 Düsseldorf / lebte s. 1919 in Düsseldorf / Stud. Akad.-Kassel / **Lit.: 24**-25 + **25**-3(=Geburtsort falsch) + **34**-9,2 + **155a** + Im Anhang: „Lexikon der Düsseldorfer Malerschule 1819-1918" – Bd. 3 – 1998

Nocke, Wolfgang (M) / NEU: 1960 Linnich/Kr. Aachen- / lebt (2002) in Recklinghausen / 76-78 FofG-Recklinghausen, Stud.-Düsseldorf 78-79 freie Kunstsch. „Pyramide", 80-82 Wien b. Prof. Ernst Fuchs u. Stud.-Wien 82-83 HfBK / ab 84 freisch., s. 99 eig. Gal.-„Nockiart"-Recklinghausen, 02 Gal.-„Nocke u. Nocke"-MS / Ausst. u. a. 1978 Herne (Gal.-Osiris), 84 Hattingen (Kv), 88 Solingen, 88/90 Düsseldorf, 97 Essen (Gal.-Vauth-Pawlak), 99 Dortmund (Gal.-Uniewski), 2000 MS (Oberfinanzdir), 01 Iserlohn (Erben Medien), 02 MS (Gal.-Nocke) / **Lit.:** „W. N." – Traumwandler – Ausst.-kat. – Oberfinanzdir.-MS, 2000; W. N.: „Fabelspiel" – Kartenspiel – Recklinghausen, 2001

Nöger, Udo (M) / NEU: 1961 Enger- / Stud.-Bielefeld 80-83 FHD / 84-90 Studios in Paderborn/ Berlin/Spanien, danach USA u. Deutschl. / Ausst. u. a. 1988 Lippstadt/München/Rotterdam, 89 Paderborn/München/Berlin, 92-94 Atlanta-USA, 92-97 New York/verschiedene Gal.-n), 93-01 Frankfurt/M. (Gal.-Hähnel), 96-98 Basel (Gal.-Siegert), 97-99 Denver-USA, 97-2000 Chicago/St. José-USA, 99 Bielefeld (Studio-Kunsthalle), 2000 Zürich/Wien/Leipzig, 01 Düsseldorf (Gal.-Beck &Eggeling), New York/Milwaukee/San José/Miami/Atlanta-USA, Toronto-Kanada, Stuttgart/Hamburg/Wiesbaden, Lippstadt (Kv), (usw.) / **Lit.:** „U. N." – riechend – Ausst.-kat. – Kv.-Lippstadt + Gal.-Beck&Eggeling – Düsseldorf, 2001

Nölke, Edwin (Goldschm/Juwelier/M/Z/Coll.-k) / 15. 2. 1925 Versmold- / lebt (2003) in Bielefeld / Goldschm.-ausb. b. Prof. Rickert – München u. Prof. Tümpel – Bielefeld, Stud. Staatl. FH f. d. Edelmetall-Gewerbe Schwäb.-Gmünd u. Wksch-Köln (Frau Prof. Treskow), 53 Meisterprüfung Schw.-Gmünd / 53-59 in Werkst.-en tätig, u. a. in Südafrika, ab 59 selbst. in Bielefeld / 71-89 = 10 Ausz.-gen in N+INT / Ausst. u. a. 1960 MS (WL), 88/97 Bielefeld, 90 Detmold/Bad Pyrmont, 91/93

Hiddenhausen, 91 Salzburg/Wien, 94 Steinhagen, 95 Versmold / **Lit.:** In: „Goldschmiedetag 1960" – Ausst.-kat. – WL-MS, 1960; „E. N." – Schmuck ° Bilder – Katalog – Bielefeld, 1995

Noetzel, Alfred (M) / 1919 – 2001 / lebte in Bottrop (?) / Ausst.-gen u. a. 1999-2002 Bottrop (Mus) / **Lit.: 99a**-99...02

Nohe, Gudrun (M/F) / 1943 Stuttgart- / lebt (2005) in Reken / war Lehrt. Klein-Reken / Ausst. u. a. 2002 Capileira/Prov.-Granada-Sp., 03/04 Klein Reken (3x Gasthäuser), 03 Havixbeck (Burg Hülshoff), Gronau (Landesg.-schau), Herten (Kü.-zirkel), 04 Lembeck (Schloss), Faro Roquetas de Mar/Almeria-Sp., 05 Bad Bentheim (Gal.-Steinreich), Haltern (Altes Rathaus)

Nohl, Max August (A) / NEU: 11. 9. 1830 Iserlohn – 9. 6. 1863 Köln / 1849 Stud. Bauakad.-Berlin, 1853/54 München (Archit) / tätig 1858/59 in Rom, 1859 Iserlohn, 1861 Mülheim/R., 1862/63 Köln / Werke u. a. in Lengerich/Rheinl., u. a. Kirchen in Oberhausen / **Lit.:** u. a. **24**-25 + **219b** + In: „Westfalen" – Bd. 29 – S. 274-85 – Münster, 1951

Noll, Anton David (M) / 1932 Gelsenkirchen- / lebt (2006) in Kamen u. Berlin / NEU: Gatte v. Gerlinde N. / (Biografie in Beilage: CD-Ausgabe 2006)

Noll, Gerlinde (M/Z/O) / 1935 Roßwein/Kr. Döbeln-Sachsen- / lebt (2006) in Kamen / NEU: Gattin v. Anton David N. / (Biografie in Beilage: CD-Ausgabe 2006)

Noll, Sandra (M/Coll.-k/u. a.) / 1971 Paderborn- / lebt (2004) in Paderborn / Stud.-Detmold 92 FH f. Innenarchit., 92 Möbel-Des. / s. 97 u. a. Malerei / Ausst. u. a. 1998 Höxter (Umwelttechn.-zentr), in Paderborn: 1997 (Mona Lisa/Libori-Gal/Auto Bavaria), 98 (Technol.-Park), 99/2000 (Nixdorf), 2000 (Papenbreer-Haus), 01- Bielefeld/OWL (Archiv), 01 (Il Postino/ Libori-Gal), 02 (Kulturwerkst/Haus Johannknecht/Beteil.: Schloss Neuhaus), 03 („Balthasar") / **Lit.: 192**-01

Nolte, Bodo (M) / 1962 Dortmund- / lebt (2005) in Schwerte / NEU: bis 94 Stud. Univ.-Berlin (Physik/Mathem), Weiterb. an Sommerakad.-en in Deutschl. u. Frankr. / ab 95 Lehrt.-Dortmund, danach Hagen / s. 02 Mitgl. Gr.-„sensor.5" / Ausst. u. a. 1998 Schwerte (Kulturzentr), 98-2002 Dortmund, 99 Norden (Sommerakad), 2000 MS-Gievenb. (Fachwerk), 01 Unna (Kulturzentr), 01/02 Bochum (Gal.-Arsehen), 01-03 Schwerte (Gal. La Vie), 02 Hattingen (Atelier-Deterra), Schwerte (Kulturzentr), Berg.-Gladbach (Gal.-Malchers), 03 Bochum (Gal.-Reich)

Nolte, Udo (M/G) / 1950 Dortmund- / lebt (2005) in Dortmund / 66-69 Werbetechniker, Stud.-Dortmund 69-73 FHD (Grafik) u. Bochum 73-78 Univ. (Kunstg) / Ausst. s. 1981, u. a. i. Stockholm/Basel/Washington/San Francisco/New York/Bologna/London, Dortmund (Gal.-Möller), 1987 Gladbeck, 89 Hohensyburg, 92 Herdecke (Inst), 93 Haltern (Gal.-Simpeler), 95 Heidelberg (Gal.-Sigard), 97 Burg-Holst./Hamburg, 98 Hamburg (NDR), 99 Dortmund (VEW), Stolberg (Gal.-Pitz), 2000/02 Dortmund (Rathaus/Torhaus) / **Lit.:** Internet

Nolting, Dorothea B. (Jacobsen-Nolting) (M/G/O/I/Tapisserie) / 1940 Herford- / lebt (2003) in Bielefeld / Stud.-Bielefeld 58-62 Wksch u. 88-90 London Central School f. Art and Design (Life Drawing) / s. 81 Mitgl. „BBK"-OWL / Ausst. s. 65, u. a. 73 Bochum/Recklinghausen/ Wolfsburg, 78/81/92/93/95/97 Bielefeld (ZIF/Kunsth/Klinik/Stadthalle/Baba Jaga/Gal.-Rothermund), 79 Wesel (manu factum), 80 Osnabrück (Mus), 81 Dortmund (Gal.-Malten), Frankf.-M. (Gal.-SM), 89 München/London, 2000 Köln (Stadthalle), 2000- Bielefeld/OWL (Archiv), 2001/02 Bielefeld (SOBI/Atelier) / **Lit.: 48x**-78+79(Jacobsen-N.) + **124**-81(Jac.-N.) + **148**-73(Jac.-N.) + **192**-01+04 + In: „Selber Weben" – BLV-Verl.-ges.-München-u. a., 1981; In: „Cycles" – Wémoon-Almanach, 1994; In: E. Marnon: „Lebensraum Solidarität" – Augsburg, 1998; In: „Weibliche Bilder des Erwachens" – Ausst.-kat. – Stadthalle Köln-Mühlheim, 2000

Nonnenbruch, Barbara (Buchk) (Buchbindemeisterin) / 1938 Leipzig- / lebt (2004) in Bielefeld / Handbuchbinderinausb., Stud. HfG-Braunschweig u. Graph.-Akad. München, Meisterprüfung / Mitgl. „AdK"-OWL u. im „Verband d. Restauratoren" / Werke in N + INT (USA) / Ausst. u. a. in Paris, 1993/95/97/99/01 Ciboure (Biennale) u. „manu factum": 1987 Düsseldorf, 97 Hamm, 99 Solingen, 03 Dortmund, + N / **Lit.: 48x**-87+97+99+03

Nordhaus, Ilse (M/Ill) / lebte um 1930/70 in Westf., wahrsch. in Lengerich / Zeichnungen/Illustrationen auf Postkarten u. in Büchern / **Lit.:** Lotte Huwe(Verse)/I. N.(Ill).: „Im Gras da sitzt der Osterhas" – Lengerich, 1935; I. N.: „Ostern, Ostern, welche Freude" – um 1948

Nordholt, Hermann (Filmk) / 1959 Schüttorf- / lebt (91) in Hamburg / Stud.-MS 78-83 Univ. (Theol), ab 84 Seelsorger in Namibia, s. 86 Hamburg / Auff. u. a. 1990 in MS / **Lit.: 196**-90

Nordmann, Hanns (M) / lebt (1944/46) in Lippstadt / Ausst. u. a. 1944 Hagen (Mus), 46 Arnsberg / **Lit.: 8a**-46 + **97b**-44

Nothelfer, Anja (F/D) / lebt (1999) in Dortmund / weitere Daten nicht bek. / Stud. FHD-Dortmund / Ausst. u. a. 2001 Essen (Fototage-Herten) / **Lit.: 189**-01 + **203**-98

Nottke, Markus (M/B/F) / 1972 Gevelsburg- / lebt (2004) in Ennepetal / Autodidakt, s. 87 künstl. tätig / ab 98 Mitgl. Gr.-„Kunstraum"-Ennepetal / Ausst. u. a. 1999/2000 Ennepetal (Kluterthöhle), 01 Gevelsberg (Rathaus), 02/03 Schwelm (Haus Martfeld/Kreishaus), 02 Hattingen (Henrichshütte), Coesfeld (Kolping-Bild.-stätte) / **Lit.: 211**-99+2000+02

Nowodworski, Dietmar (G/Z) / 1951 Unna- / lebt (2005) in Unna / Beruf: Werbegrafiker in Hemer / Ausst. u. a. 1994 Hemer (Felsenmeer-Mus), 2005 Unna (Nowo-Art) / **Lit.: 242**

Nowosielska, Sonia Anna (F/M) (Lyrikerin) / * 1977 (in Polen)- / lebt (2006) in Detmold / Stud. Univ.-Cieszyn/Polen u. in Bonn/Hagen (Päd/Soz/Phil) / 04 = 1. Foto-Pr. Skoczów/Polen / Ausst. u. a. 2002 Detmold (Café Luxor), 03 Fürth (Artoz-Media), 03/04 Skoczów-P. (Kulturhaus/Mus. G. Morcivlek), 04 Karvina-Tsch. (Univ), Cieszyn-P. (Literaturclub), + Internet

Nüsse, Octavio Klemens NEU: (Prof) (Industriedes) / 1947 Berlin- / lebt (2006) in MS / NEU: (fast) alle Ausz.-gen **s. „OCO"**-Design + **Lit.**! / ab (um 2000/01) Lehrt. FHD-MS, Prof. / (Biografie in Beilage: CD-Ausgabe 2006)

Nyhuis, Melanie (M) / 1975 Nordhorn- / lebt (2005) in MS / Stud.-Enschede-NL 97-98 Akad., MS ab 98 Univ. (Philol) u. Akad. (Kunst/Päd) / Ausst. u. a. 2001 MS-Hiltrup, 02 Herne (Kunstbombe), 04 Bad Oeynhausen (VHS), 05 Liesborn (Mus) / **Lit.: 56ba+d**

Obbelode, Peter (Prof) (A/Dipl.-Ing) / * 1940 – / lebt (2001) in Bielefeld / bis 68 Stud.-Braunschweig, Praktik. in Paris / ab 70 selbst., s. 90 Lehrt., 94 Prof. f. Baukonstruktion u. Entwerfen a. d. FH-Minden / viele Preise, u. a. 86 D.-Denkmalschutz-Pr., 89 Europa-Nostra-Pr. / Werke in OWL (u. a. Um- u. Ausbau Ravensberger Spinnerei in Bielefeld), (s. Lit.) / **Lit.: 197**-95+97 + **197d** (S. 46)

Oberbeckmann, Heinrich (G/B/Coll.-k) / 1935 Bad Salzuflen- / lebt (2005) in Haan / Autodidakt, s. 54 Grafik (u. a.-Holzschnitte) u. ab 78 Skulpturen / Ausst. u. a. 1972/73/76 Düsseldorf (Kunstpalast), 76 Frechen (Biennale), 77 Köln (Gal.-Glockengasse), 78/80 Budapest/Krakau/Ibiza (Biennalen), 79 Dortmund (Torhaus), 87 Schwetzingen (Schloss), 91-2001: Ahrbrück/Bonn/Dresden/Duisburg/Köln/Kronberg/Travemünde/Osnabrück/Peine, + N / **Lit.: 107**-72+73+76

Obergassel, Bernd (M/G/O) / 1962 Dortmund- / lebt (2006) in Dortmund / Stud.-FH f. E.-Technik Dortmund, Dipl.-Ing. u. 2. Stud. = Dipl. „Wirtsch.-Ing." FH / Autodidakt, s. 93 künstl. tätig / Ausst.-gen in Dortmund, u. a. 2002- Dortmund-Hörde (Bez.-vertr), 04 Duisburg (Cubus-Kunsthalle), + Internet

Oberhäuser, Petra (M/B/O) / 1952 Schlüchtern/Hessen- / lebt (2004) in Siegen / 73-76 Stud. Sozialpäd., s. 81 Kunst, ab 85 Lehrt. (Privatkurse) u. s. 88 Jugendkunstschule Siegen-Wittgenstein, 96-98 Vors., ab 99 Kunststud. Univ./GH-Siegen, s. 01 museumspädag. Tätigkeit / Ausst. s. 1986, u. a. 2001-03 Siegen (Kv/Badstr/Aktion Siegplatte), 03/04 Ennepetal (Hülsenbeckertal/Kluterthöhle), + Südwestf. / **Lit.: 110b + 110c**-04 + **204**-04

Oberhoff, Paul (M) / 1884 Iserlohn – ? / lebte (1920/31) in Dresden-Loschwitz / Stud. Akad.-Dresden (u. Berlin?) / 1931 Dürer-Pr. / war Mitgl.-„DKB" / Ausst. u. a. in Dresden, 1930 Gelsenkirchen (Ausst.-halle) / **Lit.: 8a**-30(O. Oberhoff(?) + **24**-25 + **25**-3 + **34**-8,2+9,2

Oberholz, Stefan Malte (Z/Mediendes/Film- u. Zeichentrickfilmk) / 1977 Münster- / lebt (2005) in MS / 98/99 Praktikum Werbeagentur in MS, Stud.-MS 99-2/04 FHD (Mediendes) / Filme bis 03: „postmorten", „Tagediebe", „Bob vs. Titus" u. „Marla, My Sweet" (Dipl.-arbeit) / Auff./Ausst. u. a. 2001 MS (Cinema = Film: „postmorten"), MS (Plakate = Stadtwerke), 04 Oberhausen (Kurzfilmfestival), Halle/S.

Oberland, Mana (B) / 1977 Bergen/Rügen- / lebt (2004) in Hörstel / 96-99 Steinmetzin- u. Steinbildh.-inausb. in Berlin u. Hörstel, 02 Stud. = Gest.-in im Handwerk / 02 Sandsteinseminare in Dörenthe / Ausst. u. a. 2002 Dörenthe (Kulturspeicher), 03 Gronau (Landesg.-schau)

Oberliesen, Peter (M) / 1937 Siegen- / lebt (2004) in Siegen / Weiterbild. b. Künstlern in Siegen u. Akad. f. Bild. Kunst Vulkaneifel / Mitgl. „Kunstkr. Siegerland" / Ausst. s. 1991, u. a. in Südwestfalen (u. a. Siegen/Neunkirchen/Weidenau/Freudenberg) / **Lit.: 110b + 110c**-04

Obermann, Ria (M/G/D) / NEU: 1922 Hannover- / lebt (82) in Barntrup b. Blomberg / (Biografie in Beilage: CD-Ausgabe 2006)

Obernüfemann, Bernd (B) / * 1977 – / lebt (2005) in Melle-Wellingholzhausen, Atelier in Versmold / 94-97 Tischlerausb. u. 99-02 Holzbildh.-ausb. in Bischofsheim/Rhön, s. 03 freisch. / 05 Lehrt. Sommerakad.-Borgholzhausen / Ausst. u. a. 2003 Enschede-NL (Volkspark), 04 Havixbeck (Burg Hülshoff), Versmold (Off. Atelier) / **Lit.: 191b**-04

Oberreuter, Susanne (M) / * 1962 – / lebt (2004) in Dortmund / Stud.-Dortmund 82-89 Univ. (Päd) / ab 92 Lehrt.-Lünen / Ausst. u. a. 2004 Dortmund (Off. Atelier) / **Lit.: 120c**-04

Oberschachtsiek, Doris Anna (M/G) / 1961 Herford- / lebt (2005) in Wuppertal-Barmen / Stud.-Düsseldorf/Bochum 83-87 Medienpäd. / künstl. Weiterbild. in Wuppertal/Bochum, 90-2000 Stud. mit Stip. 97 Europ.-Akad. Trier, 98 Lehrt. Sommerakad.-Hagen, 99 Gaststud. Univ./GH-Wuppertal / ab 99 Mitgl.-„BBK"-Berg.-land / Ausst. s. 1990, u. a. in Peullac-Frankr./Trier/ Wuppertal/Schwelm/Mönchengladbach, 97-98 Beteil.-Wanderausst.: Königswinter/Gummersbach/Lauenburg, 2000 Wuppertal (Gal.-Kolkmannshaus), 01 Duisburg (SEB-AG), 02 Düsseldorf/Leverkusen, 03 Wuppertal-Beyenburg/Wuppertal-Barmen / **Lit.: 216 + 225**

Oberschelp, Inga (Filmk) / lebt (2003) in Bielefeld / siehe: Manfred **J**urasek (Filmzus.-arbeit) u. eig. Auff.-en um 2001/03 in Bielefeld

Oberste-Berghaus, Günther = Fritz Julius Günther (A) / 25. 11. 1895 Konstantinopel/Türkei – 10. 12. 1950 Hagen/W. / nach Jugendzeit in Witten = Stud.-Hannover 16-21 TH / tätig in Hannover, 25-27 Schwerin, 27/28 Oppeln, 28-36 Hagen-Haspe, 30-33 Baultg. der Gemeinnütz. Baugenossenschaft, 36-39 Schwerin, 39-46 Dresden, ab 46 Hagen / Werke u. a. in Hagen (Haspe/Eckesey) / **Lit.: 97x** + „Neues Bauen für ein selbständiges Haspe" – Der Architekt G. O.-B. – Hg.: Bez.-vertretung Haspe – Hagen, 1999

Obertüschen, Berta (geb. Arens, Berta) s. **A**rens, Berta

Oberwelland, Annette (K/M) / 1957 München- / lebt (2004) in Bünde / Ausb. in Erlangen, 86 Prüfung z. Keramikmeisterin in MS, später kurzes Stud. Univ.-Osnabrück (Kunst) / s. 82 in Bünde, eig. Atelier/Töpferei, dort Ausst.-gen / Mitgl. „AdK"-OWL / Ausst. u. a. in Neumünster/Espeldange-Lux./Hannover/Bad Essen/Wolfsburg/Stadthagen/MS/Bochum, 1985 Selm-Cappenberg (manu factum), 87 Düsseldorf (manu factum), + OWL / **Lit.: 48x**-85+87

Obier, Jens-Hendrik (O) / 1970 Gelsenkirchen- / lebt (2003) in Dortmund / Sohn des Uwe O. / Stud. HfBK-Braunschweig / Ausst. u. a. 2000/02 Lüdenscheid (Mus) / **Lit.: 86**-2000 **+ 125e**

Obier, Marlies (Dr. phil.) (Coll.-k/O/I) (Konzeptk/Autorin) / 1960 Siegen- / lebt (2005) in Wilnsdorf b. Siegen / Ehefrau v. Uwe O. (bis 02 Ltg. Stadtgal.-Lüdenscheid) / Stud. Univ.-en in Siegen/Salzburg (Germ/Geschichte/Theol), Magistra Artium, Promotion / 96-99 Lehrt. Univ./GH-Siegen / s. 05 Mitgl. „WKB" / Ausst. u. a. 2000 Herne (Gal.-Lygnaß), 2000/01 Düsseldorf (Messe), 01 Siegen (Haus Seel), Bonn (Frauenmus), 01/02 Lüdenscheid (Mus), 01/03 Siegen (Univ.-Bibl), Oelde (Haus Nottbeck), 02 Remscheid (2xStadtgal), Ulm (gal im griesbad), Rottweil („Kunstdünger"(K), Rödgen (Klostergarten(K), Recklinghausen (KunstWirkraum (K), Braunschweig (Buch& Kunst), 03 Siegen (Medien- u. Kulturhaus/UB), Zürich (Wenghihof-Gal), Oelde (Lit.-mus), Pforzheim (Skulpt.-weg Seehaus), 04 Iserlohn (Ev. Akad), Siegen (Martinikirche), Biggesee (Polit. Akad), 04/05 Beteil.-Wanderausst.-Zürich/Schaffhausen/ Duisburg/Saarbrücken/Stuttgart/Wien, 05 Oberhausen (Zentr.-Altenberg) / **Lit.: 86**-05 **+ 107**-2000+01 **+ 110c**-04 **+ 125e + 125f**-02 + K = Katalog, dazu kommen literar. Werke! / In: „Nullstelle" – Ausst.-kat. – Gal.-Lygnaß-Herne, 1999; M. O.: „Literarische Orte" – Lüdenscheid, 2000; „M. O." – Ausst.-kataloge: Klostergarten der Eremitage-Rödgen, 2002; KunstWirkraum-Recklinghausen, 2002 + „Reise zu den Worten" – Univ.-Siegen, 2003; In: „Kunstpostkarte NRW" – 100 Jahre Bildpostkarte – Katalog f. Wanderausst. – Bramsche, 2004/05

Obier, Uwe-Carsten (M/O/I/Videok) (Musiker) / 1968 Gelsenkirchen- / lebt (2003) in Lüdenscheid / Sohn v. Brigitte Driller u. Uwe Obier / Autodidakt (Bild. Kunst) / 81-83/91 musikal. Ausb. (Gitarre), ab 84 Mitgl. versch. Bands u. lfd. Aufführungen, 87 Raumausst.-ausb., ab 92 Ausstellungen u. s. 94 CD-Rom/Musik-CD's, (eigene bis 02 = 11) u. Produzent / Ausst./Auff. u. a. 1992 Gelsenkirchen (Atelier-Glasmeier), 98/2001/02 Lüdenscheid (Mus), 02 Lennep (Perf.: Bahnhof) / **Lit.: 125e** + In: „Freitag der Dreizehnte" – CD – Konzert am 13.2.98 im Städt.-Mus.-Lüdenscheid; In: „kein strich zuviel – kein ton zu wenig" – CD – Konzert am 12.10.02 – Museen d. Stadt Lüdenscheid

Obst, Martin (G/F/O/I) / 1969 Berlin- / lebt s. 2002 in Lübbecke / NEU: nach Schulzeit in Köln: Stud.-Siegen 88-97 Univ./GH (Kunst/Deutsch) / 91/92 Aufenth.-Schottland / war Lehrt. in Siegen/Duisburg/Marl, jetzt in Hille b. Lübbecke / (Biografie in Beilage: CD-Ausgabe 2006)

Ochoa Drescher, Eva-Clara (F) / 1980 Warendorf- / lebt (2005) in MS / Stud.-MS ab 2000 Akad. / Ausst. u. a. 2002 Bonn (Frauenmus), 03/05 Detmold (Freilichtmus), 04 Hörstel-Gravenhorst (Kloster) / **Lit.: 245**-04

Ochs, Hanne (M) / * 1948 – / lebt (2004) in Bottrop / Ausst. u. a. 2000-03 Bottrop (Mus) / **Lit.: 99a**-2000...03

Ochsenfarth = Werkstätte f. Bau- u. Denkmalpflege in Paderborn im 19.-21. Jh. / **Lit.: 101** // **Christoph** (Lackierer) / 1840 Lengenfeld/Eichsfeld – 1921 Paderborn / 1870 Malergeschäft, daraus entstand die Werkstatt // **Robert** (Lackierer/M) / 1882 Paderborn – 1955 ebd. / Werkst.-ltg. bis 51 // **Anton** (Restaurator) (Autor) / 1926 Paderborn- / bis 46 Malerlehre, 49 Meisterprüfung, 51-88 Ltg. d. Werkstatt, die 88 s. Sohn Robert übernahm / Arbeiten siehe in **Lit.: 101**

Ocklenburg, Matthias (Industr.-des) / 1966 Lüdenscheid- / lebt (2000) in Wuppertal / Stud.-Wuppertal 87-93 Univ./GH (Des) / s. 92 Atelier m. Holger Bramsiepe (* 1968 Essen) in Wuppertal / u. a. 90/93 Ausz.-gen Design-Zentr.-NRW in Essen / **Lit.: 216**

OCO-Design – Münster (s. > = einzeln aufgeführt) / 1973 gegr. v. Octavio Klemens (s. >) **Nüsse** in MS / Mitarbeiter u. ev. Auszeichnungen: s. > **Becker**, Wolfram / **Cox**, Daniel – engl. Ind.-des. = 99 red dot Award Essen / **Dwertmann**, Clemens = 2000 Innovations-Pr. d. deutschen Wirtschaft / **Hannig**, M. = 86 „Deutsche Auswahl“ Des.-Centrum Stuttgart + 89 „Design-Schnittpunkt“ – Essen / **Koop**, Norbert = m. W. Becker 95 „IF-Hannover“ + 96 Anerkennung z. Bundes-Pr. Frankf./M. / **Krause**, Wolf-Dieter = 86/88/89 „Deutsche Auswahl“ Design-Center Stuttgart + 88 „Des.-Inovationen“ Haus Industrieform Essen + 90/93 „IF“-Hannover + 92/93 „Sieger-Parade“ Fachverb. Frankf./M. / **Oco**-Design (zus.) = 82/88/89 „Deutsche Auswahl“ Design-Center Stuttgart + 84/90/91 „IF“-Hannover / s. > **Müllenmeister**, Daniel / s. > **Podobrin**, Brigitta / s. > **Rokitta**, Hermann / **Schmitz**, Rainer = 88 „Design-Schnittpunkt“ – Essen + 89 „Design Selection“ Design-Center Stuttgart + 93 „Sieger-Parade“ Fachverb. Frankf./M. / s. > **Schönleber**, Rüdiger / s. > **Schumann**, Dirk / s. > **Thomas**, Olaf / s. > **Wolf**, Theo / **Lit.: 205a**-03 **+ 205x+z +** In: „IF Jahrbuch für Industrie-Design“ – Industrie Forum Design Hannover

Ocón, José S. (M/G/D/F/Copigrafiker) (Galerist) / 1941 Madrid/Spanien- / NEU: lebt s. 3/01 in Erwitte-Horn / lebte 64-72 u. 77-90 in MS, 91-01 Liesborn / ab 20.4.96 mit Evelyn Peterssen, jetzt E. Ocón-Stein = Ausst.-gen u. eig. Gal.: „Kunstatelier-Gal.-Kontraste“ in Wadersloh (Liesborn-Hentrup), ab 9/2001 Erwitte-Horn / (Biografie in Beilage: CD-Ausgabe 2006)

Ocón-Stein, Evelyn = NEU! (Peterssen, E.) (M/G/D/F) / 1940 Berlin- / lebt s. 3/2001 in Erwitte-Horn / (Biografie in Beilage: CD-Ausgabe 2006)

Oczkowski, Elisabeth (F) / 1980 Hünfeld/Fulda- / lebt (2006) in MS / Stud.-MS 01-02 Univ. (Germ/Geschichte) u. MS ab 02 Akad. / Ausst. u. a. 2001 Kleinsassen (Künstlerdorf), 04 Herford (MARTA-Lounge), 05 Dordrecht-NL, Düren (Schloss Burgau), 06 Essen (Kunsthaus) / **Lit.: 229a**-04 + In: „Art up!“ – Junge Kunst aus deutschen Akademien – A.-kat. – Düren, 2005

Odenbreit-Hincha, Elsbeth (B) / 1925 Herringen b. Hamm – 1975 Datteln / **Lit.: 221**-93

Odenthal, Bert (G/Z/O) / 1967 Bonn- / lebt (2006) in MS / NEU: Stud.-MS 90-96 FHD, 91-01 Akad. / s. 96 eig. Des.-büro in MS / (Biografie in Beilage: CD-Ausgabe 2006)

Odenwaeller, Michael (B/O) / 1953 Unna- / lebt (2006) in Dortmund / Mitgl.-„BBK-Westf.-Süd“ = 1. Vors. u. „Dortmunder Gruppe“ = s. 98 Vors. / (Biografie in Beilage: CD-Ausgabe 2006)

Oehley-Friedrich, Leonie (auch: Friedrich-Oehley, L. oder Oehley, L.) (M/Z) / lebt (1937/39) in Dortmund / weitere Daten leider unbek. / Ausst. u. a. 1937/38/39 Dortmund (ehem. Katharinenkloster), 76 Illertissen (altes Posthalterhaus) / **Lit.: 8a**-37...39

Oellerich, Christiane (M/G) / 1957 Bremerhaven- / lebt (2002 in MS) u. (04) in Rheinberg / Stud.-Berlin 77-83 HdK, 82 Meisterschülerin / 91 Stip. Bremerhaven / Ausst. u. a. 1983 Berlin (Halle Trapez), 88 Bonn (G.-Heinemann-Haus), 89/92 Göttingen (Gal.-Apex), 2000 MS (Förderv. f. akt. Kunst), 01 Drensteinfurt (Bürgerhaus), 02 MS (Fr.-Hitze-Haus), Lüdinghausen (Burg Vischering), 02/04 MS (Jahresgaben Aldegr.-Ges) / **Lit.: 19**-02 + „C. O.“ – Die Natur der Farben – Hg.: Kunst- u. Kulturverein Drensteinfurt, o.Jhg.; In: „Aldegrever-Gesellschaft“ – Jahresgaben 2002 + 2004 – Faltblätter – MS

Oelze, Brigitte (B/K/I) / 1938 in Mühlhausen/Thür.- / lebt (2004) in Iserlohn / ab 77 Ausb.-Akad.-Remscheid, „Lag“-NRW in Marl u. in Weiterb.-kurse / s. 90 Lehrt. VHS-Iserlohn / ab 98 Mitgl. „FrauenKunstForum“-Südwestf. / Ausst. u. a. 1994/97 Iserlohn (Stadtgal/Parktheater), 99 Menden (Rathaus), Hagen-Haspe, 2000 Iserlohn (Haus Letmathe), Schwelm (Fabrikgal.-Knorr), Breckerfeld (Ev. Jakobuskirche), 03 Herne (Gal.-Kunstantin) / **Lit.: 187+ 187a+b**

Oer, Clara Freiin von (Z) / 1872 – 1894 / weitere Daten nicht bek. / **Lit.: 215**-6

Oertel, W. (Ill/Holzschneider) / lebte Ende des 19. Jh.-s / Ausst.: 1987 MS (WL) / **Lit.: 215**-6

Oertel, Wilhelm (M) / 1870 Frankfurt/M. – 1933 Mannheim / Lit.: 108-3 + 24-25

Oertel, Willy Richard (Pseudon.: Serapion Grab) (M/G/Khw) / 4. 11. 1868 Langendreer b. Bochum – 1933 Mannheim / Stud.-Düsseldorf 1886-88 Kgsch / 1901 Mitbegr. Kabarett „Elf Scharfrichter" in München, unter seinem Schafrichternamen „Serapion Grab" schuf er Dekorationen u. Plakate / **Lit.: 24**-25 + **34**-1906+8,2 + Internet

Österle, Elfriede (M/Z/F) / 1950 Kefermarkt/Österr.- / lebt (2004) in Österreich / Stud.-Dortmund 76-80 FHD (Des/Fotogr) / 81-91 Weiterb. St. Gallen u. 92 Sommerakad. Prof. Eisler u. 95-98 bei Prof. Brehm / ab 93 freisch. / Ausst. u. a. in Paris/Lingen/MS/München/Dortmund, + Österr. / **Lit.: 120b**-80

Oettinghaus, Karl (A/Dipl.-Ing) / 1924 Gevelsberg- / lebt (2004) in Bochum / Stud. TU-Berlin / s. 55 in Bochum selbst. / Werke u. a. Kirchen in Kirchhellen/Nordkirchen/Rinkerode/MS-land u. Silbach b. Winterberg / **Lit.: 112ca + 146c**

Özer, Baris (M) / 1980 Ankara/Türkei- / lebt (2005) u. a. in Halle/W. / 95-99 Stud. Kunstsch.-Ankara u. 99-03 Univ.-Ankara (Kunst) / s. 5/03 in BRD / Ausst. u. a. in Izmir/Kusadasi-Türkei, 2005 Halle/W. (Off. Atelier-Alte Lederfabrik) / **Lit.: 152b**-05

Ofen, Michael van (Prof) (M) / 1956 Essen- / lebt (2006) in Düsseldorf u. MS / Stud.-Düsseldorf 74-82 Akad., Meisterschüler / 92 = 1. Kunst-Pr. Volks- u. Raiffeisenbanken / Lehrt.: 01-04 Gastdozent Akad.-MS, ab 04 Prof., um 05 Sommerakad.-Essen / Ausst. u. a. in Düsseldorf (Gal.-Strelow/Kunsthalle/Kv), 1991 Krefeld (Mus. Haus Esters), 92 Paris, 92/93 Beteil.-Wanderausst.-BRD, 94 Velbert (Schloss Hardenberg), 96 Bremerhaven (Kv), 2001 Cottbus/Basel-Schweiz/Haifa-Israel, 02 Düsseldorf (Malkasten), Krefeld (Mus), 04 Istanbul-Türkei (Kulturzentr), 05 MS (WL), + N(s. Lit.) / **Lit.: 26a**-05 + **64c** + **231b+c** + In: „Standort Düsseldorf" – Ausst.-kat. – Kunsthalle-Düsseldorf, 1983; In: „Städt. Kunstmuseum Bonn" – Sammlungbestand 1945-82 – Bonn, 1983; In: „Binationale" – Deutsche Kunst d. späten 80er Jahre – DuMont-Verl.-Köln, 1988; „M. v. O." – Ausst.-kat. – Museum Haus Esters Krefeld, 1991; In: „Deutscher Kunstpreis" – Ausst.-kat. – Volks- u. Raiffeisenbanken, 1992/93; In: Axel u. Christa Murken(Hg.): „Romatik in der Kunst der Gegenwart" – Wienand-Verl.-Köln, 1993

Offenberg, Gerd (A) / 1897 Erwitte – 1987 / Stud.-Darmstadt/Stuttgart 1919-25 TH / tätig in Köln/Berlin/Arnsberg, 33-34 Lehrt. TH-Stuttgart, 34-42 Städt.-Baudirektor Bremen, 42-47 Ltg. HfBK-Weimar, 48-60 Referent d. L.-Regierung Rhl.-Pf., 60-67 Architekt in München / Werke u. a. in Bonn/Köln/Kassel/Bremen/Pirmasens / **Lit.:** Internet

Ogando (F/D) / * 1962 – / lebt (2006) in Köln-Ehrenfeld / Stud.-Dortmund 84-89 FHD / s. 90 freiberufl. tätig, 90 Förder-Pr. „BFF", 96 2xKodak Gold Award, 98 „Bestes Wissensch.-foto" u. Kunst-Pr. Weldebrauerei Planckstadt-Schwetzigen / Ausst. u. a. 1990 Dortmund (1. Banale), 93/94 Frankf.-M./3xKöln, 96 Kecskemét-Ungarn, 97 Mannheim (Alte Feuerwache), 98 Linz-Öst. (Ars Electronica), 98/2000/01 Köln (Messe/2x"Arlüwa"), 2000 Stuttgart (Haus der Wirtschaft), Köln (Mus.-Ludwig), 06 Gelsenkirchen (Wissensch.-park) / **Lit.:** In: „Paarungszeit" – Ausst.-kat. – Fotogalerie Alte Feuerwache – Mannheim, 1997; In: „Düsseldorf" – Bildband – Köln, 2002; In: „Köln" – Bildband – Köln, 2004

Ohkita, Toneko (B/O) / * 1950 in Japan- / lebt (2002) in MS / Gast-Stud.-MS um 2002 Akad. (2 Semester) / Ausst. u. a. 2002 MS (Foyer-Akad)

Ohlemutz, Indra (F/D) / 1979 Giessen- / lebt (2005) in Bielefeld / Stud.-Bielefeld ab 2000 FHD / Ausst. u. a. 2002 Bilelefeld (bildwild), 03/04 Bielefeld (Bunker-Ulmenwall/GAB/Renteistr), Essen (Kunsthaus), 05 Bielefeld (FabrikArt-Münzstr)

Ohm, Thomas (M/G/D/I/O) / 1952 Herne-Wanne-Eickel- / lebt (06) in Selm-Cappenberg / NEU: 01 Artist in Residens Lakes-Coll. West-Cumbria-GB / (Biografie in Beilage: CD-Ausgabe 06)

Olayiwola-Olosun, Birgit s. Olosun, Birgit

Olbrich, Theo (Theodor) / 1925 Stolzmütz/Oberschlesien- / lebt (2006) in Bottrop / Stud.-Hirschberg 51-53 Wksch u. 60-62 Fernstud. Privatschule-Darmstadt / war um 70/75 Mitgl. „Künstlervereinigung Bottrop" / Ausst.-en s. 1952, u. a. in Hirschberg, 1974 Bottrop (Heimatmus), u. a. 97/99/2001 Bottrop (Mus), + NRW / **Lit.: 99a**-97+99+01

Oldenburg, Ernst (B) / 1863 – 1894 / Lit.: 26-Index-Bd. 7

Oldenburg, Ernst (M/B) / 8. 1. 1914 Danzig – 9. 1. 1992 Unna / Vater v. Karola Ramas-Oldenburg / Stud.-Danzig ab 28 TH (Archit/Kunst/Phil), 29 Meisterschüler, 36 Univ.-Berlin (Phil/Archit) / ab 40 Kriegsdienst, Flucht der Familie 45 nach Stralsund, 49 Ostberlin u. s. 54 BRD, 55-67 zweites Atelier in Marl, ab 67 in Unna-Kessebüren (bis 74 mit Martha Johannpeter) / ab

71 Mitgl. „Malkasten"-Düsseldorf / Werke u. a. in Westf. / Ausst. u. a. in Hamburg/Bremen/ Frankf.-M./Essen/Unna, 1986 Marl (Mus), MS-Wolbeck (Wpr.-L), 2005 Eutin (Mus), 06 Soest (Wilh.-Morgner-Haus), + INT (Dauerausst. = „Ernst Oldenburg-Haus" in Unna-Kessebüren) / **Lit.: 79a+162a+230**-86+ „E. O." – Hg.: Kulturamt der Stadt Dortmund, ohne Jhg.(1972/73); „E. O." – ein Bildhauer und Maler aus Danzig – Ausst.-kat. – Wpr.-L-MS, Schloss Wolbeck, 1986; Claus Pese/Karola Ramas-Oldenburg: „E. O. 1914-1992" – Werkverzeichnis – Katalog – Verl.-Wachter – Heidelberg, 2004 mit CD-Rom = Werkverzeichnis/ Biographie/Filmdokumente – Reschke/Steffens & Kruse – Berlin/Köln, 2004

Oldenburger, Anke (M/G) / 1895 Bochum – ? / lebte um 1930 in Essen / Stud.-Berlin/Düsseldorf / ab 1921 in Aachen tätig, später Essen / war Mitgl. „DWB" / **Lit.: 24**-25 + **25**-3 + **34**-9,2

Oldhues, Barbara (O) / NEU: 1966 Hamburg- / lebt (99) in MS u. Köln / Stud.MS 91-98 Akad. / Ausst. u. a. 1993 Bad Oeynhausen (Stadtgal), 97 MS (Mensa I) / **Lit.: 256**

Oldhues, Lisa (M/Inneneinrichterin) / 1962 Münster- / lebt (2002) in Nordwalde / Stud.-Berlin 85-89 HfBK / 90-96 in Hamburg tätig, ab 96 in MS / m. Jörg Ebbing (Innenarchitekt) eig. Galerie: „Kunsthaus Nordwalde" / Ausst. u. a. in Berlin/Hamburg/Mallorca, 1998 MS (Rinckl. v. Endert), 2000 MS (Ärztehaus), Steinfurt (Bagno), 01 MS (TBZ-Theaterfoyer), Steinfurt (Sparkasse), Nordwalde (Off. Atelier)

Oligmüller, Georg (F/D) / * 1966 – / lebt (2005) in Bochum / Stud. FHD-Dortmund / s. 98 Mitgl. Atelier „Tor5" in Bochum, ab 04 Lehrt. VHS-Bochum / Ausst. u. a. 2005 Gelsenkirchen-Schalke (Friedenskirche)

Oliver, Joris (M/G/O) (Musiker) / 1971 Münster-Hiltrup- / Stud.-Detmold 93-98 Hochsch. f. Musik (Musik/Erz.-wiss) u. Paderborn 95-01 Univ./GH (Kunst) / 01 „Woldemar-Winkler"-Förder-Pr. Gütersloh u. Stip. f. Archez/Spanien, 01 Pr. „Kl. Fest" Studentenwerk Paderborn / Ausst. u. a. 1999/2000 Paderborn (u. a.: Uni-Campus/PESAG), 2000 Detmold, Delbrück (Amtsgericht), 01 Bonn, Paderborn (Studentenwerk)

Olm, Rudolf (B/O/Materialb.-k/M/F) / 1932 Arnsberg- / lebt (2005) in Arnsberg / Stud.-Salzburg um 79 Sommerakad. / Ausst. u. a. in Salzburg/Arnsberg, 1998 Lüdinghausen (VEW), 2005 Arnsberg (Kunstsommer), + Südwestf.

Olosun, Birgit (jetzt: Olayiwola-Olosun, Birgit) (Z/O/Coll.-k) / 1973 Bielefeld- / lebt (2005) in Ostbevern / NEU: Stud.-MS 95-04 Akad., 94-? Univ. (Phil/Kunstwiss/Managm/Päd) / (Biografie in Beilage: CD-Ausgabe 2006)

Ooyen, Hans van (F) (Autor/Rezitator/Regisseur) / 1954 Duisburg-Rheinhausen- / lebt (2005) in Recklinghausen / Stud. Univ.-Bochum (Germ/Phil) / war Lektor/Cheflektor, Dipl. Marketing-Manager u. bis 01 Mitgl. der Gesch.-ltg. einer Werbeagentur in Dortmund/Berlin / Preise u. a.: Lit.-Pr. Aachen, A.-Kitzig-Pr. f. Lit. / zahlr. Publikationen, dazu Beteil. an ca. 150 Anthologien u. Schulbüchern / Ausst. u. a. 2005 Marl (VHS), Leipzig/Bochum, + im Internet / **Lit.:** In: „Erotic-Colours" – Bildband – Deutscher Fotobuchpreis – 2004

Opalka, Reinhard (M/K) / 1945 Rauschken/Ostpr.- / lebt (2004) in Sprockhövel / Jugendzeit in Gross Thondorf, s. 59 in Sprockhövel, Malerausb./Meisterprüfung / 85-96 eig. Atelier f. Keramik u. Malerei, danach haupts. kopieren alter Meister / Ausst. = Internet

Opalka, Ursula s. **L**udes, Michael (Büro „Ludes – Arch.-en/Ing.-e" Recklinghausen)

Oppenberg, August (M/G/Z) / NEU: 1896 Bochum – 1971 Wesel / Autodidakt / Stud.-Wesel bis 1924 Kgsch / ab 26 freisch. / (Biografie in Beilage: CD-Ausgabe 2006)

Oremek, Rosita (M/O/I) / 1952 Minden- / lebt (2005) in Porta Westfalica, Atelier in Minden / NEU: Weiterb.: 89 Akad.-Remscheid, 93-95 Europ.-Akad.-Trier, 97 Gmünd-Österr. u. 01/02 Bundesakad.-Wolfenbüttel / s. 93 Mitgl. „Verein f. akt. Kunst-Kr. Minden-Lübbecke e.V." (Vorstand), 95 „Kv.-Lübbecke e.V.", 96 „Das Fachwerk"-Bad Salzuflen u. Frauenmus.-Bonn, 97 „BBK"-OWL / (Biografie in Beilage: CD-Ausgabe 2006)

Orrù, Salvatore (M/Z) (Galerist) / 1956 Aritzo/Sardinien- / lebt (2004) in Lippstadt / Weiterb.-Italien b. Prof. Bequzzi, danach in Mailand tätig / s. 92 eig. Atelier in Lippstadt, danach dann eig. Galerie u. Malschule = Lehrt. / Ausst. u. a. in Aritzo-It./Paderborn/Soest/Hagen/Werl/ Lippstadt / **Lit.:** S. O./Gustl Streitbürger(Gestaltung): „Kinderwelt-Traumwelt" – Selbstverl.-Lippstadt, 2000

Ort, Marina (M/D) / 1975 Miass/Russland- / lebt (2005) in MS / Stud.-Miass/Russl. 90-92 Jugendkunstsch., Magnitorosk/Russl. 93-97 PH (Kunst/Zeichnen) u. MS 2000-2/03 FHD / Ausst. u. a. 2005 Münster (Café Sentrup)

Ortmann, Marie-Christine (Ortmann-Montagné) (M) / 1960 Paris- / lebt s. 85 in Siegen / Stud.-

Montpellier 78-83 Univ. (Kunst/Kunstg) / Mitgl. „Ars & Lettres de France" / Ausst. s. 1995, u. a. 96/99 Montpellier-Fr., 97 Marseille/Beziers/Paris/Mouries-Fr./Saarbrücken/Valence, 97+ 98 Marseille-Fr. (Messe = Preisträgerin), 98 Le Puy-Fr., Arles-Fr. (Messe), 99 Pirmasens (Messe), Limburg (Kultursommer) 97 Herdorf/Saarbrücken, 98 Siegen (Telekom), 99 Pirmasens/Limburg, 2000 Montauban/Charlieux-Fr., Koblenz (Haus Metternich), 01 Bordeaux-Fr., Düsseldorf (Festival Francais), + Südwestf. / **Lit.: 110b + 110c**-04

Ortmann, Monika (O/I/M/D) / 1954 Bochum- / lebt (2006) in Bochum / Stud.-Berlin u. FHD-Dortmund (Grafik/Des) / 03 = 3. Pr. KEUCO-Hemer / ab 79 freisch. in Bochum, war Lehrt.-VHS u. hatte bis 7/02 eig. Produz.-Gal. „Klecks" in Herne / Mitgl. „FrauenKunstForum"-Südwestf. u. ab 06 „BBK-Westf." Dortmund / Ausst. u. a. 1979 Bochum (Mus), 79/89/90/97/99-2002 Herne (Gal.-Klecks), 87 Esslingen, Herne (Flottmann-Hallen), 88/96 Mülheim-R., 94 Marl, 98 Bochum (TZR-Gal/Paulus-Kirche), 99 Essen/Marl/Stuttgart/Regensburg(K)/Bochum(K)/Hagen/Menden/Dortmund/Bonn (K)/Peine, 2000 Essen/Schwerte/Bochum(K)/Bonn (K)/Jesteburg(K)/Iserlohn, Lennestadt, Gelsenkirchen-Buer(K), Berlin, Hilden, Hagen (Strassenbahn-Depot), 2000/04 Ennepetal (Kluterthöhle), 01 Nürnberg (Schloss Almoshof), 2x Bonn(K)/Berlin/Alpirsbach/Sprockhövel (K), Detmold (Stadthalle), Essen (Mus.-Borbeck/ Alte Cuesterey), Dortmund (St. Gertrudis), Köln-Ehrenfeld (Hochbunker), Witten (Zeche Nachtigall), 02 Bonn (Frauenmus), Bochum (Wirtsch.-Akad), Wetter (Hist. Bahnhof), Jesterburg (Kunstwoche), Witten (Zeche Nachtigall), Leverkusen/Stuttgart/Iserlohn/Hilden, Havanna-Cuba (Humboldt-Mus), Siegburg (Kv. Pumpwerk), 03 Wittenberg (L.-Cranach-Haus), Bad Tölz (Kv), Wanderausst.-beteil. Hagen/Altena/Attendorn/Delinghofen/Bochum, Hemer-Becke (KEUCO-Center), 04 Bochum (Kulturrat/Magazin-Lothringen), Gelsenkirchen (Wiss.-park), Potsdam (Kv), 05 Neuenrade (Park der Villa am Wall), Essen (VHS), 06 Rheine (Salzsiedehaus), Ennepetal (Kluterthöhle), Bonn (Frauenmuseum) / **Lit.: 26a**-05 + **134**-01 + **142a** + **142x**-87 + **187** + **187a+b+c** + **209**-2000...02+04+06 + K = Katalog + M. O.: „6 Amazonen blicken nach Osten" – Ausst.-kat. – Wirtsch.-akad.-Bochum, 2000; In: „Kunstwoche Jesteburg" – Ausst.-kat. – 2002

Ortmann-Montagné, Marie-Christine s. Ortmann, M.-Chr.

Ortmeyer, Klemens (F/Dipl.-Ing) / 1964 Gütersloh- / lebt (2004) in Braunschweig / Stud.-Braunschweig bis 96 TU (Archit) / s. 93 selbst. Architekturfotogr., 97-02 Kooperation m. d. Bildarchiv in Düsseldorf / Lehrt.: 99 FH-Oldenburg, 2000 FH-Hildesheim, 01/02 Projektbetreuung TU-Braunschweig / Veröffentl.-gen in Büchern/Fachzeitschriften / **Lit.:** Internet

Ossenberg-Engels, Dorothea (A) / 1937 Dortmund- / lebt (2004) in Altena / s. 55 im Büro „Hubert **O**ssenberg-Engels Architekten-Ingenieure" in Altena / Mitgl. „BDB" / Viele Wettbew.-Preise, Werke u. a. in Westf.(OWL/Südwestf)/Kaliningrad/Gusev, Burg Schlitz-Meckl.-Vorpommern, Kirchen in Plettenberg/Altena u. Arnsberg / **Lit.: 112c** (S. 11)

Ossenberg-Engels, Hubert (A/Dipl.-Ing) / 1930 Altena- / lebt (2004) in Altena / s. 55. Büro (m. Dorothea **O.**-E.) „Hubert Ossenberg-Engels Architekten-Ingenieure" in Altena / Mitgl. „BDB" / Viele Wettbew.-Preise, Werke u. a. in Westf.(OWL/Südwestf)/Kaliningrad/Gusev, Burg Schlitz-Meckl.-Vorpomm., Kirchen in Plettenberg/Altena/Arnsberg / **Lit.: 112c** (S. 11) + **112d** (S. 106)

Ossing, Johann Reiner (Bauing.) / Fürstl. münsterr. Landmesser, um 1726-34 in MS tätig / **Lit.: 215**-6 + In: „Der Kreis Lüdinghausen in alten Ansichten" – Lüdinghausen, 1974

Ostendorf, Friedrich (Prof) (A) / 17. 10. 1871 Lippstadt – 17. 3. 1915 Lorettohöhe gefallen / Stud.-TH 1890-95 in Berlin-Charlottenburg/Stuttgart/Hannover / 1904-07 Prof. TH-Danzig u. 07-15 TH-Karsruhe / Werke u. a. in Karlsruhe/Heidelberg / **Lit.: 24**-26

Oster, Igor (M/G) / 1972 Minsk/Weissrussl.- / lebt (2005) in MS / Stud. bis 92 Kunstfachschule-Minsk (Formgest) u. bis 98 Akad.-Minsk (Grafik), MS ab 2000 Akad. / Ausst. u. a. in Griechenl./Bulgarien, 1996/97/99 Minsk, 98 Nordwalde/MS, Tokio (Triennale Minnidruck), 2000 Hativa-Sp., 2000/01/03 Vilnus-Lit., 02 Kiel (Gal.-Heckt), 05 Liesborn (Mus), 05 Eskisehir-T. (Univ). MS (Mus. f. Archäol) / **Lit.: 56d + 78E**

Ostermann, Barbara-Maria s. Barb., Toni

Ostermann, Edeltraud (M) / 1955 Gütersloh- / lebt (2004) in Bad Oeynhausen / war bis 92 in Münster tätig / Ausst.-gen s. 1999, u. a. 2000/01 MS (Univ.-kl/Chir.-Univ.-kl), 02/04 Bad Oeynhausen (Off. Atelier) / **Lit.: 152a**-02+04

Ostermann, Jörg (M/G) / lebt (2005) in Steinhagen / Fernstud. = Werbe- u. Gebrauchsgrafik,

Ausb. zum Druckvorlagenhersteller u. Weiterb.-kurse / Mitbegr./Mitgl. Künstlerwerkstatt „Rote Erde"-Steinhagen / Ausst. u. a. 2002-04 Steinhagen (Off. Atelier), 03/04 Steinhagen (Heidefest/Schlichte-Carree) / **Lit.: 191b**-04

Ostermann, Karin (M) / * 1968 – / lebt (2005) in Steinhagen / Stud. Univ.-Bielefeld (Kunst/Päd) / Lehrt.-Steinhagen / ab 03 Mitgl. Künstlerwerkst. „Rote Erde"-Steinhagen / Ausst. u. a. 2004 Steinhagen (Off. Atelier) / **Lit.: 191b**-04

Ostermann, Ulrike (Uli) (M) / 1955 Welver- / lebt 97-? in Tappen/British Columbia, 06 in Salmon Arm/BC-Kanada / Stud. Univ.-MS (Päd) / 97 Auswanderung nach Kanada / ab 93 Mitgl. „BBK-Westf." Dortmund / Ausst. u. a. Selm/Bonn/Hamm/Werl/Dresden, 1988 MS (Akad.-Überlingen), 2002 Dortmund (Rathaus/Adv. Holding), 03 Bo.-Wattenscheid (Techn.-Zentr), Dortmund (Mus. f. K. u. K.) / **Lit.: 3**-02/03+03(2)

Ostermann, Ute (M/Z) / 1975 Bochum- / lebt (2005) in MS / Stud.-Dortmund 96-01 Univ. (Musik/Kunst) u. MS 99-05 Akad., 04 Meisterschülerin / Ausst. u. a. 1998 Ostbevern (Schloss Loburg), 2002 Berlin (Univ. der Künste), 03 Genua-It. (art club il Doge), 04 Dülmen (Kv), Bad Oeynhausen (VHS), 05 Liesborn (Mus), Eskisehir-T. (Univ), H.-Gravenhorst (Kloster) / **Lit.: 56ba+d + 69**-05 + **78E**

Osterwald, Albrecht (Lithogr) / tätig um 1836 m. Georg Osterwald, Rinteln / **Lit.: 215a** (S. 33)

Osthof, Johanna (B) (Holzschnitzerin) / 1931 Herne- / lebt (2002) in Herne / Arbeiten s. ungef. 1977 / Ausst. u. a. in Herne (kath. Kirche in Stadtmitte) / **Lit.: 142a**

Osthorst, Niels (M/Z/O) / 1976 Bremen- / lebt (2004) in Berlin / NEU: Stud.-MS 97-2000 Akad., 2000- 01 KH-Berlin-Weißensee u. 01-04 HfBK-Berlin, 04 Meisterschüler / (Biografie in CD)

Osthues (Goldschm.-familie in Münster) **s.** Nachtrag 1: Gold- u. Silberschmiede

Osthus-Spellmeier, Irmela (Osthus, I.) (M) / 1943 Bad Salzuflen- / lebt (2006) in Gütersloh / 63-71 Architekturstud. In Braunschweig/Stuttgart / 73-74 Tutorin Polytechn. Kingston b. London, ab 80 freiberufl. u. 89-91 Lehrt. Haus Aussel / Ausst. u. a. 2006 Bad Salzuflen (Das Fachwerk), + OWL / **Lit.: 191**

Ostlinning, Heinrich Johann Bernhard (B) / 21. 3. 1881 Münster – 24. 10. 1957 ebd. / Ausb. um 1896 b. Heinr. Fleige in MS / tätig in Düsseldorf, 1919-43 Wuppertal-Barmen, danach MS / Werke in Wuppertal u. MS (Rekonstruktion des zerst. Kiepenkerls) / **Lit.: 34**-9,2 + **216**

Ostrop, Gisela (K/B/M) / 1950 Kirchhellen- / lebt (2004) in Dorsten / Ausb.: 80-84 Töpferschule Weise-Dreckmeier, 84-87 Kunsthof Knoop, 87 Bildh. Holger Schmitt, 93-96 Raku-Seminare b. Chr. Wermert u. Stud.-Duisburg 95-97 Univ. (Malerei/Bildh) / s. 90 Lehrt. VHS-Dorsten / Ausst. u. a. 2004 Reken (Alte Kirche), + Westf.

Othmer, Günther (F) / = „Othmer, Angenendt & Co."-Dortmund / Ausst. u. a. 2000 Essen (Zeche Zollverein), 01 Dortmund (Mus. f. K. u. K.) / **Lit.: 202 + 204** + s. **A**ngenendt, **E**rich

Ott, Adolf (A) / 10. 3. 1890 Mainz – 9. 5. 1960 Dortmund / Stud. Kgsch-Mainz(?) / ab 1919 in Dortmund (46-50 Schmallenberg) tätig / Werke in Bad Oeynhausen, haupts. in Dortmund u. Westf. / war Mitgl.-„DWB", „BDA" u. „VDAI" / Ausst. u. a. 1936 Dortmund (ehem.-Katharinenkloster) / **Lit.: 8a**-36 + **34**-9,2 + **120a**-3(Anh.)

Ott, Reimar (F) / 1970 Herford- / lebt (2003) in Enger / Stud.-MS 93-94 Univ. (Angl/Ethnol/Publiz) u. ab 94 FHD-Bielefeld (Fotogr) / 94 Ausz. beim Preis f. j. Bildjournalismus, 2000 European Newspaper Award / Ausst. u. a. in Salzwedel, 2000 Bielefeld (Hochbunker)

Otte, Maria (F/O/I/Multimedia- u. Perf.-k) (Autorin) / 1942 Jarchlin/Pommern- / lebt (2003) in Melle / Stud.-Dortmund 60-61 Wksch, Mannheim 62-65 Akad. u. Mannheim 66-67 PH (Werken/Kunst) / s. 69 Autorin v. Filmen (WDR), Buchveröffentl.-gen u. Seminare/Symposien / Ausst. u. a. in Melle/Bielefeld/Peine, 2000- Bielefeld/OWL (Archiv) / **Lit.: 114x + 192**-01

Ottendörfer, Philipp (F/D) / 1976 Villingen-Schwenningen- / lebt (2005) in Bielefeld / Stud.-Bielefeld ab 2000 FHD / Ausst. u. a. 2001 Bielefeld (Kv), 03 Wiesbaden (Kv), Bielefeld (Projekt-„Bildwelt"-Amerikahaus), Groningen-NL (Photofestival), 05 Herford (MARTa-Kapelle)

Ottens, Astrid (F/G/D) / 1970 Hannover- / lebt (2006) in Bremerhaven / Stud.-Hannover 90/91 Univ. (Biol), Bildkunstsch. f. Fotogr. 93-94 in Dänemark u. Dortmund 95-2000 FHD, s. 01 Museums- u. Ausst.-desig.-in am Hist.-Mus. Bremerhaven / Ausst. u. a. in Kopenhagen/Hannover, 2000 Gelsenkirchen (Wissensch.-park), 01 Dortmund (Mus. f. K. u. K.) / **Lit.: 202**

Ottensmeier, Andreas (G/D/Kommunik.-des) / * 1968 – / lebt (2003) in Hamburg / Stud. FHD-Bielefeld / Ausst. u. a. 1991 Herford (Pöppelm.-Haus), Bet.-Wanderausst.-OWL / **Lit.: 114d**

Otterbach, Renate (B) / 1932 Siegen- / lebt (2004) in Siegen / Weiterbild.: 64-75 VHS-Siegen, 75-FfG / Mitgl. Gr.-„Skulptura 17" / Ausst.-gen s. 1983 in Südwestf. / **Lit.: 110b + 110c**-04

Otterpohl, Wolfgang (Goldschm.-meister/Schmuckgest) / * 1951 – / lebt (2005) in Halle/Westf. / 76 Meisterprüfung u. selbst., Werkst. u. Gal. f. Khw mit Petra O. (Goldschm.-meisterin) / 04 = 2. Schmuck-Pr. NRW / Mitgl. „AdK"-OWL / Ausst. u. a. 2002 Halle/W. (Kunstnacht), 02-05 Halle/W. (Off. Atelier), + NRW / **Lit.: 152b**-02...05 + **191b**-04

Otto, Albert (M) / NEU: 1885 Oberbrechen/Taunus (Düsseldorf?) – 1975 Bad Sassendorf / (Biografie in Beilage: CD-Ausgabe 2006)

Otto, Andreas (M/G) / 1966 Arnsberg- / lebt (2004) in Arnsberg / Ausb.: Buch- u. Offsetdrucker u. Reprofotograf / s. 82 künstl. Arbeiten / 89 Kunst-Pr. Baden-Baden (Franz. Armee), 98 Katalog-Stip. GWK / Ausst. s. 1985, u. a. 1995 Dortmund/Freiburg, 96/97/99 Arnsberg, 98 Hagen, 99 Erwitte, 2000 Altena, Ennepetal (Kluterthöhle), 01 Freiburg (Univ.-Klinik) 01/02 Sundern (Loft/Stadtgal), 03 Gevelsberg (Gal.-Janzen), 04 Holzwickede (Haus Opherdicke) / **Lit.: 209**-2000

Otto, Angelika (M/F) / 1927 Münster- / lebt (2005) in MS / Weiterb.-kurse in MS / Ausst. u. a. 1987 Telgte (Mus), 2005 MS (Gesundheitshaus/Landgericht), + MS / **Lit.: 185**-87 + W. Schemann: „Menschen in Münster" = in „WN"-MS – 9/1983

Otto, Annette (Filmk) / 1961 Detmold- / lebt (96) in Holland / Stud.-Köln 86-90 Phil/Germ/Theater-, Film- u. Fernsehwiss. u. 91-96 Niederl. Film- u. Fernsehakad. (Dokumentarfilm) / s. 92 Filme / Auff. u. a. in Utrecht/Amsterdam/Augsburg/München/Potsdam, 97 MS / **Lit.: 196**-97

Otto, Heike (M/Z/B/K) / 1941 Nehms/Kr. Segeberg- / lebt (2005) in Steinhagen u. Atelier in Halle/W. / s. 78 künstl. Arbeiten, 80-82 tätig im Weiterb.-werk d. AWO, 83-85 Lehrt.-Halle-W., 86 Weiterb. b. Prof. Woldemar Winkler, 94 Akad.-Böhlen/Thür., 97 u. a. Sommerakad.-Schwalenberg u. Wolfenbüttel, 01/02 Bet. Seminare Bundesakad. f. Kult. Bild. in Wolfenbüttel / 01 = 1. Wettbew.-Pr. Firma Grünenthal u. Stip. Sommerakad.-Wolfenbüttel / Ausst. u. a. in Woerden-NL, 91-92/95-97 Bet.-Wanderausst.-gen(2xK), 95-97 Rheda-Wiedenbrück, 96 Kaohsiung-Taiwan, 2000- Bielefeld/OWL (Archiv), 02-05 Halle/W. (Off. Atelier/Kunstnacht), 02 Halle-W. (Rathaus), Gütersloh (Kreishaus), 03 Bielefeld/Rheda-Wiedenbrück (Q-Tour), + OWL / **Lit.: 152b**-02...05 + **191b**-04 + **192**-01+03 + K = Katalog; In: „Stilleben" – Ausst.-kat. – Hist.-Mus.-Steinhagen, 2000

Otto, Mike John (Medien-Des) / 1973 Münster- / lebt (2002) in Hamburg / Stud.-MS 96-7/2000 FHD / 12/2000 = Suhi Award „Art Directors Club" / **Lit.: 15a** (S. 23) + **122**-2000(S. 45) + In: „sichtbar" – Examenskatalog – FHD-Münster, 7/2000

Overbeck, Gerta (Greta / Gerta Overbeck-Schenk) (M/Glasm) / NEU: 1898 Dortmund – 1977 (oder 79) Selm-Cappenberg (in allen Biografien teils 1977 oder 1979 gestorben!) / (Biografie in Beilage: CD-Ausgabe 2006)

Overbeck, Johannes (M/B) / * 1947 – / lebt (2005) in Dorsten / Autodidakt / Ausst. u. a. 1997-99/01-05 Telgte (Mus) / **Lit.: 185**-97...99+02+04+05

Overdiek, Jürgen (A/Dipl.-Ing) / 1954 Gladbeck- / lebt (2005) in Düsseldorf / NEU: Schulzeit in Gladbeck/Dorsten u. Praktikum/Bundeswehr / Stud.-Aachen 77-82 TH / s. 79 Büro in Düsseldorf, 85-93 Arch.-gruppe m. Christoph Ingenhoven (* 1960 Düsseldorf = u. a. 99+02 Archit.-Pr. NRW), 93-94 Ingenhoven ° Overdiek ° Petzinka u. Partner, 94-96 ohne Petzinka, 97-99 dazu Prof. Dr. Ing. Hans Kahlen, um 02 = acht Partner / Stip. Villa Massimo-Rom, 81 Förder-Pr. NRW, 02 Archit.-Pr. NRW / Mitgl.-„BDA" / Preise/Werke s. Lit. / **Lit.:** u. a. **197**-95 + **205z**-04 + **213a**-99+02 + **219**-02 + **226** + 2 Ausst.-kataloge: Ingenhoven Overdiek u. Partner: „Evolution ° Ökologie ° Architektur" – Aedes West – Berlin, 1996 + „Hauptbahnhof Stuttgart" – Aedes West – Berlin, 1999; In: Peter Zec: „good design" – Produktkultur u. Lebensform – Des.-Zentr.-NRW – Essen, 2000; 2x = Ingenhoven Overdiek u. Partner im Verl.-Birkhäuser – Berlin-u. a., 2002 = „Energies" + „Hochhaus RWE AG Essen"

Overheidt, Frank von (M) / 1962 Bochum- / lebt (2002) in Herne / 78-81 Berufsausb., 87-89 Stud.-Borken FH f. Baud.-malpfl., 96-2001 IfBKK-Bo.-Wattenscheid, 99 Meisterkl. / Ausst. u. a. 1997 ´s Heerenberg-NL, 97-99 Bo.-Wattenscheid (Zentr.-IfbKuK), 99/2000 Hefei-China, Herne (Volkshaus-Röllingh./VHS), 2000/01 Korschenbroich, 02 MS (alte DB-Direktion) / **Lit.: 142a** + In: „Freie Malerei" – Ausst.-kat. – Hg.: IfbKuK-Bochum, 2001

Owsianny, Martina (O/I/F/Filmk) / NEU: 1966 Marl- / lebt (2005) in Berlin / 87-89 Filmmontageausb., Stud.-MS 91-94 Akad. u. Hamburg 94-98 HfBK / Ausst. u. a. 1992/95 Rheine-Bentlage (Kloster), 93 Dortmund (Kunstspektakel), 94 Bremen, Ganderkesee (Kv), 98 Stuttgart (Fotokunstpr), 98/99 Hamburg (Wendenstr./Kampnagel/intercom), 2000 Projektausst. m. Fl. Japp, 01 Basel (ART-Messe), Stuttgart (haus-kunst), 02 Berlin, Marl (Mus), 05 Recklinghausen (Kunsthalle), Ingolstadt (Kv) / **Lit.: 121 + 230**-02 + **256**

Ox, Hanne (M) / 1948 Bottrop- / s. 96 Atelier in Essen / 64-68 Stud.-Kassel (Kunst/Design) u. Weiterb. am Bodensee/Italien/Korfu / ab 88 eig. Galerie in Bottrop, s. 96 Essen / Ausst. u. a. Gelsenkirchen/Düsseldorf/Köln/Oberhausen/München/Metz/London/Luzern, 2002 MS (Gal.-Signatur), 05 Bottrop (Mus), + N

Oxel, Andreas (M) / stammt wahrsch. aus Süddeutschl., Minoritenbruder / um 1655/56 in MS u. Telgte tätig / Werk in der Minoritenkirche-MS / **Lit.: 112a**

Oych, Heinrich s. Vernucken, Heinrich

P., Irmi s. Pfeiffer, Irmgard

P., Klaus s. Poppenberg, Klaus / (Biografie in Beilage: CD-Ausgabe 2006)

Pabelick, Ute (geb. Margott) s. bei Margott, Heinz

Pacholski, Michael (G/F/D) / 1955 Lauda/Baden-Württ.- / NEU: lebt (2005) in Havixbeck / s. 92 selbst., eig. Büro ab 95 in Havixbeck (Mitarbeit v. Dagmar P. (geb. Scharfenberg), * 1960 Datteln), Hg. d. Zeitung „Der Baumberger“ ab 98 (4-6x jährl.) im „PeePunkt“ Verlag & Werbeservice-Havixbeck / Mitgl.-„AGD“ / (ganze Biografie in Beilage: CD-Ausgabe 2006)

Padberg, Norbert von (D/M/Ill) / 1957 Hattingen- / lebt (2006) in Heiligenhaus bei Velbert / Dekorateurausb., Stud.-Designer / Beruf: Art Direktor, Illustrator, Lehrt./Dozent / Mitgl. „BBK“-Berg.-land / Ausst. u. a. 1979 Bochum (Mus), 80 Hattingen (Kunstpassage), 80/81 München (Penta Press-Gal/Promotion-Gal), 82 Schulenburg (Happening), 84 Homberg (Gal.-Kohlund), 90 Gelsenkirchen (Gal.-Tilmann), 91/96 Düsseldorf (Gal.-Lichthof/Gal.-Troner), 92 Heiligenhaus/Meerbusch, 95 Hameln (Kunstzelt), 2003 Bad Bocklet/Heiligenhaus, 04 Wuppertal (BBK), + Dauerausst.-en in Mülheim-R./Oberkassel/Heiligenhaus

Padzikowski, Anja s. Kosok, Anja

Paek, Seyung-Hye (O/M) / 1969 Seoul/Korea- / lebt 2003 in MS u. 05 in Seoul-Korea / NEU: Stud. Suwon/Korea 89-93 Univ. (Kunst) u. MS 95-03 Akad. / (Biogr.=Beilage: CD-Ausg. 06)

Pälmke, Ronald (NEU: Stobrod) (M/Z/O/Coll.-k) / 1951 Stromberg- / lebt (2002) in Wadersloh / 80-88 Stud.-Berlin / s. 81 Mitgl. u. Ausst.-gen im „Kr.-Kv.-Beckum-Warendorf“ / Ausst. u. a. in Berlin, + Westf. / **Lit.: 50**-82+02(Stobrod) + **102**-85 + H. Wiesrecker/R. P.: „Das kosmische Reh“ – Ausst.-kat. – Mus.-Abtei-Liesborn, 1986

Pätsch, Ulrich (Uli/Ulli/Uly) (B/O) / 1960 Münster- / lebt (2005) in MS / NEU: ab 80 mit Uwe Brüggemann u. Felix Hellenkamp: „Die Panzerknacker“, 82-87 **Gr.**-„Tschad“ u. ab 85 freisch. / s. 82-90 Objekte in der Stadt MS, 96 bei Schöppingen / (Biogr. in Beilage: CD-Ausgabe 06)

Pagenkämper, Josef (B) / 1918 Lippstadt- / lebt (92) in Langenberg b. Wiedenbrück / Holzbildh.-meister / Werke s. 58 / Ausst. u. a. 1976/80/84-91 Telgte (Mus) / **Lit.: 185**-76+80+84...91

Pagenkämper, Susanne s. Vering-Pagenkämper, Susanne

Pagenstecher, Wolfgang (M/G) / 16. 3. 1880 Elberfeld – 26. 12. 1953 Düsseldorf (Grab in Warendorf) / Stud. Akad.-Düsseldorf / Akad.-Pr. f. Paris / **Lit.: 24**-26 + **25**-3 + **216**(ausführl. Biografie)

Pakulla, Hyazinth (M) / 1971 Schwientochlewitz/Polen- / lebt s. 89 in Paderborn / Stud.-Paderborn 97-99 GH/Univ. (Kunst) / Ausst.-gen s. 1991, u. a. in Essen/Wiesbaden/Dringenberg/Lippstadt/Büren/Bielefeld, 1991-96/2003-05 Paderborn (Atelier), 03 Paderborn (Haus d. Evang. Kirche), 04 Nieheim, 05 Hameln, Paderborn-Neuhaus (Schloss) / **Lit.: 101b**-03...05

Palär s. Wendehals, August-Alexander

Paleit, Elke (B/O) / 1950 Brunsbüttel- / lebt (2004) in Bad Berleburg / autod. Arbeiten s. 74 / ab 93 eig. Galerie „Art & Design“ / Mitgl. Gr.-„Der Bogen“ u. „GEDOK“ / Ausst. u. a. 1993 Dachau (Gal.-Weininger), 95 Gelsenkirchen (TKK), 97 Budapest, 98 Solingen, 99 Essen (Alegria), 2000 Boccia/Mailand/Berlin, + NRW / **Lit.: 110b + 110c**-04

Palm, Wolfram (O/I) / 1953 Wuppertal- / lebt s. 99 in Schwelm / Stud. Akad.-Düsseldorf, Meisterschüler / Ausst. u. a. 1999 Ennepetal (Kluterthöhle), + NRW/INT / **Lit.: 209**-99

Palmieri, Alessandro P. M. (M/G/D) / 1972 Siegen- / lebt (2004) in Irmtraut/Rhl.-Pf., Atelier in Siegen / ab 91 autod. Arbeiten, Stud.-Sommerakad. in Bari-Italien, 96-98 Ausst.-gen in eig.

„Art Galerie Siegen", Arch.-entwürfe u. a. f. Siegen u. Berlin / Ausst. u. a. 1995 Basel-Schweiz (Gal.-Augustinerstr), 97 Siegen (Nürnbergerhaus/ART-Gal) / **Lit.: 110b + 110c**-04

Panhoff, Ingrid (M/Z) / 1946 Minden- / lebt (2004) in Düsseldorf / Stud.-Düsseldorf 68-73 Akad. / danach Lehrt. u. freisch. / Ausst. u. a. in Wesel/Siegburg/Petershagen/Dierdorf, 1992 Lüdinghausen (Burg Vischering), 2004 Ahaus (Villa van Delden), Nettetal (Houbenhof) / **Lit.: 19**-92

Paning, Martin (M/Z) / 1951 Laer- / lebt (98) in MS / Stud.-MS (Päd) / s. 77 Lehrt.-MS / war 78-83 Mitgl.-„Gruppe 132"-MS / Ausst.-gen u. a. in Münster u. Laer

Pankoke, Laura (O/I) / 1971 Düsseldorf- / lebt (2004) in MS u. Ochtrup / 93-96 Fotografinausb., Stud.-Düsseldorf 97-01 FHD (Vis.-Komm) u. ab 01 Akad.-MS / Ausst. u. a. 2003 Schöppingen (Feuerstiege) / **Lit.: 229**-03

Pantel, Elmar (Goldschm.-u. a./B) / 1946 Schwelm- / lebt (2000) in Schwelm / Ehemann v. Veronika P. / Gold- u. Silberschm.-ausb. in Wuppertal, tätig danach in Hagen, ab 69 Wuppertal / 73-77 Stud. PH-Wuppertal, seitd. Lehrt. / 70 „Diamonds Intern. Award" / Ausst. = N/INT / **Lit.: 216**

Pantel, Lea Regina (Regina) (I/Videok) / 1962 Ahlen/W.- / lebt (2004) in MS / Stud.-MS bis 98 Univ. (Phil/Germ/Rom/Publiz) u. 97-03 Akad.-MS (Film), 02 Meisterschülerin / Ausst. u. a. 1994 MS (Stadttheater), Dortmund (Mus), 97 Aalen (Kv), 2000/02 MS (Atelier-Fresnostr/ Akad), 01 Frankf.-M. (Altes Hauptzollamt), Köln (Art-Cologne), 02 Recklinghausen (Schaufenster-Kunsthalle), Hamm (Zeche-Radbod), 03 MS (Beteil.: Klanginst.-Akad), Bergkamen (Zeche Haus Aden), Coesfeld (Kv), Warendorf (Theater am Wall) / **Lit.: 218**-03 + **229**-02+03

Pantel, Veronika (Goldschm.-u. a.) / 1948 Wuppertal- / lebt (2000) in Schwelm / Ehefrau v. Elmar P. / Gold- u. Silberschm.-ausb., Stud. Wksch-Wuppertal u. 73-76 PH-Wuppert. (Kunst) / ab 69 freiberufl. tätig, 70 Intern. Diamonds Award, s. 77 Lehrt.-Wuppertal / **Lit.: 216**

Pantenius, Wolfgang (A/Dipl.-Ing) / 27. 10. 1911 Berlin – 27. 4. 1992 Münster / Stud.-Stuttgart 31-35 TH / tätig in Hamburg/Berlin/Bremen, im Krieg am Westwall, 46/47 Ltg. Stadtplanungsamt MS, ab 47 Büro m. Ruth **P.**-Lohmann in MS / viele Wettbew.-Preise, Werke in Westf.-Lippe, u. a. in Ibbenbüren/Vlotho/Bochum, Kirche (56) in Gronau, Nottuln (Schule unter Denkmalschutz) u. MS = u. a. Schulen, frühere Buchhandlung Coppenrath (Fassade unter Denkmalschutz) / Ausst. u. a. 1988 MS (WL) / **Lit.: 112ca + 146b + 219a + 251a**-88+94 + In: W. Durth/N. Gutschow: „Träume in Trümmern. Planungen zerstörter Städte ..." – Braunschweig/Wiesbaden, 1988

Pantenius-Lohmann, Ruth (A/Dipl.-Ing) / 21. 4. 1921 Bielefeld- / lebt (2004) in Münster / Stud. TU-München u. TH-Stuttgart / ab 47 Büro m. Wolfgang **P.** in MS / viele Wettbew.-Preise, Werke in Westf.-Lippe, u. a. in Ibbenbüren/Vlotho/Bochum, Kirche (56) in Gronau, Nottuln (Schule unter Denkmalschutz) u. MS = u. a. Schulen, Schulen, Buchhandlung Coppenrath (Fassade unter Denkmalschutz) / **Lit.: 112ca + 146b + 219a + 251a**-94+95 + In: W. Durth/N. Gutschow: „Träume in Trümmern. Planungen zerstörter Städte ..." – Braunschweig/Wiesbaden, 1988

Papadopoulos, Evangelos (Film- u. Videok) / 1974 Athen- / lebt (2005) in MS u. Hagen / Stud.-MS s. 98 Akad. / 01 Förder-Pr. Akad.-MS / Ausst. u. a. 2001 MS (Halle-Am Hawerkamp), 03 Schwerte (Kv), 04 MS (Osmohallen) / **Lit.: 234**-03

Pape, Thomas (A/Dipl.-Ing/B) / 31. 8. 1962 Dortmund- / lebt (2004) in Dortmund / 84-86 Bauzeichner, 86-90 Stud.-Univ./GH-Paderborn, Abt. Höxter (Archit) / s. 86 auch Plastiken / ab 90 in der „Bauunternehmung Wiegand"-Dortmund tätig, 92 Gesch.-führer, 95 Inhaber, 96-2000 „Projektentwicklung Wiegand"-GmbH&Co KG, 03 Archit.-büro „Eberbach-Pape", s. 04 Gesch.-ltg. „WFD DERWALD Proj.-entw."-Dortmund / Werke (A/B) in NRW / **Lit.: 197b**-99

Papenbreer, Doris (M/Z) / 1963 Gütersloh- / lebt (2005) in Gütersloh / s. 90 künstl. tätig, Weiterb.-kurse/Seminare u. a. in Bielefeld / 01 Förderung Kunststiftung „Panem et Artes" / s. 01 Lehrt. VHS-Gütersloh / 02 Ill.-n zum „Bärlauch-Kochbuch", 03 „Himmlische Himbeeren u. herrliche Heidelbeeren" / Ausst. u. a. 2004 Gütersloh (Off. Atelier) / **Lit.: 191b**-04 + D. P. : „Blüten für die Sinne" – Gütersloh, 2003

Papp, Felicity (M/Coll.-k) / * 1977 – / lebt (2005) in Paderborn / Ausst. u. a. 2004 Paderborn (Stadtgal/Kunstmarkt/Café Rosso), Hollfeld-Bayern (Intern. Ku.-ausst), 04/05 Paderborn (Off. Atelier) / **Lit.: 101b**-04+05

Papp, Janina (B) / 1949 Krakau- / lebt (2004) in Krakau / Ehefrau v. Stefan P. / Stud. Akad.-Krakau (Bildh) / Werke u. a. in Soest / Ausst. u. a. in Polen, 1985 Unna (Innenstadt) / **Lit.: 162a**

Papp, Stefan (G/Z/B/O/D) / 1932 Tschernowitz/Polen- / lebt (2004) in Krakau / Ehemann v. Janina P. / Stud.-Krakau bis 58 Bildhauerei / Lehrt.-MS: 79-96 FHD u. 96-03 FH f. Architektur, danach in Gleiwitz / Ausst. u. a. in Krakau, 1978/81/93/2000 Bergkamen, 84 MS (FHD) / **Lit.: 15** + **82a** (Anh.) + **103**-2000

Parade, Christoph (Prof) (A/Dipl.-Ing) / 1934 Breslau- / lebt (2004) in Düsseldorf / Stud.-Stuttgart 53-60 TH u. 59-60 Stip. f. Univ. N. Jers.-USA / s. 62 m. Brigitte **P**.-R. selbst., später Büro: „Parade+Partner"-Düsseldorf / 67 Staats-Pr. NRW, 69 BDA-Pr., 71 Archit.-Pr. Köln u. weitere Preise/Ausz.-gen / s. 89 Prof./Lehrt. FhfArchit.-MS / Mitgl.-„BDA" / Werke (u. a. Schulen), s. Lit. / Ausst. u. a. 1978 Paris (Centre Pompidou), 88 MS (WL) / **Lit.: 112d** (S. 124) + **197**-95+97+01 + **213a**-02 + **220** + **251a**-88

Parade-Reese, Brigitte (Parade, Br.) (A/Dipl.-Ing) / 1935 Wuppertal- / lebt (2004) in Düsseldorf / Stud.-Stuttgart 54-61 TH, 60 Gastsem. in Wien / s. 62 m. Christoph **P**. selbst., später Büro: „Parade + Partner"-Düsseldorf / 67 Staats-Pr. NRW, viele Ausz.-gen/Arch.-Preise / Mitgl.-„BDA" / 92 Vors.-de des Fördervereins GAAG (Galerie Archit. u. Arbeit in Gelsenkirchen) / Werke (u. a.-Schulen) = s. Lit. / Ausst. u. a. 1988 MS (WL) / **Lit.: 112d** (S. 124) + **197**-95+97+ 01 + **251a**-04

Paramonow, Henriette (O) / 1955 Siegen- / lebt (90) in Siegen / Ausst. u. a. 1989 Lüdenscheid (Mus) / **Lit.: 125f**-89

Paramonow, Peter = NEU (Paramonow-Tarara, P.) (M/Z/I/Klangk) (Lyriker) / 1950 Siegen- / lebt (2006) in Siegen / (Biografie in Beilage: CD-Ausgabe 2006)

Park, Kyong-A (Kyung-A) (M) / 1974 Taegu/Südkorea- / lebt (2006) in MS / Stud.- Yeugnamm/ Korea 94-97 Univ. (Kunst) u. ab 2000 Akad.-MS / Ausst. u. a. in Korea, 2000 MS (Halle-Am Hawerkamp), 04 Hamm (Mus), Esslingen (Kreissparkasse), Frankf.-M. (Kunstforum-Löwenhof), Istanbul-T. (Mus), 04/05 Düsseldorf (Kunstpalast), 05 Liesborn (Mus) / **Lit.: 56d** + **107**-04+05 + **139a** + **231b+c**

Park, Mi-Young (M) / * 1969 (in Südkorea)- / lebt ab 82 in Greven, (2002) in MS / Stud. Univ.-MS (Physik/Angl/Sineol/Germ), z. Zt. wiss. Mitarb.-in Univ.-MS, 01 Gründerin des Inst.-s f. koreanische Kultur in Münster / Ausst. u. a. in Greven (Stadtbücherei), MS (M.-Luther-Haus), Coesfeld (Allg.-Zeitung), 1990 Reckenfeld (M.-Claudius-Haus), 2002 MS-Gievenbeck (Fachwerkhaus)

Pasalk, Peter (M/O/I/D) / 1978 Kamen- / lebt (2005) in Kamen u. Düsseldorf / Stud.-Düsseldorf ab 01 FHD (Komm.-Des) / mit Björn **W**olf Zus.-arbeit/Ausst.-gen u. 99-04 Aktionen in Kamen / Mitgl. „KB-Schieferturm"-Kamen / Ausst. u. a. 1999 Kamen (Gal.-chek), 2000-02 Kamen (Rathaus), 01 Menden, 02 Kamen (Atelier-Schieferturm/Gal.-Lewerentz), 02 Hamm, 03 Unna (Kulturzentr), Krefeld (Artothek), 04 Kamen (Haus d. Geschichte/Waldaktion-Methlar)

Pasch, Kurt (A) s. bei Rank, Hans

Pasch, Ursula (A) / 1964 Krefeld- / lebt (2002) in Bielefeld / Stud.-Aachen 84-91 TH / 84-96 tätig in Köln/Spanien u. Köln/Gütersloh, ab 96 Partnerin im Büro „bhp-architekten" mit K. Brüchner-Hüttemann Bielefeld / viele Preise, u. a. 2000 BDA-Pr. OWL / Werke u. a. in NRW (s. Lit.) / **Lit.: 197**-2001 + **197d** (S. 86)

Paschker, Johannes (M/G/B) (Autor) / NEU: 15. 1. 1929 Bocholt- / lebt s. 77 in Südlohn / Ausb.-Würzburg 43-45 Städt. Zeichenschule u. Nienborg-Heek 46-47 Wksch f. kirchl. Kunst, 47-48 Bildh.-ausb. b. Walter Gründgens d. Ä. u. Zeichnen b. Bernh. Bröker in MS, 48-49 b. A. Frerichmann in Senden (Bildh.) / Stud.-MS 47-48 Wksch, 58-62 Univ. MS/Freiburg (Theol/Kunstg) u. Karlsruhe 59-63 HfBK / 44 = 1. Pr. Plastik u. 3. Pr. Malerei Unterfranken, Jugendk.-wettbew.-DR, 92 = 1. Kunstwettbew.-Pr. Deutsches Kopfschmerzforum (Frankf.-M.) / 64-88 Lehrt., u. a. 70-73 PH-Dortmund, ab 71 Diakon, ab 88 freisch. / war Mitgl. Gr.-„Hamalandkr. d. Künste"-Borken, Mitgl. „Kunstkr. Berkelkraftwerk"-Vreden, „Euregio Kunstkreis" u. Gr.-„KIM" –Borken / über dreiundzwanzig öffentl. Werke u. a. in MS/MS-land/Kevelaer/ Marienthal-Rhl./Limburg / Ausst. u. a. 1949/50/84/90 Bocholt, 56 Limburg-Lahn, 69 Hengelo-NL, 85/89/91-93/95/98 Borken, 85 Ahaus, Paris (Centre Int. d´Art Contensporain), 86 Hamminkeln/CoesfeldAnholt, 86/89 Rhede, 90 Ochtrup/Bornheim, 92 Hamburg, 92 Düsseldorf (Foyer-Messe), 95/2000 Reken (Maria Veen), 99 Willich (Gal.-Schageshof), MS (Landgericht), 2000 Südlohn (St. Jakobus), Limburg-Lahn (Pallottiner-Missionshaus), 01 Bet.-Wanderausst.-MS-land/MS, Gross Reken (Atel.-Artmeyer), 05 Borken (Stadtmuseum) / **Lit.: 141a** + **161** + **180** + **195** + In: „10 Jahre Hamaland Kreis der Künste e.V." – Katalog – 1989

Pasda, Günther (B) / NEU: 4. 6. 1934 Borghorst – 25. 12. 2005 Nottuln / war Bildhauermeister in Nottuln / Werke s. 48 / 05 Bischof-Tenhumberg-Pr. Telgte / Ausst. u. a. 1975/79-90/95/97-2005 Telgte (Mus) / **Lit.: 185**-75+79...90+95+97...2000+02+04+05

Pasing, Anton Markus NEU: (Prof) (A/O/I/M/F/D) / 1962 Greven- / lebt (2006) in MS / 96 Sonder-Wettbew.-Pr. Erotisches Mus.-Berlin, 96 Stip. Rotterdam/NL, 99 Rom-Pr. Villa Massimo u. 99 Förder-Pr. NRW / ab 94 eig. Büro in MS / Lehrt.: 93-97 FHD-MS, 94-01 Assist. TH-Aachen, 99/01 Univ.-Innsbruck, s. 02 Prof.: (Gast) TU-Darmstadt/Univ.-Kiel, Peter Behrens-School Düsseldorf u. A&M Univ.-Texas-USA / ab 7/04 Atelier am Hafen Speicher II – MS / (vollst. Biografie in Beilage: CD-Ausgabe 2006)

Pasmanns, Michael (M/Z/Ill/Dekorat.-Akt.-k) / 1946 Detmold- / lebt (2006) in MS-Albachten / NEU: Initiator/Organisator v. Ausst.-gen/Workshops mit Gr.-„Künstlerstammtisch Albachten e.V.“, jetzt = Gr.-„pArt 96“ / (Biografie in Beilage: CD-Ausgabe 2006)

Paß, Werner (Pass, W.) (B/Z) / 1956 Coesfeld- / lebt s. 2000 in Havixbeck / 82-86 Stud. FH-en Aachen/Köln (B/Objekt-Des) / 88-94 Lehrt. FHD-Aachen u. 98-2000 Akad. f. Gest.-MS / ab 2000 Atelier m. Annette Rawe in Havixbeck / Ausst. u. a. in Roermond-NL 2001 Havixbeck (Atelier), 01/02 Lüdinghausen (Kv), 02 Berlin („ARNO“), Herten (Zeche Scherlebeck), Hilden (Int. Biennale), Mönchengladbach (Gal.-Noack), 03 Vechta (Gal.-Ellendorf), 03/05 Hattingen (Henrichshütte/Stadtgal), + NRW / **Lit.: 107**-90

Pathe, Moritz (M/Ill) / * 1858 – 1907 Berlin / Lit.: 24-26

Pathé, Moritz (M/Z) (Autor) / 1893 Berlin – 1956 / lebte in Essen / Stud. Kgsch-Berlin / Pressezeichner im Ullstein-Verl. u. Wandmaler, war Lehrt.-Berlin, später Essen / war oft in Schwalenberg u. Himmighausen / **Lit.: 25**-3 + **137a**

Patzelt, Reinhild (Patzelt-Lüders, R.) (M/Z/O/I/Wandm) / NEU: 1954 Walsrode- / lebt (2005) in Gütersloh / (Biografie in Beilage: CD-Ausgabe 2006)

Pauen, Petra (M/G) / 1949 Gelsenkirchen- / lebt s. 76 in Bottrop / 75-76 Weiterb.-Gelsenkirchen (Halfmannshof) u. s. 88 Aquarellworkshops in Bottrop/Gelsenkirchen, 98-04 Stud. IfBKuK Bo.-Wattenscheid, 02 Meisterschülerin / Ausst. u. a. 1989 Bottrop (Stadthaus), 2001-03 Bo.-Wattenscheid (4xKunst- u. Gal.-haus), 03 Dortmund (Westf.-halle), 04 Gelsenkirchen-Buer (Hospital)

Paul, Anton (B) / 1932 Gelsenkirchen- / lebt (80) in Gelsenkirchen / Ausst. u. a. 1979 Recklinghausen (Vest.-KB: Kunsthalle) / **Lit.: 188**-79

Paul, Christof (Industriedes) / 1971 Siegen- / Jugendzeit u. erste Tätigk. in Ibbenbüren, ab 2003 in Bochum / Stud.-Essen 91-98 Folkw.-schule u. 96/97 in Helsinki-Finnl. / in NL tätig u. s. 03 im Büro „United Design Workers“ – Bochum, mit A. **K**alweit u. R. **W**allbaum / **Lit.: 205**-97erw.

Pauly, Heinz (M) / 1963 Würselen b. Aachen- / lebt (2004) in MS / Stud. Univ.-MS (Päd/Germ/Phil) u. EDV-Ausb. / Lehrt.-Erw.-bildung / s. 98 Malerei u. ab 02 Atelier in Ostbevern-Brock

Paura, Bernhard (Bernd) (B/O/Materialb.-k) / NEU: 1939 Drawöhnen/Ostpr.- / lebt s. 56 in Hagen / (Biografie in Beilage: CD-Ausgabe 2006)

Paus, Helmut (M/G/D/Ill) / 1941 Bocholt- / lebt (2004) in Bocholt / NEU: Büro in Bocholt = Helmut u. Nicolai Paus: „paus Design & Medien“ / Mitgl. Gr.-„Hamalandkreis d. Künste“-Borken / Ausz.: 01 „Top-Business-Site“ u. „Design Plus 04“ v. Rat f. Formgebung Frankf./M. / Ausst.-gen = MS-land / **Lit.: 161**

Paus, Nicolai (G/D) / 1967 Bocholt- / lebt (2004) in Bocholt / Stud. Univ./GH-Wuppertal (Grafik-Des) / Büro in Bocholt = Helmut u. Nicolai Paus: „paus Design & Medien“ / Ausz.: 01 „Top-Business-Site“ u. „Design Plus 04“ vom Rat f. Formgebung Frankf./M.

Pautzke, Regina (B) / 1962 Dortmund- / weitere Daten nicht bek. / **Lit.: 98a**

Pavel, Roswitha Joy (M) / 1941 Schweinfurt- / lebt s. 72 in Paderborn / Weiterbild.-seminare an der Europ.-Akad. Trier, Univ. u. Sommerakad. Paderborn / ab 79 Mitgl. Gr.-„Quast“ u. s. 99 Gr.-„Offenes Atelier“-Paderborn / Ausst.-en u. a. in Paderborn (Gal.-Westphal/Kulturwerkst.= Off. Atelier), Bad Neustadt (Gal.-Sendner), Herford (D.-Pöppelmann-Haus), Burg Dringenberg, 2005/06 Paderborn („IN Via“-Akad.=Meinwerk-Institut/Wincor-Nixdorf)

Pawlik, Heinrich (F) (Galerist) / 1954 Berlin- / lebt (2004) in Büren / Stud.-Leipzig 78-83 Hochsch. f. Grafik u. Buchkunst / 84-90 Lehrt. Hochsch. f. industr. Formgest. Halle/S. / s. 84 freiberufl. tätig / 2000-02 eig. Galerie in Büren, 02-04 in Lippstadt / Mitgl.-„BBK“ / Ausst. u. a. in Berlin/München/Chemnitz, 1982-98 in Sachsen, 1993 Virginia-USA (Sweet Briar), Tel Aviv (Goethe-Inst), 2001 Büren, 03 Lippstadt / **Lit.:** 2x H. P.: „Reifezeit“ – Verl. Neues Leben, 1985 + „Das violette Licht des Privatfleischers“ – Kassette – Selbstverl., 1990

Pawlowski, Nicole s. Clöer, Nicole

Pechmann, Dieter C. (Industriedes) / 1962 Greven- / lebt (2003) in Essen / Stud.-Essen 83-91 Univ./ GH / ab 91 „Pechmann Design"-Essen / u. a. 95+01 Design-Pr. NRW / **Lit.: 205a**-01 + **205x**-95

Pedace, Michael (M/G/D) / 1962 Hagen/W.- / lebt (2006) in Gevelsberg / Stud.-Dortmund bis 92 FHD (Grafik-Des/Ill) / Ausst.-en s. 1980, u. a. in Gevelsberg/Ennepetal/Schwelm/Sprockhövel, Radevormwald/Wuppertal/Dortmund/Bochum/Vendôme-Frankr./Hoshiarpur/Punjab-Indien

Pegelow, Per (F/D/Filmk) / * 1974 – / lebt (2005) in Dortmund / Stud. FHD-Dortmund / Ausst. u. a. 2003 Dortmund (FHD), 05 Essen (Proj.-„PACT"-Zollverein) / **Lit.: 203**-03

Peik, Ki-Young (Kiyoung) (M/F/I/Videok/Perf.-k) / 1969 Kangwoondo Pyngchang/Korea- / lebt (2003) in MS / Stud.-Seoul 89-96 Univ. (Malerei) u. 97-02 Akad.-MS, 01 Meisterschüler / 01 Stip. f. Venedig, 02 DAAD-Pr. / Mitgl. Gr.-„0082"-MS / Ausst./Perf. bis 2000: Seoul-Korea/ MS, u. a. 2001/02 MS (Atelier-Fresnostr.), 01 Frankf.-M. (Altes Hauptzollamt), MS (Tryptichon), Köln (Art-Cologne) 02 Ochtrup (Villa Weiner), MS (Kleingärten-Wienburg/Förderv. f. akt. Kunst), Hamm (Zeche Radbod) / **Lit.: Lit.: 196**-99 + **218**-03 + **229**-02 + s. Gruppe „0082" – Kataloge 1998/2003

Peiler, Andrea (F) / * 1968 – / lebt (2005) in Bottrop / Tochter v. Erika P. / Ausst. u. a. 1997-2002/04 Bottrop (Mus), 2000-04 Bottrop (Kulturzentr) / **Lit.: 99a**-97...02+04 + **99c**-2000...04

Peiler, Claus (M/Z) / 1947 Norden/Ostfriesl.- / lebt s. 52 in Oberhausen, ab 86 Dortmund / 62-69 Schriftsetzerausb./Tätigk., 66-69 Stud. Werbefachsch.-Essen, 76-84/86 Univ.-GH-Essen (Angl/Kunst), 77 Stud. Univ.-Bangor/Wales / ab 87 Lehrt.-Oberhausen u. Dortmund, 89-96 in Dortm.-Huckarde u. s. 96 in Lünen / Mitgl. Gr.-„Kunstknoten"-Dortmund / Ausst. u. a. 1983 Oberhausen (Fabrik K14), + NRW

Peiler, Erika (F) / * 1938 – / lebt (2004) in Bottrop / Mutter v. Andrea P. / Ausst. u. a. 1997-2001/ 03 Bottrop (Mus), 2000-03 Bottrop (Kulturzentr) / **Lit.: 99a**-97...01+03 + **99c**-2000...03

Peisker, Karl-Ulrich (F/G/D) / 1940 Königsberg/Pr.- / lebt (2006) in Dortmund / Stud.-Dortmund 64-68 Wksch / 68-2000 Lehrt.-Dortmund (Gymnasium) u. 70-72 FH-Dortmund / ab 01 Mitgl. „BBK-Westf." Dortmund, 04 = 2. Vors. u. 05 im Vorstand NRW / Ausst. u. a. 1998 Regensburg (Europ.-Kulturkreis), 2001-05 Bo.-Wattenscheid (Technol.-Zentr), Dortmund (Gal.-Nürenberg/Rathaus/Advance Holding/Torhaus/Mus. f. K. u. K.), 03 Otterndorf (J.-Heinr.-Voß-Haus), Attendorn (Rathaus), Witten (Boesner), 04 Castrop-Rauxel (Rathaus), Bochum (Kulturwerk Lothringen), 05 Bad Sassendorf (2xKongresszentr/Workshops/Klinik Lindenplatz), Herne (Archäol.-Mus), 06 Gelsenkirchen (Wissensch.-park), Dortmund (Artothek), + NRW / **Lit.: 3**-01+02+02/03+03(1+2)+04(1+2)+05(1+2+3)

Pelargus, Tankred (A/Dr.-Ing) / 1906 – 1971 / lebte in Dortmund / Werke u. a. Kirche in Hamm u. Ev.-Gemeindehaus Lünen / **Lit.: 112ca + 146c**

Peltzer, Michael (M) / 1977 Bonn- / lebt (2005) in MS / Stud.-MS s. 01 Akad. / Ausst. u. a. 2004 Bonn (Untilnau), Oberhausen (Kv), 05 MS (Förderv. f. Akt. Kunst/Gast: Atelier-Fresnostr)

Penker, Georg (Landsch.-Archit/Dipl.-Ing) / * 1925 – / lebt (2001) in Neuss / eig. Büro in Neuss, Mitarbeit bei W. Harde u. P. Scheele in Dortmund / Werke in NRW (s. Lit.), u. a. Beteil. Univ.-Dortmund / **Lit.: 197**-01 + **213**-80

Penner, Udo (Filmk) / lebt (1986) in Bielefeld / um 1985 Filme m. Matthias Müller / Auff.-gen u. a. in Bielefeld/Berlin/Memmingen u. 1985 Münster / **Lit.: 196**-85

Pentrop, Anja (O/I) / 1980 Münster- / lebt (2006) in MS / Stud.-MS ab 03 Akad. / Ausst. u. a. 2004 Hörstel-Gravenhorst (Kloster), 06 Essen (Kunsthaus) / **Lit.: 69**-04

Peres, Michael (Metallgest) / lebt (2004) in Dortmund / 03 Staats-Pr. NRW (mit Frank **B**artecki) / Ausst. u. a. 2003 Dortmund (manu factum) / **Lit.: 48x**-03

Perks, Paul Adalbert (Prof) (M/Z/Glasm/Wandgest) / 4. 10. 1879 Görlitz – 26. 4. 1939 (Grab im Bochumer Zentralfriedhof) / lebte in Bremen / Stud.-Dresden 1898-1902 Akad. / in Dresden tätig u. (um) 1918/19-37 Prof. Kgsch-Bremen / Werke in N (u. a. Lünen) / **Lit.: 24**-26 + **34**-8,2+9,2 + **84**-60(S. 82) + **146c**

PÈRO s. Roth, Peter

Peschlack, Friedrich (M/Z) / NEU: 28. 1. 1912 Metz/Lothringen – 3. 12. 2005 Münster / Autodidakt / s. 19 in Münster / (Biografie in Beilage: CD-Ausgabe 2006)

Peschmann, Dieter C. (Industriedes) / 1962 Greven- / lebt (2004) in Essen / Stud.-Essen 83-91 Univ./GH (Ind.-des) / s. 91 selbst. / Ausz. u. a. 95 Studien-Pr. f. Designkonzepte NRW, 97 red dot award Essen, 01 Design-Pr. NRW / **Lit.: 205a**-01+03 + **205x**-95(u. a.)

Peter, Attila (M/O) / * 1974 (in Siebenbürgen/Rumänien)- / lebt (2002) in Dortmund / s. 84 BRD / Stud.-Dortmund ab 97 FH (Obj.- u. Raumdesign) / als Maler Autodidakt / Ausst. u. a. in Dortmund (Atelier), 2001 Bochum (Drehscheibe), Hattingen/Gladbeck / **Lit.: 128**-01

Peters, Gabriele (F) / * 1968 – / lebt (2003) in Bochum / Ausst. u. a. 2000/03 Bochum (Musikschule/Museum) / **Lit.: 146**-03

Peters, Hans-Joachim (G) / 8. 2. 1905 (Wupp.)-Elberfeld – 19. 8. 1973 Varel b. Wilhelmshaven / Stud. Akad.-Leipzig / tätig in Leipzig, nach 45 in Gütersloh, ab 66 Varel / **Lit.: 25**-3 + **216**

Peters, Hildegard (M/G) / 1923 Bielefeld- / NEU: lebt (2005) in Norden / Stud.-Berlin 43-48 Akad., Univ.-Marburg (Franz/Kunstg), Düsseldorf 48-53 Akad. u. Stip.-Frankreich 53/54 für Paris (Kunst/Franz) / Lehrt.: 56-65 Norderney, ab 65 Norden / viele Ausl.-aufenth.-e / war Mitgl. „BBK"-OWL / Ausst. u. a. Paris/Düsseldorf/München/Posen/Krakau/Warschau/Amsterdam/Stuttgart/Hamburg/Tartu-Estl./Ostfriesl., + Westf.-L. / **Lit.: 5**-52+54 + **86**-52 + **137b**-86

Peters, Nicole (G/Ill/Mode-Des) / 1965 Dormagen- / NEU: lebt (95) in Düsseldorf / Stud.-Bielefeld 84-92 FHD (Mode-Des) / 92 Förder-Pr. IHK-Hagen / 90-91 Zeichnerin am westf. Mus. f. Archäol.-Bielefeld, 91-93 Lehrt.-Rheda-Wiedenbrück u. 93 FH f. Modegrafik-Bielefeld, s. 9/93 „Atelier f. Mode-Design" m. Annette **K**üper in Düsseldorf / Ausst. u. a. in Bielefeld/ Nancy-Fr./Düsseldorf, 1992 Hagen (Mus), 92/93 Bielefeld (Off. Atelier), 94 Poperinge/Brügge/Sluis-Westflandern / **Lit.: 35a** + **152**-92+93

Peterschröder, Frank (F/D) / * 1970 – / lebt (2006) in Dortmund / Stud.-Dortmund bis 2000 FHD, Univ.-Barcelona u. Fulbright-Stip.: Meisterkl. School of Visual Arts – New York City / tätig für Magazine/Illustrierte u. versch. Int. Firmen / Ausz.-en vom ADC, BFF u. FH-Dortmund / Ausst. u. a. Herten (Fototage), Köln (Photokina), Iserlohn (Stadtgal), Hamburg/Berlin/ Beijing-China/New York, + Internet / **Lit.: 203**-98

Petersen, Claus Marius (F) / NEU: 1953 Leck/Schlesw.-Holst.- / lebt (2002) in Herne / nach Berufsausb./Tätigk.: Stud.-Dortmund Soz.-päd. / Ausst. u. a. in Mülheim-R., + Westf. / **Lit.: 142** + **142a** + In: „Psychomotorik" – Bilder/Texte – Kalender – Univ.-Dortmund, 1997

Petersen, Ralf (A/Dipl.-Ing) / 1961 Gladbeck- / lebt (2003) in Dortmund / Stud.-Dortmund 80-86 Univ. (Bauwesen) / s. 88 Büro: „Hansen + Petersen Architekten"-Dortmund / Arch.-Preise: 91+99 Deubau, 92 Kommunalverb.-Ruhrgebiet, 92/94/96 „WestHyp-Stift., 94+2000 BDA-Ruhr, 95 NRW + Holzbau-NRW, 96 „Deutscher Stahlbau" / Mitgl.-„BDA" / Werke in NRW (s. Lit.) / **Lit.: 197**-01 + **197a**-99 + **197b**-99 + **213a**-02

Petershof, Günter (Ziseleur/Gürtler) / 1919 Barmen- / lebt (2003) in Nottul-Schapdetten u. Werkstatt in MS / Ausb.-MS b. Ursula Bach-Wild, 43 Meisterprüfung-MS, ab 45 in MS selbst., 2003 = „Diamantener Meisterbrief" / Werke im MS-land und MS (u. a.-Dom)

Peterssen, Evelyn s. Ocón-Stein, Evelyn

Petit & Gebrüder **Edelbrock** GmbH&Co. – Glocken- u. Kunstgießerei in Gescher / Die Glocken- u. Kanonengießerfamilie Petit ist nachweisbar bis Mitte des 17. Jh.-s in Lothringen / **Lit.:** Internet // die Künstler: **Petit, Jean Francois** / 1660 Montigny-le-Roi – 1730 / Familie Petit zog mit Jean Francis u. Bruder Joseph 1715 nach Nederweert-NL / Glocken für Rheinl. u. Westf., 1743 Gießerei in Elten b. Emmerich u. 1744 in Hünxe // **Petit, Joseph** / 1690 Montigny-le-Roi – 1745 / ab 1715 in Nederweert-NL u. 1720 in Someren-NL (Burg de Donck) / Glocken für Rheinl./Westf. u. NL // **Petit, Alexius** d. Ältere / 1720 Burg de Donck in Someren-NL – 7. 9. 1801 Aarle-Rixtel / Sohn v. Joseph / ab 1779 in Endhoven-NL, 1783 Dinslaken, ab 1787 in ***Gescher*** / viele Glocken für NL u. Rheinl.+Westf. // **Petit, Alexius** d. Jüngere / 25. 9. 1765 Someren-NL – 25. 11. 1842 Gescher / ab 19. 2. 1806 in Gescher tätig u. ehelichte 1807 Maria T. C. A. E. ***Edelbrock*** / Ehe blieb kinderlos, er nahm die Neffen Joseph u. Bernh. Wilhelm Edelbrock in seine Werkst. auf, Name jetzt „Petit&Edelbrock" / er goss 477 ! Glocken u. a. für Westf./Münsterland (Vreden) // Brüder: **Edelbrock, Joseph** / 5. 6. 1806 – 9. 4. 1885 Gescher // **Edelbrock, Wilhelm** / 4. 12. 1807 – 1859 / führten ab 1843 die Gießerei weiter, zahlreiche Glocken, auch ins Ausland (u. a. Dänemark) / 1855 Beteil. Weltausst.-Paris (Silbermedaille) // **Edelbrock, Rudolf** / 24. 4. 1843 – Gescher – 27. 11. 1899 / ab 1869 tätig, zahlr. Glocken, die bekanntesten: 1881 Marienglocke Dom Aachen, 1897 Dom in Fulda (9) // **Edelbrock, Carl** Maximilian Hubert / 25. 9. 1874 Gescher – 24. 11. 1926 Münster / Sohn des Rudolf / 1895-1912 tätig, 1899 Übernahme der Werkst., zahlreiche u. bedeutende Glocken, u. a. für Kopenhagen, Denver-USA, Manila-Philippinen, für Dome in Erfurt/Fulda/Münster // **Hüesker, Werner** Hubert Paul Maria / 10. 7. 1876 Gescher – 22. 6. 1932 Köln / übernahm am

1. 5. 1912 die Firma, eigentl. Geschäftsmann, Firma H. & J. Hüesker u. Co., Baumwoll – Spinnerei in Gescher u. Vreden / für die Firma tätig: ab 1919 **Aloys Rüther** u. ab 1932 **Josef Feldmann** / bekannteste Glocke dieser Zeit f. Katharinenkirche in Osnabrück // **Hüesker, Hans** Georg Hermann / 29. 9. 1914 Tübingen – 15. 9. 1979 (Gescher?) / ab 1935 Glockengießer in Gescher / sein Werk: über 12 000 Glocken, die berühmteste: 1958 Dom Aachen / 1968 Gündungsmitgl. d. „ADG" (Arb.-gem. Deutscher Glockengießer), 69-77 Vors. des Verbandes Deutscher Glockengießereien // **Hüesker, Florence** Elvira Elise / 1926 – 2/1995 / Florence, geb. Wallin aus Stockholm, war s. 59 Gattin v. Hans H., 79 übernahm sie die Werkst. / von 79-95 goss sie ungef. 2400 Glocken, darunter die „Papstglocke" – Fulda, vergoldete „Stupa-Glocke" – San Francisco-USA u. für Ludgerus-Dom Billerbeck // **Hüesker, Hans-Göran** Werner Leonhard / Sohn v. Hans u. Florence / Stud. Metallurgie, Werkstoffwiss. / s. 79 in der Firma tätig u. 95 Geschäftsübernahme / weiterhin Glocken u. 99 Bronzeportal f. Cathedrale in Seattle/USA

Petit-Peters, Pascale (geb. Petit, verh. Peters) (K) / 1959 Béthune/Pas-de-Calais- / lebt (2005) in Ense / Ausst. u. a. 1998/99/04 Ense, 99 Betschdorf, 2000/04 Niederbronn-Les Bains, 01-04 Soest (Amtsgericht/Kunsttage) / **Lit.: 26a-**05

Petry, Karl (M) / 1906 Bad Kreuznach- / lebte um 35 in Hamm/W., um 82 in Weinheim/Bergstr. / Ausst. u. a. 1935 MS (Gal.-Clasing), 79 MS (WL) / **Lit.: 53 + 108-**3 **+ 233**(erw.) + In: „Industriebilder aus Westfalen" – Ausst.-kat. – WL-MS, 1979

Petrzika, Martin (A) / 1959 Bielefeld- / lebt (98) in Herford / Stud.-Berlin (Archit) / DAAD-Stip. f. London / in Berlin/London tätig, ab 96 Büro „Koch + Petrzika"-Herford(s. Lit.) / **Lit.: 197-**97

Pettirsch, Heinz (Pettiersch) (Porzell.-m) / Daten nicht bek. / tätig in Münster b. d. Firma A. Roloff u. 50-71 eig. Manufaktur in Burgsteinfurt / **Lit.: 63b** (S. 21+27) + In: B. Haunfelder: „Feines Porzellan aus Münster" – in: „Auf Roter Erde" – Nr. 3/2002 – „WN"-MS v. 22. 3. 02

Petzinka, Karl-Heinz NEU: (Prof) (A/Dipl.-Ing) / 1956 Bocholt- / lebt (81) in Köln, 2003 in Düsseldorf/Berlin/Darmstadt / nach Schulzeit in Bocholt u. Bundeswehr: Stud.-Aachen 76-82 TH / 81 Förder-Pr. NRW / 79-81+83-94 Arch.-gruppe Ingenhoven/Overdiek u. Partner in Düsseldorf (93-94 Ingenhoven/Overdiek/Petzinka u. Partner), 82-83 freisch. in Köln, ab 94 Büro: „Petzinka, Pink u. Partner"-Düsseldorf/Berlin / 83-85 Assist. TH-Aachen, 88-94 Lehrt. GH-Wuppertal, ab 94 Prof. in Darmstadt / Werke u. a. in NRW/Berlin (s. Lit.) / **Lit.: 197-**95+97 + **213a-**02 **+ 226** + In: „Förderpreis d. Landes NRW f. junge Künstler" – Hg.: Kultusminist.-NRW – Düsseldorf, 1981; In: Udo Hesse(Fotogr.) u. a.: „Berlin – Architekten – Portraits" – Wasmuth-Verl.-Tübingen/Berlin, 2000; Petzinka/Pink: „Technologische Architektur P. P. Architekten" – Verl.-Birkhäuser-Berlin, 2003

Petzold, Hilde (M/B) / 1931 Marl- / lebt (2006) in Coesfeld / Stud. Univ.-MS (u. a.: Psychol/Ps.-therapie) / Psychotherapeutin, s. 92 künstl. tätig, Autodidaktin / Ausst. u. a. 2001 Coesfeld (Kolpinghaus), MS (Foyer Ärztekammer), + Westf./Internet

Pfänder, Ernst (M) / lebt (1941/43) in Bielefeld / Ausst. u. a. 1941 MS (WL), Bielefeld (Kunsthaus), 43 MS (Schloss) / **Lit.: 8c-**41(Nachtr.)+43

Pfaff, Petra (M/B/O/I) / * 1956- / lebt (2002) in Halver / 2000 Mitbegr. Kv.-„VAKT"-Halver / Ausst. u. a. 1973-78 Wuppertal, 98-2001 Halver, Wipperfürth (Kulturgarage), 2001 Hattingen (Henrichshütte) / **Lit.: 209-**01

Pfannekuchen, Ernst (M) / 1869 Cappenberg b. Selm – ? / lebt um 1920 bei Kraftsolms, Kr. Wetzlar / Stud.-Akad.-n Düsseldorf/Berlin/Weimar / **Lit.: 24-**26 **+ 34-**8,2

Pfannschmidt, Beate (T) / 1925 Wuppertal-Barmen- / lebt (95) in Paderborn / Tochter v. Martin P. / 48-56 Gest.-Tapisserien f. öffentl. Gebäude / Stud. Akad.-Düsseldorf u. Köln 62-65 / 62-73 Lehrt., u. a. Lippstadt, ab 73 Paderborn Univ./GH / Ausst. in Südwestf. / **Lit.:** u. a. **101**

Pfau, Christiane (M/G/Obj.-Des) (Bühnen- u. Kostümb) / * 1957 – / lebt (2006) in Hamm / Lehrt. Jugendkunstsch.-Hamm, Workshops/Kurse / ab 04 Mitgl. „BBK-Westf." – Dortmund / Ausst. u. a. 2002/05 Hamm (Max.-park/Kurhausgarten)

Pfeffer, Rüdiger (M/G/Z/Ill) / 1959 Idar-Oberstein- / lebt s. 97 in Versmold / NEU: bis um 2003 = Ill.-en in Bücher/Sach- u. Kinderbücher/Kalender/Postkarten in über 7 Verlage / (Biografie in Beilage: CD-Ausgabe 2006)

Pfeifer, Sergei (F/D) / 1977 Alma-Ata/Kasachstan- / lebt (2005) in Schwerte / 94-2000 Bauzeichnerausb./Tätigk., 01-04 Studium Ruhrakad.-Schwerte (Foto-Des) / 03 Gründung (m. Christian Stenz) „can.vas fabrikart" – Schwerte, m. Kulturzeitschrift „can.vas" / Ausst. u. a. 2001 Wesel

(Deichhaus), 02 Schwerte (Haus Ruhr), Leipzig (Gal.-Blickwinkel), 03 Dinslaken (Ulcus), ab 03 Schwerte (Rohrmeisterei), 04 Hamm (Mus) / **Lit.: 139a** + Internet

Pfeiffer, Herbert (Prof) (A/Dipl.-Ing) / 1935 Stuttgart-Bad Cannstadt- / lebt (2006) in Lüdinghausen / NEU: Stud.-Stuttgart 54-61 TH / 61-69 tätig in Stuttgart, 69-74 Obering. Univ.-Dortmund, ab 74 Prof., s. 79 Büro in Lüdinghausen, 86 m. Chr. Ellermann u. 96 dazu J. Preckel / Mitgl.-„BDA" / viele Preise, Ausz.-gen u. Wettbew.-Preise (04 „Ausz. guter Bauten" BDA) / Werke im MS-land (u. a. Landesg.-schau Oelde), NRW + N (s. Lit.) / Ausst. u. a. in Frankf.-M./Berlin, 1980 Venedig (1. Arch.-biennale), 2000 Rheine-Bentl. (Kloster), 02 Lüdinghausen (Burg Lüdingh.), 04 MS-Coerde (Speicherstadt), + NRW / **Lit.:** u. a. **197**-95+97+ 01 + **213a**-99 + **251**-05 + **251a**-04 + **264**(S. 162-165) + In: H. Klotz: „Bauen heute" – Stuttgart/Frankf./M., 1985

Pfeiffer, Herbert (B) / 1940 Biedenkopf- / lebt (80) in Biedenkopf / Lit.: 27-1

Pfeiffer, Inga (M/Z/Coll.-k) / 1972 Darmstadt- / lebt (2000) in Paderborn / Stud.-Paderborn 93-95 Univ./GH, Lock Haven/Pensylv.-USA 95-96 Univ. u. ab 96 Univ./GH-Paderborn / Ausst. u. a. 1994 Wesel (Musikschule), 95 Lock Haven-USA, 98/99 Paderborn (u. a. Studentenwerk), 99 Salzkotten (Krankenhaus), Detmold (Arbeitsamt)

Pfeiffer, Irmgard (M/F) / 1963 Waldniel/Rhl.- / lebt (2005) in Mönchengladbach u. MS / Textilmustergest.-ausb. Mönchengladb., Stud. FHD-Krefeld+Düsseldorf (G/D/Obj.-des) u. s. 02 Akad. MS / s. 05 Lehrt. Kunstschule „Olymp"-MS / Ausst. u. a. 2002-04 Mönchengladbach (Gal.-Noack), 03 Nottuln (Alte Amtmannei)

Pfisterer, Franz (Pfister) (A) / 10. 6. 1695 in Tirol – 8. 6. 1759 Hadamar / ab 20. 9. 1724 Jesuitenbruder / Werke in Meppen/Paderborn/Köln/Essen, Oelde (Haus Geist) u. Hadamar / **Lit.:** G.D. + **24**-26 + **112a**

Pflaum, Thomas (F/D) / 1956 Braunschweig- / lebt (2005) in Castrop-Rauxel / bis 83 Stud.-FHD Dortmund u. Bielefeld / s. 83 freiberufl. tätig / 88-93 = 5 nat./intern. Fotoausz.-gen, 99 „GEO"-Hamburg u. 3. Pr. „wissensch.-visuell 01" / s. 88 Mitgl. d. Arb.-gem.-schaft Journalismus/Fotodesign „AGON"-Dortmund, 87-04 „BFF" u. ab 94 „DGPh" u. Mitgl. Fotogr.-„VISUM" / Ausst. u. a. in Philadelphia-USA, 1999 Hamburg, 2000 Stuttgart, Essen (Zeche Zollverein), 01 Hamburg (Kampnagel), 02 Köln (Photokina), 04 Stuttgart (Haus der Geschichte), 05 Gelsenkirchen (Wissensch.-park), + N / **Lit.: 204** + **205**-94+97(m. Lit.) + **205a**-01 + In: „Zeit Blicke" – A.-kat. – Mus. f. Ku. u. Gew.-Hamburg, 1999 + Städt.-Gal.-Stuttgart, 2000 = Hg.: BFF-Des. e.V.-Stuttgart, 99; In: „Historama Ruhr 2000" – Ausst.-kat. – Essen, 2000

Philipper, Anita (AN-HARD) (M/I) / lebt (2005) in Salzkotten b. Paderborn / Mitgl./Ausst. Gr.-„WEISSZEIT"-Herne / Ausst. u. a. in Oldenburg/Mansie/Salzkotten/Herne / **Lit.: 142a** (S. 141)

Pichlbauer, Hannelore (M/Z/B) / 1951 Altena- / lebt (2002) in Karlsruhe / Stud.-MS 71-76 FHD, Karlsruhe 77-83 Akad. (Bildh) u. Tokio 87/88 Akad. (Bildh) / Ausst. u. a. in Wien/Tokio, 1980 München (Haus der Kunst), 2001 Mannheim (SEB-AG), + N / **Lit.: 107a**-80 + **225**

Picker, Josef (B) / 12. 2. 1895 Füchtorf b. Sassenberg – 22. 12. 1984 Delbrück b. Paderborn / Ausb.-Kevelaer b. Jacob Holtmann / nach dreijähriger Studienreise in Italien tätig in Regensburg u. München, 1915-18 Soldat, anschl. tätig in Füchtorf, wieder Soldat, vor u. nach 1945 Mitarbeiter b. Prof. Guntermann in MS, ab (um) 55 in Delbrück / 51 Wettbew.-Pr. Warendorf (Kreuz f. Marienkirche) / ab 51 Mitgl.-„Deutsche Ges. f. christl. Kunst"-München / Werke in Holz/Stein/Bronze u. a. im Mus.-Telgte, Gerleve/Freckenhorst/Warendorf/Vinnenberg, Delbrück (gestohlen), Wegekreuze Kr. Warendorf u. Werke in Privatbes., einige Werke wurden in MS im 2. Weltkrieg vernichtet / Ausst. u. a. 1984/2000 Telgte (Mus) / **Lit.: 185**-84+2000

Picker-Huchzermeyer, Egbert (Dr.-med.) (F) / 1914 Bielefeld- / lebt (2004) in Bielefeld / Gatte v. Ingrid P.-H. / Stud. Univ.-n MS/München/Berlin (Med) / als Fotograf = um 98/99 Stud. FH-Bielefeld / Ausst. u. a. 2004 Bielefeld (Gal.-Baumgarte)

Picker-Huchzermeyer, Ingrid (F/F.-Obj.-k) / 1924 Bad Oeynhausen – 1997 Bielefeld / Gattin v. Egbert P.-H. / Psychotherapeutin / Kunst = Autodidaktin / Ausst. u. a. 1982/85 Wien, 84 Zürich, 99/2002 Bielefeld (Gal.-Baumgarte/Universität), + N / **Lit.:** „I. P.-H." – „... an's Licht gebracht" – Ausst.-kat. – Gal.-S. Baumgarte – Bielefeld, 1999

Pictorius – Westf. Künstlerfamilie – 17./18. Jahrh. / Werke in Westf. / Ausst. u. a. 2005 Billerbeck (Kolvenburg) / **Lit.:** G.D./W.H. + **24**-26 + **26**-(Index-Bd. 7) + In: „Der Kreis Lüdinghausen in alten Ansichten" – 1974; In: Matzner/Schulze: „Barock in Westfalen" – Reiseführer – MS, 1995; J. Niemeier: „Die Baumeisterfamilie Pictorius und Coesfeld" – erschienen zur Ausst. im Pictorius Berufskolleg Coesfeld, 2003 // **Balthasar** / 5. 4. 1670 Coesfeld – ? / Bruder des Joh.

Martin P. / **Lit.:** erw. in: Wilh. Rave: „Joh. M. Pictorius" = in „Westfalen" – Bd. 20 – S. 348 – MS, 1935 // **Gottfried Laurenz** (A/Z/Baumeister) / 10. 12. 1663 (getauft) Münster – 17. 1. 1729 ebd. / ab 1. 3. 1686 Ingenieur des Fürstbistums MS, 1721 Obristleutnant / Ausst. u. a. 1921/1979 MS (WL) / Werke in MS/MS-land / **Lit.: 198 + 215**-6 + **252**-1 + In: „Barockskulptur" – 8. Bildheft – WL-MS, 1979; „Kunstwerk des Monats" – WL-MS, 1/1982; In: „St. Lamberti in Coesfeld" Schnell-Kunstführer, Nr. 1477 – 2. Aufl. 1996 // **Johann Martin** (M) / (nach Geisberg:) 19. 1. 1672 (getauft) in Coesfeld – † nach 1726 Münster (oder um 1719/20) / um 1700/19 in Münster bek. / Werke in Rheder/Kr. Höxter, Nordkirchen u. MS / **Lit.: 178a** + Wilh. Rave: „J. M. P." = in „Westfalen" – Bd. 20 – S. 344-48 – MS, 35 // **Peter d. Ältere** (A/Z) / 1626(?) Mø/Dänemark – um 1684/85 (Münster?) / Vater v. Gottfried u. Peter d. J. / ab 1654 ungef. im Dienst d. Bischofs v. MS / lebte ab 1661 in Coesfeld / Werke in MS u. MS-land / Ausst. u. a. 1998 MS (Foyer-Schloss) / **Lit.: 215**-6 + **252**-1 + In: „Das Schloss in Münster" – Ausst.-kat. – J. Niemer M. A. im Auftrag der W. W.-Univ.-MS, 1998 // **Peter d. Jüngere** (A/Baumeister) / 1673 Coesfeld – 1735 Münster / 1720 Vikar am Dom zu MS, 1732 immatrikuliert Univ.-Paderborn / u. a. Werke (wahrsch. Bischöfl. Hof) in MS u. Herzford b. Lingen / Ausst. u. a. 1976 MS (WL) / **Lit.: 21 + 198 + 215**-6

Pieconka, Rüdiger (D/Gestalter) / * 1940 – / lebt (65) in Iserlohn / Stud. Wksch-Wuppertal / 65 BDI-Stip. / **Lit.: 214**-65

Piehl, Marco (A/Projekt- u. Aktionsk) / 1964 Münster- / lebt (2003) in MS / Stud.-MS bis 90 FH (Archit) / ab 91 in versch. Archit.-büros tätig, später im Büro „Kresing" / 92 Masterclass-workshop in Hull/VK (Team David Chipperfield), später Projekte/Aktionen m. Andrea Janietz – MS / Ausst. u. a. 1997 MS (Atel.-Hawerkamp), 94 MS + 2001 Köln/Berlin-Neukölln (Proj) / **Lit.: 227**

Pielke, Gabriel (Filmk) / 1976 Ibbenbüren- / lebt (2005) in Stuttgart / Mediengest.-ausb. in Köln u. Stud.-Stuttgart ab 02 Filmakad. / bis 05 über 4 Filme / Auff.-en u. a. 2005 MS („Stadt New York") / **Lit.: 196**-05

Piene, Otto (Prof) (M/G/B/O) / 1928 Laasphe/W.- / NEU: lebt (2006) in Düsseldorf u. Groton/ Massach.-USA / (Biografie in Beilage: CD-Ausgabe 2006)

Pieninck, Melchior s. Pining, Melchior

Piepenbrink, Erwin (M/B) / 1930 Rünthe/Kr. Unna- / lebt (2006) in Bergkamen / NEU: ab 95 Mitgl.-„Mendener Bauhütte", 97 „Kunstwerkstatt sohle 1 Bergkamen", um 99/01 = 1. Vors., s. 02 Mitgl. „BBK-Westf." Dortm. u. Gr.-„Reflex"-Kamen / (Biogr. = Beilage: CD-Ausg. 06)

Piepenstock, Marianne (M/Z) / 1925 Schatzlar/Riesengebirge- / lebt (2005) in Hagen/W. / Päd.-Stud., Weiterb.-Hagen, VHS/Malschule Pütter u. Sommerakad.-n / s. 97 Mitgl. Künstlergilde Hagen / Ausst. u. a. in Hamburg.Bergedorf, Eppenhausen, Hagen (u. a. SIHK/Johanniskirche), 2005 Hagen (Mus) / **Lit.: 97**-05 + M. P.: „Traumbilder zu Franz Schuberts Winterreise" – Bildband; Stephan Mehl/M. P.(Ill): „Eine königliche Geschichte"

Pieper, Astrid (O) / 1980 Aachen- / lebt (2004) in MS / Stud. Akad.-MS / Ausst. u. a. 2003 Schwerte (Kv) / **Lit.: 234**-03

Pieper, Monika (M/B/G/D) / 1958 Laer- / lebt (2004) in MS / Stud. FHD-Düsseldorf / eig. Büro u. war Lehrt. am „Haus der Familie" – MS, danach im „JIB" / war Mitgl.-„BDG" / Ausst. u. a. in Rheda-Wiedenbrück, 2002/03 MS (Off. Atelier) / **Lit.: 205**-94(erw.)

Pieper, Stephanie (M) / 1975 Bad Soden/Taunus- / lebt (2001) in Paderborn / Stud.-Paderborn 95-2000 Univ./GH (Kunst) / 98 Stip. f. Galway-Mayo-Inst. Irland / Ausst. u. a. 1998/2000/01 Paderborn (u. a. Alizibar/Studentenwerk), 99 Detmold (Arbeitsamt)

Piepmeyer, Henri (eigentl. Jürgen) (M/G/B) / 1960 Burgsteinfurt- / lebt (2006) in MS / NEU: 01 Stip. Aldegr.-Ges.-MS u. 1. Pr. Kulturstiftung Kreisspark.-Steinfurt / (s.: Beil. CD-Ausg. 06)

PIERRE s. Lorenz, Peter

Pierschke, D. Richard (A/Dipl.-Ing) / 1951 Schwerte- / lebt (2002) in MS / Stud.-MS 72-75 Univ. (Mathem/Phsyk) u. Berlin 76-81 TU / 81-83 in Berlin u. MS tätig, ab 83 selbst. in MS / Mitgl.-„BDA" / Werke u. a. in Schwerte/Minsk/Sarajevo / **Lit.: 197**-01

Piesniewski, Johanna (M) / 1979 Ratibor/Schlesien- / lebt (2005) in MS / Stud.-MS s. 01 Akad. / Ausst. u. a. 2004 Köln (Gal.-Binz&Krämer), Istanbul (Mus), 04/05 Bergen-Norw. (Gal.-S.E.), 05 Moers (Peschkenhaus), Gelsenkirchen (Kv), MS (F. f. akt. Kunst) / **Lit.: 64x**-05 + **231b+c**

Pietrusky, Siegfried (B/O/I) / 1953 Armshausen/Westf.- / lebt (2004) in Berlin / Stud.-Braunschweig 81-87 HfBK, Meisterschüler / u. a. 86 Villa Minimo-Pr. Kv.-Hannover, 89 B.-Sprengel-Pr. Hannover / Ausst. u. a. 1993 London-GB (Chelsea Harbour Sculpture), 94

Ontario-Kanada (Univ), 97/98 Düsseldorf (Kunstpalast), 98 Amsterdam-NL (Stiftung de Amsteluin), 99 Völksen (Hermannshof) / **Lit.: 107**-97+98

Pietryga, Stefan (M/Z/B/O/I) / 1954 Ibbenbüren- / lebte in Gelsenkirchen u. Atelier in Essen, danach Potsdam u. Essen / NEU: 01 = 2. Wettbew.-Pr. Ludwigslust / s. 85 **P**rojekte im öffentl. Raum (in Zus.-arbeit m. Architekt Ludger Sunder-Plassmann), 01-03 „Kunst am Bau" – Hochsch.-Flensburg, 06 Beteil. Workshop/Lehrt. Kloster-Bentlage / (s.: Beilage: CD-Ausg. 06)

Pigulla, August (Z/B/Kunst am Bau=Glasm/Mosaik) / 1923 Hohenlieben, Kr. Gleiwitz/ Oberschl.- / lebt (81) in Krefeld u. Dortmund / Stud.-Krefeld 51-56 Wksch, Meisterschüler / ab 57 freisch. / 61 Kunst-Pr. Krefeld/Nied.-rh., 64 = 2. Pr. „Das beste Glasbild 59-63", 65 Förder-Pr. NRW / 58-66 Lehrt.-Krefeld (Wksch-Abendk.-Zeichnen), 71 (bis 88?) Lehrt. FHD-Dortmund / Werke in NRW / **Lit.: 25**-6 + **213**-80

Pilar, Sandra del (M) / * 1973 (in Mexiko)- / lebt (2006) in Soest / Schulzeit in Oelde / 92 Stud. Univ.-Santander-Sp. (Kunstg/Geschichte) u. Beteil.-Workshop Univ.-Cuernavaca-Mexiko, 92-98 Stud. Institut-Cuernavaca-Mex. (Kunst) u. Univ.-en Düsseldorf/Köln (Kunstg/Geschichte/ Rom), 05 Promotion / 02 Stip. Studienstiftung Dt. Volk, 03-04 Projektförd. in Soest u. DAAD-Stip. f. Mexiko, 04 Pr. W.-Morgner-Haus – Soest / 99-01 Lehrt. (Gast) Univ. UPN Mexiko, ab 01 in Soest / Mitbegr. Künstlerhaus „BEM Adam", Gastdoz. in LaSalle, s. 04 Mitgl. „BBK-Westf." Dortmund / Ausst. u. a. 1992-96 Liesborn/Paderborn/Cuernavaca-Mex., 98 Oelde (Gal.-Pitt Weber), 2001 Clermont-Belg., 02/03 Soest (NRW-Inst/Gal. am Seel/Morgner-Haus), 04 Hamm (Mus), 05 Bad Sassendorf (Kongresszentr/Kurpark/Haus des Gastes), Herne (Archäol.-Mus), Bo.-Wattenscheid (Technol.-Zentr), Düsseldorf (Kunstpalast) / **Lit.: 3**-05(1+2+3) + **107**-05 + **139a**

Pilius-Beccard, Erika (G/Z) / NEU: lebte um 1946/50 in Dortmund, in den 70/80er Jahren wohnhaft in Norddeutschl. u. † im Alter von 70 Jahren / um 47 Mitgl.-„Dortmunder KB" / Ausst. u. a. 1947 Hagen (Mus) / **Lit.: 98**-47 + In: „Hagenring Ausstellung 1947" – Ausst.-heft – Mus.-Hagen, 1947; D. Rodenbeck/E. P.-B.: „Das offene Tor" – Märkischer-Verlag, 1947

Pilk, Werner (M/K) / 26. 12. 1930 – 27. 8. 2004 / lebte in MS, zuletzt in Steinfurt / war um 78/80 Mitgl. Gr.-„Spektrum 77"-MS / Ausst. u. a. 1976 Billerbeck (Kolvenburg), 77-82 MS

Pilotprojekt = Produktdesignerfirma s. 1999 in Münster: „PILOTprojekt" = M. **B**ielitza / I. **F**örster / S. **S**chorlemmer / B. **W**eitkemper / gehören zu den TOP 100 d. Designbüros in Deutschl. (s. Lit. = „Ranking: Design") / Ausz.-gen s. b. d. Mitarbeitern + Lit. / **Lit.: 205x**-99 + **205z**-99 + In: „bundespreis produktdesign 2000/01" – Vision 21 – Frankf./M, 2001

Piltz, Henrich (Heinrich) (Industrie-Des/B) / 1949 Gütersloh- / lebt (2005) in MS / 70-71 Gießerei-Kunstgusspraktikum, Stud.-Düsseldorf 71-73 Akad. (Bildh) u. Krefeld 73-76 FH (Industrie-Des) / 76-77 fr. Mitarb. b. Prof. Geyer, 77-79 Prod.-manager in Wuppertal u. 79-80 in Bielefeld, ab 81 selbst., 81-98 Studio „Budde & Piltz GmbH"-Nottuln, dann MS, 91/92 Lehrt. Univ./GH-Essen, ab 98 eig. Firma: „arche-design"-MS / 89 Staats-Pr. NRW, Ausz.-gen: 6x 82-94 Des.-Auswahl Stuttgart, 86-88/90/92/95 Industrie-Forum Hannover, 87/88 Haus Industrie Form Essen, 91-95/97/98/01/04 Des.-Innovation Essen (red dot award), + INT / Ausst. u. a. in Hannover/Essen, 1998 MS (IHK), + N/INT / **Lit.: 205**-94+97 + **205a**-83+89+01 + **205x**-93 + **205y**-02,1 + **205z**-91+92+95+97+98+01+04

Pilz, Bruno (F) / * 1936 – / lebt (2005) in Bottrop / Ausst. u. a. 1997-2004 Bottrop (Mus) / **Lit.: 99a**-97...04

Pilz, Wolfgang (M/G) / 1957 Hamburg- / lebt (2005) in Duisburg / Stud.-Duisburg 87-90 Univ., Stuttgart 90 Akad. u. Düsseldorf 91-97 Akad., 96 Meisterschüler / 93-2000 Lehrt. Univ.-Duisburg, s. 02 Univ.-Dortmund / 2000 Beteil.-Wandmalerei in Duisburg u. Porte Alegre-Bras. / Ausst. u. a. 1991/93/97/98/2001-03/05 Düsseldorf (Kunstpalast), 98/01 Lüdenscheid (Stadtgalerie), 02/04/05 Duisburg (Mus/Atelier/Cbus-Kunsthalle), 03 Frankr./Japan/Israel, + N / **Lit.: 107**-91+93+97+98+01...03+05

Pinedo, Jesus Cano (Khw) / * in Spanien / lebt (1994/98) in Minden / 97 Bischof-Tenhumberg-Pr. Telgte / Ausst. u. a. 1997 Telgte (Mus) / **Lit.: 185**-97(S. 20-22+49)+98(Preis=S. 17)

Pingsmann, Hannes (M/G/Ill) / NEU: 1894 Essen – 1955 ebd. / lebte 45-55 in Fretter/Sauerland / Stud.-Essen 18-20 Kgsch u. Akad.-Düsseldorf / Ausst. u. a. in Osnabrück, + NRW / **Lit.:** u. a. **5**-54 + **8a**-46 + **117**-01(m. Lit.) + **135**-57 + **136**-1

Pining, Melchior (Pieninck, M.) (M) / † vor 1711 (Münster?) / 1690-96 Ausb.-MS b. Herman Schmitz, 1700 Meister / Werke nicht bek. / **Lit.: 178a**

Pink, Thomas (A) / 1958 Hamburg- / s. **P**etzinka, Karl-Heinz

Pinke, Eddy (Erhard) (M/G/O) / 1952 Münster- / lebt (2006) in MS, Atelier in Hansell-Altenberge / Autodidakt / NEU: Mitgl. ab 86 „BBK-Westf." Dortmund, 03 „Welbergener Kreis", Gr.-„Reflex"-Kamen u. 04 „Hammer KB" / (Biografie in Beilage: CD-Ausgabe 2006)

Pinke, Veronika (M/Z/F) / * in Brilon-Altenbüren- / lebt (2006) in Brilon / 77 Weiterbild. VHS / Ausst. u. a. in Krefeld (Gal. f. naive Kunst), Kassel (Gal.-Wasmuth), Hannov.-Münden (Stadtbücherei), Willingen (Gutshof), Brilon (Haus Christoph/Stadtmus/Volksbank), + Internet

Pinnekamp = Westf. Architekten im 19./20. Jh. / Verwandsch.-grade nicht bei allen bek. / **Lit.:** u. a. Internet // **Arnold** / 7. 8. 1912 Bochum – 6. 3. 1985 Lüneburg / war in Lüneburg tätig // **Carl** / 17. 10. 1872 Gelsenkirchen – 23. 5. 1955 Essen-Rellinghausen (beerdigt in Bochum) / war in Bochum tätig, 07-39 freisch., ab 1938 in Essen (Ruhestand) / Sohn des Josef d. Ä. / Werke u. a. in Bochum, 1909 St. Josefskirche in Herne / **Lit.: 34**-9,2 + **142y** + **146c** // **Josef** (sen.) d. Ä. / 29. 6. 1836 – 13. 7. 1893 / war in Gelsenkirchen tätig // **Josef** (jun.) d. J. / 3. 9. 1866 Gelsenkirchen – 10. 11. 1942 ebd. / war in Gelsenkirchen tätig

Pinno, Karl (A) / * 1875 – ? / lebte 1912/60 in Dortmund / weitere Daten nicht bek., 1911 in Düsseldorf tätig, ab um 1911 in Dortmund / Werk: 14-16 v. Karl Pinno in Dortmund Hauptwerkstatt (Strassenbahn) im neoklass. Stil, 23-37(33?) Archit.-büro „Pinno u. (Peter) **G**rund" in Dortmund / Werke in NRW, u. a. 29/30 Nikolaikirche in Dortmund-Brambauer = 1. Wettbew.-Pr. m. P. **G**rund (Dortmund), 30 IHK-Dortmund / war Mitgl. „BDA" / **Lit.: 34**-9,2 + **120**-3(Anh.) + **146c** + **197b**-84 + **219a** (Horst Pinno=Fehler?)

Pins, Jacob (M/G/Holzschnitzer) / 1917 Höxter- / lebt (2003) in Jerusalem/Israel / s. 36 in Palästina, lebte bis 41 im Kibutz, 41-45 Stud.-Jerusalem b. Jacob Steinhardt / (um 74) Lehrt.-Jerusalem / 03 Ehrenbürger v. Höxter und schenkte umfangreiches Werk der Stadt / Ausst.-gen u. a. 1959 New York (Tribune Art-Gall), 69 Berlin-Neukölln (Rathaus), 88 Hamm (Mus), 89 Höxter (Schloss Corvey) / **Lit.: 25**-6 + **160** + In: „Fünfzig Jahre danach" – sechs israelische Künstler – Ausst.-kat. – G.-Lübcke-Mus.-Hamm, 1988

Pinsgen, Jochem (Glasgest) / 1931 Düsseldorf- / lebt (2005) in Soest / Stud.-Wuppertal 51 Wksch, sonst Autodidakt / s. 82 Ltg. v. Workshops in N + INT / Werke u. a. in New York/ London/Japan, + N / Ausst.-gen = N + INT / **Lit.: 26a**-05

Pirang, Fritz (Friedrich) (M) / 1931 Riga/Lettland- / lebt (2003) in Dortmund / s. 39 in Deutschl. / nach Schreinerausb. u. Architekurstud.-Essen, ab 57 tätig als Planungsarchitekt in Essen/ Westerburg/Dortmund u. Köln, 68-91 Projektltg. Hochbau VEW-AG Dortmund / malt seit seiner Kindheit / Ausst. u. a. 1992 Riga (aka), 93 Bad Zwischenahn (Kurhaus), 94 Köln (Adenauerhaus), 95 Bad Dangast (Kurhaus), 96 St. Augustin b. Bonn (Mus), 97 Dortmund (VEW), 98 St. Lambrecht-Steiermark (Stift), 99 Essen (Gal.-Alegria), 2001/02 St. Moritz-Schweiz, (Hotel Europa), 03 MS (Gut Havichhorst)

Pircher, Sebastian (Filmk) / * 1976 – / lebt (2004) in Bochum / Stud.-Bochum ab 97 Univ. (Film- u. Fernsehwiss) / Auff. u. a. 2003 MS (Filmfestival) / **Lit.: 196**-03

Pirsig, Susanne (jetzt: Susanne Hutans-Pirsig) (Goldschm.-u. a.) / 1967 Bochum- / lebt (2003) in Gelsenkirchen-Buer / Schulzeit-Meschede, Goldschm.-ausb.-Soest, 91-93 im Ruhrgebiet tätig, 92/93 Diamant- u. Edelsteingutachterausb. in Idar-Oberstein, 93-94 Meisterschule-MS, Meisterprüfung, s. 94 selbst. u. Ausst.-gen / Ausz.-gen: 89 Ehren-Wettbew.-Pr. Int. Perlen-Design Tokio, 4. Pr. Tokio u. 4. Pr. V.-Mayer Jubiläumswettbew., 91 Diamantenschm.-Wettbew. u. 2000 Anerkennung im Benvenuto-Cellini-Wettbew. / **Lit.: 205a**-01 + **232**

Pistor, Philipp Leonhard (A/Landbauinspektor) / 1756 Blankenburg/Uckermark – ? / in Hamm tätig, ab 1776 Staatsdienst u. 1759 Landbaumeister in Hamm, bis 1828 nachweisbar / Werke in Horn, Kr. Soest u. Hemmerde / **Lit.:** D. K.–Teil 2 + **146c**

Pitz, Fritz (Friedrich P.) (Prof) (F/M/Z/B) / NEU: 1923 Bocholt – 2006 ebd. / (Biografie in Beilage: CD-Ausgabe 2006)

Piwonka, Regina (Glas- u. Porzell.-m) / 1960 Hohenberg/Eger- / lebt (99) in Bochum u. (2004) in Schwerte / 75-79 Porzell.-malerinausb. in Arzberg, 86 Glas- u. Porz.-malermeisterin in Zwiesel, s. 87 eig. Werkst. / Mitgl. „AdK"-Südwestf. / Werke u. a. in Bochum / Ausst. u. a. in Gernheim, 1999 Herten (Schloss), + NRW / **Lit.: 48c**-03

Plange, Melita NEU: (jetzt: Sandhop, M.) (M/G/K) / 1930 Münster- / lebt (2005) in Tecklenburg / Stud.-MS 49-53 Wksch u. Privatunterricht bei von **P**onickau / war um 46/58 Mitgl. Gr.-„Legge"-Tecklenburg / Ausst. = MS-land / **Lit.: 5**-52 + **62**

Plange, Heinrich (A) / 1857 Elberfeld – um 1935 (?) / Sohn des Wilhelm **P.** / Landesbauinspektor, dann Reg.-baurat/Baumeister, tätig in Düsseldorf u. Elberfeld, lebte zuletzt in Gruiten / war Mitgl. „BDA“ u. „Arch.-Ver.-Berlin / Werke in NRW / **Lit.: 34**-7+8,2+9,2 + **97x** + **216**

Plange, Wilhelm (A) / 1809 Arnsberg – 2. 7. 1879 Elberfeld / Vater des Heinrich **P.** / Reg.-baumeister in Arnsberg, lebt ab (um) 1857 in Elberfeld, tätig in der „Berg.-Märk.-Eisenbahn“, Vizepräsident (Geh. Reg.-Baurat) / Werke u. a. in Wuppertal u. Kirche in Schwelm / **Lit.: 216**

Planungsgruppe Dortmund = s. Schröder/Schulte-Ladbeck/Strothmann

Plaßmann (Plassmann) s. Sunder-Plassmann

Platte, Frank (F/D) / 1971 Salzwedel- / lebt (2005) in Salzwedel / Stud.-Berlin 89-90 Univ. (Germ/Kunstw), 90-94 in Magdeburg tätig, Stud.-Bielefeld 94-2000 FHD (Foto-Des) / 96-2000 freisch. in Klötze, ab 01 Gründung Fotoagentur „plattform.com“ m. Tobias Platte in Salzwedel / Ausst. u. a. in Bielefeld/Tölz/Verona, 1997/2001 Herten (u. a. Fototage) / **Lit.: 114f** + **189**-01

Plattner-Wodarczak, Paul (G/D/Medienk/Typograf) / 1956 Marl- / lebt (2004) in MS / 87-93 Schriftsetzerausb./Tätigk., u. a. 93 Mitbegr. Verein „Kunst für Kohle e.V.“-Recklinghausen / ab 97 u. a. Projektberatungen in Unna/Dortmund/MS/Köln, s. 98 Techn. Mitarbeiter FHD-MS u. dort 98-2000 Grafik-Des.-Stud, ab Ende 2002 Wiss. Mitarbeiter / **Lit.: 15a** (S. 21/106) + P. P.-W.: „intermediale produktion“ – eine Zus.-stellung gestaltungsrelevanter Para... ... – MS, 2004

Plefka, Ben (F/D) / 1976 Jugendheim- / lebt (2006) in Dortmund / 98-99 Fotoass. in Berlin u. Stud.-Dortmund 99-2/06 FHD (Komm.-Des/Fotogr) / 02 „Kodak“-Förder-Pr. u. 05 „Beste Einzelarbeit“ – Epson art photo award / Ausst. u. a. 2000/02 Dortmund (DASA/Phoenix-Gelände), 01/02 Dortmund (FH), 02 Köln (Photokina), 03 Hamburg (Medienbunker/Mus. f. K. u. G./Gruner+Jahr-Haus), 05 Köln (Art Cologne), Gelsenkirchen (Wissenschaftspark) / **Lit.: 203d** + **203h**-05

Plöger, Wolfgang (Video-Inst.-k) / 1971 Münster- / lebt (2005) in Berlin / Ausst. u. a. 2001 Recklinghausen (Kunsth), 02 MS (Gast Atelier-Schulstr), 05 Köln (Kunst Klub), Berlin (Zentr.-Kreuzberg) / **Lit.: 46**-01

Plomp, Teun (M/Z) / 1923 Rotterdam – 13. 9. 2005 / lebte bis 93 in Papendrecht/NL, 93-05 in Blomberg / Stud. Akad.-Rotterdam, war dort Lehrt. / war Mitgl. Gr.-„KunstPunkt“-Blomberg / Ausst. u. a. in Bad Pyrmont/Göttingen/Berlin/Oschatz/Bad Salzuflen, 1987/2004 Blomberg (Rathaus/Kunstmauer), + OWL / **Lit.:** Internet

Plückebaum, Meta (geb. Weber) (M/G) / NEU: 1876 Dortmund – 1945 Düsseldorf / lebte in Düsseldorf / Ehefrau v. Carl (Karl Maria) P. (1880 Düsseldorf – 1952 ebd.) / Ausst. = NRW / **Lit.: 24**-27 erw. b. Karl P. + **26**-(Index-Bd. 8) + **34**-9,2 + **84**-59+60+62+72+80 + **107**-40 + Im Anhang: „Lexikon der Düsseldorfer Malerschule 1819-1918“ – Bd. 2 – 1998

Plühr, Heinrich (M) / 21. 6. 1859 Bekum b. Peine – 1953 Weimar / Stud. Kunsthochsch. Weimar, Stip. der Schule u. Romreise / Ausst. u. a. in Florenz/New York, 1892 München (Glaspalast), 1900 Wien (Weltausst), + N / **Lit.: 24**-27 + **25**-3 + **27**-1(* Beckum = falsch) + **34**-8,2+9,2

Plümper, Martin (Glasm) / 1968 Arnsberg- / lebt (98) in Essen / Stud.-Essen 90-96 Univ./GH (Glasmalerei) / 94-95 Stip. Univ.-Amsterdam / Ausst. u. a. 1996 Paderborn (Glasgest.-Peters), 97 Telgte (Mus), Schwerte (kath. Akademie) / **Lit.: 185**-97 + In: „Auf der Suche nach dem Licht“ – Katalog z. Ausst. d. Glasmalerei Peters in Paderborn, 1997

Poch, Birgit (M/G) / 1958 Gelsenkirchen- / lebt (2005) in Gelsenkirchen / s. 81 künstl. tätig, Weiterb.-kurse b. Prof. Konrad, H. **D**aniel, Meino v. Eitzen u. P. **D**rolshagen / s. 02 im Atelier „**B**uchwald“ – Künstlerzeche Unser Fritz – H.-Wanne-Eickel / Ausst. u. a. 2004 Recklinghausen (Kunst-Wirk-Raum/Raum f. experiment.-Kunst), 04/05 Herne („Extraschicht“/Off. Atelier), 05 Herne (Flottmann-Hallen), Mainz (Minipressen-Messe) / **Lit.: 143**-05

Poch, Peter (M/Z) / * 1958 – / lebt (2004) in Bottrop / Ausst. u. a. 1997-2001 Bottrop (Mus) / **Lit.: 99a**-97...01

Podawczyk, Marc André (M) / 1971 Dortmund- / lebt (2006) in Dortmund / Stud.-Dortmund 96-99 Univ. (Kunst/Sport) u. MS 99-05 Akad., 04 Meisterschüler / Förder-Pr. Akad.MS u. 04/05 Gast Akad.-Düsseldorf / Ausst. u. a. 2002 Essl.-Nürtingen (Kr.-sparkasse), 04 Köln (Bank), Dortmund (Off. Atelier), Wuppertal (Barmenia), Istanbul-Türkei (Mus), 04/05 Recklinghausen (Kunsthalle), 05 MS (KunstRaum-Krüger) / **Lit.: 46**-05 + **120c**-04 + **231b+c** + **229**-04

Podobrin, Brigitta (Prod.-Des) / 1962 Münster- / lebt (2003) in MS / Stud.-MS 85-91 FHD / s. 89 b. „OCO-Des.-MS tätig / Des.-Preise: 91 Frankf.-M. + NRW f. Examensarb., 93 „IF-Hannover“, 95 Förder-Pr. Intern.-Des.-Wettbew., 99/02 red dot Award Essen + 02 „Good Design“-Chicago Athenaeum / Ausst. u. a. 2002 MS (IHK) / **Lit.: 205z**-99+02

Podolak, Pawel (I/Aktionsk) / 1975 Liegnitz/Polen- / lebt (2005) in MS / lebt s. 89 in Deutschl. /

Stud.-MS ab 02 Akad. / Ausst. u. a. 2003 Laer (Stadtmitte), 04 Bergkamen (Stadtgal), Bad Oeynhausen (Kv), MS (Militär-Camp = Wiese Univ./Petrikirche), 05 Wismar (Baumhaus), Recklinghausen (Kunsthalle), Ingolstadt (Kv) / **Lit.: 256**

Podschwadek, Walter (G/Ill) / 25. 6. 1919 Gelsenkirchen – 25. 5. 1990 Wuppertal / Autodidakt / Ausst. u. a. 1975 Schloss Straßburg-Kärnten/Österr. / **Lit.: 216**(m. Lit.-ang.)

Podulka, Wojtek (G/D/F) / 1976 Gliwice/Polen- / lebt (2005) in Hamburg / Stud.-Bielefeld b. 02 FHD (Gr.-Des), Praktikum – Berlin, danach in Hamburg tätig / Ausst. u. a. 2002 Bielefeld (Kv)

Pöggeler, Christoph (M) / 1958 Münster- / lebt (2006) in Düsseldorf / NEU: 80/81 Gast Univ.-Bonn, 94 Förder-Pr. Düsseldorf, 99 Stip.-NRW, 01/02 Lehrt. Univ./GH-Wuppertal / (Biografie in Beilage: CD-Ausgabe 2006)

Pöhl, Thomas (M/G) / 1963 Dortmund- / lebt (2004) in Kreuztal / 90-99 Weiterb.-kurse in Malerei/Grafik / Ausst.-gen in Südwestf. / **Lit.: 110b + 110c**-04

Pölking, Fritz (F) / NEU: 1936 Krefeld- / lebt (2004) in Greven / ab 51 Naturfotografie, 61 Konditormeister, s. 65 in Greven selbst., 68 mit Gisela **P.** Meisterprüfung in MS, ab 70 Verleger (Kilda-Verlag) / bis 04 = über 35 Preise/Ausz.-gen in N+INT, u. a. 77 „Wildlife Photographer of the Year“-England, 77/81/92 „Naturfotograf des Jahres“ – Ges. Deutscher Tierfotografen, 93 = Fritz Steininger-Pr. u. Ehrenmitgl. d. „Ges. D. Tierfotografen“ / Veranst. v. Workshops / seine Fotos wurden/werden in vielen Magazinen in N+INT veröff. / **Lit.:** u. a. bis 04 = über 24 Bildbände u. Fotolehrbücher v. F. P. (s. Internet) u. a.: „Am Puls des Lebens“ – „Werkstattbuch Naturfotografie“ – „Die grosse Fotoschule Natur“ – „Die Tierwelt im Sucher“ – „Image Collection“ – „Shambhala-Training“ + in: „Farben in der Natur“ – Tecklenborg-Verlag

Pölking, Gisela (F) / 1945 Wittenberge- / lebt (2004) in Greven / bis 66 Fotografinausb., 68 Meisterprüfung in MS, danach selbst. mit Fritz **P.** / speziell: Nahfotografie / Mitgl. in „Colour-Art“ u. Ges.-„Deutscher Tierfotografen“ / Veranst.-en v. Fotoseminaren u. Workshops / Ausst.-gen = Westf. / **Lit.:** u. a. **69**-96+**97** + im Internet

Poensgen, Georg A. (A) / 1964 Marmagen/Eifel- / lebt (2004) in Köln / 81-83 Bauzeichnerausb., 88-93 Archit.-stud. / 93-98 im Büro v. Prof. Schürmann – Köln tätig, ab 99 eig. Büro m. Andrea **D**enzer in Köln / s. 1/99 Lehrt. FH-Bochum / u. a. Wettbew.-Preise, 01 Arch.-Pr. Bonn/Siegkreis, Werke in NRW + N / **Lit.: 213a**-02

Poensgen, Joachim (Jochen/m) (Prof) (M/G/Glasm) / 1931 Düsseldorf- / lebt in Düsseldorf, s. 91 Atelier auch in Soest / Stud.-Wuppertal 51 Wksch / 52-55 Studienreisen in Frankr. / ab 56 freisch., s. 82 Ltg. Intern. Workshops u. ab 92 Prof. in Swansea-GB / Werke u. a. in Linnich/Kevelaer/Soest/Hövelhof / Ausst. u. a. 1997 Linnich (Mus), + N/INT / **Lit.: 53 + 79 + 112c** (S. 23) + **112d** (S. 80) + erw. in „Ars Sacra“ – Köln, 1964/75; In: „Lichtblicke“ – Ausst.-kat. – Deutsches Glasmalerei-Mus.-Linnich, 1997

Pöppel, Ute Marion (O/I/M/Glask) / 1962 Siegen- / lebt (2005) in Köln u. Siegen / NEU: 99 Stip. Müritz-Nationalpark(K) / (Biografie in Beilage: CD-Ausgabe 2006)

Pöpsel, Anne-Beate (geb. Harder) s. Harder – Architektenfamilie in Hagen/Westf.

Poersch, Thorsten (M/Materialb.-k) / 1966 Herne- / lebt (2004) in Herne / NEU: Autodidakt, 99-02 Stud. IfBB-Bo.-Wattenscheid (Kunsttherapie/Malerei) u. ab 02 Univ.-Dortmund (Kunst) / Mitgl. Gr.-„Kunstraum“-Ennepetal / (Biografie in Beilage: CD-Ausgabe 2006)

Poeschel, Josef (Metallgest/Khw) / lebte um 1947/59 in Münster / **Lit.: 48x**-59 + **84**-65(S. 81)

Pötter, Ulrich (Prof) (A) / 1935 Recklinghausen- / lebt (2000) in Wuppertal / bis 62 Stud. TU-Berlin u. TH-Stuttgart / ab 66 selbst., s. 94 Büro m. Roland Treiber (* 1962), in Wuppertal / s. 83 Lehrt. Univ.-GH-Wuppertal, Prof. / Werke in NRW (s. Lit.) / **Lit.: 216** + In: J. Busmann: „Architektur in Wuppertal“ – 1993; In: „Architekten-Almanach Wuppertal“ – 1997

Pötter, Wilhelm (Poetter, W.) (Prof) (G/Khw/Entw.-z) / NEU: 5. 11. 1885 Gütersloh – 16. 7. 1945 (Bielefeld)-Gadderbaum / Stud.-Elberfeld/Düsseldorf/Hamburg Kg.-schulen / 1908-32 Lehrt. Kgsch-Essen / (Biografie in Beilage: CD-Ausgabe 2006)

Pöttgen, Tom (B/O/Restaurator) / 1956 Köln- / lebt s. 91 in Geseke / 77-81 Schreiner- u. Restauratorausb., s. 85 in Köln-Sürth selbst., ab 91 Geseke (Atelier-Bönninghauser Mühle) / Ausst. u. a. 1985-90 Köln (Proj.-Oberbuschweg), 2002 Erwitte-Horn (Gal.-Kontraste)

Pohl, Alexander (M/O/D) / 1964 Dortmund- / lebt (2006) in Dortmund / Stud.-Dortmund 89-90 FH (Archit) u. 90-96 FHD (Kunst/Vis. Komm) / 93 Austauschstud. St. Petersburg/Russl., 94 Stip. f. Viterbo/Italien / Mitgl. „Dortmunder Gruppe u. s. 03 „BBK-Westf.“ Dortmund / Ausst. s. 1992, u. a. in Kanada, 1994 Viterbo-It. (Accad), 2001 Hamminkeln (Gal.-Isshorst), 01-03 Dortmund

(Gal.-Henseleit/Theater Fletsch Bizzel/Rathaus), 03 Le Havre (Hôtel de Ville), Vancouver (A&S-Gal), 03/05 Dortmund (Mus. f. K. u. K./Torhaus), 04 Castrop-Rauxel (Rathaus), 05/06 Dortmund (Sparkasse/Kulturbüro/Torhaus), + N / **Lit.: 3**-03(2)+04(1) + In: „Crossroads of the Arts“ – Ausst.-kat. – Accad.-Viterbo/Italien, 1994

Pohl, Elke (F/D) / 1975 Darmstadt- / lebt (2006) in Dortmund / 94 Abitur in Oxford, Stud.-Darmstadt 94-95 TU (Archit), 95 Sprachschule-Madrid, 96-98 Fremdspr.-inst.-München (Franz/Span), 99 Fotopraktika in Madrid/Berlin u. Stud.-Dortmund 99-2/06 FHD / 04 Workshop in Beijing-China, 05 Madrid u. 06 Berlin / Ausst. u. a. 2000/04/05 Dortmund (DASA/St. Petri-Kirche/Gal), 05 Madrid/Palma de Mallorca/Barcelona/Bilbao-Sp./Lissabon-Port./Ourense/ Bratislava, 06 Bilbao-Sp. / **Lit.: 203f + 203h**-05

Pohl, Michael (O/I) / 1981 Giessen- / lebt (2006) in MS / Stud.-Mainz 02 Univ. (Phil) u. 03-05 Akad., Stud.-MS ab 05 Akad. / Ausst. u. a. 2003 Hardthof (Kulturzentr), 04 Mainz (Raum W 21), Lorch (Alte Villa), 05 Mainz (Gal.-Alte Patrone/Bonifaziustürme/Landtag(K)/Innenstadt (K), Wiesbaden (Mauritius-Gal), Lingen (Kunsthalle), 06 Bremen (Wohnung Felix Rehfeld) / **Lit.: 246**-05 + K = Katalog

Pohl, Robert (M/Z/Obj.-Des) / 1958 Dülmen- / lebt (2001) in Herzebrock / Stud.-MS 80-86 FHD / Ausst. u. a. 1999 Bad Waldliesborn, 2000 MS (Kunsthaus-Angelmodde)

Pohl, Wolfgang (Prof) (A/Dipl.-Ing) / 1937 Dresden- / lebt (2002) in MS u. Düsseldorf / Stud.-Aachen 58 TH u. Stuttgart 59-65 Univ. / 66-70 in Berlin tätig, ab 71 Düsseldorf, s. 84 Prof. FH f. Arch.-MS / ab 90 Büro: „Stadtraum Architektengruppe“-MS/Düsseldorf (m. B. Strey/M. Rogge) / Preise u. Werke in NRW + N (s. Lit.) / **Lit.: 197**-95+97 **+ 220**

Pohle, Bruno (A/Khw) / NEU: 1896 Hadersleben/Bez. Magdeburg – nach 1973 / lebte (1932) in Dortmund / Bruder v. Emil **P.** / (Biografie in Beilage: CD-Ausgabe 2006)

Pohle, Emil (A) / NEU: 27. 8. 1885 Hadersleben/Bez. Magdeburg – 30. 3. 1962 / lebte zuletzt in Kassel / Bruder v. Bruno **P.** / Tischlerausb., Fachsch.-Detmold, Stud. Kgsch-Düsseldorf u. Darmstadt (Künstlerkolonie) / Ausz.: Medaille Berlin u. Rom-Pr. d. Akad.-Berlin / lebte in Dortmund, 43/44 Wiesbaden u. 41-43 u. 44-60 in Kassel / (Biogr. in Beilage: CD-Ausgabe 06)

Pohlmann, Hermann (B/O) / 1953 Bad Iburg- / lebt (2003) in MS / Stud. FHD-MS (Obj.-des) u. Univ. (Phil/Geist.-wiss) / s. 87 Lehrt., 98-01 in Sao Paulo-Bras., ab 02 MS / Ausst./Projekte = N / **Lit.:** In: „Zwischenzeitraum“ – Veranstalt.-gsprogramme der Werkstatt für Kunst – MS, 02+03

Pohlmann, Ralf (B/M/Z) / 1954 Recklinghausen- / lebt (2005) in Dorsten / Beruf: Steinmetz, s. 87 Malerei/Zeichnung / Ausst. u. a. 2002 Dorsten-Holstenhausen (Kv.: Kirche)

Pohlmeier, Dorit (M/Coll.-k) / * 1974 – / lebt (2005) in Petershagen / seit 98 Mitgl. Gr.-„Gro(w)-Art“-Petershagen-Großenheerse / Ausst.-en siehe **G**ruppe „Gro(w)Art“

Polack, Melanie (Kommunik.-Des/Videok/Videoinst.-k) / 1970 Waiblingen/B.-W.- / lebt (2005) in Düsseldorf / nach Schul- u. Jugendzeit in Marl: Stud. Univ.-GH-Essen (Komm.-des) / Auff./Ausst. u. a. 1995/98/02 Essen (Zeche Zollverein), 99 Essen (Kunsthaus), Braunschweig (HfBK), 2000 Köln (ruhewenngruppe), 02 Marl (Mus) / **Lit.: 146c** (Katalog-Gest.) **+ 230**-02

Poll, Hermann (M/Z) / NEU: 1902 Bielefeld – 1990 Düsseldorf / (Biogr. in Beilage: CD-Ausg.)

Pollmeier, Christine (M) / 1969 Castrop-Rauxel- / lebt (2006) in Castrop-Rauxel / Stud.-Dortmund 88-90 FHD u. Dortmund 89-96 Univ. (Kunst) / s. 95 Mitgl. „Kunstfreundekreis Herne“ / Ausst. u. a. 1990-93 Dortmund/Lüdenscheid/Werne/Waltrop, 95-98 Herne/Castrop-Rauxel, 99 Dortmund (Joh.-Hospital/Elis.-Krankenhaus), 2000 Dortmund (IHK), Duisburg (Herzzentr), 01 Lünen/Herne/Castrop-Raux./Oberhausen, 02/04 Recklinghausen (Glashaus-Garagen-Gal), 04/06 Castrop-Rauxel (Café Balzac/Off. Atelier)

Polonyi, Stefan (Prof) (A/Dipl.-Ing) / 1930 Gyula-Ungarn- / lebt (2004) in Köln u. Berlin / Stud.-Budapest bis 52 TU / Wettbew.-Preise u. 77+78 Stahlbau-Preise / in Budapest u. Köln tätig, ab 65 Prof. TU-Berlin (70 Dekan), s. 66 Büro in Berlin, 73-? Prof. Univ.-Dortmund, 78 Prorektor u. Büro „Polonyi & Partner“ / Werke u. a. Öffentl. Gebäude/Messehallen/Stadion u. bis 94 = 6 Kirchen / **Lit.:** Internet

Polster, Reinhard (Industriedes) / 1964 Schlema- / lebt (2002) in Paderborn / Stud. HfK-Halle/S. Burg Giebichenstein / s. 90 Designbüro: „industriedesign polster“ m. Uta P. in Paderborn / Ausst. u. a. 1992 Mailand (Triennale) / **Lit.: 205**-94(erw.)

Polster, Uta (Industriedes) / 1966 Dessau- / lebt (2002) in Paderborn / Stud.-Halle/S. 85-90 HfK u. Design (Burg Giebichenstein) / Praktik.-Dessau Bauhaus, s. 90 Büro: „industriedesign polster“ m. Reinhard P. in Paderborn / Ausst. u. a. 1992 Mailand (Triennale) / **Lit.: 205**-94+97 (m. Lit.)

Poltrock, Matthias (M/B/D) / NEU: 1962 Halle/W.- / lebt (2005) in Bielefeld u. ab 90 Atelier in Halle/W. / Stud.Bielefeld bis 94 FHD (Vis.-Komm) / (Biografie in Beilage: CD-Ausgabe 06)

Polzin, Gisela (M) / 1932 Hagen- / lebt (2006) in Hagen / Weiterb.-seminare u. a. in der Eifel, im Schwarzwald / s. 87 Mitgl. Gr.-„Künstlergilde"-Hagen / Ausst. s. 1987, u. a. Dortmund (Torhaus/Florianhalle), Hagen (Stadtmuseum/Wirtsch.-prüferhaus/Hasper-Hammer/Freilichtmus/ Stadttheater), Bad Tölz (Heimatmuseum), Schwelm (Haus Martfeld), Iserlohn (Sparkasse), 2005/06 Hagen (Sparkasse/Wasserschloss Herdringen), 06 Hagen-Haspe (Altes Stadtbad)

Pommer-Jittler, Friederike (M/Z) / 1953 Wuppertal-Elberfeld- / lebt (2000) in Schwelm / Stud.-Düsseldorf 72-77 Akad. u. Univ. (Phil/Erz.-wiss) / 77-78 Lehrt.-Coburg, 81-86 eig. Khw.-geschäft in Schwelm / Ausst.-gen in Schwelm u. Umgebung / **Lit.: 216**

Ponickau, Hans-Wolff von (M/G/Ill) / 1899 Frankfurt/M. – 1958 Münster / NEU: war um 1946/ 58 Mitgl. Gr.-„Legge"-Tecklenburg / (Biografie in Beilage: CD-Ausgabe 2006)

Ponizil, Maria Sibylla (M/G/Ill) / 1953 Dresden- / NEU: lebt 84 in Westberlin, 85-96 Blomberg, ab 96 in Woltersdorf b. Berlin / 68-72 Jugendkursus u. Abendstud. HfBK-Dresden, 72-77 Stud. HfG u. Buchk.-Leipzig / 81-84 Mitgl. „VBK"-DDR / Ausst. u. a. 1979 Gorzow-Polen, 80 Eberswalde (Kulturbundgal), 81 Leipzig (Gal.-Ost), 82 Dresden (Blockhaus), 86 Bielefeld (Puppentheater), Hannover (Diakonie), 87 Schwalenberg (Stadtgal), 90 Dresden (Staatl.-Kunsts.-gen), Hamburg (Deichtorhallen), Lemgo (Alte Abtei), Wunstorf (Gal.-P), 91 Bad Salzuflen (Musikwerkst/Gal.-Huisken), 92 Detmold (Stadthalle), 94 Potsdam (Staudenhofgal), 98 Berlin (Inselgal/Kulturgießerei-Schöneiche), 2001/02 Fürstenwalde (Altes Rathaus), 04 Woltersdorf (Antiquariat-Kulturladen), 05 Berlin (Bi-Ber-GmbH), + N / **Lit.: 26a**-05 + **27**-4 + **134**-92 + **137b**-87

Poppenborg, Maria (Khw/Glask) / 1946 Westkirchen- / lebt (2005) in Marienfeld / 2000 Bischof - Tenhumberg-Pr. Telgte / Ausst. u. a. 1984-91/98-2001/04/05 Telgte (Mus) / **Lit.: 185**-84...91 +98...2000+04+05

Porbadnick, Christian (M) / 1985 Hagen/W.- / lebt (2005) in Hagen / 02-04 Weiterb.-Hagen VHS, bei Uwe Nickel u. Uwe Meyer / Ausst. u. a. 2004 Hohenlimburg (Sparkasse), 05 Neuenrade (Atelier Hartenstein-Jäger), Hagen (Mus) / **Lit.: 97**-05

Porsch, Ingeborg (M) / 1941 Asbach/Westerwald- / lebt (2006) in Soest / Stud. Univ.-MS (Pharmazie), Weiterb.-kurse 88-93 an freie Ku.-Hochschulen/Sommerakad.-en, s. 93 b. Pavel Richtr / Mitgl. „Kv.-Kr.-Soest" / Ausst. u. a. 2000/02 Welver-Dinker (Gal.-Pallas-Verlag), 01-03 Soest (Wilh.-Morgner-Haus), 02 Hamm (Gal.-Kley), 04 Hamm (Mus), Wuppertal-Barmen (Kunsthalle) / **Lit.: 139a + 190**

Porwoll, Eva (M) / * 1952 – / lebt (2006) in Bottrop / z. Zt. Lehrt./Kurse VHS-Bottrop / Ausst. u. a. 2005 Bottrop (Mus)

Post, Eduard (M) / 11. 8. 1827 Hagen – 1882 ebd. / Stud. Akad.-Düsseldorf / um 1850/60 in Rom / **Lit.: 24**-27 + **84**-75(S. 94 = Post, E. C.(?)

Post, Erika (K/B) / 1959 Leverkusen-Opladen- / lebt (2003) in Bochum u. Leverkusen / s. 90 Kurse im eig. Atelier u. VHS-Leverkusen, ab 97 freie Mitarbeiterin im Keramik-Grosshandel, 2000-03 Stud. IfBKuK Bo.-Wattenscheid (Kunst/Kunsttherapie) / Ausst. u. a. in Aschaffenburg/Meppen, Wanroij-NL (Sint Anthonis), + NRW / **Lit.:** Internet

Post, Hermann (M) / 1879 Halverde b. Recke im MS-land – 1970 Bad Aibling / weiter Daten nicht bekannt / **Lit.: 34**-9,2 + „Lexikon der Düsseldorfer Malerschule 1819-1918" – Bd. 3 (Anhang) – 1998

Post, Norbert (A/Stadtplaner) / * 1955 – / lebt (2003) in Dortmund / Stud.-Aachen bis 82 TH / 82-85 in Köln u. 85-87 in Dortmund tätig, ab 87 freisch., vor 95 Büro: „Post . Welters Architekten BDA & Stadtplaner SRL"-Dortmund, 99 auch Köln / Mitgl.-„BDA" / Preise/Ausz.-gen/ Bauten u. a. in NRW (s. Lit.) / **Lit.: 197**-95+97 + **197a**-99 + **197b**-99(S. 26/72) + **213a**-99+02

Postzich, Hildegard (M/Khw) / lebt (2002) in Steinfurt / Weiterb.-kurse b. bek. Künstlern, s. 85 Lehrt. VHS-Rheine / 2001 = 3. Pr. Sparkasse-Steinfurt / Ausst. u. a. in Rheine/Neuenkirchen, Borne/S'Herenberg-NL, 2001 Steinfurt (2xSparkasse) / **Lit.: 206**-01

Potente, Johannes (Produktdes) / 1908 – 1987 / war 60 Jahre lang als „Haus-Designer" bei „FSB" Franz Schneider ***Brakel*** GmbH & Co. tätig / **Lit.: 205x**-93(S. 54/57/58) + In: „Reihe Design-Praxis" – Verl.-Birkhäuser – Berlin: „Die Türklinken 1020 von J. P." – 1998

Potrafke, Martin (Komm.-Des) / 1957 Münster- / lebt (2005) in MS / Stud. FHD-MS / 89 Mitbegr. „KP&Z"-Werbeagentur GmbH-MS, Gesch.-führer / Ausz.-gen: 01-03 = 3x DM Award, 04 DDP Award u. „red dot award" Essen / **Lit.: 205w**-04

Potschien, Ernst (M/G/F) / NEU: 4. 3. 1915 Königsberg/Ostpr. – 11. 9. 2003 Münster / (Biografie in Beilage: CD-Ausgabe 2006)

Potthast, Ingrid (M/Z) / 1933 Swinemünde- / lebt (2003) in Dülmen-Buldern / Schulzeit in Lünen: Stud. Univ.-MS (Kunstg/Germ/Publ), später Weiterb.-kurse b. Herm. **M**oog, Marl u. Folkwangsch.-Essen / Mitgl. „Kunstkreis-Buldern" / Ausst. u. a. in Nordkirchen/Werne/Dülmen/Buldern, 2003 MS (Unicef)

Potthast, Ursula (B/F) / 1944 Winterberg- / lebt (2003) in Dülmen / Autodidaktin, Werke s. 80 (u. a. Betonfiguren), ab 95 Fotogr. / Ausst. u. a. lfd. in Dülmen/Coesfeld (Weihnachtsmärkte), 1992-03 Bochum (Autohaus), 2000 MS (Knubel Pavillon), 03 (u. a.) Bo.-Wattenscheid (Altes Rathaus) / **Lit.:** In: „WATkreativ" – Ausst.-kat. – Bochum-Wattenscheid, 2003

Potthoff, Irmgard (T/G/D/M/O/I) / 1954 Bochum- / lebt (2006) in Bochum / s. 98 Mitgl. Gr.-„Hagenring"-Hagen, 99 „Boch.-KB" u. 04 „WKB" / (Biografie in Beilage: CD-Ausgabe 2006)

Potthoff, Ulla (M/G/O/D) / 1951 Dortmund- / lebt s. 84 in Herne / NEU: ab 94 Mitgl. Gr.-„Unser Fritz" – Künstlerzeche „Unser Fritz 2/3"-Herne-Wanne / (Biogr. in Beilage: CD-Ausgabe 06)

Pramann, Heinz (M/Filmk) / 1937 Berlin- / lebt (98) in Siegen / Stud. PH-Kettwig+Berlin, war Lehrt.-Ratingen, danach Stud. Akad.-Düsseldorf / s. 69 Lehrt., u. a. Univ./GH-Siegen, ab 85 Filme / **Lit.:** In: „Aspekte '97" – Aspekte des Faches Kunst a. d. Univ./GH Siegen, 1997

Prantauer, Ambrosius s. Brandhauer, Ambrosius

Pratz, Cora (F/F.- u. Video-I) / 1977 Ludwigsburg- / lebt (2001) in Dortmund u. MS / NEU: Stud.-MS 96-02 Akad. (Malerei/Film/Fotogr) / (Biografie in Beilage: CD-Ausgabe 2006)

Prausnitz-Reding, Elisabeth s. Stark-Reding, Elisabeth

Preckel, Jörg (A/Dipl.-Ing) / 1963 Harsewinkel- / lebt (2006) in Lüdinghausen / Stud.-MS bis 80 FofG u. bis 90 FH / 90-95 tätig im Büro Prof. H. Pfeiffer u. Chr. Ellermann in Lüdinghausen u. Berlin, ab 96 Partner / s. 95 Lehrt. FH-MS / 91 Förder-Pr. d. Arch.-kammer, Wettbew.-Preise (04 „Ausz. guter Bauten" BDA), Werke im MS-land (u. a. Landesg.-schau Oelde) u. NRW/N / Ausst. u. a. 2002 Lüdinghausen (Burg Lüdinghausen), 04 MS-Coerde (Speicherstadt) / **Lit.: 197-**01 + **251-**05 + **251a-**04 + **264** (S. 162-165)

Predescu, Simina Dana (M/G) / * in Rumänien- / lebt (2003) in Bielefeld / Ausst. u. a. in Düsseldorf, Bielefeld (Produz.-gal), 2000 Werther (Wee Da Da-Venghausplatz), 02-05 Bielefeld (Off. Atelier/Jugendgästehaus) / **Lit.: 152-**02...05

Prein, Karl Ernst (A/Dipl.-Ing) / um 1920 in Berlin Lehrt.-Baugewerbeschule, um 1932-56 freisch. in Bochum, Reg.-Baumeister (?) / 49/50 Ltg. Wiederaufbau der Pauluskirche in Bochum / weitere Daten nicht bek. / **Lit.: 34-**8,2 + **146c**

Preller, Heiko (F/D) / 1959 Sehnde- / lebt (2005) in Hannover / Stud.-München 80 Univ., ebd. 81-82 Fotopraktikum, Stud.-Essen 82-89 GH/Univ. (Komm.-Des) / 89-01 selbst. in Düsseldorf / 94-98 Lehrt. FHD-Dortmund / Mitgl.: s. 90 „BFF" u. 94 „DGfPh" / Ausst. u. a. in Hannover, 1999 Hamburg (Mus. f. K. u. Gew.), 2000 Stuttgart (Stadtgal), 2004 Hildesheim (Kv) / **Lit.:** In: „Zeit Blicke" – Ausst.-kat. – Hatje-Cantz-Verl. – Stuttgart, 1999

Prenzel, Jürgen (M/G) / 1965 Hemer- / lebt (2006) in Iserlohn / Ausst.-en s. 1994 = in Westf.

Presting, Monika (Presting-Bauer, M.) s. Bauer, Monika

Preuninck, Hermann (M) / † 7. 9. 1683 MS / 1630 Ausb.-MS b. Everhard Alerdink d. Ä. / in MS tätig / **Lit.: 178a**

Preuss, Günter (B) / * 1932 – / lebt (2002) in Hamm/W. / Ausst. u. a. 1996-2002 Telgte (Mus) / **Lit.: 185-**96...2000+02

Preuß, Hans-Rudolf (M/G) / 1950 Bielefeld- / lebt (2005) in Lage/Lippe / 81-84 Grafikerausb., 84-87 Werbegrafiker in Detmold, 87-91 in Lage, ab 91 Malerei, 97 Weiterb.- Europ. Akad.-Trier / Ausst. u. a. 1992 Hameln, 93/97/99/2000 Bielefeld, 94/95 Bad Salzuflen, 99-02 Lage (Off. Atelier), 2000 Bad Oeynhausen/Schwalenberg, 01 Berlin/Griechenl., 03 Lage (Bahnhof) / **Lit.: 132a-**2000...02

Preuss, Rudolf (B/I/M/Videok) / 1951 Ellwangen/Jagst- / lebt (2002) in Dortmund / s. 75 Beteil./Ltg.-Projekte: 75-77 Aachen, ab 86 in Dortmund, 87 Mitbegr. d. Jugendkunstschule, 89 Ltg. Projekt „Wasser", 96-99 = 8 Videofilme/Video-Inst, s. 97 *(siehe)* Mitgl. Gr.-„Kunstknoten"-Dortmund / Ausst.- Aufführungen u. a. 1967 Ellwangen, ab 90 Dortmund (u. a.: Gal.-Fletch Bizzel/Univ), 97 Frankf.-M. (Art-Gal), 97/98 Bönen, 98 Iowa-City-USA, Bergkamen (Gal.-Schering), Bochum (Videofestival), 98/99 Bönen (Kulturzentr), 99 USA (Videofestival-„Thaw")

Pricken, Stephan (G/D/Ill) / 1972 Moers- / lebt (2005) in MS / Stud.-MS 95-2000 Akad. (Ill/Päd)

u. 2000-2/04 FHD / Ausst. u. a. 1996 MS (Akad), München (Akad), 2001/03 Frankf.-M. (Buchmesse), 03-05 MS (Off. Atelier-Am Hawerkamp) / **Lit.: 122**-01+03 + **245**-95+2000 + Ill. v. St. P.: „Arthur, das kleine Kellergespenst" – Verl.-Coppenrath-MS – 2003; „Die Piratenprinzessin" – Coppenrath-Verl.-MS, 2004; „Schiffbruch im Treppenhaus" – GT-Verl.-Würzburg, 2004; „Feuerwehrgeschichten" – Ravensberger-Verl., 2004; „Der verhexte Schulranzen" – Ravensberger-Verl., 2005; Verl./Jhg. nicht bek.: „Wenn Rosalie träumt ..." / „Bodo will nach Afrika" / „Die Piratenprinzessin"

Pridik, Wedig (Prof) (Landsch.-Arch/Dipl.-Ing) / * 1943 – / lebt (2002) in Marl u. Berlin / Stud.-München-Weihenstephan bis 68 TU (Gartenarch/Landsch.-Planung) / s. 72 selbst., ab 92 Partner A. Freese / 85 Lehrt. TFH-Berlin / Mitgl.-„AKNW/BbgAK" / Werke u. a. in Gelsenkirchen (97 Bundesg.-schau), Marl u. Bernburg-S.-Anh. / **Lit.: 197**-01

Pries, Joachim (A/Stadtplaner) / 1947 Hamburg- / lebt (2002) in MS u. Bielefeld / Stud.-Hamburg FH u. Aachen TH 66-73 / ab 74 tätig in Aachen, 77-85 in Düren u. MS, 85 eig. Büro in MS, s. 96 Büro: „Pries & Pries"-MS/Bielefeld / Mitgl.-„BDA" / viele Preise, Werke in MS + Westf. + N (Justiz-Aachen, FH-Remagen, Generaldir.-Bonn, Akad. f. Manuelle Med.-MS u. Ibbenbüren) (s. Lit.) / **Lit.: 112c** (S. 17) + **197**-97+01 + **213a**-99 + **251a**-94

Pries-Bültmann, Anneliese (A/Stadtplanerin) / 1950 Bielefeld- / lebt (2002) in MS u. Bielefeld / Stud.-Bielefeld/Aachen FH-schulen 71-76 / 77-88 Büro m. H. F. Bültmann in Bielefeld, ab 89 dort eig. Büro, s. 96 Büro: „Pries & Pries" in MS/Bielefeld / Mitgl.-„BDA" / viele Preise, Werke in MS/Westf. + N (Justiz-Aachen, FH-Remagen, Generaldir.-Bonn, Akad. f. Manuelle Med.-MS u. Ibbenbüren) (s. Lit.) / **Lit.: 112c** (S. 17) + **197**-97+01

Prikker, Johan Thorn s. Thorn Prikker, Johan (Jan)

Prinz, Heide (T/Modedes) / 1940 Lüdenscheid- / lebt (2004) in Lüdenscheid / Schneiderinausb. / Mitgl. „AdK"-Südwestf. / Ausst. = manu factum: 1993 Düsseldorf, 95 Köln, 99 Solingen, 2001 Kevelaer, u. a. lfd. in Dortmund/Bochum / **Lit.: 48c**-99+03 + **48x**-93+95+99+01

Prinz, Nina (Ill/O) / 1975 Lüdenscheid- / lebt (2005) in MS / Stud.-MS bis 2/02 FHD (Ill) u. ab 02 Akad.-MS, 04 Meisterschülerin / 05 Tim&Struppi-Preis Kl.-Prof. Timm Ulrichs u. Sem.-Stip. f. Österr. / Ausst. u. a. 1996 Rheine-Bentlage (Kloster), 2000 Frankf.-M. (Buchmesse), 03 Laer (Stadtmitte), 04 Bergkamen (Stadtgal), Bad Oeynhausen (VHS), Oberhausen (Kv), Soest (FH), Herford (MARTa-Lounge), 05 Wismar (Baumhaus), Recklinghausen (Kunsthalle), Ingolstadt (Kv) / **Lit.: 122**-2000 + **229a**-04+**256**+**a**+In: „Luke & Trooke" – Heft 1/1995 – S. 26-29(Ill.); In: „Waterwasser" – Ausst.-Projekt d. FHD-MS im Kloster Bentlage-Rheine, 1996

Prieth, Tony (M/B) / 1937 Völlenerkönigsfehn- / lebt (2004) in Siegen / s. 65 Stahlplastiken, Weiterb.-kurse (Malerei) 84 VHS-Siegen u. 86 Akad.-Vulkaneifel / Ausst.-gen u. a. in Grömitz-Ostsee u. Südwestf. / **Lit.: 110b** + **110c**-04

Prietzel-Knabenreich, Helmgard (M) / * Leopoldshöhe- / lebt (2005) in Leopoldshöhe / s. 64 Studien/Kurse in Bielefeld/Rheda-Wiedenbrück/Kempten/Bünde u. Griechenland / Ausst. u. a. in Portugal, 2002/03/05 Leopoldshöhe (Off. Atelier), + OWL / **Lit.: 132a**-02+03+05

Profe-Bracht, Ulf (Prof) (A/Dipl.-Ing) / * in Westfalen- / lebt (2002) in Düsseldorf / s. 89 Büro in Düsseldorf: „Triade Architekten", mit Prof. Dierk v. d. Hövel, Werner Heuing, u. Christoph Schraffanek / Werke u. a. in Koblenz/Island/Luxemburg u. NRW / **Lit.: 197**-2001 + In: „Architekten Almanach Düsseldorf" – Wuppertal, 1997

Prothmann, Simone (O/I) / 1971 Dortmund- / lebt (2006) in Lünen / Stud.-Dortmund 91-98 FHD / 95 Wettbew.-sieger f. Platzgest. in MS+Dortmund, 96 Realisierungen, 97 ebenfalls f. Heilig-Geist-Kirche in Dortmund-Wellinghofen / Mitgl. „BBK"-Westf.-Süd Dortmund / Ausst. u. a. 2004/05 Lünen (Aktion-Lippe/Stadtgal), 05 Dortmund (Künstlerhaus) / **Lit.: 259**

Prüllage, Irene (F/D) / NEU: 1966 Oldenburg/Oldenb.- / lebt (2004) in Dortmund / Stud.-Dortmund 92-99 FHD, ab 99 Fotodes.-in / (Biografie in Beilage: CD-Ausgabe 2006)

Prüß, Christian (Graffittik) / 1977 Unna- / lebt (2004) in Paderborn / Malerei s. 93 / z. Zt. Stud. Univ./GH-Paderborn / Aufträge/Projekte s. 1997, u. a. 2001 Möhnesee („Torhaus"), 03 Kamen (Kunstfestival) / **Lit.:** Internet

Prus, Barbara (jetzt: Jankowska-Prus, B.) (M/G/K/B/I) (Autorin) / 1957 Milicz/Polen- / lebt (2006) in Lage / Stud. Univ.-Breslau (Kultur u. Bildung) / ab 96 autodidakt. Weiterb., 98 Sommerakad.-Schwalenberg, 01-03 Kunstsch.-Bo.-Wattenscheid, 03 Meisterschülerin b. Prof. Yang / s. 2000 Mitgl. Gr.-„pickArt"-Detmold / Ausst. u. a. 1999-2001/03/04 Detmold (u. a. Stadthalle/Klinikum/3xOff. Atelier/Kreishaus), 2000 Horn-Bad Meinberg/Bad Pyrmont/Milicz-Polen, 2000/01 Paderborn, 2000- Bielefeld/OWL (Archiv), 01 Gelsenkirchen (Atelier Antenne), 04 Lippstadt (Gal.-Pawlick), Lage (Off. Atelier), 04/05 Lemgo (Stadtgal/Hexenbürgerm.-haus), 05 Detmold (Paulinenstr. 54) / **Lit.: 132a**-2000+01+03+04 + **134**-01 + **192**-01

Prus, Flora Donata (M/G/D) / 1953 Lublin/Polen- / lebt (2004) in Bad Salzuflen / Stud. Univ.-Lublin (Malerei/Grafik) / s. 87 in Deutschland / Mitgl. Gr.-„Das Fachwerk"-Bad Salzuflen / Ausst. u. a. 2002/03 Bad Salzuflen (D. Fachwerk/Sparkasse), 03 Bielefeld-Brackwede (Kunstpav), + N/INT / **Lit.: 131**-03

Przybilla, Liane (M/G/Coll.-k) / * 1952 (Mark Brandenburg)- / lebt (2003) in Bielefeld / s. 79 Mitgl./Ausst. in Gr.-„patente talente"-Bielefeld-Senne (mit Horst Przybilla) / Ausst. u. a. in Hannover/Berlin/Sylt/Schloss Werdringen, 2000- Bielefeld/OWL (Archiv), + OWL / **Lit.: 192**-01

Psyk, Christian (M/G/I/Materialbildk) / 1960 Dortmund- / lebt (2006) in Unna / 95 Mitbegr. „DEPOT e.V."-Dortmund, Mitgl. „Dortmunder Gruppe" u. s. 01 „BBK"-Westf.-Süd Dortmund, ab 03 im Vorstand / s. 02 im Vorst. der „Anne-Fischer-Stiftung"-Dortmund / Ausst. s. 1984, u. a. 1992/97/99 Dortmund (Art-Service/2xDepot/Sparkasse), 93/2000 Selm (Zeche Hermann/Rethmann), 94 Welver-Nateln, 95/96 Wuppertal (RegioNet), 98 Rösrath/Braso-Rum./ Wuppertal, 98/99 Essen (Die Galerie), 99 Unna (Hospital), 2000 Lünen (Lüntec), 01-03 Dortmund (Torhaus/Fletsch-Bizzel/Balou/Rathaus), 02 Bedburg-Hau (ArToll), 03 MS (Geol.-Paläont.-Mus), Le Havre-Fr., Seoul-Korea (Art-Festival), 04/06 Dortmund (Off. Atelier/Torhaus), 05 MS (Gal.-König) / **Lit.: 120c**-04 + **199**-01(2) + In: „Menschen-Zeiten-Zeichen" – Ausst.-kat. – Zeche-Hermann – Selm, 1993

Püschel, Verena (O/I) / 1978 Trier- / lebt (2006) in MS / Stud.-MS 99-2/06 Akad., 04 Meisterschülerin / Ausst. u. a. 2001-05 MS (Off. Atelier-Schulstr), 01/02 MS (Prinzipalmarkt/CUBA), 04 Oberhausen (Kv), Herford (MARTa-Lounge), Istanbul-Türkei (Mus), 05 Duisburg (Cubus-Kunsthalle), Moers (Peschkenhaus) / **Lit.: 64x**-05+06 + **129**-03 + **229a**-04 + **231b+c**

Püschner, Christoph (F/D) / * 1958 – / lebt (2005) in Borgholzhausen / Einzelh.-kaufm.-ausb. u. Stud. FHD-Bielefeld (Foto-Des) / s. 89 Reportagen f. Magazine , ab 99 Mitgl. Agentur „Zeitenspiegel" / Ausst. u. a. 1998 Lippinghausen (Rathaus) / **Lit.:** U. Chaussy/C. P.(Fotogr.): „Nachbar Hitler" – Links-Verl., 2001

Pütter, Helwig (M/G/Wand- u. Raumgest) / NEU: 1920 Hagen – 2003 / lebte in Hagen / (Biografie in Beilage: CD-Ausgabe 2006)

Püttmann, Gabriele (M) / * 1961 – / lebt (2006) in Lüdenscheid / ab 05 Mitgl. „BBK-Westf."-Dortmund / Ausst. u. a. 2000 Berleburg (Kunsthalle), + Westf. / **Lit.: 187**

Pütz, Hildegard (M/G) / 1946 Gladbeck- / lebt (2001) in Emmerich / Stud.-Düsseldorf 71-75 Akad., Meisterschülerin / 75-84 Lehrt., s. 84 freisch. / Ausst. u. a. Frankf.-M. (Buchmessen), 2000 Paderborn (Diözes.-Mus), Bielefeld (WDR-Studio) / **Lit.: 173a** + Buchprojekte v. H. P. in der Eremitenpresse Düsseldorf

Pupowski, Detlef („Pupo") (M) / 1951 Lünen- / lebt (2004) in MS / Autodidakt, Weiterb. bei Hans Karl Steffen (Dortmund) / Werke in N/INT (durch Internet) / Ausst.-gen u. a. in Duisburg (Gal.-Kley), 2003/04 MS (Unicef/Atelier), + NRW u. im Internet

Purz, Dirk (F) / 1962 Wanne-Eickel(Herne-W.-E.)- / lebt (2001) in Gelsenkirchen / Ausb. evang. Theol. / z. Zt. (01) Pfarrer in Gelsenk.-Schalke / Ausst. u. a. 1999/2001 Gelsenkirchen (Bleckkirche/Kommunale Galerie) / **Lit.: 189**-01

Puttkamer, Lilla von (M/Z) / 1973 Düsseldorf- / lebt (2005) in MS / Stud. Ungar.-Akad. Budapest u. Akad.-MS / Ausst. u. a. 2000-02 MS (Schaufenster-Lignum/Gal.-Clasing/IHK), 03 Schwerte (Kv), 04 Dülmen (Kv.-Rathaus), MS (Gast Atelier-Schulstr) / **Lit.: 234**-03 + In: „wirtschaftsspiegel" – 10/02 – S. 32 – IHK-MS

Qi, Yang s. Yang, Qi

Quack, Thomas (A/Dipl.-Ing) / lebt (2006) in Herford / Daten leider nicht bek. / Büro in Herford m. Heide Kirchhoff-Quack / Werke in OWL, u. a. Kirche in Steinhagen / **Lit.: 112d** (S. 144)

Quambusch, Lutz Albrecht (M/G/B/Goldschm.-u. a.) / 1944 Fürstenwalde- / lebt (2006) in Witten / NEU: 71-85 im Ausl. tätig, 75 Lehrt.-Décize/Frankr., ab 78 in Witten selbst. u. Organis. v. Projekten, u. a. 78-80 Veranst.-„Wittener Herbst", 78-90 Lehrt.-VHS, 79-94 Ausst.-Organis.

Saalbau-Witten, ab 99 künstl. Ltg. Haus Herbede, 01/02 „Kunst in der City", 02 = 1. Wittener Buchmesse / 85 Mitbegr. „Wittener-KB", 1. Vors. 85-90 u. s. 98 = 2. Vors. / Werke: Wandbilder, Skulpturen in Witten, Entwürfe f. Kirchenfenster u. Ill.-nen f. Bücher / (Biografie in Beilage: CD-Ausgabe 2006)

Quasdorff, Ruth (M/G) / 1946 Hamm/W.- / lebt (2004) in Krefeld / Stud.-Hamm bis 65 Wksch f. Gest. u. Bo.-Wattenscheid 90-98 IfbKuK, Grafik-Weiterb. 99-02 u. a. in Meerbusch / s. 80 Studienaufenth.-e im Mittelmeeraum u. Asien / Ausst. u. a. ab 2004 im Internet (Artgal)

Quass von Deyen, Rüdiger (Prof) (F/I/Komm.-Des) / * 1958 – / lebt (2006) in Köln u. MS / Stud.-Düsseldorf 79-84 FHD (Vis.-Komm) / bis 05 = 8 nationale u. Intern. Ausz.-en/Wettbeweb.-preise, 06 = 3x „European Newspaper Awards" / 84-89 Des.-tätigkeiten in Düsseldorf u. München, ab 92 Köln Designbüro „Trawny/Quass von Deyen" / 89-2000 Lehrt. FHD-Düsseldorf, ab 04 Prof. FHD-MS / Referent: 03 f. Editorial Design in Moskau, 05 Deutsche Presseakad., 06 Akad. des Deutschen Buchhandels / Ausst. u. a. 1980 Herten, 82 Leverkusen (Gal.-Fotorama), 83/84/86/94/96/97/99/2000/01 Düsseldorf, 90 München (Asiat.-Institut), 98 Gummersbach/Lauenburg/Kottenheide, Köln (Art-Cologne), 01 Herne (SEB), 03 Mülheim-R. / **Lit.: 122b**-05+06(3) + **205**-94 + **205y**-98+2000+02+04 + **225** + In: Lars Dörfel(Hg.): „Strategisches Corporate Publishing – Konzepte, Tools und Innovationen" – 2006

Quattro, Fabio di (M/D) / 1970 Ragusa/Sizilien- / lebt (2005) in Gütersloh / bis 97 Stud.-FH / Ausst. u. a. 2000/01/04 Bielefeld (Aids-Hilfe/Gal.-Baumgarte/WDR-Studio), 01 Dresden (Gal. -Baumgarte), Köln (Art-Colohne), 03 DZV (Bundesgesch.-stelle), 04 Herford (Kunst-Werk)

Quehl, Bärbel (M) / 1966 Gelsenkirchen-Buer- / lebt s. 93 in Rehau / Ausst. u. a. 2000 Rehau (Atelier/Kindergarten), Hof/Schilbach/Oberkotzau, 02/03 Naila, 02 Selb, 03 Schwarzenbach, 03/04 Hof

Quenkert, Stephan (Industriedes/B/O) / 1959 Möhnesee-Körbecke- / lebt (2005) in Landshut / Maschinenschlosserausb., Stud. 81-88 Univ./GH-Wuppertal (Dipl.-Industr.-Des) / s. 86 selbst., 93 Firma „Nexus Product Design"-Bielefeld u. a. m. U. **F**inkeldey u. G. **G**ratenau, ab 95 auch Bildender-Künstler u. weiterhin Zus.-arb. M. „Nexus" / Ausz.-gen s. 87, s. „**Nexus** Pr..." / Werke in Bayern / Mitgl. „BBK"-Niederbayern/Oberpfalz / **D**esign-Ausst. u. a. in Hannover/München/Essen/Glasgow-GB/Frankf.-M./Dortmund/Ettlingen/Bonn/Landshut / **K**unstausst.-gen u. a. 2003/04 Ostbayern, + Bayern / **Lit.: 205**-97 + **205a**-01+03 + **205y**-2000,1+02,1 + **205z**-96+97+03

Qui, Yang siehe: **Y**ang, Qi

Quickels, Wolfgang (F) / 1952 Herne- / lebt (2006) in Herne / Stud.-Dortmund bis 76 Univ. (Kunst/Wirtsch.-wiss) / 77 fr. Mitarbeit „WAZ", 80 Volontär u. ab 80 Bildredakteur, s. 85 in Herten / Beteil. an Bildbänden / 87 = 1. Wettbew.-Pr. „DPW", 2000 = 2. Wettbew.-Pr. Emscher-Lippe Agentur / Ausst. u. a. 1988/91/95/2001/02 Herten (2xKr.-sparkasse/Rathaus/Zukunftszentr/Zeche Scherlebeck), 02 Herne (Finanzamt), 06 Gelsenkirchen (Wissensch.-park)

Quinken, Johannes (Quincken) (A) / geb. in Werl – † 1712 / bek. Ende des 17. Jh.'s in Münster, war hier Hofkaplan, Dom-Werkmeister/Kirchenbaumeister, Kanonikus an St. Mauritz u. Syndikus d. Deutschordenskommende Münster / Werke in MS-Handorf, Südkirchen, Mülheim-Möhne u. Ahaus(?)/Coesfeld(?) / **Lit.: 24**-27 + In: Detlef Fischer: „Münster von A bis Z" – Aschendorff-Verl.-MS, 2000

Quiring, Daniel Anton (auch: Antony) (M) / NEU: 1970 Kurgan-Tjube/Tadschikistan- / lebt s. 78 in Soest / 02-04 Stud. Freie Akad.-Essen u. 03 Sommerakad.-Salzburg / 2000 Förderung I.-Kippler-Stiftung, 01 Stip. Kv.-Kr.-Soest für Krakau-P., 03 Förder-Pr. „JAM"-Soest, Proj.-förderung 04 NRW u. 06 I.-Kipper-Stiftung Soest / Mitgl. „Kv.-Kr.-Soest" / Ausst. u. a. Soest/ Beckum/Salzburg-Öst., 2000 Schloss Füchten/Overhagen, 03 MS (Musicom), 04 Dinker (Pallas-Verlag), Unna (Bibliothek), 05 Bonn (Künstlerforum), Soest (Wilh.-Morgner-Haus) / **Lit.: 100**-05 + **139**

Quitar, Hermann Dietrich (Quiter) (M) / um 1659/72 bek. / 1690 in Münster zum Bischöfl. Hofmaler bestellt / Werke u. a. in MS / **Lit.: 178a** + M. Geisberg: „Ein Bildnis Chr. V. Galen im Schlosse Frederiksburg" = in „Westfalen" – Bd. 18 – S. 91/92 – MS, 1933

Raab, Emanuel (Prof) (F/D/Video- u. Filmk) / 1957 Bautzen- / lebt (2005) in Wiesbaden u. Bielefeld / Stud.-Darmstadt 78-82 FHfG (Foto/Film) / s. 84 freisch., ab 2000 Lehrt. FHD-Bielefeld, 01 Prof. / zahlr. Ausst.-gen/Projekte/Veröffentl.-en u. Filmbeiträge in N + INT / Ausst. u. a. 1999 Wiesbaden (Kv), 2000 Berlin (Kü.-haus-Bethanien), 01 MS (Gal.-Rasche), 02 Berlin (Gal.-Niemann), 03 Bielefeld (Studio-Kunsthalle), 03/05 Frankf./M. (Leinwandhaus/Gal.-Greulich), Berlin (Gal.-Poll),

05 Kraichtal (U.-Blickle-Stiftung), München (Gal. f. Fotografie), Berlin (LUMAS-Gal), + N / **Lit.:** In: „Photographie now" – Heft 4/99 + 4/2000; E. R.: „Nachtland" – Kehrer-Verl. – Heidelberg, 2002

Raab-Johanning, Ingrid (M/B/I) / 1957 Duisburg- / lebt (2005) in Bielefeld, Atelier in Werther / s. 98 künstl. tätig / Ausst. u. a. 2003/04 Werther (Skulpt.-pfad/Atelier), + OWL / **Lit.: 191b-**04

Raasch, Heinz Julius Friedrich (M/G) / 2. 12. 1886 Klostergut Himmelstür, Prov. Hannover – ? / lebt (1922/58) in Essen u. 67 in Bremen / Päd.-Stud. an einem schweizer. Seminar, zog später nach Westf., dann Essen, Weiterb.-Malschule H. Zeller u. 1920 Kgsch.-Essen / Lehrt.-Essen / war bis 39 Mitgl. „BK-Ruhr", bis 45 „Reichskammer d. BK" u. ab 45 „BK-Württ." / Ausst. u. a. in Essen, 1924 Dortmund (Reinoldushof) / **Lit.: 20**(m. Lit.-ang.) **+ 25-**4 **+ 155a**

Rabanus, Friedrich (M) / 1933 Hemer- / lebt (95) in Hemer / s. 60 Malerei, Lehrt. (gibt Kurse) / Ausst. u. a. 1994 Hemer (Felsenmeer-Mus) / **Lit.: 242**

Rade, Martin (M/A) / 1962 Dortmund- / lebt (2006) in Dortmund / 80-83 Bergmechanikerausb./ Tätigk., 84-90 Stud. Univ.-n Dortmund/Köln (Architektur/Städtebau) / 90-97 in Archit.- u. Planungsbüros tätig, dann Mitarbeit: 97-99 Restaurierung des hist. Binnenschleppers „Pripjat", 99/2000 Endpräsentation der IBA-Emscherpark – Gal.-Schloss Oberhausen, 2000-02 Restaurierung/Renaturierung hist. Kaltenbachtal, 02-05 Ergotherap.-ausb. – Recklinghausen u. s. 05 Praxistätigkeit Dortmund / Ausst. u. a. 1995/96 Dortmund (Gal.-Schneider/Erna David-Zentrum/Kommunik.-zentr.-Ruhr/Gal.-Dalberg/St. Johannes-Hospital), 96 Unna (Lindenbrauerei), 97 Osnabrück (Gal.-„M"), 98 Bonn (Praxis), 99 Dortmund (Artothek-Stadtbibliothek), 2000 Emsdetten (AWD), 02 Selm (Haus „Zum Wegebild"), 03/06 Dortmund (Café Erdmann/ Schaufenster – Mus. am Ostwall)

Radeke, Anne-Christin (M/Z/B) / 1955 Rotenburg b. Bremen- / lebt (2005) in Bielefeld / Stud.-Bonn 74 (Päd/Kunst/Theol), MS 79-87 (Kunst/Musik) u. Bielefeld 87-93 FH (Grafik-Des) / Ausst. u. a. 1996-2003/05 Bielefeld (Off. Atelier), 97-99 Bielefeld (u. a.-Gal.-Lübbe/Firma Boge), 99 Minden (Gal.-Lübking), Köln (Möbelmesse), Osnabrück (Kunstmesse), 99/2000 Bielefeld (Auktion-Kv), 2000 Bielefeld (Nordpark/Kongresshalle), 2000- Bielefeld/OWL (Archiv), 02 Bielefeld (Univ.-ZIF) / **Lit.: 152-**96...03+05 **+ 192-**01

Rademacher, Hannes (Produktdes) / 1973 Münster- / lebt (2003) in MS / Stud.-MS 96-2/2003 FHD / 97- 2000 Mitarb. Gal.-„Zwischen()raum"-MS, s. Eduard Gödeke / **Lit.: 15a** (S. 92)

Radener-Blaschke, Helga (M) / 1922 Plettenberg- / lebt (83) in Düsseldorf / Stud.-Krefeld 49-51 Wenning School u. Düsseldorf 52 Akad. / war Mitgl. „BBK" / **Lit.: 53 + 79a**

Radix, Herbert (A/Dipl.-Ing) / 1951 Schwerte- / lebt (2002) in Schwerte / 70-73 Stud.-Archit. / 73-80 Mitarb. im Büro Odenwäller-Dortmund, ab 80 eig. Büro in Schwerte / Mitgl.-„BDB" / Werke s. Lit. / **Lit.: 197-**97+01

Räder, Eveliyn (M) / * 1945 (Niederlausitz)- / lebt (2006) in Rheine / 61-85 Fotogravurzeichnerin-ausb. u. Werbegrafikerintätigk., s. 90 Malerei, 98-04 Gast Univ.-Osnabrück (Kunstpäd/ Malerei) u. Workshops / Mitgl. Gr.-„Spektrum 88" u. Galerie-„Eigen-Art"-Rheine / Ausst. u. a. Lengerich/MS/Osnabrück/Hörstel, Rheine (Off. Atelier), 2006 Ibbenbüren (Kunsthaus)

Räder, Marc (F/I) / 1966 Bochum- / lebt (2005) in Berlin / NEU: Stud.-Essen 88-97 Univ./GH (Kommunik.-Des) / 91 Fotoexped. Venezuela, 92 Kodak-Pr., 93-94 Fulbrightscholarchip – Calif. Coll. Oakland/USA, 2000 Krupp-Stip. Mus.-Folkwang Essen / Lehrt.: 93-94 Coll. of Arts and Crafts Oakland/USA / Ausst. u. a. in Bochum/Barcelona, 2002 Bochum (Kv), Hattingen (Haus Kemnade), + N/INT / **Lit.: 26a-**05 **+ 146-**90

Raglintha s. Kniefeld, Relindis

Rahenkamp, Lothar (Z/Ill/M) / 1962 Vehrte/Osnabrück- / lebt (2004) in Osnabrück / 81-82 FofG-Osnabrück, Stud.-MS 86-96 FHD (Vis.-Komm) / Ausst. u. a. s. 1996 Osnabrück u. Umgebung, 2004 Osnabrück (Villa Stahmer), H.-Gravenhorst (Kloster) / **Lit.: 69-**04

Raken, Mona (M/Z) / 1978 Düsseldorf- / lebt (2004) in MS / Stud.-Düsseldorf 97 Univ. (Päd/ Deutsch), Wuppertal 98 Univ. (Päd/Kunst), MS 2000-02 Univ. (Päd/Deutsch) u. s. 2000 Akad. (Päd/Kunst) / Ausst. u. a. 2001 Düsseldorf (u. a.-Kv), 03 MS (Akad.-Foyer), 04 Bad Oeynhausen (VHS) / **Lit.: 56ba**

Rakob, Ute (M/Z/Glasm/O/Materialb.-k) / * in Bünde/Westf.- / lebt (2004) in Wien / Stud. FHD-Bielefeld u. b. R. Hausner in Wien / Preise: Salzburg, R.-Hausner-Pr., Th.-Körner-Pr., Pr. d. Ges. d. Akad.-freunde Wien u. Gast Villa-Romana Florenz / Mitgl. „IG BK" / Werke u. a. in OWL u. Dortmund-Lütgendortm. / Ausst. u. a. Wien/Bozen/Basel/London/Sevilla, Ulm (Kv), 2003 Überetsch-Unterland (Gal.-Bez.-gem), 04 Paderborn (Diözesanmus) / **Lit.: 112c** (S. 22)

Ram, Arnulf (Goldschm/Schmuckgest) / 1961 München- / lebt (2006) in MS / 88 Goldschm.-ausb. in MS / Ausst. u. a. 2004/05 MS (Gal.-artig), 05 MS-Roxel (Haus Brock), 06 Telgte (Kornbrennerei-Museum)

Ramas-Oldenburg, Karola (Karola Ramas, geb. Oldenburg) (M) / 1940 Danzig- / lebt (2005) in Ratingen / Tochter von Ernst **O**ldenburg / verwaltet den Nachlass ihres Vaters u. das „Oldenburg-Haus" in Unna-Kessenbüren / Ausb. bei Vater E. O. / 58-67 Sprach- u. Kunststudien in England/Frankr./Italien / 72 Pr. „Die Goldene Staffelei"-Florenz, 83 Förder-Pr. „Martha-Johannpeter-Ges."-Unna / Ausst. u. a. 1970 Werne (Gal.-Werne), 71 Unna (Stadtbücherei), 71/72 Triest/Florenz-It., (Gal.-Borgo Pinti), 75 Neuss (Stadttheater), 77 Toronto-Kanada (Gal.-Gerendas), 79 Bochum/Schwerte, 80 Luxemburg (Gal.-Marly), Gorizia-It., 82 Ratingen/Düsseldorf/Osnabrück/Bad Rothenfelde, 83 Eindhoven/Waalwijk-NL, 84-2004 Salzgitter/6xDüsseldorf/Wilhelmshaven/Heiligenhaus/Kleve/Mettmann/Dillingen/Auerswalde, 02 MS (Ärztehaus), 05 Fröndenberg (Rathaus) / **Lit.**: „K. R." – Ausst.-heft – Gall.-Borgo Pinto – Florenz, 72

Rameil, René (G/M/O) / 1962 Düsseldorf- / lebt (2005) in Bielefeld / NEU: Stud.-Duisburg 82-88 Univ./GH (Kunst/Päd) u. Bremen 88-97 HfBK, 97 Meisterschüler / 99-2000+ab 02 Lehrt.-Bielefeld / ab 99 Atelier-Kunstetage, s. 01 Atelier-Hof Hallau u. ab 03 Galerie Hof Hallau – Bielefeld / s. 99 Mitgl.-„BBK"-OWL / Ausst. u. a. 1990 Düsseldorf (Haus Spiller/Rheinturm), 91 Viersen (Gal. 2a), Wiesbaden (Kunsthaus), 91/97 Rastede (Palais), 92-94/96-98 Bremen (u. a.: Konsul-Hackfeld-Haus/Lloydpassage/Tobiasschule/Stadtgal/St. Joseph-Stift/Atelier Astrid Paul), 93/94 Papenburg (Symposion/Villa), 94 Cuxhaven (Gal.-K), London-Wimbledon (Grafics School of Art), 99 Kairo (Nationalmus), 99/2000/05 Bielefeld (2xRav. Spinnerei/Atelier-Kunstetage), 99/01/02/04/05 Bielefeld (Off. Atelier), 01/03 Bielefeld (R.-Steiner-Schule/Ev. Johanniswerk/Kunstmesse) / **Lit.**: **124**-05 + **152**-99+01+04+05

Ramel, Anita (M) / 1926 Neumünster- / lebt (91) im Kreis Kamen / Autodidaktin / Mitgl. „Kreis Kamener Maler" u. „Gruppe Unnaer Frauen" / Ausst. = Westf. / **Lit.: 190b**

Rams, Dieter (Prof) (Industriedes) / 1932 Wiesbaden- / lebt (97) in Hamburg / Stud.-Wiesbaden 47-53 Wksch (Archit), 48-51 Tischlerausb. / 54-97 in der Firma „Braun" tätig, ab 81 Prof. in Hamburg u. 87-97 Präsident des „Rats für Formgebung" / Entwürfe u. a. für „Braun", „Zapf", „Tecnolumen" u. 85/86 f. „FSB", s.: „Franz **S**chneider Brakel GmbH u. Co." / u. a. 93 Design-Pr. NRW / **Lit.: 205d + 205x**-93(S. 57/58)

Ramshorn, Simone (M/G) / 1965 Velbert- / lebt (2005) in Bochum u. Velbert / 97-99 Weiterb. b. B. Domke-Goschütz, Stud.-Bo.-Wattenscheid 98-03 IfBKuK, Meisterschülerin / Beteil.: 03 „Neanderland Biennale" Kr. Mettmann, Ruhr-Congress Bochum, 2. Int. Symposion Essen u. 1. Int. Symposion Essen/Velbert / Ausst. in s'Heerenberg-NL/Schloss Anras-Öst., 2006 Dortmund (ART-isotope), + NRW / **Lit.**: Internet

Rangsch, Rona (O/I/F/Coll.-k) / 1969 Saarbrücken- / lebt (2006) in Dortmund / 83-87 Malereiausb. B. Rolf Viva / 89-96 Stud. Univ.-n Köln/Saarbrücken (Physik), 97-99 in Berlin u. Essen tätig, 99 Weiterb.-Trier (Europ.-Akad), 99-2000 Gast-Stud. Akad.-Düsseldorf u. 2000-01 Fortbildung am ca. medien-colleg in Essen / s. 99 Partnerschaft durch BFW Oberhausen, 99-01 Atelierstip. Kunsthaus Haven Oberhausen / ab 02 Mitgl. „WBK" u. „BBK-Westf." Dortmund, s. 03 Künstlerhaus-Dortmund / Ausst. u. a. 1999 Oberhausen (Zentr.-Altenberg), 99/2000 Oberhausen (Off. Atelier), 2000/01 Oberhausen (Gal. im blauen Laden/FRIED-GmbH/Rhein-Herne-Kanal), 02 (2x)Mülheim-R., Essen (Forum „Kunst+Arbeit"/Knoblauchhaus), Bad Karlshafen (Weinhaus), Dortmund (Künstlerhaus), 03 Berlin (Kunsthalle m3), Dortmund (Torhaus/Mus. f. K. u. K.), Witten (Boesner), 03/04 Bochum (GEA-Center), 04 Castrop-Rauxel (Rathaus), Essen (Forum), Bochum (Kulturwerk Lothringen), Düsseldorf/Köln (Wanderausst), 04/05 Dortmund (2xOff. Atelier/Künstlerhaus), 06 Herne (Zeche Unser Fritz 2/3), Gelsenkirchen (Wissensch.-park) / **Lit.**: **3**-03(1+2)+04(1+2) + **120c**-04

Rank, Hans (Johannes) (A/Dipl.-Ing) / † 1966 / lebte in Gelsenkirchen / Sozietät bis 66 m. Kurt Pasch / Werke u. a. Kirche in Gelsenkirchen-Hüllen / **Lit.: 112ca + 146c**

Rank, Kathrin (M) / 1967 Bielefeld- / lebt s. 2000 in Berlin / Stud.-Bielefeld 88-94 FHD u. Braunschweig 94-99 HfBK, 99 Meisterschülerin / 95 Gründung Gr.-„Konvention" u. dazu 2000-02 Galerie in Berlin, 01 Stip. f. Künstlerhaus Meinersen, 03 Atelierstip. Lemgo / Ausst. s. 1996, u. a. 1999 Braunschweig (Gal.-bs 15(K), 2000(K)-02 Berlin (Gal.-Konvention), 2000- Bielefeld/OWL (Archiv), 01 Bielefeld (Gal.-Redeker), 02 Meinersen (Künstlerhaus), Braunschweig

(BdA Gal), 03 Berlin (Gal.-M), Den Haag-NL, 04 Lemgo-Brake (Stadtgal), + N / **Lit.: 26a-**05 + **192-**01 + K = Katalog; „K. R.“ – Bildzeichen – Ausst.-kat. – Künstlerhaus-Meinersen, 2002

Rapp, Christian (A/Dipl.-Ing) / 1962 München- / lebt (2002) Berlin u. Amsterdam / 82-83 Maurerausb., 83-89 Stud. TU-Berlin u. TH-Delft-NL / ab 92 Büro „Höhne & Rapp Architekten“ in Berlin (Stephan Höhne (Prof) * 1961 Lübeck), s. 94 auch in Amsterdam / 02 Gastprof. TU-Dortmund / Mitgl. „Bund Niederl. Arch.-en“ / u. a. 97 Maaskant-Pr. Rotterdam, 2000 Anerkennungs-Pr. BDA-Berlin / Werke s. Lit. / **Lit.: 219-**02

Rappaport, Werner (Rappa Port) (M/B) / 1954 Aachen- / lebt (2005) in Hagen / 89 Mitbegr./ Mitgl. Gr.-„Kooperative K“-Hagen-Haspe / NEU: s. 95 freisch., Lehrt. VHS-Hagen, 2000 Wandbild in Hagen / (Biografie in Beilage: CD-Ausgabe 2006)

Rasch, Herbert (M/G/Ill) / NEU: 1913 Bochum – 1997 / lebte in Bochum / (Biogr. in Beil.: CD)

Rasche, Michael (F/D) / * 1959 – / lebt (2002) in Dortmund / Stud. FHD-Dortmund / s. 95 freiberuflich tätig / **Lit.: 205a-**01(m. Lit.-gaben)

Rath, Hans Helmuth von (M/G/B/Coll.-k/Entw.-z) / NEU: 1923 Bielefeld – 2002 Bad Salzuflen / (Biografie in Beilage: CD-Ausgabe 2006)

Rathai, Ingrid (Khw) / 1943 Bocholt- / lebt (2003) in Bocholt / Werke s. 69, freisch. in Bocholt / Ausst. u. a. 1981-85 Telgte (Mus), 2003 Bo.-Wattenscheid (Rathaus) / **Lit.: 185-**81...85

Rathke, Wolfgang (Prof) (A/M) / 1922 Plettenberg- / lebt (2000) in Wuppertal / Ehefrau ist Doris **R**athke-Fischbach / s. (nach) 50 in Wuppertal tätig u. bis 84 Lehrt./Prof. Univ.-en in Düsseldorf/Krefeld / Wettbew.-Preise u. a. in Wuppertal/Dortmund, 1970 Weltausst.-Osaka/Japan / **Lit.: 216** + In: J. Busmann: „Architektur in Wuppertal“ – 1993

Rathke-Fischbach, Doris (Rathke, D.) (T/M) / 1925 Heilbronn- / lebt (2000) in Wuppertal / Ehefrau v. Prof. W. Rathke / Stud. FH-Schw. Gmünd u. Akad.-Stuttgart / **Lit.: 1-**3 + **26-**Index-Bd. 8 + **216**(m. Biogr.) + In: „Treffpunkt Parnass – Wuppertal 1949-65“ – Rheinl.-Verl.-Köln, 80

Ratzmann, Rolf-Dietrich (M/G) / NEU: 1944 Zeitz/Anhalt – 1992 / lebte in Lünen / (Biografie in Beilage: CD-Ausgabe 2006)

Rau, Svenja (Z/Coll.-k/O) / 1982 Bielefeld- / lebt (2005) in Münster / Stud.-MS s. 01 Univ. (Sozialwiss./Päd) u. ab 02 Akad.-MS / Ausst. u. a. 2003 Laer (Stadtmitte), 04 Bergkamen (Stadtgal), Bad Oeynhausen (VHS), Soest (Technikmus), 05 Wismar (Baumhaus), Recklinghausen (Kunsthalle), Ingolstadt (Kv) / **Lit.: 100c** (S. 24+158) **+ 256+a**

Raub, Andreas (M/G/Z/Ill) / 1967 Münster- / lebt (2006) in Dortmund / NEU: 06 Wettbew.-Sieger Recklinghausen / s. 05 Mitgl. „Deutsche Exlibris-Ges.“ / (Biogr. in Beilage: CD-Ausg. 06)

Rauch, Walter (M) / war bis 1952 in der Malerschule-Detmold Lehrt., ab 52 in Lemgo, 64-79 Ltg. der Malerschule-Lemgo (s. **S**pantig, Alfred) / weitere Daten nicht bek. / **Lit.:** U. Begemann/H. Künemund(Hg.): „Malerschule Lemgo“ – Lemgo, 1995

Rauchheld, Adolf (A/G/M) / 13. 11. 1868 Bochum – 1932 Oldenburg / Baurat in Oldenburg, später Ministerialrat/Baureferent/Denkmalpfleger / war Mitgl. „BDA“ u. „DWB“ / Werke in Oldenburg / **Lit.: 26-**Index-Bd. 8 **+ 34-**7(Rauchfeld)+8,2+9,2 **+ 194a**

Rauh ° Damm ° Stiller ° Partner Architekten BDA s. 89 in Hattingen / Wolfgang Rauh gründet Büro 1950 in Hattingen, Partner ab 78 Wolf Dirk **R**auh, 74 Peter M. H. **D**amm, 79 Arnd **K**rug u. Joachim **S**tiller (Architekten/Dipl.-Ing.-e), Partner (2004) = Rémi Bonnefous, Michael Holewik, Roland Ladusch, Andreas Koch / Büros in Hattingen, Cottbus, Greifswald u. Weißwasser/Sachsen / viele Wettbew.-Preise, Ausz.-gen: NRW (vorbildl. Bauten), Kommunalverb.-Ruhrgeb. Essen, Bund f. Heimat u. Umwelt Bonn u. BDA Ruhrgebiet / Werke in NRW (u. a.: Hattingen/Bochum/Sprockhövel/Solingen/MS) u. Ostdeutschl. (u. a.: Greifswald/Katzow/ Cottbus/Ueckermünde/Rostock), usw., s. auch Lit. / Publikationen = s. Internet / **Lit.: 197a-**99 **+ 219x-**99

Rauh, Wolf Dirk (A/Dipl.-Ing) / * 1947 – / lebt (2004) in Hattingen / Stud.-Berlin 68-72 Berlin TU (Krankenhausbau) / ab 78 Partner im Büro v. Wolfgang **R**au, s. 89 Mitinh. „Rauh ° Damm ° Stiller ° Partner“ – Hattingen, ab 95 Geschäftsf. Gesellschafter / Ausz./Werke s. „**R**auh“ / **Lit.: 197a-**99 **+ 219x-**99

Rauh, Wolfgang (A) s. „**R**auh ° Damm ° Stiller ° Partner“ – Hattingen

Rauhaus, Werner (M/G) / NEU: 1925 (Wuppertal)-Cronenberg – 2002 / lebte in Schwelm / (Biografie in Beilage: CD-Ausgabe 2006)

Rauschenbach, Herbert (M/G) / 1914 Merseburg/Saale – 13. 4. 1992 Hagen/Westf. / nach Weiterb. VHS-Merseburg: 47-48 Privatkurse in Bad Dürrenberg, 49-52 Stip.-Walzwerk Merseburg f. Ausb. bei Prof. Fischer-Lamberg in Halle/S., danach in Hagen/Westf., 57-59

Fernstud. Darmstadt / 49 = 3x 1. Plakatwettbew.-Pr. Merseburg, 88 Off. Kunst-Pr. Forsch.-Inst. Nürnberg / Ausst. u. a. 1947/48 Merseburg, 49 Markranstedt, 65-? Wyk-Föhr (jährl.), 87 Lichtenberg-Oberfr., 88 Hagen-Westf. / **Lit.: 27**-3

Rauschenbusch, Andrea (Prof) (F/Kommunik.-Des) / 1959 Hamburg- / lebt (2004) in MS / Stud.-Hannover 87-91 FH (Vis.-Komm) / 92 Wettbew.-Pr. Expo-Sevilla / 91-2000 Art-Directorin/Senior Designerin, 95-01 Lehrt. FHD-Hannover, s. 2000 Prof. FHD-MS / Wettbewerbe/Ausst.-gen s. 91 / **Lit.: 15a** (S. 32/104)

Rave, Jan (A/Dipl.-Ing) / 1934 Potsdam- / lebt ab 63 in MS, 2004 in Hamburg / Stud.-Berlin 54-62 TU / 57/58 Stip. f. Paris, 66 Kunst-Pr. Berlin / tätig in MS/Mailand/Paris/Athen, ab 63-90? Büro m. Rolf **R**ave – MS / Mitgl. „BDA" / Werke im Städebau / **Lit.: 251a**-88(b. O. R.)

Rave, Ortwin (A/Dipl.-Ing) / NEU: 13. 12. 1921 Siegen/W. – 15. 12. 1992 / lebte in Gelsenkirchen / Stud. TH-Braunschweig / 53-56 Zus.-arbeit m. H. **D**eilmann, M. v. **H**ausen u. W. **R**uhnau in Münster u. 59-87 m. Max von Hausen / Werke in NRW, u. a. MS (u. a. St. Bonifatius), MS (Stadttheater) Gelsenkirchen (Musiktheater), s. auch bei **D**eilmann, Harald / Ausst. u. a. 1988 MS (WL), 2006 MS (Stadtmus) / **Lit.:** u. a. **25**-6 + **168**-4 + **219**-62 + **219a** + **251a**-88

Rave, Rolf (A/O/D) / 1936 Potsdam- / lebt (2004) in Berlin / Stud.-Berlin 55-62 HfBK (Archit) / 62 Fritz-Schumacher-Pr. Hamburg, 63 Stip. Industrie-Kulturkr., 66 Kunst-Pr. Berlin / tätig in MS/Karlsruhe/München/Athen/London, s. 63 Büro m. Jan **R**ave in MS, ab 90 m. Roosje Rave in Berlin (ab 01?) / ab 66 Mitgl. „BDA", 72-80 Vorsitz „Werkbund"-Berlin / 69/70 Lehrt. Gartenbauakad., 78-01 Prof. FHD-MS / Archit.-Projekte = N+INT / Publikationen in Büchern + Zeitschriften / **Lit.: 15a** (S. 84-85/104)

Ravnikar, Heike (M/Z) / 1959 Gelsenkirchen-Buer- / lebt (2001) in Velen / Ausst u. a. in Velen, 1993 Gronau / **Lit.: 68a**

Rawe, Anna-Maria (M) (Autorin) / 1935 Krefeld- / lebt s. 40/41 in Tecklenburg / Autodidaktin / Mitgl. Gr.-„Grüne Erde"-Tecklenburg / „Naive Malerei" u. a. s. 1970 auf Poster/Postkarten/Plakaten u. in Tageszeitungen / Ausst. u. a. in Tecklenburg/Osnabrück u. im Ostmünsterland

Rawe, Annette (M/O/D/Khw) / 1964 Gütersloh- / lebt (2002) in Havixbeck / Stud.-Aachen FHD (Objekt-Des), danach freisch. in Aachen, ab 2000 Atelier m. Werner Paß in Havixbeck / Ausst. u. a. in Aachen/Düsseldorf, 1998 Krefeld (Botan.-Garten), 99 Erkelenz (Kv), 2000 Münster (HBZ), 01/02 Havixbeck (Off. Atelier)

Rawert, Ursula (Uschi) (M) (Lyrikerin) / 1955 Leverkusen- / lebt s. 75 in Borken, 2005 in Bochum / Dipl.-Finanzwirtin, Stud.-Paris 84-86 ABC-Kunstschule u. 89-91 Weiterb. Europ. Akad.-Trier / 01 Sonder-Pr. Nielsen-Design / 96 Eröffnung Atelier/Galerie, 02 Gründ. Kunstverlag „ART biente" m. El Bedoui, Lehrt. = Ltg. v. Malreisen / (Biogr. in Beilage: CD-Ausg.)

Rduch, Ralf (M/G) / 1961 Bielefeld- / lebt (2005) in Paderborn / NEU: 2000 Stip. Ansbach, 02 Kurzstip.-Haus Rissen Hamburg u. Gast der „ARTéNIM" – Nimes-Frankr. / (Biografie in Beilage: CD-Ausgabe 2006)

Rebig, Jürgen Josef (Innenarchit/Perf.-k) (Musiker) / 1959 Krefeld- / lebt (2005) in Bielefeld / Stud. FH f. Innenarch.-Detmold / 02 Otzenrath-Stip. / 97 Mitbegr. u. Mitgl. der Perform.-ART-Gruppe „**O**ralapostel"-Bielefeld / Auff.-gen u. a. 1998 Bielefeld (3xBoge-Fabrik/Kunsthalle/Büro f. Kunst), Bremen (Überseehafen), 99 Bielefeld (Leinewebermarkt/Block 1/Büro f. Kunst), Köln (Gal.-68elf), 2000 Bielefeld (2xBunker-Ulmenwall/Gukama-Bar), Schloss Bröllin, 01 Bielefeld (Atelier W 13/Falkendom), 02 Schotten-Hessen (Märzwiese), Nordhorn (Kreisverw), Köln (Gal.-R. Haferkamp), Bielefeld (Hist.-Mus), Herford (2xInnenstadt), 02+03 Detmold, 03 Bielefeld (Bürgerwache/Haus Rusnok/Kv/2xInnenstadt), Köln (Hohenzoll.-brücke), 04 Mus.-projekt = 8x in OWL (Museen) + Polen/Estland/Italien

Reble, Jürgen (I/Film- u. Perf.-k) / 1956 Düsseldorf- / lebt (2005) in Bonn / erw. **s.** Th. **K**öner

Rech, Rouven (Filmk) / 1973 Bochum- / lebt (2005) in Berlin / Stud.: Univ.-Paderborn (Hispan/ Lit.- u. Medienwiss), HfFuF-Potsdam-Babelsberg (Audiov.-Medienwiss), 99/2000 Aussl.-sem. Univ.-Buenos Aires, 01-04 Filmakad.-Ludwigsburg (Dokumentarfilmregie) u. Postgraduierten-Stud. EICTV-Kuba / 99/2000 DAAD-Stip. f. Buenos Aires, 05 WDR-Förder-Pr. in MS / bis 05 = über 4 Filme / Auff.-en u. a. in Stuttgart/Berlin/Tübingen/Braunschweig, 2005 MS („Stadt New York") / **Lit.: 196**-05

Recker, Heinz-Josef (B/Restaurator) / 25. 5. 1951 Freckenhorst- / lebt (2003) in Warendorf-Freckenhorst / 64-67 Kunsttischlerausb., 69-72 FofG-MS, 72-76 Stud. FHD-MS, 77-82 in Werkstätte f. Denkmalpflege tätig / ab 82 freisch. Bildh./Restaurator in Freckenhorst, eigener Skulpturengarten, 98-02 in Italien tätig (Quercentra/Pietrasanta) / Werke u. a. in Westf., 95 Indonesien (Nationalmus)

/ Ausst. u. a. 2003 W.-Freckenhorst (Bürgerhaus) / **Lit.:** In: „Jahrbuch Westfalen 2003" – Bd. 57 – S. 114/115 + 142 – Aschendorff-Verl.-MS

Reckert, Matthias (D/B/Baukeramiker/Keramikermeister) / 1948 Römhild/Sylt- / lebt (2004) in Bochum / Stud. Akad./FHD in Bremen / ab 74 selbst., übernahm f. sechs Jahre die „Witthüs"-Töpferei in Keitum/Sylt, ab 90 in Dortmund u. s. 94 Atelier/Werkhalle/Ausst.-raum in Bochum-Linden / 93 Ausz. Design-Zentr.-NRW (Essen) / s. 90 Mitgl. „AdK"-Südwestf. / Beteil. Bildh.-Projekt „Ruhrtal" / Ausst. u. a. in Bochum, Dortmund (u. a. Handw.-k), 92 Frankf.-M. (Messe), 93 Essen / **Lit.: 48c**-99+03

Reckhenrich, Jörg (M/B/I/Aktions- u. Konzeptk) / 1961 Münster- / lebt s. 88 in Berlin / Stud.-MS 82-88 Akad. / 94 Stip. Berlin f. Türkei u. 98 Einladung VW-AG Dreamcamp f. Zaca Lake-Calif. USA / Ausst. u. a. s. 1987 lfd. in Berlin, 90 Taos-New Mexico/USA, 93 Eisenhüttenstadt/Solothurn-Schweiz, 94 Ankara-Türkei, 94/98/03 Dresden, 96 Grisebach/Rüsselsheim/Brno-Tschech., 98 MS (WL), Hongkong-China, 04 München, MS (Stadthaus I), + im Internet

Recksiek, Peter (M/B) / 1956 Bielefeld- / lebt (2002) im Ausland / Kupferschmiedausb., danach im Betrieb s. Eltern tätig als Restaurator (Kirchenmalerei), s. 97 auch Bildh. / Ausst. u. a. 2001/02 Bielefeld (Gal. am Meierteich) / **Lit.:** In „WN"-MS v. 5. 1. 2002

Redeker, Thomas (M/G/O/F) / NEU: 1952 Gütersloh- / lebt (2005) in Gütersloh / Zeichner.-ausb. b. Prof. Woldemar **W**inkler / Ausst. s. 1974, u. a. in Bad Pyrmont, 2003/05 Gütersloh, + Westf.-Lippe / **Lit.: 26a**-05 **+ 133**-94Anh.

Redel, Eicke Heinrich (M) / 1951 Castrop-Rauxel- / lebt in Milte / Autodidakt / **Lit.: 84**-71

Reden, Gussi von (T) / 1867 Wendlinghausen – 1945 Lemgo / Ausst. u. a. 1997 Detmold (LLM) / **Lit.:** „G. v. R." – Spitzenfund – Ausst.-kat. – Lipp.-LM-Detmold, 1997/98

Reding, Elisabeth s. Stark-Reding, Elisabeth

Redlich-Kocks, Ulrike (M) / * Düsseldorf- / lebt (2003) in Düsseldorf / 60-63 Kunststud. PH-MS u. 66-67 Sonderschulstud.-Köln (Kunst) / 75-98 Kinder- Jugendpsychotherapeutin-Ausb., s. 96 Stud.-Trier/Hamburg Akad.-n / ab 99 freisch. / Mitgl. „BBK" / Ausst. = NRW / **Lit.: 79b**

Rednos, Gerhard (M/B/Coll.-k/Computerfotok) / 1946 Gelsenkirchen- / lebt (2006) in Gelsenkirchen-Buer / Autodidakt / Ausst. u. a. Gelsenkirchen (Mus/Gal.-Tillmann), Gelsenkirchen-Erle (Dreifaltigkeitskirche), + Internet

Reeg, Andreas (F/D) / * 1971 – / lebt (2005) in Otzberg/Hessen / Stud.-Dortmund 95-02 FHD / 03 „Yann Geffroy Award" u. Fotobuch-Pr. Stuttgart, 04 Förder-Stip. VG-Bildkunst u. „Hansel-Mieth-Pr.", 05 Wettbewerbsausz. ADC / Ausst. u. a. 1996 Darmstadt (Gal.-Schwarz-Weiss), 98 Dortmund (Focus), 99 Hamburg (Barlachhalle), 01/03 Schömberg, 01/03 Berlin, 02 Köln (Photokina), Dortmund/Recklinghausen, 03 Hamburg (Mus. f. K. u. Gew), Agathenburg (Schloss), Wuppertal (Rathaus), 05 Mannheim (Fototage) / **Lit.: 203**-98 + A. R.: „Menschen mit Down-Syndrom" – Kehrer-Verl.; „Lebensarten" – Foto Essays ... – Hamburg; „Hansel-Mieth-Preis 2004" – Schwoerer-Verl.

Reese, Fritz (Prof) (A/Dipl.-Ing) / NEU: 8. 1. 1918 Künheim/Oberelsaß – 5. 9. 2003 / lebte in MS / (Biografie in Beilage: CD-Ausgabe 2006)

Regelsberger, Cornelia (M/Z/I) / 1955 Detmold- / lebt (2006) in Dortmund u. Hagen / Stud. Univ./GH-Paderborn (Kunstpäd), Weiterb.-Köln b. B. Heinisch/P. Bömmels u. G. Meyer – Straßburg / tätig in Kulturorganis.-en/Weiterbild.-zentren / Ausst. u. a. in Gütersloh/Berg.-Gladbach, 1985/86 Paderborn (Univ.-Gal), 2003/05 Hagen (Mus), 05 Hagen-Haspe (Kooperative K), 06 Witten (Zeche Nachtigall), Dortmund (ART-isotope) / **Lit.: 97**-03+05 **+ 209**-06 + C. R: „KUNST/TRANS/PORT" – 10 Jahre Kunst in der VHS Hagen, 2002

Rehbein, Thomas (M/Reliefbildk) / 1952 Frankfurt- / lebte 56-76 in Marl, ab 77 in Köln u. um 86 in Köln, Bologna u. Venedig / ab 76 Stud.-Köln (u. a. bei Wewerka/Spoerri/Brecht) / Ausst. = N + INT / **Lit.: 230**-86

Reher, Martine (O/I) / 1968 Bailleul/Frankr.- / lebt (2006) in MS / Stud.-Lehramt 80-84 in Frankreich, MS 01 Univ. (Romanistik) u. s. 02 Akad. (Päd) / 04 Workshopbeteil. Villa Romana Florenz / Ausst. u. a. 2004 MS (Tunnel-Hindenburgplatz), Rheine-Bentlage (Kloster), Lingen (Kunsthalle) / **Lit.: 246**-04(1+2)+05

Rehling, Jürgen (B/O/I) / 1964 Rahden- / lebt (2004) in Rahden / 83-87 Steinmetz- u. Steinbilh.-ausb. in Lübbecke, ab 87 als Bildh. in Minden/Holzhausen/Rahden u. Preuss. Oldendorf tätig / Ausst./Proj.-e u. a. 02/04 Kr. Minden-Lübbecke (LandArt-Festival), 03/04 Espelkamp (Naturgarten), 04 Stemwede-Niedermehnen (Hof Wasels)

Rehne, Dagmar (O/I/Gest) / 1969 Hemer- / lebt (2006) in Hamm/W. / 88 Floristinausb., 94/95

Stud. Akad. f. Gest. im Handwerk-MS u. später Ruhrakad.-Schwerte / ab 03 Mitgl. „BBK"-Westf. Dortmund / Ausst. u. a. 1996 MS (HBZ), 97 Lünen (Jakob-Henle-Haus), 98/99/2002 Dortmund (Sw.-Nord/Haus am Tiefenbach/Zehnthof), 03 Hamm (Lutherviertel-Westhofenstr. 11), 04 Château les Sakristains-Fr., 05/06 Essen („Belker wohnen") / **Lit.: 127**-96

Rehrmann, Jürgen (F/D) / 1961 Paderborn- / lebt (2005) in Bielefeld / Stud. FHD-Bielefeld / Ausst. u. a. 1998 Herford, 2002/03 Bielefeld (Technologiezentr/Kv), 03 Cottbus (Mus) / **Lit.:** In: „Forum zeitgenössischer Kunst VI" – Ausst.-kat. – Bielefelder Kunstverein, 2003

Reich, Ewald (G) / * 1950 – / lebt (2001) in Bad Salzuflen / Mitgl. „BBK"-OWL / Ausst. u. a. 1981 Bielefeld (Kunsthalle), 2000 Bad Salzuflen („Das Fachwerk") / **Lit.: 124**-81

Reich, Johanna s. Reich-Ziegenthaler, Johanna

Reich, Waltraud S. (M/Materialb.-k) / 1943 Hannover- / lebt s. 71 in Bochum / nach Berufsausb. 63-68 Ltg. der Kunstabt. Buchhandl.-Feesche Hannover / Autodidaktin / 83-87 eig. Galerie „Kleiner Bilderladen" – Bochum, danach 87-05 „Galerie Reich", 12/05 Gründung einer Ateliergemeinsch. m. vier Künstler/innen / Ausst. u. a. 1983-05 Bochum (eig. Galerie), 92-95/05 Bochum (u. a.: Sparkasse/Ruhrlandhalle/Ateliergemeinschaft) / **Lit.: 146a**-86

Reich-Ziegenthaler, Johanna (O/I/Film- u. Klangk) / 1977 Minden- / lebt (2006) in MS / 97-98 Stud.-Bayreuth (Musik/Theol), 98-99 Ausb. Werkbundwerkst.-Nürnberg, Stud.-MS ab 99 Akad., 03 Meisterschülerin, ab 03 Gaststud. HfBK-Hamburg / Mitgl. **G**r.-„treibeis"-MS / 05 = 3. Förderer-Pr. Akad.-MS / Ausst. u. a. 2001 Herford (D.-Pöppelmann-Haus), 02 Bocholt (Kunsthaus), MS (Halle-Am Hawerkamp), 02/04 Dortmund (Künstlerhaus), 03 MS (Beteil.: Klanginst.-Akad), Bergkamen (Zeche Haus Aden), Schöppingen (Feuerstiege), Warendorf (Theater am Wall), Bochum (Gal.-Januar), 04 Schloss Ringenberg, Kiel (Stadtgal), Hamburg (Metropolis), Istanbul-Türkei (Mus), MS (Johannes-Kapelle), 05 MS (Hafen-Speicher II/Innenstadt), 06 Drensteinfurt (Kv) / **Lit.: 57**-02 + **218**-02 + **229**-03 + **231a+b+c**

Reichardt, Hans-Jürgen (Jürgen) (Prof) (A/Dipl.-Ing) / 1956 Idar-Oberstein- / lebt (99) in MS u. Essen / Stud.-Karlsruhe 76-78 TH, Braunschweig 78-81 TU u. 86-88 HfBK-Braunschweig. Meisterschüler / DAAD-Stip. f. Chicago/USA / Lehrt. 82-86 TU-Braunschweig, 86-88 FH-Hildesheim 94 FH-Köln u. ab 96 Prof. FhfA-MS / s. 88 Büro: „Reichardt Architekten"-Essen, ab 92 m. Anuradha Reichardt / Preise + Werke s. Lit. / **Lit.: 197**-95+97 + **220**

Reiche, Katja (Prod.-Des) / * 1969 – / lebt (2002) in Norderstedt / Stud.-MS 93-2/2000 FHD / 2000 Förder-Pr. FHD-MS / tätig in Hamburg/Rotterdam, ab 01 im Büro „designpart"-Norderstedt / Ausst. u. a. 2002 MS (IHK) / **Lit.: 15a** (S. 83/110)

Reicher, Christa (Prof) (A) / 1960 Neuerburg- / lebt (2002) in Bochum, Aachen u. Vianden-Lux. / 79-87 Stud.-Aachen TH u. Zürich TH / s. 93 Büro: „rha ° reicher haase architekten"-Aachen, ab 98 auch Vianden-Lux. / 90-96 Assistentin b. Prof. Curdes TH-Aachen, 96-98 Lehrt. TH-Aachen u. FH-Frankf./M., s. 98 Prof. FH-Bochum / Ausz.-gen u. Preise, Werke in NRW/N (s. Lit.) / **Lit.: 197**-95+97+01

Reichert, Hans Joachim Wilhelm (Perf.-k) / lebt (2005) in Bielefeld / Mitgl. Gr.-„Oralapostel"-Bielefeld / Auff.-gen siehe **G**ruppe „Oralapostel" = in OWL/N/INT

Reichmann, Philipp (Prof) (B) / 25. 4. 1876 Köln-Mülheim – 9. 4. 1959 Herrsching/Ammersee / lebte s. 1897 in Paderborn, hier Bildh. u. Werkstätte f. kirchl. Innenarchitektur (Holz/Stein/Marmor) / **Lit.: 101 + 146c**

Reichold, Herman („Herman") (M/G/Cartoonist) / 1959 Paderborn- / lebt (2006) in Paderborn / 82-84 Siebdruckerausb., ab 85 freisch., 89-94 Kreativ-Direktor (Werbeagentur), tätig als Cartoonist f. viele Verlage (Seriegrafien) u. für „Ritzenhoff"-Designgläser / 1990-04 über 90 Ausst.-gen/Beteil.-gen u. a. in Varese/Lucca/Mailand-It., Albufeira-Port., Zürich-Schweiz, Barcelona/Lanzarote-Span., 1993-95 MS (Gal.-Schnake), 97 Löhne (Werratalhalle), Bielefeld (WDR-Studio), 2002-05 Paderborn (Off. Atelier), 03 Köln (Univ.-kl), Marburg („inosoft"), MS (Beteil.: Unicef), 06 Luxemburg (Artium Art Gall), + N / **Lit.: 101b**-02...05 + H. R.: „Best of Herman" – CD-Katalog – 1996; von H. R.: „Postkartenbuch" – 1997; u. a./H. R.(Ill.): „Die Kö" – zum 150. Geburtstag – Düsseldorf, 2000

Reidick, Wilma (M/Coll.-k/Khw) / * 1953 – / lebt (2005) in Bottrop / Ausst. u. a. 1998-2002/05 Bottrop (Mus) / **Lit.: 99a**-98...02

Reif, Ulrich (Prof) (B/Industr.-Des) / 1935 Hagen- / lebt (2000) in Düsseldorf / Industriekaufm.-ausbild., Stud.-Wuppertal 59-64 Wksch / ab 64 freiberufl. tätig, 68 eig. Studio, s. 76 Lehrt.

Univ./GH-Wuppertal, 82 Prof. / Wettbew.-Preise u. a. 1. Pr. = 86 Stuttgart, 87+88 Preise Osaka-Japan, 91 + 97 Studien-Pr. NRW / Ausst. = NRW / **Lit.: 107**-82+84 + **205**-94 + **216**

Reifer, Georg (NEU: auch: Hans-Georg) (M/Z/D/O/Filmk) / 1953 Warstein- / lebt (2005) in Marl u. Bochum / Berufsausb., Stud.-Essen 77-80 Folkwangsch. (Industr.-Des) u. Dortmund bis 82 FHD (Obj.-Des) / Projekte (u. a. Film/Theater): 73-90 Bochum, 96 Tuchomie-Polen, 02 Marl-Hamm u. 93-95 Gest. in Köln/Hannover (Messen) / s. 82 freisch. / Ausst.-gen u. a. in Koszalin /Tuchomie/Gdynia/Bytów-Polen, 1977 St. Catherines/Cambridge-Kanada, 79 Bochum (Gal.-Baecker/Ruhrpark), 84/85 Bo.-Wattenscheid (Atelier-Rita Theis), 84/88 Bochum (Mus), 85/86 München (Hotel: Sheraton/Savoy), 85/89/95 Bochum (Café Zürich/Univ/Gal.-Balance/Kulturhaus Thealozzi/Sparkasse), 86 Hamburg (Kv. „Geheime e.V."), 92 Köln (Orgatec '92), 96 Hagen (Gal.-NOVA), Bonn (Kulturzentr), Detmold (Orbker Hof), St. Julian (Kunstbahnhof), 97 Veszprém-Ungarn (Mus), Oberhausen (Gal.-Conen), 98 St. Blasien (Gal.-Sommer), 2001 Lage (Inst. f. Medien), 02 Marl (Loekino/E.-Reuter-Haus), Bytów-Polen (Mus), 03 Dorsten (Kv) / **Lit.: 146**-84+88

Reiff-Bormann, Elke (M/G/Ill/O) / * 1941 – / lebt (2004) in Dortmund / Ausb.: Oberhausen 58-60 (Erzieherin) u. 66-69 Berlin (Grafik) / Mitgl. (siehe:) Gr.-„Kunstknoten"-Dortmund / Ausst.-en u. a. 1991 Gescher, 91/97-99 Dortmund, 98 Karlsruhe/Witten/Senden/MS/Bremen, 2000 Hilden

Reiffers, Lars (M) / 1978 Engelskirchen/Oberberg.-Land- / lebt s. 95 in Münster / Stud.: Aix-en-Provence 98-99 Univ. (Kunst) u. MS 99-03 Akad., 02 Meisterschüler / 01 Europa-Stip. Akad.-MS, Sonder-Pr. Kronach (L.-Cranach-Pr.) / Ausst. u. a. 1999 Aix-en-Provences/Fr. (Gal.-Dpt. Arts plastiques/Gal.-CAAC), 2000 Herne (Kunstbombe), 01 Köln (Gal.-Kunstgedoens), 01/03 Kronach (Fränk.-Gal), 02 MS (Halle Am Hawerkamp), 02/03 Dortmund (Gal. f. Kunst u. Design/Gal. ART-isotope/Gal.-Schöber), 03 MS (Finanzamt), Nottuln (Alte Amtmannei), Montpellier (Centre Culture Allemand), Dortmund (Gal.-art-isotope), Kronach (Bayr.-Nationalmus), 03-05 Palma de Mallorca (Gal.-Blau/ArtForum), 04 Haan (Gal.-Hasenhein), Düsseldorf (WGZ-Bank), Köln (Art-isotope), Recklinghausen (Festspielhaus), Istanbul-Türkei (Mus), 06 Dortmund (ART-isotope) / **Lit.: 26a**-05 + **228**-03+04 + **231b+c** + „L. R." – Arbeiten 1998-2000 – CD-Rom – MS, 2000; „L. R." – Bilder 1999-2000 – Katalog – Selbstverl.-MS, 2001; In: „Lucas-Cranach-Preis 2001" – Ausst.-kat. – Kronach; In: „Struktur – Licht – Vergänglichkeit" – Ausst.-kat. – Dortmund/Montpellier-Fr., 2003; In: „Hommage an Lucas Cranach" – Ausst.-kat. – Bayr.-Nationalmus.-Kronach, 2003

Reifferscheid, Thomas (B) / 1962 Bochum- / lebt (2005) in Berlin / Stud.-Bonn-Alfter 83-87 Alanus-Hochsch. / 04 Lehrt. Kunstsommer Wiesbaden / Werke u. a. in Berlin/Hannover = N / Ausst. u. a. in Wien/Motzen, 2001/03 Berlin (Konzeptgal/Gal.-Tammen & Busch), 02/04 Wiesbaden (Gal.-Weber/Park), 03 Grafenhausen (Park) / **Lit.: 26a**-05

Reimann, Irmgard (M) / lebt s. 1941 in Bielefeld-Bethel / Ausst. u. a. 1999 Biel.-Bethel (Kü.-haus Lydda), 2001- Bielefeld/OWL (Archiv) / **Lit.: 192**-01

Reimering, Stefan (M/G) / 1964 Hattingen- / lebt (2000) in Wuppertal / Weiterb.-kurse in Leipzig (Zeichnen/Lithogr) u. Stud. Univ.-GH-Wuppertal (Komm.-Des) / Ausst. u. a. 1994 Solingen (Mus), 95 Dorsten (Kv), Wuppertal (Mus) / **Lit.: 216**

Reimüller, Martin (G) / lebt (1954/67) in Herford / Ausst. u. a. 1954 MS (WL) / **Lit.: 6a** + **20**

Reinboth, Hartwig (M/O/I) / 1955 Essen- / lebt (2005) in Minden / Stud.-Düsseldorf 76-82 Akad. / Stip. Studienstift. d. Deutschen Volkes u. 97/98 = 2. Pr. Heizkraftwerk-Minden / 76-77 bildner. Tätigk. im Landeskrankenh.-Düsseld.-Grafenberg, 83 JVA-Essen, ab 85 Lehrt. / Mitgl.-„Verein f. akt. Kunst"-Kr. Minden-Lübbecke u. „BBK"-OWL / Ausst. u. a. 1999/2000/ 02 Minden (Off. Atelier), 04 Minden (Mus), + N / **Lit.:** u. a. **72**-91 + **124**-05 + **133**-94 + **152a**-99+2000+02 + **171**-98

Reincke, Klaus (B/M/Z/Bühnenm) / 1942 Bad Reichenhall- / lebt (2003) in Versmold u. Berlin / Stud. Akad. f. Werkkunst-Berlin / war Bühnenmaler in Berlin/München u. Galerist in Osnabrück / Ausst. u. a. in Osnabrück, 2001 Mettingen (SkulpTour), 03 MS (Oberfinanzdir), 05 Gütersloh (Gal.-Grabenheinrich) / **Lit.:** In: „Mettinger SkulpTour 2001" – Ausst.-kat. – Mettingen, 2001

Reinders, Clemens (Filmk) / 1962 Rees- / lebt (89) in MS / Stud. Univ.-MS (Soz.-w/Kunst), ab 84 Akad. (Filmkl) / Auff. u. a. 1988 in MS / **Lit.: 196**-88

Reinders, Kathrin (O/Ill) / 1970 Kalkar- / lebt (2005) in MS / Stud.-MS b. 98 Akad. u. FHD b. 2/01 / Ausst. s. Lit. / **Lit.: 245**-95+2000 + In: „Wegweiser" – FHD-Münster, 2/2001

Reinelt-Nixdorf, Angela (M) / 1956 Ehrentrup, jetzt Lage/Lippe- / lebt (2005) in Detmold / Ausst. u. a. 2003/05 Bielefeld (Daimler-Crysler AG/Kunstauktion), 04 Holzhausen-Externsteine (Haus des Kurgastes), 05 Herford (Markus Krafft), Detmold (Off. Atelier) / **Lit.: 132a**-05

Reinert, Jens (M/F/B/I) / 1968 Bielefeld- / lebt (2005) in Berlin / Stud.-Aachen 91-97 FH (Grafik-Des) / 96 Kunst-Pr. Volks- u. Raiffeisenbanken u. Foto-Pr. Stuttgart, 98 Kunst-Pr. Aachen, 02 Stip. Kunstfonds-Bonn, 03 Stip. Senat-Berlin / Ausst. u. a. 1999/2000 Aachen (Ludwig-Forum/Neuer-Kv), 2000 Berlin (Gal.-Baudach/Schwabach), 01-03 Berlin (Rampe 003/Gal.-Fricke), 02 Jerusalem/Herzliya-Israel, 03 Düsseldorf (Gal.-Fricke), Bonn/ Krefeld/Dortmund (Museen), 05 Aachen (Raum f. Kunst), + N/INT / **Lit.: 26a**-05 + **222**-02

Reinert, Waldemar (M) / 1955 Rastenburg/Ostpr. – 2002 in Frankreich / Bruder des Gerhard R. / Stud. FH-Dortmund u. Univ.-Bochum (Kunst/Kunstg/Mathem) / war Lehrt. / Ausst. u. a. 2003 MS (Unicef), + NRW(?)

Reinhardt, Uta (Ute) (M/Z) / 1966 Bielefeld- / lebt (2005) in Haar, Atelier in Berlin / Stud.-Braunschweig 94-98 HfBK / Ausst. u. a. in Bielefeld/Berlin/Dresden, + N / **Lit.: 26a**-05 + **152**-93

Reinhold, Monika (M/I) / * 1942 – / lebt (2005) in Bielefeld / Ausb. Modeschule-Düsseldorf, Weiterb. bei Prof. Otto Piene (M/Z), Sommerakad.-Lippe in Detmold, bei Bärbel Rothhaar (M/Z) u. bei Cheryl Joscher (B/I) / s. 04 Mitgl. „BBK-OWL" / Ausst. u. a. 2002/03 Bielefeld (Off. Atelier), 04 Bielefeld (Rav.-Spinnerei), + OWL / **Lit.: 124**-05 + **152**-02+03

Reinicke, Tanja (Tania) (F/D) / 1976 Daun- / lebt (2006) in Dortmund / Stud.-Dortmund 97-04 FHD / 01 „R.-Wolf"-Pr. Hamburg, 02 DAAD-Stip. f. China, 05 Pr. „Kontraste der Architektur", 06 Ausz. „Emscherproj.-Ruhrgebiet" / ab 2000 Firma „Stand Out (Ekkehard) **B**ussenius & Reinicke" – Dortmund mit Galerie-„Freiraum" / s. 04 Mitgl. „BFF" / Ausst. u. a. 2000 Hamburg (Mus. f. Ku. G.), 01 Berlin (W.-Brandt-Haus), 02 Köln (Photokina), 03 Beijing-China, 04 Arles-Fr., Hildesheim (Kv), 05 Stuttgart (Fotosommer), Dortmund (Gal.-Freiraum), 06 Gelsenkirchen (Wissensch.-park), Holzwickede (Emscherquellhof)

Reininghaus, Arnold (Industriedes) / 1934 Gründer von „ERCO Leuchten GmbH"-Lüdenscheid / ab 63 Klaus Jürgen **M**aack Mitarbeiter, 75 Zus.-arb. m. Otl Aicher (1922 Ulm – 1991 Rotis), 88 Tech. Zentrum f. Licht- u. Elektrotechnik / siehe auch: **M**aack, Klaus Jürgen / Produkte s. Lit. / **Lit.: 205d**

Reinsch, Ekkehart (F/D/Filmk) / 1958 Jena- / lebt (2006) in Dortmund / Stud.-Dortmund 89-95 FHD / Ausst. u. a. 1990 Bochum (Fotoherbst(K), 91 Dresden (Gal.-Niederwald), Weimar (Mus.-Buchenwald), 91/95 Herten (Fototage(K), 92 Dortmund (Installation(K), 92/96 Dortmund (FHD/Westf. Industriemus), 95 Hamburg (Landesbildstelle), 96 Köln (Photokina), 99 Oberhausen/Cottbus/Barcelona(K), 2000 Essen (Zeche Zollverein), 02 Jena (Stadtwerke), 06 Gelsenkirchen (Wissenschaftspark) / **Lit.: 203b**-2 + **204** + K = Katalog

Reiring, Thomas (M/G/Projektk) / 1959 Düsseldorf- / lebt (2003) in Düsseldorf / 62-78 Jugendz. in Dortmund / Stud.-Düsseld. 80-86 Akad., Meisterschüler / Ausst.-NRW / **Lit.: 79b** (m. Lit.)

Reiser, Roman (A/Dipl.-Ing) / 18. 9. 1920 Laingen/Donau- / lebt (2004) in Bochum / 45-46 Maurerausb., Stud.-München 46-49 TH / ab 54 freiberufl. in Bochum tätig, 86-90 R. R. & Partner GmbH / Mitgl. „BDA", Ehrenvors. In Bochum / Werke u. a. in Dortmund, haupts. in Bochum (Schulen/Büro- Gesch.- u. Hochhäuser/Wohnanlagen/Wohnheime- zentren, 45-57 Fernmeldeamt (vorbild. Bauwerk = Stadt Bochum), 86 Deutsche Bank) / Ausz.: 64 = 3x Plakette Stadt Bochum, 79 = 2. Wettbew.-Pr. Gerberviertel-Bochum, 84 Ausz. „Vorbild. Bauten"-NRW / **Lit.: 146b** (= 21 Bauten) + **146c** + **197b**-84

Reiß, Rosi (M/Bühnenb) (Schauspielerin) / * in Meerane/Sachsen- / lebt (2006) in Herdecke / erst Autodidaktin, 92 Gast Univ.-Dortmund (Malkurse) / Ausst. u. a. 1977 Herdecke (Ratskeller), 88 Hagen (Beteil.-Workschop), s. 93 u. a. Herdecke/Dortmund/Hagen/Bochum, = Westf.

Reiter, Peter (A) / lebt (2006) in Bochum / 2x 84 Ausz.-NRW „Vorbildl. Bauten in NRW", 86 Archit.-Pr. NRW / um 68-98 Büro „**S**chmiedeknecht (Wulf) ° Krampe (Ulrich) ° Reiter" in Bochum, danach Büro „Krampe ° Reiter" / Werke in Bochum + N / **Lit.: 146b**

Reitemeyer, Carsten (I/F/G/D) / NEU: * 1968 – / lebt (2002) in Hamburg / Stud.-MS bis 96 FHD (Grafik-Des) / in Hamburg Lehrt. / Ausst. u. a. 1995 Rheine (Kloster-Bentlage) / **Lit.: 121**

Reitz, Edith A. (M/K) / 1950 Bad Laasphe- / lebt (2004) in Bad Laasphe / 81-87 Weiterb.-kurse Keramik, 87-89 Stud. Univ.-Siegen (Keramik/Kunstpäd), 92-98 Malkurse, 99-03 Sommerakad.-Marburg / Beteil.: 89 Bildh.-Workshop, 93+01 Wettbew. Kr. Siegen-Wittgenstein u. IHK Siegen / Mitgl. „Wittg. Kunstgesellsch." / Ausst. u. a. in Marburg/Carlsburg/Fredensborg-Dän., 2001 Castrop-R. (Gal.-Unterm Dach), 02 Gemünden/Wohra, 03 Biedenkopf / **Lit.: 110b** + **110c**-04

Reitz, Manuela (M/G/O) / 1959 Plettenberg- / lebt (2006) in Werdohl / Stud. IfBKuK-Bo.-Wattenscheid u. Freie Akad.-Trier, ab 01 freiberufl. tätig / Mitgl. Kulturverein Werdohl u.

„Fördergem. Junger Kunst“ / Ausst.: 2003 Finnentrop (Atelier Freiburg), 03-06 Köln/Frechen/ Düsseldorf/Neustadt-Wied/Erftstadt/Ratingen/Berlin/Aachen (Firmengal.-en), 05 Werdohl (Stadtbücherei), Hagen (Stadthalle), Lennestadt (Mus), Mannheim (Gal.-Böhner), Fürth (Gal.-artoz), Dallas-Texas/USA (Artists Showplace-Gall), 06 Bad Camberg (Amthofgal), Halver (Rathaus), Los Angeles-USA (Space on Spurgeon-Gall), Mansfield-Texas/USA (HUE-Gall)

Reize, Werner (Muster- u. Porzell.-m) / 7. 8. 1902 – 3. 6. 1962 Bonn / stammte aus Konstanz / war in der Firma A. Roloff (MS) tätig (bis 55), war mit Roloff befreundet u. ging um 28/29 mit ihm nach Konstanz, ab 55 in Duisdorf b. Bonn tätig / (s. auch Porzellanmuseum-MS) / **Lit.: 63b** (S. 17+21+27) + **84**-82(S. 69+73) + In: B. Haunfelder: „Feines Porzellan aus Münster“ – in: „Auf Roter Erde“ – Nr. 3/2002 – „WN“-MS v. 22. 3. 2002

Rekus, Irene (M) (Galeristin) / 1948 Meschede- / lebt (2005) in Heusenstamm / eig. Galerie / Ausst. u. a. in Meschede, Heusenstamm (Gal.-Rekus), + Hessen / **Lit.: 26a**-05

Remmert, Barbara (M = Experimentelle Malerei) / 1939 Lüneburg- / lebt s. 2000 in Gütersloh / Stud. PH-Paderborn u. Hamburg (Kunsterz/Päd) / war Lehrt.-Hamburg/Leverkusen / Mitbegr. „Jugendkunstgruppen“-Leverkusen u. Mitgl. „Arb.-gem. Leverk. Kü.“, bis 99 Vors., 85-2000 Mitgl. Gr.-„focus“-Leverkusen / Beteil.-Aktionen/Projekte/Perf.-es in Leverkusen/Berg.-Gladbach/Köln / Ausst. u. a. 1959/89 Büren, 60-62 Paderborn, 64-70 Hamburg, 78-2000 Leverkusen (Forum), 88/93-2000/02 Leverkusen (Gal. am Werk), 88 Bonn (G.-Heinemann-Haus), 89 Mülheim-R., 90-2000 Leverkusen (Theaterfoyer/4x Künstlerbunker/ICM/Praxis/Wohnwelt), 90 Solingen (Gal.-Unart), Bonn (Frauenmus), 90/98/99 Schwedt-Oder, 97 Kisdorf-Holstein, 98 Köln-Mülheim, 01-03 Gütersloh (GÜWA/Rathaus/Kv/Gymnas/Kv/Stadtmus/Stadttheater)

Rempel, Helene (M) / * in Russland- / lebt s. 86 in Bielefeld-Bethel / **Lit.:** In: „Gruss aus Bethel“ – Kalender 2004 + 2006 – Bielefeld, 2003/2005

Rempp, Gerhard H. (Industriedes) / 1963 Speyer- / lebt (2003) in Detmold / Stud. FH f. Innenarch. Rosenheim u. Detmold / s. 91 selbst. in Detmold, jetzt „Büro f. Raumkonzepte“ / 99 red dot Award Essen (m. Kai Hoffmann) / **Lit.: 205x**-99

Ren, Andreas (F) / 1968 Bochum- / lebt (2003) in Bochum / Stud.-Bochum-Wattenscheid 97-01 IfABKuK / ab 97 Lehrt. VHS-Bochum / Ausst. u. a. 2001 Herten (Intern.-Fototage), 02 Herne (Kunstbombe), 03 Bochum (Mus) / **Lit.: 146**-03 + **189**-01 + A. R.: „Anatomie . Transformationen eines Subjekts“ – 2000

Rensing, Marc (Filmk) / 1974 Gronau- / lebt (2005) in Stuttgart / 95/96 Ausb.-MS Filmwerkstatt u. freier Mitarbeiter, Stud.-Ludwigsburg 98-04 Filmakad.-Baden-Württ. (Regie) / 96-05 = 9 Filme / Auff.-gen u. a. 1997/2001 MS (Schlosstheater), 05 MS („Stadt New York“) / **Lit.: 196**-97+01+05

Rentmeister, Thomas (B/O/I) / 1964 Gross Reken/Münsterland- / lebt (2006) in Berlin u. Köln / NEU: 99 Hauser-Stip. Rottweil, 02 Piepenbrock Nachwuchs-Pr. / Lehrt.: 99 HfBK-Kassel, 02-04 Gastprof. HdK-Berlin, 05 Sommerakad.-Dresden / (Biogr. in Beilage: CD-Ausgabe 2006)

Rest, Pascal Amos (F/D) / * 1972 – / lebt (2006) in Dortmund / Stud.-Univ.-n 94-97 München u. Wuppertal, Bielefeld u. Dortmund 97-03 FHD / 01 Journalisten-Nachwuchs-Pr. DJV u. 02 Marta-Hoepffner-Pr. f. Fotogr. / Ausst. u. a. 2002 Bochum (Hotel Eden), Hofheim-Taunus (Stadtmus), 04 Köln (Photokina), 06 Gelsenkirchen (Wissensch.-park) / **Lit.: 203ca** + In: „Schattenspiele“ – Ausst.-kat. – Hofheim, 2002

Retzki, Horst (A) / 4. 4. 1920 Neurode/Schlesien – 1999 Dortmund / nach Schulzeit u. Kriegsdienst: Stud.-Breslau 43-44 TH u. Braunschweig 45-49 TH / 47-50 Mitarb./Assist. b. Prof Kraemer – Braunschweig, 50-52 Stadtangest. in Dortmund, ab 52 eig. Büro, 53-82 m. Sabine **H**ellmann-R. / Werke u. a. in Dortmund/Beckum/Schmallenberg + NRW / **Lit.: 197b**-84 + **197c** (S. 68) + **213b**

Reusch, Erich Ernst Wilhelm (Prof) (A/F/B/O/M) / 26. 6. 1925 Wittenberg/Elbe- / lebt (2002) in Neuenrade/Westf. / Stud.-Berlin 47-53 HfBK (Archit/Bildh) / ab 53 Architekt in Düsseldorf, 56-64 selbst., Werke in NRW / s. 64 Bildhauer, 73-90 Lehrt. Akad.-Düsseldorf, 75 Prof. / Ausst. u. a. 1973 Kiel (Kunsthalle), 74/80 MS (WL), 78/84 Bochum (Mus), 87 Hagen (WKB), Marl (Mus), 99 Halle-S., 2000/02 Lüdenscheid (WKB/Mus), 05 Lippstadt (Kv), 06 Duisburg (Mus), + N / **Lit.: 53 + 86**-87+2000 + **125e + 146c + 148a**-83 + **160 + 168a + 213**-80 + **265** + In: H. Ohff: „Galerie d. neuen Künste“ – Gütersloh, 1971; In: „Intern. Handzeichnungen I“ – Gal.-Wilbrand-Köln – Katalog Nr. 8 – Köln, 1973; In: „Bestandskatalog Sammlung Cremer“ – Ausst.-kat. – WL-MS, 1976; In: „Imagination“ – Ausst.-kat. – Mus.-Bochum, 1978; In: „Reliefs“ – Ausst.-kat. – WL-MS, 1980; In: „Contemporary artists“ – 3. Aufl. – London, 1989

Reuß, Bernhard (F/D/Videok) / 1966 Wiesbaden- / lebt (2006) in Wiesbaden / Stud.-Dortmund

94-03 FHD (Vis.-Komm) / Mitgl. Gr.-„Atelier Bratwurst“, Gr.-„Fishing for Kompliment“ u. „BBK“-Wiesbaden / Ausst. u. a. Tokio-J./Lodz-Polen/Darmstadt, Beteil.-Wanderausst., 1999/03 Dortmund (Gal.-fb2/FHD), 03 Prag-Tsch./Arles-Fr. (Festivals), 04 Hildesheim (Kv), 05 Essen (Kunsthaus), Gelsenkirchen (Wissenschaftspark), + N / **Lit.: 203-**03

Reuter, Susanne (K) / 1956 Bielefeld- / lebt (2004) in Heroldsberg / Ausb.: 78-80 Keramische Fachsch.-Landshut u. Stud.-Kassel 80-85 GH (Keramik) / s. 86 Werkst. in Kleingeschaidt b. Nürnberg / Ausst.-gen u. a. in Bonn-Bad Godesberg/Kassel/Offenburg/Bodenheim, 1992 New York, 93 Bonn/Berlin/Trintelen-NL, 95 Koblenz (HWK), 99 Kassel (Gal. i. d. Wolfsschlucht)

Revermann, Ferdinand Ewald (A) / † um 1934 / war Mitgl. „BDA“ u. „DWB“ / um 25/30 freisch. in Wanne-Eickel, 26-28 Zus.-arbeit m. Georg E. Gobrecht u. um 28-30 m. Hermann Drüen in Bochum (u. a. „Paul-Gerhardt“-Gemeindehaus) / **Lit.: 146b+c**

Rex, Joachim (M/Z) / 1944 Hausdorf/Schlesien- / lebt (72) in Bocholt, Wohnort danach unbek. / 59-62 Kirchenmaler- Restauratorausb. in Buir u. Stud.-Köln 62-66 Wksch / Stip. Wksch-Köln / 70-72 Lehrt. VHS-Bocholt / Ausst. u. a. in Köln/Bocholt/München / **Lit.: 27-**1

Rhein, Fritz (Prof) (M) / NEU: 20. 3. 1873 Stettin – 30. 6. 1948 Freckenhorst / (Biografie in Beilage: CD-Ausgabe 2006)

Rhode, Franz (M/Z/Ill) / NEU: 1921 Herne – 25. 1. 2005 Steinfurt / lebte s. 73 in Steinfurt-Borghorst / Autodidakt / 97 Kulturpreis Steinfurt / (Biografie in Beilage: CD-Ausgabe 2006)

Ribbeck, Ulrike von (Filmk) / 1975 Minden- / lebt (2003) in Hamburg / Stud. HfBK-Hamburg (Vis.-Komm) u. ab 99 an der „dffb“ (Filmregie) / 02 Festival-Preise in Amiens u. Gijon / Auff.-gen in Festivals: 2002 Amiens/Gijon/Hamburg/Reykjavik, 03 Münster / **Lit.: 196-**03

Richstätter, Johannes (Hannes) (Prof) (M/G/Glasm) / 1913 Wasserburg- / lebt um 46 in Wewelsburg b. Paderborn u. um 82 in Roetgen/Rhl. / Stud. TH-Aachen u. Akad.-Düsseldorf / war Lehrt. / Werke in Kleve, Krefeld, Griethausen, Hüln u. Walheim / war Mitgl. „BBK”-OWL / Ausst. u. a. 1946 Ahlen (Westf. Kulturring), + NRW / **Lit.: 53 + 124-**86=Anhang

Richter, Claus (D/Film- u. Perf.-k) / 1971 Lippstadt- / lebt (2005) in Frankfurt/M. / 93 Bühnenassist. Schauspielhaus-Bonn, Stud.-Offenbach 94-03 HfG / 05 Förder-Pr. „GzFdWK“-MS / Ausst. u. a. 2005 Siegen (Mus), 06 Hamminkeln (Schloss Ringenberg), + N/INT / **Lit.: 26a-**05

Richter, Franz (A/Dipl.-Ing) / lebt um 1960/70(?) in Siegen / weitere Daten nicht bek. / Werk u. a. Kirche in Kreuztal / **Lit.: 112d** (S. 50)

Richter, Friedrich (M/B) / 1940 Chemnitz- / lebt (2005) in Werther / s. 89 künstl. tätig, Weiterb.-kurse u. a. an Sommerakad.-n / Ausst. u. a. 2004 Werther (Off. Atelier) / **Lit.: 191b-**04

Richter, Germaine (B/O/I/M/G) / 1948 Traben-Trarbach- / lebt (2006) in Schwerte / NEU: Stud.-Mainz/Bielefeld/Dortmund Univ.-n (Germ/Angl/Kunst) / s. 89 Lehrt.-Schwerte / Mitgl. „FrauenKunstForum“-Hagen, „BBK-Westf.“ Dortmund u. Gr.-„Reflex“ Kamen / Ausst. s. 1990, u. a. 99 Hagen (Kooperative K), 2000 Schwerte (Rathaus), 01-03/05 Bo.-Wattenscheid (Technol.-Zentr), 02 Kamen (Technopark), Herne (Gal.-Klecks), Ennepetal (Kluterthöhle), Iserlohn (FKF), 02/03 Dortmund (Rathaus/Adv. Holding/Mus. f. K. u. K.), 03 Attendorn (Rathaus), Witten (Boesner), Lüdinghausen (Burg Vischering), 04 Castrop-Rauxel (Rathaus), 04/05 Kamen (2xStadthalle/Gal. im Technopark), 05 Bad Sassendorf (Kongresszentr/Kurpark/Haus des Gastes), 06 Gelsenkirchen (Wissensch.-park), + Westf. / **Lit.: 3-**01+02+02/03+ 03(1+2)+04(1)+05(2+3) **+ 19-**03 **+ 120 + 187 + 187a+b + 209-**01

Richter, Helmut (G/D) / * 1938 – / lebt (98) in Gütersloh / 55-58 Ausb.-Schriftlithogr., danach im Beruf u. Pressezeichner, Stud.-Bielefeld 59-62 Wksch u. Bremen 62-63 FfG (Grafik-Des) / s. 63 selbst., 90-93 Lehrt. FH-Bielefeld / 79-89 = 4 Ausz.-gen / Mitgl.-„AGD“ + „BDG“ / **Lit.: 205-**94+97(m. Lit.-ang.)

Richter, Jan-Michael s. „Jamiri“

Richter, Kai (A/Dipl.-Ing) / 1958 Cuxhaven- / lebt (2002) in Hamburg / Lit.: 219-02

Richter, Kai (M/Z/B/O/I) / 1969 München- / NEU: lebt (2001) in MS/Dortmund u. 02/05 in Düsseldorf / 98-05 Stud.-MS+Düsseldorf Akad.-n, 04 Meisterschüler / Stip.: 2000 Kv.-Greven, 01 Bad Segeberg u. 02/03 Cite´ des Arts Paris / Ausst. u. a. 1999 (bei) Schipol-NL/North Carolina-USA, 2000 Greven (Kv), Wuppertal (Gal.-Brusten), 01/02/05 Düsseldorf (Messe/Kunstpalast), 02 Bad Segeberg (Villa Flath), 04 MS (Gast: Atelier-Fresnostr), 05 MS (Gast: Atelier-Schulstr) / **Lit.:** u. a. **107-**01+02+05 **+ 227**

Richter, Martin (F/D) / 1974 Offenbach/Main- / lebt (2005) in Bielefeld/Kassel u. Hamburg / Stud.-Kassel 95-96 Univ./GH (Kunstwiss/Phil) u. Foto-Praktikum, Stud.-Kassel 96-97 HfBK

u. 97-? FHD-Bielefeld / 02 „Peter-Keetman"-Pr. Wolfsburg / s. 99 Workshopbeteil.-en in Potsdam/Oberwesel u. 99/2000 Proj. „24h Bielefeld" / Ausst. u. a. 2000 Bielefeld (Hochbunker), 02 Hamburg (Mus. der Arbeit), 2000 Bielefeld (Hochbunker), 02 Wolfsburg, 05 Essen (Gal.-Ockhardt) / **Lit.: 204a** + In: „24h Bielefeld" – Westfalenverlag, 2000; In: „Industriefotografie – Peter Keetman Preis 2002" – 2002

Richter, Paula (Buchk) / lebt (1951/64) in Münster / Buchbindemeisterin / war Mitgl. „AdK"-NRW / Ausst. u. a. 1957 MS (WL) / **Lit.: 48a + 48x**-51+52+57+64(erw.)

Richter, Ralph (F/D) / * 1963 – / lebt (2002) in Düsseldorf / Stud.-Dortmund 85-91 FHD (Vis.-Kommunik) u. Univ. (Archit) / s. 89 freiberufl. tätig, 92 Mitbegr. des Bildarchives „... architekturphoto"-Düsseldorf u. eig. Büro / Ausst. u. a. 1997 Dortmund (Mus. am Hansaplatz), 99 Hamburg, 2000 Stuttgart, + N/INT / **Lit.: 197b**-99(erw.) + **205**-97(m. Lit.-ang.) + **205a**-01 + In: „Zeit Blicke" – Ausst.-kat. – Mus. f. Ku. u. Gew.-Hamburg, 1999 + Städt.-Gal.-Stuttgart, 2000 = Hg.: BFF-Des. e.V.-Stuttgart, 1999

Richter, Rudolf (Pater) (M/Z) / 1887 Bautzen – 1965 Königswinter / Lit.: 194

Richter, Rudolf (B) / 1921 Dresden- / lebt (66) in Versmold / nach Ausb.-Holzbildh.: Stud. Folkwangsch.-Essen / war Lehrt. / **Lit.: 1**-1

Richter, Rudolf (M) / 1927 Hattingen- / lebt (2006) in Soest / Mitgl. „Kv.-Kr.-Soest" / Ausst. u. a. in Soest u. Südwestf.

Richter-Koppitz, Wanja (F/Z/Coll.-k/Video- u. Perf.-k) / 1941 Graslitz- / lebt (2005) in Essen / Stud.-Essen 64-68 Folkwangsch. (Phil/Päd), Univ.-en Bochum/Essen/Düsseldorf (Kunstg) / Mitgl. „BGK" / Ausst. u. a. in Gelsenkirchen, 1999 Herten (Fototage), 2000/04 Essen (Off. Atelier/Notkirche)

Richter-Forgách, Wanda (M/Kostümb) / 1937 Berlin- / lebt (2003) in Düsseldorf / Stud.-MS 55-59 Wksch u. Düsseldorf 59-62 Akad. / 63-86 Kostümb.-rin an deutschen u. intern. Bühnen, ab 88 freisch. u. freisch.-de Kostümb.-in / Ausst. u. a. in Beijing-China, 1994-01 Düsseldorf (Kunstpalast), 2001 Koblenz (Handw.-k), 02 Düsseldorf (Mus), + NRW / **Lit.: 79b + 107**-94...01

Richter-Jürgens, Viola (F/Z) (Autorin) / 1947 Lübeck- / lebt (2004) in Bielefeld / 72-73 Stud.-Päd/Kunst u. 73-77 FHD-Bielefeld (Grafik) / 98/99 Weiterb. FH-Bielefeld / Ausst. u. a. 2001-Bielefeld/OWL (Archiv), 02 Gütersloh (Kreishaus) / **Lit.: 192**-01+04

Ricke, Rüdiger (M/I) / lebt (2005) in Dortmund / Mitgl. u. Ausst.-gen in Gr.-„WEISSZEIT"-Herne, u. a. in Oldenburg/Mansie/Salzkotten/Herne / **Lit.: 142a** (S. 141)

Ricke, Ursula (M) / 1936 Herne- / lebt (2003) in Vreden / Ehefrau v. Heinz R. (Keramik – Autodidakt) / Stud. PH-Essen (Kunst), Weiterb. in Malkursen u. Workshops / bis 01 Lehrt. in Herne u. Vreden / Ausst. u. a. in Vreden/Xanten/Haan/Bonn, 2002/03 Nottuln-Darup (Alte Diele)

Rickert, Katja (O/F) / NEU: 1970 Hamm/W.- / lebt (99) in MS / Stud.-MS 94-2000 Akad. / Ausst. u. a. 1997 MS (Mensa I), 98 Wuppertal (Gal.-Brusten), 99 Bad Oeynhausen (VHS) / **Lit.: 93** + **96d** + **256**

Rickfelder, Nicola (Prod.-Des) / 1967 Münster- / lebt (2002) in Emsdetten / 86-90 Goldschm.-ausb.-Havixbeck, Stud.-MS 90-95 FHD, 93 Gast Univ.-Shanghai / 96-01 i. d. Fa. „WAECO" tätig, ab 2002 freiberufl. / Ausst. u. a. 2002 MS (IHK)

Rickmeyer, Franz (A) / lebt (1999) in Dortmund / um 1977-99 Büro „Rickmeyer + Saatkamp"-Dortmund / Werke s. Lit. / **Lit.: 197a**-99(S. 110 = bei: Saatkamp, Adolf) + **197b**-84

Ridder, Andrea (M/G/Ill/Wandgest) / 1964 Paderborn- / lebt (2005) in Bielefeld / Stud.: 83-87 FH f. Innenarchit.-Detmold, 88-94 FHD-Bielefeld (Vis.-Komm) u. 97 DTP-Mediendes.-ausb. / s. 89 Lehrt., Kurse/Workshops / s. 98 Atelier in Spenge u. ab 03 Mitgl. Produz.-gal.-Bielefeld / Ausst. s. 1988, u. a. in Berlin, 2001 Bielefeld (Bez.-amt-Brackwede), 04/05 Bielefeld (Produz.-gal), 05 Bielefeld (Univ), Werther-Häger (art&work), + OWL

Ridder, Heinz (M/G/Z) / NEU: 1920 Recklinghausen – 1986 Ramsau/Österr. / lebte in Recklinghausen u. Schladming / (Biografie in Beilage: CD-Ausgabe 2006)

Riechelmann, Brigitte (M/O/F) / 1953 Gevelsberg- / lebt (2006) in Gevelsberg / Mitgl. Gr.-„Gevelsberger Künstler" / Ausst. u. a. 2003 Schwelm (Haus Martfeld), 04 Gevelsberg (VHS), 06 Ennepetal (Kluterthöhle) / **Lit.: 209**-06

Rieck, Anne (Prod.- Industriedes) / 1961 Soest- / lebt (2002) in Aachen / Stud. FHD-MS / s. 94 Firma: „A. R. Produktdesign" / Ausz-gen u. a.: 96 Mailand, 97 Frankf.-M., 01 Essen / Ausst. u. a. 1984 MS/Bielefeld (FHD) / **Lit.: 205a**-01

Riecke-Volkmann, Esther s. **V**olkmann – Künstlerfamilie

Riecks, Dietmar (A/Dipl.-Ing) / 4. 8. 1961 Arnsberg- / lebt (2004) in Bochum / Stud.-Darmstadt 82-91 TH / 91-94 München im Büro Prof. Herzog tätig, m. Elke **B**anz ab 94 Büro „Banz + Riecks Architekten" – Bochum / Ausz.-gen/Preise: 99 BDA-Bochum (gute Bauten) u. Archit.-Pr. Niedrig Energiebau, 01 Innovations-Sonder-Pr. Solvis, 02 Europ. Solar-Pr. Berlin u. Ausz. guter Bauten, 03 „archit.-technol.-award", Europ.-Archit.-Pr. Frankf.-M., „Energyglobe" (Weltpreis d. Nachhaltigkeit), 04 Ausz. guter Bauten / 95-2000 Lehrt. Univ.-Bochum / Werke u. a. in Shanghai, Mallorca, + NRW / Mitgl. „BDA" / Ausst.-gen u. a. 2003 Frankf.-M. (Messe), 04 Barcelona (Gal.-AEDES) / **Lit.: 213a**-99+02 + Banz/Riecks: „SOLVIS – Auf dem Weg zur Nullemissionsfabrik" – Verl.-anstalt Koch, 2003

Riedel, Rita (M/Coll.-k) / 1947 Bielefeld- / lebt (2005) in Steinhagen / 65 Musterzeichnerinausb. / s. 86 Malerei, 89 Weiterb.-kurse b. Wolfg. Beckmann, 94 b. Renate Mager u. Brigitte Fuhrmann-Mau / 98 Mitbegr. Gr.-„mal 4", 02 Mitgl. „Frauenkunstforum"-OWL / Ausst. u. a. in Woerden-NL/Kaohsing-Taiwan/Hamburg/Werther, 2000 Bielefeld (Werkst.-Johannistal), 01 Bielefeld (Off. Atelier), 02 Gütersloh (Kreishaus), 03 W.-Freckenhorst (Landvolkshochschule), 04 Steinhagen (Off. Atelier), + OWL / **Lit.: 152**-01 + **191b**-04

Riedel-Dieckmann, Sabine („Saridi") (M/B) / 1958 Hagen-Haspe- / lebt s. 85 in Recklinghausen / NEU: Ausb./Beruf: Beschäftigungstherapeutin u. Stud.-Schwerte 86-90 Märk.-Kunstakad. / s. 90 freisch. / Mitgl. Kv.-„Sentmaring"-MS, Gr.-„Reflex"-Kamen u. ab 04 „BBK"-Westf. Dortmund / Ausst. u. a. in Rio de Janeiro-Arg./Beilen-NL, 2001 MS (Landgericht), 02-05 MS (Off. Atelier-Am Hawerkamp), 03 Ahaus (Villa van Delden), 03-05 MS (Gal. im Foyer-Bahnhofstr.), 04 Schwelm (Haus Martfeld), 04/05 Kamen (Stadthalle/Gal. im Technopark), 05 Herne (Archäol.-Mus), 06 Herten (Zeche Scherlebeck), Kamen (Haus der Stadtgesch), + Westf. / **Lit.: 3**-05(1) + **237**-03 + In: „IN – IN – IN – Künstlerinnen in Recklinghausen" – Recklinghausen, 1994

Rief, Joseph (Riff) (Stukkateur) / * wahrsch. in Tirol (Tannheimer Tal) / um 1815-21 in Velen/Havixbeck u. Brünninghausen tätig / **Lit.:** G.D. + **112a**

Riege, Rudolf (Pseudon.: Kord Dönebörn) (M/G/Ill) / 9. 2. 1892 Hameln/Ns. – 1959 ebd. / ab 1909 Stud. Kunstsch.-Weimar / s. 1928 in Hameln / war Mitgl. „BBK"-OWL / **Lit.: 24**-28 + **25**-4 + **34**-9,2 + **124**-86=Anhang + R. R.: „Holzschnitte von Leben und Tod im Kriege" – Berlin, 1931

Rieger, Michael (Z/Videok/I) / 1961 Gelsenkirchen-Horst- / lebt (2005) in Dortmund / NEU: Stud. Univ./GH-Essen (Komm-Des), 89-91 Univ.-Florenz (Kunsthist) u. FHD-Dortmund (Dipl.-Des) / s. 91 freisch. u. 93-? künstl. Ltg. der Projektgr. „Brücke Königshalt" / Ausst. u. a. in Kiel/Prag-Tsch., 1991 Erfurt (Kulturtage), 94 Dortmund (Fussgängertunnel/Filmfest), 94 Poperinge/Brügge/Sluis-Westflandern, + NRW / **Lit.:** u. a. **35a** + **86**-**94** + **98a** + **145b**

Riekenbrauck, Veronika (M/G) / NEU: 1949 Gütersloh- / lebt (77) in Hattingen, s. 81 in Bönen / Stud.-Düsseldorf 68-74 Akad., 74 Meisterschülerin / 77-80 Mitgl. „Hattinger-KB" / Ausst. = Westf. / **Lit.: 146**-77 + **190b**

Rienermann, Christian (M) / * um 1741/42 – † 27. 3. 1803 Münster / ab 1775 in MS bek., 1779 zum Hofmaler durch den Kurfürsten ernannt, war Gildemeister / Werke nicht erhalten / **Lit.: 178a**

Rienermann, Joseph (M) / † wohl 1797 Münster / kam aus Bielefeld, ab 1779 in MS bek., sein Bruder Christian wurde 1797 zum Vormund seiner Kinder bestellt / **Lit.: 178a**

Riepe, Frank (I/Aktions- u. Perf.-k) / * 1962 – / lebt (2005) in Bremen / Mitgl.: 88-90 Gr.-„Meier"-Bielefeld, 90-96 Gr.-„KunstCOOP"-Bielefeld u. 95-? mit Michael **F**alkenstein (Kunstprojekt) Gr.-„artwar peace"-Bielefeld/Bremen / Ausst.-en/Auff.-en siehe **G**ruppen, u. a. in Bielefeld/OWL/Bremen + N

Riesenberg, Thomas (M/u. a.) 1954 Herne- / lebt (2005) in Hamm / Stud.-MS 72-78 (Akad) / Ausst. u. a. 2005 Recklinghausen (Kunsthalle), Ingolstadt (Kv) / **Lit.: 256**

Riha, Karl (Prof) (Textbilder) (Autor/Kritiker/Herausgeber) / 1935 Krummau/Moldau- / lebt (05) in Siegen / 96/97 Literatur-Pr. Kassel / s. 75 Prof. Univ.-Siegen, Mitgl. des Liter. Colloquiums Berlin, dort 87-91 Direktor, Mitgl. „P.E.N." u. der „Ges. f. Lit."-NRW / Ausst. u. a. 1996 Siegen (Kreishaus), 2003 Oelde (Mus. f. Westf. Lit.) / **Lit.: 110y**

Rikus, Josef (A) / um 1968/69 im Rheinland bek. / Werk: Kirche mit Heinz Buchmann 68/69 in Köln / Lit.: 219d

Rinck, Petra (O/I/Projektk) / 1961 Backnang- / lebt (2005) in Düsseldorf / Stud.-MS 88-91 Akad. u. Düsseldorf 91-98 Akad. / 95/96 DAAD-Stip. f. New York / s. 98 Mitarb./Hg.-in von „SITE", gegr. m. Ralf Brög u. Sven Lütgen in Düsseldorf = Magazin u. Ausst.-raum / Ausst. u. a. 1996 Mannheim (Heart-Gall), 2001 Essen (Mus.-Folkwang), 02/05 Düsseldorf (Sommerpalast/Kunsthalle), + N/INT / **Lit.: 256**

Rincklake = Münsterländische Künstlerfamilie / (Biografien in Beilage: CD-Ausgabe 2006)

Ring, tom (Ringen, van) Neuaufstellung: – Münsterische Malerfamilie / **Lit.:** W.H./G.D. + **5b**-2 + **24**-28 + **178a** + K. Hölker: „Die Malerfamilie Tom Ring" – MS, 1927; Th. Rieverts u. P. Pieper: „Die Maler tom Ring" – München, 1955; In: Wilhelm Schulte: „Westfälische Köpfe" – Verl.-Aschendorff-MS – 2. Aufl. – 1977; In: „Reclams Künstlerlexikon" – v. R.; Darmstaedter – Stuttgart, Ausg.-1979; In: „Heinrich Aldegrever und die Bildnisse der Wiedertäufer" – Ausst.-kat. WL-MS, 1985; „Die Maler tom Ring" – Ausst.-kat. – Bd. 1 + 2 + CD-ROM – WL-MS, 1996; Gerd Dethlefs: „Zwei unbekannte Briefe der Maler tom Ring ..." – in: „Auf Roter Erde" – Nr. 2/1997 – WN-MS vom 13.2.1997 // **Herbert** (M) / * um 1529/30 – 1593 Münster / Sohn v. Ludger d. Ä. / 1560 Meister // **Hermann** (M/Z) / 1521 Münster – 1596(94/97) ebd. / auch als Architekt bek. / Werke in MS u. MS-land (Davensberg) / Ausst. u. a. 1931/84/93/96/ 2005 MS (4xWL/Stadtmus) / **Lit.: 21 + 33 + 47a** (S. 232-234) **+ 76 + 92 + 200**-2(S. 612-622) + **215**-6 + **215a** (S. 10) + **255** + In: „Alter Kunstbesitz der Stadt Münster" – Ausst.-kat. – (Nr. 29/31) – WL-MS, 1931; In: H. u. U. Lobbedey: „St. Mauritz" – Reihe: Westf. Kunststätten – H. 48 – 1987; „Kunstwerk des Monats" WL-MS, 3/1992 // **Johann** / 1571 Münster – † vor 1604 / 1595 Meister in MS / Werke in MS u. Werl / Ausst. u. a. 1993 MS (WL) / **Lit.: 178a + 200**-2(S. 625) // **Ludger** d. Ältere (M) / 1496 Münster – 1547 ebd. / Werke in MS / Ausst. u. a. 1985/93/2005 MS (WL) / **Lit.: 33 + 200**-2(S. 701-703) + **239**-54 + **255** + „Kunstwerk des Monats" – WL-MS, 5/1997; „Kunstwerke des St. Paulus-Domes zu Münster" – Nr. 11 – 1997 // **Ludger** d. Jüngere (M) / 1522 Münster – 1584 Braunschweig / Werke in MS / Ausst. u. a. 1963 Recklinghausen, 85/96/2004 MS (WL) / **Lit.: 33 + 92 + 239**-63 + „Kunstwerk d. Monats" -WL-MS, 8/84+11/88 // **Nicolaus** (M/Z) / 1564 Münster – 1622(21) ebd.? / 1590 Meister / Werke in MS / Ausst. 1984 MS (Stadtmus), 93/96 MS (WL) / **Lit.: 21 + 47a** (S. 236-238) + **200**-2(S. 622-24)

Ring, Barbara (früher: Hüsken, Barbara) (M/G) (Lyrikerin) / 1963 Dortmund- / lebt (2006) in Gelsenkirchen / 97-2000 Stud.-Malerei/Grafik, 98/99 Weiterb. b. Prof. Bruno Konrad, 99-02 Stud.-Bochum-Wattenscheid IfBKuK, 2000 Meisterschülerin / 02 Lyrik-Pr. Nat.-bibl.-Nürnberg / Mitgl. „Bund Gelsenk.-Kü." / Ausst. u. a. in Essen-Kettwig (Alter Bahnhof), 1997-99/02 Deutsche Telekom, 2000/02 Düsseldorf (Landtag), 01 Langenfeld (Fr.-v.-Stein-Haus), Paphos-Zypern, 01/02 Bochum (Junge Kunst), 01 Düsseldorf (Rheinturm), 2004 Duisburg (Cubus-Kunsthalle), Essen (Notkirche/Diakoniewerk), 05 Gelsenkirchen (Sparkasse), Wesel (Wasserturm), 06 MS (Chirurg.-Univ.-kl) / **Lit.:** B. H.(Lyrik): „Kopfüber in den Bauch" – 2002 + „Wesentlich vertraut" – 2005

Ringelhahn, Gerold (A/Dipl.-Ing) / lebte um 1960/80 in Wenden-Gerlingen (Sauerland) / weitere Daten nicht bek. / Werke in Südwestf. u. Wittenberg / **Lit.: 112d** (S. 72/78/90/114)

Ringenberg, Bärbel (M) / 1953 Wetzlar/Lahn- / lebt (2004) in Rheine / Stud.-FH (Musik/Kunst) / 75-83 Lehrt., 95-2000 Kunsttherapeutinausb., 2000-04 Lehrt.-Köln (Mentorin), 04 eig. Atelier / Ausst. u. a. 2004 MS (Univ.: Schloss), H.-Gravenhorst (Kloster) / **Lit.: 69**-04

Rink, Cornelia (Conny) (F/F.-Gr/Film- u. Videok) / 1961 Paderborn- / lebt (2001) in Erwitte / NEU: 03 Simplizissimus-Pr. Kv.-Kr.-Soest / (Biografie in Beilage: CD-Ausgabe 2006)

Rinne, Svenja (I) / 1981 Rinteln- / lebt (2005) in MS / Stud.-MS ab 2000 Akad., 04 Meisterschülerin / Ausst. u. a. 2002 Bonn (Frauenmus), 03 Detmold (Freilichtmus), 04+05 Hörstel-Gravenhorst (Kloster) / **Lit.: 245**-04

Risken, Fritz (Friedrich) (M/G) / 1944 Eickelborn- / lebt (2006) in Soest / NEU: ab 95 Museumspäd. im Burghofmus.-Soest u. s. 98 Atelier/Ausst.-en in der „Brunstein-Kapelle"-Soest / (Biografie in Beilage: CD-Ausgabe 2006)

Rissa (Karin Götz) (Prof) (M/G) / 1938 Rabenstein b. Chemnitz- / lebt (2005) in Niederbreitbach / bis 59 Schulzeit in Bochum, Stud.-Düsseldorf 59-65 Akad., Meisterschülerin / s. 69 Lehrt. Akad.-Düsseldorf, ab 75 Prof. / 77- Mitgl. Gr.-„Axiom" / Ausst. = N / (hier nur erw.! = s. Lit. + Gr.-„Axiom") / **Lit.:** u. a. in: **26a**-05 + **53 + 79/79b** (m. Lit.) + **107a**-68 + **108**-3 + **160 + 164a + 165 + 168a + 239**-70 + „Rissa" – Arbeiten auf Papier 1955-1998 – Ausst.-kat. – Märk.-Mus.-Witten, 1998

Risskopp, Werner (G) / 1933 Dortmund – 1975 / weitere Daten nicht bek. / **Lit.: 98a**

Ritter, Margit (M/G/F) / 1946 Bad Berleburg- / lebt (2004) in Erndtebrück u. Bonn / 90-93 Stud.-Zürich (Kunst), 01-03 Weiterb.: Seminare in Bonn u. Köln, Workshop Köln u. Europ. Akad.-Trier /

Mitgl. „Wittgenst. Kunstges.“ u. „Artefact-Werkst. f. Kunst“-Bonn / Ausst. u. a. in Bonn/Köln/Berlin/Fredensborg-Dänem./Düsseldorf, 2004 Erndtebrück (Off. Atelier) / **Lit.: 110c**-04

Ritterbach, Wilhelm (M/G) / NEU: 1878 Neheim – 1900 Lemgo / lebte in Düsseldorf u. Köln / war Kirchen- u. Dekorationsmaler, danach Stud. Akad.-Düsseldorf / Ausst. = NRW / **Lit.: 8a**-28 + **24**-28 + **34**-8,2+9,2 + **84**-64+78 + **155a** + **198** + Im Anhang: „Lexikon der Düsseldorfer Malerschule 1819-1918“ – Bd. 2 – 1998

Ritterhoff, Horst (M/Khw) / 1945 Bad Hall/Österr.- / lebt s. 75 in Hamm / Autodidakt / Werke in Hamburg (Erotikmus) u. Rio de Janeiro/Bras. (Paraty-Casa de Cultura) / Ausst.-gen u. a. in Hamm (Yellow-Gal), Pelkum (Bahnhof), Lingen (EVK), 2004 Bönen (Alte Mühle)

Ritzenhoff, Renate (M/Coll.-k) / * 1934 – / lebt (2002) in Harsewinkel / Stud.-Hamburg 83-86 Kunstschule „Paris“ / **Lit.: 133**-94Anh.

Ritzenhoff, Renate (F/D) / lebt (1994/2002) in Bochum / **Lit.: 205**-(94+97 = 2x erw.)

Roberg, Ina (M) / 1960 Bo.-Wattenscheid- / lebt (2006) in Warendorf / Tochter v. Irmgard **T**empel / Autodidaktin / Ausst. u. a. 1999 Bad Waldliesborn, 2000/02 MS (Kunsthaus-Angelmodde), 05 Warendorf (Innenstadt), 06 MS (Arbeitsgericht)

Robers, Bernd (M) / 1960 Vreden- / lebt (2002) in Vreden / Beruf: Fotogravurzeichner, als Maler Autodidakt / Ausst.: 1999 MS (Kunstmarkt), 2000 Warendorf (Gal.-Darpe), 01 Enschede-NL/ Bayreuth, 02 Hengelo-NL (Steeken-Ziekenhuis), Stadtlohn (Hülsta), Vreden (Kunst+Natur)

Robert, Heinrich (A/Baumeister) (Bauunternehmer) / 1899 bis vor 1936 in Bochum tätig / war Mitgl. „BDA“ / Werke u. a. Kirchen/Bergwerke im Ruhrgebiet (u. a. Bochum/Hamm, z.Bsp.: Petri-Kirche in Bo.-Wiemelhausen) / weitere Daten nicht bek. / **Lit.: 34**-9,2 + **146b+c**

Robert, Walter (A) / wahrsch. Sohn des Heinrich **R.**, übernahm vor 1936 dessen Büro in Bochum / **Lit.: 146c**

Robillard, Bernard (M/G/B) / 1951 Laval/Frankr.- / lebt s. 76 in Wuppertal u. nach 90 in Sprockhövel / Stud.-Essen 73-76 Folkwangsch. / s. 76 Theatermaler in Wuppertal / Ausst.-en s. 1979 / **Lit.: 216**

Roch, Helga (K/G/D) / * 1935 – / lebt (2005) in Iserlohn / s. 80 freisch u. eig. Werkstatt in Iserlohn / Lehrt.-Iserlohn: 81-88 VHS u. s. 96 Jugendkunstschule

Rodefeld, Julia (M/F/O) / 1975 Minden- / lebt (2001) in Paderborn / Stud. Univ./GH-Paderborn (Kunst/Germ/ev. Theol) / Ausst. u. a. 2000/01 Paderborn (Raum f. Kunst/2xStudentenwerk)

Rodenbröker, Hans (M/B/F/G/D/Coll.-k) / 1957 Paderborn- / lebt (2005) in Bad Lippspringe / Stud. FHD-Bielefeld / eig. Design-Büro Paderborn, s. 02/03 in Bad Lippspringe / Ausst. u. a. 1982 Bielefeld (FHD), 84 MS (FHD), 2004 Bad Lippspringe (Off. Atelier) / **Lit.: 101b**-04 + **114w** + **205**-94erw. + In: „Erotik“ – Ausst.-kat. – FHD-Bielefeld/MS, 1984

Rodler, Markus (F/D/I/O/Videok) / 1964 Bayreuth- / lebt (2005) in Bochum / 80-84 Werkzeugmacherausb., 86-88 FoSfG-Bayreuth, Stud.-Nürnberg 90-92 FHD (Komm.-Des/Fotogr/Medien) u. Dortmund 93-96 FHD (Fotogr), 96-99 selbst. in Bochum u. Stud.-Dortmund 99-2000 (Fotogr) / 98/99 Beteil. Kinokurzfilmproj. v. Harald Opel, 99 Pixel-Award u. Award „Digitale Bildwelten“ IG Medien, 12/01-1/03 DAAD-Stip. f. Buenos Aires-Arg. / 2000 Ausbilder b. „akamedia“-Dortmund, 01 tätig b. „Enno Consulting AG“-Dortmund, ab 1/03 freisch. u. Lehrt. (Erw.-bildung) in Bochum / Foto-**P**rojekte u. a. in Istanbul/Marokko/Tanasania/Argentinien/Spanien, Fotobuchproj. in Sri Lanka / **A**usst. u. a. 1990 Würzburg (ESG), 91/92/96 Dortmund (Gal. fb2), Bochum („Sinnflut“), 92/93 London (Festival „Africa 95“), 96 Dortmund (Klinikum(**K**), 99 Hamburg/Stuttgart/Göppingen/Berlin/Köln, 2000 Dortmund (FHD/ Westf. Forum/Kunst i. öff. Raum (**K**), Köln/Weimar, 2000/02/03 Buenos Aires-Arg., 01 Bochum (Hotel Eden), 04 Bochum (Boch.-Kulturrat) / **Lit.: 203ca+cb** + K=Katalog + M. R.: „photografie + design“ – CD-Room, 2003

Rodrego, Jürgen (A/Dipl.-Ing/D = Möbelentwurf) / lebt (2002) in Lippstadt / s. 74 Büro in Lippstadt / Mitgl.-„BDA“ / Werke u. a. in Lippstadt (s. Lit.) / **Lit.: 197**-01

Rodriguez, Diego (A/Dipl.-Ing) / 1958 São Paulo/Brasilien- / lebt (2003) in Dortmund / nach Schulzeit in Spanien u. Deutschl.: Stud.-Dortmund 79-86 Univ., 84 Beteil. 3. Sommerakad.-Venedig / 86-89 in Dortmund tätig, 89 eig. Büro u. bis 94 Projekte m. Prof. Zamp Kelp (Haus Rucker-Co.), 91-94 Büro m. Andreas Henke, 94-95 Lehrt. Univ.-Wuppertal, 98 FH-Bochum, 99 Büro: „RDP“-Dortmund (m. Frank Degener) / 1. Preise/Wettbew.-erfolge u. 94 West-Hyp-Pr., 95 Arch.-Pr. Beton, 96 Junior-Award Deubau e.V. Essen, 97 Ausz. NRW / Werke in NRW (s. Lit.) / Mitgl.: „Archit.-kammer NRW“, „BDA“ u. „Gründerkreis Deutsche Stiftung Baukultur“-Berlin / **Lit.: 197**-95+97+01 + **197a**-99 + **197b**-99

Roeb, Yvonne (Yat) (O/I) / 1976 Frankfurt/Main- / lebt (2006) in Berlin / Stud.-MS 99-05/06 Akad., Meisterschülerin / 02 Timm&Struppi-Pr. Kl. Prof. T. Ulrichs, 06 Förderer-Pr. Akad.-MS / Ausst. u. a. 2000 MS (Off. Atelier/Install. am Aasee), 01 MS (CUBA), 01/02 Duisburg (Akzente/Theater), 02 Hamm (Zeche Radbod), München (Domagkatelier), Bergkamen-Heil (Ökolog.-Station), 03 Laer (Stadtmitte), 04 Bergkamen (Stadtgal), Bad Oeynhausen (VHS), Herford (MARTa-Lounge), 05 Recklinghausen (Kunsthalle), Ingolstadt (Kv), MS (Wewerka Pav/Halle Speicher II) / **Lit.: 18**-05 + **57**-02 + **229**-02 + **229a**-04 + **256+a**

Röder, Richard (M/G/B/O) / 1. 7. 1944 Altastenberg/Kr. Brilon- / lebt (2005) in Dortmund / Schulzeit in Dortmund u. Hagen / Autodidakt, 68-75 Atelier in Wandhofen b. Schwerte, Stud.-Darmstadt 74-77 Werbe- u. Gebr.-grafik / Ausst. u. a. 1970/71 Schwerte (Haus Villigst), 81 Iserlohn-Letmathe (Kl. Buchhandlung), 95/97/99 Dortmund (Revierpark-Wischlingen) 95/96 Dortmund (Deutsche Bank/BEK), 98/99 Liévin-Frankr., 98/2000 Hagen-Hohenlimburg (Bürgersaal/Sparkasse), 98/01 Prerow/Darß (Seemannskirche), 99/04 Dortmund-Aplerbeck (Erlei/ Sparkasse) / **Lit.: 98a** + 2xDr. Wilh. Bleicher: „R. R. – Kunst als Mittel heiterer, klarer Seelenaussprache" – in: „Hohenlimburger Heimatblätter" – Heft 8/2001 – 62. Jhg. + „Der Mann der Musse und der Muse" – R. R. zum Sechzigsten – Heft 7/04 – 68. Jhg. – Hagen/Iserlohn

Rödlich, Hedda (Porzellanm/Porz.-Restauratorin) / 8. 2. 1940 Münster- / lebt (2003) in MS / Porzellanm.-ausb. in MS b. Bernhard te Uhle u. Restauration b. Nicolaas Huppes in Amsterdam, Gesellenpr. Wksch-MS / Ausst.-gen in MS u. a. Handw.-kammer (s. auch Porzellanmus)

Roefs, Andreas (M/B/O/I) / 1958 Krefeld- / lebt (2001) in Petershagen / Ausst. u. a. 1999/2000 Petershagen (Offene Ateliers), 01 Bad Salzuflen („Das Fachwerk") / **Lit.: 152a**-99+2000

Rögner, Ulrike (M) / 1959 Kiel- / lebt (2005) in Bochum / 78-80 Theatermalerinausb.-Kiel, Stud.-Düsseldorf 81-86 Akad. / 89-95 Theaterm.-Dortmund, 97-98 Fortbild. Soz.-therapeutin, 98-99 Lehrt. DA-Akad. / Ausst. u. a. 2002 Jesteburg, 03 Burg Lüdinghausen / **Lit.:** In: „Kunstwoche Jesteburg" – Ausst.-kat. – 2002

Roehder, Ulrich (A) / lebt (2000) in Dortmund / Büro in Dortmund: „LTK Architekten" m. Prof. Klaus Kafka, U. R. + Partner / Werke u. a. in Dortmund (Flughafen/Büro- u. Gesch.-häuser/ Center u. erstklassige Stadtbahnhaltestellen / **Lit.: 197b**-99

Röhricht, Dirk (F/D) / 1966 Dortmund- / lebt (95) in Dortmund / Stud.-Dortmund bis 92 FHD, „Ausz. beste Arbeit" f. Dipl.-arbeit / 92-? Studio m. Peter **L**utz in Dortmund / Ausst. u. a. 1994 Poperinge/Brügge/Sluis-Westflandern / **Lit.: 35a**

Röhrig, Ulrich (M) / * 1939 – / lebt (2005) in Bottrop / Ausst. u. a. 1999/2004/05 Bottrop (Mus) / **Lit.: 99a**-99+04

Rölecke, Tom (gen. Roeler, Tom) (F/D) / 1980 Greifswald- / lebt (2006) in MS / 01-04 Mediengest.-ausb. Univ.-Greifswald u. Stud.-MS ab 04 FHD / Ausst. u. a. in MS (Tryptichon), 2006 MS (Gal. Sitz-Art)

Roeler, Tom s. Rölecke, Tom

Rölle, Julio (F/G/D) / 1981 Bersenbrück- / lebt (2004)in Bielefeld / Stud. FHD-Bielefeld / Ausst. u. a. in Bielefeld, MS (Videothek), 2004 MS (Gast: Off. Atelier-Hawerkamp)

Röllinghoff, Clara (F/D) / 1971 Frankfurt/M.- / lebt (2006) in Hamburg / Stud.-Dortmund 93- um 2000 FHD / 97 = 2. Pr. FHD-Dortmund / Ausst. u. a. 1997 Dortmund (Mus), 2003 Essen (Kunsthaus), 05 Hamburg (Augustinum Neumühlen), + Internet

Römer, Norbert (M) / 1930 Hohenlimburg b. Hagen- / lebt (2006) in Dortmund / Weiterbild. VHS/Altenakad.-Dortmund u. b. Dieter Mokross / Ausst. u. a. in Dortmund/Düsseldorf/Essen/ Amsterdam/Siegen/Lennestadt/Remscheid + Internet

Röpke, Hans-Michael (Industriedes) / * 1940 – / lebt (2002) in Arnsberg / Schreinerausb., Stud. Hf BK-Braunschweig (Dipl.-Des) / tätig als Büro- u. Entwicklungsleiter, ab 77 selbst., „Röpke-Design" / Mitgl.-„VDID" / Ausz.-gen Essen/Hannover/Stuttgart, u. a. 1. VKG-Förder-Pr., Poggenpohl Des.-Pr., Ergonomie-Pr. Paris / **Lit.: 205**-94+97 + **205a**-83+89 + **205y**-2000,1 + **205z**-91

Röseler, Peter (G/D/Ill) / * 1934 – / lebt (98) in Emsdetten / Ausb.-Lithograf, Stud.-Essen 60-62 Folkwangsch. / Ausz.: 69 Dürer-Signet-Wettbew. u. 95 in Singapur / ab 87 selbst. in Essen, später Emsdetten / Mitgl.-„AGD" / **Lit.: 205**-94(erw.)+97 + In: C. Michael Mette: „Airbrush Works" – Taschen-Verl.-Berlin, 1990

Roeseler, Walter (M/G) / 1887 – 1922 / lebte in Castrop-Rauxel / Stud.-Düsseldorf/Berlin Akad.-n, danach 2 Jahre Paris u. 2 Jahre bis 1914 in Gallizien / bis 18 Kriegsdienst, danach Lehrt. in Castrop(-Rauxel) / Ausst. u. a. 1946 Arnsberg / **Lit.: 8a**-46 + **155a**

Röser, Claudia (M) / 1977 Dorsten- / lebt (2005) in MS / Stud.-MS 97/98 Univ. (Philol) u. s. 99 Akad. / Ausst. u. a. 2004 Bad Oeynhausen (VHS), 05 Liesborn (Mus) / **Lit.: 56ba+d**

Rösner-Drenhaus, Christa (B/O/Z) / 1926 Hattingen- / lebt s. 61 in Fellbach / Stud.-Essen 49-51 Folkwangsch. u. Stuttgart 51-55 Akad. / 53 = 3. Pr. Jugendkunst B.-Württ. / 74-80 Lehrt. FHfG-Pforzheim u. 83-88 Freie Kunstsch.-Nürtingen / Mitgl. „VbK", „KB"-B.-Württ. u. „GEDOK" / Ausst. s. 1953, u. a. in München/Kairo-Äg., 2005 Fellbach (Stadtgal), Gelsenkirchen (Mus), + N / **Lit.: 107a**-87 + In: „Quadrate" – Ausst.-kat. – Städt.-Mus. Gelsenkirchen, 2005

Röttger, Peter (A) / 1960 Arnsberg- / lebt (98) in Neuss / Stud. FH-Düsseldorf u. Canterbury-GB / s. 92 Büro „Röttger . Welzel . Wichmann"-Neuss / Werke in NRW/N (s. Lit.) / **Lit.: 197**-95+97

Rötzsch, Jens (F/D) / 1959 Leipzig- / lebt (2005) in Berlin / 75-77 Landvermesserausb., 80/81 Abitur Bergakad.-Freiberg/Sachsen, Stud.-Leipzig 81-86 HfG u. Buchgwerbe (Fotogr.-Dipl) u. 86-89 dort Zusatzstud. / 88 = 3. Wettbew.-Pr. Bad Homburg, 92 Kodak-Pr., 02 World Press Photo Award / 87-89 Lehrt./Assist. in Budapest, 89 freiberufl. u. Mitbegr. Fotografenagentur „Ostkreuz", 92-99 Lehrt. FHD-Bielefeld / Ausst. u. a. in Budapest-Ung./London/Brighton-GB/ Rotterdam-NL, + N / **Lit.:** Internet

Rogall, Karl (M) / NEU: 1899 Braunschweig – (nach 1966 in Saarbrücken?) / (Biografie in Beilage: CD-Ausgabe 2006)

Rogall, Stefan (Filmk) / 1969 Duisburg- / lebt (93) in MS / Stud.-MS ab 89 Univ. (Angl/Germ/ Publiz) / Filme s. 92 / Auff. u. a. 1992 in MS / **Lit.: 196**-92

Rogalla, Hartmut (A/Dipl.-Ing.) / 1953 Ahlen- / lebt (2003) in Ahlen / Stud. FH f. Archit.-MS / s. (um) 82 selbst. / Werke in Westf. / **Lit.: 226**

Rogge, Karl (A/M/B) / 1950 Bergkamen- / lebt (2005) in Westf. / s. 78 künstl. tätig, 78-84 Gruppe Klodt, 84-94 Gruppe Stoltefuß / ab 95 Mitgl. „KB-Schieferturm"-Kamen / Ausst. u. a. in Kamen/Bergkamen/Bönen, 2004 Krefeld (Gal.-Sonntag), Kamen (Haus der Geschichte/ Waldaktion)

Rogge, Martin (A/Dipl.-Ing) / 1961 Recklinghausen- / lebt (2002) in MS u. Düsseldorf / 82-89 Stud.-Essen/MS / ab 88 in Düsseldorf tätig, s. 90 im Büro u. ab 93 Partner: „Stadtraum Architektengruppe"-MS/Düsseldorf (m.Prof. W. Pohl/B. Strey) / Preise/Werke in NRW/N / **Lit.: 197**-95+97

Rogner, Frank (F/D) / * 1960 – / lebt (2005) in Bochum / Stud. Vis.-Komm/Fotodesign / m. Dirk **H**oppe Fotoagentur „Netzhaut" in Bochum, gr. Archiv! / **Lit.:** Internet (u. Ausstellung)

Rohlfing, Rita (M/I) / 1964 Bad Oeynhausen- / lebt (2005) in Köln / NEU: 02/03 Stip. Kü.-dorf Schöppingen / (Biografie in Beilage: CD-Ausgabe 2006)

Rohlfs, Christian (Prof./Dr. h. c.) (M/G/Z) / 22. 12. 1849 Niendorf/Holstein – 8. 1. 1938 Hagen / (Biografie in Beilage: CD-Ausgabe 2006)

Rohrsen, Gina (G/D/M/O/Coll.- u. Materialb.-k) / 1958 Karlsruhe- / lebt s. 2000 in Altenberge / Stud.-Bielefeld 78-84 FHD (Ill/Malerei) / ab 84 freisch. / 93 = 1. Plakat-Pr. Bonn, 2000 Gastdoz. Alanushochsch.-Bonn / Mitgl. Gr.-„GEDOK"-Bonn, „BBK"-Bonn u. s. 02 „Kü.-rinnenForum"-MS-land (Vorstand) / Ausst. u. a. 1980 Beteil.-Wanderausst.-Bielefeld/MS/Düsseldorf /Taragona, ab 84 lfd. Ausst.-gen v. „GEDOK" in Bonn/Aachen-usw., 1985/88/90/2000 Bonn (Frauenmus), ab 90 Bonn (lfd. „BBK"), 92/96 Bonn (FLS-Studio), 92/95-97/99 Bonn (Kü.-forum), Gummersbach (Kv), 93 Goch (Mus), 96 Bonn (Kurf.-Gärtnerhaus), Bad Godesberg (Haus a. d. Redoute), 98-2000/04 Rheinbach (Stadttheater/3xGlasmus), 2000 Burg Altendorf, 01 Altenberge (Atelier), 03 MS (Joh.-Hospiz), Welbergen (Alte Kirche), 04 MS (Domin.-kirche), Luxor-Ä., 04/05 Legden (Altes Haus), 05 H.-Gravenhorst (Kloster) / **Lit.: 237**-03+05

Rokitta, Hermann (Prod.-Des) / 1956 Rheine- / lebt (2003) in Hamburg / Stud.-MS bis 88 FHD / in MS tätig, ab 89 Gründung: „Rokitta Produkt&Markenästhetik"-Hamburg m. P. de Schipper-Rokitta / 91 red dot Award-Essen („OCO"Des.-MS) / Ausst. u. a. 2002 MS (IHK) / **Lit.: 205z**-91

Roloff, August (Porzellanmaler) / 11. 10. 1897 Fürstenberg/Weser – 9. 10. 1931 Münster / kam 1918 als Porz.-malermeister nach Münster, übernahm am 19. 3. 1919 die Manufaktur v. Fritz **V**orhauer u. gründete die Porzellan-Manufaktur Firma Aug. Roloff (1919-1955), folgende Maler aus Münster arbeiteten in dieser Fabrik: **u. a.** Bernhard **B**ufé (der erste Lehrling ab 21), Otto **G**rosse (ab 28), Otto **F**uldauer/Otto **N**eufeind (ab 38); Werner **R**eize, Heinz **P**ettirsch, Kurt **S**ünderhauf, Bernhard te **U**hle u. auch die Ersteren malten 55 nach der Schliessung weiter, 49-51 war Josef **S**chörösch, Töpfermeister in MS, bei Roloff, danach belieferte er die Firma weiterhin mit Rohmaterial, um 28-29 war Roloff Mitinhaber d. Porz.-firma Jöhle in Konstanz,

44 wurde der Betrieb in MS durch Bomben zerstört, nach Notunterkünften u. 49 Umwandlung zur „OHG“ wurden die Lieferungen bis nach 55! (für N+INT) wieder aufgenommen / am 27. 6. 01 wurde in MS-Kinderhaus der „Verein zur Förderung eines Porz.-museums in MS“ gegr., 16. 11. 03 Eröffnung (haupts. „Roloff“-Porzel.) / Ausst. u. a. 2001-03 MS-Kinderhaus (Heimatmus), 03 MS (Mühlenhof), ab 16. 11. 03 MS (Dauerausst.-Porzellanmus) / **Lit.: 63b + 84-**(u. a.)+51+56+59...69+71+73(Nr. 84)+74...78(S. 90/100)+79 (S. 81/89/90)+80+82 **+ 208 +** In: D. Fischer: „Münster von A bis Z“ – Aschendorff-Verl.-MS, 2000; In: „Bonbonniere“ – 1.+2. Jhg. – Hg.: Verein Porz.-museum-MS, 2001/02; B. Haunfelder: „Feines Porzellan aus Münster“ – in: „Auf Roter Erde“ – Nr. 3/02 – „WN“-MS v. 22. 3. 02; In: „Münster-Mosaik“ – ab S. 118 – Aschendorff-Verl.-MS, 2003

Roman, Jochem (eigentl. Jochem Roman **S**chneider) (G/D) / 1951 Marl(?)- / lebte in Bochum u. Recklinghausen, danach (79/2004) in Kiel / Stud.-Kiel 72-77 FHfG (Kunst) u. 77 Univ. (Phil) / war Mitgl. „Boch.-KB“ / Ausst. u. a. 1977/84 Bochum (Stadtgal), 79 Recklinghausen (Vest.-KB: Kunsthalle), 81-83/86/88/89 München (Haus d. Kunst), 86 Marl (Mus), + N/INT / **Lit.: 107a-**81...83+86+88+89 **+ 146-**77+84(Schneider) **+ 188-**79(* Recklinghausen(?) + **230-**86

Romberg, Margit (Margrit) (M/G/F/O) / 1942 Hindenburg/Schlesien- / lebt (2005) in Luxemburg, Atelier in Bonn / Stud.-Malerei/Grafik in Dortmund u. Berlin, Goldschmiedinausb. in Dortmund u. Stud. Alanus-Hochsch.-Alfter (Kunsttherapie) / Ausst.-gen s. 1998, u. a. in Altena/Bonn/Dortmund/Farnham/Hamburg/Liesborn/Krefeld/Marburg/Münden/Münster/Palencia/Prüm/Schalksmühle/Soest/St. Armand-Frankr., 2001/05 Soest (Wilh.-Morgner-Haus) / **Lit.: 100-**05 **+ 190**

Rombold, Maren (Ill/G/D/Vis.-Komm) / * 1977 – / lebt (2004) in MS / Stud.-MS bis 7/04 FHD / Ausst. u. a. 2003 Frankf.-M. (Buchmesse), 05 Essen (Kunsthaus), 06 Berlin (Kunstbuch), Rheine-Bentlage (Kloster) / **Lit.: 122-**03

Rommerscheid, Jürgen (Prof/Dr) (M/G/B) / 1941 Wiesbaden- / lebt (2005) in Bielefeld / Stud.-Bielefeld 62-66 PH (Kunsterz), 66-74 Lehrt.-Bielefeld, 74-78 Assistent PH-Bielefeld, 78/79 Promotion, Dr. Erz.-wiss. / 80-89 Lehrt. Univ.-Osnabrück, Abt. Vechta, 89-01 Prof. PH/Univ.-Flensburg / 96 Ausst.-Pr. Wilhelmshaven / Ausst. u. a. 1996 Bad Gandersheim (Kulturzentr), 96/97 Wilhelmshaven (Kunsthalle), 97 Niebüll (Haizmann-Mus), 98 Halle/Westf. (Treffpunkt-Storck), 99 Lübeck (St. Annen-Mus), Osnabrück (Gal.-Hörschelmann), 2001 Hamburg-Pinneberg, 04 Oldenburg (LM), Osnabrück (Gal.-Clasing) / **Lit.:** „J. R.“ – Ausst.-kat. – Haizmann-Museum – Niebüll, 1997; „J. R.“ – Ausst.-kat. – St. Annen-Museum – Lübeck, 1999

Ronge, Charlotte s. Quack, Charlotte

Rosa, Nick la s. La Rosa, Nick

Rosato, Marisa (I/F/Filmk/M) / * 1967 – / lebt (2006) in Bielefeld / Stud.-Bielefeld 94-2000 FHD (Fotogr) / 01 Lehrt. Univ.-Bielefeld, 02 Weiterb. Multimedia-Design / 01 = 1. Platz 2. Herforder Recycling Kunstpreis u. Pr. „Digital Photo Division“ / Werk in Mus. „MARTa“ Herford / war um 03 Mitgl. Produz.-gal.-Bielefeld u. s. 04 „BBK”-OWL / Ausst. u. a. in Bielefeld, 01 Tokio-Jap. (Canon Building), 04/05 Bielefeld (Rav.-Spinnerei), 05 Berlin (Gal.-AnyWay), Gütersloh (Kv) / **Lit.: 124-**05

Roschlau, Herbert (M/G/Ill) / NEU: 1906 (in Thüringen) – 2/1989 / lebte in Bielefeld / Stud.-Kassel u. Berlin / ab 35 Lehrt. in Jena, 40-46 Kriegsdienst/Gefangensch., 48-76 Lehrt.-Bielefeld u. bis 86 VHS / war Mitgl.-„BBK“-OWL / Ausst. u. a. 1977/81 Bielefeld (Kunsthalle), 2005 Bielefeld (Gal.-Baumgarte) / **Lit.: 1-**5(erw.) **+ 124-**77+81

Rose, Andreas (Videok/Video-Inst.-k) / * 1974 (in Sachsen-Anhalt)- / lebt (2004) in Berlin / Stud.-Bielefeld 96-02 FHD (Fotogr/Film- u. Mediengest) / 02 Ausz. ADC / Mitbegr. Gr.-„*.*“ / Ausst. u. a. 1998/03 Bielefeld (Neues Rathaus/Pollmeier/2xKunsthalle), 99 Minden (Stadttheater), 2000 Gera (Klaushaus), 03 Hanoi-Vietnam (Beteil.-Workshop), 04 Marl (Mus), 04/05 Bremen (Kunsthalle/Mus.-Weserburg), Lüdenscheid (Stadtgal) / **Lit.: 61-**04

Rose, Wolfgang (M) / 1952 Detmold- / lebt (2006) in Blomberg / NEU: 01 Iniator v. Aktion „Kunstmauer“ in Blomberg = seit 02 dort Ausst.-gen, 02 Gründung mit Gina **L**aFemme (Wien) = Gr.-„Alphawoelfe“ in Wien + Blomberg, Gründung/Organis. der intern. **G**r.-„Wolfsrudel“ (Intern. Ausst.-gen/Treffpunkte) / (Biografie in Beilage: CD-Ausgabe 2006)

Rosenbauer, Simone (F/D) / * 1977 – / lebt (2005) in Dortmund / Stud. FHD-Dortmund / Ausst. u. a. 2003 Dortmund (Mus. f. K. u. K.), 04 Essen (Lohnhalle-Zollverein), 05 Mannheim (Fototage), Neunkirchen-Saar (Stadtgal), Stuttgart (Gal.-Merkle), 05/06 Washington/Casablanca/ Rabat/Brüssel (Goethe-Institute), 06 Dortmund (FHD), Berlin-Friedrichshain (Kommunale Fotogalerie) / **Lit.: 203**-05

Rosenbohm, Lars (M/G) / 1971 Lemgo- / lebt (2005) in Bielefeld / Stud.-Bielefeld 95-01 FHD / 2000 Stip. „Aldegr.-Ges."-MS, 02 Atelierstip.-LWL f. Schwalenberg, ab 02 Lehrt. FHD-Bielefeld / s. 04 Mitgl. „BBK"-OWL / Ausst. u. a. 2000 Bedburg-Hau (ArToll), 2000/02 Lemgo (Stadtgal), 01 Minden (Stadtbibl), 02 Bielefeld (Gal. 61), Sch.-Schwalenberg (R.-Koepke-Haus), Gütersloh (Kv), Herford (Radewig), 03 Halle/W. (Bürgerzentr), 04 Bad Salzuflen (Das Fachwerk), Herford (Workshop: Mus.-MARTa), 04/05 Bielefeld (Rav.-Spinnerei/Kv) / **Lit.: 124**-05 + **260** + In: „Zeichnung und Malerei" – Ausst.-kat. – Städt.-Gal. Haus Eichenmüller – Lemgo-Brake, 2002; „L. R." – Zwölf Quadratmeter – Ausst.-heft – Halle/W., 2003

Rosendahl, Stefan (B) / 1970 Münster- / lebt (2006) in MS / NEU: Stud.-Bremen 97-2000 HfBK, 2000/01 Marseille-Fr. Ecole Sup. des Beaux Arts, 10/01-2/04 Akad.-MS / ab 16. 7. 04 Atelier im „Speicher II" am Hafen in MS / (Biografie in Beilage: CD-Ausgabe 2006)

Rosenthal, Andreas (G/Z/M) / 1950 Düsseldorf- / lebt (2006) in MS / NEU: 02/03 Gastprof. HfK-Bremen / (Biografie in Beilage: CD-Ausgabe 2006)

Rosenthal, Igo (Jan) (M/Z) / * 1969 – / lebt (2004) in Brakel / Stud.-Riga/Lettland 84-91 Akad. (Kunst) / Ausst.-gen u. a. im Internet + INT

Rosenzweig, Peter (B/Perf.-k) / * 1957 – / lebt (2002) in Berlin u. Italien (Toscana) / s. 80 (Marmor-)Bildhauerei in Pietrasanta-It., ab 81 Ltg. d. Sommerschule „Campo dell' Altissimo" (Toscana) / Stud.-Carrara ab 83 Akad. / Lehrt. VHS-Hagen / Ausst./Aktionen in N/INT / **Lit.:** In: C. Regelsberger: „KUNST/TRANS/PORT" – 10 Jahre Kunst in der VHS Hagen, 2002

Roskam, Hildegard (M/Z) / * 1946 – / lebt (2004) in Neuenkirchen/MS-land / s. 84 künstl. tätig, Weiterb. VHS-Rheine / Ausst. u. a. in Rheine/Neuenkirchen/Ochtrup/Emsdetten, 2004 Steinfurt (Kreissparkasse) / **Lit.: 206**-04

Ross, Bernadette (M/G) / 1959 Elspe/Sauerl.- / lebt (02) in MS / Stud. FHD-MS / Ausst. unbek.

Ross, Eberhard (M/G/I) / 1959 Krefeld- / lebt (2006) in Essen u. Mülheim/R. / Stud. Univ./GH-Essen (Kunst) / ab 03 Mitgl. „BBK-Westf." Dortmund / Ausst. u. a. 1999/2000 Essen (Off. Atelier), 01/02 Düsseldorf (Messe/Kunstpalast), 03 Essen (Gal.-RM art), Dortmund (Torhaus/ Mus. f. K.u.K.), Witten (Boesner), 06 Herne (Stadtgal), Mülheim (Mus. in der Alten Post) / **Lit.: 3**-03(1+2) + **107**-01+02 + „E. R." – Ausst.-kat. – Das Emschertal-Mus. – Herne, 2006

Roßberg, Daniel (Mediendes/Filmk) / 1974 Oldenburg- / lebt (2005) in MS / Stud.-MS bis 2/03 FHD / Auff. u. a. 2003 MS/05 (Filmfestival) / **Lit.: 15a** (S. 78) + **196**-03+05

Rossenbach, Gert (M/F) / 1939 Herne- / lebt (2000) in Badenweiler/Schwarzw. / Autodidakt / lebte bis 83 in Wuppertal / Ausst. u. a. in Wuppertal / **Lit.: 216**

Rossknecht, Christiane (M/Z) / 1959 Detmold- / lebt (2005) in Kalletal-Faulensiek / Stud. FH-Hamburg (Mode-Des) u. Krankengymn.-ausb., ab 85 Detmold, Stud. FHD Bielefeld (Grafik-Des), Weiterb.-kurse u. a. VHS / s. 96 Mitgl. „Das Fachwerk"-Bad Salzuflen / Ausst.-gen in Kalletal (Deele Brosen/Hopfenfest), Bad Salzuflen (Das Fachwerk), 2001 Hohenhausen, 01/ 03/04 Kalletal (Off. Atelier) / **Lit.: 132a**-001+03+04

Rosskothen, Heinrich s. Rosskotten, Heinrich

Rosskothen, Michael (M/F/Mediendes) / 1961 Bochum- / lebt (2005) in Duisburg / s. 80 künstl. tätig, ab 90 freisch. / Ausstellung s. 2x Internet (Malerei/Fotografie)

Rosskott, Johann (A/Baumeister) / NEU: in d. 2. Hälfte des 16. Jh.-s in Münster tätig / 1584 Gildemeister der Steinhauer / Werke um 1590/98 in MS (Petrikirche/Paulinum) / **Lit.: 24**-29 + In: Detlef Fischer: „Münster von A bis Z" – Aschendorff-Verl.-MS, 2000

Rosskotten, Heinrich (Rosskothen) (Dr.-Ing. h.c.) (A) / 29. 5. 1886 Dortmund – ? / lebte (1922/ 66) in Düsseldorf / Stud. München/Berlin / tätig 1909-20 im preuss. Staatsdienst Berlin, 1920 in der Reichsbaudirektion (Reg.-baurat) u. ab 22 selbst. in Düsseldorf, assoziiert mit Fritz Aug. Breuhaus de Groot (1883 Solingen – 1960 Köln), s. 28 m. Karl Walch, außerdem 32 Büro in Berlin mit Breuhaus de Groot / Werke u. a. in NRW (23-25 Westf. Bank (Bochum), 58-66 Stadttheater-Dortmund m. Edgar Tritthard) / **Lit.: 24**-29 + **25**-4 + **34**-8,2+9,2 + **97x** + **146b** + **197b**-84 + **205c** (bei Breuhaus de Groot, F. A.) + **219a** + In: G. A. Platz: „Die Baukunst der neuen Zeit" – Nachdruck – 2. Aufl., 2000

Rosskotten, Remigius (B) / um 1650 in Münster tätig / Werke in Raesfeld / **Lit.: 24**-29

Roßmann, Elke (T/I) / 1961 Möhnesee-Körbecke- / lebt (2005) in MS / bis 88 Stud. (Päd/ Kunst/Mathem) / Lehrt./Kurse / Ausst. u. a. 2003 Ahlen/Steinfurt/Dülmen/Lengerich/MS (Bahnhofsvorplätze) / **Lit.: 237**-03

Roßner, Marion (F/D) / 1966 Nürnberg- / lebte in Dortmund u. Bochum, ab 2000 in Berlin / Stud.-Dortmund 89-94 FHD / Bundesproj.-förderung / Ausst. u. a. 1997 MS (Stadtmus), 03/05 Berlin (Atelier/Gal. am Prater)

Rost, Sigrun (F) / 1942 Aussig/Elbe- / lebt (2004) in Altenberge / Weiterb.-kurse u. Stud.-MS 71-74 PH (Kunst) / Fotografie = Autodidaktin / s. 76 Lehrt.-Altenberge, ab 01 freisch. / Ausst. u. a. 1999 MS (Rüschhaus), 99/2000 Altenberge (u. a. Rathaus), 01 Bremervörde, 02 Vreden (Berkelkraftwerk), MS (Akad. f. Man.-Therapie/Provinz.-Vers/Borcherttheater), 02/03 Tecklenburg (Heimathaus), 03 Altenberge (Hof Woestmann), 03/04 MS (Tibusstift/Dominikanerkirche) / **Lit.: 69**-02+03 + **237**-03

Roth, Peter („PÈRO“) (M) / 1950 Recklinghausen- / lebt s. 97 in Recklinghausen / Autodidakt / s. 97 freisch. / 91 = 1.-3. Preis Bildermarkt Recklinghausen / s. 95 Mitgl. Gr.-„FJK“-Bad Honnef / Ausst. s. 1992, u. a. in Bochum/Bad Honnef/Bremen/Schwerte/Essen, 1999 Lippstadt (Gal.-Orru), Recklinghausen (Finanzamt), 2000 Herten/Datteln (Rathaus), 01 Recklinghausen/Castrop-Rauxel (Kliniken), 02/03 2xBerlin/Dortmund (Kliniken), + im Internet / **Lit.: 27**-5 + Portrait im TV-RTL – 1994; In: „artist window“ – 10.-12. Ausgabe – Bremen, 1997/1998

Rothe, Franz Eduard (Prof) (M/G) / 1887 Berlin – 1975 / lebte in Braunschweig / Stud.-Berlin Kunstschule/Kgsch u. 1908-14 HfBK, Meisterschüler / 22-59 Lehrt.-Braunschweig, 55 Prof. / lf. Aufenhalt, Werke u. Ausst. in Schwalenberg / Ausst.-gen u. a. in München/Berlin/Philadelphia/Braunschweig/Oldenburg/Hannover/Goslar / **Lit.: 20** + **25**-6 + **34**-8,2+9,2 + **137a**

Rothert, Christa (M/G/F/D) / 1936 Münster- / lebt (2004) in MS / Stud.-MS 53-56 Wksch / s. 83 Mitgl. Gr.-„T.U.N.-Arb.-kr. Kunst 83“-MS / Ausst. **s.** Gruppe-„T.U.N“ = u. a. 2003/05 MS (Krameramtshaus), außerd. in MS/Hamm/Unna/Herne/Rietberg/Tecklenburg / **Lit.: 2** + **126** + **126a**

Rothhaar, Jörg (F/D) / * 1973 – / lebt (2005) in Düsseldorf / Stud.-Dortmund 95-02 FHD / s. 01 Mitgl. „BFF“ / Ausst. u. a. 2002- München (Gal.-Broemel), 04 Hildesheim (Kv)

Rotterdam, Marianne (K) / 1939 Bochum- / lebt (92) in Coesfeld / Werke s. 77 / Ausst. u. a. 1979-86/88-91 Telgte (Mus) / **Lit.: 185**-79...86+88...91

Rottmann, Gerhard Bernard (M) / ab 1746 in MS bek., † um 1753/54 in Münster / m. G. Kappers Ausmalung v. Schloss Clemenswerth / **Lit.: 24**-29(= Daten des Kaspar R.!) + **178a**

Rottmann, Kaspar (M) / † um 1797 / s. 1763 Hof- Stadt- Artillerie- u. Festungsmaler in Münster (lt. Th.-Becker = Gerhard Bernard) / **Lit.: 178a**

Roziewski, Elke (M) / 1963 Minden- / lebt (2002) in Braunschweig / Stud.-Dortmund 83-88 Univ. (Kunst/Sonderpäd), Braunschweig 88-90 H.-Würtz-Schule u. 91-92 HfBK / ab 92 freisch. / Ausst. in Marseille-Fr., 2001 Magdeburg (SEB-AG), 03 Herford (Kunstwerk), + N / **Lit.: 225**

Rozwalak, Susanne (G/D) / * 1958 – / lebt (98) in Bochum / Stud. Univ./GH-Essen (Vis.-Komm/ Grafik-Des) / in Essen tätig, ab 89 Studio „Matteo Werbung u. Design“-Bochum m. A. Gevelmann / 87 Amigawettbew.-Pr., 96 Deutscher-Pr. f. Kommunik.-Des. Essen / **Lit.: 205**-94+97

Rubak, Anne (M/O/K/Khw) / * 1945 – / lebt (2004) in Bottrop / Ausst. u. a. 1997-2002 Bottrop (Mus), 2000/01/03 Bottrop (Kulturzentrum) / **Lit.: 99a**-97...02 + **99c**-2000+01+03

Rubens, Peter Paul (M/G) / 1577 Siegen/W. – 1640 Antwerpen / Werke in N/INT (NRW = Düsseldorf/Köln) / Ausst. u. a. 1977 Wien (Kunsthist. Mus), Antwerpen/Rom, um 1990/99 Freising (Diözesanmus), 03 MS (WL), 04 Lille/Braunschweig/Kassel/Wien, + N/INT / **Lit.: 24**-29 + **110**-75 + **239**-54+62+63 + „P. P. R.“ – 60 Bilder – Kanter-Verl.-Königsberg/Pr., 1940; „P. P. R.“ – Hg.: Michael Jaff'e – Oxford, 1977; In: Roger Avermaete: „Rubens und seine Zeit“ – Genf, 1977; „Pietro Paulo Rubens“ – Antwerpen, 1977; „P. P. R.“ – Handzeichnung – München, 1977; R. Liese: „Die Kunst des Rubens“ – Braunschweig, 1977; J. S. Held: „Rubens-Studien“ – E. A. Seemann-Verl.-Leipzig, 1987; In: „Dialog der Kreaturen“ – Ausst.-kat. – Städt.-Gal.-Paderborn u. Schloss Cappenberg-Selm, 1997; In: „Sammlerlust“ – Ausst.-kat. – WL-MS, 2003; „P. P. R.“ – Ausst.-kat. – Albertina-Wien, 2004

Rubertus, Annette (T = Gobelink) / 1943 Osted/Dänemark- / lebt (2004) in Siegen / 60-72 Stud.-HfK in Skandinav., Stip.-dien / Ausst. u. a. in Kopenhagen u. Südwestf. / **Lit.: 110b** + **110c**-04

Rubertus, Pascal (Wand- u. Grafittimaler) / lebt (2004) in Siegen u. Köln / s. 92 freisch. u. ab 94 Grafitti-Workshops / Mitgl. Gr.-„QED“ / Werke in NRW / **Lit.: 110b** + **110c**-04

Rudlof, Solmund (geb. Schnell, Solmund) (F/M/Z) / 1965 Schönebeck/Elbe- / lebt (2006) in Bochum / s. 78 BRD / s. 96 künstl. tätig, 97-2000 Malereiausb. in München / ab 01 Mitgl. „BBK"-Westf.-Süd – Dortmund / Ausst. u. a. 2000-02 München (Autoren-Gal. 1(K), 01 San Francisco-USA (Gal.-Fong), 01/03/04 Bochum (Atelier 13b), 02 Regensburg (Fotogal), St. Etienne-de-Crossey-Fr./Basel-Schweiz, 03 Essen (Zeche Carl), Dresden (Kreative Werkstatt), 04 Dortmund (Theater Fletch-Bizzel), 05 MS (Gal.-König), 05/06 Bochum (Gal.-Duo/Mus) / **Lit.:** K = Katalog + **26a**-05 + **146**-06

Rudloff, Ingo (Filmk) / 1969 Bochum- / lebt (2005) in Bochum / 90 Praktikum für Kamera u. Regieassistenz, Stud. Univ.-Bochum (Psychol), 96/97 Forsch.-projekt in Potsdam-Babelsberg, Diplomarbeit (Dipl.-Psych) / 98 wiss. Mitarbeiter Univ.-Bochum / Dokumentarfilmer = Regie, Lehrt. Univ.-Bochum (Wahrnehumgspsychologie) / Filme s. 1993 / **Lit.:** Internet

Rudolph, Annet (G/D/Ill) / 1964 Dinslaken- / lebt (90) in MS / Stud.-MS 84-90 FHD / s. 90 freiberufl. tätig, bis 04 Illustr.-en in über 60 Kinder- Mal- Umhängebücher/Kalender usw. / Ausst. u. a. 2003 Hamm (Max.-Park = Glaselefant) / **Lit.:** s. im Internet: „Esslinger"-Verlag, „Ravensberger"-Verlag u. „Moses"-Verlag

Rudolph, Dirk (F/Kommunik.-Des) / 1964 Altena- / lebt (2004) in Bochum / Autodidakt / 2000 Silber „ADAC" u. red dot award Essen / Ausst. u. a. 2000 Oslo / **Lit.: 205w**-2000 + **205y**-04,2 + D. R.: „Spark" – Die Gestalten Verlag – Berlin, 2000

Rudorff, Hartmut B. (M/I) (Lyriker) / 1934 Bielefeld- / lebt s. 68 in Gütersloh / s. 99 Mitgl. „Gr.-13"-Herzebrock-Clarholz / Ausst. s. 1996, u. a. 97 Gütersloh (Kv), 2004 (Rathaus/Off. Atelier), + OWL / **Lit.: 191b**-04

Rudzynski, Rainer (M) / 1961 Bochum- / lebt (2003) in Hagen / Stud. Univ.-Dortmund (Kunstpäd) / Ausst. u. a. in Bochum/Herdecke/Hagen, 2003 Hagen (Mus) / **Lit.: 97**-03

Rüberg-Ludwigs, Annemarie (Ludwigs) (M) / * 1917 – / lebt (46) in Hagen/W. / Stud.-Düsseldorf u. Kassel Akademien / Ausst. u. a. 1946 Arnsberg / **Lit.: 8a**-46 + **97c** (=Ludwigs)

Rückemann, Ina (M) / 1979 Münster- / lebt (2006) in MS / Stud.-MS s. 99 Univ. (Franz) u. ab 2000 Akad. / 03 Praktik. „Relations Extérieures" Orléans, 03/04 Stip. f. „Ecole des Beaux Arts" Genf / Ausst. u. a. 2003 Vevey-Fr., 04 Genf-Schweiz, 05 Liesborn (Mus), 06 Dülmen (Kv.: Rathaus) / **Lit.: 56d**

Rückert, Günter (M/G/Ill) NEU: (Theaterprojektleiter) / 1952 Löningen/Oldenburg- / lebt (06) in Dortmund / NEU: s. 78 Theaterprojekte, ab 97 künstl. Ltg. u. Regie: der „Geierabend" – Dortmund / **Lit.: 120** + Ill.-en in Büchern/Ausst.-kataloge = 13 Bücher! + „G. R." – Ausst.-kat. – VEW-MS, 1998; „G. R." – Ausst.-kat. – RWE-Dortmund, 2000; F. Eckenga/G. R.: „Mona Lisa muß neu geschrieben werden" – Berlin, 2000 (vollst. Biogr. in Beilage: CD-Ausgabe 06)

Rückert, Mirjam (M/Ill/Plakatgest/K/O/B) / 1964 Höhn/Westerwald- / lebt (2006) in MS / NEU: ab 98 Atelier in MS, ab 01 m. Schwester Judith Rückert-Schramm eig. Gal.-„Augenweide", außerdem öff. Workshops/Kunstprojekte in MS / (Biografie in Beilage: CD-Ausgabe 2006)

Rüenauver, Josef (A) / 25. 5. 1936 Bürberg/Kr. Olpe- / lebt (2004) in Köln / Stud. TH Aachen u. Zürich / war 64-85 Diözesanbaumeister in Paderborn u. 85-01 Diözesanbaumeister in Köln / Werke, u. a. Kirche (66) in Lippstadt m. H. Haas/G. Hein-Aachen / **Lit.: 219a** + J. R.: „Zum Kirchenbau im Erzbistum Köln 1945-1995" – in Lit.: **219d**

Rühland, Brigitte (F) / 1942 Bochum- / lebt (2005) in Oelde / Stud.-MS Univ. (Engl/Franz/Päd) u. FH-Bielefeld (Vis.-Komm) / s. 94 Berichte/Dokument.-en in N/INT / ab 97 Mitgl. „Kr.-Kv.-B.-Warendorf" / Ausst.: jährl. Liesborn (Mus), 1997/02 MS (Franziskus-Hosp/Univ.-kl), 04 Emsdetten (Gal.-MS-land), 05 Neubeckum (St. Joseph), + N/INT / **Lit.: 50**-02+04(erw.) + B. R.: „Kroatien" – Fotobildb. – 1994

Rümper, Carola (M) / 1967 Bremerhaven- / lebt (2006) in Osnabrück / Stud. Univ.-Osnabrück (Kunst/Lit) u. Akad.-Enschede-NL / 02 Stip. f. Ebernburg – Bad Münster am Stein, 03 Wafidin-Stip. f. Ägypten, 04 Reise-Stip. Osnabrück / Mitgl. „Kü.-lerinnenForum MS-land" / Ausst. u. a. 2001 Salzgitter, 02/03 MS (Akad/Krameramtshaus), 02 Essen (Maschinenhaus), 02-04 LuxorAlexandria/Kairo-Ägypt., 03 Steinfurt (Sparkasse), 03/05/06 Osnabrück (u. a. Dominik.-kirche/Stadtgal), 04 Hamm (Mus), Twer-Russl. (Stadtgal), 05 H.-Gravenhorst (Kloster) / **Lit.: 237**-02+05

Rüschstroer, Christine (O) / 1959 Bielefeld- / lebt s. 83 in Gütersloh / Ausst. u. a. 2004 Gütersloh (Off. Atelier), + OWL / **Lit.: 191b**-04

Rüther, Aloys s. bei: **Petit&Edelbrock** – Glockengießerei in Gescher

Rüther, Björn (G/D) / 1975 Warendorf- / lebt (2006) in Dortmund / Stud.-Dortmumnd 99-2/05 FHD /

Mitgl. Designbüro „labor b" – Dortmund / 03+04 Ausz. „100 Beste Plakate 2003 + 2004" u. 05 red dot communic.-s junior award – Essen / Ausst. u. a. 2001/02 Dortmund (FHD) / **Lit.: 203h**-05

Rüther, Julia (M/F) / 1974 Wuppertal- / lebt s. 89 in Gevelsberg, 2004 in Schwelm u. Düsseldorf / 94/95 Weiterb.-Leverkusen, 95-99(?) Stud. Univ./GH-Wuppertal (Komm.-Des) u. ab 01 Akad.-Düsseldorf / s. 94 Lehrt. Malschule „Maldumal" / ab 99 Mitgl. Gr.-Kunstraum"-Ennepetal / Ausst. u. a. 1994/99/02 Ennepetal (Haus Ennepetal/Kluterthöhle), 98 Schwelm (Neumarkt-Arkaden), 99 Düsseldorf (Gal.-La Strada), 2000 Hagen (Hasper Hammer), Nottingham-GB/Bochum/Hattingen, 2000/01 Gevelsberg (Rathaus), 02 Schwelm (Haus Martfeld), Hattingen (Henrichshütte), 04 Schwelm (Kreishaus) / **Lit.: 209**-99+02+04 + **211**-2000+02

Ruhl, Heinz (A) / 20. Jh., bis 1960 bek. in Essen u. Bochum / Archit.-stud. / war im Baudezernat der Bahndirektion in Essen tätig, später freisch. / Werke u. a. Rathaus Lüdenscheid, Verkehrsbauten = um 1950/60 m. W. Bangen den Hauptbahnhof in Bochum / **Lit.: 146b+c**

Ruhloff, Marianne (M?) / * 1935 – / lebt (62) in Gelsenkirchen / weitere Daten nicht bek. / Ausst. u. a. 1961 Bochum (Museum) / **Lit.: 201**-70(erw.-Anhang)

Ruhmke, Mirja-Nicola (G/D/F/M) / 1971 Münster- / lebt (2005) in Berlin / NEU: Stud.-Köln 90-91 Univ. (Heilpäd), MS 92-94 (Produktdes), 94-99 FHD (Vis.-Komm), 99-01 HfBK-Braunschweig u. 01-05 HfBK-Berlin, 04 Meisterschülerin / (Biografie in Beilage: CD-Ausgabe 06)

Rulle, Andreas (Karikaturist) / 1959 Münster- / lebt (2003) in Worms / Stud.-Kunst/Franz/Phil. / s. 89 Karikaturen (35 Zeitungen = N) / **Lit.:** A. R.: „Alles Vertrauenssache" – Karikaturen – 02

Rummeny, Karl-Heinz (O) / 1956 Bad Lippspringe- / lebt (2005) in Düsseldorf / Stud.-MS um 77/79 Akad. u. Akad.-Düsseldorf / Ausst. u. a. in Düsseldorf, 2004 Neuss (Furtherstr. 15), 05 Recklinghausen (Kunsthalle), Ingolstadt (Kv) / **Lit.: 256** + In: „Lebensläufe" – Kl. Prof. Timm Ulrichs der Ku.-akademie Münster, 1978/79

Rumpenhorst, Ulrike (F/I) / 1964 Oberaden b. Kamen- / lebt s. 97 in Brandenburg / Mitgl. Gr.-„GEDOK" / Ausst.: 2001 Frankf.-M. (SEB-AG), 02 Detmold (LM), + N / **Lit.: 193a + 225**

Runge, Renate (M/G/T) / 1947 Oldenburg- / lebt (2001) in Steinhagen / Stud.-Düsseldorf 70 Modeschule (Zeichnen/Textil-Design/Kunstg) u. Weiterbild.-Seminare, ab 84 Grafikkurse b. Magd. Bischinger u. Zeichenkurse / Ausst. u. a. in Köln/Bad Essen/Woerden-NL, 2000 Steinhagen (Mus), + OWL / **Lit.:** In: „Stilleben" – Ausst.-kat. – Hist.-Mus.-Steinhagen, 2000

Ruppel, Käthe (M) / 1886 bei Memel – 1969 Siegen / war Mitgl. Gr.-„ASK"-Siegen / Ausst. u. a. 1998 Siegen (ASK) / **Lit.: 110d**-98

Rupprecht, Arnold (A/Dipl.-Ing) / lebt (2005) in Bochum / Stud.-München 57-60 TH / 65-75 Archit.-gemeinschaft m. Louis **Bu**derus (sen./jun.) u. Walter **Ar**ns in Remscheid u. Bochum, 75-88 m. W. Arns u. 88-91 allein / Werke u. a. in Bochum (Häuser/Siedlungen/Schulen), 64-68 Ev.-Michael-Kirche Bo.-Langendreer, 66-69 Ev.-Friedenskirche Bochum, 79-83 m. W. Arns = Museum in Bochum (Ausführungshilfe) / **Lit.: 146b+c**

Rurainski, Arno (M/G/B/O) / * 1930 – / lebt (2006) in Schwerte / 49 Schreinerausb., 57 Schreinermeister / Stud.-Päd. (2. Bildungsweg) / 64-91 Lehrt. / ab 64 autod.-Weiterb. / Ausst. s. 1996, u. a. 96-03 Dortmund (u. a.: R.-Steiner-Schule/Revierpark Wischlingen/Treppenhausgal/ Pianohaus/Thomas-Haus/Artothek), 96 Bochum (Gal.-Glockengarten), 97 Stuttgart, 98/99 Hamm (VHS/Max.-Park), 98 Bad Oeynhausen, 98/2000/02/03 Schwerte (Stadtbibl/St. Viktor-Kirche/Mus/Rathaus), 99 Iserlohn (Reform.-Kirche), 2000 Altena (Luther-Kirche), Schloss Holte-Stuckenbrock/Arnsberg/Neheim-Hüsten (Kirchen), Herne/Düsseldorf, 01 Bad Kissingen, 01/06 Herdecke (Nikodemus-Kirche), 03 Wuppertal (Markus-Kirche), 04 Eichhof-Öschelbronn (Galerie), + Internet

Rust, Christoph NEU: (Prof) (M/B/O/I/Coll.-k) / 1953 Leipzig- / lebt (2005) in Hannover u. ab 02 in Bielefeld / 02 Stip. f. Paris / ab 85 Lehrt.-Hildesheim, s. 96 Wolfenbüttel u. Chicago-USA, ab 02 Prof. FHD-Bielefeld / (Biografie in Beilage: CD-Ausgabe 2006)

Rusteberg, Almuth (O/Z) / * 1963 – / lebt (2000) in MS / Stud. Akad.-MS / Ausst.-gen s. Lit. / **Lit.: 245**-95+2000

Rusteberg, Annette (M/Z) / * in Lüdenscheid- / lebt (2005) in Schwerte / Weiterb. ab (um) 90 b. Eberh. Schweiger u. (93) b. Ingrid Obendiek / Ausst. u. a. 1998 Dortmund, 99 Menden (Kv), 2001 Berlin (Philharmonie)

Rustemeyer, Ulrike (G/F/D) / 1965 Lünen-Brambauer- / lebt (89) in MS, weitere Daten nicht bek. / Stud.-MS ab 85 FHD / Ausst. u. a. 1988 Herne (Flottmann-Hallen), 2002 Hamburg (Landesfrauenrat) / **Lit.: 142x**-88

Rutemöller, Rainer (B/G/D) / 1965 Bad Lauterberg- / lebt (2005) in Emsdetten u. MS / ab 05 Lehrt. „Olymp“-Institut MS / (Biografie in Beilage: CD-Ausgabe 2006)

Ruthe, Ralph (Z/Comicz) (Autor) / 1972 Bielefeld- / lebt (2004) in Bielefeld / Schriftsetzerausb. / s. 62 Zeichnungen u. ab 96 Comic-Hefte/Bücher in drei Verlagen u. in mehreren Aufl.-en, bis 04 = 17 Bücher (4000 Seiten Comics/Cartoons) / bis 01 Mitarbeiter an Bielefelder Tageszeitung

Ruthenbeck, Reiner (Prof) (B/O/M/F/Videok) / 1937 Velbert- / lebt (2005) in Ratingen / NEU: 2000 Lichtwark-Pr. Hamburg, 05 Lehmbruck-Pr. Duisburg / Lehrt.-Hamburg 75/76 HfBK u. ab 76 Akad.-MS, 80-2000 Prof. / (Biografie in Beilage: CD-Ausgabe 2006)

Rybarsch, Almut (B/O/Gest) / 1967 Dortmund- / lebt (2003) in Dortmund, Atelier (99/2000 Herne) in Gelsenkirchen / nach Berufsausb.: 89 Praktikum b. Eberh. Etzrodt (Obj.-Des) Dortmund, ab 90 Mitarbeiterin, s. 96 freisch. u. Zus.-arbeit m. Kerstin Cizmowski (Wandgest/Projekte/Aktionen) / Ausst. u. a. in Berlin/Düsseldorf, 1999 Herten/Unna (Aktionen-Bauausst), 2000 Gelsenkirchen (Beteil.-Kunstaktion), 01 Kassel/Dortmund/Wuppertal, Herten (Halle-Scherlebeck), 02 Kassel (Kunstraum-„Der Flur“), + Westf.

Ryhs, Viktor (auch Ryß, Viktor) (M) / lebt (1941/46) in Bochum / Ausst. u. a. 1941 Dortmund (Katharinenkloster), 46 Arnsberg / **Lit.: 8a**-41(Ryhs)+46(Ryß)

Ryschawy, Werner (G/Ill/M/O) (Schriftsetzer/Offsetdrucker) / 1949 Hartwachsried/Bayern- / lebt (2006) in Essen u. Gelsenkirchen / war Mitgl. Gr.-„Chamäleon“, 85-2000 Mitgl. Radierwerkst.-„Aquatinta“ Homemo van Alb in Essen u. ab 12/01 Mitgl. Gr.-„Unser Fritz“ in Künstlerzeche „Unser Fritz 2/3“-Herne-Wanne / (Biografie in Beilage: CD-Ausgabe 2006)

Ryß, Viktor s. Ryhs, Viktor

Saadat, Mohsen M. (Prof/Dr. Ing) (Industriedes) / 1946 Schilas/Iran- / lebt (2003) in Soest / Stud. TH-Darmstadt u. Univ.-Hannover / s. 91 Prof. Univ./GH-Paderborn u. ab 92 Mitinh. von „GMG – Ges. f. modulare Greifensysteme mbH“-Soest / 95 Ehren-Pr. NRW (m. J. Gokorsch) u. 96 Pr. „IF“-Hannover / **Lit.: 205x**-95

Saatkamp, Adolf (A) / lebt (2002) in Dortmund / um 1977/99 Büro „Rickmeyer + Saatkamp“-Dortmund, ab 99 eig. Büro m. Andree S. (* 1969) / Werke in Westf. (Verwaltungs- Industriebau/Regionalflughäfen) = s. Lit. / **Lit.: 197a**-99

Sablotny, Rolf (M/B/Khw) / 1951 Wanne-Eickel- / lebt (2005) in Dortmund / Stud. Akad.-Düsseldorf / s. 76 Herstellung v. Holzspielzeug u. Vollholzmöbeln / Mitgl. Gr.-„East-Art“ – Dortmund / Ausst. u. a. in Dortmund/Unna/Bochum / **Lit.:** Internet

Sach, Martin (Industriedes) / 1961 Essen- / lebt (2003) in Essen u. Mülheim-R. / Stud. Univ./ GH-Essen / 84-94 in Dortmund tätig, ab 94 selbst., Büro „Hartung & Partner“-Essen / 95 Studien-Pr. f. Designkonzepte NRW / **Lit.: 205x**-95

Sacharow-Ross, Igor (M/G/O/Klanginst.-k) / 1947 Chabarowsk/Ostsibirien- / lebt (95) in Hagen / Stud.-Chabarowsk-Russl. 64-70 Pädag. Kunsthochsch., 70-71 dort Lehrt., 71 Leningrad, 71-72 Cinematogr. Hochsch.-Moskau, 72-75 Lehrt.-Leningrad, 75 Berufsverbot, 75-78 Happenings/Performances, 78 Emigration u. s. 79 in Deutschl., ab 90 Hagen / Ausst. s. 1970, u. a. in Russland, 2003 Hagen (Gal.-Schlieper), 03 Hamminkeln (Schloss Ringenberg), + N / **Lit.: 97d** + In: „Vom Klang der Bilder“ – Prestel-Verl.-München, 1985

Sacher, Ewald (G/D) / 1936 Pilzendorf/Kr. Beuthen-Oberschl.- / lebt (2006) in Bad Sassendorf / Stud.-Kattowitz 50-55 Wksch u. Warschau 65-67 (Design) / s. 67 BRD, 84-94 selbst. / Mitgl. „Kv.-Kr.-Soest“ / Ausst. u. a. in Soest, 2004 Wuppertal-Barmen (Kunsthalle)

Sack, Alfred (M/G/Ill/Glasm/Mosaik/Bühnenb) / 1907 Welper b. Hattingen- / lebte s. 1916 in Krefeld / Ausb.: Zeichnen b. R. Zimmermann u. autodidaktisch / freiberufl. tätig, u. a. als Pressezeichner u. Karnevalsmaler / Aufenthalte in Bochum/Den Haag/Dortmund/Homberg u. INT / war Mitgl. Gr.-„1945“-Krefeld / Werke in NRW / Ausst. = NRW / **Lit.: 236**-61

Sackel, Elisabeth (M/Ill/G/D) / 1969 Lötzen- / lebt (2005) in Steinhagen / Stud.-MS bis 2/01 FHD / Ausst. u. a. 01 MS (Phönix-Gründ.-werk), 04 Steinhagen (Off. Atelier) / **Lit.: 191b**-04

Sadkiewicz, Joanna (M) / * 1966 – / lebt (2005) in Dülmen-Buldern / Werk in St. Pankratius – Buldern / Ausst.-gen u. a. in Buldern/Dülmen, 2003 Nottuln (Villa Astede), 03/04 Buldern (Alte Kirche/Gal.-Kentrup)

Sadrowski, Daniel (F/D/Videok) / 1971 Nordkirchen- / lebt (2006) in Bochum / Stud.-Bochum 93 -96 Univ. (Sozialwiss) u. Dortmund 96-04 FHD / lebte 02-04 in Berlin u. 04 Studienaufenth. in

Seoul/Südkorea / Ausst. u. a. 1998 (Forum-Kath. Hochschulgemeinde), 2000 Köln (Bet.: Art-Cologne), 01 Frankf.-M. (Buchmesse), 02/03 Bochum (Goldschmiedegal.-Bugeninks/Gal.-Spor Klübü), 04 Winterthur-Schweiz (Fotomus), 05 Bochum (Bastion/Atelier), 06 Gelsenkirchen (Wissenschaftspark)

Saeger, Waltraud (B) / * 1950 (in Ostwestf.-Lippe)- / lebt (2005) in Spenge / Weiterbild. 95 Sommerakad.-Sch.-Schwalenberg, 97 b. Michael Husmann, 01 Europ. Akad.-Trier u. 03 Praktikum in Bünde / u. a. Workshopbeteil. b. Gabi Wieging (Halle/W.) / ab 04 eig. Werkstatt / Ausst. u. a. in Spenge (Werburg), 2004 Hasetal/Emsland, Detmold (Kunstmarkt)

Sälker, Reiner (Dr) (M) / * 1963 – / lebt (2004) in Horstmar / Autodidakt / 81 Wandgest.-entwürfe f. Gymn. in Ahaus / Ausst. u. a. 1993/94/03 Vreden (u. a.-2xGal. Contemporaine), 95 Beteil.-Gruppe „KIM", 2001 Horstmar (Spark), 04 Steinfurt (Kreissparkasse) / **Lit.: 206-**04

Saenger, Adolf (M/u. a.) / NEU: 1884 Niederdielfen/Kr. Siegen – 1961 Siegen / lebte in Niederdielfen / (Biografie in Beilage: CD-Ausgabe 2006)

Sänger, Brigitte (M/G/B/K/Coll) / 1947 Meinersen- / lebt (2004) in Herzebrock-Clarholz / Jugendzeit in Hamburg, Töpferinausb., als Keramikerin in Dänemark tätig, Stud.-Hamburg 68-69 HfBK, danach selbst. / Weiterb.-kurse: 89 Tübingen, 94-98 b. Bender/Medzech/Freymuth – Bielefeld u. 99 b. P.-P. Medzech in Kärnten/Österr. / Mitgl.: s. 90 Kü.-verein in Ammerbuch/ Thür., 94 Gruppe Rheda-Wiedenbrück u. ab 97 „Gruppe 13" – Herzebrock-Clarholz / Ausst. u. a. in Clarholz/Rheda-Wiedenbrück/Tübingen (lfd. m. Gruppen), 2001- Bielefeld/OWL (Archiv), 02 Gütersloh (Kreishaus), 03 Bielefeld/Warburg (Q-Tour), 04 Herzebrock (Off. Atelier) / **Lit.: 191b-**04 + **192-**01+03

Sänger, Ralf (F) / 1958 Bochum- / lebt (2003) in Unna / Stud. Univ.-Bochum (Dipl.-Geogr) / Weiterb.-Fotogr. 81 Univ.-Bochum, 84 VHS-Holzwickede / Ausz.-gen: 86/87/90/92-94 in Macon-Frankr./Gelsenkirchen/2xUnna u. v. „DVF" / s. 85 Lehrt. VHS-Dortmund/Essen/Fröndenberg/Unna u. Ltg. v. Workshops/Exkursionen / 83 Mitgl. Kv.-„Mendener Bauhütte", Gr. „Foto/Video" u. 84 „Foto-Club"-Unna / Ausst. u. a. 1985 Haltern, 86/87/92-94 Unna, 86 Gelsenkirchen, 89 Iserlohn (Treppengal), 90 Siegen, 91 Kamen (Mus), 98-2003 Bergkamen (Forum Ökol.-station), 99-02 Bönen/Fröndenberg/Holzwickede/2xLünen/Dortmund-Hörde/Menden, 2000 Würzburg, 2002 Ploumanac'h-Bretagne / **Lit.:** R. S.(Fotogr.) in „Skulpturen in Unna – Kunst im öffentl. Raum" – Unna, 1992; R. S.: „Bäume – Wunderbare Wesen im Kreis Unna – 1998; R. S.: 11 Fotoklappkarten – 1998; R. S.(Fotogr.) in „Grüne Route – mit dem Fahrrad ..." – Kr. Unna, 2000; R. S.: „Granite" – La Côte de Granite Rose – deutsch/franz/ engl. – 2001 + s. 89 Beiträge in Fachzeitschriften

Safronova, Yevgenia (Yewgenia) (O/I) / 1977 Dnepropetrowsk/Ukraine- / lebt (2005) in MS / Stud.-MS ab 99 Akad. / 01 Stip. Akad.-MS f. Jerusalem / Ausst. u. a. 2003 MS (Erdgas), 04 MS (Wewerka Pav), 05 Lüdinghausen (Burg Vischering), Moers (Peschkenhaus) / **Lit.: 18-**04 + **19-**05 + **64x-**05 + **183-**3

Sager, Wolf (A/Dipl.-Ing) / * 1944 – / lebt (2002) in Lüdenscheid u. Holzwickede / Büro: „Sager . Kosel . Sozietät"-Lüdenscheid, u. a. Werke ebd. / Mitgl.-„BDA" / **Lit.: 197-**01

Sagerer, Wolfgang (Industriedes) / * 1946 – / lebt (83) in Niederwerth u. (89/2002) in Sundern / Bauzeichnerausb., Autodidakt als Ind.-Designer / ab 66 in mehreren Firmen tätig, s. 82 Sundern (Metallwarenfabrikation) / Design-Ausz.-gen / **Lit.: 205-**94(erw.) + **205a-**83+89

Sahlmueller, Jutta (F) / * 1958 – / lebt (2001) in Bielefeld / Fotogr.-ausb., s. 91 selbst. / Mitgl. Gr.-„OCTA"-Bielefeld (dort Lit.!) / Ausst. = OWL

Saitner (A) / lebt (2000) in Dortmund / Zus.-arb. m. Büros: „Klippel/Kurtz/Kleihues/Post/Scheiding/Wachten/Zlonicky"-Dortmund / Werke in Dortmund (u. a. Technologiepark/Sporthalle) / **Lit.: 197b-**84+99

Salewski, Damaris (O/I) / 1978 Wipperfürth- / lebt (2006) in MS / 98-99 Stud. Bergische-Kunstschule, 99-05 Akad.-MS, 03 Meisterschülerin u. 03 Gaststud. Akad.-München / Ausst. u. a. 2000 Siegburg (Mus), 01/04 MS (Gast: Atelier-Hawerkamp), 02 Dortmund (Künstlerhaus), 03 Schöppingen (Feuerstiege), München (Akad), 04 Oberhausen (Kv), Herford (MARTa-Lounge), MS (Erlöserkirche), Istanbul-Türkei (Mus), 05 Köln-Brühl (Rathaus), MS (Halle Speicher II/Raum f. a. K. = Wolbeckerstr. 59), Dordrecht-NL, 06 MS (Wewerka-Pavillon), Essen (Kunsthaus) / **Lit.: 18-**(06) + **218-**02+03 + **229a-**04 + **231a+b+c** + **253**

Saller, Traudl (M/G/Ill) / 1964 Stuttgart- / lebt s. 2000 in MS / nach Jugendzeit in Emmerting u.

Altötting/Obb.: Stud.-München 85-91 HfBK / s. 91 freisch., ab 93 in Düsseldorf, 99-2000 Weiterb.-Essen „media-colleg“ (Multimedia), 2000 Praktikum b. Conn. Telekom AG-MS, danach dort Art Direktorin, 01 freisch. / Ausst. u. a. in Burghausen (Liebenweinturm), 1992 München (Kunstpuplik), 93/99 Borken (Grafikbörse)

Salomon, Andreas (M/B/O/Materialb.-k) / 1961 Bochum- / lebt (2005) im Ruhrgebiet (Bochum?) / Stud.: Biol/Geogr/Sonderpäd. / s. 95 Bilder u. Plastiken / Lehrt. / Ausst. u. a. 2000 Witten-Herbede/Bochum/Ludwigshafen, 01/02 Bochum (Uni-Center/Gal. d. f. Art/Gal.-Kunstgerecht /City Point), 01/02 Dormagen (Gal.-Kunststück/Praxis), 01 Altlussheim (Rheinfrankenhalle), 02 Gelsenkirchen (Marienhospital), 03 Herne (Optik ...), Dortmund (Ober-GmbH), + Internet

Salzmann, Peter (F) / 1945 Preuss. Eylau/Ostpr.- / lebt (2005) in Greven / Autodidakt, s. 99 freisch. / Ausst. u. a. in Mannheim/Münster/Saerbeck/Greven, 2001-03 Tecklenburg (Heimathaus), 04 H.-Gravenhorst (Kloster) / **Lit.: 69-**01...04

Samek, Tomasz (Tom Sam) (F/M) / 1957 Krakau/Polen- / lebt (2006) in MS / NEU: ab 7/04 Atelier am Hafen Speicher II – MS / (Biografie in Beilage: CD-Ausgabe 2006)

Sammartino, Jule (M/Z/B/I/F/Videok) / 1952 Siegen- / lebt (2004) in Siegen / 68-71 Weiterb. Malschule „Meier-Lippe“, 71-74 Stud. Univ.-Siegen (Kunst/Germ/Geschichte) / s. 74 Beteil. an Workshops u. ab 87 Multi Media Events / Ausst.-gen in Südwestf. / **Lit.: 110c-**04

Samson, Rainer (Industriedes) / 1952 Münster- / lebt (2004) in MS / Stud.-MS 72-77 FHD (Prod.-des) / ab 82 eig. Büro „Samson Industrieform“ / s. 83 Lehrt. FHD-MS u. ab 94 dazu Enschede-NL (Hoogeschool) / 89 Ausz. „Industrie-Forum-Des.“-Hannover / **Lit.: 15a** (S. 96/106) + **205-**97 + **205a-**01 + In: „IF design award 2003“ – Hannover

Sandbaumhüter, Dirk (G/D/M) / 1978 Münster- / lebt (2005) in MS / Stud. FHD-MS / Ausst. u. a. 2002-05 MS (Off. Atelier)

Sander, Wilhelm (Industr.- u. Grafik-Des) / lebt (1989/2002) in Siegen / Büro: „Nutzwert-Design“-Siegen / für viele Firmen in Deutschl. tätig / **Lit.: 205-**94+97(2x erw.) + **205a-**89

Sanders, Birgit (F/O/I/Innenarch) / * 1961 – / lebt (2006) in Detmold / Mitgl. Gr.-KunstPunkt“-Blomberg u. ab 04 Gr.-„pickArt“-Detmold / Ausst. u. a. 2004 Blomberg (Kunstmauer), Detmold (Klinikum-Lippe), 05 Lemgo (Hexenbürgerm.-haus), 05/06 Detmold (Paulinenstr. 54)

Sanders, Georg (Khw/Intarsienk) / 1912 Marienburg/Westpr.- / lebt (97) in Soest / Werke s. 63 / Ausst. u. a. 1977-97 Telgte (Mus) / **Lit.: 185-**77...91+95...97

Sandhaus, Bettina (M/Z/B) / 1970 Fürstenau- / lebt (2006) in Steinfurt / 87-90 Raumausstatterinausb., Stud.-Ottersberg 93-97 FH f. Kunst u. Kunsttherapie (Kunst/Bildh/Päd) / s. 05 Mitgl. Gr.-„Welbergener Kreis“ / Ausst. s. 1995 u. a. in Lochem/Barchem-NL/Danzig-Polen/Bremen/Gescher, 2002 Steinfurt (Off. Atelier), 02-04 Reinbek (Schloss), 03 Ahaus (Villa van Delden), Tecklenburg (Heimathaus), 04 Liesborn (Mus), 05 Eggerode (St. Mariä Geburt), H.-Gravenhorst (Kloster), Meschede (Hof Visbeck), 06 Emsdetten (Gal.-MS-land) / **Lit.: 52-**05 + **69-**03 + **237-**03+05

Sandhop, Melita s. Plange, Melita

Sandkötter, Christoph (G/D) / * 1962 – / lebt (98) in Rheine / 82-85 Werbetechnikerausb., Stud.-Enchede-NL 85-90 Akad. / ab 87 selbst. = „NEXT Werbeagentur“, 93/94 Lehrt. FH-MS / 92-96 = 6 Ausz.-gen / Beteil.: 95 Sympos. Rheine-Bentlage (Kloster) / **Lit.: 121** + **205-**97

Sandmann, Hubert (A/B/I/Video- u. Filmk) / 1960 Gelsenkirchen-Buer- / lebt (2006) in Essen / 81-88 Stud. Univ./GH-Essen u. Akad.-Düsseldorf (Archit) / Lehrt.: 90/91/95 Sommerakad., 93-99 TU-Graz u. versch. Orte 95-01 / s. 97 Install.-en im öff. Raum mit Miriam **G**iessler – Essen (* 1960 Essen) / Ausst. u. a. 1997 V.-Langenberg (Kunsthaus), 2000 Essen (Off. Atelier), 03/05 Essen (Kunsthaus), 04 Lüdenscheid (Lichtrouten), 05 Marl (Mus), 06 München (Kultfabrik), Essen (Forum f. Kunst&Architektur), 07 (gepl.) Essen-Werden (Brehminsel) / **Lit.: 125g-**04 + **261**

Sandmann, Margret (auch: Sandmann-Schulte, M.) (M/B/Produktdes) / 1949 Ochtrup-Welbergen- / lebt (2005) in MS u. Ochtrup-Welbergen / Stud.-MS 80-83 (Akad) u. 83-88 FHD (Produkt-Des) / 89-01 Lehrt., ab 01 freisch. / Ausst. u. a. in Münster, Hagen (Mus), Lüdinghausen (Burg Lüdinghausen), 1994 Poperinge/Brügge/Sluis-Westflandern, 98/2003 Ochtrup-Welbergen (Alte Kirche), 2001/02/05 Ochtrup (Off. Atelier), 03 Steinfurt (Kreissparkasse), MS (Hospiz/Off. Atelier), Burg Lüdinghausen, 04 Telgte (Kornbrennereimus), MS (Dominikanerkirche/Kirchen-Foyer-Lamberti), Ochtrup (Sparkasse) / **Lit.: 35a** + **237-**03

Sangiorgio-Feddern, Gracia Maria (Khw=Batik) / NEU: 1942 Livorno/Italien- / lebt (2002) in

San Boronto/Italien / Stud. Kunstschulen Pistoia u. Florenz / kam in den 60er Jahren nach Gelsenkirchen / (Biografie in Beilage: CD-Ausgabe 2006)

Sani, Maroan el s. bei Fischer, Nina

Santos, Paulo dos (Foto- u. Filmdes) / 1962 Lissabon-Portugal- / lebt (2002) in Bad Soden / Stud. FHD-Bielefeld / Ausst. u. a. 1991 Herford (D.-Pöppelmann-Haus), 99 Borgholzhausen, Bielefeld (Gal.-artists unlimited/Off. Atelier) / **Lit.: 114d** + **152**-99

Sarbach, Jörg (F/D) / 1965 Kamen- / lebt (2005) in Bremen / 84-90 fr. Fotogr. u. a. am „Hellweger Anzeiger", 90-92 Fotoredakteur „Westf. Rundschau", 89-94 Stud. FHD-Dortmund / s. 92 freisch. in Bremen, ab 95 für „AP" tätig / Ausst. u. a. 1989 Herne (Flottm.-Hallen) / **Lit.: 142x**-89

Sarbach, Volker (F) / 1956 Dortmund- / lebt (2005) in Geesthacht/Schlesw.-Holst. / Berufsausb., s. 81 in Norddeutschl. journalistisch tätig / Ausst. u. a. im Internet

Saro, Wolfram-Eberhard (B/O/G) / 1925 Hagen- / lebt um 1988 in Ratingen u. um 99 in Worpswede / ab 69 künstl. tätig / Ausst. s. 1975, u. a. 1988 Worpswede (Gal.-Bollhagen), 99 Soest (W.-Morgner-Haus), + N/INT / **Lit.: 100b**

Sarrazin, Mechthild (B/M/Z) / 3. 4. 1920 Gut Parchau/Kr. Karthaus-Westpr.- / NEU: lebt bis 45 in Zandersdorf/Kr. Konitz, nach 45 im westf. Ruhrgebiet / 35-37 Weiterb. im Altenberger Stift (Zeichnen/Bildh), 40-43 Stud.-Univ.-n Freiburg/Innsbruck (Zool/Botnik/Geol), 64-78 künstl. Ausb.-Wanne-Eickel (Waldorfschule), 70-80 Lehrt., 79-83 Weiterb. b. Edith Witzel (Insel Marl) u. in Dorsten b. Holger Schmidt (Duisburg) / Ausst. u. a. 1991/2001 Recklinghausen (Sparkasse), 95 MS (Span.-Zentrum), 95/99/04 MS-Wolbeck (Drostenhof), 99 Weimar (Gal. im Cranach-Haus), 2000-03 Atelier, 01/03 Recklinghausen (Gal.-Vest/Gal.-Holtschulte) / **Lit.:** M. S.: „Raum und Grenze" – Skulpturen und Aquarelle – Verl.-Laumann – Dülmen, 2003

Sarrazin, Norbert (F) / * 1950 – / lebt (2006) in Bochum / Stud.-Univ. (Germ/Phil) u. FHD-Dortmund (Foto/Filmdes) / s. 79 Lehrt. Mus.-Zentrum Univ.-Bochum (Foto/Film) u. ab 80 Mitarbeiter Landesarb.-sgem. „Fotografie u. Film NRW e.V." / zahlr. Ausst.-en / **Lit.:** Felix Freier/ N. S.: „Fotos ° Selbst entwickeln, selbst vergrössern" – DuMont-Verlag, 1985-2000 (Aufl.-n)

Sarter, Gabriele (Gabi) (M) / 1958 Düsseldorf- / lebt (2005) in Havixbeck / s. 95 künstl. tätig, ab 01 Ltg. von Kunstarbeitsgemeinsch.-en Gesamtschule Havixbeck / Mitgl. Gr.-„5.73.99"-Nottuln / Ausst. u. a. 1998 Coesfeld (Sparkasse), 2001/03 MS (Neues Forum f. Kunst/Landgericht) / **Lit.:** In: „5" – Eigenverlag-Nottuln, 2004

Sartisson, Monika (M) / 1940 Münster- / lebt (2005) in Borken / Stud. PH-MS u. Weiterb.-seminare / Mitgl. Gr.-„Kim"-Borken / Ausst. u. a. in Borken/Bocholt/Oeding/Raesfeld/Stadtlohn/ Soest, 2005 Borken (Stadtmuseum) / **Lit.: 141a**

Sasse (B) = Westf. Künstlerfamilie mit Werkstatt in Attendorn um 1670 – 1780 / NEU: bek. sind Johann (s. unten), Johann Adolf und Peter Sasse / Werke u. a. in Süd- u. Ostwestfalen / **Lit.:** W.H./G.D. + **173**(S. 142/230) // **Johann** (B) / * um 1640 Attendorn – nachweisbar bis um 1714 / Arbeiten von (um) 1670-1700 bek. / Werke in Fritzlar u. Süd- u. Ostwestfalen / **Lit.:** E.H.(erw.) + **24**-29 + In: F. Matzner/U. Schulze: „Barock in Westfalen" – Ein Reiseführer – Ardey-Verl.-MS, 1995

Sasse, Jörg (Prof) (F) / 1962 Bad Salzuflen- / lebt (2006) in Düsseldorf / Stud.-Düsseldorf 82-88 Akad., Meisterschüler / Stip.: 86 Akad.-Düsseldorf, 88 Kunstfond-Bonn, 94 P. Mertes, 96 Förder-Pr. v. „DK", 97 Studienaufenth. In Venedig / 88/89 Lehrt. Akad.-Düsseldorf u. 93/94 Merz-Akad.-Stuttgart, s. 03 Prof. Univ.-Duisburg-Essen / Ausst. u. a. 1996 Köln/MS (Kv.-e), 2000 Frankf./M. (Gal.-Tolksdorf), 01 Bremen (Kv), 02 Leipzig (Mus), 03 Köln (Messe), New York (Guggenheim-Mus), Frankf.-M. (Städel.-Mus), Mailand (de Carlo), 04 Buenos Aires (Mus), Zürich (Mai 36-Gal), 04/05 Berlin (Gal.-Tolksdorf), 05 Grenoble-Fr. (Mus), Berlin (Deutsche Börse), Bonn (Kunstmuseum), Altkirch/Frankf.-M./München/London, 06 Essen (GAM), Amsterdam (Haus Marsseille), Hannover (Kv), Vigo (Mus) / **Lit.: 26a**-05 + „J. S." – Ausst.-kat. – Kunsthalle-Bremen, 2001; In: „Kunst aktuell" – 9/2001 – S. 39 – Kunstmagazin; In: „Malerei ohne Malerei" – Ausst.-kat. – Mus. Bild. Künste Leipzig, 2002; In: „Tabelaus und Skizzen" – Schirmer/Mosel-Verlag, 2004/05

Sasse, Johannes (M) / 1932 Bielefeld- / lebt (2005) in Halle/W. / Autodidakt / Ausst. u. a. Halle-W./Nordenham/Ruhwarden, 2003/04 Halle/W. (Gal.-Otterpohl/Bachtage) / **Lit.: 152b**-03

Sasse, Wilm (Heinrich Wilhelm) / (Produkt-Des/B) / 1947 Rheda-Wiedenbrück- / lebt (2005) in Rheda-Wiedenbrück / Stud.-Essen 70-72 Folkwangsch. (Bildh) u. ab 73 FH-Dortmund / als

Designer für L. Colani tätig / Werke u. a. in Oberhausen = 1. Pr. u. Ausführ. / **Lit.**: **203a** + **205z**-96(=red dot award – Essen, „Sasse & Zagatta“ – Bielefeld(?) + **213**-80(H. Sasse)

Sassenberg, Ullrich (F) / 1951 Witten- / lebt (2005) in Witten / Autodidakt, Fotografie s. 78 / zahlr. Fotopreise, u. a. 2000 Pr. Kunst- u. Kulturfonds Witten / s. 86 Mitgl. „Wittener KB“ / Ausst. u. a. in Volmarstein/Wetter, 1986/87/89/2001 Witten (Saalbau/Bank/Parkgal/Diakonissenhaus), ab 86- Witten (WKB: u. a.-Haus Herbede), 89 Barking-GB / **Lit.**: **144x**-87+05 + In: „Freiräume“ – Religionsbuch für berufsbildende Schulen – Verlag Cornelsen-Berlin, 1993

Sassenroth, Peter (A/Dipl.-Ing) / 1999-2000 Zus.-arbeit im Büro: „Prof. Hubert Krawinkel u. Partner“ in Paderborn / **Lit.**: **197**-01(erw. b. H. Krawinkel)

Sattler, Brigitte (Khw) / 1943 Braunschweig- / lebt (2004) in Siegen / s. 90 Seidenmalerei, u. a. Gestaltung v. liturg. Gewändern, Bildern, Tücher / Ausst.-gen in Südwestf. / **Lit.**: **110c**-04

Sattler, Christoph (A) s. Hilmer, Heinz

Sauer, Christina (G/D/Ill) / 1976 Osnabrück- / lebt (2006) in Tecklenburg / NEU: 95-96 Praktik. Werbeatel.-Greven u. Stud.-MS 97-2/02 FHD (Grafik/Ill) / 99/2000 Exkursionen Druckwerkst.-Kloster Rheine-Bentlage (05 dort Beteil. Intern. Sommerwerkst) + 01 Univ.-Istanbul-Türkei, 2000 = Kunstwettbew.-Pr. Georgsmarienhütte, 01 Stip. „Aldegr.-Ges.“-MS f. Lofoten/ Norw., 06 Beteil./Lehrt. Workshop Rheine-Bentlage / (Biogr. in Beilage: CD-Ausgabe 2006)

Sauer, Friedgard (M) / 1935 Kellinghusen/Schl.-Holstein- / lebt 95-2000 in Iserlohn, ab 2000 in Telgte / Ausb.: 85/86 Malschule „Hagenring“-Hagen, ab 86 Gast Univ.-Dortmund (Kunst) / Ausst. u. a. 2004 MS (Univ. = Schloss)

Sauer, Fritz (M) / 4. 5. 1917 Hemer – 6. 2. 1957 ebd. / Malerlehre-Soest, Stud. Akad.-Düsseldorf / Mitbegr. 46-50 „Künstlerring“-Hemer / Ausst. u. a. 1994 Hemer (Felsenmeer-Mus) / **Lit.**: **242**

Sauer, Holger (früher: Neu, Holger) (M/I/Videok/Video-Inst.-k) / 1959 Bielefeld- / lebt (2003) in Bielefeld / Stud.-Kunstpäd. / Video- u. Kurzfilm-Wettbew.-preise, eig. Galerie in Bielefeld / Ausst./Auff. u. a. in Bielefeld, 2005 Detmold (Kaiserhof) / **Lit.**: **133**-94Anh. + **134a**-05 + **152**-92...95+03

Sauer, Michel (Michael) (Prof) (B/O/M/G/F) / 1949 Titisee-Neustadt/Schwarzwald- / lebt (2002) in Siegen u. Düsseldorf / 70-73 Stud. HfBK-Karlsruhe / Lehrt.: 77 GH-Essen, 89 Gast Univ.-Lagos/Nigeria, 92-94 Gast Univ.-Edinburgh-Schottl., s. 94 Prof. Univ./GH-Siegen / 72 Kunst-Pr. Recklinghausen, 76 Förder-Pr. NRW, 77 Förder-Pr. Düsseldorf, 78 BDI-Stip., 80 Stip. Villa-Massimo Rom, 84 Stip. Kunstfonds-Bonn, 94 Villa Romana-Pr. Florenz / Ausst. u. a. 2002 Lüdenscheid (Mus), + N/INT / **Lit.**: **4**-Düsseldorf + **46**-72 + **79** + **125e** + **125f**-89 + **148**-73 + **160** + In: „Über Fotografie“ – Ausst.-kat. – Westf.-Kv.-MS, 1977; In: „Aspekte ‘97“ – Aspekte des Faches Kunst a. d. Univ./GH Siegen, 1997

Sauer, Siegfried (Orgelbaumeister) / 1941 Langenöb/Schlesien- / lebt (2005) in Höxter-Ottbergen / Ausb. in Deutschl./Schweiz, übernahm später die Firma Stegerhoff/Steinheim u. errichtete in Höxter-Ottbergen eine neue Werkstatt, 73 wird er Nachfolger der Firma (Feith)“Veith-Eggert“-Paderborn, s. 99 neues Unternehmen in alter Tradition „Westf. Orgelbau S. Sauer“ / über 300 Instrumente in N = u. a.: Paderborner Dom, Stadthalle Wuppertal, Dortmund/Brakel/ Coesfeld/Davensberg/Hamburg/Staatz-Öst./usw. / **Lit.**: **146c** (erw. b. Eggert+Feith) + Internet

Sauer-Wieth, Irmingard (geb. Wiethüchter) s. Wiethüchter, Gustav

Sauerland, Heinz (M/G) / NEU: 1929 Breitenbach/Eichsfeld – 2005 Bochum / lebte s. 55 in Bochum / (Biografie in Beilage: CD-Ausgabe 2006)

Sauerland, Josef (M/G/B) / NEU: 13. 1. 1922 Warburg – 30. 10. 1991 ebd. / Sohn des Bildh.-s Christian S. / Stud.-Essen 38-45 Folkwangsch. (M/Wandmalerei) u. Hamburg 53/54 HfBK / Werke u. a. in Kassel / Ausst. u. a. 1997 Warburg (Mus) / **Lit.**: **1**-5 + **146c** + In: „Kunst im öffentl. Raum : Kassel 1950-1991“ – Hg.: Stadt Kassel, 1991

Sauerwald, Barbara (K/M/Z) / * 1961 – / lebt (2003) in Soest / Stud.-Landshut 81-83 Keramikfachsch., 83 Praktikum u. eig. Werkst., 84-2001 Weiterb.-Seminare Malen/Zeichnen/Keramik / s. 01 Mitgl. Verein-„Kunst-Praxis“-Soest b. Sus. Lüftner, ab 02 Kunsttherap.-ausb. in MS / Ausst. u. a. in Soest / **Lit.**: In: „Kunst-Praxis“ – Programmheft – Soest, 2002

Saul, Sabitha (F/Perf.-k) / 1978 Kolhapur/Indien- / lebt (2004) in Dortmund / ab 99 Stud. FH-Dortmund (Vis. Komm/Fotodes) / s. 01 Mitgl. Gr.-Kunstraum“-Ennepetal / Ausst. u. a. 2001 Ennepetal (Perform.: Kluterthöhle), 02/03 Schwelm (Haus Martfeld/Kreishaus), 02 Hattingen (Henrichshütte/Stahlwerk), Coesfeld (Kolp.-Bild.-stätte), Villevorde-Belg., Sendenhorst (Haus Siekmann), Witten (Saalbau), Nottingham-GB (Surface-Gal) / **Lit.**: **211**-02

Sawa, Hanna (M) / 1952 Bottrop- / lebt (85) in Filderstadt / Ausst. u. a. 1983/84 München (Haus der Kunst) / **Lit.: 107a**-83+84

Schaad, Michael (F) / * 1955 – / lebt (2001) in Hattingen / Ausst. u. a. 2000 Essen (Zeche Zollverein) / **Lit.: 204**

Schaarschmidt, Boris (Film- u. Videok) / 1972 Düsseldorf- / lebt (2005) in Erkrath / zuerst tätig in der Filmindustrie, dann Stud.-Dortmund 97-04 FHD / bis 05 = 15 Film-Awards, 05 DAAD-Stip. f. Los Angeles u. „Panther"-Pr. München / s. 99 = 12 Filme, 04 Gründung der „Heavy B Produktion" = (Michaela)"Ullmann & Schaarschmidt" – Erkrath / Auff.-en in über 100 Filmfestivals in N/INT, u. a. 2003 Dortmund (FHD), 04 Ebensee/Houston/San Francisco-USA, 05 Detmold (Kaiserhof) / **Lit.: 134a**-05 + **203**-03 + **203h**-05

Schack, Martin (Filmk) / lebt (1993) in Dortmund / s. 91 eig. Filme (92 m. Michael Schreiner) / Auff. u. a. 1992 in MS / **Lit.: 196**-92

Schadek, Klaus (Goldschm./Schmuckgest) / lebt (2002) in Gelsenkirchen-Buer / Mitbegr. u. 76-79 Mitgl./Ausst.-gen in Gr.-„werkstatt"-Gelsenkirchen-Buer / **Lit.: 212**-(76)

Schadek, Michael (Goldschm.-meister/Gest) / lebt (2002) in Gelsenkirchen-Buer / Mitbegr. u. 76-79 Mitgl./Ausst.-gen in Gr.-„werkstatt"-Gelsenkirchen-Buer / **Lit.: 212**-(76)

Schäck, Almuth (M/Z) / 1955 Castrop-Rauxel- / lebt (2006) in Paderborn / Stud.-Bonn 73-81 Univ. (Chemie/Biol/Päd) u. Paderborn 84-89 Univ./GH (Kunst), 92/93 Lehrt.-Detmold, 93 = 2. Staatsexamen, Lehrt. / Ausst. u. a. 1987 Delbrück-Nordhagen, 88/90/91/94/2000 Paderborn (Schloss Neuhaus/Zentr. Warburg/Paderhalle/Gal.-Z/Studentenwerk), 90 Hamm (Gymnasium), 96/97 Paderborn (Off. Atelier), 99/2001 Bielefeld (Gal.-Zweichlingen/Technol.-Zentr), 01-Bielefeld/OWL (Archiv) / **Lit.: 192**-01

Schäfer – Töpfer- u. Keramikerfamilie in Telgte = s. **S**chäfer, Paul-Adolf + **S**chäfer, Annerose (Paul + Lisa + Rembert = siehe b. Paul-Adolf Sch. erw.) / Ausst. u. a. 1935 MS (Gal.-Clasing)

Schäfer, Angelika M. (T/O) / 1956 Siegen- / lebt s. 87 in Iserlohn / Stud.-Siegen 74-76 Fachsch. f. Weben u. Gest. / ab 77 eig. Webwerkst., 78-85 Lehrt.-Siegen/Kr. Wittgenstein / Mitbegr. u. 93-96 Mitgl. „Intervall"-Artothek in Iserlohn, 94-98 Vors. Jugendkunstsch.-Iserlohn / Ausst. s. 1982, u. a. 84 Freudenberg/Köln, 85 Siegen (Mus), 85/92 Dortmund, 91 Wesel (manu factum), 92 Schwäb Gmünd/Köln, 93 Düsseldorf (manu factum), 94 Liesborn (Mus), 95 Unna (Schloss Opherdicke), 96 Hagen (Schloss Herdringen), 99 Siegen (Mus), 02 Ennepetal (Kluterthöhle), 03 Hemer-Becke (KEUCO-Center) / **Lit.: 48x**-91+93 + **209**-02

Schäfer, Annerose (K) / 1965 Telgte- / lebt (2003) in Telgte / Keramikmeisterin / Ausst. u. a. 1986/89/95/2000/02 Telgte (Mus) / **Lit.: 185**-86+89+95+2000+02

Schaefer, Carl Hermann s. Karl Hermann

Schäfer, Dorothee (B/O) / 1964 Berlin- / lebt s. 94 in Bochum / nach Jugend- u. Schulzeit in Bo.-Wattenscheid u. Ausb. 85-88 Steinmetzin/Steinb.-hauerin, Umzug 90 nach Mittelnau/Hessen, 94 Bochum / ab 89 freisch., Atelier in Wattenscheid / s. 11/2000 Lehrt. a. d. „Freien Kunstakad. Rhein/Ruhr-Essen / Mitgl.-„BBK"-Westf.-Dortmund / Ausst. u. a. 2001 Bo.-Wattenscheid (BBK), 02 Castrop-Rauxel (Hammerkopfturm), 04 Bochum (GEA-Center) / **Lit.: 3**-01

Schäfer, Florence (F/D) / 1973 Wuppertal- / lebt (2005) in Dortmund / Stud.-Düsseldorf 95/96 Akad. u. Dortmund 96-um 02/03 FHD / 99 Kodak-Förder-Pr., 2000 Reinhart-Wolf-Pr. / Ausst. u. a. 1999 Herten (Fototage), 2000 Hamburg (Mus. f. K. u. G.), Essen (Kunsthaus), Braunschweig (HfBK), Dortmund (Petrikirche), 01 Frankf.-M. (Buchmesse), 03 Düsseldorf (Kunstraum) / **Lit.: 189**(S. 140)

Schäfer, Helmut (G/D/M) / NEU: 1920 Witten – 1998 Recklinghausen / ab 34 Malerausb.-Witten, 40 Kriegsdienst, Verwundung, 44+47-50 Grafik-Stud. Wksch-Dortmund / 53 Stip. Aldegr.-Ges.-Soest / ab 50 freisch., u. a. tätig in Möhnesee (Druckwerkst.-Kätelhöhn), s. 60 Grafiker bei der „Ewald-Kohle AG"-Dortmund / Werke u. a. im Westf.-Industriemus. Witten (Zeche Nachtigall) / Ausst. u. a. in Bochum, Beteil.-Wanderausst. (Schwerbesch.-Künstler), 1975 Essen (Ruhrkohlehaus), 77/83 Recklinghausen (Sparkasse/D.-Bank), 78 Hamm (Mus), 81 Witten (Horten/D.-Bank), 82 Herten (Rathaus), Düsseldorf (VEBA) / **Lit.:** u. a. **167**

Schäfer, Ingeborg (T/D) / 1946 Wiedenbrück / lebt (2001) in Kreuztal / 63-66 Marionettentheaterleitung / Stud.-Berlin 67-70 Akad. u. Berlin/Münster (Päd/Kunst/Theater) / s. 93 eig. Atelier in Kreuztal / Mitgl. „Cultura Frauenforum"-Siegen / Ausst. u. a. 1997 Kreuztal (Altes Feuerwehrh), 98 Siegen (Siegerl.-halle), 2000 Siegen (Technol.-Zentrum) / **Lit.: 110b + 187**

Schaefer, Irmhild (M) / 1948 Hattingen- / lebt (2005) in Sprockhövel / Stud.-Bochum 68-74 Univ.

(Angl/Geogr) / Weiterb.: 72-74 Mus.-Zentr. Univ.-Bochum, 94-97/99 Malkreis Kunsthaus Essen u. 04 Seminar b. Prof. Lüpertz / Mitgl./Ausst.-gen Gr.-„KünstlerBuntMultiColor“-Hattingen / Ausst. u. a. 1996/01-03/05 Sprockhövel (Sparkasse/Kulturinitiative/Frauenfest/Ev. Kirche/Bauverein), 96/99-02 Hattingen (Volksbank/“Kunstwald“-Proj.-beteil), 99 Portbail-Frankr., Bochum (Weindepot), 04 Schwelm (Kreishaus), 04/05 Hattingen (Industriemus/Stadtmus) / **Lit.: 209a**

Schaefer, Karl Hermann NEU! (auch K. H. Schaefer/Carl H.) (M/G) / lebte um 1924/30 in Hagen/W. / war Mitgl. „BDG“ u. „DWB“ / Ausst. u. a. 1928 Hagen (Stadthalle), 97-99 Bet.-Wanderausst.-Westf. / **Lit.: 8a**-28 + **34**-9,2 + **106**-(S. 94/136)

Schäfer, Paul-Adolf (K) / 1934 Telgte- / lebt (2003) in Telgte / Inhaber d. Töpferei Schäfer, 1888 in Telgte v. Töpfer „Göhrs“ (aus Bernburg/S.-Anhalt/Gründung 1822) übernommen / der Grossvater u. Vater Paul Sch. v. Paul-Adolf Sch. waren die ersten Töpfermeister, er selbst Töpferausb. u. Töpfermeister / es arbeiten außerdem z.Zt. in der Werkst.: Lisa Sch. (* 1936 Telgte), Rembert Sch. u. s.: Annerose Sch. / Werke im Mus.-Telgte / Ausst. u. a. 1975/76/86/89/90 Telgte (Mus) / **Lit.: 185**-75+76+84(Paul)+86+89+90+(86/89=auch Lisa Sch.)

Schäfer, Theo (M/Z/B) / NEU: 1927 Bochum- / lebt (2005) in Ostbevern / (Biografie in Beilage: CD-Ausgabe 2006)

Schäfer, Theo (M/Z) / 1947 Bielefeld- / lebt (2006) in Herford / (Biogr. in Beilage: CD-Ausg. 06)

Schaefer, Udo (Metallgest/O) / 1942 Frankfurt/Oder- / lebt (2002) in Bochum / Beruf: Schlossermeister, ab 83 künstl. tätig / Ausst. u. a. in Düsseldorf/Aachen/Übach-Palenberg, 1989 Witten (Saalbau), + Westf. / **Lit.: 142a**

Schäfers-Rüden, Wilhelm (als Autor: Wilhelm Schäfers) (M/G/D) / 1947 Brilon- / lebt (2005) in Paderborn / Jugendzeit = Bistum Paderborn, Stud.-Kassel 64-69 Wksch (Grafik-Des), 71-73 in Hamburg u. Düsseldorf tätig, 72 Ibiza u. Berlin, Stud.-Düsseldorf 73-79 Akad. (Kunst/Kunstg) / 87 Mitbegr. Gr.-„ZIVIL“ / Ausst. u. a. in Düsseldorf, + NRW / **Lit.: 27**-3 + **79a** (als Autor)

Schaeffer, Karin s. Ahlert, Karin

Schäper, Walter (M) / 1921 Marl- / lebt (2005) in Marl / 34 Jahre im Bergbau tätig, s. 70 Malerei, Autodidakt / 76 Pr. Gewerksch.-kongress Dortmund, 79 = 1. Pr. Salon des Beaux Arts Creil-Frankr., 79-82 Ausz.-gen u. 83 Sonder-Pr. Gal.-Eisenmann Böblingen, 91 Pr. Stadt Duisburg / Ausst. u. a. 1973/76-78 Marl (Insel), 74-77 Gelsenkirchen (u. a. Mus/Revierpark-Nienhausen), 75 Brüssel, 76 Düsseldorf/Herten/Dortmund, 76/77 Beteil.-Wanderausst.-u. a.: Essen/Metz/Lille/Nancy-Fr., **usw.** 77-91 u. a. in Creil/Nizza-Frankr./Wien/Podersdorf-Österr./Seefeld-Tirol/Velden-Wörthersee/Brüssel-Belg./ Valencia-Sp., 92-2002 Marl (Insel/Haus der Begegnung/Rathaus/Alte Markenkontrolle), 95 Köln (Gal.-Kühn), 2000 Bitterfeld (Altes Rathaus) / von 73-2002 = über 120 Ausst.-gen in N+INT / **Lit.: 27**-1 + In: „Was wir besonders lieben“ – Ausst.-kat. – Kolvenburg-Billerbeck, 1978; In Katalogen der Galerie Eisenmann –Böblingen, 1979/83; In: „Naive Kunst“ – Altstadtgal.-Wien, 1979; In: „Musee Intern. d’Art Naiv“ – Nice/Frankr., 1984; In: A.-A. Ziese: „Zeitkunst“ – artefactum-Verl., 1985

Schäpers, Veronika (F/Papier- u. Buchobj.-k) / 1969 Coesfeld- / lebt s. 97 in Tokio/Japan u. z. Zt. in Gescher / Stud.-Hochsch. f. Kunst u. Design – Burg Giebichenstein-Halle/S. / Stip. f. Paper Nao – Tokio-Japan, 97 Förder-Pr. Ahrenshoop, um 03 Stip. für Centro bel Libro – Ascona-Schweiz, 05 Staats-Pr. NRW / Ausst. u. a. in Ascona-Schweiz/Tokio-Japan, 2003 Dortmund (manu factum) 05 Düsseldorf (Gal.-Mergemeier), Reutlingen (Stadtbibl), Zons (manu factum) / **Lit.: 48x**-03+05

Schaetz, Robert (M/D/Bühnengest) / 1962 Recklinghausen- / lebt 84-02 in Belgien u. s. 02 in Borken / nach Jugendzeit in Borken: Stud. Univ.-Berlin (Ethnol) u. Akad.-Gent/Belgien / Museums- u. Bühnengest. in Belgien u. Luxenburg, ab 06 Lehrt. im Ruhrgebiet / Ausst. u. a. in Belgien/Luxenburg, 2004 Xanten, Duisburg (Cubus-Kunsthalle), 05 Borken (Kv)

Schaffranek, Christoph (A/Dipl.-Ing) / * in Bielefeld / lebt (2002) in Düsseldorf / s. 89 Büro in Düsseldorf: „Triade Architekten“, m. Prof. Dierk v. d. Hövel, Werner Heuing, Prof. Ulf Profe-Bracht u. Ch. Schr. / Werke u. a. in Koblenz/Island/Luxemburg u. NRW / **Lit.: 197**-01 + In: „Architekten Almanach Düsseldorf“ – Wuppertal, 1997

Schaffrath, Ludwig (Prof) (M/B/Wand- Glas- u. Mosaikgest) / 13. 7. 1924 Alsdorf b. Aachen- / lebt (2000) in Alsdorf-Ofden / 46-47 Ausb. Nienborg-Heek Wksch f. christl. Kunst, 47-54 Assist./Mitarb. b. Prof. A. Wendling in Aachen, war ab 55 Lehrt. in GB/USA/Australien/ Japan, s. 85 Prof. Akad.-Stuttgart / Mitgl. „DKB“ / Werke in NRW / Ausst. = N/INT / **Lit.: 1**-2 + **25**-4

+ **195** + **112d** (S. 16) + **219a** + „L. Sch." – Ausst.-kat. – Mus.-Witten, 1968; In: „Kunsthandwerk in NRW" – Ausst.-kat. – AdK-NRW im Mus-Bochum, 1969; In: „Ars Sacra 75" – Ausst.-kat. – Köln, 1975; In: „Lichtblicke" – Ausst.-kat. – Deutsches Glasmalerei-Mus.-Linnich, 1997

Schaffrien, Antonia (M/G/K) / 1943 Hemer- / lebt (2005) in MS / Dipl.-Sozialpäd.-in/Lehrt. / Weiterb.-Kurse b. E. Arendt, Dortmund u. A. Berning, Weissenseifen/Eifel, Kunsttherapie b. U. Stöveke, MS u. Grafik = Fernstud.-Frankf./M. Famous artist School, Lehrt.-VHS / Mitgl. Gr.-„T.U.N.-Arb.-kr. Kunst 83"-MS / Ausst. s. 1975, u. a. **s**. 2002 **G**ruppe-„T.U.N", 04 MS (ESG: Café Weltbühne) / **Lit.: 126a**

Schalk, Beate (M/O/I/Gest) / 1966 Lippstadt- / lebt (2004) in Schlangen / Stud.-Bielefeld 87-88 Berufsfachsch. f. Textil u. Bekl., 88-01 Univ./GH-Paderborn (Gesch/KunstErz.-wiss) / künstl. tätig s. 88, Plakate/Dekor.-nen/Entwürfe, Wandgest.-gen u. a. Paderborn / Ausst. u. a. 2000-Bielefeld/OWL (Archiv), 02/03 Schlangen (Atelier) / **Lit.: 101b**-02+03 + **132a**-02 + **192**-01

Schally, Johannes (A/Innenarchit/Dipl.-Ing) / 1951 Salzburg- / lebt (2000) in Wuppertal / Ausb.-Fachsch. f. Tischlerei u. Raumgest., danach in Schweden tätig / Stud.-Detmold 71-74 Archit./ Innenarchit. / s. 79 selbst. in Wuppertal / **Lit.: 216** + In: „Architekten-Almanach Wuppertal" – 1997

Schamoni, Peter (Film- u. Videok) (Produzent) / 1934 Berlin- / lebt (2004) in München / Bruder des Ulrich **S**ch. / Jugend- u. Schulzeit in Münster (54 Abitur) / Stud. Univ.-München (Lit/ Kunstg/Theaterwiss) / in Stuttgart u. München Theaterassistent, 1. Kurzfilm = 1. „Photokina"-Wettbew.-Pr., u. a. 66 Bundesfilm-Pr. / über 30 Spiel- u. Dokumentarfilme, dazu Videofilme (Künstlerporträts) / u. a. Beteil.-Berlin (Filmfestspiele) u. Ausst./Auff. zum 70. Geb. = 2004 Düsseldorf (Filmmuseum), Münster (Gala: Schlosstheater)

Schamoni, Ulrich (Filmk) (Autor) / 1939 Berlin – 3/1998 / Bruder des Peter **S**ch. / Jugend- u. Schulzeit in Werl u. Münster / 66 Bundesfilm-Pr. / Filme auch mit Peter Sch. / Auff. u. a. 1981 MS, + N / **Lit.: 196**-81

Schamp, Susanne (A/Dipl.-Ing/Stadtplanerin) / * 1963 – / lebt (2002) in Dortmund / Stud.-Dortmund/Barcelona/Mailand Univ.-en / ab 92 Büro: „Schamp u. Schmalöer Architektur & Städtebau"-Dortmund / Wettbew.-Preise, 93 Ruhrgebiets-Pr. f. Städtebau u. a., 94 Förder-Pr. Dortmund, 96-01 Lehrt. Univ.-Dortmund, 01 Ausz. BDA-Ruhrgebiet (Anerkenn.) / Mitgl.-„BDA" / Wettbew.-erfolge u. Werke u. a. in NRW (s. Lit.) / **Lit.: 197**-2001(m. Lit.-ang.) + **197a**-99 + **197b**-99

Schange, Friedo (B) / 1964 Warendorf- / lebt (2006) in Telgte / 81 FofG, 90-92 Fachpflegerausbild., ab 96 Praktika b. Kl. Schäfer (Telgte), J. Recker (Freckenhorst) u. R. Höft (Lemgo) / s. 2000 Ltg. der Bildh.-gruppe in „Westf.-Kl. f. Psych."-MS u. Lehrt. / Ausst. u. a. 2000/01 Telgte (Atelier Schäfer/eig. Atelier), 02 Ibbenbüren, 02/03/05 MS (Westf. Kl. f. Psych), 03 MS (Gal.-Artig), Obernkirchen (Int. Bildh.-symposion), 05 Ahlen (Fr.-Winter-Haus)

Schaper, Oliver (F) / 1961 Dortmund- / lebt (2006) in Dortmund / 79-81 Portraitfotogr.-ausb. – Lüdenscheid, 81-84 Werksfotogr. RAG-Dortmund u. 94-97 Landschaftsgärtnerausb. in Dortmund / 84-86 u. ab 04 freiberufl. Fotograf / 79/80 Fotopreise 3x Herten, 05/06 Fotowettbew.-platzierungen in N+INT, 05 Wettbew.-Pr. Westf.-Rundschau / Ausst.: 1978-80 Lüdenscheid (Fotoclub), 79/80 Herten, 80 Dortmund (Gal.-Uniewsky), 06 Gelsenkirchen (Wissensch.-park)

Scharbert, Jan Philipp (M/Wandm/Graffitik) / 1979 Haltern- / lebt (2006) in Münster / Stud. FH f. Bauing.-wesen-MS / Autodidakt, s. 94 künstl. tätig / Werke in Münster, 98/02 Amsterdam-NL, 02 Hamburg/Den Haag/Rotterdam-NL, 04 Bangkok-Thailand, Wien-Österr., Rieka/Split/ u. a.-Kroatien, Biatch-Bosn., Ljubljana-Slow., 06 Äthiopien/Ägypten-Afrika / ab 04 Galerie „Art-de-Fact" – Dülmen / Ausst. u. a. 2001/03/04/06 MS (JIB/Geol.-Paläontol.-Mus/Exbad-Grevenerstr/Roland-Theater/Stadttheater), 05 Dülmen (Art-de-Fact), + Internet

Scharf, Edmund (A/M/G/B) / NEU: 31. 8. 1896 Elberfeld – 12. 9. 1983 Münster / (Biografie in Beilage: CD-Ausgabe 2006)

Scharfe, Tatjana (M/G/D/Ill) / 1970 Halle/S.- / lebt (2006) in Telgte / Stud.-MS 2000-7/06 FHD / Ausst. u. a. Halle-S./Magdeburg/Telgte/Schweden, 2001 Münster (Gut Havichhorst) / **Lit.:** In: „Ortsgespräch" – Diplomkatalog – 7/06 – FHD-Münster

Scharfenberg, Dagmar s. in Biogr. v. **P**acholski, Michael

Scharfenort, Annette (M/B/I/Perf.-k) / 1962 Duisburg- / lebt (2005) in Mülheim/Ruhr / handwerkliche Berufsausb. u. Stud. Freie-Kunst / Lehrt.: Privatunterricht, Kunstsch.-Hopp in Düsseldorf u. „Europ. Akad. des Handwerks" Schloss Raesfeld / Ausst. u. a. in Schweiz/ Luxemburg 2001 Hagen (Frauenkunstforum), + N / **Lit.:** In: „kulturaktiv" – Mülheimer Kulturhandbuch – 1998

Scharnhorst, Gerhard (M/Z) / 1949 Bordenau/Ns.- / lebte in Soest u. Lüdenscheid, ab 2001 in Braunschweig / s. 01 Lehrt. (Braunschweig?) / (Biografie in Beilage: CD-Ausgabe 2006)

Schaub, Heinrich (A/M) / 1897 Dortmund – 1963 / weitere Daten nicht bek. / **Lit.: 98a**

Schauder, Thomas (G/D) / 1968 Wildeshausen/Nieders.- / lebt (2004) in MS / Stud.-MS 87-93 FHD / 95 Mitbegr. Ateliergem. „27b“ – MS-Münzstr., ab 98 eig. Werbebüro „Schauder's-Werbung“, Namensgeber u. kurze Zeit Mitarb. Büro „modulorbeat“-Münster / Ausst.: 1992 Frankf.-M. (Buchmesse), 97 MS (Beteil.: „Outpost“), 2004 MS (Stadthausgal/Kv) / **Lit.: 93** + **122**-92

Schauhoff, Hermann (Dr. phil) (G/M) (Autor) / NEU: 3. 6. 1896 Wunderthausen/(früher)Kr. Wittgenstein – ? / Stud. Univ.-MS (Phil) / lebt um 1922 in Bielefeld, 26 in Rotterdam, 28/29 in W.-Barmen u. 30 in Kettwig / war Lehrt. u. Mitgl. Gr.-„VWKuK“ / Ausst. = Westf. / **Lit.: 8a**-26+28… 30 + **155a** + **216** + In: Dr. H. Ossenberg: „Kunst u. Künstler Westfalens“ – S. 78 – MS, 1936

Schaukal, Verena NEU! (G/D/O/Filmk) / 1971 Münster- / lebt (2005) in Paris / Stud.-MS 94-99 FHD, Stuttgart 99-03 Akad., Gaststud. Akad.-Prag u. um 03/05 École Nat. Sup. de Beaux-Arts Paris / 04 Förder-Pr. GzFdWK“-MS / bis 05 = 4 Filme / Ausst. u. a. in 1995 Dorsten (VHS), 2001 Rheda-Wiedenbrück (Orangerie), 04 Coesfeld (Kv), 05 MS (Filmauff. in „Stadt New York“) / **Lit.: 122y** + **196**-05

Scheel, Gunda (G/Z/F) / 1940 Düsseldorf- / lebt (2006) in MS / NEU: 2. Vors. „Fr.-Hundt-Ges.“-MS / (Biografie in Beilage: CD-Ausgabe 2006)

Scheel, Udo (Prof) (M/G) / 1940 Wismar- / lebt (2006) in MS, s. 98 Atelier in Berlin / NEU: 72-05 Prof. Akad.-MS, 72-79 Rektor, 95 Prorektor, 4/03-2/05 wieder Rektor / (Biogr. in Beilage)

Scheele, Peter (A) / 1934 Berlin- / lebt (86) in Dortmund / Jugendzeit in Wiesbaden, Stud.-Darmstadt 53-57 TH u. 56 Sommerakad.-Florenz / ab 60 Büro „(Wilh.) Harde + Scheele“-Dortmund, s. 78 eig. Büro, „Ges. f. Planung im Bauwesen“ / 1. Pr. (m. Engelmann/Harnest) Krankenhaus Schloss Werneck, 2. Pr. (m. Frönspert) Westf.-Landeskrankenh.-Olpe, 85 Ausz. „Vorbild. Bauten“-NRW u. Archit.-Pr. Recklinghausen / Werke in Westf. / s. 80 Mitgl. „BDA“ / **Lit.: 197b**-84 + In: „Architekten BDA in Westfalen“ – Dortmund, 1986

Scheffler, Bernd (M/G) / 1955 Hamburg- / lebt (2005) in Velbert / Mal- u. Grafikkurse u. a. Europ. Akad.-Trier u. Kulturwerkstatt Essen / Mitgl. Gr.-„KünstlerBuntMultiColor“-Hattingen / Ausst. u. a. in Hattingen, 2004 Essen (Gal.-Arka)

Scheffler, Iris (O) / 1957 Schönebeck- / lebt (2005) in Berlin / Stud.-MS 77-85 Akad. / 84 Tim-&Struppi-Pr. Kl. Prof. Timm Ulrichs / Ausst. u. a. 1981 Düsseldorf (Kunstmus) / **Lit.: 256** + In: „Was Anne über Dich denkt“ – Klasse Timm Ulrichs der Kunstakad.-MS, 1981/82

Scheibe, Jan Philip (O/I/D) / 1972 Lemgo- / lebt (2005) in Hamburg / Stud.-Aachen bis 01 FHD / Ausst. u. a. 2002 Newcastel-GB(K), 03 Simplonpass-Schweiz(K), Coburg (Designforum(K), Herford (öffentl. Raum), 04 Cochabamba-Bolivien(K), Bad Ems/Mannheim, Aachen (Aula-Carolina/Gal.-x-bitumen-x(K), 05 Schwedt/Schwäbisch-Hall, Kreis Borken (Skulptur-Biennale) / **Lit.:** K=Katalog + In: „Skulptur-Biennale Münsterland“ – Ausst.-kat. – Kr. Borken, 2005

Scheid, Armin (M/Z/B) / NEU: 1965 Neuss- / lebt (98) in Witten, 99 Dortmund / (Biografie in Beilage: CD-Ausgabe 2006)

Scheiding (A) / lebt (1984) in Dortmund / um 78/82 Planungsruppe „**K**lippel/Scheiding/**S**aitner“-Dortmund / Werke in Dortmund (u. a. Sporthalle/Hallenbad) / **Lit.: 197b**-84

Scheidler, Arthur (Artur) (M) / lebt (1952) in Bielefeld / war Mitgl. „BBK“-OWL / Ausst. u. a. 1951 Bielefeld (Städt.-Kunsthaus), + OWL / **Lit.: 124**-86=Anhang + **133**-51

Scheidler, Thomas (A) / 1948 Bielefeld- / lebt (98) in Köln / nach Schulzeit in Bielefeld: 69-75 Stud. TH-Aachen u. TU-Berlin / 77-79 Referendar in NRW, 79-81 in Köln tätig, ab 81 Büro: „Kölner Planwerkstatt Th. Sch.“ (m. Drey u. Sammeck), s. 93 meist eig. Projekte / Wettbew.-Preise, 85 Arch.-Pr. Köln, 86 Deubau-Pr. Essen, 95 „Bes. Anerkennung“ – Deutscher Städtebau-Pr. / Werke in NRW + N (s. Lit.) / **Lit.: 197**-95+97

Scheidt, Gabriele von (B/O/K/Video- u. Perf.-k) / 1961 Essen- / lebt (2005) in Hattingen / Stud. GH-Essen (Kunst/Sport) / ab 86 Lehrt. / Mitgl. „FrauenKunstForum“-Südwestf. u. s. 03 „BBK“ / Ausst. s. 1986, u. a. 1994 Essen (Zeche Zollverein), 95 Kong Ju-Südkorea, 97 Rosenheim (Kunstwiese), 98 Symposien: Prigglitz-Österr./Uppsala-Schweden, 99 Hamm (Ökozentr), 99/2000 Essen (Off. Atelier), 2000 Lübeck (Med.-Univ), 01/03 Essen (Forum/Kunstspur), 02/05 Hattingen (Stadtmus), 05 Hattingen (Baumtagebuch), Yatoo-Korea / **Lit.: 181** + **209a**

Scheiner, Jakob (M) / 1821 Sohlbach b. Geisweid, jetzt Siegen – 1911 Potsdam / Vater v. Wilhelm Sch. / Ausst. u. a. 1924 Siegen (Kv), 79 MS (WL), + N / **Lit.: 24**-30 + **110d**-98(erw. S. 8) + In: „Abels“ – Gemälde-Galerie – Köln – Katalog – o. Jhg.(um 1970); In: „Industriebilder aus Westfalen“ – Ausst.-kat. – WL-MS, 1979

Scheiner, Wilhelm (M/Z) / 1852 Siegen – 1922 Köln-Deutz / Sohn des Jacob Sch. / Werke um 1885-1924 bek. in Westf. / Ausst. u. a. 1922/24 Siegen (Kv), 79/87 MS (WL) / **Lit.: 24**-30(bei Jacob Sch.) + **110d**-98(erw. S. 7+8) + **215a** (S. 49) + In: „Industriebilder aus Westfalen“ – Ausst.-kat. – WL-MS, 1979

Scheinert, Angelika (M/Z) / (* um 1952/53 in Olpe) / lebt (78) in Rheda-Wiedenbrück u. (86) in Schieder-Schwalenberg / Stud. FHD-MS, Weiterb. b. Carl Busch in MS / Ausst. u. a. bei Ärztekr.-en, 1976 MS (Stadttheater), 86 Schwalenberg / **Lit.: 137b**-86(erw.) + A. Sch. in „WN“-MS – Zeitung v. 21. 1. 78; A. Sch. in „Titel – Thesen – Temperamente“ – ARD-Fernsehen – um 1985

Scheiper, Dirk s. **L**udes, Michael (Büro „Ludes – Arch.-en/Ing.-e“ Recklinghausen)

Schelberg, Svenja (Vis.-Komm/D) / 1972 Essen- / lebt (2006) in Essen / 92/93 tätig f. Galerien/Künstler in Köln u. Hagen, Stud.-Essen 93/94 GH (Phil/Komm.-wiss) u. Dortmund 94-03 FHD / 01 red dot award Essen mit H. **G**athmann u. C. **C**oers, Ausz.-en: Design-Pr. Schleswig-Holst., 2x Finalist (Europrix/Multimedia Transfer) / Ausst. u. a. in Essen, 2001 Wien/ Dresden/Basel-Schweiz, 02 Hagen (Multimediawerkst), Berlin (Haus d. Kulturen), + Internet

Schelpmeier, Dirk (F = „Musik-Fotograf“) (Musiker) / 1965 Detmold- / lebt (2004) in Detmold / Foto’s auf zahlreiche CD-Cover u. v. Musikern/Gruppen u. Konzerten / Ausst. u. a. 2004 MS („Labor“-Cinema), + OWL

Schemel, Kirsten (Prof) (A) / 1965 Bad Oeynhausen- / lebt (2005) in Berlin u. MS / 84-91 Stud. TU-Berlin u. ETH-Zürich, 91 Diplom TU Berlin / 88 Stip. f. Hongkong u. Japan, 90 Int.-Spezial-Pr. „SIMULTAN“, 91 = 1. Archit.-Pr. TU-Berlin, 03 = 1. Pr. f. „Nam June Paik Mus.“ Kyonggi-Südkorea, 3. Pr. f. Kaufhaus Lüdinghausen u. Spezial-Pr. Stadt Parchim / ab 98 Büro „Kirsten Schemel Architekten“ – Berlin / 91-96 wiss. Mitarbeiterin TU Berlin, Lehrt. TU u. TFH Berlin, 94 Gast-Prof. Univ.-Ottawa/Canada, s. 94 Lehrt. (Gast) an Hochsch.-en in Montreal/Zürich/London/Wien u. Akad.-Düsseldorf, ab 98 Prof. FH f. Archit.-MS / in vielen Fach- u. Wettbew.-jurys tätig / ab 03 Mitgl.-„BDA“ / Workshops/Symposien in N + INT / Wettbewerbe/Werke **u. a.** in Osnabrück/Schwerin/Wandlitz/Berlin/Hamburg/Gizah+Kairo-Ägypt./Parchim/Kyonggi-Südk./Lüdinghausen/Prora/Potsdam / Ausstell.-gen u. a. 1990/92 Berlin (Gal.-AEDES), 95 Berlin (TU), 2003 Gizah-Ägypt. (Mus), Berlin (BDA/Arch.-kammer), Hamburg (IHK), Seoul-Südkorea (Mus. of Contemporay Art), Lüdinghausen (Rathaus), Dresden (Japan. Palais), Berlin (gal. f. living design), Chemnitz (Villa Esche) / **Lit.:** In: Magazinen/Fachpresse/Jahrbücher u. nat./intern. Publikationen; „K. Sch.“ – Architekten BDA Berlin – Selbstverl.-Berlin, o.J.; In: „Schriftenreihe d. Arbeitsergnisse aus Lehre u. Forschung“ – Bd. 12 – TU-Berlin, 1994; In: „Dokumentation Nam June Paik Museum“ – Katalog – Hg.: Kyonggi Cultural Foundation, 2003

Schemm, Gisela vom (M/Z/O/I) / 1939 Gevelsberg- / lebt (2006) in Gevelsberg / Autodidaktin, einige Weiterb.-kurse / Gastausst.-in mit Gr.-„KünstlerBuntMulticolor“ – Hattingen / Ausst. s. 1989, u. a. 2004 Hattingen (Henrichshütte), Witten (Zeche-Nachtigall), Ennepetal (Kluterthöhle), + Westf. / **Lit.: 209**-04+06

Schemmann, Jörg (M/B) / 1959 Hagen- / lebt (2005) in Regensburg / 96+03 Kunst-Pr. Nürnberger Nachrichten / Werke in Bayern / Mitgl. „BBK“-Niederbayern/Oberpfalz / Ausst. u. a. in Bayern, 1980 Hagen (Mus), 88 München (Haus der Kunst), 99/02-04 Ostbayerische Kunstausst., 2001 Hagen (Hagenring-Gal), 03 Halberstadt (Kv) / **Lit.: 107a**-88 + In: „Sich die Kunst neu erfinden“ – Ausst.-kat. – K.-E.-Osthaus-Mus.-Hagen, 1980

Schenk, Kai (F/D) / 1968 Hamm/W.- / lebt s. 94 in Emsdetten / 89-91 Fotogr.-ausb., Stud.-MS 91-95 Univ. (Geo/Publiz) u. Dortmund 96-2000 FHD (F) / um 98 Lehrt. Atelier-„Schweinestall“ – Emsdetten / Ausst. u. a. 1998 Ochtrup (Villa Weiner), 2000/01 Dortmund (DASA/ Kunsthaus), 03 Rheine (Gal.-Beckmann) / **Lit.: 203**-2000 + In: „(gruppe) male / par / tus“ – Ausst.-heft – 2003

Schenk, Stefanie (M/G/D/Ill/F) / 1965 Bad Fredeburg- / lebt (2005) in Meschede / Stud.-MS 85-93 FHD (Obj.-Des/Komm.-Des), 88 Weiterb. b. d. chines. Künstler Li Geng / ab 94 selbst. in Schmallenberg, s. 01 Atelier auf Hof Visbeck in Meschede m. Ehemann Björn **B**usse (Metallgest), Entwürfe/Design f. Metallgest., ab 03 dort eig. Galerie u. Dauerausstellung / Ausst. u. a. in Brilon/Schmallenberg, 2003 Dortmund (manu factum) / **Lit.: 48x**-03

Schenker, Axel (B/M) / NEU: 1947 Obernzell/Bayern- / lebt (84) in Dortmund / (Biografie in Beilage: CD-Ausgabe 2006)

Schepp, Johannes (M) / 1938 Aachen- / lebt ab 78 in Bad Rothenfelde u. Atelier s. 95 in Borgholzhausen / Stud.-Düsseldorf 59-63 Akad., 63-65 Meisterschüler / 64 Förder-Pr. Poensgen-Stiftung / s. 91 Mitgl. Initiative „Künstler für Europa" / Ausst. u. a. Osnabrück (Dominikanerkirche), 1965 Aachen (Suermont-Mus), 82 Sint-Niklaas-NL, 84 MS-Coerde (Andreas-Kirche), 89 Toledo-Sp., 92 Aachen (Rathaus), 93 Kiel (Schloss), 2004 Borgholzhausen (Off. Atelier), + N / **Lit.: 191b**-04 + In: „Druckgrafik aus den letzten 15 Jahren" – Katalog der Sammlung Atelier H. Kätelhöhn – Wamel/Möhnesee, 1982

Scherbinski-von Volkmann, Gerhard (Obj.-Des) / lebt (2005) in MS / Mitbegr./Mitgl. von „Akantus" – Objektdes.-Firma in MS / s. Rolf **B**ürger u. C. v. d. **H**övel

Scherer, Lieselotte (M) (Kunsthistorikerin) / * 1946 – / lebt (2006) in Bad Oeynhausen / Autodidaktin / ab 92 Stud. Univ.-MS (Kunstg./Psych./u. a.) / 84-90 Lehrt. VHS-Bad Oeynhausen, u. a. Sommerkurse in Hüllhorst-Reineberg / Ausst. u. a. 1995 MS (Gal.-Laurin), 2001/02/04 Bad Oeynhausen (Off. Atelier), 04 Löhne (Werratalhalle), 06 Herford („Kunstwerk"), + OWL / **Lit.: 152a**-01+02+04

Scheve, Erwin (Prof) (A/Dipl.-Ing) / 1927 Dortmund- / lebt (95) in MS / Stud.-Hannover 48-53 Univ. (Archit) / tätig 53-55 in Göttingen (Univ.-bauamt), 55-62 Staatshochbauamt Univ.-Köln, 63-92 Prof. FH f. Archit.-MS, 71-74 Dekan, 74-76 Prodekan / **Lit.: 220 + 251a**-95

Scheven, Hartmut von (M/F) / 25. 6. 1973 Hamm- / lebt (2006) in MS / Stud.-MS 93-2000 Univ. (Jura/Geogr/Ökol) = Dipl.-Geograph, Stud.-MS 2000-02 FHf-Archit., 02-04 Lehrt.-Erwitte u. 03/04 Psychol.-Berater-Ausb. / 01 = 1. Pr. Int. Videokunst-Festival Oberstdorf / s. 05 eig. Galerie in MS / Ausst. u. a. 1999 Hamm (Gal.-Hamm Art), 2001 Oberstdorf (Videofestival), 01/02 MS/Renesse-NL, 04 Hamm (Stein-Gymnasium), ab 05 MS (Gal. von Scheven)

Schiblon, Andreas (F) / 1959 Oberhausen- / lebt (2002) in Mülheim/Ruhr u. Dortmund / 83-89 Stud. Kunst/Geschichte / Fotogr. = Autodidakt / 90 Förder-Stip. Lions-Club-Mülheim / Mitgl. v. Vereinen in Mülheim/Herne/Essen / 02/03 Lehrauftrag FHD-Dortmund / Ausst. u. a. in Mülheim/R. / **Lit.:** In: „Adressbuch Mülheimer Künstler '93"; In: „kulturaktiv" – Mülh.-Kulturhandbuch, 1998

Schick, Erika (M/Mail-Art/O/I) / 1953 Dortmund- / lebt (2002) in Dortmund / ab 95 autodidaktische Malstudien u. 96-97 b. Wl. Kalistratow / Mitgl. „Westf.-KB"-Dortmund / Ausst. u. a. in Wiesbaden/Belgien/Dortmund, 2001 Hattingen (Henrichshütte) / **Lit.: 209**-01

Schick, Irmgard (M) (Sängerin) / 1944 Posen- / lebt (2004) in Kreuztal / s. 63 Weiterbild. (Malerei) b. bek. Künstlern u. in Europ. Akad. Trier / Ausst. u. a. 1999/01 Erftstadt (Gal.-Ton-Art), 2000 Finnentrop (Firma), 01/03 Attendorn (2xPolit. Akad+2xVolksbank), 01 Arnsberg (Handwerkskammer), Kreuztal (Gelbe Villa), Siegen (Kunstpassage), 02 Siegen (Kv/Kunstkabinett/Hesper), 03 Ennepetal (Ausst.-Forum) / **Lit.: 110b + 110c**-04 **+ 187**

Schidlowski, Arno (F/D) / 1975 Münster- / lebt (2006) in MS / 97/98 Praktik. b. Roman **M**ensing – MS, Stud.-Dortmund 98-2/06 FHD, 02-03 Ausl.-Semester in Südafrika / Ausst. u. a. 2003 Berlin (DGB-Haus), 04 Dortmund (FHD), 05 Gelsenkirchen (Wissensch.-park) / **Lit.: 203E**

Schieck, Renate (M/B/O/I) / 1939 Wuppertal- / lebt (2006) in Witten / Stud. Univ.-Bochum (Sozialwiss) u. Alfter 98-02 Alanus Hochsch. (Bildh) / Atelier in Witten u. Bochum / war Lehrt. Bo.-Wattenscheid / Ausst.-en s. 1995, u. a. in Bochum/Witten/Wuppertal/Karlsruhe/Stuttgart, 2002/04 Ennepetal (Kluterthöhle), + NRW / **Lit.: 209**-02+04

Schiefelbusch, Jürgen (M) / 1939 Bochum- / lebt (2006) in Gevelsberg / Stud. Wksch.-en Siegen/Düsseldorf / Mitgl. Gr.-„Gevelsberger Künstler" / Ausst. u. a. Gevelsberg (Rathaus), 2003 /04 Gevelsberg (VHS/AVU), 05 Schwelm (Kreishaus), 06 Gev.-Werdringen (Wasserschloss)

Schiegler, Katja („Käte") (F/D) / 1974 Essen- / lebt in Essen, 2002-04 in Bochum / Stud. Univ./ GH-Essen (Fotodes) / 02 Pr. Kulturbühne Dortmund / Ausst. u. a. in Hamburg/Berlin/Dortmund, + N / **Lit.:** In: „Photographie now" – Heft 4/1999

Schiek, Elise (Else) (G/M) / NEU: 1942 Altenburg/Thür. – 1996 / lebte in Bochum / (Biografie in Beilage: CD-Ausgabe 2006)

Schiffecker, Urban (Schiffeckher) (Stukkateur) / stammt wahrsch. aus Südtirol / um 1667/69 tätig in Hövel, Kr. Arnsberg (Haus Melchede) / **Lit.:** G.D. **+ 112a**

Schildmann, Holger (Filmk) / lebt (1986) in Bielefeld / Auff.-gen u. a. in Bielefeld/München, 1985 MS / **Lit.: 196**-85 + In: Ausst.-kat. – Kunsthalle-Bielefeld, 1984

Schilling, Angela (M/O/Videok) / 1970 Herdecke- / lebt (2006) in Bochum u. MS / Stud.-Essen 98-01 Univ. (Lehramt), 01 Weiterb. Sommerakad.-Salzburg (Herm. Nitsch) u. Stud.-MS 01-06

Akad., 05 Meisterschülerin / 03 Timm&Struppi-Pr. Kl. Prof. T. Ulrichs, 05 Stip. f. Ausl.-sem. in USA / Ausst. u. a. 2000 Düsseldorf (Ballhaus), Essen (Zeche Zollverein), 2000/01 Salzburg (Sommerakad/Festung), Bochum (Jahrhunderthalle), 02 Liesborn (Mus), MS (Halle-Am Hawerkamp), 03 Mülheim-R., Essen (kunst-raum), Laer (Stadtmitte), 04 Bergkamen (Stadtgal), Bad Oeynhausen (Kv), Soest (Technikmus), 05 Wismar (Baumhaus), Recklinghausen (Kunsthalle), Ingolstadt (Kv) / **Lit.: 100c** (S. 159) + **256+a**

Schilling, Angelika (F) / * 1954 – / lebt (2005) in Bottrop / Stud. Univ.-Bielefeld (Lehramt) / s. 81 Lehrt.-Bottrop / ab 01 Mitgl. Gr.-„Kunstgem. Bottrop" / Ausst. u. a. 2001-05 Bottrop (Mus/Kulturzentr), 01-04 Bottrop (Hof Jünger/RWW/Café Siebeck/Buchhandl/"Hürter"/Sparkasse/Bürgerbüro), 03 Düsseldorf (DSV), Gelsenkirchen (Wiss.-park), 04 Westerland-Sylt, Ruhrgebiet (Beteil.-Wanderausst.) / **Lit.: 99a**-01...03 + **99a**-04(* 1951) + **99c**-01...04 + **99d**-04

Schilling, Stefan (F/D) / 1964 Hannover- / lebt (93) in Bielefeld / Stud.-Bielefeld bis 93 FHD / 93 Focus-Pr. FHD-Dortm. / Ausst. s. 1984, u. a. 93 Dortmund (Mus. f. K. u. K.) / **Lit.: 203**-93

Schimanski, Georg (Industr.-Des) / 1931 Osterode/Ostpr.- / lebt (2000) in Hagen / 49/50 Metallverarb.-Praktikum in Schwelm, Stud.-Wuppertal 51-54 Wksch / tätig in Düsseldorf, ab 59 selbst. in Wuppertal, s. 66 Hagen-Rummenohl / Ausst. u. a. in Mailand u. Hannover / **Lit.: 216**

Schimke, Heide (M) / 1961 Hagen- / lebt (2005) in Hagen / Stud. Univ.-Braunschweig (Psych) u. Gast-HfBK / 87-89 tätig Univ.-Braunschw., 89-93 Psych. Klinik Hagen, ab 93 freie Therapeutin u. Künstlerin / Projekte mit NDR/SWF u. VHS-Essen / Mitgl. „FrauenKunst-Forum"-Südwestf. / Ausst. u. a. in Basel-Schweiz, 1989 Braunschweig (NDR-Studio), Hamburg (Gal.-Günther), 89/98 Hagen (Gal.-Nova/Sparkasse), 90 Eschenau/Baden-Baden/München, 91 Gevelsberg (Gal.-Appelt), 99/2000 Hagen (Blesel Fine Art), 2000 Essen (VHS), Stade (Schloss), 2000/01 Hagen (E.-Schumacher-Schule/Altes Stadtbad/Theater), 02 Hamm/Hemer, 02/03/05 Hagen (Mus), 03 Hemer-Becke (KEUCO-Center), 04 Erwitte (Schloss Landsberg) / **Lit.: 97**-02+03+05 + **187**

Schimpf, Sebastian (M/D/Computergr) / 1976 Lemgo- / lebt (2005) in Bremen / eig. Büro „ZAB-Design" in Bremen / Ausst. s. Internet

Schindler, Hans (D/Goldschm.-u. a.) / lebt (2002) in Soest / Goldschm.-ausb.-Lippstadt / 68-80 in Deutschl./Schweiz u. Malaysia tätig / 73-75 Stud.-Hanau Zeichenakad. / s. 80 eig. Atelier in Soest / s. 75 viele Ausz.-gen / Ausst.-gen = N/INT / **Lit.: 205a**-01

Schinkel, Uwe (F/D) / 1967 Remscheid- / lebt s. 89 in Wuppertal / 92 Mitbegr. Fotogal. „Huan Hovawart", bis 95 Ltg. / Stud.-Dortmund 94-98 FHD u. Kulturmanag.-ausb. Hagen / ab 99 Mitgl. „DGfP" / Werk u. Ausst. in Wuppertal / **Lit.: 216**

Schippel, Dorothea (D/Goldschm/Schmuckgest) / 1964 Köln- / lebt (2002) in München / Goldschm.-ausb. in Neugablonz b. Kaufbeuren, tätig 88-89 „Niessing"-Schmuckmanufaktur-Vreden, Stud.-München 90-94 Akad. (Schmuckgest/Khw), danach selbst. / 89 Ehren-Pr. NRW + 90 red dot Award-Essen (m. Firma Niessing) = s. „Niessing" / **Lit.: 205**-94(erw. S. 18)

Schipper-Rokitta, Pieternella de (Prod.-Des) / 1958 Goos/NL- / lebt (2002) in Hamburg / Stud.-MS bis 88 FHD / in MS/Wiesbaden/Hamburg tätig, ab 92 im Büro „Rokitta Produkt & Markenästhetik"-Hamburg m. Herm. Rokitta / Ausst. u. a. 2002 MS (IHK)

Schirrmacher, Christine s. Schirrmacher, Hartmut

Schirrmacher, Hartmut (Hartmut-Günther) (s. 93 Pseudon.: Merlin Flu) (M/G/D) (Lyriker) / 1948 Binzen/Lörrach- / lebt in Düsseldorf, ab 05 in Schleiden/Eifel / Ehemann von Christine Sch., * 1964 Wuppertal / Stud.-MS 73-74 FHD (Grafik-Des) u. Mitgl. 92-94 Freie Akad.-München / 79 = 1. Pr. Krebshilfe Köln / Ausst. u. a. in Majdanek/Lublin-Polen/London-GB, 2004 Wuppertal (Gal.-Wittenstein), + N / **Lit.: 27**-5(m. Lit.)

Schlabach, Anne (M) / 1949 Düsseldorf- / lebt (2004) in Siegen / Stud.-Aachen 75-78 TH (Kunst /Gest) / 91-94 Lehrt. VHS-Siegen, ab 94 AHS Berufskolleg-Siegen / Mitgl. „Kunstkr. Siegerland" / Ausst.-gen in Südwestf. / **Lit.: 110a+b** + **110c**-04

Schlag, Detlev (F/D) / 1951 Gelsenkirchen- / lebt (2005) in Emsdetten / Fotogr.-ausb. in Essen / Werbefotogr. u. Fotodesigner, s. 84 selbst. m. Gisbert Schmitz = Studio f. Werbung u. Fotodesign"-Emsdetten / Mitgl.-„BFF" / Ausst. u. a. in Wennigstedt-Sylt/Gelsenkirchen/Emsdetten/ Greven/Berlin/Düsseldorf/Hamburg/Köln, 2004 Hildesheim (Kv) / **Lit.: 205**-94+97(erw.)

Schlag, Wolfgang (Goldschm/Schmuckdes) / NEU: 1942 Essen- / lebt (2003) in Dortmund / Goldschm.-ausb. in Essen, 65 Meisterprüfung (Jahresbestmeister) Dortmund, s. 65 selbst. / Ausst. u. a. 1969 Bochum (Mus), + Westf. / **Lit.: 48x**-69

Schlag-Holzapfel, Heide (B/O) / 1957 Gescher- / lebt (2003) in Nottuln-Darup / Stud.-PH Schwäb. Gmünd u. Lüneburg / s. 2/02 Mitgl. Frauengr. „Gesso"-Nottuln / Ausst. s. 1995, u. a. 96 MS (Halle Mittelhafen), 2002 Nottuln-Darup (Off. Atelier/Alte Diele), 03 Nottuln (Alte Amtmannei), + MS-land

Schlamp, Gabriele (B/Khw) / 1962 Neuburg/Donau- / lebt s. 85 in Münster / Autodidaktin / Ausst. u. a. 2003 MS (JIB = Off. Atelier), 04 MS-Gievenbeck (Mütterzentr), 06 MS-Kinderhaus (Bürgerhaus), MS (Kunst-Apartment/Raphaelsklinik)

Schlattmeier, F. W. (A/Dipl.-Ing) / * 1929 – / lebt (2004) in Herford / Tischlerausb., Stud.-Braunschweig 55-60 TH / 60-62 in Braunschw. tätig, ab 62 in Herford selbst., s. 94 Büro „Schlattmeier Architekten" / viele Preise/Wettbew.-gewinne, 2x 84+01 BDA-Preise OWL, D.-Pöppelm.-Medaille Herford / Mitgl.-„BDA" / Werke u. a. in Frankr. (Fa. DEMAG), Gütersloh (Bertelsmann), Solingen/Torgau/Weimar, Hannover (EXPO), Westf.-Lippe / **Lit.: 197**-97+01 + **213a**-02

Schlattmeier, Henning (A/Dipl.-Ing) / * 1964 – / lebt (2002) in Herford / 84-92 Stud.-Braunschweig TU u. Zürich TH / 88-89 in Zürich u. Madrid tätig, 92-96 Hamburg, ab 96 selbst. Herford, Büro „Schlattmeier Architekten" u. wiss. Mitarb. TU-Braunschweig / viele Preise/ Wettbew.-gewinne, 01 BDA-Pr. OWL, Daniel-Pöppelmann-Medaille Herford / Mitgl.-„BDA" / Werke u. a. in Frankr.(Fa. DEMAG), Berlin/Solingen/Torgau/Weimar, Hannover (EXPO), Westf.-Lippe (s. Lit.) / **Lit.: 197**-97+01 + **213a**-02

Schlattmeier, Karsten (A/Dipl.-Ing) / * 1965 – / lebt (2004) in Herford / nach Tischlerausb.: Stud.-Karlsruhe 86-91 TU / 87-91 in Karlsruhe u. Ettlingen tätig, 91-94 Stuttgart, s. 94 in Herford selbst., Büro „Schlattmeier Architekten" / viele Preise + Wettbew.-gewinne, 01 BDA-Pr. OWL, D.-Pöppelmann-Medaille Herford / Mitgl.-„BDA" / Werke u. a. in Frankr.(Fa. DEMAG), München/Solingen/Torgau/Weimar/Hannover (EXPO), + Westf.-Lippe (s. Lit.) / **Lit.: 197**-97+01 + **213a**-02

Schlaun, Johann Conrad (A/Baumeister) / 1695 Nörde/Kr. Warburg – 1773 Münster / (Biografie (mit neuem Text) in Beilage: CD-Ausgabe 2006)

Schlegel, Kathrin (B/I/Videok) / 1977 Nordhorn- / lebt (2005) in MS / Stud.-Enschede 96-01 Akad. u. MS 01-? Akad., 02 Meisterschülerin / 01-03 Stip. Cusanuswerk, 01 Timm&Struppi-Pr. Kl. Prof. T. Ulrichs u. 02 Atelier-Stip. MS / Ausst. u. a. 2001 MS (CUBA/Halle-Am Hawerkamp), Bergkamen (Stadtgal), München (Pasinger Fabrik), Amsterdam/Diepenheim/Nijmegen = 3xNL, Wilhelmshaven (Kunsthalle), 02 Dordrecht-NL (Centrum-Bild.-Kunst(K), MS (Wewerka Pavillon), Hamm (Zeche Radbod), Bergkamen-Heil (Ökologiestation), 03 Schöppingen (Feuerstiege), Den Haag-NL (Grote Kerk(K), 05 MS (Halle Speicher II), Recklinghausen (Kunsthalle), Ingolstadt (Kv), + Westf. / **Lit.: 18**-02 + **57**-02 + **69**-99+2000 + **103**-01 + **229**-02+03 + **256** + K = Katalog

Schlegel, Werner (B/O/I/M) / 1953 Greiz/Thür.- / lebt (2006) in Salzkotten-Niederntudorf / NEU: 99 Pr. „Westfalenblatt"-Bielefeld, 02 = 2. Pr. Gevelsberg, 04 Kunst-Pr. Paderborn / s. 82 Lehrt.-Wadersloh, 95-97 Univ./GH Paderborn / (Biografie in Beilage: CD-Ausgabe 2006)

Schleime, Cornelia (C.M.P.=Cornelia Petra Monika) (Prof) (M/G) / 1953 Berlin-Ost- / lebt (2005) in Berlin / 70-75 Berufsausb./Tätigk.-en, Stud.-FH 72-73 Dresden (Maskenbildn) u. Dresden 75-80 HfBK / 81 Ausst.-verbot, lebt s. 84 in Berlin-West / 85/94/95/96 Stip. Senat Berlin, 89 DAAD-Stip. f. New York, 92 Stip. Kunstfonds Bonn u. Pr. Stiftung Neue Kultur, 97 Workshopbeteil. in Salvador da Bahia – Brasilien, 98/99 Hawai, 2000 Ordentl. Mitgl. d. Sächs. Akad. d. Künste Dresden, 04 Gabr.-Münter-Pr. Bonn, 4/05 Prof. Akad.-MS / Ausst.-gen 1983-2002 über 85 Einzelausst.-gen u. Ausst.-beteil.-gen in N + INT, u. a. 1983/84/86/95 Amsterdam, 98 Porto-Portugal, 99 Bielefeld (Gal.-David), 2000 Mannheim (Kv), Berlin (Gal.-Schultz), Pollenca-Mallorca (Gal.-Maior), 01 Sonneberg (Stadtgal), 02 Dessau (Kv), Potsdam (Kv), Ehningen-Mochenthal (Schloss), 04 Oberhausen (Schloss), 05 Oldenburg (H.-Janssen-Mus), MS (WL), Berlin (Gal.-Schultz) / **Lit.: 26a**-05 + **64c** + alle Ausst.-kataloge: „C. Sch." – Gal.-M.-Schultz – Berlin, 1996 + 1997 + 2000; ARVORE Cooperativa de Actividades – Porto-Portugal, 1998; Mannheimer Kv., 2000; u. a. **in**: „Tiefe Blicke" – Ausst.-kat. – LM-Darmstadt, 1985; In: Karin Thomas: „Zweimal deutsche Kunst nach 1945" – Köln, 1985; In: „Das verborgene Museum I" – Dokumentation ... – Berlin, 1987

Schleiner, Maria NEU: (Prof) (M/G/Coll.-k) / 1960 Havixbeck- / lebt (2006) in MS / Lehrt.: 92-95 HfBK-Hamburg u. s. 02 Prof. FH-Düsseldorf / (Biografie in Beilage: CD-Ausgabe 2006)

Schlembach, Gerda NEU: (Prof) (M/G/O/I) / 1951 Steinach/Saale- / lebt (2006) in Essen u. MS /

NEU: 04 Stip. Cité int. des arts Paris / Lehrt.-Würzburg 74-77 FH, Essen 97-2000 Univ./GH, 02-04 FH-Düsseldorf u. s. 04 Prof. FHD-MS / (Biografie in Beilage: CD-Ausgabe 2006)

Schlesiger, Regine (M/G) / 1964 Bielefeld- / lebt (2005) in Bielefeld / 96-98 Weiterb.-Werbegrafik, 99 Weiterb. Sommerakad. „Pentiment" Hamburg / Ausst. u. a. in Verl/Lemgo, 1987/98/99 Bielefeld (Kl. Gal/bei „Casanova"/Ratscafé), 90 Herford (Arbeitsamt), 94 Bad Salzuflen (Kurhaus), 99 Hamburg (FHD)

Schlieker, Hans-Jürgen NEU! (Prof) (M/G/Z) / 8. 4. 1924 Schöningen/Pommern – 2004 Bochum / lebte s. 51 in Bochum / (Biografie in Beilage: CD-Ausgabe 2006)

Schlieker-Erdmann, Christiane (M/O/I/Perf.-k) / 1955 Dülmen- / lebt (2005) in Witten / Stud.-MS 74-80 (Akad)+Univ. / ab 81 Lehrt. (Kurse), 81 tätig Freizeitschule-Wattenscheid, 82-84 Ltg. d. Kindermalstube Ostwall-Mus. Dortmund, 86 Gaststud. Inst. f. Waldorfpäd.-Witten / Mitgl. „FrauenKunstForum"-Südwestf. / Ausst. s. 1981, u. a. in Bonn, 2000/02 Hagen (Marienhospital / Freilichtmus), 01/02 Witten (Rathaus/Kläranlage), Witten-Herbede (Perf.: Ölbachtal), 02 Hattingen (Henrichshütte), 02-03 Herdecke (Krankernhaus), 03 Dortmund (DASA), 04 Schwelm (Kreishaus), Hagen (Hagenring-Gal), Köln (Kunsthaus-Rhenania), Lüdinghausen (Burg Vischering), + Westf. / **Lit.: 19**-04 + **187** + **187b** + **209**-02+04

Schliesing, Klemens (Z/M) / NEU: 1914 Dortmund – 1994 / lebte in Dortmund / (Biografie in Beilage: CD-Ausgabe 2006)

Schlingensiepen, Hellmut Sitó (F/D/Filmk/M) / 1965 Berlin- / lebt (2006) in Düsseldorf / Stud.-Univ.-Bonn (Politik/Phil), Regiehospitant Schauspielhaus Düsseldorf u. Stud.-Dortmund bis 01 FHD (Komm.-Des) / 01 Ausz. FHD-Dortmund f. Dipl.-arbeit, 02 BFF-Förder-Pr. / 2 Filme m. Chr. Coers, u. a. Filmproj. für Diakon.-Werk Rhld., s. 01 freiberufl. tätig / Mitgl. „BFF" / Auff.-en u. a. ab 03 in Düsseldorf, + N / Ausst. u. a. Hildesheim (Kv), 1992 Freiburg (Gal.-Bassler), 97 Potsdam (Gal.-Kammecke), 2000 Dortmund (Focus FHD), 02 Lüdenscheid (Stadtgal), 02/04 Köln (Photokina), 04 Hildesheim (Kv) / **Lit.: 203**-2000

Schlinkert, Barbara (M/G/Ill) / 1950 Beringhausen/Sauerl.- / lebt (2002) in Iserlohn / Autodidaktin u. Weiterb.-kurse / Mitgl. Kulturinitiative-„Antenne" in Iserlohn / Gestaltung v. künstl. Druckvorl. f. d. Industrie, Titelseiten auf Büchern u. Buchill.-nen / Ausst. u. a. in Frankf.-M. (Buchmesse), München, 1997 Palm Springs-USA, Worms (Mus), 2002 MS (Kunstmarkt), + NRW/N / **Lit.: 146a**-90

Schlinkert, Ewald (M/G) (Musiker) / 1952 Schmallenberg- / lebt (2002) in Iserlohn / Stud.-Dortmund Staatl. Musik-Hochschule / Lehrt. / Ausst. = Westf. / **Lit.: 146a**-90

Schlitzer, Laila (M/G) / 1964 Hagen- / lebt (2005) in Hagen / 84-98 als Grafik-Des.-in tätig / s. 02 Mitgl. Gr.-„Hagenring"-Hagen / Ausst. u. a. 2002 Herne (Akad. Mont-Cenis), 02/03 Hagen (Hagenring-Gal), 03-05 Hagen (Mus), 03 Köln (VHS), 04 Westerland-Sylt (Stadtgal), Sundern (Stadtgal), Velbert (SPD-Gal), 05 MS (Arbeitsgericht) / **Lit.: 97**-03...05

Schlömann, Günter NEU! (M/B/I/Mosaikk) / 1930 Borgholzhausen- / lebt (2005) in Borgholzhausen / s. 80 Weiterb.-kurse an Sommerakad.-en in Marburg/Gera/Bruneck u. Salzburg, 90-98 Stud. Univ.-Osnabrück (Kunst) u. Weiterb.-kurse VHS-Bielefeld / Lehrt. s. 94 VHS-Bielefeld u. 04 Sommerakad.-Borgholzhausen / ab 94 Mitgl.-„BBK"-OWL / Werke in OWL / Ausst. s. 1984, u. a. in Borgholzhausen/Halle-W./Werther/Bad Laer/Gütersloh/Osnabrück, Schloss Primersdorf-Österr., 2000 Minden (Mus), Kloster Dahlheim, 01 Bielefeld/Herford, 02 Wien-Öst. (KIS), 03 Springe/Deister (Kunstbahnhof), 04 Halle/W. (Kirchplatz), Melle (Gut Ostenwald), Borgholzhausen (Off. Atelier), + Internet / **Lit.: 26a**-05 + **124**-05 + **133**-94Anh. + **191b**-04

Schlör, Beate NEU! (M/O) / 1950 Offenburg- / lebt (2004) in MS / Stud. ab 69 Kunstpäd. u. 91-98 Akad.-MS / Ausst. u. a. 2000-02 Lüdinghausen (Burg Vischering), 01/03 MS (Off. Atelier-Am Hawerkamp), 02 Tecklenburg (Heimathaus), 04 MS (Gast Off.-Atelier Schulstr) / **Lit.: 19**-2000...02 + **69**-02

Schlösser, Jordis Antonia (F/D) / 1967 Göttingen- / lebt (2005) in Berlin u. Paris / 86-87 Fotopraktika in Düsseldorf/Köln, 87-88 Stud. Univ.-Köln (Soz/Ethnol) u. Dortmund 88-96 FHD (Fotodes) / s. 94 = 10 Fotopreise/Ausz.-gen, u. a. 04 „Hansel-Mieth"-Pr. / tätig für Magazine u. Ausl.-projekte, s. 97 Mitgl. Fotogr.-agentur „Ostkreuz" / Ausst. u. a. 1994 Havanna-Cuba/Arles-Fr., Stuttgart/Frankf./Köln, 95 Berlin (Gal.-Le Manége), 96 Gera (Mus), 97 Herten (Fototage), 98 Rotterdam-NL, 99 Rotenburg (GAFF-Gal), Berlin (Postfuhramt), Perpignan-Fr., 02 Stuttgart (VHS), 03 Breslau (Nationalmus), 04 Biel (Fototage), Dortmund (Gal.-Freiraum)

Schloß, Peter (Schloss) (O/I) / 1974 Bochum- / lebt (2006) in MS / Stud.-MS u. York 99-02 Univ.-n (Phil), Nürnberg 02-05 Akad. u. MS ab 05 Akad. / Ausst.-en u. a. 2003 Recklinghausen (Schaufenster-Kunsthalle), 05 Lingen (Kunsthalle) / **Lit.: 246-**05

Schlote, Wolfram (A) / 12. 6. 1928 Dortmund- / lebt (2003) in Linz/Österr. / s. **L**ehmann, Werner / Stud. TH-Braunschweig+Karlsruhe / um 1955-? in Dortmund tätig, 58/59 in Archit.-gemeinschaft: O.-H. **G**roth, W. **L**ehmann u. W. Schlote / war Lehrt. FH-Dortmund / Werke u. a. s. Lit. / **Lit.: 197b-**84 + **197c** (S. 76)

Schlothauer, Jürgen (O/I) / 1948 Schwelm- / lebt (2002) in Wuppertal / Stud.-MS 68-71 Univ. (Theol/Angl/Werken) u. Düsseldorf 71-75 Akad. / ab 75 Lehrt.-Ennepetal / 75-77 Stud. Univ./ GH-Essen (Landespflege), 81-88 Lehrt. Univ.-Osnabrück / Ausst. s. 1974, u. a. in Dänemark/ Frankf.-M./Osnabrück, 1975 Hagen (Gal.-Gey), 94 Ennepetal-Breckerfeld (Sparkasse), 96 Schwelm (Kv), 02 Ennepetal (Kluterthöhle), + NRW / **Lit.: 209-**02

Schlottmann, Dieter (B) / 1963 Rahden- / lebt (2004) in Minden / 83-85 Metallformerausb., 86-89 freisch., 90-96 Stud. Univ.-Osnabrück/Vechta (Kunsterz) / Ausst.-gen/Projekte u. a. 1997 Vechta (Windplastik), 99/2000 Minden (Off. Atelier), 02/04 Kr. Minden-Lübbecke (LandArt-Festival), 03/04 Espelkamp (Proj.-beteil/Naturgarten), 04 Stemwede-Niedermehnen (Hof Wasels) / **Lit.: 152a-**99+2000

Schlüter, Angelika (B) / 1956 Emsdetten- / lebt (2004) in Havixbeck / war bis 97 Sozialpäd.-in, ab 99 künstl. tätig / Ausst. u. a. 2002/03 Havixbeck (Haus Stapel), 03 Lüdinghausen (Burg Vischering) / **Lit.: 19-**03

Schlüter, Helmut (B) / NEU! / 25. 1. 1931 Haltern – 29. 1. 1985 Recklinghausen / lebte in Haltern / 49-52 Bildh.-ausb. in Dülmen, 52-56 Stud. Wksch-MS, Meisterschüler, 61 Holzbildh.-meister (Bielefeld) / ab 56 freisch. u. 71-85 Lehrt.-Haltern / 61 = 1. + 3. Pr. „Junges Khw"-NRW / Werke in Westf. (98 = OFD-MS), s. auch **Lit.**! / Ausst. u. a. 1957 MS (WL), 86 Recklinghausen (Kreisspark) / **Lit.: 48a** + **48x-**57+61 + **82a** (Anh.) + **213-**80 + 2x „H. Sch." – Selbstverl.-Haltern, o. Jhg. (um 1970+81)

Schlüter, Marco (M) / 1965 Altlünen/Lippe- / lebt (2003) in Bochum / 85-88 Berufsausb., 88-94 Stud. Univ.-Bochum (Dipl.-Ing) / ab 90 Weiterb.+Tätigk. am Mus.-Zentrum der Univ.-Bochum / Ausst. u. a. 2000 Bochum (Mus.-Zentr), Gelsenkirchen (Institut), 02 Herne (Gal.-Kunstantin)

Schlüter, Synke (F/Filmk) / NEU! / 1968 Emden- / lebt (2003) in MS / Fotogr.-ausb. in Bremen, Stud.-Oldenburg Univ. (Kunst/Wirtsch.-wiss) u. MS 91-97 FHD / 03 Förder-Pr. NRW / Mitgl. Gr.-„Oculus"-MS u. Filmwerkstatt-MS, ab 96 freie Arbeit u. Kamerafrau am WDR / Ausst. u. a. 1995 MS (Torhaus), 96 Frankfurt-M. (Buchmesse), 97 MS (Landesh/Filmwerkst/+29. 6. 97 = Film-Premiere Stadtbad-Mitte-MS: Titel: „Subraum" – Kamera/Produktion: Synke Schlüter), 11/98 (Atel.-Schulstr), 03 MS (Filmfestival) / **Lit.: 93** + **122-**96 + **196-**97+03

Schmale, Dietmar (Pseudonym: „Do. Billig") (O/I) / 1967 Rheine- / lebt (2006) in Rheine / NEU: Stud.-MS 88-97 Univ. (Med) u. 98-02 Akad.- Enschede-NL (Mixed Media), 2000-01 Gast Akad.-MS / 02 „Junior Bild.-Kunst-Pr." Prov. Overijssel-NL / ab 01 Mitgl. „BBK-Westf"-Dortmund u. 04 „Welbergener Kreis" / (Biografie in Beilage: CD-Ausgabe 2006)

Schmalöer, Richard (A/Dipl.-Ing/Stadtplaner) / * 1962 – / lebt (2002) in Dortmund / Stud.-Dortmund/Barcelona/Mailand Univ.-en / ab 92 Büro: „Schamp u. Schmalöer Architektur & Städtebau"-Dortmund / Wettbew.-Preise, 93 Ruhrgebiets-Pr. f. Städtebau u. a., 94 Förder-Pr. Dortmund, s. 94 Lehrt. Univ.-Dortmund, 2001 Ausz. BDA-Ruhrgebiet (Anerkennung) / Mitgl.-„BDA" / Wettbew.-erfolge/Werke u. a. in NRW (s. Lit.) / **Lit.: 197-**01(m. Lit.-angaben) + **197a-**99 + **197b-**99

Schmalstieg, Beate (M/K) (Fadenfigurenherst/Lyrikerin) / 1960 Oberhausen- / lebt (2005) in Ostbevern / s. 85 freisch., Atelier „KUWECA" m. Ekkeh. **B**roermann in Ostbevern (lfd. Off. Atelier), Lehrt. (Kurse) / Ausst. u. a. MS (Weihnachtsmärkte), 2004/05 Ostbevern (Install. = Ems/Atelier)

Schmedding, Barbara s. Schulte-Hengesbach, Barbara

Schmedes, Gerd („Gabak") (Z/O/Produktdes/Filmk) / 1960 Dortmund- / lebt (2000) in Dortmund / 82-87 Stud. Obj.-Des. / s. 85 Filmmitarb., ab 89 eig. Filme / Ausst. u. a. 1990 MS, 95/97/99 Dortmund (Rathaus/2xKünstlerhaus) / **Lit.: 98a** + **196-**90 + In: „Künstlerhaus-Dortmund" – Veranst.-hefte – Dortmund, 1997/99

Schmeer, Elke (K) / 1941 Lippstadt- / lebt (99) in Lippstadt / 70-80 Aufenth. in Japan, 75-80 dort Keramikausb., s. 81 eig. Werkst. in Lippstadt / war Mitgl. „AdK"-Südwestf. / Ausst. u. a. 1983 Liesborn (Mus), 84 Leverkusen, 85/87/88 Recklinghausen, 87 Offenburg/Dortmund, Düsseldorf (manu factum), 88 Friedberg, 89 Liesborn (Mus), Warendorf (Heimathaus) / **Lit.: 48c**-99 + **48x**-87 + „E. Sch.“ – Keramiken – Ausst.-kat. – Mus.-Abtei Liesborn/Heimathaus Kr. Warendorf, 89

Schmeken, Ave-Lilie (M/Khw-Seidenm) / 1954 Ahlen/W.- / lebt (2005) in Halle/W. / Sonderpädagogin / s. 03 Mitgl. „FrauenKunstForum“-OWL / Ausst. u. a. 2003-05 Halle/W. (Off. Atelier), + OWL / **Lit.: 152b**-03…05 + **192**-04

Schmelter, Reinhold (Kunstschmied) / † 1977 / Werkstatt in Oberhundem / Ausst. u. a. 1981 Attendorn (Kreisheimatmus) / **Lit.:** In: „Schmiedekunst u. Schmiedehandwerk im Kreis Olpe“ – Ausst.-kat. – S. 41 / 55-58 – Kreisheimatmus.-Attendorn, 1981

Schmersahl, Friedrich (A/Stadtplaner) / 1942 Hamburg- / lebt (2003) in Bad Salzuflen / Stud. TH-Braunschweig / 69 wiss. Assistent TH-Braunschweig, s. 70 Büro: „Schmidt + Schmersahl“-Bad Salzuflen (Günter Schmidt) / 87 Lehrt. FH-Lippe / u. a. 26x 1. Preise bis 94 = 84/2001 BDA-Pr. OWL, 85 BDA-Pr. NRW, 90 Ausz. NRW, 91 = 1. Wettbew.-Pr. Herford, 95 Anerkenn. BDA-OWL, 2000 Archit.-Pr. OWL / Mitgl.-„BDA“ / Werke u. a. in OWL (Bielefeld) (s. Lit.) / **Lit.: 112c** (S. 14) + **197**-95+97 + **197d** (S. 76/82) + **226**

Schmethüsen, Brigitte (M/Z) / NEU: 1950 Blankenstein- / lebt (2004) in Bad Berleburg / (Biografie in Beilage: CD-Ausgabe 2006)

Schmethüsen, Otto (Prof) (M/G) / 1926 Bochum- / lebt (2004) in Bad Berleburg / NEU: 73 Europaratsmedaille, 75 Pr. Int.-Jagdausst., 76 Ausz.-NRW / 92-? Lehrt. Univ.-Teufen/Schweiz / (Biografie in Beilage: CD-Ausgabe 2006)

Schmidt, Alfons (A) / 16. 10. 1906 Borgholz/Kr. Warburg- / lebt (60/73) in Bielefeld / Werke u. a. Kirche St. Morus in Bielefeld u. Beteil. Kirche Bielefeld-Sennestadt / **Lit.: 219a**

Schmidt, Alfred (M/Z) / NEU: 1930 Düsseldorf – 1998 / lebte in Gelsenkirchen / Jugendzeit in Düsseldorf / (Biografie in Beilage: CD-Ausgabe 2006)

Schmidt, Axel (F/D/Filmk) / * 1962 – / lebt (2005) in Ratingen / Stud.-Bielefeld 86-91 FHD / s. 91 selbst. / 04 = 1. Platz intern. „Bitfilm Festival“ Hamburg, u. Ausz. „Junior Highlight“ – Eyes&Ears Conference of Europe / Ausst./Auff.-en u. a. in Hamburg, 1992 Berlin (Neue Ges. f. b. Kunst), 95 Düsseldorf (BFF), 2004 Weimar (int. back_up-festival), 05 Stuttgart (ZKM), Detmold (Kaiserhof) / **Lit.: 134a**-05(m. Rodrigo Olmos) + **205**-97

Schmidt, Barbara (M/G/F) / 1979 Dortmund- / lebt (2005) in MS / Stud.-MS ab 99 Akad., 04 Meisterschülerin u. s. 01 Univ. (Päd) / 01 Zimolong-Sonder-Pr. Gladbeck, 02 Stip. Cusanuswerk u. Stip. Commune di Villa d'Adda-It. / Ausst. u. a. 2001 Herne (Kunstmesse), Gladbeck (Kulturzentr), Oelshausen, MS (Landw.-verlag), 02 Berlin (Gal.-2yK), Bergamo-It., Bielefeld (Kv), MS (Halle Am Hawerkamp), 03 Troisdorf (Burg Wissen), 04 Dortmund (Mus. am Ostwall), 04 Oberhausen (Kv), 05 MS (CUBA), 05 Eskisehir-T. (Univ) / **Lit.: 78E** + **128**-01 + „B. S.“ – wenn ich die andern sehe – Ausst.-kat. – Troisdorf/Dortmund, 2003

Schmidt, Barbara (Schmuckgest) / lebt in Berlin / s. „**N**iessing“ – Vreden / 95 Preis Tokio/Jap.

Schmidt, Barbara (F) / lebt (2001) in Berlin / Ausst. u. a. 2001 Herten (Fototage) / Lit.: 189-01

Schmidt, C. W. (Z) / um 1851-62 in Münster tätig / **Lit.: 198**

Schmidt, Edith (M) / * in Hamburg- / lebt s. 61 in Unna / Weiterb.-kurse/Seminare / Mitgl. Gr.-„AG Kamener Künstler“ u. „Gruppe Unnaer Frauen“ / Ausst. = Westf./INT / **Lit.: 190b**

Schmidt, Erich s. Schmidtbochum, Erich (B) (* 1913 Bochum)

Schmidt, Erich (Z/Cartoonist) / * 1953 (im Westerwald)- / Lit.: 163

Schmidt, Felix (M/Lithogr/Scherenschnittk) / 6. 6. 1857 Lübbecke- / lebte (1920/30) in Düsseldorf / Stud.-Akad.-n 1877-83 in Leipzig u. München / **Lit.: 24**-30 + **34**-8,2+9,2 + **84**-78+80

Schmidt, Friedel (F/Comp.-G) / 1936 Plettenberg- / lebt (2002) in Finnentrop / bis 63 Berufsausbildung+Meisterprüfung / Autodidakt / s. 97 Mitgl.-„KB-Südsauerland“ / Ausst. u. a. Finnentrop/Olpe, 98 MS (Landeshaus) / **Lit.: 117**-99+01

Schmidt, Friedel (G) (Autorin) / 1946 Lennestadt- / lebt (83) in Berlin / Stud. Wksch-Dortmund u. Akad.-Berlin, Meisterschülerin / s. 76 freisch., Mitgl.-„BBK“ / **Lit.: 53**(m. Lit.-ang.)

Schmidt, Günter (A/Dipl.-Ing/Stadtplaner) / 1921 Pockau/Kr. Marienberg-Sachsen- / lebt (2003) in Bad Salzuflen / Stud. TH-Dresden u. TH-Stuttgart / s. 55 Büro in Bielefeld, ab 70 Büro „Schmidt + **S**chmersahl“-Bad Salzuflen / bis 94 u. a. 26x 1. Preise, u. a. 61 = 1. Wettbew.-Pr. Bad Salzuflen (Christuskirche), 84/2001 BDA-Pr. OWL, 85 BDA-Pr. NRW, 90 Ausz. NRW, 91 = 1. Wettbew.-Pr. Herford, 95 Annerkung BDA-OWL, 2000 Archit.-Pr. OWL / Mitgl.-„BDA“ / Werke u. a. in Westf.-Lippe (u. a. Bad Salzuflen/Bielefeld) (s. Lit.) / **Lit.: 112c** (S. 14) + **112ca** + **197**-95+97 + **197d** (S. 70/76/82) + **226** + In: Burkhard Meier: „Lippische Kirchen“ – Detmold, 2004

Schmidt, Günter (G/D/Ill) / 1943 Schwäb.-Gmünd- / lebt (82) in Heimsheim / **L**it.: 53

Schmidt, Günter (G/D/O/Plakatk) / 3. 7. 1945 Giessen/Lahn – 17. 4. 2001 Münster / (Biografie in Beilage: CD-Ausgabe 2006)

Schmidt, Helmut (M) / Daten nicht bek. / lebt (2001/03) in Detmold/Dörentrup / **L**it.: 132a-01+03

Schmidt, Helmut (M/B/O/I) / 1958 Marl- / lebt (2005) in Waltrop / s. 78 autodidaktische Weiterbild., Europ. Akad.-Trier u. Malerei in Italien / s. 92 Mitgl. Aktmalgruppe Kunsthaus-Essen, ab 97 freisch. u. s. 2000 Lehrt. in Oer-Erkenschwick/Marl/Waltrop u. Workshopleiter / Ausst. u. a. Oer-Erkenschwick (Stadthalle), 1999 Dülmen (Gal.-Frins), 2000 Marl (Freundsch.-tor), 04 Waltrop (Zeche), Bochum (GEA-Center), 05 Marl (Friedenskirche), + Internet

Schmidt, Jochem (B/A) / 1942 Hagen/W.- / lebt (2005) in Braunschweig u. Long-Island/New York / Stud. Wksch-Krefeld (Archit) u. New York (Bildh) / Ausst. u. a. in New York/San Antinio-Texas-USA u. Braunschweig / **Lit.:** Internet

Schmidt, Konrad NEU! (auch: Schmidt-Bevergern) (Holzbildh) / 1898 – 20. 3. 1979 Hörstel-Riesenbeck / war in Bevergern (u. Riesenbeck?) tätig / war um 47/58 Mitgl. Gr.-„Legge"-Tecklenburg / Ausst. u. a. in Tecklenburg/Ibbenbüren/Telgte / **Lit.: 185**-76 + Todesanzeige in: „WN" – Münster – um 22. 3. 1979

Schmidt, Leif (Z/Videok/Perf.-k) / * 1973 – / lebt (2004) in Dortmund / 92-95 Bankkaufmannausb., Stud.-Dortmund 96-03 Univ. (Kunst/Engl/Päd) u. 98 Univ.-Leeds-GB / 02 Stip. M.-Schmeißer-Stiftung f. USA / ab 04 Lehrt. u. Mitgl. Künstlerhaus-Dortmund / Ausst. u. a. 2004 Dortmund (Off. Atelier) / **Lit.: 120c**-04

Schmidt, Michael (Industr.-Des) / lebt (2005) in Wolfenbüttel / Stud. HfBK-Braunschweig / eig. Büro in Wolfenbüttel, s. 97 tätig f. „Tausend Design f. Technik" – Steinhagen / 99 red dot award Essen / **Lit.: 205z**-99(s. **T**ausend, Eduard)

Schmidt, Michael (F) / 1945 Berlin- / lebt (84) in Berlin / **L**it.: 4-Berlin

Schmidt, Monika (M/G) / 1949 Rheine- / lebt (2006) in Rheine / s. 91 intensive künstl. Tätigk., Weiterb.: 97-04 Univ.-Osnabrück, 2000/02 Sommerakad.-Nordhorn, 2000-04 b. Juan del **R**io (MS), 03 Sommerakad.-Borgholzhausen, 04 Workshop Rheine-Bentlage, ab 9/05 Stud. Akad.-Enschede / 01/02 Förder-Pr. Ibbenbüren / s. 96 Mitgl. Gr.-„Spektrum 88"-Rheine, ab 01 Mitgl. Gal.-„Eigen-Art"-Rheine / Ausst.-en u. a. in Rheine, 2001-06 Rheine (Off. Atelier), 06 Ibbenbüren (Kunsthaus), + Westf.

Schmidt, Nepomuk (A) / 1777-1820 in Münster tätig / Werk in Löningen (St. Vitus) / **Lit.: 252**-1

Schmidt, Sabine Anna Maria (S.A.M.) (B/O/I/M) / NEU! / 1959 Holzwickede-Hengsen- / lebt (2001) in Bielefeld / nach Berufsausb.: Stud.-Dortmund 87-93 FHD (Obj.-des) / s. 93 freisch. / Ausst. u. a. 88/89 Huidesande-Dän./Walcheren-NL (Perf.), 90 Jena, 2000- Bielefeld/OWL (Archiv), + NRW / **Lit.: 98a + 133**-94 **+ 152**-93+94 **+ 190b + 192**-01

Schmidt, Siegfried J. (Prof/Dr.-phil) (Visuelle/konzept.-lle Dichtung u. Kunst) (F.-Inst.-k) / 1940 Jülich- / lebt (2006) in MS / NEU: 71-2/06 Prof. Univ.-en Bielefeld/Siegen/MS / (Biografie in Beilage: CD-Ausgabe 2006)

Schmidt, Thomas (A) / lebt (2002) in Dortmund / Stud.-Dortmund 85-88 FH (Archit) u. 91-96 Univ. (Archit/Städtebau) / 91-96 im Büro Prof. Wech tätig, 95-2001 m. D. Britsch „Planungsgruppe Ruhrgebiet" / ab 96 SSP Bochum u. Lehrt. FH-Dortmund / Preise u. 2000 Ausz. BDA Anerkennung, 02 nominiert f. DEUBAU-Pr. / Werke u. a. in Hanau/Oberhausen/Alsdorf/Leipzig, + Westf. / **Lit.: 197**-2001 **+ 197b**-99

Schmidt, Tia (M/I/Videok) / 1966 Bad Salzuflen- / lebt (2006) in Berlin / Stud.-Bielefeld 87-93 FHD (Vis.-Komm) u. New York 05 Studio of Drawing ... / 01 Beteil. Symposion art beyond limits / Ausst. u. a. in Bielefeld/Hamburg/New York/Berlin, 2006 Berlin-Kreuzberg (Gal.-Neues Problem)

Schmidt, Ursula (M/T) / 1936 Herrnhut/Sachsen- / lebt (2002) in MS / Weiterb.-Kurse, Mitarb. in einer franz. Handdruckerei (Stoffdesign) / s. 99 Mitgl. Gr.-„T.U.N.-Arb.-kr. Kunst 83"-MS / Ausst. = s. Gruppe, u. a. 2001/02 MS (Landgericht/Volksbank) / **Lit.: 126a**

Schmidt, Ute (F/D) s. > **B**ostelmann, Bert

Schmidt-Kult, Michael (O/I) / 1964 Schwerte- / lebt (94) in NRW / 80-83 Berufsausb., s. 83 künstl. tätig (O/Metallgest), 88 Künstleranerkennung FH-Köln / Ausst. u. a. 1988 München (Regina-Haus), 89/92 Dortmund (Interstil/Künstlerhaus), 90 Coventry-GB, 91 Bochum (Indigo), 93 Iserlohn (Evangel.-Akad) / **Lit.: 263**

Schmidt-Schweisfurth, Inge (B/K) / 1943 Siegen- / lebt (2004) in Wilnsdorf / Stud.-Frankf.-M. 64 Inst. f. Modedesign, 90-96 Siegen HfG (Bildh) / s. 93 eig. Atelier / ab 96 Mitgl. Gr.-„Skulptura 17" /

Ausst. u. a. 1984 St. Heinrich-Starnberger See, 88 Sterrebeck/Brüssel, 92 Hilchenbach, 94 Siegen-Eiserfeld, 94/96 Wiesbaden (Arch.-kammer), 97 Neunkirchen b. Siegen, 98 Kredenbach, 2000 Châlons en Champagne, 2000/01 Siegen, 01 Wiesbaden / **Lit.: 110b** + **110c**-04 + In: „Verkaufskatalog J. Gerstäcker-Verl." – Eitorf; In: „Speckstein" – J. Gerstäcker-Verl.-Eitorf

Schmidt-V., Renate (Schmidt-Vogt) (M/G/B) (Autorin) / 1943 Remscheid- / lebt s. 66 in Gevelsberg / Stud.-Kunst/Literatur/Päd. / Mitgl. Gr.-„Gevelsberger Künstler" / Ausst. u. a. in Gevelsberg (Rathaus), 1999 Ennepetal (Kluterthöhle), 2004 Gevelsberg (VHS), 05 Schwelm (Kreishaus), 06 Gev.-Werdringen (Wasserschloss) / **Lit.: 209**-99

Schmidtbochum, Erich NEU: (eigentl.: Schmidt, Erich) (B) / 30. 11. 1913 Bochum – 7. 6. 1999 Braunschweig (Grab in Wolfenbüttel) / Bildh.-ausb. in Soest b. Otto Syrbe u. Stud.-Dortmund bis 34 Kgsch / 61 „M.-Claudius"-Medaille / Stud.-reisen nach Frankr./Holland / 34-38 in Soest tätig, ab 38 freisch. in Bochum, 39-46 Kriegsdienst/Gefangenschaft, s. 57 Wolfenbüttel / war Mitgl.-„Boch.-KB" / Werke u. a. in Bochum/Wolfenbüttel + N / Ausst. u. a. 1936-39/42 Dortmund (ehem. Katharinenkloster), 39 Köln (Kv), 46 Arnsberg, 60 Bochum (Stadtgal) / **Lit.: 8a**-36...39+42+46(=Schmidt) + **8b**-39(=Schmidt) + **27**-2 + **53** + **146**-60 + **146b**= (Schmidt) + **146c** + **147**-1(erw.)

Schmidtmann & Klemp (Archit.-en) / um 1897-1912 mit Julius **K**lemp in Dortmund tätig / Werke u. a. Flottmann-Hallen – Herne m. Architekt „**K**leny" / **Lit.: 142y** + **146c**

Schmidtmeier, Gerda (T/Khw) / * 1928 – / lebt (2005) in Ahlen / Ausst. u. a. 1999-2005 Telgte (Mus) / **Lit.: 185**-99+2000+02+04+05

Schmidts, Heinrich (Schmits) (M) / † 25. 1. 1684 Münster / 1648 Meister in MS, 1658-82 Gildemeister / 1653 Auftrag f. d. Hochaltar d. Liebfrauenkirche in MS (Zahlungen bis 1681), Werk nicht erh. / **Lit.: 178a** + M. Geisberg: „Bau- u. Kunstdenkmäler" – Bd. 6 – S. 36

Schmiedek, Dietlind NEU: (ab 04: **Seeburg**, D.) (D/M/Khw/Farbdesign) / 1951 Münster- / lebt (2006) in Ostbevern / (Biografie in Beilage: CD-Ausgabe 2006)

Schmiedeknecht, Heinrich (A) / 9. 5. 1880 Bochum – 4. 8. 1962 ebd. / Onkel v. Wulf **Sch**. / Schreinerausb. u. Stud. Kgsch-Kassel (bis um 1900) / 1906-62 freisch. in Bochum / Mitgl. „BDA", 56 Ehrenvors. / Werke u. a. in Bochum / **Lit.: 34**-9,2 + **146b+c** + Ingeborg Monheim: „Eine Bochumer Baugeschichte" – H. Sch. 1880-1962 – Peter Pomp-Verl., 1994

Schmiedeknecht, Tadäus (A) / 1968 Bochum- / lebt (2006) in Berlin / Sohn des Wulf **Sch**. / 90-91 Tischlerausb., Stud.-Dortmund 91-95 FH f. Arch. u. Berlin 95-2000 UdK (Archit) / 95 Gründung der „Planschmiede" in Berlin m. Wulf Schmiedeknecht / Werke u. a. in Berlin

Schmiedeknecht, Wulf (Prof) (A/Stadtplaner/D) / 1936 Bochum- / lebt (2006) in Bochum / Neffe des Heinrich **Sch**. u. Vater v. Tadäus **Sch**. / 53-56 Tischler- Maurer- u. Polstererausb., Stud.-Dortmund 56-60 Wksch u. Frankf./M. 60-64 HfBK / Wettbew.-Preise, 2x 84 Ausz.-NRW „Vorbildl. Bauten in NRW", 86 Archit.-Pr. NRW / 64-76 Mitarbeiter Büro „Eller/Moser/ Walter-Architekten", 77-98 Büro „Schmiedeknecht ° **K**rampe (Ulrich) ° **R**eiter (Peter)" in Bochum, 95 Gründung der „Planschmiede" in Berlin m. Tadäus Schmiedeknecht / s. 74 Lehrt. FH-Dortmund, 97-06 Prof. FH f. Archit.-Dortmund / Mitgl. „BDA" u. „DWB" / Werke u. a. in Bochum/Dortmund/Nürnberg/Halle-S./Bremen/Frankf.-M./Berlin/Mallorca / **Lit.: 146b**

Schmieder, Angelika (M/Z) / lebt s. 81 in Bielefeld-Bethel (* um 1954) / Ausst. u. a. 2001 Bielefeld (Gal.-Lydda), 01- Bielefeld/OWL (ein-seh-bar) / **Lit.: 192**-01 + In: „Gruss aus Bethel" – Kalender 2002+2004 – Bielefeld

Schmieding, Fritz (Friedrich) (F) / 1890 Dortmund – 1961 ebd. / Autodidakt / 1912 Ausz.: Gaevert-Plakette f. Amateurfotogr. / ab 25 eig. Atelier / (nach 50) zwei Fotokina-ausz.-gen, 57 Ausz. in Silber f. europ. Berufsfotogr., 58 „Artiste de la Federation int. de lé art fotogr. / Ausst. u. a. 1999 MS (Stadtmus), 2001 Dortmund (Mus. f. K. u. K.) / **Lit.: 60a** (Abb.-Nr. 92/137/146) + **202** + In: Zupancic/Högl: „Dortmund bei Nacht" – Bielefeld, 2005

Schmieding, Rolf (F) / 1921 Dortmund- / lebt (2005) in Hamburg / Sohn des Fritz, Zus.-arbeit bis zum Tod des Vaters, danach allein tätig / Ausst. u. a. 2001/05 Dortmund (Mus. f. K. u. K.) / **Lit.: 202**

Schmieta, Hinrich (Multimediak) / 1961 Uelzen- / lebt (2005) in Bielefeld / Klavierbauer- u. Tischlerausb. 83-87 in Radolfzell u. Konstanz / Stud.-Braunschweig 80-93 TH (Informatik/Germ), 91-97 HfBK (Freie Kunst), 96 Meisterschüler u. Stud.-Marseille/Fr. 94/95 École des Beaux Arts de la Ville / 92 Wettbew.-sieger HfBK-Braunschweig, 93-97 Stip. Evang.-Studienwerk Villigst, 96 Tritec-Förder-Pr. Braunschweig u. Wettbew.-Pr. Opel-Rüsselsheim, 98/99

Proj.-förderung Künstlerkatalog, 2000-02 Lehrt. GH-Siegen / Ausst. u. a. in Amsterdam-NL/ Marseille-Fr./Hannover/Köln, 2005 Bielefeld (Off. Atelier) / **Lit.: 152**-05 + Internet

Schmits, Heinrich s. Schmidts, Heinrich

Schmitt-Buse, Gretel (M/B/I) / 1943 Glashagen/Kr. Grimmen- / lebt (2006) in Castrop-Rauxel / 90-95 Weiterb.-Malerei, 95-99 Stud. IfbKuK-Bochum, 2000 Meistersch.-in u. Weiterb.-Dresden/Trier / Mitgl. „VfDK", „Kv.-Sentmaring"-MS u. „FrauenKunstForum"-Südwestf. / Ausst. u. a. in Rostock, 1998/99/01 Bochum (Mus), 99 Gelsenkirchen/Recklinghausen, 99/2000 Bochum (Kunstzentr.-IfbKuK), 2000 Hefei-China, Hilden (Mus), 01 Castrop-Rauxel (Alte Feuerwache/Bürgerhaus), 02 Aabenraa-Dänem., Castrop-Rauxel/Mülheim-R., Hattingen (Henrichshütte), 02-05 MS (Kv.-Sentmaring), 03 Lüdinghausen (Burg Lüdinghausen), 04 Hörstel-Gravenhorst (Kloster), 05 Neuenrade (Park der Villa am Wall) / **Lit.: 69**-04 + **209**-02 + **237**-03 + In: „Freie Malerei" – Ausst.-kat. – Hg.: IfbKuK-Bochum, 2001

Schmitt-Siegel, Helmut M. (Komm.-Des) / 1943 Hindelang/Allgäu- / lebt (2005) in Düsseldorf u. Bielefeld / Stud. HfG-Ulm u. HfG-Offenbach (Vis.-Komm), Univ.-n Köln u. Bonn (Soz/ Psych/Inform.-theorie) / ab 69 freiberufl. tätig, 74 m. Prof. Eckhard Jung Gründung „Institut f. Communication" – Düsseldorf (Veröff.-gen in Magazinen/Zeitschr.-en/Zeitungen), ab 92 Partnerbüros in London/Paris/Brüssel/Barcelona/Mailand/Tokio/Osaka/Hongkong/Sydney/Brisbane, s. 96 Umfirmierung in „Design für Communication Prof Schmitt-Siegel & Partner BDU" – Düsseldorf / Lehrt.: 77 Akad.-Düsseldorf, 78-80 Univ.-Wuppertal, 81-82 FH-Aachen, ab 85 Prof. FHD-Bielefeld, s. 96 Ltg. „Entwicklungsbüro f. Komm.-des. („Gruppe 116") FH-Bielefeld u. ab 02 Proj.-ltg. „medienquadrat" / Gastprof.: 85 Halifax-Kanada, 90 (DAAD-Stip.) in Paris, 91 La Tour-de-Peilz-Schweiz, Gastseminare: 95 London, 98/99 Rhode Island-USA / **Lit.: 205**-94

Schmitten, Stephanie (M) / 1968 Winterberg- / lebt (2004) in Paderborn / Stud.-Paderborn 92-98 Univ./GH (Kunst/Mathem/Päd) / 98 „Woldemar-Winkler" Förder-Pr. Gütersloh, 99 Studienaufenth.-e in Italien/Frankreich/Spanien, ab 99 Mitgl. Kulturwerkst. Paderborn / Ausst. u. a. 1993/95/98/2001 Paderborn (Techno-Park/Kulturwerkst/2xStudentenwerk/CDU-Gesch.-stelle), 96 Warburg (Mus. im Stern/ev. Kirche am Brüderhof), 99 Bedburg-Hau/Gütersloh/Münster, 2002/03 Paderborn (Off. Atelier) / **Lit.: 101b**-02+03(Atelier II)

Schmitz, Aleks (Alexandra) (M/u. a.) / 1976 Paderborn- / lebt (2004) in Gelsenkirchen / Stud. Univ./GH-Paderborn / in Paderborn bis Mitte 04 Mitgl. Atelier „Raum für Kunst", danach „Atelier 2" / z. Zt. (04) Referendarin in Gelsenkirchen / Ausst. u. a. 2001 Paderborn (Bet.-Aktion: Lebendes Kunstwerk), 03-05 Paderborn (Off. Atelier) / **Lit.: 101b**-03...05 (=Atelier II)

Schmitz, Daniela (M) / 1979 Mönchengladbach- / lebt (2005) in MS / 98-2000 Ausb. Fremdspr.-korresp.-in, 2000-02 in Frankr. tätig, Stud.-MS ab 02 Akad. u. s. 04 Univ. (Kunst/Franz) / Ausst. u. a. 2002/03 Mönchengladbach (Gal.-Noack), 05 Liesborn (Mus), H.-Gravenhorst (Kloster) **/ Lit.: 56d + 69**-05

Schmitz, Günter (B/Goldschm.-u. a.) / 1930 Bonn- / lebt (58) in Bonn / Stud.-Bonn 48-52 b. A. Knott, 53-54 am Kölner Dom tätig, Stud.-MS 56-? Wksch (Gold- u. Silberschm), 56ff. am Dom in MS tätig / Werke in NRW / **Lit.: 25**-4 + **221**-80

Schmitz, Heiner (Prof) (F/D) / 1940 Oberhausen- / lebt (2006) in Mülheim-R./Dortmund/Düsseldorf / nach Lithogr.-ausb.: Stud.-Essen 62-67 Folkwangsch. (Grafikdes) / 67-71 freisch. als Fotogr./Art-director, 71-72 in Spanien u. 72 London, ab 73 eig. Studio in Düsseldorf, s. 91 Prof. FHD-Dortmund, Gastprof.-China: 97/98+02 Beijing, 01/02 Shenzhen u. 02 Dalian-China / Mitgl.-„BFF" u. „DGPh", 95 Gründungsmitgl. Gr.-„AnDer"-Mülheim-R. / Ausst. u. a. China/Mülheim/Mannheim, 2001 Dortmund (Mus. f. K.u.K.), 02/05 Düsseldorf (Kunstpalast), 04 Hildesheim (Kv), Dortmund (Gal.-Freiraum) / **Lit.: 107**-02+05 + **202** + **205**-94 + In: „Mülheimer Künstler ´93" – Adressbuch – Mülheim/Ruhr, 1993; In: „kulturaktiv" – Mülheimer Kulturhandbuch – 1998

Schmitz, Knut (Filmk) / 1969 Herne- / lebt (95) in Baden-Württ. / 90/91 Filmmitarb., ab 91 Stud. Filmakad.-Baden-Württ. / eig. Filme s. 91 / Auff. u. a. 1994 in MS / **Lit.: 196**-94

Schmitz, Martin (B/O/Materialb.-k/A/Dipl.-Ing) / 1965 Gelsenkirchen- / lebt s. 96 in Berlin / Stud.-Aachen (Archit) / Werke s. Internet

Schmitz, Nina (F) / 1968 Geseke- / lebt (2003) in Düsseldorf / Stud.-Düsseldorf 90-96 Akad., 96 Meisterschülerin / 95 Europ. Archit.-fotogr. Pr., 99 Stip. NRW, 99/2000 European Award f. Frauen-Fotografinnen u. 2000 Welde Kunst-Pr. / Ausst. u. a. 1995 Genf/Berlin/Edinburgh, 98 Köln (SK-Stiftung), 99/2000 Düsseldorf (Gal.-Kraushaar), 2000 Prato-It./Moskau/Basel/Düsseldorf, 01 Neuss (Alte Post), MS (Kv), 02 Düsseldorf (Kunstpalast) / **Lit.: 79b + 107**-02 + In: „artist" – Kunstmagazin – 3/2002 – S. 34-41 + 58(Artist Edition) – Bremen

Schmitz, Peter (G/Glasm/Glask) / 1938 Wuppertal – 1998 ebd. / Lit.: 216

Schmitz, Peter (B) / 1954 Dortmund- / lebt (88) in Lünen / Werke s. 83 / Ausst. u. a. 1986/87 Telgte (Mus) / **Lit.: 185**-86+87

Schmitz, Rainer (Industriedes) s. „**O**co-Design"-Münster

Schmitz-Emde, Hanno (B/Industriedes) / 1945 Mühlhausen/Thür.- / lebt (2004) in Herford / Stud.-Essen ab 65 Folkwangsch. (Industriedes) / als Holzbildh. = Autodidakt, ab 94 freisch. / Ausst. u. a. 1998 Bünde, 2002 Halle-W./Kalletal, 02/03 Bielefeld, 03 Nieheim, 03/04 Bad Salzuflen/Lemgo, Blomberg (Kunstmauer)

Schmuchal, Barbara (M/Z) / 1954 Hindenburg/Oberschlesien- / lebt s. 91 in Bottrop / 89-02 Weiterbild. u. a. VHS Essen u. Bottrop / s. 94 Mitgl. Gr.-„Kunstgem. Bottrop" / Ausst. u. a. in Gelsenkirchen (Wissensch.-park), Gladbeck (Volksbank), Bottrop (Sparkassen/Volksbank/Finanzamt/St. Martinskirche/Hof Jünger/RWW/Unionshaus/Seniorenheim/Bürgerbüro), 1997/98/2000/01 Bottrop (Mus), 2000-04 Bottrop (Kulturzentr.-Everding), 04 Westerland-Sylt Ruhrgebiet (Beteil.-Wanderausst.) / **Lit.: 99a**-97+98+2000+01+04 + **99c**-2000...04 + **99d**-04

Schmuchal, Hartmut (F) / * 1954 – / lebt (2004) in Bottrop / Ausst. u. a. 2001/02/04 Bottrop (Kulturzentr), 02/03 Bottrop (Mus) / **Lit.: 99a**-02+03 + **99c**-01+02+04

Schnabl, Karin (M) / lebt s. 1961/63 in Dortmund, Jugendzeit in Solingen u. Westerwald / erst Autodidaktin, ab 94 Weiterbild. b. Susan Sydney – Ontario-Kanada, 8 Semester Altenakad.-Dortmund u. b. Dr. Gudrun Braeker / Ausst. u. a. 2006 Dortmund (Gal.-Torfhaus), + Internet

Schnathorst, Peter (M) / 1972 Osnabrück- / lebt (2005) in MS / nach FH-Reife a. d. FofG bis 91: Fachpraktika 89-91 in Reklame-, Schauwerbegest. u. im Grafik-Design, 92-95 Buchbinderausb., alles = Osnabrück / Stud.-Enschede-NL 96-99 Akad. u. MS 99-2/04 Akad., 02 Meisterschüler / Ausst. u. a. 1999 Gronau (Sparkasse), 2002 Berlin (HfBK), Bocholt (Kunsthaus), Bochum (Kv), 03/04 MS (Kv), 04 MS (Schloss), Oberhausen (Kv), Istanbul-Türkei (Mus) / **Lit.: 57**-02 + **231b+c**

Schneeweis-Schröer, Jutta (M/B/O) / 1951 Hamm/W.- / lebt (2006) in Hamm / Diätass.-inausb./ Tätigkeit in Hamm/Bochum, Stud. Univ./PH-MS (Oecotrophol/Biol/Mathem/Geogr/Päd) / ab 79 Lehrt.-Hamm / Ausb. spez. Päd./Kunst/Musik u. ab 92 Stud. Univ.-MS (Kunst- u. Kreativtherapie), künstl.-Weiterbildung in Nordkirchen/Obernkirchen/Kelze/Dortmund, u. a. bei Heide Drever in Hamm / Mitgl. „Junge Kunst"-Frechen b. Köln / Ausst. u. a. 1994 Lengerich (Creativa), 1996/2003 MS (Landgericht), 96-99 Hamm (Verkehrsverein/Hamtec/Queens Hotel /Kaufhof), 97 Saarbrücken (Deutscher Kunstpr), 99 Altenberge (Heimathaus), 2000 Nordwalde (Spieker), 01 Bönen (Alte Mühle), 02 Soest/Werl/Villigst, 03/04 Hamm (2xMax.-Park/ Hamtec/Bunker/Stadtwerke), 05 Kamen (Amtsgericht), Hagen (Landgericht), Hamm (Pauluskirche/M.-Luther-Viertel), + Internet

Schneider, Barbara Martina NEU! (M/Z/Ill) / 1967 Bad Oeynhausen- / lebt (2005) in Bielefeld / Lehrlogopädin/Linguistin a. d. IWK Bielefeld / s. 88 Autodid.-e Arbeiten u. Weiterb.-kurse in Bielefeld / Ausst. u. a. 1997-2000/02-05 Bielefeld (Off. Atelier), 99/01 Gütersloh (DAA), 2000- Bielefeld/OWL (Archiv), 01/02 Bielefeld (Praxis/Ratscafé), 02 Hannover (Fernholz-Küster-Stiftung), 03 Bielefeld (Marcant) / **Lit.: 152**-97...2000+02...05 + **192**-01+04

Schneider, Enno (Prof/Dr. Ing) (A) / lebt (2005) in Detmold u. Berlin / weitere Daten leider nicht bek. / viele Wettbew.-Preise, 99 Archtitektur-Pr. NRW mit Thomas Herzog – München (Entwurf) / Mitgl. „BDA" / **Lit.: 213a**-99 + „K. Jester/E. Sch.: „Weiterbauen" – Berlin, 2002; In: „Bürobau Atlas" – Callwey-Verlag, 2005

Schneider, F.J.H. (FJH) (Friedrich) (M/Z) / 1923 Dortmund- / lebt (2004) in Dortmund / Stud.-Hamburg 46 HfBK u. Karlsruhe 47-52 Akad. / Ausz.: 77 Goldmed. Allonnes/Le Mans-Frankreich, 80 Verdienstdipl. Akad.-Rom, 81 Bronze- 82 Silber-Medaillen int. Akad. „Lutetia"-Paris u. 82 Ehrendiplom akad. Inst.-Paris, 83 Grand Prix Akad.-Rom / Ausst. u. a. in Frankr., Baden-Baden/Bonn/Berlin/Düsseldorf/Hamburg/Karlsruhe/Wiesbaden, 1945-49 Soest, 55/62/2001 Dortmund, 02 Marl (TC), 02/03 Dortmund (LWL/Cote-Soleil/Mus.-Steinwache/IHK), 03 Hamm (Kabinett-Gal), 04 Oberhausen (Forum-Altmarkt), + Internet / **Lit.: 100**-45(Friedrich Schn.)

Schneider, Franz (Gürtler/Werksdes) / Gürtlerbetrieb, gegr. 1881, ab 1909 „FSB" = „Franz Schneider GmbH Brakel" / s. 1930 Türklinkenproduktion, Gesch.-führer: Jürgen W. Braun, Zusammenarb. mit bek. Designern (u. a. Johannes **P**otente/Jasper Morrison/Dieter **R**ams/Philippe Starck), 89 Staats-Pr. NRW, 91 Design-Pr. Essen, 93 Design-Pr. NRW / Ausst. u. a. in Essen/Hannover, 2004 Lemgo („Zumtobel Staff"-Forum) / **Lit.: 205d** + **205x**-93 + In: „IF design award 2003" – Hannover

Schneider, Friedrich s. Schneider, F.J.H.

Schneider, Gregor (I/O/F) / 1969 Rheydt- / lebt (2005) in Mönchengladbach / Stud.-MS 89-92 Akad. u. 92-94 Stud.-Akad.-n Düsseldorf/Hamburg, Meisterschüler / s. 95 = 13 Preise/Stipendien / Lehrt. 99 Amsterdam, 2000-02 Gastprof. HfBK-Hamburg, 03 Gastprof. Univ.-Los Angeles/USA / Ausst. u. a. 2005 Recklinghausen (Kunsthalle), Ingolstadt (Kv), + N/INT / **Lit.: 26a**-05 (m. Lit.) + **256**

Schneider, Jochem Roman s. Roman, Jochem

Schneider, Juliane (F) (Autorin) / 1970 Wipperfürth- / lebt (2004) in MS / nach Jugendzeit im Sauerland Stud.-Slavistik bis 98 / Ausst. = Westf. + Internet

Schneider, Reinhard (M/Z) / * 1957 – / lebt (2005) in Bottrop u. Gladbeck / Mitgl. „KB-Bottrop" / Ausst. u. a. 1998 MS (Tibus-Wohnpark), 90 Essen (Gal.-Arka), 2004 Bottrop (Mus/ Sparkasse) / **Lit.: 99**-04

Schneider, Stephanie (Steffi) (M/Z) / NEU: 1975 Iserlohn- / lebt (2005) in MS / Stud.-MS bis 05 Akad. / (Biografie in Beilage: CD-Ausgabe 2006)

Schneider, Till (M/G/O) / * 1951 – / lebt (2006) in Bielefeld / Buchdruckerausb. in Weimar u. war dort als Restaurator tätig, viele Ausl.-aufenthalte (Borneo/USA/Afghanistan/Indien) / 06 Lehrt./Kurse im „Fachwerk"-Bad Salzuflen / Mitgl. Gr.-„Das Fachwerk"-Bad Salzuflen / Ausst. u. a. 2005 Bad Salzuflen („Fachwerk")

Schneider, Werner (Prof) (M/G) / 1935 Marburg/Lahn- / lebt (2004) in Bad Laasphe / Stud.-Wiesbaden 54-58 Wksch / 57 R.-Spemann-Pr. Offenbach, 88-99 Ehrenmitgl.-schaften in Intern. Ges.-schaften, s. 87 zahlr. Intern. Ausz.-nungen/Awards f. Grafik/Kalligr. / 58-73 Lehrt. Wksch-Wiesbaden, 73-97 Prof. FHD-Wiesbaden / ab 75 Mitgl. „Bund Deutscher Buchkünstler", 87 „Type Directors Club New York" / Ausst. u. a. 2000 San Francisco/Kansas City/ Washington/Den Haag/Tasmanien/Australien, Berlin (Akad), 01 Chemnitz (Kv), 01/02 Brügge (Mus), 03 London, + N/INT / **Lit.: 110b** + **110c**-04 = 2x m. ausf. Biogr.+Lit.!

Schneidermann-Abdelhak, Guido (B) / 1959 Alpen/Niederrh.- / lebt (2004) in Wesel / 83-84 Steinbildh.- u. Steinmetzausb. / ab 99 Mitgl. Gr.-„Kunstraum"-Ennepetal / Ausst. u. a. 1999 Ennepetal (Kluterthöhle), 2002 Schwelm/Hattingen (H.-Martfeld/Henr.-hütte), 04 Ennepetal (2x Aktionen: Kunstraum) / **Lit.: 209**-99+04 + **211**-2000+02

Schneppendahl, Waltraud (K/O) / Jugendzeit in Schlangen, lebt s. 60 in Soest / Weiterbild. b. Wilh. **W**ulff u. an Kunstseminaren in Paris/Bruneck/Wien / war s. 70 Lehrt., 84-? VHS-Soest / Mitgl. „Kv.-Kr.-Soest" / Ausst. u. a. in Arnsberg/Soest/Ramsbeck, 2005 Möhnesee (Klinik), Soest (Wilh.-Morgner-Haus) / **Lit.: 100**-05

Schnieber, Resi (K) / lebt (2004) in Hattingen / Keramikausb. in Marl, Europ. Akad.-Trier u. b. namh. Künstlern, u. a. im Elsass u. Swalmen-NL / Mitgl./Ausst.-gen in Gr.-„KünstlerBuntMultiColor"-Hattingen / Ausst. u. a. 1994/95 Kalkar (Gal.-op de Deel), 97 Hattingen (Finanzamt), 98 Castrop-Rauxel (Gal. unterm Dach), 99 Remagen (Gal.-Villa Rolandseck), Essen-Kettwig (Die Gal), 2000 Rhodt/Rietburg/Essen-Werden, 01-03 Hattingen (2xStadtmus/ Eckturm), 01 Wiesbaden, 02 Dortmund (Kreativ-Wettbew)

Schnieders, Ingo (O/I/Z) / 1977 Nordhorn- / lebt (2003) in MS u. Wietmarschen / Stud.-MS 97-02 Akad., 01 Meisterschüler / Ausst. u. a. 2002 Nottuln (Dauerausst.: Wellnesspoint), Dortmund (Künstlerhaus), 03 Bonn (Kunsthalle) / **Lit.: 210**-03 + **218**-02

Schnieders, Jutta (Grafik- Kommunik.-des) / lebt (2004) in Münster / Stud.-MS 87-93 FHD / 93-95 in „DRS Marketing" tätig, s. 95 Agentur m. Frank Seepe „cyclos design Gmbh"-MS / Ausz.: 1998/01/02 red dot Award-Essen / **Lit.: 205a**-01 + **205y**-98,2+2000,1+02,2+04,2 + u. a. in: „Graphis Jahrbuch Design" – 1995

Schnieders, Rolf (Dipl.-Ing/Mediendes/Filmk) / 1946 Münster- / lebt (2006) in MS / 63-66 Starkstromelektrikerausb., 66-71 Stud. FH-Darmstadt (Nachr.-techn) / Mitbegr. Gr.-„telewissen"-Darmstadt (Videokunst im Fernsehen) / s. 72 Produktionen f. Fernsehen (Lehr- Kurz- u. Dokumentarfilme), 72 Beteil.-Kassel 5. „documenta", ab 93 Lehrt. FHD-MS / Auff.-gen u. a. 2001/04 MS (Cinema) / **Lit.: 15a**

Schnitt, Corinna (Film- u. Videok) / 1964 Duisburg- / lebt (2005) in Dortmund / bis 96 Stud. in

Offenbach u. Düsseldorf / Ausst./Auff.-en u. a. 1999/2003 MS (Filmfestival), 03 Hattingen, Bochum (Gal.-Januar), 05 Dortmund (Phoenixhalle) / **Lit.: 196**-99+03

Schnittker, Isabel (M/G/B) / 1972 Dortmund- / lebt (2006) in Bielefeld / Weiterb.-kurse in Bielefeld / Ausst. u. a. in Bielefeld-Brackwede (Café Vielfalt), Bielefeld-Bethel (Kü.-haus Lydda), 2001- Bielefeld/OWL (Archiv), 03/04/05 Bielefeld (Produzentengal/2xFrauenkulturzentr/Sporttherap. Dienst) / **Lit.: 192**-01 + In: „Gruss aus Bethel" – Kalender – 2001+04+05 – Bielefeld-Bethel, 2000/03/04

Schnüttgen, Volker (B) / 1961 Attendorn- / lebt s. 89 in Bremen, außerdem ab 93 in Sintra/Portugal / NEU: 99 Kultur-Pr. Kreis Olpe, 2000 Lehrt. Univ.-Lissabon, 04 Stip. Stiftung „Calouste Gulbenkian" – Akad. f. Neue Medien – Berlin / (Biografie in Beilage: CD-Ausgabe 06)

Schnug, Christoph (Prod.-Des) / 1965 Recklinghausen- / lebt (2002) in MS u. Mailand / Stud.-Berlin 86-88 Grafik-Des., MS 88-92 FHD (Prod.-Des) / tätig 92-97 in Bologna u. Mailand, 97 Gründung „Studio C" – Mailand/Münster / Ausst. u. a. 2002 MS (IHK)

Schnurr, Ansgar (O/I) / 1977 Bonn- / lebt (2005) in MS/Paderborn, ab 05 Fulda / Stud.-Paderborn 98-03 Univ./GH (Päd/kath. Theol/Kunst) u. MS 03-05 Akad., 04 Meisterschüler / 99-03 Tutor Univ.-Paderborn, 01 Förder-Pr. Spark.-Gütersloh, 03 Förder-Pr. Kv.-Paderborn, 04 Lehrt. Univ./GH-Paderborn, 05 Tim&Struppi-Preis Klasse Prof. Timm Ulrichs / Ausst.-gen/Projekte u. a. 1999/01 Bonn („Dendrographie I+II"), 2000 Paderborn (2x mit Gruppe: Kolonne SO.104), Siegburg (in der Sieg), 01 Bonn-Duisdorf (m. Gruppe), 02 Wallis-Schweiz (Inst. am Rhonegletscher), 02/03 Siegburg (Pumpwerk/Kv), 03 Paderborn (Kv), Laer (Stadtmitte), 04 MS (Halle-Am Hawerkamp/Mühlenhof), Bergkamen (Stadtgal), Bad Oeynhausen (VHS), Soest (FH), 05 Wismar (Baumhaus), Recklinghausen (Kunsthalle), Ingolstadt (Kv) / **Lit.: 256+a** + „A. Sch." – Ausst.-kat. Kv.-Rhein-Sieg-Kr. – Siegburg, 2002; „A. Sch." – zwischen Vorher und Nachher – Ausst.-kat. – Kv.-Paderborn, 2003

Schnurre, Rainer (M/B/O) (Autor/Lyriker) / 1942 Paderborn- / lebt (2005) in Paderborn / Schreinerausb., Film-Regisseur, s. 80 Entwicklung der „Sozialkunst-Gestaltung" / HP- u. Logopädie-Ausb., Sucht- u. Logotherapeut, 90 Mitbegr. der „Arche Nova"-Berlin / Lehrt. in Leipzig/Berlin u. der Schweiz / Ausst. u. a. 2004 Paderborn (Off. Atelier) / **Lit.: 101b**-04

Schoedder, Paul Hermann (Paulhermann Sch.) (M/G) / NEU: 1887 Iserlohn – 1972 Iserlohn-Allendorf / (Biografie in Beilage: CD-Ausgabe 2006)

Schön, Helmut (B) / 1952 Geesthacht- / lebt (2003) in Bad Salzuflen / Stud.-Kiel 72-76 Päd., 76-87 Beteil. an versch. Lebens- u. Arbeitsprojekten in Kiel/Lechenich/Schwand/Steckborn-Schweiz u. Konstanz, 88-91 Steinmetzausb.-Hennef/Sieg, 91-95 Steinmetz in Bad Salzuflen, s. 96 freisch. / Lehrt.: s. 98 VHS-Bad Salzuflen, ab 99 Proj.-arbeit JVA-Herford u. s. 02 Sommerwerkst. „Das Fachwerk"-Bad Salzuflen-Schötmar / Werke u. a. in Bad Salzuflen u. Herford / Ausst. u. a. 1997+2002 Bad Salzuflen (Heerser Mühle/AWO/"Das Fachwerk"), 99 Bad Essen (Schloss Ippenburg)

Schönebeck, August von (Artillerieoffizier/Bauzeichner) / 1733 – 1772 / Offizier im münsterr. Regiment (in Vechta u. MS) u. wahrsch. im Baubüro Schlauns tätig / **Lit.:** s. G. Dethlefs

Schöngarth, Ludwig (Buchholz-Schöngarth) (Sign.: „Buchholz") (M) / 1937 Marienau/Schlesien – 21. 4. 2003 / lebte in Bad Berleburg / Weiterb.-Fernkurse / s. 77 selbst. / war Mitgl. „Wittgensteiner Kunstges." / Ausst. u. a. 1990 Werl (Gal. am Hellweg), 95 Hamm (Gal.-Mensing), + N / **Lit.: 110b + 110c**-04 + In: „HÖR ZU" – 10/1984 – S. 129/131; In: „Mensing-Gemälde" – Katalog 6 – Hamm-Rhynern, o.Jhg.

Schönleber, Rüdiger NEU! (M/O/D/Materialb.-k) / 1957 Stuttgart- / lebt (2005) in MS / Stud.-Stuttgart 80-85 Akad. / ab 86 in MS tätig, Industriedesigner b. „Oco-Design"-MS / Ausst. u. a. 1990 MS (Kulturkiosk), Osnabrück (Stadthalle), 91 MS (Bürgerh.-Kinderhaus), 92/93 MS (EPS-Inst.-Schule), 93 2x in Hamburg / Ausz.-en: 89 Design Center-Stuttgart, 92 „Sieger Parade" Frankf.-M., 99 Design-Award – Busse Longlife, 04 red dot award Essen / **Lit.: 205z**-04

Schöpper, Christiane („Kiki") (M/G/D/Khw=Handpuppenherst.) (Lyrikerin) / 1962 Dortmund- / lebt (2005) in MS / Tochter des Rudolf Sch. / nach Jugendzeit im Hochsauerl.: Stud. FHD-MS u. im Atelier v. A. Schulze-Engels tätig, lebt danach in Hamburg u. ab 93 in Münster / Ausst. u. a. 1994 MS (Triptychon) 04/05 MS (Off. Atelier-Am Hawerkamp), 05 MS (Spiekerhof 44) / **Lit.:** C. Sch.: „Gedankensamt" – Selbstverl.-MS, o.Jhg.

Schörösch, Josef (Töpfermeister) / 25. 9. 1905 Kovin/Serbien – 4. 5. 1984 Münster / Ausb. b. s.

Vater / nach Militärdienst ab 49 in MS tätig, 49-51 in der „Manufaktur Roloff"-MS, 51-55 eig. Werkst. (Bolandsgasse), Maler der Firma Roloff bemalten seine Tonwaren, nach 55 nur noch privat tätig / Ausst. u. a. 2003 MS (Mühlenhof), ab 03 Dauerausst.-MS (Porzell.-mus) / **Lit.: 63b** (erw. S. 27) + In: „Bonbonniere" – 2. Jhg., Heft 2 – 2002

Schöttler, Walter (M/G/Ill) / NEU: 1904 Schwerte – 1978 Essen-Bredeney / (Biografie in Beilage: CD-Ausgabe 2006)

Scholar, Jo (M/G/O) / 1961 Telgte- / lebt (2006) in Gelsenkirchen u. Essen / Stud.-Ottersberg 83-87 FH (Malerei/Grafik), Meisterschüler u. 83 School of Vision b. Prof, Kartokarks / 90 „Alfons-Sumpmann"-Förder-Pr. 2000-02 Stip. Dr. Karl Dörken-Stiftung / s. 02 Mitgl. „BBK-Westf." Dortmund / Ausst. u. a. 1996 Berlebeck (Adlerwarte), 2003 Gera (Schlosswache), Dortmund (Torhaus/Mus. f. K. u. K.), 04 Castrop-Rauxel (Rathaus), Bochum (Kulturwerk Lothringen), Gelsenkirchen (Schloss Horst), 05 Herne (Archäol.-Mus), 06 Gelsenkirchen (Wissensch.-park) / **Lit.: 3**-03(1+2)+04(1+2)+05(1) + **26a**-05

Scholemann, Markus (Industr.-Des) / 1963 Schwelm- / lebt (2000) in Gevelsberg u. Wuppertal / Stud.-Wuppertal 83-90 Univ./GH / 91 m. Roland Cölln (* 1962 Düsseldorf) „Des.-büro Best" in Gevelsberg, s. 93 Wuppertal-Barmen, u. a. Wettbew.-beteil.-gen / **Lit.: 216**

Scholl, Helmut (O/F/D) / 1953 Siegen- / lebt (2004) in Siegen / s. 72 künstl. tätig, später Stud. FHD-Dortmund (Obj.-Des) / Ausst. u. a. in Freusburg, + Südwestf. / **Lit.: 110c**-04

Scholten, Ulrike (M) / 1966 Münster- / lebt (2004) in MS / Autodidaktin / war 02 Initiatorin Gr.-„ARTeFACT"-MS / Ausst. u. a. 2002/03 MS („Litfass"), 02 MS (Wolters=Alter Steinweg), 03/04 MS (Westerholt-Hiltrup/Einzelausst.: Arbeitsgericht/"Pipeline"/Kunsthaus-Angelmodde), 04 Sassenberg („Zumhagen"), MS (Gruppe: Arbeitsgericht)

Scholz, Adrian (Filmk) / s. bei **A**perdannier, Mario

Scholz, Eckhard (A/Dipl.-Ing) / 1962 Aachen- / lebt (2005) in Senden b. MS / Stud.-Braunschweig 83-84 TU u. Dortmund 84-91 Univ. / 85-94 in Lüdingh./Recklingh./Swisttal-Olheim/ Berlin u. Dülmen-Rorup tätig, ab 94 eig. Büro in Senden / 93-99 Lehrt. Univ.-Dortmund, ab 98 Referent u. Seminarleiter „Akad. d. Arch.-kammer NRW", s. 2000 Fachpreisrichter / 93-2000 = u. a. 5x 1. Preise, Werke in NRW / Mitgl.-„BDA" / **Lit.: 197**-01 + **251**-05 + **251a**-04

Scholz, Friedrich Paul (M/B/Glasm/Mosaik) / NEU: 19. 10. 1915 Herford – 22. 11. 1993 Bad Salzuflen / Stud.-Bielefeld 35-39 Kgsch u. 40 Akad.-Königsberg / Ausz.-gen in Monaco/ Biarritz/Paris u. (84)89? „Welt-Pr. der Kultur" / viele öffentl. Werke f. Kirchen/Schulen/ Rathäuser, Industrie u. Privat = N / war Mitgl. „BBK"-OWL u. „Intern. Arts Guild"-Monte Carlo / Ausst. = N + INT / **Lit.: 1**-5 + **27**-2 + **53** + **124**-75

Scholz, Günter (M/Z/Reliefk) / 1931 Sorau/Niederlausitz- / lebt (2004) in Siegen / s. 68 künstl. tätig / Ausst. u. a. 1978 Siegen (Nikolaikirche), 93 Weidenau (Bank) / **Lit.: 110b** + **110c**-04 (m. Lit.)

Scholz, Günter (M) / * 1941 – / lebt (88) in Schopfheim-Enkenstein / Lit.: 107-88

Scholz, Paul-Friedrich s. Scholz, Friedrich Paul

Scholz, Robéro NEU! (M/G/Plakatk) / 1968 Soest- / lebt s. 93 in Köln / 95-2000 Stud. KHfM-Köln / Förder-Pr. 14. Intern.-Jugendwettbew. u. Pr. Europäischer Plakatwettbew., 01/02 Stip. K.-Adenauer-Stiftung / ab 95 freiberufl.-er Grafiker, ab 01 Büro „art_work" / Mitgl. „Kv.-Kr.-Soest" / Ausst. s. 1984, u. a. in Italien/Brüssel-Belg./Lodz-Polen, 1988 Liesborn (Mus), 2003 MS (Innenstadt), 04 Wuppertal-Barmen (Kunsthalle), 05 Bonn (Künstlerforum), + NRW / **Lit.: 82b** + **100**-88

Scholz-Moritz, Martin s. Scholz, Martin

Schomacker, Sandra s. Lilge, Sandra Catalina

Schomburg, Kerstin (M/Z/O/I) / lebt (2005) in Detmold / 99 Dipl.-Illustratorin / s. 98 Lehrt./ Kurse / Ausst. u. a. 1997/2001-03 Schwalenberg (Burg/Koepke-Haus), 98 Paderborn (Kinderdorf), 99 Lage (Akad), 2000 Detmold (Kreishaus), 01 Lage/Bielefeld-Heepen/Paderborn, 01-03/05 Detmold (Off. Atelier), 02/04 Warburg, 03/04 Detmold (Landgericht/Gal.-Dienst/IHK/ Hospiz), 03 Freiburg-Br., 05 Germete (Ku(h)lturstall) / **Lit.: 132a**-04+05 + Kinderbuchill. v. K. Sch. f. Schneider/Pestalozzi-Verl. München, 2003 + OZ-Verl.-Rheinfelden, 2004

Schomerus, Hajo (Filmk) / 1970 Hannover- / lebt (2003) in Köln / Stud. FH-Dortmund (Kamera) u. in Indien/New York u. Tokio / s. 99 freisch. / Auff.-gen u. a. 2003 MS (Filmfestival), + N/INT / **Lit.: 196**-03

Schoof, Kurt (M/Z) / 1931 Wanne-Eickel – 1991 Herne / Autodidakt / 61 Mitbegr. Gr.-„Die Freien"-Wanne-Eickel / Ausst. u. a. 1991 Herne (Mus) / **Lit.: 143a**

Schoofs, Antonius NEU! (B) / 1923 Borken-Weseke- / lebt (2001) in Borken / künstl. Ausb.: Stud. Univ.-MS (Kunst), Akad.-Düsseldorf u. in Oberammergau / Mitgl. Gr.-„Hamalandkreis d. Künste“-Borken u. 1. Vors. / Werke in NRW (u. a. Kalkar/Kevelaer/Brühl/Nörvenich) u. Leimen / Ausst.-gen u. a. in Gronau-Epe (Gal. v. Almsick), Köln (Gal.-Binhold), Kevelaer (Gal.-Kocken), Kleve (Gal.-Sanders), Telgte (Mus), Nörvenich (Schlossmus), Ramsdorf (Burg), Ochtrup (Villa Winkel), Borken (Stadtmus/Kreissparkasse/3M-Medica-Zentrum), Borken-Gemen (Haus Grave), Borken-Weseke (Heimathaus), Ahaus/Anholt/Bocholt/Burgsteinfurt-Veltrup/Rhede/Lüdinghausen / **Lit.: 161** + **185**-86 + In: „10 Jahre Hamaland Kreis der Künste e.V.“ – Katalog – 1989; Fernsehreportagen: ARD/WDR/ZDF/RTL-plus

Schoppmann, Helga (M) / 1940 Münster- / lebt (2003) in Münster / Autodidaktin u. Weiterb. VHS u. HdF-MS / Beteil. Gr.-„Farbenkreis“-MS, dann Begründ. „Malgruppe Schoppmann“ u. Org. v. Ausst.-gen / Ausst. u. a. in MS/Greven, 2002 MS-Roxel (Bez.-Verw), 03 MS (Unicef) / **Lit.: 91**

Schoppmeier, Barbara NEU: (jetzt Hoffmann-Schoppmeier, B.) (M) / 1962 Münster- / lebt (2006) in MS / Beruf: Schriftenmalerin, als Malerin Autodidaktin / Wandmalereiwerke in MS / Ausst. u. a. in MS, Lembeck (Schloss), 2005/06 MS (Pleistermühle/Kreativhaus)

Schorlemmer, Stefan (Prod.-Des) / 1966 Herne- / lebt (2003) in MS / bis 86 Möbeltischlerausb., Stud.-MS 89-94 FHD / ab 93 Büro: „Schorlemmer + Bielitza Produktgestaltung“-MS, s. 99 „PILOTprojekt“ m. Michael Bielitza, Ingo Förster u. Berthold Weitkemper / 99 Design-Pr. NRW u. 2000 Bundes-Pr. Prod.-Design Berlin / Ausst. u. a. 2001 Essen (Des.-Zentrum-NRW), 02 MS (IHK) / **Lit.: 205**-97(erw.) + **205x**-99 + **205z**-99 + In: „bundespreis produktdesign 2000/01“ – Vision 21 – Frankf./M, 2001

Schorsch s. Walkenhorst, Heinz Werner

Schotten, Udo (M/G/D) / * 1964 – / lebt (2006) in Dülmen / bis 92 Stud. FHD-MS / in Werbeagenturen tätig (MS/Dortmund/Essen) / Mitgl. Gr.-„wir“ – Arbeitskr. Kunst 2000“ – Dülmen / Ausst. u. a. Lüdinghausen/Münster/Hamm/Borken/Frankf.-M./Leipzig/Krakau/Warschau-Polen /Taverny-Frankr., 2002 Ladbergen (Gal.-Strathwork), Dülmen (alte Overbergschule/Kulturnacht/StattGalerie), 04 Nordkirchen (Schloss), 05 Dinslaken (Stadtbibliothek)

Schrader, Annegret (B/T) / 1956 Celle- / lebt (2002) in Herne / Beruf: Heilpädagogin / Weiterb./ Stud.-Bo.-Wattenscheid 98-99 IfBKK / Mitgl.-„Herner-KB“ / Ausst. u. a. in Herne, 1996 La Floresta-Spa., 2000 Riva del Garda-It., Herne (Stephanuskirche), 01 (HKB) / **Lit.: 142a**

Schrage, Karl (Prof) (B/Goldschm.-u. a.) / NEU: 24. 7. 1904 Opladen – 17. 2. 1972(1) Wuppertal-Elberfeld / (Biografie in Beilage: CD-Ausgabe 2006)

Schramm, Sabine (M) / 1957 Lage/Lippe- / lebt (2005) in Köln / Stud.-MS um 77/83 Akad. / Ausst. u. a. 1981 Düsseldorf (Kunstmus), 2005 Recklinghausen (Kunsthalle), Ingolstadt (Kv), + NRW / **Lit.: 256** + In: „Lebensläufe“ – Kl. Prof. Timm Ulrichs der Ku.-akademie Münster, 1978/79; In: „Was Anne über Dirk denkt“ – Kl. Prof. T. Ulrichs der Ku.-akad. Münster, 1981/82

Schramm-Biermann, Irene NEU! (M/G) / 1950 Detmold- / lebt (2005) in Detmold / Stud.-Bielefeld 72-75 Malerei/Kunstpäd. / Ausst. s. 1988, u. a. 2002/03 Schwalenberg (Koepkehaus), 03 Detmold (Kreishaus), 03/05 Detmold (Off. Atelier), 04 Paderborn, + Internet / **Lit.: 132a**-03+05 + **133**-94(Anh.) + In: „Volksbank Kalender“ – Bielefeld, 2000+2001

Schraub, Mona (F) / 1977 Gross-Gerau- / lebt (2005) in MS / Stud.-Oldenburg 98-01 Univ. (Kunst), 01-02 Univ.-Los Angeles (Fotogr) u. ab 02 Akad.-MS / Ausst. u. a. 2004 Hörstel-Gravenhorst (Kloster), 05 Detmold (Freilichtmus) / **Lit.: 245**-04

Schreiber, Daniel (G/D/Ill/Filmk) / lebt (2006) in Dortmund / Stud. Grafik-Design u. 01-2/06 FHD-Dortmund (Regie/Visual Effects) / Lehrt. (Illustration/Grafik) / Film-Auff.-gen u. a. 2003 MS (mit M. Kupczyk = Filmfestival) / **Lit.: 196**-03

Schreiber, Emil (M/Z) / 1945 Bochum- / lebt s. 99 in Berlin / nach Jugendzeit in Bochum: 60-63 Ausb. bei H.-J. Schlieker in Bochum, Stud.-Bochum 67 Univ. u. München 68-75 Univ. (Phil/ Musikwiss/Kunstg), 71/72 WDR-Studio Köln u. 71/73 Kurse f. neue Musik b. M. Kagel, 73/74 Univ.-Utrecht, 76-78+81-98 Atelier in München / Ausst. s. 1971, u. a. in München, 88 Kempten (Residenz), 89/90 Heidenheim (Mus), 91 Cham (Stadtgal), 95 Gent (Beteil.-Symposion), 99 Saarbrücken (Mus), 2001 Mainz (Mus), 02 Regensburg (Stadtgal), 03 Herne (Stadtgal), 04 Paderborn (Stadtgal), Hamm (Mus), + N / **Lit.: 143aa** + „E. Sch.“ – Zeichnungen 1978-2002 – Ausst.-kat. – (Hg.)Städt.-Gal.-Herne (u. Paderborn/Hamm), 2003

Schreiber, Michael (M/G/O) / 1949 Bremen- / lebt (2006) in Berlin / 71-81 Stud. FHD-Bielefeld u. HdK-Berlin, Meisterschüler / Ausst. u. a. in Genf/Boston/Provincetown, 1977-88 Gütersloh (Gal.-Kurze), 82- Basel (ART), 83 MS (Poertgen-Herder), 83/86 Kamen (Gal.-Lewerentz), 90 Sögel (Clemenswerth), 93 MS (Gal.-Schnake), + N/INT / **Lit.: 26a**-05 + „M. Sch., Zeichnungen, Bilder, Objekte, Radierungen" – Arbeiten 1976-81 – Hg.: Gal.-Kurze – Gütersloh, 1983

Schreiber, Ralf NEU! (O/I) / 1964 Köln- / lebt (2005) in Köln / Stud.-MS 93-97 Akad. u. 99-? HfM-Köln / Audioinst./Robotik/elektr. Hardwareentw./Musik = Kooperationen/Ausst.-gen/ Konzerte / Ausst./Auff.-gen u. a. in Berlin/Köln/Kassel/Zürich/Hamburg/WDR-Köln, 1995 Rheine (Kloster-Bentlage), 97 Köln (Kunsth.-Rhenania), 2004 Marl (Mus), Köln (BBK-Stapelhaus), 05 Hattingen (Haus Kemnade) / **Lit.: 61a**-04 + **121** + **140**-97 + In: „Zeitgleich – Zeitzeichen" – Ausst.-kat. – Hg.: „BBK"-Köln, 2004

Schreiber, Rudolf (Kalligraph) / 1932 Hilchenbach- / lebt (2004) in Hilchenbach- / erst Autodidakt, ab 95 Weiterb. an zahlr. Kalligraphiekursen / 01 Lehrt. VHS Hilchenbach u. Freudenberg / Ausst. = Südwestf. / **Lit.: 110b** + **110c**-04

Schreiner, Michael (Filmk) / lebt (1993) in Dortmund / s. 91 eig. Filme (92 m. Martin Schack) / Auff. u. a. 1992 in MS / **Lit.: 196**-92

Schröder/Schulte-Ladbeck/Strothmann = Planungsgruppe – Dortmund / s. Schröder, Matthias/ Schulte-Ladbeck, Ralf/Strothmann, Peter

Schröder, Bertram (A) / * 1958- / lebt (2002) in Essen / Stud. GH-Essen (Archit) / um 95-98 Partner: „Prof. Gerber&Partner"-Dortmund, s. 98 eig. Büro in Essen / Werke s. Lit. / **Lit.: 197**-95+97

Schröder, Christian (M) / 1974 Herford- / lebt (2005) in MS / Stud.-MS 97-2/06 Akad., 04 Meisterschüler / Ausst. u. a. 1998 MS (Akad), 2004 Oberhausen (Kv), Herford (MARTa-Lounge), 05 Moers (Peschkenhaus) / **Lit.: 64x**-05 + **229a**-04

Schröder, Johannes (Kunstschmied) / um 1688/90 als Schmiedemeister in Olpe tätig / Werke im Sauerland, u. a. an Burg Schnellenberg b. Attendorn / **Lit.:** Otto Höffer jr.: „Schmiedeeiserne Gitter auf Schloss Schnellenberg" – in „Heimatstimmen aus dem Kr. Olpe" – Heft 101 – S. 293-95 – 1975; In: „Schmiedekunst und Schmiedehandwerk im Kreis Olpe" – S. 60 – Attendorn, 1981

Schröder, Jürgen (A) / * 1956 – / lebt (2002) in MS / Stud.-MS bis 83 FH (Archit) / 83-87 Mitarb.-Büros in MS, 87-89 Büro „Pohl + Partner"-MS, s. 87 projektbez. Zus.-arb. m. H. J. Mense, 90-92 Büro m. Innenarch. Peter Wilde, ab 95 Zus.-arbeit: „Schröder . Mense . Landheer"-MS / Werke in MS + Westf. (s. Lit.) / **Lit.: 197**-97

Schröder, Katharina (M/Z/Wandm) / 1967 Siegen- / lebt (2004) in Siegen / Stud.-Siegen 90-96 Univ. (Kunst/Germ) / Ausst. u. a. 1999/2000/03 Siegen (Kulturhaus/Hotel Rödgen/AWO), 01 Schluchsee („Vier Jahreszeiten"), Worpswede (Hotel), 01-03 Atelier Schröderfels, 02 Moers (Praxis), 03 MS (Praxis) / **Lit.: 110c**-04 + Kataloge v. K. S. zu allen Ausst.-gen im Selbstverl.

Schröder, Klaus (B/O) / 1953 Mülheim/Ruhr- / lebt (2005) in Witten / 77-81 in Carrara/It. tätig, ab 83 Atelier in Witten / Werke in NRW / Ausst. u. a. 1987 Witten (Siemens), Lübeck (Gal.-St. Jürgen), 88 Herdecke (Nikodemus-Kirche), Stuttgart (Gal.-Dorn), Bo.-Wattenscheid (Gal.-„WSI"), 92 Castrop-Rauxel (Stadtgal), 94 Dinslaken (Waldorfschule), Köln (Messe Orgatec), 95 Refrath, 96/97 Wuppertal (Gal.-Epikur), 96 Bochum (Gal. an der Joh.-kirche), Dortmund (Therapeutikum), 97 Düsseldorf (Art Multiple), 98 Wuppertal (Unicef/Bank), 98/99 Wien (Bernh. Rothenbuchner), 99 Herne (Kunstforum), 2000 Lingen (Kv), 01 Witten (Haus Herbede), Frankf.-M. (Messe), 04 Dortmund (Kunsthaus am Tierpark) / **Lit.:** Internet

Schröder, Marcus (B/Metallgest) / * 1966 – / lebt (2004) in Dortmund / 83-86 Schmelzschweiserausb. u. bis 90 Ausb. zum Arbeitspäd.-en, danach bis 98 Ltg. der Metallwerkst. am Märk.-Institut / Ausst. s. 1996, u. a. 2004 Dortmund (Off. Atelier) / **Lit.: 120c**-04

Schröder, Matthias (A) / lebt (2006) in Dortmund / ab 92 Büro: „Planungsgruppe Dortmund" = Architekten: Schröder/Schulte-Ladbeck/Strothmann, danach Büro: „Architekten ..." / u. a. 95 Archit.-Pr. KVR / Werke u. a. in Berlin/MS/Rügen, Dortmund = u. a. Sportstätten(Umbau-WM-Stadion)/U-Bahn/2000-02 Konzerthaus) s. auch Lit./Internet! / Ausst. u. a. 2000 Hannover (EXPO) / **Lit.: 197b**-99

Schröder, Michael (I/Klanginst. u. Videok) / 1981 München- / lebt (2006) in MS / Stud.-MS s. 02 Akad. / Ausst. u. a. 2003 Coesfeld (Kv), 04 MS (Tunnel-Hindenburgplatz), 05 Lingen (Kunsthalle) / **Lit.: 229**-03 + **246**-(2)+05

Schröder, Thomas (Prof) (A/M/Z) / 1939 Berlin- / lebt (2005) in Minden / Stud.-Architektur / Lehrt.: HdK-Berlin, TU-Berlin u. 76-05 FH-Bielefeld, Fachber. Architektur/Bauing.-wesen in

Minden / öffentl. Werke in OWL u. Schaumburg (Wandgemälde) / war Mitgl. „DWB“ / Ausst. u. a. in Bad Oeynhausen (Stadtgal), Minden (Kv), 2005 Bielefeld (FH-Verwaltung)

Schröder-Fröhlich, Gisela (T) / 1939 Dortmund- / lebt (2002) in Überlingen-Hödingen / Handweberin-Ausb. u. Stud.-Textildes., danach bis 76 in Deutschl./Schweiz/USA tätig, ab 76 selbst. u. s. 77 Werkgal.-„Hochwart“ – Insel Reichenau / ab 90 Lehrt. / Ausst. = N/INT / **Lit.:** In: „Intern. Bodenseeclub ° Regionalclub Überlingen nördlicher Bodensee“ – Sektion BK – Katalog – Überlingen, 2002

Schröer, Corinna (Ill/G) / 1980 Senden b. Münster- / lebt (2006) in MS / Stud.-MS 2000-2/06 FHD / Stip. Aldegr.-Ges.-MS / Ausst. u. a. in MS (Gal.-Pohlkötter), 2003 Bielefeld (Kv), 04 Lüdinghausen (Burg Lüdinghausen), 05 Rheine-Bentlage (Kloster), Borken (Grafikbörse), 06 Witten (Forschungs-Zentrum)

Schroer, Klaus (M/G/O/T) / 1963 Altenberge- / lebt s. 98 in Essen / ab 96 künstl. tätig / Ausst. u. a. in Hamburg (Messe), Köln (Bad-Art), Essen (Off. Atelier) / **Lit.:** Internet

Schroer, Ruth (B/O/T/Glask) / 1950 Recklinghausen- / lebt (2005) in Niederkassel / Stud.-MS/ Bonn 68-73 Univ.-n (Textilgest/Angl/Romanistik), Europ.-Akad. Trier (Bildh) u. Weiterbild. in Glastechn. / 02+03 Stip. f. Irland, 03 in Taipeh/Taiwan / Mitgl. „BBK“ u. „GEDOK“ / Ausst. s. 1993, u. a. in Frauenau (Glasmus), 2000 Munster (Glasausst), + Frankr./NL+N

Schröteler, Heinrich Andreas (Heinz) NEU! (Dr.-phil) (M/G/B/Kunst am Bau) / 10. 12. 1915 Essen – 19. 1. 2000 / lebte in Bochum / Autodidakt, 45-48 Beteil. künstl. Arbeitsgem.-Kriegsgef.-schaft u. Arbeiten ab 48 / Stud.-Bochum 65-69 Univ. (Kunsthist), 69 Dr. phil., war tätig a. Archäol.-Inst. Univ.-Bochum u. 80-97 dort Lehrt. / s. 81 Atelier a. d. ehem. Zeche Lothringen I/II / 81 Ausz. Univ.-Medaille d. Univ.-Bochum / Werke in Westf. / Ausst. u. a. 1957 Essen (KB), 58/59 Essen, 59 Frankf.-M. (Buchmesse), 62/64/89/98 Bochum, 2002 Herne (Schloss Strünkede) / **Lit.: 1-4 + 53 + 146-**64 **+ 146c + 213-**80 + „H. Sch.“ – Skulpturen – Ausst.-kat. – Bd. 71 – Mus.-Herne, 2002

Schröter, Albert (A/Dipl.-Ing) / um 1955/63 freisch. in Essen u. Bielefeld / Werke u. a. Kirchen in Westf. / weitere Daten nicht bek. / **Lit.: 112ca + 146c**

Schröter, Hartmut (F/D) / 1953 Dortmund- / lebt (2005) in Dortmund / Buchdruckerausb., Stud. FHD-Dortmund / bis 89 eig. Plakatkunstvertrieb, eig. Galerie/Des.-büro / Lehrt.-VHS / Mitgl. „BBK“-Westf.-Süd Dortmund / Ausst. u. a. 1991 Dortmund (Torhaus), 2004 Bochum (Melanchtonkirche), + im Internet / **Lit.:** Dorothee Bielfeld/H. Sch.: „Atemwende“ – Installation in der evangel. Melanchtonkirche in Bochum – Bönen, 2004

Schröter, Johannes (O/Komm.- u. Produktdes) / NEU: 1952 Zörbich/Österr.- / lebt (2004) in E-verswinkel / Stud. FHD-MS / Mitgl. Gr. „AGD“-MS / Ausst. u. a. in Bochum / **Lit.: 146-**77

Schröter, Michael (M/G) / 1954 Schwelm- / lebt (2000) in Wuppertal / 72-74 Schriftsetzerausb., FofG, Stud.-Wuppertal 75-80 Univ./GH (Grafik) u. 80-84 (Päd/Gest/Kunst) / s. 85 eig. Radier- u. Lithogr.-werkst., ab 88 freiberufl. tätig, 89 Mitinh. einer Gal. in Ratingen / Ausst.-gen s. 1978 / **Lit.: 216**

Schroff, Simone (M/B) / 1976 Dortmund- / lebt (2002) in Dortmund / Stud.-Dortmund 95-2000 Univ. (Bildh/Malerei/Deutsch) / Mitgl. *(siehe)* Gr.-„Kunstknoten“-Dortmund / Ausst. u. a. 1998 Usti/Tschech., Iowa-City-USA, 98/2000/01 Dortmund (u. a.-Harenb.-Center/Gal.-balou/m. Gruppe: „Tube-cube“/“Konsum des Fremden“)

Schroll, Waltraud (M/B/O) / 1958 Hagen- / lebt (2005) in Hagen / s. 88 künstl. tätig / Ausst. u. a. 1990 Hagen (Atelier), 92/2003 Schalksmühle (Rathaus), 98/99/2000/02/04/05 Hagen (Gal.-Tor 2/Hotel/Gesundh.-zentr/Schloss Werdringen/Gal.-Schaack/Mus) / **Lit.: 97-**05

Schründer, Sabine (F/D) / 1973 Telgte- / lebt s. 99 in Berlin / Stud.-Bielefeld 93-99 FHD (Vis.-Komm), 97 RMIT-Melbourne (Fotogr) u. 99-2000 KHS Berlin-Weissensee (Komm.-Des) / 99 Kodak-Förder-Pr., Ausz. beim „Änne-Biermann-Preis“, 2000 Stip. der A. Krupp v. Bohlen u. Halbach-Stiftung u. Ausz. beim Reinhart-Wolf-Pr. / Ausst. u. a. 1995 Bielefeld (FH), 98 Dortmund (Focus FHD), 99 Aachen(K)/Hamburg/Gera(K), 2000 Hamburg/Bielefeld(K)/Berlin/Köln(K)/München, 01 Strassburg (Univ(K), MS (Gal.-art-verwandtes), 03 Essen (Mus.-Folkwang), Vilnius-Lit. (Art-Center), Riga-Lettl. (Mus(K), 05 Stuttgart(K)/Berlin / **Lit.: 114f + 203-**98 + K = Katalog

Schubert, Jörg (M/B/D) / 1962 Soltau- / lebt (2005) in Iserlohn / 97-99 Maler- u. Bildhauerkurse VHS / Ausst./Lit. = Internet

Schubert, Lars-Ulrich (M/Z/B) / * (um 1964) in Dortmund- / lebt (2005) in Dortmund / Stud.-Schwerte 89-93 Märk.-Akad. / Ausst. u. a. in Schwerte/Dortmund, Aachen (Galerie), Bochum

(Uni-Center), Hemer (Westf.-Klinik), Bielefeld (FH), 2003 Dortmund (Kunstraum-Kavado), 05 MS (Landeshaus)

Schuck, Nicole (Ill/Z/Videok) / 1967 Herford- / lebt s. 96 in Berlin / Stud.-Bielefeld 90-96 FHD u. Braunschweig 97-04 HfBK, 04 Meisterschülerin / 02 Stip. Iwanowo/GUS, 03 Stip. Kü.-lerinnenproj. Art It-Berlin, 05 Stip. Senat Berlin / Ausst. u. a. in Bielefeld/Berlin/Köln, 1995 Herford (D.-Pöppelm.-Haus), Bielefeld (Off. Atelier/Gal. 61), 03 Iserlohn (Stadtgal), 04 Berlin (Gal. schwarze Gegenw.-kunst) / **Lit.: 114E + 152-**95 + H. Loreck(Text): „N. Sch." – 2003

Schüle, Dorothea (M) / 1970 Pforzheim- / lebt s. 99 in Düsseldorf / NEU: 02 Stip. Glückstadt, 03 Stip. f. Villa Romana Florenz / (Biografie in Beilage: CD-Ausgabe 2006)

Schüler, Anna (M/Computergr) / * 1955 – / lebt (2004) in Selm / Stud. Univ.-Dortmund (Germ/ Theol), IfBKuK-Bo.-Wattenscheid u. Weiterb.-Worpswede (Malerei) u. Lünen (Webdes) / ab 02 freiberufl. tätig, 03 Lüdinghausen Gründung der Malschule „Atelier KunsTraum, 11/03 dann in Selm / Ausst. u. a. 2001 Lünen (Atelier-Cymontkowski), Xanten (Burg Winnenthal), 02 Selm (Off. Atelier/BIB), 04 Selm (u. a. Wohnheim St. Josef), 05 Billerbeck (Gal. im Cox-Orange/Café Creme), + im Internet / **Lit.:** „das blaue Buch" – Selbstverl.-Selm, 2004

Schüler, Max (M) / 1854 oder 1859 Geseke/W. – ? / lebte um 1920/30 in Frankf.-M. / Stud.-Akad.-n in Düsseldorf u. München / **Lit.: 24-**30(* 1854) + **34-**8,2+9,2(* 1859)

Schülke, Björn (F/D/Video- u. Videoinst.-k) / * 1967 – / lebt (2002) in Köln / Stud.-Bielefeld 88-93 FHD u. Köln 96-99 Ku.-Hochsch. f. Medien / 98 Research Artist im Forschungszentr. f. Inform.-techn. St. Augustin, 02 Videoinst.-Pr. Marl / Ausst. u. a. 2002-04 u. a. Marl (Video-Kunstpr.-Ausst), + N/INT / **Lit.: 61-**02

Schülken, Angelika (M/G/K/O/Glask) / * 1951 – / lebt (2006) in Dortmund / Ausb.: Schaufenstergest., Weiterbild. in Malerei/Porzellan/Keramik u. a. bei W. Bodemer, H. Hochhaus, U. Nickel u. Gast Univ.-Dortmund (Kunsttherapie), s. 2000 Stud. IfBKK-Bo.-Wattenscheid / Mitgl. „Verb. fr. deutscher Künstler e.V." / Ausst. s. 1980, u. a. in Castrop-Rauxel, 2001/02 Dortmund (PSD-Bank/Blauer Salon/St. Gertrudis/UB), 01-03/05 Dortmund-Huckarde (Kulturzentr), 02 Witten (Wabe mbH), 03 Dortmund (Rathaus/Artothek-Stadtbibl/Telekom), Unna (Gut Höing), 04 Schwelm/Hagen Dortmund (Café/Krankenhaus), 05 Dortmund (Software AG), Bochum (IfBKK), 06 Dortmund (PRO DV), Hagen/Karlsruhe / **Lit.:** Internet

Schüller, Junia (Z) / 1957 Detmold- / lebt (2001) in Wuppertal-Ronsdorf / Stud.-Kassel (Grafik), Weiterb.-Wuppertal b. A. Canham u. Ausb. f. Kirchenmalerei/Restaur.-Hattingen / **Lit.: 216**

Schürer, Arnold (Prof/Dr.-Ing) (A/Industriedes) / * 1929 – / lebt (2002) in Bielefeld / bis 55 Stud. TH-Darmstadt/Hannover, 68 Promotion / s. 55 als Designer tätig, ab 69 eig. Büro „Schürer-Design"-Bielefeld, 93-97 m. Partner Eduard **T**ausend, s. 2001 in Beckum = Geschäftsltg.: Michael Runge (Dipl.-Ing) / Mitgl.-„VDID" / Ausz.-gen u. a. 87/89 Staats-Pr. NRW, 90/91/98 red dot Award Essen, 91 Design-Pr. Schweiz, 94 Stahl-Innov.-Pr., 99 Des.-Pr. NRW / **Lit.: 205-**94+97(m. Lit.) + **205a-**83+89+01 + **205x-**99 + **205y-**98,1 + **205z-**90+91+98

Schürmann – Bildhauerfamilie im 19./20. Jh. in Münster // **Carl Hubert** / 5. 9. 1850 Roxel b. Münster – 9. 1. 1898 Münster / Sohn eines Tischlermeisters aus Billerbeck, Vater v. Carl Clemens / war erst Holzbildh., später Steinbildh., 1875 Gründer der Holz- u. Steinbildh.-Werkstatt in MS / schuf Bildstöcke/Wegekreuze // **Carl Clemens** / 28. 4. 1879 Münster – 20. 8. 1966 ebd. / Sohn des Carl Hubert u. Vater v. Carl Theodor / übernahm 1901 den Betrieb des Vaters / Mitbegr. der Bildh.- u. Steinmetz-Innung – MS, 24-45 dort Obermeister / Werke in MS/MS-land/Sauerland (u. a. Wegekreuze/Bildstöcke) // **Carl Theodor** / 21. 8. 1909 Münster – 2. 5. 1973 ebd. / Sohn v. Carl Clemens / Stein- u. Holzbildh.-ausb., Stud. Kgsch-MS b. Prof. Guntermann / Werke im MS-land, n. d. 2. Weltkrieg am Aufbau Münsters beteiligt / nach s. Tod übernahm Bildh. „Görres" die Werkstatt

Schürmann, Burkhard (Goldschm.-u.a) / 1948 Lübbecke- / lebt (83) in Nürnberg / Gold- u. Silberschmiedausb. in Münsterschwarzach (Benediktinerabtei), Stud. FHD-MS u. Akad.-Nürnberg, Meisterschüler / 69 Bundessieger der Silberschmiede / ab 76 freisch. / Ausst. u. a. in Nürnberg/Darmstadt/Erlangen / **Lit.: 27-**1(* Lübeck = falsch) + **53**

Schürmann, Peter H. (G) / 1943 Herzebrock- / lebt (83) in Berlin / Stud. Akad.-Berlin / **Lit.:** 53

Schürmann, Wolf (G/M?) / lebt (1929/30) in Münster / um 29/30 Mitgl. Gr.-„VWKuK" (?) / Ausst. u. a. 1929 MS (Stadthalle), 30 Gelsenkirchen (Ausst.-halle) / **Lit.: 8a-**29+30

Schütte, Thomas (Metallgest) / 1967 Schmallenberg- / lebt (2005) in Schmallenberg / Schmiedemeister, 91/92 Stud. Akad. Gest. im Handwerk-MS / **Lit.: 127-**92/93

Schüttfort, Anke Georgia (M/Z/Digitalk) / 1964 Bielefeld- / lebt (2004) in Paderborn-Wewer / Stud.-Bonn/Paderborn (Päd/Kunst/kath. Theol) / s. 98 Lehrt.-Paderborn / Ausst. u. a. 1994 Meschede (Abtei), 2000/02/03 Paderborn (Paderquelle/2xOff. Atelier) / **Lit.: 101b**-02+03

Schütz, Anneliese (M) / NEU: 1918 Hadersleben/Dänem. – 2002 Münster / Autodidaktin / (Biografie in Beilage: CD-Ausgabe 2006)

Schütz, Paul (A) / 1930 Herbede b. Witten- / lebt (58) in Witten / Stud. TH-Karlsruhe / Wettbew.-Preise, Weinbrenner-Madaille TH-Karlsruhe u. 57 BDI-Stip. / **Lit.: 214**-57

Schütz, Willi (M/Z/Ill) / NEU: 1914 Baunach b. Bamberg – 1995 Siegen / (Biografie in Beilage: CD-Ausgabe 2006)

Schützig, Frauke (M/B) / 1972 Wattenscheid- / lebt (2006) in Gelsenkirchen / Gründungsmitgl. Gr.-„Kunst im Zwischenraum"-Bochum / Lehrt./Kurse / Ausst. u. a. in Dortmund/Marburg, 2003 Schwerte (Gal.-La Vie), 05 Bochum (Galerie Zwischenraum), Herten (Zeche Ewald), Jülich (Frauen-Khw.-Markt), 06 Dortmund (Gal.-Art-isotope), + N

Schuh, Oliver (F/D) / * 1962 – / lebt (2005) in Köln / Stud.-Essen 81-82 Werbefachsch. u. Dortmund 84-90 FHD (Vis.-Kommunik) / s. 88 freiberufl. tätig, ab 92 Büro m. Barbara **B**urg: „Palladium Photodesign" in Köln u. Berlin, u. a. Projekte in Lyon-Fr./Wohlen/Würenlingen-Schweiz/Teneriffa-Sp.+Lissabon-Port. / Mitgl. „BFF" / Ausst. u. a. in Paris/Amsterdam/Mailand/Florenz, Berlin (Martin-Gropius-Bau), Köln (Gal.-Sander), 2004 Hildesheim (Kv) / **Lit.: 205**-97(m. Lit.-ang.)

Schuh, Verena (F/O/M) / * 1976 – / lebt (2006) in Dortmund / Stud.-Nijmegen-NL 96-98 (Kreative Therapie), Schwerte 98-02 Ruhrakad. (Kunst), Berlin 01 Kulturbrauerei (Bildh) u. ab 03 Univ.-Bochum (Soz/Phil), 05/06 wiss. Hilfskraft am Mus.-Zentrum Univ.-Bochum / Ausst. s. 1998, u. a. 2005 Bochum (Mus.-Zentrum), 06 Dortmund (Gal.-Art-isotope), + Westf.

Schulte – Entwurfsgestalter/Designer um 1970/2000 in Lüdenscheid, Verwandschaftsgrade unbek. / **Lit.: 268** // alphabet. Aufstellung: **Gerhard** / * 18. 10. 1947 – / bis 2000 = über 20 Medaillenwettbew.-sbet.-en // **Hildegard** / * 5. 2. 1946 – / bek. sind 7 Medaillenwettbew.-sbet.-en // **Karl** / Daten nicht bek. / 2 Medaillenwettbew.-sbet.-en

Schulte, Annelene (M) / 1960 Lemgo- / lebt (2004) in Bad Oeynhausen / Schwester von Bauing. Markus R. **S**chulte (New York) = s. Internet / Weiterb. in Herford, VHS-Bad Oeynhausen, Sommerakad.-n Schwalenberg u. New York (Springsstreet Studio) / Mitgl. „Verein f. akt. Kunst"-Kreis Minden-Lübbecke / Ausst. u. a. 2001/02/04 Bad Oeynhausen (Off. Atelier), 04 Minden (Mus), + OWL / **Lit.: 152a**-01+02+04

Schulte, Bernd (F) / * 1942 – / lebt (2003) in Meschede / Fotograf/Heimatforscher/Autor + Rundfunkmoderator / Ausst. u. a. in Meschede u. Eslohe / **Lit.: 232**(m. Lit.-angaben)

Schulte, Gerhard s. Schulte – Entwurfsgestalter/Designer ...

Schulte, Herwarth (A) / 1902 Dortmund – 1996 / lebte in Dortmund / Maurerpraktikum, 20-22 tätig im Büro Ludw. Feldmann (Architekt) u. Abendkurse Kgsch-Dortmund, 22-23 Stud.-Wksch.-en Hildesheim/MS, 23-25/25-32/33-42 in Arch.-büros Dortmund tätig, ab 46 selbst., Mitgl. „BDA" / Werke u. a. in Dortmund / **Lit.: 120a**-3(Anh.) **+ 146c + 197c** (S. 46) **+ 213b**

Schulte, Hildegard s. Schulte – Entwurfsgestalter/Designer ...

Schulte, Hugo (M/Z) / lebt (um 1929/30) in Dortmund / um 29/30 Mitgl. Gr.-„VWKuK" / Ausst. u. a. 1929 MS (Stadthalle), 30 Gelsenkirchen (Ausst.-halle) / **Lit.: 8a**-29+30

Schulte, Julia (G/D) / * 1979 – / lebt (2005) in MS / Stud.-MS 02-2/06 FHD / **Lit.: 122b**-05

Schulte, Karl s. **S**chulte – Entwurfsgestalter/Designer ...

Schulte, Katharina (M/Z/B) / 1959 Höxter- / lebt (2003) in MS / Stud. bis 85 Univ.-MS (Kunst/Päd/Textilk) / dann freisch./Lehrt., ab 02 Gründung/Lehrt. Kunstschule „Zwischenzeitraum"-MS / **Lit.:** In: „Zwischenzeitraum" – Veranstaltaltungsprogramme der Werkstatt für Kunst – MS, 2002+2003

Schulte, Mariele (M) / 1943 Gelsenkirchen-Buer- / lebt (2005) in Gelsenkirchen-Buer / 67-2000 Lehrt.-Gelsenkirchen-Buer / s. 90 künstl. tätig / Mitgl. „BGK" (Bund Gels. Kü.) / Ausst. u. a. 2005 Gelsenkirchen (Sparkasse), Wesel (Wasserturm), + Westf.

Schulte, Markus R. s. Schulte, Annelene

Schulte, Matthias (Khw) / * 1976 – / lebt (95) in Rheine / Werke s. 89 / 94 Bischof-Tenhumberg-Pr. Telgte / Ausst. u. a. 1989-91+94 Telgte (Mus) / **Lit.: 185**-89...91+94

Schulte, Meinhard (M/Z) / 1961 Heggen/Kr. Olpe- / lebt (2006) in MS / Stud.-Bochum/MS 79-84 Universitäten (Germ/kath. Theol), danach Lehrt.-MS, 98-04 Stud. Akad.-MS, 02 Meisterschüler / Ausst. u. a. 2001 MS-Hiltrup (Landwirtsch.-Verlag), 01/02 MS (Akad/Halle-Am Hawerkamp), 03-05 (Off. Atelier-Schulstr), 04 Oberhausen (Kv), Istanbul-Türkei (Mus), 05 Billerbeck (Kolvenburg) / **Lit.: 129**-03 + **231b+c**

Schulte, Michaela (O/I) / * 1977 – / lebt (2001) in MS / Stud. Akad.-MS / Ausst. u. a. 1999 Detmold (Freilichtmus) / **Lit.: 245**-99

Schulte, Peter (Videok) / 1967 Iserlohn- / lebt (2002) in Düsseldorf / Stud.-Dortmund 95-97 Architektur u. Düsseldorf 97-02 Innenarchitektur / ab 02 freier Videokünstler / Auff.-gen u. a. 2003 MS (Schlosstheater), 05 Detmold (Grabbe-Haus) / **Lit.: 134a**-05 + **196**-03

Schulte, Rebbekka (Z/Ill/F/Videok) / 1976 Soest- / lebt (2006) in Bielefeld / Stud.-Bielefeld 98-03 FHD u. 01-02 Erasmus-Stip. f. Hochsch.-Utrecht / Ausst. u. a. 2000 Bedburg-Hau/Bielefeld, 2000/01 Minden (Stadtbibl), 01 Kalkar (Evang.-Kirche), 02/03 Bielefeld (Amerikahaus/Kv), 02 Gütersloh (Kv), 04/05 Soest (Alter Schlachthof/W.-Morgner-Haus) / **Lit.: 100**-05

Schulte, Tina (G/D/Ill) / * 1974 – / lebt (2005) in MS / Stud.-MS 95-7/01 FHD / Ausst. u. a. 2000/ 01 Frankf./M. (Buchmesse), 04 MS (Stadtbücherei), 04/05 MS (Off. Atelier-Am Hawerkamp) / **Lit.: 122**-2000+01 + Ill. v. T. Sch.: „Die Kuh Gloria" – Verl.-Oettinger, 2002; Paul Maar/T. Sch.(Ill): „Das Tier ABC" – Hamburg, 2004; **alles** Verl.-Coppenrath-MS: „Tagebuch – Top Secret"; „Schwein gehabt, Pepe!"; „Meine Freunde"; „Best Friends"; „Meine Adressen"; „Lustige Tiergeschichten" – 2003; „Mein kleiner roter Flitzer" – m. Holzauto – 2004; „Mein kleiner blauer Brummi" – m. Holzauto – 04; „Meine kleine bunte Lok" – m. Holzeisenbahn – 04; „Meine kleine rote Feuerwehr" – 05

Schulte, Wolfgang (Z/Ill/M) (Autor) / Daten nicht bek. / Beruf: Dipl.-Ökologe, 81 wiss. Gutachten für die Landesgartenschau in Hamm/W. / **Lit.:** Sabine u. Wolfgang(Ill.) Schulte: „Entdeckungsreise durch den Naturgarten" – Verl.-Reimann-Hamm/W., 1983; „WDR-Buchtipp v. 30. 1. 84 in „Echo-West"; In: „Hammmagazin" – Hamm – 3+4/1984

Schulte-Großehagenbrock, Petra (Großehagenbrock, Petra) (K/D) / lebt (2005) in Billerbeck / Mitgl. „AdK"-MS / Ausst. u. a. 2002 Billerbeck (Hof Bocksdorf), 03/04 MS (HBZ), 05 Kevelaer (Museum)

Schulte-Ladbeck, Ralf (A) / lebt (2006) in Dortmund / ab 92 Büro: „Planungsgruppe Dortmund" = Architekten: **S**chröder/Schulte-Ladbeck/**S**trothmann, danach Büro: „Architekten ..." / u. a. 95 Archit.-Pr. KVR / Werke u. a. in Berlin/MS/Rügen, Dortmund = u. a. Sportstätten(Umbau-WM-Stadion)/U-Bahn/2000-02 Konzerthaus) s. auch Lit./Internet! / Ausst. u. a. 2000 Hannover (EXPO) / **Lit.: 197b**-99

Schulten, Ingo (Filmk) / 1968 Bielefeld- / lebt (98) in Köln / ab 89 Film-Praktik., 93 Stud.-Univ.-Bielefeld (Literaturwiss), 94-98 Köln HfFilm u. Fernsehen / Auff. u. a. 1999 MS / **Lit.: 196**-99

Schulten-Großehagenbrock, Petra (K/D) / 1956 Mülheim/Ruhr- / lebt (2005) in Billerbeck / Stud.-Krefeld 76-84 FH f. Keramik / s. 84 eig. Werkstatt in Coesfeld, danach Billerbeck / Mitgl./Ausst.-gen im „AdK"-MS / Ausst. u. a. 1983 Krefel (Schloss Greifenhorst/Drops-Gal), Mülheim-R. (Gal.-Holoskop), 2000/01/04/05 MS (HBZ), Ochtrup (Töpfereimuseum), 01 MS (Stadtmuseum) / **Lit.: 48**-01

Schultz, Eckhard (Innenarchit) / * 1959 – / lebt (2002) in Hofheim/Taunus / Stud. FH-Detmold (Innenarchit) / ab 94 eig. Büro in Frankf.-M, 99 Hofheim / Mitgl. Gr.-„10 Uhr" = Projekte m. Bernd Mey, Frankf.-M. u. Christian Pantzer, Frankf.-M. = u. a. 1996 Frankfurt/M. / **Lit.: 227**

Schultz, Ernst Anton (Bauzeichner) / * um 1710 – † 1785 / um 1729 in der münsterr. Artillerie, seit 1739 Infanterie-Offizier im münsterr. Regiment, (wenig) im Baubüro Schlauns tätig / **Lit.:** siehe G. Dethlefs

Schultz, Julius Karl Martin **Friedrich** (A/Stadtoberbaurat) / 30. 6. 1876 Stettin – 6. 1. 1945 Bielefeld / Stud. ab 1894 Berlin (Archit) / danach in Berlin tätig, 1903 Regierungsbaumeister, 03-05 in Berlin (Hochbau), 05-08 Stadtbaurat in Oppeln u. 08-23 Bielefeld, 23-45 Stadtoberbaurat in Bielefeld / Werke in Bielefeld, u. a. zwei Kirchen / **Lit.:** siehe D.K.-Teil II

Schultze, Frank (F/D) / * 1959 – / lebt (2006) in Dortmund / Jugendzeit in Daun/Eifel, Stud.-Dortmund bis 92 FHD (Foto-Des) / 96 = 1. Foto-Pr. d. Wohlfahrtsverbände , 2000 „Hansel-Mieth"-Pr., 06 Ausz. „Emscherproj.-Ruhrgebiet" / tätig für Magazine, ab 2000 Mitgl. Agentur „Zeitenspiegel" / Ausst. u. a. 1992/97 Köln (Eurozentr/Laif-Gal), 97 Düsseldorf (Nikon-Gal), 03 Dortmund (DASA-Gal), 06 Holzwickede (Emscherquellhof) / **Lit.:** „Ein Gigant auf Reisen" – Fotoreportage v. Fr. Sch. – Ausst.-kat. – DASA-Gal.-Dortmund, 2003

Schultze, Michael (euo) (M/B/I/Klangperf.-k) (Autor) / 29. 4. 1958 Berlin- / lebt (2006) in MS (e-mail:_euo@gux.de) / Stud.-MS 91-98 Akad. / Ausst. u. a. 1995 MS (... entlang einer

Linie aus gestossenem Zucker), 95/96 Berlin/MS, Israels Haus Paris (Sarahs Garten), 96 MS (Gast-Off. Atelier-Schulstr), 2002 Dortmund (Vier Wände), 06 MS (Hammerstr. 99 = Ende der Vorstellung) / **Lit.: 129**-96 + v. M. Sch. = Klangperformances auf CD-Rom – 2005/06

Schultze, Peter N. (M/Bühnenb) / 1958 Paderborn- / lebt (94) in Offenbach/M. / nach Schulzeit in Detmold: 78-81 Praktik. Landestheater-Detmold u. Tischlerausb., Stud.-Wien 81-86 Akad. / 85 Diplom u. Pr. Österr. / s. 85 Bühnenbilder in Wien/Detmold/Frankf.-M., 86-90 Bochum u. Stuttgart, ab 90 freiberufl. an vielen Theatern in Deutschl. u. Österr., s. 92 Gastprof. HfG-Offenbach / Ausst. u. a. in Wien/Bochum/Detmold / **Lit.: 134**-94

Schulz, Adolf (A) / † vor 1963 / lebte in Bielefeld / war Evangel. Landeskirchen-Oberbaurat / Werke u. a. Kirchen in Bad Waldliesborn u. Wenholthausen / **Lit.: 112ca + 219a**

Schulz, Christoph (G/Z) / 1945 Paderborn- / lebt (70) in Paderborn / Stud. HfBK-Braunschweig / Ausst. u. a. 1966/69 MS (Kv) / **Lit.: 7a**-66+69

Schulz, Christoph (M) / * 1962 = s: „**Antek**“ – Iserlohn

Schulz, Günter (M/Z/O/I/F/Comp.-Graf.-K) / 1939 München- / lebt (2006) in Detmold / Mitgl. s. 89 „Lipp.-KB“-Detmold, z. Zt. Vors. / (Biografie in Beilage: CD-Ausgabe 2006)

Schulz, Joachim (M/O/I/F) / 1969 Bielefeld- / lebt (2005) in MS / NEU: Stud.-MS 94-02 Univ. (Mathematik) u. 95-05 Akad., 02 Meisterschüler / 04 Timm&Struppi-Pr. Kl. Prof. T. Ulrichs / (Biografie in Beilage: CD-Ausgabe 2006)

Schulz, Lilli (B/T) / 1950 Dortmund- / lebt (2002) in Moers u. 06 in Leverkusen / Stud. PH-Neuss (Kunst/Textilgest) / ab 83 freisch. / Ausst. u. a. 2002 Jesteburg, 06 Gevelsberg (Stadzgarten) / **Lit.: 209**-06 + In: „Kunstwoche Jesteburg“ – Katalog – 02

Schulz, Martin (M) / NEU: 1894 Wittstock a. d. Dosse – 1968 Siegen / lebte um 1942 in Weidenau b. Siegen / war Mitgl. Gr.-„ASK“-Siegen / Ausst. u. a. 1941 Hagen (Mus), 41/42 Dortmund (Katharinenkloster), 1998 Siegen (ASK) / **Lit.: 8a**-41+42 + **97b**-41,1 + **110d**-98

Schulz, Rudolf (A) / lebt (1975/90) in Witten / weitere Daten nicht bek. / Werke u. a. Kirche in Möhnesee-Günne / **Lit.: 112d** (S. 48)

Schulz, Steffen (Prof) (Industriedes) / lebt (2004) in Stuttgart u. Münster / Stud. FH-Darmstadt, HfGest.-Pforzheim u. San José State Univ. Kalifornien/USA, danach in Stuttgart tätig, ein Jahr Lehrt.-Mailand u. vier Jahre Tätigk. im Büro v. Michele De Lucchi (u. a. für DB/DP/Expo 2000/Zumtobel Staff), danach wieder Stuttgart = Assist. Akad. u. Lehrt. Akad. f. Kommunikation, s. 03 Prof. FHD-MS / **Lit.:** Internet

Schulz, Thomas (I) / * 1950 – / lebt (99) in Berlin / Ausst. u. a. 1998 Hengelo-NL

Schulz, Thomas (M) / 1955 Rendsburg- / lebt (86) in Rendsburg / **Lit.**: 4-Berlin

Schulz, Thomas (M) / * 1962 – / lebt (2002) in Bottrop (?) / Ausst. u. a. 1997-99/02 Bottrop (Kulturzentrum) / **Lit.: 99a**-97...99 + **99c**-02

Schulz, Thomas (M) / 1963 Coesfeld- / lebt (2005) in Beckum-Neubeckum / 83-89 Stud. Univ.-MS u. München (Theol/Phil) / 90 Priesterweihe, Pfarrer in Neubeckum / Ausst. s. 1993, u. a. in Münster/Recklinghausen/Marl/Coesfeld/Moers/Olfen/Weimar/Warend.-Freckenhorst, 2005 Beckum-Neubeckum (St. Josephskirche)

Schulze, Dietrich NEU! (A/Baumeister) / 1864 Bad Sassendorf – 1938 (Dortmund?) / nach Maurerausb.: Stud.-Holzminden Baugew.-schule / s. 1890 eig. Büro in Dortmund, ab 1902 „D & K Schulze“, m. Bruder Karl Sch. / viele Preise/Wettbew.-erfolge, Werke u. a. in Dortmund + NRW / **Lit.: 197b**-84 + **265** + In: „Wohnen im Revier“ – 99 Beispiele aus Dortmund – München, 1975; In: „Kunst Raum Lünen“ – Kunstwerke in Lünen – Hg.: Kv.-Lünen, 1988; „D & K Schulze 1901-1929“ – Dortmunder Architekten – Bd. 1 – Recklinghausen, 1989

Schulze, Gustav (A) / lebt (1970/99) in Dortmund / 53-99 Büro G. Schulze – Dortmund, ab 99 (ohne G. Sch.) „Schulze Planungsgruppe GmbH“ in Dortmund / Werke u. a. in Dortmund: Verwaltungsgebäude (IBM/Signal-Vers./Westf. Ferngas AG)/Center/Wohnstifte/Bürohochhäuser/Gemeindezentren/Stadion-Erweiterungsbau) = s. Lit. / **Lit.: 197b**-84+99

Schulze, Karl d. Ä. / NEU! / (A/Baumeister) / 1876 Bad Sassendorf – 1929 Dortmund / nach Maurerausb.: Stud. Baugew.-schule-Holzminden / ab 1896 Mitarbeiter im Büro s. Bruders Dietrich Schulze, s. 1902 „D & K Schulze“ / viele Preise/Wettbew.-erfolge, Werke u. a. in Dortmund + NRW / nach s. Tode baut Sohn Karl das Fr.-vom-Stein-Gymnasium in Lünen weiter / **Lit.: 120a**-1 + **197b**-84 + **265** + In: „Wohnen im Revier“ – 99 Beispiele aus Dortmund – München, 1975; In: „Kunst Raum Lünen“ – Kunstwerke in Lünen – Hg.: Kv.-Lünen, 1988; „D & K Schulze 1901-1929“ – Dortmunder Architekten – Bd. 1 – Recklinghausen, 1989

Schulze, Karl Walter (auch: Karl, d. J.) (A/Dipl.-Ing) / lebt (1936) in Dortmund / Ausst. u. a. 1936 Dortmund (Katharinenkloster) / Werke u. a. in Dortmund / **Lit.: 8a**-36 + **197c** (S. 36)

Schulze, Max (M) / 1977 Herdecke- / lebt (2005) in Düsseldorf / Stud.-Düsseldorf 99-05 Akad., 04 Meisterschüler / 03 Stip. NRW f. Paris / Ausst. u. a. Düsseldorf/Bedburg-Hau/Konstanz, 05 Bonn (Ausst.-halle), Eupen-Belg., Düsseldorf (Raum f. Kunst), MS (Gast: Atelier-Schulstr)

Schulze, Susanne s. Schulze-Jurela, Susanne

Schulze, Wolfgang (Z) / * 1944 – / lebt (2004) in Bad Laasphe / Stud.-Pforzheim 68-74 FH (Grafik-Des) u. Stuttgart 73-79 Akad. / Mitgl. „Ateliergem. Bad Laasphe" / Ausst. s. 1976, u. a. Pforzheim/Stuttgart/Südwestf. / **Lit.: 110b + 110c**-04

Schulze-Heiming, Margret (Khw) / 1935 Datteln- / lebt (92) in Datteln-Horneburg / Werke s. 76 / Ausst. u. a. 1980-91 Telgte (Mus) / **Lit.: 185**-80...91

Schulze-Höping, Franz Christoph (Landwirt) (u. a. Jurist/Kirchenplaner) / 8. 4. 1792 Höpingen b. Darfeld – 20. 1. 1864 ebd. / Stud.-MS 1809-13 Univ. / nach 1820 auf Gut Höpingen, 1829 Übernahme / Baupläne u. 1837/38 Bau der St. Anna-Kapelle in Darfeld-Höpingen / genaue Biografie s. Lit.! / **Lit.:** B. Haunfelder: „Dem Gemeinwohl in hohem Masse verpflichtet" – Fr. Sch.-H. u. sein Lebenswerk – in WN: „Auf Roter Erde" – Nr. 9/2004 (WN v. 17.9.2004)

Schulze-Horsel, Ursula (B) / 1942 Ahlen- / lebt (2005) in Ahlen / Werke s. 81 / Ausst. u. a. 1983-91/96-99/2001/04/05 Telgte (Mus) / **Lit.: 185**-83...91+96...99+04+0

Schulze-Jurela, Susanne (Schulze, S.) (Goldschm/Schmuckgest/Des) / 1964 Dortmund- / lebt (2006) in Dortmund / Berufsausb., Golschm.-ausb. u. Stud. FH-Düsseldorf (Schmuck- u. Obj.-Des) / s. 98 selbst., ab 2000 Atelier „KOKON"-Dortmund / Mitgl. „AdK"-Südwestf / Ausst. u. a. 1997 Hamm (manu factum), 99 Solingen (manu factum), 2001 Kevelaer (m. factum), 03 Bochum (Designer-Messe), 04 Dortmund (Off. Atelier), 06 Dortmund (Gal.-Art-isotope) / **Lit.: 48c**-03 + **48x**-97+99+01 + **120c**-04

Schulze-Lohoff, Annette (I/Videok/Perf.-k) / 1952 Münster- / lebt (2006) in Hattingen, Atelier 99-2001 in Bochum / Stud.-MS 71-77 Univ.-täten MS/Dortmund (Kunst/Biol/Erz.-wiss), 87-96 Weiterb. b. Prof. Schubert a. d. Univ.-Dortmund, 99/2000 Krakau (Grafik) u. 2000/01 Meisterkl. f. Perform. in Kloster Irrsee-Schwaben / ab 77 Lehrt. in Siegen, 79 Waltrop, ab 84 Bochum / 94 Mitbegr. Gr.-„Ultramarin"-Bochum, Mitgl. „BBK"-Berg.-land / 2000 Stip. f. Seggiano-Italien / Ausst./Perf. u. a. in Italien/Polen, 1992/94/95 Dortmund, 95 Giessen/Kamen, 96 Witten/2xHagen, 97 Bochum/Köln, 98 Hattingen/Witten, 99 Menden/Landau-Pfalz/ Bergkamen, Ennepetal (Kluterthöhle), 2000 Menden/Bochum/Bergkamen, Hagen (Strassenbahn-Depot), 2000/02/04/06 Hattingen (Henrichshütte), 01 Marburg (Kv), 01/02 Witten (Zeche Nachtigall), 06 Gevelsberg (Stadtgarten) / **Lit.: 187 + 209**-99...02+04+06 + In 3 Katalogen d. Gruppe „Ultramarin": „clair-obscur" – Städt.-Gal-Hattingen, 1998; „Espaces trouvés" – Kv.-Landau-Pfalz, 1999; „herzschläge" – Marburger Kv. u. FrauenKunstGeschichte e.V.-Marburg, 2001

Schulze Osthoff, Heide (Schmuckdes) / 1953 Ostbevern- / lebt (2001) in MS / nach Goldschm.-ausb.: Stud.-MS FofG u. 77-81 FHD / jährl. Atelierausst.-gen u. Ausst. u. a. 1995 MS (Antiquitäten-Spiekerhof), 99 MS (Atelier-Freie Stücke-Raesfeldstr), 2001 MS (Frauenmesse-HBZ), Telgte (Gal.-Kornbrennereimuseum)

Schulze-Sölde, Max (M/G) (Autor) / 1887 Dortmund – 1967 Möhnesee-Günne († auch Theiningsen, aber er lebte in Theiningsen b. Soest) / (Biografie in Beilage: CD-Ausgabe 2006)

Schumacher, Dirk (Karikaturist) / lebt (2004) in Bad Berleburg / **Lit.: 110b + 110c**-04 + „D. S." – jährliche Karikaturkalender

Schumacher, Emil (Prof) (M/G/Z/K) / 29. 8. 1912 Hagen – 4. 10. 1999 San José/Ibiza-Spanien / (gr. Biografie in Beilage: CD-Ausgabe 2006)

Schumacher, Gottfried (M/Z/I/Aktions- u. Projektk) / 1956 Neuerburg/Südeifel- / lebt (2006) in Nusbaum / NEU: 2001/02 Stip. Cité des Arts Paris / ab 97 Aktionen/Projekte m. K. Veldhues / (gr. Biografie in Beilage: CD-Ausgabe 2006)

Schumacher, Ingrid (F) / lebt (2002) in Lemgo / Stud.-Biologie (Botanik) / Arbeiten s. 87 / Ausst. u. a. 2002 Münster (Prov.-Vers)

Schumacher, Robert (M/Z) / * 1981 – / lebt (2004) in Menden / Malereipraktikum b. Stefan Geisler in Bergkamen u. Stud. Akad.-Enschede (Autonome Kunst) / Mitgl. Gr.-„Freudenhaus"-Menden / Ausst. u. a. 2004 Menden (Kü.-Schauraum = Gr.-Freudenhaus)

Schumacher-Jansen, Trude (M/G/Coll.-k/A/Dipl.-Bauing) / * in Unna- / lebt (2006) in Zwingenberg/Bergstr. / Stud.-Dortmund bis 60 Univ. (Bauing/Baugesch), Essen 60/61 Ing.-schule (Innenarchit), Essen 63-64 Folkwangsch. (Malerei/Grafik) u. München 64-67 Akad. u. Univ. (Päd/Kunstg) / 60-68 selbst. Architektin, Bauten im Ruhrgebiet / Lehrt.: 67-99 Gymn.-Bensheim / Ausst. s. 1966, u. a. Lennestadt/Bottrop/Oberhausen/Herten/Dortmund/Budapest, + N

Schumann, Dirk (Product- Industriedes) / * 1960 – / lebt (2003) in MS / Stud.-MS 82-87 FHD / 87-89 b. „OCO-Des.“-MS u. 89-92 b. „Sieger-Des.“-Sassenberg tätig, 89-90 Lehrt. FH-MS, ab 92 eig. „Büro f. industrielle Formentwicklung“ – MS / 89/95/97/98 red dot Award-Essen, 95 Trophee du design in Frankr. / **Lit.: 205**-97(m. Lit.) + **205y**-2000,1 + **205z**-95+97+98

Schumann, Markus Josef (geb. Eusterholz//Pseudon.: „Moses“) (M/G/B/F/Galerist) / 11. 11. 1965 Paderborn- / lebt (2005) in Paderborn / 92 (erstkl.) Abschluss des Kunstpraktischen Studiums / 91/92 Kunstförder-Pr. Kv.-Paderborn / Ateliers: 90-96 in Paderborn, 94 auf Teneriffa, 97 Altenbeken u. s. 03 „Künstlerei Moses“ Kunstmanufaktur/Galerie in Paderborn / s. 89 viele künstl. Aktivitäten, u. a. Haus- u. Raumgest.-en, Organis.-en v. Festen/Ausst.-en, Restaurationen / 91 Gründ.-mitgl. „Raum für Kunst“-Paderborn u. 92 Gründ.-mitgl. „Künstler für Europa“-Ochtrup / Ausst.-gen in Paderborn: 1989 Alibi-Gal./Univ., 89/90 Gaststätte „Alles ist Gut“, ab 89 Künstlerei Moses (Galerie), 91 Stadtbibliothek/Raum f. Kunst, 92 Technologiepark/Kv/Strassenbahndepot, 92-94 Artothek, 93 Franziskanergasse 14, 96 Libori-Gal., 98/99 Museumsforum/Messezentrum „Nixdorf“, 2002/04 Off. Atelier, 05 Kunigundisheim / weitere Ausst.-en u. a. 1991/92 Warburg (Schulungszentr), 92 Bad Lippspringe, Aachen (Rathaus), 94 Büren (Rathaus), 95 Lippstadt (Gal.-Orru), 96 Rietberg (Röhr-Bush-Möbel), 99 Nieheim (Holztage) / **Lit.: 101b**-02+04 + Moses: „Eine kleine Geschichte über das Arbeiten im Strassenbahndepot zu Paderborn“ – Ausst.-kat. – Selbstverl.-Paderborn, 1992

Schumbrutzki, Peter (Klanginst.-k/Perf.-k/Film- u. Videok) (Musiker) / 1966 Hamburg- / lebt (2006) in Berlin u. MS / Stud.-New York, San Francisco u. Akad.-Berlin, Meisterschüler / Lehrt.-Berlin u. s. 01 Mitarb. Akad.-MS / Beteil. an Musikprojekten, -festivals, -Veranstaltungen, eig. Kompos.-en/Filme/Audio CD’s usw. / ab 7/04 (2.) Atelier am Hafen Speicher II – MS / Ausst./Aktionen s. 1988, u. a. ***lfd.*** in Berlin, 1990 Falkau-Frankr. (Bärental), 92/94 Potsdam, 92-93 Como-It., 93 Amsterdam (Perform), 94 New York (Perform), 96 Hamburg (Perform.-Kampnagel), 98 Budapest-Ung., 99/2000 Mailand (Perform), 2002/03 MS (Akad/Wewerka Pav), 02 Warschau/Moskau/MS (Perform), 03 London (New Shop), Warendorf (Theater am Wall), 04 MS (Kv), 04-06 MS (Off. Atelier), 05 MS (Innenstadt), + N / **Lit.: 18**-03 + In: „Space to Face“ – Ausst.-Folder + CD-Edition – Kv.-MS, 2004

Schunke, Sandra (F) / 1973 Lippstadt- / lebt (2006) in Bochum / 2000/01 Fotogr.-ausb., danach in Madrid tätig, s. 04 in Bochum selbst. / Ausst. u. a. in Hattingen/Madrid, 2006 Bochum (Bahnhof Langendreer)

Schupp, Fritz (A) / 1896 Uerdingen – 1974 Essen / hier erwähnt, da viele Werke in Westf.! / Stud.-Karlsruhe 14-19 TH / lebte in Berlin/Hannovre u. 1919-74 in Essen / ab 49 Lehrt. TH-Hannover, 51-61 Honorar-Prof. / Werke: 1. Hälfte des 20. Jh.s mit Martin Kremmer = Industriebauten/Fabriken u. div. Schachtanlagen im Ruhrgebiet u. a. Werke in Berlin u. Rammelsburg b. Goslar (Hauptwerk aber Zeche Zollverein Essen = Weltkulturerbe) / Ausst. u. a. 2002 Essen (Zeche Zollverein) / **Lit.: 1a + 26**-Index-Bd. 9 + **34**-9,2 + **146b + 197c** (S. 96) + **265** + In: „Wohnen im Revier“ – München, 1975; „F. Sch., Martin Kremmer“ – Berlin, 1998

Schuster, André (F/D) / 1974 Bochum- / lebt (2006) in Castrop-Rauxel / Stud.-Dortmund 98-05 FHD / (Vertretungs-)Lehrt. Mus.-Zentrum Bochum, u. a. 06 / Ausst. u. a. 1999 Herten (Fototage), 2004 Dortmund (FHD), 05 Gelsenkirchen (Wissenschaftspark), Bochum (Mus.-Zentrum) / **Lit.: 189**-99 + **203E**

Schuth, Gundel (K/B) / * 1927 – / lebt (2005) in MS / Ausst. u. a. 1999-2005 Telgte (Mus) / **Lit.: 185**-99+2000+02+04+05

Schutte, Albert (A) / 25. 10. 1873 Sohlbach b. Siegen – 16. 10. 1914 Barmen / Archit.-ausb., Lehrjahre in Barmen / 1902 Büro in Barmen m. Adolf Volmer (1875 Bückeburg – 1943 b. Stuttgart) / Werke in Wuppertal / Hg. v. Vorlagebüchern (malerische Villen) / **Lit.: 216**

Schutz, Renate (O/B) / 1940 Siegen- / lebt (2004) in Siegen / Autodidaktin / Ausst. s. 1989, u. a. in Troisdorf/Much/Enger, + Südwestf. / **Lit.: 110b + 110c**-04

Schwaf, Josef (M/Z) / 1928 Altenberge – 2002 / lebte s. 60 im Haus Kannen in Münster / s. Gr.-„Haus Kannen“-MS / malte s. 89 / Ausst. s. 1995, u. a. in Düsseldorf/Hochheim, Zwolle-NL, 1995 MS (Rathaus), 98-2004 MS (Haus Kannen), 99 Fulda (Bonifatiushaus) / **Lit.: 93**

Schwager, Wolfgang (F/D) / * 1954 – / lebt (99) in München / Stud. FHD-Dortmund / danach freisch. in Aachen, später wohl München / u. a. 83 = 2. Platz Int. Nikon Contest, 84 = 1. Platz im Polaroid-Wettbew. / Ausst. u. a. 1999 Hamburg (Mus. f. K. u. Gew), 2000 Stuttgart (Stadtbibl) / **Lit.: 205**-94 + In: M. Schmalriede: „Zeit Blicke" – Hatje-Cantz-Verl.-Stuttgart, 1999

Schwakopf, Heinrich (A) / 1999 in Dortmund: Büro „FWP" – Fuhrmann . Winkler & Partner – GbR Architekten und Ingenieure" / Werke in NRW/N (s. Lit.) / **Lit.: 197a**-99

Schwankenberg, Reinhard (A) / 1956 Warendorf- / lebt (98) in Lemgo / ab 84 Büro: „Planen + Bauen Lemgo GmbH" (8 Partner), 84-94 = 17 Wettbew.-Preise / Werke in Westf.-Lippe + N (s. Lit.) / **Lit.: 197**-95+97

Schwarte, Johann (B) / um 1598-1606 in Minden u. MS tätig / Werke in Minden/Eisbergen-Kr. Minden u. MS / **Lit.:** W.H./G.D.

Schwartz, Friedrich (auch: Schwarz, Fritz/Friedrich) (M/Ill) / 1904 Wattenscheid – ? / lebte um 66/83 in Meinerzhagen / kurze Zeit Stud.-Essen Folkw.-sch., sonst Autodidakt / Ausst. u. a. 1983 MS (Exponata), + NRW / **Lit.: 1**-1 + **3**-83

Schwartz, Fritz (Friedrich) (M/G) / 1898 Gelsenkirchen – 1981 ebd. / Autodidakt / 1922 Mitbegr.-(1.)"Gelsenk.-KB" / Ausst. = Westf. / **Lit.: 8a**-30 + **8b** + **34**-9,2 + **145b**

Schwartz, Oswald (Maurermeister) / stammt aus Ernberg/Tirol – † 15. 9. 1720 Brakel / Werke: bis 1700 Annenkapelle b. Brakel (innen bis 1720), ab 1716 Baultg. der Kapuzinerkirche in Brakel n. Plänen v. J. C. Schlaun / **Lit.: 112a**

Schwarz, Anna (M) / 1958 Omsk/Russl.- / lebt (2006) in Dortmund / Stud.-Omsk 73-79 Malschule u. dort 80-85 PH / ab 79 Lehrt., s. 91 BRD / 93 Gründung d. Malschule „Farbspirale u. 95-97 Malschule „Mosaik"-Dortmund / ab 98 Mitgl. „BBK-Westf." Dortmund / Ausst. u. a. in Russland, 2002/03 Dortmund (Rathaus/Adv. Holding/Torhaus/Mus. f. K. u. K.), 03/05 Bo.-Wattenscheid (Techn.-Zentr), 03 Witten (Boesner), 04 Castrop-Rauxel (Rathaus), + N / **Lit.: 3**-02/03 +03(1+2)+04(1)+05(2) + **120** + **120b**-01

Schwarz, Anne (M) / * 1945 – / lebt (2005) in Bottrop / Mitgl. „KB-Bottrop" / Ausst. u. a. 2004 Bottrop (Mus/Sparkasse) / **Lit.: 99**-04

Schwarz, Elisabeth (G/D) / 1966 Göttingen- / lebt (2005) in MS / Stud.-MS 2000-05 FHD / Büro „Büning&Schwarz" in MS / 05 red dot design award Essen m. Christian **B**üning / Ausst. u. a. 2005 MS (Off. Atelier-Am Hawerkamp)

Schwarz, H. Herbert (M) / 1939 Niederndorf- / lebt (2004) in Freudenberg / Autodidakt, Arbeiten s. 75 / 01/02 Weiterb. Akad.-Stams/Österr. / ab 94 Mitgl. Gr.-„Kunstkr. Siegerland" / Ausst. u. a. in Lüdenscheid/Bad Münstereifel, 1999 Münster (Techn.-Krankenkasse), 2001 Bad Kissingen, 01/02 Ischgl-Öst. (Gal.-Silvretta), 03 Soest (Hochschule), Bonn (Institut), Kreuztal (Gal.-Kunstpraxis), + Südwestf. / **Lit.: 110b** + **110c**-04

Schwarz, Johanna (Dorothee Johanna) (O/I/Z/F) / 1968 Duisburg- / lebt bis 2003 in Düsseldorf, ab 04 Zürich / NEU: 96 Tim&Struppi Pr. Kl. Prof. T. Ulrichs, 97 Stip. Aldegr.-Ges.-MS, 97-2000 Stip. Cusanuswerk-Bonn, 01 Ausz. Kleinplastik-Biennale, 01-03 W.-Lehmbruck-Stip. Duisburg, 03 Stip. f. Kü.-dorf Schöppingen / (Biografie in Beilage: CD-Ausgabe 2006)

Schwarz, Matthias (M/F) / 1974 Potsdam- / lebt (2005) in Berlin / 90-93 Möbeltischlerausb. in Potsdam, um 94/96 Fotokurse in Potsdam, Stud.-MS 97-(um 02/03) FH f. Archit. / Ausst. u. a. 1995-98 Potsdam (u. a.: Kunstschule/Schloss Oranienburg/Landtag/Altes Rathaus), 2003 MS (Univ.: Gleis 22), Bielefeld (Stadthalle) / **Lit.: 82b**

Schwarz, Michael (Industriedes) / * 1946 – / lebt (98) in Herne / 64-67 Maschinenbauausb., Stud.-Wuppertal 67-72 Wksch / ab 72 selbst. / 72 „Braun"-Pr., 88-95 = 7x Ausz.-gen u. a. in Essen/Frankf.-M./Hannover + 93 Ehren-Pr. Produktdes.-NRW / **Lit.: 205**-94(erw.)+97 + **205x**-93

Schwarz, Oliver (F/D) / 1968 Geldern/Niederrh.- / lebt (94) in Dortmund / Stud.-Dortmund 89-nach 93 FHD / 93 Focus-Pr. FHD-Dortmund / Ausst. u. a. 1993 Dortmund (Mus. f. K. u. K.) / **Lit.: 203**-93

Schwarz, Theodor (M) / lebt um 1928/30 in Gevelsberg / Ausst. u. a. 1928 Hagen (Stadthalle) / **Lit.: 8a**-28 + **34**-9,2

Schwarz, Will NEU! (A) / 1907 Gelsenkirchen – 1992 / lebte in Dortmund / 24-28 Stud. Kgsch-Dortmund u. 29-32 HfBK-Berlin / ab 34 freisch. in Dortmund, 39-45 Kriegsdienst / war 53-76 Vors.-er von „BBK"-Westf.-Süd/Nord – Dortmund, danach Ehrenvors. / Werke in Dortmund (u. a. 58/59 Fernsehturm) u. Westf. / **Lit.: 1**-1 + **3**-03(2) + **146b** + **197b**-84 + **197c** (S. 22+80) + **265** + In: „Architekten BDA in Westfalen" – Dortmund, 1986

Schwarz, Will (M) / 1894 Doveren/Kr. Erkelenz – ? / Lit.: 34-9,2

Schwarze, Brigitte (O/I/Coll.-k/Z) / 1960 Porta Westfalica- / lebt (2003) in Minden / Stud.-Berlin 82-85 Univ. (Germ/Philol) u. 85-90 HfBK / ab 88 freisch. / Förderung: 88 Frankf.-M., 90/91 Stip. HfBK-Berlin, 92 Messe-Köln / Ausst. u. a. in Berlin/Minden/Gernheim/Wismar, 2000- Bielefeld/OWL (Archiv), 01 Bielefeld (Ausst.-bahn), Petershagen (Glashütte Gernheim), 02 Löhne (Werratalhalle) / **Lit.: 192**-01

Schwarze, Hans Dieter (Schauspieler/Filmk/Regisseur) (Lyriker/Autor) / 30. 8. 1926 Münster – 7. 5. 1994 Anterskofen b. Dingolfing / 42-44Schauspielunterricht in MS, 44/45 Kriegsdienst/ Gefangenschaft / Schauspieler/Regisseur in MS/Oldenburg/Lübeck/Hamburg, dann Regisseur in Castrop-Rauxel/Trier/Krefeld/München/Zürich, 60-68 Film-Regisseur Bavaria-Filmges. München, 68-72 Intendant Westf. Landestheater Castrop-Rauxel, ab 72 freiberufl. tätig in Niederbayern, 75/76 Intendant in Nürnberg / Ausz. u. a. 67 Bundesfilm-Pr. in Gold, 73 Bundesverd.-kreuz am Bande / **Lit.: 266** + In: „Bertelsmann Literaturlexikon 1991"

Schwarze, K. H. (A) / um 1954-71 im Städt. Planungsamt Bochum tätig = s. auch **H**ellrung, Josef / s. 54 Zus.-arbeit m. Josef Hellrung u. F. Keilmann, Werke in Bochum (u. a. Schulen, 63-64 Planetarium, 65-67 Inst. f. Weltraumforschung), entwickelte 1966 mit J. Hellrung „Bochumer Schultyp" / **Lit.: 146b**

Schwarze, Rosmarie (Porzellanm) / 1937 Troisdorf- / lebt s. 88 in Siegen / Ausb. VHS-Brühl, in Selb u. Arzberg / s. 89 Lehrt. VHS-Siegen / Ausst. = Südwestf. / **Lit.: 110b + 110c**-04

Schwarzer, Dagmar (M/I/F/D/Metall- u. Schmuckgest) / * 1972 – / lebt (2004) in Dortmund / ab 89 Musikprojekte, s. 95 autodidaktische Werke, Zeichnungen/Malerei, 97 Umschulung in NL zur Multimediades.-in, Studienreisen = INT / Ausst. u. a. 1998 Hannover/Kiel/Wiesbaden/ Berlin, 99 Dortmund/Bochum/Berlin, 2000 Dortmund/Bochum/München, 2001 Dortmund (alte Brauerei), 02 MS (u. a. Hof Heitmann) / **Lit.:** Internet

Schwegmann, Heike (M/G) / 1972 Thuine b. Lingen- / lebt (2006) in MS / NEU: 2000 Stip. f. Villa Vigani-Loveno/It., Ausz.: Young Artist Painting Competition Seoul/Südkorea u. „C. von Zumbusch"-Pr. Herzebrock-Clarholz, 01 Förder-Pr. Sezession-Darmstadt, 02/03 Atelier-Stip. MS / (Biografie in Beilage: CD-Ausgabe 2006)

Schweighoff, Christian d. Ä. (Schweighofer) (Maurer/Steinhauermeister) / 1757 Zweibrücken – 8. 8. 1821 Münster / 1781 Meister in MS / Arbeiten a. d. Petrikirche in MS u. wohl Haus Roggenmarkt 13 (Klosterstr. 13 = Christian d. J.) / **Lit.: 24**-30 + **112a**

Schweighoff, Christian d. J. (Schweighofer) (Steinhauermeister) / 1796 Münster – ? / 1830 Bau des Hauses Klosterstr. 13 in MS / **Lit.: 112a**

Schweinberger, Mathes (M/G/Ill/D) / 1963 Lünen- / lebt bis 94 in MS, 04/06 Dortmund / ab 04 Lehrt. FH-Krefeld / (Biografie in Beilage: CD-Ausgabe 2006)

Schweizer, Hermann (M/G) / NEU: 1910 Herdecke/Ruhr – 1998 / lebte in Ahlen / (Biografie in Beilage: CD-Ausgabe 2006)

Schwenger, Heinrich (A/Baumeister) (königl. Baurat) / 1840 – 1906 / ab (um) 1875 selbst. in Bochum, 1906 übernahm Heinr. **S**chmiedeknecht das Büro / **Lit.: 146c**

Schwenke, Nico (D/Video- u. Trickfilmk) / lebt (2002) in Berlin / Stud.-MS bis 01 FHD (Vis.-Komm) / 01: 1. Platz = „red dot – junior"-Award, Design-Zentr.-NRW Essen, 1. Platz = „mecon award" Medienforum-NRW u. 3. Platz = „animago award" / Ausst. u. a. 2001 Essen (Design-Zentrum), Frankf.-M. (Buchmesse) / **Lit.: 15a** (S. 64/112) + **122**-2001 + In: „Wegweiser" – Katalog – Diplom WS 2000/01 – FHD-MS

Schweppenstedde, Heinrich (Schweppermann?) (Kirchenkünstler/B) / 1865 – 1943 / lebte in Wiedenbrück / um 1897 Zus.-arbeit mit Anton Mormann / Werke u. a. in Holtheim, 1921 Hochaltar in Holsen (St. Philippus Neri) v. „Schweppermann", wahrsch. H. Schweppenstedde gemeint / **Lit.: 146c**

Schweppermann s. Schweppenstedde, Heinrich (Lit.: Internet)

Schwering, Herbert (Filmk/Produzent) / * 1959 – / lebt (2005) in Köln u. MS / Stud. Univ.-MS (Publiz/Päd/Politikwiss) / 81-97/05/06 tätig Filmwerkst.-MS, 95-97 Geschäftsltg. u. 2x Festivalltg., 98-03 Lehrt. Hochsch. f. Medien-Köln, s. 98 eig. Produktionsfirma „ICON FILM" in Köln, außerdem im Vorstand Filmbüro NRW / 3 eig. Filme / Auff. u. a. in MS / **Lit.: 196**-88

Schwieger, Peter (gen. Stan Pete) (O/Metallgest) / 1979 Karl-Marx-Stadt- / lebt (2005) in Halle/ W. / Werke u. a. in Bielefeld / Ausst. u. a. 2001 Bielefeld/Halle-W., 02-05 Halle/W. (Off. Atelier), 03 Halle/W. (Kunstnacht) / **Lit.: 152b**-02…05

Schwienhorst, Mechthild NEU! (B/M/Ill/G/Bühnen- u. Kostümbildn.-in) / 1951 Ahlen/W.- / lebt (06) in Warendorf / Stud.-Köln 69-74 Wksch/FHD (Bühnen- Kostümbild/Kunstg/Soz) / tätig

74-90 u. a. in Frankf.-M./Düsseldorf(Schauspielhaus)/Rotterdam/2xHamburg/Amsterdam/Berlin u. 90-05 u. a. Den Haag-NL/Brüssel/Wiesbaden/Dresden / war Mitgl. „Freies Rheinland"-Düsseldorf/Köln, Gr.-„700+6"-Düseldorf, „Ost-Fluxus-West"-Moskau/Düsseldorf u. Gr.-„Sündikat"-Düsseldorf / Ausst./Projekte s. 1980, u. a. 1987/88/89 Düsseldorf (Kunstpalast/Stadtmus/2x= ehem. Jagenberg-Gelände/Projekt: Strassenbahnlinie 706/Zollhof 3), 88 Gent-Belg., 89 Köln/Düsseldorf/Moskau (Interart), Radolfzell (Sympos), 90 Oberhausen (Stadtgal), 93 Düsseldorf (Sympos: Schauspielhaus) / **Lit.: 79 + 79a + 107**-87 + M. Sch.(Grafik) in: „Dokumente" – Zeitschrift für übernationale Zusammenarbeit – Köln, 1974-1980; Paul Schallück/M. Sch. (Grafik): „Countdown zum Paradies" – Oratorium – Leverkusen, 1976; In: „700+6" – Ausst.-kat. – Hg.: Gruppe „700+6" – Düsseldorf, 1988

Schwiering, Heinrich (M) / 1860 Bückeburg/Schaumburg-Lippe – 1949 ebd. / Stud.-Düsseldorf 1880-87 Akad. / bis 1918 Hofmaler am Bückeburger Hof / lf. Aufenthalte u. Werke in Schwalenberg / Ausst. u. a. 1913 Paderborn, 81 Schwalenberg / **Lit.: 24**-30 + **34**-8,2+9,2 + **101a** + **137a** + **137b**-81

Schwill, Theo (A/Dipl.-Ing) / 12. 2. 1925 Dortmund- / lebt (2004) in Dortmund / (um 68/70) bis 2000 Büro: „Schwill/Bergstermann" – Dortmund (s. **B**ergstermann, Wolfgang) / Werke in NRW, u. a. Kirchen in Dortmund (69 Christus unser Friede, 71 St. Benno) u. Herne (s. Lit.) / **Lit.: 112d** (S. 18) + **197b**-84+99 + **219a**

Schwinge, Florian (F/D) / 1962 Sande/Friesl.- / lebt (2002) in Köln / Stud.-Freiburg 84-86 Univ. (Pol/Angl/Phil) u. Bielefeld 86-92 FHD (Fotogr) / 93 Stip. Künstlerhaus Hooksiel u. „European Artists' Pépiniére"-Turin, 94 Stip. d. A. Krupp v. B. u. Halbach-Stiftung, 02 „Peter Keetman"-Pr. Wolfsburg / Ausst. s. 1989, u. a. 91/92 Bielefeld (u. a.-Fotoforum), 92-98/99 Ulm (Stadthaus), 93 Hooksiel (Kü.-haus), Minden/Berlin, 96 Essen (Mus), 97 Köln (Friesenwall 128), 99 Willhelmshaven/Hamburg/Köln/Oberhausen, 2001 Winterthur (Fotomus), 02 Hamburg (Mus. d. Arbeit), + INT / **Lit.: 114c + 204a** + In: „Piraten" – Ausst.-kat. – Bielefeld, 1991; In: „Nordwestkunst '99" – Ausst.-kat. – Wanderausst.: Wilhelmshaven-Oberhausen, 2001; In: „Industriefotografie – Peter Keetman Preis 2002" – Wolsburg, 2002

Schwingeler, Friedhelm (A/Dipl.-Ing) / lebt (1975/2005) in Witten-Stockum / weitere Daten nicht bek. / Werke u. a. in Dortmund u. Kirche in Witten / **Lit.: 112d** (S. 94)

Schwulst, Günter (F) / * 1931 – / lebt (2005) in Bottrop / Ausst. u. a. 1998/99-2001/04 Bottrop (Mus), 2000-04 Bottrop (Kulturzentr) / **Lit.: 99a**-98+99...01+04 + **99c**-2000...04

Schymocha, Claudia (**A**gara) (M/G/Ill) / 1976 Görlitz- / lebt (2003) in MS / Stud.-MS 97-03 Akad. / Ausst. u. a. 1999 MS (Borchertheater), 2001 Bielefeld (Kv), 02 Berlin (HfBK), 02/04 MS (Halle-Am Hawerkamp/DRK)

Secci, Andreas (F/D) / 1970 Witten- / lebt (2006) in Dortmund / Masch.-schlosserausb., u. Stud.-Dortmund 97-03 FHD / s. 99 freisch., ab 03 Mitgl. „BFF" / 03 Bildarchivaufnahme „Archit.-photo", „Stock Image Collection" u. Fotoservies Dortmund / Ausst. 2003 Berlin (Sony Center)

Seebach, An (Angelika) (O/I/F) / 1965 Neumünster/Schl.-Holstein- / lebt (2005) in Dortmund, ab 05 in Hildesheim / NEU: 98 Stip. Stiftung „BINZ" f. Scuol-Schweiz, 2000 Gastprof. in Iowa-USA u. 02/03 Projekte in Japan / (Biografie in Beilage: CD-Ausgabe 2006)

Seeberger, Christoph (A) / 1704 bei Stanz/Tirol – 20. 3. 1759 Büren / ab 1735 Jesuitenbruder / tätig 1738/39 in Paderborn, 1740/41 Trier, s. 1754 Büren (Jesuitenkirche) / **Lit.:** G.D. + **24**-30 + **112a**

Seeburg, Dietlind s. Schmiedek, Dietlind

Seekamp, Helga (K/O/I/M/Z) / NEU: 1942 Heißenbüttel-Hambergen Kr. Osterholz-Scharmbeck- / lebt (2004) in Siegen / war Gattin v. Werner **S.** / (Biografie in Beilage: CD-Ausgabe 2006)

Seekamp, Werner (M/Z/Materialb.-k/B) / NEU: 1943 Verden/Aller(!) – 1996 Siegen / Gatte von Helga **S.** / (Biografie in Beilage: CD-Ausgabe 2006)

Seelbach, Christoph (F/D) / 1962 Bochum- / lebt 92-96 in Köln, 96-98 Berlin u. s. 98 wieder in Köln / bis 96 Stud. Univ./GH-Wuppertal (Komm.-Des/Fotogr/Fotojournalismus) u. Fotogr.-weiterbild. Univ.-Bochum (Mus.-Zentrum) / 2000 „Hansel-Mieth"-Pr. / s. 96 Reportagen, Arbeiten f. Magazine/Zeitungen/Firmen, usw. / Ausst. u. a. 1999 Bochum (Univ.: Mus.-Zentrum), Herten (Fototage), + N / **Lit.: 199**-99(S. 130)

Seelig, Thomas (Tom L. Sammer) (F/D) / 1964 Köln- / lebt (2002) in Köln / ab 82 Druckformherstellerausb., 86 Gaststud. in Fresno-Calif./USA (Fotogr) u. Stud.-Bielefeld 88-93 FHD / 88 Mitbegr. Studentengal.-„Schwarzbunt"-Bielefeld, 90 Editorial Assist. in New York, 92 Stip. f.

Lissabon u. 92/93 Focus-Pr. FHD-Dortmund, jetzt eig. „Fotogalerie“ in Köln / Ausst. u. a. 1989 Fresno-USA/MS, 90 Bet.-Wanderausst.-(INT), 91/92 Bielefeld (Gal.-Schwarzbunt), 92 Rotterdam/New York, 92/93 Dortmund (Mus. f. K. u. K.) / **Lit.: 114c + 203-**92(m. Lit.)+93

Seepe, Frank (Grafik- u. Kommunik.-des) / lebt (2004) in Münster / Stud.-MS 87-93 FHD / 93-95 in „DRS Marketing“ tätig, s. 95 Agentur m. Jutta Schnieders „cyclos design GmbH“-MS / Ausz.-gen 1998/01/02 red dot award Essen / **Lit.: 205a-**01 + **205y-**98,2+2000,1+02,2+04,2 + u. a. in: „Graphis Jahrbuch Design“ – 1995

Seewald, Markus (F/D) / 1967 Bremerhaven- / lebt (2002) in Hamburg / Stud.-Dortmund 91-98 FHD (Fotogr) / 99 in Berlin tätig, ab 99 Redakteur a. d. Zeitschr. „Computerfoto“ in Hamburg / Ausst. u. a. 1992/2001 Dortmund (FHD/Mus. f. K. u. K.) / **(s.=A/E)** / **Lit.: 202 + 203b-**2

Sehrig, Hermann (K/B) / lebte um 1930/33 in Mülheim/Ruhr u. 1948/50 in Magdeburg / war um 1930/33 Mitgl. Gr.-„VWKuK“ (Westfalen) u. 48-um50(?) Lehrt. Kgsch-Magdeburg / Ausst. u. a. 1930-32 Gelsenkirchen/Dortmund/MS (Gruppe „VWKuK“) / **Lit.: 8a-**30...32 + Erw. in: „Die Kunstgewerbe- u. Handwerkerschule Magdeburg“ – Magdeburg, 1993

Seib-Pahmeier, Gabriele (M/G) / 1952 Herringhausen b. Herford- / lebt s. 89 in Herford / ab 74 Stud. Univ./GH-Wuppertal (Grafik) / Ausst. u. a. 1984/86 Solingen (Mus) / **Lit.: 216**

Seibel, Thomas (G/D/I) / 1956 Gevelsberg- / lebt (2006) in Ennepetal / Stud.-Wuppertal 77-82 Univ./GH (Vis.-Komm), 88-92 (Kommunik.-des) u. Dortmund 95 Organis.-psychol. / ab 92 selbst. / Arbeiten/Präsentat.-en f. Theater, u. a. Heiningen/Ameland/Wuppertal/Wupp.-Beyenburg / Ausst. u. a. 1991/2000/04/06 Ennepetal (u. a. Kluterthöhle) / **Lit.: 209-**2000+04+06

Seibold, Reiner (G/D/Ill) / * 1933 – / lebt (97) in Kierspe / Stud.-Krefeld bis 55 FH (Grafikdes) / s. 82 freiberufl. tätig / Mitgl.-„AGD“ / Ausst. u. a. in Frankf.-M. (Gal.-v.Oertzen), Luxemburg (Goethe-Inst) / **Lit.: 20 + 205-**94+97(erw.) + u. a. in: „novum“ – Heft 6/84+4/88; Ill.-en in: „Der Gemeindebrief“ – gep-Handbuch – 1983; „Eschbacher Bilderpsalter“ – Bd. 1-8 – 1990; u. a. R. S.: „Jiri hinter den Bergen“, 1980; „Intelligenzknoten“ – 1980; „Bekenntnisse einer grauen Maus“ – 1985

Seidel, Angelika (M) / 1959 (bei Ulm)- / lebt (2005) in Bielefeld, s. 04 Atelier in Halle/W. / Berufsausb. u. Stud. Univ.-Tübingen (Betr.-wirtsch) / s. 95 Weiterb.-kurse u. a. Europ. Akad.-Trier / Ausst. u. a. 1998 Krefeld (Atelier-Gabbert), 99/2003 Gütersloh (Pro-Proj./Kv), 02 Hannover (Praxis), 03 Halle/W. (Kunstnacht/Sparkasse), Bielefeld (Univ), 04 Bielefeld (Gildhaus-Inst/Festo-AG), 04/05 Halle/W. (Off. Atelier) / **Lit.: 152b-**04+05 **+ 191b-**04

Seidel, Christoph (M/B) / 1964 Bad Rothenfelde- / lebt (2006) in Bad Iburg-Glane / NEU: 98 = 3x Konzert m. Bildpräsentation (Musik: Oliv. Messian) in Osnabrück/Schwerte u. MS (Fr.-Hitze-Haus), 2000 = 2. Pr. Diözes.-Mus. Paderborn / (Biografie in Beilage: CD-Ausgabe 06)

Seidel, Günther = NEU (B) (Autor) / 1921 Frankenstein/Schlesien- / lebt (2002) in Bielefeld / 91 Pr. „Gold.-Palette“-Bitburg, 99 „Rembrandt“-Plakette Bad Schmiedeberg / (Biogr. in Beilage)

Seidensticker, Wilhelm (Dr.-Ing) (A/Stadtplaner) (Autor) / 30. 11. 1909 Bochum – ? / lebt (99) in Essen u. Südfrankr. / Stud.-Hannover 29-31 TH (Archit) u. 32-33 TH Graz-Österr., 33 Dipl.-Hannover, 36/37 Promotion / 34-37 im Baudezernat Bochum, ab 37 selbst., tätig f. Dortmund u. Bochum = 64 Ausz., 41-46 Kriegsdienst (Luftwaffen-Regierungsbaurat in Norwegen) u. Gefangenschaft, 46 Bochum, 47-79 freisch. in Essen / Werke in Bochum m. H. Timmermann: 33-36 Zentralfriedhof Altenbochum u. 34-36 Neugest. Zugang Stadtpark, (allein) u. a. Wiederaufbau Grillo-Theater/Deutsche Edelstahlwerke/Krupp-Hauptverw. u. in Diözese-Münster (7 Kirchen), Essen/Duisburg, Ruhrgebiet/Rheinl. / **Lit.: 146b+c + 213b + 219a+c** + v. Dr. W. S. = 4 Bücher über Stadtplanung

Seider, Claudia (M/B) / 1952 Oberhausen- / lebt (2005) in Bochum / Stud. Univ.-Bochum (Soz.-Päd), Autodidaktin / 89-04 eig. Sprachschule in Dortmund, ab 95 eig. „Galerie im Luisenhof“ Bochum u. „Sprachkunst“ (mit Sprachkursen) / Ausst. u. a. ab 1995 lfd. Bochum (Gal. im Luisenhof), 97 Köln (Gal.-Reich) / **Lit.: 27-**5

Seifert, Gabriele (M/G/Z/I/F/Videok/Coll.-k) / 1959 Bad Rothenfelde- / lebt (2004) in Köln / NEU: 02 = Videoinst.-Pr. Marl / (Biografie in Beilage: CD-Ausgabe 2006)

Seifried, Barbara (M) / * in Bochum- / lebt (2002) in Marktdorf / Stud.-Basel/Schweiz 86-97 Kunstschule u. b. Kr. Pecinski in Winterthur/Schw. / Mitgl. „FrauenKunstForum“-Stuttgart u. im „IBC“(s. Katalog) / Ausst. u. a. in der Schweiz, + Südw.-deutschl. / **Lit.:** In: „Intern. Bodensee club ° Regionalclub Überlingen nördlicher Bodensee“ – Sektion BK – Katalog – Überlingen, 2002

Seiler, Gitta (F/D) / 1967 Metzingen- / lebt (2002) in Berlin / nach Fotogr.-ausb.: Stud.-Dortmund

91-98 FHD / s. 98 freiberufl. in Berlin, Mitbegr. der Galerie/Fotoschule „Fotografie am Schiffbauerdamm" / Ausst. u. a. 1992 Dortmund (FHD) 99 Herten (Fototage), 2000 Berlin (Gal.-Le Manége), 01 Dortmund (Mus. f. K. u. K.) / **(s.=A/E)** / **Lit.: 189**-99 + **202** + **203b**-2

Seils, Manfred NEU! (M/Z) / 1939 Witten/R.- / lebt (97) in Witten / Autodidakt / 76 SVR-Wettbew.-Pr. Herne / war Mitgl. „Wittener-KB" / Ausst. u. a. 1970 Witten (Mus), 76 Herne (Zeche Unser Fritz), + N / **Lit.: 143f** (S. 44) + **144** + **144x**-87 + „M. S." – Ausst.-heft – Märk.-Mus.-Witten, 1970

Seitz, Frank (A/Dipl.-Ing) / 1966 Peine- / lebt (2004) in Bochum / Stud. FH-Köln / s. 93 in Stuttgart/Bochum u. Köln tätig / ab 98 Büro „Beilmann + Seitz"-Bochum, Köln u. Shanghai/China / 2000 Archit.-Pr. „BDA" / Werke in NRW+N (u. a. Bochum) / **Lit.: 213a**-02

Seld, Berta Freifrau **von** (M) / 1860 Berlin – ? / lebte um 1928 in Hagen u. 1930 in Wiesbaden / Stud. VdK-Schule, Wiesbaden b. Koegler, Kunstsch.-Breslau, Berlin b. Gussow/Gölz u. in Darmstadt / war Mitgl. „RvbK" u. „VWKuK" / Werke u. a. in Hagen / Ausst. u. a. 1928 Hagen (Stadthalle) / **Lit.: 8a**-28 + **24**-30 + **34**-9,2

Selge, Titus (Filmk) / 1966 Münster- / 85-87 tätig am Theater (Schauspiel/Regie) / 94-99 Stud.-Filmakad. Baden-Württ. / ab 4/99 Fernsehregisseur / Auff.-gen u. a. 1999 MS / **Lit.: 196**-99

Selke, Iris (F/B) / 1966 Bielefeld- / lebt (2004) in Braunschweig / Stud.-Braunschweig 95-03 HfBK (Fotogr/Film), 98 Austauschstud.-Chicago-USA, 02 Meisterschülerin / Ausst. u. a. in Odense, 1993-95 Bielefeld (Off. Atelier), 2004 Herford (MARTa-Mus) / **Lit.: 152**-93...95

Selle, Gine (G/D/M/O/I) / 1966 Bad Salzuflen- / lebt (2006) in Dortmund / NEU: 96 = 1. Wettbew.-Pr. Essen, 96 Werke Landesg.-schau-Lünen, 98 Stip. Altena/W. f. Wandrelief, 2000 Projekt (Sachsen/Tschechin), 01 Grafikwerkst.-Dresden, Wandmalproj.-e in Valparaiso-Chile, 01-04 Dortmund u. 03 Bielefeld, 05 Seminar/Lehrt. Bad Salzuflen-Schötmar (Fachwerk) / ab 05 Mitgl. „Dortmunder Gruppe" / (Biografie in Beilage: CD-Ausgabe 2006)

Seller, Carsten (D/Filmk) / 1978 Minden- / lebt (2005) in Hannover / Stud.-Hannover 99-05 FHD (Komm.-Des) / bis 05 über 4 Filme / Auff.-en u. a. 2005 MS („Stadt New York") / **Lit.: 196**-05

Semeria, Annemarie (M) / * in Marktredwitz/Obfr.- / lebt (2006) in Gevelsberg / Mitgl. Gr.-„Gevelsberger Künstler" / Ausst. u. a. in Gevelsberg (Rathaus), 2004 Gevelsberg (VHS), 05 Schwelm (Kreishaus), 06 Gev.-Werdringen (Wasserschloss), Graz/Österr. (Gal.-Böhner)

Semina, Larisa (Lara) s. Ebert, Larisa

Semmel, Roland (O) / 1957 Münster- / lebt (2005) in MS / Stud.-MS 81/82-88 Akad. / Ausst. u. a. 2005 Recklinghausen (Kunsthalle), Ingolstadt (Kv) / **Lit.: 256**

Senn, Petra (F/D) / * 1964 – / lebt (2003) in Düsseldorf / Stud. bis 92 FHD-MS / Ausst. u. a. 1996 MS (Torhaus), 99 Hamburg, 2000 Stuttgart, + N/INT / **Lit.:** In: „Zeit Blicke" – Ausst.-kat. – Mus. f. Ku. u. Gew.-Hamburg, 1999 + Städt.-Gal.-Stuttgart, 2000 = Hg.: BFF-Des. e.V.-Stuttgart, 1999

Serres, Thomas (Komm.-Des) / lebt (2005) in Hattingen / Büro „serres, design."-Hattingen / 90-04 = 23 Kommunik.-design Ausz.-gen, u. a. in USA, Berlin/Dresden/Frankf.-M./Essen, u. a. 90 Art- u. 96/98/02/03 Type Directors Club New York, 93/95/98 Deutscher Pr. Essen, 02/03/04 „red dot award" Essen / Ausst.-gen = N + INT / **Lit.: 205w**-(02+03)+04

Settelmeier, Hanny (Johanna) (M) / 1915 Neumagen/Mosel- / lebt(e) in Dortmund / Autodidaktin / erste Ausstellung 1977 in Dortmund / Werke in Recklinghausen / **Lit.: 167b**

Settkes, Rolf (O/Coll.-k) / * 1965 – / lebt (2005) in Petershagen / seit 97 Mitgl. Gr.-„Gro(w)Art"-Petershagen-Großenheerse / Ausst.-en siehe **G**ruppe „Gro(w)Art"

Sevcik, Uwe NEU! (M/B/F) / 1947 Hamburg- / lebt (2006) in Recklinghausen / Fotogr./Kamera-Ausbild. – Hamburg, Stud. Univ.-MS (Geschichte/Soz.-wiss/Publ) u. Univ.-Essen (Kunst/Bildh) / Lehrt.-Gelsenkirchen, jetzt Gladbeck / Ausst.-en s. 1986, u. a. 2003/05 Herten (Zeche Scherlebeck/Zeche Ewald), + NRW / **Lit.: 145b**

Severin, Josef (B/Metallgest/Kunstschmied) / 24. 1. 1911 Bochum-Langendreer – 30. 11. 1996 Anröchte / Schlosserausb., Stud. Kgsch-Dortmund (Kunstschmied) b. Erich Friedemann Werner / 35-39 auf der Wewelsburg b. Büren u. 39/40 Halfmannshof-Gelsenkirchen tätig, 40-43 Kriegsdienst, 43 durch Verwundung zurück, ab 45/46 eig. Werkst. in Anröchte / war Mitgl. „AdK"-NRW / Öffentl. Werke u. a. in NRW / Ausst. u. a. 1957 MS (Landesmus) / **Lit.: 48a** + **48c**-87 (Anh.) + **48x**-61+64erw. + Dr. Peter Severin: „J. S." – CD-Präsentation – Anröchte, 03

Seyl, Michael NEU! (M/I/Lichtinst.-k) / 1963 Bedesbach/Pfalz- / lebt (2005) in Altenglan / 87-03 Stud., MS 87-93 Akad. + ? / 98 Förder-Pr. Ludwigshafen / Mitgl. „BBK"-Rhl.-Pfalz / Ausst. u. a.

1990 Rheine (Mus), 92 Saarbrücken (Forsch.-zentr), 93 Landau/Pf. (Kv), 2002 Kassel (Bergpark), 05 Recklinghausen (Kunsthalle), Ingolstadt (Kv), + N / **Lit.: 26a**-05 + **80a** + **170y** + **256**

Seyler, Axel (Prof) (B/M) (Autor) / 1939 Bielefeld- / lebt (2004) in Blomberg / Stud.-Bielefeld 60-62 Wksch, 62-68 HdK-Berlin (Bildh) u. HfBK-Hamburg (Kunstwiss/Kunstpäd) / 68-74 wiss. Ass. TH-Braunschweig, s. 74 Prof. FH f. Innenarch.-Detmold / 84-94 Ltg./Designer einer Holzmöbelwerkst. in Detmold / Mitgl. „BBK"-OWL / Werke im öff. Raum: 71/72 Braunschweig, 73/76/78 Coesfeld, 74/75 Telgte, 80/83/85 Hannover, 84 Bad Salzuflen, 90 Nienburg, 91 Lage-Müssen (Kirchenausstattung), 98 Detmold / **Lit.: 213**-80 + A. S. in: „Kunst, Zweck und Ökonomie" – 350 Jahre Nepomucenum" – Coesfeld, 1978; In: „Gustav Seitz und seine Schüler" – Hamburg, 1979; A. S.: „Gestaltpsychologische Anwendungen auf neuere Architektur in Detmold" – Lemgo, 1995; „Wahrnehmung und Falschnehmung" – Eine Psychologie des Sehens, ... Anabas-Verlag, 2003

Shi, Gang (M/F/B/I) / 1978 Hei Long Jiang/China- / lebt (2005) in Essen / 94-97 Malereiausb. in Qi Qi Ha Er/China, Stud.-Bei Jing/China 98-2000 Univ. (Medien), Bielefeld 02-03 Symmedia-Akad. (Foto-Des) u. ab 03 freie Akad.-Essen (M/B) / Ausst. u. a. 2004 Frankf.-M.(2x)/ Coesfeld

Shin, Su-Jeong (O/I/M/Perf.-k) / 1974 Seoul/Südkorea- / lebt (2005) in MS u. Düsseldorf / Stud.-Seoul 93-98 Frauenuniv. (Malerei) u. ab 2000 Akad.-MS, Meisterschülerin / 04 Reise-Stip. Akad.-MS / Ausst./Auff. u. a. 2002/03 MS (Akad), Bielefeld (2xKv), 03 MS (Bennohaus), 04 MS (Perf.: 5xAkad/Triptychon), Istanbul-Türkei (Mus) / **Lit.: 231b+c** + In: „Zeit" – Forum zeitgen. Kunst V – Ausst.-kat. – Bielefelder-Kv., 2002

Siebert, Dagmar (M) / * 1966 – / lebt (88) in Herne / Ausst. u. a. 1987 Herne / **Lit.: 142x**-87

Siebert, Mechthild (O/I) / * 1960 – / lebt (88) in Herne / Ausst. u. a. 1987 Herne / **Lit.: 142x**-87

Sieckmann, Helga (M/O/Coll.-k) / 1939 Minden- / lebt (2004) in Minden / Weiterbild. Europ. Akad.-Trier / s. 81 Mitgl. Gr.-„der regenbogen"-Minden, z.Zt. Ltg.(um 01/04), u. ab 88 „Verein f. akt. Kunst"-Kr. Minden-Lübbecke / Ausst. s. 1981, u. a. in Apeldorn-NL/Sutton-GB/Trier, MS/Porta Westfalica/Minden/Bad Oeynhausen/Bünde, 1996 Rehda-W., 97 Petershagen, 98 Rinteln, 98-2001 Minden (Akzente-Gal/Marienkirche) 99-02/04 Minden (Off. Atelier), 99-01 Minden (Diakonie), 01/02 Minden (Theater/Museumscafé), 02 Bad Eilsen (Wandelhalle) / **Lit.: 152a**-99...02+04

Siegel, Gisela (M/G/D) / NEU: 1942 Menden- / lebt s. 94 in Werl-Schloss Lohe / Stud.-Berlin 65-69+75-76 FHD (Vis. Komm.- Ausst.-Des) / Lehrt.-Berlin 80-89 FH f. Werbung u. Gest., ab 94 freisch. in Werl / (Biografie in Beilage: CD-Ausgabe 2006)

Siegelmann, Heinz-Ulrich (M) (Dipl.-Ing) / 1924 Lütgendortmund- / lebt (2005) in Dortmund / Autodidakt / Ausst. u. a. 2004 Dortmund-Mengede (Bez.-bibl), 05 Schwerte (Ruhrtalmus), Krefeld (Mus) / **Lit.:** Marion Hering: „Strom des Lebens" – 2005

Sieger, Dieter NEU! (A/Schiffsbauer/Produkt- u. Industriedes) / 1938 Münster- / lebt (2006) in Münster / nach Berufsausb.: Stud.-Dortmund 61-64 Ing.-sch./Wksch (Archit) / ab 65 eig. Architektur-Büro in MS-Albachten, s. 88 auf Schloss Harkotten/Sassenberg „Sieger Design Consulting GmbH", 03 = „sieger design GmbH & Co. KG" (= Kommanditist) / 97-99 Präsident des „DDC" / viele Preise = N + INT = u. a. 98 „Good Des.-Award"-Chicago u. viele „red dot award"-NRW (s. Lit.! = noch 2x 02 red dot award Essen) / Arbeiten in MS, u. a. Boulevard-Theater u. 05 Kreuz für Bistumstag (Domplatz) + s. Lit. = u. a. f. „Ritzenhoff", „Dornbracht", „Arzberg", „WMF" u. „Duravit", 2001 Armbanduhr „Dieter Sieger No. 1" / Ausst.-gen u. a. in MS/Ahlen, ab 05 MS (artworks-shop: Spiekerhof 6), + N/INT / **Lit.:** u. a. **205**-94+97(mit Ausz.-gen/Ausst.-gen/Lit.-ang.) + **205a**-01 + **205d** + **205y**-98,1 + **205w**-02 + **205z**-90+91+95+96+97+98+2000

Sieger, Michael NEU! (Industrie-Des/G/F/M) / 1968 Münster- / lebt (2005) in Sassenberg / nach Schulzeit in MS: Stud.-Essen 87-90 Univ./GH (Industriedes) u. MS 90 FHD (Produktdes) / 89 Eintritt in die Firma s. Vaters Dieter S. in Sassenberg, ab 03 = „sieger design GmbH & Co. KG" (Mitinhaber) mit Bruder ***Christian*** S. (* 1965 Münster) Geschäftsltg. (2004 Shanghai/ China = Ernennung zum „Advisor of Putuo District in the field of architecture, planing and design) / Preise/Ausz.-gen f. Fotogr./Grafik u. Produktdes. (s. auch Lit.), 03 Entwürfe f. United Labels (Porz.-Kollektion) u. 98/2000/4x03/2x04/3x05 „red dot award"-Essen, 04 red dot: „best of the best" Essen, 04 = Intern.-Pr. „Graphis Packaging 9" u. 5 Ausz.-en im „DDC-Wettbewerb"-Frankf./M., 05 = 3 Preise Chicago Athenaeum / Ausst. u. a. in MS (Annette-

Gymnasium/Stadtmus/IHK), 2002 Bologna (Futurshow), ab 05 MS (artworks-shop: Spiekerhof 6) / **Lit.:** u. a. **205a**-01 + **205w**-03 + **205y**-98,1 + **205z**-98+2000+03+04+05 + In: Peter Zec: „good design" – Produktkultur u. Lebensform – Des.-Zentrum-NRW – Essen, 2000; In (mit Benedikt Sauerland): „IF design award 2003" – Hannover

Siegmund, Julia (M/G) / 1974 Friesoythe- / lebt (2004) in MS / Stud.-Osnabrück 93-97 Univ. (Kunst/Germ) u. Wien 97-99 Akad., Meisterklasse Anton Lehmden / 95+98 „Piepenbrock"-Förder-Pr. u. 98 Pr. Georgsm.-hütte / 01-03 Referendarzeit, ab 04 freisch. in MS / Ausst. u. a. 1997 Wien (Akad), 98/99 Osnabrück (Rathaus/Gal. im Fenster/Dominikanerkirche), Georgsmarienhütte (Villa Stahmer), 99 Cloppenburg (Kv), 2000 Belm (Rathaus), Fürstenau (Kv), 2000/02 Lindern (Gal.-Lindern), 01 Schloss Hüffe, 02 Istanbul (Univ), 03 Friesoythe (Rathaus), 04 Cadaques-Sp. (Miniprint Intern.), Schl.-Holstein (Int. Nord-Art), MS (Off. Atelier) / **Lit.:** Internet

Siekmann, Andreas (B/O/I/M/Videok) / 1961 Hamm/W.- / lebt (2005) in Berlin u. Buenos Aires/ Argentinien / NEU: (Partnerin: Alice Creischer (F/Videok) * 1960 Santa Fé – Argentinien) / 01 Stip. Kunstfonds-Bonn, 02 Beteil. 11. „documenta"-Kassel / (Biogr. in Beil.: CD-Ausg. 06)

Siekmann, Andreas (F) / 1968 Bielefeld- / lebt (2005) in Bielefeld / Fotografieausb. u. eig. Atelier in Bielefeld (Industrie/Architektur- Werbe- u. Aktfotografie) / Ausst. u. a. in Bielefeld, 2002 Salzburg (Kv), Kassel (documenta), + N / **Lit.:** im Internet + Anke Lükeville/A. S.(Fotogr.): „Food & Skin" – Thema „lebendes Buffet" – Selbstverl.-Bielefeld, 2005

Sielmann, Katrin s. Klack-Sielmann, Katrin

Sieloff, Ernst Ulrich (Reliefk/Materialb.-k/D) / 1933 Königsberg- / lebt (2001) in Büren / nach Zimmermannsausb.: Stud.-Dortmund bis 64 Wksch / 70-92 Soz.-pädagoge / Ausst. u. a. im Kloster Dalheim, 2001 MS (Gal.-Kessler), + OWL

Siemon, Erika (M/G/Coll.-k) / 1955 Siegen- / lebt (2004) in Siegen / 97 Weiterb. Europ.-Akad. Trier u. 98 Gast Univ.-Siegen (Kunst) / Mitgl. im „Cultura Frauenforum"-Siegen / Ausst. s. 1998 in Südwestf., u. a. 2000 Finnentrop (Firma Freiburg), Kassel (Hellwig), 01 Arnsberg (Handw.-kammer), 02 Hespert (Kunstkabinett), 03 Attendorn/Siegen / **Lit.: 110c**-04 + **187**

Siemon, Harald (M) / 1949 Osnabrück- / lebt (2005) in Osnabrück / Stud.-MS 72-77 Akad. / Ausst. u. a. in Bergkamen, 2005 Recklinghausen (Kunsthalle), Ingolstadt (Kv) / **Lit.: 64a** + **70x** + **256**

Siepen, Robert (G) / * 1924 – / lebt (91) in Bestwig-Ostwig/Sauerl. / Werke s. 85 / 89 Bischof-Tenhumberg-Pr. Telgte / Ausst. u. a. 1989/90 Telgte (Mus) / **Lit.: 185**-89+90

Siepermann, Jürgen (M) (Konstruktions-Ing) / 1955 Hattingen- / lebt (2005) in Hattingen / Ausb. b. Walter u. Harald Siepermann / Ausst. u. a. 2000 Hattingen/Ennepetal/Duisburg, 01/ 02/04/05 Hattingen (Finanzamt/2xKunstwald/Kunstaktion/Stadtmus), 01 Gevelsberg (Verdi) / **Lit.: 209a**

Sierleja, Sigrid (F) (Lyrikerin) / * 1955 – / lebt (2003) in Bielefeld / Ausst. u. a. 2001- Bielefeld/ OWL (Archiv), 02 Bielefeld (Sozialpäd.-Bild.-werk) / **Lit.: 192**-01

Sievert, Anne (Ill/O) / 1963 Münster- / lebt (2003) in Düsseldorf / Stud.-Akad.-n 82-85 MS u. 85-92 Düsseldorf / 95 Gest. v. zwei Kochbüchern m. G. Könnecke / Ausst. u. a. 1992 Köln (Gal.-Z), 95 Düsseldorf (Kesselwerke), 99 Düsseldorf (Ateliers-Höherweg/Gal.-Bach/Forum), Tanumshede-Schweden, Maryland-USA (Mus), 2002 Düsseldorf (Gal.-Bach/Frankenheim) / **Lit.: 79b**

Siewert, Hilde (T/D) / 1930 Gütersloh- / lebt (2002) in Gütersloh / 48-52 Handweberausb.-Gütersloh u. Weiterb.-kurse / s. 52 Entwerferin in der Textilbranche in Bielefeld u. Gütersloh, ab 80 selbst. / Ausst. u. a. 1958 Trier / **Lit.: 214**-58

Sigefridus (Zigefridus) s. **M**eister Sigefridus

Signarowski, Arno (M) / 1953 Gladbeck- / lebt (2004) in Essen u. Gladbeck / Stud. Akad.-Berlin u. Univ.-Bochum (Kunstg/Phil) / Mithg. der Literaturzeitschr. „Ventilator" u. Lehrt. VHS-Dortmund / Ausst. u. a. in Gladbeck/Essen/Aurich u. Köln / **Lit.:** Internet

Silberkuhl, Wilhelm (A) / 1912 Castrop- / lebt um 65 in Essen / Architektur-Stud. TH-Hannover, danach eig. Büro in Essen / Werke im Ruhrgebiet (u. a.: „Mond"-Turm) / **Lit.:** Internet

Silies, Stefan NEU! (F/I/Video- u. Videoinst.-k) / 1976 Emsbüren- / lebt (2006) in Köln / Stud.-MS 95-03 Akad. (u. a.-Film), 02 Meisterschüler u. ab 03 KHM-Köln (Medien) / 96/97 Betriebspraktiken-Lingen, 99 Stip. Akad.-MS f. Triest, 01 Stip. Cusanuswerk, 02 Atelierstip.-MS / s. 99 Tutor Akad.-MS u. s. 01 freisch., Filmer/Cutter, bis 2003 = 20 Filme / Ausst. u. a. in Lingen/MS/Marl/Köln/Osaka-Jap., 2001 MS (Wewerka Pav/alte Therme), Rheda-W. (Orangerie), Frankf.-M. (Altes Hauptzollamt/Art-Messe), München/Dresden/Berlin, Köln (Art-Cologne), 02 Ahaus (Schloss), Hamm (Zeche Radbod), Ehringerfeld (Schloss), Ahaus (Kv), 03 Gelsenkirchen (Kv), MS (Erdgas), 03 Coesfeld (Kv), 04 Nottuln (Alte Amtmannei), 05 Dortmund (Kv), Düsseldorf (Kunstpalast) / **Lit.: 18**-01 + **107**-05 + **183**-3 + **196**-99 + **218a**-03(m. Filmtitel) + **229**-02+03

Silva, Heide Fernandes da s. Fernandes da Silva, Heide

Simme, Petra (M) / 1959 Haselünne- / lebt (2006) in MS / Stud. Univ.-Oldenburg (Kunst/Biologie) / Ausst. u. a. 2003 Greven (Kv), 04/05 La Gomera (Gal. de Arte Luna), 05 Haselünne, 06 Neuenburg, MS (Gast: Off. Atelier-Hafen Speicher II)

Simon, Hans-Georg (A/Dipl.-Ing) / lebt (1970/2005) in Menden / weitere Daten nicht bek. / Mitgl. „BDB" / Werke u. a. Kirche in Neuenrade-Blintrup / **Lit.: 112d** (S. 138)

Simon, Ludger (Filmk) / * 1960 – / lebt (90) in Dortmund / 83-88 Stud.-Foto/Film-Des. / s. 84 Film-Mitarbeit, um 90 in Dortmund m. Gerd Schmedes / Auff. u. a. 1990 in MS / **Lit.: 196**-90

Simon, Reinhard (F) / * 1945 – / lebt (2006) in Herne / Autodidakt / s. 86 Mitgl. Gr.-„Foto-Film-Club-Wanne-Eickel" u. Mitg. „DVfF" / Ausst. u. a. 2005 Wanne-Eickel (Heimatmus), Herne (Kasino Unser Fritz), + Westf. / **Lit.: 142a** + In: „Von Tür zu Tür"- Ausst.-kat. – Das Emschertal-Museum – Bd. 83 – Herne, 2005

Simon, Ursula (Khw) / 1935 Greven- / lebt (2001) in MS / Autodidaktin, Werke s. 78 / Ausst. u. a. in Dinslaken/MS, 1984-87 Telgte (Mus), 90-2002 Halfer (Heimatmus) / **Lit.: 185**-84...87 + „Ritzereien auf zarter Substanz" – in „WN"-MS – 11/1987

Simon, Ursula (M/Coll.-k) / 26. 11. 1940 Koblenz- / lebt (2004) in Gelsenkirchen / (Biografie in Beilage: CD-Ausgabe 2006)

Singer, Tina (M/Glask/Bühnenb) / 1964 Herten- / weitere Daten nicht bek. / **Lit.: 98a**

Skamel, Marlies (M/G) / 1945 Bottrop- / lebt (2005) in Bottrop / Weiterbild.-kurse/Seminare (Malerei/Grafik), ab 86 Ikonenmalerei / s. 93 Mitgl. Gr.-„Kunstgem. Bottrop" / Ausst. u. a. in Bottrop/Gladbeck/Kirchhellen/Oberhausen u. Freiburg-Glottertal

Skiba, Zuzanna (Susanne) NEU! (M/G/Ill/F) / 1968 Köslin/Polen- / lebt (2005) in Berlin u. Darmstadt / 85-89 Kartogr.-ausb. u. FoSfG-Bielefeld, tätig 89-90 als Lithographin / Stud.-Bielefeld 90-95 FHD (Vis.-Komm) / 95 Erasmus-Stip. Groningen-NL, 97-2000 Atelierstip. Kunsthaus 23 Berlin, 2000 Kunstförderung – Werkvertrag Berlin, 01 in Peking-China tätig, 02 Stip. f. Schwalenberg / war Lehrt.-Bielefeld / Ausst. u. a. Berlin (Gal.-Kettcards), 1995 Herford (D.-Pöppelmann-Haus), 2005 Berlin (Fotogr.-mus), + N/INT / **Lit.: 114E + 133**-94

Skoppek, Hans (M) / 2. 1. 1910 (in Schlesien) – 8. 6. 1981 Münster / kaufmänn. Ausb., Malkurse-Dortmund / 45-50 in Hemer, hier eig. Keramikfabrik, war Mitbegr. v. „Künstlerring"-Hemer (46-50), ab 56 MS (Buchhändler) / Ausst. u. a. 1994 Hemer (Felsenmeer-Mus) / **Lit.: 242**

Skovera, Karolina Olimpia (Skowera) (M/G) / 1978 Ohlau- / lebt (2006) in Köln u. MS / Stud.-Bonn 98-99 Univ. (Kunstg), Köln 99-01 R.-Riemerschmid-Schule (Gest/Grafik) u. MS ab 02 Akad. / Ausst. u. a. 2005 Liesborn (Mus) **/ Lit.: 56d**

Skroblies, Gintaré (Skroblyte) NEU! (M/G/D) / 1969 S. Ipiltis/Litauen- / lebt (2006) in MS / 85-89 Stud. bei V. Kusas in Litauen, dort 87-91 Gebr.-grafikerin / Stud.-MS 94-99 FHD u. Braunschweig 01-04 HfBK, Grafikweiterb. VHS-Gronau u. Sommerseminare in Kretinga-Litauen / 99 = 1. Pr. Hooglede-Belgien f. Märchengrafik u. „Westhyp"-Stip. Dortmund f. „Kätelhön"-Möhnesee, 02 Stip. Aldegrever-Ges.-MS f. Oslo / 05 Lehrt. Sommerakad.-Dresden / Ausst. u. a. Groß Glienicke/Gronau/Brügge-Belg., 1986-93 Litauen, 95 Dorsten (VHS), 98 Frankf.-M. (Buchmesse), 99 MS (Stadtbücherei), 2000 Bielefeld (Kv), 02 Leipzig (KUNSTkaufhaus), 04 Zagreb-Kroatien (Bet.-Kurzfilmfestival), 05 Frechen (Kv), 06 MS (Krameramtshaus) / **Lit.: 68 + 122**-98 + **122y** + F. Timmermann/G. S.(Ill): „Der Rabe Hans" + Anke Engel/G. S.(Ill): „Reineke Fuchs" – 2002

Skroblyte, Gintare s. Skroblies, Gintare

Sliwka, Janek (auch: Jan Sliwica) NEU! (I/Licht- u. Klanginst.-k/F) (Lyriker) / 1969 Chorzów (Königshütte)/Polen- / lebt (2004) in MS / Elektrotechn.-ausb.-Kattowitz, 86-89 Abendgymn. in Mikolow, 91-94 Gymnas.-Bad Driburg, Stud.-Osnabrück 94-95 Univ. (Kunst/Rom) u. MS 95-02 Akad., 01 Meisterschüler / 99 Stip. Akad.-MS f. Minsk u. 02/03 Stip. DAAD f. Russland / 97-02 Projekt/Ausst.-ltg.-en in MS/Kassel/UNESCO (Conver-Art) / Ausst. u. a. 1997 Wuppertal (Gal.-Brusten), 97/98 MS (Atel.-Gast-Schulstr. 22), 98 Madrid (Univ), 99 Löhne (Werretalh), München (Haus der Kunst), 2000 Köln (Moltkerei-Werkst), 01 Rheda-Wiedenbrück (Orangerie), 04 Bonn (BICC), 05 Recklinghausen (Kunsthalle), Ingolstadt (Kv) / **Lit.: 93 + 96d + 107a**-99 + **256**

Sluyterman von Langeweyde, Ira (Ill/Mediendes/Zeichentrickfilmk) / 1977 Bonn- / lebt (2004) in MS / Ausb.: Gymnas.-Rheinbach u. Höh. Berufsschule f. Gest., 95-98 Glasfachsch.-Rheinbach

(Grafik) u. Stud.-MS 98-2/04 FHD / 98 Pr. z. 45. Europ. Wettbew., 03 Zeichentrickfilme m. Stefan **O**berholz = „Bob vs. Titus“ u. „Marla, My Sweet“ (Dipl.-arbeit)

Smajic, Susanne (geb. Schomacker, S.) NEU! (G/D/Ill) / 1972 München- / lebt (2006) in MS / Stud.-Halle/S. 93 HfK u. MS 94-99 FHD / 02 Stip. „Aldegrever-Ges.“-MS f. Oslo / s. 02 in der „Letter Presse“-Coesfeld-Lette tätig u. Lehrt./Kurse-MS, 04/06 Lehrt. Sommerakad.-Dresden / Ausst. u. a. Gronau-Epe/Frankf.-M./Mainz/Darmstadt, 1995 Dorsten, 98 Frankf.-M. (Buchmesse), 99 MS (Stadtbücherei), Hooglede-NL (Biennale), 2000 Bielefeld (Kv), Brügge-Belg. (Biennale), 2000/01 MS (Buchh.-Phönix), 03 Varna-Bulg. (Biennale), 03/06 MS (Poertgen-Herder), 04-05 Wanderausst.-bet.: MS (Landeshaus), Oelde (Lit.-Mus), Brügge (Provinzialhof), 05 Hamburg (Handpressenmesse), Sofia-Bulg./Gorzow-Polen, 06 MS (Krameramtshaus) / **Lit.: 122**-98 + **122y** + S. S.(Ill.) in: „Der Wolf und die sieben Geisslein“ – 2001; O. Wilde: „Der selbstsüchtige Riese“ + in „Vom Kaufmann Achmed ...“ – Pers. Märchen – 2002/03; „LeseSternchen – Melissa in der Hexenstunde“ – 2004; „Der kleine Engel sucht das Christkind“ – 2005; „Jetzt kommen die sonnigen Tage“ – 2005

Smigaj, Hanni (M/Materialb.-k) / 1941 Olfen- / lebt (2006) in Metelen / s. nach 70 Malerei, Mitgl. Galerie-„eigenart“-Rheine / Ausst. u. a. in Rheine (Gal.-eigenart), 2002 Metelen (Off. Atelier), 04 Telgte (Kornbrennereimus), 06 Ibbenbüren (Kunsthaus)

Smit, Bertold (gen.: Meister Bertold Smit) (Metallgest/Khw) / um 1535 bek., stammt aus Lüdinghausen / Werke, u. a. fertigte er die Wiedertäuferkäfige am Lambertikirchturm in Münster 1535 in Dortmund an (Originale im Stadtmuseum = Dauerausst.) u. Werk in Dortmund / **Lit.: 47a** + In: „Dortmund Propsteikirche“ – Schnell-Kunstführer – Nr. 1348 – 2. Aufl. 1992

So, Jeong-Ju (O) / * 1961 – / lebt (2001) in Bochum / Ausst. u. a. 2001 Düsseldorf (Messe) / **Lit.: 107**-01

Sobhani, Reza (M) / * 1961 (im Iran)- / lebt (2005) in Harsewinkel / Ausb.: Techn. Zeichner, Dekorateur u. Stud.-Kunst, ab 86 BRD / in Harsewinkel: „Rezas Malschule“ / Ausst. u. a. 2004 Harsewinkel (Off. Atelier) / **Lit.: 191b**-04

Sobkowiak, Elke (B) / * 1944 – / lebt (2005) in Recklinghausen / Werke s. 85 / Ausst. u. a. 1990-97/99-2005 Telgte (Mus) / **Lit.: 185**-90+91+95...97+99+2000+02+04+05

Socha, Berthold (F) / 1940 Ratibor- / lebt (2006) in MS / Autodidakt / Mitbegr./Mitgl. Gr.-„oculus“-MS s. 65, Mitbegr. u. ab 91 Vors. der „Friedr.-Hundt-Ges.“ in MS / Preise u. a.: 3. Pr.-Narvik, 2. Pr.-Tokio / 25. 2. 02 Berufung in die „DGPh“ / (Biogr. in Beilage: CD-Ausgabe 06)

Söhn, Gunhild (M/O/I) / 1952 Nümbrecht- / lebt (2005) in Essen / NEU: bis 85 Lehrt.-Essen, ab 92 Projektentw. „Die Sammlung G. S.“ / 92-95 Beteil. Ausst.-konzeptioen in Essen u. 98-01 in München / Preise: 92 IG-Metall, 93 Mus.-Oostende, 03 Stadt Limburg / (Biografie in Beilage: CD-Ausgabe 2006)

Sökeland, Benno (M/Ill/Plakatk/Kommunik. u. Internet-Des) / 1956 Warendorf- / lebt (2005) in Sassenberg / Stud.-Bielefeld 76-82 FHD / ab 83 in Warendorf u. MS tätig, s. 88 Büro „Sökeland Design & Kommunikation“ in Beckum u. ab 01 in Sassenberg / Mitgl. Gr.-„AGD“-MS / Ausst. u. a. 1976 Warendorf, 77 Herford, 79/80 Bielefeld (Gal.-Lampingstr), 80 Taragona-Sp., 84 Warendorf (Goldschm.-Dufhues), 87 Sassenberg (Volksbank), 2001 MS („Filou“), 04/05 Warendorf (Kulturey-Sommer/Dachtheater), 05 Sassenberg (Hist. Mühle)

Söndgen, Simone (Ill) / 1978 Giessen- / lebt (2005) in Penting / Stud.-MS 99-05 FHD / Ausst. u. a. 2004 MS (Atelier-Am Hawerkamp) / **Lit.: 122a**-2 + In: „Mittendrin und voll dabei“ – Kongress-Zeitung – Dortmund, 2003

Soest, Johann von (s. = **M**eister von Liesborn) (M) / (Biografie in Beilage: CD-Ausgabe 2006)

Soest, Konrad von (Conrad von Soest) (M) / um 1360 (Dortmund?) – um 1422/25 (ebd.?) / Soest = Familienname! / (gr. Biografie in Beilage: CD-Ausgabe 2006)

Soganci, Selda Marlin NEU! (M/O/G/Ill/D/Bühnenb) / 1973 Hof/Saale- / lebt (2006) in MS / Stud.-Neustadt a. d. Waldnaab 93-94 Freies Inst. f. Kunst u. Design u. MS 93-2/01 FHD (Ill/Grafik-Des) / 99 Förder-Pr. Landkr.-Hof, 01 = 1. Pr. Mus.-Hilden, 04 Jugendbuch-Pr. Stadt Wien u. Ausz. „Die schönsten Deutschen Bücher 2004“ / arbeitet u. a. s. 2000 f. Theater/Verlage, ab 03 Ltg. Kreativ-AG Gymnas.-MS u. 05 Lehrt. Int. Sommerakad.-Dresden / Ausst. u. a. 1998 MS (Haus Kannen/FHD-Buntgang), Weidesgrün, 2x98/3x99/2000 Hof, 98-2000 Frankf.-M. (Buchmesse), s. 98 MS (O'tool-Lebensart&Co), 99 Dülmen (Stadtbibl), Naila/MS (Sparkassen), 99-01 Bayreuth (Schloss Eremitage/Kv.= Rathaus), s. 99 Erlangen (Gal.-

Kuhn), 2000 Hilden (W.-Fabry-Mus), Plauen (Kv), MS (Fachwerk-Gievenbeck/Ellens Buchhandlung/Kalkmarkt), 01 Münchberg/Filu/Paris, 02 Plauen, 02/04/05 MS (Off. Atelier-Am Hawerkamp), 05 MS (Raphaelsklinik) / **Lit.:** u. a. **122**-98...2000 + s. 2000 Postkarten – Edition Inkognito; alle Ill. v. S. M. S.: „Fenstermandalas" – Loewe-Verl., 1999; „Das Pferd Huppdiwupp" – Verl.-Rowohlt, 2002; 2xH. Janisch: „Schenk mir Flügel" – 2003 + „Herr Jemineh hat Glück" – 2004 = 2x NP-Buchverl.; H. Hannover: „Was der Zauberwald erzählt" – Gerstenberg-Verl. – Hildesheim, 2004; „Froh zu sein bedarf es wenig" – WDR – 2004

Sohn, Iro (Prof/Dr) (A/D/M/G/B) / 1943 Mainburg- / lebt (2000) in Wuppertal/Essen / Stud.-Wuppertal 64-67 Wksch u. Düsseldorf 67-71 Akad. / 93 „Müller-Lamberty-Ring"-Hagen, 94 Promotion / 67-74 Archit.-büro m. Willy Sohn / Stud.-Bochum 74-77 Univ. (Kunstg/Theol/ Päd) / 79-96 Lehrt. FoSfG-Wuppertal, ab 96 Prof. Univ./GH-Essen / Mitgl. in Gruppen: „DWB", „NT 75", „AIAG", „Malkasten"-Düsseldorf u. „Hagenring"-Hagen / Ausst.-gen = NRW/N/INT / **Lit.: 97**-86+90+92+94+96 + **216**

Sohr, Daniel (G/D/Ill) / 1973 Tübingen- / lebt (2002) in Berlin / Stud.-Wiesbaden 92/93 FHD u. MS 93-2/2000 FHD / Ausst. u. a. 1996/98-2001 Frankf.-M. (Buchmesse) / **Lit.: 15a** (S. 55) + **122**-96+98…01 + alle Illustr.-nen v. D. S.: ten Haaf: „Ein Engel in New York" – Verl.-Butzon & Becker-Kevelaer, 1997; „Mit eigenen Worten" – Sprachbuch 6 – Verl.-Westermann-Braunschweig, 1998; „Der Zauberhut" – Kinderbuch, 2000; 2x in Aarau – kbv-Verl.-Luzern: M. Lange: „Überführt! So ermitteln pfiffige Spürnasen" – Jugendsachbuch – 2000; A. Göder: „Wir machen Schlagzeilen. Journalisten u. Zeitungsmacher in Aktion" – 2001; R. Holler: „Der Geheimbund der Skorpione" – Loewe-Verl.-Bindlach, 02; P. Witte: „Meine erste Holzwerkstatt" – Verl. -Coppenrath-MS, 2002; F. Lenk: „Die Spur führt zum Aquädukt" – Loewe-Verl.-Bindlach, 2003

Sokolowski, Bernd (A/Dipl.-Ing) / 1955 Castrop-Rauxel- / lebt (2002) in Grevenbroich / Stud.-Aachen 75-80 TH / 80-95 tätig in Grevenbroich b. „Quasten + Lenze", ab 95 Büro: „Lenze + Partner" / Wettbew.-Preise u. Werke u. a. im Rheinland / Mitgl.-„BDA" / **Lit.: 197**-01

Sokolowski, Gerhard (Gert) (A/B/M/F/Video- u. Perf.-k) (Lyriker) / 1955 Reszel(Bischofsburg)/ Polen- / lebt (2006) in MS / Stud. FHfArch.-MS u. Enschede-NL 99-05 Akad. (Kunst/Medien--Des) / 05 Workshopbeteil. Rheine-Bentlage / Ausst. u. a. 2x Perf.: 2001 Hooghuis-NL (Arnhem-Gal), MS (Promenade), 02 Enschede-NL (Perf/Ausst), 03 Gronau (Spinnerei), Hengelo-NL (Gal.-Artistk), 03-06 Enschede (Stadtbücherei/Lamellenproj./AKI/Buchhandl.-Broekhuis), 04 Osnabrück (Strassengal), 05 Amsterdam (Stichting&tree), 05/06 Rheine-Bentlage (Kloster)

Solbach, Arthur (M) / 1909 Dortmund – ? / lebt (38) in Dortmund-Schüren / Ausst. u. a. 1938 Dortmund (ehem. Katharinenkloster), 95 Dortmund (Rathaus) / **Lit.: 8a**-38 + **98a**

Solbach, Susanne (O/Z) / * 1961 – / lebt (2006) in Dortmund / Stud.-Dortmund 88-90 FHD (Obj.-Des), Enschede-NL 90-95 Akad., 94 Arts Inst. of Chicago u. 98-99 Multimediaausb.-Dortmund / ab 03 Mitgl. Gr.-„DEPOT"-Dortm. / Ausst. u. a. 2004 Dortmund (Off. Atelier), 06 Dortmund (Gal.-Art-isotope) / **Lit.: 120c**-04

Solbach, Walter Paul (A) / 11. 11. 1875 Elberfeld – 23. 9. 1952 Schüttorf/Münsterland / Sohn des Wilhelm S. (A) 1846 Elberfeld – 1919 ebd., Bruder v. Alfred S. (A) 1874 Elberfeld – ? (tätig in Berlin) / eig. Büro in Elberfeld, 1925 Erblindung, 33 Fortzug aus Elberfeld / Ausst. u. a. 1905 Elberfeld (Stadtmus) / **Lit.: 24**-31 + **216**

Somerville, Janis (Z/I/Perf.-k/Aktionsk) / 1947 Melbourne/Australien – 2004 in Australien / Stud.-Queensland 65-86 Univ. (Kunst), 65-66 Brisbane Coll. of Advanced Education u. 71-76 Australian Flying Arts School / 67-96 in Australien Lehrt./Lehrerausb. u. Art Coordinatorin / Gastkünstlerin: 94-95 Bandung/Indonesien, 95-96 Besozzo/It., 97-04 Artists Unlimited-Bielefeld, 99 Schieder-Schwalenberg / 97 m. Pip Cozens Gründung Gr.-„ART at WORK" in Bielefeld, Perf./Aktionen in OWL/NRW/N/INT, u. a. 2001 „Das Blau Hand Projekt" in Bielefeld/ MS/Bad Lipspringe/Salzwedel/Hamburg/Detmold/Vlotho/Neuss / Ausst./Perf. u. a. in Australien, 1996 Univers. of Tasmania, Lahore-Pakistan, 97/98 Bielefeld (Art.-Unlimited/Marktpassage/Viktoriastr/WDR-Studio), Paderborn (Raum f. Kunst), Hamburg (Kampnagelfabrik), Berlin/Neudelhi-Indien, 98 Ohio-USA/Nord-West-Deutschl./NL (Perf.), 99 Leopoldshöhe, 2000 Hamburg/Bielefeld (Workshops), 01 Bielefeld (u. a.-Aktion-Innenstadt), 2001- Bielefeld/OWL (Archiv) / **Lit.: 192**-01 + **262**(S. 116/117)

Sommer, Liane (M/G) / 1946 Lauf/Pegnitz- / lebt (2004) in MS / Stud. Univ.-MS (Kunst/Angl) u. Weiterb. Freie Akad. Bad Reichenhall / s. 98 freisch., Lehrt. (Erwachs.-bildung) / Ausst. u. a.

2001/02 MS (Off. Atelier), 02 MS (Versöhnungskirche), 03 MS (Chirurg.-Univ.-kl/Villa ten Hompel), 04 MS (Dominikanerkirche) / **Lit.: 237**-03

Sommer, Marita (M/B/K) / 1947 Duisburg- / lebt s. 76 in Menden / Stud.-Kunst/Biol/Deutsch / Lehrt.-Mülh./Ruhr u. Menden/Iserlohn / s. 92 Mitgl. Gr.-„DELTA"-Menden / Ausst. s. 1992, u. a. in Iserlohn/Hagen/Flint-Wales/Chapelle-Fr./Bonn/Mold-Wales/Schmöle, 1999/2000 Menden (Rathaus/Schmelzwerk/Promenade), 2001 Hattingen (Henrichshütte) / **Lit.: 187 + 209**-01

Sommer, Wolf-Hildebrand (Dr) (M/Z) / 1939 Braunschweig- / lebt (2005) in Halle/Westf. / Stud.-Biologie, Promotion u. Lehrt. / s. 90 Malerei / Ausst. u. a. 2001 Bielefeld, 02/04 Halle/W. (Off. Atelier), 03 Borgholzhausen (Rathaus) / **Lit.: 152b**-02+04

Sondermann, Achim (M/Ill) / 1966 Gevelsberg- / lebt (2004) in Gevelsberg / Ausst. = NRW

Sonneck, Elisabeth (M) / 1962 Bünde- / lebt (2003) in Berlin / nach Berufsausb. in Bremen: Stud. Freie Kunststudienstätte Ottersberg / war Lehrt. in Braunschweig, danach freisch. in Berlin / Ausst. u. a. 2002/03 Herdecke (Gal.-Böttger), Hannover (Gal. Foyer rhythmix), Burgdorf (Rathaus), Berlin (Sineus AG), 03/05 Bielefeld (Gal.-Baal im Atrium/C.-S.-Berufskolleg/Technologiezentr/Deliushaus)

Sonnen, Christoffer (M/G/B) / 1944 Detmold- / lebt (99) in Erwitte / Stud.-Braunschweig 65-69 HfBK u. Düsseldorf 69-72 Akad., 71 Meisterschüler / 74-77 u. ab 79 Lehrt. / Ausst. u. a. 1971 Krefeld (Landesg.-schau), 72 Kassel (Buchobjekt zur 5. Documenta), 75/90/95 Lippstadt, 85 Berlin (Matthäuskirche) / **Lit.: 100**-98

Sonnewend, Piotr (M/G/Z/B/O/Perf.-k/Bühnenb) / 1953 Poznan(Posen)/Polen- / lebt 80-86 Bad Berleburg, 91-um 2000 Schöppingen, dann Legden / Gatte v. Ilona **G**órecka-Sonnewend / Lehrt.: ab 89 Gastprof. Akad.-Posen, s. 95 Univ.-Paderborn, ab 03 Freie Akad.-Essen, auch (01) Sommerakad. Paderborn / (Biografie in Beilage: CD-Ausgabe 2006)

Sonntag, Alexandra (M/Z/D) / NEU: 1969 Herford- / lebt (2005) in Bielefeld / Stud.-Bielefeld bis 02 FHD (Grafik-Des/Vis.-Komm) / Mitgl. Ateliergemeinsch. „Block 1 e.V.", „Frauenkunstforum"-Bielefeld, Mitbegr./Kuratorin „Gal. 61" u. ab 03 Mitgl. „BBK-OWL" / Ausst. u. a. 1997 Diestedde (Gal-Blauer Giebel), 97-02 Bielefeld (Off. Atelier), 99 Löhne (Werratalhalle), Bielefeld (Gal.-Redeker), 2000/01 Bielefeld (Gal.-Redeker/3 Kanzleien), 01- Bielefeld/OWL (Archiv), 03 Bielefeld (3x Rav.-Spinnerei), Düsseldorf (Prod.-gal.-plan.d.), 05 Bielefeld (Stadtwerke), + OWL / **Lit.: 124**-05 + **152**-97...02 + **192**-01+04

Sonntag, Aloys (Alexander = falsch) (A/Dipl.-Ing) / 26. 2. 1913 Gelsenkirchen – 6. 6. 1979 (in der Schweiz) / lebte in Siegen / Büro: „Aloys Sonntag & Partner"-Siegen / Werke, u. a. Kirchen in Freudenberg/Lahr b. Limburg/Hagen/Dortmund/Kirchhundem/Würdinghausen u. Hilchenbach-Dahlbruch / **Lit.: 112d** (S. 16/28/30/56/86) + **219a** (Alexander)

Sonntag, Friedrich W. (Dr) (M) / 1895 Schöneberg i. d. NM – ? / NEU: lebte um 1924/30 in Essen / war Mitgl. Gr.-„VWKuK" (Westfalen) / Ausst. u. a. 1924 Dortmund (Reinoldushof), 28-30 (Gruppe: VWKuK) / **Lit.: 8a**-28...30 + **34**-9,2

Sonntag, Fritz (M/G/K/Mosaik/A) / 1901 Stettin – 1969 Münster / (Biogr. in Beilage: CD-Ausg.)

Spätig, Jörg (D/O/Khw) / lebt (2005) in Halle/Westf. / Ausst. u. a. 2004 Gütersloh (Aktionsbeteil.), Halle/W. (Kunstnacht), 04/05 Halle/W. (Off. Atelier) / **Lit.: 152b**-04+05 + **191b**-04

Span, Rudolf (M/B) / 1931 Bochum- / lebt (2002) in Herne / 52-62 Weiterb.-Malerei, nach läng. künstl. Pause ab 94 Malerei/Bildh. u. 2000/02 Gasthörer Univ.-Dortmund (Kunst) / s. 95 Mitgl.-„Herner-KB" / Ausst. s. 1996 in Herne/Wattenscheid/Wanne-Eickel u. Marl / **Lit.: 142a**

Spang, Markus (G/D/Ill/M) / NEU: 1972 Karlsruhe- / lebt (2004) in Köln / Stud.-Krefeld 95/96 FH u. MS 96-01 FHD / 01 Förder-Pr. FHD-MS / war Mitarb.-Zeitschr.: „Luke & Trooke"-MS / Ausst. 1997-01 Frankf.-M. (Buchmesse) / **Lit.: 15a** (S. 53/112) + **122**-97...2001 + In: „Haarige Eisen" – Die wunderbare Welt v. Luke & Trooke – agenda-Verl.-MS, 96; In: „Luke & Trooke" – Comiczeitschrift – Heft 1-9 – MS, 95-98; M. Sp.: „GNAPS" – Edition 2000/01; M. Sp.: „And the things you can't remember tell the things you can't forget" – Examensarbeit – (01); Titelill.-en v. M. Sp. u. Bücher: „Tom Waits" – ? ; D. Napp(Text)/M. Sp. – im Verl.-Sauerländer: „Herr Jambus und der Elefant" – 2002; „Herr Jambus und das Krokodil" – 2004

Spanke, Christel Sigrid (M/Z) / 1955 Lippstadt- / lebt (2005) in Warstein- / 75-78 Ausb. Techn.-Zeichnerin in Soest u. ab 79 Stud.-Paderborn – Abt. Soest (Maschinenbau), 84 Dipl.-Ing. (Maschinenbau) / künstl. Weiterb.-Oldenburg, bei München/Berlin/Nendorp b. Leer u. in Warstein / Ausst. s. 1998, u. a. in Warstein u. Umgebung, Meschede/Lippstadt, 2005 Bonn (Kunstwerk)

Spantig, Alfred (M) / 1903 Altstadt/Ostritz-Oberlausitz – 1993 (Lemgo?) / bis 22 Ausb.-Malerhandw., Stud.-Berlin 25-28 Kgsch, 28 Meisterprüfung / s. 31 in Essen tätig, 37-64 Ltg. Lemgoer Werkschule (40-46 geschlossen), Kriegsdienst, 47 Neueröffn., Lehrt. dort bis 69 (Ltg. der Malerschule-Lemgo: 20-29 Prof. Peter Magnussen, 29-31 Bruo Hanich, 33-37 Kurt Jöker, 37-64 Alfred Spantig u. 64-79 Walter Rauch), 84 wurde Grundstück/Schule verkauft u. abgerissen / Ausst. u. a. 1928 Essen (Firma Grothus), 95 Lemgo (Städt.-Mus) / **Lit.:** In: „Malerschule Lemgo" – Hg.: Ute Begemann/Holger Künemund – Lemgo, 1995

Specker, Heidi (F/D/Medien- u. Filmk) / 1962 Damme- / lebt s. 92 in Berlin / Stud.-Bielefeld 84-90 FHD u. Leipzig 93-95 HfGr. u. Buchkunst, Meisterschülerin / 91 Stip. Bad Honnef, 93 Stip. Nieders., 96 Stip. Berlin u. European Photogr. Award Bad Homburg, 97 Förder-Pr. BDI-Köln, 99 Stip. Kunstfonds Bonn / Ausst. u. a. in Rotterdam/Antwerpen/Moskau, 1996/2001 Essen (Mus.-Folkwang), 05 Dortmund (Künstlerhaus/Phoenixhalle), Kassel (Kunsthalle), 06 Hannover (Sprengel-Museum), + N / **Lit.: 26a-**05 + **214-**97/98 + In: „Verstreute Momente der Konzentration" – Urbane und Digitale Räume – Ausst.-kat. – Hg.: Hartware Medienkunstverein – Dortmund, 2005

Speckin, Germar (Horst-Germar) NEU: (Pseudon.: „GERMAR") (M/G) / 1954 Schwerin/Mecklenburg- / lebt ab 60 in Essen, s. 97 in Hattingen / (Biografie in Beilage: CD-Ausgabe 2006)

Speckmann, Erwin-Josef (Prof/Dr. med) (M/B) / 1939 Münster- / lebt (2005) in MS / Beruf: Neurophys.-e/Hirnforscher / Lehrt. Univ.-MS u. Akad.-MS / Ausst. u. a. 2004 MS (Orangerie/Kunstkontor/Hildegardisschule), 05/06 MS (Fr.-Hitze-Haus/Univ.-klinik) / **Lit.: 248-**04+05

Speckmann, Margarete (M) / 1923 Neubeckum- / lebt (2002) in OWL / 75-97 Weiterb. bei bek. Westf. Künstlern / s. 97 Mitgl. „Lipp.-KB" u. Detmolder Kunstkreis / Ausst. u. a. 1983 Lemgo (Alte Abtei), 90 Detmold-Hiddessen, 93/96 Lippstadt (Gal.-Orrú/Schloss Overhagen), 94 Datteln (Werkstatt Tänzer), 95 Detmold (Museumscafé), 2002 Herne (Gal.-Kunstantin)

Speith, Bernhard (Orgelbaumeister/Klavierbauer) / 1822 – 1905 / lebte in Rietberg / Ausb./Tätigk. bei „Intorff", 1848 Gründung der eig. Werkstatt, jetzt „Müller-Speith" / **Lit.: 146c**

Spelsberg, Sybille (M/G) / 1951 Magdeburg- / lebt (2005) in Wuppertal / 78-94 tätig am Marionettentheater-Bochum (Marion.-figuren/Bühnenbilder) / 95-99 Stud. IfBKuK Bo.-Wattenscheid, 98-99 Meisterkl. / Mitgl. Gr.-„GEDOK"-Wuppertal, „BBK"-Berg.-Land / Ausst. u. a. 1996 Heerenberg-NL (Gouden Handen), 2000 Ennepetal (Kluterthöhle), Krefeld/Wuppertal/Hefei-China, 2000/05 Essen (Gal.-Obrist), 01 Finnland, 02 Hattingen/Essen, + NRW / **Lit.: 209-**2000+02 + **216**

Sperling, Kim (F/D) (Autor) / lebt (2006) in Dortmund / Stud. FHD-Dortmund / 06 = 2. Design-Pr. NRW f. Beteil.: Magazin „Affairen" – FHD u. Erasmus-Stip. / Ausst. u. a. 2004 Dortmund (FHD) / **Lit.: 203E** + **203h-**05(Mithg.)

Spiecker s. Spieker

Spiegel, Josef (Dr) (O) (Autor) / 1954 Beckum- / lebt (2005) in Schöppingen u. MS / Stud.-MS 84-89 Akad. u. Univ.-MS / 84-96 Lehrt. Univ.-MS u. s. 97 Gesch.-führer Stiftung Künstlerdorf Schöppingen / Ausst. 1987 Celle (Kv), Lüdenscheid (Villa-Liebigstr), 87/93 Bad Oeynhausen (VHS/Stadtgal), 2005 Recklinghausen (Kunsthalle), Ingolstadt (Kv) / **Lit.: 96b** + **256**

Spiegel, Peter Georg (M/G) / 1944 Würzburg- / lebt s. 88 in Wolfersheim/Saarl. / Stud.-Dortmund um 62/63 Wksch, 63/66 Schriftsetzerausb.-Dortmund u. 66-72 Stud. Akad.-Karlsruhe u. Freiburg, 70 Meisterschüler / 72 Gründung d. „Spiegelpresse" (Radierwerkst.), 89/90 Stip. Saarland f. Italien, 93 Aufenth. in Olevano-Romano / Ausst. u. a. 1967 MS (Kv), 90 Kaiserslautern (Pfalzgal), 93 Gütersloh (Kv), + N / **Lit.: 5-**67

Spieker, Hermine (Spiecker) (M) / NEU: 11. 7. 1906 Vorhalle b. Hagen/W. – 5. 6. 1989 Wuppertal-Elberfeld / Ehefrau v. Eugen Sp. (M/Z) (1907 Barmen – 1943 gefallen b. Witebsk/Russl.) / Autodidaktin, Weiterbild. u. 64-71 Lehrt. VHS-Wuppertal / Ausst. u. a. in Wuppertal / **Lit.: 1-**3 + **216**(Spiecker)

Spielhoff, Peter (Industriedes) / * 1949 – / lebt (98) in Dortmund / Techn.-Zeichnerausb., Stud.-Dortmund 71-74 FHD / ab 74 selbst., „Spielhoff-Design GmbH"-Dortmund, (um 94-?) Lehrt. Univ./GH-Siegen / 15 Ausz.-gen/Preise v. 78-95 in Deutschl. + 89 Japan (s. Lit.) / **Lit.: 205-**94+97(m. Lit.) + **205a-**83 + **205z-**90+91+95

Spierling, Hubert (M/Glasm) / 6. 7. 1925 Bösperde b. Menden/W.- / lebt s. 49 in Krefeld / Stud.-Hamburg 41/42 u. 42 Dortmund Meistersch.-en, Düsseldorf 46-49 u. Krefeld 49-54 Wksch.-en / NEU: 77 Kunst-Pr. Menden, 85 Ehrenplakette Krefeld, 93 Thorn-Prikker-Plakette Krefeld / (Biografie in Beilage: CD-Ausgabe 2006)

Spieß, Gisela (T/Z) / 1936 Altena- / lebt (62) in Schiefbahn / Stud.-Krefeld 54-58 Wksch, später

Ausb. zur Innenarch.-in / war Lehrt-Schiefbahn / Ausst. u. a. 1957 Darmstadt, Mailand (Triennale) / **Lit.: 236**-61

Spilgies, Gerhard (M/B/F) / 1937 Tilsit/Ostpr.- / lebt (2006) in Melle / 52-56 Weiterb.-Malerei, danach Stud. Univ.-Hamburg (Mathem/Physik/Phil) / Lehrt. / s. 84 Mitgl. „BBK"-OWL, z.Zt. im Vorstand / Ausst. s. 1983, in Osnabrück/München/Alkmaar-NL/Aplleton/USA/Forbach-Fr./ Kwangju-Korea, 2003/2x05 Bielefeld (Rav.-Spinnerei), 05 Bielefeld (WDR-Studio), + NRW / **Lit.: 124**-05

Spillner, Caius J. (Caius Julius) (B/M/G/Ill) / 1947 Münster- / lebt s. 2001 in Stadtlohn / Textilausb., Kaufmann, 72 selbst. lebt 72-01 in NL, 81 Privatstud. in Berlin, 84 Mitbegr. Kulturfabrik Coesfeld, 91-94 Bildh.-Praktikum (9 Monate) auf Bali / Ausst. u. a. in Venedig (Gall. San Vidal), 2002 Borken (Gal.-Open-Art), 04 Salzburg (Berchtoldvilla), + N/INT / **Lit.:** 2x = „C. J. Sp." – Skulptur ° Grafik ° Zeichnung – Ausst.-kataloge – Galleria d`Arte San Vidal – Venedig-Italien, o.Jhg. u. Berchtoldvilla Salzburg, 2004; E. Reichert-Maja/C. J. Sp.(Ill): „Kinder auf den Spuren der Stadt" – Aschendorff-Verl. – MS, 2005; Bericht über C. J. Sp. = WDR-Fernsehen, 2006

Spital, Karl (M/Z) / 1945 Herne- / lebt s. 51 in Kanada, ab 57 in New Brunswick/Kanada / Stud.-New Brunswick u. Montreal / Ausst.-gen in Kanada / **Lit.: 143a**

Spitz, Jürgen (Innenarchit/Lichtdes/Lichtplaner/Dipl.-Ing) / * 1971 – / lebt (2005) in Lüdenscheid / Stud. FH f. Innenarchit.-Detmold / Lehrt. u. Lichtplaner des Deutschen Instituts f. angew. Lichttechnik DIAL / Ausst. u. a. 2004/05 Lüdenscheid (Innenstadt) / **Lit.: 125g**-04

Spliethoff, Elke (M/G/D) / 1967 Bielefeld- / lebt (2005) in Lemgo / 86-87 Praktikum in Lage (Kunstwerkst.-Stanke), Stud.-Bielefeld 87-88 Univ. (Kunst/Angl) u. 88-93 FHD (Malerei/Vis.-Komm) / s. 99 Mitgl. Gr.-„Das Fachwerk"-Bad Salzuflen / Ausst. u. a. 2000/05 Bad Salzuflen („Das Fachwerk"), 2000/03 Bad Salzuflen (Sparkasse), 03 Bielefeld-Brackwede (Kunstpav), Bielefeld/Lemgo/Rietberg (Q-Tour), 05 Lemgo (Off. Atelier) / **Lit.: 131**-03 + **132a**-05 + **192**-03

Spreckelmeyer, Frederic (M) / 1983 Osnabrück- / lebt (2006) in Osnabrück u. MS / Stud.-MS s. 03 Akad. / 04 Kunst-Pr. Georgsmarienhütte / Ausst. u. a. 2005 Recklinghausen (Kunsthalle) / **Lit.: 46**-05

Spreer, Corette (M) / 1978 Siegen- / lebt (2004) in Siegen / Weiterb.-kurse in Siegen u. Centre Aire-Frankr. / Ausst.-gen in Südwestf. / **Lit.: 110b** + **110c**-04

Spremberg, Heinz (M/G/A) / 1936 Berlin- / lebt (2004) in Herford / bis 74 freisch. Architekt u. bis 96 Werkarch., 74-78 Weiterbild. zeitgen. Kunst in NRW / Mitgl. „BBK"-Berlin / Ausst. u. a. 1987 Herford (Mus), + OWL/INT / **Lit.:** In: „artist window" – Heft 5/02 – Bremen

Sprenger, Gabriele (M/Z/Wandgest) / 1951 Willebadessen- / lebt (2006) in Bad Driburg-Dringenberg / Weiterb.-kurse u. 97-01 Gaststud. Univ.-Paderborn (Malerei) / öff. Werke in Dringenberg u. Gehrden / 2. Vors.-e u. Mitgl. Gr.-„ARTd-Driburg" / Ausst. u. a. Bad Oeynhausen, 2001- Bielefeld/OWL (Archiv), 02-06 Bad Driburg-Dringenberg (Atelier/Hist. Rathaus/Burg Dringenberg), 06 Brakel (Die alte Waage), + OWL / **Lit.: 101b**-02...05 + **192**-01

Sprenger, Gaby (F) / 1960 Dortmund- / lebt (91) in Lünen / Ausb.-Schaufenstergest., FhfG-Dortmund u. Stud.-Sonderpäd. (Kunst) / ab 86 freisch. / Ausst. u. a. 1990 Unna / **Lit.: 190a**

Sprick, Alfons (B) / 1940 Erwitte- / lebt (91) in Erwitte/Westf. / Holz- u. Steinbildh., Werke s. 70 / Ausst. u. a. 1981/82/88-90 Telgte (Mus) / **Lit.: 185**-81+82+88...90

Sprick, Richard (M/Z) / NEU: 3. 1. 1901 Herford – 26. 1. 1968 Bad Salzuflen / (Biografie in Beilage: CD-Ausgabe 2006)

Springer, Sabine (F/D/Filmk) / * 1976 – / Stud. FHD-Dortmund / 01 = 3. Fotowettbew.-Pr. Neuss, 05 in „Beste Klasse" – Epson art photo award / Ausst. u. a. in Dortmund/Neuss, 2003 Dortmund (FHD), 04 Hildesheim (Kv), 05 Hofheim-Taunus (Stadtmus), Wiesbaden (Gal.-Lichtbild), Essen (Proj.: „PACT"-Zollverein), Köln (Art Cologne) / **Lit.: 203**-03 + **203h**-05

Springer, Valentin (Maurer- u. Steinhauermeister) / lebte um 1726 – 1760 in Neuhaus b. Paderborn / Werke u. a. in Schloss Neuhaus, Gaukirche-Paderborn, in Rietberg u. a. 1747 Bau der Joh. Nepomuk-Kapelle u. 1754-60 in/an der Jesuitenkirche in Büren / **Lit.:** G.D. + **24**-31 +**112a**

Sprückmann, Louis (Lithogr) / stammt aus Frankf./M. / lebte um 1839 in Frankf./M. u. Paderborn, ab 1859 Paderborn / nach 1839 Teilhaber d. Lithogr. Anstalt „Philipp Herle & Co." in Paderborn, n. d. Tode v. Ph. Herle 1859 führte er das Unternehmen fort / Ausst. u. a. 1987 MS (WL) / **Lit.: 215a** (S. 52) + In: A. Kracht: „Die Rittergüter d. Prov. Westfalen" – 1837/40 – Aufl. 1972

Sprute, Bernhard (M/G/Z/I) / 1949 Detmold- / lebt (2006) in Bad Oeynhausen / NEU: ab 79 Lehrt. Bad Oeynhausen, 83-86 Akad.-MS, 94-99 FH-Detmold / (Biogr. in Beilage: CD-Ausg.)

Stade-Schuldt, Ingolf (B) / 1955 Rostock- / lebt (2005) in Dortmund / Stud. FH-Dortmund / Mitgl. „BBK"-Westf.-Süd Dortmund / Ausst. u. a. 1999 Ennepetal (Kluterthöhle) / **Lit.: 209**-99

Stadtbäumer, Alix (Alexandra) (B/O) / 1956 Münster- / lebt (2004) in München / 77-80 Holzbildh.-ausb. in München, Stud.-München 80-87 Akad. u. Amsterdam 82 Akad. / 87+95 Stip. Stadt München, 89-90 DAAD-Stip. f. London, 97-02 Mitgl. d. Kunstkommision Stadt München / Ausst. u. a. 1984 Bonn/Brühl/Köln (Kv.-e), 2004 München (Haus der Kunst), + N / **Lit.: 4**-München + **107a**-04

Stadtländer, Ingrid (M/O/B) / 1950 Stuttgart- / lebt (2005) in Havixbeck / 78-80 Stud.-PH (Angl/Rom) / 80-82 Lehrt., ab 95 künstl. tätig / s. 99 Mitgl. Gr.-„5"-Nottuln u. 03 Gr.-„Gesso" / Ausst. u. a. 1996 MS (Landgericht), 98/02 Coesfeld (Sparkasse/Wbk), 99 Havixbeck (Rathaus), 01-04 Senden (Kunstschule), 01/02 Senden (Kunstmeile/Sparkasse), 02 Schloss Jessen, 02/03 MS (Bez.-verw.-West/Landgericht), 03 Nottuln (Alte Amtmannei), Dülmen (Kv), Tecklenburg (Heimathaus), 05 H.-Gravenhorst (Kloster) / **Lit.: 69**-03+05 + In: „5" – Eigenverlag-Nottuln, 2004

Stagl-Vomhof, Verena (M) / 1945 Siegen- / lebt (2004) in Siegen / Weiterbildung 63-66 Malschule Meier-Lippe, 83-87 b. Bodo Meier u. 90 Europ.-Sommerakad. Trier / Ausst.-gen s. 1966 in Südwestf. / **Lit.: 110b + 110c**-04

Stahl, Heinz (Produkt-Des) / * 1937 – / lebt (89/2002) in Arnsberg / Mechaniker/Werkzeugmacherausb., Stud.-Hannover 58-62 Wksch / 62-63 Lehrt. Wksch-Hannover, ab 63 in Firmen tätig (Schweiz/Deutschl.), s. 88 selbst. / **Lit.: 205a**-89

Stahlschmidt, Bernd (F) / * 1952 – / lebt (2004) in Kreuztal / Autodidakt, Weiterbild. b. bek. Künstlern / Mitbegr. „Kulturkr. Kreuztal" / war Lehrt. RAG-Köln / Ausst. = NRW / **Lit.: 110c**-04

Stahm, Paul Georg (A/Dipl.-Ing) / 1954 Dortmund- / lebt (2002) in Dortmund u. Braunschweig / Stud.-Braunschweig bis 85 TU (Dipl.-Ing) / 90-94 wiss. Mitarb. TU-Braunschw., ab 90 eig. Büro m. Alexa Waldow-Stahm, s. 94 Partner m. Th. Jörissen / Werke in NRW (s. Lit.) / **Lit.: 197a**-99

Stahn, Martin (M/K) / * 1953 – / lebt (2006) in Lengerich / Jugendzeit in Berlin/Lübeck / künstl. beeinflusst durch Karl Gieth in Lübeck / Ausst. u. a. 2003/04 Lengerich (Ev.-Krankenhaus/ Altes Rathaus/Gal.-Strathwork), Osnabrück („Mohr"), Ibbenbüren (Finanzamt), + Internet

Stahr, Wolfgang (F/D/Filmk) / * 1969 – / lebt (97) in Berlin / Stud. 91-96 Bielefeld FHD / Mitbegr. u. 93-96 Mitgl. Gr.-„CAMP" (Beteil. 15. Fotogr./Medien-Sympos. Bielefeld) / 92 Pr. f. j. Bildjournalismus, 95 = 2. Aenne-Biermann-Pr. / Ausst. u. a. 1991 Berlin, 93 Bielefeld/Berlin/München, 94 Bielefeld/Kassel, 95 Tokio (Photo-Biennale), 96 Dortmund (Mus. f. K. u. K.) / **Lit.: 203**-96

Stammeier, Raphaela (F/Komm.-Des) / 1977 Gütersloh- / lebt (2005) in Dortmund / Stud.-Dortmund 99-04 FHD / Ausst. u. a. 2003 Dortmund (Ausl.-ges.-NRW), 04 Köln (Gal.-Lichtblick)

Stampfer – Goldschmiedefamilie, s. Nachtrag I

Stan Pete s. Schwieger, Peter

Stangier, Hermann (B) / 1930 Gelsenkirchen- / lebt (2005) in MS / Werke u. a. in MS (1964 Rathaus = lt. Tageszeitung-MS)

Stankowski, Anton NEU: (Monogr.: „Ast" oder ST/STA) (Prof) (F/M/G/T/D) / 1906 Gelsenkirchen – 11. 12. 1998 Esslingen-Neckar / (gr. Biografie in Beilage: CD-Ausgabe 2006)

Stappert, Elisabeth (M/Materialb.-k) / * 1952 – / lebt (2004) in Bottrop / Ausst. u. a. 2003/04 Bottrop (Mus/2xKulturzentrum) / **Lit.: 99a**-03 + **99c**-03+04

Staudacher, Franz Joseph (Stukkateur/Quadraturmeister) / kam vom Tegernsee, ab 1737 in MS / tätig 1737/38 im „Schmisinger Hof" in MS / **Lit.: 24**-31 + **112a**

Staufenbiel, Gerhard (M/G/Z) / 1938 Magdeburg- / NEU: lebt (2006) in Paderborn u. Spanien / (Biografie in Beilage: CD-Ausgabe 2006)

Stecker, Simone (M/I) / * 1977 – / lebt (2002) in MS / Stud. Akad.-MS / Ausst. u. a. 2002 Dortmund (Künstlerhaus) / **Lit.: 218**-02

Stefanow, Siegrid (M/G) / 1926 Dresden- / lebt s. 98 in Bad Berleburg / Stud.-Dresden 44-45+47-50 HfBK / lebte 51-66 in Rio de Janeiro-Arg., dort Weiterb.-Grafik b. Prof. Camargo, 66-69 im Rheinl., 69-um75+80-93 Barcelona / Ausst. s. 1960, u. a. in Brasilien/Argentinien/ Chile/Barcelona/Genf/Rom/Rheinland/Aachen, 1997/01 Dresden (Akad/Leonhardi-Mus), 01 Moritzburg (Schloss), 02 Hannover (Gal.-Kühl), 04 Bad Berleburg (Sparkasse) / **Lit.: 110c**-04(m. Lit.!)

Steffann, Emil (E. Steffan) NEU! (A/Dipl.-Ing) / 30. 1. 1899 Bielefeld – 23. 7. 1968 Mehlem b. Bad Godesberg / Stud. Berlin-Charlottenburg 1919-21 Kunst- u. Handw.-sch., Bildh.-ausb. bei H. Perathoner, ab 26 Hinwendung zur Architektur, 31 Bau der 1. Kirche (Fronleichnamskirche) in Aachen / 47-49 Ltg. Siedlungwerk Erzdiözese Köln, 50-68 Büro in Bad Godesberg-Mehlem / 64 Dr.-Ing. h.c. TH-Darmstadt, Staats-Pr. NRW u. 65 Bundesverd.-kreuz / Werke (Kirchen) u. a. in Westf.(u. a. 53-54 St. Bonifatiuskirche Dortmund)/Rheinl./Schlesw.-Holst. u. Dom-MS, m. Fritz Thoma = Wiederaufbau (neu geordneter Innenraum) u. s. Lit.! / Ausst. u. a. 2005 München (Pinakothek der Moderne), + N / **Lit.:** u. a. W.H. + **25**-4 + **112d** (S. 34) + **197b**-84 + **197c** (S.64) + **197d** (S. 92 m. Prof. Gisberth Hülsmann – Wachtberg) + **219**-62 + **219a+c+d** + **252**-1 + In: „Architektur der Wunderkinder" – Ausst.-kat. – Pinakothek der Moderne – München, 2005

Steffen, Hans Karl (M) / NEU: 24. 2. 1930 Dortmund – 21. 5. 1994 ebd. / lebte ab 79 in Bochum-Werne / (Biografie in Beilage: CD-Ausgabe 2006)

Steffen, Hapo (G/D/Industriedes) / * 1949 – / lebt (98) in Bochum / Lithografausb., Stud.-Dortmund bis 74 Wksch, Bochum 74-79 Univ. (Kunstg/Rom) / u. a. tätig als Dramaturg am Bochumer Schauspielhaus, ab 84 selbst. Des.-ner / 93 Ausz. Papier Creativ Aldus / Mitgl.-„AGD" / **Lit.: 205**-94+97

Steffen, Nicola (M) (Lyrikerin) / * 1973 – / lebt (98) Wuppertal u. (99/2003) in MS / Stud. Kunstsch.-Ottersberg (Kunst/Kunsttherapie) / war 99-? Ku.-therap.-in/Lehrt.-MS (Haus Kannen), ab 02 Kunstschule „Zwischenzeitraum" / Ausst./Lesungen s. 1987, u. a. 2001 MS (Ellens Buchladen) / **Lit.:** + **150**-01(Autorin) + In: „Zwischenzeitraum" – Veranst.-programme d. Werkstatt f. Kunst – MS, 02+03

Steffensmeier, Alexander (G/Ill) / 1977 Lippstadt- / lebt (2005) in MS / Stud.-MS 98-7/04 FHD / ab 03 freisch. / Ausst. u. a. 2000/01/03 Frankf.-M. (Buchmesse), 03-05 MS (Off. Atelier-Am Hawerkamp) / **Lit.: 122**-2000+01+03(= u. a. v. A. St.: Umschlagseiten) + A. St. = 20**03**: „Wo ist meine kleine Maus?"; 20**04**: „Wenn der Dachs Geburtstag hat" – Pappbilderbuch – Verl.-Oetinger; W. Färber/A. St.(Ill): „Bildermaus – Geschichten von der Pirateninsel" – Loewe-Verl.; A. Korn-Müller/A. St.(Ill): „Das verrückte Chemie-Labor" – Patmos-Verl.; „Urlaubsfieber auf dem Dorf"; 20**05**: „Viele Tiere" – Spielesammlung – HABA-Spiele; „Oli und sein Schlitten" – Pixiebuch; „Was machen die Handwerker?" – Pappbilderbuch; „Finn und Lili auf dem Bauernhof"; „Detektivgeschichte zum Mitraten"

Stege, Kai (A/Dipl.-Ing) / 1962 Hannover- / lebt (2002) in Dortmund / Stud.-Archit. b. Prof. Baumewird bis 88 FH-Dortmund u. 89-93 Akad.-Düsseldorf (Baukunst), 91/93 Weiterb. Int.-Sommerakad.-Salzburg (Archit) / nach Mitarb.-Büros in Dortmund/MS: eig. Büro in Dortm. f. Architektur/Stadtplanung- gestaltung/Landschaftsplanung/Innenarchitektur u. Möbeldesign / Werke in N (u. a.-Messen/Kunsthallen/Banken) (s. Lit.) / **Lit.: 197**-97 + **197a**-99

Stegmann, Klaus (M) / NEU: 1940 Ubbendorf- / lebt (2006) in Bielefeld / (Biogr. in CD-Beil.)

Steiling, Ulrike (T) / 1953 Münster- / lebt (2005) in Wadersloh / 72-76 Stud.-MS / ab 76 Lehrt., 86-89 Weiterb.-Kunst / 97-99 int. 1. Preise f. Patchwork/Quilt / s. 96 Mitgl. „Kr.-Kv.-B.-Warendorf" / Ausst. jährl. Liesborn (Mus), 2001 Oelde/Chemnitz/Kleinsassen, + N/INT / **Lit.: 50**-02

Stein (Bild- u. Möbelschnitzer) / bis 1782/84 in Münster unter J. C. Schlaun u. F. Lipper tätig / Werke im Schloss zu MS / ein gleichnamiger Bildh. ist um 1787 in Elberfeld bek. / **Lit.: 24**-31 + **216**

Stein, Friedrich W. (M) / NEU: 1926 Dahlbruch/Hilchenbach – 1993 Freudenberg / (Biografie in Beilage: CD-Ausgabe 2006)

Stein, Ulrich (M) / 1953 Brilon- / lebt (2002) in Lennestadt-Bilstein / Schaufenstergest.-ausb., Autodidakt, später freisch. / Ausst. u. a. 1985/93 Arnsberg (Mus), 86 Bad Laasphe (Gal.-Hufnagel), 88/95 Finnentrop (Rathaus/Atelier Freiburg), 88 Drolshagen (Altes Kloster), 90/96 Lennestadt (Volksbank/Rathaus), 90 Attendorn (Gal.-Hoffmann), 92/94/98 Attendorn (Rathaus), 95 Lennestadt-Meggen (Gal.-Hufnagel), 95/2000 Olpe (Antikhaus/Altes Lyzeum), 97 Stuttgart (Renitenztheater), Lennest.-Elspe (Möbelhaus Kaiser) / **Lit.: 117**-01

Stein-Rauscher, Roswitha (B/I) / 1960 Zürich- / lebt (2004) in Kreuztal / 88-93 Ausb.: Bildh./Keramik/Kunstpäd. / Beruf: Bildh.-in/Kulturpädagogin / Ausst. u. a. in Alfter/Genf-Schweiz, + Südwestf. / **Lit.: 110b + 110c**-04

Steinacker, Bettina (F/D) / 1968 Hof/Saale- / lebt (2005) in Essen / 05 Beteil.: „Pixelprojekt"-Ruhrgebiet = Ausst. 2005 Gelsenkirchen (Wissenschaftspark)

Steinacker, Bettina (G/D) / 1969 Hattingen- / lebt (2000) in Wuppertal / **Lit.: 216**

Steinbach, Bärbel (Khw) / * 1941 – / lebt (2003) in Meschede / nach Waldorf-Puppenkursus = Porzellanpuppen, Ausz.-gen bis 02 = 52 Medaillen, 99 Film im WDR 3 / Ausst. u. a. in Bregenz/New York/Wien/Atlanta/London/Tönsberg-Norw./Orlando-USA/St. Petersburg, + N / **Lit.: 232**

Steinbach, Gero (M/B/F) / 1959 Aachen- / lebt (2000) in Gelsenkirchen / Stud.-Wuppertal 80-87 Univ./GH (Kunst/Phil) / 90-93 Lehrt.-Oberhausen, 93/94 HfBK-München u. s. 96 Univ.-Essen / Ausst.-gen s. 1975, u. a. in Hückeswagen/Wuppertal / **Lit.: 216**

Steinbach, Helmut (M/Ill/F/Perf.-k) / 1973 Lemgo- / lebt (2003) in Lemgo / NEU: Stud.-MS 96-02 FHD (Grafik-Des) / (Biografie in Beilage: CD-Ausgabe 2006)

Steinbach, Hugo (A) / 1873 Heimersheim/Kr. Ahrweiler- / lebt (1901/30) in Dortmund / Ausb. b. C. Pickel in Düsseldorf u. Ernst Max in Dortmund / ab 1901 selbst. in Dortmund, bis 1915 m. Paul Lutter Büro „Steinbach & Lutter“ / Werke in Gelsenkirchen u. haupts. Dortmund (1912/13 d. „Löwenhof“, (10)12-14 d. „Hoesch“- + „Thyssen-Schulte“-Verwaltungsgeb., u. a. 16 Krügerpassage, 21-24 das jetzige „Mus. f. K. u. Kulturgesch.“ u. 23 Alte Stadtsparkasse / **Lit.: 24**-31 + **34**-9,2 + **197b**-84 + In: „Wohnen im Revier“ – 99 Beispiele aus Dortmund – München, 1975; In: „Dortmund“ – Tag des offenen Denkmals – 2001

Steinbach, Juliane (Jule) (M/G) / 1953 Hagen- / lebt (2000) in Wuppertal / nach Jugendzeit in Ennepetal: 68-71 Schriftsetzerinausb., Stud.-Wuppertal 71-75 Wksch/GH (Vis.-Komm) / ab Mitte 80 selbst. / Ausst. u. a. in Solingen/Wuppertal, 1999 MS (WL) / **Lit.: 216**

Steinbach, Silvia (F/D) / 1971 Lindlar- / lebt (2006) in Köln / Stud.-Köln (Sozialarbeit) u. Dortmund 01-05 FHD / Ausst. u. a. 2003 Dortmund (Mus. f. K. u. K.), 04 Essen (Lohnhalle-Zollverein), 05 Mannheim (Fototage), Neunkirchen-Saar (Stadtgal), 05/06 Washington/Casablanca /Rabat/Brüssel (Goethe-Institute), 06 Berlin-Friedrichshain (Kommunale Fotogal.), + Internet

Steinecke, Walter Ernst (M/G/Ill) / NEU: 1888 Pützlin(Margaretenhof)/Sachsen – 1962 / lebte um 1930/58 in Lemgo, um 62 in Hiddesen+Detmold / (Biogr. in Beilage: CD-Ausgabe 2006)

Steiner, Dominique (I/F/Videok) / * 1977 – / lebt (2005) in Dortmund / Stud.-Dortmund 97-03 FHD / Ausst. u. a. 2000 München (Festspielhaus), 01 Bochum (Hotel Eden), Frankf.-M. (Buchmesse), 02 Köln (Photokina), 03 Dortmund (Künstlerhaus), 04 Dortmund (freiraum-gal), Köln (DuMont-Studio), 05 Groningen-NL (Festival) / **Lit.: 203ca**

Steiner, Elke (Ill/Comicz) / 1971 Bremen- / NEU: lebt s. 2000 in Berlin / Stud.-MS um 93-99 FHD u. 01 Weiterbild. Multimediadesign Berlin / 99/2000 Stip. jüd. Museum Rendsburg / Ltg. v. Comicworkshops, Beteil. an zahlr. Intern. Comicseminaren / (Biogr. in Beilage: CD)

Steiner, Frederik (Filmk) / 1975 Münster- / lebt (2000) in Potsdam / Stud.-Potsdam ab 95 HfFilm (Regie) / Auff. u. a. 1999 MS / **Lit.: 196**-99

Steiner, Martin NEU! (M/B/O/I) / 1967 Nenkersdorf b. Siegen- / lebt (2004) in Netphen, Atelier in Siegen / Stud.-Siegen 88-90 Univ./GH (Kunst/Germ), 90-96 HfBK-Völklingen u. 97-2000 Siegen Univ./GH (Germ) / (nach 90) Stip. Bonn, 94 Villa-Romana-Pr. Florenz, 96 Märk.-Stip. Lüdenscheid, 02 Förder-Pr. Monheim/Rhein / 98-2000 Mitgl. Ateliergem.-Friedrichstr. Siegen u. s. 02 Mitgl. Gr.-„ASK“ / Ausst. u. a. in Florenz/Düsseldorf/Völklingen/Saarbrücken/Bremen, 2000 Gelsenkirchen (Kv), 02 Lüdenscheid (Mus), 03/04 Siegen (ASK/Kv), + Südwestf. / **Lit.: 86**-2000 + **107**-96+98...2000+02 + **110b** (m. Lit.) + **110c**-04 (m. Lit.) + **110d**-03 + **125d**-96 + **125e**

Steiner, Michael (M/Z) / 1935 Rietberg- / Wohnort unbek. / Berufsausb., s. 78 künstl. tätig / 80 Weiterb.-kurse b. Woldemar Winkler u. Jochen Jäger / 88 deutsches Patent u. 94 f. Europa (Magnetic Painting System) / Ausst. u. a. 1994 Linz-Österr. (ARS-Electronica) / **Lit.: 27**-3

Steiner, Michael (B) / 1945 New York- / bek. lt. Ausst.-gen u. Lit.

Steiner, Rolf (B/D) / 1947 Dortmund- / lebt s. 82 in Trendelburg / bis 70 Jugendzeit/Berufsausb. u. Tätigk. in Dortmund / Stud.-Berlin 70-82 Abendschule u. HfK (Raum- u. Baudesign/Bildh/ Kunstpäd), Meisterschüler / ab 84 Lehrt., u. a. Sommerakad.-n, 95-97 im Kr. Kassel/Höxter, s. 96 Werkakad.-Kassel / Werke in N/INT / Ausst./Sympos.-beteil. u. a. 2001 Bad Karlshafen (Kv), 04 Trendelburg (Kunsttage), + N/INT / **Lit.:** Internet + In: „Karlshafener Kunstherbst“ – Ausst.-kat. – Kv.-Bad Karlshafen, 2001

Steinigeweg, Friedrich (A) / 1949 Borgholzhausen- / lebt (2002) in Köln / Stud.-Aachen bis 79 TH / 79-83 tätig in Köln, ab 86 dort eig. Büro / 83-87 wiss. Assistent TH-Aachen / v. 79-2000 = u. a. 11 Ausz.-gen u. 1. Preise, u. a. BDA/NRW/Meckl.-Vorp./Bremen = s. Lit. / Mitgl.-„BDA“ / Werke in N (s. Lit.) / **Lit.: 197**-95+97+01

Steinmann, Friederike (M/D/O/I/Wandgest) / 1946 Mannheim- / lebt (2005) in Paderborn / Stud.-Kiel 70 Wksch, Kiel+Paderborn 71-75 Univ.-n (Kunst/Mathem), 76-84 Lehrt.-Paderborn, Stud.-Penland/North-Carolina-USA 85-86 Arts and Craft School u. Bielefeld 91-96 FHD / ab 96 freischaff. / Werke in OWL / Ausst. u. a. 1984 Karolinenkoog, 85 Willebadessen (Klosterhof), 86 Chapel-Hill-USA, 87 Herne (Schollbrockhaus), 88 Mettmann (Stadttheater), 89 Köln (Handw.-k), Paderborn (Stadtgal), 91 Brakel (Alte Waage), 97 Siegen (Mus), 98 Paderborn (Stadtgal/Schloss Neuhaus), 2000 Dahlheim (Kloster), 01 Bad Driburg (Klinik), 01-Bielefeld/OWL (Archiv), 02/03 Paderborn (Stadtverw/Haus d. ev. Kirche), 02/03 Paderborn (Off. Atelier), 03 Halle/S. (Kv) / **Lit.: 101b**-02+03 + **192**-01

Steinmann, Fritz (A) / lebt (1965) in Münstereifel / Werke im Rheinl. / Lit.: 219c+d

Steinmann, Fritz W. (A/Dipl.-Ing) / 1939 Vlotho-Weser- / lebt (2002) in Herford / 63 Diplom / ab 67 eig. Büro in Herford / Mitgl. „BDA" / Werke in NRW / **Lit.: 197**-01

Steinmetzger (Schlosser/Schmiede/Kunstschmiede) / im 17./18. Jh. = fünf Schmiede Generationen in Attendorn u. Olpe / **Lit.:** In: „Schmiedekunst u. Schmiedehandwerk im Kreis Olpe" – S. 9/62/67 – Attendorn, 1981; H. Pahl: „Rokokogitter von Steinmetzger" – in: „Heimatstimmen a. d. Kreis Olpe" – Folge 103 – S. 71-73 – 1976 // bek. sind: **Hennerich** / um 1664 in Attendorn tätig / Vater v. Johann // **Johann** / um 1664 in Attendorn, ging später nach Olpe // **Henrichen** / um 1712 Zunftmeister in Attendorn // **Johann Heinrich** (Kunstschmied) / war um 1755-79 in Olpe tätig / sein Grossvater war Johann St. / u. a. bek. ist Werk in Schloss Neuhof b. Lüdenscheid

Stemmler, Ursula (K/B) / * 1935 – / lebt (2005) in Hamm / Ausst. u. a. 1999/2004/05 Telgte (Mus) / **Lit.: 185**-99+04+05

Stempkowski, Justine (I/Videok) / 1979 Heydebreck-Cosel/Polen- / lebt (2006) in MS / Stud.-MS ab 2000 Akad. / Mitgl. **G**r.-„treibeis"-MS / Ausst. u. a. 2002 Dortmund (Künstlerhaus), 03 Bergkamen (Zeche Haus Aden), Schöppingen (Feuerstiege), Augsburg (Int. Sympos), Wiesbaden/Berlin (Filmfestivals), 04 Istanbul-Türkei (Mus), Dortmund (Künstlerhaus), 04/05 MS (Johannes-Kapelle/Innenstadt), 06 Drensteinfurt (Kv) / **Lit.: 218**-02 + **229**-03 + **231a+b+c**

Stendar-Feuerbaum, Renate (B/M/Bühnenb) / 20. 6. 1920 Dortmund- / lebt s. 2000 in Hamburg, 2004 in Nörvenich/Rhl. / Stud.-Düsseldorf 42-47 Akad. / 47-65 Bühnenbildnerin in Schlesw.-Holst., u. a. in Oldenburg/Dortmund/Düsseldorf/Hamburg, ab 66 Bildhauerei / Werke u. a. in Dortmund/Köln/New York = N/INT / Ausst. = N/INT / **Lit.: 26a**-05(m. Lit.) + **27**-1 (m. Lit.) + im Internet + In: „Bilder und Skulpturen" – Edition Marco – Bonn; In: „Evang. St. Marienkirche zu Dortmund" – Kirchenführer – nach 2000

Stenders-Wolf, Gunhild (F/M/B) / 1951 Dortmund- / lebt (84/89) in München / Stud.-MS 74-80 (Akad) Kunsterz. / Ausst. u. a. 1985 Recklinghausen (Kunsthalle), 88 München (Haus der Kunst) / **Lit.: 107a**-88 + **239**-85

Stengel, Karin (M/G/D) / 1949 Bielefeld- / lebt (2005) in Oerlinghausen / Stud.-Bielefeld 68-72 Wksch/FHD (Grafik/Vis.-Komm), danach Des.-in u. Lehrt., s. 78 freiberufl. tätig / Mitgl. Gr.-„Das Fachwerk"-Bad Salzuflen u. „Lipp.-KB"-Detmold / Ausst. u. a. 2003 Bielefeld (Q-Tour), Bielefeld-Brackwede (Kunstpavillon), 03-05 Oerlinghausen (Off. Atelier), 04 Detmold (Bank/ Kreishaus), 05 Bad Salzuflen (Das Fachwerk), + OWL / **Lit.: 131**-03 + **132a**-03...05 + **192**-03

Stenschke, Jochen NEU! (M) / 1959 Marl- / lebt (2005) in Berlin / Stud.-Berlin 80-85 HfBK, 85 Meisterschüler / 86-87 Förder-Stip. Berlin, 88 Stip. Senat-Berlin, 89 Kunst-Pr. Zweibrücken, 89-90 Stip. K.-Hofer-Ges.-Berlin / Lehrt.: 85-2000 Europ.-Akad. Trier, 98-2000 Land Rhl.-Pfalz (Lehrerfortbild), 2000-03 UdK-Berlin / Ausst. u. a. 2001 Berlin/Trier/Stuttgart/Sindelfingen, 02 Frankf.-M. (Univ/Gal.-Rothe), Hannover (Gal.-Drees), 03 Appenzell-Schweiz (Mus.-Liner), 04 Stuttgart/Berlin, 05 Wien (Gal-Hrobsky), + N/INT / **Lit.:** „J. St." – Neue Bilder – Ausst.-kat. – Gal.-Ouroberus-Berlin, 1985; Lit. in: „Künstler der jungen Generation" – KG Saur-München-u. a., 1987; „J. St." – Zeitströme – Hg.: Stadtgal.-Sindelfingen, 2001; „J. St." – Unter Oberlichtern – Museum-Liner – Appenzell/Schweiz, 2003

Stenz, Christian (M/B/F/G/D) (Lyriker) / 1975 Frankfurt/Main- / lebt (2005) in Schwerte / Stud. Univ.-GH-Essen (Kunst/Germ) u. Ruhr-Akad. Schwerte (Ill/G/D) / 03 Gründung (m. Sergei **P**feifer) „can.vas fabrikart" – Schwerte, m. Kulturzeitschrift „can.vas" / Ausst. u. a. ab 03 Schwerte (Rohrmeisterei), 2002 Mettmann (Kreiskunst), + Internet

Stepek, Marian (M) / 1953 Tarnow/Polen- / lebt (2004) in Hopsten / Stud.-Krakau-Polen (Akad. f.

Leibeserz), ab 89 künstl. tätig / Mitgl. Gr.-„Spektrum 88"-Rheine / Ausst. u. a. 1990-92 Rheine, 91 Elte/Mesum, 92 Itzehoe, 94/2003 Tecklenburg (Heimathaus) / **Lit.: 69**-03

Stephani, Ruth (F/M) / * 1929 – / lebt (90) in Bochum / weitere Daten nicht bek. / Ausst. u. a. 1989 Herne (Fottmann-Hallen) + NRW / **Lit.: 142x**-89

Stern, Anna (I/Perf.-k) / * 1968 – / lebt (2004) in Münster / Stud. Akad.-MS, Meisterschülerin / Stip. Akad.-MS f. Israel / Mitgl. Perf.-Gr. „ephemer"-MS / u. a. 04 Lehrt. Sommerakad.-Schwalenberg / Ausst./Perf. u. a. 2001 Israel, MS (Stadtmuseum/Perf. m. K. Wallmeier in „CUBA"), 02 MS (Perf.: Aasee/Altstadt), 04 MS (Proj.-beteil.: „Labor")

Sterna, Michael (Perf.- u. Videok/I) / 1969 Aschaffenburg- / lebt (2005) in Bad Tölz / NEU: Stud.-MS 92-99 Akad. / (Biografie in Beilage: CD-Ausgabe 2006)

Sternebeck, Wulf (M) / 1959 Detmold- / lebt (96) in Bremen / Stud.-Bremen 81-85 Univ. (Kunst/ Musik) u. HfK 85-91 (Kunst/Malerei) / s. 96 Mitgl. Gr.-„Grün"-Bremen / 91 Pr. HfK-Bremen, 93 Förder-Pr. Hamm, 98 Stip. f. Olevano / Ausst. u. a. in New York/Paris, 93 Hamm (Mus), 98 Herne (Flottm.-Hallen) + N / **Lit.:** In: „Gruppe Grün" – Ausst.-kat. – Flottm.-Hallen – Herne, 1998

Stettner, Alois (M/G/Glasm) / 1911 Mudersbach/Sieg (Rhl.-Pf.) – 1957 (in Darmstadt oder Koblenz-Pfaffendorf) / war tätig in Mudersbach/Düsseldorf u. Siegen / war Mitgl. Gr.-„ASK"-Siegen / Ausst. = NRW / **Lit.: 8a**-41…46 **+ 25**-4 **+ 97b**-40+41,2 **+ 110d**-98

Steuernagel, Christine (M/G/O/Coll.-k) / 1945 Hövelhof- / lebt (2006) in Paderborn / bis 75 Stud. Univ.-Paderborn (Päd/Kunst/Phil) / Kunstpäd.-in / Stud. bis 99 Univ./GH-Paderborn (Geogr/Kunst/Deutsch) / 89 = 1. Pr. Paderborn f. Grafik / Mitgl. Gr.-„ARTd-Driburg" / Ausst. s. 1985, u. a. 89/94/95 Paderborn (UB/Paderhalle/Technologiepark/Wandmalerei-DGB), 99/01 Detmold (Arbeitsamt), 2000- Bielefeld/OWL (Archiv), 2000/01 Dalheim (Kloster), 01 Kamenz (St. Anna), 01/02 Bielefeld (Stadtbibl/Johanneswerk), 02 Willebadessen, 02-05 Paderborn (Off. Atelier), 02-05 Paderborn (Paderhalle/Kv/Stadtbibl/Wewelsburg/Franzisk.-kloster/ Haus der ev. Kirche/Raum f. Kunst/Schloss Neuhaus), 03 Gütersloh (ESG), 03-06 Bad Driberg-Dringenberg (Hist. Rathaus/Burg Dringenberg), 04 Bonn/Göttingen/Bad Karlshafen/ Saarbrücken, 05 Mailand-It. / **Lit.: 101b**-02…05 **+ 192**-01

Steur, Markus (F/D) / 1964 Altenstadt/Bayern- / lebt (2005) in Dortmund / Stud.-Dortmund 88-93 FHD / ab 93 eig. „Studio f. Fotografie" in Dortmund / 03 Ausz. „100 beste Plakate", 04 red dot design award – Essen, 06 = 2. Pr. „Bestes Wirtsch.-foto" / Ausst. u. a. 1992/2001 Dortmund (FHD/Mus. f. K. u. K.), 05 Gelsenkirchen (Wissenschaftspark) / **Lit.: 202 + 203b**-2 **+ 205w**-04

Stibler, Wolfgang (Steinmetz) / stammte aus Süddeutschl., Werk: 1669 Portal von Haus Melschede in Hövel, Kr. Arnsberg / **Lit.:** G.D. **+ 112a**

Sticht, Otto (B/Metallgest) / 7. 7. 1901 Herbede – 27. 6. 1973 Siegen (Grab in Witten-Herbede) / Stud.-Elberfeld 24-32 Kgsch (mit Sponsor) / tätig in Berlin, (Prof.?) später Ost-Berlin, Mitbegr. u. 47-48 Direktor Kunsthochsch. Berlin-Weißensee, danach Gründ. „Bauhütte kirchl. Kunst" in West-Berlin / Werke in Berlin/Bochum/Gelsenkirchen/Siegen u. Siegerland / **Lit.: 112<u>ca</u> + 216**

Stickling-Limberg, Elke = NEU (Stickling, Elke) (M/G) / * 1944 – / lebt (2005) in Bielefeld / Stud. Wksch-Bielefeld / Mitgl./Ausst. im „BBK-OWL"-Bielefeld / **Lit.: 124**-05 **+ 133**-94Anh.

Stief, Alfred (O/M/Z/Coll.-k) / 1952 Recklinghausen- / lebt (2005) in Lippstadt/Soest(?) / Beruf: Sandstrahler, lebt s. (um) 85 in versch. Psych. Kliniken / Ausst. u. a. 1993/96-98 Soest (u. a. St. Thomäkirche/Landesinst.-NRW/Amtsgericht), 94/96 Soest (Kunst-Praxis), 95 Düsseldorf (Kunstpalast), 97 Möhnesee-Drüggelte, 99 Hamburg (Gal.-Survival Art/Akad), 2000/03 New York („Art Fair"), 01 MS (Haus Kannen), 03 Köln (Gal.-Zander), 04 Paris (Halle Saint Pierre), Lippstadt (Kunst im Turm), 05 Heidelberg (Sammlung Prinzhorn) / **Lit.: 100c + 150**-01 + In: „Ans Licht geholt" – Ausst.-kat. – Kunstpalast-Düsseldorf, 1995

Stiegele, Juliane (M/O/Perf.-k) / * 1956 – / lebt (2002) in Augsburg / Lehraufträge in Augsburg/ Dessau/Weimar/Prag/Istanbul u. VHS-Hagen / Ausst.-gen/Aktionen = N/INT / **Lit.: 107**-96+ 97 + In: C. Regelsberger: „KUNST/TRANS/PORT" – 10 Jahre Kunst in der VHS Hagen, 02

Stiegemann, Heinrich (A) / 23. 12. 1909 Krefeld- / lebt (65) in Warstein / Werke, u. a. Kirchen in Meschede/Erwitte-Bad Westernkotten/Sundern/Mönnighausen(Erweiterung) / **Lit.: 112d** (S. 26/44/52) **+ 173**(S. 68) **+ 219a**

Stieghorst, Christoph (M) / 1974 Bielefeld- / lebt (2006) in Bielefeld, ab 04 Atelier in Halle/W. / Zimmermannsausb., 96-? Stud. Univ./GH-Paderborn (Kunst) / Ausst. u. a. 1999 Hoberge

Uerentrop (Mönkemühle), 2000 Gütersloh (DA-Akad), Werther (Schloss), 01 Paderborn (Raum für Kunst), 01/02/04/05 Bielefeld (Off. Atelier), 02/03 Westf. Galerie, 03/04 Bielefeld (Arbeitsgericht/WDR-Studio), 04 Halle/W. (Off. Atelier), 05 Herford (Kunst-Werk) / **Lit.: 152-**01+02+04+05 + **191b**-04

Stiene, Heiner NEU! (B/O/Buchobj.- u. Materialbildk) / 1939 Steinheim/W.- / lebt (2005) in Warburg / Bildh.-ausb./Tätigk., 63 Meisterprüfung, 61-68 Stud. Wksch-Bielefeld u. Akad.-Düsseldorf / 72-03 Lehrt.-Warburg / Mitgl. „BBK"-OWL u. Gr.- „ARTd-Driburg" / Ausst. u. a. Bielefeld/Warburg/Steinheim/Brakel/Blomberg/Höxter/Paderborn/Düsseldorf, Bad Driburg-Dringenberg (Hist. Rathaus/Burg Dringenburg), 05 Paderborn (Off. Atelier) / **Lit.: 1**-5 + **101b**-05 + **124**-05 + **133**-94Anh.

Stiller, Joachim (A/Dipl.-Ing) / * 1953 – / lebt (2004) in Hattingen / Stud.-Essen 75-79 Univ./GH / s. 79 Mitarbeit u. ab 89 Mitinh. „Rauh ° Damm ° Stiller ° Partner"-Hattingen, 95 Geschäftsf. Gesellschafter / Ausz./Werke s. „**R**auh" ... / **Lit.: 197a**-99 + **219x**-99

Stobernack, Susanne (M/O) / 1962 Alsdorf b. Aachen- / lebt (2006) in Marl / Autodidaktin / Mitgl. Ateliergem. „Künstlerkeller"-Marl / Ausst. u. a. 2003 Eggelshoom-NL, 04 MS (Energy-Servies), 04/05 Herne (Happel-Kl.-technik), 05 Gelsenkirchen (Praxis), Marl (Friedenskirche)

Stobrod s. Pälmke, Ronald

Stockhaus, Ulrike (M/B/I/D) / 1962 Gelsenkirchen- / lebt (2006) in Dortmund / bis 01 Mitgl. „Boch.-KB" u. s. 05 Mitgl. Künstlerhaus-Dortmund / (Biografie in Beilage: CD-Ausgabe 06)

Stockhausen, Hans-Peter (Produktdes) / * 1959 – / lebt (89/94) in MS / Stud. FHD-MS / **Lit.: 205**-94(erw.) + **205a**-89

Stockhausen, Thomas (F/M) / 1965 Ahlen- / Jugendzeit in Rheine, lebt s. 90 in Düsseldorf / Autodidakt / Publik.-en in Fachzeitschriften/Stadtmagazine/Plakate/Buchcover / Ausst. u. a. 90 Rheine, 96/97 Düsseldorf (Graphics/Gal.-Arndt), 99 Wanderausst.-Rheine-u. a. / **Lit.: 79b**

Stockmann (Gebrüder) / Orgelbaumeister in Werl – Ende 19. + Anfang 20. Jh. / **Lit.: 146c** // **Bernhard** / 1856 – 1955 // **Theodor** / 1860 – 1934 /

Stockmans, Pieter – Genk/Belgien (Schmuckgest) / 1996-98 f. „Niessing"-Vreden tätig / 1996 red dot Award – Ebner-Verlag, Ulm / s. „Niessing" – Vreden

Stockmeier, Fritz (F/D) / * 1958 – / lebt (2005) in Bielefeld / Stud. FHD-Bielefeld (Fotojournalismus) / war Theaterfotograf am Stadttheater Bielefeld, 99-01 für die Agentur „argum" tätig u. ab 02 Mitbegr. Fotoagentur „bildfolio"-Bielefeld, mit Bert >**B**ostelmann/Ute Schmidt in Frankf./M. / Ausst. u. a. 2002 Bielefeld (Bunker-Ulmenwall), + Lit. = Internet

Stöber, Iris Irene (M/G) / 1956 Dortmund- / lebt s. 2000 in Berlin / Stud.-Freiburg 76-79 Univ. (Kunstg/Soz), 80-90 als Kirchenmalerin tätig u. Ausb. Möbelbau- Restaurierung, Stud.-Berlin 90-94 HdK / s. 96 Lehrt. = kreative Werkst.-e u. Jugendarbeit, ab 2000 Multimediakunstprojekte, Lehrt. / Mitgl. „BBK" / Ausst.-en u. a. s. 1984 in Berlin, 95 Bonn (Frauenmus), 95/ 2001-04 Bottrop (Mus), 2000 Harburg (Frauenkulturhaus), 01/03 Brüssel (Gal.-la girafe), 01/02 Werenzhain, 03 Leipzig (buch+art), 04/05 Hamburg/Gießen/Berlin / **Lit.: 99a**-95+01...04

Stöcker, Monika (M) / 1963 Münster- / lebt (2004) in MS / Weiterb.-kurse b. Detlef **H**ummelt / Ausst. u. a. 2002/03 MS (Off. Atelier), 02 Schmallenberg (Volksbank), 03 MS (Vermögensverw/"Knubel"), München (QMP), Warendorf („Hinz&Kunst"), Niedersorpe-Sauerl. (Markt)

Stöcker, Petra (Schmuckgest.-Des) / * in Recklinghausen- / lebt (2003) in Dortmund u. Witten / s. 82 freisch. Schmuckdes.-in, ab 95 eig. Gal. „Hauptsache Schmuck" in Witten / 99 = 1. Wettbew.-Pr. „Kunst im Pott" / Mitgl. „AdK"-Südwestf. u. Vors. / Ausst. u. a. 1987 Düsseldorf (manu factum), 2002 Dortmund (Handw.-kammer), 03 Bochum (Messe) / **Lit.: 48c**-99+03 + **48x**-87

Stöhr-Dornhöfer, Annette (M/B) / 1956 Siegen- / lebt (2004) in Netphen / Stud.-Siegen 93-95 AKT (Kunsttherapie) u. 2000 Univ./GH-Siegen (Kunst/Soziol) / Ausst. = Südwestf. / **Lit.: 110b** + **110c**-04

Störr, Jürgen (Prof) (M/G/Filmk) / 1954 Fritzlar- / lebt (2006) in Radevormwald / nach Grafikzeichnerausb., Stud.-Wuppertal 71-73 Univ./GH, Dortmund 73-75 FHD u. Berlin 75-76 HdK, Meisterschüler / 76 Förder-Pr. Hagen, später Stip. Univ./GH-Wuppertal / 76-81 Lehrt. Univ./ GH-Wuppertal, 91 Prof. Univ./GH-Wuppertal / 85 m. Ehefrau Gründung der „Ruhrakad.-Schwerte" u. Lehrt. / Ausst. = NRW / **Lit.: 46**-79 + **86**-76+79 + **97**-71+76 + **216**

Stoll, Christine (G/D/Ill/O) / 1959 Frankfurt/M.- / lebt (2004) in MS / NEU: 98 Stip. Salzburg, 01 Stip. Aldegr.-Ges.-MS f. Norwegen / (Biografie in Beilage: CD-Ausgabe 2006)

Stolte, Mark (O/I/F) / 1965 Halle/W.- / lebt (2001) in Dortmund u. Berlin / Neu: 99 Stahlkunst-Pr. Kolloquium-NRW / Lehrt.: 94-2000 Akad.-MS/Univ.-Dortmund, 97 Buffalo/USA, 01-03 FH-Hannover / (Biografie in Beilage: CD-Ausgabe 2006)

Stolz, Gerd-Wolfgang (F/F-G) / 1945 Siegen- / lebt (2004) in Siegen / s. 86 Weiterb.-Fotogr. in Köln/Düsseldorf u. VHS / Mitgl. „Kunstkr. Siegerland" / Veröff.-gen in Zeitungen/Zeitschr.-ten, u. a. in Fotobüchern d. VHS / Ausst. = Südwestf. / **Lit.: 110a+b + 110c**-04

Stommel, Peter (M/Glasm) / 1942 Bottrop- / lebt (2005) in Bottrop / freisch., Werke s. 80 / Ausst. u. a. 1984-90/95-2005 Telgte (Mus), 2000-03 Bottrop (Kulturzentr) / **Lit.: 99c**-2000... 03 + **185**-84...90+95...2000+02+04+05

Stommel, Wilhelm (A/Reg.-Baumeister) / um 1926/36 in Bochum bek. / war Mitgl. „BDA" / Ausst. u. a. 1936 Dortmund (ehem.-Kathar.-kloster) / **Lit.: 8a**-36 + **34**-9,2 + **146c**

Stopsack, Hans-Hermann (M/G) / 1942 Iserlohn- / lebt s. 70 in Hemer / Stud. Univ.-MS (Germ/ Geschichte/Phil), Weiterb.-kurse bei Joh. Dieninghoff/Th. **O**hm/Tanja Mairitsch u. Kurt **E**bbinghaus / 70-76 Lehrt.-Menden, 76-03 Ltg. VHS Menden/Hemer/Balve / Ausst. u. a. in Balve /Hemer/Menden

Storch, Joachim (F) / 1943 Köln- / lebt (2006) in Düsseldorf / 83-89 Stud.-FHD in Bielefeld u. Köln, Meisterschüler in Köln / 84 Pr. „Rheinische Post" – Düsseldorf / Ausst. u. a. in Köln/ Dresden/Schweiz, Düsseldorf (Messe/Kunstpalast), 2004 Köln (Gal. am Dom), + N / **Lit.: 79 + 107**-84+01+02+05

Stork, Anne Katrin (B/Z) / 1968 Steinfurt- / lebt s. 2000 in Berlin / Steinbildh.-ausb. in Bielefeld, Stud.-Bielefeld 92-98 FHD (Vis.-Komm/Bildh) / 99 Leonardi-Stip. f. Mailand, 2000+05 Beteil.-Sympos. Csongrad-Ungarn u. 01 Berlin(K), 02 Stip. Freundeskr. Iwanowo-Russl., 03 = 1. Pr. Biennale der Kunsthochsch.-en Mexikos, 03/04 Lehrt. Univ.-Puebla/Mexiko / Mitgl. Ateliergem. „Milchhof" – Berlin / Ausst. u. a. 1993/98/2000/02 Bielefeld (Gal.-Lampingstr/ WDR-Studio/Kesselbrink/2xGal.-Rampe), 95 Herford (D.-Pöppelm.-Haus), 99 Kagoshima/Akarenga Ushizu/Osaka-Japan, 2000 MS (Provinzial), Georgsmarienhütte (Villa Stahmer), 01- Berlin (Gal.-Milchhof), 02 Iwanowo-Russl./Lyon-Fr., 03/04 Toluca/Puebla(K)-Mex., 05 Herford (Kreishaus) / **Lit.:** K = Katalog + **114E** + In: „Kunst im Knast" – H.-Busch-Verl. – Bielefeld, 1996; In: „akt" – Bielefeld, 1996

Storm, Matthias (G/D) / 1964 Münster- / lebt (89) in MS / Stud.-Essen 83/84 Univ./GH (Kunstpäd/Engl) u. MS ab 84 FHD / Ausst. u. a. 1988 MS (Gal.-S), Herne (Flottm.-Hallen) / **Lit.: 142x**-88

Storp, Dietrich (Dirick) gen. Glasemaker (M) / * in Dülmen – † 21. 11. 1650 Münster / 1618-24 Ausb. -MS b. Nicolaus tom Ring u. Everh. Alerding d. Ä. / 1633 Meister, 1644 Gildemeister / **Lit.: 24**-32 + **178a** + Max Geisberg: „Die Sybillen im Dome zu Münster" = in „Westfalen" – Bd. 13 – S. 67 – MS, 1927

Storp, Kaspar (M) / 1650 Werk im Dom zu Münster gemalt / **Lit.: 24**-32

Strack, Wilhelm (Anton Wilhelm) (Prof) (G/Z/M) / 10. 8. 1758 Haina/Bez. Kassel – (12.) 18. 1. 1829 Bückeburg/Nieders. / haupts. Zeichungen/Radierungen, berühmt die Panoramabilder, u. a. aus Westf.-Lippe! / Bruder des Ludwig Phil. St. (1761-1836) u. Vater von Joh. Heinr. St. (1805-1880) / Ausb. in Hanau/Mannheim u. Kassel / Hofmaler u. 1782 Prof. in Bückeburg / Ausst. u. a. in Münster (WL), 1994 Hemer (Mus), 97 Bückeburg (Schloss) / **Lit.: 24**-32 + **215**-6 + **215a + 242** + Kunstwerk des Monats 1/84 – WL-MS; „A. W. St." – Ausst.-kat. – Bückeburg, 1997

Stracke, Joachim (M) / 1958 Letmathe- / lebt (2006) in Iserlohn-Letmathe / 78-80 Stud. Univ.-München (Kunstg/Neue Lit) u. Düsseldorf 80-86 Akad., Meisterschüler / ab 86 freisch. / s. 95 Kurator Kv.-„Villa Wessel" u. 96-98 Ltg. Städtische Gal.-Iserlohn / Ausst. u. a. in Straßburg/ Moskau/St. Petersburg/Salzburg/Berlin/Friedrichshafen, Bonn (Gal.-Hennemann), 2001 Gera (Kunstsammlungen), + NRW / **Lit.:** J. S." – dingetum – Ausst.-kat. – Zeppelin-Mus. Friedrichshafen, 1993; „J. S." – Künstlerporträt 1" – Ausst.-kat. – Städt.-Gal.-Iserlohn 1994; „J. S." – zweikreis – Hg.: Kunstsammlungen-Gera, 2001

Stransky, Jaroslav (M) / * 1949 (im Erzgebirge)- / lebt (2005) in Gevelsberg / ab 67 Besuch Fachkunstsch. u. Weiterb.-kurse / s. 81 freisch. u. eig. Galerie in Gevelsberg / Mitgl. „BBK" / Ausst. lfd. u. a. in Hamburg/Lübeck/Wuppertal/Hamm/Iserlohn, 2006 Schwelm (Haus Martfeld), + **N** / Veröffentl.-en. = Kalender+Internet

Strater, Josef (M/B/D/Fresken- u. Glasm/Mosaik) / 1899 Krefeld – 1956 ebd. / Stud.-Krefeld ab 1920 Kgsch, 24 Stip. f. Stud. Akad.-Düsseldorf / 28-32+46 in Marienthal tätig, Werke u. a. im

Kloster Marienthal, Bonn (Münster) / Ausst. u. a. 1946 Arnsberg+MS-land, 2005 MS (Domkammer), + NRW / **Lit.: 8a**-46 + **24**-4 + **195**(S. 38) + **252**-1+2 + In: Janssen/Grote: „Festschrift Kloster Marienthal" – 1995

Strathoff, Annette (M/G/F/Coll.-k) / 1953 Gütersloh- / lebt (2000) in Remscheid / Stud.-Bielefeld 70-72 PH (Werken/Textilgest/Päd) u. Essen 75-79 Univ./GH / s. 81 Lehrt. / 95 Wettbew.-Pr. Foyer-Gest. Klinikum-Remscheid / Mitgl. „BBK"-Berg.-L., Mitbegr. Gr.-„KiK" / Ausst.-gen s. 1977 im Berg.-Land / **Lit.: 216**

Stratmann NEU! (Straedtmann/Stroedtmann/Stroithmann/Strothmann) = Westf. Malerfamilie, 16.-19. Jahrh. in Arnsberg u. Paderborn / Werke in Westf. / **Lit.:** G.D. + **24**-32 + Paul Michels: „Die westf. Malerfamilie Stratmann" – in „Westf. Zeitschrift" – Bd. 113 – S. 405-16 – 1963; D. Strohmann: „A. J. Stratmann" – Bonifatius-Verl.-Paderborn, 1997(m. Fam.-chronik) // **Anton Joseph** (J. Anton) (M) / 14. 4. 1734 Paderborn – 12. 2. 1807 ebd. / Stud. Akad.-Antwerpen / Ausst. 1984 MS (Stadtmus) / **Lit.:** W.H. + **47a** (S. 402/03) + **173**(S. 136-137) + **178a** (m. Nachtr.) + In: „Alter Kunstbesitz der Stadt Münster" – Ausst.-kat. – (Nr. 87) WL-MS, 1931; In: A. Ochsenfarth (Hg.): „Aus der prakt. Denkmalpflege" – Bd. 1/2 – Paderborn, 78/79; In: Fl. Matzner/U. Schulze: „Barock in Westfalen" – Ein Reiseführer – Ardey-Verl.-MS, 1995 // **Gerdt** (M) – aus Höxter / ab 1585 in Paderborn // **Anton Ferdinand** (M) / 1770 Paderborn – 1844 ebd. / Sohn u. Schüler v. Anton S. / **Lit.: 101** // **Heinrich** (M) / * vor 1592 in Höxter – † um 1652/55 in Arnsberg / ab 1592 in Paderborn u. s. 1614 in Arnsberg tätig / Werke u. a. in Paderborn u. Werl / **Lit.: 112b** (Strothmann) + **173**(S. 258+261) // **Johann Heinrich** (M) / 28. 1. 1708 (getauft) Arnsberg – 3. 7. 1755 Paderborn / Vater v. Anton Joseph

Stratmann (B) / **Lit.:** W.H.(S. 121) + **24**-32 = s. Stratmann, Joseph (aus Geseke)

Stratmann, Arno (Hans-Arno) (M/Hinterglasm/Wandm) / 1944 Hattingen- / lebt (2002) in Hattingen / 58-64 Ausb./Meisterprüfung im Malerhandw., 64-67 FH-Stuttgart / 70 Pr. Junges Khw-NRW / s. 73 selbst. / Werke in NRW / Ausst. u. a. 1965-70 NRW (Junges Khw), 1971-87 AdK (manu factum), 97 Hamm (manu factum), 2000/01 Ennepetal (Kluterthöhle), 01 Frankf.-M. (Ev.-Kirchentag: Wandarbeit), 02 Hattingen (Henrichshütte) / **Lit.: 48x**-73+75+87+97 + **209**-2000...02

Stratmann, Ina Katrin / NEU! / (M) / 1976 Hamm/W.- / lebt (2004) in Düsseldorf / Stud.-MS 96-02 Akad., 02 Meisterschülerin / 01 Reisestip. Akad.-MS / Ausst. u. a. 1997/99 MS, 2001/02 MS (Halle-Am Hawerkamp), 02 Bielefeld (Kv), Gronau (Gal.-Fischladen), 03 Troisdorf (Burg Wissen), 04 Dortmund (Mus. am Ostwall) / **Lit.:** „I. S." – es geschah bei Nacht – Ausst.-kat. – Troisdorf/Dortmund, 2003

Stratmann, Janine (M/G/D/F) / 1978 Paderborn- / lebt (2006) in Bielefeld / Stud.-Bielefeld ab 02 FHD (Grafik- u. Komm.-Des) / s. 01 Mitgl. „artists unlimited"-Bielefeld / Ausst. u. a. 2001 Bielefeld (Off. Atelier/Gal.-artists unlimited) / **Lit.: 152**-01 + **262**

Stratmann, Joseph (B) / 1736 – 1805 / lebte in Geseke / Werk um 1765 in Hardehausen, um 1777 in Geseke u. um 1783/84 in Warendorf / **Lit.:** W.H.(Stratmann=S. 121) + **24**-32 (= Stratmann) + **173** (S. 136/37) + In: W. Kuhne/u. a.: „Dem Andenken eine ..." – Im Land verbliebene Kunstwerke von Hardehausen – Paderborn, 2000

Stratmann, Maria (M/G/D) / 1956 Lindern- / lebt (2004) in Nordwestdeutschl. / Stud.-MS 75-80 Univ. (Päd), 80-82 Referendarin in Osterholz-Scharmbeck, 83-88 Stud. FHD-Bielefeld (Grafik-Des) / s. 89 freisch. / Ausst. u. a. 1985/87/90/94/99 Lindern (Kulturwochen), 87 Gütersloh (Fabrik), 87/90/91 Bielefeld (Gal.-Kreativ/Gal.-Parlando?/Off. Atelier), 92 Lindern (Volksbank), 92/93/96 Löningen (2xKrankenhaus/Mühle Huckelrieden) / **Lit.:** Internet

Stratmann, Paul (M/G) / NEU: 5. 3. 1917 Münster – 13. 5. 2002 ebd. / lebte in MS / Neffe v. Emil St. / Autodidakt / Ausst. u. a. 1983 MS (Handwerksk), 85 MS (Südviertel), 2005 MS (Klarastift) / **Lit.: 84**-41+80 + In: „WN"-MS = Auf Roter Erde" – Nr. 8/2005

Stratmann, Roland (O/I) / 1964 Weseke bei Südlohn- / lebt (2006) in Berlin / 80-83 Druckvorlagenherstellerausb., 83 FoSfG-Münster, Stud.-Berlin 84-90 UdK, 90 Meisterschüler / Arbeitsaufenth.-e in London/Südkorea/Istanbul/Norwegen u. Schweden / 91 Stip. Stadt Lemgo, 98 = 2. Wettbew.-Pr. Landeszentralbank Berlin/Brandenburg, 2000 Stip. f. Istanbul v. Berliner Senat, 04 = 2. Wettbew.-Pr. Bad Hersfeld, 05 Katalogförderung Senat Berlin / Ausst. s. 1987, u. a. 2000 Istanbul-Türkei (Gal.-Dürer/Goethe-Inst/Gal.-Apartment Pojesi/Univ), 01 Zwickau (Stadtmus), Heidelberg (Kv), 01/02 Berlin (Neues Kunstquartier/Stadtgal), 02/03 Møre og Romsdal/Grimstad-Norw., 03 Frankf.-M.

(Kunstforum-Löwenhof), 04-06 Berlin (Reservoir-Vill/Kü.-haus Bethanien/Gropius Bau/Akad. der Künste), 04 Borås-Schweden, Karlsruhe (Gal. v. Tempelhoff), 05 Vaduz-L.-stein, Berlin (Gal.-Hilgemann), 06 Siegen (Mus. f. Gegenwartsk), Amsterdam (Cobra-Mus), + N / **Lit.:** In: „kunst und spiel seit dada – faites vos jeux! – Ausst.-kat. – Hatje-Cantz-Verl. – Ostfildern-Ruit, 2005

Stratmann, Sven (Filmk) / 1981 Münster- / lebt (2006) in MS / Stud. Univ.-MS (Phil), Praktikum Filmwerkst.-MS u. Stud. Akad.-Enschede-NL (Medienk) / bis 05 = 2 Filme / Auff.-en u. a. 2005/06 MS (Cinema+Stadt New York/Pumpenhaus) / **Lit.: 196-**05

Strege, Peter (M/G/Medien- u. Komm.-Des) / * 1942 – / lebt (2004) in Dortmund / Stud.-Wiesbaden 60 Wksch, 61-67 Städelsch.-Frankf.-M., 67-69 Univ.-Frankf.-M. (Phil/Geschichte) / Lehrt.: 67-73 Mainz, 68-74 div. Hochsch.-en u. freier Mitarb.-er TV-Anstalten, 74-91 VHS-Dortmund, ab 91 an versch. Univ.-en (Soz/Kunst/Kommunik) / Ausst. u. a. 2004 Dortmund (Off. Atelier), + N/INT / **Lit.: 120c-**04

Streit, Martin (M) / 1964 Koblenz- / lebt (2005) in Köln u. Andernach / Stud. Akad.-n Münster u. in Düsseldorf, Meisterschüler / 89 Förderer-Pr. Akad.-MS, 93 Stip. Akad.-Düsseldorf, 99 Stip. Rhl.-Pfalz u. 03 Stip. f. Paris / Ausst. u. a. in Trier (Kv), 1999 Rom (Villa Massimo), 2000 Wuppertal (v. d. H.-Mus), 01 Hamburg (Gal.-Loeper), 05 Coesfeld (Kv.-MS-land), + N

Streitenberger, Hans (Z) / * 1948 – / lebt (2005) in Dülmen-Buldern / 87 Mitbegr. „Kunst- u. Kulturkr. Buldern" / s. 78 Vereinskalendergest. / Ausst. u. a. 1988-91 u. a. Buldern (u. a.: Sparkasse/Volksbank/Am Samsonsee/Alte Kirche), 89/92/94/97 Dülmen (3xSparkasse/Stadtbücherei), 91 Werne (Stadtgal), 93 MS (Kroatische Mission), Reken (Stadtverw), 95 Haltern (Stadtbücherei) / **Lit.:** Internet

Strenge, Martin (A/Dipl.-Ing) / 1963 Gütersloh- / lebt (2004) in Herzebrock-Clarholz / Stud.-Detmold bis 89 FH f. Innenarch. / ab 89 Projektltg. Büro Prof. Parade – Düsseldorf, s. 99 Büro „drewes + strenge architekten"-Herzebrock / u. a. 2000 Archit.-Pr. OWL (m. Frank F. Drewes) f. Werk in Herzebrock-Clarholz / Werke in Westf. + N / **Lit.: 197d** (S. 66)

Strey, Bernd (A/Dipl.-Ing/Stadtplaner) / 1957 Essen- / lebt (2002) in MS u. Düsseldorf / 76-85 Stud. Dortmund/Düsseldorf / 85/86 Planer im Kommunalverb.-Ruhrgeb. Essen, ab 86 selbst. in Düsseldorf, s. 90 Mitgl.: „Stadtraum Architektengruppe"-MS/Düsseldorf / ab 92 Lehrt. FH-Düsseldorf / Preise u. Werke in NRW + N (s. Lit.) / **Lit.: 197-**95+97

Streyl, Annette (B/O) / 1968 Münster- / lebt (2006) in Hamburg / Stud.-MS/Kiel/Hamburg Akad.-n / Ausst. u. a. in Hamburg/Berlin, 2001 Bremerhaven (paul.Galerie), 04 Ahlen (Kv)

Strietmann, Pia (Filmk) / 1978 Münster- / lebt (2003) in München / Stud. Univ.-n in MS/München (Geschichte/Sport) u. ab 01 Hochsch. f. Film u. Fernsehen-München / Kameraassist.-in für TV- u. Kinoproduktionen / Auff.-gen u. a. 2003 MS (Filmfestival) / **Lit.: 196-**03

Strippelmann, Ulf (F/M/B) / 1960 Mannheim- / lebt s. 94 in Steinhagen / Stud. HdK-Berlin (Architektur) / Werke u. a. in Mannheim, Rio de Janeiro u. Taiwan (Mus) / Ausst. u. a. 2002 Mannheim (Kunst im Park), 04 Schneverdingen (Eine-Welt-Kirche), Steinhagen (Off. Atelier) / **Lit.: 191b-04**

Strobel, Hans (Prof) (A/Dipl.-Ing./Stadtplaner) / 1881 Weiden/Oldenburg – 1953 Dortmund / NEU: Arbeiten/Werke u. a. in München, Dortmund (1919 Wettbew.-sieger m. anderen Arch.-en = 19-24 Hauptfriedhof / B1 Allee = Westf.- u. Rheinl.-damm) (Biogr. in Beilage: CD 06)

Stroot, Eberhard (M/Z/B/O) / 1951 Malch b. Karlsruhe- / lebt in (2005) Kreuztal / NEU: 2000 = 2. Kunst-Pr. NOK-Köln u. 3. Pr. Rhl.-Pfalz Koblenz / (Biografie in Beilage: CD-Ausgabe 06)

Strothmann/Strotmann s. Stratmann

Strothmann, Peter (A) / lebt (2004) in Dortmund / ab 92 Büro: „Planungsgruppe Dortmund" = Architekten: Schröder/Schulte-Ladbeck/Strothmann, danach Büro: „Architekten ..." / u. a. 95 Archit.-Pr. KVR / Werke u. a. in Berlin/MS/Rügen, Dortmund = u. a. Sportstätten(Umbau-WM-Stadion)/U-Bahn/2000-02 Konzerthaus) s. auch Lit./Internet! / Ausst. u. a. 2000 Hannover (EXPO) / **Lit.: 197b-**99

Strotmann, Heinz-Dieter (F/Produktdes) / 1959 Hamm/W.- / lebt (2000) in Menden / bis 88 Stud. Univ./GH-Wuppertal (Industr.-Des) / ab 89 tätig in Menden, 94/95 Lehrt. Univ./GH-Wuppertal / Ausst. u. a. 1988 Hagen (Mus), + Südwestf. / **Lit.: 216**

Struck, Med. Gustav (M/Z/O) / 1937 Paderborn – 2. 1. 2001 Nieheim / lebte bei Bad Drieburg u. s. 64 des öfteren in psych.-en Kliniken, ab 99 Nieheim (Altenheim) / Ausst. u. a. 1991 Eickelborn (Klinik), 92 Lippstadt (Gal.-Fresco), 93/98 Soest (Alter Schlachthof/Amtsgericht), 94/96/

98 Soest (Kunst-Praxis), 95 Düsseldorf (Kunstpalast), 97 Möhnesee-Drüggelte, 99 Hamburg (Akad), 04 Lippstadt (Kunst im Turm) / **Lit.: 100c** + In: „Ans Licht geholt“ – Ausst.-kat. – Kunstpalast Düsseldorf, 1995

Struck, Ulrike (K/B/O) / 1955 Brühl- / lebt (2006) in Detmold / NEU: 99 = 1. Wettbew.-Pr. Goethe-Inst. Luxemburg, 01 Goldmed. Keramik-Wettbew. Faenza / (Biogr. in Beilage: CD – 06)

Struck, Wilma (M) / * 1950 – / lebt (2005) in Bottrop / Mitgl. „KB-Bottrop“ / Ausst. u. a. 2004 Bottrop (Mus/Sparkasse) / **Lit.: 99**-04

Struckmann, Angela (O/Coll.-k) / * 1960 – / lebt (2005) in Petershagen / seit 97 Mitgl. Gr.-„Gro(w)Art“-Petershagen-Großenheerse / Ausst.-en siehe **G**ruppe „Gro(w)Art“

Strübel, Hieronymus (Kupferstecher) / um 1788 als „Hofpetschierstecher“ in Münster tätig / 1759 Kupferstich: Plan der Belagerung Münsters / **Lit.: 24**-32 + **198**

Strunck, Heinrich (A) / lebt (1930) in Dortmund / 19 Wettbew.-sieger (u. a. mit J. **W**entzler) = 19-24 Hauptfriedhof-Dortmund / **Lit.: 34**-9,2 + **120a**-3(Anh.) + **197b**-84 + In: „Tag des offenen Denkmals“ – S. 45 – Stadt Dortmund, 2001

Strunk, Andrea (B) / 1961 Bielefeld- / NEU: lebt s. 2000 in Felanitx/Mallorca / 90-2000 Lehrt. Univ.-Bielefeld / (Biografie in Beilage: CD-Ausgabe 2006)

Strunk, Carl (M) / 1882 Recklinghausen – ? / lebt um 1922/30 in Recklinghausen / 1901-05 Stud.-Univ.-en Freiburg/Marburg/Berlin/MS u. Bonn (Phil/Kunstg), ab 1905 Akad.-Düsseldorf / viele Studienreisen / **Lit.: 34**-9,2 + **108**-4 + **155a**

Strunk, Gregor NEU: (Georg war falsch in der 1. Ausg.!) (M) / 1969 Mönchengladbach- / lebt (96) in Paderborn / (Biografie in Beilage: CD-Ausgabe 2006)

Stryj, Markus (F/M) / 1973 Ruda/Polen- / lebt (2004) in MS / Stud.-MS ab 95 Akad. (M/F/Film) / 02 Reisestip. Akad.-MS / Ausst. u. a. 2001 Frankf.-M. (Altes Hauptzollamt), 02 MS (Halle-Am Hawerkamp), 03 Coesfeld (Kv) / **Lit.: 218**-03 + **229**-03

Stubbs, Johannes s. 05 Bonn (Künstlerforum)udes, Michael (Büro „Ludes – Arch.-en/Ing.-e“ Recklinghausen)

Stucken, Ferdinand (M) / stammt aus Minden, † 1878 / lebte in Düsseldorf u. USA / **Lit.: 24**-32

Stuckenschmidt, Sven NEU! (O/I/Perf.-k) / 1973 Hoya/Weser- / lebt (2005) in MS / Stud.-MS 99-7/03 FHD u. 98-04 Akad., 03 Meisterschüler / Ausst./Perf.-bet. u. a. 1996 München (Lotharingerstr), 97 MS (Mensa I), 2000 Dortmund (Künstlerhaus), 02 MS (Wewerka Pavillon/Halle Am Hawerkamp/Gast Atelier-Schulstr), 03 Rheine-Bentlage (Kloster), MS (Erdgas), Gelsenkirchen (Kv), Nordhorn (Kloster Frenswegen), 03-05 MS (Off. Atelier-Fresnostr), 04 Wuppertal (W.-Muthmannstr), Bremerhaven (Gal.-149), MS (Kv), Herford (MARTa-Lounge), Istanbul-Türkei (Mus) / **Lit.: 18**-02 + **122**-03 + **122a**-2 + **170a** + **183**-3 + **229**-03 + **229a**-04 + **231b+c** + **235**-03 + **245**-95+2000

Studnar, Karel (G/I/O/Coll. u. Video-k) / 1943 Radslavice/Tschech.- / lebt (2005) in Recklinghausen / ab 70 in BRD / 73-81 Werbe- u. Gebr.-grafik / s. 97 Mitgl.-„Vest.-KB“-Recklinghausen / Ausst. u. a. 1999-2004 Recklinghausen (Vest.-KB), 05 Recklinghausen (Gal.-Anbau) / **Lit.: 188**-99...04

Stücher, André (M/I) (Musiker) / 1981 Mettmann- / lebt (2005) in Mettmann u. MS / Stud.-MS ab 03 Akad. / Ausst. u. a. 2005 Moers (Peschkenhaus), MS (Tryptichon), 06 MS (Aktion – Install.-Aasee) / **Lit.: 64x**-05

Stücke, Jochen NEU: (Prof) (G/Z/M/D/Coll.-k) / 1962 Münster- / lebt (2006) in MS u. Krefeld / NEU: Lehrt.: 91-99 FHD-MS, 98-2002 Akad. f. Gest. im Handw.-MS, 02 Vertretungsprof. FHD-MS u. s. 02 Prof. FHD-Krefeld / (Biografie in Beilage: CD-Ausgabe 2006)

Stücker, Judith Maria (G/D/Ill/I/F/Videok) / 1973 Trier- / lebt (2005) in MS / Stud.-MS 95-2/2000 FHD (Grafik/Ill) u. ab 01 Akad.-MS (Fotogr/Film), 05 Meisterschülerin / 2000 Multimedia-Stip. / Ausst. u. a. 2000 Dorsten (Gal. am Schölzbach), 01 MS (Alte Therme/Atelier-Hawerkamp), 02 Seoung-Korea (Univ), 03 Coesfeld (Kv), 05 MS (Labor-Cinema) / **Lit.: 218**-03 + **229**-03

Stüker, Paul-August (A/Dipl.-Ing) / 1944 Lage-Lippe- / lebt (2002) in Lemgo / ab 84 Büro: „Planen + Bauen Lemgo GmbH“ (8 Partner), 2001 Büro „p+b“ m. Hannes Donat / allein 84-94 = 17 Wettbew.-Preise / Werke in Westf.-Lippe + N (s. Lit.) / **Lit.: 197**-95+97+01

Stüver, Friedrich Wilhelm (M/Z) / 1799 Lindhorst/Nieders. – 1840 Bückeburg / Stud. Akad.-Dresden / war s. 1829 Zeichenlehrer in Bückeburg / seine Zeichnungen wurden als Vorlagen für Lithografien benutzt / Ausst. u. a. in MS (WL) / **Lit.: 24**-32 + In: A. Kracht: „Die Rittergüter der Provinz Westf." – 1837/40 – Neuaufl. 1972; In: „Das malerische u. romantische Westfalen" – Ausst.-kat. – S. 43/45 – u. a. WL-MS, 1974

Stüwe, Brigitte (M) / 1963 Bielefeld- / lebt s. 95 in Dorsten / Stud.-Essen u. Bonn (Germ/Gesch/Päd/Phil) / Ausst. u. a. in Dorsten/Gelsenkirchen/Schermbeck/Witten, + Internet

Stüwe, Heinz (A) / lebt (1975/85) in Paderborn / Werk u. a. Kirche in Iserlohn / **Lit.: 112d** (S. 58)

Stuke, Katja (F/D) / 1968 Telgte- / lebt (2005) in Düsseldorf / Stud.-Düsseldorf 88-93 FHD (Typo-Fotogr) / Ausz.: 01 New York (Merit), 02 = 1. Pr. Europ.-Award f. Frauenfotogr., 03 Fotomus.-Winterthur u. Aenne-Biermann-Pr. / s. 98 freiberufl. tätig, u. a. f. Magazine, ab 01 Lehrt.-Neuss / Ausst. u. a. in Wien/Lantaren/Venster/Rotterdam/Winterthur, + NRW / **Lit.: 26a**-05 + **79b**

Stukenkemper, Heinrich (Industriedes) / * 1954 – / lebt (89) in Herne u. (2003/05) in Castrop-Rauxel / 73-77 Stud. FHD-Dortmund u. FH-Krefeld / s. 77 selbst., „stukenkemper design", dann „H. Stukenkemper Industrial Design Team" / 87 Design-Pr. NRW, ab 87 = 7 Ausz.-gen/Ausst.-gen in Essen/Frankf.-M./Hannover/Stuttgart, + 03+3x05 red dot award Essen / **Lit.: 205**-94 (erw.)+97 + **205a**-89 + **205y**-98,1 + **205z**-96+97+2000+03+05

Stumpp, Emil (M/G/Ill) / 1886 Neckarzimmern/Baden – 1941 Stuhm/Westpr. (als polit. Gefangener) / kurzes Stud. Kgsch-Karlsruhe, sonst Autodidakt / lebte in Königsberg/Pr. u. Berlin / er reiste im Auftrag v. „Dortmunder General-Anzeiger" als Porträtzeichner um die ganze Welt, auch porträtierte er bek. Dortmunder Personen / Ausst.-gen in Berlin/Dortmund / **Lit.: 24**-32 + **25**-4 + **34**-9,2 + **120a**-3(ausf. Biografie) + **136**-1 + **163** + Zeichn.-gen/Texte v. E. St. im „Dortmunder General-Anzeiger" – um 1924/33; In: A. Wolf: „Kl. Kunst- u. Kulturführer Ruhrgebiet" – S. 42 – Bielefeld, 1983; In: „Jüdische Porträts" – Ausst.-kat. – S. 11 – Stadtmuseum-MS, 1994

Sturm, Susanne (Z/I) / * 1959 – / lebt (2002) in Witten / Stud.-Univ.-en Bochum (Publiz/Kommunik.-wiss/d. Lit.-wiss/Päd) u. Dortmund (Kunst), u. a. Weiterb.-Handwerk/Kunst/Päd. / Projekte/Management u. freisch. / ab 02 Lehrt.-Kunstschule „Zwischenzeitraum"-MS

Sturm, Tassilo (O/I/M) / 1970 Unna- / lebt (2006) in Kamen / Stud.-MS 97-98 Univ. (Ägyptol/kl. Archäol/Kunstg) u. 98-2/05 Akad. / 05/06 Cité des Arts-Stip. f. Paris / s. 96 Mitgl. Gr.-„Schieferturm"-Kamen / Aktionsbeteil.: 1999 Kamen (IBA-Skulpt.-proj), 01 Kamen (Innenstadt) / Ausst. u. a. 1996/97 Bönen (Alte Mühle), 96-2000 Kamen (Stadthalle), 97 Unna, 97/99 Beeskow-Brandenb., 98 Ängelholm-Schweden, Montreuil-Juigné-Frankr. (Centre J. Prévert), 98-03 MS, 99 Hamminkeln (Stadtgal), 2001 Menden (Stadtgal), 02 Hamm (Max.-park), 03/06 Bergkamen (Stadtgal), 04 MS (Wewerka-Pav), 05 Duisburg (Cubus-Kunsthalle), Moers (Peschkenhaus) / **Lit.: 18**-04 + **64x**-05+06

Stuwe, Albert (M/G/Z) / NEU: 1921 Ennigerloh – 14. 4. 1998 / lebte in Ennigerloh / (Biografie in Beilage: CD-Ausgabe 2006)

Stuwe, Peer Christian (M/G/Z/B/I/Materialb.-k) / 1952 Ennigerloh- / lebt (2006) in Emsdetten, Saerbeck u. Düsseldorf / ab 03 Gastprof. FH-Düsseldorf / (Biogr. in Beilage: CD-Ausgabe 06)

Suberg, August (B) / 1930 Gevelsberg- / lebt (67) in Gevelsberg, s. 83 in Wuppertal / nach Tischlerausb.: Stud.-Köln 56-59 Wksch (Keramik/Bildh) / Werk in Siegen / Ausst. u. a. 1987 Solingen (Mus), + Süd-NRW / **Lit.: 1**-2(Anh.) + **216**

Sudhues, Max NEU! (O/I/Film- u. Videok) / 1977 Münster- / lebt (2005) in MS, 06/07 Antwerpen / 97-99 Mitarb. Jost Hering Filmprod. Berlin-Schöneberg, 99 Hospitant Volksbühne-Berlin / Stud.-MS 99-05 Akad., 03 Meisterschüler / 02/03 Gaststud. Städelsch.-Frankf.-M. / 02 Stip. Akad.-MS f. Island, 05 Tim&Struppi-Pr. Kl.-Prof. Timm Ulrichs u. Förder-Pr. des Ministeriums f. Bild. u. Forschung, 06-07 Stip. f. HISK-Antwerpen / Ausst. u. a. 2000 MS (Lignum-Schaufenster/Atelier-Hawerkamp), 01 MS (Schloss/Filmfesival), Herford (Stadtmus), Gronau (Atelierhaus), 01-05 MS (Off. Atelier-Schulstr), 02/03 Berlin (Gal.-Art&Henle), 02 Dortmund (Künstlerhaus), MS (CUBA/Halle-Am Hawerkamp), Heidelberg (Verp.-mus), Liesborn (Mus), 02/03 Frankf.-M. (Unionhallen/Messe), 03 Santiago de Campostela-Sp., Laer (Stadtmitte), MS (Kv), 04 Bergkamen (Stadtgal), Bad Oeynhausen (VHS), Hamm (Mus), Soest (FH), Herford (MARTa-Lounge), Istanbul-Türkei (Mus), MS (Kunst-Container), 05 Wismar (Baumhaus), Bonn (Kunsthalle), Recklinghausen (Kunsthalle), Ingolstadt (Kv), 06 Herford (D.-Pöppelmann-Haus) / **Lit.: Lit.:** u. a. **129**-03 + **139a** + **196**-01 + **218**-02 + **229a**-04 + **231b+c** + **256+a** + In: „Tetrapak-Kunstförderpreis" – Ausst.-kat. – Frankf./M., 2002; In: „Traces of Light/Pegadas de Luz" – Santiago de Compostela/Sp., 2003

Sülberg, Helga (M/Z) / 1937 Wuppertal- / lebt (2005) in Schwelm / Ausst. u. a. in Schwelm/ Wuppertal/Witten/Düsseldorf / **Lit.: 26a**-05

Sünderhauf, Kurt (Porzell.-m) / 3. 5. 1913 Duisburg – 31. 3. 2002 / 46-49 Ausb. b. Bernh. te Uhle in MS, 51-62 selbst.-ger Betrieb in MS u. eig. Stempelmarke, danach malte er noch bis 87 / s. auch Porzellanmus.-MS / **Lit.: 63b** + In: B. Haunfelder: „Feines Porzellan aus Münster“ – in: „Auf Roter Erde“ – „WN“-MS – 22. 3. 2002

Sürth – Porzellanmalerfamilie in Münster / 1854 Betriebsgründung in MS durch Heinrich, s. 1872 in der Sternstr., noch um (Adressbuch 1894/1907) 1908 bek. / s. auch Porzellanmus.-MS / Maler: A D = **Ad.**(Adolf), **Heinrich, Joh.**(Johann) + **Joseph Sürth** / **Lit.: 63b + 207** + In: B. Haunfelder: „Feines Porzellan aus Münster“ – in: „Auf Roter Erde“ – Nr. 3/02 – „WN“-MS v. 22. 3. 2002; In: „Münster-Mosaik“ – ab S. 118 – Aschendorff-Verl.-MS, 2003

Süßmann, Rosemarie (M) / NEU: 1950 Dreis-Tiefenbach- / lebt (2004) i. Siegen / (Biogr.-Beil.)

Sumpmann, Alfons (B) / * 1923 – / lebt (91) in Ibbenbüren / Werke s. 1930, freisch. / 88 Bischof-Tenhumberg-Pr. Telgte / Ausst. u. a. 1987-90 Telgte (Mus) / **Lit.: 185**-87...90

Sunder-Plassmann – Westfälische Architektenfamilie u. a. in Münster / **Lit.:** „Familie Sunder-Plaßmann“ – Stammbaum – Münster, 1973 // (Biografie in Beilage: CD-Ausgabe 2006)

Sunder-Plassmann, Andrea NEU! (Prof) (M/F/Film- u. Perf.-k) / 1959 Münster- / lebt (2001) in München u. 2005 in Bielefeld u. Berlin / Tochter v. Karl S.-Pl. (Dr.-med.) in Rheine / Stud.-Berlin 78-88 HdK, Meisterschülerin / u. a.: 87 Stip. HdK-Berlin u. DAAD-Stip. f. USA, 91-2000 Werkverträge m. Kü.-förderung, 91-92 Stip. Senat Berlin f. Melbourne, 93/94 = 1. Pr. IG-Medien u. Stip. Senat Berlin, 96 3x Stip. Berlin/Barcelona u. USA, 97 Stip. „Käthe-Dorsch”-Stiftung, 98 Medien-Stip., 99 felloship ... in Ligurien, 2000 = 1. Wettbew.-Pr. Kunst am Bau – Berlin / Lehrt.: ab 01 Prof. FH-Bielefeld u. KH-Bergen-Norwegen / Ausst. = N+INT / **Lit.: 134**-87

Sundheim, Jens (F/D) / 1970 Dortmund- / lebt (2006) in Dortmund / Stud.-Dortmund 94-02 FHD u. Univ. of Plymouth in Exeter/GB / 99-01 Lehrt. VHS-Essen / 06 Ausz. „Emscherproj.-Ruhrgebiet“ / ab 05 Mitgl. „BFF“ / Ausst. u. a. in Exeter-GB/Arles-Fr./Prag-Tschech./Tampere-Finnland, 1999 Frankf./M. (Buchmesse), Dortmund (Gal.-fb2), 01-03 Dortmund (Des.-Werkschau/Phönix-West/Ausl.-ges/FHD), 02 Wiesbaden (Kunsthaus), 04 Hildesheim (Kv), Frankf.-M. (EZG-Gal), Essen (Lohnhalle-Zollverein), 05 Mannheim (Fototage), Neunkirchen-Saar (Stadtgal), München (Gal.-Kraft), 05/06 Gelsenkirchen (Wissensch.-park), 05/06 Washington/Casablanca/Rabat/Brüssel (Goethe-Institute), Lodz-Polen (Int. Photofestival), 06 Berlin-Friedrichshain (Kommunale Fotogalerie), Dortmund (Phoenix-Halle), Holzwickede (Emscherquellhof), Tokio-Japan / **Lit.: 203**-03 + **203d** + In: „Summerlin – a community for the 21st century“ – Camera Austria – Wien, 2002; In: „Wo ist die Kunst?“ – Reader – Kerber-Verl., 2004; In: „Der Reisende“ – EIKON Intern. Magazin f. Fotogr. u. Medienkunst – Wien, 2004; In: „A Book Designed to Help“ – Die Gestalten-Verlag, 2005

Suntrop, Michael (Filmk/M) / 1961 Unna- / lebt (93) in Hamburg / Stud.-Marburg 80-82 Univ. u. Hamburg ab 85 HfBK (Film/Malerei) / Auff. u. a. 1992 in MS / **Lit.: 196**-92

Surholt, Angelika (K) / * 1951 – / lebt (88) in Dülmen / Werke s. 86 / 87 Bischof-Tenhumberg-Pr. Telgte / Ausst. u. a. 1987 Telgte (Mus) / **Lit.: 185**-87

Surmond, Benedikt (B/O/Z/Videok) / 1979 Münster- / lebt (2004) in MS u. Laer b. MS / Stud. Univ.-MS (Soz/Kommunik.-wiss/Landsch.-Ökolog) / Autodidakt, Bildh.-kurse in Havixbeck b. W. Pinsdorf / Mitgl. Gr.-„FORM-LOS“-Havixbeck / Ausst. u. a. 2002/03 Essen/Dortmund (Video-Inst), 03 Gronau (Landesg.-schau)

Suska, Nicola (M/G) / 1970 Detmold- / lebt ab 99 in MS u. s. 03 in Heidelberg / Weiterb./Workshops in MS/Mannheim, Sommerakademien: Schwalenberg/Trier/Dresden/Bad Reichenhall, Freie Akad.-Essen / Ausst. u. a. 2001- MS (Gal.-Nettels), 03 Gütersloh (DAG), MS (Provinzialvers), Osnabrück (Klinik), 03/04 Heidelberg (u. a. Buchhandlung/Versicherung), 05 Neulußheim (Alter Bahnhof), Vierhein (Rathaus)

Suwalski, Peter s. Lascaux, P. S.

Swan, Douglas Litterick / 1935 New Britain/Conn.-USA- / lebt (94) in Solothurn/Mailand / 55-59 Stud. Dundee Art Coll. London + Edinburgh / Stip. f. Bonn / ab 60 freisch. / lebt s. 36 in Schottl., um 67/82(94?) in Bochum, danach Bonn (?) / Ausst. u. a. 1967/69/72/79/84 Bochum (Mus), 72 Braunschweig (Kv), 87 Emsdetten (Kv), 90 Steinfurt (Huck-Beifang-Haus), + N/ INT / **Lit.: 53 + 108**-4 + **145**-67(Gast) + **148a**-84 + **201**-70+90 + In: „Bokult“ – Inform.-blatt 12 – 3/4-1979 – Mus.-Bochum; In: S. Gohr: „Museum Ludwig/Köln“ – Bd. 2 – Bestandskatalog – München, 1986

Swiecicki, Marek (Filmk) / 1948 Warschau/Polen- / lebt (91) in Düsseldorf / Stud.-Bochum bis 79 Univ. (Soz.-wiss) u. Dortmund s. 83 FHD (Foto/Filmdes) / Auff. u. a. 1990 in MS / **Lit.: 196**-90

Syomina, Larisa (Lara) s. Ebert, Larisa

Szalla, Andreas (M/Bühnenb) / * 1944 – / lebt (2004) in Bochum / Stud. KH-Köln (Malerei) u. Akad.-Düsseldorf (Bühnenb) / Bühnenbildner an deutschen u. intern. Bühnen, u. a. in Salzburg /Essen/Hannover / Ausst. u. a. in Castrop-Rauxel, Herdecke, Blankenstein, Heidelberg, 2004 Bochum (GEA-Center), Marl (Gal.-Lebensraum), Minden (Mus) / **Lit.**: Internet

Szamida, Heiner (I/O/G) / 1952 Gelsenkirchen-Buer- / lebt (2006) in Gelsenkirchen / NEU: 2000 = 1. Pr. Biennale-Hilden / war Lehrt. VHS-Gelsenkirchen, u. a. Lehrt. Gelsenkirchen/Gladbeck/Bottrop = Projekt „Muse" d. Yehudi Menuhin-Stiftung Deutschl. / ab 83 Mitgl. „Kü.-siedlung-Halfmannshof" – Gelsenkirchen, 92-96/2000-04 Vors. / (Biogr. in Beilage: CD – 06)

Szejstecki, Manfred (Many) (M/G/F/Z/O/Videok/Kunst am Bau) / 1931 Breslau- / lebt (2006) in Gelsenkirchen-Buer / NEU: 2000-04 entst. Projekt „Panorama des Ruhrgebietes" – f. d. Besucherbergwerk in Gelsenk.-Buer, u. a. m. selbstgebauten (4) „Panorama"-Kameras, 02 Bundesverd.-kreuz u. Sonder-Pr. Gladbeck (Digipulierte Fotogr.) / (Biogr. in Beilage: CD-Ausg. 06)

Szepanski, Birgit (O/I/F) / 1970 Hagen/W.- / lebt (2005) in Berlin / NEU: Stud.-MS 93-99 Akad., 98 Meisterschülerin, Stud.-Berlin 2000 HfBK (Inst. Kunst im Kontext) / (Biogr. in Beilage)

Tacke, Tina (Christina) (B/D) / 1951 Kalldorf/Kr. Lemgo- / lebt (2006) in Enger b. Herford / NEU: war Mitgl. Gr-„M 60"-MS, s. 91 „BBK-OWL", z.Zt. im Vorstand / (Biogr. in Beil.-CD)

Tadeusz, Norbert (Prof) (M/G) / 1940 Dortmund- / lebt (2006) in Düsseldorf u. Castelnuovo d'Elsa/Italien / NEU: 91-03 HfBK-Braunschweig / (Biografie in Beilage: CD-Ausgabe 2006)

Tahmassebi, René (M/Z/Ill) / 1962 Isny/Allgäu- / lebt s. 92 in Bad Salzuflen / Stud.-Bielefeld 84-90 FHD u. Braunschweig 90-92 HfBK / 89 Stip. Aldegr.-Ges.-MS f. Kätelhön/Möhnesee, 91 Ltg. „Workshops" i. Westf. Zentrum f. Forens. Psych. – Lippst.-Eickelborn, 95 dort Projekt-Ltg. / Ausst. s. 1989 in OWL, u. a. 90 Kätelhöhn (Kunstdruckerei), 92 Arnsberg, 95 Lippstadt-Eickelborn / **Lit.**: „R. T." – Auswahl 1992-1994 – Kerber-Verl.-Bielefeld, o. Jg. (um 1995)

Takagi, Mariko (G/D/Buchgest.-in) / 1975 Düsseldorf- / lebt s. 2003 in Düsseldorf / Stud.-Düsseldorf 96-98 Inst. f. Grafikdes. u. MS 99-2/01 FHD / 01 Förder-Pr. FHD-MS + Förder-Pr. Stift. Buchkunst-Frankf. = Schönstes Buch Deutschlands 2001 + „input -output"-Wettbew.-Pr. Rat f. Formgebung, 02 Ausz. „Goldene Letter"-Leipziger Messe = „Das schönste Buch der Welt", 04 reddot award Essen (Komm.-des) / s. 02 Lehrt. FHD-MS / Ausst. u. a. 2002 Beteil.-Wanderausst. = N / **Lit.**: **15a** (S. 48/111/112) + M. T. = über 40 Buchgestaltungen bis 2002; M. T.: „Washi – Tradition und Kunst des Japanpapiers" – Selbstverl.-MS, 01 + Wahine-Verl.-Düsseldorf/Bochum, 2003

Taken, Bernd (A/M/Glasm) / 13. 5. 1914 Bottrop- / lebt (2000) in Wuppertal / Stud.-Wuppertal 35-39 Meistersch. des Gest. Handwerks / tätig in Wuppertal, ab 46 eig. Büro / Werke u. a. in Wuppertal / Ausst. u. a. in Wuppertal, 1946 Arnsberg / **Lit.**: **8a**-46 + **216** + In: „Architekten-Almanach Wuppertal" – 1997

Tappe, Herward (M/Z/Materialb.-k) (Autor) / NEU: 1936 Halle/W. – 1. 8. 2002 Gütersloh / (Biografie in Beilage: CD-Ausgabe 2006)

Tappe, Wilhelm / (A/Baumeister/Z) (Autor) / 1767 Lüdenscheid – 1823 Dortmund / Stud.-Kassel u. Akad.-Berlin / als Architekt in Detmold (Landesbaumeister), Hagen/Soest u. Dortmund tätig, 1812-14 Renov./Um- u. Ausbau Haus Hemer / war Lehrt.-Lüdenscheid / **Lit.**: **24**-32(= * um 1746) + In: A. Kracht: „Haus Hemer" – Reihe: „Westf. Kunststätten" – Heft 42 – Paderborn, 1987

Tast, Isadora (F/D) / 1973 Hildesheim- / lebt s. 98 in Hamburg / Stud.-Bielefeld 95-02 FHD (Foto-Film-Des) / 97 = 2. Pr. Polaroid-Hochsch.-wettbew., 98 Stip. „Carl-Duisburg-Ges.", 01 f. Dipl.-arbeit: Kodak-Nachwuchs Förder-Pr. u. BFF Förder-Pr., 02 ADC-Award, 04 „Gabriel-Grüner"-Stip. / s. 02 u. a. f. Magazine tätig / Ausst. u. a. 2003 Hamburg (Mus. f. K. u. G.), Agathenburg (Schloss), 04/05 Hamburg (Club-Foto), 05 Essen (Mus.-Folkwang)

Taubner, Caroline (M) / 1979 Bergisch-Gladbach- / lebt (2006) in MS / Stud.-MS ab 98 Univ. (Päd/Französ) u. ab 99 Akad.-MS / Ausst. u. a. 2003 Schwerte (Kv), 04 Oberhausen (Kv), 05 Recklinghausen (Kunsthalle) / **Lit.**: **46**-05 + **234**-03

Taugenichts, Kai s. Kraatz, Kai

Tausend, Eduard (Industrie-Des) / 1954 Ulm – 2003 Steinhagen / Stud. HfBK-Braunschweig / u. a. tätig 93-97 für „Schürer Design" – Bielefeld, s. 97 „Tausend Design f. Technik" – Steinhagen, m. Michael Schmidt (freier Mitarbeiter – Wolfenbüttel), ab 03 Sabine Tausend / 98/99 red dot award Essen / **Lit.**: **205z**-98+99

Tausend, Sabine (Industrie-Des) / 1959 Thuine/Emsl.- / lebt (2005) in Steinhagen / Stud. HfBK-Braunschweig / s. 03 Weiterführung „Tausend Design f. Technik" – Steinhagen / **Lit.**: Internet

Tebbe, Karl Dirk (Filmk) / NEU: 1970 Dortmund- / lebt (2003) in Dortmund / Stud.-Giessen 92-96 Univ. (Theaterwiss/Medien), Dortmund 98-02 FHD (Film/Fernsehen/Kamera) u. Gast Intern.- Filmschule Kuba / (Biografie in Beilage: CD-Ausgabe 2006)

Tebel, Joachim (A/Dipl.-Ing) / lebt (1975/2005) in Paderborn / weitere Daten nicht bek. / Werke u. a. Kirchen in Paderborn u. Paderborn-Wewer / **Lit.: 112d** (S. 24+120)

Tegethoff-Sommerfeld, Annemarie = NEU! (Tegethoff, A.) (M/G/D) / 1968 Hattingen- / lebt (94) in Bochum, danach Wuppertal / s. 94 Büro „Disegno" m. Merten Durth in Wuppertal / (Biografie in Beilage: CD-Ausgabe 2006)

Teichert, Helmut (A/Dipl.-Ing) / 1932 Werdohl- / lebt (2004) in Plettenberg / Mitgl. „AdK"-Südwestf. / Werke in Westf. / **Lit.: 48c**-87(erw.)+99+03(erw.)

Telgmann, Gregor Alexander (B/Goldschm) / 1940 Werne- / lebt (99) in Kamen / 68 Meisterprüfung / Wettbew.-Ausz. Benvenuto-Cellini, Goldmedaille d. Accad.-Italia / Werke s. 70, u. a. in MS/Werne / 84 Bischof-Tenhumberg-Pr. Telgte / Ausst. u. a. 1977-80/84-86/88-98 Telgte (Mus), + N/INT / **Lit.: 27**-1 **+ 53 + 185**-77...80+(84 nicht i. Katalog)+85+86+88...91+95...98

Telgmann, Marianne (Goldschm) / * 1950 – / lebt (99) in Kamen / Werke s. 82 / 84 Bischof-Tenhumberg-Pr. Telgte / Ausst. u. a. 1984/87/91/99 Telgte (Mus) / **Lit.: 185**-87+91+99

Tellmann, Dorlis (O/I) / 1982 Thuine- / lebt (2006) in MS / Stud.-MS ab 02 Akad. u. Univ., 05 Gast HfBK-Braunschweig / 04 Workshopbeteil. Villa Romana Florenz / Ausst. u. a. 2004 MS (Tunnel-Hindenburgplatz), Rheine-Bentlage (Kloster), 05 MS (Förderv. f. akt. Kunst), Lingen (Kunsthalle) / **Lit.: 246**-04(1+2)+05

Temme – Künstlerfamilie aus Holland (Neuaufstellung!) – um 1650/60-1770 in Rüthen/W. bek. / **Lit.:** E.H. // hier nur genannt: **Hunold** (Maurer- u. Zimmermeister) / 10. 2. 1658 (Rüthen?) – 24. 6. 1725 Rüthen / Arbeiten in Rüthen // **Hermann Conrad** (gen.: Meister Hermann T.) (Maurer/Zimmermann/B?) / 9. 1. 1697 – 24. 9. 1770 (alles Rüthen?) / Werk (Kapelle Maria de Lapide) um 1737 in Rüthen

Temme, Wolfgang NEU! (B/Z) / 1958 Paderborn- / lebt (2004) in München / Stud.-Braunschweig 80-85 HfBK, Meisterschüler / 87 Kunst-Pr. Recklinghausen, 92 Lehrt. HfBK-Braunschweig / Ausst. u. a. in Ellecom-NL, Kyoto-Japan, 1981/87 Recklinghausen (Kunsthalle), 2001 Ulm/München, 04 Völksen (Hermannshof) / **Lit.: 46**-81+87

Temming, Markus (Produktdes) / 1970 Halle/W.- / lebt (2005) in Gütersloh / Stud.-Köln Fachsch. f. Augenoptik / ab 98 Studio u. Firma: „deSign Markus T. GmbH"-Gütersloh / 99/01 Ehren-Pr. Des.-Zentr.-NRW, 2000+04 red dot award Essen / **Lit.: 205x**-99+01 + **205z**-2000+04

Tempelmann, Reinhard (B/M) / 1949 Borken- / lebt (2005) in Borken / Tischlerausb. u. Stud. PH-MS, Weiterb.-kurse (Kunstpäd/Bildh) / Dipl.-Pädagoge / Mitgl. Gr.-„Kim"-Borken / Ausst. u. a. inBorken/Castrop-Rauxel/Coesfeld/Enschede-NL / Essen / Frankf.-M./ Gescher / Herford / Moers / Soest /Stadtlohn/Winterswijk, 2005 Borken (Stadtmuseum) / **Lit.: 141a**

Tempelmann, Ursula (M) / 1930 Wuppertal- / lebt s. 58 in Gevelsberg / Stud. Wksch-Wuppertal/Mitgl. Gr.-„Gevelsberger Künstler"/Ausst. u. a. in Wuppertal/Brandenburg/ Frankreich, Gevelsberg (Rathaus), 2004 Gevelsberg (VHS), 05 Hagen (Medien-Stadtbücherei), Schwelm (Kreishaus), 06 Gev.-Werdringen (Wasserschloss) / **Lit.**: Internet(2004/06)

Templin-Kirz, Gabriele (M/Ill/Innenarch) / 1957 Marl- / lebt (2006) in Südlohn / Stud. FH-Düsseldorf, 82 Dipl.-Ing. (Innenarchit), ab 86 selbst., eig. Atelier/Galerie in Südlohn, dort Malkurse/Ausst.-en / Lehrt.(Malerei): 85-86 VHS-Ahaus, 92-95 Akad. der BK-Herrenberg / ab 02 Mitgl. Gr.-„KIM" / Ausst. u. a. Mühlheim/Königsfeld/Gerlingen/Winterswijk-NL/Pforzheim/ Kleve/Tiefenbronn/Tonbach, Marl (Gal.-Fels), Südlohn (Kulturzentr/Rathaus), Borken (Medica/Haus Grawe), Bocholt (Schloss Anholt), Raesfeld (Schloss/Hetkamp), Hamburg (AMSA-Gal/Finnlandfähre), Toronto-Kanada (Gal.-Art Med), Stuttgart-U.-heim (Gal.-Schwarz), 2001 Vreden (Keizers u. Terwei), 02 Völklingen (Spark), 02/04/05 Südlohn (Atelier), 03 Hoxfeld (Klinik Pröbsting), Wesel (Welcome Hotel), MS (Workshop-Wartburgschule), Soest (Gr.-KIM), Gronau (Landesg.-schau), 2005 Borken (Stadtmuseum), 06 Südlohn (Haus Wilmers), + INT / **Lit.: 141a**

Tenambergen, Anne (M/Z) / 1968 Mettingen- / lebt (2005) in Mettingen / s. 99 künstl. tätig, ab 2000 Weiterb.-kurse / s. 02 Lehrt. Jugendkunstsch.-Ibbenbüren / Ausst. lfd. Mettingen (Kunstgew.-geschäft), 2004 Osnabrück (Paracelsusklinik), 04/05 H.-Gravenhorst (Kloster), 05 Mettingen (Kunstspeicher) / **Lit.: 69**-04+05

Tenbrüggen, Werner (F) / * 1953 – / lebt (2004) in Horstmar / s. 78 künstl. tätig / Ausst. u. a. 1979 Steinfurt (Töpferhaus), 82 Rheine (Ohrwurm), 2002/02 Horstmar (Weinfreund/Sparkasse), 04 Steinfurt (Kreissparkasse) / **Lit.: 206**-04

Tensing, Christina (G/D) / 1980 Osnabrück- / lebt (2006) in MS / Stud.-MS s. 03 FHD / Ausst.: 2005 Essen (Kunsthaus), 06 Berlin (Kunstbuch), Rheine-Bentlage (Kloster) / **Lit.: 122b**-06(2)

Ter Hell s. Hell, ter

Terechine, Vladimir („VIOLA TIBO") (M/Ill/D/Bühnenb) / 1949 Tallin/Estland- / lebt (2006) in Dortmund / 63-66 Stud. Baron Stieglitz-Akad. u. 66-71 Staatl. Hochsch. f. Theater, Musik u. Filmkunst in Leningrad/St. Petersburg (Theatertechnik/Bühnenbild) / Tätigkeiten: 72-98 am Fernseh- u. Radiosender Petersburg (u. a. Bühnenbildner), später Designarbeiten, u. a. Lichtwerbung/Logos u. Illustr.-en f. Bücher/Zeitschriften, ab 2000 in Deutschl. / s. 02 Mitgl. „BBK-Westf." Dortmund / Ausst. u. a. in Moskau/St. Petersburg/Bochum, 2003 Dortmund (Torhaus/Mus. f. K. u. K.), Attendorn (Rathaus), 06 Gelsenkirchen (Wissensch.-park), + INT / **Lit.: 3**-03(1+2)

Terlunen, Claudia (M/D/O/Materialbildk) / 1968 Bochum-Wattenscheid- / lebt (2003) in Dortmund / Stud.-Dortmund 89-95 FHD (Produktdes) / Ausst. u. a. 1991/92 Dortmund (FHD), 93 Düsseldorf, 96 Essen (Zeche Zollverein), 98 Ennepetal (C&C-Gal), Düsseldorf (La Strada), Dortmund (Gal.-Uniewski), 99 Dortmund (Atelier), 2000 Gelsenkirchen (Atelier-Glasmeier), Düsseldorf (Young City Art), Remscheid (Stadtgal), Schwelm (Haus-Ibach), 01 Krefeld (SEB-AG) / **Lit.: 225**

Terlutter, Georg (B) / * 1938 – / lebt (2005) in Harsewinkel / Werke s. 87 / Ausst. u. a. 1988-2001/04/05 Telgte (Mus) / **Lit.: 185**-88...91+95...2000+04+05

Teroerde, Irmgard (Pseudon.: YUNE) (M) / 1952 Borken- / lebt (2005) in Borken / künstl. Weiterb.: Fernstud.-Hamburg, Europ. Akad. Trier, Studien b. Künstlern in Hamminkeln u. Ausb. in Ahaus b. Edith Zeöke-Szotyori u. Imre Balacz / priv. Lehrt. u. bis 98 VHS-Borken, bis 99 f. Kinder in Ramsdorf / Mitgl. Gr.-n: „KIM" u. „Aura '82" / Preise: „MEWA"-Kunst-Pr. Wasser-Werke Wiesbaden u. f. Plakatentw. Kirchenkr. Steinfurt / Praxis-Dauerausst.-en in Borken /Wesel/Stuttgart/Baden-Baden / **E**.-Ausst. u. a. 1996 Gemen (Haus Grave), 97 Bocholt (Institut-Gerke/BKK), Borken (Wedemhoven-Turm), 99 Borken (REHA-Zentr), Chauny-Fr. (Gal.-Marcel), 2000-02 Borken (Off. Atelier), 01 Borken (Kapitelshaus/Praxis), Ahaus (Spieker), 02 MS (Westf.-Studieninstitut), Hengelo-NL, Borken (Kreishaus), 02/03 Südlohn (Gal.-Templin-Kirz/Turmhaus Robers), 03 Borken (Wasserschloss Pröbsting), 04 Herzogenaurach/ Gerlingen/Baden-Baden / Ausst.-**bet**. u. a. 1993 Borken (Heimatmus), 95 Heiden (Volksbank), Borken (Beteil.-Artline), Gemen (Bodelschwinghaus), 96 Borken (Familienbild.-stätte), 2001 Bet.-Wanderausst.-Borken/Billerbeck/Warendorf/Tecklenburg /MS, Ahaus (Spieker), 02 Südlohn-Oeding, 03 Soest (W.-Morgner-Haus), 2005 Borken (Stadtmus) / **Lit.: 141a + 180** (erw.)

Terwey, Bernd (M/B/O/Khw) / * 1945 – / lebt (2006) in Emsdetten / Stud. Akad.-Düsseldorf (Malerei) u. FHD-Dortmund (Grafik-Des) / eig. Büro f. vis. Kommunik.-Design u. Atelier in Emsdetten, u. a. Kunstobjekterfinder Art-Game „Pablo" / Werke in Intern. Museen, u. a. in Borken, USA u. National.-Mus. London / Ausst.-en u. a. in Amsterdam/Paris/New Orleans-USA/London, Basel/Baden-Schweiz

Terwey, Frank (M/I) / 1964 Borken- / lebt (2006) in Borken / Autodidakt / z.Zt. 2. Vors. Kv.-Borken / Ausst.-en s. 2000, u. a. 2003 Gronau (Aktion: Landesgartenschau), 04 Bocholt (Alte Molkerei), 05 Herford (Villa Schönfeld), Borken (ehem.-Volksbank), 06 MS-Hiltrup (Gal. im alten Dorf), + Westf. / **Lit.**: In: „6 Kunstvereine – 6 Standorte" – Ein Gemeinschaftsprojekt – Landesgartenschau Gronau/Losser-NL – Schöppingen, 2003

Tesching, Klaus (M/G/O/I) / 1951 Gladbeck- / lebt (2006) in MS / NEU: s. 92 Mitgl./Ausst.-gen in Gr.-„Schanze"-MS, ab 11/03 Kanzler / (Biografie in Beilage: CD-Ausgabe 2006)

Teßmann, Dietmar (M/Bühnen- u. Kostümb) / * 1962 – / lebt (2000) in MS / Schulzeit in Geisenheim/Zivild.: Stud.-Berlin 83-89 HfBK / 89 tätig in Berlin, 89-92 Bochum, s. 93 u. a. in Wilhelmshaven/MS / Ausst. u. a. 1994 Detmold (Stadthalle), 2000 MS (Stadttheater) / **Lit.: 134**-94

Teufel, Alf (Goldschm.-u. a./Glas- u. Metallgest) / 1940 Münster- / lebt (2005) in MS / NEU: Sohn des Fred **T**. / (Biografie in Beilage: CD-Ausgabe 2006)

Teufel, Erna (geb. Storz) (Khw/Goldschm.-u. a.) / NEU: 3. 9. 1910 Münster – 4. 4. 2004 ebd. / Enkelin des J. M. **B**ruun, Tochter v. E. **S**torz (s. Nachtrag 1: Goldschmiede), Ehefrau v. Fred **T**. / (Biografie in Beilage: CD-Ausgabe 2006)

Teufel, Fred (Silberschm) / 1912 (B.-Württ.) – 1971 Münster / Ehemann v. Erna, Vater v. Alf **T**. / Ausst. u. a. 57 MS (WL=Gast-AdK) / **Lit.: 48a + 48x**-50+51 + in **174**-2erw. b. J. M. Bruun

Teufel, Kai (M/O/Goldschm.-u. a.) / 1972 Münster- / lebt (2005) in MS / Sohn des Alf T. / (Biografie in Beilage: CD-Ausgabe 2006)

Teurlings, Andrea (B) / 1945 Bombay/Indien- / lebt (2002) in MS / Werke s. 80 / 85 B.-Tenhumberg-Pr. Telgte / Werk in MS (Friedrichsburg) / Ausst. u. a. 1985 Telgte (Mus), 99 MS (Generalvikariat) / **Lit.: 185**-85

Tewes, Barbara (M) / 1961 Bochum- / lebt (2006) in Bochum / Stud.-Ottersberg 91-95 FH (Kunst/Kunsttherapie) / 96 Mitbegr. Künstlerverein „aRtelier"-Bochum, s. 98 Kunsttherapeutin in Essen (Univ.-kl) / Beteil.-Projekte: 1994 u. a. Leipzig/Hannover/Bremen, 97 Essen, 01 Holguin-Cuba / ab 05 Mitgl. „BBK-Westf."-Dortmund / Ausst. u. a. 1996 Montague-USA, 97 Essen (Kulturforum), 98 Meinerzhagen (Haus Nordhelle), 98-02 Bochum (Gal.-Pinx/Gal. 13b/Centrum-Kultur/Musikschule), 02 Hamm (Max.-Park), Gütersloh (Gal.-Isshorst), 06 Gelsenkirchen (Wissensch.-park)

Tewes, Bernhard (Khw) / * 1942 – / lebt (2005) in Ahlen / Ausst. u. a. 1997-99/01/04/05 Telgte (Mus) / **Lit.: 185**-97...99+04+05

Than, Michael (Dipl.-Ing) / * 1965 – / lebt (2005) in Arnsberg-Neheim / Werkzeugmacherausb. u. Stud. Univ./GH-Paderborn (Maschinernbau) / m. Sabine **K**eggenhoff: 02 Ausz. b. dem „Deutschen Innenarch.-Pr.", 04 red dot award Essen u. Innovations-Pr. „Architecture u. Office" / Lehrt. TU-Darmstadt / s. 98 im „Planungsbüro **K**eggenhoff Partner" – Arnsberg-Neheim / Mitarbeit an versch. Projekten u. Qualifizierung zum „Beratenden Ing." der Ing.-kammer NRW, ab 01 Mitgl. „Ing.-kammer-Bau"-NRW / Ausst. u. a. 1999 Luxemburg (BDIA-Forum), 2004 Essen (Des.-Mus) / **Lit.: 205z**-04 + (s. Lit. bei Sabine Keggenhoff)

Theede, Christian (Filmk) / 1972 Flensburg- / lebt (99) in Dortmund / 93-94 Stud.-Tübingen Univ. (Lit/Theater) u. Dortmund ab 94 FH (Film/Fernsehen) / Kurzfilme s. 90 / Auff. u. a. 1999 Oberhausen (Kurzfilmtage), 99 MS (Schlosstheater) / **Lit.: 196**-99

Theis, Rita (Theis-Bühring, R.) (M/G/B/Coll.-k) / 1931 Surwold b. Papenburg- / lebt (2006) in Gelsenkirchen / NEU: s. 70 Mitgl.-„BGK", 1. Vors. 90-2000, 01 Ehrenmitglied / (gr. Biografie in Beilage: CD-Ausgabe 2006)

Theissen, Michaela (Prod.-Des) / 1968 Münster- / lebt (2002) in MS / 87-89 Praktik. B. Sieger-Des.-Sassenberg, Stud.-MS 89-95 FHD / s. 91 in MS tätig als Prod.-managerin im Coppenrath-Verl. / Ausst. u. a. 2002 MS (IHK)

Thelen – Westf. Architekten/Bauing.-familie / gehören zum Verwandtenkreis u. teils Mitarbeiter des J. C. Schlaun in MS / **Lit.:** in G. Detlhlefs(m. Stammtafel) // **Anton Joseph** (A/Bauing) / 1. 11. 1718 Ossendorf – 1. 6. 1770 Münster / Neffe u. Mitarb. v. J. C. Schlaun in MS / in der münster. Artillerie: 1739 Fähnrich, 1744 Leutnant, 1753 Oberstleutnant / Werke in MS/Clemenswerth u. Büren / **Lit.: 24**-32(† 1798 falsch) // **Anton Wilhelm** (Artillerie-Oberstleutnat) / 1724 Ossendorf – 30. 4. 1798 Münster / Neffe des v. J. C. Schlaun u. im Baubüro tätig // Johann **Conrad** Engelbert (Z/Infanterieoffizier) / 1748 Münster – 1815 Klattau / Grossneffe v. J. C. Schlaun, Sohn des Anton Wilh. Th. / **Lit.:** in G. Dethlefs(erw. b. Anton Wilh. Th.) **+ 215**-6 + In: „Der Kreis Lüdinghausen in alten Ansichten" – Lüdinghausen, 1974

Thelen, Markus (A) / 1958 Köln- / lebt (2002) in Köln / **L**it.: 197-95+97+01

Thelen, Urban (A) / 1954 Rom/Italien- / lebt (98) in Dortmund u. Stendal / Stud.-Berlin 74 Univ. (Romanist) u. Dortmund bis 81 Univ. (Archit) / 84-85 in Berlin u. Karlsruhe tätig, ab 85 Büro: „Licker+Thelen, Architekten BDA"-Dortmund, s. 94 auch in Stendal / Mitgl.-„BDA" / Werke u. a. in Stendal/Berlin + NRW (s. Lit.) / Ausst. u. a. 1994 Essen (DEUBAU) / **Lit.: 197**-95+97

Thenhaus, Wolfgang (A) / 1927 Gevelsberg – 1990 ebd. / Büro „Günter **L**askowski u. Wolfgang Thenhaus" in Gevelsberg u. um 1970/90 (Planungsgruppe) „**L**askowski ° Thenhaus ° **K**afka" – Gevelsberg/Dortmund (siehe: **K**afka, Klaus) / Werke u. a. in Hannover, Dortmund/MS/ Gelsenkirchen/Düsseldorf/Bielefeld, + Westf. / **Lit.: 197b**-84

Theopold, Christian (F) / 1960 Marburg/Lahn- / lebt s. 93 in Bad Sassendorf/Lohne / 81-84 Fotogr.-ausb. in Saarbrücken, 84-86 Praktikum Saarl.-Rundfunk (Kameraassist) / 86-93 freie Tätigk., ab 93 Bad Sassendorf / Buchveröffentl.-gen/Ausst.-gen / **Lit.: 100**-98

Thesing, Manuel (A/Dipl.-Ing) / 1966 Heiden/W.- / lebt (2005) in Heiden/Münsterl. / 88-96 Stud. FH-MS, Akad.-Düsseldorf u. Polytechn.-Univ. Krakow / 90-95 tätig im Büro Prof. G. Böhm in Köln, ab 95 Büro: „Thesing + Thesing"-Heiden / s. 96 Lehrt. FH f. Arch. / Mitarb. an Workshops = N/INT / 04 Ausz. „Anerkennung guter Bauten" BDA / Werke u. a. in Westf. (Heiden, u. a. Rathaus), Krakau (s. Lit.) / Ausst. u. a. 2004 MS-Coerde (Speicherstadt) / **Lit.: 197**-01 + **197a**-99 + **251**-05 + **251a**-04

Thesing, Sabine (A/Dipl.-Ing) / 1971 Bad Homburg- / lebt (2005) in Heiden/Münsterl. / Stud.-MS 92-98 FH / 93-95 tätig im Büro Prof. G. Böhm in Köln, ab 95 Büro: „Thesing + Thesing"-Heiden / Mitarb. an Workshops = N/INT / 04 „Ausz. guter Bauten" BDA / Werke u. a. in Westf. (Heiden, u. a. Rathaus), Krakau (s. Lit.) / Ausst. u. a. 2004 MS-Coerde (Speicherstadt) / **Lit.: 197**-01 + **197a**-99 + **251**-05 + **251a**-04

Theßeling-Wirth, Maria NEU! (M/D) / 1952 Gescher- / lebt (2005) in Nottuln / Stud.-MS bis 79 FHD (Produktdes) / ab 02 Lehrt. VHS-Coesfeld / Mitgl. Gr.-„5.73.99"-Nottuln / Ausst. u. a. 1998-02 Nottuln (Kunstmarkt), 99 Gescher (Sparkasse), 2000 Tecklenburg (Heimathaus), 01/03 MS (Neues Forum f. Kunst/Landgericht/Arbeitsgericht) / **Lit.: 69**-2000 + In: „5" – Eigenverlag-Nottuln, 2004

Theunissen, Rainer (A) / 1942 Arnsberg- / lebt (2002) in Düsseldorf / Stud.-MS 66-70 FH / 70-78 im Büro „HPP" tätig, s. 78 b. „Kiemle, Kreidt u. Partner"-Düsseldorf, ab 90 dort Partner / Werke in NRW + N (s. Lit.) / **Lit.: 197**-95+97+01

Thewes, Wilhelm (K) (Dipl.-Ing) / 1922 Marl- / lebt (98) in Marl-Sinsen / Werke s. 50 / 94 Bischof-Tenhumberg-Pr. Telgte / Ausst. u. a. 1976-81/83-97 Telgte (Mus) / **Lit.: 185**-76...81+ 83...91+95...97

Thiede, Maria (Schwester) (T) / * 1945 – / lebt (2002) in MS / Ausst. u. a. 1991-2001 Telgte (Mus) / **Lit.: 185**-91+95...2000

Thiel, Christoph (A/Dipl-Ing) / 1963 Berlin- / lebt (2005) in MS / Stud.-Berlin 84-87 TU u. Hamburg 87-92 HfBK / 89 Mitarb. Büro Prof. Steidle Hamburg u. 92-94 Büro Prof. Deilmann – MS, ab 94 eig. Büro in MS (haupts. Solararchit.), später dann mit Sabine Thiel / 97 Umwelt-Pr. Stadt-MS / s. 97 Beteil. Archit.-Projekte u. Ausst.-gen in MS, u. a. 2005 MS (Stadthaus I) / **Lit.:** Internet

Thiel, Doris (M/G/B) / 1955 Ewersbach- / lebt (2004) in Burbach / Lehrt. / Ausst. = Südwestf. / **Lit.: 110b** + **110c**-04

Thiel, Hans-Jürgen (M) / 1946 Westhofen/Schwerte- / lebt (2005) in Dortmund / Stud.-Famous Artist School Westport-USA u. Neue Ku.-akad. Essen u. Krefeld / Mitgl. „BBK"-Westf.-Süd – Dortmund / Ausst. u. a. in Dortmund (Gal.-Möller), 2005 MS (Gal.-König)

Thiel, Werner (F/M/G/Z/B/O) / NEU: 1927 Breslau – 28. 4. 2003 Gelsenkirchen / (Biografie in Beilage: CD-Ausgabe 2006)

Thiele, Christoph (M) / 1956 Warendorf- / lebt (2005) in Kiel / Stud. HfBK-Kassel, s. 88 freisch. in Kassel, ab 99 Itzehoe, dann Kiel / Ausst.-en in Norddeutschl. / **Lit.:** In: „Schleswig-Holst.-es Künstlerlexikon" – Niebüll, 2005

Thiele, Helmut (Industriedes) / * 1951 – / lebt (98) in Kamen / Stud.-Bochum 72-74 Univ. (Maschinenbau) u. Krefeld 74-78 FH (Industriedes) / 79-86 freiberufl. tätig, 87-93 Abt.-leiter, ab 93 Firma „Design Works" m. Rolf Möller u. Michael Wickel in Kamen / **Lit.: 205**-97

Thiele, Katja (F) / * 1962 – / lebt (96) in Köln / Stud.-Dortmund bis 93 FHD / Zus.-arbeit m. Sabine Oldenburg (Köln) / 92 Ausz. R.-Wolf-Stiftung Hamburg / Ausst.-gen = N/INT / **Lit.: 216**

Thielking, Frauke (F/D) / 1977 Minden- / lebt (2006) in Dortmund / Stud.-Dortmund 2000-06 FHD / Ausst. u. a. 2001 Bielefeld (Filmbeteil.-Filmhaus), 03 Dortmund (FHD/Mus. f. K. u. K.), 04 Essen (Lohnhalle-Zollverein), 05 Mannheim (Fototage), Neunkirchen-Saar (Stadtgal), 05/06 Washington/Casablanca/Rabat/Brüssel (Goethe-Institute), 06 Dortmund (FHD), Berlin-Friedrichshain (Kommunale Fotogalerie) / **Lit.: 203**-03+05 + **203h**-05

Thieltges, Rita (M) / 1950 Siegen- / lebt (2004) in Siegen / 64-67 kreative Ausb., ab 70 Kurse in Siegen u. Malstudien im Ausland / Ausst. = Südwestf. / **Lit.: 110b** + **110c**-04

Thiemann-Hüsgen, Wiltrud (B/Z) / 1943 Geseke- / lebt (2003) in Düsseldorf / 66-69 Kunsterzieherin in Dülmen/Greven / ab 85 freisch., 94-02 Weiterb.-Kunstg., 96-99 Steinbildh. b. R. Jörres u. Zeichnen Akad.-Düsseldorf / Ausst.-gen s. 1985 lfd. in Gerresheim, 94/96 Hilden / **Lit.: 79b**

Thien-Franck, Jochen (F/D) / 1965 Osnabrück- / lebt (2006) in Osnabrück / Stud.-Dortmund 87-94 FHD / s. 90 freisch., Veröffentl.-en in Magazinen / Ausst. u. a. in Osnabrück, + Internet / **Lit.:** In: „Birgit Kannengießer – Arbeiten von 2001 – 2003" – Taschenbuch, 2003

Thier – Westfälische Künstlerfamilie um 1725-1918 bekannt = Glaser/Glasmaler/Maler/Zinngießer in Lüdinghausen, Coesfeld, Münster, Warendorf, Dortmund u. Holland / alle Namen siehe **Nachtrag 2: Z**inngießer / hier nur die Glasmaler und Maler (alles Söhne des Glasers Henrich Thier aus Lüdinghausen): **Everhard Henrich** (Evert) (Glaser/Glasm) / 1726 Lüdinghausen – 1776 ebd. // **Jodocus Henricus** (M) / 1732 Lüdinghausen – 1762(?) / in Amsterdam-NL tätig // **Johann Caspar** (M) / 1735 Lüdinghausen – ? / in Delft-NL tätig // **Bernhard Heinrich** (Barend(t)/Hendrik) (M/G/Glasm) / 1743(51) Lüdinghausen – 29. 6. 1811(14) Leiden/NL / Schüler seines Bruders Evert, ab 1776 in Holland (Leiden) tätig / Werke in Dortmund u. Wien / **Lit.: 24**-33 + **108**-4 + In: P. A. Scheen: „Nederlandse Beeldende Kunstenaars" – Bd. 2 – s' Gravenhage, 1970

Thier, Annett de NEU! (O/I/F.-I) / 1962 Iserlohn- / lebt (2005) in Bonn / Stud.-MS 81-89 Univ. (Päd/Soz/Politik) u. 81-92 Akad. / 92 Tim&Struppi-Pr. Kl. Prof. T. Ulrichs / Ausst. u. a. in Celle/Menden/Soest/Rheine/Saarbrücken/MS, 1996 Zürich (HfG), 2005 Recklinghausen (Kunsthalle), Ingolstadt (Kv) / **Lit.: 96b + 100a + 170y + 256**

Thiergarten, Uwe (M/O/I/Materialb.-k/Entw.-z) / 1969 Hamm/W.- / lebt (2006) in Hamm / NEU: ab 97 Lehrt.-Hamm, s. 01 in Lünen, 99 Jugendkunstsch.-Hamm / (Biogr. in Beilage: CD – 06)

Thies s. Fischer-Thies, Thomas

Thimm, Cordula (F/M) / 1973 Schmallenberg-Fredeburg- / lebt (2002) in Paderborn / 92-95 Fotografinausb. Arnsberg-Neheim, Stud.-Paderborn 96-? Univ./GH (Kunst/Engl/Päd), ab 99 Tutor (Fotogr) / 98/99 in Minneapolis/MN-USA (Au Pair) / Ausst. u. a. Paderborn (Stud.-werk)

Thol, Hans Hartwig (M/B/A/Dipl.-Ing) / NEU: 1919 Linse b. Holzminden- / lebt (2003) in Gelsenkirchen / Sohn des Paul T. / (Biografie in Beilage: CD-Ausgabe 2006)

Thol, Paul (Prof) (M) / 1897 Magdeburg – 1956 Lüdenscheid / Vater v. Hans **T**. / Dekorationsmalerausb., Stud. Kgsch-Magdeburg, 1908 in Berlin tätig, ab 13 Stud. Kgsch-Berlin / nach 18 freisch., später Mitarbeiter/Leiter d. Werkst. f. Denkmalpflege a. d. HfBK-Berlin, 33-(48?) Prof., ab 53 in Gelsenkirchen (Kampmannshof) / Kirchen-Restaurierungen/Gestaltung v. Neubauten u. im Wiederaufbau nach dem Kriege tätig / **Lit.: 34**-9,2 + **146c**

Thomas, Karin (F) / 1980 Warendorf- / lebt (2005) in MS / 2000-02 Berufsausb., ab 02 Stud. Akad.-MS / Ausst. u. a. 2004 Hörstel-Gravenhorst (Kloster), 05 Detmold (Freilichtmus) / **Lit.: 245**-04

Thomas, Olaf (F/Produkt-Des) / 1961 Lünen- / lebt (2003) in MS / nach Bildh.- u. Steinmetzpraktika: Stud.-MS 86-92 FHD / s. 92 b. „OCO-Design"-MS tätig / Ausz.-gen: 98 „IF"-Hannover, 03 red dot award Essen / Ausst. u. a. in Essen, 2002 MS (IHK) / **Lit.: 205z**-03

Thomas, Peter (M/O) / 1945 Hundhausen/Siegkreis- / lebt (2005) in Haltern u. Recklinghausen / Stud.-MS 69-79 Univ. (Biol/Erz.-wiss) u. 70-72+78-81 Kunst b. Fr. Gräsel u. K. Gonschior / s. 77 Lehrt.-Recklinghausen / ab 97 Mitgl. „Vest.-KB"-Recklingh. / Ausst. u. a. 1999-2001/ 03/04 Recklinghausen (Vest.-KB), + Westf. / **Lit.: 188**-99...01+03+04 + **239**-85

Thomczyk, Willi NEU! (M) (Schauspieler/Autor) / 1953 Wanne-Eickel- / lebt (2002) in Herne / Autodidakt / 73 Schauspielausb.-Bochum, tätig in NRW/Berlin, 78 Gründ. Theater „Kohlenpott" (auch Bühnenbilder) / s. 80 schriftstell. Arbeiten, Plakatgest., Literatur- u. Theaterpreise / Ausst. u. a. s. 1990 Herne (u. a. Flottmann-Hallen/VHS), 98/2001 Bochum, 03 Herne (Archäolog.-Mus) / **Lit.: 142 + 142a + 143**-90+92+94+96+2000

Thome, Gerd (M/G/Z) / 1945 Rodheim/Kr. Wetzlar- / lebt (2003) in Meschede / Grafikausb. und Weiterb.-Malerei b. Paul Klose, Wetzlar u. Hans Richter in Biebertal / Ausst. u. a. in Westf./ Hessen + NL / **Lit.: 232** + In: Veltins-Jahreskalender, 1986/88/90

Thomsen, Dini (M/I) / 1943 Katwijk-NL- / lebte s. 75 in Huisberden/Niederrh., ab 89 Atelier in Kleve, lebt (2006) in Bedburg-Hau / Stud.-Leiden-NL 62-65 Akad. / 62-67 Atelier in Leiden, 67-69 in Katwijk, 69-75 Lehrt.-Bochum / 91 Gast Villa Romana Florenz, 03 Kunst-Pr. Kevelaer / s. 88 Mitgl. „Boch.-KB", 93 Mitbegr. „ArToll-Kunst-Labor"-Bedburg-Hau u. Mitgl.-„GEDOK" / Inst.-en s. 90 u. a. in Arnheim-NL, Helsinki-Finnl.,Calla Ratjada-Mallorca, + NRW / Ausst. in NL/Luxemburg, s. 1986 am Niederrh., u. 88/96/99 Bochum (Gal.-bo 7), 90 Krefeld (Mus(K), 90-99 Düsseldorf (Kunstpalast), 91 Rees (Stadtgal(K), 92/94/96/99/03/06 Bochum (Mus), 93 Duisburg (Mus(K), 94 Düsseldorf (Landtag), 97/98/2000 Köln (Gal. am Domhof), 98 Essen (Forum-BK), 2000 Bonn (Frauenmus), 01 Frankf./M. (SEAB-AG), 02 Bedburg-Hau (Kunstlabor), 03 Nettetal (Rathaus), 04 Dortmund (Stadttheater/Stadthafen) / **Lit.: 107**-90...99 + **146**-92 +94+99+03+04 + **147**-1+2 + **225** + K = Katalog

Thonigs, Gerty (M) / 1923 Prenzlau/Uckermark- / lebt (2005) in Dortmund / Stud. Akad.-Breslau / s. 63 in Dortmund, 83-95 eig. Gal.: „Stiegenhaus-Galerie“ / 83 = 2 Postkarten zugunsten „Deutscher Kinderschutzbund e.V.“ / Ausst.-en s. um 1978, u. a. in Dortmund u. Umgebung, Bochum (Parkhotel), Dortmund (Westf.-halle), 1983 MS (Gal.-Franz Bohne), 2002 Neunkirchen b. Siegen (DRK-Heim)

Thorwesten, Josef (B) / * 1927 – / lebt (2005) in Nottuln / Ausst. u. a. 2004/05 Telgte (Mus) / **Lit.: 185**-04+05

Thumel, Elke (M) / lebt (2004) in Bielefeld / weitere Daten nicht bek. / ist Lehrt. = Malkurse in Bielefeld / Ausst. u. a. 1998/99 Bielefeld (Brackweder Kulisse = 99 m. Teiln.-Malkurs), 2004 Bielefeld (Bez.-amt Jöllenbeck/Zentr.-Stieghorst)

Thun, Dorothea NEU! (O/Glask/Materialb.-k) / 1960 Passau- / lebt (2002) in Hattingen / Ausb.: 75-80 Glasfachsch.-Zwiesel (Gravur/Gest) u. Weiterb.-Malerei Kunsthaus-Essen u. 93-97 b. Prof.-en Seiss u. Matthes, sowie Europ.-Akad. Trier / ab 97 Lehrt. VHS-Schwelm / s. 01 Mitgl. Gr.-„GEDOK“-Niederrh. / Ausst. u. a. 2000/01 Düsseldorf (Messe), 01 Essen (VHS), Witten (Haus Herbede), + NRW / **Lit.: 107**-2000+01

Thye, Gorden (F/D) / 1972 Georgsmarienhütte- / lebt (2005) in Bünde / Stud.-Bielefeld 92-93 FHD / 89-91 „Deutscher Jugendfoto-Preis“ / Ausst. u. a. 1991 Georgsmarienhütte (Kulturzentr), Bonn (Büro Ministerin Merkel), 95-97 Osnabrück (Gal.-Hörschelmann), 98 Osnabrück (Kreishaus), 2000 Ladbergen (Strathwork), 02 Kempen (Gal.-Moosgasse), + im Internet / **Lit.:** alles G. T.: „Stille – Magische Momente in Schwarz-Weiss“ – Rasch-Verl., 1997; „Akte – 30 Postcards“ – Admos-Verl., 2000; „Akt in Schwarz-Weiss“ – Kalender + Postkarten – 2003; Nudes and Portraits“ – Verl.-Weingarten, 2003

Tibo, Holger (F/F.-Inst.-k) / 1951 Brandenburg/Havel- / lebt (2002) in Düsseldorf / 71-78 Stud. Akad.-Düsseldorf, 76 Meisterschüler / war (um 82) Mitgl.-„Bottroper KB“ / Ausst. u. a. 1982 Bottrop (BKB), 84 Bochum (Mus), 2001/02 Düsseldorf / **Lit.: 107**-01+02 + **148a**-84

Tiemann, Heiko (F) / 1968 Bad Oeynhausen- / lebt (2001) in Essen / Stud.-MS 91-93 Univ. (Psych), ab 93 Essen Univ./GH / 96+97 Reinh. Wolf-Auszeichnung, 97-98 DAAD-Stip. f. Stud. am Royal Coll. of Art in London, 98+99 = 2x f. Portr.-Fotogr. Award-Preise John Kobal u. 2000 Grant d. Art Foundation in London / Ausst. u. a. 1995 Düsseldorf/Hamburg/Essen, 97 Hamburg/Essen, 98 2xLondon, 99 Bath/Birmingham, Braunschweig (HfBK), Essen (Kunsthaus), 2000 Köln (Hochsch. f. Medien), Dortmund (St. Petri), 01 Münster (Kv)

Tiemann, Peter (Goldschm) / 1941 Bochum- / lebt (83) in Witten / 67 Meisterprüfung, 72 Diamantexperte „DGemG“ / 75 Benvenuto-Cellini-Pr. / Ausst. u. a. in Schwäb.-Gmünd, Hanau u. Berlin / **Lit.: 53**

Tiemann, Wolfgang (M/G/D) / 1952 Eickhorst/Kr. Minden- / lebt (2003) in Kirchwehren/Seelze b. Hannover / 68-71 Farblithogr.-ausb., 71-73 FoS-Bielefeld, Stud.-Hannover 74-78 FHD (Grafik-Des) u. Braunschweig 78-82 HfBK, 82 Meisterschüler / 75-94 Studienreisen in N/INT / 77 = 2x Plakatwettbew.-Pr. Nieders. Spielbank, 79 Pr. Eilenriedestift, 92-94 Lehrt. FHD-Hannover, 99 Stip. f. Kasterlee-Belg. / Ausst. u. a. in Minden/Bad Pyrmont/KirchwehrenBad Oeynhausen/Lübbecke, 2000-02 Retrospektive in: Magdeburg/Braunschweig/New York/Oldenburg, + N/INT / **Lit.:** u. a. = „W. T.“ – Landschaften ° Porträts ° Stilleben – Ausst.-kat. – Mindener Mus., 1981; „W. T.“ – Vier Jahreszeiten – Stadttheater-Minden, 1988

Tiessen, Wiebke (Wibke) NEU! (Z/M) / 1971 Konstanz- / lebt (2004) in Billerbeck / Stud.-Nürtingen 92 Freie Kunstsch., Mainz 93-95 Univ. (Geogr/Kunsterz) u. MS 95-01 Akad., 99 Meisterschülerin / Ausst. u. a. 1999/2001/03 Tecklenburg (Heimathaus), 2000 Giessen (Forum), 02 Herne (Kunstbombe), Lüdinghausen (Burg Vischering), St. Andreasberg, 03 Billerbeck (Kolvenburg), 04 Neukirchen-Vluyn (Kulturhalle), Telgte (Brennereimus) / **Lit.: 19**-02 + **69**-99+01+03 + **238**-04

Tietz, Christian (Goldschm) / * 1973 – / lebt (98) in Recklinghausen / Goldschm.-ausb., Stud.-MS 97/98 Akad. Gest. im Handwerk / 97 = 3. Pr. NRW (Bez.-MS) / Ausst. u. a. 1998/03 MS (HBZ/Kunst im Glashaus) / **Lit.: 127**-98

TIL s. **M**ette, Gotthard-Tilmann (Pseudon.: „TIL“)

Tillmann, Ariane (F/I) / * 1978 – / lebt (2004) in Dortmund / Stud.-Köln 98 Sporthochsch. u. Dortmund 99 FHD (Komm.- Foto-Des) / Ausst. u. a. 2004 Dortmund (Off. Atelier) / **Lit.: 120c**-04

Tillmann, Rainer (M/G/D/Klangperf.-k) (Musiker) / 1953 Gelsenkirchen- / lebt (2005) in Gelsenkirchen / NEU: 87-98 Atelier-Gal. in Gelsenkirchen, 96-01 = 7 CD-Produktionen / (Biografie in Beilage: CD-Ausgabe 2006)

Tilmann-Mette, Gotthard s. **M**ette, Gotthard-Tilmann (Pseudon.: „TIL")

Timmer, Franz-Josef (M) / * 1948 – / lebt (2003) in Bottrop / Ausst. u. a. 2000-02 Bottrop (Mus) / **Lit.: 99a**-2000...02

Timmerhues-Gottschalk, Dorle (Bild.-Künstlerin) / 1960 Detmold- / lebt (2005) in Detmold / Stud.-MS 79-86 Akad. / Lehrt.-Detmold / Ausst. u. a. 1993 Bad Oeynhausen (Stadtgal) / **Lit.: 256** + In: „Was Anne über Dirk denkt" – Klasse Prof. T. Ulrichs d. Ku.-akad.-MS, 1981/82

Timmerhus, Gitta (M/Z) / * 1968 – / lebt (2004) in Steinfurt / Weiterb. in Mal- u. Zeichenkursen / Ausst. u. a. 2004 Steinfurt (Kreissparkasse) / **Lit.: 206**-04

Timmermann, Bernhard (F/D) / 1966 Sandhorst- / lebt (2002) in Dortmund / 89-91 Fotogr.-ausb. in Berlin, 92-95 freier Mitarbeiter in Foto- u. Werbestudios, 95-01 Stud. FHD-Dortmund (Foto-Des) / Ausst. u. a. 1999 Essen (Kunsthaus), 2000 Dortmund (Petrikirche), 01 Recklinghausen (Kreissparkasse), Frankf.-M. (Buchmesse) / **Lit.: 182**-01

Timmermann, Heinrich (M/A/Reg.-Baumeister) / 1892 – 1967 / lebte 1967 in Wiesbaden / ab 1925 freisch. in Bochum, 33-44 Stadtbaurat / Werke u. a. (m. Wilh. **S**eidensticker) 33-36 Zentralfriedhof Altenbochum u. 34-36 Neugest. Zugang Stadtpark-Bochum / **Lit.: 146c**

Tintelnot, Sonja (B/O/I/M/Z) / 1964 Herford- / lebt (2005) in Düsseldorf / Lithographinausb., Stud. -Düsseldorf / Stud.-aufenth.-e in Madrid u. Japan / Ausst. u. a. in Düsseldorf (Kunstpunkte), 2002 Bielefeld (Gal.-61), 02-04 Düsseldorf (Produzentengal.-plan.d.)

Tippmann, Brigitte (T/O) / 1935 Berlin- / lebt (2004) in Holzwickede / 51-55 Ausb./Tätigk. Handweberei Görlitz. 56-73 Handelsschule-Düsseldorf, ab 74 Weiterb.-Textilgest. VHS-Dortmund, Marl/Köln, FH-MS (Gast) u. Univ.-Dortmund / s. 78 eig. Werkst. (Weberin/Textilgestalterin, Gestalten m. Geweben u. Papieren zu Objekten u. Collagen) / 87 Ausz. Schwäb.-Gmünd / war Lehrt. VHS-Unna/Fröndenberg/Holzwickede / s. 84 Mitgl. „AdK"-Südwestf. / Ausst. u. a. in Berlin/Celle/Dortmund, 1981/91/93/2001 Bielefeld/Wesel/DüsseldorfKevelaer (manu factum), 87 Dortmund (Signal-Gal), 91/93/95/98 Unna (Haus Opherdicke), 94 Liesborn (Mus), 96 Bonn (Frauenmus), + NRW / **Lit.: 48c**-87+99+03(erw.) + **48x**-81+91+93+01

Tischler, Marion (O/Reliefbilder/D) / 1957 Nordbögge b. Bönen- / lebt (2005) in Osnabrück / Stud.-Osnabrück 90-95 Univ. (Malerei), 02-03 Weiterb.-Mediendes. / 94 „Piepenbrock"-Förder-Pr. Osnabrück, 03 Beste Gest.: Plakat „arte Regionale", 06 Beteil./Lehrt. Workshop Kloster-Bentlage / Ausst. u. a. 1995/97/99-2003 Osnabrück (Univ/Mus/2xDominik.-kirche/Stadtgal/Sparkasse), 96 Herne (Flottm.-Hallen), 99 Hamburg/Wilhelmshaven, 2000 Berlin (Messe), 01/03/05 Lüdinghausen (Burg Vischering), 02 Köln (Gal.-Berners), Bremen, 03 Enschede-NL / **Lit.: 19**-01+03+05 + In: „Piepenbrock Kunst Förderpreis" – Ausst.-kat. – Osnabrück, 1996+1999; „M. T." – Ausst.-kat. – Stadtgal.-Osnabrück, 2000

Titze, Hansjörg (Filmk) / 1967 Lünen- / lebt (95) in Baden-Württ. / Bankkaufmannausb., 90-91 Stud. Univ.-Bochum (Theater-/Film-/Ferns.-wiss/Rom/Psych) u. ab 91 Filmakad.-Baden-Württ. / s. 91 eig. Filme, u. a. auch m. Oliver Keidel (* 1968) / Auff.-en u. a. 1994 in MS / **Lit.: 196**-94

Tjarks, Gerhard (A) / 1954 Sanderbusch- / lebt (2002) in Braunschweig / Stud. TU-Braunschweig / eig. Büro in Braunschweig, um 95-98 Partner i. Büro: „Prof. Gerber & Partner"-Dortmund / Werke u. a. in Lünen (s. Lit.) / **Lit.: 197**-95+97 + In: „Kunst Raum Lünen" – Hg.: Kv.-Lünen, 88

Tobschall, Ute (geb. Werly) s. Eturiám

Todt, Max (M/Kostümmaler) / 1847 Paderborn – 1890 München / Stud. Akad.-Düsseldorf u. b. W. Sohns / s. 1877 in München tätig / **Lit.: 24**-33

Toedtmann, Hans (Tödtmann) (A/Dipl.-Ing) / lebt (1960/63) in Gütersloh / weitere Daten nicht bek. / Werke u. a. Kirche in Gütersloh / **Lit.: 112ca + 219a**

Töniges, Hiroko („HIROKO") (M) / 1946 Tokio/Japan- / lebt (2005) in Dortmund / in Japan: Kaligr.-Ausb. u. Ikebana-Meisterprüfung, s. 73 Malerei, ab 89 Weiterb. Europ. Akad.-Trier, Altenakad.-Dortmund u. s. 96 Univ.-Dortmund (Malerei) / ab 2000 Mitgl. Gr.-„Artefakt" / Ausst. u. a. 1998/99/01-03 Dortmund (Zeche Marten/Mercedes/Bibl.-Hörde/Stadtbibl/Schauspielhaus), 2000 Düsseldorf (Therapiezentr), Jesteburg (Kunstwoche), 02 Mülheim-R. (Zenit-GmbH), 03 Meerbusch (Klinik), 04 Dortmund (Rathaus), 05 MS (Univ.: Schloss)

Tönne, Roland (Prof) (M/G) / NEU: 1934 Bestwig- / lebt (2006) in Marl / (Biografie in Beilage: CD-Ausgabe 2006)

Toensing, Wilfried NEU! (M/Z) / 8. 12. 1927 Münster – 26. 7. 2004 Bremen / Jugendzeit in Borgholzhausen u. Halle/Westf., ab 65 Bremen / Stud./Ausb.: 44 Wksch-Bielefeld, 46-48 Malkl. Kubler Stuttgart, 49-52 b. Walter **K**roe (Borgholzhausen) u. 50 Akad.-Düsseldorf / 61 Förder-Pr. + Stip. f. Paris, Kv.-MS, 64 Förder.-Pr. Westf., 65 Stip. f. Mauretanien (Kunstkr. Hameln) / war s. 55 Mitgl. „BBK"-OWL u. 64-66 „Lipp.-KB" / Ausst. s. 1952, u. a. in Paris/Kopenhagen/Basel, 1998/2002 Borgholzhausen (Rathaus), 01 Berlin (Gal.-Franik), 03 Bremen (Paradise), + N / **Lit.: 5**-54+63 + **7c**-61 + **26a**-05

Töpker, Eleonore (M) / 1923 Linderbruch/Lippe- / lebt (2000) in Wuppertal-Cronenberg / Stud.-Botanik/Zool/Chemie/Geogr. / war Lehrt. / Weiterb. Univ./GH-Wuppertal/VHS / **Lit.: 216**

Töpper, Heinke (A) / 1943 Heidelberg- / lebt (96) in Bielefeld / Stud. TU-Berlin u. TU-Aachen / ab 70 tätig in Bielefeld, s. 89 Büro: „Töpper + Töpper" / Preise/Projekte/Bauten u. a. in Oldenburg u. NRW (s. Lit.) / **Lit.: 197**-95+97

Töpper, Katte (Prof) (A) / 1938 Steegen/Kr. Danzig- / lebt (2001) in Bielefeld u. Hamburg / Stud. TH-Graz u. HfBK-Berlin / 70-79 tätig in Bielefeld (u. a. m. Kl. Köpke/P. Kulka = u. a. Univ.-Bielefeld), 79-89 m. Klaus Köpke, ab 89 Büro: „Töpper+Töpper"-Bielefeld / s. 84 Prof. FH-Hamburg / Preise/Projekte/Bauten u. a. in Oldenburg u. NRW (s. Lit.) / **Lit.: 197**-95+97 + **197d** (S. 42-45)

Tohnack, Wilm (F) / 1945 Gelsenkirchen- / lebt (2005) in Gelsenkirchen / s. 78 Lehrt. / Autodidakt / Ausst. u. a. 2002 Gelsenkirchen (Gal.-GangArt), 06 Duisburg (Abteizentrum)

Tollkötter, Antje (K/M/Obj.- u. Produktdes) / 1964 Herford- / lebt (2006) in Münster / Stud. bis 93 FHD-MS / 93-03 Produkt-Designerin u. s. 03 eig. Atelier u. Kursltg. (Keramik/Malerei) / Ausst. u. a. in MS (Atelier-Jüdefelderstr)

Tonnellier, Franz (M) / tätig um 1863/80 in Westf. / Daten nicht bek. / Ausst. u. a. 1979/87 MS (WL) / **Lit.: 215a** (S. 29) + In: „Industriebilder aus Westfalen" – Ausst.-kat. – WL-MS, 1979

Tonscheck, Claudia (B/Gestalterin) / 1966 Pinneberg- / lebt s. 94 in Stemwede / Jugendzeit in Bergisch Gladbach/Gelsenkirchen u. Preuss. Oldendorf / 90-92 Steinbildh.-ausb. in Lübbecke, 92-99 in Sarnen/Schweiz, Winnenden u. Pr. Oldendorf tätig, 95-97 Stud.-Flensburg (Bildh./staatl. gepr. Gestalterin), 99-01 Meisterschule a. d. Bauhütte d. Wiesenkirche Soest, 01 Steinmetz- u. Steinbildh.-meisterprüfung, s. 03 eig. Werkstatt in Stemwede, dort Lehrt. / Ausst./Projekte u. a. 2002/04 Kr. Minden-Lübbecke (LandArt-Festival), 03/04 Espelkamp (Naturgarten), 04 Stemwede-Niedermehnen (Hof Wasels)

Topp, Arno (Arnold) (M/G) / NEU: 1887 Soest – 1945 in Ostpr. verschollen / lebte in Brandenburg / Stud. Akad.-Düsseldorf / war Lehrt. im Sauerland/Düsseldorf u. Brandenburg / (angebl. 1944/45 im 2. Weltkrieg verschollen = s. auch Lit. 217) / **Lit.: 24**-33 + **25**-4 + **217**-1+5+6

Torke, Nicola (M/G/B) / 1960 Münster- / lebt (2006) in Hamburg / NEU: 96-99 Lehrass.-in HfBK-Hamburg, 01 dort Prof.-vertretung / (Biografie in Beilage: CD-Ausgabe 2006)

Torre Ebeling, Rago s. Ebeling, Rago Torre

Totter, Thilo (G/D/Aktionsk) / 1976 Soest- / lebt (2006) in Möhnesee-Günne / Stud.-Dortmund 96-2000 FHD (Vis.-Komm) / Mitgl. „Kv.-Kr.-Soest" u. 98 Mitbegr. **Gr.**-„Die Neue Kathedrale" (Aktionen siehe in **Gr**uppe!) / Ausst.-en s. 1999, u. a. in Soest, 2005 Bonn (Künstlerforum)

Tournée, Peter (M/Ill/Materialb.-k/O) / 1955 Bochum- / lebt (2006) in Lünen / Ausb.-Farblithograf / ab 99 Lehrt. / Mitgl. Gr.-„Reflex" Kamen u. ab 2000 „BBK-Westf." Dortmund / Ausst. s. 1995, u. a. 98 Kamen, 2001-03 Bo.-Wattenscheid (Technol.-Zentr), 02 Kamen (Technopark), 02/03 Dortmund (Rathaus/Advance Holding/Torhaus/Mus. f. K. u. K.), 03 Antalya-Türkei, Attendorn (Rathaus), Witten (Boesner/Haus Herbede), 04/05 Kamen (2xStadthalle/Gal. im Technopark), 05 Hamm (Max.-Park) / **Lit.: 3**-01+02+02/03+03(1+2)

Touzé, Anne Isabelle Le (M/Ill) / 1963 Paris- / lebt (2003) in Rennes-Frankr. / Stud.-Beaux-Arts in Rennes-Fr. / danach fr. Ill.-in/Malerin / 02 = 1. Pr. St.-Germain-des-Prés Paris / lebte sechs Jahre in MS / Ausst. u. a. 2002/03 MS (Kunsth.-Angelmodde/Krameramtshaus), + N/Frankr.

Trainer, Karl-Hermann (M/Z) / 1934 Siegen- / lebt (2004) in Neunkirchen b. Siegen / Autodidakt / Mitgl. „Kunstkr. Siegerland" / Ausst. s. 1980 in Südwestf., u. a. 2000 Neunkirchen (Sparkasse), 02 Siegen (Haus Seel), 03 Dillenburg (Sparkasse) / **Lit.: 110b** + **110c**-04

Trantenroth, Tim NEU: (M/O) / 1969 Waldsassen- / lebt (2005) in Berlin / Stud.-MS 91-93 u. Düsseldorf 93-94 Akad.-n / 94 Stip. Cité Int. des Arts Paris, 02 Kunst-Pr. Nünberger Nachrichten / Ausst. u. a. 2002 MS (Förderv. f. akt. Kunst), Witten (Mus), Erlangen, 03 Dortmund (Künstlerhaus), Slubic, Berlin (Gal.-Morrison), + N / **Lit.: 26a**-05 + **171**-94

Trautner, Peter (M/Z/B/D/Gest) / 1951 Essen- / lebt (2006) in Unna / ab 74 künstl. Tätigkeit / s. 2000

Mitgl. „BBK-Westf." Dortmund, Mitgl. Gr.-„UN-art" (m. W. **B**ittner/A. **K**oston) u. Gr.-„Reflex"-Kamen / Ausst. u. a. 1985 Abano Therme-Ital., 90 Eindhoven-NL, 92 Pescia-It., 95 Leipzig (Gal.-Augenblick), 98/99 Werne (Kv/Altes Amtsgericht), 99 Unna (Kunsthaus/Stadtwerke), Hamm (Öko-Messe), 01-04 Wanderausst.-NRW(=Kopien aus Entenhausen): u. a.-Schöppingen/Ahlen/Gütersloh/Ahaus/MS/usw., 01/02/05 Bo.-Wattenscheid (Technol.-Zentr), 02 Kamen (Technopark), Werne (Kv), 03 Dortmund (Torhaus/Mus. f. K. u. K.), Attendorn (Rathaus), Witten (Boesner), 03 Hemer-Becke (KEUCO-Center), 04 Gevelsberg (Stadtgarten), Hamminkeln (Gal.-Isshorst), Castrop-Rauxel (Rathaus), Bochum (Kulturwerk Lothringen), 05 Kamen (Stadthalle/Gal. im Technopark) / **Lit.: 3**-01+02+03(1+2)+04 (1+2)+05(2) + **209**-04 + S. Brunsiek/J. Spiegel/Fr. Bitzhenner/P. Trautner (Reproduktion aller Originalgemälde): „Berühmte Gemälde aus Entenhausener Privatbesitz" – Schöppingen, 2001

Trawny, Peter (Dr.-phil) (M) (Musiker/Autor) / 1964 Gelsenkirchen- / lebt (2005) in Wuppertal / künstl. tätig bis 95 / Stud. Univ.-en Bochum/Basel/Freiburg (Musikwiss/Kunstg/Phil = Dr.-phil) / Lehrt. Univ.-Wuppertal / Ausst. u. a. 1987 Herne (Flottmann-Hallen), + NRW / **Lit.: 142x**-87

Treibeis s. **G**ruppe „Treibeis"

Trelenberg, Lothar (M/Materialb.-k) / 1956 Dabrowno/Polen- / lebt (2006) in Marl / s. 63 in Deutschl., ab 88 künstl. tätig, 96 Weiterb. Europ. Akad.-Trier, s. 05 freisch. / Mitgl. Ateliergem. „Künstlerkeller"-Marl / Ausst. u. a. in Lorup/Dorsten/Verden-Aller, 1996 Marl (Wein-Depot), 96 Essen (Residence), 99/05 Herne (Happel-Klimatechnik), 2000 Dorsten (Gal.-89), Oer-Erkenschwick (Stadthalle), 03/05 Haltern (Bergwerk/Bildungszentr), 04 Waltrop (Zeche Manufactum), 05/06 Marl (Friedenskirche/Marler Stern/Rathaus)

Trennberg, Wolfgang (A) / lebt (1980/90) in Unna / weitere Daten nicht bek. / Werke u. a. Kirche in Dortmund / **Lit.: 112d** (S. 118)

Treskow, Elisabeth (Prof) (Goldschm.-u. a.) / NEU: 20. 8. 1898 Bochum – 6. 10. 1992 Brühl / (Biografie in Beilage: CD-Ausgabe 2006)

Trespi, Alex (auch: Trespy) (B/O/I/F/Videok) / 1959 Gelsenkirchen- / lebt (2005) in München / bis 78 Schulzeit in Bensberg, Stud.-Brunschweig 81-82 HfBK, 82-85 Ecole des Beaux Arts-Nîmes u. 85-86 Akad.-Düsseldorf / 87-90 freisch. in Köln, danach München / Ausst. u. a. in St. Petersburg-Russl., Marseille-Fr., 1993 Herne (Flottm.-Hallen), 98 Köln (DuMont-Kunsthalle), + N / **Lit.:** In: „Papier und konkrete Kunst" – Ausst.-kat. – Flottm.-Hallen – Herne, 93

Treu, Christiane (M/O/Coll.-k) / 1952 Siegen- / lebt (2004) in Freudenberg / Autodidaktin, Weiterb.-VHS / s. 95 eig. Gal. „Christiana" in Freudenberg, dort lfd. eig. Ausst.-gen / Ausst. u. a. 1997 Düsseldorf (UNESCO), + Südwestf. / **Lit.: 110b + 110c**-04 + C. T.: „Venonkas Abenteuer" – Kinderbuch – 1998

Triebel-Hogrebe, Roswitha (O/I) / 1945 Meiningen- / lebt (2005) in Bochum / Stud.-Bielefeld/ Essen 64-70 Univ.-en (Sozial- u. Heilpäd/Erz.-wiss) / arbeitete 70-78 in der Soz.-päd., ab 78 künstl. tätig / Ausst. u. a. 1993 Hofgeismar, 94 München, 95 Horn-Bad Meinberg, 95/96 Bochum (Stadtarchiv/Zeche Lothringen/Kulturrat), 96 Herne (Flottm.-Hallen), 97/99 Holzwickede (Haus Opherdicke), 98 Bochum (Atelier 13b), 2001 Köln (Klein St. Martin), 04 Düsseldorf (Messehallen) / **Lit.:** In: „Tuch-Fühlung" – Objekte aus Stoff – Ausst.-kat. – Flottmann-Hallen, 1996

Trier, Heinrich von (Kartenzeichner) / um 1600/03 tätig / Daten nicht bek. / zeichnete Karten v. Orten aus dem MS-land im Auftrag d. münster. Hofkammer / **Lit.: 215-6 + 215a** (S. 11)

Trimborn-Vetter, Doris (Dorle) (G/D/T = Quilt/Patchwork) / 1953 Köln- / lebt (2004) in Billerbeck / Stud. FHD-MS u. Quilt-Ausb. b. H. v. d. Mehden / Mitgl. Gr.-„quilt 4" / Ausst. s. 2000, u. a. in Billerbeck/Dortmund, New York (Beteil.: „Memory"-Quilt), 2003 MS-Hiltrup (Kulturwoche), 04 MS (Gal.-König), Billerbeck (Galerie)

Trimpe, Ulrich (M) / 1957 Coesfeld- / lebt (2001) in Münster / Stud. Univ.-MS / Autodidakt, Weiterb. b. Ulrich Stöveken in MS / Ausst. u. a. 2001 MS (Gesundheitshaus)

Trippel, Michael (F/D) / 1964 Friedrichshafen/Bodensee- / lebt (2005) in Süddeutschl. / nach Praktikum in Lindau: Stud.-Dortmund 85-91 FHD / 91 „BFF"-Pr., 01 „Hansel-Mieth"-Pr., 02 = 1. Foto-Pr. „Rückblende" / s. 99 Mitgl. Fotografenagentur „Ostkreuz" / Ausst. u. a. 1987 Dortmund (Mus. f. K. u. K.), 2003 Bonn (Haus der Geschichte) / **Lit.: 202a**

Trockel, Rosemarie (B/O/I/M/F) / 1952 Schwerte- / lebt (2006) in Köln / NEU: 01 Kultur-Pr. Köln, 04 Wolfg.-Hahn-Pr. Köln / (Biografie in Beilage: CD-Ausgabe 2006)

Trockle, Susanne (F/D) / 1963 Saarbrücken- / lebt (92) in Schwerte / Stud. FHD-Dortmund / Ausst. u. a. 1989/91 Dortmund (Mus. f. K. u. K.) / **Lit.: 203**-89+91

Troike, Gero (M/Bühnen- u. Kostümb/Regisseur) / 1945 Schönheide/Erzgebirge- / lebt s. 88 in Möhnesee-Völlinghausen, Atelier in Niederbergheim / s. 65 künstl. tätig, Autodidakt / Laborantausb.-Berlin, ab 75 Bühnen- u. Kostümbildner/Regisseur, tätig u. a. in Amsterdam/Antwerpen/Brüssel/Bochum/Dortmund, s. 84 in Bochum / Mitgl. „Kv.-Kr.-Soest" / Ausst. u. a. in Berlin/Magdeburg/Den Haag-NL/Soest, 1997 Welver (Pallas-Verlag), 2004 Wuppertal-Barmen (Kunsthalle), + Westf. / **Lit.: 100**-98

Troll, Susanne (F/D/Filmk) / 1963 Bad Neustadt/Saale- / lebt (93) in Dortmund / Stud.-Würzburg 86-88 FH (Kommunik.-Des) u. Dortmund 88-nach 92 FHD / 91 Kodak-Förder-Pr. / Ausst. u. a. 1989 Amsterdam, 90 Duisburg/Essen(K), Dortmund (FHD), 91 Stuttgart(K), Dortmund (Torhaus), 92 Dortmund (Mus. f. K. u. K.) / **Lit.: 203**-92 + **203b**-1 + (K) = Katalog

Troschke, Wolfgang (Prof) (M/G/Ill/D) / 1947 Helmarshausen- / lebt (2006) in MS / NEU: Lehrt. ab 72 FHD-MS, s. 78 Prof., 02 Gastprof. Univ.-Edmonton-Kanada / (Biogr. in Beilage)

Trost, Erentrud OSB (B/Wand- u. Glasgest/Mosaik/Buchmalerei) / 1923 Bielefeld – 2004 Rietberg (Abtei Varensell) / nach dem 2. Weltkrieg wurde sie Benediktinerin im Kloster Varensell / 2000 Bundesverd.-kreuz / Werke in OWL/NRW (u. a. Univ.-kl.-MS) / **Lit.: 112d** (S. 12/18) + in: „WN" – Zeitung v. 16. 4. 2004

Trost, Tobias (G/D/I) / 1973 Düsseldorf- / lebt (2001) in MS / Stud.-MS bis 7/2001 FHD / 98 Plakatwetbew.-gewinner zum Grimme-Pr., 2000 ADC-Ausz. f. Zeitschrift-Titelgest., 01 Förder-Pr. FHD-MS / **Lit.: 15a** (S. 31/112) + **122**-98 (erw.)

Trukenbrod, Peter (O/I) / 1967 Göteborg/Schweden- / lebt (2004) in Amsterdam/NL u. Vallda/ Schweden, 05 in Göteborg / 67-90 Kindheit/Schulzeit in Marl / 87-89 Besuch Schule f. Handwerk Gelsenkirchen, 89-90 Arbeits-Praktikum in Recklinghausen u. Dorsten, 91-93 Stud.-Göteborg Dömen-Kunstsch. u. 93-96 Stud. G.-Rietveld-Akad. Amsterdam / Ausst. u. a. in Schweden/NL/Finnland, 1995 Marl (Schacht 8), 2002 Marl (Mus), 05 Düsseldorf (Kunstpalast) / **Lit.: 107**-05 + **230**-2

Trumpf, Johann Arnold (Baumeister) / 29. 3. 1754 Berlebeck/Lippe – ? / kam als Maurermeister 1798 nach Detmold, hier wird er Hofmaurermeister / Werke in Rietberg (Rathaus/altes Gericht) / **Lit.:** Manfr. Beine: „Vom Knast zur Kunstgalerie" – in: „Jahrbuch Westfalen 1999" – S. 191-99 – Aschendorff-Verl.-MS, 1999

Trzaska, Lothar (M/I/Materialb.-k/Perf.-k) / 1955 Szczytno(Ortelsburg)- / lebt (2005) in Hamm/ W. / NEU: s. 88 Mitgl. „Kr.-Kv.-B.-Warendorf", ab 92 „BBK-MS-land" u. s. 04 „Westf.-KB"-Dortmund / (gr. Biografie in Beilage: CD-Ausgabe 2006)

Tschirpke, Norbert (M) / 1957 Hamm/W.- / lebt (2005) in Drensteinfurt / NEU: 99 Promotion Dr. phil. Univ./GH-Wuppertal / (Biografie in Beilage: CD-Ausgabe 2006)

Tschorn, Udo (M/G) / 1954 Lippstadt- / lebt (2004) in Lippstadt / ab 99 eig. Atelier-Galerie in Lippstadt / war Mitgl. Gr.-„Diartig e.V."-Soest / Ausst. u. a. 1996/98/99 Lippstadt (Gal.-Orrù), 97/98 Lippstadt/Schwelm/Wuppertal, ab 99 Lippstadt (Atelier), 2000 Hannover (EBIT), Hagen (Tor 2), 02 Osnabrück (Stadthalle) / **Lit.:** Internet

Tubbesing, Irmi (F/I/Projektk) / 1948 Dortmund- / lebt (2002) in Bielefeld / Stud. Univ.-Bielefeld (Erz.-wiss/Psych) / Ausst. u. a. 2001 Detmold (Stadthalle) / **Lit.: 134**-01

Tucholski, Andreas s. **L**udes, Michael (Büro „Ludes – Arch.-en/Ing.-e" Recklinghausen)

Tüllmann, Abisag (Ursula Eva T.) (F/Filmk) / NEU: 7. 10. 1935 Hagen – 24. 9. 1996 Frankfurt/M. / (Biografie in Beilage: CD-Ausgabe 2006) 0

Tumbrink, Matthias (F) / * 1961 – / lebt (2002) in Neuenkirchen/MS-land / Autodidakt / Ausst. 97-02 Emsdetten (Stadtbücherei), 2000 Hengelo-NL, 01 Steinfurt (Sparkasse) / **Lit.: 206**-01

Turk, Werner (M) / NEU: 1920 Werdohl/Westf. – 2005 Lüdenscheid / Stud. priv. Kunstsch. v. Hein König in München / nach 1952 Malerschule u. Meisterprüfung / ab 68 in Lüdenscheid / Ausst. u. a. in Paris, + Südwestf. / **Lit.: 125b**

Turner, Gordon F. (B/O/M/D) / NEU: 1944 Hartlepool/GB – 1983 / lebte in Erwitte-Bad Westerkotten / (Biografie in Beilage: CD-Ausgabe 2006)

Turza, Michael (M) / 1954 Gelsenkirchen- / lebt s. 87 in Hagen / Malerei s. 86 / 87-89 Gast FHD-Dortmund / ab 88 freisch. / Ausst.-gen s. 1991 / **Lit.: 97d**

Twellmann, Günter (Konstrukteur) / lebt (2003) in Spenge / **L**it.: 205z-03 / s. **K**ufus, Axel (Prof)

Twickel, Victorine Freiin von (Z) / 1809 – 1840 / lebte im MS-land / **Lit.: 215**-6(S. 16/152-157)

Twickel, Wilhemine Freiin von (Z) / 1836 – 1867 / lebte im MS-land / **Lit.: 215**-6(S. 181)

Ücüncü, Sadi (Dr) (M) (Autor/Lyriker) / NEU: 1945 Artvin/Arhvi-Türkei – 2004 Münster / (Biografie in Beilage: CD-Ausgabe 2006)

Ünal, Erdal (M) / 1958 Istanbul/Türkei- / lebt (2002) in Witten-Annen / Stud.-Istanbul (Kunst) u. Weiterb.-Paris bei Ismail Yildirim / s. 93 Atelier in Bochum, dann Witten / Ausst. u. a. in Bochum/Emmerich/Dortmund/Duisburg/Wuppertal/Istanbul/Paris/Gent/Belg., 2001/02 MS (3x Tibus-Wohnpark/"Die Brücke")

Uetrecht, Kai Oliver (Industriedes) / * 1973 – / lebt (2005) in Bielefeld / Stud.-Essen bis 01 Univ./GH u. ein Sem. Univ. of Art and Design Helsinki/Finnl. / tätig bis 01 bei „Wilddesign"-Gelsenkirchen, ab 01 „Uetrecht Industrial Design"-Essen, Beteil. 01-03 u. ab 04 „Nexus Produkt Design"-Bielefeld / Ausz.: u. a. 01(2x)/03/04 red dot award Essen / **Lit.: 205a-**01(erw.)+03 + **205w-**01 + **205z-**01+03+04 + **205y-**02,1

Ufer, Hans (Schmuckgest) / lebt (96) in München / 1996 für (s.:) „Niessing"-Vreden tätig / 96 Gr. Prix – Tokio

Uhle, Bernhard te (Porzell.-m) / 11. 8. 1913 – 28. 6. 1996 Münster / als Porz.-meister um 30/37 bei A. Roloff in MS tätig, ab 37 Firma Severin in Bünde, nach dem Krieg selbst. in MS, übernahm 55 den Nachlass der Firma Roloff / s. auch Porzellanmus.-MS / **Lit.: 63b** + In: B. Haunfelder: „Feines Porzellan aus Münster" – in: „Auf Roter Erde" – Nr. 3/2002 – „WN"-MS v. 22. 3. 2002

Uhle, Klara Maria (geb. Michel) NEU! (M/G/B/Coll.-k) / * 1929 – / lebt (2005) in Paderborn / bis 53 Stud.- Univ.-n Köln/München (Wirtsch.-wiss), Paderborn 82-94 Univ./GH (Kunst) u. später Sommerakad.-Paderborn / Mitgl. Kü.-gr. „Off. Atelier"-Paderborn / Ausst. u. a. 1985/ 88/90 Paderborn (Stadtgal), 88 Bad Waldliesborn (Kurgasthaus), Paderborn (Stadtbibl), 91/ 92/97 Paderborn (Kv), 96/2000 Paderborn (Raum f. Kunst), 01 Burg Dringenberg, 01- Bielefeld/OWL (Archiv), 01-04 Paderborn (3xOff. Atelier/Haus d. ev. Kirche), 05/06 Paderborn („IN Via"-Akad. Meinwerk-Institut/Nixdorf) / **Lit.: 101b-**02+04 + **133-**94Anh. + **192-**01

Uhlig, Gerhard (M/G/F) / 1924 Leipzig- / lebt (2006) in Havixbeck / NEU: **Lit.: 26a-**05(m. Lit.) / (gr. Biografie in Beilage: CD-Ausgabe 2006)

Uhlmann, Hermann (M/Z/B/F) / * 1931 – / lebt (2006) in Hemer / ab 91 Weiterb. Sommerakad. St. Johann/Oberpfalz, 92-95 b. Menny Schwarz Gräfin Lerchenfeld u. 94-97 bei Prof. Rudolf Ortner – München / ab 03 1. Vors. Kv.-Hemer / v. H. U. = 6 Fotobildbände / Ausst. s. 1993, u. a. Regensburg/Wetter/Iserlohn, 96/2000 Altena (Krankenhaus), Schruns-Österr. (Haus d. Gastes), 97 Bad Tölz (Sanatorium), 98 Dortmund-Schamhorst (Ev.-Kirche), 98 Hemer (Felsenmeer-Mus), 99 Malente-Gremsmühlen, 02/04 Hemer (Rathaus/Praxis), 03 Florenz (Beteil. Biennale Int. dell' Arte Contemporary)

Ulazia, Jon (Dr.-phil) (M) / 1934 Zarautz/Span.-Baskenland- / lebt (2005) in Bochum / 50-53 Bauzeichnerausb., 60-64 Stud. Priv.-Hochsch.-n in Vitoria/Arantzazu/Bilbao-Spanien (Sprach- u. Geisteswiss), (Stip.) Stud. 64-68 Univ.-München (Phil/Rom), Promotion / 69-73 in München u. Bocholt tätig, ab 73 in Bochum, 74 Staatsex. Univ.-Bochum, 74-93 Lehrt. Univ./ Gymnasium Bochum / 62 Mitarbeit an Wandgemälde in Arantzazu-Baskenland, 64-68 Gast Akad.-München u. Weiterb.-Zeichenschule, 76-93 in Bochum Weiterb.-kurse, Bühnenbilder, s. 94 künstl. tätig am Mus.-Zentrum Univ.-Bochum / Ausst. u. a. 1995-99/01 Bochum (Univ), 95 Iserlohn (Parktheater), 95/99/04 Bochum (Mus.-Zentrum), 96/97 Essen (Siemens/Evang.-Krankenhaus), Dortmund (Siemens-Nixdorf), 98 Bochum (Stadtwerke), 2000 Bochum (VWA/ Gal.-Humpert), Essen-Kupferdreh (Sparkasse), 02 Hannover (Span.-Generalkonsulat), 05 Dortmund (Auslandsges.-NRW), Bochum (Gal.-Humpert/Auslandsges)

Ullenboom, Volker (B/I/M/Perf.-k) / 1966 Xanten- / lebt (2006) in Essen / nach Praktikum 88 als Bildh. in Xanten, Stud.-Essen 89-93 Kunst / s. 97 Mitgl. Gr.-„Ruhrl. KB"-Essen u. 98 „BBK-Westf." Dortmund / Ausst. u. a. 1999 Essen (Forum-BK), 99/2000 Essen (Off. Ateliers), 01/03 Bo.-Wattenscheid (Technol.-Zentr), 02/03 Dortmund (Rathaus/Adv. Holding/Torhaus), 03 Witten (Boesner), 06 Kamen (Haus der Stadtgeschichte) / **Lit.: 3-**01+02/03+03(1)

Ullmann, Gerhard (Gerd) (F) / 1935 Teplitz- / lebt (83) in Berlin / bis 69 Stud.-Berlin (u. a.-Archit/Dipl.-Ing) / seitdem Archit.-Fotogr. / 76 Lehrt. FH-Dortmund / Ausst. u. a. 1983 Recklinghausen, 2002 Hattingen (Städt.-Gal) / **Lit.: 239-**83

Ullmann-Büschges, Judith (M/Z/Tapisseriek) / * 1934 – / lebt (2004) in Siegen / Tapisseriemeisterin u. Ausb. in Malen/Gestalten, Weiterb.-kurse Kunstakad. / Mitgl. „Kunstkr. Siegerl." / Ausst. u. a. in Südwestf. / **Lit.: 110b + 110c-**04

Ullrich, Ferdinand NEU: (Prof/Dr) (F/F.-I) / 1951 Thannhausen/B.-Württ.- / lebt (2006) in Recklinghausen / s. 88 Direktor d. Städt.-Museen-Recklinghausen u. 89 Ltg. d. Kunstausst.-en Ruhrfestspiele / ab 02 Lehrt. u. Honorarprof. Akad.-MS / (Biografie in Beilage: CD-Ausg. 06)

Ullrich, Gerhart (M) / * 1943 – / lebt (2003) in Meschede / Lehrt. VHS-Meschede, Mitgl. „Kulturring-Meschede e.V." u. im Kuratorium des A.-Macke-Preises / Ausst. u. a. 1986/88 Meschede (Verkehrsverein/Sparkasse), 87 Paderborn (Mensa-Univ) / **Lit.: 232**

Ulrich, Uta (T/Klöppelk) / 1940 Bückeburg- / lebt (2006) in Detmold / Stud. Wksch-Hannover (Textilentw) / Lehrt. / Ausst. u. a. 1987 Düsseldorf (manu factum), 2001 Kevelaer (manu factum) / **Lit.: 48x**-87+01 + U. U.: „Klöppelspitze in Deutschland" – Hg.: D. Klöppelverb. e.V.

Ulrichs, Timm (Prof) (O/I/Perf/G) / 1940 Berlin- / lebt (2006) in Hannover / NEU: 01 Staats-Pr. Nieders. / 72-05 Prof. Akad.-MS u. (um) 2000-? Lehrt. Sommerakad.-Hamm / **neue** Ausst.-en: u. a. 1998 Madrid (Univ), 20**01** Ravensburg (Stadtgal), Wismar (Rathaus), Antwerpen (Middelheimmus), Ettlingen (Kv), Fellbach (Triennale), **02** Deinste (Art Studio 1), Hannover (Sprengel-Mus), Graz (Forum-Stadtpark), Lüdenscheid (Mus), Karlsruhe (ZKM), Heidenheim (Mus), Krakau-Polen (Kunstbunker), 02/05 Düsseldorf (Kunstpalast), **03** Ahlen (Mus), Marl (Mus), Hagen (Hagenring-Gal), MS (WL), Marl (Mus), Laer (Stadtmitte), 03/04 Bochum/ Steinfurt/Litauen (WKB), **04** Semriach-Österr. (Kunsthalle), Chemnitz (Heck-Art-Gal), MS (Stadtmus), Oerlinghausen/Neuenhaus (Kv.-e), Hannover (Kunsthalle-Faust), Berlin (NGBK), Bergkamen/Bad Oeynhausen, Istanbul-Türkei (Mus), Soest (Technikmus), Bielefeld (Kunsthalle), **05** Wismar (Baumhaus), MS (WL), Recklinghausen (Kunsthalle), Ingolstadt (Kv), Marl (2xMus), Oberhausen (Zentr.-Altenberg), Havixbeck (Gast: Atelier Haus Stapel), Grodno (Mus. f. Gesch), **06** München (Kultfabrik+Proj. „Versunkenes Dorf"), Marl (Mus), Canal de la Thielle-Schweiz/Daejon-Südkorea, **07** (gepl.) Berlin, Essen-Werden (Brehminsel), + N/ INT + **s.** 1. Aufl. / **Lit.:** u. a. **2+4**-Hannover**+6**-73**+8+8d+13+26a**-05**+27**-3**+36+42+45+46**-65+69**+53+56+61**-98**+64+64a+b+c+70+78a+80+a+b+81+85+86**-74+77+79+86+87+88+89+91+92+94…03+05 + **90** + **96/96a** + **100**-97 + **100a** + **100c** (S. 158/59+189) + **103**-2000 + **107**-94+96+98...2000+02+05 + **107a**-65 +72 + **108**-3(4. Aufl.) + **109** + **111** + **114x** + **125e** + **125f**-89 + **137** + **142x**-96 + **148**-73 + **148a**-84+89 + **158** + **160** + **167** + **168**-2 + **168a** + **201**-70 + **213**-98 + **221**-93 + **230a** + **230c** (S. 30/163/231) + **231b+c** + **239**-76+85+88+91 + **239a**-84 + **243a** + **256+a** + **257** + **261** + Vorwort: „Lebensläufe" – Kl. Prof. Timm Ulrichs der Ku.-akademie Münster, 1978/79 + Vorwort: „Was Anne über Dirk denkt" – 1981/82; In: T. U.: „Preisfragen" – in: **61**-90; T. U.: „Kunst, die Schule macht" – in Nr. **90**; In: „Skulpturenweg Nordhorn" – 1994 – Landkr. Grafschaft Bentheim ° Stadt Bentheim – 1977-1994; W. Braden: Videofilm ü. d. Herstellung u. Aufstellung der „Erdachse" am Bahnhofsvorplatz in Magdeburg, 2000; In: „Malerbücher – Künstlerbücher" – Ausst.-kat. – N.-Mus.-Weserberg-Bremen, 2001; T. U. – „Ein Ego-Genie" – Porträt – Saarl. Rundf. in 3 SAT Fernsehen am 1. 7. 2002; „T. U." – Die Druckgrafik – Ausst.-kat. + Werkverzeichnis – Sprengel-Mus. Hannover, 2002/03; In: „Das grosse Fressen" – Von Pop bis heute – Ausst.-kat. – Kunsthalle-Bielefeld, 2004; „T. U." – „Ich, immer ich" – Selbstporträts und Selbstdarstellungen – Ausst.-kat. u. DVD – Kv.-Grafschaft Bentheim – Neuenhaus, 2005

Unger, Constanze (M/G/D/O/I/F/Perf.-k) / 1953 Weimar- / lebt (2006) in MS / ab 90 Lehrt.-MS u. Leiterin „Akad.-Gestaltung im Handwerk" / (Biografie in Beilage: CD-Ausgabe 2006)

Unger, Jürgen (M/Z) / 1941 Quedlinburg- / Jugendzeit in Hagen, lebt s. 72 in Gevelsberg / Weiterbild. Akad.-Vulkaneifel u. b. Erwin Hegemann / Mitgl. Gr.-„Gevelsberger Künstler" / Ausst.-en u. a. jährl. Gevelsberg (Rathaus), 2004 Gevelsberg (VHS), 05 Hagen (Medien-Stadtbücherei), Schwelm (Kreishaus), 06 Gev.-Werdringen (Wasserschloss), Dortmund (PRO DV)

Unger, Rika (B/G/Coll.-k) / NEU: 12. 5. 1917 Stettin – 16. 9. 2003 Münster / Dauerausstellungen = Friedhof-Lauheide MS u. ab 05 „Rika-Unger-Galerie" – St. Josefs-Kirchplatz – MS / (Biografie in Beilage: CD-Ausgabe 2006)

Unger, Werner (F/D) / * 1940 – / lebt (97) in Köln / 62-64 Fotogr.-ausb. / tätig in Köln, 71 Meisterprüfung, ab 72 freisch. u. ab 80-? Lehrt. FHD-Bielefeld / **Lit.: 205**-94+97 (erw.)

Unger-Heilmann, Hannelore (M) / 1951 Dortmund- / lebt (2002) in Wangen/Allgäu / Weiterb. b. freisch.-en Künstlern u. Europ.-Kunstakad.-Trier / s. 93 Bühnenb.-gest. Kinderfesttheater-Wangen/Allgäu / Mitgl. „IBC"(s. Katalog) / Ausst. = N/INT / **Lit.:** In: „Intern. Bodenseeclub ° Regionalclub Überlingen nördlicher Bodensee" – Sektion BK – Katalog – Überlingen, 2002

United Design Workers siehe: Andreas **K**alweit, Christof **P**aul, Reiner **W**allbaum – Bochum

Unkair, Jörg (Baumeister) / NEU! / stammt aus Lustnau b. Tübingen/Schwaben – † 1553 Detmold / s. 1524 im östl. Westf. u. im Wesergebiet tätig / Werke u. a. ab 1524 Schloss Neuhaus, ab 1534 Residenz in Stadthagen, 1544/47 Plettenberg (Schloss) u. ab 1548 Detmold (Schloss) / **Lit.:** G.D/W.H. + **112a**

Unkel, Udo (B/O/I) / 1966 Lüdinghausen- / lebt (2006) in Dortmund / 89-92 Steinmetz u. Steinbildh.-ausb. / Stud.-Dortmund bis 99 FHD (Obj.-Des) / s. 2000 freisch. / ab 2000 Mitgl. „BBK-Westf." Dortmund / Werke in NRW / Ausst. u. a. 2001-03/05 Bo.-Wattenscheid (Technol.-Zentr), 02/03 Dortmund (Rathaus/Torhaus), Witten (Boesner), 04 Castrop-Rauxel (Rathaus), Bochum (Kulturw.-Lothringen), 05 Bad Sassendorf (Kongresszentr/Workshops/Projekte-Kurpark/Haus des Gastes), Herne (Archäol.-Mus), + N / **Lit.: 3-**01+02+02/03+03 (1)+04(1+2)+05(1+2+3)

Unkhoff, Bruno (B/K/O) / NEU: 25. 12. 1931 Gelsenkirchen – 11. 12. 2002 / lebte in Herne-Wanne-Eickel / (Biografie in Beilage: CD-Ausgabe 2006)

Unsenos, Henri Alain (O/I/F/Perf.-k) / 1960 Oberhausen- / lebt (2006) in MS / NEU: Bühnenbildner = freies Theater – MS (u. a. Pumpenhaus), 06 Beteil.-Workshop Sarajevo/Serbien / (Biografie in Beilage: CD-Ausgabe 2006)

Unterlinner, Elisabeth (Lisa) (Z/B/O/Coll.- Video- u. Perf.-k) / 1970 Prien/Chiemsee- / lebt in (2005) Bielefeld / 90-93 Holzbildh.-ausb.-Berchtesgaden, 93-97 Stud.-Bielefeld (Sozialpäd), 98 Kunst/Soz/Päd., 98-99 Weiterbild. (Videopäd) / 97 Video-Wettbew.-Pr. / s. 99 Lehrt.-Bielefeld / Ausst. u. a. in Bielefeld, 99-01 Bielefeld (Off. Atelier), 2000 Oberhausen (Gast-Kunstmeile), 2000- Bielefeld/OWL (Archiv), 01 Bielefeld (Stadtbibl), 03 Bielefeld (2x=Q-Tour) / **Lit.: 152-**99...01 + **192-**01+03+04

Unterrieser, Udo (Glasm/Glasgest/M/G) / 1947 Wuppertal- / lebt (2005) in Sprockhövel / 62-65 Kunstglaserausb., Stud.-Wuppertal 66-69 Wksch (Glasm) / 88 = 1. Wettbew.-Pr. ev. Frauenhilfe-Soest, 92 = 3. Pr. Hemer / Lehrt., ab 79 freisch. / Mitgl. „Berg.-Kunstgen.-sch." u. „Glaskü.-vereinig.-NRW" / Werke in NRW / Ausst. u. a. 2000 Munster (3. Intern. Glasplastikausst), + NRW/N/INT / **Lit.: 209-**2000 + **216**(m. Lit.)

Untiet, Günter NEU! (M) / 1957 Georgsmarienhütte- / lebt (2005) in Hilter/Teutob.-W. / Stud.-MS 77-85 Akad. / Ausst. u. a. 1981 Düsseldorf (Kunstmus), 93 Bad Oeynhausen (Stadtgal), 2005 Recklinghausen (Kunsthalle), Ingolstadt (Kv), + Westf. / **Lit.: 256**

Untiet, Klaus (Komm.-Des) / 1959 Emsdetten- / lebt (01) in Wuppertal / Stud.-Wuppertal 85-91 Univ./GH / ab 97 m. Süleyman Kayalp (* 1965 Soma/Türkei) Büro in Wuppertal / **Lit.: 216**

Ur-Piwarski, Barbara (Ur, Barbara) (M/G/D/B/I/K/) / 1933 Inowrclaw/Polen- / NEU: lebt (2005) in Berlin / Gattin v. A. J. Piwarski / (Biografie in Beilage: CD-Ausgabe 2006)

Urban, Andrea (F/I/Multimediak) / 1971 Gera- / lebt (2005) in Essen u. MS / Stud.-MS ab 03 Akad. / 02 Kunst-Pr. Essen / Ausst. u. a. 2002 Essen (Stadtmitte), Düsseldorf (Kunstpalast), Frohnhausen-Holsterhausen (Kunstspur), 04 Soest (FH), Essen (KPMG), 05 Wismar (Baumhaus), Recklinghausen (Kunsthalle), Ingolstadt (Kv) / **Lit.: 107-**02 + **256**

Urban, Karlheinz (Karl Heinz) (Prof) (B/M) (Lyriker) / 1915 Schweidnitz/Schlesien – 1994 / lebte ab 47 in Witten / s. 62 Plastik, 63-67 Bet.-Sommerakad.-Salzburg / war Prof. a. d. „Segetsu"-School in Tokio / 88-94 Mitgl. „Wittener KB" / Werke in N/INT / Ausst. u. a. in Herford/ Witten/Gelsenkirchen/Essen/Bad Oeynhausen/Tokio-Jap., um 1972/82 MS (3xGal.-Clasing-Kuhstr), Osnabrück (Clasing), 81 Osnabrück (Heger-Tor-Wall), + N / **Lit.: 53 + 144x-**05 (erw.) + H. E. Käufer: „Das betroffene Metall" – Plastiken v. K. U. – Scherpe-Verl.-Krefeld, 1975; K. U.: „Im Goldgrund des Seins" – GHM-Verl.-Bonn, um 1980

Urban, Markus (Foto- u. Gr.-Des) (Musiker) / 1968 Oberhausen- / lebt (2005) in Dortmund / 91 Fotoprakt.-Düsseldorf, 92-94 Fotofachlaborantausb., 94-97 Berufstätig, 97-(05?) Stud. FHD-Dortmund (Komm.-Des) / Ausst. u. a. 2003 Dortmund (Mus. f. K. u. K), 04 Essen (Lohnhalle-Zollverein), 05 Mannheim (Fototage), Neunkirchen-Saar (Stadtgal), Nauenheim, Wanderausst.-Hellwegregion, 05/06 Washington/Casablanca/Rabat/Brüssel (Goethe-Institute), 06 Berlin-Friedrichshain (Komm.-Fotogal) / **Lit.: 203g**

Urban, Rainer NEU! (M/G/Z) / 1934 Greven- / lebt (66) in Stade u. 2004 in Visselhövede(?) / Stud.-Düsseldorf/München Akad.-n u. Salzburg / war Mitgl. Gr.-„M 60"-MS / Ausst.-gen u. a. 1961 MS (Gal.-Clasing), 61/63/2x64/66 MS (Kv), + N / **Lit.: 1-**1 + **5-**63+64 + **7a-**66 + **7c-**61+64 + **41-**61 + **84-**79 + In: „Deutscher Kunstpreis der Jugend 1963" – Ausst.-kat. – Baden-

Baden/Bochum, 1963/64; Zeich.-n v. R. U. in: „Die Chamäleons sind zur Zeit rot“ – Tübingen, 1989; In: „Mitgift mit Gift“ – München, 1995

Urban, Tobias (Video- Aktions- u. Perf.-k) / 18. 7. 1966 Bochum- / lebt (2005) in Wien / Stud. Hochsch. f. angew. Kunst-Wien / Mitgl. Gr.-„gelatin“-Wien / Ausst.-gen/Projekte u. a. s. 1992 in Wien-Öst., 92 Genua-It., 95 Krems-Öst., 96 St. Moritz-Schweiz/Budapest-Ungarn, 97 Bulgarien/Schweiz/Österr./New York-USA, 98 USA/Meran-It./Krems-Öst., 99 Los Angeles-USA/ Mexiko/London/Liverpool-GB, 2000 Hannover (Expo/Sprengel-Mus), Perth-Australien/New York-USA/Krems-Österr., 01 Arnheim-NL/Madrid-Sp./MünchenStaatz-Öst., 03 Frankf.-M. (Schirn), New York (Gal.-Koenig), London (Frieze art fair), 04 Mailand (Gal. de Carlo), Sofia (Institut) / **Lit.: 26a**-05(m. Videowerken) + Internet = Gruppe „gelatin“

Urhausen, Romain (F/D/G) / 1930 Rumelange- / lebt (2002) in Luxemburg / Stud.-Paris 50/51 Ècole Techn. de Photogr. et Cinématogr. u. Saarbrücken 51-53 Kgsch / 53-57 u. ab 83 eig. Atelier in Luxemburg, 57-83 Lehrt. Wksch-Dortmund / war Mitgl.-„BDG“ / Ausst. u. a. 2001 Dortmund (Mus. f. K. u. K.) / **Lit.: 20** + **202** + Verfasser mehrerer Bildbände

Urkötter, Sonja (jetzt: Urkötter-Benner, S.) (F/M) / 1947 Bad Aachen- / lebt (2006) in MS / ab 92 Fotografie, Malereikurse in Bad Aachen / Ausst. u. a. 2003/05 MS (Proj.: Dyckburgwald/ Bennohaus), 04 MS-Wolbeck („punkt“), 06 MS (Bennohaus) / **Lit.: 237**-03

US, Stephan = Krogmann, Stephan (M/O/I/F/Perf.-k) / 1966 Lohne/Oldenburg- / lebt (2006) in Havixbeck u. MS / NEU: um 99 Mitbegr. Perform.-Gr. „ephemer“-MS, s. 99 Workshops u. ab 7/04 Atelier am Hafen Speicher II – MS / (Biografie in Beilage: CD-Ausgabe 2006)

Uyanik, Mehmet (Prof) (M/G/B/K) / 1946 Karacaardic(Bozkir)/Türkei- / lebt (2001) in Izmir/ Türkei / nach Lehrerausb.: Stud.-Istanbul 66-68 HfaK (Keramik) u. Stip. für Wien 68-70 Wksch / 72 Dipl.-Istanbul, 80 Lehrt. Bilecik/Türkei / Ausl.-Stipendien, 73/81 Keramik-Preise Türkei / 82 bis um 95 lebte er in Bergkamen, danach Prof. Akad.-Izmir / Ausst. u. a. 1980/83/2000 Bergkamen (Stadtgal), 87 MS (Stadthausgal), Ahlen (Rathaus) / **Lit.: 103**-2000

Väth, Hans (A/Dr.-Ing) / 23. 2. 1897 Geisslingen – 5. 3. 1950 Gelsenkirchen / Industriebauten, u. a. 1937 in Gelsenkirchen / **Lit.:** Internet

Vahrenhorst, Maren (Z/F) / 1974 Damme- / lebt (2001) in Paderborn / Stud.-Oldenburg 93-94 Univ. (Kunst), Paderborn 94-? Univ./GH (Kunst) u. 96/97 School of Art and Design in Derby/GB / Ausst. u. a. in Paderborn/Detmold/Civitella d'Agliano-It., 2000 Paderborn (Studentenwerk)

Vakily, Helmut (M/G) / 1938 Konstanz/Bodensee- / lebt s. 61 in München (39-49 in Teheran) / Stud. 54-61 Wksch-Dortmund u. Akad.-Stuttgart / Ausst. = N/INT / **Lit.: 53** + **107a**-63 + **108**-4 + **148**-73 + **148a**-83 +89 + **160** + **201**-70+90 + „H. V.“ – Ausst.-kat. – Mus.-Bochum, 1972

Valk-Verheijen, Elly (Valk, Elly/Valk-Verheyen, E.) (M/O/I/F) / 1951 Well/Bergen-NL- / lebt (2006) in Lünen u. Dortmund / NEU: Mitgl.-„Boch.-KB“, ab 01 Künstlerhaus-Dortmund u. 02 „WKB“ / (Biografie in Beilage: CD-Ausgabe 2006)

van s. Hauptname, z. Bsp.: **H**aaren, Peter van ... usw.

van der Minde, Bernhard s. **M**inde, Bernhard van der

van de Velde, Henry s. **V**elde, Henry van de

Vantchev, Ivan (M) / 1969 Assenovgrad/Bulgarien- / lebt (2004) in MS / Stud.-Sofia 92-97 Akad. u. ab 2000 Akad.-MS / Ausst. u. a. 2000 MS (kath. Eheberatung), 02 Nottuln (Alte Amtmannei), 03 MS (Finanzamt) / **Lit.: 228**-03

Varding, D. (F) / Daten nicht bek. / Fotografien um 1899/1900 aus Dortmund / Ausst. u. a. 2001 Dortmund (Mus. f. K. u. K.) / **Lit.: 202**

Varga, Martin (F/I/Videok) / * 1978 – / lebt (2006) in Dortmund / Stud.-Dortmund 01-05 FHD (Komm.-Des/Grafik) / 05 Focus Award FHD-Dortmund / s. 03 Mitgl. Künstlerhaus-Dortmund / Ausst. u. a. 2004/05 Dortmund (Off. Atelier), 05 Essen („pact“-Zollverein), Dortmund (FHD) / **Lit.: 120c**-04 + **203**-05

Vaupel, Marie-Helen (G/D) / 1965 Köln- / lebt (89) in MS / Stud.-MS 84-um90 FHD / Ausst. u. a. 1988 Herne (Flottmann-Hallen) / **Lit.: 142x**-88

Vedder, Anselm (A) / 1955 Menden- / lebt (2002) in Menden / Sohn des Karlheinz V. / Stud.-Berlin bis 80 TU / 81-83 Mitarbeiter im Büro „Heinrich & Wörner“-Dortmund, 84-90 u. ab 98 freiberufl. in Menden, 90-98 Partner im Büro: „Heinrich & Wörner & Partner“-Dortmund / viele Preise u. Ausz.-gen / Werke in NRW (s. Lit.) / **Lit.: 197**-95+97 + **197b**-99

Vedder, Karlheinz (Karl Heinz) (A/Dipl.-Ing) / 6. 1. 1916 Menden – 1973 ebd. / Vater des Anselm V. / Stud. TU-München / eig. Büro in Menden / Werke in Westf. (u. a. Kirchen) / **Lit.: 112d** (S. 36) + **173** + **219a**

Veen-Aldenrath, Kornelia (M) / 1959 Wuppertal- / lebt (2004) in Burbach / Autodidaktin / 96 = 1. Pr. Deerfield Fair u. 97 Deutscher Kunst-Pr. der Freizeitmaler / Ausst. u. a. in Den Haag/Düsseldorf/Derry-USA/Wuppertal, + Südwestf. / **Lit.: 110c**-04

Veith, Anton s. Feith, Anton

Velde, Henry van de (Van de Velde, H.) (Prof) (A/M/D/Entwurfz-Khw) (Autor) / 1863 Antwerpen – 1957 Zürich / Autodidakt / s. 1898 in Deutschl. / 1901 Architekt in Hagen (ab 1900 Mus.-Folkwang, 1901 Haus Hohenhof-Hagen), s. 02 Weimar, 06 Gründer u. Leiter bis 14 Kgsch-Weimar, ab 14 wieder in Belgien, Lehrt.-Brüssel/Gent, s. 47 Schweiz / Werke u. a. in Hagen/MS/Köln/Weimar/Gent-Belg./Otterlo-NL / Ausst. u. a. 1978 Hamm (Mus), 2002 MS (LM), + N/INT / **Lit. u. a.**: **24**-34 + **25**-5 + **34**-8,2 + **97x** + **108**-4 + **136**-1 + **205d** + **265** + In: „Ein Dokument Deutscher Kunst" – Bd. 2 – Hess.-LM-Darmstadt, 1976; In: „Jugendstil" – Ausst.-kat. – G.-L.-Mus.-Hamm, 1978; In: „Aufbruch zur Farbe" – Ausst.-kat. – Kunst-Mus.-Ahlen, Neuss/Bonn, 1996; In: „Reformzwang" – Ausst.-kat. – Mus.-Ahlen/Städt.-Gal. Würzburg, 1999; „H. v. d. V.-s Villa Esche in Chemnitz" – Birkhäuser-Verl. Offenbach, 2003

Veldhues, Karin (O/I/Aktions-u. Projektionsk/Z) / 1956 Schüttorf b. Bentheim- / lebt (2006) in Nusbaum/Eifel / NEU: 98-99 Lehrt. Akad. f. Gest. HWK-MS / 2000 Stip. Rhl.-Pfalz f. England, 01/02 Stip. Cité des Arts-Paris / ab 97 Aktionen/Projekte mit Gottfried Schumacher / (gr. Biografie in Beilage: CD-Ausgabe 2006)

Venevelt, Joh. (Holzschnitzer/Khw) / tätig um 1624 in Westfalen / Werk in Paderborn / Ausst. 1991 Paderborn (Diözes.-Mus) / **Lit.: 112b**

Venjakob, Judith (M/G) / 1979 Bielefeld- / lebt (2003) in Bielefeld / Tochter v. Christine + Bernhard **V.** (= s. in Beilage: CD-Ausgabe 2006) / Stud.-Bielefeld s. 99 FHD / Ausst. u. a. 2002 Gütersloh (Kv), 03/05 Bielefeld (Kv.: „Noodles"/Kv)

Verhoff, Christiane (I) / 1977 Biberach/Riß- / lebt (2005) in MS / Stud.-Stuttgart 96-97 Univ. (Rom/Kunstg), ab 97 Univ.-MS (Franz/Päd) u. s. 98 Akad.-MS / Ausst. u. a. 2003 Emsdetten (Gal.-MS-land) / **Lit.: 229**-03

Vering-Pagenkämper, Susanne (B) / 1955 Langenberg b. Wiedenbrück- / lebt (92) in Langenberg / Holzbildhauerin / Werke s. 76 / Ausst. u. a. 1980/88-91 Telgte (Mus) / **Lit.: 185**-80+ 88...91

Verkrüzen, Anton NEU! (u. a. Verkreutzen/Verkruitsen) (M) / † 1716/17(oder nach 1720?) Münster / ab 1675 in MS tätig, Ausb. b. Koppers, 1686 Meister, 1711+1713 Gildemeister / Werk in Warendorf (1675) u. Nordkirchen, Werke nicht erhalten in MS u. Billerbeck, letztes 1941 in MS verbrannt / **Lit.: 24**-34 + **178a** + G. Buchmann = In: „Auf Roter Erde" – „WN"-MS – Nr. 194, 1976

Verkrüzen, Johann Anton (M) / † 1769 Münster (nach Geisberg) oder vor 1780 ? / Sohn d. Joh. Mauritz V. / in MS bek. ab 1753(?) / Arbeiten im Schloss Nordkirchen / **Lit. 178a** + G. Buchmann = In: „Auf Roter Erde" – „WN"-MS – Nr. 194, 1976

Verkrüzen, Johann Mauritz (M) / * um 1681 (Münster?) – 26. 1. 1733 Münster (Geisberg: 1742) / Vater des Joh. Anton V. / 1712 Meister / **Lit. 178a** + G. Buchmann = In: „Auf Roter Erde" – „WN"-MS – Nr. 194, 1976

Vernucken, Heinrich (Vernukken, u. a.) = Oych, Heinrich gen. Verneyken v. Kalkar (B/A) / 1559-63 m. Sohn Wilhelm auf Schloss Horst (Gelsenkirchen) tätig / **Lit.: 24**-34(erw. b. Wilhelm V.(=Oych, H.) + Richard Klapheck = 2x Literatur: siehe bei Wilhelm V.

Vernucken, Wilhelm (Vernukken/Vernughen/Verniske/u. a.) (A/B) / ab 1559 bek., begraben am 26. 12. 1607 in Kassel / Sohn des Bildh.-s Heinrich Oych, gen. Verneyken von Kalkar / war 1559/63 m. s. Vater auf Schloss Horst (jetzt Gelsenkirchen) tätig, ab 1564 dort selbst., danach tätig in Köln u. ab 1. 5. 1577 als Werkmeister u. Bildh. am hess. Hofe, s. 1589 Bürger in Kassel / Werke u. a. in Gelsenkirchen, Köln, Kassel u. Rotenburg a. d. Fulda / **Lit.: 24**-34 + In: Richard Klapheck: „Die Meister von Schloss Horst" – E. Wasmuth-A.G.-Berlin, 1915; In: R. Klapheck: „Schlossbauten u. Herrensitze um Essen" – in „Rheinische Kunststätten" – Reihe XIII, Nr. 2 – Düsseldorf, 1936

Verstraten, Hubert (Schmuckgest) / lebt (1995) in Brüssel / 95 für (**s.**:) „**N**iessing"-Vreden tätig / 95 Pr. in Tokio

Vesting, Monika (F/D/O/I) / 1957 Blomberg- / lebt (2006) in Bielefeld / Stud.-Bielefeld 77-81 FHD / Mitgl. Ateliergem. „Kunst im nahen Osten" u. 03 Mitbegr. Produzentengal.-Bielefeld /

Ausst. u. a. 2001/06 Borken (Grafikbörse), 04/05 Bielefeld (Produz.-gal), 05/06 Bielefeld (Rav.-Spinnerei/Univ.: Ästhet.-Zentrum/Nacht der Galerien)

Vetter, Ulrike (M/K/Videok) / 1960 Ahlen- / lebt (2003) in MS / Stud. Univ.-MS (Kunst/Päd) / 84-85 Maskenbau u. Langzeitausb. in Bielefeld u. Gelnhausen, 88 Psychodramausb. nach Moreno, 90-99 kunstpäd. Projekte m. Kindern / Ausst.-gen s. 1986, u. a. 86 Essen (Zeche Carl), 90 MS (VHS), 2001-03 MS (Off. Atelier), 03 MS (Chir.-Univ.-kl)

Vickery, Fiona (M/Z) / * 1979 – / lebt (2005) in Nieheim / 98/99 Pferdetrainerin in Neuseeland, 99-02 Handelslehre, 01 Landsch.-malerei in Kenia, 02 Tierzeichnungen in Südafrika u. Kunststud. in Florenz/Italien, danach Weiterb.-kurse in Schlesw.-Holstein / Ausst. u. a. in Brakel (Mus), Holzhausen (Gut), 2001 Herford (Naafi-Center), 03 Anröchte (Schloss Eggeringhausen), Bad Pyrmont (Mus) / **Lit.:** Internet

Viebahn, Martha von (M/G) / 13. 9. 1865 Berlin – 8. 12. 1955 Eresing b. Landsberg/Lech / nach Jugendzeit in Münster: Stud. Akad.-München, lebte s. 38 in Eresing / war Mitgl. Gr.-„VWKuK“ / Ausst. 1926 Dortmund (Reinoldushof), 29-32 München / **Lit.: 8a**-26 + **24**-34 + **34**-9,2 + **155a**

Viefhues, Petra (G/D) / 1958 Bad Bevensen- / lebt (2006) in Gronau / Stud. Fachsch. f. Erziehung Stadtlohn, Beruf: Erzieherin, Stud.-MS 01-2/06 FHD / Ausst. u. a. Gronau/Borken/Goslar/Enschede-NL, 05 Essen (Kunsthaus), 06 Berlin (Kunstbuch), Rheine-Bentlage (Kloster)

Viegener, Friedrich (Fritz) (B/G/M) / NEU: 1888 Soest – 1976 Möhnesee-Delecke / (Biografie in Beilage: CD-Ausgabe 2006)

Vieira, Filipe NEU! (I/O) / 1964 Braga/Portugal- / lebt (2005) in Lörrach / Stud.-MS 93-01/02 Akad. / Ausst.: 2001 MS (Schloss), 02 Dortmund (Künstlerhaus), 05 Recklinghausen (Kunsthalle), Ingolstadt (Kv), + NRW / **Lit.:** u. a. **78d** + **80** + **96d** + **107**-96 + **121** + **218**-02 + **256**

Vieira Belo, Fernando (M/B) / 1945 Batalha/Estremadura-Port.- / lebt s. 97 in MS, Atelier = Telgte / Stud. Kunstschule in Portugal / Werke in Portugal / Ausst. u. a. in Batalha/Lissabon-Port./USA/Mosambik, 2002 MS-Mecklenbeck, 03 Enschede (Kunstmarkt) 04 MS-Roxel (Bez.-verw)

Viemann, Eugen (M) / 1930 Klausenburg/Sienbenbürgen- / lebt (2006) in Gevelsberg / Mitgl. Gr.-„Gevelsberger Künstler“ / Ausst. u. a. jährl. Gevelsberg (Rathaus), 2004/06 Gevelsberg (VHS/Bürgerzentrum/Wasserschloss Werdringen), 05 Schwelm (Kreishaus)

Vierhaus, Ruth NEU! (M/Coll.-k/I) / 1946 Felsberg/Nordhessen- / lebt bis 90 in Wetter, ab 91 Breckerfeld / Bauzeichnerin-Ausb., Weiterb.-Funkcolleg „Moderne Kunst“ u. Stud. Univ.-Bochum (Kunstzentrum), Diplom u. Meisterschülerin b. Prof. Dr. Qi Yang (Bo.-Wattenscheid) / im eig. Atelier s. 98 Lehrt.-Breckerfeld / Mitgl. „FrauenKunstForum“-Hagen u. „Künstlergilde“-Hagen / **E.**-Ausst. u. a. in Stuttgart/Haan, Dortmund (Gal.-Adamczyck), Hagen (Wirtsch.-prüferhaus/Kl. Gal.-Frauenforum/Altes Stadtbad/Gal. am Emilienplatz), Herten (Schlossgal), 2000 Breckerfeld (Ev. Jakobuskirche) / **A**usst.-bet. u. a. in Hagen (Stadtmus/Freilichtmus), Heerenberg-NL, Frankf.-M. (Ambiente), Bochum (Junge Kunst), Essen (Gal. „Die Gravüre“), Hefei-China (Stadtgal), 1986/90 Bochum (Ruhrlandhalle), 99 Hagen (Kooperative K), 02 Hagen (Kulturzentr.-Werkhof), 03 Hemer-Becke (KEUCO-Center) / **Lit.:** u. a. **146a**-86+90 + **187/187a**

Vierschilling, Manfred NEU! (O) / 1953 Olpe- / lebt 2002 Köln / nach Berufsausb.: Stud.-Wuppertal 71-75 Wksch (Innenarch) u. Köln 76-81 PH (Kunstpäd) / Ausst. u. a. 1999/2000 Köln (Kunstforum/Kölngal/Street-Gal/Lichthof), 2000 Aachen (Gal.-Ednubalk), Bad Höningen (Schloss), 01 München (SEB-AG), 02 Gelsenkirchen (Halfmannshof), + NRW / **Lit.: 110**-86 + **225**

Vieth, Kurt Hubert (A/Dr.-Ing) / 4. 1. 1916 Hindenburg/Oberschlesien – 1993 / Stud.-Breslau 37-41 TH, 43 Promotion / 39-44 Assistent TH-Breslau, 41-45 Ltg. Büro v. Prof. Bode, Breslau u. Ltg. Stadtbauamt Oppeln/Oberschl., tätig 46 in MS, 47-49 Bauverwaltung Bochum, 49-62 Bauverw.-Herne, dort 50-62 Ltg. des Stadtplanungsamtes, 62-70(75) Stadtbaurat in Mönchengladbach-Rheydt, außerdem war er freiberufl. tätig, Werke: u. a. 4 Kirchen in Bochum um 47-59 / **Lit.: 146c** + Internet

Vieth, Walter (M) / 1955 Beckum- / lebt s. 76 in Haus Kannen – MS / s. **Gr.**-„Haus Kannen“-MS / Ausst. u. a. 2001 MS (Haus Kannen) / **Lit.: 150**-01

Vigano, Wieland (M) / 1958 Essen- / lebt (2000) in Hattingen / Kunststud.-Essen 80-86 Univ./GH / Ausst. u. a. 1989/90 Hagen (Mus), 93/95 Bochum, 99 Ennepetal (Kluterthöhle) / **Lit.: 209**-99

VIGLI s. Liebers, Verena Iris Gisela

Vinken, Frank (F) / (* um 1956) / lebt (2005) in Essen / Autodidakt / Fotograf an der WAZ-Essen,

s. 81 Pressefotogr., 82 Oberhausen, 83-89 Dorsten, s. 91 WAZ-Redakteur Essen / Ausst. u. a. 1990 Gelsenkirchen-Buer (Gal.-werkstatt), 2000 Essen (Gal.-Koch u. Unthan) / **Lit.: 212**-(90) + In: „Rolf Glasmeier" – Revier*Atelier* – Hg.: Jörg Loskill – Klartext-Verl. – Essen, 05

Vinzelberg, Ulrich (A/Dipl.-Ing/Stadtplaner) / 1954 Gelsenkirchen- / lebt (98) in Bochum / Stud.-Dortmund bis 80 Univ. (Archit) / 80-83 Mitarb.-Büro Prof Döring-Düsseldorf, ab 83 eig. Büro in Bochum / 83 Assist. u. 97 Lehrt. Univ.-Dortmund / Mitgl.-„BDA" / Werke in Westf. + N (s. Lit.) / **Lit.: 197**-97(m. Lit.-ang.)

VIOLA TIBO s. Terechine, Vladimir

Virnich, Winfried (Prof) (M/Z) / 1955 Eschweiler- / lebt (2004) in Köln / 76-80 Musikstud.-Aachen, Stud.-Berlin 80-87 HdK, Meisterschüler / 87 K.-Schm.-Rottluff Stip., Stip. Bonn u. Förder-Pr. Aachen / 89-90 Lehrt. Akad.-MS, ab 97 Prof. Akad.-Mainz / Ausst. = N/INT / **Lit.: 51**

Visch, Henk (B/Glask/M/Z) / 1950 Eindhoven/NL- / lebt (2006) in MS u. Eindhoven/NL / Stud..-´s Hertogenbosch 68-72 Akad. / 79/82/83 in New York u. 84 Fontevraud-Fr., 88 Beteil. Biennale-Venedig u. 92+02 = IX.+XI. documenta-Kassel, 91 Kunst-Pr. Darmstadt, 02 Kunst-Pr. 2001 des „Prinz Bernard" Kulturfonds Nord Brabant / Lehrt.: 84-87 Akad.-Amsterdam-NL, 87-91 Akad.-Maastricht-NL, 95-01 Prof. Akad.-Stuttgart u. ab 05 Akad.-MS / Ausst. s. 1981, u. a. 97 Warendorf (Installation), 99 Arnsberg (Jahresgaben), 2005 Herford (MARTa), + N/ INT = bis 06 fast 200 Ausst.-en/Beteil.-en / **Lit.: 109 + 260** + u. a. In: „Gesigmaleerd"" – Neue Kunst aus den Niederlanden – Ausst.-kat. – Kunsth.-Kiel, 1983; In: „¬De Nederlandse identitit in de Kunst na 1945" – Ausst.-kat. – Stedelijk-Mus. Amsterdam, 1984; In: „Innovation und Tradition" – Niederl. Kunst der achtziger Jahre – Karlsruhe/Erlangen/Utrecht, 1986/87(m. Lit.!); In: „XLIII Biennale di Venezia" – 1988; In: „Stad(t)T-art" – Kunst in 56 homöop. Dosen – Ausst.-kat. – Kultursekr.-Gütersloh, 19(97)98; alles H. V. = Ausst.-kat.-e: Städt.-Gal.-Nordhorn, 1987; Kv.-Hannover, 1990; Mus.-New York, 1992; Staatsgal.-Heerlen-NL, 1997; Sprengel-Mus.-Hannover, 1997; De Zonnehof – Amersfoort-NL, 2003; WAKO – Works of Art, 2004

Vitt, Engelbert (A) / 1950 Olpe- / lebt (2002) in Köln / Stud.-Aachen bis 88 TH / 82-92 Tischlerei m. Dr. Th. Schmidt, 88-92 Planungsgem. Schmidt – Vitt, ab 92 Büro: „Grützner + Vitt" in Köln / Werke u. a. in NRW (s. Lit.) / **Lit.: 197**-97+01

Vitt, Roman (F) / lebt (2004) in Siegen / Arbeiten in Zeitschriften/Illustrierten, Katalogen, Prospekten, CD-Covers u. Plakaten / Ausst. = N / **Lit.: 110a+b + 110c**-04

Vlachopoulos, Elena (M) / 1968 Bielefeld- / lebt (2006) in Berlin / NEU: Schwester v. Stella **V.** / Stud.-Bielefeld 94-2000 FHD u. Braunschweig 2000-04 HfBK, 04 Meisterschülerin / (Biografie in Beilage: CD-Ausgabe 2006)

Vlachopoulos, Stella (B/G/D/Z) / 1968 Bielefeld- / lebt (2006) in Berlin / Schwester v. Elena **V.** / Stud.-Bielefeld 91-97 FHD (Bildh/Gr.-Des) / 94 = 2. Wettbew.-Pr. Bad Oeynhausen u. 2. Wettbew.-Pr. Köln, 95 Stip. f. Akad.-Athen / ab 97 freisch. in Berlin, 98 Gründung-Firma „Trust ART PartG" m. Marco **B**aré = Wettbew.-beteil.-en u. a. in Cottbus/Magdeburg/Berlin/Erfurt / Mitgl. „BBK"-OWL / Ausst. s. 1992, u. a. 1995 Herford (D.-Pöppelmann-Haus), 99/2001/02 Berlin (Gal.-Arcus/Gal.-Mani/Projekt: Skulpturraum), 2000/02 Bielefeld (Gal.-61), 02 Köln („Tecis"), + NRW / **Lit.: 114E + 124**-05 **+ 182**-98

Völkel-Song, Nham-hee NEU! (Pseudon.: Yuhrim / eigentl.: Song Nham-hee) (M/O/I/Materialb.-k/Buchk/Kalligrafie) / 1945 Iksan/Südkorea- / lebt s. 67 in Bad Berleburg / (gr. Biografie in Beilage: CD-Ausgabe 2006)

Völker, Cornelius (M) / 1965 Kronach- / lebt (2006) in Düsseldorf u. MS / Stud.-Düsseldorf bis 95 Akad., 94 Meisterschüler / ab 10/05 Prof. Akad.-MS / Ausst. u. a. 2001 Kranenberg (Mus), Solingen (Mus.-Baden), MS (Stadthausgal), 02 Gladbeck (Gal.-Rathauspark), Graz-Öst./Ulm/New York/München/Ehingen-Mochetal/Silkenberg-Dänem., 03 Göppingen (Kunsthalle), Donau-Grein-Öst. (Gal. am Fluss(K), Koppenhagen-Dänem./Bern-Schweiz/Düsseldorf/München /Amsterdam-NL/Asquoy-NL(K)/Manchester-GB(K), 04 Berlin (Kunstallianz), Lingen (Kunsthalle(K), Gross Leuthen (Wasserschloss), Zürich-Schweiz/Düsseldorf/Köln/Heidenheim/Kranenberg/München/Frankf.-M., 05 Aachen (Ludwig Forum), Köln („Via Senese"), + N/INT / **Lit.:** K = Katalog + „C. V." – Positionen zur Malerei 6 – Ausst.-kat. – Stadthausgal.-MS, 2001

Völker, Karin (M/Z) / 1958 Kierspe- / lebt (2005) in Berlin / Stud.-Berlin 78-84 HfBK / Ausst. = N / **Lit.: 26a**-05

Voelker, Ulrike s. Löhr, Ulrike

Völkner, Barbara (M/G/B) / 1951 Lörrach/Baden- / lebt (2005) in Halle/Westf. / 70-74 Stud. in Heidelberg/Karlsruhe (Musik/Deutsch), Ausb. 83-85 Kirchenmusik, ab 90 Weiterb. Kunst u. 2001-? Stud. Alanus Kunsthochsch. Alfter b. Bonn u. Akad.-Reichenhall / Ausst. u. a. 2002 Halle/W. (Rathaus), 02/04 Halle/W. (Off. Atelier), 05 Bünde (Café auf'm Tiel) / **Lit.: 152b-**02+04

Völse, Peter (A) / 1961 Unna- / lebt (2002) in Borchen b. Paderborn / 95 Zus.-arb. m. Büro: „Becker + Just"-Paderborn / u. a. 98 BDA-Pr. OWL / Werke in Südwestf. / **Lit.: 197d-**(S. 122) + **213a-**99

Vogel, Benjamin (M) / 1971 Dortmund-Hörde- / lebt (2004) in Dortmund / Stud.-Dortmund 91-95 Univ. (Bauing.-wesen) u. 95-2000 Univ. (Päd/Math/Kunst) / 97 Mitbegr. (s.:) Gr.-„Kunstknoten"-Dortmund, ab 01 Lehrt. / Ausst. u. a. 1997-99 Dortmund (UB), 98/99 Dortmund (St. Gertrudis), 98/2001 Gladbeck, 99 Unna, 2000 Hattingen, 2000-03 Dortmund (TCC/PRODV/Univ/Gruppenausst.-gen), 01/03 Dortmund (Ellipson/Gal.-Gruttmann) / **Lit.: 128-**98+01

Vogel, Dirk (F/D) / 1969 Lüdenscheid- / lebt (2002) in Dortmund / 87-91 fr. Fotogr. a. d. „Westf. Rundschau" in Lüdenscheid / Stud.-Dortmund 91-99 FHD / Ausst. u. a. 2001 Dortmund (Mus. f. K. u. K./Rathaus), Duisburg (Zentralbibl), 04 Dorsten (Jüd.-Mus) / **Lit.: 202**

Vogel, Inka (F/G/D) / 1949 Mannheim- / lebt (2006) in Hagen / Stud.-Dortmund bis 89 FHD (Vis.-Komm) / Creativ-Director im TGZ-Hagen / Ausst. u. a. 1989 Bonn, 96 Hagen (Schloss Werdringen), 98 Köln (Photokina), 2002/05 Hagen (Mus), 02 Herne (Flottmann-Hallen), 03 Lüdenscheid (Chrysler), 03/04 Hagen (Stadthalle/Theater), 06 Bochum (Mus) / **Lit.: 97-**02+05 + **143d** + **146-**06

Vogel, Manfred (Prof) (M/Z) / 1946 Bottrop- / lebt (2006) in Duisburg / NEU: Lehrt.: Krefeld 79-87 FH u. 87-97 dort Prof., 84-86 Akad.-Düsseldorf u. ab 97 Univ./GH-Essen / (Biografie in Beilage: CD-Ausgabe 2006)

Vogel, Maria (M) / 1935 Dortmund- / weitere Daten nicht bek. / **Lit.: 98a**

Vogel, Werner (M/G) / 1889 Brilon – 1957 / Stud. Akad.-Düsseldorf u. b. Fr. v. Willes u. L. v. Kunowski / war in Köln u. Düsseldorf tätig / Ausst. u. a. 1924 Siegen (Kv) / **Lit.: 24-**34 + **34-**9,2 + Im Anhang: „Lexikon der Düsseldorfer Malerschule 1819-1918" – Bd. 3 – 1998

Vogel, Werner (B) / 1941 Leitmeritz- / **Lit.: 1-**2

Vogell, Werner (Khw = Marionetten- u. Maskenbauer) / * 1944 – / lebt (2006) in Iserlohn / s. 89 eig. Marionettentheater m. Horst Frevel = „Theater am schwarzen Faden" / s. 96 Lehrt. Jugendkunstschule Iserlohn

Voges, Carlheinz (M/G) / 1925 Düsseldorf- / lebt s. 95 in Legden-Asbeck / Stud. Akad.-Düsseldorf / bis 90 Redakteur in Düsseldorf (Westd. Zeitung) / Ausst. u. a. in Burscheid/Langenfeld/Remscheid, 2005 Ahaus (Villa van Delden)

Voges, Elisabeth (M) / 1888 Walkenried a.H. – ? / lebte um 1926/30 in Braunschweig / um 26/28 in Gr.-„VWKuK" (Westf.) / Ausst. in Dortmund/Hagen (VWKuK) / **Lit.: 8a-**26+28 + **34-**9,2

Vogl, Elke (M) / 1954 Gelsenkirchen- / lebt (2005) in Gelsenkirchen / Stud.-Marburg/Bochum 72-78 Univ.-n (Germ/Russ), Weiterb.-Kunst b. W. Schmitz u. R. Kleinschmidt / s. 80 Lehrt.-Marl / ab 01 Mitgl.-„BGK" / Ausst. u. a. 1993 Marl (Schmiede), 94/02/03 Gelsenkirchen (Jazz&Art-Gal/St. Maria Himmelfahrt/Mus), 97 Essen (Kutlturforum), 2001 Bochum (Kunstpark), 02 Mülheim-R. (Zenit), 04 Essen (Notkirche), 05 Gelsenkirchen (Sparkasse), Wesel (Wasserturm) / **Lit.: 145-**03

Vogt, Antonia (B) / 1912 Kirchworbis/Eichsfeld- / lebt (2005) in Münster / Gattin von Hermann Vogt / Arbeiten s. 78 / Ausst. u. a. 1981 Telgte (Mus), ab 2001 Artothek-Bürgerzentrum MS-Kinderhaus u. Heimatmus., 02 MS (Rathaus) / **Lit.: 185-**81

Vogt, Dagmar NEU! (Pseudon.: „DAVO") (M/Z/B/O/I) / 1960 Castrop-Rauxel- / lebt (2005) in Witten, Atelier in Bochum / Stud.-Dortmund 80-85 FH (Kunstpäd), Essen 86-88 Univ./GH (Kunst/Geschichte) u. 88-95 künstl. Ausb. FH-Dortmund / 02 Förderung „Dörken-Stiftung", 03 Kunst-Pr. Schwerte / s. 85 Lehrt. VHS / ab 94 Mitgl.-„Wittener-KB", 94-99 Gr.-„Ultramarin" / Ausst.-gen s. 1994, u. a. in Köln/Giessen, jährl. Witten (Haus Herbede), 99 Gelsenkirchen (Gal.-Café-Villa), Ennepetal (Kluterthöhle), 2000 Witten (Zeche Nachtigall), 02 Witten (Stadtwerke), Kurck-Russl., 03 MS (Rotes Kreuz), Tczew-Polen, 03/04 Witten (Univ/E: Haus Herbede), 04 Bochum (GEA-Center), + NRW / **Lit.: 26a-**05 + **144** + **144x-**05 + **187/ 187a** + **209-**99 + In: „clair-obscur" – Städt.-Gal-Hattingen – Hg.: Gruppe „Ultramarin", 1998

Vogt, Hermann (M/G/Z) / 1908 Breitenworbis/Eichsfeld – 1990 Münster / NEU: Ehefrau s.: Vogt, Antonia / (gr. Biografie in Beilage: CD-Ausgabe 2006)

Vogt, Ike (O/I/M/F/Videok) / 1953 Höxter- / lebt (2005) in Wuppertal / NEU: Proj.-förder. (WDR)-NRW u. Proj.-Stip. Berlin, 2000 Lehrt. FH-Düsseldorf / Mitgl.-„BBK“, s. 99 „WKB“ / (Biografie in Beilage: CD-Ausgabe 2006)

Vogt, Lieselotte (Lisa) NEU! (M/G/B) / 1924 Bielefeld- / lebt (2004) in Krefeld / Stud. Wksch-Bielefeld u. Akad.-Düsseldorf / war Lehrt. / Ausst. u. a. 2004 Dortmund (Stadthafen), + NRW / **Lit.: 1**-4 + **107**-60 + **146**-04

Vogt, Rudolf (A) / 1935 Gladbeck- / lebt (2002) in Düsseldorf / Stud.-Krefeld 55-59 Wksch / ab 70 Büro in Düsseldorf, s. 97 „Vogt + Partner“ = m. Christian Vogt (* 1964 Düsseldorf) u. später Andreas Decker (* 1959 Köln) / Werke u. a. in Düsseldorf/Luxemburg (s. Lit.) / **Lit.: 197**-95+97+01

Vohwinkel, Astrid NEU! (M/O/Ill/Comicz) / 1969 Essen- / lebt (2004) in MS / Stud.-MS 89-96 FHD / Ausst. u. a. 1992/96-98 Frankf.-M. (Buchmesse), 95 MS (Univ.-Botan.-Inst/Café-Saitensprung), 2000 MS (Gal.-Goeken) / **Lit.: 122**-92+96 + A. V.(Ill.): (Jhg.-e nicht bek.) „Abenteuer Kommunion“ / „Wie wir einst den Stern gesehen“ / „Jakob u. s. kl. Bruder“ / „Das will ich wissen: Der wilde Westen“ / „Das wilde Inselpony“ / „Schnell wie der Wind“ / „Das Rätselschiff“ / „Das Geheimnis v. Himmel u. Erde“ / „Crome-Magnon“ / „The OLTER Limits“ – Ein Online Comics / „Voll Sinnen spielen“ – 2. Aufl. 1999

Voigt, Annemarie (F/Fotocoll.-k) / NEU: 1934 Duisburg- / lebte in Duisburg, ab 66 Iserlohn / (Biografie in Beilage: CD-Ausgabe 2006)

Voigt, Kirsten (M) / 1963 Bochum- / lebt (2005) in Berlin / nach Jugendzeit in Wuppertal u. Berlin: Augenoptikerinausb. / freisch. u. Kursleiterin / Mitgl. Gr.- „PARADOX“ / Ausst. s. 1990, u. a. auf Helgoland i. in Berlin, 1998 Berlin (Biberburg)

Voigt, Silke NEU! (M/G/Ill/D/O/I) / 1971 Halle/S.- / lebt (2006) MS / Stud.-Halle/S. 89/90 Kunsthochsch.-Burg Giebichenstein, MS 90-96 FHD (Grafik-Des) u. 95-01 Akad. (Malerei) / 2000/01 Lehrt. FHD-MS / ab 7/04 Atelier am Hafen Speicher II – MS / Ausst. u. a. in Hagen/ Frankf.-M./Oslo/Rheine-Bentlage/Werne, 2004-06 MS (Off. Atelier) / **Lit.: 122**-92...96 + **170** + bis 2006 = über 50 Bücher illustriert, u. a. Neudruck: A. S. von Goue/S. V.(Ill./Grafik): „Der hoeere Ruf“ – Edition Peperkorn – Thunum/Ostfr.

Vojska, Marjan (Prof) (M/G/Z) / 1934 Domzale/Slowenien- / lebt (2005) in MS / NEU: 65-99 Lehrt.-MS Wksch/FHD, 73-01 Prof. / (Biografie in Beilage: CD-Ausgabe 2006)

Volk, Stefan (F) / 1971 Münster- / lebt (2003) in Hamburg / 90-93 Fotogr.-ausb., s. 93 fr. Bildjournalist, Stud.-Bielefeld 96-01 FHD (Fotogr) / 93 Wettbew.-Pr. Hasselblad Fine-Art, 2000 Ausz. Fotoherbst Bad Schömburg, 01 ASA-Stip. Carl Duisberg Ges. e.V. u. selbst. in Hamburg / Ausst. u. a. 2000 Bielefeld (Hochbunker/Hist.-Mus), Bad Schömburg, 01 Hamburg (Sonntag Mus. der Arbeit)

Volkmann – Künstlerfamilie in Neuenrade u. Werdohl (20.-21.Jh.) / vier Mitgl. der Familie gründeten 2004 **Gr.**-„N-E-S-T“ / Ausst.-en s. **Gruppe** // **Esther** = Riecke-Volkmann, Esther (M/G) / 1969 Balve- / lebt (2006) in Neuenrade / Gattin v. Thomas V. / Stud.-Bo.-Wattenscheid 98-02 HfBKK / Mitgl. „FrauenKunstForum“-Südwestf., Gr.-„das netz“ u. s. 05 „BBK-Westf.“ Dortmund / Ausst. u. a. 1999 Heerenberg-NL, 99/2001 Bochum (IfBKK), 02 Lüdenscheid (Gal.-Kalinowski/Gal.-bella Arte), 03 Neuenrade (Projekt Kü.-Pferde), 04 Hvammstangi-Isl., 04/05 Hagen (Mus/Kulturamt), 05 Augsburg (BBK-Gal/Zeughaus), Berlin (Neue Ges. für Bild. Kunst), Essen (Zollverein), Worm (Kv), Eschwege/Neuenrade, Passau (Schloss Neuburg), Attendorn (Rathaus), Lüdenscheid (Mus), Schwelm (Kreishaus) / **Lit.: 125h** // **Natalie** (M/G/O) / 1967 Werdohl- / lebt (2006) in Werdohl / Gattin v. Stephan V. / Ausst.-en u. a. siehe **Gruppe** // **Stephan** (Konzeptk) / 1969 Werdohl- / lebt (2006) in Neuenrade / Bruder v. Thomas V. / Ausst.-en u. a. siehe **Gruppe** // **Thomas** (M/G/O) / 1966 Werdohl- / lebt (2006) in Werdohl / Bruder v. Stephan V. / Berufsausb. u. FoSfG, 89-94 Stud. Märkische Kunstakad.-Schwerte u. FHD-Dortmund (Vis.-Komm) / Mitgl. Gr.-„das netz“ u. s. 04 „BBK-Westf.“ Dortmund / Ausst. u. a. in Düsseldorf/Wiesbaden/Nürnberg/Duisburg/Würth/Potsdam/Berlin, 1996 /98/2004/05 Hagen (Mus), 03/04 Herne (Kunstbombe), 04 Siegen/Plettenberg, Duisburg (Cubus-Kunsthalle), 05 Eschwege (Innenstadt), Augsburg (BBK-Gal/Zeughaus), Worms (Kv), Berlin (Neue Ges. f. bild. Kunst), Bochum (Zeche-Holland), Herne (Archäol.-Mus), Lüdenscheid (Mus), Bo.-Wattenscheid (Technol.-Zentrum), 05 Schwelm (Kreishaus), 06 Dortmund (Gal.-Art-isotope) / **Lit.: 3**-05(1+2) + **97**-96+98+2000+05 + **125h**

Volkmann, Gerlinde von (M) / 1936 Lübbecke- / lebt s. 63 in Wuppertal / Stud.-Detmold 58-62 Musikhochsch. (Musikpäd) / ab 86 Weiterb.-Malerei, 90 Kunsttherap.-ausb. in Hückeswagen/ Düsseldorf / Ausst.-gen s. 1992, u. a. in Wuppertal / **Lit.: 216**

Volkmann, Rosa-Franzis (Rosa) NEU! (I/F/M) / 1975 Münster- / lebt (2005) in MS / 94-96 Stud.-Köln/Bochum (Theater- Film- u. Fernsehwiss., Geschichte/Psych), 95/96 Dortmund (Journalistik), ab 96 MS Univ. (Erz.-wiss) u. 97-06 Akad., 2001 Meisterschülerin / 02 Reise-Stip. Akad.-MS / Ausst. u. a. 1999 MS (Beteil.-Akad.: Reiterkaserne/CUBA), 2000 MS (HBZ), Kapstadt (Goethe-Inst), 2001 Holzwickede (Haus Opherdicke), MS (Hörsterstr), 02 Bergkamen (Ökologiestation), Coesfeld (Kolping-Bild.-stätte), 05 Moers (Peschkenhaus) / **Lit.: 57**-01+02 + **64x**-05

Volkmann, Thomas s. Volkmann – Künstlerfamilie

Volkmann, Thomas (M/F/Klanginst.-k) / lebt s. 84 in Essen / Ausst. = NRW

Volks, Anne (O/B) / 1978 Ahaus- / lebt (2005) in Münster / Stud.-MS ab 2000 Akad. u. Univ. (Päd/Biol) / Ausst. 2003 Laer (Stadtmitte), 04 Bergkamen (Stadtgal), Bad Oeynhausen (VHS), Soest (FH), 05 Wismar (Baumhaus), Recklinghausen (Kunsth), Ingolstadt (Kv) / **Lit.: 256+a**

Vollenbroich, Dirk (O/I/Lichtinst.-k/Videok) / 1969 Burgsteinfurt(jetzt Steinfurt)- / lebt (2006) in Köln / NEU: Stud.-FH 92-94 (Physik-Technik) u. MS 94-03 Akad., 99 Meisterschüler / (Biografie in Beilage: CD-Ausgabe 2006)

Vollendorf, Dieter (M/G/A/Innenarchit) / 1936 Osnabrück- / lebt (2005) in Detmold / NEU: 76-99 wiss. Mitarb./Lehrt. FH-Lippe Detmold / (Biografie in Beilage: CD-Ausgabe 2006)

Vollmer, Christoph (Z/Prod.-Des) / * 1968 – / lebt (2000) in Hamburg/Ahrensburg / 85-89 Modellschlosserausb.-Meschede, Stud.-MS 91-96 FHD / 97-2000 tätig in Hamburg/Ahrensburg, s. 2000 freiberufl. tätig f. Firmen in MS/Hamburg/Reutlingen/Börnsen / Ausst.: 02 MS (IHK)

Vombek, Rudolf (auch Vombeck) (M/G/Glasm) / 1930 Maribor/Jugosl.- / lebt (2005) in Herdecke u. Langeland/DK / NEU: Ehefrau: Roswitha **L**üder-Vombek / 03-04 artist in residence Univ.-Witten-Herdecke / (Biografie in Beilage: CD-Ausgabe 2006)

Vombek-Lüder, Roswitha s. Lüder, Roswitha

Von Hoetmar s. Hoetmar, von (eigentl.: Norbert Flüchter)

von den Driesch, Heinrich s. Driesch, Heinrich von den

von der Mehr, Egbert s. Mehr, Egbert von der

Vonnahme, Thomas (G/M/F) / 1973 Kamen- / lebt (2005) in Paderborn / Stud. Univ.-MS u. Paderborn (Druckgrafik) / s. 99 Mitgl. Atelier „Raum für Kunst"-Paderborn / Ausst. u. a. 1999 Paderborn (Techno-Park), 2002/03/05 Paderborn (Off. Atelier), + Südwestf. / **Lit.: 101b**-02+03+05 (=Raum für Kunst)

Vorberg, Maike (M) / 1978 Georgsmarienhütte- / lebt (2004) in MS / Stud. Akad.-MS / Ausst. u. a. 2003 Schwerte (Kv) / **Lit.: 234**-03

Vor dem Berge, Helmut (Bild.-Künstler) / 1951 Bramsche- / lebt (80) in MS / Stud.-MS um 73/80 Akad. / **Lit.: 256** + In: „Lebensläufe" – Klasse Prof. Timm Ulrichs d. Kunstakad.-MS, 1976/78

Vorden, Joest van (B) / NEU: ab 1500 in Münster tätig, † 1517 in Münster / Werke in MS u. Meppen / Ausst. u. a. 2005 MS (WL) / **Lit.: 200**-2(S. 434) + **255** + In: „Westfalen in Niedersachsen" – Hg.: Landkreise: Cloppenburg/Emsland/usw. u. Städte MS/Osnabrück, 1993

Voré (Volker Erhard) (Prof) (B/I/M/G) / 1941 Karlsruhe- / lebt (2006) in Ettlingen u. MS / NEU: 99 „Woldemar-Winkler"-Förder- u. Kunst-Pr. Gütersloh / (Biogr. in Beilage: CD-Ausg. 2006)

Vorhauer, Friedrich (Fritz) / (Porzell.-m) / 28. 10. 1866 Münster – 3. 2. 1919 ebd. / eig. Fabrikation in MS bis 1914, ab 19 übernahm A. **R**oloff die Werkstatt / u. a. Werke im Porzellanmuseum – MS / **Lit.: 63b** + B. Haunfelder: „Feines Porzellan aus Münster" – in: „Auf Roter Erde" – Nr. 3/02 – „WN"-MS v. 22. 3. 02; In: „Münster-Mosaik" – ab S. 118 – Aschendorff-Verl.-MS, 2003

Vorkoeper, Ute (M) (Kunsthist.?) / 1963 Dortmund- / weitere Daten nicht bek. / **Lit.: 98a**

Vorländer, Otto (M/Ill/Glasm) / 14. 1. 1853 Altena – 4. 5. 1937 Hameln / ab 1872 Stud. Akad.-Düsseldorf, 2 Jahre Lehrt. Gewerbesch.-Dortmund, Weiterb.-Berlin, 1878-81 Lehrt.-Frankf./M., 1882-87 Stud. München/Düsseldorf, Lehrt.: ab 1897 in Deutsch-Krone, s. 1903 Barmen, ab 1907 Münster / Werke u. a. in Bremen u. Soest / **Lit.: 24**-34 + **216**

Vormann, Anja (O/I/Videok/Video-Inst.-k) / 1963 Schwelm- / lebt (2005) in Düsseldorf / Stud.-Düsseldorf 87-93 FH (Vis.-Komm) u. 93-97 Univ/GH-Wuppertal / 93 Ausz.-Hamburg, 95 Berg.-Kunst-Pr. / Mitgl.-„WKB" / Ausst. u. a. 1993 Maastricht-NL, 94 Neuss, 95 Solingen (Mus), Düsseldorf (Aktion-Königsallee), 97 Gelsenkirchen (Mus), 98 Herne (WKB), 99 Langental (Media-

Skulptur), 2000 Kopenhagen (Int.-Videofenster), Ennepetal (Kluterthöhle), Düsseldorf (Messe), Lüdenscheid (WKB), 02 Bochum (WKB), Düsseldorf (Hofgarten) 03/04 Bochum/Steinfurt/Litauen (WKB), 05 Hattingen (Haus Kemnade) / **Lit.: 86**-98+2000+02+03 + **107**-2000 + **209**-2000 + **216**

Vormann, Irmlind (M) / * 1953 – / lebt (2005) in Lüdenscheid / Stud.-MS um 1975 (Akad) / Ausst. u. a. 1975 Marl (Rathaus), 2005 MS (Café Suntrup) / **Lit.: 140**-75

Vornweg, Ansgar (M) / 1969 Wuppertal- / lebt (2000) in Ennepetal / Autodidakt / 98/99 Mitgl. Gr.-„Kunstraum"-Ennepetal / Ausst. u. a. 1999 Ennepetal (Kluterthöhle) / **Lit.: 211**-99

Vos, Herman s. Voß, Hermann

Vos, Monika NEU! (M) / 1955 Gescher- / lebt (2005) in Stadtlohn / erst Autodidaktin, später Stud. IfBKK-Bo.-Wattenscheid / 02 Mitbegr. Gr.-„mittendrin" / Ausst. u. a. 2002 Bo.-Wattenscheid (Technol.-zentr), 05 Legden (Altes Haus) / **Lit.: 161**

Voß, Bianca (G/D/Ill/O) / 1974 Brilon- / lebt (2006) in MS / 92-94 Werbe- u. Mediengest.-inausb./Tätigk. in Marsberg, 94-98 Weiterb. Inst. f. bild.-Kunst Bochum (Ill), bis 2000 in Düsseldorf Grafikdes.-in, 2000/01 Multimediades.-inausb.-Essen, ab 01 Stud. Akad.-MS / Ausst. u. a. 2003 MS (Erdgas), Rheine-Bentlage (Kloster), Herford (MARTa-Lounge), 06 Essen (Kunsthaus) / **Lit.: 183**-3 + **229**-03 + **229a**-04

Voß, Birgit (M) / 1943 Hannover- / lebt s. 68 in Paderborn / 68-77 Weiterb. b. Hannes **P**ink / 79-98 Mitgl. Ateliergem. „Quast", ab 99 Mitgl. Gr.-„Off. Atelier"-Paderborn / Ausst. u. a. 1999-2005 Paderborn (Off. Atelier-Kunstwerkstatt), 01/03-06 Paderborn (PESAG/Haus der ev. Kirche/Wewelsburg/Musikhaus/IN VIA-Akad.-Meinwerk-Inst/Nixdorf) / **Lit.: 101b**-02...05

Voss, Heinz (M/G) / 1919 Bottrop – 2000 / lebte in Bottrop / Ausst. u. a. 1981/83-91/2001 Telgte (Mus) / **Lit.: 185**-81+83...91

Voß, Heinz (M/G) / 1951 Friedrichskoog/Schl.-Holstein- / lebt (99) in MS / Stud. FHD-Dortmund (Grafik-Des) / Ausst. u. a. 1979 MS (Gerichtsschänke), 2000 Gronau-Epe (Gal.-Soeten)

Voss, Johann (M) / † um 1620/32 Münster / stammt wahrsch. aus Sonßbecke, Kr. Moers / 1609 Meister in MS / Werke in MS (Apostelkirche) / **Lit.: 24**-34 + **178a**

Vossiek, Christian (F/D/M/O) / 1969 Berlin-Schöneberg- / lebt (2006) in Bielefeld / s. 90 künstl. tätig, Stud.-Bielefeld 99-05 FHD / s. 01 Zus.-arbeit m. Martin **M**ühlhoff in Bielefeld / Ausst. u. a. Berlin/Mannheim, 2003 Dortmund (FHD), 06 Herford (MARTa-Kapelle) / **Lit.: 203**-03

Vreden, Joest van s. Vredis, Judocus

Vredis, Judocus (auch: Joest van Vreden) NEU! (B/K) / * um 1473/74 Vreden – 1540 Wedderen b. Dülmen / Name eigentl. „Pelsers" / ab 1493 Mönch der Kartause Wedderen b. Dülmen im Münsterland, erst Prokurator, 1531-40 Prior / Werke u. a. in MS u. NRW / Ausst. u. a. 1984 MS (Stadtmus), 2000/01 Borken (Hamaland-Mus), 01 Deventer-NL (Hist.-Mus), MS (WL), 04 Rheine-Bentlage (Kloster), Telgte (Mus) / **Lit.: 24**-34 + **33** + **47a** (S. 100/101) + In: Dr. A. Henze: „Westfälische Kunstgeschichte" – Recklinghausen, 1957; „J. V." – Kunst aus der Stille – Ausst.-kat. – Borken/Deventer/Münster, 2000; In: „Im Zeichen der Schöpfung oder der Weg ins Paradies" – Ausst.-kat. – Mus.-Kloster Bentlage u. Mus.-Heimathaus Telgte, 2004

Wache, Mirko (Filmk) / lebt (2001) in Dortmund / um 1992-99 Kameramann b. RTL / Stud.-Dortmund ab 99 FHD (Filmkamera) / Lehrt.-MS Filmwerkst. u. tätig als freier EB Kameramann / **Lit.:** Veranstaltungsheft der Filmwerkstatt in MS – 2/2002 – S. 24

Wachholz, Adriane (I/F/Filmk) / 1979 Oppeln- / lebt (2006) in MS / Stud.-MS ab 2000 Akad. (Fotogr/Film) / 02 Ausl.-Stip. Akad.-MS / Ausst. u. a. 2002 Seoul/K. (Univ), 03 Bergkamen (Zeche Haus Aden), MS (Gast: Atelier-Fresnostr), Coesfeld (Kv), Warendorf (Theater am Wall), 04 Dortmund (Künstlerhaus), 05 Dortmund (Freizeitzentr.-West), 06 Essen (Kunsthaus) / **Lit.: 218**-03 + **229**-03

Wachten, Kunibert (Prof) (A) / lebt (2000) in Dortmund u. Aachen / Stud. TH-Aachen / Büro in Dortmund „Faltin . Scheuvens . Wachten", um 98/99 Zus.-arb. m. Büros: „Kurtz/Saitner/Kleihues/Post/Wachten/Zlonicky" / Prof./Lehrt. TH-Aachen / Werke u. a. in Dortmund (Technologiepark) / **Lit.: 197b**-99

Wachtmann, Fritz-Karl NEU! (M/G/Glask/D/A) / 1938 Rheydt- / lebt (2001) in Bielefeld / Stud.-Bielefeld Wksch u. Hamburg HfBK / Ausst. u. a. 1965 MS (Kv), 11/97-1/98 Bielefeld (Bethel), 96 Paderborn (Glasgest.-Peters), 97 Telgte (Mus), Schwerte (kath. Akad) / **Lit.: 5**-65 + **185**-97(S. 68) + In: „Auf der Suche nach dem Licht" – Katalog z. Ausst. d. Glasmalerei Peters in Paderborn, 1997

Wächter, Bettina (M/G) / 1969 Troisdorf- / lebt (2005) in Berlin / NEU: Beteil. Jahresgaben 03/04 „Lipp.-Ges. f. Kunst“ / Lehrt. Europ.-Akad. Trier / (Biogr. in Beilage: CD-Ausgabe 06)

Wächter, Traudel (M/O/Khw) / 1939 Datteln- / lebt (2004) in Dortmund / Autodidaktin, um 50 Zeichenkurse in Kamp-Lintfort, ab 65 = Khw, (u. a.-Holz/Ton/Hanf) 90 Malerei, Seminar in Zürich, 94 Floristik u. 98 Objekte (u. a. Recycling) / Ausst. = NRW + Internet

Wältring, Uwe (Mediendes/Filmk) / 1977 Rheine- / lebt (2006) in MS / Praktikum b. „wn-design“ u. tätig als Grafiker, Stud.-MS 98-04 FHD / 05 „Bernard-Rincklake“-Pr. / ab 05 Büro „Gucc – Christochowitz, Hund, Wältring GbR“ – MS / Werke: 01-05 = 6 Kurzfilme, 06 Film-Planung / Auff. u. a. 2000/01 im Münsterland (Schulfilm), 02 Bremen, 04 MS (Cinema), 04/05 Berlin (Filmfestival/Popcom)

Wäsch, Uwe Joachim (M/G/Ill) / 1939 Bremen- / lebt (2005) in Wetter/Ruhr / Stud.-Bremen 63-66 Kunsthochsch. u. Kamp-Lintfort 95-99 Novalis Hochschulverein / ab 03 Mitgl. „Wittener-KB“ / Ausst. u. a. 2003-05 Witten (Haus Herbede) / **Lit.: 144x**-05

Wäsch, Wolfgang (Waesch, W.) (M/Z/B/O/I/F) / 1945 Lautenthal/Harz- / lebt (2006) in Bielefeld / NEU: lebte in Essen, s. 84 Paderborn u. Lichtenau, 96-? Herford u. Atelier in Bremerhaven, dann Bielefeld / Mitgl.-„BBK-OWL“, z.Zt. im Vorstand / (Biogr. in Beilage: CD)

Wäschle, Gisela (M/G/O/I) / 1952 Ravensburg/B.-Württ.- / lebt (2005) in Spenge / NEU: ab 91 freisch., s. 96 eig. Malschule / (Biografie in Beilage: CD-Ausgabe 2006)

Wäschle, Martin (A) / 1964 Freiburg/Br.- / lebt (2002) in Paderborn / Stud.-Karlsruhe bis 89 Univ. (Arch) / 89 Weinbrenner-Medaille u. Hansen-Pr. f. Dipl.-Projekt, 90-91 DAAD-Stip. f. Lausanne / 92-96 u. a. in London tätig, ab 96: „Matern u. Wäschle Architekten BDA“, Paderborn u. Berlin / s. 96 Werke u. a. in Gütersloh (1. Pr.) u. Paderborn / **Lit.: 197**-01

Wagener, Karl Friedrich (M/Z) / 1949 Niederdielfen- / lebt (2004) in Wilnsdorf / s. 70 Designer u. Illustrator / Ausst. u. a. 1997 Bonn-Bad Godesberg (Stadthalle), 98 Waldshut-Tiengen (Tracy-Colleg), Ludwigsburg/Augsburg, 99 Düsseldorf (Congr.-Center), 2001 Kreuztal (Praxis), Ötzberg-Odenwald (Gal.-Rumstedt), Gieboldehausen (Schloss), 01/03 Xanten (Café de Fries), 02 Benitaxell-Sp., + Südwestf. / **Lit.: 110b + 110c**-04 + K. Fr. W.: „Mit den Adlern fliegen ...“ – Selbstverl.-Wilnsdorf, 1997

Wagener, Siegfried (M) / * 1925 – / lebt (2004) in Freudenberg / Autodidakt, s. 55 Malerei / Ausst.-gen in Südwestf. / **Lit.: 110b + 110c**-04

Wagener, Thomas (A/I) / 1970 Siegen- / lebt (2003) in MS / 86-89 Modellbauerausb., Stud.-Siegen 91-94 Architektur u. 94-02 FH-MS (Archit) / 94-97 Mitarb. Grafik-Des.-Büro in MS, ab 97 Archit.-büro „Bolles + Wilson“-MS / ab 2000 Gr.-„Funkturm“ m. Frank Holschbach, Siegen / Ausst. u. a. 2001 Rotterdam (Workshop) / **Lit.: 227**

Wagner, Anne (B/K/M/Coll.-k) / 1921 Burgsteinfurt- / lebt (99) in Arnsberg / Stud.-MS 40-43 Wksch / (Biografie in Beilage: CD-Ausgabe 2006)

Wagner, Anne (M) / 1924 Dortmund- / lebt (2004) in Siegen / nach Südamerka-Aufenthalte in Siegen / Weiterb.-Kurse/Seminare u. HfG-Siegen / Ausst.-gen s. 1987 in Südwestf. / **Lit.: 110b + 110c**-04

Wagner, Barbara (M/G/O/I) / 1959 Zürich/Schweiz- / lebt (2006) in Wetter/Ruhr / 76-80 Ausb.-Zürich Schule f. Gest. / s. 80 in Deutschl. (Hamburg), ab 90 freisch. / Mitgl. Gr.-„Hagenring“-Hagen u. „BBK“-Westf.-Süd Dortmund / Ausst. u. a. Dortmund (Gal.-Ikon), Hagen (ardenkuverlag), 2000 Witten (Kläranlage), Witten-Herbede (Ölbachtal), Schwelm (Fabrikgal.-Knorr), 01 Essen (VHS), Hagen (Atelier-Niestrath-Berger), 02 Hagen (Hagenring-Gal/Freilichtmus), Menden (Mus), Essen (Zeche Carl), 03 Schwelm (Haus Martfeld), Lüdinghausen (Burg Vischering), 04 Plunge/Litauen, 05 MS (Arbeitsgericht), 06 MS (Gal.-König), Essen (Hof Steenkamp), + Südwestf. / **Lit.: 19**-03 + **97**-04 + **187 + 187b** + A.-E. Kittner: „B. W.“ – Katalog – Hagen, 1999; In: „k+m“ – Kunst und Material – Heft 1/1999 – ab S. 42 – Witten

Wagner, Beate (M/Ill) / 1958 Hagen- / lebt (2005) in Wien / 73-74 Schriftlithogr.-ausb., Stud.-Stuttgart 80-82 Freie Kunstsch. u. Kassel 82-88 HfBK / s. 99 Lehrt. VHS-Wien / Ausst. = N+INT / **Lit.: 26a**-05

Wagner, Horst (G/D/F/Ill/Airbrush) / 1944 Reichenstein/Schlesien- / lebt 54-67 in MS u. ab 67 in Lengerich / Typogr.-ausb. in MS, Stud.-MS 63-67 Wksch / ab 67 als Grafik-Designer tätig, s. 85 eig. Des.-büro / Design/Ill.-en u. a. für Wirtschaft/Firmen/Verlage, Gründung von „Graphik-CarArt“ (Kunstdrucke), auch im Internet / Ausst. u. a. 2004 MS (Stadthaus I), + Internet

Wagner, Horst (M/G) / 1959 Erfurt- / lebt (2005) in Erfurt / Lit.: 107a-04

Wagner, Meinhard (A) / 1919 Chemnitz – 1984 Dortmund / Stud.-Aachen 39/46-49 / s. 51 in Dortmund tätig, 52-60 Essen, 56 Promotion, 58 Staatsprüfung, 60-63 Dorsten, 63-75 Reg.-Baurat/Stadtrat f. Bau- u. Planungswesen in Dortmund / eig. Bauten v. 48-64 / **Lit.: 120a-**3

Wagner, W. (A) / lebt (2000) in Dortmund / Hochbauabt. „DEW/DSW/W. Wagner“ in Dortmund / Werke: u. a. in Dortmund u. Zentrum Olpe / **Lit.: 197b-**99

Wagner, Walter (M) / 1913 Dortmund – 1993 / lebte in Dortmund / Ausst. u. a. 1977 Lüdinghausen (Burg Vischering), 79 Bösingfeld (Sternberg-Apotheke), um 85/95 Dortmund (Torhaus/Rathaus) / **Lit.: 98a** + „W. W. – Bilder aus dem Münsterland“ – Faltblatt – Burg Vischering-Lüdinghausen, 1977

Wagner-Heinze, Ika (K/B/O/Coll.-k) / NEU: 19(58?)60 Bielefeld- / lebt (2005) in Werther / neue u. genauere Daten nicht erhältlich / Stud.-Bielefeld 85-90 Univ. (Kunst) / Ausst. u. a. 1990-94 Bielefeld, 91 Lippinghausen, 93 Bünde/Versmold / **Lit.: 27-**4 + I. W.-H.: „Terrakotta“ – Univ.-Bielefeld, 1994

Wahrenberg-Hauser, Brunhilde (K) / 1940 Düsseldorf- / Modistinausb., Stud. Wksch-Köln (Modezeichnen) / 60-69 in Westf. tätig, Meisterprüfung / ab 79 Weiterb.-Töpferei/Keramik, später Lehrt. VHS-Lippstadt/Beckum / 94 Mitbegr. u. bis 99 Mitgl. Gr.-„Keramikforum“-Beckum / Ausst. s. 1982, u. a. in Beckum, 2002 Erwitte-Horn (Gal.-Kontraste)

Walck, Sebastian (Bastian) NEU! (B) / * ? – † 8. 12. 1702 Rüthen / stammt aus Ladenburg/Pfalz, ab 1682 in Rüthen, Werk ebd. / seine Söhne, ebenfalls Bildh.: **Johannes** = 17. 9. 1690 Rüthen – ? / **Kaspar Nikolaus** = 11. 1. 1688 Rüthen – 5. 7. 1727 ebd. / **Lit.:** E.H.

Waldau, Ulrich NEU! (M/F/Digitalk) / 1962 Gronau- / lebt (2001) in Gronau / Stud.-MS 82-93 Univ. (Kunstg/Phil/Publ), 97 Magisterexamen / Autodidakt / 93 Gest. d. Kunstpostkarte für Stadt Gronau / Ausst. u. a. in MS/Ochtrup, 1993/94 Gronau, 95 Enschede-NL, 96 WDR (Virtuelle Gal), 97 London (Middlesex Univ), Stuttgart (LB), 98 Hengelo-NL, 99 Karlsruhe (Sparkasse), Herne (Gal.-Lygnaß), 2000 Chauny-Frankr. (Collége J. Cartier), 01 Budapest (Artpool. Art Research Centre) / **Lit.: 3-**86 + **68** + **68a** + **161** + In: „Nooit weer / Nie wieder' 20 Billboards van kunstenaars“ – Ausst.-kat. – Enschede/NL, 1995; In: „Schilden-project“ – Euregionale beeldende kunstmanifestatie ... 350 jaar Vrede van Münster ... – Ausst.-kat. – Hengelo/NL, 1998; In: „Null/(Stelle)“ – Ausst.-kat. – Gal.-Lygnaß-Herne, 1999

Waldemade, Johannes (M/F) / 1953 Lüdge-Niese/Lippe- / lebt (2005) in Paderborn / Stud. 74-80 Univ./GH-Paderborn (Kunst/Germ) / Lehrt.-VHS / Ausst. u. a. 1988 Elsen (Volksbank), 88/91 Paderborn (Volksbank/Teehaus), 92 Büren (Spadaka), 92/98 Rheda-Bleichhäuschen, 97 Paderborn (Technol.-park), 97/98 Rheda-W. (Flora Westfalica), 98 Paderborn (Bürgerhaus/ Schloss Neuhaus), Lichtenau (Kloster Dalheim), 99 Paderborn (Franziskanerkloster/Nixdorf/ Flughafen), Rheda (Orangerie), Bad Driburg (Burg Dringenberg), 2000 Warburg (Landv.-hochsch.-Hardehausen), Köln (Kolping), Gütersloh (DA-Akad), Bielefeld (Technol.-Zentr/ ZIF-Univ), 01 Höxter (Hist. Rathaus), Paderborn (Kv. = Adam & Eva-Haus), Bad Karlshafen (Kv), Brilon (Stadtmus), 02 Bad Salzuflen („Das Fachwerk“), Warend.-Freckenhorst (Landv.-hochsch), Bielefeld (Bethel), Paderborn (Mus.-shop), 02-05 Paderborn (Off. Atelier), 03 Gütersloh (Stadtbibl), Paderborn (Franzisk.-kloster/Technol.-park), Detmold (IHK), 04 Dortmund (Kommende), 06 Herten (Zeche Scherlebeck), + OWL / **Lit.: 101b-**02...05 + **115d-**2000erw. + In: „Karlshafener Kunstherbst“ – Ausst.-kat. – Kv.-Bad Karlshafen, 2001; „J. W.“ – Mensch 2001 – Malerei – Fotografie – Ausst.-kat. – Kv.-Paderborn, 2001

Waldmann, Heinrich (Heinz) (Prof/Dr) (G/Z) (Kunsthistoriker) / NEU: 1923 Lünen/W. – 1993 / lebte in Dortmund / (Biografie in Beilage: CD-Ausgabe 2006)

Waldschmidt, Rainer NEU! (B/O/I/D) / 1955 Dortmund- / lebt (98) in Herdecke / bis 88 Stud. Univ./GH Wuppertal (Kunst/Päd) u. FHD-Dortmund (Obj.-Des) / Ausst. u. a. Wiesbaden, 1994 Darmstadt (Sezession), Poperinge/Brügge/Sluis-Westfl., + NRW / **Lit.: 35a** + **46-**79 + **98a** + **143f** (S. 102)

Walkenhorst, Heinz Werner = „Schorsch“ (B) / 1942 Bochum- / lebt (2004) in Hattingen / Mitgl./Ausst.-gen in Gr.-„KünstlerBuntMultiColor“-Hattingen / Ausst. u. a. 2000-03 Hattingen (u. a.-Finanzamt/Stadtmus/Ruhrturm), 03 Schwelm (Haus Martfeld)

Walkstein, Michael (G/D/Ill/Filmk) / 1974 Dortmund- / lebt (2005) in Dortmund / Stud.: 93-95 FoSfG-Dortmund, 96-04 FHD-Dortmund (Vis.-Komm) / s. 2000 freiberufl. tätig, Zus.-arbeit m. Christoph **K**luxen / 04 Logowettbew.-sieger „netz NRW“ / Ausst. u. a. 2000 Köln (Art Cologne), 04 Frankf.-M. (Buchmesse)

Wallbaum, Rainer (Industriedes) / 1965 Stadthagen- / lebt (2004) in Bochum / 82-86 Werkzeugmacherausb., 86-88 Fachabitur, 87 selbst. mit Michael Gajetzki (Möbeldes), Stud.-Essen 92-95 Univ./GH / ab 95 freiberufl. tätig u. s. 97 Büro in Bochum m. A. **K**alweit u. H. Jahns, 02 = „United Design Workers" mit A. **K**alweit, Chr. **P**aul / 98+04 red dot award Essen (98 m. Jens Deerberg, Essen + 04 m. A. Kalweit) / **Lit.: 205y**-04,1 + **205z**-98

Waller, Anton (Georg Anton) / 1861 Neumugl b. Marienbad – 1934 Düsseldorf / Vater v. Renz **W**. / Stud.-Wien u. München / **Lit**.: 24-35 + 34-9,2 + 146c (falsch = s. Renz W.)

Waller, Renz (Lorenz) (M) / 1895 Wiedenbrück – 1979 Düsseldorf (auch Mettmann) / Schüler s. Vaters Anton (auch Georg Anton) **W**. u. Stud. Akad.-Düsseldorf / bis 44 in Düsseldorf tätig, ab 44 Berghausen b. Bad Berleburg / haupts. Tier/Jagdmaler, 37 Gold-Medaille Berlin Intern.-Jagdausst. / Ausst. u. a. in Berlin/Amsterdam, + Westf. / **Lit.: 8a**-41+42 + **8b**-41 + **24**-35 + **25**-5 + **34**-9,2 + **53** + **84**-71(S. 95) + **97b**-40+41,1+42 + **107**-40 + **108**-4 + **136**-1 + **146c** (fälschl.-weise b. Anton W.) + Anh.: „Lexikon der Düsseldorfer Malerschule .." – Bd. 3 – 1998

Walter, Johannes (M) / 1898 Vettin/Brandenburg- / lebte um 1946-57 in Krefeld u. um 1961 in Werl / Ausb.: 1912-17 Zeichen- u. Malschule-Berlin u. um 19/20 Kunstsch.-Kunstgewerbemus.-Berlin / war s. 46 Mitgl. „Niederrh.-Künstlergilde" / Ausst. = NRW / **Lit.: 236**-61

Walter, Sebastian (M/G) / 1968 Schwenningen/Neckar- / lebt (2000) in Stuttgart / Lit.: 00

Walter, Sebastian (O/I) / * 1979 / siehe: **Walther**, Sebastian

Walter, Susanne NEU! (M/G/D/O) / 1968 Bielefeld- / lebt (2006) in MS u. Bielefeld / Berufstätigk./FoSfG, 90-92 Ausb. Assist.-in f. Gestaltung, 92-94 graf. Zeichnerin, Stud.-Bielefeld 94-01 FHfG (Vis. Komm), Dortmund 97-99 FH (Malerei) u. MS 02-06 Akad., 05 Meisterschülerin / 95-99 Atelier u. Mitgl. Künstlerhaus „Artists Unlimited"-Bielefeld, 04 Timm& Struppi-Pr. Kl. Prof. T. Ulrichs / Ausst. u. a. 1996-2000/02/04 Bielefeld (Off. Atelier), 97/ 2x99/01/05 Bielefeld (FHD/Gal.-artists unlimited/Gal.-Baal/Stadtwerke), 03 Laer (Stadtmitte), 04 Bergkamen (Stadtgal), Bad Oeynhausen (VHS), Soest (FH), 05 Wismar (Baumhaus), Rheine-Bentlage (Kloster), Recklinghausen (Kunsthalle), Ingolstadt (Kv), Düsseldorf (Kunstpalast), MS (Bet.-Jahresgaben: Aldegr.-Ges) / **Lit.: 107**-**05** + **152**-96...2000+02+04 + **256+a**

Walters, Bernhard NEU! (G/M) / 1958 Borken- / lebt (2006) in Borken / Stud.-MS 78-85 Akad. / Lehrt.-Ahaus / Ausst. u. a. 1982 MS (Königspassage) / **Lit.:** In: „Edition der Fördergesellschaft Kunstakademie Münster e.V." – um 1982 (o.Jhg.)

Walterscheid, Wilhelm (F/A/Dipl.-Ing) / 1947 Burgsteinfurt- / lebt (2005) in MS / Stud.-Essen 69-70 Folkwangsch. (Fotogr) u. Aachen 70-76 TH (Archit) / s. 81 selbst. in MS / Wettbew.-Preise / Mitgl. „BDA" / **Lit.: 251a**-94(=Fotografie)+04

Waltert, Rainer (A/Dipl.-Ing) / lebt (1975/85) in Paderborn / Werke u. a. in Paderborn / **Lit.: 112d** (S. 88+134)

Walther, Christine (F) / 1921 Dresden – 1955 Münster / (Verwandschaft mit Pan **W**alther) / Ausbildung in Holland und Dresden

Walther, Dietmar (F/O/Konzept- u. Perf.-k) / 1963 Paderborn- / lebt (2005) in Bad Driburg / 80-83 Glasinstrumentenmacherausb. FS-Zwiesel, 84 Weiterb.-kurs in Seatle/Washington-USA (u. a. Pilchuck/Glas), 86-87 Ing.-stud. Duisburg (Glas/Keramik), 90 Master of Fine Arts Univ.-San Diego/Calif.-USA, 91 Bachelor of Fine Arts am Coll. of Arts and Crafts, ab 94 freisch., 96-99 Ltg. der Designabt. Firma W. Glas GmbH&Co KG – Paderborn, 99-01 freisch., s. 01 Lehrt. Städt. Musikschule-Paderborn, 02-03 Lehrt. Univ.-Paderborn / **P**erf.: 90-93 in Berkeley-Calif. u. San Diego-USA / 92/93 = 4 **V**ideos / **A**usst. u. a. 1989 Oakland/San Francisco, 92/93/96 San Diego-USA, 93 La/Suisun-USA, 97 Kassel („Auto-Show"), 99 Cape Town-Südafrika, 2002 Narodowego-Polen (Mus), Dringenberg (Burg), 02-05 Bad Driburg (Off. Atelier), 03 Neunkirchen-S. (Gal.-Sattelgut), Paderborn (Gal.-Wohnen + Schenken), 04 Paderborn (Kv) / **Lit.: 101b**-02...05 + „D. W." – Ausst.-kat. – Kv.-Paderborn, 2004

Walther, Georg (M) / lebt (1928/29) in Dortmund-Hörde / war Mitgl. Gr.- „VWKuK" / Ausst. u. a. 1928 Hagen (Stadthalle), 29 MS (Stadthalle) / **Lit.: 8a**-28+29

Walther, Pan (Prof) (F/G) / 10. 11. 1921 Dresden – 14. 11. 1987 Bangkok / (grosse Biografie in Beilage: CD-Ausgabe 2006)

Walther, Sebastian (Walter, S.) (O/I/F/Video- u. Aktionsk) / 1979 Münster- / lebt (2006) in MS / Stud.-MS s. 2000 Akad., 05 Meisterschüler / 04 Förder-Pr. Akad.-MS u. Workshopbeteil. Villa Romana Florenz / Ausst. u. a. 2001 MS (Lambertikirchplatz), 03 Emsdetten (Gal.-MS-land), 04 Dülmen (Kv.: Rathaus), Rheine-Bentlage (Kloster), Oberhausen (Kv), MS (Halle-Am Hawerkamp/Tunnel-Hindenburgplatz), Herford (MARTa Lounge), 04/05 MS (Atelier-Schulstr), 05 MS (Kunst-Container/Raum f. a. K.=Wolbeckerstr. 59), Dordrecht-NL/Antwerpen-Belg., Lingen (Kunsthalle) / **Lit.: 229**-03 + **229a**-04 + **246**-04(1+2)+05 + **253**

Walther, Susanne (F) / * Dresden – 1971 Münster / NEU: (Verwandschaft mit Pan **W**alther) / Ausb.-Dresden, Meisterprüfung in MS / war Mitgl. „AdK"-NRW / Ausst. = Westf. / **Lit.: 5**-65+66+67 + **48x**-66+69

Walz, Manfred (Prof) (Lichinst.-k/A/Dr. Ing) / * 1940 – / lebt (2005) in Bochum und Dortmund / Stud.-Berlin bis 66 TU (Archit/Stadtplaner), 78 Promotion / s. 78 Prof. FH-Dortmund / Planungen/Arbeiten u. Werke u. a. IBA Emscher-Park, 89 Herne „KunstWald Teutoburgia" m. Chr. Schläger, 92-94 Zus.-arbeit m. Georg Kiefer (1938 – 2003) = Werke für Schwerin u. Castrop-Rauxel / **Lit.: 258**-1

Wampl, Martin (F/D/Filmk) (Autor) / 1963 Lustenau/Vorarlberg-Öst.- / lebt s. 95 in Bochum / Stud.-Wien 84/85 Univ. u. Dortmund 85-92 FHD / 93 BFF Förder-Pr., 01 Gastdoz. FH-Dortmund / Ausst. u. a. 1987 Dortmund (Mus. f. K. u. K.), 92 Bonn (Wissensch.-zentr), 95 Düsseldorf (LM-Mus), 03 Sexten-It. (Mus), 05 Wien (Heeresgesch.-Mus) 06 Bochum (Mus) / **Lit.: 146**-06 + **202a** + **205**-97(erw.)

Wandaogo, Britta (Filmk) / 1965 Unna- / lebt (2003) in Köln / Stud. Univ./GH-Wuppertal (Fotojournalismus/Komm.-des) u. Kunsth.-sch. f. Medien in Köln (Dokumentarfilm) / Auff.-gen u. a. 1999/2003 MS (Filmfestival) / **Lit.: 196**-99+03

Wappler, Friederike NEU! (O) / 1956 Neheim-Hüsten- / lebt (2005) in Essen / Stud.-MS 83-93 Akad. / Ausst. u. a. 1986 Caen-Fr. (Garage-Talbot), 87 Celle (Kv), 93 Bad Oeynhausen (Stadtgal), 2005 Recklinghausen (Kunsthalle), Ingolstadt (Kv) / **Lit.: 96b** + **256**

Ward, Jan Michael (Yohimbinum Ward) (Z/F/F.-Inst/Perf.-K) (Komponist/Texter) / 1969 Vacoas/Mauritius – 2004 / lebte in Witten / Stud.-Essen 91-94 Univ./GH u. Köln 94-97 Kunsth.-sch. f. Medien / 03/04 Mitgl. „Wittener KB" / Ausst. u. a. 1993/94 Essen (Zeche Zollverein), 96 MS (Stadthausgal), Köln (Hochsch), 2000 Witten (Krankenh/Sparkasse), 01 Witten (Zeche Nachtigall), 03 Bochum (Kulturrat), Witten (Haus Herbede) / **Lit.: 144x**-05(erw.) + **209**-01

Ward, Robert (Obj.-des) / 1957 Chicago/USA- / lebt (2004) in MS / Stud.-MS 82-87 FHD / in MS selbst.: „Robert Ward Design", s. 02 Lehrt. FHD-MS / 97 red dot Award Essen / Ausst. u. a. in MS/Bielefeld/Essen, 2003 MS (UB) / **Lit.: 15a** (S. 105) + **205z**-97 + In: „Erotik" – Ausst.-kat. – FHD-MS/Bielefeld, 1984

Warlies, Anke (Goldschm/Metallgest) / 1948 Schwelm- / lebt (2000) in Radevormwald / nach Schulzeit in Wuppertal: 83-85 Goldschm.-ausb.-Hamburg, 87 Edelmetalltechn.-Ahlen u. 92 Gastsem. Zeichenakad.-Hanau / Mitgl. Gr.-„GEDOK" u. „BBK" / Ehefrau v. Grafiker Martin W. (* 1946 Ratzbeck/Stormarn) / Ausst. = NRW + N / **Lit.: 216**

Warneke, Katrin (G/D/Industr.-Des) / 1966 Hagen- / lebt (2005) in Berlin / Tischlerinausb., Stud.-Berlin 90-96 HdK (Industr.-Des) / 97 Stip. Schloss Solitude / Lehrt./Gastdoz.-in (s. Internet)

Warnke, Vincenz (Industriedes) / 1970 Münster- / lebt (2005) in Hamburg / Stud.-Hamburg 91-99 HfBK (Industr.-Des) / 97/99/2000 Des.-Preise u. 01 Wettbew.-Anerk.-Pr. Chemnitz / Ausst.-gen = N + INT / **Lit.: 26a**-05

Warras, Petra (O/I/Videok) / 1970 Birkenfeld/Rhl.-Pfalz- / lebt (2004) in Düsseldorf / Stud.-Dortmund 96-02 FHD (Vis.-Komm), Amsterdam 99-01 Akad. (Fotogr) u. Leipzig 02 HGB, 02 Meisterschülerin / 97 Wettbew.-Pr. Bundesministerium, 99-2000 DAAD-Stip. f. NL, 2000/02 Kodak-Förder-Pr., 02 Gast Univ.-Tsinghua u. Akad.-Beijing-China, 03 Förder-Pr. Kr.-sparkasse-Steinfurt / Ausst. u. a. 1999 Essen/Braunschweig, 2001 Amsterdam-NL, 02 Köln (Photokina), 03 Herne (Flottm.-Hallen), 04 Bad Oeynhausen (Herzzentr), MS (Stadtmus) / **Lit.: 184a**

Wascher-Gutzer, Ulli (M/G/T) / 1944 Skytal/CSSR- / lebt (88) in Osnabrück / Stud.-Bielefeld 63-69 Wksch (u. a. Grafik) u. Stuttgart 69-72 HfBK (Malerei/Lithogr.) / 77/79 Stip. Osnabrück, 79 Pr. Abt.-Wandmalerei Akad.-Salzburg / 72-77 Lehrt. u. Studienreisen, 76-79 Weiterb. Sommerakad.-Salzburg / Mitgl.-„BBK" / Ausst. in N/INT / **Lit.: 53** + **62a** + „U. W.-G." – Aquarelle Radierungen Tapisserien – Bramsche, (o.J.); In: „Jahresgaben Aldegrever Gesellschaft Münster" – Faltblatt – MS, 1987

Wasgindt, Horst R. NEU! (G/Buchgest) / 4. 6. 1922 Bielefeld – 18. 1. 2002 Bielefeld-Sennestadt / nach Dekorateurausb. u. Soldatenzeit: freisch. in Essen u. Bielefeld, Stud.-Essen 53-55 Folkwangschule (Abendkurse), 55-62 Chefdekorateur b. Karstadt, ab 62 freisch. in Bielefeld / gestaltete u. a. Kunst- u. Ausst.-kataloge, Konzepte f. Museen u. schuf Stadtchroniken f. B.-

Sennestadt/Oerlinghausen u. Senne / Ausst. u. a. 1994 Bielefeld (Kv), 97-99 Bet.-Wanderausst.-Westf. / **Lit.: 106-**(S. 51-62/79/119/120/122) + H. Wasgindt (Hg.): „Neue Westfälische Bilderbogen" – Beilage d. „NW" – Bielefeld, 1979-83; H. Wasgindt/W. Sax-Demuth: „Malerisches Bielefeld" – Bielefeld, 1994

Waskowiak, Karl-Heinz (M/Z) / NEU: 1928 Stettin- / lebt (2005) in Castrop-Rauxel / Autodidakt, s. 47 im Ruhrgebiet / Mitgl. „Kunstfreundekreis-Herne" u. „Kü.-stammtisch"-Castrop-Rauxel / Ausst.-gen = 1968-90 über 60 Ausst./Beteil.-gen / **Lit.: 142x-**89 + **146a-**86+90

Wasmuht, Corinne (Corinna) (Wasmuth = falsch) (M) / 1964 Dortmund- / lebt (2005) in Düsseldorf u. Berlin / Stud.-Düsseldorf 83-90 Akad., 88 Meisterschülerin / 96 Förder-Pr. BDI, 91 Peter-Mertes-Stip., 95 Stip. Kunstfonds Bonn, 96+97 ars-viva-Pr. / Lehrt./Gastprof. 02-03 Akad.-Karlsruhe / Ausst. u. a. 1996 Erfurt/Krefeld, 97 Ulm, 98 Karlsruhe (Gal.-Meyer Riegger), 99 Holland, 2003 Baden-Baden (Kunsthalle), 04 Berlin (Bundeskanzleramt), Bonn (Kv), Krefeld (Mus), 05 Bremen (Kunsthalle), + N/INT / **Lit.: 26a-**05 + **214-**96+97 + „C. W." – Ausst.-kat. – Staatl. Kunsthalle Baden-Baden, 2003

Wasmuth, Corinne (Corinna) s. Wasmuht, Corinne

Waßer, Theodor (A) / 23. 5. 1875 Kirchheim am Ries – 23. 7. 1952 Gelsenkirchen / weitere Daten s. Lit. / **Lit.: 26-**(Index-Bd. 10) + im Internet

Wassermann, Sabine (M/Materialb.-k) / 1963 Gelsenkirchen- / lebt (2005) in Dortmund u. Bochum / Stud.-MS/Düsseldorf Akad.-n, Meisterschülerin in Düsseldorf / Ausst. u. a. 1991/92/95 Frankf.-M. (Gal.-Gierig), 95 Neu-Isenburg (Gal.-Patio), 97 Dortmund (Kulturh.-Neuasseln), 99/2001 Wuppertal (Gal.-Brusten), 03 Herne (Kunstbombe), 04 Hamm (Mus) / **Lit.: 139a**

Wassermann, Siegfried (F) / 1934 Herne- / lebt (2004) in Bad Berleburg / Stud.-Päd., war Lehrt. / Autodidakt, 63 Weiterbild. MNU / 64-78 Ltg. v. Fotoarbeitsgemeinsch.-en, 70-78 Ltg. Medienzentrum Bad Berleburg u. Siegen, s. 99 Ltg. Fotolabor Klinik Bad Berleburg / Ausst. u. a. in Marburg/Frankenberg, u. Südwestf. / **Lit.: 110b + 110c-**04

Wassmuth, Jürgen (F/D) / 1955 Balve/Sauerl.- / lebt (2005) in Dortmund / NEU: um 05 Mitgl. „Virtuelle Kunstgal. Raumkunst"-Dortmund / (Biografie in Beilage: CD-Ausgabe 2006)

Waterkamp, Siglinde (M/T/I) / 1955 Burgsteinfurt- / lebt (2005) in Steinfurt(-Burgsteinfurt) / 91 Weiterb.-kurse b. H. Neuy u. 92-95 Stud. Neue Kunstsch.-Zürich/Schweiz (Mode-Werbegrafik) / tätig in Kunstvereinen/Gruppen im MS-land u. Bad Honnef, 95 Gründerin Gr.-„formArt", s. 96 freisch., 02 tätig Christopherus-Schule Rheine / Ausst. u. a. in Dänemark/NL, 2001/02 Steinfurt (Off. Atelier), 02 MS (Akad), Steinfurt-Borghorst (Rathaus), Essen (Maschinenhaus), 02-04 Luxor/Alexandria/Kairo-Ägypt., 03 MS (Krameramtshaus), Steinfurt (Bagno-Konzertgal/Sparkasse), 04 Hamm (Mus), 05 Steinfurt (Kunsthalle) / **Lit.: 237-**02

Watermann, Katja (M/O) / 1963 Osnabrück- / lebt (2005) in Osnabrück u. MS / NEU: s. 92 Lehrt., 94-03 in MS Kunsttherapeutin (s. Gruppe „Haus Kannen") / (Biogr. in Beilage: CD)

Wattendorff, Peter (F/D/Theatermaler) / 1963 Wuppertal-Elberfeld- / lebt (2005) in MS / NEU: 96-99 Büro f. Gest. u. ab 99 eig. Fotostudio in MS, s. 01 in der Bildagentur „ZEFA"-Düsseldorf / ab 96 Mitgl. „BFF" / (Biografie in Beilage: CD-Ausgabe 2006)

Webel, Manfred (B/I/D/Multimedia- Proj.-k) / 1965 Paderborn- / lebt (2005) in Paderborn / Stud. Akad.-Düsseldorf / s. 01 Mitgl. „BBK"-OWL / s. 92 Projekte/Werke in NRW, u. a. in Lemgo/Niederdielfen/Gütersloh/Krefeld/Siegen/Bielefeld (s. Internet) / s. 01 ersch. 2x jährl. „Kunstfreunde Manfred Webel", mit Frank Hussong: Verlag/Agentur f. innovative Kunstprojekte „arta*kut*" – Kunstprojekte GbR / Ausst. u. a. 1986 Düsseldorf (Perf. = Akad./Kunstsammlung NRW), 1989-91 Hannover (Messe), 95 Siegen (Mus), 97 Köln (Möbelmesse), 2001 Aachen (Gal.-Roder), Troisdorf (Gal.-Inconto), 02-05 Paderborn (Off. Atelier), 03 Bielefeld (Rav.-Spinnerei/WDR-Studio), Paderborn (Stadtbibl/Innenstadt-Projekt), Köln (Gal.-Peveling), Eitorf (Gal.-Incontro) / **Lit.: 26a-**05 + **101b-**02...05 + **124-**05 + M. W./Peter Hamel: „human" – Ausst.-kat. – Siegerlandmus.-Siegen, 1995; In: „Humane Schule" – Projekt in Gütersloh, 1997

Weber, Gabriele (Gabi) (M) / NEU: 1946 Lippstadt – 1996 Düsseldorf / 78-96 Mitgl. „Verein Düsseldorfer Künstlerinnen" / (Biografie in Beilage: CD-Ausgabe 2006)

Weber, Gerhard (G/Z/M/B) / 1925 Gütersloh- / lebt (2006) in Hamm/W. / NEU: Mitgl. „Hammer KB" (Ehrenmitgl.) u. s. 97 „Kr.-Kv.-B.-Warendorf" / (Biogr. in Beilage: CD-Ausgabe 06)

Weber, Gerhard (B/K/Z) / 1937 Rostock- / lebt (2005) in Schwerin / Lit.: 26a-05

Weber, Ingrid (M/B) / 1944 Klingenberg/Main- / lebt (2003) in Dülmen / Stud.-MS 74-78 (Päd/Deutsch/Kunst) / Lehrt. / **E**.-Ausst.-gen u. a. in Hamburg (Gal-Aussenalster), Marl (die insel), Forte di Bibbione/Castagneto Carducci/Florenz-It., St. Gallen (Gal.-M-Clubcorner), 2001/02 Dülmen (Off. Atelier), + MS-land = Dülmen/Coesfeld/Greven/Borghorst/Warendorf/Haltern/Beckum / Ausst.-**bet**. u. a. in Charlesville-Mezieres-Fr., Hamburg (Gal.-Ostin), Castrop-Rauxel (Kulturamt), MS (Kroatische Mission), 03 MS (Unicef), + MS-land, u. a. Dülmen/Reken

Weber, Karl (M/Z) / 1913 Darmstadt – 2000 Oer-Erkenschwick / lebte in Waltrop u. Datteln / Autodidakt / Ausst. u. a. in Lüdinghausen, Datteln (u. a.: VHS/Crechtmann-Mus), 1976-78 Billerbeck (Kolvenburg), 2004 Datteln (Rathaus)

Weber, Madeleine (F/G/D/Mediendes.-in) / 1979 Berlin- / lebt (2004) in Berlin / Stud.-MS 98-2/04 FHD / s. 98 tätig in Berlin (Layouterin/Werbeagenturen) u. Veröffentl.-gen u. a. in „digifoto", „Berliner Kurier" / 02 = 2. Platz im Kreative-Wettbew. v. „digifoto" / **Lit.: 15a** (S. 34-35)

Weber, Odilo (F) / 1955 Hamburg- / lebt (2005) in MS / Autodidakt / Ausst. u. a. 2000 Rheda (Orangerie), Osaka-Jap., 01 Köln (KölnKunst 6(K), 01/03 München (Schumannsraum(K), 04 Ahlen (Kv.: Beteil.-Jahresgaben) 05 MS (Off. Atelier-Fresnostr) / **Lit.**: K = Katalog; O. W.: „Lieverscheidt-Serie" – werkstatt-verl.-München, 2001

Weber, Rudolf (M/B) / 5. 8. 1899 Frankenroda/Kr. Eisenach – 1990 / Stud. Akad.-n Berlin + Weimar / war in Weimar tätig (noch 57) u. später in Espelkamp (Westf.-Lippe) = 2004 „Rudolf-Weber-Symposion" – Espelkamp / Werke in N / **Lit.: 25**-5 + in: „LandArt Magazin" – S. 43 – Kulturprogramm Kr. Minden-Lübbecke, 2004

Weber, Wilhelm (M) / 1898 – 1974 / lebte in Schieder / weitere Daten unbek. / **Lit.: 137a** (erw.)

Weber, Wilhelm (G/M) / 1908 Freiberg/Sachsen- / lebt (67) in Hamburg / Lit.: 20 + 25-5

Weber, Wolfgang (F) / 1902 Leipzig – 1985 Köln / lebte in Düsseldorf / Lit.: 1a

Weber, Wolfgang (A/Dipl.-Ing) / 1935 Hamm- / lebt (98) in Düsseldorf / Stud. TH-Aachen / 59/60 Stip. Studienstiftung d. Deutschen Volkes, 61 BDI-Stip. / Büro m. H. W. Schliepkorte u. Stefan Huge in Düsseldorf / Werke s. Lit. / **Lit.: 197**-95+97 **+ 214**-61

Weber, Wolfgang (M/K/Z/D) / 1937 Plauen- / lebt (2005) in Berlin / Lit.: 26a-05 + 27-4

Weber, Wolfgang (O/B) / 1941 Düsseldorf- / lebt (92) in Düsseldorf / Stud.-Düsseldorf 65-69 Akad., ab 68 Zus.-arbeit mit Ilona Weber, 84/85 Gastprof. Akad.-MS / Ausst. = N / **(s.-Æ)** / **Lit.: 4**-Düsseldorf **+ 79 + 107**-65+66+88

Weckenmann, Sonja NEU! (M/O) / 1974 Karlsruhe- / lebt (2004) in Hamburg / Stud.-MS 94-96 FHD u. 96-03 Akad., 2000 Meisterschülerin / 99 Stip. Akad.-MS f. Venedig / Ausst. u. a. in MS/Ulm/Emsdetten/Köln/Leipzig, 2001 MS (Sentmaringer Weg 113/Halle-Am Hawerkamp), Bad Neuenahr-Ahrweiler/Oelshausen, 02 Bielefeld (Kv), 03 MS (Gal.-Clasing), Recklinghausen (Kunsthalle), Troisdorf (Burg Wissen), 04 Dortmund (Mus. am Ostwall), MS (Geol.-Paläeont.-Mus) / **Lit.: 46**-03 **+ 140a**-2000 **+ 244**-04(Gast) + „S. W." – Papierarbeiten – Ausst.-kat. – Troisdorf/Dortmund, 2003

Weckes, Elizabeth Anne NEU! (M) / 1968 Willich/Niederrh.- / lebt s. 96 in Köln, 2005/06 = in Köln/Frechen u. Rheinbach / Stud.-MS 88-95 Akad., 92 Meisterschülerin / 93 „Max-Ernst-Stip." Brühl, Förder-Pr. Willich, 97 Förder-Pr. Gr. Kunstausst.-NRW Düsseldorf, 2000/03 Atelierstip. Cité des Arts Paris / 96 Gast Univ.-New Mexico, 04 Gastdoz. Univ.-en Sydney u. Hobart/Australien / Ausst. u. a. 2002 Unna (Kv), 02/05 Düsseldorf (Kunstpalast), 03 Oldenburg/Darmstadt, 04 Bad Langensalza/Grevenbroich/Bonn, Hollowitz-Slowakei (Mus), Düsseldorf (WGZ-Bank), 06 MS (Oberfinanzdirektion), + N/INT / **Lit.:** u. a. **87 + 107**-95...02+05 + **141**-97 + **212**-(98) + **228**-04 + „E. W." – Songs for Skylla : Bilder 2002-2005 – Ausst.-kat. – Oberfinanzdirektion – Münster, 2006

Wedegärtner, Heinrich (A) / † vor 1963 / lebte in Bielefeld / Werke u. a. Kirche in Bielefeld / **Lit.: 112**ca

Wedemeyer, Clemens von (F/D/Video- Filmk) / 1974 Göttingen- / lebt (99) in Bielefeld, 2005 in Berlin u. Leipzig / Stud. FHD-Bielefeld u. HfGuB Leipzig, Meisterschüler / Focus-Pr. '98-Dortmund u. 05 Kunst-Pr. Böttcherstr. Bremen / Ausst. u. a. 1998 Dortmund (FHD), Bielefeld (Pollmeier), 2003 Dresden/Paris/Berlin, 04 Köln (Kv), München (Haus der Kunst), 04/05 Berlin (Neue Ges. f. Bild.-Kunst/Klosterfelde/Kv), 05 Bremen (Kunsthalle/Böttcherstr), Moskau (Biennale), Leipzig (Gal. f. zeitg. Kunst) / **Lit.: 203**-98

Wedewer, Josef (M) / 1896 Lüdinghausen – 1979 ebd. / (grosse Biografie in Beilage: CD-Ausgabe 2006)

Weeck, Hermann (F) / Daten nicht bek. / eig. Ateliers um 1900 in Dortmund u. Norderney / Ausst. u. a. 2001 Dortmund (Mus. f. K. u. K.) / **Lit.: 202**

Wefel, Beate NEU! (M/G/D/Ill) / 1966 Frankfurt/M.- / lebt (2005) in Bielefeld / Stud.-Bielefeld 92-98 FHD (Z/Ill) / 02 Lehrt. Künstlerhaus-Lydda Bielefeld-Bethel / ab 03 Mitgl. „BBK"-OWL / Ausst. u. a. 1997 Bielefeld (IHK), 98-02 Bielefeld (Off. Atelier), 99 Löhne (Werratalhalle), 2000 -02 Bielefeld (2xGal.-Baal/2xGal. 61), 01 Hochheim-Taunus (Turm-Gal), 02 Berlin (Produzentengal.-Zarge), 02 Bielefeld (Kunstmesse-OWL), 02/03 Petershagen (Kommunale Galerie), 04 Willebadessen (Kloster), 04/05 Bielefeld (Rav.-Spinnerei/Severing-Berufskolleg/Produz.-gal) / **Lit.: 124**-05 + **152**-98...02 + **193c**

Wegewort, Johann (M) / † vor 1571 (Münster?) / wahrsch. Sohn des Kilian W. / 1562 Meister in MS / **Lit.: 24**-35 + **178a**

Wegewort, Kilian (M) / * um 1490 – † nach 1563 (Münster?) / ab (um) 1516 in MS bek. / Werke im Kloster Marienfeld jetzt in MS, Altar Lambertikirche-MS nicht erhalten / **Lit.: 24**-35 + **178a**

Wegner, Brigitte (F/D) / 1950 Spenge- / lebt (2005) in Bielefeld / s. 85 eig. Studio in Bielefeld u. 90-2000 = 2. in Düsseldorf / Lehrt.: 01/02 FHD-Dortmund u. 02/03 FHD-Bielefeld / s. 85 Mitgl. „BFF" / Ausst. u. a. 2001/04 Bielefeld (Kv.: Lessinghaus/Beteil.: Kunsthalle), 04 Hildesheim (Kv) / **Lit.: 205**-94(erw.)+97(erw.)

Wegwood-Benn, Kristine (M) / 1965 Rostock- / lebt (2004) in Herford / Stud.-Dresden 84-87 HfBK (Bühnenbild), lebt ab 88 in England, Stud.-Braunschweig 91-98 HfBK, 98 Meisterschülerin / Lehrt. Kulturwerkst.-Hiddenhausen / Ausst. u. a. 1996 Wolfenbüttel (Hauptkirche(K), 96/98 Hannover (Frazer and Tech-Gal/VHV), 98 Helmstedt (Kloster Mariental(K), 2002 Herford (Kunst-Werk), 03 Herford (Pöppelm.-Haus/MART) / **Lit.:** K = Katalog

Wehling van Blaricum, Mary NEU! (Wehling, M.) (I/M) / 1945 Minden- / lebt (2004) in Minden / Weiterb.-Sommerakad.-n in Trier u. Salzburg / Mitgl. „Verein f. akt. Kunst" Kr. Minden-Lübbecke / Ausst. u. a. Belm/Osnabrück/Lüneburg/München/Stuttgart, 1999-02/04 Minden (Off. Atelier), + OWL / **Lit.:** u. a. **152a**-99...02+04

Wehmeier, Gerlinde (M/Materialb.-k) / 1941 Schröttersburg- / lebt (2006) in Steinhagen / Weiterb.-Kurse in Bielefeld, Sommer-Akad. Trier, „pro Arte"-Italien, St. Radegrund-Österr., „Apt"-Frankr. / s. 84 Mitgl. Kunstkreise Versmold/Steinhagen, ab 99 Gr.-„pickART"-Detmold / Ausst. u. a. Trier/Prissian/Taiwan/Woerden-NL/Kisslegg-Allgäu, 2000-Bielefeld/OWL (Archiv), 02 Gütersloh (Kreishaus), 03 Bielefeld (2x Q-Tour), 04 Steinhagen (Atelier), 05 Lemgo (Hexenbürgerm.-haus), Detmold (Paulinenstr. 54), + Westf. / **Lit.: 191b**-04 + **192**-01+03

Wehmeier, Heinrich NEU! (G) / 24. 6. Bad Oeynhausen – 19. 1. 1988 Kassel / Stud.-Bielefeld um 1928 Kgsch, danach dort Lehrt., später Wksch-Wuppertal u. ab 54 (noch um 67) Kgsch-Kassel / **Lit.:** u. a. **20** + **106**-(S. 25/26/32-34) + **216**

Wehmeier, Helmut / Karin s. Wehmeyer, Helmut / Karin

Wehmer, Martin (M) / 1966 Hattingen- / lebt (94) in Bochum u. ab 95 in Freiburg / Stud.-Stuttgart/Freiburg/Karlsruhe / 96 Deutscher Kunst-Pr. Volks- u. Raiffeisenbank u. Sonder-Pr. Baden, 03 IAAB Werkstip. Edingburgh / Ausst. u. a. in 1994 Bochum (Mus), 95 Wanne-Eickel (GEA Happel), 96 Beteil.-Wanderausst.-Banken, March (Kv), 99 München (Haus der Kunst), Emmendingen (Gal. im Tor), Darmstadt (Sezession), Quimper-Fr., 2000-03 Basel (Kunsthalle /3xGal.-Daeppen), 01 Arnsberg (Jahresgaben-Ausst), 01-02 Freiburg/Marburg (Kv.-e), 02 Stuttgart (Gal.-Weber), 03 Köln (Gal.-Klein), Waldkraiburg (Stadtgal), Basel/Zürich (Gal.-Daeppen), München (Gal.-Burge), Plön (Schloss), 03/04 Freiburg (Samml.-RoßkopfJahresgaben-Kv), 04 Riehen (Kunstraum), Köln (Gal.-Klein), 05 Basel (Gal.-Daeppen) / **Lit.: 26a**-05 + **107a**-99 + **146**-94 + „M. W." – Ausst.-kat. – Kv.-Freiburg/Städt. Gal.-Waldkraiburg, 02

Wehmeyer, Karin (M/Z/O/I) / 1964 Detmold- / lebt (2006) in Bielefeld / NEU: s. 96 Mitgl. „artists unlimited"-Bielefeld, ab 97 Kuratorin Galerie „artists unlimited", Mitgl. Gr.-„GEDOK"-OWL / (Biografie in Beilage: CD-Ausgabe 2006)

Wehmeyer, Petra (T.-Ing/Handweberin) / 1954 Laer- / lebt (2006) in Horstmar / Stud. FH-Mönchengladbach (Textiltechnik) / war 13 Jahre als Textiling.-in tätig u. war Lehrt. an Webschulen, danach eig. Webwerkstatt in Horstmar / s. 03 Mitgl. „AdK-MS / Ausst.-en s. 1997, u. a. 2003/04 Münster (HBZ), 05 Kevelaer (Mus)

Wehner, Klaus (M) / * 1942 – / lebt (84) in Dresden / Lit.: In: „Künstler in Dresden" – 1984

Wehner, Klaus (F) / * 1955 – / lebt (2005) in Paderborn / Mitgl. u. s. 99 = 1. Vors. „Blende '78 – Paderborner Fotofreunde e.V." / s. 70 Fotografie u. ab 98 Lehrt. VHS-Paderborn / Ausst. u. a. 2003/05 Paderborn (Off. Atelier), + OWL / **Lit.: 101b**-03+05

Wehner, Klaus (F) / 1967 Koblenz- / lebt (2005) in London / Lit.: Internet

Wehr, Willi (M/G) / 14. 5. 1920 Hemer- / lebt (95) in Hemer / Malkurse b. Prof. Schladerer, freisch. / Ausst. u. a. 1994 Hemer (Felsenmeer-Mus), + N/INT / **Lit.: 242**

Wehrenberg, Hans (B) / 1909 – 1980 / lebte in Münster / Werke u. a. in Kirchen v. Bokeloh u. MS (Hl.-Geist) / **Lit.: 146c**

Weiblen, Dirk (A/F) / * 1970 – / lebt (2002) in Düsseldorf / Archit.-Stud.: FH-MS, TU-Delft, TU-Krakau u. Berlage-Inst. Amsterdam, 2000 Master of Architecture / ab 2000 eig. Büro in Düsseldorf / Ausst. u. a. 2000 Rotterdam (NAI) / **Lit.: 227**(m. Uda Visser)

Weicken – Westf. Architektenfamilie ab 19. Jahrh. = Büro: „Weicken Architekten"-Unna // **Otto** (A/Dipl.-Ing) / 11. 3. 1911 Lippstadt – 14. 8. 1984 Unna / Vater v. Andreas u. Ulrich W. / Werke in Westf., u. a. Kirchen (s. Lit.) / **Lit.: 112d** (S. 84) **+ 146c + 219a** // **Ulrich** (A/Dipl.-Ing) / 21. 1. 1941 Prag- / lebt (2004) in Unna / Stud.-Hannover bis 66 TH / Mitgl. der Archit.-kammer NRW u. „BDA" / Werke u. a. in Halle-S./Heiligenstadt/Kassel u. NRW / **Lit.: 112d** (S. 84) + **197**-01 // **Andreas** (A/Dipl.-Ing/Bauassessor) / 9. 8. 1951 Unna- / lebt (2004) in Unna / Stud.-Aachen bis 80 TH / Mitgl. der Archit.-kammer NRW u. „BDA" / Werke u. a. in Halle-S./Heiligenstadt/Kassel u. NRW / **Lit.: 197**-01

Weidenberg, Katja (M/Z/B) / NEU: * in Detmold- / lebt (98) in Bad Salzuflen / (Biografie in Beilage: CD-Ausgabe 2006)

Weidenfeld, Ruth (B/K) / 1947 Wuppertal- / lebt s. 81 in Schwelm / 66-70 Bildh.-stud. / ab 70 freisch., u. a. Lehrt.-Wuppertal, s. 76 Keramikwerkst. m. Ehemann Uwe W. in Wuppertal, ab 83 dort Khw.-Ladeng.-schaft, s. 93 in Schwelm / Ausst.-gen s. 1970 in NRW / **Lit.: 209**-2000 + **216**

Weidenfeld, Uwe (F/K) / 1946 Wuppertal- / lebt s. 81 in Schwelm / 69-72 Ing.-stud. / ab 70 Keramik, ab 76 Werkst. M. Ehefrau Ruth W. in Wuppertal, ab 83 dort Khw.-Ladengemeinschaft, s. 93 in Schwelm / Ausst.-gen in NRW / **Lit.: 216**

Weidmann, Ulrike (B) (Kunstpädagogin/Kunsthistorikerin) / 1952 Plaidt/Kr. Mayen- / lebt (2001) in Menden / Ausst. u. a. 1998 Bönen (Kulturzentr.-Alte Mühle), 2000 Menden (Tiefgarage-Rathaus), Iserlohn (Haus Letmathe) / **Lit.: 187**

Weigelt, Joachim (M/Z/Ill/Mail-Artk) / 1965 Gadderbaum b. Bielefeld – 30. 11. 1990 Bielefeld / (Biografie in Beilage: CD-Ausgabe 2006)

Weihs, Helga NEU! (M/G/D/Videok/I/O/Perf) / 1952 Schwalefeld/Waldeck- / lebt (2005) in Köln / 66-69 Ausb.-Patronen- u. Meisterzeichnerin in Wuppertal, Stud.-Dortmund 80-85 FHD (u. a.-GrafikDes), Köln 83-89 FH (Kunst) u. Dortmund 85-89 FHD (Foto/Film-Des) / Ausst. s. 1986, u. a. in Hannover/Köln, 1996 Shenzhen (Art-Mus), 2000 Köln (Gal.-Lüdke), 01 Köln (Kv.-Schwelm), Aachen (Ludwig-Mus), Siegburg (Stadtmus), Wismar (Kapelle Weitendorf), 02 Bonn (Gal.-Schneider), Kusterdingen (Kunstraum Haerten), Stralsund (St. Jakobi), 03 Oberhausen (Verein f. akt. Kunst), Plön (Kv), 04 Wilhelmshaven (Kunsthalle), Friedberg (Gal.-Hoffmann), 05 Gelsenkirchen (Mus), Tuttlingen (Stadtgal), + NRW / **Lit.: 26a**-05 + **86**-05 + **98a** + **105**-85 + In: „Strenges Holz" – Ausst.-kat. – Kunsthalle-Willhelmshaven, 2004; „H. W." – Grundriss – Raumbild – Ausst.-kat. – Stadtgal.-Tuttlingen, 2005

Weiland, Christian (Industrie-Des) / 1963 Marl- / lebt (2004) in Nürnberg / Stud.-Essen 87-94 Folkwangsch. f. Gest. (Industrie-Des) / 94-03 in Nürnberg tätig, ab 04 selbst. „weiland product-design" / Ausst. u. a. 2004 München (Haus der Kunst) / **Lit.: 107a**-04

Weimann, Gisela NEU! (G/Coll.-k) / 1943 Bad Blankenburg- / lebt (70) in Tecklenburg u. 2004 in Berlin / Stud. HfBK-Berlin / Ausst. u. a. 1969 MS (Kv), 2004 MS (Geol.-Paläeont.-Mus) / **Lit.: 7a**-69 + **244**-04(Gast)

Weimann, Paul (M) / 1867 Breslau – 1945 / Lit.: 24-35 + 34-9,2

Weimann, Paul (M/Z/B/I) / 1947 Dülmen- / lebt (2005) in Dülmen-Buldern / eig. Werkst. in Buldern / 87 Mitbegr. „Kunst- u. Kulturkreis Buldern" u. stellv. Vors. im „Dülmener Kv." / Ausst.-gen s. 1981, u. a. 81/89/92/97 Dülmen (Sparkasse), 88/90/91/01 u. a. Buldern (Sparkasse/Volksbank/Am Samsonsee/Alte Kirche), 93/03 MS (Kroatische Mission/Unicef), 93 Reken (Stadtverw), 95 Havixbeck (Stadtverw), Haltern (Stadtbücherei), 2001 Corfu-

Griechenl. (Perform), 02 Nordkirchen (Schloss), 03 Melle (Alte Posthalterei), Schapdetten (Villa Alstede)

Weimar, Eva-Maria (M/Z/O) / * 1945 – / lebt (2004) in Freudenberg, Atelier in Bad Godesberg u. Siegen / 88-93 Stud.-Bonn+Siegen Univ.-täten (Kunst), 93-97 Siegen Schule f. Gest. u. ab 98 Schule f. Bild. Kunst / Mitgl. im „Cultura Frauenforum"-Siegen, s. 99 Vors. „Institut Dasein in Malerei"-Freudenberg / Ausst. s. 1995, u. a. in Bad Godesberg/Deuz, 2000 Köln/ Kassel/Lüneburg/Salzburg/Montreux-Clarens-Fr., Finnentrop (Firma Freiburg), 01 Zürich/Siegen/Arnsberg/Düsseldorf, 02 Köln/Siegen/Heidelberg/Montreal/Quebec-Kanada, 03 Bad Godesberg/Freudenberg/Attendorn, Siegen (Kv/Kreishaus), + Südwestf. / **Lit.: 110b + 110c**-04 + **187** + In: „Intern. Who's Who of Profess. and Business Women" – 9. Aufl. – 2001

Weinberg, Waltraud (M/G/K/Coll.-k) / 1940 Recklinghausen- / lebt (2005) in Herne / Weiterb.-kurse in Herne / Lehrt. in Herne (Jugendkurse) / 76-um 95 Mitgl. „Kunstfreundekreis"-Herne / zahlr. Ausst.-gen in Herne/Marl/Mülh.-Ruhr/Bonn/Bemeon-Frankr., + Westf. / **Lit.: 142x**-89

Weinbrenner, Armin (M/G/D/Buchgest) / 1965 Siegen- / lebte in Siegen/Münster, danach Köln u. MS / NEU: 98 Sonder-Pr. Grafik-Biennale, 99 Lithogr.-Stip. Leipzig / (Biogr. in Beilage)

Weineck, Jens (M/B) (Autor/Musiker) / 1960 Rheine – 2001 ebd. / Stud.-MS um 85/86 Akad. / Ausst. u. a. 2006 Rheine (Falkenhof-Museum)

Weinert, Eva NEU! (B/G) / 1965 Darmstadt- / lebt (2006) in Düsseldorf / Stud.-Siegen 84-90/92 Univ./GH (Kunst/Geschichte) u. Düsseldorf 92-01 Akad. (Grafik/Bildh), 98 Meisterschülerin / 89 Studien-Pr. Kr. Siegen-Wittg., 96 Förderer-Stip. Akad.-Düsseldorf, 01-02 Atelierstip.-Mönchengladbach / Lehrt.: 93-99 Gymn., 99-01 Univ./GH-Siegen, 02-06 HfBK-Saar / ab 02 Mitgl. Gr.-„ASK"-Siegen / Ausst. u. a. in Kranenburg/Südkorea, 2003 Siegen (ASK), + N / **Lit.: 79b** (m. Lit.) + **110d**-03 + In: „Kv.-Münsterland" – Werbefaltblatt – Coesfeld, um 2000

Weingärtner, Kai (Goldschm/Schmuckgest) / 1968 Hilden- / lebt (2006) in Hemer / Goldschm.-ausb., 96 Goldschmiedemeister / Mitgl. Gr.-„Salix" / s. 99 Betreiber v. „wart.de" im Internet / Ausst. u. a. Wuppertal (Fulrottmuseum), 1991 Wesel (manum factum) / **Lit.: 48x**-91

Weirich, Susanne NEU! (Prof) (I/F/Projektions- u. Videok) / 1962 Unna- / lebt (2005) in Berlin u. Hamburg / Stud. MS ab 82 Univ. (Germ), 84-91 Akad., 89 Meisterschülerin / 90 Tim& Struppi-Pr. Kl. Prof. T. Ulrichs, 93/95 Stip. Hamburg, 95 Stip. f. Pasadena, 96 Förder-Pr. Ferngas-Saar, 99 Stip. Steiner-Stift. München, 2000 Stip. Senat Berlin+Rotterdam, Medienkunst-Stip. Oldenburg / Lehrt. 91-95 TU-Berlin, 95-97 Coll. Art & Design Pasadena, s. 2000 Prof. HfBK-Hamburg / Ausst. u. a. in Caen+Nancy-Frankr./Zürich-Schweiz, 2004 MS („Cinema"), 05 Recklinghausen (Kunsthalle), Ingolstadt (Kv), + N / **Lit.:** u. a. **26a**-05 + **96a+b + 256**

Weis, Sonja (O/I/M/G) / 1953 Keppeshausen/Eifel- / lebt (2005) in Unna / Stud.-Dortmund 76-81 FHD (Obj.-Des) / Mitgl.-„BBK"-Westf.-Süd Dortmund / Ausst.-gen s. 1979, u. a. in Bassi-Rathgeb/Aijka-Ungarn/Walwijk-NL, 2001 Detmold (Staatsarchiv), Holzwickede (Haus Opherdicke), 05 MS (Gal.-König), + N (bis 02 über 50 Ausstellungen) / **Lit.: 190a + 199**-01(1) + In: „Bonuna Frauen Künste" – Ausst.-kat. – Unna, 1985; In: „Grafik BBK" – Ausst.-kat. – V.-d.-Heydt-Mus.-Wuppertal, 1985; In: „TIPI – Rauminstallation im Freien" – A.-kat. – Unna, 86

Weische, Christian (F) / 1966 Menden- / lebt (2005) in Bielefeld / 90-99 Stud.-Univ.-n Paderborn u. Bielefeld / s. 92 als Fotograf tätig, ab 03 selbst. u. freier Fotojournalist in Bielefeld / Ausst. u. a. ab 04 virtuelle Ausst. (Internet), 06 Bielefeld/OWL

Weischer, Matthias (M/Z) / 1973 Elte bei Rheine- / lebt (2006) in Leipzig / Stud.-Leipzig 95-02 Hochsch. f. Gr. u. Buchkunst, 2000-03 Meisterschüler / 01 Rolex-Pr., 01/02 Stip. Kunsthaus-Essen, 03 Stip. Kunstfonds Bonn, 04 „mentoring program" b. David Hockney, 05 Kunst-Pr. der „Leipziger Volkszeitung" u. „August Macke"-Pr. Meschede / Ausst. u. a. in Kopenhagen/ Cleveland/New York/Prag/Chungnam-Korea, 2000/02 Leipzig (Gal.-Eigen Art), 02 Essen (Kunsthaus/Gal.-Schlag & Cie), 03 London (Wilkinson-Gall), 04-06 Berlin (Gal.-Eigen Art), 05 Venedig (Biennale), Bielefeld (Kv), Leipzig (Mus), 06 Ulm (Kv), Konstanz (Kv), Aachen (Ludwig Forum), + N / **Lit.: 26a**-05 + u. a.: 3x „M. W." – Ausst.-kataloge: „Malerei" – Leipzig, 2001 / „Räume – Malerei und Zeichnungen 1997-2002" – Kunsthaus-Essen, 2002 / „Malerei" – Ludwig Forum – Aachen, 2006

Weise, Hildegard (M) / lebt (1938/42) in Dortmund / Ausst. u. a. 1938/41/42 Dortmund (Katharinenkloster) / **Lit.: 8a**-38+41+42

Weise, Lieselotte (M) / lebt (1941/42) in Dortmund / Ausst. u. a. 1941/42 Dortmund (Katharinenkloster) / **Lit.: 8a**-41+42

Weisheit – Kunsthandwerkerfamilie in Westf. // **Wilhelm** (Tischlermeister/Holzgest) / 3. 7. 1903 Johannisburg/Ostpr. – 22. 9. 1987 Plettenberg / Vater v. Andreas u. Kuno W. / 46 Heimkehr aus Kriegsgef.-schaft u. Gründung d. Werkst. in Plettenberg / war Mitgl. „AdK"-NRW / Ausst. in Westf. / **Lit.: 48x**-64/78(erw. Mitgl.-liste) // **Andreas** (Tischlermeister/Innenarch/ Möbeldes) / 14. 6. 1936 Görlitz – 18. 2. 2000 Herscheid / Sohn v. Wilh., Bruder des Kuno u. Vater v. Markus W.-K. / bis 55 Tischlerausb., Stud.-Wuppertal 60-63 Wksch, 63 Meisterpr. / 85 Staats-Pr. NRW / war Mitgl. u. Vors.-der „AdK"-Südwestf. / Ausst. u. a. in Frankf.-M./ Köln/Leipzig/Hannover/Essen/Herne/Moskau/Helsinki, Wesel (manu fact.), 1981/85/87 Bielefeld/Selm-Cappenberg/Düsseldorf (manu factum), 87 Dortmund (Signal-Gal) / **Lit.: 48c**-87+ 99 + **48x**-78+85+87 // **Kuno** (Tischlermeister/Innenarch) / 14. 6. 1936 Görlitz- / lebt (2003) in Plettenberg / Bruder v. Andreas, übernahm 87 die Werkst. s. Vaters Wilh. / Stud. Wksch-Hildesheim / **Lit.: 48x**-78 (erw. b. Andreas)

Weisheit-Kiklas, Markus NEU! (B/Steingest) / 1966 Plettenberg- / lebt (2003) in Siegburg / Sohn des Andreas **W**eisheit / bis 90 Steinmetz- u. Steinbildh.-ausb., 94 Meisterprüfung / 94 = 3. Pr. u. 96 = 1. Pr. „Junges Handwerk"-Aachen / Ausst. u. a. 1994/96 Aachen (Rathaus/Technol.-zentr) , 95 Köln (Angew.-Kunst), 96 MS (HBZ), 97 Hamm (manu factum) / **Lit.: 48x**-97 + In: „Gestaltungswettbewerb" – Junges Handwerk NRW – A.-kataloge – Aachen, 1994+1996

Weismüller, Christiane (G/D/Ill) / lebt (2003) in MS / Jugendzeit in Walstedde / Stud.-MS bis 7/02 FHD / Illustratorin/Webdes.-in, tätig für Agenturen in MS u. London / **Lit.: 122a**-1+2 + Fr. Hübner/C. W.: „Der kleine Glücksbringer" – Coppenrath-Verl.-MS, o. Jhg.

Weiss, Andy (M/O) / 1958 Siegen- / lebt s. 86 in Berlin / Stud.-Soz.-päd. / private künstl. Ausb., s. 96 im Vorstand der „East-Side-Gallery" in Berlin / ab 81 Mitgl. Gr.-„ASK"-Siegen / Ausst. u. a. in Berlin, 1998/2003 Siegen (ASK) / **Lit.: 110d**-98+03

Weiss, Birgitta NEU! (M/B/Bühnenb) / 1949 Siegen- / lebt (2006) in Wiesbaden u. Bochum / Stud.-Wiesbaden 72-77 FHfG / Bühnenbildnerin in Wiesbaden / ab 04 Mitgl. „Boch.-KB" / Ausst. = N / **Lit.:** In: „Deutsche Landschaft – Heute" – Ausst.-kat. – Kv.-Berlin, 1984

Weiß, Dagmar (F) / * 1978 – / lebt (2005) in Bielefeld / 03 = 1. Pr. Theater „Biz" Bielefeld / Ausst. u. a. 2005 Hamburg (Stiftung Körber-Award/Mus. f. Kunst u. Gwerbe)

Weiß, Ernst (M) / 1928 Bad Laasphe-Feudingen- / lebt (2004) in Siegen / Weiterb. VHS u. b. bek. Künstlern in Siegen / Mitgl. „Kunstkr. Siegerl." / Ausst. = Südwestf. / **Lit.: 110a+b + 110c**-04

Weiß, Magdalene (M) / 1929 Gelsenkirchen- / lebt (2004) in Neunkirchen b. Siegen / Autodidaktin / Ausst. s. 1979, u. a. in Wiesbaden/Allendorf-Eder, + Südwestf. / **Lit.: 110b + 110c**-04

Weiss, Maurice (F/D) / 1964 Perpignan/Frankreich- / lebt (95) in Dortmund (05 im Ausland?) / ab 89 (bis 94?) Stud. FHD-Dortmund, s. 91 freisch. / ab 95 in „Fotografenagentur Ostkreuz" / Ausst. u. a. 2004 Nice-Frankr., + N/INT/Internet / **Lit.:** Internet

Weissbach, Sabine (M/I) / * 1958 – / lebt (2001) in Hagen, Atelier in Irland / Ausst. u. a. 2000 Hagen (E.-Schumacher-Schule/Restaurant), + Südwestf. / **Lit.: 187**

Weißert, Herta (M/G) / 1929 Schönau/Sudetenland – 24. 12. 2005 Bottrop / 38-41+70-92 Weiterbild.-kurse, u. a. VHS / war s. 82 Mitgl. Gr.-„Kunstgem.-Bottrop" u. s. 92 Kunstkr. Atelier Revierpark Oberhausen / Ausst. u. a. in Bottrop/Oberhausen/Duisburg/Herne/Merseburg/Gladbeck/Gelsenkirchen/Westerland-Sylt, 2000-04 Bottrop (Kulturzentr), 02 Bottrop (Mus), 04 Beteil.-Wanderausst.-Ruhrgebiet / **Lit.: 99a**-02 + **99c**-2000...04 + **99d**-04

Weissköppel, Michael (Weißköppel) (I/M) / * 1969 – / lebt (2006) in Herford / Stud.-Bielefeld 94-2000 FHD (Vis.-Komm) u. Braunschweig 2000-05 HfBK, 04 Meisterschüler / 05 Stip. Kü.-dorf Schöppingen / Zus.-arbeit m. Manuela **F**ersen = „Fersenundweissköppel" / Ausst. u. a. Ahrenshoop/München/Düsseldorf/Braunschweig/Hannover/Helmstedt/Wolfenbüttel/Gifhorn, 2000/06 Bielefeld (Gal.-David/Gal.-61), 01 Melle (Kv), Magdeburg (Dom), 04/05 Wilhelmshaven (Kunsthalle), + N

Weitkemper, Berthold (Prod.-Des) / 1966 Lippstadt- / lebt (2003) in MS / Stud.-MS 87-92 FHD / 93-97 Designer in MS b. „Samson Industrieform", ab 98 Mitgesellschafter bei „Schorlemmer + Bielitza Produktgestaltung"-MS, s. 99 „PILOTprojekt" m. Stefan Schorlemmer, Michael Bielitza u. Ingo Förster / 99 Design-Pr. NRW u. 2000 Bundes-Pr. Prod.-Des. Berlin / Ausst. u. a. 2001 Essen (Des.-Zentr.-NRW), 02 MS (IHK) / **Lit.: 205x**-99 + In: „bundespreis produktdesign 2000 /01" – Vision 21 – Frankf./M, 2001

Weizenegger, Klaus (B/Medailleur) / 1940 Schwerte- / lebt (2005) in Bischofsheim/Rhön / Stud.-Nürnberg 63-67 Akad. / 24 Medaillenwettbewerbsbeteil.-en, davon 68+04 = 3. Preise, 69 = 4. Pr. / ab 74 Lehrt. in Bischofsheim / Ausst. u. a. 1972 Helsinki (Biennale), 75 Krakau (Biennale) / **Lit.: 268**

Weking, Ulrike (F/D) / 1960 Bielefeld- / lebt (2005) in Bielefeld / Mitgl. Gr.-„OCTA" / Stud.-Bielefeld 97-03 FHD (Foto-Des) / Ausst. u. a. 2001-03/05 Bielefeld (Off. Atelier), 02 Gütersloh (Kv), Herford (Gal.-Kunstwerk), 04/05 Bielefeld (WDR-Studio/Neues Rathaus) / **Lit.: 114f + 152**-01...03+05

Welberger, Pete (A) s. Dudler, Max

Weldige, Henrich (M) / * um 1590 – ? / lebte in Salzuflen/Lippe, 1630 dort Bürgerrecht / Werke in Bad Salzuflen / **Lit.: 24**-35

Welge, Andrea (M/G/D) / 1975 Detmold- / lebt (2005) in Detmold / 94-99 Stud. Freiburger Grafikschule, ab 99 freiberufl. tätig / Mitgl. Gr.-„KunstPunkt"-Blomberg / Ausst. u. a. 2002/03 Detmold/Lage/Bad Pyrmont, 02-04 Blomberg (Schaufenster), 04 Herford-Elverdissen (Haus Mißner), Bad Pyrmont (Bistro), Hannover (Park der Sinne), Kalletal (Deele Brosen), Detmold (IHK), 05 Detmold (Off. Atelier) / **Lit.: 132a**-05

Welker, Viola (G/Ill/Bühnenb) / * 1976 – / lebt (2006) in Dortmund / Bühnenb.-ausb. 97-98 in der Theaterwerkst. der Westf. Kammerspiele u. Requisite Univ.-studiobühne Paderborn / Stud.-Schwerte 98-02 Ruhrakad. (Kunst) / s. 02 freisch. tätig in Dortmund / Ausst. u. a. 2004/ 06 Dortmund (Grafik aus Dortmund/Torhaus/Gal.-Art-isotope)

Wellekötter, Harry (A) / 1938 Herne- / lebt (2002) in Düsseldorf / Stud.-Essen bis 62 Ing.-schule / 65-72 in versch. Büros tätig, s. 72 b. „Kiemle, Kreidt u. Partner"-Düsseldorf, ab 90 dort Gesellschafter / Werke in NRW + N (s. Lit.) / **Lit.: 197**-95+97+01

Weller, Bettina (O/Bühnenb) / 1962 Düsseldorf- / lebt (93) in Amsterdam / Stud.-Berlin 83-88 HfBK / tätig: 88-91 Schaubühne-Berlin, ab 87 Schauspielhaus-Bochum u. in Berlin/Dordrecht-NL/Hannover, 93 Gastdoz. Kunsthochsch.-Amsterdam / Ausst. u. a. 1994 Detmold / **Lit.: 134**-94

Wellermann, Gustav (M) / 1867 Münster – 1934 Twistringen / nach Schulzeit in MS: 1889-91 Fotograf in Hamburg, ab 1891 Stud.-MS Univ. (kath. Theol.), 1894 Priesterweihe in Osnabrück / war Geistl. in Bremen/Steinbild/Twistringen / Ausst.-bet. u. a. in Aschendorf (Heimatverein) / **Lit.: 194**

Welling, Gabriele s. Hoffmann, Gabriele

Wels, Erich (F) / lebt (2001) in Gelsenkirchen / Mitgl. der „Sezession-Gelsenkirchener Lichtbildner" / Ausst. u. a. 1993/2001 Gelsenkirchen (u. a.-Stadtgal/Kv)

Welter, Heinz (F/Filmk) (PC-Trainer/Musiker) / 1948 Mülheim/Ruhr- / lebt (2005) in Borken-Burlo / Toning.- u. Musikstud. in Düsseldorf, Elektrotechn. in Aachen u. PC-Systembetreuer-ausb. in MS / 70-78 Musikkünstler-Tourneebegleitungen, 84-93 selbst. / Mitgl. Gr.-„Kim"-Borken / Ausst. u. a. in Borken/Oeding/MS/Stadtlohn, 2005 Borken (Stadtmus) / **Lit.: 141a**

Welslau, Heide (M/O/I) / 1962 Paderborn- / lebt (2006) in Borchen-Dörenhagen / s. 82 künstl. tätig, 96 Weiterb.-seminar Sommerakad.-Paderborn / Mitgl. Gr.-„ARTd-Driburg" / Ausst. s. 1999, u. a. in Bad Driburg-Dringenberg (Hist. Rathaus/Burg Dringenberg), 2001- Bielefeld/ OWL (Archiv), 01 Lichtenau (Kloster Dalheim), 02 Paderborn-Schloss Neuhaus/Willebadessen, 02-05 Borchen-Dörenhagen (Off. Atelier), 03 Gütersloh/Wewelsburg/Paderborn, 04 Paderborn (Paderhalle/Stadtgal), Verbania-It.(K)+Symposion, Duisburg (Cubushalle (K), Mülheim/R. (Mus), 05 Hämeenlinna-Finnl. (Gal.-Ripustus), Turin-It. (Gal.-Casorati), Dörenhagen (Bürgerhaus), 06 Paderborn-Neuhaus (Schloss) / **Lit.: 101b**-02…05 + **192**-01 + K=Katalog

Welters, Hartmut (A/Stadtplaner) / * 1960 – / lebt (2003) in Dortmund / bis 84 Stud. TH-Aachen / 84-89 tätig in Aachen u. Herdecke, ab 89 freisch., vor 95 Büro: „Post . Welters Architekten BDA & Stadtplaner SRL"-Dortmund, 99 auch Köln / Preise/Ausz.-gen, Bauten u. a. in NRW (s. Lit.) / **Lit.: 197**-95+97 + **197a**-99 + **213a**-99+02

Welther, Uwe (G/D/Modedes) / * 1963 – / lebt (98) in Bielefeld / Stud.-Bielefeld 85-86 Univ. (Kunstpäd) u. ebd. 86-91 FHD / 88-92 b. Modefirmen tätig, s. 92 selbst., „Trendwork Büro f. Gestaltung", ab 95 Lehrt. FH-Bielefeld / Ausz.-gen: 91 Design Arena-Köln, 92 Herrenmodewoche Köln, 95 Plakatwettbew.-OWL / **Lit.: 205**-97

Wendehals, August-Alexander (Pseudon.: „Palär") (M) / 1934 Warburg- / lebt (2005) in Warburg / war Schüler v. Prof. Beyer / Intern. Studienreisen / Ausst. u. a. in London/Paris/New York/Montreal/Berlin/Willebadessen, 1986 Hamm (Gal.-Mensing) / **Lit.: 27**-5

Wendland, Wolfgang (Filmk) / lebt (1989) in Bochum / Beteil. Produktion d. „Mäander-Film"-Bochum m. Th. Bethge / Auff. u. a. 1988 in MS / **Lit.: 196-**88

Wendler, Eckart (Eckard) (M/G) / 1938 Dortmund- / NEU: lebt (2006) in Holzwickede / (Biografie in Beilage: CD-Ausgabe 2006)

Wendt, Lothar (M/F/Videok) / * 1962 – / lebt (94) in Berlin / 85-88 Stud. am Westf.-Kolleg Dortmund b. Prof. Brinkmann u. 92-94 HdK-Berlin / Ausst. u. a. in Berlin / **Lit.: 27-**4

Wendt-Papenhausen, Bernhardine Freifrau von (Z) / 1805 – 1835 / Schwägerin der Juliane v. W.-P. / weitere Daten nicht bek. / Vorlagenzeichnerin / **Lit.: 215-6**(erw. S. 16)

Wendt-Papenhausen, Juliane Freiin von (Z) / 14. 8. 1812 Schloss Gevelinghausen/Kr. Meschede – 4. 1. 1886 / Ausst. u. a. 1995 MS (Rathaus) / **Lit.: 66 + 215-**6(S. 16/171/174)

Wenge, Johann Theodor (Theodor) (B/M/G) / 1905 Werne – 1966 Sögel / Steinmetz- u. Bildh.-ausb. b. Seliger in Sendenhorst, danach tätig in Werne / Stud. Kgsch-Dortmund, ab 33 in Lathen tätig, übernahm 37 die Werkstatt v. Bildh. Hellerbernd / war Mitgl. „BBK"-Nord/ Westf.-Dortmund / **Lit.: 194**(m. Lit.)

Wenig, Sabine NEU! (M/Coll.-k) / 1961 Bielefeld- / lebt (2005) in Bielefeld / Stud.-Bielefeld 83-89 Univ. (Kunst/Musikpäd/ev. Theol) / 96-99 Kirchenkunstproj. m. d. Komponisten Reinh. Westerheide in 2x Minden/Herford/Unna/Bielefeld / s. 04 Mitgl. „BBK"-OWL / Ausst. u. a. 1990-2005 Bielefeld (Off. Atelier/Kommunale-Galerie/Sennestadt-haus/Casino/Boge-Fabrik/ WDR-Studio/Sparkasse/"Noodles"), 03 Bielefeld (Q-Tour), 92 Minden (Gal.-Fischer), 93 Herford, 94 Halle-W./Poznan-Polen, 95 Rheda-W. (Rathaus), 96 La Spezia/Wanderausst.-Italien, 98 Gütersloh (Gal.-Friedemann), 99 Osnabrück, 2000 Germersheim (Kv), 2000- Bielefeld/OWL (Archiv), 02 Halle/W. (Remise/Off. Atelier), Bielefeld (Univ.-ZIF), Can Perlus-Mallorca, 03 Gütersloh (Studio: Kv), 04 Bielefeld (Rav.-Spinnerei), Hiddenhausen (Rathaus), + OWL / **Lit.: 115d-**02erw. + **124-**05 + **152-**92...95+99...05 + **152b-**02 + **192-**01+03+04 + In: „KUNST aktuell" – 12/01 – S. 36 – Bad Schmiedeberg

Wenniges, Oliver NEU! (M/G/Ill/D) (Autor) / 1970 Hiltrup (jetzt Münster)- / lebt (2006) in MS / Stud.-MS 90-98 FHD / 03 Bühnenbilder f. „Borcherttheater" in MS / Ausst. u. a. in Frankf.-M./Ahlen/MS, 03 MS (Stadtbücherei) / **Lit.:** u. a. **122-**93+97 + O. W.(Text/Ill): „Der Sonnenhocker" – Ellermann-Verl.-Hamburg, 2001; O. W.: „Mia im Museum" – in Zus.-arbeit m. d. Mus. f. mod. Kunst – Frankf./M., 2003; „Millo bekommt ein Fahrrad" – Fischer-Verl. – Frankf./M., 2005; „Kieferchen sucht einen Freund" – 2006

Wenning, Sophie (M) / 1803 Münster – 1864 ebd. / NEU: Werk u. a. in Sendenhorst (früher Lambertikirche-MS) / (Biografie in Beilage: CD-Ausgabe 2006)

Wennrich, Holger NEU! (M) / 1969 Wanne-Eickel- / lebt (2002) in Herne-W.-E. / Autodidakt / Organisator d. Veranst.-„Kunstbombe" Flottmann-Hallen in Herne / Ausst. u. a. 1994/2000/02 Herne (Flottm.-Hallen/Kunstbombe) / **Lit.: 142 + 142a + 143-**94+2000

Wens, Holger (F/D) / 1964 Solingen- / lebt (98) in Dortmund / Stud.-Dortmund 87-93 FHD / s. 93 freisch. / Ausst. u. a. 1989 Dortmund (Mus. f. K. u. K.), 91 Herten (Fototage) / **Lit.: 203-**89 + **205-**97

Wentz, Bodo (B/K/O) / 1939 Halle/Saale- / lebt (2002) in Petershagen / Ausst. u. a. 1999-02 Petershagen (Off. Atelier) / **Lit.: 152a-**99-02

Wentz, Gudrun (B/Maskenbildn) / 1941 Halle/Saale- / lebt (2004) in Minden / Ausbild. u. Tätigk. als Maskenbildnerin in Regensburg u. Frankf.-M. / s. 92 Minden, Weiterbild.-Bildh. VHS-Minden, Zeichnen b. Prof. Welski u. Kunst ab 01 Univ.-Bielefeld b. Prof Sommer / s. 93 Mitgl. „Verein f. akt. Kunst"-Kr. Minden-Lübbecke, Atelier „Bildh.-werkst.-Bachstr."-Minden / Ausst. u. a. 1996 Minden (Theatergal), 99/01/02/04 Minden (Off. Atelier), 04 Minden (Mus), Petershagen-Lahde (Fährstr. 30) / **Lit.: 152a-**99+01+02+04

Wentzler, Josef NEU! (A) / * 7. 10. 1884 – / lebt in Köln u. (1919/30) in Dortmund / 1919 Wettbew.-sieger m. anderen Architekten (u. a. H. **S**trunck) = 19-24 Hauptfriedhof-Dortmund / war Mitgl. Gr.-„VWKuK" u. „DWB" / Ausst. u. a. 1926/31 Dortmund (VWKuK), 29 MS (Stadthalle) / **Lit.: 8a-**26+29+31 + **34-**9,2 + **120a-**3(Anh) + **197b-**84 + In: „Wohnen im Revier" – 99 Beispiele aus Dortmund – München, 1975; In: „Tag des offenen Denkmals" – S. 45 – Stadt Dortmund, 2001

Wenzel, Karl (M) (Musiker/Schriftsteller) / 1887 Ibbenbüren – 1947 Kevelaer / Jugendzeit in MS u. Rheine / ab 1906 Ausb. b. Fr. Stummel in Kevelaer, 14-16 Soldat, ab 16 freisch. / Mitgl. u. einige Jahre Vors.-der v. „Kevelaerer KB" / Werke u. a. in Westf. (Rheine) / Ausst. u. a. in

Essen/München/Rheine, 1938/39 Dortmund (Katharinenkloster), 47 Kevelaer (Gr.-Kunstausstellung) / **Lit.: 8a**-38+39 + **34**-9,2 + **84**-66(S. 81) + **194** + **200**-1

Wenzler, Claudia (jetzt: Wenzler-Schlicker, Cl.) (M/G/D/Kommunik.-des.-in) / 1961 Recklinghausen- / lebt (2005) in Trier / Stud. Univ.-n Trier u. Göttingen (Phil/Kunstg), FHD-Trier (Grafik-Des/Komm.-Des) u. Weiterb. Europ.-Akad. Trier (Malerei) / Lehrt./Kurse / Ausst. u. a. 2004 Trier (Kv), 05 Münstermaifeld-Mörz/Boppard, + Internet

Wepil, Stefan (M) / * 1968 – / lebt (2005) in Bottrop / Ausst. u. a. 1999/2000/03/05 Bottrop (Mus) / **Lit.: 99a**-99+2000+03

Weppelmann, Wilm (F/Konzeptk) (Autor/Lyriker) / 1957 Lüdinghausen- / lebt (2004) in MS / Stud. Univ.-MS (Germ) / s. 02 freisch. / Ausst. u. a. 1999 MS (Atelier-Bahnhofstr), 2003/04 MS (Fr.-Hitze-Haus/Stadtmuseum), 04 Kassel (Mus. f. Sepulkralkultur) / **Lit.:** W. W.: „ich sehe meine Augen" – Ausst.-dok.-tation – Verl.-galery; „zukunft?! hundert porträts und ein satz" – Ausst.-dok.-tation – Verl.-galery; „aus dem wörterbuch der sterblichkeiten" – prosaische ausschnitte I – MS, 1996; W. W.: „Jahre Welt ich" – 2002; Prof. Dr. Th. Sternberg/W. W.(Fotogr.): „ich verlässt ich" – bilder vom leben u. sterben – Ausst.-kat. – Fr.-Hitze-Haus – MS, 2003; „W. W." – sterben kommt – Ausst.-kat. – Mus. f. Sepulkralkultur-Kassel, 2004

Werdelmann, Wilhelm (A) / 21. 3. 1865 Leopoldshöhe/Lippe – 25. 4. 1919 (Wuppertal)-Barmen / nach Schulzeit in Detmold: Stud.-Dresden/Berlin 1885-90 Archit. / 1890-95 in Leipzig tätig, 1893 Reg.-baumeister, dann Breslau, ab 1898 Prof./Direktor Kgsch.-Barmen / Werke in Breslau u. Wuppertal / **24**-35 + **216** + In: J. Busmann: „Architektur in Wuppertal" – 1993

Werlen, Jean-Luc (B/O/I/Glask/D) / 1950 Bern/Schweiz- / lebt s. 97 in Bochum u. San Sebastian de Gomera / Autodidakt (sehbehindert) / Holz- Metall- Glasskulpturen/Objekt-Möbel / **E.**-Ausst. u. a. San Sebastian de La Gomera (Gal.-Gomera Star), 1998- Bochum (Atelier), 2001 Bochum (Hospiz), Hamminkeln (Gal.-Isshorst), 03 Witten (Haus Herbede) / Ausst.-**bet**. u. a. lfd. 1999- Hamminkeln (Gal.-Isshorst) + Bochum (Des.-Messe), 2000 Herne (Ecostyle), 2000/02 Munster (3.+4. Intern. Glasplastikausstellung), 01 Bochum-Gerthe/Rudersberg, 02 Bochum (Hospiz) / **Lit.:** Internet

Werlich, Karin (M/G/D) / 1957 Lemgo- / lebt (2004) in Lemgo / Schauwerbegest.-ausb., 82-85 Aufenth. Dominik. Republik u. Stud. Bielefeld bis 92 FHD / Ausst. u. a. 1985 Santo Domingo/ Santiago, 93/95 Blomberg (Haus Rottmann), 95/99 Lemgo (VHS/FDP), 95 Blomberg (Off. Atelier), 96/2001 Rheda-Wiedenbrück (Bleichhäuschen), 96/97 Detmold (Telekom/Landgericht), 98 Burg Blomberg, 98-2000/02/03 Schwalenberg (Köpke-Haus), 03 Lemgo (Stadtbücherei), 04 Blomberg (Aktion Kunstmauer) / **Lit.:** Internet

Werling, Klaus (F) / 1959 Frankenthal/Pfalz- / lebt (93) in Bielefeld / nach techn. Zeichnerausb.: Stud.-Bielefeld 85-91 FHD / ab 91 freisch. u. Redakteur / Ausst. s. 1988, u. a. 92 Bielefeld (Fotoforum) / **Lit.: 114c**

Werly, Ute s. Eturiám

Wermekes, Günter (Goldschm/Prod.-Des) / 1955 Kierspe- / lebt (2005) in Kierspe / 75-78 Goldschm.-ausb.-Düsseldorf b. Prof Becker, dort 78-86 Assist. u. Werkstattltg. / s. 86 selbst., ab 90 eig. Atelier, tätig f. Firmen: u. a. „Hagri", „Niessing", „Heinrich+Denzel", „Tecnolumen" u. „Ventura" / 92/93 Lehrt. FGfG-Pforzheim / 78 Ausz. Anerkenn. „Der Ring", 81 = 1. Uhren-Wettbew.-Pr ASUAG, 88 Anerk. „Benson&Hedges", 93 Entwurf d. 1. Uhr für „Niessing"-Schmuckmanuf. – Vreden (s. Niessing), 93 Ehren-Design-Pr. NRW, 94 Platinum Design-Pr. Tokio/Jap. u. red dot Award-Essen / Ausst.-gen 2x jährlich in eig. Ateliergalerie in Kierspe / Ausst. u. a. 2002 Halver/Luxemburg/Freiburg, 04 Lüdenscheid (Schriever GmbH), + N/INT / **Lit.: 205**-94(erw.) + **205x**-93 + u. a.: G. W. – Schmuck/Design: „Das Spiel um Feuer und Distanz" – Werbeheft; In: Peter Zec: „good design" – Produktkultur u. Lebensform – Des.-Zentrum-NRW – Essen, 2000

Wermers, Nicole (I/Coll.-k) / 1971 Emsdetten- / lebt (2005) in Hamburg / Stud.-Hamburg 90-97 HfBK u. 99 Coll. Of Art and Design London / Ausst.-gen = N + INT / **Lit.: 26a**-05

Werneburg, Elke (B/O/I/Materialb.- Perf.- u. Aktionsk) / 1943 Lemgo- / lebt (2005) in Bielefeld / Autodidaktin / war 88-90 Mitgl. Gr.-„**M**WER" u. ab 90 „**K**unstCOOP"-Bielefeld / Ausst. u. a. 1989 Bielefeld (Gr.-MWER/Gal.-artists unlimited), 90 Hamburg (GEDOK), 89/99 Bielefeld (Rathaus), 2000-05 Bielefeld (Off. Atelier), 01- Bielefeld/OWL (Archiv), 03 Bielefeld (Q-Tour), + OWL / **Lit.: 152**-2000+01(S. 22)+03...05 + **192**-01+03

Werner s. Mali & Werner

Werner, Alfred (M/G) / 1882 Riga – 1944 Oschersleben / lt. Lit.

Werner, Alfred (M/Z) / * in Schlesien – † um 1976 (Telgte/Düsseldorf?) / war Lehrer u. Organist in Telgte, lebte (70) in Düsseldorf / Ausst. u. a. 1977 Telgte (Rathaus = Gedächtnisausst) / **Lit.: 1**-6(Anh.) + In: „MS-Aktuell" – Heft 9/10 – MS, 1977

Werner, Lilo (M) / 1925 Mannheim- / lebt (2004) in Siegen / Ausb. Folkwangsch.-Essen / 43 = 1. Malerei-Pr. / Ausst. u. a. in Moers/Bad Ems/Giessen/Hof/Köln/Toronto-Kanada u. Südwestf. / **Lit.: 110b + 110c**-04

Werner, Thomas s. (bei) Wüstenfeld, Jochen

Werninck, Heinrich / Maurer aus Gildehaus, um 1720 Dombauwerkmeister in Münster / Werke: wahrsch. in Mülheim/Möhne u. m. Joh. Bauer um 1743/45 in Meppen / **Lit.: 24**-35

Wesner, Gerlinde (M) / 1937 Münster- / lebt (2005) in MS / war Lehrt. / Ausst. u. a. MS (Off. Atelier), 2005 MS-Gievenbeck (Fachwerk), 05 Telgte (Mus) / **Lit.: 185**-05

Wessel, Gerhart Georg (auch Georg Gerhardt) (B) / * um 1744 Hollenstede/Osnabrück – 24. 4. 1811 Osnabrück / Vater des Bildh.-s Bernhard W. in Osnabrück, 1795 – um 1860 / Schüler des Joh. Heinr. **K**önig in Münster, ab 1790 in Osnabrück tätig / Werke im Bistum Osnabrück u. MS / **Lit.: 24**-35 + **252**-1

Wessels, Norbert (M/Z) / 1948 Rheine- / lebt (2002) in Vreden / 64-67 Klischeeätzerausb., ab 79 Weiterb.-Arnheim-NL (Neue Akad.) / (alte Biografie in Beilage: CD-Ausgabe 2006)

Westenberger, Christine (M) / 1977 Limburg/Lahn- / lebt (2005) in MS / Stud.-MS 98-05 Akad. / Ausst. u. a. 2002 Nottuln, 03 MS (Finanzamt) / **Lit.: 228**-03

Westendorf, Reinhard (Filmk) / 1961 Mettingen- / lebt (91) in Osnabrück / Beruf: Filmvorführer, -kritiker u. s. 87 Filmemacher (5 Kurzfilme) / Auff.-gen u. a. in Hamburg, 1988/90/92/ 2001 MS / **Lit.: 196**-88+90+92+01

Westerfrölke, Paul Heinrich (M/G/Z) / NEU: 1886 Gütersloh – 1975 ebd. / (Biografie in Beilage: CD-Ausgabe 2006)

Westermann, Marc (M/O/Projektk) / 1973 Hagen- / lebt (2006) in Essen / Stud.-Schwerte 93 Ruhrakad., 94 Folkwangsch.-Essen, 95 Coll. of Art Edinburgh-GB u. 96-2000 Univ.-MS (Phil) / freisch.: 96-02 Münster, 02-03 Bologna, dann Essen / Lehrt. freie Akad.-Dortmund u. Reichenhaller Akad. / ab 05 Mitgl. „BBK-Westf."-Dortmund / Ausst. u. a. in Essen, 1997 Edinburgh-GB, 2004 Den Haag, + Internet

Westermeier, Josef (A) / 8. 4. 1907 Niedertudorf b. Paderborn – 1. 6. 1967 / lebte in Hamm/W. / Werke u. a. Kirche (66/67) in Hamm / **Lit.: 219a**

Westermeier, Michael (G/D/Cartoonz) / 1953 Münster- / lebt (2006) in MS / NEU: ab 95-01 freisch., ab 01 „Clown Conrad", Auftritte in Kliniken u. Altenheimen / (Biogr. = Beilage: CD)

Westermeyer, Anamaria Briede s. Briede-Westermeyer, Anamaria

Westermeyer, Frank NEU! (F/D/Videok) / 1971 Essen- / lebte 72-93 in Herne, um 95 in Wuppertal, 2000 Weimar u. 04 Genf/Schweiz / Stud.-Wuppertal 92-97 Univ./GH (Komm.-Des) / 95 Förder-Pr. Herne, 98-99 DAAD-Stip. f. Paris / Lehrt.: ab 93 VHS-Bochum, 2000-04 Mitarb. Univ.-Weimar, ab 04 Genf / s. 96 Zus.-arbeit m. Sylvie Boisseau (* 1970 Thiais/Frankr.) / Ausst./Auff.-en u. a. in Bochum/Berlin/New York/Paris/Lille-Fr., 1996 Solingen (Mus), 99 München (Lothringerstr), 2002 Weimar, 06 Berlin-Kreuzberg (Gal.-Neues Problem), + N/INT / **Lit.: 142 + 216**

Westerschell, Frank Horst NEU! (Westerschall-Brandt, F. / WesterSchell, F.) (M/G/D/B) / 1968 Kamen- / lebt (2004) in Kamen / 84-89 Ausb. b. R. **K**asper in Werne, 89/90 Grafik-Des. Praktikum in Kamen, ab 90 selbst. / Mitgl. 84-95 „Arb.-gem. Kamener Künstler" u. 95-98 Gr.-„Schieferturm"-Kamen u. 86-96 Gr.-„Arbeitskr. Kunst"-Hamm / Ausst. s. 1988, u. a. ***lfd.*** in Hamm oder Kamen/Bergkamen, 1988 Werne (Rathaus), 90 Bremen (Lagerhaus), 92 Trossingen (Akad), 95 Hamm (Mus), Unna (Sparkasse), 96 Beeskow (Kunstseminar), 97 Lüdinghausen (Burg Lüdinghausen), 2002-04 Kamen (Haus Dr. Nüsken/Kunstmesse/Stadtfest/Wasserwerk), 04 Hamm/Warstein / **Lit.: 105** + Internet

Westfeld, Max (Westfield) (M) / 1882 Herford – 1959 Düsseldorf / Stud. Akad.-Düsseldorf / lebte ebd. / **Lit.: 24**-35 + **25**-5 + **34**-8,2+9,2 + Im Anhang: „Lexikon der Düsseldorfer Malerschule 1819-1918" – Bd. 3 – 1998

Weyandt, Karin Angelika (M) / 1953 Bad Berleburg- / lebt (2006) in Erndtebrück / Mitgl. d. „Wittgenst. Akad.", „Wittgenst. KG" u. „Cultura Frauenforum"-Siegen / Ausst. u. a. in Dortmund, 2000 Finnentrop (Firma Freiburg), 05 Herten (Zeche Ewald), + Südwestf. / **Lit.: 110b + 110c**-04 + **187**

Weyer, Charlotte (Khw) / 1930 Liegnitz/Schlesien- / lebt (90) in Halle/W. / Werke s. 79 / 84 Bischof-Tenhumberg-Pr. Telgte / Ausst.: 1981-85/88/89 Telgte (Mus) / **Lit.: 185**-81...85+88+89

Weyl, Jutta (M) / 1959 SchamederKr. Wittgenstein- / lebt (2004) in Neunkirchen b. Siegen / 84-86 /97/99 Weiterb.-kurse b. bek. Künstlern / 92-97 Mitgl. Gr.-„Malkreis“ u. im „Cultura Frauenforum“-Siegen / 95-97 Lehrt. VHS-Herdorf / Ausst. s. 1990 in Südwestf. / **Lit.: 110b + 110c**-04

Weymann, Hauke (F/u. a.) / 1983 Krefeld- / lebt (2005) in MS / Stud.-MS ab 02 Akad. / Ausst. u. a. 2003 Laer (Stadtmitte), 04 Soest (FH), 05 Bad Oeynhausen (VHS), Wismar (Baumhaus), Recklinghausen (Kunsthalle), Ingolstadt (Kv) / **Lit.: 256+a**

Weyrater, Markus (Weirater) (Bau- u. Zimmermeister) / † 19. 8. 1724 Beverungen / s. 1692 in Beverungen bek. / Werke: 1692-98 m. s. Bruder Bau der Kirche in Beverungen, 1698 Zimmermeisterarbeiten a. d. Kirche in Lüchtringen / Sohn u. Enkel wurden Bürgermeister in Beverungen, außerdem gehört er zu den Vorfahren des Dichters Hermann Löns / **Lit.: 112a** (m. Lit.)

Weyrater, Marx oder Markus (Maurer- u. Steinhauermeister) / stammt aus Tannheim oder Aschau in Tirol, 1716 Maurermeister in Beverungen / **Lit.: 112a**

Weyres, Thomas („Paw“/“Pawone“) (G/D/I/Vis.-Komm.-Des) / 1978 Aachen- / lebt (2005) in MS / Stud.-MS 01-05 FHD / ab 99 Betrieb des T-Shirt Labels „Pawone“ / Buch- u. Katalogprojekte / Ausst. u. a. 2001 MS (Apollo-Theater=Graffiti), Rheda (Orangerie), 02/03 MS (Kunstv/Halle Am Hawerkamp), 03 Frankf.-M. (Buchmesse), 04 Cuxhaven (Kv), + Internet / **Lit.: 122a**-2

White, Marie Elizabeth (M/Z/D) / 1973 Waterford/Irland- / lebt s. 98 in Bochum / 92-93 Ausb. in Waterford, Stud.-Cork 93-96 Coll. of Art and Design (Ausz. cum laude) / Mitgl. Gr.-„Unser Fritz“ in Künstlerzeche „Unser Fritz 2/3“-Herne-Wanne / Ausst. u. a. jährl. Herne (Off. Atelier), 1995 Beteil. „Mir“-Raumstation (Ars ad Astra), 96 Wanderausst.-Irland, 97 Dublin (Gal.-Poolbeg Power Station), 2002 Herne (Zeche Unser Fritz), 02/03 Bochum (Kunstpark/ Werkst.-atelier), 05 Herne (Flottmann-Hallen) / **Lit.: 143**-05 + **143f**

White, Mary (K/Kalligr) / 1926 in Wales- / lebt (01) in Wonsheim, 2001 Wonsheim (Off. Atelier)

Wibbe, Karl (A/Dipl.-Ing) / lebte um 1927/32 in Hamm/W. / war Mitgl. „BDA“ / Werke u. a. 27/28 Michaeliskirche Hamm-Ostwennemar u. 31/32 Dreifaltigkeitskirche Herne / **Lit.: 142y**

Wichmann, Corinna (F/Filmk) / * 1970 – / lebt (2002) in Köln u. Hamburg / Stud.-Bielefeld 90-96 FHD / s. 96 freisch.-de Fotografin/Autorin/Filmkünstlerin / Ausst. = N / **Lit.:** In: U. E. Ziegler: „Die Welt als Ganzes“ – Fotografie aus Deutschland nach 1989 – Hatje-Cantz – Ostfildern, 2000

Wickel, Michael (Industriedes) / * 1964 – / lebt (98) in Kamen / 80-82 Ausb. Werkzeugmacher u. Tätigk., Stud.-Wuppertal 87-94 GH / 91-93 freiberufl. tätig, ab 93 Firma „Design Works“ m. Rolf Möller u. Helmut Thiele in Kamen / **Lit.: 205**-97

Wickenburg-Buhre, Barbara (M) / 1954 Hof/Saale- / lebt (99) in Unna / Stud.-Dortmund Univ. (Kunst/Grafik/Germ) / ab 90 Lehrt.-Bergkamen / Mitgl.-„Kunstwerkstatt sohle 1 Bergkamen“ / Ausst. u. a. in Bergkamen / **Lit.: 103**-97

Wickler, Christian (F/D) / 1968 Kirchen/Sieg- / lebt (2006) in Siegen / 87-91 Fotogr.-ausb./Tätigk. in Siegen, Stud.-Dortmund 92-2000 FHD, 95 Ausl.-sem. Univ.-Nottingham-GB / Mitgl.-„BFF“ / Veröffentl.-en v. Fotoprojekten u. a. im „Spiegel“ u. Magazinen/Zeitungen/Internet

Wiebusch, Stephanie Dominique Katrin (M/F/Aktionsk) / 1969 Bonn- / lebt s. 1990 in Siegen / Mitgl. Gr. „3/55 e.V.“ / Ausst. u. a. in Ungarn/Manchester/Turin/Dortmund, 2001 Siegen (Innenstadt/Hauptbahnhof/ehem Kerberkaufhaus), + Südwestf. / **Lit.: 110b + 110c**-04 + In: „Brauhausfotografie“ – Edition Nr. 2-8 (1992-99) – CD-Rom – Siegen, 2001

Wieck, Heinz (B/O/I/M/Z) / NEU: 1935 Recklinghausen – 1991 Haltern-Flaesheim / (Biografie in Beilage: CD-Ausgabe 2006)

Wieck, Reinhard (M/B) / NEU: 28. 6. 1911 Münster – 13. 2. 1998 Warendorf-Einen / (Biografie in Beilage: CD-Ausgabe 2006)

Wieck, Wilma (T/B) / NEU: 1933 Recklinghausen – 1991 Haltern-Flaesheim / (Biografie in Beilage: CD-Ausgabe 2006)

Wieczorek, Adam (M/B/Bühnenbildner) / 1954 Gliwice(Gleiwitz)/Polen- / lebt (2006) in Kamen / Stud.-Lublin-Polen 78-81 Univ., ab 82 in Deutschl. / s. 86 Beteil. an zahlr. Film- u. Fernsehproduktionen/Bühnenbilder, 06 für Aufführ. im Schloss Nordkirchen / Mitgl. Gr.-„Reflex“-Kamen / Ausst. u. a. 2003/04/06 Kamen (Stadthalle/Rathaus), 04 Köln-Stammheim (Schlosspark), 06 Nordkirchen (Schlosspark)

Wieczorek, Monika (T/O/I) / 1948 Salzkotten/Kr. Büren- / lebt (2003) in Werther / 65-69 Gymnastik/Tanz-Ausb., ab 73 Lehrt.-Bielefeld, 75-84 tätig im Bewegungstheater / Ausst. u. a. 1997

Espelkamp, 98 Karlsruhe (GEDOK), 99 Köln/Cloppenburg, 2000- Bielefeld/OWL (Archiv), 02 Gütersloh (Kreishaus), 03 Bielefeld (Q-Tour) / **Lit.: 192**-01+03+04

Wiegand, Abraham Johann Christian (Glasmeister) / * in Stützenbach/Ilmenau-Thüringen / war m. Joh. Henrich Gundelach bis 1728 Besitzer der „Emde"-Glashütte Altmünden/Hessen, ab 1728 = **s.** Ihmsen, Johann Carl – Brakel, Kr. Höxter (auch Lit.!)

Wiegand, Suse (Susanne) (Prof) (M/Z/O/I) / 1958 Düsseldorf- / lebt (2005) in Bielefeld u. Düsseldorf / Stud.-Berlin 78-85 HdK, 85 Meisterschülerin / 85/86 DADD-Stip. f. London, 88 Stip. Kunstfonds Bonn, 90 Eurocreations-Stip. Paris u. Pépiniére Glasgow, 91 Förder-Pr. Düsseldorf, 93 Arb.-Förderung f. Nebraska-USA, 96 Förder-Pr. „DKB", 96/97 Stip. Kü.-dorf-Schöppingen / s. 02 Lehrt. u. Prof.-in FHD-Bielefeld / Ausst. u. a. in London/Zürich/Glasgow, 1987/91/99 MS (Werkst.-Hermannstadtweg/Halle-Am Hawerkamp/Buchh.-Spiekerhof), 88/97 Düsseldorf (Kunstpalast), 93 Neuss (Alte Post), Köln (Heliusturm), Budapest (Planetarium), 97 Schöppingen, 2000 Lüdenscheid (Mus), 01 Bonn (Kunstmus), 02 Bochum (Mus), 05 Herne (Stadtgal) / **Lit.: 79/79a + 86**-2000+02+05 **+ 107**-88+97 + In: „Projekt Werkstattausstellungen" – Katalog – MS, 1991; „S. W." – Ausst.-kat. – Kulturforum Alte Post – Neuss, 1993; In: „Naturkunden" – Ausst.-heft – Köln/Budapest, 1993; „S. W." – Künstlerdorf Schöppingen, 1997; In: „Zeichnung heute III" – Ausst.-kat. – Bonn, 2001

Wieghardt, Johann Peter (B/O/M/G) / 1966 Lüdenscheid- / lebt s. 96 in Brit.-Kolumbien/Kanada u. in Vancouver/Kanada (ab 01) / Holzbildh.-ausb. 84-87 in Michelstadt, Stud.-Braunschweig 89-96 HfBK, 95 Meisterschüler / 93-96 Tutor u. Lehrt. HfBK-Braunschweig, 01 Gal. m. Ross MacMillan in Vancouver / Ausst. u. a. in Braunschweig/Hannover/Dortmund, s. 1998 lfd. in Vancouver-Kanada, 2000/01 Dortmund (Gal.-Henseleit), 01 Hamminkeln (Gal.-Isshorst), 02 Lüdenscheid (Mus), Ronda-Spanien (Stadttheater) / **Lit.: 125e**

Wieghardt, Paul (Prof) (M/G) / 1897 Lüdenscheid – 1969 Wilmette b. Chicago/Ill.-USA / NEU: Ehemann v. „Nelli Bar-Wieghardt" (B/u. a. = * 1904 Köln – † 2001 Foulkeways/Pennsylvania-USA) / (Biografie in Beilage: CD-Ausgabe 2006)

Wieging, Gabi (B/T/D) / 1961 Borken- / lebt (2005) in Halle/W. / Stud.-Hannover 83-87 FH (Textildes) / 87-01 als Des.-in tätig, ab 01 freisch., s. 03 Lehrt. Sommerakad.-Borgholzhausen, ab 04 Lehrt.-Halle/W. / Ausst. s. 2001, u. a. 02-05 Halle/W. (Off. Atelier+Kunstnacht), 03 Bielefeld (Q-Tour), + OWL / **Lit.: 152b**-02…05 **+ 191b**-04 **+ 192**-03

Wiegmann, Brigitte (M/Z) / 1940 Mönchengladbach- / lebt s. 67 in Bottrop / NEU: 99 Kultur-Pr. Bottrop / (Biografie in Beilage: CD-Ausgabe 2006)

Wiegmann, Jenny s. Mucchi-Wiegmann, Jenny

Wiegmann, Wilma (M/G/Mosaik/Kunst am Bau) / 1913 Bielefeld- / lebt (2005) in Bielefeld / NEU: ab 86 eig. Galerie in Bielefeld u. New York / (Biografie in Beilage: CD-Ausgabe 2006)

Wiehagen, Alois (M) / lebt (1946) in Rhynern b. Hamm/W. / Ausst. u. a. 1941/42 Dortmund (ehem. Katharinenkloster), 46 Arnsberg (1. Rhein-Rhur-Ausst.) / **Lit.: 8a**-41+42+46

Wielers, Bernhard (A/Dipl.-Ing) / 1897 Bochum – 1957 / in Bochum tätig (auch: Wielers junior genannt) Sohn des Hernann **W.** / Werke u. a. in Bochum / war Mitgl. „BDA" / Ausst. u. a. 1936 Dortmund (ehem. Katharinenkloster) / **Lit.: 8a**-36 **+ 146b+c** + Internet

Wielers, Hermann (A) / 1845 Münster – 1917 Bochum / Vater v. Bernhard **W.** / Stud. = Reg.-Baumeister / ab 1880 Bochum tätig, Werke in Westf., u. a. (15) Kirchen (31 geplant), u. a. in Bochum (1892 St. Joseph) u. Herne (1899/1908 St. Marien) / **Lit.:** D.K.-Teil 2 + **142y + 146b+c** + W. Timm: In „Handbuch Bistum Essen" – Bd. 2 – 1974

Wiemann, Martin (A/Dipl.-Ing) / 1969 Münster- / lebt (2004) in Dortmund / Stud.-Dortmund 90-95 FH u. 95-99 Univ. (Dipl.-Ing) / 97 Stip. f. Venedig / s. 99 Lehrt. FH f. Archit. u. ab 2000 selbst., Wettbew.-e/Werke/Projekte m. Chr. **W**urster in NRW / **Lit.:** Internet

Wien, Sebastian (B) / 1962 Kierspe/W.- / lebt (2002) in Hattingen / NEU: Sohn des Waldemar W. / (Biografie in Beilage: CD-Ausgabe 2006)

Wien, Waldemar (B) / NEU: 1927 Dortmund – 1994 Kierspe/Westf. / Vater v. Sebastian **W.** / (Biografie in Beilage: CD-Ausgabe 2006)

Wienböker, Benno (K) / * 1928 – / lebt (2004) in Bad Salzuflen / Gründungs-mitgl. Gr.-„Das Fachwerk"-Bad Salzuflen u. bis 2/04 = 1. Vors. u. Ausst.-Organisator / (Biogr.=Beilage – CD)

Wienefoet, Silvia NEU! (M/G/B) / 1975 Gronau- / lebt (2005) in München / Stud.-Dortmund 96-2000 Univ. (Malerei/Grafik/Plastik) u. MS 01-05 Akad. / Ausst. u. a. 2000 Gelsenkirchen (Mus), 01/02 Bochum (ehem. Kaufhaus-Brinkmann/Propsteikirche, 02

Dortmund (Television-Comm.-Center), 03 Laer (Stadtmitte), 04 Bergkamen (Stadtgal), Bad Oeynhausen (VHS), Hagen (Hagenring-Gal), Köln (Lichthof), Dortmund (Künstlerhaus), 05 Wismar (Baumhaus), Recklinghausen (Kunsthalle), Ingolstadt (Kv) / **Lit.: 26a**-05 + **145c**-2000 + **256+a**

Wieners, Erich (Filmk) / 1956 Hattingen-Niederwenigern- / lebt (86) in Sprockhövel / Schriftsetzerausbild. / s. 73 Filme, ab 83 selbst., Video- u. Filmherst. / Auff.-en u. a. 1985 in MS / **Lit.: 196**-85

Wienstroer, Willi (B/M/Khw) / * 1936 – / lebt (2005) in Warendorf-Freckenhorst / Malermeister/ Restaurator / 86 Bischof-Tenhumberg-Pr. Telgte / Ausst. u. a. 1986-91/99/2004/05 Telgte (Mus), 01 Freckenhorst (Landvolkschule) / **Lit.: 185**-86...91+99+04+05

Wiersing, Kurt (A) / * 1920 – / lebt (um 50 bis nach 74) in Detmold / bis 49 Stud. TH Aachen u. Hannover / danach im Staatshochbauamt Detmold tätig (Reg.-Baudirektor) / ab 74 Lehrt. FH-Lippe (Detmold) / Werke um 60/70 in Detmold u. Oerlinghausen / **Lit.:** In: Burkhard Meier: „Lippische Kirchen“ – Detmold, 2004

Wieschemann, Paul Gerhardt (A/Dipl.-Ing) / 1926 Bochum- / lebt (2005) in Bochum / Stud.-Braunschweig 48-54 TH / 53 Fritz-Schumacher-Pr. u. Ausl.-Stip., 64 Plakette Stadt Bochum, 65 Hans-Hess-Pr. u. Ausl.-Stip., 71 = 1. Wettbew.-Pr. Schule-Wattenscheid, 79 = 1. Wettbew.-Pr. „Gerberviertel“-Bochum, 80 = 1. Wettbew.-Pr. Hauptverw.-„BOGESTRA“-Bochum, 85 BDA Archit.-Pr. NRW / 55-58 Mitarb.-er Büro Dieter Oesterlen – Hannover u. 55-60 Mitarb./Assistent TH-Braunschweig, s. 60 freisch., ab 66 u. a. Regional/Stadtplanung, ab 77 Beiträge zur Denkmalpflege/Restaurierung u. Verw.-bauten, u. a. im Ruhrgebiet / Mitgl. BDA“ / Werke in NRW, u. a. 57-59 Christuskirche-Bochum m. Büro Oesterlen – Hannover, 67/80 Ev.-Gemeindezentr. Bochum-Harpen, 78-80 „Markus-Haus“-Bochum / **Lit.: 146b+c** + Internet

Wiese, Markus (Pseudon.: MASON) / (Graffitik) (Autor) / 1971 Dortmund- / lebt (2004) in Dortmund / einige New York-Aufenthalte / Ausst. s. 1990 in Westf. / **Lit.:** alles von M. W. im Verl. Edition-Aragon: „New York Graffiti 1970-1995“ – 1996; „Die Kunst der Sachbeschädigung“ – 1996; „Wholecars“ – 1996; „Graffiti Dortmund“ – 1996

Wiesecke, Brigitte (Goldschm/Schmuckgest) / lebt (2004) in Fischerhude / 55-65 Schulzeit in Bielefeld, 66-70 Goldschm.-ausb., 72-74 Stud. FHD-Bielefeld u. 74-77 FHD-MS / 78-82 in Bielefeld tätig, 81 Meisterprüfung (Bielefeld/Dortmund) / s. 86 selbst. in Jork / Mitgl. „AdK“-Bremen / Ausst. u. a. in Lindern (Gal.-Lindern), + N/INT / **Lit.:** Internet

Wiesehöfer, Hermann (M) / 1929 Paderborn- / lebt (2001) in Arnsberg / Stud. Akad.-Düsseldorf / Ausst. u. a. 2001 Frankf.-M./Hamburg/Berlin (Museen f. Kommunik) / **Lit.: 186**

Wieskus, Martha Ludgera (B/O/M/Coll.-k) / 1957 Darup b. Nottuln- / lebt (2003) in Nottuln-Darup / Stud.-Univ.-en Marburg/Berlin (Dipl.-Soz), danach Weiterb.-Kunsttherapie in MS/ Kassel/Nottuln u. s. 98 Psychoanalytik in Coesfeld u. Kattenvenne / s. 2/02 Mitgl. Frauengr. „Gesso“-Nottuln / Ausst. s. 1994, u. a. 96 MS (Halle-Mittelhafen), 99 Coesfeld (Kolping-Bild.-stätte), 2002 N.-Darup (Off. Atelier), 03 Nottuln (Alte Amtmannei), + MS-land

Wiesmann, Sarah (G/D/Ill) / 1978 Köln- / lebt (2005) in MS / Stud.-MS 98-03 FHD / 01 Ausz. „100 beste Plakate 2001“, 02 Stip. Aldegrev.-Ges.-MS, 05 Märk.-Stip. / Lehrt. (Kurse) / Ausst. u. a. 2000/03 Frankf.-M. (Buchmesse), 03 Bielefeld (Kv), 05 Iserlohn (Stadtgal), Rheine-Bentlage (Kloster) / **Lit.: 122**-2000+03

Wiesner, Christa (M/G/D) / 1940 Leipzig- / lebt (2005) in Herne / 62-65 Stud.-Design / 65-2000 Grafik-Designerin in Leipzig, ab 89 Griesheim b. Darmstadt, s. 01 in Herne / Ausst. u. a. in Griesheim/Darmstadt, 2005 Herne (Flottmann-Hallen) / **Lit.: 142a + 143**-05

Wiethoff, Wilhelm (M/G) / 23. 12. 1930 Haltern – 11. 5. 2001 ebd. / 46-48 Ausb.-Nienborg-Heek Wksch. f. christl. Kunst, 49 Volontär im Malerbetrieb, danach Stud.-MS Wksch, 55 Meisterprüfung (Malerh.-w./Schriftgest) / 56-67 selbst., 67-92 in d. Kreisverw.-Recklinghausen tätig, lebte in Haltern / **Lit.: 195**

Wiethold, Johannes Bernhard (Werkzeugmacher) / 1742 – 1848 / in Münster hatte er eine Werkstatt f. astronom. Instrumente / Ausst.: 1984 MS (Stadtmuseum) / **Lit.: 47a**

Wiethüchter, Gisela + Irmingard s. Wiethüchter, Gustav

Wiethüchter, Gustav (Prof) (M/G) / 2. 7. 1873 Bielefeld – 6. 2. 1946 Wuppertal-Barmen / NEU: Werke u. a. in Wuppertal (Nachlass) / seine Töchter: **Gisela** W. (M/T) * 1906 Barmen – 1993 Suhr/Aarau-Schweiz, **Irmingard** W. (verh. Sauer-Wieth) (M/G/Filmk) * 1907 Barmen – 1996 Wuppertal / (Biografie in Beilage: CD-Ausgabe 2006)

Wiethüchter, Hilmar (Prof) (A/Dipl.-Ing/Bauassessor) / 6. 8. 1936 Karlsruhe- / lebt (2004) in Bad Oeynhausen / Büro in Bad Oeynhausen u. Naumburg mit acht Partnern / bis 02 Lehrt. FH-Bielefeld (Fachbereich in Minden) / Mitgl./Mitarbeit: „BDA" u. „Eiermann Ges. e.V." / Werke in Bad Oeynhausen/NRW/N + Saudi Arabien (s. Lit.) / zahlr. Veröffentl.-en / **Lit.: 197**-01 + **219x**-99 + u. a. v. Prof. H. W.: „Baukonstruktion" – Düsseldorf, 1993; In: „KS-NEUES" – Bauen in Kalksandstein – 1984/1988/1992; „AC DOMUS"- Zürich, 1973; „Wohnen unter schrägem Dach" – 1975; „Neue Wohnhäuser" – 1975; In: „Egon Eiermann" – Stuttgart, 1984; In: „Who is Who in der Bundesrepublik Deutschland" – Zug/Schweiz, 1998-2003

Wiezorek, Otto (Ill/Comicz) / 1979 Münster- / lebt (2006) in MS / Bruder v. Robert **W.** / Stud.-MS 01-7/06 FHD / s. 94 Ill.-en, Comics f. Schulbücher/Zeitschriften, Storyboard u. Kurzfilmprojekt m. Robert Wiezorek. / Ausst. u. a. 1995 MS (Kantgymnasium) / **Lit.:** O. W.: „Gagpanel" – Selbstverl.-MS, 1995

Wiezorek, Robert (Filmk) / 1976 Münster- / lebt (2006) in Köln / Bruder v. Otto **W.** / Ausbild. Filmwerkst.-MS u. Stud. Univ.-MS (Kunstg), Stud.-Köln 99-04 HfM / eig. „Film-Manufaktur" in Köln, Zus.-arbeit mit Agenturen in NRW u. Berlin / s. 99 Musikvideos u. über 6 Kurzfilme / Auff.-gen u. a. in Berlin, 2003/05 MS (Schlosstheater/Stadt New York), + N/INT / **Lit.: 196**-03+05

Wilckinghoff, Ernst (M) / 1885 Nordkirchen- ? / lebt (um 1930) in München / Stud.-Düsseldorf / **Lit.: 24**-35 + **34**-9,2 + Im Anhang: „Lex. der Düsseldorfer Malerschule ..." – Bd. 3 – 1998

Wild, Markus (Industriedes) / * 1961 – / lebt (2003) in Gelsenkirchen / Stud.-Essen 80-88 Univ./ GH / ab 86 selbst., s. 90 Firma „Wilddesign"-Gelsenkirchen / Ausz.-gen: u. a. 92 Hannover, 94/2001 Essen, 99 Staats-Pr. Saarland / **Lit.: 205**-97 + **205a**-01 + **205z**-01 + **205y**-02,1

Wilde, Erhard (M/G/Z/O) / 1941 Arnoldsdorf/Oberschl.- / lebt (2006) in MS / (grosse Biografie in Beilage: CD-Ausgabe 2006)

Wilde, Rüdiger NEU! (M/D/A/Dipl.-Ing) / 1950 Lüdenscheid- / lebt um 86 in Werdohl, 96/2002 Lüdenscheid / Stud.-Dortmund 67-73 FHD, 74 Miami/Florida-USA u. 74/75-82 Univ.-Dortmund (Architektur) / 83 Stip. Univ.-Kansas USA / Lehrt.-Lüdenscheid u. Miami/USA, 85-2000 Büro „Altenheimer + Wilde" in Lüdenscheid, ab 2000: Büro „R. W. Architekt BDA" mit vier Dipl.-Ing.-ren / Mitgl.-„BDA" / Preise u. Werke in NRW (s. Lit.) / Ausst.-gen s. 1976 / **Lit.: 53** + **125a** + **125b** + **197**-95+97+01

Wilden, Egon (M/Bühnenb) / 1894 Düsseldorf – 7. 9. 1931 Ahlen/W. / Stud. Akad.-Düsseldorf / als Bühnenbildner tätig u. a. in Düsseldorf, Wuppertal, Hagen, Köln, Herne, Recklinghausen u. Gera, danach freisch. in Düsseldorf, ab 1/31 Atelier im Stockumer Künstlerhaus Düsseldorf / Werke u. a. in Ahlen (Nachlass) / Ausst. u. a. in Köln/Hagen, 2004/06 Ahlen (Kunstmuseum)

Wildermann, Hans (Prof) (M/G/B/Bühnenb) / 1884 Köln – 1954 ebd. / nach Schulzeit in Recklinghausen/Köln: Stud.-Düsseldorf/Berlin/München Akademien / ab 1907 in Köln tätig / als Bühnenbildner in vielen Städten Deutschl.-s tätig, u. a. 1919-22/23-26 Dortmund (Stadtth), 26-36 Prof. Akad. f. Kunst u. Kunstgew.-Breslau, 36-45 Ausstattungs-Ltg. Opernhaus-Breslau, nach 45 Köln / Werke u. a. in Dortmund / Ausst. u. a. 1985 Regensburg (Ostd.-Gal), Ratingen-Hösel (Oberschl.-LM) / **Lit.:** u. a. **24**-35 + **25**-5 + **120a**-3

Wildhagen, Fritz (Joh. Friedrich) (M) (Kunsthistoriker) / 16. 3. 1878 Moskau – 12/1956 Schloss Holte / Stud. Akad.-Berlin / war tätig in Berlin u. Danzig / Ausst. u. a. 1950 Bielefeld (Kunstsalon O. Fischer) / **Lit.: 24**-35 + **25**-5 + **34**-8,2+9,2

Wilhelm, Christine (M/Z) / 1943 Hugsweier- / lebt (78) in München / **Lit.**: 167a

Wilhelm, Christine (F/D) / * 1949 – / lebt (2005) in Dortmund / Stud.-Dortmund 68-72 Wksch/ FHD (Foto- Film-Des) / Kunstpädag.-in, Workshops f. Kinder/Jugendl. / Ausst. u. a. in London /Marxloh/Verlania, 2004 Dortmund (RH-Gal), + N / **Lit.: 26a**-05

Wilker, Erich (M/G/Z) / NEU: 12. 6. 1929 Gadderbaum b. Bielefeld – 13. 8. 1999 Köln / (Biografie in Beilage: CD-Ausgabe 2006)

Wilkes, Margarete (T) / 1936 Münster- / lebt (86) in Haltern / Werke s. 83 / 85 Bischof-Tenhumberg-Pr. Telgte / Ausst. u. a. 1985 Telgte (Mus) / **Lit.: 185**-85

Will, Uwe NEU! (M) / 1941 Grünlinde- / lebt (2005) in Hagen/W. / ab 56 Weiterb. bei westf. Künstlern, s. 65 freisch. / Mitgl. Gr.-„Hagenring" Hagen / Ausst. u. a. 1986/92/96/99 Hagen (Mus), 97 Iserlohn (Ev.-Akad) / **Lit.: 97**-86+90+92+94+96+99+04 + U. W.: „Imaginärer Realismus" – Ardenku-Verl. – Hagen, 2001; G. Emmelius/U. W.(Gemälde): „Bild-Text-Kompositon zum Einsatz in Gottesdiensten" – Ardenku-Verl. – Hagen, 2005

Willberg, Hans Peter (Prof) (G/Ill/Typograf/Buchgest) (Fachautor) / 4. 10. 1930 Nürnberg – 2003

Eppstein b. Frankf./M. / lebte freiberufl. um 66 in Verl b. Gütersloh, später in Eppstein / Stud. Wksch-Nürnberg u. 52-57 Akad.-Stuttgart, Praktikum als Schriftsetzer u. 57-68 freisch. Buchgestalter / 68-75 Ltg. „Stiftung Buchkunst“ in Frankf./M. u. 75-96 Prof. FHD-Mainz / zahlr. Preise/Ausz.-gen / war Mitgl. „BDG“ / Ausst. u. a. 1972 Hamburg, MS (UB), + N / **Lit.: 20 + 26-**(Index-Bd. 10) + In: „SIGILL“ – Eine Zeitschrift und ihr Kreis – Ausst.-heft – Hamburg, 1972; v. H. P. W.(u. a.): „Lesetypographie“ – Mainz, 1997; „Schriften erkennen“ – Mainz, 1998; „Erste Hilfe in Typografie“ – Mainz, 2000; „Wegweiser Schrift“ – Mainz, 2001

Wille, Renate (M) / 1932 Iserlohn- / lebt (2000) in Göttingen / Weiterb.-Malerei, u. a. VHS / tätig in Wuppertal/Hamm/Göttingen / Ausst.-gen s. 1985 / **Lit.: 216**

Willeke, Franz (Metallgest/Gürtlermeister) / lebt (1959/69) in Bielefeld / war Mitgl. „AdK“-NRW / Ausst. u. a. 1969 Bochum (Stadtgal) / weitere Daten nicht bek. / **Lit.: 48x-**59+69

Willeke, Markus (M/O/I) / 1971 Recklinghausen- / lebt (2006) in Berlin / NEU: Stud.-MS 92-2000 Akad., 98 Meisterschüler / 99 Stip. Akad.-MS f. Lissabon, 2000 Förder-Pr. Stadtspark.-Magdeburg, 01 Förderstip. f. Villa Vigoni (Comer See), 02 Stip. NRW f. New York/Los Angeles, 05 Förder-Pr. der „GzFdWK“-MS / (Biografie in Beilage: CD-Ausgabe 2006)

Willenbrink, Ulrike (M/G/Ill) / 1962 Lippetal-Herzfeld- / lebt s. 93 in Hamburg / Schulzeit in Soest, Stud.-Essen 81-85 Univ./GH, Florenz-It. 85-86 Acc. Di Belli Art, 87 Dipl.-Essen / Ausst.-gen/Mitgl. im „BBK“-Hamburg, „Kv.-Kr.-Soest“, s. 96 „Kr.-Kv.-B.-Warendorf“ / Ausst. u. a. 1999/2001/02/06 Liesborn (Mus), 01-03 Hamburg, 02 Beckum (Mus), 04 Hamm (Mus), 05 Bonn (Künstlerforum), Soest (W.-Morgner-Haus), 06 Liesborn (Mus), + N / **Lit.: 50-**02 + **100-**05 + **139a**

Williams, Will (M/G) / 1922 Bochum- / lebt um 24-43 in Wuppertal, nach 60 im Ausland / 38-40 Stud. Kgsch-Barmen, Folkw.-sch.-Essen u. Akad.-Düsseldorf / tätig in der Filmbranche-Wuppertal, nach 60 in Hollywood/USA, später Pressezeichner/Maler in Chile / **Lit.: 216**

Willich, Knut (M/G/Z/D/Videok) / 1956 Wiesbaden- / lebt (2006) in MS / NEU: 99 Gründ. Druckvereinigung Bentlage e.V. – Rheine u. 05 Gastprof. Univ. d. sch. Künste – Istanbul / Workshops/Lehrt.: 01 Istanbul (+Sympos), 06 Kloster Rheine-Bentlage / (Biografie in Beilage: CD-Ausgabe 2006)

Willich-Brameier, Elke (auch: Brameier, Elke) (M) / 1958 Versmold- / lebt (2005) in Sassenberg / s. 98 Mitgl. Gr.-„Weibsbilder“-Telgte / Ausst. u. a. 1998-2000 in Telgte (u. a.: Lauheide), 05 Warendorf (Innenstadt), + MS-land

Willner, Martin (F/Kommunik.-Des) / 1973 Beckum- / lebt (2005) in Essen / Stud.-Essen 95-? Univ./GH / Ausst. u. a. 1996/97/2000/01 Essen (Zeche Zollverein), 01 Recklinghausen (Kreissparkasse), 05 Hamburg (Deichtorhallen), Dortmund (Künstlerhaus), Berlin (Mus. f. Fotogr), 06 München (Kultfabrik) / **Lit.: 182-**01

Wills, Barbara (Coll.-k/Materialb.-k/Sandb.) / 1946 Aschaffenburg- / lebt (2004) in Siegen / Autodidaktin / Ausst. u. a. Baden-Baden/Bonn/Krefeld, + Südwestf. **/ Lit.: 110a+b + 110c-**04

Willutzki, Hartmut (M/B/Gestalter) / 1958 Wetter/Ruhr- / lebt (2005) in Dortmund / 80-89 Steinmetz- u. Steinbildh.-ausb., Stud.: 86 Dipl.-Gestalter, 88-90 Univ.-Bochum (Kunstg) u. 90-2000 Weiterb.-Malerei b. S. Jagelka-Andersen, Unna / Mitgl. Gr.-„East Art“-Dortmund / Ausst. u. a. in Dortmund/Unna/Bochum/Herne/Weimar, 2003 Dortmund (Kunstraum-KavaDo), + Internet

Wilmanns, Renate (M) / * 1949 – / lebt (2006) in Hemer / ab 04 Mitgl. „BBK-Westf.“-Dortmund / Ausst. u. a. 1999-2003/05 Hemer (Felsenmeermuseum), 02 Wuppertal (KHG), 02-04 Hemer (pro GH/Rathaus/Ebbergkirche/Christuskirche), 05 Iserlohn (Evangel. Kirchenkreis), Schwerte (St. Viktor)

Wilmer, Stefanie NEU! (M/G/D/Ill) / 1971 Ibbenbüren- / lebt (2002) in MS / Stud.-MS 94-02 FHD / Ausst. u. a. 1997 MS-Mecklenbeck (Sportheim), 2000 MS (HBZ), 01 Frankf./M. (Buchmesse) / **Lit.: 122-**2001 + Ill. v. St. W.: „Phippo – Der fliegende Pinguin“ – GT-Verl.-Würzburg, 2002; „Timo und die Zauberflöte“ – 2002; „Frieda und Toby“ – GT-Verl.-Würzburg, 03

Wilmsen, Gabriele (M/G) / 1951 Oberhausen- / lebt (2005) in Bottrop / Tochter v. Helga **W.** / ab 80 künstl. tätig, Weiterb.-kurse u. 92 Stud. IfBKuK-Bo.-Wattenscheid (Malerei/Grafik) u. Univ./GH-Essen (Soz.-päd) / s. 01 Mitgl. Gr.-„Kunstgem.-Bottrop“ / Ausst. u. a. in Heerenberg-NL/Gladbeck/Kleve/Gelsenkirchen/Oberhausen/Wenningstedt+Westerland-Sylt, Bottrop (Hof Jünger/Sparkassen/RWW/Bürgerbüro), 98 Elten (St. Martinus), 2002/04 Bottrop (Kulturzentrum), 04 Beteil.-Wanderausst.-Ruhrgebiet / **Lit.: 99c-**02 + **99d-**04

Wilmsen, Helga (M) / 1929 Essen-Borbeck- / lebt (2005) in Bottrop / Mutter v. Gabriele **W.** / 92-95 Stud. IfBKuK-Bo.-Wattenscheid / s. 84 Mitgl. „Kunstkr. Atelier Revierpark“-

Oberhausen u. 86 Gr.-„Kunstgem.-Bottrop“ / Ausst. u. a. in Oberhausen/Duisburg/ Herne/Heerenberg-NL/ Merseburg/ Freiburg/Gladbeck/ Gelsenkirchen/Westerland-Sylt, Bottrop (Hof Jünger/RWW /Sparkasse/Bürgerbüro), 1997/98/2000-02 Bottrop (Mus), 2000-04 Bottrop (Kulturzentr), 04 Beteil.-Wanderausst.-Ruhrgebiet / **Lit.: 99a**-97+98+2000...02 + **99c**-2000...03 + **99d**-04

Wilmsmeyer, Herbert (Prof) (M) / 1934 Bad Oeynhausen- / lebt s. 91 in Hamburg / Stud.-Bielefeld 55-57 PH (Kunsterz), 75-61 Lehrt., Stud.-Düsseldorf 61-67 Akad. / ab 67 in der Kunsterzieherausbild. tätig, s. 75 Prof., 75-88 Lehrt. PH(Univ.)-Bielefeld, 88-91 Univ./GH-Siegen / Ausst. s. 1985, u. a. 1989 Bielefeld (Kv), 2003 Minden (Stadtwerke), + N / **Lit.:** „H. W.“ – Stilleben und Landschaften 1980-1989 – Ausst.-kat. – Bielefelder Kv. – 1989

Wilp, Charles (F/D/Filmk/Medienk) / 15. 9. 1932 Berlin – 2. 1. 2005 Düsseldorf / lebte ebd. / Jugend- u. Schulzeit in Witten, Stud.-Aachen (Kunst/Wirkungspsychologie) u. Ausb.-Fotogr./ Film, u. a. in New York (b. Man Ray) / Zus.-arbeit mit berühmten Künstlern (u. a. mit Warhol/ Beuys u. Oscar Niemeyer), Kurzfilme (u. a.-Werbung/für „Christo“), 72 Beteil. 5. documenta-Kassel, 86 = seine „Space Sculptures“ reisten mit ins Weltall / 58 Mitgl. Gr.-„Nouveau Réalisme“ / Ausst. u. a. in Köln/Düsseldorf/Kassel, 2001 Frankf.-M./Hamburg/Berlin (Museen), 04 Witten (Haus Herbede), + N/INT / **Lit.: 186**(* in Witten = falsch!) + **266** + In: „Photographie des 20. Jahrhunderts“ – Hg.: Museum-Ludwig – Köln, 1996(* 1934 = falsch!)

Wilpers, Gabriele NEU: (M/Z/F/I/Glasm) / 1953 Paderborn- / lebt (2005) in Essen / NEU: Wandgest.: 93 Geseke, 94 Gütersloh, 96 Lengerich, 01 Duisburg / 01 Hausgest.-Freilichtmus. Detmold u. Kirchenfassade in Duisburg-Buchholz / (Biografie in Beilage: CD-Ausgabe 2006)

Wilson, Peter L. (A/G) / 1950 Melbourne/Australien- / lebt (2006) in Münster / Stud.-Melbourne 69-71 Univ. (Archit), London 72-74 Arch. Assoc. School, dort 76-79 Intermediate Unit Master u. 80-88 Diploma Unit Master / 80 Gründung „The Wilson Partnership“ in London, s. 87 mit Br. Julia Bolles-Wilson, ab 89 in Münster = Architekturbüro „Bolles+Wilson“ / Werke/Projekte = N/INT, u. a. 1. Pr. 87 MS (Stadtbücherei), 1. Pr. 93 MS (WLV), Goldmed. 94 Tokio (Haus Suzuki), 1. Pr. 96 Rotterdam (Luxor-Theater), 1. Pr. 97 Borken (Volksbank), 1. Pr. 98 Magdeburg (Neubebauung Domplatz), 1. Platz 99 Hamburg-Falkenried (Masterplan), 01 Wettbew.-Pr. Mailand, 03 Masterplan f. Tirana/Albanien, 1. Pr. für „Neue Nationalbibl.“-Luxemburg, 04 Pr. f. „Vorbildl. Handelsarchitektur“ in NRW, Auswahl f. Wettbew.-beteil. Venedig (Filmpalast) u. „Deutscher Städtebau-Pr.“, 06 = 1. Wettbew.-Pr. f. Überseequartier HafenCity / 95 Beteil.-Symposion Kv. Münster / Ausst. u. a. 2001/02 Berlin (suitcasearchitecture/IFA-Gal), 02 MS (Krameramtshaus), 04 Venedig (Archit.-Biennale) / **Lit.: 26a**-05 + **67a** + **197**-95(S. 5-7+74-75)+97+01 + **219**-02 + **251**-05 + **251a**-94 + In: „Die verstädterte Landschaft“ – Symposion mit ... – Hg.: Westf.-Kv.-Münster, 1995; „Bolles+Wilson Projekte 1994-1998“ – Birkhäuser-Zürich, 1996; „El Croquis, Special Issue“ – Arch.-büro Bolles+Wilson 1995-2001 – Madrid, 2001; B./W.: „New Buidlings and Projects“ – Verl.-Birkhäuser, 2003; A. Germano (Hg.): „Opere e progetti Bolles+Wilson, Documenti di architettura“ – Electa-Verl.-Mailand, 2004; „Architekten Julia B.-W. und Peter W.“ – Literaturdokumentation – Stuttgart, 2006

Wilting, Norbert (M/B/O) / 1961 Rhede- / lebt (2005) in Köln / NEU: Stud.-MS 89-95 Akad., 94 Meisterschüler / 94 Tim&Struppi-Pr. Kl. Prof. T. Ulrichs / (Biogr. in Beilage: CD-Ausg. 06)

Wimmer, Heinz (M/G/Möbeldes) / 1960 Wanne-Eickel- / lebt (95) in Herne u. (2002) in Gelsenkirchen / ab 79 Zeichn./Grafik, 86 Airbrush u. s. 92 selbst. (Möbeldesign) / Ausst. = Westf. / **Lit.: 142** + **142a** + **142x**-87

Wimmershoff, Annette (auch Armborst-Wimmershoff, A.) (M/G/O) / 1947 Recklinghausen- / lebt (2006) in Düsseldorf u. Cucuron/Vanclose / Stud.-Düsseldorf 64-68 Akad. / Mitgl.-„WKB“ / 99 ARAG-Kunst-Pr. / Ausst. u. a. Düsseldorf (Kunstpalast), 2002 Solingen (Klingenmus), 02-05 Düsseldorf (Kunstpalast), 03 Mühlheim-R. (Mus), 05 Herne (Stadtgal), + N/INT / **Lit.:** u. a. **1**-6Anh. + **7a**-69 + **26**-5 + **46**-81 + **53** + **79/79a+b** + **86**-89+91+96...02+05 + **107**-66+68+70...76+80...84+88+92...05

Winckler, Jutta NEU! (K) / 1955 Hagen- / lebt (2001) in Gevelsberg / 82-86 Werkst. in Arreton-GB, 86-88 Ausb.-Keramiktechnikerin, 89 Werkst. in Gevelsberg, 90 Meisterprüfung / 97 Staats-Pr. NRW / Ausst. u. a. in Knaresborourgh-GB/Mannheim, 1994 Stuttgart (LM), 95 Köln (manu factum), 97 Hamm (manu factum), 98 Heidelberg/Amsterdam, 99 Offenburg, 2000 Nijmegen-NL, Ennepetal (Kluterthöhle) / **Lit.: 48x**-95+97 + **209**-2000

Winde, Jörg (Prof) NEU! (F/D) / 1956 Köln- / lebt (2006) in Bochum u. Dortmund / Stud.-

Dortmund 78-84 FH (Foto-Des) u. Wuppertal 84-88 Univ./GH (Komm.-Des) / ab 84 selbst., 93-97 Lehrt. Univ./GH-Wuppertal, s. 99 Prof. FHD-Dortmund, 02 Gastdoz. in Tschechin/China u. Indien / ab 86 Mitgl. im „BFF", s. 01 „DGPh" / s. 87 Ausz.-gen u. ab 96 m. Herbert Stecher in Proj.-gr. „DIGITALIS" –Bochum / Ausst. s. 1981, u. a. 99 Herten, 01/02 Dortmund (Mus. f. K. u. K./Gal.-fb2), 03/04 Wanderausst.-Italien, 04 Hildesheim (Kv), Leinfelden-Echterdingen (Gal.-Altes Rathaus), 05 Wanderausst.-Hellwegregion, 05/06 Gelsenkirchen (Wissensch.-park) / **Lit.: 189**-99 + **202** + **203g** + **205**-94+97(m. Ausz.-gen/Lit.-angaben) + **205a**-01

Windelen, Susanne NEU: (Prof) (B/O/I/M) / 1959 Warendorf- / lebt (2004) in Berlin u. Stuttgart / Stud.-MS 79-88 Akad., 89 Meisterschülerin (83-86 Atelier-Berlin) / 89 Stip. Worpswede, 90 Förder-Pr. Studiogal. LWL-MS, Nixdorf-Pr. Duisburg, 97 Stip. Schloss Balmoral / s. 01 Prof. Akad.-Stuttgart / Mitgl.-„WKB" / Ausst. u. a. 2002 Lüdenscheid (Mus), 04 Stuttgart (Kv), + N / **Lit.:** u. a. **22** + **46**-89 + **51** + **64x**-88 + **86**-87+89 + **125e** + **164a** + **181x**-2 + **221**-93 + **222**-91

Windstoßer, Peter (G/F/D) / 1953 Stuttgart- / lebt (80) in Dortmund, 2005 wahrsch. in Süddeutschland / Stud. FHD-Dortmund (Vis.-Kommunik) / ab 76 in Dortmund selbst. / Ausst. u. a. in Dortmund, 1978 MS (Dresdner Bank)

Winge, Per (war u. a. Aktionsk., jetzt Glas-Des) / 1941 Oslo/Norwegen- / lebt (2005) in Sørumsand u. Magnor/Norw. / Stud.-Norwegen (u. a.-Dipl.-Des) u. MS 72-77 (Akad) / Ausst. u. a. 2005 Recklinghausen (Kunsthalle), Ingolstadt (Kv) / **Lit.: 256** + s. Internet (Glasdesign)

Winkel, Claudia (G/O/Coll.-k) / lebt (2006) in Bielefeld / Stud. FHD-Bielefeld (Komm.-Des) / Museumspäd.-in / Ausst. u. a. 1997/2000 Bielefeld (FHD-Zentralverw), Löhne (Gärtnerei), 02-05 Bielefeld (Off. Atelier), 05 Bielefeld (Gal.-artists unlimited), Holzkirchen (Benediktshof), Werther-Häger (art&work) / **Lit.: 152**-02…05

Winkelmann – (Neuaufstellung:) Westfälische Bildhauerfamilie aus Bochum, leb(ten)en u. a. in Schermbeck u. Möhnesee-Günne / Werkstatt „Gebrüder Winkelmann" Möhnesee-Günne = Werke in NRW+N / **Lit.: 112d** (S. 26/30/44/74/92/96/106/116) // **Wilhelm** (B/Kunstschlosser) / 1904 Bochum – 1989 Möhnesee-Günne / lebt (38/57) in Oberelfringhausen bei Hattingen u. s. 59 in Günne/Möhnesee / Stud.-Essen/Düsseldorf u. München / Werke u. a. in Bochum / **Lit.: 97c** (S. 226) + **146c** + **185**-75+85 + In: Dr. A. Henze: „Westfälische Kunstgeschichte" – Recklinghausen, 1957 // **Leo** (M) / 1909 Bochum – ? (bis um 1958?) / lebte um 39 in Oberelfringhausen, später dann in Schermbeck b. Wesel / Bruder des Wilhelm / Stud. Folkwangsch.-Essen u. Kgsch-Dortmund / war Mitgl.-„Boch.-KB" / Werke u. a. in NRW / Ausst. u. a. 1939-41 Hagen (Osthaus-Mus/Fr.-Harkort-Mus), 39 Köln (Kv), 52 MS (WL) / **Lit.: 5**-52 + **8b**-39 + **97b**-39+40+41,2 + **147**-1 erw. // **Michael** (B/Silberschmied) / 1937 Bochum- / lebt (2004) in Möhnesee-Günne / Sohn des Wilhelm / Ausb./Tätigk.-Silberschmied u. a. 53 in der Werkstatt s. Vaters u. 57 tätig in Essen: Stud.-Wuppertal 60-63 Wksch / ab 63 freisch., gemeinsame Werkst. m. Bruder Christof / Mitgl.-„Künstler-Union"-Köln u. „BBK-Westf." Dortmund / Werke in NRW/N, u. a. in Magdeburg / Ausst. u. a. in München/Ulm/Bonn/Schwerte/Köln/Wuppertal/Soest/Paderborn/Telgte, 1983 MS (Exponata) / **Lit.: 3**-83 + **100**-81 + **146c** + **185**-76 + in Kunsth.-werkzeitschriften u. Heimatkalender-Kr.-Soest // **Christof** (B/Graveur) / 1940 Bochum- / lebt (04) in Möhnesee-Günne / nach Graveurausb.-Velbert: Bildh.-ausb. u. Studienreisen, danach tätig in der Werkst. s. Vaters Wilh. W., ab 66 freisch., m. s. Bruder Michael W. gemeinsame Ausst.-gen/Veröffentl./Werke = s. Michael W. / Mitgl. „Künstler-Union"-Köln / **Lit.: 3**-83 (erw. b. M. W.) + **100**-81 + **146c** + **185**-77 // **Christa** (K) / lebt (2004) in Möhnesee-Günne / Ehefrau v. Christof / Ausst. u. a. 1977 Telgte (Mus) / **Lit.: 185**-77

Winkelmann, Adolf (Prof) (F/Filmk/D) / 1946 Hallenberg- / lebt (2004) in Dortmund / nach Jugend- u. Schulzeit im Ruhrgebiet: Stud.-Kassel (Kunst) / s. 75 Prof. FHD-Dortmund, Mitbegr. der „Ruhrpottkomödie" / Zahlr. Preise, u. a. 89 A.-Grimme-Pr. u. Bundesfilmpreise in (2x) Silber u. (1x) Gold / Ausst./Auff.-gen u. a. 1981 MS, 2001 Dortmund (Mus. f. K. u. K.), + N / **Lit.: 120b**-91 + **196**-81 + **202**

Winkels, Karsten (A/Produkt- u. Industriedes) / 1959 Lüdenscheid- / lebt (2003) in Dortmund / Stud. Univ.-Dortmund (Archit) / Ltg. der Firma „bauwerkstadt"-Dortmund / u. a. 96+99-03 Des.-Preise NRW, 03 Pr. „IF"-Hannover / **Lit.: 205a**-01 + **205x**-99+01 + **205z**-03 + In: „IF design award 2003" – Hannover

Winkelsträter, Otto (M/G) / 1901 Jesinghausen/W. – 1955 Lengerich, (auch geb. in (Wuppertal)-Barmen+Langerfeld(?) / NEU: war um 46/55 Mitgl. Gr.-„Legge"-Tecklenburg / lebte in Gütersloh, s. 46 in Lengerich-Schollbruch / (Biografie in Beilage: CD-Ausgabe 2006)

Winkhaus, Karl-Richard (Goldschmiedemeister/Schmuckgest) / 1959 Lüdenscheid- / lebt (2004) in Halver / 78-82 Goldschm.-ausb., Stud.-Hanau 86-88 Staatl. Zeichensch. u. 88-89 Gastsem. ebd. / ab 89 selbst. / Mitgl. u. Ausst.-gen im „AdK"-Südwestf. / **Lit.: 48c**-99+03

Winkler, Angelika (M/Khw) / 1953 Berlin- / lebt (2006) in Dülmen / Bauzeichnerinausb., s. 80 Weiterb.-Workshops/Kurse in Dülmen/Bonn/Ausland / alle Werkserlöse erhält s. 85 die Deutsche Kinderkrebshilfe / 03 Titelbild für „Kennen Sie Münster", ab 05 Lehrt. Jugendzentr.-Dülmen / Ausst. s. 1996, u. a. in Dülmen/Reken/Blomberg/Bonn/Otzberg/Wesseling/MS, 2004/05 MS (Rothenburg/Raphaelsklinik/Sozialgericht)

Winkler, Harald (M/B/F/D/Videok/Perf.-k) (Musiker) / 1953 Hannover- / lebt (2005) in Bielefeld / 76-84 Stud.-Bielefeld (Musik/Latein) u. FHD-Bielefeld (Komm.-Des) / 81-84 Lehrt.-Bielefeld FHD (Mitarbeit) u. VHS, 84-85 Univ.-Osnabrück, 87 selbst., Konzerte in OWL u. ab 97 Performances in INT / s. 83 Mitgl. „BBK"-OWL / Ausst. u. a. in Osnabrück (Univ), Halle/W., Bielefeld (u. a.: FHD/Univ/Rav.-Spinnerei) , + OWL / **Lit.: 124**-05

Winkler, Hans (auch: Hs Winkler) s. bei **M**icheel, Stefan

Winkler, Jürgen (G/D/Ill) / * 1954 – / lebt (2005) in Iserlohn / Stud. FHD-Düsseldorf (Vis.-Komm) / s. 2001 Lehrt. Jugendkunstschule Iserlohn / (weitere Daten nicht bek.)

Winkler, Walter (M) / 1955 Dortmund- / lebt s. 2000 in Selm / Autodidakt, malt s. 90 / Ausst. u. a. 2004 im Internet

Winkler, Woldemar (Waldemar) (Prof) (M/G/B/O/Coll.-k) / NEU: 1902 Mügeln bei Dresden – 30. 9. 2004 Gütersloh / (gr. Biografie in Beilage: CD-Ausgabe 2006)

Winter, Agnes von (geb. Koch) (M) / 1849 Petershagen – 4. 3. 1926 Aplerbeck (Landsitz von Winter) / Autodidaktin / weitere Daten unbek. / **Lit.: 84**-76

Winter, Fritz (Prof) (M/G/Z) / 22. 9. 1905 Altenbögge/W. – 1. 10. 1976 Herrsching/Ammersee, Grab in Diessen / (grosse Biografie in Beilage: CD-Ausgabe 2006)

Winter, Michaela (M/F) / * 1961 – / lebt (2004) in Steinfurt / Fotogr.-ausb. u. FofG / Ausst. u. a. Essen (Folkwangmus), 2004 Steinfurt (Kreissparkasse) / **Lit.: 206**-04

Wintgens, Günter (M/G/Z/Lichtproj.-k) / 1951 Duisburg- / lebt (2006) in MS u. Freckenhorst / NEU: ab 7/04 Atelier Hafen- Speicher II – MS / (Biografie in Beilage: CD-Ausgabe 2006)

Wippermann, Hans (G/Ill) / 1903 Paderborn – 1973 ebd. / Stud.-Bielefeld 27-29 Kgsch / Ausst. u. a. 1931/33-35/50/52-56/59/77 Paderborn / **Lit.: 1**-5Anh. **+ 101**

Wippermann-Mooren, Agnes (M/G) / 1937 Paderborn- / lebt (2003) in Havixbeck / Tochter v. Hans **W**. / Autodidaktin / Ausst. s. 1974, u. a. Havixbeck (Rathaus), 2001 Havixbeck (Atelier)

Wirth, Wilfried (F) / 1952 Hagen- / lebt (2006) in Kamen / s. 92 Lehrt. VHS-Unna, später auch in Lünen/Selm, ab 97 selbst. Lichtbildner, Veröffentl.-gen in Kalendern/Büchern / ab 02 Mitgl. „BBK-Westf." Dortmund / Ausst. u. a. Unna/Kamen, 2002 Dortmund (Rathaus), 02/03 Bo.-Wattenscheid (Techn.-Zentr), 03/05 Kamen (Musikschule/Stadthalle) / **Lit.: 3**-02+02/03

Wirtz, Anne (F/D) / 1976 Marburg/Lahn- / lebt (2005) in Düsseldorf / 96/97 Fotopraktikum in Marburg, Stud.-Dortmund 97-03(?) FHD / 99 Fotoprojekte in Brasilien, 2000 Ausl.-semester Coll. of Fine Arts Sydney-Austr., 02 Fotoreise Senegal, ab 03 selbst. / Ausst. u. a. 2000 Dortmund/Essen, 01 Frankf.-M. (Buchmesse), 03 Bergkamen/Schömberg, Dortmund (Rathaus)

Wirtz, Eberhard (G/D/M/Coll.-k) / 1938 Hemer-Westig/Kr. Iserlohn- / lebt (2002) in Herne / Beruf: Schaufenster- u. Raumgest., Stud.-Dortmund/Krefeld 60-64 Wksch.-en / s. 99 Wandmalereien in Afrika / Ausst. u. a. in Hemer/Herne/Herten/Bonn, 1994 Hemer (Felsenmeer-Museum) / **Lit.: 142a + 143f** (S. 46) **+ 242**

Wirtz, Nicole (M/F/O/I/Perf.-k) / 1974 Koblenz- / lebt (2001) in Paderborn / Stud.-Paderborn 95-? Univ./GH (Kunst/Mathe/Päd) / 1. Preistr.-in „Kl. Fest" = Förder-Pr. Studentenwerk Paderborn / Ausst. s. 1997, u. a. i. Paderborn/Trier/Civitella d'Angliano-It., 2000 Paderborn (Studentenwerk)

Wischmeyer, Edgar (M/O/I/Produkt-Des) / 1969 Münster- / Stud.-MS bis 98 FHD / s. 2000 selbst. in MS / Ausst. u. a. in Coesfeld, 1997 (Gal.-Zwischen()raum-Café Schucan), 2001 MS (Vorhof-WL), 01/02 MS (Dauerausst.-Alte Therme)

Wisnewsky, Frank (M/Z/Modellbauer) / 1958 Bochum- / lebt (2006) in Recklinghausen / NEU: Mitgl. Gr.-„Künstlertreff"-Recklinghausen / (Biografie in Beilage: CD-Ausgabe 2006)

Wisniewski, Winfried (F) / 1948 Castrop-Rauxel- / lebt (2005) in Waltrop / s. 90 Mitgl. „GDT" (Ges. Deutscher Tierfotografen), Mitbegr. des Fotogr.-ver.-gung „The Nature Collection" / Beteil. an Int. Naturfotowettbewerben / Ausst. u. a. 2001 Castrop-Rauxel (Gal.-artist), + Internet

Wissel, Stefan (M/Z/O/I) / 1960 Hamburg- / lebt (2005) in Düsseldorf / Stud.-MS 84-86 Akad. u.

Düsseldorf 86-93 Akad., 89 Meisterschüler / 87 Förder-Pr. Smuel-Stiftung Düsseldorf, 90 Stip. Akad.-Düsseld. F. Madrid, 94 Kunstfonds-Stip. / Ausst. u. a. 1985 MS (Kv), 99 Arnsberg (Beteil.-Jahresgaben), 2004 Herne (Flottm.-Hallen), Freiburg/Kassel/München, 05 Düsseldorf/ München/Eindhoven-NL, Gladbeck (Stadtgal), 06 Hörstel (Kloster), + N/INT / **Lit.:** Sven Brühl/St. W.: „Poplieferanten" – Ausst.-kat. – Flottmann-Hallen – Herne, 2004

Wissing, Alfons (Z/F) / 1956 Heiden- / lebt s. 86 im Haus Kannen – MS = s. **Gr.** „Haus Kannen" / Ausst. u. a. 2002 MS (Haus Kannen) / **Lit.: 150**-04

Wissmann, Christoph V. (A) / 1958 Olfen- / lebt (2000) in Wuppertal-Elberfeld / nach Bauhandw.-ausb.: Stud.-Wuppertal 80-85 Univ./GH (Archit) u. Düsseldorf 86-89 Akad. / s. 90 selbst. in Wupp.-Elberfeld / Mitbegr. „Initiative Baukultur Wuppertal" / Werke u. a. in Freirachdorf-Westerwald u. Wuppertal / **Lit.: 216 +** In: „Architekten-Almanach Wuppertal" – 1997

Wissmann, Claudia (B/G/Lichtinst.- Film- u. Videok) / 1964 Dingden/Niederrh.- / lebt (2005) in Hannover / NEU: 2000 = 2. Hector-Kunst-Pr. Mannheim u. Kunst-Pr. Stadtspark.-Magdeburg, 02 Wettbew.-Pr. Bayr. Vers.-k.-München, 03 Hellwegwettbew.-Pr. Kamen u. 1. Grafik-Kunst-Pr. Sickingen / (Biografie in Beilage: CD-Ausgabe 2006)

Witlatschil, Michael (B/I/Perf.-k) / 1953 Südfelde/Westf.- / NEU: lebt (2006) in München / (Biografie in Beilage: CD-Ausgabe 2006)

Witte, Adolph (Franz Adolph) (M/Z) / Daten nicht bek., tätig um 1830/40 / um 1830 Schüler v. Carl Kretschmar in Berlin / Porträtmaler u. seine Landsch.-zeichnungen- Bilder waren Vorlagen f. Illustr. in Büchern der Lithogr. Anstalt „Ph. Herle & Co."-Paderborn / **Lit.: 24**-36 + **215**-6 + In: A. Kracht: „Die Rittergüter der Provinz Westfalen" – Herle & Co.-Paderborn, 1837/40, Neuaufl. 1972; In: „Der Kreis Lüdinghausen in alten Ansichten" – Lüdinghausen, 74

Witte, Josef (M) / 20. 6. 1925 Altlünen- / lebt (2001) in Lünen / 1946 Ausb.-Nienborg-Heek Wksch. f. christl. Kunst, danach Berufsausb. u. Besuch Meistersch. des Handwerks Dortmund, 65 Beamtenumschulung, 70 Ltg. d. Schulabt. / **Lit.: 195**

Wittek, Walter (B/I/Z/Goldschm.-u. a.) / 1943 Schoppinitz b. Kattowitz- / lebt (2005) in Vreden / NEU: s. 80 tätig f. „Niessing"-Schmuckmanufaktur-Vreden = s. „Niessing" / Werke u. a. im Münsterland / (Biografie in Beilage: CD-Ausgabe 2006)

Wittenfeld, Reinhard (M/G) (Instrumentenbauer) / 1956 Herne- / lebt (2005) in Herne / Stud. Univ.-Dortmund (Kunst/kath. Theol/Päd) / s. 84 Lehrt.-Herne / Mitgl. Gr.-„Offenes Kunstforum Hibernia" – Herne / Ausst.-gen u. a. in Berlin/Herne/Castrop-Rauxel / **Lit.: 142a** (S. 162)

Witthaus, Ralf (Z/I/O/Proj.-k) / 1973 Bad Oeynhausen- / lebt (2004) in Löhne / Stud.-Bielefeld 94-96 FHD (Vis.-Komm) u. Hamburg 96-01 FHD (Ill), dazu 97 Akad.-Enschede/NL, 98/99 Gast Akad.-Berlin-Weißensee (Plastik) / Stip. Salzwedel, 03 Stip. „Aldegr.-Ges."-MS f. Südfrankr. / Ausst. s. 1997 u. a. in Hamburg/Enschede-NL, 98 Rheine-Bentlage (Kloster), MS (Oberf.-direktion), 99 Nordhorn (Stadtgal), Werl (Sparkasse), Detmold, 2000/01 Rehlovice-CZ(2xK), 01 Düsseldorf/Hamburg/Cottbus(K)/Dresden, 02 Leipzig (Buchmesse), Amsterdam (K), Köln (Workshop), 03 Löhne (Städt. Realschule), Köln (Gal.-68elf), 03/04 Salzwedel/ Berlin/MS (Aktion: Sommerwiesen), 04 MS (Oberfinanzdir) / **Lit.:** Internet + K = Katalog; In: „Kunst als Neue Natur" – Ausst.-kat. – S. 82/173-75/195 – Oberf.-direktion-MS, 1998; „R. W." – Ausrücken nach wo was: Arbeiten 1997-2004 – Ausst.-kat. – Oberfinanzdir.-MS, 2004

Witthaut, Anja (G/D) / 1962 Essen- / lebt (89) in Billerbeck / Bauzeichnerinausb., Stud.-MS 84-um90 FHD / Ausst. u. a. 1988 Herne (Flottmann-Hallen) / **Lit.: 142x**-88

Wittig, Albrecht Egon (A) / 24. 1. 1927 Berlin – ? / lebte in Marl u. Gelsenkirchen / im Büro G. **M**arschall (Marl) tätig u. einige Jahre m. F. **J**anowski (Gelsenkirchen) / Werke im Ruhrgebiet, u. a. im Museum Gelsenkirchen-Buer / **Lit.: 219a**

Wittinghofer, Henk (F/D) / * 1976 – / lebt (2005) in Dortmund / Stud. FHD-Dortmund / 05 „Beste Einzelarbeit" – Epson art photo award / Ausst. u. a. 2005 Köln (Art Colgne), + Internet

Wittkämper, Wolfgang (M/G/Z/B/O/Coll.-k) / 1950 Herne- / lebt (2005) in Düsseldorf / (gr. Biografie in der 1. Ausgabe und in Beilage: CD-Ausgabe 2006)

Wittkampf, Ilse (K) / 1951 Münster- / lebt (2005) inTelgte / Stud.-MS 70-74 FH u. 76 Dortmund (Realschullehrerin) / s. 80/81 Keramik-Werke, 82+93-04 Weiterb.-kurse / ab 05: Lehrt. VHS-Beckum u. Mitgl. Gr.-„Spektrum 77"-MS / Ausst. u. a. 1981-89 Telgte (Mus), 03/04 Beckum (Gal.-Forum Keramik), 05 MS (Krameramtshaus) / **Lit.: 39**-05 + **185**-81...89

Wittkop, Heinrich (M) / 1851 Neuss – 1917 Münster / **Lit.: 200**-1

Wittkop, Peter Josef (M) / lebt (1930) in Lippstadt / Ausst. u. a. 1926 Dortmund (Gast Gr.-„VWKuK") / **Lit.: 8a**-26 + **34**-9,2

Wittkopf, Heinrich (B/G) / 1949 Hameln- / lebt (2005) in Hattingen / Ausb./Tätigk. im graf. Gewerbe / Stud. Univ.-Hamburg (Dipl.-Volkswirt) / s. 94 künstl. tätig u. Weiterb.-kurse, u. a. in Essen, Europ.-Akad. Trier u. b. bek. Künstlern / Ausst. u. a. 1998-05 Hattingen (Kunstwald), 2000/02 Essen (Sparkasse/Alte Cuesterey), 02 Duisburg-Meiderich (Kulturwerkst), 02/05 Hattingen (Stadtmus), 05 Hattingen (Industriemus) / **Lit.: 209a**

Wittkowski, Marco (F/Coll.-k) / 1977 Zossen- / lebt (2004) in Dortmund / 94-98 Steinmetzausb.-Bamberg, ab 99 Stud. FHD-Dortmund (Fotodes) / Ausst. u. a. 2004 Dortmund (Off. Atelier) / **Lit.: 120c**-04

Wittmann, August (A/Dipl.-Ing) / um 1930/56 in Dortmund tätig / war Mitgl.-„BDA" / Werke u. a. in Dortmund / Ausst. u. a. 1936 Dortmund (ehem. Katharinenkloster) / **Lit.: 8a**-36 + **34**-9,2 + **197c** (S. 50)

Wittmar, Petra (F) / 1955 Medebach- / lebt (2005) in Essen / s. Gatte: Ulrich **D**eimel / Fotogr.-ausb. Soest u. Stud. Univ./GH-Essen / ab 2000 „Deimel + Wittmar – Architekturfotografie" – Essen / Ausst. u. a. 1997 Hamm (manu factum), 2000 Essen (Zeche Zollverein), 2002 Hamburg (Mus. der Arbeit), 05 Gelsenkirchen (Wissensch.-park) / **Lit.: 48x**-97 + **204** + **204a**

Witzel, Edith (M/B) / 1934 Darmstadt- / lebt s. 64 in Marl / (war?) Mitgl. Gr.-„Ma(r)lkasten"-Marl / Ausst. = in Westf. / **Lit.:** u. a. **185**-84

Witzel, Ulrich (M/B) / 1937 Wuppertal-Barmen- / lebt (2000) in Wuppertal / Stud.-Wuppertal 57-60 Staatl. Ing.-sch. u. Darmstadt 61-66 TH (Maschinenbau) / s. 67 Lehrt. Univ.-Bochum, außerdem ab 91 Univ.-Witten / 74-82 Malstud. Univ.-Bochum u. b. A. Buchholz (B/Z) / Werke in Wuppertal / Ausst. u. a. in Wuppertal/Kronberg-Taunus, + Westf. / **Lit.: 216**

Witzke, Gitta (M/G/O/I/F) / 1955 Gelsenkirchen- / lebt (2006) in Gelsenkirchen / NEU: 01 Stip. Schwalenberg / Mitgl. Gr.-„Unser Fritz" = Künstlerzeche „Unser Fritz 2/3"-Herne-Wanne u. Gr.-„PARADOX" / (Biografie in Beilage: CD-Ausgabe 2006)

Wloka, Jürgen (O/I) / 1947 Neumünster- / lebt (2002) in Schwelm / nach Berufsausb. = Ausb./Tätigk.-Werbefachmann, danach Stud. PH-Wuppertal (Kunstpäd) / Lehrt. u. s. 96 freisch. / Ausst. u. a. 2001 Ennepetal (Kluterthöhle) / **Lit.: 209**-01 + Mithg.: „Handbuch Kunstunterricht"

Wlotzka, Reinhold NEU! (Z/M) / 1944 Hindenburg – 2003 / lebte s. 70 im Haus Kannen – Münster = s. **Gr.**-„Haus Kannen"-MS / Ausst. u. a. 1993/96/98 MS (SKM/Christuskirche/Fr.-Hitze-Haus), 95 Düsseldorf (Kunstpalast), 97-99 Breslau/Lublin/Krakau-Polen, Gerleve (Kloster), Datteln (St. Josef-Krankenhaus), 98-2004 MS (Haus Kannen) / **Lit.: 150**-93+98+99

Wnorowski, Martin von NEU! (Prof/Dipl.-Des) (D/M/G/F/Khw/Wand- u. Glasm/Mosaik/Innenarch) / 19. 3. 1916 Königsberg/Ostpr. – 24. 12. 1999 Beckum / nach Abitur: 1936-38 Militärdienst, Stud.-Königsberg 38-39 Univ. (Phil), 40-45 Kriegsdienst/Gefangensch., 45-46 Innenarch.-Praktikum Recklinghausen, 46-49 Stud.-Beckum Fachsch. f. Innenarch., ebd. 49-71 Lehrt., 71-86 Lehrt.-Detmold FH f. Innenarch., 78 Prof. / Wettbew.-Preise in Beckum/Wadersloh u. Nürnberg, 97 Grafik-Kunst-Pr. Oelde (Graph.-Betriebe Holterdorf) / Werke im MS-land (u. a.-Liesborn), Nürnberg u. Rhl. / 52-99 Mitgl. im „Kr.-Kv.-B.-Warendorf" / Ausst. u. a. Ahlen/Ennigerloh/Liesborn/Oelde/Rüthen/Soest/Stromberg/Telgte/Vornholz/Warendorf, 82/96/2002 Liesborn (Mus), 91/96 Beckum (Mus), 96 La Celle St. Cloud-Fr. / **Lit.: 50**-82+92+02 + **77** + „M. v. W." – Faltblätter – Mus.-Abtei-Liesborn, 1982; „M. v. W." – Ausst.-kat. – Stadtmus.-Beckum, 1991

Wobst, Sigrid NEU! (M/G/O/I/K/D) / 1947 Göttingen- / lebt (2006) in Möhnesee / bis 83 Stud. FHD-Darmstadt u. 76-80+86-90 Univ. of Texas at El Paso (Design) / Khw.-ausb. (Töpferei/Holzgest) in den USA / Ausz. u. a. „Carl-Cogar"-Pr. USA u. 2. Pr. „South Western Art Competition" USA / Lehrt.: s. 84 + 88-90 Univ.-El Paso, s. 01 Sommerakad.-Lübbecke u. Sommerkurse in Hüllhorst-Reineberg / war Mitgl. „BBK"-MS-land, Mitgl. „Kv.-Kr.-Soest", s. 84 „BBK"-Bonn, ab 04 „BBK-Westf." Dortmund / Ausst. u. a. in Wiesmoor/Emden/El Paso-USA/Schloss Windeck/Bad Godesberg/Bonn/Troisdorf/Frankf.-M./Unna/Soest/Ingolstadt/Bad Berleburg/Bad Gandersheim, 1994 MS (Stadthausgal), 95 Möhnesee, 96/99 Bonn (Frauenmus), 99 Hamm/Soest, 2000 Berlin-Willmersdorf (Kommunale Gal), Herzberg/Soest, 2001 Lippstadt (Rathaus), MS (Krameramtshaus), Liesborn (Mus), 01/02 Soest (W.-Morgner-Haus + 02 Beteil.-Jahresgabe-Kr.-Kv), 04 Hamm (Mus), 05 Bad Sassendorf (Kongresszentr/Workshops/

Haus des Gastes), Bo.-Wattenscheid (Technol.-Zentr) / **Lit.:** u. a. **3**-05(2+3) + **9**-94 + **26a**-05 + **27**-2 + **100**-98 + **139a** + **190**

Wölbing, Gisela (F) / 10. 9. 1914 Kassel-Wilhelmshöhe- / lebt (2001) in Detmold / 35-40 Fotogr.-ausb.-Duisburg, um 41 ein Semester Stud.-Weimar Kunstsch., danach in Breslau tätig, ab 43 freisch. u. Atelier m. (s.) Gertrud van **D**yck, 43/44 Karlsruhe, 44 b. Eisenach, ab 45 in Herleshausen u. Detmold, 54-75 Bielefeld, Wohnung in Detmold / 90 kam der Nachlass in das Hist.-Mus.-Bielefeld / Ausst. u. a. in Bielefeld (Kunstsalon Fischer), 65 Bochum (manu factum), 90/96 Bielefeld (FH/Hist.-Mus), 2001- Bielefeld/OWL (Archiv) / **Lit.: 48x**-65 + **192**-01 + „G. W./G. v. Dyck" – Fotografinnen in Bielefeld 1954-1975 – Ausst.-kat. – Hist.-Mus.-Bielefeld, 1996

Wölk, M. P. O. (Manfred) (G) / 1946 Berlin- / lebt (2005) in MS / NEU: 95-2000 Gastprof. Univ.-Santiago/Chile / (Biografie in Beilage: CD-Ausgabe 2006)

Wörmann, Albert (A) / von 1925 bis nach 1961 in Sozität mit Heinr. **B**enteler in Münster / Werke/Lit. siehe: **B**enteler, Heinr. / weitere Daten nicht bek.

Wörner, Norbert (A/Dipl.-Ing) / 1939 Stuttgart- / lebt (2005) in Dortmund / bis 67 Archit.-Stud. Univ.-Stuttgart / 67-69 tätig in Stuttgart, ab 70 selbst. u. s. 72 Büro in Dortmund: „**H**einrich & Wörner & Partner" / Mitgl.-„BDA" / 70-2001 über 100 Preise u. Ausz.-gen / Werke in NRW (u. a. Stadthalle-Soest, FH-Bocholt, Dortmund u. a. Postbank/Hörsaal-Univ./M.-Planck-Inst) (s. Lit.!) / Werk-Ausst.: 1993 Dortmund / **Lit.: 97x** + **197**-95+97+01 + **197b**-84+99 + **251**-05

Wörtler, Ludger (M/G/Z/B/O) / 1956 Ahlen/W.- / lebt (2006) in MS / (gr. Biografie in 1. Ausgabe und in Beilage: CD-Ausgabe 2006)

Wöstheinrich, Anne (Ill/M/G/D) / 1969 Beckum- / lebt (2006) in MS / Stud.-MS 92-96 FHD / Stip. Aldegr.-Ges.-MS f. Oslo / 94-06 über 30 Bücher illustriert, u. a. Schul- u. Kinderbücher / Ausst. u. a. 1992/94/96 Frankf.-M. (Buchmesse) / **Lit.: 122**-92+94+96 + Ill. v. A. W.(u. a.): „Dürrenmatt: Der Besuch der alten Dame" – 1994; „Der Kuß der Spinnenfrau" – Examensarbeit – 1996; „Mein lieber Vater. Gedanken der Zuneigung" – 1997; „Schau mal. Im Strassenverkehr" –2000; „Sevi Schraubenschlüssel und das verschwundene Fahrrad" – 2001; „Feuerwehrmann Fred" – 2003; „Eine Freundin mit Fäusten" – 2002; In: „Ein Tag mit... Bauarbeiter Bert" – 2004; 2x in: „Ich entdecke die Welt! Der Wald" + „Der Körper" – 2005; „Ein Tag in der Autowerkstatt" – 2005; „Maja und Möhrchen halten zusammen" – 2005

Wöstheinrich, Bernhard (M/G/D) (Musiker) / 1968 Herzebrock- / lebt (2006) in Herzebrock-Clarholz / Stud.-Bielefeld 90-95 FHD / s. 2000 selbst. in Gütersloh, außerdem öffentl. Konzerte / Ausst. u. a. in Bielefeld/Detmold, 1995 Herford (Daniel-Pöppelmann-Haus), 2004 Gütersloh (Kv), + OWL / **Lit.: 114E**

Wöstmann, Franz-Josef („Franjo") NEU! (B/O) (Dipl.-Ing./Maschinenbau) / 1974 Münster- / lebt (2003) in MS u. Paderborn / 95-2000 Stud. Univ./GH-Paderborn (Masch.-bau), 2000 Dipl.-Ing. / Autodidakt / Mitgl./Ausst.-gen in Gr.-„pArt 96"-MS / Ausst. u. a. in MS-Albachten, 1996 MS (Autohaus), 2003 MS (Raphaelsklinik)

Wohlhage, Konrad (A/Dipl.-Ing) / 1953 Münster- / lebt (2003) in Berlin / Stud.-München 75-78 TU u. Delft 78-83 TU / s. 83 Büro: „Léon . Wohlhage" in Berlin (Prof. Hilde Léon), ab 94 „Léon . Wohlhage . Wernik . Architekten GmbH" (Siegfried Wernik), 87-90 Wiss. Mitarbeiter TU-Berlin, 96-2000 im Gestaltungsbeirat der Stadt Münster u. ab 2000 in München / Mitgl.-„BDA" + „DWB" / Preise/Werke u. a. in Berlin/Bremen/Stuttgart/Frankf.-M. (s. Lit.) / **Lit.: 205z**-97(S. 66/67) + **219**-02(m. Lit.-ang.)

Wohlrab, Mark (F/D) / 1967 Hamm/W.- / lebt (20005) in Kamen / Stud.-Dortmund 90-96 FHD (Foto/Film-Des) / ab 94 freiberufl. tätig, Fotoprojekte: 2000 Detmold, 03 Dortmund u. Weissenseifen (Gal. am Pi) / Ausst. u. a. in Berlin/Kronburg/Schömberg/Weissenseifen/Prüm/ Rotenburg, 1990 Bochum (Gal.-Reich), 92/97 Dortmund (FHD/Sparkasse), 97/2000 Detmold (Westf. Freilichtmus), 99 Herten (Beteil.: Fototage), MS (Stadtmus), Bottrop (Mus), 2001 Holzwickede (Haus Opherdicke), Essen (Siemens AG), 03/04 Dortmund (Domicil/Jazzclub), 04 Oberhausen (Rh.-Industriemus), 05 Gelsenkirchen (Wissensch.-park), + NRW / **Lit.: 189**-99 + **203b**-2 + M. W.: u. a. = „Zimmerwelten" – Klartext-Verlag

Woidich, Hannes (F/Videok/I) / 1976 Waiblingen- / lebt s. 2002 in Dortmund / 99 Stud. Freie Fachsch.-Stuttgart, 2000 Praktikum Theater in Freiburg, Stud.-Dortmund ab 01 FHD (Foto-des) / s. 02 Mitgl. Künstlerhaus-Dortmund / Ausst. u. a. 2004/05 Dortmund (Atelier) / **Lit.: 120c**-04

Wojtas, Barbara Estera (M/G/D) / 1971 Breslau/Polen- / lebt (2002) in Dortmund / nach Schulzeit in Breslau/Oppeln, 89-92 Essen, 93-95 FofG u. Stud.-Dortmund 95-01 FHD (Grafik-Des) / 98/99 Austauschstud. Falmouth-GB, 99 Beteil. Study Cards-Wettbew. / Ausst. u. a. 1997 Dortmund (FH), 2000 Frankf. (Buchmesse), 2000/01 Dortmund, 01 Gladbeck / **Lit.: 128-**01

Wojtkowiak, Annette (M/G) / 1962 Siegen- / lebt (2004) in Wilnsdorf / Gaststud. Univ.-Siegen (Kunst) u. Ausb. b. bek. Siegener Künstlern / s. 97 freisch. u. Mitgl. Gr.-Indigo" / Ausst.-gen s. 1990, u. a. 2000 Bad Kissingen/Glauchau, 01 Karlsruhe, 02 Friedrichshafen, 03 Hamburg/ Bayerisch Eisenstein/Kempten, + Südwestf. / **Lit.: 110b + 110c-**04 + In: „Mensch und Welt in Form, Farbe und Bwegung" – Ausst.-kat. – Bad Kissingen, 2000; In: „Agricola-Preis für Kunst und Wissenschaft: ..." – Ausst.-kat. – Glauchau, 2000; In: Jahreskalender 2002 – Obersdorf-Rödgen

Woko, Miklos (B) / 1972 Hamm- / lebt (2005) in Hamm / Schauwerbegest.-ausb., FoSfG-Essen, Stud. Akad.-Maastricht / Ausst. u. a. 1997 Monschau (Akad.-Projekt), 98 Eupen (Kunstparcour), 2004 Hamm (Mus) / **Lit.: 139a**

Wolf, Anja (M/F/D) / 1966 Hagen/W.- / lebt (2005) in Hagen / (Biografie in Beilage: CD-Ausgabe 2006)

Wolf, Anja (O/I/Buch- u. Modegrafik-Ill/Kostüm- u. Bühnenb.-k) / 1978 Lemgo- / lebt (2005) in Lemgo / (Mode/Kostüm)Praktikum-Detmold: 97/98 Modeatelier, 99 Landestheater, Stud.-Bielefeld 98-04 FHD (Gest/Mode) / ab 04 freisch. u. Gründung der Künstlergruppe „Satu" m. Satu M. H. Mittwoch / Ausst. u. a. 2002/04 Bielefeld („Bildwild"/FHD), 02-04 Gütersloh (Stadthalle), 03 Witten/Gevelsberg/Hattingen/Bochum, 04 Lemgo (Off. Atelier) / **Lit.: 132a-**04

Wolf, Björn (M/O/I/D) / lebt (2005) in Kamen u. Düsseldorf / Stud.-Düsseldorf ab 03 FHD (Komm.-Des) / mit Peter **P**asalk Zus.-arbeit/Ausst.-gen u. 99-04 Aktionen in Kamen / Mitgl. „KB-Schieferturm"-Kamen / Ausst. u. a. 1999 Kamen (Gal.-chek), 2000-02 Kamen (Rathaus), 01 Menden, 02 Kamen (Atelier-Schieferturm/Gal.-Lewerentz), 02 Hamm, 03 Unna (Kulturzentr), Krefeld (Artothek), 04 Kamen (Haus der Geschichte/Waldaktion-Methlar)

Wolf, Christine (Landsch.-architektin/Dipl.-Ing) / * 1959 – / lebt (2002) in Bochum / Stud.-München bis 88 TU (Landespflege) / tätig bis 97 im Büro: Prof. Gerber & Partner in Dortmund, s. 97 eig. Büro „wbp Landsch.-architekten – Ingeniere"-Bochum (01 = 6 Mitarbeiter/innen) / 93-95 wiss. Mitarb.-in TH-Aachen, 95-97 Lehrt. GH-Wuppertal, ab 2000 Vertr.-Prof. GH-Essen / Preise u. Werke u. a. in NRW/N (s. Lit.) / Mitgl.-„BDLA" / **Lit.: 197-**95+97(s. Prof. Gerber)+01

Wolf, Kristian (Prof) (M/G/D) / 1971 Hagen- / lebt s. 90 in Wuppertal / 87-90 FofG-Wuppertal, danach Stud. Univ./GH-Wuppertal (Komm.-Des) / war Lehrt.-Wuppertal, danach Prof. FHD-MS / Arbeiten = M/G/Z/Ill. / **Lit.: 216**

Wolf, Marlies Aphrodite (geb. Poppe) (M) / 1945 Schneidemühl/Westpr.- / Jugendzeit in Halle/ W., 63-76 Konstanz, 76-84 Essen, ab 85 Herne / s. 85 Weiterb.-kurse, u. a. b. Jürgen Meister / Ausst. u. a. 1995 Flohrmühle/Eschede, 97/98 Haltern, 98 Bochum, 98/99 Wanne-Eickel, 99 Düsseldorf/Nordhorn/Baden-Baden/Engelberg-Schweiz, 2000 Konstanz, 99-2001 Herne / **Lit.: 142 + 142a** + M. W.: „Kunstkalender" – 1993 + Kunstkarten

Wolf, Theo (Produkt-Des) / 1955 Herten- / lebt (2003) in MS / Ausb.: Industr.-kaufm., Stud.-Essen Univ./GH (Ökon) u. MS bis 87 FHD / s. 85 freiberufl. tätig u. Proj.-manager b. „OCO"-Des.-MS = Preise: 89 Staats-Pr. Bayern(Nachwuchsdesign) + 2x Des.-Center Stuttgart, 2x94+1x03 red dot award Essen, 01 „Good Design" Chicago Athenaeum / Ausst. u. a. in Essen/Stuttgart/Chicago, 2002 MS (IHK) / **Lit.: 205z-**94+03

Wolf-Laberenz, Rosemarie (M/Z/O/I) / 1953 Burscheid- / lebt (2005) in Wetter/Ruhr / Stud.-Dortmund 91-96 FHD (Obj.-des) / Mitgl. „FrauenKunstForum"-Südwestf. u. 2002/03 Mitorg.-torin, dann Ltg. / Ausst. u. a. in Hagen/Dortmund/Essen/Gevelsberg/Hemer, 2000 Wetter (Burg Wetter), 02 Bochum (Wirtsch.-akad), Gevelsberg (Drewermannstift), 03 Wanderausst.-beteil. Hagen/Altena/Attendorn/Delinghofen/Bochum, 03 Hemer-Becke (KEUCO-Center), + Südwestf. / **Lit.: 187 + 187c**

Wolfensberger, Andrea (M/Z/F/O/I/Videok) / 1961 Zürich- / lebt (2003) in der Schweiz u. Witten-Herdecke / Stud.-Genf 80-84 Ecole Sup. d'Art Visuel / Stip.: 85 f. Paris, 88 Zürich, 88+92 Schweiz, 88-90 Kiefer-Hablitzel, 91/92 f. Rom, 93 Kanton-Zürich, 94 Vord.-Gildewart-Pr., 01 Kunst-Pr. Zeitung-Basel / 93-95 Lehrt. FHfG(Zürich?), ab 01 Univ.-Witten-Herdecke / Ausst. u. a. 1991 Dortmund (Kv/Mus. am Ostwall/Künstlerhaus), 98 Dortmund (Industrieruinen), 2003 Herdecke (Richtersaal), + N/INT / **Lit.: 227** + In: „Kunst, Europa" – Schweiz – A.-kat. – Hg.: AdKV, 91; In: „Reservate der Sehnsucht" – Bd. 1+2 – Ausst.-kataloge – Hg.: Kulturbüro Dortmund, 1998

Wolff, Barbara (M/I/Perf.-k) / 1957 Hagen/W.- / lebt (2005) in Hagen / NEU: 84 Mitbegr. Produzentengal. „Kunstraum“-Hagen, s. 89 mit Karl Fr. Fritzsche Atelier u. Malschule „MALEwicht&Co“ – Hagen / (Biografie in Beilage: CD-Ausgabe 2006)

Wolff, Barbara (T) / * 1961 – / lebt (92) in Aachen / Kunststickerin / 87 Bischof-Tenhumberg-Pr. Telgte / **L**it.: 185-87...91

Wolff, Franz Arnold (Landmesser/Offizier) / † 24. 6. 1810 Münster / stammt aus Horst b. Recklinghausen / u. a. Offizier im münsterr. Regiment u. viell. im Baubüro Schlauns, tätig in Vreden/Dülmen/Ahaus u. MS / **Lit.:** G. Dethlefs

Wolff, Gabi (Ill/D) / 1971 Bochum- / lebt (2005) in Saarbrücken / Stud.-Saarbrücken 92-95 Akad. u. Potsdam 95-01 FHD (Viss.-Komm) / Ausst. = N

Wolff, Heidrun (Lichtinst.-k/Schmuckgest) / 1969 Siegen- / lebt (2004) in Bad Laasphe / Stud.-Idar Oberstein/Düsseldorf FH (Produkt- u. Schmuckdesign), 97 Meisterprüfung, 98 Meisterpr.-Augenoptikerin, 99 Weiterf.-Studium in Idar-Oberstein / Optiker- u. Goldschm.-meisterin / 97 = Goldmed. „Benvenuto-Cellini“-Wettbew., 98 = 3. Pr. d. Junioren NRW u. 2000 Belobigung Intern. Calvin-Klein-Wettbew. / Ausst. u. a. in Koblenz/Frankf.-M./MS/Hanau/ München, 1999 Beteil.-Wanderausst.-NRW, 2000 Basel, + Südwestf. / **Lit.: 110b + 110c-**04 + In: Edelstein- u. Schmuckdesign“ – Handw.-k.-Koblenz, 1991; In: „X. Benvenuto-Cellini-Wettbewerb“ – 1997; In: „cK – Dress Your Time Award“ – Katalog – Swatch Group Biel, 2000

Wolff, Hermann (M) / 1841 Detmold – ? / lebte in München / Stud.-München 1864-69 Akad., Meisterschüler / **Lit.: 24-**36

Wolff, Renate NEU! (M/O) / 1956 Tawern/Trier- / lebt (2005) in Hamburg / Stud.-MS um 77/81 (Akad) u. bis 86 Akad.-Düsseldorf, 84 Meisterschülerin / 94 Sonder-Pr. (Dt. Kunstpr.), 07 Stip. Stiftung-NRW, 99 Förderung Berlin, 2000 Stip. Kunstfonds-Bonn, 03 Pollock-Krasner-Stip. / 03-04 Lehrt. HfBK-Hamburg u. Univ.-Frankf.-M., 03 Europ.-Akad. Trier / Ausst. = N+INT / **Lit.: 26a-**05 **+ 40 + 64a**

Wolfram, Yasmin (M/G) / 1972 Herne- / lebt (2002) in Herne / Beruf: Werbe-Mediengest.-in / Ausst. u. a. 1997-2000 Herne, 2000/01 Duisburg / **Lit.: 142a**

Wolkowicz, Kathrin Maria (Film- u. Videok) / 1981 Berlin-Tempelhof- / lebt (2006) in MS u. Braunschweig / Stud.-MS ab 2000 Akad. u. ab 03 HfBK-Braunschweig / Mitgl. **G**r.-treibeis“-MS / Ausst. u. a. 2002 Bocholt (Kunsthaus), Dortmund (Künstlerhaus), MS (Halle-Am Hawerkamp), 03 Bergkamen (Zeche Haus Aden), Schöppingen (Feuerstiege), Augsburg (Int. Sympos), Wiesbaden/Berlin (Filmfestivals), 04 Recklinghausen (Kunsthalle), Istanbul-T. (Mus), MS (Johannes-Kapelle), 06 Drensteinfurt (Kv) / **Lit.: 57-**02 **+ 218-**02 **+ 229-**03 **+ 231a+b+c**

Wollenhaupt, Dirk (O) / 1954 Korbach- / lebt (2005) in Gummersbach / Stud.-MS 76-82 Akad. / Ausst. u. a. 1981 Düsseldorf (Kunstmus) / **Lit.: 256 +** In: „Was Anne über Dirk denkt ...“ – Kl. Prof. Timm Ulrichs der Kunstakad.-MS, 1981/82

Wolt, Bernt s. bei Wolt, Johann

Wolt, Johann (B) / um 1459 – 1485 in Münster tätig / seine Werkst. in MS wurde wahrsch. ab 1485 von seinem mutmasslichen Sohn Bernt **W**olt weitergeführt (siehe Werke = „Werkstatt J. W.“) / Werke in Westf. + N / Ausst. u. a. 2005 MS (WL) / **Lit.: 255**

Woltemahte (Woltemath/Wolthemuth) = Lippisch-Westfälische Künstlerfamilie – 17./18. Jahrhundert / (Biografien in Beilage: CD-Ausgabe 2006)

Woltemate, Berendt (Berent) (M) / um 1643 Werk f. Lemgo u. um 1651 in Hameln bek. / **Lit.: 24-**36 + In: U.-D. Korn: „St. Nicolai in Lemgo“ – DKV-Kunstführer Nr. 396/2 – 3. Aufl., 2002

Wolter, Emil (M/Z/B) / NEU: 1900 Gelsenkirchen – († 1991?) / lebte in Ahaus u. MS / Stud.-München / Werke im MS-land / **Lit.: 84-**75(S. 96)+78(S. 102)

Wolters, Friedrich (A/Stadtplaner) / lebt (2006) in Coesfeld / Büro: „Wolters Partner Architekten BDA . Stadtplaner“, m. Cl. **K**loster u. Norbert **W**ortmann – Coesfeld / Mitgl.-„BDA“, „DASL“ u. „RAABW“ / 99 Ausz.-BDA (IBA Emscher-Park) / Werke u. a. in NRW (s. Lit.) / **Lit.: 197-**01 **+ 251-**05 **+ 264**(S. 90-100/185-187/347-356/377)

Wolters, Rudolf (A) (Autor) / 1903 Coesfeld – 9. 1. 1983 ebd. / Stud.-München 23-24 TH u. Berlin-Charlottenburg 24-27 TH, 30 = Dissertation / in Berlin tätig, ab 37 bei Albert Speer, s. 45 Coesfeld / Werke = Öffentl. Gebäude (u. a. Wiederaufbau Coesfelds) / **Lit.:** In: W. Durth/N. Gutschow: „Träume in Trümmern“ – Braunschweig/Wiesbaden, 1988

Worberg, Renate (M) / * 1948 – / lebt (2005) in Bottrop / Lehrt./Malkurse u. a. VHS-Bottrop / Ausst. u. a. 1997/98/2000 Bottrop (Museum)

Worringer, Christoph (M/G/D/Ill) / 1976 Krefeld- / lebt (2006) in MS / Stud.-MS bis 7/01 FHD

u. s. 02 Akad., Meisterschüler / 03 Stip. Cusanuswerk, 04 Stip. Märk.-Kreis / Ausst. u. a. 2004/-06 MS (Gal.-Hachmeister), Herford (MARTa-Lounge), 05 Köln (Art Cologne), 06 MS (Halle-Speicher II) / **Lit.: 229a**-04 + „C. W." – Ausst.-kat. – Hachmeister-Galerie – MS, 2006

Wortberg, Wilhelm (M/F) / 1953 Essen- / lebt s. 2002 in Lage/Lippe / Stud. FoSchfG u. Technik-Essen / 74 Kunst-Pr. Essen (Ruhrbischof) / bis 93 selbst. im Garten- u. Landsch.-bau / nach 93 Weiterb. b. Prof Yang, Düsseldorf u. Prof. Konrad, Dresden / 2/2000 Gründung der Gestaltungswerkst. + Gruppe-„TrioArt" in Lage/Lippe / Ausst. u. a. in s'Heerenberg-NL/Turku/Tampere/Riihimäki-Finnl., 1999-2002 Hefei-China, 01 Essen (Zeche Zollverein), 02-05 Lage (Off. Atelier), 02 Essen (Mittelhesperhof/Kunstspur), 04 Detmold (Kreishaus) / **Lit.: 132a**-02...05

Wortmann, Dieter (M/G/O) / 1945 Altena- / lebt (2004) in Hagen / Lehrt. FH-Dortmund / Ausst. u. a. 1996 Geldern (Gal.-Mühlenturm), 98/2000/03 Hagen (Schloss-Werdr./Gal.-1740/Mus), 02 Iserlohn (Gal.-Erben), + NRW / **Lit.: 97**-03

Wortmann, Norbert (A/Dipl.-Ing) / lebt (2002) in Coesfeld / Büro in Coesfeld: „Wolters Partner Architekten BDA . Stadtplaner", mit Claudia **K**loster u. Friedrich **W**olters / Mitgl.-„BDA" / 99 Ausz.-BDA (IBA Emscher-Park) / Werke u. a. in NRW (s. Lit.) / **Lit.: 197**-01 + **251**-05

Wortmann, Sönke (Filmk) / 1959 Marl- / lebt (93) u. a. in München / nach Journal.-ausb.: Stud.-München Hochsch. f. Film u. Ferns. u. London Royal Coll. of Art / eig. Prod.-firma m. Nikolai Karo / Auff.-gen u. a. 1992 in MS, + N/INT / **Lit.: 196**-92

Wortmeyer, Dirk (Werksdes) / 1964 Delmenhorst- / lebt (2003) in Dortmund / Stud. TU-Braunschweig (Maschinenbau) u. FHD-Stuttgart / Des.-Tätigk. in Wuppertal u. ab 2000 selbst. in Dortmund / 01 Ehren-Pr. NRW / **Lit.: 205x**-01

Wozniak, Johann (M) / * 1923 – / lebt (2005) im Ruhrgebiet / Ausst. u. a. 1997-2005 Bottrop (Mus) / **Lit.: 99a**-97...04

Wrabetz, Alfred (B) / 1922 Tanndorf/Kr. Grudlich- / lebt (2006) in Bottrop / Ausb.: Staatsfachsch. f. Holzbildhauerei – Grudlich, danach in Glatz u. Pößnoh tätig, Kriegsdienst, danach in Lemgo u. s. 50 in Bottrop tätig / 05 Kultur-Pr. Stadt Bottrop / Ausst. u. a. in Düsseldorf/Bonn/Gladbeck/Bottrop, 1982 Telgte (Mus), 95/2006 Bottrop (Kulturzentrum) / **Lit.: 185**-82

Wragge, Gerhard (A) / lebt (1950/70) in Detmold / Baurat u. Reg.-Baumeister / 65 Wettbew.-Pr. PH-Dortmund / Werke u. a. in Paderborn u. Dortmund / **Lit.: 197b**-84 + **197c** (S. 14)

Wrede, Jürgen (A) / 1957 Hagen/W.- / lebt (2002) in Hagen / Stud.-Hagen FH u. Hannover TU / 80-85 tätig in Gevelsberg u. Hagen, ab 85 Büro „PASD" – Feldmeier/Wrede in Hagen mit Helmut **F**eldmeier / viele Preise, Werke in Mecklenburg u. NRW (u. a. Bundesg.-schau Gelsenkirchen) / **Lit.: 97x** + **197**-01

Wrede, Martin (F/Filmk/Multimediak) / 1967 Iserlohn- / lebt (2005) in Bremen / Stud.-Bremen 89-94 HfK (Grafik-Des) u. Aufbaustud.-Karlsruhe 95-98 HfG / Studienauf.-halte in Groningen-NL u. New York-USA / Ausst. u. a. in Bremen, 2005 Neuenhaus (Kv. Grafsch.-Bentheim)

Wrede, Petra (Prod.-Des) / 1960 Warstein- / lebt (2002) in Bonn / n. Schulzeit in Rüthen u. Warstein: Stud.-MS 79-86 FHD / s. 87 Prod.-Des.-in in Firma „HARIBO"-Bonn / Ausst. u. a. 2002 MS (IHK)

Wrede, Thomas (F/I/Z) / 1963 Letmathe- / lebt (2006) in MS / NEU: 02 Pr. Stadt Wiesbaden m. Gal. „kunst adapter" / 92-96 Lehrt. FH-MS u. Hoijskoles/Dänem., 97-05 Akad.-MS / ab 7/04 Atelier am Hafen Speicher II – MS / (gr. Biografie in Beilage: CD-Ausgabe 2006)

Wucherpfennig, Thomas (G/D/F/I) / 1978 Kleve- / lebt (2006) in Dortmund / Stud.-Dortmund 99-2/05 FHD / Mitgl. Designbüro „Labor b" – Dortmund / 03 Anerkennung Wettbew. Europ. Archit.-fotografie, 03+04 Ausz. „100 Beste Plakate 2003+2004", 04 Förder-Pr. Stadt Dortmund, 05 „Beste Einzelarbeit" – Epson art photo award (m. Simon **B**usse) u. red dot communic.-s junior award – Essen / Ausst. u. a. 2002/04/05 Dortmund (Phoenix-Gelände/2xFHD), 03 Bonn (DB), 04 Kleve, 05 Essen („Proj.-PACT"-Zollverein), Köln (Art Cologne) / **Lit.: 203**-05 + **203d** + **203h**-05

Wucherpfennig, Wilhelm NEU! (A) / 5. 5. 1894 Münster – 31. 7. 1970 / lebte in Köln / Stud.-MS 1914-18 Baugewerkeschule u. 19-22 Stuttgart / in Stuttgart/MS/Köln tätig, ab 28 selbst. / war Mitgl. Gr.-„Schanze"-MS / Ausst. u. a. in Münster / **Lit.: 8a**-29 + **31** + **32** + **Schanze**-30 + **34**-9,2 + in Durth/Gutschow: „Träume in Trümmern" – S. 664 – 1988

Wuchold, E. Günter (M/G) / 1927 Kiel- / lebt (2002) in Herne / Stip. f. Stud. Kgsch-Erfurt / Gebrauchsgrafiker u. Schriftsetzermeister / Weiterb. n. d. Krieg b. J. Hegenbarth u. E. Hassenbrauk / Ausst. u. a. Herne (Mus) / **Lit.: 142 + 142a+b**

Wüllner, Marcus (A/Dipl.-Ing) / lebt (2000) in Bochum / Büro: „Tor 5 Architekten"-Bochum, m. Prof. B. Göttert u. H. Langer / Werke in NRW (s. Lit.) / **Lit.: 197a**-99

Wünnemann, Bernhard (M) / NEU: 25. 9. 1912 Münster – 24. 2. 2003 ebd. / (Biografie in Beilage: CD-Ausgabe 2006)

Würch, Lieselotte (M/F/Perf.-k) (Musikerin) / 1955 Gelsenkirchen- / lebt (95) in Recklinghausen / 78-88 Musikerin (regelm. Auftritte u. Plattenprod., bis 83 Yogalehrerinausb. u. bis 88 Stud.-Journalistik/Soz. / s. 75 Mitgl.-„FIU" (Free Int. University), 76 Mitgl. d. „Fluxus-Zone-West"-Gelsenkirchen, 77 Perf. m. J. Beuys (6. documenta-Kassel), ab 79 Malerei / Ausst. u. a. in Sidevar/Barduen-Frankr. u. Dortmund / **Lit.:** „IN IN IN" – Künstlerinnen in Recklinghausen – 1994

Wüstenfeld, Jochen (M/I/Perf.-k) / 1961 Bochum – 2000 Stade / Stud.-Den Haag (ab?) 85 Freie Akad. u. MS um 96 Akad. / s. 91 mit Thomas Werner (* 1959 St. Blasien, lebt in Hamburg) Ausst.-en u. Beteil.-Symposien, 94-2000 Perf.-s in N+INT / **Lit.: 256**(ohne Ausst.)

Wulf, Edith (Khw) / * 1929 – / lebt (89) in Wadersloh / Werke s. 60 / Ausst.-gen u. a. in Telgte / **Lit.: 185**-88

Wulf, Edith NEU! (M/G/Ill/D) (Lyrikerin) / 1935 Köln- / lebt s. 87 in Lichtenau-Kleinenberg / Schneiderinausb., Stud.-Bielefeld 52-55 Wksch (Mode-Des), Begabten-Stip., Stud.-Dortmund 79-80 FHD (M/G/Ill) u. Gast Univ.-Paderborn (Zeichnen) / 80-83 Lehrt. VHS-Paderborn u. 85-87 Ltg./Lehrt. Haus des Gastes Bad Driburg / Mitgl. „BBK"-OWL / Ausst. s. 1980, u. a. in Hannover/Würgassen/Mayet-Fr., 2001- Bielefeld/OWL (Archiv), 02 Lichtenau (Off. Atelier), 03 Paderborn (Haus d. ev. Kirche), + Westf.-Lippe / **Lit.: 101b**-02 + **124**-05 + **133**-94Anh. + **192**-01 + 2xH. Multhaupt(Text)/E. W.(Ill): „Der Landgräfin Elisabeth Reise nach Rimbeck" – 1./2. Aufl. + „Malerischer Kreis Paderborn" – Farbbildband – Bonifatius-Verl.-Paderborn, 93

Wulfers, Benno (M) / lebt (1938/41) in Münster / Ausst. u. a. 1938 Dortmund (Katharinenkloster), 41 Gelsenkirchen/MS/Bielefeld / **Lit.: 8a**-38 + **8c**-41

Wulff, Hermann (auch: Wulf/Wolf, Herman) NEU! (B/Baumeister) / * um 1535 Lemgo – † wahrsch. 1599 / wurde 1569 Bürger der Stadt Lemgo / Werke: um 1560/65/71/84-87 in Lemgo, 1567 Detmold, 1569 Blomberg, 1582 Varenholz, 1597/99 Oesterholz-Haustenbeck / **Lit.:** W.H./G.D. + **24**-36(=Wolf) + In: „Schloss Brake" – Schnell-Kunstführer Nr. 1823 – S. 4 – München, 1990; In: U.-D. Korn: „St. Nicolai in Lemgo" – DKV-Kunstführer Nr. 396/2 – S. 20 – 3. Aufl., 2002

Wulff, K.P.M. (Z/Kostüm- u. Bühnenb) / 1950 Leipzig- / lebt (2006) in Lünen / Stud. Kunsthochsch.-Dresden (Bühnenb) / s. 01 Mitgl. „BBK"-Westf.-Süd – Dortmund / Ausst. u. a. 2001 Lünen (Lüntec), 06 MS (Gal.-König) / **Lit.: 199**-01(2)

Wulff, W. (G/Lithogr) / * 1870 – ? / Daten nicht bek., um 1896 tätig / Ausst. u. a. 1975 Hamm (Mus) / **Lit.: 217**-6 + In: „Jugendstil" –Sammlung W. Lühning – Ausst.-kat. – G.-L.-Mus.-Hamm, 1975

Wulfhorst, Peter (D/Ill) / * 1959 – / lebt (2005) in Bielefeld / Industriebuchbinderausb. u. FofG, Stud.-MS 83-87 FHD (Vis.-Komm) / ab 88 freiberufl. tätig, s. 01 Partner v. „**N**exus Product Design"-Bielefeld (s. **L**it. + „**N**exus Pr..") / **Lit.:** „**N**exus...": **205**-97 + **205a**-01+03 + **205y**-2000,1+02,1 + **205x**-03 + **205z**-03+04

Wunderle, Maria (M) / * Koblenz- / lebt s. 74 im Sauerland, ab 91 in Meschede / Autodidaktin, Weiterb.-kurse/Workshops / Ausst. u. a. in Lünen, + Südwestf. / **Lit.: 232**

Wunderlich, Katrin (M/G/D) / 1977 Herten- / lebt (2006) in Herten / Stud.-Bo.-Wattenscheid 95-2000 IfBKuK u. 96-98 Werbe- u. Medienvorl.-herstellerinausb., Weiterbild.-kurse Essen (Multimedia-Des) / Ausst. u. a. 1997 Bochum (IfBKuK), 99 Dorsten (VEW), Marl (Feierabendhaus), 2000 Soest (Landes-Inst), 03 Bochum (Ascad), 04 Herten (VMKD), + Internet

Wundram, Ferdinand (F) / Daten nicht bek. / war um 1919/20 Baupolizeikommissar in Dortmund / Ausst. u. a. 2001 Dortmund (Mus. f. K. u. K.) / **Lit.: 202**

Wundram, G. (A) / um 1810/16 in Münster tätig / **Lit.: 24**-36(m. Lit.-ang.)

Wunram, Ernst (A/Dipl.-Ing) / 1935 Hamburg-Harburg- / lebt (2006) in Herford / Stud. FH f. Arch.-Hildesheim u. HfBK-Hamburg / s. 64 selbst. in Herford / Werke in OWL, u. a. Kirchen in Vlotho-Exter (um 75/80) u. Herford / **Lit.: 112d** (S. 76)

Wurdel, Paul (D) / 1950 Osnabrück- / lebt (2002) in Bielefeld / Stud.-Bielefeld bis 79 FHD (Vis.-Komm) / s. 79 eig. Design-Agentur: „M-Design"-Bielefeld u. Frechen (Medien- Kommunik.- u. Werbedesign) / Mitgl.-„BDG" / Beteil. an Ausst.-gen u. a. in Messen / **Lit.: 205**-94+97(m. Lit.)

Wurg, Andreas (F/D) / * 1958 – / lebt (2003) in Gütersloh / Stud.-Dortmund 79-81 FHD u. Bielefeld 81-86 FHD / 84 Kodak Nachw.-förder-Pr., s. 86 freisch., s. 01 Partner v. „**N**exus Product

Design"-Bielefeld (s. Lit. + „Nexus Pr…") / Ausst. u. a. 1986 Bielefeld (Kv) / **Lit.: 114b** + „Nexus ...": **205**-97 + **205a**-01+03 + **205y**-2000,1+02,1 + **205z**-03+04

Wurm, Martha (T/Stickmeisterin) / lebt (1957/65) in Wattenscheid / war Mitgl. „AdK"-NRW / Ausst. u. a. 1957 MS (WL), 65 Bochum (Stadtgal) / **Lit.: 48a** + **48x**-59+61+64+65+66

Wurster, Christoph (A/Dipl.-Ing) / 1966 Hamburg- / lebt (2004) in Dortmund / 84-87 Werkzeugmacherausb. in Göppingen, Stud.-Dortmund 90-96 FH f. Archit. / 95-98 in Proj.-gem. u. a. mit Prof. Baumewerd in MS, ab 98 selbst., Wettbew.-e/Werke/Projekte m. Büro Prof. Baumewerd u. ab 2000 m. Martin **W**iemann in NRW / **Lit.:** Internet

Wuttke, Ingo (M/I/Materialbildk/Lichtinst.- u. Aktionsk) / 1950 Waltrop- / lebt (2004) in Recklinghausen / Stud. Univ.-MS (Gesch/Angl/Amerikanistik/Kunst) / war Lehrt. PH-MS, s. 78 in Recklinghausen / war Mitgl. „Vest.-KB" / Ausst. u. a. in Bremen/Bochum/Dordrecht-NL u. Recklinghausen (Kunsthalle/Kutscherhaus/Tiefgarage) / **Lit.: 188**-89

Wynands, René (Komm.-Des) (Musik-Autor) / 1965 Bochum- / lebt (2005) in Bochum / Stud. Univ.-Bochum (Kunstg/Filmwiss/Phil) / ab 97 Büro „Oktober Kommunik.-design GmbH"-Bochum, m. Silke **L**öhmann, ab 2000 GmbH / Ausz.-gen in Tokio-Japan, 6x = 97/98/02/03/2x04 „red dot award" Essen, 99 Ausz. „European Design Annual"-GB u. 01 Deutscher PR-Pr. „Goldener Pfeiler" / **Lit.: 205w**-97+98+02...04 + **205y**-02,2 + R. W.: „Do the Reggae" – Pieper-Verl., 1996

Wyny, Ecu s. **E**cu, Wyny

Wyskott-Blauscheck, Andrea („Wyblau") (M/G) / 1966 Hagen/W.- / lebt (2006) in Hagen / Schaufenstergest.-in, Weiterbild. Malschule-Hagenring Hagen, s. 03 eig. Atelier in Hagen-Dahl / ab 05 Mitgl. „FrauenKunstForum"-Südwestf. / Ausst. u. a. in Hagen (u. a. Kulturamt)

Ximello, Almendra (Dafna Almendra Ximello Lara) (M) / 1976 Chihuahua/Mexiko- / lebt s. 2000 in Bielefeld / um 05 Mitgl. Produz.-gal.-Bielefeld / Ausst. u. a. 1999 Mexiko-Stadt/Tlaxcala-Mexiko, 2001/03 Bielefeld (Colón/Foyer-Theaterlabor/Café Parlando), 01-05 Bielefeld (Off. Atelier), 05 Bielefeld (Produz.-gal), 06 Bad Salzuflen (Das Fachwerk) / **Lit.: 152**-01...05

Yang, Qi (Prof) (M/Z/I/O/F/Videok) / 1952 Wuhu/China- / lebt (2006) in Düsseldorf / Stud.-Anhui/China 78-82 Univ. / ab 87 BRD u. freisch., 96 Promotion in Heidelberg, 99 Prof. Akad./ Univ.-Anhui-China, war Lehrt. (Ltg.) IfABKuK in Bo.-Wattenscheid / 90-93 Stip. Köln, 92 Kunst-Pr. Mainz, 99 Förderung-NRW f. Ausst. / Ausst. u. a. 2000 Bielefeld (Univ-ZIF/Gal.-Baal/Kv), 03 Beckum (Stadtmus), 04 Bonn (LM), 06 Rheine-Bentlage (Kloster), Herne (Zeche Unser Fritz 2/3), + N/INT / **Lit.: 79b** + **107**-99+01 + „Q. Y." – Namenslos – Ausst.-kat. – Gal.-Baal-Bielefeld, 2000; „Q. Y." – Stein Zeit Raum – Ausst.-kat. – Stadtmus.-Beckum, 2003; „Q. Y." – Ausst.-kat. – Rhein.-Landesmus. – Bonn, 2004; „Q. Y." – Vier Mal Glück" – Ausst.-kat. – Zeche Unser Fritz 2/3 – Herne, 2006

Yang, Sukyun (O/I/M/Klanginst.-k) / 1966 Seoul/Korea- / lebt s. 2000 in Düsseldorf / NEU: 01 Atelier-Stip. Krems-Österr., 02 Stip. Nieders. f. Worpswede / (Biogr. i. Beilage: CD-Ausgabe)

Yegane, Farangis G. (früher: Lück-Flender, Gertrud) (M/G) / 1930 Stendal- / lebt (98) in Frankf.-M. / lebte um 1960 in Deuz/Kr. Siegen / war Mitgl. Gr.-„ASK"-Siegen / Ausst. u. a. 1960 Düsseldorf (Kunstpalast), 98 Siegen (ASK) / **Lit.: 107**-60 + **110d**-98

Yilmaz, Göksel (B/O) / 1980 Detmold- / lebt (2006) in MS / Stud.-MS 01-06 Akad., 05 Meisterschülerin / 05 Ausl.-sem.-GB / Ausst. u. a. 2003 Laer (Stadtmitte), 04 Bergkamen (Stadtgal), Bad Oeynhausen (VHS), Istanbul (Mus), 05 Wismar (Baumhaus), Recklinghausen (Kunsthalle), Ingolstadt (Kv) / **Lit.: 231b+c + 256**

Yoon, Ji Eun (B/O) / 1974 Seoul/Südkorea- / lebt (2005) in MS / Stud.-Seoul/Korea 94-01 Univ. (Kunstpäd/Bildh) u. MS ab 02 Akad. / Ausst. u. a. 1999-2001 Seoul-Südkorea, 04 Herford (MARTa Lounge), 05 Eller (Kunstbahnhof) / **Lit.: 229a**-04

Yoon, Jonksuk (Jongsuk) (M) / 1965 Onyang/Korea- / lebt (2005) in Düsseldorf / Stud.-MS bis 96 Akad. u. Düsseldorf bis 02 Akad, 01 Meisterschülerin / 99 Stip. Akad.-Düsseldorf, 2000 Stip. Kv.-Düsseldorf u. DAAD-Stip., 02 Märk.-Stip. Lüdenscheid, 03 Stip. Heidelberg u. Proj.-beteil. Lüdenscheid (Kunst trifft Schule) / Ausst. u. a. in NL/Japan/Südkorea/Belgien, 2000 Minden (Gal.-Rathert), 01/02 Lüdenscheid (Stadtgal), 03 Coesfeld (Kv.: Beteil.-Jahresgaben), Dortmund (Mus. am Ostwall), 04 Iserlohn (Stadtgal), Bochum (Gal.-Januar), + N

Young, Eun-Kyung s. Joung, Eun-Kyung

Yu, Byeong-Yeong (O/I/B) / * 1964 – / lebt (2002) in Düsseldorf / Stud.-MS u. Düsseldorf Akad.-n / Ausst. u. a. in MS, 97 Emsdetten (Gal.-MS-land), 2001 Düsseldorf (Messe) / **Lit.: 107**-01

Yuen, Andrè Chi-Sing s.: Chi-Sing Yuen, André

Yuhrim s. Völkel-Song, Nham-hee

Zacharias, Simone (O/I) / 1969 Münster- / lebt (2002) in Hengelo/NL / Stud.-Enschede-NL 89-95 Akad. (Mixed Media) u. 95-97 (postgrad.) / 98/99 Stip. / Ausst. u. a. 1999 Amsterdam (Kunst RAI), 2000 Enschede (Install.-Service-Zentr), 02 Lüdinghausen (Burg Vischering) / **Lit.: 19**-02

Zajicek-Klüber, Zdena (M/Materialb.-k) / 1961 Laun/Tschechin- / lebt (2004) in Detmold-Berlebeck / s. 69 in Deutschl., 87 Architektur-Dipl. / Ausst. u. a. 1996/97 Detmold, 2001 Bielefeld, 02 /03 Detmold (Off. Atelier) / **Lit.: 132a**-02+03

Zamel, Adolf J. (A) / 25. 2. 1931 Hagen- / lebt (2005) in Hagen / 54-56 Bauzeichnerausb.-Hagen, Stud.-Hagen 56-60 FH / 60-62 Mitarbeit im Büro Prof. Kitzikis – Athen/Griechenl., 63-90 selbst. in Hagen / s. 65 Mitgl. „BDA“ / Werke (Wohnhäuser/öffentl. Gebäude) u. a. in Athen/Saloniki-Gr./Hagen/Herdecke u. Westf., 72 Kloster u. Kindergarten St. Elisabeth in Hagen / **Lit.: 97x** + „A. J. Z. Architekt 1956-90“ – ardenku-verlag – Hagen, 1997

Zander, Frauke (M/F/Computergr) / 1959 Dortmund- / lebt (2000) in Wuppertal / Autodidaktin, 81 Weiterb.-Malerei b. G. Herbrich, München / ab 84 freisch., zeitweise Lehrt. VHS-Mettmann/Wuppertal / Ausst. u. a. in Bonn/MS/Wuppertal / **Lit.: 216**

Zanotti, Christina NEU! (Glas-Obj.-k) / 1965 Mailand- / lebt (99) in Schloss Holte-Stukenbrock / Stud.-Mailand 82-87 Accad. Di belle Arti di Brera / 89 Gründung/Mitarbeit Werkst. „Officine Artis“ / Ausst. u. a. in Mailand, 1995 Kirchlinteln/Bünde, 96 Visselhövede (Gal.-Urban), Paderborn (Glasgest.-Peters), 97 Telgte (Mus), Schwerte (kath. Akademie), Groningen-NL (Gal. Nord), Bielefeld-Senne (Atelier 49), 98 Herford (Kunst-Werk) / **Lit.: 185**-97(S. 69) + In: „Auf der Suche nach dem Licht“ – Katalog z. Ausst. d. Glasmalerei Peters in Paderborn, 1997

Zarfl, Ruth (B/K) / * 1935 – / lebt (2005) in Dortmund / Ausst. u. a. 1995-2005 Telgte (Mus), 03 Bo.-Wattenscheid (Rathaus) / **Lit.: 185**-95...2000+02+04+05

Zech, Klaus-Dieter (M/Materialb.-k/O) (Autor) / 1947 Bielefeld- / lebt (2005) in Büren / Stud. Kunstschule-Bielefeld u. bei Wilh. Rixe / Lehrt.-VHS Brilon/Arnsberg/Olsberg/Paderborn / Ausst.-gen s. 1983, u. a. in Sens/Paris/Fontainebleau/Grimaud Village/Joigny = alles Frankr., Zürich/Fischingen-Schweiz, 1983/84 Paderborn (Sparkasse/UB), 97/02/03 Büren (Rathaus/2xOff. Atelier), 2001 Paderborn (Siemens AG/Haus Klingenthal), 03 Hesdin-Fr. (Hotel de Ville), + N = u. a. in Singen/Konstanz/Friedrichshafen/München/Stuttgart / **Lit.: 26a**-05 + **101b**-02+03

Zeidler, Silke (F/D) / 1975 Hamm/W.- lebt (2006) in Hannover / Stud.-Hannover 2000-06 FH (Kunst/Fotogr), 05/06 Aufbaustud.-Meisterschüler / Ausst. u. a. in Hannover/Neustadt-Rbge, 06 Gelsenkirchen (Wissensch.-park)

Zell, Michael (B/Holzgest) / 1962 Oberhausen- / lebt (2005) in Oberhausen / Tischlerausb., ab 95 selbst. / 92-94 Weiterb.-kurse in Bottrop u. Lechtal-Österr. / s. 94 Mitgl. Gr.-„Kunstgem.-Bottrop“ / Ausst. u. a. in Oberhausen/Westerland-Sylt, Gladbeck (Volksbank), Bottrop (Sparkassen/St. Martinskirche), 2001/03/2x04 Bottrop (Kulturzentr), 04 Beteil.-Wanderausst.-Ruhrgebiet / **Lit.: 99c**-01+03+04 + **99d**-04

Zelle, Andreas (I/Video-Inst.-k) / 1969 Lübbecke- / lebt (2004) in Stemwede-Wehdem / Maschinen- u. Werkzeugbauausb., s. 01 selbst. (Ausst.-skonzeption/Museumsbau) / Ausst.-gen/Projekte u. a. 2003 Osnabrück (Media Art Festival), 04 Kr. Minden-Lübbecke (LandArt-Festival), Stemwede-Niedermehnen (Hof Wasels)

Zellerhoff, Jürgen (M/Z/B/O/I) / NEU: 1952 Hagen/W. – 21. 1. 2004 / lebte in Hagen / (Biografie in Beilage: CD-Ausgabe 2006)

Zeltinger, Trudel (jetzt: Zeltinger-Reinhold, Trudel) (M/G/Materialb.-k) / * 1951 – / lebt (2005) in Bottrop / Ausst. u. a. 1997-01/03/05 Bottrop (Mus), 98 Dorsten (Kv) / **Lit.: 99a**-97...01+03

Zemma, Christiane (M/Z) / 1942 Landsberg/Warthe- / lebt (2005) in Lippstadt / ab 65 Grafik- u. Ausst.-Designerin, ab 90 Weiterb.-seminare u. a. an Sommerakad.-n, 95-98 b. Stefanie Lilotte (Soest), ab 98 in Schwalenberg b. Pavel Richtr (Hamburg) / s. 03 Mitgl. Gr.-„up-Art“-OWL / Ausst. u. a. 2001/02/04 Lippstadt (u. a. Buchhandl.-Enger/Krankenhaus), Schieder (Rathaus), Bünde (Krankenhaus), 05 Bad Salzuflen (Das Fachwerk) / **Lit.: 250**

Zender, Helmut (Ill/Grafik- u. Industr.-Des) / * 1937 – / lebt (89/2002) in Detmold / bis 80 Des.-ausb. u. Tätigkeit, danach selbst. in Detmold / **Lit.: 205**-94(erw.) + **205a**-89

Zenn, Christine (M/Z) / 1974 Schäßburg/Siebenbürgen- / lebt (2001) in Sprockhövel / 95-97 Bauzeichnerinausb., 98 Stud.-Köln (Archit) / s. 95 Mitgl. Gr.-„Kunstraum"-Ennepetal / Ausst. u. a. 1996 Schwelm (Kl.-Gal), 97 Ennepetal (Kurklinik), Schwelm (Haus Martfeld), 97/99 Ennepetal (Kluterthöhle), 99/2000 Ennepetal (Kunstraum) / **Lit.: 209**-97 + **211**-99+2000

Zensen, Rosemarie (B) / * 1948 – / lebt (2005) in Bönen / bis 70 Steinmetz/Steinbildh.-ausb., 69-78 in Südafrika freiberufl. tätig, 90-93 Ausb. zur Ergotherap.-in in Dortmund u. 94-96 Ausb. Gest.-therap.-in i. Hückeswagen, ab 93 als Therapeutin in Dortmund tätig / 88 Gründ./Ltg. Bildh.-gruppe Langschede, s. 01 Mitgl. „BBK"-Westf.-Süd in Dortmund / 91/92 Beteil. an Sympos/Proj.-en in Obernkirchen u. Posio-Finnl. / Ausst. u. a. 1987 Bonn (Adenauerhaus), Fröndenberg/Menden, 88 Langschede, 89/97 Dortmund (VEW), 89/90 Bad Godesberg, 91 Obernkirchen, 92 Posio-Lappl., 92/97 Dortmund (Rathaus/VEW), 98 Hamm (Hamtec), Bönen (Installation), Bad Sassendorf (Kurmittelhaus), 2001 Lünen (Lüntec), Viersen / **Lit.: 199**-01(2)

Zeppenfeld, Bernd (T = Gobelin- Tapisseriekünstler) / 1909 Bocholt- / lebt (86) in Dorsten-Deuten / Stud. Akad.-Düsseldorf / Ausst.-gen s. 1931, u. a. in Dorsten, 1981 Keitum/Sylt, 84 Ernée-Frankr., 85 Lüdinghausen (Burg Vischering), + NRW

Zhang, Liang (M) / 1974 Xian/China- / lebt (2005) in MS / Stud.-Kyoto 96-2000 Univ. (Kunst), 99 Univ. of Michigan-USA (Art/Des), 2000 Bachelor Univ.-Kyoto, Stud.-Karlsruhe 02 Akad. u. MS ab 03 Akad. / Ausst. u. a. 1998-2000 Kyoto-Jap. (Univ/Capital-Gal), 99 Michigan-USA (Gal.-Robbins), 01 Nagoya-Jap. (APA-Gal), 05 Liesborn (Mus) / **Lit.: 56d**

Zhuk, Igor (M) / 1971 Kiew/Ukraine- / lebt (2006) in MS / Stud.-Kiew/Ukraine 89-98 Akad. / s. 04 Mitgl. „BBK"-Westf. Dortmund / Ausst. u. a. 1997 Kiew-Ukr., 2000 London (Bruton St. Gall), 03 Pontoise-Fr., 05 Bad Sassendorf (Kongresszentr/Kurpark/Haus des Gastes/Mariti-Hotel), Bo.-Wattenscheid (Technol.-Zentr), St. Diesir-Frankr. (Gal.-Republik), 05/06 MS (Gal. für osteurop.-Kunst/Gal.-Impressum) / **Lit.: 3**-05(2+3)

Ziegenfeuter, Dieter (Prof) (G/D/Ill/Typogr) / 1946 Hagen- / lebt (2004) in Dortmund / Stud.-Dortmund 66-70 Wksch / ab 70 selbst., freie Mitarb. b. Buch- u. Musikverlagen/Magazinen/Zeitschriften u. Werbeagenturen (Plakate/Buchcover) / 70-71 Lehrt. Wksch-Dortmund, Stud.-München 72-77 HfBK / s. 82 Prof. FHD-Dortmund / Ausst. u. a. 1995 Dortmund (Rathaus) / **Lit.: 120b**-91 + v. D. Z.: „Citroënkalender" – 1995; „Volvokalender" – 2000

Zielbauer, Hilke (A/Dipl.-Ing/Videok) / * 1972 – / lebt (2002) in Düsseldorf / 92-99 Stud. TH-Aachen/Akad.-Kopenhagen / s. 99 Büro m. Thomas Gutt in Düsseldorf / 99-01 Lehrt. FH-Detmold / Ausst./Projektion u. a. Düsseldorf (Kunsthalle) / **Lit.: 227**

Ziese, Axel-Alexander (Prof) (M) (Autor/Herausgeber/Verleger) / 1941 Bielefeld- / lebt (2005) in Bad Schmiedeberg / nach Jugend- u. Schulzeit in Magdeburg: 56-61 Hochbaustud., dann Humanmed/Pharmazie, 72-78 Bonn (Kunstg) / s. 79 Direktor „Forsch.-institut Bild. Künste in Nürnberg, danach Trebitz u. Bad Schmiedeberg bis 2005, s. 86 Chefredakteur v. „Kunst-aktuell" / Lehrt.: 79-81 VHS-Ansbach, 81-84 Gastprof. Akad.-Nevada, ab 88 Lehrt.-Univ.-en u. 91 Prof. f. Komm.-wiss. (Schweiz) / Ausst. u. a. in Zürich-Schweiz/Newcastle-SWA, + N / **Lit.: 27**-3(m. Lit.) + **27**-(1-5 = Herausgeber) + Internet

Zika, Thomas NEU! (F/D) / 1963 Haan- / lebt (2006) in Wuppertal / 79-83 Ausb. z. Fremdspr.-korresp./Industriekaufm., 85 Fotogr.-praktikum, Stud.-Dortmund 86-92 FHD (Vis.-Komm) u. Wuppertal 96-99 Univ. (Komm.-Des) / viele Überseereisen, ab 92 freisch. / 94 = 1. Foto-Pr. Kv.-Bobingen u. Stip. SIHK-Hagen, 95 DAAD-Stip. f. Wien, 95-96 Mitgl. Künstlerhaus-Dortmund, 97-98 Stip. f. Luxemburg, 98 Grand Prix de la Ville de Vevey/Schweiz, 2000 Wettbew.-Pr. Solingen, Ausz. beim O.-Steinert-Pr., bei Awards-Pr. London u. ABB-Zürich-Schweiz / 01-03 Berufung in die „DFA" / Lehrt.: 99-03 Univ./GH-Wuppertal, 01-05 Ecosign-Akad. Köln u. Freie Kunstakad.-Essen, um 02 VHS-Hagen / Ausst. u. a. 1989 Dortmund (Mus.=2. Pr.), 94 Düsseldorf (Kunstpalast), Hagen (Mus/Rathaus), 95 Dortmund (Kü.-haus), 96 Wuppertal-Barmen (Kunsth), 99/2000 Solingen, 2000 Baden (Mus), 01 Essen (Kunsthaus/Mus), London/Bratislava/Nizza/Baden/Köln, 02/04/05 Frankf.-M. (Gal.-Poller), 02 Brandenburg (Kv), 03 Köln (Gal.-Lichtblick), Luxembourg (Gal-Nei Liicht), 04 Konstanz (gal.-demaex), 06 Essen (GAM/Gal.-Obrist), + N/INT (89-2003 über 40 Ausst.-gen) / **Lit.: 107**-94 + **189**-01 + **203**-89 + **216** + K. Beiderwellen/Th. Z. (Fotogr.): „Die Rauhe Wirklichkeit" – Selbstverl.-Hagen, 1994; In: C. Regelsberger: „KUNST/TRANS/PORT" – 10 Jahre Kunst in der VHS Hagen, 2002; über 20 weitere Ausst.-kataloge, s. Internet

Zimbehl, Carmen (M/Z/Materialb.-k) / 1948 Momsdorf b. Altenburg- / lebt (2004) in Lage u. Bad Salzuflen / Weiterb. in Seminaren u. Ateliers v. bek. Künstlern, Ausb.-Kunstpäd.-in / Mitgl. „FrauenKunstForum"-Bielefeld / Ausst. u. a. in Flensburg/Halle/Schweiz, 1999 Bielefeld (Hotel), 2001- Bielefeld/OWL (Archiv), 03 Lage (Internet-Lage), Bielefeld(2x) (Q-Tour), 03/05 Lage (Off. Atelier), + OWL / **Lit.: 132a**-03+05 + **192**-01+03

Zimmer, Gertrud s. Müller, Gertrud

Zimmer, Klaus Dieter (Prof) (M) (Autor) / * 1954 (in NRW) – / lebt (2005) in Wien / Stud.-Siegen-Weidenau 69-74 FH u. Wien 77-85 Akad. / u. a. 84 Th.-Körner-Pr., 91 Stip. f. Chicago, 94 Stip. f. Paris / Lehrt. 92-98 Univ.-Salzburg, 98-02 TU-Graz (98-2000 = Prof.) / Ausst. = N+INT / **Lit.: 26a**-05(m. Lit.)

Zimmer, Ursula Monika s. Monik, Ursula

Zimmermann, Gisbert (M/G/B/O/F/Coll.-k) / 1946 Gelsenkirchen-Buer- / lebt (2006) in Gelsenkirchen / Autodidakt, s. um 62 künstl. tätig / Werke u. a. in Rees/Essen / Ausst. u. a. 2001 Köln (Haus Informatik Systeme), 01-06 Gelsenkirchen (öffentl. Stadtgebiet), 04-06 Essen (BKK-NRW), 05 Gavrey-Frankr. (Salon des Arts), 05-07 Rees (Skulpturenpark), + NRW / Internet

Zimmermann, Ingrid (NEU: Pseudonym: I.M.O.) (O/I/F/F.-Inst.-k) / 1950 Lage/Lippe- / lebt (2005) in Lage / (Biografie in Beilage: CD-Ausgabe 2006)

Zimmermann, Klaus (B/M/G) / 1964 Nordhorn- / lebt (2006) in MS / 85-93 Stud.-Mainz (Bild.-Kunst) / Lehrt. 93-95 Mainz u. 95-01 Goch/Niederrh., s. 98 in EU-Bildungsproj.-en tätig, ab 01 freisch. / s. 06 Mitgl. „BBK-Westf." Dortmund / Ausst. u. a. in Mainz, 2004/05 Bremen (Wasserprojekte/Bürgerhaus-Weserterassen), 04 Borken (Haus Pröbsting), 05 Neumünster (St. Vicelin), Nordhorn (Marienkrankenhaus), 06 MS (EOS-Klinik)

Zimmermann, Markus (O/I) / 1978 Hannover- / lebt (2005) in Hannover / Stud.-MS um 2000/03 Akad. / Ausst. u. a. 2001 MS (Gast Atelier-Schulstr), 05 Recklinghausen (Kunsthalle), Ingolstadt (Kv) / **Lit.: 256**

Zimmermann, Simone (G/D/O) / 1971 Letmathe- / lebt (95) in Wuppertal / Stud.-Dortmund 90-91 FHD u. Wuppertal ab 91 Kommunik.-Des. / Zus.-arbeit m. Martin Reinhold (* 1968 Wuppertal) = „Perlonprodukt" / Ausst. u. a. 1994 Düsseldorf (Stadtmus), 94/95 Solingen (Mus) / **Lit.: 216**

Zimmermann, Thorsten (M/Z) / 1974 Sprockhövel- / lebt (2004) in Sprockhövel / 92-95 Tischlerausb. / 93-98 als Zeichner Autodidakt, Stud.-Schwerte 98-02 Ruhrakad. / Ausst. u. a. 2001 Gladbeck (Junge Kunst), Sprockhövel (Gal.-Café Datteln), 03 Bochum (City-Geschäft) / **Lit.: 128**-01

Zinkant, Arndt (Z/Karikaturist) / * (um 1968) in Fürstenau- / lebt (2006) in Münster / Stud.-Musikwiss. / seit 2000 Zeichnungen für die „WN" – Tageszeitung in MS / **Lit.:** Karin Völker/A. Z.(Karikaturen): „Schlaue Füchse lernen Forschen. Kinder-UNI Münster" – Aschendorff-Verlag – MS, 2004; v. A. Z.: „Mozartposter" – 2006

Zinkler, Isa (M/Ill/T.-Des) / 1942 Straßburg- / lebt (2004) in Sprockhövel / Kinder- u. Jugenderz.-in, ab 77 in Sprockhövel / Weiterb. b. bek. Künstlern aus Braunschweig/Gevelsberg u. Schwelm / Werke: Stadtwerbung f. Sprockhövel, Stadt- u. Industrieposter, Illustr.-en in Broschüren/Faltblättern, 93 Kalender (Hg.: Spark. Sprockhövel) / Ausst.-en in Bochum/Ennepe-Ruhr-Kr., + Internet

Zint, Manuel NEU! (Buchobj.-k/F.-I./M/G) / 1974 Münster- / lebt (2005) bei Hamburg / Stud.-MS: Univ. (Musikpäd) u. 95-03 Akad., 02 Meisterschüler / Ausst. u. a. in München, 1999 MS (Seminar f. Musikpäd), 2000 MS (Stadtmus), 01 Karlsruhe (Bundesverf.-gericht), 02 Bonn (Frauenmus), 03/05 Detmold (Freilichtmus), 04 Kleve (Artoll-Kunstlabor), Oberhausen (Kv), Lüdenscheid (Lichtrouten), Herford (MARTa-Lounge), Hörstel-Gravenhorst (Kloster) / **Lit.:** u. a. **125g**-04 + **229a**-04 + **245**-95+99+2000+04

Zippel, Anja (M) / 1967 Essen- / lebt (2004) in Bochum / Stud.-Bo.-Wattenscheid 97-01 IfBBK, 2000 Meisterschülerin b. Prof. Qi Yang, 04 Weiterb. Europ.-Akad.-Trier / s. 04 Mitgl. „Kv.-Sentmaring"-MS / Ausst. u. a. 2000 Hefei-China, 03 Bonn (Frauenmus), 04 Castrop-Raux. (St. Rochus), Duisburg (Cubus-Halle), MS (Foyer-Bahnhofstr. 1), Mülheim/Lüdinghaus., + Westf.

Zipprick, Sylvia (M/G) / 1965 Gelsenkirchen- / lebt s. 71 in Bochum / Stud.-Bochum 87-94 Univ. (Soz.-päd) / Kunststud. 85-94 Mus.-Zentrum Univ.-Bochum / ab 89 freisch. / Ausst. u. a. 1989/96/98 Bochum (Forumgal/Mus.-Zentr/Kolleg-Figurentheater), 2000 Berlin (Palisa.de), 01 Berlin (Akad), 02 Herne (Gal.-Kunstantin)

Zitterich, Martina (F) / 1958 Hagen- / lebt ab 80 in Wuppertal / Autodidaktin / Ausst.-en s. 1995 / **Lit.: 216**

Zitzlaff, Martin (F/D) / 1965 Münster- / lebt (94) in Rotterdam / Stud.-MS 86-88 Univ. (Phil/ Soz/Kunstg) u. Bielefeld 88-nach 93 FHD (Vis.-Komm/Fotodes) / 89-94 Mitarb. Fotoforum „Schwarzbunt"-Bielefeld, s. 92 Beteil. „Fabriek voor Fotografie"-Rotterdam / 93 Focus-Pr. FHD-Dortmund (m. M. Wiesehöfer) / Ausst. u. a. 1993 Dortmund (Mus. f. K. u. K.) / **(s.=A/E)** / **Lit.: 203**-93

Zlatko, Wladimir (B) / 14. 8. 1947 Kotcherinovo/Bulgarien- / lebt ab 88 in Wien u. s. 91 in Höxter / ab 70 Novize im Rila-Kloster, dort Holzschnitzerausb. u. erhält Stip. für Stud.-Sofia bis 81 Akad. (Holzschnitzer) / 84-96 Lehrt. Geras/Österr. u. nach 91 VHS-Höxter / Werke (Skulpturen/Reliefs) u. a. in Altena, u. N + INT / Ausst. u. a. in Bulgarien/Griechenland, Hannover/Wiesbaden, 1981 Wien (Gal.-Madara), 85 Paderborn (Diözesan-Mus), 88 Bremen (Übersee-Mus), 89 Tauberbischofsheim (Volksbank), 91/92/95 Höxter (Goldschm.-Dött /Deutsche Bank/Hist.-Rathaus), 92/94 Bevern (Schloss), 92 Brakel (Pfarrhaus), Steinhagen (Volksbank), 93 Spannberg-Österr. (Ars Sacra), 95 Stockerau-Öst. (Belvedere-Schlössl), 96 Mistelbach-Öst., 97 Hofgeismar, 98/2004 Paderborn (Haus-St. Elisabeth/Amtsgericht), 04 Lemgo (Stadtgal) / **Lit.: 112d** (S. 128) + W. Z.: „Holz-Bildhauer" – Ausst.-kat. – Haus St. Elisabeth – Paderborn, o.Jhg.(um 1998)

Zlonicky, Marlene (M. Zlonicky-Krawietz) (A/M/Z/B) / * 1938(36) – / lebt (98) in Essen / Stud.-Darmstadt TH (Arch/Stadtplanung) / ab 66 Büro in Essen m. Peter Zl. bis 79 als Partner / Beteil.-Wettbew.-juries, Jurie BFG Deutscher Städtepreis u. Gest.-beirat Oberhausen, Zeitw. Stadtentw.-planung-Brasilien, Lehrt.: Gast-Prof. Univ.-Mainz, Aspen-Inst. Berlin, Mitgl. Deutsche Akad. f. Städtebau u. Landespl., war Landesvorsitzende BDA-NRW u. im Stadtforum Essen / Werke = N / Ausst. u. a. 1983 Düsseldorf (Kunstpalast), 86 MS (Exponata) / **Lit.: 3**-86 + **107**-83 + **197**-95+97

Zlonicky, Peter (Prof) (A/Dipl.-Ing) / lebt (2002) in München / 66-79 Büro m. Marlene Zl. in Essen / war Lehrt./Prof. Univ.-Dortmund / Werke u. a. in Dortmund / **Lit.: 197**-99(S. 26+72)

Zölle, Matthias NEU! (F) / 1959 Essen- / lebt (2006) in MS / Stud.-Düsseldorf 78-79 Univ. (Germ/Rom) u. MS 79-94 Univ. (Germ/Rom/Publiz/Politologie) / 81-91 Baletttänzer/Choreograph in MS/Deutschl./Russland, s. 92 freisch.-der Fotogr., freie Fotografie/Street-Fotogr./ Bildjournalist u. Tanzfotograf, u. a. Stadttheater-MS, Pina Bausch, Sascha Waltz, usw. / bis 04 über 170 Intern. Choreographien fotografiert / ab 7/04 Atelier Hafen-Speicher II – MS / Ausst. u. a. in MS/Krefeld/Düsseldorf/Hamburg/München/Florenz-It./Zürich-Schweiz, 2001/02 Köln (Tanzarchiv-Mediapark/Diözesanmus), 02 MS (Wohn- u. Stadtbau), 03 St. Petersburg (Baltisches Haus/Goethe-Inst), Singapur (National-Bibliothek), Berlin (Akad. der Künste), Krefeld (Kulturfabrik), 04 Düsseldorf (Tanzhaus), Stuttgart (Treffpunktgal), 04-06 MS (Off. Atelier) / **Lit.:** regelm. Fotobeiträge u. a. für „Tanzplattform Deutschl." – 1994/96/98; „Berliner Festspiele" – 2002; „Kulturtrip NRW"; „Tischkalender" – Bundesregierung Deutschl., 1998/2000; + u. a. für: „tanz aktuell/ballett international", „Spiegel extra", „Max", „Stern", „Die Zeit", „Vogue"; In: „Tanztheater heute – Dreissig Jahre deutsche Tanzgeschichte" – Hannover, 1998; In: „Theaterjahr 1999" – 36. Theatertreffen Berlin, 1999; In: „TanzGespräche – Zeitgenössischer Tanz im Dialog – Köln, 2000; M. Z.: „Bewegende Momente" – Postkartenedition – 05

Zoller, Johannes (B/M) / 1965 Tübingen- / lebt (2005) in Gütersloh-Isselhorst / 87-89 Bildh.-ausb. in Stuttgart, 89-90 in Winkel-Frankr., 90-96 in Übersee u. 96-2000 in Boersch-Frankr. tätig / 2000 Weiterb.-Bildh.-ei in Kevelaer, 01 Stip. Kr. Emsland/Stadt Meppen, ab 04 Atelier in Gütersloh / Ausst. u. a. 1991-94/97 Kamakura/Tokio/Fujisawa-Japan, 96-2000 Frankreich: Benfeld/Mulhouse/Colmar/2xStraßburg/Obernai/Mutzig/Andlau/Soufflenheim, 98 Melsungen (Rathaus), Bern-Schweiz, 99 Stuttgart, 2000 Dortmund (Atrium), 01 Meppen (Kunstzentr), 02 Haselünne (Rathaus), Berlin/Bad Zwischenahn, 03 Buchet (Kv), Filderstadt (Klinik), 04 Luxemburg (Schloss Vianden), 04/05 Gütersloh (Off. Atelier/Kv) / **Lit.: 191b**-04

Zorko, Martina (G/D) / 1960 Recklinghausen- / lebt 2005 wahrsch. in Slowenien(?) / Stud. Univ.-MS (u. a. Kunstg), 84-um 89 FHD / Ausst. u. a. 1988 Herne (Flottmann-Hallen) / **Lit.: 142x**-88

Zotz – Stukkateurfamilie aus Nesselwängle/Tirol / fünf Brüder der Familie Zotz wurden in Münster b. Lorenz Dreer als Stukkateure ausgebildet, bevor sie 1886 das Stuck- u. Baugeschäft „Gebrüder Zotz" in MS gründeten / Ludwig u. Fridolin Zotz kehrten später nach Nesselwängle zurück / 1937 wurde außerdem das Stuckgeschäft **L**udwig Zotz († 1971) gegründet, welches bis 1985 bestand / Werke: 1890 Wiederherst. der Altäre u. Kanzel = Clemenskirche-MS (zerstört), Arbeiten im Café „Midy“(Middendorf)-MS (zerstört) u. im Chor d. Franziskanerkirche in Bardel b. Bentheim, nach dem 2. Weltkr. Neugest./Wiederaufbau d. Inneneinrichtung Clemenskirche in MS u. im Altbau WL-MS / **Lit.: 112a** + Mitteil. v. Peter Stotz in MS // **Lorenz** / 1862 – 1903 // **Ludwig** / 1863 – ? // **Eduard** / 1868 – 1935 // **Gottfried** / 1869 – 1939 // **Fridolin** / keine Daten

Zschaler, Matthias (G/D) / 1972 Bochum- / lebt (2005) in Berlin / Stud. UdK-Berlin (Produktdes) / 96 Mitbegr. von „stolz und kuehn. Grafik¦produkt¦design“ / Ausst. u. a. in Hannover (Messe), Köln (Passagon), Mailand (Triennale/Salon del Mobile), New York (Mus. of Modern Art/Design Downtown) / **Lit.**: Internet

Zuder, Samuel (F/D) / 1965 Leutkirch/Allgäu- / lebt (2000) in Ravensburg / 83-90 freier Journalist u. Redaktionsfotograf in Leutkirch / Stud.-Dortmund 90-95 FH (Vis.-Kommunik) / s. 94 Lehrt.-Ravensburg HfG / Ausst. u. a. in Stuttgart/Frankf.-M./Bonn/Rotterdam/Paris/Tokio, 93 Dortmund (Mus. f. K. u. K.), 99 Herten (Intern. Fototage) / **(s. = A/E)** / **Lit.: 189**-99 + **203**-93

Zumbansen, Silke (M/D) / 1968 Wiedenbrück- / lebt (2005) in Gütersloh / Stud.-Bielefeld 89-95 FHD (Malerei/F/D) / Lehrt.: Kurse in Malerei, u. a. f. Kinder / Ausst. u. a. in Rheda (Bleichhäuschen/Orangerie), 2003/04 Gütersloh (Proj.-Kiebitzhof/Off. Atelier) / **Lit.: 191b**-04

Zumfelde, Henrica (M) / 1976 Düsseldorf- / lebt (2004) in MS / Stud. Akad.-MS / Ausst. u. a. 2002 Herne (Kunstbombe), 03 Schwerte (Kv) / **Lit.: 234**-03

Zumfelde, Rudolf Johann (M/Z) / 1799 Münster – 1836 ebd. / Stud.-Dresden/Berlin Akad. / 1835 Lehrt.-MS (Paulinum) / unterrichtete auch Anette u. Jenny v. Dr.-Hülshoff im Zeichnen / Werke in MS / Ausst.: 1984 MS (Stadtmus) / **Lit.:** u. a. **23** + **47a** (S. 396/397) + **215**-6

Zumkley, Annette NEU! (M) / 1961 Münster- / lebt (2004) in Senden-Bösensell / Stud.-MS 91-98 Akad. u. Bad Homburg 96-99 CSA (transpers. Psychol) / Ausst. u. a. 2000/02/03 Lüdinghausen (Burg Vischering), 01 Beteil.-Wanderausst.-MS-land, Herne (Flottm.-Hallen), Erfurt (Gal.-Vostry), Dresden (Kulturrathaus), 02/04 MS (Gal.-Clasing), 03 Telgte (Gal.-KunstWerk), Billerbeck (Kolvenburg) / **Lit.: 19**-2000+03 + **180** + **184**

Zurek, Benjamin (Filmk/Medien-Des) / * 1980 – / lebt (2005) in MS / Stud.-MS 01-2/06 FHD / 02 = 1. Wettbew.-Pr. (Logo)-NRW u. 04 = 3. Wettbew.-Pr. KHfM+WDR / Ausst. u. a. 2002 MS (Off. Atelier-Am Hawerkamp)

Zygalska, Ewa NEU! (M/G/Coll.-k/Multimedia-Des) / 1958 Krakau/Polen- / lebt (2006) in Iserlohn / Stud.-Krakau 79-84 Akad. / 85 Stip. Akad.-Krakau, 98-2000 Stip. Mönchengladbach, 03 = 1. Kunst-Pr. „KEUCO“-Hemer / Ausst. u. a. in Krakau/Wien/München, 2000/02/03 Lüdenscheid (Mus), 02 Dortmund (Künstlerhaus), 03 Rödgen (Klostergarten), 03 Hemer-Becke (KEUCO-Center), 05 Düsseldorf (Kunstpalast), + N / **Lit.:** u. a. **107**-05 + **107a**-95+97+2000 + **125e**

NACHTRAG 1

Gold- u. Silberschmiedekünstler bis zum 20. Jahrhundert

Zur Beachtung: Alle Künstler/innen in Westfalen-Lippe dieser Gattung werden hier nicht aufgeführt. Dazu gibt es die spezielle Literatur (s. unten), bitte dort nachschlagen. Hier werden nur die Künstler/innen erwähnt, die neu in Katalogen der Literaturnummern: 24 bis 26 + 175 bis 179 vorkommen (u. dann natürlich in Lit.-Nr. 174). Oder auch neue Namen, die noch in keiner dieser Lit. erw. wurde.

Lit.-Nummern (spezielle) zum Nachtrag 1:

174-1+2 = **„Goldchmiedekunst in Rheinland-Westfalen“** – v. Wolfgang Scheffler – **1.** u. **2.** Halbband, Verl.-De Gruyter Berlin/New York, **1973**

175 = **„Münstersche Goldschmiedekunst von der Wiedertäuferzeit bis zum Klassizismus“** – v. Kristiane Mencke – In.-Dissertation – Phil. Fakultät – W.-W.-Univ.-Münster, **1977**

176 = **„Goldschmiedekunst im kurköln. Sauerland aus 8 Jahrhunderten“** – Ausst.-kat. – Rathaus-Arnsberg, **1977**

176a = **„Gold und Silber“** – Beschreibendes und kritisches Verzeichnis der Goldschmiedearbeiten des 12.-18. Jahrh.-s – Museum für Kunst u. Kulturgeschichte – Dortmund, **1965**

176b = **„Gold & Silber aus dem Münsterland“** – von der Renaissance bis zum Klassizismus – Ausst.-kat. – Ev. Stadtkirche-Unna – Hg.: Kreis Unna, **1981**

176c = **„In beiderley Gestalt“** – Evangelisches Altargerät v. d. Reformation bis zur Gegenwart – Ausst.-kat. – Ev. Stadtkirche Unna u. Städt.-Museum Rheydt – Hg.: Kr. Unna, **1983**

176d = **„Kirchenschmuck und Tafelzier“** – Goldschmiedekunst des Historismus aus Rheinland und Westfalen – Ausst.-kat. – Ev. Stadtkirche-Unna, **1987**

177 = **„Sakrale Goldschmiedekunst im Kreise Coesfeld“** – Kurt Fischer – Beiträge zur Geschichte u. Volkskunde des Kreises Coesfeld – Bd. 13 – Coesfeld, **1973**

177a = **„Altes Silber aus der Stadt Hamm“** – Ausst.-kat. – Gust.-Lübcke-Mus.-Hamm, **1969**

178 = **„Die Goldschmiede-Gilde in Münster i. W.“** – Eine Studie v. Prof. Max Geisberg – aus „Zeitschrift f. Geschichte u. Altertumskunde Westfalens“ – Bd. 72 (u. Separat-Abdruck – Regensberg-MS, 1914)

178b = **„Gold und Silber aus Münster“** – Meisterwerke münsterischer Goldschmiedekunst vom 14. – 20. Jh. – Ausst.-kat. – Stadtmuseum-Münster, **1993**

179 = **„Westfälische Goldschmiedekunst“** – v. Susanne Steffen – (Inaug.-Diss. Phil.-Fakult. Univ.-MS, **1993**) = Originalausg. CMZ-Verl.-Rheinbad, **1998**

Gold- u. Silberschmiedekünstler

(wenn nicht anders vermerkt: Familien chronologisch geordnet)

Arens, Johan Henrich (Johann Henrich / Arendts) / † vor dem 1. 3. 1755 in Warendorf (?) / um 1730 Meister in Warendorf / Werke in MS+Freckenhorst / Ausst.: 1981 Unna (Ev.-Stadtkirche) / **Lit.: 174**-2 + **176b**

Arning, Johann Ferdinand Franz / 5. 10. 1799 Borken – † nach 1862 (Düren?) / (Vater v. Peter A. (Goldschm.) 1829 Düren – vor 1882 ebd.) / Werke in Düren, Giesendorf u. Langerweihe / **Lit.: 26**-5 + **174**-1

Asbeck, Caspar Heinrich / * um 1797 Hagen – 8. 8. 1824 (Aachen?) / heiratet 1823 in Aachen / **Lit.: 26**-5 + **174**-1

Asbeck, Peter Friedrich Julius / 1. 5. 1807 Hagen – ? / 1830 Hochzeit m. Ch. A. Vohwinkel aus Barmen / **Lit.: 174**-1 + **216**

Assmann, Friedrich Wilhelm Julius / Fabrikbesitzer in Lüdenscheid = „Königl. Hofkunstanstalt für Kirchenausstattungen ...“ = älteste deutsche Werkstatt (Fabrikation) für kirchl. Kunst = 19./20. Jh., königl. Hoflieferant / Werke in Lüdenscheid/Soest u. Privatbesitz / Ausst. u. a. 1987 Unna (Ev.-Stadtkirche) / **Lit.: 146c** + **176d** + **179** + Fr. W. J. A.: „Katalog der Königl. Hof-Kunstanstalt f. Kirchen-Ausstellungen“ – Lüdenscheid/Berlin, 1902 + 1905

Balcke (Balke) – Münsterische Gold- u. Silberschmiedefamilie im 16. – 18. Jahrh. / **Lit.: 26**-6 + **174**-2 + **175** // *hier alphabetische Anordnung:* **Berend** (Bernhard/Berndt) / † vor 1655 / Ausb. b. s. Vater Hermann (I) bis 1. 2. 1611, 1619 Meister in MS / **Lit.: 178** // **Didrick** / ab 27. 12. 1645 Ausb. b. s. Vater Berend u. ab 2. Lehrjahr b. Henrich Holscher b. 27. 12. 1651 // **Ewald** / † 8/1710 / Ausb. b. s. Vater Melchior (II) u. b. Joh. Boemer / 1676 Meister in Münster / Werke in MS/Werl/Bausenhagen b. Unna u. im Münsterland / Ausst.: 1981 Unna (Ev.-Stadtkirche) / **Lit.: 176b** + **177** + **178** + **200**-2(S. 689) // **Hermann** (I) / † nach (um) 1611 / Vater des Berend/Hermann(II)/Johann/Melchior (I) u. Thonieß / 1562-68 Ausb. b. A. Redegelt / 1572 Meister in Münster / Werk in MS / Ausst.: 1981 Unna (Ev.-Stadtkirche), 93 MS (Stadtmus) / **Lit.: 176b** + **178+b** // **Hermann** (II) / Ausb. b. s. Vater Hermann (I) v. 6. 6. 1593 – 18. 6. 1599 // **Hermann** (III) / geb. in Münster / Sohn des Johann / Ausb. b. Michael v. Büren (I) // **Johann** / † 2. 10. 1617 / Ausb. b. s. Vater Hermann (I) v. 11. 6. 1589 – 12. 6. 1595 / 1611 Meister / Werk u. a. in Karthaus / Ausst.: 1981 Unna (Ev.-Stadtkirche) / **Lit.: 176b** + **178** // **Melchior** (I) / † 1659 / Ausb. b. s. Vater Hermann(I) bis 5. 5. 1606, 1613 Meister, 1633 Gildemeister / **Lit.: 178** // **Melchior** (II) / † um 1671 / Ausb. b. s. Vater Melchior (I), 1649 Meister / **Lit.: 178** // **Thonieß** / Ausb. b. s. Vater Hermann (I) v. 8. 6. 1586 – 15. 2. 1593

Baltzer – Münsterische Gold- u. Silberschmiedefamilie im 18. + 19. Jahrhundert // **Franz Theodor** / 4/1758 Schmallenberg – † vor 1845 Münster, wahrsch. 1834/35 / Vater des Ludwig Anton Casimir / Ausb.-MS ab 1773 b. H. H. Osthues, 1786 Meister, 1805-um1810 Gildemeister / Werke in MS/MS-land/Westf. u. Privatbes. / Ausst. u. a. 1981 Unna (Ev.-Stadtkirche), 93/2005 MS (Stadtmus/Domkammer) / **Lit.: 26**-6(* Schmalenberg b. Pirmasens) + **84**-69(S. 78) + **174**-2(* Schmalenberg im „Cölnischen“) + **175** + **176b** + **177** + **178** + **178b** († 25. 12. 1835) + **179**(* s. oben) + **252**-2(S. 220) // **Ludwig** (I) = **Ludwig Anton Casimir** / 25. 9. 1787 Münster – 31. 7. 1866 ebd. / 1801-07 Ausb.-MS b. s. Vater Franz Th. / Werke in MS u. Privatbes. / Ausst. u. a. 1987 Unna (Ev.-Stadtkirche), 93/2004 MS (Stadtmus) / **Lit.: 26**-6 + **174**-2 + **176d** + **178b** + **179** // **Johann Theodor Franz Joseph** / 26. 11. 1815 Münster – ? / bis 1869 in MS bek. / Sohn des Ludwig Anton Casimir / **Lit.: 174**-2 // **Ludwig** (II) / um 1873 in Münster bek. / **Lit.: 174**-2

Beberdick, Wilhelm Anton (Lit.: 174-2) s. Nachtrag 2: Zinngießer

Becker, Franz Anton (Arnold?) / geb. um 1776 Bonn – ? / ab 1799 in Paderborn tätig / Werke in Geseke/MS/Berlin/Bigge-Kr. Brilon / Ausst. u. a. 1977 Arnsberg (Rathaus), 87 Unna (Ev.-Stadtkirche) / **Lit.: 174**-2 + **176** + **176d** + **179**

Becker, Friedrich (I) d. Ältere (auch: Pekker, Fridericus) / † vor 1828 / stammt aus Wehrendorf/Westf., ab 1807 Silberschmied in Preßburg (Bratislava) / **Lit.: 26**-8 + **174**-2

Becker, Friedrich (II) d. Jüngere / 1834-45 in Preßburg (Bratisl.) bek. / **Lit.: 26**-8erw. b. (I)

Becker, Friedrich (III) / um 1792-1831 in Paderborn bek. / **Lit.: 26**-8 + **174**-2

Becker, Friedrich (IV) (Prof) / 1922 Ende/Herdecke – / s. im 1. Teil dieses Buches

Beckstedde, Johann Bernhard / stammt aus Ennigerloh / 1796-1802 Ausb. in Münster b. J. H. Heitgres / **Lit.: 174**-2

Beckstedt, Johann Hermann (Beckstedde) / 5/1780 Ennigerloh – ? / 1818-53 in Münster bek. / Werk in Privatbes. / **Lit.: 26**-8 + **174**-2 + **179**

Bentler, Hans Cord(t) / Geselle/Mitarbeiter bei Hans Krako in Dringenberg (b. Paderborn) 1625 /27 am Schrein des hl. Liborius für Paderborn / **Lit.: 112b** (s. Krako, Hans)

Berckenfeldt, Johann (I) / † 15. 12. 1600 Münster / Vater des Joh. B. (II) / 1554-60 Ausb.-MS b. Anth. Redegelt, um 1566 Meister, 1570 in Köln als Münzwardein vereidigt, 1584-98 Gildemeister / Werke nicht bek. / **Lit.: 26**-9 + **174**-2 + **178**

Berckenfeldt, Johann (II) / † 31. 10. 1625 Münster / Sohn des Joh. B. (I) / 1585-91 Ausb.-MS b. s. Vater, 1600 Meister, 1609-16+1619 Gildemeister / Werke nicht erhalten / **Lit.: 174**-2 + **178**

Bergfeld – Golschmiedefamilie aus Burgsteinfurt, um 1829 bis nach 1860 in Bremen tätig / **Lit.: 26-9** + **174**-Niedersachsen // **Ludwig** (Goldschm/Graveur/Steinschneider) / 1829-60 Werkst. m. Gottried Koch in Bremen // **Ludwig Wilhelm** / Sohn des Ludwig / 1837-42 Ausb. b. G. Koch in Bremen, 1856 Meister / **Lit.: 174**-1(erw. S. 111) // **Georg Gottfried Daniel** / Sohn des Ludwig / Ausb. b. G. Koch in Bremen, 1859 Meister

Berghaus, Heinrich Wilhelm (Henrich Wilh.) / * in Münster – † 6. 9. 1803 ebenda / 1760-66 Ausb. in MS b. H. H. Osthues, 1774 Meister, 1793/94 Gildemeister / Werke in MS/Telgte u. Werl / Ausst. u. a. 1977 Arnsberg (Rathaus), 81 Unna (Ev.-Stadtkirche), 93 MS (Stadtmus) / **Lit.: 26**-10 + **174**-2 + **175** + **176** + **176b** + **178+b**

Bernegau, Josef / 1880 Wesel – 1968 Bad Waldsee / J. B. besass eine Werkstatt f. kirchl. Goldschm.-kunst in Paderborn / **Lit.: 101**Anh.

Beveren, Gert von (Gerhard/Goddert/Gotthart) / * in Lüdinghausen – † (nach 1657) um 1665 in Münster(?) / Sohn des Hans v. G. / 1603-10 Ausb. in MS b. Hans Hoese, 1620 Meister / Werke in Münster/Coesfeld/Lengerich / Ausst. u. a. 1981 Unna (Ev.-Stadtkirche), 93/2004 MS (Stadtmus), 05 MS (Domkammer) / **Lit.: 26**-10 + **33**(S. 206) + **174**-2 + **175** + **176b** + **177** + **178+b** + **200**-2(S. 678+679) + **252**-2(S. 182)

Beveren, Hans von (Johann von) / Vater des Gert v. B. / 1599-1607 in Lüdinghausen bek. / **Lit.: 26**-10(erw. b. Gert v. B.) + **174**-2

Beyer, Johann Caspar (Bayer) / * in Heibach(Heyborg) / 1749-1757 in Warendorf tätig / 1756 Gildemeister / Werk in Dorrtmund / Ausst.: 1981 Unna (Ev.-Stadtkirche) / **Lit.: 174**-2 + **176b**

Bloos, Friedrich Wilhelm / 28. 2. 1822 Schwelm – / Sohn des Goldschm.-s **Friedrich Bloos** in Schwelm (Lit.: 174-2) / 1847-1882 in Düsseldorf bek., 1868 Hofjuwelier / Werke in Düsseldorf / Ausst. u. a. 1987 Unna (Ev.-Stadtkirche) / **Lit.: 26**-11 + **174**-1 + **176d**

Boemer, Dionisio (Joannes Dionisius/Johann Dionisus) / Sohn des Johann B. / 1689-95 Ausb. b. Ewald Balke in MS, tätig in Macerata/Italien / † 1739 Macerata-Italien(?) / Werke in Macerata, Mogliano u. Montecassiano / **Lit.: 26**-12

Boemer, Herman(n) (auch: Beymer) / † 1678 Münster / 1617-23 Ausb.-MS b. Henr. Picker, 1634 Meister, 1678 Gildemeister / Werke in MS+Osnabrück / Ausst. u. a. 1981 Unna (Ev.-Stadtkirche) / **Lit.: 26**-12 + **174**-2 + **175** + **176b** + **178**

Boemer, Johann (Joan) / † um 1682/89 / 1656-62 Ausb. b. Hermann B., 1665 Meister in Münster / Werke in MS/Düsseldorf u. Weddern (Karthaus) / Ausst.: 1981 Unna (Ev.-Stadtkirche) / **Lit.: 26**-12 + **174**-2(b. Balke, Ewald) + **175** + **176b** + **177** + **178** + **200**-2(S. 651/685) + Ernst Hövel: „Das Rechenbuch des münsterischen Goldschmiedes J. B." = in „Westfalen" – Bd. 18 – ab S. 93 – MS, 1933

Boemer, Lucas (Bömer, Lukas) / stammt aus Rheine, † 7/1717 / 1669-75 Ausb. in MS b. Johann B., 1683 Meister, 1700/01 Gildemeister / (sein Sohn Lucas (II) = Ausb. 1706 b. Christian Pape) / Werke in Lingen/Emsbüren/MS/Freckenhorst/Salzbergen / Ausst. u. a. 1977 Arnsberg (Rathaus), 81 Unna (Ev.-Stadtkirche), 93 MS (Stadtmus) / **Lit.: 26**-12 + **174**-2 + **175** + **176** + **176b** + **178** + **178b** († 7/1706)

Böyinck, Lambert / † 13. 11. 1663 Münster / 1635-41 Ausb.-MS b. Herm. Boemer, 1647 Meister / **Lit.: 174**-2 + **178**

Bokelmann, Franz / * um 1808 – † um 1857/63 / in Paderborn um 1808-57 tätig / Werke in Olpe/Warburg/Paderborn / Ausst. u. a. 1977 Arnsberg (Rathaus), 87 Unna (Ev.-Stadtkirche) / **Lit.: 26**-12 + **174**-2 + **176** + **176d** + **179**

Borch, Johann zur (to) (I) / 1545-1568 in Münster bek. / 1545-49 Ausb.-MS b. Johan v. Swolle, u. a. tätig in Nürnberg u. Straßburg / **Lit.: 174**-2 + **178**

Borch, Johann zur (to) (II) / um 1580/85 in Dortmund tätig / **Lit.: 174**-1 + **200**-2(S. 492 = erw. b. Bernt Mencke)

Breimann, Henrich Joseph / 20. 2. 1760 Ascheberg – 25. 9. 1829 Münster / ab 28. 7. 1777 Ausb.-MS b. H. H. Osthues, 1799 Meister / **Lit.: 174**-2 + **178**

Breimann, Wilh. Anton Joseph / 31. 1. 1802 Münster – ? / bis 1853 in MS bek. / **Lit.: 174**-2

Bremme, Albert Wilhelm / * um 1781 – † 2. 3. 1846 Unna / s. 1834 in Unna (auch als Graveur) bek. / Werke in Unna+Privatbes. / Söhne: **C**arl **H**einrich (* um 1816) u. **H**ermann (* um 1820) waren in Münster u. Recklinghausen tätig, **G**ustav (Graveur) in Altena / Ausst. u. a. 1983/87 Unna (Ev. Stadtkirche), 83 Rheydt (Stadtmus) / **Lit.: 26**-14 + **174**-2 + **176c+d** + **179**

Brinckmann, Bernard Anton / * in Ostbevern – † 14. 10. 1803 MS / 1770-76 Ausb.-MS b. Heinr. Osthues, 1783 Meister, 1794/95 Gildemeister / Werke in Coesfeld/Hohenholte/Dortmund/MS, (Osterwick) / Ausst.: 1981 Unna (Ev.-Stadtkirche), 93 MS (Stadtmus) / **Lit.: 175** + **176b** + **177** + **178+b** + **179**

Broelemann, Gerhard Peter (Broeleman) / 1704 (Soest?) – ? / war bis nach 1734 in Soest bek. / Vater des Zinngießers Johannes B. u. Bruder des Zinngießers Johann Andreas B. / Werke in Soest u. im Kreis Soest (Borgeln) / Ausst. u. a. 1983 Unna (Ev. Stadtkirche), Rheydt (Stadtmus) / **Lit.: 26**-14 + **174**-2 + **176c**

Bruun – dänisch-deutsche Goldschmiedefamilie in der 2. Hälfte des 19. Jh.'s bis zur 1. Hälfte des 20. Jh.'s in Münster / Nachkommen s.: Teufel (Familie) / **Lit.: 26**-14 // **Rasmus Wilhelm** / 16. 1. 1814 Odense auf Fünen – 13. 2. 1889 Münster / in MS bek. ab 1840 als Geselle b. Caspar Osthues, danach eig. Werkst. bis 1885 / Werke in MS/MS-land, Bramsche/Niedermarsberg u. Privatbes. / Ausst. u. a. MS (Domkammer), 1977 Arnsberg (Rathaus), 87 Unna (Ev. Stadtkirche), 93/2005 MS (WL/Stadtmuseum/Domkammer) / **Lit.: 174**-2 + **176** + **176d** + **178b** + **179** + **200**-2(S. 727/753/755-57+759)+**252**-2 // **Johann Aloys** / (außerdem Emailleur) / 21. 6. 1846 MS – 1901 / lebte in MS / Sohn des Rasmus Willhelm u. Vater v. Wilhelm / 1880 Gründung d. eig. Firma, ab 1901 v. Wilhelm B. weitergeführt / Werke in Westf./ Kevelaer u. Bramsche / Ausst. u. a. 1993 MS (WL/Stadtmus), 2005 MS (Domkammer) / **Lit.: 173**(S. 182/83) + **174**-2 + **178b** + **179** + **200**-2(S. 727/740-41/761-66/768/772-74) + **252**-2 // **Joseph Maria** / 10. 4. 1852 Münster – 12. 4. 1945 ebd.? / Sohn des Rasmus Wilh., übernimmt 1912 seine Werkstatt / 1912 Ernennung zum päpstl. Hofgoldschmied / Werke in Westf./MS/Lünen / Ausst. u. a. 1993 MS (WL/Stadtmus) / Nachkommen sind: (s.) Enkelin Erna **T**eufel, auch: Fred, Alf u. Kai = s. Biogr. im Hauptwerk (Bd. 2) / **Lit.: 174**-2 + **178b** + **179** + + **200**-2(S. 769/777-79) // **Fried**(e)**rich Christian** / * 4. 10. 1855 – ? / Sohn d. Rasmus Wilhelm B. / **Lit.: 174**-2 // **Wilhelm** / * 30. 1. 1876 (MS?) – † 4. 9. 1938 (ebd.?) / Ausb. b. s. Vater Joh. Aloys B. (Emailleur/Gold- u. Silberschm.) / ab 1901 Firmeninhaber / Werke u. a. in MS + MS-land / Ausst. u. a. 1993 MS (WL) / **Lit.: 179** + **200**-2 (S. 726/747/779/784+786)

Budde – Münsterländische Goldschm.-familie um 1710-1805 / **Lit.: 26**-15 + **174**-2 + **175** // *alphabetisch:* **Bernd Henrich** / * um 1738 – 17. 11. 1805 Telgte / 1751-57 Ausb. b. Christian B. in MS / Werk in Telgte / Ausst.: 1981 Unna (Ev.-Stadtkirche) / **Lit.: 176b** // **Bernhard Willhelm** / 30. 3. 1733 (getauft) Münster – 24. 12. 1805 ebd. / 17(47)49 (51)-53(57) Ausb.-MS b. s. Vater Chr. Henr., 1763 Meister / Werke u. a. in MS/Dortmund/Telgte/ Privatbes. / Ausst. u. a. 1977 Arnsberg (Rathaus), 84/93 MS (Stadtmus), 87 Unna (Ev.-Stadtkirche) / **Lit.: 33**(S. 208) + **47a** (S. 420) + **176** + **176a** + **176d** + **178+b** + **179** + In: „Verein Münster Museum 1978-1988" – S. 62 – Hg.: Verein z. Förderung eines Museums f. Münsterische Stadt- u. Kulturgeschichte e.V., Münster, 1988 // **Christian Henrich** / † 1773 Münster / 1713-19 Ausb. b. Joan Engelbert Storm in MS, 1727 Meister, 1763/64 u. 1770/73 Gildemeister / Werke in Hamburg/MS u. Westf. / Ausst. u. a. 1977 Arnsberg (Rathaus), 81 Unna (Ev.-Stadtkirche), 93 MS (WL/Stadtmus) / **Lit.: 176** + **176a+b** + **177** + **178+b** + **200**-2 (S. 652/671) // **Joan Henrich** (Johann Heinrich) / † 7. 3. 1765 Münster / 1710-16 Ausb. b. Georg Heinr. Schade, 1723 Meister in MS, mehrf. Gildemeister / Werke in Meppen/MS/Nottuln/Osnabrück u. Privatbes. / Ausst. u. a. 1981 Unna (Ev.-Stadtkirche) / **Lit.: 176b** + **178** + **200**-2 (S. 670)

Bueren, Heinrich von (Büren/Beveren) / † 20. 11. 1655 MS? / Sohn des Michael (I) / tätig in Münster, 1639 Meister / **Lit.: 26**-15erw. bei: Michael v. B. (I) + **174**-2 + **178**

Bueren, Joan Henrich (Büeren) / † 8/1714 Münster(?) / Sohn des Michael (II) / 1691-97 Ausb. b. s. Vater / 1707 Meister / **Lit.: 174**-2 + **178**

Bueren, Michael von (I) (Büren) / * in Warendorf(?) – 9. 12. 1655 Münster / Ausb. ab 1607 in Coesfeld, tätig in MS, 1612 Meister in MS / Werke in Westf. u. Detmold / Ausst. u. a. 1977 Arnsberg (Rathaus), 81 Unna (Ev.-Stadtkirche), 91 Paderborn (Diözes.-Mus), 93 MS (Stadtmus) / **Lit.: 26**-15 + **112b** + **174**-2 + **175** + **176** + **176b** + **178+b**

Bueren, Michael von (II) (Büren) / 19. 2. 1645 getauft – † 5/1707 MS? / Ausb.-MS 1660-66 b. Elias Kemnitz, 1673 Meister / wahrsch. Nachkomme v. Michael v. B. (I) / Werke in Dortmund/Freckenhorst/Weddern(Karthaus)/Werl / Ausst.: 1981 Unna (Ev.-Stadtkirche), 93 MS (Stadtmus) / **Lit.: 26**-15erw. b. Michael v. B.(I) + **174**-2 + **175** + **176a+b** + **177** + **178** + **178b** + **200**-2 (S. 661)

Busch, Bernhard / um 1533 in MS bek. / Meister der Wiedertäufermünzen / **Lit.: 174**-2 + **178** + In: M. Geisberg: „Die Münsterischen Wiedertäufer u. Aldegrever" – S. 58-75 – 1907

Buschmann, Hermann / † vor dem 19. 2. 1574 Münster(?) / um 1527/30 Ausb.-MS b. Kort Kruse, um 1557/66 Gildemeister / **Lit.: 174**-2 + **178**

Buse, Anton / * um 1829 – † 1908 Soest(?) / ab 1866 in Soest tätig / Werke in Soest u. Privatbes. / Ausst. u. a. 1987 Unna (Ev.-Stadtkirche) / **Lit.: 174**-2 + **176d** + **179**

Cassau – Künstlerfamilie in Paderborn / Werkst. für kirchl. Gold- u. Silberschm.-kunst s. 1892 / Werke u. a. in Westf. / alle in **Lit.: 101** // **Hermann** / 14. 12. 1842 Lüneburg – 13. 8. 1901 Paderborn / Werkst.-gründer 1892 / Werke v. ihm u. d. Werkstatt in Westf. u. Kaunitz/Mastkolte/Mülheim/St. Vit / **Lit.: 101a** + **179** // **Bernhard** / 19. 4. 1883 Osnabrück(Paderborn) – 26. 1. 1958 Paderborn / Werke v. ihm u. d. Werkst. in Avenwedde/Bad Sassendorf/Batenhorst u. Stukenbrock / **Lit.: 173**(S.207-09) + **179** // **Heribert** / 1914 Paderborn – 1986 ebd. // **Bernd** / 1952 Paderborn- / Gold- u. Silberschm.-meister / im Hause „Cassau" in Paderborn = „ars sacrale" – Mus. f. sakrale Kunst / Werke in Westf. / **Lit.: 112d** (S. 30)

Cnoep s. Knoep

Cortain, Johann Otto Carl (Joann O. C.) / 1830 Beckum – ? / 1863-69 in Münster bek. / Werk in MS / **Lit.: 174**-2(Gold.-schm.-familie Cortain/Cortan aus MS nicht verw.!) + **179**

Crater, Theodor Herman / † 1. 10. 1755 MS / ab 1707 Ausb.-MS b. Ewald Balke, 1731 Meister in Münster / Werke in MS/Bork/Lengerich/Meppen / Ausst.: 1981 Unna (Ev.-Stadtkirche) / **Lit.: 26**-12 + **174**-2 + **175** + **176b** + **178**

Danckelmann, Johann Diedrich / * um 1694 Burgsteinfurt – 9. 2. 1745 (begraben) Lippstadt / am 19. 10. 1720 Bürger in Lippstadt / Werk in Lippstadt / Ausst. u. a. 1983 Unna (Ev. Stadtkirche), Rheydt (Städt.-Museum) / **Lit.: 174**-2 + **176c**

Decker – Goldschm.-familie aus Münster um 1591-1662 / **Lit.: 24**-8 + **26**-25 + **174**-2 + **175** // **Hinrich** (Heinrich I) / † um 1580/82 / Vater d. Henrich / bek. ab 1567 in MS, war vor 9/1567 Meister u. wurde Lehrherr / **Lit.: 178**(Hinrich I) // **Henrich** (Heinrich II) / † 1632 (auch um 1631/33) / Sohn des Hinrich u. Vater v. Hermann / 1591-97 Ausb.-MS b. seinem Stiefvater Hans Schwelinck / 1606 Meister / Werke in MS/Borken/Paderborn/Osnabrück / Ausst. u. a. 1981 Unna (Ev.-Stadtkirche), 84/93/2005 MS (Stadtmus/WL/Domkammer), 91 Paderborn (Diözes.-Mus) / **Lit.: 47a** (S. 200) + **112b** + **176b** + **178**(Henrich II) + **178b** + **200**-2(S. 648/ 675-78) + **252**-2(S. 162+178+192) // **Hermann** / † um 1655/1663 / Sohn des Henrich / 1623-29 Ausb. b. s. Vater, 1635 Meister in MS / Werke in MS, Coesfeld u. Lüdinghausen / Ausst. u. a. 1977 Arnsberg (Rathaus), 81 Unna (Ev.-Stadtkirche), 93 MS (Stadtmus) / **Lit.: 176** + **176b** + **177** + **178+b**

Deppenbrock, Christian Bernard Joseph / 1819 MS – ? / Sohn des Joseph / **Lit.: 174**-2

Deppenbrock, Joseph Christoph Joan Nepomuk Henricus / * 1778 Münster (3. 1. 1779 getauft) – 15. 4. 1852 MS / Vater v. Christian / Ausb.-MS 1792-94+1798-1801 b. Fr. J. Dieninck, 1809 Meister / Werke in MS/Ahlen / **Lit.: 84**-61(S. 52)/66(S. 78) + **174**-2 + **178** + **179**

Dieninck/Diening – Goldschm.-familie aus Münster, 1744-1853 bek. / **Lit.: 26**-27 + **174**-2 // **Franz Joseph** Dieninck (Diening) / 5. 6. 1744 getauft in Wolbeck b. Münster – † 28. 8. 1827 Münster / 1757-63 Ausb.-MS b. Christian Budde, 1771 Meister, 1791-93 u. 1795-1809 Gildemeister / Werke in Westf. u. Privatbes. / Ausst.: 1981 Unna (Ev.-Stadtkirche), 93 MS (Stadtmus) / **Lit.: 175** + **176a+b** + **178+b** + **179** // **Caspar Anton** Diening / 1776 Münster – ? / 1789-95 Ausb.-MS b. s. Vater Franz Joseph / bis 1825 in MS bek. / **Lit.:** nur in **174**-2 // **Franz Heinrich** Diening (Dieninck) / 11. 9. 1792 Münster – ? / Sohn des Franz Joseph / bis 1853 in

MS bek. // **Bernhard Heinrich Joseph** Diening (Dieninck) / 8. 4. 1795 Münster – 27. 10. 1823 ebd. / Sohn des Franz Joseph D. / Werk in MS / **Lit.: 179**

Dressche, Reineke vam / * um 1430 – nach 1493 in Minden / ab 1456 in Minden bek. / Werke in Berlin u. Minden / **Lit.: 24**-9 + **26**-29 + **174**-2

Dreihuß(ss), **Berndt** (Dreyhues, Bernt) / um 1527-62 in MS bek. / um 1527 Meister / vor 1534 u. 1553-56 Gildemeister / **Lit.: 174**-2 + **178**

Drümmer, Christian / * um 1747 Schwerin – 17. 11. 1813 Kleve / Sohn d. Hans Joachim D., † 1767 Schwerin u. Bruder v. Johann Friedrich D., * um 1745 in Schwerin / s. 1797 in Kleve nachweisbar / tätig in Hamm/W. u. Kleve / Werke in Hamm (Mus) / **Lit.: 26**-29 + **174**-1

Dunstheimer, Theodor / * 1864 – ? / 1875 Graveur in Münster, 1893 Goldschm., 1912 übernimmt s. Sohn Heinrich D. das Geschäft / Werke in Westf. / Ausst. u. a. 1993 MS (WL/ Stadtmus) / **Lit.: 178b** + **179** + **200**-2(S. 730/747/769/774/780-82)

Dusentschuer, Johann (Tausentschuer) (Gold- u. Büchsenschmied) / † 23. 10. 1534 Soest / stammt aus Warendorf, ab 1533 als Wiedertäuferanhänger in MS, fertigte für die Wiedertäufer Krone u. Kleinodien an, als „Prophet" sendete er Apostel aus, geht selbst nach Soest und wird dort hingerichtet / **Lit.: 24**-10 + **26**-31 + **174**-2 + **178**

Eisenhoit, Anton (Goldchm.-u. a./G/Medaill) **s.** im Hauptteil dieses Buches (A–K) / Werke u. a. in Paderborn / Ausst. u. a. in Arnsberg/Paderborn / **Lit.: 5b**-2 + **26**-33 + **112b** + **174**-2 + **176**

Fechteler, Bartholomäus / 30. 7. 1784 Paderborn – 12. 12. 1831 ebd. / Sohn des Joseph F. / Werke in Paderborn, MS u. Privatbes. / **Lit.: 174**-2 + **179**

Fechteler, Caspar / 17. 11. 1815 Paderborn – ? / Sohn des Bartholomäus F. / bis 1867 in Paderborn bek. / Werk in Privatbes. / **Lit.: 174**-2

Fechteler, Joseph / * um 1750 Warendorf – 18. 3. 1813(14) ebd. / gestorben im 63. Lebensjahr / Vater des Bartholomäus F. / 1766-72 Ausb.-Warendorf b. E. A. Schmitz / 1782 Bürger in Paderborn / **Lit.: 174**-2

Fischer, Gerhard Wilhelm / um 1720/27 in Minden tätig / Werke in Minden u. Privatbes. / Ausst. u. a. 1983 Unna (Ev. Stadtkirche), Rheydt (Städt.-Museum) / **Lit.: 174**-2 + **176c**

Fischer, Joan Henrich (Johann H.) / 4. 9. 1665 getauft in Haltern – 12/1718 Münster / 1677-83 Ausb.-MS b. Joh. tom Hulse, 1693 Meister / Werke in Cappenberg/Metelen/Laer u. in Privatbesitz / Ausst.: 1981 Unna (Ev.-Stadtkirche), 93 MS (Stadtmus) / **Lit.: 26**-40 + **174**-2 + **175** + **176b** + **178+b** + **200**-2(S. 669/690)

Freise, Henrich / † vor 1600 / 1576-84 Ausb.-Münster b. Peter Stockmann, 1593 Meister / **Lit.: 174**-2 + **178**

Freise – Westfälische Goldschmiedefamilie in Warendorf um 1748 – 1876 // **Johann Bernhard Georg** d. Ä. (Joannes Bernardus Georgius) / um 1760 bis nach 1789 in Warendorf bek., † vor 1808 / Vater v. Joh. Bernh. Georg d. J. u. Joh. Henrich Anton, wahrsch. Bruder v. Joh. Heinrich / 1760-66 Ausb.-Warendorf b. B. J. Hartmann, 1776 Meister (als Gerdt Jürgen Freyse), 1789 Gildemeister / Werke in Telgte u. Füchtorf / **Lit.: 26**-44 +**174**-2 // **Johann Bernhard Georg** der J. (Georg) / * um 1792 Warendorf – 21. 2. 1873 ebd. / ab 1805 Ausb. b. s. Vater Joh. Bernh. Georg / (12) Werke u. a. in Warendorf/Milte/Telgte / Ausst. u. a. 1981/87 Unna (Ev.-Stadtkirche) / **Lit.: 26**-44+**174**-2+**176b**+**176d**+**179**+**200**-2(S. 750) // **Johann Henrich** (Joannes Henricus) / 1748 Warendorf – ? / bis nach 1798 in Warendorf bek. / wahrsch. Bruder von Joh. B. Georg d. Ä. / 1762-68 Ausb. b. Edm. Alex. Schmitz / 1780 Meister, 1798 Gildemeister / Werk in Freckenhorst / Ausst.: 1981 Unna (Ev.-Stadtkirche) / **Lit.: 26**-44+**174**-2+**176b** // **Johann Henrich Anton** / 11. 2. (getauft) 1800 Warendorf – 20. 12. 1876 ebd. / Sohn des Joh. Bern. Georg d. Ä. u. Bruder von d. J. / **Lit.: 26**-44 + **174**-2

Fuchs, Joseph (Josef) / 12. 4. 1876 Andernach – 13. 6. 1946 Paderborn / Ausb.-Aachen, ab 1901 in Paderborn, hier „Werkstätte f. kirchliche Goldschm.-kunst", später Titel: „Päpstlicher Hofgoldschmied" / über 25 Werke in Westf./St. Vit/Köln/Leipzig/Kaunitz u. Privatbes. / Ausst. u. a. 1913 Paderborn, 83 Rietberg (Klosterkirche), 87 Unna (Ev.-Stadtkirche) / **Lit.: 26**-46 + **101** + **101a** + **173**(S. 160-62+164-um 173) + **176d** + **179** + In: „Sakrale Kunst aus fünf Jahrhunderten" – Ausst.-kat. – Rietberg, 1983

Funcke, Jacob / in Münster um 1539-57/63 bek. / als Meister um 1554/57 / angebl. Jacob von Roermund (Remunck/Ruremunde), der ist aber wohl (siehe:) Jacob Hylden / **Lit.: 174**-2 + **178**

Giese, Gerhard / * in Warendorf, 1660-66 Ausb.-Hamburg b. Erich Hansen, ab 2. 11. 1707 Bürger in Dortmund / Werk in Dortmund / **Lit.: 174**-1+2 + **176a**

Gläntzer, Abraham Zacharias Wilhelm / 4. 2. 1797 Lippstadt – 24. 2. 1860 Bielefeld / Sohn des Georg Wilh. Glänzer / s. 1824 in Bielefeld tätig / Werke in Bielefeld / Ausst. u. a. 1987 Unna (Ev.-Stadtkirche) / **Lit.: 174**-1 + **176d**

Glänzer, Georg Wilhelm / 10. 1. 1768 Bielefeld – vor dem 9. 11. 1825 Lübbecke(?) / Vater des A. Z. W. Gläntzer / ab 6. 3. 1793 Goldschm. in Lippstadt, tätig in Lübbecke / **Lit.: 174**-2

Glänzer, Johann Georg (Gläntzer) / 1712 Kassel – 5. 6. 1728 Lemgo / Ausb. Kassel 1727-32 b. J. B. Jener, danach in Lemgo, um 1742/47 Bielefeld u. ab (um) 1760/65 wieder in Lemgo / Vater des Johann Wilhelm Gläntzer (I) 1742-1794 / Werke in Bielefeld / Ausst. u. a. 1983 Unna (Ev. Stadtkirche), Rheydt (Städt.-Museum) / **Lit.: 174**-1 + **176c**

Greßhoff, Hermann Henrich / * wahrsch. in Münster – † nach (um) 1810 / 1779-85 Ausb.-MS b. H. O. Schöning, 1794 Meister / Werke in MS(WL) u. Darup / Ausst.: 1981 Unna (Ev.-Stadtkirche) / **Lit.: 174**-2 + **176b** + **178**

Gresshoff, Theodor Anton (Greshof) / * um 1769 Münster – 21. 2. 1829 Telgte / Werke in Telgte / Ausst.: 1981 Unna (Ev.-Stadtkirche) / **Lit.: 174**-2 + **176b** + **179**

Greveler, Joseph Herman / 1762 Herbern – 13. 11. 1835 Münster / 1777-83 Ausb.-MS b. Fr. J. Dieninck, 1794 Meister / Werk in MS (WL) / **Lit.: 174**-2 + **178** + **179**

Griser, Franz Josef (Grieser) / * wahrsch. in Münster – † nach 1809 / 1776-98 in MS bek. / 1776-82 Ausb.-MS b. H. W. Berghaus, 1789 Meister / Werke in Privatbesitz / **Lit.: 84**-69(S. 81) + **174**-2 + **178**

Gryse, Laurentz / † um 1564 / ab 1536 in Münster bek., um 1538-53 Verweser des Goldschm.-amtes in MS / Werke in MS / Ausst.: 1981 Unna (Ev.-Stadtkirche), 93 MS (Stadtmus) / **Lit.: 174**-2 + **175** + **176b** + **178+b** + In: H. u. U. Lobbedey: „St. Mauritz“ – Reihe: Westf. Kunststätten – H. 48 – 1987

Hackenberg, Carl Eduard / 26. 10. 1805 Lüdenscheid – ? / 1835 Heirat in Barmen-Werth / Werke nicht bek. / **Lit.: 174**-1 + **194a**

Hagedorn, Jurgen Anton / 1. 10. 1710 getauft – 14. 4. 1776 Münster / 1726-32 Ausb.-MS b. Chr. Poppe u. Melch. Hölscher, 1741 Meister, 1764/66/70/73-76 Gildemeister / Ausst.: 1993 MS (Stadtmus) / **Lit.: 174**-2 + **178** + **178b**

Hagedorn, Meinhard / * um 1696 – 8. 5. 1757 (begraben) Lübbecke / Werke in Lübbecke u. Privatbes. / Ausst. u. a. 1983 Unna (Ev. Stadtkirche), Rheydt (Städt.-Mus) / **Lit.: 174**-2 + **176c**

Hahn, Heinrich Christoph + **Hahn, Otto** (I-III) s. im Hauptteil des Buches (Goldschm.-u. Silberschm.-familie in Stade und Bielefeld)

Hahne, Dietrich s. Hane, Dietrich

Hamicholt, Johann (Hennicholt, J.) / * in Vreden – † nach 3/1639 (vor 1641) Münster / 1592-99 Ausb.-MS b. Joh. Berkenfeld, 1610 Meister / 1610-39 Ausbildung von sechs Lehrjungen / Werke in MS / Ausst.: 1993 MS (Stadtmus) / **Lit.: 24**-15 + **174**-**2** + **178+b**

Handke, August Ruprecht / * in Detmold – ? / um 1730/41 in Lippstadt tätig / Werk in Soest / Ausst. u. a. 1983 Unna (Ev. Stadtkirche), Rheydt (Städt.-Museum) / **Lit.: 174**-2 + **176c**

Hane, Dietrich (Hahne, D.) / um 1632-67 in Münster bek. / 1632-38 Ausb.-MS b. Herm. Potthof / vermutl. Bischöfl. Hofgoldschmied / Werke verschollen / **Lit.: 174**-2 + **178**

Hartmann, Berendt Joseph (Bernhard J.) / † vor dem 29. 9. 1773 / Vater des Ferd. Aloysius H. / 1748-1773 in Warendorf bek. / 1753/68 Gildemeister / Werke u. a. im Münsterland, Rietberg/ Meppen/Osnabrück/Oberhausen / Ausst. u. a. 1981 Unna (Ev.-Stadtkirche), 83 Rietberg (Klosterkirche) / **Lit.: 173**-S. 200/01 + **174**-2 + **176b** + In: „Sakrale Kunst aus fünf Jahrhunderten“ – Ausst.-kat. – Rietberg, 1983

Hartmann, Ferdinand Aloysius / 24. 3. (getauft) 1748 Warendorf – 22. 8. 1836 ebd. / Sohn d. Berendt Joseph / 1773 Meister, 1784/1805 Gildemeister / 12 Werke in Beelen/Enniger/Ennigerloh/Freckenhorst/Milte/MS / Ausst. u. a. 1981/87 Unna (Ev.-Stadtkirche), 2005 MS (Domkammer) / **Lit.: 174**-2 + **176b** + **176d** + **179** + **252**-2(S. 222)

Heising, Friedrich Christian / 1819 Wünnenberg – 16. 10. 1897 Warendorf / 1840-41 b. Joh. C. Osthues (MS) tätig, ab (um) 1846 in Warendorf / Werk in Everswinkel / **Lit.: 174**-2 + **179**

Heitgres, Jodoc Henrich / * um 1730 Warendorf – 12. 2. 1805 Münster / 1747-53 Ausb.-MS b. J. H. Schoninck, 1762 Meister, 1773/91+93/95 Gildemeister / Werke in MS/Telgte u. Privatbes. /

Ausst. u. a. 1981 Unna (Ev.-Stadtkirche), 93/2005 MS (Stadtmus/Domkammer) / **Lit.: 84**-69 (S.78) + **174**-2 + **175** + **176b** + **178+b** + **252**-2(S. 216)

Hennicholt, Johann s. Hamicholt, Johann

Hermelinck, Jakob / † nach 1655 / v. 1602 bis nach 1655 in Münster bek. / 1602-08 Ausb.-MS b. Paul Potthof, 1616 Meister / **Lit.: 174**-2 + **178**

Hertleiff (Hertlieff), **Henrich** (I) (Heinrich) / † um 1679/81(1700?) / 1642-48 Ausb.-MS b. M. v. Bueren u. wurde am 15. 2. 1660 bischöfl. Goldschm. in Münster / Werke in MS / **Lit.: 24**-16 + **174**-2 + **175** = (1690 Meister in MS / † 1700) + **178**

Hertleiff, Henrich (II) (Heinrich) / † 8/1738 Münster / Sohn des Henrich (I) / 1684-90 Ausb. b. Chr. Poppe, 1700 Meister, 1725/34 u. 1737 Gildemeister / Werke in MS, Telgte, Wiedenbrück, Sassenberg, Dortmund, Bevergern, Rüthen u. s. 1996 in Detmold (Westf. Freilichtmuseum) / Ausst. u. a. 1977 Arnsberg (Rathaus), 81 Unna (Ev.-Stadtkirche), 93 MS (WL/Stadtmus) / **Lit.: 24**-16=erw. b. Henrich (I) + **174**-2 + **176** + **176a+b** + **178+b** + **200**-2(S. 636/656-57/662/669/692)

Hesters, Bernhard Heinrich (B. Henrich) / † 10. 6. 1740 Münster / 1712-18 Ausb.-MS b. H. Herleiff, 1725 Meister / Werk in Privatbes. / Ausst.: 1981 Unna (Ev.-Stadtkirche) / **Lit.: 84**-69(S. 77) + **174**-2 + **175** + **176b** + **178**

Hildegard von Münster (Hilliger v. MS oder Hilgart v. MS) s. Münster, H. von

Hoberg, Johann Theodor (Joan Diederich) / † 4. 6. 1739 Münster / 1693-99 Ausb.-MS b. E. Balcke, 1711 Meister, 1732 Gildemeister / Werke in MS u. Privatbes. / Ausst.: 1981 Unna (Ev.-Stadtkirche) / **Lit.: 24**-17 + **174**-2 + **175** + **176b** + **178**

Hölscher (Holscher) – Goldschm.-familie in Osnabrück um 1590/1665 / Lit.: 24-17

Hölscher (Holscher) – Goldschm.-familie in MS um 1626-1740 / **Lit.: 24**-17 + **174**-2 + **178** // **Henrich** (I) / † um 1685/90 / 1628-32 Ausb. b. Melchior Balcke in MS, 1640 Meister, 1678/ 1685 Gildemeister / Werk u. a. in MS / **Lit.: 175** // **Henrich** (II) / † 26. 9. 1726 Münster / 1666-72 Ausb.-MS b. s. Vater Henrich (I), 1681 Meister, 1705 Gildemeister // **Melchior** / † 5. 4. 1740 Münster / Sohn des Henrich (II) / 1706-12 Ausb.-MS b. J. H. Fischer, 1717 Meister, 1727/1730/1734/1739 Gildemeister

Hoese, Johann (Hans) / † um 1617 (Münster?) / 1571-77 Ausb.-MS b. Joh. Berkenfeld, 1597 Meister / **Lit.: 174**-2 + **178**

Hövel, Christian / * in Wesel – ? / Vater v. Theodorus Herm. H. / um 1707-43 in Hamm/W. bek. / Werke in Hamm, Herringen, Dortmund, Gemen u. Privatbesitz / Ausst. u. a. 1969 Hamm (Mus), 77 Arnsberg (Rathaus), 83 Unna (Ev. Stadtkirche), Rheydt (Stadtmus) / **Lit.: 174**-1 + **176** + **176c** + **177a**

Hövel, Theodorus Hermannus / 23. 11. 1707(?) getauft in Hamm/W. – ? / Sohn des Christian / nur bis 1739 in Hamm bek. / Werke in Dortmund/Hamm/Bönen u. Privatbesitz / Ausst. u. a. 1969 Hamm (Mus), 83 Unna (Ev. Stadtkirche), Rheydt (Mus) / **Lit.: 174**-1 + **176a+c** + **177a**

Holfsleger, Engelbert / stammt aus Coesfeld, um 1468 in bek. / Werk in Osnabrück / **Lit.: 177** + In: H. Rothert: „Der Osnabrücker Goldschm. E. H." – in „Westfalen" – 21. Jhg. – 1936 – S. 77

Holle, Johann **August** / * um 1828/29 Bielefeld – 25. 2. 1898 ebd. / 1846 Ausbild. bei Wilhelm Gläntzer, 1854 als Goldarbeiter in Bielefeld selbst. / Werk u. a. in MS (WL) / **Lit.: 174**-1 + „Das Kunstwerk des Monats" – Faltblatt 7/06 – WL-MS

Holscher s. Hölscher

Holte, Walter ton / 1550-1576 in Münster bek. / bildete v. 1556 bis 1563 zwei Lehrjungen aus / **Lit.: 174**-2 + **178**(= 1556 bis nach 1563 in MS nachweisbar)

Holtebur, Berndt / † nach 1588 (Münster?) / 1558-64 Ausb.-MS b. Laurenz Gryse, 1571 Meister / **Lit.: 174**-2 + **178**

Horst, Balthasar von der (I) / † 6. 5. 1569 Münster / ab 1552 Ausb. v. Lehrlingen / seine Kinder erhalten den Maler Hermann tom Ring als Vormund / **Lit.: 24**-17(erw. b. Balth. II) + **174**-2 + **178**

Horst, Balthasar von der (II) / † nach 5/1617 oder nach 1620 in Lübeck? / Sohn v. Balthasar (I), 1562-68 Ausb. b. s. Vater in MS, um 1574/79 Meister, 1600-1609 Gildemeister, ab 1620 in Lübeck? / Werk u. a. in MS / 1620 (lt. Lit. 174) bekommt er „gratiam discedendi uff Lübeck" (Bürgerbuch) / Ausst. u. a. 1981 Unna (Ev.-Stadtkirche), 93/2005 MS (Stadtmus/Domkammer) / **Lit.: 24**-17 + **174**-2 + **175** + **176b** + **178+b** + **200**-2(S. 674) + **252**-2(S. 168)

Hülse, tom (Hulse/Hulsse, tho/thon/tom/zum) – Goldschmiedefamilie in Münster um 1548-1756 / **Lit.: 24**-18 + **174**-2 + **178** / *hier nach Todesdaten geordnet:* **Johan** (Johann) (I) / 1548-1588 in MS bek. / Vater v. Gerwin u. Henrich / war zwischen 1556/1586 Gildemeister // **Gerwin** / † 1609 Münster / 1567-73 Ausb.-MS b. s. Vater Johan (I), 1579 Meister // **Henrich** / † nach 4/1614 (MS?) / Ausb.-MS 1575-81 b. s. Vater Johan (I), um 1588 Meister / Werk in Privatbesitz / Ausst.: 1993 MS (Stadtmus) / **Lit.: 178b** (verläutet: 25. 12. 1624) // **Steffen** / † nach 10/1667 (MS?) / Sohn des Henrich / 1609-15 Ausb.-MS b. Lambert Munsterweg, 1626 Meister, 1646-58 Gildemeister / Werk in Privatbesitz / Ausst.: 1993 MS (Stadtmus) / **Lit.: 175 + 178b** // **Bernard**(t) **Henrich** / 12. 10. 1680 getauft – † 3/1719 Münster / Sohn des Joan (II) / 1694-1700 Ausb.-MS b. s. Vater, 1704 Meister / Werk in MS / Ausst. 1981 Unna (Ev.-Stadtkirche), 93 MS (Stadtmus) / **Lit.: 175 + 176b + 178b** // **Joan** (Johann) (II) / 1. 10. 1651 getauft – 19. 6. 1723 Münster / 1661-67 Ausb.-MS b. s. Vater Steffen H., 1676 Meister, 6. 4. 1680 Münzmeister, 1685 Gildemeister / Werke in MS, Hamm, Paderborn u. Privatbesitz / Ausst. u. a. 1969 Hamm (Mus), 81 Unna (Ev.-Stadtkirche), 84/93/2005 MS (Stadtmus/WL/ Domkammer) / **Lit.: 47a** (S. 354) + **173**-(S. 178/179) + **175 + 176b + 177a + 178b + 200**-2(S. 688) + **252**-2 (S. 180) + In: „Verein Münster Museum 1978-1988" – S. 44 – Hg.: Verein z. Förderung eines Mus.-s f. Münsterische Stadt- u. Kulturgesch. e.V., Münster, 1988 // **Johann Henrich** / † 6/1756 Münster / Sohn des Joan (II) / 1722-28 Ausb.-MS b. Bernh. Poppe u. H. Hertleif, 1742 Meister

Hulse/Hulsse, tom/zum s. Hülse, tom/zum

Hylden, Jacob / holländ. Goldschmied aus Rormunde-NL (Roermond) / wird 1538 Bürger in Münster, hier bis 1541 bek. / **Lit.: 174**-2

Isermann – Goldschmiedefamilie in Münster im 15.-17. Jh. / **Lit.: 24**-19 + **174**-2 + **178** // **Heinrich** (Henrich/Hinrich) (I) / 1493-1524 in MS bek., 1516/1524 Gildemeister / Werk in Münder, Kr. Springe // **Johann** / † vor dem 2. 10. 1556 MS? / um 1536/41 in MS bek. / Werke verloren gegangen, Stempel im Stadtarchiv-MS / Ausst.: 1993 MS (Stadtmus) / **Lit.: 178b** // **Heinrich** (Henrich/Hinrich) (II) „der Alte" / † 7. 5. 1600 Münster / wahrsch. Sohn v. Heinr. (I), in MS um 1550/1600 bek., vor 1553 Meister / erh. Werke in Privatbesitz / Ausst.: 1993 MS (Stadtmus) / **Lit.: 175 + 178b** // **Heinrich** (Henrich/Hinrich) (III) / 1563 Münster – 31. 12. 1632 ebd. / 1575-81 Ausb.-MS b. s. Onkel Heinrich (II), um 1588/92 Meister, 1606-32 Gildemeister / Werke in MS u. Privatbesitz

Jochmaring, Joan Ludger / † 20. 10. 1722 Münster / 1701-07 Ausb.-MS b. Henr. Hertleif, 1714 Meister / **Lit.: 174-2 + 178**

Jörden, Henrich (Heinrich) / * 26. 12. 1813 Rheine – ? / 1830-37 Ausb. b. A. Lahm in MS / bis 1869 in MS bek., 1840 als Goldschmied, 1841 Juwelier / **Lit.: 84**-69(S. 81) + **174**-2

Kasten, Samuel / um 1674-1711 in Coesfeld bek. / 1674 Meister, 1699-1701 Gildemeister, 1702 – 1707 Scheffe / Werke in Coesfeld u. Vreden / Ausst. u. a. 1981 Unna (Ev.-Stadtkirche), 2000 Borken (Hamaland-Mus), 01 MS (WL), Deventer-NL, 05 MS (Domkammer) / **Lit.: 174**-2 + **176b + 177 + 252**-2(S. 198) + In: „Jodocus Vredis" – Kunst aus der Stille – Ausst.-kat. – Borken/Deventer/Münster, 2000

Keller, Franz Joseph / * 7/1772 Münster – † um (nach) 1830 (ebd.?) / 1787-93 Ausb.-MS b. B. W. Budde, 1801 Meister / 1806-17 bildete er zwei Lehrjungen aus u. 1820-30 waren bei ihm acht Gesellen beschäftigt / Werk in MS / **Lit.: 174-2 + 178**

Kemnitz (Kemser/Kemmers/Kemptzer) Goldschm.-familie, 1612-1709 in Dülmen u. MS // **Elias** (I) / 1617-27 in Dülmen bek. / Vater des Elias (II) / **Lit.: 174**-1 + **178**(erw. b. Elias II) // **Elias** (II) (Kemnitius, E.) / * um 1612 in Dülmen – 13. 11. 1663 (oder 1666?) Münster / Sohn des Elias (I) / 1632-38 Ausb. b. Hans Stillkinck in MS, 1645 Meister u. 1659-61 Gildemeister / **Lit.: 174-2 + 178** // **Bernard**(t) (Bernhard) / † 1687(86) Münster / Sohn des Elias (II) / 1663-69 Ausb. b. s. Vater u. Joh. Boemer, 1673 Meister, 1683-(86)87 Gildemeister / Werk u. a. in Nottuln / Ausst.: 1981 Unna (Ev.-Stadtkirche) / **Lit.: 174**-2 + **175 + 176b + 178 + 200**-2(S. 668) // **Bernard**(t) **Dionisius** (Bernt) / † 25. 4. 1709 Münster / 1687-93 Ausb. b. s. Vater Bernard K. u. Lucas Boemer in MS, 1701 Meister / Werk in MS u. Nottuln / Ausst.: 1981 Unna (Ev.-Stadtkirche) / **Lit.: 174-2 + 175 + 176b + 178**

Kernitz, Bartholomäus (Barthel) / * in Weißenfels/Sachsen / 1693-1730 in Warendorf tätig, seine Familie ist 1745 ausgestorben / Werke in Köln/Warendorf/Freckenhorst / Ausst.: 1981 Unna (Ev.-Stadtkirche) / **Lit.: 24**-20 + **174**-2 + **176b**

Kneer, Caspar Clemens / 1788 Delecke – 25. (3.)5. 1843 Münster / ab 1817 in MS tätig / Werk in MS / Ausst.: 1993 MS (Stadtmus) / **Lit.: 174**-2 + **178b** + **179**

Knop s. Knoep

Knoep, Daniel (u. a. Cnoep/Knop) / * um 1520/21 Münster – 13. 8. 1602 Frankfurt/M. / Vater des Heinrich K. / 1536-41 Ausb.-MS b. Peter Wyler, ab 4/1553 Meister, ab 1567 Reisen, u. a. Antwerpen/Apenrade, 1574-88 MS, ab (vor) 1597 in Nürnberg tätig, 1599 Frankf.-M., 1601 nochmals in MS / Werke siehe Lit. / **Lit.: 24**-21(m. ausf. Lit.-angaben) + **174**-2 + **178**

Knoep, Heinrich (u. a. Cnoep/Knop) / * nach 1557 Münster – 1630 Frankfurt/M. / Sohn des Daniel K. / ab 1599 in Frankf./M. tätig / **Lit.: 24**-21(b. Daniel K.) + **174**-2(b. Daniel K. + † in Nürnberg) + **178**(b. Daniel C. + S. 162) + Max Geisberg: „Die Prachtharnische des Goldschmiedes Heinrich Cnoep aus MS in Westf.“ – in „Studien z. deutschen Kunstgeschichte“ – Heft 85 – Straßburg, 1907; Ernst G. J. Knoop: „Neues über den Goldschmied Heinrich Cnoep aus Münster u. sein Geschlecht“ – in „Westfalen“ – Bd. 25 – S. 105-115 + 180 – Aschendorff-Verl.-MS, 1940

Koberg, Gerhard Henrich / 9. 10. 1805 Beckum – 1. 2. 1831 ebd. / Sohn des Theodor Heinr. K. / 1829/30 in Münster b. L. Baltzer tätig / **Lit.: 174**-1

Koberg, Theodor Henrich / * um 1772 (Beckum?) – 25. 8. 1852 Beckum / ab (um) 1802 in Beckum tätig / 1802 Meister / Werk in Beckum / **Lit.: 174**-1 + **179**

Köplin, August(in) / vor 1600 in Telgte bek., wurde am 18. 3. 1600 in Herford auf dem Scheiterhaufen verbrannt / Vetter des Falschmünzers Peter K. d. J. aus MS / **Lit.: 174**-2

Köplin, Johann(es) / Münzmeister / um 1574-95 in Münster bek., † vor 1599 Münster / wahrsch. Sohn des Peter d. Ä. u. Bruder v. Peter d. J. / **Lit.: 174**-2

Köplin, Peter d. Ä. / Münzmeister / um 1521-66 in Münster bek. / Johann u. Peter d. J. sind vermutl. seine Söhne / **Lit.: 174**-2 + **178**

Köplin, Peter d. J. / ab 1584 in MS bek., † 4. 12. 1599 Münster (Hinrichtung durch Feuer) / wahrsch. Sohn d. Peter d. Ä. u. Bruder v. Johann / Ausb.-MS als Münzschneider b. Peter Bovens u. Hans Voß / 1584-94 Geselle b. s. Bruder / 1595 Münzfälschungen u. 1599 angeklagt / **Lit.: 174**-2 + **178**

Krako, Hans (Hans Krako von Dringenberg) / 1587 Brakel – 1648 Dringenberg b. Paderborn / Werke in Paderborn, Hauptwerk m. Hans Cord(t) Bentler: St. Liboriusschrein / Ausst. u. a. 1991 Paderborn (Diözes.-Mus) / **Lit.:** W.H./G.D. + **24**-21 + **112b** + **174**-1

Kreckenberg, Friedrich Anton / 21. 12. 1831 Warendorf – ? / 1859-1885 in MS tätig / Werke in Dülmen u. Herzfeld / **Lit.: 174**-2 + **179** + **200**-2(S. 767)

Kress, Johann Theodor / * um 1786 Münster – 19. 4. 1826 ebd. / 1800-1806 Ausb.-MS b. Fr. Th. Baltzer, Meister um 1812 / Werke in MS u. Privatbes. / Ausst.: 1993 MS (Stadtmus) / **Lit.: 174**-2 + **178b** + **179**

Krueper, Paul / 27. 8. 1862 Niederwenigern – 29. 7. 1943 Lippstadt / s. 1900 in Lippstadt bek. / Werk in Bad Westenkotten / **Lit.: 179**

Kruse, Anton / * 1784 Münster – ? / bis 1820 in MS bek., 1799-1805 Ausb.-MS b. H. J. Brinckmann / **Lit.: 174**-2

Kruse, Johann Heinrich / 12. 12. 1813 Münster – 5. 2. 1872 ebd. / **Lit.: 174**-2

Kruse, Konrad (Cruse, Coirt) / † 24. 6. 1535 Münster / ab 1527 in MS bek., 1535 b. Jan van Leiden (Wiedertäufer) Oberster Hauptmann, danach in Geldern u. später wieder in MS, wurde am 24. 6. 1535 b. d. Eroberung d. Stadt erschlagen / **Lit.: 174**-2 + **178**

Kruse, Maximilian Theodor / * 3. 10. 1843 Münster – ? / Sohn des Joh. Heinr. K. / bis 1873 in MS bek. / **Lit.: 174**-2

Kühl, Friedrich Christoph Daniel / * in Iserlohn – ? / um 1795 in Hamm/W. tätig, 1796 Kamen / Werke (Ende 18. Jh. bis Anf. 19. Jh.) u. a. in Hamm/Köln/Bochum u. Privatbes. / Ausst. u. a. 1969 Hamm (Mus) / **Lit.: 174**-1 + **177a** + **179**

Künne – Gold- u. Silberwarenfabrik ab 1820 in Altena u. 1827 auch in Iserlohn / Werke in Düsseldorf u. **NRW** / **Lit.: 24**-22 + **25**-3 + **34**-9,2 + **174**-1 + **176** + **176c+d** + **179** + **200**-2(S. 776) + A. K.: „Evangelischer Kirchenschmuck“ – Sammlung – Katalog – Hagen, 1878; In: H. Pahl: „Skulpturen Märkischer Grab- und Gedenkstätten“ – Hg.: Märk.-Kreis, 1983 // **Arnold** (d. Ä.) (Goldschm.-u. a.) / 1796 Altena – 1872 (ebd.?) / ab 1812 Ausb.-Iserlohn, 1820 Gründer des Unternehmens / 1844 Pr. Gewerbeausst.-Berlin, 1852 Pr. Düsseldorf, 1855 Ausz.: Leipzig/ Paris, 1862 Weltausst.-London /

Ausst. u. a. 1983/87 Unna (Ev.-Stadtkirche), 83 Rheydt (Stadtmus), + N/INT // **Albrecht** (Goldschm.-u. a./Entw.-z) / 2. 5. 1833 Altena – 1912 (ebd.?) / Sohn des Arnold / 1849 Ausb.-Hagen Prov.-Gewerbesch. / Übernahme der Firma s. Vaters, 1873 Ausz.-Weltausst. Wien, 1876 Pr. München, 1881 Werke f. Hochzeit des preuss. Kronprinzen / Ausst. u. a. in Wien, 1983 Unna (Ev. Stadtkirche), Rheydt (Stadtmus), + N // **Arnold** (II) / 1848 – 1917 / Sohn des Arnold d. Ä. / Teilh. der Firma // **Arnold** (III / auch der J.) (B) / 1866 Altena – 1942 Berlin / Enkel des Arnold d. Ä. / Stud. Akad.-n München/Berlin / lebte/arbeitete in Berlin / ab 1921 Teilh. d. Firma: „Arnold Kühne, Silberwarenfabrik GmbH / Werk in Altena 1946 zerstört u. eingeschmolzen

Laasch, Johann Christian (Laas) / * um 1768/70 Berlin – 22. 11. 1845 Unna / u. a. als Silberschmied um 1799-1845 in Unna tätig / Werk in Privatbesitz / **Lit.: 84**-72(S. 26) + **174**-2

Lahm – Goldschm.-familie aus Bonn, 1803 bis um 1902 Werkstatt in Münster / **Lit.: 179** // **Joseph** (auch **Johann**) **August** / 13. 11. 1779 Bonn – 19. 10. 1853 Münster / Vater v. Joh. Ludwig u. Carl L. / lebte in Schwelm, ab 1803 in MS tätig, 1817-1839 beschäftigte er 7 Gesellen u. bildete 7 Lehrlinge aus / am 4. 4. 1811 Heirat m. Maria Anna, geb. Brinckmann (* um 1789 Münster?), um 1864/70 Geschäftsführung / Werke in MS u. Privatbesitz / Ausst. u. a. 1981/87 Unna (Ev.-Stadtkirche) / **Lit.: 84**-51 + **174**-2 + **176b** + **176d** // **Johann Ludwig** (Louis) / * 20. 2. 1821 MS – ? / Sohn des Jos. Aug. L. / tätig 1846/47 in Minden, 1847 Maastricht, MS 1849-83/85 / **Lit.: 174**-2 // **Carl** / 25. 3. 1827 Münster – 1892/93 ebd.? / Sohn des Jos. Aug. L. / übernahm 1885 das Geschäft, 1893 weiterf. durch s. Witwe u. 1902 Inhaberin Elise Herfeld / Werke in Altenberge, Harsewinkel un Münster / **Lit.: 174**-2(erw. b. Joseph August L.)

Leggen, Anton Joseph Christoph / * 1825 (Hildesheim?) – ? / Sohn des Caspar Jos. Wilh.

Leggen, Caspar Joseph Wilhelm (auch Legge) / 8. 2. 1794 Dringenberg – † in Schwäb. Gmünd / A. u. C. Leggen = **Lit.: 174**-2

Leggen, Joannes Franciscus Liborius / geb. in Dringenberg, 1781/83 in Paderborn bek. / Werk in Paderborn / **Lit.: 174**-2

Leggen, Joannes Philippus (auch Legge) / 1. 3. 1783 Paderborn – 9. 3. 1829 ebd. / Sohn des Joannes Franc. Liborius / **Lit.: 174-2**

Leggen, Johann Joseph / 6. 2. 1815 Dringenberg – ? / Sohn des Joseph L. / Ausb. um 1833 in Münster b. Joh. H. J. Wippo u. L. A. Baltzer / lebt 1841 in Barmen, ab 1850 in Paderborn, dort bis 1887 bek. / Werke in Paderborn, Soest u. Privatbes. / **Lit.: 174**-1+2 + **179**

Leggen, Joseph / bek. ab 1815 in Dringenberg u. 1841-1906 in Paderborn / Vater des Joh. Joseph L. / Werke in Westf. (u. a. in Oestereiden/Kr. Paderborn, Eslohe/Geseke/Herzebrock/Hoinkhausen/Wickede) / **Lit.: 173**(S. 184) + **174**-1+2 + **179**

Leiveling, Bernhard (I) / 1747-1806 in Coesfeld tätig / Werk in Coesfeld / Ausst.: 1981 Unna (Ev.-Stadtkirche) / **Lit.: 176b + 177**

Leiveling, Bernhard (II) (Leweling) / 28. 3. 1791 Coesfeld – 9/1841 ebd.? / Sohn v. (einem) Anton L.(!) / keine Werke bek. / **Lit.: 174**-2

Lennep (van) – holl.-deutsche Künstlerfamilie (G/Ing.-re/Goldschmiede) s. im Hauptteil (L–Z)

Linhoff, Theodor / 1824 Sieveringen – 15. 10. 1906 Soest / in Soest tätig / Werke in Löwendorf/Kr. Höxter (Lit. 174) u. Welver (= Lit. 174 + 176d + 179), Werk 1862 (= Lit. 179), 1865 (= Lit. 173) in Ostinghausen, 1866 Herzfeld (= Lit. 179) / Ausst. u. a. 1987 Unna (Ev.-Stadtkirche) / **Lit.: 173**-S. 176/77 + **174**-2 + **176d** + **179**

Lödde, Johann Heinrich (Lodde) / 1676-1744(56) in Coesfeld bek. / 2. 5. 1700 Meister / Werke in Coesfeld (1756) u. in Osterwick verloren gegangen / **Lit.: 174**-2 + **177**

Lohaus, Bernard Heinrich Ignatz (Bernard I) / 1. 8. 1791 Münster – 7. 2. 1865 ebd. / ab 1806 Ausb.-MS b. F. J. Dieninck / **Lit.: 174**-2

Lohaus, Johann Bernard Joseph (Bernard II) / 17.(18.) 9. 1811 Münster – 5. 3. 1872 ebd. / kehrt 1840 von Altena n. MS zurück / Werke in Halverde/MS + Privatbes. / Ausst. u. a. 1981/87 Unna (Ev.-Stadtkirche) / **Lit.: 84**-72(S. 86) + **174**-1+2 + **176b** + **176d** + **179** + **200**-2(S. 737)

Lohaus, Paul / 16. 4. 1848 Münster – ? / Sohn des Joh. Bern. Jos. L. / er führt Geschäft u. Meisterzeichen seines Vaters weiter / **Lit.: 174**-2 + **179**=(2x erw. b. s. Vater)

Lohmann, Peter Caspar / * um 1831 in Lüdenscheid – ? / bis vor 1863 in Altena tätig, 1863 Heirat in Elberfeld, 1864-70 in Wuppertal bek. / **Lit.: 174**-1 + **216**

Lülwes = Karl Heinrich / 4. 4. 1815 Höxter – 10. 2. 1893 Detmold / 1837 in Hannover tätig, ab 1844 Detmold Goldschm. u. Juwelier / Werke in Bad Salzuflen / Ausst. u. a. 1987 Unna (Ev.-

Stadtkirche) // weitere Geschäftsführung: Sohn **Leopold** (I) * 19. 9. 1847 Detmold – ? / Sohn v. Leopold (I): **Leopold** (II) * 1887 Detmold – ? / Ernst Thalheim wurde Gesch.-sführer u. übernahm um 1900 die Werkst., 1906 fürstl. Lipp. Hof-Juwelier / **Lit.: 174**-1 + **176d** + **179**

Maessmann, Dietherich / Silberschmied / ab 1677 Bürger in Unna, bis 1723 bek. / wahrsch. Werk (1661!) in Fröndenberg / Ausst. u. a. 1983 Unna (Ev. Stadtkirche), Rheydt (Städt.-Museum) / **Lit.: 174**-2 + **176c**

Marckhoff – Gold- u. Silberschmiedekünstler aus Hamm / drei Brüder, wahrsch. gehört Joh. Friedr. M. auch dazu // **Leonard Wilhelm Anton** (Anton) (Leonhardt) / 5. 1. 1778 (getauft) Hamm/W. – ? / bis 1834 in Hamm bek. / Werke in Uentrop u. Privatbes. / Ausst. u. a. 1969 Hamm (Mus) / **Lit.: 174**-1 + **177a** + **179** // **Friedrich Wilhelm Christian** (Friedrich) / 27. 3. 1783 Hamm/W. – ? / Bruder des Leonard / 1815 in Hamm tätig, um 1835-47 in Lüdenscheid / Werke in Hamm, Westf. u. Privatbesitz / Ausst. u. a. 1969 Hamm (Mus), 87 Unna (Ev.-Stadtkirche) / **Lit.: 174**-1+2 + **176d** + **177a** + **179** // **Johann Friedrich** / * um 1785 in Hamm/W. – ? / am 28. 3. 1869 in Hamm entlassen, s. 3/1869 in Essen tätig / sein Sohn ist Friedrich Ferdinand Theodor **M.**, um 1846 in Essen tätig / **Lit.: 174**-1

Marx, Theodor / 5. 2. 1800 Coesfeld – 14. 5. 1878 ebd. / 1821-24 Ausb.-MS b. Joh. Zurstraßen, tätig in Coesfeld / **Lit.: 174**-2 + **177**

Massel, Christoffer Friedrich / † 1736 Coesfeld / 17(14)33 dort Meister / **Lit.: 174**-2 + **177**

Meckenem, Israhel van (d. Ä.) (Goldschm. u. Kupferstecher) / Biogr. = im Hauptteil (L–Z) dieses Werkes / **Lit.: 24**-24 + **174**-1

Meckenem, Israhel van (d. J.) (Goldschm. u. Kupferstecher) / Biogr. = im Hauptteil (L–Z) dieses Werkes / **Lit.: 24**-24 + **33** + **174**-1

Meier, Gerdt / Vater des Willebrandt Meyer / 1579-85 Ausb.-MS b. H. Balcke, 1587 Meister / Werke verschollen / **Lit.: 174**-2 + **178**

Meier, Otto (Meier von Lichtenau, Otto) / um 1604/1621 in Lichtenau b. Paderborn tätig / Werke in Herdringen/Paderborn/New York / Ausst. u. a. 1977 Arnsberg (Rathaus), 91 Paderborn (Diözes.-Mus) / **Lit.: 24**-24 + **112b** + **174**-2 + **176** + D. Westemeyer: „Der Goldschmied Otto Meier aus Lichtenau“ – 1976

Meiners, Johann (Jan) / † vor dem 10. 7. 1674 (Coesfeld?) / Sohn des Melchior (I) M. / 1639 - 1645 Ausb.-MS b. Melchior Balcke(I), um 1651/64(?) Meister / 1651 Begründer der Coesfelder Goldschmiedegilde / Werke in Varlar/Coesfeld/MS u. Privatbesitz (in Stadtlohn verschollen) / Ausst. u. a. 1981 Unna (Ev.-Stadtkirche), 2005 MS (Domkammer) / **Lit.: 174**-2 + **176b** + **177** + **252-2** + In: „Der Kreis Lüdinghausen in alten Ansichten“ – 1974; In: „St. Lamberti in Coesfeld“ – Kunstführer – Verl.-Schnell – Nr. 1477

Meiners, Johann = † 1716 / Johann Daniel **M.** = † 1743 / waren in Lübeck tätig / **Lit.: 24**-24

Meiners, Melchior (I) / nach 1659 (um 1643 in Lit. 177) / stammt aus Coesfeld, Vater des Johann / um 1600/01 Ausb.-MS b. Heinr. Isermann, ab 1618 in Coesfeld tätig, 1620 Bürger u. um 1620 Meister / Ehefrau Katharina, geb. Schwering, wurde am 16. 4. 1632 in Coesfeld als Hexe verbrannt / Werke in Coesfeld verschollen / **Lit.: 174**-2 + **177**

Meiners, Melchior (II) / 8. 7. getauft 1662 Coesfeld – ? / Sohn des Johann M. / 1674-80 Ausb.-MS b. M. v. Büren (II), danach nicht in Coesfeld tätig / **Lit.: 174**-2(erw. b. Johann M.) + **177**

Meister B R / (ev. Bernhard Reckers ?) um 1753-1786 in Vreden tätig / Werke in Vreden/ Südlohn/Stadtlohn/Ramsdorf/Elten / Ausst.: 1981 Unna (Ev. Stadtkirche) / **Lit.: 174**-2 + **176b**

Meister C I B / um 1660/62 in Bielefeld tätig (dieser Goldschmied ist in Lit. 174 nicht aufgeführt) / Ausst. 1983 Rietberg (Klosterkirche) / **Lit.:** In: „Sakrale Kunst aus fünf Jahrhunderten“ – Ausst.-kat. – Klosterkirche Rietberg, 1983

Meister C K / um 1755 in Dülmen tätig / Werk in Privatbesitz / Ausst. u. a. 1981 Unna (Ev.-Stadtkirche) / **Lit.: 176b**

Meister C M / um 1800 in Vreden tätig / Werke in Vreden u. Coesfeld / Ausst. u. a. 1981 Unna (Ev. Stadtkirche) / **Lit.: 174**-2 + **176b**

Meister aus **Coesfeld** / Werk um 1692 = wahrsch. s. Samuel Kasten / Ausst. u. a. 1981 Unna (Ev. Stadtkirche) / **Lit.: 176b**

Meister D R / bek. um 1783 / Werk in Paderborn u. Heddinghausen/W. / Ausst. u. a. 1977 Arnsberg (Rathaus) / **Lit.: 174**-2(=Meister DK(DR) + **176**

Meister G M = Möllenhoff, Godfried Caspar Diedrich

Meister G S (Dortmund) = Schmieding, Gerhard Christopher

Meister G S (Hamm) / um 1693/1711 in Hamm tätig / Werke u. a. in Hamm/H.-Rhynern + Kreis Unna / Ausst. u. a. 1969 Hamm (Mus), 83 Unna (Ev. Stadtkirche), Rheydt (Mus) / **Lit.: 174**-1 **+176c + 177a**

Meister mit Hausmarke (Dortmund) / gegen 1600 in Dortmund tätig / Werk in Dortmund / Ausst. u. a. 1983 Unna (Ev. Stadtkirche), Rheydt (Städt.-Museum) / **Lit.: 174**-1 **+ 176c**

Meister mit **Hausmarke Anker u. W** / um 1676-1682 in Dülmen tätig / Werke in Karthaus/Borghorst/Metelen / Ausst. u. a. 1981 Unna (Ev. Stadtkirche) / **Lit.: 176b + 177**(S. 6)

Meister H F / um 1730 in Bielefeld tätig / Werk in Bielefeld / Ausst. u. a. 1983 Unna (Ev. Stadtkirche), Rheydt (Städt.-Museum) / **Lit.: 174**-1 **+ 176c**

Meister H S = Schwarze, Hermann

Meister H M / Anfang 18. Jh. in Dortmund / Werk in Dortmund / **Lit.: 176a**

Meister H U / um 1712/1728 in Warendorf tätig / Werke in Hoetmar/Ostenfelde/Warendorf / Ausst. u. a. 1981 Unna (Ev.-Stadtkirche) / **Lit.: 174**-2 **+ 176b**

Meister I B L / in Hamm um 1720 tätig / Werk in Schwerte / Ausst. u. a. 1969 Hamm (Mus), 83 Rietberg (Klosterkirche) / **Lit.: 174**-1 **+ 177a +** In: „Sakrale Kunst aus fünf Jahrhunderten" – Ausst.-kat. – Rietberg, 1983

Meister I M / bek. um 1695/1715 / Werk in Warburg / Ausst. u. a. 1977 Arnsberg (Rathaus) / **Lit.:** (**24**-37= Goldschm. in Augsburg) **+ 176**

Meister I M G / tätig um 1800 in Vreden / Werke: Suderwick(b. Borken)/MS / Ausst.: 1981/87 Unna (Ev.-Stadtkirche), 84 MS Stadtmus) / **Lit.: 47a** (S. 422) **+ 174**-2 **+ 176b + 176d + 179**

Meister W / 1. Hälfte 18. Jh. in Dortmund tätig / Werke in Dortmund+Hemmerde-Kr. Unna / Ausst. u. a. 1983 Unna (Ev. Stadtkirche), Rheydt (Städt.-Museum) / **Lit.: 174**-1 **+ 176c**

Meister W M B mit Hausmarke / in Rheine tätig, Ende 17. oder Anfang 18. Jh. (?) / Werk in Bevergern / Ausst. u. a. 1981 Unna (Ev. Stadtkirche) / **Lit.: 174**-2 **+ 176b**

Meister W S = Schmieding, Caspar Wilhelm Gerhard

Meister Z S = Schmieding, Zacharias Johannes

Mencke, Bernt (Bernardo) / † vor 1527 / um 1497/99 in Münster bekannt, Werke ebd. / Ausst. u. a. 1993/2005 MS (WL/Stadtmus/Domkammer) / **Lit.: 174**-2 **+ 175 + 178b + 200**-2(S. 491) **+ 252**-2(S. 154)

Messing – Goldschm.-familie in Dortmund / **Lit.: 174**-1 // **Wilhelm Adolph Friedrich** / um 1797-1822 in Dortmund bek. / Vater des Friedrich M. / Werk in Dortmund // **Friedrich** / 12. 2. 1799 Dortmund – 2. 7. 1868 ebd. / Sohn v. Wilh. A. Fr. u. Vater des Conrad M. / in Dortmund tätig, Goldschm./Juwelier u. Fotograf / Werk 1843 in Altena (wahrsch. v. „Künne") / Ausst. u. a. 1987 Unna (Ev.-Stadtkirche) / **Lit.: 176d** // **Conrad** / 1. 1. 1824 Dortmund – ? / Sohn des Friedrich M. / bis 1859 in Dortmund bek.

Meyer, Willebrandt / † nach 1629 in Münster / Sohn d. Gerdt Meier / 1608-14 Ausb.-MS b. Paul Potthof, 1627 Meister / Werk in Stricklingen/Oldenburg / **Lit.: 174**-2 **+ 178**

Möllenhoff, Bernhard Gerhard Wilhelm / 1794 Hamm – ? / 1833/55 in Wuppertal tätig / **Lit.: 174**-1 **+ 216**

Möllenhoff, Godfried Caspar Diedrich (Gottlieb Casp. Dietrich) = Meister **G M** / * 1745 – 1786 Dortmund / in Dortmund tätig / Werke in Dortmund u. Privatbes. / **Lit.: 24**-37(G M) **+ 174**-1 **+ 176a +** In: „Westfalen" – Bd. 22 – S. 146-147 – Münster, 1937

Mönster, Hermann Joseph (von) / * Haselünne – 30. 12. 1807 Münster / 1772-78 Ausb.-MS b. H. O. I. Schöning, 1789 Meister / Werke in Metelen u. MS / **Lit.: 24**-25 **+ 174**-2 **+ 175 + 178**

Monogrammist = Meister

Munsterweg, Lambrecht (Munsterwich) (Lambert) / † nach 1619 in Münster / 1585-91 Ausb.-MS b. Cl. Redegelt, 1601 Meister / 1603-19 hatte er drei Lehrlinge / **Lit.: 174**-2 **+ 178**

Nehmsmann, Karl / 1848 – 1923 / war tätig in Lohne b. Soest, (Gold- u. Silberschmied) / Werk ebd. / Ausst. u. a. 2005 MS (Domkammer) / **Lit.: 252**-2(S. 228)

Niehues, Heinrich / um 1633/63 in Warendorf tätig / 1633 bildete er einen Lehrjungen aus Münster aus / (Teil-)Werke in Warendorf / Ausst.: 1981 Unna (Ev.-Stadtkirche) / **Lit.: 174**-2 **+ 176b + 179**(erw.-Katalognr. 570)

Niemeyer, Johann Christian August / 25. 5. 1808 Bielefeld – ? / 1843-1866 in Paderborn tätig / Werk in Münster / **Lit.: 174**-2 **+ 179**

Niessing, Hermann / * in Vreden – ? / Goldschm./Juwelierausb. in Kempen, Pforzheim u. Wien / ab 1873 Gründung der (später berühmten) Schmuckwarenmanufaktur in Vreden, Ltg. bis 1914 / alles weitere über „Niessing" = s. im Hauptteil des Lexikons / **Lit.: 174**-2

Osthues – „Firma J. C. Osthues" = Gold- u. Silberschmiedefamilie im 18.-21. Jh. in Münster / **Lit.: 24**-26 + **84**-69(S. 76/81/82)+81(S. 88) + **174**-2 + **178b** + **179** + „Das Haus in der Sonne" – Eine Chronik aus drei Jahrhunderten – Festschrift – Hg.: Firma J. C. Osthues in MS, 1981; „Die Roten Hefte" – Werbehefte d. Firma J. C. Osthues in MS, z. Bsp.: „Über Stil" – Heft 47 – um 2000 // **Hermann Henrich** (Heinrich) / 18. 9. 1729 getauft in Münster – 17. 9. 1779 ebd. / 1744-50 Ausb.-MS b. C. H. Budde, 1756 Meister, 1776 Hofgoldschm., 15. 6. – 17. 9. 1779 Gildemeister / Werke in MS/MS-land u. Privatbes. / Ausst.: 1981 Unna (Ev.-Stadtkirche), 84/ 93 MS (Stadtmus/WL) / **Lit.: 47a** (S. 389-91) + **175** + **176b** + **177** + **178+b** + **200**-2(S. 672) // **Johann Theodor Anton** (gen.: Franz Anton / Franciscus Antonius) / 8. 2. 1767 Münster – 25. 11. 1834 ebd. / Sohn des Hermann Henrich O. / 1780-86 Ausb.-MS b. Heitgres, 1792 Meister / Werk in MS u. MS-land (u. a. Coesfeld) / Ausst.: 1981 Unna (Ev.-Stadtkirche) / **Lit.: 176b** + **177** + **178** // **Wienhold Jakob Martin** / 17. 11. 1770 Münster – 30. 10. 1804 ebd. / Sohn des Hermann Henrich O. / 1786-92 Ausb.-MS b. F. Th. Baltzer, 1798 Meister / **Lit.: 178** // **Jodocus Mauritz Bernhard** / 30. 4. 1776 Münster – 23. 9. 1830 ebd. / Sohn des Hermann Henrich / 1790-96 Ausb.-MS b. H. J. v. Mönster, 1804 Meister / Werke in Borghorst u. Privatbes. / Ausst.: 1993 MS (Stadtmus) / **Lit.: 178+b** // **Franz Joseph Anton** / 16. 11. 1794 getauft in Münster – ? / Sohn des Joh. Theod. Anton O. / ab 1806 Ausb.-MS b. H. J. v. Mönster, 1845 Bürger in MS, wahrsch. um 1851/61 in Hannover tätig // **Johann Caspar Anton** / 22. 9. 1799 Münster – 10. 7. 1865 ebd. / Sohn des Jacob Wienold Martin O. / Gründer d. Firma „J. C. Osthues" in Münster / s. 1830 viele Goldschmiedegesellen beschäftigt u. 5 Lehrjungen / Werke u. a. in MS/Köln/Trier/Velen u. Privatbes. / Ausst. 1977 Arnsberg (Rathaus), 81/87 Unna (Ev.-Stadtkirche), 93 MS (WL) / **Lit.: 84**-51/61/65/61(S. 52)/78(S. 100)+80 + **176** + **176b** + **176d** + **200**-2(S. 751-53) + In: „Verein Münster Museum 1978-1988" – S. 70 – Hg.: Verein z. Förder. eines Museums f. Münsterische Stadt – u. Kulturgeschichte e.V., Münster, 1988 // **Jakob Wienhold Franz** / 21. 4. 1802 Münster – 17. 2. 1870 ebd. / Juwelier / Sohn des Johann Th. Franz O. // **Johann Theodor Mauritz** / 23. 1. 1807 Münster – 22. 1. 1831 ebd. / Gold- u. Silberschmied / Sohn des Jodocus Mauritz Bernh. O. // **Joseph Franz Maria** / 17. 3. 1834 Münster – 14. 7. 1905 ebd. / Sohn des Joh. Casp. Anton O. / ab 2. 12. 1866 preuss. Hoflieferant u. 8. 11. 1897 Päpstl. Hofgoldschmied / Werke in Pelplin, NRW u. Privatbesitz / Ausst.: 1993 MS (Stadtmus) / **Lit.: 178b** + **200**-2(S. 742-45) // **Bernhard Florenz Alois** / 1. 7. 1866 Münster – 26. 4. 1945 ebd. / Sohn des Jos. Fr. Maria O. / s. 1901 Mitinh., ab 1910 Päpstl. Hofgoldschmied / Werke u. a. in Trier/Westf.(MS) u. Privatbes. / Ausst. u. a. 2005 MS (Domkammer) / **Lit. 174**-2(erw. b. Joseph Fr. Maria) + **200**-2(S. 775+776) + **252**-2(S. 184) // **Karl Alois Josef Bernhard** / 2. 9. 1876 Münster – 19. 12. 1940 ebd. / Sohn des Joseph Franz Maria O. / war Mitinhaber // **Josef Johannes Kaspar Maria** / 3. 4. 1898 Münster – 25. 11. 1940 ebd. / Sohn d. Bernhard O., war Mitinh. der Firma // **Klaus Bernhard Maria** / 11. 9. 1923 Essen – 9. 7. 2005 Münster / Ltg. d. Firma 1950-1987 / Enkel des Bernh. Fl. Alois O. / u. a. Träger des goldenen Ringes der Ges. f. Goldschm.-kunst u. 73 ausgezeichnet mit dem „Diamond Intern. Award" / war Vors.-der „Deutsches Edelsteininstitut" u. Präsident der „Ges. f. Goldschmiedekunst" / **Lit.:** 2x = U. Stöver/Klaus Osthues: „J. C. Osthues" – MS, 1965 + 1976 // **Nikolaus Johannes** (Nico) Juwelier / 6. 3. 1959 Münster- / Sohn d. Klaus Bernh. Maria O. / Ltg. d. Firma ab 1987 / u. a.: 2005 = Restaurierung des „Expositoriums der Mauritzkirche" = im Domschatz MS, Schmuckmagazin Wettbew.-Ausz. „Exzellente Schmuckkultur 2006"

Philippi, Arnold Conrad Theodor / * um 1803 in Hamm – ? / Sohn des Stephan Theodor Ph. / bis 1843 in Hamm bek. / **Lit.: 174**-1

Philippi, Stephan Theodor / 19. 2. 1764 (getauft) Hamm – 5. 1. 1845 ebd. / Vater des Arnold Conrad Theodor Ph. / in Hamm tätig, später Silberfabrikant / Werke in Hamm u. Privatbesitz / Ausst. u. a. 1969 Hamm (Mus), 87 Unna (Ev.-Stadtkirche) / **Lit.: 174**-1 + **176d** + **177a**

Picker, Henrich (Heinrich) / † um 1629/33 in MS / 1573-79 Ausb.-MS b. H. Balke, um 1588 Meister, 1601-1606 Gildemeister / v. 1591-1627 hatte er 9(6) Lehrlinge / **Lit.: 174**-2 + **178**

Pislinger, Henrich Albert / † 8. 6. 1773 Münster / 1715-21 Ausb. b. J. H. Schmitz u. 1730 Meister u. 1766-70 Gildemeister in MS / Werke in Marienfeld u. Paderborn / Ausst. u. a. 1981 Unna (Ev.-Stadtkirche), 93 MS (Stadtmus) / **Lit.: 24**-27 + **174**-2 + **175** + **176b** + **178+b** + **200**-2 (S. 657)

Pölking, Johann Hermann Anton (Polking) / 27. 9. 1730 (getauft) in Osnabrück – ? / 1746-52 Ausb.-MS b. A. H. Storp / 1757 Bürger u. Meister in Warendorf, 1767 Gildemeister / bis 1803 in Warendorf bek. / Werk in Telgte / Ausst.: 1981 Unna (Ev.-Stadtkirche) / **Lit.: 174**-2 + **176b**

Poppe – Goldschmiedefamilie aus MS um 1682-1726 bek. / **Lit.: 24**-27 + **174**-2 + **175** + **176b** + **178+b** // **Christian** / † 8/1712 Münster / 1682 Meister in MS / 1684-1712(15) = 8 Lehrjungen / Werke in Westf. (für Cappenberg nicht erhalten) / Ausst.: 1981 Unna (Ev.-Stadtkirche), 93 MS (Stadtmus) / **Lit.: 177** + **200**-2(S. 686/689-90) // **Bern**(d)**t Christian** / 22. 1. 1686 getauft – 16. 9. 1726 Münster / 1698-1703 Ausb. b. s. Vater Christian P. / 1711 Meister in MS / Werke in MS/Osnabrück/Paderborn (für Cappenberg nicht erhalten) / Ausst.: 1981 Unna (Ev.-Stadtkirche), 93 MS (Stadtmus) / **Lit.: 200**-2(S. 670)

Potthof (Pothof/Potthoff) – Münsterische Goldschmiedefamilie im 16./17. Jahrh. / **Lit.: 24**-27 + **174**-2 + **178** // **Johann** (Johan/Hans) (I) / † 1605 Münster / um 1560 Ausb.-Paderborn, um 1567-73 b. David Knöp in MS tätig, danach in Warendorf u. ab 1587 MS / 4. 12. 1587 Meister, auch Münzstempelschneider / Werke u. a. in MS/Dortmund u. Privatbesitz / Ausst.: 1981 Unna (Ev.-Stadtkirche), 93 MS (Stadtmus) / **Lit.: 175** + **176b** + **178b** // **Paul** / * um 1574 – † nach 1614 / 1582-88 Ausb.-MS b. s. Vater Johann (I) / 1597 Meister // **Herman** (Hermann) / * um 1580 – † vor 25. 7. 1635 Münster / Sohn des Johann (I) / 1593-97 Ausb. b. B. Jamnitzer in Nürnberg, ab 1599 in MS / 1607 Meister, 1616-19 u. 1625-35 Gildemeister, ab 1630 Städt. Münzmeister / viele verlorengegangene Werke u. noch vorhanden in MS/Ahaus/Lemgo u. London / Ausst. u. a. 1981/83 Unna (Ev.-Stadtkirche), 93 MS (Stadtmus) / **Lit.: 175** + **176b+c** + **178b** + **200**-2(S. 649/654) // **Johann** (II) / * um 1585 – † 1626 Münster / 1597-1603 Ausb.-MS b. s. Vater Johann (I), 1614 Meister / Werk in MS / Ausst. u. a. 1993/2005 MS (Stadtmus/-Domkammer) / **Lit.: 175** + **178b** + **252**-2(S. 190) // **Johann** (III) / † um 1641/44 / 1623-29 Ausb. b. s. Vater Hermann, danach in Köln/Frankr. u. England tätig, ab 11. 6. 1635 Meister in MS, 31. 8. 1635 Städt. Münzmeister (Nachfolger seines Vaters) / Werke verschollen // **Henrich** (Hendrich/Heinrich) / um 1627-16(39)55 in Münster bek. / Sohn des Herman / 1627-33 Ausb.-MS b. H. Stylkindt, 1639 Meister (bis 1655 in MS tätig)

Potthoff, Fritz (außer Goldschm. auch Kunstgießer) / 25. 6. 1867 Münster(?) – † um 1939/47 / 1889 Geschäftsgründung-MS, ab 1896 m. Wilhelm u. Heinrich P. (beide Kunstgießer) / Gold-Medaille f. hervorr. Leistung / Firma war bis 1939(47?) bek. / Werke in Hamm-Heessen, MS-Hiltrup u. MS, v. Wilhelm P.: Werk in Laer / Ausst. u. a. 1993 MS (Stadtmuseum) / **Lit.: 178b** + **179**

Preislinger, Petrus Anton (Peter) / 26. 9. 1683 (getauft) in Coesfeld – 18. 1. 1766 ebd. / 1698-1704 Ausb. b. Samuel Kasten, 1712 Meister / Werk in Coesfeld / Ausst.: 1981 Unna (Ev.-Stadtkirche) / **Lit.: 174**-2 + **176b** + **177**

Putte, Johann thon / † nach 1625 / 1572-78 Ausb.-MS b. J. Wibbolding, danach in Lübeck u. Sandfort tätig, 1605 Meister, ab 1609 Bürger in MS, bis 1625 bek. / **Lit.: 174**-2 + **178**

Reckers, Bernhard s. Meister B R

Reckers, Gerhard / um 1749-1820 in Vreden tätig / Silberschmied, Rentmeister u. Bürgermeister / Werke in Vreden / Ausst.: 1981 Unna (Ev. Stadtkirche) / **Lit.: 176b**

Redegeldt, Dirich (Reidegeldt) / um 1599-1630 in MS u. Coesfeld bek. / Sohn des Nicolaus R. / 1599-1605 Ausb.-MS b. Joh. Schouw / 1614-30 in Coesfeld bek. / **Lit.: 174**-2 + **177**

Redegelt, Antonis (Reidegelt) / † 23. 9. 1605 Münster / um 1548 Meister, u. a. 1598-1600 Gildemeister, von 1548-80 hatte er 10 Lehrlinge / **Lit.: 174**-2 + **178**

Redegelt, Hermann (Reidegelt) / † 1599 Münster / ab 1579 Ausb. b. s. Vater Antonis R. u. 1582-88 b. s. Bruder Nicolaus / 15. 6. 1592 Meister / **Lit.: 174**-2 + **178**

Redegelt, Nicolaus (Claus) (Reidegelt) / † vor dem 4. 10. 1599 Münster / 1569-75 Ausb. b. s. Vater Antonis R. / um 1581/82 Meister (5 Lehrlinge) / **Lit.: 174**-2 + **177**(erw. b. Dirich R.) + **178**

Rentrop – Silberschmiede in Altena, ab 1825 Fabrik ebd. bis vor 1938 / viele Werke in Altena, Mülheim-Saarn u. NRW / Ausst. u. a. 1983/87 Unna (Ev. Stadtkirche), 83 Rheydt (Stadtmus), 2005 MS (Domkammer), + N/INT / **Lit.: 176c+d** + **179** + **200**-2(S. 765) + **252**-2(S. 234) + „Firma W. R." – Katalog – Altena, 1890 // **Christian Wilhelm** / auch Wilhelm (eigentl. Wilh. **I**) / † 30. 10. 1861 Altena / 1825 Gründung der Silberwarenfabrik in Altena / **Lit.: 174**-1 // **Wilhelm** (I) (eigentl. **(II)**) / † 1892 / Silberschm. / Ausz.-en: 1855 Weltausst.-Paris, 1870 Rom, 73 Weltausst.-Wien, 80 Düsseldorf, 81 Frankf.-M, 83 Amsterdam // **Wilhelm** (II) (eigentl. **(III)**) / † 1892 / Sohn des Wilhelm (I) / Ausb.-Kgsch-Fankfurt/M. // **Ernst** / Enkel des Wilh. R. (I) /

um 1899/1900 in Altena bek. / wahrsch. von ihm Werk in Wesel (1933) = Ausst. u. a. 2005 MS (Domkammer) / **Lit.: 252**-2(S. 234)

Rentzing, Albert Franz / 29. 11. 1849 Paderborn – ? / Sohn des Diedrich Heinr. R. / noch um 1876 in Paderborn bek. / Werke in Bökenförde, Geseke u. Langenberg / **Lit.: 174**-2 + **179**

Rentzing, Diedrich Heinrich (Dietrich Heinr.) / 31. 1. 1813 Unna – 28. 12. 1857 Paderborn / Ausb.-Duisburg um 1832 b. Joh. Albr. Scholl, ab 1847 in Paderborn tätig, s. Geschäft noch 1866/76 bek. (Sohn Albert * 1849) / Werke in Südwestf. (5x) / Ausst. u. a. 1987 Unna (Ev.-Stadtkirche) / **Lit.: 174**-2 + **176d** + **179**

Ringe, Hermann ton (Ryngen, H. von) / † 10/1625 Münster / 1578-86 Ausb.-MS b. B. v. d. Horst (II), 1605 Meister / **Lit.: 174**-2 + **178**

Rinke, Joseph / um 1820/24 in Attendorn bek. / Werk von 1824 in Attendorn / Ausst. 1977 Arnsberg (Rathaus) / **Lit.: 174**-1 + **176**

Roede, Hinrich (Henrick/Henrik/Heinrich) / ab 1504 in der Gilde in Münster bek. / 1532/34 einer der ältesten Wiedertäufer in MS / **Lit.: 174**-2 + **178**

Roest, Johann / † vor 1588 in Münster(?) / 1566-72 Ausb.-MS b. H. Werninck, um 1578/79 Meister / **Lit.: 174**-2 + **178**

Rolever, Heinrich (auch als H. Roelser erw.) / 1548-1583 in Münster bek. (in Paderborn = falsch) / 1556 Gildemeister / Werk verschollen / **Lit.: 24**-28 + **174**-2 + **178**

Scharlaken, Egbert / um 1594-1604 in Coesfeld bek. / Werk verschollen / **Lit.: 174**-2 + **177**

Scharlaken, Hermann / † 11/1672 Münster / 1658-64 Ausb.-MS b. s. Vater Johann Sch., 1669 Meister / **Lit.: 24**-29(Daten m. Joh. vertauscht) + **174**-2 + **178**

Scharlaken, Johann (Scharlake/Scharlachen) (Gold- u. Silberschm., Münzmeister) / * wahrsch. in Coesfeld – † 8. 9. 1678 Münster / 1626-32 Ausb.-MS b. Herm. Potthof, 1639 Meister, vermutl. ab 1641/45 Münz- u. 1661-78 Gildemeister / erh. Werke in Dortmund/MS/Lüdinghausen u. Privatbesitz / Ausst.: 1981 Unna (Ev.-Stadtkirche), 93 MS (Stadtmus) / **Lit.: 24**-29 (Daten m. Hermann vertauscht) + **33** (S. 206) + **174**-2 + **175** + **176b** + **178** + **178b** + **200**-2 (S. 655/678-83) + **252**-2 (S. 158)

Schawe s. Schouw/Schouwe/Schowe

Scheidemacher, Jakob / † 1695 Münster / 1671 Meister in MS / Werke in MS/Borken u. Bevergern / Ausst. 1993 MS (Stadtmus) / **Lit.: 24**-30 + **174**-2 + **175** + **178+b** + **200**-2(S. 652)

Schimelinck, Joan Bernd(t) / * in Münster – 21. 1. 1800 ebd. / 1760-66 Ausb.-MS b. Chr. Budde, 1772 Meister, 1791/93 Gildemeister / Werke verschollen / **Lit.: 174**-2 + **175** + **178**

Schlade – Zinngießerfamilie s. Nachtrag 2: Zinngießer

Schlade, Jorgen Henrich / † 12. 8. 1718 Münster / 1688-94 Ausb.-MS b. M. Büren / 1704 Meister / Werk in Privatbesitz / **Lit.: 24**-30 + **174**-2 + **178**(S. 133)

Schlamann, August / tätig um 1886-1901 Paderborn / Werk in Spexard (Gütersloh) / **Lit.: 179**

Schlenker, Hermann / 16. 6. 1863 Telgte – 25. 4. 1925 Billerbeck / s. 1874 in Billerbeck bek. / Werke in Billerbeck, Havixbeck u. Senden b. MS / **Lit.: 179**

Schmidding, Johann Wilhelm (Schmieding) (auch: Johann oder Wilhelm) / * 1690 – 1774 Dortmund / war in Dortmund tätig / Werke in Dortmund/Wickede/Derne/Hörde u. Privatbes. / Ausst. 1983 Unna (Ev. Stadtk.), Rheydt (Mus) / **Lit.: 174**-1 + **176a+c**(2x Wilh. Schmieding)

Schmieding, Caspar Wilhelm Gerhard = Meister **W S** / * 1767 Dortmund – 25. 12. 1822 ebd. / war in Dortmund tätig / Werk in Schwerte / **Lit.: 24**-37(W S) + **174**-1 + In: „Westfalen" – Bd. 22 – S. 146-147 – Münster, 1937

Schmieding, Gerhard Christopher = Meister **G S** / 1721 Dortmund – 1786 ebd. / Sohn des Joh. Wilh. Sch. / Werke in Dortmund/Wickede/Hörde/Fröndenberg u. Privatbes. / Ausst. u. a. 1983 Unna (Ev. Stadtkirche), Rheydt (Stadtmus) / **Lit.: 24**-37(= Meister G S) + **174**-1 + **176a** (= G S) + **176c** + In: „Westfalen" – Bd. 22 – S. 146-147 – Münster, 1937

Schmieding, Johann s. Schmidding

Schmieding, Zacharias Johannes = Meister **Z S** / 1755 Dortmund – ? / bis 1813 in Dortmund bek. / Sohn des Gerhard Christopher / Werke in Dortmund u. Schwerte / **Lit.: 24**-37(Z S) + **174**-1 (Z S) + In: „Westfalen" – Bd. 22 – S. 146-147 – Münster, 1937

Schmitz, Caspar **Ferdinand** / 18. 9. 1810 Warendorf – nach 1867 ? / Vater v. Joseph (III) u. Sohn des Joh. Heinr. Anton Joseph / 1836-40 Geselle in MS b. L Baltzer / 1841 Heirat in Lüdinghausen, später wohl in Warendorf tätig, seine Frau stirbt dort 1867 / **Lit.: 174**-2

Schmitz, Edmund Alexander / * um 1730 Osterfelde ? (s. unten!) – 3. 8. 1800 Warendorf / Vater d. Joh. Heinr. A. Joseph (I) / Ausb. b. B. J. Hartmann bis 1755 in Warendorf, 1760 Meister / Werke in Freckenhorst/Liesborn u. Privatbes. / Ausst. u. a. 1981 Unna (Ev.-Stadtkirche), 2003 MS (WL) / **Lit.: 174**-2 + **176b** + In: „Sammlerlust" – Ausst.-kat. – WL-MS, 2003 (= * 1755 Warendorf – 1800 ebd.)

Schmitz, Johann Albert (Smitz, Joan A.) / 23. 5. 1684 getauft – 18. 5. 1729 Münster / 1702-08 Ausb.-MS b. I. H. Fischer, 1714 Meister / Werke in Darfeld/MS/Diestedde, in Cappenberg verschollen / Ausst. u. a. 1993/2005 MS (Stadtmus/Domkammer) / **Lit.: 24**-30 + **174**-2 + **175** + **178** + **178b** + **200**-2(S. 695-97) + **252**-2

Schmitz, Johann Bernhard / * in Harsewinkel – † 1. 2. 1857 Dorsten / 1791-97 Ausb.-MS b. J. H. Heitgres, 1804 Meister in MS / Werk wahrsch. in Telgte / **Lit.: 174**-2 + **178**

Schmitz, Johann Heinrich Anton Joseph (I) / 20. 10. 1765 Warendorf – 28. 1. 1839 ebd. / Vater des Joseph (II) u. Caspar Ferdin., Sohn des Edm. Alex. / Ausb. b. s. Vater, 1799 Meister, 1799/1805/1808 Gildemeister / Werk im MS-land / Ausst. u. a. 1987 Unna (Ev.-Stadtkirche) / **Lit.: 174**-2 + **176d**

Schmitz, Joseph (II) / 5. 6. (7. 7.) 1804 Warendorf – nach 1886 ? / Sohn des Joseph (I) u. Bruder des Caspar Ferdinand / bis 1886 in Warendorf bek. / Werke in Milte, Sassenberg, u. (6x) Warendorf / Ausst.: 1981 Unna (Ev.-Stadtkirche) / **Lit.: 174**-2 + **176b** + **179** + **200**-2(S. 758)

Schmitz, Joseph (III) / 26. 7. 1844 Warendorf – ? / Sohn des Caspar Ferdinand / Werke in Langenhorst, Milte u. (4x) Warendorf / **Lit.: 174**-2(erw. b. Casp. Ferd.) + **179** + **200**-2(S. 771)

Schönberg, Goswin / um 1700/10 in Soest tätig / Werke in Soest / Ausst. u. a. 1983 Unna (Ev. Stadtkirche), Rheydt (Städt.-Museum) / **Lit.: 174**-2 + **176c**

Schöning s. Schonin(c)k

Schöttler, Heinrich Georg (Henrich/Henricus Georgius) (Schütteler) / 1743 Warburg – 26. 3. 1818 Lippstadt / ab 6. 6. 1772 Bürger in Lippstadt, sein Sohn Heinr. Georg Bernh. in Detmold u. Aachen tätig / Werke in Lippstadt/Warstein u. Privatbesitz / Ausst. u. a. 1977 Arnsberg (Rathaus), 87 Unna (Ev.-Stadtkirche) / **Lit.: 173**(S. 180/81) + **174**-2 + **176** + **176d** + **179**

Schoninck, Hermann Otto Ignatius (Schonink/Schöning) / † 12. 5. 1801 Münster / 1750-56 Ausb.-MS b. s. Vater Joh. Henr. Sch., 1765 Meister, 1780-91 Gildemeister / Werke in Darfeld/Osnabrück/Dortmund u. Privatbes. / Ausst.: 1981 Unna (Ev.-Stadtkirche) / **Lit.: 24**-30 + **174**-2 + **175** + **176a+b** + **178**

Schonink, Johann Henrich (Schoninck/Schöning) / † 10/1757 Münster / 1717-23 Ausb.-MS b. E. Storm, 1729 Meister / Werke in MS/Telgte/Köln/Elmsbüren / Ausst.: 1981 Unna (Ev.-Stadtkirche), 93 MS (Stadtmus) / **Lit.: 24**-30 + **174**-2 + **175** + **176b** + **178+b**

Schouw, Johann (Hans/Johannes) (Schave/Schaw) / * um 1550/60 – † 1608 Münster / 1578-84 Ausb.-MS b. Henr. Isermann, ab 1592 Geselle in Nürnberg, 1594 Meister in MS / Werk in MS/Meschede / Ausst. u. a. 1981 Unna (Ev.-Stadtkirche), 2005 MS (Domkammer) / **Lit.: 174**-2 + **175** + **176b** + **178** + **200**-2(S. 663) + **252**-2(S. 170) + Géza Jászai: „Der Martinus-Pokal" – Gestalt und Bildprogramm – Bildheft Nr. 13 – WL-Münster, 1980

Schou(we), **Paul** (Paulus) / † nach 8/1629 / Sohn des Joh. Schouw / 1609-15 Ausb.-MS b. Joh. Hoese, 1622 Meister / **Lit.: 174**-2 + **178**

Schowe, Arnold (Arndt) (Schawe) / † um 1633/1639 / Sohn des Joh. Schouw / 1616-22 Ausb. -MS b. M. v. Büren, 1629 Meister / **Lit.: 174**-2 + **178**

Schraeder, Louis / von 1896 bis 1953 in Münster bek. / Werke in MS u. Privatbesitz / **Lit.: 84**-53 + **179**

Schrewe, Jo(a)**chim** / † (um 1595/99?)1596 (Münster?) / stammt aus Bielefeld, ab 1584 Geselle in MS, 1586 Meister (in Bielefeld?), 1588 Meister in MS / **Lit.: 24**-30 + **174**-2 + **178**(S. 82)

Schroder, Joest / kam 1603 v. Bielefeld nach Coesfeld, hier bis 1609 bek. / Werke in Coesfeld verschollen / **Lit.: 174**-2 + **177**

Schwarz(e), **Johann Conrad Friedrich** / 30. 5. 1789 Herford – 14. 12. 1857 ebd. / Vater v. Friedr. Wilh. Ludwig / Werke u. a. in Bad Salzuflen u. Privatbesitz / **Lit.: 174**-1 + **179**

Schwarz, Friedrich Wilhelm Ludwig / 28. 8. 1817 Herford – nach 1873 ? / Sohn v. Joh. Conr. Friedr. / in Herford bis 1873 bek. / **Lit.: 174**-1

Schwarze, Hermann (Schwartze, Herm. Henrich) (auch Münzmeister) = Meister **H S** / 12. 12.

1705 Dortmund – 1785 ebd. / in Dortmund tätig, ab 19. 11. 1761 Schau- u. Stempelmeister / Werke in Dortmund/Fröndenberg u. Privatbes. / Ausst. u. a. 1983 Unna (Ev. Stadtkirche), Rheydt (Stadtmus) / **Lit.: 24**-37(H S) + **174**-1 + **176a+c** + In: „Westfalen" – Bd. 22 – S. 146-147 – Münster, 1937

Schwelinck, Hans (Sweiling) / * in Deventer – † 19. 8. 1599 Münster (an der Pest) / Ausb. wahrsch. b. s. Bruder Arndt in Deventer, ab 1580 Geselle in MS b. Heinr. Decker, 1584 Meister / **Lit.: 24**-35(erw. b. H. Wiertz, gen. Schweling) + **174-2** + **178**(S. 75)

Schwicker, Rudolf (Roleff) / 1679-1702 in Coesfeld bek. / 1679 Meister, 1683-1702 Gildemeister / **Lit.: 174**-2 + **177**

Silker, Franz Alexander Friedrich Wilhelm / 31. 12. 1813 Münster – 6. 10. 1861 ebd. / um 1839-41 beschäftigte er drei Gesellen / Werk in Privatbes. / **Lit.: 174-2** + **179**

Smitz s. Schmitz

Sobbe, Heinrich August / 19. 9. 1723 (getauft) Lemgo – 1. 4. 1763 Herford / Sohn des Joh. Christoph S. / Werke in Herford u. Privatbes. / Ausst. u. a. 1983 Unna (Ev. Stadtkirche), Rheydt (Städt.-Museum) / **Lit.: 174**-1+2 + **176c**

Sobbe, Johann Christopher (Christoffer) / † vor dem 6. 1. 1728 Lemgo(?) / vermutl. Christoph Sobbe aus Berlin / Vater v. Heinr. Aug. S. / ab 1717 in Lemgo tätig / Werk in Lemgo / Ausst. u. a. 1983 Unna (Ev. Stadtkirche), Rheydt (Städt.-Museum) / **Lit.: 174-2** + **176c**

Sommers, Carl Ludewig (Sommer) / stammt aus Schleusingen/Sachsen / ab 20. 7. 1754 Bürger in Dortmund u. dort bis 1794 bek. / Werke in Dortmund u. in Privatbes. / **Lit.: 174**-1 + **176a**

Stampfer – Goldschmiedefamilie s. 1807 in Werl tätig / **Lit.: 174**-2 + **179** // **Caspar Anton** / 1782 Wenne b. Eslohe – 17. 9. 1844 Werl / ab 1807 in Werl, Werk ebd. // **Friedrich Adam** / 27. 1. 1819 Werl – ? / Sohn d. Caspar Anton / um 1849 bis nach 1852 in Werl tätig, Werke ebd. // **Josef** (I) / 25. 6. 1852 Werl – 24. 6. 1911 Nauheim / Sohn des Friedr. Adam // **Josef** (II) / 1904 Werl – ? / Sohn v. Josef (I) / war Goldschm.-meister in Werl // **Manfred** / 1935 Werl – / Goldschmiedemeister in Werl

Stillkinck/Stillking/Stilkindt s. Stylkindt

Stockmann, Peter / † 1600 Münster / 1562-68 Ausb.-MS b. H. Isermann, um 1574/76 Meister / beschäftigte bis 1598 sechs Lehrlinge / **Lit.: 174-2** + **178**

Storm, Joan Engelbert / † 1726 Münster / 1694-1700 Ausb.-MS b. M. Büren, 1712 Meister / beschäftigte 1713-23 drei Lehrlinge / **Lit.: 174**-2 + **178**

Storp – Münsterische Goldschmiedefamilie um 1651-1788 / **Lit.: 24**-32 + **174**-2 + **175** + **178** // **Gottfried** (I) / † 8/1701 Münster / 1651-57 Ausb.-MS b. Joh. Scharlaken, 1663 Meister / Werke im WL-MS / Ausst.: 1993 MS (WL/Stadtmus) / **Lit.: 178b** († 20. 10. 1701) + **200**-2(S. 654/667) // **Gottfried** (II) = Johan Godtfridt/Johann Godtfried / 24. 6. 1668 getauft – 2/1714 Münster / 1682-88 Ausb.-MS b. s. Vater Gottfried (I), 1698 Meister / Werke in MS/Beckum/ Borken/Falkenhagen u. Privatbesitz / Ausst.: 1981 Unna (Ev.-Stadtkirche), 93 MS (WL/Stadtmus) / **Lit.: 176b** + **178b** + **200**-2(S. 668+693=eigentl. Gottfried III) // **Gottfried** (III) / † 7. 6. 1757 Münster / 1713 Ausb. b. s. Vater Gottfr. (II) u. 1714-20 b. B. Poppe, 1725 Meister, ab 1732-? Gildemeister / Werke in Borken u. Privatbesitz / Ausst.: 1981 Unna (Ev.-Stadtkirche) / **Lit.: 176b** // **Albert Hinderich** / † 1788 Münster / Sohn des Gottfried (II) / 1725-31 Ausb.-MS b. J. H. Budde, 1739 Meister (Lit. 24-32 + 175 entfällt hier) / **Lit.: 200**-2(S. 658)

Storz, Ernst / v. 1907-12 in Münster bek., 1936 in Emmerich / heiratete Magdalena Bruun, Tochter v. Joseph Maria Bruun u. übernahm 1907 die Firma R. Bruun in MS, seine Tochter ist (s.) Erna Teufel / 1910 Goldmed. Weltausst.-Brüssel, 1912 päpstl. Hofgoldschm. / Werke in Westf. u. Privatbes. / **Lit.: 174**-2(erw. b. Joseph Maria Bruun) + **179**

Stüker, Johann / * wahrsch. in Dülmen – 23. 3. 1733 Paderborn / 1680-86 Ausb.-MS b. Michael Büren / 1693 Bürger in Paderborn / Werke in Höxter, Paderborn (1699) u. in Kreise Warburg/Brilon/Wolfshagen / Ausst. 1977 Arnsberg (Rathaus) / **Lit.: 174-2** + **176**

Stüker, Johann Henrich Caspar / 18. 2. 1698 Paderborn – ? / Sohn des Johann / **Lit.: 174**-2

Stüker, Konrad Ignaz / 20. 7. 1707 Paderborn – 6. 9. 1757 ebd. / Sohn des Joh. / **Lit.: 174**-2

Stylkindt, Hans (Stillking/Stillkinck/Stillekink) / * wahrsch. in Wien – † um 1647/55/58 (Münster?) / ab 1615 Geselle b. Joh. Hoese in MS, 1620 Meister / erh. Werke in MS/Wien/Weddern

(Karthaus) u. Privatbes. / Ausst. u. a. 1981 Unna (Ev.-Stadtkirche), 84/93/2004 MS (Stadtmus/WL) / **Lit.: 24**-32 + **47a** (S. 208) + **174**-2 + **175** + **176a+b** + **177** + **178+b** + **200**-2(S. 667) + In: „Verein Münster Museum 1978-1988" – S. 40 – Hg.: Verein z. Förd. eines Mus.-s f. Münsterische Stadt- u. Kulturgeschichte e.V.-MS, 1988

Temme – Goldschmiedefamilie in Coesfeld um 1693-1840 / **Lit.: 174**-2 + **177** // **Christoffer Bernhard Anton** (Christoph) / 1693 Coesfeld(?) – 23. 12. 1761 ebd. / 1711-17 Ausb.-MS b. J. D. Hoberg, 1725 Meister in Coesfeld / Werke in Coesfeld / Ausst.: 1981 Unna (Ev.-Stadtkirche) / **Lit.: 176b** // **Henrich Adolph** (Heinrich Adolf) / *Lit. 177* = 1732 (getauft) in Coesfeld – 1806 ebd. u. *Lit. 174-2* = 1734 Coesfeld – 4. 11. 1806 ebd. / 1744-52 Ausb. b. s. Vater Christ. B. A. / 1765 Meister, 1793 u. 1805 Gildemeister / Werk in Coesfeld / Ausst.: 1981 Unna (Ev.-Stadtkirche) / **Lit.: 176b** // **Johann Gerd** / * um 1737/39 Coesfeld – ? / 1753-57 Ausb. b. Vater Christ. B. A., 1764 Meister, 1767 Gilderichter // **Bernhard Adolph** / * 13. 4. 1764 Coesfeld – ? / Sohn des Johann Gerd // **Joseph** (Josef) / 9. 9. 1768 (getauft) Coesfeld – 1840 ebd.(?) / war als Meister 1793-1805 Gilde-Beisitzer

Teufel (Alf/Erna/Fred/Kai) s. im Hauptteil (Bd. 2) des Werkes

Tewes, Johann **Carl Wilhelm** (I) / 25. 7. 1797 Unna – 9. 1. 1872 Dortmund / Vater v. Carl (jun.) II / Werke in Dortmund u. Privatbes. / **Lit.: 174**-1 + **179**

Tewes, Carl (= Joh. Carl Wilh. II) / 8. 10. 1828 Dortmund – 21. 4. 1883 ebd. / **Lit.: 174**-1

Tewes, Carl Friedrich Wilhelm (= Joh. Carl Wilh. III) / 24. 3. 1861 Dortmund – ? / bis vor (um) 1930 in Dortmund bek. / Sohn von J. Carl W. II / Werke in Dortmund / Ausst. u. a. 1987 Unna (Ev.-Stadtkirche) / **Lit.: 34**-9,2 + **174**-1(erw. b. Carl II) + **176d** (Joh. C. W. III)

Torck, Derik (Dirik) / um 1594-1617 in Coesfeld bek. / Werke verschollen / **Lit.: 174**-2 + **177**

Tunneken, Henrich / um 1575-1609 in Münster bek. / 1575-81 Ausb.-MS b. Balth. v. d. Horst, 1587 Meister / **Lit.: 174**-2 + **178**

Veltmann, Heinrich / um 1676-1716 in Coesfeld bek. / bis 1676 Ausb.-Coesfeld b. Zacharias Fingerling, 1682 Meister / Werk in Vreden / Ausst.: 1981 Unna (Ev.-Stadtkirche) / **Lit.: 174**-2 + **176b** + **177**

Volckmar, Johann Theodor Friedrich (Friedrich) / 7. 8. 1762 Soest – 18. 9. 1845 ebd. / Vater v. Ludwig Volkmar / Werke in Dortmund (2x), Soest, Fröndenberg u. Neuengeseke / Ausst. u. a. 1987 Unna (Ev.-Stadtkirche) / **Lit.: 174**-2 + **176a** + **176d** + **179**

Volkmar, Ludwig / * um 1796 Soest – ? / bis 1841 in Soest bek. / Sohn v. J. Th. Fr. / **Lit.: 174**-2

Vormann, Johann Bernhard / * 1771/72 (2. 1. 1772 getauft) Münster – 2. 12. 1823 ebd. / Vater v. J. Th. Heinr. / 1789-95 Ausb.-MS b. Fr. Theod. Baltzer, 1801 Meister / Werke in MS/MS-land/München u. Privatbesitz / Ausst. u. a. 1981/87 Unna (Ev.-Stadtkirche), 84/93/2004 MS (Stadtmus/WL) / **Lit.: 47a** (S. 421) + **84**-51 + **174**-2 + **176b** + **176d** + **177** + **178+b** + **179** + **200**-2 (S. 748) + In: „Verein Münster Museum 1978-1988" – S. 66-69 – Hg.: Verein z. Förderung eines Museums f. Münsterische Stadt- u. Kulturgeschichte e.V., Münster, 1988

Vormann, Johann Theodor Heinrich / 5. 7. 1816 Münster – vor 3. 10. 1882 ebd. / Sohn des Joh. Bernh. / Werke in Arnsberg/Telgte/Ostbevern/Welver/MS, Lette (Kr. Coesfeld) / Ausst. u. a. 1977 Arnsberg (Rathaus), 81/87 Unna (Ev.-Stadtkirche), 93 MS (WL/Stadtmus) / **Lit.: 84**-59 (S. 65) + **174**-2 + **176** + **176b** + **176d** + **177** + **178b** + **179** + **200**-2(S. 756)

Wächter, Johannes / 16. 11. 1867 Münster – 1. 7. 1946 (ebd.?) / 1881-85 Ausb.-MS b. R. Bruun, ab 1901 eig. Geschäft / Werke in MS u. MS-land / **Lit.: 179** + **200**-2(S. 731+786)

Walrave – Goldschmiedefamilie in Coesfeld um 1704-1810 / **Lit.: 174**-2 + **177** // **Johann Friedrich** / Schmiedemeister, auch die Vorfahren waren v. Beruf Schmied / um 1725 in Coesfeld bek. / **Lit.: 177**(S. 26 – b. Temme) // **Johann Henrich** (Joh. Heinrich) / um 1704-43 in Coesfeld tätig / seine Vorfahren waren auch Schmiede in Coesfeld / Vater v. Peter, Hermann Josef u. Theodor / ab 1704 wieder! in Coesfeld, 1705 Meister / 1706-34 Ausb. v. fünf Lehrlingen // **Johann Peter** (Peter) / 1707 (1709 getauft) Coesfeld – ? / Ausb.-Coesfeld 1724-30 b. s. Vater Joh. Heinr. W., 1737 Meister // **Hermann Josef**(ph) / 1713 (getauft) Coesfeld – ? / in Coesfeld bis 1755 bek. / 1729-34 Ausb. b. s. Vater Joh. Heinr. W., 1747 Meister, 1749-55 Gilderichter (Scheffer) // **Johann Theodor** (Theodor/Joh. Th. Dietrich/Joh. Dietrich/Th. Dietrich) / 1728 (getauft) Coesfeld – ? / bis 1810 in Coesfeld bek. / Sohn d. Joh. Henrich W. / 1793-1805 als Meister bek. / 1805 Gildemeister / Werk in Coesfeld / Ausst.: 1981 Unna (Ev.-Stadtkirche) / **Lit.: 176b**

Walter, Anton Christoph / um 1853-63 in Recklinghausen tätig / **Lit.: 174**-2

Walter, Joseph / * um 1780 – ? / bis nach 1834 in Recklinghausen tätig / Werk in Recklinghausen u. in Privatbesitz / **Lit.: 174-**2

Walter, Josephus Anton Egidius / 1. 9. 1821 Recklinghausen – ? / Sohn des Constantin Walther / bis 1857 in Recklingh. bek. / Werk (wahrsch.) in Flaesheim / **Lit.: 174-**2 + **179**

Walther, Constantin / 26. 3. 1787 Recklinghausen – 16. 9. 1851 ebd. / Vater v. Josephus A. E. Walter / **Lit.: 174-**2

Weber, Johann / † um 1897 Münster (?) / ab 1892 Emailleur in MS, 1896 Goldschm. (Goldschm.-Werke aber schon ab 1891 bek.!) / Werke in Paderborn, MS u. MS-land / **Lit.: 179**

Werneke, Johann Bernard Anton (Wernecke/Wernike) / 21. 10. 1795 (getauft) Münster – 9. 1. 1828 ebd. / Ausb.-MS ab 1809 b. J. Chr. Deppenbrock / Werk in Altenberge b. Münster / **Lit.: 174-**2 + **179**

Werninck, Gerdt / † angebl. 1631 (?) / 1605-11 Ausb.-Münster b. Joh. Schouw, 1626 Meister / Werke in MS / Ausst. u. a. 2005 MS (Domkammer) / **Lit.: 24-**35 + **175** + **178** + **252-**2

Werninck, Hinrich / um 1566 in Münster bek. / **Lit.: 174-**2 + **178**

Westermann, Joan / * um 1787 Bocholt – † 7. 1. 1825 ebd. / **Lit.: 174-**1

Westermann, Josef Franz Albert / 1786 Bocholt – 21. 14. 1881 Münster / wahrsch. Bruder des Joan W. / 1802-08 Ausb.-MS b. J. B. Vormann / Werke in MS/Bocholt u. Privatbes. / Ausst.: 1981/87 Unna (Ev.-Stadtkirche) / **Lit.: 84-**51 + **174-**2 + **176b** + **176d** + **179** + **200-**2(S. 754)

Westhoff, Wessel / † vor dem 18. 11. 1607 in Münster (?) / 1581-87 Ausb.-MS b. J. Wibboldingk, um 1597/98 Meister / Werk in Heessen (jetzt Hamm-H.) / Ausst.: 1981 Unna (Ev.-Stadtkirche) / **Lit.: 174-**2 + **176b** + **178**

Wibboldingk, Jürgen (Jurgen/Jurrien/Wilberding) / † um 1586/87 in Münster / 1552-58 Ausb.-MS b. B. v. d. Horst, um 1565 Meister (8 Lehrjungen bis 1585) / **Lit.: 24-**35 + **174-**2 + **178**

Wiegent, Anton Bernard He(i)**nrich** / 2. 11. 1808 Münster – ? / 1821-26 Ausb.-MS b. Joh. Fr. Zurstraßen, danach in Coesfeld u. vor 1830 in MS b. L. Baltzer tätig / bis 1873 in MS bek. / Werke in Privatbes. / **Lit.: 174-**2 + **179**

Wilckinckhoff, Anders / um 1583 – 1611 in Münster tätig / Ausbildung nicht bek. / 1598 u. 1600 Gildemeister, 1601-1610 Ratsherr / **Lit.: 174-**2 + **178**

Wilich, Johann / um 1647 in Coesfeld tätig, ab 1650 Osnabrück / war Meister / Werk verschollen / **Lit.: 174-**2 + **177**

Wilssum, Jacob Dirichsen von / * in Zwolle-NL (?) – † nach 1622 / 1593-1622 in Münster tätig / 1593-99 Ausb. b. B. v. d. Horst, 1610 Meister (als Jacob von Wylsen) / **Lit.: 174-**2 + **178**

Wippo, Johann Heinrich Joseph / 18. 8. 1812 Münster – 1. 12. 1841 ebd. / Sohn d. Wilh. A. Fr. / 18 Gesellen beschäftigte er weiter m. d. Witwe des Wilh. A. Fr. bis 1841 / **Lit.: 174-**2

Wippo, Werner Wilhelm Anton / 12. 11. 1821 Münster – ? / Sohn d. Wilh. A. Fr. / bis 1873 in MS bek. / **Lit.: 174-**2

Wippo, Wilhelm Anton Franz / 23. 4. 1771 Münster – 2. 10. 1831 ebd. / 1784-90 Ausb.-MS b. B. A. Brinckmann, 1801 Meister / um 1801-31 beschäftigte er 32 Gesellen / Werke in MS u. Privatbes. / **Lit.: 24-**36 + **84-**61 (S. 52) + **174-**2 + **178** + **179**

Wortmann, Jakob (auch **Johann) Christoph Conrad** / 4/1824 Münster – ? / bis 1873 in MS bek. / Werk in MS / Ausst. u. a. 1987 Unna (Ev.-Stadtkirche) / **Lit.: 174-**2 + **176d**

Wyler, Peter / kam wahrsch. aus Köln, 1536-41 in Münster tätig / sein Lehrjunge war 1536-41 (s.:) David Knoep (Cnoep) / **Lit.: 174-**2 + **178** (S. 52)

NACHTRAG 2

Zinngießer bis zum 20. Jahrhundert

(Nicht in der 1. Ausgabe genannt) / Finden Sie den Zinngießer nicht in diesem Nachtrag, so schauen Sie bitte noch bei M. Pieper-Lippe nach. **Alle** Künstler/innen in Westfalen-Lippe dieser Gattung werden hier nicht aufgeführt. Sie finden hier nur solche, die in Katalogen der Lit.-Nummern: 24 bis 26 u. u. a. auch in 176c vorkommen + dazu dann die Spezialkataloge-Zinngießer = Zinn 1 – 3

Lit.-Nummern zum Nachtrag 2 – Zinngießer:

Zinn-1 = Margarete Pieper-Lippe: „Zinn im Südlichen Westfalen" – Sonderbd. 19 – „Westfalen" – Aschendorff-Verl.-Münster, 1974

Zinn-2 = Margarete Pieper-Lippe: „Zinn im Nördlichen Westfalen" – Sonderbd. 21 – „Westfalen" – Aschendorff-Verl.-Münster, 1980

Zinn-3 = M. Pieper-Lippe/K.-H. Husmann: „Zinn in Westfalen" – Sonderbd. 24 – „Westfalen" – Aschendorff-Verl.-Münster, 1988

Zinngießer

(Die Erläuterungen zu den Goldschmiedekünstlern gelten auch hier): (wenn nicht anders vermerkt: Familien chronologisch geordnet)

Ahlhorn, Conrad / um 1778-82 in Minden bek. / **Lit.: 26**-1 + **Zinn-2**

Albinger – Zinngießerfamilien vom 18.-20. Jh. in Münster (4 oder 5 Generationen) / Werkstatt, später Firma **Franz A.** in MS wird n. d. Tode von Franz Conr. Th. (1872) v. d. Witwe u. dem Zinngießer Jean v. Thenen unter diesem Namen weitergeführt, ab 1877 v. ihrem Bruder Eduard *(siehe)* Specht, s. 1902 (Tod der Witwe) v. Bernhard Specht (Neffe d. Witwe) / Ende d. letzten münsterischen Zinngießerei 10/1943 durch Zerstörung der Werkstatt (Firmen- u. Schriftstempel Franz A. u. die Initialien G H A sind bis zuletzt benutzt worden!!) / Ausst. u. a. 2004 MS (Stadtmuseum) / **Lit.: Zinn-3**(u. a. S. 144 = Ahnentafel) // **Joan** (Albi(n)ger) / 1694 Heirat in MS / **Johann Balthasar** / 12. 4. (getauft) 1696 Münster – um 1773/74 ebd. / Sohn des Joan / 1733 Meister // **Gerhard Henrich** (1) / 10. 9. (getauft) 1739 Münster – 1811 ebd. / Sohn v. Joh. Balth. / Meister 1759 / um 1786 Arbeiten f. d. Kloster Cappenberg / erh. Werke in MS u. Hamm / **Lit.: 26**-2(= Gerard) // **Franz Conrad** / 22. 6. (getauft) 1771 Münster – 15. 1. 1846 ebd. / Sohn v. Gerh. Henr. (1) / 1796 Meister / Werke in MS // **Christoph Bernhard Anton** / 13. 6. (getauft) 1776 Münster – 1810 ebd.(?) / Sohn v. Gerh. Henr. (1) / 1801 Meister // **Gerhard Henrich** (2) / 23. 3. (getauft) 1801 Münster – 11. 4. 1865 ebd. / Sohn v. Franz Conrad / 1846 Meister / Werke in Westf. / **Lit.: 84**-56+61 (S. 58)+74+80+81+82 (S. 67 + S. 74 // **Franz Conrad Theodor** / 1. 4. 1835 Münster – 19. 12. 1872 ebd. / Sohn v. Gerh. Henrich (2)

Albinger – außerhalb des Stammbaumes, Verwandschaft nicht nachweisbar: **Alexander** / um 1740-60 in Münster bek. // **J. Christoph** / in MS 1735 Meister, bis 1739 bek. / Werk in Vellern // **J. Gerhard Balthasar** / viell. Joh. Balthasar gemeint? / um 1739 in MS bek. / **Lit.: Zinn-3**

Arends, Johann Christoph / 1750/53 in Herford bek. / **Lit.: 26-5** + **Zinn-2**

Baltan, Michael (Baltano/Paltano) / 1835-38 in Werl bek. / **Lit.: 26-6** + **Zinn-3**

Bamberger, Hermann Georg / stammt aus Osnabrück, 1788-1802 in Paderborn bek. / **Lit.: Zinn-1+3**

Barckhaus (Barckhus/Barckhusen) – Westf. Familie um 1635-1972 bek. / Werkstätten in Münster, Beckum, Ahlen, Warendorf u. Elberfeld / **Lit.: Zinn-2+3**(S. 171 = Ahnentafel) + **26-7** // **15 Zinngießer sind bek.**, u. a. = **Michael** (I) / 1635 Beckum – 1718 ebd. / um 1663 Meister, Werk in Vellern // Sohn v. Michael (I) = **Andreas** / 1664 Beckum – † um 1714 Münster / als Kupferstecher = im Hauptteil des Lexikons! // Sohn v. Michael (I) = **Conrad** (I) / 1. 1. 1670 (getauft) Beckum – 1774 ebd. / 1693 Meister, Werk ebd. // **Johann Heinrich** (I) / 10. 3. 1791 Beckum – 15. 11. 1850 ebd. / wahrsch. Ausb. in Coesfeld, 1819 Meister in Beckum, Werk ebd. / **Lit.: 84**-60(S. 65) // **Wilhelm** / 1854 – 1911 / letzter Zinngießer in Ahlen // **Bernhard** (Bernhard Heinrich) / 1857 Ahlen – 1931 Elberfeld / Bruder v. Wilhelm u. Vater des Franz / **Lit.: 216** // **Franz** / letzter Zinngießer der Familie / 1901 Wien – 1981 Wuppertal-Elberfeld / Sohn des Bernhard / 1972 Aufgabe d. Werkst. in Elberfeld (jetzt im Heimatmus. Wülfrath) / **Lit.: 216**

Barkhausen (Barckhausen/Barghausen) / **Gert Henrich** (Heinrich) / um 1705-14 in Lübbecke bek. / **Lit.: 26-7** + **Zinn-2**

Barkhausen, Johan Diederich (Johann Dieterich) / um 1713-19 in Lübbecke bek. / Werk in Hüllhorst / **Lit.: 26-7** + **Zinn-2**

Bauer, Joh. Ulrich / stammt aus Chur-Schweiz, † 1781 / 1744 Ausb., ab 1750 in Münster / **Lit.: 84**-81(S. 93)

Beberdick, Wilhelm Anton / * in Münster – 14. 10. 1830 Warendorf / 1800 Bürger u. Meister in Warendorf / Werk ebd. / **Lit.: 26-8** + **174**-2(fälschlich als Goldschmied) + **Zinn-3**

Bentfeld, Alexander Jacob (Bentfeldt/Binsfeldt) / † 1742 Münster / 1720 Meister in MS / Werke in MS / **Lit.: Zinn-3** + **84**-78(S. 93)

Bentfeld, Franz Conrad (Bentfeldt/Binsfeldt) / 29. 5. 1734 getauft in Münster – † um 1783/97 MS / Sohn des Alex. Jakob B. / 1756 Meister / Werke in Westf. / Ausst.: 2004 MS (Stadtmus) / **Lit.: Zinn-3**

Bentfeld, Henrich Andreas (Bentfeldt/Binsfeldt) / 2. 5. 1730 gestauft in Münster – † 15. 4. 1772 ebd. / Sohn des Alex. Jakob B. / 1756 Gildemeister, 11/1763 Eichmeister / Werke im MS-land / **Lit.: Zinn-3**

Berninck (Berlingk) – Familie um 1597-1635 in Münster / **Lit.: 26**-9 + **Zinn-2** // **Johan** d. Ä. / † um 1630 in Münster / Vater v. Johan d. J. / ab 1597 in MS bek. / **Johan** d. J. / 1635 Meister

Bisping (Bispinck) – Familie um 1708-1810 in Münster bek. / **Lit.: 26**-11 + **Zinn-3** // **Johan Caspar** / 25. 5. 1708 (getauft) Münster – 26. 4. 1766 ebd. / Vater v. Gerh. Henrich / 1738 Meister / Werke in Dortmund, Münster u. Paderborn // **Gerhard Henrich** / 20. 8. 1744 (getauft) Münster – 19. 2. 1810 ebd. / Sohn v. Joh. Caspar / 1776 Meister / Werk in Münster / Ausst. u. a. 2004 MS (Stadtmus) / **Lit.: 84**-78(S. 97)

Bitter – Bielefelder Familie 1800 bis nach 1900 / **Lit.: Zinn-2+3** + **26**-11 // **Heinrich** (Adolf Heinrich) / 8. 7. 1800 Bielefeld – † vor 1880 / Vater des Wilhelm d. Ä. / ab 1847 maschinelle Herstellung / Werke in Bielefeld u. Cloppenburg // **Wilhelm** d. Ä. (Christoph Wilhelm) / * 1832 – † 1900 / Ausb. b. s. Vater Heinrich B., nach Wanderschaft 1862 Gründung d. Firma W. B., Apparatebauanstalt // **Wilhelm** d. J., führte die Firma weiter

Blanke, Bernard / 1875-1883(86) in Münster tätig / Werk in MS / **Lit.: Zinn-3** + **84**-76(S. 85)

Bödecker, Johann Florenz (Bödeker) / 30. 7. 1730 Soest – † nach 1760 ebd. / um 1755 Meister / Werk in Osttönnen / **Lit.: Zinn-1** + **26**-12

Bonn, Christofer (Johann Hermann Christoph) / 31. 10. 1732 Hamm/W. – 30. 8. 1803 ebd. / Werke in Hamm (Mus) / **Lit.: Zinn-1** + **26**-12

Boyinck, Henrich (Boying/Buyinck) / † 1634 Münster / 1621 Meister in MS / Werk in MS / Ausst. u. a. 2004 MS (Stadtmuseum) / **Lit.: Zinn-2**

Britzgen (Brisken) – Familie um 1684-1786 in Soest / **Lit.: Zinn-1** + **26**-14 // **Johann Anton** (I) / 29. 5. 1684 – 2. 2. 1744 Soest / Vater v. Joh. Anton (II) / Werk u. a. in Soest // **Johann Anton** (II) (Johan) / 5. 10. 1729 Soest – 16. 2. 1786 (begraben) Dortmund / Sohn des Joh. Anton (I) / Werk in Dortmund-Hörde

Broelemann, Johann Andreas (Broeleman, Johan Andreas) / 30. 12. 1698 Soest – 23. 3. 1757 ebd. / Bruder des Goldschmieds Gerhard Peter B. / seine Werkstatt wurde nach s. Tod von Philipp Gördes übernommen / **Lit.: Zinn-1** + **26**-14

Broelemann, Johannes (Broeleman) (Leutnant) / 1732 Soest – 1762 Pensylvania / Sohn des Gerhard Peter B. (Goldschm) / Werke in Borgeln/Dinker/Soest / **Lit.: Zinn-1** + **26**-14 + **174**-2

Buyinck s. Boyinck

Dudee (Duddee/Duddey) – Münsterische Familie um 1645-1732 / **Lit.: Zinn-2+3** + **26**-30 // **Kaspar** / Vater des Rötger / um 1628-1661 in MS bek., hatte 10 Kinder // **Rötger** / 30. 11. 1645 (getauft) Münster – 13. 5. 1703 (begraben) ebd. / Vater v. Joh. Caspar u. Sohn des Kaspar / 1666 Meister / Werke in MS u. Telgte, belieferte um 1697/1706 den Fürstbischof Plettenberg u. Familie // **Johann Caspar** / 29. 5. 1676 (getauft) Münster – 1732 ebd. / Sohn v. Rötger D. / 1695 Meister / Werk in Privatbesitz, Werke f. Cappenberg wohl verloren / Ausst. u. a. 2004 MS (Stadtmus)

Egbers – Familie um 1729 – um 1806 in Warendorf tätig / **Lit.: Zinn-3** // **Johan Henrich** / * um 1705 – ? / bis 1770 in Warendorf bek. / Vater v. Johan Christian u. Johan Berndt / 1729 Meister, 1752/59/63/73 Gildemeister // **Johann Christian** / * um 1732 – † 1806 / ab 1756 Zinngießer / Werke in MS/Warendorf u. Privatbesitz / **Lit.: 84**-82 // **Johan Berndt** / ab 1763 in Warendorf bek., † 1789 / Vater v. Anton Henrich // **Anton Henrich** / 1777 – 1797 / Sohn des Johan Berndt / 1789-93 Ausbild. bei Johan Christian E.

Eickrodt, Adolf (Eickrott/Eickroet) (Alef) / seit 1593 in Münster tätig – † vor 1669 / Werk in MS / Ausst.: 2004 MS (Stadtmuseum) / **Lit.: Zinn-2**

Fillerfang, Ewert Andreas (Eberhard Andreas) (auch **Villerfang**) / ab 1729 in MS bek., † 21. 3. 1762 Münster / (Sohn des Johan Henrich, * 4. 11. (getauft) 1699 Münster – † um 1740 Werne) / Werke im MS-land / Ausst.: 2004 MS (Stadtmus) / **Lit.: Zinn-3**

Fillerfang, Friedrich Christian / 11. 10. 1751 getauft in Münster – 13. 8. 1820 ebd. / wahrsch. Sohn des Joh. Anton F. (siehe b. Peter F.) / 1777 Meister / Werke in Westf. / Ausst.: 2004 MS (Stadtmus) / **Lit.: Zinn-3**

Fillerfang, Johan Anton s. **Fillerfang,** Peter u. Friedrich Christian

Fillerfang, Johan Henrich s. **Fillerfang,** Ewert Andreas

Fillerfang, Peter / 17. 4. (getauft) 1741 Münster – 3. 3. 1811 ebd. / (Sohn des Johan Anton F., um 1734-55 in MS tätig) / lebte in Amsterdam, ab 11. 8. 1787 wieder Münster, 1788 Meister / Werke in Westf. / **Lit.: Zinn-3** + **84**-75/76

Gerhardi = Gerhardi & Co. / 2. Hälfte 19. Jh. in Lüdenscheid / Werk in Lohne / Ausst. u. a. 1983 Unna (Ev. Stadtkirche), Rheydt (Städt.-Museum) / **Lit.: 176c** (weitere Lit. nicht vorh.)

Heinold, C. / war um 1830 in Münster tätig / Daten unbek. / **Lit.: 84**-79(S. 94)

Hermsen, W. / um 1833 – nach 1845 in Soest bek. / Kirchen- u. Haushaltsgeräte, Werke in Soest, Bad Sassendorf u. Privatbes. / Ausst. u. a. 1983 Unna (Ev. Stadtkirche), Rheydt (Städt.-Museum) / **Lit.: Zinn-1 + 176c**

Hoyer, Peter Heinrich (Heuer) / † 14. 2. 1803 Münster / 1766 Meister in MS / ab 9. 11. 1777 Hofzinngießer, ab 1792 Eichmeister, 1797 übernimmt Th. M. Schräder seine Werkstatt / Werke in Westf. / Ausst.: 2004 MS (Stadtmus) / **Lit.: Zinn-3**

Hunkemöller, Georg Heinrich / 24. 2. 1808 Warendorf – 16. 1. 1886 / 1832 Meister in Warendorf / Werke in Westf. / **Lit.: Zinn-3 + 84**-78(S. 97)

Jockenack, Andreas Gos(s)**win** / 25. 6. 1696 Soest – 28. 2. 1775 (beerdigt) Dortmund / um 1730 in Dortmund / Kirchen- Haushaltsgeräte u. Pokale / Werke in Schwerte/Dortmund/MS / Ausst. u. a. 1983 Unna (Ev. Stadtkirche), Rheydt (Städt.-Museum) / **Lit.: Zinn-1 + 176c**

Kuhlmann (Cuelman) = **Alexander Joseph** / 22. 12. (getauft) 1764 Münster – 25. 10. 1832 ebd. / Sohn des Franz Melchior / 1794 Meister, 1801 Gildemeister / Werke in MS/Warendorf u. Privatbesitz / **Lit.: Zinn-3** // **Franz Melchior** / † 30. 11. 1776 Münster / 1759 Meister in MS, 1773/74 Gildemeister / Werk in Privatbesitz / **Lit.: Zinn-3 + 84**-56 // **Peter Anton Franz** / 5/1801 Münster – 14. 5. 1864 ebd. / Sohn des Alexander Joseph / **Lit.: Zinn-3**

Lammerding, Joh. **Ferdinand** Heinrich / 17. 11. 1775 getauft in Münster – ? / 1821 bis 1842 in Lüdinghausen tätig / Werke im MS-land / Ausst.: 2004 MS (Stadtmus) / **Lit.: Zinn-3**

Landgrave, Friedrich A. (Landgrefe) / 1763 Münster – 1827 ebd. (1820 wohl falsch) / 1800 Meister / Werke in Privatbes. / **Lit.: Zinn-3 + 84**-75+76+79

Maranca, Jacob Anton Wilhelm / 1. 11. 1787 Minden – ? / stammt aus Zinngießerfamilie aus Italien, 1784-1953 in Deutschl. tätig, s. Lit. / Jacob A. Wilh. bis 1821 in Minden bek. / Werke in Minden / Ausst. u. a. 1983 Unna (Ev. Stadtkirche), Rheydt (Städt.-Museum) / **Lit.: Zinn-1 + 176c** (Familie Maranca – **Zinn 2** = S. 119 m. Stammbaum)

Meister B. M. / um 1860 in Westf. tätig / benutzt münster. Wappen, aber dort nicht nachweisbar / Werk in Telgte / Ausst.: 2004 MS (Stadtmuseum) / **Lit.: Zinn-3**

Meister G S s. Gerhardt Schnitzler

Meister I S / um 1793 in Soest tätig / Werk in Soest / Ausst. u. a. 1983 Unna (Ev. Stadtkirche), Rheydt (Städt.-Museum) / **Lit.: Zinn-1 + 176c**

Müller, Heinrich / † 1899 / s. 1845 tätig, lebte in Winterberg / Werke in Westf. / **Lit: Zinn-3 + 84-**78 (S. 95)

Paschen, Johann Caspar / 1801 Ahlen – 24. 1. 1864 Münster / um 1839 in MS / Werke in MS+ MS-land / Ausst.: 2004 MS (Stadtmus) / **Lit.: Zinn-3 + 84**-82(S. 73)

Pining, Johan Henrich (Pinninck) / 4. 12. (getauft) 1675 Münster – 1715 ebd. / **Lit.: Zinn-3 + 178a** (erw. b. Melchior P.(Maler)

Potthoff, Fritz / 1867 Münster – nach 1939(47) / Goldschmied u. Kunstgießer / Werkst./Geschäft ab 1889 in Münster / **Lit.: 179** + s. Nachtrag 1: Goldschmiedekünstler

Potthoff, Heinrich / leitete Firma „H. P." 1896-1907 in Münster / **Lit.: 179**(erw. b. Fritz P.)

Potthoff, Henrich / um 1662-1700 in Coesfeld tätig / 1662 Meister, 1671 Gildemeister / **Lit.: Zinn-3**

Potthoff, Wilhelm / um 1896 – nach 1907 in Münster tätig / übernahm 1907 die Firma Heinrich P. in Münster, auch Werkst. in Laer / **Lit.: 179**

Riedel, Gottfried / * 1724 – † nach 1742 / war in Münster tätig / Daten nur: **Lit.: 84**-79(S. 94)

Rieve, Wilhelm Anton / † 24. 2. 1822 / 1776 Meister in Münster / Werke in MS/MS-land u. Privatbes. / Ausst.: 2004 MS (Stadtmuseum) / **Lit.: Zinn-3 + 84**-82(S. 69)

Rolef, Johan(n) Theodor s.: erw. bei Schräder, Theodor Mathias

Schlade (zum Slade/Schlade) – münsterische Zinngießerfamilie / **Lit.: Zinn-2+3** // **Johan** (I) / 1611-1649 in MS bek. // **Jörgen Hinderich** (Jürgen Hindrich) / 1619 Münster – ? / Sohn v. Johan (I) / 1643 Meister, 12/1666 Gildemeister / Werke in MS u. Utrecht // **Johan** (II) / 1646 Münster – ? / Sohn v. Jürgen Hindrich / um 1672 Meister / bis 1685 in MS bek. / Werk in MS

Schlade, Jorgen Henrich s. Nachtrag 1: Goldschmiedekünstler

Schnitzler, Gerhardt (viell. Meister **G S**) / 2. Hälfte 17. Jh. / stammt aus Wermelskirchen, ab 1663

Bürger in Dortmund / Werk in Dortmund-Hörde / Ausst. u. a. 1983 Unna (Ev. Stadtkirche), Rheydt (Städt.-Museum) / **Lit.: Zinn-1 + 176c**

Schräder, Theodor Mathias / 22. 3. 1768 (getauft) Münster – 27. 12. 1840 ebd. / 1796 Meister / 1797 übernimmt er die Werkstatt s. Schwiegervaters Peter Henrich **H**oyer († 1803 Münster), n. s. Tod führt d. Schwiegersohn Johan(n) Theodor Rolef (1808 Warendorf – 1873 Münster) die Werkstatt weiter / Werke in MS/MS-land / Ausst. u. a. 2004 MS (Stadtmus) / **Lit.: Zinn-3 + 84**-76(S. 81)+78(S. 93+100)+80+81

Sidinckhaus, Johan / Kannengießer, um 1641 in Lippstadt tätig / **Lit.: Zinn-3**

Sieddinghaus, Ludwig / um 1816-43 in Soest bek. / Werk ist verschollen / **Lit.: Zinn-1**

Siedinghaus, I. D. / um 1768 in Lippstadt tätig / Werk in Lippstadt / **Lit.: Zinn-3**(S. 274)

Siedinghaus, Johann Friedrich / um 1799 in Lippstadt tätig / Werk in Privatbesitz / **Lit.: Zinn-3 + 84-**56

Specht, Eduard / 12. 5. 1855 Münster – ? / ab 1873 Ausb. b. Albinger, s. 1877 m. Schwester Elise Albinger Weiterführung d. Firma Albinger, ab 1902 dann sein Neffe Bernhard Specht / **Lit.: Zinn-3**

Specht, Bernhard / 1. 1. 1875 Ars/Mosel – 8/1953 Münster / ab 1890 Ausb. b. Albinger in MS / nach Wanderjahren übernimmt er n. d. Tod d. Witwe 1902 die Firma Albinger bis zur Zerstörung 1943 / Werke u. a. in MS / **Lit.: Zinn-3**

Staperfenne, Berndt (Stapervenne) / ab 1682 in Münster bek., † 1707/08 / Werke in MS (WL) u. Hamm / (sein Sohn ist Johann Ludger St., 24. 3. 1683 getauft in Münster, bis 1708 bek.) / Ausst.: 2004 MS (Stadtmus) / **Lit.: Zinn-3**

Tergeist, Johann Heinrich / 28. 3. (getauft) 1775 Münster – † nach 1859 / 1803 Meister / **Lit.: Zinn-3 + 84-**79(S. 85)

Thier – Westf. Künstlerfamilie, als Glaser/Glasmaler/Maler u. Zinngießer in Lüdinghausen, Coesfeld, Münster, Warendorf, Dortmund u. Holland um 1725-1918 bekannt / Dauerausst. „Natz-Thier"-Haus in Coesfeld (Heimatdichter Natz Th. u. Zinngießerfamilie) / **Lit.: Zinn-1**(m. Stammbaum)**+3** // nach der Familienreihe angeordnet: **Henrich** / Glaser / heiratet 1725 in Lüdinghausen // Henrichs Söhne (wahrsch. alle in Lüdinghausen geboren): **Everhard Henrich** (Evert) (Glaser/Glasm) / 1726 – 1776 / in Lüdinghausen tätig // **Jodocus Henricus** (Maler) s. im Hauptteil v. Lexikon // **Johann Caspar** (Maler) s. Lex. // **Christian Bitter** (Zinng) / 25. 3. 1738 – nach 1787 / 1751-55 Ausb.-MS b. Herm. Georg Thorwesten, ab 1763 in Dortmund tätig // **Johann Theodor** (Glaser/Zinng) / 1740 – 1790 / in Coesfeld tätig // **Bernhard Heinrich** (1) (Glasm/Maler) = s. im Lex. // Söhne des Christian Bitter (Zinngießer): **Wilhelm Henrich** / 5. 3. (getauft) 1767 Dortmund – 10. 1. 1822 ebd. / in Dortmund tätig // **Franz Gerhard Joseph Anton** / 1789 Dortmund – 13. 2. 1862 Warendorf / 1814 Meister, 1817 Bürger in Warendorf / Werke im MS-land, Soest u. in Privatbesitz / **Lit.: 84-**56 // Sohn des Johann Theodor (Zinngießer): **Bernhard Henrich** (2) / 31. 12. (getauft) 1774 Coesfeld – 18. 3. 1843 ebd. / 1800 Meister / Werke im MS-land u. Privatbesitz / **Lit.: 84-**65(S. 87)+74(S. 77)+76(s. 80) // Sohn des Bernh. Heinrich (Zinngießer): **He**(i)**nrich Joseph** / 28. 9. (getauft) 1811 Coesfeld – 23. 3. 1881 ebd. / in Münster u. Coesfeld tätig / Werke u. a. in Schöppingen / **Lit.: 84-**65(S. 85) // Söhne v. Franz Gerh. Jos. Anton (Zinngießer): **Josef Andreas** / 1819 Warendorf(?) – 1886 ebd.(?) // **Bernhard** / 22. 4. 1826 Warendorf – 8. 7. 1918 Münster // Söhne v. Henrich Joseph (Zinngießer): **Bernhard Heinrich Anton** / 23. 5. 1842 Coesfeld – 16. 10. 1910 ebd. / Werke in Coesfeld u. Privatbesitz / er war der letzte Zinngießer in Coesfeld // **Heinrich** (Joseph Friedrich) / 2. 5. 1847 Coesfeld – 5. 4. 1908 Warendorf / Werke im MS-land / **Lit.: 84-**81 (?S. 86?)

Thorwesten, Hermann Georg (Thorworsten/Terwesten) / † vor 1763 in Münster / 1733 Meister in MS, ab 10. 12. 1756 Gildemeister / Werk in Privatbesitz / **Lit.: Zinn-1+3 + 84-**56

Tremblau, Eberhard (Everhard) / * um 1779 Menden – 30. 10. 1843 ebd. / Werke in Menden / Ausst. u. a. 1983 Unna (Ev. Stadtkirche), Rheydt (Stadtmus) / **Lit.: Zinn-1 + 176c**

Trippe, Dietrich Jakob / 1720 – 1786 / tätig in Soest / Werke in Soest u. Privatbes. / Ausst. u. a. 1983 Unna (Ev. Stadtkirche), Rheydt (Städt.-Museum) / **Lit.: Zinn-1 + 176c**

Villerfang s. Fillerfang

Vogel, Theodor / in Münster um 1891-1928 bek. / Eichmeister / Werke in Privatbes. (Telgte) / Ausst.: 2004 MS (Stadtmuseum) / **Lit.: Zinn-3**

Volckmar, Henrich (Heinrich) **Christoffel** / wurde am 20. 9. 1731 Bürger in Siegen, bis 1768 in Siegen bek. / Sohn des Georg Andreas V. aus Jena / Kirchen- u. Haushaltsgeräte / Werke in Südwestf. / Ausst. 1983 Unna (Ev. Stadtkirche), Rheydt (Städt.-Mus) / **Lit.: Zinn-1 + 176c**

Zettelmeyer, Joseph Philipp / 1. 7. 1805 Paderborn – 20. 3. 1873 Münster / in MS ab 1838 tätig / Werke in MS/MS-land / Ausst.: 2004 MS (Stadtmus) / **Lit.: Zinn-3**

WICHTIGER HINWEIS ZUR BENUTZUNG DER IN DIESEM BUCH ENTHALTENEN CD-ROM

Lesen Sie bitte vor dem Programmstart die nachfolgenden Bedingungen. Mit dem erstmaligen Programmstart der CD-ROM „Lexikon der Bildenden und Gestaltenden Künsterlinnen und Künstler in Westfalen-Lippe" von Helmut Ebert werden die folgenden Lizenzbedingungen uneingeschränkt anerkannt:

Lizenzbedingungen:
Sämtliche Rechte, insbesondere das der Recht der Vervielfältigung (ausgenommen zum Zweck der Programmausführung auf die eigene Festplatte) und Verbreitung sowie die Bearbeitung in jeglicher Form, verbleiben beim Verlag. Die Daten dürfen nur für den eigenen Zweck, ncht kommerziell und nicht auf öffentlichen Terminals eingesetzt werden. Für etwaige technische Fehler übernimmt der Verlag keine Haftung. Diese Version ist nur für die Einzelplatzanwendung bestimmt.

Die Informationen, die in diesem Dokument enthalten sind, stellen keine Verpflichtungen des Verlages dar und können ohne Vorankündigung geändert werden.

Der Verlag behält sich darüber hinaus das Recht vor, die in diesem Dokument beschriebene Software jederzeit und ohne Vorankündigung ändern zu können.

Installationshinweise:
Bitte legen Sie die CD-ROM in Ihr CD-Laufwerk ein und installieren zunächst das mitgelieferte Programm „Acrobat Reader", indem Sie die Datei „AdbeRdr708_de_DE.exe" per Doppelklick starten. Folgen Sie dann den vom Installationsprogramm vorgegebenen Hinweisen. Nach beendeter Installation öffnen Sie das Programm „Acrobat Reader". Laden Sie dann die Datei „Ebert_Künstlerlexikon_WL.pdf" von der CD-ROM (Sie können natürlich die Datei auch zuvor auf Ihre Festplatte kopieren, wodurch die Arbeitsgeschwindigkeit erhöht wird).

ISBN 3-402-00429-1